KB262856

우리 말 바로쓰기 사전

우리 말 바로쓰기 사전

김정섭 엮음

지식산업사

우리**말** 바로쓰기 사전

초판 제1쇄 인쇄 2008. 1. 21.
초판 제1쇄 발행 2008. 1. 28.

지은이   김 정 섭
펴낸이   김 경 희
펴낸곳   (주)지식산업사
주 소   본사: 413－832, 경기도 파주시 교하읍 문발리 520-12
        서울사무소: 110－040, 서울시 종로구 통의동 35-18
전 화   본사(031) 955-4226~7   서울사무소: (02)734-1978
팩 스   (031) 955-4228
        한글문패   지식산업사
        영문문패   www.jisik.co.kr
        전자우편   jsp@jisik.co.kr
        등록번호   1-363
        등록날짜   1969. 5. 8.

ⓒ 김정섭, 2008
ISBN 978－89－423－0051－8   01710

책값은 뒤표지에 있습니다.

이 책을 읽고 지은이에게 물어보고자 하는 이는
지식산업사 전자우편으로 연락 바랍니다.

《우리말 바로쓰기 사전》을 기리며

《아름다운 우리말 찾아쓰기 사전》(한길사, 1997)을 내놓고 꼭 십 년을 채우면서 김정섭 선생님은 다시 《우리말 바로쓰기 사전》을 내놓습니다. 우리말을 아끼고 사랑하며 살아가는 수많은 사람이 지난 십 년 동안 말을 하거나 글을 쓰면서 《아름다운 우리말 찾아쓰기 사전》으로 종요로운 도움을 받았습니다. 이제 십 년 세월에 걸쳐 더욱 무르익은 공부와 삶으로 속살을 갈고 닦으며 깁고 더한 《우리말 바로쓰기 사전》을 내놓았으니 많은 분이 얼마나 큰 도움을 받을 수 있고 반가워하실지 짐작할 수 있습니다. 아름답고 자랑스러운 우리말로 사람답고 올바르게 살아가려는 우리 모두에게 더없는 기쁨이 아닐 수 없습니다.

사실 우리에게는 이미 여러 가지 우리말 사전이 있습니다. 그 가운데는 나라를 빼앗겨 겨레의 앞날이 캄캄하던 때에 목숨을 내놓고 피땀을 쏟으며 만들어낸 자랑스럽고 거룩한 《우리말 큰사전》도 있습니다. 그런데 이런 사전들은 모두 우리 입에 오르내리고 우리 글에 쓰인 말이면 무엇이나 찾아 모아서 뜻을 풀이해 두었습니다. 쓰다가 뜻을 모르면 찾아보라는 사전들입니다. 그러나 우리 입에 오르내리고 우리 글에 쓰인 말에는 좋고 나쁜 것도 있고, 옳고 그른 것도 있고, 쓸 것 못 쓸 것도 있고, 써야 할 것과 쓰지 말아야 할 것도 있습니다. 그래서 말을 아끼고 사랑하는 사람은 말을 하거나 글을 쓸 적에 어떻게 하면 더 올바르고 아름다운 말을 가려 쓸 수 있을까 하면서 애를 태웁니다. 김정섭 선생님의 사전은 말의 뜻을 올바르게 풀이해줄 뿐만 아니라 쓸 말과 못 쓸 말을 알뜰하게 가려주는 길잡이입니다. 이런 쪽에서 《아름다운 우리말 찾아쓰기 사전》과 《우리말 바로쓰기 사전》은 우리말 사전의 역사에서도 커다란 경사가 아닐 수 없습니다.

말은 삶의 연모이면서 바로 사람됨입니다. 말이 삶의 연모이므로 삶은 말에 따라 좋아지기도 하고 나빠지기도 합니다. 말이 깨끗하고 또렷하면 삶도 깨끗하고 또렷해지고, 말이 어설프고 흐릿하면 삶도 어설프고 흐릿해집니다. 대팻날이 무디면 깎아놓은 나무도 터실터실하고, 대팻날이 시퍼러면 깎은 나무도 반들반들한 것과 마찬가집니다. 말이 바로 사람됨이므로 사람은 쓰는 말에 따라 훌륭할 수도 있고 하찮을 수도 있습니다. 쓰는 말이 참되고 아름다우면 사람됨도 참되고 아름답고, 쓰는 말이 거짓되고 더러우면 사람됨도 거짓되고 더럽습니다. 남들이 우러러보는 사람은 하나같이 말과 글을 참되고 아름답게 쓰려고 안간힘을 다하고, 훌륭하다고 이름난 사람들이 남긴 말과 글은 한결같이 참되고 아름답습니다. 이래서 문명 세상으로 올라갈수록 사람들은 저들의 사람됨과 삶을 드높이려고 저들이 쓰는 말을 갈고 닦으며 가다듬는 일에 있는 힘을 다합니다.

김정섭 선생님은 한 평생 중등학교에서 우리말을 가르치며 살았습니다. 낮에는 눈앞에 아이들을 가르치느라 마음을 다하고, 밤에는 먼 뒷날 아이들까지 생각하며 이런 사전을 만들고, 틈만 나면 길거리에 나서서 틀린 말을 바로잡아 사람들을 깨우치는 일마저 안간힘을 다하면서, 이제 여든을 바라보게 되었습니다. 이처럼 뜨거운 삶의 열기가 《우리말 바로쓰기 사전》에 가득 담겨 사전을 펼치는 사람의 눈과 마음을 열어줄 것입니다.

2007년 10월

우리말 교육 대학원장, 전 경상대학교 교수

김 수 업 적음

머 리 말

　말도 갈고 닦아야 빛이 나고, 아끼고 부려 써야 힘이 생긴다. 잘 다듬은 말은 누구나 쉽게 배워서 바르게 쓸 수 있다. 그래서 나라마다 나라말 가꾸기와 가르치기에 안간힘을 다한다. 보잘것없던 잉글랜드 말이 오늘날 누리말 자리에 오른 것은 다만 아메리카의 뒷받침에 기댄 것이 아니라 삼백 년 가까이 쏟아 온 그들의 나라말 사랑이 이루어낸 보람이다. 프랑스 사람들의 나라말 사랑은 남다르다. 프랑스 말이 세상에서 가장 아름다운 말이라는 믿음과 함께 이런 나라말을 아들딸에게 물려주는 것을 더없는 자랑으로 여긴다. 이 두 가지 마음가짐이 앞선 나라말을 만든 힘이고 바탕이다.

　우리말은 웬만큼 배운 사람조차 갈피 잡아 바로쓰기가 쉽지 않다. 우리말을 나라말로 일컬은 것은 이제 겨우 백 년, 나라말로 대접한 것은 기껏 육십 년이다. 게다가 이 짧은 동안에도 한글만 쓰느냐 한문글자를 섞어 쓰느냐 하는 글자 싸움에 매달리는 바람에 말 다듬는 일은 뒷전으로 밀려나 대중말조차 나라말 사전 따로, 배움 책 따로이고 더욱이 우리말의 뜻매김도 명토 박아 놓지 못 하고 있다. 이러니 우리말은 어려울 수밖에 없다. 어지러운 우리말을 김매기 하고 고랑을 타고 이랑을 일구어 말밭을 가지런히 하지 않고는 우리말이 나라말로서 구실을 하기는 어렵다.

　우리말이 어렵다고들 하나 우리 겨레에게는 어느 나라말보다 우리말이 쉽다. 겨레 삶 속에서 땀처럼 배어나 구슬처럼 맺힌 겨레의 얼이요 생각이요 느낌이며, 엄마 배 속에 있을 때부터 들어온 엄마말이기 때문이다. 그런데도 어렵다는 것은 그동안 우리말을 옳게 가르치지 않았고 애써 배우지 않은 탓이다. 우리는 오랫동안 우리말을 얕잡아보고 남의 나라말을 우러러보며 살았고 오늘날에도 남의 나라말에 목을 매고 있다. 우리말을 익히지 않으니 모를 수밖에 없고 모르니까 어렵다. 우리말이라고 배우지 않아도 저절로 아는 것은 아니다. 우리말을 보는 생각의 틀을 바꾸어야 한다.

이 책은 우리 말살이에서 흔히 틀리게 쓰기 쉬운 말과 잘못 쓰는 말투를 바로잡는 길잡이로 만든 사전이다. 뜻이 비슷하면서 쓰임새가 다른 말, 소리가 비슷하면서 뜻이 다른 말, 모양새가 비슷하여 헷갈리는 말, 뜻을 잘못 알고 쓰는 말, 말이 되지 않는 말 그리고 다른 나라 말투를 닮아서 비뚤어진 것을 신문, 잡지, 방송 그리고 여러 가지 책에서 가려내어, 고치고 바루어 우리말을 바로 알고 바로 쓸 수 있도록 한 것이다. 다만, 아직 옳고 그름을 판가름할 길이 없어 뒷날로 미룬 것이 많아서 아쉬움으로 남는다. 하지만, 이 책에 실린 말과 말투만 바로잡아도 우리말은 한결 깨끗하고 가지런해져서 누구나 쉽게 익히고 바르게 쓸 수 있게 될 것으로 믿는다.

끝으로 이 책이 뒤이어 펴낼 《우리말 도로찾기 사전》과 함께 우리말을 바르고 가멸게 하는 밑거름이 되고, 나아가 우리말의 값어치를 드높여 누리말로 자리매김하는 날을 앞당기는 디딤돌이 되기를 바란다.

한글날이 나라큰잔칫날로 다시 선 첫해에
2006년 10월 9일

일 러 두 기

1. 표 풀이

⇨ : 틀린 말과 맞는 말. ＊ 앞말은 잘못이고 뒷말이 바름.
　　〔보기〕 **가랭이** ⇨ 가랑이.
　　　　　 가물음 ⇨ 가물. 가뭄.

㊩ : 왜말과 조선왜말 ＊ 니혼 말과 니혼 한자말을 우리말 소리로 읽은 말.
　　〔보기〕 **와사비**〔山葵〕㊩ ⇨ 고추냉이.
　　　　　 가건물(假建物)㊩ ⇨ 임시 건물.

＝ : ① 뜻이 같고 쓰임새도 같은 말.
　　〔보기〕 **가는허리** ＝ 잔허리.
　　　　　 멍게 ＝ 우렁쉥이.
　　② 준말과 본딧말. ＊ 준말과 본딧말은 뜻이 같음.
　　〔보기〕 **가지다** ＝ 갖다.
　　　　　 갈 ＝ 갈대.

＊ : 낱말의 뜻풀이.
　　〔보기〕 **궁글다** ＊ ① 내용이 부실하거나 변변치 않다. ② 속이 비다.
　　　　　 가겟집 ＊ ① 장사를 하는 집. ② 가게로 쓰는 집

＊ : 말뜻이나 속내를 아는 데 도움이 되는 말.
　　〔보기〕 **가결치**(可決～) ＝ 가결하지. ＊ 울림소리 뒤에는 'ㅏ'만 줆.
　　　　　 깨끗찮다 ⇨ 깨끗잖다. ＊ 안울림소리 뒤에는 '하'가 줆.

〈 : ① 작은말과 큰말. ＊ 뜻은 같으나 느낌의 크기가 다른 말.

〔보기〕 **졸졸** 〈 줄줄.

번쩍번쩍 〉 반짝반짝.

②여린말과 센말과 거센말. ✱ 뜻은 같으나 느낌의 세기가 다른 말.

〔보기〕 **감감하다** 〈 깜깜하다 〈 캄캄하다.

탈칵탈칵 〉 딸각딸각 〉 달각달각.

☞ : ①소리나 꼴이 비슷하지만 뜻이 다른 말.

〔보기〕 **가대기** * 짐을 갈고리로 찍어 메고 나르는 일.

☞ 까대기.

까대기 * 벽이나 담에 임시로 덧붙여 만든 허술한 간살.

☞ 가대기.

궁굴다 * 그릇이 겉으로 보기보다 속이 너르다.

☞ 궁글다.

궁글다 * 내용이 부실하거나 변변치 않거나 속이 비다.

☞ 궁굴다.

②뜻이 비슷하면서 쓰임새가 다른 말.

〔보기〕 **까닭** * 좋거나 나쁘거나 동기가 되는 속사정

☞ 때문.

때문 * 좋거나 나쁘거나 일반적인 원인. ✱ '~기' 뒤에 씀.

☞ 까닭.

③뜻이나 쓰임새가 헷갈리기 쉬운 말.

〔보기〕 **가리다** * ① 고르거나 뽑다. ② 구분하거나 나누다.

☞ 고르다.

고르다 * 여럿 가운데서 어떤 것을 따로 갈라내다.

☞ 가리다.

④서로 관련이 있는 말.

〔보기〕 **방아** * 곡식을 찧거나 빻는 연모와 설비.

☞ 절구.

절구 * 사람이 절굿공이로 곡식을 찧거나 빻는 연모.

☞ 방아.

⑤맞서는 말과 짝을 이루는 말.

〔보기〕 **깊다** * 겉에서 속까지의 거리가 멀다.

☞ 얕다.

　　　　　얕다 * 겉과 속, 아래위의 길이가 짧다.
　　　　　☞ 깊다.
~ ： ① 줄인 자리.
　　　〔보기〕 발달하다(發達~)
　　　　　　정성스럽다(精誠~)
　　② 앞가지 뒤와 뒷가지 앞.
　　　〔보기〕 군~ * {군것. 군기침.}
　　　　　　~가마리 * {걱정가마리.}
　　③ 씨끝 앞.
　　　〔보기〕 ~군 * {가는군. 노는군. 자는군. 좋군.}

{ } ： 겹낱말(합성어)과 번진말(파생어)의 보기.
　　　〔보기〕 {돈벼락. 호숫가. 맨손. 맨입. 꽃답다. 깜빡거리다.}

¶ ： 낱말의 쓰임새를 보인 글귀.
　　　〔보기〕 가 * 경계에서 가까운 바깥쪽. ¶ 한길 가.
　　　　　가르다 ¶ ① 생선의 배를 가르다. ② 몫몫이 가르다.

〔 〕 ： ① 씨(품사). ✽ 씨를 알아야 쓰임새를 바르게 알 수 있는 말 뒤.
　　　〔보기〕 〔이〕. 〔매〕. 〔어〕. 〔그〕. 〔움〕. 〔남〕. 〔제〕. 〔느〕. 〔토〕.
　　② 우리말과 뜻이 같은 한자말이나 조선왜말 따위.
　　　〔보기〕 가로쓰기〔橫書〕 * 글씨를 가로로 써 나가는 방식.
　　　　　빗줄〔斜線〕 ⇨ 빗금.
　　③ 조선왜말(니혼한자말)의 한문글자 따위.
　　　〔보기〕 가라스〔硝子〕왜 ⇨ 유리.
　　　　　가다꾸리〔片栗〕왜 ⇨ 얼레짓가루.

2. 줄인 말

〔이〕 ： ① 이름씨(명사).　　　　　〔대〕 ： 대이름씨(대명사).
　　　② 매인이름씨(의존 명사)　　〔움〕 ： 움직씨(동사).
〔셈〕 ： ① 으뜸셈씨(기수사).　　　〔제〕 ： 제움직씨(자동사).
　　　② 차례셈씨(서수사).　　　　〔남〕 ： 남움직씨(타동사).

〔그〕 : 그림씨(형용사).　　　　〔느〕 : 느낌씨(감탄사).
〔매〕 : 매김씨(관형사).　　　　〔토〕 : 토씨(조사).
〔어〕 : 어찌씨(부사).　　　　　〔끝〕 : 씨끝(어미).
〔도〕 : ① 도움움직씨(보조동사).　〔앞〕 : 앞가지(접두사).
　　　　② 도움토씨(보조조사).　　〔뒷〕 : 뒷가지(접미사).
　　　　③ 도움그림씨(보조형용사).

3. 쓰인 말

말 : 언어.　　　　　　　　　　낱말 : 단어
겹낱말(거듭씨) : 복합어.　　　　번진말(가지붙인말) : 파생어.
임자말 : 주어.　　　　　　　　풀이말 : 서술어.
꾸밈말 : 수식어.　　　　　　　매김말 : 관형어.
어찌말 : 부사어.　　　　　　　홀로말 : 독립어.
부림말 : 목적어.　　　　　　　기움말 : 보어.
닿소리 : 자음.　　　　　　　　홀소리 : 모음
줄기 : 어간.　　　　　　　　　씨끝 : 어미
예사소리 : 평음.　　　　　　　된소리 : 경음.
거센소리 : 격음.　　　　　　　울림소리 : 유성음.
안울림소리 : 무성음.　　　　　매인이름씨 : 의존 명사.
임자자리토씨 : 주격 조사.　　　매김자리토씨 : 관형격 조사.
부림자리토씨 : 목적격 조사.　　기움자리토씨 : 보격 조사.
입음움직씨 : 피동사.　　　　　하임움직씨 : 사동사
이음끝 : 연결어미.　　　　　　맺음끝 : 종결어미.
이름꼴 : 명사형.　　　　　　　매김꼴 : 관형사형.
물음꼴 : 의문형.　　　　　　　하나치 : 단위.
바로 시킴 : 직접 명령.　　　　건너 시킴 : 간접 명령.
벗어난그림씨 : 불규칙 형용사　　벗어난끝바꿈 : 불규칙 활용.
벗어난움직씨 : 불규칙 동사　　　벗어난풀이씨 : 불규칙 용언.

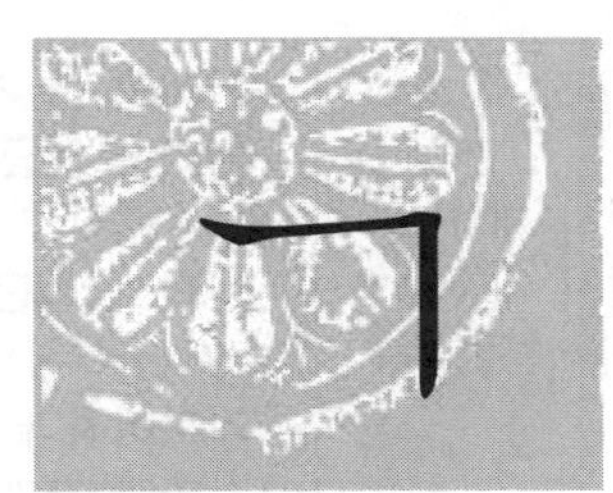

가[1] * ① 바깥쪽이나 모서리, 그 바깥 둘레와 공간. {강가. 개울가. 개천가. 갯가. 귓가. 길가. 나룻가. 난롯가. 냇가. 눈가. 못가. 무덤가. 물가. 바닷가. 부둣가. 샘물가. 시냇가. 연못가. 우물가. 입가. 창가(창문가). 큰길가. 하늘가. 호숫가. 화롯가.} ② 경계에서 가까운 바깥쪽, 중심에서 가까운 부분. ¶ 건물 가. 담장 가. 마당 가. 보리밭 가. 북쪽 가. 불 가. 운동장 가. 유리창 가. 장독대 가. 차창 가. 책상 가. 한길 가. 낙동강 가. 동해 가. 두만강 가. 태평양 가. 한강 가. 미시시피 강 가. 라인 강 가.
☞ 가녘. 가장자리. 변두리. 언저리.

가[2] = 이. * 임자자리토씨. ① 홀소리 뒤에는 '가'를 씀. ② 받침 뒤에는 '이'를 씀. ¶ 날씨가 덥다. 김한이가 태어났다. 김다은이 유치원에 간다.
☞ 는.[1] 은.[1]

가[3] = 이. * 기움자리토씨. '되다, 아니다' 앞에 씀. ¶ 물이 얼음이 되다. 올챙이가 개구리가 되다. 고래는 물고기가 아니다.

~가[4] (~哥) = ~씨. * 어떤 성씨를 쓰는 사람. {김가. 박가. 이가. 송가.}
☞ ~가 놈. 씨.

가감승제(加減乘除) ㈜ ⇨ 덧셈, 뺄셈, 곱셈, 나눗셈.

가감하다(加減~) ㈜ ⇨ 더하고 빼다. 더하거나 빼다.

가거라 * '가다.'의 바로 시킴꼴.
☞ 가라.

가건물(假建物) ㈜ ⇨ ① 임시 건물. ② 까대기.

가건축(假建築) ㈜ ⇨ 임시 건축.

가게 * 물건을 파는 집. {가겟방. 구멍가게. 만홧가게. 쌀가게.}
☞ 점방. 점포.

가게내기 = 장내기. 전내기. * 기성품.

가게를 내다 = 가게를 차리다.

가게모찌〔影文字〕 ㈜ ⇨ 그늘 글자. 빗금 글자. * 인쇄.

가겟집 * ① 가게를 벌이고 장사를 하는 집. ② 가게로 쓰는 집.
☞ 살림집. 영업집.

가결시키다(可決~) ⇨ 가결하다. ¶ 법안을 가결하다.

가결의(假決議) ㈜ ⇨ 임시 결의.

가결치(可決~) = 가결하지. ✽ 울림 소리 뒤에는 ‘ㅏ’만 줆.

가계약(假契約) 봘 ⇨ 임시 계약.

가계정(假計定) 봘 ⇨ 임시 계정.

가고〔籠子〕봘 ⇨ ①다래끼. ②바구니.

가고파 ⇨ 가고 싶어.

가고프다 ⇨ 가고 싶다.

가곡(歌曲) ✽ ①우리나라 전통 노래의 하나. ②서양 노래의 하나.
　☞ 노래. 가요.

가공색도(架空索道 ⇨ 가공삭도) 봘 ⇨ 하늘 찻길. ✽ 케이블카.

가과(假果) 봘 ⇨ 헛열매.
　☞ 진과.

가교(假橋) 봘 ⇨ 임시 다리.

가교사(假校舍) 봘 ⇨ 임시 교사.

가교실(假教室) 봘 ⇨ 임시 교실.

가구[1](家口) = 집. ✽ 가호. ¶ 우리 마을엔 쉰 가구가 산다.
　☞ 가족. 식구.

가구[2](家具) ✽ 살림살이 연모. ✽ 큰 것을 가리킴. ¶ 가구 용품. 부엌 가구.
　☞ 세간.

가구쟁이(家具~) ⇨ 가구장이. ✽ ‘~장이’는 제조 기술자를 말함.

가구주(家口主) = 집주인. ✽ 집안의 으뜸이 되는 사람.
　☞ 집임자.

가귀(佳句) ⇨ 가구. ✽ 잘 지은 글귀.

가근(假根) 봘 ⇨ 헛뿌리. ✽ 식물.

가급적(可及的) 봘 ⇨ ①되도록. ✽ 될 수 있는 대로. ②아무쪼록.

가까리(가카리)〔係〕봘 ⇨ 맡은 곳. 맡은 이. ✽ 빗. 빗아치.

가까와 ⇨ 가까워. ✽ 가깝다.

가까운 측근(側近) ⇨ 가까운 사람. ✽ 측근.

가까이 접근하다(~接近~) ⇨ 가까이 가다. 다가가다. ✽ 접근하다.

가까이하다 ✽ ①자주 어울리다. ¶ 이웃과 가까이하다. ②즐기거나 좋아하다. ¶ 자연을 가까이하다. 책을 가까이하다.
　☞ 사귀다. 멀리하다.

가깝다 ✽ 어느 정도나 수준에서 멀지 않다. ✽ 시간. 공간. 마음.
　☞ 짧다.

가깝하다 ⇨ 갑갑하다.

가께다마 봘 ⇨ 내기 당구.

가께모찌 봘 ⇨ 겹치기.

가께바늘 봘 ⇨ 코바늘. 귀바늘. ✽ 뜨개바늘의 하나.

가께수리 봘 ⇨ 왜궤.

가께표(~標) 봘 ⇨ 가위표. 가새표. ✽ ‘×’표.

가꾸(가쿠)〔額〕봘 ⇨ 틀. 사진틀.

가꾸다 ✽ ①재미로 나무나 꽃을 기르다. ✽ 곡식은 아님. ¶ 장미를 가꾸다. 정원을 가꾸다. ②거친 땅을 쓸모 있는 땅으로 바꾸다. ¶ 돌밭을 옥토로 가꾸다. ③본바탕을 잘 드러나게 하거나 더 낫게 손질하다. ✽ 몸매. 얼굴. 피부. ④보살피고 꾸려가다. ¶ 겨레문화를 가꾸다.
　☞ 기르다. 꾸미다. 키우다.

가꾸목(가쿠목)〔角木〕봘 ⇨ 네모 나무. ✽ 소각과 대각이 있음.

가꾸빠이뿌〔角pipe〕봘 ⇨ 네모 대롱.

가꾸자이〔角材〕봘 ⇨ 네모 나무. ✽

소각과 대각이 있음.

가끔 * 시간, 공간이 뜨게 어쩌다 한 번씩. ¶ 가끔 만나다. 가끔 있다.
☞ 드문드문. 때때로. 이따금.

가끔가다 = 가끔가다가. ⸪ 가끔 어쩌다가. ¶ 가끔가다 고향 생각이 난다.

가끔 가다 * 시간이나 공간이 얼마쯤씩 뜨게 가다. ¶ 고향에 가끔 간다.

가끔 비 = 때때로 비. ⸪ 날씨.
☞ 한때 비.

가끔씩은 ⇨ 가끔.

가나다(加那陀) ⇨ 캐나다. ⸪ 나라 이름.

가나다순(~順) = 가나다차례. 기역니은차례.

가나 보다 = 가나 봐. ¶ 오늘은 온 식구가 함께 놀러 가나 보다.

가나오나 = 오나가나. ¶ 가나오나 바쁘다.

가난하다 * 살림살이가 어렵다. {가난뱅이. 가난타령. 찰가난.}
☞ 빈곤하다.

가납부(加納付) ㉚ ⇨ 임시 납부.

가납하다(假納~) ㉚ ⇨ 임시로 바치다. 임시로 내다.

가냘프다 * 사람의 몸, 팔다리, 목소리가 몹시 가늘고 약하다. ¶ 허리가 가냘프다. 몸매가 가냘프다. 목소리가 가냘프다.
☞ 가녀리다.

가네가타(가네가다)〔金型〕㉚ ⇨ 쇠거푸집.

가네자시〔矩差〕㉚ ⇨ 곱자.

가네키리〔金切〕㉚ ⇨ 쇠톱.

가녀리다 * 물건이나 사람의 몸, 팔다리, 목소리가 가늘고 약하다.

☞ 가냘프다.

가녈스럽다 〈 거년스럽다. ⸪ 가난하고 어려운 데가 있다.

가녈 = 가장자리. ⸪ 물체의 둘레나 끝부분. 공간에는 쓰지 않음.
☞ 가.¹

~가 놈(哥~) * 어느 성을 쓰는 사람. ¶ 김가 놈. 박가 놈. 이가 놈.
☞ ~가.⁴

가느디가늘다 ⇨ 가늘디가늘다. ⸪ 매우 가늘다.

가는귀먹다 * 작은 소리를 잘 알아듣지 못할 정도로 귀가 조금 먹다.
☞ 귀먹다.

가는눈 * 가늘게 뜬 눈. * 눈을 뜬 모양. ¶ 가는눈을 하고 책을 본다.
☞ 실눈.

가는대 = 아기살. ⸪ 적군에게 알림장을 보내는 화살.
☞ 우는살. 화살.

가는베 * 가는 올로 곱게 짠 삼베. ¶ 열두서너 새 가는베. 가는베 두 필.
☞ 굵은베.

가는소금〔精製鹽〕* 여러 번 곤, 잘고 흰 소금.
☞ 굵은소금. 왕소금.

가는 쪽쪽 ⇨ 가는 족족.

가는 척한다 = 가는 체한다.
☞ 척하다. 체하다.¹

가는체 = 고운체. ⸪ 올이 가늘고 구멍이 잔 체. ¶ 가는체로 밀가루를 친다.
☞ 굵은체.

가는허리〔細腰〕= 잔허리. ⸪ 잘록하게 들어간 허리의 뒷부분.

☞ 진허리.

가늘다 * 너비가 짧고 길게 뻗다. ¶ 가는 목소리. 가는 빗줄기. 허리가 가늘다.
☞ 좁다.

가늘다랗다 ⇨ 가느다랗다.

가늠 * 짐작하는 일이나 헤아려 보는 일. {가늠값. 가늠구멍. 가늠쇠. 가늠자. 가늠표. 눈가늠. 발가늠. 손가늠.} ¶ 가늠이 가다. 가늠을 보다.
☞ 가름.

가늠추(~錘) = ①평형추. ②다림추.

가늠하다 * 미루어 짐작하다. ⁑ 수준. 정도. 상황. 형편.
☞ 가름하다. 갈음하다. 겨누다.

가능성(可能性) * 앞으로 실현될 수 있는 성질. ¶ 가능성이 보이다.
☞ 소지.[2] 싹수.

가능케(可能~) = 가능하게. ⁑ 울림소리 뒤에는 'ㅏ'만 줆.

가능하느냐?(可能~) [그] ⇨ 가능하냐? ⁑ 그림씨에는 '~냐'를 붙임.

가능한 한(可能~限) ⇨ 가능하면. 될 수 있는 대로. ¶ 가능하면 하지 마라.

가다[1]**(가타)** 〔型〕 [왜] ⇨ 거푸집. 골. 본. 틀. 판.

가다[2]**(가타)** 〔形〕 [왜] ⇨ 꼴. 본. 본보기.

가다[3]**(가타)** 〔肩〕 [왜] ⇨ ①어깨. ②깡패. 불량배.

가다꾸리 〔片栗〕 [왜] ⇨ ① 얼레짓가루. ②감자녹말. ③녹말가루.

가다듬다 * ①정신, 생각, 마음 따위를 바로 차리거나 다잡다. ②몸가짐, 매무새 따위를 바르게 하다. ③목청, 숨 따위를 고르다. ④조직, 대열 따위를 바로 다스리고 꾸리다.
☞ 다듬다.

가다마이(가타마에) 〔片前〕 [왜] ⇨ 홑자락. 홑자락 양복.

가다와꾸(가타와쿠) [왜] ⇨ 거푸집.

가닥 * ①한군데서 갈려 나온 줄. ¶ 가닥이 지다. ② 하나치. ¶ 한 가닥.
☞ 가락.[2]

가닥가닥이 = 가닥마다.

가닥머리 ⇨ 가랑머리. 양태머리.

가당찮다 = 가당하지 않다. ⁑ 울림소리 뒤에는 'ㅏ'만 줆.

가대기 * 짐을 갈고리로 찍어 메고 나르는 일. ¶ 가대기 치다.
☞ 까대기. 목도.[1]

가댁질 * 서로 잡으려고 쫓고 달아나며 뛰노는 아이들 장난.
☞ 가동질.

가던 말던 ⇨ 가든 말든. 가든지 말든지. ⁑ '~든'은 선택을 나타내는 씨끝.

가도[1] 〔角〕 [왜] ⇨ ①모퉁이. ②모서리.

가도[2](假道) [왜] ⇨ 임시 도로. 임시 한길.

가도구(家道具) [왜] ⇨ 세간.

가도집 〔角~〕 [왜] ⇨ 모퉁잇집.

가동거리다 = 가동대다. ⁑ 가동질하다.
☞ 가둥거리다. 가든그리다.

가동질 = 가동이. ⁑ 어린아이의 겨드랑이를 치켜들고 올렸다 내렸다 하며 어를 때, 아이가 다리를 오그렸다 폈다 하는 짓.
☞ 가댁질. 따로따로. 부라질. 세장질. 시장질.

가 되겠습니다 * 올 적 일이나 다짐하는 말. ¶ 나는 교사가 되겠습니다.

☞ ~입니다. ~됩니다.

가두어지다 ⇨ 갇히다.

가둑나무 ⇨ ①떡갈나무. ②졸참나무.

가둥거리다 = 가둥대다. ✽ 몸집 작은 사람이 엉덩이를 자꾸 흔들다.

　☞ 가동거리다. 가든그리다.

가득[1] = 가득히. ✽ 분량, 수효, 냄새가 꽉 찬 모양. ¶ 마당을 가득 메우다.

가득[2](稼得) ㉿ ⇨ 벌이.

가득가득히 〈 그득그득히.

가득하다 ✽ 꽉 차다. ✽ 액체. 고체. 기체. 냄새. ¶ 연기가 가득하다.

　☞ 그득하다.

가든그리다 〈 거든그리다. ✽ 짐을 가든하게 거두어 싸다.

　☞ 가동거리다.

가든지 말든지 = 가든가 말든가. 가든 말든. ✽ '~든'은 선택을 나타냄.

가들거리다 〈 거들거리다. ✽ 잘난 체하며 버릇없이 굴다.

가들막거리다 〈 거들먹거리다. ✽ 신이 나서 잘난 체하며 버릇없이 굴다.

가들막하다 〈 그들먹하다. ✽ 거의 가득 차다.

가들막히 ⇨ 가들막이. ✽ 거의 가득 차게. ¶ 뒤주에 쌀이 가들막이 담겼다.

가등기(假登記) ㉿ ⇨ 임시 등기.

가디간(cardigen) ㉵ ⇨ 카디건. ✽ 털스웨터.

가따끼(ガタキ) ㉿ ⇨ 모진 놈 구실. 나쁜 놈 구실. ✽ 연극. 영화.

가똑똑이(過~) ⇨ 과똑똑이.

가뜩히 ⇨ ①가뜩. 가뜩이. ②가뜩이나.

가라[1] ✽ '가다'의 건너 시킴꼴.

☞ 가거라.

가라[2]〔柄〕㉿ ⇨ ①무늬. ②감. 바탕.

가라[3]〔空〕㉿ ⇨ ①속이 빈. ②헛것. ③거짓. 가짜.

가라[4]〔假〕㉿ ⇨ 임시.

가라[5](collar) ㉿ ⇨ 옷깃. 깃. ✽ 칼라.

가라[6](colour) ㉿ ⇨ ①색. 빛깔. ②개성. 특성. ✽ 컬러.

가라고 해 = 가래. ¶ 빨리 집에 가라고 해.

가라고 했지 = 가랬지. ¶ 어서 가라고 했지.

가라마와리〔空廻〕㉿ ⇨ 헛돌기.

가라말〔黑馬〕 = 검정말. ✽ 털빛이 검은 말.

가라스〔硝子〕㉿ ⇨ 유리.

가라앉다 ✽ ①물에 떠 있거나 섞여 있는 것이 밑바닥으로 내려앉다. ¶ 배가 가라앉다. ②마음, 물결, 바람이 잔잔해지다. ¶ 바람이 가라앉다.

　☞ 내려앉다.[1] 잠기다.[2]

가라오케〔空~〕㉿ ⇨ 노래방. ✽ 녹음 반주로 노래하는 곳.

가락[1] ✽ ①능률. 기분. ✽ 일을 해 나가는 솜씨. ¶ 가락이 나다. 가락을 떼다. ②노래에서 소리의 흐름. ¶ 가락을 받다. 가락이 맞다.

가락[2] ✽ ①길고 가늘게 토막을 친 물건. {가락국수. 가락윷. 엿가락. 젓가락.} ②가락꼬치. 씨앗가락. ✽ 물레에서 쓰는 쇠꼬챙이.

　☞ 가래.[1] 가닥.

가락가락이 = 가락가락. ✽ 한 가락 한 가락씩.

가락꼴〔方錐形〕 = 바른네모뿔. 정사

각뿔.

가락머리 ⇨ 가랑머리. 양태머리.

가락엿 = 가래엿. ✽ 둥글고 가늘게 뽑은 흰엿.

　☞ 갱엿. 검은엿. 타래엿. 흰엿.

가락오락 ⇨ 오락가락.

가락잡이 = 애꾸눈이.

가락지 * ① 손가락에 끼는 두 짝으로 된 고리. ✽ 보석을 박지 않음. {금가락지. 실가락지. 쌍가락지. 옥가락지. 은가락지.} ② 기둥머리나 막대기의 끝 둘레에 감는 쇠테.

　☞ 반지.

가랑니 * 서캐에서 깨어나온 지 얼마 안 된 새끼 이.

　☞ 가랑이. 머릿니. 수퉁니. 옷엣니.

가랑머리 = 양태머리. ✽ 두 가랑이로 땋아 늘인 머리카락.

가랑무우 ⇨ 가랑무. ✽ 밑동이 두세 가랑이로 갈라진 무.

가랑비 * 가늘게 내리는 비. ✽ 이슬비보다 좀 굵은 비.

　☞ 비.

가랑이 * ① 바짓가랑이. ② 끝이 두 갈래로 갈라진 곳. {가랑이지다.}

　☞ 가랑니.

가랑잎 = 갈잎. 갈. ✽ 넓은잎나무의 마른 잎. ¶ 가랑잎 배.

　☞ 넓은잎. 떡갈잎. 바늘잎. 솔잎.

가랑파 ⇨ 실파. ✽ 양념채소인 파의 한 가지.

가래¹ * ① 떡, 엿을 둥글고 길게 늘여 놓은 토막. {가래떡. 가래엿. 떡가래. 엿가래.} ② 하나치. ¶ 떡 두 가래. 엿 한 가래.

☞ 가락.²

가래² = 가래침. ¶ 가래가 끓다. 가래를 뱉다.

가래³ * ① 흙을 파헤치거나 떠서 던지는 농사 연모. {가래질. 가랫날. 가랫바닥. 가랫자루. 가랫줄.} ② 하나치. ¶ 흙 한 가래.

가래꾼 = 가래질꾼. ✽ 가래질을 하는 사람.

가래다 * ① 맞서서 옳고 그름을 따지다. ¶ 철모르는 어린이들을 데리고 가래 보았자 무슨 소용이 있나? ② 방해하거나 해를 끼치다. ¶ 왜 남의 일을 사사건건 가래는 거야?

　☞ 가루다.

가래소리 = 놋소리. 술비소리. 썰소리. 월래소리. ✽ 거문도의 뱃노래 이름.

가래엿 = 가락엿. ✽ 둥글고 가늘게 뽑은 흰엿.

　☞ 갱엿. 검은엿. 타래엿. 흰엿.

가래토시 ⇨ 가래톳. ✽ 사타구니에 생기는 멍울. ¶ 가래톳이 서다.

가랫밥 * 가래로 떠낸 흙덩이.

　☞ 볏밥.

가랬지 = 가라고 했지.

가랭이 ⇨ 가랑이. ¶ 가랑이가 찢어지다.

가량¹(假量) * 가늠. 어림짐작. {겉가량. 속가량. 가량없다.} ¶ 오늘 모임에 몇이나 모일지 가량도 안 된다. ✽ 부정하는 말과 함께 씀.

~가량²(假量) * 정도. ✽ 수량이 확실하지 않음. ¶ 두어 평가량. 한 시간가량.

☞ 남짓. 정도. ~여.² ~쯤.

가량맞다 〈 거령맞다. ‡ 조촐하지 못하여 격에 조금 어울리지 아니하다.

가려내다 = ① 골라내다. ¶ 썩은 것을 가려내다. 불량품을 가려내다. ② 밝혀내다. ‡ 가치. 진실. ¶ 시비를 가려내다. 범인을 가려내다.
☞ 갈라내다.

가려보다 * 분간하여 알아보다. ¶ 고양이도 주인을 가려본다.

가려 보다 ¶ 손바닥으로 얼굴을 가려 보다.

가려움 * 긁고 싶은 느낌. ¶ 가려움 때문에 잠을 자지 못하다.
☞ 간지럼.

가려잡다 = 골라잡다. ‡ 일, 물건, 날짜를 골라서 정하다.

가력되다 = 개력하다. ‡ 산천이 변하여 옛 모습이 없어지다.

가렵다 * 벌레에 물리거나 무엇이 나서 긁고 싶다. ¶ 머리가 가렵다.
☞ 간지럽다. 근지럽다.

가령(假令) ⇨ 이를테면. 보기를 들면.
☞ 만약.

가로 * 왼쪽에서 오른쪽으로 난 방향. {가로결. 가로금. 가로길이. 가로거치다. 가로놓다. 가로눕다. 가로서다. 가로쓰다. 가로안다.}
☞ 세로.

가로글씨 = 가로문자. ‡ 글줄을 가로로 쓰는 로마자, 아라비아 글자의 글씨.
☞ 내리글씨. 세로글씨.

가로나비 = 나비. ‡ 옷감을 가로로 잰 길이.

☞ 너비. 넓이.

가로넓이 ⇨ 가로나비.

가로누이다 = 가로눕히다. ‡ '가로눕다'의 하임.

가로다지 * ① 가로로 된 방향. ② 가로지른 물건.

가로닫이 * 가로로 여닫는 창이나 문.
☞ 내리닫이. 미닫이. 여닫이.

가로대 = ① 가름대. ② 저울대. ③ 가로장. ④ 가르새.

가로되 = 가라사대. ‡ '말씀하시되'의 글말.

가로막다 * ① 앞을 막아 가지 못하거나 통하지 못하게 하다. ¶ 길을 가로막다. ② 하지 못하게 방해하다. ③ 보이지 않게 가리다. ¶ 눈앞을 가로막다.
☞ 막다.

가로새다 * ① 슬그머니 빠져나가다. ¶ 눈치채지 못하게 가로새다. ② 이야기가 다른 쪽으로 빗나가다. ③ 어떤 내용이나 비밀이 밖으로 새다.
☞ 새다.²

가로쓰기 〔橫書〕 * 글씨를 가로로 써 나가는 법. ‡ 왼쪽에서 오른쪽으로 쓰는 한글. 오른쪽에서 왼쪽으로 쓰는 헤브루 글자 따위.
☞ 세로쓰기.

가로외(~椳) = 눈외. 누운외. 누울외. ‡ 흙벽 속에 가로로 대는 외.
☞ 선외. 세로외.

가로채다 = 가로차다. ‡ ① 갑자기 쳐서 빼앗다. ¶ 가로채 가다. ② 남의 것을 옳지 않은 방법으로 빼앗다. ¶ 남의 땅을 가로채다. 공사비를 가로채다. ③ 남이 말하는데 끼어들어 못하게 하다. ¶ 남의 말을 가로채다.

가로톱 = 동가리톱. 동톱. ‡ 자르는 톱. ☞ 내릴톱. 세로톱. 장톱. 켤톱.

가료하다(加療~) 옘 ⇨ 치료하다.

가루 * 아주 작은 알갱이. {가루내기. 가루눈. 가루모이. 가루받이. 가루분. 가루붙이. 가루비누. 가루약. 가루우유. 가루젖. 가루집. 가루차. 가루탄. 가룻국. 겉가루. 날가루. 번가루. 속가루. 겨잣가루. 계핏가루. 고깃가루. 고춧가루. 깻가루. 녹말가루. 달걀가루. 떡가루. 메밀가루. 메줏가루. 무룃가루. 미숫가루. 밀가루. 박산가루. 보릿가루. 사탕가루. 쌀가루. 얼레짓가루. 엿기름가루. 잣가루. 조핏가루. 찹쌀가루. 콩가루. 팥가루. 후춧가루. 건칠가루. 금가루. 꽃가루. 돌가루. 분가루. 뼛가루. 송홧가루. 쇳가루. 은가루. 탄가루. 횟가루. 흙가루.} ¶ 분필 가루. 가루가 곱다. 가루를 내다. ☞ 분말.

가루것 ⇨ ① 가루붙이. ② 가루음식.

가루다 * ① 맞서서 견주다. ¶ 시비를 가루다. ② 자리를 함께 나란히 하다. ☞ 가리다.[2] 가래다.

가루붙이 * 음식의 재료가 되는 가루. ‡ 흔히 밀가루를 일컬음.

가루음식(~飮食) * 가루로 만든 음식. ‡ 흔히 밀가루로 만든 음식을 말함.

가루지 ⇨ 가로지. ‡ 창호지의 결.

가륜비국(可倫比國) ⇨ 콜롬비아. ‡

나라 이름.

가률(加律) ⇨ 가율. ‡ 니은이나 홀소리 뒤에는 '율'임.

가르다 * ① 칼로 복판을 그어 따로 떨어지지 않게 두 쪽으로 나누다. ¶ 생선의 배를 가르다. ② 여러 개 있는 것을 몇 사람이 노느다. ¶ 몫몫이 가르다. ③ 쪼개거나 나누다. ¶ 수박을 세 조각으로 가르다. ☞ 나누다. 노느다. 자르다. 쪼개다. 타다.[3]

가르라 * '가르다'의 건너 시킴꼴. ☞ 갈라라.

가르마 * 머리카락을 이마에서 정수리까지 양쪽으로 가를 때 생기는 금. {가르마꼬챙이. 가르맛자리. 앞가르마. 뒷가르마.} ¶ 가르마 타다. ☞ 가리마.

가르쳐지고 있다 ⇨ ① 가르치다. ② 가르치고 있다.

가르치다 * ① 지식, 기술, 이치를 깨닫거나 알게 하다. ¶ 예의를 가르치다. ② 버릇을 바로잡아 주다. ¶ 못된 놈을 단단히 가르쳐야겠다. ☞ 가리키다.

가르친사위 = 꼭두각시. 망석중이. ‡ 줏대가 없는 사람.

가르키다 ⇨ ① 가르치다. ② 가리키다.

가름 * ① 분리. ② 구분. ③ 분별. ④ 판가름. ‡ 가르다. ☞ 가늠. 갈음.

가름끈 = 갈피끈. 보람줄. ‡ 책갈피에 박아 넣은 끈. ☞ 갈피표. 책갈피표

가름대 * ① 가로대. ② 수판의 윗알과

아래알 사이에 가로로 댄 나무.

가름돌 = 가른돌. ‡ 반듯한 모양으로 쪼갠 돌.

☞ 거친돌. 다듬돌. 막돌.

가름옷 〔外出服〕 ⇨ 갈음옷. 나들이옷.

가름짓다 ⇨ 가름하다.

가름하다 * ①나누다. ②이기고 짐, 좋고 나쁨, 옳고 그름을 드러내다.

☞ 가늠하다. 갈음하다. 갸름하다. 판가름하다.

가리[1] = 가리새. ‡ 일의 갈피와 조리. ¶ 가리를 잡을 수 없다.

가리[2] * 고기를 잡는 연모. {가리질하다.} ¶ 가리로 고기를 잡다.

가리[3] * ①곡식이나 나무를 차곡차곡 쌓은 더미. {낟가리. 노적가리. 볏가리. 장작가리. 짚가리.} ② 삼 껍질을 몇 꼭지씩 한데 묶은 것. ③하나치. ¶ 장작 한 가리. 볏짚 두 가리. ‡ 한 가리는 스무 단.

☞ 갈이.[3]

가리[4] ⇨ 갈비. {소갈비(쇠갈비). 돼지갈비.}

가리[5](加里. kali) ⇨ 칼리. ‡ 화학 약품.

가리가리 = 갈가리. ‡ 여러 가닥으로 갈라진 꼴. ¶ 마음이 가리가리 찢기다.

☞ 갈갈이. 갈기갈기.

가리개 = 머릿병풍. ‡ 두 폭으로 만든 큰 병풍.

가리나무 * 갈퀴로 긁어모은 땔나무.

☞ 갈비.[1] 솔가리.

가리다[1] * 보이지 못하게 막거나 감추다. ¶ 가려 놓다. 눈물이 앞을 가리다.

☞ 막다.

가리다[2] * ①여럿 가운데서 고르거나 뽑다. {가려먹다.} ¶ 가려 내다. 가려 베다. 가려 뽑다. ②구분하거나 나누다. ¶ 가려 놓다. 가려 두다.

☞ 고르다.[3] 뽑다. 따지다.

가리마 * 여자가 큰머리 위에 덮어쓰는 검은 헝겊.

☞ 가르마.

가리반(가리방) 〔~版〕 [왜] ⇨ 줄판.

가리사니 = 가리산. ‡ ①사물을 판단할 만한 지각. ¶ 가리사니 없다. ②판단할 실마리. ¶ 가리사니를 잡을 수 없다.

가리산지리산 = 지리산가리산. ‡ 질서가 없어 갈피를 잡지 못하는 일.

☞ 갈팡질팡.

가리새[1] = 가리. ‡ 일의 갈피와 조리. ¶ 가리새를 모르다.

☞ 갈피.[1]

가리새[2] * 흙으로 만든 그릇에 무늬를 새기는 연모.

가리아게 〔刈上〕 [왜] ⇨ 치켜깎기. ‡ 머리 모양.

가리우다 ⇨ 가리다. ‡ 보이지 못하게 막거나 감추다.

가리움(Kalium) [왜] ⇨ 칼륨. ‡ 화학.

가리워지다 ⇨ 가리어지다. 가려지다. ‡ '가리다'의 입음.

가리즈리 〔假刷〕 [왜] ⇨ 애벌찍기. ‡ 인쇄.

가리치다 ⇨ ①가르치다. ②가리키다.

가리키다 * 손가락이나 고갯짓, 눈짓으로 어떤 방향이나 대상을 집어서 보이거나 말하거나 알리다. ¶ 서쪽 하늘을 가리키다.

☞ 가르치다. 손가락질하다.

가리탕(~湯) ⇨ 갈비탕. 갈빗국.

가마[1] * 소용돌이 모양으로 난 머리 자리. ¶ 이 애는 가마가 둘이다.

가마[2] * 숯, 벽돌, 질그릇을 굽는 굴. {가마구이. 가마재임. 가마터. 가마호수. 기왓가마. 숯가마.} ¶ 옹기 가마. 한증 가마.

가마[3] * 사람이 매고 다니는 탈것. {가마꾼. 가마뚜껑. 가마멀미. 가마채. 가맛바람. 가맛바탕. 가맛방석.} ¶ 가마를 타다. 가마에 태우다.

가마[4] = 가마솥. ⁑ 아주 크고 우묵한 솥. {가마굽. 가마솔. 가맛바가지. 가맛밥. 가맛전. 딴가마. 소죽가마. 한뎃가마. 가마솥더위.} ¶ 가마를 걸다.

가마굴 = 부엌통. ⁑ 기왓가마나 옹기 가마의 아궁이.

가마니 = 가마. ⁑ ① 짚으로 만든 큰 부대. {가마니바늘. 가마니틀. 가마닛동. 가마통. 쌀가마니.} ② 하나치. ¶ 쌀 한 가마니. 소금 한 가마니.

가마때기 = 가마니때기. ⁑ 무엇을 넣을 수 없을 만큼 낡은 가마니 조각.

가마떼기 * 질그릇 품삯을 옹기 한 가마에 얼마씩 도거리로 쳐서 주는 일.

~**가마리** * 그러한 사람. {걱정가마리. 구경가마리. 놀림가마리. 맷가마리. 욕가마리. 웃음가마리.}

☞ 감.[3] ~거리.[2]

가마보코 [왜] ⇨ 어묵. 생선묵.

☞ 오뎅.

가마솥 = 가마. ⁑ 크고 우묵한 솥. ¶ 가마솥을 걸다.

☞ 곱돌솥. 노구솥. 다갈솥. 옹솥. 옹달솥.

가마싸움 = 자라쌈. ⁑ 팔월 한가위에 하는 겨레놀이의 하나.

가마지다 ⇨ 가매지다. ⁑ 가맣게 되다.

가마치 ⇨ 눌은밥.

가마타기 = 손가마. ⁑ 어린이의 놀이 이름.

가막부리 = 먹줄펜. 새부리. ⁑ 제도할 때 쓰는 펜.

가막소 ⇨ 감옥. ⁑ 교도소.

가막조개 = 가무라기. 가무락조개. 모시조개. 재첩. ⁑ 조개의 한 가지.

가만 = 가만히. ⁑ ① 아무 말 없이. ② 그냥 그대로. ③ 곰곰이. ¶ 가만히 생각하다. ④ 남의 말이나 행동을 막는 말. ¶ 가만, 더 말하지 마라.

가만두다 * 건드리지 않고 그대로 두다. ¶ 너를 가만두지 않겠다.

☞ 그냥 두다. 그만두다.

가만있거라 ⇨ 가만있어라. ¶ 가만있어라, 이게 누구더라?

가만 있어라 ¶ 너는 나서지 말고 가만히 있어라.

가만있자 ¶ 가만있자, 이게 누구더라?

가만 있자 ¶ 우리는 나서지 말고 가만 있자.

가매 * 가니까. 가므로. 가는 까닭에. ⁑ 어떤 사실을 전체적으로 인정함.

☞ 감에.

가매장하다(假埋葬~) [왜] ⇨ 임시로 묻어 두다.

가멸차다 * 재산이 매우 많고 살림이 풍족하다.

☞ 야멸치다.

가명(假名) ⑲ ⇨ ①가짜 이름. ②임시 이름.

　☞ 관명. 별명. 별호. 본명. 아명. 아호. 자.² 호.²

가무락조개 = 가막조개. 가무라기. 모시조개. 재첩. ＊조개의 한 가지.

가무러지다 ＊ 정신이나 불꽃이 가물가물해지다.

가무러치다 ＊ 정신을 잃고 죽은 사람처럼 되다.

가무스레하다 = 가무스름하다.

가무잡잡하다 〈 거무접접하다. ¶ 가무잡잡한 살갗.

가무족족하다 〈 거무죽죽하다. ＊ 칙칙하고 고르지 않게 가무스름하다.

가무퇴퇴하다 〈 거무튀튀하다. ＊ 탁하게 가무스름하다.

가무틱틱하다 ⇨ 가무퇴퇴하다.

가물 = 가뭄. ＊ 오랫동안 비가 내리지 않아 메마른 날씨. {가물철. 땅가물. 봄가물. 불가물. 왕가물. 첫가물.} ¶ 가물 때. 가물이 들다. 가물을 타다.

　☞ 장마.

가물가물 〈 거물거물. ＊ ①약한 불빛이 사라질 듯 말 듯 움직이는 모양. ②멀어서 보일 듯 말 듯 한 모양. ③정신이 희미한 모양. {가물가물하다.}

　☞ 가뭇가뭇. 감실감실.² 아물아물.

가물거리다 = 가물대다. ¶ 멀리서 불빛이 가물거리다. 정신이 가물거리다.

　☞ 아물거리다.

가물음 ⇨ 가뭄. 가물.

가물철 = 가뭄철. ＊ 가물이 드는 철.

가뭄 = 가물. {가뭄더위. 가뭄못자리. 가뭄해. 왕가뭄. 찔레꽃가뭄.}

　☞ 장마.

가뭇가뭇 〈 거뭇거뭇. ＊ 군데군데 가무스름한 모양.

　☞ 가물가물.

가뭇없다 ＊ ①보이던 것이 사라져 찾을 곳이 없다. ¶ 가뭇없는 집터. ②눈에 띄지 않게 감쪽같다. ¶ 요술쟁이의 손에서 비둘기가 가뭇없이 사라졌다.

가뭇하다 = 가무스름하다. ＊ 조금 검은 듯하다.

가바야키〔蒲燒〕⑲ ⇨ 장어구이.

가발(假髮) ⑲ ⇨ ①덧머리. ②다리. 딴머리.

가배일〔秋夕〕 = 가배절. 가위. 가윗날. 한가위.

가버리다 ⇨ 가 버리다.

가버치 ⇨ 값어치.

가병(假病) ⑲ ⇨ 꾀병.

가보다 ⇨ 가 보다.

가본듯 하다 ⇨ 가 본 듯하다.

가본적 없다 ⇨ 가 본 적 없다.

가본지 오래되다 ⇨가 본 지 오래되다.

가볼 만하다 ⇨ 가 볼 만하다.

가봄 직하다 ⇨ 가 봄 직하다.

가봉하다(假縫~) ⑲ ⇨ 시침바느질하다.

가부라〔鏑〕⑲ ⇨①접단. ②끝 접기.

가부시끼〔株式〕⑲ ⇨ ①고본. ＊ 주식. ②추렴. ③얼렁장사. ＊ 동업.

가부장제 문화(家父長制文化) ⇨ 가부

장제. 가부장제 사회.

가불(假拂) ㉾ ⇨ ①당겨쓰기. ②미리 주기. ＊ 임시 지급. 선지급.

가불금(假拂金) ㉾ ⇨ ①당겨 쓴 돈. ②미리 준 돈. ＊ 임시 지급금.

가붓히 ⇨ 가붓이. ＊ 조금 가벼운 듯이.

가빠(capa) ＊ ①비옷. ②덮개.

가뿌다 ⇨ 가쁘다. ＊ ① 숨이 차다. ¶ 숨이 가빠 오다. ②힘에 겹다.

가뿐가뿐 = 가뿐가뿐히.

가뺏가뺏 = 가뺏가뺏이.

가뿐이 ⇨ 가뿐히. ¶ 할머니를 가뿐히 업고 장에 갔다.

가뺏히 ⇨ 가뺏이. ＊ 조금 가벼운 듯이.

가사리[1] = ①우뭇가사리. ②풀가사리. 풀가시. ＊ 바닷말의 한 가지. ☞ 가시리.

가사리[2] ＊ 돌고기의 새끼.

가사용(假使用) ㉾ ⇨ 임시 사용.

가사일(家事～) ⇨ 살림살이. 집안일.

가살꾼 = 가살이. 가살쟁이. ＊ 버릇으로 얄망궂은 말과 행동을 하는 사람.

가살 떨다 = 가살 부리다. 가살 쓰다. 가살 피우다.

가삼(家蔘) ＊ 심어 가꾼 인삼. ☞ 경삼. 산삼. 인삼. 장로. 장뇌. 포삼.

가상자리 ⇨ 가장자리. 가.

가새 ⇨ 가위.

가새주먹 ⇨ 가위바위보. 묵찌빠. ＊ 놀이의 한 가지.

가새표 = 가위표. ＊ 틀린 것을 나타내거나 글자를 일부러 숨기는 × 표.

가생이 ⇨ 가장자리. 가.

가서〔느〕 = 가설랑. 가설랑은. ＊ 말을 하다가 말이 막힐 때 내는 군소리.

가석방(假釋放) ㉾ ⇨ 임시 석방.

가설라믄〔느〕 ⇨ 가설랑은. 가설랑. 가서.

가성소다(苛性soda) ㉾ ⇨ 양잿물. ＊ 수산화나트륨.

가소 = 가오. ＊ ‘가다’의 베풂꼴, 물음꼴, 하임꼴.

가소로히(可笑～) ⇨ 가소로이. ＊ 가소롭게.

가소린(gasoline) ㉾ ⇨ 가솔린. ＊ 휘발유. 기름.

가속화시키다(加速化～) ⇨ 더 빠르게 하다. ＊ 가속하다.

가속화하다(加速化～) ⇨ 더 빠르게 하다. ＊ 가속하다.

가송치(假送致) ㉾ ⇨ 임시 송치.

가수금(假受金) ㉾ ⇨ 임시로 받은 돈.

가수용(假收用) ㉾ ⇨ 임시 수용.

가슬가슬하다〈 거슬거슬하다. ＊ ①살결이나 물건의 거죽이 가칠하거나 빳빳하다. ¶ 턱수염이 가슬가슬하다. ②성질이 매우 까다롭다. ☞ 고슬고슬하다.

가슴 ＊ ①몸통에서 젖이 있는 부분. {가슴너비. 가슴둘레. 가슴살. 가슴샘. 가슴소리. 가슴앓이. 가슴통. 가슴판. 가슴호흡. 가슴힘살. 맨가슴. 새가슴. 앙가슴. 앞가슴. 옷가슴. 젖가슴.} ¶ 가슴을 치다. 가슴에 칼을 품다. ②마음이나 생각. {냉가슴. 생가슴. 참새가슴. 한가슴.} ¶ 가슴에 멍이 들다. 가슴에 못 박다. 가슴에 새기다. 가슴에 불이 일다. 가슴을 앓다. 가슴을 저미다. 가슴을 태우다. 가슴이 뜨겁다. 가슴이 미어지다. 가슴이 벅차다. 가슴이 서늘하다. 가슴이 아리다. 가슴이 저리다. 가슴이 찔리다. 가슴이 찢어지다. 가슴이 타다. 가슴이 터지다. 가슴이 트이다.

☞ 품.²

가슴노리 ⇨ 가슴놀이. ＊ 가슴에서 맥박이 뛰는 곳.

가슴속 = 마음속. ¶ 가슴속에 응어리가 맺히다.

가슴 속 ＊ 갈비뼈의 안쪽. ¶ 가슴 속에 허파가 있다.

가슴숨 = 가슴숨쉬기. ＊ 흥식 호흡.

☞ 뱃숨. 어깻숨.

가슴츠레하다 ＊ ① 옳고 그름의 구별이나 하는 일 따위가 분명하지 아니하다. ② 졸리거나 취하여 눈이 감길 듯하다. ¶ 눈을 가슴츠레하게 뜨고 졸다.

가슴치레하다 ⇨ 가슴츠레하다.

가슴패기 = 가슴팍. ＊ 앞가슴의 판판한 부분.

가승계하다(假承繼~) ⑨ ⇨ 임시로 맡다. ＊ 임시 승계하다.

가시¹ ＊ ① 바늘처럼 돋친 것. {가시나무. 가시못. 가시밭. 가시밭길. 가시섶. 가시줄. 가시철. 가시철사. 가시철조망.} ¶ 선인장 가시. 장미 가시. ② 물고기의 잔뼈. ¶ 목에 가시가 걸리다. ③ 미운 사람. {눈엣가시.}

가시² = 꿈지러기. ＊ 음식물에 생긴 구더기.

가시³ = 아내. {가시아비. 가시어미. 가시집. 가시할아비. 가시할미.}

가시내 ⇨ 계집아이.

가시눈 ＊ 날카롭게 쏘아보는 눈. ¶ 가시눈으로 쳐다보다.

☞ 가자미눈. 게눈.¹ 도끼눈.

가시다¹ ＊ ① 본디 꼴이 없어지거나 달라지다. ¶ 감기가 가시다. 어둠이 가시다. ② 깨끗이 씻다. ¶ 소금물로 입을 가시다.

☞ 헹구다.

가시다² ＊ ① ‘가다’의 높임말. ② 돌아가시다. ＊ ‘죽다’의 높임말.

가시덤불 = 가시밭. ¶ 가시덤불을 헤치고 앞으로 나가다.

가시라기 ⇨ ① 가시랭이. ② 까끄라기.

가시랭이 ＊ 풀이나 나무의 가시 부스러기.

☞ 까끄라기.

가시리 ＊ 고려 때에 지은 노래 이름 ☞ 가사리.¹

가시버시 = 안꽈. ＊ 부부.

가시설(假施設) ⑨ ⇨ 임시 시설.

가시연꽃(~蓮~) = 가시연. 개연. ＊ 수련과의 한해살이풀.

가시줄 = 가시쇠줄. 가시철사. ＊ 가시철을 꽂은 철사.

가시철(~鐵) ＊ 가시철사에 꽂는 가시 모양의 철사 토막.

가식상(假植床) ⑨ ⇨ 임시 모판.

가식하다(假植~) ⑨ ⇨ 임시로 심다.

가실가실하다 ⇨ 가슬가슬하다.

가심 ＊ 깨끗이 씻어 내는 일. {볼가심. 부앗가심. 약가심. 입가심. 진부정가심. 집가심.}

가심질 * ① 가심. ② 파거나 깎아 낸 자리를 가심끌로 곱게 다듬는 일.

가십란(gossip欄) ⇨ 가십난. ⁑ 서양말 뒤에는 '난'임.

가압류하다(假押留～) [왜] ⇨ 임시로 잡아두다.

가야(伽倻) * 옛 나라 이름. ⁑ 낙동강가에 있던 여섯 나라 이름. 금관가야. 아라가야. 고령가야. 대가야. 성산가야. 비화가야(소가야).

가얏고(伽倻鼓) ⇨ 가야금.

가없은 〔그〕 ⇨ 가없는. ⁑ 있다, 없다, 계시다'에는 '는'이 붙음.

가에다마 〔替玉〕 [왜] ⇨ 대신 노릇.

가여운 = 가엾은.

가여웁다 ⇨ 가엽다. 가엾다.

가여워라 = 가엾어라.

가역(假驛) [왜] ⇨ 임시 역.

가열차다(苛烈～) ⇨ 가열하다.

가열하다(苛烈～) * 싸움이나 경기 따위가 가혹하고 격렬하다.
☞ 야멸치다.

가엽다 = 가엾다. ⁑ 가엽고. 가엽구나. 가엽지. 가엽도다. 가여우니. 가여운. 가여우면. 가여워. 가여워도. 가여워라. 가여웠다.

가엾다 = 가엽다. ⁑ 정신적으로 어려운 손아랫사람에게 쓰는 말. ⁑ 가엾고. 가엾으니. 가엾어. 가엾어라. 가엾으면. 가엾은. 가엾지. 가엾이.
☞ 불쌍하다.

가영수증(假領收證) [왜] ⇨ 임시 받음표. ⁑ 임시 영수증.

가영치(假領置) [왜] ⇨ 임시 맡음. 임시 맡아둠. ⁑ 임시 영치.

가오리 * 노랑가오리, 살홍어, 홍어, 전기가오리를 통틀어 일컫는 이름. {가오리무침. 가오리백숙. 가오리어채. 가오리탕. 가오릿과. 가오릿국.}
☞ 홍어.

가오리연(～鳶) = 꼬빡연. ⁑ 연의 한 가지. ¶ 가오리연을 날리다.

가오리흥정 * 흥정하다가 잘못하여 도리어 값을 올리게 된 흥정.
☞ 흥정.

가오다시 〔顔出～〕 [왜] ⇨ ① 우두머리. ⁑ 장사꾼. ② 얼굴 내밀기.

가오마담 〔顔madam〕 [왜] ⇨ 얼굴 마담.

가옥[1](家屋) * 사람이 사는 집. {가옥대장. 가옥세.}

가옥[2](假屋) [왜] ⇨ 임시 건물.
☞ 까대기.

～가웃 ⇨ ～가웃. ⁑ 수량 하나치의 절반 정도의 분량.

가욋사람(加外～) = 군사람. ⁑ 필요없는 사람.

가요(歌謠) = ① 대중가요. ② 민요. ③ 동요. ④ 악가. 속요.
☞ 노래. 가곡.

가요제(歌謠祭) [왜] ⇨ ① 노래잔치. ② 노래자랑.

가운데 * ① 길이, 넓이, 부피의 한가운데. ② 일을 하는 도중. ③ 사이. 틈. ④ 일정한 대상이 포함되는 범위. {가운데뜰. 가운데층. 가운뎃소리. 가운뎃점. 가운뎃줄. 가운뎃집.} ⁑ 공간적, 시간적, 추상적인 데 두루 씀.
☞ 속.[1] 안.[1]

가운데다리 ⇨ 가운뎃다리.

가운데아버지 = 둘째아버지. ‡ 아버지의 삼 형제 가운데 둘째 되는 사람.

가운데어머니 = 둘째어머니. ‡ 둘째아버지의 아내.

가운데톨 * 세톨박이 밤의 가운데 박힌 밤톨.
　☞ 가톨.

가운뎃다리 * ①벌레의 배에 붙은 다리. ②다리밑자루. ‡ 남자의 거시기.

가운뎃손가락 〔長指〕 = 장짓가락. ‡ 셋째 손가락.

~가웃 * 수량 하나치의 절반가량. {되가웃. 말가웃. 자가웃. 나절가웃.}
　☞ ~아웃.

가웅예(假雄蕊) ㉄ ⇨ 헛수술. ‡ 꽃.

가위[1] * 종이나 옷감, 함석을 자르는 연모. {가위꼴. 가위다리봉사. 가위다리양자. 가위다리차. 가위뛰기. 가위바위보. 가위질. 가위춤. 가윗밥. 꽃가위. 나무가위. 다듬가위. 양철가위. 쪽가위. 찬가위. 함석가위.}

가위[2] * 꿈에 나타나는 무서운 귀신. {가위눌리다.}

가위[3] = 한가위. 가윗날. 한가윗날. 가배. ‡ 추석.

가위[4](可謂) * ①이르자면. 그야말로. 이른바. ②과연. 정말은. 참으로.
　☞ 가히.

가위다리 * ① 가위의 손잡이. ②× 꼴.
　¶ 가위다리를 치다.

가위바위보 = 묵찌빠. ‡ 손가락으로 하는 놀이의 한 가지.

가위손[1] * 삿자리 둘레에 천 같은 것을 빙 돌려댄 부분. 또는 그 천.

가위손[2] * 그릇이나 냄비의 손잡이. ‡ 가위로 머리를 깎는 사람의 손이 아님.

가위탁(假委託) ㉄ ⇨ 임시 위탁.

가위표 = 가새표. ‡ × 표.

가윗날[1] = 가위. 한가위. 가배. ‡ 추석.

가윗날[2] * 가위에서 물건을 자르는 날카로운 부분.

가으내 = 한가을 내내.

가을 * 네 철 가운데 하나. {가을갈이. 가을걷이. 가을걷이철. 가을고치. 가을꽃. 가을꿀. 가을날. 가을누에. 가을마당. 가을맞이. 가을무. 가을밀. 가을바람. 가을밤. 가을밭. 가을배추. 가을벌레. 가을볕. 가을보리. 가을봄. 가을비. 가을빛. 가을뿌림. 가을살이. 가을심기. 가을옷. 가을일. 가을장마. 가을철. 늦가을. 올가을. 지난가을. 첫가을. 초가을. 한가을.}
　☞ 봄. 여름. 겨울.

가을갈이 = 갈갈이. ‡ 가을철에 미리 논밭을 깊게 가는 일.
　☞ 마른갈이. 무논갈이. 봄갈이. 삭갈이. 얼갈이.[2]

가을걷이 〔秋收〕 = 갈걷이. 가을일. 갈일. ‡ 가을에 곡식을 거두어들임.

가을내 ⇨ 가으내. ‡ 가을 내내. 한가을 내내

가을내림 = 가을줄이. ‡ 생각보다 가을 소출이 줄어드는 일.

가을추수(~秋收) ⇨ 가을걷이. ‡ 추수.

가을카리 〔秋耕〕 ⇨ 가을갈이. ‡ 가을에 논밭을 미리 갈아 두는 일.

ㄱ

가을하다 = 가을걷이하다. ⁑ 추수하다.
가이단〔階段〕[왜] ⇨ 층계. 층층대.
가이리 [왜] ⇨ 잔멸치. ⁑ 바닷고기의 하나.
가이없다 ⇨ 가없다. ⁑ 끝이 없다. ¶ 어머니의 가없는 은혜. 가없는 벌판.
가임(家賃) [왜] ⇨ 집세.
가입해두다(加入~) ⇨ 가입해 두다.
가자리〔飾〕[왜] ⇨ 꾸밈. ⁑ 장식.
가자미 * 바닷고기 이름. {가자미식해. 가자미회. 가자밋과.} ⁑ 눈이 오른쪽에 몰려 있음.
☞ 넙치. 도다리.
가자미눈 * 화가 나서 옆으로 흘겨보는 눈.
☞ 가시눈. 고리눈. 도끼눈.
가잠나룻 * 짧고 성기게 난 구레나룻.
☞ 구레나룻. 다박나룻. 텁석나룻.
가장[1] 〔어〕 * 여럿 가운데서 으뜸으로. ⁑ 오직 하나. ¶ 가장 크다. 가장 작다.
☞ 제일. 매우. 최~.
가장[2](家長) * ① 집안 어른. ② 남편.
가장[3](假裝) * ① 태도를 거짓으로 꾸밈. ¶ 우연을 가장하여 접근하다. ② 얼굴이나 몸차림을 남이 알아보지 못하게 꾸밈. {가장무도회. 가장행렬.}
가장귀 * 나뭇가지의 갈라진 부분이나 그렇게 생긴 나뭇가지.
가장이 * 나뭇가지의 몸체 부분. ¶ 가장이에 붙어 있는 나뭇잎.
가장자리 = 가녘. ⁑ 평면의 둘레나 끝부분을 말하고 공간에는 쓰지 않음.
☞ 가.[1] 변두리. 언저리.

가재도구(家財道具) [왜] ⇨ 세간.
가재미 ⇨ 가자미. ⁑ 바닷고기의 하나.
가적(假積) [왜] ⇨ 임시 쌓기. 임시 쌓아두기.
가접수(假接受) [왜] ⇨ 임시 접수.
가정관(假定款) [왜] ⇨ 임시 정관.
가정난(家庭爛) ⇨ 가정란. ⁑ 한자말 뒤에는 '란'임.
가정부(假政府) [왜] ⇨ 임시 정부.
가정용구(家庭用具) = 가구. ⁑ 집에서 쓰는 큰 물건.
가정용품(家庭用品) * 집에서 쓰는 자잘한 물건.
가정집(家庭~) = 살림집. 여염집.
가제목(假題目) [왜] ⇨ 임시 제목.
가조약(假條約) [왜] ⇨ 임시 조약.
가조인(假調印) [왜] ⇨ 임시 조인.
가족(家族) [왜] ⇨ 식구.
가족수당(家族手當) [왜] ⇨ 식구 몫.
가종피(假種皮) [왜] ⇨ 헛씨껍질.
가주권(假株券) [왜] ⇨ 임시 주권.
가주소(假住所) [왜] ⇨ ① 임시 주소. ② 가짜 주소.
가주(加州) ⇨ 캘리포니아. ⁑ 땅 이름.
가죽 * ① 짐승의 질긴 껍질. {개가죽. 돼지가죽. 말가죽. 소가죽(쇠가죽). 사슴가죽. 양가죽. 퓬소가죽. 겉가죽. 날가죽(생가죽). 속가죽. 악어가죽. 참가죽. 털가죽. 통가죽.} ¶ 호랑이 털가죽. ② 가죽으로 만든. {가죽끈. 가죽배. 가죽점퍼. 가죽조끼. 가죽집.} ¶ 가죽 가방. 가죽 구두. 가죽 장갑. 가죽 지갑. ③ 몸의 부분. {낯가죽. 눈가죽. 등가죽. 뱃가죽. 살가죽.}

☞ 껍질. 껍데기.

가죽고리 * ① 구두쇠. 구리귀신. ② 가죽으로 만든 고리.

가죽신 * 가죽으로 만든 신. ⁑ ① 구두. ② 갖신.

가죽피리 = 방귀.

가죽혁대(~革帶) ⇨ 가죽 허리띠.

가즈라(카쯔라)〔假髮〕[왜] ⇨ ① 덧머리. ② 다리. 딴머리.

가즈런하다 ⇨ 가지런하다.

가즌 ⇨ ① 갖은. ⁑ 골고루 다 갖춘. ② 가진. ⁑ 가지다.

가지[1] * 열매채소의 하나. {가지나물. 가지노리개. 가지색. 가짓과. 가짓빛.}

가지[2] * ① 나무나 풀의 큰 줄기에서 뻗은 가는 줄기. {곁가지. 꽃가지. 나뭇가지. 댓가지. 막댓가지. 솔가지. 싸릿가지. 열매가지. 첫가지. 청솔가지.} ¶ 꽃나무 가지. 버드나무 가지. 뽕나무 가지. 소나무 가지. ② 한 곳에서 나뉜 갈래. {가지바늘. 가지번호. 가지창. 산홋가지. 지겟가지.}
☞ 줄기.[1]

가지[3] * ① 모양, 재질, 색깔의 다름에 따라 나누는 말. {가지가지. 가짓수.} ② 하나치. ¶ 세 가지. 다섯 가지.
☞ 종류.

가지가위 = 나무가위. ⁑ 꽃가위. 다듬가위.

가지가지[1] = 갖가지. 갖갖. ⁑ 이런저런 여러 가지. ¶ 생김새도 가지가지였다.

가지가지[2] * 낱낱의 나뭇가지. ¶ 가지가지에 꽃망울이 달렸다.
☞ 각가지.

가지각색(~各色) * 모양이나 성질이 다른 여러 가지. ¶ 옷차림도 가지각색.

가지고 = 갖고. ⁑ 가지다.

가지고르기 = 가지다듬기. 가지자르기. 가지치기. ⁑ 나무 손질.

가지급(假支給) [왜] ⇨ 임시 지급.

가지기 * 혼인을 하지 않고 남의 아내 행세를 하는 홀어미.
☞ 개구멍서방.

가지꽂이 * 꺾꽂이의 한 가지. ⁑ 장미, 동백, 개나리 따위
☞ 잎꽂이. 휘묻이.

가지다[1] = 갖다. ⁑ ① 손에 쥐다. ¶ 가방을 가지고 가다. ② 몸에 띠다. ¶ 추천서를 가지고 찾아가다. ③ 제 것으로 하다. ¶ 주운 돈을 가지다. ④ 아이, 새끼, 알을 배다. ¶ 아이를 가지다. 새끼를 가지다.
☞ 지니다.

가지다[2] ⇨ ① 열다. ② 만나다. ③ 맺다. ④ 드리다. ⑤ 하다. ⑥ 있다. ⑦ 올리다. ¶ 따뜻한 마음씨를 가지다 ⇨ 마음씨가 따뜻하다. 회담을 가지다 ⇨ 회담하다. 만남을 가지다 ⇨ 만나다. 의심을 가지다 ⇨ 의심하다. 인연을 가지다 ⇨ 인연을 맺다. 전시회를 가지다 ⇨ 전시회를 열다.

가지다듬기 = 가지고르기. 가지자르기. 가지치기. ⁑ 나무 손질.

가지런하다 * 긴 물체 여러 개가 한쪽

으로 반듯이 늘어 놓여 있다. ¶이가
가지런하다. 섬돌 밑엔 낯선 구두가
두 켤레 가지런하게 놓여 있다.
☞ 고르다.¹

가지럽다 ⇨ 가즈럽다. ‡ 가진 체하며
뻐기는 티가 있다.

가지불(假支拂) ㉬ ⇨ 임시 지급.

가지뿌리 = 곁뿌리. 옆뿌리. ‡ 나무의
원뿌리에서 갈라져 나간 작은 뿌리.

가지 수(~數) * 나뭇가지 따위의 숫
자. ¶ 큰 나무의 가지 수를 세어 보
다.
☞ 가짓수.

가지정(假指定) ㉬ ⇨ 임시 지정.

가지줄 * 낚싯줄의 본줄에서 가지를
내어 가지바늘을 매는 목줄.
☞ 가짓줄.

가지치기 = 가지고르기. 가지다듬기.
가지자르기. ‡ 나무 손질하는 방법.

가직다 = 가직하다. ‡ 조금 가깝다.
¶ 가직한 곳에 학교가 있다. {가직
이.}

가진 * 가지다. ¶ 사람은 많이 가질수
록 몸가짐을 조심해야 한다.
☞ 갖은.

가진급(假進級) ㉬ ⇨ 임시 진급.

가집행(假執行) ㉬ ⇨ 임시 집행.

가짓말 〈 거짓말. ‡ 참이 아닌 것을 참
인 것처럼 하는 말.

가짓말장이 ⇨ 가짓말쟁이. 〈 거짓말
쟁이.

가짓부렁 = 가짓부렁이. 가짓부리.
가짓불. ‡ 가짓말.

가짓수(~數) * 종류의 수효. ¶ 열매
채소에도 가짓수가 많다.

☞ 가지 수.

가짓줄 * ①아릿줄. ‡ 용총줄에서 갈
려나간 줄. ②주낙에서 모릿줄에 낚
시를 잇는 데 쓰는 줄.
☞ 가지줄.

가짜(假~) = 가짜배기. ‡ 거짓을
참인 것처럼 꾸민 것. {가짜어사.}
¶ 가짜 꿀.
☞ 정작. 정짜.² 조짜. 진짜.

가짢다 ⇨ 같잖다. ‡ 하는 짓이 눈꼴사
납다.

가차 문자(假借文字) = 가차자. ‡ 같
은 글자로 여러 가지 다른 뜻을 나
타내는 한문글자. ‡ 來 = ①보리.
②오다. 北 = ①북쪽. ②도망.
☞ 육서.¹ 문자.¹

가차압(假差押) ㉬ ⇨ 임시로 잡아두
기. 임시 압류.

가찹다 ⇨ 가깝다.

가처분(假處分) ㉬ ⇨ 임시 처분.

가철(假綴) ㉬ ⇨ 임시 묶음.

가청산(假淸算) ㉬ ⇨ 임시 청산.

가체폿장(假逮捕狀) ㉬ ⇨임시 체포장.

가추다 ⇨ 갖추다.

가축¹ * 몸이나 몸가짐이나 물건을 알
뜰히 매만져서 갈무리하거나 거두
는 일. {몸가축. 가축하다.} ¶ 몸을
가축하다.

가축²(家畜) * 집짐승. ¶ 가축을 기르
다. ‡ 개, 소, 말, 돼지, 닭 따위.

가출렴(加出斂) ⇨ 가추렴. ‡ 거둔 뒤
에 다시 더 거둠. {가추렴되다.}

가출옥(假出獄) ㉬ ⇨ 임시 석방.

가출하다(家出~) ㉬ ⇨ (화가 나거나
집이 싫어서 특별한 목적이 없이)

집을 나가다.
☞ 출가하다.[2]

가치 ⇨ 개비. ⁑ 하나치. ¶ 담배 한 개비.

가치담배 = 낱담배. ⁑ 낱개로 파는 담배.

가치다 ⇨ 갇히다. ⁑ '가두다'의 입음. ¶ 감옥에 갇히다.

가치작거리다 〈 거치적거리다. ⁑ 거추장스럽게 자꾸 걸리다.

가치장(假置場) [왜] ⇨ 임시 보관소.

가카리 〔係〕 [왜] ⇨ 맡은 이. 맡은 곳. 맡은 일. ⁑ 담당. 담당자.

가케모치 〔掛持〕 [왜] ⇨ 겹치기.

가케바늘 [왜] ⇨ ① 귀바늘. 코바늘. ② 뜨개바늘. 뜨개질바늘.

가케수리 [왜] ⇨ 왜궤.

가케우동 [왜] ⇨ 가락국수.

가케표 〔× 表〕 [왜] ⇨ 가새표. 가위표.

가쿠 〔額〕 [왜] ⇨ 틀. ⁑ 액자.

가쿠목 〔角木〕 [왜] ⇨ 네모 나무. ⁑ 소각과 대각이 있음.

가쿨막 ⇨ 가풀막. ⁑ 몹시 비탈진 곳.

가타[1](**가다**) 〔肩〕 [왜] ⇨ ① 어깨. ② 불량배. 깡패.

가타[2](**가다**) 〔型〕 [왜] ⇨ ① 틀. ② 거푸집. ③ 골. ④ 판.

가타[3](**가다**) 〔形〕 [왜] ⇨ ① 꼴. ② 본. 본보기.

가타도리 〔型取~〕 [왜] ⇨ 본뜨기.

가타로쿠(가다로구. catalogue) [왜] ⇨ 보기책. 보기표. 목록. ⁑ 카탈로그.

가타마리 〔固〕 [왜] ⇨ ① 덩어리. ② 뭉치.

가타마에(**가다마이**) 〔片前〕 [왜] ⇨ 홑자락. 홑자락 양복.

가타부타(可~否~) = 가하다 부하다. ¶ 가타부타 안 하다.

가타와쿠 [왜] ⇨ 거푸집.

가타카게 〔肩掛〕 [왜] ⇨ 어깨 싸개.

가타쿠리(**가다꾸리**) 〔片栗〕 [왜] ⇨ ① 얼레짓가루. ② 감자녹말. ③ 녹말가루.

가타키 〔敵~〕 [왜] ⇨ 못된 놈 구실. ⁑ 영화, 연극 안에서 맡은 일.

가탈 〈 까탈. ⁑ ① 방해하는 조건. ¶ 가탈이 생기다. ② 트집을 잡아 까다롭게 구는 일. ¶ 가탈을 부리다.
☞ 갈개. 방해. 훼방.

가탈거리다 = 가탈대다. ⁑ 말이 비틀거리며 걷다. {가탈가탈. 가탈걸음.}

가탈스럽다 ⇨ 까다롭다.

가톨 * 세톨박이 밤의 양쪽 가에 박힌 밤톨.
☞ 가운데톨.

가톨릭교(Catholic教) = 천주교. {가톨릭교도. 가톨릭교회.}

가퇴원(假退院) [왜] ⇨ 임시 퇴원.

가파라 ⇨ 가팔라. ⁑ 가파르다.

가파롭다 ⇨ 가파르다. ⁑ 비탈지다.

가파르다 * 산이나 길이 몹시 비탈지다. ⁑ 가파르고. 가파르니. 가파르면. 가팔라. 가팔라서. 가팔라도. 가팔라야.
☞ 강파르다.

가팔막 ⇨ 가풀막. ⁑ 몹시 비탈진 곳.

가팔지다 ⇨ 가풀막지다. ⁑ 비탈지다.

가풀 ⇨ ① 갖풀. ② 까풀.

가피 ⇨ 개비. ⁑ 하나치. ¶ 담배 한 개비.

가필하다(加筆~) [왜] ⇨ ① 덧칠하다.

붓대다. ② 손대다. 고쳐 쓰다.

가해제(假解除) 옙 ⇨ 임시 풀기.

가호(家戶) = 가구. ‡ ①가옥대장에 오른 집. ②집을 세는 하나치.

가히(可~) * ①넉넉히. 능히. ‡ ‘~ㄹ 만하다, ~ㄹ 수 있다, ~ㅁ직하다’ 가 뒤에 옴. ¶ 가히 짐작할 만하다. 가히 먹음직하다. 가히 볼 만하다. ②과연. 전혀. 결코. 마땅히. ‡ 부정하는 말이 뒤에 옴. ¶ 가히 노래와 춤이 없으랴? 가히 선비라 아니 할 수 있나?
☞ 가위.

각가지(各~) * 서로 다른 여러 가지. ¶ 각가지 동물. 각가지 음식.
☞ 갖가지.

각곳(各~) ⇨ 곳곳. 여러 곳. ‡ 각처.

각국들(各國~) ⇨ 여러 나라. ‡ 각국.

각금 ⇨ 가끔.

각깃병(脚氣病) ⇨ 각기병. ‡ 다릿병.

각다귀 * ①꾸정모기. 알락다리모기. ②남의 것을 뜯어먹고 사는 사람.
☞ 깍따구.

각단[1] * 일의 갈피와 실마리. ¶ 각단이 나다. 각단이 막연하다.

각단[2] = 뜸. ‡ 한 동네 안에서 몇 집씩 따로 모여 있는 곳.

각담 * 논밭에서 돌이나 풀을 추려 한쪽에 나지막이 쌓아 놓은 무더기.
☞ 객담.

각목(角木) 옙 ⇨ 네모 나무. ‡ 대각과 소각이 있음.

각방거처(各房居處) = 각방자리. ‡ 한 집에서 각각 다른 방을 씀.
☞ 각불때다. 각불불다.

각반(脚絆) 옙 ⇨ 행전.

각배(各~) * ①한 어미에게서 다른 시기에 태어난 새끼. ②다른 어미.
☞ 한배.

각불때다 = 각불불다. ‡ 따로 떨어져 나가 살림을 하다.
☞ 각방거처. 각방자리.

각서(覺書) 옙 ⇨ 다짐글. 다짐장. ‡ 약조 문서.

각선미(脚線美) 옙 ⇨ 다리맵시.

각설이 = 장타령꾼. ‡ 돌아다니며 장타령을 부르는 동냥아치. {각설이 패.}

각설이 타령 = 장타령.

각성바지(各姓~) * 제가끔 어버이가 다른 사람. ‡ 성씨가 다른 사람.
☞ 각아비자식. 성바지. 타성바지.

각수쟁이(刻手~) ⇨ 각수장이. ‡ ‘~장이’는 제조 기술자.

각시 * ①여자 인형. {각시광대. 각시 도령. 각시방. 각시춤. 부출각시. 제 대각시. 풀각시. 풀각시놀이.} ②아내. ③새색시.
☞ 새아기. 색시.

각시노리 * 농사 연모인 가래의 한 부분 이름.

각시놀이 = 각시놀음. 색시놀이. ‡ 여자 아이들 놀이의 하나.

각시풀 = 갈대. 갈. ‡ 물가에 사는 여러해살이풀 이름.
☞ 억새.

각아비자식(各~子息) = 아비 다른 자식. ‡ 어미는 같음.
☞ 배다른 자식.

각위(各位) 옙 ⇨ 여러분.

각인¹(刻印) ＊ 도장을 새김. 또는 그 도장.

각인²(烙印⇨낙인) ⇨ 불도장. ‡ 쇠로 만들어, 불에 달구어 찍는 도장.

각작거리다 ⇨ 갉작거리다.

각재(角材) ㉾ ⇨ 네모 나무.

각죽거리다 ⇨ 갉죽거리다.

각출렴(各出斂) ⇨ 각추렴. ‡ 돈이나 물건을 거둠.

　☞ 가출렴.

각하하다(却下~) ㉾ ⇨ 물리치다. 퇴짜놓다.

각혈(咯血) ⇨ 객혈. ‡ 피를 토함. {객혈하다.}

간¹ ＊ ①짠맛을 내는 소금, 간장, 된장을 일컫는 말. {간하다.} ¶ 간을 넣다. 간을 치다. ②짠 정도. ¶ 간을 보다. 간이 맞다. 간이 오르다.

간²(肝) ＝ 간덩이. 간땡이. 쇠간. 간무침. 간잎.} ¶ 닭 간. 돼지 간. 토끼 간. ¶ 간이 녹다. 간이 붓다. 간이 떨어지다. 간이 뒤집히다. 간이 마르다. 간을 빼먹다. 간을 졸이다. 간이 크다.

간³(間) ＊ ①길이의 하나치. ‡ 여섯 자. ¶ 열두 간 집. ②넓이의 하나치. ‡ 여섯 자 제곱. ¶ 두 간 방.

간⁴(間) ＊ 사이. {동남간. 동북간. 서남간. 서북간.} ¶ 가족 간. 국가 간. 남녀 간. 대륙 간. 동네 간. 민족 간. 부족 간. 이웃 간. 지역 간. 친구 간. 혈육 간. 회원 간. 서울 부산 간. 서울과 시골 간. 한국과 일본 간.

간⁵(間) ＊ ①선택. {가부간. 다소간. 여하간.} ¶ 많든 적든 간. 옳든 그르

든 간. ②관계. {개컬간. 고부간. 국제간. 남매간. 내외간. 다자간. 도캐간. 동기간. 모녀간. 모자간. 부녀간. 부부간. 부자간. 부지불식간. 불호간. 비몽사몽간. 빙탄간. 사제간. 사촌간. 상신간. 상친간. 숙질간. 양단간. 양미간. 연사간. 위불위간. 유무간. 유무죄간. 육촌간. 이불리간. 이해간. 인척간. 자매간. 잘잘못간에. 재종간. 조손간. 족부족간. 존시간. 좌우간. 죽밥간. 죽식간. 지호간. 집안간. 천지간. 피차간. 하여간. 한동기간. 한집안간. 형제간. 호상간.} ③동안. 정도. {경각간. 그간. 금명간. 다년간. 달장간. 당분간. 몽매간. 별안간. 불원간. 불일간. 삽시간. 수일간. 순식간. 어언간. 얼마간. 일순간. 잠시간. 조만간. 조차간.} ¶ 몇 년간. 몇 백 년간. 수백 년간. 수 주간. 수천 년간. 십 년간. 십 분간. 십 일간. 십 초간. 한 달간. 두 달간. 몇 달간. 석 달간. 삼 주간. 오 초간. 육 일간. 일 년간. 십 개월간.

~간⁶(~間) ＊ 어떤 집이나 곳. {고깃간. 곳간. 기차간. 나뭇간. 대문간. 대장간. 두엄간. 뒷간. 마구간. 문간. 물방앗간. 방앗간. 빨랫간. 세수간. 수라간. 아랫간. 연자간. 연자맷간. 연자방앗간. 외양간. 윗간. 의지간. 자빗간. 장독간. 잿간. 절간. 정주간. 찻간. 뒷간. 푸줏간. 헛간.}

　☞ 칸.

간간이(間間~) ＊ ①가끔. 이따금. 드문드문. ‡ 때. ¶ 간간이 기침을 하

다. ② 드문드문. 듬성듬성. 띄엄띄엄. ⁑ 곳. ¶ 간간이 나무가 서 있다.
☞ 칸칸이. 간간히.

간간짭잘하다 ⇨ 간간짭짤하다.

간간히 * 입맛 당기게 조금 짠 듯하게. ¶ 생선은 간을 간간히 하여라.
☞ 간간이. 건건히.

간격(間隔) * 틈. ⁑ 물건과 물건 사이. ¶ 간격을 넓히다. 간격을 좁히다.
☞ 간극.

간고기 ⇨ 자반.

간고등어 ⇨ ① 얼간 고등어. ⁑ 약간 절임. ② 자반고등어. ⁑ 짜게 절임.

간곳없다 = 간데없다. 온데간데없다. ⁑ 갑자기 자취를 감추다.

간곳없이 = 간데없이. 온데간데없이.

간극(間隙) * ① 사물의 틈. ¶ 간극을 메우다. ② 시간의 틈. ¶ 한 주일 동안의 간극이 벌어지다. ③ 현상의 틈. ¶ 말하기와 글쓰기의 간극을 알아야 한다. ④ 마음과 마음의 틈. ⁑ 불화. ¶ 친구와 간극이 생기다.
☞ 간격.

간나 ⇨ ① 계집아이. ② 갈보.

간난것 ⇨ 갓난것. 갓난아이. 갓난애. 갓난이. 갓난쟁이.

간난이 ⇨ ① 갓난이. ② 계집아이. ③ 갈보.

간날 ⇨ ① 옛날. ② 이전. ③ 전날. ④ 지난날.
☞ 뒷날. 앞날.

간낭 [왜] ⇨ 양배추.

간내 = 갯내. ⁑ 바닷가에서 나는 짭짤하고 비릿한 냄새. ¶ 간내를 풍기다.

간니〔永久齒〕* 젖니가 빠진 뒤 다시 나온 이와 뒤어금니. ⁑ 모두 32개임.
☞ 덧니. 배냇니. 벋니. 사랑니. 송곳니. 앞니. 어금니. 엄니. 옥니. 젖니.

간다고 해 = 간대.

간다고 했지 = 간댔지.

간단없다(簡單~) = 끊임없다.

간단찮다(簡單~) ⇨ 간단찮다. ⁑ 울림소리 뒤에선 'ㅏ'만 줆.

간단하지(簡單~) = 간단치. ⁑ 울림소리 뒤에선 'ㅏ'만 줆.

간단히 요약(要約)**하다** ⇨ 간추리다. 줄이다. ⁑ 요약하다.

간달 ⇨ 지난달.

간대[1] = 간짓대. ⁑ 대나무 장대.
☞ 걸대. 막대. 바리장대. 바지랑대. 작대. 장대. 전짓대.

간대[2] = 간다고 해.

간댔지 = 간다고 했지.

간덩이(肝~) = 간땡이. 간.

~간데 ⇨ ~관데. ¶ 네가 누구관데 나를 찾느냐?

간데라(kandelaar) [왜] ⇨ ① 등불. ② 촉. 촉광. ⁑ 칸델라.

간데없다 = 간곳없다. 간데온데없다. 온데간데없다. ⁑ 자취를 감추다.

간데쪽쪽 ⇨ 간데족족. ⁑ 가는 곳마다 모조리. ¶ 간데족족 따라다니다.

간두다 = 그만두다. 고만두다. 관두다.

간드러지다 * 목소리나 맵시가 멋들어지고 보드랍다. ¶ 간드러진 목소리.
☞ 산드러지다.

~간디 ⇨ ~관데. ¶ 누가 왔관데 이리 소란스러우냐?

간땡이(肝~) = 간덩이. 간.

간또 ㉠ ⇨ ①어묵. ②튀김 어묵.

간막이(間~) ⇨ 칸막이.

간물때〔干潮〕 * 썰물이 빠져나가 바닷물이 가장 낮을 때.
　☞ 찬물때.

간발의 차이(間髮~ 差異) ㉠ ⇨ 종이 한 장 차이.

간밤 = 지난밤. 어젯밤. ¶ 간밤에 도둑이 들었다.

간병(看病) ㉠ ⇨ 고수련. 병구완. 병시중.

간병인(看病人) ㉠ ⇨ 간호인. 병시중꾼. 병구완하는 사람.

간사지(干潟地) ⇨ 간석지.

간살 * 간사스럽게 아양을 떠는 꼴. {간살쟁이. 간살질.} {간살맞다. 간살부리다. 간살스럽다. 간살질하다.} ¶ 간살을 떨다.
　☞ 칸살.

간살뜨기 ⇨ 격자뜨기. 모눈뜨기. 창살뜨기. 칸살뜨기. ‡ 손뜨개질.

간살 지르다 ⇨ 칸살을 지르다.

간색대(看色~) = 색대. ‡ 가마니 속에 있는 곡식을 빼내어 보는 연모.

간생선(~生鮮) ⇨ 자반.

간석지(干潟地) * 바닷물이 들었다 빠졌다 하는 개펄. ‡ 자연 상태.
　☞ 간척지.

간수¹(~水) * 소금에서 녹아 흐르는 쓴 물. ‡ 두부를 만들 때 씀.

간수²(看守) ㉠ ⇨ ①건널목지기. ②교도관.

간수³(間數) ⇨ 칸수. ‡ 칸살의 수효.

간수하다 * 물건을 잘 거두어 보호하거나 보관하다. ¶ 옷을 잘 간수하다.
　☞ 건사하다.¹

간스메(간즈메)〔罐詰〕 ㉠ ⇨ 통조림.

간식(間食) ㉠ ⇨ ①곁두리. 샛밥. 새참. ②군음식.

간신히(艱辛~) * 가까스로. ¶ 끼니를 간신히 잇다. 간신히 합격하다. 화를 간신히 참았다. 몸만 간신히 빠져나왔다.
　☞ 겨우. 근근히.

간여하다(干與~) * 끼어들어 간섭하다. ‡ 참견하다. ¶ 쓸데없이 남의 일에 간여하지 마라.
　☞ 관여하다.

간이 * 죽은 사람. 돌아가신 이. ¶ 간이를 생각하며 눈물을 짓는다.
　☞ 간니.

간자숟가락 * 곱고 두껍게 만든 숟가락.
　☞ 잎숟가락.

간잡이그림(間~) * 지으려는 건물의 마련그림. ‡ 건축 설계도.
　☞ 겨냥그림. 마련그림. 펼친그림.

간장(~醬) = 장. {국간장. 양념간장. 진간장. 초간장. 왜간장. 조선간장.} ¶ 간장을 달이다. 간장을 담그다. 간장을 치다.
　☞ 된장.

간장종구라기(~醬~) ⇨ 간장쪽박. 장쪽박.

간장쪽박(~醬~) = 장쪽박. ‡ 장독 안에 늘 띄워 놓고 간장을 떠내는 쪽박.

간재미 ⇨ 간자미. ‡ 가오리의 새끼.

간조¹(干潮) ㉠ ⇨ 간물때. ‡ 바닷물이 가장 낮은 상태.
　☞ 만조. 찬물때.

간조²〔勘定〕왜 ⇨ ①셈. ‡ 계산. ② 품삯.

간조기 = 자반조기. ‡ 소금으로 짜게 간한 조기.

간조롬하다 ⇨ 가지런하다.

간종이다 = 간종그리다. ‡ 일이나 물 건을 가지런하게 한다.

간주하다(看做~) 왜 ⇨ 그렇다고 여 기거나 보다. ‡ 상태. 모양. 성질. ☞ 추정하다.

간즈메(罐詰) 왜 ⇨ 통조림.

간지랍밥먹이다 ⇨ 간질이다.

간지러 주다 ⇨ 간질여 주다.

간지런하다 ⇨ 가지런하다.

간지럼 〈 근지럼. ‡ 간지러운 느낌. ¶ 간지럼을 타다. 간지럼을 태우다. ☞ 가려움.

간지럽다 * ①무엇이 살에 닿아 스칠 때 견디기 어렵게 자리자리한 느낌 이 있다. ②어떤 일을 하고 싶어 견 디기 어렵다. ¶ 입이 간지럽다. ☞ 가렵다.

간지럽히다 ⇨ 간질이다.

간지르다 ⇨ 간질이다.

간지석(間知石. 間地石) 왜 ⇨ 송곳닛 돌. 축댓돌.

간질밥먹이다 ⇨ 간질이다.

간질여주다 ⇨ 간질이다.

간짓대 = 간대. ‡ 대나무 장대. ☞ 걸대. 막대. 바리장대. 바지랑대. 작대. 장대. 전짓대.

간척지(干拓地) ⇨ 개막은 땅. ‡호수 나 바다를 메운 땅. ☞ 간석지.

간체자(簡體字) * 차이나에서 한문글 자의 꼴을 간단하게 고쳐 소리글자 처럼 쓰는 글자. ‡ 2,236자임. 個 = 个, 雲 = 云 따위. ☞ 당용한자. 대용자. 번체자. 상용한 자. 약자. 정자.²

간취(間取) 왜 ⇨ 간살잡기.

간키리(깡기리)〔罐切〕 왜 ⇨ 통따개. 깡통따개.

간타다(肝~) ⇨ 애타다.

간태우다(肝~) ⇨ 애태우다.

간테라(knadelaar) 왜 ⇨ ① 등불. ②촉. 촉광. ‡ 칸델라.

간통 ⇨ 칸통. ‡ 넓이를 나타내는 하나 치. ¶ 한 칸통.

간판쟁이(看板~) ⇨ 간판장이. ‡ '~장 이'는 제조 기술자.

간편산(簡便算) ⇨ 간편셈. ‡ 계산을 쉽게 하는 방법.

간편치(簡便~) = 간편하지. ‡ 울림 소리 뒤에선 'ㅏ'만 줆.

간편타(簡便~) = 간편하다. ‡ 울림 소리 뒤에선 'ㅏ'만 줆.

간해 ⇨ 묵은해. 안해. 지난해.

간힘 * 숨을 참으며 아픔을 견디려고 애쓰는 힘. ¶ 간힘 쓰다. 간힘 주다. ☞ 안간힘.

갇우다 ⇨ 가두다.

갇치다 ⇨ 갇히다. ‡ '가두다'의 입음.

갈¹ = 가을. {갈갈이. 갈걷이. 갈바람. 갈보리. 갈봄. 갈일. 갈초.}

갈² = ① 가랑잎. 갈잎. ② 떡갈잎.

갈³ = 갈대. 각시풀. ‡ 물가에서 자라 는 여러해살이풀. {갈꽃. 갈밭. 갈 밭머리. 갈목. 갈목비. 갈밭. 갈삿. 갈삿갓. 갈잎. 갈짚. 갈청. 갈통. 갈

품. 갈풍. 갈피리.}

갈가? ⇨ 갈까? ＊ 물음 맺음끝에는 쌍기역을 씀.

갈가리 〔어〕 = 가리가리. ＊ 여러 가닥으로 찢어진 꼴. ¶ 옷을 갈가리 찢다.
　☞ 갈갈이.

갈가지 ⇨ 개호주. ＊ 호랑이 새끼.

갈가치다 ⇨ 가치작거리다. 거치적거리다.

갈갈이 〔秋耕〕 = 가을갈이.
　☞ 갈가리.

갈강갈강 = 갈그랑갈그랑. ＊ 가래가 목구멍에 걸려서 나는 소리.

갈개 ＊ 괸 물을 빼거나 경계를 나타내려고 얕게 판 작은 도랑.
　☞ 도랑.

갈개꾼[1] = 방망이꾼. 방해꾼. 불땔꾼. 헤살꾼. 훼방꾼. 흑싸리.

갈개꾼[2] ＊ 닥나무 껍질을 벗기는 사람.

갈개질 ＊ ① 헤살질. ＊ 훼방을 놓는 짓. ② 버릇없이 행동하는 짓. ③ 사납게 구는 짓. ④ 짐승이 이리저리 설치는 짓. {갈개질하다.}
　☞ 헤살. 훼방.

갈걷이 〔秋收〕 = 가을걷이.

갈걸 ¶ 그 사람은 아마 안 갈걸. ＊ '～ㄹ걸'은 추측을 나타내는 맺음끝.

갈 걸 ¶ 저리 갈 걸 그랬다. ＊ '걸'은 '것을'의 준말.

갈고닦다 = 갈닦다. ＊ ① 힘써 배우고 익히다. ② 문질러서 윤을 내다.

갈고리 = 갈고랑이. ＊ 물건을 걸거나 끌어당기는 데 쓰는 연모. {갈고리걸쇠. 갈고리꼴. 갈고리낚시. 갈고

리눈. 갈고리달. 갈고리못. 갈고리바늘. 갈고리질. 갈고리표. 쇠갈고리.}
　☞ 갈퀴.

갈고리단추 = 걸단추. 고리단추. ＊ 호크.

갈고리쇠 = 용두쇠. ＊ 장구의 양쪽에 있는 쇠고리.

갈고쟁이 = 갈고지. ＊ 가장귀가 진 나무로 만든 갈고리.

갈구리 ⇨ 갈고리.

갈그치다 ⇨ ① 거슬리다. ② 가치작거리다.

갈기 = 갈기털. ＊ 말이나 사자의 목덜미에 난 긴 털. {말갈기.}
　☞ 갈퀴. 갉이. 목뒤털. 총.[1]

갈기갈기 ＊ 여러 가닥으로 찢어진 꼴. ＊ 옷. 종이. 마음.
　☞ 가리가리. 발기발기.

갈기다 ＊ ① 힘차게 때리거나 치다. ¶ 따귀를 갈기다. ② 곁가지나 줄기를 단번에 베다. ¶ 칼로 나뭇가지를 갈기고 지나가다. ③ 글씨를 마구 쓰다. ¶ 갈겨 쓴 글씨. ④ 총을 냅다 쏘다. ¶ 총을 마구 갈기다. ⑤ 똥오줌을 아무 데나 싸다. ¶ 오줌을 갈기다. 새가 물찌똥을 갈기다.
　☞ 깔기다.

갈기래 = 되꼬리. 도꼬마리. ＊ 국화과의 한해살이풀 이름.

갈꺾이 = 풀꺾이. ＊ 모낼 논에 거름할 푸나무의 잎을 베는 일.

갈께 ⇨ 갈게. ＊ 물음 맺음끝에만 쌍기역을 씀.

갈꽃머리 ⇨ 갈목. ＊ 갈대의 이삭.

갈나무 = 떡갈나무.

갈다[1] * 논밭을 파서 뒤집다. ¶ 논을 갈다. 밭을 갈다.

갈다[2] * ① 다른 것으로 바꾸다. ¶ 걸상 다리를 갈다. 기와를 갈다. ② 다른 사람으로 바꾸다. ¶ 장관을 갈다.

갈다[3] * 날을 세우려고 문지르다. ¶ 칼을 갈다. 낫을 갈다.
　☞ 문지르다.

갈닦다 = 갈고닦다. ‡ 돌. 옥. 몸가짐. 학문.

갈대 = 각시풀. 갈. ‡ 물가에 자라는 여러해살이 풀. {갈대국수. 갈대꽃. 갈대발. 갈대밭. 갈대배. 갈대숲. 갈댓잎.}
　☞ 억새.

갈대청 = 갈청. ‡ 갈대의 줄기 안쪽에 붙어 있는 아주 얇고 흰 막.

갈데없다 * 오직 그렇게 될 수밖에 없다. ¶ 하는 꼴이 갈데없는 건달이다.

갈 데 없다 = 갈 만한 곳이 없다. 갈 곳이 없다. ¶ 갈 데 없는 신세.
　☞ 꼼짝없다.

갈라내다 * 붙어 있는 것을 따로 떼어 내다. ¶ 못쓸 것을 갈라내다.
　☞ 가려내다.

갈라라 * '가르다'의 바로 시킴꼴.
　☞ 가르라.

갈라지다 * ① 몇 개로 나뉘어 따로 떨어지다. ② 거죽에 금이 생기다.
　☞ 트다.[2]

갈래 길 * 갈라져 나간 길. ¶ 네 갈래 길. 세 갈래 길.
　☞ 갈림길.

갈래머리 ⇨ 가랑머리. 양태머리.

갈래야 ⇨ 가려야. 가려고 해야. ¶ 아이들 때문에 놀러 가려야 갈 수 없다.

갈랫길 ⇨ ① 갈래 길. ② 갈림길.

갈려고 ⇨ 가려고. ‡ 가다. ¶ 집에 가려고 버스를 타다.

갈려지다 ⇨ 갈리다. ‡ '갈다'의 입음.

갈리다[1] * '가르다'의 입음. ① 나뉘다. ¶ 남북이 갈리다. ② 갈라지다. ¶ 삶과 죽음이 갈리다. 성공과 패배가 갈리다.

갈리다[2] * '갈다'의 입음. ‡ 가루나 액체가 되다. ¶ 콩이 잘 갈리다.

갈리다[3] * '갈다'의 입음. ‡ 날이 서다. ¶ 칼날이 잘 갈리다.

갈리다[4] * '갈다'의 입음. ‡ 있던 것이 가고 다른 것이 오다. ¶ 교장이 갈리다. 장관이 갈리다. 주인이 갈리다.
　☞ 바뀌다.

갈리다[5] * 거칠고 쉰 소리가 나다. ‡ 목청. ¶ 소년의 목소리가 갈리다.

갈림길 * ① 여러 갈래로 갈린 길. ② 둘로 나뉜 길. ¶ 죽음과 삶의 갈림길.
　☞ 갈래 길.

갈마뿌리기 = 대용갈이. ‡ 가뭄이나 홍수로 때를 놓쳐 다른 씨앗을 뿌림.

갈망하다[1] * 어떤 일을 맡아 수습하고 처리하다. {뒷갈망. 앞갈망.}
　☞ 갈무리하다. 건사하다.

갈망하다[2](渴望~) * 몹시 바라다.

갈매 = 갈매색. 갈맷빛. ‡ 짙은 풀빛. ¶ 갈매 무명 치마를 입다.

갈매기살 * 돼지의 가로막살. ‡ 먹거리로 일컫는 이름.
　☞ 안창고기.

갈멍덕 * 갈대로 엮어 만든 삿갓. ¶ 갈멍덕을 쓰다.

☞ 갈삿갓.

갈모(~帽) * 기름종이로 고깔처럼 만들어 갓 위에 덮어쓰는 우비.

☞ 갓모. 삿갓.

갈무리하다 * ①잘 정리하거나 간수하다. ②일을 처리하여 마무리하다.

☞ 갈망하다. 건사하다.

갈바람 = ① 가을바람. ② 가수알바람. * 뱃사람 말로 서풍.

갈밭 = 갈대밭. {갈밭머리.}

갈범 ⇨ 칡범. * 줄무늬가 있는 호랑이.

갈보 = 논다니. 더벅머리. * 몸을 파는 여자.

☞ 노는계집. 들병이.

갈보리 = 가을보리. * 가을에 씨를 뿌려 이듬해 초여름에 거두는 보리.

갈봄 = 가을봄. * 가을과 봄.

갈비¹ = 갈목비. * 갈대의 이삭을 묶어 만든 비.

☞ 가리나무. 솔가리.

갈비² * ①갈비뼈. ②짐승의 갈비. * 먹거리. {갈비구이. 갈비찜. 갈비탕. 갈빗국. 갈빗대. 돼지갈비. 소갈비.} ¶ 암소 갈비. ③몸이 마른 사람.

갈비³ ⇨ 솔가리. * 말라서 떨어진 솔잎.

갈비살 ⇨ 갈비새김. * 소나 돼지의 갈비에서 발라낸 고기.

갈빗살 * 물건의 힘을 떠받쳐 모양을 이루게 하는 살. ¶ 자전거 갈빗살.

갈삿 = 삿자리. * 갈대로 엮어 짠 자리. ¶ 맨땅에 갈삿을 깔고 누웠다.

☞ 돗자리.

갈삿갓 * 쪼갠 갈대로 결어 만든 삿갓.

☞ 갈멍덕.

갈색곰 = 불곰. * 곰의 한 가지.

☞ 흰곰. 북극곰.

갈숲 ⇨ 갈대숲.

갈신쟁이 ⇨ 걸신쟁이. * 음식을 지나치게 밝히는 사람.

갈쌍 〈 글썽. * 눈에 눈물이 넘칠 듯이 가득하게 고이는 모양.

갈씬거리다 = 갈씬하다. * 겨우 닿을락 말락 하다.

갈아먹다 = 농사짓다. ¶ 땅을 갈아먹다.

갈아 먹다 * ① 바꾸어 먹다. ¶ 물을 갈아 먹다. ② 잘게 갈아서 먹다.

갈아붙이다 * 이를 갈다. * 분함을 참지 못하거나 결심을 할 때.

갈아 붙이다 * 바꾸어 붙이다. ¶ 이름표를 갈아서 붙이다.

갈아앉다 ⇨ 가라앉다.

갈아입다 * 입었던 옷을 벗고 다른 옷을 입다. ¶ 잠옷으로 갈아입다.

☞ 바꿔 입다.

갈아주다 * 특별히 물건을 사다. ¶ 처음 문을 연 가게의 물건을 갈아주다.

갈아 주다 ¶ 칼을 갈아 주다. 어항에 물을 갈아 주다.

갈아타다 * 타고 가던 탈것에서 내려 다른 탈것을 타다. ¶ 버스를 갈아타다.

☞ 바꿔 타다.

갈앉히다 = 가라앉히다. * 배. 분위

기. 화. 홍분.

갈음 * 다른 것으로 바꾸어 대신함.
¶ 인사말로 갈음하다.
☞ 가름.

갈음옷〔外出服〕= 나들이옷. 바깥옷.
‡ 출입복.
☞ 나들잇벌. 난벌.

갈이¹ * 낡은 것을 떼어 내고 새것으
로 바꾸는 일. {굽갈이. 깃갈이. 분
갈이. 창갈이. 털갈이.} ¶ 구두창 갈
이. 천 갈이. 화분 갈이.

갈이² * ① 논밭을 가는 일. {가을갈
이. 그루갈이. 깊이갈이. 논갈이.
두벌갈이. 마른갈이. 물갈이. 밭갈
이. 보리갈이. 봄갈이. 사이갈이. 삭
갈이. 생갈이. 앞갈이. 애갈이. 애
벌갈이. 얼갈이. 이어갈이. 중갈이.
진갈이. 갈이깊이. 갈이너비. 갈이
농사. 갈이땅. 갈이삯. 갈이질. 갈
이흙.} ② 하루에 혼자서 갈 만한
논밭의 크기. {반날갈이. 하루갈이.
이틀갈이.}

갈이³ = 갈이질. ‡ 갈이틀로 나무를
깎아 만드는 일. {갈이그릇. 갈이박.
갈이방. 갈이장이. 갈이칼. 갈이틀.
갈이질하다.} ¶ 갈이질로 제기를 만
들다.
☞ 가리.³ 도림질.

갈이~⁴ * 가는 일. {갈이모래. 갈이
반. 갈이소리. 갈이숫돌. 갈잇돌.}

갈일〔秋收〕= 가을일. 가을걷이. 갈
걷이.

갈 일 * 어느 곳까지 가야할 일. ¶ 갈
일이 꿈 같다.

갈잎 = ① 가랑잎. ② 떡갈잎. ③ 갈댓
잎.

갈잎나무 * ① 잎 지는 나무. ‡ 낙엽
수. ② 떡갈나무.
☞ 늘푸른나무.

갈자리 ⇨ 삿자리. ‡ 갈대를 엮어서 만
든 자리.

갈지자(~之字) * 한문글자의 이름.
{갈지자걸음. 갈지자꼴. 갈지자
춤.} ‡ 하늘천자(天). 땅지자(地).
쇠금자(金). 성김자(金). 오얏리자
(李).

갈짝거리다 ⇨ 갉작거리다.

갈청 = 갈대청. ‡ 갈대 줄기 안쪽에
붙어 있는 아주 얇고 흰 막.

갈초(~草) = 마른풀. ‡ 소, 말 따위
집짐승의 먹이로 쓰는 풀.
☞ 마른풀. 생풀.² 쇠꼴.

갈취하다(喝取~) * 돈이나 물건을 강
제로 빼앗다. ¶ 돈을 갈취하다.
☞ 강탈하다.

갈치다 = 가르치다. ¶ 한글을 갈치다.
버릇을 갈치다.

갈치잠 * 비좁은 방에서 여럿이 모로
끼어 자는 잠.
☞ 잠.¹

갈쿠리 ⇨ ① 갈고리. ② 갈퀴.

갈퀴 * 떨어진 나뭇잎을 끌어 모으는
연모. {갈퀴나무. 갈퀴손. 갈퀴질.
갈퀴코. 갈큇밑. 갈큇발. 갈큇밥.}
{갈퀴지다.}
☞ 갈고리. 갈기. 갉이.

갈퀴눈 * 화가 나서 눈시울이 갈퀴 모
양으로 모가 난, 험상궂은 눈.
☞ 고리눈. 가자미눈. 도끼눈.

갈퀴질 * ① 갈퀴로 나뭇잎을 긁어 모

으는 일. ②걸태질.

갈타작하다 ⇨ 가을하다. 가을걷이하다.

갈팡질팡 * 갈피를 잡지 못하고 이리 저리 헤매는 꼴. {갈팡질팡하다.}
☞ 가리산지리산.

갈풀 * 논에 거름을 하려고 베는 부드 러운 나뭇잎이나 풀.
☞ 논풀.

갈피¹ * 일의 내력이나 사정. ¶ 갈피를 못 잡다.
☞ 가리새.¹

갈피² * ①겹치거나 포갠 사이나 틈. {갈피갈피. 책갈피.} ②일이나 사 물의 갈래가 구별되는 어름. {갈피 짬.}
☞ 살피.

갈피끈 = 가름끈. 보람줄. ‡ 책갈피에 박아 둔 끈.

갈피표 〔書標〕 = 책갈피표. ‡ 책갈피 에 끼워 두는 쪽지.

갊이 * 쇠붙이를 갊아 윤이 나게 하는 쇠 연장. {갊이질하다.}
☞ 갈기. 갈퀴.

감¹ * 과일. {곶감. 단감. 대접감. 땡감. 속감. 우린감. 찰감.} ¶ 떫은 감.

감² * 선뜻 어떤 일을 해 보려는 마음. ¶ 감을 못 내다.
☞ 엄두.

감³ * ①옷감. {거죽감. 겉감. 다듬잇 감. 다림질감. 바느질감. 바탕감. 빨랫감. 안감. 양복감. 옷감. 장윗 감. 저고릿감. 치맛감. 행줏감. 혼 숫감.} ②먹거리. {김장감. 먹잇감. 반찬감. 안줏감. 양념감. 찻감. 횟 감.} ③거리. {구경감. 글감. 노리

갯감. 놀림감. 눈요깃감. 맷감. 일 감. 장난감.} ④무엇이 될 만한 사 람. {남편감. 데릴사윗감. 며느릿 감. 사윗감. 신랑감. 신붓감. 장군 감.} ⑤재료. {기둥감. 널감. 도릿 감. 땔감. 뜨개질감. 불땔감. 서까 랫감. 용짓감. 치렛감. 코뚜렛감. 행줏감. 홍두깻감.}
☞ ~가마리. 거리.²

감감무소식(~無消息) = 감감소식. 〈 깜깜소식. ‡ 소식이 없음.

감겨지다 ⇨ 감기다. ‡ 제움직씨에는 '~지다'를 붙일 수 없음.

감금시키다(監禁~) ⇨ 가두다. ‡ 감 금하다.

감기(感氣) = 고뿔. {돌림감기. 목감 기. 몸살감기. 코감기. 콧물감기.}

감기 걸리다(感氣~) = 감기 들다.

감다¹ * 가늘거나 얇고 긴 것을 어디에 빙빙 두르다. ‡ 띠. 밧줄. 새끼. 실.
☞ 말다.³

감다² * 머리나 몸을 물속에 담가 깨끗 이 하다. ¶ 머리를 감다. 미역을 감 다.
☞ 빨다.² 씻다.

감돌다 * ① 어떤 둘레를 여러 번 빙 빙 돌다. ¶ 강물이 감돌아 흐르다. ②기체나 기운이 가득 차서 떠돌다. ¶ 칼날에 푸른 빛이 감돌다. ③ 생각 이 눈이나 귀, 마음속에서 자꾸 아 른거리다. ¶ 노랫가락이 귓가에 감 돌다.
☞ 맴돌다.

감돌이 = 감바리. ‡ 잇속을 노리고 달 라붙는 사람.

☞ 베돌이. 삼돌이. 악돌이.

감또개 = 감똑. ‡ 꽃과 함께 떨어진 어린 감.

감물[1] ＊ 땡감에서 나오는 즙. 또는 그 빛깔. ¶ 감물이 들다. 감물을 먹이다.
　☞ 감색.[1]

감물[2]〔干潮〕 = 감. 잦감. ‡ 썰물 때 바닷물이 가장 낮아지는 일.
　☞ 물참. 참물.

감바리 = 감돌이.
　☞ 베돌이. 삼돌이. 악돌이.

감발 = 발감개. ‡ 버선 대신 발에 감는 무명 헝겊. ¶ 짚신감발을 풀다.
　☞ 길목버선. 들메.

감발저뀌 ⇨ 감바리. 감돌이.

감방(監房) ⇨ 수용실.

감봉하다(減俸~) ㉾ ⇨ 세경을 깎다. 달삯을 깎다.

감빛 = 감색. ‡ 잘 익은 감의 빛깔. 주황색.

감사드리다(感謝~) ⇨ 감사하다. 감사하다는 말씀을 드리다.

감사하다(勘査~) ㉾ ⇨ 조사하다.
　☞ 검사하다.

감살하다(減殺 ⇨ 감쇄~) ⇨ 줄여 없애다. 줄어 없어지다.

감상[1](感想) ＊ 느낌이나 생각. {감상문.} ¶ 감상을 말하다.

감상[2](鑑賞) ＊ 예술 작품을 듣고 보고 성질, 가치를 맛봄. ¶ 음악 감상.

감상(鑑賞)**해 보기로 하다** ⇨ 감상해 보다. 감상하다.

감상(鑑賞)**해 보도록 하다** ⇨ 감상해 보다. 감상하다.

감색[1](~色) = 감빛. ‡ 잘 익은 감이나 홍시의 빛깔.
　☞ 감물.[1]

감색[2](紺色) ㉾ ⇨ ① 반물. 반물빛. ② 독물. ‡ 검남색. 진쪽빛.
　☞ 곤색.

감석(~石) ⇨ 감돌. ‡ 광물이 많이 들어 있는 돌.

감성돔 = 먹도미. 먹돔. ‡ 바닷고기의 이름.

감속화하다(減速化~) ⇨ (빠르기를) 줄이다. ‡ 감속하다.

감시(甘枾) ㉾ ⇨ 단감.

감실감실[1] = 가뭇가뭇. ‡ 군데군데 가무스름한 꼴.

감실감실[2] ＊ 사람, 물체, 빛이 먼 곳에서 어렴풋이 자꾸 움직이는 모양.
　☞ 가물가물.

감싸다 ＊ ① 휘감아 싸다. ¶ 손으로 얼굴을 감싸다. ② 허물을 덮어주다. ¶ 허물을 감싸다. ③ 두둔하거나 편들다. ¶ 어머니가 아들을 감싸다.
　☞ 두둔하다. 편들다.

감안하다(勘案~) ㉾ ⇨ 살피다. 생각하다. 헤아리다. 참작하다.

감에 ＊ 가는 것이 수단이나 방법이 되어.
　☞ 가매.

감옥살이(監獄~) = 옥살이.

감자국 ⇨ 감잣국. ‡ 감자를 넣어서 끓인 국.

감잡다(感~) ⇨ ① 실마리를 잡다. ② 느낌이 있다. ③ 눈치를 채다.

감잡이[1] ＊ 남자와 여자가 잠자리할 때 쓰는 수건.

☞ 감접이. 수건.

감잡이² = 감잡이쇠. 등자쇠. ‡ 대문 문장부에 감아 박는 쇠.

감잣가루 ⇨ 감자녹말.

감잣고개 * 양식은 떨어지고 감자는 아직 여물지 아니하여 끼니가 어려운 때.

☞ 보릿고개. 피고개.

감접이 * 옷감을 짤 때 올이 풀리지 않도록 양끝에 휘갑친 부분.

☞ 감잡이.

감정아이 = 감정애. ‡ 몸(월경)을 하지 아니하고 밴 아이.

☞ 말머리아이.

감정하다(鑑定~) * 사물의 특성, 참과 거짓, 좋고 나쁨을 판가름하다.

☞ 검증하다.

감주(甘酒) ⇨ 단술.

감추다 * 찾지 못하게 하거나 드러나지 않게 하다. ‡ 물건. 일. 사실. 느낌.

☞ 숨기다.

감춤뼈 = 두덩뼈. 불두덩뼈. ‡ 치골.

감치기 = 감침질. ‡ 바느질하는 법의 하나.

감치다¹ * ①사람이나 일이 눈앞이나 마음속에서 계속 감돌다. ¶ 그 사람의 얼굴이 두고두고 머릿속에 감치고 잊히지 않는다. ②음식의 맛이 맛깔스러워 당기다. ¶ 맑은술이 입에 감치다.

감치다² * ①바느질감의 가장자리나 솔기를 올이 풀리지 않게 바늘로 감아 꿰매다. ②휘감아 붙들어 매다. ¶ 치마를 감치며 얼른 일어섰다.

☞ 깁다. 공그르다. 꿰매다. 누비다.

박다.³ 시치다. 호다.

감탄케(感歎~) = 감탄하게. ‡ 울림 소리 뒤에는 'ㅏ'만 줆.

감탕 * ①갖풀과 송진을 끓여 만든 풀. ‡ 새를 잡거나 나무를 붙이는 데 씀. ②갯가나 냇가에 곤죽처럼 된 진흙. {감탕물. 감탕밭(감탕판). 감탕벌.}

감탕질 * 잠자리할 때 여자가 소리를 내며 몸을 놀리는 짓. {감탕질하다.}

☞ 요분질

감탕칠 * 진흙을 묻히거나 온통 뒤집 어쓴 모양. ¶ 감탕칠을 하다.

감태기¹ = ①감투. ‡ 소모자. ②감탕. ‡ 곤죽처럼 된 진흙.

~감태기² * 온몸에 뒤집어쓴 꼴. {똥 감태기. 욕감태기. 흙감태기.}

감토(~土) ⇨ 감흙. ‡ 금이 섞인 흙.

감투 = ①감태기. ‡ 탕건처럼 만든 의관의 하나. {노랑감투. 도깨비감 투. 복주감투. 오소리감투.} ②벼 슬. {감투싸움. 벼락감투.} ¶ 감투 를 쓰다.

감투거리 * 여자가 남자 위에서 하는 잠자리. {감투거리하다.}

☞ 빗장거리. 빠구리.

감투밥 * 그릇 위까지 수북하게 담은 밥.

☞ 고봉밥. 뚜껑밥.

감투장이 * 감투를 만드는 사람.

감투쟁이 * 감투를 쓴 사람.

감하다(減~) ⇨ ①줄다. ②줄이다. ③빼다.

감히(敢~) * ①두려움을 무릅쓰고. ¶ 감히 한 말씀 여쭙겠습니다. ②주 제넘게. ¶ 감히 내게 덤비다니. ③함부로. ¶ 감히 엄두를 내지 못하다.
☞ 가위.⁴ 가히.

갑(匣) * ①물건을 담는 작은 상자. {담뱃갑. 문갑. 분필갑. 비눗갑. 성냥갑. 캐러멜갑.} ②하나치. ¶ 담배 한 갑. 성냥 두 갑.
☞ 곽. 궤. 상자. 함. 합.

갑갑찮다 ⇨ 갑갑잖다. ‡ 안울림소리 뒤에는 '하'가 줆.

갑깝증 ⇨ 갑갑증. ¶ 갑갑증이 나다. 갑갑증을 내다.

갑사(甲紗) * 품질이 좋은 비단. ‡ 여름 옷감.
☞ 은조사.

갑삭하다 ⇨ 갭직하다. ‡ 조금 가벼운 듯하다.

갑상선(甲狀腺) ㉒ ⇨ 목밑샘.

갑선거(閘船渠) ㉒ ⇨ 물문뱃도랑. ‡ 배를 매어 두며 사람들이 타고 내리거나 짐을 싣고 부리거나 배를 고치는 일을 할 수 있도록 물문으로 조절하여 물의 높이가 늘 같게 만든 뱃도랑.
☞ 건선거. 습선거.

갑어치 ⇨ 값어치.

갑오경장(甲午更張) ⇨ 갑오개혁. ‡ 우리나라 역사.

갑오농민운동(甲午農民運動) = 동학 농민운동.

갑이별(~離別) * 사랑하다가 갑자기 헤어짐. {갑이별하다.}
☞ 사별. 생이별.

갑자기 * ①뜻밖에. 느닷없이. ¶ 갑자기 소나기가 쏟아지다. ②불쑥. ¶ 갑자기 눈앞에 나타나다. ③눈 깜빡할 사이에. ¶ 갑자기 사라지다.

☞ 문득.

갑절 * 어떤 수나 양을 두 번 합친 것. ‡ 몇, 셈매김씨의 꾸밈을 받을 수 없음. ¶ 몇 갑절 ⇨ 몇 곱절. 열 갑절 ⇨ 열 곱절.
☞ 곱절.

갑종(甲種) ㉒ ⇨ 으뜸. 일급.

갑화(~火) ⇨ 도깨비불.

값 * ① 물건을 사고 팔 때 주거나 받을 돈의 액수. {과일값. 그림값. 금값. 기름값. 꽃값. 달걀값. 담뱃값. 도맷값. 떡값. 물건값. 물값. 밥값. 뱃값. 사탕값. 술값. 신값. 쌀값. 옷값. 집값. 은값. 찬값. 찻값. 책값. 산값. 판값. 값표.} {값없다. 값있다. 값지다.} ¶ 값 놓다. 값 닿다. 값 보다. 값 부르다. ② 값어치. 중요성. 뜻. {나잇값. 덩칫값. 몸값. 사냇값. 사람값. 어른값. 얼굴값. 이바짓값. 죗값. 콧값. 킷값. 갯값. 똥값. 반값. 본값. 싼값. 외상값. 헐값.} ¶ 비싼 값.
☞ 금.¹ 삯.

값가다 = 값나가다. ¶ 값나가는 물건은 잘 간수해라.

값나다 = 금나다. ‡ 물건값이 정해지다.

값낮다 ⇨ 금낮다. ‡ 값싸다.

값높다 ⇨ 금높다. ‡ 값비싸다.

값비싸다 = 금높다. ¶ 값비싼 옷. 값비싼 경험.
☞ 비싸다.

값싸다 = 금낮다. ¶ 값싼 옷. 값싼 눈물. 값싼 동정. 값싼 웃음.

갓¹ = 말림갓. ‡ 나무나 풀을 베지 못

하게 하는 산.

☞ 나뭇갓. 풀갓.

갓² * ① 말총이나 대오리로 만든 모자. {갓끈. 갓두루마기. 갓망건. 갓옷. 갓집. 말총갓. 평량갓.} ② 갓 모양으로 만든 물건. {전등갓.}

☞ 망건. 탕건.

갓³ * 하나치. ① 열 모숨. * 고사리. 고비. ② 열 마리. * 굴비. 비웃.

☞ 마리.¹ 모숨.

갓⁴ 〔어〕 * 이제 막. ¶ 갓 스물. 갓 서른. 갓 마흔. 갓 쉰. 갓 예순. 갓 굽다. 갓 깨다. 갓 나오다. 갓 낳다. 갓 시집오다. 갓 입학하다. 갓 잡다. 갓 장가가다. 갓 졸업하다. 갓 찌다. 갓 태어나다. 갓 피다.

갓길 = 길귀. 길섶길. ¶ 고장 난 차가 갓길에 서 있다.

갓난것 = 갓난아기. 갓난아이. 갓난애. 갓난이. 갓난쟁이.

갓두루마기 * ① 갓과 두루마기. ② 갓을 쓰고 두루마기를 입은 사람.

☞ 갖두루마기.

갓머리¹ = 산등성마루. 산마루. 재빼기. 잿마루. * 산등성이의 가장 높은 곳. ¶ 갓머리에 올라가니 살을 에는 듯한 추위가 옷 속으로 파고들었다.

갓머리² * 한문글자 부수 '宀'의 이름.

갓모 * 사기그릇 만드는 물레의 밑구멍에 끼우는 사기 고리.

☞ 갈모.

갓무우 ⇨ 갓무. * 잎은 갓처럼 생기고 뿌리는 배추와 비슷한 무의 하나.

갓바다 * 뭍에서 가까운 바다. * 근해. ¶ 갓바다 고기잡이.

☞ 난바다. 먼 바다.

갓바치 ⇨ 갖바치. * 직업으로 가죽신을 만드는 사람.

갓밝이 * 날이 막 밝을 무렵. ¶ 새벽 갓밝이에 길을 떠났다.

☞ 새벽.²

갓법(加法 ⇨가법) ⇨ 덧셈. 보태기.

갓빠 〔合羽〕 ⓦ ⇨ ① 비옷. ② 덮개. * 가빠.

갓수(加數 ⇨가수) ⇨ 덧수. * 더하는 수.

갓신 * 머리에 쓰는 갓과 발이 신는 신. ¶ 갓신을 갖추다.

☞ 갖신.

갓장이 * 갓을 만들거나 고치는 기술자.

갓쟁이 * 갓을 쓴 사람.

갓철대 = 철대. * 갓양태의 테두리에 둘러댄 테.

갓하꼬 〔~箱子〕 ⓦ ⇨ 갓집. * 갓을 넣어 두는 집.

갔다 오다 * 어디에 갔다가 다른 곳을 거치지 않고 곧바로 오다.

☞ 다녀오다.

갔더랬다 ⇨ 갔었다.

갔슴 ⇨ 갔음. * 이름꼴 씨끝은 '~음, ~기' 둘뿐임.

갔오 ⇨ 갔소. * '~소'는 풀이씨 줄기와 '겠, 았, 었' 뒤에 붙는 맺음끝.

강~¹ * ① 호된. {강샘. 강밭다.} ② 다른 것이 섞이지 않은. {강굴. 강담. 강된장. 강술. 강조밥. 강참숯. 강피밥. 강피죽.} ③ 마른. {강똥. 강바람. 강추위. 강마르다.} ④ 억지. {강다짐. 강울음.}

강~²(强~) * 매우 센. {강속구. 강숏. 강심장. 강타자. 강행군.}

강³(江) * 넓고 길게 흐르는 물줄기. {강굽이. 강나루. 강돌. 강둑길. 강바닥. 강벼랑. 강변. 강변길. 강비탈. 강섬. 강섶. 강신. 강심. 강어귀. 강여울. 강자갈. 강줄기. 강촌. 강터. 강턱. 강펄. 강폭.} ¶ 강 건너. 강 언덕. 강 옆. 강 유역. 큰 강. ‡ ① 한자말 이름 뒤에는 붙여 씀. {압록강. 낙동강. 한강.} ② 서양말 이름 뒤에는 떼어 씀. ¶ 갠지스 강. 라인 강.

강가(江~) = 강기슭.

~강 가(~江~) ¶ 금강 가. 낙동강 가. 두만강 가. 압록강 가. 영산강 가. ‡ 강 이름 뒤에는 떼어 씀.

강가루 ⇨ 캥거루. ‡ 짐승 이름.

강강수월래 ⇨ 강강술래. 강강술래놀이. ‡ 정월 대보름, 팔월 한가위의 민속.

강고누(江~) ⇨ 우물고누. ‡ 고누의 한 가지.

강구 ⇨ 바퀴벌레.

강기슭(江~) = 강가. ¶ 강기슭을 거닐며 노을을 바라보다.

강기침 = 마른기침. ‡ 가래가 나오지 않는 기침.

강남콩(江南~) ⇨ 강낭콩.

강냉이 = 옥수수. {강냉이떡. 강냉이묵. 강냉이밥.}

강냉이수염(~鬚髥) ⇨ 옥수수수염.

강냉이튀김 = 옥수수튀김. ‡ 강냉이튀밥.

강논하다(講論~) ⇨ 강론하다.

강다구 ⇨ 깡다구. ‡ 악착같이 버티어 나가는 오기.

강다리¹ = 강달. ‡ 물건을 넘어지지 않게 어긋맞게 고이는 나무.

강다리² * 하나치. ‡ 쪼갠 장작 백 개비. ¶ 장작 한 강다리.

강다짐 * ① 밥을 국이나 물이 없이 먹음. ¶ 점심을 강다짐으로 먹다. ② 억지로 시키거나 덮어놓고 꾸짖음. ¶ 품삯도 주지 않고 강다짐으로 부리다.
☞ 매나니.

강대화하다(强大化~) ⇨ ① 강대해지다. ② 강대하게 하다.

강더위 * 오랫동안 비가 오지 않고 볕만 내리쬐는 심한 더위.
☞ 무더위.

강도짓(强盜~) ⇨ 강도질.

강둑(江~) * 강물이 넘치지 않도록 쌓은 둑. ¶ 강둑에서 거닐다.

~강 둑(~江~) ¶ 낙동강 둑을 거닐다. ‡ 강 이름 뒤에는 떼어 씀.

강마르다 〈 깡마르다. ‡ 바싹 마르다. ¶ 강마른 성미. 강마른 몸매.

강모 * 마른논에 억지로 심는 꼬창모, 호미모 따위.
☞ 꼬창모. 호미모.

강모래(江~) * 강에서 나는 모래.
☞ 냇모래. 바닷모래. 산모래.

강물(江~) * 강에 흐르는 물. ¶ 강물 속. 강물 위. 흐르는 강물.

~강 물(~江~) ¶ 낙동강 물. 압록강 물. ‡ 강 이름 뒤에는 떼어 씀.

강바람¹ * 눈이나 비는 오지 않고 세게 부는 바람.

강바람²(江~) * 강에서 부는 바람. ¶ 시원한 강바람을 쏘이다.

강밥 = 맨밥. ‡ 반찬 없이 먹는 밥. ☞ 눌은밥. 누룽지. 마른밥.

강새암 ⇨ 강샘. 강짜. 강짜샘. ‡ 질투.

강색(鋼索) ⇨ 강삭. ‡ 쇠줄을 여러 가닥으로 꼬아 만든 쇠밧줄.

강서리 ⇨ 된서리. ‡ 늦가을에 되게 내리는 서리.

강성율(剛性率) ⇨ 강성률. ‡ 니은을 뺀 받침 뒤에는 '률'임.

강신무(降神~) * 신이 내려서 된 무당. ☞ 무당. 세습무. 학습무.

강아지 * 새끼 개. {바둑강아지. 발탄강아지. 복슬강아지. 북슬강아지. 수캉아지. 암캉아지. 흙강아지.} ¶ 장난감 강아지. 강아지 똥. 강아지 집. ☞ 개새끼.

강열하다(强烈~) ⇨ 강렬하다.

강엿 ⇨ 갱엿. 검은엿.

강우기(降雨期) ⇨ 장마철.

강우하다(降雨~) ⇨ 비가 오다. 비가 내리다.

강장동물(腔腸動物) ⇨ 자포동물. ‡ 해파리, 말미잘, 산호 따위.

강점(强点) ㉛ ⇨ 좋은 점. 나은 점. 뛰어난 점. ‡ 장점.

강점기 하에(强占期 下~) ⇨ 강점기에.

강정밥 * 강정을 만들려고 시루에 찐 찹쌀밥. ☞ 고두밥. 지에밥.

강주정(~酒酊) = 건주정. ‡ 거짓으로 취한 체하고 하는 주정.

강집(薑汁) ⇨ 새앙즙. 강즙. 생강즙.

강짜 = 강짜샘. 강샘. ¶ 강짜를 부리다. ‡ 질투.

강짜새암 ⇨ 강짜샘.

강추위 * 눈도 바람도 없이 몹시 매운 추위.

강추위(强~) ⇨ 모진 추위.

강충강충 ⇨ 강중강중. 〈 깡충깡충.

강타기(江~) ⇨ 얼음지치기.

강탈하다(强奪~) * (돈이나 권리를) 빼앗다. ‡ 구체적인 것과 추상적인 것. ☞ 갈취하다.

강터 * ① 강의 언저리. ② 강이 흐르던 자리.

강턱 * 큰물이 들거나 물 높이가 높을 때만 잠기는 강가의 턱진 땅. ☞ 둔치.

강파롭다 ⇨ 강파르다.

강파르다 = ① 야위다. ② 강팔지다. ③ 야박하다. ☞ 가파르다.

강팍하다(剛愎~) ⇨ 강퍅하다. ‡ 성질이 까다롭고 고집이 세다.

강팔지다 = 강파르다. ‡ 성질이 괴팍하다.

강풀¹ * 물에 개지 않은 된풀. ‡ 밀풀, 쌀풀 따위.

강풀²(江~) * 강가에 자라는 풀.

강호령(~號令) = 생호령. ‡ 까닭 없이 꾸짖는 호령.

강화시켜 주다(强化~) ⇨ 힘 있고 튼튼하게 해 주다. ‡ 강화해 주다.

강화시키다(强化~) ⇨ 강하고 튼튼하게 하다. ‡ 강화하다.

갖가지 = 가지가지. 갖갖. ‡ 여러 가지. ¶ 갖가지 꽃이 피었다.

☞ 각가지.

갖겠아오니 ⇨ 갖겠사오니.

갖고 〔도〕 = 가지고. ‡ 가지다. ¶ 덩치만 커 갖고 일은 못한다. 학생이 되어 갖고 공부를 안 하다니. 그래 갖고 두 사람은 오래오래 잘 살았단다.

갖난아이 ⇨ 갓난아이.

갖다¹ 〔움〕 = 가지다. ‡ 준말의 줄기 '갖~'에는 홀소리 씨끝이 붙지 못함. ☞ 갖추다.

갖다² = 가지어다가. ¶ 갖다 놓다. 갖다 대다. 갖다 두다. 갖다 드리다.

갖도록하다 ⇨ 갖도록 하다. 가지도록 하다.

갖두루마기 = 털두루마기. ‡ 짐승의 털가죽으로 안을 댄 두루마기. ☞ 갓두루마기.

갖등거리 ⇨ 털배자.

갖신 * 옛날 우리나라의 가죽신. ☞ 갓신. 먹신. 미투리. 사짜신. 짚신.

갖었다 ⇨ 가졌다. ‡ 준말의 줄기 '갖~' 뒤에는 홀소리 씨끝이 오지 못함.

갖은 〔매〕 * ①골고루 갖춘. ¶ 갖은 고생. 갖은 욕설. 갖은 풍상. ②가지가지의. {갖은것. 갖은떡. 갖은색떡. 갖은소리. 갖은자.} ☞ 가진.

갖은꽃 = 갖춘꽃. ‡ 꽃받침, 꽃잎, 암술, 수술을 모두 갖춘 꽃.

갖은잎 = 갖춘잎. ‡ 잎새, 잎자루, 턱잎을 모두 갖춘 잎.

갖은삼거리(~三~) * 말안장에 붙인 가슴걸이와 거기에 딸린 여러 가지. ☞ 삼거리.

갖은색떡(~色~) * 꽃, 용, 새 따위 갖가지 모양을 만들어 붙인 색떡. ☞ 민색떡. 흰색떡.

갖인 ⇨ ①갖은. ②가진.

갖지 = 가지지. ‡ 가지다.

갖추다 * 일을 하는 데 쓸모가 있는 여러 가지를 모두 마련해 두다. ¶ 연장을 갖추어 놓다. 갖추어 두다. 갖추어 오다. 갖추어 입다. 갖추어 주다. ☞ 갖다.¹ 차리다.

갖춰어지다 ⇨ 갖추어지다.

갖풀 〔阿膠〕 * 짐승의 가죽, 심줄, 뼈, 뿔 따위를 고아 만든 풀. ☞ 밀풀. 민어풀. 부레풀. 쌀풀.

갖히다 ⇨ 갇히다. ‡ '가두다'의 입음.

같다 * 생김새, 크기, 양이 한 모양이다. ¶ 키가 같다. 나이가 같다. 생각이 같다. {감쪽같다. 감태같다. 개좆같다. 굴왕신같다. 금쪽같다. 꿈같다. 납덩이같다. 다락같다. 댕돌같다. 득달같다. 똑같다. 뚱딴지같다. 무쪽같다. 불티같다. 생때같다. 성화같다. 신청부같다. 실낱같다. 쏜살같다. 악착같다. 억척같다. 옴포동이같다. 장승같다. 주옥같다. 쥐뿔같다. 쥐좆같다. 찰떡같다. 철벽같다. 철석같다. 철통같다. 추상같다. 하나같다. 한결같다.} ☞ 다르다. ~답다. 맞다.³ ~스럽다.

같소 * 같다. ‡ 맺음끝 '~소'는 받침이 있거나 없거나 두루 씀. {가소. 귀엽소. 먹소. 보소. 아름답소. 죽소. 가겠소. 낫겠소. 접었소.} ☞ 같으오.

같애 ⇨ 같아. ‡ 같다. ¶ 푸른 하늘 그

보다도 높은 것 같아.

같애지다 ⇨ 같아지다.

같앴어 ⇨ 같았어. ‡ 같다.

같으오 * 같다. ‡ 맺음끝 ‘~으오’는 ㄹ
이 아닌 받침 뒤에 씀. {깊으오. 깨
달으오. 나으오. 먹으오. 읽으오.}
☞ 같소.

같이¹ 〔어〕 * ①서로 함께. ¶ 같이 먹
자. 같이 가자. 같이 하자. ②‘와,
과’ 뒤에 써서 ‘서로 다름없이’의 뜻
을 나타냄. ¶ 생각한 바와 같이 잘
되다.

같이² 〔토〕 * ①비슷하게. ‡ 직접 비
유. ¶ 꽃같이 아름답다. 눈같이 희
다. 벼락같이 내닫다. 칠흑같이 어
둡다. ②앞말이 나타내는 때나 특징
을 강조함. ¶ 매일같이 노래한다. 새
벽같이 떠나다.
☞ 처럼.

같이가기 = 나란히가기. ‡ 음악.

같이 가다 = 함께 가다.

같이하다 = 함께하다. ‡ ①경험, 생
활을 더불어 하다. ②뜻, 때를 똑같
이 하다. ¶ 고락을 같이하다. 운명을
같이하다. 뜻을 같이하다.
☞ 달리하다.

같은 동료(同僚) ⇨ 일벗. ‡ 동료.

같은 동포(同胞) ⇨ 같은 겨레. ‡ 동포.

같잖히 ⇨ 같잖이. ‡ 눈꼴사납게.

같잖다 ⇨ 같잖다. ‡ 눈꼴사납다.

갚다 * ①빌린 돈이나 외상값을 돌려
주거나 밀린 삯을 치르다. ②제가
받은 일을 시간이 지난 뒤에 안갚음
하거나 앙갚음하다.
☞ 물다.² 치르다.

갚음 * 갚다. ‡ 갚는 일. {대갚음. 안
갚음. 앙갚음. 품갚음.} ¶ 죄 갚음.

갛다붙다 ⇨ 가타부타. ‡ 옳다느니 그
르다느니.

개¹ * 바닷물이 드나드는 곳. {개꾼. 개
땅. 개막이. 개어귀. 개자리. 개펄.
개흙. 갯가. 갯것. 갯것전. 갯고랑
(갯골). 갯내. 갯논. 갯놈. 갯둑. 갯
마을. 갯머리. 갯물. 갯바닥. 갯바
람. 갯바위. 갯밭. 갯벌. 갯벌장. 갯
벌투성이. 갯사람. 갯일.}

개² * 집짐승 이름. {개고기. 개구멍.
개구멍서방. 개꼬리. 개꼬리비. 개
독. 개돼지. 개떼. 개똥. 개띠. 개
밥. 개백장. 개벼룩. 개복. 개뼈다
귀. 개사냥. 개소주. 개싸움. 개잘
량. 개잠. 개장. 개장국. 개장사. 개
장수. 개종자. 개죽. 개짐승. 개집.
개찜. 개털. 개해. 개헤엄. 갯과. 수
캐. 암캐. 검둥개. 누렁개. 들개. 똥
개. 미친개. 사냥개. 센개. 쌀개.
집개.} {삽살개. 진돗개. 풍산개.}
¶ 새끼 개. 어미 개. 상갓집 개. 서
당 개. 술 먹은 개. 작은 개. 큰 개.

개~³ * ①질이 떨어지는. {개먹. 개
살구.} ②헛된. 쓸데없는. {개골.
개꿈. 개나발. 개똥상놈. 개방귀.
개뿔. 개소리. 개수작. 개죽음. 개
코쥐코.} ③아주 심한. 못된. {개고
생. 개꼴. 개다리질. 개딸년. 개망
나니. 개망신. 개불상놈. 개아들.
개자식. 개잡년. 개잡놈. 개지랄.
개질. 개짓. 개짓거리. 개차반. 개
차반이. 개코망신. 개판.}

~개⁴ * ①연모. {가리개. 걸개. 깔개.

날개. 노리개. 덮개. 마개. 베개. 쓰개. 조리개.} ②연장. {깡통따개. 땅파개. 병따개. 지우개. 호두까개.} ③사람. {코흘리개. 똥싸개. 오줌싸개.}
☞ ~게.[5]

개[5]〔個〕* 낱으로 된 물건을 세는 하나치. ¶ 감 한 개. 사탕 한 개.
☞ 꼬치. 동.[4] 묶음. 뭍동. 접.[1] 통.[7] 포기.

개가(改嫁) = 후살이. ⁑ 과부나 소박데기가 다시 시집가서 사는 일.

개가다 ⇨ 가져가다.

개가죽 * ① 개의 가죽. ② 낯가죽.

개각(介殼) [왜] ⇨ 조가비. 조개껍데기. ⁑ 갑각.

개각류(介殼類) [왜] ⇨ 갑각류. ⁑ 가재, 게, 새우 따위 동물.

개각충(介殼蟲) [왜] ⇨ 깍지벌레. ⁑ 굴깍지진디, 사과깍지진디 따위.

개간답(開墾沓) [왜] ⇨ 논풀이. 신풀이. ⁑ 일군 논.

개간지(開墾地) [왜] ⇨ 일군 땅.

개간하다(開墾~) [왜] ⇨ 일구다. 신풀이하다. 논풀이하다.

개값 ⇨ ①갯값. ②똥값.

개개이(箇箇~) ⇨ 낱낱이.

개거품 ⇨ 게거품. ¶ 독이 올라 입에다 게거품을 물고 발악을 한다.

개고기 * ①개의 고기. ⁑ 먹거리. ②성질이 고약하고 막된 사람.

개고랑 ⇨ ①개. ②개울. ③갯고랑.

개고마리 = 때까치. ⁑ 새 이름.

개골개골 〈 개굴개굴. ⁑ 개구리가 우는 소리.

개골산(皆骨山) * 금강산의 딴 이름. ⁑ 겨울철.
☞ 금강산. 봉래산. 풍악산.

개구녁 ⇨ 개구멍.

개구리헤엄〔平泳〕* 개구리처럼 두 팔과 두 다리로 헤는 헤엄.
☞ 개헤엄. 모잽이헤엄. 송장헤엄.

개구멍바지 * 밑을 튼 어린애 바지.

개구멍받이 * 남이 대문 밖에 버리고 간 것을 주워 기른 아이.
☞ 덤받이.

개구멍서방 * 혼례를 올리지 아니하고 남의 남편 행세를 하는 사내.
☞ 가지기.

개구장이 ⇨ 개구쟁이. ⁑ 장난꾸러기.

개국(個國) * 하나치. ⁑ 나라. ¶ 십 개국. ⁑ 한자말 뒤에 씀.

개굴이 ⇨ 개구리.

개굴창 ⇨ 개골창. ⁑ 수채의 물이 흐르는 도랑.

개궂다 ⇨ 짓궂다.

개기다 ⇨ 개개다. ⁑ 닳거나 해어지다. ¶ 구두 뒤축에 뒤꿈치가 개개다.

개꼬리 * ① 개의 꼬리. ② 담배꽁초. ⁑ 변말.
☞ 게꽁지.

개꼴(個~) * 하나치. ¶ 백 원에 세 개꼴. 두 개꼴.

개꽁지 ⇨ ①개꼬리. ②게꽁지.

개꽃 = 철쭉. ⁑ 산에 있는 꽃나무 이름.
☞ 영산홍. 진달래. 참꽃.

개나리 * 물푸레나뭇과의 나무 이름. ¶ 노란 개나리꽃.
☞ 나리.

개나리봇짐 ⇨ 괴나리봇짐.

개년(個年) * 하나치. ‡ 년. ¶ 삼 개년 계획. ‡ 한자말 뒤에 씀.

개놈 = 개새끼. 개자식. ‡ 못된 사람. ¶ 개놈의 새끼.
　☞ 갯놈.

개다¹ * ① 날씨가 맑아지다. ¶ 날이 개 다. ② 마음이 개운해지다.
　☞ 들다.¹ 맑다.

개다² * ① 개키다. ¶ 이불을 개키다. ② 손, 발을 겹치게 하다. ¶ 발을 개 다.
　☞ 접다.

개다리밥상 ⇨ 개다리소반.

개두릅나무 ⇨ 음나무. 엄나무. ‡ 두릅 나뭇과의 나무 이름.

개들이(個~) * 하나치. ¶ 한 개들이. 두 개들이. ‡ ‘들이’는 뒷가지.

개땅 * 바닷물이 드나드는 땅.
　☞ 개펄. 개흙. 갯벌.

개떡 * 나깨, 노깨, 보릿겨로 찐 떡. {밀개떡. 보리개떡. 봄보리개떡.}
　☞ 나깨. 노깨.

개떼 * 한꺼번에 몰려다니는 개의 무 리. ¶ 개떼같이 몰려가다.
　☞ 떼.

개똥벌레 = 반디. 반딧불이. ‡ 벌레 이름.

개똥불 ⇨ 반딧불. ‡ 반딧불이의 꽁무 니에서 내는 빛.

개똥지빠귀 = 개똥티티. 지빠귀. 티 티새. ‡ 새 이름.

개띠 해 ⇨ 개해. 개의 해.

개라(guaranty) 웹 ⇨ 믿값. 보증금. 출연료. ‡ 개런티.

개량(改良) * 구체적인 무엇을 좋게 고침. ‡ 농기구. 품종. 부엌. 방법.
　☞ 개선.

개량개량 ⇨ 가량가량. ‡ 물이 넘칠 듯 이 가득 괸 모양.

개량종(改良種) * 우수한 바탕을 갖도 록 길러낸 새 품종. ‡ 동식물.
　☞ 본토종. 토종. 재래종. 야생종. 도 입종. 외래종.

개력하다 = 가력되다. ‡ 산천이 변하 여 옛 모습이 없어지다.

개르다 = 개으르다. 〈 게르다. 게으르 다.

개름 = 개으름. 〈 게름. 게으름.

개름뱅이 = 개으름뱅이. 개름쟁이. 개으름쟁이.

개립방(開立方) ⇨ 개입방. ‡ 세제곱 근 풀이.

개막이 * 개에 어살을 박고 그물을 쳐 서 고기를 잡는 일.
　☞ 살막이.

개먹 * 품질이 좋지 않은 먹.
　☞ 솔먹. 숯먹. 참먹.

개미¹ = 술구더기. ‡ 걸러놓은 술에 뜬 밥알.

개미² * 벌레 이름. {개미구멍. 개미 굴. 개미산. 개미장. 개미집. 개미 허리. 개밋과. 병정개미. 수개미. 여왕개미. 일개미.} ¶ 개미 떼.

개미누에 = 털누에. ‡ 알에서 갓 깨어 난 누에.

개미총(~塚) = 개미탑. 개밋둑. ‡ 개 미집 위에 높이 쌓인 흙.

개발 ⇨ 바지락. ‡ 조개의 한 가지.

개발괴발 ⇨ 괴발개발. ‡ 글씨를 아무

렇게나 써 놓은 모양.

개발도상국(開發途上國) = 발전도상
국. ‡ 후진국.

개발쇠발 ⇨ 괴발개발.

개발하다(開發~) * ① 천연자원을
쓸모 있게 만들다. ‡ 토지. 삼림.
광산. ② 산업이나 경제를 발전하게
하다. ③ 새로운 물건이나 생각을
만들어내다. ¶ 로봇 개발. ④ 사람의
능력을 발달하게 하다. ¶ 능력 개발.
☞ 계발하다.

개밥바라기〔太白星〕= 어둠별. ‡ 초
저녁에 보이는 금성.
☞ 짚신할아비.

개방화하다(開放化~) ⇨ 열다. 열어
놓다.

개방하다(開放~) ⇨ 열다. 열어 놓
다. 열어 두다.
☞ 폐쇄하다.

개백정(~白丁) ⇨ 개백장. ‡ ① 직업으
로 개를 잡는 사람. ② 막된 사람.

개비[1] = 개비짱. ‡ 신사. 청년. 아버
지. 사회인.

개비[2] * ① 가늘게 쪼갠 나무토막이나
조각. {나뭇개비. 낱개비. 댓개비.
목둣개비. 성냥개비. 싸릿개비. 잡
장개비. 장작개비. 황개비.} ② 하나
치. ¶ 담배 두 개비. 성냥 한 개비.
이쑤시개 한 개비. 장작 몇 개비.
☞ 가치. 개피.

개비담배 ⇨ 가치담배. 낱담배. ‡ 낱개
로 파는 담배.

개뻘 ⇨ ① 갯벌. ② 개펄.

개사냥 * 개를 부려 짐승을 잡는 일.
☞ 사냥.

개상질(~床~) = 때기. 태. 태질. ‡
개상에 메어쳐서 이삭을 떠는 일.
☞ 타작.

개새끼 = 개자식. 개잡놈. 개놈. ‡ 욕
설.

개 새끼 * 개의 새끼. ‡ 강아지.
☞ 돼지새끼. 소새끼. 쇠새끼. 여우새
끼. 쥐새끼.

개선(改善) * 추상적인 것을 좋게 고
침. ‡ 처우. 체질. ¶ 식생활 개선.
☞ 개량.

개선시키다(改善~) ⇨ 개선하다.

개성적(個性的) ⇨ 개성 있는. 개성이
드러난. 개성을 드러낸. 개성을 보
인.

개소(個所) ㉿ ⇨ 군데. 곳. ‡ 하나치.

개소리 * 아무렇게나 지껄이는 조리
없고 당치 않은 말.

개 소리 * 개가 짖는 소리.

개소리괴소문(~所聞) ⇨ 개소리괴소
리. ‡ 조리 없이 마구 지껄이는 말.

개소리쇠소리 ⇨ 개소리괴소리.

개솜〔海綿〕⇨ 갯솜. {갯솜동물. 갯솜
벽돌. 갯솜질. 갯솜체.} ¶ 갯솜 조
직.

개수기(~器) = 개수틀. ‡ 부엌이나
목욕탕에서 구정물을 버리는 장치.

개수통(~桶) = 설거지통. ‡ 설거지
하는 통.

개숫물 = 설거지물. ‡ 설거지하는 물.

개승냥이 = 늑대. ‡ 아시아 지역에만
사는 들짐승 이름.

개신시키다(改新~) ⇨ 새롭게 하다.
‡ 개신하다.

개식사(開式辭)**가 있다** ⇨ 개식사를

하다. ✻ 첫인사말을 하다.

개아미 ⇨ 개미. ✻ 벌레의 하나.

개암¹ ✻ 매의 먹이 속에 넣는 솜뭉치.
¶ 개암을 도르다. 개암을 지르다.

개암² ✻ 개암나무 열매. ¶ 개암 까먹듯
하다.
☞ 고욤.

개암들다 ✻ 아이를 낳은 뒤에 잡병이
생기다.

개어올리다 ⇨ 개올리다. ✻ ①남을 높
이어 대하다. ②나를 낮추어 말하
다.

개연(~蓮) = 가시연꽃.

개염 〈 게염. ✻ 시샘하여 탐내는 마음.
¶ 개염 나다. 개염 내다.
☞ 샘.⁴ 암상.¹

개와집(蓋瓦~) ⇨ 기와집.

개운하다 ✻ ①상쾌하고 가뜬하다. ¶
몸이 개운하다. ②산뜻하고 시원하
다. ¶ 맛이 개운하다. ③깨끗하고
상쾌하다. ¶ 바람이 개운하다.
☞ 깨끔하다.

개울 ✻ 골짜기나 들에 흐르는 물길.
{개울가. 개울녘. 개울둑. 개울물.
앞개울. 뒷개울.} ¶ 개울 기슭. 개울
바닥. 개울 쪽. ¶ 개울에서 멱을 감
다.
☞ 내.⁵ 시내. 개천.

개월(個月) ✻ 하나치. ✻ 달. ¶ 몇 개월.
십 개월. ✻ 한자말 뒤에 씀.

개으르다 〈 게으르다.

개으름뱅이 = 개으름쟁이.

개으름 부리다 = 개으름 피우다.

개이다 ⇨ ①개다. ✻ 날씨. ②까지다.
✻ 껍질이 벗겨지다. ③개개다.

개인 ⇨ 갠. ¶ 갠 날. 갠 하늘. ✻ 날씨.

개인계(改印屆) 倭 ⇨ 개인 신고.

개인적(個人的)**인 생각** ⇨ 내 생각.
제 생각.

개인전(個人展)**을 가지다** ⇨ 개인전
을 열다.

개임 ⇨ 갬. ✻ 날씨가 맑음.

개자리¹ ✻ ①불길을 빨아들이고 연기
를 머무르게 하려고 방구들 윗목
밑에 방고래보다 더 깊게 파 놓은
곳. ②강이나 냇바닥이 패어 깊어
진 곳.

개자리² ✻ 활터에서 과녁 앞에 사람이
들어가 살피도록 파 놓은 구덩이.

개자식(~子息) = 개새끼. 개놈. ✻ 욕
설.
☞ 새끼 개. 개 새끼.

개잠 ✻ ①머리와 팔다리를 오그리고
자는 잠. ②깊이 들지 못하는 잠.
☞ 두벌잠.

개잡다 ✻ 담배를 피우다. ✻ 속된 말.

개 잡다 ✻ 개를 잡다. ✻ 먹으려고 개를
죽이다.

개장(~醬) = 개장국. ✻ 보신탕.
☞ 닭개장. 육개장.

개장사 ✻ 개를 팔고 사는 일.

개장수 ✻ 개장사를 하는 사람.

개재하다(介在~) ✻ ①끼어들다. ②
끼여 있다.
☞ 게재하다.

개조시키다(改造~) ⇨ 뜯어고치다.
✻ 개조하다.

개좆같다 = 개코같다. 좆같다. ✻ 마음
에 들지 않을 때 하는 욕.

개좆불 = 개좆부리. 고뿔. 감기.

ㄱ

개준하다(改悛 ⇨ 개전〜) ⇨ (마음을) 고쳐먹다. 뉘우치고 고치다.

개지 = 버들개지. 버들강아지. ‡ 버드나무의 꽃.
　☞ 버들치.

개짐〔生理帶〕 * 여자가 몸을 할 때 사타구니에 차는 헝겊. ‡ 패드.
　☞ 기저귀. 들보.² 살바.

개짜리(個〜) * 하나치. ¶ 백 원에 두 개짜리. ‡ '〜짜리'는 뒷가지.

개찰구(改札口) ⑭ ⇨ 표 보이는 곳. 표 찍는 곳.
　☞ 출찰구.

개체수(個體數) ⇨ 개체 수.

개천 * ①개골창 물이 흘러나가게 판 물길. ¶ 개천 웅덩이. ②내. {개천가. 실개천.} ¶ 개천 바닥. 개천에서 용 난다.
　☞ 시내. 개울.

개초장이(蓋草〜) = 이엉장이. 영장이. ‡ 이엉을 엮거나 이는 기술자.

개최년도(開催年度) ⇨ 개최 연도.

개코같다 = 개좆같다. 좆같다. ‡ 하찮고 보잘것없는 뜻으로 하는 욕설.

개 코 같다 * 생김새가 개 코와 비슷하다. ¶ 냄새 잘 맡기는 개 코 같다.

개키다 = 개다. ¶ 이불을 개키다. 옷을 개켜 놓다.

개팔자(〜八字) = 매팔자. ‡ 놀면서도 잘 사는 팔자.

개편시키다(改編〜) ⇨ 고쳐 짜다. 다시 짜다. ‡ 개편하다.

개펄 = 펄. ‡ 갯가에 질퍽질퍽한 개흙으로 이루어진 벌판.
　☞ 개흙. 갯벌.

개피 * 논이나 밭두둑에 나는 볏과의 두해살이풀 이름.
　☞ 개비. 계피. 피.²

개피떡 * 흰떡, 쑥떡 따위에 소를 넣고 반달꼴로 찍어 만든 떡.
　☞ 거피떡. 송기떡. 시루떡. 쑥떡. 찰떡. 흰떡.

개헤엄 * ①개가 헤엄치듯이 하는 헤엄. ¶ 개헤엄 치다. ②엉터리 헤엄.
　☞ 개구리헤엄. 등헤엄. 모잽이헤엄. 송장헤엄.

개혁 드라이브(改革 drive) ⇨ 개혁 몰이. 개혁 운동.

개회식(開會式)**을 가지다** ⇨ 개회식을 하다. 개회식을 올리다.

개흙 * 갯바닥에 있는 거무스름하고 미끈미끈하고 고운 흙.
　☞ 개펄. 진흙.

객광스럽다 ⇨ 객스럽다. ‡ 쓸데없고 실없는 느낌이 있다.

객담(喀痰) * ①가래. ②가래를 뱉음.
　☞ 각담.

객물(客〜) = 군물. ‡ 뜨거운 물에 타는 맹물.

객술(客〜) = 객숟가락. ‡ 손님을 대접하려고 따로 마련한 숟가락.

객적다 ⇨ 객쩍다. ¶ 객쩍은 말. 객쩍은 생각. 객쩍은 소리. 객쩍은 짓.

객줏집(客主〜) * 나그네에게 술과 밥을 팔고 잠을 재우던 집.
　☞ 목롯집. 여염집. 주막집.

객지살이(客地〜) * 제 집을 멀리 떠나 임시로 살아가는 일.
　☞ 타관살이. 타향살이.

객쩍다 * 하는 짓이나 말이나 생각이

쓸데없고 싱겁다.

☞ 괘꽝스럽다. 멋쩍다.

객쩍히 ⇨ 객쩍이. ¶ 객쩍이 말하다. 객쩍이 행동하다.

갤갤 ⇨ 골골. ＊ 시름시름 앓는 모양.

갤쭉하다 ⇨ 걀쭉하다.

갬상치 ⇨ 갬상추. ＊ 다 자란 상추.

갭직갭직 = 갭직갭직이. ＊ 생각보다 조금 가벼운 듯한 모양.

갯값 ＊ ① 개의 값. ② 똥값. ＊ 형편없이 헐한 값.

갯골 = 갯고랑. ＊ 갯가의 고랑.

갯나리 = 바다술. ＊ 나리와 비슷하게 생긴, 바닷속에 사는 동물.

☞ 개나리. 참나리.

갯내음 ⇨ 갯내. ＊ 갯가에서 나는, 짭짤하고 비릿한 냄새.

갯놈 = 갯사람. 갯벌투성이. ＊ 갯가에 사는 사람.

☞ 개놈.

갯땅 ⇨ 개땅. ＊ 바닷물이 드나드는 땅.

갯버들 = 땅버들. ＊ 버드나무의 한 가지.

갯벌 ＊ 바닷물이 들고나는 넓은 땅이나 모래톱.

☞ 개펄. 개땅.

갯벌투성이 = 갯놈. 갯사람. ＊ 갯가에 사는 사람.

갯법(開法) ⇨ 개법. 개방법. ＊ 수학.

갯솜고무 = 거품고무. ＊ 스펀지.

갯수(個數) ⇨ 개수. ＊ 한 개씩 낱으로 세는 물건의 수효. ¶ 개수가 많다.

갯장어 ＊ 갯장엇과의 바닷물고기. ＊ 먹는 물고기임.

☞ 바닷장어. 참바다장어. 먹장어. 붕장어. 뱀장어.

갯주머니 ⇨ 호주머니.

갯풀 ⇨ 개풀. ＊ 갯가에 난 풀. ¶ 개풀을 뜯다.

갱기 = 신갱기. ＊ 짚신의 총갱기와 뒷갱기.

갱신하다[1] ＊ 몸을 움직이다. ¶ 갱신을 못 하다.

갱신하다[2](更新～) ＊ 다시 새롭게 하다. ¶ 계약 갱신. 면허 갱신.

☞ 경신하다.

갱연기(更年期) ⇨ 갱년기. ＊ 여자 나이 마흔 살에서 쉰 살 사이.

갱엿 = 검은엿. ＊ 켜지 않은 엿.

☞ 가락엿. 가래엿. 타래엿. 흰엿.

갱의실(更衣室 ⇨ 경의실) ⇨ 옷 갈이방. 옷 갈아입는 곳.

갱정 예산(更正豫算) ⇨ 경정 예산.

갱조개 ⇨ 가막조개. ＊ 조개의 한 가지.

갱질하다(更迭～) ⇨ 경질하다. ＊ 어떤 자리에 있는 사람을 갈다.

갱충맞다 = 갱충적다. ＊ 조심성이 없고 아둔하다.

갸 ⇨ 걔. ＊ 그 아이.

갸기부리다 = 교기부리다. ＊ 잘난 체하며 뽐내는 태도를 보이다.

갸날프다 ⇨ 가냘프다.

갸륵하다 ＊ 착하고 장하다. ¶ 마음씨가 갸륵하다. 정성이 갸륵하다.

☞ 거룩하다.

갸름하다 ＊ 보기에 좋을 정도로 조금 가늘고 긴 듯하다. ¶ 얼굴이 갸름하다.

☞ 가름하다. 기름하다.

갸웃 = 갸웃이. 〈 기웃. 기웃이. ＊ 한

쪽으로 조금 갸울어지는 모양.

갹출료(醵出料) ⇨ 추렴새. ‡ 추렴하
　는 돈이나 물건.
　☞ 기부금. 의연금.

갹출하다(醵出~) ⇨ 추렴하다.

걀걀 〈 깔깔. ‡ 암탉이나 갈매기가 내
　는 소리.
　☞ 골골.²

걀쭉히 ⇨ 걀쭉이. ‡ 보기에 좋을 정도
　로 조금 길게.

걀쯤히 ⇨ 걀쯤이. ‡ 꽤 갸름하게.

걀찍히 ⇨ 걀찍이. ‡ 알맞게 길게.

걔 = 그 아이.

걘 = 그 아이는. 걔는.

걜 = 그 아이를. 걔를.

거¹ = ① 그거. 것. ② 거기.

~거²(~車) * 탈것. ‡ 사람의 힘으로
　움직이는 것. {인력거. 자전거.}
　☞ 수레. 차.³

거간꾼(居間~) = 주릅. ‡ 구문을 받
　고 흥정을 붙여주는 일을 직업으로
　하는 사람. ¶ 토지 거간꾼. 거간꾼을
　넣어 흥정을 붙이다.
　☞ 중도위. 흥정꾼.

거꾸러뜨리다 〈 거꾸러트리다.

거꾸로 * 차례나 방향, 또는 형편 따위
　가 반대로 되게. ¶ 옷을 거꾸로 입
　다.
　☞ 반대로.

거낫 = 걸낫. ‡ 자루가 긴 낫. ¶ 거낫
　으로 나뭇가지를 걸어 당기다.

거냉하다(去冷~) * 찬 기운만 없애
　다. ¶ 막걸리를 화로에 거냉하여 마
　시다.
　☞ 채우다.³

거년스럽다 〉 가년스럽다. ‡ 가난하고
　어려운 데가 있다.

거닐다 * 일없이 한 곳에서 왔다갔다
　하다. ¶ 강가를 거닐다.
　☞ 걷다.³ 서성이다.

거대화되다(巨大化~) ⇨ 커다래지
　다. 커다랗게 되다. 커지다.

~거던 ⇨ ~거든. ¶ 가거든. 만나거
　든. 보거든. 알거든.

거덜나다 * 살림이나 하는 일이 결딴
　나다. ¶ 노름으로 살림이 거덜나다.
　☞ 너덜나다.

거동(擧動) * 몸을 움직이는 짓이나
　모양. ¶ 저 농부 거동 보소.
　☞ 거둥.

거두〔鋸刀〕 ⇨ 거도. 톱칼. ‡ 한쪽에
　자루를 박고 한쪽 날만 있는 톱.

거두다 = 걷다. ‡ ① 수확하다. ‡ 곡
　식. 열매. ② 널려 있는 것을 한데
　모으다. ‡ 빨래. ③ 여럿에게서 받
　아들이다. ‡ 성금. ④ 힘들인 보람
　을 얻어내다. ‡ 결과. 성과. ⑤ 보살
　피거나 기르다. ‡ 고아. 자식. 집안
　일. ⑥ 벌여 놓거나 차려 놓은 것을
　정리하다. ‡ 이부자리. 천막. 물건.
　⑦ 하던 일을 멈추거나 끝내다.
　‡ 시선. 생각. ⑧ 그치거나 그만두
　다. ‡ 말. 웃음.
　☞ 모으다. 얻다.¹

거두어들이다 = 거둬들이다.

거두어지다 ⇨ 걷히다.

거둥 * 임금님의 나들이.
　☞ 거동.

거둥그리다 ⇨ 거든그리다. ‡ 가볍게
　거두어 싸다.

거드럭거리다 = 거들거리다. 거드럭
대다. 거들대다.
☞ 거들먹거리다. 꺽죽거리다.
거드럼 ⇨ 거드름. ‡ 거만스러운 태도.
거드렁이 = 들어니쓰기. ‡ 장기에서 한
번 집은 장기짝은 반드시 쓰는 일.
거드름춤 = 입춤. ‡ 기본적인 자세를
익히는 춤.
~거든 * ① 어떤 일이 이루어지면.
¶ 그를 만나거든 내 말을 하라.
② 앞의 일이 이러하니 뒤의 일은
말할 나위 없다. ¶ 짐승도 은혜를
알거든 하물며 사람이랴? ③ 어
떤 일을 가르쳐 줌. ¶ 아무리 보
아도 이상하거든.
거들거들 = 거드럭거드럭. ‡ 잘난 체
하며 버릇없이 구는 모양.
거들거리다 = 거들대다. 거드럭거리
다. ¶ 많이 가질수록 거들거리지 마
라.
☞ 거들먹거리다. 꺽죽거리다.
거들나다 ⇨ 거덜나다. ‡ 결딴나다.
거들다 * ① 일을 함께 하다. ¶ 일을 거
들다. ② 말이나 행동에 끼어들어 힘
을 보태다. ¶ 사람들이 한 마디씩 거
들다. 싸움을 거들다.
☞ 돕다.
거들먹거리다 〈 꺼들먹거리다. ‡ 신이
나서 잘난 체하며 함부로 굴다.
☞ 거드럭거리다. 꺽죽거리다.
~거라 * '가다'에만 씀. ‡ 거라 벗어난
끝바꿈. ¶ 집에 가거라.
☞ ~너라.
거란지 = 거란지뼈. ‡ 소의 꽁무니뼈.
거래고(去來高) 經 ⇨ 거래액.

거래선(去來先) 經 ⇨ 거래처.
거랭하다(去冷~) ⇨ 거냉하다.
거량(車輛) ⇨ 차량.
거량하다 〔擧揚~〕 * 설법할 때 죽은
사람의 영혼을 부르다.
☞ 거양하다.
거러지 ⇨ 거지. ‡ 비렁뱅이.
거렁뱅이 ⇨ 비렁뱅이.
거령맞다 〉 가량맞다. ‡ 격에 어울리
지 않다.
거루 = 거룻배. ‡ 돛이 없는 작은 배.
¶ 기선에서 거루로 옮겨 타다.
☞ 구유배. 나룻배. 두멍거루.
거루다 * 배를 냇가, 강가나 바닷가에
대다.
☞ 걸우다.
거룩하다 * 성스럽고 위대하다. ¶ 열
사의 거룩한 뜻을 높이 받들다.
☞ 갸륵하다.
거류하다(居留~) 經 ⇨ 머물러 살다.
거륜(車輪) ⇨ 차바퀴. 바퀴.
거르다[1] * 체로 받쳐서 국물을 내리다.
¶ 막걸리를 거르다.
거르다[2] * 차례나 가운데 자리를 빼고
넘기다. ¶ 아침을 거르다.
☞ 그르다.
거름 * 땅을 기름지게 하는 물질. {거
름독. 거름주기. 거름집. 거름통.
거름풀. 거름흙. 덧거름. 뒷거름.
물거름. 밑거름. 웃거름. 풋거름.
거름하다.} ¶ 거름 소쿠리. 거름 지
게. 거름 내다. 거름 되다. 거름 주
다. 거름 치다.
☞ 걸음.
거름기(~氣) = 거름발. ‡ 거름 기운.

¶ 거름기가 많다.

거름마 ⇨ 걸음마. ＊ 어린아이가 걸음을 익힐 때 발을 떼어 놓는 걸음걸이.

거름쇠 ⇨ 걸음쇠. ＊ 컴퍼스.

거름장 ⇨ ①짐장. ②걸음장.

거리¹ ＝ 길거리. {거리거리. 거리굿. 거리풀이. 거릿송장. 거릿집. 장거리. 저잣거리. 주막거리. 밤거리. 네거리(사거리). 삼거리(세거리). 오거리.} ¶ 술집 거리. 시장 거리. 은행 거리. 거리 풍경. 거리를 쏘다니다.
☞ 길거리.

거리² ＊ ①소재. {가십거리. 걱정거리. 골칫거리. 관심거리. 구경거리. 기삿거리. 놀림거리. 눈요깃거리. 뉴스거리. 두통거리. 말거리. 말썽거리. 망신거리. 먹거리(먹을거리). 문젯거리. 밑거리. 볼거리. 비솟거리. 비웃음거리. 소일거리. 시빗거리. 언턱거리. 우셋거리. 웃음거리. 이야깃거리. 일거리. 읽을거리. 자랑거리. 잡담거리. 재밋거리. 탈거리. 트집거리. 화근거리. 화젯거리. 흥밋거리. 흥정거리.} ②재료. {국거리. 김장거리. 김칫거리. 끼닛거리. 땟거리. 먹거리. 반찬거리. 술잔거리. 아침거리. 안줏거리. 양념거리. 양식거리. 요깃거리. 입맷거리. 저녁거리. 점심거리. 조석거리. 찬거리. 탕거리. 해장거리. 땔거리. 치장거리.} ¶ 마실 거리.
☞ 감.³

거리³ ＊ 얼마 동안에 해낼 만한 일.

¶ 반나절 거리. 한나절 거리. 한입 거리.

거리⁴(距離) ＊ ①두 곳 사이의 길이. ¶ 거리가 멀다. ②어떤 시간에 갈 수 있는 길이. ¶ 한 시간 거리. ③사람 사이의 틈새. ¶ 거리가 느껴진다.

거리⁵ ＊ 하나치. ¶ 가지 두 거리. 오이 한 거리. ＊ 한 거리는 오십 개.

~거리⁶ ＊ 걸러서 일어나는 일. {하루거리. 이틀거리. 달거리. 해거리.}
☞ ~돌이.

~거리⁷ ＊ 낮춤. {떼거리. 짓거리. 패거리.}
☞ ~걸이.

거리끼다 ＊ ① 일하는 데 방해가 되다. ② 마음에 꺼림칙하게 생각된다.
☞ 꺼리다. 꺼림칙하다.

~거리다 ＝ ~대다. {까불거리다. 까불대다. 반짝거리다. 반짝대다.}

거망 ＝ 거망빛. ＊ 짙게 검붉은 빛.

거머쥐다 ＝ 검쥐다. ¶ 멱살을 거머쥐다. 행운을 거머쥐다. 한밑천 거머쥐다.

거멀 ＝ 거멀장. ＊ 가구, 나무 그릇의 사개나 두 물건을 잇는 쇳조각. {거멀도장. 거멀띠. 거멀맞춤. 거멀못. 거멀장부. 거멀장식.}

거멀쇠 ＝ 거멀쪽. ＊ 나무를 한 데 붙일 때 띠처럼 둘러매어 죄는 쇠.

거멍 ⇨ 검정. ＊ 빛깔 이름.

거멍이 ⇨ 검정이. 〉 감장이. ＊ 검정 빛깔을 띤 물건.

거무스레하다 ＝ 거무스름하다. 거뭇하다. ＊ 빛깔이 조금 검은 듯하다.

거무틱틱하다 ⇨ 거무튀튀하다.

거미¹ = 어스름. ¶ 저녁 거미가 내린 지 오래되다.
　☞ 땅거미.

거미² * 절지동물 거미목의 동물. {거미그물. 거미줄. 거미집.} {왕거미.}

거미발 * 반지, 비녀 따위에 보석을 물리는 것.
　☞ 기러기발. 까치발.¹ 노루발.¹

거북〔龜〕 = 거북이. {거북등무늬. 거북딱지. 거북선. 거북점. 거북형. 거북이걸음.} {바다거북.} ¶ 거북의 털. 거북을 타다.
　☞ 남생이. 자라.

거북다 = 거북하다. ✳ 안울림소리 뒤에는 '하'가 줆.

거북다리 = 거북손. ✳ 바닷가의 바위에 사는 부처손의 하나.

거북등¹ * 물살에 밀려서 쌓인 시내나 강 속의 자갈 더미.

거북등² * 거북의 등. {거북등무늬. 거북등딱지.}

거북찮다 ⇨ 거북잖다. ✳ 안울림소리 뒤에서는 '하'가 줆.

거북치 ⇨ 거북지. 거북하지. ✳ 안울림소리 뒤에는 '하'가 줆.

거북타 ⇨ 거북다. 거북하다. ✳ 안울림소리 뒤에는 '하'가 줆.

거붓권(拒否權) ⇨ 거부권.

거상¹(踞床) * 좁고 길게 생겨 여러 사람이 늘어앉을 수 있는 걸상.
　☞ 걸상. 승창. 의자. 평상.

거상²(鋸~) ⇨ 큰톱.

거섶¹ * 비빔밥에 넣는 나물. ¶ 밥에 거섶을 많이 넣고 비비다.

거섶² * 물결에 둑이 개개지 못하도록 말뚝을 늘여 박고 결은 나뭇가지.

거섶³ * 삼굿 따위의 위에 덮는 풀.
　☞ 고섶.

거센말 * 거센 느낌을 주는 말. ✳ 캄캄하다. 탄탄하다. 파삭파삭하다.
　☞ 센말. 여린말.

거센소리〔激音〕 * 치읓, 키읔, 티읕, 피읖, 히읗의 소리.
　☞ 된소리. 예사소리.

거스러미 * ① 손거스러미. ② 기계를 가공한 뒤에 남아서 붙어 있는 쇳밥.
　☞ 손거스러미.

거스레미 ⇨ 거스러미.

거스르다¹ * ① 큰 흐름이나 원리에 거꾸로 가다. ¶ 시대의 바람을 거스르다. ② 웃어른의 뜻에 따르지 않고 맞서다. ¶ 지시를 거스르다. ③ 남의 기분을 언짢게 하다. ¶ 비위를 거스르다.
　☞ 거슬리다. 그슬리다. 그슬다. 어기다.

거스르다² * 셈할 돈을 빼고 나머지 돈을 도로 주거나 받다. ¶ 거슬러 받다.
　☞ 거스리다.

거스름 = 거스름돈. 잔돈. ¶ 거스름을 내주다. 거스름을 받다.
　☞ 우수리. 끝돈. 끝전.

거스리다 ⇨ 거스르다.

거슬리다 * 언짢은 느낌이 들어 기분이 상한다. ¶ 눈에 거슬릴 짓을 하다.
　☞ 거스르다.¹ 그슬리다. 그을리다.

거슴츠레하다 〉게슴츠레하다. ✳ 눈이 풀리고 흐리멍덩하다.

☞ 어슴푸레하다. 초롱초롱하다.

거슴푸레하다 ⇨ 거슴츠레하다.

거시 ⇨ ① 거위. ✱ 회충. ② 지렁이.

거시오줌 ⇨ 거위침.

거시기[1]〔느〕 = 저. 저기. ✱ 생각이 잘 나지 않을 때 내는 군소리.

거시기[2]〔대〕 ✱ 바로 말하기 어려운 사람, 일, 물건을 가리키는 말.

거시키 ⇨ 거시기.

거양하다(擧揚~) ✱ ① 추어올리다. 추어주다. ② 높이 들어올리다.

☞ 거량하다.

거에요 ⇨ 거여요. 것이어요. 거예요.

거예요 = 것이에요.

거우듬하다 = 거운하다. ✱ 조금 기울어진 듯하다.

거울 ✱ 물건을 비추어 보는 물건. {단장거울. 몸거울. 손거울. 쪽거울. 구리거울. 물거울. 쇠거울. 거울상. 거울집.} {거울삼다. 거울지다.} ¶ 볼록 거울. 오목 거울. 유리 거울. 청동 거울. 포물면 거울. 거울속.

☞ 면경.

거위[1] ✱ 오릿과의 새 이름. {거위걸음.} ¶ 거위 간. 거위 다리.

거위[2]〔蛔蟲〕 ✱ 배 속에 있는 기생충의 하나.

거위배 = 횟배. 횟배앓이.

거위병(~瓶) = 오리병. ✱ 목이 길고 잘록한 병.

거위오줌 ⇨ 거위침. ✱ 속이 느긋거리면서 나오는 군침.

거의 ✱ 어느 한도에 가까운 정도. ¶ 여자들은 거의 한복 차림이었다. 가게

는 거의 문을 닫았다. ¶ 일이 거의 마무리되었다. 거의 한 시간을 기다렸다.

☞ 대부분. 거지반.

거의가 ⇨ 거의. ✱ 어찌씨는 임자말이나 기움말이 될 수 없음.

거의 다되다 ¶ 수명이 거의 다되다.

거의 다 되다 ¶ 밥이 거의 다 되다.

거저 ✱ ① 값을 치르지 않고. ¶ 좋은 물건을 거저 얻다. ② 하는 일 없이. ¶ 거저 빈둥거리며 지내다. ③ 빈손으로. ¶ 돌잔치에 거저 갈 수 없지.

☞ 그저. 그냥.

거저먹다 = 공먹다. ✱ 힘들이지 않고 일을 해내거나 어떤 것을 차지하다.

거적 ✱ ① 짚으로 엮어 자리처럼 만든 물건. ✱ 자리나 덮개로 씀. {거적때기. 거적모. 거적모판. 거적문. 거적쌈. 거적자리.} ② 섬거적.

☞ 거죽.

거적눈 = 거적눈이. ✱ 윗눈시울이 축 처진 눈. 또는 그런 사람.

거적송장 = 거적시체. 거적주검. ✱ 거적으로 싼 송장.

거주다 = 그어주다. ✱ 몫으로 떼어 주다. ¶ 네 몫으로 벼 열 섬을 거주겠다.

거죽 ✱ 물체의 바깥 부분. {거죽감.} ¶ 책 거죽.

☞ 거적. 겉.[1]

거지 = 거지새끼. ✱ 비렁뱅이. 양아치. {거지꼴. 거지발싸개. 알거지.}

☞ 동냥아치.

거지반(居之半) = 거반. ✱ 절반 이상일 때. ¶ 잔치는 거지반 끝나고 있었

다.
☞ 거의.

거지주머니 * 열매가 여물지 못한 채
달린 껍데기.
☞ 꼬투리.²

거진 ⇨ 거의.

거짓 * 참이 아님. {거짓꼴. 거짓나이
테. 거짓마침. 거짓막. 거짓상. 거짓
소리. 거짓되다.} ¶ 거짓 보고. 거짓
없다.
☞ 참.²

거짓말 = 거짓부리. 거짓부렁. 거짓
부렁이. 거짓불.

거짓말 시키다 * 거짓말을 하게 하다.
¶ 아비가 아들에게 거짓말을 시키다
니!

거짓말하다 * 거짓을 참인 것처럼 꾸
며서 말하다.

거찌르다 ⇨ 것지르다. ‡ 아래에서 위
로 거슬러 지르다.

거참 〔느〕 = 그것참. ¶ 거참, 일이 고
약하게 꼬였군.

거출하다(醵出～) ⇨ 추렴하다.

거춧꾼 ⇨ 거추꾼. ‡ 일을 주선하거나
거들어 주는 사람.

거치다¹ * ① 오가는 길에 어디를 지나
거나 들르다. ¶ 그 마을을 거쳐 오다.
② 단계나 과정을 밟는다. ¶ 여기까
지 오는데 몇 단계를 거쳤다.
☞ 지내다.² 걸치다.

거치다² * ① 마음에 거리끼거나 꺼리
다. ¶ 특별히 거칠 문제는 없다.
② 무엇에 걸리거나 막히다. ¶ 발길
에 칡덩굴이 거치다.
☞ 걷히다. 그치다.

거치떼미 ⇨ 바닥걸기질. ‡ 논바닥을
거적때기 따위로 평평하게 고르는
일.

거치렝이 ⇨ 거치렁이. ‡ 거친 벼.

거치없이 ⇨ 거추없이. ¶ 어른 앞에 거
추없이 굴지 마라.

거치장스럽다 ⇨ 거추장스럽다.

거친널 = 거친널판. ‡ 대패질을 하지
않은 널빤지.

거친대패 = 막대패. ‡ 나무를 애벌로
대강 밀 때 쓰는 대패.
☞ 고운대패.

거친돌 * 채석장에서 대강의 크기로
떠서 채 다듬지 않은 돌. {거친돌쌓
기.}
☞ 가름돌. 거침돌. 다듬돌. 막돌.

거칠다 * ①결이 껄끄럽다. ¶ 살결이
거칠다. ②피륙의 짜임새가 성기
다. ¶ 거친 삼베. ③말이나 행동을
막 하다. ¶ 말이 거칠다. 솜씨가 거
칠다. ④성질이나 움직임이 사납
고 세차다. ¶ 거친 바람. 거친 성
질. ⑤음식이 맛깔스럽지 못하다.
{거친먹이.} ¶ 거친 음식. ⑥손질
되어 있지 않다. {거친돌.} ⑦세상
살이가 어렵다. ¶ 거친 세상. ⑧땅
을 가꾸지 않아 고르지 않다. ¶ 거
친 들판. 거친 가시밭.
☞ 험하다.

거칠은 〔그〕 ⇨ 거친. ‡ 거칠다. 거칠
고. 거칠어. 거칠며. 거친. 거치니.

거침 〔洪水〕 = ①큰물. 한물. ②큰
강. ③큰 못.
☞ 물마. 바다넘이. 시위.²

거침돌 = 걸림돌. ‡ 거추장스럽게 걸

리거나 막히는 일이나 물건.
☞ 거친돌.

거침새 * 걸리거나 막히는 상태. ¶ 일에 거침새가 많다.
☞ 걸림새.

거퍼 ⇨ 거푸. * 잇달아 거듭. ¶ 술을 거푸 마시다.

거푸돌 ⇨ 속돌.

거푸지다 ⇨ 거쿨지다. * 몸집이 크고 말이나 하는 짓이 씩씩하다.

거푸집[1] * 쇳물이나 시멘트 반죽을 부어서 물건을 만드는 틀. {거푸집널.}
☞ 틀. 골.[7]

거푸집[2] * 몸의 겉모양. ¶ 거푸집만 컸지 힘은 없다.
☞ 걸때.

거푸집[3] * 풀칠한 종이나 쇳물이나 도자기에 공기가 들어가서 들뜬 곳.

거푸짓기 = 이어짓기. 이어갈이. * 같은 땅에 같은 작물을 거푸 짓는 일.
☞ 그루바꿈. 돌려짓기. 해걸러짓기.

거풀 ⇨ 꺼풀.

거품고무 = 갯솜고무.

거품량(~量) ⇨ 거품양. * 겨레말 뒤에는 ‘양’임.

거피떡(去皮~) = 거피팥떡. * 팥으로 고물을 한 시루떡.
☞ 개피떡.

거하다[1] * ① 산이 웅장하다. ② 나무나 풀이 무성하다. ③ 으슥하다.
☞ 메숲지다. 숲지다.

거하다[2](居~) ⇨ 머물러 살다. * 거주하다.

거하다[3](去~) ⇨ 가 버리다. * 퇴거하다.

거해하다(去核 ⇨ 거핵~) ⇨ (과일이나 목화의) 씨를 발라내다.

거행키로(擧行~) = 거행하기로. * 울림소리 뒤에는 ‘ㅏ’만 줆.

걱더듬다 ⇨ 걸터듬다. * 무엇을 찾느라고 되는대로 마구 더듬다.

걱실거리다 = 걱실대다. * 성질이 너그럽고 말과 행동을 시원스럽게 하다.
☞ 걸쩍거리다.

걱정 * ① 속을 태움. 시름. {걱정가마리. 걱정꾸러기. 걱정덩어리. 걱정거리. 밥걱정. 생걱정. 입걱정. 잔걱정. 한걱정. 헛걱정. 걱정되다. 걱정스럽다. 걱정하다. ¶ 돈 걱정. 물 걱정. 반찬 걱정. 술 걱정. 자식 걱정. 집 걱정. 걱정이 없다. 걱정이 있다. ② 아랫사람을 꾸짖음. ¶ 걱정을 듣다.
☞ 근심.

걱정을 끼쳐 드리다 ⇨ 걱정을 끼치다.

걱정을 드리다 ⇨ 걱정을 끼치다.

건[1] = 것은. ¶ 익은 건 따로 두어라.

건[2] = 그것은. ¶ 건 좋지 않아.

건[3](件) * 하나치. * 일이나 사건. ¶ 세 건. 일곱 건. 한 건 하다.

건간망(建干網) 倻 ⇨ 개막이그물.

건갈이(乾~) ⇨ 마른갈이. * 마른논에 물을 넣지 않고 가는 일.

건강하세요(健康~) ⇨ 건강을 누리세요. 건강에 조심하십시오.

건강하자(健康~) ⇨ 건강하게 지내자. * 그림씨에는 시킴꼴, 이끎꼴이 없음.

건건이¹ * 변변치 않은 반찬. ¶ 건건이 하나 겨우 차려 놓고 밥을 먹었다. ☞ 반찬. 장건건이.

건건이²(件件~) * 일마다. ¶ 내가 하는 일은 건건이 반대한다.

건건히 * 감칠맛 없이 조금 짭짤하게. ¶ 국을 건건히 끓여라. ☞ 간간히. 근근히.

건공잡이(乾空~) * 허세를 부리는 사람. ☞ 공중제비. 허풍쟁이.

건공잽이 ⇨ 건공잡이.

건과자(乾菓子) ㉿ ⇨ 마른과자.

건기침(乾~) = 마른기침. ¶ 할아버지께서 건기침을 하신다.

건날리다 ⇨ 겉날리다. ‡ 일을 되는대로 날려서 하다.

건너긋다 = 건너지르다. ‡ 금을 한쪽에서 다른 쪽까지 죽 긋다.

건너다 * ① 무엇을 넘어서 맞은편으로 가다. ¶ 강을 건너다. ② 다른 쪽으로 옮기다. ¶ 한 입 두 입 건너 소문이 퍼지다. ③ 거르다. ¶ 끼니를 건너다. ☞ 건네다. 넘다.

건너뛰다 * 한쪽에서 건너편으로 뛰어 넘다. ¶ 내를 건너뛰다. ☞ 걸러뛰다.

건너마을 ⇨ 건넛마을. ‡ 건너편에 있는 마을.

건너방(~房) ⇨ ① 건넌방. ② 건넛방.

건너보다 = 건너다보다. ‡ ① 건너편에 있는 것을 보다. ¶ 아득한 바다 저편을 건너보다. ② 부러워하거나 탐내어 넘보다. ¶ 왕위를 건너보다.

건너 보다 ¶ 강을 건너 보다.

건너산 ⇨ 건넛산. ‡ 건너편에 있는 산.

건너지피다 = 건너질리다. ‡ 강물이 이쪽 끝에서 저쪽 끝까지 얼어붙다.

건너집 ⇨ 건넛집. ‡ 건너편에 있는 집.

건너집히다 ⇨ 건너지피다.

건넌방(~房) * 한옥에서 대청을 사이에 두고 안방과 마주보고 있는 방.

건넛방(~房) * 건너편에 있는 방. ¶ 헛간 건넛방. ☞ 곁방.

건네다 * ① 말을 붙이다. ¶ 처녀에게 수작을 건네다. ② 건네주다. ¶ 넌지시 뒷돈을 건네다. ③ '건너다'의 하임. ¶ 나루를 건넬 사공이 없다. ☞ 건너다. 붙이다.¹

건느다 ⇨ 건너다.

건늘목 ⇨ 건널목.

건달 = 건달꾼. 건달뱅이. ‡ ① 하는 일 없이 빈둥빈둥 노는 사람. ② 가진 것도 없이 난봉이나 부리고 돌아다니는 사람. ③ 빈털터리. ☞ 놈팡이. 백수.

건달파(乾達婆) ⇨ 건달바. 건달바왕. ‡ 불교.

건달패 = 건달패거리. ‡ 건달의 무리.

~건대 * 바라거나 생각하는 내용을 미리 밝히는 이음끝. {듣건대. 말하건대. 보건대. 생각하건대.} ¶ 제발 바라건대 정신 좀 차려라. ☞ 건데. ~관데.

건덕지 ⇨ 건더기.

건데 = 그러한데. 그런데.

건데기 ⇨ 건더기.

건독(乾dock) ⇨ 마른뱃도랑.

건둥건둥¹ * 말끔히 가다듬어 수습하

ㄱ

는 모양. ¶ 물건을 건둥건둥 거두어 담다.
건둥건둥² * 일을 대충대충 해치우는 모양. ¶ 건둥건둥 훑어보다.
건둥반둥 = 반둥건둥. ⁑ 일을 끝내지 못하고 성의없이 그만두는 모양.
건드렁타령 * 술에 취하여 건들거리는 몸짓.
건드렁 타령 * 서울 지방 민요의 하나.
건드리다 = 건들다. ⁑ ① 손을 대다. ¶ 이 물건은 건드리지 마라. ② 남의 기분을 나쁘게 하다. ¶ 성질을 건드리다. ③ 여자를 꾀어 관계를 맺다.
☞ 다치다.
건들다 = 건드리다. ⁑ 준말의 줄기 '건들~'에는 홀소리 씨끝이 붙지 못함.
건들바람 * 선들선들 부는 초가을 바람.
☞ 바람.¹
건들어지다 ⇨ 건들리다. ⁑ '건들다'의 입음.
건들팔월(~八月) * 음력 팔월은 덧없이 지나간다는 뜻.
☞ 깐깐오월. 동동팔월. 미끈유월. 어정칠월.
건뜻하면 ⇨ 걸핏하면. 툭하면.
~건마는 = ~건만. ¶ 바람이 불건마는 더위는 여전하다.
건망(建網) [왜] ⇨ 자릿그물. ⁑ 정치망.
건명태(乾明太) [왜] ⇨ 북어.
건물¹ * 몸이 허약하여 저도 모르게 저절로 나오는 정액.
☞ 곁물.
건물²(建物) * 사람이 지은 온갖 집.
건방스럽다 ⇨ 건방지다.
건빨래(乾~) ⇨ 마른빨래.
건사하다¹ * ① 제 몸이나 식구를 잘 보살피고 돌보다. ¶ 아들을 잘 건사한다. ② 물건을 잘 거두어 보호하다. ¶ 우리 집 가보이니 잘 건사하여라.
☞ 간수하다. 갈망하다.¹ 갈무리하다.
건사하다² ⇨ 매우 좋다.
건삶이(乾~) * 마른논을 써레로 썰고 나래로 골라 흙을 부드럽게 하는 일.
☞ 무삶이.
건선거(乾船渠) [왜] ⇨ 마른뱃도랑.
☞ 습선거.
건설(建設)이 되다 ⇨ 건설되다.
건성쌓기 = 메쌓기. ⁑ 돌을 쌓을 때 돌만 잘 물리어 그냥 쌓는 일.
☞ 사춤쌓기. 찰쌓기.
건식세탁(乾式洗濯) [왜] ⇨ ① 마른빨래. ② 기름빨래.
건실하다(健實~) * ① 건전하고 착실하다. ¶ 건실한 가정. ② 건강하다.
☞ 견실하다.
건오징어(乾~) ⇨ 마른오징어.
건옥(建玉) [왜] ⇨ 홍정옥. 세운알. ⁑ 증권 시장.
건이채다 ⇨ 거니를 채다. ⁑ 눈치를 채다.
건잠 * 제대로 된 일의 속내. ¶ 건잠도 모르고 깨춤을 추다.
☞ 물계.²
건조되다(乾燥~) ⇨ 마르다. ⁑ 건조하다.
건조시키다(乾燥~) ⇨ 말리다. ⁑ 건조하다.
건주정(乾酒酊) = 강주정. ⁑ 취한 체하

고 하는 주정. ¶ 건주정을 피우다.

건지기 ⇨ 석자. ＊ 튀김을 건져내는 연모.

건착망(巾着網) 왜 ⇨ 주머니그물.

건착선(巾着船) 왜 ⇨ 주머니그물배.

건초(乾草) 왜 ⇨ ① 갈초. ② 마른풀.

건초더미(乾草~) 왜 ⇨ ① 갈초 더미. ② 마른풀 더미.

건폐율(建蔽率) 왜 ⇨ 대지와 건물 비율.

건포도(乾葡萄) 왜 ⇨ 말린 포도.

걷게되다 ⇨ 걷게 되다. ¶ 수술한 뒤 석 달 만에 걷게 되다.

걷늙다 ⇨ 겉늙다. ＊ 나이보다 더 늙은 티가 나다.

걷다¹ = 거두다. ¶ 빨래를 걷다. 세금을 걷다. 회비를 걷다.

걷다² ＊ ① 구름, 안개가 흩어지다. ¶ 안개가 걷고 맑은 하늘이 보이다. ② 비가 그치고 맑게 개다. ¶ 장마가 걷자마자 무더위가 시작되었다.
　☞ 궂다.²

걷다³ ＊ 발을 옮겨 앞으로 가다. ¶ 비를 맞으며 걷다.
　☞ 거닐다. 서성이다.

걷다⁴ ＊ ① 덮거나 가린 것을 치우다. ¶ 막을 걷다. ② 늘어진 것을 말아 올리다. ¶ 발을 걷다. ③ 깔려 있는 것을 접거나 개키다. ¶ 자리를 걷다. ④ 하던 일이나 일손을 멈추다. ¶ 비가 와서 하던 일을 걷고 돌아왔다.

걷다시피하다 ⇨ 걷다시피 하다. ＊ '~다시피'는 이음끝.

걷어들이다 ⇨ 거둬들이다. ¶ 자릿세를 거둬들이다.

걷어부치다 ⇨ 걷어붙이다. ¶ 소매를 걷어붙이다. 팔을 걷어붙이다.

걷어입다 ＊ 옷을 되는대로 입다. ¶ 치마를 걷어입다.

걷어 입다 ¶ 빨랫줄에 있는 옷을 걷어 입다.

걷어쥐다 ＊ ① 걷어잡다. ¶ 옷자락을 걷어쥐다. ② 손안에 잡아 쥐다. ＊ 마음대로 하다. ¶ 정권을 걷어쥐다.

걷어차이다 ⇨ 걷어채다. ＊ '걷어차다.' 의 입음.

걷우다 ⇨ 거두다.

걷잡다 ＊ ① 헤아려 짐작하다. ＊ '못하다, 어렵다. 없다.'와 함께 씀. ¶ 변덕이 심해서 어떻게 나올지 걷잡을 수 없다. ② 흘러가는 형세를 붙들어 잡다. ¶ 흐르는 눈물을 걷잡지 못한다.
　☞ 겉잡다.

걸¹ = 것을. ＊ '~ㄴ 걸, ~ㄹ 걸' 꼴로 씀. ¶ 아픈 걸 어떡해?

~걸² ＊ '~ㄹ걸' 꼴로 써서 추측을 나타내는 맺음끝. ¶ 지금쯤 후회할걸.

걸거치다 ⇨ 거치적거리다.

걸걸거리다 = 걸걸대다. ＊ 음식이나 재물에 욕심을 부려 염치없이 굴다.

걸걸하다 ＊ ① 목소리가 우렁차고 힘차다. ¶ 걸걸한 목소리. 걸걸하게 떠들다. ② 성질이나 행동이 거칠다. ¶ 걸걸한 성미.

걸게장이 ⇨ 큰톱장이. ＊ 큰톱질을 직업으로 하는 사람.

걸구다 ⇨ 걸우다. ＊ '걸다'의 하임.

걸귀(傑句) ⇨ 걸구. ＊ 뛰어난 글귀.

걸낫 = 거낫. ＊ 자루가 긴 낫. ¶ 걸낫

으로 나뭇가지를 끌어당기다.
☞ 깎낫. 밀낫.

걸낭(~囊) * ①걸어 두는 큰 주머니. ②걸망. 걸망태. ‡ 걸머지고 다니는 바랑. ③바랑. ‡ 지고 다니는 큰 주머니.

걸다[1] * 기계 장치를 움직이게 한다. ¶ 전축에 음반을 걸다.
☞ 켜다.[2] 틀다.[2]

걸다[2] * ①떨어지지 않게 매달아 놓다. ¶ 옷을 걸다. 그림을 걸다. ②희망을 품거나 기대하다. ¶ 아들에게 기대를 걸다.
☞ 걸치다. 널다. 매달다.

걸다[3] * ①흙이 기름지다. ¶ 논밭이 걸다. ②음식이 푸짐하다. ¶ 잔칫상이 걸다. 걸게 먹고 왔다. ③말씨나 솜씨가 거리낌이 없고 푸지다. ¶ 손이 걸다. 말이 걸다. ④건더기가 많고 진하다. ¶ 곰국이 걸다.
☞ 걸쭉하다.

걸단추 = 갈고리단추. 고리단추. ‡ 호크.

걸대 * 물건을 높은 곳에 걸 적에 쓰는 긴 장대.
☞ 간대. 간짓대. 막대. 바리장대. 바지랑대. 작대. 장대. 전짓대.

걸때 * 사람의 몸집이나 체격. ¶ 걸때가 황소 같다.
☞ 거푸집.

걸랑[1] ⇨ ①걸낭. ②호주머니.

~걸랑[2] = ~거들랑. ~거든. {가걸랑. 가거들랑. 가거든.}

~걸랑요 ⇨ ~거든요.

걸량꾼(乞糧~) ⇨ 거랑꾼. ‡ 사금을

골라내는 사람.

걸러뛰다 * 차례를 안 거치고 뛰어넘다. ¶ 고등학교를 걸러뛰고 대학에 가다.
☞ 건너뛰다.

걸레 = 걸레짝. ‡ 닦거나 훔치는 데 쓰는 헝겊. {걸레받이. 걸레질. 걸레쪽. 걸레통. 기름걸레. 마른걸레. 물걸레.} ¶ 걸레로 닦다. 걸레로 훔치다.

걸레부정(~不淨) = 걸레. ‡ 너절하고 허름한 물건이나 사람.

걸레질 * 걸레로 방이나 마루를 깨끗이 닦는 일.
☞ 쓰레질.

걸로 = 것으로. ¶ 좋은 걸로 골라라.

걸르다 ⇨ 거르다.

걸리다[1] * ①'걸다'의 입음. ¶ 연이 나뭇가지에 걸리다. ②'걷다'의 하임. ¶ 어린아이를 걸리다.

걸리다[2] * 옳지 않은 일을 하다가 감독하는 사람에게 잡히다.
☞ 들키다.

걸리적거리다 ⇨ 거치적거리다. 거치적대다.

걸림돌〔障碍物〕 = 거침돌. ‡ 방해가 되거나 거치적거리는 물건.

걸림새 * 매끄럽거나 잘 다듬어지지 않은 모양이나 상태.
☞ 거침새.

걸망(~網) = ①걸망태. ②걸낭. ③바랑. ‡ 큰 주머니.

걸맞는 ⇨ 걸맞은. ‡ 그림씨에는 '은'이 붙음.

걸맞다 * 두 편이 서로 어울릴 만큼 비

숫하다.

☞ 알맞다.

걸머맡다 * 남의 일이나 빚을 대신 책임지다. ¶ 남의 빚을 걸머맡다.

☞ 떠맡다.

걸머메다 = 걸메다. ‡ 한쪽 어깨에 걸치어 놓다. ¶ 총을 어깨에 걸머메다.

걸머잡다 * 한데 걸치어 붙잡다.

☞ 거머잡다.

걸머지다 * ①짐을 짐바에 걸어 등에 지다. ②책임이나 임무를 떠맡다.

☞ 짊어지다.

걸먹다 = 언걸먹다. 얼먹다. ‡ 다른 사람 때문에 골탕을 먹다.

걸뱅이 ⇨ 거지. 비렁뱅이.

걸빵 ⇨ ①멜빵. ②질빵.

걸상(~床) * 걸터앉는 가구. ‡ 거상과 의자를 함께 일컬음. ¶ 나무 걸상.

☞ 거상. 승창. 의자. 평상.

걸쇠 = 다리쇠. ‡ 주전자나 냄비를 화로 위에 올려놓을 때 걸치는 연모.

걸스카웃(Girl scout) ⇨ 걸 스카우트. ‡ 소녀단.

걸씬거리다 = 걸씬대다. ‡ 겨우 닿을락 말락 하다.

걸어앉다 = 걸앉다. ‡ 높은 곳에 궁둥이를 붙이고 다리를 늘어뜨리고 앉다.

☞ 걸터앉다.

걸어지다 ⇨ 걸리다. ¶ 빨랫줄에 걸린 옷을 걷다.

걸우다 * 거름을 주어 땅을 걸게 하다. ‡ '걸다'의 하임.

☞ 거루다.

걸음 * ①두 발을 움직여 오가는 일.

{걸음걸음. 걸음걸음이. 걸음나비. 걸음마. 걸음마찍찍. 걸음발. 걸음짐작. 걸음짓. 걸음품.} {가재걸음. 거위걸음. 게걸음. 까치걸음. 노루걸음. 두루미걸음. 명매기걸음. 소걸음. 씨암탉걸음. 암탉걸음. 오리걸음. 황새걸음. 황소걸음.} {가탈걸음. 갈지자걸음. 깽깽이걸음. 네발걸음. 동동걸음. 뒷걸음. 만지걸음. 멍석말이걸음. 멍석풀이걸음. 모걸음. 무릎걸음. 물레걸음. 바른걸음. 반걸음. 발걸음. 배착걸음. 배틀걸음. 봉충걸음. 비척걸음. 비틀걸음. 빗사위걸음. 살걸음. 색시걸음. 아장걸음. 앉은걸음. 앉은뱅이걸음. 양반걸음. 여덟팔자걸음. 외팔걸음. 우산걸음. 울력걸음. 자국걸음. 잔걸음. 잦은걸음. 잰걸음. 제자리걸음. 종종걸음. 진둥걸음. 첫걸음. 총총걸음. 통통걸음. 퉁퉁걸음. 팔자걸음. 한걸음. 허깨비걸음. 헛걸음. 화장걸음. 휘장걸음. 휘청걸음.} {내친걸음. 선걸음. 차렛걸음.} ¶ 작은 걸음. 큰 걸음. ②나가는 기회. ¶ 시장에 가는 걸음이 있거든 과일을 사 오너라. ③ 행동. 활동. ¶ 마음을 다잡고 새로운 걸음을 내딛다. ④하나치. ¶ 한 걸음. 몇 걸음.

☞ 거름.

걸음걸이 = 걸음새. ‡ 걸음을 걷는 본새.

걸음마타다 = 걸음발타다. ‡ 비틀거리며 걷기 시작하다.

걸음사위 * 봉산 탈춤 따위에서 하는 여러 가지 걸음걸이 동작. ‡ 까치걸음. 게걸음. 가재걸음. 껑충걸음. 울력걸음. 새우걸음. 황새걸음 따위.
☞ 걸음.

걸음새 = 걸음걸이. ✽ 걸음을 걷는 본새.

걸음쇠 = 컴퍼스.

~걸이 ✽ ①연모. {갓걸이. 귀걸이. 나룻걸이. 등잔걸이. 모자걸이. 못걸이. 발걸이. 벽걸이. 수건걸이. 양복걸이. 어깨걸이. 옷걸이. 족자걸이. 팔걸이.} ②치렛감. {꽃목걸이. 목걸이. 코걸이.} ③씨름 솜씨. {낚시걸이. 다리걸이. 단판걸이. 발등걸이. 밭걸이. 빗장걸이. 연장걸이. 코걸이. 회목걸이.} ④판소리. {완자걸이. 잉아걸이.} ⑤모양. {걸음걸이.} ⑥장사. {마수걸이.} ⑦처세. 바둑. {양수걸이.}
☞ ~거리.[7]

걸입다 = 언걸입다. 얼입다. ✽ 다른 사람 때문에 해를 입다.

걸쩍거리다 = 걸쩍대다. ✽ 활달하고 시원스럽게 행동하다.
☞ 거치적거리다.

걸쭉하다 ✽ ①묽지 않다. ¶ 걸쭉한 막걸리. 걸쭉한 콩국. ②말이 매우 푸지고 외설스럽다. ¶ 걸쭉한 말. ③음식이 매우 푸지다. ¶ 걸쭉한 잔치판. ④노래가 구성지고 어울리는 데가 있다. ¶ 타령을 걸쭉하게 부르다.
☞ 걸다.[3]

걸찍하다 ⇨ 걸쭉하다.

걸채 ✽ 소의 길마 위에 얹는 연모.
☞ 발구. 발채.

걸치다 ✽ ①옷, 수건 같은 것으로 몸

을 가리다. ¶ 아무 거나 걸치고 가자. ②일정한 횟수나 시간, 공간을 거쳐 이어지다. ¶ 이틀에 걸쳐 했다.
☞ 거치다.[1] 걸다.[2] 입다.[1]

걸치적거리다 ⇨ 거치적거리다.

걸태질 = 갈퀴질. ✽ 염치없이 재물을 마구 긁어 모으는 짓.
☞ 갈퀴질.

걸터앉다 ✽ 온몸을 실어 걸치고 앉다. ¶ 난간에 걸터앉다.
☞ 걸어앉다.

걸터타다 ✽ 소나 말의 등에 타다. ¶ 소 등에 걸터타고 피리를 불며 지나간다.
☞ 올라타다.

걸판지다 ⇨ 거방지다. ✽ ①푸지다. ②몸집이 크다. ③점잖다.

걸핏하면 = 제꺽하면. 툭하면. ✽ 무슨 일이 있기만 하면 곧.

검(劍) ✽ 무기로 쓰는 쌍날칼. {단검. 장검.} ✽ 마음을 닦는 연모로도 씀.
☞ 도.[2] 칼.[1]

검거하다(檢擧~) ✽ 수사 기관에서 용의자를 영장 없이 붙잡다.
☞ 체포하다.

검댕 ✽ 연기나 그을음이 엉겨 생기는 검은 가루.
☞ 검정.

검독수리 = 검둥수리. ✽ 수릿과의 새.

검동오리 ⇨ 검둥오리. ✽ 겨울 철새의 하나.

검둥개 = 검정개. 검둥이. ✽ 털빛이 검은 개.
☞ 바둑이. 센개.

검둥이 〈 껌둥이. ✽ ①흑인종. ②살갗

이 검은 사람. ③검둥개.

검부러기 * 검불의 부스러기.

검부저기 * 먼지나 다른 부스러기가 섞인 검부러기.

검불 * 가느다랗고 마른 나뭇가지, 마른 나뭇잎, 마른 풀 따위.
　☞ 덤불. 솔가리.

검사역(檢査役) ㉦ ⇨ 검사원.

검사하다(檢査~) * 사람의 몸, 사물의 구성과 성분, 사실이나 일의 상태를 조사, 확인하다. {신체검사. 피검사.} ¶ 가방 검사. 기생충 검사.
　☞ 조사하다.

검시하다(檢屍~) ㉦ ⇨ 주검을 살펴보다.

검어들이다 ⇨ 거머들이다.

검어잡다 ⇨ 거머잡다.

검어쥐다 ⇨ 거머쥐다.

검웃검웃 ⇨ 거뭇거뭇.

검은건(~鍵) = 검은건반. * 피아노. 풍금. 손풍금.
　☞ 흰건. 흰건반.

검은그루 〔休閑地〕 * 지난해 겨울에 아무 농작물도 심지 않은 땅.
　☞ 흰그루.

검은깨 〔黑芝麻〕 = 검정깨. * 빛깔이 검은 참깨.
　☞ 주근깨.

검은똥 = 삼똥. * 삼 실오리에 남아 있는 삼의 겉껍질.

검은머리 * ①검은 머리칼. ②음표의 검은 머리. * 악보.
　☞ 센머리. 흰머리.

검은무소 = 검은코뿔소. * 짐승 이름.

검은뱀 ⇨ 누룩뱀. * 뱀의 한 가지.

검은 소 = 검정 소. * 털빛이 검은 소.

검은약(~藥) = 아편. * 모르핀.

검은엿 = 갱엿. * 켜지 않은 엿.
　☞ 가락엿. 가래엿. 타래엿. 흰엿.

검은 옷 = 검정 옷. * 빛깔이 검은 옷.

검은자 = 검은자위. * 눈.
　☞ 흰자. 흰자위.

검은지빠귀 = 검은티티. * 새 이름.

검은창 ⇨ 검은자위. * 눈.

검은 칠 = 검정 칠. * 빛깔이 검은 칠.

검은콩 = 검정콩. * 빛깔이 검은 콩.

검은호랑나비 = 제비나비. * 벌레의 한 가지.

검잡다 = 거머잡다. ¶ 경찰이 도둑의 뒷덜미를 검잡아 낚아챘다.

검정 * 까만 빛깔이나 물감. {검정고양이. 검정양반. 검정콩알.} {숯검정. 앉은검정.} ¶ 검정 고무신. 검정 치마. 검정 페인트.
　☞ 검댕.

검정개 〔黑狗〕 = 검둥개. * 털빛이 검은 개.
　☞ 센개. 바둑이.

검정말[1] 〔黑馬〕 = 가라말. * 털빛이 검은 말.
　☞ 흰말.

검정말[2] = 검정마름. * 물풀의 한 가지.

검정깨 = 검은깨. * 검은 참깨.

검정색(~色) ⇨ 검정. 검은색. 검은빛. * 검은 빛깔.

검정 소 = 검은 소. * 털빛이 검은 소.

검정 옷 = 검은 옷. * 빛깔이 검은 옷.

검정 칠 = 검은 칠. * 빛깔이 검은 칠.

검정콩 = 검은콩. * 빛깔이 검은 콩.

검정하다(檢定~) * 자격이나 조건을

검사하여 결정한다. {검정고시.}
☞ 검증하다. 인정하다.

검줄 ⇨ 금줄. 인줄.

검쥐다 = 거머쥐다.

검증하다(檢證~) * 성질이나 상태를
검사하여 증명한다.
☞ 감정하다. 검정하다.

검지(~指)〔食指〕 = 집게손가락. ‡
둘째 손가락.

검측히 ⇨ 검측이.

검칙하다 ⇨ 검측하다. ‡ ①검고 어둡
다. ②음침하고 욕심이 많다.

검침원(檢針員) ㉮ ⇨ 계량기 조사원.

겁꾸러기 = 겁보. 겁쟁이. ‡ 겁이 많
은 사람.

겁나다 * 제가 할 일과 관련하여 불안
한 느낌이 들다. ‡ 구체적인 일. ¶ 그
깟 놈은 겁나지 않다. 그깟 일은 하
나도 겁나지 않다.
☞ 두렵다.

겁나하다 ⇨ 겁내다.

겁낼 필요 없다 ⇨ 겁낼 것 없다. ‡ '필
요'가 들어갈 수 없음.

겁보 = 겁꾸러기. 겁쟁이.

것¹ = 거. {이것. 그것. 저것.}

것² = 해. ‡ 소유물. ¶ 내 것. 네 것.
뉘 것.

것³ * 물건. 일. 현상. {갖은것. 겹것.
공것. 군것. 그것. 까짓것. 날것. 단
것. 들것. 딴것. 별것. 새것. 아무
것. 옛것. 이것. 잡것. 저것. 좀것.
좀쳇것. 질것. 탈것. 통것. 풋것. 햇
것. 헌것.} ¶ 마실 것. 빈 것. 산 것.
쓴 것. 쓸 것. 어느 것. 어떤 것. 온
갖 것. 제 것. 제까짓 것. 짠 것. 큰

것.

것⁴ * 사람. 동물. {갓난것. 갯것. 늙은
것. 물것. 생것. 숨탄것. 아랫것. 어
린것. 젊은것. 지친것.} ¶ 새파란
것.

것⁵ * 시킴꼴로 끝맺는 매인이름씨.
¶ 들어오지 말 것.

것 같아요¹ ‡ 짐작해서 어림으로 하는
말에 씀. ¶ 누가 아픈 것 같아요.

것 같아요² ¶ 이 꽃은 아름다운 것 같
아요 ⇨ 이 꽃은 아름다워요.

것늙다 ⇨ 겉늙다. ‡ 나이보다 더 늙은
티가 나다.

~것다 * ①상대방이 이미 알고 있는
동작이나 상태를 다짐할 때. ¶ 네가
나를 때렸것다. 나를 속이려 했것
다. 우승했것다. ②상대에게 조건
이나 원인이 충분함을 나타낼 때.
¶ 마음씨 착하것다, 미인이것다, 돈
있것다 뭐 하나 모자란 것이 없다.
③추측할 때. ¶ 지금쯤 집에 갔것다.
☞ ~겠다.

것을 = 걸. ¶ 먹은 걸 다 게우다. 후회
할 걸 왜 그랬니?

것잡다 ⇨ ①걷잡다. ②겉잡다.

겅성드뭇히 ⇨ 겅성드뭇이. ¶ 개나리
가 겅성드뭇이 피어 있다.

겉¹ * 바깥에 드러난 모습. {겉마음. 겉
면. 겉면적. 겉모습. 겉모양. 겉벽.}
☞ 거죽. 밖.

겉~² * ①대강. {겉가량. 겉대중. 겉어
림. 겉짐작.} ②겉으로만. {겉대답.
겉대접. 겉멋.} {겉날리다. 겉바르다.
겉약다. 겉여물다. 겉핥다.} ③ 따로.
{겉놀다. 겉돌다.} ④껍질째. {겉메

밀. 겉밤. 겉벼. 겉보리. 겉수수. 겉잣. 겉조. 겉피.}

겉겨 * 곡식의 맨 겉에서 처음 벗긴, 굵은 겨. ¶ 겉겨를 넣은 베개.
　☞ 등겨. 매조밋겨. 몽근겨. 속겨. 왕겨.

겉고름 = 겉옷고름. ＊ 한복 저고리의 겉깃을 여미며 매는 옷고름.
　☞ 안고름. 안옷고름.

겉곡(~穀) = 겉곡식. ＊ 겉껍질을 벗겨 내지 않은 곡식. {겉벼. 겉보리.}
　☞ 속곡식.

겉꾸리다 * ① 겉모양을 좋게 꾸미다. ¶ 새집을 겉꾸리다. ② 속마음이 드러나지 않게 겉을 잘 꾸미다. ¶ 겉꾸리며 이야기하다.

겉꾸미다 = 겉치레하다. ＊ 겉만 그럴 듯하게 꾸미다.

겉눈 = 바깥눈. ＊ 곱자를 반듯하게 놓았을 때 위쪽에 새겨진 눈금.
　☞ 속눈.¹

겉다리 ⇨ 곁다리.

겉더껑이 * 걸쭉한 액체의 겉면에 엉기어 굳은 꺼풀.

겉더깨 * 물체의 겉에 두껍게 낀 때.
　☞ 속더깨.

겉땀 = 위땀. ＊ 재봉틀의 윗실이 박는 땀.
　☞ 밑땀.

겉똑똑이 ⇨ 과똑똑이. ＊ ① 지나치게 똑똑한 사람. ② 실제로는 보잘것 없으면서 겉으로만 똑똑한 체하는 사람.

겉물 = 웃물. ＊ 잘 섞이지 않고 위로 떠서 따로 도는 물. ¶ 겉물이 돌다.

☞ 건물.

겉사주(~四柱) ＊ 혼담이 오고 갈 때 임시로 적어 보내는 신랑의 사주.
　☞ 속사주.

겉수습(~收拾) = 외면수습. ＊ 겉치레로 하는 수습.

겉언치 * 소 안장의 양쪽에 붙이는 짚방석.
　☞ 언치.

겉옷고름 = 겉고름. ＊ 한복의 겉깃을 여미며 매는 옷고름.

겉잠 = 수잠. 여윈잠. ＊ 깊이 들지 않은 잠.
　☞ 개잠. 선잠.

겉잡다 * 겉으로 보고 대강 짐작한다. ¶ 겉잡아서 일억 원은 되겠지.
　☞ 건잡다.

겉잣 * 껍데기를 벗기지 않은 잣.
　☞ 실백잣.

겉장구 = 맞장구. 맞장단. ＊ 남의 말에 덩달아 호응하는 일.

겉절이 = 생절이. ¶ 무 겉절이. 배추 겉절이. ＊ 먹거리 이름.

겉창(~窓) = 덧창. 덧문. 덧창문. ＊ 창문 겉에 덧달려 있는 문.

겉치레 = 눈치레. ＊ 겉만 보기에 좋게 꾸밈. ¶ 이 집은 겉치레로 지었다.
　☞ 속치레.

겉팔매 * 팔을 흔들어 돌을 내던지듯 하는 흉내.
　☞ 돌팔매. 물팔매. 줄팔매. 풀매.

게¹ * 갑각류의 동물. ＊ 꽃게, 대게, 참게 따위. {게거품. 게걸음.}

게²〔대〕 = 거기. ¶ 오늘은 게서 놀아라.

게³ = 것이. ¶ 네 게 내 가방에 들어
　있다. ‡ '것'은 매인이름씨.

게⁴ 〔토〕 = 에게. ¶ 내게 좋은 생각이
　있다.

~게⁵ ‡ 연모 이름을 만드는 뒷가지.
　{지게. 집게.}
　☞ ~개.⁴

게걸거리다 ‡ 천박한 말로 불평을 자
　꾸 터뜨리다.
　☞ 두덜거리다. 투덜거리다.

게걸들다 = 게걸들리다. ‡ 먹고 싶은
　생각으로 가득 차 있다.

게걸장이 ⇨ 게걸쟁이. ‡ 몹시 게걸스
　러운 사람.

게걸음 = 게발걸음. ‡ 옆으로 걷는 걸
　음. ¶ 게걸음을 치다.

게검스럽다 ‡ 음식을 욕심껏 먹는 꼴
　이 보기에 매우 흉하다.
　☞ 게염스럽다.

게꼬리 ⇨ 게꽁지.

게꽁지 ‡ ①게의 꽁지. ②지식이 짧
　거나 재주가 보잘것없음.
　☞ 개꼬리.

게나리봇짐 ⇨ 괴나리봇짐.

게나예나 = 거기나 여기나.

게눈¹ ‡ 게의 눈.

게눈²〔蟹眼刻〕 ‡ 집의 추녀 끝에 소용
　돌이 모양으로 새긴 무늬.

게눈감추듯하다 ⇨ 게눈 감추듯 하다.
　‡ 허겁지겁 빨리 먹어치우는 모양.

게다(게타)〔下駄〕 ㉮ ⇨ 왜나막신.

게둥대둥 ⇨ 귀둥대둥. ‡ 말이나 행동
　을 아무렇게나 하는 모양.

게라 ㉮ ⇨ ① 활자판 상자. ②교정쇄.

게량맞다 ⇨ 거령스럽다. ‡ 격에 어울

리지 않다.

게로구나 ⇨ 거로구나. 것이로구나.

게르다 = 게으르다. 〉 개르다. 개으르
　다.

게르치 = 상피리. ‡ 바닷고기 이름.

게름뱅이 = 게으름뱅이. 게으름쟁이.
　〉 개름뱅이. 개으름뱅이. 개으름쟁
　이.

게바리〔毛針〕 ㉮ ⇨ 털낚시. 제물낚
　시. ‡ 깃털로 모기 모양으로 만들어
　붙인 낚싯바늘.

게비키〔罫引〕 ㉮ ⇨ 금쇠. 금긋개. ‡
　나무판에 금을 긋는 연모 이름.

게서 = 거기에서.

게수(桂樹) ⇨ 계수나무. ‡ 나무 이름.

게슴츠레하다 〈 거슴츠레하다. ‡ 졸리
　거나 취하여 눈이 거의 감길 듯한
　모양.

~게시리 ⇨ ①~게. ¶ 뒤탈이 없게.
　②~게끔. ¶ 분수에 맞게끔 살아라.

게시판(揭示板) ⇨ 알림판.

게시하다(揭示~) ⇨ 써 붙이다. ‡ 알
　릴 일.
　☞ 계시하다. 고시하다. 공시하다.

게양되다(揭揚~) ㉮ ⇨ 높이 달리다.

게양하다(揭揚~) ㉮ ⇨ 달다. 달아
　올리다. ¶ 태극기를 달다.

게염스럽다 ‡ 부러워하며 시샘하여 탐
　내는 마음이 있다.
　☞ 게검스럽다.

게으름 = 게름. 〉 개으름. 개름.

게으름뱅이 = 게으름쟁이.

게으름 부리다 = 게으름 피우다.

게을러빠지다 = 게을러터지다. ‡ 매
　우 게으르다.

[ㄱ]

게자 ⇨ 겨자. ⁑ 양념의 하나.
게장(~醬) * ① 게젓. ② 암게의 딱지 속에 들은 노란 장.
게재하다(揭載~) * (신문이나 잡지에 글이나 그림을) 싣다.
☞ 개재하다.
게저분하다 * 무엇이 더덕더덕 붙어 지저분하다.
☞ 지저분하다.
게젓 = 게장. ⁑ 간장이나 소금물에 산 게를 담가 삭힌 음식.
☞ 게장.
게정 = 게정머리. ⁑ 불평을 나타내는 말과 짓. {게정꾼.} {게정내다.}
게정먹다 ⇨ 게정내다.
게줄 = 곁줄. ⁑ 줄다리기를 할 때 굵은 줄의 양쪽에 맨 여러 가닥의 줄.
☞ 꽁지줄. 끝줄.
게트림 = 용트림. ⁑ 거드름을 피우며 하는 트림.
겐세이하다〔牽制~〕[왜] ⇨ ① 발목 잡다. ② 다잡다. ③ 억누르다.
겐시〔犬齒〕[왜] ⇨ 송곳니.
겐치석〔間知石〕[왜] ⇨ 송곳닛돌. 축댓돌.
겐토(**켄또**)〔見當〕[왜] ⇨ 가늠. 어림. 짐작. 어림짐작.
겐페이(**겜뻬이**)〔源平〕[왜] ⇨ ① 편 가르기. ② 복식경기.
~**겠다**〔끝〕* ① 미래. 추측. ¶ 내일 가겠다. 눈이 오겠다. ② 의지. ¶ 합격하고야 말겠다. ③ 가능성. 능력. ¶ 내일쯤 되겠다. 할 수 있겠다. ④ 에둘러서 하는 말. ¶ 내가 말해도 되겠니? ⑤ 헤아리거나 따져 보면 그렇게 된다는 뜻. ¶ 별사람을 다 보겠다.
☞ ~것다.
겨 * 곡식을 찧어 벗겨 낸 껍질. {겨기름.} {보릿겨. 수숫겨. 쌀겨. 조겨.} {겉겨. 등겨. 매조밋겨. 몽근겨. 속겨. 왕겨.}
겨냥 = ① 겨눔. ¶ 겨냥을 대다. ② 치수. {겨냥대.} {겨냥내다.} ¶ 겨냥을 보다. ③ 서식. ¶ 혼인 신고 겨냥.
겨냥그림 * 이미 지어 놓은 건물의 모양이나 방 배치를 그린 그림.
☞ 간잡이그림. 마련그림. 펼친그림.
겨누다 = 겨냥하다. ⁑ ① 목표물의 방향과 거리를 똑바로 잡다. 조준하다. ② 길이, 넓이를 대중이 될 물체와 견주어 헤아리다. ¶ 겨눠 보다.
☞ 가늠하다. 겨냥하다. 견주다.
겨드랑 = 겨드랑이.
겨들막 ⇨ 자드락. ⁑ 나지막한 산기슭의 비탈진 땅. {자드락길.}
겨레 * 한 핏줄을 이어받은 자손의 무리. ⁑ 민족. ¶ 겨레 문화. 겨레 얼.
☞ 겨레붙이. 국민. 백성.
겨레말 = 토박이말. 엄마말. ⁑ 고유어. 모국어. 민족어. 토착어.
☞ 들온말.
겨레붙이 = 겨레. ⁑ 혈연관계가 있는 사람.
겨루다 * 미리 가늠과 잣대를 마련하고 재주와 힘을 다하여 이기려고 맞서다. ⁑ 달리기, 멀리 던지기 따위 운동 경기.
☞ 겯고틀다. 다투다. 싸우다.
겨를 = 틈. ⁑ 일을 하다가 잠깐 다른

일을 할 여유. ¶ 쉴 겨를이 없다.
☞ 사이.¹ 참.⁵

겨릅 = 겨릅대. ‡ 껍질을 벗긴 삼대.
{겨릅문. 겨릅발.}

겨리 * 소 두 마리가 끄는 쟁기. {겨리
질. 겨릿소. 겨릿소리.}
☞ 보쟁기.

겨우 * ①어렵게 힘들여. ¶ 겨우 합격
하다. ②가까스로. ¶ 겨우 일자리
를 찾았다. ③기껏해야 고작. ¶ 겨
우 이것밖에 안 되니?
☞ 간신히. 근근이.

겨우살이¹ * ①겨울을 날 옷과 양식.
②겨울을 나는 일. ‡ 월동.

겨우살이² * 겨우살잇과의 식물. ‡ 기
생목. {겨우살이버섯. 겨우살이풀.}

겨우살이나무 = 사철나무.

겨우살이덩굴 = 인동. 인동초. 인동
덩굴. ‡ 식물.

겨울 * 한 해의 네 철 가운데 하나.
{겨울나무. 겨울날. 겨울맞이. 겨울
바람. 겨울밤. 겨울비. 겨울새. 겨
울옷. 겨울잠. 겨울철. 겨울털.}
{늦겨울. 첫겨울. 올겨울. 지난겨
울. 초겨울. 한겨울.} {겨울나다.}
☞ 봄. 여름. 가을.

겨울내 ⇨ 겨우내. ‡ 한겨울 동안 계속
해서.

겨울띠 = 겨울줄. ‡ 물고기 비늘에 생
기는 나이테.

겨울살이 ⇨ 겨우살이.

~겨웁다 ⇨ ~겹다. {눈물겹다. 힘
겹다.}

겨자 * 냉면이나 냉채에 치는, 빛깔이
누른 양념. {겨잣가루.}

☞ 와사비. 고추냉이.

겨집 ⇨ 계집.

격납고(格納庫) 倭 ⇨ 비행기 곳간.
‡ 자빗간.

격납하다(格納~) 倭 ⇨ (비행기를) 넣
다. 넣어 두다.

격단수(格段數) 倭 ⇨ 특정수. ‡ 수학.

격리시켜 놓다(隔離~) ⇨ 떼어 놓다.
‡ 격리하다. 격리해 놓다.

격무(激務) 倭 ⇨ 힘든 일. 고된 일.

격문(格紋) 倭 ⇨ 문살무늬. 석쇠무늬.

격별하다(格別~) 倭 ⇨ 각별하다. 특
별하다.

격상시키다(格上~) ⇨ (지위, 자격
을) 높이다. ‡ 격상하다.

격언(格言) * 깨우침을 주는 짧은 말.
‡ 출전이 분명하고 비유로 나타냄.
☞ 금언. 명언. 속담.

격자뜨기 ⇨ 모눈뜨기. 창살뜨기. 칸
살뜨기. ‡ 손뜨개질.

격자무늬(格子~) = 문살무늬. 석쇠
무늬.

격자문¹(格子文) 倭 ⇨ 격자무늬. 문
살무늬. 석쇠무늬.

격자문²(格子門) ⇨ 문살문.

격추시키다(擊墜~) ⇨ 떨어뜨리다.
‡ 격추하다.

격퇴시키다(擊退~) ⇨ 물리치다. ‡
격퇴하다.

겪다 * ①어려운 일을 치르다. ¶ 가뭄
을 겪다. ②손님을 대접하다. ¶ 많
은 손님을 겪다. ③사귀어 지내다.
¶ 오래 겪어 보아야 사람 됨됨이를
안다.
☞ 당하다. 치르다.

견디다 * ① 어려움을 이겨 나가다. ‡ 생리적, 심리적 현상에는 쓰지 않음. ¶ 참고 견디면 좋은 날이 오겠지. ② 물체가 어떤 작용을 받아도 성질, 모양이 바뀌지 않는다. ¶ 버팀목이 무게에 잘 견딘다.
　☞ 버티다. 참다.

견본(見本) ㉫ ⇨ 보기. 본보기. ‡ 간색.

견사선(絹絲腺) ㉫ ⇨ 실샘.

견송하다(見送~) ㉫ ⇨ 배웅하다.

견습간호원(見習看護員) ㉫ ⇨ 수습간호사.

견습공(見習工) ㉫ ⇨ 수습공.

견습기자(見習記者) ㉫ ⇨ 수습기자.

견습사원(見習社員) ㉫ ⇨ 수습사원.

견습생(見習生) ㉫ ⇨ 수습생.

견습하다(見習~) ㉫ ⇨ 수습하다.

견실하다(堅實~) * 일, 생각, 태도가 착실하고 믿음직스럽다.
　☞ 건실하다.

견양(見樣) ㉫ ⇨ 겨냥. 보기. 본. 본보기. ‡ 서식.

견인 지역(牽引 地域) ⇨ 차 못 두는 곳.

견적(見積) ㉫ ⇨ 어림셈. ‡ 추산.

견적서(見積書) ㉫ ⇨ 어림셈표. ‡ 추산서.

견제하다(牽制~) ㉫ ⇨ 억누르다. 다잡다. 가로막다. 발목 잡다.

견조(堅調) ㉫ ⇨ 오름세.

견주다 * 서로 대어 본다. ‡ 질이나 양을 비교하다.
　☞ 겨냥하다. 겨누다. 겨루다.

견지¹ * 대나무로 만든, 납작한 외짝 얼레. ‡ 낚싯줄을 감는 데 씀.
　☞ 얼레.¹

견지²(見地) ㉫ ⇨ ① 처지. ② 보는 점.

견지뼈 = 어깨뼈. 죽지뼈. ‡ 견갑골.

견출장(見出帳) ㉫ ⇨ 찾음장. 찾아보기 책.

견출지(見出紙) ㉫ ⇨ 찾음표. 찾아보기 표.

견취도(見取圖) ㉫ ⇨ 겨냥그림. ‡ 건물의 모양과 배치를 그린 그림.
　☞ 마련그림.

견치(犬齒) ㉫ ⇨ 송곳니. ‡ 이. 이빨.

견치석(犬齒石) ㉫ ⇨ 송곳닛돌. 축댓돌.

견칫돌(犬齒~) ㉫ ⇨ 송곳닛돌. 축댓돌.

견피(犬皮 ⇨ 구피) ⇨ 개가죽. ‡ 개의 가죽.

겯고틀다 * 서로 지지 않으려고 버티어 겨루다.
　☞ 겨루다.

겯다¹ * ① 기름이 흠씬 배거나 배게 하다. ② 일이나 솜씨가 몸에 배다.
　☞ 절다.¹

겯다² * ① 대, 갈대, 싸리로 씨와 날이 서로 어긋매끼게 엮어 짜다. ¶ 대오리로 바구니를 겯다. ② 서로 어긋매끼게 끼거나 걸치다. ¶ 어깨를 겯다.
　☞ 어긋매끼다. 엇매끼다.

겯질리다 * ① 엇갈리게 걸리거나 다른 쪽으로 질리게 한다. ② 이리저리 얽혀서 서로 거리끼거나 힘겨워서 기운을 잃어버리다.
　☞ 겹질리다. 접질리다.

결¹ = 겨를.

결² = 결기. 성결. {결나다. 결내다.} ¶ 결이 곱다. 결이 솟다.

결³ * 짜인 바탕이나 무늬. ‡ 나무. 돌.

살갗. {가로결. 곧은결. 꼬인결. 나뭇결. 널결. 돌결. 마음결. 머릿결. 무늿결. 물결. 바람결. 비단결. 살결. 세로결. 소릿결. 손결. 숨결. 엇결. 역결. 은물결.} ¶ 결이 곱다. 결이 세다.

결⁴ * 때. 사이. 짬. {귓결. 꿈결. 눈결. 말결. 무심결. 아침결. 얼결. 얼떨결. 엉겁결. 잠결. 지날결.} ¶ 모르는 결.

결결이 * ①어떤 일이 일어나는 그때마다. ②때때로.

결결히 * 얼굴 생김새나 마음씨가 빈틈없고 곧게.

결국(結局) = 마침내. ①일이 마무리되는 마당. ②결과가 그렇게 돌아가는 판. ⁑ 행동의 끝장이 기준이 됨.
　☞ 끝내.

결귀(結句) ⇨ 결구. ⁑ 마지막 글귀.

결근계(缺勤屆) ㉚ ⇨ 결근신고. 결근신고서.

결근코자(缺勤~) = 결근하고자. ⁑ 말미를 얻고자.

결기 = 결. 성결. ⁑ 과단성 있는 성미.

결단하다(決斷~) * 판단하여 단정을 내리다.
　☞ 결딴나다.

결단식(結團式)**을 가지다** ⇨ 결단식을 하다.

결단코(決斷~) * 마음먹은 대로 반드시.
　☞ 결코.

결딱지 = 결증. 결머리. ⁑ 급한 성미 때문에 일어나는 화증.

결딴나다 * ①일이나 물건이 망가지다. ②살림이 거덜나다.
　☞ 결딴하다. 작살나다.

결딴내다 * ①망가뜨리다. ②거덜내다.
　☞ 작살내다.

결로하다(結露~) ㉚ ⇨ 이슬이 맺히다.

결론(結論) * ①맺음말. 마무리. ②마지막 결정을 내림. {결론짓다. 결론하다.} ¶ 결론이 나다. 결론을 내다. 결론을 내리다. 결론이 없다.

결말(結末) * 일이 마무리되는 끝. {결말나다. 결말내다. 결말짓다.}

결머리 = 결딱지. 결증.

결발부부(結髮夫婦) * 총각과 처녀가 처음 혼인한 가시버시.
　☞ 뜨게부부.

결석계(缺席屆) ㉚ ⇨ 결석신고서.

결손(缺損) ㉚ ⇨ ①밑짐. ②모자람.

결식아동(缺食兒童) ㉚ ⇨ 굶는 아이.

결실 맺다(結實~) ⇨ 열매 맺다. ⁑ 결실하다.

결연 맺다(結緣~) ⇨ 인연을 맺다. ⁑ 결연하다.

결열하다(決裂~) ⇨ 찢어지다. 갈라서다. ⁑ 결렬하다.

결재받다(決裁~) ㉚ ⇨ 허락을 받다. 승낙을 받다.

결재하다(決裁~) ㉚ ⇨ 허락하다. 승낙하다. ⁑ 재가하다.
　☞ 결제하다.

결점(缺點) * ①잘못된 점. ②모자란 점. ③완전하지 못한 점. ¶ 결점이 없다. 결점이 있다. 결점을 잡다. 결점을 잡히다.
　☞ 단점. 약점.

결정(決定) * 행동이나 태도를 분명하

게 정하는 일이나 그 내용.
☞ 심판. 판결. 판단. 판별. 판정.
결정되어지다(決定〜) ⇨ 결정되다.
결정짓다(決定〜) = 결정하다. ¶ 결정짓지 못하고 있다.
결제하다(決濟〜) * (돈거래를) 끝맺다. (돈을) 내어 주다.
☞ 결재하다.
결증(〜症) = 결딱지. 결머리.
결집되다(結集〜) 倭 ⇨ 모이다.
결집하다(結集〜) 倭 ⇨ 모으다. 모이다.
결코(決〜) * 어떤 경우에도 절대로. ‡ ‘아니다. 없다. 못하다.’와 함께 씀.
☞ 결단코.
결혼(結婚) 倭 * 혼인.
결혼식(結婚式) 倭 * 혼례.
겸두겸두 ⇨ 겸사겸사.
겸상(兼床) * 둘이나 여러 사람이 함께 먹을 수 있게 차린 음식상.
☞ 외상.²
겸연쩍다(慊然〜) = 계면쩍다. {겸연쩍어하다.} ¶ 겸연쩍어 보이다.
겸연쩍히(慊然〜) ⇨ 겸연쩍이. 계면쩍이.
겸지겸지(兼之兼之) ⇨ 겸사겸사.
겹것 * ①겹으로 된 물건. ②겹옷.
겹겹히 ⇨ 겹겹이. ‡ 여러 겹으로.
겹눈 * 홑눈이 벌집 모양으로 여러 개 모여 이루어진 눈. ‡ 벌레의 눈.
☞ 곁눈.² 옆눈.
겹대패 = 덧날대패. ‡ 대팻날 위에 날을 덧댄 대패.
☞ 홑날대패. 홑대패.
겹리드 ⇨ 겹서. ‡ 당피리, 향피리, 세피리, 태평소에 쓰는 겹으로 된 서.

겹바지 * 솜을 두지 않고 거죽과 안을 맞추어 겹으로 지은 바지.
☞ 홑바지.
겹받침 소리내기 ‡ (1) 받침으로 끝날 때, 닿소리 앞, 겹씨에서 홀소리 앞. ①앞 받침의 소리를 내는 것 : 값(갑). 넋(넉). 삯(삭). 앉다(안따). 끊다(끈타). 옰(올). 곬(골). 핥다(할따). 굵다(골타). 끓다(끌타). 앓다(알타). 없다(업따). 값어치(가버치). 값있다(가비따) ② 뒤 받침의 소리를 내는 것 : 닭(닥). 돐(돔). 삵(삭). 삶(삼). 앎(암). 흙(흑). 만듦(만듬). 굵다(극따). 곪다(곰따). 닮다(담따). 삶다(삼따). 읊다(읍따). ③앞 받침의 소리를 내기도 하고 뒤 받침의 소리를 내기도 하는 것 : 넓다(널따). 섧다(설따). 얇다(얄따). 넓적하다(넙쩌카다). 넓죽하다(넙쭈카다). 밟다(밥따). (2) 토씨나 씨끝이 홀소리일 때는 앞뒤 받침의 소리가 모두 남. : 값이(갑시). 닭아(달마). 앉아(안자).
겹사돈 = 두벌사돈. ‡ 사돈 관계에 있는 사람끼리 맺은 혼인.
☞ 곁사돈.
겹사위 = 곱사위. ‡ 탈춤, 양주별산대 놀이의 춤사위.
겹실 = 겹올실. ‡ 두 올 이상으로 드린 실.
☞ 홑실. 외올실.
겹옷 = 겹것. ‡ 솜을 두지 않고 거죽과 안을 맞붙여 지은 옷.
☞ 홑옷.
겹주름위(〜胃) = 셋째밥통. 제삼 위. ‡ 되새김동물의 세 번째 밥통.

☞ 벌집위.　주름위.　혹위.

겹질리다 * 힘살이나 뼈마디를 억지로 지나치게 움직여 다치다.

☞ 견질리다.　삐다.　접질리다.

겹첩 ⇨ 경첩.　‡ 돌쩌귀.

겹치다 * ①넓적한 두 면이 서로 포개지다. ②두 가지 일이 같은 시간에 함께 생기다.

☞ 접다.

겹혼인(~婚姻) = 겹사돈.　두벌사돈.

☞ 누비혼인.　덤불혼인.　누이바꿈.

겻불 * 겨를 태우는 불. ‡ 불기운이 시원찮음. ¶ 겻불에 감자를 굽다.

☞ 곁불.[2]

경[1](卿)〔대〕 * 우리나라에서 2품 이상 벼슬을 한 사람을 부르는 말.

경[2](卿)〔이〕 * 잉글랜드에서 기사 작위를 받은 사람을 부르는 말. ¶ 처칠 경.

☞ 공.[1] 옹.[3]

~경[3](~頃) ⇨ 쯤.　무렵.　께. ‡ 그 시간, 그 날짜에 가까운 때.

경감시키다(輕減~) ⇨ 줄이다. ‡ 경감하다.

경계표식(警戒標識) ⇨ 경계표지. ‡ 조심하라는 뜻을 나타내는 표.

경관(景觀) 왜 ⇨ 경치.

경구투여하다(經口投與~) ⇨ (약을) ①먹다. ②먹이다.

경귀(警句) ⇨ 경구. ‡ 진리를 깨우쳐 주는 말.

경기[1](驚氣) = 경풍.　바람증. ‡ 어린 애가 의식을 잃고 경련하는 병증.

경기[2](景氣) 왜 ⇨ 시세.　세월. ¶ 시세가 좋다.　세월이 좋다.

경기 민요(京畿民謠) * 서울, 경기 지방의 민요. ‡ 노랫가락, 방아 타령, 양산도, 도라지 타령, 태평가, 오독도기 타령, 개성 난봉가, 늴리리야 따위.

☞ 남도 민요.

경노석(敬老席) ⇨ 경로석. ‡ 어르신네 자리.

경도(京都) 왜 ⇨ 교토. ‡ 땅 이름.

경락하다(競落~) 왜 ⇨ 낙찰하다.

경렵(鯨獵) 왜 ⇨ 고래잡이.

경마[1](競馬) * 말을 타고 달리는 경기. {경마장.} {경마하다.}

경마[2] * 남이 탄 말을 몰려고 잡는 고삐. {경마잡이.} ¶ 경마 잡히다.

☞ 고삐.

경마 잡다 = 경마 들다. ‡ 남이 탄 말을 몰려고 고삐를 잡다.

경부고속도로(京釜高速道路) 왜 ⇨ 서울 부산 간 고속 국도.

경부선(京釜線) 왜 ⇨ 서울 부산 철길. 영남선.

경사(傾斜) 왜 ⇨ ①기울기. ②비탈.

경삼(驚蔘) * 옮겨 심어서 기른 산삼.

☞ 가삼.　산삼.　인삼.　장뇌.　장로.　포삼.

경상 입다(輕傷 ~) 왜 ⇨ 조금 다치다. 가벼운 상처를 입다.

경상자(輕傷者) 왜 ⇨ 가볍게 다친 사람.　조금 다친 사람.

☞ 중상자.

경선(頸腺) 왜 ⇨ 목샘.

경성(京城) * ①한 나라의 도읍. ②왜놈 종살이 때 쓰던 서울 이름.

☞ 서울.　한성.　한양.

경수(硬水) 匽 ⇨ 센물. ‡ 칼슘 이온, 마
　그네슘 이온이 많이 들어 있는 물.
　☞ 연수. 단물.
경술국적(庚戌國賊) * 경술년에 나라
　를 팔아먹은 역적. ‡ 고영희. 민병
　석. 박제순. 윤덕영. 이병무. 이완용.
　조민희. 조중응.
　☞ 을사오적. 정미칠적.
경시하다(輕視~) 匽 ⇨ 얕보다. 깔보다.
경식(頸飾) 匽 ⇨ 목걸이.
경신하다(更新~) ⇨ 새로이 고치다.
　¶ 앞서 세운 기록을 경신하다.
　☞ 갱신하다.[2]
경어(敬語) 匽 ⇨ 높임말. ‡ 존댓말.
경없다 ⇨ 경황없다.
경우(境遇) * 조건. 형편. 사정. ‡ ‘는.
　은. 도. 에서는. 일은. 일이. 예가.
　예는.’ 대신에 ‘경우’를 쓸 수 없음.
　¶ 내 경우에는 ⇨ 나는.
경우가 바르다(境遇~) ⇨ 경위가 바
　르다.
경위[1](經緯) * ①베의 날과 씨. ②일
　의 전개 과정. ¶ 사건의 경위를 말하
　라.
경위[2](涇渭) * 옳고 그름, 참과 거짓.
　이러하고 저러함에 대한 분별. ¶ 경
　위가 바르다. 경위가 밝다. 경위가
　없다. 경위를 따지다.
경이로히(驚異~) ⇨ 경이로이. ‡ 경
　이롭다.
경인가도(京仁街道) 匽 ⇨ 서울 인천
　큰길.
경인본(景印本) 匽 ⇨ 영인본. ‡ 사진
　으로 찍어 되박은 책이나 그림.
경인선(京仁線) 匽 ⇨ 서울 인천 철길.

경장(更張) * 묵은 제도를 새롭게 함.
　{경장하다.}
　☞ 경정.
경쟁문화(競爭文化) ⇨ ①경쟁 형태.
　②경쟁 사회. ③경쟁 윤리.
경쟁율(競爭率) ⇨ 경쟁률. ‡ 니은을
　뺀 닿소리 뒤에서는 ‘률’임.
경적소리(警笛~) ⇨ 경적. ‡ 주의하
　도록 소리를 울리는 장치. 또는 그
　런 소리.
경정(更正) * 바르게 고침. {경정하다.}
　☞ 경장.
경제문화(經濟文化) ⇨ ①경제 질서.
　②경제 상태. ③경제 윤리.
경조(硬調) 匽 ⇨ 오름세. ‡ 값.
경지(更紙) ⇨ 갱지. ‡ 신문지 따위로
　쓰는 품질이 낮은 종이의 한 가지.
경직하다(硬直~) 匽 ⇨ ①굳다. 굳어
　지다. 딱딱하다. 딱딱해지다. 뻣뻣하
　다. 뻣뻣해지다. 얼다. ②주변성이
　없다.
경첩 * 여닫이문을 달 때 문짝과 문틀
　에 함께 붙이는 접철. ‡ 긴네모꼴임.
　☞ 경칩. 돌쩌귀.
경춘가도(京春街道) 匽 ⇨ 서울 춘천 길.
경치게 ⇨ 매우.
경칩(驚蟄) * 이십사절기 가운데 하나.
　‡ 양력 3월 5일쯤.
　☞ 경첩.
경품(景品) 匽 ⇨ 덤 상품. 덧거리. 곁
　달이.
경품권(景品券) 匽 ⇨ 덧거리표. 곁달
　이표.
경품부(景品附) 匽 ⇨ 덧거리 붙임.
　곁달이 붙음.

경풍(驚風) = 경기. 바람증. ‡ 어린애가 정신을 잃고 경련하는 병증.

경합하다(競合~) ⑩ ⇨ ① 겨루다. ② 견주다. ③ 다투다. ‡ 경쟁하다.

곁 * ① 옆보다 넓은 근방이나 주변 모두. {곁가닥. 곁가지. 곁갈래. 곁길. 곁눈질. 곁다리. 곁들이. 곁말. 곁뿌리. 곁순. 곁엣사람. 곁자리. 곁줄기. 곁집. 곁채.} {곁들이다. 곁붙다.} ¶ 곁을 주다. ② 가까이에서 보살펴 줌. {곁부축.} {곁따르다. 곁딸리다.} ¶ 곁이 없다.
☞ 옆.

곁간(~間) * ① 본체에 딸려 붙은 칸살. ② 주가 되는 방에 딸린 방.
☞ 곁방.

곁고름 = 곁옷고름. ‡ 저고리나 두루마기의 안쪽에 달린 짧은 고름.

곁금 * 세로쓰기에서 글의 오른편에 내리긋는 금.
☞ 밑금.

곁꾼 = 손도울이. ‡ 곁에서 일을 거들어 주는 사람.

곁눈[1] * 잎겨드랑이에 생기는 눈. ‡ 식물.
☞ 꼭지눈. 끝눈. 마루눈.

곁눈[2] * ① 눈알만 옆으로 굴려서 훔쳐보는 눈. ② 가까이 있는 사람들의 눈.
☞ 겹눈. 옆눈. 한눈.[3]

곁눈 주다 * 곁눈질로 어떤 뜻을 알리거나 은근히 정을 나타내다.

곁눈 팔다 = 곁눈 뜨다. ‡ 딴 곳에 관심을 보이다.
☞ 먼눈팔다. 한눈팔다.

곁다리 * ① 주된 것이나 바탕이 되는 것에 딸린 물건. ② 당사자가 아닌 주변의 사람. ¶ 곁다리를 끼다. 곁다리를 들다.
☞ 여줄가리. 조치개.

곁달다 * 덧붙여서 달다. ¶ 외양간에 방을 한 칸 곁달아 내다.
☞ 곁들다.

곁달리다 * '곁달다'의 입음. ¶ 광에 곁달린 방.
☞ 곁딸리다.

곁대 ⇨ 곁바대. ‡ 홑저고리의 겨드랑이 안쪽에 덧대는 ㄱ자 모양의 헝겊.

곁두리 = 새참. 샛요기. 중참. ‡ 일꾼들이 끼니 밖에 참참이 먹는 음식.
☞ 낮참. 밤참. 참밥.

곁들다 * ① 어떤 곳이나 어떤 일에 끼어들다. ¶ 춤판에 곁들다. ② 곁에서 함께 붙잡아 주다. ¶ 할머니 짐을 곁들어 머리에 이어 드리다. ③ 남이 하는 일이나 말을 거들어 주다. ¶ 남편이 하는 말을 곁들다.
☞ 곁달다. 곱살끼다.

곁들이 * ① 덧거리. ② 구색으로 차려 놓은 먹거리.

곁들이다 * ① 앙구다. ② 한 그릇에 여러 가지 음식을 어울리게 담다. ③ 주로 하는 일 말고 다른 일을 함께 하다.

곁딸리다 * 어떤 것에 덧붙어서 딸리다. ‡ '곁따르다'의 입음.
☞ 곁달리다.

곁땀내 〔腋臭〕 ⇨ 암내. ‡ 겨드랑이에서 나는 냄새.

곁말 〔隱語〕 = 변말. 변. ‡ 남이 알아

듣지 못하게 또래끼리 쓰는 말. ¶ 총 알 = 검정콩알. 권총 = 개다리. 아편 = 검은약.

곁머슴 * 상머슴의 일을 거들어주는 머슴.
　☞ 상머슴.

곁밥 ⇨ 곁두리.

곁방 * ① 안방에 딸린 작은 방. ② 남 의 집 한쪽을 빌린 셋방.
　☞ 건넌방. 곁간. 샛방. 옆방.

곁방살이 = 곁방살림.

곁불[1] * ① 아무 관계없이 곁에 있다가 맞은 총알. ② 그런 재앙.

곁불[2] * ① 얻어 쬐는 불. ② 가까이하 여 보는 덕.
　☞ 겻불.

곁붙이 * 먼 일가붙이.
　☞ 곁쪽.

곁뿌리 = 가지뿌리. 옆뿌리. ＊ 원뿌리 에서 갈라져 나간 작은 뿌리.

곁사돈 * 직접 사돈이 아닌 같은 항렬 의 방계 사돈.
　☞ 겹사돈.

곁수 ⇨ 계시. ＊ 기술자의 제자.

곁순치기(~筍~) = 눈따기. 순따주기. 순지르기. ＊ 곁순을 잘라 내는 일.

곁장구 = 맞장구. 맞장단. ＊ 남의 말에 덩달아 호응하거나 동의하는 일.
　☞ 맞장구.

곁줄[1] ⇨ 곁금. ＊ 세로쓰기에서 글줄의 오른편에 내리긋는 금.

곁줄[2] = 게줄. ＊ 줄다리기를 할 때 굵은 줄의 양쪽에 맨 여러 작은 줄.
　☞ 꽁지줄. 끝줄. 곁금. 밑금.

곁지르다 ⇨ 견지르다. ＊ 엇갈리게 걸

다.

곁쪽 * 가까운 일가붙이.
　☞ 곁붙이.

계[1](契) * ① 돈을 모으려고 모인 모 임. {계알. 계주. 곗돈.} ② 친목하 는 모임. {곗날. 곗술. 곗일.} {계모 임.} ¶ 계를 타다.
　☞ 낙찰계. 산통계. 상포계. 친목계.

~계[2](~屆) 왜 ⇨ 신고.

계기(契機) * 어떤 일이 일어나거나 바뀌도록 한 원인이나 기회.
　☞ 전기.

계단(階段) 왜 ⇨ 층계. 층층다리.

계단식논(階段式~) 왜 ⇨ ① 다랑논. ② 다랑이.

계란마리(鷄卵~) ⇨ 달걀말이.

계면쩍다 = 겸연쩍다.

계면쩍이 = 겸연쩍이.

계발하다(啓發~) * 사람의 능력, 슬 기, 소질, 재능, 사상을 일깨우거나 이끌어 내다. ¶ 지능 계발. 저마다 타고난 소질을 계발하다.
　☞ 개발하다.

계산서(計算書) 왜 ⇨ ① 장기. 셈 표. ② 청구서.

계산하다(計算~) 왜 ⇨ ① 셈하다. ② 값을 치르다. 돈을 내다.

계삼탕(鷄蔘湯) = 삼계탕.

계속되어지다(繼續~) ⇨ 계속되다. ＊ 이어지다.

계속이어지다(繼續~) ⇨ 계속하다. ＊ 이어지다.

계송(偈頌) ⇨ 게송. ＊ 부처의 공덕을 기리는 노래.

계수(季嫂) = 제수. ＊ ① 동생의 아

내. ② 막내 동생의 아내.

계슴츠레하다 ⇨ 게슴츠레하다. 〈 거슴츠레하다.

계시냐? ⇨ 계시느냐? ‡ 움직씨와 '있다, 없다, 계시다'에만 '느냐?'를 붙임.

계시다 * '있다.'의 직접 높임말. ‡ 사람, 신, 하느님께만 쓸 수 있음.
☞ 있으시다.

계시판(揭示板 ⇨ 게시판) ⇨ 알림판.

계시하다(啓示～) * 신이나 하느님이 일러 주다. ¶ 신께서 계시하다.
☞ 게시하다.

계약(契約)**을 맺다** ⇨ 계약하다.

계약하다(契約～) * 의무에 대한 약속을 정하다. ‡ 말이나 글로 함.
☞ 체결하다.

계양대(揭揚臺) ⇨ 게양대. ¶ 국기 게양대.

계양하다(揭揚～) ⇨ 높이 걸다. 높이 달다. 높이 올리다. ‡ 게양하다.

계염 ⇨ 개염. 게염.

계원(係員) [왜] ⇨ 맡은 이. ‡ 담당자.

계재하다(揭載～) ⇨ (책이나 신문에 글을) 싣다. 올리다. ‡ 게재하다.

계절노동(季節勞動) = 철노동. 제철일.

계절상품(季節商品) = 계절품. 제철물건.

계절풍(季節風) ⇨ 철바람.

계정구좌(計定口座) [왜] ⇨ 몫자리. ‡ 계정계좌. 계정자리.

계주(繼走) [왜] ⇨ 이어달리기. ‡ 체육경기.

계지(季指) = 소지. ‡ ① 새끼손가락. ② 새끼발가락.

계집 * 나이가 비슷하거나 아랫사람인 여자를 낮잡아 이르는 말. {계집년. 계집붙이. 계집사람. 계집자식. 계집장사. 계집종. 계집편성.} {노는계집. 뜬계집. 작은계집. 큰계집. 허튼계집. 헌계집.}
☞ 여자.

계집애 = 계집아이.

계집질 = 오입질. 외입질. 군것질. ‡ 남자가 할 때.
☞ 난질. 서방질. 화냥질.

계출하다(屆出～) [왜] ⇨ 신고하다.

계출전염병(屆出傳染病) [왜] ⇨ 신고돌림병. ‡ 신고전염병.

계피(桂皮) * 계수나무 껍질. {계피차. 계피술. 계핏가루.} {통계피.}
☞ 개피.

계피나무(桂皮～) ⇨ 계수나무.

계피떡(桂皮～) ⇨ 계피인절미. 계피부꾸미.
☞ 개피떡.

계획(計畫) * ① 미리 얼개를 잡음. ‡ 조직적, 세부적. ② 기획한 일을 실천할 방안. {계획하다.} ¶ 계획을 세우다. 계획이 없다. 계획이 있다.
☞ 기획.

고[1] 〔매〕 * '그'를 낮잡아 이르거나 귀엽게 이르는 말. ¶ 고 녀석. 고 부분.

고[2] 〔토〕 * 건너따옴법에서 맺음끝. ‡ '-다. -냐? -라. -자. -마' 뒤에 붙고 따옴표는 붙이지 않음. ¶ 아직도 네가 잘났다고 생각하느냐? 우리 집으로 오겠다고 했다. 육군에 입대한다고 했다. 내일 간다고 한다.
☞ 라고. 라는. 하고.[2]

고~³(古~) * 오래된. 낡은. {고가구. 고물. 고서적. 고시조. 고지도.}

고⁴(高) ㉕ ⇨ ①키. ②높이. ③ ~량. ~액.

고가교(高架橋) ㉕ ⇨ 구름다리.

고가도로(高架道路) ㉕ ⇨ 구름다릿길.

고가삭(高加索) ⇨ 코카서스. ✱ 땅 이름.

고가 색도(高架索道 ⇨ 고가삭도) ㉕ ⇨ ① 솔개 차. ② 하늘 찻길.

고가수조(高架水槽) ㉕ ⇨ 다락 물통. 다락 두멍.

고가차(高架車) ㉕ ⇨ 사다리차.

고간(庫間) ⇨ 곳간. {곳간차.} ¶ 곳간 열쇠. 쌀가마를 곳간에 쟁이다.

고갈비 ⇨ 고등어구이.

고개¹ * 목 뒷등. {고갯놀이. 고갯심. 고갯장단. 고갯짓.} {왼고개.} ¶ 고개가 수그러지다. 고개를 흔들다. 고개를 끄덕이다.

☞ 머리.¹

고개² * ①산을 넘어다니는 비탈진 길. {고개턱. 고개티. 고갯길. 고갯마루. 고갯영상.} {삼년고개. 지릅고개.} ¶ 녹번 고개. 말티 고개. 산고개. 아리랑 고개. ②넘기 어려운 철. {감잣고개. 보릿고개. 피고개.}

고객(顧客) ㉕ ⇨ ①단골. 단골손님. ②손님.

고갯놀이 * 농악에서 고개를 재게 돌려 상모를 돌리는 짓.

☞ 상모놀이.

고갯방아 * 졸거나 긍정하거나 고맙다고 할 때 고개를 끄덕이는 일.

☞ 무릎방아. 붓방아. 엉덩방아. 이마방아. 입방아. 코방아.

고갱이 * ①풀이나 나무줄기 한가운데 있는 연한 심. {나뭇고갱이. 속고갱이.} ¶ 배추 고갱이. ②사물의 중심이 되는 부분.

☞ 알심.

고거 = 고것. ✱ 임자자리 토씨 '이'가 붙으면 '고게'가 됨.

고거리 * 소의 앞다리에 붙은 살.

☞ 사태.¹

고거리사태 ⇨ ①고거리. ②사태.

고건 = 고것은.

고걸 = 고것을.

고걸로 = 고것으로.

고게 = 고것이.

고국(故國) * ①이미 없어진 옛날 나라. ②다른 나라에서 사는 사람이나 잠깐 다른 나라에 나가 있는 사람이 자기 나라를 가리키는 말.

☞ 모국. 조국.

고기¹ = 물고기. {고기받이. 고기비늘. 고기시렁. 고기잡이. 고기잡이배. 고깃길. 고깃짓.} ¶ 고기 떼. 고기 바구니. 고기 새끼. {민물고기. 바닷물고기.} {잔고기.} ¶ 새끼 고기. 어미 고기. 그물에 고기가 걸리다.

고기² * 먹거리로서 동물의 살. {고기구이. 고기닭. 고기돼지. 고기만두. 고기맛. 고기반찬. 고기볶음. 고기서리목. 고기소. 고기쌈. 고기전골. 고기즙. 고깃가루. 고깃값. 고깃점.} {개고기. 고래고기. 꿩고기. 노루고기. 닭고기. 돼지고기. 말고기. 새고기. 소고기(쇠고기). 양고기. 여우고기. 오리고기. 참새고기.

칠면조고기. 타조고기. 토끼고기. 푿소고기.}

☞ 방자고기. 불고기. 살코기. 쟁기고기.

고기³ 〈 거기. ‡ 요기. 조기. ¶ 고기에 잠깐만 앉아 있어라.

고기국 ⇨ 고깃국.

고기기름 ⇨ 고깃기름. ‡ 물고기나 짐승의 기름.

고기꾸미 = 꾸미. ‡ 국이나 찌개에 넣는 고기붙이.

고기다 〈 구기다. ¶ 종이를 고겨서 버리다.

고기밥 * ① 물고기의 먹이로 주는 밥. ②미끼.

☞ 고깃밥. 미끼.

고기배 ⇨ 고깃배. 고기잡이배.

고기붙이 * 사람이 음식으로 먹는 여러 짐승의 고기.

☞ 육미붙이.

고기소¹ * 고기를 다져 양념과 함께 만든 소. ¶ 고기소 만두.

고기소²〔肉牛〕 * 고기를 먹으려고 기르는 소. ¶ 고기소 기르기.

☞ 부림소. 일소.

고기잡이배〔漁船〕 = 고깃배.

고기졸임 ⇨ ① 생선조림. ② 장조림.

고깃간(~間) = 푸줏간. ‡ 쇠고기, 돼지고기 따위 고기를 파는 가게.

고깃관 ⇨ 고깃간. 푸줏간.

고깃덩이 = 고깃덩어리.

고깃밥 * 고기를 썰어 넣어 지은 밥.

☞ 고기밥.

고깃배〔漁船〕 = 고기잡이배.

고까 = 꼬까. 때때. 고까신. 고까옷.

때때신. 때때옷. ‡ 어린이 말.

고까신 = 꼬까신. 때때신. ‡ 다섯 가지 빛깔로 알록달록하게 만든 신.

고까옷 = 꼬까옷. 때때옷. ‡ 색동 소매, 남빛 깃, 누른빛 섶, 푸른빛 길, 자줏빛 무로 만든 옷.

고깟〔매〕 = 고까짓. 〈 그까짓.

고꾸라지다 * 서 있던 사람이 머리가 앞으로 굽어지면서 바닥에 닿다.

☞ 넘어지다. 쓰러지다. 엎어지다. 자빠지다.

~고나 ⇨ ~구나. {가는구나. 자는구나. 죽는구나.}

고냉지(高冷地) ⇨ 고랭지. 한랭지.

고녀(鼓女) * 불이틀(생식기)이 완전하지 못한 여자.

☞ 고자. 돌계집.

고노와타〔海鼠腸〕 ⑭ ⇨ 해삼창젓.

고논 = 고답. 고래실. 고래실논. 구레논. ‡ 물길이 좋고 기름진 논.

☞ 구렁논. 엇논. 엇답. 천둥지기. 하늘바라기.

고누 = 고누두기. ‡ 겨레 놀이의 하나. {곤질고누(열두밭고누). 네밭고누(네줄고누). 여섯밭고누(여섯줄고누). 우물고누. 육밭고누. 패랭이고누.}

☞ 바둑. 장기.

고니¹〔白鳥〕 * 오릿과의 겨울 철새 이름. {흰고니. 검은고니.}

고니² ⇨ 이리. ‡ 물고기 수컷의 배 속에 있는 흰 정액 덩어리.

고다 * ① 뼈 따위를 끓여서 국물이 우러나게 하다. ‡ 곰국. ② 졸아서 진하게 엉기도록 끓이다. ‡ 엿. ③ 김을 내어 증류하다. ⁑ 소주.
☞ 삶다.
고다쓰(**고타츠**)〔湯婆〕[왜] ⇨ 자라통.
고닥지 〔어〕 ⇨ 고다지. 〈 그다지.
고단하다[1] * 힘든 일을 하여 몸이 지쳐서 느른하다. {고단해하다.}
☞ 고달프다.
고단하다[2](孤單～) * 단출하고 외롭다.
고달[1] * ① 점잔을 빼고 거만을 부리는 짓. ② 말 못하는 어린애가 화를 내고 몸부림을 치는 짓.
고달[2] * ① 칼, 송곳의 자루에 박힌 몸뚱이의 부분. ② 담배물부리나 담배통에 들어가는 설대의 부분.
☞ 괴구멍. 괴통.
고달프다 * 몸과 마음, 처지가 어려운 상태에 있어 기운이 없다. ⁑ 고달프고. 고달프네. 고달프니. 고달파. 고달팠다.
☞ 고단하다.
고답(～沓) = 고래실. 고래실논. 고논. 구레논. ⁑ 물길이 좋고 기름진 논.
☞ 엇답. 천둥지기.
고대[1] * ① 이제 막. ¶ 그분들도 고대 왔다. ② 바로 곧. ¶ 학교에서 오자마자 고대 놀러 나갔다.
고대[2] = 깃고대. ⁑ 옷깃의 뒷부분.
고대[3](雇貸) [왜] ⇨ 품삯.
고대도록 〔어〕 ⇨ 고다지. 〈 그다지.
고대 소설(古代小說) = 고소설. 고전소설. ⁑ 신소설보다 앞서 나온 이야기책. 홍길동전, 흥부전, 사씨남정기, 구운몽, 임경업전, 춘향전 따위.
☞ 신소설. 근대 소설.
고데 [왜] ⇨ ① 인두. ② 인두질. ③ 흙손. ④ 머리손질.
고도대(高跳臺) [왜] ⇨ 높이뛰기틀. 높이뛰기대.
고도리[1] * 고등어 새끼 이름.
☞ 고두리.
고도리[2]〔五鳥〕[왜] * 화투에서 매화, 흑싸리, 공산 명월로 이루어진 약.
고동[1] * ① 움직임을 시작하는 기계 장치. ¶ 고동을 틀다. ② 일을 하는 데 가장 중요한 점이나 계기. ¶ 그 일이 고동이 되다.
고동[2] * 물레 가락에 끼우는 매듭 모양으로 생긴 연모.
고동[3] * 신호로 울리는 소리. {뱃고동.} ¶ 고동이 나다. 고동이 울리다.
☞ 고둥.
고동[4](鼓動) * 염통이 뛰는 일. {고동치다.} ¶ 고동 소리. 고동을 멈추다.
고동각씨 ⇨ 노래기. ⁑ 벌레 이름.
고동색(古銅色) = 고동빛. ⁑ 검누른빛.
고두리 * 물건 끝이 뭉뚝한 자리.
☞ 고도리
고두리살 = 고두리. ⁑ 작은 새를 잡는 데 쓰는 화살.
☞ 화살.
고두리손잡이 = 방울손잡이. ⁑ 방울처럼 생긴 손잡이.
고두밥 * 아주 되게 지어 고들고들한 밥.
☞ 지에밥.
고둥 * 개울에 사는 다슬기, 무논에 사는 우렁이, 바다에 사는 소라 따위.
☞ 고동. 골뱅이.
고드래 = 고드랫돌. ⁑ 돗자리를 엮을

때에 날을 매어 늘어뜨리는 돌.

고드래뽕 ＊ ①하던 일이 다 끝남을 이르는 말. ¶ 이 일도 오늘로 고드래뽕이다. ②어린이의 놀이에서 술래를 정할 때 세는 말의 끝말. ¶ 하날때, 두알때, 사마중, 날때, 육낭거지, 팔때, 장군, 고드래뽕.

고들배기 ⇨ 고들빼기 ＊ 들나물 이름. {고들빼기김치. 고들빼기나물.}

고등어 ＊ 바닷고기 이름. {고등어구이. 고등어자반. 고등어저냐. 고등어조림. 고등어찌개. 고등엇과.} {자반고등어} ¶ 얼간 고등어. 고등어 통조림. 고등어 한 손.
☞ 고도리.

고디다 ⇨ 고되다. ＊＊ 힘에 겨워 고단하다.

고라니 ＝ 보노루. ＊ 사슴과의 산짐승 이름.

고라리 ＝ 시골고라리. ＊ 어리석고 고집 센 시골 사람.

고랑[1] ＊ ①밭의 이랑과 이랑 사이에 길고 좁게 팬 골. {밭고랑.} ②땅에 길고 좁게 팬 홈. {갯고랑.}
☞ 도랑. 두둑. 이랑.[1]

고랑[2] ＝ 쇠고랑. ＊ 죄인의 팔에 채우는 형틀. ¶ 고랑을 차다.
☞ 고랑틀.

고랑쇠 ⇨ 쇠고랑. 고랑.
☞ 수갑.

고랑창 ＝ 골창. ＊ 깊고 폭이 좁은 고랑.

고랑틀 ＝ 차꼬. ＊ 죄인의 두 발에 채우는 형틀.
☞ 고랑.[2] 족쇄. 항쇄.

고래[1] ＝ 방고래. {고래켜기. 고랫당그래. 고랫등. 고랫재.} ¶ 선자 고래.

고래[2] ＝ 술고래. ＊ 술을 많이 마시는 사람.

고래[3] ＊ 바다짐승 이름. {고래기름. 고래밀. 고래뼈. 고래수염. 고래술. 고래자리. 고래작살. 고래잡이. 고래잡이배. 고래회.}

고래 등 ＊ 고래의 등. ＊ 고래 등같이 덩실한 기와집.
☞ 고랫등.

고래실 ＝ 고래실논. 고논. 구레논. ＊ 물길이 좋고 기름진 논.
☞ 천둥지기. 하늘바라기.

고랫등 ＊ 구들장을 올려놓는 방고래 사이의 두두룩한 곳.
☞ 고래 등.

고랭지(高冷地) ＝ 한랭지. ＊ 해발 600m보다 높은 산에 있는, 추운 땅.

고량주(高粱酒) ＝ 배갈. ＊ 술 이름.

고러다[1] ＝ 고리하다. ¶ 고러다가는 오늘 안에 못 끝낼걸.

고러다[2] ＊ 고렇게 말하다. ¶ 고러지 말고 너도 함께 가자.

고럭하다 ＝ 고렇게 하다. ¶ 고럭하다가 야단맞을라.

고런 ＝ 고러한. 〈 그런. 그러한.

고렇다 ＝ 고러하다. 〈 그렇다. 그러하다.

고려 가요(高麗 歌謠) ＝ 고려 속요. ＊ 고려 때의 노래.

고려인(高麗人) ＊ 러시아에 사는 우리 동포를 일컫는 이름.
☞ 조선족.

고로고로하다 ⇨ 고만고만하다.

고로케(고로께) ⑪ ⇨ 크로켓. ＊ 음식

이름.

고루 = 고루고루. 골고루.

고루다 ⇨ 고르다.

고르다¹ * ①여러 개의 높낮이, 양, 크기가 모두 비슷하다. ¶ 고르게 나누다. ②상태가 정상적으로 순조롭다. ¶ 숨결이 고르다. 날씨가 고르다. ☞ 가지런하다.

고르다² * ①평평하게 하거나 가지런하게 하다. ¶ 땅을 고르다. ②붓이나 악기의 줄 따위가 제 구실을 하도록 다듬거나 손질하다. ¶ 붓을 고르다. 줄을 고르다. 목소리를 고르다.

고르다³ * 여럿 가운데서 따로 갈라내다. ＊ 정신 작용은 나타낼 수 없음. ¶ 뉘를 고르다. 물건을 고르다. 책을 고르다. ☞ 가리다.² 뽑다.

고르라 * '고르다.'의 건너 시킴꼴. ＊ 중간에 다른 매체를 통하여 명령함. ¶ 알맞은 답의 기호를 고르라. ☞ 골라라.

고르뎅(골뗑) ㉲ ⇨ 골베. ＊ 코르덴.

고른돌 = 고름돌. ＊ 담이나 성을 쌓을 때 맨 위에 고르게 놓는 돌.

고른률(~率) ⇨ 고른율. ＊ 니은이나 홀소리 뒤에는 '율'임.

고른쌀 * 돌, 뉘, 지푸라기 따위 잡것을 골라낸 쌀. ＊ 삭발미. ☞ 쓿은쌀. 아주먹이.²

고름¹ = 옷고름. ＊ {겉고름. 겉옷고름. 안고름.} ¶ 자주 고름. ＊ 한복.

고름² * 부스럼에서 나오는 누른 물. {피고름.}

고름돌 = 고른돌.

고리¹ * 두 끝을 맞붙여 둥글게 만든 물건. {고리못. 고리바지. 고리받이. 고리봉돌. 고리잠. 고리잡이. 고리점. 고리칼.} {가는고리. 가죽고리. 굵은고리. 귀고리. 띠고리. 쇠고리.} ¶ 연결 고리. 중심 고리.

고리² * ①소줏고리. ＊ 소주를 내리는 데 쓰는 연모. ②하나치. ¶ 소주 한 고리. ＊ 한 고리는 열 사발.

고리³ = 고리짝. ＊ 고리버들로 만든, 옷을 넣는 상자.

고리⁴(高利) ㉲ ⇨ 된변. 비싼 길미.

고리눈 * ①동그란 눈. ②휘둥그레진 눈. ③눈동자에 흰 테가 둘린 눈. ☞ 갈퀴눈. 도끼눈.

고리눈이 * 눈동자에 흰 테가 둘린 사람이나 짐승. ＊ 고리개. 고리눈말.

고리다 〈 코리다. ＊ ①썩는 달걀 냄새와 같다. ②옹졸하고 인색하다. ☞ 구리다.

고리단추 = 갈고리단추. 걸단추. ＊ 호크.

고리도 〔어〕 = 고다지. 〈 그리도. 그다지.

고리뗑(고리뎅) ㉲ ⇨ 골베. ＊ 코르덴.

고리바늘 = 둘레바늘. ＊ 뜨개질바늘의 한 가지.

고리백장 = 고리장이. ＊ 고리짝이나 키를 만드는 유기장이. ☞ 백장.

고리진(~陣) = 고동진. 도래진. 멍석말이. 방울진. ＊ 군대. 농악.

고리짝 = 고리. ＊ 고리버들로 만든, 옷을 넣는 상자.

고리타분하다 = 고타분하다. 타분하다. ‡ ① 냄새가 고리고 타분하다. ② 생각이나 하는 짓이 새롭지 못하고 답답하다.
☞ 흐리터분하다.

고리하다 = 고러다. 〈 그리하다. 그러다.

고린내 〈 코린내. ‡ 썩은 달걀 냄새.

고림쟁이 ⇨ 고림보. ‡ ① 늘 앓는 사람. ② 옹졸한 사람.

고릿쩍 ⇨ 고릿적. ‡ 옛날 옛적. ¶ 고릿적 이야기.

고릿짝 ⇨ 고리짝. 고리.

고마니 ⇨ 고만이. ‡ 재물이 늘거나 벼슬이 오르는 것을 막는 귀신 이름.

고마와요 ⇨ 고마워요. ‡ 손아랫사람이나 어린애에게 쓰는 말.

고마와하다 ⇨ 고마워하다.

고마이 * 고맙게. ‡ 고맙다.

고만[1] 〔매〕 * 상태, 모양, 성질의 정도가 고만한. ¶ 사내가 고만 힘도 없느냐?

고만[2] 〔어〕 〈 그만. ‡ ① 고 정도까지만. ¶ 이제 고만 자자. ② 고대로 곧. ¶ 고만 가 버리다. ③ 고 정도로 하고. ¶ 고만 구경하고 집으로 가자. ④ 저도 모르는 사이에. ¶ 너무나 슬퍼서 고만 울고 말았다. ⑤ 달리해 볼 도리가 없이. ¶ 고만 손을 놓고 말았다. ⑥ 고것으로 끝. ¶ 너하고는 이것으로 고만이다. ⑦ 더할 수 없이 좋음. ¶ 이것이 그저 고만이다.

고만두다 = 관두다. 〈 그만두다.
☞ 가만두다. 그냥 두다.

고만치 = 고만큼. ¶ 고만치 했으면 됐다. 고만치 떨어져 있어라.

고만하다 〈 그만하다. ‡ 상태, 모양, 성질 따위의 정도가 고러하다. ¶ 크기가 고만하다. 병세가 그저 고만하다. 고만한 돈은 있다.

고만 하다 〈 그만 하다. ¶ 장난은 고만 하자.

~고말고 = ~다마다. 〔가고말고. 그렇고말고. 놀고말고. 닮고말고. 없고말고. 있고말고. 자고말고. 좋고말고. 주고말고. 춥고말고. 하고말고.〕

고맘때 〈 그맘때. ‡ 고만큼 된 때. ¶ 어제 고맘때 만나자. 고맘때가 좋았다.

고명 = 웃고명. ‡ 음식 위에 얹는 버섯, 실고추, 지단, 대추, 밤, 호두, 은행, 잣가루, 깨소금, 미나리, 당근, 파 따위. 〔고명장. 고명파.〕
☞ 고물.[2] 꾸미. 소.[2]

고명딸 * 아들이 많은 집의 외딸. 〔고명따님. 고명딸아기.〕
☞ 외동딸.

고모(姑母) * 아버지의 누이. 〔고모부. 작은고모. 큰고모.〕 ¶ 고모님 댁.
☞ 이모.

고무다리 * 고무로 만든 가짜 다리. ¶ 다리 한 짝이 고무다리여요.
☞ 나무다리. 목다리. 목발.

고무라기 = 고무락. ‡ 떡의 부스러기.

고무신 * 고무로 만든 신. 〔꽃고무신. 코고무신.〕 〔고무신짝.〕 ¶ 검정 고무신. 흰 고무신. 색동 고무신.
☞ 갖신. 미투리. 짚신.

고무새 ⇨ 고미혀. 고미서까래. ‡ 건축.

고무줄넘기 = 고무줄놀이. 고무줄뛰

기. ✽ 여자 아이들 놀이의 하나.

고물¹(古物) = 고물딱지. 마병. ✽ ①옛 날 물건. ②낡은 물건. {고물단지. 고물장수.} ¶ 고물 더미. 고물 자동 차. ③시대에 뒤진 사람.
☞ 구년묵이.

고물² = 떡고물. ✽ 인절미, 경단 따위 떡에 묻히거나 시루떡의 켜 사이에 뿌리는 가루. {거피고물. 깨고물. 콩고물. 팥고물.}
☞ 고명. 소.

고물³ = 꽁지부리. 뱃고물. ✽ 배의 뒷 부분.
☞ 이물.

고물간(~間) = 허릿간. ✽ 배의 고물 쪽 칸.
☞ 이물간.

고물개 ⇨ 고무래. ✽ 곡식이나 밭의 흙 이나 아궁이의 재를 긁어모으는 연 모.

고물고물 〈 꼬물꼬물. ✽ 작은 것이 좀 스럽고 느리게 자꾸 움직이는 모양.
☞ 구물구물.

고물대 = 허리돛대. ✽ 돛을 두 개 이 상 다는 배의 고물 쪽에 있는 돛대.
☞ 이물대.

고물마루 ⇨ 우물마루. 귀틀마루. ✽ 건 축.

고물칸 ⇨ 고물간. 허릿간. ✽ 배의 고 물 쪽 칸.

고미(苦味) 한 ⇨ 쓴맛.

고민(苦悶) ✽ 일이 뜻대로 되지 않거 나 걱정거리가 있어 애를 태움.
☞ 번민.

고바 〔小羽〕 한 ⇨ 잔멸치.

고바이 〔勾配〕 일 ⇨ ① 물매. 오르막. 가풀막. 비탈. ②기울기.

고발(告發) ✽ ①잘 알려지지 않은 잘 못을 드러내어 알리는 일. ②피해자 가 아닌 제삼자가 수사기관에 범죄 사실을 신고하는 일. {고발하다.}
☞ 고소.

고백(告白) ✽ 제 뜻에 따라 숨겼던 일 이나 생각을 털어놓음.
☞ 자백.

고별(告別) ✽ ①일터를 떠나거나 옮길 때 작별을 알림. {고별모임. 고별인 사. 고별잔치.} ¶ 고별 연설. ②장 례 때 죽은 사람에게 이별을 알림.
☞ 이별. 작별.

고본(古本) ✽ ①헌책. ②옛 책. ③같 은 책의 옛 판.
☞ 고서.

고봉밥 ✽ 그릇 위로 수북하게 높이 담 은 밥.
☞ 감투밥.

고부 〔五分〕 일 ⇨ ①닷 푼. ②반.
☞ 오 분.

고부랑이 〈 구부렁이. ✽ 한쪽으로 옥 아 들어 곱은 물건.
☞ 고부탕이.

고부리다 〈 구부리다. ✽ 한쪽으로 고붓 하게 곱히다. ¶ 손가락을 고부리다.
☞ 고푸리다.

고부슴하다 = 고부스름하다. ✽ 안으 로 곱은 듯하다.

고부치다 ⇨ 고붙치다. ✽ 고부탕이가 되도록 접거나 꺾어 겹치다.

고부탕이 = 고붙. ✽ 피륙이 꺾이어 겹 쳐진 곳.

☞ 고부랑이.

고분고분 = 고분고분히. ¶ 고분고분 말을 잘 듣는다.

고불고불 〈 구불구불. ‡ 이리저리 고부라진 모양.

　☞ 곱슬곱슬. 곱실곱실.

고붓고붓 = 고붓고붓이. 〈 구붓구붓. 구붓구붓이.

고붓히 ⇨ 고붓이. 〈 구붓이. ‡ 약간 곱은 듯하게.

고붛 = 고부랑이.

고비[1] * 산나물 이름. {고비나물. 고비찌개. 고빗과. 고빗국.}

고비[2] * ① 가장 중요한 단계나 대목. ¶ 죽을 고비. ② 막다른 꼭대기.

　☞ 고비판. 고빗사위.

고비고비 ⇨ 곱이곱이. 〈 굽이굽이.

고비샅샅 * 구석구석마다 샅샅이.

　☞ 골골샅샅. 고샅고샅.

고비판 * 매우 중요한 대목 가운데서도 가장 아슬아슬한 때나 형세.

고빗사위 * 매우 중요한 대목 가운데서도 가장 아슬아슬한 순간.

　☞ 고비.[2]

고뿌(kop) ⑨ ⇨ 잔. ‡ 컵.

고뿔 = 개좆부리. 개좆불. ‡ 감기. ¶ 고뿔을 앓다.

고뿔들다 * 애를 가지다. 애를 배다. ‡ 임신.

고뿔에 들다 = 감기가 들다. 감기에 걸리다.

고삐 * 말의 재갈, 소코뚜레나 굴레에 매는 줄. {말고삐. 쇠고삐. 후릿고삐.}

　☞ 경마.[2]

고사(告祀) * 액운을 없애고 행운이 오도록 음식을 차려놓고 신에게 비는 제사. {고사떡. 고삿고기. 고삿말. 고삿소리.} ¶ 터주에게 고사를 드리다.

　☞ 제사.

고사리수염(~鬚髥) = 덩굴손. 덩굴수염. 넝쿨손. 수염덩굴. ‡ 식물.

고삿 * 이엉 위에 걸쳐 매는 새끼. {겉고삿. 속고삿.}

고샅 * ① 고샅길. ② 좁은 골짜기. ③ 사타구니.

고샅고샅 * 시골 마을의 좁은 골목골목.

　☞ 구석구석. 고비샅샅.

고샅길 = 고샅. ‡ 시골 마을의 담과 담 사이 좁은 골목길.

　☞ 오솔길.

고새 = 고사이. 〈 그새. 그사이. ¶ 고새를 못 참아서 나와?

고생줄(苦生~) ⇨ 고생길. ¶ 고생길에 들어서다.

고서(古書) * 아주 오래전에 펴낸 책. ‡ 옛날 한문 책 모양으로 된 책.

　☞ 고본.

고석매(蠱石~) = 속돌매. ‡ 가벼운 화산 돌로 만든 맷돌.

고섶 * 곳간, 벽장, 서랍의 들머리. ‡ 손쉽게 물건을 찾을 수 있는 곳.

　☞ 거섶.[3]

고세공(藁細工) ⑨ ⇨ 짚공예.

고소(告訴) * 피해자가 범죄 사실을 수사 기관에 신고하는 일. {고소장.}

　☞ 고발.

고소롬하다 ⇨ 고소하다.

고소하다 * ① 참기름 냄새나 맛과 같다. ② 속이 시원하고 재미있다.
　☞ 옹골지다.
고속도로(高速道路) ㉗ ⇨ 고속국도.
　* 빠른 한길.
고수(鼓手) * 북이나 장구를 치는 사람.
　☞ 북수. 북재비.
고수련 = 병구완. 병시중. {고수련하다.}
고수머리 = 곱슬머리.
고수부지(高水敷地) ㉗ ⇨ ① 강터. ② 강턱. 높드리.
　☞ 둔치.
고스란히 * 본디대로 온전하게. ¶ 옛날 물건들이 고스란히 남아 있다.
　☞ 고즈넉이. 곱다시.
고스럽다(古~) ⇨ 예스럽다.
고슬고슬하다 〈 구슬구슬하다. * 밥 따위가 되지도, 질지도 아니하다.
　☞ 가슬가슬하다.
고시[1]〔格子〕㉗ ⇨ ① 창살. ② 쇠창살.
고시[2]〔腰〕㉗ ⇨ ① 허리. ② 굽도리.
고시랑거리다 〈 구시렁거리다.
고시레 ⇨ 고수레. * 산이나 들에서 음식을 먹을 때, 무당이 굿을 할 때 음식을 미리 조금 떼어 귀신에게 주는 일. 또는 그때 하는 소리.
고시조(古時調) = 옛시조. * 갑오개혁 이전에 지은 시조.
　☞ 현대시조.
고시프(gossip) ⇨ 가십. * 짧고 날카로운 만담.
고시하다(告示~) * 관청에서 뭇사람에게 알리려고 글로 써서 내다 붙이다.

　☞ 게시하다. 공고하다. 공시하다.
고실머리 ⇨ 고수머리. 곱슬머리.
고십란(gossip欄) ⇨ 가십난. * 겨레말과 서양말 뒤에서는 '난'.
고싸움 = 고쌈. 고싸움놀이. * 정월 대보름에 하는 민속놀이의 하나.
고아원(孤兒院) ㉗ ⇨ 보육원.
고야쿠〔子役〕㉗ ⇨ 아이 구실. * 연극. 영화.
고얀〔매〕 * 성미나 언행이 도리에 벗어나는. ¶ 고얀 놈. 고얀 녀석.
고양이소리 * 겉으로 발라맞추는 말.
고양이 소리 * 고양이가 우는 소리.
고양이수염 * 산에서 자라는 풀 이름.
고양이 수염 * 고양이의 수염.
고양하다(高揚~) ㉗ ⇨ 드높이다. 북돋우다. * 앙양하다.
고역(苦域) * 힘들고 고되어 견디기 어려운 일. {고역살이.}
　☞ 곤욕. 곤혹.
고염나무 ⇨ 고욤나무.
고엽(枯葉) ㉗ ⇨ ① 가랑잎. ② 말라 떨어진 잎. * 낙엽.
고오바이〔勾配〕㉗ ⇨ ① 물매. 오르막. 가풀막. 비탈. ② 기울기.
고요롭다 ⇨ 고요하다.
고요하다 * 아무 소리나 움직임이 없다. * 자연. ¶ 고요한 산촌 마을.
　☞ 조용하다.
고욤 * 고욤나무 열매. * 감보다 아주 작은 열매.
　☞ 개암.
고운대국 ⇨ 고운댓국. * 토란 줄기로 끓인 국.
고운대패 = 마무리대패. * 애벌로 민

나무를 다시 곱게 미는 대패.
☞ 거친대패.

고운체 = 가는체. ✱ 올이 가늘고 구멍
이 잔 체.
☞ 굵은체.

고으다 ⇨ 고다. ✱ 고고. 고니. 고네.
고아. 고며. 곤. 곰. ¶ 소뼈를 고다.
소주를 고다.

고을 = 골. ✱ ① 마을. {고을고을. 고
을모둠. 타고을.} ② 옛날에 고을
수령이 일을 보는 관청이 있던 마
을. {고을살이. 고을살이하다.}
☞ 고장. 마을.

고음국 ⇨ 곰. 곰국.

고의 ✱ 사내의 여름 홑바지. ✱ 중의.
☞ 속곳. 적삼.

고의춤 = 괴춤. ✱ 고의나 바지의 허리
를 접어서 여민 사이. ¶ 할머니는 고
의춤 속에 손을 넣어 돈주머니를 꺼
냈다.
☞ 바지춤. 허리춤.

고이다[1] = 괴다. ✱ ① 무엇을 받치다.
¶ 차바퀴에 돌을 고이다. 손으로 턱
을 고이다. ② 차곡차곡 쌓아 올리
다. ¶ 제기에 과일을 고이다.

고이다[2] = 괴다. ✱ 물, 침, 눈물, 가
스, 냄새가 우묵한 곳에 모이다.
¶ 웅덩이에 물이 고이다. 입에 침이
고이다.

고인돌 ✱ 아주 오랜 옛날에 만든 큰 돌
무덤. ✱ 지석묘.
☞ 고임돌.

고임[1] = 굄. ✱ 밑을 받침. {고임대. 고
임돌. 고임목. 고임새. 고임질.}
☞ 굄.[1]

고임[2](雇賃) ㉵ ⇨ 품삯.

고임돌 = 굄돌. ✱ ① 밑을 받치는 돌.
② 드러나지 않게 일하는 사람.
☞ 고인돌.

고입(雇入) ㉵ ⇨ 고용. ✱ 삯을 주고
사람을 부림.

고자(鼓子) ✱ 생식기가 완전하지 못한
남자.
☞ 고녀.

고자리 = 오가리. ✱ 무나 박, 호박을
길게 오려서 말린 것.
☞ 고지.[4]

고자장이(告者～) ⇨ 고자쟁이. ✱ 고
자질을 하는 사람.

고자질하다(告者～) ✱ 남의 잘못이나
비밀을 윗사람에게 몰래 일러바치
다.
☞ 쏘개질하다. 찌르다.[1]

고자품 = 고지품. ✱ 삯을 미리 받고 모
내기부터 김매기까지 해 주는 일.
☞ 고지.[1]

고작 = 끽. ✱ 헤아려 보아야 별것 아니
라는 뜻. ¶ 고작 그게 인사냐?
☞ 기껏. 한갓.

고장 ✱ ① 사람이 많이 사는 곳. {타고
장. 고장말. 고장일.} ¶ 고장 사람.
우리 고장. ② 물건이 많이 나는 지
역. ¶ 고장 산물. 사과 고장.
☞ 고을. 마을. 본고장. 제고장.

고쟁이 ✱ 속속곳 위, 단속곳 밑에 입는
여자 속옷. {삼베고쟁이.} ✱ 한복.
☞ 속곳.

～고저 ⇨ ～고자. {가고자. 눕고자.
먹고자. 보고자. 자고자. 하고자.}

고전분투〔孤軍奮鬪〕 ⇨ 고군분투.

고정시키다(固定~) ⇨ 고정하다.

~고져 ⇨ ~고자.

고종(姑從) = 고종사촌. 내종. ＊ 고모의 아들딸. {고종매. 고종형제.}
　☞ 이종. 외종.

고주 = 고주망태. ＊ 술이 몹시 취한 상태. 또는 그런 사람.
　☞ 모주망태.

고주대문(高柱大門) = 솟을대문. ＊ 행랑채의 지붕보다 높게 지은 대문.
　☞ 평대문.

고주망태기 ⇨ 고주망태. 고주.

고주박잠 ＊ 등을 구부리고 앉아서 자는 잠.
　☞ 갈치잠. 나비잠. 새우잠.

고즈넉이 ＊ ① 고요하고 아늑하게. ¶ 겉으로 고즈넉이 보이는 집안이 안으로는 시끄러웠다. ② 말없이 다소곳하게. ¶ 고즈넉이 깊은 생각에 잠겼다.
　☞ 고스란히. 슬그머니.

고즈음 〈 그즈음. ＊ 요즈음.

고지[1] ＊ ① 고지품. 고자품. ② 고지품을 판 삯. ＊ 농사.

고지[2] ＊ 누룩이나 메주를 디디어 만들 때 쓰는 나무틀.

고지[3] ＊ 명태의 이리, 알, 내장을 통틀어 이르는 말.

고지[4] = 고지말랭이. ＊ 가지, 고구마, 박, 호박을 잘게 썰어 말린 것.
　☞ 고자리. 고치.[2] 꼬치. 오가리.[1]

고지곧대로 ⇨ 곧이곧대로.

고지기(庫~) ＊ 창고나 건물이나 물건을 지키는 사람.
　☞ 당지기. 뫼지기. 묘지기. 문지기. 산지기.

고지듣다 ⇨ 곧이듣다.

고지랑물 〈 구지렁물. ＊ 더러운 물. 썩은 물.

고지말랭이 = 고지. ¶ 어머니가 겨울철 반찬 마련으로 고지를 켜신다.

고지서(告知書) 砲 ⇨ 알림글. ＊ 통지서.

고지젓 ＊ 명태의 이리로 담근 젓.
　☞ 구제비젓. 대창젓. 또라젓. 속젓. 아감젓. 알밥젓. 장재젓. 창난젓.

고지하다(告知~) 砲 ⇨ 알리다. ＊ 통지하다.

고직이(庫直~) ⇨ 고지기. ＊ 창고지기.

고집(固執) ＊ 제 생각만 굳게 지킴. {고집덩어리. 고집불통. 고집통머리.} {닭고집. 땅고집. 똥고집. 쇠고집. 옹고집. 왕고집. 황고집. 황소고집.}

고집쟁이(固執~) = 고집통. 고집통이. ＊ 고집이 센 사람.

고짓쿠〔Gothic〕 砲 ⇨ 고딕체. ＊ 인쇄. 활자.

고참(古參) 砲 ⇨ 선임. 선임자. 선참. 선참자.
　☞ 신참.

고참권(古參權) 砲 ⇨ 선임권.

고쳐라 ＊ '고치다'의 바로 시킴꼴.
　☞ 고치라.

고쳐져야 한다 ⇨ 고쳐야 한다.

고쳐질 수 있다 ⇨ 고칠 수 있다.

고추 ＊ 양념채소의 하나. {고추값. 고추기름. 고추나물. 고추씨. 고추장. 고춧가루. 고춧대. 고춧잎.} {실고추. 통고추. 풋고추.} ¶ 붉은 고추.
　☞ 고치.[2] 곧추.

고추냉이 ＊ ① 풀 이름. ② 생선회, 생

선 초밥에 곁들이는 양념. ✸ 와사비.
☞ 겨자.

고추다 ⇨ 곧추다. ¶ 목을 곧추다.

고추바람 = 매운바람. 칼바람. ✸ 매우 차가운 바람.

고추박이 = 남편. ✸ 낮은말.

고추자지 = 고추. ✸ 어린애의 자지.

고추장볶이(~醬~) = 볶은장. 볶은 고추장. 육고추장. ✸ 양념의 하나.

고추짱아 = 고추잠자리. ✸ 어린이 말.

고추풀 = 주름잎. 주름잎풀. ✸ 풀 이름.

고치¹ = 누에고치. {고치값. 고치솜. 고치실.} {가을고치. 봄고치.} ¶ 고치를 가리다. 고치를 고르다. 고치를 따다. 고치를 켜다.

고치² ✸ 물레질할 때 실을 뽑으려고 말대로 둥글고 길게 말아 뺀 솜방망이.
☞ 고지. 고추. 꼬치.

고치다 ✸ ① 잘못된 것을 바로잡다. ② 이미 있던 것을 다르게 만들다.
☞ 수리하다.

고치라 ✸ '고치다'의 건너 시킴꼴.
☞ 고쳐라.

고타분하다 = 고리타분하다.

고타쓰(고다스) ㉘ ⇨ 자라통. ✸ 무릎과 발을 따뜻하게 하는 데 쓰는 물통.

고탑탑하다 = 고리탑탑하다.

고테(고데) ㉘ ⇨ ① 인두. ② 머리 인두. ③ 지짐머리. ④흙손.

고패 ✸ 깃대 맨 위 또는 높은 곳에 달린 작은 바퀴나 고리. {고팻줄.}
☞ 도르래.

고패낚 = 고패낚시. ✸ 미끼를 오르락내리락 놀리면서 하는 낚시.
☞ 낚시.

고패 빼다 = 동곳 빼다. ✸ 굴복하다.

고푸리다 〈 구푸리다. ✸ 몸을 앞으로 고부리다. ¶ 허리를 고푸리다.
☞ 고부리다.

고함소리(高喊~) ⇨ 고함.

고해바치다(告~) = 고하다. ✸ 알리거나 말하다.

고향(故鄕) ✸ ① 태어나서 자란 곳. ② 조상 대대로 살아온 곳. ③ 마음 속에 깊이 간직한 그립고 정든 곳. ¶ 고향 길. 고향 땅. 고향 마을. 고향 산천. 고향 집. 고향 쪽. ¶ 내가 살던 고향은 꽃피는 산골.
☞ 타향.

고향나무 = 회양목. 황양목. ✸ 나무 이름.

고호(Gogh) ⇨ 고흐. 빈센트 반 고흐. ✸ 화가 이름.

고히 ⇨ 고이. ¶ 고이 기른 딸. 손수건을 고이 접다. 고이 돌려보내다.

고히고히 ⇨ 고이고이. ¶ 고이고이 기른 외동딸. 고이고이 간직하다.

곡(曲) = ① 곡조. ② 악곡. {기악곡. 무도곡. 블루스곡. 왈츠곡. 탱고곡.} ③ 하나치. ¶ 노래 한 곡. 유행가 한 곡. 명곡 두 곡.

곡감 ⇨ 곶감. ✸ 껍질을 깎아 꼬치에 끼워 말린 감.

곡갑다 ⇨ 고깝다. ✸ 섭섭하고 야속하여 마음이 언짢다.

곡두 〔幻影〕 ✸ 눈앞에 없는 것이 있는 것처럼 보이다가 사라지는 일.

☞ 허깨비. 꼭두각시.

곡새기다 ⇨ 곱새기다.

곡식(穀食) = 곡. ✻ 벼, 보리, 콩, 조, 기장, 수수, 밀, 옥수수 따위. {곡식 가루. 곡식바다. 곡식밭. 곡식알. 곡식질.} {겉곡식(겉곡). 논곡식(논곡). 밭곡식(밭곡). 알곡식. 찰곡식. 풋곡식. 햇곡식.}

곡식삐까리(穀食~) ⇨ 낟가리.

곡우살조기(穀雨~) = 곡우사리. ✻ 곡우가 들 때 서해에서 잡은 조기.
　☞ 오사리조기.

곡자(曲子) ㉞ ⇨ 누룩.

곡자균(曲子菌) ㉞ ⇨ 누룩곰팡이.

곡척(曲尺) ㉞ ⇨ 곱자.

~곤 = ~고는. ~고서는. ¶ 얼른 눈짓을 하곤 나갔다.

곤냐쿠 〔崑蒻〕 ㉞ ⇨ ① 우무. ② 구약나물. ③ 구약감자.

곤대 = 고운대. ✻ 토란 줄기. {곤댓국. 고운댓국.}

곤댓질 ⇨ 곤댓짓. ✻ 뽐내어 우쭐거리며 하는 고갯짓.
　☞ 곤두짓.

곤두 = 곤두박질. 곤두질. ✻ 몸을 번드쳐서 거꾸로 내리박히는 일. {곤두박이.} {곤두박질하다. 곤두박질치다. 곤두서다. 곤두세우다.}

곤두곤두 ✻ 어린애를 손바닥 위에 세우며 가락을 맞출 때 내는 소리.
　☞ 죄암죄암.

곤두꾼 = 살판쇠. ✻ 땅재주꾼의 우두머리.

곤두박다 ✻ 높은 데서 거꾸로 떨어지다.
　☞ 내리박다. 꼬라박다.

곤두박이치다 = 곤두치다. ¶ 땅바닥에 곤두박이치다.

곤두박히다 ⇨ 곤두박이다. ✻ '곤두박다'의 입음.

곤두잡이 ⇨ 곤두박이.

곤두질 = 곤두박질. 곤두.

곤두짓 ✻ 뛰거나 넘거나 거꾸로 서는 땅재주.
　☞ 곤댓짓.

곤두치다 = 곤두박이치다.

곤드레 = 곤드레만드레. ✻ 술이나 잠에 취하여 몸을 못 가누는 모양.

곤들매기 = 억무개. ✻ 민물고기 이름.

곤로(焜爐) ㉞ ⇨ ① 풍로. ② 화로. ③ 화덕.

곤색 〔紺色〕 ㉞ ⇨ 반물. 반물빛. 독물. ✻ 진쪽빛. 검남색.
　☞ 감색.²

곤소금 〔재鹽〕 ✻ 볕소금을 물에 풀어 잡티를 거르고 고아서 만든 소금.
　☞ 돌소금. 바닷소금. 볕소금.

곤약(崑蒻) ㉞ ⇨ ① 우무. ② 구약나물.

곤약판(崑蒻版) ㉞ ⇨ 우무판.

곤욕(困辱) ✻ 참기가 힘든 모욕. ¶ 곤욕을 겪다. 곤욕을 치르다.
　☞ 곤혹.

곤장(棍杖) ✻ 볼기를 치는 형구. {곤장질.} ¶ 곤장을 때리다. 곤장을 맞다. 곤장 오십 도를 치다. ✻ 대곤, 중곤, 소곤이 있음.
　☞ 물볼기.

곤장 내다 = 때려 부수다.

곤쟁이젓 ⇨ 곤쟁이것.

곤조 〔根性〕 ㉞ ⇨ ① 본성. 기질. 심지. 마음보. ② 행짜. 행티. ③ 깡다구. 성깔.

곤줄매기 = 곤줄박이. ‡ 새 이름.

곤지 * 혼례 때 신부 이마 한가운데 연지로 찍는 붉은 점. ¶ 곤지 찍다. ☞ 연지.

곤지곤지 * 젖먹이에게 왼손 손바닥에 오른손 집게손가락을 댔다 뗐다 하라는 뜻으로 내는 소리. 또는 젖먹이가 그렇게 하는 짓. ☞ 짝짜꿍.

곤포(昆布) ㉭ ⇨ 다시마.

곤풋국(昆布~) ㉭ ⇨ 다시맛국.

곤혹(困惑) * 곤란한 일을 맞닥뜨려 어찌할 바를 모름. {곤혹하다. 곤혹스럽다.} ¶ 곤혹을 느끼다. ☞ 곤욕.

곤혹을 당하다(困惑 當~) ⇨ 곤욕을 겪다.

곤혹을 치르다(困惑~) ⇨ 곤욕을 치르다.

곧¹ 〔어〕 * ① 때를 넘기지 않고 바로. ¶ 내가 오자마자 그는 곧 떠났다. ② 다름 아닌 바로. ¶ 그 사람이 곧 장본인이다. ③ 바꾸어 말하면. ¶ 꿈, 곧 희망이 살아가는 힘이다. ☞ 곧장. 곳. 곶. 바로.²

곧² 〔토〕 * 어떤 일이 있을 때마다 반드시 어떤 일이 따름을 강조. ¶ 그 애는 날곧 새면 장난만 하오. 밤곧 되면 가야금을 타오.

곧다 * 전체의 모양이나 성질이 굽지 않거나 똑바르다. ¶ 곧은 성질. ☞ 바르다.¹

곧바르다 = 곧고 바르다.

곧은길 * 굽지 않고 곧게 뻗어나간 길.

☞ 바른길.

곧은깨끼 = 곧은치기. 곧은치기깨끼. ‡ 춤사위의 하나.

곧은맥(~脈) = 나란히맥. ‡ 댓잎, 볏잎의 잎맥.

곧은쌤 = 곧은바닥. ‡ 광산에서 아래로 곧게 파 내려간 굴. ☞ 미세기.

곧이듣다 = 곧듣다. ‡ 남의 말을 그대로 믿다. ¶ 우스갯소리를 곧듣다.

곧잘 * ① 제법 잘. ¶ 공부를 곧잘 하다. ② 가끔가다 잘. ¶ 심심할 때면 곧잘 뒷산으로 올라갔다.

곧장 * ① 옆길로 빠지지 않고 바로. ¶ 곧장 집으로 가거라. ② 곧이어 바로. ¶ 저녁을 먹자마자 곧장 텔레비전 앞에 모여 앉았다. ☞ 곧.¹ 줄곧.

곧추 〔어〕 * 곧게. ¶ 땅바닥에 곧추 떨어지다. 허리를 곧추 펴다. {곧추들다. 곧추뜨다. 곧추서다. 곧추안다. 곧추앉다.}

곧추다 * ① 굽은 것을 바로잡다. ¶ 목을 곧추다. 허리를 곧추다. ② 혼자서 서지 못하는 어린애를, 겨드랑이를 껴 붙들어 세우다. ☞ 바루다.

골¹ = 골머리. 골치. 머릿골. ¶ 골 빠지다. 골 썩이다. 골 앓다.

골² = ① 고을. {골골. 골골이. 골모둠. 골살이.} ② 마을. {감나뭇골. 느티나뭇골. 서당골. 싸릿골. 용둣골. 텃골.}

골³ = 골딱지. 화. 성. 부아. {골김. 골부림.} {골나다. 골내다.} ¶ 골 오르다. 골 올리다. 골 틀리다.

골⁴ = 골짜기. {골땅. 골물. 골밑. 골바람. 골안개.} {바윗골}

골⁵ = 골목. {뚫린골.} ¶ 뚫린 골목. 막다른 골목.

골⁶ = 고랑. {골고래. 골기와. 골모판.}

골⁷[型] * 물건을 만들 때나 만든 뒤에 들이박아서 모양을 바로잡는 틀. {신골. 망건골. 짚신골.} ¶ 골을 박다. 골을 치다.
  ☞ 거푸집. 틀.

골걷이 * 밭고랑에 난 풀을 뽑는 일. {골걷이하다.}
  ☞ 김매기.

골고루 = 고루고루.

골골¹ * 병이 오래되어 시름시름 앓는 모양. ¶ 언제나 골골 앓다.

골골² * 암탉이 수탉을 부르는 소리. {골골거리다. 골골대다.}
  ☞ 걀걀. 꼬끼오.

골골샅샅 * 고을고을 샅샅이. ✸ 방방곡곡. {골골샅샅이.}
  ☞ 고비샅샅. 구석구석.

골골이 * ①골짜기마다. ②고을마다.

골김에 = 홧김에.

골나다 = 성나다. 화나다. ✸ 부아가 나다.

골내다 = 성내다. 화내다. ✸ 부아를 내다.

골다 * 잠을 잘 때 콧구멍에서 소리를 내다. ¶ 코를 골다.
  ☞ 곯다.²

골덴(골뗑. corduroy) ⇨ 골베. {골베양복감.}

골독어(骨獨魚) ⇨ 꼴뚜기.

골독하다(汨篤~) ⇨ 골똘하다. ¶ 골똘하게 생각하다.

골뗑(corduroy) ⇨ 골베. 골줄. {골베양복감.} ✸ 코르덴

골똘하다 〔그〕 * 한 가지 일에 온 정신을 쏟아 딴생각이 없다.
  ☞ 골몰하다.

골똘히 * 한 생각에 파묻혀 다른 생각이 없이. ¶ 골똘히 궁리하다.
  ☞ 곰곰이.

골라라 * '고르다'의 바로 시킴꼴. ✸ 얼굴을 맞대고 명령함.
  ☞ 고르라.

골라내다 = 가려내다.

골라잡다 = 가려잡다.

골락새 = 크낙새. ✸ 새 이름.

골려 주다 = 골리다.

골르다 ⇨ 고르다.

골리다 * 놀리어 약을 올리거나 골이 나게 하다.
  ☞ 곯리다.

골마지 * 간장, 된장, 술, 초, 김치의 겉에 생기는 곰팡이.
  ☞ 곱.¹

골머리 = 머릿골. 골치.

골모둠 = 고을모둠. ✸ 책장의 글자로 고을 이름을 만드는 놀이.

골목 = 골목길. ✸ 집과 집 사이에 난 좁은 길. {골목골목. 골목길. 골목대장. 골목집.} {뒷골목. 먹자골목.} ¶ 골목 가게. 골목 안. 막다른 골목.
  ☞ 고샅.

골목자기 ⇨ 골목쟁이. ✸ 골목에서 좀 깊숙이 들어간 좁은 곳.

골몰하다(汨沒~) 〔움〕 * 한 가지 일

에 파묻히다. ¶ 대책 마련에 골몰하
다. 논문을 쓰는 데 골몰하다. 제가
할 일에만 골몰하다.
　☞ 골똘하다. 몰두하다.
골무쥐 ⇨ 생쥐.
골미 ⇨ 골무. ‡ 바느질할 때 손가락에
끼는 연모.
골바람 * 골짜기에서 산꼭대기로 부는
바람.
　☞ 산바람. 재넘이.
골뱅이 * 컴퓨터 글자판에 있는 '@'의
이름.
　☞ 고둥. 소라. 다슬기. 우렁이.
골비단지 = 골생원. ‡ 늘 골골 앓는
사람.
골빤지 〔~板紙〕 ⇨ 골판지.
골뿌림 = 줄뿌림. ‡ 밭에 고랑을 타고
줄이 지게 씨를 뿌리는 일.
　☞ 노가리.¹
골살이 = 고을살이. ‡ 고을의 수령으
로 지내는 일.
골아떨어지다 ⇨ 곯아떨어지다.
골연령 (骨年齡) = 골화연령. ‡ 뼈의
발달 정도에 따라 정하는 나이.
　☞ 역연령. 정신연령.
골음 〔膿〕 ⇨ 고름.
골집 ⇨ 순대.
골짜구니 ⇨ 골짜기. 골짝. ‡ 산과 산
사이. {산골짜기.}
골차다 = 옹골차다. 옹차다. ‡ 매우
옹골지다.
골창 = 고랑창. ‡ 폭이 좁고 깊은 고
랑.
골치 = 머리. 골머리. 머릿골. ¶ 골치
썩이다. 골치 아프다.

골칫거리 = 골칫덩어리. 골칫덩이.
골타분하다 = 고리타분하다.
골탑탑하다 = 고리탑탑하다.
골탕¹ * 되게 당하는 손해나 낭패. ¶
골탕 먹다. 골탕을 먹이다.
골탕² (~湯) = 골국. ‡ 소의 골로 끓
인 국.
골통 = 골통이. ‡ ① 머리. ② 말썽꾸
러기. ③ 머리가 나쁜 사람.
골판지 (~板紙) * 한쪽이나 두 장 사
이에 골이 진 종이를 붙인 판지.
　☞ 널빤지. 판지.
골풀무 = 발풀무. ‡ 골을 파서 만든,
바람을 일으키는 연모.
골풀이 = 화풀이.
골풀자리 = 돗자리.
골화연령 (骨化年齡) = 골연령. ‡ 뼈
의 발달 정도에 따라 정하는 나이.
　☞ 생활연령. 정신연령.
곪기다 ⇨ ① 곰기다. ② 곪다.
곪다 * ① 고름이 생기다. ② 잘못이
쌓여 터질 지경에 이르다.
　☞ 곰기다. 헐다.
곬 * ① 한쪽으로 트여 나가는 길이나
방향. {물곬.} ¶ 제 곬. 한 곬. ② 물
고기 떼가 몰려다니는 길. ¶ 조기의
곬. ③ 사물의 유래.
　☞ 옰.
곯다¹ * 속에 가득 차지 아니하고 조금
비어 있다. ¶ 말라서 곯은 밤. 쌀자
루가 곯다.
곯다² * 모자라게 먹거나 굶다. ¶ 배를
곯다.
　☞ 골다.
곯리다 * ① 속이 상하게 하거나 해를

입혀 골병이 들게 하다. ② 양에 아주 모자라게 먹이거나 굶기다. ¶ 배를 곯리다.

☞ 골리다.

곯병(〜病) ⇨ 골병.

곯탕 ⇨ 골탕.

곰[1] * 짐승 이름. {곰덫. 곰쓸개.} {갈색곰. 불곰. 흰곰.} ¶ 곰 발바닥.

곰[2] = 곰국. * 고기나 뼈를 고아 끓인 국. {곰거리.}

☞ 곰탕.

곰[3] = 곰팡. 곰팡이.

곰곰이 = 곰곰. * 여러모로 깊이 생각하는 모양. ¶ 곰곰 생각하다.

☞ 골똘히.

곰기다 * 곪은 자리에 단단한 멍울이 생기다.

☞ 곪다.

곰달래 ⇨ 곰취. * 국화과의 여러해살이풀 이름.

곰덫 = 덫틀. 벼락틀. * 곰 따위 산짐승을 잡는 덫.

곰방대 = 곰방담뱃대. 짜른대. * 살담배를 피우는 짧은 담뱃대.

☞ 긴대. 담뱃대. 장죽. 조대.

곰배팔이 = 곰배. * 팔뚝이 없거나 펴지 못하는 사람.

곰벌 〔熊蜂〕 ⑨ ⇨ 어리호박벌. * 벌의 한 가지.

곰보 = 곰보딱지. 얽보. {살짝곰보.} ¶ 곰보 타령.

☞ 얽둑빼기. 얽작빼기. 얽족빼기. 얽둑빼기. 얽적빼기. 얽죽빼기.

곰보석(〜石) ⇨ 구세. * 구멍이 숭숭 뚫린 황동 광석.

곰보쇳돌 ⇨ 구세.

곰살갑다 * 성질이 상냥하고 부드럽다. ¶ 곰살갑게 굴다.

곰살궂다 * ① 부드럽고 싹싹하다. ② 꼼꼼하고 자세하다.

곰상스럽다 * ① 싹싹하고 부드러운 데가 있다. ② 잘고 꼼꼼하다.

☞ 곱살스럽다.

곰솔 = 왕솔나무. * 해송.

곰장어 ⇨ 먹장어. * 바닷고기 이름.

☞ 갯장어.

곰질거리다 = 곰지락거리다.

곰탕(〜湯) * 곰국에 밥을 만 먹거리.

☞ 곰국.

곰팡이 = 곰팡. 곰. {누룩곰팡이. 푸른곰팡이.}

곰팡피다 ⇨ 곰피다. * 곰팡이가 피다.

곰팽이 ⇨ 곰팡이.

곱[1] * 부스럼, 헌데, 눈 같은 데 끼이는 고름 같은 것. {눈곱.}

☞ 골마지.

곱[2] = 곱절. 곱쟁이. * 같은 수량을 여러 번 더한 양. ¶ 열 곱.

☞ 갑절.

곱끼다 * 부스럼이나 헌데에 곱이 생기다.

☞ 곱살끼다.

곱다[1] * ① 가루나 알맹이가 가늘고 작고 부드럽다. ¶ 고운 밀가루. ② 사물의 빛깔, 소리, 느낌, 마음씨가 부드럽게 느껴지다. ¶ 고운 빛깔. ③ 사물의 모양, 생김새, 사람의 행동거지가 보기에 좋다. {곱디곱다.} * 고와. 고와서. 고왔다. 고우니. 고운.

☞ 아름답다. 예쁘다.

곱다² * ①손가락, 발가락이 얼어서 놀리기가 어렵다. ¶ 손가락이 곱다. ②신 것이나 찬 것을 먹은 뒤에 이가 시큰시큰하다.
　☞ 꼽다.

곱다³ 〈 굽다. * 곧지 아니하고 한쪽으로 휘어 있다.

곱다랗다 = 곱닿다. * ①얼굴이나 성질이 매우 곱다. ¶ 곱다란 얼굴. ②그대로 온전하다. ¶ 해인사에 곱다랗게 간직된 팔만대장경.

곱다시 * ①무던히 곱게. ¶ 청상과부로 곱다시 늙었다. ②그대로 고스란히. ¶ 어젯밤엔 곱다시 뜬눈으로 새웠다.
　☞ 고스란히.

곱돌솥 * 곱돌로 만든 자그마한 솥.
　☞ 가마솥. 노구솥. 다갈솥. 돌솥. 무쇠솥. 옹달솥. 옹솥.

곱들다 = 곱먹다. * 재료나 비용이 갑절로 들다.

곱빼기 * ①두 그릇 몫을 담은 양. ②두 번 거듭하는 것.
　☞ 맛배기. 맛보기.

곱사 = 곱사등이. 곱사등. 꼽추. {곱삿병. 안팎곱사등이.}

곱사기다 ⇨ 곱새기다. * 되풀이하여 곰곰 생각하다.

곱사춤 = 곱사등이춤. 꼽추춤.

곱살끼다 * 몹시 보채거나 짓궂게 굴다. ¶ 그 애는 하는 짓이 워낙 곱살끼어 귀엽지 않다.
　☞ 곁들다. 곱끼다.

곱살스럽다 * 얼굴이나 성미가 예쁘장

하고 얌전한 데가 있다.
　☞ 곰상스럽다.

곱살하다 = 곱상하다. * 얼굴이 예쁘장하고 성미가 얌전하다.

곱삶이 = ①보리곱삶이. * 두 번 삶아 짓는 보리밥. ②꽁보리밥.

곱상(~相) * 곱게 생긴 얼굴. 또는 그런 사람.
　☞ 밉상.

곱상스럽다 ⇨ 곱살스럽다.

곱상하다 = 곱살하다.

곱새 ⇨ 곱사. 곱사등. 곱사등이. 꼽추.

곱새기다¹ * 되풀이하여 곰곰 생각하다. ¶ 내 말뜻을 곱새겨 보아라.

곱새기다² * 남의 말이나 행동을 본뜻과 달리 좋지 않게 생각하다. * 곡해하다. ¶ 억지로 곱새기며 생트집을 잡고 나왔다.

곱소리 * 코끼리의 꼬리털. * 망건, 탕건을 만드는 데 씀.
　☞ 갈기. 말총.

곱쇠 ⇨ ①갈고리못. ②다리쇠.

곱슬곱슬 * 털이나 실이 고불고불하게 말려 있는 모양.
　☞ 곱실곱실.

곱슬머리 = 고수머리.

곱실곱실 〈 굽실굽실. * 고개나 허리를 가볍게 꼬푸렸다 펴는 모양.
　☞ 고불고불. 곱슬곱슬.

곱실머리 ⇨ 곱슬머리. 고수머리.

곱어른 = 곱존장. * 웃어른의 웃어른.

곱이곱이 〈 굽이굽이. * 여러 굽이로 고부라지는 모양.

곱자 = 기역자자. * 기역자 모양으로 만든 자.

곱장다리 * 무릎뼈는 밖으로, 정강이
는 안으로 휘어진 다리.
　☞ 밭장다리. 벋다리. 벋정다리. 안짱
다리. 옥다리.
곱절 = 곱. 곱쟁이. * 같은 수량을 여
러 번 합친 양. ¶ 열 곱절.
　☞ 갑절.
곱지 않는 ⇨ 곱지 않은. * 그림씨에는
이음끝 '은'을 붙임.
곱질리다 ⇨ 접질리다.
곱창 = 소창. * 소의 작은창자를 먹거
리로 일컫는 말. {곱창전골.}
　☞ 대장.³ 대창. 소장.²
곱추 ⇨ 꼽추. 곱사. 곱사등. 곱사등이.
곳 * ①평면, 입체, 공간에서 위치나
처소. {그곳. 이곳. 저곳.} ②일,
대상, 시간에서 문제가 되는 자리.
¶ 어느 곳. 아무 곳. ③하나치. ¶ 열
곳. 스무 곳.
　☞ 곧.¹ 곳. 자리.¹
곳간(庫間) * 물건을 간직하여 두는
간. {곳간차.} * 창고.
　☞ 곳집.
곳갈 ⇨ 고깔.
곳곳 * ①여러 곳. ②이곳저곳.
곳곳이 = 곳곳마다.
곳세(庫貰) ⇨ 고세. * 곳간을 빌려 쓰
고 내는 세.
곳집(庫~) = 상엿집. * 상여를 넣어
두는 초막.
　☞ 곳간.
공¹(公) * ①사람대이름씨. * 당신.
그대. ¶ 공의 뜻을 마음에 새기다.
②매인이름씨. * 성씨 뒤에 떠어
씀. ¶ 박 공. 김 공. 이 공.

　☞ 옹.³
공² * 차거나 치는 운동 기구. {골프
공. 농구공. 배구공. 야구공. 정
구공. 축구공. 탁구공. 테니스공.}
¶ 고무 공. 흰 공. 작은 공. 큰 공.
¶ 공을 차다. 공을 치다.
공~³(空~) * 거저. {공돈. 공밥. 공술.}
{공치다.}
　☞ 영~³
공가(空家) ㉾ ⇨ 빈집.
공갈치다(恐喝~) = 공갈하다. * 으
박지르며 을러대다.
　☞ 거짓말하다. 협박하다.
공감(共感)**을 느끼다** ⇨ 느낌이 같다.
* 공감하다.
공것(空~) = 공짜. 공짜배기.
공고하다(公告~) * 관청에서 어떤 일
을 널리 알리다. ¶ 법안 공고.
　☞ 고시하다.
공골차다 ⇨ 옹골차다.
공교로히(工巧~) ⇨ 공교로이. * 공
교롭다.
공교롭다(工巧~) * 생각지 않았거나
뜻하지 않았던 사실이나 사건과 우
연히 마주치게 된 것이 기이하다고
할 만하다. * 부정적인 일에 씀.
　☞ 마침
공구리 [concrete] ㉾ ⇨ 콘크리트.
공굴 [concrete] ㉾ ⇨ 콘크리트.
공그르다 * 바늘땀이 겉으로 나오지
않도록 속으로 떠서 꿰매다.
　☞ 감치다.² 깁다. 꿰매다. 누비다.
박다.³ 시치다. 호다.
공글리다 * ①땅바닥을 단단하게 다
지다. ②일을 잘 마무리하다. ③흩

어져 있는 것을 가지런히 하다.

공급원(供給元) ㉥ ⇨ 대주는 곳. ✽ 공급처.

공기[1] ✽ ①밥을 담아 먹는 작은 그릇. {밥공기.} ②하나치. ¶ 밥 한 공기. 보리밥 두 공기. 죽 세 공기.

공기[2] ✽ ①공깃돌. 다섯콩. {공기놀이.} ②콩을 넣은 작은 주머니. {공기받기.} ✽ 어린이의 놀이.

공기[3](空氣) ✽ ①기체. {공기방석. 공기베개. 공기주머니. 공기총. 공기쿠션. 공기탱크. 공기통. 공깃길. 공깃둑.} ¶ 공기 딱총. 공기 방울. 공기 속. 공기 중. 공기 틈. 공기 펌프. ②바람. ¶ 새벽 공기. 공기가 시원하다. ③분위기. ¶ 공기가 가라앉다.

공기구멍(空氣~) = 바람구멍. ✽✽ 통풍구.

공기다 ⇨ 곰기다.

공기류(空氣溜) ㉥ ⇨ 공기통.

공기밥 ⇨ 공깃밥. ✽ 공기에 담은 밥.

공깃돌 = 공기. 다섯콩. ✽ 공기놀이에 쓰는 밤톨만 한 돌.

공깃돌놀이 ⇨ 공기놀이.

공냉식(空冷式) ⇨ 공랭식.

공다리 ✽ 씨를 떨어낸 무나 배추의 장다리.

　☞ 꽁다리. 장다리.

공대어(恭待語) ⇨ 높임말. ✽ 공대말. 존댓말.

공동차압(共同差押) ㉥ ⇨ 공동 압류.

공동청부(共同請負) ㉥ ⇨ 공동 도급.

공란(空欄) ㉥ ⇨ 빈칸. ✽✽ 여백.

공람하다(供覽~) ㉥ ⇨ 돌려보다.

공랭식(空冷式) ✽ 공기로 열을 식히는 방식.

　☞ 수랭식. 유랭식.

공룡(恐龍) ✽ 옛날에 살던 파충류의 하나. {공룡알.} ¶ 공룡 뼈. ¶ 육식 공룡. 잡식 공룡. 초식 공룡.

공매매(空賣買) ㉥ ⇨ 차금 매매.

공문철(公文綴) ㉥ ⇨ 공문집. 공문 묶음.

공미리 = 학꽁치. ✽ 바닷고기 이름.

공변되히 ⇨ 공변되이. ✽ 공변되다.

공부[1] ✽ 배우고 익히는 일. {공부꾼. 공부놀이. 공부방. 공붓벌레.} {글공부. 마음공부. 말공부. 밤공부. 벼락공부. 헛공부.} ¶ 글자 공부. 노래 공부. 리듬 공부. 붓글씨 공부. 니혼 말 공부. 차이나 말 공부.

공부[2](工夫) ⇨ 쿵푸. ✽ 차이나 무술의 하나.

공부를 마치기로 하겠다 ⇨ 공부를 마치겠다. 공부를 마친다.

공부하다 ✽ 학문과 지식이나 기술을 배우고 익히다. ¶ 열심히 공부하다.

　☞ 익히다. 배우다.

공부를 하다 ¶ 수학 공부를 하다. 그림 공부를 하다. 노래 공부를 하다.

공상자(空箱子) ㉥ ⇨ 빈상자.

공석(空席) ㉥ ⇨ 빈자리.

공수바지 ⇨ 공수받이. ✽ 민속.

공수병(恐水病) ⇨ 미친갯병.

공수표(空手票) ㉥ ⇨ ①부도 수표. ②가짜 약속. 빈 약속.

공술거부권(供述拒否權) ⇨진술거부권.

공시하다(公示~) ㉥ ⇨ 알리다.

　☞ 게시하다. 고시하다.

공양(供養) * ① 웃어른을 모시어 음식 이바지를 함. ¶ 부모 공양. ② 부처님이나 죽은 이의 영혼 앞에 음식, 꽃 따위를 바치는 일. ③ 절에서 음식을 먹는 일. ¶ 예불이 끝난 뒤 점심을 공양하였다.
☞ 보시. 시주.

공양드리다(供養~) = 불공드리다.

공연문화(公演文化) ⇨ ① 공연. ② 공연 예술. ③ 공연물.

공연(公演)**을 가지다** ⇨ 공연하다.

공연히(空然~) = 괜히. ⁑ 아무 까닭이나 실속이 없이.

공염불(空念佛) = 도구염불. ⁑ 실천이 따르지 않는 헛말.

공예(工藝) * 멋있는 생활 용품을 만드는 일이나 재주. {금공예. 대공예. 목공예. 은공예. 죽공예. 지공예. 짚공예. 칠공예.} {공예품.} ¶ 금속 공예. 돌 공예. 도자 공예. 뿔 공예. 종이 공예.

공용어(公用語) * 한 나라에서 공식적으로 쓰는 말. ⁑ 스위스 공용어는 도이칠란트 말, 프랑스 말, 이탈리아 말, 레토로망 말 네 가지.
☞ 공통어. 통용어.

공용연와(拱用煉瓦) [왜] ⇨ 쐐기꼴 벽돌. ⁑ 공용벽돌.

공으로(空~) = 공짜로.

공인단골(工人~) = 광대계집. 재인단골. 화랑이무당. ⁑ 재인, 공인, 광대, 창부, 화랑과 혼인한 무당.

공일[1](空~) * ① 삯을 받지 않고 하는 일. ② 쓸데없는 일.

공일[2](空日) * 쉬는 날. {반공일.}
☞ 일요일.

공임(工賃) [왜] ⇨ 품삯. 품값.

공장도가격(工場渡價格) [왜] ⇨ 공장값. 나오는 값.

공제하다(控除~) [왜] ⇨ 떼다. 빼다. 미리 떼다.

공주(公主) * ① 왕후가 낳은 임금의 딸. ¶ 평강 공주. ② 예쁘고 마음씨 고운 계집애나 사랑스러운 딸. ¶ 백설 공주. 인어 공주.
☞ 옹주.

공중대고(空中~) = 무턱대고.
☞ 허청대고.

공중목욕탕(公衆沐浴湯) [왜] ⇨ 대중탕.

공중제비(空中~) * ① 텀블링. ¶ 공중제비를 넘다. ② 거꾸로 나가떨어짐. ¶ 덤벼들던 사내가 공중제비로 쓰러지다.
☞ 건공잡이.

공지(空地) [왜] ⇨ 터. 빈 터. 빈 땅.

공짜(空~) = 공짜배기. 공것.

공차(空車) [왜] ⇨ 빈 차.

공처가(恐妻家) [왜] ⇨ 판관사령.

공청회(公聽會)**를 가지다** ⇨ 공청회를 열다.

공치 ⇨ ① 공미리. 학꽁치. ② 꽁치. ⁑ 바닷고기.

공치기 = ① 공치기 놀이. ② 장치기.

공치다(空~) = 허탕 치다. ¶ 비가 와서 장사를 공치다.

공 치다 * 공을 치다. ⁑ 당구. 정구. 탁구.

공쿠르상(Goncourt賞) * 프랑스의 최고 문학상.
☞ 콩쿠르.

공터(空~) ⇨ 빈터. 빈 땅.

공통어(共通語) * ①여러 겨레가 두루 쓰는 말. ②한 나라에서 두루 쓰는 말.
　☞ 공용어.

공포(公布) * 정부, 공공 단체에서 법령, 조약 따위를 널리 알림.
　☞ 공표.

공포스럽다(恐怖~) ⇨ 무섭다. 두렵다.

공폿증(恐怖症) ⇨ 공포증. * 두렴증.

공표¹(~標) = 동그라미표. 영표.

공표²(公表) * 개인이나 단체가 어떤 일을 세상에 널리 알림.
　☞ 공포.

공한지(空閑地) ⇨ ①노는 땅. ②빈 터.

공해(公害) 앤 ⇨ 오염. * 더러워짐.

공화국(共和國) * 국민이 주권을 쥐고 있는 나라.
　☞ 전제국.

공히¹(共~) 앤 ⇨ ①함께. ②모두. ③아울러.

공히²(空~) ⇨ 공으로. 공짜로. 거저.

곶(串) * 바다 쪽으로 좁고 길게 뻗어 있는 땅. {공단곶. 대곶. 동외곶. 월곶. 장기곶. 장산곶.} * 반도.
　☞ 곶

과(와)〔토〕 = ①(이)랑. ②하고. * 누구와 함께. 더불어 하는 대상.

과남하다(過濫~) ⇨ 과람하다. * 분수에 넘치다.

과녁 ⇨ 과력. * ①표적으로 만들어 놓은 것. ②겨냥하여 쏘는 목표.

과똑똑이(過~) * ①지나치게 똑똑한 사람. ②실제로는 보잘것없으면서 겉으로만 똑똑한 체하는 사람.
　☞ 윤똑똑이.

과료(科料) * 가벼운 죄에 물리는 형벌. * 재산형.
　☞ 과태료. 과태금. 벌금. 범칙금.

과린산(過燐酸) ⇨ 과인산. * 화학 약품 이름.

과물(果物) 앤 ⇨ 과일.

과물전(果物廛) 앤 ⇨ 과일 가게.

과민하다(過敏~) * 사람, 사물, 현상에 대해 느끼는 감각이나 감정이 보통 정도를 지나치다. {신경과민} ¶ 과민 반응을 보이다.
　☞ 예민하다.

과반(過般) 앤 ⇨ 지난번.

과반수 이상(過半數以上) ⇨ 반 넘게. * 과반수. 반수 이상.

과불금(過拂金) 앤 ⇨ 더 낸 돈. 더 치른 돈.

과세하다¹(過歲~) * 설을 쇠다.

과세하다²(課稅~) 앤 ⇨ 세금을 매기다. 세금을 물리다.

과소비(過消費) 앤 ⇨ 돈지랄. * 지나친 씀씀이.

과소 인구(過少人口) * 적정 인구에 모자라는 사람 수.
　☞ 적정 인구. 초과 인구.

과실(果實) 앤 ⇨ 과일.

과연도(過年度) ⇨ 전년도. * 지난 연도.

과오납(過誤納) 앤 ⇨ 잘못 냄.

~과의 ⇨ ~과. ¶ 도둑과의 싸움 ⇨ 도둑과 싸움.

과인(寡人) * 임금이 스스로 자신을 가리켜 일컫는 말.
　☞ 짐.¹

과잉방위(過剩防衛) ㉖ ⇨ 초과 방위.
과잉보호(過剩保護) ㉖ ⇨ 과보호.
과잉생산(過剩生産) ㉖ ⇨ 초과 생산.
과잉성 기형(過剩性 畸形) ㉖ ⇨ 중복 기형.
과잉수(過剩數) ㉖ ⇨ 초과수.
과잉 인구(過剩人口) ㉖ ⇨ 초과 인구.
과잉치(過剩齒) ㉖ ⇨ 넘친니.
과자집(菓子~) * 집 모양으로 만든 과자.
과잣집(菓子~) * ①과자를 만드는 집. ②과자를 파는 가게.
과징금(過徵金) * 규약 위반에 따른 벌로 관공서에서 받는 돈.
과태금(過怠金) * 규칙 위반에 따른 벌로 조합이나 단체에서 받는 돈.
과태료(過怠料) * 행정 법규나 법령을 위반했을 때 시장, 군수 따위 지방자치단체장이 매기는 금전적 징계.
　☞ 과료. 벌금. 범칙금.
과판[1] * 여자의 머리에 꽂는, 국화 모양의 장식이 달린 꽂이.
과판[2](~版) * 국화 모양의 물건을 찍어 내는 데 쓰는 판. ‡ 쇠. 나무.
곽(槨) * 덧널. ‡ 널을 담는 궤. {목곽. 석곽.}
　☞ 갑.
관[1](棺) * 널. ‡ 주검을 담는 궤.
관[2](冠) * 머리쓰개. {금관. 왕관. 황금관.}
관계없다(關係~) = 상관없다.
관계요로(關係要路) ㉖ ⇨ 관계 기관.
관계있다(關係~) = 상관있다.
관계하다(關係~) * ①상관하다. ②성교하다. 씹하다. ‡ 사람.
　☞ 교미하다. 교접하다.

관곽쟁이(棺槨~) ⇨ 관곽장이. ‡ 관곽을 만드는 기술자.
관대(冠帶) ⇨ 관디. ‡ 벼슬아치가 입던 관복. 요즘은 전통 혼례 때 신랑이 입음.
관대화하다(寬大化~) ⇨ 관대해지다.
~관데 * 원인, 근거를 나타내는 이음 끝. ¶ 누가 왔관데 이리 시끄러운가? ‡ 앞에 묻는 말이 오고 뒤에 물음표가 붙음.
　☞ ~건대.
관동 팔경(關東八景) = 영동 팔경. ‡ 강원도에서 경치가 뛰어난 여덟 곳. 청간정(간성), 경포대(강릉), 삼일포(고성), 죽서루(삼척), 낙산사(양양), 망양정(울진), 총석정(통천), 월송정(평해) 또는 시중대(흡곡).
관두다 = 고만두다. 그만두다. 간두다.
관람문화(觀覽文化) ⇨ ①관람 질서. ②관람 태도. ③관람 예절.
관명(冠名) * 관례를 치르고 어른이 되면서 지은 이름.
　☞ 가명. 별명. 별호. 본명. 본이름. 아명. 자.[2] 호.[2]
관북유람일기(關北遊覽日記) = 의유당일기. ‡ 기행, 전기, 번역 문집.
관상쟁이(觀相~) = 상쟁이. ‡ 얼굴에서 운명을 알아내는 직업인.
　☞ 손금쟁이.
관세음보살(觀世音菩薩) = 관음. 관세음. 관음보살. 대비보살. ‡ 불교.
관솔불 = 솔불. ¶ 관솔불을 밝히다. 관솔불을 피우다.
관수(關數) ㉖ ⇨ 함수. ‡ 수학.
관습(慣習) * 사회에서 관례가 되어

전통으로 이어진 질서나 풍습. ¶ 오
랜 관습. 관습을 따르다.
　☞ 습관. 풍속.
관여하다(關與~) * 직접 끼어들어 하
다. ¶ 정치에 관여하다.
　☞ 간여하다.
관용귀(慣用句) ⇨ 관용구.
관음보살(觀音菩薩) = 관세음보살.
관세음. 관음. 대비관음. 대비보살.
* 아미타불의 왼편에서 교화를 돕는
보살.
　☞ 문수보살. 사보살.
관점(觀點) 䀿 ⇨ 보는 점. * 생각하는
태도, 방향, 처지.
관자노리 ⇨ 관자놀이.
관자뼈 ⇨ 광대뼈.
관철시키다(貫徹~) ⇨ 관철하다.
관하다(關~) * '관하여'는 빼고 대상
을 부림말로 쓰는 것이 우리말 말법
임. ¶ 실업 대책에 관하여 쓴 글 ⇨
실업 대책을 쓴 글.
　☞ 대하다.
관할하다(管轄~) 䀿 ⇨ 맡다. * 담당
하다.
관향(貫鄕) = 본. 본관. * 시조가 태
어난 곳. ¶ 경주 김씨.
관혁(貫革) ⇨ 과녁.
관활(管轄 ⇨ 관할.) 䀿 ⇨ 맡음. * 담당.
괄괄하다 = 괄하다. 왈왈하다. 팔팔
하다. * 성질이 거칠고 거세다.
괄시(恝視) * 업신여겨 하찮게 대함.
¶ 가난한 사람을 괄시 마라.
　☞ 멸시. 천시.
괄호(括弧) * 묶음표. 도림. ¶ 괄호로
묶다. 괄호를 치다. * 손톱묶음(소괄

호). 겹손톱묶음. 활짱묶음(중괄호).
꺾쇠묶음(대괄호).
괏댁(寡宅) ⇨ 홀어미. * 과댁. 과부댁.
광개토 대왕릉비(廣開土 大王陵碑) =
광개토왕릉비. 광개토왕비.
광개토왕(廣開土王) = 광개토 대왕.
호태왕. * 고구려 제19대 왕.
광끼(狂氣) ⇨ 광기. * ① 미친 기미.
② 미친 듯이 날뛰는 기질.
광내다(光~) * ① 빛을 내다. ② 윤기
를 내다.
　☞ 광 치다.
광능(光陵) ⇨ 광릉. * 땅 이름.
광대 = 얼럭광대. * 예능인. {광대놀
음. 광대놀이. 광대덕담. 광대치장.
광대탈.} {각시광대. 대광대. 또랑
광대. 뜬광대. 말광대. 소리광대.
아니리광대. 여광대. 줄광대. 탈광
대. 할미광대.}
　☞ 어릿광대.
광대계집 = 공인단골. 재인단골. 화
랑이무당.
광대뼈 = 뺨뼈. * 협골.
광대소리 = 판소리. 창극조. * 겨레
노래의 하나.
광도(廣跳) 䀿 ⇨ 멀리뛰기.
공둥뼈 ⇨ 거란지뼈.
광등뼈 = 엉치등뼈.
광란형(廣卵形) ⇨ 넓은 달걀꼴. * 광
난형.
광량자(光量子) ⇨ 광양자. * 물리학.
광명의 집으로(光明~) ⇨ 등대로. *
버지니아 울프의 소설 이름.
광시곡(狂詩曲) 䀿 ⇨ 랩소디. * 음악.
광어(廣魚) ⇨ 넙치. * 바닷고기 이름.

☞ 가자미. 도다리.

광영(光榮) ⑪ ⇨ 영광.

광우리 ⇨ 광주리.

광주리 * 대, 싸리, 버들가지를 엮어 만든 둥근 그릇. {대광주리.}
　☞ 바구니. 소쿠리. 채롱.

광주 항쟁(光州抗爭) ⇨ 오일팔 광주 민주화 운동.

광 치다(光~) = 허풍을 치다.
　☞ 광내다.

광희문(光熙門) = 남소문. 시구문. ‡ 서울 사소문의 하나.

괘간(掛竿) ⑪ ⇨ 바지랑대.

괘괘떼다 = 괘괘이떼다. ‡ 단호히 거절하다.

괘금(掛金) ⑪ ⇨ ① 보험료. ② 판돈. ‡ 노름.

괘꽝스럽다 * 말이나 행동이 엉뚱하고 괴이한 데가 있다.
　☞ 객쩍다. 망녕스럽다.

괘니 ⇨ 괜히.

괘다리적다 = 괘달머리적다. ‡ 멋없고 퉁명스럽다.

괘대(掛袋) ⑪ ⇨ 봉지씌우기. ‡ 나무에 달린 배, 사과, 포도 따위에 종이봉지를 씌워서 벌레가 먹지 못하게 하는 일.

괘도(掛圖) ⑪ ⇨ 걸개그림. 걸그림. ‡ 지도 따위 벽에 거는 그림.
　☞ 궤도.

괘종시계(卦鐘時計) = 벽시계.

괘선지(罫線紙) = 괘지. 인찰지.

괜스리 ⇨ 괜스레. ‡ 괜히.

괜시리 ⇨ 괜스레. ‡ 괜히.

괘지(罫紙) = 괘선지. 인찰지. ‡ 가로

세로 금을 그은 얇은 종이.

괜찮다 * ① 표준보다 나쁘지 않다. ② 탈, 문제, 걱정, 꺼릴 것 없다.
　☞ 상관없다.

괜찮히 ⇨ 괜찮이.

괜히 = 공연히. ¶ 괜히 가슴이 뿌듯하다. 괜히 쓸데없는 짓 마라.

괫씸하다 ⇨ 괘씸하다.

괭이¹ * 땅을 파는 연모. {괭이자루. 괭이질. 괭잇날.}

괭이² = 고양이. ‡ 집짐승의 하나.

괭이잠 * 자주 깨는 잠.
　☞ 잠.¹

괴괴하다 * 아주 고요하다. ¶ 쥐 죽은 듯 괴괴하다.

괴괴하다(怪怪~) * 이상야릇하다.

괴구멍 * 창, 삽, 괭이, 쇠스랑 따위의 자루를 박는 구멍.
　☞ 고달.¹ 괴통.

괴까다로히 ⇨ 괴까다로이. ‡ 괴까다롭다.

괴까닭스럽다 = 괴까다롭다. ‡ 별스럽게 까다로운 데가 있다.

괴깔 * 종이, 실, 헝겊, 나무의 겉에 보풀보풀 일어난 털.
　☞ 보푸라기. 보풀.

괴나리보따리 ⇨ 괴나리. 괴나리봇짐.

괴다¹ * 특별히 귀여워하고 사랑하다.

괴다² = 고이다. ‡ ① 아래를 받쳐 안정하게 하다. ¶ 턱을 괴다. ② 차곡차곡 쌓다. ¶ 제기에 과일을 괴다. ③ 음식을 정성스레 담다.
　☞ 베다.² 받치다.

괴다³ = 고이다. ‡ ① 기체, 액체, 냄새가 우묵한 곳에 모이다. ② 입에

침이 모이거나 눈에 눈물이 어리다.
☞ 모이다.

괴다⁴ * ① 술, 간장, 식초가 발효하여
거품이 일다. ¶ 술이 부걱부걱 괴다.
② 화가 나거나 억울하여 속이 끓다.
{괴어오르다.}

괴다⁵ * 사람이 모여 북적거리다. ¶ 사
람이 괴는 장터에 구경을 가다.
☞ 꾀다. 꼬이다. 모이다.

괴다⁶ * 특별히 귀여워하고 사랑하다.
¶ 아이는 괴는 대로 큰다.

괴로와하다 ☞ 괴로워하다. ✽ 괴로워
보이다. 괴로워해 오다.

괴로히 ☞ 괴로이. ✽ 괴롭다.

괴롬 = 괴로움.

괴롭다 * 풀기 어렵거나 힘이 들거나
귀찮은 일 때문에 마음이 편찮다.
✽ 병이 들어 몸이 괴롭다고 하는 것
도 마음이 편찮다는 뜻으로 하는 말
임. ¶ 나는 동생 일로 마음이 괴롭다.
☞ 아프다. 즐겁다.

괴발개발 * 아무렇게나 써 놓은 글씨
모양.
☞ 쇠발개발.

괴발쇠발 그리다 ☞ 괴발개발 그리다.

괴불 = 괴불주머니. ✽ 주머니 끈에 다
는 노리개.

괴사(壞死) * 살아 있는 몸의 조직이
나 세포가 부분적으로 죽음.
☞ 괴저.

괴상망칙하다(怪常罔測~) ☞ 괴상망
측하다.

괴어들다 = 모여들다. ¶ 구경꾼이 운
동장에 괴어들다.

괴여오르다 ☞ 괴어오르다. ✽ 술이 괴

어 거품이 솟아오르다.

괴이적다(怪異~) ☞ 괴이쩍다.

괴인돌 ☞ ① 괴인 돌. ② 고인돌.

괴임 ☞ 굄. 고임.

괴임대 ☞ 굄대. 고임대.

괴임돌 ☞ 굄돌. 고임돌.

괴임목(~木) ☞ 굄목. 고임목.

괴임새 ☞ 굄새. 고임새.

괴임질 ☞ 굄질. 고임질.

괴저(壞疽) * 생체 조직이 큰 덩어리
로 죽는 일.
☞ 괴사.

괴좆나무 ☞ 구기자나무.

괴죄하다 = 괴죄죄하다. ✽ 옷차림이
나 모양새가 지저분하다.

괴춤 = 고의춤. ¶ 괴춤에서 돈을 꺼내
다.

괴통 * 괭이, 삽, 쇠스랑, 창 따위의
자루를 박는 부분.
☞ 고달.² 괴구멍.

괴팩스럽다(乖愎~) ☞ 괴팍스럽다.

괴퍅하다(乖愎~) ☞ 괴팍하다.

굄¹ = 고임. ✽ 물건의 밑을 받쳐서 안
정시킴. 또는 그런 물건.

굄² * ① 특별히 귀엽게 여겨 사랑함.
¶ 굄을 받고 자라다. ② 굄성.

굄대 = 고임대.

굄돌 = 고임돌.

굄목(~木) * 철길쇠 아래에 까는 나
무토막.
☞ 받침목.

굄새 = 고임새.

굄성(~性) = 굄. ✽ 남의 사랑을 받을
만한 성질.

굄질 = 고임질.

굉장히(宏壯~)〔어〕＊ ①너르고 크고 으리으리하게. ②대단하게. ¶ 굉장히 큰 집. ‡ '간단하다. 건강하다. 기쁘다. 달다. 덥다. 따뜻하다. 밉다. 부럽다. 쉽다. 시원하다. 신기하다. 예쁘다. 인자하다. 자유롭다. 작다. 좁다. 좋다. 춥다.' 따위를 꾸밀 수 없음.
　☞ 꽤. 너무.[1] 대단히. 매우. 몹시. 무척. 아주.[1] 정말.[3] 참.[3]

교[1](教) ＝ 종교. {교인. 교회} {기독교. 도교. 불교. 원불교. 유교. 천주교.} {유대교. 이슬람교. 가톨릭교. 그리스도교. 힌두교.}

~교[2](~橋) ＊ 다리. {한강교.} ¶ 낙동강 대교.
　☞ 다리.[1]

교기부리다(驕氣~) ＝ 갸기부리다. ‡ 잘난 체하며 뽐내다.

교대하다(交代~) ＊ 일을 차례에 따라 바꾸어 맡다. ¶ 앞사람과 교대하다. 보초를 교대하다. 음악을 교대로 들려주다.
　☞ 교환하다.

교란시키다(攪亂~) ⇨ 어지럽히다. ‡ 교란하다.

교류(交流)**를 가지다** ⇨ 교류하다.

교류하다(交流~) ＊ 물줄기가 섞여 흐르거나 문화나 사상이 통하다.
　☞ 교유하다.

교리에 접하다(教理~接~) ⇨ 교리를 배우다. 교리를 알다.

교미하다(交尾~) ＝ 교접하다. 흘레하다. 짝짓기하다. ‡ 벌레. 짐승.
　☞ 관계하다. 성교하다. 씹하다.

교부받다(交付~) ⇨ 받다. ‡ '교부'는 주는 것임.

교살하다(絞殺~) ＊ 목을 졸라 죽이다.
　☞ 척살하다.

교섭(交涉)**을 가지다** ⇨ 교섭하다.

교유하다(交遊~) ＊ 서로 사귀거나 어울리다.
　☞ 교류하다.

교육되어지다(教育~) ⇨ 배우다. 익히다. 가르침을 받다.

교육시키다(教育~) ⇨ 가르치다. ‡ 교육하다.

교잡하다(交雜~) ＊ 계통, 품종, 성질이 다른 암수가 교접하다.

교접하다(交接~) ＝ 교미하다. 흘레하다. 짝짓기하다. ‡ 벌레. 짐승.
　☞ 관계하다. 성교하다.

교정 보다(校正~) ＝ 준보다. ‡ 교정쇄를 바르게 손보다.

교제하다(交際~) 왜 ⇨ 사귀다. ‡ 상종하다.

교직(交織) 왜 ⇨ 혼직. ‡ 몇 가지 다른 실을 섞어서 짠 천.

교체하다(交替~) 왜 ⇨ 바꾸다. 갈다. ‡ 교대하다.

교통문화(交通文化) ⇨ 교통질서. 교통도덕. 교통 체계. 교통수단.

교포(僑胞) ＊ 우리 국적, 우리 겨레로 다른 나라에서 사는 사람.
　☞ 동포.

교환하다(交換~) ＊ ①서로 바꾸다. ¶ 포로 교환. ②물건이나 생각을 주고받다. ¶ 선물 교환. 의견 교환. ③이어주다. ¶ 전화 교환.
　☞ 교대하다. 바꾸다.

구¹(句) ※ 한자말일 때. {구절. 결구. 경구. 대구. 문구. 시구. 어구.}
☞ 귀.²

구²(龜) ＊ 사람 이름이나 땅 이름일 때는 ‘구’임. {구미. 구포.}
☞ 귀.³ 균.¹

구~³(舊~) ＊ 묵은. 낡은. {구세대. 구시가. 구제도.}
☞ 신~.

구가타(구가다)〔舊型〕웬 ⇨ 구년묵이. 낡은 꼴. 낡은 틀. ※ 구식.

구감(龜鑑) ⇨ 귀감.

구강선(口腔腺) 웬 ⇨ 입안샘. ※ 구강샘.

구개(口蓋) 웬 ⇨ 입천장.

구개골(口蓋骨) 웬 ⇨ 입천장뼈.

구개범(口蓋帆) 웬 ⇨ 여린입천장.

구개선(口蓋腺) 웬 ⇨ 입천장샘.

구개수((口蓋垂) 웬 ⇨ 목젖.

구개음(口蓋音) 웬 ⇨ 입천장소리.

구개음화(口蓋音化) 웬 ⇨ 입천장소리되기.

구개편도(口蓋扁桃) 웬 ⇨ 편도.

구거(溝渠) ⇨ 도랑.

구결(口訣) = 현토. ※ 한문을 읽을 때 각 구절 뒤에 ‘에, 이, 하니, 은, 는’ 따위 토씨를 한문글자의 뜻과 소리로 적는 것. 또는 그 글자. ¶ 萬物之中(厓=에) 唯人(믄=이) 最貴(爲尼=하니)
☞ 군두목. 이두. 향찰.

구경가마리 ＊ 남의 구경거리가 됨. 또는 그런 사람.
☞ 웃음가마리.

구경감 = 구경거리. 볼거리. ※ 구경할 만한 물건이나 일.

구공탄(九孔炭) = 구멍탄. ※ 무연탄으로 만듦.

구구 ＊ ①닭을 부르는 소리. ②닭이나 비둘기가 우는 소리.
☞ 오요요. 아나. 워리.

구구이(句句~) ＊ 글귀 한 구마다. ¶ 구구이 옳은 말만 했다.

구구히(區區~) ＊ ①제가끔 다르게. ②떳떳하지 못하게. ③구차하게.

구구절절히(句句節節~) ⇨구구절절이.

구굿법(九九法) ⇨ 구구법. 구굿셈. ※ 구구단. 구구표.

구근(球根) 웬 ⇨ 알뿌리.

구글(句~) ⇨ 귀글. ※ 겨레말에는 ‘귀’, 한자말에는 ‘구’임.

구금(口金) 웬 ⇨ ①꼭지쇠. ②깔때기.

구금하다(拘禁~) = 구류하다. ※ 피고인, 피의자를 잡아 가두다.
☞ 구속하다. 구인하다.

구기 ＊ ①기름, 술, 죽을 풀 때 쓰는 연모. ※ 국자보다 작고 오목함. ② 하나치. ¶ 참기름 두 구기. 막걸리 한 구기.
☞ 국자.¹ 부디기. 석자. 술구기.

구기다¹〈 꾸기다. ※ 접거나 비벼서 잔금이 생기게 하다. ¶ 종이를 구기다.
☞ 접다. 접히다.

구기다²(拘杞茶) ⇨ 구기자차. 구기차. ※ 약차의 하나.

구기적거리다〈 꾸기적거리다. ※ 자꾸 구기다.

구김살 = 구김. ※ 잔금. ¶ 구김살이 지다. 구김살이 없다.

구김새 = 구김. ※ ①구겨진 정도나 모양. ¶ 구김새가 심하다. ②기가 꺾이거나 풀이 죽은 태도나 기색. ¶ 구김새가 없다.

~구나 * 그림씨에 붙는 맺음끝. {깊구나. 아름답구나. 좋구나.}

☞ ~는구나.

구내(構內) ❀ ⇨ 울 안. 집 안. 터 안. ⁑ 딸린 것.

구녀성(舊女性) ⇨ 구여성. ⁑ 신여성.

구년묵이(舊年~) * ① 해묵은 물건. ② 어떤 일을 오래 한 사람.

☞ 고물.¹ 구닥다리.

구녕 ⇨ 구멍.

구다리 ❀ ⇨ ① 흐름새. ② 마디. ③ 대목. ⁑ 영화.

구닥다리(舊~) * 낡고 시대에 뒤떨어진 사람, 생각, 물건.

☞ 구년묵이.

구더기 * 파리의 애벌레. ¶ 구더기가 생기다.

☞ 가시.² 꿈지러기. 술구더기.

구더분하다 ⇨ 구저분하다.

구덕구덕 = 구덕구덕이. 〈 꾸덕꾸덕. 꾸덕꾸덕이. ⁑ 좀 마른 상태.

구덩무덤 〔土葬墓〕 * 주검을 널에 넣지 않고 구덩이에 묻은 무덤.

☞ 어울무덤.

구덩이 * ① 움푹 깊게 팬 땅. {물구덩이. 흙구덩이.} ¶ 진흙 구덩이. ② 뫼를 쓸 때 널이 들어갈 팬 자리. ③ 광산의 굴. ⁑ 굿.

☞ 구렁.

구데기 ⇨ 구더기.

구독법(句讀法) ⇨ 월점치기. ⁑ 구두법.

구독점(句讀點) ⇨ 월점. 글점. ⁑ 구두점.

구독하다(購讀~) ❀ ⇨ 사서 읽다.

구두¹(口頭) ❀ ⇨ ① 입. ② 말.

구두² * 서양식 가죽신. {구두끈. 구두약. 구두장이. 구두창. 구두칼. 구두코. 구두통. 구둣발. 구둣발길. 구둣방. 구둣솔. 구둣주걱.} ¶ 검은 구두. 흰 구두. 새 구두. 헌 구두. ¶ 말가죽 구두. 새미 구두. 소가죽 구두. ¶ 구두가게. 구두 뒤축.

☞ 갖신.

구두닦기 * 구두를 닦는 일.

구두닦이 * 직업으로 구두를 닦는 사람.

구두선(口頭禪) ⇨ 말치레. 빈말. 공염불. ⁑ 말로만 부처.

구두쇠 = 가죽고리. 구리귀신. 군짜. ⁑ 지나치게 아끼는 사람.

☞ 수전노.

구두질 * 구들재를 구둣대로 그러내는 일.

구둣대 * 방고래의 검댕이나 재를 쑤시고 그러내는 연모.

구둣점(句讀點) ⇨ 월점. 글점. ⁑ 구두점.

구들 = 방구들. ⁑ 온돌. {구들동티. 구들미. 구들바닥.} {막구들. 연좌구들. 허튼구들. 쇠구들.} ¶ 구들을 놓다.

구들고래 ⇨ 방고래.

구들골 ⇨ 방고래.

구들더께 * 늙고 병들어서 방 안에만 들어박혀 있는 사람.

☞ 구들직장.

구들돌 = 구들장. ⁑ 방고래 위에 까는 넓적한 돌.

구들목 ⇨ 아랫목.

구들방 = 온돌방.

구들재 = 구들미. 구재. ‡ 방고래에 낀 철매와 재.

구들직장(~直長) * 늘 방 안에만 들어박혀 있는 사람.
☞ 구들더께.

구라치 〔clutch〕㉥ ⇨ 클러치. ‡ 자동차.

구라파(歐羅巴) ⇨ 유럽.

구락부(俱樂部. club)㉥ ⇨ 동아리. 모임. ‡ 클럽.

~구랴 ⇨ ~구려.

구럭 * 새끼로 그물처럼 떠서 만든 그릇.
☞ 망태기.

구렁 * ① 움푹 패거나 깊이 빠진 땅. ② 헤어나기 어려운 환경.
☞ 구덩이. 구릉.

구렁논 = 구렁배미. ‡ 움푹 팬 곳에 있는 논.
☞ 고논. 구레논. 높드리.

구렁말 = 노랑말. 황고라말. 황고랑. ‡ 털빛이 밤색인 말.

구렁이 = 능구렁이. 구리. {복구렁이. 업구렁이.} {구렁이알.}

구렁창 ⇨ 구렁텅. 구렁텅이.

구렁텅 = 구렁텅이. ‡ 험하고 깊은 구렁.
☞ 진구렁.

구레나룻 * 귀밑에서 턱까지 잇따라 난 수염.
☞ 가잠나룻. 다박나룻. 텁석나룻.

구레논 = 고논. 고래실. 고래실논.
☞ 구렁논. 천둥지기. 하늘바라기.

구렛나루 ⇨ 구레나룻.

구렛들 * 바닥이 낮고 물이 늘 괴어 있어 기름진 들.
☞ 들판. 벌판.

구렝이 ⇨ 구렁이. 능구렁이. 구리. ‡ 뱀의 한 가지.

~구려 〔끝〕¶ 벌써 갔구려. 빛깔이 좋구려. 좋은 동네이구려.
☞ 그려.²

구로누키 〔黑拔~〕㉥ ⇨ ① 돋을새김. 돋움 글자. ② 검은 글자.

구로다이 〔黑~〕㉥ ⇨ 뱅에돔. ‡ 바닷고기 이름.

구로토 〔玄人〕㉥ ⇨ 손익은이. ‡ 전문가.

~구료 ⇨ ~구려.

구루다 ⇨ 구르다.

구루마 〔車〕㉥ ⇨ ① 수레. ② 달구지.

구루마꾼 〔車~〕㉥ ⇨ ① 짐수레꾼. ② 손수레꾼. ③ 달구지꾼.

구류하다(拘留~) = 구금하다. ‡ 형무소나 구치소에 가두다.
☞ 구속하다. 구인하다.

구르다¹ * 밑바닥이 울리도록 발로 바닥을 치다. ¶ 발을 동동 구르다.
☞ 굴리다.

구르다² * 돌면서 움직여 나아가다. ¶ 바위가 언덕 아래로 구르다.
☞ 돌다.

구름 〔雲〕* {구름거울. 구름결. 구름길. 구름머리. 구름모임. 구름무늬. 구름바다. 구름발. 구름발치. 구름밤. 구름사다리. 구름송이. 구름옷. 구름자. 구름자락. 구름장. 구름집. 구름짬. 구름차일. 구름층.} {꽃구

름. 놀구름. 눈구름. 뜬구름. 띠구
름. 매지구름. 먹구름. 먹장구름. 모
루구름. 밑턱구름. 버섯구름. 비구
름. 산안개구름. 삿갓구름. 송이구
름. 열구름. 원자구름. 위턱구름. 자
개구름. 조각구름. 조각비늘구름. 진
주구름. 토막구름. 홀레구름.} ¶ 비
행기 구름. 잿빛 구름. 회색 구름. 흰
구름. ¶ 구름같이 모여들다. 구름을
잡다. 구름이 끼다. ‡ 구름 이름 : 권
운(두루마리구름. 새털구름. 층쌘구름.
털구름). 권적운(비늘구름. 조개구름.
털쌘구름). 권층운(털층구름. 햇무리
구름). 고적운(높쌘구름. 양떼구름). 고
층운(높층구름. 회색차일구름). 난층운
(비층구름). 층운(안개구름. 층구름).
적운(뭉게구름. 산봉우리구름. 쌘구름).
적란운(소나기구름. 소낙비구름. 쌘비
구름).

구름다리 * 길이나 골짜기를 건너질러
　걸쳐 놓은 다리.
　☞ 굴다리.

구름량(~量) ⇨ 구름양. ‡ 한자말에
　는 '량', 겨레말에는 '양'임.

구름밭 = 높드리. ‡ 높은 산꼭대기에
　있는 뙈기밭.
　☞ 녹두밭 윗머리.

구릅 = 아습. ‡ 말이나 소 따위 집짐
　승의 나이 아홉 살.

구릉(丘陵) ⇨ 언덕.
　☞ 구렁.

구리[1] = 능구렁이. 구렁이. ‡ 뱀의 한
　가지.

구리[2][銅] = 구리쇠. {구리거울. 구
　리자. 구리장이. 구리종. 구리줄.

구리철. 구리철사. 구리판. 구릿빛.}
¶ 구리 막대.

구리귀신(~鬼神) = 구두쇠. 가죽고
　리. 굳짜. ‡ 인색한 사람.

구리다 〈 쿠리다. ‡ ① 똥 냄새와 같
　다. ② 하는 짓이 추잡하다.
　☞ 고리다.

구리무 [cream] 倭 ⇨ 크림.

구리세링 [glycerin] 倭 ⇨ 글리세린.

구리스 [grease] 倭 ⇨ 그리스. ‡ 윤
　활유.

구리이시 [栗石] 倭 ⇨ 구슬자갈. 밤
　자갈.

구린내 〈 쿠린내. ‡ 구린 냄새.

구립푸 [clip] 倭 ⇨ 틀집게. ‡ 클립.

~구만 ⇨ ~구먼. ~군. ¶ 참 크구먼.
　좋은 생각이구먼.

구매선(購買先) 倭 ⇨ 사들이는 곳.
　사오는 곳. ‡ 구매처.

구멍 * 뚫어지거나 파낸 자리. {구멍뚫
　이. 구멍문. 구멍새. 구멍수. 구멍치
　기. 구멍탄.} {가늠구멍. 개구멍. 개
　미구멍. 고줏구멍. 공기구멍. 군둣구
　멍. 귓구멍. 글구멍. 기름구멍. 까치
　구멍. 꽁숫구멍. 끌구멍. 남폿구멍.
　놀구멍. 놋구멍. 눈구멍. 단춧구멍.
　댓구멍. 도수리구멍. 돈구멍. 돌구
　멍. 뒷구멍. 땀구멍. 똥구멍. 마룻구
　멍. 말구멍. 목구멍. 문구멍. 물구
　멍. 밑구멍. 바늘구멍. 바람구멍. 방
　구멍. 벌구멍. 불구멍. 새끼똥구멍.
　샘구멍. 소구멍. 수챗구멍. 숨구멍.
　숫구멍. 아감구멍. 옹이구멍. 우리구
　멍. 잇구멍. 잔구멍. 장붓구멍. 젓구
　멍. 좀생이구멍. 쥐구멍. 창구멍. 청

구멍. 총구멍. 총알구멍. 침구멍. 콧구멍. 털구멍. 통구멍.} ¶ 구멍 속. 구멍 나다. 구멍 뚫다.

☞ 구렁.

구멍새 * ① 구멍의 생김새. ② 얼굴 생김새. ‡ 낮은 말.

~구면 ⇨ ~구먼. ~군.

구명구(救命具) * 구명대, 구명보트, 구명부표, 구명조끼 따위.

구명기(救命器) * 독가스에서 사람을 지키는 연모. ¶ 산소 구명기.

구명대(救命帶) = 구명부대. ‡ 구명조끼, 구명띠 따위.

구명동의(救命胴衣) ⇨ 구명조끼.

구명부표(救命浮標) = 구명부레. 구명부이. ‡ 바퀴 모양으로 생김.

구명하다(究明~) * 원인이나 본질을 연구하여 밝히다. ‡ 학구적. ¶ 진리를 구명하다.

☞ 규명하다.

구무구무 ⇨ 구메구메. ‡ 남모르게 틈틈이.

구무떡 ⇨ 물송편.

구문(口文) = 귓돈. ‡ 수수료.

구물구물 〈 꾸물꾸물. ‡ 큰 것이 느리게 자꾸 움직이는 모양.

☞ 고물고물.

구미[1](口味) * 입맛. ¶ 구미가 당기다. 구미를 돋우다.

구미[2](歐美) ⇨ 유럽과 아메리카.

구미[3]〔組〕㊦ ⇨ 동아리. 모임. 반.

구미타테〔組立〕㊦ ⇨ 짜 맞추기.

구배(勾配)㊦ ⇨ ① 기울기. ② 물매. 비탈. 오르막.

구배자(勾配~)㊦ ⇨ 기울기자.

구배표(勾配標)㊦ ⇨ 기울기표. 물매표.

구벽다리 ⇨ 구년묵이.

구변(口辯) = 구변머리. ‡ 말재주.

구별시키다(區別~) ⇨ 구별하다.

구별하다(區別~) * 사물의 성질이나 종류에 따라 가르다. ‡ 차이점을 기준으로 함. ¶ 구별 말다. 구별 안 되다. 구별 없다. 구별 짓다. 구별해 내다. 구별해 놓다. 구별해 보다. 구별해 주다.

☞ 구분하다.

구보(驅步)㊦ ⇨ 달리기.

구부(龜趺) ⇨ 귀부. ‡ 거북 모양으로 만든 비석의 받침돌.

구부렝이 ⇨ 구부렁이.

구부리다 〈 꾸부리다. ‡ 가늘고 긴 물체나 넓은 물체를 굽게 하다.

☞ 고부리다. 구푸리다. 굽히다.

구부숭하다 ⇨ 구부슴하다. 구부스름하다.

구분하다(區分~) * 정해 놓은 잣대에 따라 따로따로 나누다. ‡ 공통점을 기준으로 함. {구분되다.} ¶ 시대 구분. ¶ 구분 짓다.

☞ 구별하다.

구붓히 ⇨ 구붓이. ‡ 약간 굽은 듯하게.

구비구비 ⇨ 굽이굽이.

구비지다 ⇨ 굽이지다.

구비치다 ⇨ 굽이치다. ‡ 물줄기.

구사리(쿠사리)〔腐〕㊦ ⇨ 꾸중. 핀잔.

구사비㊦ ⇨ 쐐기.

구새 * ① 구새통. ② 첫돌 속에 끼여 있는 다른 광물질의 알갱이.

☞ 구세.[1]

구새 먹다 * ① 산 나무의 속이 썩어

구멍이 뚫리다. ②속이 비다.

구새통 = 구새. ‡ ①구새 먹은 통나무. ②통나무로 만든 굴뚝.

구석 * ①모퉁이의 안쪽이나 치우친 곳. {구석방. 구석빼기.} {눈구석. 두멧구석. 방구석. 시골구석. 촌구석. 한구석.} {구석지다.} ¶ 구석 자리. 구석 쪽. ②마음이나 사물의 한 부분. ¶ 믿는 구석. 빈 구석.

구석구석이 * 구석마다. ‡ 이 구석 저 구석.

　☞ 고샅고샅. 골골샅샅.

구선(龜船) ⇨ 귀선. ‡ 거북선.

구설(口舌)**에 오르다** = 구설수에 오르다. ‡ 입길에 오르다.

구세[1] * 구멍이 숭숭 뚫린 광석. ‡ 황동에만 있음.

　☞ 구새.

구세[2]**(쿠세)** 〔癖〕 ㉒ ⇨ 버릇. 병통.

구속시키다(拘束~) ⇨ 잡아가다. 잡아넣다. ‡ 구속하다.

구스르다 ⇨ 구슬리다.

구슬구슬하다 〉 고슬고슬하다. ‡ 밥 따위가 되지도 질지도 않다.

　☞ 가슬가슬하다.

구슬냉이 = 애기냉이. ‡ 여러해살이 풀의 하나.

구슬눈 = 구슬싹. 살눈. 알눈. 태눈. ‡ 식물.

구슬러내다 ⇨ 구슬려내다.

구슬르다 ⇨ 구슬리다.

구슬리다 * ①그럴듯한 말로 꾀어 마음을 움직이다. ¶ 구슬려 보내다. ②끝난 일을 이리저리 헤아려 생각하다. ¶ 구슬려 생각하다.

　☞ 타이르다.

구슬사탕(~砂糖) ⇨ 알사탕.

구슬싹 = 구슬눈. 살눈. 알눈. 태눈. ‡ 풀의 곁눈.

구슬자갈 = 밤자갈. ‡ 건축할 때 쓰는 자잘한 돌.

　☞ 막돌.

구슬핀(~pin) = 징검바늘. ‡ 옷을 징그는, 대가리가 구슬로 된 바늘.

구시월달(九十月~) ⇨ 구시월. ‡ 구월과 시월.

구식장이(舊式~) ⇨ 구식쟁이.

구실[1] = ①제구실. ‡ 홍역. ②몸 ‡ 월경.

구실[2] * ①책임. ¶ 남편 구실. 아비 구실. 아내 구실. ②하는 일. {박쥐구실. 사내구실. 여자구실.} ¶ 눈 구실. 머리 구실. 사람 구실. 제 구실. ③세금. ¶ 구실을 물다. ④옛 관아의 직책. ‡ 아전. 이속. {구실살이.}

　☞ 노릇. 벼슬.

구실[3](口實) ⇨ 핑계. 핑곗거리.

구실구실 ⇨ 구슬구슬. ‡ 밥이 되지도 질지도 않은 모양.

구실바치 = 구실아치. ‡ 옛 벼슬아치 밑에서 일을 보던 아전. 이속.

구십월(九十月) ⇨ 구시월.

구안괘사(口眼喎斜) ⇨ 입비뚤이.

구안와사(口眼喎斜 ⇨ 구안괘사) ⇨ 입비뚤이.

구애받다(拘碍~) ⇨ 얽매이다. ‡ 구애하다.

구어박다 * ①한곳에서 꼼짝 못하고 지내다. ②쐐기를 불에 쬐어서 박다. ③변돈을 한곳에 잡아 두고 더

늘리지 않다.

구어박히다 * '구어박다'의 입음.

구역질(嘔逆) = 외욕질. 욕지기질. 토
　역질. {구역질하다.} ¶ 구역질이 나
　다. 구역질이 일다. 구역질을 시작
　하다.
　☞ 토악질.

구열(龜裂) ⇨ 균열.

구예(舊例) ⇨ 구례.

구완 * 아픈 사람을 간호함. {병구완.
　해산구완. 구완하다.}
　☞ 구원.

~구요 ⇨ ~고요.

구운흙 = 흙구이. 흙태우기. ‡ 흙 소
　독법의 하나.

구움일 = 굼일. ‡ 나무를 구움판에 넣
　고 말리는 일.

구움판 = 굼판. ‡ 나무를 말리는 구덩
　이.

구워박다 ⇨ 구어박다.

구워박히다 ⇨ 구어박히다.

구원(救援) * 어려움이나 위험에 빠진
　사람을 구해 줌. ¶ 인류 구원. 영혼
　구원. ‡ 죽음, 고통, 죄악 같은 추상
　적인 일에 많이 씀.
　☞ 구완. 구제. 구조.

구월달(九月~) ⇨ 구월.

구유방아 = 통방아. ‡ 방아채의 끝을
　구유처럼 만든 물방아.
　☞ 디딜방아. 물레방아. 물방아. 물연
　자. 밀방아. 연자방아.

구유배 = 마상이. 통나무배. ‡ 통나무
　를 파서 만든 배.
　☞ 거룻배. 나룻배.

구유젖 = 구융젖. 귀웅젖. ‡ 젖꼭지가

옴폭 들어간 젖.
　☞ 대접젖. 사발젖. 연적젖. 짝젖.

구유통(~筒) ⇨ 구유. ‡ 소나 말의 먹
　이 그릇.

구이[1] * 구운 먹거리. {갈비구이. 갈치
　구이. 더덕구이. 새우구이. 생선구
　이. 영계구이. 제육구이. 참새구이.
　통닭구이.} {소금구이. 얼간구이.}
　¶ 구이가 알맞게 익다.

구이[2] * 도자기를 굽는 일. {굳힘구이.
　초벌구이. 설구이. 애벌구이. 마침
　구이. 참구이.} {간접구이. 직접구이.}

구이[3]〔杭〕됨 ⇨ 말뚝.

구인하다(拘引~) 됨 ⇨ (영장을 받아)
　잡아가다.
　☞ 구금하다. 구류하다. 구속하다.

구일날(九日~) ⇨ 구일.

구입 * 겨우 벌어먹음. 또는 겨우 되는
　밥벌이. {구입하다.} ¶ 작은 가게나
　마 이럭저럭 두 식구 구입은 할 것
　같았다.

구입선(購入先) 됨 ⇨ 사들인 곳. 사
　들일 곳. ‡ 구매처.

구입처(購入處) 됨 ⇨ 사들인 곳. 사
　들일 곳. ‡ 구매처.

구입품(購入品) 됨 ⇨ 사들인 물건.
　사들일 물건. ‡ 구매품.

구입하다(購入~) 됨 ⇨ 사다. 사들이
　다. ‡ 구매하다.

구재 = 구들재. ‡ 방고래에 모인 철매
　와 재.
　☞ 구두질.

구저분하다 * 거칠고 더럽다. ¶ 구저
　분해 보이다.
　☞ 지저분하다.

구전(口錢) 倭 ⇨ 구문. 귓돈. ＊ 흥정
을 붙여주고 받는 돈.

구절(句節) ＊ ① 구와 절. ② 한 토막
의 말이나 글.
☞ 귀글. 글귀.²

구절초(九節草) ＊ 산에서 자라는 국화
과의 여러해살이풀.
☞ 들국화. 야국.

구정거리다 ⇨ 휘정거리다. ＊ 물을 마
구 저어서 흐리게 하다.

구정물 ＊ 무엇을 씻거나 빨거나 하여
더러워진 물. ＊ 오수. 폐수.
☞ 구지렁물.

구제(救濟) ＊ 자연재해나 사회적인 해
를 입은 사람을 도와 줌. ¶ 구제 금
융. 가난 구제. 난민 구제.

구제비젓 ＊ 생선 내장으로 담근 젓.
☞ 고지젓. 대창젓. 또라젓. 속젓. 아
감젓. 알밥젓. 장재젓. 창난젓.

구조(救助) ＊ 재난을 당한 사람을 구
하여 줌. ＊ 실제의 행위에 많이 씀.
¶ 인명 구조. 구조 신호.
☞ 구원.

구좌(口座) 倭 ⇨ 계좌. 계정계좌.
¶ 은행 계좌 번호.

구주(歐洲. 歐羅巴) ⇨ 유럽. ＊ 땅 이름.

구즈〔屑〕倭 ⇨ 찌꺼기.

구지내 = 새매. 도롱태. ＊ 매의 한 가지.

구지렁물 ＊ 더러운 것이 섞이거나 썩
은 물. ＊ 오수. 폐수.
☞ 구정물. 지지랑물.

구지비키(**구치비키**)〔籤引〕倭 ⇨ 제
비뽑기. ＊ 추첨.

구지뽕 ⇨ 꾸지뽕. ＊ 꾸지뽕나무의 잎.

구찌(**구치**)〔口〕倭 ⇨ ① 못. ② 입.

구찌판치〔口punch〕倭 ⇨ ① 입심.
② 말솜씨.

구첩반상(九～飯床) ＊ ① 아홉 가지 반
찬을 갖추어 차린 상차림. ＊ 장, 조
치 따위 기본 반찬과 숙채, 생채, 구
이 두 가지, 조림, 전, 마른반찬, 회.
② 그런 밥상에 쓰는 그릇 한 벌.
☞ 삼첩반상. 오첩반상. 칠첩반상.

구체화시키다(具體化～) ⇨ 구체화하
다.

구치(**구찌**)〔口〕倭 ⇨ ① 못. ② 입.

구치베니〔口紅〕倭 ⇨ 입술연지.

구태어 ⇨ 구태여. 구태.

구태여 = 구태. ＊ 일부러 애써. ‘않다,
없다, 반문하는 말’과 함께 씀. ¶ 이
일에 나는 구태여 나서지 않겠다.
구태여 내 이름을 밝힐 까닭이 없
다. 아무 관련이 없는 네가 구태여
나서는 까닭이 뭐냐?

구터분하다 = 구리터분하다.

구텁텁하다 = 구리텁텁하다.

구토지설(龜兎之說) ⇨ 귀토지설. ＊
거북을 나타낼 때는 ‘귀’임.

구푸리다 〉 고푸리다. ＊ 몸을 앞으로
구부리다. ¶ 허리를 구푸리다.
☞ 구부리다.

구풍(颶風) ＊ 돌개바람. ＊ 지역에 따
라 이름이 다름. ① 태풍. ② 선풍.
③ 허리케인. ④ 사이클론.
☞ 돌개바람. 회오리바람.

구홍조(口紅鯛) 倭 ⇨ 구갈돔. ＊ 바닷
고기 이름.

구희(球戲) 倭 ⇨ ① 공놀이. ② 당구.

국 ＊ ① 물이 많은 음식. {국거리. 국그
릇. 국말이. 국솥.} {가룻국. 가오릿

국. 간막국. 갈빗국. 감잣국. 개장국. 고깃국. 고운댓국. 곰국. 국수장국. 굴국. 근댓국. 김국. 김찬국. 깻국. 꿩국. 나물국. 냉잇국. 닭국. 도밋국. 동앗국. 동탯국. 돼짓국. 된장국. 떡국. 만둣국. 맑은장국. 메깃국. 명탯국. 무리떡국. 묵국. 뭇국. 미꾸라짓국. 미역국. 미역찬국. 박국. 배춧국. 복국. 북엇국. 비짓국. 뼈다귓국. 뼛국. 삼탯국. 생떡국. 생선국. 선짓국. 속댓국. 숙음국. 송잇국. 쇠고깃국. 순댓국. 순두붓국. 술국. 시금칫국. 시래깃국. 쑥국. 어복장국. 오이찬국. 우거짓국. 조갯국. 조깃국. 챗국. 촛국. 쳇국. 콩나물국. 토란국. 파랫국. 파장국. 파찬국. 팟국. 해장국. 호박국.} ②국물. {김칫국. 냉국. 단국. 동치밋국. 짠짓국. 찬국. 콩국.}
　☞ 국물.

국경일(國慶日) * 법률로 정한 나라의 큰 잔칫날. ⁑ 삼일절(3. 1). 제헌절(7. 17). 광복절(8. 15). 개천절(10. 3). 한글날(10. 9).
　☞ 명절. 명질.

국그릇 * 국을 담는 그릇.
　☞ 대접. 밥그릇.

국노루 ⇨ 궁노루. 사향노루.

국마리 ⇨ 국말이. ⁑ 국에 밥이나 국수를 만 먹거리.

국물 * ①국 따위 먹거리에서 건더기를 뺀 물. {국국물. 김칫국물. 동치밋국물. 멸치국물. 탕국물.} ¶ 찌개 국물. ②어떤 일에서 생기는 이득.
　☞ 국.

국민(國民) * ①한 나라 안에서 살아가는 백성. ②같은 국적을 가진 백성. {국민감정. 국민대표. 국민운동. 국민의례. 국민정신.}
　☞ 백성.

국민들(國民~) ⇨ 국민.

국민학교(國民學校) 圀 ⇨ 초등학교.

국밥 * ①국에 밥을 만 음식. {장국밥.} ¶ 김치 국밥. 돼지 국밥. 선지 국밥. 쇠고기 국밥. 콩나물 국밥. ②해산어미가 아이를 낳고 먹는 미역국과 밥. {첫국밥.}

국수 * 밀가루, 메밀가루, 감자가루로 만든 음식. {국수꾸미. 국수사리. 국수오리. 국수원밥숭이. 국수자루. 국수장국. 국수장국밥. 국수틀. 국수판. 국숫발. 국숫분통. 국숫상. 국숫집.} {감자국수. 귀리국수. 메밀국수. 밀국수. 쌀국수. 옥수수국수.} {가락국수. 실국수. 올챙이국수. 손국수. 칼국수. 틀국수. 냄비국수. 비빔국수. 쟁반국수. 제물국수. 콩국수.} ¶ 국수 가락. 국수 말다. 국수 뽑다. 국수 삶다.
　☞ 우동.

국수물 * ①국수를 삶은 물. ②가룻국.

국시 ⇨ 국수.

국어(國語) 圀 ⇨ ①나라말. ②우리말. ③한국말. 한말.

국어사전(國語辭典) 圀 ⇨ ①나라말 말모이. ②우리말 말광. 우리말 사전. ③한국말 사전.

국연(國聯) ⇨ 국련. 국제 연합. ⁑ 유엔.

국자[1] * ①국 따위를 뜨는 연모. ¶ 나무 국자. 놋쇠 국자. 플라스틱 국자.

② 하나치. ¶ 참기름 한 국자. 팥죽 두 국자.
☞ 구기. 부디기. 석자.

국자²(國字) * 니혼에서 만든 한문글자. ✱ 腺. 歪. 膵 따위.
☞ 간체자. 국조자. 당용한자. 대용자. 번체자. 상용한자. 약자.

국자(國字) ⇨ ① 나라 글자. ② 우리 나라 글자. ✱ 한글.

국장님실(局長~室) ⇨ 국장실.

국제간(國際間) ⇨ 국제. ¶ 국제 경쟁. 국제 규격. 국제 시세. 국제 모임. 국제 학술 대회.

국제연합(國際聯合) = 국련. ✱ 유엔.

국조자(國造字) * 한국에서 만든 한문 글자. ✱ 畓. 垈. 乭, 媤 따위.
☞ 간체자. 국자. 당용한자. 대용자. 번체자. 상용한자. 약자.

국지(~紙) * 가장자리를 가지런하게 벨 때 나오는 종이 부스러기.
☞ 굽지.²

국직하다 ⇨ 굵직하다.

국채(國債) ㉤ ⇨ 나랏빚.

국한(國漢) = 국한문. ✱ 한글과 한문 글자. ¶ 국한문 혼용.

국한시키다(局限~) ⇨ 국한하다. ✱ 테두리 안에 넣다.

국화동(菊花童) = 국화못. 국화판. 국화 동자못. ✱ 치레로 쓰는 못.

군¹ * 어떤 일을 함께 할 동아리에 든 사람. ¶ 군이 많다. 군이 모이다.

군²(君) * 왕의 종친이나 외척과 공신 에게 내리던 작위. {계림군.}
☞ 대군. 부원군.

군³(君) 〔대〕 * 자네. ¶ 군은 무엇을 할 생각인가?

군⁴(君) 〔이〕 * 손아랫사람의 이름과 성씨 뒤에 써서 부르거나 가리키는 말. ¶ 김어진 군. 박 군. ✱ 남자.
☞ 양.²

군~⁵ * ① 쓸데없는. {군것. 군글. 군기침. 군눈. 군돈. 군살. 군심부름. 군짓. 군침.} ② 덧붙은. {군사람. 군식구.}

군~⁶ * 구워 익힌. {군감자. 군고구마. 군만두. 군밤. 군참새.}

~군⁷ * ① ~구나. ② ~구면. ✱ 움직씨, 그림씨, '이다' 뒤에 두루 쓰는 맺음끝. {노는군. 자는군. 좋군. 곱군. 꽃이군. 진흙이군.}
☞ ~네.² ~으이. ~ㄹ세.

~군⁸(~軍) * 군대. {공산군. 유엔군. 터키군. 육군. 해군. 한국군.}

~군⁹ ⇨ ~꾼. {나무꾼. 노름꾼. 사기꾼. 일꾼. 장꾼. 지게꾼.}

군것질¹ = 입치레. ✱ 끼니가 아닌 군 음식을 먹는 짓.
☞ 군입. 군입정. 조잔부리. 주전부리.

군것질² = 계집질. 오입질. 외입질. ✱ 남자가 하는 짓.
☞ 난질. 서방질. 화냥질.

군글자(~字) = 군자. ✱ 쓸데없이 더 있는 글자.

군기침 = 헛기침. ✱ 기척을 내거나 목청을 가다듬으려 하는 기침.

군달 ⇨ 윤달.

군대놀이(軍隊~) = 병정놀이.

군더덕이 ⇨ 군더더기. ✱ 쓸데없이 덧붙은 것. ¶ 군더더기가 많다.

군덕살 = 군살. ✽ 군더더기 살. ¶ 군덕살을 빼야 한다.
　☞ 굳은살. 궂은살. 대살. 참살. 푸석살.

군도(群島) ㉕ ⇨ 떼섬.

군두목〔軍都目〕 ✽ 옛날, 물건의 겨레말 이름을 한문글자의 새김과 소리로 적는 법. ✽ 팽이=廣耳. 콩팥=豆太. 갈치=刀魚.
　☞ 구결. 이두. 향찰.

군락(群落) ㉕ ⇨ 떼판. ✽ 같은 환경에서 모여 자라는 식물의 떼.
　☞ 군집.

군말 = 군소리. ✽ 쓸데없이 하는 군더더기 말. ¶ 군말 마라.
　☞ 군사설. 군소리. 두말. 잔소리.

군물[1] ✽ ① 끼니때 밖에 마시는 물. ② 뜨거운 물에 타는 맹물. ③ 죽이나 풀의 위에 따로 떠도는 물. ¶ 군물이 돌다.
　☞ 군침.

군물[2] = 농악. 풍물놀이. ✽ 겨레 음악의 한 가지.

군밤 ✽ 불에 구워 익힌 밤. ¶ 군밤 장수.
　☞ 날밤.[2] 생밤.

군불아궁이 ✽ 군불을 때는 아궁이.
　☞ 함실아궁이.

군사람 = 가욋사람. ✽ 쓸데없는 사람.

군사문화(軍事文化) ⇨ ① 군대식 운영 방식. ② 군대식 체제. ③ 군대 사회.

군사설(~辭說) ✽ 쓸데없이 길게 늘어놓는 잔소리.
　☞ 군말. 잔소리.

군살 = ① 군덕살. ✽ 군더더기 살.
② 궂은살. ✽ 헌데에 내민 살.
　☞ 대살. 참살. 푸석살.

군색하다(窘塞~) ✽ ① 필요한 것이 없거나 모자라서 어렵다. ② 자연스럽거나 떳떳하지 못하여 거북하고 어색하다. ¶ 군색한 변명.
　☞ 궁색하다.

군소리 ✽ ① 쓸데없는 말. {군소리하다.} ¶ 군소리 없다. ② 꿈결에 하는 말. ③ 몹시 앓을 때 정신없이 하는 헛소리.
　☞ 군말. 두말.

군수(郡守) ✽ {함안군수. 산청군수.} {아낙군수.} ✽✽ 땅 이름에 붙여 씀.
　☞ 면장. 시장. 읍장. 직할시장. 특별시장.

군식구(~食口) = 잡식구. 군입. ✽ 덧붙어서 얻어먹고 있는 식구.

군용어음(軍用~) ⇨ 군표.

군입 = ① 군식구. 잡식구. ② 군입정.

군입정 = 군입. ✽ 때없이 군음식으로 입을 다시는 일.

군입질 ✽ ① 군입정질. ② 아무것도 먹지 않으면서 입만 다시는 일.
　☞ 군것질. 주전부리.

군자(~字) = 군글자. ✽ 쓸데없이 더 있는 글자.

군저녁 ⇨ 한저녁. ✽ 끼니때가 지난 뒤에 차리는 저녁.

군중(群衆) ✽ 어떤 곳에 모여 있는 많은 사람.
　☞ 대중.[2] 민중.

군집(群集) ㉕ ⇨ 무리. ✽ 같은 자연환경에서 모여 사는 동물의 떼.
　☞ 군락. 떼판.

군참새 = 참새구이.

군침 = 단침. ‡ 입 안에 도는 침. ¶ 입 안에 군침이 괴다.

　☞ 군물. 생침.

군핍하다(窘乏～) * 없거나 모자라 딱하고 아쉽다. ¶ 군핍한 생활.

　☞ 궁핍하다.

군혹 ⇨ 군더더기.

군화발(軍靴～) ⇨ 군홧발.

굳굳하다 ⇨ 꿋꿋하다.

굳기름 〔脂〕 * 단단하게 덩어리진 동물성 기름. {굳기름톨.}

　☞ 물기름.

굳기름샘 = 기름샘. 기름구멍. ‡ 동물의 굳기름이 나오는 샘.

굳다[1] 〔움〕 * ① 마르거나 식어 딱딱해지다. ¶ 떡이 굳다. 시멘트가 굳다. ② 표정이나 태도가 딱딱해지다. ¶ 얼굴이 굳어지다. ③ 힘살이나 뼈마디가 뻣뻣하게 되다. ¶ 허리가 굳다. 혀가 굳다. ④ 몸에 배어 버릇이 되다. ¶ 말버릇이 굳어서 고치기 어렵다.

　☞ 얼다.

굳다[2] 〔그〕 * ① 단단하다. ¶ 땅이 굳다. ② 힘이나 뜻이 강하여 흔들리지 않다. ¶ 굳은 결심. 굳은 약속.

　☞ 단단하다. 굳다.

굳돌 = 굳은돌. ‡ 쑥돌 따위 굳고 단단한 돌.

　☞ 무른돌.

굳뼈 〔硬骨〕 * 굳고 단단한 뼈.

　☞ 물렁뼈. 여린뼈.

굳은살 * ① 손바닥이나 발바닥에 생긴 단단한 살. ¶ 손에 굳은살이 박이다. ② 곪으려고 딴딴하게 된 살.

　☞ 군살. 군덕살. 궂은살. 대살. 참살. 푸석살.

굳자[1] = 굳은자. 굳짜배기. ‡ 가질 사람이 이미 정해져 있는 물건.

굳자[2] = 구두쇠. ‡ 지나치게 아끼는 사람.

　☞ 수전노.

굳치다 ⇨ 굳히다. ‡ ‘굳다’의 하임.

굳히다 * ① 무른 것을 딱딱하게 하다. ② 마음을 정하다.

　☞ 다지다.[2]

굴[1] * 굴과의 갓굴, 가시굴, 토굴 따위. ‡ 석화. {생굴. 굴국. 굴밥. 굴젓. 굴죽.} ¶ 양식 굴. 자연산 굴. ¶ 굴 껍데기. 굴을 따다.

굴[2] * ① 땅이나 바위에 깊숙이 패어 들어간 곳. {굴가마. 굴무덤. 굴방. 굴속. 굴우물.} ¶ 굴 바닥. 굴 밖. 굴 속. 굴 안. ② 땅 밑을 뚫어 만든 길. {굴길. 땅굴.} ③ 짐승이 사는 땅속 구멍. {너구리굴. 뱀굴. 여우굴. 오소리굴. 토끼굴. 호랑이굴.}

　☞ 동굴. 소굴.

굴다리 * 길이 엇갈리는 곳에 굴을 만들고 그 위로 다니는 다리.

　☞ 구름다리.

굴대통 = 굴통. ‡ 수레바퀴의 한가운데 굴대를 끼우는 구멍.

　☞ 구새통.

굴따랗다 ⇨ 굵다랗다.

굴뚝 * 온돌이나 화덕에서 불을 땔 때 연기가 빠져나가는 설비.

　☞ 화통.[2]

굴러들다 * 떠돌아다니던 사람이 어떤

곳으로 들어가 자리를 잡다.

굴러 들어가다 ¶ 공이 구멍으로 굴러 들어가다.

굴러지다 ⇨ 구르다.

굴렁쇠 = 동그랑쇠. ‡ 장난감의 하나.
　☞ 도롱태.¹

굴레¹ * 어린아이가 쓰는 모자의 하나.

굴레² * ①말과 소의 머리와 목에서 고삐에 걸쳐 매는 줄. ‡죽을 때까지 벗지 못함. {말굴레.} ②얽매이는 일. ¶ 굴레를 벗다. 굴레를 쓰다. 굴레를 씌우다.
　☞ 멍에.

굴레수염(~鬚髯) ⇨ 구레나룻.

굴리다 * ①'구르다'의 하임. ②함부로 내버려 두다. ③돈놀이를 하다. ④차를 몰다. ⑤나무토막 따위를 모나지 않게 깎다.
　☞ 구르다.¹

굴밤 * 졸참나무의 열매. ‡ 상수리, 도토리보다 크고 둥글넓적함.
　☞ 꿀밤. 도토리. 상수리.

굴밤나무 = 졸참나무. ‡ 나무 이름.

굴삭기(屈削機)㉰ ⇨ 땅뚫이. ‡ 굴착기.
　☞ 불도저. 포클레인.

굴우물 * 아주 깊은 우물.
　☞ 박우물. 두레우물. 옹달우물.

굴음금 ⇨ 구름금. ‡ 구름판의 맨 앞에 그은 금.

굴음판(~板) ⇨ 구름판. ‡ 멀리뛰기, 뜀틀 운동을 할 때 쓰는 판.

굴재 ⇨ 구재. 구들재. ‡ 방고래에 앉은 그을음과 재.

굴절율(屈折率) ⇨ 굴절률. ‡ 니은을

뺀 받침 뒤에선 '률'임.

굴젓누니 ⇨ 굴젓눈이. ‡ 한쪽 눈에 백태가 낀 사람.

굴찍하다 ⇨ 굵직하다.

굴착기(掘鑿機) * 땅뚫이. ‡ 굴을 뚫는 기계.
　☞ 불도저. 포클레인.

굴터분하다 = 구리터분하다.

굴텁텁하다 = 구리텁텁하다.

굴통 = 굴대통. ‡ 수레바퀴의 가운데에 굴대를 끼우는 구멍.
　☞ 구새통.

굴통이 * ①덜 여문 호박. ②겉은 그럴듯하나 속이 보잘것없는 사람.
　☞ 열쭝이.

굵다 * ①둘레가 크고 길다. ②몸피가 크다. ③소리가 크다.
　☞ 두껍다.

굵따랗다 ⇨ 굵다랗다.

굵은베 * 굵은 올로 성기게 짠 삼베.
　☞ 가는베.

굵은소금 〔胡鹽〕 = 왕소금. ‡ 거칠고 큰 바닷소금.
　☞ 가는소금.

굵은체 * 올이 굵고 구멍이 큰 체.
　☞ 가는체. 고운체.

굵직히 ⇨ 굵직이. ‡ 굵직하다.

굶다 * 끼니를 거르다. ¶ 굶고 자다. 굶어 보다. 굶어 죽다.
　☞ 주리다.

굼뜨다 * 움직임에 걸리는 시간이 짧다. ¶ 어찌나 굼뜬지 옷 입는데 한나절이 걸린다.
　☞ 날래다. 더디다. 빠르다. 이르다. 늦다.

굼뱅이 ⇨ 굼벵이. ＊ 매미의 애벌레.

굼벵이등(~燈) ⇨ 접등. ＊ 종이로 주름을 잡아 만든 등.

굼일 = 구움일. ＊ 나무를 구움판에 넣고 말리는 일.

굼주리다 ⇨ 굶주리다.

굼질 = 굼지럭. 〈 꿈질. 꿈지럭.

굼판 = 구움판. ＊ 나무를 말리는 구덩이.

굽 ＊ ① 구두 뒤쪽에 덧댄 물건. {굽갈이. 굽뒤축. 굽창.} ② 나막신에 달린 발. ③ 마소 따위의 발톱. {굽갈래. 굽깎기. 굽바닥. 굽바탕. 굽벽. 굽새. 굽아.} {굽싸다.} ④그릇에 붙은 받침. {굽구멍. 굽다리. 굽다리합. 굽달이. 굽대접. 굽밑테. 굽바닥. 굽병. 굽잔.}

  ☞ 굽이.

굽가락지 ＊ 기둥머리를 감는, 꺾이거나 층이 진 쇠테.

  ☞ 가락지. 민가락지.

굽닐다 ⇨ 굼닐다. ＊ 몸을 굽혔다 일으켰다 하다.

굽다¹ 〔움〕 ＊ 물을 넣지 않고 불에 익히다. ¶ 화롯불에 구운 고구마. 밤을 굽다. 조기를 굽다. ＊ 굽고. 굽지. 구우니. 구운. 구워. 구웠다.

굽다² 〔움〕 ＊ ①어느 부분이 본디와 다른 쪽으로 구부러지다. ¶ 은수저는 쉽게 굽는다. ②본디 구부러지게 된 것이 그쪽으로 구부러지다. ¶ 팔은 안쪽으로 굽는다.

굽다³ 〔그〕 ＊ 구부러져 있다. ¶ 굽은 길. 활처럼 굽은 허리.

  ☞ 휘다.

굽다리 접시 = 굽잔. 굽지. ＊ 높은 굽이 붙은 접시.

굽도리지(~紙) = 굽지. ＊ 굽도리에 바르는 종이.

굽돌이 ⇨ 굽도리. ＊ 방 안벽의 밑 부분.

굽바자 ＊ 작은 나뭇가지로 엮어 만든, 얕은 울타리.

  ☞ 담.² 대울. 바래.² 바자울. 산울. 울바자.

굽슬굽슬 〉 곱슬곱슬. ＊ 실. 털.

굽신거리다 ⇨ 굽실거리다.

굽신굽신 ⇨ 굽실굽실. 〈 꿉실꿉실.

굽실거리다 = 굽실대다. ＊ 머리와 몸을 자꾸 구부리다.

  ☞ 굽적거리다.

굽어보다 ＊ 고개나 허리를 굽혀 아래를 보다.

  ☞ 내려다보다. 바라보다. 쳐다보다.

굽은성(~城) 〔曲城〕 ⇨ 곱은성.

굽이 ＊ ①휘어서 구부러진 곳. {굽이굽이. 굽이돌이. 굽이칼. 굽잇길.} {강굽이. 물굽이. 산굽이.} {굽이감다. 굽이돌다.} ②하나치. ¶ 한 굽이. 두 굽이. 열두 굽이.

  ☞ 굽.

굽이지다 ＊ 굽이가 이루어지다. ¶ 굽이진 강둑. 굽이진 산기슭.

굽이치다 ＊ 물이 힘차게 흘러 굽이가 나게 되다. ¶ 굽이치는 물결.

굽일다 ⇨ 굼닐다. ＊ 몸을 굽혔다 일으켰다 하다.

굽잔(~盞) = 굽지. 굽다리 접시. ＊ 굽이 높은 옛날 접시

  ☞ 굽지.¹

굽적거리다 = 굽적대다. ✼ 머리를 숙이거나 허리를 자꾸 구부리다.
☞ 굽실거리다.

굽정이[1] ✼ 구부정하게 생긴 물건.

굽정이[2] = 극젱이. 끌쟁기. ✼ 땅을 가는 연모. ¶ 굽정이질하다.

굽지[1] = 굽잔. 굽다리 접시.

굽지[2](~紙) = 굽도리지. ✼ 방의 굽도리에 바르는 종이.
☞ 국지.

굽통 ✼ 말이나 소 따위의 발굽의 몸통.
☞ 족통.

굽히다 ✼ '굽다'의 하임. ① 긴 물체를 굽게 하다. ② 머리나 허리를 구부리다. ¶ 팔을 굽히다. ③ 고집을 꺾다. ¶ 뜻을 굽히다.
☞ 구부리다. 숙이다.

굿[1] ✼ ① 구덩이. ② 뫼를 쓸 때 널이 들어갈 곳. {굿일. 굿일꾼.} ③ 광산의 구덩이나 굴. {굿길. 굿단속. 굿등. 굿막. 굿문.}

굿[2] ✼ ① 떠들썩하거나 신명이 나는 구경거리. {굿중. 굿중놀이. 굿중패. 굿터. 굿판.} ② 무당이 노래하고 춤추며 귀신에게 비는 의식. {굿당. 굿북. 굿상. 굿자리. 굿청. 굿춤.}
☞ 잔치.

굿감독(~監督) = 굿덕대. 굿반수. 덕대. ✼ 광산의 감독.

굿거리 ✼ 무당이 굿할 때 치는 9박자의 장단.

굿거리장단 ✼ 농악에 쓰는, 느린 4박자의 장단.

굿덕대 = 덕대. 굿감독. 굿반수. ✼ 광산의 감독.

☞ 덕대.[2]

굿바이 홈런(영) ⇨ ① 마지막 홈런. ② 마무리 홈런.

굿법(口法) ⇨ 말버릇. 입버릇. ✼ 구법.

굿복(~服) = 굿옷. ✼ 광산에서 굿일을 할 때 입는 옷.

굿파수 ⇨ 굿반수. 굿감독. 굿덕대. 덕대. ✼ 광산의 감독.

궁(宮) = 대궐. 궁궐. 궁전. ✼ 임금이 사는 집. {구중궁궐.}

궁굴다 ✼ 그릇이 겉으로 보기보다 속이 너르다.
☞ 궁글다. 뒹굴다.

궁굴리다[1] ✼ ① 이리저리 돌려서 너그럽게 생각하다. ¶ 생각을 궁굴리다. ② 좋은 말로 구슬리다. ¶ 어린 아이는 잘 궁굴려야 한다.

궁굴리다[2] ✼ 어떤 물건을 이리저리 굴리다. ¶ 눈알을 궁굴리다.

궁글다 ✼ ① 내용이 부실하거나 변변치 않다. ¶ 궁근 살림살이. ② 속이 텅 비다. ③ 소리가 웅숭깊다. ¶ 사내의 궁근 목소리. ④ 착 달라붙지 않고 속이 들뜨다. ¶ 벽지가 궁글다.
☞ 궁굴다. 뒹굴다.

궁글대 = 굴림대. ✼ 무거운 물건을 옮길 때 밑에 깔아 굴리는 둥근 나무.

궁깃(弓~) = 살깃. ✼ 화살 뒤 끝에 붙인 새의 깃.

궁녀(宮女) = 나인. 시녀. ✼ 궁궐에서 왕과 왕비를 모시는 내명부.
☞ 무수리.

궁노루 = 사향노루. ✼ 산짐승의 하나.

궁뎅이 ⇨ 궁둥이.

궁둥방아 ⇨ 엉덩방아.

궁둥이 * 엉덩이의 바닥에 닿는 아랫
부분. {궁둥이내외. 궁둥이뼈. 궁둥
잇바람. 궁둥잇짓. 알궁둥이.} ¶ 궁
둥이가 가볍다. 궁둥이가 무겁다.
궁둥이가 질기다. 궁둥이를 붙이다.
　☞ 궁둥짝. 방둥이. 볼기. 볼기짝. 엉
덩이. 엉덩짝.

궁둥이춤 ⇨ 엉덩춤. 엉덩이춤.

궁둥짝 * ① 궁둥이. ✱ 낮춤말. ② 궁둥
이의 양쪽 두 짝을 이르는 말.
　☞ 궁둥이.

궁둥판 ⇨ 엉덩판.

궁떨다(窮~) ⇨ 궁상떨다.

궁색하다(窮塞~) * ① 가난하다. ¶
궁색한 살림. ② 형편이든 근거든
뭔가 부족하거나 내세울 만한 게 없
다. ¶ 궁색한 변명.
　☞ 군색하다. 옹색하다.

궁시렁거리다 ⇨ 구시렁거리다.

궁장이(弓匠~) = 조궁장이. ✱ 활과
화살을 만드는 기술자.

궁쟁이(弓~) ⇨ 궁장이. 조궁장이.

궁전(宮殿) = 궁. 대궐. 궁궐. ✱ 임금
이 사는 집.

궁터(弓~) ⇨ 활터.

궁핍하다(窮乏~) ⇨ 가난하다.
　☞ 군핍하다.

궁합(宮合) * 혼인할 남녀가 부부로서
좋고 나쁨을 알아보는 점. ¶ 궁합을
보다. 궁합이 좋다.
　☞ 속궁합. 찰떡궁합.

궂다 * ① 날씨가 나쁘다. {궂은비.}
¶ 궂은 날씨. ② 물체나 일이 험하거
나 좋지 않다. {궂은고기. 궂은소리.
궂은쌀.}

　☞ 굳다.²

궂은날〔疾日〕 * 재난이나 부정이 있
다고 믿어 꺼리는 날.

궂은 날 * 비나 눈이 오거나 바람이 불
어 날씨가 나쁜 날.

궂은살〔贅肉〕 = 군살. ✱ 헌데에 내민
군더더기 살.
　☞ 군덕살. 군살. 굳은살. 대살. 참
살. 푸석살.

궂은일 * ① 언짢고 꺼림칙한 일. ②
사람이 죽은 데 관계되는 일.
　☞ 진일.

권¹(卷) * 책을 세는 하나치. ¶ 소설 한
권. 시집 세 권. 책력 두 권.
　☞ 길.⁷ 질.³ 축.²

권²(卷) * 조선종이를 세는 하나치.
✱ 한 권은 20장임. ¶ 종이 두 권.
　☞ 장.¹ 축.² 동.⁴

~권³(~券) * ① 표. {관람권. 상품권.
승차권. 입장권.} ② 종이돈. ¶ 천
원권. 오천 원권. 만 원권.

권리(權利)**를 갖다** ⇨ 권리가 있다.

권상기(捲上機) ㉥ ⇨ 자아틀. ✱ 윈치.

권상법(捲上法) ㉥ ⇨ 서리기.

권선(捲線) ㉥ ⇨ 감줄. ✱ 코일.

권선기(捲線機) ㉥ ⇨ 줄감개. 감줄틀.

권자망(卷刺網) ㉥ ⇨ 에움걸그물. ✱
고기잡이 그물의 하나.

권척(卷尺) ㉥ ⇨ 줄자. 띠자.

권총호치키스(拳銃hotchkiss) ⇨ 권
총박음쇠.

권총호치키스약(拳銃hotchkiss藥)
　⇨ 권총박음쇠못. 권총박음쇠알.

권취(券取) ㉥ ⇨ 타래.

권취지(券取紙) ㉥ ⇨ 두루마리. ¶ 두

루마리 화장지.

권커니 잡거니(勸~) = 권커니 잣거니. ✽ 술을 계속 마시는 모양.

권태증(倦怠症) ✽ 어떤 일이 시들해져서 느끼는 게으름이나 싫증.
　☞ 염증. 싫증.

권패(卷貝) ㉈ ⇨ 나사조개. ✽ 다슬기, 소라, 우렁이 따위.

궐련〔卷煙〕 = 지궐련. ✽ 얇은 종이로 가늘게 말아 놓은 담배.
　☞ 잎궐련.

궐련물뿌리〔卷煙~〕 ⇨ 물부리. 빨부리. ✽ 담배를 피우는 연모.

궐본(闕本) ㉈ ⇨ 낙길. 낙질. ✽ 한 질을 이루는 책에서 빠진 책.

궐석 재판(闕席裁判) ㉈ ⇨ 결석 재판.

궐석 판결(闕席判決) ㉈ ⇨ 결석 판결.

궤(櫃) = 궤짝. ✽ 뚜껑이 있는, 긴 네모꼴 상자. {돈궤. 옷궤. 책궤.} ¶ 감나무 궤. 오동나무 궤.
　☞ 곽. 상자.

궤도(軌道) ✽ ① 바퀏자국이 난 길. ② 기찻길. ③ 발전하는 방향과 단계. ④ 떠돌이별, 살별이 도는 길.
　☞ 괘도.

궤변장이(詭辯匠~) ⇨ 궤변쟁이.

궤조(軌條) ㉈ ⇨ 레일.

궤철(軌鐵) ㉈ ⇨ 레일.

귀[1] = 귀때기. {귀동냥. 귀띔. 귀맛. 귀머거리. 귀머리. 귀밑샘. 귀뺨. 귀뿌리. 귀송곳. 귀싸대기. 귀앓이. 귀약. 귀엣머리. 귀젖. 귀청. 귀침. 귀팔이. 귀표. 귓결. 귓구멍. 귓기둥. 귓등. 귓문. 귓바퀴. 귓병. 귓속다짐.} {들은귀. 잠귀.} {귀담다. 귀띰

하다. 귀빠지다. 귀재다.} ¶ 귀가 가렵다. 귀를 기울이다. 귀가 따갑다. 귀가 뚫리다. 귀를 뜨다. 귀가 밝다. 귀를 씻다. 귀가 어둡다. 귀가 여리다. 귀에 익다. 귀를 재우다. 귀를 주다. 귀가 질기다.

귀[2](句) ✽ 겨레말에는 '귀', 한자말에는 '구'임. {글귀. 귀글.}
　☞ 구.[1]

귀[3](龜) ✽ 거북을 나타내는 글에는 '귀'임. {귀부. 귀선. 귀토지설.}
　☞ 구.[2] 균.[1]

귀가길(歸家~) ⇨ 귀갓길. ✽ 일을 마치고 집으로 돌아가는 길.

귀가 멀다 ⇨ 귀먹다. 귀가 어둡다.

귀가 잡수시다 ⇨ 귀가 어두우시다.

귀감(龜鑑) ✽ 본받을 만한 좋은 점. ¶ 귀감이 되다. 귀감으로 삼다.
　☞ 반면교사. 타산지석.

귀개 ⇨ 귀이개.

귀걸이 = ① 귀걸이안경. ② 귀걸이수화기.
　☞ 귀마개. 귓집.

귀고리 ✽ 귓불에 다는 치렛감. {금귀고리. 옥귀고리.}

귀글 ✽ 한문 시에서 두 마디가 한 덩이씩 되게 지은 글. ✽ 안짝과 바깥짝 두 덩이를 한 구라 함.
　☞ 글귀.[2] 줄글.

귀넘어듣다 = 넘겨듣다. 지내듣다. 흘려듣다. ✽ 귀담아듣지 않다.
　☞ 귀담아듣다. 귀여겨듣다. 새겨듣다. 여겨듣다.

귀느래 ✽ 귀가 늘어진 말.

귀다래기 = 귀다라기소. ✽ 귀가 작은

ㄱ

소.

귀담아듣다 = 귀여겨듣다. 새겨듣다. 여겨듣다. ✳ 귀기울여 듣다.
☞ 귀넘어듣다. 넘겨듣다. 지내듣다. 흘려듣다.

귀동이(貴童∼) ⇨ 귀둥이. 귀염둥이. ✳ 귀여움을 받는 아이.

귀둥서리 ⇨ 상고대. ✳ 나무나 풀에 눈처럼 내려앉은 서리.

귀둥이(貴∼) = 귀염둥이.

귀뒤주 = 귀목뒤주. ✳ 느티나무로 만든 뒤주.

귀때 = 귀. ✳ 그릇에 주전자 부리처럼 만든 구멍. {귀때그릇. 귀때동이. 귀때병. 귀때항아리.} ¶ 귀때가 달린 단지. 귀때 토기.
☞ 귀지.

귀때기 = 귀. ✳ 낮은말. ¶ 귀때기가 새파란 녀석.
☞ 뺨따귀.

귀뙈기 ✳ 경계를 지은 논밭의 아주 작은 구석.

귀뚜라미 = 귀뚜리. ¶ 귀뚤귀뚤 우는 귀뚜라미 소리.

귀띔 ⇨ 귀띔. ✳ 눈치로 일깨워 주는 일. {귀띔질. 귀띔하다.}

귀뜸 ⇨ 귀띔.

귀띰 ⇨ 귀띔.

귀마개 ✳ ①똬리처럼 만들어 귀를 따뜻하게 하는 물건. ②소리가 들리지 않게 하거나 물이 들어가지 않도록 귓구멍을 막는 물건.
☞ 귓집.

귀막이 ✳ 면류관 양쪽으로 늘어뜨린, 구슬을 꿴 줄.

☞ 귀걸이.

귀먹다 ✳ 귀가 어둡다. ✳ 소리가 들리지 않다.
☞ 가는귀먹다.

귀머거리 ✳ 귀가 어두워 소리를 듣지 못하는 사람.
☞ 먹보.

귀멀다 ⇨ 귀먹다.

귀목나무(櫷木∼) = 느티나무.

귀목뒤주(櫷木∼) = 귀뒤주. ✳ 느티나무로 만든 뒤주.

귀목반다지(櫷木∼) ⇨ 귀목반닫이. ✳ 느티나무로 만든 반닫이.

귀문(句文) ⇨ 구문. 귀글. ✳ 한자말에서는 ‘구’임.

귀밑 = 귀밑때기. ✳ 뺨에서 귀에 가까운 부분.
☞ 귀때기. 귀싸대기.

귀밑머리 ✳ ①귀엣머리. ✳ 이마 한가운데서 갈라 귀 뒤로 넘겨 땋은 머리. ¶ 귀밑머리 풀다. ②뺨에서 귀 가까이에 난 머리칼.
☞ 귀엣머리. 살쩍.

귀밑털 = 살쩍. ✳ 관자놀이와 귀 사이에 난 털.

귀바늘 = 코바늘. ✳ 끝이 갈고리처럼 생긴 뜨개바늘.
☞ 대바늘. 뜨개바늘.

귀밝이 = 귀밝이술. ✳ 음력 정월 대보름날 아침에 먹는 술.

귀법(句法) ⇨ 구법. ✳ 한자말에서는 ‘구’임.

귀부인(貴夫人) ㉮ ⇨ 부인.
☞ 영부인.

귀빠진 날 = 난 날. 태어난 날. ✳ 생일.

귀뿌리 * 귓바퀴가 뺨에 붙은 부분.
☞ 귓바퀴. 귓전.

귀살머리쩍다 = 귀살쩍다. ‡ 마구 얼크러져 정신이 뒤숭숭하다.

귀서까래 = 추녀. ‡ 처마의 네 귀에 있는 큰 서까래.

귀성(歸省) * 객지에서 어버이를 뵈러 고향집으로 돌아가거나 돌아옴.
☞ 귀향. 성묘.

귀신(鬼神) * ①사람이 죽은 뒤에 남는다는 넋. ②화와 복을 내려준다는 검. {각시귀신. 검덕귀신. 달걀귀신. 몽달귀신. 업귀신. 우물귀신.} ③재주가 뛰어난 사람. ④몰골이 사나운 사람.
☞ 넋. 신.³ 얼.¹ 신령.

귀신같다(鬼神~) * 동작이나 추측이 정확하거나 재주가 뛰어나다.

귀신 같다(鬼神~) * 생김새나 차림새가 귀신과 비슷하다.

귀신날(鬼神~) = 귀신단오. ‡ 음력 정월을 이르는 말.

귀싸대기 * 귀와 뺨의 어름. ¶ 귀싸대기를 맞다.
☞ 귀때기. 귀밑때기.

귀쌈 ⇨ 귀싸대기.

귀썰미 * 한 번 들은 것을 잊지 아니하는 재주.
☞ 눈썰미.

귀쑤시개 ⇨ 귀이개.

귀앓이〔耳痛〕 = 귓병.

귀얄 * 풀이나 옻을 칠할 때 쓰는 솔. ‡ 돼지털, 말총으로 만듦.
☞ 풀비.

귀얄잡이 * 귀밑에 수염이 많이 난 사람.
☞ 텁석부리.

귀양 * 죄인을 먼 시골이나 섬으로 보내어 살게 하던 형벌. ‡ 유배. {귀양다리. 귀양살이. 귀양지.} ¶ 귀양 가다. 귀양 보내다.
☞ 귀향.

귀어(句語) ⇨ 구어. ‡ 한자말로 된 한 구절의 불완전한 문장.

귀에지 ⇨ 귀지.
☞ 귀이개.

귀엣고리 ⇨ 귀고리.

귀엣말 = 귓속말. ‡ 귓가에 입을 대고 소곤거리는 말.

귀엣머리 = 귀밑머리.
☞ 살쩍.

귀여겨듣다 = 귀담아듣다. 여겨듣다. 새겨듣다. ‡ 귀기울여 듣다.
☞ 귀넘어듣다. 넘겨듣다. 흘려듣다.

귀엽다 * 하는 짓이나 생김새가 작고 곱고 정다워 사랑스럽다. ‡ 손아랫사람이나 어린이에게만 쓰는 말.
☞ 예쁘다.

귀영머리 ⇨ 귀밑머리.

귀우비개 ⇨ 귀이개.

귀울림 = 귀울음. 귀울이. 귀울이증. ‡ 이명증.

귀웅젖 = 구유젖. 구융젖. ‡ 젖꼭지가 옴폭 들어간 여자의 젖.
☞ 대접젖. 사발젖. 연적젖. 짝젖.

귀이(貴~) ⇨ 귀히. ‡ 귀하게.

귀이개 * 귀지를 파내는 연모.
☞ 귀지.

귀 자시다 ⇨ 귀먹으시다. 귀가 어두우시다.

귀 잡수시다 ⇨ 귀먹으시다. 귀가 어두우시다.

귀저분하다 ⇨ 귀접스럽다. ‡ ①지저분하다. ②품격이 없다.

귀절(句節⇨구절) ⇨ ①구와 절. ②한 토막의 말이나 글.

귀점(句點⇨구점) ⇨ 월점.

귀중(貴中) ＊ 편지 봉투에 받을 단체나 기관의 이름 다음에 쓰는 말.
☞ 귀하.

귀지〔耳垢〕＊ 귓구멍 속에 붙은 때.
☞ 귀이개.

귀지가(龜旨歌) ⇨ 구지가. ‡ 옛 노래 이름.

귀짐작 ＊ 귀로 들어 헤아리는 어림.
☞ 눈짐작. 손짐작. 발짐작.

귀찮다 ＊ 괴롭거나 성가시다. ¶ 몸이 아프니 만사가 귀찮다.
☞ 언짢다. 귀하지 않다.

귀찮찮다 ⇨ 귀찮잖다. 귀찮지 않다. ‡ '~잖다'는 '~지 않다'의 준말.

귀창 ⇨ ①귀청. ‡ 고막. ②귀지. ‡ 이구.

귀탈 ＝ 귓병. 귀앓이.

귀퉁이 ＝ 귀퉁머리. 귀퉁배기. ‡ ①귀의 언저리. ②사물이나 마음의 한 구석이나 부분. ③물건의 모퉁이나 비쭉 나온 부분.
☞ 모퉁이.

귀틀마루 ＝ 우물마루. ‡ '井' 자 모양으로 짜 만든 마루.

귀하(貴下) ＊ ①당신. ②님. 앞. 에게. 께. ‡ 편지에서 받을 사람 이름 뒤에 붙이는 말.
☞ 귀중.

귀하다(貴~) ＊ ①지위가 높다. ¶ 귀한 집안. ②존중할 만하다. ¶ 귀한 손님. ③보배롭다. ¶ 사람보다 귀한 것은 없다. ④구하거나 얻기가 매우 힘들게 드물다. ¶ 산삼은 귀한 약이다.
☞ 드물다. 지천하다. 흔하다.

귀하지 않다(貴~) ＊ ①신분, 지위 따위가 높지 않다. ②보배롭고 소중하지 않다. ③드물지 않다. 지천하다. 흔하다.
☞ 귀찮다.

귀향(歸鄕) ＊ 고향으로 돌아감. {귀향길. 귀향하다.} ¶ 귀향 열차.
☞ 귀성. 귀양.

귀화되다(歸化~) ⇨ 귀화하다. ‡ 다른 나라에 들어가 토박이처럼 눌러앉다.

귀후비개 ⇨ 귀이개.

귓가 ＊ 귀의 가장자리. ¶ 어머니의 목소리가 귓가에 쟁쟁하다.
☞ 귓전.

귓것 ⇨ 귀신.

귓구녕 ⇨ 귓구멍.

귓기슭 ＝ 귓기스락. ¶ 초가 처마 귀퉁이의 끝.

귓대기 ⇨ ①귀. 귀때기. ②귀싸대기.

귓돈 ＝ 구문. ‡ 수수료.

귓돌[1] ＊ 속귀에 있는 단단한 물질. ‡ 평형사.

귓돌[2] ＝ 머릿돌. 모퉁잇돌. 주춧돌. ‡ 초석.
☞ 댓돌. 디딤돌. 툇돌.

귓머리 ⇨ 귀밑머리.

귓밥 ＊ 귓불의 두께. ¶ 귓밥이 두툼하

다.

☞ 귀지. 귓불.

귓방울 ⇨ ①귓밥. ②귓불.

귓법(句法) ⇨ 구법. ‡ 시문 따위의 구절을 만들거나 널어놓는 법.

귓불 * 귓바퀴의 아래쪽에 늘어진 살. ¶ 귓불을 만지다.

☞ 귀뿌리. 귓밥.

귓속말 = 귀엣말. ‡ 남의 귀에 입을 대고 하는 말. {귓속다짐.}

☞ 입속말.

귓속질 * ①귀엣말로 소곤거리는 짓. ② 남몰래 고자질하는 짓.

귓쌈 ⇨ ①귀때기. ‡ 귀. ②귀싸대기. ‡ 뺨.

귓전 * 귓바퀴의 가장자리. ¶ 귓전을 스치는 봄바람.

☞ 귀뿌리. 귓가.

귓점(句點) ⇨ 월점. ‡ 구점.

귓집 * 귀가 시리지 않도록 귀를 덮는 물건.

☞ 귀걸이. 귀마개.

규률(規律) ⇨ 규율. * 니은이나 홀소리 뒤에는 ‘율’임.

규명하다(糾明~) * 일의 진상을 따져서 옳고 바름을 밝히다. ¶ 사건의 원인을 규명하다.

☞ 구명하다.

규반(畦畔 ⇨ 휴반) ⇨ 밭둑.

규방 가사(閨房歌詞) = 내방 가사. ‡ 조선 시대 여자들이 지은 가사.

균[1](龜) * 물체가 갈라져 터짐을 나타낼 때는 균임. {균열.}

☞ 구.[2] 귀.[3]

균[2](菌) = 세균. {이질균. 살모넬라균.

성홍색균. 호염균.} ¶ 나선상 균. 포도상 균. 호당성 균. 호염성 균.

그[1]〔대〕〉고. {그거. 그것. 그곳. 그네. 그년. 그놈. 그대. 그따위. 그분. 그이. 그자. 그쪽. 그치. 그편.} ¶ 그는 좋은 사람이다.

그[2]〔매〕〉고. ¶ 그 결과. 그 곁. 그 길. 그 나름. 그 책. 그 사람.

☞ 이.[4] 저.[1] 요. 조.

그간(~間)〔이〕 = 그사이. ¶ 그간의 일.

그건 = 그것은.

그걸 = 그것을.

그걸로 = 그것으로.

그것밖에 ¶ 그것밖에 없다. ‡ ‘밖에’는 토씨.

그것 밖에 ¶ 그것 밖에도 많이 있다. ‡ ‘밖’은 이름씨.

그것참〔느〕 = 거참. ‡ ①사정이 딱할 때. ②어이가 없을 때. ③뜻밖에도 일이 잘되었을 때 내는 소리. ¶ 그것참, 반가운 소리군.

그게 = 그것이.

그골패 ⇨ 그글피. ‡ 글피의 다음날.

그길로〔어〕 * ①어떤 일이 있은 다음 곧. ¶ 입원했다는 말을 듣고는 그길로 병원으로 달려갔다. ②어떤 곳에 도착한 그 걸음으로.

그 길로 ¶ 아까 왔던 그 길로 다시 가자.

그깐 ⇨ 그깟. 그까짓. ¶ 그깟 놈. 그깟 일.

그끄러께 * 삼 년 전의 해. ‡ 재재작년.

그끄저께 = 그끄제. ‡ 그저께의 전날.

재재작일.

그나저나 = 그러나저러나.

그냥 * ①있는 그대로. ¶ 그냥 먹었다. ②대가나 조건 없이. ¶ 그냥 가져가거라. ③그런 모양으로 줄곧. ¶ 그냥 도망치다.
☞ 거저.

그냥 두다 * ①있는 대로 두다. ②대가나 조건 없이 그대로 두다.
☞ 가만두다. 그만두다.

그냥저냥 = 그럭저럭.

그네¹ * 그네뛰기를 하는 틀. {그넷줄.} ¶ 그네를 뛰다. ❈ 추천.

그네² * 빗살처럼 촘촘한 쇠틀. ❈ 벼를 훑는 연모.
☞ 도리깨. 벼훑이.

그네비계 = 달비계. ❈ 지붕 위에서 달아 내린 비계.

그네타기 ⇨ 그네뛰기. ❈ 유선희.

그네 타다 ⇨ 그네를 뛰다. 그네뛰기를 하다.

그녀 〔彼女〕 ⑪ ⇨ 그이. 그분. 그 여자. ❈ 이름을 부르는 것이 좋음.

그늘 * ①햇빛이 가린 곳. {그늘대. 그늘숲. 그늘지붕.} {꽃그늘. 산그늘. 솔개그늘.} {그늘지다.} ¶ 나무 그늘. 바위 그늘. 섬 그늘. ②누구의 보호나 혜택. ❈ 음덕. ¶ 부모의 그늘에서 벗어나야 한다.

그늘받이 * 그늘지는 곳. ❈ 응달.
☞ 볕받이.

그늘나무 = 정자나무.

그닥지 ⇨ 그다지.

그담 = 그다음. 〉 고담. 고다음.

그대로 〔어〕 * ①변함없이 그 모양으로. ¶ 그대로 간직하다. ②그것과 똑같이. ❈ 어찌씨는 임자말, 부림말, 기움말, 풀이말로 쓸 수 없으므로 '그대로가, 그대로를, 그대로의, 그대로이다.'는 잘못임.

그득 = 그득히. 〉 가득. 가득히.

그득그득히 〉 가득가득히.

그득하다 〈 그뜩하다. ❈ 냄새에는 쓸 수 없음.
☞ 가득하다.

그따위 = 그딴. ¶ 그따위는 상대하지 마라. 그따위 소리는 하지 마라.

그때 당시(~當時) ⇨ 그때. ❈ 당시.

그라스(glass) ⇨ 유리잔. ❈ 글라스.

그람(gram) ⇨ 그램. ❈ 무게의 하나치. 기호는 'g'.

그래¹ 〔느〕 * ①긍정하는 대답. ②놀라움. ③다잡아 물음. ④강조.

그래² 〔도〕 * 강조. ¶ 좋아 보이는구먼 그래. 사겠다고 말을 하지그래.

그래³ = ①그리하여. ②그러하여.

그래도 = ①그리하여도. ②그러하여도.

그래서 = ①그리하여서. ②그러하여서.

그러게¹ 〔어〕 * 제 말이 옳았음을 강조. ¶ 그러게 가지 말랬잖아.

그러게² 〔느〕 * 맞장구칠 때. ¶ 그러게 말이에요.
☞ 그렇게.

그러고 〔움〕 = 그리하고. ¶ 그러고 있지 말고 이리 와 봐.
☞ 그리고.

그러고 나서 = 그렇게 하고 나서.

그러고 보니 = 그렇게 하고 보니.

그러고저러고 = 그러하고 저러하고.

그러구러 * ①그럭저럭 일이 진행되는 모양. ¶ 오다가다 만나면서 그러구러 아는 사이가 되다. ②그럭저럭 시간이 흐르는 모양. ¶ 그러구러 며칠이 지난 뒤에 드디어 일이 벌어지다.
　☞ 그럭저럭.

그러기 때문에 = 그렇게 하기 때문에.

그러기에 = 그렇게 하기에.
　☞ 그렇기에.

그러께 = 지지난해. ✻ 재작년.
　☞ 그끄러께. 그저께.

그러나 = 그러하나.

그러나저러나 = ①그러하나 저러하나. ¶ 그러나저러나 이 문제를 빨리 해결해야 한다. ②그리하나 저리하나. ¶ 그러나저러나 만날 수 없는 것은 마찬가지다. ③그것은 그렇다 치고. ✻ 이야기를 다른 데로 돌릴 때. ¶ 그러나저러나 일자리부터 잡아야 할 텐데.

그러니저러니 = 그러하다느니 저러하다느니.

그러다 * ①그리하다. ✻ 사태, 모양, 성질. ¶ 그러는 법이 어디 있어? ②그렇게 말하다. ¶ 그가 못 간다고 그러면 내게 알려라.
　☞ 그렇다.

그러다 보면 = 그리하다 보면.

그러리 말리 = 그렇겠다느니 말겠다느니.

그러모으다 * 사람, 물건, 돈을 거두어 한곳에 모으다.
　☞ 긁어모으다.

그러므로 * 이유, 원인, 근거 뒤에서 그렇기 때문에. ✻ '~써'를 붙일 수 없음. ¶ 사람은 말을 한다. 그러므로 짐승과 다르다.
　☞ 그럼으로.

그러자 * 그렇게 하자.

그러잖아도 = 그러지 않아도.

그러저러하다 = 그러하고 저러하다.

그러지 않아도 = 그러하지 않아도. 그러잖아도.

그러지 않은가 ⇨ 그러지 않는가?

그러찮아도 ⇨ 그러잖아도. 그러하지 않아도.

그러하고 = 그렇고.

그러하나 = 그러나.

그러하다 = 그렇다.
　☞ 그리하다.

그러하지만 = 그렇지만.

그러한데 = 그런데. 건데. 한데.

그럭께 ⇨ 그러께. ✻ 재작년.

그럭저럭 = 그렁저렁. ✻ ①되어 가는 대로. ②어느덧.
　☞ 그러구러.

그럭하다 = 그렇게 하다. ✻ 이럭하다. 저럭하다.

그런¹ = 그러한. ¶ 그런 말. 그런 생각. 그런 일.

그런² = 그리한. ¶ 제가 그런 줄 모르고 남을 탓한다.

그런가하면 ⇨ 그런가 하면.

그런고로 = 그러한 고로. ✻ 그러한 까닭으로.

그런다고 = 그렇게 한다고.

그런데 〔어〕 * ①이야기를 다른 쪽으로 끌어갈 때. ②반대되는 이야기를 끌어 올 때. ③그러한데. 건데. 한데.

그런 데 ¶ 그런 데 쓸 돈은 없다. ＊‘데’는 매인이름씨.

그런데다 = 그러한데다. ¶ 형편이 그런데다 병까지 들었다.

그런 데다 ¶ 그런 데다 놓지 마라. ＊‘데’는 매인이름씨.

그런저런 〔매〕＊ 그러하고 저러한.

그런즉 = 그러한즉.

그런지 ¶ 왜 그런지 알 길이 없다. ＊‘~지’는 이음끝.

그런 지 ¶ 그런 지 10년 만에 다시 돌아오다. ＊ 매인이름씨 ‘지’는 앞말과 띄어 쓰고 뒤에는 반드시 시간을 나타내는 말이 옴.

그럴듯하다 = 그럴싸하다. ＊①그렇다고 여길 만하다. ②훌륭하다.

그럴 듯하다 = 그러할 듯하다.

그럴려면 ⇨ 그러려면.

그림[1] 〔느〕＊ 마땅하다는 뜻을 대답할 때. ¶ 그럼, 그렇고말고.

그림[2] 〔어〕= 그러면. ¶ 거기서 그럼 안 된다. 그가 그럼 큰일인데.

그럼에도 불구하고(~不拘~) ㉖ ⇨ 그럼에도. ＊‘불구하고’는 강조하는 뜻으로 생각하기 쉬우나 버려야 할 군더더기임.

그럼으로 = 그럼으로써. ＊ 그렇게 하는 것을 수단, 방법으로 삼아. ☞ 그러므로.

그렁거리다 = 그르렁거리다. ＊ 목구멍에서 가래가 걸리는 소리.

그렁그렁[1] = 그르렁그르렁. ＊ 목구멍에서 가래가 걸리는 소리.

그렁그렁[2] ＊ ①물이 가장자리까지 찬

모양. ②눈물이 그득 괸 모양.

그렁저렁[3] = 그럭저럭. ¶ 그렁저렁 지내다.
☞ 그러구러.

그렇게 = 그러하게.
☞ 그러게.[2]

그렇게 하다 = 그럭하다.

그렇게 할 수 없다 ＊ 조건이 맞지 않아서 할 생각이 없다.

그렇게 ~할 수 없었다 ⇨ 정말 ~다. 참으로 ~다. ¶ 그렇게 아름다울 수 없었다 ⇨ 정말 아름다웠다. 참으로 아름다웠다.

그렇고 = 그러하고.

그렇고말고 = 그렇다마다. ¶ 그렇고말고, 참 좋으이.

그렇기에 ＊ 그와 같기에.
☞ 그러기에.

그렇다 〔그〕＊ ①그러하다. ②그와 같다. ＊ 상태, 모양, 성질.
☞ 그러다.

그렇다마다 = 그렇고말고.

그렇듯 = 그러하듯.

그렇잖다 = 그렇지 않다. ＊‘~잖다’는 ‘~지 않다’의 준말.

그렇지[1] 〔느〕＊ 틀림없이 그렇다는 뜻으로 하는 말.

그렇지[2] 〔그〕＊ 그와 같지.

그렇지가 않다 ⇨ 그렇지 않다.

그렇지만은 ⇨ 그렇지마는. 그렇지만.

그렇지 않다 = 그렇잖다. ＊‘~지 않다’가 줄어서 ‘~잖다’가 됨.

그렇지 않아도 = 그렇잖아도. ＊ 그와 같지 않아도.

그렇지 않는가 ⇨ 그렇지 않은가. 그

렁잖은가.

그렇지 않은 = 그렇잖은.

그렇찮다 ⇨ 그렇잖다. ‡ '잖다'는 '지 않다'의 준말임.

그렇하면 ⇨ 그럭하면. ‡ 그렇게 하면.

그레 = 그레칼. ‡ 집을 지을 때 목재에 금을 긋는 연모.
　☞ 그무개.

그려¹ = 그리어. ‡ 그리다. ¶ 그림을 그려 놓다. 그려 두다. 그려 보다.

그려² 〔토〕 * 강조. {가세그려. 갑시다그려. 나가세그려. 닮았네그려. 돌아오십니다그려. 아네그려. 많습니다그려. 주셨습니다그려. 크네그려.} ¶ 같이 가세그려. 참 딱하데그려. 자주 만납시다그려.
　☞ ～구려.

그루¹ * ① 나무나 곡식의 줄기 밑동. {그루밭. 그루벼. 그루빼기. 그루조. 그루차례. 그루콩. 그루터기. 그루팥.} {수그루. 암그루.} {뒷그루. 앞그루. 홑그루.} ¶ 그루를 갖추다. 그루를 뒤다. 그루를 들이다. 그루를 앉히다. 그루를 치다. 그루를 타다. ② 하나치. ¶ 소나무 두 그루. 벚나무 천 그루.
　☞ 떨기. 포기.

그루² * ① 한 해에 같은 땅에서 농사짓는 횟수. {한그루심기. 두그루부치기. 두그루심기.} ② 하나치. ¶ 이곳에선 논농사도 두 그루 심는다.

그루가르기 = 포기나누기. 포기가름. ‡ 순이 난 뿌리를 갈라 내는 일.

그루갈이 = 그루뜨기. ‡ 같은 땅에서 한 해에 두 번 농사짓는 일.

　☞ 앞그루. 뒷그루. 한그루짓기.

그루바꿈 = 돌려짓기. 해걸러짓기. ‡ 윤작.
　☞ 이어짓기.

그루벼 * ① 움벼. ② 보리를 베어 낸 논에 그루갈이로 심은 벼.
　☞ 움벼.

그루콩 * 그루갈이로 심은 콩.
　☞ 머드레콩.

그루터기 = 뿌리그루. ‡ 풀, 곡식, 나무를 베고 남은 밑동.
　☞ 등걸.

그르다 * ① 하는 짓이나 일이 옳지 않다. ‡ 나쁘다. {그릇되다. 그릇하다.} ¶ 행실이 그르다. 처사가 그르다. ② 잘 될 가망이 없다. ‡ 틀리다. ¶ 이 일은 글렀다. ③ 좋지 않다. ¶ 날씨가 그르다.
　☞ 거르다. 옳다.

그릇 * ① 음식이나 물건을 담는 연모. {그릇받침. 그릇장.} {국그릇. 모삿그릇. 물그릇. 밥그릇. 약그릇. 찬그릇. 찻그릇. 퇴줏그릇.} {갈이그릇. 귀때그릇. 낱그릇. 놋그릇. 대그릇. 도깨그릇. 독그릇. 돌그릇. 사그릇. 사기그릇. 손그릇. 양은그릇. 오지그릇. 옥그릇. 옹기그릇. 유기그릇. 유리그릇. 은그릇. 자개그릇. 질그릇. 채그릇.} ② 하나치. ¶ 밥 두 그릇. ③ 능력이나 도량. ¶ 그릇이 큰 사람.
　☞ 용기.

그릇채 ⇨ 그릇째. ‡ '～째'는 뒷가지.

그릇하다 = 잘못하다. ‡ 그르게 하다.

그리¹ * ① 상태, 모양, 성질이 그러한

모양. ¶ 무엇이 그리 바쁜가? ② 그다지. ¶ 그리 넉넉지 않다.

그리² 〉 고리. ✵ 그쪽으로. ¶ 그리 보내다.

그리고 〔어〕 * 낱말, 구, 절, 월을 잇는 말. ¶ 너 그리고 나.

☞ 그러고.

그리고 나서 ⇨ ① 그리고. ② 그러고 나서.

그리고는 ⇨ 그러고는. ✵ '그리고' 뒤에 '는'을 붙일 수 없음.

그리다¹ * 어떤 모양을 선과 빛깔로 나타내다. {그림.} ¶ 꽃을 그리다.

☞ 새기다.

그리다² * 애틋한 마음으로 사람이나 무엇을 막연하게 바라거나 기다리거나 보고 싶어하다. ✵ 몸으로 느끼는 것보다는 정신적인 것을 나타냄. ¶ 이것이 꿈에 그리던 고향이다.

☞ 그리워하다.

그리로 = 그리. 글로. ¶ 그리로 가다. 그리로 보내다.

그리스도교도(Kristos敎徒) ⇨ 그리스도교 교도. 기독교 교도. ✵ 신도.

그리워하다 * 구체적인 대상을 사랑하여 몹시 보고 싶어하다.

☞ 그리다.

그리이스(Greece) ⇨ 그리스. ✵ 나라 이름.

그리하고 = 그러고.

그리하고는 = 그러고는.

그리하다 = 그러다. ¶ 그리하다 마침내 성공하였다.

☞ 그러하다.

그림 * 모양을 그리어 나타낸 것. 또는

그런 예술 작품. {그림값. 그림글. 그림말. 그림물감. 그림배. 그림본. 그림붓. 그림쇠. 그림씨. 그림엽서. 그림일기. 그림장. 그림쟁이. 그림책. 그림첩. 그림칼. 그림틀. 그림판. 그림풀이.} {걸개그림. 마련그림. 머릿그림. 먹그림. 밑그림. 펼친그림.} ¶ 그림 글자. 그림의 떡.

☞ 환.¹

그림면(~面) ¶ 그림면에서는 그 사람이 낫다. ✵ 그림 솜씨는.

그림 면(~面) * 그림이 그려진 바닥.

그림을 접(接)**하다** ⇨ 그림을 보다. 그림을 감상하다.

그림쟁이 * 그림을 그리는 사람. ✵ 화가.

☞ 환쟁이.

그만그만하다 〉 고만고만하다. ✵ 여럿이 다 비슷비슷하다.

그만두다 = 간두다. 〉 고만두다. 관두다. ✵ 하던 일을 그치다.

☞ 가만두다. 그냥 두다.

그만때 ⇨ 그맘때.

그만치 = 그만큼. ✵ 그만한 정도로.

그만하다 * 상태, 모양, 성질의 정도가 그러하다. ¶ 병세가 그저 그만하다. 그만하면 사윗감으로 됐다. 그만한 일로 화를 내다니.

그만 하다 * 끝내다. ¶ 일을 그만 하고 쉬자. 거짓말은 그만 해라.

그무개 * 건축할 때 목재에 나란히금을 긋는 연모.

☞ 그레.

그물 * 노끈, 실, 줄로 코가 생기도록 얽어 짠 물건. ✵ 물고기나 짐승을 잡

ㄱ

는 데 씀. {그물감. 그물바늘. 그물배. 그물사냥. 그물질. 그물채. 그물추. 그물추기.} {가래그물. 걸그물. 길그물. 깃그물. 끌그물. 날개그물. 당김그물. 덮그물. 두리걸그물. 두릿그물. 들그물. 뜬걸그물. 망그물. 망녕그물. 몰잇그물. 밑걸그물. 삼태그물. 새그물. 실그물. 쓰레그물. 자루그물. 자리그물. 짚그물. 채그물. 토끼그물. 통그물. 후릿그물. 훌림걸그물.} ¶ 그물을 치다.
☞ 망.² 덫.

그물그물 〈 끄물끄물. ✻ 날씨가 활짝 개지 않고 흐린 모양.
☞ 고물고물. 꾸물꾸물.

그물눈 = 그물코.

그물사냥 ✻ 그물을 쳐서 짐승을 잡는 일.
☞ 사냥.

그뭄 ⇨ 그믐.

그믐 = 그믐날. ✻ 음력으로 그달의 마지막 날. {그믐께. 그믐반달. 그믐밤. 그믐사리. 그믐장. 그믐치.}
☞ 보름.

그믐게 ✻ 음력 그믐께 잡히는, 살이 찬 게.
☞ 보름게.

그믐달 ✻ 음력으로 달마다 마지막 날에 뜨는 달. ✻ 니은 모양임.
☞ 반달. 보름달. 온달. 초승달.

그밖에 ¶ 아는 사람은 그밖에 없다. ✻ 그뿐. '밖에'는 토씨.

그 밖에 ¶ 그 밖에도 여러 가지가 있다. ✻ '밖'은 이름씨.

그분 = 그이. ✻ 그자.

그사이 = 그새. ✻ 그동안. 그간.

그스르다 ⇨ ① 그슬리다. ② 그을리다. ③ 거스르다.

그스름 ⇨ 그을음.

그슬다 ✻ 불에 겉만 조금 타게 하다. ¶ 장승 밑동을 그슬다.
☞ 그을다. 거스르다.¹

그슬리다 ✻ '그슬다'의 입음과 하임. ¶ 머리카락이 그슬리다.
☞ 그을리다. 거슬리다.

그 애 = 걔. 그 아이.

그 애는 = 걔는. 걘.

그 애를 = 걔를. 걜.

그어주다 = 거주다. ✻ ① 돈, 곡식 가운데서 얼마를 몫으로 떼어 주다. ¶ 네 몫으로 벼 열 섬을 그어주겠다. ② 돈을 환으로 부치다.

그어 주다 ¶ 금을 그어 주다. ✻ 긋다.

그예 ✻ 마지막에 가서는 고만. ✻ 좋지 않은 일이 일어났을 때. ¶ 비를 맞고 돌아다니더니 그예 몸살이 나고 말았구나.
☞ 기어이.

그으름 ⇨ 그을음.

그윽히 ⇨ 그윽이. ✻ 그윽하다.

그을다 ✻ 볕이나 연기를 오래 쬐어 빛깔만 검게 되다. ✻ 그을고. 그을어. 그으니. 그으오. 그은.
☞ 그슬다. 타다.

그을리다 ✻ '그을다'의 입음과 하임. ¶ 몸이 그을려 보기가 좋다.
☞ 그슬리다.

그을은 ⇨ 그은. ✻ 그을다.

그을음 = 글음. ✻ 연기에 섞여 나오는 검은 가루.

☞ 철매.

그이 = 그분. 그자. ＊ 그 사람.
☞ 이이. 이분. 저이. 저분.

그자(〜者) = 그분. 그이. 그 사람.
＊ 낮은말.

그저 ＊ ①그냥 하염없이. ¶ 그저 좋아
한다. ②특별한 까닭 없이. ¶ 그저
네가 참아라. ③별로 신기함이 없
이. ¶ 그저 그렇지요, 뭐. ④어쨌든
지 덮어놓고. 제발. ¶ 그저 살려 주십
시오. ⑤아닌게아니라 과연. ¶ 내,
그저 그럴 줄 알았지. ⑥고치지 아
니하고 이제까지. ¶ 그저 그 모양이
다. ⑦다만. ¶ 그저 용서해 주시길
바랄 뿐입니다. ⑧그대로 사뭇. ¶ 그
저 막 두드리다.
☞ 거저.

그저께 = 그제. ＊ 어제의 전날. ¶ 그
저께 밤.

그저먹다 ⇨ 거저먹다. ＊ 공먹다.

그전(〜前) ＊ 옛날. ¶ 그전에는 여기
가 연못이었다.

그 전(〜前) ＊ 그 이전. ¶ 그 전에 돌
아와야 한다.

그제사 ⇨ 그제야.

그제서야 ⇨ 그제야. ＊ 어찌씨는 끝바
꿈을 하지 않음.

그지없다 ＊ 끝이나 한량이 없다. ¶ 어
버이의 사랑은 그지없다.
☞ 〜기 짝이 없다.

그 집주인 ＊ 집주인 그 사람.

그 집 주인 ＊ 그 집의 주인.

그쪽 ＊ 너나 당신을 일컫는 말. ¶ 그쪽
은 어떻게 생각하시는가?

그 쪽 ¶ 책상을 그 쪽으로 조금만 옮겨

라.

그치다 ＊ 이어지던 일이 저절로 멈추
다. ¶ 비가 그치다. 울음을 그치다.
☞ 긋다.² 끝내다. 마치다. 멎다.

그토록 = 그러하도록. ＊ 그렇게까지.
¶ 그토록 아픈 줄 몰랐다.

그후(〜後) ⇨ 그 후.

극(劇) = 연극. {가면극. 그림자극. 마
당극. 막간극. 무언극. 민속극. 사상
극. 산대극. 실내극. 야외극. 인형
극. 촌극.} {단막극. 장막극. 토막극.}
¶ 낭만주의 극. 사실주의 극. 표현주
의 극.

극광(極光) 왜 ⇨ 오로라.

극대화시키다(極大化〜) ⇨ 가장 크
게 하다. ＊ 극대화하다.

극락(極樂) ＊ ①아무 걱정이 없는 저
세상. {극락길. 극락왕생.} ②극락
세계. 극락정토. 금색세계. ＊ 아미
타불이 살고 있는 정토.
☞ 지옥.

극복되어지다(克服〜) ⇨ 이겨 내다.
＊ 극복하다.

극복코(克服〜) ⇨ 극복고. 극복하고.
＊ 안울림소리 뒤엔 '하'가 줆.

극성떨다(極盛〜) = 극성부리다.

극성뗑이(極盛〜) = 극성쟁이.

극소화시키다(極小化〜) ⇨ 아주 작
게 하다. ＊ 극소화하다.

극적극적 ⇨ 긁적긁적.

극젱이 = 끌쟁기. 굽정이. ＊ 땅을 가
는 데 쓰는 농사 연모.

극죽극죽 ⇨ 긁죽긁죽.

근¹ = 그는.

근²(近) 〔매〕 ＊ 그 수량에 거의 가까

움. ¶ 근 열흘 동안 앓았다.
☞ ~여.

근³(斤) * 하나치. ‡ 무게. ¶ 돼지고기
두 근. 쇠고기 서 근.
☞ 냥. 돈.²

근거(根據) 옝 ⇨ ① 뿌리. 바탕. 자
리. ¶ 활동의 근거 ⇨ 활동하는 바
탕. 활동하는 자리. 사실에 근거를
두다 ⇨ 사실에 바탕을 두다. ② 터
무니. 까닭. 이유. ¶ 판단의 근거 ⇨
판단의 터무니. 주장하는 근거 ⇨
주장하는 이유.

근거하다(根據~) 옝 ⇨ 바탕을 두다.
뿌리를 두다.

근거리(近距離) 옝 ⇨ 가까운 거리.

근거지(根據地) 옝 ⇨ 본거지.

근검하다 * ① 자손이 많아서 보기에
복스럽다. ② 마음에 흐뭇하고 남 보
기에 굉장하다.

근검하다(勤儉~) * 부지런하고 알뜰
하다. {근검절약.}

근근이(僅僅) = 근근. ‡ 어렵사리 겨
우. ¶ 근근이 살아간다.
☞ 건건히.

근근하다¹ * 아픈 듯하면서 가려운 느
낌이 있다. ¶ 곪은 데가 근근하다.

근근하다² * 못이나 우물에 물이 가득
하다. ¶ 연못에 물이 근근하다.

근대국 ⇨ 근댓국. ‡ 근대의 잎으로 끓
인 국.

근대 소설(近代小說) * 신소설 뒤에
나온, 새로운 소설. ‡ 이광수의 "무
정"이 처음임.
☞ 고대 소설. 신소설.

근데 = 그런데.

근두박질(筋斗撲跌) ⇨ 곤두박질.

근방(近方) = 근처. ‡ 가까운 곳.
☞ 부근.

근삿값(近似~) = 근사치. ‡ 참값에
가까운 값.

근석(根石) 옝 ⇨ 밑돌. ‡ ① 동바리
밑을 받치는 돌. ② 담 밑바닥에 쌓
는 돌.

근성(根性) 옝 ⇨ ① 본성. 마음보. 성
질. ② 끈기. 뚝심. ③ 버릇. ④ 행짜.
행티. ⑤ 소가지. 성깔. 깡다구.

근심 = 시름. ‡ 풀지 못한 일 때문에
속을 태움. {근심거리.} {근심스럽
다. 근심하다.} ¶ 근심이 없다. 근심
이 있다. 근심에 싸이다.
☞ 걱정.

근원동(根源童) = 근원둥이. ‡ ① 첫
날밤에 배서 낳은 아이. ② 사이가
좋지 않던 부부가 서로 좋아지면서
낳은 아이.
☞ 말머리아이.

근절충(根切蟲) 옝 ⇨ 뿌리벌레. ‡ 뿌
리를 잘라 먹는 해론벌레.

근중(斤重) ⇨ 근쭝. 근. ‡ 한약재를
다는 무게의 하나치.

근지럽다 * ① 가려운 느낌이 나다.
¶ 등이 근지럽다. ② 무엇을 하고 싶
은 생각이 나다. ¶ 말이 하고 싶어서
입이 근지럽다.
☞ 가렵다.

근쭝〔斤重〕 = 근. ‡ 한약재를 다는
무게의 하나치.

근처(近處) = 근방. ‡ 가까운 곳.
☞ 부근.

글 * 뜻, 생각, 느낌, 소리를 글자나 글

월로 나타낸 것. {글공부. 글다듬기.
글마루. 글말. 글말글. 글말체. 글
맛. 글맵시. 글머리. 글모음. 글밑
천. 글발. 글방. 글방사랑. 글벗. 글
벙어리. 글속. 글솜씨. 글쓰기. 글쓴
이. 글월. 글장. 글쟁이. 글줄. 글짓
기. 글쪽지. 글체. 글초. 글투. 글
품.} {귀글. 머리글. 밤글. 옛글. 우
리글. 줄글. 토막글. 헛글.} ¶ 광고
글. 짧은 글. 편지 글. ¶ 글을 깨치
다. 글을 다듬다. 글을 쓰다. 글을 읽
다. 글을 짓다.
　☞ 말.¹ 글씨. 글자.
글감 ＝ 글거리. ＊ 글의 속내가 되는
　재료.
글겅글겅 ＝ 글그렁글그렁. ＊ 가래가
　목구멍에 걸려 나는 소리.
글겡이 ⇨ 글겅이. ＊ ①짐승 털을 빗
　기는 연모. ②고기잡이 연모.
글구(~句) ⇨ 글귀. ＊ 겨레말 뒤에서
　는 '귀'임.
글구멍 ＊ 글을 배우는 재능. ¶ 글구멍
　이 트이다.
　☞ 글눈.
글귀¹ ＊ 글을 이해하는 능력. ¶ 글귀 밝
　다. 글귀 어둡다. 글귀가 트이다.
글귀²(~句) ＊ 글의 구나 절. ＊ 글의
　토막. ¶ 글귀를 외다.
　☞ 구절. 귀글.
글눈 ＊ 글을 보고 뜻을 아는 능력. ¶ 글
　눈을 뜨다.
　☞ 글구멍.
글동무 ＝ 글동접. ＊ 같은 글방에서 함
　께 공부한 동무.
　☞ 동기. 동문. 동창.

글뒤주 ＝ 글방도련님. 글방물림. 글
　방퇴물. 책상물림. ‡ 글공부만 하여
　세상 물정을 모르는 사람.
글로 ＝ 그리로.
글마루 ＝ 몸말. ‡ 본문. 본론.
　☞ 글머리. 머리말. 맺음말.
글말 ＊ ①글월에서만 쓰는 말. ‡ 문어.
　②글자 말. ‡ 문자언어.
　☞ 입말.
글머리 ＝ 머리글. 머리말. ‡ 서문. 서
　론.
　☞ 글마루. 몸말. 맺음말.
글발 ＊ ①적어 놓은 글. ¶ 수첩에 적어
　놓은 글발. ②써 놓은 글자의 생김
　새, 짜임새, 뜻. ¶ 글발이 고르다.
　☞ 글월.
글방도련님 ＝ 글방물림. 글방퇴물.
　글뒤주. 책상물림.
글방서방님 ＊ 글공부말고 아무것도 하
　는 일이 없는 남자.
글성거리다 ⇨ 글썽거리다.
글소경 ＝ 까막눈이. 눈뜬장님. 반소
　경. ＊ 문맹.
　☞ 소경.
글속 ＊ 학문을 이해하는 정도. ¶ 그 사
　람은 글속이 깊다.
글 속 ＊ 글의 속내. 글의 안. ¶ 글 속에
　길이 있다.
글씨 ＊ 손으로 쓴 글자나 글자 모양.
　{글씨본. 글씨쓰기.} {꼬부랑글씨.
　붓글씨. 펜글씨.} {가로글씨. 내리
　글씨. 세로글씨.} ¶ 글씨 자국.
　☞ 글. 글자.
글씨체(~體) ＊ ①글씨를 써 놓은 모
　양. {붓글씨체. 펜글씨체.} ②붓글씨

에서 격식. ¶ 구양순 체. 왕희지 체.
조맹부 체. 추사 체. 한석봉 체. ③활
자의 글씨체. {고딕체. 궁체. 명조체.
송조체. 청조체. 이탤릭체.}
☞ 십체. 팔체.

글월 = ① 글. ✽ 문장. ② 편지.
☞ 글발.

글을 접하다(接~) ⇨ 글을 보다. 글
을 읽다.

글음 = 그을음. ✽ 연기에 섞여 나오는
검은 가루.

글쎄올시다 〔느〕 = 글쎄요.

글자 ✽ 말이나 소리를 눈으로 볼 수 있게
담는 기호. {글자꼴. 글자본. 글자체.}
{겹글자. 머리글자. 뜻글자. 소리글자.
시늉글자.} ¶ 그림 글자. 쐐기 글자. 낱
내 글자. 낱소리 글자. ¶ 니혼 글자. 라틴
글자. 로마 글자. 아라비아 글자. 차이나
글자. 한국 글자.
☞ 글. 글씨.

글자판(~板) ✽ ① 타자기, 컴퓨터, 계
산기 따위에서 글자가 쓰인 바닥.
② 바늘판. ✽ 시계나 계량기의 눈금
이 그려진 바닥.

글장이 ⇨ 글쟁이. ✽ 문필가.

글재주 = 글재간. ✽ 글을 쉽게 깨우치
는 재주나 글을 잘 짓는 재주.

글점(~點) = 월점. ✽ 문장 부호.

글짜 ⇨ 글자.

글치장 ⇨ 글치레. ✽ 글을 꾸밈.

글페 ⇨ 글피. ✽ 모레의 다음날.

긁다 ✽ ① 날카로운 끝으로 세게 문지
르다. ② 갈퀴로 긁어모으다.
☞ 할퀴다. 후비다.

긁어모으다 ✽ ① 갈퀴질하다. ② 등을

쳐서 돈을 챙긴다.
☞ 그러모으다.

긁적긁적 〉갉작갉작. ✽ ① 뾰족한 끝
으로 자꾸 문지르는 모양. ② 글이나
그림을 되는대로 그리는 모양.

긁죽긁죽 〉갉죽갉죽. ✽ 자꾸 긁는 모
양.

긋다 ⇨ 그르다.

금[1] = 금새. ✽ 물건의 값. {금나다. 금낮
다. 금높다. 금하다.} {먹은금.} ¶ 금
놓다. 금 맞추다. 금 보다. 금 치다.
금 닿다.
☞ 값.

금[2] ✽ ① 긋거나 접은 자국. ✽ 평면.
¶ 금을 긋다. 금이 나다. 먹줄로 금
을 놓다. ② 갈라지지 않고 터지기
만 한 자국. ¶ 장독에 금이 가다.
☞ 끈. 띠.[2] 선.[2] 줄.[1] 태.[2] 엉그름.

금[3](金) ✽ {금가락지. 금가루. 금값. 금
공예. 금귀고리. 금니. 금덩이. 금도
끼. 금돈. 금딱지. 금메달. 금모래. 금
물. 금바늘. 금박. 금박이. 금박지. 금
반지. 금방. 금방울. 금배지. 금부처.
금붙이. 금비녀. 금빛. 금송아지. 금
술. 금시계. 금시장. 금실. 금싸라기.
금장식. 금장이. 금제품. 금종이. 금
줄. 금테. 금테두리. 금팔찌. 금패물.}

금가다 ✽ 터져서 금이 생기다.
☞ 줄지다.

금강역사(金剛力士) = 금강신. ✽ 절
의 문, 수미단 앞에 세우는 신.

금강산(金剛山) ✽ 강원도에 있는 우리
나라 산 이름.
☞ 개골산. 봉래산. 풍악산.

금귀걸이 ⇨ 금귀고리.

금 긋다 * ① 반반한 바닥에 표가 나게 긋다. ② 막다른 곳임을 표하다. ③ 넘지 못하게 표하다.
　☞ 줄 치다.

금기시하다(禁忌視~) ⇨ 꺼리다. * 금기하다.

금나다 = 값나다. * 팔고 사는 값이 정해지다.

금낮다 = 값싸다. * 값이 낮다.

금높다 = 값비싸다. * 값이 높다.

금 놓다 * ① 물건값의 대중을 정하다. ② 물건값을 부르다.
　☞ 금 보다. 금 치다.

금니(金~) = 금이빨.

금니빨 ⇨ 금니. 금이빨.

금동불상(金銅佛像) = 금동부처. 금동불. * 불교.

금명간(今明間) 왜 ⇨ ① 오늘내일 사이. ② 곧.

금몸(金~)〔金身〕= 금색신. * 금빛을 칠하여 만든 부처의 몸.

금물(金物) 왜 ⇨ ① 금붙이. ② 쇠붙이.

금반(今般) 왜 ⇨ 이번.

금방 * ① 바로 이제. ② 지금 막. ③ 바로 조금 뒤. * 지난 적이나 올 적과 어울림. ¶ 금방 먹을 떡에도 소를 박았다. 금방 갈게.
　☞ 금세.¹ 금시. 방금. 시방. 지금.

금백이 ⇨ 금박이. * 금빛 가루로 글자나 무늬를 박은 물건.

금번(今番) 왜 ⇨ 이번.

금 보다 * 물건값을 알아보다.
　☞ 금 놓다.

금봉(金棒) 왜 ⇨ 쇠막대기.

금부처(金~) = 금불. 황금불. * 불교.

금부치(金~) ⇨ 금붙이. * 금으로 만든 물건.

금비(金肥) 왜 ⇨ 화학 거름. * 화학 비료.

금새 = 금. * ① 물건값. ② 물건값의 비싸고 싼 정도.
　☞ 금세.¹

금색신(金色身) = 금신. 금몸. * 금빛을 칠하여 만든 부처의 몸.

금생(今生) = 이승. * 이 세상. 사람이 살아 있는 세상.
　☞ 저승.

금세¹〔어〕= 금시에. * ① 이제 곧. 지금 바로. ② 짧은 시간.
　☞ 금새. 금시.

금세²(今世)〔이〕* ① 현재의 세상. ② 금세기. ③ 이승.

금슬(琴瑟) * 거문고(여자 악기)와 비파(남자 악기).
　☞ 금실.

금시(今時) * 곧바로 지금. ¶ 이 사진을 보기만 하면 금시에 어린 시절로 돌아간다. 과자를 주니 금시 울음을 그쳤다.
　☞ 금방. 방금. 시방. 지금.

금실(琴瑟) * 부부의 사랑.
　☞ 금슬.

금싸래기(金~) ⇨ 금싸라기. {금싸라기땅.}

금액난(金額欄) ⇨ 금액란. * 한자말 뒤에는 '란'임.

금언(金言) * ① 생활의 본보기가 될 만한 짧은 말 토막. * 지은이를 알 수 없음. ② 부처님께서 하신 법언.
　☞ 격언. 명언. 속담.

금연도(今年度) ⇨ 금년도. ⁑ 올해의 연도.

금요일날(金曜日~) ⇨ 금요일. ⁑ 뜻이 겹침.

금이 〔金齒〕 ⇨ 금니. 금이빨.

금이박이(金~) ⇨ 금니박이. ⁑ 금니를 한 사람.

금이빨(金~) = 금니.

금일(今日) [왜] ⇨ 오늘.

금자동이(金字童~) ⇨ 금자동. 금자둥이. ⁑ 귀한 어린아이.

금잔(金盞) = 금 술잔. 황금 술잔.

금전(金錢) * ① 화폐. ② 금화. ③ 돈으로 값어치가 있는 모든 것. ⁑ 추상적.
☞ 돈.[1] 화폐.

금전출납부(金錢出納簿) [왜] ⇨ 치부책.

금점꾼(金店~) = 금전꾼. ⁑ 금광에서 일하는 사람.

금조개 = 전복갑. ⁑ 전복 껍데기.

금주(今週) [왜] ⇨ 이번 주.

금줄[1](禁~) = 인줄. ⁑ 아이를 낳거나 장을 담그거나 잡병을 쫓을 때 부정한 것을 막으려고 사람이 드나들지 못하게 길 어귀, 당산나무, 대문에 매는 새끼줄. {헛금줄.} ¶ 금줄을 치다.

금줄[2](金~) * ① 금맥. ② 금으로 만든 줄.

금지시키다(禁止 ~) ⇨ 못하게 하다. 막다. ⁑ 금지하다.

금측(金側) [왜] ⇨ 금딱지. ⁑ 금으로 만든 시계 껍데기.

금치기 * 물건의 시세를 따져서 값을 매기는 일.

금 치다 * 값을 어림잡아 부르다.
☞ 금 놓다.

금하다[1] * 흥정하여 값을 정하다.

금하다[2](禁~) * 못하게 막다.

금형(金型) [왜] ⇨ 쇠거푸집.

금회(今回) [왜] ⇨ 이번.

급[1](級) * 계급이나 등급. ¶ 바둑 일급. 1급. 2급. 3급. A급. B급.

~급[2](~級) * ① ~와 같은 지위. {간부급. 과장급. 이사급. 장관급. 차관급. 부장급.} ② 등급. {무제한급. 백두급. 장사급. 한라급. 라이트급. 무제한급. 미들급. 헤비급. 밴텀급. 웰터급. 주니어급. 페더급. 플라이급.}

되매 * 되니까. 되므로. ⁑ 근거. 원인. 이유.
☞ 됨에.

급구배(急勾配) [왜] ⇨ 된비탈. 된비알. ⁑ 급경사.

급급하고 있다(汲汲~) ⇨ 급급해 하다.

급급하는(急急~) ⇨ 급급한. ⁑ 그림씨에 '는'이 붙지 못함.

급기야(及其也) ⇨ ① 끝내. ② 마지막에 가서는. 마침내. ③ 막. 막상.

급냉하다(急冷~) ⇨ 급랭하다. ⁑ 급히 얼리거나 차게 하다.

급때 ⇨ 그때.

급사(給仕) [왜] ⇨ 손대기. ⁑ 사환. 사동.

급살김치(急煞~) = 벼락김치. ⁑ 간장에 절여서 바로 먹는 김치.

급살장아찌(急煞~) = 벼락장아찌. ⁑ 절여서 바로 먹는 장아찌.

급소(急所) [왜] ⇨ ① 명자리. ② 긴한 목. 요긴목. 요긴통.

급작이 ⇨ 급자기. 〉 갑자기.

급장이(怯〜) ⇨ 겁쟁이.

급하다(急〜) * ①지체할 겨를이 없다. ¶ 급한 일. 한시가 급하다. ②기울기가 가파르다. ¶ 급한 내리막. 비탈이 급하다. ③성질이 메마르다. ¶ 급한 성질. ④병이 위독하다. ¶ 급한 고비. 병세가 급하다. ⑤흐름이 매우 빠르다. ¶ 급하게 먹다. 급하게 서두르다.
☞ 바쁘다. 빠르다.

급행(急行) * 빠르게 감. {급행버스. 급행열차. 급행요금.}
☞ 완행. 직행.

긋다¹ * ①뾰족한 끝으로 누르면서 움직이다. ②금을 그리다.
☞ 치다.¹

긋다² 〔제〕 * 비가 잠깐 그친다. ¶ 비가 긋는 것도 잠깐이었다.

긋다³ 〔남〕 * 비를 피하여 잠깐 기다린다. ¶ 처마 밑에서 비를 긋다.
☞ 그치다. 걷다.² 듣다.¹

긍지(矜持) 倭 ⇨ 보람. 자랑. ✳ 자긍심.

긍지와 자부심(矜持〜 自負心) 倭 ⇨ 보람. 자랑. ✳ 자긍심.

긴가민가하다 ⇨ 긴가민가하다. ✳ 분명하지 않다.

기¹(氣) * 힘. 기운. 숨. {기쓰다. 기죽다. 기펴다.} ¶ 기가 막히다.

〜기²(〜氣) * ①느낌. {냉기. 바람기. 불기. 시장기. 온기.} ②성분. {간기. 기름기. 비눗기. 소금기. 술기. 화장기.}
☞ 끼.²

기³(基) * 하나치. ¶ 무덤 두 기. 비석 세 기. 탑 두 기. 원자로 세 기. 유도

탄 네 기.
☞ 문.

〜기⁴ * 움직씨나 그림씨의 줄기에 붙어 이름씨를 만드는 뒷가지. {굵기. 달리기. 돌려짓기. 모내기. 사재기. 줄넘기. 크기.}
☞ 〜음.

기간(期間) * 두 시기의 사이. ¶ 강조 기간. 이 기간에 돈을 많이 모았다.
☞ 기일. 기한. 동안.

기간동안(期間〜) ⇨ 기간. 동안. ✳ 뜻이 같은 말임.

기계국수(機械〜) ⇨ 틀국수.
☞ 손국수. 수타국수. 칼국수.

기계세탁(機械洗濯) 倭 ⇨ 틀빨래. ✳ 빨래틀로 하는 빨래.

기구(器具) 倭 ⇨ ①연모. ②연장. ③세간.

〜기 그지없다 = 〜기 한량없다.

기급하다(氣怯〜) ⇨ 기겁하다. ✳ 숨이 막힐 듯이 놀라다.

기꺼이하다 ⇨ 기꺼이 하다. ¶ 궂은 일을 기꺼이 하다.

기꺼하다 = 기꺼워하다. ✳ 은근히 기뻐하다.

기껏 * 정도나 힘이 미치는 데까지. ¶ 기껏 월급쟁이밖에 못 되는 주제.
☞ 겨우. 고작. 한갓.

기꼭지 = 깃대강이. ✳ 깃대 꼭대기의 꾸밈새.
☞ 깃봉.

기는줄기 = 땅덩굴줄기. 뛰엄줄기. ✳ 고구마, 수박, 딸기 따위

기능하다(機能〜) ⇨ 구실을 하다.

기다¹ * ①기어다니다. ②느리게 움

직이다.

기다² = 그것이다. ¶ 기다 아니다 말을 해 봐라.

기다랗다 * 매우 길거나 생각보다 길다. ‡ 기다랗고. 기다랗소. 기다랗지. 기다라네. 기다라니. 기다란. 기다라면. 기다래.
☞ 기다맣다. 길쭉하다.

기다리다 * 사람을 만나거나 일이 이루어질 때까지 시간을 보내다. {헛기다리다.} ¶ 기다리다 못해. 기다릴 수밖에. 기다릴 테야.
☞ 바라다.

기다맣다 = 기다마하다. ‡ 꽤 길다. ¶ 기다마한 장대로 밤을 털다.
☞ 기다랗다.

기닿다 = ① 기다랗다. ② 기다맣다. ‡ 꽤 길다.

기대값(期待~) ⇨ 기댓값.

기대강이(旗~) ⇨ 기꼭지.

기대(期待)**를 가지다** ⇨ 바라고 기다리다. * 기대하다.

기대하고 싶다(期待~) ⇨ 바라고 기다리다. ‡ 기대하다.

기도〔木戸番〕㊌ ⇨ 문지기.

기도하다¹(祈禱~) = 빌다. 비손하다. ‡ 기도드리다.

기도하다²(企圖~)㊌ ⇨ 꾀하다. 하려하다.

기디길다 ⇨ 길디길다. ‡ 매우 길다.

기똥차다 = 기막히다. ‡ 속된 말.

기라성(綺羅星. 기라보시)〔惶星〕㊌ ⇨ 빛나는 별. ‡ 쟁쟁한.

기럭기럭 * 기러기가 우는 소리.

기러기발 * 거문고, 가야금의 줄을 고르는 나무 받침.
☞ 까치발.¹ 노루발.

기럭지 ⇨ 길이.

기레빠시(기레파시)〔切端〕㊌ ⇨ ① 끄트러기. ②자투리.

기롱지거리(譏弄~) * 남을 속이거나 비웃으며 놀리는 짓.
☞ 농지거리.

기률(紀律) ⇨ 기율. ‡ 니은이나 홀소리 뒤에선 '율'임.

기르다 * ①동식물을 보살펴서 자라게 하다. ¶ 강아지를 기르다. ②육체나 정신을 강하게 만들다. ¶ 정신력을 기르다. ③ 사람을 가르쳐 키우다. ¶ 과학자를 기르다. ④버릇을 몸에 익히게 하다. ¶ 일찍 일어나는 버릇을 기르다. ⑤병을 더하게 하다. ¶ 병을 기르면 고치기 어렵다. ⑥ 수염이나 머리카락을 자라게 하다.
☞ 가꾸다. 먹이다. 육성하다. 치다.⁴ 키우다.

기름〔油脂〕* 굳기름과 물기름을 두루 일컬음. {기름값. 기름기. 기름내. 기름땀. 기름때. 기름띠. 기름방울. 기름밭. 기름배. 기름병. 기름복자. 기름샘. 기름숫돌. 기름얼룩. 기름옷. 기름접시. 기름종이. 기름집. 기름차. 기름천. 기름칠. 기름통. 기름투성이. 기름틀. 기름펌프.} ¶ 기름 중탕. 기름 찌꺼기. 기름 탱크. ¶ 광물성 기름. 동물성 기름. 식물성 기름. {개기름. 고래기름. 돼지기름. 두꺼비기름. 밀기름. 발기름. 소기름(쇠기름). 정어리기름.} {겨자기름. 고추기름. 동백기름. 들기름. 목화씨기름. 무씨기름. 배추씨 기름. 삼씨기름. 수유기름. 아주까리기름. 오동기름. 올리브기름. 잣기름. 참기름. 콩기름. 피마자기름.} {애벌기름. 애잇기름.} {기계기름. 머릿기름.} ¶ 기름 짜다. 기름 치다.
☞ 굳기름. 물기름.

기름빨래 * 기름으로 하는 빨래.

기름 빨래 * 기름이 묻은 빨랫감을 빠는 일.
☞ 물빨래.

기름샘 = 굳기름샘. 기름구멍. ⁑ 동물의 몸에서 기름이 나오는 샘.

기름지다 * ①음식에 기름기가 많다. ②사람이나 동물이 살지다. ③식물이 싱싱하고 윤기가 있다. ④땅이 매우 걸다.
☞ 살지다.

기름채 = 기름챗날. 챗날. ⁑ 기름을 짜는 기름틀에 쓰는 연모.

기름태(~太) ⇨ 기름콩. ⁑ 콩나물을 기르는 콩.

기름톨〔脂肪粒〕 = 굳기름톨.

기름하다 * 조금 긴 듯하다.
☞ 갸름하다. 길쭉하다.

기리[1] ⇨ 길이.

기리[2]〔錐〕 [왜] ⇨ ①송곳. ②칼.

기리스테〔切捨〕 [왜] ⇨ 잘라내기.

기리카에〔切替〕 [왜] ⇨ 바꾸기. 갈아대기.

기린(麒麟) * ①들짐승 이름. ②태평성대를 나타내는 상상의 동물.
☞ 거북. 봉황. 용.

~기 마련이다 ⇨ ~게 마련이다. ¶ 봄이 오면 꽃이 피게 마련이다.

기마이(**기마에**)〔氣前〕 [왜] ⇨ ①호기. ②선심. ③한턱.

기막히다 = 기똥차다. ⁑ 낮은말.

기만시키다(欺瞞~) ⇨ 속여 넘기다. 속이다. ⁑ 기만하다.

기미 * 얼굴에 끼는 얼룩점. ⁑ 간반.

기미채다(幾微~) = 낌새채다. 눈치채다. ⁑ 기미를 느끼다.

기반 닦다(基盤~) [왜] ⇨ 터를 닦다. 기틀을 닦다. 바탕을 마련하다.

기반 잡히다(基盤~) [왜] ⇨ 뿌리를 내리다. 기틀이 잡히다.

기반하다(基盤~) [왜] ⇨ 터전을 두다. 바탕을 두다. 바탕으로 삼다.

기부스(Gips) [왜] ⇨ 깁스붕대. 석고붕대. ⁑ 깁스.

기부금(寄附金) * 자선 사업이나 공공의 일을 도와주려고 내는 돈.
☞ 갹출금. 의연금.

기분 내키다 = 마음이 내키다.

기분적으로(~的~) ⇨ 기분대로. 마음이 내키는 대로.

기쁘다 * 좋다는 느낌이 마음속에서 일어나서 몸으로 번져 나올 때. ⁑ 당선, 합격, 승진 따위 바라던 바가 이루어졌을 때의 느낌으로 혼자 속으로 간직하고 가만히 있을 수 있음.
☞ 즐겁다.

기쁘하다 ⇨ 기뻐하다.

기상곡(綺想曲) [왜] ⇨ 카프리치오. ⁑ 음악.

기상하다(起床~) [왜] ⇨ 일어나다.

기생(妓生) = 기녀. 청상. ⁑ 노래, 춤, 풍류로 흥을 돋우는 일을 직업으로 하는 여자. {기생도가. 기생방. 기생오

라비. 기생퇴물.}

기세부리다(氣勢～) = 기세피우다.
‡ 영향을 끼칠 태도를 보이다.
　☞ 기승부리다.

기송(磯松) ㉦ ⇨ 갯길경이. ‡ 두해살
이풀 이름.

기스(기즈)〔傷〕㉦ ⇨ 흠. 흠집.

기스락물 ⇨ 낙숫물.

기승부리다 = 기승떨다. ‡ ①성미가
억척스러워서 좀처럼 굽히지 않다.
②힘이나 기운이 좀처럼 누그러들
지 않다.
　☞ 기세부리다.

기승피우다 ⇨ 기승떨다. 기승부리다.

기심 ⇨ 김. ‡ 논밭에 난 풀.

기아(gear) ㉦ ⇨ ①톱니바퀴. ②변
속장치. ‡ 기어.

기어이(期於～) = 기어코. ‡ ①바라
던 바에 어김이 없이. ¶ 원수를 기어
이 갚다. ②결국에 가서는. ¶ 그렇
게 말려도 기어이 떠나다.
　☞ 그예.

기억나다(記憶～) ⇨ 생각나다.

기억 안 나다(記憶～) ⇨ 생각이 안
나다. 생각나지 않다.

기여가다 ⇨ 기어가다.

기여오르다 ⇨ 기어오르다.

기여히(期於～) ⇨ 기어이. 기어코.

기여하고자(寄與～) = 기여코자. ‡ 울
림소리 뒤에는 'ㅏ'만 줌.

기역자(～字) * 한글 닿소리 글자의
이름. {기역자집. 기역자홈.}

기역자자(～字～) = 곱자. ‡ 기역자 꼴
로 만든 자.

기연미연하다(其然未然～) = 기연가

미연가하다. 긴가민가하다.

기와 * 지붕을 이는 물건. {수키와. 암
키와.} {기와공. 기와꼴. 기와막. 기
와못. 기와이끼. 기와장이. 기와점.
기와지붕. 기왓개미. 기왓등. 기왓
장.} {군기와. 날기와. 청기와. 널기
와. 돌기와.} {도깨비기와. 막새기
와. 왕지기와. 차꼬기와.} {양기와.
조선기와.}
　☞ 너와.

기와굴 ⇨ 기왓가마. ‡ 기와를 굽는 가
마.

기와밟기 = 놋다리밟기. 놋다리놀이.
놋자리밟기. ‡ 정월 보름의 민속.

기와집 * 기와로 지붕을 인 집. ¶ 고래
등 같은 기와집.
　☞ 기왓집.

기왓골 = 기왓고랑. ‡ 기와지붕에서
수키와와 수키와 사이의 골.

기와쟁이 ⇨ 기와장이. ‡ 기와를 만드
는 기술자.

기왓집 * 기와를 파는 가게.
　☞ 기와집.

기우다 ⇨ 깁다. ¶ 양말을 깁다.

기우리다 ⇨ 기울이다.

기우제(祈雨祭) * 나라, 고을, 마을에
서 비가 오기를 비는 제사.
　☞ 물부리.

기운¹ * ①만물이 생기고 자라는 힘의
바탕. ②생물이 살아 움직이는 힘.
{땅기운. 헛기운.} ③느낌. {밤기운.
봄기운. 불기운. 술기운.} ¶ 따뜻한
기운. 쌀쌀한 기운. 찬 기운. ④낌
새. ¶ 감기 기운. 몸살 기운.

기운²(氣運) * 돌아가는 그때의 분위

기. ¶ 화해의 기운이 식다.

기운꼴 = 힘꼴. ¶ 기운꼴이나 쓸 듯한 젊은 사람.

기운차다 * 힘이 가득하고 넘치는 듯하다. ¶ 기운찬 대답.
☞ 힘차다.

기울다 * ① 물체가 한쪽으로 비스듬히 눕다. ② 마음이나 생각이 한쪽으로 쏠리다. ③ 형세가 이전보다 못하여지다.
☞ 쏠리다.

기울어 * 기울다. {기울어뜨리다. 기울어지다. 기울어트리다.}

기울여 = 기울이어. ¶ 기울여 놓다. 기울여 보다. 기울여 주다.

기웃 = 기웃이. ⁑ 기웃하다.

기원(紀元) * ① 연대를 셈하는 잣대가 되는 해. {단군기원. 서력기원.} ② 나라를 세우거나 종교가 만들어진 첫 해. ③ 새로운 출발이 비롯하는 시대나 시기. ¶ 신기원을 이루다.
☞ 단기. 불기. 서기.

기원전(紀元前) = 서기전. 서력기원전.

기원후(紀元後) = 서기. 서력기원.

기음 ⇨ 김. ⁑ 논밭에 난 풀.

기음매다 ⇨ 김매다.

기일(期日) * 정해 놓은 날짜. ¶ 재판 기일. ¶ 기일 안에 일을 마치다.
☞ 기간. 기한.

기입하다(記入~) [왜] ⇨ 적어넣다. 써넣다. ⁑ 기재하다.

기장 = 옷기장. ⁑ 옷의 길이. ¶ 바지 기장. 소매 기장. 외투 기장.
☞ 길이.

기장하다(記帳~) [왜] ⇨ 적다. 적어넣다. ⁑ 기록하다. 치부하다.

기저귀 * 어린애의 사타구니에 채우는 헝겊.
☞ 개짐. 들보. 샅바.

기적 소리(汽笛~) = 기적. ⁑ 경적을 울리는 장치. 또는 그 소리.

기제사(忌祭祀) = 기제. ⁑ 사람이 죽은 날, 첫 시에 해마다 지내는 제사. 절을 할 때는 왼손을 오른손 위에 놓음.
☞ 절사. 제사.

기준(基準) * 바탕이 되는 잣대. ¶ 기준을 넘다. 기준이 되다. 기준을 세우다. 기준을 잡다. 기준을 바꾸다. 기준이 없다.
☞ 표준.

기중(忌中) [왜] ⇨ 상중. ⁑ 우는 기간.

기중기(起重機) [왜] ⇨ 들틀. 드는 기계. ⁑ 크레인.

기즈(기스)〔傷〕[왜] ⇨ ① 흠집. 흠. ② 티.

기증받다(寄贈~) [왜] ⇨ 받다.

기증하다(寄贈~) [왜] ⇨ 드리다. 바치다. 주다.

기지〔素地. 生地〕[왜] ⇨ 천. 옷감.

기지개를 펴다 ⇨ 기지개를 켜다.

기지랑물 ⇨ 지지랑물. 지랑물. ⁑ 초가 지붕에서 떨어지는 낙숫물.

기직[1] = 기직자리. ⁑ 왕골껍질이나 부들잎으로 짚을 싸서 엮은 자리.

기직[2](機織) [왜] ⇨ ① 기계 짜기. ② 기계 짜기 천.

기집애 ⇨ 계집애. 계집아이.

~기 짝이 없다 * 비할 데 없이 대단하거나 매우 심하다. ⁑ 좋지 않은 일. ¶ 싱겁기 짝이 없다. 아깝기 짝

이 없다. 어리석기 짝이 없다.
☞ 그지없다.

기차간(汽車間) * 기차에서 사람이 타
는 칸. ‡ 객차.
☞ 짐칸. 화물칸.

기차길(汽車~) ⇨ 기찻길.

기차삯(汽車~) ⇨ 기찻삯.

기찻속(汽車~) ⇨ 객차 안.

기척 소리 ⇨ 기척. ‡ 누가 있는 줄 짐작
하여 알 만한 소리나 기색. {발기척.
숨기척. 인기척.} ¶ 기척을 내다.

기초(基礎) ㉞ ⇨ 바탕. 밑바탕.

기초하다(基礎~) ㉞ ⇨ 바탕을 두다.
바탕 삼다. 바탕으로 하다.

기침 * {곤두기침. 군기침. 당나귀기침.
마른기침. 목기침. 밭은기침. 백일기
침. 쇠기침. 잔기침. 큰기침. 헛기침}
¶ 기침 소리.

기카게 ㉞ ⇨ 때맞춤.

기타치다(guitar~) ⇨ 기타를 치다.
‡ 악기.

기특하다(奇特~) * 말이나 행동이 신
통하여 귀염성이 있다. ‡ 아이들이
나 손아랫사람에게만 씀.
☞ 대견하다.

기포(氣泡) ㉞ ⇨ 거품.

기피하다(忌避~) * 꺼리거나 싫어하
여 피하다. ¶ 병역을 기피하다.
☞ 회피하다.

기한(期限) ⇨ 마감.
☞ 기간. 기일.

~기 한량없다 = ~기 그지없다. ‡ 좋
아서 이루 다 말할 수 없다. ¶ 기쁘기
한량없다. 즐겁기 그지없다.
☞ 짝이 없다.

기합(氣合) ㉞ ⇨ ①기 넣기. ②혼내
기. 혼쭐내기. 얼차려.

기호(記號) * 어떤 생각이나 내용을
나타내는 표. ‡ 표지, 글자 따위.
☞ 부호. 신호.

기획(企劃) * 국가 기관이나 기업체에
서 새로운 일을 꾀하여 미리 종합적
으로 얼개를 짬. ‡ 종합적인 계획.
☞ 계획.

긴가민가하다 = 기연가미연가하다.
‡ 분명하지 않은 모양.

긴대 * 긴 담뱃대. ‡ 장죽. ¶ 긴대에 담
배를 재우다.
☞ 곰방대. 조대. 짜른대.

긴말 * 길게 늘어놓는 말. ¶ 시간이 없
어 긴말은 않겠다.
☞ 긴소리. 잔소리.

긴맛 = 긴맛살. 맛조개. ‡ 조개의 한
가지.

긴바늘 = 큰바늘. ‡ 시계의 분침.
☞ 작은바늘. 짧은바늘.

긴 바지 ¶ 긴 바지를 입고 다니는 것도
멋인가? ‡ 짧은 바지.
☞ 반바지.

긴살 = 볼기긴살. ‡ 소의 볼깃살에 붙
은 길쭉한 살덩이.
☞ 긴작.

긴소리 * ①길게 내는 소리. ‡ 장음.
②긴말.
☞ 잔소리. 짧은소리.

긴업 = 업구렁이. ‡ 집안의 재산을 늘
려 준다는 구렁이.
☞ 업.¹ 집지킴.

긴작 * 전쟁할 때 쓰는 긴 화살
☞ 긴살. 짧은작.

긴치마 * 발목까지 가리도록 길게 만든 치마.

긴 치마 * 제 키에 맞지 않게 치수가 긴 치마.

긴한목(緊~) * ① 요긴통. ② 생명과 관계되는 몸의 부분. ‡ 급소.

☞ 요긴목.

긷다 * 샘이나 우물에서 바가지나 두레박으로 물을 떠내다.

☞ 깃다. 푸다.

길¹ * ① 사람, 짐승, 차, 배, 비행기가 다니도록 만들거나 정한 곳. {길가. 길갓집. 길강도. 길공원. 길군악. 길귀. 길그물. 길녘. 길노래. 길다리. 길도랑. 길독. 길마을. 길마중. 길막이. 길모퉁이. 길바닥. 길바로. 길봇짐. 길비용. 길섶. 길세. 길손. 길송장. 길싸움. 길옆. 길제사. 길채비. 길턱. 길품. 길품삯. 길허리. 길호사.} {갓길. 갈림길. 강변길. 거둥길. 곁길. 고갯길. 고깃길. 고샅길. 곧은길. 골목길. 곱길. 굽잇길. 까막길. 꼬부랑길. 나뭇길. 내리막길. 논길. 논두렁길. 논둑길. 논틀길. 두렁길. 둑길. 뒤안길. 뒷길. 들길. 등굽잇길. 먼짓길. 물길. 방천길. 밭길. 밭둑길. 밭머릿길. 벌판길. 벼랑길. 벼룻길. 본길. 비단길. 비탈길. 빗길. 사랫길. 사릿길. 산길. 샛길. 숲길. 쌍갈랫길. 아랫길. 안돌잇길. 앞길. 언덕길. 에움길. 옆길. 옛길. 오르막길. 오솔길. 외길. 외딴길. 외통길. 우잣길. 윗길. 자드락길. 잿길. 지돌잇길. 지름길. 초원길. 촌길. 출입길. 큰길. 토막길. 한길. 헛길. 후밋길.} {가시밭길. 꽃길. 눈길. 덤불길. 돌길. 돌너덜길. 모랫길. 생눈길. 서덜길. 숫눈길. 자갈길. 진창길. 푸섶길. 황톳길. 흙탕길.} {기찻길. 도붓길. 마찻길. 물길. 뭍길. 바닷길. 뱃길. 전찻길. 찻길. 철길.} ¶ 과수원 길. 굽은 길. 도시 길. 들녘 길. 마을 길. 밀밭 길. 보리밭 길. 산등성 길. 가을 길. 겨울 길. 봄 길. 시골 길. 여름 길. 강릉 길. 부산 길. 서울 길. 제주 길. 평양 길. ② 떠나는 길. ¶ 고향 길. 과거 길. 관광 길. 귀경 길. 귀국 길. 귀성 길. 귀양 길. 낙향 길. 도망 길. 망명 길. 방문 길. 성묘 길. 순찰 길. 원장 길. 지옥 길. 취재 길. 탐사 길. 토벌 길. 통근 길. 통학 길. 피서 길. ③ 하는 일. 형편. {고생길. 구실길. 귀갓길. 귀향길. 극락길. 꿈길. 나그넷길. 답삿길. 돈길. 등굣길. 말길. 망종길. 바른길. 벼슬길. 신행길. 앞길. 인생길. 장삿길. 저승길. 첫길. 초행길. 출근길. 출셋길. 친행길. 퇴근길. 피난길. 하굣길. 혼삿길. 혼인길. 혼행길.} {밤길. 새벽길. 어둠길. 열흘길. 하룻길.}

☞ 거리.¹

길² * ① 손질을 잘하여 생기는 윤기. {길나다. 길내다.} ② 짐승을 가르쳐서 부릴 수 있게 된 버릇. {길들다. 길들이다.} ③ 물건을 자주 써서 부리기 좋게 된 상태. ¶ 길이 나다. ④ 익은 솜씨.

길³ * 어떤 방법. ¶ 살아갈 길. 알 길.

길⁴ * 무엇이 가 닿는 곳. {눈길. 발길. 손길.}

길⁵ * 품질의 등급. {상길. 아랫길. 윗

길. 중길. 핫길.}

길⁶ * 하나치. ‡ ① 사람 키 정도의 길이. ② 여덟 자나 열 자 길이. ¶ 열 길 물속은 알아도 한 길 사람 속은 모른다.

길⁷ = 질. ‡ 여러 권으로 된 책의 한 벌을 세는 하나치.
　☞ 권.¹ 부.³

길갓집 = 외주물집. 외주물구석. ‡ 마당이 없이 길가에 붙여 지은 집.

길거리 * ① 사람이나 차가 많이 다니는 길. ② 길가에서 사람이 하는 일과 관련된 여러 가지를 아울러 일컬음. ¶ 길거리에서 노는 아이들.
　☞ 거리.¹

길귀 = 갓길. 길섶길. ‡ 자동찻길의 가에 차를 잠깐 세울 수 있는 곳.

길금콩 ⇨ 기름콩. ‡ 콩나물을 기르는 콩.

길나다 * ① 길들다. ② 윤기가 나다.

길 나다 * 길이 생기다.
　☞ 길들다.

길나들이¹ = 길머리. 길목. ‡ 큰길에서 좁은 길로 들어가는 어귀.

길나들이² = 길목. ‡ 길의 중요한 통로가 되는 어귀. ¶ 길목을 막다.

길나장이 * 옛날 수령이 나들이할 때 길을 인도하는 사령.
　☞ 길라잡이.

길넘이 = 모둘빼기. ‡ 땅재주의 하나.

길녁 ⇨ 길녘.

길놀이 = 앞놀이. ‡ 농악대, 군악대, 탈꾼의 거리 행진. ‡ 시가행진.

길눈¹ * 한 번 가 본 길을 잘 기억하는 눈썰미. ¶ 길눈이 밝다.

길눈² * 한 길이 될 만큼 많이 쌓인 눈. ¶ 길눈이 쌓이다.
　☞ 자국눈. 잣눈.

길다 * 물체나 시간의 길이가 보통 정도보다 크다.
　☞ 길쭉하다. 멀다.

길다란 ⇨ 기다란.

길다랗다 ⇨ 기다랗다.

길닦기 = 길닦음. ‡ 죽은 이가 극락으로 가는 길을 닦아 주는 굿.

길닦이 * 길을 고쳐 닦는 일.

길동무 = 길벗. ‡ 길을 같이 가는 친구.

길동물 ⇨ 길짐승.

길들다 * ① 버릇이 되다. ② 익숙해지다. ③ 쓰기 좋게 되다.
　☞ 길나다.

길들여지다 ⇨ 길들다.

길따랗다 ⇨ 기다랗다.

길라잡이 = 길잡이. ‡ 앞에서 길을 이끄는 사람.
　☞ 길나장이. 길앞잡이.

길래 〔어〕 * 길게 내쳐서. 오래도록 길게. ¶ 길래 편안하기를 빈다.

~길레 ⇨ ① ~기에. ¶ 네가 누구기에. 사랑이 뭐기에. ② ~관데. ¶ 네가 무엇이관데 간섭하느냐?

길마접(~椄) = 안장접. ‡ 접붙이기의 한 가지.

길막이 〔遮斷機〕 * 기차 따위가 지나갈 때 자동차나 사람이 건너다니지 못하게 건널목을 막는 장치.
　☞ 차막이.

길머리 = 길나들이. 길목. ‡ 큰길에서 좁은 길로 들어가는 어귀.

길목¹ * ①길머리. {외길목.} ②다른 시기로 넘어가는 때.

길목² = 길목버선. ‡ 먼 길 갈 때 신는 허름한 버선.
☞ 감발.

길벌레 * 기어다니는 벌레.
☞ 날벌레. 물벌레.

길벗 = 길동무. ‡ 같은 길을 같이 가는 동무.

길섶길 = 길귀. 갓길. ‡ 자동찻길 가에 차를 잠깐 세울 수 있는 곳.
☞ 푸섶길.

길손 * 집을 떠나 먼 길을 가는 사람. ¶ 주막은 길손으로 매우 붐볐다.
☞ 나그네.

길쓸별 〔彗星〕 = 살별. 꼬리별. 꽁지별.
☞ 달별. 떠돌이별. 별똥별. 붙박이별.

길앞잡이 = ①가뢰. ②비단길앞잡이. ‡ 벌레 이름.
☞ 길나장이. 길라잡이. 앞잡이.

길이 * ①한 끝에서 다른 끝까지의 거리. ¶ 길이를 재다. ②어느 때에서 다른 때까지의 동안. ¶ 밤과 낮의 길이가 같다.
☞ 기장.

길잡이 = 길라잡이. ¶ 길잡이 책. ¶ 여행 길잡이. 등산 길잡이.
☞ 길나장이. 길앞잡이. 앞잡이.

길짐승 * 기어다니는 짐승. ‡ 거북, 도룡뇽, 도마뱀, 악어, 뱀 따위.
☞ 날짐승.

길쭉하다 * 모양새가 너비보다 길이가 조금 길다.
☞ 기름하다. 길다.

길쭉히 ⇨ 길쭉이.

길쯤히 ⇨ 길쯤이. ‡ 꽤 기름하게.

길찍히 ⇨ 길찍이. ‡ 길이가 꽤 긴 듯하다.

길차비(~差備) ⇨ 길채비. ‡ 먼 길을 떠날 채비.

길책(~冊) = 질책. ‡ 여러 권으로 한 벌을 이루는 책.

길, 흉사(吉, 凶事) ⇨ 길흉사. ‡ 길사와 흉사. 좋은 일과 궂은 일.

김¹ * ①수증기. {김빠지다.} ¶ 김 나다. 김 내다. 김 빼다. {찬김. 헛김.} ¶ 더운 김. ②몸에서 나오는 기운. {입김. 콧김.}

김² * 논밭에 나는 풀. {김매기. 김매개.} {김매다.} {두벌김. 애벌김.}
☞ 잡초.

김³ * 바닷말의 하나. {김구이. 김국. 김무침. 김반대기. 김발. 김밥. 김부각. 김자반. 김찬국. 김초밥.} ¶ 김을 굽다. 김을 기르다.

김⁴ * 기회나 계기. {내친김에. 부앗김에. 분김에. 운김에. 홧김에. 홍김에.} ¶ 급한 김에. 떡 본 김에. 생각난 김에. 참는 김에.

김가(金哥) = 김씨. ‡ 성씨는 붙여 씀.

김공(金公) ⇨ 김 공. ‡ 매인이름씨는 띄어 씀. ¶ 이 군. 조 양. 박 옹. 조 형. 김 노인. 최 아무개. 이 아무개 씨. 오 대감. 설 박사. 홍 사장. 박 선생. 유 의원. 송 장군. 김 장관. 최 첨지.

김매기 * 논밭의 풀을 뽑는 일. {김매기틀.} ‡ 논매기. 밭매기.
☞ 골건이. 풀매기.

김매기 소리 = 논매기 소리. 논매기 노래. ‡ 일노래의 하나.

김빠지다 * ① 음료수에서 본디 맛이나 향이 없어지다. ¶ 김빠진 맥주. ② 의욕이나 흥미가 사라지다. ¶ 김빠지는 일이 벌어지다.

김 빠지다 ¶ 김이 빠지지 않게 뚜껑을 꼭 막아라. ‡ 수증기.

김새다 * 흥이 깨지거나 맥이 빠져 싱겁게 되다.

김 새다 ¶ 김이 새지 못하게 틈새를 막아라.

김씨(金氏) = 김가. {김씨네.} ¶ 김씨댁. ‡ 성씨.

김장 * 겨우내 먹을 김치를 한꺼번에 많이 담그는 일. 또는 그 김치. {김장값. 김장독. 김장밭. 김장철. 김장파.} ¶ 김장 김치.
　☞ 김치.

김장감 = 김장거리. ‡ 김장하는 데 쓰는 재료. 배추, 무, 고추, 마늘, 생강, 파, 청각, 굴, 조기, 여러 가지 젓갈 따위.

김장관(金長官) ⇨ 김 장관. ‡ 관직 이름은 띄어 씀.

김장을 담그다 ⇨ 김장하다. ‡ 김치를 담그다.

김전장관(金前長官) ⇨ 김 전 장관.

김치 * 무, 배추 따위로 담근 반찬. {김치말이. 김치움. 김치주저리. 김치죽. 김치찌개. 김칫거리. 김칫국. 김칫독. 김칫돌. 김칫보. 김칫소.} {동가김치. 풋김치. 햇김치.} ¶ 김장 김치. 묵은 김치. 김치 맛. {국물김치. 덤불김치. 돌나물김치. 무김치. 물김치. 배추김치. 벼락김치. 봄김치. 부추김치. 소박이김치. 열무김치. 오이김치. 지레김치. 짜개김치. 쪽김치. 총각김치. 통김치. 파김치.} ¶ 김치를 담그다. ‡ 고장 특산 김치 : 경기도(보쌈김치). 충청도(가지김치). 전라도(고들빼기김치). 제주도(전복김치. 나박김치). 경상도(깻잎김치). 평안도(백김치). 황해도(갓김치). ‡ 김치의 가짓수. ① 배추김치 : 117가지. ② 깍두기 : 16가지. ③ 동치미 : 10가지.
　☞ 김장. 깍두기. 동치미.

김치부침 = 김치부침개. 김치전. 김치지짐이. 김치밀전병.

김치소 ⇨ 김칫소. ‡ 고추, 마늘, 생강, 청각, 파, 굴, 젓갈, 조기.

김형(金兄) ⇨ 김 형. ‡ 부르는 말.

깁 * 명주실로 바탕이 조금 거칠게 짠 비단. {깁옷.}
　☞ 비단.

깁다 * 터진 부분을 바느질하여 고치다. ‡ 바느질.
　☞ 감치다.² 공그르다. 꿰매다. 누비다. 박다.³ 시치다. 호다.

깃¹ * 외양간, 마구간에 까는 짚이나 마른풀. ¶ 깃을 깔다.

깃² = 부싯깃. ‡ 부시. 부싯돌.

깃³ * ① 깃털. {꽁지깃. 날개깃. 발갯깃. 부등깃. 어깨깃. 장식깃. 치렛깃. 칼깃} ② 새의 날개. ③ 화살에 붙인 새 날개의 깃.
　☞ 털.

깃⁴ = ① 옷깃. {겉깃. 동구래깃. 목깃. 목판깃. 안깃.} ② 이불깃.

깃다 * 논밭에 잡풀이 많이 나다.

☞ 긴다.

깃대강이 = 기꼭지. ‡ 깃대 꼭대기의 꾸밈새.
☞ 깃봉.

깃드리다 ⇨ 깃들이다.

깃들다 * ①아늑하게 서려 들다. ‡ 영혼. 평화. 어둠. ②어리거나 스며 있다. ‡ 감정. 생각. 노력. 정성. ¶ 어머니의 정성이 깃들다.
☞ 깃들이다.

깃들어 ¶ 정성이 깃들어 있다. ‡ 깃들다.

깃들여 = 깃들이어. ¶ 깃들여 있다. ‡ 깃들이다.

깃들이다 * ①사람, 짐승이 보금자리를 틀고 살다. ¶ 새도 깃들일 둥지가 있다. ②자리 잡고 있다. ¶ 산골짜기에 절이 깃들여 있다. ③속에 머물러 있다. ¶ 건전한 정신은 건강한 신체에 깃들인다.
☞ 깃들다.

깃목(~木) = 생무명. ‡ 잿물로 바래지 않은 무명.

깃베 ⇨ ①깃목. ②생모시.

깃봉 * 깃대 끝에 만든 연꽃 모양의 꾸밈새.
☞ 깃대강이. 기꼭지.

깃빨(旗~) ⇨ 깃발.

깃옷[1] * 새의 깃털로 만든 옷. ‡ 선녀나 신선이 입는 옷.

깃옷[2] * 생무명으로 지은 상복. ‡ 상제가 입는 옷.
☞ 진솔옷.

깃저고리 = 배내옷. 배냇저고리. ‡ 갓난아이에게 입히는 옷.

깃털 = 깃. ‡ 새의 날개를 이룸.
☞ 털.

깊다 * ①위에서 밑, 겉에서 속까지 길이가 길다. ¶ 우물이 깊다. ②생각이나 공부를 많이 하다. ¶ 학문이 깊다. ③마음 씀씀이가 갸륵하다. ¶ 속이 깊다. ④수준이 높거나 정도가 심하다. ¶ 병이 깊다. 인연이 깊다. 산이 깊다. ⑤그늘, 안개가 짙다. ¶ 안개가 깊다.
☞ 깁다. 깊숙하다. 얕다.

깊다랗다 * 꽤 깊다.

깊숙하다 * 깊고 으슥하다.

깊숙히 ⇨ 깊숙이. ‡ 깊숙하다.

깊이[1] 〔이〕 * ①위에서 밑바닥, 겉에서 속까지의 거리. ¶ 우물의 깊이. ②생각이 듬쑥하고 신중함. ¶ 깊이 있는 사람. ③충실성이나 무게. ¶ 학문의 깊이.

깊이[2] 〔어〕 * ①깊게. ¶ 깊이 묻다. ②듬쑥하게 ¶ 깊이 생각하다. ③수준이 높거나 정도가 심하게. ¶ 깊이 사랑하다.

까강까강 * 꽹과리를 치는 소리.
☞ 깨갱깨갱.

까까 = 과자. ‡ 어린이 말.

까까머리 = 까까중머리. 빡빡머리. 중대가리. ‡ 빡빡 깎은 머리.
☞ 몽구리.

까까중 = 까까중이. ‡ 까까머리를 한 중.

까꾸러지다 〈 꺼꾸러지다. ‡ ①가꾸로 넘어지거나 엎어지다. ②힘을 잃거나 꺾이어 무너지다. ③사람이나 동물이 죽다.

까꾸로 〉가꾸로. ✽ 차례나 방향, 형편이 반대로 되게.

까꿀로 ⇨ 까꾸로.

까뀌 ✽ 나무를 깎는 연장. {까뀌질. 까뀟밥.} ¶ 까뀌로 깎아 내다.
　☞ 자귀.²

까끄라기 = 까라기. 까락. ✽ 벼나 보리의 수염.
　☞ 가시랭이.

까끄럽다 ⇨ 깔끄럽다.

까끌까끌 〈 꺼끌꺼끌. ✽ 거죽이 거칠고 껄끄러운 모양.
　☞ 깔끔깔끔.

까놓다 ✽ 숨김없이 털어놓다. ¶ 너에게만 까놓고 말한다.

까 놓다 ¶ 호두까개로 호두 껍데기를 미리 까 놓다.

까다 ✽ ① 껍데기를 깨뜨려 속에 있는 것을 나오게 하다. ¶ 밤을 까다. ② 알을 품어서 새끼가 나오게 하다. ¶ 병아리를 까다. 알을 까다. ③ 옷을 벗거나 내려 속살을 드러내다. ¶ 바지를 까다.
　☞ 벗기다.² 낳다.²

까다로와 ⇨ 까다로워. ✽ 까다롭다.

까다로히 ⇨ 까다로이.

까닥스럽다 ⇨ 까다롭다.

까닭 ✽ 좋거나 나쁘거나 동기가 되는 속사정. ¶ 까닭을 모르다.
　☞ 때문. 탓. 턱.²

까닭수 ✽ 까닭으로 삼을 만한 근거. ¶ 까닭수를 찾다.
　☞ 까딱수.

까닭스럽다 ⇨ 까다롭다.

까대기 ✽ 벽이나 담에 덧붙여 만든 임시 건물.
　☞ 가대기. 달개.

까득 ⇨ 가득. 가뜩.

까들거리다 = 까드락거리다.

까딱 〉까닥. ✽ ① 고개를 아래위로 움직이는 모양. {까딱없다. 까딱하다.} ¶ 까딱 않다. ② 잘못 움직이는 모양. ¶ 까딱 잘못했다가는.

까딱거리다 = 까딱대다. ✽ ① 고개나 손을 자꾸 흔들다. ¶ 고개를 까딱거리다. ② 작은 물체가 조금씩 자꾸 움직이다.
　☞ 까들거리다. 깔딱거리다.

까딱수(~手) ✽ 요행을 바라는 얕은수.
　☞ 까닭수.

까뜩 ⇨ 가득. 가뜩.

까뜨락거리다 〉가드락거리다. ✽ 잘난 체하며 자꾸 버릇없이 굴다.
　☞ 까딱거리다.

까라기 = 까끄라기. 까락. ✽ 벼, 보리의 수염. {보리까락.}
　☞ 가시랭이.

까라지다 ✽ 기운이 빠지거나 약에 취하여 축 늘어진다.
　☞ 깔리다.

까르르 = 까르륵. ✽ ① 젖먹이가 자지러지게 우는 소리. ② 여자나 아이들이 자지러지게 웃는 소리.

까리꾼 ⇨ 까리. ✽ 길거리를 떠돌아다니는 사람.

까막과부(~寡婦) = 망문과부. ✽ 첫날밤도 치르지 못한 홀어미.
　☞ 마당과부. 청상과부. 청춘과부.

까막까치 ✽ 까마귀와 까치.

까막눈이 = ① 까막눈. 글소경. 반소

경. ② 눈뜬장님.
☞ 눈뜬장님.
까막세장 ⇨ 윗세장. ⁑ 지게나 걸채의 윗부분에 가로질러 박은 나무.
까막솔개 * 까마귀와 솔개.
까막아이 ⇨ 감정아이. 감정애. ⁑ 월경을 하지 않고 밴 아이.
까만색(~色) = 까만빛. 깜장.
까망 ⇨ 깜장. ⁑ 까만빛.
까매지다 〈 꺼메지다. ⁑ 까맣게 되다.
까먹다 * ① 헛되이 다 없애다. ② 잊어버리다.
까 먹다 ¶ 껍데기를 까서 먹다. ¶ 밤을 까 먹다. 호두를 까 먹다.
☞ 잊다.
까무느다 ⇨ 까뭉개다.
까무러지다 〉 가무러지다. ⁑ ① 정신이 가물가물하여지다. ② 촛불이 꺼질 듯 말 듯 하게 되다.
까무러치다 〉 가무러치다. ⁑ 정신을 잃고 죽은 사람처럼 된다.
까무스레하다 = 까무스름하다. ⁑ 조금 깜다.
까무잡잡하다 * 약간 짙게 까무스름하다.
까뭇까뭇이 〈 꺼뭇꺼뭇이.
까뭇하다 = 까무스름하다.
까뭉기다 ⇨ 까뭉개다. ⁑ ① 높은 데를 깎아내리다. ② 무시하다.
까바치다 * 비밀을 들추어내어 일러바치다.
☞ 일러바치다.
까발기다 ⇨ 까발리다.
까발리다 * ① 껍데기를 벌려 젖히다. ② 비밀을 들추어내다.
까밝히다 * 드러내어 밝히다.
까부러지다 ⇨ 까부라지다.
까부르다 = 까불다. ⁑ ① 키질하다. ② 위아래로 흔들다.
☞ 까불리다.
까부리 ⇨ 까불이. ⁑ 방정맞은 사람.
까불다¹ = 까부르다. ⁑ 준말 '까불~'에는 홀소리 씨끝이 붙지 못함.
까불다² * 가볍게 행동하다.
까불리다 * ① 탕진하다. ② 일을 망치다.
까불리다 * '까불다.'의 입음, 하임.
까붐질 = 키질.
까빡 ⇨ 깜빡.
까스(gas) ⇨ 가스.
까스라기 ⇨ ①가시랭이. ②까끄라기.
까시 ⇨ 가시.
까시랭이 ⇨ 가시랭이.
까실까실하다 ⇨ 까슬까슬하다. ⁑ 거죽이 까칠하다.
까옥까옥 = 깍깍. ⁑ 까마귀가 우는 소리.
☞ 깟깟.
까운(gown) ⇨ 가운.
까장 ⇨ ① 까지. ② 기껏.
까지¹ 〔토〕 * ①'부터' 뒤에 써서 시간, 공간적 범위의 끝. ¶ 부산부터 서울까지. 오늘부터 내일까지. ② 마지막 단계나 지점을 강조. ¶ 저렇게까지 좋아할 줄은 몰랐다. 그 몸으로 정상까지 가다니!
☞ 도.¹ 마저.² 조차.
까지² [왜] ⇨ 안으로. ¶ 재산세를 10월 30일까지 납부하시오 ⇨ 재산세를 10월 30일 안으로 내시오.

까짓¹ 〔느〕 = 까짓것. ✽ ①무엇을 포기할 때. ②용기를 낼 때.

~까짓² ✽ ~만한 정도의. {그까짓. 이까짓. 저까짓. 네까짓.}

까짓것 〔이〕 ✽ ①까짓. ②별것 아닌 것. ¶ 까짓것은 알아 뭐 하려고.

까치¹ ✽ 새 이름. ¶ 까치 배때기 같다.
☞ 깍깍. 깟깟.

까치² ⇨ 개비. ¶ 성냥 한 개비. 담배 두 개비. 장작 몇 개비.

까치걸음 ✽ ①두 발을 모으고 뛰는 종종걸음. ¶ 까치걸음으로 춤을 추다. ②발뒤꿈치를 들고 살살 걷는 걸음. ¶ 까치걸음 치다.
☞ 까치발.²

까치꽃 = 색동저고리. ✽ 색동천으로 지은 저고리.

까치다리 ⇨ 까치발.

까치단 ⇨ 색동천. ✽ 무지개처럼 여러 색깔로 짠 천.

까치둥지 ✽ ①까치집. ②헝클어진 머리.

까치발¹ ✽ 선반의 널빤지를 받치는 나무나 쇠.
☞ 기러기발. 거미발. 노루발. 오리발.²

까치발² ✽ 발꿈치를 든 발.
☞ 까치걸음. 깨금발. 깨끼발. 꽁지발. 앙감질.

까치선(~扇) = 태극선. ✽ 부채.

까치설 = 까치설날. 작은설. ✽ 섣달 그믐날.
☞ 작은설.

까치설비음 ⇨ 까치설빔. ✽ 까치두루마기. 까치저고리. 까치허리띠.

까치옷 ⇨ 때때옷. 고까옷. 꼬까옷. ✽ 어린이가 입는 옷.

까치저고리 ✽ 까치설빔으로 입는 어린아이의 색동저고리.
☞ 까치꽃. 색동저고리.

까치집 ✽ ① 까치둥지. ②헝클어진 머리.

까탈 〉 가탈. ✽ ① 방해하는 조건. ② 트집을 잡아 까다롭게 구는 일.

까탈스럽다 ⇨ 까다롭다.

까투리 = 암꿩. ✽ 새의 하나.
☞ 서울까투리. 수꿩. 장끼.

까파르다 ⇨ 가파르다.

까팡이 = 이징가미. ✽ 깨어진 질그릇 조각. {까팡돈.}
☞ 꺼펑이. 사금파리.

까페(café) ⇨ 카페. ✽ 서양식 술집이나 찻집.

깍깍 ✽ 까치나 까마귀가 자꾸 우는 소리.
☞ 까옥까옥. 깟깟.

깍다 ⇨ 깎다.

깍다귀 ⇨ ① 각다귀. 꾸정모기. ②깍따구.

깍대기 ⇨ 깍지.

깍두기 ✽ ①무를 작고 네모나게 썰어 담근 김치. {굴깍두기. 소금깍두기. 장깍두기. 평토깍두기.} ②어느 쪽에도 끼지 못하는 사람. ¶ 깍두기 신세.
☞ 김치. 꺽두기. 동치미.

깍두기판 = 난장판. ✽ 여러 사람이 뒤섞여 떠들어 대는 판.

깍듯이 ✽ 예의를 갖추는 태도가 분명한 모양. ¶ 깍듯이 인사하다.
☞ 깎듯이.

깍뚜기 ⇨ 깍두기.

깍쟁이 * ①인색한 사람. {찰깍쟁이.} ②약빠른 사람. {서울깍쟁이.} ③다부지고 모진 사람. {알깍쟁이.}

깍정이 * 종지처럼 생긴, 도토리나 상수리의 받침.
　☞ 종지.

깍지[1] = 활깍지. ‡ 활을 쏠 때 엄지에 끼는 연모. ¶ 깍지 떼다.

깍지[2] * 열 손가락을 서로 엇갈리게 맞추어 잡은 상태. {깍지걸이. 무릎깍지.} ¶ 깍지를 끼다.

깍지[3] * 콩 따위의 꼬투리에서 알맹이를 까내고 남은 껍질. {깍짓동.} {콩깍지.} ¶ 빈 깍지.
　☞ 꼬투리.[2]

깍짓손 = 손깍지. ‡ ①활시위를 잡아당기는 손. ②깍지를 낀 손.
　☞ 껵짓손.

깍짓손 떼다 = 깍지를 떼다. ‡ 팽팽하게 당긴 활시위를 놓다.

깎낫 * 방망이나 홍두깨 따위를 깎는 데 쓰는 낫.
　☞ 거낫. 걸낫. 밀낫.

깎다 * ①칼 따위로 물체의 거죽을 벗겨 내다. ②풀이나 털을 잘라 내다. ③값을 낮추다. ④체면이나 명예를 상하게 하다.
　☞ 베다.[1] 새기다.[1]

깎듯이 * ①칼로 얇게 벗겨 내는 것과 같이. ②풀, 털을 잘라 내는 것과 같이. ③값을 낮추어 줄이는 것과 같이.
　☞ 깍듯이.

깎은선비 = 깎은서방님. ‡ 말쑥하고 단정하게 차린, 젊은 남자.

깎쟁이 ⇨ 깍쟁이.

깐깐오월(~五月) * 음력 오월은 일하기 지루한 달이라는 뜻.
　☞ 건들팔월. 동동팔월. 미끈유월. 어정칠월.

깐깐이 * 빈틈없고 알뜰한 사람.

깐깐히 * 깐깐하게. ‡ 빈틈없고 착실하게.

깐딱 ⇨ 까딱.

깐보다 * ①형편이나 기회를 가늠하여 헤아리다. ②속을 떠보다.
　☞ 깔보다.

깐에는 ⇨ 딴에는.

깐힘 ⇨ 간힘.

깔개 * 눕거나 앉을 곳에 까는 물건. ‡ 멍석, 자리 따위.
　☞ 방석.

깔기다 * ①오줌, 똥을 아무 데나 싸다. ②알을 아무 데나 낳다.
　☞ 갈기다. 누다. 싸다.[4]

깔깔 〔어〕 * 되바라진 목소리로 못 참을 듯이 웃는 소리.
　☞ 껄껄.

깔끔깔끔 〈 껄끔껄끔. ‡ 꺼끄러기가 살갗에 닿아 따끔거리는 모양.
　☞ 까끌까끌.

깔끔이 〔이〕 * 모양새나 솜씨가 깨끗하고 매끈한 사람.
　☞ 깔끔히.

깔끔하다 * 모양이나 생김새가 매끈하고 깔밋하다. ¶ 차림새가 깔끔하다. 술상을 정성 들여서 깔끔하게 차렸다.
　☞ 깨끔하다. 께끔하다.

깔끔히 〔어〕 * 깔끔하게. ¶ 방을 깔끔히 치우다.
☞ 깔끔이.

깔다 * 넓은 바닥에 넓게 걸쳐 있게 하다. ¶ 돗자리를 깔다.
☞ 펴다.

깔대기 ⇨ 깔때기.

깔따구 * 깔따굿과의 벌레.
☞ 각다귀.

깔딱 * ①물을 삼키는 소리. ②종이가 뒤집힐 때 나는 소리.
☞ 딸꾹.

깔딱거리다 * 숨이 곧 넘어갈 듯이 끊어졌다 이어졌다 하다.
☞ 까닥거리다.

깔딱질 ⇨ 딸꾹질.

깔뜨다 * 눈을 아래쪽으로 내리뜨다. ＊ 깔뜨니. 깔떠. 깔떠서.
☞ 내리뜨다. 치뜨다.

깔려지다 ⇨ 깔리다.

깔밋하지 않다 = 깔밋잖다. ＊ 모양이나 차림새가 깔끔하지 않다.

깔보다 = 낮보다. 낮추보다. 넘보다. 말보다. 얕보다.
☞ 깐보다. 낮잡다. 도두보다.

깔아지다 ⇨ 깔리다.
☞ 까라지다.

깔유리(~琉璃) * 받침 유리. ＊ 슬라이드 글라스.
☞ 덮개 유리.

깔짝거리다 = 깔짝대다. ＊ 얇고 빳빳한 것이 뒤집히면서 소리가 나다.
☞ 끼적거리다.

깔쭉거리다 = 깔쭉대다. ＊ 거칠고 세게 가치작거리고 따끔거리다.

깔쭉이 * 가장자리를 깔쭉깔쭉하게 만든 쇠돈. ＊ 백 원짜리 동전 따위.
☞ 종이돈. 주화. 지전.

깔치 ⇨ 갈치. ＊ 바닷물고기 이름.

깜깜 〈 캄캄. ＊ ①어두운 모양. {깜깜 밤중. 깜깜상자. 깜깜하다.} ②전혀 모르거나 잊은 모양. {깜깜무식. 깜 깜부지. 깜깜속. 깜깜절벽.}

깜깜나라 * ①깜깜한 어둠. ②깜깜밤 중. ＊ 전혀 모르는 상태.

깜깜무소식(~無消息) = 깜깜소식. ＊ 소식이 전혀 없음.

깜깜밤중(~中) * ①깜깜한 밤중. ② 깜깜나라.

깜냥 * 스스로 일을 헤아림. 헤아릴 수 있는 능력. ¶ 제 깜냥을 알다.

깜냥깜냥 = 깜냥깜냥이. ＊ 제 힘을 다 하여. ¶ 그를 안쓰럽게 여기고 깜냥 깜냥 거두어 먹이다.

깜냥 없다 * 스스로 일을 헤아릴 수 있 는 능력이 없다.
☞ 종작없다.

깜다 〉 감다. ＊ 석탄의 빛깔같이 밝고 짙다. ¶ 깜은 빛.
☞ 감다.[2]

깜박 〈 깜빡. ＊ ①정신이나 불빛이 잠 간 흐려진 꼴. {깜박불.} ¶ 깜박 잊 다. ②눈을 잠깐 감는 꼴. ¶ 눈 깜박 할 사이.
☞ 깜짝.

깜박이 ⇨ 깜빡이. ＊ 자동차의 방향 지 시등.

깜부기[1] * ①깜부깃병에 걸린, 곡식의 이삭. ②얼굴이 검은 사람.

깜부기[2] = 깜부기숯. ＊ 나뭇가지를 때

고 난 뒤 뜬숯.

깜빡이 = 깜빡이등. ✻ 자동차의 방향
　지시등.

깜작 ✻ 눈이 살짝 감겼다 뜨이는 모양.
　¶ 눈도 깜작 안 한다.
　☞ 깜짝.

깜작이 = 눈깜작이. ✻ 눈을 자주 깜작
　이는 사람.
　☞ 끔적이.

깜정 ⇨ 깜장. ✻ 깜은 빛깔이나 물감.
　¶ 깜장 고무신.

깜짝 ✻ ①갑자기 놀라는 모양. {깜짝
　깜짝.} ¶ 깜짝 놀라다.
　☞ 깜작.

깜짝이 ✻ ①눈깜짝이. ②잘 놀라는
　사람. ③잘 놀라게 하는 사람.

깜짝이야 〔느〕 ✻ 깜짝 놀랐을 때 내는
　소리.

깜쪽같다 ⇨ 감쪽같다.

깜찌기 = 깜찌기실. ✻ 가늘고 질긴 실.

깜찍이 〔이〕 ✻ ①몸집이나 생김새가
　작고 귀엽게 생긴 사람. ②영악하
　게.

깜찍이 〔어〕 ✻ 영악하게.

깝대기 〈 껍데기.

깝질 〈 껍질.

깟깟 = 깍깍. ✻ 까치가 우는 소리.
　☞ 깍깍. 까옥까옥.

깡 = 깡다구. ✻ 악착같이 버티어 나가
　는 오기.

깡기리 〔罐切〕 ⑨ ⇨ 통따개. 오림칼.

깡깡이 ✻ 국악 현악기의 이름. ✻ 해금.
　☞ 깽깽이.

깡동치마 ✻ 짧은 치마.
　☞ 도랑치마. 몽당치마.

깡똥하다 ✻ 생긴 모양이 뭉뚝하다.
　¶ 무당벌레처럼 깡똥하게 생긴 차.

깡똥하다 ✻ 옷이 아랫도리가 드러날
　정도로 짧다. ¶ 깡똥하게 차려입다.
　☞ 깡총하다.

깡마르다 〉 강마르다. ✻ 몸이 바짝 마
　르다.

깡밥 ⇨ ①튀밥. ✻ 쌀, 옥수수, 누룽지
　를 튀긴 것. ②눌은밥.

깡보리밥 ⇨ 꽁보리밥.

깡소주 ⇨ 강소주. ✻ 안주 없이 먹는
　소주.

깡술 ⇨ 강술. ✻ 안주 없이 먹는 술.

깡조밥 ⇨ 강조밥. ✻ 맨 좁쌀로 지은 밥.

깡총거리다 ⇨ 깡충거리다.

깡총깡총 ⇨ 깡충깡충.

깡총하다 ✻ ①키는 작은데 다리가 길
　다. ②치마나 바지가 짧다.
　☞ 깡똥하다.

깡충하다 ⇨ 깡총하다.

깡통 ✻ ①통조림통 따위. {깡통따개.}
　¶ 알루미늄 깡통. ¶ 깡통 따다. 깡통
　차다. ②아는 것이 없는 텅 빈 머리.

깡패 ✻ 패거리를 지어 사람을 괴롭히
　거나 나쁜 짓을 하는 사람.
　☞ 어깨.

깨갱깨갱 ✻ 개가 아프거나 무서워서
　지르는 소리.
　☞ 까강까강. 깽깽깽깽. 끼깅끼깅. 낑
　낑낑낑. 멍멍.

깨고물 ✻ 볶은 깨를 곱게 빻아 만든 고
　물. {통깨고물.}
　☞ 깨소금.

깨골깨골 ⇨ 개골개골 〈 개굴개굴.
　✻ 개구리가 우는 소리.

깨구리 ⇨ 개구리.

깨금 ⇨ ① 개암. ② 앙감질.

깨금발 * 발뒤꿈치를 들어올린 발. ¶ 깨금발을 딛고서 창 밖을 보다. ☞ 까치발.² 깨끼발. 꽁지발. 앙감질.

깨금집기 = 돌차기. 목자놀이. ‡ 어린이 놀이의 하나.

깨까다롭다 ⇨ 끠까다롭다.

깨끔밧다 ⇨ ① 깨끔하다. ② 깨끗하다.

깨끔하다 * 깨끗하고 아담하다. ‡ 옷맵시. 방. ☞ 개운하다. 깔끔하다.

깨끗찮다 ⇨ 깨끗잖다. ‡ 안울림소리 뒤에선 '하'가 줆.

깨끗치 ⇨ 깨끗지. 깨끗하지. ‡ 안울림소리 뒤에선 '하'가 줆.

깨끗하다 * 더럽거나 지저분한 것이 없이 맑다. ¶ 깨끗해 보이다. ☞ 끼끗하다. 말끔하다. 맑다.

깨끗히 ⇨ 깨끗이. ¶ 몸과 마음을 깨끗이 하다.

깨끼 * ① 옷을 짓는 방법의 하나. {깨끼겹저고리. 깨끼두루마기. 깨끼바지. 깨끼저고리. 깨끼적삼.} ② 깨끼옷.

깨끼리춤 = 깨끼리. ‡ 양주별산대놀이, 송파산대놀이의 춤사위. ☞ 깨끼춤.

깨끼발 * 한 발을 들고 한쪽 발로만 서는 모양. ☞ 까치발.² 깨금발. 꽁지발. 앙감질.

깨끼춤 * 난봉꾼이 멋을 내어 재미있게 추는 춤. ☞ 깨끼리춤.

깨나 〔토〕 * 어느 정도 이상. ¶ 돈깨나 있다고 저래서야 써나. ☞ ~께나.

깨나다 = 깨어나다. ¶ 잠에서 깨나다. 명상에서 깨나다.

깨다¹ * ① 잠이나 꿈, 술기운에서 본정신으로 돌아오다. ② 사리를 가릴 수 있게 되다. ¶ 늘 의식이 깬 사람이 되어야 한다. ☞ 깨닫다. 깨어나다.

깨다² 〈 깨뜨리다. 〈 깨트리다. ‡ ① 단단한 물체를 조각나게 하다. ¶ 그릇을 깨다. ② 일이나 상태를 어그러뜨리다. ¶ 약속을 깨다. 상처가 나게 하다. ¶ 무릎을 깨다. ③ 장벽이나 기록을 넘다. ☞ 부수다.

깨닫다 * ① 모르던 이치나 숨겨진 뜻을 알다. ② 다른 사람의 의도나 숨겨진 뜻을 알다. ③ 앞일을 미리 알아차리다. ☞ 느끼다.² 알다.

깨림직하다 ⇨ 꺼림칙하다.

깨몽둥이 ⇨ 개엿.

깨묵 ⇨ 깻묵. {들깻묵. 콩깻묵. 정어리깻묵.}

깨물다 * 한 번 물어서 떨어지게 하거나 깨뜨리거나 상처를 내다. ☞ 물다.¹ 씹다.

깨바심 ⇨ 깨고물.

깨보숭이 * 들깨 꽃송이에 찹쌀가루를 묻혀 튀긴 반찬. ☞ 깨소금. 깨고물.

깨새 ⇨ 박새. ‡ 새 이름.

깨소금 * 참깨를 볶아 소금을 쳐서 빻은 양념.

☞ 깨고물.
깨송이 ⇨ 깨보숭이.
깨스(gas) ⇨ 가스.
깨씹다 ⇨ 되씹다.
깨어나다 = 깨나다. ＊①깨다. ②제정신을 차리다. ③사회나 생활이 정신적, 물질적으로 발달하다.
☞ 깨다.[1]
깨어지다 = 깨지다. ¶아끼던 찻잔이 깨져 버리다.
깨우치다 ＊남에게 허물이나 모자란 점을 깨닫도록 가르쳐 주다.
☞ 깨치다.
깨운하다 ⇨ 개운하다.
깨자반 ⇨ 깨보숭이.
깨작거리다[1] = 깨작대다. ＊글씨를 아무렇게나 자꾸 쓰다.
깨작거리다[2] = 깨작대다. 깨지락거리다. ＊①음식을 달갑지 않게 억지로 굼뜨게 먹다. ②달갑지 않아서 게으르고 굼뜨게 행동하다.
깨죽(~粥) = 참깨죽. ¶깨죽을 쑤다.
깨죽거리다 = 깨죽대다. ＊①불평스럽게 자꾸 되씹어 종알거리다. ②음식을 먹기 싫은 듯이 자꾸 되씹다. ¶깨죽거리지 말고 어서 먹어라.
깨지락거리다 = 깨지락대다. 깨작거리다. 깨작대다.
깨치다 ＊제가 스스로 깨달아 알다. ¶모르던 이치를 깨치다.
☞ 깨우치다.
깨트리다 〉깨뜨리다. 〉깨다.
☞ 부수다.
깩소리 〈 끽소리. ＊반항하려는 말과 태도를 나타내는 말로, '없다, 말다,

못하다'와 함께 씀. ¶깩소리 말고 가만히 있어라.
깻낱 같다 ⇨ 깨알 같다.
깽깽 ＊①강아지가 놀라거나 아파서 자꾸 내는 소리. ②아프거나 힘에 겨워 자꾸 내는 소리.
☞ 깨갱. 끼깅. 낑낑.
깽깽이[1] = 깽깽매미. ＊매미의 하나.
깽깽이[2] ＊바이올린 따위 현악기를 이르는 말.
☞ 깡깡이.
깽깽이걸음 ＊앙감질하여 걷는 걸음걸이.
☞ 걸음.
꺄룩거리다 = 꺄룩대다.
꺄룩꺄룩 ＊무엇을 내다보거나 목구멍에 걸린 것을 삼키려고 자꾸 목을 길게 빼어 앞으로 자꾸 내미는 모양.
☞ 끼룩끼룩.
꺄우듬하다 ＊비스듬하게 한쪽이 낮아지거나 비뚤어지다.
꺄우뚱하다 ＊한쪽으로 약간 갸울어져 있다.
꺄웃 = 꺄웃이. 〉갸웃. 갸웃이. ＊한쪽으로 조금 꺄울어지는 모양.
꺅[1] ＊먹은 음식이 목까지 찬 모양. {꺅차다.}
꺅[2] ＊짐승이 놀라거나 죽게 될 때 되바라지게 내는 소리.
꺅소리 ⇨ 깩소리. 끽소리. ＊떠들거나 반항하려는 말이나 태도.
꺌꺌 〉걀걀. ＊암탉이나 갈매기가 지르는 소리.
꺼꾸러뜨리다 〉거꾸러뜨리다.

꺼꾸러지다 〉 거꾸러지다. ※ 거꾸로 넘어지거나 엎어지다.

꺼꾸로 ⇨ 거꾸로.

꺼꾸로박히다 ⇨ 거꾸로 박히다.

꺼꿀로 ⇨ 거꾸로.

꺼꿀알꼴 ⇨ 거꿀알꼴. 거꿀달걀꼴. ※ 달걀을 거꾸로 세운 모양.

꺼끄러기 = 꺼러기. 꺼럭. 〉 까끄라기. 까라기. 까락. ※ 보리의 수염.

꺼끄럽다 ⇨ 껄끄럽다.

꺼끌꺼끌 〉 까끌까끌.

꺼내다 * ① 속이나 안에 있는 것을 손이나 연모를 가지고 밖으로 나오게 하다. ② 마음속의 생각을 말로 드러내다.
☞ 내다.[3]

꺼내리다 * 배, 비행기, 차에서 물건을 꺼내어 아래쪽으로 내리다.

꺼다 ⇨ ① 거다. 것이다. ¶ 갈 거다. 먹을 거다. ② 끄다.

꺼둘다 = 꺼두르다. ※ 움켜쥐고 함부로 휘두르다.

꺼러기 = 꺼끄러기. 꺼럭. 〉 까라기. 까끄라기. 까락. ※ 벼의 수염

꺼레질 ⇨ 걸기질. ※ 논바닥을 평평하게 고르는 일.

꺼려하다 ⇨ 꺼리다.

~꺼리 ⇨ ~거리.

꺼리끼다 ⇨ 거리끼다.

꺼리다 * ① 저에게 해가 될까 하여 피하거나 싫어하다. ② 개운치 않거나 언짢은 데가 있어 마음에 걸리다.
☞ 거리끼다.

꺼림직하다 ⇨ 꺼림칙하다.

꺼림칙하다 〉 께름칙하다. ※ 꺼리는 마음이 있다.
☞ 꺼림하다.

꺼림칙히 ⇨ 꺼림칙이.

꺼림하다 〉 께름하다. ※ 마음에 걸리어 유쾌하지 못하다.
☞ 꺼림칙하다.

꺼매지다 ⇨ 꺼메지다. 〉 까매지다.

꺼먼빛 = 꺼먼색. 〉 까만빛. 까만색.

꺼멍 ⇨ ① 그을음. ② 껌정.

꺼멍이 ⇨ 껌정이.

꺼메지다 〉 까매지다.

꺼뭇하다 = 꺼무스름하다. 〉 까뭇하다. 까무스름하다.

꺼벙이 * 꺼벙한 사람. ※ 조금 모자라는 듯한 사람.

꺼병이 * 꿩의 새끼.
☞ 꺼펑이.

꺼뻑 ⇨ ① 껌벅. ② 꾸벅.

꺼스렁이 ⇨ 거스러미.

꺼실꺼실 ⇨ 꺼슬꺼슬.

꺼야 ⇨ 거야. 것이야. ¶ 내 거야.

꺼예요 ⇨ 거예요. 것이어요. ¶ 먹을 거예요.

꺼적때기 ⇨ 거적때기.

꺼정 ⇨ 까지.

꺼펑이 * 물건 위에 덧씌워서 덮거나 가리는 물건.
☞ 까팡이. 꺼벙이. 등피.

꺼풀 〉 까풀. ※ 여러 겹으로 된 껍질의 층. ¶ 꺼풀을 벗기다.

꺽꺽푸드덕 * 장끼가 울며 홰치는 소리.
☞ 꼬꼬댁.

꺽다 ⇨ 꺾다. ¶ 고집을 꺾다. 꽃을 꺾다.

꺽다리 = 키다리. 키꺽다리. ✽ 키가 큰 사람.

꺽두기 = 꺽두. ✽ 아이나 여자가 신는 가죽신.
☞ 각두기.

꺽쇠 = 꼭쇠. ✽ 북청 사자놀이에 나오는 남자 종.
☞ 꺾쇠.

꺽죽거리다 ✽ 혼자 잘난 듯이 몸을 흔들며 떠들다.
☞ 거드럭거리다. 거들먹거리다.

꺽짓손 ✽ 억세어서 호락호락 넘어가지 않는 수단. ¶ 꺽짓손 세다.
☞ 깍짓손.

꺾괄호(~括弧) = 꺾쇠괄호. 꺾쇠묶음. ✽ 대괄호. ‘〔 〕’의 이름.

꺾꽂이 = 나무꽂이. ✽ 푸나무의 가지, 줄기, 잎을 잘라서 흙 속에 꽂아 뿌리를 내리게 하는 일. {꺾꽂이모. 꺾꽂이모판. 꺾꽂잇법.}
☞ 가지꽂이. 바로꽂이. 잎꽂이. 판꽂이. 휘묻이.

꺾다 ✽ ① 구부리거나 끊어지게 하다. ¶ 나뭇가지를 꺾다. ②생각이나 기운을 억누르다. ¶ 고집을 꺾다. ③싸움이나 경기에서 이기다.
☞ 끊다. 부러뜨리다. 자르다.

꺾쇠 ✽ 양끝을 ㄱ자로 꼬부린 굵은 쇠토막. {꺾쇠구멍. 꺾쇠표.}
☞ 꺽쇠.

꺾쇠괄호(~括弧) = 꺾쇠묶음. 꺾괄호. ✽ 대괄호. ‘〔 〕’의 이름.

꺾쇠치다 ⇨ 꺾자 치다.

꺾자 치다 = 꺾자 놓다. ✽ ① 문서의 빈칸에 ‘ㄱ’ 자 기호를 그리다. ② 글줄이나 글자를 지우다.
☞ 살치다.

껀둥하다 〉건둥하다. ✽ 말끔히 가다듬어 시원스럽게 훤하다.

껄[1] ⇨ 걸. 것을. ✽ ‘~걸, ~ㄹ 걸’ ¶ 보고 싶은 걸 어떡해?

~껄[2] ⇨~ㄹ걸. ✽ 추측을 나타내는 맺음끝. ¶ 지금쯤 후회할걸.

껄그물 ⇨ 망녕그물.

껄껄 〔어〕 ✽ 시원스럽고 우렁찬 목소리로 웃는 소리.
☞ 깔깔.

껄껄하다 ✽ 물건의 거죽이나 사람의 성미가 부드럽지 못하다.
☞ 끌끌하다.

껄끄렁벼 ✽ 잘 몽글리지 않아 꺼끄러기가 많이 섞인 벼.
☞ 몽근벼.

껄끌껄끌 ⇨ 껄끔껄끔. ✽ 꺼끄러기가 닿아 뜨끔거리는 느낌.

껄떡이 ✽ 음식이나 재물에 욕심을 내는 사람.

껄떼기 ✽ 농어 새끼. ✽ 바닷고기.

껄렁이 ✽ 됨됨이나 하는 짓이 껄렁껄렁한 사람.
☞ 말괄량이. 뻘대추니. 촐랑이.

껄렁패(~牌) ✽ 껄렁이 무리.

껄쩍지근하다 ⇨ ① 걸쭉하다. ② 꺼림칙하다.

껌벅거리다 = 끔벅거리다.

껌벅껌벅 = 끔벅끔벅.

껍덕이 ⇨ 껍데기.

껍데기 〉깝대기. ✽ 겉을 싸고 있으면서 속과 성질이 다른 거죽. {겉껍데기. 빈껍데기. 속껍데기. 알껍데기.

조개껍데기. 홑껍데기.} ¶소라 껍데기. 고둥 껍데기. 요 껍데기. 이불 껍데기.

껍질 〉깝질. ‡ 딱딱하지 않은 물체의 속살에 붙어 있는 거죽의 질긴 켜. {겉껍질. 땅껍질. 물껍질. 속껍질. 씨껍질. 나무껍질. 메밀껍질. 소태껍질. 왕골껍질.} ¶ 껍질을 벗기다. ☞ 가죽.

껍질채 ⇨ 껍질째. ‡ ‘~째’는 뒷가지. ¶ 사과를 껍질째 먹는다.

~껏 * ① 힘이나 정도가 닿는 데까지. {기껏. 마음껏. 목청껏. 성심껏. 성의껏. 요령껏. 일껏. 정성껏. 한껏. 힘껏.} ② 그때까지. {밤새껏. 아직껏. 여태껏. 오늘껏. 이때껏. 이제껏. 입때껏. 지금껏. 해껏.}

께[1] 〔토〕 * ‘에게’의 높임말. ¶ 선생님께 드립니다. ☞ 에게. 께서.

~께[2] * 그때나 그곳에서 가까운 범위. {서울역께.} ¶ 이달 말께 가겠다. ☞ ~께나.

께끔받다 ⇨ 깔끔하다.

께끔하다 = 께끄름하다. ‡ 꺼림하여 마음이 내키지 않다. ☞ 깔끔하다. 깨끔하다.

~께나 * 그때, 그곳에서 가까운 범위에서 많지는 않으나 어느 정도 되는. ¶ 물이 불어서 허리께나 온다. ☞ 깨나.

께름직하다 ⇨ 께름칙하다. 〈 꺼림칙하다.

께름하다 〈 꺼림하다. ‡ 마음에 걸려 언짢은 느낌이 있다.

께서 = 께옵서. ‡ 임자자리 토씨 ‘가, 이’의 높임말.

께적거리다 = 께적대다.

께지럭거리다 〉 깨지락거리다.

껴들다 = 끼어들다.

껴안다 * 두 팔로 끌어안다. ¶ 아기를 꼭 껴안고 자다.

껴 앉다 ¶ 두 사람 사이에 껴 앉다.

껵여지다 ⇨ 꺾어지다. 꺾이다.

꼬기다 〈 꾸기다. ‡ 종이나 천을 비비거나 접다.

꼬까 = 고까. 때때. ‡ 어린이 말로 곱게 만든 옷이나 신발.

꼬까신 = 고까신. 때때신. ‡ 어린이 말.

꼬까옷 = 고까옷. 때때옷. ‡ 어린이 말.

꼬깔 ⇨ 고깔.

꼬깝다 ⇨ 고깝다.

꼬꼬 * ① 꼬꼬닭. 닭. ‡ 어린이 말. ② 암탉이 우는 소리. ☞ 꼬끼오.

꼬꼬댁 〔어〕 * 닭이 놀랐을 때나 암탉이 알을 낳은 뒤에 우는 소리. ☞ 꺽꺽푸드덕.

꼬꾸라뜨리다 〈 꼬꾸라트리다.

꼬끼오 = 꼬꾜. ‡ 수탉이 우는 소리. ☞ 꼬꼬.

꼬나박다 ⇨ 꼬라박다.

꼬누 ⇨ 고누. ‡ 민속놀이의 하나.

꼬누다 ⇨ ① 겨누다. ② 꼬느다.

꼬누워 ⇨ 꼬나. ‡ 꼬느다.

꼬느다 * ① 물건의 한쪽 끝을 쥐고 치켜들어서 내뻗치다. ¶ 창을 꼬나 쥐다. 칼을 꼬나 잡다. ② 마음을 잔뜩 가다듬고 무엇을 힘주어 쥐다. ¶ 연필을 꼬느고 시험지를 기다리다.

☞ 끓다.

꼬다 * 긴 물체의 끝을 서로 다른 쪽으로 돌려 겹쳐지게 하다.
☞ 비틀다. 틀다.¹

꼬독꼬독 = 꼬독꼬독이. * 굳어진 상태.

꼬돌꼬돌 ⇨ 꼬들꼬들. 〉 고들고들. * 밥알이 마른 상태.

꼬두밥 ⇨ ① 고두밥. ② 술밥. ③ 지에밥.

꼬드기다 * ① 어떤 일을 하도록 남을 꾀어 부추기다. ¶ 놀러가자고 꼬드기다. ② 연이 높이 올라가도록 연줄을 잡아 젖히다.
☞ 꼬이다.³ 꾀다.

꼬드라지다 ⇨ 꼬드러지다. * 마르거나 굳어서 빳빳하게 되다.

꼬들빼기 ⇨ 고들빼기. * 나물 이름. {고들빼기김치. 고들빼기나물.}

꼬라박다 * ① 거꾸로 내리박다. ② 돈을 잃거나 써 버리다.
☞ 곤두박다. 내리박다.

꼬라지 ⇨ ① 꼬락서니. 꼴. ② 성깔. * 성질.

꼬랑이 * 배추나 무의 꼬리 끝 부분. {배추꼬랑이. 무꼬랑잇국.}

꼬랑지 = 꽁지. * 새. {새꼬랑지. 새꽁지.}
☞ 꼬리.

꼬랑창 ⇨ 시궁창.

꼬랭이 ⇨ 꼬랑이.

꼬로록 ⇨ 꼬르륵. ¶ 배에서 꼬르륵 소리가 나다.

꼬리 * ① 짐승의 꽁무니에 내민 부분. {소꼬리(쇠꼬리). 쥐꼬리.} {꼬리털.} ¶ 개 꼬리. 노루 꼬리. 말 꼬리. {꼬리치다.} ¶ 꼬리를 흔들다. ② 꼬리지느러미. ③ 사물의 끄트머리. {꼬리말.} {말꼬리. 치마꼬리.} ④ 어떤 무리의 끝. ¶ 꼬리를 잇다. ⑤ 찾을 수 있을 만한 흔적. {꼬리표.} ¶ 꼬리를 감추다. 꼬리가 밟히다. 꼬리를 잡히다.
☞ 꼬투리.¹ 꽁지. 꼬랑지. 꽁무니.

꼬리곰 = 꼬리곰탕. * 음식 이름.

꼬리깃 ⇨ 꽁지깃. * 새의 꽁지.

꼬리등뼈 = 꽁무니뼈. * 미려골. 미저골. 미추골.

꼬리말 = 맺음말. * 결론. 말문.
☞ 머리말. 몸말. 글마루. 뒷말. 맺음말.

꼬리별 〔彗星〕 = 꽁지별. 길쓸별. 살별.
☞ 달별. 떠돌이별. 별똥별. 붙박이별.

꼬리치마 = 풀치마. * 양쪽으로 선단이 있어 둘러 입도록 만든 치마.
☞ 월남치마. 통치마. 폭치마.

꼬릿말 ⇨ 꼬리말.

꼬릿소리 = 끝소리. 끝닿소리. * 받침.
☞ 머리소리.

꼬마 = 꼬맹이. * ① 어린아이. {꼬마둥이.} ¶ 꼬마 녀석. 꼬마 대장. 꼬마 돼지. 꼬마 별. 꼬마 신랑. ② 키가 작은 사람. ③ 조그마한 물건. {꼬마전구. 꼬마전등.} ¶ 꼬마 기차. 꼬마 눈사람. 꼬마 비행기. 꼬마 자동차.

꼬마잎 = 잔잎. 쪽잎. * 작은 잎.

꼬막 = 살조개. 안다미조개. * 돌조갯과의 조개.

꼬매다 ⇨ 꿰매다. * 바느질.

꼬바기 ⇨ 꼬박. 꼬박이.

꼬바기다 ⇨ 꼬박이다.

꼬박[1] 〈 꼬빡. ‡ 고스란히 그대로. ¶ 꼬박 사흘 걸렸다.

꼬박[2] 〈 꼬빡. ‡ ① 머리나 몸을 숙였다가 드는 모양. ¶ 꼬박 절을 하다. ② 모르는 사이에 잠깐 잠이 드는 모양. ¶ 저도 모르게 꼬박 졸다. ☞ 꾸벅.

꼬박꼬박[1] 〈 꼬빡꼬빡. ‡ 머리나 몸을 자꾸 앞으로 숙였다가 드는 모양.

꼬박꼬박[2] 〈 꼬빡꼬빡. ‡ ① 조금도 어김없이. ¶ 세금을 꼬박꼬박 내다. ② 남이 시키는 대로 ¶ 시키는 대로 꼬박꼬박 잘하다. ☞ 꾸벅꾸벅.[2] 또박또박.[2]

꼬부랑글씨 = 꼬부랑글자. ‡ ① 서양 글자. ② 서투르게 쓴 글씨.

꼬부랑말 = ① 서양말. ② 잉글랜드 말.

꼬부랑이 〈 꾸부렁이. ‡ 굽은 물건.

꼬부랑하다 〈 꾸부렁하다. ‡ 안으로 휘어들어 굽다. ☞ 꼬부장하다. 꼬불탕하다.

꼬부랑할망구 = 보리할매. ‡ 민간 신앙 대상의 하나.

꼬부랑 할머니 * 허리가 꼬부라진 할머니.

꼬부리다 〈 꾸부리다.

꼬부장하다 * 매우 꼬부라져 있다. ☞ 꼬부랑하다. 꼬불탕하다.

꼬불꼬불 〉 고불고불.

꼬불탕하다 * 느슨하게 고부라져 있다. ☞ 꼬부랑하다. 꼬부장하다.

꼬붕 〔子分〕 ㉺ ⇨ ① 똘마니. ② 종놈. ③ 아랫사람. ‡ 부하.

꼬빡연(~鳶) = 가오리연.

꼬뿌(Kop) ㉺ ⇨ 컵. ‡ 잔.

꼬시다 ⇨ ① 꾀다. 꼬이다. ② 꼬드기다.

꼬시랑머리 ⇨ 고수머리. 곱슬머리.

꼬시랭이 ⇨ 고수머리. 곱슬머리.

꼬시레 ⇨ 고수레.

꼬실꼬실 ⇨ 꼬슬꼬슬.

꼬아바치다 ⇨ 까바치다.

꼬여 보다 ⇨ 꾀어 보다.

꼬이다[1] * ① 하는 일이 얽히거나 뒤틀리다. ② 마음이 뒤틀리다.

꼬이다[2] * '꼬다'의 입음. ¶ 실이 꼬이다. 창자가 꼬이다.

꼬이다[3] = 꾀다. ‡ 사람이나 벌레가 한곳에 모여 뒤끓다. ☞ 꿰다. 끼다.

꼬이다[4] = 꾀다. ‡ 속이거나 부추겨서 끌어들이다. ☞ 꼬드기다.

꼬임 = 꾐. ¶ 못된 친구의 꼬임에 빠지다.

꼬장이 ⇨ ① 고쟁이. ② 꼬챙이.

꼬지 ⇨ ① 꼬치. ② 고치. ③ 고지.

꼬질꼬질 * ① 뒤틀리고 꼬불꼬불한 모양. ② 때가 많이 낀 모양. ☞ 꼬치꼬치.

꼬집다 * ① 손가락이나 손톱으로 살을 집어서 비틀다. ② 분명하게 집어서 들어내다. ③ 비위가 상하게 비틀어 말하다. ☞ 모집다.

꼬창모 * 비가 오지 않을 때, 마른논에 꼬챙이로 구멍을 파고 심는 모. ☞ 강모. 호미모.

꼬창이 ⇨ ① 꼬챙이. ② 꼬치.

꼬챙이 * 끝이 뾰족하고 가늘면서 긴
쇠나 대, 나무 따위. {대꼬챙이. 쇠
꼬챙이.} ¶ 나무 꼬챙이. 대나무 꼬
챙이.
　☞ 고치. 꼬치.
꼬추 ⇨ 고추.
꼬치 * ①꼬챙이에 꿴 먹거리. {꼬치
구이. 꼬치백반. 꼬치안주.} ②먹거
리를 꿴 꼬챙이. ¶ 곶감 꼬치. 담치
꼬치. 어묵 꼬치. 전복 꼬치. ③ 하
나치. ¶ 곶감 한 꼬치. ‡ 한 꼬치는
스무 개.
　☞ 고지.⁴ 고치.² 접.¹ 동.⁴
꼬치꼬치 * 낱낱이 따지고 캐어묻는
모양. ¶ 꼬치꼬치 따지다.
　☞ 미주알고주알. 밑두리콧두리.
꼬타리 ⇨ 꼬투리.
꼬투리¹ * ①이야기나 사건의 실마리.
¶ 꼬투리를 캐다. ②해코지하거나
헐뜯을 만한 거리. {말꼬투리.} ¶ 꼬
투리 잡다. 꼬투리 잡히다.
꼬투리² * 콩 따위의 열매를 싸고 있는
껍질. ‡ 열매가 들어 있음. {꼬투리
열매. 콩꼬투리.} ¶ 꼬투리 속. 강낭
콩 꼬투리.
　☞ 깍지. 꼬치.
꼬투리³ = 담배꼬투리. ‡ 마른 담뱃잎
의 단단한 줄기.
　☞ 꽁초. 담배꽁초.
꼭¹ * ①힘을 주어 누르거나 죄는 모
양. ¶ 꼭 껴안다. 꼭 다물다. ②단단
히 숨거나 들어박히는 모양. ¶ 방에
꼭 들어박혀 있다.
꼭² = 꼭꼭 ‡ ①반드시. ¶ 약속은 꼭
지킨다. ②어김없이. 빈틈없이. ¶ 꼭

붙들다. 꼭 오너라. 꼭 잡다. ‡ 움직
씨만 꾸밈.
　☞ 똑.¹
꼭같다 ⇨ 똑같다.
꼭꼭¹ * 암탉이 알을 안을 때 내는 소
리.
꼭꼭² = 꼭. ‡ ①반드시. ②어김없
이. 빈틈없이.
꼭대기 * 맨 위쪽 끝. {산꼭대기.} ¶
머리 꼭대기. 지붕 꼭대기.
　☞ 꼭두머리. 꼭지.
꼭두 ⇨ ①곡두. ②허깨비.
꼭두각시 * ①꼭두각시놀음에 나오는
인형. ‡ 괴뢰. ②남이 시키는 대로
움직이는 사람. ‡ 바지저고리. 허수
아비.
　☞ 망석중이. 어림쟁이.
꼭두각시극(~劇) = 꼭두각시놀음.
꼭두각시놀이. 꼭두박첨지놀음. 박첨
지놀음. 홍동지놀음. ‡ 민속 가면극
이름.
꼭두마리 ⇨ ①꼭지마리. ②꼭대기.
꼭두머리 * 시간으로 보아 일의 맨 처
음.
　☞ 꼭대기. 꼭지마리.
꼭두새벽 = 꼭두식전. ‡ 아주 이른 새
벽.
꼭두잡이 ⇨ 꼭뒤잡이.
꼭둑각시 ⇨ 꼭두각시.
꼭뒤잡이 * 뒤통수의 머리나 깃고대를
잡아채는 짓. {꼭두잡이하다.}
　☞ 상투잡이.
꼭쇠 = 꺽쇠. ‡ 북청 사자놀이.
꼭지 * ①뚜껑이나 연모에 붙은 손잡
이. {수도꼭지.} ¶ 냄비 뚜껑 꼭지.

¶꼭지를 잠그다. 꼭지를 틀다. ②끝이나 모서리. {머리꼭지. 바람꼭지. 젖꼭지. 통꼭지.} ¶고추 꼭지. 수박 꼭지. ③꼭지딴.
☞ 꼭대기.

꼭지눈 = 끝눈. 마루눈. ⁑ 나무줄기나 가지 끝에 붙은 눈.
☞ 곁눈.¹

꼭지딴 = 꼭지. ⁑ 거지나 딴꾼의 우두머리.

꼭지마리 * 물레 따위를 돌리는 손잡이.
☞ 꼭두머리.

꼭지숟가락 = 꼭지숟갈. ⁑ 자루 끝에 동글납작한 꼭지가 달린 숟갈.

꼭지점(~點) ⇨ 꼭짓점.

꼭하다 * 성질이 차분하고 정직하며 고지식하다. ¶꼭한 성질.

꼭 하다 ¶이 일은 내가 꼭 하고 말겠다.

꼲다 * 잘잘못을 살피어 정하다. ⁑ 심사하다. ¶원고를 꼲다.
☞ 꼬느다.

꼴¹ = 꼬락서니. ⁑ ①생김새나 됨됨이. {꼴값하다. 꼴같잖다. 꼴답잖다. 꼴밉다. 꼴사납다. 꼴좋다.} {네모꼴. 달걀꼴. 반달꼴. 사다리꼴.} ②형편이나 처지. ¶나라 꼴. 집안 꼴. 회사 꼴.

꼴² * 말이나 소에게 먹이는 생풀. {꼴간. 꼴꾼. 꼴단. 꼴망태. 꼴머슴. 꼴머슴살이. 꼴방석. 꼴밭. 꼴배. 꼴지게. 꼴짐. 꼴풀.} {쇠꼴.} ¶꼴을 먹이다. 꼴을 베다.
☞ 마른풀.

~꼴³ * 그 수량만큼. ¶두 개꼴. 두 근꼴. 두 달꼴. 두 마리꼴. 두 말꼴. 두 번꼴. 두 사람꼴. 두 홉꼴. 백 원꼴.

꼴까닥 = 꼴깍. ¶침을 꼴깍 삼키다. 해가 꼴까닥 뒷산으로 넘어가다.

꼴꼴¹ 〈 콜콜. ⁑ 물 따위가 가는 줄기로 몰리어 흐르는 소리.

꼴꼴² * 새끼 돼지가 내는 소리.
☞ 꿀꿀.

꼴뚜기장수 * 재산이나 밑천을 모두 없애고 어렵게 사는 사람.

꼴뚜기질 * 가운뎃손가락만 펴 남에게 내밀어 욕하는 짓.

꼴라쥬(collage) ⇨ 붙이기. ⁑ 콜라주.

꼴볼견(~不見) ⇨ 꼴불견.

꼴시늉말〔擬態語〕 = 짓시늉말. ⁑ 깡충깡충, 아장아장. 팔짝팔짝 따위.
☞ 소리시늉말.

꼴아박다 ⇨ ①꼬라박다. ②처박다.

꼴악서니 ⇨ 꼬락서니. 꼴.

꼼꼼 = 꼼꼼히. ⁑ 빈틈없이 차분하고 조심스럽게.

꼼꼼이 ⇨ ①꼼꼼쟁이. ②꼼꼼히.

꼼꼼장이 ⇨ 꼼꼼쟁이. ⁑ 꼼꼼한 사람.

꼼바리 * 마음이 좁고 인색한 사람.
☞ 꼽꼽쟁이. 구두쇠.

꼼수 * 쩨쩨한 수단이나 방법. ¶꼼수를 쓰다.
☞ 꽁수.

꼼작이다 〈 꼼짝이다.

꼼장어 ⇨ 먹장어. ⁑ 바닷고기 이름.

꼼쟁이 ⇨ 꼼바리.

꼼쥐 ⇨ 꼼바리.

꼼질 = 꼼지락. ⁑ 몸을 천천히 좀스럽게 움직이는 모양.

꼼짝 〈 꿈적. {꼼짝꼼짝. 꼼짝달싹. 꼼
짝없이.} {꼼짝거리다. 꼼짝대다. 꼼
짝이다. 꼼짝하다.} ¶ 꼼짝 못하다.
꼼짝 마라. 꼼짝 않다.

꼼짝달싹 = 옴짝달싹. ✽ '못하다, 안
다, 말다'와 어울려 씀.

꼼짝말고 ⇨ 꼼짝 말고.

꼼짝없다 ✽ ① 조금도 움직임이 없다.
② 벗어날 길이 없다.
☞ 갈데없다.

꼽꼽쟁이 ✽ 성질이 잘고 서두르는 사람.
☞ 꼼바리. 구두쇠.

꼽다 ✽ ① 수를 세려고 손가락을 꼬부
리다. ¶ 손꼽아 기다리다. ② 골라서
가리키다. ¶ 올해의 선수로 박세리
를 꼽다.
☞ 곱다.² 꽂다.

꼽사 ⇨ 곱사. 곱사등이. 꼽추.

꼽사등이 ⇨ 곱사등이. 곱사. 꼽추.

꼽새 ⇨ 곱사. 곱사등이. 꼽추.

꼽슬머리 ⇨ 곱슬머리. 고수머리.

꼽실머리 ⇨ 곱슬머리. 고수머리.

꼿갈 ⇨ 고깔.

꼿꼿히 ⇨ 꼿꼿이. ✽ 꼿꼿하게.

꼼꼼하다 ⇨ 꼼꼼하다.

꽁꾸르(Concours) ⇨ 겨루기. 겨루기
모임. ✽ 콩쿠르. ¶ 피아노 콩쿠르.
☞ 공쿠르상.

꽁다리 ✽ 짤막하게 남은 동강이나 끄
트머리. ¶ 담배 꽁다리. 연필 꽁다
리. 마늘 꽁다리.
☞ 공다리. 꼬투리.³ 꽁초.

꽁무니 ✽ 사람이나 동물의 엉덩이 부
분. {꽁무니바람. 꽁무니뼈. 꽁무니
지느러미.} {뒤꽁무니.} ¶ 꽁무니를

빼다. 꽁무니를 사리다.
☞ 꼬리. 꽁지.

꽁보리밥 = 곱삶이. ✽ 보리쌀로만 지
은 밥.
☞ 보리곱삶이.

꽁수 ✽ 연의 방구멍 아랫부분. {꽁숫
구멍. 꽁숫줄.}
☞ 꼼수.

꽁지 = 꼬랑지. 꽁지깃. ✽ 새의 꽁무
니에 붙은 깃.
☞ 꼬랑지. 꼬리.

꽁지깃 ✽ ① 꽁지. ② 꽁지와 깃.

꽁지바람 ⇨ 꽁무니바람.

꽁지바리 ⇨ 꼴찌.

꽁지부리 = 고물. 뱃고물. ✽ 배의 뒷
부분.
☞ 이물.

꽁지발 ✽ 뒤꿈치를 들고 걷는 발. ¶ 꽁
지발로 몰래 빠져나가다.
☞ 까치발.² 깨금발. 깨끼발. 앙감질.

꽁지별 〔彗星〕 = 길쓸별. 꼬리별. 살별.
☞ 달별. 떠돌이별. 별똥별. 붙박이
별.

꽁지부리 = 고물. 뱃고물. ✽ 배의 뒷
부분.
☞ 이물.

꽁지줄 = 끝줄. ✽ 줄다리기에서 줄의
끝이 풀어져 가닥이 진 부분.
☞ 게줄.

꽁짓점(~點) = 반점. ✽ 월점의 하나.
쉼표 ' , '의 이름.

꽁짜 ⇨ 공짜.

꽁초 = 담배꽁초. ✽ 피우다가 남은 작
은 담배 도막.
☞ 담배꼬투리. 꽁다리.

꽁트(conte) ⇨ 한뼘 소설. ✼ 콩트.
꽂다 ✽ 쓰러지거나 빠지지 않게 박아
　끼우다. ¶ 꽃을 꽃병에 꽂다.
　☞ 꼽다. 넣다. 박다.¹
꽂을땜 = 봉박이. ✼ 거죽에 칼로 파고
　딴 조각을 넣음.
　☞ 나무박이.
꽂을땜 청자(~靑瓷) = 봉박이 청자.
　✼ 상감 청자.
~꽂이¹ ✽ 무엇을 꽂아두는 연모. {연
　필꽂이. 책꽂이. 편지꽂이.}
~꽂이² ✽ 푸나무의 가지나 잎을 흙에
　꽂아 뿌리를 내리는 법. {가지꽂이.
　경단꽂이(단자꽂이). 꺾꽂이(나무꽂
　이). 바로꽂이. 반달꽂이(휘어심기).
　빗꽂이. 뿌리꽂잇법. 잎꽂이.}
꽃 ✽ {꽃가루. 꽃가마. 꽃가위. 꽃가
　지. 꽃고무신. 꽃구경. 꽃구름. 꽃
　굴레. 꽃그늘. 꽃그릇. 꽃기운. 꽃
　길. 꽃꽂이. 꽃꿀꽃. 꽃나무. 꽃나이.
　꽃노래. 꽃노을. 꽃놀이. 꽃눈. 꽃다
　발. 꽃단장. 꽃달임. 꽃대. 꽃돗자리.
　꽃동네. 꽃동산. 꽃마차. 꽃말. 꽃망
　울. 꽃모종. 꽃목걸이. 꽃무늬. 꽃
　묶음. 꽃물결. 꽃미투리. 꽃바구니.
　꽃발. 꽃방. 꽃방망이. 꽃방석. 꽃밭.
　꽃배. 꽃뱀. 꽃베개. 꽃병. 꽃보라. 꽃
　봉오리. 꽃봉투. 꽃분. 꽃불. 꽃비. 꽃
　삽. 꽃상여. 꽃샘. 꽃송아리. 꽃송이.
　꽃수. 꽃수레. 꽃술. 꽃숭어리. 꽃시
　계. 꽃식물. 꽃신. 꽃싸움. 꽃씨. 꽃이
　슬. 꽃잎. 꽃자동차. 꽃전. 꽃전차. 꽃
　종이. 꽃집. 꽃차. 꽃철. 꽃향기. 꽃향
　내.} {꽃답다.} {벚꽃. 살구꽃. 분
　꽃.} {눈꽃. 물꽃. 불꽃. 살꽃. 서리

꽃. 성에꽃. 웃음꽃. 이야기꽃.} ✼ 특
별한 꽃 이름 : 갈품(갈대). 밤느정이
(밤). 밤늦(밤). 버들강아지(버드나무).
버들개지(버드나무). 삼딸(인삼). 새품
(억새). 콩노굿(콩). 팥노굿(팥).
꽃가루받이〔受粉〕✽ 수술 꽃가루가
　암술머리에 옮겨 붙는 일. ✼ 식물.
　☞ 정받이.
꽃값 = ① 해웃값. 해웃돈. ② 꽃을 팔
　고 사는 값.
　☞ 왁댓값. 놀음차.
꽃국 ✽ 용수 안에 괸 술의 웃국.
꽃국물 = 꽃물. ✼ 맹물을 타지 아니한
　곰국.
꽃꼭지 = 꽃자루. ✼ 꽃이 달리는 짧
　은 가지.
꽃나비 = 동구리. 동니. ✼ 궁중, 농악
　대, 걸립패에서 춤추는 무동.
꽃나이 = 꽃띠. ✼ 한창 젊은 여자의
　나이.
꽃낙지 ✽ 살이 통통하게 오른, 가을에
　잡은 낙지.
　☞ 세발낙지.
꽃대님 ⇨ 색대님. ✼ 고운 색과 무늬가
　있는 천으로 만든 대님.
꽃등¹ = 초꼬슴. ✼ 맨 처음. 일 등.
꽃등²(~燈) ✽ 꽃무늬로 꾸민 등.
꽃떨기 = 꽃포기.
꽃망울 = 몽우리. 봉오리. 꽃봉오리.
꽃맞이 = 꽃맞이굿. ✼ 꽃이 필 무렵
　무당이 몸주에게 하는 굿.
꽃무늬띠 ⇨ 꽃무늬 띠.
꽃물¹ = 꽃국물. ✼ 뼈나 고기를 고아
　맹물을 타지 않은 진한 국물.
꽃물² ✽ ① 꽃을 물감으로 하여 들이는

물. ¶ 봉선화 꽃물. 봉숭아 꽃물. 진달래 꽃물. ②불그스름한 살갗의 빛깔.

꽃반지 * 꽃으로 만들어 끼는 반지.
☞ 풀반지.

꽃받기[1] = 무동놀이. ‡ 농악대, 걸립패에서 하는 놀이의 하나.

꽃받기[2]〔花托〕 ⇨ 꽃받침.

꽃방(~房) = 꽃집. ‡ 꽃을 파는 가게.

꽃봉오리 = 봉오리. 몽우리. 꽃망울.

꽃불 * ①이글이글 타오르는 불. ②축하하는 불꽃. {꽃불놀이.}
☞ 불꽃.

꽃새암 ⇨ 꽃샘.

꽃샘 * 이른 봄에 오는 추위. {꽃샘바람. 꽃샘잎샘. 꽃샘추위.}
☞ 잎샘.

꽃수염 ⇨ 꽃술.

꽃술[1] * 꽃의 수술과 암술. {수꽃술. 암꽃술. 겹암꽃술. 홑암꽃술.}

꽃술[2] * 창대, 깃봉, 깃발 가에 치레로 다는, 여러 가닥으로 된 색실.
☞ 술.[3] 수술.[2]

꽃술[3] * 꽃잎을 넣어 담근 술. ¶ 진달래 꽃술.

꽃자루 = 꽃꼭지. ‡ 꽃이 달리는 짧은 가지.

꽃자리 = 꽃돗자리. ‡ 꽃 모양을 넣어 짠 돗자리. ¶ 꽃자리를 깔다.

꽃잠 * ①깊이 든 잠. ¶ 꽃잠이 들다. ②첫날밤에 자는 잠.
☞ 잠.[1] 선잠.

꽃집 = 꽃방. ‡ 꽃을 파는 가게.

꽃창포(~菖蒲) = 꽃장포. ‡ 여러해살이 풀 이름.

꽃채소 * 꽃을 먹는 채소. ‡ 브로콜리 따위.
☞ 채소. 뿌리채소. 잎채소. 줄기채소.

꽃턱 ⇨ 꽃받침.

꽃포기 = 꽃떨기. ¶ 백 가지 꽃떨기가 한꺼번에 향기를 뿜다.

꽃화분(~花盆) ⇨ 꽃분. 화분.

꽈리단추 = 매듭단추. 맺음단추. ‡ 매듭을 지어 만든 단추.

꽉집게 = 꽉집이. ‡ 종이 집게.

꽤 〔어〕 * 제법. 어지간히. ‡ 긍정하는 뜻으로 쓰고 자리토씨는 붙이지 못함. ¶ 사람이 꽤 괜찮다. 일이 꽤 잘 되어 간다.
☞ 꾀.

꽤기 = 새꽤기. ‡ 갈대, 띠, 억새, 짚의 껍질을 벗긴 줄기.

꽹과리 * 농악 따위에서 쓰는 악기의 하나. ¶ 꽹과리 소리.
☞ 매구.

꽹매기 ⇨ 꽹과리. ¶ 꽹과리를 치다.

꽹매꽹꽹 ⇨ 꽹그랑꽹그랑. ‡ 꽹과리나 징을 치는 소리.

꾀 〔이〕 * ①슬기. ②생각. ③수단. ④계책. {약은꾀. 얕은꾀. 잔꾀.} {꾀돌이. 꾀똥. 꾀배. 꾀병. 꾀보. 꾀잠. 꾀주머니.} {꾀바르다. 꾀쓰다. 꾀피우다. 꾀하다.} ¶ 못된 꾀. 꾀가 늘다.
☞ 꽤.

꾀가 나다 = 싫증이 나다.

꾀까닭스럽다 ⇨ 꾀까다롭다.

꾀꼴이 ⇨ 꾀꼬리. ‡ 새 이름.

꾀꾼 = 꾀보. 꾀자기. 꾀쟁이. 꾀주머니. 꾀퉁이. ‡ 잔꾀가 많은 사람.

꾀다 = 꼬이다. ¶ 어린애를 꾀어 과자를 뺏어 먹다.
☞ 꼬드기다.

꾀돌이 * 꾀가 많아 귀염성이 있는 아이.
☞ 꾀쟁이.

꾀부리다 = 꾀쓰다. ‡ 어려운 일이나 책임을 살살 피하다.
☞ 꾀피우다.

꾀숭꾀숭 ⇨ 꾀음꾀음. 꿰꿈. ‡ 달콤한 말로 꾀는 모양.

꾀어내다 = 후려내다. ‡ 꾀를 써서 있던 곳에서 나오게 하다.

꾀어들다 = 모여들다. ¶ 잔칫집으로 동네 사람들이 꾀어들다.

꾀이다 * ‘꾀다’의 입음. ¶ 야바위꾼에 꾀여 돈을 잃다.
☞ 꾀다. 꼬이다.

꾀임 ⇨ 꼬임. 꿰.

꾀잠 = 헛잠. ‡ 자는 체하는 잠. ¶ 꾀잠을 자다.

꾀쟁이 = 꾀자기. 꾀꾼. 꾀보. 꾀통이. ‡ 잔꾀가 많은 사람.
☞ 꾀돌이.

꾀제하다 ⇨ 꾀죄하다. 꾀죄죄하다.
‡ 지저분하고 궁상스럽다.

꾀통이 = 꾀꾼. 꾀보. 꾀자기. 꾀쟁이. 꾀주머니.

꾀피우다 * 제게만 이롭도록 잔꾀를 쓰다.
☞ 꾀부리다. 꾀쓰다.

꿰 = 꼬임. ‡ 꾀다. {꿰낚시. 꿰수. 꿰약. 꿰주머니. 꿰질하다.}

꿰낚시 = 덧낚시. ‡ 낚시 방법의 하나.

꿰등불 = 벌레잡이등. ‡ 논밭에서 해론벌레를 잡는 등불.

꾸김 = 꾸김살. 꾸김새. {꾸김없다. 꾸김없이.} ¶ 꾸김살을 펴다.

꾸다 * 나중에 갚기로 하고 돈, 설탕, 간장, 쌀 따위를 받다. ‡ 꾼 것을 쓰고 난 다음, 나중에 다른 것으로 갚는 것이 보통임.
☞ 꾸이다. 꿔어주다. 빌리다.

꾸러 가다 ¶ 이웃집에 쌀을 꾸러 가다.
☞ 꾸려 가다.

~꾸러기 * 그것이 많거나 심한 사람. {걱정꾸러기. 겁꾸러기. 눈치꾸러기. 말꾸러기. 말썽꾸러기. 매꾸러기. 방정꾸러기. 변덕꾸러기. 빚꾸러기. 심술꾸러기. 악착꾸러기. 암상꾸러기. 억척꾸러기. 엄살꾸러기. 욕심꾸러기. 용심꾸러기. 응석꾸러기. 이꾸러기. 익살꾸러기. 잔병꾸러기. 잠꾸러기. 장난꾸러기. 지청구꾸러기. 천덕꾸러기. 청승꾸러기.}

꾸러미 * ① 꾸리어 싼 물건. ¶ 구슬 꾸러미. 달걀 꾸러미. 동전 꾸러미. 선물 꾸러미. 열쇠 꾸러미. 이삿짐 꾸러미. 종이 꾸러미. 짐 꾸러미. ② 하나치. ¶ 달걀 한 꾸러미. ‡ 한 꾸러미는 10개.
☞ 꿰미.

꾸럼지 ⇨ 꾸러미.

꾸려 가다 = 꾸리어 가다. ¶ 어려운 살림을 잘 꾸려 가다.
☞ 꾸러 가다.

꾸리¹ = ① 실꾸리. ¶ 명주실 꾸리. 무명실 꾸리. ¶ 꾸리를 감다. ② 하나치. ¶ 명주실 두 꾸리. 무명실 열 꾸리.

꾸리² = 꾸리살. ‡ 소의 앞다리에 붙은

살. {작은꾸리. 큰꾸리.}
꾸리다 * ①짐이나 물건을 싸서 묶다. ¶ 이삿짐을 꾸리다. ②살림을 잘 이끌어 나가다. ③집, 자리, 이야기를 모양이 나게 손질하다.
☞ 묶다.
꾸매다 ⇨ 꿰매다.
꾸물거리다 * ①느리게 자꾸 움직이다. ②게으르고 굼뜨게 움직이다.
☞ 쭈물거리다.
꾸물꾸물 〉 구물구물. ∗ 몸을 느리게 자꾸 움직이는 모양.
☞ 끄물끄물.
꾸미 = 고기꾸미. ∗ 국이나 찌개에 넣을 조개, 오징어, 쇠고기 따위 고기 붙이. {꾸미고기. 꾸밋거리.}
☞ 고명. 소.²
꾸미다 * ①덧붙이거나 색을 칠하여 보기가 좋게 만들다. ¶ 예쁘게 꾸미다. ②거짓을 참인 것처럼 지어내다. ¶ 거짓말을 꾸며내다. ③글을 지어 만들다. ¶ 보고서를 꾸미다. ④어떤 일을 짜고 만들다. ¶ 계획을 꾸미다. ⑤바느질을 하여 만들다. ¶ 한복을 꾸미다.
☞ 가꾸다. 꾸리다. 짓다.
꾸민족두리 * 구슬과 진주를 꿰어 만든 족두리.
☞ 민족두리. 소족두리.
꾸밈장이 * 그릇, 세간 따위에 꾸미개를 박는 일을 하는 사람.
☞ 장식일꾼.
꾸벅 〈 꾸뻑. ∗ ①머리나 몸을 앞으로 숙였다가 드는 모양. ②모르는 사이에 깜빡 잠이 드는 모양.

☞ 꼬박.
꾸벅꾸벅¹ 〈 꾸뻑꾸뻑. ∗ 머리를 자꾸 숙였다가 드는 모양.
꾸벅꾸벅² 〈 꾸뻑꾸뻑 ∗ ①조금도 어김없이 그대로 계속하는 모양. ②시키는 대로 따르는 모양. ¶ 시키면 꾸벅꾸벅 잘도 한다.
☞ 꺼벅꺼벅. 꼬박꼬박.²
꾸벅이다 〈 꾸뻑이다.
꾸부리다 〉 구부리다.
꾸부러뜨리다 〈 꾸부러트리다.
꾸부슴하다 = 꾸부스름하다. ∗ 안으로 굽은 듯하다.
꾸붓꾸붓히 ⇨ 꾸붓꾸붓이.
꾸붓히 ⇨ 꾸붓이. ∗ 약간 굽은 듯하게.
꾸어주다 ⇨ 뀌어주다. ∗ 빌려 주다.
꾸이 ⇨ 구이. {갈비구이. 생선구이. 소금구이. 참새구이.}
꾸이다 = 뀌다. ∗ '꾸다'의 입음. ¶ 돼지꿈이 꾸이다.
꾸정거리다 = 휘정거리다. ∗ 물을 자꾸 저어서 흐리게 하다.
꾸준하다 * 일을 끈기 있게 밀고 나가다. ¶ 꾸준하게 공부하다.
☞ 부지런하다. 한결같다.
꾸중 듣다 = 꾸지람 듣다. ∗ 아랫사람이 윗사람에게 들음.
꾸중하다 = 꾸지람하다. 꾸짖다. ∗ 윗사람이 아랫사람에게 함.
꾸짖다 * 아랫사람의 올바르지 않은 짓을 따끔하게 깨우쳐 말하다.
☞ 나무라다.
꾸푸리다 〉 꼬푸리다.
~꾼 * ①직업으로, 버릇으로 무엇을 하는 사람. {가마꾼. 나무꾼. 낚시꾼.

노름꾼(도박꾼). 농사꾼. 도굴꾼. 딴
꾼. 땅꾼. 막일꾼. 말썽꾼. 모사꾼. 무
식꾼. 방해꾼. 부림꾼. 빨래꾼. 사기
꾼. 사냥꾼. 살림꾼. 상두꾼(상여꾼).
소리꾼. 술꾼. 심부름꾼. 씨름꾼. 앞
메꾼. 여리꾼. 익살꾼. 일꾼. 장난꾼.
지게꾼. 훼방꾼.} ②어떤 일 때문에
모인 사람. {구경꾼. 장꾼.}

꿀 = 벌꿀. {꿀냄새. 꿀단지. 꿀떡. 꿀
맛. 꿀물. 꿀방구리. 꿀방울. 꿀밭.
꿀벌. 꿀범벅. 꿀통.} ¶ 가짜 꿀. 양
봉 꿀. 진짜 꿀. {개꿀. 밤꿀. 싸리꿀.
아까시꿀. 유채꿀. 잡꿀. 참꿀. 토종
꿀.}
☞ 꿀벌.

꿀꿀 * 어미 돼지가 내는 소리.
☞ 꼴꼴.

꿀꿀이 = 꿀돼지. 돼지. ＊ 어린이 말.

꿀리다 * ①쭈그러지거나 우그러져서
구김살이 지다. ②기세나 형세가 줄
거나 꺾이다. ③마음속으로 켕기거
나 눌리다.
☞ 꿇리다.

꿀밀 = 밀. 벌똥. ＊ 꿀벌이 벌집을 만
드는 물질.

꿀밤 * 주먹 끝으로 가볍게 머리를 때
리는 짓. ¶ 꿀밤을 먹이다.
☞ 굴밤. 알밤.

꿀벌 = 참벌. ＊ 꿀을 따려고 기르는
인도종, 서양종, 동양종의 벌.
☞ 토종벌.

꿀새 = 벌새. ＊ 새 이름.

꿇다 * ①무릎을 바닥에 대고 몸을 낮
추다. ②굴복하다.
☞ 앉다.

꿇리다 * '꿇다'의 입음과 하임. ＊ 벌.
{기왓장꿇림. 마당꿇림. 모말꿇림.
무릎꿇림.} ¶ 무릎을 꿇리고 단단히
이르다.

꿈 * ①자면서 여러 가지 사물을 보고
듣는 일. {꿈결. 꿈길. 꿈나라. 꿈
땜. 꿈밖. 꿈속. 꿈자리.} {꿈같다.
꿈만하다.} ¶ 개꿈을 꾸다. 단꿈을
꾸다. 돼지꿈을 꾸다. 봄꿈을 꾸다.
용꿈을 꾸다. ②희망. ¶ 내게는 꿈
이 있다. ③현실성이 적은 계획이
나 바람. {헛꿈.}
☞ 이상.[1]

꿈꾸다 * ①꿈을 보다. ②앞날을 머
릿속에 그리다.

꿈 꾸다 ¶ 어젯밤에 좋은 꿈을 꾸었다.

꿈뜨다 * 움직임에 걸리는 시간이 길
다. ¶ 어찌나 꿈뜬지 갑갑하다.
☞ 날래다.

꿈지러기 = 가시. ＊ 음식물에 생긴 구
더기.
☞ 구더기.

꿈질 = 꿈지럭. 〉 꼼질. 꼼지락. ＊ 몸
을 움직이는 모양.

꿈쩍 〉 꼼짝. ＊ 몸을 움직이는 모양.

꿉슬꿉슬 〉 굽슬굽슬. ＊ 털 따위가 구
불구불하게 말려 있는 모양.

꿉신꿉신 ⇨ 꿉실꿉실.

꿉실꿉실 〉 굽실굽실. ＊ 고개나 허리
를 자꾸 구푸렸다 펴는 모양.
☞ 꿉슬꿉슬.

꿋꿋히 ⇨ 꿋꿋이. ¶ 온갖 어려움을 이
기고 꿋꿋이 살아가다.

꿍꿍이 = 꿍꿍이셈. 꿍꿍이수. ＊ 남모
르게 꾸미는 속셈.

꿍심 ⇨ 꿍꿍이셈. 꿍꿍이수.

꿔 = 꾸어. ✽ 꾸다. ¶ 꿔 가다. 꿔다 놓다. 꿔 달라다. 꿔 주다.

꿩 ✽ 새 이름. {꿩고기. 꿩그물. 꿩망태. 꿩알. 꿩잡이. 꿩창애. 꿩피리.} ¶ 새끼 꿩. 어미 꿩. 꿩 사냥. 꿩 새끼. ¶ 꿩 꿔 먹다.
☞ 까투리. 꺼병이. 장끼. 수꿩. 암꿩.

꿰다 ✽ ①옷을 입거나 신을 신다. ②실, 끈을 좁은 구멍으로 나가게 하다. ¶ 구슬이 서 말이라도 꿰어야 보배다. ③꼬챙이로 맞뚫리게 찔러서 꽂다. ④속내나 사정을 환하게 알다.
☞ 꾀다. 꿔다.² 끼다.¹ 끼우다.

꿰뚫다 ✽ ①실이나 끈을 물건의 속으로 한쪽에서 다른 쪽으로 나오도록 끼우다. ②어떤 일을 환히 알고 있다.
☞ 뚫다.

꿰맞추다 ✽ 서로 맞지 아니한 것을 대충 갖다 맞추다.
☞ 맞추다.

꿰매다 ✽ ①찢어지거나 해어지거나 터진 옷과 이불을 바늘로 깁거나 얽어매다. ¶ 해진 양말을 꿰매다. ②어지럽게 벌어진 일을 매만져 탈이 없게 하다. ¶ 틀어진 일을 꿰매다.
☞ 감치다.² 공그르다. 깁다. 누비다. 달다. 박다.³ 시치다. 호다.

꿰미 ✽ ①구멍 뚫린 물건을 끈 따위로 꿴 것. {돈꿰미.} ¶ 엽전 꿰미. ②하나치. ¶ 엽전 두 꿰미.
☞ 꾸러미.

꿰어차다 ⇨ 꿰차다.

꿰어 차다 ¶ 옆구리에 돈꿰미를 꿰어 차고 다니다.

꿰차다 ✽ 자기 것으로 만들다. ¶ 주인공 자리를 꿰차다.

꿴지 ⇨ 꿰미.

뀌다¹ = 꾸이다. ✽ '꾸다'의 입음. ¶ 돼지꿈이 꾸이다.

뀌다² ✽ 방귀를 내보내다. ¶ 방귀를 뀌다.
☞ 꿰다. 끼우다.

뀌어주다 ✽ 빌려 주다. ¶ 돈을 뀌어주다.
☞ 꾸다.

뀌이다 ⇨ 뀌다.

끄나불 ⇨ 끄나풀. ✽ ①끈. ②앞잡이.

끄내다 ⇨ 꺼내다.

끄내리다 ⇨ 꺼내리다.

끄다 ✽ 끄고. 끄니. 끄면. 끔. 끈. 끕니다. 꺼. 꺼도. 꺼서. 껐다.

끄덩이 ✽ 머리털이나 실의 뭉친 끝. ¶ 머리끄덩이를 잡다.
☞ 끄트머리.

끄두르다 ⇨ 꺼두르다. ¶ 멱살을 꺼두르다.

끄레질 ⇨ 걸기질. ✽ 논바닥을 평평하게 고르는 일.

끄르다 ✽ ①싸거나 매거나 조인 것을 풀다. ②잠긴 것을 열다.
☞ 풀다.

끄름 ⇨ 그을음.

끄물끄물 〉 그물그물. ✽ 날씨가 활짝 개지 않고 흐려지는 모양.
☞ 꾸물꾸물.

끄스르다 ⇨ ①그슬다. ②그을다.

끄스름 ⇨ 그을음.

끄슬리다 ⇨ ①그슬리다. ②그을리다.

끄시럼 ⇨ 그을음.

끄시르다 ⇨ ①그슬다. ②그을다.

끄실리다 ⇨ ①그슬리다. ②그을리다.

끄을음 ⇨ 그을음.

끄적거리다 ⇨ 끼적거리다. 끼적이다.

끄적끄적 ⇨ 끼적끼적.

끄치다 ⇨ ①그치다. ②끝이다.

끄트러기 * ①쓰고 남은 작은 조각. ②끊어내고 남은 작은 나뭇조각. ☞ 자투리.

끄트머리 * ①맨 끝 부분. ②일의 실마리.
　☞ 끄덩이. 끝.

끄트머리 할매 = 끄트머리손. 마지막손. 막손. 막딸. ✲ 민속.

끈 * 묶거나 매거나 꿰는 데 쓰는 가늘고 긴 줄. {노끈. 삼끈. 갓끈. 구두끈. 들메끈. 멍에끈. 멜빵끈. 뱃대끈. 치마끈. 허리끈.} ¶ 군화 끈. 등산화 끈. 운동화 끈. 주머니 끈. 끈 끼우다. 끈 떨어지다.
　☞ 금.² 끄나풀. 띠.² 바.² 줄.¹

끈끈이 * 새, 벌레, 쥐를 잡는 데 쓰려고 풀을 바른 종이.

끈끈이주걱 = 모드라기풀. ✲ 벌레잡이 식물의 하나.

끈끈히 * 끈적끈적하게. ¶ 끈끈히 달라붙다.

끈덕거리다 = 끈덕대다. ✲ 좁은 폭으로 가볍게 자꾸 움직이다.
　☞ 끈적거리다.

끈덕지다 * 끈기가 있고 꾸준하다. ¶ 끈덕지게 뒤쫓다.

끈술 = 낙지발술. ✲ 여러 올로 짠 끈으로 만든 치렛감.

끈숯 ⇨ 뜬숯. ✲ 장작을 때고 난 뒤에 꺼서 만든 숯.

끈이 〔어〕 ⇨ 끈히. ✲ 끈끈한 고집으로. 질기도록 끈기 있게.

끈적거리다 * ①끈끈하여 잘 달라붙다. ②검질기게 굴다.
　☞ 끈덕거리다.

끈타불 ⇨ 끄나풀.

끈허리 = 띠허리. ✲ ①허리띠가 달린 치마. ②바지 허리.

끊겨지다 ⇨ 끊기다. 끊어지다.

끊기다 * 긴 물체나 시간이 더 이어지지 않다.
　☞ 끊어지다. 끊이다.

끊다 * ①단단한 물체를 동강 내다. ②이어져 오던 일을 그만두다.
　☞ 꺾다. 자르다.

끊어지다 * ①두 부분으로 잘라지다. ②이어지던 일이 멈추다.
　☞ 끊기다. 부러지다.

끊을래야 ⇨ 끊으려야. ✲ ‘(으)려야’는 씨끝.

끊이다 * ①가운데가 끊어지다. ¶ 끊이지 않고 밀려드는 구경꾼. ②뒤가 달리어 없어지다. ¶ 집안의 대가 끊이지 않아야 할 텐데. ✲ ‘않다’와 어울림.
　☞ 끊기다.

끊임없다 = 간단없다. ¶ 끊임없는 노력.

끊임없이 = 간단없이. ¶ 끊임없이 잔소리를 하다.

끊질기다 ⇨ 끈질기다.

끊치다 ⇨ ①끊어지다. ②그치다.

끌 * 나무에 홈을 파거나 구멍을 뚫는

연장. {가심끌. 구멍뚫기끌. 구멍파기끌. 깎기끌. 밀어넣기끌.} ¶ 끌로 구멍을 뚫다. 끌로 박은 듯.
☞ 송곳. 정.[1]

끌끌[1] 〔느〕 * 마음에 마땅찮아 혀를 차는 소리.

끌끌[2] 〔어〕 = 끄르륵끄르륵. ＊ ① 끓는 소리. ② 트림하는 소리.

끌끌하다 * 마음이 맑고 바르고 깨끗하다. ¶ 끌끌하고 점잖은 풍모.
☞ 껄껄하다.

끌끔하다 〉 깔끔하다. ＊ ① 생김새가 끌밋하다. ② 솜씨가 여물다.

끌낚시 = 끌낚. ＊ 트롤링.
☞ 낚시.

끌다 * ① 바닥에 댄 채로 잡아당기다. ¶ 신을 끌다. 수레를 끌다. ② 이끌다. ¶ 손님을 끌다. ③ 늘이다. ¶ 전기를 끌어 오다.
☞ 당기다. 모이다. 이끌다.

끌려가다 * 남이 시키는 대로 억지로 딸려 가다. ¶ 도둑이 끌려가다.
☞ 끌어가다.

끌르다 ⇨ 끄르다.

끌밋하다 * 모양이나 차림새가 깨끗하고 미끈하다.
☞ 밋밋하다.

끌박다 ⇨ 그루박다.

끌신 * 발 앞 부분만 꿰어 신는 신. ＊ 슬리퍼.
☞ 베틀신.

끌어가다 * 억지로 데리고 가거나 붙잡아가다. ¶ 도둑을 끌어가다.
☞ 끌려가다.

끌어안다 = 끌안다. ＊ ① 끌어당겨 안다. ② 일이나 책임을 떠맡다.
☞ 부둥켜안다.

끌이막대 = 물추리막대. 물추리나무. ＊ 농사 연모.

끌쟁기 = 극쟁이. 굽정이. ＊ 농사 연모.

끌쩍거리다 = 끌쩍대다. ＊ 자꾸 긁어서 뜯거나 진집을 내다.
☞ 끼적거리다.

끓다 * ① 뜨거워져서 부글거리다. ¶ 국이 펄펄 끓다. 방바닥이 절절 끓다. 이마가 펄펄 끓다. 정열이 끓다. ② 배 속에서 소리가 나다. ¶ 배가 부글부글 끓다. ③ 많이 모여 우글거리다. ¶ 파리가 끓다.
☞ 들끓다.

끓이다 * '끓다'의 하임. ＊ 국. 미음.
☞ 달이다. 쑤다. 짓다. 찌다.[2]

끓탕 ⇨ 끌탕. ＊ 속을 태우는 걱정.

끌터기 ⇨ 그루터기.

끔적이 = 눈끔적이. ＊ 눈을 자주 끔적거리는 사람.
☞ 깜작이.

끔직하다 ⇨ 끔찍하다.

끔찍이[1] * 참혹하게. ¶ 전쟁터에서는 사람들을 끔찍이 죽였다.

끔찍이[2] * ① 무척. 아주. 놀랍게. ¶ 날씨가 끔찍이 덥다. 코끼리가 끔찍이 크다. ② 극진히. ¶ 아내를 끔찍이 사랑한다.
☞ 매우. 썩.

끔찍히 ⇨ 끔찍이.

끝 * ① 더 나아갈 수 없는 곳이나 때. ② 사물의 마지막 부분. {끝갈망. 끝단. 끝단속. 끝댕기. 끝돈. 끝동. 끝마감. 끝마디. 끝마무리. 끝막. 끝막음. 끝말. 끝매듭. 끝머리. 끝반지. 끝서리. 끝손질. 끝수. 끝일. 끝자리. 끝잔. 끝장. 끝전. 끝점. 끝줄.} {끝가지. 끝닿소리. 끝바꿈. 끝소리. 끝씨. 끝음절.} {끝나다. 끝닿다. 끝마치다. 끝막다. 끝맺다. 끝빨다. 끝없다. 끝지다.} {뒤끝. 똥끝. 말끝. 머리끝. 명치끝. 모태끝. 바닥끝. 발끝. 붓끝. 뼈끝. 손끝. 쇠끝. 일끝. 창끝. 칼끝. 코끝. 털끝. 토끝. 풀끝. 한끝. 혀끝. 화도끝.}

☞ 끄트머리. 마지막.

끝가지〔接尾辭〕 = 뒷가지. 발가지.

☞ 머리가지. 앞가지.

끝귀(~句) ⇨ 끝구. ✽ 시조 끝장의 마지막 구절.

끝나다 ✽ ① 하던 일이 저절로 마치다. ¶ 장마가 끝나다. ② 정해진 일이 마무리되다. ¶ 방학이 끝나다. 연극이 끝나다.

☞ 끝내다.

끝내 ✽ ① 끝끝내. ¶ 끝내 입을 열지 않았다. ② 끝에 가서 드디어. ¶ 바라던 일을 끝내 이루고 말았다.

☞ 결국. 마침내.

끝내기 ✽ ① 일의 끝을 맺는 일. ② 끝마감으로 바둑점을 놓는 일.

☞ 끝마감.

끝내다 ✽ 하던 일을 마음먹고 그만두다. ¶ 회의를 끝내다.

☞ 그치다. 끝나다. 마치다.

끝눈 = 꼭지눈. 마루눈. ✽ 식물의 줄기나 가지 끝에 난 눈.

☞ 곁눈.[1]

끝닿소리 = 끝소리. 꼬릿소리. 받침. ✽ 종성.

☞ 머리소리.

끝돈 = 끝전. ✽ 물건값의 나머지 얼마를 마저 치르는 돈.

☞ 거스름돈.

끝동부리 ✽ 자른 통나무의 위쪽 마구리.

☞ 밑동부리. 밑마구리.

끝마감 ✽ 일을 마무리하여 끝맺음. 또는 그런 일. {끝마감하다.}

☞ 끝내기.

끝마무르다 ⇨ 끝막다.

끝말잇기 = 이어말하기. ✽ 낱말 놀이의 하나.

끝머리 = 끝판. 막바지. ✽ ① 마지막 단계. ② 막다른 곳.

끝물 = 막물. ✽ 그해의 맨 나중에 나는 푸성귀, 과일, 해산물. ¶ 끝물 고추. 끝물 미역. 끝물 수박. 끝물 참외.

☞ 맏물. 늦물.[2]

끝소리 = 끝닿소리. 꼬릿소리. 받침. ✽ 종성.

끝으머리 ⇨ 끄트머리.

끝전(~錢) = 끝돈. ✽ 물건값의 나머지를 마저 치르는 돈.

☞ 거스름돈.

끝점(~點) = 온점. ✽ 월점의 하나. 마침표 ' . '의 이름.

끝판 ✽ ① 마지막 판이나 기간. ¶ 끝판에 가서 일이 틀어지다. ② 바둑이나 경기에서 결판이 나는 마지막 판. ¶ 끝판을 이기다.

☞ 회두리판.

끼[1] = 끼니. ‡ ① 아침, 점심, 저녁처럼 날마다 정해진 시간에 먹는 밥. {끼니때. 끼닛거리.} ¶ 끼니 걱정. 끼니를 거르다. 끼니를 때우다. ② 하나치. ¶ 점심 한 끼. 밥 두 끼. 하루 세 끼.

끼[2] ＊ ① 연예 방면의 재능이나 소질. ‡ 멋, 정취, 기품, 용기, 끈기, 정열 따위. ¶ 끼가 많다. ② 바람기. ¶ 저 사람은 끼가 있다.

☞ 기.[2]

끼깅 ＊ 개가 아프거나 무서워서 간신히 지르는 소리.

☞ 깨갱. 깽깽. 낑낑.

끼끗하다 ＊ ① 생기가 있고 깨끗하다. ② 싱싱하고 길차다.

☞ 깨끗하다.

끼끗히 ⇨ 끼끗이. ‡ 끼끗하다.

끼니 = 끼. ‡ 정해진 시간에 먹는 밥.

끼닛거리 = 땟거리. 조석거리. ‡ 끼니로 할 먹거리.

끼다[1] ＊ ① 구름, 김, 안개, 연기, 아지랑이가 서리다. ¶ 안개가 끼다. ② 때, 먼지, 이끼가 엉겨 붙는다. ¶ 기미가 끼다. 눈곱이 끼다. ③ 다른 것을 덧붙이거나 겹치다. ¶ 안경을 끼다.

☞ 꾀다. 꿰다. 뀌다. 끼이다. 쓰다.[2]

끼다[2] = 끼우다. ¶ 겨드랑이에 책을 끼다. 소켓에 전구를 끼우다.

끼다[3] = 끼이다. ¶ 문틈에 손가락이 끼다. 아이들 틈에 끼이다.

끼뜨리다 〈 끼트리다. ‡ ① 흩어지게 내어 던지다. ¶ 길에 물을 끼뜨리다. ② 소문을 여기저기 널리 퍼뜨리다.

¶ 소문을 끼뜨리다.

☞ 끼얹다.

끼루룩 = 끼룩. ‡ 갈매기나 기러기가 우는 소리.

끼룩끼룩 ＊ 갈매기나 기러기가 자꾸 우는 소리.

☞ 꺄룩꺄룩.

~끼리 ＊ 그 무리만이 서로 함께. {우리끼리. 아이끼리. 짐승끼리.}

끼리끼리 = 낄끼리. ‡ 여럿이 무리를 지어 따로따로.

끼어 ＊ 끼다. {끼어들다.} ¶ 끼어 보다.

☞ 끼여.

끼어들다 = 껴들다. ‡ 자기 자리가 아닌 틈을 비집고 들어서다.

끼어 있다 ¶ 때가 많이 끼어 있다.

☞ 끼여 있다.

끼얹다 ＊ ① 액체나 가루를 다른 것 위에 흩어지게 내던지듯 뿌리다. ¶ 얼음판에 모래를 끼얹었다. ② 욕설이나 저주를 마구 퍼붓다.

☞ 끼뜨리다.

끼여 = 끼이어. ¶ 문틈에 끼여 다치다. 구경꾼 틈에 끼여 있다.

☞ 끼어.

끼여들다 ⇨ 끼어들다.

끼여 있다 ¶ 여러 사람 사이에 끼여 있다.

☞ 끼어 있다.

끼우다 ＊ ① 좁은 틈 사이에 빡빡하게 들어가게 하다. ¶ 단추를 끼우다. ② 무엇에 걸려 있도록 꽂다. ¶ 창문에 유리를 끼우다. ③ 한 무리에 섞거나 덧붙여 들게 하다. ¶ 딴 물건을 끼워 팔다.

☞ 꿰다. 끼이다. 끼다. 넣다.

끼우리다 ⇨ 끼울이다. ‡ '끼울다'의 하임.

끼울다 = ①기울다. ②쏠리다.

끼이다 * 끼다의 입음. ‡ ①틈새에 박히다. ¶ 손가락이 문틈에 끼이다. 책갈피에 끼인 나뭇잎. ②무리 가운데 섞이다. ¶ 구경꾼들 틈에 끼이다. ③어떤 일에 관여하다. ¶ 노름판에 끼이다.

☞ 끼우다. 찡기다.

끼인각(~角) = 낀각. ‡ 두 직선 사이에 끼어 있는 각.

끼적거리다[1] = 끼적대다. 끼적이다. ‡ 달갑지 않은 음식을 마지못하여 굼뜨게 먹다.

끼적거리다[2] = 끼적대다. 끼적이다. ‡ 글씨나 그림을 아무렇게나 쓰거나 그리다.

☞ 깔짝거리다.

끼쳐 드리다 ⇨ ①끼치다. ②드리다.

끼치다[1] * ①걱정, 불편, 수고, 손해를 주다. ¶ 불편을 끼쳐서 미안합니다. ②뒷사람에게 무엇을 남기다. ¶ 후손에게 영향을 끼치다.

☞ 드리다.[3] 미치다.[1]

끼치다[2] * ①소름이 돋아나다. ¶ 온몸에 소름이 끼치다. ②기운이나 냄새가 밀려들다. ¶ 코에 생선 비린내가 끼치다.

끼트리다 〉 끼뜨리다. ‡ ①흩어지게 내던지다. ②소문을 퍼뜨리다.

☞ 끼얹다.

끽 = 고작. ‡ 기껏 따져 보거나 헤아려 보아야. ¶ 끽해야 하루뿐이다.

끽소리 〉 객소리. ¶ 끽소리 마라. 끽소리 못하다. 끽소리 없다.

낀각(~角) = 끼인각. ‡ 두 직선 사이에 끼어 있는 각.

낄끼리 = 끼리끼리. ¶ 끼리끼리 모이다.

낄룩 ⇨ 끼룩. ‡ 갈매기나 기러기가 우는 소리.

낌새 = 기미. 기운. 눈치. 분위기. ¶ 낌새를 보다. 낌새가 보이다. 낌새를 맡다. 낌새를 알아차리다. 낌새가 이상하다.

☞ 눈치. 매개.[1] 틈새.

낌새채다 = 눈치채다.

낑깡 〔金柑〕 ㉰ ⇨ 금귤. 동귤.

낑낑 * ①아프거나 힘에 겨워 내는 소리. ②어린애가 어리광을 부리며 조르거나 보채는 소리.

☞ 깨갱. 깽깽. 끼깅.

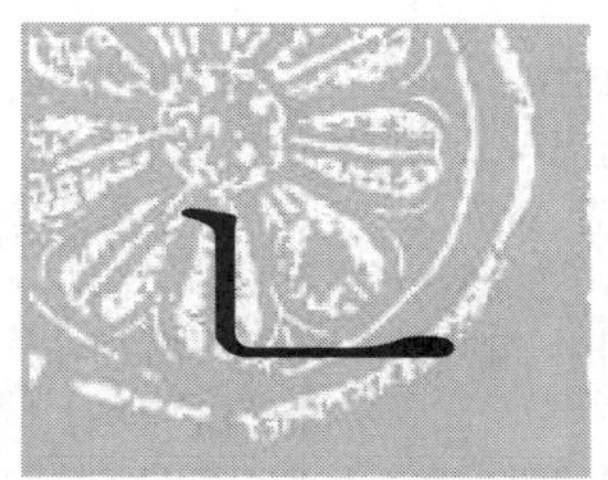

~ㄴ = ~은. ＊지난 적을 나타내는 씨끝. ¶ 간 사람. 본 사람. 온 사람. 웃긴 영화. 잔 사람. 먹은 사람. 죽은 사람. 찾은 사람.
☞ ~는.²

~ㄴ(는)가 ＊ ① 현재의 사실을 묻는 맺음끝. ¶ 어떤 일이 있는가? ②'보다, 싶다, 하다' 앞에서 스스로 묻거나 추측을 나타내는 맺음끝. ¶ 그 사람은 잘 갔는가 보다. 괜한 소리를 했는가 싶다.
☞ ~ㄴ(는)지. ~은지.

~ㄴ가를 ⇨ ~ㄴ가. ~는가.

~ㄴ걸 ¶ 이제 겨우 알 것 같은걸. ＊맺음끝.

~ㄴ 걸 = ~ㄴ 것을. ¶ 알아주지 않는 걸 어떡해. ＊'것'은 매인이름씨.

~ㄴ다 ＊ 현재 사건이나 사실을 풀이하는 움직씨의 맺음끝. {간다. 잔다.}
☞ ~다.⁴

~ㄴ다는 = ~ㄴ다고 하는. ¶ 간다는 사람은 잡지 마라.

~ㄴ다니? = ① ~ㄴ다느냐? ② ~ㄴ다고 하니? ¶ 쟤는 왜 또 저런다니?

~ㄴ다며 = ~ㄴ다면서. ¶ 너는 내일 서울 간다며.

~ㄴ다면 = ① ~다고 말하면. ¶ 해가 서쪽에서 뜬다면 믿겠니? ② ~다고 가정하면. ¶ 올해도 풍년이 든다면 좋겠다.

~ㄴ단다 = ~ㄴ다고 한다. ¶ 내일 서울로 간단다.

~ㄴ달 = ~ㄴ다고 할. ¶ 거기에 간달 사람이 누게 있겠니?

~ㄴ답니다 = ~ㄴ다고 합니다. ¶ 아이들이 내일 온답니다.

~ㄴ답디다 = ~ㄴ다고 합디다. ¶ 내일은 비가 온답디다.

~ㄴ대 = ~ㄴ다고 해. ¶ 내일 온대? 몸이 아파 못 온대.

~ㄴ대서 = ~ㄴ다고 하여서. ¶ 네가 온대서 기쁘다.

~ㄴ대야 = ~ㄴ다고 하여야. ¶ 제가 힘을 쓴대야 얼마나 쓰겠니?

~ㄴ(는)데 ¶ 그 영화 참 슬픈데. 집에 가는데. ＊맺음끝.

~ㄴ데 = ~다. 그런데. ¶ 키는 큰데, 힘이 없다.

~ㄴ(는/은) 데 ＊ 처소. 곳. ¶ 아픈 데

먹는 약. 가는 데가 어디냐?

~**ㄴ들**¹〔끝〕 * ~ㄴ다고 할지라도. ¶ 고추가 매운들 시집살이만 할까?

ㄴ들² 〔토〕 * ~라고 할지라도. ¶ 난들 알겠느냐? 설만들 굶기야 할까?
☞ 인들.

~**ㄴ만큼**〔끝〕 ¶ 너는 학생인만큼 더욱 조심해야지. * 이유.

~**ㄴ 만큼** ¶ 일한 만큼 삯을 받는다. * '만큼'은 매인이름씨.

~**ㄴ(은)바** * ① (았,었)더니. * 원인과 결과. ¶ 검토한바 잘못이 밝혀지다. ② (인)데. 이니까. ¶ 어머니의 생신인바 축하해 주시기 바랍니다. * 씨끝.

~**ㄴ(는) 바** ¶ 너와 생각하는 바가 다르다. * '바'는 매인이름씨.
☞ 바.¹

ㄴ즉¹ 〔토〕 = ~즉슨. * ~로 말하면. ~를 보자면. ~을 듣자면.

~**ㄴ즉**² 〔끝〕 = ~ㄴ즉슨. ¶ 너의 말을 들어본즉 네 말도 옳다.

~**ㄴ지** * ① 막연한 의문이 있는 채로 그것을 뒤에 오는 절의 사실이나 판단과 관련시키는 데에 쓰는 이음끝. ¶ 그분이 누군지 아무도 모른다. ② 막연한 의문을 나타내는 맺음끝. ¶ 어머니는 안녕하신지 모르겠다.

~**ㄴ 지** * 어떤 동작으로부터 지금까지 동안. ¶ 떠난 지 십 년이 되다. * 매인이름씨 '지' 뒤에 시간을 나타내는 말이 옴.

~**ㄴ 체** ¶ 모자를 쓴 체 밥을 먹는다. * '체'는 매인이름씨.

~**ㄴ 체하다** ¶ 못 본 체하다. * '체하

다'는 움직씨.

~**나?**¹ = ~는가? * 그림씨에는 붙지 못함. '좋나? 서늘하나?'는 잘못.

나² 〔이〕 = 나이. ¶ 나 많은 아저씨가 이겼다.

나³ 〔대〕 * 저와 같거나 저보다 아랫사람에게 스스로 저를 가리키는 말.
☞ 저.¹

나⁴ 〔토〕 * 여러 가지에서 마음에 차지 않은 선택이라는 뜻. ¶ 심심한데 영화나 보러 가자. 이야기나 들어 보고 꾸중을 하세요.
☞ 나마.¹ 라도.²

나가다 * ① 안에서 밖으로 가다. ¶ 마당에 나가다. ② 앞쪽으로 움직이다. ¶ 앞으로 나가다. ③ 어떤 활동을 하다. ¶ 광고에 나가다. ④ 어떤 태도를 나타내다. ¶ 너무 배짱으로 나간다. ⑤ 널리 알려지다. ¶ 잘 나가다.
☞ 나아가다.

나가동그라지다 = 나동그라지다. ¶ 땅바닥에 나가동그라지다.

나가리(나가레)〔流札〕㉤ ⇨ ① 깨짐. ② 헛일. * 무효.

나가자빠지다 = 나자빠지다. * 뒤로 물러나면서 넘어지다.

나갈려고 ⇨ 나가려고. * 나가다.

나귀 = 당나귀. * 집짐승의 하나.

나그네 * 제 고장을 떠나 다른 곳에 잠깐 머물거나 떠도는 사람. {나그넷길.}
☞ 길손.

나그네새 * 봄가을 두 차례 한 지방을 지나는 철새. * 물도요새, 떼새. 따

위

☞ 떠돌이새. 철새. 텃새.

나근나근하다 * 가늘고 긴 물건이 보드랍고 탄력 있게 자꾸 움직이다.

나긋나긋하다 = 낫낫하다. ‡ ①보드랍고 연하다. ②상냥하고 부드럽다.

나긋히 ⇨ 나긋이. ¶ 소녀는 제법 어른 같은 소리를 나긋이 하면서 따라왔다.

~나기 ⇨ ~내기. {서울내기. 장내기. 풋내기.}

나까마 〔仲間〕 ⑳ ⇨ ①한패. ②흥정꾼. 거간꾼. ③중간상인.

나까오리 〔中折帽〕 ⑳ ⇨ 신사 모자.

나깨 * 메밀의 속껍질. {나깨떡. 나깨만두. 나깨수제비.}

☞ 낫살. 나쎄. 노개.

나꿔채다 ⇨ 낚아채다. ¶ 매가 꿩을 낚아채다. 차치기가 가방을 낚아채다.

나날이 * ①날마다. ②날마다 조금씩. ¶ 병세가 나날이 좋아진다.

☞ 날라리.

나누다 * ①따로따로 갈라내다. ‡ 분류. ②여럿으로 쪼개다. ‡ 분리. ③즐거움, 고생을 함께하다. ④같은 핏줄을 타고나다. ⑤인사를 주고받다.

☞ 가르다. 나뉘다. 노느다. 쪼개다.

나누매기 ⇨ 노느매기. ‡ 여러 몫으로 갈라 나누는 일. 또는 그렇게 나눈 몫.

나누이다 = 나뉘다. ‡ ‘나누다’의 입음.

나뉘어지다 ⇨ 나뉘다.

나는¹ = 난. ¶ 나는 배우고 싶다.

나는² * 날다. ‡ 날고. 날지. 날자. 나니. ¶ 하늘을 나는 새.

☞ 나르는.

나다¹ * ①없거나 드러나지 않던 것이 생겨서 나타나다. ¶ 사람이 나다. 불이 나다. 소리가 나다. 이름이 나다. ②푸새의 싹이 나오다. ¶ 새싹이 나다. ③길, 창문이 생기다. ¶ 길이 나다. ④글이 실리다. ¶ 신문에 나다.

☞ 돋다. 트다.² 생기다.

나다² * 시간을 보내다. ¶ 외딴섬에서 한 달을 나다. 고향에서 3년을 나다.

☞ 지나다. 지내다.²

나다니다 * 밖으로 나가 여기저기 다니다. ¶ 늦은 밤에는 나다니지 마라.

나대다 * ①깝신거리고 나다니다. ¶ 쓸데없이 나대지 말고 집을 지켜라. ②나부대다. ¶ 어른 앞에서 나대지 마라.

나대접(~待接) = 나이대접. ‡ 나이 많은 이의 체면을 봐주는 일.

나대지(裸垈地) ⑳ ⇨ 빈 터. 빈 집터.

나동그라지다 = 나가동그라지다. ‡ 뒤로 넘어져 구르다.

☞ 아등그러지다.

나드리 ⇨ ①나들이. 바깥나들이. ‡ 외출. ②드나듦. ‡ 출입.

나들다 = 드나들다.

나들이¹ * 내가 굽은 곳 바깥의 낮은 터. ¶ 여울 나들이.

나들이² = 바깥나들이. ‡ ①가까운 곳에 잠깐 다녀오는 일. {나들이객. 나들잇길.} {봄나들이.} {나들이하다.} ¶ 가을 나들이. 나라 밖 나들이. 서울 나들이. 친정 나들이. ②드나드는 일. ✱ 출입. ¶ 배의 나들이가 잦다.
나들이옷 = 갈음옷. 갈음. 바깥옷. ✱
출입복. 외출복.
나들잇벌 = 난벌. ✱ 나들이할 때 입는
옷과 신는 신.
☞ 갈음옷. 바깥옷.
~나따나 ⇨ ① ~나마. ¶ 먼발치로나
마 보게 되어 기쁘다. ② ~더라도.
나떡 = 나이떡. ✱ 정월 대보름날에 액
땜으로 만들어 먹는 떡.
나라 ✱ ① 땅, 백성, 주권을 갖춘 모둠.
{나라꽃. 나라님. 나라말. 나랏무당.
나랏일.} ¶ 나라 글자. 나라 밖. 나라
살림. 나라 안. 나라 안팎. 나라 이
름. ② 나라 이름. {당나라. 명나라.
수나라. 원나라. 청나라.} ③ 누리.
동산. {꿈나라. 달나라. 물나라. 별
나라. 하늘나라.} ¶ 개미 나라. 구름
나라. 꽃 나라. 난쟁이 나라. 도깨비
나라. 동물 나라. 동화 나라.
나라 간(~ 間) ⇨ 나라 사이.
나라돈 ⇨ 나랏돈. ✱ 국고금.
나라비(나래비) **서다** 〔竝~〕 ㉎ ⇨ 줄
지어 서다. 줄 서다.
나라빚 ⇨ 나랏빚. ✱ 국채.
나라시 〔均~〕 ㉎ ⇨ ① 갈닦기. ② 길
들이기. ③ 고루펴기. 고르기.
나락 ⇨ 벼.
나랏님 ⇨ 나라님. 임금님.
나래[1] ✱ 배를 젓는 연모. ✱ 두 개가 한
쌍을 이룬, 노보다 짧은 연모.
나래[2] ✱ 논밭을 반반하게 고르는 데 쓰
는 연모. {나래질.}
☞ 이엉.
나래[3] ⇨ 날개. ✱ 날벌레. 새. 비행기.

나랫군 ⇨ 나래꾼. ✱ 나래질을 하는 사
람.
나레이션(narration) ⇨ 풀이. 해설.
✱ 내레이션.
나레이터(narrator) ⇨ 풀이하는 사
람. 해설자. ✱ 내레이터.
나려고 ✱ 나다. 나. 나고. 나네. 나니.
나면. 난. 남. 납니다.
☞ 날려고.
나렬(羅列) ⇨ 나열.
나루 ✱ 강, 내, 좁은 바닷목에서 배가
건너다니는 곳. {나루지기(나루터
지기). 나루질. 나루치. 나룻가. 나
룻목.} {강나루.}
나루터 ✱ 나룻배가 닿고 떠나는 곳.
나루턱 ✱ 나루터에서 나룻배를 대는 곳.
나룻 = 수염. {가잠나룻. 구레나룻. 다
박나룻. 답삭나룻. 탑삭나룻. 텁석나
룻.} ¶ 나룻이 석 자라도 먹어야 샌님.
☞ 나룻.
나룻배 ✱ ① 나루 사이를 건너다니는
배. ② 나루와 큰 배 사이를 오가는
배.
☞ 거룻배.
나룻터 ⇨ 나루터.
나르는 ✱ 나르다. 나르니. 날라. 날랐
다. ¶ 이삿짐을 나르는 일.
☞ 나는.
나르다 ✱ 짐을 다른 곳으로 옮기다.
¶ 이삿짐을 나르다.
☞ 날다.[1] 옮기다.
나르시즘(narcissism) ⇨ 나르시시
즘. ✱ 제가 저를 높이 보고 사랑하는
일.
나를 = 날.

나름 〔이〕 * ①'이다'와 함께 쓰여 그 됨됨이나 하기에 달림을 나타냄. ¶ 책도 책 나름이다. 제 하기 나름이다. ②사람 사람마다 가지고 있는 방식이나 깜냥을 이르는 말. ¶ 나는 내 나름으로 하겠다.

나름길 = 운길. ⁑ 운이 트인다는 길.

나름대로 ⇨ 나름의. 나름으로.

나름대로의 ⇨ ①나름으로. ⁑ 그 나름대로의 이유가 있다. ⇨ 그 나름으로 이유가 있다. ②나름의. ⁑ 우리말 나름대로의 특성 ⇨ 우리말 나름의 특성.

나릅 * 집짐승의 나이 네 살.
☞ 나이.

나룻 * 수레의 양쪽에 달린 채.
☞ 나룻.

나리 = ①참나리. ⁑ 들꽃의 이름. ②흰나리. ⁑ 백합.
☞ 개나리. 백합.

나리다 ⇨ 내리다. ¶ 봄비가 내리다.

나마[1] 〔토〕 ¶ 그나마 다행이다. ⁑ 홀소리 아래에 붙음.
☞ 나.[4] 라도.[2]

~**나마**[2] 〔끝〕 ¶ 희미하나마 발자국이 남아 있다. 변변치는 못하나마 ~.

나마[3](羅馬) ⇨ 로마. ⁑ 나라 이름.

나마가시 〔生菓子〕 [왜] ⇨ 진과자.

나마숫자(羅馬數字) ⇨ 로마 숫자.

나만 못하다 = 나보다 못하다. ⁑ '못하다'는 '낫다'와 맞서는 움직씨.

나만 못 하다 = 나 혼자만 못 하다. ⁑ '못'은 부정하는 어찌씨.

나머지 * ①쓰고 남은 부분. ¶ 나머지는 저축해라. ②일을 다 마치지 못한 부분. ¶ 나머지는 내일 하자. ③나누어서 떨어지지 않고 남는 부분.
☞ 찌꺼기.

나무 * 죽은 것, 산 것, 온 것, 자른 것, 켠 것을 통틀어 일컫는 말. {나무값. 나무거울. 나무그루. 나무깽이. 나무껍질. 나무꾼. 나무달궂대. 나무때기. 나무떨기. 나무말미. 나무망치. 나무모. 나무못. 나무바다. 나무박이. 나무부처. 나무뿌리. 나무새김. 나무오리. 나무옹이. 나무일. 나무장. 나무장군. 나무장수. 나무전. 나무절구. 나무줄기. 나무질. 나무집게. 나무쪽. 나무창. 나무초리. 나무총. 나무칼. 나무탈. 나무토막. 나무통. 나무틀. 나무판자. 나무패. 나뭇가리. 나뭇가지. 나뭇간. 나뭇개비. 나뭇결. 나뭇광. 나뭇길. 나뭇단. 나뭇더미. 나뭇동. 나뭇잎. 나뭇재. 나뭇조각. 나뭇짐.} {갈잎나무. 넓은잎나무. 바늘잎나무. 떡갈나무.} {과일나무. 당산나무. 정자나무.} {날나무(생나무). 마른나무. 땔나무. 섶나무(잎나무. 풋나무). 토막나무. 통나무.} ¶ 기둥 나무.
☞ 수목.

나무가위 = 가지가위. 다듬가위. 꽃가위. ⁑ 나무를 다듬는 가위.

나무갓 * 줄기와 잎이 많이 달린 나무줄기의 윗부분. ⁑ 바늘잎나무는 원뿔 모양이고 넓은잎나무는 반달 모양을 이룸.
☞ 나뭇갓.

나무거죽 = 나무겉. ⁑ 널빤지의 나무

껍질에 가까운 면.

☞ 나무속. 죽데기.

나무꽂을땜 = 나무박이. 나무봉박이.
＊ 나무 거죽에 색깔이 다른 나무를 박아 넣거나 붙여서 예쁘게 꾸미는 일. 또는 그런 물건.

나무꽂이 = 꺾꽂이.

☞ 가지꽂이. 바로꽂이. 잎꽂이. 휘 묻이.

나무다리[1] ＊ 강, 내, 도랑 위에 나무로 만든 다리. {외나무다리.}

나무다리[2] ＊ 다리가 없는 사람에게 다는 나무로 만든 다리.

☞ 고무다리. 목다리. 목발.

나무라다 ＊ 아랫사람이나 물건의 허물이나 잘못을 흉보거나 원망하다.

☞ 꾸짖다. 욕하다.

나무래다 ⇨ 나무라다.

나무바리 ＊ 나무로 만든 바리때. ＊＊ 승려의 밥그릇.

☞ 나뭇바리.

나무박이 = 나무봉박이. 나무꽂을땜.

☞ 꽂을땜. 봉박이.

나무배 ＊ 나무로 만든 배.

☞ 나뭇배.

나무상감(～象嵌) ㉔ ⇨ 나무꽂을땜. 나무박이. 나무봉박이.

나무새[1] = 나무숲. ＊ 나무가 우거진 숲. ¶ 나무새 속에서 길을 잃다.

나무새[2] ＊ 여러 가지 땔나무를 통틀어 이르는 말. ¶ 나무새를 미리 해 두자.

☞ 남새.

나무속 ＊ ① 나뭇고갱이. ＊＊ 목심. ② 널빤지에서 나무의 중심부 쪽.

☞ 나무거죽. 나무겉.

나무손 = 나무흙손. ＊ 나무로 만든 흙손.

☞ 쇠손. 쇠흙손.

나무쇠싸움 = 쇠머리대기. 영산소머리대기. ＊ 민속의 하나.

나무숲 = 나무새. ＊ 수림. ¶ 짙은 나무숲에서 산새들이 지저귀다.

나무잎새 ⇨ 나뭇잎.

나무잔(～盞) ⇨ 나무 잔. ＊ 나무로 만든 술잔.

나무저 = 나무젓가락. ＊ 나무로 만든 젓가락.

나무즙(～汁) = 나무진. ¶ 옻나무에서 나무즙을 얻다.

나무 지게 ＊ 나무로 만든 지게.

☞ 나뭇지게.

나무진 = 나무즙. ＊ 나무의 상처에서 나오는 끈끈한 액체.

☞ 나뭇진.

나무집[1] ＊ 물부리, 담배통, 물미 따위에 나무나 설대를 맞추어 끼우는 부분.

나무집[2] ＊ 나무로 지은 집. ¶ 산속에서 나무집을 짓고 살고 싶다.

☞ 나뭇집.

나무흙손 = 나무손. ＊ 나무로 만든 흙손.

☞ 쇠손. 쇠흙손.

나물 ＊ ① 푸성귀를 데쳐서 무친 반찬. {나물거리. 나물국. 나물꾼. 나물바구니. 나물밥. 나물범벅. 나물볶음.} {가지나물. 고들빼기나물. 고비나물. 고사리나물. 고추나물. 근대나물. 도라지나물. 무나물. 숙주나물. 시금치나물. 시래기나물. 씀바귀나

물. 오이나물. 콩나물. 취나물. 파나
물. 호박나물.} {묵나물. 보름나물.}
②먹을 수 있는 푸나무의 잎. {들나
물. 멧나물(산나물).} {봄나물. 풋나
물. 햇나물.} ¶ 나물 가게. 나물 캐
다.
　☞ 남새. 채소.
나물죽(~粥) = 풀죽.
나뭇갓 * 땔나무를 가꾸는 말림갓.
　☞ 나무갓. 말림갓. 풀갓.
나뭇고갱이 = 나무속. * 나무줄기의
　한가운데에 있는 연한 부분.
나뭇군 ⇨ 나무꾼.
나뭇등걸 = 등걸. * 나무를 베어내고
　남은 밑동. ¶ 나뭇등걸에 걸터앉다.
나뭇바리 * 마소의 등에 실어 나르는
　나뭇짐.
　☞ 나무바리.
나뭇배 * 나뭇짐을 실어 나르는 배.
　☞ 나무배.
나뭇잎새 ⇨ 나뭇잎.
나뭇지게 * 나뭇짐을 진 지게.
　☞ 나무 지게.
나뭇진 * 소나무나 전나무에서 나온
　나무진이 굳어 뭉친 것. * 송진.
　☞ 나무진.
나뭇집 * 나무를 파는 가게.
　☞ 나무집.
나미[1](糯米) ⇨ 찹쌀.
나미[2] 〔씀~〕 ㉺ ⇨ 얇게치기. * 당구.
~나미[3] ⇨ ~내미. * 귀엽게 이르는 말.
　{아들내미. 딸내미.}
나박이 ⇨ 나배기. 나이배기.
나밖에 ¶ 갈 사람은 나밖에 없다. * '밖
　에'는 토씨.

나 밖에 ¶ 갈 사람은 나 밖에도 많이
　있다. * '밖'은 이름씨.
나발 * ①국악 관악기. {나발대. 나발
　수. 나발치마.} ②함부로 지껄이거
　나 떠들어대는 입. {개나발.} ¶ 개나
　발을 불다. ③앞에 있는 임자말을 하
　찮은 것으로 만듦. ¶ 돈이라면 체면
　이고 나발이고 없다.
　☞ 나팔.
나발꽃 ⇨ 나팔꽃.
나발 불다 = 나팔 불다. * ①당치 않
　는 말을 함부로 지껄이다. ②소문을
　내다. ③터무니없이 부풀려서 말을
　하다. ④자백하다. ⑤어린아이가
　소리 내어 시끄럽게 울다. ⑥병째로
　마시다. ⑦나발로 소리를 내다.
　☞ 나팔 불다.
나방 = 나방이. * 벌레의 하나.
나배기 = 나이배기. * 겉보기보다 나
　이가 많은 사람.
나뱃뱃이 〈 너벳벳이. * 얼굴이 나부
　죽하고 덕성스러운 모양.
나볏이 〈 너볏이. * 몸가짐이나 행동
　이 반듯하고 의젓하게.
나보고 ¶ 나보고 가라고 한다. * '보고'
　는 토씨.
나 보고 ¶ 나를 보고 싶어 왔겠지.
　* '보고'는 움직씨.
나부대다 = 나대다. * 얌전히 있지 못
　하고 철없이 촐랑거리다.
나부대대하다 = 납대대하다. * 얼굴
　이 동그스름하고 나부죽하다.
나부랑이 ⇨ 나부랭이.
나부래기 ⇨ 나부랭이.
나부랭이 〈 너부렁이. * ①자질구레

한 오라기. ¶ 새끼 나부랭이. 헝겊
나부랭이. ②사람이나 물건을 낮잡
아 이르는 말. ¶ 양반 나부랭이.

나부시 〈 너부시. ✽ ①절하는 모양.
②천천히 내리거나 차분하게 앉는 꼴.
☞ 나붓이.

나부죽이¹ = 나부죽. ✽ 납작하게 찬찬
히 엎드리는 모양.

나부죽이² ✽ 작은 것이 좀 넓고 평평한
듯이.

나분대다 ⇨ 나부대다.

나붓기다 ⇨ 나부끼다. ✽ 깃발.

나붓이 〈 너붓이. ✽ 좀 넓고 평평한 듯
한 모양. ¶ 나붓이 편평한 바위.
☞ 나부시

나비¹〔幅〕= 가로나비. ✽ 옷감이나 종
이의 너비.
☞ 너비. 넓이.

나비² ✽ 날아다니는 벌레의 하나. {나비
경첩. 나비꼴. 나비넥타이. 나비매듭.
나비물. 나비삼작. 나비춤.} {노랑나
비. 배추흰나비. 범나비(호랑나비). 흰
나비.} ¶ 나비 떼. 나비 모양.

나비눈 ✽ 못마땅해서 눈알을 굴려 보
고도 못 본 체하는 눈짓.
☞ 도끼눈.

나비수염(~鬚髥) = 카이저수염. ✽ 양
쪽으로 갈라 위로 고부라진 콧수염.

나비잠¹(~簪) = 접잠. ✽ 나비 모양으
로 만든 비녀.

나비잠² ✽ 갓난아이가 두 팔을 머리 위
로 벌리고 자는 잠.
☞ 갈치잠. 고주박잠. 새우잠. 칼잠.

나쁘다 ✽ 사람, 일, 물건의 상태, 값어
치, 성질이 좋지 못하다. ¶ 나쁜 사

람.
☞ 악하다.

나사¹(螺絲) ✽ ①빙빙 돌면서 고랑이
진 물건. {나사송곳. 나사짝. 나사탕
개.} {수나사. 암나사.} ②나사못.
¶ 나사가 빠지다. 나사를 죄다.

나사²(羅紗) ✽ 털실로 짠 옷감. ✽ 모직
물. {나사점}

나사산(螺絲山) ㊫ ⇨ 나삿니. 나삿
등. ✽ 나사의 솟아 나온 부분.

나선(羅禪) ⇨ 러시아. ✽ 나라 이름.

나성(羅城) ⇨ 로스앤젤레스. ✽ 땅 이
름.

나수다 ✽ 내어서 드리다. ¶ 술잔을 들
어 스승께 나수다.
☞ 고치다. 낫다.¹

나시(소데나시)〔袖無〕㊫ ⇨ 민소매.

나쎄 ✽ 그만한 나이. ¶ 나쎄나 먹은 분
이 이 무슨 꼴이요?
☞ 나깨. 낫살.

나아가다 ✽ ①앞을 보고 일을 해 가
다. ②일이 차츰 되어 가다. ¶ 계획
대로 나아가다. ③높은 자리로 오르
다. ¶ 관직에 나아가다.
☞ 나가다.

나아 가다 ¶ 병이 차츰 나아 가다. ✽
낫다.

나아지다 ✽ 일이나 상태가 좋아지다.
¶ 성적이 나아지다. 얼굴이 나아지다.

나앉다 ✽ ①물러나 앉거나 다가서 앉
다. ②나가거나 물러나서 자리를
잡다. ③일을 그만두거나 힘을 잃
고 물러나다. ¶ 거리에 나앉다.
☞ 내앉다.

나어리다 ✽ 나이가 어리다. ¶ 나어린

자식을 멀리 보내는 어미 마음.

나염(捺染 ⇨ 날염) ㉦ ⇨ 무늬찍기.

나위(那威) ⇨ 노르웨이. ＊나라 이름.

나으리 ⇨ 나리. ＊지체가 높은 사람을 높여 부르는 말.

나의 고향(故鄕) ⇨ 우리 고향.

나의 살던 고향(~故鄕) ⇨ 내가 살던 고향.

나의 아버지 ⇨ 우리 아버지.

나의 어머니 ⇨ 우리 어머니.

나의 집 ⇨ 내 집. 우리 집.

나의 해 ⇨ 내 해. ＊내 것.

나이 = 나. ＊세상에 태어나서 살아온 햇수. {나이자락. 나이층.} {남의나이. 달나이. 월경나이. 한창나이.} ¶세는 나이. 옹근 나이. ¶나이 자랑. 나이 탓. ¶나이 들다. 나이 지긋하다. 나이 차다. ＊①열다섯 살 = 입지(立志), 계년(笄年). ②스무 살 =약관(弱冠). ③서른 살 = 이립(而立). ④마흔 살 = 불혹(不惑). ⑤쉰 살 = 지천명(知天命). ⑥예순 살 = 이순(耳順). 예순한 살 =환갑(還甲), 회갑(回甲). 예순두 살 = 진갑(進甲). ⑦일흔 살 = 고희(古稀), 종심(從心). 일흔일곱 살 = 희수(喜壽). ⑧여든 살 = 산수(傘壽). 여든여덟 살 = 미수(米壽). ⑨아흔 살 = 졸수(卒壽). 아흔한 살 = 망백(望百). 아흔아홉 살 = 백수(白壽). ⑩백 살 = 기수(期壽). ☞ 남의나이. 연령. 연세. 집짐승 나이.

나이깨 ⇨ 나잇살. 낫살. ＊지긋한 나이.

☞ 나깨.

나이대접(~待接) = 나대접. {나이대접하다.}

나이떡 = 나떡. ＊음력 정월 대보름날에 액땜으로 만들어 먹는 떡.

나이롱(nylon) ㉦ ⇨ 나일론. ¶나일론 끈. 나일론 실.

나이바퀴 = 나이테. ＊나무의 나이를 알 수 있는 줄무늬. ☞ 나이테.

나이배기 = 나배기. ＊겉보기보다 나이가 많은 사람.

나이 태(~態) ＊나이가 많다고 일부러 드러내려는 태도. ¶나이 태를 내다. ☞ 나이티.

나이테 ＊①나이바퀴. ＊나무의 나이를 알 수 있음. ②물고기의 비늘, 귓돌, 척추골에 있는 줄무늬. ＊물고기의 나이를 알 수 있음.

나이트 경기(night 競技) ㉦ ⇨ 밤 경기.

나이티 ＊나이가 든 분위기. ¶나이티가 나다. ☞ 나이 태.

나인 = 궁녀. 시녀. ＊궁궐에서 왕과 왕비를 모시는 내명부. ☞ 무수리.

나잇값 = 낫값. ＊'하다, 못 하다'와 함께 씀. ¶나잇값을 못 하다. ☞ 어른값.

나잇살 = 낫살. ＊'먹다'와 함께 씀. ¶나잇살이나 먹은 분이 무슨 짓이요? ☞ 나깨. 나쎄.

나자빠지다 = 나가자빠지다. ＊뒤로

ㄴ

물러나면서 자빠지다.
나전어(羅甸語) ⇨ 라틴 말.
나절 * ①어느 무렵이나 동안. {아침나절. 점심나절. 저녁나절.} ②하루 낮의 절반쯤 되는 동안. {한나절. 반나절.} ③하나치. ¶ 두 나절. 열 나절.
나절가웃 * 하루 낮의 4분의 3쯤 되는 동안.
☞ 반나절.
나중 * ①먼저 할 일을 한 다음. ¶ 나중에 만나자. ②시간이 얼마쯤 지난 뒤. ⁑ 뒤에 오는 어떤 때를 막연하게 가리킴. {남나중.} ¶ 맨 나중.
☞ 다음.
나즈막하다 ⇨ 나지막하다.
나즉하다 ⇨ 나직하다.
나지라기 * 지위나 등급이 낮은 사람이나 물건. ¶ 저 같은 나지라기에게 무슨 생각이 있겠습니까?
☞ 상치. 아랫길. 중치. 하치.
나지리 보다 = 나지리 여기다. ⁑ 자기보다 능력이나 품격이 못하게 보다.
☞ 낮추보다. 낮추잡다.
나지막하다 * 높이나 소리의 크기가 조금 낮다. ¶ 나지막한 산.
☞ 높지막하다.
나지막히 ⇨ 나지막이. ⁑ 나지막하게.
나직나직히 ⇨ 나직나직이. ¶ 나직나직이 이야기하다.
나직히 ⇨ 나직이. ¶ 새가 나직이 날아가다. 나직이 속삭이다.
☞ 높직이.
나체문화(裸體文化) ⇨ 알몸 꼴. 알몸 그림. 알몸 사진. ⁑ 나체주의.

나추다 ⇨ 낮추다.
나침반(羅針盤) = 나침판. ⁑ 지남철.
나카마(나까마) 〔仲間〕 [왜] ⇨ ①한패. ②거간. 흥정꾼. ③중간상인.
나카미 〔中身〕 [왜] ⇨ ①속장. ②알맹이.
나카누끼 [왜] ⇨ 뽑아찍기.
나타나다 * ①흔히 보기 어렵거나 잘 보이지 않던 사람이나 물건이 뜻밖에 모습을 보이다. ¶ 얼굴에 기미가 나타나다. ②어떤 사람이 모습을 보이다. ¶ 깡패가 나타나다. ③어떤 결과가 드러나다. ¶ 열심히 노력한 결과가 나타나다. ④생각이나 느낌이 밖으로 드러나다. ¶ 기쁜 표정이 나타나다.
☞ 생기다. 출현하다.
나타내다 * 속에 있거나 보이지 않던 것을 눈에 띄게 하다. ¶ 얼굴을 나타내다. 슬픈 표정을 나타내다. 좋은 결과를 나타내다. 글로 나타낼 수 없다.
☞ 드러내다.
나팔(喇叭) * 서양 관악기. {나팔꼴. 나팔꽃. 나팔바지. 나팔수.} {기상나팔. 진군나팔. 취침나팔. 물나팔.} ¶ 나팔 소리.
☞ 나발.
나팔 불다(喇叭~) * ①나발 불다. ②나팔을 불어 노래하다.
나한(羅漢) = 아라한. ⁑ 덕이 높은 스님.
나후타링(napht1alin) [왜] ⇨ 좀약. ⁑ 나프탈렌.
나흔날 ⇨ 나흗날. ⁑ 4일.
나흘 = ①나흗날. ②초나흗날.

나흘날 ⇨ 나흗날.

나흘만 ¶ 나흘만 참아라. ‡ '만'은 토씨.

나흘 만 ¶ 나흘 만에 돌아오다. ‡ '만' 은 매인이름씨.

낙과(落果) ㉣ ⇨ 도사리. ‡ 익지 않고 떨어진 열매.

낙길(落~) = 낙질. ‡ 여러 권으로 이 루어진 책 한 길에서 빠진 책.

낙낙하다 〈 넉넉하다. ‡ 크기, 수효, 무게가 기준에 차고 남음이 있다.

낙대 ⇨ 낚대. 낚싯대.

낙망(落網) ㉣ ⇨ 큰자릿그물.

낙배 ⇨ 낚배. 낚싯배.

낙수받이(落水~) * ①낙숫물받이. 물 받이. ②낙숫물을 받는 그릇.
　☞ 물받이.

낙심할 필요 없다(落心~必要~) ⇨ 낙심할 것 없다. 낙심하지 마라.

낙씨 ⇨ 낚시.

낙엽(落葉) ⇨ 진 잎.
　☞ 가랑잎.

낙엽수(落葉樹) ⇨ 갈잎나무. 잎지는 나무.

낙엽수림(落葉樹林) ⇨ 갈잎숲.

낙엽(落葉)**이 지다** ⇨ 나뭇잎이 지다.

낙위(諾威) ⇨ 노르웨이. ‡ 나라 이름.

낙인(烙印) ㉣ ⇨ 불도장.

낙장거리 〈 넉장거리. ‡ 팔다리를 벌 리고 뒤로 발딱 나자빠짐.

낙정(落丁) ㉣ ⇨ 낙장. ‡ ①책장이 빠짐. ②빠진 책장.

낙지 * 문어과의 바다 동물. ‡ 발이 여 덟 개임. {낙지배. 낙지호미. 낙지 회.}
　☞ 꽃낙지. 세발낙지. 문어.

낙지발술 = 끈술. ‡ 여러 가닥의 끈목 을 한군데 묶어 만든 치렛거리.

낙질(落帙) = 낙길. ‡ 한 길을 이루는 책 가운데서 빠진 책.

낙찰계(落札契) * 경쟁 입찰로 돈을 타는 계.
　☞ 산통계. 상포계. 친목계.

낙치다(烙~) ⇨ 불도장 찍다.

낙타(駱駝) = 약대. ‡ 짐승 이름. {단 봉낙타. 쌍봉낙타.}
　☞ 외몬다위.

낙하률(落下律) ⇨ 낙하율. ‡ 니은이 나 홀소리 뒤에선 '율'임.

낙후되다(落後~) ⇨ 뒤떨어지다. ‡ 낙후하다.

낚거루 = 낚싯거루. ‡ 혼자 타고 낚시 질하는 작은 배.
　☞ 구유배. 낚싯배. 마상이. 통나무 배.

낚기다 ⇨ 낚이다. ‡ '낚다'의 입음.

낚다 * ①낚시로 물고기를 잡다. ② 꾀나 수단을 부려 무엇을 얻다.
　☞ 잡다.[2]

낚대 = 낚싯대.

낚배 〔魚船〕 = 낚싯배. ‡ 낚시로 고기 잡이하는 데 쓰는 배.
　☞ 낚거루.

낚시 = ①낚싯바늘. {갈고리낚시. 뼈 낚시. 삼봉낚시. 소경낚시. 속임낚 시. 제물낚시.} ②낚시질. {낚시꾼. 낚시얼레. 낚시찌. 낚시채비. 낚시 터. 낚싯대꽂이. 낚싯돌. 낚싯줄.} {걸음낚시. 견지낚시. 곁낚시. 계류 낚시(시내낚시). 고패낚시(고패낚). 꿸낚시(덧낚시). 끌낚시(끌낚). 끝보기낚시. 놀림낚시. 닻낚시(닻낚).
대낚시(대낚). 덕낚시. 던질낚시
(릴낚시). 띄움낚시(뜰낚). 맥낚시
(맥낚). 민낚시. 민물낚시. 민지낚
시. 바다낚시. 밤낚시. 방울낚시.
배낚시. 배흘림낚시. 설망낚시. 손
낚시. 수초낚시. 스침견지낚시. 시
내낚시. 실낚시. 앉힐낚시. 얼음낚
시. 외줄낚시. 이음낚시. 자리낚시.
줄낚시(주낙). 찌낚시(찌낚). 채낚
시. 채찍낚시. 털낚시. 홀낚시. 훌
치기낚시. 흘림낚시.} {땅주낙. 뜬
주낙.} ¶ 멍텅구리 낚시. 낚시를 던
지다.

낚시걸이 * 낚시 모양으로 생긴 보통
호미.

낚시걸이 * ①씨름 기술. ②작은 미끼
로 큰 이익을 얻으려고 꾀하는 짓.

낚시미늘 ⇨ 미늘.

낚시찌 = 찌. 어신찌. {고추찌. 막대찌.
상투찌.}

낚시코 * 다람쥐를 잡으려고 낚싯대
끝에 맨 올무.
☞ 매부리코.

낚싯거루 = 낚거루. ‡ 혼자 타고 낚시
질하는 작은 배.
☞ 낚싯배.

낚싯대 = 낚대.

낚싯밥 = 미끼. ‡ 낚시에 꿰는 새우,
지렁이, 밥알 따위.

낚싯배〔魚船〕 = 낚배.

낚싯봉 = 봉. 봉돌. ‡ 낚싯바늘이 물
속에 가라앉도록 다는 작은 쇳덩이.
☞ 몽깃돌.

낚씨 ⇨ 낚시.

난[1] = 나는.

난[2](亂) = 난리. ¶ 만적의 난. 홍경래
난. 황건적 난.

~난[3](~欄) * 칸. ‡ 겨레말과 서양말
뒤에 '난'을 썼음. {어린이난. 뉴스
난.}
☞ 란.[2]

난거지 = 난거지든부자. ‡ 겉으로는
거지꼴이지만 실속 있게 사는 경우.
☞ 난부자.

난구(卵球) 왜 ⇨ ①알. ②알세포.

난귀(難句) ⇨ 난구. 어려운 글귀.
‡ 한자말에서는 '구'임.

난나치 ⇨ 낱낱이.

난놈 = 난사람. ‡ 이름이 난 사람. 고
위층. 지도층.
☞ 된사람. 든사람. 큰사람.

난닝구(running shirts) 왜 ⇨ 러닝
셔츠.

난데 * ①집의 바깥. ②다른 고장. 난
밭. {난뎃놈. 난뎃사람. 난뎃손님.}
☞ 난밭.

난데없다 = 느닷없다. ‡ 갑자기 불쑥
나타나다. ¶ 난데없는 아우성.
☞ 뜬금없다.

난독(亂讀) = 남독. ‡ 닥치는 대로 읽
음.
☞ 낭독. 다독. 묵독. 색독. 속독. 음
독. 정독. 체독.

난든벌 * 난벌과 든벌.
☞ 난벌. 든벌.

난리(亂離) * 전쟁이나 큰일이 생겨서
어지러워진 상태. {물난리. 불난리.}
☞ 동란.[1] 사변. 전쟁.

난막(卵膜) 왜 ⇨ 알막.

난목(~木) = 외올베. ‡ 가제, 붕대 따
위 외올로 성기게 짠 부드러운 베.

난바다 = 배래. ‡ 원양. 원해.
　☞ 갓바다. 먼 바다.

난밭 * ①난데. ¶ 난밭 사람. ②정한
범위를 벗어난 바닥. ¶ 윷판의 난밭.

난번(~番) * 당직을 마치고 쉬는 차
례. ¶ 오늘은 난번이다.
　☞ 든번.

난벌 = 나들잇벌. 출입벌. ‡ 나들이할
때 입는 옷과 신는 신.
　☞ 난든벌. 든벌.

난봉꾼 = 난봉쟁이. 놀량패.

난부자(~富者) = 난부자든거지. ‡ 겉
과 달리 실속은 거지와 같은 경우.

난사람 = 난놈. ‡ 이름이 난 사람. 고
위층. 지도층.
　☞ 된사람. 든사람. 큰사람. 홀사람.

난 사람 ¶ 해방되던 해에 난 사람을 해
방둥이라 한다.

난상(卵狀) ㉑ ⇨ 알꼴. 달걀꼴.

난장¹(~場) * ①장날이 아닌 날에 여
는 장. ②한데에 난전을 벌여 놓은
장. ¶ 난장이 서다 난장을 벌이다.
난장을 트다.
　☞ 난전.

난장²(亂場) = 난장판. 깍두기판. ‡ 뒤
죽박죽이 된 상태.

난장³(亂杖) * ①몰매. ②매로 족치
는 형벌. ¶ 난장 맞다. 난장 치다.
　☞ 모다깃매. 물매. 무릿매. 뭇매.

난장 맞을(亂杖~) * 못마땅하여 저주
하는 말.
　☞ 넨장. 넨장맞을. 넨장칠.

난장이 ⇨ 난쟁이. ¶ 난쟁이 나라. 난

쟁이 책상.

난장판 = 난장. 깍두기판. ‡ 여러 사
람이 뒤엉겨 뒤죽박죽이 된 상태.

난쟁이나무 = 작은떨기나무. ‡ 소관목.

난전(亂廛) * 허가를 받지 않고 여는
가게. ¶ 난전 치다.
　☞ 난장.

난조(亂調) ㉑ ⇨ 엉망. 흐트러짐.

난중일기(亂中日記) * 임진왜란 때 이
순신 장군이 쓴 일기.

난중 일기(亂中 日記) * 전쟁 중에 쓴
일기.

난질 * 여자가 눈맞은 남자와 도망가는
짓. {난질하다.} ¶ 난질을 나서다.
　☞ 계집질. 오입질. 서방질. 화냥질.

난추니 * 새매의 수컷.
　☞ 익더귀. 산지니. 삼지니. 수지니.
재지니. 초지니.

난형(卵形) ㉑ ⇨ ①알꼴. ②달걀꼴.

낟 * 곡식의 알. {낟가리. 낟가릿대.
낟알기.} ¶ 쌀 낟. 좁쌀 낟.
　☞ 낫. 낮. 낯. 낱.

낟낟이 ⇨ 낱낱이.

낟알 * ①겉껍질을 벗기지 않은 곡식
알. ②쌀알.
　☞ 낱알.

날¹ = 나를. ¶ 날 좀 보소.

날² = 날씨. {마른날. 바깥날. 진날.}
¶ 갠 날. 궂은 날. 맑은 날. 추운 날.
흐린 날. 날이 개다. 날이 덥다. 날이
들다. 날이 좋다. 날이 차다.

날³〔日〕 * ①사람이 살아가는 하루. {날
거리. 날삯꾼. 날수. 날일.} {그날. 긴
긴날. 다음날. 뒷날. 무싯날. 반날. 살
날. 새날. 안날. 앞날. 예삿날. 옛날. 오

늘날. 이날. 지난날. 제날. 첫날. 훗날.} ¶ 날 받다. 날 잡다. ②때. {가을날. 겨울날. 봄날. 여름날. 그믐날. 보름날.} ③날짜. {하룻날. 초하룻날. 이튿날. 초이튿날. 사흗날. 초사흗날. 나흗날. 초나흗날. 닷샛날. 초닷샛날. 엿샛날. 초엿샛날. 이렛날. 초이렛날. 여드렛날. 초여드렛날. 아흐렛날. 초아흐렛날. 열흘날. 열하룻날. 열이튿날. 열사흗날. 열나흗날. 열닷샛날. 열엿샛날. 열이렛날. 열여드렛날. 열아흐렛날. 스무날. 며칟날.} ④특별한 날. {개산날. 경삿날. 겟날. 돌날. 두렛날. 명질날. 백날. 복날. 생일날. 소풍날. 월급날. 잔칫날. 장날. 장삿날. 제삿날. 젯날. 파제삿날. 파젯날.} ¶ 개학 날. 입대 날. 입학 날. 졸업 날. 출항 날. 학예회 날. 행선 날. 혼례 날.
☞ 날짜.²

날⁴ * ①기념할 날. {어린이날. 어버이날. 한글날.} ¶ 부처님 오신 날. 스승의 날. ②민속. {가윗날. 까치설날. 단옷날. 대보름날. 백중날. 삼짇날. 설날. 수릿날. 영등날. 유둣날. 추석날. 칠석날. 한가윗날. 한식날.} ③12 지지. {쥐날. 소날. 범날. 토끼날. 용날. 뱀날. 말날. 양날. 원숭이날. 닭날. 개날. 돼지날.} ‡ 자. 축. 인. 묘. 진. 사. 오. 미. 신. 유. 술. 해.
☞ 일.²

날⁵ * 연장의 얇고 날카로운 부분. {가윗날. 팽잇날. 끌날. 낫날. 대팻날. 덧날. 도낏날. 면도날. 민날. 송곳날. 작두날. 칼날. 톱날.} {날밑.}

날⁶ 〔經〕 * 천, 돗자리, 짚신을 짤 때 세로로 놓는 실, 노끈, 새끼 따위.
☞ 씨.⁵

날~⁷ * 말리거나 익히거나 손질하지 않은. {날가루. 날간. 날고추. 날기와. 날달걀. 날땅. 날미역. 날바탕. 날벼. 날보리. 날삼. 날엿기름. 날장작. 날장판. 날젖. 날제육. 날종이. 날짜. 날콩가루. 날팥.}
☞ 생~.²

날~⁸ * 지독한. {날강도. 날건달. 날구역. 날도둑놈. 날도둑질. 날사기꾼.}
☞ 생~.⁴

날가죽 = 생가죽. ‡ 무두질하지 않은 가죽.

날갈이 = 하루갈이. ‡ 소로 하루 낮 동안에 갈 수 있는 밭의 넓이.

날감 = 생감. ‡ ①익지 않은 감. ② 우리지 않은 감.

날감자 = 생감자. ‡ 익히지 않은 감자.

날강도(~強盜) = 불강도. ‡ 악독한 강도.

날개 * 새와 날벌레, 비행기에 달려 있는 기관. {날개깃. 날개끝. 날개덮깃. 날개돋이. 날개바람. 날개사위. 날개옷. 날개폭. 날개힘살. 날갯부리. 날갯소리.} {뒷날개. 앞날개.} ¶ 날개 달다. 날개 돋치다. 날개 치다.
☞ 나래.³ 이엉. 활개.

날개짓 ⇨ 날갯짓.

날개쭉지 ⇨ 날갯죽지.

날걸 = 세뿔. ‡ 윷판의 끝에서 셋째 자리.

날것¹ * 날개를 가지고 하늘을 날아다니는 새나 벌레, 비행기 따위.

날것² = 날짜. 생것. 생짜. ‡ 말리거
나 익히지 않은 것.

날고구마 = 생고구마. ‡ 익히지 않은
고구마.

날고기 = 생고기. ‡ 익히거나 말리거
나 손질하지 않은 고기.

날고치 = 생고치. ‡ 말리지 않은 고치.

날곡식(~穀~) = 생곡. ‡ 익히지 않
은 곡식.

날금〔經線〕* 지구의 경도를 나타내
는 금.
 ☞ 씨금.

날김치 = 생김치. ‡ 익지 않은 김치.

날나리 ⇨ ①나날이. ②날라리.

날나무 = 생나무. ‡ 살아 있는 나무.
 ☞ 날목. 생목.

날내 * 과일, 남새, 음식이 덜 익었을
 때 나는 냄새.
 ☞ 비린내. 풋내.

날날이 ⇨ ①나날이. ②날라리.

날다¹ * 하늘에 떠서 움직이다. {날아
 다니다.} ¶ 높이 나는 새. 기러기가
 날다. 먼지가 날다. ‡ 날고. 날아.
 날면. 난. 나네. 나는. 나니. 납니
 다.
 ☞ 나르다.

날다² * 빛깔이 바래거나 냄새가 없어
 지다. ¶ 빛이 날다. 향수가 날다.
 ☞ 바래다.²

날다람쥐〔鼯鼠. 靑鼠〕* 다람쥣과의
 한 가지.
 ☞ 하늘다람쥐. 청설모.

날더러 ⇨ 나더러. 나에게. ‡ ‘더러’는
 토씨.

날된장(~醬) = 생된장. ‡ 끓이지 않
은 된장.

날듯이 ¶ 새가 날듯이 나도 날아 보았
 으면. ‡ ‘듯이’는 씨끝.

날 듯이 ¶ 하늘을 날 듯이 상쾌한 기분
 이다. ‡ ‘듯’은 매인이름씨.

날땅 * 개간하지 않은 땅.
 ☞ 맨땅.

날떡 = 밀떡. ‡ 부스럼에 약으로 붙이
 는 익히지 않은 떡.

날라 * 나르다. ¶ 이삿짐을 날라 주다.
 ☞ 날아.

날라 가다 * 짐을 옮겨 가다. ¶ 이삿짐
 을 날라 가다. ‡ 운반하다.
 ☞ 날아가다.

날라 오다 * 짐을 옮겨 오다. ‡ 나르
 다. ¶ 장작을 날라 오다.
 ☞ 날아오다.

날락들락 ⇨ 들락날락.

날라리¹ * ①미덥지 못한 사람. ¶ 그놈
 은 순 날라리다. ②아무렇게나 날
 림으로 하는 일. ¶ 일을 그렇게 날라
 리로 하면 어떻게 해. ③기둥서방.

날라리² = 찌날라리. ‡ 낚시찌의 찌꼬
 리에 달린 찌고무 꽂이.
 ☞ 태평소.

날래 ⇨ 빨리.

날래다 * 움직임에 걸리는 시간이 짧
 다. ¶ 손놀림이 날래다.
 ☞ 굼뜨다. 날쌔다. 빠르다.

날려 = 날리어. ‡ 날리다. ¶ 날려 버
 리다. 날려 보내다. 날려 보다.

날려고 ‡ 날다. 날고. 날려면. 날면.
 날아. 난. 나네. 나니. 납니다.

날려쓰다 ⇨ 갈겨쓰다. ‡ 글씨를 아무
렇게나 마구 쓰다.

날려지다 ⇨ ① 날리다. ② 나르다.

날렵하지 않다 = 날렵잖다. ✻ 안울림 소리 뒤에선 '하'가 줆.

날르다 ⇨ 나르다.

날름 〈 널름. ✻ 손, 혀를 날쌔게 내밀었다 들이는 모양.

날리다¹ ✻ '날다'의 입음. ¶ 눈발이 날리다. 깃발이 날리다.

날리다² ✻ ① '날다'의 하임. ¶ 비행기를 날리다. ② 바람에 나부끼어 움직이게 하다. ¶ 외투 자락을 날리며 달려오다. ③ 이름을 떨치다. ¶ 이름을 날리다. ④ 지녔던 것을 잃거나 없애다. ¶ 모든 재산을 다 날리다.
　☞ 불리다.²

날림 = ① 날림일. ✻ 대충 아무렇게나 하는 일. ¶ 날림 공사. ② 날림치.

날목 = 생목. ✻ 베어 낸 지 얼마 안 되어 마르지 않은 나무.
　☞ 날나무. 생나무.

날무지 ⇨ 생무지. 생꾼. ✻ 어떤 일에 서투른 사람.

날물 ✻ 나가는 물.
　☞ 썰물. 밀물.

날바닥 = 맨바닥. ✻ 아무것도 깔지 않은 바닥.

날바람둥이 ⇨ 날파람둥이. 날파람쟁이.

날반죽 ✻ 찬물로 하는 떡 반죽.
　☞ 익반죽.

날받기 = 날받이 씻김굿. ✻ 진도 씻김굿.

날받이 ✻ 이사나 혼인 같은 큰일을 치를 때 날을 가려 정하는 일.

날밤¹ ✻ 부질없이 새우는 밤. {날밤집} ¶ 날밤을 새우다.

날밤² = 생밤. ✻ 말리거나 삶거나 굽지 않은 밤.
　☞ 군밤.

날밥 = 낱밥. ✻ 보통 때 매가 마음대로 먹게 하는 밥.
　☞ 졸밥. 줄밥.

날벌레 ✻ 날아다니는 벌레.
　☞ 길벌레. 물벌레.

날벼락 ✻ ① 생벼락. ② 호된 꾸지람이나 재앙.
　☞ 누운벼락. 생벼락. 앉은벼락.

날변(~邊) = 달러길미. ✻ 날수로 셈하여 무는 길미.
　☞ 달변.¹

날빛 ✻ 햇빛을 받아서 나는 온 세상의 빛.
　☞ 햇빛.

날사이 = 날새. ✻ 지난 며칠 동안.

날삯 = 날품삯. ✻ 그날그날 셈하는 품삯.

날삯꾼 = 날품팔이꾼. ✻ 날삯을 받고 일하는 사람.

날삯일 ⇨ 날일. ✻ 날삯을 받고 하는 일. ¶ 날일로 살아가다.

날새경 ✻ 머슴살이를 마치고 가을에 받는 새경.
　☞ 들새경.

날수(~數) ✻ ① 날의 수. ¶ 날수를 채우다. ② 그날의 운수. ¶ 날수가 좋다.
　☞ 날짜.²

날숨 ✻ 내쉬는 숨. {날숨소리.}
　☞ 들숨.

날실¹ ✻ 삶지 아니한 실.

날실² ✻ 천을 짤 때, 세로 방향으로 놓

인 실.

☞ 씨실.

날쌀 = 생쌀. ＊ 익히지 않은 쌀.

날쌍날쌍〈 늘썽늘썽. ＊ 천, 대나무 따
위의 짜임새나 엮음새가 설핏한 모
양.

날쌔다 ＊ 날래고 재빠르다. ¶ 날쌘 솜
씨. 날쌔게 낚아채다.

☞ 날래다.

날씨 = 날. ¶ 가을 날씨. 겨울 날씨. 봄
날씨. 여름 날씨. ¶ 갠 날씨. 궂은 날
씨. 맑은 날씨. 더운 날씨. 추운 날씨.
¶ 날씨가 궂다. 날씨가 좋다.

날아가다 ＊ ① 하늘에 떠서 가다. ¶ 새
가 하늘을 날아가다. ② 가지고 있던
것이나 붙어 있던 것이 없어지거나
떨어지다. ¶ 재산이 날아가다.

☞ 날라 가다.

날아놓다 = 별러놓다. ＊ 여러 사람이
낼 돈의 액수를 정하다. ¶ 곗돈을 날
아놓다.

날아오다 ＊ 하늘에 떠서 날면서 오다.
¶ 비행기가 날아오다.

☞ 날라 오다.

날아편(～阿片) = 생아편. ＊ 말리지
않은 아편.

날염(捺染) ㉮ ⇨ 무늬들이기. 무늬찍
기. ＊ 무늬를 박음.

날염기(捺染機) ㉮ ⇨ 무늬찍개.

날으는 ⇨ ① 나는. ＊ 날다. ② 나르는.
＊ 나르다.

날인하다(捺印～) ㉮ ⇨ 도장을 누르
다. 도장을 찍다.

날일 ＊ 날삯을 받고 하는 일. ¶ 날일을
하다.

☞ 날품.

날자〔日字〕⇨ 날짜.

날전복(～全鰒) = 생복. 생전복. ＊ 익
히지 않은 전복.

날줄〔經線〕⇨ 날금.

☞ 씨줄.

날지니 = 날진. ＊ 야생의 매.

☞ 산지니. 수지니.

날짐승 ＊ 새 무리.

☞ 길짐승.

날짜[1] = 날것. ＊ 익히거나 말리거나
손질하지 않은 것.

☞ 생것.

날짜[2] ＊ ① 어느 달의 며칠을 숫자로
나타낸 하루. {하루, 이틀, 사흘, 나
흘, 닷새, 엿새, 이레, 여드레, 아흐
레, 열흘, 열하루, 열이틀, 열사흘,
열나흘, 열닷새. 열엿새, 열이레.
열여드레, 열아흐레, 스무날, 스무
하루, 스무이틀, 스무사흘, 스무나
흘, 스무닷새, 스무엿새, 스무이레,
스무여드레. 스무아흐레, 그믐.} {날
짜난. 날짜별. 날짜선.} ② 어떤 일
을 하는 데 걸리는 날의 수. ③ 미리
정해 놓은 날. ¶ 약속 날짜. 날짜를
미루다.

☞ 날.[3]

날치기 ＊ ① 외손질. ＊ 남의 물건을 날
쌔게 채어 달아나는 짓. {날치기하
다.} ¶ 날치기를 당하다. ② 날치기
꾼.

☞ 들치기. 소매치기. 외손질. 차치
기.

날콩 = 생콩. ＊ 익히지 않은 콩.

날파람둥이 = 날파람쟁이. ＊ 주책없

이 싸다니는 사람.

날포 * 하루가 넘는 동안.
　☞ 달포. 해포.

날품 * 품삯을 하루씩 받고 파는 품.
　¶ 날품을 팔다.
　☞ 날일. 달품. 품.³

날품삯 = 날삯. ＊ 날품을 팔고 그날그
　날 받는 삯.

날품팔이 * ① 날삯을 받고 하는 일.
　② 날품팔이꾼.
　☞ 매품팔이.

날품팔이꾼 = 날삯꾼.

낡다 * ① 물건이 헐고 너절하다. ¶ 낡
　은 가방. ②(생각, 제도) 뒤떨어지다.
　☞ 헐다.²

남¹ * ① 다른 사람. ② 일가가 아닌 사
　람. ③ 관계가 없는 사람. {남나중.
　남남. 남달리. 남몰래. 남볼썽.} {남
　다르다. 남모르다. 남부끄럽다. 남부
　럽다. 남부럽잖다.} ¶ 남 못지않다.
　☞ 나.³

남²(南) * 해가 뜨는 쪽으로 보아 오
　른쪽. ＊ 토씨를 마음대로 붙일 수 없
　음.
　☞ 남쪽.

남강댐(南江dam) ⇨ 남강 댐.

남겨 = 남기어. ＊ 남기다. ¶ 남겨 놓
　다. 남겨 두다. 남겨 주다.

남겨지다 ⇨ ① 남다. ② 남기다.

남경(南京) ⇨ 난징. ＊ 땅 이름.

남극해(南極海) = 남빙양. ＊ 바다 이
　름.

남녀추니(男女～) = 어지자지. ＊ 암
　수한몸인 사람이나 짐승.

남녘(南～) ⇨ 남녁. 남쪽.

남다 * ① 쓰고 나머지가 있다. ②이익
　을 보다. ③자리를 떠나지 않다.
　☞ 넘다.

남다르다 * 보통 사람과 특별히 다르
　다. ¶ 남다른 재주. 남다른 정.
　☞ 유다르다.

남단 끝(南端～) ⇨ 남단.

남대문(南大門) = 숭례문. ＊ 서울 성
　곽의 남쪽 정문.
　☞ 동대문. 서대문. 북대문.

남도 민요(南道民謠) * 전라도 민요
　(농부가, 육자배기, 진도 아리랑,
　강강술래 따위)와 경상도 민요(쾌
　지나 칭칭 나네, 성주풀이, 밀양 아
　리랑 따위).
　☞ 경기 민요.

남독(濫讀) = 난독. ＊ 책을 닥치는 대
　로 읽음.
　☞ 낭독. 다독. 묵독. 색독. 속독. 음
　독. 정독. 체독.

남매 간(男妹 間) ⇨ 남매간. ＊ 오누이
　사이.

남매덤(男妹～) * 자반고등어 배에 덤
　으로 끼워 놓은 새끼 자반 두 마리.
　☞ 서방덤. 외동덤.

남바(number)⑳ ⇨번호. 호수. ＊ 넘버.

남바위 * 추위를 막으려고 머리에 쓰
　는 쓰개. ＊ 남자.
　☞ 아얌. 조바위. 풍뎅이.² 휘양.

남발하다(濫發～) ⑳ ⇨ 마구 내다.
　＊ 법령. 화폐. 증서.

남벌하다(濫伐～) ⑳ ⇨ 마구 베다.
　＊ 나무.

남볼정 ⇨ 남볼썽. ¶ 남볼썽 사납다.

남부끄러히 ⇨ 남부끄러이.

남부끄럽찮다 ⇨ 남부끄럽잖다. ⁑ '~잖다'는 '~지 않다'의 준말임.

남부럽찮다 ⇨ 남부럽잖다. 남부럽지 않다.

남비 ⇨ 냄비.

남빙양(南氷洋) = 남극해. ⁑ 바다 이름

남빛(藍~) = 쪽빛.

남사스럽다 ⇨ 남세스럽다. 남우세스럽다.

남산골딸깍발이(南山~) = 딸깍발이. ⁑ 가난한 선비.

남산골샌님(南山~) * 가난하면서도 자존심만 강한 선비.

☞ 샌님.

남새 = 채소. ⁑ 밭에 심어 가꾸는 푸성귀.

☞ 나물. 푸성귀. 남세.

남새밭 * 대문과 집채에서 멀리 떨어져 철 따라 반찬거리 남새를 기르는 밭.

☞ 채마밭.

남새스럽다 ⇨ 남세스럽다. 남우세스럽다.

남색[1](藍色) = ① 쪽빛. ② 남색짜리.

남색[2](男色) = 벽. 비역. 계간. {남색자} ¶ 남색을 팔다. ⁑ 호모.

남색짜리(藍色~) = 남색. ⁑ 머리를 쪽 찌고 남색 치마를 입은 스무 살 안팎의 새색시.

☞ 홍색짜리.

남생이 * 남생잇과의 물물동물. ⁑ 내, 연못 같은 민물에 삶.

☞ 거북. 자라.

남서 쪽(南西~) ⇨ 남서쪽. ⁑ '쪽'은 뒷가지.

남선생(男先生) * 남자 선생. ⁑ 여선생.

남 선생(南 先生) * 남씨 성을 쓰는 선생. ⁑ 성씨 뒤에 띄어 씀.

남세 = 남우세. ⁑ 남에게 비웃음과 놀림을 받게 됨. {남세스럽다.}

☞ 남새.

남소문(南小門) = 광희문. 시구문. 수구문. ⁑ 사소문의 하나.

☞ 동서문. 서소문. 북소문.

남아(南阿) ⇨ 남아프리카. ⁑ 땅 이름.

남아지다 ⇨ 남다.

남어지 ⇨ 나머지.

남우세 = 남세. ⁑ 남에게 비웃음과 놀림을 받게 됨. 또는 그 비웃음과 놀림. {남우세스럽다. 남우세하다.} ¶ 남우세를 받다.

☞ 우세.

남유다르다(~類~) ⇨ ① 남다르다. ② 유다르다.

남유달리(~類~) ⇨ ① 남달리. ② 유달리.

남은 여가(~餘暇) ⇨ 겨를. 남은 시간. ⁑ 여가.

남은 여생(~餘生) ⇨ 남은 목숨. 살 날. ⁑ 여생.

남은 잔금(殘金) ⇨ 남은 돈. ⁑ 잔금.

남의나이 * 환갑이 되는 해부터 먹는 나이. ⁑ 옹근 나이 예순 살부터.

남의 나이 * 딴 사람의 나이. ¶ 남의 나이는 왜 물어?

남의눈 * 다른 사람이 보는 눈. ¶ 남의 눈이 두려운 줄 알아라.

남의 눈 * 다른 사람의 눈. ¶ 남의 눈을 왜 뚫어지게 쳐다보나?

남의달 * 아이를 낳을 달을 넘긴 달.

{남의달잡다.}

남자(男子) * 사내. ‡ 어린이나 늙은이
에게는 쓰지 않음. ¶ 남자 어린이. 남
자 친구. 남자 화장실. ¶ 남자 같다.
남자 되다.
　☞ 사나이.

남자답다(男子~) = 사내답다.

남자 아이(男子~) = 남자 애.

남직하다 ⇨ 남짓하다. {남짓이.}
¶ 열 살 남짓한 아이.

남짓〔이〕 = 나마. ‡ 크기, 수효, 부피
가 어떤 한도에 차고 조금 남는 정
도. ¶ 한 달 남짓. 한 되 남짓. 열 명
남짓. 서른 살 남짓. 한 시간 남짓.
　☞ ~가량.² 정도.

남쪽(南~)〔이〕 = 남녘. ‡ 토씨를 붙
일 수 있음. ¶ 남쪽으로 난 창.
　☞ 남.

남편 = 서방. 지아비. 고추박이. {남편
감. 본남편. 전남편.} ¶ 남편 노릇.
　☞ 사내. 지아비.

남편네 ⇨ 남정네.

남포 = 다이너마이트. {남포까기. 남
포꾼. 남포약. 남포질. 남폿돌.}

남포등(~燈) = 남포. ‡ 램프.

남폿불¹ * 남포를 터뜨릴 때, 심지에
붙이는 불.

남폿불² * 남포등에 켜 놓은 불. ‡ 램프.
　☞ 등잔불. 접싯불. 종짓불. 호롱불.

남폿구멍 = 심구멍. ‡ 남포를 쟁이려
고 뚫은 구멍.

남해바다(南海~) ⇨ 남해. ‡ 우리나
라 남쪽 지방에 펼쳐진 바다 이름.

납기(納期) 앤 ⇨ 내는 날. 마감 날.
‡ 기한.

납대대하다 = 나부대대하다. ‡ 얼굴
이 둥글고 나부죽하다.

납득하다(納得~) 앤 ⇨ ① 알아듣다.
‡ 이해하다. ② 받아들이다. ‡ 양해
하다.

납부하다(納付~) * 내다. 치르다. ‡ 세
금. 공과금.
　☞ 수납하다.

납새미 ⇨ 가자미. ‡ 바닷고기의 하나.

납양(納凉 ⇨ 납량) ⇨ 서늘맞이. ‡ '납
냥'으로 읽음.

납입하다(納入~) 앤 ⇨ 내다. 치르다.
‡ 납부하다.

납작 * ① 입을 냉큼 벌렸다가 닫는 모
양. ¶ 납작납작 대답하다. 납작 받아
먹다. ② 몸을 바닥에 엎드리는 모
양. ¶ 납작 엎드리다.
　☞ 납죽.

납작이 * 얼굴이 판판하고 넓게 생긴
사람.
　☞ 납죽이.

납죽 = 납죽이. ‡ 갈쭉하고 넓게.

납죽이 * 머리나 코가 갈쭉하게 넓은
사람.

납짝하다 ⇨ 납작하다.

낫 * 풀, 곡식 따위를 베는 연장. {낫날.
낫놀. 낫등. 낫몸. 낫부리. 낫자루.}
{거낫. 걸낫. 깎낫. 밀낫. 버들낫. 벌
낫. 톱날낫.} {왜낫. 조선낫.}
　☞ 날. 낯. 낮. 낱.

낫값 = 나잇값. ‡ 나이에 걸맞은 말과
행동. ¶ 낫값을 못 하다.
　☞ 어른값.

낫낫하다 = 나긋나긋하다. ‡ ① 보드
랍고 연하다. ② 상냥하고 부드럽다.

낫낫히 ⇨ 낫낫이. ‡ 낫낫하다.
낫다[1] * 병이나 다친 데가 본디대로 되돌아가다. ¶ 병이 낫다. 상처가 낫다.
　☞ 나수다. 아물다.
낫다[2] * 견주어 볼 때 더 높거나 앞서거나 좋다. ¶ 그것보다 이것이 낫다.
　☞ 낫다. 낳다.[2] 승하다.
낫도우〔納頭〕 왜 * 니혼 음식 이름. ‡ 청국장과 비슷함.
낫살 = 나잇살. ‡ 지긋한 나이. ¶ 낫살이나 먹은 사람이 이 무슨 짓이요?
　☞ 나께. 나쎄. 낯살.
낫세 ⇨ 나쎄.
낫우다 ⇨ ① 고치다. ② 나수다.
낫잡다 * 좀 넉넉하게 치다. ‡ 돈. 나이. 수량. ¶ 음식을 낫잡아 만들다.
　☞ 낮잡다.
낫트(nut) 왜 ⇨ 암나사. ‡ 너트.
　☞ 수나사.
낭 ⇨ ① 벼랑. ② 낭떠러지.
낭독(朗讀) * 글을 소리 내어 읽음.
　☞ 난독. 남독. 다독. 묵독. 색독. 속독. 음독. 정독. 체독.
낭독(朗讀)**이 있다** ⇨ 낭독하다. ‡ 읽다.
낭떠러지 * 깎아지른 듯한 언덕. ¶ 천 길 낭떠러지 아래로 떨어지는 느낌.
　☞ 벼랑.
낭만(浪漫. 로오만) 왜 ⇨ 로망. ‡ 로망을 니혼 한자 소리로 적은 것임.
낭만적(浪漫的. 로오만데끼) 왜 ⇨ 로맨틱.
낭망(囊網) 왜 ⇨ 자릇그물.
낭자 * ① 여자의 예장에 쓰는 딴머리.
¶ 낭자를 풀다. ② 쪽.
　☞ 다리.[3] 딴머리. 쪽.[1]
낭태(浪太) = 양태. ‡ 바닷고기.
낭하(廊下) 왜 ⇨ 골마루. ‡ 복도. 행랑.
낮 * 해가 떠 있는 동안. {낮거리. 낮곁. 낮달. 낮닭. 낮대거리. 낮도깨비. 낮도둑. 낮때. 낮말. 낮번. 낮술. 낮일. 낮잠. 낮차. 낮참.}
　☞ 대낮. 한낮. 낫. 낱. 낯.
낮다 * ① 높이가 높지 않다. ‡ 천장. 산. 언덕. 땅. 계급. 지위. ¶ 책상이 낮다. ② 보통 정도에 미치지 못하다. ‡ 능력. 소리. 정도. 온도. 습도. 기압. 압력. 값. 품삯. 비율. 소리. ¶ 혈압이 낮다.
　☞ 높다. 얕다.
낮보다 = 낮추보다. 깔보다. 넘보다. 말보다. 얕보다.
　☞ 낮잡다.
낮으막하다 ⇨ 나지막하다.
낮은말 * ① 상스럽고 천한 말. ‡ 대가리, 마빡, 주둥아리, 아가리 따위. ② 낮은 소리로 하는 말. ¶ 낮은말로 귀띔을 하다.
　☞ 낮춤말.
낮잡다 * ① 지닌 값어치보다 낮추어 보다. ② 만만히 다루다.
　☞ 깔보다. 낫잡다. 낮보다. 넘보다. 말보다. 얕잡다.
낮전 * ① 자정부터 오정까지. ② 해가 뜰 때부터 오정까지. ‡ 상오.
　☞ 낮후.
낮참 * ① 낮에 일을 하다가 잠깐 쉴 때 먹는 음식. ¶ 낮참을 먹다. ② 일을 하다가 점심때 앞뒤에 쉬는 동안. ¶ 낮참에 잠깐 눈을 붙이다.
☞ 밤참. 새참. 참밥.

낮추 〔어〕 * ① 낮게. ¶ 새가 낮추 날
다. ② 약하게. ¶ 목소리를 낮추 말
하다. ③ 나쁘게. ¶ 남을 낮추 말하다.
☞ 높이.² 도두.

낮추다 * '낮다'의 하임. ¶ 몸을 낮추
다. 값을 낮추다. 수준을 낮추다.
☞ 내리다.²

낮추려하다 ⇨ 낮추려 하다.

낮추보다 = 낮보다. 깔보다. 넘보다.
말보다. 얕보다. ‡ 업신여기다.
☞ 나지리 보다. 낮춰 보다.

낮추잡다 * 기준보다 낮게 잡다. ¶ 조
금 낮추잡는 것이 좋을 듯하다.
☞ 나지리 여기다.

낮춤말 * ① 사람이나 사물을 낮추어
이르는 말. ¶ 그년. 저놈. ② 나를 낮
추어 이르는 말. ¶ 저. 저희. ‡ 하대
어. 겸양어. 겸사말.
☞ 낮은말. 높임말. 반말. 예사말.

낮춰 보다 * 아래로 낮추어서 보다.
¶ 눈높이를 좀 낮춰 보아라.
☞ 낮추보다. 낮보다.

낮춰잡다 ⇨ 낮추잡다.

낮춰 주다 = 낮추어 주다.

낮후 * 오정부터 자정까지. ‡ 하오.
☞ 낮전.

낯 = ① 낯바닥. 낯바대기. 낯빼기. 낯
짝. 낯판. ‡ 윗사람이나 잘생긴 얼굴
에는 잘 쓰지 않음. {낯가림. 낯놀
림.} {첫낯.} {낯가리다. 낯모르다. 낯
알다. 낯익히다. 낯하다.} ② 면목. 체
면. {낯가죽. 낯닦음. 낯짝.} {낯간지
럽다. 낯부끄럽다. 낯없다.} ¶ 낯 깎이

다. 낯 두껍다. 낯 뜨겁다. 낯 있다.
☞ 얼굴. 낟. 낫. 낱.

낯꼴 * 감정에 따라 변하는 얼굴의 모
양. ¶ 낯꼴을 눈여겨 살펴 보다.
☞ 낯빛.

낯꽃 * 감정의 변화에 따라 드러나는
얼굴 표정. ¶ 웃는 낯꽃을 보이다.
☞ 낯빛.

낯나다 = 생색나다. ‡ 체면이 서다.

낯내다 = 생색내다. ‡ 지나치게 자랑
하다.

낯닦음 = 면치레. 사당치레. 외면치
레. 이면치레. 체면치레. ‡ 체면이
서도록 어떤 행동을 함. 또는 그런
행동.

낯바닥 = 낯바대기. 낯빼기. 낯짝. 낯
판. ‡ 낯의 낮은말.
☞ 얼굴.

낯빛 * ① 얼굴빛. ¶ 낯빛이 파랗다.
② 얼굴에 나타나는 기색. ¶ 환한 낯
빛.
☞ 낯꼴. 낯꽃.

낯살 * 얼굴의 주름살. ¶ 낯살을 찌푸
리다.
☞ 낫살.

낯색(~色) ⇨ 낯빛. 얼굴빛.

낯설다 * ① 서로 알지 못하여 서먹하
다. ② 눈에 익지 아니하다.
☞ 낯익다.

낯설은 ⇨ 낯선. ‡ 낯설다. 낯설고. 낯
설게. 낯설지. 낯서니.

낯없다 = 서머하다. ‡ 면목이 없다.

낯익다 * 눈에 익거나 가깝게 느끼다.
¶ 얼굴이 낯익다. 가방이 낯익다.
☞ 낯설다.

낯판때기 ⇨ 낯바대기.

낱 * ① 셀 수 있는 물건의 하나하나. {낱
가락. 낱값. 낱값표. 낱개. 낱개비. 낱
권. 낱그릇. 낱근. 낱글자. 낱꼬치. 낱
낱. 낱낱이. 낱내. 낱냥쭝. 낱눈. 낱단.
낱덩이. 낱돈. 낱돈쭝. 낱동. 낱되. 낱
뜨기. 낱뜻. 낱마리. 낱말. 낱몸. 낱뭇.
낱벌. 낱상. 낱섬. 낱셈. 낱소리. 낱이
삭. 낱자. 낱자루. 낱잔. 낱장. 낱짐.
낱축. 낱켤레. 낱폭. 낱푼. 낱푼쭝.}
② 낱알을 세는 하나치. ¶ 두 낱. 열
낱. 스무 낱.
　☞ 낟. 낫. 낮. 낯.

낱낱이 * 하나하나 빠짐없이 모두.
¶ 잘못을 낱낱이 밝히다.
　☞ 샅샅이.

낱담배 = 가치담배. ¶ 낱담배를 사서
피우다.

낱밥 = 날밥. ‡ 매가 보통 때 마음대
로 먹을 수 있도록 주는 밥.
　☞ 졸밥. 줄밥.[2]

낱알 * 셀 수 있는 물건의 따로따로인
알갱이.
　☞ 낟알.

낱푼중 ⇨ 낱푼쭝. ¶ 낱으로 세는 한
푼쭝 한 푼쭝.

낱흥정 * 물건을 낱으로 값을 매기는
흥정.
　☞ 도거리흥정. 모개흥정.

낳다[1] * ① 삼, 솜, 털로 실을 만들다.
② 실로 피륙을 짜다. ¶ 모시를 낳다.
　☞ 뽑다.

낳다[2] * 아이, 새끼, 알을 몸 밖으로 내
놓다. ¶ 새끼를 낳다. 달걀을 낳다.
　☞ 낫다.[2] 낮다. 까다.

낳아지다 ⇨ 낳다.

낳이 * ① 길쌈. ② 그 철이나 그 지방
에서 짠 피륙. {봄낳이. 여름낳이.
돌실낳이. 안동낳이. 한산낳이.}

낳이하다 = 길쌈하다.

내[1] = 나의. ¶ 내 논에 물 대기. 내 것
주고 뺨 맞는다.

내[2] = 나. ‡ 토씨 '가' 앞에서는 '내'로
씀. ¶ 내가 좋아하는 노래.

내[3] = 냄새. {젓불내. 고린내. 구린내.
군내. 기름내. 냇내. 노란내. 누린내.
단내. 땀내. 땅내. 똥내. 머릿내. 묵은
내. 문내. 문뱃내. 발내. 밥내. 비린
내. 살내. 새물내. 쉰내. 숯내. 쉰내.
암내. 입구린내. 입내. 자릿내. 젖내.
젖비린내. 지린내. 코린내. 쿠린내.
탄내. 풀내. 풋내. 피비린내. 해감내.
향내. 화독내. 흙내.}
　☞ 냄새.

내[4] * 물건이 탈 때 일어나는 매운 연
기. {냇내.} ¶ 내 때문에 눈물이 난
다.

내[5] * 벌판에 흐르는 시내보다 크고 강
보다 작은 물줄기. ‡ 개천. {냇가.
냇둑. 냇모래. 냇물. 냇바닥. 냇자
갈. 냇자락. 냇줄기.} ¶ 내가 흐르
다.
　☞ 시내. 개울. 개천.

내[6](內) 〔이〕 * 안. ¶ 10일 내. ‡ 기준
이 포함되지 않음. ¶ 건물 내. 범위
내.
　☞ 이내.[4]

내~[7](來~) * 다음. {내주일. 내달.
내월. 내년. 내후년.}

~내[8] * ① 동안의 처음부터 끝까지.

{가으내. 겨우내. 아침내. 저녁내.} ② 그때까지. {마침내. 끝내.}

☞ 내내. ~래.

내가 보는 견지(見地) ⇨ 내 생각. 내가 본 바.

내가 사랑했던 왕의 여자(~王~女子) ⇨ 내가 사랑한 왕후. ‡ 영화 이름.

내 개인적인 생각(~ 個人的~) ⇨ 내 생각.

내기[1] * 돈을 걸어 놓고 겨루는 일. {담배내기. 돈내기. 술내기. 점심내기. 저녁내기.} {내기하다.} ¶ 돈내기 장기. 돈내기 화투. 내기 바둑.

~내기[2] * ① 그곳에서 난 사람. {서울내기. 시골내기.} ② 어떤 성질을 나타내는 사람. {보통내기. 신출내기. 여간내기. 예사내기. 풋내기. 잔풀내기.}

~내기[3] * 내다 팔 물건. {가게내기. 장내기.} ‡ 기성품.

내나[어] * 결국에 가서는. ¶ 내나 내 말이 그 말이다.

☞ 일껏. 역시.

내남없이 = 내남직없이. 너나없이. 네오내오없이. ‡ 모두 마찬가지로.

내노라하다 ⇨ 내로라하다. ‡ 어느 분야를 대표할 만하다. ¶ 학계에서 내로라하는 사람이 많이 모였다.

내놓다 * ① 물건을 밖으로 옮기거나 꺼내 놓다. ② 음식을 대접하다. ③ 붙잡아 둔 사람이나 짐승을 풀어놓다. ④ 무엇을 팔거나 빌려주려고 선보이다. ⑤ 생각을 내보이다. ⑥ 돈이나 자리를 내주다. ⑦ 바깥으로 드러내다.

내 놓다 ¶ 제가 불을 내 놓고 모른 체하다.

내다[1] * '나다'의 하임. ¶ 광고를 내다. 구멍을 내다. 글을 내다. 길을 내다. 사고를 내다. 소문을 내다. 효과를 내다. 판가름을 내다. 화를 내다.

내다[2] ¶ 거름을 내다. 모를 내다. 원서를 내다. 편지를 내다. 후보를 내다.

내다[3] * 안에 있는 것을 밖으로 나오게 하다. ¶ 내다 놓다. 내다 버리다. 내다 세우다. 내다 쌓다. 내다 주다. 내다 팔다.

☞ 내놓다. 꺼내다.

내다[4] [도] ¶ 막아 내다. 참아 내다. 받아 내다. 닦아 내다.

내다보이다 = 내다뵈다. ¶ 바다가 내다보이는 방에서 하루를 보내다.

내닫다 * 앞쪽으로 힘차게 달리다. ¶ 바람처럼 앞으로 내닫다.

☞ 내리닫다. 치닫다.

내닫이창(~窓) = 내민창. ¶ 벽에서 조금 내밀어 만든 창.

내달(來~) = 새달. 훗달. ¶ 내달 말. 내달 중. 내달 초.

내담(內談) ⑭ ⇨ 비밀 이야기. ‡ 밀어.

내던져 = 내던지어. ‡ 내던지다. ¶ 내던져 놓다. 내던져 버리다.

내두르다 * ① 이리저리 휘휘 흔들다. ② 남을 제 마음대로 움직이게 하다.

☞ 휘두르다.

내딛다 = 내디디다. ‡ 줄기 '내딛~' 뒤에는 홀소리 씨끝이 붙지 못함.

내땅 ⇨ 내 땅. 나의 땅.

내뛸성 = 냅뜰성. ‡ ① 수줍어하지 않는 성질. ② 참견하기 좋아하는 성

ㄴ

질.

내뜨다 ⇨ 냅뜨다. ⁑ ①일에 기운차게 앞질러 나서다. ¶ 이 일엔 냅뜰 마음이 안 난다. ②관계없는 일에 참견하다. ¶ 어른들 일에 냅뜨다가 혼나다.

내라 * '내다'의 건너 시킴꼴. ¶ 돈을 내라는 말을 듣고 모두 왼고개를 쳤다.
☞ 내어라.

내래년(來來年) ⇨ 내내년. ⁑ 내년의 다음해.

내래월(來來月) ⇨ 내내월. ⁑ 내달의 다음달.

내려 긋다 * 한 칸 아래로 낮추어서 줄을 긋다.
☞ 내리긋다

내려깔다 ⇨ 내리깔다. ¶ 눈을 내리깔다.

내려꽂다 ⇨ 내리꽂다. ¶ 창을 내리꽂다.

내려다보다 * 눈길을 아래로 하여 보다. ¶ 산 위에서 마을을 내려다보다.
☞ 굽어보다. 바라보다. 쳐다보다.

내려디디다 = 내려딛다. ⁑ 위에서 아래로 디디다.

내려뜨리다 〈 내려트리다. ⁑ 아래로 떨어뜨리거나 늘어지게 하다.
☞ 내리뜨리다.

내려매기다 ⇨ 내리매기다.

내려붙이다 * 불을 피웠던 자리에서 숯불을 다리미에 옮겨 담다.

내려쌓다 ⇨ 내리쌓다. ⁑ 아래 방향으로 쌓다.

내려쓰다 * 자리를 아래로 내려서 쓰다. ¶ 몇 칸 내려쓰다.
☞ 내리쓰다

내려앉다 * 높이 있던 것이 아래로 떨어지거나 꺼지다. ¶ 새가 내려앉다. 천장이 내려앉다. 하늘이 내려앉다. 가슴이 내려앉다. 길 복판이 내려앉다.
☞ 가라앉다.

내려족치다 ⇨ 내리족치다. ⁑ ①위에서 아래로 족치다. ②마구 족치다.

내려주다 ¶ 선생님께서 내려주신 말씀을 가슴에 새기다.

내려 주다 ¶ 어린이를 차에서 내려 주다.

내려쫓다 * 서울에서 시골로 쫓다.
☞ 내리쫓다.

내려찍다 = 내리찍다. ⁑ 위에서 아래로 찍다.

내려치다 * 위에서 아래로 힘껏 때리거나 치거나 단숨에 자르다.
☞ 내리치다.

내력(來歷) * ①지내온 경로나 경력. ¶ 자세한 내력. ②과정을 거치면서 이루어진 까닭. ¶ 일이 그렇게 된 내력. ③내림. ¶ 집안 내력.
☞ 유래. 유서. 내역.

내륜(內輪) [왜] ⇨ 안둘레.

내리글씨 = 세로글씨. ⁑ 글줄을 위에서 아래로 쓰는 글씨.
☞ 가로글씨.

내리긋다 * 위에서 아래쪽으로 곧게 줄을 긋다.
☞ 내려긋다.

내리기 = 내림. 씨내리. ⁑ 조상으로부터 내려오는 유전적인 특성.

☞ 씨내리.

내리다¹ * ① 판단이나 결정을 하다. ② 결말을 짓다. ¶ 결론을 내리다.
☞ 내다.

내리다² * ① 위에서 아래로 내려오다. ¶ 값이 내리다. 눈이 내리다. ② 먹은 것이 삭다. ¶ 체가 내리다. ③ 살, 기운, 물 따위가 낮아지다. ¶ 물 내리다. 살 내리다. ④ 신이 지피다. ¶ 신이 내리다. ⑤ 탈것에서 밖으로 나오다. ¶ 차에서 내리다. ⑥ 떠 있던 것이 땅에 앉다. ¶ 비행기가 내리다.
☞ 낮추다. 떨어지다. 타다.

내리다³ = 부리다. ¶ 짐을 내리다. 짐을 부리다.
☞ 싣다.

내리다지 * 아래위가 붙은 어린아이 옷.
☞ 내리닫이.

내리닫다 * 높은 곳에서 낮은 쪽으로 달려 내려가다.
☞ 내닫다. 올리닫다. 치닫다.

내리닫이 = 오르내리창. ‡ 위아래로 오르내려서 여닫는 창문.
☞ 내리다지. 가로닫이. 여닫이.

내리떠보다 ⇨ 내립떠보다. ‡ 눈길을 아래로 뜨고 노려보다.

내리뜨다 * 눈을 아래로 가도록 뜨다. ¶ 말없이 눈을 내리뜨고 앉아 있다.
☞ 치뜨다.

내리뜨리다 * 명령이나 지시를 내려보내다.
☞ 내려뜨리다. 물어내리다.

내리막길 * ① 낮은 곳으로 이어지는 비탈길. ② 기세가 약해지는 상태.

☞ 오르막길.

내리몰다 * 위쪽에서 아래쪽으로 몰다. ¶ 산토끼를 내리몰다.
☞ 치몰다.

내리박다 * ① 위에서 아래로 박다. ② 마구 박다. ③ 아래쪽으로 옮겨 박다.
☞ 곤두박다. 꼬라박다. 들이박다.

내리받이 * 비탈진 곳에서 아래쪽으로 향한 방향.
☞ 치받이.

내리사랑 * 자식에게 주는 부모의 사랑. ¶ 내리사랑은 있어도 치사랑은 없다.
☞ 치사랑.

내리실 걸 = 내리실 것을. ‡ '것'은 매인이름씨

내리쓰기 = 세로쓰기. ‡ 글줄을 위에서 아래로 써 내려가는 일. ‡ 종서.
☞ 가로쓰기.

내리쓰다 * 글줄을 위에서 아래쪽으로 쓰다.
☞ 내려쓰다.

내리외다 = 내리외우다. ‡ 보았거나 들은 이야기를 그대로 줄줄 외다.

내리쬐이다 = 내리쬐다. ¶ 햇볕이 뜨겁게 내리쬐이다.

내리쫓다 * ① 낮은 곳으로 쫓다. ② 가운데서 변두리로 쫓다.
☞ 내려쫓다.

내리치다 * 위에서 아래로 힘껏 치다. ‡ 비바람. 번개.
☞ 내려치다.

내린무당 = 선무당. ‡ 풋내기 강신 무당.

☞ 박수무당. 학습무당.

내릴톱 = 세로톱. 장톱. 켤톱. ‡ 나무를 세로로 켜는 톱.

☞ 동가리톱. 동톱. 가로톱.

내림 = 내리기. 씨내리. ‡ 조상으로부터 내려오는 유전적인 특성.

☞ 씨내리.

내림굿 = 몸굿. 강신제. ‡ 내린 신을 맞아서 무당이 되려고 비는 굿.

내림대 = 손대. 신나무. ‡ 굿할 때 쓰는 소나무나 대나무 가지.

내민창(~窓) = 내닫이창.

내방 가사(內房 歌辭) = 규방 가사. ‡ 조선 때, 여자들이 지은 가사.

내뱉았다 ⇨ 내뱉었다.

내버려 = 내버리어. ‡ 내버리다. ¶ 내버려 두다.

내보다 * 안이나 속에 있던 것을 꺼내서 보다. ¶ 주머니에서 수첩을 내보다.

내 보다 = 내어 보다. ¶ 목소리 흉내를 내어 보다.

내복(內服) = 속옷. {면내복. 털내복.} ¶ 겨울 내복. 봄 내복.

내복하다(內服~) ⇨ 약을 먹다.

내부치다 * 부채 따위로 바람을 앞쪽으로 힘껏 부치다.

내붙치다 = 내부딪치다. ‡ 앞으로 나가 아주 세게 부딪다.

내붙이다 * 방 따위를 밖에 내어 붙이다. ¶ 합격자 이름을 내붙이다.

내비추다 ⇨ 내비치다. ‡ ① 빛이 밖으로 비치다. ¶ 구름 사이로 햇살이 내비치다. ② 속의 것이 밖으로 드러나 보이다. ¶ 속살이 내비치는 얇은 옷.

내뻗히다 ⇨ 내뻗치다. ‡ 세차게 뻗치다.

내쇼날리즘(nationalism) ⇨ 국가주의. ‡ 내셔널리즘.

내숭장이 ⇨ 내숭쟁이. 내숭꾸러기. ‡ 겉과 달리 속이 엉큼한 사람.

내앉다 * 앞이나 밖으로 나와 앉다. ¶ 방에서 툇마루에 내앉다.

☞ 나앉다.

내어놓다 = 내놓다. ¶ 밥상을 내어놓다.

내어 놓다 ¶ 시험 문제를 내어 놓고 가다.

내어라 * ‘내다’의 바로 시킴꼴. ¶ 강도가 “돈을 내어라”고 윽박지르다.

☞ 내라.

내어먹다 ⇨ 내먹다. ¶ 봉지에서 과자를 내먹다.

내어보내다 ⇨ 내보내다. ‡ ① 나가게 하다. ② 쫓아내다.

내어지다 ⇨ ① 내다. ② 나오다.

내역(內譯) ⑭ ⇨ 명세. ‡ 물품이나 돈의 분명하고 자세한 내용.

☞ 내용.

내역서(內譯書) ⑭ ⇨ 명세서.

내염(內焰) ⑭ ⇨ 속불꽃.

내오다 * 안에서 밖으로 가져오다. ¶ 손님에게 과일을 내오다.

내 오다 ¶ 해마다 세금을 내 오고 있다.

내왕군(來往~) ⇨ 내왕꾼. ‡ 절에서 심부름하는 사람.

내외¹(內外) * ① 아버지 편과 어머니 편. ② 본가와 처가. ③ 처가와 외가.

내외²(內外) * ① 남자와 여자. ② 부부. 안팎. ③ 남자와 여자가 얼굴을

마주보지 않고 피하는 일. {궁둥이
내외.} {내외하다.}

내외간(內外間) * ①안과 밖의 사이.
②수량이나 기준에 비슷한 정도.
③부부간. ＊ 부부 사이. ¶ 그들은
내외간이다.

내외분(內外~) * 부부를 높여서 이르
는 말.

내외술집(內外~) = 안방술집. 안침술
집. ＊ 술청에 여자가 안 나오는 술집.
☞ 방석집.

내용(內容) * ①속에 든 것. ②속내.
③말, 글, 그림 속에 들어 있는 뜻.
☞ 내역. 명세.

내음 ⇨ 냄새. 내.

내음새 ⇨ 냄새. 내.

내의(內衣) ⇨ 내복. 속옷. {면내복.
털내복.} ¶ 겨울 내복. 봄 내복.

내일(來日) = 낼. ①오늘의 다음날.
¶ 내일 밤. 내일 중. ②잘될 것으로
믿는 먼 앞날. ¶ 어린이의 내일. 우
리나라의 내일.
☞ 이튿날. 다음날.

내일모레 = 낼모레. ＊ ①모레. ②어
떤 때가 가까이 닥쳐 있음.

내입금(內入金) ㉿ ⇨ 앞돈.

내 자신(~自身) ⇨ 나 자신.

내재되어 있다(內在~) ⇨ 안에 들어
있다. ＊ 내재하다.

내재해 있다(內在~) ⇨ 안에 들어 있
다. ＊ 내재하다.

내절(內切) ㉿ ⇨ 내접. ＊ 도형.

내절원(內切圓) ㉿ ⇨ 내접원. ＊ 도형.

내젓다 * ①팔, 다리, 고개, 손이나 손
에 잡은 물건을 휘두르다. ¶ 깃발을

내젓다. 노를 내젓다. ②세게 휘젓
다. ¶ 손가락으로 막걸리를 내젓다.
☞ 휘젓다.

내종(內從) = 고종. ＊ 고모의 자녀.
{내종매. 재종제. 내종형. 내종형
제.}
☞ 이종. 외종.

내주(來週) ㉿ ⇨ 다음 주.

내주다 * ①속에서 꺼내어 주다. ②가
지고 있던 것을 남에게 넘겨주다.

~내 주다 ¶ 혼내 주다. 혼꾸멍내 주
다.

내주장(內主張) = 안주장. ＊ 집안일
에 아내가 자신의 뜻을 내세움.

내중 ⇨ 나중.

내지[1](乃至) * ~에서 ~까지. ＊ 수량
의 범위. ¶ 네 명 내지 다섯 명.

내지[2](乃至) ⇨ ①또는. ② ~과(와).
~(이)나. ~하거나. ~하고. ¶ 이
것은 산 내지 들에서 자란다 ⇨ 산
또는 들에서 자란다. 산이나 들에서
자란다.

내진(內陣) ㉿ ⇨ 안둘렛간. ＊ 건축.
☞ 외진.

내진주(內陣柱) ㉿ ⇨ 안둘렛기둥. 안
두리기둥. ＊ 건축.
☞ 외진주.

내짝 ⇨ 내 짝.

내쪽 ⇨ 내 쪽.

내쫓다 * 몰아내다. ¶ 자식을 내쫓다.
귀신을 내쫓다. 왕위에서 내쫓다.
☞ 쫓다.

내처 = 내쳐서. ＊ ①어떤 일 끝에 더
나아가. ¶ 가는 김에 내처 집까지
바래다 드렸다. ②줄곧 한결같이.

¶ 한 달 내처 가물다.

내치락들치락 ＝ 내치락들이치락. ＊ ① 마음이 내켰다 들이켰다 하는 모양. ②병세가 심해졌다 수그러들었다 하는 모양.

내친걸음 ＊ ①이미 나선 걸음. ¶ 내친걸음에 서울까지 다녀오다. ②이미 시작한 일. ¶ 내친걸음에 한껏 밑천을 뽑자는 심보 같기만 하다.

내친김 ＊ ①이미 길을 나선 김. ¶ 내친김에 설빔도 장만하다. ②이미 일을 시작한 바람. ¶ 내친김에 옛날 일도 털어놓았다.

내키다[1] ＊ 어떤 마음이 생기거나 들다. ¶ 내키지 않거든 그만 두어라.

내키다[2] ＊ 무엇을 바깥쪽으로 옮기다. ¶ 돌담을 내켜 쌓다.

☞ 들이키다.

내탐(內探) ㉿ ⇨ 염알이.

내흉떨다(內凶～) ⇨ 내숭떨다.

내흉스럽다(內凶～) ⇨ 내숭스럽다.

낸내낸내 ㉿ ⇨ 자장자장.

낸들 ⇨ 난들. ＊ 'ㄴ들'은 토씨. ¶ 난들 어찌 알겠느냐?

낼 ＝ 내일.

낼모레 ＝ 내일모레. ¶ 낼모레 고향을 떠난다. 낼모레면 일흔이다.

냄비 ＝ 쟁개비. {냄비받침. 모둠냄비. 자선냄비.} {질냄비.} ¶ 냄비 뚜껑.

냄새 ＝ 내. ＊ ①코로 맡는 느낌. ¶ 꽃 냄새(꽃내). 꿀 냄새(꿀내). 땀 냄새(땀내). 똥 냄새(똥내). 머리 냄새(머릿내). 몸 냄새(몸내). 미역 냄새(미역내). 발 냄새(발내). 살 냄새(살내). 술 냄새(술내). 연기 냄새(냇내). 오줌 냄새(지린내). 입 냄새(입내). 젖 냄새(젖내). 풀 냄새(풀내). 피 냄새(피비린내). 향 냄새(향내). 흙 냄새(흙내). ②낌새. {냄새나다.}
☞ 내.[3]

냄새나다 ＊ ①오래된 맛이 있다. ②싫증이 나다. ③어떤 느낌이 들다.

냄새 나다 ¶ 고소한 냄새가 나다.

냄새피우다 ＊ 어떤 티를 드러내다. ¶ 돈푼이나 있다고 냄새피우는 꼴이라니.

냄새 피우다 ＝ 냄새를 퍼뜨리다.

냅더서다 ⇨ 냅뜨다.

냅둬 ＝ 내버려 둬.

냅뜰성 ＝ 내뜰성. ＊ ① 수줍어하지 않는 성질. ② 참견하기 좋아하는 성질.

냇과(內科) ⇨ 내과. ＊ 병원에서 치료하는 전문 과목의 하나.

냇과의(內科醫) ⇨ 내과의. ＊ 내과를 맡아 치료하는 의사.

냇내 ＊ 연기 냄새. ¶ 나뭇잎 태우는 냇내가 골짜기에 가득하다.
☞ 내.[4]

냇모래 ＊ 내에서 나는 모래.
☞ 강모래. 바닷모래. 산모래.

냇바람 ＊ 산마루에서 내리 부는 바람.
☞ 골바람. 산바람.

냇적(內的) ⇨ 내적. ¶ 내적 경험. 내적 관련. 내적 모순. 내적 생활.

냉각시키다(冷却～) ⇨ 식히다. 차게 하다. ＊ 냉각하다.

냉갈 ⇨ 냉과리. ＊ 잘 구워지지 않은 숯.

냉골(冷～) ＝ 냉돌. 냉돌방. ＊ 불기

없는 찬 구들방.
　☞ 냉방. 쇠구들.
냉국(冷~) = 찬국. ‡ 음식 이름. {김
　냉국. 미역냉국. 오이냉국. 파냉국.}
냉꾼 ⇨ 내왕꾼. ‡ 절에서 심부름하는
　사람.
냉냉하다(冷冷 ⇨ 냉랭~) ⇨ ① 날씨
　가 차다. ② 태도가 차다.
냉돌(冷埃) = 냉골. 냉돌방. ‡ 불기
　없이 찬 방. {삼청냉돌.}
　☞ 냉방. 쇠구들.
냉동시키다(冷凍~) ⇨ 얼리다. ‡ 냉
　동하다.
냉동육(冷凍肉) ⇨ 얼린 고기.
냉면(冷麪) * {물냉면. 비빔냉면. 열
　무냉면. 장국냉면. 평양냉면. 함흥
　냉면.}
　☞ 온면.
냉방(冷房) * ① 방안의 온도를 낮추
　는 일. ② 냉돌. 찬방.
　☞ 찬방.
냉염염료(冷染染料) ㉺ ⇨ 얼음 물감.
냉이국 ⇨ 냉잇국
냉장고문(冷藏庫門) ⇨ 냉장고 문.
냉장시키다(冷藏~) ⇨ 냉장고에 넣
　어 갈무리하다. ‡ 냉장하다.
냉장육(冷藏肉) ⇨ 냉장 고기.
냉큼 〈 닁큼. ‡ 머뭇거리지 않고 움직
　임을 가볍고 재빠르게. ¶ 냉큼 다녀
　오다. 냉큼 받다. 냉큼 일어서다. 냉
　큼 대답하다.
　☞ 빨리. 성큼. 어서. 얼른. 얼핏. 퍼
　뜩.
냉탕(冷湯) ㉺ ⇨ 찬물 칸. ‡ 목욕탕.
　☞ 온탕.

냉풍(冷風) ⇨ 찬바람.
~냐? * ① 그림씨와 '이다, 아니다'에
　붙는 물음꼴 맺음끝. ¶ 꽃이 예쁘
　냐? 몸이 아프냐? 꽃이 아니냐?
　② '~더~' 뒤에 붙는 씨끝. ¶ 어디
　로 가더냐? 빛깔이 곱더냐? 하는
　짓이 밉더냐? 몸이 아프더냐? 잘
　자더냐?
　☞ ~느냐? ~으냐? ~니?[4] ~으니?
~냐고 = ~냐 하고. ¶ 어디가 아프냐
　고 물었다.
~냐는 = ~냐고 하는. ¶ 일이 끝났냐
　는 물음에 대답을 하지 않았다.
냠냠 * ① 먹거리. ‡ 어린이 말. ② 먹
　는 모양이나 소리. ‡ 어린이 말.
냠냠이 * 먹고 싶은 먹거리. ‡ 어린이
　말.
냥 = 냥쭝. ‡ 금, 한약의 무게를 다는
　하나치. 한 냥은 열 돈쭝.
　☞ 돈.[2] 돈쭝. 근.[3]
너[1] 〔대〕 = 네. ‡ 토씨 '가' 앞에서는
　'네'가 됨. {너답다.} ¶ 너 자신.
　☞ 당신.
너[2]〔四〕〔매〕 * 하나치 '근. 돈. 되. 마
　지기. 말, 발. 푼. 홉' 앞에 씀.
　☞ 넉. 네.[4]
너그러히 ⇨ 너그러이.
너글너글하다 * 성격이나 성품이 매우
　너그럽고 시원스럽다. ¶ 사람이 너
　글너글하고 착해서 모두 그를 좋아
　한다. 성미가 너글너글한 편이다.
　☞ 느글느글하다. 서글서글하다.
너까래 ⇨ 넉가래. ‡ 곡식, 눈 따위를
　한곳으로 밀어 모으는 데 쓰는 연
　장.

너나들이 * 터놓고 지내는 사이. ¶ 사장과 너나들이로 지내는 사이다.
☞ 넘나들다.

너나없이 = 내남없이. 네오내오없이. * 다 마찬가지로.

너 냥 ⇨ 넉 냥.

너널 * 솜을 두어 만든 겨울 덧버선.
☞ 너덜.

너네들 ⇨ 너희.

너누룩히 ⇨ 너누룩이. * 너누룩하다.

너눅하다 = 너누룩하다. * 날씨, 상황, 병세가 수그러지거나 가라앉다.

너눅히 ⇨ 너눅이. * 너눅하다.

너댓 〔매〕 ⇨ 너덧. 너더댓. 네댓. * 넷이나 다섯쯤. ¶ 너덧 개.

너댓새 = 너더댓새. * 나흘이나 닷새가량.

너더분하다 * 여럿이 뒤섞여서 어지럽다. ¶ 이삿짐이 너더분하다.
☞ 너저분하다.

너덜 = 너덜경. 돌너덜. * 돌이 많이 흩어져 덮인 비탈.
☞ 너널. 너설. 넌덜. 서덜.

너덜나다 * 여러 가닥으로 어지럽게 찢어지다. ¶ 구경꾼들이 몰려들어 여럿이서 잡아당기는 바람에 옷이 너덜나 버리다.
☞ 거덜나다.

너덧 〔매〕 = 너더댓. 네댓. ¶ 너덧 놈. 너덧 마리. 네댓 사람.

너 되 ⇨ 넉 되.

~너라 * '오다'에만 씀. * 너라 벗어난 끝바꿈. {오너라.}
☞ ~거라.

너르다 * ① 공간이나 범위가 넓다.

¶ 너른 벌판. ② 마음이 너그럽다.
☞ 널찍하다. 넓다. 비좁다. 솔다.

너름새[1] * 시원스럽게 말로 떠벌려서 일을 주선하는 솜씨. ¶ 너름새를 부리다.

너름새[2] * 농악에서 추는 춤사위.
☞ 발림.[2]

너머 〔이〕 * 산, 고개, 울타리, 살피, 창문 따위의 저쪽. * 공간. 위치.
☞ 넘어.

너머지다 ⇨ 넘어지다.

너무[1] 〔어〕 * 정도가 지나치게. * 주로 부정적인 일에 씀. ¶ 너무 높다. 너무 아프다. 너무 어둡다. 너무 어렵다. 너무 작다. 너무 춥다. 너무 헤프다.

너무[2] ⇨ 굉장히. 꽤. 대단히. 매우. 몹시. 무척. 사뭇. 상당히. 아주. 어지간히. 엄청나게. 정말. 제법. 참. * 말의 내용에 알맞게 골라 써야 함.

너무너무 = 너무. * 부정적인 일을 힘주는 말.

너무 감사합니다 ⇨ 정말 고맙습니다.

너무 맛있다 ⇨ 매우 맛있다. 정말 맛있다. 참 맛있다.

너무 예쁘다 ⇨ 매우 예쁘다. 정말 예쁘다. 참말로 예쁘다.

너무 좋다 ⇨ 매우 좋다. 아주 좋다. 정말 좋다. 참 좋다.

너무하다 * 하는 말이나 짓이 지나치다. ¶ 장난치고는 너무하다.

너무 하다 ¶ 일을 너무 많이 해서 병이 났다.

너밖에 ¶ 내 편은 너밖에 없다. 너뿐이다. * '밖에'는 토씨.

너 밖에 ¶ 아는 사람은 너 밖에도 많다. 너 말고도 많다. ※ '밖'은 이름씨.

너벅지 ⇨ 자배기. ※ 질그릇의 하나.

너벳벳이 〉 나뱃뱃이. ※ 얼굴이 너부죽하고 덕성스러운 모습.

너볏이 〉 나볏이. ※ 몸가짐이나 행동이 번듯하고 의젓한 모습.

너보고 ¶ 누가 너보고 놀라고 했니? ※ '보고 = 에게'는 토씨.

너 보고 ¶ 너를 보고 싶어서 왔다. ※ '보고'는 움직씨.

너부러기 ⇨ 너부렁이.

너부러지다 ※ ① 힘없이 바닥에 까부라져 늘어지다. ② 죽어서 넘어지다.
　☞ 널브러지다.

너부렁넙적히 ⇨ 너부렁넓적이. ※ 평평하게 퍼진 듯이 넓적하게.

너부렁이 〉 나부랭이. ¶ 헝겊 너부렁이. 세간 너부렁이. 친척 너부렁이.

너부시 〉 나부시. ¶ 너부시 절을 하다. 너부시 주저앉다.
　☞ 너붓이.

너부죽이 = 너부죽. ※ 넓적하게 천천히 엎드리는 모양.

너부죽이 ※ 조금 넓고 평평한 듯하게.

너붓이 〉 나붓이. ※ 조금 너부죽하게. ¶ 얼굴이 너붓이 생긴 여자.
　☞ 너부시.

너비 〔幅〕 ※ 길쭉한 평면의 가로 거리. {가슴너비.} ¶ 강 너비. 길 너비.
　☞ 가로나비. 나비.¹ 넓이.

너비아니 ※ 얄팍하게 저며 갖은 양념을 하여 구운 쇠고기.
　☞ 불고기.

너새¹ = 느시. 능애. ※ 겨울새의 하나.

너새² = ① 당마루. ※ 지붕. ② 너와. ※ 널기와.

너새집 = 너와집. ※ 널기와로 지붕을 얹은 집.
　☞ 돌기와집.

너설 = 바위너설. ※ 험한 바위가 삐죽삐죽 나온 곳.
　☞ 너덜. 서덜.

너스레¹ ※ 그릇 아가리나 바닥, 또는 흙구덩이에 걸쳐 놓는 막대. ※ 그 위에 놓은 물건이 빠지거나 바닥에 닿지 않게 하려고 놓음. ¶ 너스레를 치다.

너스레² ※ 수다스럽게 떠벌려 늘어놓는 말이나 짓. {너스레웃음.} ¶ 너스레 놓다. 너스레 떨다. 너스레 부리다. 너스레 피우다.

너와 = 널기와. 너새. ※ 나무 둥치를 도끼로 쪼개어 지붕을 이는 널쪽.

너와집 = 너새집. ※ 지붕을 너와로 인 집.
　☞ 돌기와집.

너울¹ ※ ① 예전에 여자들이 나들이할 때 얼굴을 가리려고 쓰던 물건. ※ 검정 깁으로 만듦. ¶ 너울을 쓰다. 너울을 벗다. 너울로 가리다. ② 겉모습. ¶ 사람 너울을 쓰고 그런 짓을 하다니. ③ 뜨거운 햇볕을 쬐어 시들어 늘어진 풀이나 나뭇잎.

너울² ※ 바다의 크고 사나운 물결. ¶ 너울이 이는 바다.
　☞ 물너울. 물놀. 여울.

너울지다 = 놀지다. ※ 멀리 보이는 바다의 물결이 거칠게 넘실거리다.

너의 해 ⇨ 네 해. ※ 네 것.

너이 ⇨ 넷.

너저분하다 * 너절하고 지저분하다.
¶ 집 안이 너저분하다.
☞ 너더분하다.

너하고 ¶ 너하고 함께 갈 생각이다.
⁂ '하고'는 토씨.

너 하고 ¶ 너 하고 싶은 대로 해라.
⁂ '하고'는 움직씨.

너희 * '너'의 겹셈.
☞ 자네들.

넉 〔四〕 〔매〕 * 하나치 '냥. 냥쭝. 단.
달. 대. 동. 동달이. 되. 되들이. 두
름. 사. 새. 섬. 섬지기. 손. 자. 자
루. 잔. 잠. 장. 재. 제. 전. 점. 접.
주. 죽. 줄. 줌. 짐' 앞에 씀.
☞ 너. 네. 넷.

넉걷이 = 덩굴걷이. * 호박 따위 덩굴
을 걷어치우는 일.
☞ 넜걷이.

넉넉찮다 ⇨ 넉넉잖다. 넉넉하지 않다.
⁂ 안울림소리 뒤에선 '하'가 줆.

넉넉치 ⇨ 넉넉지. 넉넉하지. ⁂ 안울림
소리 뒤에선 '하'가 줆.

넉넉타 ⇨ 넉넉다. 넉넉하다. ⁂ 안울림
소리 뒤에선 '하'가 줆.

넉넉하다 〉 낙낙하다. ⁂ ①크기, 수량
이 차고도 남음이 있다. ¶ 시간이 넉
넉하다. 품을 넉넉하게 해라. ②살
림살이가 여유가 있다. ¶ 생활이 넉
넉하다. ③마음이 넓고 크다. ¶ 사
람 됨됨이가 넉넉하다.

넉동치기 ⇨ 넉동내기. ⁂ 윷놀이에서
네 개의 말을 다 내어야 이기는 것
으로 정한 일.

넉두리 ⇨ 넋두리.

넉살 = 넉살머리. ⁂ 비위 좋게 구는 짓
이나 성미. {넉살꾼.} {넉살맞다. 넉
살스럽다.} ¶ 넉살 떨다. 넉살 부리
다. 넉살 좋다. 넉살 피우다.
☞ 덕살.

넉장거리 〉 낙장거리. ⁂ 네 활개를 벌
리고 뒤로 벌렁 나자빠짐.

넉장부리다 ⇨ 늑장부리다.

넋 * ①사람이 죽어서 몸을 벗어난 얼.
{넋건지기굿. 넋걷이. 넋굿. 넋대. 넋
맞이. 넋반. 넋받이(넋청). 넋올리기.
넋자리. 넋전. 넋풀이굿.} ②정신이
나 마음. ¶넋 나가다. 넋 놓다. 넋 빠
지다. 넋 잃다. 넋 없다.
☞ 얼.¹

넋걷이 * 죽은 사람의 넋을 거두어들
이는 일. 또는 그런 노래.
☞ 넉걷이.

넋두리 = ①넋풀이. ⁂ 불만을 늘어놓
으며 하소연하는 말. ②넋타령.

넋살 ⇨ 넉살.

넋타령 = 넋두리. ⁂ 무당이 죽은 사람
의 넋을 대신해 하는 말.

넋풀이 = ①넋풀이굿. ②넋두리.

넌 = 너는.

넌더리 = 넌덜. 넌덜머리. ⁂ 물려서 싫
은 생각. ¶ 넌더리 나다. 넌더리 내
다. 넌더리 대다. 넌더리 치다.
☞ 너덜.

넌센스(nonsense) ⇨ 당찮은 말. 당
찮은 일. ⁂ 난센스.

넌즈시 ⇨ 넌지시.

넌지시 * ①남이 모르게 슬그머니.
②바로 말하지 않고 눈치를 챌 정
도로.

☞ 슬며시.

넌출 * 길게 뻗어 늘어진 등나무, 다래, 칡 따위의 줄기.
　☞ 넝쿨.

넌테 ⇨ 너테. ‡ 물, 눈이 얼어붙은 위에 다시 여러 겹으로 얼어붙은 얼음.

넌픽션(nonfiction) ⇨ 실화. ‡ 논픽션.

널[1] = 너를.

널[2] = 나무판자. 널빤지. 널짝. 널판. 널판때기. 널판자. 널판장. ‡ 판판하고 넓게 켠 나무. {널결. 널다리. 널담. 널대문. 널두께. 널마루. 널말뚝. 널문. 널장. 널재목. 널평상.}

널[3] = 널뛰기판. 널판. ‡ 널뛰기할 때 쓰는 길고 판판한 나무. ¶ 널을 뛰다.

널[4] * 주검을 넣는 관. {널감. 널길. 널못. 널무덤. 널받침. 널방. 널장식.}
　☞ 덧널. 곽.

널거죽 * 널빤지의 거죽. ‡ 나뭇고갱이에서 먼 부분.
　☞ 널안.

널기와 = 너와. 너새. ‡ 통나무 둥치를 도끼로 쪼개어 지붕을 이는 널쪽.
　☞ 돌기와.

널기와집 ⇨ 너와집. 너새집.

널다 * 볕을 쬐거나 바람을 쐬려고 줄이나 바닥에 펼쳐 놓다. ¶ 빨래를 널다.
　☞ 걸다.[2] 늘다.

널더러 ⇨ 너더러. ‡ 너에게.

널돌 = 판돌. ‡ 널빤지같이 넓적하게 뜬 돌.

널뛰기판[1] * 널뛰기를 하도록 벌여 놓

은 곳.

널뛰기판[2](~板) = 널판. 널. ‡ 널뛰기할 때 쓰는 널빤지.

널려지다 ⇨ 널리다.

널문(~門) = 널쪽문. 판자문. ‡ 널빤지로 만든 문.

널방석 * 곡식을 널어 말리는 짚으로 결은 큰 방석.
　☞ 덕석.

널벽(~壁) = 판자벽. ‡ 널빤지로 만든 벽.

널보리 ⇨ 귀리. ‡ 곡식의 하나.

널부러지다 ⇨ ① 널브러지다. ② 너부러지다.

널브러지다 * ① 너저분하게 흐트러지거나 흩어지다. ¶ 방안에 잡동사니들이 널브러져 있다. ② 몸에 힘이 빠져 몸을 추스르지 못하고 축 늘어지다. ¶ 턱을 한 대 맞은 사내는 한동안 마룻바닥에 널브러져 있었다.
　☞ 너부러지다.

널빈지 = 빈지. ‡ 한 짝씩 끼웠다 떼었다 하도록 만든 문.
　☞ 문.[1]

널빤때기 ⇨ 널판때기.

널빤지 = 널. 널짝. 널판. 널판자. 널판때기. 널판장.
　☞ 골판지.

널려지다 ⇨ 널리다.

널안 * 널빤지의 나뭇고갱이에 가까운 부분.
　☞ 널거죽.

널어놓다 * 볕을 쬐거나 바람을 쐬려고 펼쳐서 벌여 놓다. ‡ 고추. 빨래.
　☞ 늘어놓다.

널음새 ⇨ 너름새.

널조각 = 널쪽. ＊ 목판.

널적하다 ⇨ ①널찍하다. ②넓적하다.

널집 = 판자집. ＊ 널빤지로 지은 집.

널쪽 = 널조각. ＊ 목판.

널쪽문 = 널문. 판자문. ＊ 널빤지로 만든 문.

널찌감치 = 널찍이. ＊ 꽤 너르게. ¶ 집을 널찌감치 짓다.

널찍널찍히 ⇨ 널찍널찍이. 널찍널찍.

널찍하다 ＊ 꽤 너르다. ¶ 널찍한 마당. 마루가 널찍하다. 방이 널찍하다. ☞ 너르다.

널찍히 ⇨ 널찍이. 널찌감치.

널판 = ①널빤지. ②널뛰기판.

널판때기 = 널빤지. 널판. 널판자. 널판장.

널판지 ⇨ 널빤지. 널판자. 널판. 널판때기. 널판장.

널평상(~平床) ＊ 널빤지로 만든 평상. ¶ 널평상에서 수박을 먹다. ☞ 살평상. 전평상.

넓다 ＊ ①평면이나 공간이 크다. ¶ 넓은 바다. 운동장이 넓다. ②너비가 길다. ¶ 넓은 길. 넓은 소매통. ③내용, 범위가 널리 미치다. ¶ 지식이 넓다. 발이 넓다. ④마음 쓰는 것이 크다. ¶ 마음이 넓다. ☞ 너르다. 넓적하다. 좁다.

넓다듬이 = 넓다듬이질. ＊ 다듬잇돌 위에 넓적하게 개어 놓고 하는 다듬이. ☞ 설다듬이. 홍두깨다듬이.

넓다랗다 ⇨ 널따랗다.

넓데데하다 ⇨ 너부데데하다.

넓은 광장(廣場) ⇨ 넓은 마당. ＊ 광장.

넓은잎 ＊ 넓게 생긴 나뭇잎. ＊ 활엽. ☞ 가랑잎. 바늘잎.

넓이 ＊ 평면의 크기. {겉넓이. 윗넓이.} ¶ 마당의 넓이를 재어 보자. ☞ 나비.[1] 너비.

넓이뛰기 ⇨ 멀리뛰기. ＊ 경기의 하나.

넓적거리다 ⇨ 넙죽거리다.

넓적넓적 = 넓적넓적이. ＊ 여럿이 다 펀펀하고 얇으면서 꽤 넓은 모양. ☞ 넙적넙적.

넓적다리 ＊ 무릎의 바로 윗부분. ☞ 허벅다리.

넓적바위 ⇨ 너럭바위. ＊ ①넓고 평평한 바위. ②매우 단단한 것.

넓적스레하다 = 넓적스름하다.

넓적이 ＊ ①펀펀하고 꽤 넓은 모양. ②얼굴이 넓적한 사람. ☞ 넓죽이. 넙죽이.

넓적하다 ＊ ①물체의 꼴이 두께보다 면이 넓다. ②펀펀하고 넓다. ☞ 넓다. 넓죽하다. 너르다.

넓적이 ＊ 펀펀하고 얇으면서 꽤 넓은 모양. ☞ 넓죽이.

넓죽 ⇨ 넙죽.

넓죽거리다 ⇨ 넙죽거리다.

넓죽넓죽 = 넓죽넓죽이. ＊ 여럿이 다 길쭉하고 넓은 모양.

넓죽대다 ⇨ 넙죽대다.

넓죽이 ＊ ①길쭉하고 넓은 모양. ②얼굴이 넓죽한 사람. ☞ 넓적이. 넙죽이.

넓직하다 ⇨ 널찍하다.

넓치 ⇨ 넙치. ＊ 바닷고기 이름.

넘겨다보다 * 고개를 들어 물건 위로 건너 쪽을 보다.
☞ 넘어다보다. 넘보다.

넘겨듣다 = 귀넘어듣다. 지내듣다. 흘려듣다.
☞ 귀담아듣다. 귀여겨듣다. 새겨듣다. 여겨듣다.

넘겨보다 ⇨ 넘겨다보다.

넘겨 보다 ¶ 책장을 넘겨 보다.

넘기다 * ①'넘다'의 하임. ¶ 마흔을 넘기다. 고비를 넘기다. ②다른 사람에게 주다. ¶ 집을 넘기다. 권리를 넘기다. ③책장을 젖히다.
☞ 보내다.

넘나들다 * 이리저리 들락날락하다. ¶ 산짐승이 울타리를 넘나들다.
☞ 너나들이.

넘다 * ①높은 것이나 살피를 지나서 다른 쪽으로 가다. ¶ 산을 넘다. 국경을 넘다. ②수나 양이 정해진 것보다 많다. ¶ 구경꾼이 천 명은 넘다.
☞ 건너다. 남다. 넘치다. 지나다.

넘보다 = 깔보다. 낮보다. 낮추보다. 말보다. 얕보다.
☞ 낮잡다. 넘겨다보다. 넘어다보다.

넘어 〔움〕 ¶ 산 고개를 넘어 가다.
☞ 너머.

넘어가다 * ①한쪽으로 쓰러지다. ②물건이나 권리가 다른 사람에게 옮아가다. ③해나 달이 지다. ④숨이 멎다. ⑤별일 없이 지나가다.
☞ 건너가다. 넘어지다.

넘어다보다 * 무엇을 탐내어 마음에 두다. ¶ 남의 재산을 넘어다보지 마라.
☞ 넘겨다보다. 넘보다.

넘어뜨리다 〈 넘어트리다.

넘어지다 * (옆으로) 쓰러지거나 (앞으로) 엎어지거나 (뒤로) 자빠지다.
☞ 고꾸라지다.

넘어질려고 ⇨ 넘어지려고.

넘쳐흐르다 = 흘러넘치다. ¶ 강물이 넘쳐흐르다.

넘치다 * 가득 차서 밖으로 흘러나오다. ¶ 개울이 큰물로 넘치다.
☞ 넘다.

넙다듬이 ⇨ 넓다듬이. 넓다듬이질.

넙데데하다 = 너부데데하다.

넙둥글다 ⇨ 넓둥글다.

넙삐죽하다 ⇨ 넓삐죽하다.

넙적거리다 〈 넙죽거리다.

넙적넙적 * 넙적거리는 모양. ¶ 넙적넙적 받아먹다. 넙적넙적 엎드리다.
☞ 넓적넓적.

넙적다리 ⇨ 넓적다리.

넙적뼈 ⇨ 넓적뼈.

넙적이 = 넙적 〈 넙죽이. 넙죽. * ① 말대답을 할 때, 무엇을 받아먹을 때 입을 닁큼 벌렸다가 닫는 모양. ¶ 넙적 말대답을 하다. 넙적 받아먹다. ②몸을 바닥에 바짝 대고 닁큼 엎드리는 모양. ¶ 넙적 엎드려 절을 하다. ③망설이거나 서슴지 않고 선뜻 행동하는 모양. ¶ 넙적 가슴에 안기다.
☞ 넓적이.

넙적하다 ⇨ 넓적하다.

넙죽 = 넙죽이. 〉 넙적. 넙적이.

넙죽거리다 = 넙죽대다. 〉 넙적거리다. 넙적대다.
☞ 합죽거리다.

넙쩍바위 ⇨ 너럭바위.

넙쩍하다 ⇨ 넓적하다.

넙찍하다 ⇨ 널찍하다.

넙치 * 바닷고기 이름. {넙치회. 넙칫
국.} ‡ 눈이 왼쪽에 몰려 있음.
☞ 가자미. 광어. 도다리.

넛손자(∼孫子) * 누이의 손자.
☞ 외손자.

넛할머니 * 아버지의 외숙모.
☞ 외할머니.

넛할아버지 * 아버지의 외숙.
☞ 외할아버지.

넝굴 ⇨ 넝쿨. 덩굴. ‡ 감기도 하고 벋
기로 하는 식물의 줄기.

넝쿨 = 덩굴. {넝쿨무늬. 넝쿨손.}
{넝쿨지다.} {칡넝쿨. 칡덩굴.}
☞ 넌출. 덤불.

넝쿨무늬 = 덩굴무늬.

넝쿨손 = 고사리수염. 덩굴손. 덩굴
수염. 수염덩굴.

넝쿨지다 = 덩굴지다.

넣다 * 밖에 있는 것을 넓은 공간 안에
들어가게 하다. ¶ 까 넣다. 담아 넣다.
떠 넣다. 불어 넣다. 써 넣다. 쏟아 넣
다. 지어 넣다. 채워 넣다.
☞ 끼우다. 꽂다. 담다. 두다.¹

넣어라 * ‘넣다’의 바로 시킴꼴. ¶ “품
속에 깊이 넣어라.”고 말씀하셨다.

넣으라 * ‘넣다’의 건너 시킴꼴. ¶ 품속
에 깊이 넣으라고 말씀하셨다.

네¹ 〔대〕 = 너. ‡ 토씨 ‘가’ 앞에서는
‘네’로 씀. ¶ 나는 네가 좋다.

네² = 너의. {네까짓. 네깟. 네년. 네
놈.} ¶ 네 간. 네 깜냥. 네 나름. 네
덕. 네 딴에는. 네 말마따나. 네 멋대

로. 네 차지. 네 책임. 네 탓. 네 편.

네³ 〔느〕 = 예. ‡ ① 대답하는 말. ② 재
우쳐 묻는 말.

네⁴ 〔四〕 〔매〕 ‡ 하나치 ‘가마. 가지. 개.
그루. 길. 놈. 닢. 다발. 담불. 두름.
마리. 모금. 뭇. 밤. 번. 벌. 뼘. 사람.
살. 시간. 쌈. 아름. 알. 우리. 자루.
자리. 채. 초롱. 축. 치. 컵. 켤레. 쾌.
톨. 평. 해.’ 앞에 씀.
☞ 너.² 넉. 넷.

∼네⁵ 〔뒷〕 * ① 처지가 같은 사람.
{동갑네. 벗님네. 아낙네. 여인네.
자기네.} ② 그 사람이 속한 무리.
{철수네. 아저씨네. 김 서방네.}

∼네⁶ 〔끝〕 * 움직씨 뒤에 씀. {가네. 공
부하네. 오네. 일하네. 주무시네.}
☞ ∼군.⁷ ∼ㄹ세. ∼으이.

네가티브(negative) ⇨ 사진 원판.
음성 반응. ‡ 네거티브.

네거리 = 사거리. ‡ 십자로.

네 것 = 네 해. ‡ 소유.

네굽씨름 = 민둥씨름. ‡ 샅바 없이 하
는 씨름.

네굽질 = 네굽지랄. ‡ 소나 말 따위가
네 굽을 내젓는 짓.

네까짓 = 네깟. 네깐. ¶ 네까짓 것. 네
까짓 녀석. 네까짓 년. 네까짓 놈.

네눈깔잡이 = 안경쟁이. ‡ 안경을 쓴
사람.

네눈배기 ⇨ 네눈박이. 네눈이. ‡ 눈
위에 흰점이 있는 개.

네다리 = 팔다리. ‡ 사지.

네다바이(네타바이) 웹 ⇨ ① 야바위.
속임수. ② 날치기. ③ 등쳐먹기.

네다섯 〔매.셈〕 = 네댓. ‡ 넷이나 다

섯. ¶ 술친구 네댓이 모이다.

네닷새 ⇨ 네댓새 ＊ 나흘이나 닷새가
량.

네델란드(Netherland) ⇨ 네덜란드.
＊ 나라 이름.

네루(rail) ㉑ ⇨ 레일. ＊ ① 철길. 기
찻길. ② 철길쇠.

네발 ＊ ① 발 네 개. {네발짐승.} ¶ 네
발 달린 밥상. ② 팔다리. {네발걸
음.}

네 발¹ ＊ 너의 발.

네 발² ⇨ 너 발. ＊ '발'은 두 팔을 벌렸
을 때의 길이를 나타내는 하나치.

네밭고누 = 네줄고누. ＊ 고누 놀이의
하나.

☞ 열두밭고누. 우물고누. 육밭고누.

네발 들다 = 두 손 들다.

네발짐승 ＊ 개, 돼지, 말, 소, 염소 따
위 발이 네 개 달린 짐승.

☞ 두발짐승.

네이놈 ⇨ 네 이놈!

네절로 〔어〕 ＊ 네 스스로.

네지 〔螺子〕 ㉑ ⇨ ① 나사. ② 나사못.

네지마와시 〔螺子廻〕 ㉑ ⇨ 나사돌리
개. ＊ 드라이버.

네째 ⇨ 넷째. ＊ 차례와 수량.

☞ 열네째. 열넷째.

네타바이(네다바이) ㉑ ⇨ ① 야바위.
속임수. ② 날치기. ③ 등쳐먹기.

네트웍(network) ⇨ 통신 그물. 통
신망. ＊ 네트워크.

네 푼 〔四 分〕 ⇨ 너 푼. ＊ 푼은 한 치
의 1/10을 나타내는 하나치.

넨네넨네 ㉑ ⇨ 자장자장.

넨장 〔매.느〕 = ① 넨장칠. ¶ 넨장칠

놈. ② 넨장맞을. ¶ 넨장맞을 년.
☞ 난장 맞을.

넷 〔셈〕 ＊ 셋 다음에 오는 수. ＊ 매김말
로 쓸 수 없음.
☞ 너. 네.

넹큼 ⇨ ① 냉큼. ② 닝큼.

녀석 ＊ ① 사내. ¶ 저 녀석. 한 녀석. 나
쁜 녀석. 사내 녀석. ② 사내아이를
귀엽게 이르는 말. ¶ 손자 녀석. 아들
녀석. 애 녀석.
☞ 놈.

년¹ 〔이〕 ＊ 여자. {계집년. 도둑년. 그년.
이년. 저년.} ¶ 나쁜 년. 망할 년.
☞ 놈.

년²(年) 〔이〕 ¶ 일 년. 몇 년. 몇 백
년. 수천 년. 수만 년. 20여 년. ＊ 정
해진 해 뒤나 간지 다음에 붙여 씀.
{4271년. 1938년. 기미년. 을사
년.}

년간¹(年間) ＊ 년 동안. {10년간. 100
년간.} ＊ 아라비아숫자 뒤에는 붙여
쓸 수 있음. ¶ 십 년간. 백 년간.

년간²(年間) ⇨ 연간. ＊ 한 해 동안.
¶ 연간 소출 100여 섬.

년년생(年年生) ⇨ 연년생. ＊ 한 살 터
울. ¶ 연년생으로 아이를 낳다.

년놈 ⇨ 연놈. ＊ 사내와 계집을 함께
낮잡아 이르는 말.

년대(年代) 〔이〕 ＊ {1900년대. 1990
년대. 2000년대. 2010년대.}

년도(年度) 〔이〕 ＊ 그해를 뜻하는 말.
{1938년도. 신년도.}
☞ 연도.

년리율(年利率) ⇨ 연이율. ＊ 한 해에
받는 길미의 푼수.

년만(年~) ¶ 1년만 기다려라. ＊'만'은 토씨.

년 만(年~) ¶ 1년 만에 돌아오다. ＊'만'은 매인이름씨.

년 말(年 末) ＊ 그 해의 마지막. ¶ 금년 말. 작년 말. 2004년 말.
　☞ 연말.

~년생(~年生) ＊ ~년에 태어남. {1938년생. 1942년생. 2004년생.}

년월일(年月日) ⇨ 연월일. ＊ 생년월일. ¶ 제조 연월일. 출생 연월일.

년이율(年利律) ⇨ 연이율.

년 2회(年 2回) ⇨ 연 2회.

년중(年中) ⇨ 연중. ＊ 한 해 동안. ¶ 연중 강우량.

년회비(年會費) ⇨ 연회비.

녘[1] ＊ 무렵. {밝을녘. 새벽녘. 샐녘. 어슬녘. 저녁녘. 저물녘.} ¶ 동틀 녘. 밝을 녘.

~녘[2] = ~쪽. {동녘. 남녘. 북녘.} {들녘. 아랫녘. 윗녘. 이녘.}

네 〔느〕 ⇨ 네. 예. ＊ 대답하는 말.

노[1] = 노상. ＊ 언제나 변함없이 그대로 줄곧. ¶ 노 찾아오는 친구.

노[2] ＊ 실, 삼, 종이를 가늘게 비비거나 꼰 줄. {노망태기. 노파리.}
　☞ 노끈.

노[3](櫓) ＊ 물을 헤쳐 배를 나아가게 하는 연모. {노걸이. 노뒤. 노병아(놋줄). 노앞. 놋구멍. 놋봉. 놋소리. 놋좆.} ¶ 노를 젓다.
　☞ 사앗대. 삿대. 상앗대.

노가다(도카타) 〔土方〕 ⑨ ⇨ ① 흙일꾼. 토역꾼. ② 막일꾼. 모군꾼.

노가다 판(도가다~) 〔土方~〕 ⑨ ⇨

① 건설 일터. ② 토목 일터.

노가리[1] = 흩어뿌리기. ＊ 씨를 논밭에 흩어지게 뿌리는 일. 산파.
　☞ 골뿌림. 줄뿌림. 줄갈이.

노가리[2] ＊ 명태 새끼의 이름. ＊ 바닷고기.
　☞ 새끼 이름.

노가리[3] = 거짓말. ＊ 속된 말. ¶ 노가리를 까다. 노가리를 풀다.

노견(路肩) ⑨ ⇨ 갓길. 길귀. 길섶길.

노고를 치하하다(勞苦~致賀~) ⇨ 노고를 위로하다.

노고지리 ⇨ 종달새. ＊ 옛말.

노구 = ① 노구솥. {노구메.} ② 노구쇠. ＊ 놋쇠와 구리를 섞은 쇠.
　☞ 새옹.

노구솥 ＊ 노구쇠로 만든 작은 솥.
　☞ 가마솥. 곱돌솥. 다갈솥. 돌솥. 무쇠솥. 양은솥. 옹달솥. 옹솥.

노구장이(老嫗~) ⇨ 노구쟁이. ＊ 뚜쟁이 노릇을 하는 할멈.

노국(露國) ⇨ 러시아. ＊ 나라 이름.

노굴(露掘) ⑨ ⇨ 난버덩파기. ＊ 땅거죽에서 바로 광물을 캐는 일.

노굿 ＊ 콩이나 팥 따위의 꽃. ¶ 노굿이 일다.
　☞ 콩노굿. 팥노굿.

노굿노굿이 〈 누굿누굿이.

노굿이 〈 누굿이. ＊ ① 메마르지 않고 녹녹하게. ② 힘이 없고 나른하게.

노깃(櫓~) = 노잎. ＊ 노의 물속에 잠기는, 넓적한 부분.

노깡(도캉) 〔土管〕 ⑨ ⇨ 질대롱. 흙대롱.

노깨 ＊ 체로 쳐서 밀가루를 뇌고 남은

찌끼.
☞ 나깨.

노끈 = 노내끈. ✸ 실, 삼, 종이를 비비거나 꼬아서 만든 끈. ¶ 노끈을 꼬다.
☞ 노.[2]

노나주다 ➪ 나누어 주다.

노내기 ➪ 노래기. ✸ 벌레 이름.

노내끈 = 노끈. ¶ 노내끈으로 묶다. 노내끈 열 발.

노년기(老年期) = 늙마. 황혼기. ✸✸ 초로기와 노쇠기. ¶ 노년기에 들다.
☞ 유아기. 유년기. 소년기. 청년기. 장년기.

노느다 〔分配〕 = 노느매기하다. ✸ 여러 몫으로 갈라 나누다.
☞ 나누다. 쪼개다.

노느몫 ✸ 여럿으로 갈라 노느는 몫. ✸ 배당. ¶ 잔치 뒤에 남은 음식은 노느몫으로 일꾼들에게 돌아갔다.

노는계집 ✸ 술과 함께 몸을 파는 갈보, 논다니 따위. ✸ 직업.
☞ 들병이.

노늬다 = 노느이다. ✸ '노느다'의 입음.

노다지 ✸ 금이 쏟아져 나오는 광맥. {노다지광. 노다지판.}
☞ 언제나. 늘.

노닥거리다 = 노닥대다. 노닥이다. ¶ 아이들이 모여서 노닥거리다.

노닥노닥[1] ✸ 재미있는 말을 자꾸 늘어놓는 모양. ¶ 노닥노닥 이야기를 나누다.

노닥노닥[2] 〈 누덕누덕. ✸ 해진 자리를 붙이고 또 덧붙인 모양.

노닥다리(老~) ➪ 늙다리.

노돌나루 ➪ 노들나루. ✸ 땅 이름.

노동(勞動) ✸ ①먹고살려고 하는 모든 일. ②부림을 받아서 하는 일.
☞ 일.[1]

노듯돌 〔下馬石〕 = 승맛돌. ✸ 대문 앞에서 말을 타고 내릴 때 딛는 돌.
☞ 댓돌. 섬돌. 툇돌.

~노라 ✸ 제가 하는 일을 선언하거나 감동을 나타낼 때. ¶ 가노라, 삼각산아. 독립국임을 선언하노라. 왔노라, 보았노라, 이겼노라.
☞ ~(이)로라.

~노라고 ✸ 제 행동에 대한 의도나 목적. ¶ 나로서는 하노라고 했다.
☞ ~느라고.

노란 꽃 = 노랑 꽃. ✸ 꽃잎이 노란빛인 꽃.
☞ 노랑꽃.

노란묵 ➪ 노랑묵.

노란색(~色) = 노란빛. 노랑. ✸ 노란 빛깔.

노란자 ➪ 노른자. 노른자위. ✸ 달걀.

노랑 = 노란빛. 노란색. ✸ 노란 빛깔이나 물감. {노랑감투. 노랑돈. 노랑물.} ¶ 노랑 구슬. 노랑 병아리. 노랑 저고리. 노랑 테이프.

노랑꽃 = 삼잎국화. ✸ 들꽃 이름.
☞ 노란 꽃.

노랑나비 ✸ 남방노랑나비, 멧노랑나비, 백두산노랑나비 따위 노란빛 나비.
☞ 범나비. 호랑나비. 흰나비.

노랑말 〔黃馬〕 = 구렁말. 황고랑. 황고라말. ✸ 털빛이 밤색인 말.

노랑머리 = 노랑대가리. ✸ 노란 머리카락. 또는 그런 사람.

노랑목소리 = 놀량목. ✸ 판소리 창법

의 하나.

노랑묵 * 치자를 우린 물로 쑨 녹말묵.
☞ 녹말묵. 백묵.

노랑빛 ⇨ 노랑. 노란빛. 노란색. \# 노
란 빛깔.

노랑색(~色) ⇨ 노랑. 노란빛. 노란
색. \# 노란 빛깔.

노랑이 * ① 노란 빛깔을 띤 물건. ②
털빛이 노란 개. ③ 인색한 사람.
☞ 노랭이.

노랑태(~太)〔黃太〕⇨ 더덕북어. \# 북
어의 한 가지.

노랑탱자 = 노랑퉁이. \# 얼굴빛이 노
랗고 부석부석한 사람.

노랗다 \# 노랗고. 노라네. 노라니. 노란.
노랄. 노랍니다. 노래. 노래지다.

노래 * 노랫말에 가락을 붙여 부르는 음
악. {노래꾼. 노래비. 노래쟁이. 노래
집. 노래체. 노래판. 노랫말. 노랫소
리.} {달구노래. 들노래. 물노래. 뱃
노래. 봄노래. 얼노래. 자장노래. 콧
노래.} ¶ 길쌈 노래. 널뛰기 노래. 돌
림 노래. 모내기 노래. 물레 노래. 불
무 노래. 삼 삼기 노래. 상사 노래. 새
쫓기 노래. 옛 노래. 짐승 노래.
☞ 가요. 가곡.

노래가락 ⇨ 노랫가락. \# ① 노래의 가
락. ② 서울 경기 지방의 민요.

노래 가사(~歌辭) ⇨ 노랫말. \# 가사.

노래굿 * 호남 농악에서 한 줄로 서서
진양조로 소리를 하는 과정.
☞ 노랫굿.

노래되다 ⇨ 노래하다.

노래자랑 * 노래를 누가 더 잘 부르는
지 겨루는 일. ¶ 전국 노래자랑.

노래잔치 * 여럿이 노래를 부르며 흥
겹게 노는 일. ¶ 어린이 노래잔치.

노래장이 ⇨ 노래쟁이. \# 가수.

노래하다 * ① 노래를 부르다. ② 같은
말을 자꾸 되풀이하여 조르다.

노랫굿 * 노래를 부르며 하는 굿. \# 민
속의 하나.
☞ 노래굿.

노랫방(~房) ⇨ 노래방. \# 가라오케.

노랭이 * 물잠자리의 애벌레.
☞ 노랑이.

노량육신(鷺梁六臣) = 육신. 사육신.
☞ 생육신.

노려보다 * ① 매섭게 쏘아보다. ② 탐
이 나서 눈독 들여 겨누어 보다.
☞ 째려보다.

노력키로(勞力~) ⇨ 노력기로. 노력
하기로. \# 안울림소리 뒤에는 '하'가
줆.

노로스님(老老~) ⇨ 노노스님. \# 노
스님의 스승.

노루 * 산짐승 이름. {사향노루} {노루
걸음. 노루글. 노루뜀. 노루막이. 노
루목. 노루벌. 노루잠. 노루종아리.}
¶ 노루 새끼. 새끼 노루.
☞ 사슴.

노루귀 * 풀 이름.

노루 귀 * 노루의 귀.

노루꽁지 ⇨ 노루 꼬리.

노루발¹ * ① 재봉틀에서 바느질감을
눌러 주는 연모. ② 쟁기의 볏 뒷면
아래쪽에 붙어 있는, 세모꼴의 구멍
이 있는 물건.
☞ 거미발. 기러기발.

노루발² = 노루발장도리. 장도리. \# 못

ㄴ

을 박고 뽑는 연장.
☞ 마치.[2] 망치.

노른자 = 노른자위. ⁑ ① 달걀노른자. ② 가장 중요한 부분.
☞ 흰자. 흰자위.

노름〔賭博〕 = 돈내기. {노름꾼. 노름방. 노름빚. 노름접주. 노름질. 노름패.} ⁑ 주사위, 골패, 마작, 화투, 트럼프 따위로 함.
☞ 놀음.

노름노름 = 노릇노릇. 노릇노릇이. ⁑ 빛깔.

노름놀이 ⇨ 놀음놀이.

노름판 = ① 도박판. ⁑ 노름을 하는 판. ② 도박장. ⁑ 노름을 벌이는 자리.
☞ 놀음판.

노름하다[1] * 노름을 하다. ⁑ 도박하다.

노름하다[2] = 노르스름하다. ⁑ 빛깔.

노릇 * ① 직업. 직책. ¶ 관리 노릇. 사장 노릇. 선생 노릇. ¶ 통장 노릇 하다. ② 구실. {물노릇. 소경노릇. 좀노릇.} {헛노릇하다.} ¶ 딸 노릇. 머슴 노릇. 사람 노릇. 사장 노릇. 상전 노릇. 시어머니 노릇. 아들 노릇. 아비 노릇. 어른 노릇. 종 노릇. 터주 노릇. 하인 노릇. 형 노릇. ¶ 자식 노릇 하다. ③ 일의 됨됨이. ¶ 기가 찰 노릇. 못할 노릇. 죽을 노릇.
☞ 구실.[2]

노릇꾼 = 노릇바치. ⁑ 희극 배우.

노릇노릇이 = 노름노름. 노릇노릇. ⁑ 빛깔.

노릇하다 = 노르스름하다. ⁑ 빛깔.

노릇 하다 * ① 노릇을 하다. ② 구실을 하다.

노리가늠자 = 아들자. ⁑ 길이나 각도를 잴 때 어미자에 덧붙여 쓰는 자.
☞ 어미자.

노리개 * ① 옷에 다는 치렛감. {단작노리개. 삼작노리개.} ⁑ 패물. ② 장난감. {노리갯감.} ③ 데리고 노는 여자. {노리개첩.}
☞ 놀잇감.

노리까이(노리카에)〔乘替〕 [왜] ⇨ 갈아타기.

노리다[1] * ① 털이 타는 냄새가 나다. ② 인색하고 치사하다.

노리다[2] * 얻거나 잡거나 빼앗으려고 숨어서 뚫어지게 보다. ¶ 기회를 노리다.
☞ 벼르다.[1]

노리치근하다 = 노리착지근하다. ⁑ 노린내가 나는 듯하다.

노리카에(노리까이)〔乘替〕 [왜] ⇨ 갈아타기.

노린동전(~銅錢) = 노린전. 피천. ⁑ 매우 적은 액수의 돈.

노릿히 ⇨ 노릿이. ⁑ 노린내가 나게.

노망들다(老妄~) = 망녕들다.

노망태 = 노망태기. ⁑ 노로 짠 망태기.

노블레스 오블리주(Noblesse oblige) * 난사람은 난사람답게. ⁑ 프랑스.

노상[1] = 노. ⁑ 언제나 변함없이 그대로 줄곧. ¶ 노상 찾아오는 동무.

노상[2](路上) * 길바닥.

노상[3](路床) [왜] ⇨ 노반. ⁑ 길을 만들거나 철길을 깔려고 다져 놓은 땅바닥.

노새 * 암말과 수탕나귀 사이에서 태어난 튀기.

☞ 버새. 매기.

노서아(露西亞. 魯西亞) ⇨ 러시아. ✵ 나라 이름.

노스탈지어(nostalgia) ⇨ 고향 생각. ✵ 노스탤지어.

노염 = 노여움. ¶ 노염을 사다. 노염을 타다.

노오라기 = 노오리. ✵ 짧게 동강이 난 노끈 가닥.

노을 = 놀. {노을빛. 아침노을. 저녁노을.} ¶ 노을이 지다.

노이다 ⇨ ①놓이다. ②뇌다.

노인(老人) = 노인네. 노인장. 늙은이. {노인잔치. 노인티.} {바깥노인. 안노인. 상노인. 중노인.}

노인분(老人~) ⇨ 어르신.

노인자리(老人~) = 용골자리. ✵ 별자리 이름.

노인 자리(老人~) * 노인만 앉을 수 있게 한 자리.

노임(勞賃) ㉿ ⇨ 품삯.

노임노동(勞賃勞動) ㉿ ⇨ 삯일.

노임철칙(勞賃鐵則) ㉿ ⇨ 임금 법칙. 품삯 법칙.

노잎(櫓~) = 노깃. ✵ 노를 저을 때 물속에 잠기는 부분.

노작지근하다 = 노자근하다. ✵ 나른하다.

☞ 노착지근하다.

노잣돈(路資~) = 노자. 길비용. ✵ 여비. ¶ 안팎 노자. 노자가 떨어지다.

노점(露店) ㉿ ⇨ 길 가게. 거리 가게.

노제(路祭)**를 갖다** ⇨ 노제를 지내다. 노제를 올리다.

노지¹ ㉿ ⇨ 지붕널.

노지²(露地) ⇨ 한데.

노착지근하다 = 노리착지근하다. ✵ 노린 냄새가 나다.

☞ 노작지근하다.

노천(露天) ⇨ 한데.

노천채굴(露天採掘) ㉿ ⇨ 난버덩파기.

노초(露礁) ㉿ ⇨ 염. ✵ 바다 가운데 솟아 있는 바위.

☞ 마당여. 속여. 숨은바위. 암초. 여.¹

노타이샤쓰(no tie shirt) ㉿ ⇨ 열린 셔츠.

노틀담(Notre Dame) ⇨ 노트르담. ✵ 땅 이름.

노하우(know how) ⇨ ①요령. ②비결. ③미립.

노화되다(老化~) ⇨ ①낡다. ②늙다. ✵ 노화하다.

노후화되다(老朽化~) ⇨ 낡다. ✵ 노후해지다.

노후화하다(老朽化~) ⇨ 낡다. ✵ 노후하다.

녹나다(綠~) = 녹슬다. ¶ 철조망이 녹나다. 녹슨 철조망.

녹녹하다 〈 눅눅하다. ✵ 물기나 기름기가 있어 좀 무르고 보드랍다.

☞ 녹록하다.

녹다¹ * ①굳은 것이 물러지거나 물처럼 되다. ¶ 얼음이 녹다. ②기운을 잃고 보잘것없이 되다. ¶ 보증 잘못 섰다가 아주 녹았다. ③지나치게 반하다. ¶ 여자에게 녹아서 살림이 거덜나다. ④맛있다. ¶ 입에서 살살 녹다.

☞ 풀리다.

녹다²(綠茶) ⇨ 녹차.

녹두나물(綠豆~) ⇨ 숙주나물.
녹두묵(綠豆~) = 청포. 청포묵. ＊ 녹두로 쑨 묵.
　☞ 녹말묵.
녹두밭 윗머리(綠豆~) ＊ 비가 내려도 물이 고이지 않는 메마른 밭.
　☞ 높드리. 시루논. 천둥지기. 하늘바라기.
녹두부침개 = 빈대떡. 녹두지짐. 녹두전. ＊ 음식 이름.
녹록치(碌碌~) ⇨ 녹록지. 녹록하지. ＊ 안울림소리 뒤에는 '하'가 줆.
녹록하다(碌碌~) ＊ ① 보잘것없다. ② 만만하고 호락호락하다.
　☞ 녹녹하다.
녹말(綠末) = 녹말가루. ＊ 감자, 고구마, 녹두를 갈아서 가라앉힌 앙금.
녹말묵(綠末~) ＊ 녹두묵의 한 가지. ＊ 백묵과 노랑묵이 있음.
　☞ 녹두묵. 청포.
녹말풀(綠末~) ＊ 녹말로 쑨 풀. ＊ 반투명하며 끈끈함.
　☞ 갖풀. 밀풀. 민어풀. 부레풀. 쌀풀.
녹문(綠門) 兜 ⇨ 솔문. ＊ 경축, 환영의 뜻으로 기둥을 솔잎으로 싸 만든 문.
녹색(綠色) = 풀색. {담녹색(담록). 심녹색(심록). 천녹색(천록). 회녹색.} {청록색. 황록색.}
녹슬다(綠~) = 녹나다. ¶ 녹슨 기차.
녹슬은(綠~) ⇨ 녹슨. ＊ 녹슬다. 녹슬고. 녹슬어. 녹스니. 녹슨.
녹아떨어지다 ＊ ①정신을 잃고 자다. ②무엇에 반하여 정신을 못 차리다.
녹아 떨어지다 ＊ 초가 녹아 촛농이 떨어지다. 고드름이 녹아 물이 떨어지다.
녹아지다 ⇨ 녹다.
녹이다 ＊ '녹다'의 하임. ＊ ① 물속에 풀어지게 하다. ¶ 설탕을 물에 녹이다. ② 굳은 마음이나 조심하는 마음을 풀어지게 하다. ¶ 굳은 마음을 녹이다.
　☞ 호리다.
녹지대(綠地帶) 兜 ⇨ 푸나무 지대. 수풀 지대. 푸나무 지역. 수풀 지역.
녹피(鹿皮) ⇨ 녹비. ＊ 사슴 가죽.
녹히다 ⇨ 녹이다. ＊ '녹다'의 하임.
논 ＊ 벼를 가꾸는 땅. {논갈이. 논고랑. 논곡식. 논귀. 논김. 논꼬. 논농사. 논뒷그루. 논들. 논땅. 논뙈기. 논마지기. 논매기. 논머리. 논문서. 논물. 논바닥. 논밭. 논밭전지. 논배미. 논벌. 논앞갈이. 논앞그루. 논이랑. 논일. 논임자. 논자리. 논틀밭틀. 논판. 논풀. 논풀이. 논피. 논흙.} {오려논. 왕골논.} {갯논. 마른논. 무논. 사래논. 수렁논. 어레미논. 종중논. 진논. 텃논.} {두벌논. 애벌논.} {논풀다.} ¶ 논을 매다.
　☞ 밭. 생수받이. 천둥지기. 하늘바라기.
논고랑 ＊ 벼 포기를 줄지어 심은 둑과 둑 사이에 골이 진 곳.
　☞ 논도랑. 밭고랑.
논고사(~告祀) = 논굿. ＊ 풍년이 들기를 빌며 논에서 지내는 제사.
논곡(~穀) = 논곡식. ＊ 논에 심어서 나는 곡식.
　☞ 밭곡.
논길 ＊ 논 사이로 난 좁은 길. ¶ 논길을 따라 걷다.

☞ 논둑길. 논틀길.

논꼬 * 논의 물꼬. ¶ 논꼬를 트다.
　☞ 물꼬.

논끼(농끼)〔暢氣〕⑨ ⇨ 농땡이.

논다니 = 갈보. 더벅머리. * 몸을 파는
　여자.
　☞ 노는계집. 들병이.

논다랑이 = 다랑이. * 산골짜기 비탈
　진 곳에 층계처럼 만든 논배미.
　☞ 다랑논.

논단하다(論斷~) ⑨ ⇨ 논결하다. *
　논의하여 끝을 맺다.

논다랑이 = 다랑이. 다랑논. * 비탈진
　곳에 층계로 만든 좁고 긴 논배미.
　☞ 다랭이.

논도가리 ⇨ 논배미. * 논두렁으로 싸
　인 논 하나하나.

논도랑 * 논에 물을 대거나 논바닥의
　물을 빼려고 논의 가장자리에 낸 도랑.
　☞ 논고랑. 밭도랑.

논두렁 * ① 물이 괴어 있도록 논 가장
　자리에 둘러막은 두둑. {논두렁길.
　논두렁콩.} ¶ 논두렁 죽음. 논두렁
　을 베다. ② 농사꾼.
　☞ 밭두렁. 논둔덕.

논두렁길 * 논두렁 위로 좁게 난 길.
　☞ 논길. 논둑길. 논틀길.

논둑 * 논 가장자리에 높고 길게 쌓아
　올린 방죽.
　☞ 밭둑.

논둑길 * 논둑 위에 난 길.
　☞ 논길. 논두렁길. 논틀길.

논둔덕 * 논 가장자리에 두두룩하게
　언덕진 곳.
　☞ 논두렁.

논뒷갈이 = 뒷갈이. * 벼를 베고 난
　논에 보리나 채소를 심는 일.

논들 * 논으로 된 들판.
　☞ 논틀.

논매기 = 더듬이. * 논의 김을 매는
　일. {애벌매기. 이듬매기. 만물매
　기.}
　☞ 김매기. 밭매기.

논매기 노래 = 김매기 소리. * 일노
　래의 하나.

논병아리 = 되강오리. * 새 이름.

논삶이 = 진갈이. * 물이 괸 논을 가
　는 일.
　☞ 마른갈이. 물갈이.

논우렁 = 논우렁이. 참우렁이. * 논에
　사는 고둥의 하나.
　☞ 고둥.

논틀 = 논틀길. * 논두렁 위로 난 꼬
　불꼬불하고 좁은 길.
　☞ 논길. 논두렁길. 논들.

논틀밭틀 = 논틀밭틀길. * 논두렁이나
　밭두렁을 따라서 난 꼬불꼬불한 길.

논풀 * 논에 나는 잡풀.
　☞ 갈풀.

놀[1] = 노을. {저녁놀. 아침놀. 놀구
　름.} ¶ 놀이 지다. 놀이 붉게 타다.

놀[2] = 낫놀. * 슴베가 빠지지 않도록
　낫자루에 놀구멍을 뚫어 박는 쇠못.

놀[3] = 너울. 물너울. 물놀. * 사나운
　물결.

놀고먹다 * 하는 일 없이 놀면서 지내
　다. ¶ 방학 동안 놀고먹으며 지내다.
　☞ 놀아먹다.

놀다 * 즐거움을 맛보려고 움직이다.
　¶ 놀이동산에서 재미있게 놀다.

☞ 쉬다.² 움직이다. 일하다.

놀라다 * ①뜻밖에 나타난 일로 가슴이 두근거리다. ②신기하거나 훌륭한 것을 보고 마음속으로 감탄하다. ③갑자기 무서움을 느끼다. ¶ 총소리에 놀라다. ④어처구니가 없거나 기가 막히다.

☞ 놀랍다. 놀래다. 질겁하다.

놀라웁다 ⇨ 놀랍다.

놀랍다 * ①감동을 일으킬 만큼 훌륭하여 갸륵하게 느끼다. ②갑작스러워 두려움이나 흥분에 휩싸이다. ③어처구니없을 만큼 괴이하다.

놀래다 * '놀라다'의 하임. * 남을 놀라게 하다.

놀래라 ⇨ 놀라워라.

놀래주다 ⇨ 놀래 주다. 놀래다.

놀래키다 ⇨ 놀래다. 놀래 주다. * 놀라게 하다.

놀량목 = 노랑목소리. * 판소리 창법의 하나.

놀량패(~牌) = 난봉꾼. 난봉쟁이.

놀러 * 놀다. ¶ 놀러 가다. 놀러 나가다. 놀러 오다. 놀러 오너라.

놀려 * 놀리다. {놀려내다. 놀려먹다.} ¶ 놀려 대다. 놀려 주다.

놀롤하다 ⇨ 놀놀하다. * 만만하여 보잘것없다.

놀리다 * 짓궂게 굴거나 흉을 보거나 웃음거리로 만들다.

☞ 약 올리다.

놀림가마리 = 놀림감. 놀림거리. * 놀리는 대상이 되는 사람.

놀림조(~調) = 희롱조. * 놀리는 것과 같은 말투나 태도.

놀소리 * 젖먹이가 누워 놀면서 내는 소리. {놀소리하다.}

☞ 옹알이.

놀아나다 * ①헛된 행동을 하다. ¶ 사기꾼에게 놀아나다. ②이용되다. ¶ 장사꾼에게 놀아나다. ③건전하지 못한 일을 하다. ¶ 여자와 놀아나다.

놀아먹다 * 방탕한 짓을 하며 지내다.

☞ 놀고먹다.

놀음 * ①놀이. * 여럿이 모여서 즐겁게 노는 일. {놀음상. 놀음쟁이.} {대놀음. 문쥐놀음.} ②놀음놀이. * 굿, 풍물, 인형극 따위 민속놀이. {각시놀음. 광대놀음. 꼭두각시놀음. 꼭지놀음. 덧보기놀음. 들놀음. 박첨지놀음. 버꾸놀음. 북청사자놀음. 산대놀음. 상쇠놀음. 일월놀음. 탈놀음.}

☞ 노름.

놀음차 * 잔치 때 기생이나 악사에게 주는 돈.

☞ 꽃값. 왁댓값. 해웃값.

놀음판 = 놀음놀이판. 놀이판. * 놀음놀이를 하는 자리.

☞ 노름판

놀이 * ①먹고사는 일에서 벗어나 재미있게 지내는 모든 일. {놀이꾼. 놀이노래. 놀이동산. 놀이딱지. 놀이마당. 놀이방. 놀이옷. 놀이조각. 놀이터. 놀이판. 놀잇배.} {가위놀이. 고무줄놀이. 공기놀이. 공놀이. 그림자놀이. 기차놀이. 꽃놀이. 놀음놀이. 단풍놀이. 들놀이. 딱지놀이. 말놀이. 말짓기놀이. 망석중놀이. 물놀이. 바람개비놀이. 밤놀이. 뱃놀이. 봄놀이. 봉죽놀이. 불꽃놀이. 불놀이. 사랑놀이. 사물놀이.

산놀이. 상모놀이. 소꿉놀이. 술래놀이. 썰매놀이. 영산놀이. 윷놀이. 전쟁놀이. 촛불놀이. 카드놀이. 탈춤놀이. 풍류놀이. 풍물놀이.} ¶ 가을 놀이. 겨울 놀이. 비눗방울 놀이. 여름 놀이. ②놀음놀이. {거북놀이. 관등놀이. 광대놀이. 단오놀이. 답교놀이. 대감놀이. 마당놀이. 무동놀이. 백중놀이. 버꾸놀이(법고놀이). 복놀이. 사자놀이. 산대놀이. 소먹이놀이. 수월놀이. 수월래놀이. 오광대놀이. 쥐불놀이. 차전놀이. 탈놀이. 화전놀이.} ¶ 놀이 시설.

놀이 문화(~文化) ➾ ①놀이 풍조. ②놀이 형태. ③놀이 예절.

놀이실(~室) ➾ 놀이방.

놀이판 = 놀음놀이판. 놀음판.

놀잇감 ➾ ①장난감. ②놀림감. ☞ 노리개.

놀자고 해 = 놀재.

놀자고 했지 = 놀쟀지.

놀지다 = 너울지다. ✽ 멀리 보이는 바다에서 거친 물결이 넘실거리다.

놀치다 = 놀하다. ✽ 큰 물결이 사납게 일어나다.

놈 * ①남자를 욕하거나 낮잡아 이르는 말. {개잡놈. 갯놈. 그놈. 난놈. 날도둑놈. 네놈. 도둑놈. 두멧놈. 막된놈. 미친놈. 뱃놈. 별놈. 불상놈. 사내놈. 상놈. 섬놈. 쌍놈. 연놈. 오사리잡놈. 이놈. 잡놈. 저놈. 좀쳇놈. 종놈. 천하잡놈. 초친놈. 촌놈.} {김가놈. 박가놈. 이가놈. 최가놈.} {되놈. 소련놈. 왜놈.} ¶ 도회 놈. 서울 놈. 시골 놈. 나쁜 놈. 죽일 놈. ¶ 그까짓 놈. 이까짓 놈. 제까짓 놈. ②어린애를 귀엽게 가리키는 말. {고놈. 손자놈. 아들놈. 아이놈. 어린놈. 요놈. 자식놈. 작은놈. 조놈. 큰놈.} ③ 동물이나 물건을 가리키는 말. {수놈. 암놈.} ¶ 큰 놈. 작은 놈.

☞ 녀석. 년. 사람. 자.[3]

놈팡이 * ①사내. ¶ 어디 놈팡이가 없어서 저런 놈과 사귀니? ②여자의 상대가 되는 사내. ¶ 어떤 놈팡이와 살림을 차렸어? ③ 하는 일 없이 노는 사내. ¶ 놈팡이 신세를 벗어나야 할 텐데.

☞ 건달. 백수.

놈팽이 ➾ 놈팡이.

놉 = 날품팔이꾼. {놉겪이.} {놉살다.} ¶ 놉 일꾼. 놉 사다. 놉 부리다.

☞ 일꾼. 삯꾼. 삯팔이꾼. 품꾼. 품팔이꾼.

놋 = 놋쇠. {놋갖신. 놋그릇. 놋기명. 놋대야. 놋대접. 놋동이. 놋바리. 놋방울. 놋수저. 놋요강. 놋자. 놋재떨이. 놋접시. 놋화로. 놋활자.}

☞ 백통. 통.[2]

놋갓쟁이 ➾ 놋갓장이. ✽ 놋그릇을 만드는 사람.

놋갓점(~店) = 놋점. ✽ 놋그릇을 만드는 공장.

놋다리 = 인다리. ✽ 놋다리놀이에서 여자들이 허리를 굽혀 만든 다리.

놋다리놀이 = 놋다리밟기. 놋자리밟기. 기와밟기. ✽ 민속의 하나.

놋소리 = 가래소리. 술비소리. 썰소리. 월래소리. ✽ 거문도의 뱃노래.

놋숟가락 = 놋숟갈. ✽ 놋쇠로 만든 숟가락.

놋점장이 ⇨ 놋갓장이.

놋젓가락 = 놋젓갈. ✻ 놋쇠로 만든 젓가락.

놋주발(~周鉢) ⇨ 주발. 밥주발. ✻ 놋쇠로 만든 밥그릇.

농(籠) ✻ ①버들채나 싸리채로 함같이 만들어 종이로 바른 상자. {옷농.} ②장롱 {자개농.} ③새장.
　☞ 롱.

농군(農軍) ✻ 옛날에 둔전에서 농사짓는 일을 하던 군사.
　☞ 농민. 농부. 농사꾼.

농꾼(農~) ⇨ ①농군. ②농사꾼.

농끼〔憹氣〕㉰ ⇨ ①게으름. ②게으름뱅이. ③농땡이.

농담(弄談) = 농. 농말. {농담삼아. 농담조.} {농담하다.} ¶ 농담 같다.

농땡이 = 땡땡이. ✻ 꾀를 부려 게으름을 피우는 짓. 또는 그런 사람.

농땡이 부리다 = 땡땡이치다. 땡땡이 피우다.

농말[1](弄~) = 농. 농담. 웃음엣소리.

농말[2](綠末) ⇨ 녹말.

농번기때(農繁期~) ⇨ 농사철. 농사때. 농철. ✻ 농번기.

농부(農夫) = 농민. 농사꾼. 농사아비. 농투성이. ✻ 직업으로 하는 사람.
　☞ 농군.

농사(農事) ✻ 곡식, 과일, 채소를 기르고 거두는 일. {농사비. 농사일. 농삿길. 농삿말. 농삿소. 농삿집.} {건달농사. 구메농사. 배메기농사. 헛농사.} {논농사. 밤농사. 밭농사. 벼농사. 보리농사.} {사발농사. 구들막농사.}

농사꾼(農事~) = 농민. 농부. 농사아비. 농투성이.
　☞ 농군.

농사짓다(農事~) = 갈아먹다.

농사치(農事~) ✻ 농사짓는 사람이 부치는 땅.

농사치기(農事~) = 농사꾼. ✻ 농사짓는 사람.

농사터(農事~) = 농사땅. 농터. 농토. ✻ 농사짓는 땅.

농악(農樂) = 풍물놀이. 군물. {농악대. 농악무. 농악수.} ¶ 농악 소리.
　☞ 매구. 사물놀이.

농악놀이(農樂~) ⇨ 농악. 풍물놀이. 군물. ✻ 꽹과리, 나발, 소고, 북, 장구, 징, 태평소 따위를 불거나 치면서 노래하고 춤추며 곡예도 곁들임.

농익다(濃~) ✻ ①과일 따위가 흐무러지도록 푹 익다. ¶ 농익은 복숭아. 뽀루지가 농익다. ②일, 분위기가 성숙하다. ¶ 춤이 한창 농익어 갈 무렵.
　☞ 설익다.

농지거리(弄~) = 농. 농담. 농말. 웃음엣소리.
　☞ 기롱지거리.

농철(農~) = 농사철. ✻ 영농기.

농치다[1]〈 눙치다. ✻ 좋은 말로 마음을 풀어 누그러뜨리다.

농치다[2](弄~) = 농하다. ✻ 농담하다.

농토(農土) = 농사땅. 농사터. 농터. ✻ 농사짓는 땅.

농투성이(農~) = 농부. 농사꾼. 농사아비. 농사치기.

높다 ✻ 아래에서 위에 이르는 길이나

거리, 정도가 크다. ¶ 가격이 높다. 계급이 높다. 기온이 높다. 격이 높다. 사기가 높다. 산이 높다. 소리가 높다. 연세가 높다. 안목이 높다. 이름이 높다. 품질이 높다. 목소리가 높다.
☞ 드높다. 낮다.
높다랗다 * 썩 높다. ¶ 높다란 나무 꼭대기.
☞ 높직하다.
높드리 * ①구름밭. ⁑ 높고 메마른 논밭. ②엇답. ③골짜기에서 높은 곳.
☞ 구렁논. 녹두밭 웃머리. 엇논.
높따랗다 ⇨ 높다랗다.
높바람 = 된바람. ⁑ 매섭게 부는 바람.
☞ 덴바람.
높새 = 높새바람. ⁑ 북동풍.
높아지다 * 아래에서 위에 이르는 거리가 커지다. ¶ 물결이 높아지다.
☞ 오르다. 커지다. 많아지다.
높은 고지(高地) ⇨ 높은 곳. 높은 땅. ⁑ 고지.
높은밥 ⇨ 고봉밥.
높이[1] 〔이〕 * 높은 정도. {높이뛰기. 높이재개. 높이차.} {눈높이.} ¶ 나무 높이. 무릎 높이. 산 높이. 키 높이. 허리 높이.
☞ 운두. 키.[1]
높이[2] 〔어〕 * 높게. ¶ 높이 날다. 높이 뛰다. 높이 오르다.
높이다 * '높다'의 하임. ⁑ 밑에 괴거나 위에 더 놓아 높게 하다.
☞ 올리다.[2] 돋우다.
높이 사다 ㉾ ⇨ 높이 평가하다.
높임말 = 공대말. 존댓말. ⁑ ①간접 높임말. ⁑ 따님. 아드님. 진지. ②직접 높임말. ⁑ 사장님. 선생님. ③객체 높임말. ⁑ 드리다. 뵙다. 여쭙다.
☞ 낮춤말. 반말. 아주 높임. 예사 높임.
높지막하다 * 위치가 꽤 높직하다. ¶ 높지막한 다락방.
☞ 나지막하다.
높직하다 * 위치가 꽤 높다. ¶ 장독대는 뒤뜰 높직한 곳에 있게 마련이다.
☞ 높다랗다.
높직히 ⇨ 높직이. ¶ 까치가 소나무 위에 높직이 둥지를 틀었다.
☞ 나직이.
높히다 ⇨ 높이다. ⁑ '높다'의 하임. ¶ 천장을 높이다. 목소리를 높이다.
놓거라 ⇨ 놓아라. ⁑ '~거라'는 '가다'에만 붙음.
놓다[1] ¶ 수를 놓다. 옷에 솜을 놓다. 이불에 솜을 놓다.
☞ 낳다.[1]
놓다[2] * ①잡고 있던 것을 손에서 빠져나가게 하다. ¶ 멱살을 놓다. ②물건을 어떤 자리에 두다. ¶ 책상에 책을 놓다. ③걱정을 잊다. ¶ 한시름 놓다. ④일을 그만두다. ¶ 일손을 놓다. ⑤무엇을 만들다. ¶ 다리를 놓다.
☞ 두다.[2] 얹다.
놓아가다 * 배나 말이 빨리 가다. ¶ 지금이라도 놓아가면 시간 안에 닿겠다.
놓아기르다 = 놓아먹이다. ⁑ 집짐승을 우리에 가두지 않고 한데서 기르다.
☞ 매어기르기.
놓아주다 ¶ 잡은 짐승을 놓아주다.
놓아 주다 ¶ 아픈 사람에게 침을 놓아

주다.

놓아지다 ⇨ 놓이다.

놓여지다 ⇨ 놓이다.

놔 = 놓아 ‡ 놓다. {놔두다. 놔먹이다. 놔주다.}

뇌다[1] = 놓이다. ¶ 마음이 뇌다.

뇌다[2] * 되풀이하여 거듭 말하다. ¶ 아무리 뇌어 보아도 들은 체도 안 한다.

뇌다[3] * 굵은 체로 친 가루를 다시 가는 체로 치다.

뇌리 속(腦裡～) ⇨ 머릿속. ‡ 뇌리.

뇌물 문화(賂物文化) ⇨ 뇌물 관행. 뒷돈 주는 버릇.

뇌물쌀 = 인정값. 인정미. ‡ 뇌물로 주는 쌀이나 돈.

뇌살하다(腦殺～) ⇨ 뇌쇄하다. ‡ 여자의 아름다움이 남자를 애타게 하다.

뇌염모기(腦炎～) = 작은빨간집모기. ‡ 모기의 한 가지.

뇌익혈(腦溢血) ⇨ 뇌일혈. 뇌출혈.

뇌작지근하다 ⇨ 노작지근하다. ‡ 맥이 풀려 나른하다.

뇌졸중〔腦卒中〕 ⇨ 뇌졸중. 중풍. ‡ 바람.

뇌지근하다 ⇨ 노작지근하다.

뇟병(腦病) ⇨ 뇌병.

뇨검사(尿檢査) ⇨ 오줌 검사.

뇨도(尿道) ⇨ 오줌길.

뇨소비료(尿素肥料) ⇨ 요소 비료.

누가 = 누구가.

누구〔대〕 = 뉘. ‡ 어떤 사람의 이름이나 관계를 묻는 말. {누구누구. 누구가. 누구네.} ¶ 누구 짓이냐? 누구네 집이냐?

☞ 아무.[1] 무엇.

누구를 위하여 종은 울리나 ⇨ 누구를 위하여 조종이 울리나. ‡ 헤밍웨이가 쓴 소설 이름.

누구에요 ⇨ 누구예요. 누구이에요. 뉘예요.

누구의 것 = 뉘 것.

누구의 아들 = 뉘 아들.

누구의 집 = 뉘 집.

누군 = 누구는.

누굴 = 누구를.

누그러지다 = 누그러들다. ‡ ①성질이 부드러워지다. ¶ 화가 누그러지다. ②날씨, 병세, 물가 따위의 정도가 내려 덜하여지다. ¶ 추위가 누그러지다. 병세가 누그러지다. 쌀값이 누그러지다.

☞ 누긋하다. 누꿈하다.

누금 세공(鏤金 細工) ㉛ ⇨ 금공예. ‡ 금으로 치렛감을 만드는 일.

누굿누굿히 ⇨ 누긋누긋이.

누긋하다 * ①물기가 있어 약간 눅눅하다. ¶ 비가 와서 땅이 누긋하다. ②성질이나 태도가 부드럽고 순하다. ③추위가 약간 누그러지다.

☞ 누그러지다. 누꿈하다. 느긋하다.

누긋히 ⇨ 누긋이. ‡ 누긋하다.

누기(漏氣) * 눅눅하고 축축한 기운. ¶ 누기가 돌다. 누기가 지다. 누기가 차다. 누기가 치다.

☞ 습기.

누깔사탕 ⇨ 눈깔사탕.

누꿈하다 * 세차게 퍼지던 해론벌레나 돌림병의 기세가 조금 누그러지다. ¶ 병세가 누꿈하다.

☞ 누그러지다. 누긋하다.

누나 * 남자가 손위 여자 동기를 가리키는 말. {누나네. 작은누나. 큰누나.} ¶ 사촌 누나. 옆집 누나. 누나네 집. 누나 집.

☞ 누님. 누이.

누누히(累累~) ⇨ 누누이. * 말을 여러 번 자꾸. ¶ 누누이 타이르다.

누님 * 시집간 누나나 어른이 된 아우가 누나를 가리키는 높임말.

☞ 누나. 누이.

누다 * 똥이나 오줌을 스스로 잘 다스려서 몸 밖으로 내보내다. ¶ 뒷간에서 똥을 누다. 숲 속 눈에 띄지 않는 곳에서 오줌을 누다.

☞ 보다.² 싸다.⁴ 지리다.²

누데기 ⇨ 누더기. * 누덕누덕 기운 옷. {누덕이불.} ¶ 누더기 같다.

누러디누렇다 ⇨ 누렇디누렇다.

누런색(~色) = 누런빛. 누렁. * 잘 익은 벼의 빛깔.

☞ 누른빛.

누럽다 ⇨ 마렵다. * 똥이나 오줌을 누고 싶은 느낌이 있다.

누렁 * ① 누런빛. {누렁개. 누렁이.} ② 누런 물감.

누렁물 = 누렁우물. * 궂어서 먹지 못하는 물. 또는 그런 우물.

☞ 먼물. 먼우물.

누렁송아지 ⇨ 누런 송아지. * 누런 소.

누렇다 * 누렇고. 누러네. 누러니. 누러면. 누런. 누럴. 누럽니다. 누레.

누루다 ⇨ 누르다.

누룩뱀 = 먹구렁이. * 뱀의 하나.

누룽밥 ⇨ ① 누룽지. ② 눌은밥.

누룽지 * 솥 바닥에 눌어붙은 밥. {누룽지튀각.}

☞ 눌은밥.

누르다¹ 〔움〕 * ① 힘을 주다. ¶ 초인종을 누르다. ② 꿈쩍 못하도록 윽박지르다. ¶ 아랫사람을 힘으로 누르면 안 된다. ③ 감정이나 생각을 드러내지 않고 참다. ¶ 욕망을 누르다. ④ 경기나 경연에서 상대를 이기다. ⑤ 국수틀로 국수를 뽑다. ⑥ 계속 머물다. ¶ 고향에 눌러 살기로 하다.

☞ 밀다.

누르다² 〔그〕 * 황금이나 놋쇠 빛깔과 같다. * 누르니. 누르러. 누른. 누름.

누르르다 ⇨ 누르다. * 빛깔.

누르미 = 화양누르미. 횃누르미. * 음식 이름.

누르스레하다 = 누르스름하다. 누름하다. 누릇하다. * 조금 누르다.

누른밥 ⇨ 눌은밥.

누른빛 = 누런색. * 황금이나 놋쇠 빛. ☞ 누런빛.

누름누름 = 누릇누릇. ¶ 누름누름한 참외.

누름단추 = 단추. * 눌러서 기계를 움직이게 하는 장치. 버튼.

☞ 똑딱단추.

누름하다 = 누르스레하다. 누르스름하다. 누릇하다. * 빛깔이 조금 누르다.

누릇누릇 = 누름누름. ¶ 들판에는 벼가 누릇누릇 익어 가고 있다.

누리¹ = 세상. ¶ 눈이 와서 온 누리가 하얗다.

누리² = 우박. ¶ 누리가 떨어져 과일을 못 쓰게 만들었다.

누리다¹ 〔그〕 * 짐승 고기에서 느끼는 냄새나 털이 타는 냄새와 같다.

누리다² 〔움〕 * 오랫동안 복을 받고 잘 살다. ¶ 복된 삶을 누리다.
  ☞ 즐기다.

누비다 * 두 겹의 천 사이에 솜을 넣고 줄이 지게 박다. ‡ 바느질.
  ☞ 감치다.² 공그르다. 깁다. 꿰매다. 박다.³ 시치다. 호다.

누비솜옷 ⇨ 누비옷.

누비혼인(~婚姻) * 두 성 사이에 많이 겹치어 하는 혼인.
  ☞ 덤불혼인. 겹혼인. 겹사돈. 누이바꿈.

누선(淚腺) 웹 ⇨ 눈물샘.

누어먹다 ⇨ 누워먹다. * 놀고먹다.

누에고치 = 고치.

누여 = 누이어. 뉘어. ‡ 눕다의 하임.

누운벼락 = 앉은벼락. ‡ 아주 뜻밖에 갑자기 당하는 큰 불행.
  ☞ 날벼락. 생벼락.

누운헤엄 ⇨ 등헤엄. ‡ 배영.

누워먹다 * 편하게 놀고먹다.

누워 먹다 ¶ 음식은 누워서 먹지 마라.

누이 = 뉘. ‡ ①항렬이 같은 여자 형제. ¶ 사촌 누이. 육촌 누이. ②누이동생. {막냇누이. 작은누이.} ¶ 어린 누이. ③누나. {맏누이(큰누이).}
  ☞ 누나. 누님.

누이다¹ = 뉘다. 눕히다. ¶ 자리에 누이다.

누이다² = 뉘다. ‡ 길미만 받고 본전은 살려 두다.

누이다³ = 뉘다. ‡ 옷감을 누임하다.

누이다⁴ = 뉘다. ‡ 오줌을 누게 하다.

누이동생 = 여동생. ‡ 남자의 손아래 여자 동생.
  ☞ 누나. 누이.

누이바꿈 * 두 남자가 서로 상대편의 여자 형제와 혼인하는 일.
  ☞ 겹혼인.

누이어 = 뉘어. 누여. ‡ 누이다. '눕다'의 하임.

누임 = 뉨. ‡ 피륙을 잿물에 담갔다가 솥에 찌는 일. {누임질. 뉨질.}
  ☞ 마전.

누적시키다(累積~) ⇨ 여러 번 쌓다. ‡ 누적하다.

누지근하다 * 좀 축축한 기운이 있는 듯하다.

누지다 * 습기를 먹어 축축한 기운이 있다. ¶ 장마철이라 방이 누지다.
  ☞ 눅지다. 습하다.

누척지근하다 = 누리척지근하다. 누케하다. ‡ 누린내가 나는 듯하다.

누출하다(漏出~) * ①액체나 기체가 밖으로 새어 나오거나 나오게 하다. ¶ 가스 누출 사고. ②비밀이나 정보가 밖으로 새어 나가다. ¶ 정보 누출.
  ☞ 유출하다.

누케하다 = 누척지근하다. 누리척지근하다. ‡ 누린내가 나는 듯하다.

눅어지다 * ①물체가 무르거나 부드러워지다. ¶ 봄비에 땅이 눅어지다. ②성질이 누그러지다. ¶ 날카로운 말씨가 눅어지다. ③분위기, 기세가 누굿해지다. ¶ 긴장이 눅어지다.

④ 날씨가 풀리다. ¶ 추위가 눅어지다.

☞ 누굿하다. 누지다. 눅지다.

눅지다 = 눅어지다. ❉ 추위가 누그러지다.

☞ 누굿하다. 숙지다.¹

눅치다 ⇨ 눙치다.

눅히다 ⇨ 눅이다. ❉ ‘눅다’의 하임.

눈¹ * 풀과 나무에서 움이 터져 나오는 곳. {눈싹. 눈접.} {꽃눈. 잎눈.} {겨드랑눈. 겨울눈. 겹눈. 곁눈. 구슬눈. 꼭지눈. 끝눈. 나무눈. 돌려나기눈. 마루눈. 막눈. 맨눈. 비늘눈. 살눈. 숨은눈. 알눈. 여름눈. 제눈. 태눈. 홑눈.} ¶ 눈에서 움이 트고 움이 자라 싹이 된다.

☞ 순.³ 싹.¹ 움.¹

눈²〔雪〕 * {눈경치. 눈구름. 눈구멍길. 눈기운. 눈길. 눈꽃. 눈다리. 눈바람. 눈발. 눈비. 눈빛. 눈사람. 눈서리. 눈석임물. 눈세계. 눈송이. 눈싸움. 눈썰매. 눈안개. 눈얼음. 눈자. 눈차. 눈치개. 눈판.} {가랑눈. 가루눈. 도둑눈. 마른눈. 묵은눈. 밤눈. 봄눈. 소나기눈(소낙눈). 싸라기눈(싸락눈). 첫눈. 포슬눈. 함박눈.} {길눈. 발등눈. 자국눈. 잣눈.} ¶ 눈이 내리다. 눈을 쓸다.

눈³〔目〕 * {눈가늠. 눈가리개. 눈가죽. 눈가짐. 눈겨냥. 눈결. 눈깜작이. 눈꼴. 눈끔적이. 눈높이. 눈눈이. 눈대답. 눈도장. 눈독. 눈동냥. 눈동자. 눈두덩. 눈딱부리. 눈딱지. 눈망울. 눈맥. 눈머리. 눈물. 눈물받이. 눈발. 눈방울. 눈병. 눈부처. 눈비음. 눈빛. 눈빨강이. 눈빨리. 눈셈. 눈시울. 눈신호. 눈심지. 눈썹. 눈앞. 눈약. 눈약속. 눈엣가시. 눈요기. 눈인사. 눈자리. 눈정기. 눈정신. 눈주름. 눈질. 눈짓콧짓. 눈창. 눈총. 눈총기. 눈코. 눈퉁이.} {가는눈. 가시눈. 갈퀴눈. 거적눈. 곁눈. 고리눈. 군눈. 나비눈. 낚시눈. 도끼눈. 돋보기눈(멀리보기눈). 뜬눈. 맨눈. 먼눈. 바투보기눈(졸보기눈). 밥풀눈. 뱁새눈. 사팔눈. 삼눈. 샛별눈. 속눈. 송곳눈. 실눈. 애꾸눈. 어릿보기눈. 어섯눈. 옴팡눈. 움펑눈. 좁쌀눈. 진눈. 짝눈. 짤깍눈. 찔꺽눈.} {가자미눈. 개구리눈. 두꺼비눈. 뱀눈. 뱁새눈. 소눈(쇠눈). 족제비눈.} {글눈. 길눈. 까막눈. 마음눈(맘눈). 밤눈. 새눈. 장사눈. 첫눈. 하늘눈. 한눈.} {눈가림하다. 눈기이다. 눈길다. 눈멀다. 눈부시다. 눈살피다. 눈속임하다. 눈어림하다. 눈여겨보다. 눈여기다. 눈짓하다.}

눈가 = 눈가장. 눈언저리. ❉ 눈의 가장자리. ¶ 눈가에 주름이 잡히다.

☞ 눈자위. 눈지방.

눈가녁 ⇨ 눈가.

눈감다 * ① 죽다. ② 알고도 모른 체하다. ¶ 눈감아 주다.

눈 감다 ¶ 눈 감으면 코 베어 가는 세상이다.

눈거풀 ⇨ 눈꺼풀.

눈겨냥 * 눈으로 보아 대략 목표를 겨눔. ¶ 눈겨냥해서 맞추다.

눈겨눔 = 눈대중. 눈어림. 눈짐작. ❉ 눈으로 어림잡아 대어 봄.

눈겨룸 = 눈싸움. 눈쌈. 눈씨름. ¶ 두 사람이 눈겨룸을 시작하다.

눈곱 = 눈곱자기. 곱. ¶ 눈곱이 끼다.
☞ 발곱. 손곱.

눈곱만하다 = 눈곱자기만하다. ＊ 썩 적거나 작다.

눈구녁 ⇨ 눈구멍.

눈구멍[1] ＊ ①눈. ②눈알이 박힌 구멍.

눈구멍[2] = 눈구덩이. ＊ 많이 쌓인 눈 가운데. {눈구멍길.}

눈구석 ＊ 코 쪽으로 향한 눈의 안쪽 구석.

눈귀[1] = 눈꼬리. ＊ 귀 쪽으로 째진 눈의 구석.
☞ 눈초리.

눈귀[2] ＊ 눈과 귀. ＊ 몰래 사정을 살피고 캐내는 사람.

눈길[1] ＊ 눈에 덮인 길. {생눈길.} ¶ 눈길을 걷다.

눈길[2] ＊ ①눈이 가는 곳. ②주의나 관심. ¶ 눈길 속. 눈길을 끌다.
☞ 눈발.[2] 눈총.

눈까풀 〈 눈꺼풀. ＊ 눈알을 덮은, 위아래로 움직이는 살갗.

눈깔 = 눈알. {눈깔안주.} {소눈깔.} ¶ 눈깔에 흙 들어가다. 눈깔을 뒤집다. 눈깔이 나오다. 눈깔이 뒤집히다. 눈깔이 멀다. 눈깔이 벌겋다. 눈깔이 붉다. 눈깔이 삐다.

눈깔이 ⇨ 눈깔. 눈알.

눈깔딱부리 = 눈딱부리. 딱부리. ＊ 눈이 크고 툭 불거진 사람.

눈깔망나니 = 범. 호랑이.

눈깔사탕(~砂糖) ＊ 둥글고 단단하게 만든 사탕.
☞ 새알사탕. 알사탕.

눈깜작이 〈 눈깜짝이. ＊ 눈을 자주 깜작거리는 사람.

눈꺼풀 〉 눈까풀. {아랫눈꺼풀. 윗눈꺼풀.}

눈꼬리 = 눈귀. ＊ 귀 쪽으로 째진 눈의 구석. ¶ 눈꼬리가 처지다.
☞ 눈구석. 눈초리.

눈꼴사납다 ＊ 보기에 아니꼬워 비위에 거슬리게 밉다. ¶ 눈꼴사납게 굴다.
☞ 볼꼴사납다.

눈꼴시다 = 눈꼴틀리다. ＊ 보기에 아니꼽다. ¶ 하는 짓이 눈꼴시다.

눈꼽 ⇨ 눈곱. 눈곱자기.

눈끔적이 〈 눈끔쩍이. ＊ 눈을 자주 끔적거리는 사람.

눈대중 = 눈어림. 눈짐작. 눈겨눔. ＊ 눈으로 보아 어림잡아 헤아림.
☞ 발대중. 손대중.

눈독 들다(~毒~) = 눈독 오르다.

눈독 올리다(~毒~) = 눈독 들이다. 눈독 쏘다. ＊ 욕심을 내어 눈여겨보다.

눈두덩 ＊ 눈언저리의 두두룩한 곳. ¶ 눈두덩이 퉁퉁 부었다.
☞ 눈퉁이.

눈따기 = 순지르기. 곁순따기. 순따주기. ＊ 푸나무의 곁순을 잘라 내는 일.

눈딱부리 = 눈깔딱부리. 딱부리. ＊ 눈이 크고 툭 불거진 사람.

눈뜨다 ＊ ①잠을 깨다. ¶ 눈뜨자마자 책부터 찾는다. ②알지 못하던 이치를 깨닫다. ¶ 새로운 학문에 눈뜨다. 사랑에 눈뜨면서 삶이 달라졌다.

눈 뜨다 ＊ 감았던 눈을 뜨다. ¶ 차마 눈 뜨고 볼 수 없다.

☞ 눈트다.

눈뜬장님 = ① 뜬소경. 당달봉사. 청맹과니. ② 까막눈이.
☞ 장님. 소경. 봉사.[1]

눈망울 = ① 망울. ✽ 눈동자가 있는 곳. ¶ 맑은 눈망울. ② 눈알.
☞ 눈방울.

눈매 = 눈맵시. 눈모. ✽✽ 눈의 생김새. ¶ 고운 눈매. 사나운 눈매.
☞ 눈찌.

눈목(~木) = 누운목. ✽ 잿물에 삶고 빨아서 희게 만든 무명.

눈물지다 ✽ 눈물이 흐르다.

눈물짓다 ✽ ① 눈물을 흘리다. ② 눈물이 고이다.

눈바람 ✽ 눈과 함께 또는 눈 위로 불어오는 차가운 바람.
☞ 눈보라.

눈밖 ⇨ 눈 밖. ¶ 눈 밖에 나다.

눈발[1] ✽ 눈이 힘차게 내려 줄이 죽죽 져 보이는 상태. ¶ 눈발이 굵어지다.

눈발[2] ✽ 어떤 곳을 바라보거나 쏘아보는 눈.
☞ 눈길.

눈방울 ✽ 정기가 있고 총명해 보이는 눈알. ¶ 눈방울이 초롱초롱하다.
☞ 눈망울. 눈알.

눈밭 ✽ ① 눈벌. 눈벌판. ② 높은 산의 마루나 중턱에 눈이 쌓여 있는 곳.

눈보라 〔吹雪〕 ✽ 휘몰아쳐 날리는 눈. ¶ 눈보라가 치다.
☞ 눈바람.

눈부처 = 동자부처. ✽ 눈동자에 비친 사람의 모양.

눈뿔 ⇨ 눈발.

눈뿔대 ⇨ 눈볼대. ✽ 바닷고기 이름.

눈살 ✽ 두 눈썹 사이에 접히는 주름. ¶ 눈살을 찌푸리다.
☞ 눈총. 이맛살. 콧살.

눈석이 ⇨ 눈석임. ✽ 쌓인 눈이 속으로 녹아 스러짐. {눈석임물.}

눈설미 ⇨ 눈썰미.

눈섭 ⇨ 눈썹.

눈시다 ⇨ 눈꼴시다. 눈꼴틀리다.

눈시울이 뜨거워지다 ㉯ ⇨ 눈물이 핑 돌다.

눈싸움[1] = 눈겨룸. 눈씨름. ✽ 눈을 깜빡이지 않고 오래 견디는 내기.

눈싸움[2] = 눈쌈. ✽ 눈을 뭉쳐 던지는 장난.

눈쌀 ⇨ 눈살.

눈쌀 맞다 ⇨ 눈총 맞다.

눈썰미 ✽ 한 번 본 것을 그대로 흉내 낼 수 있는 재주.
☞ 귀썰미.

눈썹 ✽ 눈두덩 위나 눈시울에 난 짧은 털. {눈썹달. 눈썹먹. 눈썹연필. 눈썹지붕. 눈썹차양. 눈썹춤.} {겉눈썹. 속눈썹. 아랫눈썹. 용눈썹. 윗눈썹.} ¶ 눈썹도 까딱하지 않다. 눈썹에 불이 붙다.

눈씨 ✽ 쏘아보는 눈길의 힘. ¶ 서리 같은 눈씨. 눈씨가 맵다.
☞ 눈총.

눈씨름 = 눈싸움. 눈겨룸.

눈씨울 ⇨ 눈시울.

눈알 = 눈깔. 눈알맹이.
☞ 눈방울.

눈어림 = 눈겨눔. 눈대중. 눈짐작. {눈어림하다.} ¶ 눈어림해 보다.

☞ 손어림.

눈언저리 = 눈가. 눈가장. ‡ 눈의 가장자리나 주변.

눈에가시 ⇨ 눈엣가시. ①몹시 밉거나 싫은 사람. ②남편의 첩.

눈여겨보다 = 여겨보다. ‡ 자세히 살펴보다. ¶ 그림을 눈여겨보다.
　☞ 예사로 보다. 지나쳐 보다. 흘려 보다.

눈의 가시 ⇨ 눈엣가시.

~눈이 * 눈이 그러한 사람이나 짐승. {고리눈이. 굴젓눈이. 넙치눈이. 네눈박이(네눈이). 들창눈이. 발풀눈이. 뱁새눈이. 사팔눈이. 애꾸눈이. 왕눈이. 외고리눈이. 움펑눈이. 자웅눈이. 짤깍눈이. 찔꺽눈이.}

눈자위 * 눈알의 언저리. ¶ 눈자위가 꺼지다. 눈자위가 풀리다.

눈지방 * 눈의 아래위 언저리. ¶ 눈지방이 붇다.
　☞ 눈가.

눈진물이 ⇨ 눈짓물이. ‡ 눈시울이 짓무른 사람.

눈짐작(~斟酌) = 눈겨눔. 눈대중. 눈어림.
　☞ 발짐작. 손짐작.

눈찌 * 흘겨보거나 쏘아보는 눈길. ¶ 화난 눈찌에서도 눈치를 못 채다.
　☞ 눈매. 눈씨. 눈총.

눈초리 * 표정이나 태도가 나타난 눈길. ¶ 매서운 눈초리. 사나운 눈초리.
　☞ 눈귀.[1] 눈꼬리.

눈총 * 눈에 독기를 올려서 쏘아보는 기운. {눈총맞다.} ¶ 눈총을 주다.
　☞ 눈길.[2] 눈씨.

눈총받다 ¶ 눈총받을 짓 하지 마라.

눈총 받다 ¶ 따가운 눈총을 받고 있다.

눈치 = 눈치코치. ‡ ①남의 마음을 알아내는 것. ¶ 눈치가 없다. ② 마음 속 생각이 드러나는 태도. {눈치껏. 눈치꾸러기. 눈치꾼. 눈치놀음. 눈치작전. 눈칫밥.} {말눈치. 잔눈치.} ¶ 눈치가 다르다. 눈치를 보다. 눈치를 보이다. 눈치가 빠르다. 눈치를 살피다. 눈치를 채다.
　☞ 낌새. 매개.[1]

눈치레 = 겉치레. ¶ 눈치레로 지은 집이라 허술하기 짝이 없다.
　☞ 속치레.

눈코뜰새없다 ⇨ 눈코 뜰 새 없다.

눈탱이 ⇨ 눈퉁이. ‡ 눈두덩의 불룩한 곳. ¶ 눈퉁이가 부어오르다.
　☞ 눈두덩.

눈트다 * 나무나 풀의 새싹이 나오다.
　☞ 눈뜨다. 움트다.

눈허리 ⇨ 코허리. ‡ 두 눈 사이의 잘록한, 콧등이 시작하는 부분.

눌러보다 * ①잘못을 너그럽게 보다. ¶ 솜씨가 없어도 눌러보아 주십시오. ②그대로 계속해서 보다. ¶ 하는 꼴을 눌러보고 있으려니 속이 뒤집힌다.

눌러 보다 ¶ 반죽이 잘 되었는지 손가락으로 눌러 보다.

눌러지다 ⇨ 눌리다. ‡ '누르다'의 입음.

눌르다 ⇨ 누르다.

눌은밥 * 솥 바닥에 눌어붙은 누룽지에 물을 부어 긁은 밥.
　☞ 누룽지.

눕다 * ① 몸을 바닥에 길게 놓이게 하

다. ¶ 침대에 눕다. ② 나무, 풀, 무생물이 바닥에 길게 놓이다. ¶ 쓰러진 나무가 길에 누워 있다. ③ 병을 앓다.

☞ 드러눕다.

눕히다 = 누이다. 뉘다. ＊ ‘눕다’의 하임.

눙치다 〉 농치다. ＊ ① 좋은 말로 마음을 풀어 누그러뜨리다. ¶ 너무 모질게 말한 것이 마음에 걸려서 다시 눙쳐 말한다. ② 말이나 행동을 문제 삼지 않고 넘기다. ¶ 지금까지 한 말을 없었던 것으로 눙쳐 넘기려 하다.

눞 ⇨ 늪.

뉘¹ ＊ 쌀 속에 섞인 벼의 낟알. ¶ 쌀에 뉘가 많이 섞이다.

뉘² ＊ 자손에게 받는 덕. ¶ 늘그막에 와서야 뉘를 보게 되는구나.

뉘³ = 누구이다. ¶ 당신은 뉘시기에 남의 집 앞에서 서성거리는 겁니까?

뉘⁴ = 누가. ¶ 뉘 감히 그의 권위에 도전할 것인가?

뉘⁵ = 누구의. ¶ 뉘 집 개. 뉘 덕. 뉘 집 개가 짖어 대는 소리냐?

뉘 것 = 뉘 해. ＊ 누구의 것.

뉘다¹ = 누이다. 눕히다. ＊ ‘눕다’의 하임. ¶ 할머니를 자리에 뉘다.

뉘다² = 누이다. ＊ 무명, 모시, 명주 따위를 잿물에 삶아 희고 부드럽게 한다.

☞ 바래다.²

뉘동생 = 누이동생.

뉘어 = 누여. 누이어. ＊ 누이다.

뉘어지다 ⇨ 누이다. 눕히다.

뉘엇뉘엇 ⇨ 뉘엿뉘엿. ¶ 해가 뉘엿뉘엿 넘어가다.

뉘연히 ⇨ 버젓이.

뉘지근하다 = 뉘척지근하다. ＊ 맛이나 냄새가 누리다.

뉨 = 누임. ＊ 무명을 잿물에 담갔다가 솥에 찜. {누임질. 뉨질.}

☞ 마전.

뉴딜 정책(New Deal 政策) ⇨ 새로운 정책. 새 정책. ＊ 뉴딜.

뉴약(紐約) ⇨ 뉴욕. ＊ 땅 이름.

뉴우스(news) ⇨ 새 소식. ＊ 뉴스. {뉴스거리. 뉴스난.} ¶ 뉴스 시간.

뉴우톤(Newton) ⇨ 뉴턴. ＊ 과학자 이름.

느글거리다 = 느글대다. ＊ 속이 메스껍고 느끼하다.

느글느글하다 〉 니글니글하다. ＊ 먹은 것이 내려가지 아니하여 곧 게울 듯이 메스껍다. ¶ 기름진 음식을 먹었더니 속이 느글느글하다.

☞ 너글너글하다.

느긋하다 ＊ 부족함이 없이 마음이 넉넉하다. ¶ 느긋하게 생각하다.

☞ 누긋하다.

느긋히 ⇨ 느긋이. ¶ 책을 읽으며 느긋이 기다리다.

느끼다¹ ＊ 서럽거나 감격에 겨워 울다. ¶ 소리 죽여 느끼는 울음소리를 듣다.

☞ 흐느끼다.

느끼다² ＊ ① 마음속으로 경험하고 맛보다. ¶ 슬픔을 느끼다. ② 자극을 깨닫다. ¶ 추위를 느끼다. ③ 사실, 책임, 필요성을 깨닫다. ¶ 책임을 느끼다.

☞ 깨닫다. 생각하다. 알다.

느낀 감동(感動) ⇨ 감동.

~느냐? * 움직씨와 '있다, 없다, 계시다', '~었, ~겠'에 붙는 물음끝. {가느냐? 있느냐? 없느냐? 계시느냐? 가겠느냐? 먹었느냐?}

☞ ~냐? ~으냐? ~는가? ~니? ~으니?

~느니보다 = ~는 것보다. ¶ 너를 보내느니보다 차라리 내가 가겠다.

느닫없다 ⇨ 느닷없다. ¶ 느닷없는 출현. 느닷없는 습격.

~느라고 = ~느라. ¶ 웃음을 참느라고 애썼다. 먼길 오느라고 힘들었다.

☞ ~노라. ~노라고.

~느라니 ⇨ ~노라니. ¶ 고향 길을 걷노라니 어릴 때 동무들이 생각난다.

~느라면 ⇨ ~노라면. ¶ 열심히 사노라면 좋은 날도 있겠지.

느러나다 ⇨ 늘어나다. ¶ 고무줄이 늘어나다. 살림이 늘어나다.

느러놓다 ⇨ 늘어놓다. ¶ 옷을 늘어놓다. 책을 늘어놓다. 염탐꾼을 늘어놓다.

느러서다 ⇨ 늘어서다. ¶ 길가에 늘어선 나무. 문 앞에 사람들이 늘어서다.

느러지다 ⇨ 늘어지다. ¶ 온몸이 늘어지다. 늘어지게 한숨 자다.

느렁느렁 ⇨ 느럭느럭. ‡ 퍽 느린 모양. ¶ 느럭느럭 걷다. 느럭느럭 말하다.

느렁이 = 암노루. ‡ 산짐승.

☞ 느리광이.

느루 * 대번에 몰아치지 않고 늘여서.

¶ 느루 가다. 느루 먹다. 느루 잡다.

☞ 늘.

느리광이 = 느림보. 느림뱅이. 늘보. ‡ 행동이 느리거나 게으른 사람.

☞ 느렁이.

느리다 * ①빠르지 않다. ¶ 굼벵이처럼 느리다. ②기세나 형세가 약하거나 밋밋하다. ¶ 느린 산비탈. ③성질이 누그러져 야무지지 못하다. ¶ 성미가 느리다. ④소리가 낮고 늘어져 길다. ¶ 느린 육자배기가 들리다.

☞ 늦다.² 늘이다. 늘리다.

느림물매 = 느릿매. ‡ 가파르지 아니한 물가의 비탈.

느림보 = 느리광이. 느림뱅이. 느림보. 늘보.

느림줄 * 천장에 매달아 놓고 손으로 잡고 오르내리는 운동에 쓰는 줄.

☞ 늘임줄.

느릿매 = 느림물매.

느물거리다 = 느물대다. ¶ 사내는 내가 싫다는데도 느물거리며 말을 붙였다.

느즈막하다 ⇨ 느지막하다. ‡ 시간이나 기한이 매우 늦다.

느지감치 = 느지거니. ‡ 꽤 늦게. ¶ 느지감치 일어나다.

☞ 미리감치. 일찌감치.

느지러지다 ⇨ 느즈러지다. ‡ 느슨하게 되다.

느지막히 ⇨ 느지막이. ¶ 느지막이 일어나다.

느직느직 = 느직느직이. ‡ 굼뜨고 느린 모양. ¶ 느직느직 걷다.

☞ 느짓느짓.

느직히 ⇨ 느직이. ¶ 느직이 일어나다. 좀 느직이 기다려 달라고 하다.

느짓느짓 = 느짓느짓이. ‡ 줄이 느슨한 모양. {느짓느짓하다.}
　☞ 느직느직.

느티나무 = 괴목. 괴목나무. ¶ 느티나무 그늘. 느티나무 둥치. 느타나무 잎.

늑다리 ⇨ 늙다리. ‡ ①늙은 짐승. ②늙은이.

늑대 = 개승냥이. ‡ 아시아 지역에 사는, 떼를 지어 사는 들짐승.
　☞ 이리.¹

늑바탕 ⇨ 늙바탕. 늙판. ‡ 늙어 버린 판.

늑수그레하다 ⇨ 늙수그레하다. 늙수레하다. ‡ 꽤 늙어 보이다.

늑장 * 곧바로 하지 않고 꾸물거리는 짓. ¶ 늑장 대처. 늑장 행정.
　☞ 늦장.

늑장 부리다 = 늑장 피우다.

늑정이 ⇨ 늙정이. ‡ 늙은이.

는¹ = 은. ‡ 도움토씨로 여러 자리토씨를 대신함. ①임자자리토씨. ¶ 개똥이는 학교에 간다. ②부림자리토씨. ¶ 개가 제 엄마는 좋아해. ③매김자리토씨. ¶ 코끼리는 코가 손이래. ④범위를 나타내는 자리토씨에 붙어 함께 씀. ¶ 개가 나한테는 그런 말 안 했는데. ⑤시간과 처소를 나타내는 자리토씨 뒤에 붙어 함께 씀. ¶ 지난해에는 사정이 그렇지 않았다.
　☞ 가.² 이.⁶ 도. 에는.

~는² * 움직씨에 붙어 현재를 나타내는 씨끝. {가는. 먹는. 보는. 사는.}
　☞ ~은.

~는가? * 움직씨에 붙는 물음 맺음 끝. ¶ 무슨 일이 있는가?
　☞ ~ㄴ가? ~은가? ~는지.

~는가를 ⇨ ~는가? ‡ 토씨를 붙일 수 없음.

~는가 알아보다 ⇨ ~는지 알아보다. ¶ 정말 죽었는지 알아보다.

는개 * 안개보다 조금 굵고 이슬비보다 가는 비. ¶ 는개가 피어오르다.
　☞ 안개.

~는 거 있지? ⇨ ~더라. ¶ 뽐내는 거 있지 ⇨ 너무 뽐내더라.

~는걸 ¶ 비가 오겠는걸. ‡ 씨끝.

~는 걸 = ~는 것을. ‡ '것'은 매인이름씨. ¶ 주는 걸 받았을 뿐.

~는구나 * 움직씨에 붙는 씨끝. {가는구나. 먹는구나. 자는구나.}
　☞ ~구나.

~는구료 ⇨ ~는구려. ¶ 아이가 글을 잘 읽는구려.

~는구면 ⇨ ~는구먼. ~는구나. ~는군. ¶ 정말 잘 달리는구먼.

~는다니 = ~는다고 하니. ¶ 한 번 들으면 잊지 않는다니, 대단하군.

~는다만 = ~는다마는. ¶ 입기는 입는다만 다음엔 가져 오지 마라.

~는단다 = ~는다고 한다. ¶ 내일은 산에 놀러 간단다.

~는대서 = ~는다고 하여서. ¶ 네가 시를 읽는대서 놀랐다.

~는대서야 = ~는다고 하여서야.

~는대야 = ~는다고 하여야.

~는데 ¶ 잠은 자는데 꿈만 꾼다. ‡

씨끝.

~는 데 ¶ 네가 가는 데가 어디냐? ⁑ '데'는 매인이름씨.

~는바 ¶ 집을 두 채 지었는바 한 채는 이미 팔았다. ⁑ 씨끝.

~는 바 ¶ 나는 아는 바 없다. ⁑ '바'는 매인이름씨.

~는지 * ①막연한 의문을 품고 있음을 나타내는 이음끝. ¶ 무슨 일이 있었는지 알아보자. ②막연한 의문을 나타내는 맺음끝. ¶ 학교에 잘 다니는지요? 감기는 다 나으셨는지요? ⁑ 도움토씨 '요'를 붙일 수 있음.

☞ ~ㄴ지. ~은지. ~ㄴ가. ~는가. ~은가.

는지렝이 ⇨ 는지렁이. ⁑ 끈끈하고 는질거리는 액체.

는 커녕 ⇨ 는커녕. ⁑ 받침 없는 임자말이나 어찌말 뒤에 붙는 도움토씨. ¶ 만나기는커녕 소식도 못 들었다. 밥은커녕 죽도 못 먹는다.

☞ 은커녕.

는커니와 ⇨ 는커녕.

늘 = 언제나. ⁑ 자나깨나. ¶ 늘 고향에 계신 어머니를 생각한다.

늘구다 ⇨ ①늘리다. ②늘이다.

늘그막 = 늙마. ⁑ 늙어 가는 무렵. ¶ 늘그막에 얻은 자식이라 더 귀엽다.

☞ 늙바탕.

늘다 * ①다른 것이 더해져서 많거나 커지다. ¶ 몸무게가 늘다. 할 일이 늘다. ②힘, 재능이 더 많아지다. ¶ 솜씨가 늘다. ③넉넉해지다. ¶ 살림이 늘다. ④시간이 길어지다. ¶ 일하는 날이 늘다.

☞ 널다. 늘어나다. 붇다.

늘려 놓다 = 늘리어 놓다. ⁑ 늘리다. ☞ 늘여 놓다.

늘려지다 ⇨ ①늘리다. ②늘다.

늘리다 * 더 많거나 크게 하다. ⁑ 규모. 넓이. 무게. 부피. 분량. 수효. 시간. 힘. 돈. ¶ 집터를 늘리다. 세력을 늘리다. 재산을 늘리다.

☞ 늘이다. 불리다.³

늘보 = 느림보. 느림뱅이. 느리광이. ⁑ 행동이 느리거나 게으른 사람.

늘보리 = 네모보리. ⁑ 이삭의 모양이 네모진 보리.

늘비하다 * 질서없이 늘어서 있거나 놓이어 있다. ¶ 방 안에 이삿짐이 늘비하다. 마당에 사람들이 늘비하게 서 있다.

☞ 즐비하다.

늘상 ⇨ 늘. 언제나.

늘썽하다 * 천, 대나무 그릇 따위의 짜임새나 엮음새가 설핏하다.

늘씬하다¹ * ①몸이 가늘고 키가 커서 맵시가 있다. ¶ 몸매가 늘씬하다. ②미끈하게 길다. ¶ 다리가 늘씬하다.

늘씬하다² * 몸을 가누지 못할 정도로 축 늘어지다. ¶ 늘씬하게 두드려 맞다. 늘씬하게 때리다.

늘어나다 * 수효나 분량이 많아지거나 길이가 커지다.

☞ 늘다. 부풀다.

늘어놓다 * ①줄지어 벌여 놓다. ¶ 물건을 늘어놓다. ②어수선하게 두다. ¶ 책상 위에 책을 늘어놓다. ③ 사람을 여러 곳에 보내어 살피게 하다. ¶ 염알이꾼을 늘어놓다. ④일을 한꺼

번에 여기저기 벌여 놓다. ¶여러 가
지 사업을 늘어놓다. ⑤말을 수다스
럽게 많이 하다. ¶불평을 늘어놓다.
☞ 널어놓다. 늘여 놓다.

늘어뜨리다 〈 늘어트리다. ✱ 한쪽 끝
을 아래로 처지게 하다. ¶꼬리를 늘
어뜨리다. 머리를 땋아 길게 늘어뜨
리다.

늘여 놓다 * ①길이를 더 길게 하다.
②더 넓고 많게 벌여 놓다.
☞ 늘려 놓다. 늘어놓다.

늘우다 ⇨ ① 늘리다. ② 늘이다.

늘이다 * ①더 길게 하다. ¶엿가락을
늘이다. ②더 넓고 많게 벌여 놓다.
¶판매망을 늘이다. ③천이나 줄을 아
래로 처지게 하다. ¶커튼을 늘이다.
☞ 늘리다.

늘임줄 * 전깃줄 따위가 짧을 때 이어
서 쓰는 줄.
☞ 느림줄.

늘푸른나무 * 사철 내내 잎이 푸른 소
나무, 대나무 따위. ✱ 상록수.
☞ 갈잎나무.

늘품 = 늘품성. ✱ 발전 가능성. ¶늘
품이 있어 보이다. 늘품이 없다.
☞ 싹.² 싹수. 싹수머리.

늙다리 * ①늙은 짐승. {늙다리소.}
②늙은이. ✱ 낮은말.
☞ 버커리.

늙마 = 늘그막. ✱ 늙어 가는 무렵. ¶고
향으로 돌아와 늙마를 보내고 있다.

늙바탕 = 늙판. ✱ 늙어 버린 판. ¶늙바
탕에 적적하여 손자를 데려왔다.

늙수구레하다 ⇨ 늙수그레하다.

늙으막 ⇨ 늘그막. 늙마.

늙은것 = 늙은이. 늙은데기. 늙다리.
늙정이. ✱ 낮은말.

늙은 것 ¶늙은 것은 따로 두어라. 늙
은 것도 서러운데 눈치까지 주다니.

늙은 노모(~老母) ⇨ 늙으신 어머니.

늙은이 = 늙은것. 늙은데기. 늙다리.
늙정이. ✱ 낮은말. {상늙은이(상노
인). 설늙은이. 애늙은이. 중늙은이
(반늙은이. 중노인)}
☞ 젊은이.

늙은 티 * 늙은이의 태도나 모습. ¶여
든에 접어들면서 늙은 티가 나다.
☞ 애티.

늙은호박 ⇨ 청둥호박.

늙판 = 늙바탕. ¶늙판에 적적하여 손
자를 잠시 데려왔다.
☞ 늘그막.

능능하다(凜凜~) ⇨ 늠름하다. ✱ 생김
새나 몸가짐이 의젓하고 떳떳하다.

능(陵) * 임금이나 왕후의 무덤. ✱ 서삼
릉. 서오릉. 정릉. 태릉. ¶능 안.
☞ 묘. 분.³ 원.² 총.³

능갈스럽다 ⇨ 능갈맞다. 능갈지다.

능갈지다 = 능갈맞다. ✱ 매우 능청스
럽다.

능갈치다 * ①교묘하게 잘 둘러대다.
②잘 둘러대는 재주가 있다.

능구렁이 = 구렁이. 구리. ✱ 뱀의 하나.

능구리 * ①속이 음흉한 사람. ②음
흉한 짓.

능그다 * 낟알의 껍질을 벗기려고 물을
붓고 애벌 찧다. ¶보리를 능그다.
☞ 대끼다.¹

능글밪다 ⇨ 능글맞다. ✱ 음흉하고 능
청스러운 데가 있다.

능글차다 * 음흉하고 능청스럽다. ¶ 능글차고 흉악해서 보기조차 두렵다.

능금나무 * 우리나라에 예부터 있던 과일나무 이름.
☞ 사과나무.

능꾼(能~) = 능수꾼. ✽ 일솜씨가 좋은 사람.

능선(稜線) ⇨ 산등성. 산등성이.

능수꾼(能手~) = 능꾼. ✽ 일솜씨가 좋은 사람.

능주다 ⇨ 능두다. ✽ 넉넉하게 여유를 두다.

능청꾸러기 = 능청이. ✽ 능청스러운 사람.

능청거리다 = 능청대다. ✽ 가늘고 긴 막대기나 줄이 흔들리다.

능히(能~) * 익숙하게. ✽ 부정문에는 쓸 수 없음. ¶ 능히 일을 해내다.

늦가을 = 서릿가을. ✽ 음력 구월.
☞ 첫가을. 초가을. 한가을.

늦감자 * 제철보다 늦게 캐는 감자.
☞ 올감자.

늦겨울 * 늦은 겨울. ✽ 음력 섣달.
☞ 첫겨울. 초겨울. 한겨울.

늦구다 ⇨ 늦추다.

늦깎이 * ①나이가 많이 들어서 중이 된 사람. ②남보다 늦게 발을 내디딘 사람. ③남보다 늦게 깨달은 사람. ④늦게 나오는 과일. ✽ 만생종.
☞ 올깎이.

늦다[1] 〔움〕 * 정해진 때보다 뒤지다. ¶ 약속 시간에 늦다.

늦다[2] 〔그〕 * ① 알맞은 때를 지나다. ¶ 늦은 점심. 저녁 늦게 찾아오다. ②기준보다 뒤져 있다. ¶ 시계가 오분 늦다.
☞ 느리다. 더디다. 이르다.[1]

늦다[3] 〔그〕 * 묶은 것이나 짜임새가 느슨하다.

늦더위 * 여름이 다 가도록 가시지 않는 더위.
☞ 일더위.

늦동이(~童~) ⇨ 늦둥이.

늦동지(~冬至) * 음력 11월 20일이 지나서 드는 동지.
☞ 오동지.

늦되다 * ①과일, 곡식이 더디게 자라거나 익다. ②철이 늦게 나다.
☞ 올되다. 지르되다.

늦마 = 늦장마. ✽ 제철이 지난 뒤에 지는 장마.

늦모 = 마냥모. ✽ 제철보다 늦게 내는 모.
☞ 퇴마냥.

늦모내기 = 마냥. ✽ 하지가 지난 뒤에 내는 모내기.

늦물[1] * 제철보다 늦게 지는 큰물. ✽ 홍수.

늦물[2] * 제철보다 늦게 나오는 과일이나 고기. ¶ 늦물 포도.
☞ 끝물.

늦바탕 ⇨ 늙바탕.

늦밤 * 제철보다 늦게 여무는 밤.
☞ 올밤.

늦벼 * 제철보다 늦게 여무는 벼.
☞ 올벼.

늦보리 * 제철보다 늦게 여무는 보리.
☞ 올보리.

늦봄 * 늦은 봄. ✽ 음력 삼월. ¶ 늦봄의 따가운 햇볕.

☞ 첫봄. 초봄. 한봄.

늦사리 = 파사리. ‡ 제철보다 늦게 농
작물을 거두는 일.
　☞ 오사리.

늦서리 * 제철보다 늦게 내리는 서리.
　☞ 올서리.

늦여름 * 늦은 여름. ‡ 음력 유월. ¶ 늦
여름에 내리는 장맛비.
　☞ 첫여름. 초여름. 한여름.

늦으막하다 ⇨ 느지막하다.

늦은불 * ① 빗나가거나 잘못 맞힌 총
알. ② 심하지 아니한 괴로움이나
곤욕.
　☞ 된불.

늦은씨 * 같은 식물 가운데 특히 늦되
는 품종. ‡ 만생종.
　☞ 늦깎이. 올씨.

늦이감치 ⇨ 느지감치. ‡ 꽤 늦게.

늦작물(~作物) * 다른 종류보다 늦게
여무는 작물. ‡ 벼. 옥수수. 수수.
　☞ 올작물.

늦잠꾸러기 = 늦잠쟁이. ‡ 아침에 늦
게까지 자는 사람.

늦잡다 * ① 시간, 날짜를 늦추어 헤아
리다. ¶ 아무리 늦잡아도 시월 안으
로 끝내야 한다. ② 시간, 날짜를 넉
넉하게 잡다. ¶ 마감 날을 늦잡도록
하자.
　☞ 늦추잡다.

늦장(~場) * ① 늦게 서는 장. ② 느직
하게 보러 가는 장. ③ 일이 끝나갈
무렵에 끼어드는 짓. ④ 끝나갈 무렵
의 장. ¶ 늦장을 보러 가다.
　☞ 늑장.

늦장마 = 늦마. ‡ 제철이 지난 뒤에

지는 장마.
　☞ 건들장마. 마른장마. 억수장마.

늦추다 * ① 줄을 느슨하게 하다. ② 시
간, 날짜를 뒤로 물리다.
　☞ 늘이다. 미루다.

늦추잡다 * ① 마감 날을 늦게 잡다.
¶ 아무리 늦추잡아도 모레까지는 끝
내야 한다. ② 줄이나 끈을 느슨하게
잡다. ¶ 줄을 늦추잡다.
　☞ 늦잡다.

늦콩 * 제철보다 늦게 여무는 콩.
　☞ 올콩.

늦팥 * 제철보다 늦게 여무는 팥.
　☞ 올팥.

늪〔沼〕* 못보다 크고 호수보다 작은,
물이 얕게 고인 곳. {늪가.}
　☞ 못.³ 수렁.

닁큼 〉 냉큼. ‡ 머뭇거리지 않고 재빠
르게. ¶ 닁큼 나오너라.
　☞ 빨리. 어서. 얼른. 얼핏. 퍼뜩.

니¹〔대〕⇨ 너. 네.

~니² = 이. ‡ 해론벌레의 하나. {가랑
니. 개털니. 닭니. 닭털니. 돼짓니. 머
릿니. 수퉁니. 옷엣니. 잔가랑니. 짐
승니. 짐승털니.}

~니³〔齒〕= 이. ‡ 이빨. {간니. 금니.
대문니. 덧니. 독니. 뒤어금니. 떡니.
방석니. 배냇니(젖니). 버드렁니(벋
니. 뻐드렁니). 사랑니. 삭은니. 생니.
송곳니. 아랫니. 앞니. 앞어금니. 어
금니. 엄니. 옥니. 윗니. 젖니. 큰어금
니. 틀니.} {사자어금니.} {겹톱니.
나삿니. 톱니.}

~니?⁴ * 물음꼴 씨끝. ① 움직씨. ¶ 가
니? 굽니? 먹니? 자니? ② 그림씨.

¶ 맵니? 쓰니? 아프니? 그립니? 작니? 좋니? ⁑ ㄹ 받침 뒤에는 쓸 수 없음.
☞ ~으니? ~냐? ~느냐? ~으냐?

니글거리다 〈 느글거리다. ⁑ 속이 메스꺼워 곧 게울 듯하다.
☞ 이글거리다.

니기리즈시(니기리스시)〔握鮨〕[왜] ⇨ 생선초밥.

~니까니 ⇨ ~니까. ¶ 그렇게 말해 주니까 고맙군.

~니깐 = ~니까는. ¶ 잘못하니깐 야단을 맞지.

니꾸사꾸〔Rucksack〕[왜] ⇨ 배낭. ⁑ 바랑.

니나놋집 = 매밋집. ⁑ 노래하고 시중드는 여자가 있는 술집.

~니만큼 = ~니만치. {가느니만큼. 먹으니만큼. 보물이니만큼.}
☞ 만큼.[2]

니부(二分) [왜] ⇨ 두 푼.

니빠(nipper) [왜] ⇨ 니퍼. ⁑ 철사를 끊는 데 쓰는 연장.

니스 [왜] ⇨ 바니시. ⁑ 칠감 이름.

니야까(rear car) [왜] ⇨ 손수레.

니즈쿠리〔荷造〕[왜] ⇨ 짐 꾸리기. 짐싸기.

니코찡(nicotin) [왜] ⇨ 니코틴.

니쿠 [왜] ⇨ 겹쳐밀기. ⁑ 당구.

니토(泥土) ⇨ 진흙. ⁑ 이토.

니트로치환(Nitro 置換) ⇨ 니트로화.

닌징〔人蔘〕[왜] ⇨ 당근. ⁑ 뿌리채소의 하나.
☞ 진생.

닐니리야 ⇨ 늴리리야. 늴리리 타령. ⁑ 경기 민요의 하나.

닐리리 ⇨ 늴리리. ⁑ 퉁소, 나발, 피리 따위를 불 때 나는 소리.

님[1]〔이〕 = 씨. ¶ 안창호 님. 주시경 님. ⁑ 이름 뒤에 띄어 씀.
☞ 임. 귀하.

~님[2] * ①높임말. {해님. 달님. 별님. 하느님.} ②높이는 부름말. {아우님. 형님.} {사장님. 선생님. 손님. 스님.}
☞ 씨.[2]

님 귀하(~貴下) ⇨ ①님. ¶ 주시경 님. 최현배 님. ②앞. ~에게. ~께. ¶ 김어진 앞. 김다은에게. 허웅 선생님께.

닝닝하다 ⇨ ①니글니글하다. ¶ 기름진 음식을 먹으니 속이 니글니글하다. ②밍밍하다 ⁑ 음식이 제 맛이 나지 않고 싱겁다. ¶ 국이 너무 밍밍하다.

닝큼 ⇨ 닁큼. ¶ 닁큼 집어먹다.

닢 * 하나치. ①돈. ¶ 동전 한 닢. ②가마니. 돗자리. 멍석. ¶ 돗자리 두 닢. ③전 따위. ¶ 녹두전 다섯 닢.
☞ 장.[1] 톳.

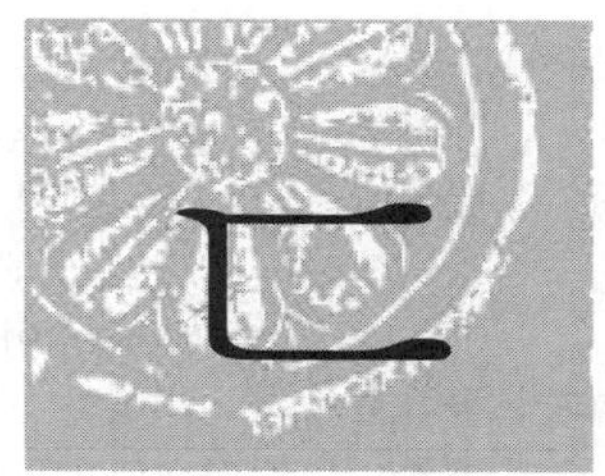

다¹ 〔어〕 * ①몽땅. ¶ 올 사람은 다 왔
　다. ②놀람, 감탄, 비꼼의 뜻을 나
　타냄. ¶ 별사람 다 보겠군. 네가 선
　물을 다 사오다니. ③거의. ✽ 상태,
　과정의 마지막 정도나 단계. ¶ 신이
　다 닳다. 시간이 다 되다.
　☞ 모두.
다² 〔이〕 * ①모든 것. ¶ 네게 줄 수 있
　는 것은 이것이 다다. ②가장 좋은
　것. ¶ 인생에서 돈이 다가 아니다.
다³ 〔토〕 = 이다. ✽ 홀소리로 끝나는
　임자씨 뒤에 씀. ¶ 개다. 나무다. 소
　다.
　☞ 이다.¹
~다⁴ * 그림씨, 움직씨의 맺음끝. {가
　다. 먹겠다. 오시다. 아름답다. 계시
　다. 곱다.}
　☞ ~ㄴ다.
다가¹ 〔토〕 = 다. 에다가. ¶ 짐을 어디
　다가 둘까? 마음을 어디다 둘까?
~다가² ¶ 공부를 하다가 잠이 들다.
　고기를 잡았다가 놓쳤다. 못을 박다
　가 손을 다치다. 날씨가 덥다가 춥
　다가 한다.
~다간 = ~다가는. ¶ 이렇게 늑장을

부리다간 차를 놓치겠다.
다가네 ㉦ ⇨ 정. ✽ 돌을 쪼거나 다듬
　는 데 쓰는 연장.
다각도로(多角度~) = 여러모로.
다갈솥 * 전이 있는 옹솥.
　☞ 가마솥. 곱돌솥. 노구솥. 옹달솥.
　옹솥.
다같이 ⇨ 다 같이.
~다고 했어 = ~댔어. ¶ 이긴다고 했
　어. 이긴댔어.
다구지다 ⇨ ①다부지다. ②다기지다.
다구치다 ⇨ ①다그치다. ②달구치다.
다그치다 * ①빨리 끝내려고 몰아치
　다. ¶ 일손을 다그치다. ②지친 몸
　을 다시 추스르다. ¶ 지친 몸을 다그
　쳐 다시 언덕을 오른다. ③일이나
　행동을 요구하며 몰아붙이다. ¶ 책
　임을 다그치다. 다그쳐 묻다.
　☞ 달구치다.
다급하다(多級~) * 일이 바싹 닥쳐서
　몹시 급하다. ¶ 다급하게 외치다.
　☞ 조급하다.
다기지다(多氣~) = 다기차다. 다기
　있다. ✽ 마음이 굳고 야무지다.
　☞ 다부지다.

다꽝(다꾸앙) 〔澤庵〕 ㉣ ⇨ 단무지. 무
　절이.
다녀가다 * 어느 곳에 왔다가 돌아가
　다. ¶ 고향을 다녀가다.
　☞ 왔다 가다.
다녀오다 * 어느 곳에 갔다가 돌아오
　다. ¶ 고향을 다녀오다.
　☞ 갔다 오다.
다노모시 ㉣ ⇨ 계.
~다느냐? = ~다고 하느냐? ¶ 아무도
　없는데, 누가 왔다느냐?
~다는 = ~다고 하는. ~단. ¶ 이라크에
　가겠다는 말에 모두 놀랐다.
~다니까 = ~다고 하니까. ¶ 술만 마
　시면 저렇다니까.
다님 ⇨ 대님. * 한복 바짓가랑이를 매
　는 끈.
다다귀다다귀 = 다닥다닥. * 작은 것
　이 한곳에 많이 붙어 있는 모양. ¶ 작
　은 열매가 다다귀다다귀 붙어 있다.
　앵두가 가지마다 다다귀다다귀 열
　렸다.
　☞ 다닥다닥.
다다끼(다대기) ㉣ ⇨ ①다지기. ②다
　진 양념. ③다진 회.
다다르다 * ①어떤 곳에 누가 와서 닿
　다. ¶ 목적한 곳에 다다르다. ②어떤
　수준이나 한계에 미치다. ¶ 산꼭대기
　에 다다르다. 한가지 결론에 다다르
　다. * 다다르고. 다다르면. 다다른.
　다다르니. 다다라. 다다랐다.
　☞ 닿다.² 이르다.¹
다닥다닥 〈 더덕더덕. * ① 다다귀다다
　귀. ②지저분하게 여기저기 기운 모
　양. ¶ 양말을 다닥다닥 기워 신었다.

다닥뜨리다 〈 다닥트리다. * 사람이나
　일이 서로 닿아서 마주치다. ¶ 길모
　퉁이에서 어떤 사람과 다닥뜨려 넘
　어질 뻔했다. 다리가 문지방에 다닥
　뜨려서 아픈 것을 참고 겨우 혼자 일
　어섰다.
다닫다 ⇨ 다다르다.
다달아 ⇨ 다다라. * 다다르다.
다달이 * 달마다. * 매월. ¶ 다달이 안
　부 편지를 보내다.
다대기(다다끼) ㉣ ⇨ ①다지기. ②다
　진 양념. ③다진 회.
~다데 = ~다고 하데. ~다더라. ¶ 부
　자 나라에도 거지가 많다데.
다독(多讀) * 많은 책을 읽음.
　☞ 난독. 남독. 낭독. 묵독. 색독. 속
　독. 음독. 정독. 체독.
다독거리다 〈 따독거리다. ¶ 씨감자를
　밭에 묻고 다독거리다. 아기를 다독거
　려서 잠을 재우다. 투덜대는 아우를
　다독거리다.
다되다 * 완전히 그르친 상태가 되다.
　¶ 다된 집안. 수명이 다되다.
다 되다 * 모든 일을 마치다. ¶ 일이
　뜻한 대로 다 되다. 밥이 다 되다.
다되어 가다 ¶ 수명이 다되어 가다.
다 되어 가다 ¶ 밥이 거의 다 되어 가다.
다둑거리다 ⇨ 다독거리다.
다드미 ⇨ 다듬이.
다듬가위 = 나무가위. * 가지가위. 꽃
　가위.
다듬다 * 잘 손질하여 고르게 하다.
　¶ 손톱을 다듬다. 돌을 다듬다. 원고
　를 다듬다. 목소리를 다듬다. 옷차
　림을 다듬다.

☞ 가다듬다. 매만지다.

다듬돌 * ① 모서리를 곱게 다듬은 돌. ② 다듬잇돌.
　☞ 가름돌. 거친돌. 막돌.

다듬돌쌓기 = 손질돌쌓음. ‡ 네모지게 다듬은 돌을 쌓는 일.
　☞ 막쌓기. 허튼층쌓기.

다듬이 = ① 다듬이질. 다듬질. {다듬잇방망이. 다듬잇방석. 다듬잇살. 다듬이질하다.} ¶ 다듬이 소리. ② 다듬잇감.
　☞ 넓다듬이. 밟다듬이. 설다듬이. 홍두깨다듬이.

다듬이뼈 = 모루뼈. ‡ 가운데귀 속에 있는 뼈.

다듬이틀 ⇨ 홍두깨틀.

다듬이포대기 = 빨랫보. ‡ 다듬잇감을 싸는 포대기.

다듬잇돌 = 다듬돌. ‡ 다듬이질할 때 밑에 받치는 돌.

다듬질 * ① 다듬이질. ② 마무리 손질.

다라이 ㉲ ⇨ ① 함지박. 함지. ② 큰 대야.

다라지다 * 됨됨이가 야무져서 여간 일에는 놀라지 아니하다.
　☞ 닳다.

다랍다 〈 더럽다. ‡ ① 지저분하다. ② 언행이 바르지 못하거나 인색하다.

다랑귀 떼다 = 다랑귀 뛰다. ‡ 두 손으로 잡고 매달리며 놓지 않으려 하다.

다랑논 = 다랑이. ‡ 산골짜기의 비탈진 곳에 층계처럼 만든 좁고 긴 논배미.
　☞ 녹두밭 윗머리. 높드리.

다랑어(~魚) * 바닷고기 이름. ‡ 참다랑어. 백다랑어. 눈다랑어. 가다랑어. 점다랑어. 황다랑어. 날개다랑어 따위.
　☞ 다랭이. 참치.

다랑이 = ① 다랑논. 논다랑이. ② 하나치. ¶ 논배미 열 다랑이.
　☞ 녹두밭 윗머리. 높드리.

다래끼[1] * ① 대, 싸리, 칡덩굴로 만든 바구니. ② 하나치. ¶ 한 다래끼.

다래끼[2] * 눈시울이 곪아서 생기는 부스럼. ¶ 다래끼가 나다. ‡ 맥립종.

다랭이 * 썰매로 긴 통나무를 옮길 때 뒷부분을 얹는 작은 썰매.
　☞ 다랑어. 논다랑이. 발구. 쇠발구. 썰매.

다려가다 ⇨ 데려가다. ‡ 함께 거느리고 가다. ¶ 동생을 학교에 데려가다.

다려오다 ⇨ 데려오다. ‡ 함께 거느리고 오다. ¶ 동무를 집에 데려오다.

다례(茶禮) * 차를 대접하는 의식이나 행사. ‡ 궁중. 불교.
　☞ 차례.[1]

다로기 * 가죽의 털이 안으로 들어가게 지은 긴 버선. ‡ 신으로 신기도 함.
　☞ 버선. 양말. 털버선.

다루끼(다루키)〔垂木〕㉲ ⇨ 서까래.

다루어 = 다뤄. ‡ 다루다. ¶ 기계를 다루어 보았다. 피아노를 다루어 보다.

다르다 * 같지 않다. ‡ ① 두 가지를 견줄 때 차이가 나다. ¶ 생각이 다르다. ② 다른 사람보다 두드러진 데가 있다. ¶ 기술자는 역시 다르다. 말솜씨가 뛰어나게 다르다.
　☞ 같다. 틀리다.[1]

다른〔매〕* ① 같지 아니한. ¶ 다른 생각. ② 한 사물이 아닌. ¶ 다른 물건.

☞ 딴.¹

다른 나라말 〔外國語〕 = 딴 나라말. ‡ 한글로 적을 때. ① 된소리는 예사소리나 거센소리로 적음. ¶ 까페 ⇨ 카페. 싸이클 ⇨ 사이클. 르뽀 ⇨ 르포. 삿뽀로 ⇨ 삿포로. 꽝뚱 ⇨ 꽝둥. 다만, 차이나 말에는 ㅆ,ㅉ, 니혼 말에는 ‘ㅆ’, 타이 말과 베트남 말에는 된소리를 씀. ¶ 뽁켓 ⇨ 푸껫. 호치민 ⇨ 호찌민. ② 받침은 ㄱ, ㄴ, ㄹ, ㅁ, ㅂ, ㅅ, ㅇ 일곱 가지만 씀.

다른데 ¶ 성격은 다른데 서로 친하다. ‡ ‘ㄴ데’는 씨끝.

다른 데 ¶ 다른 데로 가 보아라. ‡ ‘데’는 매인이름씨.

다름 아니다 ㉟ ⇨ 에 지나지 않는다. 와 똑같다.

다름 아니라 = 다른 게 아니라. ‡ 다른 까닭이 있는 게 아니라.
☞ ～에 다름 아니다.

다름질치다 ⇨ 달음질치다. 달음박질치다.

다리¹〔橋梁〕 * {다리말뚝. 다리목. 다리받침. 다리지기. 다리탑. 다리턱. 다릿기둥. 다릿널. 다릿목. 다릿몸. 다릿발.} {구름다리. 굴다리. 두껍다리. 무지개다리. 복찻다리. 징검다리. 층층다리. 홍예다리.} {나무다리. 널다리. 돌다리. 배다리. 쇠다리. 외나무다리. 줄다리(출렁다리). 징검다리. 쪽다리. 흙다리.} ¶ 낙동강 다리. 한강 다리. ¶ 다리를 건너다. 다리를 놓다.

다리²〔脚〕 = 다리갱이. 다리몽둥이. ‡ ① 사람, 짐승, 벌레. {다리띠. 다리맥. 다리맵시. 다리병신. 다리뼈. 다리살. 다리쉬임(다리쉼). 다리오금. 다리재간. 다리춤. 다리털. 다리통. 다리품. 다릿마디. 다릿병. 다릿심. 다릿장갱이.} {가운뎃다리. 고무다리. 곱장다리. 나무다리. 넓적다리. 다목다리. 뒷다리. 맨다리. 밭장다리. 벋정다리(뻗정다리). 봉충다리. 수중다리. 아랫다리. 안짱다리. 앞다리. 외다리. 윗다리. 전다리. 책상다리. 허벅다리. 헤엄다리.} ¶ 개다리. 거위 다리. 닭 다리. 돼지 다리. 말 다리. 사람 다리. 오른쪽 다리. 왼쪽 다리. 한쪽 다리. ¶ 다리가 굵다. 다리가 길다. ‡ ‘개다리, 닭다리, 돼지다리’는 권총을 가리키는 변말. ② 물건 아래쪽에 붙은 것. {가위다리. 누운다리(베틀다리). 맷돌다리. 받침다리. 상다리. 안경다리. 전짓다리. 지겟다리. 쳇다리.} ¶ 밥상 다리. 책상 다리. 의자 다리.
☞ 달구리. 발.¹

다리³ * 여자들이 머리에 덧붙이는 딴머리. ¶ 다리를 드리다. 다리를 풀다.
☞ 낭자. 딴머리. 본머리. 쪽.¹

다리다 * 다리미나 인두로 주름을 잡거나 구김살을 펴려고 문지르다.
☞ 달이다. 데리다.

다리미 * 옷이나 천을 다리는 연모. {다리미요. 다리미판.} {손다리미. 숯다리미. 스팀다리미(증기다리미). 전기다리미.} ¶ 다리미로 옷을 다리다.

다리미질 = 다림질. {다리미질하다.}

다리밋자루 * 남자의 거시기.
☞ 가운뎃다리.

다리샅바 * 씨름에서 다리를 동여맨 샅바.
☞ 허리샅바.

다리쇠 = 걸쇠. ‡ 주전자나 냄비를 화로 위에 올려놓을 때 걸치는 연모.

다리씨름 = 발씨름. ‡ 놀이의 하나.

다리오금 = 오금. 오금팽이. 뒷무릎. ‡ 무릎의 안쪽.
☞ 팔오금.

다리질 * 다리를 함부로 놀리거나 다리로 차는 짓. ¶ 다리질을 하면서 울다.
☞ 다릿짓.

다리힘 ⇨ 다릿심.

다림대 = 다림판. ‡ 물체나 바닥이 수평으로 되었는가 살펴보는 연모.
☞ 다림추.

다림방 ⇨ 고깃간. 푸줏간.

다림질 = 다리미질.

다림질판(~板) ⇨ 다리미판. 다림판.

다림추(~錘) = 드림추. ‡ 수직을 살펴 보려고 늘이는 추.
☞ 다림대. 데림추.

다림판[1](~板) = 다리미판. ‡ 다리미질을 할 때 밑에 받치는 판.

다림판[2](~板) = 대림대. ‡ 물체나 바닥이 수평으로 되었는가 살펴보는 연모.

다릿골독 = 대독. ‡ 크고 배가 불룩한 독.

다릿돌 * 개울이나 도랑을 건널 때 발로 디디려고 띄엄띄엄 놓은 돌.
☞ 징검다리. 징검돌.

다릿심 * 다리의 힘. ¶ 다릿심이 세다. 다릿심이 풀리다.
☞ 팔심.

다릿짓 * 다리를 움직이는 짓. ¶ 재빠른 다릿짓으로 공을 빼돌리다.
☞ 다리질.

다마〔玉. 球. 珠〕[왜] ⇨ ①구슬. ②알. ③전구. 전등알. ④당구.

다마네기〔玉葱〕[왜] ⇨ 양파.

~다마다 = ~고말고. {가다마다. 먹다마다. 좋다마다.}

다마치기〔玉~〕[왜] ⇨ 구슬치기.

다만[1] 〔어〕 * ①다른 것은 그만두고 뒤의 것만. ¶ 나는 다만 그분이 오기만 바랄 뿐이다. ②조건을 덧붙일 때. ¶ 다만, 이 법령은 내년부터 시행한다.
☞ 오직. 단.[3] 단지.[2]

~다만[2] = ~다마는. ¶ 물건은 좋다만 너무 비싸다.

~다말다 ⇨ ~다마다. ~고말고. ¶ 네 말이 맞다마다.

~다며 = ~다면서. ¶ 좋은 일이 있다며. 일찍 오겠다며 이제 오니?

~다면서 = ~다고 했다면서. ¶ 싫다면서 왜 만나니?

다무시〔田蟲〕[왜] ⇨ 버짐. ‡ 백선.

다문다문 〈 드문드문. ‡ 시간이나 공간이 사이가 뜨게. ¶ 어머니를 다문다문 찾아보다. 나무를 다문다문 심다.

다미씌우다 = 더미씌우다. ‡ 자기의 책임이나 허물을 남에게 넘겨 지우다.

다박나룻 = 다박수염. ‡ 다보록하게 난 짧은 수염.
☞ 가잠나룻. 구레나룻. 텁석나룻.

다박다박 〈 타박타박. ‡ 느릿느릿 힘없

이 걷는 모양. ¶ 다박다박 걸어가다.

다박머리 * 어린이의 다보록하게 난 머리털. 또는 그런 아이.
☞ 더벅머리.² 타박머리.

다박솔 ⇨ 다복솔. ＊ 가지가 탐스럽고 많이 퍼진 어린 소나무.

다반(茶盤) ⇨ 차반. ＊ 찻그릇을 담는 자그마한 쟁반.

다반사(茶飯事) ⑭ ⇨ 흔한 일. 예삿일.

다보록이 = 다복이. 〈 더부룩이. 더북이. ＊ 풀. 작은 나무. 수염. 머리털.
☞ 탑소록이.

다복솔밭 = 다복밭. ¶ 어린 소나무가 많이 있는 곳.

다부지다 * ①벅찬 일을 견디어 낼 만큼 굳세고 야무지다. ¶ 마음을 다부지게 먹다. ②생김새가 옹골차다. ¶ 몸매가 다부지다. ③일을 해내는 솜씨나 태도가 빈틈이 없고 야무지다. ¶ 일 하나는 다부지게 잘한다.
☞ 다기지다.

다북쑥 = 쑥. ＊ 여러해살이풀 이름.

다비 ⑭ ⇨ 양말.

다비소(茶毘所) * 절에서 돌아가신 스님의 주검을 화장하는 곳.
☞ 화장터.

다사로이 ⇨ 다사로이. ¶ 햇살이 다사로이 비치는 양달에 앉아 쉬다.

다사롭다¹ 〈 따사롭다. ＊ 다스한 기운이 조금 있다. ¶ 햇살이 다사롭다.

다사롭다²(多事~) * 일이 좀 많은 듯 하다.

다사하다¹ 〈 따사하다. ＊ 조금 따뜻하다. ¶ 다사한 햇별. 분위기가 다사하다.

다사하다²(多事~) * 일이 많다. ¶ 다사했던 지난해.

다섯 〔셈.매〕 ¶ 다섯 가지. 다섯 개. 아이가 모두 다섯이다.
☞ 닷. 댓.

다섯콩 = ①공기. ②공깃돌. {공깃돌 놀이.} ＊ 어린이의 놀이.

다세포선(多細胞腺) ⑭ ⇨ 겹샘. ＊ 다세포샘.

다소곳이 ⇨ 다소곳이. ¶ 어머니 꾸중을 다소곳이 듣고 있다. 형의 말에 다소곳이 따르다. 향로가 다소곳이 놓여 있다.

다스(타스. dozen) ⑭ ⇨ 더즌. ＊ 12개 묶음을 나타내는 하나치.

다스리다 * ①나라, 모임, 집안을 맡아 이끌어 나가다. ②어지러운 나라나 사회를 힘으로 바로잡다. ③병을 고치다. ④죄지은 이를 벌주다.
☞ 통치하다.

다슬기 = 대사리. ＊ 개울, 연못 따위 민물에 사는 고둥의 하나.
☞ 고둥. 소라. 우렁이.

다습 * 집짐승의 나이 다섯 살.
☞ 나이.

다습다 〈 따습다. ＊ 알맞게 따뜻하다.

다시¹ = 다시금. ＊ ①하던 것을 되풀이해서 또. ¶ 다시 말하면. 다시 말해. ②방법이나 방향을 고쳐서 새로이. ¶ 다시 만들어 보자. ③하다가 그친 것을 계속해서. ¶ 한참을 쉬다가 다시 시작하다. ④다음에 또. ¶ 내일 다시 만나자. ⑤이전 상태로 또. ¶ 사이가 다시 좋아지다.
☞ 도로.¹ 또.

다시²(dash) ⑩ ⇨ 대시. ✻ 곁줄. 붙임표. 줄표. ¶ 103−1 = 103에 1.

다시³〔出汁〕 ⑩ ⇨ 맛국물. ✻ 멸치 국물. 다시마 국물. 다랑어 국물.

다시 국물〔出汁～〕 ⑩ ⇨ 맛국물.

다시마국 ⇨ 다시맛국.

다시마자반 ⇨ 부각.

다시멸치〔出汁～〕 ⑩ ⇨ 맛내기 멸치. 맛국물 멸치.

다시없다 ✻ 그보다 더 나은 것이 없다. ¶ 다시없는 좋은 기회를 놓치다.

다시 없다 ¶ 이런 실수는 앞으로 다시 없어야 한다.

～다시피하다 ⇨ ～다시피 하다. ¶ 굶다시피 하다. 벗다시피 하다.

다싯물〔出汁〕 ⑩ ⇨ 맛국물.

～다싶이 ⇨ ～다시피.

다오¹ ✻ '달라다'의 바로 시킴꼴. ¶ "물을 다오." 사내가 불쑥 말했다.

  ☞ 달라. 줘라.

～다오² = 다고 하오. ✻ 그림씨에 붙는 맺음끝. ¶ 몸이 편찮으시다오.

다옥하다 = 우거지다. ✻ 푸나무가 무성하다.

다올(타올. towel) ⑩ ⇨ 털수건. ✻ 타월.

～다와 ⇨ ～다워. ✻ ～답다. ¶ 사랑은 아름다워.

다와시〔束子〕 ⑩ ⇨ ① 솔. ② 수세미.

다음 ✻ 시간, 공간으로 정해진 차례에서 바로 뒤. {다음다음. 다음달. 다음번.} ¶ 다음 사람. 다음 세기. 다음 주. 다음 쪽. 다음 칸.

  ☞ 나중. 뒤.

다음가다 = 둘째가다. 버금가다. 버금하다.

다음날 = 담날. ✻ 미래의 어떤 날. ¶ 다음날에 만나 술이나 한잔 하자.

  ☞ 뒷날. 훗날.

다음 년도(～ 年度) ⇨ 다음 연도.

다음해 ✻ 과거, 현재, 미래의 어느 해를 기준으로 그 뒤에 오는 해.

  ☞ 내년. 이듬해.

다이¹ ⑩ ⇨ 도미. 돔. ✻ 바닷고기의 이름.

다이²〔臺〕 ⑩ ⇨ 판. 받침. 받침대. {당구대.} ¶ 전화 받침대.

다이나믹(dynamic) ⇨ 힘찬. 힘차게 움직이는. ✻ 다이내믹.

다이다 ⇨ ① 대다. ② 닿다.

다이알(dial) ⑩ ⇨ ① 글자판. 숫자판. 번호판. ② 시간표. ✻ 다이얼.

다이야¹(diamond) ⑩ ⇨ 다이아몬드. ✻ 보석 이름.

다이야²(tire) ⑩ ⇨ 타이어. ✻ 고무바퀴.

다잡아 먹다 ✻ 마음을 가라앉혀 바로잡다. ¶ 마음을 다잡아 먹다.

다 잡아먹다 ✻ 모두 잡아먹다. ¶ 족제비가 닭을 다 잡아먹다.

다정치(多情～) = 다정하지. ✻ 울림소리 뒤에선 'ㅏ'만 줆.

다정케(多情～) = 다정하게. ✻ 울림소리 뒤에선 'ㅏ'만 줆.

다정코(多情～) = 다정하고. ✻ 울림소리 뒤에선 'ㅏ'만 줆.

다정타(多情～) = 다정하다. ✻ 울림소리 뒤에선 'ㅏ'만 줆.

다조지다 = 다좆다. ✻ ① 일이나 말을 바짝 좨치다. ¶ 일을 다조지다.

②일이나 말을 섣불리 하지 못하도
록 잡도리하다. ¶ 미리 다조지다.
☞ 잡도리하다. 당조짐하다.
다중권선(多重捲腺) ㉫ ⇨ 겹코일.
다지다¹ * 여러 번 칼질하여 잘게 만들
　다. ‡ 고기. 채소. 고추. 마늘.
☞ 찧다.
다지다² * 되풀이하여 내려치거나 눌
　러 굳고 단단하게 하다. ‡ 마음. 터전.
☞ 굳히다. 당치다.
다지르다 * 다짐을 받으려고 다지다.
　¶ 비밀을 지키라고 다지르다.
☞ 대지르다. 윽박지르다.
다짐 * ①마음. {강다짐. 건다짐. 군령
　다짐. 귓속다짐. 속다짐. 실력다짐.
　억지다짐. 우격다짐. 울력다짐. 입
　다짐. 하냥다짐.} {다짐하다.} ¶ 다
　짐을 놓다. 다짐을 두다. 다짐을 받
　다. ②바닥. {밑다짐. 회다짐. 흙다
　짐.}
다짜고짜 = 다짜고짜로. ‡ 옳고 그름
　을 가리지 않고 단박에 들이덤벼서.
다찌끼리 〔立切〕 ㉫ ⇨ 내리닫이.
다찌노미집 ㉫ ⇨ 선술집.
다채로와(多彩~) ⇨ 다채로워. ‡ 다채
　롭다.
다채로히(多彩~) ⇨ 다채로이. ‡ 다채
　롭다.
다치다 * ①몸이나 마음에 상처를 입
　다. ②뜻하지 않게 다른 물체에 닿
　다.
☞ 상하다.¹ 건드리다. 닫치다. 닫히다.
다케바시 〔竹箸〕 ㉫ ⇨ 대젓가락.
다쿠앙(다꽝) 〔澤庵〕 ㉫ ⇨ 단무지. 무
　절이.

다큐멘타리(documentary) ⇨ 있었
　던 이야기. 실화. ‡ 다큐멘터리.
다테(다데) 〔縱〕 ㉫ ⇨ 세로.
다테마키 〔縱卷〕 ㉫ ⇨ 세로말이.
다투다 * 말이나 삿대질로써 어떻게든
　서로 이기려고 맞서다.
☞ 겨루다. 싸우다.
다팔머리 〈 더펄머리. ‡ 다팔다팔 날
　리는 머리털. 또는 그런 사람.
다하다 * ①마음과 힘을 모조리 쏟다.
　¶ 정성을 다하다. ②일이 끝나다.
　¶ 책임을 다하다. ③목숨이 끝나다.
　④남아 있지 않다. ¶ 힘이 다하다.
다 하다 * 할 일을 끝맺다. ¶ 숙제를
　다 하다.
다함께 ⇨ 다 함께.
다홍(~紅) = 다홍빛. 다홍색. 진홍.
　진홍빛. 진홍색. {다홍물. 다홍실.}
다홍치마 = 홍치마. ‡ ①붉은빛 치마.
　‡ 시집가지 않은 젊은 여자는 노랑
　저고리에 다홍치마를 입고 시집간
　여자는 연두색 회장저고리에 다홍
　치마를 입음. ②위는 희고 아래는
　붉은 연.
닥 = 닥나무. ‡ 나무 이름.
닥달질 ⇨ 닦달질.
닥달하다 ⇨ 닦달하다.
닥상이다 〔澤山~〕 ㉫ ⇨ ①넉넉하다.
　충분하다. ②제격이다.
닥아붙다 ⇨다가붙다. ‡ 더 가까이 붙다.
닥아서다 ⇨ 다가서다. ‡ 더 가까이
　와서 서다.
닥아쓰다 ⇨ 당겨쓰다. ‡ 정해 놓은 때
　보다 미리 쓰다.
닥아앉다 ⇨다가앉다. ‡ 더 가까이 앉다.

닦아오다 ⇨ 다가오다. ‡ 더 가까이 오다.

닥쳐라 ⇨ 닫쳐라. 닫치어라. ¶ 입을 좀 닫쳐라.

닥치다 * 가까이 다다르다. ¶ 설이 코앞에 닥치다.

　☞ 닫치다.

닦다¹ = 훌닦다. ‡ 휘몰아서 나무라다. ¶ 훌닦아 세우다.

닦다² * 겉에 묻은 것을 없애거나 거죽을 문질러서 번질거리게 하다. ‡ 구두, 이, 유리창, 마룻바닥, 방바닥, 책상, 옷장, 그릇 따위.

　☞ 씻다. 훔치다.

닦다³ * ① 학문이나 기술을 배우고 익히다. ¶ 학문을 닦다. ② 땅바닥을 평평하게 다지다. ¶ 터를 닦다. ③ 셈을 맞추어서 밝히다. ¶ 발기를 닦다.

　☞ 쌓다. 기르다.

닦달하다 * ① 윽박질러서 몰아대다. {닦달질.} ¶ 죄 없는 남편을 닦달하다. ② 손질하여 매만지다. {몸닦달. 집안닦달.} ¶ 부서진 농을 닦달하다.

　☞ 잡도리하다.

닦아대다 = 닦아세우다. ‡ 자꾸 휘몰아 나무라다. ¶ 아내를 닦아대다.

닦아 대다 ¶ 마루를 자꾸 닦아 대다.

닦아부치다 ⇨ 닦아대다. 닦아세우다.

닦아주다 * 훌닦아 꼼짝 못 하게 하다. ¶ 이때를 놓치지 않고 마구 닦아주다.

닦아 주다 ¶ 코를 닦아 주다.

닦음질 * 깨끗하게 닦는 일. ¶ 놋그릇 닦음질에는 기왓장 가루가 좋다.

　☞ 닦이질.

닦이다 * ‘닦다’의 하임과 입음. ¶ 그릇을 닦이다. 그릇이 번쩍번쩍 닦이다.

　☞ 대끼다.²

닦이장이 ⇨ 닦이쟁이. ‡ 직업으로 닦이질을 하는 사람.

닦이질 * 헌 재목이나 낡은 집 따위를 깨끗이 하는 일. ¶ 벽화를 닦이질하다.

　☞ 닦음질.

단¹ = 옷단. ¶ 짧은 치마에 단을 내어 입다.

단² * ① 짚, 땔나무, 남새의 묶음. {나뭇단.} ② 하나치. ¶ 시금치 두 단.

단³(但) * ① 예외적인 일이나 조건. ¶ 오늘은 밤을 새워 일한다. 단, 내일은 쉰다. ② 다른 것이 아니라 바로 그것의. ¶ 돈 삼만 원. 단, 책값임.

　☞ 다만.¹ 단지.²

단간(單間) ⇨ 단칸. {단칸방. 단칸살림. 단칸집. 단칸짜리.}

단거리¹ * ① 단으로 묶은 땔나무. ② 큰 단으로 흥정하는 땔나무.

단거리²(單~) * ① 오직 하나뿐인 재료. ② 단벌.

단거리³(短距離) * 짧은 거리. ¶ 단거리 선수. 단거리 달리기.

　☞ 장거리.³

단걸음에(單~) = 단숨에. 한숨에. ¶ 단걸음에 달려가다.

　☞ 단결에. 단박에.

단것 * 눈깔사탕, 과자 따위 단 먹거리.

단 것 * 달콤한 것. ‡ 매운 것. 신 것. 쓴 것. 짠 것.

☞ 식초.

단결에 = 단김에. ＊①아직 식지 않았
　을 때. ②기회가 지나가기 전에.
　☞ 단숨에. 단박에. 댓바람에. 한숨
　에.

단계 별(段階 別) ⇨ 단계별. ＊'별'은
　뒷가지.

단고[1]〔談合〕⑭ ⇨ 짬짜미.

단고[2]〔團子〕⑭ ⇨ 경단.

단골 = ①단골집. ②단골손님. {단골
　말. 단골무당. 단골소리.}
　☞ 뜨내기.

단국[1] ＊ 맛이 단 국물. ¶ 단국이 우러
　나다.

단국[2](丹國) ⇨ 덴마크. ＊나라 이름.

단군(檀君) = 단군왕검. {단군개국.
　단군교. 단군굴. 단군기.}

단군기원(檀君紀元) = 단기. ＊서기
　전 2333년.
　☞ 불기. 서기.

단근질 ＊ 달군 쇠로 살을 지지는 형벌.
　{단근질하다.}
　☞ 담금질. 주리질.

단김[1] ＊ 음식의 제 맛이 되는 맛이나
　김. ¶ 단김이 빠진 맥주.

단김[2] ＊ 달아올라 뜨거운 김. ¶ 펄펄
　끓는 솥에서 단김이 솟았다.

단김에 = 단결에. ＊①열기가 식지
　않았을 적에. ¶ 단김에 마무리짓는
　것이 좋다. ②좋은 기회가 지나기
　전에. ¶ 단김에 해 치우자.
　☞ 단결음에. 단숨에. 단박에. 댓바람
　에. 한숨에.

단내[1] ＊ 달콤한 냄새.

단내[2] ＊ ① 눋거나 달아서 나는 냄새.

¶ 감자 솥에서 단내가 나다. ②몸이
뜨거워서 입이나 코에서 나는 냄새.
¶ 목구멍에서 단내가 나도록 뛰다.

단내나다 ⇨ 단내가 나다.

단단하다 ＊ ①견딜힘이 커서 모양이
　나 성질이 잘 바뀌지 않는다. ¶ 단단
　한 바위. ②야무지고 튼튼하다. ¶ 힘
　살이 단단하다.
　☞ 굳다.[2] 세다.[2]

단대목(單~) = 단목. ＊①명질이나
　큰일이 바싹 다가온 때. ¶ 섣달 단대
　목. ②매우 중요하게 된 기회나 자
　리. ¶ 이 일이 이번 실험의 단대목이
　다.

단도리〔段取〕⑭ ⇨ ①잡도리. 당조
　짐. 단속. ②채비. ③마련. ④예방.

단동내기(單~) = 단동치기. ＊윷놀이
　에서 한 동으로 결판을 내는 방식.

단동무니(單~) ＊ ①외동무니. ＊윷놀
　이에서 한 동만으로 가는 말. ②윷놀
　이에서 한 동도 내지 못한 사이에 네
　동이 다 나서 놀이를 이기는 일.

단마디(單~) = 대마디. ＊ ①첫 마디
　의 말. ¶ 단마디로 허락하다. ②한
　두 마디의 짧은 말. ¶ 단마디로 거절
　하다.

단말기(端末機) ⑭ ⇨ 끝장치. ＊컴퓨터.

단매[1](單~) = 대매. ＊ 단 한 번 때리
　는 매. ¶ 단매로 요절을 내다.

단매[2](單枚) ⑭ ⇨ 한 장.

단모리장단 = 휘몰이장단. ＊판소리
　나 산조 장단의 하나.

단목(單~) = 단대목.

단무지 = 무절이. ＊다꽝.

단물[1] ＊ 어떤 대상이 본디 띠고 있는

빛깔. ¶ 단물이 다 빠진 낡은 옷.

단물² * ① 단맛이 나는 물. ✽ 설탕물, 꿀물 따위. ② 단물곤물.

단물³ = 민물. ✽ 강물, 냇물, 샘물 따위 칼슘, 마그네슘, 염류가 적은 물.
  ☞ 바닷물. 센물. 짠물.

단물고기 = 민물고기. ✽ 붕어. 잉어. 송사리 따위.
  ☞ 짠물고기. 바닷물고기.

단물곤물 = 단물. ✽ 알짜나 잇속이 있는 부분. ¶ 단물곤물 빼먹고 도망가다.

단물나다 * 옷 따위가 본디의 색깔이 바래도록 낡다.
  ☞ 신물 나다.

단바람에 ⇨ 댓바람에.

단박에 * 그 자리에서 바로. ¶ 단박에 내 목소리를 알아듣다.
  ☞ 단결에. 단방에. 단번에. 단숨에. 대번에.

단방에(單放~) * 단 한 방에. ¶ 단방에 멧돼지를 맞히다.
  ☞ 단박에. 단번에.

단백하다(淡白~) ⇨ 담백하다.

단번에(單番~) * 오직 한 번에. ¶ 일을 단번에 해치우다. 단번에 거절하다.
  ☞ 단방에. 대번에.

단벌(單~) * ① 단거리. ✽ 오직 한 벌의 옷. {단벌옷. 단벌치기} ¶ 단벌 두루마기. 단벌 신사. ② 오직 그것 하나뿐인 물건이나 재료. {단벌책.}
  ☞ 홑벌.

단벌가다(單~) = 으뜸가다. 일등가다. 제일가다. 첫째가다. ✽ 첫손 꼽다.

다.

단보(段步) ㉮ ⇨ 마지기. ✽ 논밭의 넓이를 나타내는 하나치.

단본(端本) ㉮ ⇨ 낙질. 낙길.

단봉낙타(單峰駱駝) = 단봉약대. 단봉타. 외몬다위. ✽ 짐승 이름.
  ☞ 쌍봉낙타. 쌍봉약대.

단세포선(單細胞腺) ㉮ ⇨ 홑샘. ✽ 홑세포샘.

단소(短所) ㉮ ⇨ 결점. 흠. ✽ 모자란 데.

단속(團束) * 당조짐. {끝단속. 몸단속. 문단속. 입단속. 집단속.}
  ☞ 잡도리.

단손(單~) * ① 단지 한 번 쓰는 손. ¶ 큰 바위를 단손에 들다. ② 혼잣손.

단수(端數) ㉮ ⇨ ① 우수리. ② 끝수.

단순승수(單純乘數) ㉮ ⇨ 홑곱수.

단순화시키다(單純化~) ⇨ 단순하게 하다. ✽ 단순화하다.

단숨에(單~) = 단걸음에. 한숨에. ✽ 쉬지 않고 곧장. ¶ 단숨에 마시다.
  ☞ 단결에. 단박에.

단스 〔箪笥〕 ㉮ ⇨ ① 서랍장. ② 옷장. 장롱.

단신(單身) * ① 부모, 형제 따위 딸린 사람이 없는 혼자의 몸. 홀몸. ¶ 단신으로 월남하다. ② 혼자. ¶ 단신으로 적진 속으로 뛰어들다.
  ☞ 독신.

단어(單語) ㉮ ⇨ 낱말.
  ☞ 어휘. 용어.

단언하다(斷言~) * 잘라 말하다. ¶ 쉽게 단언하는 사람은 믿을 수 없다.
  ☞ 단정하다.[1]

단연코(斷然~) = 단연. 단연히. ¶ 단

연코 앞선다. 단연코 으뜸이다.

단오(端午) = 단옷날. 수리. 수릿날. ⁑ 우리 명절의 하나. {단오놀이. 단오등띄우기. 단오떡. 단오맞이. 단오부채. 단오빔. 단오장. 단오첩.}
☞ 대보름. 유두. 추석. 칠석. 한식.

단오절(端午節) = 천중절. 단오 명절. ⁑ 음력 오월 오일.

단위(單位) [왜] ⇨ 하나치. ⁑ 앞말과 띄어 쓰되 다만 차례를 나타낼 때와 아라비아숫자와 어울릴 때는 붙여 쓸 수 있음. ¶ 두 시 삼십 분 오십일 초. 제일과. 삼 학년. 육 층. 2대째. 3동 403호. 12개. 7미터. 80원.

단자꽂이(團子~) [왜] ⇨ 경단꽂이. ⁑ 꿰꽂이의 하나.

단자병(團子餠) [왜] ⇨ 경단.

단작노리개(單作~) * 여자의 옷에 다는, 술이 한 가닥인 노리개.
☞ 삼작노리개.

단잠 * 아주 달게 자는 잠. ¶ 단잠을 깨우다. 단잠을 자다.
☞ 선잠.

단장(丹粧) * 손질하여 곱게 꾸밈. {머리단장. 몸단장. 분단장. 단장하다.}
☞ 치장. 화장.

단점(短點) * 잘못이나 모자란 것과 상관없이 부정적인 점. ¶ 단점을 들추다. 이 차는 기름이 많이 드는 단점이 있다. 그는 너무 소심한 단점이 있다.
☞ 결점. 약점.

단정하다[1](斷定~) * 딱 잘라 정하다. ¶ 단정을 내리다. 단정을 짓다.
☞ 단언하다.

단정하다[2](端正~) * 옷차림새나 몸가짐이 얌전하고 바르다. ¶ 단정한 몸가짐.
☞ 방정하다.

단조로와(單調~) ⇨ 단조로워. ⁑ ㅂ벗어난풀이씨.

단조로히(單調~) ⇨ 단조로이. ⁑ 단조롭다.

단지[1] * ①목이 짧고 배가 부른 작은 항아리. {꿀단지. 반찬단지. 보물단지. 부항단지. 약단지.} {신줏단지. 용단지.} ¶ 목 단지. 뼈 단지. 조상단지. ②그러한 사람. {눈물단지. 애물단지. 요물단지.}
☞ 독. 바탱이. 항아리.

단지[2](但只) * 어느 정도에 한계를 둠. ¶ 말은 하지 않고 단지 눈만 껌벅거릴 뿐이다. 구경꾼은 단지 셋뿐이다.
☞ 다만. 단. 오직.

단지[3](團地) [왜] ⇨ ①지역. ¶ 아파트 지역. ②지구. ¶ 공업 지구. 사업 지구. ③마을. ¶ 예술인 마을. 연극인 마을.

단차(段車) [왜] ⇨ 층도르래.

단초(端初) [왜] ⇨ 실마리. ⁑ 단서.

단촐하다 ⇨ 단출하다. ⁑ ①식구가 적다. ②간편하다.

단축시키다(短縮~) ⇨ 줄이다. ⁑ 단축하다.

단춧고 ⇨ 단춧고리. ¶ 단춧고리에 단추를 꿰다.

단침[1] = 군침. ⁑ 공연히 입 안에 도는 침.

단침[2](短針) [왜] ⇨ 짧은바늘. 짧은침. ⁑ 시계의 시침.

☞ 장침.

단카(당가)〔擔架〕❀ ⇨ 들것.

단판걸이(單~) * 단 한 판에 승부를 내는 일. ¶ 이번 경기는 단판걸이다. ☞ 삼판양승.

단푸카〔dump car〕❀ ⇨ 덤프차. 덤프트럭. ⁑ 흙짐차.

단합하다(團合~) ❀ ⇨ 뭉치다. ⁑ 단결하다.

닫거라 ⇨ 닫아라. ⁑ 맺음끝 ‘~거라’는 ‘가다’에만 붙음.

닫게되다 ⇨ 닫게 되다.

닫다¹ * ①열린 문짝, 뚜껑, 서랍을 제자리로 가게 하여 막다. ¶ 문을 닫다. ②가게나 일을 그만두다. ¶ 가게를 닫다. ③입을 다물다. ¶ 입을 닫다. ☞ 닿다. 막다.

닫다² * 빨리 뛰어가다. ¶ 아무리 빨리 닫는다 해도 짐승의 발을 따를 수는 없다. ⁑ 닫고. 닫는. 달아. 달으니. ☞ 달리다.³

닫아라 * ‘닫다’의 바로 시킴꼴. ¶ “창문을 닫아라.”라고 했다.

닫으라 * ‘닫다’의 건너 시킴꼴. ¶ 창문을 닫으라고 하다.

닫치다 * ①세게 닫거나 꼭꼭 닫다. ⁑ 문짝. 뚜껑. ②입을 굳게 다물다. ☞ 다치다. 닥치다. 닫히다. 닿치다.

닫혀지다 ⇨ 닫히다.

닫히다 * ‘닫다’의 입음. ¶ 바람이 불어서 자꾸 문이 닫힌다. ☞ 다치다. 닫치다. 닿치다.

달¹〔月〕* 지구에 딸린 달별. {달고리. 달구경. 달그림자. 달기둥. 달꼴. 달나라. 달넘이. 달님. 달돋이. 달돌. 달떡. 달로켓. 달무늬. 달무리. 달밤. 달별. 달빛. 달안개. 달차.} {그믐달. 그믐반달. 반달. 보름달. 상현달. 새벽달. 온달. 저녁달. 조각달. 초승달. 하현달.} {으스름달. 지새는달.}

달²〔月〕* ①서른 날 동안. {달나이. 달돈. 달머슴. 달물. 달붓기. 달삯. 달수. 달장근. 달초생. 달풀이. 달품.} {작은달. 큰달.} {이달. 제달. 지난달. 지지난달.} ⁑ 정월. 이월. 삼월. 사월. 오월(깐깐오월). 유월(미끈유월). 칠월(어정칠월). 팔월(건들팔월. 동동팔월). 구월. 시월. 동짓달. 섣달. ②하나치. ¶ 한 달. 두 달. 몇 달.

~달³ = ~다 할. ¶ 이곳에서 살겠달 사람이 있을까?

달각 = 달가닥. 〈 덜걱. 덜거덕. ¶ 부엌에서 달각 소리가 나다.

달갑찮다 ⇨ 달갑잖다. 달갑지 않다. ⁑ ‘~잖다’는 ‘~지 않다’의 준말임.

달강 = 달가당. 〈 덜겅. 덜거덩.

달개 * 원채의 처마끝에 잇대어 짓거나 차양을 달아 잇대어 지은 칸. ☞ 까대기. 의지간.

달개다 ⇨ 달래다.

달개비 = 닭의장풀. 달기씨개비. 닭의밑씻개. 닭의씻개비. ⁑ 풀 이름.

달개집 * ①원채의 처마끝에 지붕을 덧달아 이어 내린 집. ②몸채의 뒤편 모서리에 낮게 지은 외양간. ☞ 달개.

달거리¹ * ①몸. ⁑ 월경. ②한 달에 한 번씩 앓는 전염성 열병.

달거리² * 한 달 걸러. ✽ 격월. ¶ 달거리로 만나다. 책을 달거리로 내다.

달거리³ = 월령체. ✽ 한 해의 열두 달을 차례에 따라 노래한 형식.

달겨들다 ⇨ 달려들다.

달구 * 땅을 다지는 데 쓰는 연모. {목달구. 쇠달구. 달구질하다.}
☞ 지경돌.

달구노래 = 달구놀이. ✽ 무덤이나 집터에 달구질을 하면서 부르는 노래.
☞ 달구소리.

달구리¹ * 이른 새벽. ✽ 닭이 울 때.

달구리² * 올벼의 한 가지.
☞ 다리.² 닭의장.

달구소리 = 달구질소리. 회방아소리. 회다지소리. ✽ 경기 민요 이름.
☞ 달구노래.

달구지 = 마소수레. ✽ ① 소나 말이 끄는 짐수레. {소달구지.} {달구지꾼.} ¶ 달구지 한 대. ② 하나치. ¶ 볏단 두 달구지.
☞ 도롱태. 수레.

달구치다 * 무엇을 알아내거나 어떤 일을 재촉하려고 꼼짝 못하게 몰아치다. ¶ 생사람을 달구치다. 아무리 달구쳐도 소용없다.
☞ 다그치다.

달다¹ * ① 저울로 무게를 알아보다. ② 사람 됨됨이를 떠보다.
☞ 재다.¹

달다² * 매거나 붙여, 떨어지지 않게 하다. ¶ 돛을 달다. 단추를 달다.
☞ 꿰매다. 붙이다.³ 차다.³

달다³ * 뜨거워지다. ¶ 쇠가 벌겋게 달다. 얼굴이 화끈 달다. 마음이 달다.

달다⁴ * 설탕 맛이나 꿀맛과 같은 느낌이 나다.
☞ 달콤하다. 달착지근하다.

달달이 ⇨ 다달이. 달마다.

달덩어리 = 달덩이. ✽ ① 둥근 달. ② 둥글고 훤하게 생긴 얼굴.

달동네 = 산동네. ✽ 산등성이에 가난한 사람들이 모여 사는 동네.

달디달다 ⇨ 다디달다. ✽ ㄴ, ㄷ, ㅅ, ㅈ 앞에서는 ㄹ이 줆.

달뜨다 〈 들뜨다. ✽ 마음이 가라앉지 않고 흥분되다.

달 뜨다 * 달이 솟아오르다. ¶ 뒷동산에 달이 뜨다.

달라 * '달라다'의 건너 시킴꼴. ¶ 자유를 달라는 외침이 점점 높아지다.
☞ 다오.

달라다 = 달라고 하다.

달라들다 ⇨ 달려들다.

달라져가다 ⇨ 달라져 가다.

달라하다 ⇨ 달라다. 달라고 하다.

달래다 * ① 마음을 가라앉히다. ✽ 아랫사람이나 저에게 스스로 하는 말. ¶ 우는 아이를 달래다. 울분을 달래다. 향수를 달래다. 슬픔을 술로 달래다. ② 남을 좋고 옳은 말로 잘 이끌어 꾀다. ¶ 떼쓰는 사람을 겨우 달래다.
☞ 타이르다. 삶다.¹ 달라다.

달러(dollar) * 돈의 하나치. ✽ 아메리카, 캐나다, 오스트레일리아, 뉴질랜드, 홍콩, 싱가포르에서 씀. ¶ 10달러. 200달러.
☞ 바트. 엔.¹ 위안. 원.¹ 유로. 파운드. 프랑.

달러붙다 ⇨ 달라붙다.

달력(~曆) * 달, 날, 요일 따위를 적어 놓은 종이. ‡ 로마력. 마야력. 율리우스력. 이슬람력. 태양력(양력). 태음력(음력).
　☞ 책력.

달롱개 ⇨ 달래. 들달래. ‡ 산나물의 하나.

달르다 ⇨ 다르다.

달리다¹ * ① 힘이나 재주가 모자라다. ② 돈, 물건이 뒤를 잇대지 못하다.
　☞ 부치다.⁵

달리다² * ① '달다'의 입음. ‡ 동행하거나 거느리게 하다. ¶ 아이가 주렁주렁 달리다. ②어떤 관계에 좌우되다. ¶ 성패는 노력에 달리다.
　☞ 딸리다.²

달리다³ * '닫다'의 하임. ‡ 빠르게 앞으로 나아가다.
　☞ 닫다.² 뛰다.²

달리하다 ¶ 생각을 달리하다. ¶ 유명을 달리하다.
　☞ 같이하다.

달맞이 = 달마중. {달맞이하다.} ¶ 달맞이 가다.

달무리 * 달 언저리에 생긴 둥그런 테. ‡ 월훈. ¶ 달무리 서다. 달무리 지다.
　☞ 밝무리. 햇무리.

달변¹(~邊) * 달로 계산하여 무는 길미. ‡ 월리.
　☞ 날변.

달변²(達辯) ⓦ ⇨ 능변. ‡ 막힘이 없는 말.

달변가(達辯家) ⓦ ⇨ 능변가.

달별 * 떠돌이별의 둘레를 도는 별. 위성. ‡ 지구 1개, 화성 2개, 목성 16개, 토성 21개, 천왕성 5개, 해왕성 2개임.
　☞ 떠돌이별. 별똥별. 붙박이별. 살별.

달보 ⇨ 딸보. ‡ ① 속이 좁은 사람. ② 키도 작고 몸집도 작은 사람.

달붙다 = 달라붙다.

달비 ⇨ 다리. ‡ 딴머리.

달비계 = 그네비계. ‡ 높은 집의 벽을 손보려고 지붕에서 달아 내린 비계.
　☞ 비계.²

달성케(達成~) = 달성하게. ‡ 울림소리 뒤에서는 ' ㅏ'만 줆.

달셋방(~貰房) ⇨ 사글셋방.

달아가다 ⇨ 달려가다.

달아나다 * 빠르게 달려 잡을 수 없는 곳으로 멀리 가다. ¶ 달아나 버리다.
　☞ 도망가다.

달아라 * '달다'의 바로 시킴꼴. ¶ "한글날에는 국기를 달아라."라고 말했다.
　☞ 달라.

달아매다 * ① 높이 잡아매어 처지게 하다. ¶ 그네를 높은 나무에 달아매다. ② 달아나지 못하게 무엇에 묶다. ¶ 소를 말뚝에 달아매다.
　☞ 매달다.

달아보다 * 이모저모를 따져 보거나 재어 보다. ¶ 사람의 됨됨이를 달아보다.

달아 보다 ¶ 저울에 몸무게를 달아 보다.

달아붙다 ⇨ 달라붙다.

달아오다 ⇨ 달려오다.

달아지다 ⇨ 매달리다. 달리다.

달음질 = 담박질. 달음박질. ✱ 급히 뛰어 달려감. {반달음질. 잔달음질. 줄달음질.} {달음질치다. 달음질하다.} ¶ 쏜살같이 달음질쳐 내려가다.
　☞ 뜀박질.

달이다 ✱ 끓여서 국물을 진하게 만들거나 우러나게 하다. ✲ 한약. 간장. 젓.
　☞ 끓이다. 다리다.

달장 ✱ 날짜로 거의 한 달 동안. ¶ 일을 끝내는 데에 달장이나 걸린다.
　☞ 달포.

달집사르기 = 달집태우기. ✱ 음력 정월 대보름날에 하는 민속.

달착지근하다 ✱ 단맛이 조금 들어 있다.
　☞ 달콤하다.

달칵거리다 = 달카닥거리다.

달캉거리다 = 달카당거리다.

달콤하다 ✱ 단맛이 많이 들어 있다.
　☞ 달다.⁴ 달착지근하다.

달포 ✱ 한 달이 조금 넘는 동안. ✲ 월여. ¶ 집을 떠난 지 달포 가량 지나다.
　☞ 달장. 날포. 해포.

달품¹ ✱ 달뿌리풀의 꽃.

달품² ✱ 한 달에 얼마씩 품삯을 받기로 하고 파는 품. ¶ 달품을 팔다.
　☞ 날품.

닭 ✱ 꿩과의 새. {닭고기. 닭고집. 닭기름. 닭김치. 닭날. 닭니. 닭둥우리. 닭똥. 닭똥집. 닭띠. 닭발. 닭살. 닭서리. 닭싸움. 닭쌈. 닭울음점. 닭의홰. 닭장. 닭장차. 닭점. 닭털니. 닭해.}
{고기닭. 싸움닭. 씨암닭. 알닭.} {댓닭. 묵은닭. 중닭. 햇닭. 촌닭. 토종닭.} {낮닭. 새벽닭. 저녁닭. 첫닭.} {수탉. 암탉.} {닭백숙. 닭저냐. 닭적. 닭전골. 닭조림. 닭죽. 닭찜. 닭튀김.} {통닭. 통닭구이. 통닭집. 통닭찜.} {닭잦추다. 닭치기. 닭치다.}

닭계장 ⇨ 닭개장. ✱ 닭고기로 개장국처럼 끓인 국.
　☞ 개장. 육개장.

닭고깃국 ⇨ 닭국.

닭곰 ✱ 닭을 고아서 만든 국.

닭곰탕 ✱ 닭곰에 밥을 만 먹거리.

닭다리 = 권총. ✲ 변말.

닭대가리 ✱ 기억력이 좋지 못하고 어리석은 사람.

닭도리탕(~湯)㉥ ⇨ 닭고기볶음. 닭고기조림.

닭똥〔鷄糞〕 = 닭의똥.

닭띠 해 ⇨ 닭해. 닭의 해.

닭벼슬 ⇨ 볏.

닭알 ⇨ 달걀.

닭어리 ⇨ 닭의어리. ✲ 둥우리 모양이나 우산을 반쯤 펴 놓은 모양으로 생김.

닭오리 ✱ 여자로 꾸민 남자 접대원. ✲ 변말.

닭울녘 ⇨ 달구리. ✲ 이른 새벽.

닭울이 ⇨ 달구리.

닭의똥〔鷄糞〕 = 닭똥.

닭의어리 ✱ 나뭇가지나 싸리로 얽어 닭을 가두어 두는 어리.
　☞ 어리.

닭의장 = 닭장. ✲ 닭을 가두어 두는 장.

닭의장풀 = 달개비. 달기씨깨비. 닭의밑씻개. 닭의씻개비. ✲ 풀 이름.

닮다 * 생김새, 움직임, 성질이 비슷하다. ¶ 아들이 아비를 닮다.
　☞ 비슷하다.

닮아 있다 ⇨ 닮다. 닮았다.

닮은비(~比) = 닮음비. * 수학.

닳다 * 오래 써서 조금씩 떨어져 나가다. ¶ 닳고 닳다. 신발이 닳다.
　☞ 갈리다.⁴

닳아먹다 = 닳아빠지다. * 세파에 시달려서 성질이나 생각이 몹시 약다.
　☞ 대끼다.

닳아지다 ⇨ 닳다.

담¹ = 다음. ¶ 담 차례는 장기 자랑이다.

담² = 담장. * 흙, 돌, 벽돌로 집 둘레를 둘러막은 것. {담집.} {강담. 바깥담. 돌담. 흙담.} {담쌓다.} ¶ 담 구멍. 담 모퉁이. 담 밑. 담 밖. 담 안. 담 위. 담 쪽. ¶ 담을 넘다. 담을 두르다. 담을 지다. 담을 치다.
　☞ 벽.² 울. 울타리. 바자울.

담가(擔架) ㉿ ⇨ 들것.

담가라¹ * '담그다'의 바로 시킴꼴. ¶ "술은 미리 담가라."라고 하셨다.
　☞ 담그라. 담아라.

담가라² = 담가라말. * 털빛이 거무스름한 말.

담겨지다 ⇨ 담기다.

담구다 ⇨ 담그다. * 김장. 김치. 간장. 된장. 술. 젓.

담군(擔軍) ㉿ ⇨ 짐꾼.

담궜다 ⇨ 담갔다. * 담그다.

담그다¹ * 다시 끄집어내기로 하고 물 속에 넣다. ¶ 개울물에 발을 담그다.

담그다² * 김장, 김치, 간장, 된장, 술, 젓갈을 만들다. * 담근. 담금. 담가.
　☞ 담다.

담그라 * '담그다'의 건너 시킴꼴. ¶ 김치는 집에서 담그라고 하셨다.
　☞ 담가라.

담금질 * ①달군 쇠를 찬물이나 기름에 갑자기 담가 단단하게 하는 일. ②모질게 닦달하는 일. ③끊임없이 훈련하는 일. {담금질하다.}
　☞ 단근질. 불림. 스루다. 주리질.

담기다¹ * '담그다'의 입음. ¶ 매실이 소주에 담기다. 시냇물에 담긴 발.

담기다² * '담다'의 입음. ¶ 광주리에 담긴 옥수수. 정성이 담긴 선물.

담 너머 * 담 저쪽. ¶ 담 너머에서 싸우는 소리가 들리다.

담 넘어 ¶ 도둑이 담 넘어 달아나다.

담녹색(淡綠色) = 담록. * 엷은 녹색.

담뇨(毯~) ⇨ 담요.

담님(擔任) ⇨ 담임. {담임교사. 담임 선생.}

담다 * ①그릇 속에 무엇을 넣다. ②말, 글, 그림, 표정 안에 어떤 생각을 나타내다. ③말, 욕을 입에 올린다. * 담고. 담는. 담지. 담으니. 담아. 담아서.
　☞ 넣다. 담그다.²

담록색(淡綠色) ⇨ 담녹색.

담마진(蕁麻疹) ㉿ ⇨ 두드러기. * 병 이름.

담바고타령 ⇨ 담바귀 타령. * 민요의 하나.

담박 ⇨ 단박.

담박질 = 달음박질. 달음질.
　☞ 뜀질.

담박하다(淡泊~) = 담백하다. ¶ 담박한 성격. 담박한 맛. 담박한 색.

담방담방 〈 덤벙덤벙. ‡ 물건이 물에 떨어지는 소리.

담배 * 담뱃잎으로 만들어 사람이 즐기는 물건. ‡ 살담배, 잎담배, 궐련 따위가 있음. {담배밭. 담배쌈지. 담배씨. 담배질. 담배치기. 담배합(담뱃서랍). 담뱃가루. 담뱃갑. 담뱃값. 담뱃불. 담뱃세. 담뱃잎. 담뱃재. 담뱃진.} {맞담배. 줄담배. 횟담배.} {쇠털담배(소털담배). 씹는담배. 코담배. 풋담배.} ¶ 담배 농사. 담배 연기. ¶ 담배 한 개비. 담배 두 갑.

담배꼬투리 = 꼬투리. ‡ 마른 담뱃잎의 단단한 줄기.
　☞ 꼬투리.³

담배꽁초 = 꽁초. ‡ 피우다가 남은 담배 도막.

담배물부리 * 담뱃대에서 입에 물고 빠는 부분.
　☞ 담배통.² 대통. 물부리.² 빨부리.

담배설대 = 설대. ‡ 담배통과 물부리 사이에 끼워 맞추는 대나무.

담배통¹ * 살담배를 넣어두는 통.

담배통² = 대통. ‡ 담뱃대에 끼워 담배를 담는 연모.

담배풀 ⇨ 여우오줌풀. ‡ 풀 이름.

담배를 피다 ⇨ 담배를 피우다.

담백하다(淡白~) = 담박하다.

담뱃대 * 살담배를 피우는 연모.
　☞ 곰방대. 장죽(긴대). 조대. 짜른대.

담뱃재떨이 = 재떨이.

담벽 ⇨ 담벼락.

담북장(~醬) = 청국장.

담불¹ * ①높이 쌓아 놓은 나무나 곡식 무더기. ②하나치. ‡ 벼 백 섬.

담불² = 여름. 열름. ‡ 집짐승의 나이 열 살.

담뿍 = 담뿍이 〈 듬뿍. 듬뿍이. ‡ 넘칠 정도로 가득.

담싹 ⇨ 답삭. ‡ 왈칵 달려들어 냉큼 물거나 움켜잡는 모양.

담쏙 〈 듬쑥. ‡ 손으로 탐스럽게 쥐거나 팔로 정답게 안는 모양. ¶ 담쏙 껴안다. 담쏙 받아들다.

담아라 * '담다'의 바로 시킴꼴. ¶ "가마니에 쌀을 담아라."고 하신다.

담으라 * '담다'의 건너 시킴꼴. ¶ 글 속에 마음을 담으라는 말씀이 생각난다.
　☞ 담가라.¹

담은감 ⇨ 우린감. ‡ 소금물에 담가서 떫은맛을 없앤 감.

담장(~墻) = 담. ¶ 담장 가. 담장 밑. 담장 밖. 담을 쌓다.
　☞ 울.

담장이 = 토담장이. ‡ 토담을 전문으로 쌓는 사람.

담쟁이¹ = ①담쟁이덩굴. ②줄사철나무. ‡ 나무 이름.

담쟁이² * ①살갗병을 앓는 사람. ②담병을 앓는 사람.

담치 = 참담치. 섭조개. ‡ 홍합.

담타기 〈 덤터기. ‡ ①남에게 넘겨씌우거나 넘겨받은 허물이나 걱정거리. ②억울하게 덮어쓴 더러운 이름. ¶ 담타기를 쓰다. 담타기를 씌우다.
　☞ 안다미.

담판을 짓다(談判~) = 담판을 내다.

담판을 벌이다. ⁑ 담판하다.

담합청부(談合請負) ㊊ ⇨ 짬짜미 도급.

담합하다(談合〜) ㊊ ⇨ 짬짜미하다.
통짜다. 입맞추다.

담합행위(談合行爲) ㊊ ⇨ 짬짜미.

담후청(曇後晴) ㊊ ⇨ 흐린 뒤 맑음.

답난(答欄) ⇨ 답칸. 답란. ⁑ 한자말에
서는 '란'임.

〜답다 ⁑ 이름씨를 그림씨로 만듦. {꽃
답다. 남자답다. 사람답다. 사내답
다. 어른답다. 여자답다. 정답다. 참
답다. 학자답다. 선생님답다.} ⁑ 마
땅히 보여줄 자신의 자격이나 품위
나 특성을 나타내는 말. ¶ 저 녀석은
사내답다.

☞ 〜스럽다. 같다.

답답고 = 답답하고. ⁑ 안울림소리 뒤
에는 '하'가 줆.

답답다 = 답답하다. ⁑ 안울림소리 뒤
에는 '하'가 줆.

답답이 ⁑ 생각이나 행동이 갑갑하게
보이는 사람.

☞ 답답히.

답답찮다 ⇨ 답답잖다. 답답하지 않다.
⁑ 안울림소리 뒤에는 '하'가 줆.

답답치 ⇨ 답답지. 답답하지. ⁑ 안울림
소리 뒤에는 '하'가 줆.

답답코 ⇨ 답답고. 답답하고. ⁑ 안울림
소리 뒤에는 '하'가 줆.

답답타 ⇨ 답답다. 답답하다. ⁑ 안울림
소리 뒤에는 '하'가 줆.

답답히 ⁑ 답답하게. ¶ 사정은 불쌍하나
돈이 없으니 답답히 보고만 있다.

☞ 답답이.

답사길(踏査〜) ⇨ 답삿길. ¶ 고구려

유적 답삿길에 오르다.

답삭 〈 덥석. ⁑ 냉큼 물거나 움켜잡는
모양. ¶ 손을 답삭 잡는다.

답삭나룻 〈 탑삭나룻 〈 텁석나룻. ⁑ 짧
고 다보록하게 난 수염.

답습하다(踏襲〜) = 도습하다. ⁑ 지난
날의 방식이나 수법을 그대로 좇다.

답신(答申) ㊊ ⇨ 답장. 대답.

답싹 ⇨ 답삭.

답전작(畓前作) ⇨ 논앞그루.

답절(踏切. 후미끼리) ㊊ ⇨ 건널목.

답정굿(踏庭〜) = 지신밟기. 뜰밟기.
뜰밟이. 마당밟이. ⁑ 민속.

답청절(踏靑節) = 삼짇날. ⁑ 민속.

닷 〔五〕〔매〕 ⁑ 하나치 '근, 냥, 돈, 되,
마지기, 말, 발, 섬, 푼' 앞에 씀.

☞ 다섯. 댓.

닷새 ⁑ ① 다섯 날. ② 초닷샛날. {열닷
샛날. 스무닷샛날.}

☞ 댓새.

닷샛날 ⁑ ① 초닷샛날. ② 다섯째 날.

당가〔擔架〕㊊ ⇨ 들것.

당겨쓰다 ⁑ 본디 쓰기로 한 때보다 미
리 쓰다. ⁑ 시간. ¶ 다음달 생활비를
이달에 좀 당겨썼다.

당겨 쓰다 ⁑ 물건을 앞으로 가까이 끌
어와 쓰다. ⁑ 공간.

당고금(唐〜) = 이틀거리. 학질. ⁑ 말
라리아.

당골 ⇨ 단골. 단골손님.

당구다이〔撞球臺〕㊊ ⇨ 당구대.

당그다 ⇨ 담그다.

당그래 ⇨ 고무래.

당근 ⁑ 두해살이풀 이름. {당근누름
적. 당근밭.} ⁑ 뿌리채소의 하나.

☞ 홍당무.

당금질 ⇨ ①단근질. ②담금질.

당기다 * ①끌어당기다. ②입맛이 나다. ¶ 입맛이 당기다. ③마음이 끌리다. ¶ 호기심이 당기다. ④앞당기다. ⑤잡아당기다.
  ☞ 끌다. 댕기다. 땅기다.

당길문(~門) * 밖에서 잡아당겨 여는 문.
  ☞ 가로닫이. 내리닫이. 미닫이. 여닫이.

당길손 * 대팻집의 아래쪽에 붙은 손잡이.
  ☞ 대팻손.

당길힘 ⇨ 당길심. * 제게로만 끌어당기려는 욕심.

당꼬마 = 땅꼬마. * 키가 아주 작은 사람.

당나귀 = 나귀. * 집짐승 이름. {수탕나귀. 암탕나귀.} ¶ 당나귀 귀.

당내 * ①자신이 살아 있는 동안. ②벼슬을 하고 있는 동안.
  ☞ 당대.

당뇻병(糖尿病) ⇨ 당뇨병.

당달봉사(~奉事) = ①청맹과니. 뜬소경. ②눈뜬장님.
  ☞ 봉사.¹ 소경. 눈뜬장님.

당대(當代) * ①일이 있는 바로 그 시대. ②이 시대. ③사람의 한평생.
  ☞ 당내.

당목(唐木) = 당목면. 생목. 서양목. * 무명으로 짠 천.

당부하다(當付~) * 말로써 단단히 부탁하다. * 아랫사람에게 쓰는 말. ¶ 몸을 조심하라고 당부하다. 비밀

을 지키라고 당부하다.
  ☞ 부탁하다.

당분간(當分間) ㉑ ⇨ 얼마 동안.

당사자(當事者) * 어떤 일에 직접 관계가 있거나 관계한 사람. ¶ 당사자에게 직접 물어보다. 당사자끼리 해결하라고 해라.
  ☞ 장본인. 주인공.

당소(當所) ㉑ ⇨ 이곳.

당수¹ * 쌀, 좁쌀, 보리, 녹두, 메밀가루를 술에 타서 미음처럼 끓인 음식.

당수²(唐手) ㉑ ⇨ 가라테. * 니혼 무술의 하나.

당수도(唐手道) ㉑ ⇨ 태권도.

당신 * ①부부가 서로 부르는 말. ②듣는 이를 높여 부르는 말. ¶ 당신은 누구이십니까? ③자신을 높여 부르는 말. ¶ 아버지는 당신의 책을 소중히 간수하셨다. ④맞선 사람을 낮추는 말. ¶ 당신이 뭔데 나서나!
  ☞ 너.¹ 저.¹ 자기.¹ 자네.

당실당실 〈 덩실덩실. * 신이 나서 흥겹게 춤을 추는 모양.

당연도(當年度) ⇨ 그해.

당용한자(當用漢字) * 니혼에서 쓰도록 정한 한문글자. * 1,945글자임.
  ☞ 간체자. 대용자. 번체자. 상용한자. 속자. 약자.

당잖다(當~) ⇨ 당찮다. * 말이나 행동이 이치에 마땅하거나 적당하지 않다.

당조짐하다 * 정신을 차리도록 단단히 단속하고 조이다.
  ☞ 잡도리하다. 다조지다.

당줄 = 망건당줄. * 망건에 달린 줄.

{아랫당줄. 윗당줄.}
당지기(堂~) * 당집이나 사당을 지키는 사람.
☞ 고지기. 뫼지기. 묘지기. 문지기. 산지기.
당처[1](當處) * ① 이곳. ② 바로 그곳.
당처[2](當處) [왜] ⇨ 명자리. ⁑ 급소.
당철[1](當~) ⇨ ① 제철. ② 알맞은 철.
당철[2](唐綴) [왜] ⇨ 끈매기. ⁑ 서류나 책.
당초[1](當初) = 애당초. ⁑ 일을 시작한 맨 처음. ¶ 당초의 생각과 다르다.
☞ 당최. 애초.
당초[2](唐草) [왜] ⇨ 덩굴무늬.
당초매듭(唐草~) [왜] ⇨ 덩굴무늬 매듭.
당초문(唐草紋) [왜] ⇨ 덩굴무늬.
당초와(唐草瓦) [왜] ⇨ 만달기와. ⁑ 덩굴무늬를 그린 기와.
당초회(唐草繪) [왜] ⇨ 만달. ⁑ 덩굴이 얽힌 모양을 나타낸 그림.
당최 = 도무지. 영. ⁑ 부정하는 말과 함께. ¶ 무슨 말인지 당최 모르겠다.
☞ 당초.[1]
당치다 * 꼭꼭 다지다. ¶ 곰방대에 담뱃가루를 당쳐 넣었다.
☞ 다지다.[2]
당피리(唐~) * 당악기의 하나.
☞ 향피리.
당하다[1](當~) * ① 해를 입다. ¶ 사기꾼에게 당하다. ② 좋지 못한 일을 겪다. ¶ 교통사고를 당하다. ③ 이르러서 맞닿다. ¶ 제철을 당하면 산나물이 상 위에 오른다. ④ 넉넉히 이겨내다. ¶ 당해 낼 사람이 없다.
☞ 겪다. ~받다.[5] 입다.[2]
~당하다[2](~當~) * 이름씨를 입음 움직씨로. {거부당하다. 거절당하다. 무시당하다. 문책당하다. 설득당하다. 이용당하다. 체포당하다. 혹사당하다.}
당혹하다(當惑~) [왜] ⇨ 당황하다.
당황하다(唐慌~) * 어쩔 줄 모르다. ¶ 엉뚱한 짓으로 사람을 당황하게 하다.
☞ 황당하다.
닻 * 배를 한곳에 머무르도록 물속에 넣는 쇠갈고리. {닻가지. 닻감개. 닻걸이. 닻고리. 닻돌. 닻밭. 닻별. 닻뿌리. 닻사슬. 닻잡이. 닻장. 닻줄. 닻채. 닻혀. 닻혹구.} ¶ 닻을 감다. 닻을 올리다. 닻을 주다.
☞ 몽깃돌.
닻낚 = 닻낚시. ⁑ 묶어 놓은 배에서 하는 낚시.
☞ 낚시.
닻봉 = 키봉돌. ⁑ 키가 달린 봉돌.
닻줄 = 몰잇줄. ⁑ 닻을 매다는 줄.
닿다[1] * ① 움직이는 대상에 다른 것이 부딪다. ¶ 자동차 옆쪽에 자전거가 닿아 흠이 가다. ② 가까워져 틈이 없게 되다. ¶ 천장에 손이 닿다.
☞ 붙다. 스치다.
닿다[2] * 마음먹은 곳에 가게 되다. ⁑ 도달하다. ¶ 두 시쯤 서울에 닿다.
☞ 다다르다. 이르다.[1]
닿다[3] * 남의 세력에 등을 대게 되다. ¶ 깡패와 손이 닿는 사람이다.
☞ 닫다.
~닿다[4] = ~다랗다. {기닿다. 기다랗다. 곱닿다. 곱다랗다.}
닿소리 * 홀소리와 만나야 소리를 낼

수 있는 낱소리. ✽ 홑닿소리　15자
와 겹닿소리 15자, 모두 30자 임.
☞ 홀소리.

닿소리 14의 차례와 이름 읽기 ✽
　기역이 →기여기. 니은이 →니으니.
　디귿이 →디그시. 리을이 →이으리.
　미음이 →미으미. 비읍이 →비으비.
　시옷이 →시오시. 이응이 →이응이.
　지읒이 →지으시. 치읓이 →치으시.
　키읔이 →키으기. 티읕이 →티으시.
　피읖이 →피으비. 히읗이 →히으시.

닿치다 * 물체와 물체가 세차게 마주
닿다.
　☞ 닫치다. 닫히다.

대¹ 〔五〕〔매〕 * 다섯. ✽ 하나치 '자' 앞
에 씀. ¶ 길이가 대 자나 된다.
　☞ 닷.

대² * 마음 씀씀이나 의지. ¶ 대가 세
다. 대가 여리다.

대³ * ① 풀의 줄기. {수숫대.} ② 가늘
고 긴 막대.

대⁴ = 담뱃대. {곰방대. 긴대. 조대. 짜
른대.} {댓진. 댓집.}

대⁵ 〔竹〕 = 대나무. {대광주리. 대꼬챙
이. 대막대기. 대말. 대물부리. 대바
구니. 대바늘. 대발. 대삿갓. 대삿자
리. 대소쿠리. 대숲. 대오리. 대울타
리. 대자. 대자리. 대작대기. 대지팡
이. 대쪽(댓조각). 대창. 대칼. 댓가
지. 댓개비. 댓고리. 댓구멍. 댓살. 댓
잎. 댓줄기.}

대⁶ * 하나치. ¶ 담배 한 대. 알밤 한
대. 주사 두 대. 갈비 다섯 대.

대⁷(臺) * 하나치. ✽ 경운기, 냉장고, 라
디오, 마차, 버스, 비디오, 비행기, 승

용차, 에어컨, 오디오, 윤전기, 인쇄
기, 전화기, 텔레비전 따위.
　☞ 량.¹ 척.²

~대⁸(~代) * ① 임금의 대수 : 첫째
임금이 제1대, 그 다음이 제2대 임
금. ② 보통 사람의 대수 : 아버지는
1대, 할아버지가 2대조, 증조는 3대
조, 고조는 4대조. 아들이 1대. 손자
는 2대손. 증손은 3대손. 고손은 4
대손.
　☞ 세.⁴

대가¹(對價) * ① 값. ¶ 잘못한 대가를
치르다. ② 삯. ¶ 노력한 대가가 없
다.

대가²(貸家) ㉿ ⇨ 셋집.

대가리¹ * ① 머리. ✽ 낮은말. {중대가
리.} ② 동물의 머리. ¶ 개 대가리.
돼지 대가리. 말 대가리. 새 대가리.
생선 대가리. ③ 길쭉한 물건의 앞이
나 윗부분. ¶ 기차 대가리. 못 대가
리. 콩나물 대가리.
　☞ 머리.¹

~대가리² * 낮춤. {맛대가리. 멋대가리.
재미대가리.}

대가집(大家~) ⇨ 대갓집. ✽ 대대로
세력이 있고 번창한 집안.

대각(大角) * 너비가 30cm 크기로 네
모지게 켠 기다란 나무.
　☞ 소각.

대갈꺾쇠 = 주걱꺾쇠. ✽ 한쪽은 주걱
처럼 생기고 한쪽은 꺾쇠로 된 쇳조
각.

대갈머리 = 대가리. 대갈빡. 대갈빼
기. 대갈통. ✽ 머리의 낮은말.

대감¹ * 집, 터, 나무, 돌 따위에 붙은

귀신. {대감거리. 대감상.} ‡ 무당.

대감²(大監) * 조선 때 정이품 이상의 벼슬아치를 부르는 말. {대감마님.}

대감굿 = 대감놀이. ‡ 무당이 터줏대감을 모시는 굿.

대거리¹(對~) * 언짢은 기분이나 태도로 맞서서 대드는 말이나 일. ¶ 한바탕 대거리를 벌일 것처럼 소리를 질러 댔다.

대거리²(代~) * 일을 시간과 차례에 따라 바꾸어 함. ‡ 교대. {대거리하다.}

대걸레 = 밀걸레. 자루걸레. ‡ 긴 막대 자루가 달린 걸레.
☞ 밀대.

대견하다 * 말이나 행동이 마음에 꼭 들고 자랑스럽다. ‡ 두루 씀. ¶ 대견한 노릇. 아들이 대견하기만 하다. 아버지의 힘을 대견하게 여기다.
☞ 기특하다.

대결(對決) [왜] ⇨ ①맞서기. ②겨루기.

대결장(對決場) [왜] ⇨ 겨룸터. ‡ 겨루는 자리.

대공 ⇨ 대. ‡ 풀의 줄기.

대구지리 [왜] ⇨ 대굿국. 대구탕. 맑은 대굿국. 맑은 대구탕. ‡ 바닷고기.

대국화되다(大國化~) ⇨ 대국이 되다.

대군(大君) * ①조선 시대에 왕후가 낳은 아들을 이르던 말. ¶ 수양 대군. 안평 대군. 양녕 대군. 효령 대군. ②고려 때 왕의 종친에게 주던 벼슬.
☞ 군. 부원군.

대굴대굴 〈 데굴데굴. ‡ 잇따라 구르는 모양. ¶ 공이 대굴대굴 굴러가다.
☞ 대글대글.

대궁 = 대궁밥. ‡ 먹다가 그릇에 남긴 밥. {대궁상. 대궁술.}
☞ 밥찌끼.

대궐(大闕) = 궁. 궁궐. 궁전. ‡ 임금이 사는 집.

대귀(對句) ⇨ 대구. ‡ 비슷한 가락으로 짝지은 두 글귀.

대귀법(對句法) ⇨ 대구법.

대글대글 〈 때글때글. ‡ ①가늘거나 작은 물건 가운데서 몇 개가 드러나게 조금 굵거나 큰 모양. ¶ 손으로 만지는 잣 알갱이의 대글대글한 느낌. ②밥알이 설익었거나 너무 되거나 말라서 꼬들꼬들한 모양.
☞ 대굴대굴.

대금(代金) [왜] ⇨ 값. 돈.

대금업(貸金業) [왜] ⇨ 돈놀이.

대금업자(貸金業者) [왜] ⇨ 돈놀이꾼.

대기실(待機室) [왜] ⇨ 기다림방. 맞이방.

대깔 * 대나무를 잘게 쪼갠 부스러기.
☞ 때깔.

대꾸 = 말대꾸. 대척. ‡ 남의 말을 듣고 바로 제 생각을 나타냄. ¶ 어른 말씀에 일일이 대꾸해선 못쓴다. 아무 대꾸도 없이 앉았다.
☞ 말대답. 대답.

대끼다¹ * 애벌 찧은 곡식을 마지막으로 깨끗이 찧다. ‡ 수수, 보리 따위.
☞ 능그다. 슳다. 찧다.

대끼다² * ①많이 시달리다. ¶ 지하철에서 사람에게 대끼고 나니 기운이 없다. ②여러 일을 겪어 단련되다. ¶ 도시에서 대낀 표가 나다.
☞ 닦이다. 닳아먹다.

대나무 = 대. {대나뭇골.} ¶ 대나무 꼬챙이. 대나무 부채. 대나무 숲. 대나무 잎. 대나무 젓가락. 대나무 지팡이. 대나무 쪽. 대나무 통.

대낚 = 대낚시. ✱ 낚싯대로 하는 낚시.
☞ 끌낚. 닻낚. 맥낚. 낚시.

대납회(大納會) ㉭ ⇨ 한 해 막장 모임. 파장 모임. ✱ 증권 거래소.
☞ 대발회.

대낮 ✱ 환히 밝은 낮. ✱ 낮 열두 시에서 두세 시 사이. ¶ 대낮에 마른벼락.
☞ 한낮.

대내리다 = 손대내리다. ✱ 귀신이 내림대에 내리다.

대노하다(大怒~) ⇨ 대로하다. ✱ 크게 성을 내다.

대다[1] ✱ ①서로 닿게 하다. ¶ 손바닥을 마주 대다. ②맞닿게 하여 견주다. ¶ 누가 큰지 키를 대 본다. ③구실을 붙이다. ¶ 핑계를 대다.
☞ 붙이다.

대다[2] ✱ ①돈이나 물건을 계속하여 주다. ¶ 장사 밑천을 대다. ②바른 대로 말하다. ¶ 알리바이를 대다. ③정해진 시간에 닿거나 맞추다. ¶ 기차 시간에 대다. ④탈것을 멈추어 서게 하다. ¶ 차를 문 앞에 대다.
☞ 주다.

~대다[3] = ~거리다. {까불대다. 깔깔대다. 버둥대다. 으르렁대다.}

대다수(大多數) ㉭ ⇨ 대부분. 거의 다.

대단잖다 ⇨ 대단찮다. 대단하지 않다. ✱ 울림소리 뒤에선 'ㅏ'만 줆.

대답(對答) ✱ ①부르는 말에 맞받아 하는 말. ②묻거나 요구하는 것에 제 뜻을 말함. ③어떤 문제나 현상을 해명하거나 해결하는 방안. {긴대답. 코대답. 대답하다.} ¶ 대답 못하다. 대답 없다.
☞ 말대꾸. 대꾸. 말대답. 대척.

대당액(對當額) ㉭ ⇨ 맞먹는 값. ✱ 상당액.

대당하다(對當~) ㉭ ⇨ 맞먹다. ✱ 상당하다.

대대로[1] ✱ 형편에 따라 알맞게. ¶ 걱정하지 말고 대대로 하자.

대대로[2](代代~) ✱ 여러 대를 이어서. ¶ 대대로 살아온 고향.

~대도 = ~다고 하여도. ¶ 좋대도 그러네.

대독 = 다릿골독. ✱ 크고 배가 불룩한 독.

대독하다(代讀~) ㉭ ⇨ 대신 읽다.

대동강변(大同江邊) = 대동강 가. ✱ '변'은 붙여 쓰고 '가'는 띄어 씀.

대두[1](大斗) ✱ 한 말들이 큰 말. ✱ 한 말은 열 되.
☞ 소두.[1]

대두[2](大豆) ⇨ 콩.[2]
☞ 소두.

대두되다(擡頭~) ⇨ 나타나다. 일어나다. ✱ 대두하다.

대두박(大豆粕) ⇨ 콩깻묵.

대두유(大豆油) ⇨ 콩기름.

대뚜리 ⇨ 대뚫이. ✱ 담뱃대를 뚫은 외벌노.

대라지다 ⇨ 다라지다. ✱ 성질이 야무지다.

대련님 ⇨ 도련님.

대렬(隊列) ⇨ 대열. ¶ 대열에 끼다. 민주화의 대열.

대렛술(大禮~) * 혼인 잔치를 할 때에 내는 술.
☞ 제삿술.

대로[1] 〔이〕 * ①어떤 모양이나 상태와 같이. ¶ 가는 대로. 느낀 대로. 듣던 대로. 마음먹은 대로. 본 대로. 생긴 대로. 아는 대로. 저런 대로. 하고 싶은 대로. 흘러가는 대로. ②어떤 상태나 행동이 나타나는 그 즉시. ¶ 나오는 대로. 닥치는 대로. 먹는 대로. 보는 대로. 오는 대로. ③어떤 상태나 행동이 나타나는 족족. ¶ 기회 있는 대로. 낚는 대로. 달라는 대로. 버는 대로. 있는 대로. 주는 대로. 틈나는 대로. ④어떤 상태가 매우 심하다는 뜻. ¶ 지칠 대로 지친. 약해질 대로 약해진. 식을 대로 식은. ⑤할 수 있는 만큼. ¶ 될 수 있는 대로. 힘 있는 대로. 힘닿는 대로.

대로[2] 〔토〕 {나대로. 너대로. 법대로. 원칙대로.} ¶ 큰 것은 큰 것대로.
☞ 데로.

~대로[3] * 어찌씨를 만듦. {곧이곧대로. 그대로. 그런대로. 되는대로. 마음대로. 멋대로. 바른대로. 저대로. 제멋대로.}

대로의 ⇨ ①대로. ②의.

대롱[1] * ①통대의 토막. ②통대의 토막처럼 생긴 것. ¶ 고무 대롱. 쇠 대롱.
☞ 대통.

대롱[2](~籠) ⇨ 대농. * 대나무를 엮어서 만든 농짝. 죽롱.

대료(貸料) 倭 ⇨ 셋돈.

대륜도(大輪圖) ⇨ 대윤도. * 큰 지남철.

대리다 ⇨ ①다리다. ②달이다. ③데리다.

대리모(代理母) 倭 ⇨ 씨받이.

대리미 ⇨ 다리미.

대림추 ⇨ ①다림추. ②데림추.

대릿골독 ⇨ 다릿골독. 대독. * 배가 불룩한, 상당히 큰 독.

대마도(對馬島) 倭 ⇨ 쓰시마. * 땅 이름.

대마디 = 단마디. * ①한두 마디의 말. ¶ 대마디로 거절하다. ②첫마디의 말. ¶ 대마디로 승낙하다.

대 마디 * 대나무의 마디.

대마루 = 대마루판. * 지붕에서 가장 높게 마루가 진 곳.

대마루판 = 대마루. * 일이 되고 못 되는 것, 또는 이기고 지는 것이 결정되는 마지막 끝판. ¶ 잘 해 나가다가 대마루판에서 지고 말았다.

대만(臺灣) ⇨ 타이완. * 땅 이름.

대매[1] = 단매. * 단 한 번 때리는 매. ¶ 대매에 때려죽일 놈.

대매[2] * 노름이나 내기에서 마지막으로 결판을 내는 일. {대매하다.}

대매출(大賣出) 倭 ⇨ 떨이. 마구 팔기. 싸게 팔기.

대맥(大麥) ⇨ 보리. * 곡식의 하나.

대머리 = 민머리. * 머리칼이 없거나 성긴 머리.
☞ 맨머리. 알머리.

대머리판 ⇨ 대마루판.

대명율직해(大明律直解) ⇨ 대명률직해. * 책 이름.

대모망(大模網) 왜 ⇨ 큰자릿그물.

대목[1] * ①명절을 앞두고 세월이 아주 좋은 때. {대목밑. 첫대목.} ¶ 설 대목. 추석 대목. 대목을 만나다. ②일의 특정한 부분이나 대상. ¶ 결정적 대목. 주목할만한 대목. ③이야기나 글의 특정한 부분. ¶ 견우와 직녀가 만나는 대목. ④풀이가 있는 책의 본문.
　☞ 동강.

대목[2](大木) * ①큰 집을 지을 기술이 있는 목수. ②큰 나무.
　☞ 소목.[1]

대못[1] * 대나무를 깎아서 만든 못.

대못[2](大~) = 큰못. ‡ 크게 만든 못. ¶ 가슴에 대못을 치다.

대무한 ⇨ 대모한. ‡ 줄거리가 되는 중요한. ¶ 대모한 것부터 말해라.

대문(大門) * 큰 문. {대문짝. 대문채. 대문턱.} ¶ 쇠 대문. 파란 대문.
　☞ 소문.[2] 솟을대문. 쪽대문. 평대문.

대문자(大文字) 왜 ⇨ 큰꼴글자. ‡ 로마자 A, B, C, D, E, F 따위.
　☞ 소문자.[1]

대문칸(大門間) ⇨ 대문간.

대문풀이(大門~) = 삽짝 지신풀이. ‡ 민속의 하나.

대물[1](代物) 왜 ⇨ 대용물. ‡ 대신 쓰는 물건.

대물[2](貸物) 왜 ⇨ ① 세 놓는 물건. ② 빌려 주는 물건.

대물뿌리 ⇨ 대물부리. ‡ 대로 만든 담배 물부리.

대미(大尾) 왜 ⇨ ①끝. 맨 끝. 마지막. ②마무리.

대바늘 * 대로 곧게 만든 뜨개바늘. ‡ 뜨개질하는 바늘.
　☞ 귀바늘. 코바늘.

대발회(大發會) 왜 ⇨ 새해 첫 모임. ‡ 증권 거래소.
　☞ 대납회.

대번에 = 대번. ‡ ①서슴지 않고 단숨에. ¶ 말도 들어보지 않고 대번에 손찌검을 하다. ②그 자리에서 바로. ¶ 대번에 목소리를 알아듣다.
　☞ 단결에. 단박에. 단숨에.

대변 보다(大便~) = 똥 누다. 뒤보다.
　☞ 똥 싸다.

대보름(大~) = 대보름날. ‡ 명질의 하나인 음력 정월 보름. {대보름날.}
　☞ 단오. 추석. 설. 동지.

대본(貸本) 왜 ⇨ 세책.

대본업(貸本業) 왜 ⇨ 세책업.

대본점(貸本店) 왜 ⇨ 세책점. 세책집.

대본하다(貸本~) 왜 ⇨ 책을 빌려주다.

대부료(貸付料) 왜 ⇨ 빌리는 삯.

대부망(大敷網) 왜 ⇨ 큰들그물. ‡ 고기잡이 그물의 하나.

대부받다(貸付~) 왜 ⇨ 돈을 꾸다. 돈을 빌리다.
　☞ 대출받다.

대부분(大部分) * 전체의 칠, 팔 할이 넘을 때. ¶ 대부분이 찬성하다.
　☞ 거의.

대부분(大部分)**의 사람들** ⇨ 많은 사람.

대부하다(貸付~) 왜 ⇨ ①꾸다. 빌리다. ②꾸어 주다. 빌려 주다. ‡ 돈.
　☞ 대출하다.

대북(臺北) ⇨ 타이베이. ‡ 땅 이름.

대북관(對北觀) ⇨ 북한관. ‡ 북한을

보는 생각.

대비시키다(對比~) ⇨ 맞대어 견주다. ＊ 대비하다.

대빵[1] = ① 매우. ② 한껏. ＊ 변말.

대빵[2] 〔鐵板〕 ⑫ ⇨ ① 쇠판. 쇠판때기. ② 우두머리.

대사[1](大師) ＊ 중을 높여서 이르는 말. ¶ 사명 대사. 서산 대사.

대사[2](大寫) ⑫ ⇨ 돋찍기. 돋우찍기. ＊ 클로즈업.

대사리[1](大~) = 사리. 큰사리. 한사리. ＊ 밀물이 가장 높은 때.
　☞ 작은사리. 조금.

대사리[2] = 다슬기. ＊ 민물에 사는 고둥의 하나.
　☞ 고둥. 소라. 우렁이.

대살 ＊ 단단하고 야무지게 찐 살.
　☞ 군살. 두부살. 물렁살. 참살. 푸석살.

~대서 = ~다고 하여서. ¶ 비가 온대서 우산을 가져 왔다.

대생치(代生齒) ⑫ ⇨ 간니.

대석(貸席) ⑫ ⇨ 셋자리.

대설대 ⇨ 담배설대. 설대.

대세(大勢) ⑫ ⇨ 흐름. 큰 흐름. ＊ 형세.

~대손(~代孫) ＊ ¶ 경주 김씨, 계림군 27대손. ＊ 맨 첫 분이 1대임.
　☞ ~대조. ~세손.

대수 ＊ ① 대단한 일. {대수냐? 대수로이. 대수롭다. 대수롭잖다.} ② 가장 좋은 일. ¶ 돈만 있으면 대수인가? 대수가 아니다. ＊ 부정문. 의문문.

대수풀 ⇨ 대숲. 대나무 숲.

대쉬(dash) ⇨ 대시. ＊ 줄표. 붙임표.

겹줄. ¶ 103-1 = 103에 1.

대식(對食) = 밴대질. ＊ 여자끼리 하는 빠구리.
　☞ 비역질.

대식국(大食國) ⇨ 사라센 제국. ＊ 나라 이름.

대신하다(代身~) ¶ 전자 우편이 편지를 대신하다. ＊ 갈음하다.

대신 하다(代身~) ¶ 그 일은 너 대신 내가 한다.

대싸리 ⇨ 댑싸리. ＊ 한해살이풀의 하나. {댑싸리비. 댑쌀비.}

대안문(大安門) ＊ 경운궁(덕수궁)의 정문 이름.
　☞ 홍화문.

대야[1] ＊ 세수하는 그릇. {대얏물.} {놋대야. 뒷물대야. 세숫대야. 양칫대야.}
　☞ 양푼.

~대야[2] = 다고 해야. ¶ 책을 읽었대야 몇 권에 지나지 않는다.

대양주(大洋洲) ⇨ 오세아니아. ＊ 멜라네시아, 미크로네시아, 폴리네시아, 오스트레일리아, 뉴질랜드를 아우르는 이름.

대어가다 ⇨ 대가다. ＊ 정한 시간에 맞추어 목적지에 이르다. ¶ 기차 시간에 대가기 어렵겠다. 약속 시간에 대가다.

대어보다 ⇨ 대보다. ＊ 서로 견주어 보다. ¶ 누가 더 큰지 키를 대보다.

대어오다 ⇨ 대오다. ＊ 정한 시간에 맞추어 오다. ¶ 약속 시간에 대오다.

대어 오다 ¶ 그 가게에 10년 동안 물건을 대어 오다. ＊ 주다.

대어 주다 = 대 주다. ¶ 생활비를 대어 주다. 학비를 대어 주다.

대엿 〔매.셈〕 = 대여섯. ⁑ 다섯이나 여섯 가량.

~대요 = ~다고 해요. ⁑ 어린이 말. ¶ 철수는 하루종일 놀았대요.

대왕(大王) * ① 선왕을 일컫는 말. {대왕대비. 선대왕.} ② 훌륭한 임금. {대왕릉. 대왕릉비. 대왕마마.} ¶ 광개토 대왕. 문무 대왕. 세종 대왕.

대왕암(大王巖) = 문무 대왕릉. ⁑ 신라 문무왕의 물속에 있는 왕릉.

대용갈이(代用~) = 갈마뿌리기. ⁑ 씨 뿌릴 때를 놓쳐서 다른 씨앗을 뿌림.

대용자(代用字) = 동음 대용 한자. ⁑ 니혼에서 한자말을 쓰면서 당용 한자가 아닌 글자 대신에 쓰는, 소리가 같은 한자. 굴착기(掘鑿機)⇨ 굴삭기(堀削機). 연합(聯合) ⇨ 연합(連合). 편집(編輯) ⇨ 편집(編集)에서 당용한자가 아닌 '鑿, 聯, 輯' 대신에 쓰는 '削, 連, 集'을 대용자라 함. ☞ 간체자. 당용한자. 번체자. 상용한자. 약자.

대용하다(貸用~) 옌 ⇨ 빌려 쓰다. ⁑ 차용하다.

대우¹ = 자구넘이. ⁑ 밀밭, 보리밭의 이랑 사이에 콩, 팥을 심는 일. ☞ 사이짓기.

대우²(待遇) = 대접. {대우하다.} ¶ 부장 대우. 차별 대우. 특별 대우.

대울 = 대울타리. ⁑ 대나무 울타리. ☞ 굽바자. 바래.² 바자울. 산울.

대위 변제(代位 辨濟) 옌 ⇨ 대신 판상. ⁑ 민법.

대위 상속(代位 相續) 옌 ⇨ 대습상속. ⁑ 민법.

대위 소권(代位 訴權) 옌 ⇨ 채권자 대신권. ⁑ 민법.

대위 소송(代位 訴訟) 옌 ⇨ 대표 소송. ⁑ 민법.

대위 판상(代位 辦償) 옌 ⇨ 대신 판상. ⁑ 민법.

대응릉(對應稜) ⇨ 대응 모서리.

대의(大意) * 대략적인 뜻. ⁑ 글월 전체를 단락으로 나누어서 간추린 뜻. ☞ 요지.¹ 주제.

대이다 ⇨ ① 대다. ② 닿다.

대인¹(大人) * ① 아버지. ② 어르신. ③ 큰사람. ④ 된사람.

대인²(大人) 옌 ⇨ 어른. ☞ 소인.

대일관(對日觀) ⇨ 니혼을 보는 눈.

대임¹(大任) = 중임. ⁑ 중대한 임무. ¶ 대임을 맡기다. 대임을 완수하다.

대임²(貸賃) 옌 ⇨ 셋돈.

대잎 ⇨ 댓잎. ⁑ 대나무 잎.

대자 * 대로 만든 잣대.

대 자 〔五尺〕 ⇨ 다섯 자.

대장¹ = 대장장이. ⁑ 대장일을 하는 사람. {대장간. 대장질.} ¶ 대장간 집.

대장²(大將) * ① 우두머리. {대장기.} ¶ 대장 노릇. ② 군인의 계급. ⁑ 사성 장군. ③ 그런 짓을 잘하는 사람. {거짓말대장. 골목대장. 싸움대장. 울보대장. 지각대장.}

대장³(大腸) = 큰창자. ☞ 곱창. 대창.² 소장.² 소창.² 작은창자.

대장일 * 쇠를 달구어 손으로 연장을 만드는 일.

대장 일(大將~) * 대장으로서 해야 할 일.

대장쟁이 ⇨ 대장장이. 대장. ‡ 대장일을 직업으로 하는 사람.

대절차(貸切車) ㉕ ⇨ 전세차. ‡ 빌려 주는 차. 빌린 차.

대절하다(貸切~) ㉕ ⇨ 빌리다. 세내다. 전세 내다.

대점포(貸店鋪) ㉕ ⇨ ① 셋가게. ② 세놓는 가게.

대접[1] * ① 물이나 국을 담는 넓적하고 뚜껑이 없는 그릇. {놋대접. 목대접. 사기대접.} ② 하나치. ¶ 국 한 대접. 찬물 한 대접. 술 두 대접.

☞ 국그릇. 접시.

대접[2](待接) * ① 대우. {받대접. 푸대접. 사람대접.} ¶ 어른 대접. 특별 대접. ② 음식을 접대함. {술대접.} ¶ 음식 대접. 점심 대접. 차 대접.

대접문(~紋) ⇨ 대접무늬.

대접받다(待接~) ¶ 잔칫집에서 저녁을 대접받다.

대접 받다(待接~) ¶ 후배에게 형 대접을 받다.

대접젖 * 대접을 엎어 놓은 것처럼 생긴 여자의 젖.

☞ 구유젖. 구융젖. 귀웅젖. 사발젖. 연적젖. 짝젖.

대조하다(對照~) * 둘을 마주 대서 견주어 봄. ‡ 다른 점을 말할 때.

☞ 비교하다.

~대조(~代祖) * {10대조 할아버지.

26대조 할머니.} ‡ 나를 1대로 함.

☞ ~대손.

대종교(大倧敎) = 한검교. 환검교. ‡ 한얼님을 섬기는 우리나라 종교.

☞ 천도교.

대주(貸主) ㉕ ⇨ 빌려준 이.

대주다 ⇨ 대 주다 ¶ 밑천을 대 주다. 학비를 대 주다.

대줄기(大~) = 대줄거리. ‡ 어떤 일의 골자.

☞ 댓줄기.

대중[1] * ① 어림짐작. {겉대중. 눈대중. 발대중. 속대중. 손대중.} {대중하다.} ② 표준. 기준. {대중말.} ¶ 대중 삼다.

☞ 대충.

대중[2](大衆) * 보통 사람의 무리. {대중가요. 대중교통. 대중목욕탕. 대중식당. 대중오락. 대중음악. 대중판. 대중화.} ¶ 대중 매체. 대중 문학. 대중 소설. 대중 심리. 대중 연극. 대중 운동. 대중 작가. 대중 잡지.

☞ 공중. 군중. 민중.

대중말 * 표준어. 표준말. ‡ 말살이의 대중으로 삼는 말.

☞ 겨레말. 들온말. 사투리. 시골말. 토박이말.

대중문화(大衆文化) ⇨ ① 대중오락. ② 대중 유행. 대중 풍조.

대중없다 * ① 짐작할 수 없다. ② 기준이 없이 뒤숭숭하다.

☞ 종작없다.

대중 잡다 * 어림잡아 짐작하다. ¶ 그 일은 언제 마칠지 대중 잡을 수 없다.

☞ 대충 잡다.

대중 치다 * 어림으로 셈 잡다. ¶ 이 논에서 대중 쳐서 열 가마는 거두겠다.

대지[1](大地) * 대자연의 넓고 큰 땅. ¶ 대지가 봄비에 젖는다.

대지[2](垈地) * 집터.
　☞ 터.[1] 부지.

대지[3](帶紙) ㉾ ⇨ 띠지. ＊ 돈다발을 감아 매는 종이 오리.

대지[4](臺地) ㉾ ⇨ 덕땅. ＊ 둘레의 땅보다 높으면서 평평한 땅.

대지[5](貸地) ㉾ ⇨ 세놓는 땅.

대지르다 * 찌를 듯이 마구 대들다. ¶ 깡패에게 대지르며 막아섰다.
　☞ 다지르다.

대짜(大~) * 큰 것. ¶ 아귀찜을 대짜로 시키다.

대짜배기(大~) * 대짜인 물건. ＊ 아주 큰 물건.

대창[1]〔竹槍〕 * 대나무로 만든 창.

대창[2]〔大腸〕 * 소 같은 큰 짐승이나 대구 같은 큰 고기의 큰창자. ＊ 먹거리.
　☞ 곱창. 대장.[3] 소장.[2] 소창.[2]

대창젓 * 대구 창자로 담근 젓.
　☞ 고지젓. 구제비젓. 또라젓. 명란젓. 또라젓. 새우젓. 속젓. 알밥젓. 장재젓. 창난젓. 하란젓.

대척 = 말대꾸. 대꾸. ¶ 그 말에는 대척도 않고 울음소리만 점점 높아간다.
　☞ 말대답. 대답.

대체에너지(代替energy) ㉾ ⇨ 신재생에너지. ＊ 햇볕. 바람. 원자력.

대체하다(代替~) ㉾ ⇨ 갈다. 바꾸다.

대추[1] * 남이 쓰다가 물려준 물건.

대추[2] * 대추나무의 열매. {대추술. 대추씨. 대추차. 대추채. 대춧빛.} {풋대추.} ¶ 대추나무 방망이. 대추나무 시집보내기. 대추씨 같다.

대출받다(貸出~) ㉾ ⇨ 돈을 빌리다. 돈을 꾸다.

대출하다(貸出~) ㉾ ⇨ 돈을 빌려 주다. 돈을 꾸어 주다.

대충 * 대강을 추리는 정도. ¶ 일을 대충 끝내다. 대충 알다. 대충 짐작하다.
　☞ 대중.

대톱(大~) * 큰 동가리톱.
　☞ 세톱. 소톱. 실톱. 중톱. 큰톱.

대통(~筒) * 굵은 통대의 토막. ＊ 대롱보다 굵음.
　☞ 대롱.[1]

대판[1](大~) = 대판거리. ¶ 잔치를 대판으로 차리다. 대판으로 싸우다.

대판[2](大阪) ㉾ ⇨ 오사카. ＊ 땅 이름.

대패 * 나무를 평평하게 깎는 연장. {대패아가리. 대패질. 대팻날. 대팻밥. 대팻밥모자. 대팻자국. 대팻집.} {거친대패(막대패). 겹대패(덧날대패). 고운대패(마무리대패). 곧날대패. 낫대패(홈이기대패). 대팻집고치기대패. 둥근대패(배둥근대패). 뒤대패(뒤젭대패. 뒤집대패. 혹대패) 반원대패. 배대패. 손대패. 실대패. 오금대패. 중대패. 평대패. 홑날대패(홑대패.) 손밀이대패.} ¶ 자동 대패.

대패침(~鍼)〔破鍼〕⇨ 비소. ＊ 곪은 데를 째는 침.

대팻손 * 대팻집 위쪽에 가로로 댄 손잡이.

☞ 당길손.

대포[1] * ①큰 술잔. ②대폿술. ⁑ 큰 잔으로 마시는 술. ¶ 대포 한 잔 하다. ③안주 없이 큰 그릇에 술을 따라 마시는 일. {대폿잔. 대폿집.}

대포[2](大砲) * ①무기의 하나. {대포알.} ②허풍. 거짓말.

대포 놓다(大砲～) = 허풍 치다. ⁑ 거짓말을 하다.

대포쟁이(大砲～) = 허풍쟁이. ⁑ 거짓말쟁이.

대폭(大幅) [왜] ⇨ ①많이. ②넓게. ③크게.

대표값(代表～) ⇨ 대푯값. ⁑ 평균값. 중앙값. 최빈값 따위.

대푼거리질 = 푼거리질. ⁑ 땔나무나 물건을 몇 푼어치씩 사서 쓰는 일.

대하(大蝦) [왜] ⇨ 왕새우.

대하다(對～) * 사물과 마주치거나 얼굴을 마주보다. ¶ 어머니와 얼굴을 대하기가 민망스럽다. 누구에게나 친절하게 대한다. ⁑ 관계, 소재, 비교하는 대상으로 할 때는 부림말 꼴로 바꾸든지 빼야 함. ¶ 전통문화에 대한 연구 ⇨ 전통문화를 연구. 이 문제에 대하여 토론하자 ⇨ 이 문제를 토론하자.

☞ 관하다.

대한문(大漢門) [왜] ⇨ 대안문. ⁑ 경운궁(덕수궁)의 정문 이름.

대합(大蛤) = 백합. 마당조개. 무명조개. ⁑ 조개의 한 가지.

대합실(待合室) [왜] ⇨ 기다림 방. 맞이방.

대핫증(帶下症) ⇨ 대하증. ⁑ 병 이름.

대혹성(大惑星) [왜] ⇨ 큰떠돌이별. ⁑ 대행성.

대화(對話)를 가지다 ⇨ 이야기를 나누다. 이야기하다. ⁑ 대화하다.

댁[1](宅) * 남, 남의 집안, 남의 집을 높여 이르는 말. ¶ 선생님 댁. 뉘 댁. 숙모님 댁. 오라버니 댁. 외할머니 댁. 형님 댁. 제가 댁까지 함께 가지요.

☞ 집.[1]

~**댁**[2](宅) * ①누구의 아내. {오라버니댁. 처남댁. 큰댁. 작은댁.} ②그 지역에서 시집온 여자. {마산댁. 부산댁. 진해댁. 평양댁. 함안댁.}

댁내(宅內) * 남의 집안을 높여 이르는 말. ¶ 댁내 두루 안녕하십니까?

댁네(宅～) * 또래나 아랫사람의 아내를 높여 이르는 말. ¶ 병수 댁네.

댈려고 ⇨ 대려고. ⁑ 대다.

댐(dam) * 둑. ¶ 댐을 쌓다. ⁑ ①있는 곳. ¶ 수풍 댐. 안동 댐. 충주 댐. 팔당 댐. 합천 댐. ②만든 재료. ¶ 콘크리트 댐. ③쓰임새. ¶ 취수 댐.

댑바람 = 된바람. ⁑ 강한 북풍.

☞ 댓바람. 마파람. 맞바람.

댓 〔셈.매〕 * 다섯 가량. ¶ 사람 댓이 모이다. 댓 사람. 사과 댓 개.

☞ 다섯. 닷.

댓가(代價) ⇨ ①값. ②삯. ⁑ 대가.

댓가지 * 대나무 가지. ¶ 댓잎이 달린 댓가지를 꺾다.

☞ 댓개비.

댓가 변제(代價辨濟) ⇨ 대가 판제. ⁑ 민법.

댓개비 * 대를 쪼개어 가늘게 깎은 오리. ¶ 댓개비에 생선을 꿰어 말리다.

☞ 댓가지.

댓귀(對句) ⇨ 대구. ‡ 한시나 시가에서 짝지은 둘 이상의 글귀.

댓귀법(對句法) ⇨ 대구. 대구법.

댓돌(臺~) = ①뜻돌. ‡ 낙숫물이 떨어지는 곳 안쪽으로 돌려가며 놓은 돌. ②섬돌. ¶ 섬돌에 신발을 벗고 마루에 오르다.
　☞ 주춧돌. 디딤돌.

댓바람 * ①서슴지 않고 당장. ¶ 소식을 듣자마자 댓바람에 달려가다. ②단 한 번에. ¶ 몇 놈을 댓바람에 때려눕히다.
　☞ 댑바람.

댓병(~瓶) ⇨ 됫병. ‡ 한 되들이 병.

댓새 = 닷새쯤. ¶ 이 일은 댓새 넘게 걸릴 것 같다.
　☞ 닷새.

댓순(~筍) ⇨ 죽순. ‡ 대나무의 어린 순.

댓줄기 * 대나무의 줄기.
　☞ 대줄기.

~댔자 = ~다고 해 보았자. ¶ 간댔자 갈 데가 있어야지.

댕가리 * 씨가 달린 채 말리는 장다리.
　☞ 장다리.

댕그랗다 * 외따로 떨어져 쓸쓸하다. ¶ 벽에는 시계가 하나 댕그라니 걸렸다.
　☞ 덩그렇다.

댕기 = 댕기꼬리. ‡ 땋은 머리끝에 드리는 헝겊이나 끈. {댕기풀이.} {도투락댕기.} ¶ 댕기를 드리다. 댕기를 물리다.

댕기다 * ①불이 옮아 붙다. ¶ 마른 나무에 불이 댕기다. ②불을 옮겨 붙이다. ¶ 담배에 불을 댕기다.
　☞ 당기다. 땅기다. 붙이다.[2]

더 〔어〕 * ①이어서. ¶ 조금 더 기다리자. ②그 위에 보태어. ¶ 한 그릇을 먹고 더 먹다. ③기준보다 넘게. ¶ 더 높다. 더 아프다.
　☞ 더욱. 보다.[7]

더구나[1] = 더군다나. 더더구나. 더더군다나. ‡ 앞의 일도 그런데 하물며.
　☞ 더욱이.

~더구나[2] = ~더군. ¶ 꽃이 피더구나. 색시가 참하더구나. 많이 말랐더구나.

~더구료 ⇨ ~더구려. ¶ 참 예쁘더구려. 잘 지었더구려.

~더구먼 = ~더군. ¶ 잘하더구먼. 참 예쁘더구먼.

~더군 = ① ~더구나. ② ~더구먼.

더군다나 = 더구나. ¶ 아내도 잃고 더군다나 병까지 얻어 딱하기 그지없다.

더그매 * 지붕 밑의 빈 곳.
　☞ 천장. 반자.[1] 보꾹.

더금더금 〈 더끔더끔. ‡ 어떤 것에 조금씩 더하는 모양.

더기 = 덕. ‡ 높은 곳의 평평한 땅. {더기밭.}
　☞ 덕땅. 함지땅.

더꺼머리 ⇨ 떠꺼머리.

더껑이 * 걸쭉한 액체 위에 엉겨 굳은 꺼풀. ¶ 팥죽 더껑이. 더껑이가 앉다.

더께 * 찌든 물건에 앉은 때. ¶ 먼지가 더께로 앉은 책상.

☞ 더데.

더끔더끔 〉더금더금. ¶ 더끔더끔 모은 동전. 나이만 더끔더끔 먹다. 돈을 더끔더끔 모으다. 술잔을 더끔더끔 비우다.

☞ 따끔따끔.

더 넓다 ¶ 안방이 사랑방보다 더 넓다. * 두 가지를 견주어 말할 때.

☞ 드넓다.

더넘스럽다 * 다루기에 버거운 데가 있다. ¶ 가방이 너무 커서 더넘스럽다.

더넘차다 * 다루기에 거북할 정도로 벅차다. ¶ 돈이 더넘차게 많다.

더 높다 ¶ 백두산이 한라산보다 더 높다. * 두 가지를 견주어 말할 때.

☞ 드높다.

더는 〔어〕 ⇨ 더.

더더구나 = 더더군다나. 더구나. 더군다나. ¶ 불이 났는데 안내 방송도 하지 않았다. 더더구나 소방서에 신고도 하지 않았다.

더더리 = 말더듬이. * 말을 더듬는 사람.

☞ 더덜이. 더듬이.² 덜덜이.

더더욱 = 더욱. * 힘주는 말. ¶ 날이 갈수록 술주정이 더더욱 심해졌다.

더덕더덕 〉다닥다닥. ¶ 얼굴에 밥풀이 더덕더덕 붙어 있다.

더덕북어(~北魚) * 얼부풀어 더덕처럼 마른 북어. * 황태.

☞ 명태. 북어.

더덜이 * ① 더함과 덜함. ② 더하기와 빼기.

☞ 더더리. 덜덜이. 말더듬이.

더데 = 더뎅이. * 부스럼 딱지나 때가

거듭 붙어서 된 조각. ¶ 더데가 앉다.

☞ 더께.

더듬다 * ① 손, 발, 지팡이를 여기저기 대어보고 찾거나 알아보다. ¶ 방구석을 더듬어 성냥을 찾다. ② 똑똑히 알지 못하는 것을 짐작하여 찾다. ¶ 발자취를 더듬다. ③ 어렴풋한 생각을 짐작하여 헤아리다. ¶ 추억을 더듬다. ④ 말을 하거나 글을 읽을 때 말소리가 자꾸 막히다. ¶ 말을 더듬다. ⑤ 대강 헤아려 셈하다. ¶ 대강 더듬어 보니 계산이 맞다.

☞ 짚다.

더듬이¹ = 논매기. * 논의 김매기.

더듬이² = 말더듬이. * 말을 더듬는 사람.

더듬이³ * 벌레의 머리에 붙은 감각 기관. * 촉각.

더듬질 = 더듬이질. * 손, 발, 지팡이로 더듬는 짓. ¶ 더듬질로 책을 찾다.

더디다 * 시간의 흐름이 빠르지 않다. * 속도. ¶ 시간이 더디게 가다.

☞ 날래다. 느리다. 늦다. 빠르다.

~더라 * 지난 일을 나타내는 맺음끝. {가더라. 깊더라. 좋더라. 춥더라.}

☞ ~던.

~더라구요 ⇨ ① ~더라. * 낮춤말. ② ~ㅂ디다. ~ㅂ니다. * 높임말.

더러¹ 〔어〕 * ① 얼마쯤. ¶ 저녁에도 학생들이 더러 남아 공부하고 있었다. ② 이따금 드물게. ¶ 전에는 더러 갔지만 요즘은 몸 뺄 틈이 있어야 가지요?

더러² 〔토〕 = 보고. 에게. 한테. ¶ 그 사람더러 말을 해라. 누구더러 그러니?

더러운 누명(陋名) ⇨ 더러운 이름. ✻ 누명.

더럼 타다 = 더러움 타다.

더럽다 ✻ ①냄새, 꼴, 몸가짐, 생각이 불쾌하다. ¶ 더러운 손. 더러운 행실. ¶ 더러워 보이다. 더러워 죽겠다. ②못마땅하다. ¶ 더러워서 못해 먹겠다. ③정도가 지나치다. ¶ 날씨 한 번 더럽게 춥다.

더리다 ✻ ①격에 맞지 않아 마음에 달갑지 않다. ②싱겁고 어리석다. ③마음이 더럽고 야비하다.

☞ 지저분하다.

더미 ✻ ①쌓여서 이루어진 큰 덩어리. {나뭇더미. 더미더미. 돈더미. 빚더미. 산더미. 쌀더미. 장작더미. 잿더미. 흙더미.} ¶ 갈초 더미. 거름 더미. 고물 더미. 나무 더미. 돌 더미. 두엄 더미. 마른풀 더미. 쓰레기 더미. 짐 더미. 짚 더미. 풀 더미. 욕 더미. ②하나치. ¶ 장작 한 더미.

☞ 덩이. 덩어리. 무더기. 뭇.² 짐.²

더미씌우다 = 다미씌우다. ✻ 책임을 남에게 지우다.

더벅머리¹ = 갈보. 논다니 ✻ 몸을 파는 여자.

더벅머리² = 터벅머리. ✻ 더부룩하게 난 머리털. 또는 그런 사람.

☞ 다박머리.

더부러 ⇨ 더불어. ✻ 함께.

더부룩하다¹ ✻ 배 속이 거북하다.

더부룩하다² ✻ ①수염, 머리털이 길어서 어지럽다. ②풀, 나무가 수북하다.

☞ 더북하다. 덥수룩하다.

더부룩히 ⇨ 더부룩이. ✻ 더부룩하다.

더북하다 ✻ ①더부룩하다. ②먼지가 일어 자욱하다. ¶ 먼지가 더북하다.

☞ 덥수룩하다.

더북히 ⇨ 더북이.

더새다 ✻ 길을 가다가 날이 저물어 아무 데나 들어가 밤을 지내다.

☞ 드새다.

더 세다 ¶ 소보다 코끼리가 힘이 더 세다.

☞ 드세다.

더아니 〔어〕 ✻ 얼마나 더. ¶ 더아니 기쁜가? 더아니 좋은가?

더없다 ✻ 더할 나위 없다. ¶ 더없는 감동. 더없는 행운. 더없이 기쁘다.

더 없다 ¶ 남는 것은 더 없다.

더우기 ⇨ 더욱이.

더욱 ✻ ①오히려 더하게. ¶ 변명을 들으니 더욱 화가 나다. ②갈수록 더 심하게. ¶ 병세가 더욱 깊어지다.

더욱이 ✻ 그러한 데다가 더욱더. ¶ 예쁘기도 하지만 더욱이 마음씨가 곱다.

☞ 더구나.¹ 더욱.

더운 ✻ 덥다. {더운갈이. 더운기. 더운김. 더운돌. 더운물. 더운바람. 더운밥. 더운색. 더운술. 더운약. 더운점심. 더운죽. 더운피.} ¶ 더운 곳. 더운 공기. 더운 기운. 더운 나라. 더운 날씨. 더운 음식.

☞ 찬.¹

더운무대 = 더운흐름. ✻ 난류.

☞ 찬무대. 찬흐름.

더운요리(~料理) * 뜨겁게 만들어 먹는 음식. \# 국, 찌개, 신선로 따위. ☞ 찬요리.

더운찜질 = 온찜질. \# 더운물에 담갔다가 짠 수건 따위로 하는 찜질. ☞ 찬찜질.

더운흐름 = 더운무대. \# 난류. ☞ 찬흐름. 찬무대.

더웁다 ⇨ 덥다.

더위 * 여름철의 더운 기운. {더위팔기. 더위해.} {더위하다.} {가마솥더위. 무더위. 밤더위. 복더위. 불더위(불볕더위). 삼복더위. 찜통더위.} {늦더위. 일더위. 첫더위. 한더위.} ¶ 더위 들다. 더위 먹다. 더위 타다. ☞ 추위.

더 이상(以上) ⇨ ①더. ②더는.

더치다 = 덧들이다. ¶ 가만히 있는 사람을 건드려 기분만 더치게 해 놓고 가다. 병을 더치지 않도록 조심해라.

더케 ⇨ 더께.

더퍼리 ⇨ 더펄이. \# ①덜렁대는 사람. ②성질이 꽁하지 않는 사람.

더하기 = 보태기. \# 덧셈.

더하다 * ①보태다. ¶ 둘에 셋을 더하다. ②더 크거나 심하다. ¶ 병세가 더하다. 네 욕심이 돼지보다 더하다. 추위가 날이 갈수록 더하다. ☞ 덜하다. 심하다. 합하다.

더 하다 * ①잇달아 하다. ②더 많이 하다. ¶ 공부를 더 하고 싶다.

더해 주다 * 더 보태 주다.

더 해 주다 ¶ 일을 더 해 주다.

덕[1] = 더기. \# 아주 높은 곳의 평평한 땅. ☞ 덕땅. 함지땅.

덕[2] = 덕대. \# ①기둥 사이에 얹은 시렁. ②물 위에 만든 낚시 발판.

덕[3](德) = 덕분. 덕택. \# 남이 베풀어 준 도움으로 좋은 결과가 나타났을 때. {손덕. 인덕. 인심덕.} ¶ 자식 덕. 부모 덕. 덕이 되다. 덕을 보다. ☞ 탓.

덕국(德國) ⇨ 도이칠란트. \# 나라 이름.

덕대[1] * ①덕. ②덕 위에 아이 주검을 올려놓고 용마름을 덮어 장사를 지냄. {덕대하다.}

덕대[2] * ①굿덕대. 굿감독. ②광산의 한쪽을 맡아 광석을 캐는 사람.

덕땅 * 둘레의 땅보다 높으면서 평평한 땅. ☞ 함지땅.

덕분(德分) = 덕. 덕택. \# 베풀어 준 은혜나 도움으로 좋은 결과가 왔을 때.

덕살 * 숫기 좋게 언죽번죽 구는 짓. ¶ 덕살이 좋다. ☞ 넉살.

덕석 = 쇠덕석. 말덕석. \# 추울 때 마소 등을 덮어 주는, 멍석처럼 짠 것. ☞ 널방석. 등덮개. 멍석. 언치.

덕수궁(德壽宮) ㉄ ⇨ 경운궁. \# 궁궐 이름.

덕시글덕시글 ⇨ 득시글득시글. 득실득실.

덕택(德澤) = 덕분. 덕. ¶ 덕분에 좋은 구경을 했습니다.

☞ 탓.

닦다¹ * 때가 올라 몹시 찌들거나 때가 덕지덕지 묻다.

닦다² * 물기가 있는 고기, 곡식, 약제 따위를 물을 더하지 않고 뜨거운 그릇에 넣어 타지 않을 정도로 휘저어 익히다. ¶ 쇠고기를 닦다. 찻잎을 닦다.

☞ 볶다. 지지다.

~던 * 지난 적 끝나지 않은 일. ¶ 먹던 밥. 살던 곳. 많던 재산. 울던 아이.

☞ ~든.²

~던가? * 지난 일을 묻거나 추측을 나타내는 맺음끝. ¶ 누가 많이 아프던가? 어디가 아프던가? 어디에 갔던가? 언제 그런 말을 했던가?

☞ ~든가?

~던구나 ⇨ ~더구나. ¶ 꽃이 피었더구나.

~던바 * 어떤 일이 생기게 된 상황을 미리 보이는 이음끝. ¶ 술을 너무 많이 먹었던바 건강을 해치게 되었다.

☞ ~ㄴ바. ~는바. ~은바. 바.¹

~던지 * 막연한 의문, 과거 회상. ¶ 왔던지 안 왔던지 모르겠다. 어찌나 예쁘던지 눈을 떼지 못했다. 눈이 얼마나 많이 오던지 꼼짝도 못했다.

☞ ~든지.²

던지다 * ①손에 잡은 물건을 힘주어 공중으로 내보내다. ¶ 공을 던지다. ②제 몸을 떨어지게 하다. ¶ 몸을 던지다. ③투표하다. ¶ 깨끗한 한 표를 던지다. ④말을 하다. ¶ 질문을 던지다. ⑤어떤 것을 보다. ¶ 추파를 던지다. ⑥아낌없이 내놓다. ¶ 목숨을 던

지다. 재물을 던지다.

☞ 뿌리다.

덛저고리 ⇨ 덧저고리.

덜거덕 〈 떨꺼덕. 〈 털커덕. ＊ 단단한 물건이 맞부딪치는 소리.

덜거덩 〈 떨꺼덩. 〈 털커덩. ＊ 단단한 물건이 부딪쳐 울리는 소리.

덜나다 * 미욱하고 덜떨어지다. ¶ 덜난 계집을 절색으로 생각하는 머저리.

☞ 덜떨어지다.

덜 나다 * 수확이 전보다 못하다.

☞ 소수나다. 줄나다.

덜다 * ①얼마를 떼어 내다. ¶ 다섯에서 셋을 덜다. 짐을 덜다. ②마음의 짐, 아픔, 어려움을 줄이다. ¶ 걱정을 덜다. 한시름 덜다.

☞ 들다. 빼다.¹

덜덜이 * 함부로 덤비는 끼가 있는 사람.

☞ 더더리. 더덜이. 덜렁꾼.

덜되다 * 경솔하고 건방지다. ¶ 덜된 사람. 그는 사람이 덜된 것 같다.

덜 되다 * 아직 마치지 못하다. ¶ 밥이 아직 덜 되다.

덜떨어지다 * 나이에 비하여 어리고 미련하다. ¶ 덜떨어진 소리만 한다.

☞ 덜나다.

덜렁꾼 = 덜렁쇠. 덜렁이. 덤벙꾼. 덤벙이. ＊ 몹시 덤벙거리는 사람.

☞ 덜덜이. 말괄량이.

덜먹다 * 하는 짓이 온당하지 못하고 함부로 나가다. ¶ 덜먹은 짓을 하다.

덜 먹다 * 적게 먹다. ¶ 살을 빼려면 덜 먹어야 한다.

덜미¹ = 꼭두각시놀음. {덜미고리. 덜

미꾼. 덜미쇠. 덜미포장.}

덜미² * ①목덜미. {덜미걸이. 덜미잡이.} {등덜미.} ¶ 덜미를 누르다. 덜미를 잡다. 덜미를 잡히다. 덜미를 짚다. 덜미를 치다. ②몸과 아주 가까운 뒤쪽. ¶ 문을 나서는데 덜미에서 무슨 소리가 났다.

☞ 뒷덜미.

덜 익다 * 기준에 미치지 못하게 익다. ¶ 덜 익은 감.

☞ 설익다.

덜커덕거리다 = 덜커덩거리다. * 물건이 부딪쳐서 자꾸 울리다.

덜컥거리다 = 덜컹거리다 * 놀라거나 겁에 질려서 가슴이 두근거리다.

☞ 들큰거리다.

덜하다 * 정도가 약하다. ¶ 고생이 덜하다. 병세가 덜하다. 값이 덜하다.

☞ 더하다.

덜 하다 * 아직 다 하지 못하다. * 부림말이 있음. ¶ 노력을 덜 하다.

덤 = 우수. * 조금 더 얹어 주는 물건. {덤거리. 덤바둑. 덤삯.}

덤받이 = 의붓자식 * 후살이 온 여자가 데리고 들어온 자식.

☞ 개구멍받이.

덤벙 〈 텀벙. * 물에 떨어져 잠기는 소리. ¶ 물속으로 덤벙 뛰어들다.

덤벙꾼 = 덤벙이. 덜렁꾼. 덜렁쇠. 덜렁이. * 침착하지 못한 사람.

☞ 말괄량이.

덤불 * 엉클어진 수풀. {덤불길. 덤불밭. 덤불숲. 가시덤불. 칡덤불. 풀덤불.} {덤불지다.} ¶ 나무 덤불 사이를 헤치고 나아가다.

☞ 검불. 넝쿨. 덩굴.

덤불혼인(~婚姻) * 인척 관계에 있는 사람끼리 하는 혼인.

☞ 누비혼인. 겹혼인. 겹사돈. 누이바꿈.

덤성 ⇨ 듬쑥.

덤썩 ⇨ 덥석.

덤터기 〉 담타기. * ①남에게 넘겨 씌우거나 남에게서 넘겨받은 허물이나 걱정거리. ¶ 덤터기를 쓰다. ②누명이나 오명. ¶ 덤터기를 씌우다.

☞ 안다미.

덤테기 ⇨ 덤터기.

덤풀 ⇨ 덤불.

덥개 ⇨ 덮개.

덥느냐? ⇨ 더우냐? * 그림씨에는 '느냐?'를 붙일 수 없음.

덥다 * 날씨나 방안의 온도가 몸에서 땀이 날 정도로 느껴지다.

☞ 따뜻하다.

덥밥 ⇨ ①덧밥. ②덮밥.

덥석거리다 = 덥석대다. * 왈칵 달려들어 자꾸 닝큼 물거나 움켜잡다.

☞ 덥적거리다.

덥수룩하다 〈 텁수룩하다. * 수염이나 머리털이 어수선하게 덮여 있다.

☞ 더부룩하다.

덥수룩히 ⇨ 덥수룩이. * 덥수룩하다.

덥썩 ⇨ 덥석.

덥적거리다 = 덥적대다. * ①무슨 일에나 가리지 않고 참견하다. ¶ 남의 일에 왜 자꾸 덥적거리니? ②붙임성 있게 구는 꼴. ¶ 아무에게나 덥적거리는 모양이 보기에 좋지 않다.

☞ 덥석거리다.

덥치다 ⇨ 덮치다.

덥히다 * '덥다'의 하임. ✲ ①몸에 느끼는 기운을 뜨겁게 하다. ¶물을 덥히다. ②마음을 푸근하고 흐뭇하게 하다. ¶마음을 덥혀 주는 이야기. ☞ 덮이다. 데우다.

덧¹ = ① 빌미. ¶덧이 되다. ② 탈. {배덧.} ¶덧이 나다. ☞ 덫.

덧~² * 거듭된. 겹친. {덧니. 덧버선. 덧신. 덧저고리. 덧대다. 덧붙이다.}

덧거름 = 뒷거름. ✲ 곡식이 자랄 때 다시 주는 거름. ☞ 밑거름. 웃거름.

덧거리 * ①곁들이. {덧거리질. 덧거리표.} ¶제 몫보다 덧거리가 더 많다. ②없는 일까지 보태서 하는 말. ¶덧거리 말에 속이 뒤집히곤 한다.

덧걸이 * 씨름 기술의 한 가지.

덧겅이 ⇨ 더껑이.

덧구두 ⇨ 덧신.

덧나다¹ * ①병이나 상처를 잘못 다루어 더 나빠지다. ②화가 나다. ¶말한 마디 실수한 것이 그의 마음을 덧나게 하다. ③입맛이 없어지다. ☞ 덧들이다.

덧나다² * 이미 나 있는 위에 덧붙어 나다. ¶이가 덧나서 덧니박이가 되다.

덧낚시 = 꿰낚시. ✲ 미끼 은어로 꾀어 다른 은어를 낚는 일.

덧날대패 = 겹대패. ✲ 덧날을 대어 대팻밥이 곱게 나오도록 한 대패. ☞ 홑날대패. 홑대패.

덧널 = 곽. ✲ 널을 담는 목곽, 석곽 따위 궤.

☞ 널.⁴ 관.¹

덧니 * 배냇니 곁에 포개어 난 이. ¶덧니가 나다. 덧니를 뽑다. ☞ 간니. 배냇니. 벋니. 사랑니. 송곳니. 앞니. 어금니. 엄니. 옥니. 젖니.

덧들이다 = 더치다. ✲ ①남을 건드려서 언짢게 하다. ②병을 덧나게 하다.

덧머리 * 머리털로 머리 모양으로 만들어 쓰는 가짜 머리. ✲ 가발. ☞ 딴머리.

덧밥 * 먹을 만큼 먹은 뒤에 더 먹는 밥. ✲ 가첨밥. ☞ 덮밥.

덧보기 = 덧뵈기. ✲ 남사당놀이의 다섯째 놀이.

덧보기놀음 = ①탈놀음. ②산대놀음. 산대놀이.

덧없은 ⇨ 덧없는. ✲ 움직씨와 '있다, 없다, 계시다'에는 '는'이 붙음.

덧이 ⇨ 덧니. 덧니빨.

덧정없다(~情~) ⇨ 덧정이 없다. ✲ 끌리는 마음이 없다.

덧지붕 = 헛지붕. ✲ 지붕 물매를 잡으려고 서까래를 덧대어 꾸민 지붕.

덧창(~窓) = 덧창문. 겉창. 덧문. ✲ 창문 곁에 덧달려 있는 문짝.

덧치다 ⇨ 더치다. ✲ 병이 더하여지다.

덩굴 = 넝쿨. {덩굴나무. 덩굴무늬식. 덩굴성. 덩굴시렁. 덩굴장미. 덩굴줄기. 덩굴풀.} {가시덩굴. 담쟁이덩굴. 댕댕이덩굴. 원두덩굴. 으름덩굴. 인동덩굴. 청미래덩굴. 칡덩굴.} {덩굴지다.} ¶덩굴 식물.

☞ 넌출. 덤불.

덩굴걷이 = 넉걷이. ✽ 덩굴진 식물을 걷어 내거나 그때 따낸 열매.

덩굴딸기 = 줄딸기.

덩굴무늬 = 넝쿨무늬. ✽ 당초문.

덩굴손 = 덩굴수염. 고사리수염. 넝쿨손. 수염덩굴.

덩굴지다 = 넝쿨지다.

덩그렇다 ✽ ①홀로 우뚝 드러나 있다. ¶ 초가 사이로 기와집 한 채가 덩그렇게 서 있다. ② 텅 비어 쓸쓸하다. ¶ 방 한가운데 술상만 하나 덩그러니 놓여 있다. 방학이라 교실이 덩그렇게 비었다.

☞ 당그랗다.

덩다라 ⇨ 덩달아. ✽ 멋도 모르고 남이 하는 대로 따라서. ¶ 덩달아 웃다.

덩더꿍 ✽ 북이나 장구를 치는 소리.

덩더꿍이 = 덩더꿍이장단. ✽ 농악 장단의 하나.

덩더럭꿍 ⇨ 덩더러꿍. ✽ 북이나 장구를 어울러서 치는 소리.

덩실덩실 〉 당실당실. ✽ 신이 나서 춤을 추는 모양.

☞ 둥실둥실.

덩싯덩싯 ✽ 누워서 팔다리를 춤추듯이 잇따라 가볍게 움직이는 모양.

☞ 둥싯둥싯.

덩어리 ✽ ①크게 뭉쳐서 이루어진 것. {덩어리지다.} {고깃덩어리. 담덩어리. 비곗덩어리. 살덩어리. 핏덩어리.} {달덩어리. 돌덩어리. 땅덩어리. 복덩어리. 불덩어리. 쇳덩어리. 흙덩어리.} ②그러한 성질이 있거나 그런 일을 일으키는 사람이나 사

물. {걱정덩어리. 골칫덩어리. 사곳덩어리. 주쳇덩어리.} ③하나치. ¶ 돌 한 덩어리. 떡 두 덩어리.

☞ 더미. 덩저리.

덩이 ✽ ①작게 뭉쳐서 이루어진 것. {덩이덩이. 덩이뿌리. 덩이쇠. 덩이수술. 덩이주사. 덩이줄기. 덩이차.} {고깃덩이. 살덩이. 선짓덩이. 팻덩이. 핏덩이.} {금덩이. 납덩이. 달덩이. 돌덩이. 땅덩이. 벼락덩이. 보물덩이. 불덩이. 비켜덩이. 세섯덩이. 쇳덩이. 수숫잎덩이. 숯덩이. 얼음덩이. 햇덩이. 흙덩이.} ②그러한 성질이 있거나 그런 일을 일으키는 사람이나 사물. {골칫덩이. 복덩이.} ③하나치. ¶ 금 한 덩이. 돌 다섯 덩이.

☞ 더미.

덩저리 ✽ 좀 크게 뭉친 물건의 부피. ¶ 두부 덩저리가 크다.

☞ 덩어리.

덩지 ✽ 좀 작게 뭉쳐서 쌓인 물건의 부피. ¶ 덩지가 작은 물건.

덩치 ✽ ①몸집. 덩저리. ✽ 몸피의 크기. ②덩치가 우람한 사내.

☞ 둥치.

덩쿨 ⇨ 덩굴. 넝쿨.

덫 ✽ 짐승이 빠지거나 갇히거나 걸리도록 만든 허방다리, 올무 따위. ✽ 가루택이. 곰덫(덫틀. 벼락틀). 덫활. 새덫. 집게덫(집게틀. 찰코). 쥐덫.

☞ 덧.¹ 그물. 돼지목매. 올가미. 올무. 지게코. 참새창애.

덫사냥 = 틀사냥. ✽ 덫을 놓아 짐승을 잡는 일.

☞ 사냥.

덫틀 = 벼락틀. 곰덫. ✽ 산짐승을 잡는 덫의 하나.

덮개 * ①덮는 물건. ¶ 자동차 덮개. ②이불.
☞ 뚜껑. 두껍.

덮개돌 * 고인돌에서 굄돌이나 받침돌 위에 올려놓은 큰 돌.
☞ 뚜껑돌.

덮개 유리(~琉璃) * 커버 글라스. ✽ 현미경에서 깔유리 위에 덮는 유리판.
☞ 깔유리. 받침 유리.

덮다 * ①보호하거나 드러나지 않게 하려고 위를 가리다. ¶ 밥상보로 밥상을 덮다. 장독 뚜껑을 덮다. ②일을 숨기다. ¶ 지난 일을 덮어 주다.
☞ 씌우다. 쓰다.²

덮밥 * 밥 위에 반찬을 덮어 만든 먹거리. {고기덮밥. 오징어덮밥.}
☞ 덧밥.

덮어놓고 〔어〕 * 옳고 그름을 따지지 않고. ¶ 덮어놓고 우기다.

덮어 놓고 ¶ 뚜껑을 덮어 놓다. 책을 덮어 놓고 놀러 가다.

덮장거리 ⇨ 맹꽁이덩이. ✽ 김맬 때 호미로 떠서 덮은 흙덩이.

덮히다 ⇨ 덮이다. ✽ ‘덮다’의 입음. ¶ 하얀 눈에 덮인 벌판.
☞ 덥히다.

데¹ 〔이〕 * ①곳. 처소. ¶ 올 데 갈 데 없다. ②경우. ¶ 배 아픈 데 먹는 약. ③ 일. ¶ 남을 돕는 데 드는 돈. 책을 읽는 데 걸리는 시간.

~데² = ~더라. ✽ 직접 겪은 일을 말하는 맺음끝. ¶ 그 영화 참 좋데.

~데?³ = ~더냐? ✽ 지난 일을 말하거나 물을 때. ¶ 그 영화 정말 좋데?
☞ ~대.

~데⁴ ⇨ ~는데. ~ㄴ데. ~던데. ~을데. ✽ -시-, -겠-, -았- 뒤에 붙고 토씨는 붙일 수 없음. ¶ 얼굴은 예쁜데 키가 작다.

데구리 ㉥ ⇨ 쓰레그물배.

~데기 * 그런 사람. {부엌데기. 새침데기. 소박데기.}
☞ ~떼기. ~때기.²

데꾼데꾼 〈 떼꾼떼꾼. ✽ 눈이 쑥 들어가고 생기가 없는 모양.

데낑 〔鐵筋〕 ㉥ ⇨ 싸리쇠.

데나오시 〔手直〕 ㉥ ⇨ 두벌일.

데다 * ①불이나 뜨거운 기운에 살이 상하다. ¶ 뜨거운 국에 데다. ②괴로움을 겪어 진저리가 나다. ¶ 사람에 데다. 술에 데다. 공부에 데다.
☞ 데우다. 혼나다.

데도리 〔手取~〕 ㉥ ⇨ 알속. 알차지. 주인몫. 차지.

데드라인(deadline) ⇨ 마감. 마감날. 마감시각.
☞ 컷라인.

데라 〔寺刹〕 ㉥ ⇨ 개평.

데려 = 데리어. ✽ 데리다. {데려가다. 데려오다.} ¶ 데려다 놓다.

데로 * ‘데’는 곳이나 처소를 나타내는 매인이름씨, ‘로’는 토씨. ¶ 이런 데로. 저런 데로. 고런 데로. 요런 데로. ¶ 네가 있는 데로 지금 간다.
☞ ~ㄴ데. 대로.¹

데리다 * 아랫사람이나 동물을 가까이에 두거나 따라다니게 하다. ¶ 데

리고 가다. 데리고 나가다. 데리고
놀다. 동생을 유치원에서 데리고 오
다.
☞ 다리다. 모시다.
데림추 = 어림쟁이. 코푸렁이. ‡ 줏대
없이 남에게 딸려 다니는 사람.
☞ 꼭두각시. 다림추. 드림추.
데모(demo) ⇨ 시위. {시위하다.}
¶ 시위를 벌이다.
데모토(데모도)〔手許.手元〕㉞ ⇨ 곁
꾼. 허드렛일꾼. ‡ 봉죽꾼.
데뷰(debut) ⇨ 등단. 등장. 첫 등장.
‡ 데뷔.
데빵(뎃팡)〔鐵板〕㉞ ⇨ ① 쇠판. ‡ 철
판. ② 우두머리. ‡ 두목.
데설맞다 ⇨ 데설궂다. ‡ 성질이 털털
하고 걸걸하여 꼼꼼하지 못하다.
데스리〔手摺〕㉞ ⇨ 난간.
데우다 * 식거나 찬 것을 뜨겁게 하다.
‡ 밥. 국. 찌개. 찻물.
☞ 덥히다. 데다.
데이타(data) ⇨ 거리. 자료. ‡ 데이터.
데이트(date)**를 갖다** ⇨ 만나다. ‡ 데
이트하다.
데이다 ⇨ 데다.
데치다 * 끓는 물에 살짝 익히다. ¶ 시
금치를 데치다.
☞ 뒤치다.[2]
데코보코〔凹凸〕㉞ ⇨ 울퉁불퉁. 올록
볼록.
데퉁궂다 ⇨ 데퉁맞다.
데퉁바리 * 말과 행동이 거칠고 미련
한 사람.
☞ 덴둥이.
덱기리(텟키리)㉞ ⇨ ①안성맞춤. ②

확실하게. 분명하게.
덱데굴덱데굴〈 떽떼굴떽떼굴. ‡ 크고
단단한 물건이 굴러 가는 소리.
덴겁하다(~怯~) * 뜻밖의 일로 놀라
서 허둥지둥하다. ¶ 도둑이 기침 소
리에 덴겁하여 도망가다.
☞ 혼나다.
덴둥이 * ①덴 흉터가 있는 사람. ②미
운 사람.
☞ 데퉁바리.
덴마선〔傳馬船〕㉞ ⇨ 거룻배.
덴마아크(Denmark) ⇨ 덴마크. ‡ 나
라 이름.
덴바람 = 북풍. ‡ 뱃사람 말.
☞ 된바람.
덴센(덴싱)〔傳線〕㉞ ⇨ 흠. 흠집. 흠
줄. ‡ 올 풀림.
덴조〔天井〕㉞ ⇨ 천장. 보꾹.
뎀뿌라〔天婦羅〕㉞ ⇨ 튀김. ‡ 먹거리.
뎁히다 ⇨ ① 데우다. ② 덥히다.
뎃기리(뎃키리)㉞ ⇨ ① 꼭 알맞다.
② 바로 그거야. ③용하다. 아주 좋다.
뎃빵〔鐵板〕㉞ ⇨ ① 쇠판. ‡ 철판.
② 우두머리. ‡ 두목.
뎃뽀㉞ ⇨ 대포. 큰 술잔.
뎃생(dessin) ⇨ 민그림. ‡ 소묘. 데
생.
뎃킹〔鐵筋〕㉞ ⇨ 싸리쇠.
도[1]〔토〕 * 자리토씨를 대신하거나 자
리토씨와 어찌마디에 붙어 '는'과 갈
아들어 가며 말을 이어받아 할 때 이
음끝 구실을 함. ¶ 나도 배가 고프다.
찬밥도 좋다. 나도 이제 늙었다. 더
말할 필요도 없다. 달도 밝다.
☞ 까지.[1] 는.[1] 마저.[2] 은.[1] 조차.[1]

ㄷ

도²(刀) * 날이 한쪽에만 있는 칼. {단도. 장도. 식도.}
☞ 칼.¹ 검.

~**도**³(島) * 섬. ⁑ 한자말 이름에 붙여 씀. {한산도. 제주도. 울릉도. 독도.}
☞ 섬.²

도가니¹ * ① 무릎도가니. ② 소의 볼기에 붙은 고기.

도가니² * ① 쇠붙이를 녹이는 그릇. ② 흥분이나 감격으로 들끓는 상태.

도가다(노가다)〔土方〕[왜] ⇨ 막일꾼. 흙일꾼.

도가머리 * ① 새의 머리에 길게 난 털. ② 머리가 부스스하게 선 사람.
☞ 볏.

도가지 ⇨ 독.

도거리 * ① 한데 합쳐서 몰아치는 일. ¶ 일을 도거리로 맡다. ② 되사거나 되팔지 않기로 약속하고 물건을 사고파는 일. ¶ 도거리로 흥정하다.
☞ 통거리.

도거리흥정 = 도흥정. 모개흥정. ⁑ 도거리로 하는 흥정.
☞ 낱흥정.

도교(道教) = 황로학. ⁑ 종교.

도구¹(搗臼) [왜] ⇨ 절구.

도구²(道具) [왜] ⇨ ① 연장. 연모. ⁑ 기구. 제구. ② 수단. 방법.

도구방아(搗臼~) ⇨ 절구.

도구시하다(道具視~) [왜] ⇨ 수단이나 연모로 생각하다.

도구주의(道具主義) [왜] ⇨ 기구주의. ⁑ 인스트루멘털리즘.

도구질(搗臼~) [왜] ⇨ 절구질.

도구통(搗臼桶) [왜] ⇨ 절구. 절구통.

도구함(道具函) [왜] ⇨ 연장통.

도국(島國) [왜] ⇨ 섬나라.

도국근성(島國根性) [왜] ⇨ 섬나라 소가지. 섬놈 소가지.

도굴꾼(盜掘~) = 두더지꾼. ⁑ 무덤이나 광산에서 무엇을 훔쳐내는 사람.

도굿대(搗臼~) [왜] ⇨ 절굿공이.

도금(鍍金) [왜] ⇨ 금물 올리기. 쇳물 입히기.

도기(陶器) = 오지. 오지그릇. ⁑ 오짓물을 입혀 구운 질그릇.
☞ 사기. 석기. 자기.² 토기.

도길개길 ⇨ 도긴개긴. ⁑ 대세에 별 영향을 주지 않는 사소한 차이.

도깡(도캉)〔土管〕[왜] ⇨ 질대롱. 흙대롱.

도깨그릇 = 독그릇. ⁑ 독, 항아리, 중두리, 바탱이를 통틀어 이르는 말.

도깨비 * 귀신의 하나. {도깨비감투. 도깨비굴. 도깨비기와. 도깨비불. 도깨비장난. 도깨비짓.} {산도깨비.} ¶ 도깨비 살림. 도깨비 땅 마련하듯.
☞ 허깨비.

도깨비방망이 = 부닥방망이. ⁑ 휘두르면 소원이 이루어진다는 방망이.

도깨비시장(~市場) ⇨ 도떼기시장.

도깨비탕 = 도깨빗국. ⁑ 술을 이르는 말.

도깨비판 = 도깨비놀음. ⁑ 갈피를 잡을 수 없이 괴상하게 되어 가는 일.

도꼬마리 = 갈기래. 되꼬리. ⁑ 국화과의 한해살이풀 이름. {도꼬마리떡.}
☞ 떡동구미.

도꾜〔東京〕⇨ 도쿄. ⁑ 땅 이름.

도꾸리(도쿠리)〔德利〕[왜] ⇨ ① 조막

병. 홉들이병. ②긴목셔츠.

도꾸마리 ⇨ ①도꼬마리. ②먹둥구미.

도꾸이〔得意〕㉦ ⇨ ①단골. 단골손님. ② 단골집.

도끼나물 = 도끼버섯. ＊절에서 쇠고기 따위 고기를 일컫는 말.

도끼눈 ＊ 분하거나 미워서 매섭게 쏘아 노려보는 눈.
　☞ 가시눈. 고리눈. 갈퀴눈.

도끼다시(도기다시)〔研～出～〕㉦ ⇨ 갈기. 갈아내기. ＊건축.

도끼머리 = 도끼뿔. ＊도끼날의 반대쪽.

도끼모태 ⇨ 모탕. ＊장작을 팰 때 받치는 나무토막.

도끼벌 = 자귀벌. ＊산판에서 대충 다듬은 나무.

도나개나 ⇨ 도나캐나. ＊하찮은 무엇이나. ¶국회의원에 도나캐나 나서다.

도나스(doughnut)㉦ ⇨ 도넛. ＊과자 이름.

도난(盜難)㉦ ⇨ 도둑맞음.

도난형(倒卵形) ⇨ 거꿀알꼴. 거꿀달걀꼴. ＊도란형.

도내기샘 ＊ 제법 깊은 샘.
　☞ 도래샘. 바위샘. 옹달샘.

도너츠(doughnut) ⇨ 도넛. ＊과자 이름.

도다녀가다 ＊ 왔다가 머무를 사이 없이 곧바로 돌아가다.

도다녀오다 ＊ 갔다가 머무를 사이 없이 곧바로 돌아오다.

도달되다(到達～) ⇨ 이르다. ＊도달하다.

도다리 ＊ 가자밋과의 바닷고기. ＊ 눈이 오른쪽에 모여 있음.
　☞ 가자미. 넙치.

도당집 ㉦ ⇨ 함석집. 함석지붕 집.

도도록히 ⇨ 도도록이. ＊가운데가 조금 볼록하게.

도도하다[1] ＊ 잘난 체하여 거만하다. ¶ 도도하게 굴다. 도도하게 나오다.

도도하다[2](滔滔～) ＊ 기운차고 거침없다. ¶ 도도하게 흐르는 강물. 도도한 웅변. 도도하게 밀려오는 서양 바람에 밀려 우리말이 사라지고 있다.
　☞ 도저하다.

도독하다 = 도도록하다. ＊ 가운데가 조금 볼록하다.

도돌이 ⇨ 도드리.

도돌이표(～標) = 되돌이표. ＊음악.

도두 〔어〕 ＊ 위로 높게. ¶ 담을 도두 쌓다. 모종을 도두 심다.
　☞ 낮추.

도두들리다 = 돋들리다. ＊ 다른 소리보다 또렷이 들리다.

도두보다 = 돋보다. ＊실상보다 더 좋게 보다.

도두뵈다 = 돋보이다. 돋뵈다. ＊‘도두보다’의 입음.

도둑 = ①도둑놈. ②도둑질. {도둑글. 도둑빨래. 도둑장가.} {도둑맞다.} {낮도둑. 떼도둑. 밤도둑. 밥도둑. 소도둑. 씨도둑. 좀도둑.} ¶ 바늘 도둑.

도둑놈의지팡이 ⇨ 쓴너삼. 고삼. 너삼. ＊ 여러해살이풀의 하나.

도둑때 ＊ 도둑이라는 억울한 이름. ¶도둑때를 벗다.

도둑 떼 * 도둑의 무리. ¶ 도둑 떼가 몰려다닌다고 한다.

도둑살 * 임자의 이름을 새기지 않은 화살.

　☞ 화살.

도둑질하다 * 돈이나 물건을 빼앗거나 훔치다.

　☞ 훔치다.

도둑짓 ⇨ 도둑질.

도둠 ⇨ 돋움. ‡ 돋우다.

도드리 * ① 국악 장단의 하나. ② 도드리장단.

도드리장단 = 도드리 형식. ‡ 농악 십이채의 셋째 가락의 이름.

도닦다(道~) ⇨ 도를 닦다.

도땅 倭 ⇨ 함석.

도땅판(~板) 倭 ⇨ 함석판.

도떼기시장(~市場) * 질서가 없고 시끌벅적한, 정상이 아닌 시장.

　☞ 벼룩시장.

도라무통(drum桶) 倭 ⇨ 드럼. 드럼통.

도라이바(driver) 倭 ⇨ 나사돌리개. ‡ 드라이버.

도라지 = 도랒. ‡ 여러해살이풀 이름. 또는 그 뿌리. {도라지꽃. 도라지나물. 도라지생채. 도라지장아찌.} ¶ 도라지 타령.

도란도란하다 〈 두런두런하다. ‡ 나직한 목소리로 이야기하다.

　☞ 도랑도랑하다.

도란스(transformer) 倭 ⇨ 변압기.

도랑 = 물도랑. 물돌. 돌. ‡ 좁고 작은 개울. {도랑다리. 도랑둑. 도랑못. 도랑물.} {밭도랑. 봇도랑.} ¶ 도랑을 내다. 도랑에 빠지다.

　☞ 돌창.

도랑도랑하다 〈 또랑또랑하다. ‡ 말이나 행동이 매우 똑똑하다.

　☞ 조랑조랑

도랑창 = 돌창. ‡ 더러운 도랑. ¶ 시궁 냄새를 풍기는 도랑창을 치다.

　☞ 갈개. 고랑.¹ 수채. 시궁.

도랑치마 * 무릎이 드러날 만큼 짧은 치마.

　☞ 몽당치마. 깡동치마.

도랒 = 도라지. {도랒생채. 도랒자반. 도랒저냐. 도랒정과.}

도래도래 * 여러 사람이나 물건이 주위에 동그랗게 둘러 있는 모양.

　☞ 도리도리. 오래오래.

도래상(~床) ⇨ 둥근상.

도래샘 = 도래샘물. ‡ 빙 돌아서 흐르는 샘물.

　☞ 도내기샘. 바위샘. 옹달샘.

도래송곳 * 끝이 나사처럼 생긴 송곳.

　☞ 통송곳.

도량¹(度量) * ① 넓은 마음과 깊은 생각. ② 사물의 양을 헤아림.

도량²〔道場〕 * 학문이나 마음을 갈고 닦는 곳. ‡ 불교.

　☞ 도장.²

도려빠지다 〈 두려빠지다. ‡ 한 곳의 부근이 도려낸 것처럼 빠지다.

도련¹ * 저고리나 두루마기 자락의 가장자리. ¶ 저고리 도련.

도련²(刀鍊) = 가도련. ‡ 종이의 가장자리를 가지런하게 베는 일. {도련자. 도련장이. 도련지. 도련칼. 도련판.} {도련치다.}

도련님 * ① 장가가지 않은 시동생을

부르는 말. ② 도령.

☞ 서방님. 시아주버니.

도렷이 〈 또렷이. ¶ 옛 생각이 도렷이 떠오르다.

도령 * 총각을 대접하여 일컫는 말. ¶ 김 도령. 이 도령. 정 도령.

☞ 도련님.

도령귀신(~鬼神) = 도령신. 몽달귀. * 총각이 죽어서 된 귀신.

도령님 ⇨ 도련님.

도로[1]〔어〕 * ① 되돌아서. ¶ 장에 가다가 도로 집으로 가다. ② 본디와 같이. ¶ 꾼 돈을 도로 돌려주다. 책을 보고 도로 갖다 놓다.

☞ 다시.[1] 도리어.

도로[2](逃路) 와 ⇨ 도망 길. * 도주로.

도로[3](道路) * 한길. * 국도, 지방도, 고속 국도 따위.

도로나오시 와 ⇨ 다시 찍기.

도로묵 ⇨ 도루묵. * 바닷고기 이름. {도루묵식해.} ¶ 말짱 도루묵.

도로 미스(~ miss) ⇨ 되모시. * 이혼하고 처녀 행세를 하는 여자.

도로 변(道路邊) ⇨ 길가. 큰길 가. * 도로변.

도롱룡(~龍) ⇨ 도롱뇽. * 물뭍동물의 하나.

도롱태[1] * 사람이 끄는 간단한 나무 수레. ¶ 네발 도롱태.

☞ 굴렁쇠. 달구지. 수레.

도롱태[2] = ① 쇠황조롱이. ② 새매.

도료(塗料) 와 ⇨ 칠감. 칠.

도루아미타불 ⇨ 도로 아미타불. * 고생만 하고 아무 보람이 없음.

도륙하다(屠戮~) * 사람이나 짐승을 참혹하게 마구 죽이다.

☞ 도살하다. 도축하다. 살육하다.

도르다[1] = 게우다. * 토하다.

도르다[2] * ① 둘레를 빙 두르다. ¶ 병풍을 도르다. ② 일, 물건, 돈을 이리저리 형편에 맞추어 돌라 대다. ¶ 농기구를 돌라서 쓰다. ③ 몫을 갈라서 따로따로 나누다. ¶ 돌떡을 이웃에 도르다. * 분배. ④ 그럴듯하게 속이다. ¶ 터무니없는 말로 남을 도르지 마라.

☞ 노느다. 돌리다. 별러주다.

도르래[1] * 대를 얇게 깎아 프로펠러처럼 만든 장난감.

☞ 바람개비.

도르래[2] * 바퀴에 줄을 걸어서 물건을 달아 올리는 연모. {겹도르래. 홑도르래.} ¶ 고정 도르래. 움직 도르래.

☞ 고패.

도르륵 ⇨ 도르르. * ① 작고 둥근 것이 가볍게 구르는 소리. ② 종이 띠 같은 것이 둥글게 말리는 모양.

도리[1] = 도리질. 도리머리. * 싫거나 아니라고 머리를 흔드는 짓.

도리[2]〔取〕 와 ⇨ ① 몽땅사기. 줄떼기. * 수산. ② 주기. * 체육.

도리구치(도리우치) 와 ⇨ 납작모자. * 캡.

도리깨 * 보리, 조, 콩, 밤을 타작하는 연모. {도리깨바람. 도리깨소리. 도래깨찜질. 도리깨춤. 도리깨침. 도리깻열.} {쇠도리깨.}

☞ 그네. 벼훑이.

도리깨채 = 도리깻장부. * 도리깨의 자루로 쓰는 긴 막대기.

도리다 * 부드러운 물체 속에 칼끝을

넣고 둥글게 떼어 내다. ¶ 상한 곳을
도리다. 가위로 종이를 도리다.
　☞ 베다. 썰다. 오리다.
도리머리 = 도리질. 도리. ✱ 머리를
흔들어 싫다거나 아니라는 뜻.
　☞ 도리질.
도리반도리반 〈 두리번두리번. ✱ 여기
저기를 휘둘러 살펴보는 모양.
도리암직하다 = 도람직하다. 되람직
하다. ✱ 동글납작한 얼굴에 키가 자
그마하고 몸매가 얌전하다.
도리어 = 되레. ¶ 잘못한 놈이 도리어
큰소리를 친다.
　☞ 도로.¹ 오히려.
도리여 ⇨ 도리어.
도리질 ✱ ① 도리머리. ② 어린아이가
머리를 흔드는 재롱.
도리켜보다 ⇨ 돌이켜보다.
도리키다 ⇨ 돌이키다.
도리하다 〔取~〕 ㉽ ⇨ ① 독차지하다.
싹쓸이하다. ② 휩쓸다.
도림¹ 〔括弧〕 = 묶음표.
도림² ✱ 어떤 곳에서 가까운 이웃. ¶ 그
는 도림에서 제일가는 부자다.
도림쟁이 ⇨ 도림장이. ✱ 도림질을 직
업으로 하는 사람.
도림질 ✱ 실톱으로 널빤지를 오려서
여러 가지 모양을 만드는 일.
　☞ 갈이질.
도릿도릿 ⇨ 도리반도리반.
도마 ✱ 칼로 쓸거나 다질 때 밑에 받치
는 물건. {도마질. 도맛밥. 도맛소
리.} ¶ 나무 도마. 유리 도마. 플라
스틱 도마. ¶ 도마 위에 오르다.
　☞ 모탕.

도마도(tomato) ⇨ 일년감. ✱ 토마토.
도마리 〔泊~〕 ㉽ ⇨ 밤낚시.
도막 〈 토막. ✱ ① 짧고 작은 동강. {도
막도막. 도막말.} ¶ 나무 도막. 분필
도막. 생선 도막. ② 하나치. ¶ 갈치
두 도막.
　☞ 동강. 동강이.
도망가다(逃亡) = 도망하다. 도주하
다. ✱ 달아나다.
도망치다(逃亡~) = 도망질치다. ✱ 몰
래 달아나다.
도매가격(都賣價格) = 도매가. 도매
금. 도맷값. ✱ 넘기는 값.
　☞ 산매가격.
도무지 = 당최. 영. ✱ 부정하는 말과
함께 씀. ¶ 도무지 속셈을 모르겠다.
도무지 예의라곤 없는 사람이다. 도
무지 맛이 없다.
도물(盜物) ㉽ ⇨ 훔친 물건. ✱ 장물.
도미 = 돔. ✱ 바닷고기 이름. {도미구
이. 도미국수. 도밋과. 도밋국.}
{감성돔. 독돔. 돌돔. 먹돔. 벵에돔.
붉돔. 참돔.}
도배쟁이 ⇨ 도배장이. ✱ 직업으로 도
배하는 사람.
도보(徒步) ㉽ ⇨ ① 걸음. ② 걷기.
도부꾼(到付~) = 도부쟁이. 도붓장
수. ✱ 돌아다니며 장사하는 사람.
도붓장사(到付~) = 선장사. ✱ 돌아
다니며 물건을 파는 일.
　☞ 앉은장사.
도붓장수 〔行商〕 = 도부꾼. 도부쟁이.
✱ 광주리장수, 둥우리장수, 등짐장
수, 마장수, 보따리장수, 봇짐장수
따위 뜨내기장수.

☞ 뜨내기장수.

도비라〔扉〕④ ⇨ 속장. 속표지. 안뚜껑. ‡ 책.

도사리¹ ‡ 못자리에 난 어린 잡풀. ¶ 도사리같이 살아나다.

도사리² ‡ 다 익지 않은 채로 떨어진 과일.
　☞ 똘기.

도살장(屠殺場) ⇨ 도축장. ‡ 소, 돼지 따위를 잡는 곳.

도살하다(屠殺~) ‡ 사람이나 짐승을 마구 잡아 죽이다.
　☞ 도륙하다. 도축하다. 살육하다.

도색문화(桃色文化) ⇨ 성 상품. 성 장사.

도색하다(塗色~) ⇨ 칠하다. 색칠하다.

도선료(渡船料) ⇨ 뱃삯.

도섭 = 도섭질. ‡ 주책없이 능청맞고 수선스럽게 변덕을 부리는 짓. {도섭쟁이.} {도섭스럽다.} ¶ 도섭을 떨다.
　☞ 도습하다.

도섭부리다 ‡ 본디 모습과 다르게 바꾸다. ¶ 여우가 여자로 도섭부리다.

도수 체조(徒手體操) ⇨ 맨손 체조.

도숙붙다 = 숙붙다. ‡ 머리털이 아래로 나서 이마가 좁게 되다.

도습하다(蹈襲~) = 답습하다. 옛사람이 한 일을 그대로 본받아 좇다. ¶ 전통은 계승하되 낡은 방식을 도습해서는 안 된다.
　☞ 답습하다. 도섭.

도시(都市) ‡ 사람이 많이 모여 사는 정치, 경제, 문화의 중심지. ‡ 시골에도 도시가 있음. {도시가스. 도시 공원. 도시물.} ¶ 도시 경관. 도시 계획. 도시 교통. 도시 문제. 도시

위생. 도시인구.
　☞ 서울. 시골. 촌.

도시병(都市病) ‡ 도시 생활에서 오는 노이로제, 히스테리 따위 병.
　☞ 도회병.

도시화되다(都市化~) ⇨ 도시로 바뀌다.

도시화되어지다(都市化~) ⇨ 도시가 되다. 도시로 바뀌다.

도식(稻植) ④ ⇨ 모내기.

도신(刀身) ④ ⇨ 칼몸.

도어(刀魚) ⇨ 갈치. ‡ 바닷고기 이름.

도야지 ⇨ 돼지. ‡ 집짐승 이름.

도약(塗藥) ④ ⇨ 바르는 약. ‡ 연고.

도오쿄오〔東京〕⇨ 도쿄. ‡ 땅 이름.

도우기 ⇨ 돕기. ‡ 돕다. 돕고. 돕지. 도와. 도우면. 도움. 도운.

도우자 ⇨ 돕자.

도인(島人) ④ ⇨ 섬사람. 섬놈.

도입종(導入種) = 외래종. ‡ 들온씨.
　☞ 개량종. 본토종. 토종. 재래종.

도입하게(導入~) = 도입게. ‡ 안울림소리 뒤에서는 '하'가 줆.

도자기(陶瓷器) ‡ 질그릇, 오지그릇, 사기그릇을 통틀어 이르는 말.
　☞ 도기. 사기. 오지. 자기.

도작(稻作) ④ ⇨ 벼농사.

도장¹(圖章) ‡ 이름을 새겨서 문서에 찍는 물건. {도장밥. 도장장이. 도장집. 도장칼. 도장함.} {고무도장. 눈도장. 막도장. 먹도장. 목도장. 불도장. 뿔도장. 손도장. 옥도장. 인감도장.} ¶ 도장 찍다.

도장²(道場) ‡ 무예를 닦는 곳. ¶ 권투 도장. 태권도 도장.

☞ 도량.¹

도장³(賭場) 呼 ⇨ 노름방. 노름판.
＊ 도박장.

도장방¹(~房) ＝ 도장. ＊ 여자가 거처
하는 방. 규방.

도장방²(圖章房) ＝ 도장집. 도장포.
＊ 도장을 파는 집.

도장하다(塗裝~) ⇨ 색칠하다. 칠하
다. 칠을 바르다.

도저(搗杵) 呼 ⇨ 절굿공이.

도저하다(到底~) ＊ ①학식, 생각, 기
술이 깊고 뛰어나다. ¶ 의술이 도저
하다. ②몸가짐이 곧고 훌륭하다.
¶ 행실이 도저하다.
☞ 도도하다.²

도조(賭租) ＊ 논밭을 빌린 삯으로 해
마다 내는 벼. ¶ 도조를 물다.
☞ 도지.¹

도주하다(逃走~) ＝ 도망하다.

도지¹(賭地) ＊ 삯을 주고 빌려 쓰는 논
밭, 집터, 돈, 소 따위. {도짓논. 도
짓돈. 도짓밭. 도짓소.} {텃도지.}
¶ 도지로 얻다.
☞ 도조. 배내.¹

도지²(島地) 呼 ⇨ ①섬. ②섬을 이
룬 땅.

도짜리 ⇨ 돗자리.

도차지(都~) ＊ ①일을 도맡음. ②물
건을 혼자 차지함. ③주인의 뜻을
받아 일을 도맡아서 하는 사람.
☞ 독차지.

도착하고 있다(到着~) ⇨ 들어오다.
들어오고 있다.

도채쟁이(塗彩~) ⇨ 칠장이.

도축하다(屠畜~) ＊ 사람이 먹으려고

집짐승을 잡아 죽이다.
☞ 도륙하다. 도살하다. 살육하다.

도출하다¹(導出~) ＊ 이끌어 내다. ＊ 결
론. 판단. ¶ 합의를 도출하다.

도출하다²(逃出~) 呼 ⇨ 도망하다.

도충(條蟲) 呼 ⇨ 촌충. ＊ 몸속에 사는
기생충의 하나.

도친개친 ⇨ 도긴개긴. ＊ 아주 사소한
차이.

도칫법(倒置法) ⇨ 도치법. ＊ 말의 차
례를 바꾸어 말뜻을 강조하는 법. 강
조하려는 말을 맨 앞에 내세움.

도캉〔土管〕 呼 ⇨ 질대롱. 흙대롱.

도쿠리(도꾸리)〔德利〕 呼 ⇨ ①조막
병. 홉들이병. ② 긴목셔츠.

도쿠이(도꾸이)〔得意〕 呼 ⇨ ① 단골.
단골손님. ② 단골집.

도크(dock) ⇨ 뱃도랑. ＊ 독.

도탑다 〈 두텁다. ＊ 사랑이나 인정이
많고 깊다.

도타히 ⇨ 도타이. ＊ 사랑. 인정. ¶ 우
정을 도타이 하다.

도탈하다(逃脫~) 呼 ⇨ 빠져나가다.
＊ 탈출하다. 이탈하다.

도토리 ＊ 갈참나무, 물참나무, 신갈나
무, 떡갈나무의 열매. ＊＊ 굴밤이나 상
수리보다 작고 달걀꼴임. {도토리묵.
도토리범벅.}
☞ 굴밤. 상수리.

도토리깍정이 ＝ 도토리받침. ＊ 도토
리의 밑을 싸 받치는 깍정이.

도투락댕기 ＝ 도투락. ＊ 어린 계집애
가 드리는 자줏빛 댕기.
☞ 떠구지댕기.

도투마리 ＊ 베를 짤 때 날실을 감는 틀.

☞ 북.¹

도파니 = 도틀어. ‡ 죄다 몰아서. ¶ 도
파니 벌을 씌우다.

☞ 통틀어.

도포하다(塗布~) ⇨ (약이나 칠을 겉
에) 바르다.

도풋짜리(道袍~) ⇨ 도포짜리. ‡ 도
포를 입은 사람.

도합(都合) 왜 ⇨ 모두. ‡ 합계.

도화빛(桃花~) ⇨ 도홧빛. 도화색.
도홍빛. 도홍색.

도화사(道化師) 왜 ⇨ 익살꾼. 익살쟁이.

도회병(都會病) * ① 도시병. ② 시골
사람이 도시를 동경하는 생각.

☞ 도시병.

도흥정 = 도거리흥정. 모개흥정. ‡ 물
건을 한 사람이 몽땅 도맡아서 사려
고 하는 흥정.

☞ 낱흥정.

독 * 운두가 높고 배가 부르며 전이 달
린 큰 오지그릇이나 질그릇. {독무
덤. 독우물. 독장수.} {오지독.} {기
름독. 김장독. 김칫독. 똥독. 물독.
술독. 쌀독. 오줌독. 장독.} ¶ 독 안
에 든 쥐.

☞ 단지.¹ 바탱이. 중두리. 항아리.

독개그릇 ⇨ 도깨그릇. 독그릇.

독거감방(獨居監房) 왜 ⇨ 독방.

독거노인(獨居老人) ⇨ 홀로 사는 노인.

독거제(獨居制) 왜 ⇨ 독방제.

독구리 〔德利〕 왜 ⇨ ① 조막병. 홉들
이병. ② 긴목셔츠.

독국(獨國) ⇨ 도이칠란트. ‡ 나라 이름.

독그릇 = 도깨그릇. ‡ 독, 항아리, 중
두리, 바탱이 따위.

독농가(篤農家) 왜 ⇨ ① 모범 농가.
찰농가. ② 모범 농부. 실농가.

독대 ⇨ 반두. ‡ 그물의 한 가지.

독려(督勵) * 용기나 의욕이 생기도록
이끌고 가르치는 것.

☞ 독촉.

독료하다(讀了~) 왜 ⇨ (처음부터 끝
까지) 다 읽다. ‡ 독파하다.

독무대(獨舞臺) 왜 ⇨ ① 혼자 굿판.
② 독판. 독장.

독물¹ * 검은 남빛. 짙은 반물.

☞ 곤색. 반물.

독물²(毒~) * ① 독이 들어 있는 물.
② 헌데에서 나오는 물.

독물³(讀物) 왜 ⇨ 읽을거리.

독불장군(獨不將軍) **없다고** ⇨ 독불
장군이라고.

독살풀이(毒煞~) = 독풀이. ‡ 살기
를 행동으로 나타내는 일.

독서양(讀書量) ⇨ 독서량. ‡ 한자말
뒤에서는 ‘량’임.

독신(獨身) = 홀몸. ‡ 짝이 없는 총
각, 처녀, 홀아비, 홀어미. 부모, 형
제, 친척 따위는 있음. ¶ 시집가지
않고 독신으로 살아간다.

☞ 단신.

독어(獨語) ⇨ 도이칠란트 말.

독일(獨逸) ⇨ 도이칠란트. ‡ 나라 이름.

독장수셈 = 독장수구구. ‡ 헛된 셈.
헛수고.

독장치다(獨場~) = 독판치다. 외장
치다. 장치다. ‡ ① 어떠한 판을 혼
자서 휩쓸다. ② 다른 사람을 무시하
듯 혼자서 떠들다.

독차지(獨~) = 독점. ‡ 혼자서 모두

차지함.
☞ 도차지. 통차지.
독채(獨~) = 독챗집. 독집. ‡ ① 따로 떨어져 있는 집채. ② 한 가족이 전체를 사용하는 집채. ¶ 독채를 얻다.
독촉(督促) * 일이나 행동을 빨리하도록 죄어침. ¶ 빚 독촉.
☞ 독려.
독촉 수속(督促 手續) ㉻ ⇨ 독촉 절차.
독판(獨~) = 독장. ‡ ① 독차지하는 판. ② 독판치는 판.
☞ 독무대.
독판치다(獨~) = 독장치다. 외장치다. 장치다.
독풀이(毒~) = 독살풀이. ‡ 마음에 품고 있던 살기를 목적한 대상에게 실제 행동으로 나타내는 일. {독풀이하다.}
돈[1] * ① 물건을 사고 팔 때 쓰는 물건으로 금, 구리, 은, 종이로 만든 것. ② 화폐, 수표, 어음, 재산, 재물을 아우르는 말. {돈값. 돈거래. 돈고생. 돈구멍. 돈꿰미. 돈닢. 돈다발. 돈더미. 돈독. 돈돈. 돈맛. 돈문서. 돈뭉치. 돈받이. 돈방석. 돈백. 돈벌레. 돈벌이. 돈벼락. 돈복. 돈점. 돈주머니. 돈지랄. 돈질. 돈짝. 돈쌈. 돈천. 돈치기. 돈타령. 돈풀이.} {거스름돈. 검은돈. 곗돈. 공돈. 군돈. 귓돈. 금돈. 까팡돈. 끝돈. 나랏돈. 낱돈. 노랑돈. 노잣돈. 단돈. 덧돈. 도짓돈. 뒷돈. 떼돈. 뜬돈. 맞돈. 모갯돈. 목돈. 뭉칫돈. 보싯돈. 부좃돈. 분핫돈. 붙은돈. 사슬돈. 삯돈. 살돈. 생돈. 세뱃돈. 셋돈. 쇠돈. 시겟돈. 시잿돈. 시줏돈. 쌈

짓돈. 앞햇돈. 여윳돈. 용돈. 웃돈. 월숫돈. 은돈. 일숫돈. 잔돈. 잿돈. 종이돈. 종자돈. 주머닛돈. 체곗돈. 큰돈. 판돈. 푼돈. 품돈. 해웃돈. 헛돈.} {돈치다.} ¶ 돈 걱정. 돈 보따리. 돈 봉투. 외국 돈. 은행 돈. 회사 돈. 새 돈. 헌 돈. ③ 하나치. ‡ 원(한국). 달러(아메리카. 오스트레일리아. 뉴질랜드. 싱가포르. 홍콩. 캐나다). 엔(니혼). 유로(유럽 연합). 위안(차이나). 파운드(잉글랜드). 프랑(프랑스. 스위스. 벨기에).
☞ 금전. 화폐.
돈[2] * 금, 한약의 무게를 다는 하나치. ‡ 열 돈 = 한 냥 = 37.5g.
☞ 근. 냥.
돈[3](屯) ⇨ 톤. ‡ 무게를 다는 하나치. 1톤 = 1,000kg.
돈가스(돈까스) ㉻ ⇨ 돼지고기튀김. ‡ 포크커틀릿.
돈길 = 돈줄. ‡ 돈을 변통할 수 있는 길. ¶ 돈길이 막히다.
돈나리 = 돈돌라리. ‡ 북청 사자놀이 때 부르는 노래.
돈나물 ⇨ 돌나물. ‡ 산나물 이름.
돈내기[1] * ① 돈을 걸어놓고 하는 내기. ¶ 돈내기 바둑. ② 노름.
돈내기[2] * 얼마만큼의 일을 하는 데 미리 품삯을 정하고 하는 것. ¶ 돈내기 일. 일을 돈내기로 하다.
돈냥(~兩) = 돈닢. 돈푼. 쇳냥. 쇠푼. ‡ 많지 않은 돈.
돈놀이 = 변놀이. ‡ 사채놀이. ¶ 돈놀이로 먹고살다.
돈닢 * ① 돈냥. 돈푼. 쇳냥. 쇠푼.

¶ 돈닢이나 주다. ② 쇠돈 낱개.

돈머리 = 돈머릿수. ✽ 돈의 액수. ¶ 돈머리가 크다. 돈머리를 맞추다.

돈변(～邊) = 돈변리. 변리. 변. ✽ 이자.

돈부리 ㉛ ⇨ 덮밥.

돈사다 ⇨ 팔다. ✽ 쌀을 팔아 돈을 사다.

돈아(豚兒) ⇨ 아들놈. 아들애. 아들 자식. ✽ 제 자식을 낮추는 말.

돈의문(敦義門) = 새문. 서대문 ✽ 서울 서쪽 정문. 사대문의 하나.

돈잎 ⇨ 돈닢.

돈장사 ⇨ 돈놀이.

돈점박이(～點～) ✽ ① 표범. ② 돈짝만 한 점이 여럿 박혀 있는 말. ③ 연의 한 가지.

돈줄 = 돈길. ✽ 돈을 변통할 수 있는 길. ¶ 돈줄이 끊기다.

돈중 ⇨ 돈쭝. ✽ 한 돈쯤 되는 무게의 하나치.

돈지(頓智) ㉛ ⇨ 재치 ✽ 기지.

돈지갑(～紙匣) ⇨ 지갑.

돈카스(돈까스) ㉛ ⇨ 돼지고기튀김. ✽ 포크커틀릿.

돈팔이 ✽ 학문, 기술, 예술을 돈벌이로 써먹는 일.
　☞ 돌팔이.

돈표(～票) = 환. ✽ 수표, 어음 따위.

돈푼 = 돈냥. 돈닢. 쇠푼. 쇳냥. ✽ 많지 않은 돈.

돋구다 ✽ ① 안경의 도수를 높이다. ¶ 돋보기의 도수를 돋구다. ② 화력을 높이다. ¶ 불길의 세기를 돋구다.
　☞ 돋우다.

돋다 ✽ ① 해, 달, 별이 솟아오르다.

¶ 해가 돋다. ② 싹이 나오다. ¶ 새싹이 돋다. ③ 감정이나 기색이 생기다. ¶ 화가 돋다. ④ 겉으로 나오다. ¶ 사슴뿔이 돋다. ⑤ 입맛이 당기다. ¶ 밥맛이 돋다.
　☞ 나다.¹ 돋우다. 돋치다. 뜨다. 솟다.

돋데기시장(～市場) ⇨ 도떼기시장.

돋되기 ✽ 발달, 발전, 진보하는 일. ✽ 진화.
　☞ 졸되기.

돋들리다 = 도두들리다. ✽ 또렷이 들리다.

돋바늘 ⇨ 돗바늘.

돋보기 ✽ ① 크게 보이도록 만든 연모. ✽ 확대경. ② 돋보기안경.
　☞ 맞보기. 졸보기.

돋보기눈〔遠視眼〕 = 멀리보기눈.
　☞ 바투보기눈. 졸보기눈.

돋보다 = 도두보다. ✽ 실상보다 더 좋게 보다.

돋보이어 = 돋보여. 돋뵈어. 돋봬. ✽ 돋보이다.

돋새김 = 돋을새김. 솟을새김. ✽ 부조.
　☞ 섶새김. 오목새김.

돋우다 ✽ ① 위로 끌어올려 높게 하다. ✽ 심지. 발끝. {심돋우개.} ② 밑을 괴어 높이거나 도드라지게 하다. ✽ 자리. 정도. ¶ 방석을 돋우다. ③ 높게 하다. ✽ 목청. 북. 신명. 용기. 입맛. 화. 흥. 흙. ¶ 목청을 돋우다. ④ 가래를 올리다. ¶ 가래를 돋우다.
　☞ 돋구다. 돋다. 높이다.

돋우보다 ⇨ 도두보다. 돋보다.

돋우보이다 ⇨ 도두보이다. 돋보이다. 도두뵈다. 돋뵈다.

돋움 * ①밑을 괴는 물건. ②발돋움.
☞ 종부돋움.

돋을새김 = 돋새김. 솟을새김. ✻ 부조.
☞ 섭새김. 오목새김.

돋자리 ⇨ 돗자리. ¶ 돗자리를 깔다.
돗자리를 펴다.

돋치다 * 속에서 겉으로 돋아서 내밀
다. ¶ 날개가 돋치다. 뿔이 돋치다.
☞ 돋다.

돋히다 ⇨ 돋치다.

돌[1] = 돌멩이. ✻ 바위보다 작고 모래보
다 큰 것. {돌벼랑. 돌비늘. 돌산. 돌
샘. 돌섬. 돌솜.} {돌구유. 돌그릇. 돌
기둥. 돌기와. 돌난간. 돌담. 돌메. 돌
문. 돌방. 돌방죽. 돌벼루. 돌벽. 돌부
처. 돌비석. 돌사람. 돌사자. 돌우물.
돌장이. 돌조각. 돌중방. 돌짐승. 돌
집. 돌찜질. 돌층계. 돌층대. 돌탑. 돌
하르방. 돌홍예. 돌화덕. 돌화로. 돌
확.} {돌공이. 돌도끼. 돌마치. 돌망
치. 돌솥. 돌연모. 돌팔매. 돌화살.}
{돌곽. 돌널. 돌널무덤. 돌덧널무덤.
돌무덤. 돌무지무덤. 돌방무덤.} {가
른돌(가름돌). 감돌. 갯돌. 거친돌.
곱돌. 굳은돌(굳돌). 남폿돌. 동돌.
마름돌. 막돌. 모오리돌(몽돌). 무른
돌. 물차돌. 몽우리돌. 벽돌. 벽장돌.
별똥돌. 서벅돌. 속돌. 쇠차돌. 쇳돌.
수수돌. 싸락돌. 여울돌. 옥돌. 자갈
돌. 잔돌. 조약돌. 짱돌. 차돌. 청석
돌. 총석돌. 푸석돌(석돌). 횟돌.}
{갓돌. 걸림돌. 고드랫돌. 고른돌(고
름돌). 고막이돌. 고인돌. 고임돌(굄
돌). 공깃돌. 구들돌. 귀돌(주춧돌).
김칫돌. 깔돌. 노둣돌. 누름돌. 다듬
잇돌. 다릿돌. 닺돌. 댓돌(섬돌). 동
바릿돌. 동틀돌. 둔덕돌. 들돌. 디딤
돌. 따낸돌. 떡돌. 마름돌. 맷돌. 머릿
돌. 모퉁잇돌(주춧돌). 몽깃돌. 물렛
돌. 밀돌. 바둑돌. 받침돌. 버팀돌. 벼
룻돌. 봇돌. 봉돌. 부싯돌. 부춛돌. 불
돌. 빗돌. 빨랫돌. 사춤돌(쐐기돌).
산판걸목돌. 선돌. 신방돌. 쌤돌. 이
맛돌. 이무깃돌. 장판돌. 지경돌. 지
댓돌. 지붕돌. 징금돌. 챗돌. 첨곗돌.
층돌(층샛돌). 탯돌. 퇴짓돌. 툇돌.
푯돌. 호박돌. 호박주춧돌.}
☞ 모래. 바위.

돌[2] 〔周年. 週期〕 * ①첫돌. 생일. {돌
날. 돌돈. 돌떡. 돌띠. 돌마낫적. 돌
맞이. 돌상. 돌잔치.} ¶ 돌 반지. 돌
사진. 돌상 차림. ②생일이 돌아온
횟수. ✻ 어린애의 나이. ¶ 두 돌. 세
돌. ③해마다 돌아오는 어떤 날의
횟수. ✻ 제2회가 첫돌임. ¶ 한글 반
포 557돌. ④일정한 동안마다 똑같
이 되풀이되는 돌이로 쓰는 말. ✻ 2
시간 돌, 24시간 돌, 1주일 돌, 6달
돌 따위 '주기'는 따로 '돐'을 되살려
써야 함.
☞ 회.[1]

돌개바람 〔颶風〕 * ①태풍(북태평양 남
서부). ②허리케인(북태평양 동부).
③사이클론(아라비아 해). ✻ 곳에
따라 이름이 다름.
☞ 용숫바람. 용오름. 회오리바람. 회
리바람.

돌계집 * 아이를 낳지 못하는 여자.
☞ 고녀. 둘치.

돌고돌다 ⇨ 돌고 돌다.

돌고드름 * 굴의 천장에 고드름처럼 달린 돌기둥. ‡ 종유석.
　☞ 돌순.

돌고래¹ * ①돌로만 쌓아 만든 방고래. ②연기가 고래 밑으로 되돌아 나오도록 만든 방고래.

돌고래² = 물돼지. ‡ 바다짐승 이름.

돌구멍안 = 문안. ‡ 서울 사대문 안.

돌기와〔靑石〕 * 기와처럼 쓰는 얇은 돌조각.
　☞ 너새.² 너와. 널기와.

돌기와집 = 청석집. ‡ 넓적한 청석돌로 지붕을 인 집.
　☞ 너새집. 너와집.

돌너덜 = 너덜. 너덜겅. ‡ 돌이 많이 흩어져 있는 비탈.
　☞ 바위너덜. 너설. 서덜.

돌다 * ①한 점을 중심으로 한쪽으로 움직인다. {헛돌다.} ¶ 물레방아가 돌다. 바퀴가 돌다. 술잔이 한 바퀴 돌다. ②방향을 바꾸다. ¶ 왼쪽으로 돌다. ③기운이나 물기가 번지다. ¶ 얼굴에 화색이 돌다. ④소문이 퍼지다. ¶ 도망갔다는 소문이 돌다.
　☞ 구르다.²

돌다리 * 돌을 쌓아 만든 다리. ¶ 돌다리도 두들겨 보고 건너라.
　☞ 징검다리.

돌도끼쟁이 ⇨ 돌도끼장이. ‡ 도끼로 돌을 쪼개고 다듬는 사람

돌듯 ¶ 다람쥐 쳇바퀴 돌듯 한다. ‡ 돌다.

돌 듯 ¶ 한 바퀴도 돌 듯 말 듯 하다. ‡ 돌다.

돌라가다 * 남의 물건을 슬쩍 빼돌려 가져가다. ¶ 주인의 눈을 속이고 가게 물건을 돌라가다가 들키다.

돌라내다 * 남의 물건을 슬쩍 빼돌려 내다. ¶ 주인 몰래 공장에서 물건을 돌라내다.
　☞ 돌려내다.

돌라놓다 * ①동그랗게 벌여 놓다. ¶ 음식을 밥상 위에 돌라놓았다. ②먹은 것을 토해내다. ¶ 먹은 음식을 울컥울컥 돌라놓는다.
　☞ 돌려놓다.

돌라방치다 = 돌라치다. ‡ 무엇을 빼돌리고 다른 것을 대신 넣다. ¶ 박물관에서 고려청자를 돌라방쳐서 팔아먹다.

돌라보다 〈 둘러보다. ‡ 주위를 두루 살펴보다.
　☞ 돌아보다.

돌라붙다 = 돌붙다. ‡ 형편을 살피어 이로운 쪽으로 붙어 따르다. ¶ 정의를 부르짖던 그가 독재자에게 돌라붙어 앞잡이 노릇을 하다니.

돌라앉다 〈 둘러앉다. ‡ 여럿이 동그랗게 앉다.
　☞ 돌아앉다.

돌라치다 = 돌라방치다.

돌려내다 * ①사람을 꾀어 빼돌리다. ¶ 다른 회사에서 기술자를 돌려내다. ②따돌리다. ¶ 저들끼리 짜고 나를 돌려내다.
　☞ 돌라내다.

돌려놓다 * ①다른 쪽으로 돌리다. ¶ 책상을 창문 쪽으로 돌려놓다. ②생각을 바꾸게 하다. ¶ 아버지의 생각을 돌려놓다. ③따돌려서 빼어 버리다.

¶ 사람들이 저를 돌려놓고 있다며 화를 내다.
☞ 돌라놓다.

돌려보다 * 돌아가며 보다. ¶ 만화책 한 권을 여럿이 돌려보다.

돌려 보다 ¶ 고치고 나서 잘 되는지 바퀴를 돌려 보다.

돌려씌우다 * 제 책임이나 허물을 남에게 덮어씌우다.

돌려 씌우다 ¶ 모자를 뒤로 돌려 씌우다.

돌려짓기 = 그루바꿈. 해걸러짓기. ‡ 윤작.
☞ 이어짓기.

돌르다 ⇨ 도르다.

돌리다[1] * 한 점을 중심으로 돌게 하거나 움직이게 하다. ‡ '돌다'의 하임. ¶ 팽이를 돌리다. 바람개비를 돌리다. 바퀴를 돌리다.
☞ 도르다. 두르다. 틀다.

돌리다[2] * ① 물건을 여러 사람에게 주다. ¶ 이웃에 이사 떡을 돌리다. ② 여러 사람에게 배달하다. ¶ 아침마다 신문을 돌리다.
☞ 전하다.

돌림 = 돌림병. ‡ 전염병.

돌림감기(~感氣) = 돌림고뿔. ‡ 유행성 감기.

돌림곡(~曲) = 돌림 노래. ‡ 같은 노래를 일정한 마디의 사이를 두고, 일부가 먼저 부르고 나머지가 뒤따라 부르는 합창. 윤창.

돌림매 * ① 한 사람을 여러 사람이 돌아가며 때리는 매. ¶ 패거리들에게 돌림매를 맞다. ② 여러 사람을 차례로 돌아가며 때리는 매.
☞ 몰매. 무릿매.

돌림방〔輪姦〕* 한 계집을 여러 사내가 한꺼번에 욕보이는 일.

돌림자(~字) = 항렬자.

돌림젖 = 동냥젖. ‡ 남의 젖을 얻어먹는 일.

돌립하다(突立~) ㉒ ⇨ 치솟다.

돌매 = 매. 맷돌. ‡ 곡식을 가는 데 쓰는 연모.
☞ 매통. 연자매.

돌맹이 ⇨ 돌멩이. ‡ 돌덩이보다 작고 자갈보다 큰 돌.

돌멩이질 = 돌질. ‡ 돌멩이를 던지는 짓. ¶ 냇가에서 돌멩이질을 한다.
☞ 돌팔매질.

돌무당 * 신통력이나 효험이 없는 떠돌이 무당.
☞ 내린무당. 선무당.

돌무더기 * 돌덩이가 모여 쌓인 무더기. ¶ 돌무더기가 무너지다.

돌무덤 * 돌을 쌓아 만든 높은 무덤. ‡ 돌무지무덤, 고인돌 따위.

돌무지 * ① 돌이 잔뜩 깔린 땅. ¶ 돌무지를 일구다. ② 고인돌이나 돌널무덤 둘레에 쌓아 둔 돌 더미.

돌미력(~彌勒) ⇨ 돌미륵. ‡ 돌로 새겨 만든 미륵불.

돌발 = 돌장. ‡ 썰물 때 고기를 잡으려고 돌로 만든 개막이.

돌방아 = 연자매. 연자방아. ‡ 소나 말로 돌리는 큰 맷돌.
☞ 돌절구. 물방아. 디딜방아.

돌배 * 돌배나무 열매.
☞ 똘배.

돌벼락 = 돌사태. ‡ 돌이 무더기로 내리 덮치는 일. ¶ 돌벼락을 맞다.

돌벼랑 * 돌이 드러난 벼랑. ¶ 머루가 돌벼랑에 매달려 있다.

돌봐 = 돌보아. * 돌보다. ¶ 돌봐 드리다. 돌봐 주다.

돌부리 * 땅 위로 내민 돌멩이의 뾰족한 부분. ¶ 돌부리에 걸리다.
☞ 돌뿌리.

돌비알 * 깎아 세운 듯한 돌의 언덕.
☞ 된비알.

돌뿌리 * 땅속에 박힌 돌멩이의 아랫부분.
☞ 돌부리.

돌사다리 = 돌사닥다리. ‡ 돌이 많아 험한 산길.

돌사태(~沙汰) = 돌벼락.

돌서덜 = 서덜. ‡ 강이나 냇가의 돌이 많은 곳. {돌서덜밭.}

돌소금〔巖鹽〕 * 땅속에서 바위처럼 굳은 소금.
☞ 곤소금. 바닷소금. 볕소금.

돌순 * 굴 바닥에 솟은 돌기둥. ‡ 석순.
☞ 돌고드름.

돌싸움 = 돌쌈. 석전놀이. ‡ 돌팔매질로 겨루는 놀이.

돌아가다¹ * ①죽다. ¶ 할아버지가 돌아가시다. ②본디 있던 곳으로 다시 가다. ¶ 고향으로 돌아가다. ③제 차지가 되다. ¶ 우승이 돌아가다. ④끝을 맺다. ¶ 수포로 돌아가다.
☞ 죽다.

돌아가다² * ①제자리에서나 동그랗게 돌다. ¶ 바람개비가 돌아가다. ②둘러서 가다. ¶ 옆길로 돌아가다. ③기능이 제대로 움직이다. ¶ 기계가 돌아가다. ④제대로 움직이다. ¶ 자금이 잘 돌아가다. 회사가 잘 돌아가다. ⑤다른 곳으로 향하다. ¶ 입이 왼쪽으로 돌아가다.

돌아보다 * ①고개를 뒤로 돌려서 보다. ②지난 일을 다시 머리에 떠올리다. ③두루 돌아다니며 살피다. ④보살피다.
☞ 돌라보다.

돌아앉다 * 방향을 바꾸어 앉다. ¶ 뒤로 돌아앉다.
☞ 돌라앉다.

돌아오다 * ①본디 있던 곳으로 다시 오다. ②차례가 닥치다. ¶ 내 차례가 돌아오다. ③먼 쪽으로 둘러서 오다. ¶ 시장통으로 돌아오다. ④몫, 칭찬, 비난을 받다. ¶ 내 몫으로 백만 원이 돌아오다.
☞ 들러 오다.

돌아오지 않는 강(~江) ⇨ 돌아오지 못하는 강. ‡ 영화 이름.

돌알¹ * 수정으로 만든 안경알. ¶ 돌알 안경.

돌알²〔熟卵〕 * 삶은 달걀.
☞ 무정란. 민눈알. 씨알. 종란. 홀알.

돌애샘 ⇨ 도래샘. 도래샘물. ‡ 빙 돌아서 흐르는 샘물.

돌옷 = 돌이끼. ‡ 바위의 거죽에 난 이끼.

~돌이 * 돌아가며 일어남. {하루돌이. 이틀돌이. 사흘돌이. 나흘돌이.}
☞ ~거리.⁶ 돐.

돌이깨 ⇨ 도리깨. ‡ 보리나 콩 타작을 하는 연모.

돌이다 ⇨ 도리다.

돌이옥(〜玉) ⇨ 도리옥. ✻ 일품 벼슬 아치의 관모에 붙이는 옥관자.

돌잡이 = 돌쟁이. 돌짜리. ✻ 첫돌이 된 아이.

돌잡히기 ✻ 첫돌에 돌상을 차리고 아이에게 무엇을 마음대로 골라잡게 하는 일. ✻ 실. 돈. 곡식. 붓. 책. 국수. 활 따위.

돌장 = 돌발. ✻ 썰물 때 고기를 잡으려고 돌로 쌓은 개막이.

돌장이〔石手〕 = 석공. 석수장이. 석각장이. ✻ 돌을 쪼는 기술자.

돌쟁이 = 돌잡이. 돌짜리. ✻ 첫돌이 된 아이.

돌절구 ✻ 돌로 만든 절구. ¶ 돌절구도 밑 빠질 때가 있다.
  ☞ 돌방아.

돌질[1] = 돌멩이질.

돌집[2] ✻ 돌로 지은 집.

돌집[3] ✻ 돌잔치를 하는 집. ¶ 돌집에 축하하러 가다.

돌짜리 = 돌잡이. 돌쟁이.

돌쩌귀 = 문돌쩌귀. ✻ 수톨쩌귀는 문짝에, 암톨쩌귀는 문설주에 박아 맞추어 꽂아서 문짝을 여닫는 쇠붙이. ✻ 굵은 쇠못처럼 생겼음.
  ☞ 경첩.

돌쪼시〔石手〕 ⇨ 돌장이.

돌찌네비 ⇨ 하늘소. ✻ 벌레 이름.

돌차기 = 깨금집기. 목자놀이. ✻ 어린이의 놀이 이름.

돌창 = 도랑창. ✻ 더러운 도랑. ¶ 돌창에 빠지다.
  ☞ 도랑.

돌치 ⇨ ① 돌계집. ✻ 사람. ② 둘치. ✻ 짐승.

돌치기 = 비사치기. ✻ 돌을 던져 맞히는 어린이의 놀이 이름.

돌파리 ⇨ ① 돈팔이. ② 돌팔이.

돌팔매 ✻ 무엇을 맞히려고 던지는 돌멩이. ¶ 돌팔매를 던지다. 돌팔매를 맞다. 돌팔매를 치다.
  ☞ 물팔매. 무릿매.

돌팔매질 ✻ 무엇을 맞히려고 돌멩이를 멀리 던지는 짓. {돌팔매질꾼.}
  ☞ 돌멩이질. 무릿매질. 팔매질.

돌팔이 ✻ ① 떠돌아다니며 지식이나 기술을 팔며 사는 사람. {돌팔이글방. 돌팔이장님.} ② 자격이나 실력이 없이 전문적인 일을 하는 사람. ¶ 돌팔이 무당. 돌팔이 선생. 돌팔이 의사.
  ☞ 돈팔이.

돐〔週期〕⇨ 돌. ✻ "돐"은 앞으로 되살려 써야 함.

돐떡 ⇨ 돌떡.

돐 사진(〜寫眞) ⇨ 돌 사진.

돔[1] = 도미. ✻ 바닷고기 이름.

돔[2] ⇨ 돎. ✻ 돌다.

돔부리 ⑨ ⇨ 덮밥.

돕다 ✻ 돈이나 힘을 보태 주다. ✻ 돕게. 돕고. 돕니. 돕도록. 돕자. 도와. 도와라. 도와서. 도왔다. 도우니. 도우면. 도우니까.
  ☞ 거들다.

돕바(topper) ⑨ ⇨ 토퍼. ✻ 반코트.

돗 ⇨ ① 돗자리. ② 돛.

돗고마리 ⇨ 도꼬마리. ✻ 풀 이름. {도꼬마리떡.}

돗나물 ⇨ 돌나물. ✻ 나물 이름.

돗데기시장(~市場) ⇨ 도떼기시장.

돗빵〔凸版〕[왜] ⇨ 볼록판.

돗수(度數) ⇨ 도수. ⁑ ①횟수. ¶ 도수가 드물다. ②각도, 온도, 광도의 크기를 나타내는 수. ¶ 안경 도수. 알코올 도수.

돗자리 = 골풀자리. ⁑ 왕골이나 골풀의 줄기로 만든 자리. 용문석, 별문석 따위가 유명함.
☞ 갈삿. 돛자리. 방석. 삿자리.

돗판〔凸版〕[왜] ⇨ 볼록판.

동[1] * ①사물의 조리. ¶ 동이 닿지 않는 소리. 동을 대다. ②사물과 사물을 잇는 마디. ¶ 동을 달다. 동을 자르다. 동이 끊기다. ③시간의 동안이나 거리의 사이. ¶ 동이 뜨다.

동[2] * 배추, 무, 상추의 꽃이 피는 줄기.

동[3] * 크게 한 덩이로 만든 묶음. {나뭇동. 짚동.} ¶ 꼴을 베어 동을 짓다. 나무를 동으로 묶다.

동[4] * 하나치. ⁑ ①볏짚 백 단. ②곶감 백 접. ③조기 천 마리. ④비웃 이천 마리. ⑤비단 오십 필. ⑥붓 열 자루. ⑦먹 열 장. ⑧조선종이 백 권. ⑨생강 열 접.
☞ 꼬치. 접.[1] 마. 필. 자.[1]

동[5] * 하나치. ⁑ 윷놀이에서 말이 첫 밭에서 끝 밭을 거쳐나가는 차례. {두동무니. 석동무니.} ¶ 한 동 났다. 석 동 간다.

동[6](洞) * 행정 구역 이름으로 땅 이름 뒤에 붙여 씀. ⁑ 통, 반, 동, 면, 읍, 군, 구, 도, 시, 직할시, 광역시, 특별시. {당리동.}

동[7](棟) [왜] ⇨ 집. 채. ⁑ 하나치. ¶ 집 한 채. 다섯 집.

동가리 * 단으로 묶은 것을 동으로 쌓아 놓은 무더기. ¶ 볍단 한 동가리를 자르다. 한패가 한 동가리씩 베어오라고 한다.
☞ 동강. 동강이. 동거리. 동아리.

동가리톱 = 가로톱. 대톱. 동톱. ⁑ 나무를 가로로 자르는 톱.
☞ 켤톱. 내릴톱. 세로톱. 장톱.

동강이 = 동강. ⁑ 긴 물건을 자른 작은 도막. {동강글. 동강치마.} {아랫동강. 윗동강.} ¶ 나무 동강이. 숯 동강이. ¶ 동강이 나다. 동강을 내다. 동강을 치다.
☞ 대목.[2] 도막. 토막.[2] 동가리. 동아리.

동거리 * 물부리 끝에 싸 물리는 쇠.
☞ 동가리. 등거리.[2]

동경[1](東京) * 경주의 고려 때 이름. ⁑ 사경의 하나. 남경. 서경. 중경.

동경[2](東京) ⇨ 새벌. ⁑ 지금 경주의 신라 때 이름.

동경[3](東京) ⇨ 도쿄. ⁑ 니혼의 땅 이름.

동경[4](東京) ⇨ 뚱징. ⁑ 발해의 땅 이름.

동경[5](東京) ⇨ 통킹. ⁑ 베트남의 땅 이름.

동경[6](銅鏡) * 구리거울.
☞ 면경. 석경. 체경.

동경닭(東京~) = 민꼬리닭. ⁑ 닭의 한 가지.

동계획(同計劃) ⇨ 동 계획. ⁑ '동'은 매김씨.

동고리[1] * 판굿에서 무동이 어른의 어깨 위에 서서 추는 춤. ⁑ 민속.

동고리[2] * 고리버들로 동글납작하게 만든 고리. ¶ 바느질 동고리.

☞ 동구리.²

동구(東歐) ⇨ 동유럽. ✻ 땅 이름.

동구능(東九陵) ⇨ 동구릉. ✻ 왕릉 이름.

동구라파(東歐羅巴) ⇨ 동유럽. ✻ 땅 이름.

동구래 = ① 동구래저고리. ✻ 여자 저고리의 하나. ② 동구래깃. ✻ 옷깃 만듦새의 하나.

동구리¹ = 꽃나비. 동니. ✻ 노래를 부르고 춤을 추는 아이. 무동.

동구리² ✻ ① 대나무 줄기나 버들가지로 만든 상자. ✻ 음식을 나를 때 담는 그릇. ② 하나치. ¶ 인절미 한 동구리.

☞ 동고리.²

동굴(洞窟) ✻ 저절로 생긴 깊고 큰 굴. ¶ 고수 동굴. 고씨 동굴.

☞ 굴.²

동그라미표(~慓) = 공표. 영표.

동그랑쇠 = ① 굴렁쇠. ② 삼발이.

동그랗다 ✻ 동그라네. 동그랗고. 동그라니. 동그란. 동그라면. 동그래.

동그레지다 ⇨ 동그래지다.

동그마니 ⇨ 오뚝이.

동글납작히 ⇨ 동글납작이. ✻ 동글납작하다.

동긋하다 = 동그스름하다.

동기¹(同期) ✻ ① 같은 시기. 같은 기간. ② 같은 기. ¶ 입사 동기. 제대 동기. ③ 동기생. ✻ 같은 때 같은 학교를 다녔거나 졸업한 사람.

☞ 동문. 동창.

동기²(同氣) ✻ 형제, 자매, 남매. {친동기간. 한동기. 한동기간.}

동김치 ⇨ 동치미. ✻ 김치의 하나.

동나다 ✻ 다 떨어져 남지 않다. ¶ 물건이 동나다. 이야기가 동나다.

☞ 세나다.²

동내(洞內) ✻ 동네 안. 마을 안.

☞ 동네.

동냥 ✻ 거저 달라고 비는 일. 또는 그런 돈이나 물건. {동냥밥. 동냥아치. 동냥자루. 동냥질. 동냥치.} {귀동냥. 눈동냥. 젖동냥.}

☞ 비럭질.

동냥꾼 ⇨ 동냥아치. 동냥치. ✻ 동냥하는 사람.

☞ 거지. 비렁뱅이.

동냥젖 = 돌림젖. ✻ 남의 젖을 얻어먹는 일.

동냥중 = 자미중. 재미중. ✻ 동냥하러 다니는 중.

동냥치 = 동냥아치. ✻ 동냥하러 다니는 사람.

☞ 거지. 비렁뱅이.

동네 ✻ 제가 사는 집 근처. {동네논. 동네매구. 동네방네. 동네북. 동네일. 동네잔치. 동넷집.} {달동네(산동네). 뒷동네. 아랫동네. 윗동네.} ¶ 동네 사람. 동네 어귀. 건너 동네. 이웃 동네.

☞ 동내. 동리. 마을.¹

동네밖에 ¶ 살고 싶은 곳은 우리 동네밖에 없다. ✻ '밖에'는 토씨.

동네 밖에 ¶ 동네 밖에서 만나자. ✻ '밖'은 이름씨.

동네볼기 = 동네매. ✻ 동네에서 죄지은 사람을 벌로 때리던 매.

동네조리 ✻ 동네에서 죄지은 사람을 벌로 조리돌리던 일.

동녘(東~) ⇨ 동녘. ✻ 동쪽.

동록(銅綠) = 녹. ¶ 동록이 슬다. 동록이 오르다. 동록이 나다.

동 달다 * 말을 덧붙여서 시작하다. ¶ 낮에 하던 이야기에 동을 달아 이야기를 다시 이어 가다.
☞ 동 닿다. 동 대다.

동당거리다 = 동당대다. ‡ 작은북, 장구, 가야금 따위가 내는 소리.

동당이치다 ⇨ 동댕이치다. ‡ 들어서 힘껏 내던지다.

동 닿다 * 말이 조리에 맞다. ¶ 동이 닿지 않는 엉뚱한 소리.

동 대다 * 도중에 떨어지지 않게 계속 잇대다. ¶ 봄, 가을로 양식을 쌓아 두면 일 년은 동을 대어 먹을 수 있을 것이다.
☞ 동 달다.

동대문(東大門) = 흥인지문. 흥인문. ‡ 서울 성곽의 동쪽 대문.
☞ 서대문. 남대문. 북대문.

동도(同途) ㉑ ⇨ 동행.

동동걸음 = 종종걸음. 총총걸음. ‡ 발을 자주 떼며 급히 걷는 걸음.
☞ 만지걸음.

동동주(~酒) * 밥알이 동동 떠 있는 막걸리.
☞ 막걸리. 맑은술.

동동팔월(~八月) * 음력 팔월은 분주하여 빨리 지나감을 이르는 말.
☞ 건들팔월. 깐깐오월. 미끈유월. 어정칠월.

동떨어지다 * ① 멀리 떨어지다. ¶ 집이 서로 동떨어진 곳에 있다. ② 둘 사이에 관련이 거의 없다. ¶ 현실과 동떨어진 이론.

동뜨다 * ① 동안이 뜨다. ② 뛰어나다. ¶ 동뜬 사람. 동뜨게 아름답다. ③ 보통 때와 다르다. ¶ 머리 모양 때문인지 동떠 보이다.

동란[1](動亂) * 전쟁, 폭동, 반란으로 사회가 시끄러워지는 일.
☞ 난리. 사변. 전쟁.

동란[2](動亂) ㉑ ⇨ 난동.

동래 야유(東來野遊) = 동래 야유 가면극. ‡ 탈놀이의 하나.

동록쓸다(銅綠~) ⇨ 동록이 슬다. 동록이 오르다. 동록이 나다.

동리(洞里) * 동과 이. ‡ 행정 구역 이름.
☞ 동내. 동네.

동면샘(冬眠~) = 갈색 지방 조직. ‡ 겨울잠을 자게 하는 조직.

동면선(冬眠腺) ㉑ ⇨ 동면샘. ‡ 곰, 다람쥐, 고슴도치 따위.

동명왕(東明王) = 동명 성왕. ‡ 고구려의 왕. {동명왕릉.}

동무 * 늘 가깝게 어울리는 사람. {글동무. 길동무. 말동무. 소꿉동무. 어깨동무. 잠동무.} {동무장수. 동무하다.} ¶ 동무 삼다.
☞ 벗.[1] 친구.

동무장사 = 얼렁장사. ‡ 동업.

동문(同門) = 동문생. ‡ ① 같은 스승한테 배운 학생들. ② 동창.
☞ 동기.

동문빨래(同門~) = 동문서답. ‡ 물음과 전혀 관계없는 대답.

동물(動物) * 길짐승, 날짐승, 들짐승, 산짐승, 물짐승, 집짐승, 길벌레, 날벌레, 물벌레 따위. {갯솜동물(해면

동물). 등뼈동물.(척추동물).} ¶ 찬피 동물(냉혈 동물). 되새김질 동물(반추 동물). 더운피 동물(온혈 동물). 고기먹이 동물(육식 동물). 두루먹이 동물(잡식 동물). 풀먹이 동물(초식 동물). 뭍살이 동물. 물살이 동물.
☞ 짐승.

동물원놀이(動物園~) ⇨ 동물원 놀이.

동바리 = 동발. ⁑ ①툇마루 밑에 괴는 짧은 기둥. ②굿길 천장에 받치는 나무 기둥. ¶ 동바리 돌기초. 동바리 마루. ③동자기둥.
☞ 딜목. 지겟다리.

동반하다(同伴~) [왜] ⇨ 길동무하다. 함께 짝을 이루다. ⁑ 작반하다.

동발[1] = 지겟다리. ⁑ 지게 몸통의 아래에 붙은 두 다리.

동발[2] = 동바리. {동바릿돌.}
☞ 딜목. 지겟다리.

동방구리 = 방구리. ⁑ 물을 담는 동이보다 작고 배가 부른 질그릇.
☞ 동이.[1]

동백새 ⇨ 동박새. ⁑ 새의 하나. {동박샛과.}

동백하젓(冬白蝦~) ⇨ 동백하젓. ⁑ 겨울철에 잔 새우로 담근 젓.

동병상린(同病相憐) ⇨ 동병상련.

동복(同腹) * 어미가 같음. {동복누이. 동복동생. 동복아우. 동복형제.}
☞ 이복.

동산[1] * ①마을 가까이 있는 작은 산. {뒷동산. 앞동산.} ②집 안에 만들어 놓은 작은 산. ③행복한 곳. {놀이동산.} ¶ 웃음 동산.

동산[2](東山) * 동쪽에 있는 산.

동생 * 손아래 남자형제와 여자형제. {남동생. 여동생.} ¶ 동생 집. 동생 탓. {누이동생. 막냇동생. 젖동생. 제밑동생. 친동생.} ¶ 고종사촌 동생. 사촌 동생. 외사촌 동생. 친정 동생.
☞ 아우. 언니. 형.

동서(同壻) * ①시아주버니나 시동생의 아내. ②처형이나 처제의 남편. {맏동서(큰동서). 작은동서.} ¶ 손위 동서. 손아래 동서. 둘째 작은동서. ⁑ 손위 동서는 '형님'이라 부름.
☞ 올케.

동세 ⇨ 동서. ⁑ 동서(同壻)는 동세를 한문글자로 적은 것임.

동소문(東小門) = 혜화문. ⁑ 서울 사소문의 하나.

동시 ⇨ 동서.

동식물(動植物) = 동물과 식물.

동아리 * ①긴 물건을 몇 개로 나눈 한 부분. {아랫동아리(아랫동). 윗동아리.(윗동)} ②뜻이 같은 사람이 모인 한패. ¶ 사물놀이 동아리.
☞ 동가리. 두럭. 한동아리.

동안 * ①때와 때 사이의 길이. {그동안. 오랫동안. 한동안.} ¶ 겨울 동안. 낮 동안. 며칠 동안. 방학 동안. 보름 동안. 얼마 동안. 이틀 동안. 한참 동안. 한 해 동안. ② 촌수나 두 곳 사이의 거리. ¶ 집에서 가게까지 동안이 가깝다. 그분과 동안이 멀다.
☞ 기간. 사이.[1] 틈.[2]

동안이 뜨다 * ①동안이 오래다. ⁑ 때. ②동안이 멀다. ⁑ 곳.

동앗줄 ⇨ 동아줄. ⁑ 굵고 튼튼하게 꼰

줄.

동양¹(東洋) * 유라시아의 동쪽 부분. 아시아의 동부와 남부.
　☞ 서양. 중양.

동양²(同樣) ㉫ ⇨ 같은 꼴. * 동형.

동양화(東洋畫) * 차이나에서 비롯한 그림. * 화선지에 먹으로 그림.
　☞ 서양화.

동여매다 * ①실이나 끈으로 두르거나 감아서 묶다. ¶ 상자를 노끈으로 동여매다. ②죄인을 오랏줄로 뒷결박을 지어 묶다.
　☞ 묶다. 옭매다. 잡아매다. 얽어매다.

동옷 = 동저고리. * 남자가 입는 저고리.

동옷바람 = 동저고릿바람.

동원(凍原) ㉫ ⇨ 얼음벌판. * 툰드라.

동유럽 권(東Europe圈) ⇨ 동유럽권. * '권'은 뒷가지임.

동음 대용 한자(同音代用漢字) = 대용자. * 니혼에서 쓰는 한문글자.
　☞ 간체자. 당용한자. 상용한자.

동이¹ * ①물 긷는 데 쓰는 질그릇. {물동이. 술동이. 오줌동이.} ②하나치. ¶ 물 한 동이. 술 두 동이. 오줌 세 동이.
　☞ 동방구리. 들통. 방구리. 양동이.

~동이²(童~) ⇨ ~둥이. {귀염둥이. 막내둥이. 바람둥이. 쌍둥이.}

동자기둥(童子~) = 쪼구미. 동바리. * 들보 위에 세우는 기둥.

동자꾼 ⇨ 동자아치. 동자치.

동자보살(童子菩薩) * 사내아이 귀신이 내린 점쟁이와 무당.
　☞ 명도. 태주.

동자부처(瞳子~) = 눈부처. * 눈동자에 비친 사람의 모습.

동자어미 ⇨ 동자아치. 동자치. * 옛날, 밥을 짓는 여자 하인.

동저고리 = 동옷. * 남자가 입는 저고리.

동접(同接) * 같은 곳에서 함께 공부함. 또는 그런 사람.
　☞ 동창.

동조개 ⇨ 동죽. 동죽조개. 바지락개량조개. * 조개의 한 가지.

동조잇돌 ⇨ 봇돌.

동지(冬至) * 24절기의 하나. 우리나라 명절로 양력 12월 22일, 23일쯤. 밤이 가장 김. {동지섣달. 동지점. 동짓날. 동짓달.} ¶ 동지 팥죽.
　☞ 추분. 춘분. 하지.

동착(撞着 ⇨ 당착) * 말이나 행동이 앞뒤가 맞지 않음.

동찰하다(洞察 ⇨ 통찰~) * 꿰뚫어보다.

동창(同窓) = 동창생. * ① 동기생. ②같은 학교를 나온 사람.
　☞ 글동무. 동기. 동문. 동접.

동채 = 수레바퀴.

동채꾼 * 동채싸움에서 동채를 매는 사람.
　☞ 머리꾼.

동채싸움 = 수레싸움. 차전놀이. 차전. * 정월 대보름에 하는 민속.

동치미 * 겨울철에 담그는 무김치의 한 가지. {동치밋국.}
　☞ 김치. 깍두기.

동태¹(凍太) * 얼린 명태. {동태눈. 동태순대. 동탯국.}
　☞ 북어. 생태. 선태.

동태² ⇨ ① 굴렁쇠. ② 바퀴.

동토(凍土) ⇨ 얼음벌판. ✽ 툰드라.

동톱 = 동가리톱. 가로톱. ✽ 나무를 가로로 자르는 톱.

  ☞ 내릴톱. 세로톱. 장톱. 켤톱.

동틀 녘 = 동틀 무렵. ✽ 동트다.

동파(冬~) ⇨ 움파. ✽ 겨울에 움 속에서 자란 파.

동파하다(凍破~) 엔 ⇨ 얼어 터지다.

동편제(東便制) ✽ 호남의 운봉, 구례, 순창, 홍덕에서 발달한 판소리.

  ☞ 서편제. 중고제. 판소리.

동포(同胞) ✽ 우리나라나 다른 나라에서 사는 우리 겨레.

  ☞ 교포.

동학(東學) = 천도교. {동학당. 동학도. 동학사상. 동학쟁이.}

동학란(東學亂) ⇨ 동학 농민 운동. ✽ 역사.

동학 운동(東學運動) ⇨ 동학 농민 운동.

동화되다(同化~) ⇨ 닮다. ✽ 동화하다.

동화시키다(同化~) ⇨ 닮게 하다.

돛단배 = 돛배. ✽ 돛을 달아서 바람의 힘으로 가는 배.

돛 단 배 ¶ 흰 돛 단 배가 떠 있다.

돛때기시장(~市場) ⇨ 도떼기시장.

돛자리 ✽ 별자리 이름.

  ☞ 돗자리.

돝나물 ⇨ 돌나물.

돼 = 되어. ✽ 돼도. 돼라. 돼서. 돼야. 됐다. ¶ 돼 가다. 돼 주다.

돼다 ⇨ 되다.

돼라 = 되어라. ✽ '되다'의 바로 시킴꼴. ☞ 되라.

돼먹다 = 되다. ¶ 사람이 돼먹지 못하다. 돼먹지 않다.

  ☞ 못돼먹다. 되먹다.

돼죠 ⇨ 되죠. ✽ 되다.

돼지 ✽ 집짐승 이름. {돼지가죽. 돼지거름. 돼지고기. 돼지국밥. 돼지꿈. 돼지띠. 돼지비계(돼지기름). 돼지우리. 돼지죽. 돼지해. 돼짓국.} {멧돼지(산돼지). 집돼지. 배냇돼지. 암퇘지. 수퇘지.} ¶ 새끼 돼지. 어미 돼지.

돼지감자 = 뚱딴지. 뚝감자. ✽ 짐승의 먹이나 알코올 원료로 씀.

돼지다리 = 돼지발. ✽ 권총의 변말.

돼지 다리 = 돼지 발. ✽ 돼지의 다리. ☞ 족발.

돼지띠 해 ⇨ 돼지해. 돼지의 해.

돼지목매 ✽ 멧돼지를 잡는 올가미. ✽ 올가미의 하나.

  ☞ 올가미. 올무. 지게코.

돼지새끼 ✽ 미련한 놈. ✽ 욕설.

돼지 새끼 = 새끼 돼지. ✽ 돼지의 새끼. ☞ 개새끼. 소새끼. 쇠새끼. 여우새끼. 쥐새끼.

됐다 = 되었다.

되〔升〕 ✽ ① 곡식, 술 따위를 되는 연모. ✽ 부피. {모되. 목판되. 작은되. 장되. 큰되.} {됫밑. 됫박. 됫박이마. 됫박질. 됫밥. 됫수. 됫술.} ② 하나치. ✽ 한 되는 열 홉. 한 말은 열 되. ¶ 쌀 한 되.

  ☞ 자.¹ 저울. 작. 홉. 말.⁴ 섬.¹

되강오리 = 논병아리. ✽ 겨울 철새의 하나.

되거리 ⇨ 되넘기. ✽ 물건을 사서 곧바로 다른 곳으로 넘겨 파는 일.

되걸리다 ✽ ① '되걸다'의 하임. ② 병

이 나았다가 다시 걸리다.
☞ 되치이다.

되게〔어〕= 되우. 된통. ✽ 호되게.

되겠습니다[1] ✽ '되다'의 미래나 다짐.
¶ 과학자가 되겠습니다.

되겠습니다[2] ⇨ 입니다. ¶ 천 원 되겠
습니다. ⇨ 천 원입니다.

되고말고 ✽ 되다. ✽ '~고말고'는 씨끝.
¶ 한 되는 되고말고.

되깎이 ✽ ①환속하였다가 다시 중이
되는 일. 또는 그런 사람. ②되모시가
다시 시집가는 일. 또는 그런 사람.
☞ 되모시. 속환이.

되꼬리 = 도꼬마리. 갈기래. ✽ 국화과
의 한해살이풀 이름.

되내기 ✽ 땔나무를 속임수로 많게 보
이도록 묶은 것.
☞ 된서리.

된넘이 고개 = 미아리 고개. ✽ 땅 이
름.

되놈 = 오랑캐. ✽ ①여진족. ②차이
나 사람을 낮춰 부르는 이름.

되뇌어보다 ⇨ 되뇌어 보다.

되뇌이다 ⇨ 되뇌다. ✽ 지난 일이나 같
은 말을 되풀이하여 말하다.

되는 걸가? ⇨ 되는 걸까? ✽ 물음끝은
'~까?'임.

되는대로〔어〕✽ ①아무렇게나 함부
로. ¶ 되는대로 일을 하면 큰 탈이
난다. ②가리지 않고 마음대로. ¶ 되
는대로 지껄이면 안 된다. ③가능한
한 최대로. ¶ 되는대로 빨리 오너라.

되는 대로 ¶ 형편이 되는 대로 빚을 갚
겠다. ✽ '대로'는 매인이름씨.

되다[1]〔그〕✽ ①물기가 적어서 빡빡하

다. ¶ 반죽이 되다. ②줄 같은 것이
몹시 켕겨서 팽팽하다. ¶ 전깃줄을
되게 매다. ③힘에 벅차다. 호되다.
¶ 되게 앓다. 되게 맞다.
☞ 빡빡하다. 묽다. 질다.

되다[2]〔움〕✽ ①신분이나 지위를 얻다.
¶ 장관이 되다. ②어떤 것이 다 만들
어지다. ¶ 집이 다 되다. ③어떤 수
량에 미치다. ¶ 두 말이 되다. ④어
떤 시기, 나이, 계절에 이르다. ¶ 시
집갈 나이가 되다. 여덟 살 되다. 여
름이 되다. ⑤변하다. ¶ 물이 얼음이
되다. ⑥곡식이나 액체의 분량을 헤
아리다. ¶ 쌀을 되다. ⑦기움말 뒤에
서 상태를 나타냄. ¶ 반대가 되다. 버
릇이 되다. 부모가 되다. 술래가 되
다. 식구가 되다. 인물이 되다. 자식
이 되다. 정반대가 되다. 종업원이
되다. 주인이 되다. 중심이 되다. 초
주검이 되다. 파랑새가 되다. 하나가
되다. 학생이 되다.

~되다[3] ✽ ①'하다' 따위 남움직씨를 입
음움직씨로 만듦. ¶ 결정되다. 당선
되다. 정리되다. 진행되다. 형성되
다. 사용되다. 뒷받침되다. ②이름
씨 따위를 그림씨로 만듦. ¶ 거짓되
다. 참되다. 복되다. 어중되다. 숫되
다. 막되다. 못되다. 안되다. 헛되다.
✽ 제움직씨에 '~되다'를 붙여 입음움
직씨로 만들 수 없음. '발달하다. 성
숙하다. 출현하다. 탈락하다. 만연하
다.' 따위는 잘못임.

되다[4] ⇨ 이다. ¶ 이 옷값은 백 원이 되
다 ⇨ 이 옷값은 백 원이다.

되도록〔어〕✽ 될 수 있으면. 될 수 있

는 대로. ¶ 되도록 빨리 일을 시작하자. 여행 채비는 되도록 간단히 해야 한다.

☞ 될수록.

되도록이면 ⇨ 되도록.

되돌다 * ① 반대로 돌다. ② 반대쪽으로 방향을 바꾸다.

☞ 뒤돌다.

되돌려 = 되돌리어. {되돌려놓다. 되돌려받다. 되돌려주다.}

되돌리다 * ① 반대쪽으로 다시 돌리다. ② 시간을 과거로 돌아가게 하다. ③ 물건을 본디 주인에게 가게 하다.

☞ 무르다.²

되돌아보다 * ① 가던 방향에서 얼굴을 돌려서 온 길을 바라보다. ② 지나온 과정을 돌아보다.

☞ 뒤돌아보다.

되돌아서다 * 가던 길을 멈추고 뒤로 돌아서다.

☞ 뒤돌아서다.

되되이 = 되마다. ＊ 한 되 한 되씩.

되두부(~豆腐) = 반두부. 되비지. ＊콩비지에 호박을 넣고 끓인 음식.

☞ 비지. 콩비지.

되라 * '되다'의 건너 시킴꼴. ¶ 훌륭한 사람이 되라고 말씀하셨다.

☞ 돼라.

되람직하다 = 도리암직하다. 도람직하다. ＊ 동글납작한 얼굴에 키가 자그마하고 몸매가 얌전하다. ¶ 되람직한 처녀가 눈에 띄었다.

되레 = 도리어. ＊ 일반적인 생각과는 반대되거나 다르게. ¶ 도와주려다가

되레 폐만 끼쳤다. 제가 잘못해 놓고 되레 화를 낸다.

되려 ⇨ 되레.

되련님 ⇨ 도련님.

되매 * 되니까. 되므로. ＊ 근거. 원인. 이유.

☞ 됨에.

되먹다 * 먹다 둔 것을 다시 먹다. ¶ 남긴 밥을 엄마가 되먹다.

☞ 돼먹다.

되먹이 ⇨ 되넘기.

되먹히다 * 남에게 도리어 당하다. ¶ 잔꾀를 부리면 되먹히고 만다.

☞ 되치이다.

되모시 * 이혼하고 처녀 행세를 하는 여자.

☞ 되깎이.

되밀 ⇨ 뒷밀. ＊ 곡식을 되로 되고 난 뒤에 조금 남는 분량.

☞ 말밑.¹

되비지 = 되두부. 반두부. ＊ 콩비지에 호박과 호박순을 넣고 끓임.

☞ 비지. 콩비지.

되빡질 ⇨ 뒷박질. ＊ ① 곡식을 되는 일. ② 양식을 낱되로 사는 일.

되삭임 ⇨ 되새김. 새김질.

되새김〔反芻〕 = 되새김질. 새김질. ＊ 되새김 동물.

되새김밥통〔反芻胃〕 = 뒤새김위. 새김밥통. 새김위.

되서 ⇨ 돼서. 되어서.

되씌우다 * ① 자기가 당할 일을 도리어 남에게 뒤집어씌우다. ② '되쓰다'의 하임.

☞ 되잡다.

되야 ⇨ 돼야. 되어야.

되어 = 돼. ¶ 되어 가다. 되어 버리다.

되어라 = 돼라.

되어서 = 돼서.

되어요 = 돼요.

~되어지다 ⇨ ~되다.

되었다 = 됐다.

되여 ⇨ 되어. ✲ 되다.

되요 ⇨ 돼요. 되어요.

되우 〔어〕 = 된통. 되게. ✲ 호되게. ¶ 의심은 되우 많네.

되작거리다 = 되작대다. ✲ ① 요리조리 들추며 자꾸 뒤지다. ¶ 잡지를 되작 거리다. ② 생각을 이리저리 굴리다.

되작이다 〈 되착이다. ✲ 물건을 요리 조리 들추며 뒤지다.
☞ 뒤적이다. 뒤척이다.

되잖다 ✲ 올바르지 않거나 이치에 닿 지 않다. ¶ 되잖은 생각.
☞ 되지 않다.

되잡다 ✲ ① 다시 잡거나 도로 잡다. ¶ 달아난 도둑을 되잡았다. ② 도리 어 이쪽에서 잡다. ¶ 나를 잡으려는 놈을 되잡아 두들겨 팼다.
☞ 되씌우다.

되잡히다 ✲ '되잡다'의 입음.
☞ 되치이다.

되쟁이 ⇨ 말감고. ✲ 직업으로 싸전에 서 되질이나 마질하는 사람.

되지기¹ ✲ 논밭의 넓이를 나타내는 하 나치. ✲ 볍씨 한 되로 기른 모를 심 을 만한 넓이. ¶ 닷 되지기.
☞ 마지기. 섬지기.

되지기² ✲ 찬밥을 더운 밥 위에 얹어 데운 밥.

☞ 되직이.

되지못하다 ✲ 옳지 못하거나 보잘것없 다. ¶ 되지못한 녀석이 거만하다.

되지 못하다 ✲ 일이 이루어지지 않다. ¶ 용이 되지 못한 이무기.

되지 않다 ✲ 이루어지지 않다. ¶ 아직 되지 않은 물건은 빼어 두어라.
☞ 되잖다.

되지요 = 되죠.

되직이 ✲ 되직하게. 조금 되게. ¶ 죽을 되직이 쑤다.
☞ 되지기.²

되질 ✲ 곡식을 되로 되는 일. {되질하 다.}
☞ 마질.

되착이다 〈 되작이다. ¶ 물건을 요리 조리 들추며 자꾸 뒤지다.
☞ 뒤척이다.

되치이다 ✲ 남에게 덮어씌우려다가 제 가 도리어 당하다. ¶ 엉뚱한 사람에 게 허물을 씌우다간 되치이고 말걸.
☞ 되먹히다. 되잡히다.

되풀이¹ 〔反復〕 ✲ 같은 말이나 같은 일 을 자꾸 거듭함.

되풀이² ✲ ① 곡식 한 되에 값이 얼마 씩 치인 것을 풀어 보는 셈. ② 곡식 을 몇 되씩 풀어서 파는 일.

된~¹ ✲ 물기가 없이 단단한. {된똥. 된 밥. 된장. 된죽. 된풀.}

된~² ✲ 호된. 어려운. {된길. 된맛. 된 매. 된방망이. 된변. 된서방. 된수. 된시앗. 된여울. 된욕. 된추위. 된 침.}

된기역 = 쌍기역. ✲ 'ㄲ'의 이름.

된내기 ⇨ 된서리.

된디귿 = 쌍디귿. ‡ ‘ㄸ’의 이름.

된똥 = 마른똥. ‡ 물기가 적은, 단단한 똥.
　☞ 물똥. 물찌똥. 진똥.

된마 = 된마파람. ‡ 뱃사람 말로 동남풍.

된바람 = ① 높바람. ‡ 매서운 바람. ② 덴바람. ‡ 뱃사람 말로 북풍.
　☞ 마파람. 맞바람.

된밥 * ① 물기가 적게 지은 밥. ② 국이나 물에 말지 않고 먹는 밥.
　☞ 마른밥. 진밥.

된변 * 몹시 높은 변리. ‡ 고리채.
　☞ 장리변.

된불 * ① 바로 명자리에 맞힌 총알. ② 모진 타격. 재앙. ¶ 된불 맞다.
　☞ 늦은불. 선불.¹ 큰불.¹

된비알 = 된비탈. ‡ 몹시 험한 비탈.
　☞ 돌비알.

된비읍 = 쌍비읍. ‡ ‘ㅃ’의 이름.

된사람 * 사람다운 사람. ‡ 교양인.
　☞ 난사람. 든사람. 큰사람. 홀사람.

된새¹〔年俸〕= 새경. ‡ 한 해 동안 받는 품삯.

된새² = 된새바람. ‡ 북동풍.

된서리 * ① 늦가을에 되게 내리는 서리. ② 모진 타격이나 재앙.
　☞ 무서리.

된소리〔硬音〕* 쌍기역, 쌍디귿, 쌍비읍, 쌍시옷, 쌍지읒의 소리.
　☞ 거센소리. 예사소리.

된시옷 = 쌍시옷. ‡ ‘ㅆ’의 이름.

된장(～醬) = 토장. {된장국. 된장찌개.}
　☞ 간장.

된지읒 = 쌍지읒. ‡ ‘ㅉ’의 이름.

된통〔어〕= 되우. 되게. ¶ 된통 걸리다. 된통 혼나다.

될대로 되라 ⇨ 될 대로 되라. ‡ ‘대로’는 매인이름씨

될락말락하다 ⇨ 될동말동하다.

될성부르다 * 싹수가 있어 보이다. ¶ 될성부른 나무는 떡잎부터 안다.

될 성싶다 * 될 것 같은 느낌이 있다. 될 것으로 짐작하다.

될수록 ¶ 부자가 될수록 더욱 겸손해야 한다.
　☞ 되도록.

됨됨 = 됨됨이. ‡ 사람이나 물건의 생긴 품.

됨박 ⇨ 뒤웅박.

됨에 * 되는 일에. 되는 것에. ‡ 수단. 방법.
　☞ 되매.

됨직하다 ⇨ 됨 직하다. ‡ ‘직하다’는 도움풀이씨.

됫밑 * 되질을 한 뒤 조금 남은 분량.
　☞ 말밑.¹

됫박 * ① 되. {됫박질.} ② 되로 쓰는 바가지. {쌀됫박.}
　☞ 모되. 목판되.

됫병(～瓶) = 한됫병. ‡ 한 되들이 병.

두¹〔二〕〔매〕* 모든 사물을 셀 때, 둘의 뜻. ‡ 하나치 ‘사람, 귀, 눈, 뺨, 손, 다리, 마리, 개, 집, 채’ 따위 앞에 씀.
　☞ 둘.

두²(頭) ⇨ 마리. ‡ 소, 말, 돼지 따위를 세는 하나치.

두개골(頭蓋骨) 衡 ⇨ 머리뼈.

두겁 * 가늘고 긴 물건 끝에 씌우는 물

건. ¶ 연필 두겁. 만년필 두겁. 인두
겁을 쓰다. 두겁을 씌우다.
☞ 두껍.¹ 뚜껑. 마개.

두견이(杜鵑~) = 두견새. ‡ 두견과
의 여름새. 자규. 귀촉도.
☞ 소쩍새.

두구리 = 약두구리. ‡ 탕약을 달이는
자루 달린 놋그릇.
☞ 약단지. 약탕관.

두군거리다 ⇨ 두근거리다.

두그루짓기〔二毛作〕 = 두그루부치기.
‡ 같은 땅에 한 해에 두 번 곡물을 재
배하는 일.
☞ 한그루짓기. 세그루짓기.

두길보기 = 두길마보기. ‡ 양다리 걸
치기.

두꺼비 = 두껍. {두꺼비씨름. 두꺼비
집. 두꺼빗과. 업두꺼비.}

두꺼비눈 = 개구리눈. ‡ 툭 불거진 눈.

두껍 = 두꺼비. {두껍전.} ¶ 두꺼비
같다.
☞ 두겁.

두껍다 * ① 물체의 두께가 크다. ¶ 얼
음이 두껍다. ② 층을 이루는 사물의
높이나 집단의 규모가 크다. ¶ 중산
층이 두껍다. 선수층이 두껍다. ③ 어
둠, 안개, 그늘이 짙다. ¶ 안개가 두
껍다. ‡ 눈에 보이는 구체적인 사물
을 말할 때.
☞ 두텁다.

두껍닫이 = 두껍집. ‡ 미닫이의 문짝
이 벽에 들어가도록 만든 문.

두껍창(~窓) ⇨ 두껍닫이. 두껍집.

두껑 ⇨ 뚜껑.

두께머리 ⇨ 뚜께머리. ‡ 뚜껑을 덮은

것처럼 깎은 머리.

두께버선 ⇨ 뚜께버선. ‡ 바닥이 다 해
어진 버선.

두꾸머리 ⇨ 먹둥구미. 둥구미.

두남두다 * ① 잘못을 두둔하다. ¶ 자
식을 덮어놓고 두남두다 보면 버릇
이 나빠진다. ② 애착을 가지고 돌보
다. ¶ 자기편을 두남두다.
☞ 감싸다. 두둔하다. 편들다.

두눈바기 ⇨ 두눈박이. ‡ 눈이 둘 달
린 것.

두다¹ ¶ 연필을 책상 위에 두다. 승리를
눈앞에 두다. 아이를 집에 두다. 쌀
밥에 팥을 두다. 옷에 솜을 두다. 집
에 사람을 두다. 미련을 두다. 바둑
을 두다. 자식을 둘 두다. 거리를 두
다. 그냥 두지 않겠다.
☞ 넣다.

두다² 〔도〕 * 일을 끝내고 그 결과를 이
어가는 뜻. ¶ 거두어 두다. 감추어 두
다. 걸어 두다. 그냥 두다. 그만해 두
다. 기억해 두다. 끼워 두다. 남겨 두
다. 넣어 두다. 맡겨 두다. 매어 두
다. 모아 두다. 묶어 두다. 받아 두
다. 보아 두다. 세워 두다. 싸 두다.
쌓아 두다. 써 두다. 아껴 두다. 알아
두다. 익혀 두다. 읽어 두다. 잡아매
두다. 적어 두다. 접어 두다. 정해 두
다. 짜 두다. 처박아 두다. 해 두다.
☞ 놓다.²

두다리방아 * 다리가 둘이어서 두 사
람이 함께 찧는 디딜방아.
☞ 디딜방아. 외다리방아.

두대박이 * 돛대를 두 개 세운 배.
☞ 외대박이.

두더기 ⇨ 누더기.

두더쥐 ⇨ 두더지. ＊ 두더짓과의 젖빨이동물. ¶ 두더지 혼인 같다.
　☞ 뒤쥐.

두더지꾼 = 도굴꾼. ＊ 몰래 무덤 속에 있는 물건을 도둑질하는 사람.

두더지 소금 = 약소금. ＊ 두더지 배 속에 넣고 구운 소금.

두덕 ⇨ ① 두둑. ② 둔덕.

두덕두덕 〉 도닥도닥. ＊ 잇따라 두드리는 소리나 모양. ¶ 아내의 등을 두덕두덕 두드려 주다.
　☞ 누덕누덕.

두덜거리다 〈 투덜거리다. ＊ 혼잣말로 자꾸 불평하다.
　☞ 게걸거리다.

두덩 ＊ ① 우묵하게 들어간 땅의 가장자리에 두두룩한 곳. {논두덩. 밭두덩. 눈두덩.} ¶ 옹달샘 물이 두덩을 넘쳐 흐른다. ② 불두덩.
　☞ 두둑. 두렁. 둔덕.

두덩뼈 = 감춤뼈. 불두덩뼈. ＊ 치구.

두동달이베개 = 두동베개. ＊ 부부가 함께 베는 긴 베개.

두동무니 = 두동사니. ＊ 윷놀이.

두두룩히 ⇨ 두두룩이. ＊ 두두룩하다.

두둑 ＊ ① 밭과 밭 사이에 살피를 이루는 언덕의 길. {밭두둑.} ② 밭의 고랑과 고랑 사이에 두두룩하고 널찍하게 만든 이랑.
　☞ 고랑.¹ 두덩. 두렁. 둔덕. 사래. 이랑.¹

두둑두둑 = 두두룩두두룩. ＊ 가운데가 솟아서 불룩한 모양.

두둑히 ⇨ 두둑이. ＊ 두둑하다.

두둔하다 ＊ 편들어 감싸 주거나 역성들다. ¶ 제 자식을 두둔하다.
　☞ 감싸다. 두남두다. 역성들다. 편들다.

두드레기 ⇨ 두드러기. ＊ 피부병.

두드리다 ＊ ① 소리가 나도록 잇따라 마구 치다. ＊ 북. 문. ② 함부로 쳐서 때리다. ¶ 세간을 두드려 부수다. 사람을 두드려 패다. ③ 감동을 주거나 격동시키다. ＊ 가슴. 마음. 양심.

두들기다 〈 뚜들기다. ＊ 매우 심하게 두드리다.

두들어지다 ⇨ 두드러지다. ＊ ① 불룩하다. ② 뚜렷하다.

두락(斗落) ⇨ 마지기. ＊ 논밭의 넓이를 나타내는 하나치.

두럭 ＊ ① 놀이나 노름을 하려고 모인 사람의 무리. ② 여러 집이 한데 모여 있는 모임.
　☞ 동아리.

두런두런하다 〉 도란도란하다. ＊ 나직한 목소리로 정답게 이야기하다.

두렁 ＊ 논밭 가장자리에 쌓은 작은 둑이나 언덕. {논두렁. 밭두렁. 두렁길.} ¶ 논밭 두렁. 두렁에 콩을 심다.
　☞ 두덩. 두둑.

두렁뚜리 ⇨ 드렁허리. ＊ 민물고기 이름.

두렁치마 ⇨ 두렁이. ＊ 어린아이의 배와 아랫도리를 둘러서 가리는 옷.

두레¹ ＊ ① 둥근 켜로 된 시루떡 덩이. ② 하나치. ¶ 떡 한 두레.

두레² ＊ 논에 물을 푸는 연모. {두레귀. 두레질. 두렛물. 두렛줄.}
　☞ 맞두레. 용두레.

두레³ * 농사철에 농사일을 함께 하는 농사꾼 모임. {두레기. 두레꾼. 두레삼. 두레삼판. 두레패. 두레풀. 두레풍장. 두렛날. 두렛논.} {두레하다.} ¶ 길쌈 두레. 김매기 두레. 모심기 두레. 풀베기 두레.
☞ 품앗이.

두레굿 ⇨ 농악.

두레놀이 = 머슴놀이. * 백중날에 즐기는 민속의 하나.

두레 농사(~農事) = 두렛일.

두레박 * 줄을 길게 매어 우물물을 긷는 바가지나 통. {두레박줄. 두레박질. 두레박틀.} ¶ 두레박으로 물을 길어 동이에 붓다.
☞ 방아두레박. 타래박.

두레상(~床) * 여러 사람이 둘러앉아 먹을 수 있는 둥글고 큰 상.
☞ 두리기상. 두리반.

두레우물 * 두레박으로 물을 긷는, 깊은 우물.
☞ 굴우물. 박우물. 옹달우물. 샘.¹

두렛일 = 두레 농사. * 여러 사람이 두레를 짜서 함께 하는 농사일.

두려빠지다 〉 도려빠지다. * 도려낸 것처럼 몽땅 빠져나가다.

두려빼다 * ①어느 한 곳을 몽땅 빼다. ¶ 산을 두려빼다. ②쳐들어가 차지하다. ¶ 진주성을 두려빼다.

두려워 안 하다 ⇨ 두려워하지 않다. 두렵지 않다.

두렵다 * ①겁이 나다. ②걱정스럽거나 불안하다. * 겁이 나거나 걱정이나 불안한 느낌을 일으키는 것이 무엇인지 잘 모를 때. ¶ 귀신이 두렵다. 앞날이 두렵다. 어두움이 두렵다.
☞ 무섭다.

두렵찮다 ⇨ 두렵잖다. * '~잖다'는 '~지 않다'의 준말임.

두렷이 〈 뚜렷이. ¶ 어릴 적 기억이 두렷이 떠오른다.

두루 * 골고루. {두루낮춤. 두루높임. 두루두루. 두루딱딱이. 두루빗. 두루주머니. 두루춘풍. 두루치. 두루치다.} ¶ 두루 갖추다. 두루 거치다. 두루 쓰다. 두루 알다.

두루거리 * 농악에서 자반뒤지기처럼 하는 소고재비의 동작.
☞ 두루치기.³ 두리기.

두루거리상(~床) = 두리기상. * 여럿이 함께 먹도록 차린 상.
☞ 두레상.

두루다 ⇨ 두르다.

두루마기 * 한국 웃옷 이름. {두루마기자락.} {겹두루마기. 누비두루마기. 반두루마기. 솜두루마기. 잘두루마기. 차렵두루마기. 핫두루마기. 홑두루마기.} ¶ 흰 두루마기. 비단 두루마기.

두루막 ⇨ 두루마기.

두루말이 ⇨ 두루마리. ¶ 두루마리 종이. * 뒤지. 화장지.

두루뭉수리 = 뭉수리. * 말이나 행동이 분명하지 않은 상태.
☞ 뭉구리.

두루뭉실하다 ⇨ 두루뭉술하다. * ①모나지도 둥글지도 않다. ¶ 얼굴이 두루뭉술하다. ②말, 행동이 분명하지 않다. ¶ 말이 두루뭉술하다.

두루미¹ = 두루미병. * 목과 아가리는

좁고 길며 배는 둥근, 큰 병.

두루미² = 학. 단정학. ‡ 겨울 철새 이름. {두루미걸음. 두루밋과.}

☞ 황새.

두루치기¹ * 돼지고기, 조갯살, 낙지에 갖은 양념을 하여 만든 음식.

☞ 조리치기.

두루치기² * ① 한 가지 물건을 이리저리 둘러쓰는 일. 또는 그런 물건. ② 한 사람이 여러 가지 일을 두루 잘함. 또는 그런 사람. ‡ 팔방미인. ③ 두루 미침. ¶ 학생들을 두루치기로 나무라다.

두루치기³ = 두루치. ‡ 집에서 막 입는 폭이 좁고 길이가 짧은 치마.

☞ 두루거리.

두르다 * ① 넓은 물체를 바깥 둘레에 둘러 걸치다. ¶ 치마를 두르다. ② 둘레를 돌다. ¶ 서울을 빙 두른 성. ③ 변통하다. ¶ 돈을 두르다. ④ 간접으로 말하다. ¶ 빙 둘러 말하다.

☞ 돌리다.¹ 싸다.³ 띠다.

두름 * 하나치. ① 산나물. 푸성귀. ‡ 한 두름은 10~20줌. ② 조기. 비웃(청어). ‡ 한 두름은 스무 마리.

☞ 줌.¹ 묶음. 마리.¹ 동.⁴

두름성(~性) = 주변성. ¶ 두름성이 좋다. 두름성이 없다.

두름손〔手腕〕 = 주변. 주변머리.

두리갈램 = 둘레갈램. 테갈램. ‡ 나이테를 따라 갈라진 틈서리.

두리기 * 크고 둥근 상에 음식을 차려 놓고 여럿이 둘러앉아 먹음.

☞ 두루거리.

두리기둥 = 둥근기둥. ‡ 둥그렇게 깎아 만든 기둥.

☞ 모기둥.

두리기상(~床) = 두루거리상.

☞ 두레상.

두리뭉수리 ⇨ 두루뭉수리. ‡ 말이나 행동이 변변하지 못한 사람.

두리뭉실하다 ⇨ 두루뭉술하다. ‡ 모나지도 둥글지도 아니하다.

두리반(~盤) * 크고 둥글게 된 소반.

☞ 두레상.

두릿거리다 ⇨ 두리번거리다.

두릿기둥 ⇨ 두리기둥.

두릿두릿 ⇨ 두리번두리번.

두만강가(豆滿江~) ⇨ 두만강 가. ‡ 홀이름씨 뒤에는 띄어씀.

두말 * ① 이랬다저랬다 하는 말. {두말없다. 두말하다.} ② 불평하거나 덧붙이는 말. ¶ 두말 말다. 두말 않다. 두말 못 하다.

☞ 군말. 군소리.

두말할것없이 ⇨ 두말할 것 없이.

두매한짝 = 다섯 손가락.

두멍 = ① 물두멍. ‡ 물을 담아 두고 쓰는 가마나 독. ② 바다.

☞ 땅두멍.

두멍거루 * 짐을 싣는 큰 배.

☞ 거루.

두메 = 두메산골. 두멧골. ‡ 변두리나 깊숙이 들어앉은 곳. {두메싸립. 두멧구석. 두멧길. 두멧놈. 두멧사람.} ¶ 두메 마을.

두몬다위 = 쌍봉약대. 쌍봉낙타. ‡ 등에 혹이 두 개 있음.

☞ 외몬다위.

두발놀이 = 두발당사니. 두발당성.

＃ 두 발로 차는 발길질.

두발바늘 ＝ 쌍바늘. ＃ 낚싯바늘의 한 가지.

두발짐승 ＃ 닭, 오리 따위 새 무리.
☞ 네발짐승.

두 번 ＝ 둘째 번. ＃ 횟수. ¶ 한 번 다음 두 번.

두번일 ⇨ 두벌일.

두벌 ＃ 두 번째로 하는 일. {두벌묻기. 두벌솎음. 두벌일.}

두 벌 ¶ 양복 두 벌. 수저 두 벌. ＃ '벌' 은 하나치.

두벌갈이 ＝ 앞뒤갈이. ＃ 논밭을 두 번째로 가는 일.
☞ 앞갈이. 애벌갈이. 초벌갈이.

두벌김 ＃ 두 번째로 하는 일.
☞ 애벌김.

두벌논 ＃ 두 번째 매는 논.
☞ 애벌논.

두벌깎이 ⇨ 되깎이.

두벌매기 ＃ 논밭을 두 번 매는 일.
☞ 애벌매기.

두벌잠 ＃ 한 번 들었던 잠이 깨었다가 다시 드는 잠.
☞ 개잠.

두벌죽음 ＃ 죽은 사람을 해부하거나 화장하는 일.

두부박(豆腐粕) ⇨ 비지.

두부살(豆腐~) ＃ 살갗이 희고 무른 살. 또는 그런 사람.
☞ 군살. 대살. 참살. 푸석살.

두서너 〔매〕 ＝ 두어서너. ＃ 하나치 '개, 사람, 집' 앞에 씀.

두서넛 〔셈〕 ＝ 두어서넛. ＃ 둘 또는 서넛.

두서없이(頭緖~) ＃ 차례나 갈피를 잡을 수 없이. ¶ 두서없이 말하다.
☞ 두수 없이.

두세 〔매〕 ＃ 둘이나 셋. ＃ 하나치 '가지, 권, 마리, 명, 권, 번' 앞.

두셋 〔셈〕 ＃ 둘이나 셋. ＃ 토씨가 붙음. ¶ 두셋은 될 것이다.

두셋째 〔셈. 매〕 ⇨ 두세째. ＃ 차례. ¶ 성적은 두세째를 차지했다.

두 손 들다 ＝ 네발 들다. ＃ 항복하다. 굴복하다.
☞ 손들다.

두손모아 ⇨ 두 손 모아.

두수 없이 ＃ ① 두 가지 방도. ¶ 두 수가 있을 수 없다. ② 달리 주선하거나 변동할 여지가 없이. ¶ 두수 없이 기막힌 꼴을 당하다.
☞ 두서없이.

두스르다 ⇨ 뒤스르다. ＃ ① 몸을 뒤척이다. ② 물건을 뒤적거리다.

두습 ＝ 이듭. ＃ 집짐승 나이 두 살.

두어두다 ＝ 둬두다. ＃ 건드리지 않고 그냥 두다. ¶ 책은 두어두라.

두엄자리 ＝ 두엄터. ＃ 퇴비장.

두째 ⇨ 둘째. ＃ 차례와 수량. ¶ 제2. 두 개째.
☞ 스물두째. 열두째.

두터히 ⇨ 두터이. ＃ 두텁다.

두텁다 〉 도탑다. ＃ 사랑, 믿음, 인정, 관계 같은, 눈에 보이지 않는 것이 굳고 깊게. ¶ 두터운 은혜. 믿음이 두텁다.
☞ 두껍다. 두툼하다.

두텁단자(~團子) ⇨ 두텁떡. ＃ 시루떡의 한 가지.

두툼발이 ⇨ 뒤뚱발이. ※ 뒤뚱거리며 걷는 사람.

두툼하다 〉도톰하다. ※ ① 꽤 두껍다. ¶ 두툼한 방석. 입술이 두툼하다. ② 경제적으로 넉넉하다. ¶ 주머니가 두툼하다.
☞ 두텁다.

두해살이〔越年生. 二年生〕 ※ 그해에 싹이 나서 자라다가 이듬해에 열매를 맺고 죽는 일이나 식물. ※ 당근, 보리, 무, 유채, 완두 따위.
☞ 하루살이. 한해살이. 여러해살이.

둑 = 방죽. ※ 길을 내거나 물을 막으려고 쌓은 언덕. {둑길. 둑막이. 둑비탈.} {강둑. 개밋둑. 개울둑. 개천둑. 냇둑. 논둑. 논둑길. 도랑둑. 무넘깃둑. 물막잇둑. 방숫둑. 밭둑. 밭둑길. 봇둑. 봉홧둑. 시냇둑. 철둑. 철롯둑. 하굿둑.} {흙둑.} ¶ 둑 아래. 둑 위. 둑을 쌓다.

둔덕 ※ 가운데가 불룩하게 언덕이 진 곳. {둔덕길. 둔덕돌.} {둔덕지다.} ¶ 둔덕에 올라서다. 둔덕 쪽으로 가다.
☞ 언덕. 두덩. 두둑.

둔치 ※ ①호수, 강의 가장자리. ②물가의 언덕. ¶ 한강 둔치.
☞ 강턱.

둔패기 = 아둔패기. ※ 아둔한 사람.

둔화되다(鈍化~) ⇨ 둔화하다.

둘〔二〕〔셈〕 ※ 하나 다음에 오는 수. ※ 매김말로 쓰지 못함.
☞ 두.¹

둘러리 ⇨ 들러리. ※ 주체가 아니라 곁따르는 사람. ¶ 신부 들러리.

둘러매다 〉돌라매다. ※ 끈을 한 바퀴 둘러서 두 끝을 마주 묶다. ¶ 허리에 띠를 둘러매다.

둘러메다 ※ 들어올려서 어깨에 놓다. ¶ 쌀가마를 어깨에 둘러메다.

둘러보다 〉돌라보다. ※ 두루 살펴보다. ¶ 방 안을 둘러보다.
☞ 들러 보다.

둘러싸다 ※ 둥글게 에워싸다. ¶ 김장독을 가마때기로 둘러싸다.

둘러쌓다 ※ 둘레를 빙 둘러서 쌓다. ¶ 담을 높이 둘러쌓다.

둘러쌓이다 ⇨ 둘러싸이다.

둘러쓰다 = 뒤집어쓰다. ¶ 수건을 둘러쓰다. 누명을 둘러쓰다.

둘러씌우다 = 뒤집어씌우다. ※ '둘러쓰다'의 하임.

둘레 ※ ①사물의 바깥 언저리. ¶ 집 둘레. 운동장 둘레. ②사물의 가를 한 바퀴 돈 길이. {가슴둘레. 목둘레. 허리둘레.} ¶ 머리 둘레. 엉덩이 둘레. 종아리 둘레. 팔뚝 둘레. 허벅지 둘레.
☞ 테두리.

둘레갈램 = 두리갈램. 테갈램. ※ 나이테를 따라 갈라진 틈서리.

둘레바늘 = 고리바늘. ※ 대바늘뜨기에서 쓰는 바늘.

둘려있다 ⇨ 둘려 있다.

둘려싸이다 ⇨ 둘러싸이다.

둘르다 ⇨ 두르다.

둘소 = 둘암소. ※ 새끼를 낳지 못하는 암소.
☞ 둘치.

둘째 ※ ①차례. ※ 첫째 다음. {둘째치.

둘쨋집.} ¶ 둘째 날. 둘째 놈. 둘째 딸. 둘째 며느리. 둘째 번. 둘째 아들. 둘째 줄. 둘째 치다. ②수량. ‡ 두 개째. ¶ 사과를 둘째 먹다.

☞ 스물두째. 스물둘째. 열두째. 열둘째.

둘째가다 = 다음가다. 버금가다. 버금하다. ‡ 으뜸 다음.

둘째아버지 = 가운데아버지.

둘째어머니 = 가운데어머니.

둘쳐메다 ⇨ 둘러메다.

둘쳐업다 ⇨ 둘러업다.

둘치 * 새끼를 못 낳는 암컷. ‡ 둘암소. 둘암캐. 둘암퇘지.

☞ 돌계집.

둠벙 * 땅을 파서 물을 가두어 놓은 곳. ‡ 농사나 허드렛물로 씀.

☞ 웅덩이.

둥 〔이〕 * ①무슨 일을 하는 듯도 하고 하지 않은 듯도 함. ¶ 본 둥 만 둥. 먹는 둥 마는 둥. ②말이 많음. ¶ 춥다는 둥 시끄럽다는 둥.

☞ 등.

둥개다 * 일을 감당하지 못하고 쩔쩔매다. ¶ 그만 일로 종일 둥개다.

☞ 뭉개다.²

둥개둥개 * 아기를 안거나 쳐들고 어르는 소리.

☞ 어둥둥. 어허둥둥. 어화둥둥.

둥구미 = 멱둥구미. ‡ 짚으로 걸어 만든 그릇.

둥굴넙적하다 ⇨ 둥글넙적하다.

둥굴다 ⇨ 둥글다.

둥그러지다 * 큰 몸집이 넘어지면서 구르다. ¶ 마룻바닥에 둥그러지다.

☞ 둥그레지다.

둥그럼하다 ⇨ 둥그스름하다.

둥그렇다 〉 동그랗다. ‡ 전체가 둥근 느낌을 주다.

☞ 둥글다.

둥그레지다 〉 동그래지다. ¶ 놀라서 눈이 둥그레지다.

☞ 둥그러지다.

둥근기둥 = 두리기둥. ‡ 둥그렇게 깎아 만든 기둥.

☞ 모기둥.

둥근달 * 음력 보름에 뜨는 둥그런 달.

둥근 달 * 모양이 둥글게 생긴 달.

둥근파 ⇨ 양파.

둥글넓적히 ⇨ 둥글넓적이. ‡ 둥글넓적하다.

둥글다 * 둘레나 겉모양이나 성질이 모난 데가 없다. ¶ 둥근 해. 얼굴이 둥글다. 세상을 둥글게 산다. 성격이 둥글다.

☞ 둥그렇다.

둥글이 * 껍질을 벗긴 통나무. ‡ 원목.

☞ 통나무.

둥긋하다 = 둥그스름하다.

둥긋히 ⇨ 둥긋이. ‡ 둥긋하다.

둥덩팔월(~八月) ⇨ 건들팔월. 동동팔월.

둥둥 * ①둥실둥실. ②큰북을 두드리는 소리.

둥실둥실 * 하늘이나 물 위에 떠서 움직이는 모양. ‡ 구름. 풍선.

☞ 덩실덩실.

둥싯둥싯 * 굼뜨고 거추장스럽게 움직이는 모양. ¶ 살진 암탉이 둥싯둥싯 뒤뚱거리며 걸어다닌다.

☞ 덩싯덩싯.

둥우리 * ①짚이나 대, 싸리 따위로 얽은, 둥근 그릇. {짚둥우리.} ②새끼로 둥글게 얽어 병아리를 기르는 집. {둥우리장수.} ③닭, 새가 알을 낳거나 깃들이도록 둥글게 만든 집. {알둥지.}

☞ 둥주리. 둥지. 어리. 우리.¹ 보금자리.¹

~**둥이** * 그러한 성질이 있거나 관계가 있는 사람. {검둥이. 광복둥이. 귀염둥이. 귀둥이. 막내둥이. 막둥이. 바람둥이. 선둥이. 쌍둥이. 육삭둥이. 응석둥이. 재간둥이. 재롱둥이. 점둥이. 칠삭둥이. 팔삭둥이. 해방둥이. 후둥이.}

둥주리 * 사람이 들어앉을 수 있게 짚으로 엮은 큰 둥우리. ‡ 추울 때 들어앉아서 망을 보거나 말 등에 얹고 그 안에 앉아서 간다.

☞ 둥우리.

둥지 = 보금자리. ‡ 새집.¶ 갈새 둥지. 뻐꾸기 둥지. 제비 둥지. 둥지 자리.¶ 둥지를 치다. 둥지를 틀다.

☞ 둥우리.

둥치 * 큰 나무의 밑동. {나무둥치. 밑둥치.}¶ 소나무 둥치.

☞ 덩치.

둬두다 = 두어두다.¶ 책은 그냥 둬두고 놀러 가자.

둬둬 = 드레드레. ‡ 분봉할 때 나와 붙은 벌떼를 몰아넣는 소리.

둬둬둬 〔느〕 * 돼지를 몰거나 쫓을 때 내는 소리.

뒈지다 = 죽다. ‡ 속된 말.¶ 어디 가서 뒈져라.

뒝박 ⇨ 뒤웅박. 뒤웅.

뒤 * ① 앞쪽과 반대되는 쪽이나 공간. ② 시간적, 공간적으로 뒤에 오는 일이나 대상. {뒤꼬리. 뒤꽁무니. 뒤꽂이. 뒤끝. 뒤대. 뒤땅. 뒤미처. 뒤안굿. 뒤안길. 뒤울. 뒤지. 뒤짱구. 뒤쪽. 뒤차. 뒤창. 뒤채. 뒤축. 뒤치다꺼리. 뒤칸. 뒤탈. 뒤턱. 뒤통수. 뒤판. 뒤편. 뒤폭. 뒤표지. 뒤풀이. 뒤품.}¶ 건물 뒤. 집 뒤. 한 시간 뒤. 뒤를 달다. 뒤가 구리다. 뒤가 깨끗하다. 뒤가 꿀리다. 뒤가 들리다. 뒤가 무겁다.

☞ 다음.

뒤까부르다 = 뒤까불다. ‡ 낟알을 키에 담아 까부르다.

뒤까불다 * ① 경망하게 행동하다. ② 몸을 경망스럽게 뒤흔들다.

뒤꼍 = ① 뒤뜰. ② 뒷마당. ‡ 집채 뒤에 있는 뜰이나 마당.

☞ 뒤란.

뒤꼭대기 ⇨ 꼭뒤. 뒤통수.

뒤꼭지 ⇨ 꼭뒤. 뒤통수.

뒤꼭지치다 ⇨ 뒤통수치다.

뒤꽁무니 = 꽁무니. ‡ ① 엉덩이 쪽 부분. ② 맨 뒤나 맨 끝.

뒤꽂이 * 쪽을 찐 머리 뒤에 꽂는 연봉, 과판, 귀이개 따위 치렛감.

☞ 비녀.

뒤꾸머리 = 뒤꿈치. 발뒤꿈치.

뒤꿈치 * ① 발뒤꿈치. ② 신이나 양말의 발뒤꿈치가 닿는 부분.

뒤닫다 = 연닫다. 잇따르다. 잇닫다.

뒤대패 = 뒤젭대패. 뒤집대패. 혹대

패. ‖ 오목한 쪽을 깎은 대패.
☞ 대패.

뒤덮어버리다 ⇨ 뒤덮어 버리다.

뒤덮히다 ⇨ 뒤덮이다. ‖ '뒤덮다'의 입음.

뒤돌다 * 뒤로 돌아보다. ¶ 뒤돌아 눕다. 뒤돌아 앉다. 뒤돌아 오다.
☞ 되돌다.

뒤돌아보다 * ①뒤쪽을 보다. ②지난 때나 일을 돌이켜 생각하다.
☞ 되돌아보다.

뒤돌아서다 * 뒤로 돌아서다. ¶ 부르는 소리에 뒤돌아서다.
☞ 되돌아서다.

뒤떨어지다 * ①뒤에 처지다. ②느려서 기준에 이르지 못하다. ¶ 성적이 뒤떨어지다. 달리기에서 뒤떨어지다. ‖ 눈에 보이는 것.
☞ 뒤지다.²

뒤뚱거리다 * ①몸이 한쪽으로 쏠리며 걷다. ¶ 뒤뚱거리는 걸음걸이. ②이쪽저쪽으로 기울면서 흔들리다. ¶ 엉덩이를 뒤뚱거리다.
☞ 절다.²

뒤뜨락 ⇨ 뒤뜰.

뒤뜰 * 집채 뒤에 있는 뜰. ¶ 뒤뜰에 꽃이 피었다.
☞ 뒷들. 뒷마당. 앞뜰.

뒤란 * 집 뒤의 울타리 안으로, 주로 여성들이 활동하는 공간. ¶ 뒤란에 장독대가 있다.
☞ 뒤꼍.

뒤미처 〔어〕 * 그 뒤에 곧 잇따라. ¶ 뒤미처 따라가다.

뒤미쳐 〔움〕 = 뒤미치어. ‖ 뒤이어 곧

이르러. ¶ 이러다간 일이 잘못될 수도 있겠다는 생각이 뒤미쳤다.

뒤보다¹ = 뒤보아주다. ‖ 뒤에서 돌보다. ¶ 불쌍한 아이를 뒤보다.

뒤보다² * 잘못 보다. ‖ 착각하다. ¶ 파란 불로 뒤보았다.

뒤보다³ = 똥 누다. ¶ 뒤보러 가다.
☞ 일 보다.

뒤안 ⇨ ①뒤꼍. ②뒤란.

뒤안굿 = 청룡굿. ‖ 장독대에 축원을 드리는 굿.

뒤안길 * ①늘어선 집의 뒤쪽으로 난 길. ¶ 뒤안길에서 주춤거리는 사내를 보았다. ②눈길을 끌지 못하는 삶. ¶ 인생의 뒤안길.
☞ 뒷길.

뒤어내다 ⇨ 뒤져내다.

뒤어지다 ⇨ 뒈지다. ‖ 죽다의 속된 말.

뒤어금니 = 큰어금니. ‖ 앞어금니 안쪽에 있는 제1, 제2, 제3 어금니.
☞ 앞어금니.

뒤얽히다 * 끈이나 문제가 이리저리 마구 걸리다. ¶ 일이 뒤얽히다.

뒤엉기다 * ①여럿이 마구 달라붙다. ②액체나 진흙이 마구 뭉쳐 굳어지다. ③냄새, 연기, 소리가 한데 섞이다. ④생각, 감정, 기운이 한데 뒤섞이고 서리다.

뒤엉키다 * 실이나 문제가 한데 뒤섞여 갈피를 잡을 수 없게 되다.

뒤엎다 = 뒤집어엎다. ¶ 밥상을 뒤엎다. 예상을 뒤엎다.
☞ 뒤집다.

뒤웅박 = 뒤웅. ‖ 박을 타지 않고 꼭지 쪽에 구멍을 내어 쓰는, 마른 그릇.

¶ 뒤웅박에 씨를 넣어 두다. 여자 팔자는 뒤웅박 팔자.
☞ 호리병박.

뒤 이어 ⇨ 뒤이어. ＊ 뒤잇다. ¶ 축가에 뒤이어 축사를 하다.

뒤잡이 ⇨ 드잡이. ＊ 서로 머리나 멱살을 움켜잡고 싸우는 짓.

뒤재다 ⇨ 뒤밟다.

뒤재비 ⇨ 드잡이.

뒤적거리다 ＝ 뒤적대다. ¶ 호주머니를 뒤적이다.

뒤적이다 〈 뒤척이다. ＊ ① 이리저리 뒤지다. ② 이리저리 뒤집다.
☞ 뒤지다.¹

뒤져 ＝ 뒤지어. ＊ 뒤지다. {뒤져내다. 뒤져놓다.}

뒤좇다 ＊ 뒤를 따르다. ¶ 앞서 가는 사람을 뒤좇다.
☞ 뒤쫓다.

뒤쥐¹ ＊ 땃쥣과의 동물. ＊ 쥐와 비슷하게 생겼음.
☞ 두더지.

뒤지²(~紙) ＝ 밑씻개. ＊ 화장지.
☞ 휴지.

뒤지다¹ ＊ ① 샅샅이 찾다. ② 책장을 들추어 살피다.
☞ 뒤적이다. 훑다.

뒤지다² ＊ ① 뒤떨어지거나 뒤에 처지다. ＊ 눈에 보이지 않는 것. ¶ 문화가 뒤지다. 능력이 뒤지다. ② 걸음이 남보다 뒤떨어지다.
☞ 뒤떨어지다.

뒤집다 ＊ 안과 밖, 위와 아래, 앞과 뒤, 차례를 바꾸다.
☞ 뒤엎다. 엎다.

뒤집어쓰다 ＝ 둘러쓰다. ＊ ① 머리나 몸을 가려서 덮다. ② 가루나 물을 몸에 받다. ③ 남의 허물이나 책임을 넘겨 맡다.

뒤집어씌우다 ＝ 둘러씌우다. ＊ '뒤집어쓰다'의 하임.

뒤집어지다 ⇨ 뒤집히다. ＊ '뒤집다'의 입음.

뒤쩐 ⇨ 뒷전.

뒤쪽 ＝ 뒤편. ＊ ① 반대되는 쪽. ② 엇나감. {뒤쪽되다.} ¶ 천대와 멸시를 받고 자라면서 성질만 뒤쪽되는 일이 많았다.

뒤 쪽 ＊ 뒤 페이지. ＊ 책.

뒤쫓다 ＊ ① 앞선 사람을 잡으려고 뒤를 쫓다. ② 마구 쫓아내다.
☞ 뒤좇다.

뒤창¹(~窓) ＊ 뒤쪽으로 난 창문. ¶ 뒤창을 열면 맞바람이 친다.
☞ 앞창.

뒤창² ＊ 신발 바닥 뒤쪽에 대는 창. ¶ 구두 뒤창을 갈다.
☞ 뒤축.

뒤채움 ＝ 사춤. ＊ 돌이나 벽돌을 쌓을 때 틈서리에 채우는 일.

뒤처기다 ⇨ 뒤척이다.

뒤처리(~處理) ＝ 뒷수쇄. ＊ 일이 벌어진 뒤나 끝난 뒤끝을 처리하는 일. ¶ 사고 뒤처리.
☞ 뒤치다꺼리. 뒷갈망. 뒷감당. 뒷담당. 뒷수습. 뒷바라지.

뒤처지다 ＊ 수준이나 대열에서 뒤로 처지거나 뒤에 남다. ¶ 성적이 뒤처지다. 걸음이 뒤처지다.
☞ 뒤쳐지다.

뒤척거리다 〉 뒤적거리다.

뒤척이다 〉 뒤적이다. ＊ ① 뒤지다.
② 뒤집다.

뒤쳐지다 ＊ 뒤집혀서 젖혀지다. ¶ 바
람에 펼침막이 뒤쳐지다.
☞ 뒤처지다. 잦혀지다.

뒤축 ＊ ① 발뒤축. ② 신, 버선의 발뒤
축이 닿는 안쪽 부분.
☞ 뒤창.²

뒤치다¹ ＊ 다른 나라말로 옮기다. ＊ 번
역하다.

뒤치다² ＊ 엎어진 것을 젖히거나 자빠
진 것을 엎다. ＊ 몸을 뒤치다.
☞ 데치다.

뒤치다꺼리 ＊ ① 뒤에서 일을 보살피
고 챙겨주는 일. ¶ 애들 뒤치다꺼
리. ② 일이 끝난 뒤에 남은 일을 마
저 마무르는 일.
☞ 뒤처리. 뒷바라지. 뒷수쇄.

뒤칸 ＊ '칸'을 지른 것의 뒤에 있는 칸.
☞ 뒷간.

뒤켠 ⇨ ① 뒤쪽. ② 뒤꼍.

뒤통배기 ⇨ 뒤통수.

뒤통수 = 뒷골. 뒷머리. ＊ 머리의 뒷부
분. {뒤통수치다.}

뒤편(~便) = 뒤편짝. 뒤쪽.

뒷가지〔接尾辭〕 = 끝가지. 발가지.
☞ 머리가지. 앞가지.

뒷간 = 먼데. ＊ 변소. {안뒷간. 한뎃뒷
간.} ¶ 뒷간에 가다.
☞ 뒤칸.

뒷갈망 = 뒷감당. 뒷담당. ＊ 일의 뒤
끝을 맡아서 마무르는 일.
☞ 뒤치다꺼리. 뒷바라지.

뒷갈무리 ⇨ 뒷갈망.

뒷감기 ⇨ 뒷갱기. ＊ 칡넝쿨 껍질 따위
로 짚신의 도갱이를 감는 일.

뒷거름 = 덧거름. ＊ 농작물이 자라기
시작할 때 주는 거름.
☞ 밑거름. 웃거름.

뒷거리 ＊ ① 한바닥의 뒤쪽 길거리.
¶ 뒷거리에는 사고 위험이 있다.
② 사회의 어두운 쪽에 사는 사람의
세계. ¶ 뒷거리의 건달.
☞ 앞거리.

뒷결박(~結縛) = 뒷짐결박. ＊ 도둑
을 뒷결박 지어 끌고 가다.

뒷골 = 뒷머리. 뒤통수. ¶ 뒷골이 무
겁다.

뒷골목 ＊ ① 큰길 뒤에 있는 골목. ② 뒷
거리.
☞ 앞 골목.

뒷공론(~公論) = 뒷방공론. ＊ 일이
끝난 뒤에 이러니저러니 함.
☞ 뒷소문.

뒷굼치 ⇨ ① 뒤꿈치. ② 발뒤꿈치.

뒷그루 ＊ 그루갈이를 할 때, 뒤에 짓는
농작물.
☞ 그루갈이. 앞그루.

뒷글¹ = ① 한국말. ② 한글. ＊ 낮춤
말. 언문.

뒷글² = 어깨너멋글. ＊ 남이 배우는
옆에서 보고 듣고 배우는 일.

뒷글³ ＊ ① 책 뒤에 쓰는 글. ＊ 말문.
② 배운 글을 다시 읽는 글.
☞ 맺음말.

뒷길 ＊ ① 집채나 마을의 뒤에 있는
길. ② 앞으로 펼쳐질 과정. ③ 떳떳
하지 못하고 정상적이 아닌 수단이
나 방법.

☞ 뒤안길. 앞길.

뒷꼍 ⇨ 뒤꼍.

뒷날 = 앞날. 훗날. ‡ 앞으로 다가올 날.
　☞ 간날. 다음날. 전날. 옛날.

뒷담당(~擔當) = 뒷갈망. 뒷감당.
　☞ 뒤치다꺼리. 뒷바라지.

뒷대야 ⇨ 뒷물대야.

뒷덜미 * 목덜미 아래, 두 어깻죽지 사이. ¶ 뒷덜미를 낚아채다.
　☞ 덜미.² 목덜미.

뒷덜미 잡히다 * 꼼짝 못하고 잡히다.
　☞ 목덜미 잡히다.

뒷돈¹ * 장사판이나 노름판에서 뒤를 대는 밑천. ¶ 뒷돈을 대다.

뒷돈² 〔賂物〕 * 남모르게 주고받는 돈.
　¶ 뒷돈을 받고 도둑을 풀어주다.
　☞ 인정.²

뒷동네 = 뒷마을.

뒷동산 * 집이나 마을 뒤에 있는 동산.
　☞ 앞동산.

뒷들 = 뒷벌. ‡ 집이나 마을 뒤에 있는 들.

뒷렬(~列) ⇨ 뒷줄.

뒷마당 * 뒤꼍에 있는 마당
　☞ 뒤뜰.

뒷마무리 * 일의 뒤끝을 맺음. ¶ 뒷마무리를 잘해야 한다.

뒷마무새 * 뒤끝을 맺는 솜씨나 모양새. ¶ 뒷마무새가 깔끔하다.

뒷막이 * ①뒷마감. ②가구 뒤쪽에 대는 널빤지.

뒷말 * ①뒷소리. ②뒤를 잇는 이야기. ¶ 뒷말을 잇다.
　☞ 뒷소문. 앞말.

뒷머리 * ①뒷골. 뒤통수. ②머리의 뒷부분에 난 머리털.

뒷무릎 = 오금. 다리오금. 오금팽이.
　‡ 무릎의 안쪽.
　☞ 팔오금.

뒷바라지 * 제 식구나 아주 친한 사람의 일을 보살펴 돕는 일. ‡ 물건. 돈. 일. 수고. {뒷바라지하다.} ¶ 아들 뒷바라지에 허리가 휜다.
　☞ 뒤처리. 뒤치다꺼리. 뒷설거지. 치다꺼리.

뒷바람 ⇨ 북풍.
　☞ 앞바람.

뒷바침 ⇨ 뒷받침. ‡ 뒤에서 밀고 도와주는 일.

뒷발톱 * 짐승의 뒷발에 달린 발톱.
　☞ 며느리발톱.

뒷방공론(~房公論) = 뒷공론. ‡ 뒤에서 이러쿵저러쿵 말하는 일.
　☞ 뒷소문.

뒷벌 = 뒷들. ‡ 집이나 마을 뒤에 있는 벌판.

뒷설거지 * ①설거지. ②큰일의 뒤처리.
　☞ 뒤처리. 뒷바라지.

뒷소리¹ = 받는소리. ‡ 민요에서 메김소리 뒤따라 받아 부르는 소리.
　☞ 메기는소리. 메김소리. 선소리.³ 앞소리.

뒷소리² * ①뒷말. ②뒤에서 응원하는 소리. ③뒤에서 치는 큰소리.

뒷소문(~所聞) * ①일이 끝난 뒤에 들리는 말. ¶ 이번 선거에 야료가 있었다는 뒷소문이 나돌았다. ② 뒤에서 이러니저러니 하는 말. ¶ 뒷집

처녀가 핫아비와 눈이 맞았다는 뒷
소문이 떠돌고 있다.
　☞ 뒷공론.
뒷쇠 ⇨ 뒷막이.
뒷수발 = 뒷시중. ‡ 뒤에서 보살펴 돕
는 일.
뒷수쇄(~收刷) = 뒤처리. ‡ 일이 끝
난 뒤 뒤끝을 정리하는 일.
　☞ 뒤치다꺼리. 뒷바라지.
뒷수습(~收拾) * ①이미 벌어진 일
을 마무르는 일. ②뒤처리.
　☞ 뒤치다꺼리.
뒷시중 = 뒷수발. ¶ 할아버지 뒷시중
을 들다.
뒷열(~列) ⇨ 뒷줄.
뒷전놀다 = 뒷전보다. ‡ ①뒤로 슬며
시 딴 짓을 하다. ②무당굿 열두 거
리에서 마지막 거리를 놀다.
뒷전놀이 = 뒷전거리. 뒷전풀이. ‡ 끝
맺는 마지막 굿을 노는 일.
뒷질 * 배나 비행기가 앞뒤로 흔들리
는 일. ‡ 피칭.
　☞ 옆질.
뒷짐결박(~結縛) = 뒷결박. ‡ 도둑
을 뒷짐결박을 지워 끌고 가다.
뒷쪽 ⇨ 뒤쪽.
뒷처리(~處理) ⇨ 뒤처리.
뒷탈 ⇨ 뒤탈.
뒷통수 ⇨ 뒤통수.
뒷편 ⇨ 뒤편.
뒷힘 ⇨ 뒷심.
뒹굴다 * ①이리저리 구르다. ¶ 풀밭
에서 뒹굴고 놀다. ②퍼더버리고
놀다. ¶ 방 안에서 뒹굴며 지낸다.
③어지러이 널려 구르다. ¶ 뒹굴고

있는 휴지. 낡은 이불과 목침이 뒹굴
고 있다.
　☞ 궁굴다.
드나 보다 = 드는가 보다. ¶ 이제야
철이 드나 보다.
드난 * 임시로 남의 집에 붙어 지내며
일을 도와주는 일. 또는 그런 사람.
{드난꾼. 드난살이. 안팎드난.} {드
난살다. 드난살이하다.}
　☞ 머슴. 안잠자기.
드날리다 * 손으로 들어서 날리다. ¶ 연
을 드날리다.
　☞ 들날리다.
드넓다 * 활짝 틔어서 아주 넓다. ¶ 드
넓게 펼쳐진 들녘.
　☞ 더 넓다.
드놀다 ⇨ 들놀다. ‡ 이리저리 흔들리
다. ¶ 마룻바닥이 들놀다.
드높다 * 매우 높다. ‡ 하늘. 기상. 기
세. 사기. 빌딩. 노랫소리.
　☞ 더 높다.
~드니 ⇨ ~더니. ¶ 날씨가 무덥더니
비가 온다. 전에는 며칠 밤을 새워
도 괜찮더니 요즘은 그렇지 못하다.
드디어 * 이제야 어떤 일이 시작될 때.
‡ 행동의 시작을 기준 삼음. ¶ 고생
끝에 드디어 성공하다. 드디어 남북
정상이 만나다.
　☞ 마침내. 끝내.
드디여 ⇨ 드디어.
~드라 ⇨ ~더라. ¶ 노래를 부르더라.
경치가 좋더라.
~드라구요 ⇨ ~더라. ~데. ~ㅂ디다.
~ㅂ니다. ¶ 가더라. 가데.
~드라도 ⇨ ~더라도. ¶ 무슨 일이 있

더라도 일을 마쳐야 한다.

~드라면 ⇨ ~더라면. ¶ 그 사람을 만났더라면 좋았을 텐데.

드라큐라(Dracula) ⇨ 드라큘라. ✽ 흡혈귀 이름.

드라이크리닝(dry cleaning) ⇨ 마른빨래. ✽ 드라이클리닝.

드러가다 ⇨ 들어가다.

드러나다 ✽ ① 가려 있거나 보이지 않던 것이 보이다. ¶ 구름이 걷히니 산봉우리가 드러난다. ② 감추거나 숨긴 것이 겉으로 나타나다. ¶ 속셈이 드러나다. ③ 밝혀지다. ¶ 진실은 반드시 드러난다.
☞ 밝혀지다. 불거지다.

드러내다 ✽ ① 보이게 하다. ¶ 하얀 이를 드러내다. 속살을 드러내다. ② 감추어 두었던 것을 밝히다. ¶ 속셈을 드러내다.
☞ 들어내다. 나타내다.

드러눕다 ✽ ① 편하게 눕다. ② 앓아서 자리에 눕다. ✽ 사람. 짐승.
☞ 눕다.

드러쌓이다 = 드러쌔다. ✽ 아주 많이 쌓이다. ¶ 눈이 드러쌓이다.

드러장이다 ✽ 많은 물건이 한군데에 쌓이다. ¶ 가마니가 드러장이다.

드레드레¹ 〉 다래다래. ✽ ① 많이 매달려 있는 모양. {그레드레하다.} ¶ 청포도가 드레드레 늘어져 익어 간다. ② 욕심이나 심술이 많은 모양. ¶ 양볼에 욕심이 드레드레 달린 듯하다.

드레드레² = 뒤뒤. ¶ 벌통 밖에 나가 모여 붙은 벌을 몰아넣는 소리.

드레박 ⇨ 두레박.

드려놓다 ⇨ 들여놓다.

드려다보다 ⇨ 들여다보다.

드로윙(drawing) ⇨ ① 제도. ② 민그림. ✽ 드로잉.

드리다¹ ✽ '주다'의 높임. ✽ 손으로 주고받을 수 있는 사물 이름 뒤에 띄어 씀. ¶ 선물을 드리다. 편지를 드리다. 돈을 드리다.

~드리다² ✽ 손으로 주고받을 수 없는 사물 이름('하다'가 붙는 이름씨)에 붙어 움직씨로 만듦. {감사드리다. 공양드리다. 기도드리다. 말씀드리다. 문안드리다. 불공드리다. 사과드리다. 인사드리다. 예배드리다.} ✽ 매김말 뒤에선 '하다'와 '드리다'를 띄어 씀. ¶ 이런 일은 하지 마시오. 서운한 말씀은 드리지 마시오.

드리다³ 〔도〕 ✽ 으뜸움직씨 뒤에 띄어 씀. ¶ 가르쳐 드리다. 가져다 드리다. 갖다 드리다. 깎아 드리다. 달아 드리다. 도와 드리다. 보내 드리다. 보여 드리다. 읽어 드리다. 전해 드리다.
☞ 끼치다.¹ 바치다.¹

드리다⁴ ✽ 집에 방, 마루, 벽장, 광을 만들거나 구조를 바꾸어 꾸미다. ¶ 아이들 방에 벽장을 드리다.
☞ 들이다.²

드리다⁵ ✽ 실이나 끈 여러 가닥을 땋거나 꼬거나 물리다. ¶ 밧줄을 드리다. 땋은 머리끝에 댕기를 드리다.
☞ 드리우다.

드리다⁶ ✽ 곡식에 섞인 검불, 쭉정이를 바람에 날리다. ¶ 바람에 벼를 드리다.

드리다[7] * 가게의 문을 닫다. ¶ 날씨가 더워서 가게를 일찍 드리다.

드리닥치다 ⇨ 들이닥치다.

드리러가다 ⇨ 드리러 가다.

드리우다 * ①천이나 줄, 발 따위를 아래로 늘어뜨리다. ②아랫사람에게 가르침을 주다. ③빛, 어둠, 그늘, 그림자가 깃들거나 뒤덮이거나 그렇게 되게 하다. ④이름이 뒤 세상에 전하여 지게 하다.
☞ 드리다.[5]

드리키다 ⇨ ①들이켜다. ②들이키다.

드림막(~幕) * 글씨를 써서 위에서 아래로 드리운 막. ✽ 현수막.
☞ 펼침막.

드림추(~錘) = 다림추. ✽ 수직을 살펴 보려고 내려뜨리는 추.
☞ 가늠추.

드립다 ⇨ 들입다. 들이. ¶ 들입다 뛰다.

드문드문 〉 다문다문. ✽ ①동안이 뜨게. ✽ 시간. ②사이가 뜨게. ✽ 공간.
☞ 가끔. 이따금. 띄엄띄엄.

드물다 * ①흔하게 눈에 띄지 않다. ②자주 일어나지 않다.
☞ 귀하다.

드부룩하다 ⇨ ①더부룩하다. ②덥수룩하다.

드새다 * 길을 가다가 집이나 쉴 만한 곳에 들어가 밤을 지내다.
☞ 새우다. 지새다.

드세다 * ①힘이나 기세가 강하고 사납다. ②일이 견디기 힘들도록 거칠고 세차다. ③귀신이나 팔자가 거칠고 억세다.
☞ 더 세다.

드시다 = 잡수다. 잡수시다. ✽ '먹다'의 높임말.

드잡이[1] * 서로 머리나 멱살을 움켜잡고 싸우는 짓. ¶ 드잡이 싸움.

드잡이[2] * 빚을 못 갚은 사람의 세간을 가져가는 일. {드잡이하다.}
☞ 빚잔치.

드잽이 ⇨ 드잡이.

득달같다 * 조금도 지체함이 없다. ¶ 득달같이 달려오다.

득돌같다 * 뜻에 꼭꼭 잘 맞다. ¶ 그분은 득돌같아서 실수가 없다.

득되다(得~) ⇨ 득이 되다. ✽ 보탬이 되다.

득보다(得~) ⇨ 득을 보다. ✽ 이익을 얻다.

득시글거리다 = 득실거리다. 득시글대다. 득실대다.

득시글득시글 = 득실득실. ✽ 사람, 동물이 떼로 모여 들끓는 모양.

득하다[1] * 갑자기 추워지다.

득하다[2](得~) ⇨ ①(허락을) 받다. ②(이익을) 얻다.

든[1] 〔토〕 = 든지. ✽ 선택이나 조건. ¶ 사과든 감이든 다 좋다.

~든[2] = ~든지. ✽ 일의 내용을 가리지 아니함. ¶ 가든 말든.
☞ ~던.

~든가 = ~든지. ✽ ①선택. ¶ 공부를 하든가 놀든가 결정해라. ②상관이 없음. ¶ 어디에 살든가 고향을 잊지 마라.
☞ ~던가.

든거지난부자 = 난부자든거지. ✽ 겉으로 부자처럼 보이는 경우.

☞ 난거지든부자.

~든걸 ⇨ ~던걸. ¶ 그만하면 미인이던걸. 교실에 계시던걸.

~든고 ⇨ ~던고. ¶ 어떤 사람들이 왔던고? 얼마나 그리웠던고!

~든데 ⇨ ~던데. ¶ 그림을 잘 그렸던데 그거 여기에 걸자.

든든하다 * ① 먹은 것이나 입은 것이 충분하다. ¶ 아침 든든하게 먹고 가자. ② 믿음직할 정도로 알차다. ¶ 네가 곁에 있으니 마음이 든든하다. ③ 뜻이나 생각이 야무지다. ¶ 마음 든든하게 먹고 공부해라.
☞ 튼튼하다.

든번 * 당직을 맡아 일하러 들어가는 차례.
☞ 난번.

든벌 * 집 안에서만 입는 옷이나 신는 신.
☞ 난벌. 난든벌.

든부자난거지 = 난거지든부자. ‡ 겉으로는 거지같이 보이는 경우.
☞ 든거지난부자.

든사람 * 먹물 든 사람. 많이 배운 사람. ‡ 지식인.
☞ 난사람. 된사람. 큰사람. 홀사람.

든지¹ 〔토〕 = 든. ‡ 선택. ¶ 사과든지 배든지 다 좋다.

~든지² 〔끝〕 = ~든가. ‡ 가리지 않음. ¶ 집에 가든지 놀러 가든지.
☞ ~던지.

든직하다 * ① 사람이 무게가 있다. ¶ 든직한 행동. 든직하여 믿을 만하다. ② 물건이 번듯하고 그럴듯하다.
☞ 듬직하다.

듣게끔 ⇨ 듣도록.

듣그럽다 = 시끄럽다. ¶ 까치가 듣그럽게 운다.

듣는 이 ⇨ 듣는이. ‡ 청자. ¶ 이 말을 듣는이는 널리 알리시오.

듣는 힘 ⇨ 듣는힘. ‡ 청력. ¶ 듣는힘이 뛰어나다.

듣다¹ * 눈물, 빗물이 방울져 떨어지다. ¶ 빗방울이 듣는다.
☞ 긋다.²

듣다² * 귀로 소리를 느끼다. {듣다못해.} ¶ 노래를 듣다. 말을 듣다.

~듣다³ * {곧이듣다. 귀넘어듣다. 귀담아듣다. 귀여겨듣다. 넘겨듣다. 눌러듣다. 새겨듣다. 알아듣다. 얻어듣다. 여겨듣다. 주워듣다. 지내듣다. 헛듣다. 흘려듣다.}

듣보기장사 = 듣보기장사치. ‡ 투기꾼.

듣잡다 * '듣다'의 겸손. ¶ 말씀은 익히 듣잡았습니다.

들¹ 〔이〕 * ① 마을 가까이 있는 넓고 편평한 땅. {들길. 들꽃. 들녘. 들놀음. 들놀이. 들대. 들바람. 들안개.} ② 논밭으로 되어 있는 넓은 땅. {들밥. 들밭. 들일.} ¶ 들에 나가 일하다.
☞ 들판. 벌.¹ 벌판. 펀드기.

들² 〔이〕 * ① 많은 사물을 벌여 놓고 모두 가리킴. ¶ 배, 사과, 밤, 대추 들이 시장에 나왔다. ② 벌여 놓은 사물 그 밖에 더 있음을 나타냄. ¶ 배, 사과, 밤, 대추 들을 과일이라 한다.
☞ 따위. 등.⁴

들³ 〔토〕 * 주체가 여럿임을 나타낼 때. ¶ 안녕들 하셔요? 가만히들 계세요. 보고들 있어라. 어서들 오게. 너무들

하는군.

들~⁴ * 야생. {들개. 들꽃. 들나물. 들새. 들소. 들쥐. 들장미.}

들~⁵ * 마구. 몹시. {들끓다. 들볶다. 들쑤시다.}

들개 * 들에 사는 개. * 야생.
☞ 집개.

들고양이 = 살쾡이.
☞ 도둑괭이. 집괭이.

들고일어나다 * ① 세차게 일어나다. ② 반대하거나 항의하여 나서다. ¶ 모든 사람이 한꺼번에 들고일어나다.

들고 일어나다 ¶ 무거운 물건을 겨우 들고 일어나다.

들고뛰다 = 들고빼다. 들고튀다. * 달아나다.

들고 뛰다 ¶ 비가 와서 가방을 한 손에 들고 뛰었다.

들곡식(~穀食) = 밭곡식.

들국화 * 들에 피는 국화과에 딸린 모든 꽃을 두루 가리킴.
☞ 구절초. 산국. 야국.

들까부르다 = 들까불다. * 위아래로 심하게 흔들다.
☞ 들놀다.

들까불다 * 가볍게 행동하다. ¶ 돈 좀 있다고 들까불고 촐랑거리다.

들깨기름 ⇨ 들기름. * 들깨로 짠 기름.

들꼬이다 ⇨ 들꾀다. * 한곳에 여럿이 모여들다. ¶ 파리가 들꾀다.

들꽃〔野生花〕 * 들에 저절로 자라서 피는 풀꽃.
☞ 산꽃.

들끓다 * ① 한 곳에 많이 모여서 수선스럽게 움직이다. ¶ 장터에 장꾼이 들끓다. ② 기쁨, 감격, 증오가 높아지다. ¶ 여론이 들끓다.
☞ 끓다. 붐비다.

들날리다 * 세력이나 이름을 널리 떨치다. ¶ 이름을 들날리다.
☞ 드날리다.

들노래 * 모찌기 소리, 모심기 소리, 김매기 소리 따위 논밭에서 일하며 부르는 일노래. ¶ 진도 들노래. 나주 들노래. 함평 들노래.
☞ 일노래.

들놀다 * 들썩거리며 이리저리 흔들리다. ¶ 마룻바닥이 들논다.
☞ 들까부르다.

들놓다¹ * 들었다 놓았다 하다. ¶ 씩씩거리며 물건을 들놓다.

들놓다² = 들여놓다. * 밖에서 안으로 가져다 놓거나 들어오게 하다.

들다¹ * ① 비나 눈이 그치고 날이 좋아지다. ② 흐르던 땀이 그치다.
☞ 개다.¹

들다² ¶ 칼이 잘 들다. 낫이 잘 안 들다.

들다³ * ①'먹다'의 높임말. ¶ 아침 드십시오. ② 동무나 아랫사람에게 점잖게 이르는 말. ¶ 아침 들게. * 자기에게는 쓸 수 없음.
☞ 자시다.

들다⁴ * ① 손에 가지다. {맞들다.} ¶ 꽃을 들다. ② 위로 들어올리다. {쳐들다. 추켜들다. 치켜들다.} ¶ 깃발을 높이 들다.
☞ 올리다.²

들락거리다 = 들랑거리다. * 들락날락하다.

들락날락 = 들랑날랑.

들러다 ⇨ 들르다. ‡ 지나는 길에 잠깐 들어가다.

들러 보다 * 지나는 길에 어떤 곳에 잠깐 들어가다. ¶ 고향 가는 길에 친구를 만나러 진주에 잠깐 들러 보았다. ☞ 둘러보다.

들러붙다 = 들붙다. ‡ 끈기 있게 철썩 붙다.

들러 오다 * 지나는 걸음에 잠깐 거쳐 오다. ☞ 돌아오다. 둘러 오다.

들렀다 * ‘들르다’의 과거. ¶ 어제 그 책방에 들렀다. ☞ 들렸다.

들려오다 * 소리나 소문이 들리다. ¶ 소문이 들려오다.

들려 오다 * 누구에게 무엇을 들고 오도록 하다.

들려주다 = 들려 드리다. ¶ 옛날 얘기를 들려주다.

들려지다 ⇨ 들리다. ¶ 시냇물 소리가 자장가처럼 들리다.

들렸다 = 들리었다. ‡ ‘들리다’의 과거. ¶ 노랫소리가 들렸다. ☞ 들렀다.

들르다 * 지나는 걸음에 잠깐 거치다. ¶ 고모님 댁에 들르다. ‡ 들르고. 들르니. 들르면. 들릅니다. 들러. 들러서. 들러야. 들렀다.

들리는 소문(~所聞) ⇨ 소문. ‡ 들리는 말.

들리다[1] * ‘듣다’의 입음. {헛들리다.} ¶ 종소리가 들리다.

들리다[2] * ‘들다’의 하임. ¶ 아들에게 바구니를 들리다.

들리다[3] * ‘들다’의 입음. ¶ 손에 짐이 들리다. 다리가 들리다.

들리다[4] * ‘들다’의 입음. ‡ 병이 걸리거나 귀신이 들러붙다. ¶ 감기가 들리다. 귀신이 들리다. 신이 들리다.

들리다[5] * 물건이 뒤가 끊겨 다 없어지다. ¶ 밑천이 들리다.

들릴듯 말듯 ⇨ 들릴 듯 말 듯.

들망(~網) = 들그물. ‡ 그물의 한 가지. ☞ 후릿그물.

들매다 ⇨ ①쩔쩔매다. ②헤매다. ☞ 들메다.

들머리[1] = ①들목. 어귀. 입새. 초입. 초입새. ‡ 들어가는 첫머리. ¶ 동네 들머리. 마을 들머리. 겨울 들머리. ②초들물. ‡ 밀물이 들기 시작할 때. ☞ 첫머리.

들머리[2] * 들판의 한쪽 옆이나 가장자리.

들머리판 = 들장. 들판. ‡ 다 들어먹고 끝장나는 판.

들먹거리다[1] = 들썩거리다. ‡ ① 들렸다 내려앉았다 하다. ② 들멍거리다. ¶ 노랫가락에 엉덩이가 들먹거리다. ③ 마음이 설레다.

들먹거리다[2] * ①입술이 열렸다 닫혔다 하다. ②남의 일을 들추어 말하다. ¶ 지난 일을 들먹거리다. ③값이 오르려는 기색을 보이다. ☞ 들썩거리다. 뜰먹거리다.

들멍거리다 = 들멍대다. ‡ 손, 어깨, 엉덩이가 들렸다 놓였다 하다. ☞ 들먹거리다.

들메 * 신을 끈으로 발에 동여매는 일.

{들메끈.} {들메하다.}
☞ 감발.

들메다 * 신이 벗어지지 않도록 끈으로 동여매다.

들목 = 들머리. ‡ 들어가는 맨 첫머리.
☞ 어귀.¹ 입새.

들물 ⇨ ①밀물. ②초들물.

들병장수 = 들병이. ‡ 남사당놀이 판에서 병술을 파는 계집.
☞ 갈보. 마병장수.

들보¹ = 보. 봇장. ‡ 건축. ¶ 들보를 얹다. 들보가 내려앉다.

들보² * 남자의 밑에 병이 생겼을 때 사타구니에 차는 헝겊.
☞ 개짐. 기저귀. 샅바.

들볶다 * 까다롭게 굴거나 잔소리를 하여 남을 괴롭히다.
☞ 볶다.

들부수다 = 들이부수다. ‡ 마구 부수다.

들불놀이 ⇨ 들불. ‡ 들에서 타는 불은 놀이가 아님.

들붓다 = 들이붓다. ‡ 마구 붓다. ¶ 물을 들붓다. 술을 들붓다.

들붙다 = 들러붙다. ‡ 끈기 있게 철썩 붙다.

들새경 * 머슴살이를 시작할 때 미리 받는 새경.
☞ 날새경.

들손잡이 ⇨ 들손. ‡ 그릇에 달린 손잡이. ¶ 양동이 들손.

들숨 * 들이쉬는 숨. {들숨소리.} ¶ 들숨 날숨 없다.
☞ 날숨.

들썩거리다 = 들먹거리다. ‡ ①물건이 떠들렸다 가라앉았다 하다. ②어깨나 엉덩이가 들렸다 놓였다 하다. ③마음이 들떠서 움직이다. ④시끄럽고 부산하게 움직이다.

들썽거리다 = 들썽대다. ‡ 가라앉지 않고 들뜨다. ‡ 물결. 백성.

들쑤시다 = 들이쑤시다. ‡ ① 남을 가만히 있지 못하게 하다. ② 무엇을 찾으려고 마구 헤치다. ③ 찌르듯이 아픈 느낌이 들다.

들쑥날쑥 = 들쭉날쭉. ‡ 가지런하지 않은 모양.

들쓰다 = 뒤어쓰다. 덮어쓰다. ‡ 이불. 모자. 물. 먼지. 책임. 허물.

들앉다 = 들어앉다. ‡ ①안쪽으로 다가앉다. ②집에만 들어박히다. ③어떤 자리를 차지하다. ④자리 잡다.

들어갈려고 ⇨ 들어가려고.

들어나다 ⇨ 드러나다.

들어나 있다 ⇨ 드러나 있다.

들어내다 * ①밖으로 옮기다. ¶ 이삿짐을 들어내다. ②사람을 있는 자리에서 쫓아내다. ¶ 저놈을 당장 들어내라.
☞ 드러내다.

들어눕다 ⇨ 드러눕다.

들어닥치다 ⇨ 들이닥치다. ‡ 갑자기 바싹 다다르다.

들어박이다 ⇨ 들어박히다.

들어박히다 * ①드러나지 않게 속으로 박히다. ¶ 가시가 들어박히다. ②빈틈없이 촘촘히 박히다. ¶ 옥수수알이 촘촘히 들어박히다. ③한군데만 꼭 붙어 있다. ¶ 방 안에 들어박히다.
☞ 들이박히다.

들어 받다 ¶ 건네는 물건을 들어서 받다.
☞ 들이받다.

들어 보다 ¶ ①말을 들어 보다. ‡ 듣다. ②바위를 들어 보다. ‡ 들다.

들어 보이다¹ ¶ 나이가 들어 보이다. 힘이 들어 보이다.

들어 보이다² ¶ 손을 들어 보이다. 옷을 들어 보이다.

들어붓다 * ①비가 퍼붓듯이 쏟아지다. ¶ 비가 들어붓다. ②술을 마구 들이켜다. ¶ 술을 들어붓다. ③들어서 붓다.
　☞ 들이붓다. 들러붙다.

들어붙다 ⇨ ① 들어붓다. ② 들러붙다.

들어오다 = 들오다. ¶ 돈이 들어오다. 집에 들어오다. 전기가 들어오다. 학교에 들어오다. 21세기에 들어오다. 머리에 들어오다.

들어 오다 ‡ 듣다. ¶ 여러 번 들어 온 이야기이다.

들어차다 * 많이 들어서 가득 차다. ¶ 광에 볏가마가 들어차다.
　☞ 들이차다.

들여가다 ¶ 물건을 안으로 들여가다.

들여 가다 ¶ 돈을 들여 가면서 이 일을 할 까닭이 없다.

들여놓다 = 들놓다. ¶ 화분을 들여놓다. 내 집에 발을 들여놓지 마라.

들여다뵈다 = 들여다보이다. ¶ 속이 환히 들여다뵈다.

들여대다 * 안쪽으로 다가서 대다. ¶ 입을 귀에 들여대고 말하다.
　☞ 들이대다.

들여마시다 ⇨ 들이마시다. ‡ 마구 마시다.

들오다 = 들어오다.

들온말 * 다른 나라에서 들어와 나라 말이 된 말. ‡ 외래어. 차용어.
　☞ 겨레말. 대중말. 방언. 사투리. 시골말. 토박이말.

들은척 ⇨ 들은 척.

들을께요 ⇨ 들을게요.

들이¹ 〔어〕 = 들입다. 딥다. ‡ ①세차게 마구. ②무리하게 힘을 들여서. ¶ 들이 걷어차다. 들이 밟다. 들이 쓰다. 들이 찍다.

들이² * 통이나 그릇의 안에 넣을 수 있는 물건의 부피. ‡ 용적.

~들이³ * 용량. ¶ 한 가마들이. 한 근들이. 한 되들이. 한 말들이. 한 병들이. 한 알들이. 한 섬들이. 한 홉들이.

들이~⁴ * 마구. 몹시. 갑자기. {들이갈기다. 들이꽂다. 들이끌다. 들이닥치다. 들이덤비다. 들이덮치다. 들이뛰다. 들이마시다. 들이먹다. 들이몰다. 들이부수다. 들이붓다. 들이빨다. 들이빼다. 들이쌓다. 들이쏘다. 들이울다. 들이웃다. 들이조르다. 들이지르다. 들이찌르다. 들이찧다. 들이차다. 들이치다. 들이패다. 들이퍼붓다.}

들이~⁵ * ①안쪽으로. ②속으로 깊이. {들이곱다. 들이굽다. 들이긋다. 들이꽂다. 들이끌다. 들이뛰다. 들이마르다. 들이몰다. 들이불다. 들이붓다. 들이빨다. 들이세우다. 들이쉬다. 들이쌓다. 들이쏘다. 들이찌르다. 들이치다. 들이파다.}

들이다¹ * 물건을 집으로 가져오다. ¶ 냉장고를 들이다.

들이다² * 불길이 방고래로 잘 들어가

다. ¶ 불이 잘 들이다.
☞ 드리다.[4]

들이대다[1] * 마구 대들다. ¶ 마구 욕을 하며 들이대다.

들이대다[2] * ①바싹 가져다 대다. ¶ 총을 들이대다. ②돈이나 물건을 대어 주다. ¶ 장사 밑천을 들이대다. ③어디에 급히 가서 닿다. ¶ 빨리 병원차를 들이대라. ④물을 끌어대다.
☞ 들여대다.

들이뜨리다 〈 들이트리다. * 아무렇게나 마구 집어넣다.

들이마르다[1] * 몹시 마르다. ¶ 목이 들이마르다. 땅이 들이마르다.

들이마르다[2] * 종이나 옷감 따위를 밖에서 안쪽으로 마르다.

들이밀다 = 디밀다. * ①안쪽으로 밀어 넣다. ②바싹 갖다 대다. ③돈이나 물건을 대다. ④어떤 문제를 내어 놓다. ⑤함부로 밀다.

들이박다 * ①함부로 박다. ②깊이 박다. ③안쪽으로 옮겨서 박다.
☞ 들이받다. 내리박다.

들이박히다 * '들이박다'의 입음.
☞ 들어박히다.

들이받다 * ①대가리를 들이대고 부딪다. ②함부로 몹시 받다.
☞ 들어 받다. 들이박다.

들이붓다[1] * 마구 붓다. ¶ 소나기가 물을 들이붓듯이 쏟아지다.

들이붓다[2] * 속으로 쏟아 넣다. ¶ 물을 가마솥에 들이붓다.
☞ 들어붓다.

들이비추다 * ①빛을 마구 비추다. ②빛을 안쪽으로 비추다.

들이비치다 * ①빛이 마구 비치다. ②빛이 안쪽으로 비치다.

들이쑤시다 = 들쑤시다. ¶ 남편을 들이쑤셔서 외식을 했다. 온 방 안을 들이쑤셨지만 찾지 못 했다. 온몸이 들이쑤신다.

들이차다 * 발로 세차게 걷어차다. ¶ 군홧발로 옆구리를 들이차다.
☞ 들어차다.

들이켜다 * 물, 숨을 마구 들이마시다. ¶ 찬물을 벌컥벌컥 들이켜다.
☞ 마시다.

들이키다 * 안쪽으로 가까이 옮기다. ¶ 화분을 안쪽으로 들이키다.
☞ 내키다.[2]

들이트리다 〉 들이뜨리다. 들뜨리다. * 안쪽으로 아무렇게나 막 집어넣다. ¶ 잡동사니를 자루에 들이트리다.

들입다 = 들이. 딥다. * ①세차게 마구. ②억지로 힘을 들여. ¶ 들입다 뛰다. 들입다 고생만 하다. 들입다 눈물이 쏟아지다.

들장 = 들판. 들머리판. * 다 들어먹고 끝장나는 판.

들장미(~薔薇) = 찔레. 찔레나무.

들짐승 * 들에 사는 짐승. * 다람쥐, 두더지, 들소, 들쥐 따위.
☞ 바다짐승. 산짐승. 집짐승.

들쩍거리다 ⇨ 들큰거리다. 들큰대다.

들쭉날쭉 = 들쑥날쑥. ¶ 들쭉날쭉 솟은 봉우리.

들창(~窓) = 들창문. * ①들어서 여는 창문. ②벽 위쪽에 자그맣게 만든 문. ¶ 들창문으로 달빛이 은은히 비춰다.

들창눈이(~窓~) * 늘 눈꺼풀을 쳐드
　는 사람.
　☞ 먼산바라기.
들추다 * ①덮고 있는 것을 속이 드러
　나게 들어올리다. ②지난 일, 숨긴
　일을 끄집어내다. ③무엇을 찾으려
　고 자꾸 뒤지다.
　☞ 들치다. 헤치다.
들추어 = 들춰. * 들추다.
들추어내다 = 추어내다. 들춰내다.
　¶ 흠집을 들추어내다.
들치근하다 = 들척지근하다. * 약간
　들큼한 맛이 있다.
들치기 * 집 안에 있는 돈이나 물건을
　잽싸게 훔치는 짓.
　☞ 날치기. 소매치기. 차치기.
들치다 * 물건의 한쪽 머리를 쳐들다.
　¶ 치마를 들치며 장난을 한다.
　☞ 들추다.
들큰거리다 = 들큰대다. * 언짢은 말
　로 남의 비위를 자꾸 건드리다.
　☞ 덜컹거리다.
들키다 * ① 남몰래 하는 일이 다른 사
　람 눈에 띄다. ¶ 도둑질을 하다 주인
　에게 들키다. ② 숨기려던 것을 남이
　알아채다. ¶ 속셈을 들키다.
　☞ 걸리다.²
들킬까봐 ⇨ 들킬까 봐.
들턱 = 집들이. * 새집에 들거나 이사
　를 하고 내는 턱. ¶ 들턱을 내다.
　☞ 집알이.
들통(~桶) * 들손이 달린 큰 그릇. * 쇠
　붙이나 법랑으로 만듦.
　☞ 동이.¹ 양동이.
들통나다 * 비밀이나 잘못된 일이 드

러나다. ¶ 속셈이 들통나 버리다.
　☞ 피새나다.
들판¹ = 들머리판. 들장. * 다 들어먹
　고 끝장나는 판. ¶ 들판이 나다.
들판² * 들을 이룬 벌판. ¶ 끝없이 펼
　쳐진 들판.
　☞ 들.¹ 벌.¹ 벌판.
듬북장 ⇨ 담북장. 청국장.
듬뿌룩하다 ⇨ 더부룩하다.
듬뿍이 = 듬뿍. ¶ 정이 듬뿍이 담긴
　눈. 밥을 듬뿍이 담다.
　☞ 뜸부기.
듬쑥하다¹ * 옷, 그릇이 조금 큰 듯하
　면서 꼭 맞다.
듬쑥하다² * 사람됨이 가볍지 아니하
　고 속이 깊다.
　☞ 뜸직하다.
듬직하다 * ① 나이가 제법 많다. ¶ 나
　이가 듬직한 사람들. 그는 언제나
　듬직하게 맡은 일을 잘해 나간다.
　② 믿음성 있게 묵직하다. ¶ 성격이
　듬직하다. ③ 물체가 크고 묵직하
　다. ¶ 듬직한 바위
　☞ 든직하다. 뜸직하다. 땀직하다.
듬직히 ⇨ 듬직이. * 듬직하다.
듯¹ = 듯이. * 'ㄴ, 은, 는, ㄹ, 을, 를'
　뒤에서 짐작이나 추측을 나타냄.
　¶ 날아갈 듯이. 때릴 듯이. 맺은 듯
　이. 먹은 듯이. 미친 듯이. 보란 듯
　이. 보일 듯이. 씻은 듯이. 아는 듯
　이. 죽은 듯이.
~듯² = ~듯이. * ~는 것처럼. {개구
　리가 울듯이. 거짓말을 밥 먹듯이.
　눈물이 비 오듯이. 죽순이 돋듯이.
　생김새가 다르듯이. 쥐 잡듯이. 벼락

치듯이. 물밀듯이. 뱉듯이. 불일듯이. 요렁듯이. 이렇듯이.}

듯하다〔도〕= 듯싶다. ✱ 풀이씨와 '이다'의 매김꼴 뒤에 쓰는 도움풀이씨이므로 앞말과 띄어 쓰지만 붙여 쓸 수 있음. ¶ 쥐 죽은 듯하다. 쥐 죽은 듯하다. 눈이 내릴 듯하다. 눈이 내릴듯하다.

~듯 하다 ✱ '~듯'은 씨끝이므로 줄기 뒤에 붙여 쓰고 '하다'는 띄어 씀. ¶ 쥐 잡듯 한다. 땀이 비 오듯 한다. 사시나무 떨듯 한다.

등[1] = 등때기. 등짝. 등통. 잔등머리. 잔등이. ✱ 가슴과 배의 반대쪽. {등가죽(등껍질). 등갑(등딱지). 등골. 등골뼈(등뼈). 등긁이. 등꼬부리. 등바닥. 등뼈동물. 등살. 등줄기. 등짐. 등창. 등판. 등허리. 등헤엄.} {등지다. 등치다.} ¶ 등쳐 먹다. 등이 달다. ¶ 고래 등. 나귀 등. 낙타 등. 노새 등. 새우 등. 호랑이 등.

등[2] ✱ 물체의 도드라진 쪽. {묏등. 바윗등. 발등. 산등. 손등. 어깻등. 칼등. 콧등.}

등[3](等) ✱ 등수. ¶ 일 등. 이 등. 삼 등. 사 등. 오 등.

등[4](等) ✱ ① 그 밖에도 같은 종류의 것이 더 있을 때. ¶ 사과, 배, 밤 등 과일이 많다. ② 앞에 늘어놓은 것이 겹셈임을 나타내거나 그것들을 한정함을 나타낼 때. ¶ 바람이 불고 비가 오는 등 날씨가 고르지 않다.
☞ 들.[2] 따위.

등[5](燈) ✱ 불을 켜는 연모. {등불.} {가로등. 깜박등. 깜빡이등. 손전등. 신호등. 안전등. 이맛등. 전조등. 조족등. 탐조등. 활주로등.} {남포등. 마늘등. 북등. 수박등. 양각등. 사방등. 접등. 좌등. 주마등. 카르셀등.} {나트륨등. 네온등. 백열등. 분젠등. 수은등. 아세틸렌등(카바이드등). 아크등. 형광등.} ¶ 등을 달다. 등을 켜다.
☞ 등잔.

등갓(燈~) ✱ 등 위에 씌우는, 갓처럼 생긴 물건.
☞ 등피.

등거리[1](等距離) ✱ 같은 거리.

등거리[2] ✱ 등만 덮을 만하게 걸쳐 입는 홑옷.
☞ 동거리. 등덮개.

등걸 = 나뭇등걸. ✱ 잘라 낸 나무의 밑동. {등걸불. 등걸숯.} {불등걸. 뿌릿등걸. 숯등걸.} ¶ 등걸에 걸터앉다.
☞ 그루터기.

등겨 ✱ 벗겨 놓은 벼의 껍질.
☞ 겉겨. 매조밋겨. 몽근겨. 속겨. 쌀겨. 왕겨.

등경걸이(燈檠~) ⇨ 등잔걸이.

등골〔脊髓〕✱ 등골뼈 속에 있는 중추 신경.

등골뼈〔脊椎〕= 등뼈. ✱ 등뼈를 이루는 뼈. 모두 32~34개임.

등교길(登校~) ⇨ 등굣길. ✱ 학생이 학교로 가는 길.

등글기〔模寫〕✱ 다른 사람의 그림을 그대로 본뜨는 일.
☞ 모작.

등긁이 ✱ 등을 긁는 연모. ✱ 효자손.

등껍질 * ① 등가죽. ② 등의 살갗.
¶ 등껍질이 벗겨지다.
☞ 등딱지.

등나무(藤~) = 등. ‡ 낙엽 덩굴 식
물. {등침대.} ¶ 등나무 의자.
☞ 등칡.

등대불(燈臺~) ⇨ 등댓불. ¶ 멀리서
반짝이는 등댓불.

등더리 ⇨ 등. 등때기. 등짝. 등통.

등덜미 * 등의 윗부분. ¶ 등덜미가 서
늘하다.
☞ 목덜미.

등덮개 * ① 소의 등을 덮어 주는 거적
때기. ② 겨울에 덧입는 윗도리.
☞ 덕석. 등거리.²

등 돌리다 * 뜻을 같이하던 사람과 관
계를 끊다.
☞ 등지다.

등딱지 * 게나 거북의 등을 이루는 단
단한 껍데기.
☞ 등껍질. 딱지.¹

등때기 = 등. 등짝. 등통. ‡ 몸통에서
가슴과 배의 반대쪽 부분.

등록시키다(登錄~) ⇨ 등록하다.

등롱(燈籠) = 초롱. ‡ 불을 켜서 들고
다니는 등.

등룡문(登龍門) ⇨ 등용문.

등마루 * ① 사람이나 짐승의 등골뼈가
있는 두두룩하게 줄진 곳. ② 산이나
파도 따위의 두두룩한 부분. ¶ 집 뒤
등마루로 올라가다.
☞ 등성마루.

등목 = 목물. ‡ 목에서 허리까지 씻는
일. ¶ 등목을 하다.

등물 ⇨ 등목. 목물.

등뼈〔脊椎〕 = 등골뼈.

등살 * 등에 붙은 힘살. ¶ 등살이 꼿꼿
하다. 등살 달다. 등살 바르다.
☞ 등쌀.

등성마루 * 등골뼈가 있는 두두룩하게
줄진 곳의 거죽 쪽.
☞ 등마루.

등성마루뼈 ⇨ 등골뼈.

등성이 = ① 산등성이. 산등. 산등성.
② 사람이나 짐승의 등마루.

등세공(藤細工) 웹 ⇨ 등공예.

등솔기 = 등솔. ‡ 옷의 등 가운데 부
분을 맞붙여 꿰맨 솔기.

등심살 = 등심. ‡ 소, 돼지의 등뼈에
붙은 고기.

등쌀 * 몹시 귀찮게 수선부리는 짓.
¶ 아이들 등쌀에 못 견디겠다.
☞ 등살.

등쌀 대다 = 등쌀 놓다. ‡ 지겹도록
귀찮게 수선부리다.

등애 ⇨ 등에. ‡ 벌레 이름.

등어리 ⇨ ① 등. 등때기. ② 덩어리.

등에 업다 = 등을 대다. ‡ 남의 세력
에 의지하다.

등용시키다(登用~) ⇨ 뽑아 쓰다. 올
려 쓰다. ‡ 등용하다.

등잔(燈盞) = 화등잔. ‡ 기름을 담아
불을 켜는 그릇. {등잔걸이. 등잔대.
등잔머리.} {기름등잔.} ¶ 등잔 밑.
등잔 받침.

등잔불(燈盞~) = 등불. ‡ 등잔에 켠 불.
☞ 남폿불. 접싯불. 종짓불. 호롱불.

등지게 ⇨ 등거리. ‡ 등만 덮을 만하게
걸쳐 입는 홑옷.

등지느레미 ⇨ 등지느러미.

등지다 * ①사이가 나빠지다. ¶ 친구와 등지고 살다. ②등을 뒤에 두다. ¶ 벽을 등지고 서다.
☞ 등 돌리다.

등짐 * 등에 진 짐. {등짐장사.} ¶ 등짐 지다.
☞ 봇짐.

등짐꾼 ⇨ 등짐장수. 등짐장이. ＊ 물건을 등에 지고 다니며 파는 사람.

등짝 = 등통. 등때기. 등.

등칡(藤~) * 쥐방울덩굴과의 갈잎 덩굴나무.
☞ 등나무. 칡.

등피(燈皮) * 남포등에 씌우는 유리로 만든 물건.
☞ 꺼펑이. 등갓.

등한시여기다(等閑視~) ⇨ 등한시하다. 등한히 여기다.

등헤엄〔背泳〕 = 송장헤엄.
☞ 개구리헤엄. 개헤엄. 모잽이헤엄.

등화앉다(燈花~) = 등화지다. 불똥앉다. ＊ 심지 끝에 등화가 생기다.

~디? = ①~더냐? ¶ 네 보기엔 어떻디? ②~더니?

디디다 = 딛다. ＊ 디디고. 디디네. 디딥니다. 디디면. 디딘. 디디니. 디디지. ＊ 줄기 '딛~' 뒤에는 홀소리 씨끝이 붙지 못함.
☞ 짚다. 밟다.

디디어 = 디뎌. ＊ 디디다.

디딜개 = 딛개. ＊ 발을 디디게 된 장치.
☞ 디딤대.

디딜방아 * 발로 디디어 곡식을 찧거나 빻는 방아. {디딜방앗간.}
☞ 두다리방아. 외다리방아. 물방아.

연자방아.

디딜널 = 디딜널. 디딤판. ＊ 발로 디디려고 놓는 널.

디딤대(~臺) * 무엇을 탈 때 발로 딛는 대. ¶ 디딤대를 밟고 오르다.
☞ 디딜개.

디딤돌 * ①얕은 여울이나 마당에 디디고 다니도록 드문드문 놓은 돌. ②문제를 푸는 바탕. ¶ 남북통일을 앞당길 디딤돌.
☞ 댓돌. 섬돌. 주춧돌. 징검돌.

디렉토리(directory) ⇨ 목록. ＊ 디렉터리.

디룩디룩 ⇨ 뒤룩뒤룩. ＊ 군살이 처지도록 찐 모양.

디리 ⇨ 들이. 들입다.

디리밀다 ⇨ 들이밀다. 디밀다.

디립다 ⇨ 들입다. 들이. 딥다.

디밀다 = 들이밀다. ¶ 머리를 디밀다. 문제를 디밀다. 재산을 디밀다.

디스케트(diskette) ⇨ 디스켓.

디.시(D.C) ⇨ 에누리. ＊ 디스카운트.

디자인되다(design~) ⇨ 디자인하다.

디지탈(digital) ⇨ 수치. 수치형. 숫자. 숫자식. ＊ 디지털.
☞ 아나로그.

디플레(deflation) ㉫ ⇨ 돈줄을 죔. 통화 수축. ＊ 디플레이션.
☞ 인플레.

딛다 = 디디다. ＊ 준말의 줄기 '딛~'에는 홀소리 씨끝이 붙지 못함.

딛어 ⇨ 디뎌. 디디어.

딛었다 ⇨ 디뎠다.

딛으니 ⇨ 디디니.

딛으면 ⇨ 디디면.

딛은 ⇨ 디딘.

딛음 ⇨ 디딤.

딛지 = 디디지.

딜목(~木) = 띳장. ‡ 광산 구덩이의
　천장을 떠받치는 나무.
　☞ 동발. 띳장.

딥다 = 들입다. 들이. ¶ 놀러 갔다가
　딥다 고생만 했다.

딩굴다 ⇨ 뒹굴다.

따갑다 * ①살갗이 따끔거릴 만큼 열
　기가 높다. ②살을 찌르는 듯이 아
　픈 느낌이 있다. ③눈길이나 충고
　가 매섭고 날카롭다.
　☞ 뜨겁다.

따개 * 닫힌 뚜껑을 따는 연모. {깡통
　따개. 병따개.}
　☞ 따까리. 마개뽑이.

따귀 = 뺨따귀. 뺨. ¶ 따귀를 갈기다.

따까리 * 잔심부름을 하는 사람. ¶ 왕
　초의 따까리 노릇을 하다.
　☞ 뚜껑. 딱지.²

따끈따끈 〈 뜨끈뜨끈. ‡ 매우 뜨거운
　느낌.

따끔따끔 〈 뜨끔뜨끔. ‡ 따가운 느낌.
　☞ 더금더금. 더끔더끔.

따끔영(~令) ⇨ 따끔령. ‡ 따끔하게
　내리는 명령.

따논 당상(~堂上) ⇨ 따 놓은 당상.
　떼어 놓은 당상.

따는 * 따다. ¶ 목화 따는 아가씨.
　☞ 딴은.

따니 = 딴지치기. ‡ 동전 따먹기 놀이
　의 한 가지.
　☞ 딴죽.

따다¹ * ①글이나 말에서 필요한 부분

을 뽑아 끌어오다. ②이름이나 뜻을
끌어와 그와 같게 하다. ‡ 인용하다.
☞ 뜨다.²

따다² * ① 열매나 잎을 떼어 내다. ②
자물쇠, 뚜껑, 병마개를 열다. ③ 노
름, 경기, 내기에서 이겨 돈이나 상
품을 얻다.
☞ 뜯다.¹

따돌리다 * ①따로 떼어 멀리하다. ¶ 잘
난 체하는 친구를 따돌리다. ②뒤쫓
는 사람이 따라잡지 못할 만큼 앞서
나가다. ¶ 뒤쫓아오는 선수를 따돌
리고 일 등으로 들어왔다.
☞ 제치다.

따듬따듬 〉 다듬다듬. ‡ 말하거나 글
읽을 때 조금 막히는 모양.

따듯하다 〈 따뜻하다. ‡ ①날씨, 온도.
②감정, 태도, 분위기.
☞ 덥다.

따뜻한 온정(溫情) ⇨ 따뜻한 정.

따뜻히 ⇨ 따뜻이.

따라¹ 〔움〕 * 따르다. ¶ 친구 따라 강남
간다.

따라² 〔토〕 * 공교롭게. ¶ 그날따라 비
가 왔다. 오늘따라 택시도 없다.

따라다니다 ¶ 온종일 형만 따라다닌다.

따라 다니다 ¶ 배도 뱃길을 따라서 다
닌다.

따라먹다 ⇨ 앞지르다.

따라 먹다 ¶ 찻잔에 물을 따라 먹다.

따러가다 ⇨ 따러 가다. ¶ 밤 따러 가
다. 달 따러 가다.

따로따로 〔어〕 = 따로따로따따로. 섬
마섬마. ‡ 어린애가 따로 서는 법을
익힐 때 어른이 붙들었던 손을 떼면

서 내는 소리.
☞ 가동질. 부라질. 세장질. 시장질.

따로이 ⇨ 따로. ⁑ ① 혼자 떨어져서. ② 예사의 것과 다르게.

따르다[1] * ① 앞에서 가는 대로 뒤에서 같이 가다. ② 누구의 몸가짐이나 지난 일을 그대로 받아들여 하다. ③ 좋아하여 가까이하다.
☞ 좇다.

따르다[2] * 액체를 흐르게 하다. ¶ 컵에 물을 따르다.
☞ 붓다.[1]

따르르[1] 〈 뜨르르. ⁑ ① 물건이 단단한 바닥 위를 구르는 소리나 모양. ⁑ 동전. 바위. ② 물건이 흔들려 떨리는 소리. ⁑ 문풍지. ③ 재봉틀로 천을 박는 소리나 모양. ¶ 재봉틀로 옷을 따르르 박다.

따르르[2] * 막힘이 없이 잘하는 모양. ¶ 아이가 구구단을 따르르 외다.
☞ 뜨르르.[2]

따르륵 〈 뜨르륵. ⁑ 물건이 구르다가 멎는 소리나 미끄러지는 소리.
☞ 뜨르륵.[1]

따르릉 * 전화나 자명종이 우는 소리.

따먹다 * ① 바둑, 장기, 고누, 돈치기에서 말이나 돈을 얻다. ② 여자의 몸을 빼앗다.

따 먹다 ¶ 사과를 따서 먹다.

따뱅이 ⇨ 똬리.

따부 ⇨ 따비. ⁑ 풀뿌리를 뽑거나 밭을 가는 데 쓰는 연모.

따불(double) [왜] ⇨ ① 갑절. ② 겹침. ⁑ 더블.

따사로히 ⇨ 따사로이. ⁑ 따사롭다.

따사롭다 〉 다사롭다. ⁑ 따뜻한 기운이 조금 있다.

따사하다 〉 다사하다. ⁑ 조금 따뜻하다.

따습다 〉 다습다. ⁑ 알맞게 따뜻하다.

따시다 ⇨ 따뜻하다.

따오기 = 따옥새. ⁑ 겨울 철새의 하나. {따옥따옥.}
☞ 딱새.

따오다 * 남의 말이나 글에서 필요한 부분을 끌어 오다. ⁑ 인용하다.

따 오다 ¶ 열매를 따 오다. 자격증을 따 오다.

따위 〔이〕 * ① 앞에 나온 것과 같은 종류의 것을 널어놓았음. ¶ 우리나라에는 설, 대보름, 단오, 추석, 동지 따위 명절이 있다. ② 앞에 나온 대상을 낮잡거나 부정적으로 이르는 말. ¶ 너 같은 놈 따위가 뭘 안다고 나서느냐?
☞ 등. 들.

따지기 * 얼었던 흙이 풀리려 하는 초봄 무렵. {따지기때.}
☞ 해토머리.

따지다 * ① 숫자나 가짓수를 꼼꼼히 세다. ② 잘잘못을 밝히다.
☞ 가리다.[2]

따타부타 ⇨ 따따부따. ⁑ 따지고 다투는 소리. {따따부따하다.}

딱국질 ⇨ 딸꾹질.

딱다구리 ⇨ 딱따구리. ⁑ 새 이름.

딱따기[1] * 신호로 치는 두 짝의 나무토막. ¶ 딱따기를 두드리다.
☞ 짝짜기.

딱따기[2] = 딱따깨비. ⁑ 메뚜깃과의 벌레 이름.

딱따기³ ⇨ ①똑딱단추. ②딱따구리. ③방아깨비.

딱부리 = 눈딱부리. ✽ 크고 툭 불거진 눈.

딱새 ✽ 딱샛과의 새.
　☞ 따오기.

딱이 〔어〕 ⇨ 딱히. ✽ 꼭 집어서. ¶ 딱히 갈 곳도 없다.

딱지¹ ✽ ①등딱지. {거북딱지. 게딱지.} ②시계 껍데기. {금딱지.}

딱지²(~紙) ✽ ①우표 따위의 종이쪽지. ②놀이딱지. {딱지놀이. 딱지종이. 따지치기.} ¶ 딱지 친구. 딱지 치다. ③빨간딱지. ¶ 교통순경이 딱지를 떼다. ④이름표. ¶ 약병에 딱지를 붙이다.
　☞ 따까리.

딱지³ = 퇴짜. ✽ 거절. ¶ 딱지 놓다. 딱지 맞다.

딱지⁴ ✽ 헌데나 상처에서 고름, 진물이 말라붙은 것. {고름딱지. 똥딱지. 마마딱지. 코딱지. 피딱지.} ¶ 부스럼딱지. 딱지가 앉다.

~딱지⁵ ✽ 낮춤. {고물딱지. 소갈딱지. 심술딱지. 화딱지.}

딱지꾼 = 딱지장수. ✽ 암표상.

딱총(~銃) ✽ 물을 쏘거나 불을 붙여 터뜨리는 어린이 장난감.
　☞ 물딱총. 불딱총.

딲다 ⇨ 닦다.

딲아지다 ⇨ 닦이다.

딴¹ 〔매〕 ✽ 다른. ¶ 딴 곳. 딴 길. 딴 나라. 딴 대답. 딴 세상. 딴 일. 딴 이야기. 딴 짓. 딴 쪽. 딴 친구. 딴 회사. {딴가마. 딴꽃. 딴눈. 딴단. 딴맛. 딴

방. 딴살림. 딴상투. 딴솥. 딴집살이. 딴판. 딴흙.}
　☞ 다른.

딴² 〔이〕 ✽ 제 나름대로 하는 생각이나 기준. ¶ 제 딴은 최선을 다했다. 제 딴에는 잘하는 일이라고 했다. 자기 딴으로는 성공했다고 여긴다.

딴가루받이 = 딴꽃 가루받이. ✽ 타가 수분.

딴것 ¶ 어제 본 것이 아닌 딴것을 보자. ✽ 다른 것.

딴 것 ¶ 오늘 딴 것은 몇 개냐? ✽ 따다.

딴기쩍다(~氣~) ⇨ 딴기적다. ✽ 냅뜨는 기운이 없다.

딴꾼 ✽ ①옛날에 포교를 돕던 사람. ②말이나 짓이 사나운 사람.
　☞ 땅꾼.

딴 뜻 = 다른 뜻. ¶ 딴 뜻이 있는 것 같다.

딴마음 ✽ ①다른 것을 생각하는 마음. ②처음 생각과 다른 마음.
　☞ 딴생각.

딴말 = 딴소리. ✽ 미리 정한 것과 어긋나는 말.

딴머리 ✽ 여자의 밑머리에 덧대어서 얹는 머리털.
　☞ 낭자. 다리.³ 덧머리. 본머리. 쪽.¹

딴사람 ✽ 달라진 사람. ¶ 아주 딴사람이 되었다.

딴 사람 ✽ 다른 사람. ¶ 딴 사람을 잘못 보았다.

딴생각 ✽ ①엉뚱한 생각. ②다른 데로 쓰는 생각.
　☞ 딴마음.

딴소리 = 딴말. ¶ 뒤에 딴소리하면 안

된다.

딴 소리 ¶ 물결 소리 말고 딴 소리는 안 들린다.

딴에는 〔어〕⇨ 딴은. ¶ 딴은 맞는 말이다.

딴자 ⇨ 딴이. ‡ 홀소리의 홑글자 'ㅏ, ㅓ, ㅗ, ㅜ'에 붙어서 겹글자 'ㅐ, ㅔ, ㅚ, ㅟ'를 만드는 'ㅣ'를 일컫는 말.

딴전 = 딴청. ‡ 어떤 일을 하는 데 그 일과 관계없는 일이나 행동. ¶ 딴전을 보다. 딴전을 벌이다. 딴전을 치다. 딴전을 펴다.

딴죽 * ①씨름, 태견에서 발로 하는 재주. ②발거리. ¶ 딴죽을 걸다. 딴죽을 치다.

딴지 걸다 ⇨ 딴죽 걸다. 딴죽 치다.

딴지치기 = 따니. ‡ 돈치기의 하나.

딴집살이 = 별가살이. ‡ 따로 살림을 나서 사는 일.

딴짓거리 ⇨ 딴전. 딴청.

딴채 = 별채. 별챗집. ‡ 본채와 따로 지은 집.

딴 채 ¶ 돈을 딴 채 먼저 가 버리다.

딴청 = 딴전. ¶ 딴청을 부리다. 딴청을 피우다.

　☞ 딴죽.

딴판 * 전혀 다른 모습, 성격, 태도, 판국, 형세. ¶ 형과는 딴판이다.

딴 판(~ 版) * 다른 판. ¶ 딴 판을 인쇄하다.

딸 ¶ 딸 덕. 딸네 집. 딸 노릇. 딸 되다. 딸 삼다. {딸내미. 딸년. 딸따니. 딸부자.} {고명딸. 막내딸. 맏딸(큰딸). 손녀딸. 수양딸(양딸). 쌍동딸. 어이딸. 외동딸(외딸). 움딸.

작은딸. 조카딸. 첫딸. 친딸.} ¶ 과부 딸. 둘째 딸. 어린 딸. 첫째 딸. 홀아비 딸. 홀어미 딸.

　☞ 아들.

딸각 = 딸가닥. 〈 딸깍. 딸까닥. ‡ 단단한 물건이 맞부딪치는 소리.

딸강 = 딸가당. 〈 딸깡. 딸까당. ‡ 단단한 물건이 부딪쳐 울리는 소리.

딸국질 ⇨ 딸꾹질.

딸기 = ①양딸기. ②산딸기. {딸기나무. 딸기밭. 딸기술. 딸기잼. 딸기향. 딸기화채. 딸깃물.}

딸깍발이 = 남산골딸깍발이. ‡ 가난한 선비.

　☞ 쪽발이.

딸꼭단추 ⇨ 똑딱단추.

딸내미 * 딸을 귀엽게 이르는 말. ‡ 아들내미.

딸님 ⇨ 따님. ‡ 아드님.

딸딸이 * ①자명종에 달린 방울. ②삼륜차나 경운기. ③용두질.

　☞ 짤짤이.

딸라(dollar) ⇨ 달러. ‡ 돈의 하나치.

　☞ 불.⁶

딸랑¹ 〉 달랑. ‡ ①방울이 울리는 소리. ②가볍게 행동하는 모양

딸랑² 〉 달랑. ‡ 딸린 것이 적거나 단 하나만 있는 모양. ¶ 방 안에 혼자 딸랑 남아 있다. 빨랫줄엔 수건 하나가 딸랑 걸려 있다.

딸리다¹ * ①어떤 것에 매이거나 붙어 있다. ¶ 본채에 행랑채가 딸리다. ②어떤 부서나 종류에 들다. ¶ 편집부는 편집국에 딸리다.

딸리다² * '따르다'의 하임. ‡ 뒤에서

따라가게 하다. ¶ 할아버지에게 아
이를 딸려 보냈다.
　☞ 달리다.²

딸막이다 = 딸싹이다. ‡ 물건, 어깨,
엉덩이, 마음, 입술, 물건값 따위가
들렸다 내려앉았다 하다.

딸아기 * 남의 딸을 귀엽게 이르는 말.

딸아이 = 딸애. ‡ ①딸자식. ②남에
게 자기의 딸을 이르는 말.

딸아라 ⇨ 따라라. ¶ 물을 따라라.
‡ ‘따르다’의 시킴꼴.

딸자식(~子息) = 딸아이. 딸애.

딸카닥 = 딸칵. ‡ 작고 단단한 물건이
맞부딪치는 소리.

딸카당 = 딸캉. ‡ 작고 단단한 물건이
부딪쳐 울리는 소리.

땀¹ * ①바느질할 때 바늘로 한 번 뜬
눈. ②하나치. ¶ 한 땀.

땀² * ①더울 때나 애쓸 때 몸에서 나와
맺히는 물방울. {땀구멍. 땀국. 땀기.
땀띠. 땀방울. 땀복. 땀샘. 땀수건. 땀
자국. 땀줄기.} {곁땀. 구슬땀. 방울
땀. 비지땀. 식은땀. 진땀. 피땀. 땀나
다. ¶ 땀 내다. 땀 들이다. 땀 빠지다.
땀 빼다. 땀 흘리다.

땀내 = 땀 냄새. ¶ 땀내가 나다. 땀내
가 풍기다.

땀등거리 * 여름에 땀을 받으려고 가
슴과 등에만 걸치는 삼베 속옷.
　☞ 땀받이.

땀때기 ⇨ 땀띠. ¶ 땀띠가 나다.

땀띠약(~藥) = 땀띠분.

땀바가지 = 땀벌창. 땀범벅. 땀참봉.
땀투성이.

땀받이 * 땀을 받아내려고 입는 속옷

이나 옷 속에 받친 헝겊.
　☞ 땀등거리.

땀직하다 〈 뜸직하다. ‡ 말이나 몸가
짐이 무게가 있다.
　☞ 듬직하다. 듬쑥하다.

땀직히 ⇨ 땀직이. ‡ 말이나 행동이 무
게가 있게.

땀참봉(~參奉) * ①땀범벅. 땀벌창.
땀바가지. ②땀범벅이 된 사람.

땀투성이 = 땀참봉. 땀범벅. 땀벌창.
땀바가지.

땅 * ①육지. {땅거죽. 땅껍질. 땅꽃
이. 땅바닥. 땅울림. 땅윗물. 땅켜.}
②흙. {땅가림. 땅가물. 땅값. 땅고르
기. 땅고름. 땅광. 땅굴. 땅굽성. 땅귀
신. 땅기운. 땅김. 땅깎기. 땅뙈기. 땅
뚫이. 땅띔. 땅마지기. 땅문서. 땅보
탬. 땅세. 땅속. 땅임자. 땅장사. 땅주
릅.} {자투리땅. 마른땅. 맨땅. 모래
땅. 묵은땅. 진흙땅.} ¶ 땅 위. 땅 주
인. ¶ 진 땅. 참흙 땅. 산성 땅. 알카리
성 땅. 중성 땅. ③그 지방. ¶ 강원도
땅. 고향 땅. 남녘 땅. 서쪽 땅. 타관
땅. 오랑캐 땅. 우리 땅. 이국 땅. 조
국 땅. 타관 땅. 한국 땅.
　☞ 뭍. 흙.

땅거미 * 해가 진 뒤 어스레한 동안.
¶ 땅거미가 내리고 있다.
　☞ 거미.¹ 어스름.

땅고집(~固執) * 지나친 고집. ¶ 땅
고집을 부리다. 땅고집을 세우다.
　☞ 쇠고집. 옹고집.

땅굴(~窟) = 토굴. ‡ ①땅속으로 뚫
린 굴. ②땅을 파서 만든 굴.

땅기다 * 몹시 켕기어지다. ‡ 팽팽해

지다. ¶ 얼굴이 몹시 땅기다.
☞ 당기다. 댕기다.
땅꾼 * 직업으로 뱀을 잡아 파는 사람.
☞ 딴꾼.
땅내 = 땅 냄새. ¶ 땅내를 맡다. 땅내
가 구수하다.
땅덩굴줄기 = 뛰엄줄기. 기는줄기. *
고구마, 수박, 딸기 따위.
땅덩어리 = 땅덩이. * 지구, 대륙, 국
토를 일컫는 말.
땅두멍 * 도자기를 만드는 흙의 앙금
을 가라앉히는 큰 구덩이.
☞ 물두멍.
땅따기 = 땅따먹기. 땅뺏기. 땅재기.
땅재먹기. * 어린아이의 놀이.
땅딸보 = 땅딸이. * 키가 작은 사람.
땅떼기 ⇨ 땅뙈기. * 얼마 안 되는 논
밭의 조각.
땅띔 ⇨ 땅뜀. * 물건을 들어 땅에서
뜨게 하는 일. ¶ 땅띔을 못하다.
땅버들 = 갯버들. * 수양버들.
땅벌 = 땅말벌. 바더리. * 벌의 한 가
지. 토봉.
땅뺏기 = 땅따기. 땅따먹기. 땅재기.
땅재먹기. * 어린이의 놀이.
땅안개 = 얕은안개. * 사람의 눈높이
보다 낮은 곳에 끼는 안개.
땅차(~車) * 흙을 밀어내어 땅을 다
지거나 고르는 차. * 불도저.
☞ 삽차.
땅콩 = 호콩. {땅콩강정. 땅콩기름.
땅콩버터. 땅콩엿. 땅콩죽.}
때¹ = ①시각. 시간. ¶ 때를 알리다.
②기회. ¶ 때를 기다리다. ③끼니.
¶ 때가 되면 밥을 먹어라. ④현상.

¶ 가물 때. 장마 때. ⑤경우. ¶ 머리
가 아플 때. ⑥계절. ¶ 때는 바야흐
로 여름이다.
☞ 때에. 적.²
때² * ①옷이나 몸에 끼이는 더러운 것.
{때밀이. 때수건. 땟국. 땟덩이. 땟
솔. 땟자국.} {고운때. 기름때. 머리
때. 물때. 손때.} {때오르다.} ¶ 결은
때. 찌든 때. 때 끼다. 때 묻다. 때 타
다. ②더러운 이름. {도둑때.} ¶ 때를
벗다.
☞ 때꼽.
때³ = 티. ¶ 어린 때를 벗지 못 했다.
촌 때를 벗다.
☞ 떼.³
때가다 = 잡혀가다. ¶ 죄지은 사람이
때가다.
때기¹ = 개상질. 태. 태질. * 벼나 보리
이삭을 태질하여 떠는 일.
~때기² * ①낮춤. {귀때기. 등때기. 배
때기. 볼때기.} ②조각. {가마때기.
거적때기. 나무때기. 판자때기.}
☞ ~떼기. 뙈기. 댁.¹
때까중 ⇨ 중대가리.
☞ 때때중.
때깔 * 눈에 드러나 비치는 맵시와 빛
깔. ¶ 옷감의 때깔이 좋다.
☞ 대깔. 때물. 땟물.² 태깔.
때꼽 = 때꼽재기. * 때의 조각이나 부
스러기.
☞ 때.²
때다¹ * 아궁이에 불을 넣다. ¶ 군불을
때다.
☞ 떼다.
때다² ⇨ 때우다. ¶ 구멍을 때우다. 냄

비를 때우다. 솥을 때우다.

때때 = 고까. 꼬까. ✽ 어린이 말. {때때저고리.}

때때로 ✽ ①‘가끔’이나 ‘때로’보다 자주. ②결결이.
　☞ 가끔. 때로.

때때로 비 = 가끔 비. ✽ 날씨.
　☞ 한때 비.

때때신 = 고까신. 꼬까신. ✽ 알록달록하고 곱게 만든 신.

때때옷 = 고까옷. 꼬까옷. ✽ 색동 소매, 남빛 깃, 누른빛 섶, 푸른빛 길, 자줏빛 무로 된, 오색 옷.

때때중 ✽ 어린 중.
　☞ 땡땡이중.

때려 = 때리어. ✽ 때리다. {때려죽이다. 때려치우다.} ¶ 때려 엎다.

때려누이다 = 때려눕히다. ✽ ① 쳐서 쓰러지게 하다. ② 이기다.

때로 〔어〕 ✽ ① 이따금. ② 경우에 따라서.
　☞ 때때로.

때리다 ✽ ① 매질하다. ② 빗방울이나 눈보라 따위가 세게 부딪다.
　☞ 패다.² 치다.²

때마침 = 때맞춰. ✽ 결과가 좋을 때 씀. ¶ 때마침 비가 멎었다.

때문 ✽ 좋거나 나쁘거나 두루 쓰는 원인이나 까닭. ✽ 이름씨, 대이름씨, 이름꼴 ‘~기’ 뒤에 쓰는 매인이름씨.
　☞ 까닭. 덕분. 탓. 턱.²

때문에라기 보다 ⇨ 때문이라기보다.
　✽ ‘~라기보다’는 씨끝.

때묻다 ¶ 때묻은 옷은 자주 빨아라.

때 묻다 ¶ 찌든 때가 묻은 옷은 빨래하기가 어렵다.

때물 ✽ 잘생기지 못한 때깔. ¶ 때물을 벗다. 때물이 쏙 빠졌다.
　☞ 때깔. 땟국. 땟물.¹

때에 ✽ 경우에. ¶ 차를 탈 때에는 차례를 지켜라. 밥 먹을 때에는 장난치지 마라. ✽ 때 〔이〕 + 에 〔토〕
　☞ 때.¹

때움질 ⇨ 땜질.

땔감 = 땔거리. ¶ 땔감을 마련하다.

땔나무 = 불나무. 나무. ✽ 땔감이 되는 나무.

땜¹ = 땜질. ✽ 금이 가거나 구멍이 난 자리를 때우는 일. {땜가게. 땜납. 땜인두(납땜인두). 땜일.} {산소땜. 전기땜.} {땜하다.}

땜² = 때움. ✽ 큰 액운을 작은 어려움으로 대신하는 일. {꿈땜. 대목땜. 사주땜(팔자땜). 수땜. 액땜.} {땜하다.}

땜자갈 = 틈막이 자갈. ✽ 석축을 쌓을 때 잡석의 틈을 막는 자갈.

땜장이 ✽ 땜질하는 기술자.

땜쟁이 ✽ 목에 큰 부스럼 흉터가 있는 사람. ✽ 연주창을 앓은 사람.

땟갈 ⇨ 때깔.

땟거리 = 끼닛거리. 조석거리. ✽ 아침, 점심, 저녁거리.

땟국 ✽ 꾀죄죄하게 묻은 때. ¶ 땟국에 전 옷.

땟물¹ ✽ ① 때를 씻은 더러운 물. ② 때로 범벅이 된 땀이나 물기. ¶ 땟물이 배다. 땟물이 흐르다.

땟물² ✽ 겉으로 드러나는 자태나 맵시. ¶ 땟물이 훤하다.
　☞ 때깔. 때물.

땡[1] ＊ ① 화투에서 같은 짝 두 장으로 이루어진 패. ¶ 땡을 뽑다. ② 뜻밖에 생긴 좋은 수나 복. ¶ 땡 잡다.

땡[2] 〉 댕. ⁑ 쇠붙이나 종을 두드리는 소리.

땡감 ＊ 덜 익어서 맛이 떫은 감. ¶ 땡감을 우리다. 땡감 씹은 뒷맛.
☞ 우린감.

땡강 = 땡가당. ⁑ 쇠붙이가 부러지거나 떨어지는 소리.

땡기다 ⇨ ① 당기다. ② 땅기다.

땡땡이[1] ＊ ① 장난감 이름. ② 종. ③ 전차.

땡땡이[2] = 농땡이. ⁑ 꾀를 부려 게으름을 피우는 짓. 또는 그런 사람.

땡땡이[3]〔點點～〕[왜] ⇨ ① 물방울. ② 물방울무늬.

땡땡이중 ＊ 꽹과리를 치면서 동냥이나 다니는 중답지 못한 중.
☞ 때때중. 땡추중.

땡땡이치다 = 땡땡이 부리다. 농땡이 부리다. ⁑ 게으름을 피우다.

땡볕 ＊ 따갑게 내리쬐는 뜨거운 볕. ⁑ 철과 관계가 없음.
☞ 뙤약볕.

땡삐 ⇨ 땅벌. 땅말벌. 바더리. ⁑ 땅속에 집을 짓고 사는 벌 이름.

땡추 = 땡추중. ⁑ 파계하여 중답지 못한 중. {땡추절.}
☞ 땡땡이중.

떠가다 ＊ 물 위나 하늘에서 옮겨 움직이다. ¶ 구름이 떠가다.

떠 가다 ＊ 길어 가다. ¶ 샘물을 떠 가다.

떠구지댕기 ＊ 예장할 때 떠구지에 꾸밈새로 동여매는 댕기.
☞ 도투락댕기.

떠구지머리 = 큰머리. ⁑ 예식 때 어여머리 위에 얹는 딴머리.

떠꺼머리처녀〔老處女〕= 늙다리처녀. ⁑ 떠꺼머리를 한 처녀.

떠꺼머리총각 ＊ 떠꺼머리를 한 총각. ⁑ 노총각.
☞ 엄지머리총각.

떠나다 ＊ ① 있던 곳이나 사람에게서 벗어나다. ② 어떤 일이나 사람과 관계를 끊다. ③ 길을 나서다. ④ 죽다. {떠나보내다.}
☞ 뜨다.[4]

떠내다 ＊ ① 퍼서 밖으로 옮기다. ② 위에 떠 있는 것을 건져내다. ③ 고기를 얇고 넓적하게 도려내다. ④ 뗏장을 흙과 함께 파내다.

떠다밀다 = 떠밀다. ⁑ ① 앞으로 밀다. ② 책임을 남에게 넘기다.
☞ 떼밀다.

떠돌이 = 떠돌뱅이. ⁑ 떠돌아다니는 사람.

떠돌이별〔行星. 遊星〕＊ 붙박이별의 둘레를 도는 별. ⁑ 해의 둘레를 도는 수성, 금성, 지구, 화성, 목성, 토성, 천왕성, 해왕성 따위.
☞ 달별. 별똥별. 붙박이별. 살별.

떠돌이새 ＊ 철 따라 가까운 지역을 옮겨다니는 새.
☞ 나그네새. 철새. 텃새.

떠들다[1] ＊ ① 시끄럽게 큰 소리로 말하다. ② 매우 술렁거리다. ¶ 온 동네가 땅을 파네 마네 하며 떠들다. ③ 생각을 주장하다. ¶ 말로만 우리말 바로쓰기를 떠든다.

☞ 지껄이다.

떠들다² * 가리거나 덮인 물건의 한 부분을 걷어 젖히거나 쳐들다. ¶ 이불을 떠들어 보니 요가 흥건히 젖어 있었다.

떠들썩하다 * 여러 사람이 한꺼번에 큰 소리로 말하다.

☞ 시끄럽다.

떠들어오다 * 정처 없이 떠돌아다니다가 들어오다. ¶ 이 동네에 떠들어온 지 벌써 3년이다.

떠들어 오다 ¶ 오래전부터 사람들이 계속 떠들어 오던 이야기이다.

떠들추다 * 비밀스러운 일을 밖으로 드러내다. ¶ 약점을 떠들추다.

떠들치다 * 물건의 한 부분을 위로 들어올리다. ¶ 덮개를 떠들치니 그 밑에 감추어둔 물건이 수두룩했다.

떠듬거리다 〉더듬거리다. * 말을 하거나 글을 읽을 때 자꾸 막히다.

떠듬적거리다 * 말을 하거나 글을 읽을 때 느릿느릿하게 자꾸 더듬다.

떠름하다 = 떨떠름하다. * ①마음이 썩 내키지 않다. ¶ 그 일은 왠지 떠름하다. ②얼떨떨한 느낌이 있다. ¶ 떠름한 표정으로 물었다. ③맛이 좀 떫다.

떠리 ⇨ 떨이.

떠맡다 * 책임이나 일을 맡다. ¶ 집에서 할 일까지 학교에서 떠맡다.

☞ 걸머맡다.

떠밀다 = 떠다밀다. ¶ 등을 떠밀다. ¶ 집안일을 아내에게 떠밀다.

☞ 떼밀다.

떠받치다 * 주저앉거나 쓰러지지 못하게 밑에서 위로 받쳐서 버티다.

떠받히다 * '떠받다'의 입음. ¶ 소뿔에 떠받히다.

떠버리 * 수다스럽게 떠드는 사람. ¶ 떠버리 약장수.

떠벌리다 * 이야기를 부풀려서 늘어놓다.

떠벌이다 * 크게 일을 벌이거나 차리다. ¶ 가게를 여기저기 떠벌이다.

떠보다 * ①남의 속뜻을 넌지시 알아보다. ¶ 속마음을 떠보다. ②사람의 능력이나 됨됨이를 헤아려 보다. ¶ 사람 됨됨이를 떠보다.

떠 보다 ¶ 눈을 떠서 보다. 눈을 떠 보니 벌써 한낮이었다.

떠오다 * 물 위나 하늘에 떠서 이쪽으로 오다. ‡ 배. 쓰레기. 비행기.

떠 오다 ¶ 들통으로 물을 떠 오다.

떠오르는 달 * ①솟는 달. ②인물이 훤하고 아름다움을 이르는 말.

☞ 지새는달.

떠올리다 * '떠오르다'의 하임. ¶ 고향 산천을 떠올리다.

떠 올리다 ¶ 두레박으로 물을 떠서 올리다.

떠이다 * ①쳐들어 머리에 이다. ¶ 아름드리 느티나무가 하늘을 떠이고 섰다. ②높이 받들다. ¶ 세종은 모든 겨레가 떠이는 분이다.

☞ 뜨이다.

떡¹ * {떡가래. 떡값. 떡돌림. 떡메. 떡밥. 떡방아. 떡보. 떡볶이. 떡살. 떡소. 떡시루. 떡쌀. 떡집. 떡함지.} {말떡. 섬떡.} {가래떡. 감자떡. 강냉이떡(옥수수떡). 갖은색떡. 개떡. 개피떡. 고수레떡. 꼬장떡. 느티떡.

두텁떡. 메떡. 메찰떡. 무지개떡.
민색떡. 비지떡. 빈대떡. 수수떡.
수수팥떡. 수수풀떡. 시루떡. 쑥떡.
재문은떡. 조차떡. 찰떡. 찹쌀떡.
콩떡. 팥떡. 흰골무떡. 흰떡. 흰색
떡.}¶떡 장사. 떡 장수. 떡을 먹다.
☞ 밤설기. 송편. 쑥설기. 절편.

떡² ⇨ 몸약. ‡ 다이너마이트.

떡갈잎 = 갈잎. 갈. ‡ 떡갈나무의 잎.
☞ 가랑잎.

떡고물 = 고물. ‡ 깨고물, 콩고물, 팥
고물 따위.

떡국 * 가래떡을 썰어 맑은장국에 넣
고 끓인 음식.
☞ 편쑤기.

떡국다례(~茶禮) ⇨ 떡국차례.

떡되다 ⇨ 떡 되다. ¶떡이 되게 매를
맞았다.

떡보¹ * 떡을 매우 좋아하는 사람.

떡보²(~褓) * 흰떡을 안반에 놓고 칠
때 흩어지지 않도록 싸는 보자기.
‡ 잠깐 떡메로 눌러 엉기게 한 다음
벗김.

떡볶기 ⇨ 떡볶이. ‡ 가래떡으로 만든
먹거리 이름.

떡손 ⇨ 떡살. ‡ 가래떡을 눌러 무늬를
찍는 연모. {떡살무늬.}

떡심 * ①억세고 질긴 힘살. ¶떡심 좋
다. ②성질이 검질긴 사람.
☞ 뚝심.

떡조개¹ * 작은 전복.

떡조개² = 흰조개. ‡ 백합과의 조개
이름.

떡충이 ⇨ 떡보.

떡판¹ * 음식을 잘 차려 놓은 판. ‡ 재

수가 좋거나 흐뭇한 상황.

떡판²(~板) = ①안반. 안반짝. ‡ 떡
을 칠 때에 쓰는 나무판. ②기름떡
을 올려놓는 판. ③여자의 엉덩이.
④넓적하고 못생긴 얼굴.

떨거지 * ①겨레붙이. ②한통속으로
지내는 사람. ③중요하지 않은 것.
¶떨거지 인생. 떨거지 상품. 떨거지
주파수.
☞ 떼거지.

떨걱거리다 〈 떨꺽거리다.

떨구다 ⇨ ①떨어뜨리다. 떨어트리다.
②떨어내다.

떨구어 버리다 ⇨ 떨어뜨려 버리다.

떨기 * ①한 뿌리에서 여러 개의 줄기
가 더부룩하게 나온 무더기. {꽃떨
기. 떨기떨기.} ¶국화 떨기. ② 하
나치. ¶장미 한 떨기.
☞ 그루.¹ 포기.

떨기나무〔灌木〕 * 원줄기와 가지가
구분되지 않은 작은 나무. ‡ 무궁화,
앵두나무, 진달래 따위.
☞ 큰키나무.

떨다¹ * 큰 것에 달리거나 붙은 것을
흔들거나 쳐서 떨어지게 하다. ¶곰
방대를 떨다. 먼지를 떨다. 밤을 떨
다. 담뱃재를 떨다.
☞ 떨치다. 털다.

떨다² * ①빠르게 흔들리다. ¶바람에
나뭇잎이 떨다. 무서워서 떨다. 추
워서 떨다. 손을 떨다. ②좀스럽게 행
동하다. ¶단돈 몇 푼을 가지고 떨다.
☞ 진동하다. 흔들다.

떨다³ * 앞말과 같은 행동을 하다. ¶능청
을 떨다. 방정을 떨다. 부산을 떨다.

아양을 떨다. 야단법석을 떨다.
☞ 부리다.² 피우다.
떨떠름하다 = 떠름하다.
떨떨거리다 〉 덜덜거리다. ‡ 바퀴가
　단단한 바닥을 구르며 내는 소리.
떨떨하다 = 얼떨떨하다. ¶ 뜻밖의 일
　에 정신이 떨떨하다.
　☞ 어리둥절하다.
떨뜨리다 〈 떨트리다. ‡ 젠체하여 위
　세를 드러내며 뽐내다.
떨어뜨리다 〈 떨어트리다. ‡ 위에서
　아래로 떨어지게 하다.
　☞ 내리다.²
떨어먹다 ⇨ 털어먹다. ‡ 재산을 다 없
　애다.
떨어 먹다 ¶ 낱알을 떨어서 먹다.
떨어지다 * ①위에 있던 것이 아래로
　내려지다. ②붙거나 달린 것이 떼어
　지다. ③값이 싸지다. ④가졌던 것
　이 흘러서 빠지다. ⑤뒤로 처지다.
　⑥옷, 신 따위가 해져서 못쓰게 되
　다. ⑦쓰이던 물건이 뒤가 달려서
　없어지게 되다. ¶ 차에 기름이 떨어
　지다.
　☞ 해어지다. 내리다.²
떨이¹ * 팔다 남은 물건을 싸게 파는
　일. 또는 그런 물건.
　☞ 마수.²
떨이² * 나무를 깎거나 자를 때 떨어져
　　나가는 나뭇조각.
떨쳐 = 떨치어. {떨쳐나서다. 떨쳐입
　다.} ¶ 떨쳐 내다. 떨쳐 버리다.
떨쳐지다 ⇨ 떨치다.
떨치다 * 명성이나 위세가 널리 퍼지
　다. ¶ 이름을 떨치다.

☞ 들날리다.
떫덜하다 ⇨ ① 떨떠름하다. ② 떨떨하
　다.
떳떳치 ⇨ 떳떳지. 떳떳하지. ‡ 안울림
　소리 뒤에선 '하'가 줌.
떳떳히 ⇨ 떳떳이.
떼¹ * 그물이 물에 뜰 수 있도록 그물
　위에 다는 물건.
　☞ 뜸.⁴
떼² * 흙을 붙여서 뿌리째 떠낸 잔디.
　{떼잔디. 뗏밥. 뗏일. 뗏장.} ¶ 무덤
　에 떼를 입히다. 떼를 뜨다.
　☞ 때.³
떼³ = 떼배. ‡ 뗏목처럼 통나무를 엮
　어서 만든 배.
　☞ 뗏목.
떼거리¹ = 떼. ‡ 청을 들어 달라고 고
　집하는 짓. {떼쓰다.} ¶ 떼를 부리다.
　떼거리를 쓰다.
　☞ 억지. 투정.
떼거리² = 떼. ‡ ①한데 어울린 무리.
　{떼강도. 떼구름. 떼도둑. 떼도망. 떼
　돈. 떼무덤. 떼살이. 떼송장. 떼울음.
　떼전. 떼죽음. 떼춤. 떼판. 뗏말.} {개
　떼. 개미떼. 멧돼지떼. 멸치떼. 모기
　떼. 벌떼. 양떼. 참새떼.} ②처지가
　같은 무리. {떼과부.}
　☞ 무리.⁴ 패거리.
떼거지 * 떼를 지어 다니는 거지.
　☞ 떨거지.
떼관음보살(~觀音菩薩) = 한동아
　리. ‡ 떼를 지어 행동하는 무리.
떼구르르 ⇨ 떼구루루. ‡ 단단한 물건
　이 구르는 소리이나 모양.
~떼기 * 몽땅 그대로. {차떼기. 밭떼기.

상자떼기.}

☞ ～때기.² ～데기. 뙈기.

떼꾸러기 = 떼쟁이. ＊ 늘 떼를 쓰는 버릇이 있는 사람.

떼꾼 = 떼몰이꾼. ＊ 뗏목을 모는 일을 직업으로 하는 사람.

떼논 당상(～堂上) ⇨ 떼어 놓은 당상. 따 놓은 당상.

떼다 ＊ ①자신의 의지나 노력으로, 따로 떨어지게 하다. ¶ 개평을 떼다. 손을 떼다. 시치미를 떼다. 판돈을 떼다. ②증서를 받다. ¶ 호적등본을 떼다. ③끝내다. 벗어나다. ¶ 총각 딱지를 떼다. ④사이를 멀어지게 하다. ¶ 담배를 떼다. 걸상 사이를 떼다.

☞ 떼이다. 뜯다.¹ 뜨다.⁶

떼다리 = 뗏목다리. ＊ 뗏목으로 만든 임시 다리.

떼다밀다 ⇨ ①떠다밀다. 떠밀다. ② 떼밀다.

떼말 ⇨ 뗏말. ＊ 떼를 지어 다니는 말.

떼먹다 = 떼어먹다. ＊ ①갚지 않다. ②가로채다.

떼밀다 ＊ 아무 쪽으로나 힘껏 밀다. ¶ 몸을 떼밀다. 바위를 떼밀다.

☞ 떠밀다.

떼배 = 떼. ＊ 통나무를 엮어서 뗏목처럼 만든 배.

☞ 뗏목.

떼보 ⇨ 떼쟁이. 떼꾸러기.

떼어먹다 = 떼먹다. ¶ 외상값을 떼어먹다. 품삯을 떼먹다.

떼어 먹다 ¶ 입가에 붙은 밥풀을 떼어서 먹다.

떼어쓰기 ⇨ 띄어쓰기. ¶ 우리말은 띄어쓰기가 어렵다.

떼우다 ⇨ 때우다.

떼이다 ＊ ‘떼다’의 입음. ¶ 과속으로 빨간딱지를 떼였다.

☞ 떼다.

떼쟁이 = 떼꾸러기. ＊ 떼를 잘 쓰는 사람.

떼주검 ⇨ 떼송장. ＊ 갑자기 한꺼번에 많이 죽어서 생긴 송장.

떼죽음 = 몰죽음. ＊ 한꺼번에 모조리 죽음. ¶ 떼죽음을 당하다.

☞ 무리죽음.

뗀뗑이〔點點～〕㉫ ⇨ 점박이. 점무늬. 점박이무늬.

뗀뗑이가라〔點點～柄〕㉫ ⇨ 물방울무늬. 점박이무늬. 점무늬.

뗄래야 ⇨ 떼려야. ＊ 떼다.

뗏목 ＊ ①떼로 엮어서 물에 띄워 내리는 목재. ②통나무를 떼로 가지런히 엮어서 사람이나 물건을 싣고 다니도록 만든 것.

☞ 떼배.

뗏목다리 = 떼다리. ＊ 뗏목으로 만든 임시 다리.

뗏장 ＊ 흙이 붙어 있는 채로 뿌리째 떠낸 잔디의 조각. ¶ 뗏장을 뜨다.

☞ 떳장.

뗑깡〔癲癎〕㉫ ⇨ ①지랄병. ＊ 간질. ②생떼. 억지. ③행패.

뗑뗑이가라〔點點～柄〕㉫ ⇨ 물방울무늬. 점박이무늬. 점무늬.

또〔어〕＊ ①그뿐이 아니고 다시. 거듭 ¶ 또 사고가 났다. 기회는 또 온다. ②다시. ¶ 내일 또 봐. ③더. ¶ 가져갈 물건이 또 있다. ④그 위에 다시 더. ¶ 그는 시인이고 또 철학자다.
⑤혹시. ¶누가 또 알아? ⑥말을 잇는 구실. ¶하루 또 하루, 잘도 간다. ⑦놀라거나 마음을 놓을 때. ¶일은 또 무슨 일.
☞ 또한. 다시.¹

또는 〔어〕 * ①그렇지 않으면. ¶내일 또는 모레. 비 또는 눈. ②이것이 아니면 저것. ¶돈 또는 명예.
☞ 또한. ~이나. ~하거나.

또다른 ⇨ 또 다른.

또다시 〔어〕 * 거듭하여 다시. ¶전번 사고에 이어 또다시 사고가 나다.

또드락쟁이 ⇨ 또드락장이. * 금공예가.

또라젓 * 숭어 창자로 담근 젓.
☞ 고지젓. 구제비젓. 대창젓. 명란젓. 새우젓. 속젓. 아감젓. 알밥젓. 장재젓. 창난젓. 하란젓.

또랑광대 * 판소리를 잘 못하는 광대.
☞ 소리광대. 아니리광대. 어릿광대.

또랑또랑하다 〉 도랑도랑하다. * 말이나 행동이 매우 똑똑하다.

또렷또렷 〈 뚜렷뚜렷. * 분명한 모양.

또렷히 ⇨ 또렷이.

또박 = 또바기. * 언제나 한결같이 꼭 그렇게. ¶또박 학교에 갔다.

또박또박¹ * 발소리를 또렷이 내며 잇따라 걸어가는 소리나 모양.

또박또박² * ①말이나 글씨가 조리 있고 또렷한 모양. ¶또박또박 대답한다. 글씨를 또박또박 잘 쓴다. ②차례나 규칙을 거르거나 어기지 않고 따르는 모양. ¶세금을 또박또박 잘 낸다.
☞ 꼬박꼬박.

또 뵈요 ⇨ ①또 뵈어요. 또 봬요.

②또 봐요.

또아리 * 갈큇발의 한쪽 끝을 모아 휘감아 잡아맨 부분.
☞ 똬리.

또한 〔어〕 * ①마찬가지로. ¶나 또한 네 말에 찬성한다. ②게다가. 거기에다 더. ¶머리도 좋고 또한 힘도 세다.
☞ 또. 또는.

똑¹ * 모양이나 상태가 조금도 틀림이 없이. ‡ 그림씨를 꾸밈. {똑같다. 똑따다. 똑바르다.} {똑같이. 똑바로.} ¶똑 호랑이 같다.
☞ 꼭.²

똑² 〈 뚝. ‡ 계속되던 것이 갑자기 그치는 모양. ¶똑 끊이다.

똑같다 * 다른 데가 없다. ‡ 모양. 성질. 행동. 태도. 분량.
☞ 똑따다.

똑같애 ⇨ 똑같아. ‡ 똑같다.

똑닥똑닥 ⇨ 똑딱똑딱.

똑도기 = 똑도기자반. 장똑또기. ‡ 살코기로 만든 반찬의 한 가지.

똑따기 = ①야경꾼. ②시계.
☞ 딱따기.

똑따다¹ * 꼭 맞아떨어지게 알맞다.

똑따다² = 빼닮다. 빼쏘다. ‡ 생김새. 성격. ¶얼굴은 엄마를 똑땄다.
☞ 똑같다.

똑딱단추 * 암수 단추를 눌러 맞추어 채우는 단추.
☞ 누름단추.

똑딱선(~船) = 통통배. ‡ 발동기를 돌려서 가는 작은 배.
☞ 탁탁방아. 탁탁이.

똑똑고 = 똑똑하고. ‡ 안울림소리 뒤

에선 ‘하’가 줆.

똑똑다 = 똑똑하다. ‡ 안울림소리 뒤에선 ‘하’가 줆.

똑똑이 ⇨ ①똘똘이. ‡ 똑똑한 아이. ②똑똑히. ‡ 똑똑하게.

똑똑치 ⇨ 똑똑지. 똑똑하지. ‡ 안울림소리 뒤에선 ‘하’가 줆.

똑하다 ⇨ 꼭하다. ‡ 차분하고 정직하며 고지식하다. ¶ 꼭한 성질.

똔똔 卧 ⇨ 본전. 본전치기.

똔똔이다 卧 ⇨ ①본전이다. 남는 게 없다. ②팽팽하다.

똘기 * 채 익지 아니한 과일.
　　☞ 도사리.² 풋과일.

똘박하다 * 단단하고 실하게 박혀 있다. ¶ 밤알이 똘박하게 박히다.

똘방똘방하다 ⇨ 또랑또랑하다.

똘배나무 = 콩배나무. 좀돌배나무. ‡ 장미과의 나무 이름.
　　☞ 돌배나무.

똥 * ①사람이나 동물이 아래로 싸는 것. {똥감태기. 똥구덩이. 똥닭개. 똥바가지. 똥싸개. 똥자루. 똥집. 똥차. 똥통.} {개똥. 누에똥. 닭똥. 돼지똥. 말똥. 새똥. 쇠똥. 염소똥.} {고드름똥. 곱똥. 꾀똥. 된똥. 물똥. 물찌똥. 밤똥. 배내똥. 산똥. 선똥. 피똥. 활개똥.} {똥마렵다. 똥칠하다.} ②찌꺼기. {먹똥. 별똥. 불똥. 이똥.} ③더러운. {똥갈보(똥치). 똥강아지. 똥개. 똥고집. 똥배짱.}

똥갈이 = 자리갈이. ‡ 누에의 자리를 가는 일. {똥갈이하다.}

똥값 = 똥금. 갯값. ‡ 터무니없이 싼 값. ¶ 똥값이 되다. 똥값에 팔다.

똥고집 = 옹고집. ¶ 똥고집을 부리다.

똥구멍 * 똥이 나오는 곳. ‡ 항문.
　　☞ 똥짜바리.

똥기다 〈 뚱기다. ‡ 슬며시 일깨워 주다. ¶ 눈짓으로 똥겨 주다.
　　☞ 퉁겨주다. 퉁기다. 퉁기다.

똥깨 ⇨ 똥집.

똥 뀌다 = 방귀 뀌다.

똥내 = 똥 냄새. ¶ 똥내가 나다.

똥 누다 * 때와 곳을 가려서 똥을 몸 밖으로 내보내다.
　　☞ 똥 싸다.

똥 되다 * 체면이 형편없이 되다. ¶ 그 일로 내 얼굴이 똥이 되었다.
　　☞ 똥칠하다.

똥 싸다 * ①가리지 못하고 똥이 나오다. ¶ 바지에 똥을 싸다. ②몹시 힘들다. ¶ 똥 싸게 일을 해도 입에 풀칠하기 힘들다.
　　☞ 똥 누다.

똥줄 나다 = 똥줄 빠지다. ‡ ①매우 급하다. ②몹시 힘들다.

똥줄 타다 = 똥끝 타다. ‡ 몹시 힘들거나 마음을 졸이다.

똥질 = 뒷간질. ‡ 배탈이 나서 똥을 자주 누는 일.

똥짜바리 * 똥구멍의 언저리.
　　☞ 똥구멍. 미주알.

똥창 맞다 = 배짱 맞다. ‡ 뜻이 맞다.

똥칠하다 * 체면이나 명예를 더럽히다. ¶ 아비 얼굴에 똥칠하다.
　　☞ 똥 되다.

따리 * ①짐을 머리에 일 때 받치는 고리 모양으로 만든 물건. ②둥글게 빙빙 틀어 놓은 것이나 그런 모양. ¶ 뱀이 똬리를 틀었다.
☞ 또아리.

뙈기 * ①살피를 지어 놓은 밭의 구획.
{밭뙈기.} {뙈기밭.} ②하찮은 조가
리. ¶ 요 뙈기. 이불 뙈기. ③하나치.
¶ 밭 한 뙈기. 이불 한 뙈기.
☞ 이랑.¹ ~때기. ~떼기. 태.¹

뙤기 ⇨ ① 딱지. ② 때기. ③ 뙈기.
④ 태.

뙤약볕 * 여름날 내리쬐는 몹시 뜨거
운 볕.
☞ 땡볕.

뙤창(~窓) = 뙤창문. * 방문에 낸 작
은 창문.

뙹볕 ⇨ ① 땡볕. ② 뙤약볕.

뚜껍다 ⇨ 두껍다.

뚜껑 * 그릇이나 병의 아가리를 덮는
물건. {뚜껑밥.} {냄비뚜껑. 밥뚜껑.
병뚜껑. 솥뚜껑. 주전자뚜껑.} {나무
뚜껑. 쇠뚜껑.} ¶ 병뚜껑을 따다. 솥
뚜껑을 열다.
☞ 덮개. 두겁. 두껍. 따까리. 마개.

뚜껑돌 * 무덤의 구덩이를 덮는 판판
한 돌.
☞ 덮개돌.

뚜껑머리 ⇨ 뚜께머리. * 뚜껑을 덮은
것처럼 깎은 머리.

뚜껑밥 * ①사발 바닥에 작은 그릇을
엎어놓고 담은 밥. ②밑에는 잡곡밥
을 담고 위만 쌀밥을 담은 밥. ③겉
치레로 잘 차린 음식.
☞ 감투밥.

뚜껑버선 ⇨ 뚜께버선. * 바닥이 다 해
어진 버선.

뚜께 ⇨ ①뚜껑. ②두께.

뚜드려 = 뚜드리어. * 뚜드리다. ¶ 뚜
드려 보다. 뚜드려 주다.

뚜렷치 ⇨ 뚜렷지. 뚜렷하지. * 안울림
소리 뒤에선 ‘하’가 줆.

뚜렷히 ⇨ 뚜렷이. * 뚜렷하다.

뚜르다 ⇨ 뚫다.

뚜쟁이감 ⇨ 뚜쟁잇감. * 뚜쟁이질을
할 만한 사람.

뚝¹ 〔어〕 * ①물건이 갑자기 떨어지는
소리. 또는 그 모양. ¶ 하늘에서 돈이
뚝 떨어지다. ②물건이 갑자기 부러
지는 소리. 또는 그 모양. ¶ 장대가
뚝 부러지다.

뚝² 〔堤〕 ⇨ 둑. {둑길. 둑막이.} {강둑.
냇둑.}

뚝뚝 〔어〕 * 두드러지게 떨어지는 모
양. ¶ 성적이 뚝뚝 떨어지다.

뚝감자 = 돼지감자. 뚱딴지. * 여러해
살이풀 이름.

뚝뚝히 ⇨ 뚝뚝이. 무뚝뚝이. ¶ 뚝뚝이
대꾸하다.

뚝바리 ⇨ 뚝배기. * 오지그릇의 하나.

뚝발이 = 절뚝발이.

뚝방길 ⇨ 둑길.

뚝빼기 ⇨ 뚝배기. ¶ 뚝배기에 된장을
끓이다.

뚝심 * ①굳세게 버티는 힘. ¶ 뚝심으로
버티다. 뚝심이 세다. ②미련하게 불
쑥 내는 힘. ¶ 뚝심을 부리다.
☞ 떡심.

뚝하다 = 뚝뚝하다. * ①바탕이 거세
고 단단하다. ②무뚝뚝하다.

뚫다 * ①구멍을 내다. ¶ 송곳으로
구멍을 뚫다. ②막힌 것을 틔우다.
¶ 하수도를 뚫다. 산길을 뚫다. ③응

통할 길을 찾다. ¶ 돈줄을 뚫다.
☞ 꿰뚫다.

뚫여지다 ⇨ ① 뚫어지다. ② 뚫리다.

뚱 = 뚱딴지. ✼ 무뚝뚝한 사람.
☞ 뚱딴지.¹

뚱그래지다 ⇨ 뚱그레지다.

뚱그러미 ⇨ 둥그러미 〉 동그라미.

뚱그스레하다 ⇨ 뚱그스름하다 〉 둥그
스름하다.

뚱기다 ✼ ① 팽팽한 줄을 퉁기다. ¶ 가야
금을 뚱기다. ② 뚱기다.
☞ 퉁기다. 퉁기다.

뚱딴지¹ = 뚱. ✼ ① 무뚝뚝한 사람.
② 행동, 생각이 엉뚱한 사람. {뚱딴
짓소리.} ¶ 뚱딴지같은 생각을 하다.

뚱딴지² = 돼지감자. 뚝감자. ✼ 집짐
승의 먹이로 씀.

뚱딴지³ ✼ 전봇대에 전깃줄을 매는 데
쓰는 사기 연모.

뚱땅뚱땅 〉 똥땅똥땅. ✼ 악기나 단단
한 물건을 쳐서 울리는 소리.

뚱땡이 ⇨ 뚱뚱보. 뚱뚱이. 뚱보.

뚱뚱이 = 뚱뚱보. 뚱보. ✼ 몸집이 뚱
뚱한 사람.
☞ 홀쭉이.

뚱뚱히 = 뚱뚱. ¶ 뚱뚱히 살진 돼지.
눈이 뚱뚱히 부어올랐다.

뚱보 = ① 뚱뚱이. 뚱뚱보. ② 뚱.

뛰놀다 = 뛰어놀다.

뛰다¹ ¶ 높이 뛰다. 가슴이 뛰다. 맥박
이 뛰다. 값이 뛰다. 팔짝 뛰다. 펄펄
뛰며 화를 내다. 그네를 뛰다. 널을
뛰다.

뛰다² ✼ ① 빨리 앞으로 나아가다. ¶ 문쪽
으로 뛰다. 백 미터를 뛰다. ② 어떤

자격으로 일하다. ¶ 농구 선수로 뛰다.
☞ 달리다.³ 튀다.

뛰엄줄기 = 땅덩굴줄기. 기는줄기.
✼ 고구마, 수박, 딸기 따위.

뛸려고 ⇨ 뛰려고. ✼ 뛰다.

뜀박질 = 뜀질. ✼ 뜀을 뛰는 일.
☞ 달음박질.

뜨개 = ① 손뜨개. ② 뜨갯것.

뜨개감 ⇨ ① 뜨갯거리. ② 뜨갯것.

뜨개바늘 = 뜨개질바늘.
☞ 귀바늘. 코바늘.

뜨개실 = 뜨개질실. ✼ 손으로 떠서
옷, 장갑, 양말 따위를 만드는 실.

뜨개질¹ ✼ 마음속을 떠보는 일. ¶ 어떤
생각을 하는지 뜨개질해 봐라.

뜨개질² ✼ 실이나 털실로 떠서 옷, 장
갑, 양말 따위를 만드는 일.
☞ 뜬게질.

뜨갯거리 ✼ 뜨개질을 할 일감.

뜨갯것 ✼ 뜨개질하여 만든 물건.

뜨거운 감자 ⇨ ① 골칫거리. 불씨. 시
빗거리. ② 사타구니에 낀 밤송이.
③ 중요한 문제.

뜨겁다 ✼ 손을 대기 어려울 만큼 온도
가 높다. ¶ 뜨거운 햇볕.
☞ 따갑다.

뜨게부부 ✼ 정식으로 혼인하지 않고 오
다가다 만나 함께 사는 가시버시.
☞ 결발부부.

뜨내기 ✼ ① 정한 곳 없이 떠돌아다니
는 사람. {뜨내기꾼.} ② 어쩌다 한
번씩 하는 일. {뜨내기살이. 뜨내기
손님. 뜨내기장사. 뜨내기표.}
☞ 단골. 본토박이. 붙박이.

뜨내기장수 ✼ 이리저리 떠돌아다니며

장사하는 사람. ‡ 광주리장수. 둥우리장수. 등짐장수. 마장수. 보따리장수 따위.

☞ 도붓장사. 선장수. 앉은장수. 장돌뱅이.

뜨다¹ * ① 느리고 더디다. ¶ 동작이 뜨다. ② 입이 무겁고 말수가 적다. ¶ 말이 뜨다.

☞ 싸다.¹

뜨다² * 본을 받아 그와 같게 만들다. ‡ 모방. {본떠.} {본뜨다.}

☞ 따다.¹

뜨다³ * 물 위나 공중에 있거나 위쪽으로 솟아오르다. ‡ 배. 비행기. 해.

☞ 돋다. 솟다.

뜨다⁴ * ① 높은 사람이 자리에서 나가다. ¶ 선생님이 자리를 뜨다. ② 다른 곳으로 가다. ¶ 고향을 뜨다. 잡히기 전에 이곳을 뜨자.

☞ 떠나다.

뜨다⁵ * ① 눈꺼풀을 들어올리다. ¶ 눈을 뜨다. ② 귀가 처음 열리다.

☞ 열다.

뜨다⁶ * ① 물체의 한 부분을 떼어 내다. ¶ 떼를 뜨다. ② 담겨 있는 물건을 덜어 내다. ¶ 대접에 국을 뜨다. 종지에 간장을 뜨다.

☞ 떼다. 푸다.

뜨다⁷ * 틈이 생기거나 멀어지다. ¶ 두 사람 사이가 뜨다.

☞ 뜸하다.

뜨다⁸ * 무서운 사람이 나타나다. ¶ 경찰이 떴다는 소리가 들리자마자 야바위꾼들은 가뭇없이 사라졌다. ‡ 속된 말.

뜨다⁹ * 인기를 얻어 유명해지다. ¶ 한창 뜨는 가수다. ‡ 속된 말.

뜨덤뜨덤 * ① 글을 서투르게 읽는 모양. ② 말을 떠듬거리는 모양.

☞ 띄엄띄엄.

뜨뜻하다 〉 따뜻하다.

뜨락 ⇨ 뜰.

뜨르르¹ 〉 따르르. ‡ 물건이 구르거나 흔들려 떨리는 소리나 그 모양. ¶ 바윗돌이 뜨르르 굴러 가다. 짐차가 지나가자 마루가 뜨르르 떨렸다.

뜨르르² * ① 일을 막힘이 없이 잘하는 모양. ¶ 무슨 일이든 뜨르르 해치운다. ② 소문이 빨리 퍼져 나가는 모양. ¶ 그 소식이 뜨르르 퍼져 나갔다. ③ 으리으리하고 요란한 모양. ¶ 옷을 뜨르르하게 차려입었다.

☞ 따르르.²

뜨르륵¹ 〉 따르륵. ‡ 물건이 미끄러지거나 구르다가 멎는 소리나 모양.

뜨르륵² * 기관총을 잇따라 쏘는 소리. 또는 그런 모양. {뜨르륵하다.}

~뜨리다 〈 ~트리다. ¶ 떨어뜨리다. 떨어트리다.

뜨막하다 * 발길이나 소식이 자주 있지 않다.

☞ 뜨악하다. 뜨음하다.

뜨문뜨문 〉 드문드문. ‡ ① 시간이 뜬 모양. ② 사이가 뜬 모양.

☞ 띄엄띄엄.

뜨문하다 ⇨ 경성드뭇하다.

뜨물 * 곡식을 씻어 낸 물. {겉뜨물. 속뜨물. 쌀뜨물.}

☞ 진딧물.

뜨시다 ⇨ ① 뜨습다. ② 뜨뜻하다.

③따뜻하다.

뜨악하다 ＊ ①마음에 선뜻 내키지 아니하다. ②서먹하다.

☞ 뜨막하다.

뜨음하다 ＝ 뜸하다. ＊ 발길, 소식, 인적, 눈발, 비가 한동안 그치다.

☞ 뜨막하다.

뜨이다 ＝ 띄다. ＊ ①몰랐던 사실이 드러나다. ②감았던 눈이 열리다. ③눈에 보이다. ④남보다 훨씬 두드러지다.

☞ 떠이다. 띄우다. 트이다.

뜨쩍거리다 ⇨ 뜯적거리다. 뜯적대다.

뜬것[1] ＝ 뜬귀신. ¶ 떠돌아다니는 못된 귀신.

뜬것[2] ＊ 우연히 관계를 맺게 된 사물.

뜬 것 ¶ 물 위에 뜬 것을 건져내다.

뜬구름 ＊ 떠다니는 구름. ¶ 파란 하늘에 뜬구름이 흐르고 있다.

뜬 구름 ¶ 하늘에 뜬 구름이 아래로 내려온다.

뜬귀신(～鬼神) ＝ 뜬것.

뜬금없다 ＊ 갑작스럽고 엉뚱하다. ¶ 뜬금없는 소리. 뜬금없는 돈.

☞ 난데없다.

뜬눈 ＊ 밤에 잠을 자지 못한 눈. ¶ 뜬눈으로 밤을 새웠다.

뜬 눈 ¶ 크게 뜬 눈에 눈물이 맺혔다.

뜬말 ⇨ 뜬소문.

뜬소경 ＝ 눈뜬장님. 당달봉사. 청맹과니. ＊ ①눈은 뜨고 있으나 볼 수 없는 사람. ②보고도 알지 못하는 사람. ③글을 모르는 사람.

☞ 까막눈이. 봉사.[1] 소경. 장님.

뜬소문(～所聞) ＝ 헛소문. ＊ 근거 없는 소문. 낭설. 유언비어.

☞ 바깥소문. 헛소리.

뜬숯 ＊ ①장작을 때고 난 뒤에 꺼 만든 숯. ②피웠던 참숯을 꺼 놓은 숯.

☞ 참숯.

뜬용(～龍) ＊ 법당이나 궁전의 천장에 용 모양으로 만들어 놓은 장식.

☞ 숫용. 암용. 용틀임.

뜯게 ＝ 뜯게옷. ＊ 낡아서 입지 못하게 된 옷.

뜯게질 ＊ 헌 옷이나 빨래할 옷의 솔기를 뜯는 일. {뜯게질하다.}

☞ 뜨개질.

뜯다[1] ＊ 조각조각 떨어지게 하다. ¶ 벽지를 뜯다. 봉투를 뜯다. 북어를 뜯다. 갈비를 뜯다. 풀을 뜯다. 문짝을 뜯다. 돈을 뜯다.

☞ 따다.[2] 떼다.

뜯다[2] ＊ 줄을 퉁겨 소리가 나게 하다. ＊ 바이올린. 가야금. 거문고.

☞ 타다.[4] 켜다.[4]

뜯적거리다 ＝ 뜯적대다. ＊ ①손톱, 칼 끝으로 뜯거나 진집을 내다. ¶ 마른 입술을 손톱으로 뜯적거려 피가 난다. ②괜히 트집을 잡아 자꾸 건드리다. ¶ 잘 노는 아이를 괜히 뜯적거려 울린다.

뜰 ＊ 집의 앞, 뒤, 옆에 있는 삶을 기름지게 하는 쉼터. ＊ 꽃, 꽃나무, 과일나무 따위를 심고 연못을 만들기도 함. {뜰못. 뜰아래. 뜰아래채. 뜰아랫방. 뜰층계.} {뒤뜰. 바깥뜰. 안뜰. 앞뜰.} ¶ 뜰을 가꾸다.

☞ 마당.

뜰먹거리다 ＊ ①물체가 들렸다 내려앉았다 하다. ②어깨나 엉덩이가 들렸다 놓였다 하다. ③마음이 설레다.
④입술이 열렸다 닫혔다 하다. ⑤값
이 오르려는 기세를 보이다.
　☞ 들먹거리다.

뜰밟기 = 뜰밟이. 마당밟이. 지신밟
기. * 민속의 한 가지.

뜰방 ⇨ 토방. * 흙마루.

뜰생기 = 마당생기. 진도 씻김굿.
* 민속의 한 가지.

뜰썩이다 〉 들썩이다.

뜰아래채 = 아래채. * 몸채에 딸려 있
는 다른 집채.

뜸[1] * 짚, 부들, 띠로 만든 거적. * 바
람, 비, 볕을 막는 데 씀.

뜸[2] = 각단. * 한 동네 안에서 몇 집씩
따로 모여 있는 곳. {뜸마을.} {위뜸.
아래뜸.}

뜸[3] * 뜸쑥을 뜸자리에 놓고 태워서 병
을 고치는 방법. {뜸쟁이. 뜸점. 뜸
질. 뜸침.} {쑥뜸.} {뜸질하다.} ¶뜸
을 뜨다.

뜸[4] * 물에 띄워서 그물이나 낚시를 물
위쪽으로 지탱하는 물건.
　☞ 떼.[1]

뜸[5] * 음식을 익힐 때 흠씬 불을 땐 뒤
센 불을 죽이고 속속들이 익도록 한
동안 그대로 두는 일. ¶뜸을 들이다.

뜸놓다 ⇨ 뜸 뜨다.

뜸단지[1] ⇨ 부항. 부항단지. * 한의사
가 병을 고치는 연모의 하나.

뜸단지[2] ⇨ 부항. 부항단지.

뜸뜨다 * 결코 못지않다. 견줄 만하다.
¶깡패 뜸떠 먹을 만하다.

뜸 뜨다 = 뜸질하다.

뜸물 ⇨ ①뜨물. * 곡식을 씻은 물.

②진딧물. * 벌레 이름.

뜸부기 = 팟다리. * 여름새의 하나.
{뜸부깃과. 뜸북뜸북.}
　☞ 듬뿍이.

뜸북꽃 ⇨ 채송화. * 꽃 이름.

뜸북장 ⇨ 담북장. 청국장.

뜸직뜸직 〉 땀직땀직.

뜸직하다 〉 땀직하다. * 몸가짐과 말
이 차분하고 무게가 있다.
　☞ 듬쑥하다. 듬직하다.

뜸직히 ⇨ 뜸직이.

뜸질 * 뜸을 뜨는 일. {뜸질하다.}
　☞ 찜질.

뜸치 ⇨ 떰치. * 소의 안장 밑에 까는
짚방석.

뜸하다 = 뜨음하다. * ①잦기가 적
다. ②움직이는 수가 적다.
　☞ 뜨다.[7]

뜻 * ①마음속에 품고 있는 생각. * 의
도. 의의. ¶큰 뜻. ②글이나 낱말의
속내. {뜻매김. 뜻바꿈. 뜻풀이.} {말
뜻. 본뜻. 속뜻. 참뜻.} {뜻있다. 뜻
하다.} ¶글 뜻. 기본 뜻. 딴 뜻. ¶뜻
맞다. 뜻 모르다. 뜻 없다.
　☞ 의미.

뜻글 = 뜻글자. * 표의문자.
　☞ 소리글. 소리글자.

뜻깊다 ⇨ 뜻 깊다. ¶뜻 깊은 행사. 뜻
깊은 일.

뜻뜨미지근하다 ⇨ 뜨뜻미지근하다.

뜻 못이루다 ⇨ 뜻 못 이루다.

뜻있다 ¶참으로 뜻있는 행사를 치렀다.

뜻 있다 ¶이 일에 뜻이 있는 사람은
따로 모이자.

뜻적거리다 ⇨ 뜯적거리다.

뜽금없다 ⇨ 뜬금없다.

띄다 = ① 뜨이다. ¶ 눈에 잘 띄다. ✱ 띄어야. 뜨여야. ② 띄우다. ¶ 한 칸을 띄고 써 내려간다.
☞ 띠다.

띄어쓰기 ✱ 글을 쓸 때 낱말을 띄워 쓰는 일. ¶ 띄어쓰기가 어렵다.

띄어 쓰기 ¶ 겹씨는 두 낱말이 아닌데 띄어 쓰기 쉽다.

띄엄띄엄 ✱ ① 여럿이 조금 떨어져 있는 모양. ✱ 거리. ② 얼마 동안 사이가 떨어진 모양. ✱ 시간. ③ 느릿느릿한 모양.
☞ 드문드문. 뜨덤뜨덤.

띄우다¹ ✱ 편지나 소포를 부치다. ✱ 발송.

띄우다² = 띠다. ✱ 물이나 공중에 뜨게 하다.

띄우다³ = 띠다. ✱ 메주나 누룩을 뜨게 하다.

띄우다⁴ = 띠다. ✱ 사이에 틈이 생기게 하다.
☞ 띠다. 벌리다.

띠¹ ✱ 태어난 해를, 열두 지지를 나타내는 동물 이름으로 일컫는 말. ✱ 쥐띠(자, 子). 소띠(축, 丑). 범띠(인, 寅). 토끼띠(묘, 卯). 용띠(진, 辰). 뱀띠(사, 巳). 말띠(오, 午). 양띠(미, 未). 원숭이띠(신, 申). 닭띠(유, 酉). 개띠(술, 戌). 돼지띠(해, 亥).

띠² ✱ 너비가 좁고 가느다란 줄. {띠고리. 띠구름. 띠그래프. 띠살문. 띠쇠. 띠씨름. 띠톱. 띠허리.} {머리띠. 안전띠. 어깨띠. 허리띠.} ¶ 가죽 띠. 붉은 띠. 띠 모양. ¶ 띠를 매다.

☞ 끈. 바.² 줄.¹

띠끌 ⇨ 티끌.

띠다 ✱ ① 띠를 두르다. ¶ 허리에 띠를 띠다. ② 몸에 지니다. ¶ 추천장을 띠고 찾아가다. ③ 빛깔을 나타내다. ¶ 붉은빛을 띤 꽃. ④ 용무, 직책, 사명을 맡다. ¶ 역사적 사명을 띠고 태어났다. ⑤ 감정이나 기운을 나타내다. ¶ 웃음을 띠고 다가오다. ⑥ 성질이나 특성을 나타내다. ¶ 전문성을 띠다.
☞ 떼다. 띄다. 띄우다.

띠동갑(~同甲) ⇨ 자치동갑.

띠씨름 = 통씨름. ✱ 샅바 대신 허리띠를 잡고 하는 씨름.
☞ 샅바 씨름.

띠알머리 ⇨ 띠앗머리. 띠앗. ✱ 집안 식구 사이에 오가는 사랑. ¶ 띠앗머리가 사납다. 띠앗머리가 좋다.

띠어쓰기 ⇨ 띄어쓰기.

띠엄띠엄 ⇨ 띄엄띄엄.

띠우다 ⇨ 띄우다.

띠자〔卷尺〕 = 줄자. ¶ 줄자로 가슴둘레를 재다.

띠집〔茅~〕 ⇨ 띳집. ✱ 띠로 지붕을 인 집.

띠허리 = 끈허리. ✱ ① 허리띠가 달린 치마. ② 바지 허리.

띳목(~木) ⇨ 띳장.

띳장 ✱ 널빤지로 만든 울타리에 가로 대는 좁은 나무.
☞ 딜목. 뗏장.

띵하다 ✱ 머리가 울리듯 아프고 정신이 흐릿하다. ¶ 머리가 띵하다.
☞ 횡하다.

~ㄹ가? ⇨ ~ㄹ까? {갈까? 먹을까? 볼까? 잘까?} ＊ 물음꼴 맺음끝.

~ㄹ값에 ⇨ ~망정. ¶ 굶어 죽을값에 ⇨ 굶어 죽을망정.

~ㄹ 거에요 ⇨ ~ㄹ 거예요. ¶ 그 사람은 모를 거예요.

~ㄹ걸 ＊ {잘걸. 떠날걸. 자 둘걸. 사과할걸. 후회할걸.}

~ㄹ 걸 = ~ㄹ 것을. ¶ 먹을 걸 가져 가자. ＊ '것'은 매인이름씨.

~ㄹ고? ⇨ ~ㄹ꼬? ¶ 언제 떠날꼬?

~ㄹ꺼나? ⇨ ~ㄹ거나? ¶ 노래를 부를거나?

~ㄹ꺼다 ⇨ ~ㄹ 거다. ~ㄹ 것이다. ¶ 갈 거다. 놀 것이다.

~ㄹ꺼야 ⇨ ~ㄹ 거야. ~ㄹ 것이야. ¶ 갈 거야. 놀 것이야.

~ㄹ껄 ⇨ ~ㄹ걸. ¶ 너보다 더 클걸. 내일이면 떠날걸.

~ㄹ께 ⇨ ~ㄹ게. {갈게. 먹을게. 알려드릴게. 올게. 줄게. 할게.}

~ㄹ께요 ⇨ ~ㄹ게요. {갈게요. 먹을게요. 잘게요. 올게요.}

~ㄹ넌지 ⇨ ~ㄹ는지. {갈는지. 잡을는지. 있을는지.}

~ㄹ더러 ⇨ 더러. {나더러. 너더러. 그 사람더러.}

~ㄹ라면 ⇨ ~려면. {가려면. 먹으려면. 자려면.}

~ㄹ래야 ⇨ ~려야. ¶ 가려야 갈 수 없다.

☞ ~을래야.

~ㄹ런지 ⇨ ~ㄹ는지. {올는지. 잡을는지.}

~ㄹ레? ⇨ ~려느냐? ~련? ¶ 네가 도와 주려느냐? 내가 도와주련?

~ㄹ려 하다 ⇨ ~려 하다. ¶ 비가 쏟아지려 한다.

~ㄹ려고[1] ⇨ ~려고. {가려고. 먹으려고. 보려고. 자려고.}

~ㄹ려고?[2] ⇨ ~ㄹ라고? ¶ 설마 거짓말일라고?

~ㄹ려구 ⇨ ~려고. ¶ 내일 가려고 한다.

~ㄹ려면 ⇨ ~려면. ¶ 기차를 타려면. 일을 하려면.

~ㄹ려야 ⇨ ~려야. ¶ 미워하려야 미워할 수 없다.

~ㄹ련지 ⇨ ~ㄹ는지. ¶ 손님이 올는지 까치가 운다.

~ㄹ(을)망정 ＊ 비록 그러하다 하여도

그러나.　{구멍가게일망정.　굵을망정.　누더기일망정.　떠날망정.　못할망정.　아닐망정.　어릴망정.　없을망정.　죽을망정.}　¶ 머리는 나쁠망정 손은 부지런하다.

~ㄹ밖에 * ~ㄹ 수밖에 다른 수가 없다.　¶ 시키는 대로 할밖에.
☞ 밖에.

~ㄹ뿐더러 * 그것만으로 그치지 않고 다른 일이 더 있음을 나타내는 이음끝.　¶ 장미는 꽃이 예쁠뿐더러 향기도 좋다.

~ㄹ 뿐 아니라 ¶ 안타까울 뿐 아니라.　* '뿐'은 매인이름씨.

~ㄹ성부르다 ¶ 될성부른 나무는 떡잎부터 안다.

~ㄹ 성싶다 ¶ 될 성싶지도 않은 일에 매달린다.

~ㄹ세 * '이다, 아니다'의 줄기 '이~, 아니~' 뒤에 붙는 맺음끝.　¶ 아름다운 꽃일세. 꿈이 아닐세.
☞ ~군.[7]　~네.[6]　~으이.

~ㄹ소냐? ⇨ ~ㄹ쏘냐?　¶ 내가 너에게 질쏘냐?

~ㄹ손가? ⇨ ~ㄹ쏜가?　¶ 내가 네 험담을 할쏜가?

~ㄹ쌔 ⇨ ~ㄹ새.　¶ 이윽고 달빛이 밝을새 길이 드러났다.

~ㄹ쎄 ⇨ ~ㄹ세.　¶ 내가 죽으면 그자가 춤출 걸세.

~ㄹ쎄라 ⇨ ~ㄹ세라.　¶ 눈치를 챌세라 조용히 문을 열었다.

~ㄹ쑤록 ⇨ ~ㄹ수록.　¶ 높이 올라갈수록 조심해야지.

~ㄹ씨 ⇨ ~ㄹ시.　¶ 이것은 고려청자일시 분명하다.

~ㄹ이만치 ⇨ ~리만치.　¶ 꼼짝도 못하리만치 지쳐 있었다.

~ㄹ찌 ⇨ ~ㄹ지.　¶ 무엇부터 해야 할지 몰라서 허둥거리다.

~ㄹ찌니 ⇨ ~ㄹ지니.　¶ 여기가 우리 바다일지니 누가 지키리.

~ㄹ찌라 ⇨ ~ㄹ지라.　¶ 맡은 바 임무를 완수하는 것이 마땅할지라.

~ㄹ찌라도 ⇨ ~ㄹ지라도.　¶ 경기에 질지라도 정정당당히 하라.

~ㄹ찌언정 ⇨ ~ㄹ지언정.　¶ 굶어 죽을지언정 도둑질은 안 한다.

~ㄹ찐대 ⇨ ~ㄹ진대.　¶ 건강할진대 무엇이 걱정되랴?

~ㄹ텐데 ⇨ ~ㄹ 텐데.　~ㄹ 터인데.　¶ 아플 텐데 할 수 있겠니?

~라 * 건너 시킴꼴.　‡ 정해지지 않은 사람에게 글을 통하여 명령하는 말.　{고르라. 답하라. 마시라. 먹으라. 믿으라. 받으라. 보라. 비우라. 이으라. 잡으라. 키우라.}　¶ 맞는 답을 골라 쓰라. 너 자신을 알라.
☞ ~아라.　~어라.

라고 〔토〕 = (이)라고. 라.　‡ 큰따옴표 뒤에 쓰는 직접 따옴말.　¶ 그는 "사람보다 돈이 더 중요합니까?"라고 말했다. 친구는 선선히 "내가 그 책을 빌려 주마."라고 말했다.
☞ 고.[2]　하고.[2]

~라고 해서 = ~래서.　¶ 남아 있으라고 해서 남았다.

~라구 ⇨ ~라고.　‡ '이다, 아니다'의 줄기에 붙는 이음끝.　¶ 내 것이라고 말할걸. 자기는 절대 범인이 아니라

고 주장한다.

~라느냐? = ~라 하느냐? ¶ 이것을 무엇이라 하느냐?

~라는 = ~라 하는. ~라고 하는. ¶ 철수라는 사람을 찾는데요.
☞ 하고.² ~고.² ~는.

~라니? = ~라 하니? ¶ 철수는 어떤 애라니?

~라니까 = ~라 하니까. ＊ '이다, 아니다'의 줄기에 붙는 이음끝. 맺음 끝. ¶ 내가 아니라니까 모두 놀랐다. 이번에는 진짜라니까.

라도¹ 〔토〕 ¶ 국수라도 좀 먹으렴.

~라도² 〔끝〕 ¶ 그것이 금덩이라도 나는 안 가진다.
☞ ~나.⁴ ~나마.¹

라마(羅馬) ⇨ 로마. ＊ 땅 이름.

~라면 = ~라 하면. ¶ 내가 너라면 그렇게 하지 않겠다.

라사(raxa. 羅紗) ⇨ 나사. ＊ 옷감. 양복감.

라서¹ 〔토〕 ＊ '감히, 능히'의 뜻을 지니며 특별히 가리켜 강조하면서 임자말임을 나타냄. ¶ 뉘라서 그를 당해내겠는가?

~라서² 〔끝〕 ＊ 이유나 근거를 나타내는 이음끝. ¶ 새것이라서 더욱 좋다. 그 얘기가 뜬소문이라서 다행이다.
☞ ~래서.

라이방(Ray Ban) 웨 ⇨ 색안경.

라이센스(liecnse) ⇨ 면허장. 허가장. ＊ 라이선스.

라이언의 처녀(~處女) ⇨ 라이언의 딸. ＊ 영화 이름.

라인 선(line 線) ⇨ 금.

~라지 = ~라 하지. ¶ 집에 가라지 그랬니?

라지에타(radiator) ⇨ 방열기. ＊ 라디에이터.

라틴 글자(Latin~) = 로마자. 로마 글자.

락앤롤(rock′n′roll) ⇨ 로큰롤. 록. ＊ 음악의 한 가지.

락카(lac) ⇨ 랙. 랙칠. ＊ 칠감 이름.

란¹ = 라고 하는. 라고 하는 것은. 라고 한.

~란²(欄) ⇨ 칸. ＊ 한자말 뒤에는 '란'을 씀. {가정란. 광고란. 사회란.}
☞ 난.³

란닝구 웨 ⇨ 러닝셔츠.

~란다 = ~라고 한다. ¶ 이것이 공룡 발자국이란다.

란도셀 웨 ⇨ 멜가방.

~랄 = ~라고 할. ¶ 여기서 너보고 가랄 사람이 있겠니?

랄라리 ⇨ 날라리.

~랍니까? = ~라고 합니까? ¶ 집에 가랍니까?

~랍니다 = ~라고 합니다. ¶ 집에 가랍디다.

~랍디까? = ~라고 합디까? ¶ 놀러 가랍디까?

~랍디다 = ~라고 합디다. ¶ 놀러 가랍디다.

~래 = ~라 해. ¶ 내일 또 오래.

~래서 = ~라고 해서. ¶ 내 동생이래서 하는 말이 아니다.
☞ ~라서.

~래야 = ~(이)라고 하여야. ¶ 집이

래야 방 한 칸에 부엌뿐이다.
☞ ~라서.

~래요? = ~라고 해요? ¶ 어디로 가 래요?

~랬더니 = ~라고 했더니. ¶ 공부를 하랬더니 놀러 갔다.

랭랭하다(冷冷~) ⇨ 냉랭하다. ‡ 차다. 차갑다.

~랴고 ⇨ ~려고. ‡ 갈랴고 ⇨ 가려고. 올랴고 ⇨ 오려고.

량[1](輛) * 하나치. ¶ 객차 두 량. 화물 차 열 량. 마차 여섯 량.
☞ 칸. 대.

~량[2](量) * 수량과 분량. ‡ 한자말 뒤. {수입량. 수출량. 작업량.}
☞ ~양.

~(으)러 * '가다, 떠나다, 오다' 앞에 서 목적을 나타냄. ¶ 공부하러 글방 에 가다. 바깥 구경하러 마을을 떠나 다.
☞ ~(으)려.

러쉬아워(rush hour) ⇨ 몰릴 때. 붐 빌 때. 붐빌 시간. ‡ 러시아워.

럭키(lucky) ⇨ 행운. ‡ 러키.

런닝샤쓰(running shirt) 왜 ⇨ 러닝 셔츠.

레떼루(letter) 왜 ⇨ 상표. 이름표. ‡ 레테르.

레루(rail) 왜 ⇨ 레일. ‡ ①철길. 기 찻길. ②철길쇠.

레미콘 왜 ⇨ 회반죽. 회반죽 차. ‡ 트 럭믹서.

레이져(laser) ⇨ 레이저.

레자 [leather cloth] 왜 ⇨ 인조 가 죽. 갖천.

레져(leisure) 왜 ⇨ 겨를. 겨를 놀이. 여가. 여가 활동. ‡ 레저.

레지 [register] 왜 ⇨ 다방 아가씨.

레크레이션(recreation) ⇨ 오락. 놀 이. ‡ 레크리에이션.

렌가 [煉瓦] 왜 ⇨ 벽돌.

렌지(range) ⇨ 화덕. 화로. ‡ 레인지.

렌트카(rent-a-car) ⇨ 전세차. 빌리 는 차. 빌린 차. ‡ 렌터카.

렛테루(letter) 왜 ⇨ 상표. 이름표. ‡ 레테르.

~려 = ~려고. ¶ 가려 한다.
☞ ~러.

~려거든 = ~려고 하거든. ¶ 해돋이 를 보려거든 서둘러라.

~려고 = ~려. ‡ ①의도, 욕망을 나 타내는 이음끝. ¶ 가려고 하다. 살려 고 한다. ②곧 일어날 변화를 나타 내는 이음끝. ¶ 차가 막 떠나려고 한 다. ③일어난 일에 의심과 반문을 나타내는 맺음끝. ¶ 아무려면 싸우 기야 하려고. 멀쩡한 것을 버리려 고?
☞ ~ㄹ라고.

~려들다 * {걸려들다. 달려들다. 몰 려들다.}

~려 들다 ¶ 먹으려 들다. 싸우려 들 다. ‡ '들다'는 도움움직씨.

~련? = ~려느냐? ¶ 집에 돌아가련?

~련다 = ~려 한다. ¶ 나는 가련다.

~렸다 ⇨ ~렷다. ‡ ①명령. ¶ 내가 이르는 대로 하렷다. ②추측. 다짐. ¶ 다시는 두말 못하렷다.

로[1] [토] = 으로. ‡ ①방향. ¶ 어디로 가나? 동쪽으로 가다. ②경로. ¶ 부산에서 서울로 가다. ③변화의 결과. ¶진눈깨비가 비로 바뀌다. ④원인. ¶딸 걱정으로 편할 날이 없다. ⑤시간. ¶그는 봄가을로 여행을 한다. ⑥약속. 결정. ¶만나기로 약속하다. ⑦이유. ¶감기로 고생하다. 풍기는 인삼으로 유명하다.

로²〔토〕 = 로서. 으로서. ✱지위, 신분, 자격으로. ¶교장으로서 훈화하다. 순국열사로 겨레의 우러름을 받는다.
☞로써. 으로써.

로³〔토〕 = 로써. 으로써. ✱①재료. 원료. ¶나무로 집을 짓다. 물로 산소와 수소를 만들다. ②연장. 연모. ¶톱으로 나무를 켜다. ③방법. 수단. ¶대화로 해결하다. 새 기술로 질을 높이다.
☞로서. 으로서.

로구로 ㉒ ⇨ 갈이. 갈이질. ✱갈이틀로 나무 그릇 따위를 만드는 일.

~로구료 ⇨ ~로구려. ¶정말 효자로구려. 솜씨가 보통이 아니구려.

~로구면 ⇨ ~로구먼. ¶별일도 아니로구먼.

~로군 = ~로구나. ~로구먼. ¶훌륭한 분이로구먼.

~로라¹ ✱ 자신의 행동을 의식적으로 드러내는 씨끝. ¶내로라 하고 뽐내다. 평소 영웅이로라 하던 분들은 다 도망갔다.
☞ ~노라.

로라²(roller) ㉒ ⇨ ①굴밀이. ②누름틀. ③땅다지개. ✱롤러.

로마 숫자(roma 數字) ✱ 옛 로마에서 만든 숫자. ✱ I.Ⅱ.Ⅲ.Ⅳ.Ⅴ.
☞ 아라비아 숫자. 인디아 숫자. 산용 숫자.

로마자(Roma字) = 로마 글자. 라틴 글자. ✱ a. b. c. d. E. F. G. H.

로맨스그레이 ㉒ ⇨ 멋쟁이 늙은이.

로바다야키〔爐端燒〕㉒ ⇨ 화로구이. 철판구이.

로보트(robot) ⇨ 로봇.

로부터〔토〕 * 유래나 출발점을 나타냄. ¶탈것은 마차로부터 전철까지 발전하였다.
☞ 부터.¹ 에서. 에게서.

로부터의 ㉒ ⇨ ①에서. ¶스위스로부터의 통신 ⇨ 스위스에서 온 통신. ②으로. ¶마음으로부터의 지지 ⇨ 마음으로 지지.

로서〔토〕 = 으로서. 로. 으로. ✱지위, 신분, 자격으로. ¶친구로서 말하다. 회장으로서 할 말이 아니다.
☞ 로써.

로서의 ㉒ ⇨ ①로서. ¶교사로서의 생활 ⇨ 교사로서 생활. ②의. ¶시민으로서의 권리 ⇨ 시민의 권리.

로써〔토〕 = 으로써. 로. 으로. ✱①재료. 원료. ¶쌀로써 밥을 짓다. ②수단. 방법. 연모. ¶눈물로써 호소하다. 톱으로써 나무를 자르다. ③시간의 한계. ¶올해로써 꼭 20년이 되다.

로얄티(royalty) ⇨ ①사용료. 상표 사용료. ②인세. ✱로열티.

로오숀(lotion) ㉒ ⇨ 로션. ✱화장수의 한가지.

로의 ㉒ ⇨ 로. 으로. ¶쉼터로의 초대

⇨ 쉼터로 초대. 한국으로의 망명
⇨ 한국으로 망명.

로케트(rocket) ⇨ 로켓. {달로켓. 화
성로켓.}

롤러(roller) ⇨ ①굴밀이. ②누름틀.
②땅 다지개.

~롱(籠) * 옷가지를 넣어 두는 곳.
{부담롱. 오동롱. 의롱. 장롱.}
☞ 농.

롱 다리(long~) ⇨ 긴 다리.

료마에(**료마이**)〔兩前〕⑲ ⇨ 겹자락.
겹여밈옷. * 양복.

루마치스(rheumatism) ⑲ ⇨ 류머
티즘. * 병 이름.

루베〔立方米〕⑲ ⇨ 세제곱미터. * 부
피의 하나치.

룸밀러 ⑲ ⇨ 뒷거울. * 자동차에 달린
거울.

~률[1](~律) * 법칙. * 니은을 뺀 받침
뒤에는 '률'임. {결합률.}

~률[2](~率) * 비율. * 니은을 뺀 받침
뒤에는 '률'임. {경쟁률.}
☞ ~율.[2]

리더십(leadership) ⑲ ⇨ 횟손. * 지
도력. 통솔력.

~리만큼 = ~리만치. ¶한 걸음도 더
걷지 못하리만큼 지쳤다.

리모콘(remot controller) ⑲ ⇨ 리
모트컨트롤.

리바이벌(revival) ⇨ ①되살림. ②되
풀이. * 재생. 재연. 복고.

리베이트(rebate) ⇨ ①사례금. ②보
상금.
☞ 뇌물. 뒷돈.[2]

리야카〔rear car〕⑲ ⇨ 손수레. * 리

어카.

리플렛(leaflet) ⇨ 광고 쪽지. 알림
쪽지. * 리플릿.

림프선(Lymph腺) ⑲ ⇨ 림프샘.

링게르(Ringer) ⇨ 링거. * 주사약 이
름.

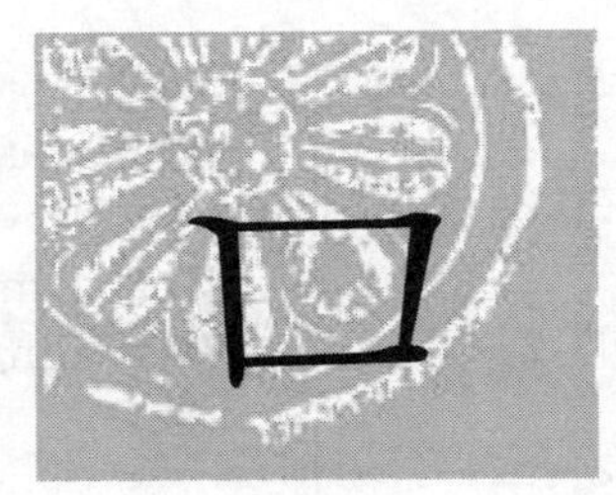

~ㅁ마 ⇨ ~마. ¶ 나중에 가마. 놀러 가마.

~ㅁ에 ⇨ ~(으)매. ‡ 이유나 근거. {가매. 오르매. 깊으매. 높으매.}

~ㅁ으로(써) = ~하는 것으로. ~하는 일로. ‡ 방법. 수단. ¶ 의술을 베풂으로써 봉사하고 있다. 나는 노래를 부름으로써 외로움을 달랜다.
☞ ~므로.

~ㅁ직하다 * 그럴 만한 특성이 있다. ¶ 믿음직하다. 바람직하다. ‡ 뒷가지.

~ㅁ 직하다 ¶ 믿어 봄 직하다. 하였음 직하다. ‡ '직하다'는 도움그림씨.

마(碼) = 야드. ‡ 하나치. 기호는 yd. 91.44cm. ¶ 두 마 세 치.
☞ 동.⁴ 자.¹ 치.² 필.

마감 * ① 하던 일을 끝냄. {끝마감.} ¶ 마감 뉴스. 마감 단계. 마감하다. ② 정한 날짜의 끝. ¶ 마감 날. 마감 시간이 가까워지다.
☞ 막음.

마개 * ① 병 아가리 속으로 들어가 막도록 된 물건. {고무마개. 병마개. 코르크마개.} ¶ 마개를 따다. 마개를 막다. ② 귀, 입, 코를 막는 물건. {귀마개. 입마개. 코마개.} ¶ 마개를 하다.
☞ 뚜껑. 두껍. 따까리.

마개뽑이 = 코르크마개 뽑개. ‡ 병 아가리를 막은 보굿(코르크) 마개를 뽑는 연모.
☞ 따개.

마고 여왕(~女王) ⇨ 마고 왕비. ‡ 영화 이름.

마구 = 막. ‡ ① 세차게. 심하게. ¶ 마구 때리다. 마구 달리다. ② 함부로. ¶ 마구 만든 옷. 글씨를 마구 쓰다. 쓰레기를 마구 버리다.
☞ 막.¹ 무턱대고.

마구간(馬廏間) = 마방간. 말간. ‡ 말을 기르는 간살.
☞ 쇠마구간. 외양간.

마구로 ㉑ ⇨ 다랑어. ‡ 바닷고기 이름.

마구자〔馬褂子〕 ⇨ 마고자. ‡ 저고리 위에 덧입는 옷.

마구잡이 = 생잡이. ‡ 닥치는 대로 마구 하는 짓. ¶ 마구잡이로 집어 먹다.
☞ 막잡이.

마굿간(馬廏間) ⇨ 마구간.

마기 ⇨ 막상. ✲ 어떤 일에 실지로 이르러. ¶ 막상 헤어지려니 눈물이 난다.

마기말로 = 막상말로. ✲ 실제라고 치고 하는 말로. ¶ 내가 그런 눈치를 받았다면 마기말로 집이라도 뛰쳐나갔을 것이다.

마끼〔卷〕⑩ ⇨ ①두루마리. ②김말이.

마나님 ✲ 나이가 많은 부인을 높여서 이르는 말. ¶ 부잣집 마나님. ☞ 마님.

마냥[1]〔어〕✲ ①줄곧. ¶ 마냥 기다리다. ②실컷. ¶ 마냥 웃고 떠들다. ③몹시. ¶ 성격이 마냥 좋기만 하다. ☞ 만판. 매양. 처럼.

마냥[2]〔이〕= 늦모내기. ✲ 늦게 하는 모내기.

마냥모 = 늦모. ✲ 늦게 심는 모. ☞ 퇴마냥.

마녀(魔女) ⑩ ⇨ 불여우.

마누라 ✲ ① 중년이 넘은 아내를 이르는 말. ¶ 여보 마누라! ② 아내. {본마누라. 작은마누라. 큰마누라.} ③ 중년이 넘은 여자. ¶ 주인 마누라. ☞ 부인.

마는〔토〕= 만. ✲ 맺음끝 ‘~까, ~다,~냐,~자,~지’ 뒤에 붙는 도움토씨. ¶ 공부는 열심히 했다마는. 보고 싶지마는. 그럴 리가 있을까마는. ☞ ~지마는. 만은.

마늘동 ⇨ 마늘종. ✲ 마늘의 꽃줄기. ¶ 마늘종 장아찌.

마늘쫑 ⇨ 마늘종.

마니라(摩尼剌. Manila) ⇨ 마닐라.

✲ 땅 이름. {마닐라삼. 마닐라지.}

마님 ✲ ①지체가 높은 집안의 부인을 높여 이르는 말. {안방마님.} ②상전을 높여 이르는 말. {대감마님. 영감마님. 주인마님.} ☞ 마나님. 마마.

마다에〔토〕⇨ ①마다. ②에.

마다에는〔토〕⇨①마다. ②에. 에는.

마다의〔토〕⇨ 마다.

마다이 ⑩ ⇨ 참돔. ✲ 바닷고기 이름.

마다지 = 마다하지. ✲ 마다하다. ¶ 고생을 마다지 않고 열심히 일한다.

마댔던 ⇨ 마뎄던. 마다했던. ✲ 마다하다. ¶ 장관 자리도 마댔던 분이다.

마당[1] ✲ 집채의 앞뒤에 닦아 놓아 일터로 쓰고 놀이터도 되는 곳. ✲ 타작하기. 우케 널기. 길쌈하기. 잔치판. 놀이판, 이야기판을 벌이는 곳. {마당귀. 마당길. 마당비. 마당출입.} {뒷마당. 모이마당. 바깥마당. 배꼽마당. 안마당. 앞마당.} ¶ 마당이 넓다. 마당을 쓸다. 마당을 빌리다. ☞ 뜰.

마당[2] ✲ ①어떤 일이 벌어지는 곳. {마당극. 마당놀이.} {놀이마당. 북춤마당. 술마당. 장마당. 타작마당. 텃마당.} ¶ 씨름 마당. 장기 마당. 탈춤 마당. ②어떤 일이 벌어지는 판이나 상황. ¶ 급한 마당에. 같이 늙어 가는 마당에. 떠나는 마당에. ③하나치. ✲ 판소리. 탈춤. ¶ 판소리 열두 마당.

마당과부(~寡婦) ✲ 초례를 올리고 바로 홀로된 여자. ☞ 까막과부. 망문과부. 청상과부. 청춘과부.

마당굿 = 마당내전. ‡ 모여들었던 귀신을 보내는 마지막 굿.

마당들이기 = 마당맥질. ‡ 타작마당을 판판하게 고르는 일.

마당발 * ①볼이 넓은 발. ‡ 발의 생김새. ②폭넓게 활동하는 사람. ¶ 그는 그 바닥에서 모르는 사람이 거의 없는 마당발이다.
　☞ 채발. 평발.

마당밟이 = 뜰밟기. 뜰밟이. 지신밟기. ‡ 민속.

마당생기 = 뜰생기. 진도 씻김굿. ‡ 민속.

마당여 * 바다에 널찍하고 평평하게 뻗은 바위.
　☞ 노초. 숨은여. 암초. 여.¹ 염.¹

마당조개 = 무명조개. ‡ 대합. 백합.

마당질 = 타작. 바심. ‡ 곡식을 떨어 알곡을 거두는 일.

마당춤 * 허튼춤 가운데 주로 마당에서 추는 춤. ‡ 서민의 춤.
　☞ 사랑방춤.

마대(麻袋) ㉑ ⇨ 포대. 자루.

마도메 ㉑ ⇨ 끝손질. 마무리.

마도와꾸〔窓~〕㉑ ⇨ 창틀.

마들가지 ⇨ 마들가리.

마땅잖다 ⇨ 마땅찮다. 마땅하지 않다. ‡ 울림소리 뒤에는 ‘ㅏ’만 줆.

마땅히 * ①알맞게. ¶ 마땅히 할 일이 없다. ②이치로 보아 옳게. ¶ 자식이라면 마땅히 부모에게 효도를 해야 한다.
　☞ 모름지기.

마뜩잖다 ⇨ 마뜩찮다. ‡ 마음에 들지 않다. ¶ 하는 짓이 마뜩찮다.

마뜩히 ⇨ 마뜩이. ‡ 제법 마음에 들게.

마라 = 마. ‡ 바로 시킴꼴. ¶ "게임방에는 가지 마라."라고 했다.
　☞ 말라.

마라리아(malaria) ㉑ ⇨ ①하루거리. ②이틀거리. ‡ 말라리아. 학질.
　☞ 풋심.

마래(馬來) ⇨ 말레이시아. ‡ 나라 이름.

마련¹ * ①헤아려서 갖춤. ¶ 돈 마련을 해 놓다. 음식 마련이 걱정이다. ②속셈이나 궁리. ¶ 무슨 마련이 있겠지요.

마련² * ①이미 어떻게 될 것으로 정해진 사실. ¶ 봄은 오게 마련이다. ②정도나 상태. ¶ 괘씸하던 마련으로는 내버려 두고도 싶었다.

마련³(馬聯) ⇨ 말레이시아. ‡ 나라 이름.

마련그림 * 기계 따위의 모양, 치수를 미리 그린 그림. ‡ 설계도.
　☞ 간잡이그림. 겨냥그림. 펼친그림.

마루¹ * ①등성이를 이루는 산이나 지붕의 꼭대기. {마루높이.} {고갯마루. 산등성마루(산마루). 서산마루. 영마루.} {용마루(지붕마루).} ②수평선의 두두룩한 부분. {물마루.} ③너울지는 물결의 꼭대기. ④사람 몸에서 날카롭게 솟은 부분. {등성마루. 콧마루. 정강마루.} ⑤일이 한창인 고비.

마루² * 집채 안에 바닥과 사이를 띄우고 깐 널빤지나 그런 곳. {마루광. 마루문. 마루방. 마룻구멍. 마룻바닥. 마룻전.} {골마루. 귀틀마루(우물마루.) 난간마루. 납작마루. 널마

루. 누마루(다락마루). 대청마루. 덜
걱마루(떨꺽마루). 동마루. 뒷마루.
들마루. 사랑마루. 살마루. 앞마루.
안마루. 어간마루. 장마루. 쪽마루.
찬마루. 토마루. 통마루. 툇마루.}
¶ 마루 운동. 마루를 깔다. 마루를
닦다. 마루에 걸터앉다. 마루로 올
라서다.

마루눈 = 꼭지눈. 끝눈. ⁑ 나무의 줄기
나 가지에 난 눈.
☞ 곁눈.¹

마루벽돌(~甓~) = 종벽돌. ⁑ 쐐기
모양의 벽돌.

마루씨름 ⇨ 상씨름.

마루청(~廳) = 마루판. 마룻널. 마룻
장. 청널. ⁑ 마룻바닥에 깐 널조각.

마루타〔丸太〕㬌 ⇨ 통나무. 둥글이.
⁑ 원목.

마루터기 = ①마루턱. ②산마루터기.
⁑ 산마루나 용마루의 두드러진 턱.

마룻대 = 마룻도리. 종도리. 종심도리.
⁑ 건축.

마룻줄 = 용총줄. 용총. ⁑ 배의 돛을
오르내리는 데 쓰는 줄.

마르다¹ ⁑ 옷감이나 재목을 치수에 맞
게 자르다. ⁑ 재단하다. ¶ 옷을 만들
려고 옷감을 마르다. 책상 위판에 알
맞게 나무를 마르다.

마르다² ⁑ ①물이나 물기가 없어지다.
②물이 먹고 싶다. ③몸이 야위다.

마르재다〔裁斷〕⇨ 마르다. ⁑ 옷감 따
위를 치수에 맞게 자르다.

마른간법(~法) ⁑ 물고기에 소금을 뿌려
간을 하는 방법.
☞ 물간법.

마른갈이 ⁑ 마른논을 가는 일. ⁑ 농사.
☞ 무논갈이. 물갈이.² 진갈이.

마른걸레 ⁑ 물기가 없는 걸레. ¶ 마른
걸레로 문지르다.
☞ 진걸레. 물걸레.

마른과자(~菓子) ⁑ 바싹 마르게 구운
과자.
☞ 진과자.

마른구역(~嘔逆) ⇨ 헛구역.

마른기침 = 강기침. ⁑ 가래가 나오지
않는 기침.

마른날 ⁑ 비나 눈이 내리지 않는, 갠
날.
☞ 진날.

마른논 ⁑ ①물이 실려 있지 않은 논.
②비가 오지 않으면 바로 마르는 논.
☞ 무논. 진논.

마른눈 ⁑ 비가 섞이지 않고 내리는 눈.
☞ 싸락눈. 진눈깨비. 얼음비. 함박
눈.

마른땀 ⁑ 긴장하거나 놀랐을 때 나는
땀. ¶ 등골이 오싹하며 마른땀이 났
다.
☞ 식은땀. 진땀.

마른땅 ⁑ ①땅의 성질이 메마른 땅.
②물기가 없는 땅.
☞ 진땅.

마른똥 = 된똥. ⁑ 물기가 적은, 단단
한 똥.
☞ 물똥. 물찌똥. 진똥.

마른바가지 ⁑ 마른 채로 쓰는 바가지.
⁑ 곡식을 퍼내거나 담는 데 씀.
☞ 물바가지.

마른반찬(~飯饌) ⁑ 물기가 없이 만든
반찬. ⁑ 김, 건어물 따위.

☞ 진반찬.

마른밥 * ① 단단하게 만든 주먹밥. ② 국 없이 먹는 밥.
　☞ 강밥. 된밥. 맨밥. 진밥.

마른빨래 * ① 옷에 묻은 흙을 말린 뒤 비벼서 떨어내는 일. ② 기름빨래.
　☞ 물빨래.

마른세탁(~洗濯) 倒 ⇨ 마른빨래.

마른신 * ① 기름으로 겯지 않은 가죽 신. ② 마른 땅에서 신는 신.
　☞ 발막신. 진신.

마른안주(~按酒) * 포, 땅콩, 과자처럼 물기가 없는 안주.
　☞ 진안주.

마른오징어 * 납작하게 펴 말린 오징어.
　☞ 생오징어. 물오징어.

마른일 * 바느질이나 길쌈 따위 손에 물을 묻히지 아니하고 하는 일.
　☞ 진일.

마른입 * 국이나 물을 먹지 않은 입. ¶ 얼른 마른입부터 축여라.
　☞ 잔입.

마른자리 * 물기가 없는 자리. ¶ 진자리를 마른자리로 갈아주다.
　☞ 진자리.

마른장마 * 비가 아주 적게 오거나 갠 날이 계속되는 장마철.
　☞ 건들장마. 늦장마. 억수장마.

마른찜질 * 뜨거운 바람이나 돌, 방석, 자라통으로 하는 찜질.
　☞ 물찜질.

마른타작 * 벤 벼를 바싹 말린 뒤에 하는 타작.
　☞ 진타작. 물타작.

마른풀 * ① 갈초. ‡ 짐승의 먹이. ② 두엄으로 쓰려고 베어서 말린 풀.
　☞ 꼴.² 생풀.²

마른행주 * 물을 적시지 않고 쓰는 행주. {마른행주질.} ¶ 마른행주로 닦다.
　☞ 진행주. 물행주.

마른홍두깨 * 약간 눅진한 다듬잇감을 홍두깨에 올리는 일.
　☞ 진홍두깨.

마름¹ * ① 이엉을 말아 놓은 단. ② 하나치. ¶ 이엉 한 마름.
　☞ 용마름.

마름² = 마름꾼. ‡ 옛날에 땅주인을 대신하여 소작권을 관리하던 사람.

마름³ * 연못에 사는 물풀 이름. 또는 그 열매. {마름꽃. 마름죽. 마름쇠.}

마름⁴〔裁斷〕* 옷감이나 나무, 돌 따위를 마름질하는 일. {마름돌. 마름둥글이. 마름자. 마름재목.} {마름질하다. 마름하다.}

마름개질〔裁斷〕⇨ 마름질.

마름모 = 마름모꼴. {마름모깔기. 마름모무늬.}

마름병 = 장승병. ‡ 농작물의 줄기나 잎이 말라 죽는 병. 입고병.

마름새¹〔乾燥度〕* 마른 정도.

마름새² * 마름질하여 놓은 모양. 그런 상태. ‡ 재단한 모양.

마리¹ * 하나치. ‡ 낙지, 조기, 비웃, 붕어, 메기 따위. ¶ 비웃 한 마리.
　☞ 코.³ 쾌. 짝.³ 두름. 동.⁴ 손.¹

마리² * 하나치. ‡ 개, 고래, 곰, 기린, 꿩, 닭, 범 따위 짐승. ¶ 말 한 마리.
　☞ 두.² 필.

마리당(~當) ⇨ 한 마리마다. 한 마

리에. ¶ 한 마리에 천 원이다.

마리수(~數) ⇨ 마릿수. ¶ 낚은 물고기의 마릿수를 세다.

마마[1] * 임금과 그 식구를 높여 이르는 말. {대비마마. 대왕마마. 대왕대비마마. 중궁마마. 상감마마. 아바마마. 어마마마.}
☞ 마님.

마마[2]〔天然痘〕 = 손님마마. {마마꽃. 마마딱지. 마마떡. 마맛자국.}
☞ 작은마마.

마마보이(mamma's boy) ⇨ 응석받이. 치마폭 아이.

마메인〔豆印〕[왜] ⇨ 좀도장. 꼬마도장. ¶ 고친 숫자 자리에 좀도장을 찍다.

마메콩〔豆~〕[왜] ⇨ 콩.

마무려 놓다 ⇨ 마물러 놓다.

마무르다 * ①물건의 가장자리를 꾸며서 끝맺다. ②일의 뒤끝을 맺다.
☞ 마무리하다.

마무리대패 = 고운대패. ⁑ 막대패, 중대패로 민 다음 마무리하는 대패.
☞ 거친대패. 막대패.

마무리하다 * ① 일을 끝맺다. ② 글을 끝맺다. ¶ 소설을 마무리하다.
☞ 마무르다. 마치다.

마바리[1] = 마짐. ⁑ 논 한 마지기에서 벼 두 섬이 나는 것. ¶ 마바리가 나다.

마바리[2](馬~) * 짐을 실은 말이나 그 짐. ¶ 짐을 실은 마바리가 뒤따랐다.

마바리꾼〔馬~〕 = 마발꾼. 마삯꾼. ⁑ 직업으로 마바리를 싣고 다니는 사람.

마바릿집〔馬~〕 ⇨ 마방집. ⁑ 말로 삯짐 나르는 일을 하는 집.

마병장수 * 헌 물건을 가지고 다니면서 파는 장수. ⁑ 고물장수.
☞ 들병장수.

마부(馬夫) = 마차꾼. ⁑ 마차를 모는 사람.

마부타령굿(馬夫~) = 소굿. 쇠굿. 소놀음굿. 소놀이굿. 소놀이. ⁑ 민속.

마빡 = 이마빼기. 이마빡. 이마. ⁑ 속된 말. ¶ 손바닥으로 마빡을 치다.

마삯꾼(馬~) = 마발꾼. 마바리꾼. ⁑ 직업으로 마바리를 싣고 다니는 사람.

마상이 = 마상. ⁑ ①통나무배. 구유배. ②노를 젓는 작은 배. ③낚거루.
☞ 매생이.

마소수레 = 달구지. ⁑ 소나 말이 끄는 짐수레.

마속 * 곡식을 되는 말의 들이. ⁑ 용량. ¶ 마속이 크다. 마속이 적다.
☞ 말속.

마수[1](魔手) ⇨ 검은손.

마수[2] * ①마수걸이. ⁑ 맨 처음으로 물건을 파는 일. 또는 거기서 얻은 이익. {마수손님.} ②마수걸이로 예측하는 그날의 운수.
☞ 떨이.[1]

마수없이〔어〕 = ①갑자기. ②난데없이.

마술쟁이(魔術~) * 재빠른 손놀림이나 속임수를 써서 재미있는 구경거리를 보여주는 것을 직업으로 하는 사람.

☞ 요술쟁이.

마스게임(mass game) ⇨ 단체 유희. 집단 체조. 모둠 체조. ‡ 매스 게임.

마시다 * 액체나 기체를 목구멍으로 넘기다. ¶ 술을 마시다. 가스를 마시다.

☞ 들이켜다. 들이키다. 빨다.¹ 켜다.⁵

마실가다 ⇨ 마을가다. ‡ 이웃에 놀러 가다.

마실꾼 ⇨ 마을꾼. ‡ 이웃에 놀러다니는 사람.

마아 〔느〕 ㉦ ⇨ ① 말하자면. ② 뭐. ③ 글쎄. ④ 아니. ⑤ 음.

마약문화(痲藥文化) ⇨ 마약. 마약 사용 실태. 마약 중독자 관리.

마에가리 〔前借〕 ㉦ ⇨ 당겨 받기. 미리 받기.

마에칸 ㉦ ⇨ 걸고리단추.

마을¹ * 여러 집이 한 동아리를 이루어 모여 있는 곳. {마을굿. 마을버스. 마을신. 마을신네.} ¶ 마을 길. 마을 사람. 마을 어귀. 마을 제사. {갯마을. 건넛마을. 뒷마을. 뜸마을. 산마을. 아랫마을. 안마을. 앞마을. 윗마을.} ¶ 고향 마을. 두메 마을. 시골 마을. 이웃 마을. 하회 마을.

☞ 고을. 동네. 동내.

마을² * 이웃에 놀러다니는 일. {마을꾼.} {저녁마을. 마을돌이하다.} ¶ 마을 가다. 마을 다니다. 밤마을 다니다.

마음 = 맘. ‡ 성격, 품성, 감정, 의지, 생각, 관심, 생각, 심리 따위를 아우르는 말. {마음가짐. 마음결. 마음고생. 마음공부. 마음껏. 마음눈. 마음대로. 마음보. 마음성. 마음속. 마음씨. 마음자리.} {본마음. 속마음. 참마음. 큰마음.} {마음잡다.} ¶ 마음이 가볍다. 마음이 끌리다. 마음을 놓다. 마음이 놓이다. 마음이 좋다. 마음이 착하다.

☞ 정신.

마음먹다 = 맘먹다. ‡ 마음속으로 다짐하다.

마음 먹다 ¶ 엉뚱한 마음을 먹지 마라. ☞ 벼르다.¹

마음보 = 맘보. 심보. ‡ 마음의 쓰임새를 나쁜 쪽으로 말할 때.

마음이 찢어지다 ⇨ 가슴이 찢어지다.

마음자세(~姿勢) ⇨ 마음가짐.

마음적(~的)**으로** ⇨ 마음으로.

마음 조이다 ⇨ 마음 졸이다.

마음 졸이다 = 애태우다. ‡ 결과가 빨리 닥치기를 기다릴 때.

마음 죄다 * 긴장되거나 긴장하다. ‡ 닥쳐오는 것을 두려워할 때.

마이 ㉦ ⇨ 양복. 양복저고리.

마이가리(마에가리) 〔前借〕 ㉦ ⇨ 당겨 쓰기. 당겨 받기. 미리 받기.

마이다스(Midas) ⇨ 미다스. ‡ 그리스 신화에 나오는 왕. ¶ 미다스의 손.

마이카(my car) ㉦ ⇨ 내 차. 자가용 차.

마잡이 ⇨ 말잡이.

마장 * 거리의 하나치. ‡ 오 리나 십 리가 못 되는 거리.

마저¹ 〔어〕 * 남김없이 모두. ¶ 이것까지 마저 먹어라. 내 말을 마저 들어라.

마저² 〔토〕 * 그 위에 더하여 하나 남

은 마지막. ¶ 이것마저 먹어라.
☞ 까지.¹ 도.¹ 조차.

마적(魔笛) ㉑ ➪ 요술 피리. ＊ 모차르트가 작곡한 오페라 이름.

마전 ＊ 생피륙을 삶거나 빨아서 볕에 바래는 일. ＊ 표백. {마전가루. 마전장이. 마전터.} ¶ 피륙을 마전하다. 마전한 무명으로 바지를 짓다.
☞ 누임.

마정스럽다 ➪ 매정스럽다.

마정하다 ➪ 매정하다.

마져 ➪ 마저.

마조쟁이(磨造～) ➪ 마조장이. ＊ 도자기를 굽기 전에 맵시를 내는 사람.

마주나무 ＊ 말이나 소를 매어놓는 나무.
☞ 말말뚝.

마주 보다 = 맞보다. ¶ 말없이 마주 보고 있으려니 서먹하기 짝이 없다.

마주치다 ＊ ①서로 똑바로 부딪치다. ②우연히 서로 만나다. ③눈길이 서로 닿다. ④어떤 경우나 처지에 부닥치다. ¶ 뜻밖의 일에 마주치다.
☞ 만나다.

마주칠까봐 ➪ 마주칠까 봐.

마줏대 ➪ 말말뚝.

마중하다 ＊ 오는 사람을 나가서 맞이하다. ¶ 마중 가다. 마중 나오다.
☞ 배웅하다. 맞이하다.

마지(摩旨) = 마짓밥. ＊ 부처님께 올리는 밥. {마지쇠. 마지쌀.}
☞ 젯메.

마지기 ＊ ①얼마 안 되는 논. ¶ 논 마지기. ②하나치. ¶ 논 닷 마지기. ＊ 한 마지기는 곳에 따라 백오십 평, 이

백 평, 삼백 평을 말함.
☞ 배미. 되지기.¹ 섬지기.

마지막 ＊ ①시간이나 일의 맨 끝. ②맨 나중의. ¶ 마지막 날. 마지막 회.
☞ 끝.

마지막손 = 끄트머리 할매. 마지막딸. 막딸. 막손. ＊ 민속.

마지않다 = 마지아니하다. ¶ 바라 마지않는 일. 존경해 마지않는 분.

마지하다 ➪ 맞이하다.

마진(痲疹) ㉑ ➪ 구실. ＊ 홍역.

마질 ＊ 곡식을 말로 되는 일. {마질하다.} ¶ 마질을 후하게 하다.
☞ 되질. 말질.

마짓밥(摩旨～) = 마지. ＊ 부처님께 올리는 밥.
☞ 젯메.

마차꾼(馬車～) = 마부. ＊ 직업으로 마차를 모는 사람.

마찬가지 = 매한가지. 한가지. ＊ 모양이나 형편이 서로 같음.

마추다 ➪ 맞추다.

마춤 ➪ 맞춤.

마춤법 ➪ 맞춤법. ¶ 한글 맞춤법.

마춤옷 ➪ 맞춤옷.

마춤하다 ➪ 마침하다. ＊ 아주 알맞다. ¶ 나에게 마침한 일자리를 찾았다.

마치¹ 〔어〕 ＊ 거의 비슷하게. ＊ '같이, 처럼, 양하다'와 어울려 씀. ¶ 마치 달덩이 같다. 마치 쇳덩이처럼 단단하다. ＊ 직유법.
☞ 만치. 만큼.

마치² 〔이〕 ＊ 못을 박거나 두드릴 때 쓰는 망치보다 작은 연장. {대갈마치.}

☞ 망치. 장도리.

마치겠다 * '마치다'의 미래형. ⁑ 현재형으로는 쓸 수 없음.

마치다[1] * ①정해 놓은 일이 끝나다. ¶ 대학을 마치다. 인사말을 마치다. 일을 마치다. 졸업식을 마치다. ②삶을 끝내다. ¶ 고향에서 삶을 마치다.

☞ 마무리하다. 끝내다.

마치다[2] * ①몸 어느 곳이 결리다. ¶ 옆구리가 마치다. ②못을 박을 때 속에 무엇이 받치다. ¶ 말뚝을 박는데 무언가 딱딱한 것이 마치었다.

☞ 맞히다. 매치다.

마치도록 하다 ⇨ 마치다. ¶ 수업을 마치도록 한다. ⇨ 수업을 마친다.

마치맞다 ⇨ ①마침맞다. ②마침하다.

마치몰라 〔어〕 ⇨ 마침몰라. ⁑ 그때를 당하면 어찌될지 모르나.

마침 * 어떤 경우나 기회에 알맞게. ⁑ 긍정적일 때. ¶ 내가 찾아갈 참이었는데 마침 잘 왔다. ¶ 역에 가자 마침 서울 가는 기차가 있었다.

☞ 공교롭게. 마치.[1]

마침구이 = 참구이. ⁑ 질그릇에 잿물을 발라 마지막으로 구워내는 일.

☞ 설구이. 애벌구이. 초벌구이.

마침내 = 결국. ⁑ 행동의 끝을 기준으로 하고 뒤에 긍정이 옴. ¶ 일본은 마침내 항복하고 말았다. 마침내 두 사람은 혼인하여 행복하게 살았다.

☞ 끝내. 드디어. 이윽고.

마침맞다 * 어떤 경우나 기회에 꼭 알맞다. ¶ 마침맞은 신랑감을 찾았다. 과일이 다 떨어졌는데 마침맞게 잘 사 왔다.

마침하다 * 무엇에 아주 알맞다. ¶ 너에게 마침한 일자리가 있다.

마켓팅(marketing) ⇨ 시장 거래. 시장 관리. ⁑ 마케팅.

마큼 ⇨ 만큼.

마키(마끼) 〔卷~〕 [왜] ⇨ ①두루마리. ②김말이.

마키즈시(마끼스시)〔卷壽司〕[왜] ⇨ ①김초밥. ②김말이.

마파람 = 앞바람. ⁑ 뱃사람들이 남풍을 이르는 말.

☞ 맞바람. 댑바람. 된바람.

마호멧교(Mahomet敎) ⇨ 마호메트교. 이슬람교. 회회교. 회교. ⁑ 알라.

마호병 〔魔法甁〕 [왜] ⇨ 보온병.

마후라(muffler) [왜] ⇨ ① 목도리. ② 안개통. ③권투 장갑. ⁑ 머플러.

마흔 〔四十〕 * {마흔하나. 마흔둘. 마흔셋. 마흔넷. 마흔다섯. 마흔여섯. 마흔일곱. 마흔여덟. 마흔아홉.} ¶ 마흔살. 마흔 사람. 나이가 마흔이다.

막[1] 〔어〕 = 마구. ¶ 슬퍼서 막 울었다.

막[2] 〔어〕 * ①바로 지금. ¶ 막 끝내다. ②바로 그때. ¶ 기차가 막 떠나다.

막~[3] * ①거친. 품질이 낮은. {막가마. 막고무신. 막국수. 막그릇. 막낳이. 막노동. 막담배. 막대패. 막도장. 막된놈. 막말. 막바우. 막벌. 막베. 막불겅이. 막소주. 막옷. 막초. 막춤. 막치. 막토.} {막지르다. 막질리다.} ②닥치는 대로. {막심기. 막쌓기. 막품팔이. 막필.} {막벌다. 막살다.} ③ 주저 없이. 함부로. {막가다. 막놀다. 막보다.}

막~[4] * 마지막. {막고비. 막내. 막둥이.

막물. 막배. 막벌. 막순. 막술. 막잔. 막잠. 막장. 막차. 막참. 막판.}

막⁵〔幕〕 ＊ ① 임시로 지은 집. {비가림막. 술막.} ② 무대 앞을 가리는 천.

막걸리〔濁酒〕 ＊ 우리나라 전통술의 한 가지. {보리막걸리. 찹쌀막걸리.}
☞ 동동주. 맑은술. 막걸이.

막걸리다 ＊ '막걸다'의 입음. ＊ 노름판에서 가진 돈을 모두 걸게 되다.
☞ 맞걸리다. 접질리다.

막걸이 ＝ 막골그물. ＊ 얕은 갯고랑으로 들어오는 새우 따위를 잡는 그물.
☞ 막걸리.

막구들 ＝ 허튼구들. ＊ 골을 켜지 않고 놓은 구들.
☞ 연좌구들.

막깎기 ＊ ① 마구 깎는 일. ② 애벌로 깎는 일.

막깎이 ＊ 머리털을 바싹 짧게 깎는 일. 또는 그렇게 깎은 머리.

막내 ＝ 막내둥이. {막내딸. 막내며느리. 막내아들. 막내아우(막냇동생). 막냇누이. 막냇사위. 막냇삼촌. 막냇손자. 막냇자식.} ¶ 막내 집.

막누룩 ⇨ 섬누룩. ＊ 품질이 낮은 누룩.

막눈〔不定芽〕 ＝ 엇눈. ＊ 꼭지눈이나 곁눈 자리가 아닌 자리에서 나는 눈.
☞ 제눈.

막다 ＊ ① 드나들지 못하게 하다. ¶ 길을 막다. 구멍을 막다. 틈을 막다. ② 어떤 행동이나 현상이 일어나지 못하게 하다. ¶ 소음을 막다. 싸움을 막다. ③ 앞을 가리거나 둘러싸다. ¶ 햇빛을 막다. 창문을 막다. 울타리로 막다. ④ 맞서서 버티다. ¶ 침입을 막다. 공격을 막다.
☞ 가로막다. 가리다.¹ 닫다.¹

막달 ＝ 산달. 해산달. ＊ 아기를 낳을 달.

막대 ＝ 막대기. ＊ 가늘고 기름한 나무. {막대그래프(막대그림표. 막대표). 막대자석. 막대잡이. 막대찌. 막대체. 막댓가지.} {대막대기. 상장막대. 소경막대. 쇠막대기. 자막대(자막대기). 지게막대(지게막대기). 지팡막대.} ¶ 구리 막대. 나무 막대. 느티나무 막대. 대나무 막대. 유리 막대.
☞ 바리장대. 작대기. 장대.

막대기춤 ＝ 입춤. 도굿대춤. 몽둥이춤. 배김새춤. 번개춤. 일자활개펴기춤. 절굿대춤. ＊ 제멋대로 추는 춤.
☞ 입춤.

막대패 ＝ 거친대패. ＊ 나무를 애벌로 대강 밀 때 쓰는 대패. {막대패질.}
☞ 고운대패.

막대표(~表) ＝ 막대그래프.

막돌 ＊ 아무렇게나 생긴 돌. ¶ 막돌 바탕. 막돌 주추.
☞ 가름돌. 거친돌. 다듬돌. 호박돌. 구슬자갈. 밤자갈.

막동이(~童~) ⇨ 막둥이. ＊ ① 막내아들. ② 잔심부름을 하는 사내아이.

막되다 ＝ 막돼먹다. ＊ ① 버릇없고 난폭하다. {막된놈.} ¶ 막된 사람. ② 거칠고 좋지 못하다. ¶ 막된 일. 막된 고비.

막딸 ＝ 마지막손. 끄트머리할매. ＊ 민속.

막말 * 뒤를 두지 않고 딱 잘라서 하는 말. ¶ 막말을 해서는 안 된다.
☞ 막소리.

막물 = 끝물. ** 그해의 가장 나중에 나는 과일, 푸성귀, 해산물 따위.
☞ 늦물.[2] 맏물.

막바로 ⇨ 바로.

막바지 = 끝머리. 끝판. ** ① 마지막 단계. ② 막다른 곳.
☞ 맞받이.

막벌이 * 막일로 돈을 버는 일. {막벌이꾼. 막벌이판. 막벌이하다.}
☞ 맞벌이.

막베떡 ⇨ 콩설기. ** 쌀가루에 콩을 섞어서 켜를 지어 찐 떡.

막보다 * 얕보아 마구 대하다. ¶ 너까지 나를 막보고 덤비겠다는 게냐?
☞ 막서다. 맞보다.

막부(莫府) ⇨ 모스크바. ** 땅 이름.

막뿌리〔不定根〕 = 엇뿌리. ** 제뿌리가 아닌 줄기나 잎에서 생기는 뿌리.

막사과(莫斯科) ⇨ 모스크바. ** 땅 이름.

막사리 * 얼음이 얼기 바로 전의 밀물. ¶ 막사리는 차가운 기운이 넘쳤다.
☞ 막살이.

막사발 = 상사발. ** 품질이 낮은 사발.

막살이 * 아무렇게나 사는 살림살이. ¶ 우리 같은 막살이에게는 분에 넘친다.
☞ 막사리.

막상말로 = 마기말로. ¶ 막상말로 내가 당했다면 그냥 있지 않았을 것이다.

막서다 * ① 싸울 듯이 마구 대들다. ¶ 애가 겁도 없이 막서네. ② 아무한테나 대들다. ¶ 이 녀석아, 버릇없이 어른에게 막서면 안 돼.
☞ 막보다. 맞서다.

막서리 * 남의 집에 가서 막일을 해 주며 사는 사람. ¶ 막서리 색시더러 보리방아를 찧으라고 일렀다.
☞ 막일꾼.

막소리 * 함부로 하거나 속되게 하는 말. ¶ 막소리를 듣다. 막소리를 하다.
☞ 막말.

막술 * 밥을 먹을 때, 마지막으로 드는 숟갈.
☞ 첫술.

막심기 = 허튼모. 벌모. ** 못줄을 쓰지 않고 이리저리 심는 모.
☞ 줄모.

막쌓기 = 허튼층쌓기. ** 줄눈을 맞추지 않고 돌을 되는대로 쌓는 일.
☞ 다듬돌쌓기. 손질돌쌓음.

막암 ⇨ 마감.

막애 ⇨ 마개. {병마개.} ¶ 코르크 마개.

막역하다(莫逆~) * 벗으로서 허물없이 친하다. ¶ 막역하게 지내다.

막연하다(漠然~) * 앞이 아득하거나 갈피를 잡을 수 없게 어렴풋하다.

막음 * '막다'의 이름꼴. {말막음. 입막음.}
☞ 마감.

막일 = 상일. ** ① 막노동. ** 기술이 없어도 할 수 있는 일. ② 허드렛일.

막일꾼 * 막일을 하며 살아가는 사람.
☞ 막서리.

막잡이 * ①마구 쓰는 물건. ②좋은 것은 골라내고 남은 찌꺼기.
☞ 마구잡이.

막지기 ⇨ 가지기. ⁑ 혼인하지 않고 다른 남자와 사는 홀어미.

막혀지다 ⇨ 막히다.

막흙 ⇨ 막토. ⁑ 집을 지을 때 아무 데서나 파서 쓸 수 있는 보통 흙.

만[1] * 동안. ¶ 십 년 만에 만나다. 떠난 지 십 년 만이다. ⁑ 매인이름씨

만[2] * 이유. 가능. ¶ 화낼 만도 하다. 도망갈 만도 하다. ⁑ 매인이름씨.
☞ 만하다. 만 못하다.

만[3] 〔토〕 = 마는. ¶ 먹고는 싶다만 돈이 없다. 나이는 많지만 몸은 젊다.

만[4] 〔토〕 * ①한정. ⁑ 그것뿐. ¶ 공부만 한다. 하나만 안다. ②비교. ⁑ 그 정도에 미침. ¶ 네 키만 하다. 집채만 한 물결. 형만 한 아우 없다. ③강조. ⁑ 겨우 그 정도. ¶ 그만 돈도 없나? 너만 가느냐? ④조건. ¶ 나만 보면 웃는다. ⑤마지막 선. ¶ 복권 하나만 당첨되어라.
☞ 만은. 만하다. 만 하다.

만[5](滿) * 옹근. ①〔매〕 ¶ 만 연령. 만 스무 살. 만 1년. ②〔이〕 ¶ 올해가 만으로 일흔 살이다.

만[6](灣) * ①한자말 뒤에 붙여 씀. {영일만. 아산만.} ②서양말 뒤에는 띄어 씀. ¶ 멕시코 만.

만가[1](輓歌) ⇨ ①상엿소리. ②죽은 사람을 슬퍼하는 노래나 노랫말.
☞ 조가. 장송곡.

만가[2](**망가**)〔漫畵〕 [왜] ⇨ ①만화. ②우스갯거리. ⁑ 속된 말.

~만 같지 못하다 ⇨ ~만 못하다.

만개되다(滿開~) [왜] ⇨ 활짝 피다. 활짝 열다. ⁑ 만발하다.

만나니[1] * 만나다. ¶ 뜻밖에 너를 만나니 참으로 기쁘다.

만나니[2] ⇨ 맛난이. ⁑ 조미료의 한 가지.

만나다 * 마주보거나 닿다. ¶ 만나 보다. 만날 뻔하다. 동무를 만나다.
☞ 마주치다. 맞나다.

만남을 가지다 ⇨ 만나다.

만남표(~標) * 바느질에서 천과 천을 맞대어 꿰맬 자리를 나타낸 표시.
☞ 실표.

만년[1](晩年) * 늘그막. 늙마. ⁑ 인생의 끝 무렵. ¶ 만년에 운이 틔었다.
☞ 말년.

만년[2](萬年) * ①오랜 세월. {천만년. 천년만년.} ②언제나 변함없이 한결같은 상태. ¶ 만년 과장. 만년 청춘.

만 년(萬 年) ¶ 삼만 년 전에 일어난 일이다.

만년무끼(萬年~) ⇨ 만년묵이. 만년치기. ⁑ 오래 쓰기에 알맞은 물건.

만담가(漫談家) = 만담꾼. ⁑ ①직업으로 만담을 하는 사람. ②재미있고 익살스럽게 세상이나 인정을 비판, 풍자하는 이야기를 잘하는 사람.

만도리 = 만물. 세벌매기. ⁑ 볏논에 마지막으로 하는 김매기.
☞ 애벌매기. 이듬매기.

만두(饅頭) * 만두피에 만두소를 넣어 빚은 음식. {만두송이. 만두피. 만둣국.} {군만두. 물만두. 왕만두. 찐만두. 큰만두. 통만두.} {귀만두. 둥근

ㅁ

만두. 미만두. 변씨만두.} ¶ 만두를 빚다. 만두를 찌다.

만두속(饅頭~) ⇨ 만두소. ✱ 고기, 두부, 김치, 숙주나물 따위로 만듦.

만드마 ⇨ 만들마. ✱ 만들다.

만들다¹ 〔움〕 ¶ 거북선을 만들다. 교과서를 만들다. ¶ 노래를 만들다. 회칙을 만들다. 동아리를 만들다. 일거리를 만들다. 기회를 만들다. 영화를 만들다. 들은 이야기를 소설로 만들다. 좋은 분위기를 만들다. ☞ 변화하다. 이루다. 빚다. 삼다.² 짓다.

만들다² 〔도〕 ✱ 어떤 행동이나 상태가 이루어지게 하다. ✱ '~게. ~게끔. ~도록' 뒤에 붙임. ¶ 꼼짝 못하게 만들다. 잘살도록 만들다.

만들라 ✱ '만들다'의 건너 시킴꼴. ¶ 거북선을 만들라고 말했다.

만들어라 ✱ '만들다'의 바로 시킴꼴. ¶ "동아리를 만들어라."라고 말했다.

만듬 ⇨ 만듦. ✱ '만들다'의 이름꼴.

만듬새 ⇨ 만듦새.

만땅(**만땅꾸. 만탕쿠**)〔滿tank〕⑪ ⇨ 꽉 차게. 가득. 한껏.

만리(萬里) ✱ {만리장성. 만리장천. 만리전정. 만리타국. 만리타향. 만릿길.}

만 리(萬里) ¶ 엄마 찾아 삼만 리. 만 리 밖. ¶ 십만 리를 달려왔다.

만만더기 ⇨ 만만쟁이. ✱ 만만하게 보이는 사람.

만만장이 ⇨ 만만쟁이.

만만잖다 ⇨ 만만찮다. ✱ 울림소리 뒤에서는 'ㅏ'가 줆.

만 못하다 ✱ 견주어 보아 미치지 못하다. ✱ 비교. ¶ 나는 형만 못하다.

만 못 하다 ✱ 하지 못 하다. ¶ 다들 했는데 나만 못 하고 있다.
☞ 만하다. 만 하다.

만물¹ = 만도리. 세벌매기. ✱ 볏논에 마지막으로 하는 김매기.
☞ 만물. 논매기. 애벌매기. 이듬매기.

만물²(萬物) ✱ ① 모든 것. ② 갖가지 물건.

만발되다(滿發~) ⇨ 활짝 피다. 활짝 열다. ✱ 만발하다.

만생종(晩生種) ⇨ 늦은씨. ✱ 같은 식물 가운데서 특히 늦되는 품종.
☞ 올씨. 조생종.

만석(滿席) ⇨ 만원.

만석드리(萬石~) ⇨ 만석들이. ✱ 매우 넓은 논밭. ¶ 만석들이 농토.

만세놀이 = 만세받이. 만수받이. 만수. ✱ 무당이 굿을 할 때 한 사람이 소리하면 다른 사람이 따라서 같은 소리를 받아 하는 일.

만수받이 ✱ ① 만세놀이. 만세받이. ② 귀찮게 구는 것을 잘 받아주는 일.

만수위(滿水位) ⑪ ⇨ 먹찬 물높이. ✱ 저수지, 하천, 물두멍 따위.

만신¹ = 무당. ✱ 높임말.

만신²(滿身) ✱ 온몸. ¶ 만신에 상처를 입다.
☞ 삭신.

만약(萬若) = 만일. ✱ 어떤 일을 가정하여 그 결과를 보일 때.
☞ 가령. 혹시.

만양(晩秧) ⇨ 마냥. 늦모내기.

만양모(晩~) ⇨ 마냥모. 늦모.

만연되다(蔓延~) ⇨ 널리 퍼지다. ＊만연하다.

만 연령(滿 年齡) ＊ 옹근 나이. ＊ 첫돌이 지나야 한 살로 치는 나이.
☞ 세는 나이.

만연해지다(蔓延~) ⇨ 만연하다.

만원(滿員) ＊ 자리에 가득 참. ＊ 사람이 아니면 쓸 수 없음. ¶ 만원사례.

만은 〔토〕 = 만 + 은. ＊ ①그것 하나를 들어서 말할 때는 '만'을 줄일 수 있음. ¶ 너만은 꼭 오너라. 마음만은 비단결 같다. ②같은 정도에 미침을 나타낼 때. ¶ 파도가 집채만은 했지. ＊ 이름씨 뒤에 씀.
☞ 마는. 만.⁴

만이 ⇨ 만. ¶ 너만이 나를 이해할 수 있다 ⇨ 너만 나를 이해할 수 있다.

만일(萬一) = 만약.
☞ 가령. 혹시.

만장(輓章) ＊ 상여글. ＊ 죽은 이를 슬퍼하여 지은 글이나 그 글을 적은 깃발.

만장중(滿場中) = 만장판. ＊ 많은 사람이 모인 곳. 또는 그 사람.

만조(滿潮) ⓦ ⇨ 찬물때. ＊ 밀물이 가장 높이 들어오는 때.
☞ 간조.¹ 간물때.

(~을) **만족하다**(滿足~) ⇨ 만족하게 하다.

만종(晚鐘) ⇨ 저녁 종.

만지걸음 = 잦은걸음. ＊ 발을 자주 떼어 놓으며 걷는 걸음.
☞ 동동걸음.

만지다 ＊ 손으로 문지르거나 쓰다듬거나 잡거나 다루거나 손질하거나 움직여 보다. ＊ 머리. 몸. 물건. 물체.

돈. 악기. 기계.
☞ 어루만지다. 주무르다.

만지락거리다 ⇨ 만지작거리다.

만치다 ⇨ 만지다.

만큼¹ = 만치. ＊ '~ㄴ(는. 은), ~ㄹ(을), ~던' 뒤에 쓰는 매인이름씨. ①정도. 수량. ¶ 먹을 만큼 먹었다. ②원인, 근거. ¶ 손댄 만큼 달라진다.

만큼² 〔토〕 = 만치 ＊ 멀고 가까운 거리. {그만큼. 저만큼. 너만큼. 사람만큼. 이만큼.} ¶ 나도 당신만큼 할 수 있다. 집을 대궐만큼 크게 짓다.
☞ ~니만큼.

만탕쿠(만땅. 만땅꾸) 〔滿tank〕 ⓦ ⇨ 가득. 한껏. 꽉 차게.

만판 〔어〕 ＊ ①마음껏 넉넉하고 흐뭇하게. ¶ 만판 먹고 마시다. ②온통 한가지로. ¶ 공부는 안 하고 만판 놀기만 한다.
☞ 마냥.

만하다 〔도〕 ①동작이나 상태가 거의 어떤 정도에 미치어 있음을 나타냄. ¶ 먹을 만하다. 볼 만하다. ②값어치나 힘이 넉넉한 정도에 이름. ¶ 이 책은 읽을 만하다. 이만 추위는 참을 만하다.

만 하다(만 못하다) ＊ '만'은 도움토씨. '하다, 못하다'는 풀이씨. ① 한정. ¶ 웃기만 한다. 먹기만 했다. 닷 되들이만 하다. ②강조. ¶ 그를 만나야만 한다. 허락을 받아야만 한다. ③겨우 그 정도. ¶ 그만 한 것은 나도 있다. 그만 한 일로 호들갑이냐? ④비교. ¶ 집채만 한 파도. 너는 그만 못하다. 안 가느니만 못하다. 강

낭콩만 하다. 남만 하다. 송아지만
하다. 주먹만 하다. 쥐꼬리만 하다.
코딱지만 하다. 콩알만 하다. 형만
하다.
　☞ 만.⁴

만화¹ ＊ 지라와 이자를 함께 이르는
말. ＊ 사람(짐승)의 몸속에 있는 장
기.

만화²(漫畫) ＊ 이야기를 그림으로 나
타낸 작품. {만홧가게.} ¶ 만홧방.

만회하다(挽回~) 動 ⇨ 되돌리다. 돌
이키다. 따라잡다.

많다 ＊ 수효, 분량, 가치, 정도가 대중
을 넘어서다. ¶ 사람이 많다.
　☞ 수많다. 흔하다. 적다.¹

많아지다 ＊ 수요나 분량이 본디보다
더 많게 되다.
　☞ 높아지다. 커지다.

많은가 보아 = 많은가 봐.

많은데 ＊ 많지마는. ¶ 돈은 많은데 쓸
줄을 모른다. ＊ '~은데'는 씨끝.

많은 데 ＊ 많은 곳. ¶ 많은 데 도와주
었다. ＊ '데'는 매인이름씨.

많은 사람들 ⇨ 많은 사람. ＊ '많은'과
'들'은 겹쳐 쓰지 않음.

많지 않는 ⇨ 많지 않은. ＊ 그림씨에는
'는'이 붙을 수 없음.

많찮다 ⇨ 많잖다. 많지 않다. ＊ '~잖
다'는 '~지 않다'의 준말.

맏~ ＊ ①맏이. {맏매부. 맏며느리. 맏사
위. 맏손녀. 맏손자. 맏시누. 맏아주머
니. 맏양반. 맏이. 맏집. 맏파.} ②그
해에 처음 나온. {맏나물.}

맏간(~間) ＊ 배에서 고물의 첫째 칸.
＊ 사람이 잠을 자는 곳.

맏누이 = 큰누이. ＊ 여러 누이 가운데
맏이가 되는 누이.
　☞ 작은누이.

맏동서(~同壻) = 큰동서.
　☞ 작은동서.

맏딸 = 큰딸. ＊ 여러 딸 가운데 맏이
가 되는 딸.

맏매부(~妹夫) = 큰매부. ＊ 여러 매
부 가운데 맏이가 되는 매부.

맏며느리 = 큰며느리. ＊ 여러 며느리
가운데 맏이가 되는 며느리.

맏물 ＊ 그해에 맨 처음 나온 푸성귀,
곡식, 과일, 해산물 따위.
　☞ 끝물. 만물.¹ 새물.² 첫물. 초물.

맏배 = 첫배. ＊ 짐승이 새끼를 낳거나
까는 첫째 번. 또는 그 새끼.

맏사위 = 큰사위. ＊ 첫째 사위.

맏상주(~喪主) ⇨ 맏상제. ＊ 상주 가
운데 주가 되는 상제.

맏시누 = 큰시누. ＊ 여러 시누 가운데
맏이가 되는 시누.

맏아들 = 큰아들. 큰자식. ＊ 여러 아
들 가운데 맏이가 되는 아들.

맏아버지 ⇨ 큰아버지.

맏아이 = ① 맏아들. ② 맏딸. ＊ 첫째
아이.

맏어머니 ⇨ 큰어머니.

맏언니 = 큰언니. ＊ 첫째 언니.

맏오빠 = 큰오빠. ＊ 첫째 오빠.

맏올케 = 큰올케. ＊ 첫째 올케.

맏잡이 = ① 맏아들. ② 맏며느리.
　☞ 맞잡이.

맏조카 = 큰조카. 장조카. ＊ 여러 조
카 가운데서 맏이가 되는 조카.

맏형(~兄) = 큰형. ＊ 여러 형 가운데

맏이가 되는 형.

맏형수(~兄嫂) = 큰형수. ‡ 여러 형수 가운데 맏이가 되는 형수.

말[1]〔言語〕 * 뜻이나 생각이나 느낌이 담긴 사람의 목소리. {말가리. 말갈망. 말결. 말곁. 말공대. 말광. 말길. 말꾸러기. 말낱. 말눈치. 말다짐. 말뜻. 말마디. 말막음. 말말. 말말결. 말말끝. 말맛. 말맥. 말무리. 말받이. 말발. 말밥. 말법. 말보. 말부조. 말빚. 말세. 말승강이. 말시비. 말씨. 말약속. 말자루. 말잔치. 말장단. 말적수. 말중동. 말지도. 말짓거리. 말책임. 말추렴. 말토막. 말투. 말품. 말허리. 말휘갑.} {말공부하다. 말다툼하다. 말대꾸하다. 말대답하다. 말동무하다. 말막음하다. 말수작하다. 말시비하다. 말실수하다. 말싸움하다. 말썽질하다. 말섞다. 말장난하다. 말전주하다. 말조심하다. 말질하다. 말참견하다. 말참례하다. 말추렴하다. 말치레하다. 말치장하다. 말타박하다. 말품앗이하다.} ¶ 말이 나다. 말을 내다. 말을 돌리다. 말이 되다. 말을 듣다. 말을 떼다. 말이 많다. 말을 맞추다. 말을 받다. 말을 삼키다. {개성말. 경주말. 한국말. 만주말. 고구려말. 백제말. 부산말. 서양말. 서울말. 시골말. 신라말. 왜말. 제주말. 조선말. 지방말. 평양말.} ¶ 경상도 말. 함경도 말. ¶ 그리스 말. 니혼 말. 라틴 말. 로마 말. 몽골 말. 베이징 말. 잉글랜드 말. 차이나 말. 프랑스 말. {겨레말(토박이말). 궁중말. 나라말. 들온말. 배달말. 심마니말. 우리말(엄마말). 한자말.} {거센말. 겸사말. 겹말. 곁말(변말). 그림말. 글말. 기움말. 꼴시늉말(짓시늉말). 꾸밈말. 낮은말. 낮춤말. 낱말. 높임말(공대말. 존댓말). 대중말(표준말). 들온말. 따옴말. 매김말. 반말. 변한말. 보임말. 본딧말(원말). 부름말. 부림말. 센말. 소리시늉말. 손짓말. 시늉말. 시쳇말(요샛말). 어찌말. 여린말. 예사말. 옛말. 올림말. 요샛말. 이은말. 이젯말. 익은말. 임자말. 입말. 입술말. 작은말. 준말. 큰말. 토박이말. 풀이말. 흉내말. 힘줌말.} {가짓말(거짓말). 곁말. 군말. 귀엣말(귓속말). 긴말. 꼬부랑말. 끝말. 나라말. 낮말. 노랫말. 농말. 도움말. 두말. 뒷말. 딴말. 막말. 바른말. 반대말. 밤말. 별말. 빈말. 산말. 소개말. 속말. 앞말. 웃음엣말. 인사말. 입속말. 입찬말. 잔말. 잡말. 잡탕말. 좀말. 좀체말. 참말. 첫말. 토막말. 헛말. 혼삿말. 혼잣말.} {꼬리말. 맺음말. 머리말. 몸말.}

☞ 글. 말씀. 언어. 어.

말[2] = 마을. {아랫말. 윗말.}

말[3] * 톱질을 하거나 먹줄을 그을 때 밑에 받치는 나무.

☞ 모루. 모탕.

말[4]〔斗〕 * ①부피를 되는 그릇. {모말. 작은말. 장말. 큰말.} ‡ 곡식. 대추. 밤. 술. ②하나치. ¶ 쌀 한 말. ‡ 한 말은 열 되. 열 말은 한 섬.

☞ 작. 홉. 되. 섬.[1]

말[5]〔馬〕 * 짐승. {말가죽. 말갈기. 말고기. 말고삐. 말구유. 말굴레. 말꼴. 말녹피. 말등자. 말똥. 말마당. 말먹이.

말몫. 말몰이. 말발구. 말발굽. 말방울. 말안장. 말우리.} {가라말. 간자말. 검정말. 고라말. 곰배말. 구렁말(노랑말). 바둑말. 부절따말. 서라말. 얼럭말(얼룩말). 절따말. 조랑말. 화초말. 흰말.} {제주말.} {경주말. 농삿말. 덜렁말. 뗏말. 삯말. 수말. 씨말. 악대말. 암말. 집말. 천재말. 토종말. 화초말.} {대말. 사기말(장수말). 싸리말. 저승말. 정강말.} {말달리다.} ¶ 말을 타다.

말⁶(末) * ① 기간의 끝. ② 끝 무렵. {세기말. 연말. 월말. 주말.} ¶ 20세기 말. 시월 말. 2000년 말. 1월 말. 신라 말. 이달 말. 연도 말.

☞ 초.⁴

말~⁷ * 매우 큰 벌레. {말개미. 말거미. 말매미. 말벌. 말잠자리.}

☞ 왕~²

말가웃 = 말아웃. * 한 말 닷 되.

☞ 가웃. 아웃.

말갛다 * ①산뜻하게 맑다. ¶ 하늘이 말갛게 개다. ②국물이 묽다. ¶ 국물이 말갛다. ③눈이 맑고 생기가 있다. ¶ 눈을 말갛게 뜨다. ④정신이나 의식이 또렷하다. ¶ 정신이 말갛게 깨어나다.

☞ 맑다.

말개 ⇨ 재. * ①길이 나 있는 산 고개. ②높은 산의 마루를 이룬 곳.

말개미 = 왕개미. * 벌레.

말개지다 < 멀게지다. * 말갛게 되다.

말거라 ⇨ 마라. 마. * 말다. ¶ 가지 마. 먹지 마라.

말거리 = 이야깃거리. ¶ 말거리가 없

으니 눈만 껌벅거리고 있을 수밖에.

☞ 말밑천. 말썽거리.

말거미 = 왕거미. * 거미의 한 가지.

말겻 ⇨ 말곁

말공부 * 아무 도움도 주지 못하면서 빈말을 일삼음. 또는 그런 말. {말공부쟁이.} {말공부하다. 말공부질하다.} ¶ 쓸데없는 말공부.

말 공부 * 말하는 법을 익힘. ¶ 말 공부를 하다.

말괄량이 * 말이나 행동이 얌전하지 못하고 덜렁거리는 계집애.

☞ 껄렁이. 덜렁이. 뻘때추니. 촐랑이.

말광대 * 말을 타고 재주를 부리는 광대.

☞ 또랑광대. 어릿광대.

말구¹(末句) * 말이나 글의 끝 구절.

☞ 말귀.¹

말구²(末口) ⇨ 끝동부리. 끝마구리. * 통나무 위쪽 마구리.

☞ 원구.

말구멍 = 말문. 말부리. * 말을 할 때 여는 입. ¶ 말구멍이 막혔나?

☞ 말꼬.

말국 ⇨ 국물.

말굽 = ①말발굽. * 말의 발톱. {말굽꼴. 말굽은. 말굽자석. 말굽토시.} ¶ 말발굽 소리. 말굽을 갈다. ②말굽추녀.

☞ 발굽.

말굽쇠 ⇨ ①말굽은. * 옛날 차이나에서 돈으로 쓰던 은덩이. ②편자. * 말굽에 붙이는 쇳조각.

말굽자석(~磁石) = 말굽지남철.

말귀¹ = 말뜻. ¶ 말귀를 알아듣다.

☞ 말구.¹

말귀² * 말뜻을 아는 총기. ¶ 말귀가 어둡다.

말그스레하다 = 맑스그레하다. ‡ 조금 맑은 듯하다.

말그스름하다 = 맑스그레하다.

말긋말긋¹ * 액체 속에 덩어리가 섞여 있는 모양.

말긋말긋² * ①생기 있게 환한 모양. ②생기 있는 눈으로 쳐다보는 모양.

말꼬 * 말할 적에 처음 입을 여는 일. ¶ 한번 말꼬를 트더니 마구 떠든다.
☞ 말구멍. 말문.

말꼬리 = 말꽁무니. 말끄트머리. 말끝. ‡ 언어. ¶ 말꼬리를 물고 늘어지다.

말 꼬리 * 말의 꼬리. ‡ 짐승.

말꼬투리 * 일이 벌어지게 되는 말의 동기. ¶ 말꼬투리를 캐다.

말꼭지 * 말의 첫마디. ¶ 거 말꼭지만 따지 말고 본 대로 좀 자세히 말해라.

말꼴 * 말을 먹이는 생풀. ¶ 말꼴을 베다. 말꼴을 말리다.
☞ 말먹이. 말여물. 쇠꼴. 쇠먹이.

말꽁무니 = 말꼬리. 말끄트머리. 말끝. ¶ 말꽁무니가 끊어지다.

말 꽁무니 * 말의 엉덩이 뒷부분. ‡ 집짐승.

말꽃 * 말로써 만들어낸 예술 작품. ‡ 문학.
☞ 불꽃. 살꽃.

말꾸러기 * 잔말이 많은 사람. ¶ 말꾸러기 사설에 머리가 아프다.
☞ 말썽꾸러기. 말썽꾼. 말썽쟁이.

말꾼¹ = 말몰이. 말몰이꾼. ‡ 말을 몰고 다니는 사람.

말꾼² = 마을꾼. ‡ 마을 다니는 사람.

말끄러미 〈 물끄러미. ‡ 눈을 똑바로 뜨고 한곳만 바라보는 모양.

말끔 * 조금도 남김없이 모두. ¶ 신문지를 말끔 모아 가지고 나왔다.
☞ 말짱.

말끔하다 * 잘 닦거나 다듬어 맑고 환하고 단정하다. ¶ 말끔한 옷차림.
☞ 깨끗하다. 말짱하다.

말끝 = 말끄트머리. 말꼬리. 말꽁무니. ¶ 말끝을 흐리다.

말끝잇기 = 이어말하기. ‡ 낱말 놀이의 하나.

말년(末年) * ①일생의 마지막 무렵. ¶ 말년을 편안히 보내다. 어느 화가가 말년에 그린 그림이다. ②어떤 시기의 마지막 몇 해. ¶ 제대 말년.
☞ 만년.

말놀음 * 말을 재주 부리게 하는 일. ¶ 말놀음을 구경하다.

말놀음질 = 말놀이. ‡ 대말이나 친구의 등을 타고 노는 어린이들의 놀이.

말놀이 * 새말 짓기, 끝말잇기 따위 말을 주고받으며 즐기는 놀이.

말다¹ 〔움〕 * ①어떤 일이나 행동을 그만두다. ¶ 내 걱정은 말고 너나 잘하세요. 보거나 말거나. ②아니하다. ¶ 믿거나 말거나. ③아니고. ¶ 너 말고 네 친구. 이것 말고 저것을 주시오.

말다² 〔도〕 * ①씨끝 '~지' 뒤에서, 하지 못하게 함을 나타냄. ¶ 들어가지 마시오. 음식을 남기지 마라. ②씨끝 '~고(야)' 뒤에서는 '일을 끝내 이루어 낸다.'는 뜻을 나타냄. ¶합격하고야 말겠다. 웃고 말았다. 배는 이미 떠나고 말았다. ‡①바로 시킴꼴 씨끝 '~아라, ~어라'가 오면 '마, 마라, 마세요, 마시오, 마십시오, 마오, 마요'로 씀. ¶가지 마라. ②건너 시킴꼴 씨끝 '~으라'가 오면 '말라'로 씀. ¶늦게 다니지 말라고 했다. ☞ 아니하다.¹

말다³ * 얇고 넓은 물건을 굴려서 겹쳐지게 하다. ¶종이를 돌돌 말다. ☞ 감다.¹

말다툼 = 말싸움. 말씨름. 입씨름. ‡ 말로 옳고 그름을 가리는 다툼.

말단(末端) * ①맨 끄트머리. ②조직에서 제일 아랫자리. ☞ 말미.²

말담 ⇨ 입담. ‡ 말하는 솜씨나 힘.

말대가리 = ①권총. ②재봉틀. ‡ 변말.

말 대가리 * 말의 머리. ‡ 짐승.

말대꾸 = 대꾸. 대척. ‡ 남의 말을 그대로 받아들이지 않고 그 자리에서 바로 제 뜻을 나타내는 말. ¶잘못했으면 가만히 있을 것이지 무슨 말대꾸냐?

말대답 * ①윗사람의 말에 반대하여 하는 말. ¶어디서 어른 말씀에 꼬박꼬박 말대답이냐? ②묻는 말에 대답함. ¶수줍어서 말대답도 변변히 못한다. ☞ 대답.

말대척 ⇨ 대척. 대꾸. 말대꾸.

말더듬이 = 더더리. 더듬이. ‡ 말을 더듬는 사람.

☞ 더덜이. 더듬이.²

말동무 = 말벗. {말동무하다.} ¶말동무 삼다.

말되 〔斗~〕 ⇨ 마되. ‡ 곡식을 되는 말과 되.

말 듣다 * ①꾸중 듣다. ¶그 일로 어머니께 말을 들었다. ②시키는 대로 하다. ¶딴소리하지 말고 내 말을 들어라. ③연모가 다루는 사람의 뜻대로 움직이다. ¶이 기계는 녹이 슬었는지 말을 듣지 않는다.

말떡 * 말쌀로 만든 떡. ¶잔치 손님이 많이 와서 말떡이 모자란다. ☞ 섬떡.

말똥구리 = 쇠똥구리. 쇠똥벌레. ‡ 벌레의 이름.

말똥지(~紙) ⇨ 마분지. ‡ ① 질이 낮은 종이. ② 판지.

말뚝 * 땅에 박는 기둥. {말말뚝. 소말뚝. 말뚝질.} {말뚝댕기.} ¶나무 말뚝. 쇠 말뚝. 말뚝 박다. ☞ 말목.

말뚝모 ⇨ 꼬창모. ‡ 호미모 따위 강모의 하나.

말뚝벙거지 = 말뚝전립. ‡ 옛날 하인이나 마부들이 쓰던 모자.

말뚝잠¹(~簪) = 말뚝비녀. ‡ 비녀의 한 가지.

말뚝잠² * 꼿꼿이 앉은 채로 자는 잠. ☞ 갈치잠. 괭이잠. 새우잠.

말띠 해 ⇨ 말해. 말의 해.

말라 * 건너 시킴꼴 씨끝 '~라, ~으라'가 올 때. ¶먹지 말라고 했다. ☞ 마라.

말라죽다 * 아무 쓸데없다. ¶무슨 말

라죽을 옷이냐?

말라 죽다 ¶ 물을 주지 않아서 꽃나무가 말라 죽었다.

말랑무 = 무말랭이. 말랭이.

말랭이 * ① 무말랭이. ② 무나 가지 따위를 가늘게 썰어서 말린 것.

말련(馬聯) ⇨ 말레이시아. ‡ 나라 이름.

말르다 ⇨ 마르다.

말림갓 * 나무나 풀을 함부로 베지 못하게 하는 산.
　☞ 나뭇갓. 풀갓.

말말뚝 * 말을 매려고 박은 말뚝.
　☞ 마주나무.

말머리 * ① 말시초. 말허두. ‡ 이야기를 시작할 때 말의 첫 마디. ¶ 말머리를 꺼내다. ② 말의 방향. ¶ 말머리를 돌리다. 말머리를 바꾸다.

말 머리 * 말의 대가리. ‡ 짐승.

말머리아이 * 혼인한 뒤에 바로 배서 낳은 아이.
　☞ 근원둥이. 감정아이.

말먹이 * 말을 먹이는 꼴, 여물이나 곡식.
　☞ 말꼴. 쇠꼴. 소먹이.

말목 * 나무를 가늘게 다듬어 깎아서 무슨 표가 되도록 박는 말뚝. ‡ 표지.
　☞ 말뚝.

말몰이꾼 = 말몰이. 말꾼.

말문(~門) = 말부리. 말구멍. ‡ 말을 할 때 여는 입.
　☞ 말꼬.

말미[1] * 매인 사람이 얻는 겨를. ‡ 휴가. {나무말미. 빨랫말미.} ¶ 말미가 나다. 말미를 내다. 말미를 받다. 말미를 얻다. 말미를 주다.

말미[2](末尾) * 끄트머리. 맨 뒤. ¶ 편지 말미에는 특별한 부탁이 있었다.
　☞ 말단.

말미아마 ⇨ 말미암아. ‡ 원인이나 이유가 되어.

말밑[1] * 마질한 뒤 조금 남는 곡식.
　☞ 됫밑.

말밑[2] * 낱말의 뿌리. ‡ 어원.

말밑천 * ① 애깃거리. ¶ 말밑천이 딸리다. ② 말하는 데 들인 힘. ¶ 말밑천도 못 건졌다.
　☞ 말거리.

말발구 * 말에 메워 물건을 실어 나르는 썰매.
　☞ 소발구. 쇠발구. 다랭이.

말발굽 = 말굽. ‡ 말의 발톱. ¶ 말발굽에 짓밟히다.

말버릇 = 말버르장머리. ‡ 굳어버린 말투. ¶ 말버릇이 고약하다.

말벌 = 먹뒝벌. 박벌. 왕벌. 호박벌. ‡ 벌의 한 가지.

말벗 = 말동무. ¶ 말벗을 삼다.

말보다 = 깔보다. 낮보다. 낮추보다. 넘보다. 얕보다. ‡ 업신여기다.
　☞ 낮잡다.

말복(末伏) * 삼복에서 마지막 복. ‡ 입추가 지난 뒤 첫 경일.
　☞ 초복. 중복.

말본 * 말의 짜임과 쓰임새의 규칙. ‡ 문법.

말본새 * 말하는 태도나 모양새. ¶ 말본새가 거칠다.

말본전(~本錢) ⇨ 말밑천.

말부리 = 말문. 말구멍. ‡ 말을 할 때

여는 입.

말뺌 * 이야기하다가 제 말에 잘못이 있으면 그 이야기에서 빠져나오는 일.

☞ 발뺌.

말사(末寺) * ① 본사의 관리를 받는 절. ② 본사에서 갈라져 나온 절.

☞ 본사.

말살시키다(抹殺~) ⇨ 말살하다.

말소〔馬牛〕 ⇨ 마소. ✻ 겹씨일 때 ㄴ, ㄷ, ㅅ, ㅈ 앞에서는 ㄹ이 줆.

말소리 * ① 말하는 소리. ¶ 상냥한 말소리. 말소리를 죽이다. ② 목소리.

☞ 목소리.

말소하다(抹消~) 倒 ⇨ 지우다. 없애다. 지워 없애다.

말속 * 말에 담긴 속뜻. ¶ 남의 말속을 잘 알아듣는다.

☞ 마속.

말솜씨 * 말하는 솜씨. ¶ 말솜씨가 뛰어나다.

☞ 말재간. 말재주. 말주변.

말숙하다 ⇨ 말쑥하다. ¶ 말쑥한 차림새.

말시바이〔~芝居〕倒 ⇨ ① 말광대 놀음. ② 곡마단. ✻ 서커스.

말시초(~始初) = 말머리. ✻ 말을 시작할 때 말의 첫머리. ¶ 말시초를 내다.

말싸움 = 말다툼. 말씨름. 입씨름. ¶ 말싸움이 주먹다짐으로 번졌다.

말쌈 ⇨ 말씀.

말쌈질 = 말싸움질.

말썽거리 * 트집이나 시비가 될 만한 일이나 사물.

☞ 말거리.

말썽꾸러기 = 말썽꾼. 말썽쟁이. ✻ 자주 말썽을 부리는 사람.

☞ 말꾸러기.

말썽 부리다 = 말썽 피우다.

말쑥히 ⇨ 말쑥이. ¶ 말쑥이 차려입다.

말씀 * ① 말의 높임말. ¶ 선생님의 말씀. ② 말의 낮춤말. ¶ 제 말씀.

☞ 말.

말씀계시다 ⇨ 말씀하시다.

말씀드리다 ¶ 선생님, 말씀드릴 게 있습니다.

말씀 드리다 ¶ 오늘은 긴 말씀을 드리지 않겠습니다.

말씀 있으시다 ¶ 하실 말씀이 있으시답니다.

말씀하다 * ‘말하다’의 높임말. ¶ 아버지가 말씀하시다.

☞ 이르다.[2]

말씨 = 주두라지. ✻ ① 말버릇. ¶ 말씨가 험하다. ② 말에서 풍기는 느낌. ¶ 차가운 말씨. ③ 말소리의 특징. ¶ 경상도 말씨. 서울 말씨. 이북 말씨.

말씨름 = 입씨름. 말다툼. 말싸움.

말아 ⇨ 마. 마라. ✻ 바로 시킴꼴 씨끝 ‘~아라, ~어라’가 올 때.

말아라[1] * ‘말다’의 시킴꼴. ¶ 종이를 말아라. 밥을 국에 말아라.

말아라[2] ⇨ ① 마라. 마. ✻ 바로 시킴꼴. ② 말라. ✻ 건너 시킴꼴.

말아먹다 = 불어먹다. ✻ 재물을 송두리째 날려 버리다.

말아 먹다 ¶ 밥을 국에 말아서 먹다. 국수를 말아 먹다. 김밥을 말아 먹다.

☞ 엎어먹다.

말아요¹ * '말다'의 시킴꼴. ¶ 종이를 말아요. 국수를 말아요.

말아요² ⇨ 마요. ‡ 바로 시킴꼴. ¶ 가지 마요.

말아웃 = 말가웃. ‡ 한 말 닷 되. ¶ 이만하면 말아웃은 되겠지.

말약(末藥) ⇨ 가루약.

말없이 * ① 아무런 말도 아니 하고. ¶ 말없이 사라지다. ② 말썽 없이.

말여물 * 말을 먹이려고 말려 썬 짚이나 풀 따위.

☞ 말꼴.

말예요 ⇨ 말이에요. 말이어요. ‡ '이에요, 이어요'는 받침 뒤에서 '예요'로 줄지 못함. ¶ 나도 보았단 말이에요. 그 애도 같이 갔단 말이어요.

~말이 * 말아서 만든 음식. {김치말이. 달걀말이.} {국말이. 물말이. 밥말이.}

말인사(~人事) = 입인사. ‡ 말로 하는 인사.

☞ 절인사.

말잡이 * 곡식 따위를 될 때에 마되질을 하는 사람.

☞ 말쟁이.

말재간(~才幹) = 말재주. ‡ 말을 잘 하는 슬기와 능력. ¶ 그 사람의 말재간에 넘어가지 않는 사람이 없다. 말재간이 뛰어나다.

☞ 말솜씨. 말주변.

말재기 * 쓸데없는 말을 꾸며내는 사람.

말쟁이¹ * ① 말이 많은 사람. ② 말을 잘하는 사람.

말쟁이² * 마름을 대신하여 품삯을 받고 마되질을 하여 주는 사람.

말주벅 * 남을 공박하거나 제 생각을 주장하는 말주변. ¶ 동네에서 말주벅이나 하는 사람이 다 모이다.

말주변 * 말을 잘 둘러대는 슬기와 능력. ¶ 말주변이 없다. 말주변이 좋다.

☞ 말솜씨. 말재주. 말재간.

말지않다 ⇨ 마지않다. 마지아니하다.

말질 * ① 이러니저러니 다투는 일. ¶ 이웃들도 그 사람을 놓고 말질을 삼지 않는다. ② 쓸데없이 말을 옮기는 짓. ¶ 온 동네를 돌아다니며 말질하다.

☞ 마질.

말집 = 모말집. ‡ 모말 모양으로 지은 집.

☞ 마구간.

말짱 * 속속들이 모두. ¶ 말짱 거짓말이다. ‡ 부정.

☞ 말끔.

말짱하다 〈 멀쩡하다. ‡ ① 흠이 없고 온전하다. ¶ 말짱한 운동화. ② 정신이 맑고 또렷하다. ¶ 술은 취해도 정신은 말짱하다. ③ 나쁜 짓을 하는 태도가 뻔뻔하다. ¶ 말짱한 거짓말.

☞ 말끔하다. 물쩡하다.

말참견(~參見) = 말참례. ‡ 남이 말하는 데 끼어들어 말하는 짓.

말참녜(~參禮) ⇨ 말참례. 말참견.

말채 = 말채찍. ‡ 말을 모는 데 쓰는 회초리.

말총 * 말의 갈기나 꼬리털. {말총갓. 말총체.} ‡ 망건, 탕건을 만듦.

☞ 갈기. 곱소리.

말총갓 * 말총으로 만든 모자.
☞ 갓.² 삿갓. 평량갓.

말치레 = 말치장. * 빈말로 겉만 꾸미는 일. {말치레하다. 말치장하다.}

말캉거리다 〈 물컹거리다.

말캉하다 〈 물컹하다. * 너무 익거나 곯아서 물크러질 정도로 말랑하다.

말쿠지 ⇨ 말코지. * 벽에 달아두고 물건을 거는 나무 갈고리.

말큰하다 ⇨ 말캉하다.

말판¹ = 판. * 고누, 윷, 장기놀이에서 말이 가는 길을 그린 판.

말판²(末~) ⇨ 끝판.

말풀 ⇨ 말꼴. * 말먹이 생풀.

말하다 * 제 뜻과 생각과 느낌을 말소리, 글, 낯빛, 몸짓으로 나타내다.
☞ 이야기하다. 말씀하다. 이르다.²

말하라 * '말하다'의 건너 시킴꼴.
☞ 말해라.

말해 = 말하여. * 말하다. ¶ 말해 놓다. 말해 두다. 말해 버리다.

말해라 * '말하다'의 바로 시킴꼴.
☞ 말하라.

말해지고 있다 ⇨ 말하고들 있다. 말들 하다.

말해지다 ⇨ 말하다. 말들 하다.

말허물 ⇨ 말실수.

맑고 있다 ⇨ 맑아지고 있다.

맑다 * ① 물, 공기, 날씨가 흐리지 않다. ¶ 물이 맑다. 공기가 맑다. 날씨가 맑다. ② 소리가 또랑또랑하다. ¶ 소리가 맑다. ③ 정신이 초롱초롱하다. ¶ 정신이 맑다. ④ 살림이 넉넉하지 못하다. ¶ 살림이 맑다.
☞ 깨끗하다. 말갛다.

맑수그레하다 ⇨ 맑스그레하다. 말그스레하다. 말그스름하다.

맑숙하다 ⇨ 말쑥하다.

맑스(Marx) ⇨ 마르크스. * 사람 이름.

맑스그레하다 = 말그스레하다. 말그스름하다.

맑은 날 = 갠 날. * 구름이 없이 해가 난 날.
☞ 흐린 날.

맑은소리 〔無聲音〕 = 안울림소리. * ㄴ, ㄹ, ㅁ, ㅇ을 뺀 나머지 닿소리.
☞ 울림소리. 흐린소리.

맑은쇠 ⇨ 가늠쇠.

맑은술 = 징주. * 술독에 용수를 박아 떠낸 맑은 술.
☞ 막걸리. 용수뒤. 청주.

맑은장국 = 장국. * 맑은 장물에 끓인 소고깃국.

맘 = 마음. {맘가짐. 맘결. 맘고생. 맘껏. 맘눈. 맘대로. 맘보. 맘성. 맘속. 맘씨. 맘자리.} {본맘. 속맘. 참맘. 큰맘.} {맘먹다.} ¶ 맘 잡다. 맘 졸이다.

맘마 * 밥이나 먹을 것. * 어린이 말.

맘모스(mammoth) ㉙ ⇨ 매머드. * ① 짐승 이름. ② 매우 큰 것.

맛¹ = 맛대가리. * 혀로 아는 느낌. {맛국물. 맛깔.} {맛보다. 맛보이다.} ¶ 맛이 가다. 맛이 들다. 맛을 들이다. 맛이 붙다. 맛을 붙이다. 맛이 좋다. {단맛. 떫은맛. 매운맛. 신맛. 쓴맛. 짠맛.} ¶ 고소한 맛. 달콤한 맛. 매콤한 맛. 아린 맛. {감칠맛. 뒷맛. 뒷입맛. 딴맛. 얕은맛. 입맛. 잡맛. 첫맛.} {꿀맛. 물맛. 밥맛. 장맛.} ¶ 국물 맛.

김치 맛. 깨소금 맛. 음식 맛. 커피 맛. 토종꿀 맛.

☞ 멋.

맛² * 사람, 물건, 일, 생활에서 빚어지는 느낌. {귀맛. 글맛. 눈맛. 돈맛. 말맛. 매맛. 몽둥이맛. 살맛. 세상맛. 주먹맛.} ¶ 죽을 맛.

맛갖다 ⇨ 맞갖다. ‡ 마음이나 입맛에 맞다. ¶ 음식이 맞갖다.

맛갖찮다 ⇨ 맞갖잖다. ‡ '~잖다'는 '~지 않다'의 준말. ¶ 맞갖잖은 소리.

맛깔스럽다 * ① 맛이 있다. ¶ 된장찌개가 맛깔스럽다. ② 마음에 들다. ☞ 맛스럽다.

맛깔지다 ⇨ 맛깔스럽다.

맛나니 ⇨ 맛난이. ‡ 화학조미료.

맛나다 = 맛있다. ‡ 맛이 좋다. ¶ 맛난 반찬. 맛나게 먹다.

맛대강이 ⇨ 맛대가리. ‡ 맛의 낮은 말.

맛득찮다 ⇨ 마뜩찮다. ‡ 마음에 들지 않다. ¶ 마뜩찮게 생각하다.

맛배기 * 양은 적게 하고 맛을 더 좋게 만든 음식.

맛보기 * 맛맛으로 먹으려고 조금 차린 음식. ¶ 맛보기 음식을 선보이다. 손님들에게 맛보기를 조금씩 나누어주다. ☞ 곱빼기. 맛보기.

맛뵈기 ⇨ ① 맛배기. ② 맛보기.

맛부리다 = 맛피우다. ‡ 싱겁게 굴다. ¶ 맛부리는 게 밉살머리궂다.

맛빼기 ⇨ ① 맛배기. ② 맛보기.

맛사지(massage) ⇨ 안마. 주무르기. ‡ 마사지.

맛살 = 맛조개. 구신맛. 긴맛. 긴맛살. ‡ 조개의 한 가지.

맛살조개 = 가리맛. 가리맛조개. ‡ 조개의 한 가지.

맛세이 🔞 ⇨ 찍어 치기. ‡ 당구.

맛스럽다 * 보기에 맛이 있을 듯하다. ¶ 맛스럽게 보이는 동치밋국. ☞ 맛깔스럽다.

맛없다 * 맛이 좋지 않다. ¶ 맛없는 음식.

맛 없다 ¶ 아무 맛이 없는 물.

맛있다 * 맛이 좋다. ¶ 맛있는 파수 곶감.

맛 있다 ¶ 달콤한 맛이 있다. 매콤한 맛이 있다. 찝찔한 맛이 있다.

맛장수 * 멋도 없고 재미도 없이 싱거운 사람.

맛 장수 * 맛조개를 파는 장수.

맛장이 ⇨ 맛장수.

맛적다 * 재미나 흥미가 없어 싱겁다. ¶ 주인 없는 빈방에 있기가 맛적어 곧바로 일어났다. ☞ 멋쩍다.

맛젖 ⇨ 맛젓. ‡ 맛조개로 담근 젓.

맛지다 ⇨ 맛있다.

맛집 ⇨ 맛장수.

맛피우다 = 맛부리다. ‡ 싱겁게 굴다. ¶ 맛피우는 것이 밉살스럽다.

망¹ * 새끼를 그물처럼 얽어 만든 큰 망태기. ¶ 갈퀴나무를 망에 담았다.

망²(網) * ① 그물처럼 만들어 가리거나 치는 물건. {철망. 철조망.} ¶ 이중 망. 창문에 망을 치다. 담 위에 망을 치다. ② 그물. {곤충망(포충망). 어망.} ③ 그물처럼 얽혀 있는 조직. {교통망.

수사망. 연락망. 정보망. 점포망. 조직망. 통신망. 판매망.}
☞ 그물. 덫.

망가 〔漫畵〕 [왜] ⇨ ①만화. ②웃음거리.

망가뜨리다 〈 망가트리다. ⁑ 못 쓰게 만들다.

망가지다 = 망그러지다. ⁑ 못 쓰게 되다. ¶ 장난감이 망가져 버리다.

망건(網巾) * 상투를 튼 사람이 머리에 두르는 그물처럼 생긴 물건. ⁑ 말총, 곱소리, 머리카락 따위로 만듦.
☞ 갓. 탕건.

망건장이(網巾~) * 망건을 만드는 사람.

망건쟁이(網巾~) * 망건을 쓴 사람.

망고나무(mango~) ⇨ 망고. ⁑ 과일나무 이름. 또는 그 열매.

망구다 = 망치다. ⁑ ① 망하게 하다. ②못 쓰게 하다.

망그뜨리다 ⇨ 망가뜨리다.

망그러지다 = 망가지다. ⁑ 못 쓰게 되다.

망그물 = 망녕그물. ⁑ 그물사냥에 쓰는 그물.

망께질 ⇨ ① 달구질. ② 목도질.

망나니 * ①막된 사람. {개망나니. 술망나니. 주책망나니. 망나니짓.} ② 옛날에 죄인의 목을 베는 일을 하던 사람. ¶ 망나니의 손에 목이 달아났다.

망년회(忘年會) [왜] ⇨ 해 배웅 모임. 해 갈무리 마당. ⁑ 송년회.

망녕 〔妄靈〕 ⇨ 망령. ⁑ 늙거나 정신이 흐려서 말이나 행동이 정상을 벗어남. 또는 그런 상태. '망령'으로 쓰고 있으나 앞으로 '망녕'으로 바로잡아써야 함. ¶ 망녕 나다. 망녕 부리다. 망녕스럽다.

망녕그물 = 망그물. ⁑ 토끼나 꿩을 잡는 데 쓰는 그물.

명녕 나다 = 망녕 들다. ⁑ 늙거나 정신이 흐려져서 정상을 벗어나다.

망녕 부리다 = 망녕 피우다. ⁑ 망녕든 짓을 하다.

망녕스럽다 * 늙거나 정신이 흐려서 말과 하는 짓이 예사롭지 않다.
☞ 괘꽝스럽다.

망둥어(~魚) ⇨ 망둑어. 망둥이. ⁑ 바닷고기 이름.

망령(亡靈) * 죽은 사람의 넋.
☞ 망녕.

망령그물 ⇨ 망녕그물. 망그물.

망문과부(望門寡婦) = 까막과부. ⁑ 첫날밤을 치르지 못한 홀어미.
☞ 마당과부. 청상과부. 청춘과부.

망발턱(妄發~) ⇨ 망발풀이. ⁑ 망발한 것을 사과하는 뜻에서 한턱내는 일.

망보다(望~) * 멀리서 움직임을 살피다.

망 서다(望 ~) * 한 곳에 붙박이로 서서 움직임을 살피다.

망서리다 ⇨ 망설이다.

망석중 = 망석중이. ⁑ ①나무로 만들어 줄을 매어 움직이는 인형. ②남이 시키는 대로 움직이는 사람. ⁑ 가르친사위. 바지저고리. 허수아비.
☞ 꼭두각시.

망신감(亡身~) = 망신거리. ⁑ 망신을 당할 만한 일.

망아지 = 청매지. ⁑ 새끼 말. {조랑망

아지.}

망얽이 * 노끈으로 그물을 뜨듯이 얽은 물건.

망옷 = 빼지. ＊ 사냥하는 매가 잘 보이게 흰 털로 만들어 다리에 묶는 표.
　☞ 시치미.

망울 * ①꽃망울. ②눈망울. ③우유나 풀 속에 둥글게 엉긴 작은 덩이.
　☞ 멍울. 몽우리.

망정 〔이〕 * '~기에. ~니. ~니까. ~어서' 뒤에 써서 괜찮거나 잘된 일이라는 뜻. ¶ 빨리 피했으니 망정이지 하마터면 큰일이 날 뻔했어.
　☞ ~ㄹ(을) 망정.

망지(網地) ㉿ ⇨ 그물감. ＊ ①그물을 뜨는 재료. ②그물처럼 생긴 옷감.

망쪼(亡兆) ⇨ 망조. ＊ 망하거나 패할 징조. ¶ 망조가 들다.

망쳐 = 망치어. ＊ 망치다. ¶ 망쳐 놓다. 망쳐 버리다.

망치 * 돌을 깨거나 말뚝을 박거나 쇠를 두드릴 때 쓰는 연장. ＊ 마치보다 큼. {곰보망치. 나무망치. 날망치. 도드락망치. 송곳망치. 쇠망치.}
　☞ 마치.² 몽치. 쇠메. 장도리.

망치다 = 망구다. ＊ ①망하게 하다. ②아주 못 쓰게 만들다.

망칙하다(罔測~) ⇨ 망측하다. ＊ 어이가 없거나 보기가 민망하다.

망침(網針) ㉿ ⇨ 그물바늘.

망태 = 망태기. {개똥망태. 꼴망태. 꿩망태. 돌망태.} {고주망태.}
　☞ 양태.

망판(網版) ㉿ ⇨ 사진 동판.

망해지다(亡~) ⇨ 망하다.

맞갚다 = ①맞겨루다. ②맞먹다.

맞갖잖다 = 맞갖지 않다. ＊ 마음이나 입맛에 맞지 아니하다.

맞걸리다 * '맞걸다'의 입음. ①양쪽으로 걸칠 수 있도록 마주 걸리다. ②노름판에서 서로 내기 돈을 맞걸게 되다.
　☞ 막걸리다.

맞겨누다 * 서로 상대편을 맞추려고 방향과 거리를 똑바로 잡다. ＊ 총. 활.

맞겨루다 = 맞갚다. ＊ 낫고 못함이나 이기고 짐을 가리다.

맞견주다 * 서로 마주 대어 보다. ¶ 친구와 힘을 맞견주다.

맞는 〔움〕 * '맞다'의 현재. ¶ 지금 매를 맞는 아이가 누구냐?
　☞ 맞은.

맞다¹ * ①오는 이를 받아들인다. ¶ 손님을 맞다. ②어떤 때를 맞닥뜨린다. ¶ 생일을 맞다. ③좋지 않은 일을 겪다. {바람맞다. 야단맞다. 퇴박맞다. 퉁맞다. 통바리맞다.} ④비나 눈을 몸에 받다. ¶ 눈을 맞다. 벼락을 맞다. ⑤점수를 받다. ¶ 100점을 맞다. ⑥데려오다. ¶ 아내를 맞다.
　☞ 맞이하다.

맞다² * ①과녁에 닿다. ¶ 가슴에 화살을 맞다. ②몸에 받다. {얻어맞다.} ¶ 곤장을 맞다. 매를 맞다. 벼락을 맞다. 주사를 맞다. 침을 맞다.
　☞ 부딪다.

맞다³ * ①틀리지 않다. ¶ 답이 맞다. ②마음에 들다. ¶ 배짱이 맞다. ③적당하다. ¶ 반지가 손가락에 잘 맞다. ④어울리다. ¶네게 잘 맞다.
☞ 옳다. 틀리다.¹ 맑다.² 같다.

맞닥뜨리다〈 맞닥트리다. ‡ 서로 부
딪칠 정도로 마주 대하여 닥치다.

맞돈 * 물건을 살 때 바로 치르는 돈.
｛맞돈거래.｝¶집을 맞돈 주고 사다.
☞ 민값.

맞두레 * 함지의 네 귀퉁이에 줄을 매
어 두 사람이 물을 푸는 연모.
☞ 용두레.

맞맞아떨어지다 ⇨ 맞비겨떨어지다.

맞먹다 * 같거나 엇비슷하다. ‡ 거리, 시
간, 분량, 키, 수준, 정도, 힘 따위.
☞ 버금가다.

맞바라기 = 맞은바라기. ‡ 앞으로 마
주 바라보이는 곳. ¶길 건너 맞바라
기에 놀이터가 있다.
☞ 맞받이.

맞바람 = 맞은바람. ‡ ①마주 부는 바
람. ②맞은편에서 불어오는 바람.
☞ 마파람. 댑바람. 된바람.

맞받이¹ * 맞은편에 마주 바라보이는
곳. ¶언덕 맞받이에 방앗간이 있었
지.
☞ 맞바라기.

맞받이² * 말이나 노래를 곧이어 뒤따
라 하는 일. 또는 그런 사람. ‡ 일노
래.
☞ 막바지.

맞배지붕 = 뱃집지붕. 뱃지붕. 박공
지붕. ‡ 지붕 모양의 하나.

맞벌이 * 안팎이 함께 돈을 버는 일.
¶맞벌이로 재산을 모았다.
☞ 막벌이.

맞보기 = 맞보기안경. ‡ 멋으로 쓰는,

도수가 없는 안경.
☞ 돋보기. 졸보기. 맞보기.

맞보다 * 마주 대하여 보다. ¶나와 맞
보고 앉은 사람은 착해 보였다.
☞ 막보다.

맞불 * ①불이 타는 곳의 맞은편에서
마주 놓는 불. ②마주 대고 붙이는
담뱃불. ③서로 마주 겨누고 하는
총질. ¶맞불을 놓다.
☞ 불깃.

맞상(~床) ⇨ 겸상.

맞서다 * ①서로 마주 대하고 서다.
②서로 마주 겨루어 버티다.
☞ 막서다.

맞선 * 혼인할 두 사람이 만나서 봄.
¶맞선 상대. 맞선을 보다.
☞ 선보다. 첫선 보이다.

맞쇠 ⇨ 곁쇠. ‡ 자물쇠를 여는 데, 제
열쇠 대신 쓰는 열쇠.

맞쇠질 ⇨ 곁쇠질. ‡ 제 열쇠가 아닌
것으로 자물쇠를 여는 짓.

맞수(~手) * ①맞적수. ②장기나 바
둑에서 상대편의 수에 맞서 두는 수.

맞아떨어지다 * ①기준에 맞다. ‡ 꼭,
딱, 잘, 척척, 따위와 함께 씀. ¶두
사람의 계산이 딱 맞아떨어지다. 예
상이 실제와 꼭 맞아떨어지다. ②조
화를 이루다. ¶노래와 춤과 장단이
멋지게 맞아떨어지다.

맞아 떨어지다 ¶꿩이 총에 맞아서 떨
어지다.

맞어 ⇨ 맞아. ‡ 맞다. 맞고. 맞네. 맞
는. 맞니. 맞으면. 맞은. 맞음.

맞웅 ⇨ 마중.

맞은 〔움〕 * '맞다'의 과거. ¶어제 맞

은 자리에 멍이 들었다.

☞ 맞는.

맞은바라기 = 맞바라기. ✵ 마주 바라
　보이는 곳.

☞ 맞받이.

맞은바람 = 맞바람. ✵ 마주 불어오는
　바람.

맞은쇠 ⇨ 곁쇠. ✵ 제 열쇠 대신 쓰는
　열쇠.

맞은짝 ⇨ ① 맞은쪽. ② 맞은편.

맞은쪽 ✱ 서로 마주 바라보이는 방향.
　¶ 맞은쪽에 앉은 이가 선생님이다.

맞은켠 ⇨ 맞은편.

맞은편 ✱ ① 서로 마주 바라보이는 편.
　② 상대가 되는 사람.

~맞이 ✱ ① 마중. {가을맞이. 겨울맞
　이. 달맞이. 백중맞이. 봄맞이. 새해
　맞이(설맞이). 해맞이.} ② 접대. {손
　님맞이.} ③ 기념. {돌맞이. 생일맞
　이.} ④ 맞이하는 일. {물맞이. 바람
　맞이. 서방맞이.}

맞이하다 ✱ ① 맞아들이다. ✵ 남편. 아
　내. 며느리. 사위. ② 어떤 때를 맞
　다. ¶ 새해를 맞이하다. 한글날을 맞
　이하다. ③ 오는 사람을 맞다.

☞ 마중하다. 맞다. 배웅하다.

맞잡이 ✱ ① 비슷한 정도나 분량. ¶ 그
　때 돈 만 원은 지금 돈 백만 원 맞잡
　이다. ② 힘이 비슷한 두 사람. ¶ 맞
　잡이끼리 붙어서 승패가 나지 않는다.

☞ 맏잡이.

맞장구 ✱ ① 맞장단. 곁장구. ✵ 남의
　말에 덩달아 호응하는 일. {맞장구
　치다.} ② 둘이 마주 보고 서서 장구
　를 치는 일. ¶ 맞장구가 돌아가다.

☞ 곁장구.

맞장 뜨다 ⇨ 맞대결하다.

맞적수(~敵手) = 맞수. ✵ 재주가 비
　슷하여 높낮이를 가리기 어려운 상
　대.

맞추다 ✱ ① 제자리에 맞게 대어 붙이
　다. ¶ 깨진 조각을 맞추다. ② 서로
　맞대어 보다. ✵ 비교. ¶ 장부를 맞추
　다. ③ 조화를 이루다. ¶ 손발을 맞
　추다. ④ 기준이나 정도에 틀리지 않
　게 하다. ¶ 시간에 맞추다. ⑤ 정한
　수량이 되게 하다. ¶ 사람 수를 맞추
　다. ⑥ 다른 사람의 뜻에 맞게 하다.
　¶ 비위를 맞추다. ⑦ 닿게 하다. ¶ 입
　을 맞추다. ⑧ 물건을 만들도록 미리
　부탁하다. ¶ 구두를 맞추다. 옷을 맞
　추다.

☞ 꿰맞추다. 맞히다.

맞춤¹ = 짝춤. ✵ 두 사람이 마주 보며
　추는 춤.

맞춤~² ✱ 미리 부탁하여 만든 물건.
　{맞춤옷. 맞춤집.}

☞ 장내기. 전내기.

맞치다 ⇨ ① 마치다. ② 맞추다. ③ 맞
　히다.

맞흥정 = 박치기흥정. ✵ 팔 사람과 살
　사람이 직접 만나 하는 흥정.

맞히다 ✱ '맞다'의 하임. ✵ ① 옳은 답을
　하다. ¶ 정답을 맞히다. ② 목표에
　맞게 하다. ¶ 과녁을 맞히다. ③ 침,
　매, 눈, 비를 맞게 하다.

☞ 마치다. 맞추다.

맡겨지다 ⇨ 맡기다.

맡다¹ ✱ ① 냄새를 느끼다. ¶ 흙 냄새
　를 맡다. ② 낌새를 눈치채다.

맡다[2] * ①사람, 일, 물건을 잠깐 받아 두고 보살피다. ¶ 아이를 맡다. ②책임지고 하다. ¶ 담임을 맡다. ③자리나 물건을 차지하다. ¶ 자리를 맡다. ④허가, 주문을 받다. ¶ 검사를 맡다. 허락을 맡다. 주문을 맡다.
☞ 맞다.[3]

맡은바 소임(~所任) ⇨ 맡은 일. ⁑ 소임. 책임.

매[1] * 사람이나 짐승을 때리는 물건. ⁑ 곤장. 막대기. 매싸리. 몽둥이. 방망이. 회초리 따위. {매꾸러기. 매맛. 매질. 매찜질. 매치레. 매타작. 맷가마리. 맷감. 맷단. 맷독. 맷집.} {돌림매. 동네매. 소나기매.} ¶ 매를 들다. 매를 맞다. 매를 때리다. 매 끝에 정든다. 매도 먼저 맞는 것이 낫다.
☞ 메.

매[2] = 맷돌. 돌매. ⁑ 곡식을 타거나 가는 데 쓰는 연모. {맷수쇠. 매암쇠.} {매함지. 맷돌질. 맷손. 맷지게. 맷지게질.} {고석매. 속돌매.}
☞ 매통. 연자매. 토매.

매[3] = 매흙. ⁑ 벽의 거죽을 곱게 바르는 데 쓰는 흙.

매[4] = 매끼. ⁑ ①곡식 섬이나 곡식 단을 묶는 새끼나 끈. ¶ 벼를 베고 매끼를 틀어 볏단을 묶다. ②하나치. ¶ 보릿단 열두 매끼.

매[5] * 하나치. ⁑ 젓가락 한 쌍. ¶ 젓가락 한 매.

매[6] * 맷과의 새. ⁑ 쇠황조롱이(도롱태. 쇠조롱이), 황조롱이, 송골매, 해동청 따위. {흰매.} {매방울. 매부리. 매사냥. 매사냥꾼. 매파.}
☞ 보라매. 새매.

매[7] 〔어〕 * 양이나 염소의 울음소리.

매[8] 〔어〕 * 몹시 심한 정도로. ¶ 보리를 매 찧다. 종아리를 매 때리다.

매[9](每) 〔매〕 * 하나하나의 모든. ~마다. {매끼. 매년. 매번. 매월. 매일. 매주. 매호.} ¶ 매 경기. 매 학기. 매 학년. 매 회계 연도.

매[10](枚) [왜] ⇨ ① 장. ② 쪽.

매가[1](買價) ⇨ 산값.

매가[2](賣價) ⇨ 판값.

매가리[1] * 전갱이의 새끼. ⁑ 바닷물고기.

매가리[2] = 맥. ⁑ 기운. ¶ 매가리가 풀리다. 매가리가 없다.

매갈이 = 매조미. ⁑ 매통으로 벼를 갈아서 왕겨만 벗기는 일. {매갈이꾼.}

매갈이쌀〔玄米〕 = 매조미쌀. ⁑ 매갈이한 쌀.

매갈잇간(~間) = 매조미간. ⁑ 매갈이하는 곳.
☞ 매방앗간.

매개[1] * 일이 되어 가는 형편. ¶ 매개를 보다.
☞ 낌새. 눈치.

매개[2](媒介) * 사이에 들어 일을 맺어 줌. ¶ 말라리아는 모기가 매개한다.

매고(賣高) [왜] ⇨ 판 돈머리. 판값. ⁑ 판매액.

매구 * 천 년 묵은 여우가 변한 짐승. ⁑ 전설.
☞ 꽹과리. 농악.

매기[1] * 수퇘지와 암소 사이에서 태어난다는 튀기.
☞ 노새. 버새.

매기²(買氣) ㉝ ⇨ ①팔림세. ②흥정.

매기다 * 차례, 값, 등수, 점수, 세금, 벌금을 정하거나 적어 넣다.
☞ 메기다.

매끄럽다 * ①잘 닦이거나 깎여 거침새가 없다. ¶ 매끄러운 느낌. ②일을 다루는 솜씨가 거침새가 없다. ¶ 어려운 일도 매끄럽게 마무리한다. ③하는 짓이 약삭빠른 데가 있다. ¶ 매끄럽게 빠져나간다.
☞ 부드럽다.

매끝 * 때리는 매질의 형세. ¶ 매끝이 맵다.

매 끝 ¶ 매 끝에 정이 든다.

매끼¹ = 매. ※ ①섬이나 곡식 단을 묶는 새끼나 끈. ②하나치.

매끼²(每~) * ①한 끼니 한 끼니. ¶ 풀빵으로 매끼를 때우다. ②끼니마다. ¶ 매끼 죽으로 배를 채우다.

매나니 * 연장도 없이 일하는 손. ¶ 삽도 없이 매나니로 어떻게 땅을 파니?
☞ 강다짐.

매너(manner) ⇨ ①몸가짐. ②버릇. ③태도.

매니아(mania) ⇨ 마니아. ※ 한 가지 일에 푹 빠진 사람.

매다¹ * ①실이나 끈을 묶다. ¶ 구두끈을 매다. 대님을 매다. ②다른 물체의 둘레에 감아 흩어지지 않게 하다. ¶ 붓을 매다. 빗자루를 매다.
☞ 매이다. 맺다. 메다.

매다² * 풀을 뽑다. ¶ 논을 매다. 콩밭을 매다.
☞ 메다.

매닥질 * 질척한 것을 뒤바르는 일. ¶ 옷에 진흙으로 매닥질을 쳐 놓다.
☞ 매대기

매달다 * ①줄로 묶어 달리게 하다. ¶ 메주를 시렁에 매달다. ②목을 묶어 죽이다. ¶ 죄수의 목을 매달다.
☞ 걸다.² 달아매다.

매대기 * 정신을 잃고 하는 몸짓. ¶ 술에 취해 길바닥에서 매대기를 치다.
☞ 매닥질.

매도인(賣渡人) ㉝ ⇨ 판 사람. 팔 사람. 파는 사람.

매도하다(賣渡~) ㉝ ⇨ 팔다. 팔아넘기다.

매듭 글자〔結繩文字〕 * 끈이나 새끼로 매듭을 지어 기호로 삼은 글자.
☞ 쐐기꼴 글자.

매듭단추 = 꽈리단추. 맺음단추. ※ 매듭을 지어 만든 단추.

매듭지다 * 마음이나 감정이 풀리지 않고 맺혀 있다. ¶ 매듭진 감정을 풀다.

매듭짓다 * ①매듭을 만들다. ¶ 바느질을 끝내고 실을 매듭지었다. ②마무리하다. ¶ 범인을 잡고 수사를 매듭지었다.

매디 ⇨ ①마디. ②메지. ③매듭.

매려(買戾) ㉝ ⇨ 도로 사들임. ※ 환매.

매련하다 〈 미련하다. ※ 터무니없는 고집을 부릴 정도로 어리석고 둔함.
☞ 매욱하다.

매련쟁이 = 매련퉁이. 〈 미련쟁이. 미련퉁이. ※ 매련한 사람.

매렵다 ⇨ 마렵다. ※ 똥오줌을 누고 싶은 느낌이 있다.

매립지(埋立地) 명 ⇨ 메운 터. 메운 땅. ＊ 매축지.

매립하다(埋立～) 타 ⇨ ①메우다. ② 파묻다. ＊ 매축하다.

매마르다 ⇨ 메마르다.

매만지다 ＊ ①잘 가다듬어 손질하다. ¶ 머리를 매만지다. ②부드럽게 어루만지다. ¶ 강아지를 매만지다. 손을 매만지다.
☞ 다듬다.

매매하다(賣買～) 타 ⇨ 팔고 사다.

매몰하다[1] = 매몰차다. ＊ 쌀쌀맞고 독하다. ¶ 거지를 매몰하게 쫓아냈다.
☞ 매정하다.

매몰하다[2](埋沒～) ＊ ①파묻다. ②파묻히다. ¶ 매몰 사고.

매무새 = 옷매무새. ＊ 매무시한 맵시. ¶ 매무새가 헝클어지다.
☞ 맨드리.

매무시 = 옷매무시. ＊ 옷을 입을 때 매만지고 여미고 하는 뒷정리. {매무시하다.} ¶ 매무시를 가다듬다. 매무시를 다시 하다.
☞ 맵시.

매물[1](買物) 명 ⇨ 살 물건.

매물[2](賣物)명 ⇨ 팔 물건. 나온 물건.

매밀국수 ⇨ 메밀국수.

매밋집 = 니나놋집. ＊ 술을 팔고 노래 부르는 여자가 있는 술집.

매방앗간 ＊ 곡식을 매통으로 갈고 방아를 찧는 곳.
☞ 매갈잇간.

매부(妹夫) ＊ 누나의 남편과 여동생의 남편을 두루 가리키는 말.
☞ 매제. 매형. 자형.

매부리[1] ＊ 매의 부리.

매부리[2] ＊ 사냥매를 맡아 기르고 부리는 사람.

매부리코 ＊ 매부리 모양을 한 코. 그러한 사람.
☞ 낚시코.

매사냥 ＊ 사냥매로 꿩이나 새를 잡는 일. {매사냥꾼. 매사냥하다.}
☞ 사냥.

매상[1](買上) 명 ⇨ 사기. 사들이기. ＊ 구매. 구매량.

매상[2](賣上) 명 ⇨ 팔기. ＊ 판매. 판매량.

매상고(賣上高) 명 ⇨ 판 양. 판 돈머리. ＊ 판매량. 판매액.

매상금(賣上金) 명 ⇨ 판 돈. ＊ 판매액.

매상상환(買上償還) 명 ⇨ 사서 갚기.

매생이 ＊ 바닷말의 한 가지.
☞ 마상이.

매석(賣惜) ⇨ 사재기.

매선(賣先) 명 ⇨ 팔 곳. 판 곳.

매섭다 ＊ ①매몰차고 날카롭다. ¶ 눈길이 매섭다. 매섭게 몰아붙이다. ② 매우 심하다. ¶ 겨울바람이 매섭다. 날씨가 매섭다.
☞ 무섭다.

매수(枚數) 명 ⇨ 장수. ＊ 종이나 유리 따위 장으로 셀 수 있는 물건의 수효.

매수쇠 ⇨ 맷수쇠. 수쇠.

매수인[1](買受人) 명 ⇨ 산 사람. 살 사람.

매수인[2](買收人) 명 ⇨ ①산 사람. 사들인 사람. ②꾀어 들인 사람.

매수하다(買收～) 타 ⇨ ①사다. 사들이다. ②(돈으로) 끌어들이다. 꾀다.

매스껍다 < 메스껍다. ＊ ①먹은 것이

되넘어 올 것 같다. ② 아니꼽다.

매시간마다(每時間~) ⇨ 시간마다.

매시껍다 ⇨ 매스껍다.

매실나무(梅實~) = 매화나무. ¶ 매
실나무에 꽃이 피었다.

매실하다 ⇨ 옹골차다.

매아리 ⇨ 메아리.

매아지 ⇨ 망아지. ‡ 새끼 말.

매암 = 맴. ‡ 제자리에서 뱅뱅 도는
장난.
　☞ 맴맴.²

매암쇠 = 암쇠. ‡ 맷돌 위짝의 한가운
데에 박혀 있는 쇠.
　☞ 맷수쇠. 수쇠.

매양 = 번번이. ‡ 그때마다. ¶ 매양
일을 저지른다.
　☞ 마냥.

매어기르기 = 매어먹이기. ‡ 짐승의
목에 끈을 매어 풀을 먹게 하는 방
법.
　☞ 놓아기르다.

매얼음 * 두껍게 언 얼음. ¶ 매얼음이
쩍 갈라지다.
　☞ 살얼음.

매염염료(媒染染料) ㉕ ⇨ 매염 물감.

매우 * 보통 정도보다 훨씬 더. ‡ 좋은
일에 씀. ¶ 매우 아름답다.
　☞ 가장. 굉장히. 끔찍이. 너무. 몹시.
아주. 여간.

매욱하다 〈 미욱하다. ‡ 어리석고 둔
하다. ¶ 매욱한 놈.
　☞ 매련하다.

매운바람 = 고추바람. 칼바람. ‡ 매우
차가운 바람.

매운탕(~湯) * 생선, 고기, 채소, 두부

따위에 고추장을 풀어 끓인 찌개.
　☞ 서덜탕.

매이다 * ① '매다'의 입음. ¶ 옷고름이
바로 매였는지 보아라. ② 어디에 묶
이다. ¶ 일에 매이다. 직장에 매이다.
② 억제를 당하다. ¶ 돈에 매이다. 제
가 한 말에 매이다. 왕초에게 매여 산
다.
　☞ 메이다.

매 2년마다(每二年~) ⇨ 2년마다.

매일같이(每日~) * 날마다. ¶ 매일같
이 손님이 온다.

매일 같이(每日~) * 매일 함께. ¶ 매
일 학교에 같이 간다.

매일반(~一般) ⇨ 마찬가지. 매한가지.

매입하다(買入~) ㉕ ⇨ 사들이다. 사
다. ‡ 구매하다.

매장(賣場) ㉕ ⇨ 가게. 점방. 점포.
‡ 파는 곳.

매장양(埋藏量) ⇨ 묻힌 양. 매장량.
‡ 한자말 뒤에선 '량'임.

매장이 되다(埋葬~) ⇨ 묻히다. ‡ 매
장되다.

매점¹(買占) ㉕ ⇨ 사재기.

매점²(賣店) ㉕ ⇨ 가게. 점방. 점포.

매점매석(買占賣惜) ㉕ ⇨ 사재기.

매정하다 * 쌀쌀맞고 인정이 없다. ¶ 손
길을 매정하게 뿌리치고 떠나다.
　☞ 매몰하다. 무정하다.

매제(妹弟) * 누이동생의 남편.
　☞ 매부. 매형. 자형.

매조미(~糙米) = 매갈이. ‡ 매통으
로 갈아서 왕겨만 벗겨내는 일.

매조미간(~糙米間) = 매갈잇간. ‡
매갈이하는 곳.

매조미쌀(~糙米~) = 매갈이쌀. ⁑ 현미.
　☞ 쓿은쌀. 아주먹이.
매조밋겨(~糙米~) = 왕겨. ⁑ 벼의
　겉겨.
　☞ 겉겨. 등겨. 몽근겨. 속겨. 쌀겨.
매조이 * 맷돌의 이를 쪼아 날카롭게
　만드는 일. {매조이꾼.} {매조이다.}
매주[1](買主) ㉬ ⇨ 사는 사람. ⁑ 구매자.
매주[2](賣主) ㉬ ⇨ 파는 사람. ⁑ 판매자.
매주 독점[1](買主 獨占)㉬ ⇨ 수요 독점.
매주 독점[2](賣主 獨占)㉬ ⇨ 공급 독점.
매주마다(每週~) ⇨ 매주. ⁑ 한 주마다.
매주선택[1](買主選擇) ㉬ ⇨ 사는 사람
　선택. ⁑ 구매자 선택.
매주선택[2](賣主選擇) ㉬ ⇨ 파는 사람
　선택. ⁑ 판매자 선택.
매주시장[1](買主市場) ㉬ ⇨ 사는 사람
　시장. ⁑ 구매자 시장.
매주시장[2](賣主市場) ㉬ ⇨ 파는 사람
　시장. ⁑ 판매자 시장.
매줏집(賣酒~) ⇨ 술집.
매지〔目地〕㉬ ⇨ ① 사춤. ⁑ 벌어진
　틈. ② 줄눈. ⁑ 쌓은 벽돌, 돌의 사
　이.
매진되다(賣盡~) ㉬ ⇨ 동나다. 다
　팔리다. 떨어지다. ⁑ 절품되다.
매질[1] * ① 매로 때리는 일. {매질하
　다.} ② 잘못을 깨우쳐주는 일.
　☞ 손질.
매질[2] = 매흙질. 맥질. ⁑ 벽 거죽에 매
　흙을 바르는 일.
매질[3] = 맷돌질.
매추리 ⇨ 메추라기. 메추리. ⁑ 새의
　한 가지.
매춘 문화(賣春 文化) ⇨ 매춘 실태.

매춘 산업. 매춘 풍조.
매출고(賣出高) ㉬ ⇨ 판 돈. ⁑ 판매량.
　판매액.
매출금(賣出金) ㉬ ⇨ 판 돈. ⁑ 판매액.
매출장(賣出帳) ㉬ ⇨ 판매장. 판매
　장부.
매출하다(賣出~) ㉬ ⇨ 팔다. 내다 팔
　다. ⁑ 판매하다.
매취청굿권(買取請求權) ㉬ ⇨ 매수
　청구권.
매치 * 매사냥으로 잡은 꿩, 토끼 따위
　새나 짐승.
　☞ 불치.
매치광이 〈 미치광이. ⁑ 미친 사람.
매치다 〈 미치다. ⁑ 정신 이상.
　☞ 맺히다. 메치다.
매치되다(match~) ⇨ 서로 어울리
　다. 잘 어울리다. 잘 맞다.
매캐하다 〈 메케하다. ⁑ 연기나 곰팡
　이 냄새가 나다.
매타기(meter器) ㉬ ⇨ 미터기. ⁑ 전
　기, 수도, 가스, 택시 계량기.
매통 = 목매. ⁑ 굵은 통나무로 만들어
　벼의 겉겨를 벗기는 연모.
　☞ 매.[2] 맷돌. 연자매.
매통머리 ⇨ 매무새.
매팔자(~八字) = 개팔자. ⁑ 놀면서
　도 먹고사는 데 걱정이 없음.
매표구(賣票口) ㉬ ⇨ 표 파는 곳.
매품팔이 * 매를 대신 맞아주고 삯을
　받는 일. ⁑ 매품팔이로 살아가다.
　☞ 날품팔이.
매학기마다(每學期~) ⇨ 학기마다.
매한가지 = 마찬가지. 한가지. ⁑ 서로
　같음.

매해(每~) = ①매년. 연년. ②해마다.

매형(妹兄) = 자형. 큰매부. ‡ 누나의 남편.

☞ 매부. 매제.

매호마다(每號~) ⇨ ①한 집마다. ②호마다.

매화(梅花) = 매화꽃. {매화원. 매화잠. 매화주. 매화차.}

매화나무(梅花~) = 매실나무. ¶ 매화나무에 매실이 조랑조랑 열렸다.

매화타령(梅花~) * 주제에 맞지 아니하는 같잖은 말과 짓.

매화 타령(梅花~) * ①매화가. ②경기 민요의 하나.

매화틀 = 매우통. ‡ 가지고 다니는 변기를 궁중에서 쓰는 말.

☞ 요강.

매횟간(~間) = 뒷간. ‡ 궁중에서 쓰는 말.

매회마다(每回~) ⇨ 매회. 한 회마다.

매흙 = 매. ‡ 벽 거죽을 곱게 바르는 데 쓰는 흙.

매흙물〔釉藥〕 = 잿물. 즙물. ‡ 도자기의 몸에 덧씌우는 물약.

매흙질 = 매질. 맥질. ‡ 벽의 거죽에 매흙을 바르는 일.

맥¹(脈) = 매가리. ‡ 기운이나 힘. {맥없다.} ¶ 맥을 놓다. 맥을 못 추다. 맥이 빠지다. 맥을 쓰다. 맥을 추다. 맥이 풀리다. 맥을 잃다. 맥이 풀리다

맥²(脈) = 맥락. ¶ 맥이 통하는 이야기. 맥을 같이하다. 맥이 끊기다. 맥을 잇다. 맥이 이어지다.

맥³(脈) = 맥박. ¶ 맥이 고르다. 맥이 빠르다. 맥이 약하다. 맥을 재다.

맥⁴(脈) = 혈맥. ¶ 맥을 뚫다. 맥을 짚다. 맥도 모르고 침통 흔든다. ‡ 한의.

맥간 세공(麥稈 細工) 앤 ⇨ 밀짚 공예.

맥고(麥藁) 앤 ⇨ ①밀짚. ②보릿짚.

맥고모자(麥藁帽子) 앤 ⇨ 밀짚모자.

맥기〔鍍金〕 앤 ⇨ 쇠물 입히기. 쇠물 올리기.

맥낚시 = 맥낚. ‡ 찌를 쓰지 않고 고기를 낚는 것.

☞ 뜰낚. 띄움낚시. 주낙. 찌낚시.

맥문이 ⇨ 맹문이. ‡ 맹문을 모르는 사람.

맥박(脈搏) = 맥. ¶ 맥박 소리. 맥박수. ¶ 맥박이 뛰다. 맥박이 치다.

맥없이¹(脈~)〔어〕 * 기운이 없이. ¶ 맥없이 쓰러지다. 맥없이 주저앉다.

맥없이²(脈~)〔어〕 * 아무 까닭 없이. ¶ 맥없이 화내다. 맥없이 웃다.

맥주집(麥酒~) ⇨ 맥줏집.

맥줏잔(麥酒盞) ⇨ 맥주잔.

맥질 = 매흙질. ‡ 벽의 거죽에 매흙을 바르는 일.

맥쩍다 * ①심심하고 재미가 없다. ¶ 맥쩍은 영화. ②열없고 쑥스럽다. ¶ 얼굴 보기가 맥쩍다.

☞ 멋쩍다.

맨¹〔매〕 * ①가장. 제일. ¶ 맨 구석. 맨 꼭대기. 맨 꼴찌. 맨 끝. 맨 나중. 맨 뒤. 맨 뒷자리. 맨 마지막. 맨 먼저. 맨 아래. 맨 앞. 맨 위. 맨 처음. ②다른 것은 섞이지 않고 온통. ¶ 맨 진달래뿐이다. 맨 흙투성이다.

맨²〔어〕 * 오로지. ¶ 맨 놀기만 한다. 맨 먹기만 한다.

☞ 멘.

맨~³ * ① 다른 것이 없는. {맨가슴. 맨눈. 맨다리. 맨대가리. 맨땅바닥. 맨몸뚱이. 맨발. 맨발바닥. 맨방바닥. 맨살. 맨상투. 맨손바닥. 맨이름. 맨입.} ② 아무것도 지니지 않은. {맨손. 맨주먹.}

☞ 민~

맨국 ⇨ ① 찬국 ‡ 냉국. ② 국물.

맨꽁무니 * 아무 밑천 없이 맨주먹으로 일을 함. 또는 그렇게 일하는 사람.

맨 꽁무니 = 맨 끝.

맨날 〔萬~〕⇨ 만날. ‡ 언제나 계속하여. ¶ 만날 놀기만 한다.

맨낯 ⇨ 민낯. 민얼굴. ‡ 화장하지 않은 얼굴.

맨도리 ⇨ 맨드리.

맨둥맨둥 〈 민둥민둥. ‡ 산에 나무가 없어 반반한 모양.

맨드래미 ⇨ 맨드라미. ‡ 한해살이풀.

맨드리 * ① 옷을 입고 매만진 모양. ¶ 맨드리가 곱다. ② 모양새. ¶ 맨드리를 보니 공을 많이 들였구나. ③ 이미 만들어 놓은 물건. ¶ 요즘은 맨드리도 잘 팔린다오.

☞ 매무새. 매무시.

맨드릴(mandrel) ⇨ ① 굴대. ② 끼우개. 갈돌 끼우개.

맨들다 ⇨ 만들다.

맨땅 * ① 아무것도 깔지 않은 땅바닥. ¶ 맨땅에 앉다. 맨땅에서 뒹굴다. ② 거름을 주지 않은 땅. ¶ 맨땅에 나무를 심다.

☞ 날땅.

맨머리 = 알머리. ‡ ① 아무것도 쓰지 않은 머리. {맨머릿바람.} ② 낭자를 하지 않고 그대로 쪽 찐 머리.

☞ 대머리. 민머리.

맨몸 = 맨몸뚱이. 알몸. 알몸뚱이. 발가숭이. 벌거숭이.

맨바닥 = 날바닥. ‡ 아무것도 깔지 아니한 바닥. ¶ 맨바닥에 눕다.

맨밥 = 강밥. ‡ 반찬 없이 먹는 밥.

☞ 누룽지. 눌은밥. 마른밥.

맨보리밥 ⇨ 꽁보리밥.

맨숀(mansion) ⇨ ① 큰 집. ② 아파트. ‡ 맨션.

맨숭맨숭하다 ⇨ 맨송맨송하다. ‡ ① 몸에 털이 없거나 산에 나무가 없어 반반하다. ② 정신이 말짱하다. ¶ 맨송맨송한 정신.

맨쌀밥 = 쌀밥. 이밥. 입쌀밥. 흰밥. ‡ 잡곡을 섞지 않은 쌀밥.

맨얼굴 ⇨ 민얼굴. 민낯. ‡ 화장하지 않은 얼굴.

맨작지근하다 ⇨ 매작지근하다. ‡ 더운 기운이 있는 듯 만 듯 하다.

맨지근하다 ⇨ 매지근하다.

맨탕 ⇨ 맨. ¶ 맨 놀기만 한다.

맨털터리 ⇨ ① 매나니. ② 빈털터리.

맴돌다 * ① 제자리에서 뱅뱅 돌다. ¶ 팽이가 맴돌다. ② 한자리에서 되풀이하여 움직이다. ¶ 할 말이 입 안에서 맴돌다. 차가운 기운이 맴돌다.

☞ 감돌다.

맴맴¹ * 매미가 우는 소리.

맴맴² * 맴을 돌 때 내는 소리. 또는 그 모양.

☞ 매암.

맵시 * 차림새를 솜씨 있게 손질한 아

름다운 모양새. {글맵시. 몸맵시. 옷맵시. 입맵시.} ¶맵시가 나다. 맵시가 없다.
☞ 매무시. 멋. 태.³

맵싸하다 * 맵고 싸하다. ¶맵싸한 고추. 맵싸하고 얼큰한 매운탕.
☞ 맵자하다. 맵짜다. 맵차다.

맵쌀 * 쪄서 말린 메밀을 찧어서 껍질을 벗긴 알맹이.
☞ 멥쌀. 메밀쌀.

맵씨 ⇨ 맵시.

맵자하다 * 모양이 꼭 째어 제격에 잘 어울리다. ¶옷차림이 맵자하다.

맵짜다 * ①맛이 맵고 짜다. ¶찌개가 맵짜다. ②바람이 사납다. ¶겨울 아침의 맵짠 바람이 살 속으로 파고들다. ③성미가 사납고 독하다. ¶맵짠 표정. ④성질이 야무지고 옹골차다. ¶솜씨가 맵짜다고 소문이 나다.

맵차다 * ①날씨가 맵고 차다. ¶맵찬 눈보라. ②옹골차고 야무지다.
☞ 맵싸하다. 맵자하다. 맵짜다.

맷가¹(買價)㉠ ⇨ 산값. 사는 값. * 매가.
맷가²(賣價)㉠ ⇨ 판값. 파는 값. * 매가.

맷국 ⇨ 찬국.

맷돌 = 매. 돌매. * 곡식을 갈거나 타는 데 쓰는 돌로 만든 연모.
☞ 매통. 연자매. 토매. 풀맷돌.

맷돌중쇠 = 맷중쇠. 중쇠. * 매암쇠와 맷수쇠을 함께 일컫는 말.

맷돌질 = 매질. * 맷돌에다 곡식을 가는 일.

맷돌흐름 * 계곡물이 떨어지는 웅덩이 옆에 돌돌 도는 물흐름.

☞ 소용돌이.

맷물 = 매흙물. 잿물. * 도자기의 몸에 덧씌우는 물약.
☞ 사깃물. 오짓물. 잿물.²

맷맷이 〈 밋밋이. * 생김새가 매끈하게 곧고 길게.

맷손¹ * 매질할 때에 매의 세고 여린 정도. ¶맷손이 맵다. 맷손이 세다.
맷손² * 매통이나 맷돌을 돌리는 손잡이. ¶맷손을 돌리다.

맷수(枚數)㉠ ⇨ 장수. * 종이나 유리 따위의 수효.

맷수쇠 = 수쇠. * 맷돌의 아래짝 한가운데에 박은 뾰족한 쇠.
☞ 매암쇠. 암쇠.

맷중쇠 = 맷돌중쇠. 중쇠. * 매암쇠와 맷수쇠를 함께 일컫는 말.

맹가니 ⇨ 소경. 봉사.

맹구(盲溝)㉠ ⇨ 자갈수멍. * 물이 잘 빠지도록 조약돌을 바닥에 묻은 도랑.

맹국 ⇨ ①냉국. 찬국. ②국물.

맹글다 ⇨ 만들다.

맹꽁맹꽁 = 맹꽁징꽁. * ①맹꽁이가 우는 소리. ②알아듣지 못할 말로 지껄이는 소리나 모양. ¶뭐라고 그렇게 맹꽁징꽁 떠드니?

맹문 * 일의 시비나 경위. ¶맹문을 모르다.

맹문이 * 맹문을 모르는 사람.

맹물 * ①아무것도 타지 아니한 물. ¶맹물 같은 술. ②맹물단지.
☞ 맹탕.

맹물단지 = 맹물. * 하는 짓이 싱거운 사람.

맹물탕(~湯) = 백비탕. ‡ 끓인 맹물.

맹배수(盲排水) ㉕ ⇨ 자갈수멍.

맹벽(盲壁) ㉕ ⇨ 온벽. ‡ 창문이나 구멍이 없는 벽.

맹사(盲射) ㉕ ⇨ 장님총. ‡ 목표물을 겨누지 않고 함부로 쏨. 암사.

맹서(盟誓) ⇨ 맹세. {헛맹세. 맹세하다. 헛맹세하다.}

맹숭맹숭 ⇨ 맨송맨송.

맹탕(~湯) * ①맹물 같은 국. ②싱거운 일이나 사람. ③맹물단지. ☞ 맹물.

맺기 * '맺다'의 이름꼴. ¶ 거름기가 없어서 열매 맺기가 쉽지 않다. ☞ 매끼.

맺다¹ * ①실, 노끈을 얽어 매듭을 만들다. ¶ 그물을 맺다. ②일을 끝내다.

맺다² * 물방울이나 꽃망울처럼 둥그스름한 덩어리가 생기다. ¶ 이슬이 맺다. ☞ 맺히다.

맺음눈 = 매듭눈. ‡ 뜨개질에서 매듭 지어 낸 눈.

맺음단추 = 매듭단추. 꽈리단추. ‡ 매듭을 지어 만든 단추.

맺음말 * 머리말과 몸말에 이어진 마무리 말. ‡ 말문. 결론. ☞ 머리말. 몸말. 글마루. 뒷글.³

맺히다 * ①'맺다'의 입음. ¶ 꽃망울이 맺히다. 땀이 맺히다. 열매가 맺히다. 이슬이 맺히다. ②마음속에 응어리지다. ¶ 가슴에 맺힌 설움. ☞ 매치다.

먀련 ⇨ ①마련. ②매련. 미련.

먀옥하다 ⇨ 매욱하다. 미욱하다. ‡ 어리석고 둔하다.

머 = 무엇. 무어. 뭐. ¶ 혼자서 머 하고 있니?

머구리 〔潛〕 ㉕ ⇨ 잠수부.

머귀나무 * 운향과의 나무 이름. ☞ 오동나무.

머그레 ⇨ 부리망.

머나멀다 * 매우 멀다. ‡ 거리. 시간. ¶ 머나먼 길. 머나먼 옛날. ☞ 멀고 멀다.

머다랗다 * 생각보다 꽤 멀다. ‡ 거리. ¶ 머다랗게 보이는 들판 풍경. ☞ 멀찍하다.

머드레콩 * 밭가로 빙 둘러 심은 콩. ☞ 그루콩.

머디멀다 ⇨ 머나멀다. ‡ 거리나 시간이 매우 멀다.

머리¹ = 머리빡. ‡ 사람이나 동물의 목 위에 있는 부분. {머리꼭지. 머리댕기. 머리띠. 머리맡. 머리통. 머리앓이. 머릿수건. 머릿짓.} {뒷머리. 앞머리. 옆머리.} {숫머리. 체머리.} {소머리(쇠머리).} ¶ 돼지 머리. ☞ 고개.¹ 대가리.

머리² = 생각. {머리싸움. 머릿속.} {일머리. 잔머리.} ¶ 머리를 굴리다.

머리³ = 머리카락. {머리꼬리. 머리끄덩이. 머리끝. 머리숱. 머리채. 머리빗. 머리털. 머릿결. 머릿기름. 머릿내.} {가랑머리(양태머리). 갈깃머리. 고수머리(곱슬머리). 귀밑머리. 다박머리. 단발머리. 대두머리. 대머리. 더벅머리. 동의머리. 떠꺼머리. 맨머리. 모두머리. 민머리. 바둑머리. 상고머리. 센머리. 쑥대머리. 어여머리. 얹은머리. 이맛머리. 조짐머리. 종종머리. 첩지머리. 치마머리. 큰머리. 트레머리. 파마머리. 풀머리. 활새머리. 황새머리.} ¶ 머리 맵시. 머리 모양. 머리 얹다. 머리 풀다. 머리 하다.

머리[4] * 맨 앞. {머리글. 머리글자. 머리기사. 머리말. 머리서방. 머릿그림.}

머리[5] = 가장자리. 곁. 어귀. {갈밭머리. 갯머리. 논머리. 들머리. 말머리. 밭머리. 뱃머리. 베갯머리. 채마머리. 첫머리. 텃밭머리. 합수머리.} {밥상머리. 상머리. 책상머리.}

머리가지〔接頭辭〕 = 앞가지.
☞ 끝가지. 뒷가지. 발가지.

머리까락 ⇨ 머리카락. 머리칼. ＊머리털의 낱개.

머리꼭대기 ⇨ 머리꼭지.

머리꼭지 ＊ 머리의 맨 위의 가운데.
☞ 정수리.

머리꾼 ＊ 동채싸움에서 놀이꾼의 한 무리. ＊ 동채 앞에 널어 서서 지킴.
☞ 동채꾼.

머리단장（～丹粧） = 머리치장. ＊ 머리를 곱게 꾸미는 일.

머리댕기 ＊ ①댕기. ②새의 머리 부분에 있는, 늘어진 털.

머리돌 ⇨ 머릿돌. 귓돌. ＊ 초석.

머리말 = 머리글. ＊ 서문. 서론.
☞ 글마루. 몸말. 맺음말.

머리맡 ＊ 누웠을 때 머리 부분. ¶ 밤새 머리맡에서 병시중을 들다.
☞ 발치. 베갯머리.

머리방（～房） ＊ 머리를 다듬는 가게.
＊ 미장원.
☞ 머릿방.

머리소리법칙（～法則） ＊ 'ㅣ, ㅑ, ㅕ, ㅛ, ㅠ' 앞에서 'ㄹ, ㄴ'이 'ㅇ'으로, 'ㅏ, ㅓ, ㅗ, ㅜ, ㅡ, ㅐ, ㅔ, ㅚ' 앞에서 'ㄹ'이 'ㄴ'으로 바뀌는 일. ① 머리가지처럼 쓰이는 한문글자가 붙어서 이루어진 말이나 겹씨에서 뒷말의 첫소리가 'ㄴ, ㄹ' 소리로 나더라도 머리소리법칙에 따라 적음. {역이용. 연이율. 열역학. 해외여행.} ② 둘 이상의 홀이름씨를 붙여 쓸 때는 머리소리법칙에 따라 적음. {서울여관. 신흥이발관.} ③ 십진법에 따라 쓰는 수도 머리소리법칙에 따름. {십육. 육십육.}

머리 속 ＊ 머리의 안쪽. ＊ 머리 속에 혹이 생겼다.
☞ 머릿속.

머리처네 = 처네. ＊ 옛날에 여자가 나들이할 때 머리에 쓰던 쓰개.

머리치장（～治粧） = 머리단장. ＊ 머리를 곱게 꾸미는 일.

머리칼 = 머리카락. ＊ 머리털의 낱개.

머리터럭 ⇨ 머리털. 머리. ＊ 머리에 난 털. ¶ 머리를 깎다. 머리가 길다.

머릿글〔序文〕 ⇨ 머리글.

머릿기사（～記事） ⇨ 머리기사. ＊ 톱기사.

머릿니 ＊ 사람의 머리칼에 붙어사는 이.
☞ 가랑니. 수퉁니. 옷엣니.

머릿돌 = 귓돌. 모퉁잇돌. 주춧돌. ＊ 초석.
☞ 댓돌. 디딤돌. 툇돌.

머릿말 ⇨ 머리말. ＊ 서문. 서론.

머릿방（～房） ＊ 안방 뒤에 달린 작은 방.

☞ 머리방.

머릿병풍(～屛風) = 가리개. ‡ 머리맡에 치는, 두 쪽으로 만든 병풍.

머릿속 * 생각이 이뤄지거나 지식 따위가 들어 있는 곳. ¶ 머릿속이 복잡하다.

　☞ 머리 속.

머무르다 = 머물다. ‡ 머무르고. 머무르네. 머무르면. 머무른. 머무르니. 머물고. 머무네. 머뭅니다. 머물러. 머물면. 머물렀다. 머문. 머무니.

　☞ 멎다.

머무적거리다 = 머무적대다. 머뭇거리다. ‡ 말이나 행동을 자꾸 망설이다.

　☞ 꾸물거리다. 쭈물거리다.

머물다 = 머무르다. ‡ 줄기 ‘머물~’ 뒤에는 홀소리 씨끝이 붙지 못함.

머물어 ⇨ 머물러. ¶ 머물러 살다. 머물러 있다.

머물었다 ⇨ 머물렀다.

머물음 ⇨ 머무름. 머묾.

머뭄 ⇨ ①머무름. ‡ ‘머무르다’의 이름꼴. ②머묾. ‡ 머물다의 이름꼴.

머뭇거리다 = 머뭇대다. 머무적거리다. 머무적대다.

머슴 = 머슴꾼. ‡ 농삿집에 들어가서 돈을 받고 농사일을 도맡아 하는 사내. {머슴살이.} {달머슴. 뜬머슴. 실머슴.} ¶ 머슴 노릇. 머슴 살다.

　☞ 드난. 안잠자기.

머슴날 = 하리아드랫날. 상놈 명절. ‡ 음력 이월 초하룻날.

머슴놀이 = 두레놀이. ‡ 백중날에 즐기는 민속의 하나.

머슴아 ⇨ 머슴애.

머슴애 = 머슴아이. ‡ ①머슴살이하는 아이. ②사내아이.

　☞ 사내아이.

머시[1] 〔느〕 * 사람이나 사물의 이름이 갑자기 떠오르지 않을 때 내는 소리. ¶ 그, 머시, 그거 있잖아.

머시[2] = 무엇이. ¶ 상자 안에 머시 들었나?

머시기 ⇨ 무엇.

머쓱하니 ⇨ 머쓱히. ¶ 키만 머쓱히 큰 사람. 머쓱히 나앉았다.

머쓱하다 * ①어울리지 않게 키가 크다. ②무안을 당하여 기가 죽어 있다.

　☞ 멋쩍다.

머저리 = 어리보기. ‡ 얼뜬 사람. ¶ 누구를 머저리로 보느냐?

　☞ 멍청이. 바보. 바사기.

머즈막하다 ⇨ 머츰하다.

머지않아 = 머잖아. ¶ 머지않아 좋은 날이 오겠지.

　☞ 멀지 않아.

머춤하다 * 잠깐 멈칫하다. ¶ 날카로운 눈빛에 눌려 태도가 머춤한다.

머츰하다 * 비나 눈이 잠깐 그쳐 뜸하다. ¶ 빗발이 조금 머츰하다.

　☞ 멈칫하다

머플러(muffler) ⇨ ①목도리. ②소리줄이개. ‡ 소음기. ③권투 장갑.

　☞ 목수건.

먹거라 ⇨ 먹어라. ‡ ‘～거라’는 ‘가다’에만 붙음.

먹거리 = 먹을거리. ‡ 음식. 식품.

먹거지 * 여러 사람이 모여서 벌이는 잔치. ¶ 밤마다 먹거지가 벌어졌다.

☞ 모꼬지.

먹걸레 ⇨ 먹수건. ＊ 분판이나 먹물을 닦는 헝겊.

먹고살다 ＊ 생계를 유지하다. ¶ 품팔이로 먹고살다.

먹고 살다 ¶ 밥만 먹고는 살 수 없다.

먹고파 ⇨ 먹고 싶어.

먹고프다 ⇨ 먹고 싶다.

먹구렁이 ＝ 누룩뱀. ＊ 뱀의 한 가지.

먹긋기 ＝ 먹놓기. ＊ 마름질할 나무나 돌에 먹칼로 금을 긋는 일.

먹냐? ⇨ 먹느냐? ＊ 움직씨에는 '느냐?'를 붙임.

먹눈 ⇨ 소경.

먹다[1] ＊ ①배 속에 들게 하다. ¶ 밥을 먹다. ②제 것으로 하다. ¶ 나랏돈을 먹다. ③마음속으로 어떤 생각을 품다. ¶ 앙심을 먹다. 마음을 독하게 먹다. ④나이가 들다. ¶ 나이를 먹다.

☞ 삼키다.

먹다[2] 〔도〕 ＊ 무엇을 하거나 어떻게 되어 가다. ¶ 못되어 먹다. 부려 먹다.

먹다[3] ＊ 귀나 코가 막히다. {가는귀먹다. 귀먹다.} ¶ 코 먹은 소리.

☞ 멀다.

먹돔 ＝ 먹도미. 감성돔. ＊ 바닷고기 이름.

☞ 붉돔. 참돔.

먹뒝벌 ＝ 말벌. 박벌. 황벌. 호박벌. ＊ 벌의 한 가지.

먹먹하다 ＊ 소리가 잘 들리지 않다. ¶ 귀가 먹먹하다.

☞ 멍멍하다.

먹물 들다 ＝ 먹물 먹다. ＊ 글공부를

하다.

먹물뜨다 ＝ 먹실 넣다. ＊ 문신하다.

먹물선(~腺) ④ ⇨ 먹물샘. ＊ 문어나 오징어.

먹보 ＊ ①밥을 많이 먹는 사람. ②욕심이 많고 음충맞은 사람.

☞ 귀머거리.

먹사진(~寫眞) ＊ 먹으로 비문이나 물고기를 본뜬 것. ＊ 탁본.

먹새[1] ＊ 검은 모래.

먹새[2] ＝ ①먹음새. ＊ 음식을 먹는 태도. ②먹성. ＊ 먹는 음식의 분량.

먹성(~性) ＊ ①음식의 종류에 따라 좋아하거나 싫어하는 성미. ¶ 먹성이 까다롭다. ②음식을 먹는 분량. ¶ 먹성이 크다.

☞ 먹음새.

먹소 ＝ 먹으오. ＊ '먹다'의 풀이꼴, 물음꼴.

먹실 넣다 ＝ 먹물뜨다. ＊ 문신하다.

먹어라 ＊ '먹다'의 바로 시킴꼴. ¶ "어서 먹어라."라고 다그쳤다.

☞ 먹으라.

먹여 ＝ 먹이어. ＊ 먹이다. ¶ 먹여 보내다. 먹여 살리다. 먹여 주다.

먹으라 ＊ '먹다'의 건너 시킴꼴. ¶ 많이 먹으라는 어머니 말씀에 목이 메다.

☞ 먹어라.

먹으시다 ⇨ 잡수다. 잡수시다. 자시다. ＊ '먹다'의 높임말.

먹으오 ＝ 먹소. ＊ 먹다. ¶ 밥을 먹으오.

먹을거리 ＝ 먹거리. ＊ 음식. 식품.

먹을걸 ¶ 그 사람은 아마 안 먹을걸. ＊ '~(ㄹ/을)걸'은 씨끝.

먹을 걸 ＝ 먹을 것을. ¶ 먹을 걸 주시

오. ＊ ‘것’은 매인이름씨.

먹을래야 ⇨ 먹으려야. ¶ 먹으려야 먹을 수 없다.

먹을려고 ⇨ 먹으려고. ¶ 혼자서 먹으려고 감추어 두었다.

먹음다 ⇨ 머금다.

먹음먹이 ＊ 먹음직한 음식. ¶ 상에 차려 놓은 먹음먹이를 모두 먹고 싶었다.
　☞ 먹거리. 먹새.

먹음새 ＊ ① 음식을 먹는 태도. ＊ 먹새. ② 음식을 만드는 범절.
　☞ 먹성.

먹읍니다 ⇨ 먹습니다.

먹이 ＊ ① 동물이 먹고사는 먹거리. ② 집짐승에 주는 먹거리. {먹이통. 먹잇감. 알먹이.} ¶ 거친 먹이. 먹이 그물. 먹이 사슬. 먹이 피라미드.
　☞ 모이.² 밥.¹ 여물.¹

먹이다 ＊ ① 집짐승을 몇 마리 기르다. ② ‘먹다’의 하임. ¶ 약을 먹이다.
　☞ 기르다. 치다.⁵ 키우다.

먹이량(〜量) ⇨ 먹이양. ＊ 겨레말 뒤에는 ‘양’, 한자말 뒤에는 ‘량’임.

먹장어 ＊ 꾀장엇과의 바닷물고기. ＊ 턱과 꼬리지느러미가 없음.
　☞ 바닷장어. 붕장어.

먹줄펜(〜pen) ＝ 가막부리. 새부리. ＊ 제도할 때 쓰는 펜.

먹통¹ ＝ 멍청이. ¶ 이 바보 먹통아!

먹통²(〜桶) ＊ 먹줄을 치는 데 쓰는 연모. {먹통줄.}

먹혀들다¹ ＊ 알아듣거나 받아들여지다. ¶ 내 말이 먹혀들지 않는다.

먹혀들다² ＊ 빼앗기거나 남의 차지가 되다. ¶ 나라가 왜놈한테 먹혀들어

가다.

먼길 ＊ 멀리 가거나 멀리서 오는 길. ¶ 먼길에 얼마나 고생하셨습니까?

먼 길 ¶ 가까운 길을 두고 먼 길로 돌아왔다.

먼눈¹ ＊ 보이지 않는 눈.

먼눈² ＊ 먼 곳을 바라다보는 눈. ¶ 먼눈이 밝다. 먼눈에 보다.

먼눈팔다 ＊ ① 정신을 놓고 먼 곳을 멍하니 바라보다. ② 멍하니 있다.
　☞ 곁눈 팔다. 한눈팔다.

먼데¹ ＝ 뒷간. ＊ 화장실. 변소.

먼데² ＊ 멀다. ¶ 갈 길은 먼데 해가 저문다. ＊ ‘ㄴ데’는 씨끝.

먼 데 ＊ 먼 곳. ¶ 먼 데로 가다. {먼뎃불빛. 먼뎃손.} ＊ ‘데’는 매인이름씨.

먼뎃말 ＝ 먼말. ＊ 멀리 돌려서 하는 말. ¶ 은근히 먼뎃말로 알려주었다.

먼물 ＝ 먼우물. ＊ 먹는 물을 긷는 우물.
　☞ 누렁물. 누렁우물.

먼 바다 ¶ 까마득히 먼 바다로 배를 몰고 갔다.
　☞ 앞 바다. 난바다. 갓바다.

먼발치기 ⇨ 먼발치. ＊ ① 조금 멀리 떨어진 곳. ② 먼 인척 관계.

먼산바라기 ＊ ① 늘 먼 곳을 바라보는 것처럼 보이는 사람. ② 한눈파는 짓.
　☞ 들창눈이. 천상바라기.

먼우물 ＝ 먼물. ＊ 먹는 물을 긷는 우물.
　☞ 누렁물. 누렁우물.

먼저번(〜番) ⇨ 먼젓번.

먼저 선취점을 얻다(〜先取點〜) ⇨

점수를 먼저 얻다. 점수를 먼저 따다.

먼젓번(~番) = 전번. 지난번.

먼지 * 가늘고 보드라운 티끌. {먼지답
쌔기. 먼지바람. 먼지잼. 먼지투성이.
먼짓길.} {돌먼지. 솜먼지. 핵먼지.
흙먼지.} ¶ 먼지가 날리다.

☞ 티끌.

먼지내 = 먼지 냄새. ¶ 다락에서 퀘퀘
한 먼지내가 났다.

먼지떨음 * ①연습 삼아 노름이나 내
기를 한번 겨루어 봄. ②오랜만에
하는 나들이. ③어린아이에게 엄포
로 때리는 시늉을 함.

☞ 먼지잼.

먼지떨이 * 총채 따위 먼지를 떠는 연
모.

먼지잼 * 비가 겨우 먼지나 날리지 않
을 정도로 조금 옴.

☞ 먼지떨음.

먼지털이 ⇨ 먼지떨이.

먼촌[1](~寸) * 먼 일가. 먼 친척. ¶ 먼
촌 오빠뻘이 되는 이.

먼촌[2](~村) * 멀리 외따로 떨어져 있
는 시골. ¶ 도시에서 먼촌으로 내려
갔다.

먼팔뜀 = 숭어뜀. 숭어벼루뛰기. * 손
을 짚고 잇따라 거꾸로 넘는 땅재
주.

멀거니 [어] * 정신없이 물끄러미 보
고 있는 모양. ¶ 혼자 멀거니 앉아
있다.

멀건이 * 정신이 흐리멍덩한 사람.

멀고 멀다 * 매우 멀다. * 거리. ¶ 멀고
먼 남쪽 나라.

☞ 머나멀다.

멀국 ⇨ 국물.

멀그스레하다 = 멀그스름하다. 묽스
그레하다. ¶ 멀그스레한 시래기죽.

멀다[1] * 두 점 사이의 거리가 크다.
* 시간. 거리. ¶ 동이 트려면 아직도
멀었다. 집에서 학교까지는 매우 멀
다.

☞ 길다.

멀다[2] * ①눈이 안 보이다. ¶ 눈이 멀다.
②귀가 안 들리다. ¶ 귀가 멀다.

☞ 먹다.

멀다랗다 ⇨ 머다랗다.

멀다하고 ⇨ 멀다 하고. ¶ 하루가 멀다
하고 찾아오다.

멀디멀다 ⇨ 머나멀다.

멀떠구니 = 모이주머니. * 새의 소화
기관.

멀뚱거리다 = 멀뚱대다. * 생기 없고
멀건 눈알을 자꾸 굴리며 물끄러미
쳐다보다. ¶ 두 눈을 멀뚱거리며 앉
아서 누구를 기다리고 있다.

멀리보기눈 = 돋보기눈. * 원시. 원
시안.

☞ 졸보기눈.

멀리하다 * ①가까이 사귀지 않다. ¶
나쁜 친구들을 멀리하다. 책을 멀리
하다. ②삼가다. ¶ 술과 담배를 멀
리하다. 여자를 멀리하다.

☞ 가까이하다.

멀미 = 멀미증. * ①메스껍고 어지러
워지는 증상. {가마멀미. 물멀미.
뱃멀미. 비행기멀미. 사람멀미. 산
멀미. 차멀미.} ②싫증. ¶ 멀미를
내다.

멀지 않다 = 멀잖다. * 거리. ¶ 집에

서 학교까지는 그리 멀지 않다.
☞ 머지않다.

멀쩡하다 〉 말짱하다. ‡ ①온전하다. ¶ 멀쩡한 책을 버리다. ②정신이 또 렷하다. ¶ 술을 마셔도 정신은 멀쩡 하다. ③아주 깨끗하다. ¶ 멀쩡하던 하늘에 갑자기 먹구름이 몰려왔다. ④그릇된 짓을 하는 태도가 뻔뻔하 다. ¶ 멀쩡한 거짓말. 멀쩡하게 거짓 말을 하다. 멀쩡하게 시치미를 떼다.

멀찌가니 = 멀찌감치. 멀찍이. ¶ 멀찌 가니 물러앉다. 멀찌가니 떨어지다.

멀찌막이 * 꽤 멀찍하게. ¶ 멀찌막이 떨어져서 큰 소리로 물었다.

멀찍하다 * 사이가 꽤 떨어져 있다. ‡ 거리.
☞ 머다랗다.

멀찍히 ⇨ 멀찍이. ‡ 멀찍하다. ¶ 멀찍 이 떨어져서 따라온다.

멀치감치 ⇨ 멀찌감치. 멀찌가니.

멀티샵(multishop) ⇨ 멀티숍. ‡ 여 러 상표의 물건을 한곳에 모아 파는 가게.

멈 ⇨ 멂. ‡ '멀다'의 이름꼴.

멈추다 * ①멎다. ¶ 비가 멈추다. 시계 가 멈추다. 울음을 멈추다. 차가 멈 추다. ②움직임을 그치게 하다. ¶ 발 걸음을 멈추다. 시선을 멈추다.
☞ 쉬다.[2]

멈추어 = 멈춰. ‡ 멈추다. ¶ 멈춰 서 다. 멈춰 주다.

멈춰지다 ⇨ 멈추다.

멈칫하다 * 하던 짓이나 일을 갑자기 멈추다.
☞ 머츰하다.

멋 = 멋대가리. ‡ ①차림새, 됨됨이, 하는 짓에서 느끼는 아름다운 모습. ②일의 이치, 말의 속내, 사람의 생 각에서 느끼는 아름다운 모습. {멋거 리.} {멋들다. 멋들어지다. 멋스럽다. 멋없다.} {건들멋. 겉멋. 속멋.} ¶ 멋 을 내다. 멋을 부리다.
☞ 맛. 맵시.

멋대가리 없다 = 멋없다. ‡ 낮은말.

멋모르다 * 일의 속내를 모르다. ¶ 멋 모르고 덤볐다가 혼이 나다.

멋 모르다 ¶ 요즘 젊은이는 겨레노래 의 멋을 모른다.

멋있다 = 멋지다. ‡ 썩 좋거나 훌륭하 다. ¶ 멋있는 사람. 멋있는 양복.

멋쟁이[1] = 피리새. ‡ 됫새과의 새 이름.

멋쟁이[2] * 멋있거나 멋을 잘 부리는 사람.
☞ 모양꾼.

멋적다 ⇨ 멋쩍다.

멋지다 = ①멋있다. ¶ 멋진 구두. ②훌륭하다. ¶ 멋진 생각.

멋쩍다 * ①하는 짓이나 꼴이 격에 안 어울리다. ②쑥스럽고 어색하다.
☞ 맛적다. 맥쩍다. 머쓱하다.

멋하다 = 무엇하다. 뭣하다. ¶ 그 자 리에 앉았기가 멋해서 일어섰다.

멍 = 피멍. ‡ 살갗 속에 퍼렇게 맺힌 피. ¶ 멍 자국. 멍이 들다.

멍게 = 우렁쉥이. ‡ 바다 동물의 하나.

멍구럭 * 썩 성기게 떠서 만든 구럭. ¶ 멍구럭을 멘 농부.
☞ 구럭.

멍머구리 ⇨ ①명매기. ‡ 칼새. ②악 머구리. ‡ 참개구리.

멍멍 * 개가 짖는 소리. {멍멍거리다. 멍멍대다.} ¶ 개가 멍멍 짖다.
☞ 깨갱깨갱.

멍멍개 = 멍멍이. ‡ 개를 일컫는 어린이 말.

멍멍하다 * 얼이 빠진 듯이 어리둥절하다. ¶ 한동안 정신이 멍멍했다.
☞ 먹먹하다.

멍석 * 짚으로 결어 네모지게 만든 큰 깔개. {멍석자리. 멍석잠. 멍석짝.}
☞ 덕석.

멍석말이¹ * ①도래진. ‡ 민속. ②별산대놀이에서 추는 춤.

멍석말이² * ①주검을 멍석에 말아 산에 내다 버리는 일. ②멍석에 말아 놓고 뭇매를 때리는 형벌.

멍에 * ①마소의 목에 얹어 수레나 쟁기를 끌 때 쓰는 구부러진 막대. ‡ 일을 하지 않을 때는 벗김. ②책임이나 의무. ¶ 멍에를 메다. 멍에를 쓰다.
☞ 굴레.

멍우리 ⇨ 멍울.

멍울 * ①몸의 살 속에 생기는 덩이. {젖멍울. 피멍울.} ¶ 멍울이 서다. ②마음의 상처나 고충. ¶ 슬픈 운명의 멍울을 가슴에 묻고 살아간다. ③우유 속에 작고 둥글게 엉겨 굳은 덩이. ¶ 멍울이 지다.
☞ 망울. 몽우리. 뭉우리.

멍청이 = 멍텅구리. ‡ 아둔하고 어리석은 사람.
☞ 머저리. 멍텅구리. 바보. 바사기.

멍청히 * 멍청하게. ¶ 얼빠진 듯 멍청히 앉아 있었다.

멍텅구리 * ①멍청이. ②뚝지. ‡ 바닷

고기. ③되들이 병의 하나.

멍히 ⇨ 멍하니. ‡ 정신이 나간 것처럼 얼떨떨하게. ¶ 멍하니 있다.

멎다 = 멈추다. ‡ ①움직이던 것이 서다. ②내리던 비가 그치다.
☞ 그치다. 머무르다. 멈추다. 자다.²

메¹ * 나무토막이나 쇠토막에 자루를 박아 만든 연장. {떡메. 쇠메.}
☞ 매.

메² = 젯메. ‡ 제사 때 신위 앞에 올리는, 신이 먹는 밥.
☞ 마짓밥. 밥.¹ 수라. 입시. 잿밥. 제삿밥. 진지. 입시. 퇴식밥.

메³ = 산. {멧기슭. 멧부리.} {멧나물. 멧대추. 멧두릅.} {멧누에. 멧닭. 멧도요. 멧돼지. 멧박쥐. 멧비둘기. 멧새. 멧짐승.}
☞ 뫼.

메기 * 민물고기 이름.
☞ 물메기.

메기는소리 = 메김소리. 선소리. 앞소리. ‡ 민요를 부를 때 한 사람이 앞서 부르는 소리.
☞ 뒷소리. 받는소리.

메기다¹ * ①노래를 주고받을 때 한 편이 먼저 부르다. ¶ 앞소리를 메기다. ②두 사람이 톱을 마주 잡고 톱질할 때 톱을 밀어주다. ¶ 톱을 메기다.

메기다² * ①화살을 시위에 물리다. ¶ 화살을 메기다. ②윷놀이에서 말을 마지막 밭까지 옮기어 놓다.
☞ 매기다.

메꾸다 ⇨ ①메우다. ②채우다.

메나리 = 미나리. 산유화가. ‡ 농부가의 하나.

☞ 미나리.

메나물 ⇨ 멧나물. 산나물.

메다¹ = 메우다. ‡ ①통에 테를 끼우다. ②쳇바퀴에 쳇불을 씌우다. ③가죽을 씌워서 북을 만들다. ④말 목에 멍에를 얹다. ¶ 멍에를 메다.

메다² * ①빈 곳이 묻히거나 구멍이 막히다. ¶ 우물이 메었다. ②어떤 곳에 가득 차다. ¶ 사람들로 길이 메었다.

메다³ * 감정이 북받쳐 목소리가 나오지 않다. ¶ 너무 기뻐 목이 메다.
　☞ 메우다.

메다⁴ * ①어깨에 올려놓다. ¶ 가방을 메다. ②책임을 지거나 임무를 맡다.
　☞ 지다.¹ 업다.

메다꽂다 = 메어꽂다. ¶ 한 손으로 사람을 들어올리고는 땅에 메다꽂았다.

메다붙이다 = 메어붙이다. 메붙이다. 메다치다. 메어치다. ‡ 어깨너머로 둘러메어 바닥에 내리치다. ¶ 그는 나를 사정없이 길바닥에 메다붙였다.

메르치 ⇨ 멸치. ‡ 바닷고기 이름.

메말라져 가다 ⇨ 메말라 가다.

메모란(memo欄) ⇨ 적바림 칸. ‡ 메모난. 서양말 뒤에선 ‘난’.

메모 용지(memo 用紙) * 적바림 종이. 적발 종이. ‡ 메모 종이.

메밀쌀 * 메밀을 찧어서 껍질을 벗겨 낸 알맹이.
　☞ 맵쌀. 멥쌀.

메붙이다 = 메어붙이다. 메다붙이다. 메다치다. 메어치다.

메뿌리 ⇨ 멧부리. ‡ 산등성이나 산봉

우리의 가장 높은 꼭대기.

메세지(message) ⇨ ①교서. ②성명서. ③전갈. 알리는 말. ‡ 메시지.

메숲지다 = 숲지다. 거하다. ‡ 산에 나무가 울창하다.

메시꼽다 ⇨ 메스껍다. 매스껍다.

메식메식하다 ⇨ 메슥메슥하다.

메식거리다 ⇨ 메슥거리다.

메쌓기 = 건성쌓기. ‡ 모르타르를 채우지 않고 돌만 물리어 쌓는 일.
　☞ 사춤쌓기. 찰쌓기.

메아리 * 소리가 산이나 절벽에 부딪혀 되울려 오는 소리.
　☞ 산울림.

메아리지다 * 메아리가 점점 멀어져 가다. ¶ ‘누나’ 소리가 메아리지다.

메아리치다 * 메아리가 울려 퍼지다. ¶ 야호 소리가 메아리쳐 오다.

메어지다 ⇨ 미어지다.

메어치다 = 메다치다. 메다붙이다. 메붙이다. 메어붙이다. 메치다.

메우다¹ * ‘메다’의 하임. ‡ 뚫려 있거나 비어 있는 곳을 막다. ¶ 구덩이를 메우다. 구경꾼들이 자리를 메우다. 텅 빈 가슴을 메우다.
　☞ 메다.³ 채우다.⁵

메우다² = 메다. ‡ ①통에 테를 끼우다. ②쳇바퀴에 쳇불을 맞추어 씌우다. ③북통에 가죽을 씌우다. ④소에 멍에를 얹다. ⑤활에 시위를 얹다.

메워지다 ⇨ 메이다.

메이다 * ‘메다’의 입음. ¶ 웅덩이가 메이다.
　☞ 매이다.

메주알고주알 ⇨ 미주알고주알.

메지[1] * 일의 한 가지가 끝나는 단락. ¶ 메지 나다. 메지 내다. 메지 짓다.

메지[2] 〔目地〕㉞ ⇨ ① 줄눈. ② 사춤.

메지다 * 밥이나 떡, 반죽 따위가 끈기가 적다. ¶ 메진 쌀. 반죽이 메지다. ☞ 차지다.

메추리 = 메추라기. * 새 이름. {메추리구이. 메추리알.}

메치다 = 메어치다. 메다치다. 메다붙이다. 메붙이다. 메어붙이다. ☞ 매치다.

메타(meter)㉞ ⇨ 미터. * 길이의 하나치.

메타기(meter 器)㉞ ⇨ 계량기.

메토끼 ⇨ 산토끼.

메투리 ⇨ 미투리.

멕기〔鍍金〕㉞ ⇨ 쇳물 올리기. 쇳물 입히기. * 금물 올리기.

멕베드(Macbeth) ⇨ 맥베스. * 셰익스피어가 쓴 희곡 이름.

멕쩍다 ⇨ 맥쩍다.

멘 * 메다. ① 구멍이 막힌. ¶ 멘 우물. ② 어깨에 얹은. ¶ 총을 멘 사냥꾼. ☞ 맨.

멘스(menstrunation)㉞ ⇨ 달거리. 몸. 몸엣것. * 월경.

멘트(comment)㉞ ⇨ ① 설명. 해설. ② 여는 말. ③ 닫는 말. * 코멘트.

멜로(melodrama)㉞ ⇨ 통속극. 애정극. * 멜로드라마.

멜빵 * ① 짐을 어깨에 걸어 메는 끈. {멜빵끈. 멜빵짐. 멜빵허리.} ② 어깨에 걸치는 끈. {멜빵바지. 멜빵허리.}

☞ 질빵.

멥쌀 = 입쌀. 쌀. * 갱미. 백미. {멥쌀가루. 멥쌀밥.}

☞ 맵쌀. 찹쌀.

멥쌀술 = 쓴술. * 멥쌀로 담근 술.

멧갓 = 산판. * 나무를 함부로 베지 못하게 지키며 가꾸는 산. ☞ 산판.

멧기슭 = 산기슭.

멧나물 = 산나물.

멧누에 ⇨ 산누에.

멧돝 ⇨ 멧돼지.

멧돼지 = 산돼지. {멧돼짓과.} ¶ 멧돼지 떼.

멧발 ⇨ 산줄기.

멧밥 ⇨ 메.

멧밭쥐 = 들쥐. * 쥐의 한 가지.

멧봉우리 ⇨ ① 멧부리. ② 산봉우리.

멧부엉이 * 어리석고 메부수수하게 생긴 시골 사람. ☞ 부엉이.

멧불 = 산불. * 산에 난 불.

멧비둘기 = 산비둘기. 염주비둘기.

멧상(~床) * 제지낼 때 신위 앞에 올리는 밥상. ☞ 제물상. 제사상. 제상.

멧새 * ① 되샛과의 새를 통틀어 일컬음. ② 멥새. * 되샛과의 텃새 이름. ☞ 산새.

멧줄기 ⇨ 산줄기.

멧짐승 = 산짐승. * 산에 사는 짐승. 호랑이, 곰, 산양, 오소리 따위. ☞ 들짐승. 물짐승. 뭍짐승. 집짐승.

멧키(맥끼)〔鍍金〕㉞ ⇨ 금물 올리기. 쇳물 입히기.

멧토끼 ⇨ 산토끼.

며느리 * 아들의 아내. {맏며느리(큰며느리). 작은며느리. 막내며느리. 손자며느리. 며느릿감.} ¶ 며느리 노릇. 며느리를 보다. 며느리 삼다. ☞ 사위.

며느리바퀴 ⇨ 아들바퀴. ＊ 쳇불을 메우는 데에 쓰는 두 개의 좁은 테.

며느리발톱 * ①짐승의 새끼발톱 뒤에 덧달린 작은 발톱. ②새 무리 수컷의 다리 뒤쪽에 발톱처럼 붙은 것. ☞ 뒷발톱. 엄발.

며늘아기 * 갓 시집온 며느리를 귀엽게 이르는 말.

며늘애 * 부모 앞에서 며느리를 이르는 말.

며늘애기 ⇨ ①며늘아기. ②며늘애.

며루[1] * 각다귀의 애벌레. ☞ 머루.

며루[2] ⇨ 멸구. 벼멸구. ＊ 볏논에 있는 해론벌레의 하나.

며르치 ⇨ 멸치. ＊ 바닷고기 이름.

며칠날 ⇨ 며칟날.

며칠만 ¶ 며칠만 기다려라. ＊ '만'은 토씨.

며칠 만 ¶ 며칠 만에 돌아왔니? ＊ '만'은 매인이름씨.

멱[1] * 목의 앞쪽. {멱살. 멱씨름.} {멱따다. 멱찌르다. 멱차다.} ¶ 아니꼬움이 멱에까지 차오르다.

멱[2] = 멱서리. ＊ 짚으로 둥글고 깊게 결어 만든 그릇. 주로 곡식을 담음.

멱[3] = 미역. ＊ 바닷말의 하나. {미역국. 미역귀. 미역쌈. 미역튀각.}

멱[4] = 미역. ＊ 내, 강, 바닷물에 들어가 몸을 담그고 씻거나 노는 일.

멱감다 = 미역감다.

멱길 = 멱. ＊ 장기에서 마나 상이 다닐 수 있는 길목. ¶ 멱길을 막다.

멱둥구미 = 둥구미. ＊ 짚으로 둥글고 울이 깊게 만든 그릇. ☞ 도꼬마리.

멱부리 * 턱 밑에 털이 많이 난 닭. ¶ 멱부리 암탉. ☞ 턱받이. 턱받치개.

멱사리 ⇨ ①멱살. ②멱서리. ③목사리.

멱살 * ①목 아래에 여민 옷깃. {멱살잡이.} {멱살잡이하다.} ¶ 멱살을 들다. 멱살을 잡다. 멱살을 잡히다. 멱살을 틀어쥐다. ②멱 아래의 살. ¶ 족제비는 닭의 멱살을 물어 죽였다.

멱서리 = 멱. 멱자. 섬피. ＊ 짚으로 만든 그릇. ¶ 쌀을 멱서리에 퍼 담다.

멱신 * 짚이나 삼으로 멱서리처럼 결어서 만든 신. ☞ 갖신. 미투리. 짚신.

멱통 = 산멱. 산멱통. ＊ 살아 있는 짐승의 목구멍. ¶ 멱통을 찌르다.

면[1] * 비역질을 할 때 여자구실을 하는 남자. ☞ 비역. 밴대질.

면[2](綿) * 무명. {면수건. 면양말. 면장갑. 면제품.}

면[3](面) * 행정 구역. {면사무소. 면서기. 면장.} ¶ 면 소재지.

면[4](面) * ①평면, 표면. ¶ 그림 면. 마찰 면. 양쪽 면. 접촉 면. 천장 면. 한 면. ②측면, 방면. ¶ 기술 면. 내용 면. 분배 면. 성격 면. 실용 면. 실질

면. 영양가 면. 외모 면. 형식 면. 활
용 면.

~면⁵(~面) * 한쪽 바닥. {경제면. 문
화면. 사회면. 숫자면. 정치면.}

~면⁶(~面) * 향하고 있는 쪽. {뒷면.
앞면. 양면. 옆면.}

면경(面鏡) * 얼굴을 비춰 보는 작은
거울.
☞ 동경. 석경. 체경.

면구스럽다(面灸~) = 민망스럽다.

면담을 가지다(面談~) ⇨ 만나 보다.
의논하다. ✽ 면담하다.

면도날(面刀~) * 안전면도기에 끼우
는 얇은 칼날.

면도칼(面刀~) * 면도하는 데 쓰는 칼.

면면이(面面~) = ①쪽마다. ¶ 이 책
은 면면이 읽을거리로 가득하다.
②앞앞이. ¶ 오신 분에게 면면이 찾
아다니면서 인사를 했다.

면면히(綿綿~) * 끊임없이 죽 잇따
라. ¶ 면면히 이어져 온 우리 문화.

면목 없다(面目~) = 낯없다. 서머하
다. ¶ 그를 볼 면목이 없다.

면식(面識) ㉲ ⇨ 알음. ✽ 안면.

면장(面長) * {함안면장. 면장어른. 면
장댁.} ¶ 면장 노릇. ✽ 마산시장. 가
야읍장. 함안군수. 부산광역시장. 서
울특별시장.

면적(面積) ㉲ ⇨ 넓이.

면전(緬甸) ⇨ 미얀마. ✽ 나라 이름.
옛 버마.

면직(免職) ㉲ ⇨ 파직. ✽ 맡은 자리에
서 물러가게 함.

면치레(面~) = 낯닦음. 사당치레.
외면치레. 이면치레. 체면치레.

면하다(免~) * ①맡은 자리에서 물
러나다. ②좋지 않은 일에서 벗어
나다. ✽ 모르는 가운데 저절로 책임
이나 의무에서 벗어남을 말함.
☞ 벗다. 모면하다.

면학(勉學)**에 힘쓰다** ⇨ 열심히 공부
하다.

면헛장(免許狀) ⇨ 면허장.

면화(棉花) = 목화. {면화씨.} ¶ 면화
씨 기름.
☞ 명.¹ 무명. 무명베.

멸망되다(滅亡~) ⇨ 멸망하다.

멸시(蔑視) * 업신여기거나 깔봄. {멸
시하다.} ¶ 멸시를 받다.
☞ 괄시. 천시.

멸실하다(滅失~) ㉲ ⇨ ①없어지다.
사라지다. ②잃다.

멸치다시〔~汁〕㉲ ⇨ 멸치국물. ✽ 마
른멸치를 우린 맛국물.

명¹ = 무명. 무명베. ✽ 무명실로 짠 베.
¶ 무명 두루마기. 무명 한 동.
☞ 목화.

명²(名) * 하나치. ✽ ①아라비아 숫자
뒤에는 붙여 쓸 수 있음. {120명.
50명.} ②겨레말, 한자말 뒤에는
띄어씀. ¶ 두 명. 팔십 명. 천 명.
☞ 사람.

명고옥(名古屋) ㉲ ⇨ 나고야. ✽ 땅 이름.

명기하다(明記~) ㉲ ⇨ 적어 두다. 써
넣다. 써 놓다.

명년(明年) ㉲ ⇨ 내년. 다음해.

명도(明圖) * ①무당이 수호신으로 삼
고 위하는 청동 거울. ②태주.
☞ 동자보살. 태자귀.

명도하다(明渡~) ㉲ ⇨ 내주다. 넘겨

주다. 비워 주다.

명란젓(明卵~) * 명태의 알로 담근 젓.
☞ 고지젓. 구제비젓. 대창젓. 또라
젓. 새우젓. 속젓. 아감젓. 알밥젓.
장재젓. 창난젓. 하란젓.

명량해협(鳴梁海峽) * 노돌목. 울돌목.
⁂ 화원과 진도 사이에 있는 바다.

명매기 = 칼새.

명목(名目) * ①구실. 이유. ¶질서 유
지라는 명목으로 기자들을 막았다.
②겉으로 내세우는 핑계. ¶경제 발
전이라는 명목으로 자연을 훼손하다.
☞ 빌미. 이유. 핑계.

명분(名分) * ① 신분에 따라 서로 지
켜야 할 도리. ¶명분을 지키다. ② 일
을 꾀하는 데 내세우는 구실, 이유.
¶명분이 없다. 명분을 찾다.
☞ 빌미. 핑계.

명뼈 ⇨ 명치뼈.

명사화하다(名詞化~) ⇨ 이름씨로 바
꾸다.

명석하다(明晳~) * 생각이나 판단력
이 분명하고 똑똑하다. ¶명석한 머
리.
☞ 명철하다.

명성을 떨치다(名聲~) ⇨ 이름을 떨
치다.

명세(明細) * 물품이나 돈의 분명하고
자세한 내용. ⁂ 속가름. ¶재산 명
세.
☞ 내용.

명소(名所) ㉮ ⇨ 명승지. ⁂ 경치가 좋
기로 이름난 곳.

명씨박히다 ⇨ 명씨박이다. ⁂ 눈동자
에 흰 점이 생겨 눈이 멀다.

명언(名言) * 사리에 똑 들어맞는 말.
⁂ 말을 한 사람을 앎.
☞ 격언. 금언. 속담.

명예로히(名譽~) ⇨ 명예로이. ⁂ 명
예롭다.

명일(明日) ㉮ ⇨ 내일. 이튿날. 다음
날.

명자(名刺) ⇨ 명함.

명절(名節) = 명절날. 명질. 명질날.
⁂ 음력으로 설날, 대보름날, 단옷날,
한가윗날, 동짓날 따위. {명절놀이.
명절맞이. 명절빔.} ¶명절을 쇠다.
☞ 국경일.

명주(明紬) * 명주실로 무늬 없이 짠 피
륙. {명주낳이. 명주붙이. 명주실.}
☞ 비단.

명주바람(明紬~) = 명지바람. ⁂ 명
주처럼 보드라운 바람.

명주솜(明紬~) = 풀솜. ⁂ 허드레 누
에고치로 만든 솜.

명주옷(明紬~) = 주사니것. ⁂ 명주
로 지은 옷.

명줄(命~) * ① 목숨. ② 대를 잇는
핏줄.

명중율(命中率) ⇨ 명중률. ⁂ 니은을
뺀 받침 뒤에선 '률'임.

명지바람 = 명주바람. ¶명지바람이
볼을 간질이다.
☞ 바람.

명질 = 명질날. 명절. 명절날. ⁂ 민
속. ¶명질을 맞다. 명질을 쇠다.

명찰(名札) ㉮ ⇨ 이름표.

명철하다(明哲~) * 세태와 사리에 환
하게 밝다. ¶명철한 이성.
☞ 명석하다.

명칭(名稱) ㉄ ⇨ 이름.

명태 * 바닷고기 이름. {명태덕. 명탯국.} ※ 간태(간성에서 잡은 명태). 강태(질 낮은 명태). 동태(얼린 명태). 막물태(끝물에 잡은 명태). 망태(그물로 잡은 명태). 먹태(햇볕에 말린 북어). 백태(껍질이 바랜 북어). 북태(함경도에서 난 명태). 사태(사월에 잡은 명태). 삼태(삼월에 잡은 명태). 생태(얼리거나 말리지 않은 명태). 선태(갓잡은 명태). 아기태(어린 명태). 애태(작은 명태). 오태(오월에 잡은 명태). 왜태(매우 큰 명태). 이태(이월에 잡은 명태). 일태(정월에 잡은 명태). 조태(낚시로 잡은 명태). 춘태(봄에 잡은 명태). 황태(더덕북어 : 얼려 말린 명태). ※ 노가리(명태 새끼). 코다리(반쯤 말린 명태).
☞ 북어.

명확치(明確~) ⇨ 명확지. 명확하지. ※ 안울림소리 뒤에선 '하'가 줆.

몇 * ①〔셈〕토씨를 붙여 씀. {몇은. 몇이. 몇이냐?} ②〔매〕하나치 앞에 띄어 씀. ¶ 몇 가지. 몇 개. 몇 개월. 몇 겹. 몇 곱절. 몇 군데. 몇 나라. 몇 날. 몇 년. 몇 달. 몇 등. 몇 리. 몇 마디. 몇 명. 몇 발. 몇 배. 몇 번. 몇 분. 몇 분의. 몇 사람. 몇 살. 몇 시. 몇 시간. 몇 자. 몇 주일. 몇 차례. 몇 초. 몇 편. 몇 푼. 몇 학교. 몇 학년. 몇 해. ③셈씨 앞에 띄어 씀. ¶ 몇 십. 몇 백. 몇 천. 몇 만. 몇 십만. 몇 백만. 몇 천만. 몇 억.
☞ 수.⁶ 어느. 얼마.

몇 갑절 ⇨ 몇 곱절. ※ '갑절'은 두 곱을 말함.
☞ 갑절. 곱절.

몇몇 = 몇. ※ 힘주는 말.

몇 뿐 ⇨ 몇뿐. ※ '뿐'은 토씨. ¶ 살아남은 사람은 우리 몇뿐이다.

몇일 ⇨ 며칠.

모¹ * 윷짝 네 개가 모두 엎어진 것을 이르는 말. ※ 윷놀이.
☞ 윷.

모² * ①어린 벼. {모땜. 못자리.} {꼬창모. 줄모. 허튼모. 호미모.} ¶ 모를 가꾸다. 모를 붓다. 모를 찌다. ②모종. ¶ 가지 모. 고추 모. 오이 모.
☞ 모종.¹

모³ * 하나치. ¶ 도토리묵 두 모. 두부 한 모.

모⁴(某) * ①아무. {모모. 모년. 모일. 모시.} ②아무개. ¶ 최모 씨. 박모 양. ③어떤. ¶ 모 단체. 모 대학. 모 회사.

모가지 * ①목. ※ 낮은말. ¶ 모가지가 떨어지다. 모가지를 자르다. ②잘록한 곳. {발모가지. 손모가지.} ③이삭의 대목. ¶ 벼 모가지.
☞ 목.²

모가치 * 몫으로 돌아오는 물건. ¶ 몇 사람 모가치는 남겨두어라.
☞ 몫.

모개 〔이〕 * 죄다 한데 묶은 수효. ¶ 이것을 모개로 사십시오.
☞ 모짝.

모개미 = 모개. ※ 곡식의 이삭이 달린 부분.

모개비 ⇨ 모가비. ※ 막벌이꾼이나 광대 패거리의 우두머리.

모개흥정 = 도거리흥정. 도흥정. ‡ 모개로 하는 흥정.
☞ 낱흥정.

모갯돈 * 액수가 많은 돈. ¶ 모갯돈이 나올 데가 없다.
☞ 목돈. 큰돈.

모계(母鷄) ⇨ 어미 닭.

모골(毛骨) * 털과 뼈. ¶ 모골이 송연하다.
☞ 몰골.

모구리 〔潛〕ⓦ ⇨ 잠수부.

모국(母國) * 딴 나라에서 사는 사람이 자기가 태어난 나라를 일컬음.
☞ 고국. 조국.

모국어(母國語) * ①토박이말. 겨레말. ‡ 엄마말. ②나라말.

모군꾼(募軍~) = 모군. ‡ 공사판에서 삯을 받고 일하는 사람.
☞ 모꾼.

모금[1] * 하나치. ‡ 입 안에 한 번 머금는 분량. ¶ 물 한 모금도 못 먹다.

모금[2](募金) * 기부금이나 성금을 모음. {모금하다. 모금되다.} ¶ 모금 운동.

모기둥 * 모지게 만든 기둥. ‡ 네 모. 여섯 모.
☞ 두리기둥.

모기장(~帳) * 모기를 막으려고 치는 장막. ¶ 모기장을 치다.
☞ 방장.

모깃불 * 모기를 쫓으려고 모기풀을 피워 연기를 내는 불.
☞ 쑥불.

모꼬지 * ①모임. ¶ 모꼬지 자리. ②놀이 모임. ③잔치 모임. ‡ 연회.

☞ 먹거지.

모꾼 = 모내기꾼. 모잡이. ‡ 모를 심는 일꾼.
☞ 모군.

모나다 * ①표가 드러나다. ¶ 모나게 굴지 마라. ②성질이 까다롭다. ¶ 모난 돌이 정 맞는다. ③유용한 구석이 있다. ¶ 적은 돈을 모나게 쓰다.

모 나다 ¶ 네 모 난 바위 위, 네 모가 난 기둥 아래 감추어둔 물건을 찾아라.
☞ 모지다.

모내기 = 모심기. {기계모내기. 손모내기.} {모내기하다.}

모내기꾼 = 모꾼. 모잡이. ‡ 모를 심는 사람.

모내다 = 모심다. ‡ 논에 볏모를 심다.

모눈뜨기 = 칸살뜨기. 창살뜨기. ‡ 손뜨개질.

모다깃매 = 뭇매. ‡ 여럿이 한꺼번에 덤비어 때리는 매. ¶ 모다깃매를 맞다.
☞ 난장.[3] 몰매. 무릿매. 물매.[3]

모닥모닥 〈 무덕무덕. ‡ 무더기가 여기저기 있는 모양.

모닥불 * 잎나무나 삭정이, 검불을 모아 놓고 얼마 동안 피우는 불. ‡ 놀이가 끝나거나 잘 때는 끔. ¶ 모닥불 가에 둘러앉다. 모닥불을 피우다.
☞ 화톳불.

모도록 = 모도록이. ‡ 채소나 풀의 싹이 빽빽하게 난 모양.

모도리 = 차돌. ‡ 빈틈없이 야무진 사람. ¶ 그 사람, 알고 보면 모도리다.

모도시 〔戾～〕 ㉑ ⇨ ① 바로. 제자리로. ② 되감기. ③ 되돌리기.

모독하다(冒瀆～) * 말과 행동으로 더럽혀 욕되게 하다. ¶ 인격을 모독하다.
☞ 모욕하다.

모되 = 목판되. * 네모지게 만들어 곡식을 되는 연모.
☞ 됫박. 모말.

모두 〔어〕 * 전부. 온통. * 임자말, 부림말, 기움말, 매김말, 풀이말로 쓸 수 없음. '모두가. 모두에게. 모두는. 모두를. 모두에게. 모두의'는 잘못.
☞ 다.[1] 모든. 온갖.

모두거리 * 두 다리를 한데 모으고 넘어지는 일. ¶ 모두거리로 넘어지다.

모두걸기 * 유도 기술의 한 가지.

모두걸이 * 씨름 기술의 한 가지.

모두다 ⇨ ① 모두. 다. ② 모으다.

모두뛰기 ⇨ 모두뜀. * 두 발을 한데 모으고 뛰는 뜀.

모두뛰다 * 두 발을 한데 모으고 뛰다.

모두 뛰다 * 모든 사람이 함께 뛰다.

모둘빼기 = 길넘이. * 땅재주의 하나.

모둠 * ① 학생들을 대여섯씩 묶은 모임. ¶ 모둠 토의. ② 여러 가지를 하나로 묶은 것. {모둠꽃밭. 모둠냄비. 모둠회. 모둠발. 모둠밥.}
☞ 모음. 모임.

모드라기풀 = 끈끈이주걱. * 벌레를 잡아먹는 여러해살이풀.

모든 〔매〕 * 빠짐이나 남김없이 전부의. ¶ 모든 것. 모든 사람.
☞ 모두.

모들뜨기 * 두 눈동자가 안쪽으로 치우친 사람.
☞ 사팔뜨기. 흑보기.

모뜨기 = 모찌기. * 모판에서 모를 뽑음. {모뜬소리.}

모뜨다 * 남이 하는 짓을 그대로 흉내 내어 본뜨다.
☞ 본뜨다. 본받다.

모란 〔牧丹〕 = 목작약. * 나무 이름. {모란꽃. 모란병. 모란잠.}
☞ 목단.

모랄(moral) ⇨ ① 도덕. ② 양심. ③ 교훈. * 모럴.

모래 * 돌 부스러기. {모래땅. 모래밭. 모래사막. 모래성. 모래시계. 모래알. 모래찜질. 모래톱. 모래투성이. 모래펄. 모래흙. 모랫길.} * ① 굵기 {잔모래(세사). 중모래. 왕모래(왕사).} ② 성분 {묵새. 명개. 모새(시새).} {매흙모래. 산호모래. 흙모래.} ③ 빛깔 {금모래. 은모래. 먹새.} ¶ 흰 모래. 검은 모래. ④ 나온 곳 {강모래. 냇모래. 바닷모래. 산모래.} ⑤ 쓰임 {주물모래. 코어모래.}
☞ 돌.[1] 바위.

모래뜸질 ⇨ 모래찜질.

모래무지 * 잉엇과의 민물고기 이름.

모래무치 ⇨ 보리멸. * 바닷고기 이름.

모래벌판 * 모래가 덮여 있는 벌판. ¶ 끝없이 펼쳐진 모래벌판.
☞ 모래펄.

모래사장(～沙場) ⇨ ① 모래톱. ② 모래밭. ③ 모래벌판. ④ 모래 마당.

모래섬 * 강어귀에 모래가 쌓여서 이룬 섬. ¶ 강어귀에 모래섬이 생기다.
☞ 모랫섬.

모래시계(~時計) * 모래를 떨어뜨려 시간을 재는 시계.
☞ 물시계. 불시계. 해시계.
모래적사장(~積沙場) ⇨ 모래. 모래통.
모래주머니 * ①새 따위의 밥통에 딸린 기관. ②모래를 담은 주머니.
☞ 멀떠구니. 모이주머니.
모래톱 * 강가나 바닷가에 펼쳐 있는 모래벌판.
모래펄 * 모래가 덮인 개펄.
☞ 모래벌판. 모래톱.
모랫벌 ⇨ 모래벌판.
모랫섬 * 모래를 담은 섬. ⁑ 가마니.
☞ 모래섬.
모레 = 내일모레. ⁑ 내일의 다음날. ¶ 모레가 내 생일이다.
모롱이[1] = 산모롱이. ⁑ 산모퉁이의 휘어 둘린 곳. ¶ 모롱이를 돌면 마을이다.
☞ 모퉁이.
모롱이[2] * 웅어 새끼. ⁑ 물고기.
☞ 모쟁이.
모루 = 쇠모루. ⁑ 대장간에서 받침으로 쓰는 쇳덩이.
☞ 말. 모탕.
모루뼈 = 다듬이뼈. ⁑ 가운데귀 속에 있는 뼈.
모룻돌 = 받침돌. ⁑ 돌연모를 만들 때 받치던 돌.
모르는데 ¶ 나는 모르는데 너는 아느냐? ⁑ '~는데'는 씨끝.
모르는 데 * 모르는 곳. ⁑ '데'는 매인 이름씨.
모르쇠를 잡다 = 모르쇠를 대다. ⁑ 모르는 체하거나 모른다고 잡아떼다.
모를까봐 ⇨ 모를까 봐.
모름지기 * 마땅히 또는 반드시. ¶ 모름지기 학생은 열심히 공부해야 한다.
☞ 마땅히.
모리[1] = 발버드래. ⁑ 무속 음악의 하나.
☞ 몰이.
모리[2](謀利) * 부정한 이익만을 꾀함. {모리배.}
모리꾼 ⇨ 몰이꾼.
모리소바〔盛~蕎麥〕[왜] ⇨ 메밀국수. 메밀국수 사리.
모말 * 네모지게 만들어 곡식을 되는 말. {모말꿇림. 모말집.}
☞ 통말. 모되.
모면하다(謀免~) * 스스로 꾀를 써서 책임이나 어려움에서 벗어나다. ¶ 책임을 모면하다. 비난을 모면하다. 위기를 모면하다. 파면을 모면하다.
☞ 면하다.
모모[1]〔이〕 * 여러 가지 면. ¶ 모모를 살피다.
모모[2](某某) * 아무아무. ¶ 이번 선거에는 모모가 나가기로 했단다.
모모이〔어〕 * 이런 면 저런 면마다. ⁑ 이모저모.
모밀 ⇨ 메밀. ⁑ 곡식의 한 가지.
모밀국수 ⇨ 메밀국수.
모밀쌀 ⇨ ① 메밀쌀. ② 맵쌀.
모배기 ⇨ 모서리.
모베름꾼 ⇨ 모쟁이. ⁑ 모를 낼 때 모춤을 별러 돌리는 사람.
모비루(mobile) [왜] ⇨ ① 모빌. ⁑ 기름. ② 흔들개비. ⁑ 조각.

모사그릇(茅沙~) ⇨ 모샛그릇. ‡ 제사 때 모사를 담는 그릇.

모사(模寫) * ①사물의 모양을 그대로 그림. ②남의 그림과 똑같이 그림. ☞ 묘사.² 등글기.

모사품(模寫品) * 진짜를 본떠서 똑같이 그린 가짜 그림. ☞ 모조품. 모작.

모새 = 시새. 세사. 잔모래. ‡ 가는 모래.

모서리 * 모진 가장자리. {옆모서리.} ¶ 침대 모서리. ☞ 모퉁이.

모셔져 있다 ⇨ 모시다. 모셔 두다.

모셔지다 ⇨ 모시다.

모숨 * ①한 줌 안에 들어올 만한 가늘고 긴 물건. ¶ 세 가닥으로 모숨을 갈라 머리를 땋았다. ②하나치. ¶ 담배 한 모숨. 삼 여섯 모숨. ☞ 갓.³

모스코바(Moskva) ⇨ 모스크바. ‡ 땅 이름.

모습 * ①사람의 생김새. ¶ 엄마의 모습. ②겉으로 나타난 모양. {겉모습. 뒷모습. 앞모습. 옆모습. 참모습.} ¶ 한산한 모습. 모습을 드러내다. ☞ 모양.

모시¹ * 모시풀 껍질로 짠 옷감. {모시실. 모시옷. 모시풀. 모싯빛.} {세모시. 장작모시.} ¶ 한산 모시. 모시 적삼. 모시 두루마기. 모시 수건.

모시²(某時) ⇨ ①아무 때. ②아무 시간.

모시다 * ①웃어른이나 그와 관련되는 물건을 어떤 곳에 두고 보살피다. ②웃어른 옆에 있거나 어떤 자리로 인도하다. ③데리다. ¶ 모시러 가다. ☞ 데리다. 섬기다.

모시베 ⇨ 모시.

모시조개 = 가무락조개. 가막조개. 가무라기. 재첩. ‡ 조개의 한 가지.

모실가다 ⇨ 마을가다.

모심기 = 모내기. {기계모심기. 손모심기.}

모심다 = 모내다. ‡ 모를 못자리에서 논으로 옮겨 심다.

모아들다 * 여럿이 한곳으로 모여들다. ¶ 하루살이가 등불로 모아들다. ☞ 모여들다. 몰려들다.

모아쓰다 * 'ㄱㅏㅇ, ㅅㅏㄴ'을 '강, 산'처럼 첫소리와 가운뎃소리와 받침을 묶어서 한 낱자로 만들어 쓰다. ☞ 풀어쓰다.

모아지고 있다 ⇨ ①모이다. 모이고 있다. ②쏠리다. 쏠리고 있다.

모아지다 ⇨ ①모이다. ②쏠리다.

모양 * 겉으로 나타난 생김새. {모양새.} {겉모양. 뒷모양. 앞모양.} {모양내다.} ¶ 공 모양. 달 모양. 머리 모양. 별 모양. 비늘 모양. 사자 모양. 저 모양. ¶ 모양이 사납다. 모양이 아니다. 모양이 있다. 모양을 차리다. ☞ 모습.

모양같다 ⇨ ①모양이다. ②~것 같다. ③모양과 같다.

모양꾼 * 겉모양을 몹시 꾸미고 다니는 사람. ☞ 멋쟁이.

모여 = 모이어. ¶ 모여 놀다. 모여 다

니다. 모여 살다. 모여 앉다.

모여나기 = 뭉쳐나기. ‡ 풀, 나무가 더부룩하게 무더기로 나는 일.

모여들다 = 괴어들다. ¶ 구경꾼들이 광장으로 모여들다.
  ☞ 모아들다. 몰려들다.

모여지다 ⇨ 모이다.

모오리돌 = 몽돌. ‡ 둥글둥글한 돌.
  ☞ 물돌. 조약돌. 호박돌.

모와 ⇨ 모아. ‡ 모으다. 모으고. 모으니. 모음. 모았다.

모욕하다(侮辱~) * 깔보고 욕되게 하다. ¶ 모욕을 당하다. 모욕을 주다.
  ☞ 모독하다.

모우다 ⇨ 모으다.

모움 ⇨ 모음. ‡ 모으다.

모유(母乳) * 젖. 어미젖. 엄마젖. 참젖.

모으다 * ①조금씩 쌓아 가거나 합하다. ¶ 사 모으다. ②흩어진 것을 한곳에 있게 하다. {그러모으다. 긁어모으다. 불러모으다.} ¶ 쓸어 모으다.
  ☞ 거두다. 모이다.

모음 * ① 모으는 일. ② 모아 놓은 것. ¶ 고전 모음곡. 모음 악보.
  ☞ 모둠. 모임.

모음집(~集) ⇨ 모음. 집. {노래집.} ¶ 노래 모음.

모의쟁이(毛衣~) ⇨ 모의장이. ‡ 직업으로 갖옷붙이를 만드는 사람.

모이[1] * 물고기의 새끼를 이르는 말.

모이[2] * 날짐승의 먹이. {모이통.} ¶ 모이를 주다. 모이를 쪼다.
  ☞ 먹이. 여물.[1]

모이그릇 ⇨ 모이통.

모이다 = 뫼다. ‘모으다’의 입음. ‡ 물건. 일. 돈. 관심. 의견. 사람.
  ☞ 괴다.[3] 끌다. 모으다. 몰리다.

모이마당[1] * 봉분 앞에 있는 넓은 터.

모이마당[2] * 좁은 마당.

모이주머니〔嗉囊〕 = 멀떠구니. ‡ 새의 소화기관.
  ☞ 모래주머니.

모인〔拇印〕 ⇨ 손도장. ‡ 무인. 지장.

모임 * 같은 목적으로 모이는 일. {모임난. 모임날. 모임열매. 모임지붕.}
  ☞ 모둠. 모음.

모임을 가지다 ⇨ ①만나다. ②모임을 열다.

모자(帽子) = 벙거지. ‡ 예의를 갖추거나 추위, 바람, 햇빛, 위험을 막으려고 머리에 쓰는 쓰개. {모자걸이. 모자챙.} {대팻밥모자. 밀짚모자. 털모자.} {납작모자. 등산모. 베레모. 빵떡모자(빵모자). 사각모자(사방모자). 안전모. 우묵모자. 중산모자(중산모. 산고모). 카우보이모자. 터키모자.}
  ☞ 쓰개.

모자라다 * 기준에 못 미치다. ‡ 양. 수효. 길이. 넓이. 부피. 지능.
  ☞ 부족하다.

모작(模作) * ①남의 작품을 본떠서 만듦. ②모사품. ③모조품.
  ☞ 등글기.

모잘라 ⇨ 모자라. ‡ 모자라다.

모잡이 = 모꾼. 모내기꾼. ‡ 모를 심는 일꾼.
  ☞ 모쟁이.[1]

모재비 * 함지박처럼 통나무 속을 파

내어 길고 네모지게 만든 그릇.

모잽이 = 옆쪽. ‡ 옆의 방향. ¶ 모잽이로 눕다.

모잽이헤엄〔橫泳〕* 옆으로 누워서 치는 헤엄.

☞ 개구리헤엄. 개헤엄. 등헤엄. 송장헤엄.

모쟁이[1] * 모를 낼 때, 모춤을 벌러 돌리는 사람.

☞ 모잡이.

모쟁이[2] * 숭어 새끼.

☞ 모롱이.[2]

모조품(模造品) = 조짜. ‡ 진짜를 본떠서 만든 가짜 물건.

☞ 모사품. 모작.

모종[1](~種) = 모. ‡ 옮겨 심으려고 가꾼, 벼를 뺀 어린 식물. {모종나무(나무모). 모종밭. 모종삽. 모종순. 모종판.} ¶ 고추 모종(고추 모). 꽃 모종. 배추 모종. 오이 모종. 토마토 모종. ¶ 소나무 모종. 모종을 내다.

☞ 모.[2]

모종[2](某種) ⇨ 어떤 종류.

모종비 * 모종내기에 알맞은 때에 오는 비.

☞ 목비.

모주(母酒) * 밑술. ‡ 약주를 거르고 남은 찌끼 술. {모주팔이. 모줏집.}

모주망태(母酒~) = 모주꾼. ‡ 술을 대중없이 마시는 사람.

☞ 고주망태.

모지다 * ①모가 난 데가 있다. ②성질이 원만하지 못하다.

☞ 모나다. 모질다.

모지라지다 * 끝이 닳아서 없어지다. ¶ 모서리가 모지라지다.

☞ 무지러지다.

모지랑이 * 오래 써서 끝이 닳아 떨어진 물건. {모지랑갈퀴. 모지랑붓. 모지랑비. 모지랑숟가락.}

☞ 무지렁이.

모지름 ⇨ 모질음. ‡ 모질다.

모질다 * ①성질이 매섭고 독하다. ②기세가 매섭고 사납다. ③힘든 일을 배겨 낼 만큼 억세다. ④정도가 지나치게 심하다.

☞ 모지다.

모집(募集) * 조건에 맞는 사람이나 작품을 널리 뽑아서 모음. ¶ 학생 모집.

☞ 수집.

모집다 * 허물이나 결점을 분명하게 지적하다. ¶ 허물을 모집다.

☞ 꼬집다.

모집단(母集團) ㉿ ⇨ 기본 집단. ‡ 바탕 모임.

모짜르트(Mozart) ⇨ 모차르트. ‡ 음악가 이름.

모짝 〔어〕* 한데 몰아서 있는 대로 모두. ¶ 이가 모짝 빠졌다.

☞ 모개(로).

모쪼록 = 아무쪼록. ‡ 될 수 있는 대로. ¶ 모쪼록 몸조심하여라.

모찌(모치)〔餅〕㉿ ⇨①떡. ②찹쌀떡.

모찌기 = 모뜨기. ‡ 모판에서 모를 뽑는 일.

모찌떡(모치떡)〔餅~〕㉿ ⇨ ① 떡. ② 찹쌀떡.

모채(茅~) = 띳집. ‡ 띠로 지붕을 인

집.

모처(某處) ⇨ 아무 곳. 어떤 곳.

모처럼 만에 ⇨ ①모처럼. ②여러 날 만에. ③오래간만에. 오랜만에.

모촘하다 ⇨ ①모춤하다. ②모침하다.

모춤 = 못단. ＊서너 움큼씩 묶은 볏모나 모종의 단. ¶ 모춤을 지다.

모춤하다 ＊길이나 분량이 어떤 한도보다 조금 지나치다.

모침하다(貌侵~) ＊됨됨이가 작고 옹졸하다.

모캣불 ⇨ 모깃불.

모타(motor) ⑬ ⇨ 전동기. 발동기. ＊모터.

모탕 ＊①도끼로 나무를 팰 때 받쳐 놓는 나무토막. ②곡식 자루를 땅바닥에 쌓을 때 밑에 고이는 나무토막. ☞ 도마. 말. 모루.

모태 ＊①안반에 놓고 한 번에 칠 만한 떡 덩이. ②하나치. ¶ 떡 한 모태. ☞ 석쇠.

모탯불 ⇨ ①모닥불. ②화톳불.

모퉁이 ＊①길이 꺾이거나 구부러져 돌아간 자리. {모퉁잇집.} ¶ 모퉁이를 돌다. ②가장자리나 구석진 곳. ¶ 담 모퉁이. 벽 모퉁이. 집 모퉁이. ③일정한 범위의 넓은 부분. ¶ 넓은 서울 어느 모퉁이라도 숨을 곳이 없다. ☞ 귀퉁이. 모롱이. 모서리.

모퉁잇돌 = 귓돌. 머릿돌. 주춧돌. ＊초석. ☞ 댓돌. 디딤돌. 툇돌.

모판(~板) ＊①남새 모종을 키우려고 만들어 놓은 밭. ②못자리판. ☞ 못자리.

모포(毛布) ⑬ ⇨ 담요.

모호하다(模糊~) ＊아리송하다. ＊말이나 태도가 흐릿하여 또렷하지 않다. ☞ 애매하다.²

목¹ ＊①길머리. 길목. ＊큰길에서 좁은 길로 들어가는 어귀. ②길 가운데 중요한 어귀. {건널목. 끌목. 나룻목. 노루목. 다릿목. 물목. 여울목. 외길목(외목). 외통목. 장삿목. 조롱목. 지레목. 터진목. 허튼목.}

목² ＊①모가지. 목대. 목통. ＊머리와 가슴 사이. {자라목.} {목깃. 목뼈. 목줄띠.} {목매달다.} ¶ 목 둘레. 목 운동. ¶ 목 따다. 목 떨어지다. 목 베다. 목 자르다. 목 조르다. ②목구멍. {목감기. 목기침. 목놀림. 목다심. 목돌림. 목청. 목축임.} {목마르다. 목쉬다.} ¶ 목 안. 목 놓다. 목 잠기다. 목 타다. ③목소리. ¶ 목 놓아 부르다. 목 놓아 울다. 목이 쉬다. ④판소리. {감는목. 군목. 굳은목. 긴목. 깎는목. 끊는목. 너는목. 넓은목. 놀량목. 눅은목. 느린목. 다는목. 된목. 둥근목. 떼는목. 마는목. 미는목. 방울목. 뽑스런목. 엮는목. 육자배기목. 젖힌목. 조으는목. 줍는목. 짜는목. 짧은목. 찌른목. 찍는목. 튀는목. 파는목. 흩는목.} ⑤잘록한 부분. {발목. 병목. 손목.} ¶ 목 단지. 목 항아리. ☞ 몫.

목³ ＊이삭이 달린 부분. {갈목. 수수목.}

~목⁴(~木) ＊나무. {나왕목. 아피통목. 잡목. 티크목.} {괨목. 버팀목.}

목가래(木~) ⇨ 넉가래. ＊곡식이나 눈을 한쪽으로 밀어 모으는 연모.

목간(沐間) = 목욕간.

목간통(沐間桶) = 목욕통.

목간하다(沐間~) ⇨ 목욕하다.
　☞ 미역 감다.

목감다 ⇨ 미역 감다. 멱 감다.

목거리 * 목이 붓고 아픈 병 이름. ‡ 한의학.
　☞ 목걸이. 목사리. 턱거리.

목거지 ⇨ ①먹거지. ②모꼬지.

목걸이 * 목에 거는 치렛거리. ‡ 금. 은. 진주. 다이아몬드.
　☞ 목거리. 목사리.

목검(木劍) * 검술을 익힐 때 쓰는 나무칼.
　☞ 예새.

목고지 ⇨ 목곧이. ‡ 억지가 센 사람.

목구멍소리 = 목청소리. ‡ 성문음. 폐쇄음. 후두음.

목금(木琴) ⇨ 실로폰. ‡ 악기 이름.

목기(木器) ⇨ 나무그릇.
　☞ 유기.[2] 토기.

목꼬지 ⇨ 모꼬지.

목다리(木~) = 목발. ‡ 겨드랑이에 끼고 짚는 지팡이. ¶ 목다리를 짚다.
　☞ 고무다리. 나무다리. 목달이.

목단(牧丹) * ①목단피. ‡ 한약. ②모란이 그려진 화투짝 이름.
　☞ 모란.

목달구(木~) * 큰 나무로 만들어 땅을 다지는 연모.
　☞ 쇠달구.

목달이 * 발등만 덮일 정도로 해진 버선.
　☞ 목다리.

목덜미 = 덜미. ‡ 목 뒤쪽과 그 아래

근처. ¶ 목덜미를 쓰다듬다.
　☞ 등덜미. 뒷덜미.

목덜미 잡히다 * ①구린데나 중요한 곳을 집히다. ②숨겼던 죄가 드러나다.
　☞ 뒷덜미 잡히다.

목도[1] * ①여러 사람이 짝이 되어 물건을 밧줄로 얽고 몽둥이를 꿰어 어깨에 메고 나르는 일. {목도꾼. 목도질. 목도채. 목도판. 목돗줄.} {목도질하다. 목도하다.} ②목도 할 때 쓰는 몽둥이. ¶ 목도를 메다.
　☞ 가대기.

목도[2](木刀) * ①예새. ②목검.

목도리 * 추위를 막거나 멋을 내려고 목에 두르는 물건. {털목도리.} ¶ 밍크 목도리. 여우 목도리. ¶ 목도리를 두르다. 목도리를 하다. ‡ 머플러.
　☞ 목사리. 목수건.

목돈 = 뭉칫돈. ‡ 한몫이 될 만한 많은 돈. ¶ 목돈이 들다. 목돈을 쥐다.
　☞ 모갯돈.

목두(木頭) = 목둣개비. ‡ 나무를 다듬을 때 잘라 버리는 나무 도막.

목둘레 = ①목통. ‡ 목의 둘레. ¶ 목둘레에 두드러기가 나다. ②목둘레를 잰 길이. ¶ 목둘레가 짧다. ③목둘레선. ¶ 목둘레가 깊이 파이다.
　☞ 목통.

목뒤털 * 개, 돼지 따위의 목 뒤쪽에 난 털. ¶ 개가 목뒤털을 곧추세우다.
　☞ 갈기. 총.[1]

목란(木蘭) = 백목련. ‡ 나무 이름.

목롯집(木爐~) = 목로술집. ‡ 술청을 차려 놓고 술을 파는 집.

☞ 객줏집. 여염집. 주막집.

목마¹(木馬) * ①말 모양으로 만든 놀이 연모. ②기계 체조에 쓰는 연모.

목마²(木馬) * 집을 지을 때 발돋움을 하는 데 쓰는 나무토막.

☞ 목말.

목막히다 ⇨ ①목메다. ②목이 막히다.

목말 * 어깨 위에 두 다리를 벌리고 올라타는 일. ¶ 목말 타다. 목말 태우다.

☞ 목마.²

목매(木~) = 매통. ‡ 벼의 겉겨를 벗겨내는 연모.

☞ 매.² 맷돌. 연자매.

목매기 = 목매기송아지. ‡ 코뚜레를 꿰지 않은 어린 송아지.

☞ 목매지. 어석송아지. 중송아지.

목매다 = 목매달다. ‡ ①목을 걸어 매달다. ¶ 목매 죽다. ②어떤 일이나 사람에게 기대다. ¶ 적은 월급에 다섯 식구가 목매고 살고 있다.

☞ 목메다.

목매지 = 목매아지. ‡ 굴레를 씌우지 않은 어린 망아지.

☞ 목매기.

목맺히다 ⇨ 목메다.

목메다 * 감정이 북받쳐 목이 잠기다. ¶ 목메어 울다. 목메어 부르다.

☞ 목매다.

목메여 ⇨ 목메어. ‡ 목메다.

목메이다 ⇨ 목메다.

목목이 * 중요한 길목마다. ¶ 목목이 지키고 있다.

☞ 뭇뭇이.

목물 * ①등목. ¶ 목물을 하다. ②목

이 잠길 만큼 깊은 물.

목발(木~) = 목다리. ‡ 겨드랑이에 끼고 짚는 지팡이.

☞ 지겟다리. 나무다리. 고무다리.

목발이 * ①목발을 짚고 다니는 사람. ②절름발이.

목버꾸 = 부버꾸. ‡ 농악대에서 수버꾸 다음에 서서 버꾸를 치는 사람.

목비 * 모낼 무렵에 한목 오는 비. ¶ 마침맞게 목비가 내리다.

☞ 모종비.

목사리 * 짐승의 목에 두르는 굴레. ¶ 개가 목사리를 끊고 달아나다.

☞ 목걸이. 목도리. 목줄.

목사리송아지 ⇨ 목매기. 목매기송아지.

목소리 * ①목구멍에서 나는 소리. ¶ 고운 목소리. 작은 목소리. 큰 목소리. ②의견이나 주장. ¶ 제 목소리를 내다.

☞ 말소리.

목쇠 = 부쇠. 중쇠. ‡ 농악대에서 상쇠 다음 사람.

목수(木手) = 대목. ‡ 직업으로 나무를 다루는 사람. ¶ 목수 일.

목수건(木~) * 무명으로 만든 수건. ¶ 목수건을 머리에 동여매다.

☞ 목도리.

목숨〔命〕 * 사람이나 동물이 숨을 쉬며 살아 있는 힘. {목숨앗이. 따라지목숨. 산목숨. 생목숨.} ¶ 매인 목숨. 모진 목숨. 죽은 목숨. ¶ 목숨을 거두다. 목숨을 걸다. 목숨을 끊다. 목숨을 바치다. 목숨을 잃다.

목실(木~) ⇨ 무명실.

목아지 ⇨ 모가지.

목아치 ⇨ 모가치. 몫.

목요일날(木曜日~) ⇨ 목요일.

목욕재배〔沐浴齋戒〕 ⇨ 목욕재계. ※ 목욕하고 몸가짐을 삼가는 일.

목욕칸(沐浴間) ⇨ 목욕간. 목간.

목욕하는 아내(沐浴~) ⇨ 바스의 여장부. ※ 초서가 지은 소설 이름.

목욕하다(沐浴~) ※ 머리를 감고 온몸을 씻다.
☞ 미역 감다.

목자놀이 = 깨금집기. 돌차기. ※ 어린애 놀이의 하나.

목장이 ⇨ 목정강이. ※ 목덜미를 이루고 있는 뼈.

목재(木材) ※ 나무 재료. ¶ 목재로 만든 책상.
☞ 목제. 재목. 석재.

목쟁이 ⇨ 목정강이. ※ 목덜미를 이루고 있는 뼈.

목접이질 = 목접질. ※ 목이 접질리도록 굽히는 짓.

목정갱이 ⇨ 목정강이. ※ 목덜미를 이루고 있는 뼈.

목제(木製) ※ 나무로 만든 물건. ¶ 목제 다리. 목제 그릇. 목제 인형.
☞ 목재.

목줄 = 목줄띠. 줄띠. ※ 목에 있는 심줄.
☞ 목사리.

목중 = 먹중. ※ 산대놀이 속에 나오는 사람.

목침(木枕) ※ 나무토막으로 만든 베개. {목침찜.} ¶ 목침을 베다.
☞ 베개. 퇴침.

목침돌림(木枕~) = 토막돌림. ※ 놀이의 하나.

목침뜸질 ⇨ 목침찜.

목칼 ⇨ 예새. ※ 도자기를 만들 때 다듬는 나무칼.

목커래 ⇨ 목달이. ※ 발등만 덮일 정도로 해진 버선.

목통 ※ ①목. ¶ 목통을 조르다. ②목구멍의 넓이. ③목둘레. ④재물을 푸지게 쓰는 태도. ¶ 목통이 크다. ⑤욕심쟁이.
☞ 목둘레.

목판되(木版~) = 모되. ※ 네 모지게 만들어 곡식을 되는 연모.
☞ 됫박. 모말. 통말.

목화(木花) = 면화. {목화꽃. 목화밭. 목화송이.} ※ 아욱과의 풀.
☞ 명.¹ 무명.

목화씨(木花~) = 면화씨. 무명씨.

몫 ※ ①여럿이 벌러 차지하는 모가치. {한몫.} ¶ 내 몫. 네 몫. 큰 몫. ②나눗셈에서 나누어 얻는 수. ¶ 6을 3으로 나눈 몫은 2다. ③하나치. ¶ 한 사람 몫. 두 몫.
☞ 모가치. 목.

몫돈 ⇨ 목돈.

몫몫이 ※ 한 몫 한 몫으로. ¶ 몫몫이 나누었다.
☞ 목목이.

몰개성적(沒個性的) ⇨ 개성이 없는.

몰골 ※ 볼품없는 모양새. {몰골사납다. 몰골스럽다.} ¶ 초라한 몰골.
☞ 모골.

몰두하다(沒頭~) ※ 온 정신을 다 기울여 힘을 쏟다. ¶ 일에 몰두하다.
☞ 골똘하다. 골몰하다.

몰려들다 * ①여럿이 떼를 지어 들어오다. ¶ 구경꾼이 몰려들다. ②구름, 파도 따위가 한꺼번에 몰리다. ③운, 가난 같은 기운이 한꺼번에 많이 닥치다. ④피곤, 흥분 따위가 한꺼번에 많이 닥쳐오다.

☞모아들다. 모여들다.

몰려오다 * ①여럿이 밀려오다. ＊사람, 짐승, 벌레 따위. ②한꺼번에 밀려오다. ＊구름, 태풍, 피로, 한기 따위.

☞ 밀려오다.

몰리다 * ①힘이 부쳐서 어떤 곳에 들어가다. ¶ 막다른 골목에 몰리다. ②모자라서 곤란을 겪다. ¶ 돈에 몰리다. ③여럿이 한곳으로 모여들다. ＊사람, 짐승, 벌레 따위. ④그렇게 다루다. ¶ 도둑으로 몰리다.

☞ 모이다. 밀리다.[1]

몰매 * 사정없이 몰아치는 매. ¶ 몰매를 맞다.

☞ 난장. 돌림매. 모다깃매. 무릿매. 물매. 뭇매.

몰아붙이다 * ① 한쪽으로 몰아가다. ¶ 아이들을 한쪽 구석에 몰아붙이다. ②어떤 상황으로 가게 하다. ¶ 도둑으로 몰아붙이다.

☞ 밀어붙이다.

몰이 * 짐승이나 물고기를 목으로 몰아넣는 일. {몰이꾼. 몰잇그물. 몰잇배.} {소몰이. 양몰이. 토끼몰이.}

☞ 모리.

몰이사냥 * 짐승이나 물고기를 목으로 몰아넣고 잡는 일.

☞ 사냥.

몰잇줄 = 닻줄. ＊배의 닻을 매다는 줄.

몰죽음(沒~) = 떼죽음. ＊한꺼번에 모조리 죽음. {몰죽음하다.}

☞ 무리죽음.

몰하다(沒~) ⇨ 죽다. 돌아가시다.

몸 = 몸덩이. 몸뚱이. 몸뚱어리. {맨몸. 아랫몸. 알몸. 온몸. 윗몸.} {몸가짐. 몸가축. 몸값. 몸결. 몸내. 몸놀림. 몸닦달. 몸단속. 몸동작. 몸맨두리. 몸무게. 몸바탕. 몸보신. 몸부림. 몸속. 몸솔. 몸수고. 몸수색. 몸시계. 몸시중. 몸싸움. 몸조심. 몸주체. 몸짓. 몸채. 몸체. 몸칼. 몸태질. 몸털. 몸통. 몸피.} {몸담다. 몸져눕다.} ¶ 몸 모양. 몸 밖. 몸 부분. 몸 안. ¶ 몸이 나다. 몸이 달다. 몸을 눕히다. 몸을 두다. 몸을 닦다. 몸을 던지다. 몸을 만들다. 몸을 바치다. 몸을 받다. 몸을 버리다. 몸을 붙이다. 몸을 사리다. 몸을 쓰다. 몸을 아끼다. 몸이 아프다. 몸을 팔다. 몸을 풀다.

☞ 신체.

몸굿 = 내림굿. ＊몸에 내린 신을 맞이하는 굿. ＊강신제. 강신굿.

몸길이 ¶ 몸길이 두 자가 넘는 잉어. 몸길이 열 자나 되는 범. ＊체장.

☞ 몸높이.

몸꼴 = 몸매. 몸태. ＊몸의 생긴 모양새나 맵시. ¶ 몸꼴 내다 얼어 죽는다.

몸내 = 몸 냄새. ＊체취. ¶ 몸내가 풍기다.

몸높이 = 키. ＊신장. 체고.

☞ 몸길이.

몸닦달 * 몸을 단련하는 훈련. {몸닦

달질하다.}

몸단속(~團束) * 위험에 빠지거나 병에 걸리지 않도록 조심함.

몸단장(~丹粧) = 몸차림. 몸치레. 몸치장. * 몸을 보기 좋고 맵시 있게 함.

몸뚱아리 ⇨ 몸뚱어리.

몸뚱이 = 몸. 몸덩이. 몸뚱어리. {맨몸뚱이. 알몸뚱이.} ¶ 몸뚱이가 크다.

몸말 = 글마루. * 본문. 본론. ☞ 머리말. 맺음말.

몸매 = 몸꼴. 몸태. * 몸의 맵시나 모양새. ¶ 몸매가 날씬하다.

몸맵시 = 몸씨. * 몸을 매만진 모양. ¶ 날씬한 몸맵시. 몸맵시를 내다.

몸메 ㉦ ⇨ 돈쭝. * 무게를 나타내는 하나치. ¶ 금 한 돈쭝.

몸빛 = 몸 빛깔. * 체색. ¶ 문어는 몸빛을 마음대로 바꾼다.

몸뻬 ㉦ ⇨ 허드렛바지. 옹구바지. 일바지.

몸서리나다 = 몸서리치다. * 몹시 싫거나 무서워서 몸이 떨리다.

몸소름 = 소름. ¶ 몸소름이 끼치다.

몸씨 = 몸맵시.

몸엣것 = 몸. * 월경.

몸자세(~姿勢) = 자세. ¶ 몸자세를 가다듬다. 몸자세를 바르게 하다.

몸조섭(~調攝) = 몸조리. ¶ 몸조리를 잘하다.

몸주체 * 몸을 거두거나 가누는 일. ¶ 몸주체를 못할 만큼 취하다. ☞ 주체.

몸집 = 덩저리. 덩치. ** 몸의 크기. ¶ 몸집이 크다.

몸차림 = 몸단장. 몸치레. 몸치장. ¶ 깨끗한 몸차림. 몸차림을 단정히 하다.

몸채 * 여러 채로 된 살림집에서 주가 되는 집채. ¶ 몸채와 아래채가 있다.

몸체(~體) * 물체의 몸이 되는 부분. ¶ 자동차의 몸체. 컴퓨터의 몸체.

몸치레 = 몸치장. 몸차림. 몸단장. ¶ 몸치레가 수수하다.

몸태(~態) = 몸꼴. 몸매. ¶ 몸태가 나다. 몸태와 얼굴을 살펴보다.

몸티 ⇨ 몸매.

몹시 * 더할 수 없이 심하게. ** 부정적인 말 앞에 씀. ¶ 몹시 가난하다. 몹시 괴롭다. 몹시 까불다. 몹시 상하다. 몹시 아프다. 몹시 춥다. 몹시 힘들다. ☞ 너무.[1] 아주.[1] 매우. 끔찍이.[2]

몹쓸 〔매〕 * 악독하고 고약한. ¶ 몹쓸 것. 몹쓸 곳. 몹쓸 년. 몹쓸 노릇. 몹쓸 놈. 몹쓸 말. 몹쓸 병. 몹쓸 사람. 몹쓸 소리. 몹쓸 짓. ☞ 못 쓸.

못[1] * 손바닥이나 발바닥에 생기는 굳은살. ¶ 손바닥에 못이 박이다.

못[2] * 나무 따위를 이을 때 박는 물건. {못대가리.} {나무못. 대못. 쇠못.} {거멀못. 나사못. 둥근못. 민머리못(평머리못). 잔못. 큰못(대못). 콘크리트못.} ¶ 못을 박다. 못을 빼다. 못이 박히다.

못[3] = 연못. * 늪보다 작음. {못가.} ¶ 못을 파다. 못에 연꽃이 피다. ☞ 늪. 수렁.

못[4] 〔어〕 * 할 수 없거나 일어나지 않

음. ¶ 못 가다. 못 가지다. 못 걸리
다. 못 견디다. 못 마시다. 못 마치
다. 못 말리다. 못 미치다. 못 자다.
‡ 상태는 부정할 수 없음. '못 기쁘
다. 못 예쁘다. 못 착하다.'는 잘못
임.
☞ 아니.¹ 안.³

못견디어하다 ⇨ 못 견디어 하다. 못
견뎌 하다.

못나다 * ①얼굴이 예쁘지 않다. ¶ 얼
굴이 못나다. ②능력이 모자라거나
어리석다. ¶ 못난 것. 못난 놈. 못난
사람. 못난 소리.
☞ 못생기다. 잘나다.

못난이 * 못나고 어리석은 사람. ¶ 못
난이 열 명이 잘난 이 한 명보다 낫
다.
☞ 잘난 이. 난사람.

못되다 * 바탕이나 하는 짓이 좋지 않
거나 고약하다. ¶ 못된 녀석. 못된
놈. 못된 장난. 못된 짓. 못된 송아
지 엉덩이에 뿔 난다.

못 되다 * 할 수 없다거나 이루어지지
않다. ¶ 못 되면 조상 탓. 용도 못 된
이무기. 그 일을 해낼 재목감이 못
된다. 떠난 지 1년도 못 되었다.

못되먹다 ⇨ 못돼먹다. ‡ 되먹지 못하
다.
☞ 돼먹다.

못미처 〔이〕 * 어느 곳에 채 이르지 못
한 거리나 곳. ¶ 우리 집은 큰길 못
미처에 있다. 한밭 못미처에 새여울
나루가 있다.

못 미쳐 = 미치지 못해. ‡ 거리나 수
준이 일정한 선에 닿지 못하여. ¶ 네

힘에 못 미쳐 지고 말았다. 우체국
못 미쳐 작은 가게가 하나 있다.

못 박다 * ①못주다. ②마음속에 원통
한 생각을 맺히게 하다. ¶ 가슴에 못
박는 일. ③어떤 일을 꼭 집어 분명
하게 하다. ¶ 약속 시간을 못 박다.

못 박이다 * 손바닥이나 발바닥에 굳
은살이 생기다. ¶ 발바닥에 못이 박
이다.

못 박히다 * ①마음속에 원통한 생각
이 맺히다. ②눈길이 한 곳에 머물
다.

못보다 ⇨ 못 보다. 보지 못하다.

못 본 지 오래다 ⇨ 본 지 오래다.

못살다 * ①가난하게 살다. ②견디기
어렵게 하다. ¶ 못살게 굴다.

못 살다 * 살지 못하다. ¶ 5년밖에 못
산다. 더 못 살고 떠났다.

못생기다 * 생김새가 보통보다 못하다.
¶ 다리가 못생기다. 코가 못생기다.
☞ 밉다.

못쓰다 * ①몸이 축나다. ¶ 얼굴이 못
쓰게 되었다. ②옳지 않다. ¶ 거짓
말하면 못쓴다. ③바람직하지 않
다. ¶ 게을러서 못쓰겠다.

못 쓰다 * ①쓰지 못하다. ¶ 팔을 못
쓰다. 깨져서 못 쓰다. ②쓸모없다.
③글씨를 바르게 쓸 수 없다. ¶ 붓글
씨를 못 쓰다. ④글을 쓸 줄 모르다.

못 쓸 * 쓰지 못할. ¶ 못 쓸 물건은 버
려라.
☞ 몹쓸.

못자리 * ①볍씨를 뿌려서 모를 기르
는 곳. ②논에 볍씨를 뿌리는 일.
☞ 모판. 묏자리.

못잖다 ⇨ 못잖다. 못지않다. 못지아
니하다.

못주다 * 못을 박다. ¶ 벌어진 자리에
미리 못주다.

못 주다 * 줄 수 없다. ¶ 주고 싶어도
없어서 못 준다.

못지않는 〔그〕 ⇨ 못지않은. 못잖은.
* 그림씨에는 '는'을 붙일 수 없음.

못핀(~pin) = 시침바늘.

못하다[1] 〔남〕 * 어떤 수준에 못 미치거
나 할 능력이 없다. ¶ 공부를 못하
다. 노래를 못하다. 대답을 못하다.
술을 못하다. 운동을 못하다.

못하다[2] 〔도〕 * 할 수 없다. * 움직씨의
'~지' 뒤에 씀. ¶ 먹지 못한다. 가지
못한다. 걷지 못한다. 보지 못한다.
잇지 못한다. 참지 못한다.

못하다[3] 〔그〕 * 정도가 못 미치다. *
'만' 뒤에. ¶ 언니가 동생만 못하다.
건강이 전만 못하다. 우리 딸이 옆
집 딸만 못한가?

못하다[4] 〔도〕 * 미칠 수 없다. * 그림씨
의 '~지' 뒤에 씀. ¶ 좋지 못하다.
☞ 아니하다.[1]

못 하다 * 할 수 없다. ¶ 장난을 못 하
게 한다. 컴퓨터를 모르면 취직을
못 한다. 못 하는 소리가 없다. 아파
서 일을 못 한다. * '못'은 어찌씨.
☞ 안 하다.

못지아니하다 = 못지않다. 못잖다.

못할 ¶ 가지 못할 것 같다. * 움직씨의
'~지' 뒤에선 도움움직씨.

못 할 ¶ 출근 못 할 것 같다. * '못'은
어찌씨.

못 해 보다 ¶ 상상도 못 해 보다. * 못

하다.

못해 보이다 ¶ 전보다 얼굴이 못해 보
이다. * 못하다.

몽고(蒙古) ⇨ 몽골. * 나라 이름.

몽고어(蒙古語) ⇨ 몽골 어. 몽골 말.

몽골말 〔~馬〕 * 몽골에서 나는 말. *
짐승.

몽골 말 〔~語〕 * 몽골 사람이 쓰는
말. * 언어.

몽구리 * ① 바싹 깎은 머리. ② 중.
☞ 중대가리.

몽근겨 = 속겨. * 곡식의 겉겨를 벗긴
다음에 나온 고운 겨.
☞ 겉겨. 등겨. 매조밋겨. 쌀겨. 왕겨.

몽근벼 * 꺼끄러기를 몽글린 벼. * 낟
알 겉껍질에 수염이 붙어 있지 않은
벼.
☞ 껄끄렁벼.

몽근체 ⇨ 가는체.

몽깃돌 * 배가 밀려나가지 않도록 고
물에 달아 놓는 돌. ¶ 몽깃돌을 올리
다.
☞ 낚싯봉. 닻. 몽돌.

몽꾼 ⇨ 몽니쟁이.

몽니 = 몽. * 정당한 대우를 받지 못
할 때 권리를 주장하려고 심술을 부
리는 성질. {몽니쟁이.} ¶ 몽니가 궂
다. 몽니를 부리다. 몽니가 사납다.
☞ 몽짜. 심술.

몽니꾼 ⇨ 몽니쟁이.

몽달귀(~鬼) = 몽달귀신. 도령귀. 도
령귀신. * 총각이 죽어서 된 귀신.
☞ 손말명.

몽달이 * 나무 따위가 밤중에 사람 모
습으로 보이는 것. ¶ 감나무가 몽달

이가 되어 서 있는 것을 보았다.

몽당솔〔矮松〕＝ 몽당소나무. ‡ 가지
가 많아 다보록한 어린 솔.
　☞ 보드기. 보득솔.

몽당이 ＊ ① 뾰족한 끝이 닳아서 못 쓸
정도가 된 것. ¶ 몽당이가 된 연필.
{몽당붓. 몽당비. 몽당손. 몽당수염.
몽당연필. 몽당팔.} ② 노끈, 실 따위
를 공 모양으로 감은 뭉치. {실몽당
이.} ¶ 털실 몽당이.
　☞ 뭉텅이.

몽당치마 ＊ 몹시 해져서 아주 짧아진
치마. ¶ 몽당치마를 입다.
　☞ 깡동치마. 도랑치마.

몽돌 ＝ 모오리돌. ‡ 둥근 돌.
　☞ 뭉우리돌. 알돌. 조약돌. 호박돌.

몽돌이 ＊ ① 끝돌이. ‡ 오광대놀이.
② 얼굴에 쓰는 탈. ‡ 오광대놀이.

몽둥이 ＊ 사람이나 짐승을 때리는, 굵
고 길쭉한 막대기. {몽둥이맛. 몽둥
이세례. 몽둥이질. 몽둥이찜질(몽둥
이찜). 몽둥이춤. 몽둥잇바람.} {쇠몽
둥이. 나무몽둥이.} ¶ 몽둥이로 때리다.
몽둥이로 맞다. 몽둥이로 패다.
　☞ 몽치. 방망이.²

몽따다 ＊ 알고 있으면서 일부러 모르
는 체하다. ¶ 알면서도 몽따고 되물
었다.
　☞ 시치미 떼다.

몽딱 ⇨ 몽땅.

몽땅¹ ＊ 있는 대로 죄다. ¶ 돈을 몽땅
쓰다. 떼강도를 몽땅 잡았다.

몽땅² 〈 뭉떵. ‡ 한 부분이 대번에 잘리
거나 끊어지는 모양. ¶ 몽땅 잘랐다.

몽때리다 ⇨ 몽따다. ‡ 알고 있으면서

일부러 모르는 체하다.

몽오리 ⇨ 몽우리.

몽우리 ＝ 꽃망울. 봉오리. 꽃봉오리.
¶ 몽우리가 맺다.
　☞ 망울. 멍울. 뭉우리.

몽우리돌 ⇨ 모오리돌. 몽돌.

몽종하다 ⇨ 몽총하다. ① 냉정하다.
② 길이나 부피가 좀 모자라다.

몽주대감 ＊ 집을 지키는 남자 귀신의
하나.
　☞ 직성대감.

몽짜 ＊ 심술궂게 욕심을 부리는 짓이나
사람. ¶ 몽짜를 부리다. 몽짜를 치다.
　☞ 몽니.

몽창 ⇨ ① 모두. ② 몽땅.

몽창시리 ⇨ 몹시.

몽치 ＊ 짤막하고 단단한 몽둥이. ‡ 때
리거나 싸울 때 쓰는 무기. {쇠몽
치.}
　☞ 몽둥이. 뭉치.

몽치찜 ⇨ 몽둥이찜.

몽클몽클 〈 뭉클뭉클. ‡ 덩이진 물건
이 말랑말랑하고 매끄러운 모양.

몽타쥬(montage) ⇨ 몽타주. ¶ 몽타
주 사진.

뭉아 ⇨ 모아. ‡ 모으다. 모으고. 모으
니. 모아. 모았다.

뫼〔墓〕＊ 사람의 무덤. {뫼지기. 묏
등.} ¶ 뫼를 쓰다.
　☞ 메. 묏등.

뫼다 ＝ 모이다. ¶ 돈이 뫼면 여행을 떠
나자. 십 년 만에 동창들이 다 뫼다.

뫼밤나무 ＝ 산밤나무. ‡ 참나뭇과의
큰키나무.

뫼시다 ⇨ 모시다.

뫼지기 = 묘지기. 해골지킴. ✽ 남의 묘를 지켜주는 사람.
☞ 고지기. 당지기. 문지기. 산지기.

뫼터 ⇨ 묏자리.

묏등 ✽ 무덤의 윗부분. ¶ 묏등에 잔디를 새로 입히다.
☞ 뫼. 산등.

묏부리 ⇨ 멧부리. ✽ 산등성이나 봉우리의 가장 높은 꼭대기.

묏자리 ✽ 뫼를 쓸 자리.
☞ 묫자리.

묘(墓) ✽ 뫼. 무덤. ✽ 빈, 왕자, 공주, 옹주 따위 왕족이나 보통 사람의 무덤. {사육신묘.} ¶ 정혜 공주 묘. 조상 묘. 묘를 쓰다.
☞ 능. 묘지. 분.³ 원.² 총.²

묘귀(妙句) ⇨ 묘구. ✽ 뛰어난 글귀.

묘사¹(墓祀) = 묘제. ✽ 명절에 무덤 앞에서 지내는 제사.

묘사²(描寫) ⇨ 그려 냄. ✽ 사물을 말이나 글, 또는 그림으로 자세히 나타냄.
☞ 모사.

묘지(墓地) ✽ 무덤을 둘러싸고 있는 땅.
☞ 묘.

묘지기(墓~) = 뫼지기. 해골지킴. ✽ 남의 무덤을 지켜주는 사람.
☞ 고지기. 당지기. 문지기. 산지기.

묘하다¹(妙~) ✽ ①얌전하고 아름답다. ¶ 묘한 처녀. ②빼어나고 훌륭하다. ¶ 묘한 수. 묘한 재주. 묘한 계획. 묘한 꾀.

묘하다²(妙~) ⑨ ⇨ ①이상하다. ②색다르다. ③약빠르다.

무 ✽ 뿌리채소의 한 가지. {무강즙(무즙). 무김치. 무꽃. 무나물. 무말랭이. 무밭. 무생채. 무순. 무씨. 무장아찌. 무짠지. 무채. 무청. 뭇국. 뭇줄거리.} {순무. 열무. 홍당무.} {무쪽같다.} ¶ 무 장다리.

무개차(無蓋車) ⇨ 민지붕차. ✽ 지붕이 없는 차.
☞ 유개차.

무거리 ✽ ①곡식을 빻아 가루를 내고 남은 찌꺼기. {쌀무거리.} {무거리고추장.} ¶ 무거리 떡. 무거리 고춧가루. ②한 축 끼이지 못하는 사람.
☞ 무리.² 쌀무리.

무겁다 ✽ ①들거나 움직이기에 힘이 많이 들다. ¶ 무거운 짐. 가방이 무겁다. ②맡은 일이 중요하다. ¶ 책임이 무겁다. ③느리고 둔하다. ¶ 몸놀림이 무겁다. ④애를 배다. ¶ 몸이 무겁다. ⑤병이 깊다. ¶ 병이 무겁다.
☞ 묵직하다.

무겅이 ⇨ 묵정이.

무고하세요(無故~) = 별고없으셔요.
☞ 안녕하세요.

무골충(無骨蟲) ✽ ①뼈가 없는 벌레. ②물렁이. ✽ 줏대가 없는 사람.

무골충이 ✽ 기둥이나 문틀의 모서리에 오목하게 홈을 파낸 줄.

무꾸리 ✽ 무당이나 판수에게 가서 점을 침. {무꾸리하다.} ¶ 무꾸리 다니다.
☞ 무리꾸럭.

무너뜨리다 〈 무너트리다. ✽ 건물. 정권. 권위. 큰 힘을 가진 존재.
☞ 헐다.¹

무너지다 * 건축물, 권위, 정권, 제도, 질서, 정부, 희망, 믿음 따위가 허물어져 내리다. ⁑ 무너진 것은 본디처럼 일으켜 세울 수 없음. ¶ 다리가 무너지다. 사회 체계가 무너지다. 기대가 무너지다. 억장이 무너지다.
☞ 넘어지다. 쓰러지다. 엎어지다. 자빠지다. 흐너지다.

무너치다 ⇨ 무너뜨리다.

무넘기 = 무넘깃둑. ⁑ ①논에 물이 알맞게 고이면 남는 물이 흘러넘치는 둑. ②봇물을 대려고 만든 둑.
☞ 물꼬.

무넘이 ⇨ 무넘기.

무녀리 * ①한 태에서 가장 먼저 나온 새끼. ② 언행이 좀 모자라는 사람.
☞ 무지렁이.

무녕왕(武寧王) ⇨ 무령왕. ⁑ 백제의 왕 이름. {무령왕릉.}

무논 = 진논. ⁑ ①물이 늘 괴어 있는 논. ②물을 쉽게 댈 수 있는 논. {무논갈이. 무논써레.}
☞ 마른논.

무능치(無能~) = 무능하지. ⁑ 울림소리 뒤에는 'ㅏ'만 줆.

무능케(無能~) = 무능하게. ⁑ 울림소리 뒤에는 'ㅏ'만 줆.

무능타(無能~) = 무능하다. ⁑ 울림소리 뒤에는 'ㅏ'만 줆.

무늬 * 거죽에 어룽져 나타난 모양. {무늬목. 무늬본. 무늬석. 무늿결.} {가로무늬. 격자무늬(석쇠무늬). 겹고리무늬. 구름무늬. 꽃무늬. 달무늬. 대접무늬. 덩굴무늬. 돋을무늬. 두드림무늬. 맞춤무늬. 문살무늬. 물무늬. 물방울무늬. 민무늬. 바둑무늬. 바둑판무늬. 박쥐무늬. 반달무늬. 번개무늬. 별무늬. 빗금무늬. 빗살무늬. 새김무늬. 세로무늬. 손가락무늬. 손톱무늬. 솟을무늬. 실구름무늬. 아롱무늬. 얼룩무늬. 얼음무늬. 엇빗금무늬. 연꽃무늬. 연속무늬. 오늬무늬. 완자무늬. 용무늬. 인동무늬. 잔무늬. 제자리무늬. 점무늬. 줄무늬. 체크무늬. 칠무늬. 톱니무늬. 항아리무늬. 호박무늬. 홑무늬. 활무늬. 활점무늬. 흰무늬.} ¶ 무늬를 새기다. 무늬가 예쁘다.
☞ 얼룩.

무늬들임 = 무늬박음. 무늬찍기. ⁑ 옷감에 물을 들여 무늬가 나타나게 함.

무늬빼기 * 물감을 들인 옷감에 물을 빼서 무늬가 나타나게 함.

무늬찍개 * 무늬를 찍는 연모.

무늬찍기 = 무늬들임. 무늬박음. {무늬찍기하다.}

무단이석하다(無斷離席~) [왜] ⇨ 말없이 자리를 비우다.

무당 = 암무당. ⁑ 귀신을 섬겨 점치고 굿을 하는 여자. {무당굿. 무당노래. 무당말. 무당질. 무당집. 무당차지. 무당춤.} ¶ 무당 옷. ⁑ 강신무. 내린무당. 내무당. 돌무당. 박수무당(활보무당). 배운무당. 선무당. 세습무. 화랑이무당(재인단골. 공인단골. 광대계집). 학습무. ¶ 무당을 불러 굿을 하다.
☞ 박수.

무당개구리 = 비단개구리. ⁑ 개구리의 한 가지.

무당서방 * ① 발단골. ⁑ 무당의 남편. ② 공짜를 좋아하는 사람.

무당선두리 = 물맴이. ⁑ 벌레 이름.

무더기 * ① 한데 수북이 쌓였거나 뭉쳐 있는 더미나 무리. {돌무더기. 흙무더기. 무더기무더기. 줄무더기.} ② 하나치. ¶ 오이 한 무더기.
☞ 더미. 무드기.

무더위 * 습도와 온도가 높아 찌는 듯한 더위. ¶ 무더위가 한풀 꺾였다.
☞ 강더위. 불더위.

무던하다 * ①정도가 어지간하다. ¶ 음식 솜씨가 무던하다. ②마음 씀씀이가 너그럽다. ¶ 그 사람만큼 무던한 사람도 드물다.
☞ 수더분하다.

무덤〔墓〕= 뫼. {무덤가. 무덤구덩이. 무덤길.} {굴무덤. 널무덤. 독무덤. 돌널무덤. 돌무덤. 돌무지덧널무덤. 돌무지돌덧널무덤. 돌무지무덤. 돌방무덤. 두방무덤. 딸린무덤. 벽돌무덤. 쌍무덤. 어울무덤. 외독무덤. 외방무덤. 이음독무덤. 흩무덤. 흙무덤.} ¶ 무덤에 묻히다. 무덤을 파다.
☞ 묘. 묻음.

무덥다 * 습도와 온도가 높아 찌는 듯 견디기 어렵게 덥다.
☞ 후덥다.

무데기 ⇨ 무더기.

무데뽀〔無鐵砲〕[왜] ⇨ ① 막무가내. ② 무턱대고. 공중대고.

무동(舞童) * ① 꽃나비. 동구리. ⁑ 궁중 잔치 때 춤추고 노래 부르는 아이. ② 농악대, 걸립패, 북청사자놀음에 나오는 사람.

무동놀이(舞童~) = 꽃받기. ⁑ 농악대. 걸립패 놀이의 한 가지.

무동 서다(舞童 ~) * 남의 어깨 위에 올라서다. ¶ 무동을 서서 장롱 위에서 상자를 내리다.
☞ 무동 타다.

무동춤(舞童~) = 화랭이춤. ⁑ 농악에서 어린애들이 놀이꾼 어깨에 올라서서 추는 춤.

무동 타다(舞童~) * 남의 어깨 위에 올라가 목 뒤로 걸터앉다.
☞ 무동 서다.

무두쟁이 ⇨ 무두장이. ⁑ 날가죽을 무두질하는 기술자.

무드기 * 수북하게 쌓일 정도로 많이. ¶ 책상 위에 원고지가 무드기 쌓였다.
☞ 무더기.

무드럭지다 = 무덕지다. ⁑ 두두룩하게 많이 쌓여 있다.

무떡 = 무시루떡. ⁑ 무채와 멥쌀가루를 섞은 것을 콩, 팥고물을 두어 찐 떡.

무뚝뚝히 ⇨ 무뚝뚝이. ⁑ 무뚝뚝하다. ¶ 무뚝뚝이 앉아 있다.

무뚝무뚝 * ① 덩어리 음식을 큼직큼직하게 베어 먹는 모양. ¶ 참외를 무뚝무뚝 베어 먹다. ② 말을 여유를 두고 조리 있게 또박또박 하는 모양. ¶ 무뚝무뚝 하는 말을 듣고 있노라면 그럴 법하다는 생각이 든다.
☞ 문뜩문뜩.

무랍 = 물밥. ⁑ 굿을 할 때 귀신에게 주려고 물에 말아 던지는 밥.

무력화되다(無力化~) ⇨ 무력해지다.

ㅁ

‡ 힘이 없어지다.

무력화시키다(無力化~) ⇨ 무력화하다. ‡ 힘을 없애다.

무렬왕(武烈王) ⇨ 무열왕. 태종 무열왕. {무열왕릉. 무열왕릉비.} ‡ 신라.

무렵 * 일이 벌어진 그때의 어름. ¶ 끝 무렵. 다섯 시 무렵. 달 뜰 무렵. 동 틀 무렵. 저녁 무렵. 죽을 무렵. 해 뜰 무렵. 해 질 무렵. ‡ 매인이름씨.
☞ 즈음.

무료 상담(無料 相談) 웹 ⇨ 무료 상의.

무르녹다 * ①과일이나 음식이 충분히 익어 흐무러지다. ②일이나 상태가 한창 이루어지려는 단계에 와 있다. ¶ 분위기가 무르녹다.
☞ 무르익다.

무르다¹ 〔제〕 * 단단하던 것이 물렁물렁하게 되다. ¶ 푸성귀가 물러서 못 먹게 되었다. 감이 물러 떨어지다.
☞ 익다.¹

무르다² 〔남〕 * ①샀던 물건을 도로 주고 돈을 찾다. ¶ 흠 있는 옷을 무르다. ②바둑, 장기에서 한 번 둔 것을 안 둔 것으로 하다. ¶ 한 수 무르다. ③있던 자리에서 옆이나 뒤로 옮기다. ¶ 뒤로 한 걸음 물러라.
☞ 되돌리다.

무르다³ 〔그〕 * ①물기가 많아서 단단하지 않다. ¶ 반죽이 무르다. 삶은 고구마가 무르다. ②마음이 여리다. ¶ 성질이 무르다.
☞ 약하다.

무르익다 * ①과일이나 곡식이 충분히 익다. ¶ 오곡백과가 무르익는 가을. ②일이나 시기가 한창이다. ¶ 사랑

이 무르익다. 여름이 무르익다.
☞ 무르녹다.

무르춤하다 * 뜻밖의 일에 놀라 뒤로 물러서려는 듯이 갑자기 멈추다. ¶ 갑자기 들려온 총소리에 한순간 모두 무르춤했다.
☞ 무춤하다.

무르팍 = 물팍. 무릎. ¶ 넘어지는 바람에 무르팍이 까졌다.

무르팍걸음 = 무릎걸음. ‡ 무릎을 꿇고 걷는 걸음.

무른돌 * 쉽게 부서지는 돌. ‡ 사석. 응회석.
☞ 굳돌. 굳은돌.

무릎 = 무르팍. 물팍. {무릎꿇림. 무릎마디. 무릎맞춤. 무릎베개. 무릎장단.} {안무릎. 오른무릎. 왼무릎} ¶ 무릎을 꿇다. 무릎을 치다.

무릎걸음 = 무르팍걸음. ¶ 무릎걸음을 치다. 무릎걸음으로 다가가다.

무릎방아 * 주저앉거나 엎어질 때, 무릎을 바닥에 부딪히는 일.
☞ 고갯방아. 붓방아. 엉덩방아. 이마방아. 입방아. 코방아.

무릎뼈 〔膝蓋骨〕 = 종지뼈. ‡ 무릎 앞 한가운데 있는 종지 모양의 뼈.

무릎쓰다 ⇨ 무릅쓰다. ‡ 참고 견디다. ¶ 부끄러움을 무릅쓰다. 어려움을 무릅쓰다. 죽음을 무릅쓰다. 추위를 무릅쓰다. 반대를 무릅쓰다.

무릎치기 = 반바지. ‡ 무릎까지 내려오는 짧은 바지.
☞ 긴바지. 사발고의.

무릎 치기 = 무릎잡이. ‡ 씨름 기술.

무리¹ * 해나 달 둘레에 생기는 둥근

테. {달무리. 햇무리.}

무리² = 쌀무리. ✻ 불린 쌀을 맷돌에 갈
아서 가라앉힌 앙금. {무릿가루.}
   ☞ 무거리.

무리³ ✻ ① 함께 일하는 사람들이 같이
떼를 지어 나오는 때. ¶ 일꾼들이 나
올 무리다. ② 생산물이 계절이나 형
편에 따라 한꺼번에 많이 나오는 시
기. ¶ 요즘은 참외와 수박이 한창 시
장에 쏟아져 나오는 무리다.

무리⁴ ✻ 사람, 짐승, 물체가 모여 뭉
친 한 동아리. {무리살이. 무릿돌.}
¶ 무리를 이루다. 무리를 짓다.
   ☞ 떼거리.²

무리꾸럭 ✻ 남의 빚이나 손해를 대신
물어 주는 일. {무리꾸럭하다.}
   ☞ 무꾸리.

무리죽음 ✻ 한꺼번에 많이 죽음. ¶ 육
이오 때 피난민들이 무리죽음을 당
했다.
   ☞ 떼죽음. 몰죽음.

무릿매 ✻ 노끈에 돌을 매어 휘둘러서
던지는 팔매. ¶ 무릿매를 던지다.
   ☞ 돌팔매. 팔매. 물매. 몰매. 모다깃
매.

무마시키다(撫摩～) ⇨ ① 어루만지다.
② 달래다. ¶ 성난 사람들을 달래다.
③ 일을 어물어물 덮어버리다. ¶ 돈
을 주고 일을 덮어버리다. ✻ 무마하
다.

무말랭이 = 말랑무. 말랭이. ✻ ① 쓸어
말린 무. {무말랭이장아찌.} ② 아주
볼품없이 된 것. ¶ 그 양반 아직은
썩은 무말랭이가 되진 않았어.

무명 = 명. 무명베. {무명것. 무명길

쌈. 무명끝. 무명베. 무명실. 무명
씨. 무명옷. 무명천. 무명필.} ¶ 무
명 적삼. 무명 치마. 무명 헝겊. 흰
무명.
   ☞ 목화.

무명조개 = 마당조개. 대합. 백합.
✻ 조개의 한 가지.

무명지(無名指) = 약지. ✻ 약손가락.

무명활 = 솜활. ✻ 목화를 타서 솜을
만드는 활처럼 생긴 연모.

무살 ✻ 물렁물렁하게 찐 살.
   ☞ 대살. 물렁살. 푸석살.

무삶이 ✻ 논에 물을 대어 써레질을 하
고 나래로 고르는 일.
   ☞ 건삶이.

무삼〔水蔘〕 ⇨ 수삼. 생삼.

무색¹(無色) ✻ 아무 빛깔이 없음. ¶ 무
색의 기체.
   ☞ 무색하다. 물색.

무색²(～色) ✻ 물감을 들인 빛깔. ¶ 무
색 치마.
   ☞ 물색.

무색게(無色～) = 무색하게. ✻ 안울
림소리 뒤에는 '하'가 줆.

무색옷(～色) = 색옷. ✻ 물감을 들인
천으로 만든 옷.

무색치(無色～) ⇨ 무색지. 무색하지.
✻ 안울림소리 뒤에선 '하'가 줆.

무색하다(無色～) ✻ ① 겸연쩍고 부끄
럽다. ¶ 무색하여 덤덤히 쓴 침만 삼
킨다. ② 보잘것없다. ¶ 궁궐이 무색
할 정도로 큰 집을 지었다.
   ☞ 무색.

무서리 ✻ 늦가을에 처음 내리는 묽은
서리. ¶ 올해는 무서리가 일찍 내렸

다.
☞ 된서리.

무서움 = 무섬. ¶ 무서움이 없다. 무서움을 타다. 무섬증이 나다.

무섭다 * ① 성질이 사납거나 기세가 거세다. ¶ 성질이 무섭다. ② 겁나거나 끔찍하다. ¶ 뱀이 무섭다. ✱ 무서운 대상을 알고 있을 때 씀.
☞ 두렵다. 매섭다. 사납다.

무섭잖다 ⇨ 무섭잖다. 무섭지 않다. ✱ '~잖다'는 '~지 않다'의 준말임.

무섭지 않느냐 ⇨ 무섭지 않으냐? ✱ '않으냐'는 도움그림씨.

무소〔犀牛〕 = 코뿔소. {무소뿔.}
☞ 물소.

무솔다 = 솔다. ✱ 밭에 물기가 많아서 푸성귀 따위가 물러서 썩다.

무송아지 ⇨ 땅강아지.

무수리[1] * 궁중에서 잔심부름을 하던 계집종.
☞ 궁녀. 나인. 시녀.

무수리[2] * 황샛과의 물새 이름.
☞ 물수리. 징경이.

무순(~荀) = 무움. ✱ 겨울에 갈무리해 둔 무에서 자라난 순.

무슨〔매〕 * 일, 물건, 대상, 성질 따위를 묻는 말. ¶ 무슨 일. 무슨 죄.
☞ 무엇. 어떤.

무슬다 ⇨ 무솔다.

무시고무 ⇨ 지렁이고무. ✱ 마디금이 있게 만든, 가는 고무 대롱.

무시루떡 = 무떡. ✱ 멥쌀가루에 무채, 콩, 팥 따위의 고물을 두고 찐 떡.

무식꾼(無識~) = 무식쟁이. 무식자. ✱ 배우지 못한 사람.

☞ 유식자.

무심결(無心~) = 무심중. ✱ 스스로 깨닫지 못한 사이. ¶ 무심결에 한 말.

무심치 않다(無心~) = 무심찮다. ✱ 울림소리 뒤에서는 'ㅏ'만 줆.

무싯날(無市~) = 예삿날. ✱ 장이 서지 않는 날.
☞ 장날.

무어[1]〔느〕 * 놀랐을 때 내는 소리. ¶ "무어, 그게 정말이냐?"

무어[2]〔대〕 = 무엇. ¶ 무어라고 대답할 말이 없다.

무어가 ⇨ 무엇이. 무에. 뭬.

무얼 = 무엇을. 뭣을. 뭘. ¶ 무얼 바라나? 무얼 살꼬? 이제 무얼 하지?

무엇 * ① 어떤 사람인지 묻는 말. ✱ 직책. 지위. 하는 일. ¶ 무엇 하는 사람이냐? ② 이름이나 어떤 물건인지 묻는 말. ¶ 이름이 무엇이냐?
☞ 누구. 무슨.

무엇을 = 무얼. 뭘. 뭣을.

무엇이 = 무에. 뭣이. 뭬. ¶ 무엇이 그리 무서우니?

무엇하다 = 뭣하다. ✱ '거북하다. 곤란하다. 난처하다. 딱하다. 미안하다. 싫다'는 느낌을 둘러대는 말. ¶ 정 무엇하면 내가 대신 해 주겠네.

무엇 하다 = 뭣 하다. ✱ 무슨 일을 하다. ¶ 하라는 일은 안 하고 무엇 하느냐? 네가 무엇을 했다고 큰소리냐? 그 사람은 무엇 하는 분이냐?

무에 = 무엇이. 뭬. 뭣이.

무우 ⇨ 무. ✱ 뿌리남새의 하나.

무움 = 무순. ✱ 겨울에 갈무리해 둔

무에서 돋아난 순.

무의범(無意犯) ㉘ ⇨ 과실범. ‡ 몰라서 죄를 지은 사람.

무의의하다(無意義~) ㉘ ⇨ 무의미하다. ‡ ①아무 뜻이나 값어치가 없다.

무이다 * ①일을 중간에서 끊어 버리다. ②부탁을 잘라서 거절하다.
　☞ 미다.

무자맥질 = 자맥질. ‡ 물속에 떴다 잠겼다 하는 짓. {무자맥질하다.}

무자수 ⇨ 무좌수. 무자치. ‡ 뱀의 한 가지.

무자위 = 물푸개. ‡ 펌프. ¶ 무자위로 부지런히 물을 퍼 올리다.

무자위칸(~間) ⇨ 무자윗간. ‡ 양수간.

무절이 = 단무지. ‡ 다꽝.
　☞ 무짠지.

무정란(無精卵) * 홀알. 민눈알. ‡ 수컷 없이 암컷 혼자서 낳은 알.
　☞ 돌알.² 씨알. 종란.

무정하다(無情~) * ①인정이 없다. ¶ 무정한 사람. ②남의 사정에 아랑곳없다. ¶ 무정한 세월은 덧없이 흘러간다.
　☞ 매정하다. 유정하다.

무주룩하다 ⇨ 무지근하다. 무직하다.

무지개 * {무지개다리. 무지개무늬. 무지갯살.} {쌍무지개.} ‡ 일곱 가지 무지갯빛. 바깥쪽부터 빨강, 주황, 노랑, 초록, 파랑, 남, 보라의 차례.

무지근하다 = 무직하다. ‡ ①뒤가 잘 안 나와서 기분이 무겁다. ¶ 아랫배가 무지근하다. ②머리, 가슴, 팔다리가 눌리는 듯이 무겁다.

무지기 * 겉치마 속에 입는 일곱 가지 무지갯빛 속치마.
　☞ 치마.

무지러지다 * ①끝이 닳아서 없어지다. ¶ 붓이 무지러지다. ②가운데가 끊어져서 두 동강이 나다.
　☞ 모지라지다. 문드러지다.

무지렁이 * ①무식하고 어리석은 사람. ②무지러져서 못 쓰게 된 물건.
　☞ 모지랑이. 무녀리.

무지르다 * ①한 끝을 잘라 버리다. ¶ 물을 빼려고 논둑을 무지르다. ②말을 중간에서 끊다. ¶ 말을 중간에서 무지르다. ③길을 가로질러 가다.
　☞ 무찌르다.

무직하다 = 무지근하다. ¶ 팔다리가 무직하다.

무질러지다 ⇨ 무지러지다.

무질르다 ⇨ 무지르다.

무질리다 * ‘무지르다’의 입음.

무짠지 = 짠지. ‡ 김장철에 통무를 절여 담가서 이듬해 봄에 먹는 김치.
　☞ 무절이. 섞박지. 오이지. 외지.

무찌르다 * ① 쳐 없애다. ② 닥치는 대로 죽이다. ③ 막 쳐들어가다.
　☞ 무지르다.

무찔르다 ⇨ 무찌르다. ¶ 적군을 무찌르다.

무척 * 다른 것과 견줄 수 없을 만큼. ¶ 무척 기뻐하다. 무척 후회하다.
　☞ 아주.¹ 썩.

무청 * 무의 잎과 줄기. ¶ 무청을 말렸다가 시래깃국을 끓이다.
　☞ 뭇줄거리.

무춤하다 * 놀라거나 어색하여 하던 짓을 갑자기 멈추다.
☞ 무르춤하다.

무취기(霧吹器) ㉕ ⇨ 안개뿜이.

무치다 * 나물에 양념을 뒤섞어 버무려서 맛을 내다. ¶ 콩나물을 무치다.
☞ 묻히다.

무침 * 양념을 하여 무친 반찬. ＊ 푸성귀, 바닷말, 마른 물고기 따위. {김무침. 달래무침. 미역무침. 북어무침. 숙주나물무침. 시금치무침. 오징어채무침. 콩나물무침. 파래무침.} {겨자무침. 초무침.}

무턱대고 = 공중대고. ＊ 잘 헤아려보지도 않고 마구. ¶ 무턱대고 덤비다.
☞ 허청대고.

무효화되다(無效化~) ⇨ 무효가 되다.

묵 * 도토리, 메밀, 녹두 따위의 앙금을 되게 쑤어 굳힌 먹거리. {묵무침. 묵사발. 묵주머니.} {강냉이묵(옥수수묵). 노랑묵. 녹두묵. 녹말묵. 도토리묵. 메밀묵. 백묵. 수숫묵. 올챙이묵. 제물묵.} ¶ 묵을 쑤다. 묵을 무치다.
☞ 청포.

묵국(墨國) ⇨ 멕시코. ＊ 나라 이름.

묵다¹ * ① 오래된 상태가 되다. {묵은내.} {묵삭다. 해묵다.} ¶ 백 년 묵은 산삼. 묵은 때. ② 쓰이지 않은 채 그대로 남다. {묵솔. 묵은땅.}
☞ 오래되다.

묵다² * 어떤 곳에서 잠깐 나그네로 지내다. {묵어가다.} ¶ 절에서 며칠 묵다.
☞ 묵새기다.

묵단 ⇨ 통단. ＊ 크게 묶은 곡식의 단.

묵독(黙讀) * 소리를 내지 않고 속으로 글을 읽음.
☞ 난독. 남독. 낭독. 다독. 색독. 속독. 음독. 정독. 체독.

묵무덤 = 묵뫼. ＊ 오랫동안 돌보지 않아 거칠어진 무덤.

묵밭 = 묵정밭. ＊ 내버려두어 거칠어진 밭.
☞ 쑥대밭. 쑥밭.

묵새기다 * ① 하는 일 없이 한 곳에서 날을 보내다. ② 애써 참고 넘기다.
☞ 묵다.²

묵서가(墨西哥) ⇨ 멕시코. ＊ 나라 이름.

묵수그레하다 ⇨ 묽스그레하다. 멀그스레하다. 멀그스름하다.

묵숙하다 ⇨ 묽숙하다. ＊ 알맞게 묽다. ¶ 묽숙한 쌀죽.

묵시가(墨是可) ⇨ 멕시코. ＊ 나라 이름.

묵은내 = 문내. ＊ 오래된 쌀 따위에서 나는 냄새.

묵은밭 ⇨ 묵정밭.

묵은빚 * 오랫동안 갚지 못하고 있는 빚이나 좋지 못한 감정, 원한 따위.
☞ 묵은셈.

묵은세배(~歲拜) * 섣달 그믐날 저녁에 그 해를 보내는 인사로 하는 절.
☞ 세배.

묵은셈 * 오래된 빚. ¶ 묵은셈을 다하다. 묵은셈을 맑히다.
☞ 묵은빚.

묵은쌀 * 그 해에 난 것이 아닌, 오래된 쌀.
☞ 햅쌀.

묵은해 = 지난해. 안해. ＊ 작년. ¶ 묵은해를 보내고 새해를 맞다.

☞ 새해.

묵이 * 오래 두었던 물건이나 오랫동안 처리하지 않은 일. ¶ 두 해 묵이.
　☞ 묵정이.

묵이다 ⇨ 묵히다. ‡ ‘묵다’의 하임.

묵쟁이 ⇨ 묵정이.

묵정밭 = 묵밭. ‡ 오래 내버려두어 거칠어진 밭. ¶ 잡초가 무성한 묵정밭.

묵정이 * 묵어서 오래된 물건.
　☞ 묵이.

묵직하다 * 무거운 느낌이 들다. ¶ 보기보다 묵직하다.
　☞ 무겁다.

묵직히 ⇨ 묵직이. ‡ 묵직하다.

묵찌빠 = 가위바위보. ‡ 묵은 바위, 찌는 가위, 빠는 보.

묵히다 * ‘묵다’의 하임. ¶ 십 년 묵힌 술. 묵혀 둔 방.
　☞ 묵이다. 물쿠다.

묶다 * ① 단을 지어 끈으로 매다. ¶ 배추 두 포기를 묶다. ② 여러 갈래로 나뉜 것을 합치다. ¶ 단편 소설을 책으로 묶다. ③ 몸을 놀리지 못하게 얽어매다. ¶ 도둑놈의 손발을 꽁꽁 묶다.
　☞ 매다.¹

묶음 * 하나치. ‡ 한 묶음은 너덧 줌. ¶ 산나물 한 묶음. 푸성귀 두 묶음.
　☞ 두름. 줌.¹ 접.¹

묶음표 = 도림. ‡ 꺾쇠묶음(대괄호). 활짱묶음(중괄호). 손톱묶음(소괄호).

묶이다 ⇨ 묶이다. ‡ ‘묶다’의 입음. ¶ 손발이 묶이다.

문¹(門) * ① 드나들거나 넣었다 꺼냈다 하는 곳. {문가. 문간. 문길. 문놀이. 문어귀. 문틈. 문호.} {굿문.} ¶ 문으로 들어가다. 문으로 꺼내다. ② 안과 밖 사이에 막아 열고 닫는 물건. {문고리. 문구멍. 문단속. 문바람. 문밖. 문발. 문살. 문안. 문종이. 문지도리. 문지방. 문짝. 문턱. 문풍지. 문소리.} ¶ 문을 닫다. 문을 열다. {내리닫이문. 넌출문(사출문). 당길문. 덧문. 뙤창문. 미닫이문. 빈지문. 쌍닫이문. 쌍여닫이. 여닫이문. 외닫이. 외여닫이. 이중문. 장지문. 접이문(접문). 지게문. 쪽문. 회전문.} {미세기.} {격자문. 곱살문. 꽃살문. 넓살문. 띠살문. 빗살문. 살문. 새김문. 세살문. 솟을빗살문(솟을살문). 쇠살문. 아자문(아자쇄문). 양판문. 완자문(완자쇄문). 정자살문.} {대문. 창문.} {거적문. 겨릅문. 널문(널쪽문. 판자문). 바잣문. 사립문. 싸리문. 유리문. 철문.} ③ 훌륭한 사람을 기리려고 세운 문. {열녀문. 정려문. 홍살문. 효자문.} ④ 상상 속의 문. {지옥문.} ⑤ 몸에 있는 기관. {귓문. 목청문. 염통문. 위앞문.}
　☞ 널빈지.

문²(門) * 하나치. ¶ 대포 열 문. 기관총 다섯 문.
　☞ 기.³ 자루.

문걸쇠(門~) ⇨ ① 문고리. ② 문빗장.

문골(門~) = 문얼굴. 문테. 문틀. ‡ 문짝을 끼우도록 만든 테두리.

문구멍(門~) * 문 창호지에 난 구멍. ¶ 문구멍을 뚫고 방 안을 보다.
　☞ 창구멍.²

문귀(文句) ⇨ 문구. ‡ 글의 구절. ¶ 어려운 문구.

문귀틀(門~) ⇨ 문골. 문얼굴. 문테. 문틀.

문기둥(門~) = 문설주. 설주. ¶ 문기둥에 기대다.

문내 = 묵은내. ✵ 쌀이 오래되거나 뜨거나 하여 나는 냄새.

문대다 ✳ 마구 문지르다. ¶ 등이 가려워서 기둥에 대고 문대다.
　☞ 문지르다. 치대다.

문덕 〈 문턱. ✵ 덩이로 뚝 떨어지거나 잘라지는 모양. ¶ 떡을 문덕 자르다.
　☞ 문득.

문도지(紋~) ⇨ 문돋이. ✳ 돋을무늬로 짠 비단.

문둔테(門~) = 둔테. ✳ 문장부를 끼는 구멍이 뚫린 나무.

문둥광대 = 호박광대. ✳ 오광대놀이에 문둥탈을 쓰고 나오는 사람.

문드러지다 ✳ ①썩거나 물러서 처져 떨어지다. ¶ 살이 문드러지다. 홍시가 문드러지다. ②속이 상하다. ¶ 오장 육부가 문드러지는 듯하다.
　☞ 무지러지다.

문득 〈 문뜩. ✳ ①생각, 느낌, 의욕이 뜻하지 않게 떠오르는 꼴. ¶ 문득 깨닫다. ②어떤 일이 갑자기 이루어지는 모양. ¶ 문득 걸음을 멈추었다.
　☞ 갑자기. 문덕.

문뜩문뜩 〉 문득문득 ✳ ①생각, 느낌, 의욕이 뜻하지 않게 자꾸 떠오르는 꼴. ¶ 문뜩문뜩 생각이 난다. ②어떤 일이 자꾸 이루어지는 모양. ¶ 문뜩문뜩 걸음을 멈추었다.
　☞ 갑자기. 무뚝무뚝.

문란시키다(紊亂~) ⇨ 어지럽히다. 헝클다.

문명(文明) ✳ 물질과 기술이 발전한 상태. {문명국.} ¶ 과학 문명.
　☞ 문화.

문문하다 〉 만만하다. ✳ ①무르고 부드럽다. ②쉽게 다룰 만하다.

문민(文民) ㉺ ⇨ 민간. ✳ 백성.

문밖(門~) ✳ ①돌구멍밖 ✳ 서울 사대문 밖. ¶ 문밖 사람. ②문의 바깥쪽. {문밖출입.} ¶ 문밖으로 나서다. ✳ 대문 밖. 방문 밖.
　☞ 문안.¹

문병 가다(問病~) = 병문안하다. {문병객. 문병하다.}

문빗장(門~) = 빗장. ✳ 문을 닫고 가로질러 잠그는 막대기.

문살무늬(門~) = 격자무늬. 석쇠무늬. ✳ 무늬의 한 가지.

문상 가다(問喪~) = 조상 가다. 조문 가다. ✳ 문상하다. 조문하다.

문상꾼(問喪~) = 조상꾼. ¶ 문상꾼이 줄을 잇다.

문서화시키다(文書化~) ⇨ 문서로 만들다. ✳ 문서화하다.

문선(文選) = 채자. ✳ 활자뽑기.

문설주(門~柱) = 문기둥. 설주. ✳ 문짝을 끼우려고 양쪽에 세운 기둥.

문수보살(文殊菩薩) ✳ 사보살의 하나로 석가모니의 왼쪽에 있음. ✳ 지혜.
　☞ 사보살. 삼존불.

문수에(問數~) ⇨ 무에리수에. ✳ 소경 점쟁이가 점을 치라고 외치는 소리.

문안¹(門~) = ①돌구멍안. ✳ 서울 사대문 안. ¶ 문안 사람. ②문의 안쪽. ¶ 문안에 발을 들여 놓지 못하게 하다. ❇ 대문 안. 방문 안.
☞ 문밖.

문안²(間安) ＊ 웃어른께 안부를 여쭘. 또는 그런 인사. {병문안.} ¶ 밤 문안. 아침 문안. 문안 인사를 드리다.
☞ 문병. 안부.

문안하다(間安～) ＝ 문안드리다.

문어 ＊ 발이 여덟 개 달린 바다 동물. ¶ 문어 낚시. 문어 단지.
☞ 낙지.

문어 단지 ＊ 긴 줄에 매달아 바다 속에 넣어서 문어를 잡는 단지.
☞ 보쌈.¹ 통발.

문어리(門～) ➪ 문얼굴.

문얼굴(門～) ＝ 문골. 문테. 문틀. ❇ 문짝을 끼우도록 만든 테두리.

문예난(文藝欄) ➪ 문예란. ❇ 한자말 뒤에서는 '란'임.

문자¹(文字) ＊ ① 글자. ❇ 결승 문자(매듭글자). 설형 문자(쐐기글자). 음성 문자(소리글자). 음소 문자(낱소리글자). 음절 문자(낱내글자). 표음 문자(소리글자). 표의 문자(뜻글자). 회화 문자(그림글자.) ❇ 한국 글자. 차이나 글자. 로마 글자. 니혼 글자. ② 한자의 육서 : 가차 문자. 상형 문자. 전주 문자. 지사 문자. 형성 문자. 회의 문자.

문자²(文字) 〔문짜〕 ＊ 한문 글귀. ❇ 한문글자로 된 숙어, 성구, 문장.

문자 쓰다(文字～) ＊ 잘난 체하며 어려운 한문 글귀를 섞어 말하다.

문적 〈 문척. ❇무른 물건이 조금만 건드려도 뚝 끊어지거나 잘라지는 모양.

문전질 ➪ 무꾸리질. ❇ 무당이나 판수에게 가서 점을 치는 일.

문제시여기다(問題視～) ➪ 문제로 보다. 문제로 여기다. 문제로 삼다.

문제화되다(問題化) ➪ 문제가 되다.

문종이(門～) ＝ 문창호지. 창호지. ❇ 문을 바르는 데 쓰는 얇은 종이.

문중(門中) ＊ 성과 본이 같은 가까운 집안. ¶ 문중 회의.
☞ 종중.

문지기(門～) ＊ 드나드는 문을 지키는 사람.
☞ 고지기. 당지기. 뫼지기. 묘지기. 산지기.

문지르다 ＊ 물체의 거죽에 대고 힘을 주어 움직이다. ¶ 문질러 바르다. 문질러 보다. 문질러 주다.
☞ 갈다.³ 문대다. 비비다. 치대다.

문창호지(門窓戶紙) ＝ 창호지. 문종이.

문척 〉 문적. ¶ 새끼줄이 문척 끊어지다.

문치(門齒) ➪ 앞니.

문칫문칫 ＝ 문치적문치적. ❇ 일을 어물어물 끌어가기만 하는 모양.

문테(門～) ＝ 문골. 문얼굴. 문틀. 창문틀. 창틀.

문화(文化) ＊ 사람이 꿈을 이루려고 애써 이루어 놓은 보람으로 정신과 지적인 발전 상태. ❇ 말, 글, 풍습, 제도, 예술, 학문, 종교, 도덕, 사상, 학문, 법률 따위 좋은 쪽. ¶ 고대 문화. 중세 문화. 근대 문화. 현대 문화. ¶ 동양 문화. 서양 문화. 민족 문화. 인류 문화. 문화 단체. 문화 민족.

☞ 문명. 자연. 야만.

문화 상품(文化 商品) ⇨ ① 구경거리. ② 즐길 거리.

묻건데 ⇨ 묻건대.

묻다[1] * 무엇이 다른 물체에 들러붙다. {묻어나다. 묻어오다.} ¶ 흙이 묻다.
☞ 붙다. 끼다.[1]

묻다[2] * 땅속이나 다른 물체 속에 넣다. ¶ 묻어 두다. 가슴에 묻다.
☞ 파묻다.

묻다[3] * ① 여쭈다. 여쭙다. ⁑ 대답이나 설명을 해 달라고 하다. ¶ 길을 묻다. 정답을 묻다. ② 책임을 따지다. ¶ 잘못한 책임을 묻다.

묻어가다 = ① 따라가다. ¶ 나도 그편에 묻어가다. ② 딸려 가다.

묻어오다 = ① 따라오다. ② 딸려 오다. ¶ 아저씨 차에 묻어오다.

묻을무우 ⇨ 묻을무. ⁑ 겨울철에 갈무리하려고 움 속에 묻는 무.

묻음 * '묻다'의 이름꼴.
☞ 무덤.

묻혀지다 ⇨ 묻히다.

묻히다[1] * '묻다'의 입음. ① 땅속에 파묻히다. ② 어떤 일이 감춰지다.

묻히다[2] * '묻다'의 하임. ⁑ 겉에 액체나 가루를 묻게 하다. ¶ 더덕에 양념을 고루 묻히다. 손에 물을 묻히다. 떡에 고물을 묻히다.
☞ 무치다. 바르다.[3]

물[1] * {물거품. 물관. 물구멍. 물굽이. 물귀신. 물그릇. 물그림자. 물금. 물기. 물기둥. 물길. 물독. 물동이. 물두멍. 물마루. 물맛. 물맞이. 물바가지. 물바다. 물병. 물보라. 물비린내. 물빛. 물뿌리개. 물살. 물소리. 물속. 물수건. 물안개. 물안경. 물약. 물일. 물잔. 물장난. 물찜질. 물청소. 물탱크.} ⁑ ① 곳. {강물. 개울물. 갯물. 냇물. 도랑물. 바닷물. 시냇물. 쓴물. 여울물.} {누렁물. 단물(민물). 먼물. 빗물. 산물(생수). 샘물. 수돗물. 암물. 어수물. 온정물. 우물물.} ¶ 지중해 물. 낙동강 물. ② 바닷물. {감물. 밀물. 썰물. 참물.} ③ 약, 먹거리. {고로쇠물. 고춧물. 국물. 국수물. 꽃물. 꿀물. 메줏물. 묵물. 밥물. 새앙물. 설탕물. 소금물. 약물. 엿기름물. 엿물. 죽물. 찻물. 커피물. 탕국물. 팥물. 황토물.} ④ 깊이. {길물. 목물. 발목물. 자국물. 허릿물.} ⑤ 쓰임새. {개숫물(설거지물). 대얏물. 뒷물. 마중물. 목물(등목). 목욕물. 발숫물. 벼룻물. 사깃물. 세숫물. 손숫물. 숫돌물. 양칫물. 오짓물. 잿물. 즙물. 허드렛물.} ⑥ 비. {낙종물. 백중물. 복물. 칠석물. 우숫물. 유둣물.} ⑦ 온도. {더운물. 얼음물. 찬물.} ⑧ 맛. {간물. 단물. 짠물.} ⑨ 사람. {눈물. 모래집물. 똥물. 배냇물. 신물. 진물. 추깃물. 콧물. 피눈물. 핏물.} ⑩ 녹거나 섞인 물. {녹물. 눈석임물. 비눗물. 양잿물. 진흙물. 횟물. 흙물. 흙탕물.} ⑪ 더러운 물. {고장물. 고지랑물. 구정물. 구지렁물. 땟물. 지지랑물(지랑물).} ⑫ 짜거나 우린 물. {감물. 꽃물. 딸깃물. 모싯물. 오미잣물. 창포물.} ⑬ 농사. {낙종물. 논물. 두엄물. 밭물. 못물. 소지랑물(쇠지랑물).} ⑭ 그 밖. {공중물. 군물. 그을음물. 나비물. 낙숫물. 날물. 달물. 덧물. 돌물. 밤잔물(밤잔숭늉). 벌물. 봄물. 소죽물(쇠죽물). 아랫물. 웃물. 윗물. 제깃물. 천숫물.} ¶ 물과 기름. 물과 불. 물 끓듯 하다. 물로 보다. 물 찬 제비.

물² = 빛깔. {갈물. 감물. 누렁물. 독물. 먹물. 반물. 자줏물. 치잣물. 풀물.} ¶ 물이 곱다. 물이 날다. 물을 들이다. 물이 바래다. 물이 빠지다.

물³ = 관습. 영향. {새물} ¶ 농촌 물. 도시 물. 사회 물. 시골 물. ¶ 서울 물을 먹더니 아주 못쓰게 되었다. 서양 물이 들어 말씨가 다르다.

물⁴ * 물고기, 푸성귀가 나오는 때. {끝물. 늦물. 막물. 맏물. 새물. 한물.}

물⁵ * 물고기 따위의 싱싱한 정도. ¶ 물이 간 생선. 물 좋은 생선.

물⁶ = 홍수. {늦물. 붉덩물. 큰물. 한물.} {물마.}

물가 = 물기슭. 물녘. * 물이 있는 곳의 가장자리. ¶ 물가에 앉아 놀다.

물가고(物價高) ㉺ ⇨ 물건값. 비싼 물건값.

물간법(~法) * 물고기를 소금물에 담가 간을 하는 방법.
☞ 마른간법.

물갈이¹ * ①물통에 담긴 물을 바꾸는 일. * 어항. 수영장. ②조직에서 사람을 바꾸는 일. {물갈이하다.} ¶ 물갈이를 해야 새 바람이 일어날 수 있다.

물갈이² * 논에 물을 넣고 가는 일. * 농사.
☞ 마른갈이. 진갈이.

물갈퀴 * 개구리, 오리 따위의 발가락 사이에 있는 엷은 막.
☞ 오리발.

물거리¹ = 물때. 손때. ‡ 낚시에서 물고기가 가장 잘 낚이는 때.
☞ 물때.¹ 손때.¹

물거리² * 부러뜨려서 땔 수 있는 우죽이나 잔가지. ‡ 땔나무.
☞ 물것. 화라지.

물건(物件) * ①팔고 사는 물품. {물건값.} ②꼴을 갖춘 물질적 대상. ¶ 물건을 사다. ③제법 어떤 구실을 하는 사람. ¶ 그 사람은 물건이더라.
☞ 물품.

물걸레 * ①물에 축인 걸레. ②물에 축여서 쓰는 걸레.
☞ 마른걸레. 젖은 걸레.

물것 * 모기, 이, 빈대, 벼룩 따위 동물의 피를 빨아먹는 벌레.
☞ 물거리. 물벌레.

물결 * 물이 움직일 때 겉에 나타나는 모양. {물결무늬. 물결선. 물결표.} {밤물결. 은물결. 황금물결.} {물결치다.} ¶ 물결이 높다. 물결이 일다.
☞ 물보라.

물계¹ * 찹쌀 속에 섞인 멥쌀의 쌀알. ¶ 물계가 많다.

물계²(物~) * ①물건의 시세. ②어떤 일의 처지나 속내. ¶ 물계를 알다. 물계가 트다. 물계도 모르고 덤비다.
☞ 건잠. 물때.³

물고기 = 고기. {물고기길.} {민물고기(단물고기). 바닷고기(바닷물고기. 짠물고기.)} ¶ 물고기 비늘. 물고기 두 마리. 물고기의 밥이 되다.

☞ 고기.[1]

물고늘어지다 ⇨ 물고 늘어지다. ¶ 문제가 해결될 때까지 물고 늘어지다.

물고동 ⇨ 수도꼭지.

물골[1] = 물고랑. ＊ 땅이 길게 패어 물이 괴거나 흐르는 곳. ¶ 물골을 내다.

물골[2] ＊ 밀물과 썰물의 들고 나는 흐름이 세찬 곳. 또는 그 흐름.

물곬 ＊ 물이 흘러 빠져나가는 작은 도랑. ¶ 물곬을 잡다. 물곬을 빼놓다.

물구나무를 서다 ⇨ 물구나무서다.

물구덩이 ＊ 물이 고여 있는 우묵한 진창. ¶ 물구덩이를 메우다.

물구렁텅이 ＊ 몹시 험하게 움푹 패어 들어가서 물이 괸 구렁.

물귀신(～鬼神) ＊ ① 물속에 있는 귀신. ¶ 물귀신이 되다. ② 나쁜 일에 남을 끌어들이는 사람. ¶ 물귀신 심사. ☞ 불귀신.

물기름〔油〕 ＊ ① 묽은 기름. ＊ 식물성. 광물성. ② 묽은 머릿기름. ☞ 굳기름.

물기슭 = 물가. 물녘. ＊ 바다. 강. 호수. 내. 못.

물꼬 ＊ ① 물이 넘나들도록 논둑에 낸 물고랑. {물꼬받이.} ¶ 물꼬를 막다. 물꼬를 보다. 물꼬를 트다. ② 어떤 일의 시작. ¶ 물꼬가 트이다. ☞ 논꼬. 무넘기. 우리구멍.

물끄러미 〉 말끄러미. ＊ 우두커니 한 곳만 바라보는 모양.

물너울 = 물놀. ＊ 바다와 같은 넓은 물에서 크게 움직이는 물결. ☞ 너울.[2] 여울.

물녘 = 물가. 물기슭. ＊ 바다. 강. 호수. 내. 못.

물노을 ⇨ 물놀. 물너울.

물논 ⇨ 무논. ＊ ① 물이 괴어 있는 논. ② 물을 실은 논.

물놀 = 물너울. ¶ 거친 물놀. 물놀이 거칠어지다.

물놀이[1] ＊ 잔잔한 물에 잔물결이 이는 모양.

물놀이[2] ＊ 물가에서 하는 놀이. {물놀이하다.}

물다[1] ＊ 이로 힘을 주어 빠져나가지 못하게 하다. ＊ 부리. 집게. 기계. ☞ 깨물다.

물다[2] ＊ 남에게 끼친 손해나 잘못에 알맞은 돈을 내다. ¶ 벌금을 물다. ☞ 갚다.

물닭 ＊ 뜸부깃과의 새 이름. ☞ 비오리.

물돌[1] = 물도랑. 도랑. 돌. ＊ 좁고 작은 개울.

물돌[2] ＊ 강가나 강바닥에 깔리어 있는, 동글동글한 돌. ☞ 몽돌.

물동 ＊ 물이 한곳에 괴어 있도록 막아 놓는 둑. ¶ 물동을 막다. 물동을 트다. ☞ 물막이.

물돼지 = 돌고래. ＊ 바다짐승의 하나.

물두멍 = 두멍. ＊ 물을 길어 두고 쓰는 큰 가마나 독. ☞ 땅두멍.

물딱총(～銃) = 물총. ＊ 어린애들의 놀이. {물총놀이.} ☞ 불딱총.

물때[1] = 물거리. 손때. ＊ 낚시에서 물고기가 가장 잘 낚이는 때.

물때² * 아침저녁으로 밀물과 썰물이 들어오고 나가는 때. {물때표.}
☞ 물번. 물참. 밀물. 썰물. 참물. 감물.² 산물때. 죽은물때.

물때³ * 일의 행세나 형편. ¶ 물때도 모르고 덤비다.
☞ 물계.²

물때⁴ * 물에 섞여 있는 더러운 것이 다른 곳에 붙어 끼는 때. ¶ 물때가 끼다.

물똥 = 물찌똥. ‡ ①묽은 똥. ②튀겨서 일어나는 물방울.
☞ 된똥. 마른똥. 진똥.

물똥싸움 = 물싸움. ‡ 손과 발로 물을 끼얹는 놀이. {물똥싸움하다.}
☞ 물싸움.

물러가거라 * '물러가다'의 바로 시킴꼴.

물러가라 * '물러가다'의 건너 시킴꼴.

물러앉다 * ①물러나 앉다. ¶ 뒤로 물러앉다. ②그만두다. ¶ 공직에서 물러앉다. ③무너져 내리다. ¶ 방구들이 물러앉다.
☞ 주저앉다.

물렁살 * ①무르고 연한 살. ②여린 줄기. ‡ 푸나무.
☞ 대살. 무살. 푸석살.

물렁뼈〔軟骨〕= 여린뼈. ‡ 무른 뼈.
☞ 굳뼈.

물렁이 * 기개나 줏대가 없는 사람. ‡ 무골충.
☞ 데림추. 어림쟁이. 코푸렁이.

물렁하다 * ①물기가 있고 야들야들하게 부드럽다. ②기질이나 규율 따위가 약하다. ¶ 성질이 물렁하다. 법이 물렁하면 지키는 사람이 없다.

☞ 물씬하다. 물컹하다.

물레걸음 * 천천히 바퀴를 돌려서 뒷걸음질치는 걸음.
☞ 걸음.

물레방아 * 물의 힘으로 바퀴를 돌리는 물방아의 한 가지. {물레방앗간.}
☞ 구유방아. 디딜방아. 물방아. 물연자. 밀방아. 연자방아. 통방아

물르다 ⇨ 무르다.

물림퇴(~退) = 물림간. 물림. 퇴. ‡ 본채에 딸린 반 칸 너비의 칸살.
☞ 툇간.

물마 * 비가 와서 땅 위로 넘쳐 흐르는 물. ¶ 차가 물마 위로 달리다.
☞ 바다넘이. 시위. 큰물.

물막이 * 물이 흘러들거나 넘치지 않도록 막는 일. {물막이문. 물막이종이. 물막이층. 물막이흙. 물막잇감. 물막잇골.} {물막이하다.}
☞ 물둑.

물막잇둑 = 방숫둑.

물말이 * ①물만밥. ‡ 물에 말아서 풀어놓은 밥. ②물에 흠뻑 젖은 옷이나 물건. ¶ 비에 젖어 물말이가 된 옷.
☞ 물밥.

물매¹ = 물맷돌. ‡ 곡식을 물과 함께 가는 맷돌. {물매질하다.}

물매² * 지붕이나 낟가리 따위의 비탈진 정도. {물매표.} ¶ 물매가 가파르다. 물매 싸다. 물매 뜨다.
☞ 비탈.

물매³ * 과일을 딸 때 팔매에 쓰는 몽둥이. ¶ 물매를 던져 밤을 따다.
☞ 몰매. 무릿매. 뭇매.

물매⁴ = 물매질. ‡ 매흙을 물에 풀어 방바닥이나 벽에 바른 일.

물매미 ⇨ 물맴이. 물무당. 무당선두리.

물맴돌이 ⇨ 물맴이. 물무당. 무당선두리.

물맴이 = 물무당. ‡ 벌레 이름.

물먹다 * ① 식물이 물을 빨아들이다. ¶ 물먹은 버들가지. ② 물이 배어서 젖다. ¶ 물먹은 솜. ③ 따돌림을 당하다. ¶ 친구에게 물먹다. ④ 시험에 떨어지다. ¶ 운전면허 시험에서 세 번이나 물먹었다.

물 먹다 = 물 마시다.
　☞ 물오르다.

물메기 * 곰칫과의 바닷물고기.
　☞ 메기.

물몽둥이 = 큰메. 쇠메. 큰 망치. ‡ 해머.
　☞ 마치.² 망치.

물무당 = 물맴이. ‡ 벌레 이름.

물미역 = 생미역. ‡ 말리지 않은 미역.
　☞ 마른미역.

물미작대기 = 물미장. ‡ 물미를 끼운 작대기. ¶ 물미장으로 지게를 받치다.

물밀다 * ① 바닷물이 뭍으로 밀려들어 오다. ② 세찬 기세로 밀어닥치다. ‡ 사람. 짐승. 물건. 일감. ③ 세찬 기세로 솟구치다. ‡ 생각. 감정.
　☞ 물써다.

물밑 * ① 땅이나 재목의 짜임새를 수평이 되게 측량할 때 수평선의 아래. ② 어떤 일이 남모르게 이루어지는 상태. ¶ 물밑 흥정.

물 밑 * 물이 바닥에 닿는 부분. ¶ 물

밑에서 고려청자를 건져 올리다.
　☞ 물 위.

물바가지 = 물박. ‡ ① 물을 푸는 바가지. ② 물레방아에 달린 물받이.

물받이 * ① 낙수받이. ② 처마에 달아 빗물을 받아 흐르게 한 홈통.
　☞ 낙수받이.

물밥 = 무랍. ‡ 굿을 할 때 귀신에게 주려고 물에 말아 던지는 밥.
　☞ 강밥. 된밥. 맨밥. 물말이. 진밥.

물방개 = ① 말선두리. 선두리. ② 방개. ‡ 벌레 이름.

물방구치다 ⇨ 물수제비뜨다.

물방아 * 물의 힘으로 공이를 움직이는 방아. ‡ 구유방아, 물레방아, 통방아, 물연자, 밀방아 따위를 두루 가리키는 이름. {물방앗간.}
　☞ 디딜방아. 연자방아. 절구.

물뱀 * ① 바다뱀. 바닷장어. ② 물에서 사는 뱀. ‡ 먹는 물고기가 아님.
　☞ 갯장어. 먹장어. 붕장어. 참바다장어. 뱀장어.

물번(～番)〔滿潮〕 = 물참. 참물. 참. ‡ 밀물이 들어와 가장 높은 때.
　☞ 물때.²

물벌레 * ① 물에서 사는 모든 벌레. ② 물벌렛과의 벌레.
　☞ 길벌레. 날벌레. 물것.

물벼락 = 물세례. ‡ 갑자기 쏟아지는 물. ¶ 물벼락 맞다. 물벼락을 안기다.

물보라 * 물결이 부딪쳐 사방으로 흩어지는 잔 물방울. ¶ 물보라가 치다.
　☞ 물결.

물복숭 ⇨ 물복숭아. ‡ 수밀도.

물복숭아 = 수밀도. ⁑ 털복숭아의 한 가지.
☞ 민복숭아. 승도복숭아. 천도복숭아.

물볼기 * 여자의 옷에 물을 끼얹고 볼기를 치는 일. ¶ 물볼기를 치다.
☞ 곤장.

물봉숭아 = 물봉선화. ⁑ 한해살이풀의 하나.

물부리[1] * 비 오기를 비는 겨레 풍속의 하나. {물부리굿.} ⁑ 집집마다 사립문에 금줄을 치고 병에 솔잎이 붙은 솔가지를 꽂아 거꾸로 매달고 물이 솔잎을 타고 흘러 떨어지게 함.
☞ 기우제.

물부리[2] = 빨부리. ⁑ 담배를 끼워서 입으로 빠는 연모. ¶ 상아 물부리.
☞ 담배물부리. 물뿌리.

물빨래 * 물로 빠는 빨래. {물빨래하다.}
☞ 마른빨래.

물뿌리 = 물속뿌리. ⁑ 물에 떠 사는 식물이 물속에 내리는 뿌리.
☞ 물부리.

물살이 * 물에서 삶. {물살이하다.} ¶ 물살이 동물. 물살이 식물.
☞ 물살이.

물새 * ①물가에서 사는 새. {물새알.} ②물총새.

물색[1](~色) = 물빛. ⁑ 물과 같은 빛깔. 엷은 남색. ¶ 물색 저고리.

물색[2](物色) * 물건의 빛깔. ¶ 물색 좋은 옷감.
☞ 무색.

물색[3](物色) * 까닭. 형편. 조리. {물색없다. 물색없이.} ¶ 물색을 모르다.

물색하다(物色~) ⇨ 찾아내다. 골라내다. 고르다. ⁑ 사람, 물건, 자리.

물샐 틈 없다 ⇨ 물샐틈없다. ⁑ 빈틈이 없다. {물샐틈없이.}

물설다 * 보고 듣고 겪는 것이 눈에 익지 않아 서먹서먹하다. ¶ 물선 고장.
☞ 낯설다.

물설은 ⇨ 물선. ¶ 낯설고 물선 고장에서 살아갈 일이 아득하다.

물세례(~洗禮) * ①신자가 세례를 받는 의식의 하나. ②물벼락.
☞ 성령 세례.

물세탁(~洗濯) [왜] ⇨ 물빨래.
☞ 마른빨래.

물소〔水牛〕 * 물에 사는 솟과의 짐승. {인도물소. 아프리카물소.}
☞ 무소.

물속뿌리 = 물뿌리. ⁑ 물에 떠 사는 식물이 물속에 내리는 뿌리.

물손[1] * 밥, 떡, 반죽 따위의 질거나 된 정도. ¶ 물손을 보아가며 물을 붓다.

물손[2] * 물이 묻은 손. ¶ 물손을 마른 수건으로 닦다.

물수랄(~水卵) ⇨ 물수란. ⁑ 깨서 그대로 끓는 물에 넣어 반쯤 익힌 달걀.

물수리 = 징경이. ⁑ 수릿과의 새 이름.
☞ 무수리.

물수발 ⇨ 물시중. 물심부름.

물수제비 * 물팔매를 칠 때 그 튀기는 자리마다 생기는 물결 모양.
☞ 물팔매.

물시계(~時計) * 물방울이 떨어지는 양으로 시간을 재는 시계.
☞ 모래시계. 불시계. 해시계.

물시중 = 물심부름.

물싸움 = ①물쌈. ‡ 물 때문에 일어나는 싸움. ②물똥싸움.

물써다 * 밀려들어 왔던 바닷물이 물러 나가다. ¶ 물밀 때와 물썰 때.
　☞ 물밀다.

물 쓰다 * 물을 쓰다. ¶ 돈을 물 쓰듯 해서는 안 된다.
　☞ 물밀다. 물켜다.

물씬[1] * ①냄새가 코를 찌르도록 풍기는 모양. ¶ 술 냄새가 물씬 풍기다. ②김이나 연기, 먼지가 갑자기 피어오르는 모양. ¶ 연기가 물씬 피어올랐다.

물씬[2] = 물씬히. ‡ 잘 익거나 물러서 연하고 물렁한 느낌. ¶ 콩을 물씬 삶다.

물씬 나다 = 물씬 풍기다 ¶ 비린내가 물씬 나다.

물씬하다 * 연하고 물렁한 느낌이 나다. ¶ 비에 젖은 흙이 물씬하다.
　☞ 물렁하다. 물컹하다.

물아래 * 물이 흘러 내려가는 아래쪽 지역. ¶ 물아래에서 빨래하는 아낙네.
　☞ 물위.

물 아래 * 물 겉면의 안쪽. ¶ 물 아래로 헤엄치는 물고기가 내려다보인다.
　☞ 물 위.

물앵도(~櫻挑) ⇨ 물앵두. ‡ ①물앵두나무 열매. ②무르익은 앵두.

물어내다[1] = 물어 주다. ‡ 남에게 입힌 손해를 돈으로 갚다. ¶ 깨뜨린 유리 값을 물어내다.
　☞ 물어 주다.

물어내다[2] * ①집 안에서 일어난 일이나 말을 밖에 퍼뜨리다. ②집 안에 있는 물건을 몰래 집어내다. ¶ 노름에 빠져 돈 되는 것은 무엇이든 물어냈다.

물어내리다 * 웃어른께 물어서 명령이나 지시를 받다.
　☞ 내리뜨리다.

물어넣다[1] * 축낸 돈이나 물건을 갚다. ¶ 몰래 쓴 나랏돈을 물어넣다.

물어넣다[2] * 남을 고자질하여 잡히게 하다. ¶ 저만 살겠다고 친구를 물어넣다.

물어보다 * 무엇을 알려고 묻다. ¶ 길을 물어보다.

물어 보다 ¶ 금돈을 이빨로 물어 보다.

물어 주다 = 물어내다. ¶ 깨뜨린 고려자기 값을 물어 주다.

물얼굴 * 물에 비친 얼굴 모습. ¶ 강가에 앉아서 제 물얼굴을 들여다보았다.
　☞ 얼굴.

물연자(~硏子) * 물의 힘으로 돌리는 연자방아.
　☞ 디딜방아. 물방아. 연자방아. 절구방아.

물오르다 * ①나무에 물기가 스며 오르다. ②능력, 형편, 상태가 좋아지다.
　☞ 물먹다.

물오리 = 청둥오리. ‡ 겨울철새의 한 가지.

물오징어 = 생오징어. ‡ 말리지 않은 오징어.
　☞ 마른오징어.

물외 * 열매채소의 한 가지. ‡ 참외와

구별하여 일컫는 이름.

☞ 오이. 참외.

물위 * 물이 흘러 내려오는 위쪽 지역. ¶ 물위에서 아이들이 멱감고 놀았다.

☞ 물아래.

물 위 * 물의 겉쪽. ¶ 물 위에 뜬 기름. 배가 물 위로 미끄러지듯 나간다.

☞ 물밑. 물 밑. 물 아래.

물이랑 * 배가 지나는 길에 물길이 양쪽으로 갈라지며 일어나는 물결.

☞ 밭이랑.

물자멱질 ⇨ 무자맥질. * 물속에 떴다 잠겼다 하는 짓.

물자새 ⇨ 무자위. 물푸개. * 펌프.

물자위 ⇨ 무자위. 물푸개. * 펌프.

물장구 * ① 두 발로 잇따라 물을 치는 일. {물장구질. 물장구치다.} ② 병신굿에서 물을 담은 동이에 바가지를 엎어 놓고 두드리는 악기.

☞ 발장구.

물장사[1] * ① 물을 파는 일. ¶ 북청 물장사. ② 술 따위를 파는 일.

물장수[2] * 직업으로 물을 길어다 파는 사람.

물젖 * 묽어서 영양분이 적은 젖.

☞ 찰젖. 참젖.

물질[1] * 비바리들이 바닷속에 들어가서 해산물을 따는 일. {물질하다.}

물질[2](物質) * ① 물체의 본바탕. ② 재물. {물질과학. 물질문명. 물질생활.}

물짐승 * 물에서 사는 짐승. * 고래, 물개, 물범, 물소, 비버, 하마 따위.

☞ 뭍짐승. 들짐승. 바다짐승. 산짐승. 집짐승.

물쩡하다 * ① 성미가 느리고 만만하다. ② 반죽이 물기가 많아 질척하다.

☞ 말짱하다.

물찌똥 = 물똥. * 설사할 때 나오는 묽은 똥.

☞ 된똥. 마른똥. 진똥.

물찜질 * 천이나 수건을 더운물이나 찬물에 적시어 하는 찜질.

☞ 마른찜질.

물찬제비같다 ⇨ 물 찬 제비 같다. * 몸매가 아주 매끈하다.

물참 = 물때. 물번. * 밀물이 들어오는 때.

☞ 감. 감물.[2] 물때.[2] 잦감. 참물.

물청새 ⇨ 물총새. 쇠새. * 새의 하나.

물촉새 ⇨ 물총새. 쇠새.

물총 = 물딱총. * 장난감. ¶ 물총을 쏘다.

물총새 = 쇠새. * 새 이름.

물추리나무 = 물추리막대. 끌이막대. * 쟁기에 박은 막대기.

물커지다 = 물크러지다. ¶ 너무 울어서 두 눈이 물커지다.

물컥물컥 〉 몰칵몰칵. * 코를 찌를 듯이 심한 냄새가 나는 모양.

물컵(~cup) ⇨ 물잔. * 컵.

물컹물컹 〉 말캉말캉. * 너무 익거나 곯아서 물크러질 정도로 물렁한 모양.

물컹하다 * 지나치게 익거나 곯아서 무르다.

☞ 물렁하다. 물씬하다.

물켜다 * 물을 한꺼번에 많이 마시다. ¶ 벌컥벌컥 물켜는 소리.

☞ 물 쓰다.

물쿠다 * ① 날씨가 찌는 듯이 더워지다. ② 물크러지게 하다.
☞ 묵히다.

물 키다 ⇨ 물켜다.

물타작 = 진타작. ‡ 볏벼 그대로 낱알을 떨어내는 일.
☞ 마른타작.

물탄꾀 ⇨ 얕은꾀.

물탱크(~tank) ⇨ 물두멍. 큰 물통.

물통(~桶) = 질통. ¶ 물통으로 물을 져 나르다. 물통에 물을 가득 채우다.

물통나무 ⇨ 날목. 생나무. ‡ 베어 낸 지 얼마 안 되어 마르지 않은 나무.

물팍 = 무르팍. 무릎.

물팔매 * 납작한 돌멩이를 던져 물 위를 튀기면서 멀리 가게 하는 일.
☞ 돌팔매. 물수제비. 물풀매. 팔매.

물푸개 = 무자위. ‡ 펌프.

물풀매 * 새를 쫓을 때, 돌멩이를 넣은 망에 두 끈을 늘여서 돌리다가 한 끈을 놓으면 돌이 멀리 날아가도록 한 연모.
☞ 무릿매. 물팔매. 팔매. 팡개.

물품(物品) * 쓸 만한 값어치가 있는 물건. ‡ 부동산은 물품이 아님.
☞ 물건.

물행주 = 진행주. ‡ 물을 적시어 쓰는 행주.
☞ 마른행주.

묽다 * 액체 속에 들어 있는 물질의 양이 보통에 이르지 못하다. {묽디묽다.}
☞ 되다.¹ 질다.

뭇¹ * 많은. 온갖. {뭇년. 뭇놈. 뭇따래기. 뭇뜻. 뭇바리. 뭇발길. 뭇방치기. 뭇별. 뭇사람. 뭇사랑. 뭇생각. 뭇소리. 뭇시선. 뭇웃음. 뭇입. 뭇짐승. 뭇칼질.} ¶ 뭇 남자. 뭇 백성. 뭇 새. 뭇 여자.

뭇² * ① 운반하기 좋게 묶은 묶음. {뭇가름. 뭇나무.} {짚뭇.} ② 하나치. ‡ 섶. 장작. 볏단. 생선. 채소. 미역.
☞ 짐.² 더미.

뭇매 * 여러 사람이 한꺼번에 덤비어 때리는 매. ¶ 뭇매를 맞다.
☞ 난장.³ 모다깃매. 몰매. 무릿매. 물매.³

뭇솔리니(Mussolini) ⇨ 무솔리니. ‡ 정치가 이름.

뭇줄거리 * 무의 줄거리. ¶ 뭇줄거리로 담근 김치.
☞ 무청.

뭉개다¹ * ① 한자리에서 미적대다. ¶ 힘에 부친 경운기가 논 가운데서 뭉개고 있다. ② 비트적대며 조금씩 겨우 움직이다. ¶ 엉덩이를 뭉개며 옮겨 앉다.

뭉개다² * ① 으깨거나 짓이기다. ¶ 담배꽁초를 발로 밟아 뭉개다. ② 어떤 생각을 애써 지워 버리다. ¶ 어두웠던 지난날의 기억을 뭉개다.
☞ 등개다.

뭉거지다 = 뭉그러지다. ‡ 높이 쌓인 물건이 무너져서 주저앉다.

뭉게구름 〔積雲〕 = 산봉우리구름. 쌘구름.

뭉게뭉게 〉 몽개몽개. ‡ 구름, 연기, 생각, 느낌이 피어오르는 모양.

뭉구리 * ① 바싹 깎은 머리. ② 중.

스님.
☞ 뭉수리.

뭉그러뜨리다〈 뭉그러트리다. ‡ 뭉그
러지게 하다.

뭉그러지다 * ①뭉거지다. ②썩거나 지
나치게 물러서 본 모양이 없어지다.
☞ 으그러지다. 으츠러지다.

뭉기적거리다 ⇨ 뭉그적거리다. 뭉그
적대다.

뭉따다 ⇨ 뭉때리다. ‡ 시치미를 떼거
나 뭉개다.

뭉떡 ⇨ ①뭉떵. ②뭉뚝.

뭉떵 * 한 부분이 크게 잘리거나 끊어
지는 모양. ¶ 나무가 뭉떵 잘려나가
다.

뭉뚝〈 뭉툭. ‡ 끝이 짧고 무딘 모양.
¶ 뭉뚝한 연필.

뭉뚱거리다 ⇨ 뭉뚱그리다. ‡ ①대강
뭉쳐 싸다. ②여럿을 하나로 묶다.

뭉수리 = 두루뭉수리. ‡ 말이나 행동
이 분명하지 않은 상태.
☞ 뭉구리.

뭉우리 = 뭉우리돌. ‡ 둥글둥글하게
생긴 큰 돌.
☞ 모오리돌. 몽돌. 물돌. 조약돌. 주
먹돌. 호박돌.

뭉쳐나기〔叢生〕 = 모여나기. ‡ ①풀,
나무가 더부룩하게 나는 일. ②줄기,
꽃대가 뿌리 근처에 무더기로 나는
일. ③줄기에 잎이 무더기로 나는
일.

뭉치[1] * 소의 볼기 아래에 붙어 있는
고기. ¶ 뭉치 한 근.

뭉치[2] * ①한데 뭉치거나 돌돌 말린 작
은 덩이. {돈뭉치. 사고뭉치. 쇠뭉치.

실뭉치. 털뭉치. 흙뭉치.} ¶ 종이 뭉
치. ②하나치. ¶ 신문 한 뭉치.
☞ 뭉텅이.

뭉칫돈 * ①목돈. ②뭉치로 된 돈.
¶ 뭉칫돈을 찌르다.
☞ 모갯돈.

뭉크러뜨리다〈 뭉크러트리다. ‡ 뭉크
러지게 하다.

뭉크러지다 = 뭉커지다. ‡ 몹시 썩거
나 물러서 본 모양이 없어지다.

뭉클거리다 = 뭉클대다. ‡ ①먹은 음
식이 삭지 않아서 가슴에 뭉치어 있
는 듯하다. ②감정이 북받치어 가슴
이 꽉 차는 듯한 느낌이 들다.

뭉턱 ⇨ ①뭉텅. ②뭉툭.

뭉텅〉 몽탕. ‡ 한 부분이 대번에 크게
잘리거나 끊어지는 모양.

뭉텅이 * 한데 뭉치어 이룬 큰 덩이.
{뭉텅이지다.} ¶ 솜 뭉텅이. 옷 뭉텅
이.
☞ 몽당이. 뭉치.[2]

뭉테기 ⇨ ①뭉치. ②뭉텅이.

뭉툭〉 뭉뚝. ‡ 끝이 아주 짧고 무딘
모양.

뭍 * ①섬이 아닌 땅. ②지구 위에서
바다를 뺀 부분. {뭍길. 뭍나라. 뭍
물. 뭍바람. 뭍반구. 뭍섬. 뭍짐. 뭍
짐승. 뭍짐질. 뭍표. 뭍풀.}
☞ 땅.

뭍사람 * 뭍에서 사는 사람. ¶ 뭍사람
과 혼인하는 것이 소원이다.
☞ 바닷사람. 산사람. 섬사람.

뭍살이 * 뭍에서 사는 삶. {뭍살이하
다.} ¶ 뭍살이 동물. 뭍살이 식물.
☞ 물살이.

뭐[1] 〔느〕 = 무어. ¶ 뭐, 그런 사람이 다 있어? 심심해서 들렸지, 뭐.

뭐[2] 〔대〕 = 무어. 무엇. ¶ 아저씨가 뭐라고 말하다. 놀지 말고 뭐라도 해라.

뭐길래 ⇨ 뭐기에. 무엇이기에. ⁑ '~기에'는 씨끝.

뭐니뭐니해도 ⇨ 뭐니 뭐니 해도. ⁑ 누가 뭐라 해도.

뭐라뭐라하다 ⇨ 뭐라 뭐라 하다. ⁑ 똑똑히 알 수 없지만 무어라고 말하다.

뭐라구 ⇨ 뭐라고.

뭐예요 = 무엇이에요.

뭐하다 = 무엇하다. 뭣하다. 멋하다. ⁑ 거북하다. 곤란하다. 난처하다. 딱하다. 미안하다. 싫다. ¶ 그 일이 뭐해서 그만두었다. 앉아 있기가 뭐하다.

뭐 하다 = 무엇을 하다. ¶ 뭐 할 일이 없어서 그 짓을 하고 있나?

뭘 = 무엇을. 무얼. ¶ 너 지금 뭘 먹느냐? 요즘 뭘 하며 지내니?

뭘로 ⇨ 뭐로. 무어로. ¶ 사람을 뭐로 보고!

뭘하다 ⇨ 뭣하다. 뭐하다. 무엇하다. 멋하다.

뭬 = 무엇이. ¶ 힘들 것이 뭬 있겠습니까?

~**므로** = ~으므로. ⁑ 까닭. 근거. ~기 때문에. ¶ 다른 사람의 모범이 되므로 이 상을 줍니다.
☞ 으로. ~ㅁ으로.

~**므로서** ⇨ ①~(으)로서. ②~므로. ⁑ '므로' 뒤에는 '서'가 붙지 않음.

~**므로써** ⇨ ①~ㅁ으로써. ②~므로. ⁑ '므로' 뒤에는 '써'가 붙지 않음.

~**므로해서** ⇨ ~므로.

뮈쌈 = 해삼전. ⁑ 말린 해삼과 쇠고기, 두부로 만든 먹거리.

미(尾) ⇨ 마리. ⁑ 물고기를 세는 하나치.

미국(美國. 米利國) ⇨ 아메리카. ⁑ 나라 이름.

미국 땅(美國~) ⇨ 아메리카 땅.

미그기(MIG機) = 미그 전투기.

미깡 〔蜜柑〕 [왜] ⇨ 귤. 감귤.

미꼬미 [왜] ⇨ 가망. 싹수.

미꽝스럽다 ⇨ ① 미쁘다. ② 밉광스럽다.

미꾸리 〔鰍魚〕 ⇨ 미꾸라지. ⁑ 민물고기 이름.

미끈거리다 = 미끈대다.

미끈유월(~六月) * 음력 유월은 쉽게 지나간다는 뜻으로 일컫는 말.
☞ 건들팔월. 깐깐오월. 동동팔월. 어정칠월.

미끌어지다 ⇨ 미끄러지다.

미끼 = 낚싯밥. ⁑ ① 낚싯바늘에 꿰는 떡밥, 통국수, 새우, 지렁이 따위. {미끼낚시.} ② 사람이나 동물을 꾀어내는 물건이나 수단.
☞ 고기밥.

미나리[1] * 나물로 먹는 여러해살이 풀. {미나리꽝. 미나리나물. 미나리회}

미나리[2] = 메나리. 산유화가. ⁑ 농부가의 하나.

미늘 * ① 갑옷미늘. ② 낚싯바늘에 나 있는 거스러미처럼 된 것.

미니스커트(mini-skirt) ⇨ 깡동치마. 도랑치마. ⁑ 짧은 치마.
☞ 몽당치마.

미다 * 팽팽한 가죽이나 종이를 잘못 건드려 구멍을 내다.
☞ 미어지다. 미어터지다. 미이다.

미다시〔見出~〕㉥ ⇨ ①찾음표. ②이름표. ③이름. 제목.

미닫이 * 옆으로 밀어서 열고 닫는 문. {미닫이문. 미닫이창. 미닫이틀.}
☞ 가로닫이. 내리닫이. 여닫이. 당길문.

미담(美談) * 좋은 일에 관련한 내용이 담긴 이야기. ¶미담의 주인공.
☞ 추문.

미대다 * ①하기 싫은 일이나 잘못된 책임을 남에게 밀어 넘기다. ¶자기 일을 남에게 미대는 것은 옳지 못한 짓이다. ②일을 제때에 하지 않고 오래 질질 끌다. ¶간단한 일을 왜 그리 미대고 있는지 모르겠다.
☞ 미루다.

미덥다 = 미쁘다. 믿음직하다. * 믿음성이 있다. ¶하는 짓이 미덥지 않다.

미뜨리다 ⇨ 밀뜨리다. * 갑자기 힘있게 밀어 버리다.

미력보살(彌勒~) ⇨ 미륵보살.

미련없이(未練~)㉥ ⇨ 마음에 두지 말고 깨끗이.

미련하다 〉매련하다. * 매우 어리석고 둔하다. {미련스럽다.}
☞ 미욱하다. 어리석다.

미련퉁이 = 미련쟁이. * 몹시 미련한 사람.

미루다 * ①일을 다음 기회로 넘기거나 다른 사람에게 떠넘기다. ②정한 날짜를 나중으로 넘기다. ③이미 아는 사실에서 다른 사실을 헤아리다.
☞ 늦추다. 미대다. 밀다.

미룩미룩 ⇨ 미루적미루적.

미류나무(美柳~) ⇨ 미루나무. * 포플러.

미륵(彌勒) = ①돌미륵. ②미륵보살. {미륵상.} ¶미륵 반가 사유상.

미륵사지(彌勒寺址) = 미륵사 터. ¶미륵사지 석탑.

미리[1](milli) ⇨ ①밀리미터. * 길이. ②밀리그램. * 무게.

미리[2] * ①어떤 일이 생기기 전에. ¶미리 피했기에 망정이지 큰일 날 뻔했다. ②어떤 일을 하기에 앞서. ¶놀러 가기 전에 미리 챙겨두어라.
☞ 진작.

미리감치〔어〕 * ①어떤 일이 생기기 훨씬 전에. ¶이 일이 올 것을 미리감치 알고 있었다. ②어떤 일을 하기에 훨씬 앞서. ¶미리감치 손을 썼다.
☞ 일찌감치. 느지감치.

미리 예고하다(豫告~) ⇨ 미리 알리다. * 예고하다.

미립[1] * 경험으로 얻은 요령. {미립나다.} ¶미립을 얻다. 미립이 트다.

미립[2](微粒) * 작은 알갱이.

미만(未滿) * 정한 수효에 차지 못함. * 기준을 포함하지 않음.
☞ 초과. 이하.

미망인(未亡人) ⇨ 부인.

미모(美貌)**를 가지다** ⇨ 아름답다. 예쁘다.

미불금(未拂金)㉥ ⇨ 내지 않은 돈. 치르지 않은 돈. * 미납금.

미불입(未拂入)㉥ ⇨ 내지 않음. 치

르지 않음. ✽ 미납.

미쁘다 = 미덥다. 믿음직하다. ✽ 믿음
성이 있다.
☞ 예쁘다.

미삭동물(尾索動物) ⇨ 미색동물. ✽ 멍
게, 미더덕 따위.

미삼다(尾蔘茶) ⇨ 미삼차. ✽ 인삼의
잔뿌리를 우린 차.

미선(尾腺) 왜 ⇨ 굳기름샘. ✽ 새 무리
의 꽁지 쪽에 있음.

미세기[1] ✽ 두 짝을 한 편으로 밀어 겹
쳐지게 여닫는 문이나 창문.
☞ 미닫이.

미세기[2] ✽ 광산에서 땅속으로 비스듬
히 파 들어가는 구덩이.
☞ 곧은바닥. 곧은쌤.

미세기[3] ✽ 밀물과 썰물을 통틀어 이르
는 말. ✽ 조수.

미세 먼지(微細~) ⇨ 가는 먼지.

미세스(Mrs) ⇨ 부인. ✽ 미시즈.

미소(微笑) 왜 ⇨ 방긋 웃음. 웃음. ✽ 소
리 없이 웃는 웃음.

미소 띠다(微笑~) 왜 ⇨ 웃음을 띠
다. 웃음을 머금다. 웃음을 짓다.

미소(微笑)**를 가지다** 왜 ⇨ 웃음을 띠다.

미소시루 왜 ⇨ 된장국. 왜된장국.

미숀(미숑)(transmission) 왜 ⇨ 변
속기. ✽ 트랜스미션.

미수가루 ⇨ 미숫가루.

미술(美術)**을 그리다** ⇨ 그림을 그리다.

미스[1](miss) ⇨ 실수.

미스[2](Miss) ⇨ ①아가씨. ② ~ 님.
~ 씨. ~ 양.

미스터(Mr) ⇨ ~ 군. ~ 님. ~ 씨.
~ 선생님.

미스테리(mystery) ⇨ ①이상한 일.
야릇한 일. ②추리. ✽ 미스터리.

미시시피강(~江) ⇨ 미시시피 강. ✽
서양말 이름 뒤에는 띄어 씀.

미시즈(Mrs) ⇨ 부인.

미심적다(未審~) ⇨ 미심쩍다. {미심
쩍어하다.}

미심쩍히(未審~) ⇨ 미심쩍이. ✽ 미심
쩍다.

미싯가루 ⇨ 미숫가루.

미싱 왜 ⇨ 재봉틀.

미쌈 ⇨ 뭐쌈. ✽ 해삼으로 만든 음식
이름.

미아이하다〔見合~〕 왜 ⇨ 맞선보다.
선보다.

미안쩍히 ⇨ 미안쩍이. ✽ 미안하게.
¶ 미안쩍이 여기다.

미안하다 ✽ 제 또래나 '하오'할 자리에
쓰는 말.
☞ 죄송하다.

미어뜨리다〈 미어트리다. ✽ 미어지게
하다.

미어지다 ✽ ①종이나 가죽이 해지다.
¶ 바지의 엉덩이 부분이 미어지다.
②가득 차서 터질 듯하다. ¶ 입이
미어지게 과자를 쑤셔 넣다.
☞ 미다. 미이다.

미어터지다 ✽ 꽉 차 터지거나 터질 듯
한 상태가 되다. ¶ 전철이 미어터지
다.
☞ 미다. 미어지다.

미역[1] = 멱. ✽ 바닷말의 하나. {꼭지
미역. 새초미역. 해산미역.} {미역
국. 미역귀. 미역무침. 미역바위.
미역발. 미역밭. 미역볶음. 미역쌈.

미역자반. 미역지짐이. 미역찬국. 미역튀각.}

☞ 자반.²

미역² = 멱. ∦ 내, 강, 바닷물에서 몸을 담그고 씻거나 노는 일. ¶ 미역 감다.

☞ 목욕하다.

미역국 = 멱국. 자반국. ¶ 미역국을 끓이다.

미역국 먹다 * ①미역국을 먹다. ②시험에서 떨어지다. ③퇴짜를 맞다.

미영 ⇨ ①무명. 명. ②목화.

미영새 ⇨ 깨새. 박새. ∦ 새의 이름.

미용 체조(美容 體操) ㉛ ⇨ 몸매 다듬기 운동.

미욱하다 〉매욱하다. ∦ 어리석고 둔하다.

☞ 미련하다.

미욱히 ⇨ 미욱이. ∦ 미욱하다.

미웁다 ⇨ 밉다. ¶ 하는 짓이 밉다.

미음(米飮) = 밈. 보미. ∦ 입쌀이나 좁쌀을 끓여 체에 걸러 낸 음식.

☞ 죽.¹

미이다 * '미다'의 입음. ¶ 창호지가 미이다.

☞ 미어지다.

미이라(mirra) ⇨ 미라. ∦ 썩지 않고 말라서 본디 모습대로 남아 있는 주검.

미인(美人) = 일색. ∦ 아름다운 여자.

미입자(微粒子) ⇨ 알갱이. ∦ 미립자.

미자발 ⇨ 미주알. 밑살.

미작(米作) ㉛ ⇨ 벼농사.

미장¹(美匠) * 물건이 아름답게 보이도록 모양이나 빛깔을 특수하게 고

안함.

미장² * 변비가 생겼을 때 밑에 넣는 약. {미장질하다.}

미장³ * 벽, 바닥, 천장에 흙이나 회, 시멘트를 바르는 일. {미장하다.} ¶ 미장이 끝나야 칠을 할 수 있다.

미쟁이 ⇨ 미장이. ∦ 미장일을 하는 기술자.

미적거리다 = ①미적대다. ∦ 무거운 것을 조금씩 앞으로 밀다. ②미루적거리다. ∦ 시간을 끌다. ③꾸물대거나 망설이다. ¶ 미적대지 않고 대답하다.

미주(美洲) ⇨ 아메리카. ∦ 땅 이름.

미주알 = 밑살. ∦ 밑구멍을 이루는 창자의 끝 부분.

☞ 똥짜바리. 밑살.

미주알고주알 = 고주알미주알. ∦ 아주 작은 일까지 속속들이.

☞ 꼬치꼬치. 밑두리콧두리.

미지불하다(未支拂) ㉛ ⇨ 주지 않다. ∦ 미지급하다. 지급하지 않다.

미처 〔어〕 * 아직 거기까지 미치도록. ∦ '모르다. 못하다. 않다. 없다'와 함께 씀. ¶ 미처 거기까지 생각하지 못했다. 예전엔 미처 몰랐다.

미천 ⇨ 밑천.

미쳐 = 미치어. ∦ 미치다.

미치광이 〉매치광이. ∦ 미친 사람.

미치다¹ 〔움〕 * ①누구에게 기운, 영향, 작용이 이르다. ¶ 손길이 미치다. ②거리나 수준이 어떤 선에 닿다. ¶ 내 힘이 아직 거기까지 못 미치다.

☞ 끼치다.¹ 주다.

미치다² 〉 매치다. ✽ ①미친 병에 걸려서 제정신이 아니다. {미친개. 미친년. 미친놈. 미친병.} ¶ 미친 녀석. 미친 바람. 미친 짓. ¶ 미쳐 날뛰다. 미친 척하다. ②어떤 일이나 물건에 정신이 팔리다. ¶ 컴퓨터 게임에 미치다.
☞ 빠지다.¹

미코미 〔見込~〕 ㉥ ⇨ 싹수. ✽ 가망.

미투리 ✽ 삼이나 모시풀 따위로 꼰 노로 삼은 신. {색미투리.}
☞ 멱신. 짚신. 탑골치.

미틀다 ⇨ 밀뜨리다.

미화시키다(美化~) ⇨ 아름답게 손질하다. 보기 좋게 꾸미다. ✽ 미화하다.

미화원¹(美化員) ⇨ 쓰레질꾼. 쓰설이꾼. ✽ 청소부.

미화원²(美靴員) ⇨ 구두닦이.

믹사기(mixer機) ⇨ 믹서. ✽ 과일, 채소, 곡식을 갈거나 즙을 내는 연모.

민~ ✽ 꾸미거나 딸린 것이 없는. {민낯. 민돗자리. 민저고리.}
☞ 맨~.³

민가락지 = 평가락지. ✽ 기둥머리에 둘러 쪼개지지 않게 하는 밋밋한 쇠테.
☞ 굽가락지.

민값 ✽ 물건을 받기 전에 먼저 주는 돈. ¶ 민값을 내다.
☞ 맞돈.

민낚시 ✽ 끝에 미늘이 없는 낚시.
☞ 민지낚시.

민낯 ✽ 화장을 하지 않은 여자의 얼굴.
☞ 민얼굴.

민눈알 〔無精卵〕 = 홀알. ✽ 수컷 없이 낳은 새알이나 달걀.
☞ 돌알.² 씨알. 종란.

민담(民譚) = 민간 설화. ✽ 예로부터 전하여 내려오는 겨레 이야기.
☞ 설화. 신화. 전설.

민둥산(~山) = 벌거숭이산. ✽ 나무가 없는 산.

민둥씨름 = 네굽씨름. ✽ 샅바 없이 하는 씨름.

민머리 ✽ ①대머리. ②쪽을 찌지 않은 머리. ③벼슬하지 못한 사람.
☞ 맨머리.

민물 = 단물. ✽ 강, 내, 호수의 물. {민물고기. 민물낚시. 민물조개.}
☞ 바닷물. 센물. 짠물.

민물장어 ⇨ 장어. 뱀장어. ✽ 민물에서 사는 장어.

민밋하다 ⇨ 밋밋하다. ✽ 미끈하게 곧고 길다.

민복숭아 = 승도복숭아. 천도복숭아. ✽ 거죽에 털이 없고 윤이 남.
☞ 물복숭아. 털복숭아.

민비(閔妃) ㉞ ⇨ 명성 황후. ✽ 조선 고종 임금의 왕후.

민빗 ⇨ 면빗. ✽ 관자놀이와 귀 사이에 난 머리털을 빗어 넘기는 작은 빗.

민색떡(~色~) ✽ ①색절편만 밥소라에 담은 떡. ②흰색떡.
☞ 갖은색떡. 흰색떡.

민속(民俗) ✽ 백성의 생활과 바로 이어진 신앙, 습관, 풍속, 전설, 기술, 전승 문화 따위를 통틀어 이르는 말. {민속극. 민속놀이. 민속악. 민속자료. 민속주. 민속촌. 민속춤. 민속풍. 민속학. 민속학자. 민속화.}

¶ 민속 경기. 민속 공예. 민속 무용. 민속 박물관. 민속 소설. 민속 신앙. 민속 예술. 민속 음악.

민어탕(~魚湯) = 민엇국.

민어풀(~魚~) = 부레풀. ⁑ 민어의 부레로 만든 풀.
☞ 갖풀. 밀풀. 밥풀. 쌀풀.

민얼굴 * 꾸미지 않은 얼굴.
☞ 민낯.

민요제(民謠祭) [왜] ⇨ 민요잔치. 겨레노래 잔치.

민저고리 * 깃, 끝동, 고름, 겨드랑이에 색 헝겊을 대지 않은 저고리.
☞ 회장저고리.

민족두리 = 소족두리. ⁑ 아무 꾸미개가 없는 족두리.
☞ 꾸민족두리.

민주스럽다 ⇨ 면구스럽다. 민망스럽다.

민중(民衆) * 백성. ⁑ 국민. {민중가요. 민중극. 민중화.} ¶ 민중 무대. 민중 문학. 민중 미술. 민중 예술. 민중 운동.
☞ 군중. 대중.[2]

민지낚시 * 끝에 미늘이 있는 낚시.
☞ 민낚시.

민초(民草. 다미구사) [왜] ⇨ 백성. ⁑ 민중. 서민. 평민.

민틋하다 * 평평하고 비스듬하다. ¶ 머리를 민틋하게 깎다.
☞ 반듯하다.

민틋히 ⇨ 민틋이. ⁑ 민틋하다.

민하다 ⇨ 미련하다. ⁑ 어리석고 둔하다.

믿겨지다 ⇨ 믿기다. ⁑ '믿다'의 입음.

믿며느리 ⇨ 민며느리. ⁑ 며느리로 삼으려고 데려다 기르는 어린 계집아이.

밀[1] = 꿀밀. 벌똥. ⁑ 꿀벌이 벌집을 만드는 물질. {밀뚤레.}

밀[2] = 참밀. ⁑ 곡식 이름. {밀가루. 밀국수. 밀밭. 밀알. 밀짚.}

밀가루풀 ⇨ 밀풀. ⁑ 밀가루로 쑨 풀.

밀감(蜜柑) [왜] ⇨ 귤. 감귤.

밀개 = 밀방망이. ⁑ 밀가루 반죽을 밀어서 얇고 넓적하게 만드는 연모.
☞ 평미레.

밀걸레 = 대걸레. 자루걸레. ⁑ 긴 막대 자루가 달린 걸레.

밀납(蜜蠟) ⇨ 밀. 꿀밀. 벌똥.

밀낫 * 자루가 길고 등이 날이 되어 풀을 밀어서 깎는 낫.
☞ 거낫. 걸낫. 깎낫.

밀다 * 힘을 주어 먼 쪽으로 가게 하다. ¶ 수레를 밀다.
☞ 누르다.[1] 미루다.

밀담(密談) [왜] ⇨ 귓속말. 귀엣말. ⁑ 비밀 이야기.

밀대방망이 ⇨ ①평미레. ②밀개. 밀방망이.

밀대 * 물건을 밀어젖힐 때 쓰는 막대.
☞ 대걸레. 밀짚.

밀떡 = 날떡. ⁑ 부스럼에 약으로 붙이는 익히지 않은 떡.

밀려오다 * ①떠밀려서 오다. ¶ 쓰레기가 바닷가로 밀려오다. ②물결이 옆으로 길게 줄을 지어 오다. ¶ 파도가 밀려오다. ③어떤 힘이나 현상이 거센 힘으로 들어오다. ¶ 서양문화가 밀려오다.

☞ 몰려오다.

밀리(milli) ⇨ ① 밀리미터. ‡ 길이.
　② 밀리그램. ‡ 무게.

밀리다[1] * ① 처리하지 못한 일이나 물
　건이 쌓이다. ¶ 집세가 밀리다. 빨
　래가 밀리다. 길이 막혀 차가 밀리
　다. ② 뒤처지게 되다. ¶ 형에게 밀
　리다.
　☞ 몰리다.

밀리다[2] * ‘밀다’의 입음. ¶ 사람들에게
　밀려 넘어지다. 산자락이 땅차에 밀
　려 속살을 벌겋게 드러내었다.

밀물 * 바닷물이 차오르는 일. {밀물받
　이. 밀썰물. 밀물지다.} ¶ 밀물 때.
　☞ 썰물.

밀방망이 = 밀개. ‡ 밀가루 반죽을 얇
　고 넓적하게 만드는 연모.
　☞ 평미레.

밀방아 * 물살이 물레바퀴의 아래쪽에
　닿아 돌리도록 만든 물레방아.
　☞ 구유방아. 물레방아. 물방아. 연
　자방아.

밀선(蜜腺) ㉥ ⇨ 꿀샘.

밀선 식물(蜜腺植物) ㉥ ⇨ 꿀샘 식물.

밀어부치다 ⇨ 밀어붙이다.

밀어붙이다 * ① 한쪽으로 세게 밀다.
　¶ 구석으로 밀어붙이다. ② 틈을 주
　지 않고 몰아붙이다. ¶ 축구 경기에
　서 백군이 청군을 밀어붙였다.
　☞ 몰아붙이다.

밀어젖히다 * 사람이나 문, 물건을 한
　쪽으로 기울어지도록 힘껏 밀다.

밀어제치다 * 뒤로 가도록 세차게 밀
　다. ¶ 사람들을 밀어제치고 차에 올
　랐다.

밀어제키다 ⇨ ① 밀어젖히다. ② 밀어
　제치다.

밀우다 ⇨ 미루다.

밀월여행(蜜月旅行) ㉦ ⇨ 신혼여행.
　‡ 꿀맛 나들이.

밀집되다(密集~) ⇨ 밀집하다. ‡ 빈
　틈없이 빽빽하게 모이다.

밀짚〔小麥稈〕 * 밀알을 떨고 난 미의
　줄기.
　☞ 밀대.

밀창(~窓) ⇨ 미닫이.

밀쳐 = 밀치어. ‡ 밀치다. ¶ 밀쳐 내
　다.

밀초 = 황랍초. ‡ 꿀밀로 만들어 불을
　켜는 초.

밀치락닥치락 ⇨ 밀치락달치락. ‡ 자
　꾸 밀고 잡아당기고 하는 모양.

밀풀 * 밀가루로 쑨 풀.
　☞ 갖풀. 밥풀. 부레풀. 쌀풀.

밀화[1](蜜花) * 누른빛이 나고 젖송이
　같은 무늬가 있는 호박. ‡ 보석.

밀화[2](密話) ㉦ ⇨ 귓속말. 귀엣말. ‡
　비밀 이야기.

밉광스럽다 * 밉살스러운 데가 있다.
　☞ 밉살스럽다.

밉다 * 생김새나 행동이 마음에 들지 않
　거나 눈에 거슬리다. {밉디밉다.}
　☞ 곱다.[1] 못생기다. 싫다.

밉둥머리스럽다 ⇨ 밉살머리스럽다.

밉둥스럽다 ⇨ 밉살스럽다.

밉쁘다 ⇨ 미쁘다. ‡ 믿음성이 있다.
　¶ 하는 짓이 미쁘게 보이지 않는다.

밉살스럽다 * 말이나 행동이 남에게
　몹시 미움을 받을 만하다.
　☞ 밉광스럽다.

밉상(~相) * ①밉게 생긴 얼굴이나 사람. ¶ 아주 밉상은 아니다. ②미운 짓을 하는 사람. {밉상이다.}
☞ 곱상.

밋가(米價) ⇨ 쌀값. ⁑ 미가.

밋밋하다 * ①곧고 길다. ②평평하고 비스듬하다. ③생김새가 평범하다.
☞ 끌밋하다.

밋밋히 ⇨ 밋밋이. ⁑ 밋밋하다.

밋씻개 ⇨ 밑씻개. 뒤지. ⁑ 화장지.

밋지다 ⇨ 밑지다. ⁑ 손해를 보다. ¶ 밑진 장사.

밋천 ⇨ 밑천.

및 〔어〕 * ① 와. 과. 또. 그밖에. ②에. ③ ~이나. ~나.

밑 * 부피가 있는 무엇이 놓이는 자리에 닿는 곳. ① 아랫부분이나 밑바닥. {밑굽. 밑금. 밑기둥. 밑깔이짚. 밑널. 밑넓이. 밑다짐. 밑돌. 밑띳장. 밑면. 밑면적. 밑받침. 밑변. 밑자리. 밑줄기. 밑짝. 밑창. 밑판. 밑폭.} {귀밑. 발밑. 밥밑. 시룻밑. 코밑. 턱밑.} ¶ 나무 밑. 남산 밑. 담 밑. 마루 밑. 바다 밑. 바퀴 밑. 산 밑. 언덕 밑. 울밑. 지붕 밑. 창 밑. 책상 밑. 처마 밑. 하늘 밑. ②사물의 바탕이나 물체의 밑동. {밑가락. 밑가지. 밑감. 밑거리. 밑그루. 밑그림. 밑글. 밑꼴. 밑나무. 밑돈. 밑마디. 밑말. 밑머리. 밑벌쓰기. 밑뿌리. 밑수. 밑술. 밑절미. 밑점. 밑조사. 밑천. 밑표. 밑힘.} {누룩밑. 말밑. 본밑. 술밑. 촛밑.}
☞ 아래. 바닥.

밑거름 * ① 씨를 뿌리거나 모종하기 전에 주는 거름. ②기초가 되는 요인.
☞ 덧거름. 뒷거름. 웃거름.

밑구녕 ⇨ 밑구멍.

밑구멍 = 밑. ⁑ ①밑에 뚫린 구멍. ②똥구멍. ③보지. 살꽃.

밑금 * 가로글씨에서 아래에 긋는 금. ¶ 밑금을 긋다.
☞ 곁금.

밑놀이 = 밑놀음. ⁑ 농악에서 꽹과리, 징, 장구, 소고 따위로 치는 놀이.
☞ 윗놀이.

밑도들이 ⇨ 밑도드리. ⁑ 국악곡의 한 가지.

밑동 * ①긴 물건의 아랫동아리. ②나무줄기의 뿌리에 가까운 부분. ¶ 나무 밑동. ③채소의 살찐 뿌리 부분. ¶ 파 밑동. ④하나치. ¶ 무 세 밑동.
☞ 밑둥치.

밑동부리 = 밑마구리. ⁑ 베어낸 통나무의 굵은 쪽 마구리.
☞ 끝동부리.

밑두리콧두리 * 확실히 알려고 자세히 자꾸 캐어묻는 일. ¶ 밑두리콧두리 별것을 다 묻는다는 표정으로 입을 비쭉거렸다.
☞ 꼬치꼬치. 미주알고주알.

밑둥 ⇨ ①밑동. ②밑둥치.

밑둥치 * 둥치의 밑 부분. ¶ 버드나무 밑둥치에 기대앉다.
☞ 둥치. 밑동.

밑땀 * 재봉틀의 밑실이 박는 땀.
☞ 겉땀. 위땀.

밑띳방 = 밑띳장. ⁑ 널빤지 울타리의 밑에 가로로 대는 나무 띠.

밑마구리 = 밑동부리.

밑바침 ⇨ 밑받침.

밑바탕 * 사람이나 사물의 근본. ¶ 아
내의 도움이 성공의 밑바탕이 되었
다. 정책을 결정하는 데 밑바탕이
되는 것은 국민의 여론이다.
☞ 본바탕.

밑싣개 * 그네의 발판. ✲ 그넷줄의 맨
아래에 걸쳐 있어서 앉거나 서는 물
건.
☞ 발걸이.

밑씻개 = 뒤지. ✲ 화장지.

밑자리 * ①아래쪽에 있는 자리. ¶ 마
차의 발판 밑자리. ②깔고 앉는 자
리. ③맷방석 따위의 처음 겯기 시
작하는 밑바닥.
☞ 밑천.

밑줄 * 공간에서 아래와 위에 쳐 놓은
줄 가운데 아래에 친 줄.
☞ 밑금.

밑창 * ①신의 바닥에 붙이는 창. ¶ 밑
창을 갈다. ②맨 밑바닥. ¶ 배 밑
창.
☞ 안창. 위창. 속창. 신창.

밑천 * 일을 하는 데 바탕이 되는 돈,
물건, 기술, 재주 따위. {글밑천.
말밑천. 한밑천.} ¶ 노름 밑천. 장
사 밑천. ¶ 밑천을 대 주다. 밑천을
뽑다.
☞ 밑자리. 자본.

밑층(~層) = 아래층.

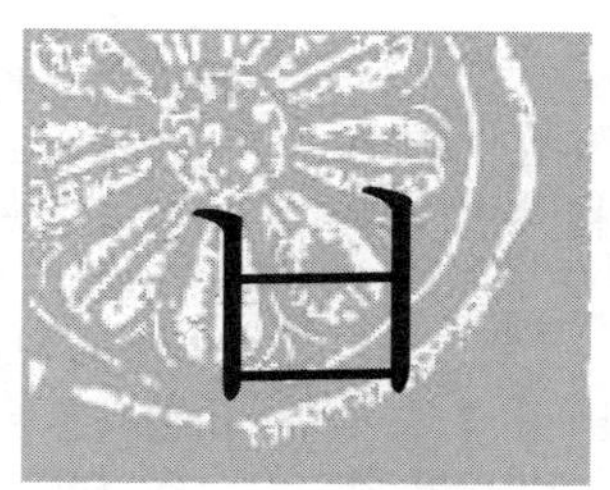

~**ㅂ쇼** = ~ ㅂ시오. ¶ 어서 옵쇼. 어서 오십시오.

~**ㅂ죠** = ~ㅂ지요. ¶ 김매기가 한창 입죠. 보리가 아직 푸릅지요.

바[1] 〔이〕 * ① 앞에서 말한 사실, 내용, 일. ¶ 느낀 바를 말하라. ② 일의 방법, 방도. ¶ 나아갈 바를 밝히다. ③ 기회나 형편. ¶ 매를 맞을 바에는 먼저 맞겠다. ④ 주장을 강조. ¶ 내 뜻을 밝히는 바이다.

☞ ~ㄴ바. ~는바. ~은바. ~던바.

바[2] = 참바. 밧줄. ✽ 삼이나 칡 따위로 세 가닥을 지어 굵다랗게 드린 줄.

☞ 새끼.[3]

바가지[1] * 박으로 만든 그릇과 그와 비슷하게 생긴 그릇. {바가지싸움. 바가지요금. 바가지탈. 바가지팽이.} {가맛바가지. 똥바가지. 쇠죽바가지 (소죽바가지). 여물바가지(여물박). 탈바가지.(탈박).} {마른바가지. 물바가지.} {나무바가지. 쇠바가지 (철바가지). 자루바가지. 해골바가지(해골박).} ¶ 바가지 공예. 바가지 긁다. 바가지 쓰다. 바가지를 씌우다. 바가지를 차다.

☞ 박.

~**바가지**[2] * 낮춤말을 만듦. {고생바가지. 욕바가지. 주책바가지.}

바겐세일(bargain sale) ⇨ ① 싸게 팔기. ② 떨이.

바구니 * ① 대나 싸릿대를 쪼개어 둥글고 속이 깊숙하게 결어 만든 그릇. {대바구니.} {꽃바구니. 나물바구니. 시장바구니(장바구니).} {바구니짜리.} ② 하나치. ¶ 과일 한 바구니.

☞ 광주리. 소쿠리. 채롱.

바구리 ⇨ ① 바구니. ② 빠구리.

바글바글 〈 버글버글. ✽ ① 물이 끓거나 솟아오르는 소리. 또는 그 모양. ② 거품이 일어나는 소리. 또는 그 모양. ③ 벌레, 짐승, 사람이 한곳에 모여 움직이는 모양. ④ 마음이 쓰여 속을 태우는 모양.

☞ 보글보글.

~**바기** ⇨ ① ~박이. ② ~배기.

바깥[1] * ① 안과 짝을 이루는, 밖이 되는 곳. {바깥담. 바깥문. 바깥세상. 바깥소식.} ¶ 바깥 구경. 바깥 날씨. ② 한데. ¶ 바깥에서 벌벌 떨다.

☞ 밖. 밭~.

바깥² * 남자. {바깥머슴. 바깥상제. 바깥양반. 바깥어른. 바깥주인(밖주인).}

☞ 안.²

바깥공기(~空氣) = 바깥바람. ‡ ①바깥에서 부는 바람. ¶ 바깥바람이 차다. ②세상이 돌아가는 기운이나 움직임. ¶ 바깥공기가 심상찮다.

바깥나들이 = 나들이. 바깥출입. ¶ 바깥나들이를 하다. ‡ 외출.

바깥날 = 바깥 날씨. ¶ 바깥날이 춥다.

바깥노인(~老人) * 집안의 남자 노인. ¶ 바깥노인은 짚신을 삼고 있다.

☞ 안노인.

바깥눈 = 겉눈. ‡ 곱자의 바깥에 새겨진 눈금.

☞ 속눈.¹

바깥늙은이 * 남자 늙은이. ¶ 경로당에서 바깥늙은이들이 장기를 두고 있다.

☞ 안늙은이.

바깥뜰 * ① 집 바깥쪽에 있는 뜰. ② 바깥채에 딸린 뜰.

☞ 안뜰.

바깥뜸 * 한 마을의 바깥쪽 구역. ¶ 바깥뜸에 사는 조카가 찾아왔다.

☞ 안뜸.

바깥마당 * ①대문 밖에 있는 마당. ②바깥채에 딸린 마당.

☞ 안마당.

바깥바람 = 바깥공기.

바깥방 * ①바깥채에 딸린 방. ②바깥쪽에 있는 방.

☞ 안방.

바깥벽(~壁) = 밭벽. ‡ 집 바깥쪽을 둘러싸고 있는 벽.

바깥부모(~父母) = 바깥어버이. 밭어버이. ‡ 아버지.

☞ 안부모.

바깥사돈 = 밭사돈. ‡ 시아버지와 친정아버지를 사돈집에서 이르는 말.

☞ 안사돈.

바깥사람 * ① 바깥어른. 바깥주인. ‡ 아내가 남편을 낮추어 이르는 말. ②궁중에서 대궐 밖에 사는 사람을 이르는 말.

☞ 안사람.

바깥소리 * 소프라노와 베이스.

☞ 안소리.

바깥소문(~所聞) * 바깥에서 입에 오르내리며 떠도는 말.

☞ 뜬소문.

바깥소식(~消息) * 집이나 마을, 나라 바깥에서 일어나는 일의 이야기.

바깥손님 * ① 남자 손님. ② 외부에서 온 손님.

☞ 안손님.

바깥식구(~食口) * 집안의 남자 식구.

☞ 안식구.

바깥심부름 * ①바깥일을 하는 심부름. ②바깥주인이 시키는 심부름.

☞ 안심부름.

바깥양반(~兩班) = ①바깥어른. 바깥주인. 사랑양반. ‡ 집안의 남자 주인. ②바깥어른. 바깥주인. ‡ 아내가 남편을 이르는 말.

☞ 안어른. 안주인.

바깥어버이 = 바깥부모. 밭어버이. ‡ 아버지.

바깥옷 * ① 남자 식구의 옷. ② 갈음옷. 나들이옷. ‡ 외출복. 출입복.
☞ 안옷.²

바깥출입(~出入) = 바깥나들이. 나들이. ‡ 외출.

바께쓰(bucket) 왜 ⇨ 양동이. 들통. ‡ 버킷.

바꾸다 * ① 있던 물건을 없애고 그 자리에 비슷한 다른 물건을 놓다. ② 물건을 주고 그와 비슷한 물건을 받다. ③ 정해진 생각을 다르게 하다.
☞ 교대하다. 교체하다. 교환하다.

바꾸어 = 바꿔. ‡ 바꾸다. ¶ 바꾸어 가지다. 바꾸어 놓다. 바꾸어 말하다.

바꿔 입다 ¶ 왕자가 거지와 옷을 바꿔 입다.
☞ 갈아입다.

바꿔지다 ⇨ 바뀌다.

바꿔 타다 * ① 타고 있던 것을 서로 바꿔서 타다. ¶ 네 자전거와 바꿔 타 보자. ② 잘못 알고 타다. ¶ 광주 가는 버스로 바꿔 타는 바람에 되돌아 왔다.
☞ 갈아타다.

바뀌다 * ‘바꾸다’의 입음. ① 모양, 성질, 생각이 달라지다. ¶ 신호가 바뀌다. 생각이 바뀌다. ② 다른 날이나 해가 오다. ¶ 해가 바뀌다.
☞ 갈리다.⁴

바뀌어지다 ⇨ 바뀌다.

바끄럽다 〈 부끄럽다. ‡ 볼 낯이 없다. 떳떳하지 못하다. {바끄러이.}

바느질감 = 바느질거리.

바느질값 = 바느질삯. ¶ 바느질삯으로 살림을 꾸려가다.

바느질고리 = 반짇고리.

바느질그릇 ⇨ 반짇고리.

바느질틀 = 재봉틀.

바늘 * ① 꿰매거나 뜨개질하는 연모. {바늘꽂이. 바늘땀. 바늘밥. 바늘쌈. 바늘집. 바늘허리.} {가마니바늘. 귀바늘(코바늘). 그물바늘. 대바늘. 돗바늘. 뜨개바늘(뜨개질바늘). 뼈바늘. 시침바늘(못핀). 알바늘. 자수바늘. 작대기바늘. 잔바늘. 중바늘. 징검바늘(구슬핀).} ② 눈금을 가리키거나 찌르는 데 쓰는 연모. {낚싯바늘.} {독바늘. 못바늘. 시곗바늘(긴바늘. 큰바늘. 짧은바늘. 작은바늘). 주삿바늘.} ¶ 나침반 바늘. 저울 바늘. 축음기 바늘.
☞ 침.²

바늘겨레 = 바늘방석. ‡ 바늘을 넣어 두는 안경집형, 호리병형과 바늘을 꽂아두는 거북형, 장방형의 수공예품.

바늘구멍 * ① 바늘귀. ② 바늘로 뚫은 작은 구멍. ¶ 바늘구멍 사진기.

바늘방석 = ① 바늘겨레. ② 송곳방석.

바늘잎 * 솔잎처럼 바늘 모양으로 생긴 나뭇잎. ‡ 침엽. {바늘잎나무.}
☞ 가랑잎. 넓은잎.

바늘질 ⇨ 바느질.

바늘판(~板) = 글자판. ‡ 시계나 계량기에 눈금이 그려진 판.

바다 〔海〕 * ① 지구 위에 짠물이 괴어 있는 넓은 부분. {바다색. 바닷가. 바닷길. 바닷목. 바닷소리. 바닷자락.} {바다거북. 바다오리. 바다제비. 바다풀. 바닷게. 바닷말. 바닷조개(바닷물조개). 바닷사람.} {갓바다. 난

바다. 앞바다. 한바다. 허허바다.}
②무엇이 많이 모여 있는 썩 너른
곳. {구름바다. 꽃바다. 나무바다. 밀
가루바다. 물바다. 별바다. 피바다.}
③어떤 일이 벌어진 판. {눈물바다.
불바다. 울음바다. 웃음바다. 인터
넷바다.}

바다넘이〔海溢〕 * 바닷물이 크게 일어
서 넘쳐서 육지로 넘쳐 들어오는 일.
　☞ 물마. 시위.² 큰물.²

바다에 접하다(~接~) ⇨ 바다와 이
웃하다. 바다와 마주 닿다. 바다를
보다.

바다짐승 * 바다에 사는 짐승. ✻ 고래,
바다사자, 바다삵(비버), 바다소, 바
다코끼리, 바다표범, 바닷개(물개),
바다표범(물범) 따위.
　☞ 뭍짐승.

바닥 * ①평평한 겉면. ¶ 모래 바닥.
부엌 바닥. 책상 바닥. ②물체의
밑부분. {바닥나다.} ¶ 구두 바닥.
③지역이나 처소. ¶ 시장 바닥. 서
울 바닥. ④일이나 물건이 다 없어
진 끝. {바닥나다. 바닥내다.} ¶ 바
닥을 보다. 바닥을 비우다. 바닥이
드러나다. ⑤옷감의 짜임새. ¶ 바
닥이 촘촘하다.
　☞ 밑.

바닥고기 = 바닥치. ✻ 강이나 바다의
바닥에 사는 물고기.
　☞ 바닷고기.

바닥기와 * ①암키와. ②지붕널 위에
맨 먼저 덮는 평기와.
　☞ 수키와.

바닷고기 = 바닷물고기. 짠물고기.

✻ 바다에 사는 물고기.
　☞ 바닥고기.

바닷모래 * 바다에서 나는 모래.
　☞ 강모래. 냇모래. 산모래.

바닷물 * 바다에 괴어 있는 짠물. ¶ 바
닷물이 출렁이다. 바닷물 속.
　☞ 민물. 단물. 센물. 짠물.

바닷바람〔海風〕 * 바다에서 부는 바람.
　☞ 짠바람.

바닷사람 = 뱃사람. ✻ 바다에서 배를
타고 일하는 사람.
　☞ 뭍사람. 산사람. 산쟁이. 섬사람.

바닷소금〔天日鹽〕 = 볕소금. ✻ 바닷물
을 햇볕과 바람으로 말려 만든 소금.
　☞ 곤소금. 돌소금.

바닷장어(~長魚) = 바다뱀. 물뱀.
✻ 먹는 물고기가 아님.
　☞ 갯장어. 뱀장어. 붕장어. 참바다장
어.

바닷지렁이 ⇨ 갯지렁이. ¶ 바다낚시
미끼로는 갯지렁이가 좋다.

바더리 = ①등검은쌍말벌. ②땅벌.
✻ 벌의 한 가지.

바동거리다 〈 버둥거리다. ✻ 팔다리를
내저으며 자꾸 움직이다.

바두기 ⇨ 바둑이.

바둑 * 놀이 이름. ✻ 두 사람이 바둑판
위에서 바둑돌을 가지고 겨루는 놀
이. {맞바둑. 보리바둑. 접바둑. 줄바
둑.} {바둑꾼. 바둑통. 바둑판.}
　☞ 고누. 장기.³

바둑개 ⇨ ①바둑이. ②바둑강아지.

바둑이 * 바둑무늬가 있는 개.
　☞ 검둥개. 센개.

바둑돌 = 바둑알. ¶ 검은 바둑돌. ✻

흑지. 흰 바둑돌. ❇ 백지.

바둑무늬 ❇ 두 가지 빛깔의 점을 엇바꾸어 놓은 무늬.

바둑판무늬 ❇ 바둑판 모양을 이룬 무늬.

바둥거리다 ⇨ 바동거리다.

바득바득 〈 부득부득. ❇ ① 우기거나 조르는 모양. ② 애쓰는 모양.

바들바들 〈 부들부들. ❇ 자꾸 몸을 바르르 떠는 모양.

바듬하다 〈 버듬하다. ❇ 밖으로 약간 벋은 듯하다.

바듯이 〈 빠듯이. ❇ ① 빈틈이 없다. ② 어떤 정도에 겨우 미치다.

바등거리다 ⇨ 바동거리다.

바디¹ ❇ 베틀에 딸린 연모. {바디질. 바디집(바디틀). 바디치다.}

바디²(body) ⇨ 보디. ❇ 몸통.

바디질하다 = 바디치다. ❇ 베나 가마니를 짤 때 바디로 씨를 치는 일.

바라겠다 ⇨ 바라다.

바라고 싶다 ⇨ 바라다.

바라고자 하다 ⇨ 바라다.

바라다 ❇ ① 일이나 상태가 생각대로 이뤄졌으면 하고 생각하다. ¶ 도움을 바라다. 성공하기 바라다. 잘 되기 바라다. ❇ 기대. 희망. ② 어떤 것을 향하여 보다. ¶ 먼 산을 바라고 가다.

☞ 기다리다. 바래다.¹ 빌다.²

바라다보다 ❇ 얼굴을 똑바로 하고 쳐다보다. ¶ 창밖을 물끄러미 바라다보다.

바라보다 ❇ 뜻을 담아 눈길을 곧바로 하여 보다. ¶ 나만 바라보고 있다.

☞ 굽어보다. 내려다보다. 우러러보

다. 쳐다보다.

바라시 ㉙ ⇨ ① 허물기. ② 뜯기. ③ 풀기.

바라지¹ = 받는소리. ❇ 무당노래에서 뜻 없는 말로 받는 소리.

바라지² ❇ 옷, 음식 따위 온갖 일을 돌보아 주는 일. {바라지하다.} {뒷바라지. 산후바라지. 옥바라지. 해산바라지.} ¶ 남편 바라지. 자식 바라지.

☞ 수발. 시중. 이바지.

바라지다¹ 〔움〕 ❇ ① 갈라지다. ¶ 바라진 문 사이로 바람이 들어오다. ② 활짝 열리다. ¶ 꽃송이가 바라지다. ③ 가슴이나 어깨가 옆으로 퍼지다.

☞ 벌어지다.¹

바라지다² 〔그〕 ❇ ① 그릇 따위가 바드름하다. ¶ 바라진 접시. ② 도량이 좁고 포용력이 적다. ¶ 속이 바라진 사람이다. ③ 나이보다 지나치게 야무지다.

바라지창 = 바라지. ❇ ① 벽 위쪽에 햇빛이 들도록 뚫은 창. ② 누각의 벽 위쪽에 바라보기 좋게 뚫은 창.

바란스(balance) ㉙ ⇨ 균형. ❇ 밸런스.

바람¹ 〔風〕 ❇ 공기의 흐름. {바람결. 바람기. 바람기둥. 바람꼭지. 바람꽃. 바람받이. 바람비. 바람살. 바람세. 바람씨. 바람총. 바람통.} {실바람. 남실바람. 산들바람. 살랑바람. 간들바람. 건들바람. 흔들바람. 된바람. 센바람. 댄바람. 큰바람. 큰센바람. 노대바람. 왕바람. 싹쓸바람.} {강바람. 박초바람. 솔솔바람. 강쇠바람. 건들마. 건들바람. 명주바람. 명지바람. 산들바람. 살바람. 색바람. 서늘바람. 선들바람. 소나기바람. 소소리바람. 소슬바람. 서릿바람. 매운바람. 고추바람. 손돌바람. 손돌이바람. 칼바람. 황소바람.} {밤바람. 서릿바람. 새벽바람. 늦바람.} {철바람. 살바람. 봄바람. 꽃바람. 건들바람. 색바람. 가을바람(갈바람). 겨울바람. 더넘바람.} {강바람. 갯바람. 골바람. 냇바람. 들바람. 물바람. 뭍바람. 바닷바람. 벌바람. 산골바람. 산바람(재넘이).} {가맛바람. 뱃바람. 솔바람.} {꽁무니바람. 맞바람. 미친바람. 아랫바람. 옆바람. 왜바람. 윗바람.} {돌개바람. 용숫바람(회오리바람. 회리바람.)} {눈바람. 먼지바람. 모랫바람. 비바람. 서릿바람. 흙바람.} {꽃샘바람. 벼락바람. 잎샘바람. 칼바람. 피죽바람. 헛바람.} ‡ 뱃사람이 쓰는 말. ①동풍. {샛바람. 아랫바람. 동부새. 강쇠바람. 골바람.} ②서풍. {가수알바람. 갈바람. 윗바람. 하늬바람.} ③ 남풍. {건들마. 마파람. 앞바람.} ④ 북풍. {뒤울이. 뒷바람. 북새. 덴바람. 된바람. 높바람.} ⑤남서풍. {갈마바람. 늦하늬바람. 서마바람.} ⑥북서풍. {마칼바람. 된갈. 높하늬바람. 된하늬바람.} ⑦북동풍. {높새바람. 된새바람.} ⑧동남풍. {된마. 된마파람. 샛마파람. 샛마. 시마.}

바람²〔流行〕 = 흐름. {바깥바람.} ¶ 니혼 바람. 도시 바람. 서양 바람.

바람³ * ①어떤 일이 벌어져서 그 때문에 다른 일이 일어나는 기세. {제바람에.} ¶ 술 바람에. 넘어지는 바람에. 길이 막히는 바람에. ②뒷말의 근거나 원인. ¶ 비가 오는 바람에. 배탈이 나는 바람에.

☞ 통.⁴

바람⁴〔威風〕 = 서슬. {몽둥잇바람. 소릿바람. 오랏바람. 치맛바람. 피바람. 호령바람. 호통바람.}

바람⁵ * 들뜬 마음이나 행동. {바람기. 바람둥이. 바람쟁이.} {바람나다. 바람피우다.} {겉바람. 궁둥잇바람. 늦바람. 신바람. 어깻바람. 얼바람. 엉덩잇바람. 춤바람. 풋바람. 헛바람.} ¶ 바람 넣다. 바람이 들다. 바람을 잡다.

바람⁶〔腦卒中〕 = 중풍. {바람증.} {바람맞다.}

☞ 바람증.

바람⁷〔所望. 希望〕 * 바라는 일. 기다리는 일.

☞ 바램.

바람⁸ * 하나치. ‡ 짧은 도막이나 동강. ¶ 새끼 두 바람. 실 한 바람.

바람⁹ * 차림새 그대로. {맨머릿바람. 상툿바람. 탕건바람.} ¶ 버선 바람. 속옷 바람. 운동복 바람. 잠옷 바람.

바람개비 = ①팔랑개비. ②풍향계. ☞ 도르래.¹

바람고다리 ⇨ 바람꼭지. ‡ 바람을 넣는 구멍에 붙은 꼭지.

바람구멍 = 공기구멍. ‡ 통풍구.

바람꾼 ⇨ ①바람둥이. ②바람쟁이.

바람끼 ⇨ ①바람기. ②끼. ③경풍.

바람나다 * ①남녀 관계로 마음이 들뜨다. ②재미를 붙여 일에 열중하다.

☞ 바람맞다.²

바람둥이 * ① 허황된 짓을 하고 다니는 실없는 사람. ② 바람쟁이.

☞ 바람쟁이.

바람떡 ⇨ 개피떡.

바람맞다¹ * 상대가 약속을 지키지 아니하여 헛걸음하다. {바람맞히다.}

바람맞다² * 풍병에 걸리다. ¶ 바람을 맞아서 한쪽 팔을 쓰지 못한다.

☞ 바람나다. 바람 쐬다.

바람맞이 * 바람을 잘 맞을 수 있는 곳. ¶ 등성이는 바람맞이라 몹시 춥다.

바람받이 * 바람을 몹시 받는 곳. ¶ 집이 바람받이에 있어 외풍이 심하다.

바람서리 * 폭풍우로 입은 손해. ‡ 농업. 어업. ¶ 바람서리를 입다.

바람 서리 * 바람과 서리.

바람 쐬다 * ① 기분을 돌리려고 바깥을 거닐다. ② 다른 곳에 가서 여러 가지 새로운 것을 보고 듣다. ¶ 서양 바람을 쐬고 온 뒤로 생각이 달라지다.

☞ 바람맞다.²

바람쟁이 * 곧잘 바람을 피우는 사람.

☞ 바람둥이.

바람증 = 경기. 경풍. ‡ 어린애의 병증.

☞ 바람.⁶

바람직 안 하다 ⇨ 바람직하지 않다.

바람피다 ⇨ 바람피우다.

바랍니다 ⇨ ～기 바랍니다. ¶ 신청 바랍니다 ⇨ 신청하기 바랍니다. 많은 참석 바랍니다 ⇨ 많이 참석하기 바랍니다.

바랑 = ① 배낭. ¶ 바랑을 어깨에 메다. ② 걸낭. ¶ 걸낭을 멘 스님.

바래¹ = 영등할머니. 영동할머니. 영등신. 이월바람. 이월할머니. ‡ 민속.

바래² * 싸리나 삼대, 갈대를 엮어서 집 주위의 빈 터를 둘러친 담.

☞ 굽바자. 대울. 바자울. 산울.

바래다¹ * 가는 사람을 바라보거나 배웅하다. ¶ 정거장까지 바래다주다.

☞ 바라다.

바래다² * ① 볕을 받아 빛깔이 엷어지다. ‡ 퇴색. ¶ 옷이 오래되어 빛이 바랬다. ② 볕에 쬐거나 약을 써서 희게 한다. ¶ 생베를 바래다. ‡ 표백.

☞ 날다.² 뉘다.²

바래주다 = 바래다주다. ‡ 배웅하다.

바램 * ① 마전. ‡ 표백. ② 볕을 받아 빛깔이 희미해짐. ‡ 퇴색.

☞ 바람.

바로¹ 〔느〕 * 본디의 자세로 돌아가라는 구령.

바로² 〔어〕 * ① 한쪽으로 곧게. ¶ 금을 바로 긋다. 바로 앉다. ② 있는 그대로. ¶ 바로 말하라. 바로 대라. ③ 원칙, 도리에 어긋나지 않게. ¶ 바로 살다. 바로 쓰다. ④ 곧이어. ¶ 바로 가거라. 바로 전화해라.

☞ 곧.¹

바로꽂이 * 나뭇가지를 잘라서 땅에 꽂아 뿌리를 내리게 하는 꺾꽂이.

☞ 꺾꽂이.

바로잡다 * ① 굽거나 비뚤어진 것을 곧게 하다. ¶ 자세를 바로잡다. 매무새를 바로잡다. ② 그릇된 일을 바르게 만들다. ¶ 틀린 글을 바로잡다.

바로 잡다 * ①지체하지 않고 곧바로 붙잡다. ¶ 도둑을 바로 잡다. ②똑바로 잡다. ¶ 깃발을 바로 잡다. 못줄을 바로 잡다.

바로하다 * 일을 옳게 하다. ¶ 일을 바로하다. 몸가짐을 바로하다.

바로 하다 * 지체하지 않고 곧바로 하다. ¶ 미루지 말고 오늘 바로 해라.

바루다 * 비뚤어지거나 구부러지지 않도록 하다. ¶ 틀린 말을 바루다.
☞ 곧추다.

바르다[1] * ①비뚤어지지 않다. ②말, 생각, 일이 원리나 규범에 맞다. {겉바르다. 올바르다.} ¶ 바른 생각. 바른 몸가짐. 예의가 바르다.
☞ 곧다. 옳다.

바르다[2] * ①껍질을 벗겨 알맹이를 집어내다. ¶ 씨를 바르다. ②뼈다귀에 붙은 살을 걷다. ¶ 발라낸 갈비새김. ③가시를 추려 내다. ¶ 가시를 바르다.
☞ 발기다.

바르다[3] * ①겉면에 액체나 가루를 고루 묻히다. ¶ 기름을 바르다. 분을 바르다. 약을 바르다. 칠을 바르다. ②종이나 헝겊을 붙이다. ¶ 벽지를 바르다. ③흙 따위를 덧붙이다. ¶ 벽에 흙을 바르다. 시멘트를 바르다.
☞ 묻히다.[2] 발리다.[3]

바른〔右〕 = 오른. {바른발. 바른손. 바른쪽. 바른팔. 바른편.}

바른길 * ①굽지 않은 길. ②정당한 길. ③참된 도리. ¶ 바른길로 이끌다.
☞ 곧은길.

바른손 = 오른손.

바른손잡이 = 오른손잡이. ‡ 왼손보다 오른손을 더 잘 쓰는 사람.
☞ 외손잡이. 왼손잡이.

바른쪽 = 바른편. 오른쪽.

바른편짝(〜便〜) = 오른편짝.

바릇거리다 〈 버릇거리다. ‡ 어려운 고비를 벗어나려고 팔다리를 내저으며 자꾸 움직인다. ¶ 등에 업힌 아이가 갑갑한지 팔다리를 바릇거린다.

바리[1] = 봉바리. ‡ 놋쇠로 만든 여자 밥그릇. {바리꼭지. 바리뚜껑.}
☞ 주발.

바리[2] = 바리때. ‡ 스님의 공양 그릇. {바릿밥.} ¶ 바리 수건. 바리 시주.

바리[3] * ①마소의 등에 잔뜩 실은 짐. {바리나무. 바리무. 바리바리.} {곡식바리. 돈바리. 장작바리. 짐바리. 짐바릿삯.} ②하나치. ¶ 곡식 한 바리.

바리공주(〜公主) = 바리데기. 베리데기. 사희공주. ‡ 무당이 모시는 여신.

바리데기 = 오구물림. ‡ 오구굿에서 무당이 부르는 노래.

바리장대 * 길이가 한 발이 넘는 굵은 장대.
☞ 간대.[1] 간짓대. 걸대. 막대. 바지랑대. 작대. 장대. 전짓대.

바리집다 ⇨ 바르집다. ‡ ①파서 헤치다. ②들추어내다. ③크게 떠벌리다.

바리캉(bariquant) ㉙ ⇨ 이발기. ‡ 머리를 깎는 연모.

바리케이트(barricade) ⇨ 울타리. ‡ 바리케이드.

바베큐(barbecue) ⇨ ①통구이. ②뜰구이. ＊ 바비큐.

바보 ＊ 어리석고 멍청하거나 못난 사람. {바보짓. 바보천치.} ¶ 바보 녀석.
☞ 바사기. 어리보기. 천치.

바쁘다 ＊ 일이 많거나 서둘러서 해야 할 일 때문에 겨를이 없다. ¶ 눈코 뜰 새 없이 바쁘다. 갈 길이 바쁘다. 먹고살기에 바쁘다.
☞ 급하다. 빠르다.

바삐 ＊ ①겨를이 없이. ¶ 바삐 일손을 놀리다. ②몹시 급하게. {하루바삐. 한시바삐.} ¶ 바삐 걷다. 바삐 굴다. 바삐 움직이다.
☞ 빨리.

바사기 ＊ 흐리멍덩하고 덜 된 사람.
☞ 바보. 어리보기. 반편이. 여덟달반.

바서지다 〈 부서지다. ＊ ①물건이 깨어지다. ②액체나 빛 따위가 부딪쳐 흩어지다. ③희망이나 기대가 무너지다.

바소쿠리 ＊ 싸리로 겯어 만든 삼태기. ¶ 두엄을 바소쿠리에 담아 나르다.
☞ 발채. 소쿠리.

바수다 〈 부수다. ＊ 두드려서 깨뜨리다. ¶ 알약을 바수다. 집을 바수다.

바스라기 〈 부스러기. ＊ 바스러진 물건. ¶ 과자 바스라기. 빵 바스라기.

바스라지다 ⇨ 바스러지다.

바스러뜨리다 〈 바스러트리다.

바스러지다 〈 부스러지다.

바스케트(basket) ⇨ 농구. ＊ 바스켓.

바스트(bust) ⇨ 가슴둘레. ＊ 버스트.

바심¹ = 타작. 마당질. ＊ 곡식의 이삭을 떠는 일.
☞ 풋바심.

바심² ＊ 마름질한 나무를 깎거나 파서 다듬는 일. {바심하다.}

바싹¹ = 바짝. ＊ ①물기나 몸이 마른 모양. ¶ 바싹 마른 장작. 바싹 야위다. ②가까이 달라붙거나 죄는 모양. ¶ 바싹 다가앉다. ③갑자기 늘거나 주는 모양. ¶ 내 몫이 바싹 줄다. ④몹시 우기는 모양. ¶ 고집을 세우며 바싹 우기다. ⑤긴장하거나 힘을 주는 모양. ¶ 정신을 바싹 차리다. ⑥무슨 일을 거침새 없이 빨리 마무르는 모양. ¶ 바싹 서둘러서 일을 끝내자.

바싹² ＊ ①마른 잎이나 검불을 밟는 소리. ②단단한 것을 깨무는 소리.

바위 = 바윗돌. ＊ 큰 돌덩이. {바위거품. 바위그림. 바위기둥. 바위산. 바위섬. 바위옹두라지. 바위츠렁. 바윗고을. 바윗골. 바윗등. 바윗면. 바윗장.} {너럭바위. 병풍바위. 숨은바위. 흔들바위.} ¶ 달걀로 바위 치기.
☞ 돌.¹ 모래.

바위너덜 ⇨ 바위너설. ＊ 바위가 삐죽삐죽 내밀어 있는 험한 곳.
☞ 돌너덜.

바위샘〔巖泉〕 ＊ 바위틈에서 솟아나는 샘.
☞ 도내기샘. 도래샘. 옹달샘.

바위솔 = 지부지기. ＊ 여러해살이풀 이름.

바위짬 = 바위틈. ＊ ①바위의 갈라

진 틈. ② 바위와 바위의 틈.

바이어(buyer) ⇨ 수입상. 수입 장사꾼.

바이타민(vitamin) ⇨ 비타민.

바자 * 대, 갈대, 싸리 수수깡으로 발처럼 엮은 물건. {바잣문. 싸리바자.}

☞ 굽바자.

바자무늬 = 삿자리무늬. ‡ 바자 모양으로 이룬 무늬.

바자울 = 울바자. ‡ 바자로 만든 울타리.

☞ 굽바자. 담.² 대울. 바래.² 산울.

바자회(bazaar會) ⇨ 이웃돕기 장터. ‡ 바자.

바잡다 * ① 마음이 끌리어 참기 어렵다. ¶ 금강산에 가 보고 싶어 마음이 바잡다. ② 조마조마하다. ¶ 일을 저질러 놓고 바자운 마음에 잠을 못 잤다.

☞ 조마조마하다.

바짓문(~門) * 바자 울타리에 낸 사립문.

☞ 사립문.

바지 * 아랫도리에 입는 옷. {바지통. 바지폭. 바짓가랑이.} {겹바지. 나팔바지. 멜빵바지. 반바지. 속바지. 양복바지. 옹구바지. 청바지. 치마바지. 통바지. 풍차바지. 핫바지. 홀태바지. 홑바지.} ¶ 바지 주머니.

☞ 저고리.

바지게 * 발채를 얹은 지게. ¶ 바지게에 큰 돌을 져서 나르다.

☞ 발채.

바지락 = 바지라기. 바지락조개. 바지랑이. 참조개. ‡ 조개의 한 가지.

바지랑대 = 장대. ‡ 빨랫줄을 받치는 장대. ¶ 바지랑대로 하늘 재기.

☞ 간대.¹ 간짓대. 걸대. 막대. 바리장대. 작대. 장대. 전짓대.

바지랑장대 ⇨ 바지랑대.

바지런 떨다 〈 부지런 떨다.

바지런하다 〈 부지런하다. ‡ 일을 열심히 하는 태도가 있다.

바지춤 * 바지의 허리 부분을 접어 여민 사이. ¶ 바지춤을 추키다.

☞ 고의춤. 허리춤.

바짝 = 바싹. ¶ 바짝 마르다. 바짝 졸라매다. 물이 바짝 줄다. 턱을 바짝 당기다. 바짝 서둘러서 끝내다. 바짝 고집을 세우다.

바짱다리 ⇨ 밭장다리.

바치다¹ = 드리다. 내다. ‡ ① 신이나 웃어른께 주다. ¶ 제물을 바치다. ② 반드시 물어야 할 돈을 내다. ¶ 세금을 바치다. ③ 무엇을 위하여 아낌없이 내놓다. ¶ 나라와 겨레를 위하여 몸과 마음을 다 바치다.

☞ 드리다.³ 받치다.¹ 받히다. 밭치다.

바치다² * ① 더럽게 보일 정도로 좋아하여 찾다. ¶ 여자를 바치다. 돈을 바치다. ② 지나치게 바라다. ¶ 성화를 바치다. 일 등을 바치다.

☞ 밝히다.²

바침 * ‘바치다’의 이름꼴. ¶ 선생님께 바침.

☞ 받침.

바침술집 = 술도가. ‡ 술을 담가 술장수에게 파는 집.

☞ 술집.

바케쓰 〔bucket〕 ㉙ ⇨ 양동이. 들통.

‡ 버킷.

바코드(bar code) ⇨ 막대 표시. 줄 표시. ‡ 회사, 값, 종류를 나타내는 표.

바킹(바낑. packing) ㊤ ⇨ 틈막이. 틈막이 고무. ‡ 패킹.

바탕[1] * ①뼈대. 틀. ¶ 등잔걸이 바탕에 있는 관솔에 불을 붙이다. ②밑바닥. ¶ 문화의 바탕. 바탕을 두다. ③성질. 재질. 체질. ¶ 바탕이 나쁘다. 바탕이 좋다. ④글씨를 쓰거나 그림을 그리거나 수를 놓거나 무늬를 찍는 물체의 바닥. {바탕감. 바탕색. 바탕실. 바탕천. 바탕칠.}

바탕[2] * 어떤 무렵이나 때. {늦바탕.}

바탕[3] * 하나치. ①활을 쏘아 살이 미치는 거리. ¶ 활 한 바탕 거리. ②일을 한 차례 하는 동안. ¶ 씨름을 몇 바탕 하다.

바탕하다 ⇨ 바탕을 두다.

바탱이 * 중두리보다 훨씬 작은 오지그릇.
　☞ 단지.[1] 독. 중두리. 항아리.

바통(baton) = 배턴. 막대. ‡ 이어달리기. ¶ 바통을 넘기다.

바투보기눈〔近視眼〕 = 졸보기눈.
　☞ 돋보기눈. 멀리보기눈.

바트(baht) * 타이 돈의 하나치.
　☞ 달러. 엔.[1] 원.[1] 위안. 유로. 파운드. 프랑.

바특히 ⇨ 바특이. ‡ ①시간, 길이, 사이가 가깝게. ②국이 톡톡하게.

바하(Bach) ⇨ 바흐. ‡ 작곡가 이름.

박[1] * 한해살이 덩굴풀. 그 열매. {박고지. 박구기. 박국. 박꽃. 박나물. 박장구. 박통.} {뒷박. 쪽박. 파래

박. 함지박.} {박타다.}
　☞ 바가지.[1]

박[2](拍) * ①국악기의 하나. ②박자. {센박. 여린박.}

~박[3](~箔) * 얇은 종이. {금박. 알루미늄박. 은박.}

박다[1] * 작은 물체를 큰 물체 속에 힘들여 넣다. ¶ 말뚝을 박다. 못을 박다.
　☞ 꽂다.

박다[2] * 머리 따위를 부딪치다. ¶ 기둥에 머리를 박다.
　☞ 들이박다. 받다.[2]

박다[3] * 실을 곱걸어서 꿰매다. ¶ 옷단을 재봉틀로 촘촘히 박다. ‡ 바느질.
　☞ 감치다.[2] 공그르다. 깁다. 꿰매다. 누비다. 시치다. 호다.

박대(薄待) * ①푸대접. ②인정없이 모질게 대함. {박대하다.}
　☞ 천대. 학대. 홀대. 후대.

박람회(博覽會)**를 갖다** ⇨ 박람회를 열다.

박명시(薄命視) ㊤ ⇨ 황혼시.

박박이 〈 벅벅이. ‡ 짐작건대 틀림없이. ¶ 내일은 그분이 박박이 올 것이다.

박배쟁이 ⇨ 박배장이. ‡ 문짝에 돌쩌귀 따위를 다는 기술자.

박벌 = 말벌. 먹됭벌. 왕벌. 호박벌. ‡ 벌의 한 가지.

박산 * 깨어져 산산이 부서지는 것. ¶ 유리창이 박산이 나다.
　☞ 뻥튀기. 튀밥.

박살 = 악살. ‡ 산산이 부서짐. ¶ 박살이 나다. 박살을 내다. 박살이 되다.

박살하다(搏殺~) * 쳐 죽이다. 때려 죽이다.

박상 ⇨ 뻥튀기. 튀밥.

박속 * 박 안의 하얀 부분. {박속나물. 박속무침.} {박속같다.}

박 속 * 박의 안. ¶ 박 속에서 보물이 쏟아져 나오다.

박수 = 박수무당. 할보무당. 판수. ＊ 남자 무당.
　☞ 무당. 암무당. 화랑이무당.

박수 치다(拍手~) ⇨ 손뼉 치다. ＊ 박수하다.

박아지 ⇨ 바가지.

박우물 * 바가지로 풀 수 있는 얕은 우물.
　☞ 굴우물. 두레우물. 옹달우물. 샘.

박음질 * ①바느질의 하나. ②재봉틀로 박는 일. {반박음질. 온박음질.}
　☞ 시침질.

박이[1] * 바느질에서 박음질로 하는 방식. {박이것. 박이겹것. 박이옷.}

~박이[2] * 무엇이 박혀 있는 것. ①사람. {고추박이. 금니박이. 대목박이. 덧니박이. 본토박이(토박이). 옥니박이. 외눈박이. 장승박이. 점박이.} ②짐승. {네눈박이(네눈이). 돈점박이. 두눈박이. 별박이. 외쪽박이. 점박이. 차돌박이.} ③돛단배. {두대박이. 외대박이.} ④밤. {두톨박이. 세톨박이. 외톨박이.} ⑤먹거리. {소박이김치. 오이소박이.} ⑥물고기. {이리박이.} ⑦물건. {금박이. 외알박이. 붙박이. 수통박이. 쌍열박이.}
　☞ ~배기. ~빼기.

박이다[1] * ①버릇, 생각, 태도가 몸에 배다. ¶ 선생티가 박이다. ②손바닥, 발바닥에 굳은살이 생기다. ¶ 손바닥에 못이 박이다.

박이다[2] * '박다'의 하임. ¶ 사진을 박이다.
　☞ 박히다. 배기다.[1]

박자(拍子) = 박. ＊ 음악에서 시간을 나타내는 바탕의 하나치. {겹박자. 홀박자(홑박자.)} ¶ 박자가 느리다. 박자가 빠르다. 박자를 맞추다.
　☞ 장단.[2]

박작거리다 〈 벅적거리다.

박장기(~將棋) = 바둑과 장기.

박지르다 * 힘껏 차서 쓰러뜨리다. ¶ 달려드는 놈을 박지르다.

박차다 * ①발길로 냅다 차다. ¶ 대문을 박차고 나가다. ②관계를 끊다. ¶ 못된 친구를 박차다. ③어려움을 물리치다. ¶ 운명을 박차고 나서다.

박첨지놀음(朴僉知~) = 꼭두각시극. 꼭두각시놀음. 홍동지놀음. ＊ 민속.

박치기흥정 = 맞흥정. ＊ 팔 사람과 살 사람이 직접 만나 하는 흥정.

박카스(Bacchus) ⇨ 바쿠스. 바커스. 디오니소스. ＊ 로마 신화에서 술의 신.

박타령 = 흥부가. 흥부 타령. ＊ 판소리 열두 마당의 하나.

박히다 * '박다'의 입음. ¶ 화살이 박히다. 글자가 박히다. 말뚝이 박히다.
　☞ 박이다.[2]

밖 * ①금을 넘어선 쪽 공간. {문밖. 뜻밖.} ¶ 금 밖. 나라 밖. 담 밖. 대문 밖. 집 밖. 창 밖. 밖을 내다보다.

②겉이 되는 부분. ¶ 밖에는 흠집이 많다. ③한데. ¶ 밖에서 밤을 지새우다. ④나머지 다른 부분. ¶ 기대 밖의 높은 점수를 받다. 너 밖에도 많다.

☞ 겉.¹ 바깥.

밖무리〔外暈〕 * 햇무리나 달무리의 바깥쪽에 생기는 큰 무리.

☞ 달무리. 햇무리.

밖벽(~壁) ⇨ 바깥벽. 밭벽.

밖부모(~父母) ⇨ 바깥부모. 바깥어버이. 밭어버이. ∗ 아버지.

밭사돈 = 바깥사돈. 밭사돈.

밖사랑(~舍廊) = 큰사랑.

밖상제(~喪制) ⇨ 바깥상제. 밭상제.

밖어버이 ⇨ 바깥어버이. 바깥부모. 밭어버이. ∗ 아버지.

밖에¹〔토〕 * 그것뿐. 그것 말고는. ∗ ‘않다. 없다. 모르다. 못하다’와 함께 씀. ¶ 너밖에 남지 않았다. 하나밖에 없다. 돈밖에 모른다.

☞ ~ㄹ밖에.

밖에² * 바깥에. ¶ 짐은 집 밖에 둬라. ∗ ‘밖’은 이름씨. ‘에’는 토씨.

밖주인(~主人) = 바깥주인. 바깥양반. 밭주인. 사랑양반.

밖쪽 ⇨ 바깥쪽. 밭쪽.

반¹(半) * ①둘로 나눈 하나. {반걸음. 반지름. 반쪽.} {반년. 반만년. 반세기.} ¶ 반 도막. 반 시간. 반 잔. ②중간. ¶ 반쯤 하다. 반으로 접다. ③절반쯤. {반가공품. 반값. 반걸음. 반고수머리. 반공일. 반그림자. 반기. 반달음. 반밤. 반세기. 반소매. 반송장. 반신. 반웃음.}

☞ 절반.

반² * 얇게 펴서 다듬어 만든 조각. {솜반.}

☞ 반대기.

반가와하다 ⇨ 반가워하다. ∗ 반갑다.

반가히 ⇨ 반가이. ∗ 반갑다. ¶ 반가이 맞이하다.

반거충이(半~) = 반거들충이. ∗ 무엇을 배우다가 그만둔 사람.

반겨하다 ⇨ 반기다.

반그늘(半~) = 반그림자 ∗ 본그림자의 가에 있는 흐릿한 그림자.

반까이하다〔挽回~〕囮 ⇨ 돌이키다. 되돌리다. 따라잡다.

반나절(半~) = 한겻. ∗ 한나절의 반. 하루 낮을 넷으로 나눈 하나.

☞ 나절가웃. 한나절.

반날(半~) = 한나절. 반일. ∗ 하루 낮의 반.

반납하다(返納~) 囮 ⇨ 되돌려주다. ∗ 환납하다.

반네루(panel) 囮 ⇨ ①널빤지. 판자. ②초대 손님. ∗ 패널.

반년동안(半年~) ⇨ 반년 동안.

반늙은이(半~) = 중늙은이. 중노인.

반다지(半~) * 기둥 몸피에 반쯤 되게 판 구멍.

반닫이(半~) * 궤의 한 가지. ∗ 앞의 위쪽 절반이 문짝으로 된 가구.

반달¹〔半月〕 * ①온달의 반 모양으로 생긴 달. ②손발톱의 뿌리 쪽에 있는 반달 모양의 흰 부분. ③반달꼴로 생긴 연의 꼭지. ④재봉틀의 한 부분.

☞ 그믐달. 보름달. 초승달.

반달²(半~) * 한 달의 절반. ‡ 보름 동안.
  ☞ 온달.

반달꽂이 = 휘어심기. ‡ 고구마의 줄기 따위를 꽂아 심는 방법.
  ☞ 꺾꽂이.

반대기 * ① 가루 반죽이나 삶은 푸성귀 따위를 둥글넓적하게 만든 것. {엿반대기. 털반대기.} ② 하나치. ¶ 취나물 한 반대기.
  ☞ 반.²

반대로(反對~) * ① 두 사물이 모양, 위치, 방향, 차례 따위에서 등지거나 서로 맞섬. ② 어떤 행동이나 생각, 제안 따위에 따르지 않고 맞서 거스름.
  ☞ 거꾸로.

반대쪽(反對~) * 반대되는 쪽.

반대 쪽(反對~) * 반대하는 쪽.

반댓말(反對~) ⇨ 반대말. ‡ 맞서는 말.

반도 〔band〕 ⑩ ⇨ 띠. 허리띠. ‡ 밴드.

반두 = 족산대. ‡ 양쪽 끝에 긴 막대로 손잡이를 만든 그물. {반두질. 반두질꾼.} {반두질하다.} ¶ 시내에서 반두로 물고기를 잡다.
  ☞ 쪽대.

반두부(半豆腐) = 되두부. 되비지. ‡ 콩비지에 호박을 넣고 끓인 음식.
  ☞ 비지. 콩비지.

반둥건둥 = 건둥반둥. ‡ 일을 끝내지 못하고 중도에서 그만두는 모양.

반드럽다 〈 빤드럽다. ‡ ① 윤이 나도록 매끄럽다. ② 사람됨이 약삭빠르다.
  ☞ 반들거리다.

반드르르하다 〈 번드르르하다. ‡ 윤기가 있고 매끄럽다.

반드르하다 ⇨ 반드르르하다.

반드시 * 어김없이. 틀림없이 꼭. ¶ 시간을 반드시 지켜야 한다.
  ☞ 반듯이.

반드시 필요하다(必要~) ⇨ 꼭 필요하다.

반득 〈 번득. ¶ 눈이 반득 빛난다.

반들거리다 〈 번들거리다. ① 매끄럽고 윤이 나다. ② 약게 굴다.
  ☞ 반드럽다.

반듯이 〈 반뜻이. ‡ 비뚤거나 기울거나 굽지 않고 바르게. ¶ 반듯이 놓아라.
  ☞ 반드시.

반듯하다 〈 반뜻하다. ‡ ① 물체, 생각, 행동이 비뚤거나 기울거나 굽지 않고 바르다. ② 생김새가 아담하고 말끔하다. ¶ 이목구비가 반듯하다.
  ☞ 민틋하다. 번듯하다.

반딧벌레 ⇨ 반디. 반딧불이. 개똥벌레. ‡ 벌레 이름.

반딧불 * 반딧불이의 꽁무니에서 반짝반짝 내쏘는 빛.

반딧불이 = 반디. 개똥벌레. ‡ 반딧불이과의 딱정벌레. {파파리반딧불이. 애반딧불이. 늦반딧불이.}

반뜻이 〉 반듯이. ‡ 생김새, 생각, 행동이 바르게.

반려시키다(返戾 ~) ⑩ ⇨ 도로 돌려주다. ‡ 반환하다.

반려하다(返戾~) ⑩ ⇨ 도로 돌려주다. ‡ 반환하다.

반렬(班列) ⇨ 반열. ‡ 품계나 신분, 등급의 차례.

반례(返禮) 웨 ⇨ 답례.

반말(反~) = 반말지거리. {반말질.
　　반말체. 반말투.} {반말질하다. 반
　　말하다.} ✻ '~지, ~아(어), ~군, ~는
　　걸.' 따위로 말을 마치는 말투.
　　☞ 낮춤말. 높임말.

반 말(半~) ✻ 한 말의 반. ✻ 다섯 되.

반면(反面) ✻ 뒤에 오는 말이 앞의 말
　　과 반대될 때 씀. ¶ 공부는 못하는
　　반면에 운동은 잘한다. ✻ '공부는 못
　　하지만 운동은 잘한다.'로 쓰는 것이
　　좋음.
　　☞ 한편.²

반면교사(反面教師) = 타산지석. ✻ 남
　　의 잘못을 보고 거울로 삼음.
　　☞ 귀감.

반물 = 반물빛. 반물색. ✻ 짙은 남색.
　　{왜반물.} ¶ 반물 저고리.
　　☞ 곤색. 독물.¹

반미콩(飯米~) ⇨ 밥밑콩.

반바지(半~) = 무릎치기. ✻ 무릎까지
　　내려오는 짧은 바지.
　　☞ 사발고의.

반반이(班班~) ✻ 반마다.

반반히 ✻ ① 반듯하게. ② 예쁘장하게.
　　③ 지체가 상당히. ④ 깔끔히.

반벙어리(半~) = 얼벙어리. ✻ 남이 잘
　　알아듣지 못하게 말을 하는 사람.

반병신(半病身) ✻ 몸을 제대로 움직일
　　수 없는 사람.
　　☞ 반편이. 여덟달반.

반보기(半~) = 중로보기. ✻✻ 두 집 중
　　간쯤 되는 곳에서 만남.

반비탈지다(半~) ⇨ 반비알지다. ✻
　　약간 비탈지다.

반빗간(飯~間) = 찬간. ✻ 옛날에 집
　　에서 반찬을 만들던 간.

반삭동물(半索動物) ⇨ 반색동물. ✻
　　개펄에 사는 무척추동물의 하나.

반상(飯床) = 반상기. ✻ 격식을 갖추
　　어 밥상을 차리도록 만든 그릇 한
　　벌.
　　☞ 삼첩반상. 오첩반상. 칠첩반상. 구
　　첩반상.

반상횟날(班常會~) ⇨ 반상회날.

반석(盤石) ✻ ①너럭바위. ¶ 반석 위에
　　앉아 놀다. ②기틀이 튼튼함. ¶ 하
　　는 일이 이제 반석 위에 놓였다.
　　☞ 초석.¹

반소경(半~) ✻ ① 애꾸눈. ② 글소경.
　　③ 잘 볼 수 없는 사람.

반소매(半~) = 반팔.

반송하다(返送~) 웨 ⇨ 돌려보내다.
　　✻ 환송하다.

반신상(半身像) = 흉상. ✻ 사람의 윗
　　몸만 나타낸 조각이나 그림.
　　☞ 전신상.

반어(反語) ✻ 실제와 반대되는 뜻으로
　　나타내는 말. ✻ 표현의 효과를 높임.
　　☞ 반의어.

반영시키다(反映~) ⇨ 반영하다. ¶ 현
　　실을 반영하다. ✻ 나타내다.

반의어(反意語) = 반대말. ✻ 남자와 여
　　자, 총각과 처녀, 아래와 위 따위.
　　☞ 반어.

반일¹(半~) ✻ ①하루 일의 반. ②어
　　떤 일의 절반.

반일²(半日) = 반날. 한나절. ✻ 하루
　　낮의 반.
　　☞ 반나절.

반입하다(搬入~) ㉣ ⇨ 실어 오다. 실어 들이다.

반자[1] * 지붕 밑이나 위층 바닥 밑을 편평하게 하여 치장한 천장. {반자널. 반자지. 반자틀. 반잣대.} {구화반자. 귀접이반자. 널반자. 도배반자. 목반자. 빗반자. 삿갓반자. 소경반자. 소란반자. 순각반자. 우물반자. 장반자. 지반자. 철반자. 토반자. 평반자. 화반자.} ¶ 반자가 얕다 하고 펄펄 뛰다.
　☞ 더그매. 보꾹. 천장.

반자[2](半字) = 약자. ‡ 글자의 획을 줄여서 만든 한문글자.
　☞ 간체자. 대용자. 번체자. 속자. 정자.[2]

반절[1](半~) * 양손을 바닥에 짚고 앉아 고개를 숙이는 여자의 절.
　☞ 앉은절. 큰절.[1] 평절.

반절[2](半切) * ①훈민정음. ②두 한문글자의 소리를 반씩 따서 합쳐 다른 한문글자의 소리를 나타내는 방법. ‡ '文'의 소리는 '無'의 첫소리인 'ㅁ'과 '分'의 가운뎃소리 'ㅜ'와 끝소리 'ㄴ'을 합쳐 '문'으로 읽음.

반점(半點) = 꽁짓점. ‡ 가로쓰기에 쓰는 쉼표 ' , '의 이름.

반주검(半~) ⇨ 반죽음.

반죽음(半~) * 거의 죽게 됨. 또는 그런 상태. ¶ 반죽음을 시켜 놓다.
　☞ 초주검.

반주그래하다 ⇨ 반주그레하다. ‡ 생김새가 반반하다. ¶ 반주그레한 얼굴.

반죽 * 가루에 물을 부어 이겨 갠 것. {날반죽. 익반죽.} ¶ 밀가루 반죽.

　☞ 변죽.

반죽이 좋다 = 넉살이 좋다. ‡ 노여움이나 부끄러움을 타지 않는다.

반증(反證) * 사실이나 주장이 옳지 아니함을 그에 반대되는 근거를 들어 증명함. 또는 그 증거.
　☞ 방증. 입증.

반지(斑指) * 손가락에 끼는 하나로 된 고리. {금반지. 꽃반지. 옥반지. 은반지.} ¶ 다이아몬드 반지. 진주 반지. {돌반지. 약혼반지. 혼인반지. 커플반지.} ¶ 반지를 끼다. 반지를 빼다.
　☞ 가락지.

반지기[1](半只其) = 언롱. ‡ 국악 계면조 남창 가곡의 하나.

~**반지기**[2] * 잡것이 반 이상 섞여 있음. {뉘반지기. 돌반지기. 억새반지기.}

반지꽃 = 제비꽃. 시름꽃. 오랑캐꽃. ‡ 바이올렛.

반지락 ⇨ 바지락. ‡ 조개의 한 가지.

반지랍다 〈 번지럽다. ‡ 윤이 나고 매끄럽다. ¶ 호두알이 반지랍게 되었다.

반지르르하다 〈 번지르르하다. ‡ ①윤이 나고 매끄럽다. ¶ 머리가 반지르르하다. ②말과 행동이 겉만 그럴그럴듯하다. ¶ 말만 반지르르하다.

반짇고리 = 바느질고리. ‡ 바늘, 실, 골무 따위 바느질 연모를 담는 그릇.

반찬(飯饌) = 밥반찬. {반찬값. 반찬단지. 반찬속. 반찬쟁이.} {마른반찬. 밑반찬. 진반찬. 토막반찬.} ¶ 반찬 가게. 반찬 타박.
　☞ 건건이.[1]

반찬감 = 반찬거리. 찬거리.

반찰떡(半~) ⇨ 메찰떡.

반출하다(搬出~) ㉣ ⇨ 실어 내다. 내보내다.

반카이하다 〔挽回~〕 ㉣ ⇨ 되돌리다. 돌이키다. 따라잡다.

반타작 * ① 배메기. ‡ 거둔 곡식의 절반을 소작료로 매기는 일. ② 수확이 예상보다 절반쯤밖에 되지 아니하는 일. ¶ 올 농사는 반타작밖에 안 된다.
　☞ 타작.

반팔(半~) = 반소매.

반편이(半偏~) * 지능이 보통 사람보다 모자라는 사람.
　☞ 반병신. 여덟달반. 칠삭둥이. 팔삭둥이.

반품(半~) * 어른이 하루에 일하는 시간이나 양의 절반.
　☞ 온품.

반품하다(返品~) ⇨ 무르다. 되돌려 보내다.

반하다¹ * 마음이 홀린 것처럼 쏠리다. ¶ 목소리에 반하다. 첫눈에 반하다.

반하다²(反~) ⇨ ① 반대가 되다. ¶ 공부는 잘하는 데 반하여 운동은 못한다. ⇨ 공부는 잘하는데 운동은 못한다. ② 거스르거나 어기다. ¶ 선생님의 뜻에 반하는 행동을 한다. ⇨ 선생님의 뜻에 거스르는 행동을 한다.
　☞ 비하다.

반회장(半回裝) * ① 여자 한복 저고리의 깃, 끝동, 고름만 자줏빛이나 남빛 헝겊으로 꾸민 꾸밈새. ② 반회장 저고리. ‡ 반회장으로 지은 저고리.
　☞ 삼회장.

반히 〈 빤히. ¶ 문틈으로 불빛이 반히 비쳤다. 뒤끝이 반히 보인다.

받는데 ¶ 주는 것이니 받는데 책임은 안 진다. ‡ ‘는데’는 씨끝.

받는 데 ¶ 약물을 받는 데가 어딘가? ‡ ‘데’는 매인이름씨.

받는소리 = ① 뒷소리. ‡ 민요. ② 바라지. ‡ 무당.
　☞ 메기는소리. 메김소리. 선소리. 앞소리.

받는이 ⇨ 받는 이. ‡ 받는 사람.

받다¹ * ① 음식이 비위에 맞아 잘 먹히다. ¶ 술이 잘 받지 않는다. ② 옷이나 빛깔이 잘 어울리다. ¶ 옷거리가 좋으니 어떤 옷도 다 잘 받는다.

받다² * 머리, 뿔, 자동차로 세차게 부딪치다. ¶ 염소가 뿔로 받았다.
　☞ 박다.² 들이받다.

받다³ * ① 주는 것을 가지다. ¶ 선물을 받다. ② 남이 하는 일, 행동, 말의 대상이 되거나 그 영향을 입다. ¶ 귀염을 받다. 가르침을 받다. ③ 무엇을 사다. ¶ 술을 받다. ④ 우산이나 깃대를 들다. ¶ 양산을 받다. ⑤ 내려오는 것을 잡다. ¶ 공을 받다. ⑥ 남이 하는 것을 보고 따라 하다. ¶ 본을 받다. ⑦ 알맞은 날을 가리어 잡다. ¶ 날을 받다. ⑧ 사람을 맞아들이다. ¶ 손님을 받다. ⑨ 잘 어울리다. ¶ 빨간색이 잘 받는다.

받다⁴ * 꼴있는이름씨(구상명사) 뒤에는 띄어 씀. ¶ 경례 받다. 금품 받다. 급여 받다. 대금 받다. 도장 받다. 물건 받다. 보수 받다. 봉급 받다. 비자 받다. 빗물 받다. 사표 받다. 상 받다. 선물 받다. 수표 받다. 어음 받다. 영수증 받다. 외상값 받다. 용돈 받다. 전보 받다. 졸업장 받다. 죗값 받다. 큰상 받다. 편지 받다. 품값 받다. 학위 받다. 훈장 받다.

☞ 받다.[5] 타다.[5]

~받다[5] * 꼴없는이름씨(추상명사) 뒤에 붙어서 입음움직씨를 만듦. {각광받다. 간섭받다. 감면받다. 감명받다. 감사받다. 감수받다. 감화받다. 강요받다.} ⁑ '~받다'가 붙을 수 있는 낱말. (검문. 검사. 검증. 견제. 계시. 고통. 공격. 공급. 공제. 공천. 괄시. 구박. 구애. 구원. 구제. 구형. 권고. 권유. 규제. 극찬. 기부. 기습. 기증. 낙점. 낙찰. 내사. 냉대. 단죄. 대우. 대접. 도전. 독촉. 동정. 면제. 면책. 멸시. 모욕. 모함. 묵인. 미움. 박해. 반격. 반환. 방해. 배급. 배당. 배정. 배척. 보급. 보복. 보상. 보장. 보조. 보호. 복. 본. 부여. 부탁. 분배. 비난. 비판. 사랑. 사주. 상납. 상속. 서명. 선고. 선택. 세례. 소외. 숭앙. 습격. 승낙. 시련. 신고. 신뢰. 신임. 심사. 심판. 안내. 알선. 암시. 압력. 양도. 양보. 억압. 연락. 연수. 영향. 예약. 예우. 오해. 외면. 요구. 요청. 용서. 우대. 위로. 위안. 위임. 위촉. 위탁. 위협. 의뢰. 의심. 인가. 인계. 인도. 인정. 자극. 자문. 자백. 재가. 재판. 저주. 저촉. 적용. 전달. 전수. 점검. 제보. 제안. 제약. 제의. 제출. 제한. 조사. 존경. 존중. 죄. 주목. 주의. 지도. 지명. 지목. 지배. 지시. 지원. 지정.

지지. 지탄. 진료. 진찰. 질문. 질책. 징계. 찬양. 찬조. 채근. 책망. 처벌. 천대. 초대. 초청. 충격. 추궁. 추앙. 추인. 축복. 충격. 취급. 칭송. 칭찬. 타격. 탄압. 탕감. 통고. 통보. 판결. 판정. 평가. 포상. 표창. 푸대접. 핀잔. 핍박. 학대. 할당. 허가. 허락. 허용. 협박. 혜택. 호위. 홀대. 환대. 환영. 훈련.}

☞ ~당하다.[2]

받대접(~待接) * 정성스럽게 하는 대접. ¶ 난생처음 받대접을 받았다. ☞ 푸대접.

받아 드리다 * 무엇을 손으로 받아 주다. ¶ 할머니의 짐을 받아 드리다. ☞ 받아들이다.

받아들여지다 ⇨ 받아들이다.

받아들이다 * ①돈, 물건, 문화를 받아서 제 것으로 하다. ¶ 세금을 받아들이다. 서양 문화를 받아들이다. ②요구나 성의를 들어주다. ¶ 지나친 요구는 받아들일 수 없다. ③어떤 사람을 모둠 속에 들어오게 하다. ¶ 회원으로 받아들이다. 며느리로 받아들이다. ④어떤 사실을 이해하고 용납하다. ¶ 현실을 받아들이다. 주장을 받아들이다. ⑤남의 의견이나 비판을 옳게 여겨 인정하다. ¶ 아내의 충고를 받아들이다. ☞ 받아 드리다.

받장기 ⇨ 박장기. ⁑ 바둑과 장기.

받장다리 ⇨ 밭장다리.

받쳐 = 받치어. ⁑ 받치다. ¶ 받쳐 놓다. 받쳐 두다. 받쳐 입다. 받쳐 주다.

받치다¹ ＊ ①밑바닥을 다른 물체로 고이다. ¶버팀목을 받치다. ②하는 일을 돕다. ¶뒤를 받치다. ③비나 햇빛을 가리다. ¶우산을 받치다. ④밑이나 안에 다른 물체를 대다. ¶책받침을 받치다. 검은 양복은 흰 셔츠를 받쳐 입어야 맵시가 난다. ⑤홀소리 밑에 받침을 받쳐 적다.

☞ 괴다.² 바치다.¹ 받히다. 밭치다.

받치다² ＊ ①먹은 것이 삭지 않아 가슴속이 치밀어 오르다. ¶아침에 먹은 것이 받쳐서 속이 좋지 않다. ②앉거나 누운 자리가 바닥이 배기다. ③감정이 세차게 일어나다. ¶설움에 받치다. 오기에 받치다.

☞ 배기다.¹

받침¹ ＊ ①밑을 받치는 물건. {받침단추. 받침대. 받침쇠. 받침옷. 받침잔. 받침점. 받침판.} {수저받침. 장독받침. 책받침.} ¶화분 받침. 수석 받침. ②힘이 되어 도와줌. {밑받침. 안받침. 뒷받침하다.}

받침² ＝ 받침소리. 꼬릿소리. 끝닿소리. 끝소리. {겹받침. 쌍받침.} ＊서양말을 한글로 쓸 때는 'ㄱ, ㄴ, ㄹ, ㅁ, ㅂ, ㅅ, ㅇ' 일곱 가지 받침만 씀.

받침돌 ＊ 물건의 밑바닥에 받쳐 놓는 돌. ¶받침돌을 제대로 놓아라.

☞ 버팀돌.

받침목(~木) ＊ 나무나 물체가 꺾어지거나 넘어지지 않도록 받쳐 주는 나무.

☞ 굄목. 버팀목.

받침술집 ⇨ 바침술집. 술도가.

받침 유리(~琉璃) ＝ 깔유리. ＊＊현미경에 쓰는 유리판.

☞ 덮개 유리.

받침점(~點) ＝ 지렛목. ＊＊지렛대를 괴는 자리.

받히다 ＊ '받다'의 입음. ＊＊뿔, 머리, 자동차에 세차게 부딪치다.

☞ 바치다.¹ 받치다.¹ 밭치다.

발¹ ＊ ①사람과 동물의 다리 맨 끝 부분. {발가늠. 발걸음. 발곱. 발굽. 발그림자. 발기척. 발길. 발내. 발대중. 발덧. 발돋움. 발떠퀴. 발밑. 발바닥. 발바투. 발병. 발볼. 발샅. 발샅(발새). 발수건. 발숫물. 발싸개. 발씨. 발아래. 발야구. 발잔등. 발장난. 발장단. 발재간. 발주저리. 발짐작. 발질. 발짓. 발치. 발탈. 발톱. 발판. 발풀무. 발품. 발허리. 발회목. 발힘.} {감발(발감개). 구둣발. 군홧발. 까치발. 닭발. 뒷발. 맨발. 버선발. 새끼발. 생인발. 손발. 엄지발. 오른발. 왼발. 족발. 진발. 집게발. 허튼발. 헤엄발. 흙발.} {마당발. 평발. 채발.} ②가구나 연모의 끝 부분. {갈큇발. 거미발. 기러기발. 오리발.} ¶발 벗고 나서다. 발에 채다. 발 끊다. 발을 빼다. 발 씻다. 발 타다. 발 길다. 발이 닳다. 발 뜨다. 발 묶이다. 발 익다. 발 짧다. ③하나치. ¶한 발 앞으로. 두 발 뒤로.

☞ 다리.²

발² ＊ 나무 나이테의 굵기. ¶나이테의 발이 가지런하다.

발³ ＊ 문 앞을 가리는 물건. {갈대발. 겨릅발. 구슬발. 김발. 대발. 싸리발.} ¶발로 가리다. 발을 내리다. 발을 매다. 발을 짜다. 발을 치다.

발⁴ * 하나치. ‡ 두 팔을 한껏 벌린 길이. ¶ 새끼 두 발.

발⁵(發) * 하나치. ① 탄환의 수효. ¶ 총알 열 발. ② 방. ‡ 총을 쏘는 횟수. ¶ 대포 몇 발을 쏘다. 권총 한 발을 쏘다.

~발⁶(發) * 어디에서 떠나는. {서울발. 부산발. 대전발. 진주발. 목포발.}
☞ ~행.

~발⁷ * ① 기세. 힘. {끗발. 말발.} ② 효과. {약발. 화장발.}

발가리 ⇨ 발거리.

발가숭이 〈 벌거숭이. ‡ 알몸. 알몸뚱이. 맨몸. 맨몸뚱이.

발가지〔接尾辭〕= 끝가지. 뒷가지.
☞ 머리가지. 앞가지.

발감기 ⇨ 발감개.

발감개 = 감발. ‡ 버선 대신 발에 감는 천. ¶ 발감개를 감다.
☞ 들메. 발싸개.

발개치다 ⇨ 책상다리하다.

발거리 * ① 못된 꾀로 남을 해코지하는 짓. ② 몰래 알리는 짓. ‡ 밀고.
☞ 발걸이.

발걸음 * 발을 옮겨서 걷는 동작. ¶ 발걸음을 옮기다. 발걸음이 빠르다.
☞ 발자국.

발걸이 * ① 책상다리 아래에 발을 걸쳐 놓는 받침. ② 말 안장에 있는 발을 걸쳐 놓는 받침. ③ 자전거를 탈 때 발을 얹고 밟아서 가게 하는 연모.
☞ 밑싣개. 발거리.

발견하다(發見~) * 남이 미처 못 본 일이나 물체를 먼저 찾아내다. ¶ 새 항로를 발견하다. 신대륙을 발견하다. 유적을 발견하다.
☞ 발명하다.²

발곰배 ⇨ 발고무래.

발곱 * 발톱 밑에 끼어 있는 때. ¶ 발곱이 새까맣게 끼어 있다.
☞ 눈곱. 손곱.

발광 도료(發光 塗料) 瓣 ⇨ 야광 물감. 형광 물감. ‡ 빛을 내는 물감.

발광선(發光腺) 瓣 ⇨ 빛샘.

발구 * 마소가 끄는 큰 썰매. {말발구. 소발구. 쇠발구.}
☞ 걸채. 다랭이. 발채. 썰매.

발굽 * 풀먹이 짐승의 발톱. {말발굽.} ¶ 소 발굽. 노새 발굽. 노루 발굽.
☞ 말굽.

발그림자 = 발김. ‡ 찾아오거나 찾아가는 일. ¶ 발그림자도 보이지 않는다.

발그스레하다 = 발그스름하다.

발그집다 ⇨ 바르집다. ‡ ① 파헤치다. ② 들추어내다. ③ 크게 떠벌리다.

발급받다(發給~) ⇨ 받다. 내다. 따다. ‡ 증명서, 카드 따위.

발기다 * ① 속이 드러나도록 헤쳐 벌리다. ¶ 밤송이를 발기다. ② 마구 찢어 못 쓰게 만들다. ¶ 신문지를 발겨서 휴지통에 버리다. ③ 우물쭈물하다가 일을 아주 망치다. ¶ 망설이다가 결국 일을 발기고 말았다.
☞ 바르다.² 발리다.²

발기발기 * 여러 조각으로 마구 찢는 꼴. ¶ 편지를 발기발기 찢다.
☞ 갈기갈기.

발길 * ① 앞으로 걸어가는 발. ¶ 발길

을 돌리다. 발길에 채다. 발길이 무
겁다. ②사람들이 가고 옴. ¶ 발길
을 끊다. 발길이 뜸하다.
　☞ 손길.

발길질 = 발질. ‡ 발로 걸어차는 짓.
　¶ 대문짝에 발길질하다.

발김 = 발그림자.

발김장이(~匠~) ⇨ 발김쟁이. ‡ 못
된 짓을 하며 돌아다니는 사람.

발꼬머리 ⇨ 발뒤축.

발꿈치 ‡ 발의 뒤쪽 발바닥과 발목 사
이의 불룩한 부분.
　☞ 발뒤꿈치. 발뒤축.

발 넓다 = 발 너르다. ‡ 아는 사람이
많아 활동하는 범위가 넓다.

발다듬이 ⇨ 밟다듬이. ‡ 발로 밟아서
구김살을 펴지게 다듬는 일.

발달되다(發達~) ⇨ 발달하다.

발달하다(發達~) ‡ ①열리어 차츰
나아가다. ‡ 학문. 기술. 문명. 사
회. ¶ 과학이 발달하다. ②사물이 자
라고 늘어서 완전한 데에 이르다. ‡
신체. 정서. 지능. ¶ 신체가 발달해
가다. 정서가 발달하다.
　☞ 발전.

발대중 = 발짐작. ‡ ①발걸음으로 거
리를 대략 짐작하는 일. ②발에 잡
히는 느낌으로 짐작하여 걷는 일.
　¶ 깜깜하여 발대중으로 겨우 걷다.
　☞ 눈대중. 손대중.

발덩어리 ⇨ 발등어리. 발등.

발돋움 = 종부돋움. 돋움. ‡ 발밑을
괴고 서거나 발끝만 디디고 섬.
　☞ 발받침.

발동되다(發動~) ⇨ 발동하다.

발뒤꿈치 = 발뒤꾸머리. 뒤꾸머리. 뒤
꿈치. ‡ 발꿈치에서 바닥을 뺀 부분.
　☞ 발꿈치.

발뒤축 = 뒤축. ‡ 발뒤꿈치에서 맨 뒤
의 도독하게 나온 부분.
　☞ 발꿈치.

발등 = 발잔등. 발등어리. {발등눈.
발등뼈.} ¶ 발등에 불이 떨어지다.
발등을 디디다. 발등을 밟히다. 발
등의 불을 끄다. 발등을 찍히다.

발등거리 ‡ 초상집 같은 데서 대충 만들
어 한 때 쓰고 버리는 작은 등.

발등걸이 ‡ ①남이 하려는 일을 앞질
러서 하는 짓. {발등걸이하다.} ②회
목걸이. ‡ 씨름 재주의 한 가지. ③철
봉을 할 때 부리는 재주의 한 가지.

발등더리 ⇨ 발등. 발등어리. 발잔등.

발등에 불 ⇨ 발등의 불. ‡ 눈앞에 닥
친 절박한 일.

발라먹다 ‡ 꾀거나 속여서 빼앗아 가지
다. ¶ 야바위꾼이 애들 돈을 발라먹다.

발라 먹다[1] ‡ 뼈다귀에 붙은 살을 걷어
먹거나 가시를 추려 내고 먹다.

발라 먹다[2] ‡ 발라서 먹다. ¶ 빵에 꿀
을 발라 먹다.

발르다 ⇨ 바르다.

발름히 〈 벌름히. ¶ 콧구멍을 발름히
벌리고 냄새를 맡는다.

발리다[1] 〈 벌리다. ‡ ①사이를 넓히다.
¶ 창살을 발리다. ②껍질을 벗기고
속에 든 것을 드러내다. ¶ 밤송이를
발려 밤을 꺼냈다.

발리다[2] ‡ '바르다'의 하임. ¶ 뼈를 발
리었더니 고기가 반쯤 붙어 있다.

발리다[3] ‡ '바르다'의 입음. ¶ 문에 창

호지가 발리다.
☞ 바르다.³

발리섬(BALI~) ⇨ 발리 섬. ＊ 서양
말 뒤에는 띄어 씀.

발림¹ ＊ 판소리에서 소리의 극적인 전
개를 도우려고 하는 몸짓이나 손짓.
☞ 아니리.

발림² ＊ ①비위를 맞추는 일. {발림
소리.} ¶ 사기꾼의 발림에 넘어가
다. ②액체나 가루를 겉에 묻히는
일. ¶ 땅콩에 초콜릿을 발림한 과자.
☞ 너름새.²

발림수(~手) = 발림수작. ＊ 비위를
맞추려고 하는 말이나 행동.

발막신 = 발막. ＊ 노인이 신는 마른신.
☞ 마른신. 진신.

발맞추어 = 발맞춰. ＊ 발맞추다. ¶ 발
맞추어 가다. 발맞춰 나가다.

발매 ＊ 산에 가꾼 나무를 한목에 베어
냄. {발매나무. 발매치. 발매터.}

발매 넣다 ＊ 발매터에서 나무를 찍어
내는 일을 시작하다.

발매 놀다 ＊ 굿을 할 때 무당이 음식을
여기저기 끼얹다.

발매 놓다 ＊ 촘촘히 서 있는 나무를 한
꺼번에 베어 버리다.

발매원(發賣元) ㉮ ⇨ 판매처. 판매
회사. ＊ 파는 회사.

발매하다(發賣~) ㉮ ⇨ 팔다.

발명하다¹(發明~) ＊ 죄나 잘못이 없음
을 말하여 밝히거나 발뺌하려 하다.
☞ 변명하다.

발명하다²(發明~) ＊ 전에 없던 물건
이나 무슨 방법을 새로 만들어 내
다. ¶ 전등은 에디슨이 발명했다.

☞ 발견하다.

발모가지 = ①발. ②발목. 발목쟁이.
＊ 다리와 발이 이어지는 마디 부분.

발목 = 발모가지. 발목쟁이. ＊ 다리와
발이 이어지는 뼈마디 부분
☞ 발회목. 손목.

발목 잡히다 ＊ ①수빠지다. ＊ 꼬투리
가 잡히다. 약점 잡히다. ②얽매이다.

발목장이 ⇨ 발목쟁이. 발모가지.

발받침〔足座〕 ＊ 주검의 발을 괴는 데
쓰는 받침.
☞ 발돋움.

발버둥질 = 버둥질. ¶ 발버둥질을 치
다. 버둥질을 치다.

발버드래 = 모리. ＊ 무속 음악에 쓰는
장단 이름.

발 벗다 ＊ ①적극적으로 나서다. ¶ 남
을 돕는 일에 벌 벗고 나서다. ②신
이나 양말을 벗다. ¶ 냇물에 징검다
리가 없어서 발을 벗고 건너다.

발보이다 = 발뵈다. ＊ ①재주를 자랑
하다. ②맛보기만 보이다.

발부받다(發附~) ⇨ 받다. ＊ 증명서,
서류, 카드 따위.

발 빼다 ＊ 발뺌하다. ＊ 자기가 관계한
일에 책임지지 않고 빠지다.
☞ 손 씻다.

발뺌 ＊ 자기가 관계한 일에 책임지지
않고 빠짐. {발뺌하다.}
☞ 말뺌.

발뿌리 ⇨ 발부리. ＊ 앞쪽 발끝의 뾰족
한 부분.

발샅 = 발새. ＊ 발가락 사이.

발생되다(發生~) ⇨ 발생하다.

발생율(發生率) ⇨ 발생률. ＊ 니은을

뺀 받침 뒤에서는 '률'임.

발소리 * 발걸음 소리. ¶ 발소리가 나
다.
　☞ 발자국. 신소리.¹

발숫물 * 발을 씻는 데 쓰는 물.
　☞ 손숫물. 세숫물.

발싸개 * 버선을 신을 때 잘 들어가게
하려고 발을 싸는 헝겊이나 종이.
　☞ 발감개.

발씨 * 발걸음을 옮기는 모양. ¶ 발씨
가 서투르다. 발씨가 익다.
　☞ 솜씨.

발아리(勃牙利) ⇨ 불가리아. ＊ 나라이름.

발아률(發芽率) ⇨ 발아율. ＊ 니은이
나 홀소리 뒤에는 '율'임.

발앗법(發芽法) ⇨ 싹내기. ＊ 발아법.
아생법. 출아법.

발자국 * ①사람이 디딘 자리에 남은
자국. {첫발자국.} ②발짝. ＊ 걸음
을 세는 하나치. ¶ 한 발자국. 두 발
짝.
　☞ 발걸음. 발자취. 발자귀.

발자국 소리 ⇨ 발소리. 발걸음 소리.
＊ 발자국은 소리가 나지 않음.

발자귀 = 자귀. ＊ 짐승의 몸이 닿거나
밟은 자국. ¶ 자귀를 짚다.

발자봉틀(~自縫~) ⇨ 발재봉틀. 발틀.

발자욱 ⇨ 발자국.

발자취 * ①남아 있는, 밟은 자국. ＊ 흔
적. 종적. ¶ 발자취를 더듬다. ②지
난날 살아온 길. ＊ 업적. 역정. ¶ 일
생의 발자취.
　☞ 발자국.

발잔등 = 발등. 발등어리.

발장구 * ①헤엄칠 때 두 발을 물 위로

들었다 놓았다 하는 짓. ¶ 발장구를
치다. ②어린아이가 엎드려서 기어
가려고 두 발을 아래위로 움직이는
짓.
　☞ 물장구.

발재봉틀(~裁縫~) = 발틀. ＊ 발로 움
직이는 재봉틀.
　☞ 발틀. 손재봉틀. 손틀.

발전(發展) * ① 전보다 더 좋아짐.
¶ 나라 발전에 이바지한 사람. ②일
이 잘되어 널리 뻗어나감. ¶ 발전 단
계로 접어들다.
　☞ 발달.

발전도상국(發展途上國) = 개발도상
국. ＊ 선진국보다 뒤떨어진 나라.

발전되어지다(發展~) ⇨ 발전하다.

발족되다(發足~) ⇨ 새로 만들어지다.
＊ 발족하다.

발질 = 발길질. ＊ 발로 걷어차는 짓.
{헛발질.} ¶ 아무에게나 발질하다.
　☞ 발짓.

발짐작 = 발대중. ＊ 발걸음으로 길이
나 거리를 어림잡아 헤아림.
　☞ 눈짐작. 손짐작.

발짓 * 발을 움직이는 일.
　☞ 발질.

발짝 = 발. 발자국. ＊ 걸음을 세는 하나
치. ¶ 한 발짝. 한 발. 한 발자국.
　☞ 걸음. 발자국.

발짝소리 ⇨ 발걸음소리. 발소리.

발쪽¹ 〈 벌쭉. ＊ ①조금 바라져 있는
모양. ②끝이 뾰족이 내민 모양.
③입을 벌려 소리 없이 가볍게 웃
는 모양. ¶ 발쪽 웃다.

발쪽² * 말, 소, 염소 따위 짐승의 굽에

싸인 발바닥 부분.

발 쪽 ¶ 잃어버린 가락지가 네 발 쪽에 떨어져 있구나.

발찌 * 목뒤 머리털이 난 가장자리에 생기는 부스럼.

☞ 발치.

발채 * 싸리나 대오리로 조개처럼 만들어 지게에 얹어 짐을 싣는 연모.

☞ 걸채. 바소쿠리. 바지게.

발췌(拔萃) * 책이나 글에서 필요하거나 중요한 부분을 가려 뽑아 냄.

발취(拔取) * 물건이나 글 가운데서 뽑아 냄. ¶ 제품 발취. 자료 발취.

발치 * ①누울 때 발이 있는 쪽. ¶ 발치에서 잠을 자다. ②꼬리나 아래쪽 끝 부분. {구름발치. 먼발치. 산발치. 선산발치.} ¶ 침대 발치.

☞ 발찌. 머리맡.

발칫잠 * 남의 발치에서 불편하게 자는 잠. ¶ 발칫잠을 자다.

☞ 잠.¹

발키다 ⇨ ①바치다. ②밝히다.

발터퀴 ⇨ 발떠퀴. * 사람이 가는 곳에 따라 생기는 좋고 나쁜 운수. ¶ 오늘은 발떠퀴가 사납다.

발통 ⇨ ①굴통. ②바퀴.

발틀 = ①발재봉틀. ②발기계.

☞ 손재봉틀. 손틀.

발편잠 * 마음 놓고 편안히 자는 잠.

☞ 잠.¹

발표하도록 하다(發表~) ⇨ 발표하다.

발풀무 = 골풀무. * 풀무의 한 가지.

발행년도(發行年度) ⇨ 발행 연도.

발행년월일(發行年月日) ⇨ 발행 연월일.

발회목 * 다리 끝 복사뼈 아래에 잘록하게 들어간 부분.

☞ 발목. 손목. 손회목. 팔회목.

밝다¹ 〔그〕 * ①분위기나 표정이 좋다. ¶ 얼굴이 밝다. ②어둡지 않다. ¶ 햇불이 밝다. ③잘 보이거나 잘 들리다. ¶ 눈이 밝다. ④잘 알다. ¶ 세상 물정에 밝다.

☞ 어둡다. 환하다.

밝다² 〔움〕 * 날이 새다. ¶ 동녘이 밝다. 새날이 밝다. 새해가 밝아오다.

밝은홀소리 〔陽性母音〕 = 센홀소리. ‡ 소리의 느낌이 밝고 가볍고 산뜻한 홀소리. '아, 오, 야, 요, 와, 외, 애' 따위.

☞ 어두운홀소리. 중성 홀소리.

밝을녘 = 샐녘. ‡ 날이 샐 무렵.

☞ 저물녘. 해거름.

밝혀 = 밝히어. ‡ 밝히다. {밝혀내다.} ¶ 밝혀 주다.

밝혀라 * '밝히다'의 바로 시킴꼴.

☞ 밝히라.

밝혀지다 * 감추거나 모르고 있던 것이 알려지다. ‡ '밝히다'의 입음.

☞ 드러나다.

밝히다¹ * '밝다'의 하임. ¶ 등불을 밝히다. 어둠을 밝히다.

밝히다² * ①드러나게 좋아하다. ¶ 돈을 밝히다. 여자를 밝히다. 음식을 밝히다. ②자지 않고 지내다. ¶ 밤을 밝히다. ③눈, 정신을 날카롭게 하다. ¶ 눈을 밝히고 금을 찾다. ④옳고 그름을 판단하다. ¶ 사리를 밝히다. ⑤생각, 내용, 일을 드러내 알리다. ¶ 이름을 밝히다.

☞ 바치다.²

밝히라 * '밝히다'의 건너 시킴꼴.
　☞ 밝혀라.

밟다 * ①발을 올려놓거나 걸음을 옮기다. ¶ 층계를 밟고 올라가다. ②절차나 과정을 거치다. ¶ 절차를 밟다.
　☞ 디디다. 짚다.

밟다듬이 * 옷감을 발로 밟아서 구김살이 펴지게 하는 일.
　☞ 다듬이.

밤¹ * 해가 져서 어두운 때부터 다음날 해가 떠서 밝아지기 전까지의 동안. {밤거리. 밤경치. 밤공기. 밤공부. 밤교대. 밤글. 밤기운. 밤길. 밤낚시. 밤낮. 밤놀이. 밤대거리. 밤더위. 밤뒤. 밤똥. 밤마을. 밤무대. 밤물. 밤물결. 밤물잡이. 밤바다. 밤바람. 밤밥. 밤배. 밤번. 밤비. 밤사이. 밤소경. 밤소리. 밤소일. 밤술. 밤안개. 밤업소. 밤이슬. 밤일. 밤일낮장. 밤잔치. 밤잔침. 밤잠. 밤장. 밤저녁. 밤중. 밤차. 밤참. 밤출입. 밤하늘.} {밤늦다. 밤들다. 밤새다. 밤새우다. 밤재우다.} ¶ 밤 근무. 밤 동안. 밤 말. 밤 인사. 밤을 돕다. 밤을 패다. {가을밤. 간밤(지난밤). 겨울밤. 그믐밤. 긴긴밤. 날밤. 달밤. 반밤. 봄밤. 어스름밤. 어젯밤. 여름밤. 온밤. 으스름달밤. 저지난밤. 지지난밤. 첫날밤. 하룻밤. 한밤.} ¶ 그날 밤. 그저께 밤. 글피 밤. 내일 밤. 늦은 밤. 며칠 밤. 모레 밤. 사흘 밤. 어느 날 밤. 여러 밤. 오늘 밤. 이 밤. 이틀 밤. 전날 밤.

밤² * 밤나무의 열매. {밤농사. 밤빛(밤색). 밤소. 밤알. 밤주먹. 밤즙. 밤톨.} {군밤. 송이밤. 쌍동밤. 알밤. 외톨밤. 쭈그렁밤. 쭉정밤.}

밤꽃 = 밤늦. 밤느정이. ✽ 밤나무의 꽃.

밤나무뿌리 = 신주. ✽ 죽은 사람의 위패.

밤눈 * 밤에도 잘 보는 눈. ¶ 밤눈이 밝다. 밤눈이 어둡다.
　☞ 새눈.

밤다듬이 * 밤에 하는 다듬이질.
　☞ 다듬이.

밤도둑 = 밤손님. 밤털이.

밤도망(~逃亡) = 밤도주. ✽ 남몰래 밤을 틈타 도망침. 또는 그런 도망.

밤뒤 * 밤에 똥을 누는 일. ¶ 배탈이 나서 밤뒤를 보다.

밤똥 * 밤에 누는 것이 버릇이 된 똥. ¶ 약을 먹은 뒤로 밤똥을 누지 않았다.

밤바(bumper) ㉿ ⇨ 완충기. ✽ 범퍼.

밤사이 = 밤새. ¶ 밤새 안녕하셨습니까?

밤 사이 ¶ 오늘 밤과 내일 밤 사이에 좋은 일이 있을 것이다.

밤새 = ①밤사이. ②밤새껏. 밤새도록. ¶ 밤새 이야기하였다.

밤샘 = 밤새움. ✽ 밤새우다.

밤설기 * 쌀가루에 밤을 섞어 넣고 꿀물을 내려 켜켜이 시루에 찐 떡.
　☞ 떡.¹ 쑥설기.

밤손 * 밤에 찾아온 손님. ¶ 밤손을 기다리는 주막집이 즐비하다.

밤손님 = 밤도둑. 밤털이. ¶ 어제 밤손님이 패물을 몽땅 가져가 버렸다.

밤송이 * 밤알을 싸고 있는 겉껍데기.

¶ 밤송이를 까다.

☞ 불밤송이. 송이밤.

밤자갈 = 구슬자갈. ✽ 자갈보다 굵게 깨뜨린 돌.

☞ 막돌.

밤잔물 = 밤잔숭늉. ✽ 밤을 지낸 자리끼.

밤중(~中) = 오밤중. 한밤. 한밤중. 야반. 야밤. 야밤중. ✽ 깊은 밤.

밤참 ✽ 저녁을 먹고 난 한참 뒤 밤중에 먹는 음식. ¶ 밤참으로 족발을 먹다.

☞ 낮참. 새참. 참밥.

밤털이 = 밤도둑. 밤손님.

밥¹ ✽ ①사람이 먹는 밥. {밥값. 법걱정. 밥공기. 밥그릇. 밥내. 밥뚜껑. 밥말이. 밥물. 밥물림. 밥밑. 밥밑콩. 밥벌이. 밥병신. 밥보. 밥빼기. 밥사발. 밥살. 밥상. 밥소라. 밥쌀. 밥알. 밥자배기. 밥잔치. 밥주걱. 밥주발. 밥집. 밥찌꺼기(밥찌끼). 밥통. 밥투정. 밥표. 밥풀. 밥함지.} {밥하다.} ¶ 밥 먹다. 밥 빌다. 밥 안치다. 밥 짓다. 밥 차리다. {감자밥. 강냉이밥. 강조밥. 강피밥. 고구마밥. 굴밥. 기장밥. 김밥. 김치밥. 꽁보리밥. 나물밥. 녹두밥. 메밀밥. 멥쌀밥. 무밥. 밤밥. 보리밥. 산나물밥. 상수리밥. 송이밥. 수수밥. 쌀밥. 쑥밥. 오곡밥. 옥수수밥. 이밥. 잡곡밥. 조개밥. 조밥. 좁쌀밥. 지게미밥. 진잎밥. 차조밥. 찰밥. 찹쌀밥. 채소밥. 초밥. 콩나물밥. 콩밥. 팥밥. 피밥. 햅쌀밥. 현미밥. 흰밥.} {가첨밥(덧밥). 감투밥. 고두밥. 고봉밥. 공깃밥. 고깔밥. 국밥. 기승밥. 눈칫밥. 눌은밥. 대궁밥. 덮밥. 도시락밥.

뒷밥. 드난밥. 들밥. 뚜껑밥. 마른밥. 말밥. 맨밥. 머슴밥. 못밥. 물만밥(물말이). 물밥. 바릿밥. 밤밥. 별밥. 볶음밥. 비빔밥. 새옹밥. 섬밥. 소금밥(소금엣밥). 소나기밥. 소밥. 술국밥. 약밥. 언덕밥. 장국밥. 좨기밥. 주먹밥. 중둥밥. 첫국밥. 한솥밥(한솥엣밥.)} {강정밥. 떡밥. 술밥. 식혯밥. 약밥. 지에밥.} {새벽밥. 아침밥. 점심밥. 저녁밥. 밤밥. 참밥.} {강밥. 공밥. 구메밥. 군밥. 눈칫밥. 더운밥. 된밥. 뚜껑밥. 상밥. 선밥. 소나기밥. 쉰밥. 진밥. 찬밥. 탄밥.} ②신께 올리는 밥. {사잣밥. 여동밥. 잿밥. 제삿밥(젯밥). 탁잣밥.} ③짐승의 먹이. {개밥. 고기밥. 까치밥. 낚싯밥. 날밥. 떡밥. 밑밥. 졸밥. 줄밥.}

☞ 메.² 수라. 입시. 진지. 먹이.

밥² ✽ 일을 할 때 나오는 작은 찌꺼기. {가윗밥. 갈큇밥. 까뀟밥. 끌밥. 대팻밥. 도맛밥. 바늘밥. 쇳밥. 실밥. 자귓밥. 줄밥. 톱밥.}

~밥³ ✽ 흙덩이. {가랫밥. 뗏밥. 먼가랫밥. 볏밥. 쟁깃밥. 호밋밥. 흙밥.}

밥그릇 ✽ 밥을 담는 그릇.

☞ 국그릇. 대접.¹ 주발.

밥길 ⇨ 밥줄.

밥내다 = 밥받이하다. ✽ 매로 쳐서 죄를 자백하게 하다.

밥다드미 ⇨ 밟다듬이. ✽ 밟아서 구김살이 펴지게 다듬는 일.

밥데기 ⇨ 부엌데기.

밥도둑 ✽ 입맛을 돋우어 밥을 많이 먹게 하는, 맛있는 반찬.

☞ 밥버러지. 밥벌레.

밥때 ⇨ 끼니때. 밥시간.

밥맛 * ①밥에서 나는 맛. ②입에 당기어 먹고 싶은 상태. ¶ 밥맛 당기다.
☞ 입맛.

밥맛없다 * 아니꼽고 기가 차서 상대하기 싫다. ¶ 하는 짓이 밥맛없다.

밥맛 없다 * 밥을 먹을 생각이 없다. ¶ 밥맛이 없어서 세 끼를 굶었다.

밥맛이다 ⇨ 밥맛없다.

밥밑 * 밥을 지을 때 쌀 밑에 놓는 잡곡. {밥밑콩.}
☞ 웃쌀.

밥받이하다 = 밥내다. ⁑ 매로 쳐서 죄를 자백하게 하다.

밥버러지 = 밥벌레. ⁑ 일은 하지 않고 밥만 많이 먹는 사람.
☞ 밥도둑.

밥병신(~病身) = 밥쇠. 밥자루. 밥주머니. ⁑ 밥만 축내는 사람.
☞ 밥쇠. 밥주머니.

밥보 * 밥을 많이 먹는 사람.
☞ 밥빼기.

밥보자기 * 밥이나 밥을 담은 그릇을 싸는 보자기.
☞ 밥상보.

밥빼기 * 동생이 생긴 뒤에 샘내느라고 밥을 많이 먹는 아이.
☞ 밥보.

밥상보 * 밥을 담은 그릇이나 차려 둔 밥상을 덮는 보자기.
☞ 밥보자기.

밥솥 = 솥. 솥단지. ⁑ 밥을 짓는 솥.

밥쇠 = 밥병신. 밥자루. 밥주머니.

밥숟가락 = 밥숟갈. 밥술.

밥술 * ①밥숟가락. ②살아가는 길.
¶ 밥술 먹다. 밥술 놓다. 밥술 뜨다.
☞ 밥줄.

밥시간(~時間) = 끼니때.

밥웃물 ⇨ 밥물.

밥자루 * ①거지가 다니며 밥을 얻어 넣는 자루. ②밥병신.
☞ 밥병신. 밥주머니.

밥자리 = 일자리. ⁑ 직장.
☞ 밥줄.

밥장사 * 밥을 짓고 음식을 만들어 파는 일. ¶ 밥장사를 시작하다.

밥장수 * 밥장사를 하는 사람.

밥주머니 * ①밥을 담는 주머니. ②밥병신. 밥자루. ③밥통. ⁑ 위.

밥주발(~周鉢) = 주발. ⁑ ①놋쇠 밥그릇. ②하나치. ¶ 밥 한 주발.

밥줄 * ①목구멍에서 밥통으로 가는 길. ②먹고살아 가는 방법, 수단.
☞ 밥술. 밥자리.

밥 짓다 = 밥하다.

밥찌끼 = 밥찌꺼기. ⁑ 밥을 먹은 뒤 남아서 버리는 음식물.
☞ 대궁. 대궁밥.

밥통(~桶) * ①밥을 담는 통. ¶ 대나무 밥통. ②위. 위장.

밥티 ⇨ 밥알.

밥풀 * ① 밥알. {밥풀강정. 밥풀과자. 밥풀눈. 밥풀눈이.} ②풀 대신에 쓰려고 이긴 밥알. {밥풀질. 밥풀칠.}
☞ 갖풀. 민어풀. 밀풀. 부레풀.

밧다리 ⇨ 밭다리. 바깥다리. ¶ 밭다리 걸기. 밭다리 후리기.

밧테리(battery) ⇨ ①축전지. ②건전지. ⁑ 배터리.

밧줄 = 바. 참바. ⁑ 삼 따위로 세 가닥

을 지어 굵다랗게 드린 줄.

방[1] * 사람이 살거나 일을 하려고 벽으로 막아 만든 칸. {방고래. 방구석. 방머리. 방문. 방문턱. 방밑. 방바닥. 방비. 방세. 방세간. 방치레.} ¶ 방 안. 방 앞. 방 한구석. {각시방. 건넌방. 건넛방. 골방. 공부방. 구들방(온돌방). 구석방. 규방(도장방). 글방. 냉방(찬방). 다락방(다락). 뒷방. 뜰아랫방(아랫방). 마루방. 머릿방. 머슴방. 문간방. 바깥방. 부엌방. 사랑방(손청방). 사첫방. 산방. 살림방. 셋방. 손님방. 안방. 옆방. 윗방. 작은방. 장판방. 주방. 큰방. 토방. 해산방. 행랑방. 흙방.} {가겟방. 갓방. 구둣방. 꽃방. 노래방. 놀이방. 도장방. 다방. 독방. 머리방. 복덕방. 봉놋방. 빨래방. 여관방. 자취방. 하숙방. 호텔방.} {각방. 한방.} ¶ 방 안. 방 앞. 방 한구석. 어머니 방. 오빠 방. 동생 방. 내 방. 네 방. ¶ 방이 넓다. 방을 놓다. 방 들이다. 방이 비다. 방을 빼다.
☞ 실.[2]

방[2](方. 房) [왜] ⇨ 댁. 집. ⁑ 편지 겉봉의 집주인 이름 뒤에 씀.

방가로(bungalow) [왜] ⇨ ①산막. ②별장. ⁑ 방갈로.

방값 ⇨ 방세.

방고래 = 고래. ⁑ 구들장 밑으로 불길과 연기가 나가는 길.

방구 ⇨ 방귀.

방구다 ⇨ 방이다. ⁑ 어떤 부분을 힘 있게 후려치다. ¶ 가슴을 한방 방이다.

방구들 = 온돌. ¶ 방구들을 놓다.

방구리 = 동방구리. ⁑ ①동이보다 작고 배가 부른 질그릇. {술방구리. 알방구리. 풀방구리.} ②하나치. ¶ 술 한 방구리. 물 두 방구리.
☞ 동이.[1]

방귀 = 가죽피리. {입방귀. 잔방귀. 잦은방귀. 줄방귀. 콧방귀. 헛방귀.} {방귀쟁이.} ¶ 방귀 냄새. 방귀 소리. 방귀를 뀌다. 방귀가 나오다.

방글방글 〈 벙글벙글. ⁑ 소리 없이 입만 벌리고 웃는 모양.

방금 * ① 바로 조금 전. ¶ 방금 한 말. ② 바야흐로 지금. ¶ 방금 끝나다.
☞ 금방. 시방. 지금.

방금전(~前) ⇨ 방금.

방긋방긋 〈 벙긋벙긋. ⁑ 소리 없이 입만 벌리고 웃는 모양.
☞ 상긋상긋.

방까이하다 〔挽回~〕 [왜] ⇨ 돌이키다. 되돌리다. 따라잡다.

방나다[1] * 집안의 재물이 모두 다 없어지다.

방나다[2](榜~) = 탁방나다. ⁑ 합격자가 발표되다.

방 나다(房~) = 방이 나다. ⁑ 빈방이 생기다.

방년(芳年) * 꽃나이. ⁑ 스무 살 안팎의 계집애.
☞ 약관. 화년.

방돌 ⇨ 구들장.

방둥이 * 짐승의 엉덩이. ¶ 방둥이가 큰 암소.
☞ 궁둥이. 엉덩이. 볼기.

방망이[1] * ①참고할 만한 일을 적은

책. ②시험 때 몰래 보려고 만든 쪽지.

방망이² * 치거나 두드리는 데 쓰는 길죽한 연모. {방망이질. 방망이찜질.} {금방망이. 끌방망이. 다듬잇방망이. 도깨비방망이. 된방망이. 벼락방망이. 부닥방망이. 불방망이. 빨랫방망이. 솜방망이. 신골방망이. 쑥방망이. 엿방망이(엿죽방망이).} {열방망이. 을러방망이.} ¶ 나무 방망이. 박달나무 방망이. 야구 방망이. 육모방망이. ¶ 방망이 한 짝. 방망이를 휘두르다.

☞ 몽둥이.

방망이꾼 = 갈개꾼. 방해꾼. 불땔꾼. 헤살꾼. 훼방꾼. 흑싸리.

방물 * 여자가 쓰는 여러 가지 잡살뱅이 물건. * 화장품, 바느질 연모, 패물 따위. {방물가. 방물장사. 방물판.} ¶ 방물 보따리.

☞ 황아.

방물색떡(方物色～) ⇨ 갖은색떡. * 갖가지 모양을 만들어 붙인 색떡.

방물장사 * 방물을 팔러 다니는 일.

방물장수 * 집집에 찾아다니며 방물을 파는 여자. ¶ 방물장수 여편네.

☞ 시겟장수. 어리장수. 황아장수.

방밖에 ¶ 편히 쉴 곳은 내 방밖에 없다. * '밖에'는 토씨.

방 밖에 ¶ 젖은 옷은 방 밖에 내놓아라. * '밖'은 이름씨.

방방곳곳(坊坊曲曲) ⇨ 방방곡곡. * 골골샅샅.

방불케 하다 ⇨ 방불하다. * 거의 비슷하다.

방사하다(放飼～) ㉖ ⇨ 놓아기르다. 놓아먹이다. * 방목하다.

방석 * ①앉을 때 까는 깔개. {방석덮개.} {가맛방석. 공기방석. 꽃방석. 널방석. 다듬잇방석. 도래방석. 돈방석. 두트레방석. 뒤트레방석. 맷방석. 바늘방석(송곳방석). 부들방석. 살방석. 줄방석. 짚방석. 초방석(풀방석). 털방석. 트레방석.} ¶ 비단 방석. ②무엇을 넣거나 덮는 물건. {시룻방석.}

☞ 깔개. 돗자리.

방석집 = 요릿집. * 기생을 두고 술과 요리를 파는 집.

☞ 내외술집. 안방술집. 안침술집.

방숫둑(防水～) = 물막잇둑.

방싯 = 방싯이. ¶ 방싯 웃다.

방아 * ①곡식 따위를 찧거나 빻는 연모와 설비. {방아질. 방아품. 방앗삯.} ¶ 방아 타령. 방아 찧다. * 물방아. 구유방아(통방아). 물레방아. 밀방아. 디딜방아. 두다리방아. 외다리방아. 쌍방아. 연자방아(돌방아). 탁탁방아. 맞방아.} {떡방아. 보리방아. 삯방아.} ②방아 찧듯 하는 모양. {고갯방아. 무릎방아. 붓방아. 엉덩방아. 이마방아. 입방아. 코방아. 품방아.}

☞ 절구.¹ 확.²

방아깨비 * 메뚜깃과에 딸린 벌레.

☞ 여치.

방아두레박 * 지렛대처럼 만들어서 우물물을 푸는 두레박.

☞ 두레박. 타래박.

방아확 = 확. * 방아 찧을 때 곡식을 넣는 절구 모양으로 우묵하게 판돌.

방앗간(~間) * 방아로 곡식을 찧거나 빻는 곳. {디딜방앗간. 매방앗간. 물방앗간. 연자방앗간.}

방앗고 ⇨ 방앗공이.

방앗공이 * 방아확 속에 든 곡식 따위를 찧는 데 쓰는 길쭉한 몽둥이.
☞ 절굿공이.

방어하다(防禦~) * (공격을) 막다. ¶ 공격을 방어하다. 선수권을 방어하다.
☞ 방위하다.

방언(方言) * ① 고장말. ② 사투리 ③ 시골말.
☞ 서울말. 표준어.

방울[1] * ① 작고 동그란 액체 덩이. {기름방울. 눈물방울. 땀방울. 물방울. 빗방울. 이슬방울. 침방울. 핏방울.} {방울지다.} ¶ 공기 방울. ② 하나치. ¶ 기름 한 방울. 눈물 한 방울. 물 한 방울.

방울[2] * ① 얇은 쇠붙이로 소리가 나도록 만든 둥근 물건. {금방울. 당방울. 말방울. 말종방울. 매방울. 왕방울. 은방울.} ¶ 청동 방울. 방울 소리. ② 방울처럼 생긴 물건. {구슬방울. 눈방울. 비눗방울. 솔방울. 콧방울.}
☞ 종.[2]

방울진(~陣) = 고동진. 고리진. 도래진. 멍석말이. ⁑ 군사. 농악.

방위하다(防衛~) * (공격이나 침력을) 막아서 지키다.
☞ 방어하다.

방자 = 방자질. ⁑ 남이 못되도록 귀신에게 비는 일. {방자하다.}

방자고기 * 씻지도 않고 다른 양념 없이 소금만 뿌려 구운 고기.
☞ 불고기. 쟁기고기.

방장(房帳) = 휘장. ⁑ 커튼.
☞ 모기장.

방적(紡績) ㉺ ⇨ 실낳이. 실뽑기. 실잣기.
☞ 방직

방적선(紡績腺) ㉺ ⇨ 실샘.

방정 * 말이나 행동을 가볍게 하는 일. {방정꾸러기. 방정꾼.} {녹두방정. 오두방정. 입방정.} {방정맞다. 방정스럽다.} ¶ 방정 떨다. 오두방정 떨다.

방정하다(方正~) * ① 하는 일이 바르고 점잖다. ② 네모지고 반듯하다.
☞ 단정하다.[2]

방죽 = 둑. ⁑ 물이 밀려들어 오는 것을 막으려고 쌓은 둑.

방증(傍證) * 주변 상황 따위 간접적으로 뒷받침하는 증거. ¶ 방증 자료.
☞ 반증. 입증. 증명.

방직(紡織) * 실을 뽑고 베를 짜고 물을 들이는 일을 통틀어 이르는 말.
☞ 방적.

방직이(房直~) ⇨ 방지기. ⁑ 방을 지키는 사람.

방짜 * 녹여 부은 놋쇠를 망치질하여 만든 물건. ¶ 방짜 대야. 방짜 유기.
☞ 안성맞춤. 주물 유기.

방축(防築) ⇨ 방죽.

방출시키다(放出~) ⇨ (돈, 농산물, 수산물 따위를) 내놓다. ⁑ 방출하다.

방춧돌(棒鎚~) ⇨ 다듬잇돌.

방치해 두다(放置~) ⇨ 내버려 두다. ⁑ 방치하다.

방해꾼(妨害~) = 갈개꾼. 방망이꾼. 불땔꾼. 헤살꾼. 훼방꾼. 흑싸리.

방해하다(妨害~) = 헤살 놓다. 훼방하다. 훙글방망이놀다.

방향타(方向舵) = 방향키. ⁑ 비행기.

방화(邦畵) ㉫ ⇨ 우리나라 영화.

방황하다(彷徨~) * 아무 목적 없이 이곳저곳을 돌아다니다. ☞ 헤매다.

밭[1] * ①밭농사를 짓는 땅. {밭걷이. 밭매기. 밭머리. 밭이랑. 밭일. 밭작물. 밭쟁이. 밭틀. 밭틀길.} {밭갈이하다. 밭뒤다.} ¶ 밭 갈다. 밭 매다. {감귤밭. 감자밭. 고추밭. 남새밭. 딸기밭. 목화밭. 무밭. 밀밭. 밤밭. 보리밭. 삼밭. 상추밭. 수박밭. 약초밭. 원두밭.} {가을밭. 건밭. 그루밭. 도짓밭. 뒷밭. 묵밭(묵정밭). 사래밭. 씨받이밭. 앞밭. 종중밭.} {구름밭. 더기밭. 들밭. 따비밭. 뙈기밭. 산밭. 울안밭. 자드락밭. 층계밭. 텃밭.} ②푸나무가 우거진 땅. {가시밭. 갈밭(갈대밭). 대밭. 띠밭. 새밭. 솔밭. 쑥대밭(쑥밭). 억새밭. 잔디밭. 잔솔밭. 풀밭.} ③무엇이 널려 있는 땅. {감탕밭. 개똥밭. 갯밭. 검불밭. 너덜밭. 돌서덜밭. 모래밭. 소금밭(염밭). 자갈밭. 조약밭. 펄밭.} {눈밭. 지뢰밭. 표밭.}

밭~[2] * 바깥. {밭걸이. 밭다리. 밭벽. 밭빗면. 밭쪽.}

밭갈이 * 밭을 가는 일. {밭갈이소리. 밭갈이철.} {밭갈이하다.}

☞ 밭부침.

밭걸이 = 밭다리걸기. ⁑ 씨름 솜씨의 한 가지.

밭고랑 = 밭골. ⁑ 밭이랑 사이에 홈이 진 곳. ☞ 논고랑. 밭이랑.

밭곡(~穀) = 밭곡식. 들곡식. ⁑ 감자. 메밀. 목화. 보리. 깨. 콩. ☞ 논곡.

밭귀 = 밭귀때기. ⁑ 밭의 귀퉁이. ☞ 밭머리.

밭길 * 밭 사이로 난 좁은 길. ¶ 논길, 밭길, 고갯길로 해서 십 리를 걸었다. ☞ 논길.

밭다[1] * ①액체가 바짝 졸아서 말라붙다. ¶ 가물어 샘물까지 밭아 버렸다. ②몸이 여위다. ¶ 환자가 몸이 밭고 힘이 없어 보이다. ③근심, 걱정으로 안타깝고 조마조마해 지다. ¶ 애가 밭고 간이 타는 노릇이다. ☞ 뱉다.

밭다[2] * 체로 거르다. ¶ 술을 밭다. 젓국을 밭다.

밭다[3] * ①시간이나 공간이 다붙어 몹시 가깝다. ¶ 천장이 밭다. 약속 날짜가 너무 밭다. ②길이가 짧다. ¶ 목이 밭은 사람. ③음식을 가려 먹거나 먹는 양이 적다. ¶ 입이 밭다. ④지나치게 아끼다. ¶ 돈에 밭다.

밭다[4] * 열중하거나 즐기는 정도가 너무 심하다. ¶ 먹는 데 밭다. 색에 밭다.

밭다[5] * 숨이 가쁘고 급하다. ¶ 밭은 숨을 몰아쉬다.

☞ 받다.[4]

밭단골 = 무당서방. ‡ 무당의 남편.

밭도랑 = 밭돌. ‡ 밭의 가장자리에 둘러져 있는 도랑.
　☞ 논도랑. 논두렁.

밭두덕 ⇨ ① 밭두렁. ② 밭둑.

밭두덩 ⇨ ① 밭두렁. ② 밭둑.

밭두렁 * 밭과 밭 사이의 경계를 이루는 부분.
　☞ 논두렁. 밭도랑. 밭둑.

밭두렁콩 ⇨ 머드레콩.

밭둑 * 밭 가장자리에 둘려 있는 둑. {밭둑가. 밭둑길.}
　☞ 논둑. 밭두렁.

밭들 * 밭으로 된 들판.
　☞ 밭틀.

밭떼기 ⇨ ① 밭떼기. ② 밭뙈기.

밭떼기 * 농산물을 밭에 서 있는 채로 몽땅 사들이는 일. {밭떼기하다.}
　☞ 상자떼기. 차떼기.

밭뙈기 * 얼마 안 되는 조그마한 밭. ¶ 손바닥만 한 밭뙈기에 농사를 짓다.

밭마당 = 바깥마당. ‡ 대문 밖에 있는 마당. 또는 바깥채에 딸린 마당.

밭매기 * 밭의 김을 매는 일. {밭매기하다.}
　☞ 김매기. 논매기.

밭머리 * 밭이랑의 양쪽 끝. {밭머리쉼. 밭머릿길.}
　☞ 밭귀.

밭벽(~壁) = 바깥벽.

밭부모(~父母) = 바깥부모. 바깥어버이. ‡ 아버지.

밭부침 * 밭을 부치는 일. {밭부침하다.}

☞ 밭갈이.

밭사돈(~査頓) = 바깥사돈.
　☞ 사돈.

밭상제(~喪制) = 바깥상제. ‡ 남자 상제.

밭어버이 = 바깥어버이. 밭부모. ‡ 아버지.
　☞ 안어버이.

밭이다[1] * ① '밭다'의 입음. ¶ 체에 밭인 젓국. ② '밭다'의 하임. ¶ 깨를 씻어 체에 밭이라고 한다.
　☞ 바치다. 밭치다.

밭이다[2] ¶ 남새를 심는 땅은 밭이다. ‡ 밭(이름씨) + 이다(토씨).

밭이랑 * 두 밭고랑 사이에 두두룩하게 흙을 올려서 곡식을 심는 자리.
　☞ 물이랑. 밭고랑.

밭장기 ⇨ 박장기. ‡ 바둑과 장기.

밭장다리 * 두 발끝이 바깥쪽으로 벌어진 다리. 또는 그런 사람.
　☞ 안짱다리.

밭주인(~主人) = 바깥양반. 바깥주인. 밖주인. 사랑양반.

밭 주인(~ 主人) * 밭의 임자.

밭집 = ① 민가. ② 농막.

밭쪽 = 바깥쪽.

밭치다 * '밭다'의 강조. ‡ 체로 거르다. ¶ 술을 밭치다. 젓국을 밭치다.
　☞ 바치다.[1] 받치다.[1] 받히다. 밭이다.

밭틀 * ① 밭틀길. ② 밭이 있는 어느 구획이나 지역.
　☞ 밭들.

밭팔다 * 여자가 몸을 팔아 살아가다.

밭 팔다 * 돈을 받고 밭을 다른 사람에게 넘기다.

밭히다 ⇨ ① 받히다. ② 밭이다. ③ 밭
치다.

배[1] * 물 위에 떠다니는 탈것. {배꼬리
(고물. 뱃고물). 배꾼(뱃사람. 뱃
놈). 배낚시. 배다리. 배따라기. 배
말뚝(뱃말). 배질. 배편. 뱃간. 뱃고
동. 뱃고물. 뱃기구. 뱃길. 뱃노래.
뱃놀이. 뱃도랑. 뱃마루. 뱃머리. 뱃
멀미. 뱃바람. 뱃밥. 뱃사공. 뱃삯
(뱃세). 뱃소리. 뱃일. 뱃전. 뱃줄.
뱃짐.} {가랑잎배. 나뭇잎배. 종이
배. 갈대배. 떼배. 띠배.} {거룻배.
구유배. 나룻배. 물윗배. 쌍동배. 조
각배. 쪽배. 통나무배(마상이). 통통
배.} {기름배. 그림배. 놀잇배. 늘배.
싸움배. 장삿배. 짐배. 흙배.} {고기
잡이배(고깃배). 갈치배. 고래잡이
배. 낚싯배. 몰잇배. 새우잡이배. 오
징어잡이배. 조깃배. 주낙배. 챗배.}
¶ 배를 대다. 배를 띄우다. 배를 젓
다. 배 두 척. * 거루. 낚거루. 당도
리. 두멍거루. 마상이. 만장이. 야거
리. 중선. 화륜선. 거북선. 기선. 화
물선. 여객선. 유조선. 보트. 군함.

배[2] = 배때. 배때기. 배통. 배통이.
* 사람이나 동물의 몸에서 가슴과
엉덩이 사이. {거위배(횟배). 꾀배.
맹꽁이배(올챙이배). 아랫배. 윗배.
헛배.} {배고프다. 배곯다. 배다르
다. 배부르다. 배붙이다.} ¶ 배 나오
다. 배 내밀다. 배 두드리다. 배 따
다. 배 맞다. 배 아프다. 배 앓다. 배
채우다.

배[3] * 짐승이 새끼를 낳거나 알을 까는
번수. {첫배(맏배). 종배.} ¶ 돼지는

한 배에 새끼를 대여섯 마리씩 낳
는다.

배[4] * 배나무의 열매. ¶ 배를 깎아 먹
다. 물이 많고 단 배.

배가시키다(倍加~) ⇨ 갑절로 늘리
다. * 배가하다.

배갈 = 고량주. * 차이나의 토박이 술
이름.

배값 ⇨ 뱃값. * 배를 사고 파는 값.

배고사(~告祀) * 갯마을에서 배서낭
(배의 신)에게 지내는 고사. * 민속.
☞ 뱃고사.

~배기 * ① 그 나이를 먹은 아이. ¶ 두
살배기. 세 살배기. ② 그것이 들어
있거나 차 있는 것. {나이배기. 알배
기.} ③ 그러한 물건. {가짜배기. 공
짜배기. 대짜배기. 알짜배기. 조짜배
기. 진짜배기.} ④ 그 밖. {고정배기.
굳짜배기. 귀퉁배기. 느루배기. 양코
배기. 언덕배기. 육자배기. 주정배
기. 코배기. 코쭝배기. 포배기. 혀짤
배기. 황토배기. 뚝배기. 학배기.}
☞ ~박이.[2] ~뱅이. ~빼기. ~짜리.[1]

배기다[1] * 몸이 닿는 바닥에 단단한 것
이 받치다. ¶ 등이 배기다.
☞ 박이다.[2] 받치다.[2]

배기다[2] * ① 어려운 일을 참고 견디
다. ¶ 일이 힘들어서 배겨 내지 못
한다. ② 꼭 하고야 만다. ¶ 너를 보
지 않고는 배길 수 없다. * 뒤에 부
정하는 말이 옴.
☞ 박히다.

배꾸레 ⇨ 뱃구레. * 사람이나 짐승의
배 속.

배꾸멍 ⇨ 배꼽.

배끌그물 = 배후릿그물. 배후리. ‡ 그물의 한 가지.

배내[1] * 남의 집짐승을 길러서 다 자라거나 새끼를 낳은 뒤 주인과 나누어 가지는 일. {배냇닭. 배냇돼지. 배냇소.}

☞ 도지.[1]

배내~[2] * 엄마 배 속에 들어 있을 때의. {배내똥. 배내털. 배냇냄새. 배냇머리. 배냇물. 배냇버릇. 배냇병신. 배냇불행. 배냇적. 배냇짓.}

배내기 ⇨ 배내.

배내옷 = 배냇저고리. 깃저고리. ‡ 갓난아이에게 입히는 옷.

배내웃음 ⇨ 배냇짓. ‡ 갓난아이가 자면서 하는 짓.

배냇니〔乳齒〕 = 젖니. ‡ 젖먹이 때 나서 뒤에 가는 이. 모두 20개임.

☞ 간니. 덧니. 벋니. 사랑니. 송곳니. 앞니. 어금니. 엄니. 옥니.

배다[1] * ① 액체나 냄새가 스며들거나 스며 나오다. ¶ 땀이 배다. 웃음이 배어 나오다. ② 버릇이 되어 몸에 익다. ¶ 손에 배다. ③ 생각이나 느낌이 깊이 느껴지거나 오래 남다. ¶ 우리말 속에는 우리 얼이 배어 있다.

☞ 스미다. 젖다.[2]

배다[2] * ① 아직 피지 아니한 이삭을 잎이나 껍질이 싸고 있다. ¶ 알을 배다. ② 배 속에 아이나 새끼나 알이 들어 있다. ¶ 새끼를 배다.

배다[3] * ① 속이 꽉 차서 빈틈이 없다. ② 사이가 매우 촘촘하다. ¶ 모를 배게 심다. ③ 생각이 좁다. ¶ 속이 너무 배서 큰 사람은 못 되다.

☞ 베다. 성기다.

배다른 자식(~子息) * 아비는 같고 어미가 다른 자식.

☞ 각성바지. 각아비자식.

배다른 형제(~兄弟) = 줄무더기형제. ‡ 아비는 같고 어미가 다른 형제.

배달 * 옛 우리나라의 이름. {배달겨레. 배달나라. 배달말. 배달족.}

배달나무 ⇨ 박달나무. ‡ 나무 이름.

배당율(配當率) ⇨ 배당률. ‡ 니은을 뺀 받침 뒤에는 ‘률’임.

배돌다 〈 베돌다. ‡ ① 어울리지 않고 동떨어져 지내다. ② 가까이하지 않다.

배동받이 ⇨ 배동바지. ‡ 벼가 알이 들 무렵.

배듬하다 = 배스듬하다 〈 비스듬하다. ‡ 한쪽으로 조금 기운 듯하다.

배딱이 〈 비딱이. ‡ 한쪽으로 조금 기운 듯하게.

배때지 ⇨ 배. 배때. 배때기. 배통.

배라먹다 〈 빌어먹다.

배래[1]〔遠洋〕 = 난바다. ‡ 멀리 떨어져 있는 바다 위.

☞ 갓바다.

배래[2] = ① 배래기. ‡ 물고기의 배. {붕어배래기.} ② 소맷배래기. ‡ 한복의 소매에서 물고기 배처럼 불룩하게 둥글린 부분.

배렬하다(排列~) ⇨ 배열하다.

배리다 〈 비리다. ‡ 물고기에서 배린 냄새가 나다.

배리치근하다 = 배리착지근하다. 배착지근하다. ‡ 맛이나 냄새가 비리다.

배릿이 * 배릿하게. ‡ 배릿하다.

배멀미 ⇨ 뱃멀미.

배메기 = 반타작. ‡ 소작료를 소출의 절반으로 매기는 일.
　☞ 타작.

배미 = 논배미. ‡ ①논두렁으로 둘러싸인 논의 구역. {방죽배미. 찬물배미.} ②하나치. ¶ 논 열 배미. 천둥지기 세 배미.
　☞ 마지기. 섬지기.

배배 꾀다 = 배배 꼬이다.

배뱅이굿 ⇨ 배뱅잇굿. ‡ 서도 창극의 하나.

배부장나리 = 배불뚝이. 배뚱뚱이. ‡ 배가 불뚝하게 나온 사람이나 물건.

배불룩이 ⇨ 배불뚝이. 배뚱뚱이. 배부장나리.

배붙이다[1] * 배를 나루턱이나 부두에 대다.

배붙이다[2] * 씨름에서 서로 배를 대다.

배비다 ⇨ 뱌비다. 〈 비비다. ¶ 뺨을 뱌비다.

배비대다 ⇨ 뱌비대다. 〈 비비대다.

배비작거리다 ⇨ 뱌비작거리다. ‡ 두 물체를 가볍게 문지르다.

배빚배빚 ⇨ 뱌비작뱌비작.

배상(賠償) * 불법한 일로 남에게 끼친 손해를 물어 주는 일. {배상하다.}
　☞ 변상. 보상. 판상.

배서(背書) ⇨ 뒷보증.

배 속 = 배 안. 뱃구레. ¶ 배 속에서 아기가 움직이다.
　☞ 뱃속.

배송골이(白松~) ⇨ 백송고리. ‡ 사냥하는 매의 하나.

배송마(拜送馬) = 싸리말. ‡ 배송굿을 하면서 두신을 보내는 의식에 씀.

배슷이 = 배슷이. ‡ 한쪽으로 조금 기울어지게.

배실거리다 ⇨ 배슬거리다.

배아리 ⇨ 배앓이.

배 아프다 * ①배탈이 나다. ②남이 잘 되는 것을 보면 심술이 나다.

배 안 = 배 속. 뱃구레.
　☞ 뱃속.

배알 = 밸. ‡ ①창자. ②속마음. ③부아. 성미. ¶ 배알이 꼴리다. 배알이 뒤틀리다. ④배짱. ¶ 배알이 세다.

배암 ⇨ 뱀.

배암장어(~長魚) ⇨ 뱀장어. ‡ 민물 장어.

배알다 ⇨ 밸다.

배양시키다(培養~) ⇨ ①기르다. ②키우다. ‡ 배양하다.

배어 나오다 = 스며 나오다. ¶ 기름이 배어 나오다.

배어들다 = 스며들다.

배우다 = 배워먹다. ‡ ①지식, 기술, 교양을 얻다. ②남의 행동, 태도를 본받아 따르다. ③경험하여 깨닫다. ④버릇이 몸에 붙다.
　☞ 공부하다. 익히다.[2]

배운무당 * 세습무 집안에서 자랐지만 진짜 무당이 되지 못한 무당.
　☞ 세습무. 학습무.

배웅하다 * 떠나는 사람을 얼마쯤 따라가서 보내다. ¶ 배웅 나가다. 배웅 나오다. 배웅을 받다. 배웅해 주다.
　☞ 마중하다.

배워먹다 = 배우다. ‡ 낮은말.

배워주다 ⇨ 가르쳐 주다.

배이다 ⇨ 배다. ‡ 냄새, 기름, 물기,

버릇 따위.

배장수 * 남의 비밀을 캐내어 말을 퍼 뜨리고 변을 꾸미는 사람.
　☞ 뱃장수.

배재기 * 아이를 배어 배가 부른 여자.
　☞ 배지기.

배주룩이 = 배죽이. 배죽. * 물체의 끝이나 입을 내민 모양.

배지(badge) * 휘장. 보람. {금배지. 은배지.} ¶ 기념 배지. 국회의원 배지.
　☞ 빼지.

배지기 * 씨름 기술의 하나. {엉덩배 지기. 오른배지기. 왼배지기.}
　☞ 배재기.

배짱 * 굽히지 않고 버티는 힘. {똥배 짱. 배짱부리다.} ¶ 배짱 내밀다. 배 짱 대다. 배짱 맞다. 배짱 세다. 배 짱 좋다. 배짱 퉁기다. 배짱 튀기다.
　☞ 보짱. 뱃심.

배창내다 ⇨ 배참하다. * 꾸지람을 듣 고 다른 데다 화풀이하다.

배창자 = 창자. {곧창자(곧은창자). 막 창자. 샘창자. 작은창자. 큰창자.}

배척거리다 ⇨ 배착거리다. * 몸을 한 쪽으로 배틀거리거나 잘록거리며 걷다.

배척지근하다 ⇨ 배착지근하다. 배리 착지근하다.

배추씨장사 * 보잘것없는 일. 또는 그 런 일을 하는 사람.

배추씨 장사 * 배추씨를 파는 일.

배출시키다(排出~) ⇨ 내보내다. * 배출하다.

배치시키다(配置~) ⇨ (사람이나 물 자를 알맞은 자리에) 두다. * 배치 하다.

배코 * 상투를 앉히는 자리. {배코질. 배코칼. 배콧자리.} ¶ 배코를 치다.
　☞ 상투.

배탱이 ⇨ 바탱이. * 오지그릇의 하나.

배턴(baton) = 바통. 막대. * 이어달 리기에 씀. ¶ 배턴을 넘기다.

배턴 터치(baton touch) ⇨ ①막대 건네기. ②막대 받기. * 이어달리기.

배트러지다 ⇨ 배틀어지다.

배틀걸음 〈 비틀걸음. * 몸을 가누지 못하고 쓰러질 듯이 걷는 걸음.
　☞ 걸음.

배후리 = 배후릿그물. 배끌그물. * 고 기잡이 그물의 하나.

백(白) ⇨ 사룁니다. 아룁니다. * 우리 말을 이두로 적은 것.
　☞ 이두.

백계노인(白系露人) ⇨ 백계 러시아 사람.

백곰〔白熊〕 = 흰곰. 북극곰.

백날[1](百~) = 백일. * 태어난 지 백 일이 되는 날.

백날[2](百~)〔어〕 * ①아주 오랜 날 동안. ¶ 백날 봐야 모른다. ②늘. 언 제나. ¶ 백날 말로만 떠든다. * 부정 하는 말과 어울림.

백냥(百~) ⇨ 백 냥. * 아라비아숫자 뒤에는 붙여 쓸 수 있음. {100냥.}

백년(百年) * 오랜 세월. {백년가약 (백년언약. 백년지약). 백년대계. 백 년손님(백년지객). 백년지계. 백년 하청. 백년해로.}

백 년(百 年) ¶ 백 년간. 백 년 내. 백

년 동안. 백 년 전. 백 년 후. 몇 백
년. 수백 년. ✳ ‘백’은 매김씨, ‘년’은
하나치임.

백년초(百年草) = 선인장. ✳ 식물 이름.

백두대간(白頭大幹) ✳ 백두산에서 시
작하여 금강산, 설악산, 태백산, 소
백산을 거쳐 지리산으로 이어지는
우리나라 중심 산줄기. ✳ 백두대간.
14정간. 정맥. {백두대간. 장백정간.
청북정맥. 청남정맥. 해서정맥. 한북
정맥. 한남정맥. 임진북예성남정맥.
금북정맥. 금남정맥. 한남금북정맥.
금남호남정맥. 낙동정맥. 낙남정맥.
호남정맥.}
　☞ 산맥.

백러시아(白～) ⇨ 벨로루시. ✳ 나라
이름.

백림(伯林) ⇨ 베를린. ✳ 땅 이름.

백말〔白馬〕 ⇨ 백마. 흰말.

백먹(白～) ⇨ 분필.

백목련(白木蓮) = 목란. ✳ 나무 이름.
　☞ 목련.

백묵¹(白～) ✳ 녹말로 쑨 흰 묵. ✳ 음식
이름.
　☞ 녹말묵. 노랑묵.

백묵²(白墨) 倭 ⇨ 분필.

백미러〔rear view mirror〕倭 ⇨ 뒷
거울.
　☞ 사이드미러.

백배¹(百拜) ✳ 여러 번 절을 함. {백배
사례. 백배사죄. 백배치사. 백배치
하.}

백배²(百倍) ✳ 아주 많이. ¶ 용기가 백
배나 솟구치다.

백 배(百 倍) ✳ 백 곱절. ¶ 십의 백 배

는 천이다.

백번(百番) ✳ ① 여러 번 거듭. ¶ 백번
말해도 소용없다. ② 전적으로. ¶ 백
번 잘한 일이다. 백번 낫다. 백번 맞
다.

백 번(百 番) = 백 차례. ¶ 턱걸이를
백 번 하다.

백보지(白～) ⇨ 밴대. 밴대보지. 알
보지. ✳ 거웃이 없는 어른의 보지.

백분률(百分率) ⇨ 백분율. ✳ 니은이
나 홀소리 뒤에는 ‘율’임.

백비탕(白沸湯) = 맹물탕. ✳ 끓인 맹물.

백성(百姓) ✳ ① 나라의 바탕인 뭇사
람. ② 양반이 아닌 뭇사람. {촌백성.}
　☞ 국민. 겨레.

백송골(白松骨) = 백송고리. ✳ 매의
한 가지.

백수¹(白手) ✳ ① 맨손. ② 백수건달.
✳ 돈 한 푼 없이 놀고먹는 건달.
　☞ 건달. 놈팡이.

백수²(白壽) ✳ 아흔아홉 살.

백어(白魚) ⇨ 뱅어. ✳ 바닷고기. {뱅
어젓. 뱅어찌개. 뱅어포. 뱅엇과.}

백이의(白耳義) ⇨ 벨기에. ✳ 나라 이름.

백일(百日) = 백날. ✳ 아이가 태어난
날로부터 백 번째 되는 날. {백일잔
치.} ¶ 백일 떡. 백일 사진.
　☞ 백날.¹

백 일(百 日) ¶ 백 일 동안 입원했다.

백장 ✳ 집짐승을 잡는 일을 직업으로
하는 사람. {개백장. 소백장.}
　☞ 고리백장.

백정(白丁) ⇨ ① 백장. ② 고리백장.

백제 ⇨ 백줴. 백주에.

백조¹(白鳥) ✳ 해오라기, 왜가리, 고니

따위 빛깔이 흰 새를 두루 일컬음.

백조[2](白鳥) [왜] ⇨ 고니. {고니알.} {검은고니. 흰고니.} ‡ 겨울새의 하나.

백조의 호수(白鳥~湖水) [왜] ⇨ 호수에 노니는 고니. ‡ 발레 모음곡 이름.

백주에(白晝~) = 백줴. ‡ 드러내 놓고 터무니없이 억지로.

백죽(白粥) ⇨ 흰죽.

백중(百中) = 백중날. ‡ 음력 칠월 보름. 승려들이 부처님을 공양하는 큰 명절. {백중놀이. 백중맞이. 백중물. 백중사리. 백중장.}

백줴 = 백주에. ¶ 보상가라고 주는 게 백줴 거저 뺏는 것과 다름없다.

백지(白~) = 백. ‡ 바둑돌의 흰 알.
☞ 흑지.

백짓장(白紙張) ⇨ 백지장. ‡ 흰 종잇장.

백치(白痴) = 천치. ‡ 정신박약자.
☞ 바보.

백태(白太) ⇨ 흰콩.

백통 * 구리, 아연, 니켈의 섞음쇠. {백통대. 백통돈. 백통딱지. 백통시계. 백통전. 백통죽. 백통화.} ¶ 백통 비녀. 백통 숟가락. 백통 촛대.
☞ 놋쇠. 퉁.

백하젓(白蝦~) ⇨ 새우젓.

백합[1](白蛤) = 대합. 마당조개. 무명조개. ‡ 조개의 하나.

백합[2](百合) [왜] ⇨ 흰나리. ‡ 나리의 개량종.
☞ 나리.

밴대보지 = 밴대. 알보지. ‡ 거웃이 없는 어른의 보지.

밴대질 * 여자끼리 하는 씹. ¶ 밴대질 치다. ‡ 대식. 레즈비언.
☞ 면. 비역. 살친구.

밴덕 〈 변덕. {밴덕꾸러기. 밴덕쟁이.} {밴덕맞다. 밴덕스럽다.}

밴둥밴둥 〈 빈둥빈둥. ‡ 게으름을 피우며 놀기만 하는 모양

밸 = 배알. ‡ ①창자. ②부아. ③속마음. ④배짱. ⑤성미. {울뚝밸.}

밸아먹다 ⇨ 배라먹다.

뱀띠 해 ⇨ 뱀해. 뱀의 해.

뱀장어 = 장어. ‡ 민물고기 이름.
☞ 먹장어. 바닷장어. 붕장어.

뱁대 = 뱁댕이. ‡ 베를 짤 때 쓰는 막대.

뱁새 = 붉은머리오목눈이. ‡ 새의 이름. {뱁새눈. 뱁새눈이.}

뱃값 * 배를 사거나 파는 값.
☞ 뱃삯. 뱃세.

뱃고물 = 고물. 꽁지부리. ‡ 배의 뒷부분.
☞ 이물.

뱃고사(~告祀) * 배에서 지내는 고사.
☞ 배고사.

뱃구레 = ①배. ②배 속. 배 안. ‡ 사람. 짐승.

뱃구멍 ⇨ 배꼽.

뱃노리 ⇨ 뱃놀이. ‡ 배를 타고 노는 일.

뱃놈 = 뱃사람. ‡ 배를 부리거나 배에서 일하는 사람.

뱃다리〔舟橋〕⇨ 배다리. ‡ 배를 한 줄로 띄워놓고 그 위에 널판을 깐 다리.

뱃대 = 뱃대끈. ‡ ①여자의 치마나 바지 허리 위에 매는 끈. ②마소의 안장이나 길마를 얹을 때 배에 걸쳐

서 졸라매는 줄.

뱃덧 나다 = 뱃병 나다.

뱃배래 ⇨ 배래기. ‡ ①물고기의 배 부분. ②한복 옷 소매의 불룩한 부분.

뱃사공 = 사공. ‡ 직업으로 배를 부리는 사람.

뱃사람 = 뱃놈. 바닷사람. ‡ 배를 타고 바다에 나가 일하는 사람.
　☞ 뭍사람. 산사람. 산쟁이. 섬사람.

뱃삯 * 배에 타거나 짐을 실을 때 내는 돈.
　☞ 뱃세.

뱃삼 = 삼. 삼판. ‡ 배의 바닥에 댄 널.

뱃세(~賞) * 배를 빌려 쓰는 데 주는 돈.
　☞ 뱃값. 뱃삯.

뱃속 * 속마음. 마음보. 마음. ¶ 뱃속을 알 수 없다. 뱃속이 편하지 않다.
　☞ 복장. 배 속.

뱃숨 * 배에 힘을 주어 쉬는 숨.
　☞ 가슴숨. 어깻숨.

뱃심 * ①제 고집대로 버티는 힘. ¶ 뱃심을 부리다. 뱃심이 좋다. ②마음속에 다지는 속셈. ¶ 뱃심이 따로 있다.
　☞ 배짱.

뱃장 ⇨ 배짱.

뱃장사 * 배에 물건을 싣고 다니며 파는 장사.

뱃장수 * 뱃장사하는 사람.
　☞ 배장수.

뱃지(badge) ⇨ 배지. ‡ 휘장.

뱃지붕 = 뱃집지붕. 박공지붕. 맞배지붕. ‡ 지붕의 한 가지.

뱃힘 ⇨ ①배짱. ②뱃심. ③배의 힘.

뱅어 〔白魚〕 * 민물고기의 이름. {뱅어젓. 뱅어포. 뱅엇과. 뱅엇국.}
　☞ 병어.

~뱅이 * 어떤 버릇, 성질, 모양을 한 사람. {가난뱅이. 게으름뱅이. 배랑뱅이(비렁뱅이). 안달뱅이. 앉은뱅이. 좁쌀뱅이. 주정뱅이. 허튼뱅이.}
　☞ ~배기.

뱅이다 ⇨ 방이다.

뱅충바리 ⇨ 뱅충이.

뱅충이 〈 빙충이. ‡ 어리석고 수줍음을 잘 타는 사람.

뱉다 * ① 입안에 든 것을 내놓는다. ¶ 침을 뱉다. ② 차지했던 것을 도로 내놓다. ¶ 검은돈을 뱉다. ③ 말이나 욕설을 함부로 한다. ¶ 욕을 뱉다.
　☞ 밭다.¹ 토하다.

뱉았다 ⇨ 뱉었다. ‡ 뱉다.

뱌비다 〈 비비다. ¶ 눈을 뱌비다. 뺨을 뱌비다. 밥을 뱌비다.

뱌비대다 〈 비비대다. ‡ 두 물체를 맞대어 가볍게 자꾸 문지르다.

뱍뱍 = 비악비악. 〈 빽빽. 삐악삐악. ‡ 병아리가 우는 소리.

뱐덕 〈 뱬덕. 〈 변덕.

뱐덕장이 ⇨ 뱐덕쟁이. 뱬덕쟁이. 변덕쟁이.

버거미 ⇨ 버캐.

버글버글 〉 바글바글. ¶ 물이 버글버글 끓다. 거품이 버글버글 일다. 구더기가 버글버글 끓다. 자식 걱정에 속이 버글버글 끓다.
　☞ 부글부글.

버금가다 = 버금하다. 다음가다. 둘째가다. ‡ 으뜸의 바로 아래가 되다.

☞ 맞먹다. 으뜸가다.

버금청 = 알토. ✽ 성악에서 여성의 가장 낮은 음역.

버꾸 ✽ 농악기의 하나. ✽ 자루가 달린 작은 북.
　☞ 법고.

버꾸놀음 = 버꾸놀이. 법고놀음. 법고놀이. ✽ 농악 놀이의 하나.

버꾸잡이 ⇨ 버꾸재비. ✽ 버꾸를 치는 사람.

버꾹새 ⇨ 뻐꾸기. 뻐꾹새.

버끔 ⇨ 거품.

버덕버덕 ⇨ 부득부득.

버둥거리다 〉 바동거리다. ¶ 줄에 묶인 돼지가 버둥거린다.

버둥질 = 발버둥질. ✽ ① 앉거나 누워서 팔다리를 버둥거리며 몸부림하는 짓. ② 온갖 힘이나 수단을 다하여 애를 쓰는 짓.

버드나무 = 버들. ¶ 버드나무 가지. 버드나무 잎.

버드렁니 = 벋니. 〈 뻐드렁니. ✽ 바깥쪽으로 뻐드러진 이.
　☞ 간니. 덧니. 배냇니. 사랑니. 송곳니. 앞니. 어금니. 엄니. 옥니. 젖니.

버들 = 버드나무. ✽ 나무 이름. {버들고리. 버들눈썹. 버들상자. 버들채반.} {갯버들(땅버들). 수양버들(실버들.)}

버들가지 ✽ 버드나무 가지.
　☞ 지겟가지.

버들개지 = 버들강아지. 개지. ✽ 버드나무의 꽃.
　☞ 버들치.

버들나무 ⇨ 버드나무.

버들버들 〈 파들파들. ✽ 몸을 바르르 떠는 모양.

버들잎[1] = 버드나무 잎.

버들잎[2] ✽ 활의 끄트머리에 새코와 고자잎으로 이루어지는 부분.

버들치 ✽ 잉엇과의 민물고기 이름.
　☞ 버들개지.

버들피리 = 호드기. ✽ 물오른 버들가지의 껍질로 만든 피리.

버듬하다 = 버드름하다. ✽ 밖으로 약간 벋은 듯하다.

버러지 = 벌레. ✽ 나비나 벌, 잠자리처럼 흔히 볼 수 있는 큰 것.
　☞ 벌레.

버러지다 ⇨ 벌어지다.

버럭 ✽ 기를 쓰거나 소리를 냅다 지르는 꼴. ¶ 소리를 버럭 지르다.

버렁[1] ✽ 매사냥에서 매를 받을 때에 끼는 두꺼운 장갑.

버렁[2] ✽ ① 물건이 차지한 둘레. ② 일의 범위. ¶ 일의 버렁이 너무 넓다.

버레줄 ⇨ 벌이줄.

버력[1] = 천벌. 신벌. ¶ 버력을 입다. 삼신할머니의 버력이 내리다.

버력[2] ✽ 광산에서 나오는 잡돌. {버력더미. 버력산. 버력탕. 버력흙.}

버력[3] ✽ 물속 밑바닥에 바탕을 만들 때 넣는 허드레 돌.

버력꾼 ⇨ 질통꾼. ✽ 질통을 지고 물건을 져 나르는 사람.

버르장머리 = 버르장이. 버릇. ¶ 버르장머리 없다.

버름하다 ✽ 사이가 뜨다. ¶ 버름한 문틀. 두 사람 사이가 버름하다.

☞ 버스름하다. 벌쭉하다.

버릇 = 버르장머리. 버르장이. ‡ ①되풀이함으로써 저절로 익은 행동. {버릇되다. 버릇하다.} ¶ 버릇을 고치다. 버릇을 들이다. {말버릇. 배냇버릇. 손버릇. 술버릇. 입버릇. 잠버릇. 지랄버릇.} ②어른 앞에서 마땅히 지켜야 할 예의. {버릇없다.} ¶ 버릇이 나쁘다. 버릇이 사납다.

☞ 습관.

버리 ⇨ 벌이. ‡ 돈을 버는 일. {돈벌이.}

버리집다 ⇨ 버르집다.

버림치 = 파치. ‡ 깨어지거나 흠이 나서 못 쓰게 된 물건.

버마(Burma) ⇨ 미얀마. ‡ 나라 이름.

버마재비 = 사마귀. ‡ 버러지 이름.

버무르다 ⇨ 버무리다. ‡ 버무려. 버무리니.

버무리 * ①여러 가지를 뒤섞어서 만든 음식. ②버무리떡. {쑥버무리.}

☞ 범벅.

버무리다 * 여러 가지 재료를 한데 뒤섞다. ¶ 초고추장에 버무려 먹다.

버물다 * 못된 일이나 범죄에 얽히다. ‡ 연루. 관계. 관련.

버물리다 * ‘버무리다’의 입음. 하임. ‡ 버물리니. 버물려.

버물어야 ⇨ 버무려야. ‡ 버무리다.

버버리 ⇨ 벙어리.

버새 * 수말과 암탕나귀 사이에서 태어난 튀기. ‡ 쓸모가 없음.

☞ 노새. 매기.

버선 * 천으로 만들어 발에 신는 물건. {버선꿈치. 버선등. 버선목. 버선발. 버선본. 버선볼. 버선코.} {겉버선. 겹버선. 길목버선. 덧버선. 속버선. 솜버선. 외씨버선. 짝버선. 털버선(털너널). 홑버선.} {오목다리.} ¶ 버선 한 죽. 버선 두 켤레. ‡ 한 죽은 열 켤레임.

☞ 다로기. 양말.

버선농(~籠) = 버선장. 아기장. ‡ 버선을 넣어 두는 장롱.

버스값(bus~) * 버스를 사고 파는 값.

버스삯(bus~) * 버스를 탈 때 삯으로 내는 돈.

버스름하다 * 틈이 조금 벌어져 있다. ¶ 문짝이 버스름하여 바람이 들어온다.

☞ 버름하다.

버이다 ⇨ 베다. ‡ 칼, 낫, 가위로 끊거나 자르거나 가르다.

버즘 ⇨ 버짐. ‡ 피부병.

버캐 * 소금기가 엉긴 찌끼. {소금버캐. 오줌버캐. 침버캐.}

☞ 앙금.

버커나오다 ⇨ 내배다. ‡ 속에서 거죽으로 젖어 나오다.

버커리 * 늙고 병들거나 고생살이로 쭈그러진 여자. ¶ 곱던 사람이 홀로 아이를 뒤치다꺼리하느라 버커리가 되었다.

☞ 늙다리.

버큼 ⇨ 거품.

버텨 = 버티어. ‡ 버티다. ¶ 버텨 나가다. 버텨 내다. 버텨 놓다.

버티다 * ① 어려움이나 어떤 힘에 굽히지 않다. ②자리를 잡고 움직이지 않다. ③맞서 견디어 내다. ④쓰러

지거나 밀리지 않으려고 힘을 다하
다.
☞ 견디다. 참다.
버팀돌 * 물건이 쓰러지거나 미끄러지
지 않도록 고이는 돌. ¶ 차에 버팀돌
을 괴어 놓다. 아버지는 언제나 자
식들의 버팀돌이 되었다.
☞ 받침돌.
버팀목(~木) = 버팀나무. * 물건이
쓰러지지 않게 받치어 세우는 나무.
☞ 받침목.
버팀줄 = 벌이줄. * 물건이 버틸 수
있도록 얽어매는 줄.
☞ 벌잇줄.
벅벅이 〉 박박이. * 그러하리라고 미
루어 헤아려 보건대 틀림없이. ¶ 무
슨 일이 있어도 내일은 그분이 벅벅
이 올 것이다.
벅실거리다 ⇨ 벅신거리다. * 사람이
나 동물이 많이 모여 움직이다.
벅적거리다 〉 박작거리다. * 사람이
많이 모여 어수선하게 움직이다.
번[1] = 시루번. * 시루를 솥에 안칠 때
그 틈에 바르는 반죽.
번[2] * ① 일의 차례나 고비. {다음번.
대번. 이번. 저번. 지난번. 한꺼번.}
② 일의 횟수. ¶ 한 번. 두 번. 둘째
번. 몇 번. 여러 번. 첫째 번.
☞ ~째.[1]
번[3](番) * ① 차례로 오는 숙직이나 당
직. {난번. 낮번. 든번. 밤번.} ¶ 번
나다. 번 들다. 번 서다. ② 딸린 차
례. ¶ 3번 버스. 4번 타자. 5번 학
생.
번각질 ⇨ 뒤집개질.

번개 = 번갯불. * ① 하늘에서 일어나
는 전기 불꽃. ¶ 번개 치다. ② 빠르
고 날랜 사람이나 사물. {번개곤두.
번개시장. 번개재주. 번개탄.}
☞ 벼락.
번대기 ⇨ 번데기.
번대머리 ⇨ 대머리.
번득 〈 번뜩. * 큰 빛이 잠깐 나타나는
모양.
번듯이 〈 번뜻이. * 물체, 생각, 행동
이 바르게.
번듯치다 ⇨ 번드치다. * ① 물건을 한
번 뒤집다. ② 마음을 바꾸게 하다.
번듯하다 * ① 큰 물체가 비뚤어지거
나 기울거나 굽지 않고 바르다. ¶ 책
상이 번듯하게 놓여 있다. ② 생김새
가 훤하고 멀끔하다. ¶ 얼굴이 번듯
하다. ③ 형편이나 위세가 버젓하고
당당하다. ¶ 기와집이 번듯하게 자
리 잡고 있다.
☞ 반듯하다.
번민(煩悶) * 마음이 복잡하고 어수선
하여 애를 태움. {번민하다.}
☞ 고민.
번번이(番番~) * ① 여러 번 모두. ②
그때마다. ¶ 약속을 번번이 어기다.
번번히 = 번번하게. * ① 편편하게.
¶ 밭을 번번히 고르다. ② 생김새가
미끈하게. ¶ 얼굴이 번번히 생겼다.
③ 제법 쓸 만하게. ¶ 세간을 번번히
장만하지 못하다. ④ 지체가 제법 높
게. ¶ 애쓴 끝에 번번히 자리 잡았다.
번연히 = 번히.
번작질 ⇨ 뒤집게질.
번져 = 번지어. * 번지다. ¶ 번져 가

다. 번져 나오다. 번져 오다.

번지다 * 액체나 기운이 차츰 젖어 나가거나 퍼져 나가다. ¶ 얼룩이 번지다.

☞ 퍼지다. 피다.²

번지레하다 〉 반지레하다. ¶ 얼굴에 기름기가 번지레하다.

번지르르하다 〉 반지르르하다. ‡ ① 윤이 나고 매끄럽다. ¶ 머리가 번지르르하다. ② 말이나 행동이 겉만 그럴 듯하다. ¶ 말만 번지르르하다.

번지르하다 ⇨ ① 번지레하다. ② 번지르르하다.

번짓수(番地數) ⇨ 번지수. ‡ ① 번지의 수. ② 소속.

번째 〔이〕 * 차례나 횟수. ¶ 첫 번째. 두 번째. 몇 번째. 턱걸이 열 번째. ☞ 번.² ~째.¹

번체자(繁體字) = 정자. ‡ 본디의 획수를 갖추어 쓴 한문글자. 〔龍. 龜.〕

☞ 간체자. 국자.² 국조자. 대용자. 반자.² 상용자. 속자. 약자.

번하다 〈 뻔하다. ‡ ① 어두운 가운데 밝은 빛이 비치다. ② 일의 결과나 상태가 또렷이 보이다. ③ 잠깐 짬이 나다. ④ 장마가 잠깐 멎고 해가 나다. ⑤ 병세가 조금 가라앉다. ⑥ 걱정거리가 뜨음하다.

☞ 뻔하다.²

번히 〈 뻔히. ¶ ① 날이 번히 새다. ② 번히 혼날 줄 알면서 장난질이냐? ③ 눈을 번히 뜨고 돈을 뺏기다. ④ 산에 오르니 시내가 번히 내려다 보인다.

벋가다 * 옳은 길에서 벗어나게 행동

하다. ¶ 젊은 기운에 벋가는 일이 있다.

벋나가다 = 벋나다. ‡ ① 끝이 밖으로 벌어져 나가다. ② 못된 길로 나가다.

☞ 벗가다. 벗나가다.

벋니 = 버드렁니. 〈 뻐드렁니. ‡ 바깥쪽으로 뻐드러진 이.

☞ 간니. 덧니. 배냇니. 사랑니. 송곳니. 앞니. 어금니. 엄니. 옥니. 젖니.

벋다¹ 〔그〕 * 끝이 바깥쪽으로 보고 있다. ¶ 이가 벋다.

벋다² 〔움〕 〈 뻗다. ‡ ① 식물의 가지나 덩굴이 자라나다. ¶ 하늘로 벋은 대나무. ② 길이나 강, 산맥이 길게 이어져 가다. ¶ 들판으로 벋은 길. ③ 힘이나 사상이 미치다. ¶ 따뜻한 손길이 이곳까지 벋다. ④ 오므렸던 것을 펴다. ¶ 두 다리를 쭉 벋다.

벋다리 * 바로 섰을 때에 가새표 모양으로 되는 다리.

☞ 곱장다리. 밭장다리. 벋정다리. 안짱다리. 옥다리.

벋딛다 = 벋디디다. ‡ ① 힘을 주어 디디다. ② 태나 금 밖으로 디디다.

벋딛어 ⇨ 벋디디다. ‡ 줄기 '벋딛~' 뒤에는 홀소리 씨끝이 오지 못함.

벋정다리 * 구부렸다 폈다 하지 못하고 늘 벋어 있는 다리.

☞ 곱장다리. 밭장다리. 벋다리. 안짱다리. 옥다리.

벌¹ = 펄. ‡ 넓고 평평한 땅. {모랫벌. 갯벌. 황금벌.} {만주벌. 황산벌.}

☞ 들.¹ 벌판. 뻘.¹ 펀더기. 펄.

벌² * 날벌레 이름. {꿀벌. 땅벌. 말벌. 맵시벌. 송곳벌. 참벌. 토종벌. 호박벌.} {벌개. 벌똥. 벌비. 벌집. 벌치기. 벌침. 벌통.} {수벌. 여왕벌(장수벌). 일벌.} ¶ 벌을 치다.

☞ 꿀벌. 참벌.

벌³ * ① 옷. {아래윗벌. 아랫벌. 윗벌.} ② 옷을 세는 하나치. ¶ 양복 한 벌. 한복 두 벌. ③ 사발과 대접 한 쌍. 또는 여러 개가 모여 갖추는 덩어리를 세는 하나치. ¶ 밥그릇 한 벌. 수저 두 벌.

☞ 죽.² 켤레.

벌⁴(罰) * 잘못하거나 죄를 지은 사람에게 주는 고통. {징벌. 형벌.} {벌물. 벌술(벌주). 벌점. 벌책. 벌칙.} {벌쓰다. 벌씌우다.} ¶ 벌을 내리다. 벌을 받다. 벌을 주다. 벌이 무겁다.

☞ 버력.¹

벌~⁵ * 테두리를 벗어난. {벌모. 벌물. 벌불. 벌윷. 벌타령.}

벌거벗다 〉 발가벗다. ＊ 옷을 모두 벗다.

벌거숭이 〈 뻘거숭이. ＊ 알몸뚱이.

벌거숭이산(~山) = 민둥산. ＊ 나무가 없는 산.

벌거지 ⇨ 버러지. 벌레.

벌게지다 〉 발개지다.

벌그스레하다 = 벌그스름하다.

벌금(罰金) = 벌과금. ＊ 재판에서 선고한 재산형 형사처벌. {벌금형.} ¶ 벌금 내다. 벌금 물리다.

☞ 과료. 과태금. 과태료. 범칙금.

벌기다 〉 발기다. ＊ 속에 있는 것이 드러나도록 해치다. ¶ 조개를 벌기다.

☞ 벌리다.²

벌다 * ① 일을 하여 돈을 얻거나 모으다. ¶ 돈을 벌다. ② 시간이나 돈

을 안 쓰게 되다. ¶ 시간을 벌다. ③ 벌받을 일을 스스로 하다. ¶ 매를 벌다.

벌다 * ① 틈이 나서 사이가 뜨다. ¶ 문짝이 벌다. ② 사이가 버성기다. ¶ 싸운 뒤 둘 사이가 벌다. ③ 나뭇가지가 옆으로 벋다. ¶ 가지가 벌다. ④ 몸피가 가로 퍼지다. ¶ 몸피가 벌다. ⑤ 자손이 번성하다. ¶ 자손이 벌다.

☞ 벌리다.

벌똥 = 밀. 꿀밀. ＊ 꿀벌이 벌집을 만드는 물질.

벌럭거리다 ⇨ 벌렁거리다. ＊ 가볍고 재빠르고 크게 움직이다.

벌럭벌럭 ⇨ 벌렁벌렁. ¶ 가슴이 벌렁벌렁 뛰다.

벌레 * ① 자그마한 곤충이나 기생충 따위. {벌레그물. 벌레등. 벌레띠. 벌레집. 벌레통이. 벌레해.} {배추벌레. 불벌레. 채독벌레. 풀벌레.} {애벌레. 어른벌레(어미벌레. 엄지벌레. 자란벌레.)} ¶ 벌레 소리. 벌레가 먹다. ② 어떤 일에 골똘한 사람. {돈벌레. 밥벌레. 일벌레. 책벌레.}

☞ 버러지. 길벌레. 날벌레. 물벌레.

벌레잡이등(~燈) = 벌레등. 벌레 꾐 등불.

벌려 = 벌리어. ＊ 벌리다. ¶ 벌려 놓다. 벌려 보다. 벌려 앉다. 벌려 주다.

☞ 벌여.

벌리다¹ * '벌다'의 입음. ¶ 돈이 잘 벌리다.

벌리다² * ① 둘 사이를 넓히거나 멀게 하다. ¶ 다리를 벌리다. 손을 벌리다. 입을 벌리다. 차이를 벌리다. 팔

을 벌리다. ② 열어서 속의 것을 드
러내다. ¶ 밤송이를 벌리다. ③ 우므
러진 것을 펴다. ¶ 자루를 벌리다.
☞ 벌기다. 벌다. 벌이다. 띠우다.

벌린춤 ⇨ 벌인춤. ✽ 이미 시작하여 그
만둘 수 없는 상태.

벌림새 ✽ 입이나 팔을 벌린 모양새.
☞ 벌임새.

벌림쐐기 = 째못. ✽ 박힌 나무못이 빠
지지 않게 촉끝을 째고 박는 쐐기.

벌림줄 ⇨ 벌이줄.

벌모 = 막심기. 허튼모. ✽ 못줄을 쓰
지 않고 이리저리 심는 모.
☞ 줄모.

벌물[1] ✽ ① 논이나 그릇에 물을 담을
때 딴 데로 나가는 물. ¶ 벌물이 없
도록 해야겠다. ② 넘쳐흐르는 물. ¶
장마에 벌물이 나서 논에 개울이 생
겼다.

벌물[2] ✽ 맛도 모르고 마구 들이켜는
물. ¶ 벌물로 들이켜다.

벌물[3](罰~) ✽ 벌로 억지로 먹이는 물.
¶ 고춧가루를 탄 벌물을 먹이다.

벌새 = 꿀새. ✽ 새의 하나.

벌서 ⇨ 벌써.

벌서다(罰~) ⇨ 벌쓰다. 벌 받다.

벌세우다(罰~) ⇨ 벌씌우다. 벌주다.

벌써 ✽ ① 이미. ② 생각보다 이르게
끝났음. ¶ 숙제를 벌써 끝내다.
☞ 이미.

벌쐬다 ✽ ① 벌에 쏘이다. ② 밤송이가
익지도 않고 터져 벌어지다.

벌쓰다(罰~) ✽ 잘못이 있어 벌을
받다.

벌씌우다(罰~) = 벌주다. ✽ '벌쓰다'

의 하임.

벌어지다[1]〔움〕 ✽ 사이가 뜨거나 열리
다. ¶ 벌어진 창문 틈새로 연기가 들
어오다. 어깨가 떡 벌어지다. 꽃봉
오리가 벌어지다. 벌어진 사발. 쫙
벌어진 들판. 떡 벌어진 주안상. 두
사람 사이가 벌어진 지 오래다.
☞ 바라지다.[1] 열리다.[2]

벌어지다[2]〔움〕 ✽ 일이 일어나거나 진
행되다. ¶ 싸움이 벌어지다. 웃음판
이 벌어지다. 잔치가 벌어지다.

벌여 = 벌이어. ✽ 벌이다. ¶ 벌여 가
다. 벌여 나가다. 벌여 놓다.

벌역(罰~) ⇨ 버력.

벌이 = 돈벌이. {벌잇거리. 벌잇속.}
{뜬벌이. 맞벌이. 밥벌이.}

벌이다 ✽ ① 물건을 늘어놓다. ¶ 과일
을 벌여 놓다. ② 일을 시작하거나
가게를 차리다. ¶ 사업을 벌이다.
③ 놀이판이나 노름판을 차려 놓다.
¶ 잔치를 벌이다. ④ 싸움이나 말다
툼을 하다. ¶ 싸움을 벌이다.
☞ 벌리다.

벌이줄 = 버팀줄. ✽ 버틸 수 있도록
얽어매는 줄.
☞ 벌잇줄.

벌이터 ✽ 벌이를 하는 일터. ¶ 벌이터
를 잃어버렸다.
☞ 벌잇자리.

벌임새 ✽ 사물을 벌이어 놓은 모양새.
¶ 이 가게는 벌임새가 훌륭하다.
☞ 벌림새.

벌잇자리 ✽ 벌이를 하는 일자리. ✽ 벌
잇자리를 찾고 있다.
☞ 벌이터.

벌잇줄 = 벌잇길. ✽ 돈벌이를 할 수 있는 길.
☞ 벌이줄.

벌집 ✽ ① 벌의 집. ✽ 소비. ¶ 벌집을 쑤시다. ② 벌의집. ✽ 쇠고기 이름.
☞ 벌통.

벌집위(~胃) = 둘째밥통. 제이 위. ✽ 되새김동물의 두 번째 밥통.
☞ 겹주름위. 주름위. 혹위.

벌쭉 = 벌쭉이. ✽ ① 벌어진 모양. ② 소리 없이 입을 벌리고 웃는 모양.

벌쭉하다 ✽ ① 속의 것이 보일 만큼 크게 벌어지다. ② 입을 벌려 소리 없이 웃다. ③ 좁고 길게 벌어져서 쳐들려 있다.
☞ 버름하다.

벌창하다 ✽ ① 물이 넘쳐흐르다. ¶ 개울물이 벌창하다. ② 가게나 시장에 물건이 많이 나오다. ¶ 과일이 벌창하다.
☞ 벌충하다.

벌초(伐草) ✽ 한가위 전날에 무덤을 덮은 풀을 베는 일. {벌초하다.}
☞ 사초.

벌충하다 ✽ 모자라는 데를 채우다. ¶ 모자란 돈을 벌충하다.
☞ 벌창하다.

벌칙금(罰則金) ⇨ 범칙금. ✽ 도로 교통법을 어겼을 때 무는 벌금.

벌통 ✽ 꿀벌을 치는 통. ✽ 벌집이 여러 개 들어 있음.
☞ 벌집.

벌판 ✽ 사방으로 퍼진 넓고 평평한 땅. {모래벌판. 허허벌판. 황금벌판.}
☞ 벌. 들판.

범[1] = 호랑이. 눈깔망나니. 어흥이. {수범. 암범. 칡범.} ¶ 범의 아가리.
☞ 개호주. 산돌이.

범~[2](凡~) ✽ 모두 아우르는. {범국가. 범세계적. 범시민. 범태평양.}

~범[3](~犯) ✽ 죄지은 사람. {단독범. 사상범. 살인범. 절도범. 정치범.}

범강장다리(范彊張達~) ⇨ 범강장달이. ✽ 크고 우락부락하게 생긴 사람.

범굿 = 범굿놀이. 범안굿. 범탈굿. ✽ 동해안 별신굿에서 행하는 굿의 하나.

범나비 = 호랑나비. ¶ 나비야 청산 가자, 범나비 너도 가자.
☞ 노랑나비. 흰나비.

범띠 해 ⇨ 범해. 범의 해.

범벅 ✽ ① 곡식 가루를 풀처럼 쑨 음식. {꿀범벅. 나물범벅. 밀범벅. 호박범벅.} ② 뒤섞여 갈피를 잡을 수 없는 상태. {뒤범벅.} ③ 질척질척한 것이 몸에 잔뜩 묻은 상태. {기름범벅. 땀범벅. 똥범벅. 피범벅.} {범벅되다.}
☞ 버무리.

범삼덩굴 ⇨ 환삼덩굴.

범아귀 = 웃아귀. 윗아귀. ✽ 엄지손가락과 집게손가락의 사이.
☞ 손샅. 손아귀.

범아재비 ⇨ 버마재비. 사마귀. ✽ 벌레지의 하나.

범위(範圍) ✽ ① 정해 놓은 테두리 안. ¶ 시험 범위. ② 테두리.
☞ 범주.

범종(梵鐘) ✽ ① 매달아 놓고 공이로 거죽을 쳐서 울리는 종. ② 불종.
☞ 종.[2] 탁.

범주(範疇) * 같은 성질을 가진 것의 테두리 안. ¶ 같은 범주에 들다.
☞ 범위.

범칙금(犯則金) * 도로 교통법, 경범죄 처벌법 따위 법규 위반자에게 경찰 서장이 매기는 금전적 징계.
☞ 과료. 과태금. 과태료. 벌금.

법[1](法) * ①법률, 명령, 규칙, 조례 따위. {법의식. 법의학.} {헌법. 형법. 상법.} ②방법. 방식. {계산법. 교수법. 사용법. 조리법. 활용법.}

법[2](法) ⇨ 프랑. ✻ 프랑스, 스위스 돈을 나타내는 하나치.

법고(法鼓) * 절에서 쓰는 큰 북과 작은 북. {법고수. 법고춤.}
☞ 버꾸.

법국(法國) ⇨ 프랑스. ✻ 나라 이름.

법면(法面) ⑨ ⇨ 둑비탈. ✻ 바다나 강 기슭, 둑, 땅깎기한 비탈면.

법받다 ⇨ 본받다.

법석 * 시끄럽게 떠드는 모양. {법석거리다. 법석대다. 법석이다. 법석하다} ¶ 법석을 놓다. 법석을 떨다. 법석을 부리다. 법석을 치다.
☞ 북새. 야단.

법어[1](法語) * 불교에 관한 글이나 설법하는 말.

법어[2](法語) ⇨ 프랑스 말.

법측(法則) ⇨ 법칙. ✻ 반드시 따르고 지켜야 하는 가치 판단의 기준.

법하다 〔움〕 * 움직씨 뒤에서 앞말이 뜻하는 일이 일어날 수 있음을 나타냄. ¶ 눈이 내릴 법하다. 이미 와 있을 법하다. 네 말을 들으니 그럴 법하다.

벗[1] * ①마음이 서로 통하여 사귀는 사람. {벗트다. 벗하다.} ¶ 벗을 사귀다. 벗 삼다. ②무엇을 함께 하는 사람. {글벗. 말벗. 술벗. 일벗.}
☞ 동무. 벗바리. 친구. 친우.

벗[2] * ①소금 굽는 가마. ②벗집. 소금막.

벗가다 = 벗나가다. ✻ ①테두리 밖으로 벗어져 나가다. ②성격이나 행동이 비뚤어지다.
☞ 빋가다. 빋나가다. 빋나다. 빗가다. 빗나다. 빗나가다.

벗겨지다 * '벗기다'의 입음. ①덮이거나 씌워진 물건이 떼어지다. ¶ 신발이 벗겨지다. ②누명에서 벗어나다. ¶ 누명이 벗겨지다.
☞ 벗어지다.

벗기다[1] * '벗다'의 입음. ¶ 옷이 벗긴 채 묶여 있다.

벗기다[2] * '벗다'의 하임. ①옷이나 가죽이나 껍질을 떼어 내다. ¶ 가죽을 벗기다. ②거죽에 묻은 것을 긁어내다. ¶ 때를 벗기다. ③덮거나 씌운 것을 들어내다. ¶ 이불 홑청을 벗기다. ④감추어진 것을 드러나게 하다. ¶ 바다의 신비를 벗기다. ⑤남의 물건을 뜯어내다. ¶ 벗겨 먹다.
☞ 까다. 베끼다.

벗기우다 ⇨ 벗기다. 벗겨지다.

벗나가다 = 벗가다.
☞ 빋나가다. 빗나가다.

벗나무 ⇨ 벚나무. ✻ 벚꽃. 버찌.

벗놓다 ⇨ 빋놓다. ✻ 올바른 길에서 벗어나게 내버려 두다.

벗다 * ①몸에서 떼어 내다. ✻ 옷. 장

갑. 양말. 허물. ②책임에서 풀리다.
☞면하다.

벗바리 * 뒷배를 보아 주는 사람. ‡ 후원자. ¶벗바리가 좋다.
☞벗.¹

벗버틈하다 ⇨ 벋버틈하다.

벗새 ⇨ 벋새. ‡ 거의 평면으로 된 지붕의 기와.

벗어붙이다 ⇨ 벗어부치다. ‡ 힘차게 대들 기세로 옷을 벗다.

벗어제끼다 ⇨ 벗어젖히다. ‡ 옷을 힘차게 벗다.

벗어제치다 ⇨ 벗어젖히다.

벗어지다 * ①벗겨지다. ②머리카락이 빠지다. ¶벗어진 이마. ③살갗이나 거죽이 깎이거나 일어나다. ¶햇볕에 그을어 살갗이 벗어지다. ④때나 기미 따위가 없어지다. ¶기미가 벗어지다. 촌티가 벗어지다.
☞벗겨지다.

벗장이 * 익숙하지 못한 기술자.

벗쟁이 * 배우다가 그만둔 사람.

벗집 = 벗. 소금막. ‡ 소금 굽는 시설을 해 놓은 집.

벙거지 = ①전립. ‡ 옛 모자의 한 가지. {털벙거지.} ②모자.

벙그러지다 ⇨ 벌어지다.

벙글다 ⇨ 벌다. 벌어지다. ¶꽃망울이 벌어지다.

벙글벙글 〉방글방글. ‡ 소리 없이 자꾸 웃는 모양.
☞빙글빙글.

벙긋 = 벙긋이. 〈 벙끗. 벙끗이. ‡ 소리 없이 웃는 모양.

벙벙하다¹ * 어떻게 할 줄 몰라서 얼빠진 사람처럼 멍하다. ¶어이가 없어서 벙벙하다. 어안이 질려서 벙벙하다.
☞멍멍하다.

벙벙하다² * 물이 넘칠 듯이 그득히 괴어 있다. ¶바닥에 물이 벙벙하다.

벙어리장갑(~掌匣) * 엄지만 따로 가르고 네 손가락은 함께 끼는 장갑.
☞손가락장갑.

벙치 ⇨ 벙거지.

벚찌 ⇨ 버찌. ‡ 벚나무 열매.

베 = ①삼베. ‡ 삼실로 짠 것. ②피륙. ‡ 무명실, 명주실 따위로 짠 것. {베수건. 베옷. 베자루. 베잠뱅이. 베저고리. 베적삼. 베주머니. 베천. 베치마.} {모시베. 무명베. 삼베.} {가는베. 굵은베.}
☞천. 피륙.

베개 * 머리를 괴는 물건. {베갯머리. 베갯모. 베갯속. 베갯잇.} ¶베개를 베다. 베개를 고이다. 베개를 받치다. {두동달이베개(두동베개). 무릎베개. 팔베개. 공기베개. 물베개.} ¶더운물 베개. 얼음 베개. 베개 삼다.
☞목침. 퇴침.

베개맡 ⇨ 머리맡.

베개호청 ⇨ 베갯잇.

베갯마구리 ⇨ 베갯모.

베갯맡 ⇨ 베갯머리. 머리맡.

베갯머리 * 베개를 베고 누웠을 때 머리 위쪽의 가까운 곳.
☞머리맡.

베갯밑송사(~訟事) = 베개송사. 베갯머릿송사. 베갯밑공사. ‡ 잠자리에서 아내가 남편에게 바라는 바를 속살거리며 청하는 일.

베것 ⇨ 베옷.

베껴 = 베끼어. ⁑ 베끼다. ¶ 베껴 놓다. 베껴 두다. 베껴 보다. 베껴 주다.

베끼다 * 글이나 그림 따위를 본디 것 그대로 옮겨 쓰거나 그리다. ¶ 친구의 숙제를 베끼다. 유명 화가의 그림을 베끼다.
☞ 벗기다.[2]

베네주엘라(Venezuela) ⇨ 베네수엘라. ⁑ 나라 이름.

베니야(veneer) [왜] ⇨ 합판. ⁑ 베니어.

베다[1] * 칼로 가르거나 자르거나 상처를 내다. ¶ 벼를 베다. 손을 베다.
☞ 깎다. 도리다. 배다. 베이다. 비다.

베다[2] * 누울 때 머리를 다른 물건 위에 놓다. ¶ 목침을 베다. 팔베개를 베다.
☞ 괴다.[2]

베돌다 〉 배돌다. ¶ 눈치를 보며 베돌다. 문밖에서 베돌다.

베돌이 * 일을 하는데 한데 어울리지 않고 따로 행동하는 사람.
☞ 감돌이. 감바리. 삼돌이. 악돌이.

베루 ⇨ 벼루. ⁑ 먹을 가는 연모.

베룩 ⇨ 벼룩. ⁑ 벌레 이름.

베리줄 * 소의 길마 위에 얹어 결채의 양쪽 끝에 매는 굵은 줄.
☞ 벼릿줄.

베부치 ⇨ 베붙이. ⁑ 명주실, 무명실, 모시실, 삼실로 짠 피륙.

베슥거리다 * 어떠한 일을 탐탁히 여기지 않고 동떨어져 행동하다.

베슬거리다 * 일을 바로 대들어 하지 않고 슬그머니 동떨어진 행동을 하다.
☞ 비슬거리다.

베실 = 삼실. ⁑ 삼 껍질로 만든 실.

베실거리다 ⇨ 베슬거리다.

베이다 * '베다'의 입음. ¶ 면도날에 턱이 베이다. 손가락이 베이다.
☞ 베다.[1]

베아링(bearing) [왜] ⇨ 축받이. ⁑ 베어링.

베이지(beige) ⇨ ① 낙타색. ⁑ 엷고 밝은 갈색. ② 생천.

베틀신 * 베틀신대 끝에 줄을 달고 그 끝에 동인 외짝 신.
☞ 끌신.

베틀신끈 = 신찐줄. ⁑ 베틀신을 동이는 끈.

베풀다 * ① 사람들이 즐겁게 지내도록 먹는 자리를 마련하다. ¶ 잔치를 베풀다. ② 다른 사람이 고마워할 만한 일을 하다. ¶ 은혜를 베풀어 주다.
☞ 주다.

벤또〔辨當〕[왜] ⇨ 도시락.

변사(變死) [왜] ⇨ 횡사. ⁑ 뜻밖의 큰일로 죽음.

벤찌(pinchers) [왜] ⇨ 펀처. ⁑ 자르는 집게.

벤취(bench) ⇨ 거상. 긴 걸상. ⁑ 벤치.
☞ 걸상. 승창. 의자.

벨벳(velvet) = 비로드. ⁑ 우단.

벵골어(Bengal語) = 벵골 말. ⁑ 한 자말이 아닐 때에는 띄어 씀.

벵아리 * 베도라치 새끼. ⁑ 바닷고기.
☞ 병아리.

벼개 ⇨ 베개.

벼까락 = 벼까라기. ⁑ 벼의 낟알 끝에 달린 까끄라기.

벼까리 ⇨ 볏가리. ‡ 볏단을 차곡차곡 쌓은 더미.

벼농사(~農事) = 쌀농사. ¶ 벼농사를 짓다.

벼라별(別~別) ⇨ 별의별. 별별. ‡ 보통과 다른 갖가지의. ¶ 별별 고생.

벼락 * ① 하늘에서 땅으로 내리치는 전기 불꽃. {벼락불.} ‡ 낙뢰. ¶ 벼락이 떨어지다. 벼락 맞다. 벼락 치다. ② 무섭게, 뜻밖에 일어나는 일. {벼락감투. 벼락죽음.} {감벼락. 날벼락. 누운벼락. 돈벼락. 돌벼락. 물벼락. 불벼락. 산벼락. 앉은벼락. 칼벼락.} ③ 갑자기. {벼락공부. 벼락령. 벼락바람. 벼락방망이. 벼락부자. 벼락장. 벼락장아찌. 벼락출세. 벼락치기.}

☞ 번개. 우레. 천둥.

벼락김치 = 급살김치. ‡ 무나 배추를 간장에 절여 바로 먹게 담근 김치.

벼락술 = 소나기술. ‡ 보통 때는 마시지 않다가 갑자기 많이 마시는 술.

벼락장지 ⇨ 벼락닫이. ‡ 아래짝만 오르내려 여닫는 창문.

벼락틀 = 덫틀. 곰덫. ‡ 곰 따위 산짐승을 잡는 덫의 하나.

벼란간 ⇨ 별안간.

벼랑 * 낭떠러지가 험하게 비탈진 언덕. {강벼랑. 산벼랑.} ¶ 벼랑 끝.

☞ 낭떠러지.

벼랑길 * 벼랑에 난 험하고 좁은 길. ¶ 벼랑길을 등에 지고 돌아가다.

벼룩시장(~市場) * 온갖 중고품을 팔고 사는 만물 시장.

☞ 도떼기시장.

벼룻길 * 강가나 바닷가로 통하는 벼랑길. ¶ 좁기로 이름난 벼룻길이다.

벼르다[1] * ① 앙갚음을 하려고 때를 기다리다. ② 일을 이루려고 꾀하다. ☞ 벼리다. 노리다.[2]

벼르다[2] * ① 몫으로 나누다. ‡ 배당. ② 쪽 고르게 갈라 주다. ‡ 분배. ☞ 노느다.

벼름하다〔配當〕 = 노느매기하다. 벼르다.

벼리 * ① 그물의 위쪽 코를 꿰어놓은 줄. ¶ 벼리를 당기다. ② 일이나 글의 뼈대가 되는 줄거리. ‡ 요강. ☞ 벼릿줄.

벼리다 * 무디어진 쇠붙이 연장을 날카롭게 만들다. ¶ 낫을 벼리다. ☞ 벼르다.[1]

벼릿줄 * 걸채의 앞뒤 마구리에서 내려진 줄. ☞ 베리줄. 벼리.

벼뭇 ⇨ 볏단.

벼수매값(~收買~) ⇨ 사들이는 벼값. ‡ 수매 벼값.

벼슬 * 나랏일을 맡아 다스리는 자리. {벼슬길. 벼슬살이. 벼슬아치. 벼슬자리.} {빠꿈벼슬.} {벼슬하다.} ¶ 벼슬 사다. 벼슬 살다. 벼슬을 지내다.

☞ 구실.[2] 볏.

벼씨 ⇨ 볍씨.

벼훑이 = 훑이. ‡ 두 나뭇가지를 집게처럼 만들어 벼를 훑는 데 쓰는 연모.

☞ 그네. 도리깨.

벽[1] = 비역. 계간. ‡ 사내끼리 하는 빠구리. 호모.
☞ 밴대질. 면.¹

벽²(壁) * 집이나 방의 둘레를 막은 물건. {벽걸이. 벽난로. 벽시계. 벽신문. 벽전화기.} {겉벽. 바깥벽. 안벽. 칸막이벽. 흙벽.} {벽치다.} ¶ 벽쌓다.
☞ 담.² 울타리.

벽니 = 진드기. * 사람이나 짐승의 몸에 붙어사는 벌레.
☞ 진딧물.

벽돌조건물(~造建物) ㉫ ⇨ 벽돌집.

벽보¹(壁報) * 벽이나 게시판에 붙여 널리 알리는 글.

벽보² ⇨ 구두쇠.

벽쇠 ⇨ 구두쇠.

벽지(僻地) ㉫ ⇨ 두메. * 외진 곳.
☞ 오지.²

벽지다(僻~) ⇨ 외지다.

벽창우(碧昌牛) ⇨ 벽창호. * 고집이 세고 무뚝뚝한 사람.

변〔隱語〕 = 변말. 곁말. * 남이 모르게 또래끼리만 쓰는 말. {변쓰다.}

변경되어지다(變更~) ⇨ 달라지다. 바뀌다. * 변경되다.

변놀이(邊~) = 돈놀이. 사채놀이.

변덕 〉 밴덕. * 잘 변하는 성질. {변덕꾸러기. 변덕쟁이.} ¶ 변덕을 부리다.

변덕맞다 = 변덕스럽다.

변돈(邊~) = 빚돈. * 변리를 무는 돈. ¶ 변돈을 꾸어 쓰다.

변두리 * ①어떤 지역의 가장자리가 되는 곳. ¶ 서울 변두리. 변두리 다방. ②그릇 따위 물건의 가장자리.
{변두리기둥. 변두리벽.}
☞ 가.¹ 가장자리. 언저리.

변말〔隱語〕 = 변. 곁말. {변쓰다.} * '감옥'을 '벽돌집, 붉은 집'으로, '권총'을 '개다리, 돼지다리'로, '수갑'을 '은팔찌'로 말하는 따위.

변명하다(辨明) * 잘못이나 실수한 일에 구실을 대며 까닭을 말하다.
☞ 발명하다.¹

변변찮다 = 변변치 않다. 변변하지 않다. * 울림소리 뒤에는 'ㅏ'만 줌.

변사(變死) ㉫ ⇨ 횡사. * 뜻밖의 일로 죽음.

변사자(變死者) ㉫ ⇨ 횡사자. * 사고로 죽은 사람.

변사체(變死體) ㉫ ⇨ 횡사 시체. * 사고로 죽은 사람의 주검.

변상하다(辨償~) ㉫ ⇨ ①갚아 주다. ②물어 주다. * 판상하다.

변소간(便所間) ⇨ 뒷간. 먼데. * 변소. 화장실.

변수될 듯(變數~) ⇨ 좌우할 듯. 달라질 듯. ~에 달릴 듯.

변시체(變屍體) ㉫ ⇨ 횡사 시체.

변씨만두 = 편수. * 만두의 한 가지.

변재¹(邊材) ⇨ 겉재목.

변재²(辯才) ⇨ 말재주.

변제하다(辨濟~) ㉫ ⇨ ①갚아 주다. ②물어 주다. * 판상하다.

변조하다(變造~) * 모양이나 속내를 다르게 바꾸다. ¶ 주민증을 변조하다.
☞ 위조하다.

변죽(邊~) * ①그릇, 세간, 과녁의 가장자리. ② 나무껍질이 붙은 널빤지.

☞ 반죽.

변죽 치다(邊~) = 변죽 울리다. ‡ 은
근히 둘러서 말하다. {변죽울림.}

☞ 비사치다.²

변태¹(變態) * 정상이 아닌 상태가 됨.
또는 그 상태. ¶ 변태 성욕.

변태²(變態) ⇨ 탈바꿈. ‡ 곤충이나 식
물에서 일어남.

변통(變通) * ①일을 융통성 있게 잘
처리함. {변통머리. 변통성. 변통수.}
②돈을 융통함. {변통하다.} ¶ 변통
해 오다. 변통해 주다.

☞ 주변.¹ 주선.

변형시키다(變形~) ⇨ 모양을 고치
다. 꼴을 바꾸다. ‡ 변형하다.

변화되다(變化~) ⇨ 바뀌다. 달라지
다. ‡ 변화하다. 변하다.

별¹ = 별님. {별똥돌. 별밤. 별빛. 별
점.} {달별. 떠돌이별. 별똥별(별
똥). 붙박이별. 살별(길쓸별. 꼬리
별. 꽁지별). 샛별. 잔별.}

별~²(別~) * 특별한. 이상한. {별것.
별구경. 별궁리. 별꼴. 별달리. 별
도리. 별말. 별말씀. 별맛. 별문제.
별밥. 별법. 별사건. 별세계. 별세
상. 별수. 별수단. 별일. 별지장. 별
짓. 별짜. 별판.} {별나다. 별다르
다.}

~별³(~別) * 그것에 따른. {계층별.
교과별. 교수별. 날짜별. 능력별.
반별. 성별. 연도별. 월별. 직업별.
학교별. 학급별. 학년별. 항목별.}

별가살이(別家~) = 딴집살이. ‡ 따
로 살림을 나서 사는 일.

별간장(別~醬) = 손님장. ‡ 따로 쓰
려고 작은 그릇에 담그는 간장.

별걱정(別~) * 쓸데없는 걱정. ¶ 별
걱정을 다 하는구나.

별 걱정(別~) * 특별한 걱정. ¶ 별 걱
정 없이 지낸다.

별고 없어요?(別故~) * 손아랫사람
에게 쓰는 인사말.

☞ 무고하셔요. 안녕하셔요. 평안하
셔요.

별놈(別~) = 별난 놈. 별난 사람. 별
사람. ‡ 낮은말.

별단(別段) ㉿ ⇨ ①별반. 특별. ②별
다르게.

별똥별〔流星〕 * 하늘에서 빛을 내며
떨어지는 돌.

☞ 달별. 떠돌이별. 붙박이별. 살별.

별러놓다 = 날아놓다. ‡ 여러 사람이
낼 돈의 액수를 정하다.

별러오다 ⇨ 별러 오다. ‡ 언젠가는 혼
내 주려고 별러 오다.

별러주다 * 몫으로 나누어주다. ¶ 남
은 돈을 별러주다. 앉을 자리를 별
러주다.

☞ 도르다.²

별로이(別~) ⇨ 별로. ¶ 별로 기분이
내키지 않는다. 별로 추운 줄 모른
다.

별르다 ⇨ 벼르다. ¶ ①복수를 벼르
다. ②몫을 벼르다.

별름별름 ⇨ 벼름벼름. ‡ 마음먹은 일
을 이루려고 자꾸 벼르는 모양.

별말(別~) = 별말씀. 별소리. ‡ ①별
다른 말. ¶ 별말은 없었다. ②뜻밖
의 별난 말. ¶ 별말을 다 하는구나.

별맛(別~) * 특별한 맛. ¶ 소문난 음식이라 한번 먹어보니 별맛 아니던데.

☞ 별미.

별명(別名) = 별호. * 그 사람의 특징을 따서 남들이 지어 부르는 이름.

☞ 가명. 관명. 본명. 본이름. 아명. 자.² 호.²

별미(別味) * 특별히 좋은 맛. 또는 그런 음식. ¶ 이 집은 아귀찜이 별미다.

☞ 별맛.

별미적다 ⇨ 별미쩍다. * 말이나 행동이 어울리지 않고 멋이 없다.

별박이 = 대성마. 적로마. * 이마에 흰 점이 박힌 말.

별반(別般) * ① 보통과 다름. ¶ 별반 조치. ② 따로 별다르게. ¶ 진상이 소문과 별반 다르지 않다. 인물은 별반 내세울 것이 없다.

☞ 특별.

별별 = 별의별. * 보통과 다른 갖가지의. ¶ 별별 생각. 별별 사람.

별생각(別~) * ① 별다른 생각. ② 별의별 생각.

별세(別世) * 손윗사람이 세상을 떠남. ¶ 할아버지께서 별세하셨다.

☞ 사망.

별소리(別~) = 별말. 별말씀. * ① 별다른 말. ② 뜻밖의 별난 말.

별에별(別~別) ⇨ 별의별. 별별. * 보통과 다른 갖가지의. * 별별 음식.

별자리〔星座〕* {별자리표.} * 거문고자리. 나침반자리. 망원경자리. 물병자리. 방패자리. 마차부자리. 사수자리. 쌍둥이자리. 처녀자리. 게자리.

고니자리. 독수리자리. 물고기자리. 물뱀자리. 바다뱀자리. 사자자리. 양자리. 염소자리. 작은개자리. 작은곰자리. 전갈자리. 큰개자리. 큰곰자리. 황소자리. 안드로메다자리. 오리온자리. 카멜레온자리. 카시오페이아자리. 페가수스자리. * 옛날 차이나에선 이십팔수로 나누었고 요즘은 서양식으로 동물, 물건, 신화에 나오는 사람, 신의 이름 따위 88개 별자리로 나눔.

별채(別~) = 딴채. 별챗집. * 본채와 별도로 지은 집.

별책(別冊) ㉕ ⇨ 딸림 책.

별호(別號) = 별명. ¶ 그는 아는 것이 많다고 백과사전이란 별호를 얻었다.

☞ 가명. 관명. 본명. 본이름. 시호. 아명. 자. 호.

볍쌀 * 입쌀과 찹쌀. * 잡곡과 맞서는 뜻으로 쓰는 이름.

☞ 잡곡.

볏 * 닭이나 새의 이마 위에 붙은 붉은 살. ¶ 닭의 볏.

☞ 도가머리. 벼슬.

볏갈 = 볏가을. * 벼를 타작하는 일. {볏갈하다. 볏가을하다.}

☞ 보리타작.

볏덩이 ⇨ 볏밥.

볏뭇 ⇨ 볏단. * 벼를 베어 묶은 단.

볏밥 = 볏밥덩이. * 논밭을 갈 때 보습의 볏으로 뒤집어 놓은 흙덩이.

☞ 가랫밥.

볏씨 ⇨ 볍씨.

병¹(病) = 병환. {병단련. 병문안. 병

보석. 병색. 병실. 병주머니. 병줄. 병추기. 병치레.} {귓병. 눈병. 다릿병. 뱃병. 입병. 콧병. 파킨슨병. 폐병.} {갑작병. 긴병. 돌림병. 술병. 시들병. 어질병. 잔병. 주춤병. 죽을병. 쳇병. 하우스병.} {검은별무늬병. 깜부기병. 깨씨무늬병. 시들병. 시듦병. 오갈병. 잎마름병. 잎말이병. 줄기마름병. 줄무늬잎마름병. 흰가루병.} ¶ 병 고치다. 병 주다.

병^{2}(甁) * ① 목과 아가리가 좁고 길게 생긴 그릇. {병따개. 병술. 병조림.} ¶ 병 속. 병 주둥이. 병 허리. 빈 병. ⁑ 크기. {되들잇병. 됫병. 한됫병.} ⁑ 쓰임새. {간장병. 기름병. 꽃병. 맥주병. 물병. 술병. 약병. 우유병. 잉크병. 콜라병. 향수병.} ⁑ 모양새. {매병. 목기리병. 부리병. 오리병. 자라병. 호리병.} ⁑ 재료. {유리병. 페트병. 플라스틱병.} ② 하나치. ¶ 한 병.

병과하다(倂科~) [왜] ⇨ (자유형과 벌금형을) 아울러 매기다. 함께 매기다.

병구완(病~) = 고수련. 병시중. ⁑ 앓는 사람을 돌보아 주는 일.

병구원(病救援) ⇨ 병구완.

병구환(病救患) ⇨ 고수련. 병구완. 병시중.

병나다(病~) * ① 병이 생기다. ② 사물에 잘못이나 탈이 생기다.

병들다(病~) * ① 병이 생기다. ② 정신 상태가 건전하지 않게 되다.

병뚜껑(甁~) * 병 아가리 위에 덮어서 막는 물건. ⁑ 병따개로 땀.

병마개(甁~) * 병 아가리 속으로 넣어서 막는 물건. ⁑ 마개뽑이로 뽑음.

병목^{1} * 병 아가리 아래쪽의 잘록한 부분.

병목^{2}(竝木) [왜] ⇨ 길나무. ⁑ 가로수.

병수발(病~) ⇨ 고수련. 병구완. 병시중.

병시중(病~) = 병구완. 고수련. {병시중하다.}

병신구실(病身~) = 병신굿. 병신노릇. ⁑ 병신이나 다름없는 못난 짓.

병신춤(病身~) * 양반을 병신으로 풍자한 춤.

병아리 * 닭의 새끼. {서리병아리. 수평아리. 암평아리. 약병아리. 중병아리. 풋병아리. 햇병아리.} ¶ 노란 병아리. 병아리 눈물만큼. 병아리 소리.
☞ 벵아리.

병암죽(餠~粥) ⇨ 떡암죽. ⁑ 말린 흰무리를 빻아 묽게 쑨 죽.

병어〔鯧魚〕* 바닷물고기 이름. {병어젓. 병어주둥이. 병엇과.}
☞ 뱅어.

병열(竝列) ⇨ 병렬. {병렬식. 병렬연결.}

병원(病院) * 서른 사람 넘게 입원, 진찰, 치료할 수 있는 설비를 갖춘 곳.
☞ 의원.

병자수호조약(丙子修護條約) [왜] ⇨ 강화도 조약.

병정개미(兵丁~) * 개미 무리에서 적과 싸우는 일을 맡은 일개미.
☞ 수개미. 여왕개미. 일개미.

병중(病中) * 앓고 있는 때. ¶ 병중에는 술을 마셔서는 안 된다.

병 중(病 中) * 여러 가지 병 가운데. ¶ 병 중에도 몹쓸 병에 걸렸다.

병집(病～) = 병통. * ① 탈이 생기는 원인. ② 뿌리박힌 결점.

☞ 탈거리. 탈집.

병치기(病～) ⇨ 병추기. * 늘 성치 못하거나 걸핏하면 병에 잘 걸리는 사람.

병풍(屏風) * 바람을 막거나 무엇을 가리거나 장식으로 방 안에 치는 물건. {머릿병풍.} ¶ 열두 폭 병풍. 병풍을 치다.

☞ 가리개.

병형뉴(鋲形鈕) ㉥ ⇨ 단추꼴꼭지.

볕 = 햇볕. * 해가 쬐는 뜨거운 기운. {가을볕. 돋을볕. 땡볕. 뙤약볕. 봄볕. 불볕. 석양볕. 여우볕. 저녁볕.} {볕뉘. 볕살. 볕색. 볕소금. 볕잎.} {볕바르다.} ¶ 볕이 나다. 볕이 들다. 볕이 따갑다. 볕을 쐬다. 볕이 좋다. 볕을 쬐다. 볕에 그을리다.

☞ 빛.² 햇빛.

볕귀 ⇨ 햇귀.

볕기(～氣) = 볕내. * 햇빛의 기운. ¶ 볕기를 쐬지 못해 박꽃처럼 희다.

볕기운 ⇨ 볕기. 볕내.

볕받이 * ① 볕이 잘 드는 일. ② 양달.

☞ 그늘받이. 응달.

볕발 ⇨ 햇발.

볕소금〔天日鹽〕 = 바닷소금.

☞ 곤소금. 돌소금.

보¹ = 들보. 봇장. * 칸과 칸 사이에 두 기둥을 건너지르는 나무.

☞ 들보.¹

보²(洑) * 논에 물을 대려고 내에 둑을 쌓아 물을 담아 두는 곳. {보꼬리. 봇논. 봇도랑. 봇둑길. 봇머리. 봇목. 봇물. 봇살. 봇일.}

☞ 봇둑.

보³(褓) * 물건을 싸고 덮은 데 쓰는 네모진 천. {밥상보. 상보. 식탁보. 이불보. 조각보. 책보. 책상보. 침대보. 횃댓보.} {보쌈.}

☞ 보따리. 보자기. 봇짐.

～보⁴ * 그러한 사람. {꾀보. 털보. 먹보. 울보. 째보. 땅딸보. 뚱뚱보.}

보각보각〈 부걱부걱. * 술이 익을 때 거품이 생기면서 나는 소리.

☞ 보글보글.

보강시키다(補强～) ⇨ 보강하다. * 시설, 장비, 체력을 더 튼튼하게 하다.

보거라 ⇨ 보아라. 봐라.

보고¹〔움〕 * 보다. ¶ 보고 가다. 보고 그리다. 보고 나타내다. 보고 오다.

보고²〔토〕 = 더러. 에게. 한테. {나보고. 너더러. 누구에게. 학생한테.}

보고파 ⇨ 보고 싶어.

보고프다 ⇨ 보고 싶다.

보글보글〈 부글부글. * ① 물 따위가 끓는 소리와 모양. ② 거품이 일어나는 소리와 모양. ③ 머리카락이 꼬불꼬불한 모양.

☞ 바글바글. 보각보각.

보금자리 * ① 둥지. * 새집. ¶ 보금자리를 치다. 보금자리 틀다. ② 지내기에 매우 포근하고 아늑한 곳. ¶ 신혼의 보금자리. 사랑의 보금자리.

☞ 둥우리.

보기¹ 〔이〕 = 본보기. ＊ 설명하거나 증명하려고 내세우는 일이나 물건.
　☞ 본보기.

보기² 〔움〕 ＊ 보다. ¶ 보기 나름이다. 보기가 드물다. 보기에 딱하다. 보기가 싫다. 보기가 어렵다. 보기가 좋다.

보기보담 ⇨ 보기보다. 보기보다는. ＊ '보다'는 토씨.

보까시(보카시) 〔量〕 왜 ⇨ 흐리기. 바림. ＊ 그림 기술의 하나.

보꾹 = 천장. ＊ 지붕밑과 천장 사이에서 본 천장.
　☞ 반자.¹ 더그매.

보나스(뽀나스. bonus) 왜 ⇨ 덤삯. 상여금. 별급. ＊ 보너스.

보내다 ＊ 사람이나 물건을 다른 곳으로 옮기다. ¶ 편지를 보내다.
　☞ 넘기다.

보내지게 되다 ⇨ 보내게 되다.

보내지다 ⇨ 보내다.

보녕군(保寧郡) ⇨ 보령군. ＊ 땅 이름.

보노루 = 고라니. ＊ 사슴과의 산짐승 이름.

보다¹ 〔움〕 ＊ ① 눈으로 사물의 꼴, 색깔, 움직임을 알다. ¶ 신호등을 보다. ② 아랫사람이나 또래를 만나다. ¶ 딸을 보고 말하다. ③ 사람을 들이다. ¶ 며느리를 보다. ④ 글을 읽다. ¶ 신문을 보다. 책을 보다.
　☞ 뵈다.¹ 뵙다. 뵈옵다.

보다² 〔움〕 ＊ 대변과 소변을 몸 밖으로 내보내다. {뒤보다.} ¶ 용변을 보다.
　☞ 누다. 싸다.⁴

보다³ 〔움〕 ＊ 아이나 집이나 물건을 보살피다. ¶ 아이를 보다. 집을 보다.
　☞ 지키다.

보다⁴ 〔도〕 ＊ 짐작으로 가늠하다. ¶ 가는가 보다. 더운가 보다. 많은가 보다. 먹는가 보다. 아픈가 보다. 왔나 보다. 자는가 보다. 주나 보다.

보다⁵ 〔도〕 ＊ 시험 삼아 하다. ¶ 가 보다. 가꾸어 보다. 날아 보다. 눌러 보다. 달아 보다. 담가 보다. 만나 보다. 만들어 보다. 불러 보다. 붙여 보다. 싸워 보다. 씹어 보다. 안아 보다. 앉아 보다. 재어 보다. 적어 보다. 찾아가 보다. 추려 보다. 캐어 보다. 켜 보다. 튀겨 보다. 펴 보다. 펼쳐 보다. 해 보다. 훔쳐 보다. 흔들어 보다. ¶ 살다 보니. 하다 보면.

보다⁶ 〔토〕 ＊ 정도가 서로 다른 두 가지를 맞대어 견주는 토씨. ¶ 이것이 저것보다 낫다. 배보다 배꼽이 크다. 너보다 내가 작다. 기차보다 빠르다.

보다⁷ ⇨ 더. 한층 더.

보다가 〔움〕 ¶ 책을 보다가 나도 모르게 잠이 들었다. ＊ '다가'는 씨끝.

보다 높이 왜 ⇨ 더 높이.

보다 더 왜 ⇨ 더욱더. 좀 더. 한층. 더 한층.

보다 많이 왜 ⇨ 더 많이.

보다 멀리 왜 ⇨ 더 멀리.

보다못한 ⇨ 보다 못한. ＊ 보고 있다가 참을 수 없었던. ¶ 보다 못해.

보다 좋은 왜 ⇨ 더 좋은.

보다 큰 왜 ⇨ 더 큰.

보단 〔button〕 왜 ⇨ 단추. 누름쇠. ＊ 버튼.

보답치(報畓~) ⇨ 보답지. 보답하지. ＊ 안울림소리 뒤에는 '하'가 줆.

보답코자(報畓~) ⇨ 보답고자. 보답하고자. ＊ 안울림소리 뒤에는 '하'가 줆.

보데(body) ㉠ ⇨ 몸. 몸체. ＊ 보디.

보독보독 〈 부둑부둑.

보돗이 ⇨ ① 겨우. ② 빠듯이.

보드기 ＊ 크게 자라지 못하고 마디가 많은 어린 나무.
　☞ 몽당솔. 보득솔.

보드럽다 ⇨ 보드랍다.

보득보득 〈 부득부득.

보득솔 ＊ 키가 작고 가지가 많은 어린 소나무.
　☞ 몽당솔. 보드기.

보든가 말든가 = 보든지 말든지.

보듬다 ＊ 사람, 동물을 가슴에 붙도록 안다. ¶ 아기를 보듬고 젖을 먹인다.
　☞ 안다.

보따리(褓~) = 보퉁이. ＊ ① 보자기에 물건을 싸서 꾸린 뭉치. {보따리 장수.} ¶ 돈 보따리. 떡 보따리. 옷 보따리. 이불 보따리. 짐 보따리. 책 보따리. ② 속에 들어 있는 것. {울음보따리. 웃음보따리. 이야기보따리.} ③ 마음이나 생각. ¶ 보따리 싸다. 보따리 풀다. ④ 하나치. ¶ 책 한 보따리.
　☞ 보.³ 보자기.

보뚝(洑~) ⇨ 봇둑.

보라¹ ＊ 쇠로 만든 쐐기. ＊ 통나무를 팰 때 씀.

보라² = 보랏빛. 보라색. ＊ 남색과 자주색의 중간색. 또는 그런 물감.

보라³ ＊ 부서져서 흩어지는 물이나 눈 따위. {꽃보라. 눈보라. 물보라.}

보라⁴ ＊ '보다'의 건너 시킴꼴.
　☞ 보아라.

보라매 ＊ 태어난 지 한 해가 지나지 않은 새끼를 잡아다 길들인 사냥 매. ＊ 가슴 털이 보라색이므로 보라 매라 부름.
　☞ 송골매. 육지니.

보란 듯이 ＊ 남이 보고 부러워하도록 자랑스럽거나 떳떳하게. ¶ 보란 듯이 살다.
　☞ 여봐란듯이.

보람 ＊ ① 표적. {보람하다.} ② 좋은 결과. {보람되다.} ¶ 보람 없다.

보람스럽다 ⇨ ① 보람 있다. ② 보람 차다.

보람줄 = 가름끈. 갈피끈. ＊ 책에 표지를 하도록 박아 넣은 줄.
　☞ 갈피표. 책갈피표.

보람차다 = 아름차다. ＊ 만족스럽다. ¶ 보람찬 일. 보람찬 하루.

보러 ＊ 보겠다는 목적을 가지고. ¶ 보러 가다. 보러 오다.

보려 ＊ 보겠다는 의도를 가지고. ¶ 보려 하다.

보로 〔襤褸〕 ㉠ ⇨ ① 흠. 잘못. ② 넝마. 누더기. 걸레. ③ 헝겊.

보로나다 〔襤褸~〕 ㉠ ⇨ 드러나다. 들키다. 들통나다. 피새나다.

보로사(普魯斯) ⇨ 프로이센. 프러시아. ＊ 나라 이름.

보로서(普魯西) ⇨ 프로이센. 프러시아. ＊ 나라 이름.

보로터지다 〔襤褸~〕 ㉠ ⇨ 드러나다.

들키다. 들통나다. 피새나다.

보루〔board〕㉩ ⇨ 포. ＊①담배 열 갑을 묶은 묶음. ②하나치. ¶담배 한 포.

보루바코〔cardboard box〕㉩ ⇨ 골판지 상자. 종이 상자.

보루박스〔cardboard box〕㉩ ⇨ 골판지 상자. 종이 상자.

보류시키다(保留~) ⇨ 미루다. ¶미루어 두다. ＊보류하다.

보르네오섬(Borneo~) ⇨ 보르네오섬. ＊서양말 뒤에는 띄어 씀.

보름 ＊①보름날. {보름나물. 보름떡. 보름밤. 보름사리. 보름새기. 보름차례. 보름치.} ¶정월 보름. ②열닷새 동안. {선보름. 후보름.}
　☞ 그믐.

보름게 ＊음력 보름께에 잡히는, 살이 덜 찬 게.
　☞ 그믐게.

보름달 ＊음력 보름날 밤에 뜨는 둥근 달. {대보름달.} ¶보름달이 뜨다.
　☞ 그믐달. 그믐반달. 반달.¹ 온달.² 초승달.

보름보기 = 애꾸눈이. 애꾸. 외눈박이. ＊한쪽 눈이 먼 사람.

보리¹ ＊곡식 이름. {보리농사. 보리누름. 보리동지. 보리등겨. 보리밟기. 보리밥. 보리방아. 보리밭. 보리쌀. 보리저녁. 보리차. 보리피리. 보릿가루. 보릿겨. 보릿고개. 보릿단. 보릿자루. 보릿짚.} {겉보리. 납작보리. 쌀보리. 통보리. 풋보리.} ¶보리누름에 선늙은이 얼어 죽는다.

보리²(菩提) ＊일체의 참된 모습을 깨달

은, 더할 나위 없는 지혜. ＊불교.

보리곱삶이 = 곱삶이. ＊두 번 삶아 지은 보리밥.

보리된장(~醬) = 보리장. ＊보리쌀을 넣어 담근 된장.

보리때 = 보릿가을. ＊보리를 거두어 들이는 철.
　☞ 볏가을. 보릿대.

보리마당질 = 보리타작. {보리마당질하다.}

보리바둑 ＊법식도 없이 아무렇게나 두는 바둑.
　☞ 보리윷. 보리장기.

보리새우〔糠蝦〕 = 참새우. ＊보리새웃과의 하나.
　☞ 왕새우.

보리윷 ＊법식도 없이 아무렇게나 던져서 노는 윷.
　☞ 보리바둑. 바로장기.

보리장(~醬) = 보리된장.

보리장기(~將棋) ＊법식도 없이 아무렇게나 두는 장기.
　☞ 보리바둑. 보리윷.

보리타작 = 보리마당질. ＊①보리 이삭에서 낟알을 떨어내는 일. ¶도리깨로 보리타작하다. ②매를 심하게 때리는 일.

보리타작 노래 ⇨ 옹헤야. ＊일노래.

보리타작 소리 ⇨ 옹헤야.

보리풀 ＊보리를 갈 땅에 밑거름으로 주려고 벤 풀이나 나뭇잎.
　☞ 보릿거름.

보리풀꺾다 ⇨ 보리풀하다. ＊보리풀을 베어 오다.

보릿가을 = 보리때. ＊보리를 거두어

들이는 철. ¶ 보릿가을이 들다.

☞ 볏가을.

보릿거름 * 보리를 심을 땅에 넣을 거름.

☞ 보리풀.

보릿고개 * 먹을 것이 떨어져 햇보리가 나올 때까지 넘기가 힘든 고비.

☞ 감잣고개. 피고개.

보릿대 * ① 보릿짚의 대. ② 보리의 줄기. ¶ 보릿대로 보리피리를 만들다.

☞ 보리때.

보릿짚모자 ⇨ 밀짚모자.

보무라기 ⇨ 보무라지. 보물.

보물[1] = 보무라지. ‡ 종이, 헝겊, 실의 부스러기. ¶ 방에 보물이 널려 있다.

☞ 보푸라기. 보풀. 부풀.

보물[2](寶物) * 보배로운 물건. {보물단지. 보물덩이. 보물섬.} ¶ 보물 상자. 보물 지도. 보물을 찾다.

☞ 보배.

보물찾기(寶物~) * 물건 이름이 적힌 쪽지를 찾은 사람에게 상을 주는 놀이.

☞ 풍계묻이.

보미 = 미음. 밈. ‡ 입쌀이나 좁쌀을 푹 끓여 채에 걸러 낸 음식.

보배 * 귀하고 소중한 물건이나 사람. {보배롭다. 보배스럽다.}

☞ 보물.

보비유 = 추임새. ‡ 판소리에서 고수가 흥을 돋우려고 내는 소리.

보살(菩薩) * ① 부처가 전생에서 수기를 받은 뒤의 몸. ② 보리살타. ③ 보살승. ④ 고승. ⑤ 보살할미. ⑥ 여자 신도. ‡ 불교.

☞ 불목하니.

보살펴 = 보살피어. ‡ 보살피다. ¶ 보살펴 드리다. 보살펴 주다.

보상(補償) * 법에 따라 한 일로 생긴 손해를 물어 주는 일. {보상하다.}

☞ 배상. 변상. 판상.

보선 ⇨ 버선.

보섭 ⇨ 보습. ‡ 쟁기나 극젱이의 술바닥에 끼우는 쇳조각.

보송보송 〈 뽀송뽀송 ‡ ① 물기가 없고 보드라운 모양. ② 살결이 곱고 보드라운 모양. ③ 땀방울이 조금씩 솟아난 모양. ④ 솜털 같은 것이 돋아 있는 모양.

보스라기 ⇨ 바스라기. ‡ 잘게 바스라진 물건.

보스스 * 가는 털이나 솜털 따위가 짧고 보드랍게 나오거나 조금 흐트러져 있는 모양. ¶ 이마에 뽀얀 솜털이 보스스 난 어린이.

☞ 보시시.

보슬보슬[1] 〈 부슬부슬. ‡ 물기가 적어 엉기지 못하고 바스러지기 쉬운 모양.

보슬보슬[2] 〈 부슬부슬. ‡ 눈이나 비가 가늘고 성기게 조용히 내리는 모양.

보시(布施) * ① 남에게 재물을 베풂. ② 부처님께 재물을 바침.

☞ 시주. 공양.

보시기 * ① 김치나 깍두기를 담는 반찬 그릇. ② 하나치. ¶ 김치 한 보시기.

☞ 종발. 종지.

보시시 = 살포시. ¶ 보시시 눈웃음을 짓다. 고개를 보시시 들다.

☞ 보스스.

보실보실 ⇨ 보슬보슬.

보싯돈(布施〜) * 보시로 받은 돈.
　☞ 시줏돈.

보쌈[1](褓〜) * 양푼에 미끼를 넣고 보
　로 싼 뒤 구멍을 하나 뚫고 고기가
　들어오도록 하여 잡는 연모.
　☞ 문어 단지. 통발.

보쌈[2](褓〜) * 삶아서 뼈를 추린 소,
　돼지의 머리 고기를 보에 싸서 무거
　운 것으로 눌러 단단하게 만든 뒤
　썰어서 먹는 음식.

보쌈[3](褓〜) * ① 옛날에 딸이 두 번
　혼인할 사주일 때 아무 남자나 잡아
　와 딸과 재운 뒤 죽이던 일. ¶ 보쌈
　에 걸리다. 보쌈에 잡혀가다. ② 나
　이 많은 총각이 과부를 보에 싸서
　데려오던 일. ¶ 보쌈에 넣다. 보쌈에
　들다.

보쌈김치(褓〜) = 쌈김치. ‡ 김치의
　한 가지.

보쑤 ⇨ 보법. ‡ 품격과 법도. ¶ 보법
　을 갖추다.

보아라 = 봐라. ‡ ‘보다’의 바로 시킴
　꼴.
　☞ 보라.

보아란듯이 ⇨ 여봐란듯이.

보아주다 = 봐주다. ‡ 남의 처지를 이
　해하거나 잘못을 덮어 주다.

보아 주다 * ① 눈으로 보다. ② 어떤
　일을 해 주다. ¶ 일을 보아 주다.

보아지다 ⇨ 보이다.

보아하니 = 봐하니. ‡ 겉으로 보아서
　짐작건대. ¶ 보아하니 시골 양반 같
　다.

보여 = 보이어. 뵈어. 봬. ‡ 보이다.
　‘보다’의 하임. 입음.

보여지다 ⇨ 보이다.

보예지다 ⇨ 보애지다. 〈 부예지다.

보우트(boat) ⇨ 보트. ‡ 서양식 작은
　배.

보울링(bowling) ⇨ 볼링. ‡ 운동의
　한 가지.

보유양(保有量) ⇨ 보유량. ‡ 한자말
　뒤에선 ‘량’, 겨레말 뒤에선 ‘양’임.

보이다[1] = 뵈다. ‡ ‘보다’의 입음. ¶ 바
　다가 보이다. 기회가 보이다. 결말
　이 보이다. 20대로 보이다. 불쌍하
　게 보이다. 예뻐 보이다.

보이다[2] = 뵈다. ‡ ‘보다’의 하임. ¶ 주
　민증을 보이다. 그만 두자는 눈치를
　보이다. 손해를 보이다. 욕을 보이
　다. 선을 보이다.

보이라 〔boiler〕 왜 ⇨ 증기통. ‡ 보일
　러.

보이 상 〔boy〜〕 왜 ⇨ 손대기. 사환.
　사동.

보이코드(boycott) ⇨ ① 거절. 거부.
　② 퇴짜. ‡ 보이콧.

보일듯말듯하다 ⇨ 보일 듯 말 듯 하다.

보임 ⇨ 빔. ‡ 촉이나 장부의 구멍이
　헐거울 때 종이, 헝겊, 가죽 따위를
　감아서 끼우는 일. {빔하다.}

보자고 해 = 보재.

보자고 했지 = 보쟀지.

보자기[1] * 바닷물 속에 들어가서 물질
　하는 여자. ‡ 해녀.
　☞ 비바리.

보자기[2](褓〜) * 물건을 싸서 들고 다
　닐 수 있도록 네모지게 만든 작은

천. {밥보자기. 책보자기.} ¶ 무명 보자기. 베 보자기. 비단 보자기.
☞ 보.³ 보따리.

보자말자 ⇨ 보자마자. ＊ '～자마자'는 씨끝.

보잘것없다 ＊ 볼 만한 값어치가 없다. ¶ 보잘것없는 물건. 보잘것없는 사람.
☞ 하잘것없다.

보재 ＝ 보자고 해.

보재기 ⇨ ① 보자기. ② 보. 보자기. ③ 잠수부.

보쟀지 ＝ 보자고 했지.

보쟁기 ＊ 보습을 낀 쟁기. ＊ 농사 연모의 하나.
☞ 겨리.

보쟁이다 〔姦通〕 ＊ 가시버시 아닌 사내와 계집이 남몰래 계속 만나다.
☞ 오쟁이 지다.

보전하다¹(保全～) ＊ 온전하게 보호하여 간수하다. ＊ 꼴이 눈에 보이지 않는 추상적인 것. 나라, 건강, 권리 따위. ¶ 목숨을 보전하다.
☞ 보존하다. 보호하다.

보전하다²(補塡～) ＊ 모자란 것을 보태어 채우다. ¶ 손실을 보전하다.
☞ 보충하다.

보조개 ＝ 볼우물. ＊ 웃을 때 볼에 움푹 들어가는 자국.

보존하다(保存～) ＊ 무엇을 본디꼴 그대로 간직하여 남기다. ＊ 눈에 보이는 구체적인 사물. ¶ 자연환경을 보존하다. 문화재를 보존하다.
☞ 보전하다.¹ 보호하다.

보지 ＝ 밑살. 살꽃. ＊ 모든 여자의 아래.
☞ 밑살. 봄지. 씹.

보진하다(補塡～) ㉖ ⇨ ① 보전하다. ② 보충하다.

보짱 ＊ 꿋꿋하게 가지는 속마음. ¶ 보짱이 크다. 예사 보짱이 아니다.
☞ 배짱. 봇장.

보채다 ＊ ① 아기가 칭얼거리다. ② 무엇을 해 달라고 거푸 여러 번 말하다.
☞ 조르다.²

보추 〔進就性〕 ＝ 냅뜰성. ＊ 냅뜨는 성질. ¶ 보추 없다.

보충하다(補充～) ＊ 모자라는 것을 기워서 채우다. ¶ 보충 교육. 보충 설명.
☞ 보전하다.²

보카시(보까시) 〔暈〕 ㉖ ⇨ 흐리기. 바림. ＊ 그림 기술의 하나.

보태기 ＝ 더하기. ＊ 덧셈.

보탬표(～標) ＝ 덧셈표.

보터(boater) ＊ 밀짚으로 만든 서양 모자. ＊ 위가 납작하고 차양이 있음.
☞ 보트.

보통내기(普通～) ＝ 여간내기. 예사내기. ＊ '아니다'와 함께 씀.

보통지식(普通知識) ＝ 상식. ＊ 두루 아는 일.

보통이 ＝ 보따리. ＊ 물건을 보에 싸서 꾸려 놓은 것. ¶ 옷 보통이.
☞ 보.³ 보자기.²

보트(boat) ＊ 서양식 작은 배. ¶ 보트를 타다. 보트를 띄우다.
☞ 보터.

보푸라기 〈 부푸러기. ＊ 보풀의 낱개. ¶ 낡은 옷의 보푸라기를 떼어 내다.
☞ 보무라지.

보풀 * 종이, 헝겊의 거죽에 보풀어 일어나는 매우 가는 털. {보풀명주. 보풀실. 보풀털.} {보풀보풀.} ¶ 헌 책에 보풀이 일다.
☞ 괴깔.

보합(保合) [왜] ⇨ 제자리걸음. ⁑ 경제에서 쓰는 말.

보합산(步合算) [왜] ⇨ 백분산.

보합세(保合勢) [왜] ⇨ 주춤세. 멈춤세.

보행삯(步行~) ⇨ 길품삯.

보행집(步行~) = 보행객주. ⁑ 걸어서 길을 가는 나그네만 치던 객줏집.

보호막(保護膜) ⇨ 끈끈막. ⁑ 점막.

보호색(保護色) = 은닉색. 은폐색. ⁑ 가림빛. 가림색.

보호하다(保護~) * 보살펴 돌보거나 잘 지켜서 본디대로 간수하다.
☞ 보전하다.[1] 보존하다.

복[1] = 복어. ⁑ 바닷고기 이름. {복국. 복독. 복매운탕. 복요리. 복찜. 복회.} {가시복. 검복. 꺼끌복. 매리복. 밀복. 보리복. 참복. 황복. 흰점복.} ¶ 복의 배. 복의 이 갈듯. 복 치듯 하다.

복[2](福) * ① 삶에서 누리는 행운. 행복. {복구렁이. 복쌈. 복조리. 복주머니.} {복되다.} ¶ 복 받다. 복 없다. 복 있다. 복 타다. 복 터지다. ② 몫이 많음. {돈복. 여복(염복).} ¶ 옷복. 먹을 복. 자식 복.

복[3](伏) = 복날. ⁑ 삼복이 되는 날. {복놀이. 복더위. 복물. 복철. 복허리.} {삼복. 초복. 중복. 말복.}

~복[4](~服) * 옷. {신사복. 예비군복. 작업복. 체육복. 학생복.}

복개공사(覆蓋工事) ⇨ 부개 공사 ⁑ 덮기 공사.

복개도로(覆蓋道路) ⇨ 부개 도로 ⁑ 덮은 길.

복거리(伏~) ⇨ 복달임. 복달.

복골복〔福不福〕 ⇨ 복불복. ⁑ 사람의 운수.

복구시키다(復舊~) ⇨ 복구하다. ⁑ 본디대로 되돌리다.

복다기다 ⇨ 복대기다.

복다리 ⇨ 명다리. ⁑ 신을 모신 상 앞 천장에 매다는 모시나 무명.

복달더위(伏~) = 복더위. 삼복더위. ⁑ 음력 육칠월의 몹시 더운 철.

복달임[1](伏~) = 복달. ⁑ 날씨가 더운 복철.

복달임[2](伏~) * 더위를 물리치는 뜻으로 복날에 고깃국을 끓여 먹는 일.

복대기[1] * ① 많은 사람이 떠들거나 복잡하게 움직임. ② 정신을 차릴 수 없을 만큼 일이나 사람을 몰아침. {복대기다.} ¶ 복대기를 치다.
☞ 북데기.

복대기[2] * 광석을 빻아 금을 골라낸 뒤 남은 돌가루. {복대기금. 복대깃간.}

복대기다 * ① 사람들이 떠들어 대거나 왔다 갔다 움직이다. ② 사람을 정신을 차릴 수 없을 만큼 죄어치거나 몰아치다.
☞ 복대기.[1]

복대기탕(~湯) = 복새통. ⁑ 복대기를 삭히는 큰 통.

복더위(伏~) = 복달더위. 삼복더위. ⁑ 음력 육칠월의 더위.

복덩어리(福~) = 복덩이. ‡ 귀중한 사람이나 물건. ¶ 복덩이가 들어오다.

복락원(復樂園 ⇨ 복낙원) ㉮ ⇨ 다시 찾은 낙원. ‡ 밀턴의 서사시 이름.

복받쳐오르다 ⇨ 복받쳐 오르다. ‡ 복받치다.

복부르다(復~) = 초혼하다. ‡ 사람이 죽었을 때 그 혼을 부르는 일.

복비(福費) ⇨ 귓돈. 구문. ‡ 복덕방. 뚜쟁이.

복사 = 복숭아. ‡ 과일 이름.

복사꽃 = 복숭아꽃.

복사나무 = 복숭아나무.

복사시미 ㉮ ⇨ 복어회. 복회.

복새통(~桶) = 복대기탕.
  ☞ 북새통.

복생선(~生鮮) ⇨ 복. 복어. 복쟁이.

복섯증(伏暑症) ⇨ 복서증. ‡ 더위 먹음.

복숭 ⇨ 복숭아. 복사.

복숭아 = 복사. ‡ 과일 이름. {복숭아꽃. 복숭아나무. 복숭아밭. 복숭아술. 복숭아씨. 복숭아털. 복숭아화채. 복숭앗빛.} {돌복숭아. 물복숭아. 천도복숭아. 털복숭아.}
  ☞ 봉숭아.

복숭씨 ⇨ ① 복숭아씨. ② 복사뼈.

복숭아뼈 ⇨ 복사뼈

복식문화(服飾文化) ⇨ 옷의 유행. 옷의 모양. ‡ 복장 유행. 복장 형태.

복실강아지 ⇨ 복슬강아지.

복실개 ⇨ 복슬강아지. 북슬강아지.

복실복실 ⇨ 복슬복슬. 북슬북슬.

복어(~魚) = 복. {복국. 복매운탕. 복요리. 복찜. 복어회(복회).}

복원시키다(復元~) ⇨ 본디대로 만들다. ‡ 복원하다.

복자 = ① 기름복자. ② 복자망건.

복작거리다 〈 북적거리다. ‡ ① 많은 사람이 모여 수선스럽게 들끓다. ¶ 공원에 사람들이 복작거리다. ② 끓다. ¶ 냄비에서 물이 복작거리다.

복장¹(腹臟) * ① 가슴 한복판. ¶ 복장을 짓찧다. 복장을 찢다. 복장이 타다. 복장이 터지다. ② 속으로 품고 있는 생각.
  ☞ 뱃속.

복장²(服裝) ⇨ 옷차림.

복쟁이 = 흰점복. ‡ 참복과의 바닷고기. ¶ 복쟁이 헛배 부르듯.

복지¹ ⇨ 기름복자. 복자. ‡ 기름을 되는 데 쓰는 그릇.

복지²(服地) ㉮ ⇨ ① 양복감. ② 옷감.

복지리〔河豚汁〕㉮ ⇨ 복국. 맑은 복국. 복어 장국.

복지상(服地商) ㉮ ⇨ 양복감 가게. 양복감 장사. 양복감 장수.

복철¹(福~) = 복처리. ‡ 복을 타고나지 못하여 모든 일에 실패하는 사람.

복철²(伏~) * 삼복이 든 매우 더운 시기. ‡ 음력 육칠월.

복초리(福~) ⇨ 복처리. 복철. ‡ 복을 타고나지 못하여 만사에 실패하는 사람.

복판¹ = 한복판. 한가운데. ‡ 중심. ¶ 도시의 복판. 과녁의 복판. 마을 복판.

복판² * 소의 갈비, 대접 또는 도가니의 중간에 붙은 고기. ‡ 구이에 씀.

복합선(複合腺) ㉮ ⇨ 겹샘. ‡ 다세포샘.

복합승수(複合乘數) ㉞ ⇨ 겹곱수.
복활하다(復活 ⇨ 부활~) ⇨ 다시 살아나다.
복흥하다(復興 ⇨ 부흥~) ⇨ 다시 일어나다.
볶다 * ① 마른 곡식을 약간 타도록 익히다. ② 나물이나 고기붙이를 기름을 치고 저어 가며 익히다. ③ 괴로운 일을 시키거나 까다롭게 굴다. ☞ 지지다. 들볶다. 덖다.[2]
볶아지다 ⇨ 볶이다. ‡ ‘볶다’의 입음. ¶ 콩이 잘 볶이다.
볶아치다 = 볶아때리다. ‡ 급하게 몰아치다. ¶ 풍물 소리는 자진가락으로 볶아치기 시작한다. 아이가 빨리 집에 가자고 엄마를 볶아친다.
볶은고추장(~醬) = 볶은장. 고추장볶이. 육고추장. ‡ 반찬 이름.
본[1] = ① 본보기. ② 보기.
본[2] * 본보기로 삼는 골, 틀, 판 따위 바탕. {본그림. 본뜨기.} {그림본. 말본. 버선본. 옷본.} ¶ 바지의 본을 뜨다.
본[3](本) = 본전. ¶ 따지도 않고 잃지도 않고 딱 본전이다.
본[4](本) = 관향. 본관. ¶ 본이 어디십니까? 나의 본은 경주입니다.
본[5](本) 〔매〕 * ① 이. ② 우리. ¶ 본 방송. 본 고장. 본 대학. 본 법정. 본 협회. ‡ ‘이, 우리’로 바꾸어 쓰는 것이 좋음.
본~[6](本~) * ① 바탕이 되는. {본값. 본계약. 본국. 본교. 본뜻. 본바탕. 본줄기. 본회의.} ② 처음부터. {본고장. 본마누라. 본사내.}

본[7](本) ㉞ ⇨ ① 개비. ‡ 하나치. ② 그루. ‡ 하나치.
본가(本家) = 본집. ‡ ① 세간을 나기 전의 집. ② 친정집.
본값(本~) * 물건을 사들일 때 들인 값. ¶ 본값에 판다는 말은 거짓이다. ☞ 본전.
본격화되다(本格化~) ⇨ 본격화하다.
본계집(本~) = 본마누라. 본처. 장가처. ‡ 낮은말. ☞ 작은계집. 첩.[2]
본고장(本~) = 본곳. 제고장. ‡ ① 태어나서 자라난 고장. ¶ 본고장 사람. ② 활동과 생산의 중심지. ¶ 인삼의 본고장. 잉글랜드는 축구의 본고장임.
본 고장(本~) = 이 고장.
본관(本貫) = 관향. 본. ‡ 그 성씨가 생긴 곳. 또는 시조가 살던 곳. ☞ 시조.[1]
본금[1](本~) = 본금새. ‡ 본값의 높고 낮은 정도.
본금[2](本金) = ① 본전. ② 순금.
본남편(本~) * 이혼한 남편이나 개가하기 전의 남편. ☞ 본부인. 본사내. 본서방.
본네트(bonnet) ㉞ ⇨ 보닛. ‡ 자동차의 엔진이 있는 앞 부분의 덮개.
본대[1](本隊) * ① 주축이 되는 본부의 군대. ② 자기가 소속된 부대.
본대[2](本~) ⇨ 본디. ‡ 원래. ☞ 본데. 본때. 본새.
본대로 느낀대로 ⇨ 본 대로 느낀 대로.
본댁(本宅) = ① 본집. ② 본마누라. ‡ 정실.

☞ 첩.²

본댁네(本宅~) = 본마누라. ＊ 정실.

본데 ＊ 보아서 배운 범절, 지식, 솜씨. ¶ 본데없는 놈. 본데없이 컸다.

본 데 = 본 곳. ¶ 네가 그것을 본 데가 어디쯤이냐?
　☞ 본대. 본때. 본새.

본데없다 ＊ 보고 배운 것이 없어 행동이 예의범절에 어긋나는 데가 있다.
　☞ 본때 있다.

본 둥 만 둥 = 보는 둥 마는 둥.
　☞ 본숭만숭.

본딧말 ＊ 소리마디를 줄이지 않은 본디의 말.
　☞ 준말.

본따다(本~) ⇨ ① 본뜨다. ② 본받다.

본때 ＊ 본보기가 될 만한 사물의 됨됨이, 맵시, 모양새. ¶ 본때를 보이다.
　☞ 본대. 본데. 본새.

본때 있다 ＊ ① 본보기로 할 만한 데가 있다. ¶ 본때 있는 집안에서 자랐다. ② 멋이 있다. ¶ 본때 있게 해치우다.
　☞ 본데없다.

본뜨다(本~) ＊ 물건의 모양을 그대로 흉내 내다. {본떠. 본떠서.} ＊ 모방.
　☞ 본받다.

본뜻 ＊ ① 본마음. 본맘. ＊ 본심. ¶ 아버지 말씀의 본뜻을 알 수 없다. ② 말이나 글의 근본이 되는 뜻. ¶ 네 말의 본뜻이 뭐냐?

본래(本來) ⇨ 본디.

본마누라(本~) = 큰마누라. 큰계집. ＊ 본처. 장가처. 정실.
　☞ 첩.² 작은마누라.

본말(本~) ⇨ 본딧말.

본맘(本~) = 본마음. 본뜻. ＊ 본심. ¶ 내 본맘은 변함이 없다.

본머리(本~) ＊ 본디 제 머리에 난 머리털. ¶ 본머리의 결이 곱고 아름답다.
　☞ 딴머리.

본명(本名) = ① 본이름. ② 세례명. ＊ 가톨릭교.
　☞ 가명. 별명. 별호. 아명. 자.² 호.²

본밑(本~) = 본밑천. ＊ 장사를 할 때 본디 밑천으로 가지고 있던 돈.
　☞ 본전.

본바느질(本~) ＊ 시침바느질한 것을 다시 제대로 하는 바느질.
　☞ 시침바느질.

본바닥 ＊ ① 본디부터 살고 있는 곳. ¶ 본바닥 사람. ② 어떤 일의 중심이 되는 근거지. ¶ 본바닥에서 나는 물건. 야구의 본바닥은 아메리카이다.
　☞ 제바닥.

본바탕 ＊ 타고난 본디의 바탕이나 성질. ¶ 본바탕은 괜찮은 사람이다.
　☞ 밑바탕.

본받다 ＊ 어떤 사람의 됨됨이를 본보기로 하여 말과 행동, 학문 따위를 그대로 따라 하다. ¶ 착한 사람을 본받아라. 스승의 사람됨을 본받다.

본 받다 ¶ 나쁜 본은 받지 마라.
　☞ 본뜨다. 본보다.

본보기 ＊ ① 본을 받을 만한 대상. ② 설명하거나 증명하려고 내세우는 보기. ③ 본을 보이기 위한 물건. {본보깃감.} ¶ 본보기를 내다.
　☞ 보기.¹ 본.¹

본보다 * 무엇을 모범으로 삼아 따라 하다. ¶ 나쁜 짓은 본보기 쉽다.
☞ 본뜨다. 본받다.

본부인(本夫人) * ① 본마누라. 큰마누라. ‡ 본처. ② 이혼하기 전의 부인.
☞ 본남편.

본사내(本~) = ① 본남편. ② 본서방.

본사(本寺) * 대한 불교 조계종에서 전국 스물다섯 교구에 둔 큰절. ‡ 조계사. 용주사. 봉선사. 신흥사. 월정사. 법주사. 마곡사. 수덕사. 직지사. 은해사. 고운사. 불국사. 동화사. 해인사. 쌍계사. 통도사. 범어사. 금산사. 선운사. 백양사. 화엄사. 선암사. 송광사. 대흥사. 관음사.
☞ 말사.

본산(本山) ㉭ ⇨ 본사. ‡ 불교.

본새 * 어떠한 동작, 버릇의 됨됨이. ¶ 걷는 본새. 날뛰는 본새. 말 본새.
☞ 본대. 본데. 본때.

본서방(本~) * 샛서방이 있는 계집의 남편.
☞ 본남편. 본사내. 샛서방.

본숭만숭 * 건성으로 보는 체하는 모양. ¶ 학생들은 본숭만숭 딴전이다.
☞ 본척만척. 볼만장만. 본 둥 만 둥.

본심(本心) = 본뜻. 본마음.

본이름(本~) = 본명. ‡ 가짜 이름이나 별명이 아닌 본디 이름.
☞ 가명. 관명. 별명. 별호. 본명. 아명. 자.² 호.²

본인¹(本人) * 어떤 일에 직접 관계가 있거나 해당하는 사람.

본인²(本人) ㉭ ⇨ 저. 나.

본적 없다 ⇨ 본 적 없다.

본적 있다 ⇨ 본 적 있다.

본전(本錢) * ① 꾸어 주거나 맡긴 돈에 변리를 붙이지 않은 돈. ‡ 본금. ② 장사나 사업, 노름을 할 때 밑천으로 가지고 있던 돈. ¶ 본전도 못 찾다.
☞ 본값. 본금.² 본밑. 본밑천.

보존불(本尊佛) = 본존. ‡ 석가모니불.

본처(本妻) = 본계집. 본마누라. 장가처. ‡ 정실.
☞ 본남편. 첩.²

본척만척 = 본체만체. ‡ 보고도 안 본 듯이 하는 모양.
☞ 본숭만숭.

본토박이(本土~) = 토박이. ‡ 그 땅에서 대대로 살아온 사람.
☞ 뜨내기.

본토종(本土種) = 토종. 토박이씨. ‡ 재래종.
☞ 개량종. 도입종. 외래종.

본회의(本會議) * 모두 참석하는 정식 회의. ¶ 국회 본회의.

본 회의(本 會議) * 이번 회의.

본회의장(本會議場) * 본회의를 여는 곳.

본 회의장(本 會議場) * 이 회의장.

볼¹ * ① 좁고 기름한 물건의 너비. ‡ 신발. 구두. ¶ 볼이 넓다. 볼이 좁다. ② 버선이나 양말 밑바닥에 덧대는 헝겊 조각. {버선볼.} ¶ 볼을 받다.

볼² = 볼따구니. 볼때기. 볼퉁이. ‡ 뺨의 한복판. {메줏볼. 조개볼.}
☞ 뺨.

볼가강(Volga江) ⇨ 볼가 강. ‡ 서양

말 이름 뒤에는 띄어 씀.

볼가심 * 적은 음식으로 시장기를 면함. {볼가심하다.}

☞ 입가심. 약가심.

볼가지다 〈 불거지다. * ① 둥글게 툭비어져 나오다. ② 어떤 일이 도드라지게 커지거나 갑자기 생기다. ¶ 뜻밖의 일이 볼가지는 바람에 틀어졌다.

볼거리[1] = 구경거리. 구경감. * 재미있게 구경할 만한 물건이나 일.

볼거리[2] = 항아리손님. * 유행성 귀밑샘염.

볼그스레하다 = 볼그스름하다.

볼근볼근 〈 불근불근. * 질긴 물건이입 안에서 자꾸 씹히는 모양.

볼긋볼긋 〈 불긋불긋. * 여러 군데가볼그스름한 모양.

볼기 = 볼기짝. * 궁둥이와 엉덩이.{볼기채. 볼깃살.} {자볼기.} ¶ 볼기를 사정없이 때리다. 볼기를 맞다. 볼기를 철썩 치다.

☞ 궁둥이. 엉덩이.

볼기긴살 = 긴살. * 소의 볼깃살에 붙은 살덩이.

볼기 때리다 = 볼기 치다.

볼기짝 = 볼기. * 허리 아래, 허벅지위의 엉덩뼈 양쪽 살이 두둑한 부분.

☞ 궁둥짝. 엉덩짝.

볼까봐 ⇨ 볼까 봐.

볼꼴 * 남의 눈에 비치는 겉모양. ¶ 볼꼴 좋다.

☞ 볼썽. 볼품.

볼꼴사납다 * ① 겉모양이 보기에 언짢

다. ② 행동이 망측하고 밉살스럽다.

☞ 눈꼴사납다. 볼썽사납다. 볼품사납다.

볼때기 = 볼따구니. 볼퉁이. 볼. * 뺨의 한복판. ¶ 볼때기를 쥐어박다.

볼떼기 * 통나무의 양면을 평평하게깎아 만든 나무.

볼려고 ⇨ 보려고. * 보다. ¶ 진달래를보려고 산에 올랐다.

볼록 = 볼록이. 〈 불룩. 불룩이. * 겉이도드라지거나 쑥 내밀린 모양.

볼륨(volume) ⇨ ① 부피 느낌. ② 무게 느낌. ③ 소리 크기.

볼링놀이(bowling~) ⇨ 볼링. * 운동 경기의 한 가지.

볼만장만 * 보기만 하고 간섭하지 아니하는 모양. ¶ 볼만장만 듣고만 있다.

☞ 본숭만숭.

볼메다 = 볼먹다. * 성난 기색이 있다. {볼멘소리.} ¶ 볼멘 목소리.

볼물다 * 못마땅하여 골이 나다. ¶ 잔뜩 볼물어서 쏘아붙이다.

볼붙임 ⇨ 볼받이. * 해진 곳에 헝겊조각을 덧대어 기운 버선.

볼뼈 ⇨ 광대뼈.

볼썽 * 남에게 보이는 체면이나 태도.{남볼썽} {볼썽없다.}

☞ 볼꼴.

볼썽사납다 * 체면이나 예의가 없어서남이 보기에 언짢다.

☞ 볼꼴사납다. 눈꼴사납다.

볼쏙 〈 불쑥. * ① 갑자기 나오거나 내미는 모양. ② 생각 없이 말하는 모양.

볼우물 = 보조개. ¶ 볼우물이 예쁘게

패다.

볼일 * ① 해야 할 일. ¶ 볼일 없다. ② 뒤보는 일. ¶ 볼일을 보다.

볼 일 * 보는 일. ¶ 다시는 너를 볼 일이 없을 것이다.

볼 장 다 보다 * 일이 더 손댈 것도 없이 틀어지다.

볼 장 보다 * ① 할 일을 알아서 하다. ¶ 볼 장 볼 줄 아는 어른이 되다. ② 하려던 일을 이루다. ¶ 볼 장을 봤으니 그만 가자.

볼조개 ⇨ 보조개. 볼우물.

볼쥐어지르다 = 볼쮀지르다. ‡ ① 볼을 주먹으로 내지르다. ② 뺨치다.

볼찌 ⇨ 볼끼. ‡ 추위를 막으려고 뺨을 얼러 싸서 머리 위에 잡아매는 물건.

볼타구니 ⇨ 볼따구니. 볼때기. 볼퉁이. 볼.

볼태기 ⇨ 볼때기. 볼따구니. 볼퉁이. 볼.

볼품 * 겉으로 드러난 모습. {볼품사납다. 볼품없다.}
☞ 볼꼴.

볼호령(~號令) * 볼멘소리로 하는 꾸지람. ¶ 아버지의 볼호령이 떨어지다.
☞ 불호령.

봄 * {봄가을. 봄갈이. 봄고치. 봄기운 (봄기). 봄김치. 봄꽃. 봄꿈. 봄나들이. 봄나물. 봄날. 봄낳이. 봄내. 봄노래. 봄놀이. 봄누에. 봄눈. 봄맞이. 봄물. 봄바람. 봄밤. 봄볕. 봄비. 봄빛. 봄살이. 봄새. 봄소식. 봄옷. 봄장마. 봄채마. 봄철. 봄추위. 봄풀.}

{늦봄. 새봄. 초봄. 첫봄. 한봄.}
¶ 봄 경치. 봄 길. 봄 날씨. 봄 동산. 봄 방학. 봄 소풍. 봄 정취. 봄 하늘. 봄 햇살. 봄 향기. 늦은 봄. 이른 봄. ¶ 봄 조개 가을 낙지. 봄을 타다.
☞ 여름. 가을. 겨울. 철.²

봄가뭄 = 봄가물.

봄갈이 * 봄철에 논밭을 얕게 가는 일.
☞ 가을갈이. 삭갈이. 애벌갈이. 얼갈이.² 마른갈이. 무논갈이.

봄맞이 * ① 봄을 맞는 일. ② 잎맞이.
☞ 잎맞이.

봄베이¹〔春伐〕⇨ 봄베기. ‡ 봄에 나무를 베는 일. 또는 그 나무.

봄베이²(Bombay) ⇨ 뭄바이. ‡ 땅이름.

봄지 * 어린 계집애의 보지.
☞ 보지. 씹.

봄직하다 ⇨ 봄 직하다.

봄처녀(~處女) = ① 봄. ‡ 봄철. ② 봄처녀나비. ‡ 나비 이름.

봄철 = 잔풀나기. ‡ 잔풀이 싹트는 때.

봇돌¹ * 아궁이 양쪽에 세우는 돌. ¶ 봇돌을 양쪽에 세우고 아궁이를 만들다.

봇돌² * 너와집의 지붕을 덮은 널기와를 눌러 놓는 돌. ¶ 널기와가 바람에 날아가지 못하게 봇돌로 드문드문 눌러 놓았다.
☞ 봉돌.

봇둑(洑~) = 보동. ‡ 보를 둘러쌓은 둑. ¶ 봇둑을 쌓다.
☞ 보.²

봇장 = 보. 들보. ‡ 건축.
☞ 보짱.

붓짐 * 등에 지도록 보자기에 싸서 꾸린 짐. {붓짐장사. 붓짐장수.} {괴나리봇짐. 단봇짐. 반봇짐.} ¶ 봇짐 싸다. 봇짐 지다. 봇짐 풀다.
　☞ 등짐.

봉¹ = 봉돌. 낚싯봉. ＊ 낚시할 때 쓰는 연모.

봉² * ① 뚫어진 구멍을 메우는 조각. ② 물건 거죽에 치레로 박아 넣는 물건.
　☞ 봉박이.

봉³(鳳) * ① 봉황. ② 봉황의 수컷. ③ 어수룩한 사람.
　☞ 출물꾼.

봉놋방(~房) = 봉노. 주막방. ＊ 나그네가 함께 자는 주막집 큰 방.

봉돌 = 봉. 낚싯봉.
　☞ 봇돌.²

봉래산(蓬萊山) * 금강산을 여름철에 일컫는 이름.
　☞ 금강산. 개골산. 풍악산.

봉바리 = 바리. ＊ 놋쇠로 만든 여자의 밥그릇.

봉 박다¹(封~) * 물건 속에 따로 물건을 싸서 넣다.

봉 박다² * ① 그릇의 뚫어진 구멍에 딴 조각을 대서 때우다. ② 물건 바닥 한복판에 치레로 박은 물건. ¶ 보석으로 봉을 박은 예물 시계. ③ 거죽에 칼로 그림을 파고 딴 물건을 대서 메우다.

봉박이 = 꽂을땜. ＊ 거죽에 무늬를 새겨서 그 속에 무엇을 박아 넣는 일.
　☞ 나무박이.

봉박이 청자(~靑瓷) = 꽂을땜 청자.

　＊ 고려 봉박이 청자.
　☞ 상감 청자.

봉사¹ = 소경. 장님. ＊ 눈먼 사람.
　☞ 눈뜬장님. 뜬소경.

봉사²(奉仕) ⑪ ⇨ 이바지.

봉사가격(奉仕價格) ⑪ ⇨ 이바짓값.

봉사놀이 ⇨ 까막잡기.

봉사자(奉仕者) ⑪ ⇨ 이바지꾼.

봉선화(鳳仙花) = 봉숭아. ¶ 봉선화 물들이기. 봉선화 꽃잎.

봉수대(烽燧臺) = 봉화대. 봉홧둑. ＊ 봉화를 올리는 둑.

봉수지기(烽燧~) = 봉화지기. ＊ 봉화를 지키는 사람.

봉숭아 = 봉선화. {봉숭아꽃.} ¶ 봉숭아 꽃물. 봉숭아 씨앗.
　☞ 복사. 복숭아.

봉숭화(~花) ⇨ 봉선화. 봉숭아.

봉오리 = 꽃봉오리. 꽃망울. 몽우리. ¶ 연꽃 봉오리. 장미꽃 봉오리.

봉우리 * ① 산봉우리. ② 볼록하게 생긴 물건. ¶ 바위 봉우리. 흰 봉우리.

봉절하다(封切~) ⑪ ⇨ 열다. 떼다. ＊ 개봉하다.

봉족꾼(奉足~) ⇨ 봉죽꾼. ＊ 일을 거들어 주는 사람. {봉죽들다.}

봉지(封紙) * ① 작은 물건이나 가루를 담는 종이 주머니. {약봉지.} ¶ 과자 봉지. 사탕 봉지. 쌀 봉지. 종이 봉지. ② 하나치. ¶ 과자 두 봉지.
　☞ 봉투.

봉창¹(奉唱) * 경건한 마음으로 노래를 부름. ¶ 애국가 봉창.
　☞ 제창.

봉창²(蓬窓) * 벽에 구멍을 내어 창틀

이 없이 종이를 바른 창.

봉창하다 * ① 물건을 몰래 모아 감추어 두다. ② 손해 본 것을 벌충하다.
☞ 벌충하다.

봉채(封采) ⇨ 봉치. {봉치함. 봉칫날. 봉칫시루.} ‡ 채단과 예장.

봉천답(奉天畓) = 천수답. 천둥지기. 하늘바라기.
☞ 고논. 구레논. 샘받이.

봉천지기(奉天~) ⇨ 봉천답. 천수답. 천둥지기. 하늘바라기.

봉철(縫綴) ⑩ ⇨ 끈매기. ‡ 책을 꾸며서 묶는 방법의 하나.

봉충걸음 * 한쪽이 짧은 다리로 절뚝거리며 걷는 걸음.
☞ 걸음.

봉투(封套) * 편지나 서류를 넣는 종이 주머니. {월급봉투. 종이봉투.}
¶ 돈 봉투. 서류 봉투. 편지 봉투.
☞ 봉지. 피봉.

봉투 받다(封套~) = 뒷돈 받다.

봉화대(烽火臺) = 봉홧둑. 봉수대. ‡ 봉홧불이나 연기를 올리는 둑.
☞ 봉홧대.

봉화지기(烽火~) = 봉수지기.

봉홧대(烽火~) * 진달래 가지에 기름을 발라 불을 붙여 들고 다니는 물건.
☞ 봉화대.

봉황(鳳凰) = 봉황새. ‡ 수컷은 봉. 암컷은 황. 상스러움을 나타내는 사령 (기린. 거북. 용) 가운데 하나. 전반신을 기린, 후반신은 사슴, 목은 뱀, 꼬리는 물고기, 등은 거북, 턱은 제비, 부리는 닭을 닮았다고

함.

봐두다 ⇨ 봐 두다. 보아 두다. ¶ 낮에 봐 둔 곳으로 살금살금 들어갔다.

봐라 = 보아라. ‡ '보다'의 바로 시킴꼴.
☞ 보라.

봐주다 = 보아주다. ‡ 남의 처지를 이해하거나 잘못을 덮어 주다.

봐 주다 ¶ 혼자 봐 주기가 아깝다. 아기를 봐 주다.

봐지다 ⇨ 보이다.

봐하니 = 보아하니. ¶ 봐하니 아주 똑똑하게 생겼더라.

뵈요 = 뵈어요. ¶ 그럼, 내일 봬요.

뵈다¹ = 보이다. ¶ 멀리 바다가 뵈는 집.

뵈다² = 뵈옵다. 뵙다. ‡ 웃어른을 만나 보다. ¶ 선생님을 찾아 뵈다.

뵈러가다 ⇨ 뵈러 가다.

뵈요 ⇨ 뵈어요. 봬요.

뵈우다 ⇨ 보이다. ‡ '보다'의 입음.

뵈이다 ⇨ 보이다. ‡ ① '보다'의 입음. ② '보다'의 하임.

뵘 * 틈이 생긴 데를 메우거나 받치는 일.
☞ 빔.¹ 뺌.²

부~¹〔火〕 * 불. {부나방. 부나비. 부삽. 부젓가락.}

부~²(不~) ‡ 첫소리가 디귿이나 지읒 앞에서는 리을이 줆. {부단. 부당. 부덕. 부도덕. 부동. 부자연. 부재. 부전. 부조리.}
☞ 불~.¹

부³(部) * 하나치. ¶ 책 백 부. 신문 이백 부.

☞ 길.⁷ 질.³

부⁴〔分〕㉮ ⇨ 푼. ‡ 길이를 나타내는 하나치. ‡ 한 자 = 열 치 = 백 푼.

부각 * 김, 다시마에 찹쌀 풀을 발라 말렸다가 기름에 튀긴 반찬. {김부각.}

☞ 튀각.

부각시키다(浮刻~) ⇨ 드러내다. 나타내다. ‡ 부각하다.

부갑상선(副甲狀腺) ㉮ ⇨ 곁목밑샘.

부거미 ⇨ 부검지. ‡ 짚의 잔부스러기.

부결시키다(否決~) ⇨ 부결하다.

부구(浮具) ㉮ ⇨ 떼. 뜸. 부레. ‡ 부낭.

부근(附近) * 어떠한 곳에서 가까운 곳. ¶ 학교 부근에 있는 가게.

☞ 가.¹ 근처.

부글부글 〉 보글보글. ‡ ① 액체가 끓는 소리나 모양. ② 거품이 일어나는 소리나 모양. ③ 마음이 들볶이는 모양. ¶ 울화가 부글부글 끓어오르다. ④ 사람이나 짐승, 벌레 따위가 많이 모여 복잡하게 움직이는 모양.

☞ 버글버글.

부기¹ = 북숭이. ‡ 세상사에 어둡고 사람의 마음을 모르는 어리석은 사람.

부기²(浮氣) * 부은 상태. ¶ 부기가 오르다. 부기가 내리다. 부기를 빼다.

부꾸미 = 전병. ‡ 찹쌀, 밀, 메밀가루를 반죽하여 번철에 지진 떡.

☞ 부침개. 저냐. 전.³ 지짐이.

부끄러이 = 부끄럽게.

부끄럼 = 부끄러움. {부끄럼성. 잔부끄럼.} ¶ 부끄럼 없다. 부끄럼 타다.

부끄럽다 〉 바끄럽다. ‡ ① 자랑스럽

게 드러내 보이기 어려운 느낌이 들다. ② 일을 잘못하거나 나쁜 짓을 하여 얼굴을 들기 어렵다.

☞ 수줍다.

부끄리다 ⇨ 부끄러워하다.

부나방 = 부나비. ‡ 날벌레 이름.

부낭(浮囊) * ① 몸을 물에 잘 뜨게 하는 연모. ‡ 부레 바퀴, 부레 조끼 따위. ② 부레.

부녕군(富寧郡) ⇨ 부령군. ‡ 땅 이름.

부다듯히 ⇨ 부다듯이. ¶ 감기가 들어서 몸이 부다듯이 뜨겁다.

부닥방망이 = 도깨비방망이. ‡ 신통한 힘이 있다는 방망이.

부닥치다 * ① 부딪치다. ‡ 충돌. ¶ 모퉁이에서 서로 부닥치다. ② 어려운 문제나 반대에 맞닥뜨리다. ‡ 직면. ¶ 난관에 부닥치다.

☞ 부딪치다. 부딪히다.

부대¹(負袋) = 포. 포대. 자루. {쌀부대.} ¶ 소금 부대. 시멘트 부대.

부대²(浮袋) ㉮ ⇨ ① 떼. 뜸. ② 부낭.

부덕부덕 ⇨ 부득부득.

부데기 ⇨ 부디기. ‡ 삶은 국수를 건지는 연모.

부두 가(埠頭~) ⇨ 부둣가.

부둑부둑 〉 보독보독. ‡ 거죽이 말라 약간 뻣뻣하다. ¶ 젖었던 구두가 부둑부둑 말랐다. {부둑부둑하다.}

☞ 부득부득.

부둥켜안다 * 두 팔로 꼭 끌어안다. ¶ 엄마가 아이를 부둥켜안았다.

☞ 끌어안다.

부드러히 ⇨ 부드러이. ‡ 부드럽다.

부드런 ⇨ 부드러운. ‡ 부드럽다.

부드럽다 * 거칠거나 딱딱하거나 뻑뻑한 느낌이 없다. ¶ 살갗이 부드럽다.
☞ 매끄럽다.

부득기(不得已) ⇨ 부득이.

부득부득[1] 〉 보득보득. ¶ 이를 부득부득 갈다.
☞ 부둑부둑

부득부득[2] * 억지로 우기거나 조르는 일. ¶ 부득부득 우기다.

부득불(不得不) = 불가불. ⁑ 하지 아니할 수 없어.

부득이(不得已) * 마지못하여 하는 수 없이. ¶ 부득이 학교를 그만두었다.

부들기직 ⇨ 부들자리. ⁑ 부들로 만든 자리.

부들부들 〉 바들바들. ¶ 손끝이 부들부들 떨린다.

부듯이 〈 뿌듯이. ⁑ ①기쁘거나 감격하여 벅차게. ¶ 가슴에 부듯이 느껴지다. ②넣거나 채우는 것이 많아 불룩하게. ¶ 아내를 부듯이 안았다.

부등가리 * 아궁이 불을 담아 옮길 때 쓰는 연모. ⁑ 깨진 오지그릇의 조각.
☞ 부삽.

부디기 * 삶은 국수를 건지는 연모. ¶ 삶은 국수를 부디기로 건지다.
☞ 구기. 국자.[1] 석자.

부디치다 ⇨ ①부딪치다. ②부딪히다.

부딪다 * ①움직이는 물체가 어디에 힘차게 닿다. ②힘차게 닿게 하다.
☞ 맞다. 부딪치다. 부딪히다.

부딪뜨리다 〈 부딪트리다.

부딪치다 * ①세게 마주 닿다. ⁑ 충돌. ¶ 수레와 자전거가 부딪치다. ②하는 일이 어려움에 마주치다. ⁑ 직면. ③눈길이 마주치다. ④ 문제를 풀려고 사람을 만나다. ⁑ 담판. ⑤서로 맞서는 관계에 놓이다. ⁑ 대립.

부딪히다 * '부딪다'의 입음. ⁑ 무엇이 무엇에 부딪히다 꼴로 씀. ¶ 배가 빙산에 부딪히다. 물결이 뱃전에 부딪히다.
☞ 부닥치다.

부따르다 ⇨ 붙따르다.

부뚜막신(~神) = 조왕. 조왕님. 조왕대신. 조왕신. 조왕할머니. ⁑ 민속.

부뚜질 = 풍석질. ⁑ 타작마당에서 부뚜로 바람을 일으키는 일.

부라꾸〔部落〕[왜] * 니혼에 있는 천민 마을을 가리키는 이름.

부라보(bravo)〔느〕 ⇨ 잘한다. 신난다. 좋다. ⁑ 브라보.

부라시(brush) ⇨ 솔. 빗솔. ⁑ 브러시.

부라우스(blouse) ⇨ 블라우스. ¶ 실크 블라우스. 샛노란 블라우스.

부라자(brassiere) [왜] ⇨ 가슴띠. 허리띠. ⁑ 브래지어.

부라질 * ①젖먹이의 양쪽 겨드랑이를 껴서 왼쪽 오른쪽으로 흔들며 두 다리를 번갈아 오르내리게 하는 짓. ②몸을 좌우로 흔드는 짓.
☞ 가동질. 따로따로. 세장질. 시장질.

부락(部落) [왜] ⇨ 마을. 동네. 촌.

부랴부랴 * 바삐 서두르는 모양. ¶ 부랴부랴 길을 떠났다.
☞ 불이야, 불이야.

부랴사랴 * 매우 부산하고 바삐 서두르는 모양. ¶ 아들이 파출소에 있다는 말을 듣고 어머니는 부랴사랴 달려갔다.

부러뜨리다 = 부러트리다. ‡ 한 부분
이 따로 떨어지게 하다.
☞ 꺾다.

부러져 = 부러지어. ‡ 부러지다. ¶ 부
러져 나가다. 부러져 버리다.

부러지다 * 길고 단단한 물체가 꺾이
거나 잘리다. ¶ 팔이 부러지다.
☞ 끊어지다.

부럼 * 음력 정월 보름날 새벽에 까먹
는 단단한 열매. ¶ 부럼을 까다. 부
럼을 깨물다. ‡ 호두, 잣, 밤, 땅콩
따위.
☞ 부름. 부스럼.

부럽다 ‡ 부럽고. 부럽지. 부러우니.
부러워. 부러워도. 부러이.

부레키(부레끼. brake) ㉒ ⇨ 멈추개.
‡ 브레이크.

부레풀 = 민어풀. ‡ 민어의 부레로 만
든 풀.
☞ 갖풀. 밀풀. 밥풀. 쌀풀.

부련듯이 ⇨ 불현듯이. 불현듯.

부로 ⇨ 부러. ‡ 실없는 거짓으로. ¶ 부
러 없는 체하다.

부로꾸(보로쿠. block) ⇨ ① 구멍벽
돌. ② 벽돌 장난감. ③ 구역. ‡ 블록.

부로커 〔broker〕 ㉒ ⇨ 거간. 주릅.
흥정꾼. ‡ 브로커.

부루말 〔白馬〕 ⇨ 흰말.

부루퉁이 * 불룩하게 내밀거나 솟은
물건.

부루퉁히 * 부루퉁하게. ¶ 뭐가 못마
땅한지 부루퉁히 앉아 있다.

부루걷다 ⇨ 부르걷다 ‡ 소매나 바지
를 힘차게 걷어올리다.

부루기 ⇨ 부룩송아지.

부룩소 * 작은 수소.

부룩송아지 * 길들이지 아니한 송아지.
☞ 목매기.

부르다¹ * ① 배 속이 가득 차다. ¶ 배
가 부르다. ② 불룩하게 부풀어 있
다. ¶ 배가 부른 항아리. 부른 배가
고픈 건 더 답답하다.

부르다² * ① 소리나 몸짓으로 사람의
눈길을 끌거나 오게 하다. ¶ 손님을
부르다. ② 이름을 짓거나 이름을 소
리 내어 말하다. ¶ 소라고 부르다.
☞ 일컫다.

부르러 * 부르다. ‡ 목적. ¶ 부르러 가
다. 부르러 오다.

부르려 * 부르다. ‡ 의도. ¶ 부르려 하
다.

부르뜨다 ⇨ 부릅뜨다. ¶ 큰 눈을 부릅
뜨다.

부르좌(bourgeois) ⇨ 부자. 가진 사
람 무리. ‡ 부르주아.

부르짖다 * ① 감정을 억누르지 못하
여 큰 소리로 말하다. ¶ 불길 속에서
살려달라고 부르짖었다. ② 주장을
힘차게 말하다. ¶ 정의를 부르짖다.
☞ 외치다.

부름 * '부르다'의 이름꼴. {부름말.
부름자리. 부름자리토씨. 부름표.}
☞ 부럼.

부리¹ * ① 새의 주둥이. {새부리. 오리
부리. 제비부리. 촉새부리.} ② 짐
승의 주둥이. {부리망.} ③ 뾰족한
끝 부분. {돌부리. 물부리(빨부리).
바짓부리. 발부리. 소맷부리. 총부
리.} {부리병.} ¶ 주전자 부리.

☞ 주둥이.

부리² ㉫ ⇨ 방어. ✲ 바닷고기 이름.

부리기 ⇨ 둘치.

부리낳게 ⇨ 부리나케. ✲ 서둘러서 아주 급하게. ¶ 부리나케 달려가다.

부리다¹ ✲ 사람이나 짐승이나 자동차 따위를 움직여 일을 하게 하다. ¶ 소를 부리다. 일꾼을 부리다. 배를 부리다. 자동차를 부리다. 귀신을 부리다.

부리다² ✲ ① 재주나 꾀를 피우다. {꾀부리다.} ¶ 요술을 부리다. 조화를 부리다. ② 행동이나 성질을 드러내다. {간살부리다. 기세부리다. 기승부리다. 도섭부리다. 새치부리다. 야기부리다. 용심부리다. 재롱부리다. 착살부리다. 칙살부리다.} ¶ 가살을 부리다. 가탈(까탈)을 부리다. 강짜를 부리다. 거드름을 부리다. 건방을 부리다. 게으름을 부리다. 고집을 부리다. 극성을 부리다. 난봉을 부리다. 넉살을 부리다. 넌덕을 부리다. 늑장을 부리다. 딴전(딴청)을 부리다. 말썽을 부리다. 멋을 부리다. 몽니를 부리다. 변덕을 부리다. 수다를 부리다. 수선을 부리다. 수작을 부리다. 아망을 부리다. 아양을 부리다. 악지를 부리다. 악착을 부리다. 암상을 부리다. 앙살을 부리다. 앙탈을 부리다. 얌심을 부리다. 어리광을 부리다. 억지를 부리다. 억척을 부리다. 욕심을 부리다. 유세를 부리다. 응석을 부리다. 익살을 부리다. 점잔을 부리다. 투정을 부리다. 포달을 부리다. 헤

살을 부리다.

☞ 떨다.³ 피우다.

부리다³ = 내리다. ✲ 실려 있는 짐을 바닥에 내려놓다. ¶ 짐을 부리다.

☞ 싣다.

부리망(~網) ✲ 소를 부릴 때 소의 주둥이에 씌우는 물건.

☞ 재갈.

부림소 〔役牛〕 = 일소. ✲ 일을 시키려고 기르는 소.

☞ 고기소.²

부모(父母) ✲ 어버이. ✲ 살아 계실 때나 돌아가셨을 때나 두루 씀. {부모상.} {바깥부모. 시부모. 안부모. 양부모. 조부모. 친부모.} ¶ 부모 노릇. 부모 덕. 친정 부모. ¶ 부모 되다.

부모상(父母喪) = 친상. ✲ 아버지나 어머니의 상사. ¶ 부모상을 당하다.

부문(部門) ✲ 기준에 따라 나누어 놓은 낱낱의 범위나 부분. ¶ 중공업 부문.

☞ 부분.

부바 = 어부바. ✲ 업거나 업히는 일을 이르는 어린이 말.

부부간(夫婦間) = 내외간. ¶ 그들은 부부간이다.

부분(部分) ✲ 전체 가운데서 작은 범위 또는 몇 개로 나눈 것의 하나. {뒷부분. 아랫부분. 앞부분. 윗부분.} ¶ 가슴 부분. 가운데 부분. 겉 부분. 끝 부분. 마지막 부분. 머리 부분. 몸통 부분. 속 부분. 어깨 부분. 옆 부분. 오른쪽 부분. 왼쪽 부분. 중간 부분. 첫 부분. 첫머리 부분. 썩은 부분.

☞ 부문.

부비다 ⇨ 비비다. ¶ 뺨을 비비다. 손을 비비다.

부비질 ⇨ 비게질.

부산 떨다 = 부산 피우다. ✽ 서두르거나 떠들어 어수선하게 하다.

부삽 ✽ 아궁이나 화로의 재, 불을 옮기는 데 쓰는, 쇠로 만든 작은 삽. ☞ 부등가리.

부상당하다(負傷當~) ⇨ 다치다. 상처를 입다. 상처가 나다. ✽ 부상하다.

부상 입다(負傷~) ⇨ 다치다. 상처를 입다. 상처가 나다. ✽ 부상하다.

부서뜨리다 〈 부서트리다. ¶ 바위를 부서뜨리다.

부서져 = 부서지어. ✽ 부서지다. ¶ 부서져 나가다. 부서져 버리다.

부서지다 〉 바서지다. ✽ ① 깨어져 여러 조각이 나다. ¶ 돌이 부서지다. ② 액체나 빛이 산산이 흩어지다. ¶ 햇살이 부서지다. ③ 희망이나 기대가 무너지다. ¶ 기대가 부서지다. ☞ 부스러지다.

부석[1](浮石) ⇨ ① 뜬돌. ② 거품돌. 속돌.

부석[2](敷石) ㉮ ⇨ 깐돌.

부석 주거지(敷石 住居地) ㉮ ⇨ 돌깐 집터.

부손 ✽ 화로에 꽂아 두고 쓰는 작은 부삽. ☞ 부저.

부수다 ✽ 단단한 물체를 여러 조각이 나게 깨뜨리거나 못 쓰게 만들다. ¶ 바위를 부수다. 문을 부수다. 벽을 부수다. 자물쇠를 부수다. 집을 부수다.

☞ 깨다.[2] 깨뜨리다. 부시다.

부수뜨리다 〈 부수트리다. ✽ 힘껏 부수다. ¶ 적군이 성문을 부수뜨리다.

부수수 ⇨ 부스스.

부수어지다 ⇨ 부서지다.

부수었다 = 부쉈다.

부숙부숙 ⇨ 부석부석. ✽ ① 부스러지는 소리. ② 살이 부어오른 모양.

부숴지다 ⇨ 부서지다.

부스대다 〉 바스대다. ✽ ① 군짓을 하며 몸을 자꾸 움직이다. ¶ 애가 부스대는 바람에 잠이 깨다. ② 마음이 설레어 자꾸 서두르다. ¶ 놀러 간다는 생각에 새벽부터 부스대고 있었다.

부스러기 〉 바스라기. ✽ ① 부스러진 조각. ¶ 나무 부스러기. 빵 부스러기. ② 쓸 만한 것을 골라내고 남은 것. ③ 하찮은 것. ¶ 부스러기 돈.

부스러뜨리다 〈 부스러트리다. ✽ 깨져서 잘게 조각이 나게 하다.

부스러지다 〉 바스러지다. ✽ 덩어리진 물체가 작은 조각으로 나누어지다. ☞ 부서지다.

부스럭거리다 = 부스럭대다. ✽ 마른 잎, 검불, 종이 따위를 밟거나 건드리는 소리가 자꾸 나거나 소리를 내다. ¶ 건넛방에서 부스럭거리는 소리가 났다.

부스럭지 ⇨ 부스러기.

부스럼 ✽ 살갗에 나는 종기. ¶ 부스럼 딱지. 부스럼 나다. 부스럼 돋다. ☞ 부럼.

부스레기 ⇨ 부스러기.

부스스[1] 〈 푸시시. ✽ ① 머리카락이 흐트러져 있는 모양. ② 슬그머니 일어나는 모양. ③부스러기가 어지럽게 흩어지는 소리나 모양.

부스스² * ①문을 여닫는 소리나 모양. ②물건의 사개가 물러나는 모양.

부슬부슬 〉보슬보슬. ‡비나 눈이 성기게 조용히 내리는 모양.

부시 * 부싯돌을 치는 쇠. {부시쌈지. 부시통. 부싯돌. 부싯불.} ¶부싯돌에 부싯깃을 놓고 부시로 쳐서 불을 일으키다.

부시다¹ * 그릇 따위를 깨끗이 씻다. ¶그릇을 깨끗이 부시다.
☞ 부수다. 씻다.

부시다² * 빛살이 쏘아 눈이 어리어리하다. ¶햇빛에 눈이 부시다.
☞ 눈부시다.

부시대다 ⇨ 부스대다.

부시럭거리다 ⇨ 부스럭거리다.

부시시 ⇨ 부스스.

부실부실 ⇨ 부슬부슬. ‡비나 눈이 내리는 모양.

부싯깃 * 부시를 칠 때 부싯돌에 대어 불이 붙도록 하는 깃.
☞ 불깃. 불쏘시개.

부아 = 부아통. ‡①성나거나 분한 마음. {부앗가심. 부앗김.} ¶부아가 나다. 부아를 내다. 부아를 돋우다. 부아가 치밀다. ②허파.

부얘지다 ⇨ 부예지다.

부어지다 ⇨ 버지다. ‡①조금 베이거나 긁히다. ②닳아서 찢어지다.

부언하다(附言~) * 덧붙여 말하다. ¶설명 끝에 몇 마디 부언하겠다.
☞ 부연하다.

부얼부얼 * 살이 찌거나 털이 복슬복슬하여 탐스럽고 복스러운 꼴. ¶부얼부얼한 털외투. 강아지가 부얼부얼 살이 쪘다.
☞ 북슬북슬.

부엉이 = 부엉새. ‡올빼밋과의 새. 솔부엉이, 수리부엉이, 칡부엉이 따위.
☞ 멧부엉이.

부엉이살림 * 자기도 모르는 사이에 부쩍부쩍 느는 살림.

부엉이셈 * 어리석어서 이익과 손해를 잘 분별하지 못하는 셈.

부엌떼기 ⇨ 부엌데기. ¶부엌데기 노릇을 하며 살았다.

부엌살림 * ①부엌세간. ②부엌을 꾸려나가는 일.

부엌칸 ⇨ 부엌간.

부엌칼 = 식칼. 찬칼.

부엌통 = 가마굴. ‡가마의 아궁이.

부여받다(附與~) ⇨ 받다. 맡다.

부여스럼하다 ⇨ 부유스름하다. ‡약간 부옇다. ¶부유스름한 안개.

부연하다(敷衍~) * 설명을 덧붙여 자세히 말하다. ¶부연 설명.
☞ 부언하다.

부예지다 〉보애지다. ‡①허옇게 흐려지다. ②살갗이 허옇고 멀겋게 되다.

부원군(府院君) * 왕비의 아버지나 정일품 공신에게 주던 작호. ‡조선 시대.
☞ 군.² 대군.

부의금(賻儀金) * 상가에 부조하는 돈이나 물건.
☞ 부조금. 부좃돈. 조위금. 조의금. 축의금.

부인¹(婦人) * 시집간 여자.

부인²(夫人) = 영부인. ‡ 남의 아내를 높이어 이르는 말. ¶ 대통령 부인. 대통령 영부인. 사장 부인. 자네 영부인.
☞ 마누라. 아내.

부인기망(浮引寄網) ㉥ ⇨ 끈당김그물.

부자(buzzer) ⇨ 삑단추. 누름단추. ‡ 버저.

부자망(浮刺網) ㉥ ⇨ 뜬걸그물. ‡ 고기잡이.

부자집(富者~) ⇨ 부잣집. ¶ 부잣집 가운데 자식.

부저(~箸) = 부젓가락. ‡ 화로에 꽂아두고 쓰는 쇠젓가락.
☞ 부손.

부적부적 ⇨ 버적버적. ‡ ① 씹거나 빠는 소리나 모양. ② 물건이 타들어 가는 소리나 모양. ③ 마음이 죄는 모양. ④ 입 안이나 입술이 타는 모양.

부절다말 ⇨ 부절따말. ‡ 갈기가 검은 절따말.

부접(附接) 〈 부쩝. ‡ ① 남이 쉽게 따를 수 있는 성품이나 태도. ¶ 부접이 괜찮다. 부접이 좋다. 부접 못하다. ② 남에게 의지하다. {부접하다.}
☞ 붙접.

부젓가락 = 부저. ‡ 화로에 꽂아 두고 불덩이를 집거나 헤치는 쇠젓가락.
☞ 부집게. 부지깽이.

부정굿(不淨~) = 부정거리. 부정풀이. ‡ 무당굿 열두 거리 가운데 첫째.

부정풀이(不淨~) * ① 사람이 죽은 집에서 무당을 시켜 악귀를 물리치

는 일. ② 부정굿. 부정거리.

부조금(扶助金) = 부좃돈. ‡ 부의금과 축의금을 아울러 일컬음.
☞ 부의금. 조위금. 축의금.

부족하다(不足~) * 미치지 못하다. ‡ 길이. 넓이. 부피. 수효. 분량.
☞ 모자라다. 적다.¹

부좃돈〔扶助~〕 ⇨ 부조금. 부좃돈.

부지(敷地) ㉥ ⇨ 터. 집터. ‡ 대지.

부지깽이 * 아궁이에 불을 땔 때 불을 헤치거나 끌어내는 데 쓰는 막대기.
☞ 부젓가락. 부집게.

부지꾼¹ * 실없는 짓을 잘하고 심술궂은 사람.

부지꾼²(負持~) ⇨ 짐꾼.

부지러지다 ⇨ 부러지다.

부지런 떨다 = 부지런 피우다.

부지런하다 * 열심히 일하는 태도가 있다.
☞ 게으르다. 꾸준하다.

부지런해라 ⇨ 부지런해져라. ‡ 그림씨에는 시킴꼴, 이끎꼴이 없음.

부지럽다 ⇨ 부질없다. ‡ 대수롭지 않거나 쓸모가 없다.

부지르다 ⇨ 분지르다. 부러뜨리다.

부질간(~間) * 놋그릇 따위를 만드는 공장에 있는 대장간.
☞ 대장간.

부질없은 ⇨ 부질없는. ‡ '있다, 없다, 계시다'에는 '는'이 붙음.

부집게 * ① 불덩이를 집는 집게. ② 촛불의 불똥을 집는 집게.
☞ 부젓가락. 부지깽이.

부쩍 〔어〕 ¶ 부쩍 우기다. 손님이 부쩍 늘다. 부쩍 붐비다. 부쩍 잦아지다.

부쩍 다가오다. 부쩍 긴장하다.

부쩝 〉부접. {부접하다.} ¶ 부접을 못
　하다. 부접이 좋다.
　☞ 붙접.

부착시키다(附着~) ⇨ 달다. 붙이다.
　‡ 부착하다.

부채[1] * 손으로 흔들어 바람을 일으키
　는 물건. {부채꼭지. 부채꼴. 부채빗.
　부채종이. 부채질. 부채춤. 부챗살.}
　{불부채. 손부채. 접부채(쥘부채).
　종이부채. 진주부채.} ¶ 부채 모양.
　부채를 부치다. 부채를 펴다.
　☞ 풀무.

부채[2](負債) * ① 빚을 짐. ② 빚. ¶ 부
　채를 갚다. 부채를 지다.

부처 * ① 석가모니. 붓다. ② 불도를
　깨달은 성인. ③ 불상. {금부처(금
　불). 나무부처(목불). 돌부처(석
　불). 흙부처(토불.)}

부첨(附添) ㉮ ⇨ 붙임. 덧붙임. ‡ 첨부.

부첩(浮貼) ㉮ ⇨ 뜬도배.

부쳐살다 ⇨ 부쳐지내다.

부쳐지내다 * 한집에서 밥을 먹으면서
　같이 살다. ¶ 누나 집에 부쳐지내다.
　☞ 붙어살다.

부추기다 = 추키다. ‡ 어떤 일을 하도
　록 만들다. ¶ 싸움을 부추기다.
　☞ 추키다. 추기다.

부축 = 곁부축. {부축하다.} ¶ 부축해
　드리다. 부축해 일으키다.

~부치 ⇨ ~붙이. ‡ ① 같은 겨레. ② 어
　떤 물건에 딸린 같은 갈래.

부치개 ⇨ 부침. 부침개.

부치다[1] * ① 문제를 다른 데로 넘기어
　맡기다. ¶ 표결에 부치다. ② 마음이

나 정을 다른 것에 기대어 나타내
다. ¶ 애틋한 마음을 시에 부쳐 날리
다. ③ 먹고 자는 일을 다른 곳에서
하다. ¶ 큰집에 몸을 부치고 있다.
④ 원고를 인쇄에 넘기다. ¶ 원고를
인쇄에 부치다.

부치다[2] * 편지나 돈이나 물건을 보내
다. ¶ 편지를 부치다.

부치다[3] * 부채 따위를 흔들어 바람을
일으키다. ¶ 부채를 부치다.

부치다[4] * 논밭을 다루어 농사를 짓다.
¶ 밭을 부치다. 부쳐 먹을 땅이 없다.
☞ 붙이다.[3]

부치다[5] * 모자라거나 미치지 못하다.
¶ 힘에 부치다. 실력이 부치다.
☞ 달리다.[1]

부치다[6] * 빈대떡이나 전을 익혀 만들
다. ¶ 전을 부치다.
☞ 지지다.

부치미 ⇨ 부침개.

부친(父親) * 우리 아버지나 남의 아
버지를 두루 높여 일컫는 말.
☞ 선친.

부침개 = 부침. ‡ 번철에 부쳐 만든 빈
대떡, 저냐, 누름적, 부꾸미 따위
☞ 부꾸미. 전.[3] 지짐이.

부침개질 = 부침질. 지짐질.

부침이 ⇨ 부침개.

부탁하다(付託~) = 부탁드리다. ‡ 무
엇을 해 달라고 청하거나 맡기다.
¶ 취직을 부탁하다. 협조를 부탁하
다. 집을 봐 달라고 부탁하다.
☞ 당부하다.

부터 * ① 차례, 때, 곳이 비롯하는 점.
'까지'와 어울림. ‡ 출처, 기원, 근

원, 유래를 나타내는 뜻으로는 쓸 수 없음. ¶처음부터 끝까지. ②잇달아 여러 번 일어나는 움직임이 비롯하는 곳. ¶저기부터 가보자. ③행동이 시작하는 때. ¶지금부터 시작이다. ④그 뒤의 경과를 설명할 때. ¶그 말을 듣고 난 뒤부터 속앓이가 생기다.
　☞에. 에서. 에서부터. 로부터. 으로부터.

부터 ~까지 * 때의 시작과 끝. ‡시간. ¶어제부터 오늘까지.
　☞에서 ~까지.

부터의 ⇨ 부터.

부퍼 ⇨ 부풀어. ¶삔 곳이 부풀어 오르다.

부페(buffet) ⇨ 뷔페. ‡여러 가지 음식을 손님이 손수 덜어 먹는 음식점.

부푸다 ⇨ ①부풀다. ②부프다.

부푸러기 〉보푸라기. * 부풀의 낱개.

부풀 〉보풀. ‡종이나 헝겊의 거죽에 부풀어 일어나는 털.
　☞보무라지.

부풀다 * ①부풀이 일어나다. ②살가죽이 붓거나 부르터 오르다. ③희망이나 기대가 마음에 가득하게 되다. ¶부풀어 오르다. 부풀어 있다.
　☞늘어나다. 붓다.²

부프다 * ①부피는 크나 무게는 가볍다. ②성질이 급하고 거칠다.

부피량(~量) ⇨ 부피양. ‡겨레말 뒤에는 '양'임.

부항(附缸) * ①부항단지. ②부항단지를 붙여 고름이나 피를 빨아내는 일. ‡한의학.

부항항아리(附缸~) ⇨ 부항. 부항단지. ‡병을 다스리는 연모 이름.

부호(符號) * 어떤 뜻을 나타내려고 정하여 쓰는 표. ‡마침표, 물음표 따위.
　☞기호. 신호.

부화¹(孵化) * 알까기. {부화장.} ¶달걀을 부화하다. 물고기 알을 부화하다.

부화² ⇨ 부아.

북¹ * 베틀에서 씨실 꾸리를 넣고 날실의 틈으로 오가면서 푸는 연모.
　☞도투마리.

북² * 식물의 뿌리를 싸고 있는 흙. ¶북을 돋우다. 북을 주다.

북³ * 악기 이름. {북장단. 북춤. 북소리.} {작은북. 큰북.} ¶북을 치다.

북경(北京) ⇨ 베이징. ‡땅 이름.

북구(北歐) ⇨ 북유럽. ‡땅 이름.

북구라파(北歐羅巴) ⇨ 북유럽. ‡땅 이름.

북극곰(北極~) = 흰곰. 백곰. ‡짐승 이름.
　☞갈색곰. 불곰.

북녘(北~) ⇨ 북녁. ‡북쪽 방면. ¶북녘 땅. 북녘 하늘.

북대문(北大門) = 숙정문. 숙청문. 북청문. ‡서울 도성 북쪽 정문 이름.

북더기 ⇨ 북데기.

북덕물 ⇨ 붉덩물. ‡붉은 흙이 섞여 흐린 물. ¶붉덩물이 온 들판을 휩쓸다.

북데기 * 짚이나 풀이 뒤섞여서 엉클어진 뭉텅이. {짚북데기.}
　☞복대기.

북돋우다 = 북돋다. ＊기운이나 정신을 더욱 높여 주다. ¶용기를 북돋우다.
　☞ 북 주다.

북두¹ = 북두끈. ＊마소의 등에 실은 짐을 배와 한데 얽어매는 줄.

북두²(北斗) = 북두칠성.

북 메다 = 북 메우다. ＊북통에 가죽을 씌워 북을 만들다.

북받자 ＊곡식을 말로 수북이 되어 받아들이는 일.
　☞ 고봉.

북방망이 ⇨ 북채.

북빙양(北氷洋) = 북빙해. 북극해.

북새 ＊여러 사람이 모여 법석이는 일. {북새질. 북새틈. 북새판.} ¶북새 놀다. 북새 놓다. 북새 부리다. 북새 치다.
　☞ 법석.

북새통 = 북새틈. ＊많은 사람이 부산을 떨며 법석이는 판
　☞ 복새통.

북소문(北小門) = 자하문. 창의문. ＊사소문의 하나.

북수(～手) = 북재비. ＊걸립패나 소리판에서 북을 치는 사람.
　☞ 고수.

북숭이¹ = 부기. ＊세상사에 어둡고 어리석은 사람.

북숭이² = 털북숭이. ＊털이 많이 난 사람이나 짐승.

북슬북슬 〉복슬복슬. ＊살이 찌고 털이 탐스럽게 많이 난 모양.
　☞ 부얼부얼.

북실북실 ⇨ 북슬북슬.

북어(北魚) ＊말린 명태. {북어무침. 북어쾌. 북어포. 북엇국.} {더덕북어.} ¶북어 껍질. 북어 세 마리. 북어 한 쾌. 북어 두 두름.
　☞ 동태. 명태. 생태. 선태.

북자루 = 북채. ＊북을 치는 조그만 방망이.

북재비 = 북수. ＊걸립패나 소리판에서 북을 치는 사람.
　☞ 고수.

북적거리다 〉복작거리다.

북 주다 ＊식물의 뿌리나 밑줄기를 흙으로 두둑하게 덮어 주다.
　☞ 북돋우다.

북채 = 북자루.

북한산(北漢山) = 삼각산. ＊서울과 고양시 사이에 있는 산 이름.

북해도(北海道) ⇨ 홋카이도. ＊땅 이름.

분¹ = 분네. ＊①사람을 높여서 가리키는 말. {이분. 그분. 저분. 내외분. 여러분.} ¶가실 분. 반대하는 분. 아는 분. 어떤 분. 착한 분. 찬성하는 분. ②하나치. ¶두 분. 세 분. 서너 분.

분²(忿) ＊억울하고 원통한 마음. ¶분을 삭이다. 분을 참다. 분이 풀리다.

분³(墳) ＊묻힌 사람이 누군지도 모르고 유물도 없는 무덤. {고분.}
　☞ 능. 묘. 원.² 총.²

분⁴(粉) ＊화장품의 한 가지. {분가루. 분갑. 분단장. 분통.} ¶분 바르다.

～분⁵(～粉) ＊①밀가루. {강력분. 박력분. 중력분.} ②꽃가루. {화분.}

분⁶(盆) = 화분. ＊꽃을 심는 그릇.

{분갈이. 분받침.} ¶ 분 가꾸다.

분[7](分) * 하나치. ⁑ ① 시간. ¶ 한 시간은 육십 분. ② 각도, 위도, 경도. ¶ 동경 36도 12분. ③ 온도. ¶ 영하 1도 5분. ④ 그만큼 나눈. ¶ 10분의 1.
☞ 푼.[1]

분[8](分) ㉿ ⇨ 몫. 치. ¶ 1인 분 ⇨ 한 사람 몫. 일 년 분 ⇨ 일 년 치.

분간(分間) * 분 동안. ¶ 십 분간. 삼십 분간.

분결[1](紛~) = 분길. ⁑ 분의 곱고 부드러운 결.

분결[2](忿~) = 분김. ⁑ 분한 마음이 일어난 바람.

분곽(粉~) ⇨ 분갑.

분깃점(分岐點) ⇨ 분기점. ⁑ 갈라지는 곳이나 때.

분네 = 분. ¶ 젊은 분네. 노인 분네.

분단시키다(分斷~) ⇨ 끊다. 가르다. 동강을 내다. ⁑ 분단하다.

분대 = 분대질. ⁑ 분란을 일으켜 남을 괴롭히는 짓. {분대꾼. 분대하다. 분대질하다.} ¶ 분대를 놓다. 분대질을 치다.

분디나무 = 산초나무. ⁑ 나무 이름.

분란(芬蘭) ⇨ 핀란드. ⁑ 나라 이름.

분리배출(分離排出) ⇨ (쓰레기) 따로 내놓기.

분리수거(分離收去) ⇨ (쓰레기) 따로 거두어 가기.

분리 수거함(分離收去函) ⇨ 따로 모으는 통. ⁑ 분류별 수거함.

분리시키다(分離~) ⇨ 가르다. 나누다. ⁑ 분리하다.

분말(粉末) * 쓰려고 일부러 부서뜨린 가루. {분말주스.} ¶ 오렌지 분말. ☞ 가루.

분배하다(分配~) ㉿ ⇨ 노느다. 노느매기하다. 도르다. 벼르다. 몫 나누다.

분비선(分泌腺) ㉿ ⇨ 분비샘.

분빠이하다〔分配~〕 ㉿ ⇨ 노느다. 노느매기하다. 도르다. 벼르다.

분사시키다(噴射~) ⇨ 뿜어내다. ⁑ 분사하다.

분산시키다(分散~) ⇨ 흩뜨리다. ⁑ 분산하다.

분새 ⇨ 분란. ⁑ 어수선하고 소란스러움. ¶ 분란을 일으키다. 분란이 생기다.

분석하다(分析~) * ① 성분이나 요소를 밝히다. ¶ 성분 분석. ② 어떤 개념을 따져 보다. ¶ 심리 분석. ☞ 분해하다.

분쇄시키다(粉碎~) ⇨ 부스러뜨리다. ⁑ 분쇄하다.

분실당하다(紛失當~) ⇨ 잃어버리다. ⁑ 분실하다.

분양받다(分讓~) ㉿ ⇨ 사다.

분양하다(分讓~) ㉿ ⇨ 팔다. 나눠 팔다. 떼어 팔다.

분열하다(分裂~) ㉿ ⇨ 갈라지다.

분재 문화(盆栽 文化) ⇨ 분재 취미 생활. 분재 기술.

분전(分錢) ⇨ 푼돈.

분지르다 = 부러뜨리다. ¶ 나뭇가지를 분지르다. 다리를 분질러 놓다.

분침(分針) = 긴바늘. 큰바늘. ⁑ 시계에서 분을 가리키는 바늘.

☞ 시침. 초침.

분포하다(分布~) * (어떤 곳에) 퍼져 있다. ‡ 생물, 무생물.
　☞ 서식하다.

분풀이(憤~) * 분하고 원통한 마음을 다른 대상에게 풀어 버리는 일.
　☞ 화풀이.

분할불(分割拂) ㉮ ⇨ 나누어 치름. ‡ 분할급. 분할 지급.

분해시키다(分解~) ⇨ 분해하다.

분해하다(分解~) * ① 한 덩이가 된 사물을 풀어서 헤치다. ¶ 시계를 분해하다. ② 한 가지 화합물을 두 가지 이상의 물질로 갈라내다. {전기 분해.}
　☞ 분석하다.

분향소(焚香所) * 향을 피우고 간이의 명복을 빌 수 있도록 마련한 곳.
　☞ 빈소.

분홍(粉紅) = 분홍빛. 분홍색. ¶ 분홍 꽃. 분홍 무늬. 분홍 빛깔.

분홍머리동이(粉紅~) ⇨ 분홍머리동이. ‡ 연의 한 가지.

분홍치마 * 위쪽은 희고 아래쪽은 분홍빛으로 된 연.

분홍 치마 * 분홍빛 옷감으로 만든 치마.

분활하다(分割 ⇨ 분할~) ⇨ 쪼개다. 나누다.

붇다 * ① 물에 젖어서 부피가 커지다. ¶ 콩이 붇다. 국수가 붇다. ② 수효나 양이 많아지다. ¶ 개울물이 붇다. 젖이 붇다. 몸이 붇다. 살림이 붇다.
　☞ 붓다.² 붙다.

불¹〔火〕 * {불가물. 불구경. 불구덩이. 불기둥. 불길. 불김. 불덩이. 불도장. 불등걸. 불땀. 불바다. 불벼락. 불비. 불빛. 불살(불화살). 불송이. 불씨. 불장난. 불조심. 불종. 불줄기. 불지옥. 불질. 불침. 불판.} {가스불. 검부잿불. 겻불. 고콜불. 관솔불(솔불). 군불. 귀신불. 기름불. 깜박불. 깜부기불. 꽃불. 난롯불. 담뱃불. 도깨비불. 들불. 등걸불. 등댓불. 맞불. 모깃불. 모닥불. 밤불. 벌불. 산불. 산숫불. 성냥불. 쇠죽불. 숯불. 쑥댓불. 쑥불. 알불. 연탄불. 움불. 인둣불. 잉걸불. 장작불. 잿불. 줄불. 쥐불. 짚불. 천불. 큰불. 탄불. 풍롯불. 화롯불. 화툿불.} {남폿불. 등불. 등잔불. 반불. 봉홧불. 신홋불. 전깃불(전등불). 전짓불. 접싯불. 종짓불. 초롱불. 촛불. 호롱불. 황촛불. 횃불.} {반딧불. 번갯불. 벼락불. 잣불. 향불.} {삼불. 소줏불. 후림불.} {불나다. 불내다. 불붙다. 불붙이다. 불타다. 불태우다. 불티같다. 불티나다.} ¶ 불을 끄다. 불을 넣다. 불을 놓다. 불을 때다. 불을 밝히다. 불을 뿜다. 불 일 듯하다. 불을 지르다. 불을 지피다. 불을 쬐다. 불을 켜다. 불을 피우다.
　☞ 부~.¹

불² = 불알. {불친소.} {불까다.}

불³ = 총알. 탄알. 탄환. {늦은불. 된불. 선불. 잔불. 큰불. 헛불. 불놓이. 불치.} ¶ 불 맞다. 불 뿜다.

불~⁴(不~) ‡ 디귿이나 지읒이 아닌 첫소리 앞에서는 '불'로 씀. {불건전. 불균형. 불완전. 불참. 불철저. 불

출마. 불통과. 불평등. 불허가.}
☞ 부~.²

불⁵(佛) ⇨ 프랑스. ⁑ 나라 이름.

불⁶(弗) ㉫ ⇨ 달러. ⁑ 아메리카 돈의 하나치.

불가 ⇨ 불 가. ⁑ 불의 가장자리. ¶ 불가에선 조심해야지.

불가불(不可不) = 부득불. ⁑ 안 하고는 안 되겠으므로 마땅히.

불강도(~强盜) = 날강도.

불거지다 〉 볼가지다. ⁑ ① 거죽으로 둥글게 툭 비어져 나오다. ② 일이 커지거나 갑자기 생겨나다. ③ 숨겨졌던 것이 나타나다.
☞ 드러나다. 튀어나오다.

불겡이 ⇨ 불경이. ⁑ 붉은빛을 띤 살담배나 고추 따위.

불고기 ⁑ 짐승 살코기를 저며서 양념하여 재었다가 불에 구운 음식.
☞ 너비아니. 방자고기. 쟁기고기.

불고무래 = 불당그래. ⁑ 아궁이의 불을 밀어 넣거나 당기어 내는 연모.

불고하다(不顧~) ⁑ 돌아보지 아니하다. ¶ 체면 불고하고 얻어먹다.
☞ 불구하다.

불곰 = 갈색곰. ⁑ 짐승 이름.
☞ 흰곰. 북극곰.

불공드리다(佛供~) = 공양드리다. ⁑ 부처님 앞에 음식을 올리다.

불공밥(佛供~) = 퇴식밥. ⁑ 부처 앞에 올렸다가 물린 밥.
☞ 잿밥.

불구멍 ⁑ ① 불길이 나가는 구멍. ② 총알이 나가는 구멍. ③ 풍로나 난로에 바람을 조절하는 구멍. ¶ 불구멍

을 열다. ④ 불에 타서 생긴 구멍.
☞ 불집.

불구하다(不拘~) ㉖ ⁑ 군더더기 말이므로 빼어버려야 함. ¶ 몸살에도 불구하고 출근했다. ⇨ 몸살이 났는데도 출근했다.

불국(佛國) ⇨ 프랑스. ⁑ 나라 이름.

불그락푸르락 ⇨ 붉으락푸르락.

불그름하다 = 불그스름하다.

불그스레하다 = 불그스름하다.

불근불근 〉 볼근볼근. ⁑ 질기고 단단한 물건이 입 안에서 씹히는 모양.

불긋불긋 〉 볼긋볼긋. ¶ 불긋불긋 물들기 시작하는 단풍.

불기¹(~氣) = 불기운. ¶ 아궁이 속에는 불기가 아직 남아 있다.

불기²(佛紀) ⁑ 불가에서 쓰는 연기. ⁑ 석가모니가 열반한 해가 첫해임.
☞ 단기. 서기.

불깃 ⁑ 산불이 번지지 못하게 주위에 미리 놓는 불. ¶ 불깃을 달다.
☞ 맞불. 부싯깃. 불쏘시개.

불꺼름 ⇨ 불두덩.

불꼬마리 ⇨ 철매.

불꽃 ⁑ ① 타오르는 불기운. ⁑ 화염. {불꽃색. 불꽃심.} {겉불꽃. 속불꽃.} ¶ 불꽃이 일다. ② 쇠나 돌이 부딪칠 때 일어나는 불빛. ¶ 불꽃이 튀다.
☞ 꽃불. 말꽃. 살꽃.

불꾸레미 ⇨ 불꾸러미. ⁑ 불씨를 옮기려고 짚 뭉치 따위에 붙인 불.

불끼(~氣) ⇨ 불기. 불기운.

불나무 = 땔나무. ⁑ 땔감이 되는 나무.

불나비 ⇨ 부나비. 부나방. ⁑ 날벌레

이름.

불내 ⇨ 숯내.

불넘기 ⇨ 부넘기. ‡ 방고래가 시작되는 어귀에 조금 높게 쌓은 언덕.

불놀이 * 깡통돌리기, 등불, 달집태우기, 꽃불놀이를 하며 노는 일.
☞ 불장난.

불놀이 * 총으로 사냥하는 일. {잔불놓이. 불놓이하다.}
☞ 불치.

불당그래 = 불고무래.

불더위 = 불볕더위. ¶ 햇볕이 쨍쨍 내리쬐어 타는 듯한 더위.
☞ 무더위.

불도두개 ⇨ 심돋우개. ‡ 등잔의 심지를 돋우는 쇠꼬챙이.

불도저(bulldozer) = 땅차. ‡ 흙을 밀어내어 땅을 다지거나 고르는 차.
☞ 굴착기. 포클레인.

불독(bulldog) ⇨ 불도그. ‡ 개의 한 가지.

불돋우개 ⇨ 심돋우개. ‡ 등잔의 심지를 돋우는 쇠꼬챙이.

불동액(不凍液) ⇨ 부동액. ‡ 디귿, 지읒 앞에서는 리을이 줆.

불동항(不凍港) ⇨ 부동항. ‡ 디귿, 지읒 앞에서는 리을이 줆.

불두덩뼈〔恥骨〕= 두덩뼈. 감춤뼈.

불딱총(~銃) * 대롱에 화약을 재어 터뜨려서 소리가 나게 하는 놀이 연모.
☞ 물딱총.

불땔꾼 = 갈개꾼. 방망이꾼. 방해꾼. 헤살꾼. 훼방꾼. 훅싸리.

불똥 * ①불티. ②심지의 끝이 다 타서 엉기어 붙은 찌끼.
☞ 불티.

불똥 떨어지다 * 아주 다급한 일을 당하다. ¶ 불똥이 떨어져야 일을 한다.

불똥앉다 = 등화앉다. 등화지다. ‡ 심지의 끝이 타서 찌끼가 엉겨 붙다.

불똥 튀다 * 재앙이나 화가 미치다. ¶ 죄 없는 사람에게 불똥이 튀다.

불란서(佛蘭西) ⇨ 프랑스. ‡ 나라 이름.

불량배(浮浪輩) = 불량패. ‡ 행실이나 성품이 나쁜 사람들의 무리.

불량화하다(不良化~) ⇨ 나빠지다. ‡ 행실. 성품. 성적. 품질.

불러 세우다 ¶ 가는 사람을 불러 세우다.
☞ 불어세우다.

불럭(block) ⇨ ①장난감 벽돌. 구멍 벽돌. ②구획. 구역. ‡ 블록.

불려지다 ⇨ ①부르다. ②불리다.

불룩이 〉 볼록이. ‡ 불룩하다.

불르다 ⇨ 부르다.

불리다¹ * ①쇠를 달구어 단단하게 하다. ②몸과 마음을 굳게 하다.
☞ 담금질하다.

불리다² * '불다'의 입음. ¶ 낙엽이 바람에 불리어 날아가다.
☞ 날리다.²

불리다³ * '붇다'의 하임. ‡ ①물건을 물에 담가 부피를 커지게 하다. ¶ 콩을 불리다. ②재산 따위를 본래의 것보다 많게 하다. ¶ 살림을 불리다.
☞ 늘리다. 키우다.

불리다⁴ * '부르다'의 입음. ¶ 선생님께 불리어 가다.
☞ 부르다.²

불리어지다 ⇨ ① 불리다. ② 부르다.
＊ 입음움직씨에는 ‘~지다’를 붙일
수 없음.

불리우다 ⇨ 불리다. ＊‘부르다’의 입음.

불리워지다 ⇨ 불리다. ＊ 일컫다.

불림[1] ＊ 쇠를 달구었다가 천천히 식혀
서 성질을 무르게 하는 일.
　☞ 담금질하다. 스루다. 슬다.[4]

불림[2]〔繁殖〕＊ 새끼를 치는 일. {불림
하다.}

불림[3] ＊ ① 공범자를 일러바치는 짓.
② 노름판에서 남에게 알리는 짓.

불림[4] ＝ 춤문구. ＊ 탈춤에서 필요한
장단을 악사에게 청하는 노래나 춤
사위.

불목 ＝ 아랫목. ＊ 구들방에서 아궁이에
가까운, 가장 따뜻한 곳.
　☞ 윗목.

불목하니 ＝ 불목한. ＊ 절에서 밥을 짓
는 사람.
　☞ 보살.

불문율(不文律) ＝ 불문법. ＊ 문서의
형식을 갖추어 놓지 않은 법.
　☞ 성문율.

불바르다 ⇨ 불까다. ＊ 불알을 발라내
다. ＊ 악대말. 악대소. 악대양.

불받이 ＊ 전쟁의 화를 입는 지역이나
사람.
　☞ 총알받이.

불밤송이 ＊ 채 익기도 전에 말라 떨어
진 밤송이. ¶ 머리가 불밤송이 같다.
　☞ 밤송이.

불방울 ⇨ 불티.

불법화시키다(不法化~) ⇨ 불법화하다.

불벼락 ＊ ① 갑자기 총알에 맞거나 불

을 뒤집어쓰는 일. ② 호된 꾸중.
　☞ 불호령.

불볕더위 ＝ 불더위. ¶ 타는 듯한 불볕
더위.

불보듯 뻔하다 ⇨ 불을 보듯 뻔하다.

불사르다 ＝ 사르다. ＊ 낙엽, 사진, 서
류, 편지 같은 작은 것과 망상 따위.
　☞ 불태우다. 태우다.[1]

불살개 ⇨ 불쏘시개.

불삽 ⇨ 부삽.

불세례(~洗禮) ＊ 마음의 죄악과 부정
이 성결하게 됨을 이르는 말. ＊ 종
교.
　☞ 물세례. 성령 세례.

불소(弗素) 〔화〕 ⇨ 플루오르. ＊ 약 이름.

불소치약(弗素齒藥) 〔화〕 ⇨ 플루오르치
약.

불속 ＊ ① 매우 고통스러운 지경. ② 총
탄이 날아드는 전쟁터.

불 속 ¶ 화롯불 속에 묻어둔 고구마를
꺼내다.

불손 ⇨ 부손. ＊ 화로에 꽂아두고 쓰는
부삽.

불시계(~時計) ＊ 선향이나 화약심지
가 타들어가는 것으로 시간을 재는
시계.
　☞ 모래시계. 물시계. 해시계.

불식시키다(拂拭~) ⇨ 씻어내다. 떨
어내다. 없애다.

불실하다(不實~) ⇨ 부실하다. ¶ 몸
이 부실하다. 살림이 부실하다.

불심지(~心~) ＊ 분할 때나 흥분할 때
격하게 일어나는 마음이나 감정.
　☞ 심지.[1] 화약심지.

불쌍하다 ＊ 물질적으로 어려워 보기에

딱하다. ‡ 여러 대상에 두루 씀.
☞ 가엾다.
불쏘시개 = 쏘시개. ‡ 불을 피울 때
불을 붙이는 잎나무나 종이 따위.
☞ 부싯깃. 불깃.
불쑥 〉볼쏙.
불씹장이 ⇨ ①어지자지. ②남녀추니.
불알 = 불. {불알동무(불알친구). 불
알망태(불알주머니).}
불알시계(~時計) = 추시계.
불야살야 ⇨ 부랴사랴. ‡ 매우 부산하
고 급하게 서두르는 모양.
불어[1](佛語) * 경전에 있는 부처님의
말씀.
불어[2](佛語) ⇨ 프랑스 말.
불어리 * 불티가 날리는 것을 막으려
고 화로에 들씌우는 연모.
☞ 어리.
불어먹다 = 말아먹다. ‡ 돈이나 재산
을 다 써서 없애다.
☞ 붙어먹다.[2] 엎어먹다.
불어세우다 = 불어세다. ‡ 사람을 따
돌려 보내다. ¶ 눈치 없이 따라오던
녀석을 불어세우긴 했지만 마음이
편한 건 아니다.
☞ 불러 세우다.
불어지다 ⇨ ①부러지다. ②불어나다.
불우 이웃 돕기(不遇~) ⇨ 어려운 이
웃 돕기.
불이나게 ⇨ 부리나케. ‡ 서둘러서 아
주 급하게. ¶ 부리나케 뛰어나가다.
불이야 불이야 * 불이 나서 다급하게
지르는 소리.
☞ 부랴부랴.
불이익(不利益) ⇨ ①손해. 손실. ②

무익. ③불리.
불일듯하다 ⇨ 불 일 듯하다. ‡ 형세가
빠르고 힘차다.
불입금(拂入金) ㉿ ⇨ 낸 돈. 낼 돈.
치른 돈. ‡ 납부금.
불입액(拂入額) ㉿ ⇨ 낸 돈. 낼 돈.
치른 돈. ‡ 납부금.
불입하다(拂入~) ㉿ ⇨ 내다. 넣다.
붓다. 치르다. ‡ 납부하다.
불잉걸 = 잉걸. 잉걸불. ‡ 불이 이글
이글 하게 핀 숯덩이.
불자동차(~自動車) = 불차. ‡ 소방차.
불장난 * ①불을 가지고 노는 장난.
②몹시 위험한 일. ③옳지 못한 사랑.
☞ 불놀이.
불젓가락 ⇨ 부젓가락.
불종[1](~鐘) * 불이 난 것을 알리려고
치는 종. ¶ 갑자기 불종 소리가 울렸
다.
불종[2](佛鐘) * 절에서 대중을 모이게 하
거나 시각을 알리는 종.
☞ 범종.
불줄 = 불줄기. ‡ 불알 밑에서 밑구멍
까지 잇닿은 심줄.
불줄기 * 솟구쳐 오르거나 내뻗치는
불의 줄기. ¶ 불줄기가 솟아오르다.
손전등의 불줄기가 마을을 구석구
석 누비고 있었다.
불집 * ①석등에서 불을 켜 넣는 곳.
②말썽을 일으키거나 위험한 요소.
☞ 불구멍.
불집게 = 부집게.
☞ 부젓가락.
불찜 ⇨ 불집.
불차(~車) = 불자동차. ‡ 소방차.

불출석하다(不出席~) ⇨ 안 나오다. 빠지다. ‡ 결석하다.

불출하다(拂出~) ⑳ ⇨ ①실어 내다. ‡ 반출하다. ¶ 물건을 실어 내다. ②내주다. ‡ 교부하다. ¶ 면허증을 내주다.

불치 * 총사냥으로 잡은 새나 짐승. ☞ 매치. 불놓이.

불치다 ⇨ 불까다. ‡ 불알을 발라내다.

불친소 = 악대소. ‡ 불알을 까서 기른 소.

불켜놓다 ⇨ 불 켜 놓다.

불쾌지수(不快指數) ⑳ ⇨ 온습지수. ‡ 불쾌한 느낌을 느끼는 정도.

불타다 * ①불이 붙어서 타다. ¶ 낙산 사가 불타다. ②붉은빛으로 빛나다. ¶ 불타는 노을. ③의욕이나 정열이 끓어오르다. ¶ 복수심에 불타다.

불타오르다 * ①불이 붙어서 타오르 다. ②붉은빛으로 빛나다. ③감정 이나 기세가 세차게 끓어오르다.

불탄일(佛誕日) ⇨ 부처님 오신 날. ‡ 초파일. 석가탄신.

불탄절(佛誕節) ⇨ 부처님 오신 날. ‡ 초파일. 석가탄신. ☞ 석탄절.

불태우다 = 태우다. ‡ 마을, 벌, 집같 이 큰 것이나 마음, 야망, 정열 따 위. ☞ 불사르다.

불통[1](~桶) = ①기관차. ‡ 기차. ②손풍로. ‡ 버너.

불통[2](不通) * 서로 통하지 않음. ‡ 길. 다리. 철도. 전화. 전신.

불티 * ①타는 불에서 튀는 불똥. {불 티같다. 불티나다.} ¶ 불티가 날리 다. 불티가 앉다. 불티가 튀다. ②말 썽의 원인. ¶ 불티를 내다. ☞ 불똥.

불편(不便)**을 끼쳐 드리다** ⇨ 불편을 끼치다.

불편(不便)**을 드리다** ⇨불편을 끼치다.

불하받다(拂下~) ⑳ ⇨사다. 사들이다.

불하하다(拂下~) ⑳ ⇨ 팔다. 팔아넘 기다.

불현듯 = 불현듯이. ‡ ①갑자기 어떤 생각이 일어나는 모양. ¶ 불현듯 어린 시절이 떠오르다. ②어떤 행동을 갑 자기 하는 모양. ¶ 불현듯 일어나다.

불호령(~號令) * 무섭고 급한 호령. {불호령하다.} ¶ 불호령을 내리다. 불호령을 받다. 불호령이 대단하다. 불호령이 떨어지다. ☞ 볼호령. 불벼락.

불휴(不朽) ⇨ 불후. ‡ 오래도록 없어 지거나 변하지 않음. ¶ 불후의 명작.

붉다 * 분홍색, 홍색, 적색의 색깔을 띠 다. ‡ 핏빛. 잘 익은 고추의 빛깔. ☞ 빨갛다.

붉덩물 * 황토가 섞여 흐르는 큰물. ¶ 장마로 붉덩물이 진 강. ☞ 황토물. 흙탕물.

붉돔 * 도밋과의 바닷고기 이름. ☞ 먹돔. 참돔.

붉은깔깔매미 = 산깽깽매미. ‡ 버러 지의 하나.

붉은물 = 붉은 조류. ‡ 적조.

붉은빛 = 붉은색. 붉은 빛깔.

붐(boom) ⇨ ①성황. ‡ 활기찬 분위 기. ②대유행. ‡ 바람.

붐비다 * 사람이나 자동차가 좁은 곳에 많이 모여서 움직이다.
☞ 들끓다.

붐하다 = 희붐하다. ‡ 날이 새려고 약간 밝은 듯하다.

붓 * 그림을 그리거나 글씨를 쓰거나 색을 칠하는 연모. {붓걸이. 붓글(붓글씨). 붓꼬리. 붓끝. 붓놀림. 붓셈. 붓심. 붓장난. 붓질.} {모지랑붓(몽당붓).} ¶ 붓을 꺾다. 붓을 놓다. 붓을 대다. 붓을 던지다. 붓을 들다.
☞ 솔.²

붓다¹ * 물, 가루, 알갱이가 줄기를 이루어 떨어지게 하다. ‡ 의도나 목적을 가지고 함. ¶ 기름을 붓다. 물을 붓다.
☞ 따르다.² 쏟다. 흘리다.

붓다² * ① 살가죽이 부풀어 오르다. ¶ 뺨이 붓다. ② 부아가 나서 뾰로통하다. ¶ 볼이 붓다.
☞ 부풀다.

붓다³ * ① 곗돈 따위를 치르다. ¶ 적금을 붓다. ② 씨앗을 뿌리다.
☞ 붇다. 붙다.

붓동이다 ⇨ 붙동이다. ‡ 물건을 붙들어 감거나 둘러 묶다. ¶ 기둥에 소를 붙동이다. 돼지 새끼를 붙동여 지게에 얹다.

붓두껍 ⇨ 붓두겁. ‡ 붓촉에 끼우는 물건.

붓두막 ⇨ 부뚜막.

붓들다 ⇨ 붙들다.

붓따르다 ⇨ 붙따르다.

붓뚜껑 ⇨ 붓두겁. ‡ 붓촉에 끼우는 물건.

붓박이다 ⇨ 붙박이다. ‡ '붙박다'의 입음.

붓방아 * 생각이 미처 나지 않아 붓대만 놀리는 짓. ¶ 붓방아를 찧다.
☞ 고갯방아. 무릎방아. 엉덩방아. 이마방아. 입방아. 코방아.

붓수(部數) ⇨ 부수.

붓자루 ⇨ 붓대. ‡ 붓촉을 박는, 가는 대. ¶ 붓대를 잡은 손에 힘을 주다.

붓잡다 ⇨ 붙잡다.

붓적 ⇨ 부쩍.

붓촉 = 붓털. ‡ 붓의 뾰족한 털끝.

붓털 * ① 붓촉. ② 붓을 매는 털.

붕긋 〉봉곳. ‡ ① 두두룩하게 솟은 모양. ② 붙여 놓은 물건이 들뜬 모양.

붕장어(~長魚) = 참바다장어. ‡ 바닷물고기의 이름.
☞ 갯장어. 먹장어. 바닷장어. 뱀장어.

붙다 * ① 서로 맞닿아 떨어지지 않거나 어떤 데에 딸리거나 무엇에 기대다. {나붙다. 눌어붙다. 달라붙다. 덧붙다. 들러붙다. 맞붙다. 빌붙다. 얼어붙다.} ② 불이 옮아서 당기다. {불붙다.} ③ 뽑히다. ¶ 시험에 붙다.
☞ 묻다.² 닿다.¹ 붇다. 붓다.

붙들다 * 떠나는 사람이나 떨어지는 물체를 손으로 잡다.
☞ 붙잡다.

붙들려 = 붙들리어. ‡ 붙들리다. ¶ 붙들려 가다. 붙들려 오다.

붙따르다 * ① 붙좇다. ¶ 선배를 붙따르는 후배. ② 바싹 가까이 따르다.

붙박이 * 한자리에 박혀서 움직이지 않는 사물이나 사람. {붙박이식. 붙박이창. 붙박이판. 붙박이표.} ¶ 붙박이 옷장. 붙박이 책상.

☞ 뜨내기.

붙박이별 〔恒星〕 * 자리를 움직이지 않고 별자리를 이루는 해, 북극성, 북두칠성, 삼태성, 견우성, 직녀성 따위의 별.

☞ 달별. 떠돌이별. 별똥별. 살별.

붙박이장 (~欌) = 제물장. ☀ 방, 마루, 부엌에 붙박이로 짜 놓은 장.

붙박히다 ➾ 붙박이다. ☀ '붙박다'의 하임.

붙어먹다[1] * 간통하다. ¶ 연놈이 붙어먹었다는 소문이 동네에 쫙 퍼졌다.

붙어먹다[2] * 남에게 기대어 이익이나 도움을 얻다. ¶ 왜놈에게 붙어먹다.

☞ 불어먹다.

붙어살다 * ①얹혀살다. ¶ 처가에 붙어살다. ②어떤 곳에 머물러 살다. ¶ 공장에 붙어살다. ③다른 몸에 붙어 영양분을 빨아먹고 살다. ☀ 기생.

붙어 살다 = 붙어 지내다. ☀ 늘 함께 어울려 붙어다니다.

☞ 부쳐지내다.

붙여살다 ➾ 부쳐지내다.

붙여지내다 ➾ 부쳐지내다.

붙여지다 ➾ 붙다.

붙이[1] = 겨레붙이. {붙이사랑.} ¶ 김씨네 붙이. 내 붙이.

~붙이[2] * ①같은 겨레. {겨레붙이. 살붙이. 외가붙이. 일가붙이. 제살붙이. 처가붙이. 피붙이.} ②어떤 물건에 딸린 같은 갈래. {고기붙이. 그릇붙이. 금붙이. 베붙이. 솜붙이. 쇠붙이.}

붙이다[1] * 무엇을 알아내거나 잘 보이려고 말을 하다. ¶ 수작을 붙이다.

☞ 건네다.

붙이다[2] * '붙다'의 하임. ☀ 불이 붙어 타게 하거나 다른 데 옮겨 타게 하다.

☞ 댕기다.

붙이다[3] * '붙다'의 하임. ☀ ①달라붙어 떨어지지 않게 하다. ¶ 버릇을 붙이다. 우표를 붙이다. ②가까이 닿게 하다. ¶ 책상을 벽에 바짝 붙이다. ③이름이나 조건을 달다. ¶ 별명을 붙이다. 조건을 붙이다.

☞ 부치다.

~붙이다[4] * {갈라붙이다. 걸어붙이다. 덧붙이다. 맞붙이다. 메어붙이다. 몰아붙이다. 밀어붙이다. 불붙이다. 생청붙이다. 쏘아붙이다. 흥정붙이다.}

☞ 달다. 대다. 부치다.

붙임노 ➾ 쌈노. ☀ 나뭇조각을 붙이고 굳을 때까지 동여매는 노끈.

붙임새 ➾ 붙임성.

붙임성 (~性) = 붙임붙임. 붙접. ☀ 남과 잘 사귀는 성질이나 수단. ¶ 붙임성이 좋다. 붙임성이 없다. 붙임성이 있다.

☞ 부접. 포용성. 푸접.

붙임수 * 남을 잘 사귀는 수단. ¶ 붙임수가 대단하다.

붙잡다 * ①손이나 팔로 잡고 놓지 않다. ②행운이나 기회를 얻다.

☞ 붙들다.

붙잡혀 = 붙잡히어. ☀ 붙잡히다. ¶ 붙

잡혀 가다. 붙잡혀 오다.

붙접 * ① 가까이하거나 기대는 일. ¶ 붙접을 못하게 하다. ② 붙임성. ☞ 부접. 부쩝. 푸접.

붙좇다 = 붙따르다. ＊ 존경하여 섬기다. ¶ 붙좇는 사람이 많다.

붙히다 ⇨ 붙이다.

브라인더(blinder) ⇨ (창문) 가리개. ＊ 블라인드.

브랏셀(Brussel) ⇨ 브뤼셀. ＊ 땅 이름.

브로찌(brooch) 옌 ⇨ 노리개. ＊ 브로치.

블럭(block) ⇨ ① 장난감 벽돌. 구멍 벽돌. ② 구역. 구획. ＊ 블록.

블루길(bluegill) = 파랑볼우럭. ＊ 민물고기의 하나.

비¹ = 빗자루. ＊ 먼지나 쓰레기를 쓸어 내는 연모. {갈목비(갈비). 대비. 댑싸리비(댑쌀비). 마당비. 모지랑비(몽당비). 방비. 벌비. 부엌비. 수수비. 싸리비. 장목비. 풀비.} ¶ 비로 마당을 쓸다. 비가 닳다.

비² * 하늘에서 떨어지는 물방울. {비구름. 비바람. 비보라. 비설거지. 비옷. 빗길. 빗물. 빗밑. 빗방울. 빗소리. 빗속. 빗줄기(빗줄).} {안개비. 는개(는개비). 이슬비(색시비). 가랑비. 보슬비. 부슬비. 실비. 악수. 억수. 작달비. 작살비.} {가을비. 겨울비. 밤비. 봄비. 스무날비. 칠석물.} {산돌림. 소나기(소낙비). 여우비. 큰비.} {장맛비. 가을장마. 건들장마. 늦장마(늦마). 봄장마. 억수장마.} {꽃비. 단비. 모종비. 목

비. 못비. 약비.} {개부심. 궂은비. 먼지잼. 바람비. 산비. 산성비. 여우비. 옷비. 찬비. 태종비. 흙비.} {비긋다.} ¶ 비 갠 날. 비가 개다. 비가 그치다. 비가 내리다. 비를 맞다. 비를 뿌리다. 비가 들이치다. 비가 쏟아지다. 비 오듯 하다. 비 온 뒤에 땅이 굳어진다. 비에 젖다.

비³(碑) * 무엇을 기념하려고 글을 새겨 세워 놓은 돌, 쇠, 나무. {비각. 비문. 비석(빗돌).} {백두산정계비. 광개토왕릉비.} {기념비. 대첩비. 묘비. 열녀비. 효자비.} {돌비(석비). 목비. 철비.} ¶ 북한산 순수비. 광개토 대왕릉비. 충열탑 비. ¶ 비를 세우다.
☞ 비석.

비가비 = 한량광대. ＊ 학식 있는 상민으로서 판소리를 하는 사람.

비게 ⇨ ① 비계. ② 비곗살.

비견하다(比肩〜) * 비슷하다. ¶ 톨스토이에 비견할 소설가가 나와야 한다.
☞ 비교하다. 비유하다.

비결(秘訣) * 숨겨 두고 혼자만 쓰는 좋은 방법. ¶ 건강 비결. 성공 비결.
☞ 비방.

비계¹ = 비곗살. ＊ ① 짐승의 가죽에 붙은 기름 켜. {비곗덩어리. 돼지비계.} {비계지다.} ¶ 비계 지지는 소리. 비계 한 점. ② 뚱뚱한 사람.

비계² * 집을 지을 때, 높은 곳에 딛고 올라서는 발판. {비계기둥. 비계다리. 비계띳장. 비계목. 비계발판. 비계장선.} {그네비계(달비계).}

비교하다(比較〜) * 두 가지를 견주어

서로 비슷한 점을 알아보다.
☞ 대조하다. 비견하다. 비유하다.

비극(悲劇) * ① 주인공이 파멸, 패배, 죽음으로 끝나는 극. ② 불행한 일.
☞ 희극.

비기다[1] * ① 승부를 가리지 못하다. ‡ 무승부. ¶ 축구 경기에서 비겼다. ② 줄 것과 받을 것을 서로 에끼다. ‡ 상쇄. ¶ 서로 빚진 것을 비기다.

비기다[2] * ① 견주어 보다. ‡ 비교. ¶ 자식의 마음을 부모 마음에 비길 수 없다. ② 빗대어 말하다. ‡ 비유. ¶ 우리의 사랑은 구들에 비길 수 있다.

비기다[3] * 비스듬하게 기대다. ¶ 난간에 비기어 서서 하늘을 바라본다.
☞ 비끼다.

비김수(~手) = 빅수. ‡ 장기, 바둑 따위에서 서로 비기게 되는 수.

비까번쩍하다 [왜] ⇨ 번쩍번쩍하다.

비까비까하다 [왜] ⇨ 번쩍번쩍하다.

비껴가다 * ① 비스듬히 스쳐 지나다. ¶ 공이 골대를 살짝 비껴가다. ② 어떤 표정이 잠깐 스쳐 지나가다. ¶ 후회하는 빛이 비껴가는 것이 보였다.
☞ 비켜가다.

비끝 ⇨ 빗밑. ‡ 비가 그치어 날이 개는 속도. ¶ 빗밑이 재다.

비끼(히끼)〔引〕[왜] ⇨ 여리꾼.

비끼다 * ① 비스듬히 놓이거나 늘어지다. ¶ 그림자가 길게 비껴 있다. ② 비스듬히 비치다. ¶ 저녁놀이 비낀 유리창이 눈을 어리게 하였다. ③ 어떤 표정이 잠깐 드러나다. ¶ 차가운 웃음기가 잠깐 비끼다.
☞ 비키다.

비녀〔簪〕 * 여자의 쪽진 머리에 꽂는 치렛감. {가랑비녀. 금비녀(금잠). 말뚝비녀(말뚝잠). 옥비녀(옥잠). 용비녀(용잠). 은비녀(은잠).} ¶ 비녀를 꽂다. 비녀를 찌르다. ‡ 나비잠(접잠).
☞ 뒤꽂이.

비녀목(~木) * 줄다리기에서 암줄에 수줄을 끼울 때 끼우는 나무.

비녀못 * ① 배목의 구멍에 꽂는 긴 못. ② 박은 못의 끝을 꼬부려 붙인 못.

비누질 = 비누칠. ‡ 때를 빼거나 씻으려고 비누로 문지르는 일.

비누통(~桶) * 가루비누를 담아 두는 통.

비누합(~盒) * 가루비누를 담아 두는 작은 사기그릇.

비눗갑(~匣) * 비누를 담아 두는 갑.

비늘김치 = 비늘깍두기. ‡ 통무를 돌려가며 비늘 모양으로 저며 그 틈에 소를 넣고 통배추와 함께 담근 김치.

비니루(vinyl) [왜] ⇨ 비닐.

비다 * ① 속에 아무것도 없다. ② 그 자리를 차지한 것이 없다.
☞ 베다.[1] 비우다.

비단[1] * 명주실로 짠, 윤이 나는 천. {비단결. 비단길. 비단보. 비단부채. 비단술. 비단신. 비단실. 비단장.} ¶ 비단 방석. 비단 이불. 비단 저고리.
☞ 깁. 명주.

비단[2](非但) * 다만. 오직. ‡ 아니다 앞에 씀. ¶ 비단 나만이 아니다.

비단개구리 = 무당개구리. ‡ 개구리의 한 가지.

비단옷 = 깁옷. ¶ 비단옷 입고 밤길 가기.
비대화되다(肥大化~) ⇨ 뚱뚱해지다. 지나치게 커지다. ⁑ 비대해지다.
비도(比島) ⇨ 필리핀. ⁑ 나라 이름.
비두발괄 ⇨ 비대발괄.
비들기 ⇨ 비둘기. ⁑ 새의 한 가지.
비듬나물 ⇨ ①참비름. ②비름나물.
비듬하다 = 비스듬하다. ⁑ 한쪽으로 기운 듯하다.
비.디(B.D.) ⇨ 빌딩.
비디오 문화(video 文化) ⇨ 비디오 활용. 비디오 이용 실태. 비디오 자료.
비디오 폰(video phone) ⇨ 비디오 전화. 사진 전화.
비딱히 ⇨ 비딱이 ¶ 모자가 바람에 비딱이 젖혀지다.
비뚤로 ⇨ 비뚜로.
비뚤이 〈 삐뚤이. ⁑ 몸과 마음이 비뚤어진 사람.
비러먹다 ⇨ 빌어먹다. 배라먹다.
비럭질 * 빌어먹는 짓. {비럭질하다.}
☞ 동냥.
비렁뱅이 = 거지. 거지새끼. 양아치.
☞ 동냥아치.
비렁뱅이질 ⇨ 비럭질.
비례양(比例量) ⇨ 비례량. ⁑ 한자말에는 '량'임.
비로도(veludo) [왜] ⇨ 우단. ⁑ 비로드. 벨벳.
비로서 ⇨ 비로소.
비루[1] * 개, 말, 나귀 따위의 살갗이 헐고 털이 빠지는 병. {비루먹다.} ¶ 비루 오르다.
비루[2] 〔beer〕 [왜] ⇨ 맥주. ⁑ 비어.
비률(比率) ⇨ 비율. ⁑ 니은이나 홀소리 뒤에는 '율'임.
비리[1] ⇨ 비루.
비리[2](非理) * 올바른 이치나 도리에서 어긋난 것. ¶ 비리를 저지르다.
☞ 비위[1]
비리다 〉 배리다. ⁑ 비린 맛이나 냄새가 나다. {비린내.}
비리먹다 ⇨ 비루먹다. ¶ 비루먹은 강아지.
비리비리하다 * ①비틀어지게 여위다. ②비린내가 나다.
☞ 비릿비릿하다.
비리치근하다 = 비리척지근하다. ⁑ 조금 비리다.
비린내 * ①비린 냄새. {물비린내. 젖비린내. 피비린내.} ¶ 생선 비린내. 비린내 나다. ②어린 티. ¶ 젖비린내가 나다.
☞ 날내. 풋내.
비릿비릿하다 * ①비린내가 나다. ②더럽고 아니꼽게 느끼다. ¶ 비릿비릿한 출세보다는 깨끗하고 정직한 삶이 값지다.
☞ 비리비리하다.
비릿히 ⇨ 비릿이. ⁑ 비릿하다.
비만이다(肥滿~) ⇨ 뚱뚱하다. ⁑ 비만하다.
비명소리(悲鳴~) ⇨ 외마디 소리. ⁑ 비명. ¶ 비명을 올리다. 비명을 지르다.
비목(費目) [왜] ⇨ 비용 명세. 비발 발기. ⁑ 돈의 쓰임새를 적은 것.
비박(biwak) ⇨ 한뎃잠. ⁑ 등산할 때 한데서 밤을 지새우는 일. ⁑ 비바크.
비발[1] = 비바리. ⁑ 제주도에서 바다에

들어가 해산물을 따는 처녀.
☞ 보자기.¹

비발² = 비용. ✲ 일을 하는 데 들어가는 돈.

비방(秘方) ✲ ① 남모르는 방법. ② 남모르는 약방문.
☞ 비결.

비부(婢夫) = 비부쟁이. ✲ 계집종의 남편.

비비다 ✲ ① 부드러운 두 물체를 마주 대고 문지르다. ¶ 눈을 비비다. 뺨을 비비다. ② 한데 버무려 잘 섞다. ¶ 밥을 비벼 먹다. ③ 물건이나 재료를 두 손바닥 사이에 놓고 움직여 뭉치거나 꼬이게 하다. ¶ 종이를 비비다.
☞ 문지르다.

비비대다 〉 뱌비대다. ✲ 잇따라 마구 비비다. ¶ 꽁초를 재떨이에 비비대다.

비빚비빚 = 비비적비비적. ✲ ① 비비는 모양. ② 송곳을 돌리는 모양.

비사차기 ⇨ 비사치기. 돌치기. ✲ 아이들의 놀이 이름.

비사치다¹ ✲ 비사치기를 하다. 돌치기를 하다.

비사치다² ✲ 바로 말하지 않고 에둘러 말하여 은근히 깨우치다.
☞ 변죽 치다.

비산먼지(飛散~) ⇨ 먼지.

비상식(非常識) ㉑ ⇨ 몰상식. ✲ 상식이 없음. 상식에서 벗어남.

비석(碑石) = 빗돌. {비석거리. 비석받침.} ¶ 비석 두 기가 서 있다.
☞ 비.³

비석치기(碑石~) ⇨ 비사치기.

비설겆이 ⇨ 비설거지.

비소꺼리(誹笑~) ⇨ 비숫거리. 비웃음거리.

비손하다 ✲ 두 손을 비비면서 신에게 병이 낫거나 소원을 이루게 해 달라고 빌다. ¶ 정화수 떠 놓고 아들이 합격하기를 비손하다.
☞ 빌다.²

비스듬하다 = 비듬하다. ¶ 벽에 기댄 채 비스듬하게 서 있다.

비스름하다 ✲ 좀 비슷한 것 같다. ¶ 얼굴은 비스름하지만 성격은 딴판이다.

비스케트(biscuit) ⇨ 비스킷. ✲ 과자 이름.

비슥거리다 〈 베슥거리다. ✲ 탐탁히 여기지 않고 따로 떨어져 행동하다. ¶ 공연히 비슥거리면 참말로 허물이나 있는 줄 알지 않겠소?
☞ 비쓱거리다.

비슥하다 〉 배슥하다. ✲ 약간 기울어져 있다. ¶ 모자를 비슥하게 썼다.

비슬거리다 = 비슬대다. ✲ 힘없이 자꾸 비틀거리다.
☞ 베슬거리다. 비슥거리다. 비실거리다.

비슷하다 ✲ 견주는 두 가지가 거의 같은 꼴로 되어 있다. ¶ 비슷하게 생긴 데가 없다. 가정부 비슷한 사람이 나왔다. 노래 비슷한 것을 만들었다.
☞ 닮다.

비실거리다 ✲ ① 힘없이 자꾸 비틀거리다. ¶ 피죽도 못 먹은 사람처럼 비실거리다. ② 눈치를 보며 비굴하게 굴다. ¶ 죄지은 사람처럼 비실거리다.
☞ 비슬거리다. 비틀거리다.
비싸다 * 물건의 값이나 일을 하는 데
　드는 돈이 정도를 넘다. ¶ 비싼 물건.
　☞ 값지다. 싸다.²
비싼흥정 * 비싼 값으로 사고파는 일.
　¶ 비싼흥정에 손해를 봤다.
　☞ 싼흥정.
비쓱거리다 = 비쓱대다. ‡ 쓰러질 듯
　이 몸을 이리저리 자꾸 비틀거리다.
　☞ 비슥거리다.
비쓸거리다 〉 비슬거리다.
비아냥거리다 = 비아냥대다. ‡ 빈정
　거리며 자꾸 놀리다.
　☞ 비양하다.
비아냥조(~調) = 비양조. ‡ 빈정거
　리며 놀리는 말투나 태도.
비아리 ⇨ 비사리. ‡ 벗겨 놓은 싸리의
　껍질.
비악비악 〈 삐악삐악. ‡ 병아리가 우
　는 소리.
　☞ 비약.
비알 ⇨ 비탈.
　☞ 돌비알. 된비알.
비약(~約) * 화투 놀이에서 비 넉 장
　을 갖추어서 이루는 약.
　☞ 비악비악.
비양거리다 ⇨ ① 비양하다. ② 비아냥
　거리다.
비양스럽다 ⇨ 비아냥스럽다.
비양조(~調) = 비아냥조.
비양하다 * ① 빈정거리다. ② 부정적
　인 것을 긍정적인 말투로 비꼬아 비
　판하다. ‡ 희극, 재담, 우화에서 쓰는
　데 웃기면서 비웃고 야유한다.

☞ 비아냥거리다.
비어(飛魚) ⇨ 날치. ‡ 바닷고기 이름.
비어지다 * ① 속에 있던 것이 밖으로
　내밀다. ¶ 솜바지가 터져 솜뭉치가
　비어지다. ② 숨기거나 참던 일이 드
　러나다. ¶ 못된 버릇이 비어져 나오
　다.
　☞ 빚어지다. 삐져나오다.
비역 = 비역질. 벽. 남색. 계간. ‡ 남
　자 살친구(호모)끼리 하는 씹.
　☞ 밴대질.
비오리 * 오릿과의 물새.
　☞ 물닭.
비용(費用) = 비발. ¶ 비용이 많이 들다.
비우다 * '비다'의 하임. ¶ 집을 비우다.
　시간을 비우다. 마음을 비우다.
　☞ 비다.
비웃구이 = 청어구이.
비원(秘苑) 옛 ⇨ 창덕궁 궁원.
비위¹(非違) ⇨ 그름. ‡ 법에 어긋나는
　일.
　☞ 비리.²
비위²(脾胃) * ① 당기는 마음. ¶ 비위
　가 당기다. 비위를 돋우다. ② 느낌
　과 성깔. {비위짱. 비윗살.} ¶ 비위
　가 사납다. 비위가 상하다. 비위가
　좋다. 비위가 틀리다. 비위를 거스
　르다. 비위를 건드리다. 비위를 긁
　다. 비위를 맞추다. 비위를 팔다. 비
　위에 거슬리다.
비유하다(比喩~) * 어떤 사물을 끌어
　대어 그와 비슷한 사물을 설명하다.
　¶ 용감한 사람을 호랑이에 비유하다.
　☞ 비교하다.
비율빈(比律賓) ⇨ 필리핀. ‡ 나라 이름.

비음 ⇨ 빔. ‡ 명절이나 생일 때 새 옷을 차려입음. 또는 그때 차려입은 옷.

비전수모(備前水母) ㉯ ⇨ 해파리.

비전(vision) ⇨ ①앞날. ②이상. ③전망. ‡ 비전.

비주룩하다 = 비죽하다. ‡ 물체의 끝이 조금 길게 내밀려 있다.

비주룩히 ⇨ 비주룩이. 비죽이. 비죽.

비죽배죽 〈 삐쭉빼쭉. ‡ ①끝이 고르지 않게 조금씩 내밀려 있는 모양. ¶ 비가 오자 새싹들이 비죽배죽 고개를 내밀고 나온다. ②소리 없이 입을 내밀고 실룩샐룩하는 모양. ¶ 사람을 놀리기라도 하는 듯이 비죽배죽 웃으며 도망갔다.

비죽비죽 = 비죽배죽 〈 삐쭉삐쭉. 삐죽빼죽.

비죽이[1] = 비죽. ¶ 모서리마다 철사가 비죽이 튀어나온 낡은 가방.

비죽이[2] = 비죽. ¶ 창피하다는 듯이 비죽이 웃다.

비지 ‡ 두부를 만들고 남은 찌꺼기. {비지떡. 비지장. 비지찌개. 비짓국.} ☞ 되비지. 콩비지.

비지 껍질 ‡ 살가죽의 겉껍질. ¶ 비지 껍질이 벗겨지다.

비지니스(business) ⇨ 사업. 장사. ‡ 비즈니스.

비지발괄 ⇨ 비대발괄.

비짜루 ‡ 백합과의 여러해살이풀 이름. ☞ 빗자루.

비짱 ⇨ 빗장. 문빗장.

비쭉 〉비죽. ‡ 물체의 끝이 조금 길게 내밀려 있는 모양.

비척걸음 〉배착걸음. ‡ 몸을 가누지 못하고 비틀거리면서 걷는 걸음.

비쳐 = 비치어. ‡ 비치다. ¶ 비쳐 보이다.

비추다[1] 〔남〕 ‡ 빛을 받게 하다. ¶ 손전등으로 길을 비추다.

비추다[2] 〔제〕 ‡ 견주어 보다. ¶ 내 경험에 비추어 보면 성공하기 어렵다. ☞ 비치다.[2]

비춰지다 ⇨ 비치다.

비취가운(beach gown) ⇨ 비치가운. ‡ 바닷가에서 수영복 위에 걸치는 가운.

비취빛(翡翠~) ⇨ 비췻빛. ‡ 곱고 짙은 푸른빛.

비치다[1] 〔제〕 ‡ ①빛이 나서 환하게 되다. ¶ 불빛이 얼굴에 비치다. ②물체의 그림자가 드러나 보이다. ¶ 속살이 비치다.

비치다[2] 〔남〕 ‡ ①속을 떠보려고 슬쩍 말을 꺼내거나 생각을 나타내다. ¶ 그만둘 뜻을 비치다. ②잠깐, 모습이나 눈치를 나타내다. ¶ 얼굴만 비치다. ☞ 비추다.[2] 쪼이다.[3]

비침무늬 = 투명무늬. ‡ 뜨개 바탕에 구멍이 나도록 떠서 낸 무늬.

비켜가다 ‡ ①몸을 옮겨 다른 곳으로 물러나다. ②어떤 곳에서 벗어나다. ☞ 비껴가다.

비켜나다 ‡ ①사건의 중심에서 벗어나다. ②지위, 소유권을 내놓다.

비켜서다 = 빕더서다. ‡ 몸을 옮기어 물러서다.

비키다 * 장애물을 피하여 자리를 옮기거나 방향을 바꾸다. ¶ 자리를 비키다.
☞ 비끼다.

비탈 * 산이나 언덕이 기울어진 상태나 정도. 그러한 곳. {비탈갈이. 비탈길. 비탈땅. 비탈면. 산비탈.} {비탈지다.} ¶ 비탈이 심하다. 비탈을 오르다.
☞ 물매.²

비틀거리다 = 비틀대다. ＊몸을 가누지 못하고 쓰러질 듯이 걷다.
☞ 비실거리다.

비틀다 * ①힘을 주어 억지로 꼬이게 하다. ¶ 빨래를 비틀어 짜다. ②일을 어그러지게 하다. ¶ 다 된 일을 지금 와서 비틀어 버리다니.
☞ 꼬다. 틀다.¹

비하다(比~) ⑩ ⇨ ①비교하다. ②견주다.
☞ 반하다.²

비하시키다(卑下~) ⇨ 낮추다. 업신여기다. ＊비하하다.

비할 데 없다(比~) ⑩ ⇨ 견줄 데 없다.

비할 바 아니다(比~) ⑩ ⇨ 견줄 수 없다.

비해(比~) ⑩ ⇨ ①견주면. 대면. ②비교하면.

비행기태우기(飛行機~) = 비행기고문. ＊고문의 한 가지.

비행기 태우다(飛行機~) * ①지나치게 추어올려 주다. ¶ 비행기 태우지 마라. ②비행기를 타게 하다. ¶ 비행기를 태워 보내다.

비효률(肥效率) ⇨ 비효율. ＊니은이나 홀소리 뒤에선 '율'임.

비후가스(비후까스) ⑩ ⇨ 비프커틀릿. ＊먹거리 이름.

비후스텍 ⑩ ⇨ 비프스테이크. ＊먹거리 이름.

빅수(~手) = 비김수. ＊장기나 바둑에서 서로 비기게 되는 수.

빅 카드(big card) ⇨ ①관심거리. ②흥정거리.

빈~ * 비다. {빈값. 빈구석. 빈구슬. 빈껍데기. 빈담. 빈둥. 빈말. 빈방. 빈산. 빈속. 빈손. 빈숲. 빈이름. 빈자리. 빈주련. 빈주먹. 빈집. 빈창자. 빈총. 빈칸. 빈탕. 빈털터리. 빈틈.} ¶ 빈 곳. 빈 차. 빈 터.

빈곤하다(貧困~) * ①가난하다. ②필요한 것이 모자라다. ¶ 상상력이 빈곤하다. 자원이 빈곤하다.
☞ 가난하다.

빈깍지 ⇨ 빈털터리.

빈대떡 = 녹두부침개. 녹두전. 녹두전병. 녹두지짐. ＊먹거리 이름.
☞ 저냐. 전.³ 지짐이.

빈대코 ⇨ 납작코.

빈둥빈둥 〈 핀둥핀둥. ＊하는 일 없이 게으름만 피우는 모양.

빈들빈들 〈 핀들핀들. ＊얄밉도록 뻔뻔하게 게으름만 피우는 모양.

빈딱지 ⇨ 빈털터리.

빈말 = 말치레. ＊헛된 말. ¶ 빈말이라도 고맙다.

빈소(殯所) * 상여가 나갈 때까지 관을 놓아두는 방. ¶ 빈소를 차리다.
☞ 분향소.

빈속 * 먹은 것이 없어 시장한 속. ¶빈 속에 술을 마셨더니 취한다.

빈 속 ¶고목의 텅 빈 속을 흙으로 채웠다.

빈자떡 ⇨ 빈대떡.

빈정거리다 = 비양하다.
☞ 비아냥거리다.

빈지 = 널빈지. ‡ 한 짝씩 끼웠다 떼었다 할 수 있게 만든 문.

빈탈타리 = 탈타리. ‡ 재산을 다 없애고 가난뱅이가 된 사람.

빈털터리 = 털터리. ‡ ①빈탈타리. ②실속이 없이 떠벌리는 사람.

빌다¹ = 비럭질하다. {빌어먹다.} ¶빌어먹기 알맞다.

빌다² * ①신께 좋은 일이 이루어지기를 바라다. ¶빌어 보다. 빌어 주다. ②용서해 주기를 바라다. ¶용서를 빌다.
☞ 비손하다. 빌리다.

빌려 = 빌리어. ‡ 빌리다. ¶빌려 가다. 빌려 오다. 빌려 주다.
☞ 빌어.

빌리다 * ①나중에 돌려주기로 하고 가져오거나 돌려받기로 하고 주다. ¶호미를 빌리다. 공책을 빌려 주다. ‡ 빌린 물건을 그대로 돌려줌. ②다른 것의 도움을 입다. ¶술의 힘을 빌려 속내를 털어놓다. ③남의 말이나 글을 따오다. ¶공자의 말씀을 빌리면 이렇다.
☞ 꾸다. 빌다.²

빌미 = 덧. ‡ 재앙, 병, 탈 따위 좋지 않은 일이 생기는 까닭. {빌미잡다. 빌미하다.} ¶빌미가 되다. 빌미를

잡히다. 빌미로 삼다. 빌미를 주다.
☞ 구실.³ 핑계.

빌어 * 빌다. ¶빌어 보다. 빌어 주다. ‡ 기도.
☞ 빌려.

빌어먹다 〉 배라먹다. ‡ 구걸하여 얻어먹다. ¶빌어먹을 놈.
☞ 동냥하다.

빌어먹을 〔느〕 * 뜻대로 안 되거나 속이 상할 때 쓰는 말.

빔¹ * 촉이나 장부의 구멍이 헐거울 때 무엇을 감아서 끼우는 일. {빔하다.}
☞ 뷤. 뺌.²

빔² * 명절이나 생일, 잔치 때 몸을 단장하려고 새로 장만한 물건. ‡ 옷. 댕기. 버선. 신발. {단오빔. 동지빔. 명절빔. 생일빔. 설빔. 추석빔.}

빗 * 털을 빗는 연모. {머리빗. 면빗. 손가락빗. 얼레빗. 참빗.} {빗살. 빗솔. 빗접. 빗질. 빗치개.} {빗질하다.} ¶빗으로 머리를 빗다.
☞ 빚. 빛.

빗가다 = 빗나가다. ‡ ①똑바르지 아니하거나 기대에 벗어나다. ¶과녁에서 빗가다. ②행동이 그릇된 방향으로 나가다. ¶빗나간 생활.
☞ 벗가다. 벗나가다.

빗다 * 빗으로 머리카락을 가지런히 고르다. ¶손가락빗으로 머리를 빗다.
☞ 빚다. 삐지다.

빗돌(碑~) = 비석. ‡ 글을 새겨 세운 돌.

빗뚜로 ⇨ 비뚜로.

빗발 * 내리치는 빗줄기. {빗발치다.}

¶ 빗발이 굵다. 빗발이 세차다.

☞ 빗살. 빗줄기. 빛발. 빛살.

빗방울이 듯다 ⇨ 빗방울이 들다.

빗살 * 빗의 갈라진 살. {빗살무늬. 빗살문.} ¶ 빗살무늬 토기.

☞ 빗발. 빛발. 빛살.

빗솔 * 빗살 사이에 낀 때를 빼는 솔.

☞ 빗치개.

빗자루 * ①비. {몽당빗자루.} ②비에 달린 자루. ¶ 빗자루 몽둥이.

☞ 비짜루.

빗장 = 문빗장. {빗장고름. 빗장나무. 빗장둔태.} ¶ 빗장 지르다.

빗장거리 * 열십자 모양으로 눕거나 기대어 서서 하는 잠자리.

☞ 감투거리. 빠구리.

빗장걸이 * 씨름 기술의 하나.

빗줄[1]〔斜線〕⇨ 빗금.

빗줄[2] = 빗줄기.

빗줄기 * ①빗줄. ‡ 줄진 것처럼 세차게 내리는 비. ¶ 굵은 빗줄기. ②한바탕 내리는 소나기. ¶ 빗줄기가 한바탕 지나가다.

☞ 빗발.

빗치개 * 빗살 틈에 낀 때를 빼거나 가르마를 타는 데 쓰는 연모.

☞ 빗솔.

빙고 놀이(bingo~) ⇨ 빙고놀이.

빙글빙글 〉 뱅글뱅글. ‡ ①웃는 모양. ②도는 모양.

☞ 벙글벙글.

빙긋 〈 빙끗. ‡ 소리 없이 웃는 모양.

빙도의 어부(氷島~漁夫) ⇨ 아이슬란드의 어부. ‡ 피에르 로티의 소설 이름.

빙싯 〉 뱅싯. ‡ 소리 없이 웃는 모양.

빙점(氷點) ㉿ ⇨ 어는점. 얼음점. ¶ 기온이 어는점 아래로 떨어지다.

빙충맞이 ⇨ 빙충이 〉 뱅충이. ‡ 어리석으며 수줍음을 잘 타는 사람.

빚 = 빚구멍. ‡ ①빌려 쓴 돈. {빚값. 빚꾸러기. 빚단련. 빚더미. 빚돈. 빚물이. 빚보증. 빚잔치. 빚쟁이.} {빚내다. 빚지다.} {나랏빚. 노름빚. 말빚. 묵은빚. 술빚.} ¶ 빚 문서. 빚 놓다. 빚 물다. 빚 얻다. 빚 주다. ②도움받은 일을 갚아야 한다는 생각. ¶ 이번에 빚진 일은 다음에 갚으마.

빚거간(~居間) * 빚을 줄 사람과 쓸 사람의 가운데서 소개하는 것을 직업으로 하는 일. 또는 그런 일을 하는 사람.

☞ 빚지시.

빚구덩이 ⇨ 빚구럭. ‡ 빚이 많아서 헤어나지 못하는 어려운 상태.

빚놀이 ⇨ 돈놀이.

빚다 * ①반죽을 매만져 물건을 만들다. ‡ 송편. 도자기. ②술을 담그다.

☞ 빗다. 만들다.[1]

빚두루마기 * 빚에 얽매여 헤어날 수 없게 된 사람.

빚맞다 ⇨ 빗맞다. ‡ 겨눈 곳에 맞지 아니하고 어긋나게 맞다.

빚받이 = 빚추심. ‡ 빚으로 준 돈을 받아들이는 일. {빚받이하다.}

빚어지다 * ①흙이나 가루가 어떤 모양으로 만들어지다. ②지에밥과 누룩이 버무려져서 술이 만들어지다. ③어떤 결과나 현상이 일어나다.

☞ 비어지다.

빗잔치 ＊ ① 빚쟁이들이 몰려와서 빚 진 사람의 물건을 빚돈 대신 가져가는 일. ② 빚진 사람이 빚쟁이들에게 모든 재산을 내놓고 나누어 가지도록 하는 일.
☞ 드잡이.² 판셈.

빗장이 ⇨ 빚쟁이. ＊ ① 돈을 빌려 준 사람. ② 빚을 진 사람.

빚지시 ＊ 빚거간이 아니면서 빚을 소개하는 일. {빚지시하다.}
☞ 빚거간.

빚추심(～推尋) ＝ 빚받이. ＊ 빚으로 준 돈을 받아들이는 일.

빛¹〔光〕 ＊ ① 밝은 기운. {달빛. 별빛. 불빛. 새벽빛. 햇빛.} ¶ 빛을 보다. 빛을 잃다. 빛이 환하다. ② 빛살. {빛기둥. 빛다발. 빛받이. 빛발. 빛보라. 빛줄기. 빛나다. 빛내다.} ¶ 찬란한 빛.
☞ 볕.

빛²〔色〕 ＝ 빛깔.
☞ 볕. 햇빛.

빛³ ＊ 표정. {가을빛. 낯빛. 눈빛. 봄빛. 얼굴빛.} ¶ 기쁜 빛. 즐거운 빛.

빛깔 ＝ 빛. 색깔. ¶ 검은 빛깔. 칙칙한 빛깔. 푸른 빛깔. 흰 빛깔.

빛난 별 ⇨ 빛나는 별. ＊ ‘빛나다’는 움직씨이므로 ‘는’이 붙음.

빛내다 ＊ ‘빛나다’의 하임. ¶ 빛내 오다. 빛내 주다. 나라를 빛내다.

빛 내다 ¶ 붙박이별은 밝은 빛을 낸다.

빛발 ＊ 뻗치는 빛의 줄기. ¶ 빛발이 세다. 가느다란 빛발이 새어 들어오다.

☞ 빗발.

빛살 ＊ ① 빛의 줄기. ¶ 창문 틈으로 쏟아지는 빛살. ＊ 광선. ② 빛보라.
☞ 빗살.

빛없다 ＊ ① 생색이나 면목이 없다. ② 보람이 없다.

빛있다 ＊ 곱거나 아름답다.

빠개다 〈 뻐개다. ＊ ① 단단한 물체를 두 쪽으로 가르다. ¶ 장작을 빠개다. ② 틈을 넓게 벌리다. ¶ 굴 껍데기를 빠개고 굴을 꺼내다. ③ 거의 다 된 일을 어긋나게 하다. ¶ 계획을 빠개다. 흥정을 빠개다.
☞ 뻐개다. 쪼개다.

빠구리 ＝ 잠자리. 씹. ＊ 성교.
☞ 감투거리. 빗장거리.

빠께스(bucket) ㉘ ⇨ 들통. 양동이. ＊ 버킷.

빠끔 ⇨ 빠끔.

빠꾸〔back〕 ㉘ ⇨ ① 뒤. ② 뒤로 빼기. ③ 퇴짜. ＊ 백.

빠꾸 오라이〔back all right〕 ㉘ ⇨ 뒤로. 뒤로 빼라.

빠끔 〈 뻐끔. ＊ ① 입을 벌렸다 오므리며 물이나 공기를 들여 마시는 모양. ② 작은 구멍이나 틈이 또렷하게 나 있는 모양. ¶ 문이 빠끔 열리다.
☞ 쏙.

빠다〔butter〕 ㉘ ⇨ 버터. ＊ 음식 이름.

빠데〔patty〕 ㉘ ⇨ 땜풀. 땜밥. ＊ 퍼티.

빠드시 ⇨ 빠듯이.

빠듬하다 ＝ 빠드름하다. ＊ 밖으로 약간 벋은 듯하다.

빠듯하다 ＊ 꼭 맞아서 빈틈이 없다. ¶ 하루 일로 빠듯하다. 시간이 빠듯하다.

☞ 빼곡하다.

빠떼루(파테르) 왜 ⇨ 엎드려. 꿇어. ‡ 레슬링.

빠뜨리다 〈 빠트리다. ¶ 빠뜨려 놓다. 빠뜨려 버리다.

빠루〔bar〕왜 ⇨ 노루발. 노루발못뽑이. ‡ 배척.

빠르다〔速度〕* ①시간의 흐름이 더디지 않다. ¶ 세월이 빠르다. ②이루어지는 기간이 짧다. ¶ 변화가 빠르다.

☞ 날래다. 느리다. 더디다. 이르다.¹ 재다.³

빠른 시일(~時日) ⇨ 이른 시일. 가까운 날. 머지않은 날.

빠릇거리다 = 빠르작거리다. ‡ 고비를 벗어나려고 자꾸 움직이다.

빠리(paris) ⇨ 파리. ‡ 땅 이름.

빠이롯트〔pilot〕왜 ⇨ 비행기 조종사. ‡ 파일럿.

빠이뿌〔pipe〕왜 ⇨ 대롱. ‡ 파이프.

빠지다¹〔움〕* ①우묵한 곳에 떨어지다. ¶ 웅덩이에 빠지다. ②정신이 쏠리어 벗어나지 못하다. ¶ 사랑에 빠지다. ③속아 넘어가다. ¶ 꾐에 빠지다.

☞ 떨어지다. 미치다.²

빠지다²〔움〕* 속에 있던 것이 밖으로 나가서 있어야 할 자리에 없다. {김빠지다. 도려빠지다. 두려빠지다. 뽕빠지다. 얼빠지다.} ¶ 못이 빠지다. 본전이 빠지다. 천 원에서 백 원이 빠지다. 냄새가 빠지다. 물이 빠지다. 기운이 빠지다. 이름이 빠지다. 살이 빠지다.

☞ 새다.²

빠지다³〔도〕* 성질이나 상태가 매우 심하다. ¶ 게을러 빠지다. 곯아 빠지다. 늙어 빠지다. 쉬어 빠지다. 썩어 빠지다. 약아 빠지다.

☞ 터지다.²

빠지〔badge〕왜 ⇨ 보람. 표장. 휘장. ‡ 배지.

빠치다 ⇨ 빠뜨리다. 빠트리다.

빠타〔barter〕왜 ⇨ 맞바꾸기.

빡빡머리 = 까까머리. 까까중머리. 중대가리. ‡ 빡빡 깎은 머리.

☞ 몽구리.

빡빡이 〈 뻑뻑이.

빡빡하다 〈 뻑뻑하다. ‡ ①물기, 기름기, 여유가 없어서 부드러운 맛이 없다. ¶ 풀이 빡빡하다. 선풍기가 빡빡하다. 용돈이 빡빡하다. 시간이 빡빡하다. ②물보다 건더기가 많다. ¶ 국이 빡빡하다. ③헐렁하지 않고 꼭 끼이다. ¶ 서랍 문이 빡빡하다. ④고지식하다. ¶ 인정이 빡빡하다.

☞ 뻑뻑하다. 되다.¹

빤쓰(pants) 왜 ⇨ 팬티. ‡ 속잠방이.

빤이 ⇨ 빤히. ¶ 빤히 바라보다. 속이 빤히 들여다보인다. 빤히 알면서 속다.

빤지르하다 ⇨ 빤지르르하다.

빤하다 〈 뻔하다.

빨간고기 ⇨ 눈볼대. ‡ 바닷고기 이름.

빨간무 ⇨ ①당근. ②홍당무.

빨간빛 = 빨간색. 빨강. ‡ 빨간 빛깔.

빨강색(~色) ⇨ 빨강. 빨간색. 빨간빛. ‡ 빨간 빛깔.

빨강이 * 빨간 빛깔을 띤 물건.

☞ 빨갱이.
빨갛다 * 앵두, 고추, 딸기, 장미 따위의 빛깔. ⁑ 빨갛고. 빨갛소. 빨가네. 빨가니. 빨가면. 빨가오. 빨간. 빨갈. 빨감. 빨갑니다. 빨개.
☞ 붉다.
빨갱이 * 공산주의자.
☞ 빨강이.
빨다[1] * 입술을 좁게 하여 입속으로 들어오게 하다. {빨아내다. 빨아들이다. 빨아올리다.} ¶ 빨아 마시다. 젖을 빨다.
☞ 마시다.
빨다[2] * 빨랫감을 물에 넣어 때를 빼다. ¶ 옷을 빨아 입다. 빨아 주다.
☞ 감다.[2] 씻다.
빨랑 ⇨ 빨리.
빨래 * ① 옷이나 피륙을 물에 빠는 일. {빨래꾼. 빨래방. 빨래질. 빨래집게. 빨래터. 빨래틀. 빨래품. 빨랫간. 빨랫대야. 빨랫돌. 빨랫말미. 빨랫방망이. 빨랫비누. 빨랫솔. 빨랫줄.} {기름빨래. 마른빨래. 물빨래. 삯빨래. 손빨래. 애벌빨래(애빨래). 틀빨래. 흙빨래.} {빨래하다.} ② 빨랫감. ¶ 빨래가 많다.
빨랫도마 ⇨ 빨래판.
빨랫보 * ① 빨랫감을 싸는 보자기. ② 다듬이포대기.
빨르다 ⇨ 빠르다.
빨리 〔速度〕 * 움직임을 느리지 않게. ¶ 빨리 걷다. 빨리 먹다. 빨리 읽다.
☞ 냉큼. 느리게. 닁큼. 바삐. 어서. 얼른. 일찍. 퍼뜩.
빨부리 = 물부리. ⁑ 궐련을 끼워서 입으로 빠는 연모. ¶ 상아 빨부리.
☞ 담배물부리.
빨빨 〈 뻘뻘. ¶ 땀을 빨빨 흘리다.
빨빨거리다 〈 뻘뻘거리다. ⁑ 바쁘게 여기저기 돌아다니다.
빨짱지다 ⇨ 발악스럽다.
빨쪽 〈 뻘쭉. ⁑ ① 속이 보일 듯 말 듯 바라져 있는 모양. ② 소리 없이 가볍게 웃는 모양. ¶ 빨쪽 웃다. ③ 끝이 뾰족이 내민 모양.
빨치산 = 파르티잔. ⁑ 공산당 유격대.
빰 ⇨ 뺨.
빳데리(battery) ㉻ ⇨ 축전지. 건전지. 전지. ⁑ 배터리.
빳빳이 〈 뻣뻣이.
빙긋 〈 뻥긋. ⁑ 입을 벌리고 소리 없이 웃는 모양. ¶ 빵긋 웃다.
빵꾸 〔puncture〕 ㉻ ⇨ 구멍. ⁑ 펑크.
빵빠레 〔fanfare〕 ㉻ ⇨ 축하 음악. 환영 음악. ⁑ 팡파르.
빵카 〔bunker〕 ㉻ ⇨ 진지. ⁑ 벙커.
빻다 * 단단한 것을 부서뜨려 가루로 만들다. ¶ 밀가루를 빻다. 쌀을 빻다.
☞ 찧다.
빼갈 ⇨ 배갈. 고량주. ⁑ 술 이름.
빼곡하다 〈 빼꼭하다. ⁑ 사람이나 물건이 빈틈없이 꽉 차다.
☞ 빠듯하다.
빼곡히 = 빼곡.
~빼기 * ① 그런 특성이 있는 사람이나 물건. {곱빼기. 밥빼기. 악착빼기. 앍둑빼기. 앍작빼기. 앍족빼기. 억척빼기. 얼룩빼기. 얽둑빼기. 얽빼기. 얽적빼기. 얽죽빼기.} ② 낮춤

ㅂ

말. {낯빼기. 대갈빼기. 머리빼기.
이마빼기. 재빼기. 코빼기.} ③그
밖. {고들빼기. 과녁빼기. 구석빼
기. 그루빼기. 깔빼기.}
☞ ~박이.² ~배기.

빼기표(~標) = 뺄셈표.

빼꼼 ⇨ 빠끔. 빠끔히.

빼다¹ * ①속에 들거나 끼여 있거나
박혀 있는 것을 나오게 하다. ②여
럿 가 운데서 몇 개를 따로 떼어놓
다. ③분량이나 수나 수효에서 얼마
를 줄이다.
☞ 덜다. 뽑다. 짜다.¹

빼다² * ①차림을 말끔히 하다. ¶ 옷
을 쪽 빼다. ②행동이나 태도를 꾸
며 나타내다. ¶ 얌전을 빼다. 점잔을
빼다.

빼다³ * 하지 않으려고 하다. ¶ 너무
빼지 말고 한번 해 보아라.

빼다박다 ⇨ 빼닮다. 빼쏘다. 똑따다.
＊ 그대로 닮다.

빼닫이 ⇨ 서랍.

빼닮다 = 빼쏘다. 똑따다. ＊ 생김새.
성품. ¶ 아버지를 빼닮다.
☞ 똑같다.

빼랍 ⇨ 서랍.

빼먹다 * ①갈 자리에 빠지다. ②말
이나 글을 빠뜨리다. ③물건을 훔치
다.

빼 먹다 ¶ 곶감을 꼬치에서 하나씩 빼
먹다.

빼박다 ⇨ 빼쏘다. 빼닮다. 똑따다.
＊ 닮다.

빼빠(뻬빠) 영 ⇨ 속새. ＊ 사포. 샌드
페이퍼.

빼뿌쟁이 ⇨ 질경이. ＊ 여러해살이풀.

빼쏘다 = 빼닮다. 똑따다. ＊ 생김새,
성품이 닮다.

빼앗다 = 뺏다. 앗다. ＊ 남의 것을 억
지로 내 것으로 만들다.
☞ 앗다.¹

빼앗었다 ⇨ 빼앗았다.

빼았다 ⇨ 빼앗다.

빼어 = 빼. ＊ 빼다. {빼놓다.} ¶ 빼 가
다. 빼 두다. 빼 들다. 빼 주다.

빼어나다 = 뛰어나다. ¶ 얼굴이 빼어
나다. 빼어난 경치. 솜씨가 빼어나
다.

빼족하다 * 물체의 끝이 날카롭다.
☞ 빼죽하다.

빼주 〔白酒〕 ⇨ 배갈. 고량주. ＊ 술 이름.

빼주룩하다 = 빼죽하다.

빼죽하다 * ①물체의 끝이 조금 내밀
어 있다. ②소리 없이 입을 내밀다.
☞ 빼족하다.

빼지 = 망옷. ＊ 사냥하는 매가 잘 보
이게 흰 털로 만들어 다리에 매는
표.
☞ 배지. 시치미.

빽(back) ⇨ 뒷줄. 셋줄. 벗바리. ＊ 백.

빽빽하다 * ①촘촘하다. ¶ 사람들이 빽
빽하게 들어선 강당. 차가 빽빽하게
길을 메우다. 방안에 책이 빽빽하게
차 있다. ②속이 좁다. ¶ 생각이 너
무 빽빽하다. ③구멍이 막혀 빨기가
답답하다. ¶ 담뱃대 속이 빽빽하다.
☞ 빡빡하다.

빽빽히 ⇨ 빽빽이. ＊ 빽빽하다.

뺏기다 = 빼앗기다. ＊ '뺏다'의 입음.
¶ 돈을 뺏기다. 정신을 뺏기다. 시간

을 뺏기다.

뺏다 = 빼앗다. ¶ 형이 동생의 장난감을 뺏다.

☞ 뺐다.

뺏았다 ⇨ 뺏었다. ‡ 뺏다.

뺏지(badge) [왜] ⇨ 보람. 휘장. ‡ 배지.

뺐다 = 빼었다. ‡ 빼다. ¶ 칼을 뺐다. 권총을 빼었다.

☞ 뺏다.

뺑긋 〈 뺑끗.

뺑끼(뼁끼) [왜] ⇨ 페인트. ‡ 칠의 한 가지.

뺑손이 ⇨ 뺑소니. ‡ 몰래 달아나는 짓. {뺑소니차. 뺑소니치다.}

뺑쑥 = 뺑대쑥. ‡ 풀 이름.

뺙뺙 = 삐악삐악. 〉 뱍뱍. 비악비악. ‡ 병아리가 우는 소리.

뺨 = 뺨따귀. 따귀. ‡ 사람의 코와 귀, 눈과 입 사이에 있는 살. {뺨가죽.} {오른뺨. 왼뺨. 주먹뺨.} ¶ 뺨을 때리다. 뺨을 맞다.

☞ 볼.[2]

뺨따구니 ⇨ 뺨따귀. 따귀. 뺨.

뺨 맞다 = 따귀 맞다.

뺨뼈 = 광대뼈.

뺨치다 = 볼쥐어지르다. ‡ 앞지르다. ¶ 전문가 뺨치게 잘 알았다.

☞ 외딴치다.

뻐개다 〉 빠개다. ‡ ① 단단한 물체를 두 쪽으로 가르다. ② 거의 다 된 일을 틀어지게 하다. ③ 사람을 매우 치다. ④ 기뻐서 입을 벌리다.

☞ 빠개다. 뻐기다. 쪼개다.

뻐금[1] 〉 빠금. ‡ 큰 구멍이나 틈이 깊고 뚜렷하게 나 있는 모양.

뻐금[2] 〉 빠금. 입을 벌렸다 오므리며 물이나 공기를 들이마시는 모양.

뻐기다 * 얄미울 정도로 우쭐거리며 자랑하다. ¶ 상을 탔다고 뻐기고 다닌다.

☞ 뻐개다. 으스대다.

뻐꾸기 = 뻐꾹새. {뻐꾸기시계.} ¶ 뻐꾸기 소리. 뻐꾹 왈츠.

뻐덩 ⇨ 버덩. ‡ 높고 평평하며 나무는 없이 풀만 우거진, 거친 들.

뻐덩니 ⇨ ① 덧니. ② 뻐드렁니.

뻐드렁니 〉 버드렁니. 벋니. ‡ 밖으로 벋은 앞니.

☞ 덧니. 사랑니. 송곳니. 앞니. 어금니. 옥니.

뻐드렁이 * 뻐드렁니가 난 사람.

뻐들어지다 ⇨ 뻐드러지다. ‡ ① 밖으로 벌어져 나오다. ② 굳어서 뻣뻣하다.

뻐듬하다 = 뻐드름하다. ‡ 밖으로 약간 벋은 듯하다.

뻐떡하면 ⇨ 걸핏하면.

뻐스(bus) ⇨ 버스. ‡ 서양말 첫소리에는 된소리를 쓰지 않음.

뻐젓이 〉 버젓이.

뻐치다 ⇨ 뻗치다.

뻔 ⇨ 번데기.

뻔데기 ⇨ 번데기.

뻔뻔하다[1] 〉 빤빤하다. ‡ 부끄러운 짓을 하고도 염치없이 태연하다. ¶ 뻔뻔한 상판대기. 도둑질을 해먹고도 뻔뻔하게 국회의원 선거에 출마하다.

뻔뻔하다[2] * ① 구김살이 없이 펀펀하고 번듯하다. ¶ 뻔뻔한 바닥. 뻔뻔한 천장. ② 음전하고 매끈하다. ¶ 뻔뻔한 생김새에 말솜씨도 뛰어나다.

뻔이 ⇨ 뻔히. ⁑ 뻔하다.

뻔쩍이다 〈 뻔쩍이다. ⁑ 큰 빛이 잠깐 나타났다가 사라지다.

뻔쩍하면 = 쩍하면. ⁑ 일이 있기만 하면 곧. ¶ 뻔쩍하면 화를 낸다.

뻔찔나다 = 주살나다. ⁑ 드나드는 것이 매우 잦다. ¶ 뻔찔나게 찾아가다.

뻔하다[1] 〔도〕 * 가능성이 있었음을 나타냄. ¶ 놓칠 뻔하다. 죽을 뻔하다.

뻔하다[2] 〔그〕 〉 빤하다. ⁑ ①조금 훤하다. ¶ 동쪽 하늘이 뻔하다. ②일의 결과가 분명하다. ¶ 실패할 것이 뻔하다.

뻔히 〉 빤히. ⁑ 분명하게. ¶ 뻔히 알고 있다. 앞날이 뻔히 보인다.

뻗다 〉 벋다. ⁑ ①기절하다. ¶ 술을 마시고 뻗다. ②꼬부렸던 것을 펴서 길게 내밀다. ¶ 다리를 뻗다. ③힘을 미치다. ¶ 세력을 온 세계에 뻗다. ☞ 뻗치다.

뻗대다 = 뻗장대다. ⁑ 버티다. ¶ 유리 값을 물어내지 않겠다고 뻗대다.

뻗딛다 = 뻗디디다. ⁑ ①버티어 디디다. ②테두리나 금 밖으로 내디디다.

뻗딩기다 ⇨ ①뻗대다. ②뻗딛다.

뻗장다리 ⇨ 뻗정다리. 벋정다리. ⁑ 굽힐 수 없는 다리.

뻗지르다 * ①버티고 서다. ②이 끝에서 저 끝까지 뻗쳐서 내지르다. ☞ 뻗치다.

뻗쳐 = 뻗치어. ⁑ 뻗치다. {뻗쳐오르다.} ¶ 뻗쳐 가다.

뻗치다 〉 벋치다. ⁑ ①이 끝에서 저 끝까지 닿다. ②이어져서 길게 되다. ③기운이 다른 곳에 이르거나 넘치다. ☞ 뻗다.

뻘[1] ⇨ 개흙. ⁑ 갯바닥이나 늪바닥에 있는 거무스름하고 미끈미끈한 흙. ☞ 펄.

~뻘[2] * 그런 관계. {할아버지뻘. 아버지뻘. 아들뻘. 자식뻘. 손자뻘. 형님뻘. 동생뻘. 아저씨뻘. 조카뻘. 손위뻘. 손아래뻘(아래뻘).}

뻘개지다 ⇨ 뻘게지다 〉 빨개지다.

뻘거숭이 〉 벌거숭이. ⁑ ①알몸. ②나무가 없는 산. ③잎이 떨어진 나무.

뻘겅딱지 ⇨ 빨간딱지.

뻘그스름하다 = 뻘그스레하다.

뻘때추니 * 어려워함이 없이 제멋대로 짤짤거리며 쏘다니는 계집아이. ☞ 껄렁이. 말괄량이. 촐랑이.

뻘물 ⇨ 흙탕물.

뻣뻣히 ⇨ 뻣뻣이. ¶ 뻣뻣이 얼다. 뻣뻣이 서 있다. 뻣뻣이 굴다.

뻣정다리 ⇨ 뻗정다리.

뻣지르다 ⇨ 뻗지르다.

뻣질리다 ⇨ 뻗질리다.

뻣치다 ⇨ 뻗치다.

뻥[1] = 뻥짜. ⁑ ①아주 틀려버린 일. ②똑똑하지 못한 사람.

뻥[2] * ①무엇이 터지는 소리. ②구멍이 뚫리는 소리나 모양.

뻥까다 = 뻥놓다. 뻥치다. ⁑ 거짓말하다.

뻥튀기 * ①튀밥. ②일이나 물건을 크게 부풀리는 일. {뻥튀기하다.} ☞ 튀각. 튀밥.

삐빠 〔sandpaper〕 ㉂ ⇨ 속새. 사포. ‡ 샌드페이퍼.

베이징 〔北京〕 ⇨ 베이징. ‡ 땅 이름.

뻰찌 〔pinchers〕 ㉂ ⇨ 펜치. ‡ 연장 이름.

뻿끼(뺑끼) ㉂ ⇨ 페인트. ‡ 칠.

뻿끼칠 ㉂ ⇨ 페인트칠.

뼈다구 ⇨ 뼈다귀. ‡ ① 뼈. ② 뼈의 낱 개. {개뼈다귀.}

뼈다귓국 = 뼛국.

뼈도구(~道具) ㉂ ⇨ ① 뼈연모. ② 뼈 연장.

뼈 빠지다 = 뼛골 빠지다. ‡ 매우 힘 든 일을 하다.

뼈 속 * 뼈의 속. ‡ 뼈의 안쪽. ¶ 뼈 속 에 총알이 박혀 있다.

　☞ 뼛속.

뼈아프다 = 뼈저리다. ¶ 뼈아프게 뉘 우치다.

뼈안 ⇨ ① 뼈 속. ② 뼛속.

뼈오징어 = 참오징어. ‡ 오징어의 하 나.

뼈저리다 = 뼈아프다. ¶ 나라 잃은 백 성의 서러움을 뼈저리게 겪었다.

뼈판(~板) = 골판.

뻑다구 ⇨ 뼈다귀.

뻑다귀 ⇨ 뼈다귀.

뼘[1] * ① 엄지손가락과 다른 손가락을 힘껏 벌린 길이. {장뼘. 쥐뼘. 집게 뼘(집뼘).} ¶ 뼘을 재다. ② 하나치. ¶ 한 뼘. 두 뼘.

뼘[2] * 마개가 헐거울 때 꼭 맞도록 틈 에 끼우는 종이나 헝겊 따위.

　☞ 빔.[1]

뼛골 = ① 골수. ¶ 뼛골을 빼다. ② 뼛

속. ‡ 마음속. ¶ 뼛골이 아프다.

뼛골 빠지다 = 뼈 빠지다. ‡ 매우 힘 든 일을 하다.

뼛국 = 뼈다귓국.

뼛속 = 뼛골. ‡ 마음속 깊은 곳. ¶ 뼛 속에 사무치다.

　☞ 뼈 속.

뽀개다 ⇨ ① 빠개다. ② 뻐개다.

뽀개지다 ⇨ 빠개지다. 뻐개지다.

뽀두락지 ⇨ 뾰두라지. 뾰루지. ‡ 뾰족 하게 부어오른 작은 부스럼.

뽀득뽀득 = 뽀드득뽀드득.

뽀록나다 〔襤褸~〕 ㉂ ⇨ 드러나다. 들 통나다.

뽀뿌라(poplar) ㉂ ⇨ 미루나무. ‡ 포 플러.

뽀뿌린(poplin) ㉂ ⇨ 포플린. ‡ 옷감 이름.

뽀얗다 ‡ 뽀얗고. 뽀얗지. 뽀야니. 뽀 얗소. 뽀얘.

뽀얘지다 〈 뿌예지다.

뽀조록하다 ⇨ 뾰조록하다.

뽁다 ⇨ 볶다. ¶ 콩을 볶다. 깨를 볶다.

뽁음밥 ⇨ 볶음밥.

뽄 ⇨ ① 본. ② 본보기.

뽄때 ⇨ 본때.

뽄뜨다 ⇨ 본뜨다.

뽄새 ⇨ 본새.

뽄찌 〔punch〕 ㉂ ⇨ 뿅찍이. 구멍찍 개. ‡ 펀치.

뽈그름하다 = 뽈그스레하다. 뽈그스 름하다. ‡ 조금 붉다.

뽈긋뽈긋 = 뽈긋뽈긋이. ‡ 뽈긋하다.

뽈라구 ⇨ 볼락. ‡ 바닷고기 이름.

뽐뿌 〔pump〕 ㉂ ⇨ 무자위. ‡ 펌프.

{밀펌프. 빨펌프.}
뽑내다 ⇨ 뽐내다.
뽑다 * ① 박혀 있는 것을 나오게 하다. ¶ 못을 뽑다. 풀을 뽑다. 피를 뽑다. ② 여럿 가운데서 따로 가려내다. ¶ 대표를 뽑다. 국회의원을 뽑다.
☞ 빼다.[1] 고르다.[3]
뽑혀 = 뽑히어. ⁑ 뽑히다. ¶ 뽑혀 가다. 뽑혀 나가다. 뽑혀 오다.
뽕 = ① 뽕나무. {뽕나무밭.} ¶ 뽕나무 가지. 개량 뽕. ② 뽕잎.
뾰두라지 = 뾰루지. ⁑ 작은 부스럼.
뾰조록이 = 뾰족이. 뾰족. ⁑ 뾰족하다.
뾰족감 ⇨ 뾰주리. 뾰주리감.
뾰죽하다 ⇨ 뾰족하다. ⁑ 끝이 점점 가늘어져서 날카롭다.
뿌다귀 = 뿌다구니. ⁑ ① 물체의 삐죽 내민 부분. ¶ 나무 뿌다귀에 옷이 걸리다. ② 어떤 토막이나 조각. ¶ 김치 뿌다귀를 입 안에 넣고 씹는다.
☞ 뿔다귀.
뿌듯히 ⇨ 뿌듯이. ⁑ 뿌듯하다.
뿌라그 〔plug〕 [외] ⇨ 꽂개. 전기 꽂개. ⁑ 플러그.
뿌리 * ① 식물의 땅에 박힌 부분. {땅위뿌리. 저장뿌리. 공기뿌리. 기생뿌리. 물속뿌리. 호흡뿌리.} ¶ 뿌리를 캐다. ② 한아비. ⁑ 조상. ¶ 겨레의 뿌리. 뿌리 있는 집안. ③ 하나치. ¶ 실파 열 뿌리. 무 두 뿌리.
☞ 줌.[1] 손.[1]
뿌리그루 = 그루터기. ⁑ 풀이나 나무를 베고 남은 밑동.
☞ 등걸.
뿌리내리다 * 바탕이 이루어지다. ¶ 유교가 뿌리내린 것은 조선 시대다.
☞ 뿌리박다.
뿌리다 * 무엇을 여러 곳에 널리 떨어지거나 퍼지게 하다. ¶ 비가 뿌리다. 물을 뿌리다. 씨를 뿌리다. 향수를 뿌리다. 돈을 뿌리다. 눈물을 뿌리다.
☞ 던지다. 흩뜨리다.
뿌리박다 * 깊이 자리를 잡다. ¶ 고향에 뿌리박다. 삶에 뿌리박은 유교 사상.
☞ 뿌리내리다.
뿌리채 ⇨ 뿌리째. ⁑ '~째'는 뒷가지.
뿌리채소(~菜蔬) * 뿌리를 먹는 채소. ⁑ 무, 당근, 우엉, 토란, 감자 따위.
☞ 꽃채소. 양념채소. 열매채소. 잎채소. 잎줄기채소. 줄기채소.
뿌리하다 ⇨ 뿌리내리다. 뿌리를 두다.
뿌수다 ⇨ 부수다.
뿌옇다 ⁑ 뿌옇고. 뿌옇소. 뿌여네. 뿌여니. 뿌여면. 뿌염. 뿌연. 뿌예.
뿌예지다 〉 뽀얘지다.
뿐[1] 〔이〕 * ① '~ㄹ(을)' 뒤에서 '다만, 어떠하거나 어찌할 따름이다.'는 뜻. ¶ 일할 뿐이다. 좋을 뿐이다. 그럴 뿐 아니라. ② '~다 뿐이지'로 써서 '오직 그렇게 하거나 그러하다'는 뜻. ¶ 키가 작다 뿐이지 착한 사람이다.
뿐[2] 〔토〕 * ① 임자말 뒤. {실력뿐이다.} ¶ 그뿐 아니라. 그 사람뿐 아니라. 그 일뿐 아니라. ② 어찌말 뒤. ¶ 일터에서뿐만 아니라 집에서도 성실하다.
뿐만 아니라 ⇨ 그뿐만 아니라. 이뿐

만 아니라. 저뿐만 아니라.

~뿐이 없다 ⇨ ① ~뿐이다. ② ~밖에 없다.

뿔나다 = 성나다. 화나다.

뿔 나다 = 뿔이 돋다. ⁑ 머리에 뿔이 나오다. 뿔이 돋다.

뿔다귀 = 뿔따구. 뿔. 성. 화. ⁑ 언짢아서 일어나는 느낌.
☞ 뿌다귀.

뿔도장(~圖章) * 짐승의 뿔로 만든 도장.
☞ 불도장.

뿔룩 〉 불룩. 〉 볼록.

뿔빤지 = 풀반지. ⁑ 멸칫과의 바닷물고기 이름.

뿔뿔히 ⇨ 뿔뿔이 ⁑ 제가끔 따로따로 흩어지는 모양. ¶ 뿔뿔이 헤어지다.

뿔상투 ⇨ 쌍상투.

뿔쌈 = 뿔싸움. ¶ 염소가 뿔싸움을 하다.

뿜다 * ① 속에 있는 것을 밖으로 세차게 밀어내다. ¶ 물을 뿜다. 불을 뿜다. ② 빛이나 냄새를 세차게 내어보내다. ¶ 향기를 뿜다. 빛을 뿜다. ③ 웃음이나 감정을 표정에 잔뜩 드러내 보이다. ¶ 웃음을 뿜다. 독기를 뿜다.
☞ 품다.[2]

뿜어내다 * 뿜어서 밖으로 나오게 하다. ¶ 담배 연기를 뿜어내다.
☞ 품어 내다.

삐거덕거리다 = 삐걱거리다.

삐국이 〉 빼곡히. ⁑ 사람이나 물건이 빈틈없이 꽉 찬 모양.

삐기 ⇨ 삘기. ⁑ 띠의 애순.

삐까번쩍하다 [외] ⇨ 번쩍번쩍하다.

삐까삐까하다 [외] ⇨ 번쩍번쩍하다.

삐끼(히키) 〔引~〕 [외] ⇨ ① 여리꾼. 열립꾼. ② 끌어치기. ⁑ 당구.

삐다 * 뼈마디가 어긋나다. ¶ 발목을 삐다. 허리를 삐다.
☞ 겹질리다.

삐딱이 〉 비딱이. ¶ 모자를 삐딱이 쓰다.

삐뚤어지다 〉 비뚤어지다.

삐뚤이 〉 비뚤이. ⁑ 몸이나 마음이 비뚤어진 사람.

삐라(bill) [외] ⇨ ① 광고 종이. 알림 쪽지. ② 계산서. ⁑ 빌.

삐빼 = 삐삐. ⁑ ① 어린아이가 찌르듯이 우는 소리. ② 호드기나 피리 소리.

삐악삐악 = 빡빡. 〉 비악비악. 뱍뱍. ⁑ 병아리 우는 소리.

삐에로(pierrot) [외] ⇨ 어릿광대. ⁑ 피에로.

삐져나오다 * 속에 있는 것이 겉으로 불거져 나오다. ¶ 속옷이 삐져나오다.
☞ 비어지다.

삐죽거리다 〈 삐쭉거리다.

삐죽이[1] = 삐죽. ⁑ ① 끝이 길게 내밀려 있는 모양. ② 입을 내미는 모양.

삐죽이[2] * 사소한 일에 쉽게 토라지는 사람.

삐죽히 ⇨ 삐죽이.

삐지다 * 칼로 물건을 얇고 비스듬하게 잘라 내다. ¶ 무를 삐지다.
☞ 자르다.

삐치다[1] * 성이 나서 마음이 토라지다.

¶ 또 삐쳤구나.

삐치다[2] * 글자의 획을 비스듬히 내려 쓰다. ¶ 획을 삐치다.

삐칠거리다 ⇨ 삐틀거리다.

삐틀거리다 〉 비틀거리다.

삑 * 여럿이 좁은 곳에 촘촘히 둘러 있는 모양. ¶ 구경꾼이 삑 둘러싸다.
☞ 삥.[1]

삑삑이 〉 빽빽이. ⁑ 사이가 비좁고 촘촘하게. ¶ 삑삑이 모인 구경꾼.

삔(pin) ⇨ 핀. {넥타이핀. 머리핀. 안전핀. 옷핀.}

ㅂ

삘기 * 띠의 애순. ¶ 삘기를 먹다.

삥[1] 〉 빙. ⁑ ① 한 바퀴 도는 모양. ¶ 먼 길로 삥 돌아서 가다. ② 둘레를 넓게 둘러싸는 모양. ¶ 삥 둘러앉다. ③ 갑자기 정신이 아찔해지는 모양. ¶ 머리가 삥 돌다. ④ 갑자기 눈물이 글썽해지는 모양. ¶ 눈물이 삥 돌다.
☞ 삑.

삥[2](pinta) [왜] ⇨ 일. ⁑ 화투 '섰다'에서 쓰는 말.

삥땅하다 [왜] ⇨ 후무리다. 슬쩍하다. 훔치다. 가로채다.

삥뽕(pingpong) [왜] ⇨ 탁구. ⁑ 핑퐁.

~**ㅅ**~ ⁑ ① 빼앗다. 앗다. ② 씻다. ③ 잇다. {잇달다.} ④ 또렷하다. ⑤ ~겠다. {갔겠다. 했겠다.} ⑥ ~렷다. {묶으렷다. 하렷다.} ⑦ 샛~. 싯~ {샛노랗다. 싯누렇다.} ⑧ 숫~. {숫보기. 숫양.} ⑨ 사이시옷. {잇몸.} ☞ ~ㅆ~.

사갈 * ① 굽에 못을 박아 눈길이나 비탈길에 미끄러지지 않도록 만든 나막신. ② 얼음 위에 신는 신 바닥에 붙이는 철사로 만든 못. ⁑ 아이젠. ☞ 설피. 얼음편자.

사갓댁(査家宅) ⇨ 사돈집. 사돈댁.

사갓집[1](査家~) ⇨ 사돈집. 사돈댁.

사갓집[2](私家~) ⇨ 사삿집.

사거리(四~) = 네거리. ¶ 목 좋은 사거리에 한의원을 열었다.

사건에 접하다(事件~接~) ⇨ ① 사건에 맞닥뜨리다. ② 사건을 맡다.

사겼다 ⇨ 사귀었다.

사경돈(私耕~) ⇨ 새경.

사계(四季) [왜] ⇨ 사계절. 사철. 네 철.

사고 내다(事故~) = 사고를 저지르다. 사고를 치다. ⁑ 탈을 내다.

사고 다발 지역(事故多發地域) ⇨ 사고 잦은 곳.

사고 많은 곳(事故~) ⇨ 사고 잦은 곳.

사고뭉치(事故~) * 늘 사고나 말썽을 일으키는 사람.

사곳덩어리(事故~) * 자주 사고를 저질러 믿기 어려운 사람.

사공 = 뱃사공. ¶ 사공이 많으면 배가 산으로 올라간다.

사과나무(沙果~) * 능금나무의 개량종. ☞ 능금나무.

사관 뜨다(四關~) ⇨ 사관을 트다. ⁑ 합곡과 태충에 침을 놓다.

사군자(四君子) * ① 매화, 난초, 국화, 대나무. ② 이 네 가지를 그린 그림. ☞ 육군자.

사귀다 * ① 친하게 지내다. ¶ 이웃과 사귀다. 사람을 잘 사귀다. ② 정이 들어 사이좋게 지내다. ¶ 애인을 사귀다. 사귀어 보다.
☞ 가까이하다.

사그랑이 * 다 삭아서 못 쓰게 된 물건. ☞ 사시랑이.

사그라들다 ⇨ 사그라지다. ⁑ 삭아서 없어지다. ¶ 불길이 사그라지다.

사그라뜨리다 〈 사그라트리다. ⁑ 삭아

서 없어지게 하다.

사그라지다 * 삭아서 없어지다. ¶ 불길
이 사그라지다. 흥분이 사그라지다.
☞ 서그러지다.

사그릇(沙~) = 사기그릇. 사기. 자
기. ⁑ 흙을 구워서 만든 그릇.

사극(史劇) = 역사극. ⁑ 역사에 있었
던 일을 바탕으로 하여 만든 연극.

사글셋방(~貰房) * 다달이 세를 내고
빌려 쓰는 방.
☞ 전세방.

사금파리 * 깨어진 사기그릇 조각. ⁑
사금파리로 소꿉장난을 한다.
☞ 까팡이. 이징가미.

사기[1](~器) = 자기. 사그릇. 사기그
릇. ⁑ 흙으로 빚어 구어 만든 그릇.
{사기대접. 사기병. 사기옷. 사기요
강. 사기잔. 사기질. 사기흙. 사깃개
미.}
☞ 도기. 도자기. 목기. 석기. 오지그
릇. 옹기. 질그릇. 토기.

사기[2](士氣) * 자신감이 가득 차서 굽
힐 줄 모르는 기세. {사기충천하
다.} ¶ 사기를 꺾다. 사기가 높다.
사기를 돋우다. 사기가 오르다.

사기말(~器~) = 장수말. ⁑ 가마터, 산
신당, 절터에 묻는 사기로 만든 말.

사기쟁이(~器~) ⇨ 사기장. ⁑ 직업
으로 사기그릇을 만드는 사람.

사기전(~廛) * 사기그릇을 파는 가게.

사기점(~店) = 사기소. ⁑ 사기그릇
을 구워 만드는 곳.

사깃물(~器~) * 사기그릇을 구울 때
바르는 잿물.
☞ 맷물. 매흙물. 오짓물.

사꾸라(사쿠라)〔櫻〕⑩ ⇨ ① 벚꽃.
② 야바위꾼. ③ 검정새치.

사나와 ⇨ 사나워. ⁑ 사납다. 사나우니.
¶ 사나워 보이다. 사나워져 가다.

사나운 맹견(猛犬) ⇨ 사나운 개. ⁑
맹견.

사나이 = 사내. ⁑ 젊고 용감하고 씩씩
하고 마음이 넓은 남자. 어린이와
늙은이에게는 쓰지 않음. {사나이답
다.} ¶ 사내다워 보이다.
☞ 남자. 사내.

사날[1] = 사나흘. ⁑ 사흘이나 나흘.
¶ 사날 걸리는 일이다.

사날[2] * ① 제멋대로만 하는 태도.
¶ 제 사날로만 한다. 제 사날로 그
런 일을 하였는지 궁금하다. ② 비
위 좋게 남의 일에 참견하는 일.

사날없다 * 붙임성이 없이 무뚝뚝하
다. {사날없이.}

사납다 * ① 모습, 행동, 성질이 모질고
억세다. ¶ 생김새가 사납다. 인심이
사납다. 말버릇이 사납다. 손버릇이
사납다. 잠버릇이 사납다. ② 날씨
나 사람의 행색이나 일이 좋지 않
다. ¶ 비바람이 사납게 몰아친다.
날씨가 사납다. ③ 음식이 거칠다.
¶ 음식이 사납다고 타박하다.
☞ 무섭다.

사내 = ① 사나이. {사내구실. 사내
놈. 사내새끼. 사내자식. 사내종. 사
냇값.} ¶ 사내 녀석. 사내 편. ② 지
아비(남편).
☞ 남자.

사내끼 * 물고기를 잡을 때 물에 뜬 고
기를 건지는 연모.

☞ 산대.[1]

사내답다 = 남자답다. ＊ 사내가 지녀
　야 할 여러 가지 성질을 두루 갖추다.

사내애 = 사내아이. ＊ 남자 아이.
　☞ 머슴애.

사내대장부(~大丈夫) = 사내장부.
　대장부. ＊ 사나이.

사냥 ＊ 짐승을 잡는 일. {사냥감. 사냥
　개. 사냥꾼. 사냥매. 사냥질. 사냥
　철. 사냥총. 사냥칼. 사냥터.} ¶ 곰
　사냥. 꿩 사냥. 노루 사냥. 산돼지
　사냥. 호랑이 사냥. ¶ 사냥 주머니.
　사냥 가다. {개사냥. 그물사냥. 덫
　사냥(틀사냥). 매사냥. 몰이사냥.
　섶사냥. 총사냥.}

사냥돌 = 팔맷돌. ＊ 주먹만 한 돌 네댓
　개를 심줄에 묶어 던져서 사냥하는
　돌. ¶ 사냥돌로 토끼를 잡다.
　☞ 팔맷돌.

사 년만(四年~) ¶ 사 년만 기다려라.
　＊ '만'은 토씨.

사 년 만(四年~) ¶ 사 년 만에 돌아왔
　다. ＊ '만'은 매인이름씨.

사느랗다 〈 서느렇다 ＊ 약간 찬 느낌
　이 있다. 약간 찬 기운을 느끼다.

사늘하다 〈 서늘하다. ＊ 약간 찬 느낌
　이 있다. 약간 찬 기운을 느끼다.

사다 ＊ ① 값을 치르고 물건을 제 것으
　로 하다. ¶ 책을 사다. ② 삯을 주고
　사람을 부리다. ¶ 일꾼을 사다. ③ 다
　른 사람에게 어떤 감정을 불어 일으
　키다. ¶ 미움을 사다. 호감을 사다.
　④ 쌀을 주고 돈을 받다. ⑤ 대접하
　다. ¶ 저녁을 사다. 한 잔 사다.
　☞ 얻다.[1]

사다리 = 사닥다리. {구름사다리. 줄
　사다리.} {사다리꼴. 사다리차.}

사달 = 탈. 사고. ¶ 사달이 났다. 사
　달이 벌어졌다.

사당치레(祠堂~) ＊ ① 사당을 꾸미는
　일. ② 낯닦음. 면치레. 외면치레.

사대문(四大門) ＊ 서울의 성곽에 동서
　남북으로 만든 문. ＊ 흥인지문(동대
　문). 돈의문(서대문). 숭례문(남대
　문). 숙정문(북문).
　☞ 사소문.

사대 사화(四大 士禍) ＊ 무오사화. 갑
　자사화. 기묘사화. 을사사화.

사대삭신(四大~) = 사대육신. 온몸.
　＊ 두 팔, 두 다리, 머리, 몸뚱이.

사대 성인(四大 聖人) ＊ 예수, 석가모
　니, 공자, 소크라테스.

사대접 = 사기대접. ＊ 사기로 만든 대
　접.

사도(使道) ⇨ 사또. ＊ 고을의 원이나
　군대의 주장을 높여 부르는 말. {사
　또놀이.} ¶ 사또 덕. 사또 상. 사또
　행차. 사또 떠난 뒤에 나팔 분다.

사돈(査頓) ＊ ① 혼인한 두 집안 사람
　끼리 부르는 말. ② 혼인 관계로 척
　분이 있는 사람. {사돈도령. 사돈아
　가씨. 사돈어른. 사돈처녀. 사돈총
　각.} {겹사돈. 곁사돈. 바깥사돈(밭
　사돈). 안사돈. 친사돈.} ¶ 사돈의
　팔촌.

사돈댁(~宅) = ① 사돈집. ② 안사돈.

사둔 ⇨ 사돈. ＊ '사둔'을 한문글자로
　쓴 것이 '사돈(査頓)'임.

사 드리다 ¶ 선생님께 선물을 사 드리
　다.

사들이다 * 사서 들여오다. ¶ 사들인 값. 논밭을 헐값으로 사들이다.

사뜻히 ⇨ 사뜻이 ⁑ 마음이나 옷이 깨끗하고 말쑥하게. ¶ 옷을 사뜻이 입다.

사라 〔皿〕 [왜] ⇨ 접시.

사라다(salad) [왜] ⇨ 샐러드. ⁑ 음식 이름.

사라시하다 [왜] ⇨ 바래다. 누이다. 뉘다. ⁑ 무명이나 모시, 명주 따위를 볕에 쬐거나 잿물에 삶아서 희고 부드럽게 하다.

사라져 = 사라지어. ⁑ 사라지다. ¶ 사라져 가다. 사라져 버리다.

사라지다 * ① 감정, 생각, 기억이 없어지다. ¶ 걱정이 사라지다. ② 현상, 자취가 없어지다. ¶ 달이 구름 속으로 사라지다. 지갑이 사라지다.
☞ 스러지다. 없어지다.

사람 * ① {사람값. 사람멀미. 사람사태. 사람됨. 사람답다.} {난사람. 된사람. 든사람. 참사람. 큰사람. 홑벌사람(홑사람.)} ¶ 사람 구실. 사람 노릇. 사람 축. 사람 팔자. 사람 편. {가욋사람. 갯사람. 곁사람. 군사람. 노햇사람. 눈사람. 댁사람. 두멧사람. 뒷사람. 딴사람. 뭍사람. 바깥사람. 바닷사람. 뱃사람. 별사람. 사삿사람. 산사람. 새사람. 생사람. 섬사람. 손아랫사람. 손윗사람. 숫사람. 아랫사람. 안사람. 앞사람. 윗사람. 집사람. 촌사람.} ¶ 못난 사람. 뭇 사람. 산 사람. 죽은 사람. ¶ 도시 사람. 서울 사람. 시골 사람. 옛사람. 집안 사람. ¶ 한국 사람. 아메리카 사람. 니혼 사람. 차이나 사람. 고구려 사람. 백제 사람. 딴 나라 사람. ② 하나치. ¶ 두 사람.
☞ 놈. 명.^{2} 이.^{5} 인간.

사람대우(~待遇) = 사람대접.

사람을 접하다(~接~) ⇨ 사람을 만나다. 사람을 보다.

사랑^{1} * ① 남자와 여자가 좋아하는 마음. {사랑하다.} ② 아끼는 마음. {내리사랑. 치사랑.} ¶ 사랑은 내려가고 걱정은 올라간다.

사랑^{2}(舍廊) * 바깥주인이 거처하며 손님을 대접하는 곳. {사랑손님. 사랑채.}
☞ 행랑.

사랑꾼(舍廊~) * 사랑에 놀러다니거나 놀러 온 사람들.
☞ 사랑축.

사랑놀음(舍廊~) ⇨ 사랑놀이. ⁑ 사랑방에서 술과 풍악을 갖추어 노는 일.

사랑니 〔智齒〕 * 어른이 된 뒤에 나는 제삼 뒤어금니. ⁑ 안 날 수도 있음.
☞ 간니. 덧니. 배냇니. 벋니. 송곳니. 앞니. 어금니. 엄니. 옥니. 젖니.

사랑방(舍廊房) = 손청방. ⁑ 바깥주인이 거처하며 손님을 접대하는 방.
☞ 안방.

사랑방춤(舍廊房~) * 허튼춤 가운데 주로 사랑방에서 추는 춤.
☞ 마당춤.

사랑양반(~兩班) = 사랑사람. 사랑어른. 바깥양반. 바깥어른. 바깥주인.
☞ 안어른. 안주인.

사랑축(舍廊~) * 사랑에 모이는 사람들.

☞ 사랑꾼.

사랑하다 * ① 아끼는 마음으로 보다. ② 남녀가 정을 들어 애틋하게 그리다.

☞ 좋아하다.

사래 * 뫼지기나 마름이 부쳐 먹는 논밭. {사래논. 사래밭. 사래쌀.}

사래질하다 * 키로 곡식을 까불러 무거운 것과 가벼운 것을 가려내다.

☞ 사르다.

사랫길 * 논밭 사이로 난 길. ¶ 사랫길을 따라 노닐다.

사레들다 = 사레들리다. ‡ 음식을 잘못 삼켜서 재채기를 뿜는 기운을 내다.

사려고 ‡ 사다. 사. 사고. 사네. 사니. 사면. 산. 삼. 삽니다.

☞ 살려고.

사려물다 ⇨ 사리물다. ‡ 이를 악물다.

사로잠 * 걱정이 되어 조바심하며 자는 잠.

☞ 잠.[1]

사로채우다 ⇨ 사로잠그다. ‡ 자물쇠나 빗장을 반쯤 걸어 놓다.

사뢰다 * 웃어른에게 말씀을 올리다. ‡ 대답을 들어야 할 때.

☞ 아뢰다.

사료(飼料) ㉿ ⇨ ① 먹이. ‡ 짐승. 물고기. ② 모이. ‡ 새.

사료되다(思料~) ㉿ ⇨ 생각하다.

사루마다 〔猿股〕 ㉿ ⇨ 속잠방이. ‡ 팬티.

사루비아 〔salvia〕 ㉿ ⇨ 깨꽃. ‡ 샐비어.

사륙신(死六臣) ⇨ 사육신.

사륙이십사(4×6=24) ⇨ 사육이십사.

사르다[1] = 불사르다. ‡ 작거나 적은 것을 태워 없애다. ¶ 향을 사르다. 빚 문서를 사르다. 편지를 사르다. 옷가지를 사르다.

☞ 지피다.[2] 태우다.[1]

사르다[2] * 키로 곡식을 까불러 쓸모없는 것을 떨어 버리다.

☞ 사래질하다.

사릅 = 세습. ‡ 소, 말, 개 따위 집짐승의 나이 세 살. {사릅잡이.}

☞ 집짐승 나이.

사리[1] = 대사리. 큰사리. 한사리. ‡ 밀물이 가장 높은 때.

☞ 작은사리. 조금. 한살이.

사리[2] * ① 국수, 새끼, 실을 사려서 감은 뭉치. {사릿길.} {국수사리.} ② 하나치. ¶ 국수 한 사리. 실 두 사리. 새끼 세 사리.

☞ 서리. 타래.

사리[3] * ① 모나 윷. ② 하나치. ‡ 모나 윷을 던진 횟수. ¶ 모 한 사리.

☞ ~살이.[2]

사리[4](舍利) = 사리골. ‡ ① 석가모니나 성자의 뼈. ② 다비(화장)한 뒤 나오는 구슬 모양으로 생긴 조각. {사리탑. 사리함.}

☞ 진신 사리.

사리[5](砂利) ㉿ ⇨ 자갈.

사립문(~門) = 사립짝문. 사립. ‡ 사립짝을 달아서 만든 문.

☞ 바깥문. 싸리문.

사립짝 = 삽짝. ‡ 나뭇가지를 엮어서 만든 문짝.

사마귀[1] = 버마재비. ‡ 벌어지 이름.

사마귀² * 살갗에 돋은 군살.

사망¹ * 장사에서 돈이 많이 남는 운수. ¶오늘은 사망이 없다고 문을 닫다.

사망²(死亡) * 죽음. ‡관공서 따위에서 행정 용어로 쓰는 말. ¶사망 신고.

☞ 별세.

사망계(死亡屆) ㉰ ⇨ 사망 신고. 사망 신고서.

사망율(死亡率) ⇨ 사망률. ‡니은을 뺀 닿소리 받침 뒤에는 '률'임

사메가레이 ㉰ ⇨ 줄가자미. ‡바닷고기 이름.

사면발이 ⇨ 사면발니. ‡이의 한 가지.

사면시키다(赦免~) ⇨ 사면하다.

사모치다 ⇨ 사무치다.

사무소(事務所) * {동사무소. 면사무소. 읍사무소.} ¶부산 사무소.

사물(四物) * ①풍물에 쓰는 꽹과리, 징, 장구, 북. ②절에서 쓰는 법고, 운판, 목어, 대종. ③불교 음악에 쓰는 피리, 징, 북, 목탁.

사물놀이(四物 ~) * 네 사람이 꽹과리, 징, 장구, 북을 치는 놀이.

☞ 농악.

사뭇 * ①아주 딴판으로. ¶사뭇 다르다. ②거리낌 없이 마구. ¶사뭇 술을 마셨다. ③내내 끝까지. ¶사뭇 바쁘다.

☞ 자못.

사미(沙彌) * 십계를 받고 구족계를 받으려고 수행하는 어린 남자 중.

사미니(沙彌尼) * 십계를 받은 어린 여자 중.

사바사바하다 ㉰ ⇨ 뒷거래하다. 짬짜미하다.

사반나(savanna) ⇨ 열대 초원. 열대 풀벌. ‡사바나.

사반세기(四半世紀) ㉰ ⇨ 이십오 년.

사발(~鉢) * ①사기로 만든 그릇. {사발농사. 사발밥. 사발술. 사발시계. 사발지석. 사발춤. 사발통문.} {막사발(상사발). 막자사발. 묵사발. 밥사발. 약사발. 욕사발. 죽사발.} ②하나치. ¶밥 한 사발. 약 한 사발.

☞ 주발.

사발감(~鉢~) ⇨ 대접감. ‡감의 한 가지.

사발고의(~鉢袴衣) * 무릎 아래까지 내려오는 남자의 짧은 홑바지.

☞ 무릎치기. 반바지. 사발옷.

사발석방이 = 쇠코잠방이. ‡여름에 농부가 일할 때 입는 잠방이.

사발옷 * 무릎 아래까지 내려오는 여자의 짧은 바지.

☞ 사발고의.

사발잠방이(~鉢~) * 무릎까지 내려오는 농부의 잠방이.

☞ 무릎치기. 반바지. 사발석방이. 잠방이.

사발젖(~鉢~) = 연적젖. ‡납작하게 올라붙은 여자의 젖.

☞ 구유젖. 구융젖. 귀웅젖. 대접젖. 짝젖.

사방(四方) * ①네 방위. ‡동서남북. ②여러 곳. {사방팔방.} ③네모.

☞ 팔방.

사방난(四方卵) ⇨ 사방란. ‡네모지

게 삶은 달걀.

사방치기(四方～) * ①어린이 놀이의 한 가지. ✶ 네모지게 여러 칸을 그려 놓고 납작한 돌을 차서 옮겨가다가 마지막 칸에서 돌을 위로 띄워 받음.
☞ 비사치기.

사백여년(四百餘年) ⇨ 사백여 년. ✶ '여'는 뒷가지. '년'은 하나치.

사변(事變) * ①사람의 힘으로 피할 수 없는 큰 탈. ②경찰의 힘으로 막을 수 없는 난리. ③선전포고 없이 일으킨 전쟁. ¶ 사변이 나다.
☞ 난리. 동란.¹ 전쟁.

사별(死別) * 죽어서 이별함. ¶ 사별의 슬픔.
☞ 갑이별. 생이별.

사보살(四菩薩) * ①보현보살. 문수보살. 관음보살. 미륵보살. ②상행보살. 무변행보살. 정행보살. 안립행보살. ③염주 백여덟 개 밖의 네 가지 구슬.
☞ 삼존불.

사보텐(사보뎅) ⇨ 선인장.

사부레(sable) ⇨ 사불레. ✶ 쿠키, 비스킷 따위 과자 이름.

사부인(査夫人) = 안사돈. 사돈댁.

사부치(紗～) ⇨ 사붙이. ✶ 갑사나 은조사 따위 여러 가지 깁.

사분지일(四分之一) ⇨ 사분의 일.

사뿐사뿐 〈 사푼사푼. ✶ 가볍게 움직이는 모양.

사뿟 = 사뿟이. ✶ 가볍게 얼른 내디디는 소리. 또는 그 모양.

사사되다(私私～) ⇨ 사사롭다.

사사받다(師事～) ⇨ 사사하다.

사사하다(師事～) * 누구를 스승으로 삼고 직접 가르침을 받다. ¶ 나는 허웅 선생을 사사했다. ✶ 가르쳐 주신 분이 부림말 자리에 옴.
☞ 사숙하다.

사살¹ * 잔소리를 늘어놓음. ¶ 시어머니가 또 사살이다.

사살²(射殺) * 활, 총으로 쏘아 죽임. {사살하다.}

사삿되다(私私～) ⇨ 사사롭다. 삿되다.

사서삼경(四書三經) * 논어, 맹자, 중용, 대학과 시경, 서경, 주역. ✶ 칠서.

사서오경(四書五經) * 사서삼경과 예기, 춘추.

사세부득기(事勢不得已) ⇨ 사세부득이. 세부득이. ✶ 일의 행세가 그렇게 하지 않을 수 없어. ¶ 사세부득이 도망하지 않을 수 없었다.

사소문(四小門) * 조선 시대에 만든 서울의 사방 소문. ✶ 홍화문(동소문). 광희문(남소문). 소덕문(서소문). 창의문(북소문).
☞ 사대문.

사소하다(些少～) * 규모가 작거나 양이 적다. ¶ 사소한 일에 매달리지 마라.
☞ 소소하다.

사숙하다(私淑～) * 어떤 분의 덕과 학문을 책이나 이야기를 듣고 본받아 배우다. ¶ 주시경 선생을 사숙하다. ✶ 간접으로 가르침을 받다.
☞ 사사하다.

사슬치마 ⇨ 풀치마.

사슴 * 산짐승의 하나. {꽃사슴. 낙타
사슴(말코손바닥사슴. 물사슴. 주걱뿔
사슴. 엘크). 대륙사슴(우수리사슴).
백두산사슴(큰사슴. 청룡).} {사
슴과. 사슴뿔. 사슴우리.} ¶ 사슴
떼. 사슴 코. 사슴 목장. 사슴 무리.
☞ 노루.

사시꼬미 〔差~込~〕⑩ ⇨ 꽂개. 전
기 꽂개. ‡ 플러그 소켓.

사시랑이 * ①약한 물건이나 사람.¶ 가
뜩이나 사시랑이인 몸이 더 형편없
이 되었다. ②간사한 사람.¶ 나라가
망하려니 사시랑이들이 들끓는다.
☞ 사그랑이.

사시미 〔刺身〕⑩ ⇨ 회. 생선회. 어회.

사시코미 〔差~込~〕⑩ ⇨ 꽂개. 전
기 꽂개. ‡ 플러그 소켓.

사시키 〔挿~木〕⑩ ⇨ 꺾꽂이.

사십작(四十雀) ⑩ ⇨ 박새. ‡ 새 이름.

사앗대 = 상앗대. 삿대. ‡ 배질할 때
쓰는 긴 막대기.

사양(仕樣) ⑩ ⇨ ①설명. ②설명서.
③품목.

사양머리 ⇨ 새앙머리.

사양서(仕樣書) ⑩ ⇨ 설명서.

사업년도(事業 年度) ⇨ 사업 연도.

~사오~ = ~사옵~. ‡ 디귿, 지읒, 치
읓 받침이 아닌 줄기 뒤에 붙어 겸양
을 나타냄. {먹사오니. 입사오니. 있
사오니. 먹사옵고. 입사옵고.}
☞ ~오~.⁴ ~자오~.²

~사오이다 = ~사외다. ~소이다.
¶ 제가 하겠사외다.

사요리 ⑩ ⇨ 학꽁치. ‡ 바닷고기 이름.

사용되어지다(使用~) ⇨ 쓰다. ‡ 사

용하다.

사용예(使用例) ⇨ 사용례.

사용하다(使用~) * 무엇을 연모, 재
료, 수단으로 목적과 기능에 맞게
쓰다.
☞ 이용하다. 착용하다.

사월달(四月~) ⇨ 사월.

사월 초파일날(四月初八日~) ⇨ 사월
초파일.

사월 초파일(四月初八日) = 사월 파
일. 초파일. ‡ 부처님 오신 날.

사위¹ * 딸의 지아비. {사위집. 사윗
감.} {막냇사위. 맏사위(큰사위). 데
릴사위. 작은사위. 손녀사위. 조카사
위.} ¶ 사위 구실. 사위 노릇. ¶ 사
위 되다. 사위 맞다. 사위 보다. 사
위 삼다. 사위 사랑은 장모.

사위² = 춤사위. ‡ 민속춤의 춤 동작.
☞ 추임새.

사위³ * 좋지 아니한 일이 생길까 두
려워 어떤 사물이나 언행을 꺼리는
일. {사위스럽다. 사위하다.} ¶ 두
창을 사위해서 마마라 부른다.

사위⁴ * 주사위나 윷을 놀 때에 목적한
끗수. {큰사위} ¶ 사위가 오르다.

사위다 = 삭다. ‡ 불이 사그라져서 재
가 되다. ¶ 모닥불이 사위다.

사육(飼育) * 집짐승을 먹여서 기름.
‡ 치기. ¶ 돼지 사육. 사육 농가.
☞ 양식.¹

사육배판(四六倍版) ⇨ 사륙 배판.
‡ 사륙판의 갑절. 260m × 380m.

사육신(死六臣) = 노량육신. 육신.
‡ 조선 세조 때 사육신 사건을 일으
킨 여섯 사람. 이개. 하위지. 유성

원. 성삼문. 유응부. 박팽년.
☞ 생육신.

사육제(謝肉祭) ㉪ ⇨ 카니발. ‡ 사순
절에 앞서 3일(7일) 동안 즐기는
명절.

사육판(四六版) ⇨ 사륙판. ‡ 인쇄한
종이의 크기. 130mm × 190mm.

사이[1] = 새. ‡ ① 떨어진 부분의 거리.
¶ 서울과 부산 사이. ② 때와 때의
시간. ¶ 한 시와 두 시 사이. ③ 두
사람의 관계. {사이좋다.}

☞ 겨를. 동안. 짬. 틈.[2]

사이[2] 〔才〕 ㉪ ⇨ 재. ‡ 가로와 세로가
한 치, 길이가 열두 자인 나무의 부
피를 나타내는 하나치. ¶ 참나무 목
재 한 재. 소나무 목재 두 재.

사이갈이 * 농작물이 자라는 도중에
김을 매어 흙을 부드럽게 하는 일.

☞ 사이짓기.

사이드 미러(side mirror) ㉪ ⇨ 옆거
울. ‡ 자동차.

☞ 백 미러.

사이시옷 ‡ (1) 겨레말과 겨레말로 된
겹말에서 앞말이 홀소리로 끝날 때.
① 뒷말 첫소리가 된소리로 나는
것. {고랫재. 귓밥. 나룻배. 나뭇가
지. 나잇값. 냇가. 댓가지. 뒷갈망.
맷돌. 머릿기름. 모깃불. 못자리. 바
닷가. 뱃줄. 뱃길. 볏가리. 보랏빛.
부싯돌. 선짓국. 쇳조각. 아랫길. 아
랫집. 우렁잇속. 이야깃거리. 잇자
국. 장맛비. 잿더미. 조갯살. 찻집.
챗바퀴. 킷값. 핏대. 하룻강아지. 하
룻길. 하룻밤. 하룻볕. 한뎃가마. 한
뎃뒤주. 한뎃뒷간. 한뎃부뚜막. 한

뎃부엌. 한뎃솥. 한뎃잠. 햇볕. 혓바
늘. 혼잣소리. 혼잣손. 횃대. 후춧가
루.} ② 뒷말 첫소리 ‘ㄴ. ㅁ’ 앞에서
‘ㄴ’ 소리가 덧날 때. {갈깃머리. 깻
묵. 냇물. 대팻날. 두렛논. 뒷마루.
뒨맛. 뒷머리. 머릿내. 못논. 멧나
물. 무릿매. 빗물. 아랫니. 아랫마
을. 옛날. 윗니. 윗몸. 이렛날. 잇
몸. 첫마디. 초하룻날. 콧날. 텃마
당. 하룻날. 혼잣말.} ③ 뒷말 첫 홀
소리 앞에서 ‘ㄴㄴ’ 소리가 덧나는
것. {깻잎. 나뭇잎. 댓잎. 도리깻열.
두렛일. 뒷윷. 뒷일. 뒷입맛. 베갯
잇. 옛일. 욧잇. 허드렛일.} (2) 겨
레말과 한자말로 된 겹말로서 앞말
이 홀소리로 끝날 때. ① 뒷말 첫소
리가 된소리로 나는 것. {귓병. 깃
대. 뒷병. 머릿방. 머릿수건. 뱃병.
샛강. 아랫방. 자릿세. 잔칫상. 전셋
집. 찻잔. 콧병. 텃세. 핏기. 한뎃금
점. 한뎃장사. 한뒷병. 햇수.} ② 뒷
말 첫소리 ‘ㄴ, ㅁ’ 앞에서 ‘ㄴ’ 소리
가 덧날 때. {곗날. 뒷면. 뒷문. 수
돗물. 제삿날. 툇마루. 홋날.} ③
뒷말 첫소리 홀소리 앞에서 ‘ㄴㄴ’
소리가 덧나는 것. {가욋일. 사삿일.
예삿일. 홋일.} (3) 한자말과 겨레
말로 된 겹말로서 앞말이 홀소리로
끝날 때. ① 뒷소리가 된소리로 날
때. {기댓값. 대푯값. 등굣길. 만둣
국. 봇둑. 사잣밥. 성묫길. 셋돈. 장
밋빛. 전셋집. 찻가마. 찻감. 찻값.
찻거르개. 찻그릇. 찻길. 찻삯. 찻숟
가락. 찻종지. 찻집. 촛국. 탯줄. 팻
감. 팻돈. 하굣길. 하굣둑. 핫길. 행

셋거리. 행셋경. 호숫가. 혼삿길. 혼숫감. 화젯거리. 화햇술. 홧김. 횟가루. 횟배. 횟집.} ② 'ㄴ' 소리가 덧날 때. {농삿일. 무싯날. 봇물. 사삿일. 양칫물. 제삿날. 찻물. 찻잎. 툇마루. 팻말. 하수돗물. 호숫물. 혼삿말.} (4) 두 글자로 된 한자말. {곳간. 셋방. 숫자. 찻간. 툇간. 횟수.} {찻방. 찻상. 찻잔. 찻장. 찻종.}

사이좋다 = 의좋다. ¶ 동무들과 사이좋게 지내다.

사이즈(size) ⇨ 치수. ¶ 치수가 맞다. 치수를 재다.

사이짓기 * ① 농작물을 심은 이랑 사이에 다른 농작물을 심는 일. ② 수확한 뒤 다음 작물을 씨 뿌리기 전에 채소를 심는 일.
☞ 사이갈이. 대우.[1] 자구넘이.

사이참 ⇨ 새참. 샛요기. 중참.

사인북(sign book) [왜] ⇨ 서명첩.

사일구 의거(419 義擧) ⇨ 사일구 혁명.

사임케(辭任~) = 사임하게. ⁑ 울림소리 뒤에선 'ㅏ'만 줆.

사임코자(辭任~) = 사임하고자. ⁑ 울림소리 뒤에선 'ㅏ'만 줆.

사임토록(辭任~) = 사임하도록. ⁑ 울림소리 뒤에선 'ㅏ'만 줆.

사일날(四日~) ⇨ 사일. 나흗날.

사입선(仕入先) [왜] ⇨ 산 곳. 살 곳. ⁑ 구입처.

사입하다(仕入~) [왜] ⇨ 사다. 사들이다. ⁑ 구입하다.

사잇강(~江) ⇨ 샛강.

사잇길 ⇨ 샛길.

사잇밥 ⇨ 곁두리. 새참.

사잇벽(~壁) ⇨ 샛벽.

사잇서방 ⇨ 샛서방.

사자국(獅子國) ⇨ 스리랑카. ⁑ 나라 이름.

사자놀음(獅子~) = 사자놀이. ⁑ 대보름날에 하는 민속놀이의 하나.

사자밥(使者~) ⇨ 사잣밥. ⁑ 초상난 집에서 저승사자에게 대접하는 밥.

사자성어(四字成語) ⇨ 넉자바기. ⁑ 네 글자로 된 말 덩이.

사자신(使者~) = 사잣짚신. ⁑ 사잣밥과 함께 사자채반에 담아 놓는 짚신.
☞ 사짜신.

사장 급(社長 級) ⇨ 사장급. ⁑ '급'은 뒷가지.

사장님실(社長~室) ⇨ 사장실.

사장이(~匠~) ⇨ 사쟁이. 옥사쟁이. ⁑ 옥에 갇힌 사람을 지키던 사람.

사재다 = 사재기하다. ⁑ 값이 오를 것을 내다보고 미리 많이 사두다.

사쟁이다 ⇨ 사재기하다. 사재다.

사전[1](辭典) * {큰사전. 중사전. 소사전. 대사전.} ¶ 한국말 사전.
☞ 옥편. 자전.

사전[2](私錢) * 여염집에서 만든 가짜 돈.
☞ 사천.

사전에 예방하다(事前~豫防~) ⇨ 미리 막다. ⁑ 예방하다.

사정없이(事情~) * 사정을 헤아리지 않고 매몰차게. ¶ 사정없이 패다.

사정 없이(事情~) ¶ 특별한 사정 없이 학교를 빼먹다.

사족 못 쓰다(四足~) = 꼼짝 못 하다.

사족발이(四足~) = 사족백이. ⁑ 네 굽이 흰 말.

사족하다(使嗾 ⇨ 사주~) ⇨ 꼬드기다. 부추기다.

사죄드리다(謝罪~) = 사죄하다.

사주(四柱) * ① 생년월일시를 십간 십이지로 나타낸 것. ② 사주단자. {사주보} ③ 타고난 운수. {사주팔자.} ④ 그 운수를 알아보는 점. {사주쟁이. 사주점.} ¶ 사주 덕. 사주를 보다. 사주가 세다.
☞ 겉사주. 속사주. 팔자.

사주땜(四柱~) = 팔자땜. {사주땜하다.}

사죽〔四足〕 ⇨ ① 사족. ⁑ 짐승. ② 사지. ⁑ 사람.

사지(serge) ⇨ 서지. ⁑ 옷감 이름.

사진빨(寫眞~)**이 좋다** ⇨ 사진이 잘 받는다.

사짜신 = 사짜. ⁑ 옛날에 사내가 신던 가죽신.
☞ 갖신. 사자신.

사채놀이(私債~) = 돈놀이. 변놀이.

사채 신입서(社債 申入書) ⇨ 사채 청약서.

사처〔下處〕 * ① 손님이 길을 가다가 묵음. {사처하다.} ② 길손이 묵는 집.
☞ 사첫방.

사척(斜尺) ⇨ 세모자.

사천〔私錢〕 * ① 여자가 남모르게 모아 둔 돈. ② 개인이 가진 돈.
☞ 사전.[2]

사첫방〔下處~〕 * 손님이 묵는 방.
☞ 사처.

사체(死體) [외] ⇨ 송장. 주검. 시체. ⁑ 사람. 동물.

사초(莎草) = 사토. ⁑ 무덤에 떼를 입혀 잘 다듬는 일. ¶ 사초를 들이다.

사촌(四寸) * ① 네 치. ② 아버지 형제자매의 아들딸과 나의 촌수. ¶ 사촌 누나. 사촌 동생. 사촌 언니. 사촌 오빠. 사촌 형님. 사촌 형수. {외사촌. 이웃사촌.} ¶ 고종 사촌. 내종 사촌. 외종 사촌. 이종 사촌.

사추리 ⇨ 사타구니.

사춤 * ① 벌어진 틈. ¶ 벽과 장롱의 사춤에 자질구레한 물건을 끼워 넣다. ② 담이나 벽의 갈라진 틈을 메우는 일. ¶ 벽의 사춤을 메우다. 사춤을 치다. ③ 뒤채움. ⁑ 돌이나 벽돌을 쌓을 때 틈서리에 모르타르를 채우는 일.
☞ 줄눈.

사춤돌 = 쐐기돌. ⁑ 돌을 쌓아 올릴 때 틈에 박는 돌.

사춤쌓기 = 찰쌓기. ⁑ 시멘트를 채워 다지면서 돌을 쌓는 일.
☞ 건성쌓기. 메쌓기.

사침대 = 사침. ⁑ 베틀의 비경이 옆에서 날의 사이를 띄어 주는 나무.

사쿠라(**사꾸라**)〔櫻〕 [외] ⇨ ① 벚나무. 벚꽃. ② 야바위꾼. ③ 검정새치.

사타구니 = 사타귀. 샅. ⁑ 두 허벅다리가 갈라지는 사이.
☞ 샅.

사탕(砂糖) * ① 설탕. ② 설탕을 끓여서 여러 가지 모양으로 만든 과자. {사탕수수. 사탕야자. 사탕옥수수. 사탕절이(사탕절임).} {각사탕(모사탕). 개암사탕. 눈깔사탕. 박하사탕.
솜사탕. 알사탕. 얼음사탕.} ＊ 드롭
스.
☞ 설탕.

사탕무우(砂糖～) ⇨ 사탕무.

사탕발림(砂糖～) ＝ 입발림. ＊ 달콤
한 말로 남의 비위를 맞추어 달래
는 일.

사태[1] ＝ 사태고기. ＊ 소의 오금에 붙
은, 곰거리로 쓰는 살덩이.
☞ 고거리.

사태[2](沙汰) ＊ 산비탈이나 언덕에 쌓인
흙, 눈이 무너져 내려앉는 일. {사태
눈. 사태막이. 사태막이둑. 사태밥.
사태흙.} {눈사태. 돌사태. 땅사태.
사람사태. 산사태.} ¶ 사태가 나다.
사태가 지다. 사태를 이루다.

사토(莎土) ＝ 사초. ＊ 무덤에 떼를 입
혀 잘 다듬는 일.

사토장이(莎土匠～) ＝ 사토장. ＊ 직
업으로 무덤 만드는 사람.

사통오달(四通五達) ＝ 사통팔달. ＊ 이
리저리 사방으로 통함.

사투리〔方言〕 ＝ 시골말. ＊ 제주도 사
투리. 경상도 사투리. 전라도 사투리.
☞ 겨레말. 대중말. 들온말. 서울말.
표준말.

사팔눈이 ⇨ ① 사팔뜨기. ② 흑보기.

사팔뜨기 ＊ 사팔눈을 한 사람. ＊＊ 두 눈
동자가 서로 다른 쪽을 봄.
☞ 모들뜨기. 흑보기.

사포(砂布) ＝ 속새. ＊ 샌드페이퍼.

사포질(砂布～) ＝ 속새질. ＊ 속새로
물건의 거죽을 문지르는 일.

사표될 만하다(師表～) ⇨ 사표가 될

만하다.

사푼 〉사뿐. ¶ 발을 사푼 내딛다. 말
위로 사푼 올라앉다.

사풋 〉사붓. ＊ 발을 가볍게 얼른 내디
디는 소리나 모양.

사향노루(麝香～) ＝ 궁노루.

사향뒤쥐(麝香～) ＝ 사향쥐. 새앙쥐.
＊ 뒤쥣과의 하나.
☞ 생쥐.

사향머리(麝香～) ＝ 새앙. 새앙낭자.
새앙머리. ＊ 여자의 머리 모양.

사향선(麝香腺) ㉠ ⇨ 사향샘.

사회 문화(社會 文化) ⇨ 사회 풍조.
사회 흐름.

사흗날 ＊ ① 초사흗날. ② 사흘. ③ 셋
째 날.

사흘 ＊ ① 초사흘. ② 사흗날. ③ 세
날. {사흘길. 사흘째.} ¶ 사흘 간.
사흘 낮. 사흘 동안. 사흘 밤.

사흘거리 ＝ 사흘돌이. ＊ 사흘에 한 번
씩. ¶ 사흘돌이로 바뀐다.

사흘날 ⇨ 사흗날.

사흘만 ¶ 사흘만 기다려라. ＊ ‘만’은
토씨.

사흘 만에 ¶ 사흘 만에 돌아왔다. ＊ ‘만’
은 매인이름씨.

삭 〈 싹. ＊ ① 칼, 가위로 단번에 베는
소리. ¶ 종이를 삭 베다. ② 단번에
밀거나 쓸어 나가는 모양. ¶ 종이에
금을 삭 긋다. ③ 조금도 남기지 않
고 전부. ¶ 음식을 삭 먹어치우다.
☞ 삯. 싹.

삭갈리다 ⇨ 섞갈리다. ＊ 갈피를 잡지
못하게 한데 뒤섞이다.

삭갈이 ＊ 논을 미리 갈아 두지 못하고

모낼 때에 한 번만 가는 일.
　☞ 갈갈이. 봄갈이. 얼갈이.² 애벌갈이.

삭급하다(遡及 ⇨ 소급~) ⇨ 거슬러 올라가다.

삭꾼 ⇨ 삯꾼.

삭다 * ①싱싱함이나 힘을 잃게 되다. ¶ 밧줄이 삭다. ②걸쭉하던 것이 묽어지다. ¶ 죽이 삭다. ③음식이 소화되다. ¶ 아침 먹은 것이 삭지 않다. ④김치나 젓갈 따위가 잘 익다. ¶ 젓갈이 삭다. ⑤마음이 가라앉다. ¶ 분이 삭다. ⑥사위다. ¶ 모닥불이 삭다. ⑦기침이나 가래가 잠잠해지거나 가라앉다. ¶ 가래가 삭지 않는다.
　☞ 석다. 썩다.

삭다리 ⇨ 삭정이.

삭도(索道) 웹 ⇨ ① 밧줄. ② 하늘 찻길.

삭독삭독 ⇨ 삭둑삭둑. * 연한 물건을 자꾸 베는 소리나 그 모양.

삭돈 ⇨ 삯돈. * 삯으로 받은 돈.

삭말 ⇨ 삯말. * ①삯을 주고 빌려 쓰는 말. ②삯을 받고 빌려 주는 말.

삭신 * 온몸의 힘살과 뼈마디. ¶ 삭신이 쑤시다.
　☞ 만신.

삭월세(朔月貰) ⇨ 사글세.

삭월세방(朔月貰房) ⇨ 사글셋방.

삭월세집(朔月貰~) ⇨ 사글셋집.

삭이다¹ * 돈, 시간, 물건, 힘 따위를 써서 없애다. ¶ 신발 삭이고 다니다.

삭이다² * '삭다'의 하임. ①음식을 소화하다. {삭임.} ②긴장이나 화를

풀고 마음을 가라앉히다. ¶ 그만 분을 삭여라. ③기침, 가래를 가라앉히다.
　☞ 삭히다. 새기다.² 석이다.

삭인(索引 ⇨ 색인) ⇨ 찾기. 찾아보기.

삭정이 * 살아 있는 나무에 붙은 채 말라죽은 가지. ¶ 삭정이로 불을 피우다.
　☞ 쭉정이.

삭히다 〔醱酵〕 * '삭다'의 하임. ‡ 김치, 젓갈, 술을 익혀서 맛이 들게 하다.
　☞ 삭이다.² 석이다.

삯 * ①일을 하는 품값. ¶ 삯을 받고 일하다. 삯을 내다. 삯을 주다. ②품값을 받고 하는 일. {삯갈이. 삯김. 삯꾼. 삯돈. 삯메기. 삯바느질. 삯방아. 삯빨래. 삯일. 삯지게꾼. 삯짐. 삯품. 품삯.} {삯팔다.} ③삯을 주고 빌린 것. {삯가게. 삯말. 삯배.} ④무엇을 쓸 때 내는 돈. {기찻삯. 길품삯. 바느질삯. 뱃삯. 비행깃삯. 짐바릿삯. 짐삯. 찻삯.}
　☞ 값. 세.³

삯꾼 = 삯벌이꾼. 삯팔이꾼. * 삯을 받고 막일을 하는 사람.
　☞ 놉. 품꾼. 품팔이꾼.

삯마(~馬) ⇨ 삯말.

삯벌이 = 삯팔이. * 삯을 받고 일을 함. {삯벌이꾼. 삯벌이하다.}

삯전(~錢) = 삯돈. * 일을 하고 삯으로 받는 돈.

삯팔이꾼 = 삯벌이꾼. 삯꾼. * 삯을 받고 막일을 하는 사람.
　☞ 품꾼. 품팔이꾼.

삯품팔이 = 품팔이. * 품삯을 받고 일

을 해줌. 또는 그런 사람.

산¹ * 살아 있는. {산똥. 산목숨. 산몸. 산물. 산벼락. 산보살. 산부처. 산소리. 산송장. 산증인. 산지식. 산화산.} ¶ 산 것. 산 고기. 산 입.

산²(山) = 메. {산간. 산굽이. 산그늘. 산기슭. 산길. 산노래. 산놀이. 산도깨비. 산등선. 산마을. 산막. 산멀미. 산문. 산바람. 산발치. 산벼랑. 산봉우리. 산부리. 산비탈. 산사태. 산언덕. 산언저리. 산자락. 산탈. 산턱. 산판. 산허리.} {건넛산.} {돌산. 민둥산(벌거숭이산). 바위산.} ¶ 산 고개. 산 구석. 산 모양. 산 밑. 산 아래. 산 위. 산 이름. 산 중턱. 산 쪽. 산 설고 물 선 곳. 산 넘어 산. 산이 높아야 골이 깊다. ⁑ ① 한자말 뒤. {한라산. 백두산.} ② 다른 나라말 뒤. ¶ 알프스 산. 칭바이 산. 후지 산.
☞ 메.³

산가지(算~) = 셈대. ⁑ 셈하는 데 쓰는 젓가락 모양의 연모.
☞ 산목.

산값〔購買價〕 * 물건을 사는 데에 치른 값.
☞ 판값.

산갓(山~) * 산에 저절로 나서 자라는 갓. ⁑ 두해살이풀. {갓김치.}
☞ 갓.¹ 나뭇갓. 말림갓. 멧갓. 풀갓.

산개비(算~) ⇨ 산가지. 셈대. ¶ 산가지를 놓다.

산고양이〔山猫〕 [왜] ⇨ 들고양이. 살쾡이. 삵.

산골¹ * 구리광산에서 나는 쇠붙이. ⁑ 한약의 하나.

산골²(山~) * ①깊은 산 속. {두메산골.} ¶ 산골 놈. 산골 마을. 산골 처녀. ②산골짜기. 산골짝. {산골강. 산골길. 산골바람.} ¶ 산골 물.

산골고라리(山~) * 어리석고 고집 센 산골 사람.
☞ 서울까투리. 서울깍쟁이. 서울내기. 시골고라리. 촌뜨기.

산골뜨기(山~) = 산골내기. ⁑ 산골에서 나서 자란 사람.
☞ 서울뜨기. 시골뜨기.

산골짜기(山~) = 산골짝. 산골. ⁑ 산과 산 사이에 움푹 들어간 곳.

산골짜기의 백합(山~百合) ⇨ 은방울꽃. ⁑ 책 이름.

산기슭(山~) = 멧기슭. ⁑ 산의 아랫자락.
☞ 산모롱이. 산모퉁이.

산기운(山~) * ①산에서 느끼는 기운. ¶ 차가운 산기운. ②산의 기운.
☞ 산정기.

산길(山~) * 산에 있는 좁은 길.
☞ 산질.

산꼭대기(山~) = 산머리. 산이마. ¶ 산꼭대기에 오르다.

산꽃¹〔生花〕 * 만들거나 말리지 않은, 살아 있는 꽃.

산꽃²(山~) * 산에 저절로 자라서 피는 꽃.
☞ 들꽃.

산나물(山~) = 멧나물. {산나물밥. 산나물범벅.} ¶ 산나물을 캐다.

산나물국(山~) = 산챗국. ⁑ 산나물을 넣고 끓인 국.

산날(山~) ⇨ 산등성이.

산내림(山~) = 산떨음. ⁂ 산에서 벤 나무를 평지로 굴려서 내리는 일.

산 너머(山~) ⁂ 산 저쪽. ¶ 산 너머 남촌에는 누가 살기에.

산 넘어(山~) ⁂ 넘다. ¶ 산 넘어 물을 건너서 마을에 닿았다.

산누에(山~) = 섶누에. ⁂ 상수리나무, 참나무, 떡갈나무 잎을 먹고삶. ☞ 집누에.

산달[1](山~) ⁂ 산이 있는 곳. ¶ 봄이 오니 양지바른 산달에 풀잎이 돋았다.

산달[2](産~) = 막달. 해산달. ⁂ 아기를 낳을 달. ¶ 산달이 다가오다.

산닭 ⁂ 꿩과의 새 이름. ⁂ 타이완 토종닭. ☞ 생닭.

산대[1] ⁂ 고기를 잡는 그물의 하나. ¶ 산대를 들어올리자 고기들이 파닥거렸다. ☞ 쟁이. 사내끼.

산대[2] = 조릿대. ⁂ 볏과의 여러해살이 식물로 조리를 만드는 데 씀.

산대[3](山臺) = 산디. ⁂ 산대놀음을 하려고 마련한 임시 무대.

산대놀이(山臺~) = 산대놀음. 덧보기놀음. ⁂ 양주 별산대놀이. 양주 산대놀이. 송파 산대놀이. 봉산탈춤. 강령탈춤. 오광대놀이. ⁂ 탈놀음의 하나.

산대추나무(山~) = 멧대추나무.

산대탈(山臺~) = 산디탈. ⁂ 산대놀이에서 쓰는 탈.

산대판(山臺~) = 신디판. ⁂ 산대놀이를 하는 곳.

산데리아(chandelier) ㉚ ⇨ 샹들리에. ⁂ 치레로 다는 등불.

산데미(山~) ⇨ 산더미. ⁂ 물건이나 일이 많음. ¶ 일이 산더미 같다.

산돌림 ⁂ ①산기슭에 내리는 소나기. ②옮겨다니면서 내리는 소나기.

산돌이 ⁂ ①다른 산에서 온 범. ②산에 발씨가 익은 사람.

산동네(山~) = 달동네. ⁂ 산비탈에 가난한 사람들이 모여 사는 동네. ☞ 산마을.

산돝(山~) ⇨ 산돼지. 멧돼지.

산돼지(山~) = 멧돼지.

산두벼 ⇨ 밭벼.

산드러지다 ⁂ 태도가 맵시 있고 말쑥하다. ¶ 물찬 제비같이 산드러지다. ☞ 간드러지다.

산들산들 〈 선들선들. ¶ 바람이 산들산들 분다. 풀잎이 산들산들 흔들린다. ☞ 한들한들.

산듯하다 ⇨ 산뜻하다.

산등(山~) = 산등성. 산등성이. 산잔등. 등성이. ⁂ 산의 등줄기. ☞ 묏등.

산등성마루 = 갓머리. 산마루. 잿마루. 재빼기. ⁂ 산등의 가장 높은 곳.

산디 = 산대. {산디놀음. 산디탈.}

산딱다구리(山~) ⇨ 메딱따구리.

산떨음(山~) = 산내림.

산뜩 〈 선뜩. ⁂ 갑자기 사늘한 느낌이 드는 모양.

산뜻 〈 선뜻. ⁂ 움직임이 빠르고 시원스러운 모양.

산뜻이 ⁂ ①기분이나 느낌이 깨끗하고

시원하게. ②시원스럽고 말쑥하게.

산림(山林) * ①산에 있는 숲. {산림녹화.} ②산림처사. ‡ 숨어 사는 선비.

☞ 삼림.

산림욕(山林浴) = 삼림욕. ‡ 병을 고치려고 숲 기운을 쐬는 일.

산마누라(山~) = ①산신. 산신령. ②삼마누라. 상산신령. ‡ 무당굿.

산마루(山~) = 갓머리. 산등성마루. 잿마루. 재빼기.

산마루턱(山~) = 산마루터기. 마루터기. ‡ 산마루의 두드러진 곳.

산마을(山~) * 산골에 있는 마을. ¶ 어둠이 산마을에 깔려 있었다.

☞ 산동네.

산말¹〔言語〕 * 꼭 알맞게 표현한 말. ¶ 죽은 자연도 산말로 노래해야 한다.

산말²〔~馬〕 * 살아 있는 말.

산 말〔~馬〕 ¶ 어제 산 말이 밤에 감쪽같이 사라졌다.

산매하다(散賣~) * 조아팔다. ‡ 도매로 사서 소비자에게 팔다.

☞ 도매하다.

산맥(山脈) = 산줄기. ‡ 우리나라의 산맥. {장백산맥. 마천령산맥. 함경산맥. 낭림산맥. 강남산맥. 적유령산맥. 묘향산맥. 언진산맥. 멸악산맥. 마식령산맥. 광주산맥. 태백산맥. 차령산맥. 노령산맥. 소백산맥.}

☞ 백두대간.

산머리(山~) = 산꼭대기. 산이마. ‡ 산의 맨 위.

☞ 산허리. 산발.

산멱 = 산멱통. 멱통. ‡ 살아 있는 짐승의 목구멍. ¶ 산멱을 찌르다.

삼면기사(三面記事) ⓥ ⇨ ①사회 기사. ②도막 기사.

산모래(山~) * 산에서 나는 모래.

☞ 강모래. 냇모래. 바닷모래.

산모롱이 * 산기슭에 앞으로 나와 휘어져 돌아가는 산모퉁이. ¶ 기차가 산모롱이를 돌아가다. 산모롱이에 녹음이 우거지다.

산모퉁이 * 산기슭에 쑥 내밀거나 꺾여진 귀퉁이. ¶ 저 산모퉁이를 돌면 우리 마을이 보인다.

☞ 산기슭.

산목(算木) * 점을 칠 때 쓰는, 네모기둥 꼴로 만든 나무 여섯 개.

☞ 산가지.

산목숨 * 살아 있는 목숨. ¶ 살고 싶지 않다고 산목숨을 어떻게 끊소?

☞ 생목숨.

산물〔生水〕 = 샘물. ‡ 샘에서 솟아나는 물.

☞ 산수.¹

산물때 * 사리로 가는 며칠 동안의 물때. ‡ 이때 낚시가 잘됨.

☞ 물때.² 죽은물때.

산바라지(産~) = 해산구완. 해산바라지. ‡ 해산을 돕는 일.

☞ 산후바라지.

산바람(山~) = 재넘이. ‡ 밤에 산꼭대기에서 아래로 부는 바람.

☞ 골바람.

산발(山~) = 산줄기. ¶ 험한 산발을 타고 넘다.

☞ 산기슭. 산머리. 산허리.

산보(散步) ⇨ 산책. ‡ 걷기. 거닐기.

산봉우리(山~) = 봉우리.

산봉우리구름(山~)〔積雲〕 = 뭉게구름. 쌘구름.

산부〔三分〕❷ ⇨ 서 푼. ＊ ① 길이. ¶ 너비가 서 푼. ② 돈. ¶ 서 푼.

산불(山~) = 멧불. ¶ 산불 조심. 산불이 나다.

산비둘기(山~) = 멧비둘기. 염주비둘기.

☞ 집비둘기.

산비알(山~) ⇨ 산비탈.

산사람(山~) ＊ 산에서 사는 사람.

☞ 뭍사람. 바닷사람. 산쟁이. 섬사람.

산 사람 ＊ 살아 있는 사람. ＊ 죽지 않은 사람.

산사태나다(山沙汰~) ⇨ 산사태가 나다.

산산히(散散~) ⇨ 산산이. ＊ 깨어지거나 흩어지는 모양. ¶ 산산이 부서지다.

산삼(山蔘) ＊ 산에서 저절로 나서 자란 삼. ＊ 심봤다.

☞ 가삼. 경삼. 인삼. 장뇌. 장로. 포삼.

산삼꾼(山蔘~) ⇨ 심마니. ＊ 직업으로 산삼을 캐는 사람.

산새(山~) ＊ 산에 사는 새. ＊ 뻐꾸기, 부엉이, 꾀꼬리, 꿩, 산비둘기, 딱따구리 따위. {산새알.} ¶ 산새 소리. 산새들이 재잘거리다.

☞ 멧새.

산성(山城) ＊ 산 위에 쌓은 성. {금정산성. 남한산성. 북한산성. 행주산성.}

☞ 성.²

산성연와(酸性煉瓦)❷ ⇨ 규석 벽돌.

산속(山~) = 산중. ¶ 깊은 산속에 들어가다. 산속에서 살다.

산손님(山~) = 산지킴이. ＊ 범. 호랑이.

산수¹(山水) ＊ 자연 경치. {산수풍경. 산수화. 산수화가.} ¶ 산수가 아름답다.

☞ 산물.

산수²(撒水 ⇨ 살수) ⇨ 물뿌리기.

산수갑산〔三水甲山〕 ⇨ 삼수갑산. ＊ 몹시 어렵고 힘든 지경.

산수차(撒水車 ⇨살수차) ⇨ 물뿌리개차.

산신(山神) = 산신령. 산마누라. ＊ 산을 지키고 다스리는 신.

산앵두나무(山~) = 꿩나무, 산이스랏나무. ＊ 철쭉과의 나무 이름.

산업화되어지다(産業化~) ⇨ 산업이 되다. 산업화하다.

산용 숫자(算用 數字) = 아라비아 숫자. 인디아 숫자. ＊ 0, 1, 2, 3, 4.

☞ 로마 숫자.

산울〔樹壁〕 = 산울타리. ＊ 살아 있는 나무 울타리.

☞ 굽바자. 담.² 대울. 바래.² 바자울.

산울림(山~) ＊ 땅속의 움직임 때문에 산이 울리는 일. 또는 이때 나는 소리.

☞ 메아리.

산이마(山~) = 산꼭대기. 산머리.

산일(山~) ＊ 산에서 하는 일. {산일하다.}

☞ 논일. 들일. 물일. 밭일.

산잔등(山~) = 산등. 산등성. 산등

성이. 등성이.

산재해 있다(散在~) ⇨ 흩어져 있다.
＊산재하다.

산쟁이(山~) ＊산속에 살면서 사냥과
약초 캐는 일을 하는 사람.
　☞산사람.

산정기(山精氣) ＊산에 서려 있는, 생기
있는 기운. ¶산정기를 몸에 받다.
　☞산기운.

산젯밥(山祭~) ＊산신제를 지낼 때
올리는 밥.
　☞젯밥.

산줄기(山~) = 산발. ＊큰 산에서 길
게 뻗어나간 줄기.
　☞산머리. 산허리.

산중(山中) = 산속. {첩첩산중.} ¶산
중 생활. 산중에 숨어 살다.

산 중(山 中) ＊많은 산 가운데. ¶산
중에서 으뜸은 백두산이다.

산지기(山~) ＊남의 산이나 뫼를 돌
보는 사람.
　☞고지기. 당지기. 뫼지기. 묘지기.
　문지기.

산지니(山~) = 산진매. ＊산에서 여
러 해 살아온 새매.
　☞새매. 삼지니. 수지니. 재지니. 초
　지니.

산지옥(~地獄) = 생지옥. ¶나쁜 짓
을 하면 죽어서 산지옥에 빠진다.

산지킴이(山~) = 산손님. 범. 호랑이.

산직이(山直~) ⇨ 산지기.

신진매(山陳~) = 산지니. ＊산에서
여러 해 살아온 새매.

산진이(山陳~) ⇨ 산지니. 산진매.

산질(散秩) ⇨ 낙길. 낙질.

　☞산길.

산짐승(山~) = 멧짐승. ＊고라니, 곰,
너구리, 노루, 멧돼지, 범, 사슴, 산
양, 살쾡이, 승냥이, 여우, 오소리,
표범 따위 산에서 사는 짐승.
　☞들짐승. 물짐승. 뭍짐승. 바다짐
　승. 집짐승.

산 짐승 ＊살아 있는 짐승.

산초가루(山椒~) = 제핏가루. ＊산
초나무 열매의 껍질을 빻은 양념.
　☞조핏가루.

산치기 = 산치기놀이. 산치기윗놀음.
＊농악에서 상모의 부포를 세우는
일.

산코골다 ⇨ 헛코골다.

산타령패(山~牌) = 선소리패. ＊산
타령을 주로 부르던 소리꾼들.

산태미 ⇨ 삼태기.

산토끼(山~) ＊산에서 사는 토끼.
　☞생토끼. 집토끼.

산 토끼 ＊살아 있는 토끼. ＊죽은 토
끼.

산통계(算筒契) ＊곗날에 모여 계알을
뽑은 사람에게 웃돈을 주는 계.
　☞낙찰계. 상포계. 친목계.

산파(産婆) ⑭ ⇨ 조산원.

산판[1](算板) = 수판. ＊셈을 놓는 데
쓰는 연모의 하나.
　☞셈판.

산판[2](山坂) ＊①멧갓. ②산의 일대.
③나무를 찍어 내는 일판.
　☞멧갓.

산허리(山~) ＊①산 중턱. ②산등성
이에서 잘록하게 들어간 곳.
　☞산머리. 산발.

산화(山火) ⇨ 산불. ¶ 산불 조심. 산불이 나다.

산화 염료(酸化 染料) ⑳ ⇨ 산화 물감.

산후더침(産後~) = 산후병. 산후증. 후더침. ＊ 애를 낳은 뒤에 생기는 병.

산후바라지(産後~) ＊ 해산어미를 여러 가지로 돌보아 주는 일.
☞ 해산바라지.

살[1] ＊ 다듬이질을 한 옷감에 생기는 윤기. ¶ 옷감에 살이 잘 오르다.

살[2] ＊ 창문, 연, 부채, 바퀴, 우산 따위에서 뼈대가 되는 부분.

살[3] ＊ 벌의 꽁무니나 쐐기의 몸에 있는 침. ¶ 벌에 쏘이면 먼저 살을 뽑아라.

살[4] = ① 화살. {살걸음. 살깃. 살받이. 살줄.} {고두리살. 다라진살. 도둑살. 동개살. 맞은살. 몸빠진살. 버들살. 버들잎살. 부픈살. 불화살. 아기살(가는대). 우는살(효시).} {긴작. 짧은작.} ¶ 살을 먹이다. ② 어살.
☞ 활.

살[5] ＊ ① 사람이나 동물의 몸에서 뼈를 싸고 있는 부드러운 부분. {살비듬. 살푸둥이. 살피듬.} {게살. 조갯살.} {가슴살. 볼깃살. 소머릿살(쇠머릿살). 우둔살.} {군살. 굳은살. 궂은살. 대살. 맨살. 무살. 푸석살.} {살지다. 살찌다. 살찌우다.} ¶ 살로 가다. 살이 깊다. 살을 떨다. 살을 붙이다. 살을 섞다. 살을 에다. ② 식물의 열매, 뿌리, 잎, 줄기에서 연하고 부드러운 부분. {살잎. 살찐뿌리. 살찐열매. 살찐줄기.}

☞ 고기.[2]

살[6] ＊ 하나치. ¶ 한 살. 두 살. 여든 살. ＊ 수를 나타내는 겨레말 뒤에 씀.
☞ 세.[2]

살[7] ＊ 주름이나 구김으로 생기는 금. {구김살. 눈살. 이맛살. 주름살.}

살[8](煞) ＊ ① 모진 귀신의 기운. {살풀이. 살풀이춤.} ¶ 살을 맞다. 살을 풀다. ② 친족 사이의 사나운 띠앗. ¶ 살이 붙다. 살이 뻗치다. 살이 서다.

살가죽 = 살피죽. ＊ 몸 거죽을 감싸고 있는 껍질.
☞ 살갗. 살결. 살성. 털가죽.

살강 ＊ 그릇을 얹어 놓으려고 부엌 벽에 드린 선반. ¶ 그릇을 살강에 놓다.
☞ 선반.[1] 시렁.

살갗〔皮膚〕＊ 살가죽의 거죽. {살갗병.} ¶ 살갗이 희다. 살갗이 타다.
☞ 살가죽. 살결.

살같이 = 쏜살같이. ＊ 매우 빠르게. ¶ 세월이 살같이 흐른다.

살결 ＊ 살갗의 결. ¶ 살결이 곱다. 살결이 거칠다.
☞ 살가죽. 살성.

살고기 ⇨ 살코기.

살괭이 ⇨ 살쾡이. 삵. 들고양이.

살그머니 = 살그니. 살그미. ＊ 남이 알아차리지 못하게 살며시. ¶ 살그머니 문을 열다. 살그머니 손을 잡다. 봉투를 살그머니 옆에 놓다.
☞ 슬그머니.

살근살근 〈 슬근슬근. ¶ 살근살근 문지르다. 살근살근 움직이다.

살금살금 〈 슬금슬금. ¶ 살금살금 기어가다. 살금살금 눈치를 보다.

살긋 〈 실긋. ＊ 한쪽으로 약간 비뚤어
지거나 기울어지는 모양.

살기¹ ＊ 몸에 살이 붙은 정도. ¶ 살기
가 좋다. 살기가 거의 없다.

살기²(殺氣) ＊ ①독살스러운 기운. {살
기등등하다. 살기충천하다.} ¶ 눈에
살기가 어리다. ②남을 해치거나 죽
이려는 무시무시한 기운. ¶ 살기가
돌다.

살길¹ = 화살길. ＊ 화살이 날아가는
길.

살길²〔生計〕 ＊ 살아가는 방도. ¶ 살길
이 막막하다. 살길이 없다.

살깃 = 궁깃. ＊ 화살 뒤 끝에 붙인 새
의 깃.

살꽃 ＊ ①여자의 아래. 밑구멍. ②웃
음과 몸을 파는 계집의 몸뚱이.
☞ 말꽃. 불꽃.

살 나다 = 살 되다. ¶ 세 살 나다. ＊
겨레말 셈씨 뒤에서 나이를 말함.

살내 = 살 냄새. ＊ 살에서 나는 냄새.

살너울 ⇨ 살여울. ＊ 물살이 빠른 여울
물.

살눈 = 구슬눈. 구슬싹. 알눈. 태눈.
＊ 식물의 곁눈 가운데 하나.

살담배 ＊ 칼로 잘게 쓴 담배.
☞ 쇠털담배. 잎담배.

살대¹ = 화살대. ＊ 화살의 몸을 이루
는 대. ¶ 살대가 울면서 날아가다.

살대² ＊ 기둥이나 벽이 기울어지는 것
을 받치거나 버티는 나무.
☞ 살목. 살잡다. 살잡이하다.

살덩어리 ＊ ①살덩이. ②살진 사람.

살도하다(殺到 ⇨ 쇄도〜) ⇨ 몰려들다.

살려 = 살리어. ＊ 살리다. ¶ 살려

주다.

살려고 ＊ 살다. 살고. 살면. 살아. 사
네. 사니. 산. 삽니다. 삶.
☞ 사려고.

살륙하다(殺戮〜) ⇨ 살육하다. ＊ 사
람을 마구 죽이다.

살림¹ ＊ ①한집안을 이루어 살아가는
일. {살림꾼(살림살이꾼). 살림때.
살림방. 살림살이. 살림터.} {각살
림. 겹살림. 곁방살림(곁방살이). 단
가살림(단가살이). 단칸살림(단칸살
이). 독살림. 딴살림. 부엉이살림.
새살림. 신접살림(신접살이). 신혼
살림. 안살림(안살림살이). 안팎살
림. 애옥살림(애옥살이). 촌살림. 큰
살림. 홀아비살림. 홀앗이살림.} {살
림하다.} ¶ 바깥 살림. 집안 살림.
한 해 살림. ¶ 살림을 나다. 살림을
내다. 살림을 맡다. 살림을 차리다.
②살아가는 형편. {살림푼수.} ¶ 살림
이 넉넉하다. 살림이 쪼들리다. 살
림이 펴지다.

살림² = 세간. 세간붙이. {부엌살림. 잔
살림.} ¶ 살림 장만. 살림이 늘다.

살림집〔民家〕 = 여염집. ＊ 살림을 하
는 집. ¶ 가게 옆에 살림집을 얻다.
☞ 가겟집. 영업집.

살막이 ＊ 개울에서 어살로 물길을 막
고 고기를 잡는 일.
☞ 개막이. 살풀이.

살맛¹ ＊ ①남의 살과 서로 맞닿았을
때 받는 느낌. ②잠자리에서 얻는
느낌.

살맛² ＊ 세상을 살아가는 재미나 의욕.
¶ 살맛이 나다. 살맛을 잃다.

살며시 〈 슬며시. ⁑ ① 눈에 띄지 않게 넌지시. ¶ 봉투를 살며시 내밀다. ② 가벼우면서 천천히. ¶ 살며시 눈을 감다. 살며시 손을 잡다. ③ 감정 따위가 속으로 은근히. ¶ 슬며시 감정이 돋다.
☞ 살포시.

살모사 ⇨ 살무사. ⁑ 뱀의 한 가지.

살목(〜木) * ① 기울어진 집을 바로 세울 때나 내려앉은 기둥을 받치는 데 쓰는 나무토막. ② 창살로 쓰려고 가늘게 오린 나무.
☞ 살대.²

살밑 = 화살촉. 살촉. 활촉. ⁑ 화살 끝에 박은 뾰족한 쇠.

살바탕〔肉質〕* 고기의 품질.
☞ 솔바탕.

살배기 = 살짜리. ⁑ 그 나이를 먹은 아이. ¶ 한 살배기. 세 살배기.
☞ 〜배기. 〜짜리.¹

살범벅 * 살이 터져서 피투성이가 된 상태.
☞ 피범벅.

살별〔彗星〕= 길쓸별. 꼬리별. 꽁지별.
☞ 달별. 떠돌이별. 별똥별. 붙박이별.

살붙이 * ① 피붙이. ② 여러 가지 짐승의 살코기.
☞ 제살붙이. 푸네기.

살살¹ 〈 슬슬. ⁑ ① 살그머니 행동하는 모양. ¶ 살살 피해 다니다. ② 녹는 모양. ¶ 사탕이 입 안에서 살살 녹는다. ③ 가만가만. ¶ 살살 어루만지다. ④ 남을 달래거나 꾀는 모양. ¶ 살살 구슬리다. ⑤ 웃는 모양. ¶ 눈웃음을 살살 치다. ⑥ 실이 풀리는 모양. ¶ 실 꾸러미가 살살 잘 풀리다. ⑦ 바람이 보드랍게 부는 모양. ¶ 봄바람이 살살 불어온다.

살살² 〈 설설. ⁑ ① 물이 고루 끓는 모양. ¶ 가마솥의 물이 살살 끓다. ② 기어가는 모양. ¶ 벌레가 살살 기어다닌다. ③ 방바닥이 더운 모양. ¶ 아랫목이 살살 끓는다. ④ 조심스럽게 가는 모양. ¶ 살살 지나간다. ⑤ 머리를 흔드는 모양. ¶ 고개를 살살 흔들다.

살살³ 〈 쌀쌀. ⁑ 배가 아픈 모양. ¶ 아랫배가 살살 아프다.

살살거리다¹ = 살살대다. ⁑ 이리저리 돌아다니다. ¶ 살살거리고 다니다.

살살거리다² = 살살대다. ⁑ 눈웃음을 치며 알랑거리다.

살살이 * 간사스럽게 알랑거리는 사람.
☞ 쫄쫄이.

살성(〜性) * 살갗의 성질. ¶ 살성이 좋다. 살성이 부드럽다.
☞ 살결. 살갗.

살수하다(撒水〜) 卧 ⇨ 물을 뿌리다.

살아지다 ⇨ ① 살아가다. ② 사라지다.

살얼음 * 얇게 언 얼음. {살얼음판.} ¶ 살얼음이 얼다. 살얼음이 잡히다. 살얼음이 끼다. 살얼음을 밟는 것 같다.
☞ 매얼음.

살육하다(殺戮〜) * 무엇을 트집 잡아 사람을 마구 죽이다.
☞ 도륙하다. 도살하다. 도축하다.

살으렵니다 ⇨ 살렵니다. 살려고 합니다.

~살이[1] * 사는 일. ⁑ ①사람. {가난살이. 감옥살이(옥살이). 곁방살이. 고생살이. 고용살이. 고을살이(골살이). 공방살이. 귀양살이. 남의집살이. 단가살이. 단칸살이. 더부살이. 드난살이. 딴집살이. 막살이. 머슴살이. 벼슬살이. 살림살이. 세상살이. 셋방살이. 시집살이(집살이). 식모살이. 신접살이. 안살림살이. 애옥살이. 영창살이. 오막살이. 외방살이. 움막살이. 움집살이. 인생살이. 종살이. 죽살이. 지옥살이. 징역살이. 처가살이(처갓집살이). 친정살이. 타향살이. 피난살이. 한살이. 행랑살이. 살이.} ②동식물. {물살이. 뭍살이. 하루살이. 한해살이. 두해살이. 여러해살이.}

~살이[2] * 그 철에 먹을 양식과 옷. {가을살이. 겨우살이. 봄살이. 여름살이.}

☞ 사리.[3]

살인(殺人) * 특별히 정해 놓지 않은 사람을 죽임. {살인강도. 살인광. 살인귀(살인마). 살인범. 살인자. 살인죄.} {살인나다. 살인하다.}

☞ 살해.

살인내다(殺人~) = 살인치다. ⁑ 살인을 저지르다.

살인청부업자(殺人請負業者) [외] ⇨ 자객.

살잡다 * 기울어진 집안을 다시 일으켜 세우다.

살잡이하다 * 기울어진 집채를 살대로 버티어 바로잡아 세우다.

☞ 살대.

살전(~錢) ⇨ 살돈. ⁑ 밑천.

살조개 = 꼬막. 안다미조개. ⁑ 돌조갯과의 조개 이름.

살지다 〔그〕 * ① 살이 많고 튼실하다. ¶ 살진 돼지. ② 과일이나 뿌리에 살이 많다. ¶ 살진 복숭아. ③ 땅이 기름지다. ¶ 살진 논밭.

☞ 살찌다.

살짜기 ⇨ 살짝. 살짝이. 살짝궁.

살짜꿍 ⇨ 살짝궁.

살짜리 = 살배기. ⁑ 그 나이를 먹은 아이. ¶ 한 살짜리. 열 살짜리.

☞ ~배기. ~짜리.[1]

살짝 = 살짝이. 살짝궁. ⁑ ① 남의 눈을 피하여 재빠르게. ¶ 살짝 빠져나오다. ② 힘들이지 않고 가볍게. ¶ 살짝 들어 봐라. ③ 심하지 않게 약간. ¶ 살짝 데치다. ④ 표나지 않게 가만히. ¶ 나에게만 살짝 알려주다.

살짝곰보 * 약간 얽은 얼굴. 또는 그런 사람.

☞ 마맛자국. 손때.[2] 손티.

살쩍 = 귀밑털. ⁑ 관자놀이와 귀 사이에 난 머리털.

☞ 귀밑머리. 귀엣머리.

살쩍밀이 = 살쩍. ⁑ 망건을 쓸 때 귀밑머리를 망건 속으로 밀어 넣는 물건.

살쭈 = 쇠살쭈. 소살쭈. ⁑ 쇠장에서 소를 팔고 사는 것을 흥정붙이는 사람.

살찌다 〔움〕 * ① 쓸데없는 살이 오르다. ② 살림이 풍족해지다.

☞ 살지다.

살촉 = 화살촉. 활촉. 살밑. ⁑ 화살

끝에 박은 뾰족한 쇠끝.

살치다 * 잘못되었거나 못 쓰게 된 글이나 문서에 'X'자 모양으로 줄을 긋다.

☞ 꺾자 치다.

살친구(~親舊) * 비역질의 상대가 되는 친구. ‡ 남자.

☞ 벽.[1]

살코 * 쇠코뚜레와 함께 꿰는 노끈. ‡ 사나운 소를 다룰 때 씀.

☞ 쇠코뚜레. 코뚜레.

살코기 = 살. ‡ 기름기와 힘줄, 뼈를 발라낸 고기를 먹거리로 일컫는 말.

☞ 고기.

살쾡이 = 삵. 들고양이.

살판[1] * ① 살림이 좋아지는 판국. ¶ 살판이 좋아지다. ② 기를 펴고 살아갈 수 있는 판. {살판나다.} ¶ 살판을 만나다.

살판[2] = 살판뜀. ‡ 남사당놀이의 셋째 놀이. 몸을 날려 넘는 땅재주.

살판[3](~板) * 살대를 받치는 두꺼운 널.

☞ 살대.[2]

살판쇠 = 곤두꾼. ‡ 땅재주꾼의 우두머리.

살펴 = 살피어. ‡ 살피다. {살펴보다.}

살평상(~平牀) = 전평상. ‡ 나무오리나 대오리를 박아 만든 평상.

☞ 걸상. 널평상.

살포시 = 보시시. ‡ ① 포근하고 살며시. ¶ 아이를 살포시 안다. ② 드러나지 않게 살며시. ¶ 살포시 눈을 감고 지난 일을 생각하다.

☞ 살며시.

살풀이(煞~) = ① 살풀이굿. ‡ 살을 푸는 굿. ② 살풀이춤. ③ 살풀이장단.

☞ 살막이.

살피 * 땅과 땅, 물건과 물건 사이를 나타낸 표. {살피꽃밭.} ¶ 말뚝으로 살피를 대신하다. 책 사이에 살피를 끼워 소설책과 시집을 갈래 지어 놓다.

☞ 갈피.[2]

살피돌 * 땅과 땅 사이를 가르는 돌. ¶ 인도와 차도 사이에 살피돌을 놓다.

☞ 지경돌.

살피죽 = 살가죽. ‡ 속된 말

☞ 살갗. 털가죽.

살해(殺害) * 미리 정해 놓은 사람을 죽임. ¶ 김구를 살해한 안두희.

☞ 살인.

삵 = 살쾡이. 들고양이.

삶다[1] * ① 물속에 넣고 끓이다. {설삶다.} ¶ 국수를 삶다. ② 고집을 물러지게 하거나 반대하는 생각을 누그러뜨리다. ¶ 그 사람만 삶으면 일이 쉽게 풀릴 것이다. ③ 날씨가 무덥다. ¶ 무더위가 거리를 푹푹 삶고 있다.

☞ 고다. 달래다.

삶다[2] * 논의 흙을 써레로 썰어 노글노글하게 만들다. ¶ 논을 삶다.

☞ 삼다.[2]

삼[1] * 눈병으로 눈동자에 생기는 희거나 붉은 점. ¶ 삼이 서다.

☞ 삼눈.

삼[2] = 뱃삼. 삼판. ‡ 배의 바닥에 댄 널빤지.

삼[3]〔胎褓〕 * 태아를 싸고 있는 막과 태반. ¶ 삼을 가르다. ‡ 탯줄을 끊다.

삼⁴〔大麻〕＊ 식물 이름. {삼끈. 삼낳이. 삼노. 삼노끈. 삼대. 삼밧줄. 삼밭. 삼베. 삼실. 삼씨. 삼씨기름.} {마닐라삼. 사이질삼. 헤네켄삼.} ＊ 삼실을 만듦.

삼⁵(蔘) ＝ ①인삼. ②인삼과 산삼. ＊ 생약 이름. {곡삼. 미삼. 수삼. 암삼. 백삼. 직삼. 홍삼.}

☞ 가삼. 경삼. 산삼. 장뇌. 장로. 포삼.

삼가 〔어〕＊ 정중하게. ¶ 삼가 명복을 빕니다. 삼가 새해 인사를 드립니다.

삼가다 〔움〕＊ ①몸가짐이나 말을 조심하다. ¶ 말을 삼가다. ②꺼리는 마음으로 양이나 횟수를 줄이다. ¶ 나들이를 삼가다. 술을 삼가다.

삼가하다 ⇨ 삼가다.

삼각산(三角山) ＝ 북한산. ＊ 서울과 고양시 사이에 있는 산 이름.

삼각형(三角形) ㉠ ⇨ 세모꼴.

삼강오륜(三綱五倫) ＊ 유교의 도덕에서 기본이 되는 세 가지 강령과 지켜야 할 다섯 가지 도리. ①삼강. {군위신강. 부위자강. 부위부강.} ②오륜. {부자유친. 군신유의. 부부유별. 장유유서. 붕우유신.}

삼거리(三~) ＝ ①세거리. 삼사미. ②갖은삼거리.

☞ 우잣길.

삼겹살(三~) ＝ 세겹살. ＊ 돼지고기 부위의 하나.

삼계탕(蔘鷄湯) ＝ 계삼탕. ＊ 닭에 인삼을 넣어 끓인 국.

삼국(三國) ＊ ①고구려, 백제, 신라. {삼국사기. 삼국유사. 삼국정립.} ¶ 삼국 동맹. 삼국 시대. 삼국 통일. ②차이나의 오나라, 위나라, 촉나라.

삼 년만(三年~) ¶ 삼 년만 기다려라. ＊ '만'은 토씨.

삼 년 만(三年~) ¶ 삼 년 만에 합격하다. ＊ '만'은 매인이름씨.

삼눈 ＊ 눈망울에 삼이 생겨 몹시 쑤시고 눈알이 붉어지는 병.

☞ 삼.¹

삼다¹ ＊ ①자기와 관계있는 사람으로 만들다. ¶ 양자로 삼다. ②무엇이 되게 하다. ¶ 문제 삼다. 위기를 도약의 계기로 삼다. ③무엇으로 가정하다. ¶ 딸을 친구 삼아 말하다. ④무엇으로 생각하다. {일삼다. 장난삼다.}

삼다² ＊ ①얽어 만들다. ¶ 미투리를 삼다. 짚신을 삼다. ②두 올실의 끝을 비벼 꼬아서 잇다. ¶ 삼을 삼다. 모시를 삼다.

☞ 만들다.¹ 삶다.² 짜다.³

삼단도(三段跳) ㉠ ⇨ 삼단뛰기. 세단뛰기. 세 번뛰기. ＊ 멀리뛰기의 하나.

삼대(三代) ＝ 삼세. ＊ 아버지, 아들, 손자의 세 대. {삼대독자.}

삼대 발명(三代發明) ＊ 세 가지 큰 발명품. ＊ 화약, 나침반, 활판 인쇄술.

삼독(蔘毒) ＝ 삼불. ＊ 인삼을 먹어서 생기는 신열.

삼돌이(三~) ＊ 감돌이, 베돌이, 악돌이를 통틀어 이르는 말.

삼두륙비(三頭六臂) ⇨ 삼두육비. ＊ 힘이 엄청나게 센 사람.

삼등실(三等室) ＝ 삼등칸. ＊ 기차, 배 따위

삼륙십팔(3×6＝18) ⇨ 삼육십팔. ＊ 구구셈.

삼림(森林) ＊ 나무가 우거진 숲. ＊ 천연림, 시업림, 단순림, 혼효림 따위. ☞ 산림. 수풀.

삼림대(森林帶) ＝ 수풀띠. ＊ 수평적 삼림대와 수직적 삼림대가 있음.

삼림욕(森林浴) ＝ 산림욕. ＊ 사람이 숲 기운을 쐬는 일.

삼마 ⑩ ⇨ 꽁치. ＊ 바닷고기 이름.

삼매도장(三昧道場) ⇨ 삼매 도량. 삼매당. ＊ 중이 삼매를 닦는 집.

삼면(三面) ＊ ①세 방면. ¶ 우리나라는 삼면이 바다다. ②셋째 면.

삼 면(三面) ＊ 세 쪽. ＊ 3페이지.

삼면기사(三面記事) ⑩ ⇨ ①사회 기사. ＊ 사회면. ②도막 기사.

삼바리 ⇨ ①삼발이. ②쇠스랑.

삼베 ＝ 베. ＊ 삼실로 짠 천. {삼베길쌈. 삼베옷.} ¶ 삼베를 낳다.

삼보 사찰(三寶寺刹) ＊ 통도사(불보), 해인사(법보), 송광사(승보)를 일컬음.

삼복(三伏) ＝ 초복, 중복, 말복. ＊ 매우 더운 때.

삼복더위(三伏~) ＝ 복더위. 복달더위. ＊ 몹시 심한 더위.

삼부(三分) ⑩ ⇨ 서 푼. ＊ 길이와 돈. '푼'은 하나치.

삼분지일(三分之一) ⇨ 삼분의 일.

삼불[1](三佛) ＊ ①아미타불, 관세음보살, 대세지보살. ②삼신불.

삼불[2](蔘~) ＝ 삼독. ＊ 인삼을 먹어서 생기는 신열.

삼사미 ＝ 세거리. 삼거리. ＊ 세 갈래로 나누어진 길. ☞ 우잣길.

삼사월(三四月) ＊ 삼월과 사월. ＊ 봄철.

삼사일(三四日) ＝ 사나흘.

삼삼하다[1] ＊ 잊히지 않아 눈에 어리다. ¶ 네 모습이 눈에 삼삼하다. ☞ 선하다.[1]

삼삼하다[2] ＊ ①음식이 싱거운 듯하면서 맛이 있다. ¶ 생선 맛이 삼삼하다. ②생김새나 됨됨이가 마음이 끌리다. ¶ 얼굴이 삼삼하게 생겼다. ☞ 심심하다.[2]

삼신굿(三神~) ＝ 제왕굿. ＊ 아기를 점지해 달라고 비는 굿.

삼신불(三身佛) ＊ 법신불, 보신불, 응신불을 통틀어 일컫는 말.

삼실 ＝ 베실. ＊ 삼 껍질로 삼아 만든 실.

삼십릿길(三十里~) ⇨ 삼십 리 길. ＊ '리'는 하나치. ☞ 십릿길.

삼쌍동이(三雙童~) ⇨ 삼쌍둥이. 세쌍둥이.

삼악도(三惡道) ＊ 지옥도, 축생도, 아귀도를 통틀어 일컫는 말.

삼옷 ⇨ 깃저고리.

삼월달(三月~) ⇨ 삼월.

삼월 삼짇날(三月 三~) ＝ 삼질. 삼월 삼질. 삼짇날. ＊ 민속.

삼육판(三六板) ⇨ 삼륙판. ＊ 책의 크기. 103mm X 182mm.

삼인분(三人分) ⑩ ⇨ 세 사람 몫. 세 사람 치.

삼일날(三日~) ⇨ 삼일. 사흘날.

삼일운동(三一運動) ⇨ 삼일 운동.

‡ 1919년에 일으킨 민족 독립 운동.
삼일절(三一節) * 삼일 운동을 기리는 국경일. ‡ ‘사밀절’이라 읽음. ‡ 우리 나라 국경일은 ‘삼일절, 광복절, 제헌절, 개천절, 한글날’ 다섯임.
삼자대면(三者對面) = 삼자대질. 삼조대면. 삼조대질. ‡ 원고, 피고, 증인이 모여서 하는 무릎맞춤.
삼작노리개(三作~) = 삼작. 세줄노리개. ‡ 밀화, 산호, 옥, 금, 은으로 만든 세 개의 노리개로 옷고름, 안고름, 허리띠에 매닮. 꾸밈과 크기에 따라 대삼작, 중삼작, 소삼작이 있음. {박쥐삼작.}
　☞ 단작노리개.
삼족(三族) * ①부모, 형제, 처자. ②부, 자, 손. ③부계, 모계, 처계.
삼존불(三尊佛) * 석가모니와 왼쪽의 문수보살, 오른쪽의 보현보살을 일컬음.
　☞ 사보살.
삼줄 ⇨ 탯줄.
삼질날(三~) ⇨ 삼질. 삼짇날. 삼월 삼짇날. ‡ 음력 삼월 초사흗날.
삼지니(三~) = 재지니. ‡ 세 살 먹은 매. 동작이 느려서 사냥에 못 씀.
　☞ 산지니. 산진매. 새매. 수지니. 초지니.
삼천리(三千里) * 우리나라 전체. {삼천리강토. 삼천리금수강산.}
삼천 리(三千 里) ¶ 백두산에서 한라산까지 삼천 리 정도 된다. ‡ 거리.
삼첩반상(三~飯床) * 밥, 국, 김치, 간장과 반찬 담은 접시가 셋인 밥상.
　☞ 구첩반상. 오첩반상. 칠첩반상.

삼촌[1](三寸) * ①세 치. ‡ 길이. ②자기나 배우자의 삼대 위나 삼대 아래의 친족. ③자기와 백부모, 숙부모의 촌수. ④자기와 형제 자녀의 촌수.
삼촌[2](三寸) * 장가가지 않은 아버지의 아우. {막냇삼촌. 작은삼촌.}
　☞ 작은아버지.
삼촌댁(三寸宅) * 작은어머니. ‡ 숙모.
삼촌 댁(三寸 宅) * 작은아버지의 집.
삼칸두옥(三間斗屋) ⇨ 삼간두옥. ‡ 작은 오막살이집.
삼켜 = 삼키어. ‡ 삼키다. ¶ 삼켜 버리다. 삼켜 보다.
삼키다 * ①목구멍으로 넘기다. ¶ 약을 삼키다. ②눈물이나 울음을 참다.
　☞ 먹다.[1]
삼태미 ⇨ 삼태기. ‡ 흙, 거름, 쓰레기를 담아 나르는 연모. {재삼태기.}
삼판(~板) = 뱃삼. 삼. ‡ 배의 바닥에 댄 널.
삼판양승(三~兩勝) = 삼판이승.
　☞ 단판걸이.
삼팔따라지(三八~) = 따라지. ‡ ①노름에서 한 끗. ②월남한 사람.
삼형제(三兄弟) ⇨ 삼 형제. ¶ 삼 형제 오 남매.
~삽~ = ~사옵~. ‡ 받침 있는 줄기나 ‘았, 었, 겠’에 붙어 제 말을 겸양하여 나타내는 씨끝. {먹삽고. 믿었삽고.}
　☞ ~압~.
삼회장(三回裝) * ①한복 저고리의 깃, 소맷부리, 겨드랑이에 자줏빛 또는 남빛 헝겊으로 꾸민 꾸밈새.

② 삼회장저고리. ‡ 젊은 부인과 처녀가 입음.
☞ 반회장.

삽목(插木) ㉞ ⇨ 꺾꽂이. ‡ 푸나무.
☞ 취목.

삽바 ⇨ 샅바.

삽살개 = 삽사리. ‡ 우리나라 토종개의 하나. 천연기념물 제368호임.
☞ 진돗개. 풍산개.

삽짝 = 사립짝. ‡ 나뭇가지를 엮어서 만든 문짝. ¶ 사립짝을 밀고 들어오다.
☞ 사립문.

삽짝문 ⇨ 사립문. ¶ 사립문 안으로 들어서다.

삽짝 지신풀이(~地神~) = 대문풀이. ‡ 민속의 하나.

삽차(~車) ＊ 흙을 파헤칠 때 쓰는 차. ‡ 포클레인.
☞ 땅차.

삿갓 ＊ 비나 햇볕을 가리려고 쓰는 갓. {갈삿갓. 대삿갓.} ¶ 삿갓을 쓰다.
☞ 갈모. 말총갓. 평량갓.

삿갓 씌우다 ＊ 손해를 입히거나 책임을 지우다.

삿갓장이 ＊ 삿갓을 만드는 기술자.

삿갓쟁이 ＊ 삿갓을 쓴 사람.

삿대 = 상앗대. 사앗대. ‡ ① 배를 댈 때, 배를 띄울 때, 물이 얕은 곳에서 배를 밀 때 쓰는 긴 막대.
☞ 노.³

삿대질 ＊ ① 상앗대질. ‡ 삿대로 배를 밀어가는 일. ② 말다툼할 때 상대편 얼굴 쪽으로 손가락으로 내지르는 짓. {삿대질하다.} ¶ 삿대질 당하다.

삿사치 ⇨ 샅샅이.

삿시(sash) ⇨ 문틀. ‡ 새시.

삿자리 ＊ 갈대로 만든 자리. ¶ 삿자리를 깔다.
☞ 돗자리.

삿자리깔음 = 어금깔음. ‡ 삿자리무늬로 돌, 벽돌, 타일을 까는 일.

삿자리무늬 = 바자무늬.

상¹(賞) ＊ 칭찬하여 주는 증서나 물건. {으뜸상. 버금상. 기림상. 추킴상. 딸림상.} {세종대왕상. 외솔상. 노벨상. 아카데미상.} ¶ 상 받다. 상을 주다.

상²(床) ＊ ① 음식을 차려내는 가구. {상다리(상발). 상머리. 상차림.} {돌상. 생일상. 잔칫상. 제사상(제물상. 제상). 큰상. 환갑상. 손님상.} {아침상(조반상). 점심상. 저녁상.} {다과상. 밥상(진짓상). 술상(주안상). 요리상. 입맷상. 찻상.} {각상. 겸상. 두레상. 셋겸상.} ¶ 상이 어둡다. 상을 보다. 상을 차리다. ② 하나치. ¶ 밥 한 상. ③ 걸터앉거나 책을 올려놓는 가구. {거상. 걸상. 자릿상. 책상. 평상(널평상. 살평상).}

상³(像) ＊ 본보기가 되는 모습. ¶ 스승 상. 아버지 상. 인간 상. 한국인 상.

상⁴(像) ＊ 조각이나 그림. {공자상. 미륵상. 보살상. 불상. 사자상.} {동상. 석고상. 석상. 진흙상.} {나체상. 반가상. 반신상. 전신상. 흉상.} {실상. 허상.} ¶ 다비드 상. 마리아 상. 예수 상. ‡ 서양말 뒤에는 띄어 씀.

상⁵(相) * ①얼굴, 체격의 됨됨이나 모양새. {생쥐상. 소상. 여우상. 족제비상. 호랑이상.} ¶ 크게 될 상. ②얼굴 표정. {우거지상. 죽상. 죽을상.}

~상⁶(~相) * 모양이나 실태. {사회상. 생활상. 발전상.}

상⁷(上) * ①위. 위쪽. {육상. 지상. 해상.} ¶ 도로 상. 지구 상. ②아래와 반대. {상권. 상길. 상의. 상질. 상치. 상품.}

~상⁸(~上) * ①추상적 공간에서 위치. {사실상. 인터넷상.} ②그것에 있어서. 그것에 따른. {논리상. 법률상. 사정상. 이론상. 절차상.}

상갓집(喪家~) * ①초상집. ≠ 초상을 치르는 집. ②상제의 집.
  ☞ 초상집.

상감(象嵌) ㉗ ⇨ 꽂을땜. 봉박이.

상감마마(上監~) = 상감. ≠ 임금을 높여 부르는 말.

상감 청자(象嵌 靑瓷) ㉗ ⇨ 봉박이 청자. 꽂을땜 청자.

상것(常~) 〈 쌍것. ≠ 양반이 평민을 낮춰 부르던 말.
  ☞ 상년. 상놈. 양반.

상고대 * 나무나 풀잎에 눈처럼 내린 서리. ¶ 상고대가 끼다. 상고대가 피다.
  ☞ 서리꽃. 서릿발.

상고머리 = 스포츠머리. ≠ 머리 모양.

상고신립서(上告申立書) ㉗ ⇨ 상고장.

상고신립인(上告申立人) ㉗ ⇨ 상고인.

상관없다(相關~) = 관계없다.
  ☞ 괜찮다.

상글상글 〈 쌩글쌩글. ≠ 소리없이 웃는 모양.

상긋상긋 〈 쌩긋쌩긋. ≠ 소리없이 가볍게 눈웃음을 짓는 모양.
  ☞ 방긋방긋.

상긋하다 * 눈과 입을 귀엽게 움직이며 소리 없이 가볍게 웃다.
  ☞ 항긋하다.

상기 ⇨ 아직.

상길(上~) = 상질. 상치. 상품. 윗길. ≠ 가장 크거나 품질이 좋은 것.
  ☞ 중길. 핫길.

상년(常~) 〈 쌍년. ≠ 신분이 낮은 여자.
  ☞ 상것. 상놈.

상노인(上老人) = 상늙은이. ≠ 여러 노인 가운데 가장 나이 많은 노인.

상놈(常~) 〈 쌍놈. ≠ 신분이 낮은 남자. {개똥상놈. 개불상놈. 불상놈.}
  ☞ 상것. 상년. 상사람.

상달(上~) = 시월상달. 시월.

상달하다(上達~) ㉗ ⇨ 아뢰다.

상담하다(相談~) ㉗ ⇨ 상의하다. 의논하다.

상당(相當) ㉗ ⇨ 정도.

상대방(相對方) ㉗ ⇨ 상대편. 상대측. ≠ 맞은편짝.

상도꾼(喪~) ⇨ 상두꾼. 상여꾼.

상되다(常~) = 쌍되다. ≠ 천하다.

상두(喪~) = 상여. ≠ 주검을 묘지까지 나르는 연모. {상두받잇집. 상두복색. 상두쌀. 상둣술.} ¶ 상여를 메다.

상두꾼(喪~) = 상여꾼. 운상꾼. ≠ 상여를 메는 사람.

상둣도가(喪~都家) * ①상여를 놓아 두는 집. ②상여 따위를 파는 집.
☞ 상엿집. 곳집.

상량대(上樑~) ⇨ 마룻대. * 용마루 밑에 서까래가 걸리게 된 도리.

상량도리(上樑~) ⇨ 마룻대.

상량보(上樑~) ⇨ 마룻대.

상량하다[1](上樑~) * 마룻대를 올리다.

상량하다[2] ⇨ 상냥하다. * 성질이 싹싹 하고 부드럽다.

상령산(上靈山) ⇨ 상영산. * 산 이름.

상로인(上老人) ⇨ 상노인. 상늙은이.

상머슴(上~) * ①일을 잘하는 장정 머슴. ②여러 머슴 가운데 우두머 리.
☞ 곁머슴.

상모(象毛) * ①기, 창의 머리에 붙인 털. ②벙거지 꼭지에 붙인 털이나 긴 종이 오리. {부들상모. 뼈상모. 털상모.} ¶ 열 두발 상모.

상모놀이(象毛~) = 상모돌리기. * 농 악에서 상모를 돌리면서 추는 춤.
☞ 고갯놀이.

상물림(床~) = 큰상물림. 퇴물림. * 혼인 잔치 때 큰상을 받았다가 물 린 뒤에 상을 받은 사람의 집으로 음식을 싸 보내는 일.

상백시(上白是) ⇨ 상사리. * 사뢰어 올 린다는 말을 옛날에 이두로 쓴 것.
☞ 이두.

상사람(常~) = 평민. 서민. * 보통 사람.
☞ 상년. 상놈. 양반.

상사발(常~) = 막사발. * 품질이 낮 은 사발.

상살하다(相殺~) ⇨ 에끼다. * 상쇄 하다.

상생의 정치(相生~政治) ⇨ 더불어 사 는 정치. * 공생하는 정치.

상서럽다(常~) ⇨ 상스럽다. 쌍스럽다.

상서로히(祥瑞~) ⇨ 상서로이. * 상서 롭다.

상서롭다(祥瑞~) = 상서스럽다. * 좋 은 일이 일어날 조짐이 있다.
☞ 상스럽다.

상서리 ⇨ 낚시터.

상소리(常~) 〈 쌍소리. * 거칠고 상 스러운 말이나 소리.

상속받다(相續~) ⇨ 물려받다. * 상속 하다.

상속시키다(相續~) ⇨ 물려주다. * 상속 하다.

상쇄 회계(相殺會計) ⇨ 엇셈. * 서로 비기어 없애는 셈.

상수도(上水道) = 수도. * 먹는 물을 보내주는 설비.
☞ 중수도. 하수도.

상수리 * 상수리나무의 열매. {상수리 밥. 상수리쌀.} * 굴밤보다 작고 도 토리보다 크며 둥글넓적함.
☞ 굴밤. 도토리.

상수리나무 = 참나무. ¶ 상수리나무 가지. 상수리나무 잎.

상스럽다(常~) 〈 쌍스럽다. * 말과 행동이 천하다.
☞ 상서롭다.

상승율(上昇率) ⇨ 상승률. * 'ㄴ'을 뺀 받침 뒤에서는 '률'임.

상식(常識) = 보통지식. * 두루 아는 일. ¶ 상식 없다. 상식에서 벗어나다.
상신하다[1](上梓~) ⇨ 인쇄에 부치다. ⁑ 상재하다.
상신하다[2](上申~) ㉮ ⇨ 여쭈다. 아뢰다. 알리다.
상싶다 〔도〕 ⇨ 성싶다. 성부르다.
상씨름(上~) = 소걸이. ⁑ 마지막 판가름하는 씨름.
상아색(象牙色) = 상앗빛. ⁑ 아이보리. 코끼리 어금니 빛깔.
상앗대 = 사앗대. 삿대. ⁑ 배질할 때 쓰는 긴 막대.
☞ 노.[3]
상앗대질 = 삿대질. ⁑ 삿대를 써서 배를 밀어 감. 또는 그런 일.
상없다(常~) * 막되고 상스럽다. ¶ 상없는 말버릇. 상없게 굴다.
☞ 상스럽다. 쌍스럽다.
상여(喪輿) = 상두. ⁑ 시체를 실어 나르는 연모. {상여놀음. 상여다름.}
상여글(喪輿~) = 만장. ⁑ 죽은 이를 슬퍼하여 지은 글. 그 글을 쓴 깃발.
상여꾼(喪輿~) = 상두꾼. 운상꾼. ⁑ 상여를 매는 사람.
상여집(喪輿~) ⇨ 상엿집. 곳집. ⁑ 상여를 넣어 두는 초막.
상연하다(上演~) * 무대에서 연극을 보이다.
☞ 상영하다.
상엿소리(喪輿~) = 상여메김소리. 요령잡이소리. 행상소리. ⁑ 만가.
상엿집(喪輿~) = 곳집. ⁑ 마을 옆이나 산 밑에 지어 상여를 두는 초막.
☞ 상둣도가.
상영하다(上映~) * 구경꾼에게 영화를 보이다.
☞ 상연하다.
상오(上午) * ① 자정부터 오정까지. ② 해가 뜰 때부터 오정까지.
☞ 오전. 아침.[1] 하오.
상용한자(常用漢字) * 한국에서 쓰도록 정한 한문글자. ⁑ 1800자임.
☞ 간체자. 당용한자. 대용자. 번체자. 약자.
상우다(傷~) * 마음을 상하게 하다. ¶ 어머니 속을 상우다.
☞ 상하다.
상의[1](相議) = 의논. {상의드리다. 상의하다.} ¶ 상의해 보다.
상의[2](上衣) ㉮ ⇨ 윗옷. 양복저고리.
상일(常~) = 막일. ⁑ 특별한 기술이 필요 없음. {상일꾼. 상일하다.}
상잇점(相異點) ⇨ 상이점. ⁑ 서로 다른 점.
상자(箱子) * ① 나무, 대, 종이 따위로 만든 네모난 그릇. {버들상자. 안개상자. 약상자. 어둠상자. 옷상자. 주름상자. 혼백상자.} ¶ 과자상자. 돈 상자. 보물 상자. 사과 상자. ② 하나치. ¶ 과일 한 상자.
☞ 갑. 궤. 통.[4]
상자떼기(箱子~) * 상자째로 몽땅 사들이는 일.
☞ 밭떼기. 차떼기.
상자하다(上梓 ⇨ 상재~) ⇨ 인쇄에 부치다.
상장(喪杖) = 상장막대. ⁑ 상제가 짚는 지팡이. 부친상에는 대막대기, 모친상에는 오동나무 막대기를 씀.
상쟁이(相匠~) = 관상쟁이. ⁑ 직업으

로 관상을 보는 사람.
☞ 손금쟁이.

상제(喪制) * 부모나 조부모가 세상을 떠나서 상을 입고 있는 사람. {맏상제. 바깥상제. 밭상제. 안상제. 원상제.} ¶ 상제 노릇. 상제 되다.
☞ 상주.

상종가(上終價) ㉚ ⇨ 상한가. * 주식이 하루에 오를 수 있는 최고의 가격.

상주(喪主) = 맏상제. 원상제. * 주가 되는 상제.
☞ 상제.

상채기(傷~) ⇨ 생채기. * 할퀴이거나 긁혀서 생긴 작은 상처.

상처(傷處) * ①다친 자리. ¶ 상처가 나다. 상처가 아물다. ②해를 입은 자국. {상처투성이.} ¶ 실연의 상처. 상처를 남기다. 상처를 주다.
☞ 생채기.

상치[1](上~) = 상길. 상질. 상품. 윗길. * 가장 크거나 품질이 좋은 것.
☞ 중치. 하치.

상치[2] ⇨ 상추. {상추쌈. 상추씨. 상추잎.} {잎상추. 통상추.} * 잎채소.

상칫동 ⇨ 부룻동. * 상추의 줄기.

상투 * 장가든 남자가 머리털을 끌어 올려 정수리 위에 틀어 감아 맨 것. {상툿바람.} ¶ 상투를 잡다. 상투를 짜다. 상투를 쫓다. 상투를 틀다.
☞ 배코.

상투꼬부랑이 ⇨ 상투쟁이.

상투잡이[1] = 상투쟁이. * 상투를 튼 사람.

상투잡이[2] * 바깥다리를 피하면서 꼭 뒤를 짚어 넘어뜨리는 씨름 솜씨.

☞ 꼭뒤잡이.

상투장이 ⇨ 상투쟁이. 상투잡이. * 상투를 튼 사람.

상판(相~) = 상판대기. * 얼굴의 속된 말.

상판때기(相~) ⇨ 상판대기.

상포계(喪布契) * 초상 때 드는 비용을 서로 도우려고 마련한 계.
☞ 낙찰계. 산통계. 초상계. 친목계.

상풀이(床~) ⇨ 큰상물림.

상품(上品) = 상길. 상질. 상치. 윗길. * 가장 크거나 품질이 좋은 것.
☞ 중품. 하품.

상피(相避) * ①친척끼리 같은 곳에서 벼슬하는 일을 피함. ②친척끼리 남녀 관계를 피함. {상피하다.} ¶ 상피 나다. 상피 붙다.
☞ 생피.

상피리 = 게르치. * 바닷고기의 하나.

상하다[1](傷~) * ①몸과 마음이 다쳐서 온전치 못하게 되다. ¶ 마음이 상하다. 몸이 상하다. ②물건이나 음식이 본디 모습이나 기능을 잃게 되다. ¶ 그릇이 상하다. 고기가 상하다. 음식이 상하다.
☞ 상우다. 다치다. 썩다. 쉬다. 헐다.

상하다[2] ⇨ 성부르다. 성싶다. 성하다.

상항(桑港) ⇨ 샌프란시스코. * 땅 이름.

상해(上海) ⇨ 상하이. * 땅 이름.

상형 문자(象形文字) = 상형자. 시늉글자. * 모양을 본떠 만든 수메르 글자, 이집트 글자 따위. 한문글자에서 木, 山, 牛, 月, 日, 人, 川 따위.
☞ 문자.[1] 육서.[1]

상호(相互) 冊 ⇨ 서로. ‡ 호상.

상황속(狀況~) ⇨ 상황 속.

상회(上繪) 冊 ⇨ 웃그림. ‡ 물들인 피륙 위에 그린 그림.

상회하다(上廻~) 動 ⇨ 웃돌다.

샅 * ①사타구니. ¶ 샅에서 요령 소리가 나다. ②두 물건의 틈.

샅걸레 ⇨ 기저귀.

샅바 * ①씨름에서 허리와 다리에 둘러 묶어서 손잡이로 쓰는 천. {다리샅바. 허리샅바.} ¶ 샅바를 잡다. ②죄인의 다리를 얽어 묶는 밧줄.
☞ 개짐. 기저귀. 들보.²

샅바씨름 * 다리에 샅바를 걸고 하는 씨름
☞ 띠씨름. 통씨름.

샅바지르다 = 샅바채우다. ‡ 씨름할 때 허리와 다리에 샅바를 둘러서 묶다.

샅샅이 * 틈이 있는 곳마다 모두. {고비샅샅. 골골샅샅.} ¶ 샅샅이 뒤지다.
☞ 낱낱이. 콜콜히.

새¹ * 날짐승. {새가슴. 새고기. 새그물. 새덫. 새둥주리. 새떼. 새똥. 새무리. 새알. 새장. 새점. 새총. 새털.} {겨울새. 나그네새. 여름새. 철새. 텃새.} {산새. 멧새. 물새. 바닷새. 들새.} {새소리} ¶ 새끼 새. 어린 새. 어미 새. 자란 새. 새 새끼. 새 발. 새 발자국. ¶ 새를 기르다. 새를 보다.

새² * 억새나 띠 따위 여러해살이풀. {억새밭. 샛검불. 샛바리. }

새³ = 사이. {틈새.} {새짬. 샛벽.}

새⁴ * 새로운. {새날. 새달. 새댁. 새물. 새바람. 새봄. 새사람. 새살림. 새서방. 새순. 새신랑. 새싹. 새아가. 새아기. 새아기씨(새아씨). 새아주머니. 새어머니(새엄마). 새언니. 새잎. 새잡이. 새장가. 새집.} ¶ 새 길. 새 공책. 새 길. 새 꽃. 새 나라. 새 노래. 새 대통령. 새 돈. 새 마을. 새 말. 새 맛. 새 며느리. 새 모습. 새 모양. 새 별. 새 뿌리. 새 삶. 새 세상. 새 소식. 새 손님. 새 술. 새 시대. 새 신발. 새 아침. 새 옷. 새 왕. 새 움. 새 인간. 새 잎. 새 정부. 새 질서. 새 책. 새 처방. 새 천 년. 새 출발. 새 친구. 새 테이프. 새 학기. 새 학교. 새 학년.
☞ 헌.

새~⁵ * 매우 짙고 선명한. ‡ 머리글자가 된소리, 거센소리, 밝은홀소리인 빛깔을 나타내는 그림씨 앞에 붙음. {새까맣다. 새까매지다. 새빨갛다. 새빨개지다. 새뽀얗다. 새뽀얘지다. 새카맣다. 새카매지다. 새파랗다. 새파래지다. 새하얗다. 새하얘지다.}
☞ 샛~.² 시~.³ 싯~.

~새⁶ * 모양. 상태. {걸음새. 모양새. 생김새. 쓰임새. 짜임새. 차림새.}

새각시 ⇨ 새색시.

새것 * ①새로 나오거나 만든 것. ②한번도 쓰지 않은 것. ③성한 물건.
☞ 헌것.

새겨 = 새기어. ‡ 새기다. ¶ 나무로 호랑이를 새겨 보다. 도장을 새겨 보다.

새겨듣다 = 귀담아듣다. 귀여겨듣다. 여겨듣다. ‡ 귀를 기울여 듣다.

☞ 귀넘어듣다. 넘겨듣다. 지내듣다.
흘려듣다.

새경 = 된새. ✱ 한 해 동안 일하고 받
는 품삯.

새고라 ➪ 황부루. ✱ 누른 바탕에 흰빛
이 섞인 말.

새고막 = 피조개. 피안다미조개. ✱ 조
개의 한 가지.

새금파리 ➪ 사금파리. ✱ 깨어진 사기
그릇 조각.

새근거리다 〈 쌔근거리다. ✱ ①고르
지 않고 가쁘게 숨 쉬는 소리가 나
다. ②어린아이가 곤히 잠들어 조용
하게 숨 쉬는 소리가 나다.

새기다¹ ✱ ①글이나 그림을 파서 나타
내다. ¶ 비문을 새기다. ②말씀을
귀담아들어 마음에 두다. ③어떤 일
을 마음속에 단단히 가지다. ¶ 뼈에
새기다.

☞ 그리다. 깎다. 파다.

새기다² ✱ ①되새김질하다. ②말이나
글의 뜻을 쉽게 풀이하다. ¶ 어려운
글귀를 새기다. ③한문이나 다른 나
라 말을 우리말로 풀이하다. ¶ 맹자
를 새기다.

☞ 삭이다.² 석이다.

새길 ➪ 첫길. ①처음으로 가 보는 길.
②시집가거나 장가가는 길.

새 길 ✱ 새로 만든 길.

☞ 샛길. 첫길.

새김¹〔彫刻〕 = 새김질. {새김글. 새
김무늬. 새김문. 새김붓. 새김창.
새김칼.} {겹새김. 나무새김. 돋을
새김(돋새김). 두리새김. 섭새김.
오목새김. 초새김.}

새김²〔反芻〕 = 새김질. 되새김. ✱ 한
번 삼킨 먹이를 다시 게워 내어 씹
음.

새김³ ✱ ①글을 알기 쉽게 풀이함. ¶ 어
려운 글귀에 새김을 붙이다. ②한문
글자의 소리 앞에 풀이한 뜻. ✱ 하늘
천자에서 하늘, 나무목자에서 나무
따위.

새김밥통〔反芻胃〕 = 되새김밥통. 되
새김위. ✱ 겹주름위. 주름위. 벌집
위. 혹위.

새김장이 ➪ 각수. 각수장이. ✱ 조각가.

새까맣다 ✱ 새까맣소. 새까마니. 새까
만. 새까매. 새까매지다.

새꼬갱이 ➪ 새꽤기.

새꼬리 ➪ 꽁지.

새꽤기 = 꽤기. ✱ 갈대, 띠, 억새, 짚
의 껍질을 벗긴 줄기. ¶ 새꽤기에 손
을 베었다. 새꽤기 같은 붓대를 들
고 책장을 넘기는 데도 힘이 들어
보이다.

새끼¹ ✱ ①어린 짐승. {새끼달이. 새
끼주머니. 새끼집. 새끼치기.} ¶ 새
끼 돼지. 새끼 두루미. 새끼 붕어.
새끼 사자. 새끼 새. 새끼 양. 새끼
여우. 새끼 연어. 새끼 염소. 새끼
오리. 새끼 원숭이. 새끼 제비. 새
끼 토끼. 새끼 호랑이. ¶ 개미 새끼.
거미 새끼. 고기 새끼. 고라니 새
끼. 까치 새끼. 노루 새끼. 돼지 새
끼. 두루미 새끼. 사슴 새끼. 새 새
끼. 양 새끼. 여우 새끼. 염소 새끼.
오리 새끼. 제비 새끼. 쥐 새끼. 토
끼 새끼. 호랑이 새끼. ¶ 새끼를 배
다. ②제 아이를 낮추거나 귀엽게

부르는 말. {손자새끼. 자식새끼.}
③ 욕하는 말. {개새끼. 돼지새끼.
쇠새끼. 여우새끼. 쥐새끼.}
☞ 아기. 자식.

새끼² * 작은 것. {새끼가락(새끼손가
락. 새끼발가락). 새끼꼴. 새끼똥구
멍. 새끼마루. 새끼바늘. 새끼발. 새
끼발톱. 새끼손톱.}
☞ 세끼.

새끼³ * 짚으로 꼬아 만든 줄. {새끼
공. 새끼그물. 새끼도막. 새끼시계.
새끼줄. 새끼틀.} {오른새끼. 왼새
끼.} ¶ 새끼 타래. 새끼를 꼬다.
☞ 바.²

새끼가락 * 새끼손가락과 새끼발가락.
새끼고기 〔稚魚〕 * 알에서 갓 깨어나
온 고기.
☞ 어미고기. 자란고기.

새끼 낳다 * 짐승이 새끼를 배 밖으로
나오게 하다. ‡ 생산하다.

새끼 치다 * 돈이나 소문을 늘이거나
불어나게 하다. ¶ 돈이 새끼를 치다.

새끼발 = 새끼발가락. ‡ 다섯째 발가
락.

새끼벌레 = 애벌레. ‡ 알에서 갓 깨어
나온 벌레.
☞ 어른벌레. 어미벌레. 엄지벌레. 자
란벌레.

새끼손 = 새끼손가락. ‡ 계지. 소지.
다섯째 손가락.

새끼 이름 ‡ ① 짐승 : 강아지(개). 개
호주(범). 능소니(곰). 망아지
(말). 청매지(말). 송아지(소). ②
새 : 초고리(매). 병아리(닭). 꺼병
이(꿩). 열쭝이(새). ③ 물뭍동물 :

올챙이(개구리). ④ 물고기 : 가사리
(돌고기). 간자미(가오리). 고도리
(고등어). 굴뚝청어(청어). 글거지
(숭어). 껄떼기(농어). 노가리(명
태). 대갈장군(누치). 마래미(방
어). 매가리(전갱이). 모롱이(웅
어). 모쟁이(숭어). 뱅아리(베도라
치). 설치(괴도라치). 세발낙지(낙
지). 암치(민어). 연어사리(연어).
전어사리(전어). 풀치(갈치). 팽팽
이(열모기). ⑤ 벌레 : 가랑니(이).
거염벌레(밤나방). 구더기(파리).
굼벵이(매미). 꼬리구더기(꽃등
에). 꽁지벌레(왕파리). 노랭이(물
잠자리). 개미누에(누에나방). 도둑
벌레(밤나방). 말똥굼벵이(말똥구리).
며루(각다귀). 배추벌레(배추흰나비).
삼벌레(삼하늘소). 장구벌레(모기).
천잠(참나무산누에나방). 풀쐐기(불
나방). 학배기(잠자리).

새끼집 〔子宮〕 * 짐승의 아기집.
☞ 아기집.

새나다 * 비밀이 밖으로 드러나다. ¶ 집
안의 일이 새나지 않도록 하라.
☞ 세나다. 쇠나다. 약비나다.

새납 = 태평소. ‡ 악기. ¶ 새납 소리
가 청승을 떨었다.
☞ 날라리.²

새내기 = 신출내기. ‡ 신입사원. 신입
생.

새노랗다 ⇨ 샛노랗다.

새눈 * 낮에만 잘 보이는 눈.
☞ 밤눈.

새다¹ * 날이 밝아 오다. ¶ 날이 새다.
밤이 새도록 이야기를 하였다.

☞ 새우다. 세다. 지새다.

새다² * ① 물, 기체, 가루가 좁은 틈으로 조금씩 흐르다. ¶ 비가 새다. ② 빛, 재물, 사람들이 조금씩 남모르게 나가다. ③ 비밀이 드러나다.

☞ 빠지다.² 가로새다.

새다리 ⇨ ① 새의 다리. ② 사다리. 사닥다리.

새댁 = 새색시. 색시. 각시. ¶ 새댁에게 태기가 있다.

새되다 * 목소리가 높고 날카롭다. ¶ 새된 소리를 지르다.

☞ 쇠지다.

새둥주리 = 둥지. * 새의 보금자리.

새 둥주리 * 새로 만든 둥지.

☞ 둥우리.

새들다 * ① 중신하다. 중매하다. ② 흥정을 붙이다.

☞ 세 들다.

새때 * 끼니와 끼니 사이의 때. ¶ 아침 새때쯤부터 술에 취해 있다.

☞ 세끼. 억새.

새떼 * 새의 무리. ¶ 참새떼가 몰려왔다.

새뜨기 ⇨ 사팔뜨기.

새뜻히 ⇨ 새뜻이. * 새롭고 산뜻하게. ¶ 옷을 새뜻이 차려입다.

새려 〔토〕 ⇨ 새로에. * 그만두고. ~는커녕. ¶ 남과 시비하는 일은새로에, 골내는 것을 한 번도 본 일이 없다.

새로와지다 ⇨ 새로워지다.

새로운 신년(新年) ⇨ 신년. * 새해.

새록새록 * ① 새로운 물건이나 일이 잇따라 생기는 모양. ¶ 새순이 새록 새록 돋아난다. ② 어떤 생각이나 느낌이 거듭하여 새로 생기는 모양. ¶ 지난 일이 새록새록 떠오른다. ③ 아이가 잠잘 때 나는 소리. ¶ 새록새록 잠 들다.

☞ 소록소록.

새롱새롱 〈 시룽시룽. * 경솔하고 방정맞게 까불며 자꾸 지껄이는 모양.

새말갛다 ⇨ 샛말갛다.

새말개지다 ⇨ 샛말개지다.

새매 = 구지내. 도롱태. * 사냥에 쓰는 수릿과의 새.

☞ 난추니. 익더귀. 산지니. 삼지니. 재지니. 초지니.

새무룩이 〈 시무룩이. * 못마땅하여 말 없고 언짢게. ¶ 새무룩이 앉았다.

새문(~門) = 돈의문. 서대문. * 사대문의 하나.

새물¹ * 새로운 사상이나 경향. ¶ 새물을 먹다.

☞ 새바람.

새물² * ① 새로 나온 과일이나 생선. ② 빨래하여 이제 막 입은 옷.

☞ 맏물.

새 물 * 우물에서 갓 길어 온 물.

새바람 * 새롭게 변하는 풍조. ¶ 새바람이 불다. 새바람을 일으키다.

☞ 새물.¹ 샛바람.

새발에 피 ⇨ 새 발의 피. * 아주 적은 분량이나 하찮은 일.

새벽¹ * 벽이나 방바닥에 덧바르는 차지고 고운 흙. {새벽질. 새벽하다.}

새벽² * 먼동이 터서 해가 뜨기 전까지의 동안. {새벽길. 새벽까치. 새벽녘. 새벽노을. 새벽달. 새벽닭. 새벽동자.

새벽뒤. 새벽바람. 새벽밥. 새벽빛. 새벽안개. 새벽어둠. 새벽이슬. 새벽잠. 새벽종. 새벽차. 새벽하늘.} {꼭두새벽. 어둑새벽. 어슴새벽. 첫새벽.} ¶ 이른 새벽. 새벽 공기.
☞ 갓밝이. 아침.[1]

새벽 두 시(~時) ⇨ 밤 두 시. 새날 두 시. 상오 두 시.

새벽별 * 새벽에 보이는 별.
☞ 샛별.

새벽 세 시(~時) ⇨ 밤 세 시. 새날 세 시. 상오 세 시.

새벽 영 시(~零時) ⇨ 밤 열두 시. 새날 첫 시.

새벽 한 시(~時) ⇨ 밤 한 시. 새날 한 시. 상오 한 시.

새붙이다 ⇨ 암구다. 흘레붙이다.

새빨간 거짓말 [왜] ⇨ 멀쩡한 거짓말. ⁑ 터무니없는 거짓말.

새살 * 부스럼이나 상처가 난 자리에 새로 돋아난 살. ¶ 새살이 돋다.
☞ 생살.

새살궂다 〈 시설궂다. ⁑ 실없이 수선부리기를 좋아하다.

새살까다 ⇨ 놀소리하다.

새삼 = 새삼스레. ¶ 아내의 모습이 새삼 아름답게 보였다.

새색시 = 새댁. 색시. 각시. ⁑ 갓 혼인한 여자.
☞ 새아기.

새서방 = 새신랑. 신랑. ⁑ 갓 혼인한 남자.
☞ 샛서방.

새선(鰓腺) [왜] ⇨ 겹질샘. ⁑ 조개무리의 배설 기관.

새시(sash) * 문골. 문얼굴. 문테. 문틀. 창문틀. 창틀.

새실새실 * ①점잖지 못하게 까불며 웃는 모양. ②생글생글 웃으며 지껄이는 모양. ¶ 새실새실 웃으며 농지거리를 주고받다.
☞ 시실시실.

새쌀 ⇨ 햅쌀. ⁑ 그해에 새로 난 쌀. ¶ 햅쌀로 송편을 빚다.
☞ 묵은쌀.

새아가 = 새아기. ⁑ 시부모가 새 며느리를 사랑스럽게 이르는 말.

새아이 ⇨ 새아기.

새아씨 = 새아기씨. ⁑ 새색시를 높여 부르는 말.
☞ 각시. 색시.

새악시 ⇨ 새색시.

새알사탕(~砂糖) * 새알만 한 크기로 만든 사탕.
☞ 눈깔사탕. 알사탕.

새알심 = 샐심. ⁑ 팥죽에 넣어 먹는 새알만 한 찹쌀가루나 수숫가루 덩이.

새암 ⇨ ①샘. ⁑ 샘터. ②강샘. ⁑ 질투.

새암바르다 ⇨ 샘바르다. ⁑ 질투가 심하다.

새암바리 ⇨ 샘바리. ⁑ 강샘이 많은 사람.

새앙[1] = 새앙머리. 새앙낭자. 생머리. 사항머리. ⁑ 여자의 머리 모양.

새앙[2] = 생강. 생. {새앙물. 새앙뿔. 새앙순. 새앙술(새앙주). 새앙엿. 새앙즙. 새앙차. 새앙초. 새앙편.} {새앙손이.} ⁑ 양념이나 약에 씀.

새앙가루 = 생강가루. ⁑ 양념.

새앙나무 = 생강나무. ⁑ 어린싹을 작

설차로 쓰는 나무.

새앙쥐 = 사향뒤쥐. ‡ 뒤쥣과의 하나.
☞ 생쥐.

새앙토끼 = 생토끼. 우는토끼. 쥐토
끼. ‡ 우는토낏과의 하나.

새옹 * 놋쇠로 만든 작은 솥. {새옹밥.}
☞ 노구.

새우다[1] * 한숨도 자지 않고 밤을 지내
다. ¶ 밤을 새워 공부하다.
☞ 새다.[1] 지새다. 지새우다. 세우다.

새우다[2] = 시새우다. ‡ 샘을 내다.

새우젓 * 새우로 담근 젓.
☞ 생이젓. 토하젓.

새잡다 * 남의 비밀 이야기를 엿듣다.

새 잡다 ¶ 새를 잡아 국을 끓이다.

새짐승 ⇨ 날짐승.

새집[1] = 둥지. ‡ 새의 보금자리. ¶ 새
집을 나무에 달아 주었다.

새집[2] * ① 새로 지은 집. ¶ 새집을 짓
다. ② 새로 이사한 집. ¶ 새집은 매
우 넓다. ③ 새로 맺은 사돈의 집.
④ 새색시.

새참 = 곁두리. 샛요기. 중참. ‡ 일을
하다가 잠깐 쉬면서 먹는 음식.
☞ 낮참. 밤참. 참밥.

새천년(~千年) ⇨ 새 천 년.

새초 = 새초미역. ‡ 짧게 채를 지어
말린 미역.

새초롱 ⇨ 새장.

새초름하다 ⇨ 새치름하다. 새침하다.

새촘하다 ⇨ 새치름하다. 새침하다.

새치근하다 = 새척지근하다. ‡ 음식이
쉬어서 맛이나 냄새가 조금 시다.

새치롬하다 ⇨ 새치름하다. 새침하다.

새치[1] * 젊은 사람의 머리에 드문드문

섞여서 난 흰 머리카락. ¶ 새치를 뽑
다.

새치[2] * 바닷고기 이름. ‡ 녹새치, 돛새
치, 백새치, 청새치, 황새치 따위.

새치기 * ① 옆치기. ‡ 남의 자리에 슬
며시 끼어드는 짓. ② 맡아서 하고
있는 일 사이에 틈틈이 다른 일을
하는 것.

새침 = 새치미. ‡ 쌀쌀맞게 시치미를
떼는 태도. {새침데기.} {새침스럽
다. 새침하다.} ¶ 새침을 따다. 새침
을 떼다. 새침데기 골로 빠진다.
☞ 시침. 시치미.

새침떼기 ⇨ 새침데기. ‡ 성격이 새침
한 사람.

새침하다 = 새치름하다. ‡ 쌀쌀하고
시치미를 떼는 태도가 있다.

새털같이 많은 날 ⇨쇠털같이 많은 날.

새통이 ⇨ 새퉁이. ‡ 밉살스럽거나 경
망한 짓. 또는 그런 짓을 하는 사람.

새퉁쩍다 ⇨ 새퉁맞다. ‡ 어처구니없
이 새삼스럽다. ¶ 새퉁맞은 생각이
들다.

새하얀빛 ⇨ 새하얀 빛.

새하얗다 ‡ 새하얗고. 새하야니. 새하
애. ¶ 새하얀 달빛.

새해 * 새로 시작하는 해. ¶ 새해 차
례. 새해 초. ¶ 새해 들다.
☞ 묵은해. 지난해.

새해맞이 = 설맞이. ‡ 새해를 맞이하
는 일.

색(色) * 빛깔이나 물감. {색실. 색안
경. 색연필. 색올림. 색옷. 색유리.
색종이.} {검은색. 남색. 노란색. 녹
색. 다갈색. 보라색. 분홍색. 붉은

색. 빨간색. 암갈색. 연두색. 자주
색. 적갈색. 주황색. 청록색. 초록
색. 파란색. 푸른색. 하얀색. 회색.
흰색.} {대추색. 바나나색. 밤색. 버
찌색. 살구색. 오렌지색. 올리브색.
자두색. 커피색. 포도색. 하늘색.}
{가림색(보호색). 더운색. 살갗색
(피부색). 얼굴색. 찬색.} ¶색 날다.
색 바래다.
　☞ 빛.²

색골(色骨) = 호색꾼. ‡ 색을 지나치
게 좋아하는 사람.

색깔(色~) * ① 빛깔. ②이념상의 경
향.

색날기(色~) * 물들인 색이 바래져
사라지는 일.
　☞ 색바램.

색대(色~) = 간색대. ‡ 가마니 속에 들
어 있는 곡식을 빼내어 보는 연모.

색도(索道 ⇨ 삭도) ㉑ ⇨ 밧줄. ‡ 세
가닥을 지어 굵게 꼰 줄.

색독(色讀) * 글월 전체의 뜻은 알지
못하고 글자의 뜻만 알고 읽음.
　☞ 난독. 남독. 낭독. 다독. 묵독. 속
독. 음독. 정독. 체독.

색동(色~) * 여러 가지 색으로 만든
소맷감. {색동두루마기. 색동옷. 색
동천.} ¶색동 소맷자락. 색동 주머
니.

색동마고자(色~) * 색동으로 소매를
이어서 만든 어린아이의 마고자.
　☞ 색등거리.

색동반배 ⇨ 색동마고자.

색동저고리(色~) = 까치꽃. ‡ 색동
으로 소매를 대서 만든 어린애의

저고리.
　☞ 까치저고리.

색등거리(色~) = 오라. 오랏줄. ‡ 죄
인을 묶는 줄.
　☞ 색동마고자.

색맹(色盲) ㉑ ⇨ 색소경.

색면(索麵) ⇨ 삭면. ‡ 국수의 한 가지.

색바램(色~) * 물들였던 색이 바래서
엷어지는 현상.
　☞ 색날기.

색소(色素) ㉑ ⇨ 물씨. ‡ 물감.

색시 = ①새색시. 각시. {색시걸음. 색
시꼴. 색시장가. 색싯감. 색싯집.} {숫색
시. 촌색시.} ¶서울 색시. 섬 색시. 시
골 색시. ②처녀. ③접대부.
　☞ 각시.

색시놀이 = 각시놀음. 각시놀이. ‡ 각
시 인형을 가지고 노는 놀이.

색신 검사(色神 檢査) ㉑ ⇨ 색각 검사.
색소경 검사.

색신 이상(色神 異常) ㉑ ⇨ 색각 이상.

색옷(色~) = 무색옷. ‡ 물감을 들인
천으로 만든 옷.

색장나인(色掌內人) = 빗장나인. ‡ 편
지를 나르는 일을 맡은 나인.

샌노랗다 ⇨ 샛노랗다.

샌님 * ①생원님. {샌님탈.} ②얌전
하고 고루한 사람. {촌샌님.}
　☞ 남산골샌님. 생원.

샌달(sandal) ⇨ 짤짤이. ‡ 샌들.

샐긋 〈 쎌긋. ‡ 비뚤어지거나 기울어
지는 모양. ¶책이 샐긋 기울다.

샐기죽 〈 쎌기죽. ‡ 물체가 한쪽으로
천천히 기울어지는 모양.

샐녘 * 밝을녘. ‡ 날이 샐 무렵.

☞ 저물녘. 해거름.

샐쭉 〈 쌜쭉. ✽ 입이나 눈이 한쪽으로 샐그러지는 모양.

샘[1] ✽ ① 땅에서 물이 저절로 솟아나는 곳. 또는 그 물. {샘가. 샘구멍. 샘논. 샘물. 새물가. 샘물줄기.} {샘솟다.} ② 샘터. 샘물터. {도내기샘. 도래샘 (도래샘물). 바위샘. 옹달샘.} ③ 힘 이나 기운이 솟아나오는 원천.

☞ 둠벙. 우물.

샘[2] = 샘판. ✽ 어떤 일이나 사실의 원 인. ¶ 어찌 된 샘인지 알 수 없다.

샘[3] ✽ {내분비샘. 외분비샘.} {눈물샘. 땀샘. 젖샘.}

샘[4] ✽ 남의 처지나 물건을 탐내거나 자 기보다 나은 사람을 미워함. ✽ 질투. {샘바리. 꽃샘. 잎샘.} {샘바르다. 샘하다.} ¶ 샘이 불 같다.

☞ 개염. 게염. 암상.[1]

샘나다 ✽ 시샘하는 마음이 생기다.

☞ 셈나다.

샘내다 = 시샘하다. ✽ 샘을 부리다.

샘논 ✽ 샘가에 있는 논.

☞ 생수받이.

샘물 = 산물. 생수. ✽ 샘에서 솟아나 오는, 먹는 물.

샘물받이 = 샘받이. 생수받이. ✽ 샘물 을 끌어대는 논.

샘받이 ✽ ① 샘물받이. ② 샘물이 나는 논.

☞ 천둥지기. 하늘바라기.

샘병(~病) ✽ 림프성 체질인 어린아이 가 잘 걸리는 병.

☞ 생병. 염병.

샘을 파다 ⇨ 우물을 파다.

샘통 ⇨ 쌤통.

샘판(~板) = 샘. ✽ 어떤 일이나 사실 의 원인. ¶ 어찌 된 샘판인지 모르다.

☞ 산판. 셈판. 수판.

샘풀이 = 우물 지신풀이. ✽ 민속.

샛~[1] ✽ 사이. {샛가지. 샛강. 샛골목. 샛기둥. 샛문. 샛벽. 샛요기. 샛장 지.}

샛~[2] ✽ 첫 낱내가 울림소리와 밝은홀 소리인 빛깔 이름 앞에 씀. {샛노랗 다.}

☞ 새~.[5] 시~.[3] 싯~.

샛간 = 샛방. ✽ 방과 방 사이에 있는 작은 방.

☞ 곁방. 셋방.

샛길 ✽ 큰길 사이로 난 작은 길. ¶ 샛 길로 질러가다.

☞ 새 길. 지름길.

샛까맣다 ⇨ 새까맣다.

샛대문(~大門) ⇨ 샛문. ✽ 정문이 아 닌 작은 문.

샛되다 ⇨ 새되다. ✽ 목소리가 높고 날 카롭다. ¶ 새된 소리를 지르다.

샛바람 ✽ 동풍. ✽ 뱃사람 말.

☞ 새바람.

샛밥 ⇨ ① 곁두리. 새참. 샛요기. 중 참. ✽ 일꾼들이 끼니 밖에 참참이 먹 는 음식. ② 참밥. ✽ 일을 하다가 잠 간 쉬는 동안에 먹는 밥.

샛방(~房) = 샛간. ✽ 방과 방, 마루 와 부엌 사이에 있는 작은 방.

☞ 곁방. 셋방.

샛별 ✽ ① 새벽녘에 보이는 금성. {샛 별눈.} ② 싹수가 있는 사람.

☞ 새벽별.

샛빨갛다 ⇨ 새빨갛다.

샛서방 * 남편 몰래 만나는 사내.
☞ 새서방. 본서방.

샛시(sash) ⇨ 문골. 문얼굴. 문틀.
창틀. 창문틀. ⁑ 새시.

샛요기(~療飢) = 새참. 중참. 곁두리.
☞ 낮참. 밤참. 참밥.

샛파랗다 ⇨ 새파랗다.

샛하얗다 ⇨ 새하얗다.

생¹ = 새앙. 생강. ⁑ 양념채소. 뿌리를
양념과 약으로 씀.

생~²(生~) * ①익지 아니한. {생것.
생고기. 생굴. 생김치. 생나물. 생
쌀.} ②마르지 아니한. {생가지. 생
고치. 생장작. 생풀.} ③손질하지
아니한. {생가죽. 생감. 생고무. 생
과일. 생맥주. 생머리. 생모시.}
☞ 날~.⁷

생~³(生~) * 직접 이어진 피붙이.
{생모. 생부. 생아버지. 생어머니.}
☞ 양~.³

생~⁴(生~) * 지독한. 혹독한. {생급
살. 생지옥.}

생~⁵(生~) * ①억지스러운. {생강
짜. 생거짓말. 생고집. 생떼. 생트
집.} ②공연한. {생가슴. 생걱정.
생고생. 생죽음. 생초상.}

~생⁶(~生) * 태어남. {갑자생. 무인
생. 을해생. 38년생.}

생가망가하다 ⇨ 생게망게하다. ⁑ 말
이나 행동이 터무니없는 모양.

생가죽(生~) = 날가죽. ⁑ 무두질을
하지 않은 가죽.

생각되어지다 ⇨ ①생각되다. ②생각
하다.

생각을 가져 보다 ⇨ 생각해 보다.

생각컨대 ⇨ 생각건대. 생각하건대.
⁑ 안울림소리 뒤에는 '하'가 줆.

생각케 ⇨ 생각게. 생각하게. ⁑ 안울림
소리 뒤에는 '하'가 줆.

생각코 ⇨ 생각고. 생각하고. ⁑ 안울림
소리 뒤에는 '하'가 줆.

생각타못해 ⇨ 생각다 못해. 생각하다
못해. ⁑ 안울림소리 뒤에는 '하'가
줆.

생각치 ⇨ 생각지. 생각하지. ⁑ 안울림
소리 뒤에는 '하'가 줆.

생각하다 = 생각다. * ①무엇을 알아
내려고 머리를 쓰다. ⁑ 사고. 추억.
기억. 상상. ②무엇을 그리워하다.
⁑ 사모. 동경. ③문제를 풀려고 머
리를 쓰다. ⁑ 추측. 사색. ④판단을
내리다. ⁑ 존재. 성질. 상태. 시비.
⑤마음먹다. ⁑ 결심. 작정. 예정.
⑥남의 사정을 헤아리다.
☞ 느끼다.²

생각 하에서(~下~) ⇨ 생각에서. 생
각으로.

생각하지 않다 = 생각지 않다.

생각히다 ⇨ 생각나다.

생갈이 = 홍두깨생갈이. ⁑ 쟁기질이 서
투른 사람이 밭고랑 사이를 가는 일.
☞ 애벌갈이.

생감(生~) = 날감. ⁑ ①익지 않은
감. ②우리지 않은 감.

생감자(生~) = 날감자.

생강(生薑) = 새앙. 생. ⁑ 양념채소.
{생강가루. 생강나무. 생강뿔. 생강
순. 생강술. 생강엿. 생강정과. 생강
주. 생강즙. 생강차. 생강초. 생강

편.}

생강손이 ⇨ 새앙손이. ⁂ 손가락 모양
이 새앙처럼 생긴 사람.

생것(生~) * ① 날것. 날짜. 생짜.
② 살아 있는 것.
☞ 날짜.¹ 생짜.

생겨 = 생기어. ⁂ 생기다. {생겨나다.}
¶ 생겨 먹다.

생고구마(生~) = 날고구마.
☞ 군고구마.

생고기(生~) = 날고기.

생고무(生~) = 천연고무.

생고치(生~) = 날고치.

생곡식(生穀~) = 날곡식.

생과부(生寡婦) * ① 남편과 멀리 떨어
져 있거나 소박을 맞은 여자. ② 정
혼자나 갓 혼인한 남편이 죽어서 혼
자 사는 여자.
☞ 청상과부.

생과자(生菓子) ㉾ ⇨ 진과자.

생광쩍다(生光~) ⇨ 생광스럽다. ⁂
① 빛이 나다. ¶ 보내 주신 돈은 생
광스럽게 잘 썼습니다. ② 보람 있
다. ¶ 그 돈을 가난한 사람들에게 나
눠 준다면 크게 생광스러울 것인데.

생긋 〈 생끗 〈 쌩긋 〈 쌩끗.

생급스럽다 * ① 뜻밖의 행동을 하다.
② 얼토당토아니한 말을 하다.
☞ 새삼스럽다.

생기다 * 전에 없던 욕심, 물체, 물건,
사물의 모양이나 형세가 처음으로
나타나다. ¶ 좋은 일이 생기다. 돈이
생기다. 병이 생기다.
☞ 나다.¹ 나타나다.¹ 일다.²

생김치(生~) = 날김치.

생꾼(生~) = 생무지. ⁂ 어떤 일에 서
투른 사람.

생나무(生~) = ① 날나무. ⁂ 살아있
는 나무. ② 날목. ⁂ 마르지 않은 나무.
☞ 날목. 생목.²

생남례(生男禮) = 득남례. ⁂ 아들 낳
은 턱. {생남례하다.}
☞ 턱.¹ 팬잔례.

생내기(生~) ⇨ 샘무지. 생꾼.

생노병사(生老病死) ⇨ 생로병사. ⁂
사람이 겪는 네 가지 아픔.

생니탄(生泥炭) ⇨ 생이탄. ⁂ 가공하
지 않은 토탄.

생닭(生~) * ① 살아 있는 닭. ② 잡
아서 익히지 않은 닭.
☞ 산닭.

생동쌀 = 청량미. 청정미. ⁂ 차좁쌀의
한 가지인 생동찰의 알맹이.

생동찹쌀 ⇨ 생동쌀.

생된장(生~) = 날된장.

생떼 = 생떼거리. 생청. ⁂ 억지로 쓰
는 떼. ¶ 생떼를 부리다. 생떼 쓰다.

생떼거지 ⇨ 생떼거리.

생똥(生~) ⇨ 산똥. ⁂ 먹은 것이 제대
로 삭지 않고 나오는 똥.

생략시키다(省略~) ⇨ 빼다. 줄이다.
⁂ 생략하다.

생륙신(生六臣) ⇨ 생육신.

생맥주집(生麥酒~) ⇨ 생맥줏집.

생머리¹ = 새앙. 새앙머리. 새앙낭자.
사향머리. ⁂ 여자의 머리 모양.

생머리²(生~) * 파마나 인두질하지
않은 머리칼.

생머리³(生~) * 갑자기 아파지는 머
리. ¶ 생머리를 앓다.

생명주실(生明紬~) = 생사. 생실. ＊ 삶지 아니한 명주실.

생명태(生明太) ⇨ 생태. ＊ 얼리거나 말리지 않은 명태.

생모(生母) = 생어머니. 친어머니. ＊ 낳은 어머니.
　☞ 양모. 의모.

생목[1](生~) ＊ 삭히지 못하고 입으로 올라오는 음식물.

생목[2](生~) = 날목. ＊ 베어 낸 지 얼마 안 되어 마르지 아니한 나무.
　☞ 날나무. 생나무.

생목[3](~木) = 당목. 당목면. 서양목. ＊ 무명으로 짠 천.

생목[4](生木) = 생무명. ＊ 천을 짠 뒤 잿물에 삶아서 누임질 않은 무명.

생목[5](生木) = 생나무. ＊ 살아 있는 나무.

생목숨(生~) ＊ ①산목숨. ¶ 생목숨을 끊다. ②아무런 죄가 없는 사람의 목숨. ¶ 억울하게 생목숨을 잃다.
　☞ 산목숨.

생무지(生~) = 생꾼. ＊ 서투른 사람.

생발 = 생인발. ＊ 발가락 끝이 곪는 병.
　☞ 생손. 생인손.

생밤(生~) = 날밤. ＊ 말리거나 굽거나 삶지 않은 밤.
　☞ 군밤.

생방송(生放送) 웹 ⇨ 바로 방송. ＊ 현장 방송.

생벼락(生~) = 날벼락. ＊ 아무 죄 없이 맞는 벼락.
　☞ 날벼락. 누운벼락. 앉은벼락.

생별(生別) = 생이별. ＊ 살아 있는 피붙이나 가시버시와 아주 헤어짐.
　☞ 갑이별. 사별.

생병(生病) ＊ ①힘에 겨운 일을 해서 난 병. ②스스로 공연히 앓는 병.
　☞ 샘병.

생부(生父) = 친부. 친아버지. 생아버지. ＊ 낳아준 아버지.
　☞ 양부. 양아버지. 의부.

생부모(生父母) = 본생부모. ＊ 양자로 간 사람의 생가 부모.

생뿔 = 새앙뿔. 생강뿔. ＊ ①삐죽삐죽 돋은 생강 뿌리. ②짧게 난 소뿔.

생사여부(生死與否) ⇨ 생존 여부. ＊ 죽었는지 살았는지.

생사(生絲) = 생실. 생명주실. ＊ 삶아서 익히지 아니한 명주실.

생사여탈권(生死與奪權) ⇨ 생살여탈권.

생산고(生産高) 웹 ⇨ 생산량.

생산하다(生産~) ＊ ①아이를 낳다. ¶ 당신께선 아들 둘, 딸 셋을 생산하셨다. ②물건을 만들어 내다. ¶ 물건을 하루에 천 개씩 생산한다.
　☞ 해산하다. 탄생하다.

생살(生~) ＊ 아무런 탈이 없는 성한 살. ¶ 생살을 찢는 듯한 아픔.
　☞ 새살.

생삼(生蔘) = 수삼. ＊ 말리지 않은 인삼.
　☞ 삼.[5]

생색나다(生色~) = 낯나다. ＊ 체면이 서다.

생색내다(生色~) = 낯내다. ＊ 지나치게 자랑하다.

생색쩍다(生色~) ⇨ 생광스럽다.

생선묵(生鮮~) ⇨ 어묵.

생선회(生鮮膾) = 어회. ⁑ 물고기로 만든 회.
☞ 육회.

생소나무(生～) * ① 살아 있는 소나무. ② 생솔.

생손 = 생인손. ⁑ 손가락 끝이 곪는 병.
☞ 생발. 생인발.

생손이 ⇨ 새앙손이. ⁑ 손가락이 생강처럼 생긴 사람.

생솔(生～) * ① 생소나무. ② 벤 지 얼마 안 되어 마르지 아니한 소나무.

생수¹(生手) = 생꾼. 생무지. ⁑ 일에 서투른 사람.

생수²(生水) = ① 먹는 샘물. ② 산물. ③ 샘물.

생수받이(生水～) = 샘물받이. ⁑ 샘물로 농사짓는 논.
☞ 샘논. 천둥지기. 하늘바라기.

생술(生～) = 풋술. ⁑ 맛도 모르면서 마시는 술.

생식선(生殖腺) ㉿ ⇨ 불이샘. 생식샘. ⁑ 수컷의 정소와 암컷의 난소.

생신(生辰) * 손윗사람의 생일. {생신 잔치.} ¶ 어머니의 생신.
☞ 탄신.

생신날(生辰) ⇨ 생신.

생신차례(生辰茶禮) * 죽은 사람의 생신에 지내는 차례.
☞ 차례.²

생실(生～) = 생명주실. 생사.

생쌀(生～) = 날쌀. ⁑ 익히지 않은 쌀.

생안발 ⇨ 생인발.

생안손 ⇨ 생인손.

생애(生涯) ㉿ ⇨ 일생. 평생. 한살이.

생어머니(生～) = 생모. 친어머니. ⁑ 낳은 어머니.

생연월일(生年月日) ⇨ 생년월일. ⁑ 생년, 생월, 생일.

생엿 = 새앙엿. 생강엿. ⁑ 생강즙을 넣고 고아서 만든 엿.
☞ 검은엿.

생오징어(生～) = 물오징어. ⁑ 말리지 않은 오징어.
☞ 마른오징어.

생울타리(生～) ⇨ 산울타리. 산울. ⁑ 살아 있는 나무 울타리.

생원(生員) * ① 나이 많은 선비. {꽁생원. 옹생원. 촌생원.} ② 생원과에 급제한 사람. ¶ 김 생원. 이 생원. 조 생원.
☞ 샌님.

생육신(生六臣) ⁑ 이맹전. 조여. 원호. 김시습. 성담수. 남효온.(또는 권절.)
☞ 사육신.

생율치다(生栗～) ⇨ 밤을 치다.

생이별(生離別) = 생별. ⁑ 살아 있는 피붙이나 가시버시와 아주 헤어짐.
☞ 갑이별. 사별.

생이젓 = 토하젓. ⁑ 민물 새우로 담근 젓.

생일¹(生～) * 억지로 하는 서투른 일. ¶ 들에 나가 생일이라도 해야겠다.

생일²(生日) * 태어난 날. {생일맞이. 생일빔. 생일상. 생일잔치. 생일풀이.}
☞ 생신. 탄신.

생일날(生日～) ⇨ 생일. ⁑ 태어난 날.

생일비음(生日～) ⇨ 생일빔. ⁑ 생일에 새로 장만해 주는 옷이나 신발.

생잡이(生〜) = 마구잡이. ✽ 닥치는 대로 마구.

생자기(生〜) ⇨ 생재기.

생재기 ✽ ① 종이나 피륙의 성한 부분. ② 자투리가 아닌 부분.
☞ 생채기.

생전복(生全鰒) = 날전복. ✽ 살아 있는 전복.

생쥐 ✽ 쥣과의 작은 쥐. ✽ 의학 실험용으로 기름. {생쥐꼴.}
☞ 새앙쥐. 사향뒤쥐.

생쥐들 하고 놀다 ⇨ 생쥐들하고 놀다. ✽ '하고'는 토씨.

생지옥(生地獄) = 산지옥. ✽ 매우 괴롭고 힘든 곳.

생짜(生〜) ✽ ① 날것. ② 익숙하지 못한 사람.
☞ 날짜.1

생채기 ✽ 할퀴거나 긁혀서 생긴 자국. {생채기투성이.} ¶ 생채기를 내다.
☞ 상처. 생재기.

생철1(〜鐵) = 양철. ✽ 통조림통이나 석유통 따위를 만드는 얇은 철판.

생철2(生鐵) = 무쇠. 선철. 생수철. 주철.

생청1 = 생떼. 생떼거리. {생청붙이다. 생청스럽다.} ¶ 생청으로 잡아떼다.

생청2(生淸) ✽ 벌집에서 떠낸 그대로 꿀. ✽ 가공하지 않은 꿀.
☞ 숙청.

생초(生草) = 생풀. ✽ 갓 벤 싱싱한 풀.
☞ 갈초. 마른풀.

생치1(生雉) ✽ 꿩의 날고기. {생치구이. 생치만두. 생치저냐. 생치조림.}

생치2 ⇨ 날것. 날짜. 생것. 생짜.

생침1 ✽ 긴장하거나 속이 답답할 때 공연히 삼키는 침. ¶ 생침을 꿀꺽 삼키다.
☞ 군침.

생침2(生鍼) ✽ 멀쩡한데 공연히 맞는 침. ¶ 아프지도 않은데 생침을 맞다.

생태(生太) ✽ 얼리거나 말리지 않은 명태.
☞ 동태. 북어. 선태.

생토끼 = 새앙토끼. 우는토끼. 쥐토끼. ✽ 토끼의 한 가지.
☞ 산토끼. 집토끼.

생콩(生〜) = 날콩.

생풀1(生〜) ✽ 쌀가루(밀가루)를 맹물에 타서 쓰는 풀. ¶ 베에 생풀을 먹이다.

생풀2(生〜) = 생초. ✽ 갓 벤 싱싱한 풀.
☞ 갈초. 마른풀.

생피(生〜) ✽ 살아 있는 동물의 몸에서 갓 빼낸 피.
☞ 상피. 선지피.

생피리 ⇨ 상피리. 게르치. ✽ 바닷고기의 하나.

생호령(生號令) = 강호령. ✽ 까닭 없이 꾸짖는 호령.

생활연령(生活年齡) = 역연령. ✽ 세는나이와 옹근나이 두 가지가 있음.
☞ 골연령. 골화연령. 정신연령.

생활하수(生活下水) ⇨ 구정물. ✽ 설거지물, 빨래한 물 따위.

샤베트(sherbet) ⇨ 셔벗. ✽ 얼음과자의 한 가지.

샤브샤브 倭 ⇨ 샤부샤부. ✽ 왜식 음식의 한 가지.

샤스(샤쓰. shirt) 倭 ⇨ 셔츠.

샤시(sash) ⇨ 문골. 문얼굴. 문테.
　문틀. 창문틀. 창틀. ⁂ 새시.

샤쿠 倭 ⇨ 국자.

샤타(shutter) 倭 ⇨ 덧닫이. 여닫개.
　주름여닫개. ⁂ 셔터.

샷시(sash⇨새시) 倭 ⇨ 문골. 문얼
　굴. 문테. 문틀. 창문틀. 창틀.

샵(shop⇨숍) ⇨ 가게.

서¹ = 피리서. 피리청. ⁂ 피리의 부리에
　끼우는 얇은 대나무나 쇳조각.

서² 〔매〕 * ‘근. 돈. 돈쭝. 되. 마지기.
　말. 발. 푼. 홉’ 따위 하나치 앞에 씀.
　¶ 쇠고기 서 근. 금 서 돈. 쌀 서 말.
　돈 서 푼. 논 서 마지기.
　☞ 석. 세.¹

서³ 〔토〕 = 에서. ⁂ ① 움직이고 있는
　곳. ② 움직이는 출발점. ¶ 서울서.
　부산에서. 시장에서. 어디서. 공원
　에서. 길거리에서. 학교에서.
　☞ 로.¹ 에.

서⁴ 〔토〕 * ① 임자말이 모임일 때 쓰는
　임자자리토씨. ¶ 우리 학교서 이겼
　다. ② 혼자, 둘이, 셋이 따위에 붙
　는 임자자리토씨. ¶ 혼자서 집을 지
　켰다. ③ 풀이씨 줄기 ‘~고, ~어’에
　붙는 토씨. ¶ 점심을 먹고서 하자.

서계선(鼠蹊腺 ⇨서혜선) 倭 ⇨ 샤타
　구니림프샘.

서공(西貢) ⇨ 사이공. ⁂ 땅 이름.

서구(西歐) ⇨ 서유럽. ⁂ 땅 이름.

서구라파(西歐羅巴) ⇨ 서유럽. ⁂ 땅
　이름.

서구문화(西歐文化) ⇨ ① 서양 바람.
　② 서양 문화. ③ 서양 퇴폐 풍조.

서그러지다 * 마음이 너그럽고 서글서

글하게 되다.
　☞ 사그라지다.

서글서글하다 = 어글어글하다. ⁂ ① 생
　김새나 성품이 상냥하고 너그럽다.
　¶ 서글서글한 눈매. ② 얼굴의 구멍새
　가 널찍널찍하여 시원스럽다.
　☞ 너글너글하다.

서기(西紀) = 기원후. 서력기원. ⁂ 예
　수가 태어난 해를 1년으로 함.
　☞ 단기. 불기.²

서기전(西紀前) = 기원전.

서낙하다 = 선하다. ⁂ 장난이 심하고
　하는 짓이 극성맞다.

서낭 * ① 서낭님. 서낭신. ② 서낭신
　이 붙어 있는 나무. ⁂ 민속.

서너 〔매〕 * 셋이나 넷. ⁂ 하나치 ‘개.
　군데. 되. 번. 사람. 잎. 집. 포기’ 앞
　에 씀.

서너너덧 〔매〕 * 서넛이나 너덧. 셋이
　나 넷. 넷이나 다섯. ⁂ ‘명. 번’ 앞에.

서넛 〔셈〕 * 셋이나 넷. ¶ 늙은이 서넛
　이 앉아 있다.

서녘(西~) = 서쪽.

서느렇다 ⁂ 서느렇고. 서느렇소. 서느
　레. 서느러니.

서늘하다 * ① 조금 추운 느낌이 들다.
　¶ 날씨가 서늘하다. ② 놀라서 무서
　움을 느끼다. ¶ 등골이 서늘하다.
　☞ 선선하다. 시원하다.

서답 ⇨ ① 빨래. ② 개짐.

서당개(書堂~) ⇨ 서당 개. ¶ 서당 개
　삼 년이면 풍월을 읊는다.

서대¹ = 서대기. ⁂ 바닷고기 이름.

서대² * 소의 앞다리에 붙은 고기. ⁂
　곰거리로 씀.

서대문(西大門) = 돈의문. 새문. ＊ 서울 도성 서쪽 정문.
　☞ 동대문. 남대문. 북대문.

서덜[1] = 돌서덜. ＊ 냇가나 강가에 돌이 많은 곳.
　☞ 너덜겅. 너설.

서덜[2] ＊ 생선의 살을 발라내고 난 나머지 뼈, 대가리, 껍질 따위.

서덜탕(~湯) ＊ 서덜로 얼큰하게 끓인 찌개.
　☞ 매운탕.

서 되 = 석 되. ＊ 하나치 '되' 앞에는 '서'와 '석' 둘 다 씀.

서두르다 = 서둘다. ＊ 서두네. 서두르게. 서두르지. 서두른. 서둘러. 서둘러도. 서둘러라. 서둘렀다. 서둘고. 서둘면. 서둚. 서둡니다.

서둘어 ⇨ 서둘러. ＊ 준말의 가지 '서둘~'에는 홀소리 씨끝이 붙지 못함.

서드리 ⇨ 너덜겅. 너덜. ＊ 돌이 많이 흩어져 있는 비탈.

서런 ⇨ 서러운. ＊ 서럽다.

서러움[이] = 설움.

서러이 ＊ 원통하고 서럽게. ¶ 맨손인 처지를 너무 서러이 생각지 마라.

서럽다 = 섧다. ＊ 원통하고 슬프다. ¶ 내 신세가 서럽다.
　☞ 설다.[2] 슬프다. ~스럽다.

서럽지 = 섧지.

서렬(序列) ⇨ 서열. ＊ 차례. ¶ 서열을 따지다. 서열이 높다.

서로[어] ＊ 임자말, 기움말, 매김말, 부림말, 풀이말로 쓸 수 없음. ＊ '서로가, 서로의, 서로를, 서로이다.' 따위는 잘못임.

서로간(~間) ⇨ 서로.

서로의 ⇨ 서로.

서른[三十][매.셈] ＊ {서른하나. 서른한. 서른두. 서른둘. 서른세. 서른셋. 서른네. 서른넷. 서른다섯. 서른여섯. 서른일곱. 서른여덟. 서른아홉.}

서른네째 ＊ 서른네 번째. ＊ 차례.

서른넷째 ＊ 서른네 개째. ＊ 수량.

서른두째 ＊ 서른두 번째. ＊ 차례.

서른둘째 ＊ 서른두 개째. ＊ 수량.

서른세째 ＊ 서른세 번째. ＊ 차례.

서른셋째 ＊ 서른세 개째. ＊ 수량.

서름 ⇨ 설움. 서러움.

서름하다 ＊ ① 남과 사이가 가깝지 못하고 서먹하다. ② 사물에 서툴다.
　☞ 서먹하다.

서리[1] ＊ 여럿이 떼를 지어 남의 것을 훔쳐 먹는 장난. {서리하다.} ¶ 감자 서리. 닭 서리. 밀 서리. 수박 서리. 옥수수 서리. 참외 서리. ¶ 서리 맞다.

서리[2] ＊ 무엇이 많이 모여 있는 무더기의 가운데. ¶ 나무 서리. 사람들 서리.

서리[3] ＊ 물체의 겉에 눈처럼 얼어붙은 것. {서릿김. 서릿바람. 서릿발. 서릿점.} {된서리. 무서리. 첫서리.} ¶ 찬 서리. 서리 피해. 서리가 내리다.
　☞ 이슬.

서리꽃 ＊ 유리창에 서린 김이 얼어서 꽃처럼 엉긴 무늬. ¶ 서리꽃이 앉다.
　☞ 상고대. 서릿발. 성에꽃.

서리 내리다 = 서리 앉다. 서리를 이다. ＊ 머리카락이 하얗게 세다.

서리다¹ * ① 어떤 기운이 어리어 나타나다. ¶ 조상의 숨결이 서리다. ② 김이 물방울을 지어 엉기다. ¶ 김이 서리다. ③ 어떤 생각이 마음속 깊이 자리 잡다. ¶ 한이 서리다. ④ 냄새가 풍기다. ¶ 흙 냄새와 풀 냄새가 서리다.

서리다² 〉 사리다. ‡ 실, 국수 따위를 둥그렇게 포개어 감다.

서리 앉다 = 서리를 이다. 서리가 내리다. 서릿발을 이다. ‡ 머리가 세다.

서리유리(~琉璃) = 젖빛유리.

서릿가을 = 늦가을. ‡ 늦은 가을.
　☞ 첫가을. 초가을. 한가을.

서릿발 * ① 땅바닥이나 풀 포기에 서리가 엉기어 삐죽삐죽하게 성에처럼 된 모양. ¶ 서릿발이 앉다. 서릿발이 치다. ② 찬 기운. ¶ 서릿발 같다.
　☞ 서리꽃. 성에.

서릿발을 이다 = 서리 내리다. 서리 앉다. 서리를 이다. ‡ 머리가 세다.

서릿발이 서다 * 땅거죽에 가늘고 긴 얼음 줄기의 묶음이 생기다.

서머하다 = 낯없다. ‡ 면목이 없다.

서먹하다 * 낯익지 아니하여 어색하다.
　☞ 서름하다.

서모(庶母) * 아버지의 첩.
　☞ 첩어미.

서반아(西班牙) ⇨ 스페인. 에스파냐. ‡ 나라 이름.

서반아어(西班牙語) ⇨ 스페인 말. 에스파냐 말.

서방¹(西方) = ① 서쪽. ② 서쪽 지방.

③ 서유럽.

서방² * ① 서방님. ‡ 남편. {개구멍서방. 기둥서방. 머리서방. 무당서방. 본서방. 새서방. 샛서방. 전서방. 서방맞이.} ¶ 서방 맞다. 서방 맞히다. ② 사위를 부르는 말. ¶ 김 서방. 남 서방. 박 서방. 이 서방. 최 서방.

서방님 * ① 장가간 시동생. ¶ 작은 서방님. 큰 서방님. ② 남편.
　☞ 도련님. 시아주버니. 아주버님.

서방덤 * 자반고등어의 배 안에 덤으로 끼워 놓은 큰 새끼 자반 한 마리.
　☞ 남매덤. 외동덤.

서방질 = 화냥질. ‡ 남편 아닌 남자와 정을 통하는 짓.
　☞ 계집질. 난질.

서백리아(西伯利亞) ⇨ 시베리아. ‡ 땅 이름.

서백림(西伯林) ⇨ 서베를린. ‡ 땅 이름.

서벅돌 * 단단하지 못하여 서벅서벅 잘 부서지는 돌.
　☞ 차돌. 푸석돌.

서분하다 = 서부렁하다. ‡ 묶거나 쌓은 물건이 느슨하거나 벌어져 있다. ¶ 과일을 싼 보자기가 서분하여 곧 풀어지고 말았다.
　☞ 서운하다.

서붓 〈 서뿟 〈 서풋. ‡ 가볍게 발을 내디디는 소리.

서뿌르다 ⇨ 섣부르다.

서뿔리 ⇨ 섣불리.

서살목 ⇨ 밭비. ‡ 서까래 위에 산자를 얹고 그 위에 까는 나뭇조각.

서삼릉(西三陵) * 중종 계비 장경왕후의 희릉, 인종과 인성왕후의 효릉,

철종과 철인왕후의 예릉을 아울러 일컫는 이름. ＊ 경기도 고양시에 있음.

☞ 서오릉.

서서(瑞西) ⇨ 스위스. ＊ 나라 이름.

서서히(徐徐~) 옏 ⇨ 천천히.

서성거리다 = 서성대다. ＊ 자꾸 주위를 왔다갔다하다.

☞ 지정거리다.

서성이다 ＊ 한곳에 서 있지 않고 주위를 자꾸 왔다 갔다 하다.

☞ 거닐다.

서소문(西小門) = 소의문. 소덕문. ＊ 사소문의 하나.

서숙 ⇨ 조. ＊ 잡곡의 하나.

서슴없다 ＊ 말이나 행동에 망설임이나 거침이 없다. ¶ 서슴없는 말투.

☞ 스스럼없다.

서슴치 ⇨ 서슴지. ＊ 서슴다. ¶ 서슴지 말고. 서슴지 않고.

서슴하다 ⇨ 서슴다. ＊ 망설이다. {서슴거리다. 서슴대다. 서슴없다.}

서식하다(棲息~) ＊ 동물이 깃들여 살다. ¶ 서식 환경. 서식 조사.

☞ 분포하다.

서아세아(西亞細亞) ⇨ ①서아시아. ②서남아시아. ＊ 땅 이름.

서양(西洋) ＊ 유럽과 남북아메리카. ¶ 서양 문화. 서양 바람. 서양 속담.

☞ 동양.[1] 중앙.

서양목(西洋木) = 당목. 당목면. 생목. ＊ 무명으로 짠 천.

서양못(西洋~) = 왜못.

서양철(西洋鐵) ⇨ 생철. 양철. ＊ 안팎에 주석을 입힌 얇은 철판.

서양화(西洋畫) ＊ 유화, 수채화, 파스텔화, 연필화, 펜화 따위 서양식 그림.

☞ 동양화.

서어비스(service) ⇨ ①이바지. ②대접. ③시중. ④섬김. ＊ 서비스.

서오릉(西五陵) ＊ 예종과 비 안순 왕후의 창릉, 숙종과 계비 인현왕후와 인원 왕후의 명릉, 숙종 비 인경왕후의 익릉, 영조 비 정성왕후의 홍릉, 덕종과 비 소혜왕후의 경릉을 아울러 일컫는 이름. ＊ 경기도 고양시에 있음.

☞ 서삼릉.

서운하다 ＊ 마음에 모자라 아쉽거나 섭섭하다. ¶ 헤어지기가 서운하다.

☞ 서분하다.

서울〔首都〕 ＊ ①서울특별시. {서울깍쟁이. 서울말. 서울발. 서울역. 서울행.} ¶ 서울 구경. 서울 놈. 서울 땅. 서울 사람. 서울 소식. 서울 집. ②중앙 정부가 있는 곳. ＊ 서울에도 변두리에는 촌이 있음.

☞ 경성. 한성. 도시. 시골. 촌.

서울 길 ＊ ①서울로 가는 길. ②서울에 있는 길.

☞ 시골 길.

서울까투리 ＊ 수줍음이 없고 숫기가 좋은 사람.

☞ 시골고라리.

서울내기 ＊ 서울에서 태어나고 자란 사람.

☞ 시골내기.

서울뜨기 ＊ 서울 사람.

☞ 시골뜨기. 촌뜨기.

서울말 ＊ 서울 사람이 쓰는 말. ＊ 표준

말의 바탕이 되는 말.

☞ 사투리. 시골말.

서이〔三〕⇨ 서. 세. 셋.

서장(西欌) ⇨ 티베트. ✱ 땅 이름.

서전(瑞典) ⇨ 스웨덴. ✱ 나라 이름.

서쪽(西~) = 서녘. ¶ 서쪽 땅. 서쪽 바다. 서쪽 하늘.

서체(書體) ✱ ① 글씨체. ✱ 필체. ② 붓글씨체에서 정해진 모양. ✱ 한문글자의 해서, 행서, 초서, 예서, 전서가 있고 한글의 궁체가 있음.

☞ 서풍.

서캐조롱 ✱ 여자 어린애들이 액막이로 주머니 끈이나 옷끈에 차는 물건.

☞ 조롱.

서캐훑치 ⇨ 서캐훑이. ✱ 서캐를 훑어 내는 참빗.

서켠(西~) ⇨ 서쪽. 서녘.

서투르다 = 서툴다. ✱ 준말의 줄기 '서툴~'에는 홀소리 씨끝이 붙지 못함. ¶ 서툴어⇨서툴러. 서툴으면⇨서투르면. 서툴으오⇨서투르오. 서툴으니⇨서투르니. 서툴러도⇨서툴러도. 서툴렀다⇨서툴렀다.

☞ 설다.²

서편제(西便制) ✱ 섬진강 서쪽, 곧 보성, 광주, 나주에서 성한 판소리.

☞ 동편제. 중고제. 판소리.

서표(書標) ✱ ① 갈피표. ② 보람줄.

서푼¹ 〉 사뿐. ✱ 가볍게 발을 내디디거나 움직이는 모양.

서푼² ✱ 아주 보잘것없는 값. ¶ 서푼짜리도 안 되는 물건. 서푼짜리 소설.

서 푼 ✱ 한 푼짜리 엽전 세 개. ¶ 서 푼어치.

서풋 〉 서뻣 〉 서붓. ✱ 발을 가볍게 디디는 소리나 모양.

서풍(書風) ✱ 같은 서체라도 쓰는 사람에 따라 다른 글씨 모양. ✱ 붓글씨.

☞ 서체.

서행되다(徐行~) ⇨ 천천히 가다. ✱ 서행하다.

서훈되다(敍勳~) ⇨ ① 훈장을 받다. ② 훈장을 주다.

석〔三〕〔매〕 ✱ 하나치 '냥, 냥쭝, 단, 달, 대, 동, 동달이, 되, 되드리, 두름, 새, 섬, 섬지기, 손, 자, 자루, 잔, 잠, 장, 재, 제, 전, 점, 접, 죽, 줄, 줌, 짐' 앞에 씀.

☞ 서.² 세.¹

석가(釋迦) = 석가모니. 석가모니불. 석가모니여래. 석가세존. 석가여래.

석가탄신일(釋迦誕辰日) ⇨ 석가 탄신. 석가 탄일. ✱ 부처님 오신 날.

석각장이(石刻~) = 돌장이. 석공. 석수. 석수장이.

석간신문(夕刊新聞) = 석간지. 석간. ✱ 신문.

석경(石鏡) ✱ 유리 거울.

☞ 동경.⁶ 면경. 체경.

석고상(石膏像) = 석고 조각.

석공(石工) = 석수. 석수장이. 석각장이. 돌장이.

석기(石器) = 돌연모. 돌연장.

석 냥 ✱ 한 냥짜리 엽전 세 개.

☞ 성냥.

석녀(石女) 〈완〉 ⇨ 돌계집.

☞ 둘치.

석다 ✱ ① 쌓인 눈이 속으로 녹다. ② 술이 익을 때 괴는 물방울이 사라지다.

☞ 삭다. 섞다. 썩다.

석 달만 ¶ 석 달만 참아라. ‡ ‘만’은 토씨.

석 달 만에 ¶ 석 달 만에 돌아왔다. ‡ ‘만’은 매인이름씨

석 돈 ⇨ 서 돈. ‡ 하나치 ‘돈’ 앞에는 ‘서’임.

석돌 = 푸석돌. ‡ 푸석푸석해진 화강암 따위.
　☞ 부싯돌. 서벅돌.

석동사니 ⇨ 석동무니. ‡ 윷놀이에서 석동을 한데 업고 가는 말.

석등(石燈) = 석등롱. ‡ 돌로 만들어 절 마당에 세운 등롱.
　☞ 장명등.

석란국(錫蘭國) ⇨ 스리랑카. ‡ 나라 이름.

석련자(石蓮子) ⇨ 석연자. ‡ 연밥.

석룡자(石龍子) ⇨ 도롱뇽. ‡ 물뭍동물 이름.

석리두(石螭頭 ⇨ 석이두) ⇨ 이무깃돌.

석발미(石拔米) ㉇ ⇨ 아주먹이. ‡ 돌을 골라낸 쌀.

석방시키다(釋放～) ⇨ 풀어 주다. ‡ 석방하다.

석분(石粉) ㉇ ⇨ 돌가루.

석새 = 석새베. 석새삼베. ‡ 성글고 굵은 베.

석쇠 * 철사를 엮어 만든 고기 굽는 연모. ¶ 석쇠에 고기를 굽다.
　☞ 모태.

석쇠무늬 = 격자무늬. 문살무늬.

석수(石手) = 돌장이. 석공. 석수장이. 석각장이. 석공. {석수질.}

석순(石筍) = 돌순. ‡ 바닥에서 죽순 모양으로 솟은 돌기둥.
　☞ 종유석.

석식(夕食) ㉇ ⇨ 저녁밥. 저녁.

석양(夕陽) * ①지는 해. ②해거름. ‡ 아직 해가 서쪽 하늘에 걸려 있음. {석양녘.} ③저녁 햇빛. {석양볕. 석양빛.} ④늘그막.
　☞ 황혼.

석영 유리(石英琉璃) = 차돌 유리. ‡ 수정 가루를 녹여 만든 유리.

석이(石耳) = 석이버섯. {석이나물. 석이쌈. 석이저냐. 석이채.}

석이다 * ‘석다’의 하임. ‡ 술, 단술이 익을 때 괴는 거품을 가라앉히다.
　☞ 삭이다.²

석자 * 튀김을 건지는 연모. ‡ 바가지 모양으로 철사를 엮어서 손잡이를 닮.
　☞ 구기. 국자. 부디기.

석재(石材) * 토목, 건축, 여러 가지 물건을 만드는 데 쓰는 돌.
　☞ 목재.

석전놀이(石戰～) = 석전. 투석전. 돌싸움. 돌쌈. {석전꾼. 석전질.}

석탄절(釋誕節) ⇨ 부처님 오신 날. 석가 탄신. 석가 탄일. ‡ 초파일.
　☞ 불탄절.

석혹(石～) 〔石瘤. 石瘿〕 * 돌처럼 단단하게 된 혹. ‡ 한의학.

석회굴(石灰窟) = 종유굴. 석회동. 석회 동굴.

섞갈리다 * 갈피를 잡지 못하게 정신이나 이야기가 한데 뒤섞이다.
　☞ 엇갈리다. 헛갈리다. 헷갈리다.

섞다 * 어떤 물질 속에 다른 물질을 고

르게 합치다. ¶ 골고루 섞다.
　☞ 석다. 썩다. 타다.[2]

섞박지 * 배추, 무, 오이로 담근 김치
　의 하나.
　☞ 오이지. 외지. 짠지.

섞여 = 섞이어. * 섞이다. ¶ 섞여 나
　오다. 섞여 살다. 섞여 있다.

섞여지다 ⇨ 섞이다.

섟[1] * 첫 번에 불쑥 일어나는 감정.
　¶ 시간이 지나니 섟이 삭았다.

섟[2] * 마땅히 해야 할 경우에 그리하지
　는 못하나 도리어. ¶ 남을 도와줄 섟
　에 도리어 남의 도움을 바라다니.

선[1] * 좋은지, 마땅한지 가리는 일.
　{첫선.} {선보다. 선보이다.} * 혼
　인 때.

선[2](線) * ①두 곳을 공중으로 이은
　줄. {배열선. 전기선. 전화선.} ¶ 선
　을 치다. ②물체의 윤곽을 이루는
　부분. ¶ 다리 선. 허리 선. ③관계를
　잇는 줄. ¶ 권력층에 선이 닿다. 거
　래하는 회사와 선이 끊어지다.
　☞ 금.[2] 점.

~선[3](~腺) ⑭ ⇨ 샘. ¶ 전립선⇨전
　립샘. 이하선⇨귀밑샘.

선가파(先嘉坡) ⇨ 싱가포르. * 나라
　이름.

선거(船渠) ⑭ ⇨ 뱃도랑.

선거 문화(選擧 文化) ⇨ 선거 방법.
　선거 형태. 선거 운동 방법.

선걸음 = 선길. * 걷고 있는 그대로
　걸음. ¶ 손님에게 집을 가르쳐 주고
　선걸음에 오너라. 야시장 선다는 말
　을 들은 사람들이 선걸음으로 갔다.
　☞ 선바람. 선발.

선고(先考) = 선친. * 돌아가신 제 아
　버님을 일컫는 말.
　☞ 선비.[2] 선대인.

선그라스(sunglass) ⇨ 색안경. * 선
　글라스.

선금(先金) ⑭ ⇨ 민값. * 물건을 받기
　전에 미리 주는 물건값.

선길 = 선걸음. ¶ 선길에 돌아왔다.
　☞ 선바람. 선발.

선대인(先大人) * 돌아가신 남의 아버
　님을 일컫는 말.
　☞ 선고. 선비. 선친.

선돈(先~) ⇨ 민값.

선돌〔立石〕 = 세운돌. * 선사 시대에
　만든 묘비나 살펴표. 멘히르.
　☞ 고인돌.

선돌이추위 ⇨ 손돌이추위. * 음력 시
　월 스무날쯤 오는 모진 추위.

선두리 = ①물방개. ②애물방개. *
　벌레 이름.

선둥이(先~) * 쌍둥이 가운데 먼저
　태어난 아이.
　☞ 후둥이.

선들선들 〉 산들산들. ¶ 바람이 선들선
　들 분다. 일을 선들선들 해치운다.
　☞ 흔들흔들.

선뜩하다 * 기온이 차거나 놀라서 서
　늘한 느낌이 들다. ¶ 방 안이 선뜩하
　다. 거울에 비친 내 얼굴을 보는 순
　간 가슴이 선뜩했다.
　☞ 선뜻하다. 섬뜩하다.

선뜻 〉 산뜻. * ①몸가짐이 빠르고 시
　원하게. ¶ 선뜻 나서다. ②느낌이
　깨끗하고 시원하게. ¶ 내 부탁을 선
　뜻 들어주었다.

선뜻하다 〉 산뜻하다. ⁑ ①기분이나 느낌이 깨끗하다. ¶ 새벽바람이 선뜻하여 기분이 좋다. ②보기에 시원스럽고 멀쑥하다. ¶ 차림새가 선뜻하다.
☞ 선뜩하다. 섬뜩하다.

선량화하다(善良化~) ⇨ 선량해지다. ⁑ 착해지다.

선렬(先烈) ⇨ 선열.

선록색(鮮綠色) ⇨ 선녹색. ⁑ 밝고 산뜻한 녹색.

선률(旋律) ⇨ 선율. ⁑ 니은이나 홀소리 뒤에는 '율'임.

선망(旋網) [왜] ⇨ 두릿그물.

선무당(~巫堂) = 내린무당. ⁑ 풋내기 강신 무당.
☞ 무당.

선물 * 남에게 선사하는 물건이나 선사하는 일. {선물하다.} ¶ 선물 꾸러미. 선물 주머니. 생일 선물. 축하 선물. ¶ 선물을 받다. 선물을 주다.
☞ 선사.

선물하다 = 선사하다.

선바람 * 지금 차리고 나선 그대로 차림새. ¶ 반가운 손님이 왔다는 소식에 선바람으로 달려나갔다.
☞ 선길. 선걸음. 선발.

선반[1] * 물건을 얹어 두려고 널빤지를 벽에 달아 놓은 것. ¶ 선반에 올려놓다.
☞ 살강. 시렁.

선반[2](旋盤) [왜] ⇨ 갈이틀. 갈이판. 돌이판.

선발 * 집 안에서 종일 일 하느라고 서서 돌아다니는 발. {선발로. 선발에.}
☞ 선길. 선걸음. 선바람.

선발하다(選拔~) * 골라 뽑다. ¶ 시험으로 선발하다.
☞ 선정하다.

선배(先輩) * ①지위가 높거나 나이가 많은 사람. ¶ 동아리 선배. ②학교를 먼저 나온 사람. ¶ 고등학교 선배. 대학교 선배. 선배로 대접하다.
☞ 연배. 연장자.

선병(腺病) [왜] ⇨ 샘병.

선병질(腺病質) [왜] ⇨ 샘병질. 샘병바탕.

선보다 * 인물의 좋고 나쁨, 마땅함과 마땅하지 않음을 알아보려고 만나다.
☞ 맞선 보다. 첫선 보이다.

선보이다 = 선뵈다. ⁑ '선보다'의 하임. ¶ 우리 문화를 선보일 좋은 기회다.

선뵈 ⇨ 선봬. 선뵈어. 선보여. 선보이어. ⁑ 선보이다.

선불[1] * 설맞은 총알. ¶ 선불 걸다. 선불 놓다(선불 지르다). 선불 맞다.
☞ 된불.

선불[2](先拂) [왜] ⇨ 미리 내기. 미리 치르기. 민값 주다. ⁑ 선지급.

선비[1] * ①된사람. ②학자. {깎은선비. 큰선비.} ③현실에 어두운 사람.

선비[2](先妣) * 돌아가신 우리 어머님.
☞선고. 선대인. 선친.

선사 * 존경하거나 가깝거나 사랑한다는 뜻을 나타내려고 선물을 주는 일.
☞ 선물.

선사 시대(先史時代) * 글로 써 놓은

역사 자료가 없는 시대.
☞ 역사 시대.
선산(先山) * 조상의 무덤이 있는 산.
¶ 선산을 지키다.
☞ 선영.
선생(先生) * ①학생을 가르치는 사
람. {담임선생.} ¶ 음악 선생. ¶ 선
생이 된 도리. ②학예가 뛰어난 사
람. ¶ 퇴계 선생. 율곡 선생. ③부르
는 말. ¶ 김 선생. 교장 선생. ④경험
이 많거나 잘 아는 사람. ¶ 그림은
내가 선생이다. 선생 노릇 하다. ⑤우
두머리. {선생기생. 선생무당.}
☞ 스승.
선생님(先生~) = 선생. ✽ 관명, 직
명, 이름, 성씨 뒤에는 띄어 씀. ¶ 중
학교 선생님. 교장 선생님. 수학 선
생님. 의사 선생님. 김 선생님.
☞ 님.²
선선하다 * ①견디기 알맞게 서늘하
다. ¶ 새벽 날씨가 선선하다. ②성
질이나 태도가 쾌활하고 시원스럽
다. ¶ 선선하게 대답하다. 말씨가 선
선하다.
☞ 서늘하다. 시원하다.
선세포(腺細胞) ㉕ ⇨ 샘세포.
선소리¹ * 이치에 맞지 않은 서툰 말.
¶ 익은 밥 먹고 선소리한다.
☞ 신소리.²
선소리²〔立唱〕 * 대여섯 사람이 둘러서
서 서로 주고받으며 부르는 속요.
☞ 앉은소리.
선소리³(先~) = 앞소리. 메기는소리.
메김소리. ✽ 민요. {선소리하다.}
☞ 뒷소리.¹ 받는소리.

선소리꾼(先~) = 앞소리꾼. 채밥. ✽
선소리를 메기는 사람.
선소리패(~牌) = 산타령패. ✽ 산타
령을 주로 부르던 소리꾼들.
선손(先~) * 손찌검을 먼저 함. {선손
질.} ¶ 선손을 걸다. 선손을 쓰다.
선수(先手) * 앞질러 하는 행동. ¶ 선수
쓰다. 선수를 빼앗기다. 선수 치다.
선숫권(選手權) ⇨ 선수권.
선연(船緣) ㉕ ⇨ 뱃전.
선열(先烈) * 돌아가신 열사.
☞ 열사. 의사.
선염법(渲染法) ㉕ ⇨ 바림법. 번짐법.
✽ 그러데이션.
선영(先塋) = 선묘. ✽ 조상의 무덤.
¶ 선영 발치. 선영 아래.
☞ 선산.
선예망(旋曳網) ㉕ ⇨ 두릿그물. ✽ 고
기잡이 그물의 하나.
선(線)**이 접**(接)**하다** ⇨ ① 선이 닿다.
② 선이 붙다.
선인놈(船人~) = 뱃놈. ✽ 뱃사공, 뱃
사람을 낮잡아 부르는 말.
선인망(船引網) ㉕ ⇨ 배끌그물. ✽ 그
물의 하나.
선인장(仙人掌) = 백년초.
선일 * 주로 서서 하는 일. ✽ 부엌일
따위. {선일하다.}
☞ 앉은일.
선임(船賃) ㉕ ⇨ 뱃삯.
선임하다(選任~) ㉕ ⇨ 일을 맡기다.
✽ 임명하다.
☞ 선출하다.
선자 구들 ⇨ 선자 고래. ✽ 아궁이에서
부챗살 모양으로 퍼지게 만든 방고

래.

선자망(旋刺網) [왜] ⇨ 에움걸그물. ⁑ 그물의 하나.

선잠 * 깊이 들지 못하거나 흡족하게 이루지 못한 잠. ¶ 선잠을 깨다.
☞ 겉잠. 단잠.

선장사〔行商〕= 도붓장사. ⁑ 돌아다니며 물건을 파는 일.
☞ 앉은장사.

선정하다(選定～) * 여럿 가운데서 어떤 것을 가려 정하다.
☞ 선발하다.

선정되어지다(選定～) ⇨ 선정되다.

선지피 = 선지. ⁑ 짐승을 잡아서 받은 피. {선짓국. 선짓덩이.}
☞ 생피.

선착장(船着場) [왜] ⇨ 나루. 나루터.

선창가(船艙～) [왜] ⇨ 부둣가.

선추(仙椎) [왜] ⇨ 엉치등뼈.

선출하다(選出～) [왜] ⇨ 뽑다.
☞ 선임하다.

선취하다(先取～) [왜] ⇨ 먼저 얻다. ⁑ 점수 따위.

선측(船側) [왜] ⇨ 뱃전.

선측 인도(船側 引渡) [왜] ⇨ 뱃전 넘겨주기.

선친(先親) = 선고. ⁑ 돌아가신 우리 아버님을 일컫는 말.
☞ 부친. 선대인. 선비.[2]

선태(鮮太) * 갓 잡은 명태.
☞ 동대. 생태. 북어.

선택되어지다(選擇～) ⇨ 뽑히다. 찍히다. ⁑ 선택되다.

선택 사양(選擇仕樣) [왜] ⇨ 선택 사항.

선택 지불인(選擇支拂人) [왜] ⇨ 선택 지급인.

선팽창율(線膨脹率) ⇨ 선팽창률. 길이팽창률.

선페스트(腺pest) [왜] ⇨ 살갗 페스트.

선풍엽(旋風葉) [왜] ⇨ 접본. ⁑ 책의 겉모양을 꾸미는 방법.

선하(船荷) [왜] ⇨ 뱃짐.

선하다[1] * 눈앞에 보이는 듯하다. ¶ 돌아가던 뒷모습이 아직도 눈에 선하다.
☞ 삼삼하다.[1]

선하다[2] = 서낙하다. ⁑ 장난이 심하고 극성맞다.

선하다[3](善～) * ①착하다. ②어질다. ③좋다.

선하주(船荷主) [왜] ⇨ 뱃짐 주인. ⁑ 선화주.

선하증권(船荷證券) [왜] ⇨ 뱃짐 증권. ⁑ 선화 증권.

선한(先限) [왜] ⇨ 다음달 거래.

선호하다(選好～) [왜] ⇨ 좋아하다.

선회하다(旋回) [왜] ⇨ 돌다. 빙빙 돌다.

설[1] * ①새해 첫머리. ⁑ 정초. ②설날. ⁑ 원단. ③설날부터 대보름까지. {설맞이. 설밥. 설빔. 설술. 설음식. 설장.} {까치설(까치설날). 작은설.} ¶ 설 대목. 설 명절. 설 선물. 설 연휴. ¶ 설을 쇠다.
☞ 설날. 작은설.

설～[2] * 충분하지 못하게. {설늙은이. 설잡도리.} {설깨다. 설다루다. 설데치다. 설듣다. 설마르다. 설맞다. 설보다. 설삶기다. 설삶다. 설익다. 설잡다. 설잡죄다. 설죽다. 설취하다.}

설거지 = ①뒷설거지. {잔치설거지.}

② 비설거지. {설거지하다.}

설거지물 = 개숫물. ⁑ 먹고 난 뒤, 그릇을 씻는 물. 또는 씻은 물.

설거지통(~桶) = 개수통.

설겅 ⇨ ①살강. ②시렁.

설겆이하다 ⇨ 설거지하다.

설구이 = 애벌구이. 초벌구이. ⁑ 잿물을 바르지 않고 구워낸 도자기.
☞ 마침구이. 참구이.

설날 * 음력 정월 초하룻날. ⁑ 우리나라 명절의 하나. ¶ 설날 아침.
☞ 설.[1] 까치설.

설농탕(雪濃湯) ⇨ 설렁탕. ⁑ 소의 머리, 내장, 뼈, 발, 도가니로 끓인 국.

설다[1] 〔움〕 * ①과일, 곡식, 밥이 덜 익다. ¶ 선 밥. ②잠이 모자라거나 깊이 들지 않다. ¶ 간밤에 잠이 설어서 하루종일 피곤하다.

설다[2] 〔그〕 * ①손에 익지 않다. {낯설다. 눈설다.} ¶ 귀에 선 목소리. ②빈틈이 있고 서투르다. ¶ 일이 손에 설어서 영 나가지 않는다.
☞ 서투르다. 섧다. 슬다.[1]

설다듬이 * 대강대강 다듬는 다듬이. {설다듬이하다.}
☞ 넓다듬이. 홍두깨다듬이.

설당(屑糖.雪糖) ⇨ 설탕.

설대 = 담배설대. ⁑ 담배통과 담배물부리 사이에 끼우는 가느다란 대.
☞ 통대.

설때리다 ⇨ 설치다. ⁑ 필요한 정도에 미치지 못한 채로 그만두다.

설뜨리다 ⇨ 설치다. ¶ 밤잠을 설치다. 끼니를 설치다.

설랑 〔토〕 = 설랑은. ¶ 빨리 가설랑은 잠을 자야지.

설레발놓다 = 설레발치다. ⁑ 서두르며 부산하게 굴다.

설레였다 ⇨ 설레었다. 설렜다.

설레이다 ⇨ 설레다. ⁑ ①마음이 들떠서 두근거리다. ②자꾸만 움직이다.

설레임 ⇨ 설렘.

설롱탕 ⇨ 설렁탕. {설렁탕집.}

설립년도(設立年度) ⇨ 세운 해. ⁑ 설립 연도.

설마 〔어〕 = 설마하니. 설마한들. ⁑ 아무리 그러하기로. 부정적인 추측. ¶ 설마가 사람 잡는다. 아무리 어려워도 설마 도둑질이야 하겠습니까?

설마하다 ⇨ 설마 하다. ¶ 설마 하고 믿었는데. 설마 하던 일이 일어났다.

설맞이 = 새해맞이. {설맞이하다.}

설명되어지다(說明~) ⇨ 설명되다.

설명드리다(說明~) ⇨ 설명해 드리다.

설명받다(說明~) ⇨ 설명을 듣다.

설명하라(說明~) * '설명하다'의 건너 시킴꼴.

설명하여라(說明~) * '설명하다'의 바로 시킴꼴.

설명해주다(說明~) ⇨ 설명해 주다.

설및 = 장및. 장빗. ⁑ 배에서 방향을 조절하는 노.

설밑 = 세밑. ⁑ 음력 선달그믐께. 한 해의 마지막 날. ¶ 설밑 대목.

설비음 ⇨ 설빔.

설선(舌腺) [왜] ⇨ 혀샘.

설설 〉 살살. ¶ 물이 설설 끓다. 방이 설설 끓다. 벌레가 설설 기어다닌다.

설 선물 = 설 인사. ⁑ 설을 맞아 보내는 선물.

ㅅ

설쇠다 ⇨ 설을 쇠다.

설움 = 서러움. ¶ 설움을 당한다. 설움을 받다. 설움이 북받치다.

설워하다 = 서러워하다.

설음[1](舌音) * 혓소리. ✽ 니은, 디귿, 티읕.

설음[2] ⇨ 설움.

설익다 * ①속속들이 익지 아니하다. ¶ 감자가 설익다. ②완성되지 못하다. ☞ 농익다. 덜 익다. 설다.[1] 익다.[1]

설 인사(~人事) = 설 선물.

설자리 * 국궁에서 활을 쏠 때, 서는 자리.

설 자리 * 서 있을 자리. ¶ 사람이 어찌나 많이 모였는지 설 자리가 없다.

설주(~柱) = 문설주. 문기둥.

설쳐대다 ⇨ 설쳐 대다. ¶ 쥐뿔도 모르는 게 더 설쳐 댄다.

설치다[1] * 마구 날뛰다. ¶ 쥐뿔도 모르는 게 더 설친다.

설치다[2] * 필요한 정도에 미치지 못한 채로 그만두다. ¶ 밤잠을 설치다.

설치되다(設置~) ⇨ 설치하다. ¶ 안테나를 설치하다.

설치레 ⇨ 설빔.

설탕(雪糖) = 사탕가루. 가루사탕. {설탕값. 설탕물. 설탕절임.}

설통(~筒) = 설통발. ✽ 강이나 개울의 물속에 강 위쪽을 보고 놓은 통발. ☞ 통발.

설피(雪皮) * 눈에 빠지지 않도록 신 바닥에 대는, 칡, 새끼로 엮은 덧신. ☞ 사갈. 얼음편자.

설핏 * ①밝은 햇빛이 약해진 모양. ②잠깐 나타나거나 떠오르는 모양.

③풋잠이나 얕은 잠에 빠져든 모양. ④생각이 문득 떠오르는 모양. ☞ 언뜻. 얼른. 얼핏.

설하선(舌下腺) ㉑ ⇨ 혀밑샘.

설합(舌盒) ⇨ 서랍.

설화(說話) * 신화나 전설의 줄거리에서 번져나간, 재미있는 옛이야기. ☞ 민담. 신화. 전설.

설흔 ⇨ 서른. ✽ 삼십.

섧다 = 서럽다. ✽ 섧고. 섧네. 섧니. 서러워. 서러우니. 서러운. ☞ 설다.[2]

섬[1]〔石〕 * ①짚으로 엮어 곡식을 담는 그릇. {볏섬.} ②하나치. ¶ 벼 한 섬. 보리 두 섬. 대추 다섯 섬. 밤 두 섬. ✽ 한 섬은 열 말. ☞ 작. 홉. 되. 말.[4]

섬[2]〔島〕 * 강이나 바다 가운데 있는 땅. {섬나라. 섬놈. 섬마을.} {돌섬. 모래섬. 바위섬. 산호섬. 알섬. 화산섬.} {목섬. 무리섬. 줄섬. 외딴섬.} ✽ ①다른 나라말 이름에는 띄어 씀. ¶ 발리 섬. 타이완 섬. 쿠바 섬. ②한자말, 우리말 이름 뒤에는 붙여 씀. {강화섬. 한산섬. 밤섬.} ☞ 도.[3]

섬거적 = 거적. ✽ ①섬을 만들려고 엮은 거적. ¶ 짚으로 섬거적을 치다. ②섬을 뜯은 거적. ¶ 섬거적으로 움막을 덮다.

섬게 = 성게. ✽ 보라성게, 분지성게, 말똥성게 따위. {성게알젓.}

섬겨 = 섬기어. ✽ 섬기다. ¶ 스승으로 섬겨 오다.

섬기다 * 윗사람이나 신이나 나라를

받들어 정성을 다하다.
☞ 모시다.

섬놈 = 섬사람. ＊ 낮춤말.

섬돌 = 섬. ＊ 집채의 앞뒤 마루 아래
에 놓은 돌층계. ¶ 섬돌에 신이 놓이
다.
☞ 노둣돌. 댓돌. 디딤돌. 툇돌.

섬떡 ＊ ①쌀 한 섬으로 만든 떡. ②고
수레떡. ＊ 민속.
☞ 말떡.

섬뜩하다 ＊ 소름이 끼치도록 무서운
느낌이 들다. ¶ 등골이 섬뜩하다.
☞ 선뜩하다. 선뜻하다.

섬라(暹羅) ⇨ 시암. ＊ 타이의 옛 이름.

섬마섬마 = 따로따로. 따로따로따따
로. ＊ 어린애가 따로 서는 법을 익힐
때, 어른이 붙들었던 손을 떼면서
내는 소리.

섬벅거리다 ⇨ 슴벅거리다. ＊ 눈이 자
꾸 감겼다 떠졌다 하다.

섬벅섬벅 〈 썸뻑썸뻑. ＊ 칼로 계속 베
는 꼴이나 소리.
☞ 슴벅슴벅.

섬사람 = 섬놈. ＊ 섬에 사는 사람.
☞ 뭍사람. 바닷사람. 산사람. 산쟁이.

섬지기 ＊ 하나치. ¶ 논 두 섬지기. ＊ 한
섬지기는 10마지기나 20마지기임.
☞ 배미. 되지기.² 마지기.

섬찍하다 ⇨ 섬뜩하다.

섬찟하다 ⇨ 섬뜩하다.

섭새김 ＊ 글자나 그림이 도드라지게 가
장자리를 파내거나 뚫어지게 새김.
☞ 돋을새김. 오목새김.

섭섭이 ⇨ 섭섭히. ＊ 섭섭하게. ¶ 섭섭
히 생각 마라.

섭섭잖다 ⇨ 섭섭잖다. 섭섭하지 않다.
＊ 안울림소리 뒤에는 ‘하’가 줚.

섭섭치 ⇨ 섭섭지. 섭섭하지. ＊ 안울림
소리 뒤에는 ‘하’가 줚.

섭섭코 ⇨ 섭섭고. 섭섭하고. ＊ 안울림
소리 뒤에는 ‘하’가 줚.

섭섭하다 ＊ ①서운하고 아쉽다. ¶ 내
마음을 몰라주니 섭섭하다. ②애틋
하고 아깝다. ③서운하다. ¶ 너무
섭섭하게 생각하지 마라.
☞ 습습하다.

섭씨온도(攝氏溫度) ＊ 얼음이 녹는 점
을 0도, 물이 끓는 점을 100도로
한 온도의 하나치. 기호는 ‘C’임.
＊ 스웨덴 사람 셀시우스가 만듦.
☞ 열씨온도. 화씨온도.

섭조개 = 털격판담치. 진주담치. 담
치. ＊ 조개의 하나.

섭하다 ⇨ 섭섭하다.

섯거라 ⇨ 서라. ＊ ‘～거라’는 ‘가다’에
만 붙음.

섯달 ⇨ 섣달. ＊ 음력으로 한 해의 마
지막 달. 12월.

섯부르다 ⇨ 섣부르다.

섯불리 ⇨ 섣불리.

섯자(書字) ⇨ 서자. ＊ ①글. ②글자.
③편지.

섰거라 ⇨ ①서라. ②서 있어라.

섰다 ＊ 화투 노름의 하나. ＊ 돈을 더
태우며 버틸 때 ‘섰다’라고 외침.

섰다판 ＊ 섰다를 하는 놀음판. ＊ 섰다
는 화투 노름의 하나.

성¹ = 화. 뿔. ＊ 노엽거나 불쾌한 감
정. {불뚝성. 뺏성.} {성나다. 성내다.}

성²(城) = 성곽. {금정산성. 만리장성.

부산진성.} ¶ 가비라 성. ‡ 서양말.
☞ 산성. 성벽.

성³(性) * 암수의 구별. {성도덕. 성범
죄. 성생활. 성전환. 성추행. 성
폭행. 성행위. 성호르몬. 성희롱.}
¶ 성 감별. 성 개방. 성 차별. 성 충동.

~성⁴(~性) * 사람의 성질. {게으름
성. 견딜성. 고임성. 굄성. 귀염성.
내뛸성(냅뜰성). 늘품성. 두름성(주
변성). 마음성. 먹성. 믿음성. 밉성.
부끄럼성. 붙임성. 사귐성. 지닐성.
참을성. 퍼짐성. 해바라기성.}

성가스럽다 ⇨ 성가시다. {성가셔하다.}

성갈 ⇨ 성깔.

성게 = 섬게. {성게알젓.}

성경(聖經) = 성전. ‡ 종교에서 신앙
의 최고 법전으로 바이블(예수교),
사서오경(유교), 코란(이슬람교),
팔만대장경(불교) 따위가 있음.

성공되다(成功~) ⇨ 성공하다.

성공율(成功率) ⇨ 성공률. ‡ 니은을
뺀 받침 뒤에는 '률'임.

성교하다(性交~) = 관계하다. 어우
르다. 씹하다. ‡ 사람.
☞ 교미하다.

성귀(成句) ⇨ 성구. ¶ 사자 성구. ‡
넉 자로 이루어진 한문 글귀.

성글다 = 성기다. ‡ ① 사이, 횟수, 도
수가 뜨다. ② 관계가 서먹하다.
☞ 배다.³

성금¹ * ① 말이나 일의 보람이나 효
력. ¶ 성금이 있다. ② 꼭 지켜야 할
명령. ¶ 성금을 세우다. 성금이 서
다.

성금²(誠金) ⇨ ① 모은 돈. ② 돕는 돈.

성긋 〉 상긋. ‡ 소리 없이 가볍게 웃는
모양.

성기다 = 성글다. ¶ 성긴 나뭇가지.
성긴 빗줄기. 성긴 사이.
☞ 배다.³

성깃하다 * 물건의 사이가 꽤 뜬 듯하
다. ¶ 마당에 잔디를 성깃하게 심다.

성길사한(成吉思汗) ⇨ 칭기즈 칸. ‡ 몽
골의 왕 이름.

성깔 = 성깔머리. ‡ 거친 성질. ¶ 성깔
을 내다. 성깔을 부리다. 성깔 있다.

성나다 = ① 골나다. 화나다. ② (종
기 따위가) 덧나다.

성내다 = 골내다. 화내다. ¶ 성낸 얼
굴. 성낸 불길.

성냥¹ * 쇠 연장을 만들거나 무디어진
연장을 벼리는 일. {성냥하다.}

성냥² * 불을 켜는 연모. {성냥갑. 성
냥골. 성냥불.} {딱성냥. 잎성냥.}
☞ 석 냥.

성냥간(~間) ⇨ 대장간.

성냥개피 ⇨ 성냥개비.

성냥곽 ⇨ 성냥갑.

성냥놀이 ⇨ 성냥노리. ‡ 섣달에 대장
장이가 외상값을 받으려 돌아다니
는 일.

성냥불놀이 * 여럿이 둘러앉아 성냥불
을 옆으로 돌리면서 하는 놀이.

성냥알 ⇨ 성냥개비.

성냥일 ⇨ 대장일.

성대묘사(聲帶模寫 ⇨ 성대모사) ⇨ 입
내내기. 소리흉내.

성도교(聖道敎) = 천도교. ‡ 최재우
가 창건한 우리나라 종교.
☞ 대종교.

성략(省略 ⇨ 생략) ⇨ 줄임.

성력화(省力化 ⇨ 생력화) * 기계를 써서 사람 힘을 줄이는 일.

성령 세례(聖靈洗禮) = 성신 세례. ✽ 신자가 세례를 받는 의식의 하나. ☞ 물세례. 불세례.

성림(聖林) ⇨ 할리우드. ✽ 땅 이름.

성묘(省墓) * 조상의 산소를 돌봄. {성묫길.} ¶ 성묘 가다. 성묘 오다. ☞ 귀성.

성묘객들(省墓客～) ⇨ 성묘객. ✽ 산소를 찾는 사람들.

성문률(成文律) ⇨ 성문율. 성문법. ✽ 문서 형식을 갖춘 법. ☞ 불문율.

성문화(性文化) ⇨ 성 풍속. 성 윤리. 성 도덕. 성 의식.

성바르다 ⇨ 성부르다.

성바지(姓～) * 성씨의 갈래. ¶ 이 마을에 사는 성바지에는 김씨가 많다. ☞ 각성바지. 타성바지.

성벽(城壁) * 성곽의 벽. ¶ 성벽을 쌓다. 성벽을 무너뜨리다. ☞ 성.²

성병(性病) = 화류병.

성부르다 〔도〕 = 성싶다. 성하다. ¶ 가만히 있을 성부르냐?

성선(性腺) ㉟ ⇨ 불이샘.

성숙되다(成熟～) ⇨ ①익다. ②자라다. ③크다. ✽ 성숙하다.

성숙해지다(成熟～) ⇨ 성숙하다. ✽ 움직씨 뒤에는 '～지다'를 붙일 수 없음.

성스러히(聖～) ⇨ 성스러이. ✽ 성스럽게.

성신 세례(聖神洗禮) = 성령 세례. ☞ 물세례. 불세례.

성실잖다(誠實～) ⇨ 성실찮다. ✽ 울림소리 뒤에는 'ㅏ'만 줆.

성실하자(誠實～) ⇨ 성실한 사람이 되자. ✽ 그림씨에는 이끎꼴이 없음.

성싶다 〔도〕 = 성부르다. 성하다. ✽ ～ㄴ, ～ㄹ 뒤. ¶ 될 성싶다.

성안(城～) * ①성벽으로 둘러싸인 안. ②서울 사대문 안.

성 안(城～) ¶ 금정산성 안. 행주산성 안. 남한산성 안.

성애 * ①흥정을 끝낸 증거로 여러 사람에게 술, 담배 따위를 대접하는 일. {성애술.} ②물건을 살 때 다른 물건을 더 얹어 받는 일.

성에 * 창문이나 벽에 얼어붙은 서릿발. ¶ 차창에 성에가 끼어서 뿌옇다.

성에꽃 * 성에의 조그만 덩어리. ¶ 유리창에 성에꽃이 하얗게 피었다. ☞ 서리꽃.

성엣장 〔流氷〕 * 물 위에 떠내려가는 얼음덩이. ☞ 서리꽃. 서릿발.

성은(聖恩) * 임금이 베풀어주신 은혜. ¶ 성은을 입다. ☞ 승은.

성이(盛～) ⇨ 성히. ✽ 성하게. ¶ 몸 성히 잘 있느냐?

성인문화(成人文化) ⇨ 성인 취미 생활.

성인병(成人病) ㉟ ⇨ 노인병.

성장율(成長率) ⇨ 성장률. ✽ 니은을 뺀 닿소리 뒤에는 '률'임.

성장하다(成長～) * ①동식물이 자라서 커지다. ②규모나 세력이 커지다.

☞ 신장하다.

성조(成鳥) ⇨ 어미 새. 자란 새.

성조굿 = 성주받이. 성주받이굿. 성줏굿. ‡ 성주를 새로 모시는 굿.

성주 = 상량신. 성조. 성주대신. 성주대감. 성주신. ‡ 집을 지키는 신.
☞ 신주.

성주독 * 보리나 쌀을 넣어서 대청마루 구석에 놓고 성주로 모시는 독.
☞ 신줏단지. 조상단지.

성줏굿 = 성조굿. 성주받이. 성주받이굿. ‡ 집의 수호신으로 성주를 새로 모시는 굿. 집을 새로 짓거나 이사를 한 뒤 또는 남자 주인의 나이가 17세, 27세, 37세와 같이 7 자가 되는 해의 10월에 날을 받아 함.

성질나다(性質~) = 성나다. 화나다.

성질내다(性質~) = 성질부리다. 화내다.

성충(成蟲) [왜] ⇨ 어른벌레. 어미벌레. 엄지벌레. 자란벌레.

성취시키다(成就~) ⇨ 이루다. ‡ 성취하다.

성큼 * 다리를 높이 들어 크게 떼어 놓는 꼴. ¶ 성큼 다가서다.
☞ 냉큼.

성패(成敗) * 성공과 실패. ‡ 되고 안됨.
☞ 승패.

성패여부(成敗與否) ⇨ ① 성패. ② 성공 여부. ‡ 성공했는지 실패했는지.

성하다[1] 〔그〕 * ① 본디 모습대로 멀쩡하다. ¶ 성한 물건이 없다. ② 병이나 탈이 없다. ¶ 몸이나 성하게 돌아오너라.

성하다[2] 〔도〕 = 성싶다. 성부르다. ¶ 집을 자주 옮기는 것은 꼭 돈을 벌려는 까닭은 아닌 성하다.

성항(星港) ⇨ 싱가포르. ‡ 나라 이름.

성형 수술(成形手術) * 흉터를 없애거나 겉모양을 좋게 하는 수술.
☞ 정형 수술.

성황당(城隍堂) ⇨ 서낭당. ‡ 서낭신을 모신 당집.

성황신(城隍神) ⇨ 서낭신. ‡ 토지와 마을을 지키는 신.

섶[1] * 덩굴지거나 가냘픈 식물이 쓰러지지 않도록 옆에 세워 두는 막대기. ¶ 박넝쿨이 지붕에 올라가도록 섶을 세우다. 고추에 섶을 세우다.

섶[2] * 물고기가 모이거나 김이 자라도록 물속에 쌓아 놓은 나뭇가지.

섶[3] = 누에섶. ‡ 누에치기. ¶ 개량 섶. 누에가 섶에서 고치를 짓는다.

섶[4] = 옷섶. ‡ 한복. {섶감. 섶귀} ¶ 저고리 섶. 저고리에 섶을 달다.

섶[5] = 섶나무. ‡ 잎나무, 풋나무, 물거리 따위 땔나무.
☞ 숲.

섶누에〔山蠶〕 = 산누에. ‡ 야생 누에.
☞ 집누에.

섶사냥 * 굴 앞에 연기를 피워 짐승이 나오게 하여 잡는 일.
☞ 사냥.

세[1]〔三〕 * 하나치 '가지. 갈래. 개. 곱. 군데. 권. 그루. 길. 끼. 나라. 닢. 다발. 담불. 두름. 마리. 명. 모금. 뭇. 번. 벌. 부분. 사람. 살. 쌈. 아름. 알. 우리. 자리. 채. 초롱. 축. 층. 치. 켤레. 쾌. 편. 해.' 앞에 씀.

ㅅ

☞ 서.[2] 석.

세[2](歲) = 나이. ⁑ ① 아라비아 숫자 뒤에 붙여 쓸 수 있음. {10세. 30세. 70세.} ② 한자말 뒤에는 띄어 씀. ¶ 육십 세. 삼십오 세.

☞ 살.[6]

세[3](貰) * 빌려 쓰고 그 삯으로 내는 돈. {셋가게. 셋돈. 셋말. 셋방. 셋소. 셋자리. 셋집.} {방세. 뱃세. 자릿세. 집세.} {사글세. 전세.} {세내다. 세놓다. 세주다.} ¶ 세 들다. 세 받다.

세[4](世) * ① 가계의 차례. ¶ 시조가 제일 세이고 그 아래로 제이 세, 제삼 세로 이어짐. ② 왕의 이름 뒤에는 붙여 씀. ¶ 나폴레옹 삼세. 헨리 팔세.

☞ ~대.[10]

세간 = 세간붙이. 살림. ⁑ 집에서 살림에 쓰는 온갖 물건. {세간짐. 세간차지. 세간치장.} {방세간. 부엌세간.} ¶ 세간을 갖추다. 세간이 불어나다.

☞ 가구.[2]

세간나다 ⇨ 살림을 나다.

세간내다 ⇨ 살림을 내다.

세간살이 ⇨ ① 세간. 세간붙이. 살림. ② 살림살이.

세간치레 ⇨ 세간치장. ⁑ 세간을 매만지고 가꾸거나 세간으로 집 안을 꾸밈.

세갈렛길 ⇨ 삼사미. 세거리. 삼거리.

세거리 = 삼거리. 삼사미. ⁑ 세 갈래 갈림길.

☞ 우잣길.

세겹살 = 삼겹살. ⁑ 돼지고기의 한 부위.

세겹실 = 삼겹실. ⁑ 삼합사. 세 가닥의 올로 꼰 실.

세공(細工) [왜] ⇨ 공예.

세공물(細工物) [왜] ⇨ 공예품.

세공인(細工人) [왜] ⇨ 공예가.

세공품(細工品) [왜] ⇨ 공예품.

세그루짓기〔三毛作〕* 한 해에 세 가지 농작물을 같은 논밭에서 차례로 심어 거두는 일.

☞ 한그루짓기. 두그루짓기.

세금세공(細金細工) [왜] ⇨ 금은 공예.

세기말(世紀末) * ① 한 세기의 끝. ② 도덕, 질서가 혼란에 빠지는 시기.

세기 말(世紀 末) * 어떤 세기의 끝 무렵. ¶ 19세기 말. 20세기 말.

세기 초(世紀 初) * 어떤 세기의 처음 무렵. ¶ 20세기 초. 21세기 초.

세꼬시 [왜] ⇨ 뼈째썰기. ⁑ 뼈째 썰어 먹는 생선회.

세끼 * 하루하루의 끼니. ⁑ 아침, 점심, 저녁. ¶ 세끼 밥도 먹지 못한다.

☞ 새끼.[2] 새때.

세끼이따 [왜] ⇨ 거푸집널.

세나다[1] = 쇠나다. 덧나다. ⁑ 상처나 부스럼. ¶ 부스럼이 세나다.

☞ 쇠나다.

세나다[2] * 물건이 잘 팔리어 나가다. ¶ 세난 장사 말렸다.

☞ 동나다.

세내다(貰~) * 남의 것을 삯을 주고 빌려 쓰다. ¶ 방 한 칸을 세내어 살다.

☞ 세놓다. 세 들다.

세네〔매〕⇨ 서너. ⁑ 셋이나 넷. ¶ 서

너 되. 서너 사람. 서너 포기.

세넷〔셈〕⇨ 서넛. ¶ 동네 사람 서넛
　이 앉아 있었다.

세놓다(貰~) * 삯을 받고 남에게 빌
　려 주다. ¶ 집을 세놓다.
　☞ 세내다.

세는나이 * 태어난 해를 1년으로 쳐서
　세는 나이. ✽ 생활연령.
　☞ 옹근나이.

세다[1]〔그〕* 만지는 느낌이 딱딱하고
　뻣뻣하다. ¶ 가시가 세다. 살결이 세
　다.
　☞ 쇠다.[1]

세다[2]〔그〕* 힘이 보통보다 크다. {아
　귀세다. 장력세다. 힘세다.} ¶ 기운
　이 세다. 고집이 세다. 대가 세다.
　주먹이 세다. 콧대가 세다. 팔심이
　세다. 물살이 세다. 불길이 세다. 술
　이 세다. 바둑이 세다.
　☞ 단단하다.

세다[3]〔남〕* 수효나 차례를 꼽아 보
　다. ¶ 돈을 세다. 사람 수를 세다.
　☞ 헤다.[1] 헤아리다.

세답장이 ⇨ 마전장이.

세대[1](世代) * ① 30년쯤 되는 기간.
　¶ 일 세대. ② 나이가 비슷한 사람
　전체. ¶ 노인 세대. 우리 세대. 젊은
　세대.

세대[2](世帶) 倭 ⇨ ① 집. ✽ 가구. ②
　집의 수. ✽ 가호.

세대주(世帶主) 倭 ⇨ 집주인. ✽ 가장.

세대패(細~) ⇨ 덧날대패.

세 들다(貰~) * 세내어 들어가다. ¶
　세 들어 사는 집이 너무 좁다.
　☞ 새들다. 세내다.

세라복(sailor服. 쎄라복) 倭 ⇨ 세일
　러복. ✽ 해군복.

세례(洗禮) * ① 종교의식. {세례명.}
　{물세례. 불세례.} ¶ 성령 세례. ②
　영향. 단련. 타격. {몽둥이세례. 물
　세례. 불세례. 주먹세례.}

세로 * 위에서 아래로 나 있는 방향.
　{세로결. 세로끼움표. 세로돛. 세로
　무늬. 세로줄. 세로줄눈. 세로짜기.
　세로축. 세로피리. 세로획.} {세로쓰
　다. 세로지다.} ¶ 세로 열쇠.
　☞ 가로.

세로글씨 = 내리글씨. ✽ 한문처럼 글
　줄을 위에서 아래로 써 내려가는 글
　씨.
　☞ 가로글씨.

세로쓰기 = 내리쓰기. ✽ 한문처럼 글
　씨를 위에서 아래로 써 내려가는
　일.
　☞ 가로쓰기.

세로외(~椳) = 설외. 선외. ✽ 흙벽
　에 세로로 세워서 얽은 외.
　☞ 가로외. 누운외. 누울외. 눈외.

세로톱 = 내릴톱. 장톱. 켤톱. ✽ 켜는
　톱.
　☞ 가로톱. 동가리톱. 동톱.

세멘트(cement) ⇨ 시멘트. ✽ 양회.

세면(洗面) 倭 ⇨ 세수. {세수하다.}

세면대야(洗面~) 倭 ⇨ 세숫대야.

세면도구(洗面道具) 倭 ⇨ 세수 연모.

세면장(洗面場) 倭 ⇨ 세수간.

세모(歲暮) 倭 ⇨ 세밑.

세모래(細~) ⇨ 모새. ✽ 가는 모래.

세목 ⇨ 옆막이. ✽ 양쪽 옆을 가로막
　음. 또는 그런 나무나 물건.

세무가죽(쎄무) ⑭ ⇨ 인조 가죽. ‡ ‘새미’는 무두질하여 부드러운 양가죽임.

세밑(歲~) = 설밑. ‡ 음력 섣달 그믐께.

세바람 ⇨ 서남풍.

세받다(洗~) * 세례를 받다. ‡ 물세례. 불세례. 성령 세례.

세 받다(貰~) * 셋돈을 받다. ¶ 세를 받아 먹고살다.

세발낙지 * 여름철에 잡은 새끼 낙지.
　☞ 꽃낙지.

세발다리 ⇨ 삼발이.

세발뛰기 = 세번뛰기. 삼단뛰기. ‡ 운동 경기의 하나.

세방(貰房) ⇨ 셋방.
　☞ 사이시옷. 셋집.

세배(歲拜) * 섣달 그믐이나 설에 웃어른께 인사로 하는 절. {세배꾼. 세배상.} {세배하다.} ¶ 세배를 다니다. 세배를 드리다. 세배를 받다.
　☞ 묵은세배.

세뱃값(歲拜~) = 세뱃돈. ‡ 세배를 받은 사람이 세배한 사람에게 주는 돈.

세번뛰기(~番~) = 세발뛰기. 삼단뛰기. ‡ 운동 경기의 하나.

세벌매기 = 만도리. 만물. ‡ 볏논에 마지막으로 하는 김매기.
　☞ 애벌매기. 이듬매기. 초벌매기.

세부득기(勢不得已) ⇨ 세부득이. 사세부득이. ‡ 그렇게 아니 할 수 없어.

세비로〔背廣〕⑭ ⇨ 신사복. 신사 양복.

세뿔 = 날걸. ‡ 윷판의 끝에서 셋째 자리.

세사(細沙) = 모새. 시새. 잔모래. ‡ 가는 모래.

세손¹(世孫) = 왕세손. ‡ 세자의 아들.

~세손²(~世孫) * 시조 다음 분이 1세손. ¶ 경주 김씨, 계림 부원군 26세손.
　☞ ~대손.

세숫물(洗手~) * 손이나 얼굴을 씻는 데 쓰는 물. ¶ 세숫물로 얼굴을 씻다.
　☞ 발숫물. 손숫물.

세숫비누(洗手~) = 화장비누.

세습무(世襲巫) * 시어머니에게서 며느리로 대대로 이어받아 된 무당.
　☞ 강신무. 학습무.

세쌍동이(~雙童~) ⇨ 세쌍둥이.

~(으)세요 = ~(으)셔요. ~(으)시어요. {안녕하세요. 안녕하셔요.}

세우다 * ‘서다’의 하임. ¶ 몸을 세우다. 무릎을 세우다. 귀를 세우다.
　☞ 일으키다.

세우라 * ‘세우다’의 건너 시킴꼴.
　☞ 세워라.

세운돌〔立石〕 = 선돌. ‡ 멘히르.
　☞ 고인돌.

세워라 * ‘세우다’의 바로 시킴꼴.
　☞ 세우라.

세워지다 ⇨ ① 서다. ② 세우다.

세익스피어(Shakespeare) ⇨ 셰익스피어. ‡ 잉글랜드 작가 이름.

세일(sale) ⇨ ① 도붓장사. 선장사. ② 떨이.
　☞ 바겐세일.

세일즈맨(salesman) ⇨ 도붓장수. ‡ 외판원. 판매원.

세자(世子) = 왕세자. ‡ 왕위를 이을 왕자. ¶ 소현 세자. 세자를 책봉하다.

☞ 태자.

세장질 * 어린애를 앉힌 뒤 두 손을 붙들고 달강달강 소리를 내면서 앞뒤로 자꾸 밀었다 당겼다 하는 짓.
☞ 가동질. 따로따로. 부라질. 시장질.

세조하다(洗滌~) ㉙ ⇨ 씻다. 씻어내다.

세째 ⇨ 셋째. * 차례나 수량.
☞ 열세째. 열셋째. 스물세째. 스물셋째. 서른세째. 서른셋째.

세째치 ⇨ 셋째치.

세척하다(洗滌~) ㉙ ⇨ 씻다. 씻어내다.

세칼 ⇨ 서북풍.

세코시 ㉙ ⇨ 뼈째썰기. * 생선회.

세코신 = 세코짚신. * 발이 편하게 앞의 총을 터서 만든 짚신.
☞ 짚신.

세탁기(洗濯機) ㉙ ⇨ 빨래틀.

세탁물(洗濯物) ㉙ ⇨ 빨랫감.

세탁비누(洗濯~) ㉙ ⇨ 빨랫비누.

세탁실(洗濯室) ㉙ ⇨ 빨랫간.

세탁장(洗濯場) ㉙ ⇨ 빨래터.

세탁판(洗濯板) ㉙ ⇨ 빨래판.

세탁하다(洗濯~) ㉙ ⇨ 빨래하다.

세 테크(稅tech) ㉙ ⇨ 세금줄이기.

세톱(細~) * 날이 얇고 이가 잔 작은 톱.
☞ 대톱. 소톱. 실톱. 중톱. 큰톱.

세파 ⇨ ① 달래. ② 실파.

세하젓(細蝦~) ⇨ 세하젓. * 쌀새우로 담근 것.

세훑이 ⇨ 서캐훑이. * 서캐를 훑어 내는 데 쓰는 참빗.

센개〔白狗〕 * 털빛이 흰 개.
☞ 검둥개. 검정개. 바둑이.

센누끼〔栓拔〕 ㉙ ⇨ 병따개.

센둥이 = 흰둥이. * ① 털빛이 흰 강아지. ② 살갗이 흰 사람. ③ 백인종.

센말[1] * 센 느낌을 주는 말. * '깜깜, 빡빡, 딸각, 쫄쫄'처럼 된소리를 씀.
☞ 거센말. 여린말.

센말[2]〔白馬〕 ⇨ 흰말.

센머리〔白髮〕 = 흰머리. 흰서리. * 하얗게 센 머리카락.

센물 * 광물질이 많이 녹아 있는 물. * 비누가 잘 풀리지 않음.
☞ 단물.[3] 민물. 바닷물. 짠물.

센반〔旋盤〕 ㉙ ⇨ 돌이판. 갈이판. 갈이틀. * 쇠붙이를 끼워 돌리면서 갈거나 깎거나 파거나 도려내는 데 쓰는 연장.

센치미터(centimeter) ⇨ 센티미터. * 길이의 하나치.

센치하다(sentimental~) ⇨ 감상적, 감정적인 특성이 있다. * 센티멘털하다.

센타(center) ⇨ 중앙. 중심. * 센터.

셈[1] * ① 수를 세는 일. {셈매김씨. 셈법. 셈본. 셈씨. 셈평.} {곱셈. 나눗셈. 덧셈. 뺄셈.} {묶은셈. 부엉이셈. 어림셈. 잔셈.} {셈하다.} ¶ 셈을 배우다. 셈이 빠르다. ② 주고받을 것을 따져 밝히는 일. ¶ 셈을 받다. 셈을 치르다. 셈이 분명하다. ③ 수를 따져 맞추는 일. ¶ 셈이 틀리다. 셈이 맞다.

셈[2] * 미루어 가정함을 나타내는 말. ¶ 속은 셈 치다. 먹은 셈 치다.

셈나다 = 셈들다. 철나다. * 판단력이 생기다. ¶ 언제쯤 셈날지 걱정이다.

☞ 샘나다.

셈놓다 ⇨ 셈하다.

셈대 = 산가지. ¶셈대를 놓아 셈하다.

셈책(~冊) ⇨ 치부책. ✽ 돈이나 물건이 들고 나는 것을 적는 책.

셈판(~板) = ①수판. 산판. ¶셈판을 놓다. ②셈. 판. ✽ 어떤 일이나 사실의 원인. ¶도대체 어찌 돌아가는 셈판인지 알 수가 없다.
☞ 셈판.

셈 펴이다 = 셈평 펴이다. ✽ 생활 형편이 좋아지다.

셈평 = 셈. ✽ ①이익을 따지는 생각. ¶셈평이 있는 사람 같다. ②생활 형편. ¶셈평이 좋다. 셈평이 펴이다.

셈플(sample) ⇨ 보기. 본보기. ✽ 간색. 샘플.

셋갖춤 = 셋붙이. ✽ 바지, 저고리, 조끼를 다 갖춘 양복 한 벌.

셋붙이 ✽ 개피떡 세 개를 붙여 만든 떡.

셋셋세 ㉕ ⇨ 짝짝짝. 야야야. ✽ 어린 애들의 놀이.

셋트(set ⇨ 세트) ⇨ ①벌. ¶선물 한 벌. 커피잔 한 벌. ② 판. ¶농구 한 판. 배구 한 판. 탁구 한 판. ③무대 장치.

셋팅(setting ⇨ 세팅) ⇨ ①설치. ②머리 다듬기.

셍기다 ✽ ①여러 소리를 자꾸 주워대다. ②일거리를 자꾸 대어 주다. ¶옆에서 셍기는 짐을 받아 창고 안에 차곡차곡 쌓았다.
☞ 주워셍기다.

셔베트(sherbet) ⇨ 셔벗. ✽ 얼음과자의 한 가지.

~셔요 = ~세요. ~시어요. {말씀하셔요. 말씀하시어요. 말씀하세요.}

션찮다 = 시원찮다. ¶목소리가 션찮다. 몸이 션찮다.

소¹〔牛〕 ✽ 집짐승 이름. {소떼.} {겨릿소. 고기소(살소). 농삿소. 늙다리소. 도짓소. 둘암소(둘소). 들소. 물소. 배냇소. 부룩소. 부림소(일소). 불암소. 불친소(악대소). 수냇소. 수소. 싸움소. 씨소. 씨수소. 씨암소. 암소. 어석소. 얼럭소(얼룩소). 젖소. 조선소. 중소. 집소. 차붓소. 췻소. 코뿔소(무소). 황소. 놓인소.} ¶검정 소. 껌정 소. 누렁 소. 큰 소. 흰 소. 소 먹이다. 소 몰다. 소 잡다. 소 치다. 소 가는 데 말도 간다.
☞ 쇠.²

소² ✽ ①송편 속에 넣는 깨소금, 팥, 콩, 대추, 밤 따위와 만두 속에 넣는 고기, 두부, 김치, 숙주나물 따위를 버무려 만든 재료. {고기소. 떡소. 만두소.} ②통김치나 오이소박이의 속에 넣은 여러 가지 고명. {김칫소.}
☞ 고명. 고물.² 소박이.

~소³ ✽ 줄기나 '겠, 았, 었'에 붙어 풀이, 물음, 시킴을 나타내는 맺음끝. {가소. 가겠소. 같소. 낫소. 낫겠소. 드소. 들겠소. 많소. 먹소. 먹었소. 보소. 보았소. 사소. 샀소. 자소. 작소. 잤소. 접었소. 컸소. 하소. 했소.}
☞ ~오.³ ~으오.

소가죽 = 쇠가죽. ¶소가죽 가방. 소가죽 구두.

소가지〔心性〕 = 소갈딱지. 소갈머리. ✽ 마음보. ¶소가지를 내다.

소각(小角) ＊ 너비 20cm 크기로 네모 지게 켠 기다란 나무.

☞ 대각.

소갈비 ＝ 쇠갈비. {소갈비구이. 갈빗국.}

소갈찌 ⇨ 소가지. 소갈딱지. 소갈머리. ¶ 소갈머리 없는 놈.

소감(所感) ＊ 마음속으로 느낀 바. ＊ 느낌.

☞ 소견.

소개시키다(紹介~) ⇨ 소개하다.

소개해주도록(紹介~) **하다** ⇨ 소개해 주다. 소개하다.

소거간(~居間) ＝ 소살쭈. 쇠살쭈. 살쭈. ＊ 쇠전에서 소를 팔고 사는 사람 사이에서 흥정을 붙이는 일을 직업으로 하는 사람.

소걸이 ＝ 상씨름. ＊ 마지막으로 판가름하는 씨름.

소격란(蘇格蘭) ⇨ 스코틀랜드. ＊ 나라 이름.

소견(所見) ＝ 소견머리. ＊ 생각. 의견. ¶ 소견 밝히다. 소견머리 없다.

☞ 소감.

소결핵(~結核) ＝ 진주병.

소경 ＝ 봉사. 장님. {소경노릇. 소경막대.} {글소경. 밤소경.}

☞ 당달봉사. 뜬소경. 눈뜬장님.

소경반자 ⇨ 삿갓반자. ＊ 건축.

소고기 ＝ 쇠고기. ＊ 먹거리로서 소의 고기.

소고삐 ＝ 쇠고삐.

소고잡이(小鼓~) ⇨ 소고재비. ＊ 농악에서 소고를 맡아 치는 사람.

소고집(~固執) ＝ 쇠고집. 황소고집. 황고집. ＊ 몹시 센 고집. 그런 사람.

☞ 땅고집. 옹고집.

소곤거리다 〈 수군거리다.

소골 ＝ 쇠골.

소곳하다[1] 〔움〕 ＊ 고개를 조금 숙이다.

소곳하다[2] 〈 수긋하다. ＊ ① 고개를 조금 숙인 듯하다. ② 다소곳하다. ¶ 소곳하게 앉았다. ③ 흥분이 조금 가라앉은 듯하다. ¶ 소곳해졌다.

소곳히 ⇨ 소곳이. ＊ 소곳하게. ¶ 소곳이 고개를 숙이고 있다.

소공녀(小公女) ⑩ ⇨ 어린 아기씨. ＊ 버넷이 지은 소설 이름.

소공자(小公子) ⑩ ⇨ 어린 도련님. ＊ 버넷이 지은 소설 이름.

소구(小鼓) ⇨ 소고. ＊ 농악에 쓰는 작은 북.

소구루마 〔~車〕 ⑩ ⇨ 소달구지.

소굴(巢窟) ＊ 도둑이나 나쁜 짓을 하는 무리가 모이는 곳. ¶ 도둑놈 소굴. ☞ 굴.[2]

소굿 ＝ 쇠굿. 소놀이굿. 소놀음굿. 마부타령굿. ＊ 민속놀이의 하나.

소구루마 ⑩ ⇨ 소달구지. ＊ 소가 끄는 수레.

소귀 ＝ 쇠귀. ¶ 소귀에 경 읽기. 소귀를 잡다.

소귀신(~鬼神) ＝ 쇠귀신. ＊ ① 소가 죽어 된 귀신. ② 성질이 검질긴 사람.

소근소근 ⇨ 소곤소곤. ¶ 소곤소곤 속삭이다.

소근거리다 ⇨ 소곤거리다.

소금 ＊ 짠맛이 나는 양념감. {소금가마. 소금기. 소금물. 소금밭.} {가는소금. 가루소금. 곤소금. 굵은소금(왕소금). 돌소금. 막소금. 바닷

소금.} {기름소금. 꽃소금. 맛소
금. 약소금(두더지 소금). 양칫소금.}
¶ 소금 간. 소금 섬. 소금 장사. 소금
장수. ¶ 소금을 굽다. 소금을 치다.

소금구이¹ * 바닷물을 달여서 소금을
만듦. 또는 그런 일을 하는 사람.

소금구이² * 생선이나 고기에 소금을
뿌려서 구움. 또는 그렇게 구운 고기.

소금깍두기 * 소금만으로 간을 맞추어
담근 깍두기.
　☞ 장깍두기.

소금막(~幕) = 벗집. 벗. ⁑ 소금가마
를 걸어놓고 소금을 고는 집.

소금밥 * ① 소금물을 묻혀 뭉친 주먹
밥. ② 소금을 섞은 밥.
　☞ 소금엣밥.

소금버캐 * 엉기어 말라붙은 소금 덩
이. ¶ 장독 속에는 소금버캐만 남
았다.
　☞ 소금쩍.

소금엣밥 * 반찬이 변변하지 못한 밥.
　☞ 소금밥.

소금장이 ⇨ 소금쟁이. ⁑ 벌레 이름.

소금쩍 * 물건의 거죽에 소금기가 배
거나 내솟아서 허옇게 엉긴 조각.
　☞ 소금버캐.

소급해 올라가다(遡及~) ⇨ 거슬러 올
라가다. ⁑ 소급하다.

소기름 = 쇠기름. ¶ 소기름으로 비누
를 만들다.

소김치(素~) * 젓국을 넣지 않고 소
금으로만 간하여 담근 김치.
　☞ 젓국지.

소꼬리 = 쇠꼬리. {소꼬리채.} ¶ 소꼬
리 곰탕.

소꼴 ⇨ 쇠꼴. ⁑ 소의 먹이로 벤 풀.

소꿉 ⇨ 소꿉. {소꿉놀이. 소꿉놀잇감.
소꿉장난. 소꿉질.}

소꿉동무 = 소꿉친구. ⁑ 어릴 때부터
같이 자란 동무.

소끔 ⇨ 숨음. 숨기. ⁑ 숨다.

소나기 = 소낙비. ¶ 소나기를 맞다. 소
나기 삼 형제. 소나기 종일 오나.

소나기구름〔積亂雲〕 = 소낙비구름.
쌘비구름.

소나기술 = 벼락술. ⁑ 한번 입에 대기
만 하면 한정 없이 마시는 술.

소나무 = 솔. {소나뭇과. 몽당소나무
(몽당솔). 보득솔.} ¶ 소나무 가지.
소나무 껍질. 소나무 도마. 소나무
숲. 소나무 씨. 소나무 잎.

소낙눈〔暴雪〕 = 소나기눈.

소낙비〔驟雨〕 = 소나기. {소낙성.}

소낙비구름 = 소나기구름. 쌘비구름.

소년기(少年期) * 소년, 소녀로 있는
동안. ⁑ 만 열두 살에서 스무 살까지.
　☞ 유아기. 유년기. 청년기. 장년기.
노년기.

소놀음굿 = 소놀이. 소놀이굿. 소굿.
쇠굿. 마부타령굿. ⁑ 민속.

소눈 = 쇠눈. ⁑ ① 소눈깔. ② 어린이
의 눈병. ⁑ 녹내장.

소다리 = 소발. 소족. 쇠다리. 쇠발.
쇠족. ⁑ 소의 발.

소담하다 * ① 생김새가 탐스럽다. ¶ 소
담한 꽃송이. 봉숭아가 소담하게
피었다. ② 풍족하고 먹음직스럽다.
¶ 과일이 소담하게 담겨 있다.
　☞ 아담하다.

소댕 * 솥을 덮는, 꼭지가 있는 쇠뚜

껑. ¶ 소댕으로 자라 잡듯.
☞ 솥뚜껑.

소덕문(所德門) = 소의문. 서소문. ‡ 사소문의 하나.

소데〔袖〕[왜] ⇨ 소매.

소데나시〔袖無〕[왜] ⇨ 민소매.

소데하바〔袖幅〕[왜] ⇨ 소매통. ‡ 소매 너비.

소도록이〈 수두룩이. ¶ 밤새 흰 눈이 소도록이 쌓였다.

소도리(도리)〔總取〕[왜] ⇨ ① 독차지. ② 싹쓸이. 휩쓸기. ③ 몽땅 사기.

소도마끼〔外巻〕[왜] ⇨ 바깥말이. ‡ 머리 모양.

소독시키다(消毒~) ⇨ 소독하다.

소독저(消毒~) ⇨ 나무젓가락.

소두[1](小斗) * 닷 되들이 말. ‡ 한 말의 반이 되는 말.
☞ 대두.[1]

소두[2](小豆) ⇨ 팥.
☞ 대두.[2]

소두방 ⇨ 소댕.

소두엄 = 쇠두엄. ‡ 외양간에서 쳐낸 두엄. ¶ 소두엄을 밭에 내다.

소등 ⇨ 쇠등. ‡ 소의 등.

소등에 = 쇠등에. ‡ 벌레 이름.

소딱지 * 먹초나 먹머리동이에 흰 꼭지를 붙인 종이 연. ‡ 연의 한 가지.
☞ 쇠딱지.

소똥〔牛糞〕= 쇠똥. ¶ 소똥을 땔감으로 쓰는 나라도 있다.

소똥구리 ⇨ 쇠똥구리. 쇠똥벌레. 말똥구리. ‡ 버러지의 이름.

소똥굼벵이 ⇨ 쇠똥굼벵이.

소똥 냄새 = 쇠똥 냄새.

소똥벌레 ⇨ 쇠똥벌레. 쇠똥구리. 말똥구리.

소똥찜 = 쇠똥찜. ‡ 소똥을 구워서 부스럼 자리에 대는 찜질. {소똥찜하다.}

소띠 해 ⇨ 소해. 소의 해.

소라 = 소라고둥. ‡ 바다에 사는 고둥. {소라잔. 소라젓. 소랏과.}
☞ 고둥. 다슬기. 우렁이.

소라게 = 집게. ‡ 바다에 사는 게의 한 가지.

소라딱지 = 소라 껍데기.

소라백〔空back〕[왜] ⇨ 하늘빛 바탕. 하늘색 배경. ‡ 파란 바탕.

소라색〔空色〕[왜] ⇨ 하늘빛. 하늘색. ‡ 파란 빛깔.

소래기[1] = 소래. ‡ 접시같이 생긴 굽 없는 질그릇. ¶ 소래기로 장독을 덮다.

소래기[2] = 소리. ¶ 악이 나서 꽥꽥 소래기를 질렀다.

소련방(蘇聯邦) ⇨ 소연방. ‡ 소비에트 사회주의 공화국 연방.

소로몬(solomon) ⇨ 솔로몬. ‡ 왕 이름.

소록소록 * ① 아기가 곱게 자는 모양. ¶ 아기가 소록소록 잠이 들었다. ② 비가 보슬보슬 내리는 모양. ¶ 봄비가 소록소록 내린다.
☞ 새록새록. 소복소복.

소롯길(小路~) ⇨ 작은 길. 좁은 길. ‡ 소로.

소름일다 ⇨ 소름 끼치다. 소름 돋다.

소리개 ⇨ 솔개. ‡ 새의 한 가지.

소리광대 * 판소리에서 주로 창을 부

르는 광대.
☞ 아니리광대.

소리글〔表音文字〕 = 소리글자. ⁑ 한글, 로마 글자, 아라비아 글자 따위 말소리를 나타내는 글자.
☞ 뜻글. 뜻글자.

소리꾼 * ①판소리나 잡가를 아주 잘하는 사람. ②직업으로 소리하는 사람.
☞ 소리쟁이.

소리시늉말〔擬聲語〕 ⁑ 개골개골, 땡땡, 멍멍, 뻐꾹, 우당탕 따위.
☞ 꼴시늉말. 짓시늉말.

소리쟁이 * 직업으로 노래를 부르는 사람.
☞ 소리꾼.

소리치다 * ①말이나 소리를 크게 지르다. ¶ 손꼭대기에 올라 목청껏 소리치다. ②소릿바람을 막 내다. ¶ 일을 해도 소릿바람 나지 않게 해야 한다.
☞ 외치다.

소마 = 오줌.

소마구간(~馬廏間) ⇨ 쇠마구. 쇠마구간. ⁑ 소를 가두어 기르는 간살.

소마보다 = 소변보다. 소피보다. ⁑ 오줌 누다.

소매 = 옷소매. 팔소매. {소매통. 소맷귀. 소맷길. 소맷동. 소맷부리. 소맷자락.} {긴소매. 민소매. 반소매.} ¶ 소매를 걷고 나서다.

소매가(小賣價) [왜] ⇨ 산맷값. ⁑ 조아파는 값.

소매가격(小賣價格) [왜] ⇨ 산맷값.

소매상(小賣商) [왜] ⇨ 산매상.

소매 시세(小賣時勢) [왜] ⇨ 산매 시세. ⁑ 조아파는 장금.

소매 시장(小賣市場) [왜] ⇨ 산매 시장.

소매업(小賣業) [왜] ⇨ 산매업. ⁑ 조아파는 장사.

소매인(小賣人) [왜] ⇨ 산매인. ⁑ 조아파는 장수.

소매점(小賣店) [왜] ⇨ 산매점. ⁑ 조아파는 가게.

소매치기 * 남의 몸에 있는 돈이나 물건을 슬쩍 빼어 훔치는 짓이나 사람.
☞ 날치기. 들치기. 차치기.

소매하다(小賣~) [왜] ⇨ 산매하다. ⁑ 조아팔다.

소맥분(小麥粉) ⇨ 밀가루.

소맷배래기 = 배래기. ⁑ 한복 소매의 모양새.

소머리 = 쇠머리. ⁑ 삶아서 편육을 만드는, 잡은 소의 대가리 부분.

소머리뼈 = 쇠머리뼈.

소머리편육(~片肉) = 쇠머리편육.
☞ 편육.

소머릿살 = 쇠머릿살. ⁑ 소의 대가리에 붙은 살코기.

소먹이 = 쇠먹이. ⁑ 갈초, 쇠꼴, 쇠죽, 여물 따위 소의 먹이.

소멘〔素麵〕 [왜] ⇨ 소면. ⁑ 고기꾸미를 넣지 않은 국수.

소모임(小~) ⇨ 작은 모임. 작은 모둠. ⁑ 소집단. 소규모 집회.

소목[1](小木) = 소목장이. 소목장. ⁑ 나무로 가구나 문방구를 짜는 목수.
☞ 대목.[2]

소목[2] ⇨ 쇠목. ⁑ 소의 모가지.

소묘(素描) [왜] ⇨ 민그림. ⁑ 연필, 목

ㅅ

탄, 철필로 그린 그림. ＊ 데생.

소목쟁이(小木～) ⇨ 소목장이. 소목
장. 소목.

소몰이꾼 ＝ 채꾼. ＊ 소를 몰고 다니는
사람.

소문[1](所聞) ＊ 입에 오르내려 들리는
말. {소문놀이. 바깥소문. 잡소문.}
{소문나다.} ¶ 소문을 놓다. 소문이
돌다. 소문을 듣다. 소문이 사납다.
☞ 뜬소문. 헛소문.

소문[2](小門) ＊ ① 작은 문. ② 여자의
아래.
☞ 대문.

소문내다(所聞～) ＊ 소문을 퍼뜨리다.
¶ 돈 많다고 소문내지 마라.

소문 내다(所聞 ～) ¶ 돈 많다는 소문
내지 마라.

소문자(小文字) 洋 ⇨ 작은꼴글자.
＊ 로마자 a, b, c, d, e, f 따위.
☞ 대문자.

소바〔蕎麥〕洋 ⇨ ① 메밀. ② 메밀국수.

소박떼기(疏薄～) ⇨ 소박데기. ＊ 소
박맞은 여자.

소박이 ＊ ① 소박이김치. 오이소박이.
오이소박이김치. ② 소를 박은 음식.
☞ 소.[2] 고명.[1] 꾸미. 짜개김치.

소발〔牛足〕 ＝ 소다리. 소족. 쇠다리.
쇠발. 쇠족.

소발개발 ⇨ 쇠발개발.

소발구 ＝ 쇠발구. ＊ 소에 메워 물건을
실어 나르는 썰매.
☞ 다랭이. 말발구.

소발굽 ⇨ 쇠발굽.

소방차(消防車) ＝ 불차. 불자동차.

소배기 ⇨ 소박이.

소백정(～白丁) ⇨ 소백장. 쇠백장.

소버짐 ⇨ 쇠버짐. ＊ 살갗병의 한 가지.

소변보다(小便～) ＝ 소마보다. 소피
보다. ＊ 오줌 누다.

소보로빵(소보루빵) 洋 ⇨ 곰보빵.

소복소복 〈 수북수북. ＊ ① 쌓이거나
담긴 물건이 다 볼록하게 많은 모
양. ¶ 음식이 소복소복 담기다. ②
풀이나 털 따위가 여기저기 촘촘하
고 길게 나 있는 모양. ¶ 쑥과 소루
쟁이가 소복소복 푸르렀다. ③ 살이
찌거나 부어 여럿이 다 볼록하게 도
드라져 있는 모양. ¶ 손발이 모두 소
복소복 부었다.
☞ 소록소록.

소복이 〈 수북이.

소불알 ＝ 쇠불알.

소비 기탁(消費寄託) ⇨ 소비 임치.

소비 문화(消費文化) ⇨ 소비 성향.
소비 풍조. 소비 형태.

소뼈 ＝ 소뼈다귀. 쇠뼈. 쇠뼈다귀.
¶ 소뼈를 고아 먹다.

소뿔 ＝ 쇠뿔. {소뿔뜸.} ¶ 소뿔 빨부
리. 소뿔에 받히다.

소뿔고추 ＝ 쇠뿔고추.

소뿔참외 ＝ 쇠뿔참외.

소뿔테 ＝ 쇠뿔테. ＊ 소뿔로 만든 안경
테.

소뿔하늘가재 ⇨ 쇠뿔하늘가재. 톱사
슴벌레. ＊ 벌레의 하나.

소사(小使) 洋 ⇨ 손대기. ＊ 사환. 사
동. 기능직.

소산터(燒散～) ＝ 화장장. 화장터.
＊ 주검을 태우는 곳.
☞ 다비소.

소살쭈 = 쇠살쭈. 살쭈. ＊ 쇠장에서 소를 사고파는 데 흥정을 붙이는 사람.

소새끼 ⇨ 쇠새끼. ＊ 미련한 놈이라고 하는 욕설.
　☞ 개새끼. 돼지새끼. 여우새끼. 쥐새끼.

소 새끼 = 쇠 새끼. ＊ 송아지.

소서저냐 ⇨ 쇠서저냐. ＊ 소의 혀로 만든 음식.

소설난(小說欄) ⇨ 소설란. ＊ 한자말 뒤에는 '란'임.

소세지(sausage) ⇨ 양순대. ＊ 소시지.

소소리바람 ＊ 이른 봄에 살 속으로 스며드는 차고 매서운 바람.
　☞ 소슬바람.

소소하다(小小~) ＊ 자질구레하다. ＊ 일의 성질. ¶ 소소한 부분을 챙기다.
　☞ 사소하다.

소속되다(所屬~) ⇨ 소속하다. ＊ 딸리다.

소송 수속(訴訟 手續) ㊋ ⇨소송 절차.

소수나다 = 솟나다. ＊ 농산물의 소출이 늘다. ¶ 올해는 벼가 소수나다.
　☞ 줄나다.

소숫점(小數點) ⇨ 소수점.

소스라뜨리다 〈 소스라트리다. ＊ 깜짝 놀라 몸을 갑자기 솟구치듯 움직이다.

소스라지다 ＊ 위로 봉긋이 솟아나다. ¶ 남해 바다에 우뚝 소스라진 한라산.

소스라치다 ＊ 깜짝 놀라 몸을 갑자기 떠는 듯이 움직이다.

소스랑 ⇨ 쇠스랑.

소스랑바람 ⇨ 회오리바람.

소슬대문(~大門) ⇨ 솟을대문. 고주대문.

소슬바람 ＊ 으스스하고 쓸쓸한 가을바람.
　☞ 소소리바람. 솔바람.

소시적(少時~) ⇨ 소싯적. ＊ 젊었을 때.

소식란(消息欄) = 인사란. 알림난. ＊ 신문이나 잡지.

소식(消息)**을 접하다** ⇨ 소식을 듣다.

소신 ⇨ 소짚신. 쇠짚신. ＊ 짚으로 만든 소의 신.

소심 = ① 쇠심. ＊ 소의 힘. ② 쇠심. 쇠심줄.

소심줄 ⇨ 쇠심. 쇠심줄.

소싸움 = 소쌈. ＊ 주로 단오에 하던 민속놀이의 하나.

소앗과(小兒科) ⇨ 소아과.

소앗병(小兒病) ⇨ 소아병.

소야곡(小夜曲) ㊋ ⇨ 세레나데. ＊ 음악.

소여물 = 쇠여물. ＊ 짚이나 갈초를 썬 소의 먹이.

소열제(消熱劑) ㊋ ⇨ 해열제.

소오줌 = 쇠오줌. ＊ 소의 오줌.

소옹두리 ⇨ 쇠옹두리. ＊ 소의 정강이 뼈. ¶ 쇠옹두리 우리듯.

소외시키다(疎外~) ⇨ 소외하다. ＊ 따돌리다. 멀리하다.

소용[1] ＊ 목이 길고 자그마한 병.

소용[2](所用) = 쓸데. 쓸모. ¶ 소용이 닫다.

소용돌이 ＊ ① 바닥이 패어 물이 돌아 흐르는 일. 또는 그런 곳. {소용돌이금. 소용돌이무늬. 소용돌이비. 소용돌이선. 소용돌이테. 소용돌이치기. 소용돌이치다.} ②힘, 사상, 감정이 서로 뒤엉킨 모양. ¶ 분쟁의 소용돌이.
☞ 맷돌흐름.

소용없다(所用~) = 쓸데없다.

소원하는 바(所願~) ⇨ 바라는 바. 원하는 바.

소위 말하는(所謂~) ⇨ 이른바. 말하자면.

소의문(昭義門) = 서소문. 소덕문. ✲ 사소문의 하나.

~소이다 = ~사오이다. ~사외다. {고맙소이다. 없소이다. 좋소이다.}

소인[1](小人) ✲ ①작은 사람. ②간사하고 속이 좁은 사람. ③저.

소인[2](小人) ㉾ ⇨ 아이. 어린이.
☞ 대인.[2]

소인극(素人劇) ㉾ ⇨ 쥐대기극. 풋내기극. ✲ 아마추어 극.

소일감(消日~) ⇨ 소일거리. ✲ 심심풀이로 하는 일.

소입자(素粒子) ⇨ 소립자. ✲ 광양자, 전자, 양성자, 중성자, 중간자, 중성미자, 양전자 따위 물질의 바탕이 되는 아주 작은 알갱이.

소장[1](~場) = 소전. 쇠장. 쇠전. ✲ 소를 팔고 사는 장.

소장[2](小腸) = 작은창자.
☞ 곱창. 대장.[3] 대창.[2] 소창.[2]

소재(素材) ✲ ①어떤 물건을 만드는 데 바탕이 되는 밑감. ¶ 첨단 소재. ②예술 작품의 바탕이 되는 밑감. ¶ 환경, 생활, 행동, 감정을 소재로 삼다.
☞ 원료. 재료.

소전(~廛) = 소장. 쇠장. 쇠전. ✲ 소를 팔고 사는 시장.
☞ 싸전. 어리전.

소절수(小切手) ㉾ ⇨ 수표.

소젖〔牛乳〕 = 쇠젖.
☞ 참젖.[1]

소제(掃除) ⇨ 쓰레질. 쓰설이. ✲ 청소.

소제상(素祭床) ✲ 장사 치르기 전에 제물을 차려 놓는 흰 제상.
☞ 제상.

소족(~足) = 소다리. 소발. 쇠다리. 쇠발. 쇠족. ✲ 소의 발.

소족두리(素~) = 민족두리. ✲ 꾸미지 않은 족두리.
☞ 꾸민족두리.

소좆매 ⇨ 쇠좆매. ✲ 쇠좆으로 만든 매.

소주(燒酒) ✲ ①곡주를 끓여서 얻는 증류식 술. ✲ 아랑술. {소주병. 소주잔. 소줏고리. 소줏불. 소줏집.} ¶ 소주를 내리다. 소주를 고다. 소주를 받다. ②알코올 희석식 술. ¶ 소주를 들이켜다. 소주를 마시다.
☞ 막걸리. 약주. 정종. 청주. 탁주.

소주밀식(小株密植) ⇨ 배게 심기. ✲ 논 한 평에 모를 90포기 넘게 심음.

소죽가마(~粥~) = 쇠죽가마. ✲ 소죽을 끓이는 가마.

소죽물(~粥~) = 쇠죽물. ✲ 소죽을 끓이려고 받아 놓은 쌀뜨물 따위

소죽바가지(~粥~) = 쇠죽바가지. ✲ 소죽을 푸는 바가지.

소죽솥 ⇨ 소죽가마. 쇠죽가마. 쇠죽솥.

소줏고리(燒酒~) = 고리. ✲ ①소주를 내리는 연모. ②소주를 담는 그릇.

소지[1](小指) ✲ ①새끼손가락. 새끼손.

⁑ 계지. ②새끼발가락. 새끼발.

소지²(素地) * 부정적인 요인이 될 바탕. ¶ 오해할 소지. 위험의 소지.
  ☞ 가능성.

소지랑물 = 쇠지랑물. ⁑ 외양간 뒤에 괸 물.

소지랑탕 = 쇠지랑탕. ⁑ 소지랑물을 받아 썩히는 웅덩이.

소질(素質) * 타고난 능력. ¶ 소질 계발. 소질 없다. 소질 있다.
  ☞ 자질.²

소집 ⇨ 외양간. 쇠마구간.

소짚신 = 쇠짚신.

소쩍새 * 올빼밋과의 여름새.
  ☞ 두견새.

소창¹ * 이불 따위의 안감. ¶ 아기 옷과 기저귀를 만들 소창을 사왔다.

소창²〔小腸〕 = 곱창. ⁑ 소의 작은창자를 먹거리로 일컫는 말.
  ☞ 대장.³ 대창.² 소장.²

소채(蔬菜) ⇨ 남새. 푸성귀. 채소. ⁑ 남새의 차이나 이름.
  ☞ 야채.

소치(所致) * 어떤 까닭에서 빚어진 일. ¶ 무능한 소치로 일을 그르쳤다.
  ☞ 소행.

소침 = 쇠침. ⁑ 소의 입에서 흐르는 침.

소케트(socket) ⇨ 소켓. ⁑ 전기. 골프.

소코 = 쇠코. ⁑ 소의 코.

소코리 ⇨ 소쿠리.

소코뚜레 = 쇠코뚜레. 코뚜레. ⁑ 소의 코청을 꿰뚫어 끼는 나무 고리.
  ☞ 살코. 코투레.

소쿠리 * 테를 둥그렇게 하고 앞이 트이게 만든 대그릇.
  ☞ 광주리. 바구니. 바소쿠리. 채롱.

소태 = ① 소태껍질. ② 소태나무. ⁑ {소태맛. 소태나뭇과.}

소털 = 쇠털. ⁑ 소의 털. ¶ 소털같이 많은 날.

소털담배 = 쇠털담배. ⁑ 아주 가늘게 싼 담배.
  ☞ 살담배. 잎담배.

소톱(小~) * 작은 동가리톱.
  ☞ 대톱. 세톱. 실톱. 중톱. 큰톱.

소파리 ⇨ 쇠파리. ⁑ 날벌레의 하나.

소풀 ⇨ 부추. ⁑ 양념채소의 한 가지.

소풍경(~風磬) = 쇠풍경. ⁑ 소의 턱 밑에 다는 방울.
  ☞ 워낭.

소피보다(所避~) = 소마보다. 소변보다. ⁑ 오줌 누다.

소하물(小荷物) 일 ⇨ 잔짐. ⁑ 소화물.

소행(所行) = 소행머리. ⁑ 이미 저지른 짓이나 일. ¶ 누구 소행이냐?
  ☞ 소치.

소형¹(小形) * 작은 것. ⁑ 자연물.

소형²(小型) * 작은 것. ⁑ 가공품.

소화물(小貨物) = 잔짐. ⁑ 기차 편에 부칠 수 있는, 작고 가벼운 짐.
  ☞ 수화물.

소화선(消化腺) 일 ⇨ 소화샘.

소화시키다(消化~) ⇨ 소화하다.

속¹ * ①겉과 짝을 이룬 평면이나 덩이. ⁑ 속과 겉은 붙어 있음. {속가죽. 속고삿. 속고의. 속꺼풀. 속껍질. 속더께. 속뜻. 속멋. 속싸개. 속울음. 속웃음. 속잎. 속장. 속재목. 속청. 속치레. 속치마. 속치장. 속표지. 속흙.} ②안쪽. {가슴속. 골속. 귓속. 꿈속. 꿍꿍이속. 나무속. 댓속. 땅속. 마음속. 머릿속. 몸속. 물속. 박속. 베갯속. 불속. 빈속. 빗속. 뼛속. 산속. 왕골속. 욧속. 이불속. 입속. 잇속. 콧속. 품속.} ¶ 가방 속. 관 속. 구름 속. 굴 속. 글 속. 꼬투리 속. 눈 속. 눈길 속. 대기 속. 말 속. 목구멍 속. 배 속. 버선 속. 벽장 속. 산 속. 살 속. 어둠 속. 옷 속. 우물 속. 자연 속. 조명 속. 집 속. 책 속. 폐 속. 흙 속. ③마음. 생각. 뜻. {속가량. 속눈치. 속다짐. 속대중. 속말. 속배포. 속뽑이. 속사연. 속사정. 속생각. 속씨름. 속어림. 속언약. 속요량. 속정신. 속짐작. 속치부. 속타산.} {통속. 한속. 한통속.} {속상하다. 속없다.} ¶ 속이 깊다. 속을 긁다. 속이 끓다. 속을 달래다. 속을 떠보다. 속을 모르다. 속을 못 차리다. 속이 보이다. 속을 빼놓다. 속을 뽑다. 속을 상우다. 속이 시원하다. 속이 썩다. 속을 썩이다. 속이 쓰리다. 속을 주다. 속을 차리다. 속이 타다. 속을 태우다. 속이 터지다. 속이 트이다. 속이 풀리다. ☞ 가운데. 겉.¹ 아래. 안.¹

속²(束) * 하나치. ①다발. 묶음. ¶꽃 한 다발. ②뭇. ¶짚 세 뭇. 장작 세 뭇. 채소 한 뭇. 생선 두 뭇. ③톳. ¶김 한 톳.

속³(束) * 종이를 세는 하나치. ‡ 한 속은 250장. ☞ 장.¹ 연.¹

속거리 = 솟거리. ‡ 김치, 떡, 만두 따위의 소를 만드는 재료.

속겨 = 몽근겨. ‡ 곡식의 겉겨를 벗긴 다음에 나온 고운 겨. ☞ 겉겨. 등겨. 매조밋겨. 쌀겨. 왕겨.

속계산(~計算) = 속구구. 속궁리. 속셈. ‡ 마음속으로 하는 궁리. ☞ 속셈.¹

속고름 ⇨ 안옷고름.

속곡식(~穀食) * 겉껍질을 벗겨 낸 곡식. ☞ 겉곡. 겉곡식.

속곳 * 여자의 아랫도리 속옷. ‡ 속속곳과 단속곳이 있음. ☞ 고의. 속옷.

속구구(~九九) = 속계산. 속궁리. 속셈. ☞ 손구구.

속궁합(~宮合) * ①생년월일로 보는 궁합. ②성적 어울림. ☞ 찰떡궁합.

속껍더기 ⇨ 속껍데기.

속내 = 속내평. ‡ 속마음이나 일의 내막. ¶ 속내를 털어놓다.

속내막(~內幕) ⇨ 속내. 속내평.

속내의(~內衣) ⇨ 속옷. ‡ 내의.

속눈¹ * 곱자를 반듯하게 놓을 때 아래쪽에 새겨진 눈. ‡ 잣눈. ☞ 겉눈. 바깥눈.

속눈² * 눈을 감은 체하면서 조금 뜨는 눈. ¶ 속눈을 흘기다.

속다 * ①거짓말이나 꾀에 넘어가다. ¶ 친구에게 속아 빈털터리가 되다. ②다른 것으로 잘못 알다. ¶ 검둥이로 감쪽같이 속았다. ☞ 솎다.

속닥속닥 〈 숙덕숙덕. ⁑ 작은 소리로 하는 이야기 소리나 그런 모양.
☞ 속삭속삭.

속달 = 속달뱅이. ⁑ 작은 규모.

속담(俗談) * 옛날부터 흔히 써 온 격언. ⁑ 출전이 분명하지 않음.
☞ 격언. 금언. 명언.

속대국 ⇨ 속댓국. ⁑ 배추속대를 넣고 끓인 된장국.

속더껑이 ⇨ 속더께. ⁑ 물체 속에 찌든 때.
☞ 겉더께.

속독(速讀) * 글을 아주 빠르게 읽음.
☞ 난독. 남독. 낭독. 다독. 묵독. 색독. 음독. 정독. 체독.

속돌매 = 고석매. ⁑ 가벼운 화산의 돌로 만든 맷돌.

속들이 = 속부피. ⁑ 그릇의 속을 가득 채우는 양.

속마음〔內心〕 = 속맘. 속판. 안속.
¶ 속마음이 드러나다.

속말 * 속마음에서 우러나오는 말.
¶ 속말을 털어놓다.
☞ 속소리.

속발톱 = 반달. ⁑ 발톱 뿌리 쪽에 있는 반달꼴의 흰 부분.
☞ 속손톱.

속병[1](~病) = ①속증. ②위장병.

속병[2](續柄) [왜] ⇨ 관계.

속부피 = 속들이. ⁑ 그릇의 속을 가득 채우는 양.

속사기다 ⇨ 속삭이다. ⁑ 남이 알아듣지 못하게 속닥속닥 말하다.

속사주(~四柱) * 정식으로 사주단자에 적어 보내는 신랑의 사주.
☞ 겉사주.

속삭속삭 * ①속닥속닥. ②물건이 자꾸 가볍게 스치는 소리나 모양.

속새질 = 사포질. ⁑ 속새로 물건의 거죽을 문지르는 일.

속샤쓰(~shirts) [왜] ⇨ 속셔츠.

속셈[1] = 속계산. 속궁리. ⁑ 마음속으로 하는 계획.
☞ 속구구.

속셈[2]〔暗算〕 = 주먹셈. ⁑ 머릿속으로 하는 셈.
☞ 손가락셈.

속소리 = ①세청. ⁑ 창법의 하나. ②가운뎃소리. ⁑ 중성.
☞ 속말.

속속이 ⇨ 속속들이. ¶ 속속들이 이해하다. 속속들이 조사하다.

속속히(速速~) = 속속. ⁑ 매우 빨리.
¶ 속속히 돌아오라.

속손톱 = 반달. ⁑ 손톱의 뿌리 쪽에 있는 반달꼴의 흰 부분.
☞ 속발톱.

속심(~心) ⇨ 속마음.

속앓이 ⇨ 속병.

속어림 * 마음속으로 짐작하여 헤아려 보는 어림. {속어림하다.}
☞ 속요량. 속짐작.

속여[1]〔暗礁〕 = 여. 숨은여. 숨은바위.
⁑ 물속에 잠겨 있는 바위.
☞ 염.[1]

속여[2] = 속이어. ⁑ 속이다. ¶ 속여 넘기다. 속여 먹다.

속옷 * 겉옷 안쪽에 살과 바로 닿게 입는 옷. {속옷가지. 속옷바람.}
☞ 속곳. 겉옷.

속요량(~料量) * 앞일을 마음속으로 생각하여 헤아림. {속요량하다.}
☞ 속어림. 속짐작.

속입성 ⇨ 속옷.

속잎 * ① 배추, 양배추 따위 안쪽의 잎. ② 새로 돋아나는 잎.
☞ 진잎.

속자(俗字) * 획을 간단히 하거나 아주 새로 만들어 널리 쓰는 한문글자.
‡ 竝 = 並. 巌 = 岩.
☞ 간체자. 국자.² 국조자. 대용자. 반자.² 번체자. 약자. 정자.²

속잠뱅이 ⇨ 속잠방이. ‡ 아랫도리 옷의 맨 속에 입는 잠방이.

속젓 * 조기 내장으로 담근 젓.
☞ 고지젓. 구제비젓. 대창젓. 또라젓. 명란젓. 새우젓. 아감젓. 알밥젓. 장재젓. 창난젓. 하란젓.

속짐작(~斟酌) * 마음속으로 하는 짐작. ¶ 속짐작을 하고 있었다.
☞ 속어림. 속요량.

속창 = 안창. 위창. ‡ 신 안에 까는 가죽이나 헝겊.
☞ 밑창. 신창.

속청〔細聽〕 = 속소리. ‡ 경기 지방 음악의 여창에 쓰는 창법의 하나.

속치레 * 속을 잘 꾸며서 모양을 냄. {속치레하다.}
☞ 겉치레. 눈치레.

속판 = ① 차례. ② 속마음. 안속. ¶ 그놈의 속판을 알 수가 없다.

속풀이 ⇨ 분풀이.

속환이(俗還~) = 중속환이. 되깎이. ‡ 중이 되었다가 그만둔 사람.
☞ 되깎이.

속히(速~) ⑭ ⇨ 빨리. 얼른.

솎다 * 촘촘히 있는 것을 군데군데 골라 뽑다. ¶ 배추를 솎다.
☞ 솎다. 찌다.¹ 추리다.

솎음 = 솎기. ‡ 푸성귀나 곡식 따위를 솎아 성기게 하는 일.

손¹ * 하나치. ① 미나리. 파. ‡ 한 손은 4~5뿌리. 한 줌. ② 고등어. 암치 (민어). 조기. ‡ 한 손은 두 마리.
☞ 뿌리. 줌.¹ 마리.¹

손² = 손님. ‡ 찾아온 사람. {손맞이. 손님맞이.} {먼뎃손. 밤손.} {손겪다. 손겪이하다.} ¶ 손이 많다. 손을 맞다.
☞ 주인.

손³〔天然痘〕 = 손님. 손님마마. 마마. {마맛자국. 손티.}

손⁴ = 손모가지. ‡ 사람 팔의 끝 부분. {손가늠. 손가방. 손거울. 손결. 손국수. 손궤. 손금. 손금고. 손기. 손기계. 손꼴. 손꼽이. 손나발. 손날. 손노동(손일). 손놀림. 손누비. 손달구. 손대야. 손대중. 손도끼. 손도장. 손독. 손동작. 손두께. 손등(손잔등). 손맛. 손매. 손목. 손바느질. 손바닥. 손바람. 손버릇. 손수건. 손수레. 손시늉. 손어림. 손자국. 손장난. 손장단. 손지갑. 손짐. 손짓. 손짓춤. 손짭손. 손찌검. 손춤. 손차양. 손칼국수. 손톱. 손팔신호. 손포. 손풀무. 손품. 손풍금. 손풍구. 손함. 손화로. 손힘.} {검은손. 깍짓손(손깍지). 꺽짓손. 두름손(주변). 뒷손. 든손. 마른손. 맨손. 몽당손. 물손(진손). 빈손. 살손. 생인손. 선손. 손짭손. 악짓손(억짓

손). 약손. 오른손. 왼손. 일손. 조막
손. 톱손. 혼잣손. 횟손.} {손꼽다.
손꼽이치다. 손꼽히다. 손대다. 손들
다. 손쉽다. 손쓰다. 손잡다.} ¶ 손이
가다. 손에 걸리다. 손을 걸다. 손이
걸다. 손을 끊다. 손을 나누다. 손이
나다. 손을 내리다. 손을 내밀다. 손
을 넘기다. 손이 놀다. 손을 놀리다.
손을 놓다. 손을 늦추다. 손이 닿다.
손에 땀을 쥐다. 손을 떼다. 손이 뜨
다. 손이 맑다. 손이 맞다. 손을 맞
잡다. 손이 맵다. 손을 맺다. 손을
멈추다. 손이 모자라다. 손에 붙다.
손을 붙이다. 손이 비다. 손을 빌리
다. 손이 빠르다. 손을 빼다. 손을
뻗치다. 손을 뿌리치다. 손이 서투
르다. 손이 싸다. 손을 싸매다. 손을
씻다. 손이 여물다. 손에 오르다. 손
에 익다. 손을 올리다. 손이 작다.
손이 잠기다. 손을 잠그다. 손에 잡
히다. 손이 재다. 손이 저리다. 손을
적시다. 손을 젓다. 손을 주다. 손을
짚다. 손이 짜이다. 손이 크다. 손을
타다.

☞ 주먹.¹

손⁵ = 손잡이. {대팻손. 들손. 맷손.
씨아손. 쥘손. 탑손.}

손가락 * {손가락글. 손가락무늬. 손
가락셈.} {엄지손가락(엄지. 엄지손).
집게손가락(검지. 식지). 가운뎃손
가락(장지. 장짓가락). 약손가락(무
명지. 약손). 새끼손가락(계지. 소지.
새끼손). 곁손가락. 들이손가락.}
¶ 손가락 안에 꼽히다. 손가락에 장
을 지지겠다.

☞ 발가락.

손가락빗 = 손빗. ¶ 손가락빗으로 머
리를 쓸어 넘기다.

손가락셈 = 손구구. ‡ 손가락을 꼽아
서 수를 세는 일.

☞ 속셈.² 주먹셈.

손가락장갑(~掌匣) * 손가락을 하나
하나 넣을 수 있게 만든 장갑.

☞ 벙어리장갑.

손가락질하다 * ① 손가락으로 가리키
다. ② 흉보거나 욕하다. ¶ 손가락질
받다. 동네 사람들이 그놈을 손가락
질하다.

☞ 가리키다.

손가래 ⇨ 종가래. ‡ 작은 가래. {종가
래질.}

손가마 = 가마타기. ‡ 어린이들의 놀
이.

손각시 ⇨ ① 손말명. ② 꼭두각시.

손거스러미 * 손톱이 박힌 자리에 살
갗이 일어난 것.

☞ 거스러미.

손 거치다 * ① 어떤 사람의 손을 거치
다. ¶ 용돈도 어머니 손을 거치게끔
되어 있다. ② 어떤 사람이 손질하
다. ¶ 허름한 장난감이 아버지의 손
을 거치자 말끔해졌다.

손 거칠다 * ① 도둑질 같은 나쁜 손버
릇이 있다. ¶ 손 거친 짓을 잘한다.
② 솜씨가 꼼꼼하지 못하다. ¶ 손이
거칠어서 일을 맡기기 싫다.

손겪이 = 손님겪이. 손님치레. 손치
례. ‡ 손님을 대접하는 일.

☞ 일겯.

손곱 * 손톱 밑에 끼어 있는 때.

☞ 눈곱. 발곱.

손구구(~九九) = 손가락셈. ✱ 손가락을 꼽으며 하는 셈.

☞ 속구구. 주먹구구.

손구루마 倒 ⇨ 손수레.

손그릇 ✱ 가까이 두고 쓰는 작은 세간. ✱ 반짇고리, 벼룻집, 손궤 따위.

☞ 반짇고리.

손금쟁이 ✱ 손금 보는 일을 직업으로 하는 사람.

☞ 관상쟁이. 상쟁이.

손길 ✱ ① 내민 손. ¶ 손길을 잡다. ② 도와주는 일. ¶ 손길이 닿다. 손길이 미치다. ③ 손의 움직임. ¶ 예술가의 손길.

☞ 발길.

손깍지 = 깍짓손. ✱ ① 활시위를 잡아당기는 손. ② 깍지를 낀 손.

☞ 껵짓손.

손꾸락 ⇨ 손가락.

손끝 ✱ ① 손으로 하는 일솜씨. ¶ 손끝이 야무지다. ② 손을 댄 결과. ¶ 손끝이 맵다. ③ 손가락 끝. ¶ 손끝에 온기가 느껴진다.

☞ 손때.²

손끝 맵다 = 손때 맵다. 손 맵다. ✱ ① 손으로 만진 결과가 모질다. ② 일을 야무지게 하다.

손끝 맺다 = 손 맺다. ✱ 할 일을 돌아보지 않고 있다.

손끝 여물다 = 손 여물다. ✱ 일하는 것이 빈틈없고 매우 야무지다.

손나팔(~喇叭) ⇨ 손나발.

손 내밀다 = 손 벌리다. ✱ ① 요구하다. ② 간섭하다.

손녀(孫女) = 손녀딸. {외손녀. 증손녀. 친손녀. 큰손녀.}

☞ 손자.

손노락질 ⇨ 손짭손.

손님¹〔天然痘〕 = 손. 손님마마. 마마. ✱ 돌림병의 하나.

손님² = 손. ✱ 찾아온 사람. {내미손. 단골손님. 뜨내기손님. 바깥손님. 밤손. 밤손님. 사랑손님. 술손(술손님). 안손님. 큰손(큰손님). 후행손님.} ¶ 초대 손님. 손님 치르다.

☞ 임자. 주인.

손님겪이 = 손겪이. 손치레. 손님치례. ✱ 손님을 대접하는 일.

☞ 일결.

손님 분 ⇨ 손님.

손님자국 ⇨ 마맛자국.

☞ 손티.

손님장(~醬) = 별간장. ✱ 특별히 쓰려고 작은 그릇에 담그는 간장.

손다리미 ✱ 손으로 잡아당기거나 문질러서 구김살을 펴는 일.

☞ 숯다리미. 전기다리미. 증기다리미.

손대 = 내림대. 신나무. ✱ 굿할 때 쓰는 소나무나 대나무 가지.

손대중 ✱ 손으로 쥐거나 들어 보아 어림으로 하는 헤아림. 또는 그런 분량. ¶ 손대중으로 나누어 놓은 것이 하나같이 똑같다.

☞ 눈대중. 발대중. 손어림. 손짐작.

손덕(~德) ✱ 노름할 때 잘 맞는 운수. ¶ 손덕을 보아 돈을 땄다.

☞ 손떠귀. 손속.

손도울이 = 곁꾼. ✱ 곁에서 거들어 주

는 사람.

손돌바람 = 손돌이바람. ✱ 손돌풍. 손
석풍.

손들다 * ① 포기하다. ② 항복하다.
③ 팔을 머리 위로 들다.
　☞ 두 손 들다.

손때¹ = 물때. 물거리. ✱ 낚시에서 고
기가 가장 잘 낚이는 때.

손때² * ① 오랫동안 만져서 길이 든
흔적. ¶ 손때를 먹이다. ② 손으로
만져서 묻은 때. ¶ 유리창에 손때가
묻었다. ③ 손대어 생긴 독한 결과.
¶ 손때가 맵다.
　☞ 손끝. 손티.

손때 맵다 = 손끝 맵다. 손 맵다.

손때 묻다 = 손때 먹다. 손때 오르다.
✱ 오래 써서 길이 들거나 정이 들다.
¶ 할머니의 손때가 묻은 것이라 버
릴 수가 없다.

손떠귀 * 무슨 일에 손을 대는 데 따르
는 운수. ¶ 손떠귀가 사납다.
　☞ 손덕. 손속.

손 떼다 * 하던 일을 그만두다. ¶ 노름
에서 손 떼다.
　☞ 손 붙이다.

손뜨겁다 = 손부끄럽다. ✱ 낯이 없고
부끄럽다.

손뜨개 = 뜨개. ✱ 손으로 실을 뜨는 일.
또는 그런 물건. {손뜨개질하다.}

손말명 * 처녀가 죽어서 된 귀신.
　☞ 몽달귀.

손맞이 = 손님맞이.

손 맵다 = 손끝 맵다. 손때 맵다.

손 맞다 = 손끝 맞다. ✱ 할 일이 있는
데도 하지 않다.

손모가지 = ① 손. ② 손목.

손목 = 손모가지. ✱ 손 쪽에서 본 손
과 팔이 이어진 부분. {손목뼈. 손
목시계. 손목춤.} {오른손목. 왼손
목.} ¶ 손목 둘레. 손목을 잡다.
　☞ 발목. 손회목. 팔목.

손목쟁이 ⇨ 손모가지.

손바느질 * 손으로 하는 바느질.
　☞ 틀바느질.

손방 * 아주 할 줄 모르는 솜씨. ¶ 입만
살았지 일에는 아주 손방이다.
　☞ 쥐대기.

손 벌리다 = 손 내밀다. ✱ 무엇을 달
라고 하다.

손벽 ⇨ 손뼉. ✱ 손바닥과 손가락을 합
친 전체 바닥. ¶ 손뼉을 치다.

손보기¹ * 어떤 일이나 물건에 잘못이
없도록 보살피는 일.
　☞ 손질.

손보기² * 여자가 직업으로 몸을 파는
일.

손보다¹ * ① 잘 매만지고 보살피다.
② 혼이 나도록 때리다.

손보다² * 손님을 만나 보다.
　☞ 손치다.²

손부끄러히 ⇨ 손부끄러이. ✱ 손부끄
럽다.

손 붙이다 * 무슨 일에 손을 대다. ¶ 한
번 손 붙인 일은 해내고야 만다.
　☞ 손 떼다.

손비비다 ⇨ 비손하다.

손빗 = 손가락빗. ¶ 손빗으로 머리를
쓸어 넘기다.

손 빠르다 = 손 싸다. 손 재다. ✱ 일
처리가 빠르다.

☞ 손 여물다.

손빨래 * 빨랫감을 물에 넣고 손으로 때를 빼는 일. {손빨래하다.}

☞ 틀빨래.

손살 = 손사래. ＊ 어떤 말이나 사실을 부인하거나 조용히 하라고 할 때 손을 펴서 휘젓는 짓. {손사래질하다.} ¶ 손사래 치다.

손상시키다(損傷～) ⇨ 손상하다.

손샅 * 손가락과 손가락의 사이. ¶ 손샅으로 밑 가리기.

☞ 손아귀.

손세간 ⇨ 손그릇.

손세탁(～洗濯) ⇨ 손빨래.

손 서투르다 * 일에 서투르다.

☞ 손 익다.

손속 * 노름할 때 손대는 대로 잘 맞아 나오는 운수.

☞ 손덕.

손숫물 * 손을 씻는 물.

☞ 발숫물. 세숫물.

손 싸다 = 손 빠르다. 손 재다. ＊ 일처리가 빠르다.

☞ 손 여물다.

손 씻다 * ① 손을 물로 깨끗이 하다. ② 나쁜 일에서 손을 떼다.

☞ 발 빼다.

손씻이 * 수고에 보답하는 뜻으로 물건을 주는 일. 또는 그런 물건.

☞ 인정.[2] 젓가락돈.

손아귀 * ① 엄지손가락과 다른 네 손가락 사이. ② 쥐는 힘. ¶ 손아귀가 매우 세다. ③ 힘이 미치는 범위. ¶ 손아귀에 넣다.

☞ 범아귀. 손샅. 손안. 웃아귀. 윗아귀.[1]

손아래 * 나이나 항렬이 아래. ¶ 손아래 동서. 손아래 처남.

☞ 손위.

손 아래 * 손의 아래쪽.

☞ 손 위.

손아래뻘 = 아래뻘. ＊ 나이나 항렬이 아래에 있음을 이르는 말.

손아랫사람 = 아랫사람. 아랫놈. ＊ 나이나 항렬이 아래인 사람.

☞ 손윗사람. 윗사람.

손안 * ① 손 가운데. ② 자기가 세력을 부릴 수 있는 범위.

☞ 손아귀.

손어림 = 손대중. 손짐작. ＊ 손으로 만지거나 들어 보아 대강 헤아림. ¶ 가방 안에 든 돈은 손어림으로 백만 원은 되어 보였다.

☞ 눈어림.

손 여물다 = 손끝 여물다. ＊ 일하는 것이 빈틈없고 매우 야무지다.

☞ 손 빠르다. 손 싸다. 손 재다.

손위 * 나이, 항렬이 위. {손위뻘. 손윗사람.} ¶ 손위 동서. 손위 처남.

☞ 손아래.

손 익다 = 수 익다. ＊ 익숙하다.

☞ 손 서투르다.

손자(孫子) * 아들의 아들이나 딸의 아들. {손자녀석. 손자놈. 손자며느리. 손자뻘. 손자새끼.} {넛손자. 막냇손자. 맏손자. 외손자. 작은손자. 증손자. 증손자뻘. 친손자. 큰손자.} ¶ 손자 잃은 영감.

☞ 손녀.

손자봉틀(～自縫～) ⇨ 손재봉틀.

손자욱 ⇨ 손자국.

손잔등 = 손등.

손잡이 = 손. ‡ 손으로 잡는 곳. ¶ 아래 손잡이. 위 손잡이.

손재간(～才幹) = 손재주.

손 재다 = 손 빠르다. 손 싸다. ‡ 일 처리가 빠르다.
　☞ 손 여물다.

손재봉틀(～裁縫～) = 손틀.
　☞ 발재봉틀. 발틀.

손잽이 ⇨ 손잡이.

손잿수(損財數) ⇨ 손재수. ‡ 재물을 잃을 운수.

손전등(～電燈) = 손전지. ‡ 들고 다니며 쓰는 작은 전등.

손종 ⇨ 손대중.

손주〔孫子〕 ⇨ 손자.

손질 * ① 손으로 다듬거나 매만지거나 고치는 일. {끝손질. 잔손질. 잡손질. 헛손질. 손질하다.} ¶ 구두 손질. 그물 손질. 머리 손질. 옷 손질. ② 손으로 함부로 때리는 일. {손질하다.}
　☞ 매질.¹ 손보기.¹ 주먹질.

손질돌쌓음 = 다듬돌 쌓기. ‡ 모나게 다듬은 돌을 쌓은 일.
　☞ 막쌓기. 허튼층쌓기.

손짐작(～斟酌) = 손대중. 손어림. {손짐작하다.}

손짧손 ⇨ 손짭손. ‡ 좀스럽고 얄망궂은 손장난. {손짭손하다.}

손청방(～廳房) = 사랑방.

손치다¹ * ① 물건을 매만져 바로잡다. ② 물건이 없어지다.

손치다² * 돈을 받고 손님을 재우다.

　☞ 손보다.² 손 치르다.

손치레 = 손님치레. 손겪이. 손님겪이.
　☞ 일곁.

손 치르다 * 큰일에 손님을 대접하다.
　☞ 손치다.¹

손칼〔小刀〕 ⇨ 주머니칼.

손톱깎개 ⇨ 손톱깎이.

손톱깎기 * 손톱을 깎는 일.

손톱깎이 * 손톱을 깎는 연모.

손틀 = 손재봉틀.
　☞ 발틀. 발재봉틀.

손티 * 약간 곱게 얽은 마맛자국.
　☞ 마맛자국. 살짝곰보. 손때.²

손회목 = 팔회목. ‡ 손목의 잘록한 부분을 손 쪽에서 볼 때.
　☞ 손목. 발목. 발회목.

솔¹ = 소나무. {솔먹(솣먹). 솔문. 솔바람. 솔방울. 솔밭. 솔버덩. 솔뿌리. 솔수펑이. 솔숲. 솔잎. 솔장수. 솔포기.} ¶ 푸른 솔.

솔² * ① 먼지나 때를 쓸어 떨어뜨리는 연모. {구둣솔. 땟솔. 옷솔. 빨랫솔. 칫솔.} {밤송이솔. 철선솔.} ② 물감이나 풀 따위를 칠하는 연모. {솔장이.} {면도솔. 면분솔. 면솔. 분솔. 빗솔.}
　☞ 붓. 수세미.

솔가리 * ① 말라서 떨어진 솔잎. ② 묶어 놓은 솔가지. ‡ 땔감.
　☞ 가리나무. 갈비.¹

솔가지 * 꺾어 말린 소나무 가지. {잔솔가지.} ‡ 땔감.

솔갈비 ⇨ 솔가리.

솔개미 ⇨ 솔개. ‡ 새의 한 가지.

솔곳하다 ⇨ 솔깃하다. ¶ 달콤한 말에

귀가 솔깃하다. {솔깃이.}

솔나무 ⇨ 소나무. 솔.

솔다[1] * 공간이 좁다. ¶ 저고리 품이
　솔다. 소매가 솔다. 방이 솔다.
　☞ 너르다. 좁다.

솔다[2] = 무솔다. ⁂ 밭에 물기가 많아
　서 푸성귀 따위가 물러서 썩다.

솔랑솔랑 ⇨ 솔래솔래. ⁂ 조금씩 가만
　히 빠져나가는 모양. ¶ 남은 돈은 학
　비며 학용품 값으로 솔래솔래 다 없
　어졌다.

솔먹 = 숯먹. ⁂ 소나무 그을음으로 만
　든 먹.
　☞ 개먹. 참먹.

솔바람 * 소나무 사이를 스쳐 부는 바
　람.
　☞ 소슬바람.

솔바탕 * 활을 쏘는 곳에서 과녁이 있
　는 곳까지의 거리. ⁂ 120걸음.
　☞ 살바탕.

솔불 = 관솔불. ⁂ 관솔에 붙인 불.
　¶ 관솔불을 밝히다.

솔잎 * 소나무의 잎.
　☞ 가랑잎.

솔장수 * 솔가리나 솔가지를 해다가
　파는 사람.

솔장이 * 풀칠을 하는 솔을 만드는 일
　을 직업으로 하는 사람.

솔쟁이 = 소루쟁이. ⁂ 여러해살이풀의
　하나.

솔직이(率直～) ⇨ 솔직히. ¶ 솔직히
　대답해라. 솔직히 고백하다.

솔찜 = 솔찜질. ⁂ 솔잎으로 하는 찜
　질.

솜 * ① 목화씨에 붙은 섬유질. {솜덩

이. 솜돗. 솜먼지. 솜몽둥이. 솜뭉치.
솜반. 솜방망이. 솜병아리. 솜싸개.
솜채. 솜털. 솜털실. 솜틀. 솜틀집. 솜
판.} ② 물결털의 뭉치. {날솜. 목화
솜. 묵솜. 불솜. 약솜. 풋솜. 햇솜. 헌
솜.} {돌솜. 명주솜(풀솜). 유리솜.}

솜붙이 = 솜옷. ⁂ 솜두루마기. 솜마고
　자. 솜바지. 솜버선. 솜치마.

솜솜 〈 숨숨. ⁂ 얼굴이 얽은 모양. ¶ 얼
　굴이 솜솜 얽었다.

솜씨 = ① 손재주. {솜씨꾼.} ② 재주.
　{말솜씨. 일솜씨. 첫솜씨. 풋솜씨.}
　¶ 그림 솜씨. 글 솜씨. 노래 솜씨.
　음식 솜씨. 춤 솜씨. 활 솜씨. 솜씨
　자랑. ¶ 솜씨 부리다. 솜씨 없다. 솜
　씨 있다. 솜씨 좋다.
　☞ 발씨.

솜옷 = 핫옷. 솜붙이. ⁂ 안에 솜을 두
　어 만든 옷.

솜이불 = 핫이불. ⁂ 안에 솜을 두어
　만든 이불.

솜저고리 = 핫저고리. ⁂ 안에 솜을 두
　어 만든 저고리.

솜활 = 무명활. ⁂ 목화를 타서 솜을
　만드는 연모.

솟거리 = 속거리. ⁂ 김치, 떡, 만두
　따위의 소를 만드는 재료.

솟나다 = 소수나다. ⁂ 농산물의 소출
　이 늘다.
　☞ 줄나다.

솟다 * 위로나 밖으로 힘차게 두드려져
　나오다. ⁂ 해. 달. 비행기. 김. 불길.
　건물. 땀. 새순. 샘물. 성적. 물가.
　☞ 돋다. 뜨다.[3] 오르다.

솟대장이 ⇨ 솟대쟁이. ⁂ 솟대 위에서

재주를 부리는 사람.

솟을대문(~大門) = 고주대문. ✽ 행
랑채의 지붕보다 높게 지은 대문.
　☞ 쪽대문. 평대문.

솟을문(~紋) ⇨ 솟을무늬. ✽ 피륙에
조금 도드라지게 놓은 무늬.

솟을새김〔浮彫〕 = 돋을새김. ✽ 글씨
나 그림이 도드라지게 새김.
　☞ 섶새김. 오목새김.

솟적새 ⇨ 소쩍새. ✽ 올빼밋과의 여름새.

솟증(素症) ⇨ 소증. ✽ 고기가 먹고 싶
은 증세.

송골매 = 매. 해동청. ✽ 맷과의 새.
　☞ 보라매.

송골송골 ✽ 땀이나 소름, 물방울 따위
가 살갗이나 거죽에 잘게 많이 돋아
나 있는 모양. ¶ 땀이 송골송골 돋다.
물방울이 송골송골 맺히다.
　☞ 숭굴숭굴.²

송곳 ✽ 구멍을 뚫는 데 쓰는 뾰족한 연
모. {송곳날. 송곳망치. 송곳질. 송곳
집. 송곳창. 송곳치기. 송곳칼.} {나
사송곳. 네모송곳. 도래송곳. 돌보송
곳. 반달송곳. 비비송곳. 세모송곳.
접시송곳. 조개송곳. 중심송곳. 쥐이
빨송곳. 책송곳. 타래송곳. 통송곳.
활송곳.}
　☞ 끌.

송곳눈 ✽ 날카롭게 쏘아보는 눈초리.
¶ 송곳눈으로 노려보다.
　☞ 눈.³

송곳니〔犬齒〕 ✽ 앞니와 어금니 사이
에 있는 뾰족한 이. ✽ 위에 2개임.
　☞ 간니. 덧니. 배냇니. 벋니. 사랑니.
앞니. 어금니. 엄니. 옥니. 젖니.

송곳닛돌 ✽ 축대를 쌓을 때 쓰는 네모
뿔 모양으로 만든 돌.
　☞ 축댓돌.

송곳방석 = 바늘방석. ✽ 앉아 있기 거
북한 자리.

송과선(松科腺) ㉿ ⇨ 골윗샘. ✽ 송과
체.

송글송글 ⇨ 송골송골.

송금받다(送金~) ⇨ 돈을 받다. ✽ ‘송
금’은 돈을 보내는 것임.

송굿송굿 ⇨ 송골송골.

송낙〔松蘿〕 ✽ 여승이 쓰는, 송라로 만
든 모자.
　☞ 송라.

송낙뿔 ✽ 두 뿔이 다 옆으로 꼬부라진
쇠뿔.
　☞ 우걱뿔. 자빡뿔.

송달하다(送達~) ㉿ ⇨ 보내다. 띄우다.

송도삼절(松都三絶) ✽ 개성의 서경덕,
황진이, 박연폭포를 일컬음.

송두리채 ⇨ 송두리째. ✽ ‘~째’는 뒷가
지임.

송라(松蘿) ✽ 소나무겨우살이.
　☞ 송낙.

송부하다(送付~) ㉿ ⇨ 보내다. 띄우다.

송아리 〈 숭어리. ✽ ① 꽃이나 열매가
많이 모여 달린 덩어리. ② 하나치.
¶ 포도 한 송아리. 꽃 세 송아리.
　☞ 송이.¹

송아지 ✽ 새끼 소. {목매기송아지(목
매기). 어석송아지(어스럭송아지. 어
석소). 엇부루기. 엇송아지. 중송아
지.} ¶ 누런 송아지. 얼룩 송아지.

송이¹ ✽ ① 꽃, 열매 따위가 다른 꼭지
에 따로 달린 덩이. {구름송이. 깻

송이. 꽃송이. 눈송이. 목화송이. 밤
송이. 불밤송이. 잣송이. 젖송이. 쭈
그렁밤송이. 포도송이.} ② 하나치.
¶ 장미 열 송이.
☞ 송아리.

송이²(松栮) = 송이버섯. {송이밥. 송
이산적. 송이찜. 송잇국.}

송이밤 * 까지 않은 밤송이 속에 들어
있는 밤.
☞ 밤송이. 아람. 알밤.¹

송이술 * 익은 술독에서 전국으로 떠
낸 술.

송잇술(松栮~) * 송이버섯을 넣어 담
근 술.

송장 = 주검. {거릿송장(길송장). 거
적송장(거적주검). 산송장. 지게송
장.} ¶ 송장 치다. 송장 빼놓고 장사
지낸다.

송장헤엄〔背泳〕 = 등헤엄. ‡ 헤엄의 한
가지.
☞ 헤엄.

송전(送電) * 발전소에서 변전소로 전
기를 보냄. {송전하다.}
☞ 전송.

송진(松津) * 소나무에서 나와 굳은 나
뭇진. {송진내. 송진덩이.}
☞ 나뭇진.

송판(松板) = 송판때기. ‡ 소나무 널
빤지.

송편(松~) * 떡의 한 가지. {쑥송편.
오례송편.} {송편소.} ‡ 한가위.
☞ 떡.¹

송화강(松花江) ⇨ 쑹화 강. ‡ 강 이름.

솥 = 솥단지. ‡ ① 밥을 짓거나 국을
끓이는 그릇. {솥귀. 솥뚜껑. 솥발.

솥젖. 솥지기.} {곱돌솥. 노구솥(노
구). 돌솥. 양은솥. 옹기솥. 질솥.}
{가마솥(가마). 군불솥. 다갈솥. 단
솥. 딴솥. 발솥(세발솥). 밥솥. 쇠죽
솥(쇠죽가마). 압력솥. 오가리솥. 옹
달솥(옹솥). 자루솥. 전기밥솥(전기
솥). 큰솥. 한뎃솥.} ② 하나치. ¶ 밥
한 솥. 국 두 솥.

솥뚜껑 * 솥의 아가리를 덮는 나무 뚜
껑. ¶ 솥뚜껑을 닫다.
☞ 소댕.

솥전¹ * 솥 몸의 바깥 중턱에 납작하
게 둘러댄 전.

솥전²(~廛) * 솥이나 냄비를 파는 가게.

솥점(~店) * 솥을 만들어 파는 가게.

쇄 = 쇠어. ‡ 쇠다. ¶ 감기가 쇄 폐렴
이 되다.

쇄국 정책(鎖國政策) ⇨ 통상 수교 거
부 정책. ‡ 역사.

쇄다 ⇨ 쇠다.

쇄라 = 쇠어라. ‡ '쇠다'의 바로 시킴
꼴.
☞ 쇠라.

쇠¹ = ① 철. {쇠갈고리. 쇠고랑. 쇠고
리. 쇠공이. 쇠관. 쇠구슬. 쇠그물.
쇠기둥. 쇠끄트러기. 쇠끝. 쇠다리.
쇠닻. 쇠도리깨. 쇠돈. 쇠막대기. 쇠
망치. 쇠못. 쇠몽둥이. 쇠문. 쇠밧
줄. 쇠붙이. 쇠사다리. 쇠사슬. 쇠
살창. 쇠울짱. 쇠자루. 쇠줄. 쇠지
레. 쇠창살. 쇠테. 쇠토막. 쇠톱. 쇠
틀. 쇠판. 쇳가루. 쇳내. 쇳녹. 쇳덩
어리. 쇳덩이. 쇳독. 쇳물. 쇳밥. 쇳
빛. 쇳소리. 쇳조각. 쇳줄.} {받침
쇠. 파쇠. 헌쇠.} ②지남철. ③열쇠.

④자물쇠.

쇠²〔牛〕 = 소.

쇠가죽 = 소가죽.

쇠간(~肝) = 소간.

쇠갈비 = 소갈비.

쇠갈이 ⇨ 소갈이. ‡ 소로 논밭을 가는 일.

쇠값 ⇨ ①소값. ②쇳값.

쇠거간 ⇨ 소거간. ‡ 쇠전에서 소를 사고파는 데 흥정을 붙이는 사람.

쇠걸음 ⇨ 소걸음. ‡ 느릿느릿 걷는 걸음.

쇠걸이 ⇨ 소걸이. 상씨름. ‡ 마지막 판가름 씨름.

쇠겨리 ⇨ 소겨리. ‡ 겨리에 소 두 마리를 짝지어 묶는 일.

쇠결핵(~結核) ⇨ 소결핵. 진주병. ‡ 병 이름.

쇠고기 = 소고기. ‡ 먹거리.

쇠고랑 = 고랑. ‡ 죄인의 두 팔에 채우는 형틀.
  ☞ 고랑틀. 수갑. 차꼬.

쇠고삐 = 소고삐. ‡ 고삐.

쇠고집(~固執) = 소고집. 황소고집. 황고집. ‡ 몹시 센 고집.
  ☞ 땅고집. 옹고집.

쇠골 = 소골. ‡ 소의 머리뼈 속에 있는 골.

쇠구들 * 고래가 막히어 불을 때도 더워지지 아니하는 방.
  ☞ 냉돌.

쇠구유 ⇨ 소구유. ‡ 소의 먹이를 담아 주는 구유.

쇠굿 = 소굿. 소놀음굿. 소놀이굿. 소놀이. 마부타령굿. ‡ 민속.

쇠귀 = 소귀. ¶ 쇠귀를 잡다. 쇠귀에 경 읽기.

쇠귀신(~鬼神) = 소귀신. ‡ ①소의 귀신. ②성질이 검질긴 사람.

쇠기름〔牛脂〕 = 소기름.

쇠꼬리 = 소꼬리. ‡ ①소의 꼬리. ②베틀신과 신대를 잇는 끈.

쇠꼬창이 ⇨ 쇠꼬챙이. ‡ 쇠로 만든 꼬챙이.

쇠꼴 * 소먹이로 쓰려고 베는 풀. ¶ 쇠꼴을 베다.
  ☞ 갈초. 말꼴. 말풀.

쇠꾼 = 쇠잡이. 쇠잡이꾼. ‡ 농악에서 꽹과리나 징을 치는 사람.

쇠끄트머리 ⇨ 쇠끄트러기. ‡ 쇠 부스러기나 동강.

쇠나다¹ = 세나다. ‡ 부스럼이 덧나다.

쇠나다² * 솥에 난 녹이 음식에 물들다.

쇠내 ⇨ 쇳내. 쇠 냄새.

쇠놀음굿 ⇨ 소놀음굿. 소놀이굿. 소놀이. 소굿. 쇠굿. ‡ 민속.

쇠놀이굿 ⇨ 쇠굿. 소놀음굿. 소놀이굿. 소놀이. 소굿. ‡ 민속.

쇠눈¹〔牛眼〕 = 소눈. 소눈깔.

쇠눈²〔雪〕 * 쌓이고 다져져서 잘 녹지 않는 눈.

쇠다¹ 〔제〕 * ①채소나 나물이 너무 자라 억세지다. ¶ 쑥이 쇠어 못 먹게 되었다. ②통나무가 오래 묵어서 나뭇결이 비뚤어지다. ③병이나 성질이 점점 나빠지다. ¶ 감기가 쇠어 폐렴이 되다.
  ☞ 세다.¹

쇠다² 〔남〕 * 명절, 생일, 기념일 같은 날을 맞이하여 지내다. ¶ 보름을 쇠

다. 설을 쇠다. 추석을 쇠다. 환갑을
쇠다.

쇠다리¹〔鐵橋〕＊쇠로 만든 다리.

쇠다리²〔牛足〕＝쇠발. 쇠족. 소발. 소
다리. 소족.

쇠달구＊쇠로 만들어 땅을 다지는 연
모.
　☞ 목달구.

쇠달구지⇨ 소달구지. ＊소가 끄는 수
레.

쇠달깃날⇨ 소달깃날. ＊음력 정월 첫
소날로 소를 하루 쉬게 함.

쇠도둑놈⇨ 소도둑놈. ＊①소도둑.
②능글맞고 욕심 많은 사람.

쇠돈＊쇠로 만든 돈. ＊금화. 은화. 주
화. 동전. 엽전.
　☞ 깔쭉이. 종이돈. 지폐.

쇠두엄＝소두엄. ＊외양간에서 쳐낸
두엄.

쇠등에＝소등에. 등에. ＊벌레 이름.

쇠딱지＝소똥. ＊어린아이의 머리에
덕지덕지 눌어붙은 때.
　☞ 소딱지.

쇠똥¹＝쇠찌. 쇠찌끼. ＊불린 쇠에서
떨어지는 쇠 부스러기.

쇠똥²〔牛糞〕＝소똥.

쇠똥찜＝소똥찜. ＊소똥을 구워서 부
스럼 자리에 대는 찜질.

쇠똥구리＝쇠똥벌레. 말똥구리. ＊벌
레 이름.

쇠띠〔丑生〕⇨ 소띠.

쇠라＊'쇠다'의 건너 시킴꼴.
　☞ 쇄라.

쇠마구간(～馬廐間)＝쇠마구. ＊소
를 가두어 기르는 간살.

　☞ 마구간. 외양간.

쇠망(～網)⇨ 부리망.

쇠머리＝소머리. ＊잡은 소의 머리
부분. {쇠머리편육. 쇠머릿살.}

쇠머리대기＝나무쇠싸움. 영산소머
리대기. ＊민속.

쇠머리떡⇨ 소머리떡. ＊찹쌀가루에
밤, 대추, 콩, 설탕을 넣은 떡.

쇠머리뼈＝소머리뼈.

쇠먹이＝소먹이. ＊소에게 먹이는 풀
이나 여물.
　☞ 말먹이. 말꼴. 쇠꼴.

쇠먹이놀이⇨ 소먹이놀이. ＊민속.

쇠메＝큰메. 물몽둥이. 큰 망치.
＊해머.
　☞ 마치.² 망치.

쇠모루＝모루. ＊대장간에서 쇠를 두
드릴 때 받침으로 쓰는 쇳덩이.
　☞ 말.³ 모탕.

쇠목¹＊장롱을 짤 때 앞쪽 두 기둥 사
이에 가로질러 대는 나무.

쇠목²〔牛首〕＊소의 목.

쇠몰이⇨ 소몰이.

쇠몰이꾼⇨ 소물이꾼.

쇠몽치＊쇠로 만든 짤막한 몽둥이.
＊무기로 씀.
　☞ 쇠뭉치.

쇠무릎＝쇠무릎지기. ＊여러해살이
풀 이름.

쇠뭉치＝쇳덩어리.
　☞ 쇠몽치.

쇠바리⇨ 소바리. ＊소의 등에 짐을
싣고 나르는 일. 또는 그 짐.

쇠바리꾼⇨ 소바리꾼. ＊소바리를 끌
고 다니는 사람.

쇠바리짐 ⇨ 소바리짐. ＊ 소바리에 실은 짐.

쇠발 〔牛足〕 = 쇠다리. 소발. 소다리. 쇠족. 소족.

쇠발개발 ＊ 아주 더러운 발. ¶ 쇠발개발로 방을 더럽혀 놓다.
　☞ 괴발개발.

쇠발구 = 소발구. ＊ 소에 메워 물건을 실어 나르는 썰매.
　☞ 다랭이. 말발구. 발구.

쇠발림 = 쇠채춤. 쇠춤. ＊ 농악에서 쇠잡이가 추는 춤.

쇠밥주기 ⇨ 소밥주기. ＊ 민속.

쇠백장 = 소백장. ＊ 직업으로 소를 잡는 사람.

쇠버즘 ⇨ 쇠버짐. ＊ 살갗병 이름.

쇠불고기 ⇨ 소불고기.

쇠불알 = 소불알. ¶ 쇠불알 보고 화롯불 마련한다.

쇠뼈 = 쇠뼈다귀. 소뼈. 소뼈다귀. ¶ 쇠뼈다귀 우려먹듯.

쇠뿔 = 소뿔. ¶ 쇠뿔 물부리. 쇠뿔에 받히다. 쇠뿔도 단김에 빼렸다.

쇠뿔고추 = 소뿔고추. ＊ 쇠뿔처럼 생긴 고추.

쇠뿔뜸 ⇨ 소뿔뜸. ＊ 뜸을 뜨는 방법의 하나.

쇠뿔참외 = 소뿔참외. ＊ 쇠뿔처럼 생긴 참외.

쇠뿔테 = 소뿔테. ＊ 소뿔로 만든 안경테.

쇠뿔하늘가재 = 톱사슴벌레. ＊ 벌레 이름.

쇠살쭈 = 소살쭈. 살쭈. 소거간. ＊ 쇠전에서 소를 사고파는 데 흥정 붙이

는 사람.

쇠상 〔牛相〕 ⇨ 소상. ＊ 소처럼 생긴 얼굴 모습.

쇠새 = 물총새. ＊ 새의 하나.

쇠새끼 ＊ ① 말을 안 듣는 소. ② 미련한 사람. ＊ 욕설.

쇠 새끼 ＊ 소의 새끼. ＊ 송아지.
　☞ 개새끼. 돼지새끼. 여우새끼. 쥐새끼.

쇠서 ＊ ① 소 혀의 고기. ② 쇠서받침. ＊ 건축. ③ 쇠청. ＊ 음악.

쇠손 = 쇠흙손. ＊ 쇠로 만든 흙손.
　☞ 나무흙손.

쇠술 = 쇠숟가락.

쇠시랑 ⇨ 쇠스랑.

쇠심 = ① 소심. 쇠심줄. ② 소심. ＊ 소의 힘.
　☞ 소심.

쇠싸움 ⇨ 소싸움. 소쌈.

쇠싸움놀이 ⇨ 소싸움놀이. ＊ 민속.

쇠아범 ⇨ 소아범. ＊ 소를 부려 논밭을 가는 사람.

쇠어 = 쇄. ＊ 쇠다.

쇠여물 = 소여물. ＊ 소의 먹이로 주는 여물.

쇠우변(~牛邊) ⇨ 소우변. ＊ 한문글자의 부수 이름.

쇠잡이 = 쇠잡이꾼. 쇠꾼. ＊ 농악에서 꽹과리나 징을 치는 사람.

쇠장(~場) = 쇠전. 소장. 소전. ＊ 우시장.

쇠 장수 ⇨ 소 장수. ＊ 소를 팔고 사는 사람.

쇠자막대기 ⇨ 쇠막대기자.

쇠전(~廛) = 쇠장. 소전. 소장. ＊ 우

시장.

쇠전거리(~廛~) = 소전거리. ‡ 소전이 있는 거리.

쇠젖 = 소젖. ‡ 우유.

쇠족(~足) = 쇠다리. 쇠발. 소발. 소다리. 소족. ‡ 소의 발.

쇠좆꼬챙이 ⇨ 물추리막대. ‡ 농사.

쇠죽(~粥) = 소죽. ‡ 소의 먹이로 여물, 콩, 풀 따위로 끓인 죽.

쇠죽가마(~粥~) = 소죽가마. 쇠죽솥. ‡ 쇠죽을 끓이는 솥.

쇠죽물(~粥~) = 소죽물. ‡ 소죽을 끓이는 데 쓰는 쌀뜨물 따위.

쇠죽바가지(~粥~) = 소죽바가지. ‡ 소나무로 만든 바가지.

쇠죽솥 = 쇠죽가마. 소죽가마.

쇠줄〔鐵繩〕* 쇠로 만든 밧줄. ¶ 개 목사리를 쇠줄로 묶다.
　☞ 쇳줄.

쇠지다 * 목소리가 쉬어서 새되다.
　☞ 새되다.

쇠지랑물 = 소지랑물. ‡ 외양간 뒤에 괸 검붉은 물.

쇠지랑탕 = 소지랑탕. ‡ 쇠지랑물을 받아 썩이는 웅덩이.

쇠짚신 = 소짚신.

쇠찌 = 쇠찌끼. 쇠똥. ‡ 불에 달군 쇠에서 떨어지는 부스러기.

쇠천 = 쇠푼. 쇳냥. 돈냥. 돈닢. 돈푼. ‡ 얼마 안 되는 돈.

쇠촘하다 ⇨ 쉼직하다. ‡ 크기나 정도가 더하거나 비슷하다.

쇠춤 = 쇠발림. 쇠채춤. ‡ 농악에서 쇠잡이가 추는 춤.

쇠침[1] = 소침. ¶ 소가 입에서 침을 흘

린다.

쇠침[2](~鍼) = 소침. ‡ 소에게 놓는 침.

쇠침[3](~針) * 쇠로 만든 침.

쇠코 = 소코. ‡ 소의 코.

쇠코뚜레 = 소코뚜레. 코뚜레. ‡ 소의 코청을 뚫어 끼는 나무 고리.
　☞ 살코. 코투레.

쇠코잠방이 = 사발석방이. ‡ 농부가 여름에 입는 잠방이.
　☞ 사발잠방이.

쇠코짚신 ⇨ 세코짚신. 세코신. ‡ 양편에 약간 총을 터서 코를 낸 짚신.

쇠털 = 소털. ¶ 쇠털같이 많은 날.

쇠털담배 = 소털담배. ‡ 담배 잎사귀를 아주 잘게 썬 살담배.
　☞ 살담배. 잎담배.

쇠통 * 쇳줄의 넓이.
　☞ 자물쇠.

쇠파리 * 쇠파릿과의 파리. ‡ 소나 말에 붙어 피를 빨아 먹고삶.
　☞ 쉬파리.

쇠푼 = 돈냥. 돈닢. 돈푼. 쇠천. 쇳냥. ‡ 얼마 안 되는 돈.

쇠풍경(~風磬) = 소풍경. ‡ 소의 턱에 다는 방울.
　☞ 워낭.

쇠해〔丑年〕⇨ 소해.

쇠혀 ⇨ 쇠서. ‡ 소의 혀를 고기로 일컫는 말.

쇠흙손 = 쇠손. ‡ 쇠로 만든 흙손.
　☞ 나무흙손.

쇠힘 ⇨ 소심. 쇠심.

쉰네 = 소인네. ‡ 나의 낮춤말.

쇳값 * 쇠(鐵)를 팔고 사는 값. ¶ 쇳값이 많이 올랐다.

☞ 소값.

쇳냥(~兩) = 돈냥. 돈닢. 돈푼. 쇠
푼. ＊ 얼마 안 되는 돈.

쇳닢 ⇨ 쇠푼. 돈푼. 돈닢.

쇳대 ⇨ 열쇠.

쇳줄〔鑛脈〕＊ 땅속에 묻혀 있는 광물
의 줄기.
　☞ 쇠줄.

쇼부〔勝負〕㊞ ⇨ ① 흥정. ② 판가름.
＊ 결판.

쇼우룸(showroom) ⇨ 전시실. 진열
실. ＊ 쇼룸.

쇼우윈도우(show window) ⇨ 진열
창. ＊ 쇼윈도.

쇼파(sofa) ⇨ 거상. 긴 안락의자.
＊ 소파.

쇽(shock) ⇨ 충격. ＊ 쇼크.

숖(shop) ⇨ 가게. ＊ 숍.

수¹〔이〕＊ ① 일을 처리하는 방법이나
솜씨. ¶ 좋은 수가 있다. 뾰족한 수
가 없다. 수를 쓴다. ② 일을 할 만
한 힘이나 가능성. ¶ 죽는 수도 있
다. 그럴 수도 있다. 기다리는 수밖
에 없다.

~수² ＊ 근거. 수단. 방법. {까닭수. 까
딱수. 꼼수. 달램수. 발림수. 붙임수.
속임수. 얄팍수. 어김수. 헛수.}

수~³〔牡〕＊ ① 동물의 수컷. {수개미.
수거미. 수게. 수고니. 수고래. 수고
슴도치. 수고양이. 수곰. 수꽹이. 수
구렁이. 수기린. 수까마귀. 수꿩. 수
나방. 수나비. 수노루. 수놈. 수담
비. 수두루미. 수말. 수매미. 수모
기. 수뱀. 수벌. 수범. 수비둘기. 수
뻐꾸기. 수사돈. 수사자. 수새. 수

소. 수송아지. 수토끼. 수표범. 수호
랑이.} {수캉아지. 수캐. 수탉. 수탕
나귀. 수퇘지. 수평아리.} ② 풀이나
나무. {수그루. 수나무. 수꽃. 수은
행나무.} ③ 암수가 있는 것의 수짝.
{수글. 수꽹과리. 수나사. 수단추.
수무지개. 수쇠. 수줄.} {수키와. 수
톨쩌귀.}
　☞ 숫~.² 암~.

수⁴(數)〔셈〕＊ 셀 수 있는 사물. {가
짓수. 끝수. 나눗수. 날수. 덧수. 뒷
수. 마릿수. 말수. 머릿수. 번지수.
아홉수. 어림수. 인원수. 자릿수. 자
수. 정족수. 제곱수. 주파수. 진동
수. 질량수. 짝수. 쪽수. 햇수. 홀
수. 회전수. 횟수.} {수많다. 수없
다.} ¶ 가족 수. 그루 수. 낱말 수. 맥
박 수. 사람 수. 사망자 수. 사원 수.
음절 수. 인구 수. 주민 수. 직원 수.
참가자 수. 포기 수. 학생 수. 합격자
수. 호흡 수.

수⁵(數)〔매〕＊ 몇. 여러. 약간. ¶ 수
미터. 수 분. 수 세기. 수 주일.

수~⁶(數~)＊ 몇. 여러. 약간. {수개
월. 수년. 수차(수차례).} {수십. 수
백. 수천. 수만. 수십만. 수백만. 수
천만. 수억. 수십억. 수십조.}
　☞ 몇.

수⁷(數) = 운수. {수땜하다. 수사납
다. 수치레하다.} {생김수. 요행
수.} ¶ 수 나다. 수 때우다. 수 만나
다. 수가 좋다. 수가 트이다.

수⁸(首)＊ 하나치. ¶ 시 한 수. 시조 두
수. 노래 한 수 뽑다.

수⁹(首) ⇨ 마리. ＊ 새. 닭. 물고기 따

위를 세는 하나치.

수갑(手匣) ㉑ ⇨ 고랑. 쇠고랑. ¶ 쇠고랑 차다. 쇠고랑 채우다.

수강아지 ⇨ 수캉아지.

수개미 * 개미의 수컷.

　☞ 병정개미. 여왕개미. 일개미.

수건 * 손, 얼굴, 몸을 닦는 헝겊. {땀수건. 때수건. 머릿수건. 먹수건. 목수건. 물수건. 발수건. 세수수건. 손수건. 쓰개수건. 약수건.} {베수건. 털수건.} ¶ 마른 수건. 젖은 수건. 바리 수건. 흰 수건.

　☞ 감잡이.[1]

수고양이 = 수괭이.

수고하다 * 일을 하느라고 힘을 들이다.

　☞ 애쓰다. 욕보다.

수고하세요 * 손아랫사람에게 쓰는 말.

수고하십니다 * 손윗사람에게 쓰는 말.

수고하시겠습니다 * 손윗사람에게 쓰는 말.

수공(手工) = ① 수공예. ② 손품. ¶ 수공을 들이다. ③ 손품삯.

수구러지다 ⇨ 수그러지다.

수구문(水口門) = 시구문. 광희문. 남소문. * 사소문의 하나.

수군거리다 〉 소곤거리다.

수긋하다[1]〔움〕 * 고개를 조금 숙이다.

수긋하다[2]〔그〕 〉 소곳하다. * ① 고개를 숙인 듯하다. ② 꽤 다소곳하다. ③ 흥분이 꽤 가라앉은 듯하다.

수긋히 ⇨ 수긋이.

수그러들다 * ① 안으로 굽어들거나 기울어져 들어가다. ② 형세나 기세가 점점 줄어들다. ¶ 더위가 수그러

들다.

수그러지다 * ① 안으로 굽어들거나 기울어지다. ¶ 얼굴이 푹 수그러지다. ② 형세나 기세가 점점 줄다. ¶ 들끓던 여론이 수그러지다.

수그리다 * 깊이 숙이다. ¶ 머리를 수그리다.

　☞ 숙어지다.

수근포 ⇨ 삽.

수글 〔牡〕 * ① 한문. ② 잘 써먹는 글귀.

　☞ 암글.

수긋하다 ⇨ 수굿하다.

수기목(~木) ㉑ ⇨ 삼나무. 삼목. * 나무의 한 가지.

수기와 ⇨ 수키와. * 암키와.

수깔 ⇨ 숟가락. 숟갈. 술.

수꿩 = 장끼. * 새의 하나.

　☞ 까투리. 암꿩.

수나귀 = 수탕나귀. * 암나귀. 암탕나귀.

수나사(~螺絲) * 암나사에 끼우게 되어 있는 나사. * 볼트.

　☞ 암나사.

수납하다(受納~) * (세금, 공과금을) 받다.

　☞ 납부하다.

수냉식(水冷式) ⇨ 수랭식.

수년(數年) * 두서너 해나 대여섯 해. ¶ 수년 동안. 수년 만에. 수년 안에. 수년 전에. 수년 후에. 수년의 세월이 흘렀다.

~수 년(~數 年) * 조금 넘는 햇수. ¶ 20수 년. 30수 년. 50수 년.

수년 내(數年 內) * 두서너, 대여섯 해 안. ¶ 수년 내에 끝나겠지.

수년래(數年來) ＊ 두서너, 대여섯 해를 지나 지금까지 오는 동안. ¶ 수년래의 꿈이 드디어 이루어졌다.

수녕(水濘) ⇨ 수렁.

수다 떨다 ＝ 수다 부리다. 수다 피우다. ＊ 쓸데없는 말을 지껄이다.

수닭 ⇨ 수탉. ＊ 암탉.

수당(手當) ㉥ ⇨ ① 덤삯. ＊ 별급. ② 품삯.

수당나귀 ⇨ 수탕나귀. 수나귀.

수더분하다 ＊ 성질이 까다롭지 아니하여 순하고 무던하다.
　☞ 무던하다. 후터분하다.

수도(水道) ＝ 상수도. {수도관. 수돗가.}

수도물(水道~) ⇨ 수돗물.

수도고동(水道~) ⇨ 수도꼭지.

수도권(首都圈) ㉥ ⇨ 서울과 그 주변.

수도세(水道稅) ⇨ 수도료.

수돌쩌귀 ⇨ 수톨쩌귀. ＊ 암톨쩌귀.

수돼지 ⇨ 수퇘지. ＊ 암퇘지.

수두룩히 ⇨ 수두룩이. ＊ 수두룩하다.

수둑이 ⇨ 수두룩이.

수둑하다 ⇨ 수두룩하다.

수라〔水剌〕 ＊ 임금에게 올리는 밥. {수라간. 수라상.} ¶ 수라 들다.
　☞ 메. 밥. 입시. 진지.

수랭식(水冷式) ＊ 물로 열을 식히는 방식.
　☞ 공랭식. 유랭식.

수렁 ＊ ① 곤죽이 된 진흙이나 개흙이 깊게 괸 웅덩이. ¶ 수렁에 빠지다. ② 헤어나기 어려운 좋지 못한 일이나 곳. ¶ 수렁을 벗어나다.
　☞ 늪. 못.³

수렁빼미 ⇨ 수렁배미. ＊ 수렁처럼 무른 개흙으로 된 논배미.

수레 ＊ 사람이 타거나 짐을 싣고 다니는 연모. {수레꾼. 수레바퀴. 수레홈.} {꽃수레. 마소수레. 손수레. 짐수레.} ¶ 소에 수레를 메우다.
　☞ ~거.² 달구지. 도롱태.¹ 차.³

수레바퀴 ＝ 동채. ＊ 수레 밑에 댄 바퀴.

수레싸움 ＝ 수레쌈. 동채싸움. 차전놀이. ＊ 민속의 하나.

수렴하다(收斂~) ⇨ ① (돈이나 물건을) 거두어들이다. ② (의견이나 사상을) 하나로 모으다. ③ (방탕한 몸과 마음을) 잡도리하다. ④ 오그라들게 하다. ⑤ (세금을) 거두다.

수령(水濘) ⇨ 수렁.

수령증(受領證) ㉥ ⇨ 받음표. ＊ 영수증.

수령하다(受領~) ㉥ ⇨ 받다.

수룡¹(水龍) ＊ 무자위. ＊ 펌프.

수룡²〔牡龍〕 ⇨ 숫용. ＊ 암용.

수루메〔魚易〕 ㉥ ⇨ 마른오징어.
　☞ 이까.

수리¹ ＝ 독수리. ＊ 새의 하나.

수리² ＝ 수릿날. ＊ 단오.

수리하다¹(修理~) ＊ 고장이 난 것을 고치다. ¶ 수리 중. 수리해 주다.
　☞ 고치다.

수리하다²(受理~) ㉥ ⇨ 받아들이다.

수 만 리(數萬里) ⇨ 수만 리. ＊ '수'는 뒤에 오는 숫자에 붙여 씀.

수많다(數~) ＊ 수나 수효가 보통 정도를 넘다. ¶ 수많은 구경꾼.
　☞ 많다.

수많은 관객들(數~ 觀客~) ⇨ 수많은 관객.

수목(樹木) * 땅에 뿌리를 박고 살아서 있는 나무. ¶ 수목이 우거지다. ☞ 나무.

수무(手毋 ⇨ 수모) ⇨ 해파리.

수물〔二十〕⇨ 스물.

수민제(睡眠劑 ⇨ 수면제) ⇨ 잠약.

수밀도(水蜜桃) = 물복숭아. * 털복숭아의 한 가지. ☞ 민복숭아. 유월도. 털복숭아.

수반(首班) 왜 ⇨ 우두머리.

수발 * 여러 가지 시중을 듦. ¶ 음식 수발. 환자 수발. ☞ 바라지.[2] 시중.

수발하다[1] = 수발들다. 시중들다. ¶ 시부모를 수발하다.

수발하다[2](受發~) ⇨ 받고 보내다.

수백 만(數百萬) ⇨ 수백만. * 백만의 두서너 배가 되는 수.

수백만명(數百萬名) ⇨ 수백만 명. ☞ 수~.[6]

수병아리 ⇨ 수평아리. * 암평아리.

수부[1](受付) 왜 ⇨ 받는 곳. * 접수처.

수부[2](壽府) ⇨ 제네바. * 땅 이름.

수부구(受付口) 왜 ⇨ 받는 곳. * 접수처.

수북수북 〉 소복소복.

수북이 〉 소복이. ¶ 나뭇잎이 수북이 쌓였다. 밥을 수북이 담다.

수불(受拂) 왜 ⇨ 받음과 치름. * 수급.

수빠지다 = 발목 잡히다. * 약점을 잡히다.

수사[1](水使) = 수사또. * 수군절도사.

수사[2](壽司. 스시) 왜 ⇨ 초밥.

수삼[1](~蔘) * 인삼의 수포기. * 암삼.

수삼[2](水蔘) = 생삼. * 말리지 않은 인삼. ☞ 인삼.

수상받다(受賞~) ⇨ 상을 받다. * 수상하다.

수상하다(授賞~) * 상을 주다.

수선거(修船渠) 왜 ⇨ 마른뱃도랑. * 건독. 건선거.

수선거리다 = 수선대다. * 정신이 어지럽게 자꾸 떠들다.

수선 떨다 = 수선 부리다. 수선 피우다.

수선장이 ⇨ 수선쟁이. * 수선을 부리는 사람.

수선하다[1] * ①정신이 어지럽게 말이나 행동이 부산스럽다. ②정신이 어지럽거나 마음이 뒤숭숭하여 갈피를 잡을 수 없다.

수선하다[2](修繕~) * (헌 물건을) 고치다.

수성 도료(水性塗料) 왜 ⇨ 물 칠감. * 수성 칠감.

수세공(手細工) 왜 ⇨ 수공. 수공예.

수세미 * ①수세미외. ②그릇을 씻는 물건. {짚수세미. 쇠수세미.} ☞ 솔.[2]

수소 * 소의 수컷. * 암소. ☞ 수쇠. 황소.

수속(手續) 왜 ⇨ 절차. 차례.

수속금(手續金) 왜 ⇨ 등록금.

수속료(手續料) 왜 ⇨ 등록금.

수속 밟다(手續~) 왜 ⇨ 절차를 밟다.

수속법(手續法) 왜 ⇨ 절차법.

수속하다(手續~) 왜 ⇨ 절차를 거치다. 절차를 밟다.

수쇠〔牡〕 * ①맷수쇠. ②수톨쩌귀. ③자물쇠 안에 있는 쇠.

☞ 암소. 암쇠.

수수¹ ＊ 볏과의 한해살이풀. ＊ 잡곡. {수수목. 수수밭. 수수비. 수숫겨. 수숫단. 수숫묵.} {찰수수. 풋수수. 햇수수.} ¶ 수수 이삭.

수수²(手首) ㉑ ⇨ 손목.

수수깡 = ①수숫대. ②옥수수 줄기의 껍질을 벗긴 심. {수수깡놀이.} ¶ 수수깡 안경.

수수꺼끼 ⇨ 수수께끼. ＊ ①놀이의 하나. ②내막을 알 수 없는 일.

수수떡 ＊ 찰수수 가루로 만든 떡.

☞ 이찰떡. 조차떡.

수수료(手數料) ㉑ ⇨ 귓돈. ＊ 구문.

수순(手順) ㉑ ⇨ ①과정. 단계. 수단. 절차. ②순서. 차례.

수술¹〔雄蕊〕 = 수꽃술. {수술대. 수술머리. 헛수술.} ＊ 꽃.

☞ 암술.

수술²(繡～) ＊ 수실을 곱게 꼬거나 엮어 만든 술. ＊ 깃발 따위 테두리.

☞ 술.³ 꽃술.²

수숫대 = 수수깡. ＊ 수수나 옥수수 줄기.

수숫돌 ⇨ 수수돌. ＊ 금가루가 섞인 붉은 차돌.

수실¹(繡～) ＊ 수를 놓는 데 쓰는 실.

수실² ⇨ 술. ＊ 가마, 기, 끈, 띠, 책상보, 옷 따위에 치레로 다는 실.

수 십 년(數 十年) ⇨ 수십 년. ＊ ‘년’은 매인이름씨.

수 십만(數 十萬)〔매〕 ⇨ 수십만. ＊ ‘수’는 뒤의 숫자와 붙여 씀.

수십수백(數十數百) ⇨ 수십 수백.

수양(～羊) ⇨ 숫양. ＊ 암양.

수양딸(收養～) = 양녀. 양딸. ＊ 남의 자식을 데려다가 기른 딸.

☞ 의붓딸.

수양아들(收養～) ＊ 남의 자식을 데려다가 기른 아들.

☞ 양아들. 양자.¹ 의붓아들.

수양아버지(收養～) = 수양아비. ＊ 낳지는 않았으나 길러 준 아버지.

☞ 양아버지. 의붓아버지. 친아버지.

수양어머니(收養～) = 수양어미. ＊ 낳지는 않았으나 길러 준 어머니.

☞ 양어머니. 의붓어머니. 친어머니.

수없다(數～) ＊ 매우 많다. ¶ 사람이 수없이 몰려들다.

수 없다 ＊ 방법이 없다. ¶ 뾰족한 수가 없다. 어쩔 수 없다.

수여 받다(授與～) ⇨ 받다.

수염〔鬚髥〕 = 나룻. {수염발. 수염수세.} {아랫수염. 윗수염. 입수염. 카이저수염. 코밑수염(콧수염). 턱수염. 풋수염.} {가재수염. 나비수염. 다박수염(다박나룻). 메기수염. 몽당수염. 여덟팔수염(팔수염). 염소수염.} ¶ 수염이 나다. 수염을 기르다. 수염을 내리쓸다. {고래수염. 덩굴수염. 옥수수수염.}

수염덩굴〔鬚髥～〕 = 고사리수염. 넝쿨손. 덩굴손. 덩굴수염.

수염소 ⇨ 숫염소. ＊ 암염소.

수염자리 = 수염터. ＊ 수염이 나는 자리.

수요일날(水曜日～) ⇨ 수요일.

수용〔雄龍〕 ⇨ 숫용. ＊ 암용.

수용되어지다(收容～) ⇨ 받아들여지다. ＊ 수용되다.

수월놀이 = 수월래놀이. ＊ 강강술래

의 춤과 노래를 하는 놀이.
☞ 술래놀이.

수월하다 * ①까다롭거나 힘들지 않아 하기가 어렵지 않다. ②말이나 태도가 예사롭다. ¶ 수월하게 말을 받고 대답하고 한다.
☞ 쉽다.

수육〔熟肉〕 * 삶은 쇠고기.
☞ 제육. 편육.

수이 ⇨ 쉬. 쉬이. ‡ 쉽게. ¶ 너무 쉬이 보지 마라.

수이보다 ⇨ 쉬이보다.

수이여기다 ⇨ 쉬이여기다.

수익율(收益率) ⇨ 수익률. ‡ 니은을 뺀 받침 뒤에는 ‘률’임.

수일(數日) ⇨ 여러 날.

수입[1](手入) ㉙ ⇨ 손질.

수입[2](收入) * 벌이. {수입란.} ¶ 수입 없다. 수입 있다. 수입이 좋다.

수입[3](輸入) * 다른 나라에서 들여옴. {수입하다.} ¶ 수입해 오다.

수입고(輸入高) ㉙ ⇨ ①수입량. ②수입액.

수입선(輸入先) ㉙ ⇨ 사 온 나라. ‡ 수입국.

수입원(輸入元) ㉙ ⇨ 사 들인 회사. ‡ 수입처.

수자(數字) * 두서너 글자.
☞ 숫자.

수작 * ①말을 주고받음. {수작질. 말수작.} ¶ 수작을 건네다. 수작을 걸다. 수작을 붙이다. ② 못된 꿍꿍이나 속셈. ¶ 수작을 꾸미다. 수작을 떨다. 수작을 부리다. 수작에 말려들다. {개수작. 겉수작. 발림수작.

허튼수작. 후림대수작. 흰수작.}
{수작하다.}

수잠 = 겉잠. ‡ 깊이 들지 않은 잠. ¶ 수잠을 자다.
☞ 선잠. 여원잠.

수저 * 숟가락과 젓가락. {수저받침. 수저질. 수저통. 수젓집.} {놋수저. 은수저.} ¶ 수저를 놀리다. 수저를 놓다.

수전노(守錢奴) * 돈을 모을 줄만 알아 도무지 쓰지 않는 사람.
☞ 구두쇠.

수제비[1] * 가루 반죽을 손으로 뜯어 넣어 익힌 음식 이름. {나깨수제비. 도토리수제비. 밀수제비. 보리수제비.} ¶ 수제비를 뜨다.
☞ 칼제비.

수제비[2]〔牡〕 ⇨ 숫제비. ‡ 암제비.

수제품(手製品) ㉙ ⇨ 손치. ‡ 손으로 만든 물건.

수종다리(水腫~) ⇨ 수중다리. ‡ 병으로 부은 다리.

수주(數週) ⇨ 여러 주일. 몇 주일.

수줍다 * 숫기가 없어서 남 앞에 떳떳이 나서지 못하는 태도가 있다.
☞ 부끄럽다.

수쥐 ⇨ 숫쥐. ‡ 암쥐.

수지[1]〔休紙〕 ⇨ 휴지.

수지[2](樹脂) ㉙ ⇨ 나뭇진.

수지고(手持高) ㉙ ⇨ 보유량.

수지니 = 수진매. ‡ 사람이 사냥에 쓰려고 길들인 매나 새매.
☞ 보라매. 산지니. 산진매. 삼지니. 육지니. 재지니. 초지니.

수집(蒐集) * 자료나 물건을 거두어

모음. ¶ 우표 수집. 정보 수집.
☞ 모집.

수집어하다 ⇨ 수줍어하다. ¶ 수줍어
보이다.

수짝 * 암수 두 짝 가운데 수가 되는
짝. ¶ 돌쩌귀의 수짝은 문짝에 박고
암짝은 문설주에 박아 맞춘다.
☞ 암짝.

수쩝다 ⇨ 숫접다. ✸ 순박하고 진실하
다.

수쩨 ⇨ 숫제. ✸ ① 처음부터 차라리.
¶ 하다가 말 것이면 숫제 안 하는 게
낫다. ② 아예 전적으로. ¶ 숫제 모
르는 체하다.

수쪽 * 어음의 오른편 조각. ✸ 빚을 준
사람이 가짐.
☞ 암쪽. 엄쪽.

수채 * 집 안에서 버린 물이 나가는 물
길. {수채통. 수챗구멍. 수챗물.}
☞ 시궁.

수처녀(~處女) ⇨ 숫처녀.

수총각(~總角) ⇨ 숫총각.

수출고(輸出高) ㉬ ⇨ 수출량. 수출액.

수출선(輸出先) ㉬ ⇨ 수출국.

수충(水蟲) ㉬ ⇨ 무좀. ✸ 살갗병 이름.

수취서(受取書) ㉬ ⇨ 받음표. ✸ 영수증.

수취인(受取人) ㉬ ⇨ 받는 이. 받는
사람. ✸ 영수인.

수취증(受取證) ㉬ ⇨ 받음표. ✸ 영수증.

수취하다(受取~) ㉬ ⇨ 받다.

수코양이 ⇨ 수고양이.

수콤 ⇨ 수곰.

수쿠렁이 ⇨ 수구렁이.

수퀑 ⇨ 수꿩. 장끼.

수키와 * 두 암키와 사이를 엎어서 잇

는 기와. {수키왓장.}
☞ 암키와.

수타국수(手打~) ㉬ ⇨ 손국수.
☞ 기계국수. 칼국수. 틀국수.

수탕나귀 = 수나귀. ✸ 암탕나귀.

수터분하다 ⇨ 수더분하다.

수톨 ⇨ 수퇘지.

수퉁니 * 크고 살진 이.
☞ 가랑니. 머릿니. 옷엣니.

수퉁다리 ⇨ 수중다리.

수 틀리다 ⇨ 수틀리다. ✸ 마음에 들지
않다. ¶ 한 마디만 더 수틀리게 나오
면 박차고 일어설 참이다.

수파연(水波蓮) ⇨ 수파련. ✸ 잔치나
굿에 쓰는 종이로 만든 연꽃.

수판(數板) = 산판. {수판셈. 수판알.
수판질.} ¶ 수판 놓다.
☞ 주산.

수퍼마케트(supermarket) ⇨ 슈퍼
마켓. ✸ 생활용 물품을 파는 큰 가게.

수퍼맨(superman) ⇨ 둥뜬 사람. ✸
슈퍼맨.

수편기(手編機) ㉬ ⇨ 뜨개틀.

수편물(手編物) ㉬ ⇨ 뜨개. 뜨갯것.
✸ 뜨개질하여 만든 물건.

수포[1](水泡) * 물거품. ¶ 수포가 일다.
수포로 돌아가다.

수포[2](水疱) ⇨ 물옴. 물집.

수풀 = 숲. ✸ ① 나무가 우거진 곳.
② 풀, 나무, 덩굴이 엉킨 곳. {수풀
가. 수풀땅. 수풀떠.} ¶ 수풀을 가꾸
다. 수풀을 헤치고 나오다.
☞ 삼림.

수풍댐(水豊dam) ⇨ 수풍 댐. ✸ 안동
댐. 충주 댐. 합천 댐.

수하물(手荷物) [왜] ⇨ 손짐. ⁑ 수화물.
수해(樹海) [왜] ⇨ 수풀. 수풀바다.
수형(手形) [왜] ⇨ 어음.
수화물(手貨物) * 손짐. 잔짐. ⁑ 간편하게 들고 다닐 수 있는 짐.
☞ 소화물.
수확고(收穫高) [왜] ⇨ 소출. 소출량. ⁑ 수확량.
수확(收穫)**을 거두다** ⇨ (농작물을) 거두다. ⁑ 수확하다.
수홧법(手話法) ⇨ 손짓말. ⁑ 수화법.
수횟죄(收賄罪) ⇨ 수회죄. 수뢰죄. ⁑ 뇌물을 받은 죄.
숙랭(熟冷) * 제사 때 올리는 찬물.
☞ 숭늉.
숙맥(菽麥) = 숙맥불변. ⁑ 모자라고 어리석은 사람.
☞ 쑥.[2]
숙박계(宿泊屆) [왜] ⇨ 숙박신고서.
숙붙다 = 도숙붙다. ⁑ 머리털이 아래로 나서 이마가 좁게 되다.
숙어지다 * ①앞으로 기울어지다. ¶ 고개가 숙어지다. ②기세가 꺾이다. ¶ 서슬이 숙어지다. 더위가 숙어지다. 바람이 숙어지다.
☞ 수그리다.
숙여지다 ⇨ 숙어지다.
숙이다 * '숙다'의 하임. ¶ 고개를 숙이다. 더위를 숙이다.
☞ 굽히다.
숙정문(肅靖門) = 북대문. 숙청문. 북정문. ⁑ 서울 도성 북쪽 정문.
숙정하다(肅正~) * 옳지 못한 일을 잡도리하여 바로잡다. ¶ 군기 숙정.
☞ 숙청하다.
숙주나물 = 숙주. ⁑ 녹두채.
숙지다[1] * 현상이나 기세가 차츰 누그러지다. ¶ 공격이 숙지다. 더위가 숙지다. 추위가 숙지다.
☞ 눅지다.
숙지다[2] ⇨ 숙성하다.
숙지하다(熟知~) ⇨ 잘 알다. 똑똑히 알다. 정확히 익히다.
숙청(熟淸) * 찌끼를 없앤 맑은 꿀.
☞ 생청.
숙청하다(肅淸~) * ①어지러운 세상을 바로잡다. ②반대파를 죽이거나 몰아내다.
☞ 숙정하다.
숙행(叔行) ⇨ 숙항. ⁑ 아저씨뻘이 되는 항렬.
순[1] 〔어〕 * 몹시. 아주. ¶ 순 도둑놈. 순 거짓말쟁이. 순 몹쓸 놈.
순[2](純) * 다른 것이 섞이지 않고 온전한. {순금. 순수익. 순수입. 순이익. 순청빛.} ¶ 순 한국식. 순 한글 신문. 순 살코기.
순[3](筍) * 나뭇가지나 풀의 줄기에서 돋은 싹이 자란 연한 줄기나 가지. {곁순. 새순. 접순.} ¶ 고사리 순. 찔레 순. ¶ 순을 치다.
☞ 눈.[1] 싹.[1] 움.[1]
~순[4](~順) * 차례. {가나다순. 나이순. 성적순. 선착순. 알파벳순. 연대순. 음절순. 키순.} {식순.}
순간(瞬間) * ①짧은 동안. ¶ 눈 깜짝하는 순간에 사라졌다. ②바로 그 때. ¶ 두 눈이 마주치는 순간 불꽃이 튀었다.
☞ 순식간. 찰나.

순금(純金) = 본금. 정금. 진금. ¶ 순금 반지. ⁑ 24금.

순대 * 돼지 창자나 가지, 명태, 오징어 따위에 소를 넣고 찐 음식. {순대찜. 순댓국. 순댓국집.} {가지순대. 명태순대. 오징어순대.}
☞ 핏골집.

순따주기(筍~) = 순지르기. 눈따기. 곁순치기. ⁑ 곁눈을 잘라내는 일.

순번(順番) [왜] ⇨ 차례.

순사도(巡使道) ⇨ 순사또. ⁑ 관찰사.

순서(順序) * 정한 기준에 따라 늘어놓은 것. ¶ 나이 순서. 키 순서.
☞ 차례.[2]

순선(脣腺) [왜] ⇨ 입술샘.

순식간(瞬息間) * 짧은 동안. ¶ 불이 순식간에 번지다.
☞ 순간.

순정품(純正品) [왜] ⇨ 진짜. 진짜 물건. ⁑ 정품.

손조로와(順調~) ⇨ 순조로워. ⁑ 순조롭다.

순조로히(順調~) ⇨ 순조로이. ⁑ 순조롭다.

순지르기(筍~)= 곁순치기. 눈따기. 순따주기. ⁑ 곁순을 잘라내는 일.

순찰돌다(巡察~) ⇨ 돌아다니며 살피다.

순합매매(馴合賣買) [왜] ⇨ 통정매매.

순합어음(馴合~) [왜] ⇨ 통정어음.

순환지이(循環之理) ⇨ 순환지리.

숟가락 = ① 숟갈. 술. {숟가락질. 숟가락집. 숟가락총.} {놋숟가락. 은숟가락. 잎숟가락.} {밥숟가락. 약숟가락. 찻숟가락.} ¶ 숟가락을 놓다. 숟가락을 들다. ② 하나치. ¶ 밥 한 숟가락.

숟갈질 = 숟가락질.

숟갈총 = 숟가락총.

숟집 = 숟가락집.

술[1] = ① 숟갈. 숟가락. {막술. 첫술.} {술적심.} ② 하나치. ¶ 밥 몇 술. 죽 두어 술. 밥 한 숟갈. 죽 한 숟갈.
☞ 저.[5] 젓가락.

술[2]〔酒〕 = 도깨비뜨물. {술값. 술고래. 술국. 술기운(술기). 술김. 술꼬. 술꾼. 술난리. 술내기. 술놀음. 술대접. 술도깨비. 술독. 술동이. 술두루미. 술등. 술마당. 술맛. 술망나니. 술밥. 술방구리. 술배. 술버릇. 술벗. 술병. 술빚. 술사발. 술살. 술상. 술시중. 술심부름. 술쌀. 술안주. 술리(술좌석). 술잔. 술잔치. 술장사. 술장수. 술주정. 술주정꾼. 술지게미. 술집. 술찌끼. 술추렴. 술친구. 술타령. 술탈. 술탐. 술턱. 술통. 술판.} {딸기술. 머루술. 살구술. 솔술. 송이술. 쓴술(멥쌀술). 오갈피술. 오디술. 죽술. 찌끼술. 찹쌀술.} {강술. 개평술. 공술. 귀밝이술. 낮술. 대렛술. 대폿술. 더운술. 됫술. 말술. 맑은술. 맛술. 배움술. 벌술. 볏술. 병술. 부좃술. 상둣술. 성애술. 소나기술. 울홧술. 잔술. 전술(전내기). 제삿술. 조라술. 찬술. 통술. 풋술(생술). 해장술. 홀짝술. 화햇술. 횟술.} ¶ 술 걱정. 술 탓. 술 향기. ¶ 술에 감기다. 술을 깨다. 술을 끊다. 술을 따르다. 술을 마시다. 술을 빚다. 술이 익다. 술에 취하다. 술을 치다. 술 한잔 마시다.

ㅅ

☞ ~주.⁴

술³ * 가마, 기, 끈, 띠, 책상보, 옷 따위에 치레로 다는, 여러 가닥으로 만든 실. {매듭술. 방울술. 비단술. 잔술.} ¶ 술 달린 목도리.

☞ 꽃술.² 수술.²

술구기 * 술을 풀 때 쓰는 연모. ¶ 술구기를 들다. 술구기를 잡히다.

☞ 구기.

술구더기 = 개미. ❇ 걸러 놓은 술에 뜬 밥알.

☞ 술지게미.

술꾸러기 ⇨ ① 술고래. ② 술꾼.

술내 = 술 냄새.

술덧〔酒母〕= 술밑. ❇ 누룩을 섞어 버무린 지에밥.

술도가(~都家) = 바침술집. ❇ 직업으로 술을 담가 술집에 파는 집.

☞ 양조장.

술래놀이 = 술래잡기. ❇ 아이들 놀이의 하나.

☞ 수월놀이. 수월래놀이.

술막(~幕) ⇨ 주막.

술망태기 ⇨ 술고래. 고래.

술밑 = 술덧. ❇ 누룩을 섞어 버무린 지에밥.

술밥 * ① 술을 담그는 지에밥. ② 술, 간장, 설탕을 섞어 지은 밥.

☞ 고두밥. 지에밥.

술벗 = 술친구. ❇ 술로써 사귄 벗.

술보 ⇨ 술고래. 고래.

술부대(~負袋) ⇨ 술고래. 고래.

술비지 = 술찌끼. 재강. ❇ 막걸리를 거르고 남은 찌꺼기.

☞ 술지게미. 지게미.

술손 = 술손님. ¶ 술손들이 술집으로 몰려왔다.

술술 * ① 물이나 가루 따위가 잇대어 새어나오는 꼴. ② 비나 눈이 가볍게 내리는 꼴. ③ 바람이 부드럽게 부는 꼴. ④ 얽혀 있는 실이 잘 풀려나오는 꼴. ⑤ 말이 막힘 없이 잘 나오는 꼴.

☞ 솔솔. 슬슬.

술아비 * 술을 파는 사내.

술어미〔酒母〕* 술청에서 나와서 술을 파는 여자.

술안주(~按酒) = 안주.

술주정(~酒酊) = 주정. ¶ 술주정하다.

술주정뱅이(~酒酊~) = 주정뱅이. 주정배기. 주정쟁이.

술지게미 = 지게미. ❇ 재강에서 모주를 짜내고 남은 찌꺼기.

☞ 술구더기. 술비지. 술찌끼. 재강.

술지에 ⇨ 술밥.

술집〔酒店〕* 술을 파는 집. {내외술집(안방술집. 안침술집). 병술집. 선술집. 잔술집.}

☞ 바침술집. 주막.

술찌끼 = 술비지. 재강. ❇ 막걸리를 거르고 남은 찌꺼기.

☞ 술지게미.

술총 ⇨ 숟가락총. 숟갈총.

술친구(~親舊) = 술벗. ❇ 술로써 사귄 벗.

술쿠세 ㉥ ⇨ 술버릇.

술푸대 ⇨ 술고래. 고래.

숨 * ① 코로 들이마시고 내쉬는 기운. {숨결. 숨기척. 숨길. 숨소리. 숨수. 숨쉬기. 숨줄. 숨탄것. 숨통. 숨틀.

숨표.} {가슴숨. 깊은숨. 도둑숨. 마
디숨. 마지막숨. 배숨. 어깻숨. 콧숨.
황소숨.} {숨넘어가다. 숨죽이다.
숨지다. 숨차다.} ¶ 숨 가쁘다. 숨
거두다. 숨 고다. 숨 고르다. 숨 끊어
지다. 숨 넘어가다. 숨 돌리다. 숨 막
히다. 숨 모으다. 숨 쉬다. 숨 트이
다. ② 남새 따위의 생생하고 빳빳한
기운. ¶ 배추가 숨이 죽다.
숨겨 = 숨기어. ＊ 숨기다. ¶ 숨겨 놓
다. 숨겨 두다. 숨겨 주다.
숨구멍[頂門] = 숫구멍. ＊ 갓난아이
의 정수리에 발딱발딱 뛰는 곳.
숨구멍² ＊ 답답한 상황에서 벗어나게
되는 길. ¶ 숨구멍이 트이다.
숨기(~氣) = 숨기운. ＊ 숨을 쉬는 기
운. ¶ 아직 숨기가 남아 있다.
숨기다 ＊ 눈에 띄지 않게 하다. {숨김없
다.} ¶ 몸을 숨기다. 물건을 숨기다.
　☞ 감추다.
숨다 ＊ ① 몸을 감추다. ② 겉으로 드
러나지 않다. ¶ 숨은 뜻. 숨은 공.
　☞ 파묻히다.
숨박꼭질 ⇨ 숨바꼭질. 숨박질.
숨숨 〉 솜솜. ＊ 얼굴이 얽은 자국.
숨은바위[暗礁] = 여. 속여. 숨은여.
＊ 바닷속에 잠겨 있는 바위.
　☞ 마당여. 염.¹
숫~¹ ＊ ① 순진하고 어수룩한. {숫백
성. 숫보기. 숫사람. 숫티.} {숫스럽
다. 숫접다. 숫지다.} ② 손대지 않
은, 처음 그대로 깨끗한 것. {숫국.
숫눈. 숫눈길. 숫색시. 숫처녀. 숫총
각. 숫음식.}
숫~²[牡] ＊ 수컷. {숫양. 숫염소. 숫

용. 숫쥐. 숫제비.}
　☞ 수~.³
숫가(酬價) ⇨ 삯. ＊ 의료 수가 ⇨ 치
료비. 치료삯.
숫가락 ⇨ 숟가락.
숫강아지 ⇨ 수캉아지. ＊ 암캉아지.
숫개 ⇨ 수캐. ＊ 암캐.
숫것 ＊ 손을 대거나 변하지 않은 본디
의 순수한 것.
　☞ 수컷.
숫고양이 ⇨ 수고양이. 수괭이.
숫기와 ⇨ 수키와. ＊ 암키와.
숫기 좋다 ＊ 수줍어하거나 부끄러워하
는 기색이 없이 활발하다.
　☞ 숫되다.
숫놈 ⇨ 수놈.
숫닭 ⇨ 수탉. ＊ 암탉.
숫당나귀 ⇨ 수탕나귀. ＊ 암탕나귀
숫대(數~) ⇨ 산가지.
숫돌 ＊ 칼을 가는 돌. {가죽숫돌. 기름
숫돌. 무른숫돌. 센숫돌.}
숫돌쩌귀 ⇨ 수톨쩌귀. ＊ 암톨쩌귀.
숫돼지 ⇨ 수퇘지. ＊ 암퇘지.
숫되다 ＊ 순진하고 어수룩하다.
　☞ 암되다. 암띠다.
숫배기 ⇨ 숫보기. ＊ ① 순진하고 어수
룩한 사람. ② 숫총각. 숫처녀.
숫병아리 ⇨ 수평아리. ＊ 암평아리.
숫본(繡本) ⇨ 수본. ＊ 수를 놓으려고
그려 놓은 무늬나 그림.
숫소 ⇨ 수소. 황소. ＊ 암소.
숫자(數字) ＊ ① 수를 나타내는 글자.
＊ 1, 2, 3, 一, 二, 三. ¶ 숫자를 세
다. 숫자에 밝다. ② 사물이나 사람
의 수. ¶ 숫자가 많다. ③ 예산, 통계

따위에 숫자로 표시되는 사항. 수량적인 사항.
☞ 수자.

숫자면(數字面) ¶ 그 사람은 숫자면에서는 어두운 편이다.

숫자 면(數字面) * 숫자가 있는 면.

숫적(數的) ⇨ 수적. * 수효로 보아. ¶ 수적으로 보면 모자라다.

숫쩨 ⇨ 숫제. * ① 처음부터 차라리. 아예 전적으로. ② 순박하게.

숫하다 = ① 순박하다. ② 진실하다.
☞ 숱하다.

숭굴숭굴[1] * ① 얼굴이 귀염성이 있고 너그럽게 생긴 모양. ② 성질이 까다롭지 않고 수더분하며 원만한 모양. {숭굴숭굴하다.}

숭굴숭굴[2] * 얽은 자국이나 구멍이 꽤 큼직큼직한 모양.
☞ 송골송골.

숭늉 * 솥에서 밥을 푼 뒤에 물을 붓고 데운 물. {보리숭늉.}
☞ 숙랭

숭례문(崇禮門) = 남대문. * 서울 도성 남쪽 정문.

숭물(凶物) ⇨ 흉물.

숭보다 ⇨ 흉보다.

숭악하다 ⇨ 흉악하다.

숭어뜀 = 숭어벼루떼기. 먼팔뜀. * 땅재주의 하나.

숭어리 〉 송아리. * ① 꽃이나 열매가 모여 달린 덩어리. ¶ 숭어리가 큰 꽃. ② 하나치. ¶ 꽃 세 숭어리. 포도 두 숭어리.

숯 * 나무를 구워 만든 검은 덩어리. {숯감. 숯검정. 숯덩이. 숯등걸. 숯머리. 숯불. 숯불갈비. 숯불고기. 숯섬.} {강참숯. 깜부기숯. 등걸숯. 뜬숯. 왕겨숯.} ¶ 숯내 나다. 숯이 검정 나무란다.
☞ 숯. 탄.

숯거멍 ⇨ 숯검정. ‡ 검은 숯가루.

숯굴 ⇨ 숯가마. ‡ 숯을 구워 내는 가마.

숯다리미 * 숯불로 데워서 쓰는 다리미. ☞ 손다리미. 전기다리미. 증기다리미.

숯먹 = 솔먹. ‡ 소나무 그을음으로 만든 먹. ☞ 개먹. 참먹.

숯장수 * ① 숯을 파는 사람. ② 얼굴이 검은 사람.

숯쟁이 ‡ 직업으로 숯을 굽는 사람.

숱 * 머리털 따위의 부피나 분량. ¶ 숱이 많다. ☞ 숯.

숱짙다 ⇨ 숱지다. ‡ 머리숱이 많다. ¶ 눈썹이 숱진 사람.

숱하다 * 아주 많다. ¶ 숱한 고난. 숱한 사연. 숱한 세월. 숱한 별. ☞ 숫하다.

숲 = 수풀. ‡ ① 나무가 무성하게 우거지거나 꽉 들어찬 곳. ② 풀, 나무, 덩굴 따위가 한데 엉킨 곳. {숲길. 숲나이. 숲정이.} {갈대숲. 나무숲. 대숲. 솔숲. 풀숲.} {아열대숲. 열대숲.} {눈막이숲. 모래막이숲. 바다숲. 바람막이숲. 방천숲.} ¶ 숲 속. 대나무 숲. 밤나무 숲. 소나무 숲. 아카시나무 숲. 참나무 숲. ¶ 숲을 이루다.

숲지다 ＝ 메숲지다. 거하다. ＊ 산에 나무가 우거지다.

쉐타(sweater) ⇨ 스웨터.

쉬[1] ＝ 쉬이. ＊ ①쉽게. ¶ 쉬 잠들지 못하다. ②머지않은 뒷날에. 오래지 않아. ¶ 쉬 돌아올 것이다.

쉬[2] ＝ 쉬야. ＊ 어린이 말로 오줌이나 오줌을 누는 일. {쉬하다.}

쉬[3] ＝ 후여. 훠이. 우여. ＊ 새를 쫓는 소리.

쉬[4] ＊ 떠들거나 큰 소리를 내지 말라고 할 때 내는 소리.
　☞ 쉿.

쉬는표(~標) ＝ 쉼표. ＊ 월점의 하나.

쉬다[1] ＊ 음식이 오래되어 맛이나 냄새가 시큼하게 되다. ¶ 밥이 쉬다.
　☞ 상하다.[1] 시다.[1]

쉬다[2] ＊ ①일을 그치고 움직이지 않다. ¶ 잠깐 쉬었다가 가자. ②일터에 나가지 않다. ¶ 몸이 아파 하루 쉬다. ③잠을 자다.
　☞ 놀다. 멈추다. 움직이다. 일하다.

쉬쓸다 ⇨ 쉬슬다 ＊ 파리가 알을 여기저기에 낳다.
　☞ 슬다.[2] 알 슬다.

쉬엄쉬엄 ⇨ 쉬엄쉬엄. ¶ 쉬엄쉬엄 가다. 쉬엄쉬엄 일을 하다.

쉬이보다 ＊ 가볍게, 쉽게 보다. ¶ 그를 쉬이보다가는 큰코다친다.

쉬이여기다 ＊ 가볍게, 쉽게 생각하다. ¶ 아이라고 쉬이여기지 마라.

쉬임 없이 ⇨ 쉼 없이.

쉬지근하다[1] ＝ 쉬척지근하다. ＊ 냄새가 좀 쉰 듯하다.

쉬지근하다[2] ＊ 목소리가 쉰 듯하다. ¶ 쉬지근한 목소리가 매력이다.

쉬치근하다 ⇨ 쉬지근하다.

쉬파리 ＝ 왕파리. ＊ 썩은 고기나 산 동물에 붙어사는 파리.
　☞ 쇠파리.

쉬흔〔五十〕 ⇨ 쉰.

쉰〔五十〕 ＊ 열의 다섯 곱절. {쉰하나(쉰한). 쉰둘. 쉰셋(쉰세). 쉰넷(쉰네). 쉰다섯. 쉰여섯. 쉰일곱. 쉰여덟. 쉰아홉.} ¶ 쉰 길. 쉰 살.

쉰내 ＝ 쉰 냄새. ¶ 밥에서 쉰내가 나다.

쉰둥이(~童~) ⇨ 쉰둥이. ＊ 쉰이 넘은 부모가 낳은 아이.

쉴새없이 ⇨ 쉴 새 없이. ¶ 쉴 새 없이 일하다.

쉴틈없이 ⇨ 쉴 틈 없이.

쉼표(~標) ＝ 쉬는표.

쉽다 ＊ ①어렵지 않거나 힘들지 않다. ¶ 이 책은 읽기가 쉽다. ②일이 어떻게 될 가능성이 있다. ¶ 유리그릇은 깨지기 쉽다. ③예사롭거나 흔하다. ¶ 쉽지 않은 걸음을 하다.
　☞ 수월하다.

쉿〔느〕 ＊ 소리를 내지 말라는 뜻으로 급하게 내는 소리.
　☞ 쉬.

슈팅역(shooting力) ⇨ 차는 힘. ＊ 슈팅력.

슈퍼마케트(supermaket) ⇨ 슈퍼마켓.

슛률(shoot率) ⇨ 슛율.

슛팅(shooting) ⇨ 슈팅.

스기목〔杉木〕⑳ ⇨ 삼나무.

스끼다시〔付出〕⑳ ⇨ 곁들이. 밑안주. 초다짐. 입매안주.

스끼야끼(**스키야키**) [왜] ⇨ 왜전골.
스노모노 〔酢物〕 [왜] ⇨ 초무침. ⁑ 음식 이름.
스덴(스텐. stainless) ⇨ 녹막이. 녹막이쇠. ⁑ 스테인리스 스틸.
스라브(slab) ⇨ ① 바닥판. ② 평판. ¶ 평판 지붕. ⁑ 슬래브.
스라이드(slide) ⇨ 슬라이드. ¶ 슬라이드 필름.
스러지다 * ① 형체나 현상이 차츰 희미해지면서 없어지다. ¶ 안개가 스러지다. ② 불기운이 약해져서 꺼지다. ¶ 스러지는 불꽃.
☞ 사라지다. 쓰러지다.
~**스러이** = ~스레. {걱정스러이. 걱정스레.}
~**스런** ⇨ ~스러운. ⁑ 비읍 벗어난끝 바꿈. ¶ 상스런 ⇨ 상스러운.
~**스럽다** * ① 이름씨에 붙어 그림씨로 만들고 그러한 성질이 있음을 나타냄. {고생스럽다. 걱정스럽다. 복스럽다. 사랑스럽다. 상스럽다. 영광스럽다. 자랑스럽다. 좀스럽다.} ② 자신답지 않은 특성을 나타냄. ¶ 어린애가 어른스럽다. 남자가 여성스럽다. ⁑ ~스럽고. ~스럽니. ~스럽지. ~스러운. ~스러이.
☞ 같다. ~답다.
스레트(slate) [왜] ⇨ 슬레이트. {슬레이트못.} ¶ 슬레이트 지붕.
~**스레하다** = ~스름하다. {불그스레하다. 불그스름하다.}
스루다 * ① 슬다. ⁑ 쇠를 불에 달구어 무르게 하다. ② 슬다. ⁑ 빨래의 풀기를 죽이다. ③ 마음이나 속을 태우다.
☞ 담금질하다. 불림.[1] 슬다.[4]
스루메(**수루메**) [왜] ⇨ ① 오징어. ② 마른오징어.
스리[1] * 음식을 씹다가 입안에 생긴 생채기.
스리[2](**쓰리**) 〔掏摸〕 [왜] ⇨ 소매치기.
스리[3]〔刷~〕 [왜] ⇨ 교정쇄.
스리가라스 〔褶~〕 [왜] ⇨ 서리유리. 젖빛유리.
스리빠 〔slipper〕 [왜] ⇨ ① 짤짤이. 끌신. ② 노파리. ⁑ 슬리퍼.
스메끼리 [왜] ⇨ 손톱깎이.
스무 〔二十〕 〔매〕 * 열의 갑절. {스무고개. 스무날. 스무날비.} ¶ 스무 개. 스무 명. 스무 마리. 스무 사람. 스무 살.
☞ 스물.
스무째 = 스무 번째. ⁑ 차례.
☞ 스물째.
스물 〔二十〕 〔셈〕 * {스물하나. 스물한. 스물둘. 스물셋. 스물넷. 스물넷. 스물다섯. 스물여섯. 스물일곱. 스물여덟. 스물아홉.}
☞ 스무.
스물네째 = 스물네 번째. ⁑ 차례.
스물넷째 = 스물네 개째. ⁑ 수량.
스물두째 = 스물두 번째. ⁑ 차례.
스물둘째 = 스물두 개째. ⁑ 수량.
스물세째 = 스물세 번째. ⁑ 차례.
스물셋째 = 스물세 개째. ⁑ 수량.
스물째 * 맨 앞에서 세어 모두 스무 개가 됨을 이르는 말. ⁑ 수량.
☞ 스무째.
스물 한 번 ⇨ 스물한 번.

스미다 * 액체나 기체가 작은 틈으로 들어오다. ¶ 종이에 물이 스미다. 냄새가 코에 스미다. 찬 바람이 뼛속까지 스미다.
☞ 배다.[1]

스뽄지(sponge) ⇨ 갯솜. ⁑ 스펀지.

스스럼없다 * 조심스럽거나 부끄러운 마음이 없다. ¶ 스스럼없는 친구.
☞ 서슴없다. 허물없다.

스스로 * ① 저절로. ② 몸소. ③ 제힘으로. ④ 제 생각으로. ⁑ 어찌씨이므로 임자말, 부림말, 기움말, 어찌말로 쓸 수 없음. '스스로가. 스스로도. 스스로를. 스스로의. 스스로에게'는 잘못임.

스승 * ① 사람을 가르치는 사람. ② 본보기가 되는 사람.
☞ 선생.

스시〔壽司〕[왜] ⇨ 초밥. ⁑ 니혼 음식 이름.

스위취(switch) ⇨ ① 누름단추. ② 여닫개. ⁑ 스위치.

스즈란핀〔~pin〕[왜] ⇨ 구슬핀.

스치다 * ① 서로 살짝 닿으면서 지나가다. ② 어떤 느낌, 생각, 표정이 퍼뜩 떠올랐다가 사라지다. ③ 눈길이 훑어 지나가다. ④ 거쳐 가다.
☞ 닿다.[1]

스치로폴(styrofoam) ⇨ 스티로폼. ¶ 스티로폼 도시락. 스티로폼 컵.

스카웃(scout) ⇨ 빼오기. 뽑아오기. ⁑ 스카우트.

스카이웨이(skyway) [왜] ⇨ 산턱찻길. 산턱길.

스카치테프(scotch tape) ⇨ 끈끈이띠. 유리종이띠. ⁑ 스카치테이프.

스케쥴(schedule) ⇨ 계획표. 시간표. 일정표. ⁑ 스케줄.

스케트(skate) ⇨ 스케이트. {스케이트장.} ¶ 스케이트 경기.

스켓치북(sketchbook) ⇨ 그림공책. 밑그림책. ⁑ 스케치북.

스키야키(스끼야끼) [왜] ⇨ 왜전골.

스탐푸(stamp ⇨ 스탬프) [왜] ⇨ ① 날짜도장. 기념도장. ② 잉크판.

스텐 그릇(stainless~) [왜] ⇨ 녹막이 그릇. ⁑ 스테인리스스틸 그릇.

스티카(sticker) ⇨ ① 붙임딱지. ② 빨간딱지. ⁑ 스티커.

스티크(stick) ⇨ 지팡이. ⁑ 스틱.

스파나(스빠나. spanner) [왜] ⇨ 스패너. 렌치. ⁑ 연장 이름.

스페인(Spain) = 에스파냐. ⁑ 나라 이름.

스포츠가리(sports刈~) ⇨ 스포츠머리. 상고머리. ⁑ 머리 모양.

스폰지(sponge) ⇨ 갯솜. ⁑ 스펀지.

스프(soup) ⇨ 수프. ⁑ 서양 음식 이름.

스프링쿨러(sprinkler) ⇨ 자동물뿌리개. ⁑ 스프링클러.

스프링코드(spring coat) [왜] ⇨ 톱코트. ⁑ 봄가을 웃옷.

슨포〔寸法〕[왜] ⇨ 치수.

슬그머니 = 슬그니. 슬그미. ⁑ 남이 모르게 슬며시.
☞ 고즈넉이. 살그머니.

슬근슬근 〉 살근살근. ¶ 슬근슬근 톱질하세.

슬금슬금 〉 살금살금. ¶ 슬금슬금 눈치를 본다.

슬다¹ * ①식물이 병이 들거나 벌레가 붙어서 시들어 죽어 가다. ¶ 배추가 슬다. ②부스럼이나 소름이 사라지다. ③스러지다.
☞ 설다.²

슬다² * 벌레나 물고기가 알을 깔기어 놓다. ¶ 배춧잎에 알을 슬다.
☞ 쉬슬다.

슬다³ * ① 녹슬다. ‡ 녹이 생기다. ② 곰팡이가 생기다.

슬다⁴ * ①쇠붙이를 불에 달구어 무르게 하다. ②풀이 센 빨래를 잡아당겨 풀이 죽게 하다.
☞ 담금질하다. 불림.¹ 스루다.

슬레이트집(slate) * 슬레이트 지붕 집.

슬레이툿집(slate) * 슬레이트를 파는 가게.

슬로건(slogan) ⇨ ①강령. ②구호. ③표어.

슬며시 〉살며시. ‡ ①감정이 속으로 은밀히. ¶ 속은 생각을 하니 슬며시 부아가 돋았다. ②은근하고 천천히. ¶ 슬며시 눈을 감다. ③넌지시. ¶ 슬며시 봉투를 건네주다. ④남의 눈에 띄지 않게.
☞ 넌지시. 살포시. 슬쩍.

슬슬¹ 〉살살. ¶ 슬슬 눈치를 보다. 초콜릿이 입 안에서 슬슬 녹다. 바닥을 슬슬 문지르다. 슬슬 구슬리다. 바람이 슬슬 불어오다. 눈웃음을 슬슬 치다. 쉬엄쉬엄 슬슬 해라. 새끼를 슬슬 꼬다.

슬슬² 〉살살 〉쌀쌀. ¶ 배가 슬슬 아프다.

슬어지다 ⇨ 스러지다.

슬쩍 * ①남모르게 재빨리. ¶ 물건을 슬쩍 훔치다. ②힘들이지 않고 가볍게. ¶ 몸을 슬쩍 피하다. ③표나지 않게 넌지시. ¶ 속마음을 슬쩍 떠보다. ④심하지 않게 약간. ¶ 나물을 슬쩍 데치다. ⑤성의없이 대충 빠르게. ¶ 책을 한 번 슬쩍 훑어보고 팽개치다.
☞ 슬며시.

슬쩍하다 = 훔치다. ¶ 남의 지갑을 슬쩍한 소매치기를 붙잡다.

슬쩍 하다 ¶ 눈을 피하여 장난을 슬쩍 하다.

슬치 * 알을 낳아서 배 속에 알이 없는 뱅어.
☞ 알치.

슬프다 * 일이 나쁘게 되어 울고 싶은 느낌이 들다. ¶ 슬픈 노래. 슬픈 듯 하다. ‡ 심리적이나 정신적인 것.
☞ 괴롭다. 서럽다.

슬픈 비극(~悲劇) ⇨ 슬픈 일. 가슴 아픈 일.

슴벅슴벅 〈 씀뻑씀뻑. ‡ ①눈꺼풀을 움직이며 눈을 자꾸 감았다 떴다 하는 모양. ②눈이나 살 속이 찌르듯이 자꾸 시근시근한 모양.
☞ 섬벅섬벅.

습관(習慣) * 사회의 풍속, 질서 속에서 저절로 굳어진 사람의 버릇. ¶ 일찍 자는 습관. 습관이 되다. 습관이 들다. 습관을 들이다.
☞ 관습. 버릇.

습기(濕氣) * 물기가 많아 젖은 듯한 기운. ¶ 습기가 차다.
☞ 누기.

습득하다[1](習得~) * 줍다. 배워서 얻
다. ¶ 기술 습득. 정보 습득. 시식
습득.

습득하다[2](拾得~) * 줍다. 주워서 얻
다. ¶ 길에서 지갑을 습득하다.
☞ 취득하다. 획득하다.

습선거(濕船渠) 왜 ⇨ 물뱃도랑.
☞ 건선거.

습습하다 * 마음이나 하는 짓이 활발
하고 너그럽다. ¶ 성격이 습습하여
사람들이 좋아하고 따른다.
☞ 섭섭하다.

~습시다 ⇨ ~읍시다. ~ㅂ시다. {먹
읍시다. 가십시다. 갑시다.}

~습시오 ⇨ ~읍시오. ~ㅂ시오. {주
무십시오. 오십시오.}

~습죠 = ~습지요. ¶ 경치가 좋습지
요.

습하다(濕~) * 물기가 많아 축축하
다. ¶ 습하고 어두운 지하실.
☞ 누지다.

승강이 * 서로 제 주장을 고집하여
옥신각신하는 일. {말승강이. 승강
이질. 승강이하다. 승강이질하다.}
¶ 승강이가 벌어지다.
☞ 실랑이.

승강장(昇降場) 왜 ⇨ 타는 곳.

승갱이 ⇨ 승강이.

승격시키다(昇格~) ⇨ 승격하다.

승도복숭아(僧桃~) = 천도복숭아.
민복숭아.
☞ 털복숭아.

승락하다(承諾~) ⇨ 승낙하다. * 부
탁을 들어주다.

승리하다(勝利~) * 겨루거나 싸워서

이기다. ‡ 큰일일 때 씀.
☞ 이기다.

승마타기(乘馬~) ⇨ 말타기. ‡ 승마
하기.

승맛돌(乘馬~)〔下馬石〕 = 노둣돌. ‡
말을 타고 내릴 때 딛는 돌.
☞ 뒷돌.

승망(昇網) 왜 ⇨ 오름그물.

승부(勝負) 왜 ⇨ ① 이기고 짐. ② 결
판. 판가름. ③ 끝내기.

승부나다(勝負 ~) 왜 ⇨ 결판나다. 판
가름나다.

승부하다(勝負 ~) 왜 ⇨ 결판을 내다.
판가름하다.

승은(承恩) * 임금을 밤에 모시는 일.
¶ 승은을 입다.
☞ 성은.

승차권(乘車券) 왜 ⇨ 차표.

승차하다(乘車~) 왜 ⇨ (차에) 타다.
(차에) 오르다.
☞ 하차하다.

승창 * 접어서 가지고 다니도록 만든
가죽 걸상. ‡ 휴대용 의자.
☞ 거상.[1] 걸상. 의자.

승패(勝敗) * 이기고 짐. ¶ 승패를 가
르다. 승패를 결정하다.
☞ 성패.

승합차(乘合車) 왜 ⇨ 합승자동차. 합
승차.

승환하다(乘換~) 왜 ⇨ 갈아타다. ‡ 환
승하다.

시[1](市) * 행정 구역 이름으로 땅 이름
뒤에 붙여 씀. ‡ 통, 반, 동, 면, 읍,
군, 구, 도, 시, 직할시, 광역시, 특
별시. {마산시. 진주시.} ¶ 뉴욕 시.

파리 시. ✱ 다른 나라 땅 이름 뒤에는 떼어 씀.

☞ 동.[6]

시²(時) * ① 시각. {5시. 3시.} ¶ 몇 시. 열 시. ② 때. ¶ 비행 시에는. 명령을 어길 시에는. ③ 일반적인 시간. {표준시. 지방시.}

시~³ * 머리글자가 된소리, 거센소리, 어두운 홀소리(어. 우)인 빛깔을 나타내는 말 앞에. {시꺼멓다. 시꺼메지다. 시뻘겋다. 시뻘게지다. 시뿌옇다. 시뿌예지다. 시커멓다. 시커메지다. 시퍼렇다. 시퍼레지다. 시푸르다. 시푸르죽죽하다. 시허옇다. 시허예지다.}

☞ 새~.[5] 샛~.[2] 싯~.[1]

~시~⁴ * 받침이 없는 가지에 붙어 높임을 나타내는 씨끝. {가시다. 보시다. 오시다. 이시다.} ¶ 훌륭한 분이시다.

☞ ~으시~.

시가집(~家~) ⇨ 시집.

시각(時刻) * ① 정하여진 때. ✱ 시간의 한 시점. ¶ 해 뜨는 시각. 지금 시각은 6시 30분. ② 짧은 시간. ¶ 시각을 다투는 일이다.

☞ 시간.

시각표(時刻表) ⇨ 시간표.

시간(時間) * ① 시각과 시각 사이. ¶ 휴식 시간. ② 때의 흐름. {시간관념. 시간문제. 시간밥.} ¶ 시간 내. 시간 여행.

☞ 시각.

시간(時間)**이 계시다** ⇨ 시간이 있다. ✱ 짬나다. 짬이 있다.

시간표(時間表) * 시간에 맞추어 일을 벌려 적은 표. ✱ 기차. 배. 버스. 비행기. 시험. 학교 수업.

☞ 일과표.

시건장치(施鍵裝置) ㉑ ⇨ 자물쇠. 잠그개. 잠금장치.

시계 * 시장에서 팔고 사는 곡식. {시곗금. 시곗돈. 시곗바리.}

시계전(~廛) * 시장에서 곡식을 파는 길 가게.

☞ 싸전. 쌀가게. 쌀집.

시곗장수 * 곡식을 말이나 소에 싣고 이곳저곳으로 다니면서 파는 장수.

☞ 방물장수. 어리장수. 황아장수.

시계(時計) * 시각을 알리는 연모. {시계가마. 시계방(시계포). 시계상. 시계장이. 시계탑. 시곗바늘. 시곗줄.} {괘종시계(벽시계). 금시계. 꽃시계. 디지털시계. 모시계. 몸시계(회중시계). 배꼽시계. 백통시계. 별시계. 비둘기시계. 뻐꾸기시계. 사발시계. 손목시계. 아날로그시계. 은시계. 탁상시계. 탑시계. 팔각시계.} {모래시계. 물시계. 불시계. 양초시계. 해시계.} ¶ 시계 소리.

시계추(時計錘) = 시계불알. ¶ 시계추가 흔들리다.

시골 * ① 서울이 아닌 모든 마을. ✱ 시골에도 도시가 있음. {시골집. 시골풍.} ¶ 시골 경치. 시골 나들이. 시골 놈. 시골 동네. 시골 풍경. 시골 할머니. ② 고향. ¶ 시골 가다. 시골 오다.

☞ 서울. 촌.

시골고라리 = 고라리. ✱ 어리석고 고

집 센 시골사람.
☞ 산골고라리. 서울까투리.

시골구석 * ①시골. ②시골의 구석진 곳. ¶ 시골구석에 처박혀 살다.
☞ 촌구석.

시골 길 * ①시골로 가는 길. ②시골에 있는 길.
☞ 서울 길.

시골나기 ⇨ 시골내기.

시골내기 * 시골에서 나서 자란 사람. ¶ 시골내기라고 놀림을 받다.
☞ 산골내기. 서울내기.

시골뜨기 = 촌뜨기. ‡ 보고 들은 것이 없는 시골 사람.
☞ 산골뜨기. 서울뜨기.

시골말 〔方言〕 = 사투리. ‡ 시골 사람이 쓰는 말.
☞ 겨레말. 대중말. 들온말. 서울말. 토박이말.

시골 사람 = 촌사람. ‡ ①시골에 사는 사람. ②어수룩한 사람.

시골티 = 촌티. ‡ 시골 사람의 어수룩한 모양이나 태도.

시구문(屍口門) = 수구문. 남소문. 광희문. ‡ 사소문의 하나.

시궁 * 더러운 물이 질척질척하게 된 도랑. {시궁구멍. 시궁창.}
☞ 수채.

시궁쥐 = 집쥐. ‡ 집에 사는 쥐.

시궁치 = 시궁발치. ‡ 시궁 근처.

시귀(詩句) ⇨ 시구. ‡ 시구절. ¶ 아름다운 시구. 시구를 외다.

시근거리다 〈 쌔근거리다. ‡ 숨 쉬는 소리가 거칠고 가쁘게 나다. ¶ 화가 나서 시근거리며 노려보다.

☞ 쌔근거리다.

시근거리다 〈 시큰거리다. ‡ 뼈마디 따위에 저리고 신 느낌이 자꾸 들다. ¶ 무릎이 시근거리다. 손목이 시근거리다.

시근벌떡 〈 씨근펄떡. ‡ 숨이 차서 거칠게 가쁘게 내쉬는 모양.

시글버글 ⇨ 시글시글. ‡ 사람이나 짐승이 들끓는 모양.

시금치국 ⇨ 시금칫국.

시꺼멓다 ‡ 시꺼멓소. 시꺼메. 시꺼머니. 시꺼메지다.

시껍하다(食怯~) ⇨ 식겁하다. ‡ 놀라 겁을 먹다.

시끄러운 소음(~騷音) ⇨ 시끄러운 소리. ‡ 소음.

시끄럽다 = 듣그럽다. ‡ ①듣기 싫게 떠들썩하다. ¶ 시끄러운 소리. ②세상이 어지러운 상태에 있다. ¶ 세상이 시끄럽다. ③마음에 들지 않아 귀찮고 성가시다. ¶ 마구 지껄이는 소리가 시끄럽다.
☞ 떠들썩하다.

시끌벅적거리다 = 시끌벅적대다.

시끌벅적하다 * 어수선하게 움직이며 시끄럽게 떠들다. ‡ 잔치 같은 좋은 일이나 심각하지 않은 일일 때 씀.

시끌북적하다 ⇨ 시끌벅적하다.

시끌시끌하다 * 몹시 시끄럽다. ‡ 좋지 않은 일일 때 씀.

시나노 강 〔信濃江〕 * 강 이름. ‡ 한자말이 아니면 띄어 씀.

시나이 산(Sinai山) * 산 이름. ‡ 한자말 이름이 아니면 띄어 씀.

시내 * 내보다 작은 물길. {시냇가. 시

냇물.} ¶ 맑은 시내가 흐른다.

☞ 내.⁵ 개울. 개천. 도랑.

시냇강변(~江邊) ⇨ 시냇가.

시너지 효과(synergy效果) ⇨ 협동 작용. 상승 작용.

시네루 ㉬ ⇨ 틀어치기. ‡ 당구.

시녀(侍女) = 궁녀. 나인. ‡ 궁궐에서 왕과 왕비를 모시는 내명부.

☞ 무수리.¹

시누 = 시누이. 시뉘. ‡ 남편의 누이. {작은시누. 큰시누.} ‡ 큰시누를 직접 가리키거나 부를 때는 형님이라 함. ¶ 시누 남편.

시누렇다 ⇨ 싯누렇다.

시늉 * 소리나 모양이나 움직임을 그 대로 옮기는 짓. {겉시늉. 꼴시늉. 소리시늉. 손시늉. 죽는시늉. 짓시 늉.} ¶ 먹는 시늉. 자는 시늉.

☞ 흉내.

시늉말 = 흉내말. ‡ 소리나 짓이나 움 직임을 흉내 내는 말.

☞ 소리시늉말. 짓시늉말.

시늠시늠 ⇨ 시름시름. ‡ ①병이 낫지 않고 오래 끄는 모양. ¶ 시름시름 앓 다. ②비나 눈이 조용히 자꾸 내리 는 모양. ¶ 시름시름 내리다.

시다¹ * 김치나 술 따위가 너무 익어서 식초와 같은 맛이 나다.

☞ 쉬다.¹

시다²〔下〕㉬ ⇨ 손도울이. 곁꾼. ‡ 수 습공. 보조원.

시다바리〔下張〕㉬ ⇨ 손도울이. 곁 꾼. ‡ 수습공. 보조원.

시답찮다 ⇨ 시답잖다. ‡ ‘~잖다’는 ‘~지 않다’의 준말임.

시대극(時代劇) ⇨ 역사극. 사극.

시덥찮다 ⇨ 시답잖다. ‡ 볼품이 없어 만족스럽지 못하다.

시도때도없이(時~) ⇨시도 때도 없이.

시동생 * 남편의 아우. ‡ 장가를 갔건 안 갔건 두루 씀.

☞ 시아주버니. 도련님. 서방님.

시득부득 = 시득시득. ‡ 꽃, 풀이 시 들고 말라서 생기가 없는 모양.

시들다 * ①나뭇잎이나 풀이 생기가 없어지다. ②기운이 빠져 생기가 없 어지다. ③달아오르던 사랑이나 정 열의 기세가 약해지다.

☞ 식다.

시들병(~病) * 사람이 차차 시들어 쇠약해지는 병.

시듦병(~病) * 가지, 딸기, 우엉, 토 마토 따위가 마르는 병.

시들부들 * ①생기가 없고 부드러운 모양. ¶ 몸이 시들부들 쇠하여 간다. ②새로운 맛이나 생기가 없는 모양. ¶ 시들부들 심심풀이로 두는 바둑이 라 굳이 이겨야 하겠다는 생각이 없 다.

시들시들 * 약간 시들어 힘이 없는 모 양. ¶ 배추가 시들시들 마르다.

시뜻히 ⇨ 시뜻이. ‡ ①마음에 시들하 게. ②물려서 싫증이 나게.

시라소니 ⇨ 스라소니. ‡ 고양잇과의 산짐승.

시래기 * 무청이나 배추의 잎을 말린 것. {시래기나물. 시래기두름. 시래 기떡. 시래기죽. 시래기지짐이. 시래 기찌개. 시래깃국.}

☞ 쓰레기.

시래기뭉치 * 못생긴 사람.

시러베아들 = 시러베자식. 실없쟁이.
　‡ 실없는 사람.

시럽다 ⇨ 실없다.

시럽쟁이 ⇨ 실없쟁이. 시러베아들.
　시러베자식.

시렁 * 방안 벽에 두 개의 긴 나무를
　건너질러 선반처럼 만든 것. ¶ 꿀단
　지를 시렁에 얹다. 벽에는 노끈으로
　얽어 달아매 놓은 시렁이 있다.
　☞ 살강. 선반.[1]

시로(히로)〔白〕㉯ ⇨ 흰공. 흰공맞기.
　‡ 당구.

시로누키(시로누끼)〔白拔～〕㉯ ⇨
　① 흰색. ② 오목새김. ‡ 인쇄.

시로토(시로또)〔素人〕㉯ ⇨ 생무지.
　풋내기. 신출내기. ‡ 초보자.

시루 * ① 떡을 찌는 그릇. {시룻밑.
　시룻방석. 시룻번.} {떡시루. 잿물
　시루. 콩나물시루.} ② 하나치. ¶ 흰
　떡 한 시루.

시루논 * 자갈이나 모래가 많고 갈이
　흙이 얕아 물이 쉽게 새는 논.
　☞ 녹두밭 윗머리.

시루떡 * 떡가루에 콩, 팥 따위를 섞어
　시루에 켜를 안치고 찐 떡. ‡ 백설
　기, 콩시루떡, 대추시루떡, 석이시
　루떡, 갖은시루떡이 있음.
　☞ 인절미. 절편.

시룻밑 * 시루 안에 있는 것이 새지 않
　도록 밑동에 까는 연모.

시룻방석 * 짚으로 방석처럼 만든 시
　루 덮개.

시룽새룽 = 시룽시룽. ‡ 방정맞게 까
　불며 자꾸 지껄이는 모양.

시룽시룽 〉 새룽새룽. ¶ 시룽시룽 지껄
　이는 모습에 믿음이 가지 않는다.

시류(時流) ㉯ ⇨ 시대 흐름.

시률(詩律) ⇨ 시율. ‡ 니은이나 홀소
　리 뒤에선 ‘율’임.

시름 = 걱정. 근심. {한시름.} {시름
　겹다. 시름없다.} ¶ 시름 깊다.

시름꽃 = 반지꽃. 제비꽃. 오랑캐꽃.
　‡ 바이올렛.

시름없이 * 근심 걱정으로 아주 맥이
　없이. ‡ 움직임은 있음. ¶ 어두운 길
　을 시름없이 홀로 걷고 있다.
　☞ 하염없이.

시리다 * 손, 발, 코, 귀, 이가 너무 차
　거나 아프다. ¶ 발이 시려 오다.
　☞ 차다.[1]

시마리(히마리)〔締〕㉯ ⇨ ① 맥. 힘.
　기운. ② 야무짐. ③ 죔.

시마이〔仕舞. 終〕㉯ ⇨ ① 끝내기. 끝
　냄. 마감. 끝막음. ② 손 뗌.

시말서(始末書) ㉯ ⇨ 경위서. 전말서.

시멀겋다 ⇨ 싯멀겋다.

시멀게지다 ⇨ 싯멀게지다.

시무룩히 ⇨ 시무룩이. ‡ 시무룩하다.

시민들(市民～) ⇨ 시민.

시바이〔芝居〕㉯ ⇨ 연극.

시바이처 ⇨ 슈바이처. ‡ 사람 이름.

시방(時方) * 바로 지금. ¶ 시방 사는
　곳이 어디냐?
　☞ 금방. 금시. 방금. 지금.

시방서(示方書) ㉯ ⇨ 설명서. ‡ 속가
　름. 손길라.

시범 보이다(示範～) ⇨ 본보기를 보
　이다. 본을 보이다. ‡ 시범하다.

시보리〔絞～〕㉯ ⇨ ① 물수건. ② 조

리개. ③ 조리개. ③물레질.

시비거리(是非~) ⇨ 시빗거리.

시뿌다 ⇨ 시쁘다. ＊ 마음에 차지 않아 시들하다.

시뿌얘지다 ⇨ 시뿌예지다.

시사하다(示唆~) 卧 ⇨ ① 귀띔하다. ② 일러 주다. 깨우치다.

시상식(施賞式)**을 갖다** ⇨ 시상식을 하다.

시새〔細沙〕 = 모새. 잔모래. ＊ 가는 모래.

시새우다 = 시새다. ＊ ① 저보다 나은 사람을 미워하고 싫어하다. ¶ 남이 잘되는 것을 시새우면 안 된다. ② 남보다 잘하려고 다투다.
　☞ 새우다.

시샘 = 시새움. 샘. ＊ 시새우는 일. 또는 시새우는 마음.
　☞ 얌심.

시셋말(時世~) ⇨ 시쳇말. ＊ 그 시대에 유행하는 말.

시시닥거리다 〈 시시덕거리다. ＊ 실없이 웃으면서 자꾸 지껄이다.

시시덕이 ＊ 시시덕거리기를 잘하는 사람.

시시로(時時~) = 때때로. ¶ 시시로 뒷동산에 오르다.

시시콜콜히 = 시시콜콜. ＊ 자질구레한 것까지 낱낱이 따지는 모양.
　☞ 샅샅이. 콜콜히.

시실시실 ＊ ① 실없이 까불며 자꾸 웃는 꼴. ② 자꾸 짓궂게 구는 꼴.
　☞ 새실새실. 실실.

시아게〔仕上~〕 卧 ⇨ ① 뒷손질. ② 끝손질. 마무리.

시아주버니〔媤叔〕 = 아주버니. ＊ 남편의 형.
　☞ 아주버님. 도련님. 서방님. 시동생.

시앗 ＊ 남편의 첩. {시앗질.} ¶ 시앗을 보다. 시앗을 들이다.
　☞ 씨앗.

~시압 ⇨ ~시압. ＊ 청하거나 명령하는 맺음끝. ¶ 참석하시압.

시야시하다(히야시하다)〔冷~〕 卧 ⇨ 식히다. 채우다. 차게 하다.

~시어요 = ~셔요. ~세요. {오시어요. 오셔요. 오세요.}

시여 〔토〕 ＊ '여'의 높임말. ＊ 받침 없는 임자씨 뒤. {아버지시여.}
　☞ 이시여. 이여.

시오야키 〔鹽燒~〕 卧 ⇨ 소금구이.

~시옵~ ⇨ ~옵시~ ＊ 높임을 나타냄. {가옵시고. 주옵시고.}

시원찮다 = 시원하지 않다. 시원치 않다. 션찮다.
　☞ 어쭙잖다.

시원하다 ＊ ① 선선하다. ¶ 시원한 바람. ② 아프거나 답답한 느낌이 없어지다. ③ 말이나 일을 하는 솜씨가 재빠르고 훌륭하다. ¶ 시원한 말투. 시원한 솜씨. ④ 마음이 가뿐하다. ¶ 일이 시원하게 끝났다. ⑤ 음식이 차고 산뜻하거나 뜨거우면서 속이 후련하다. ¶ 김칫국이 시원하다. 복국이 시원하다. ⑥ 가려운 느낌이 사라지다.
　☞ 서늘하다.

시월달 ⇨ 시월. 시월상달. 상달.

시위[1] = 활시위. ＊ 활대에 걸어서 켕기는 줄. ¶ 시위를 당기다.

시위[2] * 강물이 불어 육지로 넘쳐흐르는 일. ¶ 시위 나다. 시위 들다.
☞ 거침. 물마. 바다넘이. 큰물.[2]

시위 문화(示威 文化) ⇨ 시위 질서. 시위 형태. 시위 방법.

시위잠 * 활시위처럼 웅크리고 자는 잠.
☞ 잠.[1]

시이소(seesaw) ⇨ 시소. ⁑ 놀이 연모. {시소놀이.} ¶ 시소 타다.

시작(始作) * 사람이 하는 일이나 어떤 현상의 첫 단계. {시작종.} {시작하다.} ¶ 공사를 시작하다. 수업을 시작하다.
☞ 처음.

시작이 되다(始作~) ⇨ 시작되다.

시작하고(始作~) **있다** ⇨ 시작한다. 시작했다.

시장(市場) * 도시에서 가게나 점포가 있어 날마다 장사하는 저자. {번개시장. 벼룩시장.} ¶ 구포 시장. 농산물 시장. 시장 바닥.
☞ 장.[2] 저자.[1]

시장갓(柴場~) ⇨ 나뭇갓. ⁑ 나무를 가꾸는 말림갓.

시장기 = 시장증. ⁑ 배가 고픈 느낌. {시장하다.}

시장바구니(市場~) = 장망태. 장망태기. 장바구니.

시장스럽다 ⇨ 시들하다.

시장질 = 시장. ⁑ 어린애를 세워 두 손을 잡고 시장시장 소리를 내면서 앞뒤로 밀었다 당겼다 하는 짓. {시장질하다.}
☞ 가동질. 따로따로. 부라질. 세장질.

시장찮다 = 시장하지 않다. ⁑ 울림소리 뒤에서는 'ㅏ'만 줆.

시정장치(施錠裝置) [왜] ⇨ 자물쇠. 잠그개. 잠금장치.

시조[1](始祖) * ① 겨레의 맨 처음 조상. ② 어느 성씨의 처음 조상. ③ 어떤 학문이나 기술을 맨 처음으로 연 사람. ④ 나중에 나온 것의 바탕이 되는 맨 처음의 것. ¶ 거북선은 철갑선의 시조다.
☞ 본관. 중시조.

시조[2](時調) * ① 우리나라 정형시의 이름. {평시조. 엇시조. 사설시조.} {단시조. 연시조.} ② 우리나라 겨레 노래의 이름. {평시조. 엇엮음시조. 중허리시조. 지름시조. 사설지름시조.}

시주(施主) * 절에 돈이나 물건을 바치는 일. 또는 그런 사람. {시주승. 시주하다.} ¶ 시주를 받다. 시주를 청하다.
☞ 공양. 보시.

시준하다(示唆 ⇨ 시사~) [왜] ⇨ 귀띔하다. 깨우치다.

시줏돈(施主~) * 중이나 절에 바치는 돈.
☞ 보싯돈.

시중 * 곁에서 여러 가지 심부름을 하는 일. {몸시중. 물시중. 병시중. 약시중. 옷시중. 잔시중.} {시중하다.} ¶ 환자를 시중하다.
☞ 바라지.[2] 수발. 심부름.

시지부지 ⇨ 흐지부지.

시집 * 남편의 집안. {시집가다. 시집보내다. 시집살이하다. 시집오다.}
☞ 장가. 친정.

시집살이 = 집살이 ＊ ① 시집에서 살림하는 일. ¶ 시집살이가 힘들다. ② 남의 밑에서 간섭을 받으며 힘들게 일하는 일.
　☞ 친정살이.

시찌부(시치부)〔七分〕㉱ ⇨ 칠 푼. 일곱 푼.

시청률(視聽率)㉱ ⇨ 보는 푼수.

시쳇말(時體~) ＊ 그 시대에 유행하는 말.
　☞ 요샛말. 유행어. 이젯말.

시초잡다(始初~) ⇨ 시작하다.

시치근하다 = 시척지근하다. ＊ 음식이 쉬어서 맛이나 냄새가 시다.

시치다 ＊ 여러 겹의 천을 맞대고 듬성듬성 호아서 서로 붙어 있게 하다. ¶ 이불 홑청을 시치다. ＊ 바느질하는 방법 가운데 하나.
　☞ 감치다.² 공그르다. 깁다. 꿰매다. 누비다. 박다.³ 호다.

시치미 = 시침. ＊ ① 매의 주인이 주소를 적어 매 꽁지에 매어 두는, 뿔로 된 조각. ② 하고도 아니한 체 알고도 모르는 체하는 태도.
　☞ 망옷. 빼지. 새치미. 새침.

시치미 떼다 = 시침 떼다. 시침 따다. ＊ 아니한 체, 모르는 체하다.
　☞ 몽따다.

시치부(시찌부)〔七分〕㉱ ⇨ 칠 푼. 일곱 푼.

시침¹(時針) = 작은바늘. 짧은바늘. ＊ 시계의 시를 가리키는 바늘.
　☞ 분침. 초침.

시침² = 시침질. {감아시침. 속시침. 어슷시침(엇시침).}

시침바느질〔假縫〕＊ 옷을 지을 때 미리 몸에 잘 맞는지 보려고 임시로 대강 호아서 바느질하는 일. 또는 그런 바느질.
　☞ 본바느질.

시침바늘 = 못핀.

시커매지다 ⇨ 시커메지다.

시키다¹〔남〕＊ ① 누구에게 어떤 일이나 행동을 하도록 하다. ¶ 일을 시키다. 심부름을 시키다. 안심을 시키다. ② 음식을 만들거나 가져오게 하다. ¶ 밥을 시키다. ＊ 반드시 부림말 뒤에 씀.

시키다²〔도〕＊ '~게. ~도록' 뒤에서 어떤 행동을 하도록 하다. ¶ 공부하도록 시키다. 인사하게 시키다.

~시키다³ ＊ 이름씨 뒤에 붙어 하임움직씨를 만듦. {복직시키다. 이해시키다. 입원시키다. 진정시키다. 집합시키다. 화해시키다.} ＊ '~하다'와 '~시키다'를 붙여 보아 뜻이 같으면 '~하다'를 씀. ¶ 비행기를 격추시키다 ⇨ 비행기를 격추하다. 학생을 교육시키다 ⇨ 학생을 교육하다. 애인을 소개시키다 ⇨ 애인을 소개하다.
　☞ 식히다.

시킴굿 ⇨ 씻김굿. ＊ 민속.

시타누리〔下塗~〕㉱ ⇨ 애벌칠.

시택(媤宅) ⇨ 시댁.

시틋이 〉 시뜻이.

시퍼레지다 〉 새파래지다.

시푸(십뿌)〔濕布〕㉱ ⇨ 찜질. 찜.

시프다 ⇨ ① 싶다. ② 시쁘다.

시합(試合)㉱ ⇨ ① 경기. ② 겨루기.

③내기.

시합몰수(試合沒收) 왜 ⇨ 몰수 경기.

시합장(試合場) 왜 ⇨ 경기장. ‡ 겨루기 마당.

시행하다(施行〜) ⇨ 행하다. 하다.

시허예지다 〉 새하얘지다.

시험(試驗) * ①재능, 기능, 성능, 지식수준을 재어보는 일. {시험공부.} ②사람의 됨됨이를 떠보는 일. ¶ 시험해 보다.

☞ 실험.

시험을 보다(試驗〜) = 시험을 치다.

시험하다(試驗〜) * 실제 상황에 적용하여 검사하다. ¶ 시험해 보다.

☞ 실험하다.

시호(諡號) * 죽은 뒤에 공적을 기리는 뜻으로 임금이 내리는 호. {이충무공. 민충정공.} ¶ 충무공 이순신. 충정공 민영환. ‡ 성씨 뒤에 붙여 쓰고 이름 앞에 띄어 씀.

☞ 자.² 호.²

시혹(是或) ⇨ 혹시.

식구(食口) * 한집에서 함께 살며 끼니를 같이하는 사람. {객식구. 군식구(잡식구). 바깥식구. 안식구. 안팎식구. 잔식구.} ¶ 식구 수. 다섯 식구. 집안 식구. 한 식구.

☞ 가족.

식깡〔食罐〕 왜 ⇨ 밥통.

식다 * ①열기가 내려가다. ¶ 국이 식다. ②사랑이나 정열이 사라지다. ¶ 사랑이 식다. ③때가 지나 시들하게 되다. ¶ 술판이 식다.

☞ 시들다. 차가워지다.

식단(食單) 왜 ⇨ (음식) 차림. 차림표.

식대(食代) ⇨ 밥값.

식도선(食道腺) 왜 ⇨ 밥줄샘. ‡ 식도샘.

식량(食糧) 왜 ⇨ 양식. ‡ 끼닛거리. 먹거리. 먹을 거리.

식목(植木) ⇨ 나무심기.

식부(植付) 왜 ⇨ ①나무심기. ②모종 심기. ③모내기.

식비(食費) 왜 ⇨ 밥값.

식사(食事) 왜 ⇨ 끼니. 밥. 진지. ¶ 밥 먹어라. 진지 드셔요.

식사라〔食皿〕 왜 ⇨ 앞접시.

식사비(食事費) 왜 ⇨ 밥값.

식사하세요(食事〜) 왜 ⇨ 진지 드셔요. 진지 잡수세요.

식상하다(食傷〜) 왜 ⇨ ①체하다. 얹히다. ②물리다. 싫증 나다.

식생(植生) 왜 ⇨ 떼판. ‡ 한곳에 모여 자라는 식물의 모임.

식생도(植生圖) 왜 ⇨ 떼판 그림.

식소라(食〜) ⇨ 밥소라.

식솔(食率) ⇨ 가족. 식구.

식수¹(植樹) ⇨ 나무심기.

식수²(食水) ⇨ 먹는 물. ¶ 먹는 물이 모자라다.

☞ 음료수.

식어지다 ⇨ 식다.

식은땀 * 몸이 쇠약하여 덥지 않아도 나는 땀. ¶ 늘 식은땀이 난다.

☞ 마른땀. 진땀.

식지(食指) = 검지. 집게손가락. ‡ 둘째 손가락.

식초병(食醋瓶) = 초병. ‡ 식초를 담는 병.

☞ 초병마개.

식칼(食〜) = 부엌칼. 찬칼.

식캉〔食罐〕왜 ⇨ 밥통.

식해(食醢) * 생선, 조밥, 무채, 고춧가루를 버무려 엿기름으로 삭힌 반찬. ‖ 가자미식해(함경도). 도루묵식해(황해도). 북어식해(강원도). 마른고기식해(경상도).

식혜(食醯) ⇨ 단술.

식히다 * ‘식다’의 하임. ¶ 뜨거운 물을 식혀 주다.
☞ 시키다.³ 채우다.³

신¹ * 매우 좋아진 기분. {신떨음.} ¶ 신에 겹다. 신이 나다.
☞ 신명. 신바람.

신² = 신발. {가죽신. 갖신. 결은신. 고무신. 꽃신. 끌신. 나막신. 덧신. 마른신. 발막신. 비단신. 쌍코신. 외코신. 진신. 짚신. 코신(코고무신). 털신. 헝겊신.} {노파리. 짤짤이.} ¶ 신을 삼다. 신을 신다. 신을 벗다. 신이 벗겨지다. 신을 거꾸로 신고 나가다.

신³(神) = ①하느님. ②귀신. ③신령.

신⁴(新)〔매〕 * 새로운. ¶ 신 캠퍼스. 신 어머니회장.
☞ 전.⁴

신~⁵(新~) * 새로운., {신감각파. 신개념. 신경향파. 신교육, 신기록. 신기원. 신도시. 신세계. 신천지. 신학문.}
☞ 구~.³

신가다(시카타)〔新型〕왜 ⇨ 신식. ‖ 새로운 모양. 새로운 꼴.

신가파(新嘉波) ⇨ 싱가포르. ‖ 나라 이름.

신건이 * 말이나 하는 짓이 싱거운 사람.
☞ 싱건지.

신겨 = 신기어. ‖ 신기다. ¶ 신을 신겨 주다.

신경 쓰다(神經~) ⇨ ①생각하다. ②마음 쓰다. ③애쓰다. ④걱정하다. ⑤염려하다. ⑥주의하다. ⑦관심을 두다.

신곡(神曲) 왜 ⇨ 거룩한 희극. ‖ 단테가 지은 서사시 이름.

신관 = 얼굴. ‖ 높임말. ¶ 신관이 여위시다.

신기로히(神奇~) ⇨ 신기로이. ‖ 신기롭다.

신기스럽다(新奇~) ⇨ 신기롭다.

신나(thinner) ⇨ 시너. ‖ 페인트를 묽게 할 때 섞는 기름.

신나무(神~) = 내림대. 손대. ‖ 굿할 때 쓰는 소나무나 대나무 가지.

신 내리다(神~) * 신이 무당에게 붙어 영적인 행동을 하다.
☞ 신들리다. 신 지피다.

신녀성(新女性) ⇨ 신여성.

신년 새해(新年~) ⇨ 새해. ‖ 신년.

신들리다(神~) = 신 지피다. ¶ 사람에게 신이 들러붙다. ¶ 신들린 것처럼 피아노를 연주하다. 신들린 사람처럼 막히는 구석이 없다.
☞ 신 내리다.

신들매 ⇨ 들메끈. ‖ 신이 벗어지지 않도록 발에다 동여매는 끈.

신령(神靈) = 영. ‖ 무당이 몸주로 받아들인 신.
☞ 귀신. 신.²

신립서(申込書) 왜 ⇨ ①신청서. ②청

원서.

신립인(申込人) [왜] ⇨ ①신청인. ②청원인.

신립하다(申込~) [왜] ⇨ ①신청하다. ②청원하다.

신마이〔新米〕[왜] ⇨ 햅쌀.

신마이(신마에)〔新前〕[왜] ⇨ 생무지. 신출내기. 풋내기. 애송이.

신맛나다 ⇨ 신맛이 나다.

신명 * 흥겨운 신이나 멋. ¶ 신명이 나다. 신명을 내다.
☞ 신.[1] 신바람.

신문하다(訊問~) * 알고 있는 일을 확인하려고 캐어묻다.
☞ 심문하다.

신물이 나다 = 진절머리가 나다.
☞ 단물나다.

신바람 * 신이 나서 우쭐우쭐하여지는 기운. ¶ 신바람이 나다.
☞ 신.[1] 신명. 어깻바람.

신발 = 신. {신발장. 신발주머니.} {진신발}
☞ 신짝.

신발값 * ①신발차. ⁑ 심부름한 값. ②신발의 값.

신발장(~欌) = 신장. ⁑ 신을 넣어두는 장.

신발창 = 신창. 창. ⁑ ①신 바닥에 대는 것. ②신 안에 까는 것.

신병(身柄) [왜] ⇨ 사람. 몸.

신부감(新婦~) ⇨ 신붓감. ⁑ 신부가 될 사람.

신분(身分) * 사람의 사회에서 위치나 계급. {신분법. 신분증.} ¶ 신분 보장. 신분 제도. 신분을 감추다. 신분을 모르다.
☞ 지체.

신비로히(神秘~) ⇨ 신비로이. ⁑ 신비롭다.

신비의 세계(神秘~世界) ⇨ 신비로운 세계.

신삥〔新品〕[왜] ⇨ ①새것. 새 물건. ②풋내기. 신출내기.

신사임당(申師任堂) = 사임당 신씨. ⁑ 율곡 이이의 어머니.

신새벽(新~) ⇨ 첫새벽.

신서란(新西蘭) ⇨ 뉴질랜드. ⁑ 나라 이름.

신성시 여기다(神聖視~) ⇨ 신성하게 여기다. 신성시하다.

신세[1](身世) * 도움을 받거나 폐를 끼치는 일. ¶ 신세를 갚다. 신세를 끼치다. 신세를 지다. 신세가 태산 같다.

신세[2](身世) * 처지와 형편. {따라지 신세. 쪽박신세.} {신세타령하다.} ¶ 신세를 망치다. 신세가 가엽다. 총각 신세를 벗어나다.

신소리[1] * 신발을 끄는 소리. ¶ 신소리가 들리다. 신소리를 듣다.
☞ 발소리.

신소리[2] * 엉뚱하지만 재치 있게 슬쩍 받아넘기는 장난기 있는 말. ¶ 신소리를 하다. 신소리에 물리다.
☞ 선소리.[1] 흰소리.

신소설(新小說) * 갑오개혁 뒤부터 근대 소설이 나올 때까지 나온 새로운 소설. ⁑ "혈의 누. 귀의 성."
☞ 고대 소설. 근대 소설.

신승하다(辛勝~) [왜] ⇨ 겨우 이기다. 어렵게 이기다.

신어지다 ⇨ 신겨지다.

신연도(新年度) ⇨ 신년도.

신위(神位) * 돌아가신 이의 영혼이 내려앉을 자리. ⁑ 사진. 지방.
☞ 신주. 위패. 지방.[3]

신음소리(呻吟~) ⇨ 앓는 소리. ⁑ 신음. {신음하다.}

신(神)이 접하다 ⇨ ①신이 지피다. ②신이 내리다.

신입서(申込書) [왜] ⇨ ①신청서. 청약서. ②청원서.

신입하다(申込~) [왜] ⇨ ①신청하다. 청약하다. ②청원하다.

신장(~欌) = 신발장. ⁑ 신발을 넣어 두는 장.

신장시키다(伸張~) ⇨ 늘리다. 키우다. ⁑ 신장하다.

신장하다(伸張~) * ①(세력이나 권리가) 늘어나다. ②(세력이나 권리를) 늘리다.
☞ 성장하다.

신접살이(新接~) = 신접살림. ⁑ 처음으로 차린 살림살이.

신주(神主) * 죽은 사람의 위패. ⁑ 밤나무로 만듦. ¶ 신주를 모시다.
☞ 성주. 신위. 위패. 지방[3]

신주머니 = 신발주머니. ⁑ 신발을 넣어 가지고 다니는 주머니.

신줏단지(神主~) * 신주를 모시는 그릇. ⁑ 장손의 집안 안방 시렁 위에 모시는, 조상의 이름을 써 넣은 오지항아리나 대바구니.
☞ 성주독. 조상단지.

신중 = 여승. 암중. ⁑ 여자 스님.

신 지피다(神~) * 보통사람에게 신이 내려 신묘한 영이 통하다.
☞ 신 내리다.

신짝 * ①신발의 한 짝. ②신. {고무신짝. 헌신짝.}
☞ 신발.

신쭈(신추)〔眞鍮〕[왜] ⇨ 놋쇠.

신찐줄 = 베틀신끈. ⁑ 베틀에 쓰는 연모.

신참(新參) [왜] ⇨ 새내기. 신출내기. 풋내기.
☞ 고참.

신창 = 신발창. 창. ⁑ ①밑창. ②속창. 안창. 위창.

신청인(申請人) [왜] ⇨ ①청약인. ②청원인.

신청하다(申請~) [왜] ⇨ ①청약하다. ②청원하다.

신체적(身體的) ⇨ 신체의. 몸의.

신출나기(新出~) ⇨ 신출내기. ⁑ 풋내기.

신토불이(身土不二) [왜] ⇨ 우리 몸엔 우리 것이 가장 좋아.

신풀이[1](神~) * 신들린 사람에게 푸닥거리를 하는 일.

신풀이[2](新~) = 논풀이. ⁑ 밭이나 버려둔 땅을 논으로 만듦.

신품(新品) [왜] ⇨ 새것. 새 물건.

신풍스럽다 ⇨ 신청부같다. ⁑ 너무 적어서 마음에 차지 않다.

신행길(新行~) = 혼행길. ⁑ 혼인할 때 신부가 신랑 집에 가거나 신랑이 신부 집으로 가는 길. ¶ 신행길을 나서다. 신행길을 떠나다.

신호(信號) * ①부호, 표지, 소리, 몸짓으로 어떤 뜻을 알림. {신호기.

신호나팔. 신호등. 신호총. 신홋
불.} {적신호. 청신호.} {신호하다.}
②일이나 사건의 출발점. ③전화나
무전기가 울리는 소리.
☞ 기호. 부호.

신화(神話) * 예부터 내려오는 겨레
신과 그 활동 이야기. ‡ 역사적 배경
과 처소, 인물, 사건이 곁들여서 믿
음의 대상이 됨. ¶ 건국 신화.
☞ 민담. 설화. 전설.

싣다 * ①동물이나 짐을 탈것에 얹
다. ‡ 차. 수레. 배. 비행기. 짐승. ‡
사람은 실을 수 없음. ②사람이 스
스로 탈것에 오르다. ¶ 기차에 몸을
싣다. ③글을 신문, 잡지에 나오게
하다.
☞ 내리다.² 부리다.³ 올리다.² 타다.⁶
태우다.²

실¹ * ①가늘고 길게 뽑아 만든 줄.
{실감개. 실고치. 실공업. 실그물.
실낱. 실낳이. 실뜨기. 실뜯개. 실
띠. 실마리. 실매듭. 실밥. 실붙이.
실뽑기. 실샘. 실잣기. 실장갑. 실타
래. 실테. 실톳. 실패.} {겹실(겹올
실). 밑실. 바탕실. 배색실. 오색실.
외겹실(외올실). 외올실(홑실). 윗
실. 타래실.} {금실. 명주실. 모시
실. 무명실. 베실(삼실). 비단실. 은
실. 털실.} ¶ 실을 뽑다. 실을 켜다.
②실을 헤는 하나치. ‡ 가락. 꾸리.
님. 바람. 오리. 올. 타래. 테. 토리.
퉁구리.

실²(室) * 여러 사람이 일하거나 있거
나 오고 갈 수 있는 방. {실내. 실
외.} {사무실. 구청장실. 다용도실.

숙직실. 시장실.}
☞ 방.¹

실강이 ⇨ ①실랑이. ②승강이.
실갱이 ⇨ ①실랑이. ②승강이.
실겅 ⇨ ①시렁. ②살강.
실굽다리 ⇨ 실굽달이. ‡ 밑바닥에 받
침이 가늘게 둘려 있는 그릇.
실긋 〉 살긋. ‡ 한쪽으로 비뚤어지거
나 기울어지는 모양.
실기죽 = 실기죽이. ‡ 한쪽으로 천천
히 비뚤어지거나 기울어지는 모양.
실꾸리 = 꾸리. ‡ 둥글게 감아 놓은
실몽당이. ¶ 실꾸리를 풀다.
☞ 실테. 실톳.
실내체육관(室內體育館) ⇨ 체육관.
실눈 * ①가늘고 작은 눈. ‡ 생김새.
②가늘게 뜬 눈. ‡ 하는 짓.
☞ 가는눈.
실다 ⇨ 싣다.
실달다(悉達多) ⇨ 싯다르타. ‡ 석가
모니의 태자 때 이름.
실락원(失樂園 ⇨ 실낙원) ㉿ ⇨ 잃어
버린 낙원. ‡ 밀턴의 서사시.
실랑이 * 이러니저러니, 옳으니 그르
니 하며 남을 괴롭히거나 못살게 구
는 짓. {실랑이하다.} ¶ 실랑이를 당
하다. 실랑이를 받다.
☞ 승강이.
실로(實~) = 참으로.
실머리 ⇨ 실마리.
실명(實名) ⇨ 진짜 이름. ‡ 본명.
☞ 가명.
실뭉치 ⇨ 실몽당이. ‡ 실을 꾸려 감은
뭉치. ¶ 실몽당이를 풀다.
실백잣(實柏~) * 껍데기를 벗긴 알맹

이 잦.
☞ 겉잦.

실시코자(實施~) = 실시하고자. ‡ 울림소리 뒤에는 ‘ㅏ’만 줆.

실실 〉샐샐. ‡ 소리 없이 실없게 웃는 모양. ¶ 웃음을 실실 흘리다.
☞ 시실시실.

실업의아들 ⇨ 시러베아들. 시러베자식. 실없쟁이. ‡ 실없는 사람.

실없은 말 ⇨ 실없는 말.

실없쟁이(實~) = 시러베아들. 시러베자식.

실엇증(失語症) ⇨ 실어증. ¶ 실어증에 걸리다. 실어증에 빠지다.

실오라기 = 실오리. 실올. ¶ 실오라기 하나 걸치지 않았다.

실용예(實用例) ⇨ 실용례.

실은(實~) = 사실은. 실제로는. ‡ 사실대로 말하자면.

실인(實印) 웬 ⇨ 인감도장. 도장.

실자(實子) ⇨ 친아들. 아들.

실장갑(~掌匣) = 면장갑. 목장갑. ‡ 무명실로 짠 장갑.

실제(實弟) ⇨ 친동생. 동생. 아우.

실제로(實際~) = 실지로. ‡ 거짓이나 상상이 아닌 현실로.

실쭉이 〉샐쭉이. ‡ 입과 눈이 한쪽으로 실그러지게 움직이는 모양.

실쯩(~症) ⇨ 싫증.

실천토록(實踐~) = 실천하도록. ‡ 울림소리 뒤에선 ‘ㅏ’만 줆.

실컨 ⇨ 실컷.

실컷 * 마음에 하고 싶은 대로. ¶ 실컷 놀다. 실컷 먹다.
☞ 한껏.

실테 * ① 얼레에 감은 실의 분량. ② 실패에 감긴 실의 한 테.

실톱 * 실같이 가는 톱. ‡ 도림질을 할 때 쓰는 톱.
☞ 대톱. 세톱. 소톱. 중톱. 큰톱.

실톳 * 베를 짤 때 북에 넣으려고 감은 실몽당이.
☞ 실꾸리.

실표(~標) * 함께 꿰맬 천을 겹쳐 실로 뜬 다음, 천 사이의 실을 잘라서 바느질 자리를 나타내는 실밥.
☞ 만남표.

실행키로(實行~) = 실행하기로. ‡ 울림소리 뒤에선 ‘ㅏ’만 줆.

실험(實驗) * 연구 대상이 여러 조건 아래서 변화하는 현상을 관찰, 관측함. {실험값. 실험대. 실험동물. 실험실. 실험용. 실험주의.} ¶ 실험 장치.
☞ 시험.

실험하다(實驗~) * ① 실제로 해 보다. ② 새로운 방법을 써 보다.
☞ 시험하다.

싫것 ⇨ 실컷.

싫느냐? ⇨ 싫으냐? ‡ 그림씨의 물음 끝은 ‘~으냐’임.

싫다 * 마음에 들지 아니하다. ¶ 그 사람이 싫다. 일하기 싫다.
☞ 밉다.

싫증 〔厭症〕* 싫은 생각이나 느낌. ¶ 싫증이 나다.
☞ 권태증.

심¹(心) * ① 새알심. ‡ 팥죽. ② 고갱이. ‡ 나무. ③ 연필심. ④ 심지. ‡ 양초. 호롱. 등불. ⑤ 종기의 구멍에 약을 발라 넣는 헝겊. ¶ 심을 넣다.
⑥양복 깃에 넣는 헝겊. {어깨심.}
~심²(~心) * 마음. {경쟁심. 노파심.
동정심. 애국심. 자존심. 허영심.}
~심³ * 힘. {다릿심. 뱃심. 아랫심. 주
먹심. 팔심. 허릿심. 헛심.}
심구멍(心~) = 남폿구멍. ✽ 다이너
마이트를 쟁이려고 뚫은 구멍.
심기증(心氣症) = 건강염려증.
심난하다(甚難~) * 매우 어렵다. ¶
심난했던 지난날을 생각했다.
☞ 심란하다.
심도두개(心~) ⇨ 심돋우개. ✽ 등잔
의 심지를 돋우는 쇠꼬챙이.
심득 사항(心得 事項) ㉕ ⇨ 알아 둘 일.
심란하다(心亂~) * 마음이 어수선하
다. ¶ 심란한 얼굴을 하다.
☞ 심난하다.
심려 끼쳐 드리다(心慮~) ⇨ 걱정을
끼치다.
심록색(深綠色) ⇨ 심록. 심녹색. ✽ 갈
맷빛.
심마니 = 채삼꾼. ✽ 직업으로 산삼을
캐는 사람.
심마진(蕁麻疹) ㉕ ⇨ 두드러기.
심메꾼 ⇨ 심마니. 채삼꾼.
심문하다(審問~) * 법정에서 따져 묻
다. ¶ 심문을 받다.
☞ 신문하다.
심바치 = 심밭. 산삼밭. ✽ 심마니말.
심보¹(心~) = 마음보. 맘보. ¶ 놀부
심보. 심보가 고약하다.
심보²〔心捧〕㉕ ⇨ 굴대.
심볼(symbol) ⇨ 상징. ✽ 심벌.
심봉사(沈~) ⇨ 심 봉사. ✽ 성은 떼어

씀.
심사(心思) * ①마음. ¶ 심사를 헤아
리다. 심사가 편치 못 하다. ②마음
을 나쁘게 쓰는 본새. ¶ 심사가 꼴리
다. 심사를 놀다. 심사를 놓다. 심사
를 부리다. 심사가 사납다. 심사가
틀리다.
심살(心~) ⇨ 등심. 등심살. ✽ 소나
돼지의 등뼈에 붙은 연한 살.
심술 = 심술딱지. ✽ ①온당하지 않은
마음. ②남이 잘못되기를 바라는 마
음보. {심술기. 심술보.} {심술궂다.
심술스럽다.} ¶ 심술이 나다. 심술
떨다. 심술이 사납다. 심술을 피우다.
☞ 몽니. 심통.
심술꾸러기 = 심술쟁이. 심술퉁이.
심술패기.
심술 놀다 = 심술 놓다.
심술떨다 ⇨ 심술부리다.
심술떼기 ⇨ 심술꾸러기. 심술쟁이.
심술퉁이. 심술패기.
심술부리다 = 심통 부리다.
심심잖다 ⇨ 심심찮다. ✽ 울림소리 뒤
에는 'ㅏ'만 줌.
심심초(~草) = 담배.
심심파적(~破寂) = 심심풀이.
심심하다¹ * 지루하고 재미가 없다.
{심심증. 심심풀이.}
심심하다² * 음식맛이 조금 싱겁다.
¶ 국을 심심하게 끓이다.
☞ 삼삼하다.² 싱겁다.
심심하다³(甚深~) * 매우 깊다. ✽ 마
음의 표현 정도. ¶ 심심한 애도.
심쌀 * 죽에 넣는 쌀. ¶ 심쌀이 적어서
죽이 묽다.

☞ 움쌀.

심줄 * 힘살 바탕이 되는 질긴 띠. {고래심줄. 쇠심줄.}
☞ 힘줄.

심지¹(心~) * ①등잔, 초, 남포등 따위에 불을 붙이는 실오라기나 헝겊. ¶ 심지가 타다. 심지를 돋우다. ②남포, 폭탄을 터뜨릴 때 불을 붙이는 줄. ‡ 도화선. 화승. ③구멍이나 틈에 박는 솜이나 헝겊. ¶ 수술 자리에 심지를 박았다.
☞ 불심지.

심지²(心地) * 마음자리. ‡ 마음의 본바탕. ¶ 심지가 바르다.

심지뽑기 ⇨ 제비뽑기.

심청 ⇨ ①마음보. ②심술.

심청전(沈淸傳) ‡ 효녀가 앞에 오면 '전'을 떼어 씀. ¶ 효녀 심청 전.

심통(心~) = 심통머리. ‡ 마땅치 않게 여기는 나쁜 마음. ¶ 심통이 나다. 심통을 부리다. 심통이 사납다.
☞ 심술.

심판(審判) * 문제가 되는 일을 심의하여 판결함. ¶ 심판을 받다.
☞ 결정. 판결. 판단. 판별. 판정.

심포지움(symposium) ⇨ 집단 토론 회의. ‡ 심포지엄.

심하다(甚~) * (일, 행동, 상황이 좋지 않은 쪽으로) 지나치다. ¶ 바람이 심하다. 병이 심하다. 장난이 심하다. 행동이 심하다.
☞ 더하다.

심화시키다(深化~) ⇨ 깊게 하다. ‡ 심화하다.

십간(十干) = 천간. ‡ 갑(甲). 을(乙). 병(丙). 정(丁). 무(戊). 기(己). 경(庚). 신(申). 임(壬). 계(癸).
☞ 십이지. 지지.²

십계(十戒) = 사미계. 사미니계. 사미십계. ‡ 불교의 계율.

십계명(十誡命) = 십계. ‡ 유대교와 예수교의 계율.

십년(十年) * 오랜 세월. {십년감수. 십년공부. 십년지기.}

십 년(十 年) ¶ 꼭 십 년 만에 만나다. 십 년 만에 찾아가다.

십력교(十力教) = 불교.

십리 밖(十里~) ⇨ 십 리 밖.

십 리 길(十里~) ¶ 백십 리 길. 삼백 십 리 길. 십 몇 리 길.

십릿길(十里~) ‡ 백릿길. 천릿길. 만릿길. 하룻길.

십방(十方) * 여러 방면.
☞ 시방.

십방세계(十方世界) ⇨ 시방세계. ‡ 불교에서 말하는 온 세계.

십방왕생(十方往生) ⇨ 시방왕생. ‡ 불교에서 시방정토에 왕생하는 일.

십방정토(十方淨土) ⇨ 시방정토. ‡ 시방에 있는 여러 부처의 정토.

십 분(十分) * 1시간의 6분의 1.

십분(十分) ❀ ⇨ 힘껏. 충분히. 넉넉히.

십뿌(시푸)〔濕布〕❀ ⇨ 찜질.

~십시요 ⇨ ~ 십시오. ‡ 맺음끝은 '~오'임.

십여년간(十餘年間) ⇨ 십여 년간. ‡ '여, 간'는 뒷가지.

십원짜리 ⇨ 십 원짜리. ‡ '짜리'는 뒷가지.

십월(十月) ⇨ 시월. ¶ 시월 상달.

십육 나한(十六羅漢) ＊ 석가모니의 부탁을 받아 오랫동안 세상에 있으면서 정법을 지켜 나가는 열여섯의 대아라한을 가리키는 이름.

십이간지(十二干支) ⇨ 십간 십이지.

십이률(十二律) ⇨ 십이율. ＊ 동양 음악에서 육률과 육려 열두 음.

십이분(十二分) ⓦ ⇨ 힘껏. 충분히.

십이 분(十二 分) ＊ 십 분과 이 분. ＊ 시간.

십이시(十二時) ＊ 하루를 열둘로 나누어 십이지의 이름을 붙여 이르는 시간. ＊ 자시(23시~1시), 축시(1시~3시), 인시(3시~5시), 묘시(5시~7시), 진시(7시~ 9시), 사시(9시~11시), 오시(11시~13시), 미시(13시~15시), 신시(15시~17시), 유시(17시~19시), 술시(19시~21시), 해시(21시~23시). ☞ 이십사시.

십이월달(十二月~) ⇨ 십이월. ＊ 섣달.

십이지(十二支) ＝ 지지. ＊ 자(子, 쥐). 축(丑, 소). 인(寅, 범). 묘(卯, 토끼). 진(辰, 용). 사(巳, 뱀). 오(午, 말). 미(未, 양). 신(申, 원숭이). 유(酉, 닭). 술(戌, 개). 해(亥, 돼지). ☞ 십간. 천간. 해.²

십이지상(十二支像) ＝ 십이지 신상. ＊ 쥐, 소, 범, 토끼, 용, 뱀, 말, 양, 원숭이, 닭, 개, 돼지의 조각이나 그림.

십이지장선(十二指腸腺) ⓦ ⇨ 샘창자샘.

십인분(十人分) ⓦ ⇨ 열 사람 몫. 열 사람 치.

십인십색(十人十色) ⓦ ⇨ 갖가지. 제가끔. ＊ 각인각색.

10일 ＊ 1월 10일. 2월 10일. 3월 10일. 4월 10일. 5월 10일. ＊ 날짜.

10 일 ¶ 떠난 지 10 일 만에 돌아왔다. ＊ 동안.

십일날(10日~) ⇨ 십일. ＊ 열흘.

십일월 십일일(11月 11日) ＝ 11. 11. ＊ ‘이릴리릴’이라 읽음.

십일월 일일(11月 1日) ＝ 11. 1. ＊ ‘이릴릴’이라 읽음.

☞ 일월 십일일.

십상¹ ＊ 일이나 물건이 어디에 꼭 맞는 모양. ¶ 의자로 쓰기에 십상이다.

십상²(十常) ＝ 십상팔구. ＊ 거의 예외가 없음. ¶ 도둑맞기 십상이다.

십장(什長) ⓦ ⇨ ①반장. ②감독.

십전짜리(十錢~) ⇨ 십 전짜리. ＊ ‘짜리’는 뒷가지.

십체(十體) ＝ 십체서. ＊ 한문글자의 열 가지 글씨꼴. (고문, 대전, 주문, 소전, 팔분, 예서, 장초, 행서, 비백, 초서.) ☞ 글씨체. 팔체.

십팔번(十八番) ⓦ ⇨ ①장기. ②단골 노래.

십푸〔濕布〕ⓦ ⇨ 찜질.

싯~ ＊ 빛깔을 나타내는 말에서 어두운 홀소리(어. 우) 앞에 씀. {싯누렇다. 싯누레지다. 싯멀겋다. 싯멀게지다.} ☞ 새~.⁵ 샛~.² 시~.³

싯가(時價) ⇨ 시가. 시치. ＊ 장금.

¶ 시가보다 낮게 팔다.

싯구(詩句) ⇨ 시구. 시구절. ¶ 아름다운 시구. 시구를 외다.

싯뿌(시뿌. 십뿌) 〔濕布〕 웹 ⇨ 찜질. {마른찜질. 물찜질. 모래찜질.}

싯점(時點) ⇨ 시점. ‡ 시간의 흐름 가운데 어느 순간. ¶ 중요한 시점. 전환의 시점. 위험한 시점. 꼭 해야 할 시점에 와 있다.

싱 〔芯〕 웹 ⇨ ① 심. ② 심지. ③ 속.

싱가폴(Singapore) ⇨ 싱가포르. ‡ 나라 이름.

싱건지 = 싱건김치. ‡ 삼삼하게 담근 무김치.
　☞ 신건이.

싱겁다 * ① 짠맛이 보통 정도에 이르지 못하다. ② 쓰거나 독하거나 강한 맛이 모자라다. ③ 말과 행동이 어울리지 않고 엉뚱하다. ④ 말과 행동이나 일이 흐지부지 끝나다.
　☞ 심심하다.² 짜다.²

싱글(single-breasted) * ① 독신. ② 미혼. ③ 홑자락 양복.

싱글벙글 〉 생글방글. ‡ 소리 없이 정답게 자꾸 웃는 모양.

싱긋벙긋 〉 생긋방긋. ‡ 소리 없이 가볍게 웃는 모양.

싶다 〔도〕 * ① 하고자 하는 마음. ¶ 가고 싶다. 먹고 싶다. ② 앞의 일을 생각하는 마음. ¶ 꿈인가 싶다. 비가 오는가 싶다. ③ 걱정하거나 두려워하는 마음. ¶ 딴마음을 품은 것이 아닐까 싶다. ④ 추측을 확실하지 않게 나타냄. ¶ 정말 참다운 예술이다 싶다.

싶다고 한다 = 싶단다.

~ㅆ~ ‡ '~겠다. ~았다. ~었다. 있다.'의 '겠, 았, 었, 있'에만 씀.
　☞ ~ㅅ~.

싸가지 ⇨ 싹수.

싸개¹ = ① 싸개질. ‡ 여러 사람이 둘러싸고 다투며 승강이를 하는 짓. ② 싸개통. ‡ 여러 사람이 둘러싸고 다투며 승강이를 하는 상황.

싸개² = ① 똥싸개. ② 오줌싸개.

싸개³ * 물건을 싸는 종이나 헝겊 따위. {싸개가마니. 싸개종이.}

싸개질 = 싸개. ‡ ① 싸개로 물건을 싸는 일. {싸개쟁이.} ② 의자나 침대 따위 가구의 거죽을 헝겊이나 가죽으로 싸는 일.

싸고돌다 = 싸돌다. ‡ ① 무엇을 중심으로 그 둘레를 싸고 움직이다. ② 누구를 두둔하여 행동하다.

싸구려 * ① 값이 싸거나 질이 낮은 물건. {싸구려판.} ¶ 싸구려 장수. ② 값이 싸다는 뜻으로 외치는 소리. ¶ 자, 싸구려!
　☞ 싼거리.

싸그리 ⇨ 깡그리. ‡ 하나도 남김없이.

싸느랗다 〈 써느렇다.

싸다¹ * ① 들은 말을 잘 떠벌리다. ¶ 입이 싸다. ② 걸음이 재빠르다. ¶ 걸음이 싸다. ③ 불기운이 세다. ¶ 불이 싸다.
　☞ 뜨다.¹

싸다² * ① 물건값이나 품삯이 보통 정도에 미치지 못하다. ¶ 싼 것이 비지떡. ② 저지른 일에 비추어 받는 벌이 마땅하거나 오히려 적다. ¶ 매를 맞아도 싸다. 쫓겨나도 싸다.

☞ 헐하다.

싸다³ * 넓은 것으로 물건을 빙 둘러서 안에 들게 하다. ¶ 보자기에 책을 싸다. 도시락을 싸다. 이삿짐을 싸다.

☞ 두르다. 쌓다.¹

싸다⁴ = 싸지르다. * 어리거나 탈이 나서 똥, 오줌을 가리지 못하고 함부로 내보내다. ¶ 옷에 똥을 싸다. 이불에 오줌을 싸다.

☞ 누다. 지리다.²

싸다니다 = 싸대다. 싸지르다. * 여기 저기 분주히 돌아다니다.

싸대다 = 싸다니다. 싸지르다. * 여기 저기를 분주히 돌아다니다. ¶ 산으로 들로 싸대다. 길 잃은 아이를 찾노라고 정신없이 싸대다.

☞ 쏘다니다.

싸대소리 = 쌈싸기소리. * 강원도 민요의 하나.

싸돌다 = 싸고돌다. ¶ 태양을 싸도는 별은 여덟이다. 나쁜 소문이 회사를 싸돌고 있다. 덮어놓고 애를 싸돌면 버릇이 나빠진다.

싸드락싸드락 ⇨ 시위적시위적. * 일을 힘들여 하지 않는 모양.

싸라기밥 = 싸락밥. * 싸라기가 많이 섞인 쌀로 지은 밥.

싸락눈 = 싸라기눈. * 싸라기 같은 눈.

☞ 마른눈. 진눈깨비. 얼음비. 함박눈.

싸래기 ⇨ 싸라기. * 부스러진 쌀알.

싸리 = 싸리나무. {싸리바자(싸리울). 싸리발. 싸리비. 싸릿가지. 싸릿개비. 싸릿대.} {싸리철.} ¶ 싸리를 쳐다가 삼태기를 엮다.

☞ 흑싸리.

싸리말 = 배송마. ‡ 배송굿을 할 때 쓰는, 싸리를 엮어 만든 말.

싸리문(~門) * 싸릿가지를 엮어서 만든 문. ¶ 싸리문을 밀다.

☞ 사립문.

싸바싸바(사바사바) 왜 ⇨ ①속닥속 닥. ②뒷거래. 짬짜미. 말맞추기.

싸우다 * ①말과 힘과 무기로써 서로 이기려고 치고받다. ②재주나 힘을 겨루다. ③어려움을 이기려고 힘을 기울이다.

☞ 겨루다. 다투다.

싸움 = 쌈. {싸움발톱. 싸움소. 싸움 짓거리.} {감정싸움. 감투싸움. 개 싸움. 눈싸움. 닭싸움(닭쌈). 돌싸 움(돌쌈). 말싸움(말다툼). 머리싸 움. 몸싸움. 물싸움(물쌈). 보싸움. 뿔싸움(뿔쌈). 사랑싸움(사랑쌈). 소 싸움(소쌈). 숨은싸움. 자리싸움(자 리쌈). 집안싸움. 칼싸움(칼쌈). 판 싸움(판쌈). 패싸움(패쌈). 편싸움 (편쌈). 풀싸움(풀쌈). 횃불싸움.} {가마싸움(자라쌈). 고싸움(고쌈). 기 싸움(농기싸움). 꽃싸움(꽃쌈). 연 싸움. 횃불싸움(홰싸움).} ¶ 당파 싸 움. 부부 싸움. 큰 싸움. 파벌 싸움. ¶ 싸움을 걸다. 싸움이 나다. 싸움을 말리다. 싸움을 벌이다. 싸움을 붙 이다.

싸움꾼 = 쌈꾼. 싸움쟁이. 쌈쟁이.

싸움닭 = 쌈닭. ‡ 닭싸움에 쓰는 사나운 수탉.

☞ 댓닭.

싸움배 = 쌈배. ¶ 거북선은 싸움배 가

운데서 뛰어난 것이다.

싸움질 = 쌈질. 싸움짓거리. ‡ 싸우는
　짓.

싸움터 = 쌈터. ‡ 전쟁터. ¶ 싸움터로
　나가다.

싸움판 = 쌈판. ‡ 싸움이 벌어진 판.
　¶ 싸움판에 끼어들다.

싸움패(~牌) = 쌈패. ‡ 싸움질을 일
　삼는 무리.

싸이다 * ‘싸다’의 입음. ¶ 보자기에 싸
　인 도시락.
　☞ 쌓이다.

싸이버(cyber) ⇨ 사이버.

싸이어 = 싸여. ‡ 싸이다.

싸이즈(size) ⇨ 크기. 치수. ‡ 사이즈.

싸인(sign) ⇨ 수결. ‡ 사인.

싸인펜(sign pen) ⇨ 사인펜.

싸잡다 * 한꺼번에 그 가운데 들게 하
　다. ¶ 그들을 싸잡아 욕하지 마라.
　☞ 싸쥐다.

싸전(~廛) * 쌀과 보리, 콩, 팥 따위
　곡식을 파는 가게.
　☞ 시게전. 쌀가게. 쌀집.

싸전장이(~廛~) ⇨ 싸전쟁이. ‡ 쌀
　장수.

싸지르다[1] = 싸다니다. 싸대다. ¶ 틈
　만 나면 싸지르며 놀러다니다.

싸지르다[2] = 싸다. ¶ 배탈이 나서 똥
　을 싸지르다.

싸지르다[3] * 함부로 불을 지르다. ¶ 이
　놈의 집구석에 불을 싸지르겠다.

싹[1] = 싹눈. ‡ ① 씨앗, 가지, 뿌리의
　눈에서 터져 나온 움이 자라면서 햇
　빛을 받아 푸르게 바뀌면서 줄기나
　잎 모습을 갖춘 것. {새싹. 싹꽂이.

싹내기. 싹접.} ¶ 싹이 나다. 싹이
돋다. ② 시초.
　☞ 눈.[1] 움.[1]

싹[2] = 싹수. 싹수머리. ‡ 일이나 사람
　이 앞으로 잘 트일 것 같은 낌새.
　{싹수없다.} ¶ 싹수가 노랗다.
　☞ 가능성.

싹둑싹둑 〉삭둑삭둑. ‡ 연한 물건을
　자꾸 자르는 소리나 모양.
　☞ 싹싹.

싹뚝싹뚝 ⇨ 싹둑싹둑. ¶ 머리를 싹둑
　싹둑 자르다.

싹삭하다 ⇨ 싹싹하다. ‡ 눈치가 빠르
　고 사근사근하다.

싹수 = 싹. 싹수머리. ¶ 싹수가 노랗
　다. 싹수가 있다.

싹수없다 = 싹없다. ¶ 싹수없는 녀석.

싹싹 * 종이나 헝겊을 가위로 자꾸 베
　는 소리나 모양.
　☞ 싹둑싹둑.

싹트다 * 어떤 생각, 감정, 현상이 처
　음 생겨나다. ¶ 사랑이 싹트다.

싹 트다 ¶ 씨앗에서 싹이 트다.

쌌 ⇨ ① 샀. ② 쌌.

싼거리 * 물건을 싸게 팔거나 사는 일.
　또는 그렇게 팔거나 산 물건.
　☞ 싸구려.

싼흥정 * 싼값으로 사고파는 일. ¶ 야
　시장에서는 싼흥정이 이루어진다.
　☞ 비싼흥정.

쌀 = 입쌀. 멥쌀. {쌀가루. 쌀눈. 쌀
　독. 쌀뜨물. 쌀밥. 쌀부대. 쌀섬. 쌀
　알. 쌀자루.} {아침쌀. 저녁쌀. 젯메
　쌀.} {고른쌀. 매조미쌀. 묵은쌀. 슳
　은쌀. 오레쌀(오레). 자채쌀. 햅쌀.}

{맵쌀. 멥쌀(입쌀). 보리쌀. 수수쌀. 좁쌀. 찹쌀. 흰쌀.} ¶ 이천 쌀. 수입쌀.
☞ 찹쌀.

쌀가게 = 쌀집. ‡ 쌀과 보리, 콩, 팥 따위 곡식을 파는 가게.
☞ 시게전. 싸전.

쌀가마 = 쌀가마니. ‡ 쌀을 담은 가마니.

쌀값 = ① 쌀금. ② 쌀금새.

쌀겨 * 벼를 찧을 때 나오는 가장 고운 속겨.
☞ 겉겨. 등겨. 매조밋겨. 몽근겨. 속겨. 왕겨.

쌀궤 ⇨ 뒤주. 쌀뒤주.

쌀금 = 쌀금새. 쌀값.

쌀농사(~農事) = 벼농사.

쌀됫박 ⇨ 쌀되. ‡ ① 쌀을 되는 그릇. ② 얼마 안 되는 쌀.

쌀뜬물 ⇨ 쌀뜨물.

쌀무거리 * 쌀을 빻아서 가루를 내고 남은 찌꺼기.

쌀무리 = 무리. ‡ 물에 불린 쌀을 갈아 가라앉힌 앙금.
☞ 무거리.

쌀미음(~米飮) * 쌀을 갈아서 쑨 음식.
☞ 쌀죽.

쌀박산 ⇨ 튀밥. 뻥튀기.

쌀밥 = 맨쌀밥. 이밥. 입쌀밥. 흰밥. ‡ 입쌀로 지은 밥.

쌀사다 * 쌀을 주고 돈을 받다. ¶ 장날에 쌀사야 설빔을 마련하지.
☞ 쌀팔다.

쌀장사 * 쌀을 파는 일.

쌀장수 * 쌀장사를 하는 사람.

쌀전(~廛) ⇨ ① 싸전. ② 쌀가게. 쌀집.

쌀죽(~粥) = 흰죽. ‡ 입쌀로 쑨 죽.
☞ 쌀미음.

쌀팔다 * 돈을 주고 쌀을 받다. ¶ 쌀팔 돈으로 술을 마시다.
☞ 쌀사다.

쌀풀 * 쌀가루로 쑨 풀. ¶ 쌀풀을 먹이다.
☞ 갖풀. 녹말풀. 밀풀. 민어풀. 부레풀.

쌈[1] * ① 바늘 24개 묶음을 세는 하나치. ¶ 바늘 한 쌈. ② 옷감, 가죽을 싸 놓은 덩이를 세는 하나치. ¶ 빨랫감 두 쌈. ③ 금의 무게를 나타내는 하나치. ‡ 금 한 쌈은 백 냥쭝.

쌈[2] * 넓은 잎에 밥, 고기, 반찬을 싸서 먹는 음식. {고기쌈. 가짓잎쌈. 고추쌈. 김쌈. 깻잎쌈. 다시마쌈. 머윗잎쌈. 미나리잎쌈. 미역쌈. 밀쌈. 배추쌈. 배추속대쌈. 복쌈. 상추쌈. 속대쌈. 시금치쌈. 쑥갓쌈. 아욱쌈. 알쌈. 얼간쌈. 전복쌈. 참죽쌈(참죽잎쌈). 취쌈. 통김치쌈. 호박잎쌈.} {쌈밥. 쌈장.} ¶ 상추에 쌈을 싸서 먹다.

쌈김치 = 보쌈김치.

쌈꾼 = 싸움꾼.

쌈닭 = 싸움닭.

쌈박 〉삼박. ‡ ① 연한 물건이 잘 드는 칼에 쉽게 베어지는 소리. 그 모양. ¶ 무를 쌈박 자르다. ② 눈을 한 번 감았다 뜨는 모양.

쌈박질 ⇨ 싸움.

쌈지 * ① 담배, 부시, 돈을 넣는 작은 주머니. ‡ 가죽, 종이, 헝겊으로 만듦. {담배쌈지. 부시쌈지. 쥘쌈지.

찰쌈지.} ②하나치. ¶ 담배 한 쌈지.
바늘 한 쌈지. 부시 한 쌈지.
☞ 지갑.

쌈지돈 ⇨ 쌈짓돈. ▮ 쌈지에 있는 적은
돈.

쌈질 = 싸움질.

쌈터 = 싸움터.

쌈판 = 싸움판.

쌈패(~牌) = 싸움패.

쌉싸래하다 * 조금 쓴 맛이 있는 듯하
다. ¶ 씀바귀가 쌉싸래하다.
☞ 씁쓰레하다.

쌉쌀하다 * 조금 쓴 맛이 있다. ¶ 쌉쌀
한 맛이 있는 녹차.
☞ 씁쓸하다.

쌉쓰름하다 ⇨ ① 쌉싸래하다. ② 씁쓰
레하다.

쌍[1](雙) 〔이〕 * 둘씩 짝지은 사람, 물
건, 동물을 세는 하나치. ¶ 부부 한
쌍. 비둘기 한 쌍. 주발 두 쌍. 대접
두 쌍.

쌍~[2](雙~) * 짝지은. {쌍가락지. 쌍
가마. 쌍갈랫길. 쌍고치실. 쌍권총.
쌍그네. 쌍두마차. 쌍무덤. 쌍무지
개. 쌍바라지. 쌍알. 쌍여닫이.}

쌍가지 ⇨ 아퀴쟁이. ▮ 가장귀가 진 나
무의 가지.

쌍것 〉 상것. ▮ 양반이 평민을 낮잡는
뜻으로 이르던 말.

쌍겹눈(雙~) = 쌍까풀눈. 쌍꺼풀눈.

쌍골밀이(雙~) = 쌍사대패. 쌍사밀이.
▮ 대패의 한 가지.

쌍그네(雙~) = 어우렁그네. ▮ 두 사
람이 마주 올라타고 뛰는 그네.

쌍그렇다 * ① 찬 바람이 불 때 여름 옷

을 입은 모양이 매우 쓸쓸하고 어설
프다. ② 서늘한 기운이 있다. ¶ 눈
을 쌍그렇게 뜨다.

쌍글 〉 상글. ▮ 소리 없이 정답게 웃는
모양.

쌍글하다 * 눈과 입을 귀엽게 움직이
며 소리 없이 정답게 웃다.

쌍기역(雙~) = 된기역. ▮ 'ㄲ'의 이름.

쌍까풀눈(雙~) = 쌍꺼풀눈. 쌍겹눈.
{쌍꺼풀지다.}
☞ 외까풀.

쌍년 〉 상년.

쌍놈 〉 상놈.

쌍동[1] * 작고 연한 물건을 단번에 가
볍게 베거나 자르는 모양.

쌍동[2](雙童) = 쌍둥이. {쌍동딸. 쌍동
배(쌍동선). 쌍동아들. 쌍동중매.
쌍동짝.} ¶ 쌍동 형제.
☞ 쌍둥이.

쌍동밤(雙童~) * 한 껍데기 속에 두
쪽이 들어 있는 밤.
☞ 외톨밤.

쌍동이(雙童~) ⇨ 쌍둥이.

쌍둥밤(雙童~) ⇨ 쌍동밤.

쌍디귿(雙~) = 된디귿. ▮ 'ㄸ'의 이름.

쌍무덤(雙~) * 두 개의 봉분이 표주
박처럼 서로 이어 붙어 있는 무덤.
☞ 어울무덤. 홑무덤.

쌍바늘(雙~) = 두발바늘. 두몬다위.
▮ 낚싯바늘의 한 가지.

쌍봉약대(雙峰~) = 쌍봉낙타. 두몬
다위. ▮ 등에 혹이 두 개 있음.
☞ 단봉낙타. 단봉약대. 외몬다위.

쌍붙임하다(雙~) = 암구다. 접붙이
다. 흘레붙이다. ▮ 짐승.

쌍비읍(雙〜) = 된비읍. ‡ 'ㅃ'의 이름.

쌍사대패(雙絲〜) = 쌍골밀이. 쌍사밀이. ‡ 두 골이 지게 깎는 대패.

쌍생여(雙生女) ⇨ 쌍동딸. ‡ 쌍생녀.

쌍소리 〉 상소리. ‡ 거칠고 상스러운 말이나 소리.

쌍스럽다 〉 상스럽다. ‡ 말이나 행동이 거칠고 천하다.

쌍시옷(雙〜) = 된시옷. ‡ 'ㅆ'의 이름.

쌍심지나다(雙心〜) = 쌍심지서다. 쌍심지오르다. ‡ 화나다.

쌍심지 돋우다(雙心〜) = 쌍심지 올리다. 쌍심지 켜다. ‡ 화내다.

쌍알대(雙〜) ⇨ 쌍열박이. ‡ 사냥총의 하나.

쌍알박이(雙〜) ⇨ 쌍열박이.

쌍올실(雙〜) * 두 올을 겹으로 꼰 실. ‡ 이갑사. 이합사.

　☞ 외올실.

쌍용(雙龍) ⇨ 쌍룡. {쌍룡문. 쌍룡자물쇠. 쌍룡적단선.}

쌍잡이(雙〜) * 그릇의 양쪽에 달린 손잡이.

　☞ 외잡이.

쌍줄(雙〜) * 나란히 있는 두 줄. {쌍줄박이. 쌍줄붙임표.}

　☞ 외줄.

쌍지팽이(雙〜) ⇨ 쌍지팡이. ¶ 쌍지팡이를 겨드랑이에 끼고 걷는다. 쌍지팡이를 짚고 나서다.

쌍창미다지(雙窓〜) ⇨ 쌍미닫이창.

쌍판때기 ⇨ 상판대기. 상판. 얼굴. ‡ 낮은말.

쌍힘 = 짝힘. ‡ 물리학.

쌓는데 * '〜데'는 씨끝. ¶ 담을 쌓는데 비가 오니 큰일이다.

쌓는 데 * '데'는 매인이름씨. ‡ 곳. ¶ 담을 쌓는 데가 어디냐?

쌓다[1] * ①포개어 얹다. ¶ 볏섬을 쌓다. 장작을 쌓다. 담을 쌓다. 둑을 쌓다. 성을 쌓다. ②밑바탕을 닦아서 든든하게 마련하다. ¶ 민주주의의 바탕을 쌓다. ③경험, 기술, 업적, 지식을 익혀 많이 이루다. ¶ 수양을 쌓다. 실력을 쌓다. 명성을 쌓다. 재산을 쌓다.

　☞ 싸다.[3] 포개다.

쌓다[2] 〔도〕 * '〜어' 뒤에 써서 되풀이나 심함을 나타냄. ¶ 놀려 쌓다. 울어 쌓다. 웃어 쌓다. 짖어 쌓다. 쪼아 쌓다.

쌓이다 * '쌓다'의 입음. ¶ 먼지가 쌓이다. 쌓여 가다. 쌓여 있다.

　☞ 싸이다.

쌔근거리다 〉 새근거리다. ‡ ①고르지 않고 가쁘게 숨 쉬는 소리가 나다. ②어린아이가 곤히 잠들어 조용하게 숨 쉬는 소리가 나다.

쌔다 = 쌓이다. ¶ 눈이 한 길이나 쌔다. 그런 물건은 쌔고쌨다.

쌔버렸다 ⇨ 쌔고쌨다.

쌕쌔기 * 여칫과에 딸린 벌레 이름.

쌕쌕이 = 제트기. ‡ 비행기의 한 가지.

쌘구름〔積雲〕 = 뭉게구름. 산봉우리구름.

쌘비구름〔積亂雲〕 = 소나기구름. 소낙비구름.

쌜긋이 〉 샐긋이. ‡ 한쪽으로 조금 배뚤어지는 모양.

쌜룩 〉 샐룩. ¶ 입술을 쌜룩 움직이다.

쌜쭉이 〉 쌜죽이. ＊ 입, 눈이 한쪽으로 쌜그러지는 모양.

쌩긋이 〈 쌩끗이. ＊ 가볍게 웃는 모양.

쌩이질 ＝ 씨양이질. ＊ 쓸데없는 일로 남을 귀찮게 하는 짓.
☞ 써레질. 트집.

써 ＊ 쓰다. ＊ 쓰고. 쓰니. 쓰면. 쓴. 쓸. 썼다. ¶ 써 넣다. 써 놓다. 써 두다. 써 버리다. 써 보내다. 써 보다. 써 붙이다. 써 주다.

써내다 ＊ 글씨나 글을 써서 내놓다. ¶ 글씨를 써내다. 시를 써내다.
☞ 켜내다.

써느렇다 〉 서느렇다. ＊ 써느렇소. 써느러니. 써느레. 써느렜다.

써다 ＊ ① 밀물이나 밀려온 물이 나가다. ② 고인 물이 새어 줄다.
☞ 켜다.⁵

써라 ＊ '쓰다'의 바로 시킴꼴. ¶ "답을 써라."라고 했다.
☞ 쓰라.

써레질 ＊ 써레로 논바닥을 고르거나 흙덩이를 깨는 일. {써레소리. 써렛발.} {마른써레질. 물써레질.} {써레질하다.}
☞ 쌩이질. 쓰레질.

써레질꾼 ＊ 논바닥을 고르게 하거나 흙덩이를 깨는 일을 하는 사람.
☞ 쓰레질꾼.

써리다 ＝ ① 썰다. ② 써레질하다. ¶ 호락질로 논을 써렸다.

써먹다 ＝ 풀어먹다. ＊ 어떤 목적에 이용하다. ¶ 배운 것을 써먹다.

써비스(service) ⇨ ① 이바지. ② 봉사. ③ 접대. ＊ 서비스.

써빙(serving) ⇨ 시중. 음식 시중. ＊ 서빙.
☞ 써핑.

써시오 ⇨ 쓰시오. ＊ 쓰다.

써클(circle) ⇨ 동아리. 모임. ＊ 서클.

써핑(surfing) ⇨ 파도타기. ＊ 서핑.
☞ 써빙.

썩 〔어〕 ＊ ① 훨씬 뛰어나게. ¶ 노래를 썩 잘하다. 썩 좋아지다. ② 지체 말고 빨리. ¶ 썩 나서다. 썩 물러가라.
☞ 무척. 퍽.²

썩다 ＊ ① 본디 바탕이 못 쓰게 바뀌다. ¶ 고기가 썩다. ② 정신이나 사회가 건전하지 못하다. ¶ 정신이 썩었다. ③ 마음이 괴롭다. ¶ 속이 썩다. ④ 재주나 이상이 내버려지다. ¶ 시골에서 썩기는 아깝다.
☞ 삭다. 석다. 섞다. 상하다.

썩돌 ⇨ 푸석돌.

썩이다 ＊ '썩다'의 하임. ＊ 근심, 걱정으로 마음을 괴롭게 하다. ¶ 속을 썩이다. 속 좀 그만 썩여라. 속 썩이지 마라.

썩히다 ＊ '썩다'의 하임. ① 재능을 쓰지 않고 내버려두다. ② 어떤 곳에 얽매여 있게 하다. ③ 물건을 썩게 하다. ¶ 퇴비를 썩히다.

썬글라스(sunglass) ⇨ 색안경. ＊ 선글라스.

썰기 ＊ 썰다. {깍둑썰기. 반달썰기. 얄팍썰기. 어슷썰기. 저며썰기.}

썰다 ＊ 물건을 칼이나 톱으로 잘게 토막 내다. ¶ 무를 썰다.
☞ 쏠다. 쏠다. 써리다. 켜다.¹

썰매 ＊ 얼음판이나 눈 위에서 미끄럼

을 타고 노는 연모. 또는 사람이나 물건을 싣고 끄는 연모. {썰매놀이. 썰매채. 썰맷길.} ¶썰매를 타다. 썰매를 지치다. 썰매를 끌다.

☞ 다랭이. 발구.

썰물 * 바닷물이 빠져나가는 일. ¶썰물 때. 썰물이 되다. 썰물이 지다.

☞ 밀물.

썸머(summer) ⇨ 여름. ‡ 서머.

썸벅 〉섬벅. ‡ 크고 연한 물건이 잘 드는 칼에 베어지는 소리나 모양. ¶수박을 썸벅 자르다.

☞ 쓱벅.

쎄라복(sailor服) ⑨ ⇨ ①해군복. ②해군복처럼 만든 어린이나 여학생의 웃옷. ‡ 세일러복.

쎄무(chamois) ⑨ ⇨ ①인조 가죽. ②양가죽. ‡ 새미.

쏘개질하다 * 있는 일, 없는 일을 얽어서 몰래 일러바치다.

☞ 고자질하다. 쏘삭질하다.

쏘다니다 = 쏘대다. ‡ 아무 데나 돌아다니다. ¶밤거리를 쏘다니다.

쏘삭질하다 * ①함부로 들추거나 쑤시다. ②꾀거나 부추기다.

☞ 고자질하다. 쏘개질하다.

쏘세지(sausage) ⇨ 양순대. ‡ 소시지.

쏘시개 = 불쏘시개. {쏘시개나무.}

쏘아보다 * 날카롭게 노려보다. ¶무서운 눈으로 쏘아보다.

쏘아 보다 * 시험 삼아 활이나 총을 쏘다. ¶활을 쏘아 보다.

쏘아죽이다 = 쏴죽이다. ¶총으로 쏴죽이다.

쏘이다 = 쐬다. ¶바깥바람을 쏘이다.

쏘이어 = 쐬어. 쏘여. ‡ 쏘이다. ¶쏘여 주다.

쏙 * ①가려진 곳 뒤에서 고개를 내미는 모양. ②안으로 깊이 들어가거나 밖으로 볼록하게 내미는 모양. ¶보조개가 쏙 들어가다. ③쉽게 밀어 넣거나 뽑아내는 모양. ¶무를 쏙 뽑았다.

☞ 빠끔. 빼죽이.

쏙닥쏙닥 〈 쑥덕쑥덕. ‡ 작은 목소리로 남이 알아듣지 못하게 이야기하는 소리. 또는 그런 모양.

쏙달쏙달 〉속달속달. ‡ 작은 목소리로 남이 알아듣지 못하도록 조금 수선스럽게 이야기하는 소리. 또는 그런 모양.

쏙소그르르하다 ⇨ 쏙소그레하다. ‡ 여러 작은 물건의 크기가 고르다.

쏜살로 ⇨ 쏜살같이.

쏜살같이 = 살같이. ‡ 매우 빠르게. ¶쏜살같이 달아나다.

쏜겨지다 ⇨ 쏟아지다.

쏟다 * ①그릇 속에 든 것을 잘못하여 아래로 떨어지게 하다. ¶국을 쏟다. 잉크를 쏟다. ②몸속에 있는 것을 나가게 하다. ¶피를 쏟다. ③정성이나 정열을 들이다. ¶우리말 연구에 정성을 쏟다.

☞ 붓다.[1] 흘리다.

쏟뜨리다 〈 쏟트리다. ‡ '쏟다'의 강조.

쏟아져 = 쏟아지어. ‡ 쏟아지다. ¶쏟아져 나오다. 쏟아져 들오다.

쏠다 * ①쥐나 좀이 물건을 짓씹다. ②뒤에서 남을 헐뜯다.

☞ 썰다.

쏠리다 * ① 한쪽으로 기울어지다. ② 마음, 눈길이 한쪽으로 끌리다.
☞ 기울다. 쏠리다.³

쏴 = 쏘아라. ⁑ 군대에서 하는 구령.
{서서쏴. 앉아쏴. 엎드려쏴.}

쏴붙이다 = 쏘아붙이다. ⁑ 날카로운 말투로 몰아붙이듯이 공격하다.

쐐기¹ = 풀쐐기. ⁑ 불나방의 애벌레.

쐐기² * 틈에 박아서 사개가 물러나지 못하게 하거나 사이를 벌리는 연모.
{쐐기꼴. 쐐기질.} ¶ 쐐기를 박다.

쐐기가름 = 쐐기깨기. ⁑ 쐐기를 박아 서 바위를 쪼개는 일.

쐐기꼴 글자〔楔形文字〕* 옛날 메소포 타미아에서 쓴 글자.
☞ 매듭 글자.

쐐기돌 = 사춤돌. ⁑ 돌을 쌓아 올릴 때 돌 틈에 박는 돌.

쐐기접(~椄) = 쪼개접. ⁑ 나무를 접 붙이는 방법의 하나.

쐐기 치다 = 쐐기 박다. ⁑ 뒤탈이 없 도록 단단히 다짐을 두다.

쐬다¹ = 쏘이다. ¶ 벌에 쐬어 볼이 퉁 퉁 부었다.

쐬다² = 쏘이다. ⁑ ① 햇빛이나 연기, 바람 같은 것을 직접 받다. ¶ 바람을 쐬다. ② 제 물건에 대한 남의 평가 를 받아 보다.
☞ 쬐다.

쐬어야 = 쐐야. ⁑ 쐬다.

쐬여 ⇨ 쐬어. 쏘여. ⁑ 쐬다. ¶ 벌에 쐬 어 얼굴이 부었다.

쐬였다 ⇨ 쏘였다. 쐬었다.

쐬이다 ⇨ 쐬다. 쏘이다.

쑤군거리다 〉 쏘곤거리다.

쑤다 * 곡식이나 가루에 물을 부어 끓 이다. ⁑ 죽. 미음. 묵. 메주. 풀.
☞ 끓이다. 짓다. 찌다.²

쑤셔 = 쑤시어. ⁑ 쑤시다. ¶ 쑤셔 넣 다. 쑤셔 대다. 쑤셔 박다.

쑤시다¹ * ① 구멍이나 틈에 긴 물체를 넣어 이리저리 움직이다. ② 뾰족한 물체로 구멍이나 틈을 만들다.
☞ 후비다.

쑤시다² * 바늘로 찌르는 것처럼 아프 다. ¶ 머리가 쑤시다.

쑤심질 = 쑤시개질. ⁑ ① 쑤시개로 쑤 시는 일. ② 있는 일, 없는 일을 들 추어 남의 감정을 사게 하는 일.

쑤어 = 쒀. ⁑ 쑤다. ¶ 죽 쑤어 개 주다.

쑥¹ = 다북쑥. ⁑ 여러해살이풀 이름.
{쑥국. 쑥떡. 쑥굴리. 쑥대.}

쑥² * 순진하고 어리석은 사람.
☞ 숙맥.

쑥꾹새 ⇨ 뻐꾸기. ⁑ 새의 한 가지.

쑥대강이 = 쑥대머리. ⁑ 머리털이 어 지럽게 된 머리.

쑥대머리 * ① 쑥대강이. ② 판소리 춘 향가의 한 대목.

쑥대밭 = 쑥밭. ⁑ ① 거친 땅. ② 어지 럽거나 못 쓰게 된 모양.
☞ 묵밭. 묵정밭.

쑥덕거리다 〉 속닥거리다.

쑥덕쑥덕 〉 숙덕숙덕 〉 속닥속닥.

쑥떡공론(~公論) ⇨ 쑥덕공론.

쑥맥(菽麥) ⇨ ① 숙맥. ② 쑥.

쑥밭 되다 = 쑥대밭 되다. ⁑ 매우 어 지럽거나 못 쓰게 되다.

쑥불 * 모기를 쫓으려고 말린 쑥으로 피우는 불.

☞ 모깃불.

쑥설기 * 쌀가루에 쑥을 두어 켜켜이
찐 떡.

☞ 떡.[1] 밤설기.

쑥쓰럽다 ⇨ 쑥스럽다.

쓰개 * 머리에 쓰는 물건을 통틀어
이르는 말. ‡ 감투. 갓. 남바위. 벙
거지. 삿갓. 아얌. 조바위. 탕건. 풍
뎅이.

☞ 모자.

쓰나미〔津波〕㉯ ⇨ 바다넘이. 바다넘
침. ‡ 해일.

쓰는걸 * ‘~는걸’은 씨끝.

쓰는 걸 = 쓰는 것을. ‡ ‘것’은 매인이
름씨.

쓰다[1] * ①생각이나 느낌을 글로 나
타내다. ¶ 시를 쓰다. 일기를 쓰다.
②글자의 모양을 나타내다. {내려
쓰다. 받아쓰다.} ¶ 가로 쓰다. 고쳐
쓰다. 띄어 쓰다. 줄여 쓰다. 이름을
쓰다. 계약서를 쓰다.

☞ 적다.[2]

쓰다[2] * ①머리에 얹거나 얼굴을 가리
다. ‡ 굴레. 모자. 입마개. 우산. 탈.
②가루가 몸을 덮다. ¶ 온몸에 밀
가루를 쓰다. ③죄나 누명을 입다.
¶ 누명을 쓰다.

☞ 끼다.[1] 덮다.

쓰다[3] * ①물건이나 물질을 수단, 방
법, 재료로 하여 어떤 일을 하다.
②마음과 힘을 들이다. ③돈을 들
이거나 없애다. ④사람을 두어 다루
거나 부리다. ‡ 쓰고. 쓰네. 쓰니. 쓰
면. 씀. 씁니다. 써. 써도. 써라. 써
서. 써야. 써요. 썼다. 썼지.

쓰다듬어주다 ⇨ 쓰다듬어 주다. ‡ 머
리. 몸. 등. 이마. 마음.

쓰라 * ‘쓰다’의 건너 시킴꼴. ¶ 다음에
서 정답을 골라 쓰라.

☞ 써라.

쓰러뜨리다 〈 쓰러트리다.

쓰러져 = 쓰러지어. ‡ 쓰러지다. ¶ 쓰
러져 가다. 쓰러져 자다.

쓰러지다 * ①모로 넘어지다. ¶ 전봇
대가 쓰러지다. ②지쳐서 눕거
나 죽다. ③모임이 제 구실을 못하
게 되다. ¶ 회사가 쓰러지다.

☞ 고꾸라지다. 스러지다. 넘어지다.
무너지다. 엎어지다. 자빠지다.

쓰레 ⇨ 스리. ‡ 음식을 먹다가 볼을
깨물어 생긴 상처.

쓰레기 * 먼지나 버릴 물건. {쓰레기
꾼. 쓰레기덤. 쓰레기봉투. 쓰레기
장(쓰레기터). 쓰레기차. 쓰레기통.}
{인간쓰레기.} ¶ 건축물 쓰레기. 산
업 쓰레기. 음식 쓰레기. 쓰레기를
줍다. 쓰레기를 치우다.

☞ 시래기.

쓰레기꾼 * 쓰레기를 쳐내는 일을 하
는 사람. ‡ 환경미화원.

☞ 쓰레질꾼.

쓰레기량(~量) ⇨ 쓰레기양. ‡ 겨레
말 뒤에는 ‘양’임.

쓰레기 분리수거(~分離收去) ⇨① 쓰
레기 분리 배출. ‡ 버리는 사람.
②쓰레기 분류 수거. ‡ 쳐 가는 사람.

쓰레받이 ⇨ 쓰레받기.

쓰레빠〔slipper〕㉯ ⇨ ① 짤짤이.
② 노파리. ③ 끌신. ‡ 슬리퍼.

쓰레질〔淸掃〕* 비로 쓸어서 집 안을

깨끗이 하는 일.

☞ 써레질. 걸레질.

쓰레질꾼 ＊ 직업으로 쓰레질을 하는 사람.

☞ 써레질꾼. 쓰레기꾼.

쓰려거든 ＊ 쓰다. ¶ 글을 쓰려거든. 모자를 쓰려거든. 사람을 쓰려거든.

☞ 쓸려거든.

쓰르라미 ＝ 저녁매미. ＊ 벌레 이름.

☞ 씨르래기.

쓰리[1] ⇨ 스리.

쓰리[2] 〈外〉 ⇨ 소매치기.

쓰메에리 〈外〉 ⇨ 목닫이. 깃닫이 양복.

쓰메키리(쓰메끼리)〔爪切〕〈外〉 ⇨ 손톱깎이.

쓰봉(jupon) 〈外〉 ⇨ 바지. 양복바지.

쓰여 ＝ 쓰이어. 씌어. ＊ 쓰이다. ¶ 쓰여 오다. 쓰여 있다.

쓰여지다 ⇨ 쓰이다. 씌다.

쓰이다 ＝ 씌다. ＊ '쓰다'의 입음.

쓰임쓰임 ＝ 씀씀이. ＊ 돈, 물건, 마음을 쓰는 형편, 정도, 수량.

쓰히다 ⇨ 쓰이다.

쓰키다시〔付出～〕〈外〉 ⇨ 곁들이. 밑안주. 초다짐거리. 입매안주.

쓰키키리〔突～切～〕〈外〉 ⇨ 단번치기. ＊ 당구.

쓱삭쓱삭 ⇨ 쓱싹쓱싹. ＊ 톱질이나 줄질하는 소리.

쓱삭하다 ⇨ 쓱싹하다. ＊ 옳지 않은 일을 슬쩍 얼버무려 해치우다.

쓴나물 ⇨ 씀바귀.

쓴물 ＊ 플랑크톤 때문에 빛이 변한 바닷물.

쓴 물 ＊ 쓴맛이 나는 물.

쓴술 ＊ ① 멥쌀술. ＊ 멥쌀로 담근 술. ② 맛이 쓴 약술.

쓴잔을 들다(～盞～) ＝ 쓴잔을 마시다. ＊ 실패하다. 패배하다.

쓸개〔膽〕 ＝ ① 쓸개주머니. ② 줏대. ¶ 쓸개가 빠지다.

쓸것 ⇨ ① 쓸 것. ② 쓰개.

쓸까스르다 ＝ 쓸까슬다. ＊ 남을 추기었다 낮추었다 하여 비위를 거스르다. ¶ 나잇살이나 처먹은 촌놈이 쓸까스르는 듯한 버르장머리는 뭐요?

쓸다 ＊ ① 비로 가루나 쓰레기를 모으거나 치우다. ② 돌림병 같은 것이 퍼지다. ③ 모조리 독차지하다. ④ 태풍, 홍수가 해를 입히다.

☞ 슬다. 썰다. 치우다.

쓸데〔所用〕 ＊ 쓰일 자리. {쓸데없다.} ¶ 쓸데가 있다.

☞ 쓸모.

쓸려거든 ¶ 마당을 쓸려거든 대비가 좋다. ＊ 쓸다.

☞ 쓰려거든.

쓸리다[1] ＊ '쓸다'의 입음. ¶ 빗자루가 모지라져서 잘 안 쓸린다.

쓸리다[2] ＊ 비스듬히 기울어지다. ¶ 사진틀이 한쪽으로 쓸리다.

쓸리다[3] ＊ 살이 문질려 살갗이 벗겨지다. ¶ 바위에 쓸려 아리다.

☞ 쏠리다.

쓸모 ＊ ① 쓸 가치. ② 쓰는 분야, 부분. {쓸모없다.} ¶ 쓸모 있다.

☞ 쓸데.

쓸어지다 ⇨ ① 쓸리다. ② 쓰러지다.

쓸치마 ⇨ 쓰개치마.

쓿다 ＊ 거친 쌀, 조, 수수를 찧어 속꺼

풀을 벗기고 깨끗이 하다.
☞ 대끼다.¹ 능그다. 찧다.

슳은쌀〔精白米〕 = 아주먹이. ‡ 속겨를 벗긴 쌀.
☞ 고른쌀. 매조미쌀.

씀벅 * 눈을 감았다 뜨는 모양. ¶ 잠이 깨는지 눈을 씀벅 감았다 뜬다.
☞ 섬벅.

씀씀이〔用度〕 = 쓰임쓰임. ¶ 씀씀이가 헤프다. 씀씀이가 크다.

씁슬하다 ⇨ 씁쓸하다.

씁쓰레하다 = 씁쓰름하다. ‡ ①쌉싸래하다. ②싫거나 언짢은 기분이 나는 듯하다. ¶ 친구에게 속았다는 것이 못내 씁쓰레했다.
☞ 쌉싸래하다.

씁쓸하다 * ①쌉쌀하다. ②싫거나 언짢은 기분이 조금 나다. ¶ 씁쓸한 표정. 씁쓸하게 웃다.
☞ 쌉쌀하다.

씌다 * ①쓰이다. ②씌우다. ③귀신이 집히다.

씌어 = 쓰여. 쓰이어. ‡ 쓰이다. ¶ 글씨가 씌어 있다.

씌어지다 ⇨ 씌다. 쓰이다.

씌우다 * ‘쓰다’의 하임. ¶ 굴레를 씌우다. 감투를 씌워 놓다.

씨¹ * ①열매 속에 들어 있는 단단한 물체. {감씨. 대추씨. 박씨. 복숭아씨. 사과씨. 살구씨. 수박씨. 참외씨. 포도씨. 호박씨.} ②곡식이나 푸성귀의 씨앗. {씨감자. 씨곡. 씨과일. 씨눈. 씨받이. 씨벼. 씨열매. 씨옥수수. 씨주머니. 씨초약. 씨박.} {갓씨. 고추씨. 꽃씨. 담배씨.

면화씨. 목화씨. 무씨. 민들레씨. 배추씨. 볍씨. 산삼씨. 상추씨. 수수씨. 시금치씨. 옥수수씨. 외씨. 인삼씨. 해바라기씨.} {씨받다.} ③사람이나 동물의 근원이 되는 것. {씨가축. 씨고기. 씨고치. 씨닭. 씨돼지. 씨말. 씨소. 씨수말. 씨수컷. 씨수돼지. 씨숫양. 씨암말. 씨암소. 씨암양. 씨암컷. 씨암탉. 씨암돼지. 씨조개. 씨토끼.}
☞ 씨앗. 씨알.

씨²〔氏〕 = 님. ‡ 성씨나 이름 뒤에 쓰는 부름말. ‡ 높임말이나 예사말로 씀. ¶ 홍길동 씨. 김 씨. 최 씨. 안 씨. 윤 씨.
☞ ~님.²

~씨³〔~氏〕 = ~가. ‡ 성씨 뒤에 붙여 씀. {김씨. 이씨. 조씨. 박씨 부인. 강씨 문중. 의유당 김씨. 사임당 신씨.}

~씨⁴ * 태도, 모양. {마음씨. 말씨. 바람씨. 발씨.}

씨⁵〔緯〕 * 천, 돗자리, 짚신을 짤 때 가로로 놓는 실, 노끈, 새끼.
☞ 날.⁶

씨⁶〔品詞〕 * 낱말을 쓰임새, 꼴, 뜻에 따라 나눈 갈래. ‡ 9개. {이름씨. 대이름씨. 셈씨. 토씨. 움직씨. 그림씨. 매김씨. 어찌씨. 느낌씨.}

씨금〔緯線〕 * 위도를 나타내는 금.
☞ 날금. 날줄. 씨줄.

씨까스르다 ⇨ 쓸까스르다. 쓸까슬다.

씨나락 ⇨ 볍씨.

씨내리 * ①내림. 내리기. ②핏줄을 이어갈 아이를 낳지 못할 때 다른 남자를 들여 아이를 배게 하는 일.
☞ 씨받이.
씨너지(synergy) ⇨ 통합. ＊ 시너지.
씨도리 = 씨도리배추. ＊ 씨앗을 받으려고 남겨 둔 배추.
씨래 ⇨ 스리. ＊ 음식을 씹다가 입안에 생긴 상처.
씨레기 ⇨ ①시래기. ②쓰레기.
씨르라미 ⇨ 쓰르라미. 저녁매미. ＊ 매밋과의 벌레 이름.
씨르래기 = 여치. ＊ 여칫과의 벌레 이름.
　☞ 쓰르라미. 찌르레기.
씨름 ＊ ①두 사람이 샅바를 잡고 넘어뜨리는 경기. {씨름굿. 씨름꾼. 씨름장. 씨름판.} {네굽씨름(민둥씨름). 띠씨름(통씨름). 맞씨름. 바른씨름(오른씨름). 상씨름(소걸이). 샅바씨름. 아기씨름. 어른씨름. 왼씨름. 중씨름. 판씨름. 편씨름. 포씨름. 허리씨름.} ¶ 씨름 한 판 벌이다. ② 겨룸. {눈씨름. 말씨름(입씨름). 다리씨름(발씨름). 두꺼비씨름. 멱씨름. 팔씨름.} ③어떤 일에 온 힘을 쏟는 일. ¶ 온종일 씨름 끝에 그 문제를 풀었다.
씨리즈(series) ⇨ 연속. 연속물. 총서. ＊ 시리즈.
씨명(氏名)㉥ ⇨ 이름. 성명.
씨받이 ＊ ①다른 여자가 대신 아이를 낳아주는 일. ②씨를 거두는 일.
　☞ 씨내리.
씨부렁거리다 = 씨부렁대다. ＊ 주책없이 쓸데없는 말을 지껄이다. ¶ 틈만 나면 혼자서 씨부렁거리는 버릇

이 있다.
씨부리다 ⇨ ① 씨부렁거리다. ②씨불거리다.
씨불거리다 = 씨불대다. ＊ 주책없이 실없는 말을 하다. ¶ 쓸데없는 말만 씨불거리지 말고 할 일을 똑똑히 해라.
씨수소〔種牛〕 = 씨황소.
씨식찮다 ⇨ 씨식잖다. ＊ 같잖고 되잖다.
씨알 ＊ ①새끼를 까는 데 쓰는 알. ＊종란. ②곡식 종자로 쓰는 낟알. ＊종자. ③광물의 알갱이. ④고기 크기. ¶ 씨알이 굵다.
　☞ 돌알.² 민눈알. 홑알.
씨알머리 ＊ 남의 혈통을 이르는 말.
씨알머리 박히다 ＊ 말이나 행동이 조리에 맞고 실속이 있다.
씨알머리 없다 ＊ ①실속이 없거나 하찮다. ②생각이나 줏대가 없다.
씨앗 ＊ ①남새나 곡식의 씨. ＊ 나무나 과일은 씨앗이 아니고 씨임. ¶ 씨앗을 덮다. 씨앗을 붙이다. 씨앗을 뿌리다. ②앞으로 커질 수 있는 근원. ¶ 희망의 씨앗. 불행의 씨앗. ③가문의 혈통이나 근원.
　☞ 씨.¹ 시앗.
씨양이질 = 쌩이질. ＊ 남을 귀찮게 하는 짓.
　☞ 써레질. 트집.
씨젖 = 배젖. ＊ 씨앗 속의 떡잎 가에 있는 영양분.
씨주머니〔胞子囊〕 = 홀씨주머니.
씨줄 ⇨ ① 씨금. ＊ 위선 ②씨실.
씩씩거리다 = 씩씩대다. ＊ 숨을 매우

가쁘고 거칠게 쉬다.

씩씩하다 * 굳세고 위엄스럽다.

씩잖다 = 씨식잖다. ※ 같잖고 되잖다.

씬냉이 ⇨ ①냉이. ②씀바귀. ③민들레.

씰긋이 〉실긋이.

씰쭉이 〉실쭉이. ※ 입이나 눈이 한쪽으로 비뚤어지는 모양.

씹 = ①씹구멍. ※ 어른의 보지. ②빠구리. ※ 성교.

☞ 보지. 봄지.

씹다 * ①아랫니와 윗니로 음식을 잘게 부수다. ¶껌을 씹다. ②남을 헐뜯어 말하다. ③남이 한 말의 뜻을 곰곰이 생각하다.

☞ 깨물다.

씹어뱉다 * 말을 아무렇게나 되는대로 지껄이다.

씹어 뱉다 ¶ 입에 넣어서 씹어 뱉다.

씻겨 = 씻기어. ※ 씻기다. ¶ 씻겨 드리다. 씻겨 주다.

씻겨지다 ⇨ 씻기다. ※ '씻다'의 입음과 하임.

씻기우다 ⇨ 씻기다. ※ '씻다'의 입음과 하임.

씻나락 ⇨ 볍씨.

씻다 * ①겉에 묻은 것을 물로 깨끗이 하다. ※ 손, 발, 얼굴, 몸, 곡식, 채소, 생선, 고기, 그릇, 콧물 따위. ②깨끗이 벗다. ※ 누명. 오명. 죄과. ③마음속에 맺힌 것을 풀다. ※ 앙심. 원한.

☞ 감다.² 닦다.² 훔치다.¹ 빨다.² 부시다.¹

씻어지다 ⇨ 씻기다. ※ '씻다'의 입음과

하임.

씼다 ⇨ 씻다.

씽그레 〉싱그레. ※ 소리 없이 부드럽게 웃는 모양.

씽씽매미 = 털매미.

씽씽이 ⇨ 씽씽매미. 털매미. ※ 매밋과의 벌레.

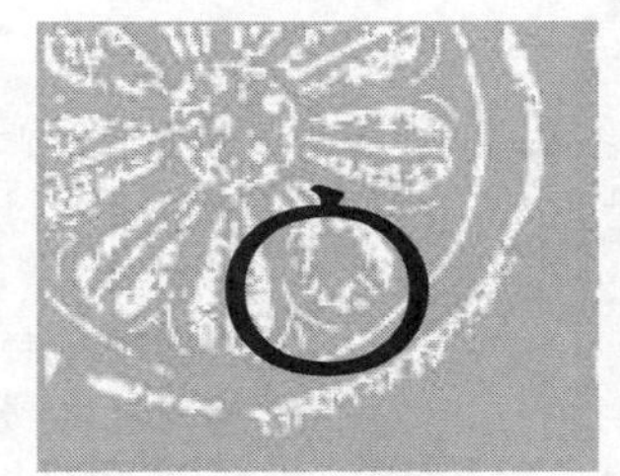

아가 = ① 아기야. ⁑ 젊은 며느리를 부르는 말. ② 아기. ⁑ 어린이 말.

아가리 * ① 입. ⁑ 낮은말. ② 무엇을 넣고 내는 구멍의 어귀. ⁑ 항아리, 병, 자루, 물동이. ③ 굴, 천막, 수챗 구멍의 어귀.
☞ 입. 주둥이. 주둥아리.

아가리질 = ① 말질. ⁑ 말로 다투거나 말을 옮기는 짓. ② 악다구니.

아가씨 * 시집갈 나이가 된 계집애나 젊은 여자를 부르는 말. {작은아가씨. 큰아가씨.}
☞ 아기씨. 아씨. 처녀.

아감구멍 〔鰓孔〕 = 아가미구멍.

아감딱지 〔鰓蓋〕 = 아가미덮개. 아가미뚜껑. ⁑ 물고기.

아감뼈 〔鰓骨〕 = 아가미뼈.

아감젓 * 생선의 아가미와 이리로 담근 젓. ⁑ 물고기.
☞ 고지젓. 구제비젓. 대창젓. 또라젓. 명란젓. 새우젓. 속젓. 알밥젓. 장재젓. 창란젓. 하란젓.

아교 (阿膠) 왜 ⇨ 갖풀.
☞ 녹말풀. 민어풀. 부레풀. 쌀풀.

아구 * 남폿구멍을 팔 자리. ⁑ 다이너마이트. ¶ 아구를 내다.
☞ 아귀.¹

아구다툼 ⇨ 아귀다툼.

아구찜 ⇨ 아귀찜. ⁑ 아귀로 만든 음식 이름.

아국 (俄國) ⇨ 러시아. ⁑ 나라 이름.

아궁이 = 아궁. ⁑ 방이나 솥에 불을 땔 때는 구멍. ¶ 아궁이에 불을 지피다.
☞ 굴뚝.

아궁지 ⇨ 아궁. 아궁이.

아귀¹ * 아귓과의 바닷고기. {아귀매운탕. 아귀찜.}
☞ 아구.

아귀² * ① 물건의 갈라진 곳. {손아귀. 입아귀.} {아귀힘.} ② 싹이 트는 곳. ¶ 아귀가 벌어지다. ③ 두루마기, 속곳의 옆을 탄 구멍. ¶ 아귀 트다.

아귀³ * ① 채우거나 맞추어야 할 수효. ¶ 아귀가 맞다. 아귀를 맞추다. 아귀를 채우다. ② 말의 조리. ¶ 아귀가 맞다.
☞ 아퀴.

아귀세다 * ① 마음이 굳세어 남에게 잘 꺾이지 아니하다. ② 남을 휘어잡는 힘이나 수완이 있다. ③손아귀의 힘이 세다.

아귀차다 * 휘어잡기 어려울 만큼 벅차다.
☞ 어기차다.

아기 = 애. ‡ ①배 속에 있는 아이. {아기집.} ②젖먹이부터 일곱 살 아래의 아이. {얼뚱아기. 첫아기.} ③젊은 딸이나 며느리. {새아기. 작은아기. 큰아기.} ④어리거나 작은 것. {아기그네. 아기누에. 아기능. 아기별. 아기보살. 아기상여. 아기씨름. 아기장수. 아기차.}
☞ 새끼.¹ 아이.

아기동지(~冬至) = 애동지. 오동지. ‡ 음력 11월 10일 안에 드는 동지.
☞ 늦동지.

아기뚱거리다 = 아기뚱대다. ‡ ①작은 몸을 흔들면서 느리게 걷거나 움직이다. ②말이나 행동을 거만하고 앙큼하게 자꾸 하다.

아기뚱하다 * 말이나 행동이 매우 거만하고 앙큼한 데가 있다.

아기 배다 = 아기 가지다. 아기 서다. ‡ 배 속에 아기가 생기다.

아기살 = 가는대. ‡ 화살의 한 가지.

아기씨 * ①여자 아이를 일컫는 말. ②시집갈 나이가 된 계집애를 일컫는 말. ③새색시를 일컫는 말. ④손아래 시누이를 일컫거나 부르는 말.
☞ 아가씨.

아기야 = 아가. ‡ 부르는 말.

아기 예수(~Jesus) ⇨ 예수.

아기자기 * ①오밀조밀 예쁘게. ②잔재미가 있고 즐거운 모양.

☞ 알콩달콩. 오밀조밀. 오순도순.

아기작거리다¹ = 아기작대다. 아깆거리다. ‡ 작은 몸집으로 팔다리를 부자연스럽게 움직이며 천천히 걷다. ¶ 돌 지난 아이가 아기작거리며 걷는다.

아기작거리다² = 아기작대다. 아깆거리다. ‡ 음식을 입 안에 넣고 천천히 씹어 먹다. ¶ 소가 짚을 아기작거리고 있다.

아기장(~欌) = 버선농. 버선장. ‡ 버선을 넣어 두는 장롱.

아기족거리다 = 아기족대다. ‡ 팔다리를 마음대로 잘 놀리지 못하고 천천히 부자연스럽게 조금씩 겨우 걷다. ¶ 다리를 다쳐서 아기족거리며 걷는다.

아기집〔子宮〕 * 어머니의 배 속에서 아기가 자라는 곳.
☞ 새끼집.

아기차다 ⇨ 아귀차다.

아까다이 ⓦ ⇨ 붉돔. ‡ 도밋과의 바닷고기.

아까시나무 * 봄철에 흰 꽃이 피고 꿀을 따는 나무 이름.
☞ 아카시아.

아까와라 ⇨ 아까워라. ‡ 아깝다. 아까우니. 아까워. 아까워하다.

아까징끼(赤丁幾) ⓦ ⇨ 빨간약. ‡ 머큐로크롬.

아깝다 * 무엇을 잃었을 때 그것의 값어치를 새삼스럽게 느껴 서운하다.
☞ 아쉽다.

아껴 = 아끼어. ‡ 아끼다. ¶ 아껴 두다. 아껴 먹다. 아껴 쓰다. 아껴 주다.

아끼다 * ①돈, 시간, 물건, 몸을 함부로 쓰지 않다. ¶ 물을 아껴야 한다. ②사람이나 물건을 소중하게 여겨 보살피다. ¶ 아내를 끔찍이 아끼다.
☞ 앗기다. 에끼다. 위하다.

아나 〔느〕 = 아나나비야. ⁑ 고양이를 부르는 소리.
☞ 구구. 오요요. 워리.

아나고 〔穴子〕[왜] ⇨ 붕장어. 참바다장어. ⁑ 바닷고기 이름.

아나로그(analogue) ⇨ 시계나 온도계처럼 어떤 수치를 길이, 각도, 전류 같은 물리량으로 나타내는 일. ⁑ 아날로그.
☞ 디지탈.

아나보다 ⇨ 아나 보다. 아는가 보다.

아나봐 ⇨ 아나 봐.

아낙 * ①아낙네. {아낙군수.} ②여자가 거처하는 곳.

아내 * 남편의 짝이 되는 여자. ⁑ 제 아내를 가리키는 말.
☞ 부인.[2]

아냐 〔느〕 = 아니야.

아뇨 〔느〕 = 아니요. ⁑ 대답하는 말.

아는 척하다 = 아는 체하다. ⁑ 모르면서 아는 것처럼 거짓 꾸미다.
☞ 알은척하다. 알은체하다.

아니[1] 〔어〕 = 안. ⁑ ①부정이나 반대. ¶ 아니 하다. 아니 되다. 아니 가다. 아니 오다. 아니 먹다. 아니 감만 못하다. ②이름씨 사이, 글월 사이에서 강조. ¶ 내 양심은 천만금, 아니 억만금을 준다 해도 버릴 수 없다.
☞ 아니하다.[1] 못.[4]

아니[2] 〔느〕 * ①부정하는 대답. ¶ 집에 가니? 아니. ②말을 되씹거나 새삼스럽게 의심스러움을 나타냄. ¶ 아니, 가만있자. 아니, 이게 웬일이오?

아니겠습니까? ⇨ 아닙니까?

아니고 말고 ⇨ 아니고말고. ⁑ '~고말고'는 맺음끝.

아니꼬와 ⇨ 아니꼬워. ⁑ 아니꼽다. 아니꼬워서. 아니꼬우니. 아니꼬웠다.

아니나다르랴 ⇨ 아니나 다르랴. ⁑ 과연 예측한 대로.

아니나다를까 ⇨ 아니나 다를까.

아니리 * 판소리에서 창을 하는 중간에 가락을 붙이지 않고 말하는 사설.
☞ 발림.[1]

아니리 광대 * 판소리에서 주로 아니리를 하는 광대.
☞ 또랑광대. 소리 광대. 어릿광대.

아니어요 = 아녀요. 아녜요. 아니에요.

아니예요 ⇨ 아니어요.

아니오 * '아니다'의 마침꼴. ¶ 이것은 산짐승이 아니오.

아니요[1] * '아니다'의 이음꼴. ¶ 풀이 아니요 꽃이오.

아니요[2] 〔느〕 = 아뇨. 아니. ⁑ 대답에서 '예'와 짝을 이루는 말.

아니타 = 아니하다. ⁑ 울림소리 뒤에선 'ㅏ'만 줆.

아니하냐? 〔그〕 = 않으냐?

아니하느냐? 〔움〕 = 않느냐?

아니하다[1] 〔그〕 = 않다. ⁑ '~지' 다음. ¶ 검지 아니하다. 곱지 않다. 깊지 않다. 높지 아니하다. 쉽지 아니하다. ¶ 검지 않다. 곱지 않다. 높지 않다.
☞ 말다.² 못하다.⁴ 아니.¹
아니하다²〔움〕= 않는다. ‡ '~지' 다
음. ¶ 공부를 하지 아니한다. 거짓말
을 하지 않는다. 먹지 아니한다. 보
지 않는다. ¶ 말을 않고 떠나다. 얼
굴을 씻지 않고 밥을 먹다. ¶ 가지
않나? 씻지 않느냐? 먹지 않는가?
아니 할 말로 = 아닐 말로. ¶ 아니 할
말로, 형제가 이웃보다 못하다.
아닌걸 ¶ 여간 반가운 소식이 아닌걸.
‡ 'ㄴ걸'은 맺음끝.
아닌 걸 ¶ 내 것이 아닌 걸 어쩌나?
‡ 걸 = 것을.
아닌게아니라 ⇨ 아닌 게 아니라. ‡ 사
실이 그러하다는 말.
아닐거야 ⇨ 아닐 거야. ‡ 거야 = 것
이야.
아닐런지 ⇨ 아닐는지. ¶ 하늘에서 내
려온 선녀가 아닐는지?
아닐 말로 = 아니 할 말로.
아다라시(아타라시)〔新~〕왜 ⇨ ① 숫
처녀. ② 숫보기. 풋내기. ③ 새것.
아다리(아타리)〔當~〕왜 ⇨ ① 얹힘.
‡ 배탈. ② 적중. 단수. ‡ 바둑.
아다마(아타마)〔頭〕왜 ⇨ ① 이마.
② 머리.
아다마다 ⇨ 알다마다. ‡ '~다마다'는
맺음끝.
아다시피 ⇨ 알다시피. ‡ '~다시피'는
이음끝.
아담하다(雅淡~) * 고상하고 담백하
다. ¶ 아담한 가게. 아담한 정원.
☞ 소담하다.
아답타(adapter) ⇨ 어댑터.

아더 왕(Arthur王) ⇨ 아서 왕. ‡ 왕
이름.
아둥바둥 ⇨ 아등바등. ‡ 무엇을 이루
려고 애를 쓰거나 우겨대는 모양.
아득하다 * ① 너무 멀어서 보이고 들
리는 것이 희미하다. ② 까마득하게
오래되다. ③ 정신이 흐려지다. ④ 어
찌해야 좋을지 몰라 막막하다.
☞ 아뜩하다.
아들 * {아들네. 아들놈. 아들딸. 아들
뻘. 아들아이. 아들자식.} {막내아
들. 맏아들. 쌍둥아들. 양아들. 외
동아들(외아들). 의붓아들. 작은아
들. 첫아들. 친아들. 큰아들.} ¶ 아
들 녀석. 아들 노릇. ¶ 아들 되다.
아들 삼다.
☞ 딸.
아들내미 * 아들을 귀엽게 이르는 말.
‡ 딸내미.
아들님 ⇨ 아드님. ‡ 따님.
아들벼 ⇨ 움벼.
아들뻘되다 ⇨ 아들뻘이 되다.
아들애 = 아들아이. 아들자식.
아들자 = 노리가늠자. ‡ 길이나 각도
를 잴 때 쓰는 보조척.
☞ 어미자.
아등그러지다〈 으등그러지다. ‡ ① 말
라서 비틀어지다. ¶ 가물어서 농작
물이 아등그러지다. ② 날씨가 흐려
서 점점 찌푸려지다. ¶ 날씨가 아등
그러져 곧 비가 오겠다. ③ 이맛살
이 찌푸려지다.
☞ 나등그러지다.
아디 = 아딧줄. 앗줄. ‡ 바람의 방
향을 맞추려고 돛을 매어 쓰는 줄.

¶ 선장은 그대로 아딧줄과 키를 잡고 있었다.

아따 〔느〕 * ① 어따. ‡ 매우 심함을 느낄 때. ¶ 아따, 말도 많네. ② 하찮게 여길 때. ¶ 아따, 그만한 일쯤이야. ☞ 앗다.¹ 어따.²

아따라시(아다라시) 〔新〕㉕ ⇨ ① 숫처녀. ② 숫보기. 풋내기. ③ 새것.

아뜩아뜩 〈 어뜩어뜩. ‡ 머리가 어지러워 정신을 잃고 까무러칠 듯한 모양.

아뜩하다 * 정신을 잃고 까무러칠 듯하다. ¶ 정신이 아뜩하다. ☞ 아득하다.

아뜰리에(atelier) ⇨ ① 화실. ‡ 그림을 그리거나 조각하는 방. ② 제작실. ③ 촬영실. ④ 녹음실. ⑤ 방송실. ⑥ 연주실. ‡ 아틀리에.

~아라 * 움직씨의 바로 시킴꼴. ‡ 밝은홀소리 뒤. ① 듣는 이가 정해져 있거나 분명할 때. ② 얼굴을 맞대고 말할 때. {골라라. 그려라. 답하여라. 마셔라. 먹어라. 받아라. 보아라. 봐라. 밝혀라. 비워라. 써라. 잡아라.} ② 그림씨의 느낌꼴. ‡ 밝은홀소리 뒤. {아파라. 고와라. 높아라.}
☞ ~거라. ~ 너라. ~(으)라. ~어라.

아라비아(Arabia) = 아랍. ¶ 아라비아 사람. 아랍 사람.

아라비아말(Arabia馬) = 아랍말. ‡ 짐승.

아리비아 말(Arabia語) = 아랍 말. 아랍어. ‡ 아라비아에서 쓰는 말.

아라비아 숫자(Arabia數字) = 산용 숫자. 인디아 숫자. ‡ 0, 1, 2, 3, 4. ☞ 로마 숫자.

아라사(俄羅斯) ⇨ 러시아. ‡ 나라 이름.

아라한(阿羅漢) = 나한. ‡ 덕이 높은 스님.

아람 * 밤, 굴밤, 도토리, 상수리가 잘 익어 저절로 떨어질 정도가 된 상태. 그런 열매. ¶ 아람이 벌어지다. 아람을 줍다.
☞ 아름. 알밤.

아람드리 ⇨ 아름드리. ‡ 둘레가 한 아름이 넘는 것을 나타내는 말. {아름드리나무.} ¶ 아름드리 기둥. 아름드리 소나무. 아름드리 느티나무.

아람차다 ⇨ 아름차다. ‡ ① 힘에 겹다. ② 보람차다.

아래 * ① 잣대로 그어놓은 금에서 낮은, 땅 쪽. ¶ 하늘 아래. 불빛 아래. ② 신분, 나이, 지위, 정도에서 낮은 쪽. ¶ 두 살 아래. ③ 조건, 영향을 받는 범위. ¶ 부모의 보호 아래. 나무 그늘 아래. ④ 위와 짝이 되는 말. {아래알. 아래윗벌. 아래윗집. 아래짝. 아래쪽. 아래청. 아래치마. 아래팔. 아랫것. 아랫길. 아랫눈썹. 아랫니. 아랫도리. 아랫동강. 아랫동네. 아랫마을. 아랫반. 아랫방. 아랫벌. 아랫변. 아랫부분. 아랫수염. 아랫심. 아랫입술. 아랫잇몸. 아랫잎. 아랫자리. 아랫줄. 아랫중방. 아랫집.}
☞ 밑. 속.¹ 위.

아래대 * ① 아랫녘. ② 옛날 서울의 동대문과 광희문 쪽 마을.
☞ 아랫대. 앞대. 우대.

아래뜸 * 한마을에서 아래쪽에 있는 각단. ‡ 위뜸.

아래뻘 = 손아래뻘. ‡ 나이나 항렬이 아래인 것을 이르는 말.

아래옷 = 아랫도리옷. 아랫벌. ‡ 아랫도리에 입는 옷.
　☞ 윗도리. 윗옷.

아래위 = 위아래. ‡ 아래와 위.

아래윗막이 * ①위아랫막이. ②아래옷과 윗옷.

아래짝 * 위아래로 한 벌을 이루는 물건의 아래에 있는 짝. ‡ 위짝.

아래쪽 = 아래편. ‡ 방향.

아래채 * ①뜰아래채. ②여러 채로 된 집의 아래쪽에 있는 집채. ‡ 위채.

아래층(~層) = 밑층. ‡ 위층.

아래 칸 * 칸을 지른 서랍에서 위칸의 아래.
　☞ 아랫간. 위 칸.

아래턱〔下顎〕 = 턱주가리. ¶ 아래턱에 수염이 나다.
　☞ 위턱.

아래통 * 아랫부분의 둘레. ¶ 바지의 아래통이 넓다.
　☞ 위통. 웃통.

아래팔 = 팔뚝. ‡ 팔꿈치부터 손목까지. ¶ 아래팔이 굵다.
　☞ 위팔.

아래편(~便) = 아래쪽. ‡ 방향.

아랫간(~間) * 잇달아 있는 두 간에서 아래쪽 간. ‡ 아궁이 쪽 부분.
　☞ 불목. 아래 칸. 윗간. 윗목.

아랫길 * ①핫길. ‡ 품질이 떨어짐. 또는 그런 물건. ②아래쪽에 있는 길.
　☞ 상치. 중치. 하치. 나지라기. 윗길.

아랫녘 = ①앞대. ‡ 남쪽 지방. ②아래대. ‡ 경상도와 전라도 지방.
　☞ 윗녘.

아랫놈 = 아랫사람. 손아랫사람. ‡ 나이나 항렬이 낮은 사람.

아랫누이 ⇨ 누이동생.

아랫대(~代)〔後代〕 * 자손의 대.
　☞ 아래대. 우대. 윗대.

아랫도리 * ①아랫몸. ‡ 배꼽의 아랫부분. ②아랫도리옷. ③낮은 계급.
　☞ 웃도리. 윗도리. 윗옷.

아랫도리옷 = 아랫도리. 아랫벌. 아래옷.
　☞ 웃옷. 윗도리. 윗옷.

아랫동 = 아랫동아리. ‡ ①물체의 아랫부분. ②허리의 아랫부분.
　☞ 윗동. 윗동아리.

아랫동강이 ⇨ 종아리.

아랫두리 ⇨ 아랫도리.

아랫마기 * 아랫도리에 입는 옷.
　☞ 윗마기.

아랫막이 * 물건의 아래쪽 머리를 막는 부분.
　☞ 윗막이.

아랫목 = 불목. ‡ 구들방에서 아궁이에 가까운, 따뜻한 곳.
　☞ 윗목.

아랫몸〔下體〕 = 아랫도리. ‡ 배꼽의 아랫부분.
　☞ 윗몸.

아랫물 * ①하류에 흐르는 물. ②낮은 지위.
　☞ 윗물.

아랫바람 * ①아래쪽에서 불어오는 바람. ②연을 날릴 때의 동쪽 바람.

☞ 윗바람. 윗바람.

아랫배 * 배에서 배꼽 아랫부분. ¶ 아랫배가 살살 아프다.

☞ 윗배.

아랫벌 = 아랫도리옷. 아래옷.

☞ 윗벌. 윗도리.

아랫사람 = 손아랫사람. 아랫놈. ⁑ 지위나 나이, 항렬이 낮은 사람.

☞ 윗사람.

아랫소리 * ① 영남 지방의 범패. ⁑ 부처님을 찬양하는 노래. ② 낮은 소리.

☞ 웃소리. 윗소리.

아랫옷 ⇨ 아래옷.

아랫집 * 아래쪽에 이웃하여 있거나 낮은 곳에 있는 집.

☞ 윗집.

아랫짝 ⇨ 아래짝. ⁑ 위짝.

아랫쪽 ⇨ 아래쪽. ⁑ 위쪽.

아랫층 ⇨ 아래층. ⁑ 위층.

아련하다 * 분간하기 힘들만큼 희미하다. ¶ 어린 시절의 추억이 아련하다.

☞ 아스라하다. 오련하다.

아렴풋하다 〈 어렴풋하다. ⁑ 기억이나 생각이 똑똑하지 않다.

아령칙하다 〈 어령칙하다. ⁑ 기억이나 모양이 또렷하지 않다.

아롱 = 아롱이. 알로기. 알롱이. ⁑ 아롱아롱한 점, 무늬, 짐승, 물건.

아뢰다 * 윗사람에게 알려 드리다. ⁑ 대답을 듣지 않아도 될 때.

☞ 사뢰다.

아류산(亞硫酸 ⇨ 아유산) [왜] ⇨ 아황산.

아르키다 ⇨ ① 가르치다. ② 알리다.

아른아른 〈 어른어른. ⁑ ① 희미하게 보이다 말다 하는 모양. ¶ 안개가 아른아른 피어오르다. ② 거울이나 물 위에 비친 그림자가 자꾸 흔들리는 모양.

☞ 아름아름.

아름 * ① 두 팔을 벌려 껴안았을 때 둘레의 길이. {아름드리. 아름드리나무.} ¶ 아름드리 느티나무. 아름드리 소나무. ② 하나치. ¶ 한 아름.

☞ 아람. 알음. 앎.

아름답다 * 사람이나 사물의 모습, 소리가 조화를 이루어 보기가 좋다. ⁑ 사람은 여자에게만 씀. ¶ 아름다운 목소리. 아름다운 마음씨. 아름다운 삶.

☞ 곱다.[1] 예쁘다.

아름다운 미인(~美人) ⇨ 아름다운 여자. ⁑ 미인.

아름아름 〈 어름어름. ⁑ ① 우물쭈물하는 모양. ② 눈을 속여 넘기는 모양.

☞ 아른아른. 알음알음.

아름아리 ⇨ 알음알이.

아름차다 * ① 보람차다. ② 힘에 겹다.

아름치 ⇨ 아람치. ⁑ 개인이 차지하는 몫.

아리까리하다 [왜] ⇨ 알쏭달쏭하다. 아리송하다.

아리따와 ⇨ 아리따워. ⁑ 아리땁다. 아리따우니. 아리따운.

아리랑 = 아리랑 타령. ⁑ 우리나라 민요. ¶ 강원도 아리랑. 경기 아리랑. 밀양 아리랑. 정선 아리랑. 진도 아리랑. 태평 아리랑.

아리송하다 = 알송하다. ⁑ ① 분간하기 어렵다. ② 생각이 떠오르지 않다.

☞ 어리숭하다.

아리조나(Arizona) ⇨ 애리조나. ＊ 땅 이름.

아린산(亞燐酸) ⇨ 아인산. ＊ 화학 약품.

아릿답다 ⇨ 아리땁다.

아릿아릿[1] 〈 어릿어릿. ¶ 고추가 매워서 혀끝이 아릿아릿하다.

아릿아릿[2] 〈 어릿어릿. ¶ 한이의 얼굴이 눈앞에 아릿아릿하다.

아릿줄 = 가짓줄. ＊ 용총줄에서 갈려 나간 줄.

아마구〔雨具〕㉮ ⇨ 아망위. ＊ 외투나 비옷에 달린 모자.

아명(兒名) ＊ 어린아이 때 부르는 이름. ＊ 천한 뜻으로 지어 부름.
☞ 가명. 관명. 별명. 별호. 본명. 본이름. 자.[2] 호.[2]

아무[1]〔대〕 = 아무개. ¶ 아무도 안 왔다. 김 아무를 만났다.
☞ 누구.

아무[2]〔매〕¶ 아무 걱정. 아무 곳. 아무 관계. 아무 기약. 아무 기척. 아무 방면. 아무 상관. 아무 생각. 아무 소용. 아무 쓸데. 아무 일. 아무 조건. 아무 짓. 아무 탈. ¶ 아무 날. 아무 때. 아무 시.

아무거나 = 아무것이나.

아무데 ⇨ 아무 데. 아무 곳.

아무러나 ⇨ 아무려나.

아무러면 ＊ 반어적인 의문을 나타낼 때. ¶ 아무러면 죽기야 하겠느냐?
☞ 아무려면.

아무러하다 = 아무렇다. ¶ 아무러해도 상관없다.

아무런〔매〕＊ 전혀 어떠한. ＊ '않다,

없다, 못하다'와 함께 씀. ¶ 아무런 말도 나누지 않았다. 아무런 관심도 없다. 아무런 도움을 주지 못하다.

아무런들 = 아무러한들. ¶ 아무런들 정말 사람을 때렸겠느냐?

아무렇다 = 아무러하다. ¶ 옷을 아무렇게나 벗어 놓았다.

아무려나〔느〕＊ 하고 싶은 대로 하라는 말. ¶ 아무려나, 좋을 대로 하게.

아무려니〔느〕＊ '설마'의 뜻으로, 그렇게 되지 않기를 바라는 말. ¶ 아무려니, 그 애가 그런 짓을 했으려고.

아무려면〔느〕= 아무렴. 암. ＊ 말할 나위 없이 그렇다는 뜻. ¶ 아무려면, 그렇고말고, 네 말이 옳다.
☞ 아무러면.

아무리[1]〔어〕= 암만. ＊ ① 정도가 매우 심함. ¶ 아무리 열심히 공부해도 성적이 안 오른다. ② 비록 그렇다 하더라도. ¶ 아무리 내가 이 장사를 하더라도 양심은 있다.

아무리[2]〔느〕＊ 결코 그럴 리가 없음. ¶ 아무리, 죽은 사람이 다시 살아날까?

아무쪼록 = 모쪼록. ¶ 눈에는 아무쪼록 잘 보아 달라는 표정이 숨어 있었다.

아무쪽 ⇨ ①아무짝. ②어느 쪽.

아무튼 = 어떻든. 어쨌든. 여하튼. 하여튼.

아무튼지 = 아무러하든지. 어떻든지. 어쨌든지. 하여튼지.

아물다 ＊ 상처가 나아서 본디 상태로 돌아가다. ¶ 상처가 아물다.
☞ 낫다.[1]

아물아물하다 * ① 보일 듯 말 듯 자꾸 움직이다. ¶ 산마을에는 저녁연기가 아물아물 피어오른다. ② 정신이 희미해지다. ¶ 정신이 아물아물 멀어지다.
　☞ 가물가물하다. 어물어물하다.

아뭇말 ⇨ 아무 말.

아뭇소리 ⇨ 아무 소리.

아뭇든 ⇨ 아무튼. 어떻든. 어쨌든.

아뭇든지 ⇨ 아무튼지. 어떻든지. 어쨌든지.

아미리가국(亞米利加國. 亞美利加國. 美國) ⇨ 아메리카. * 나라 이름.

아버님 * ① 편지나 글에서 제 아버지를 일컫는 말. ② 돌아가신 제 아버지. ③ 시아버지. ④ 가시아버지. * 장인. ⑤ 남의 아버지를 일컬을 때.

아버지 * 살아 계신 제 아버지. * 직접 또는 남에게 일컬을 때. {아버지뻘.} {양아버지. 수양아버지. 시아버지. 친아버지. 친정아버지.} {작은아버지. 큰아버지.} ¶ 첫째 큰아버지. 둘째 큰아버지. 첫째 작은아버지.
　☞ 아범. 아비. 아빠.

아범 * 나이 든 남자. * 낮춤말. {행랑아범.}
　☞ 아비. 어멈.

아부라게〔油揚〕❷ ⇨ 튀김두부. * 유부.

아부한사단(亞富汗斯担)⇨아프가니스탄.

아불리가주(阿弗利加州. 阿洲) ⇨ 아프리카. * 땅 이름.

아비 * ① 할아버지나 할머니 앞에서 제 아버지를 이르는 말. ② 며느리가 시부모 앞에서 남편을 이르는 말. ③ 아버지가 자식에게 자기를 이르

는 말. ④ 어떤 남자. {중신아비. 함진아비(혼수아비). 핫아비. 홀아비.}
　☞ 아버지. 아범. 어미.

아빠 * ① 아버지의 어린이 말. ② 어린아이에게 그 아이의 아버지를 가리켜 말할 때 쓰는 말. ③ 짐승의 아비. ¶ 아빠 곰. 아빠 까치. 아빠 눈사람.
　☞ 아기. 어미. 엄마.

아뿔싸 = 어뿔싸. 하뿔싸. * 잘못한 일을 깨닫고 뉘우칠 때 내는 소리.
　☞ 아차. 애개개. 에계계.

아생(芽生) ❷ ⇨ 싹. 싹내기. 싹트기. * 발아.

아생법(芽生法) ❷ ⇨ 싹내기.

아생 생식(芽生生殖) ❷ ⇨ 싹내기.

아생 홀씨(芽生~) ❷ ⇨ 싹홀씨.

아서〔느〕= 아서라. * 금지. ¶ 아서, 그러면 못써.
　☞ 앗아.²

아서세요〔느〕⇨ 아서라. * 손윗사람에게는 쓰지 않음.

아세아(亞細亞. 亞洲) ⇨ 아시아. * 땅 이름.

아쉽다 * 꼭 있었으면 할 때 없어서 안타깝다. ¶ 아쉬운 소리.
　☞ 아깝다.

아스라하다 = 아스랗다. * ① 아슬아슬할 만큼 높거나 까마득하게 멀다. ¶ 아스라하게 높은 절벽 꼭대기. ② 기억이 가물가물하다. ¶ 덕수궁에 오니 옛 기억이 아스라하게 떠올랐다. ③ 먼 곳에서 들리는 소리가 희미하다.
　☞ 아련하다. 아렴풋하다.

아스라히 ⇨ 아스라이. * 아스라하다.

아스러뜨리다 〈 으스러뜨리다. ⁑ 바스러지게 하다.

아스름하다 ⇨ 아슴푸레하다.

아슬아슬 * 일이 위태롭거나 조마조마한 느낌. ¶ 아슬아슬한 줄타기.
☞ 어슬어슬. 으슬으슬.

아슴푸레하다 〈 어슴푸레하다.

아습 = 구릅. ⁑ 짐승의 나이 아홉 살.

아시[1] ⇨ ①아우. ②애초. ③애벌.

아시[2]〔足〕[왜] ⇨ 삼각대. ⁑ 발이 셋 달린 받침대.

아시다시피 = 알다시피. ⁑ '~시~' 앞에서는 'ㄹ'이 빠짐.

아시바〔足場〕[왜] ⇨ ①비계. 발판. ②자리. ⁑ 낚시.

아싸리 [왜] ⇨ ①아예. ②차라리. ③깨끗이.

아씨 * 젊은 선비의 부인. {주인아씨.} ⁑ 아랫사람이 이르는 말.
☞ 아가씨. 아기씨.

아얌 * 겨울철에 여자가 나들이할 때 머리에 쓰는 쓰개.
☞ 남바위. 조바위. 풍뎅이. 휘양.

아양 떨다 = 아양 부리다. 아양 피우다. ⁑ 귀염을 받으려고 알랑거리다.
☞ 어리광 떨다.

아역(兒役) [왜] ⇨ 어린이 구실. ⁑ 연극. 영화.

아연인낭평판(亞鉛引浪平板) [왜] ⇨ 골함석.

아연인평판(亞鉛引平板) [왜] ⇨ 함석.

아연즙(亞鉛葺) [왜] ⇨ 함석지붕.

아연질색(啞然失色) ⇨ 아연실색. ⁑ 매우 놀람.

아예 * 전적으로. ¶ 아예 할 생각을 마라. 아예 무시해라. 아예 문제가 되지 않는다. 잠깐 쉬라고 했더니 아예 잠을 자는군.
☞ 애초.

~아오~ ⇨ ~사오~. {갔사오니. 없사오며. 있사오며.}

아옹 = 야옹. ⁑ 고양이 우는 소리.

아옹다옹 * 조그마한 일로 자꾸 다투는 모양. ¶ 동생들과 아옹다옹 싸우다.
☞ 옥신각신.

아와세 [왜] ⇨ 채기. ⁑ 낚시하는 솜씨의 하나.

~아요 * 풀이씨 줄기 'ㅏ, ㅗ' 뒤에 붙는 맺음끝. {막아요. 보아요.}
☞ ~어요. ~여요. ~요.

아우 * 같은 항렬의 남자나 여자 사이에서 나이가 적은 이. {아우뻘.} {막내아우.} ¶ 아우 노릇. 아우 되다. 아우 삼다. 아우 타다.
☞ 누나. 동생. 언니.

아우러지다 〈 어우러지다. ⁑ 여럿이 조화를 이루어 한 판을 이루다.

아우르다 〈 어우르다. ⁑ 여럿을 모아 한 판을 만들다.
☞ 어르다.[1]

아우성소리(~聲) ⇨ 아우성. ⁑ 여럿이 함께 지르는 소리.

아울러지다 ⇨ 아우러지다.

아울리다 〈 어울리다. ⁑ '아우르다'의 입음.

아웃 ⇨ 가웃. ⁑ '말아웃'은 대중말임.

아웅다웅 ⇨ 아옹다옹.

아유〔느〕= 아이. 아이고. 애고. ¶ 아유, 머리야. 아유, 참 잘했다.

아유산(亞硫酸) [왜] ⇨ 아황산.

아유산가스(亞硫酸 gas) ㉠ ⇨ 아황
산가스.

아이 = 애. {아이년. 아이놈. 아이아
버지. 아이어머니.} {갓난아이. 계
집아이. 딸아이. 사내아이. 아들아
이. 어린아이. 작은아이. 첫아이.
촌아이. 큰아이.} ¶ 남자 아이. 동
네 아이. 여자 아이. 처녀 아이. 총
각 아이. 아이 어른. ¶ 아이를 낳다.
아이를 배다. 아이가 서다. 아이를
지우다.

아이고〔느〕 = 애고. 아유. 아이. ¶ 아
이고, 배야. 아이고 간 떨어질 뻔했
다. 아이고, 이게 얼마 만이냐? 아이
고, 더 어찌할 수가 없구나.
　☞ 어이구.

아이고나〔느〕〈 어이구나. ‡ 어린애의
재롱, 착한 행동 따위가 기특할 때.

아이고땜 = 애고땜. ‡ 몹시 원통하거
나 슬플 때에 넋두리를 하는 일.

아이고아이고 = 애고애고. ‡ 부모상과
종손의 조부모상에서 곡하는 소리.
　☞ 어이어이.

아이구 ⇨ 아이고. 어이구.

아이구머니 ⇨ 아이고머니. 어이구머니.

아이낳이〔生産. 解産〕 = 애낳이. ‡ 아
이를 낳는 일.

아이노코(아이노꼬)〔間子〕㉠ ⇨ ① 튀
기. ‡ 혼혈. ② 섞임씨. ‡ 잡종.

아이러니하다(irony~) ⇨ 모순되다.
역설적이다.

아이로니컬하다(ironical~) ⇨ 모순
되다. 역설적이다.

아이론(iron) ㉠ ⇨ ① 다리미. ② 머
리 인두.

아이섀도우(eye shadou) ⇨ 아이섀
도. ‡ 눈두덩에 바르는 화장품.

아이스 염료(ice 染料) ㉠ ⇨ 얼음 물감.

아이씨(IC) ⇨ 나들목. ‡ 고속국도와
국도, 지방도가 이어지는 곳.

아이젠(Eisen) * 사갈. ‡ 얼음 위에
신는 신발에 붙이는 침.

아인시타인(Einstein) ⇨ 아인슈타인.
‡ 물리학자.

아장바장〈 어정버정. ‡ ① 하는 일 없
이 이리저리 찬찬히 걸어가는 모양.
② 어색하고 부자연스럽게 행동하는
모양.

아장아장〈 어정어정. ¶ 아기가 아장
아장 걸음마를 시작하였다.
　☞ 조작조작.

아재 * 아저씨나 아주버니의 낮춤말.

아재비 * 아저씨의 낮은말.

아저(兒豬) = 애저. ‡ 고기로 먹을 어
린 돼지.

아저씨 * ① 아버지와 항렬이 같은 친
척. ② 장가가지 않은 아버지의 아
우. ③ 고모부나 이모부. ④ 남남인
남자 어른. {주인아저씨.} ‡ 부르는
말.
　☞ 아주머니.

아전(雅典) ⇨ 아테네. ‡ 땅 이름.

아주¹〔어〕 * ① '매우'보다 훨씬 더 넘
어선 상태나 성질. ‡ 긍정. ¶ 아주
오랜 세월. 아주 쉽다. ② 행동, 작
용, 소유일 때는 완전히 이루어짐.
¶ 장난감을 아주 주었다. ③ 영원히.
¶ 걱정이 아주 사라졌다.
　☞ 너무.¹ 매우. 몹시. 무척. 끔찍이.²
썩. 여간.

아주[2] 〔느〕 * 남이 잘난 체하는 말이나 행동을 비웃는 말. ¶ 아주, 네가 뭔데.

아주[3](亞洲. 亞細亞州) ⇨ 아시아. ‡ 땅 이름.

아주[4](阿洲. 阿弗利加州) ⇨ 아프리카. ‡ 땅 이름.

아주까리 = 피마자. {아주까리기름. 아주까리씨.} ¶ 아주까리 등잔.

아주머니 * ①아버지와 항렬이 같은 여자. ②형의 아내. ③어머니와 나이가 비슷한 여자. ④나이가 비슷한 남자의 아내. ‡ 부르는 말.
☞ 아저씨.

아주먹이[1] * 겹옷을 입을 때 솜을 두어 입는 옷.

아주먹이[2]〔精白米〕 = 쓿은쌀. ‡ 속겨를 벗긴 쌀.
☞ 매조미쌀.

아주버니 = 시아주버니. ‡ 남편의 형이나 형뻘 되는 사람을 이르는 말.

아주버님 * 시아주버니를 직접 가리키거나 부르는 말.
☞ 도련님. 서방님.

아주아주 ⇨ 아주.

아지 [왜] ⇨ 매가리. 전갱이. ‡ 바닷고기 이름.

아지랭이 ⇨ 아지랑이.

아지작 = 아작. ¶ 호두를 아지작 깨물어 먹다.

아지직 〈 으지직. ‡ 조금 단단한 물건이 바스러져 깨지거나 짜그라지는 소리.

아직 = 아직껏. ‡ ①일, 상태, 시간이 어떻게 되기를 기다리는데 때가 미치지 못함. ②이미 있던 일이 달라지지 아니함. ¶ 아직 살아 있구나.
☞ 여태. 이태.

아직 시기상조다(時機尙早~) ⇨ 아직 때가 이르다. ‡ 시기상조다.

아쭈 〔느〕 ⇨ 아주.

아차 〔느〕 * 잘못된 것을 깨달았을 때 내는 소리. ¶ 아차, 내 잘못이구나.
☞ 아뿔싸. 아하.

아취(arch) ⇨ 무지개꼴. 반둥근꼴. ‡ 아치.

아치교(arch橋) * 무지개다리.

아침[1] * 먼동이 터서 날이 활짝 밝아지기 전까지, ‡ 여섯 시부터 열 시 사이. {아침결. 아침나절. 아침녘. 아침때. 아침상. 아침쌀. 아침잠. 아침저녁. 아침참.} ¶ 아침 문안. 아침 바다. 아침 신문. 아침 해. 아침 햇살.
☞ 새벽.[2] 오전. 상오.

아침[2] = 아침밥. 아침진지. ¶ 아침 먹다.

아침놀 = 아침노을. ¶ 아침놀 저녁 비요, 저녁놀 아침 비라.

아침뜸 = 아침 무풍. ‡ 바닷가에서 아침 무렵 바람이 한동안 자는 일.
☞ 저녁뜸.

아카렌가〔赤煉瓦〕 [왜] ⇨ 붉은 벽돌.

아카시아 * 오스트레일리아를 중심으로 열대지방에 사는 늘푸른큰키나무.
☞ 아까시나무.

아카지〔赤字〕 [왜] ⇨ ①밑짐. 축남. ‡ 결손. 손해. ②붉은 글씨.

아퀴 * 일의 매듭. ¶ 아퀴가 나다. 아퀴를 내다. 아퀴를 짓다.

☞ 아귀.³

아타라시(아다라시)〔新~〕㉮ ⇨ ①새 것. ②숫처녀. 숫보기. ③풋내기.

아타리(아다리)〔當~〕㉮ ⇨ ①엎힘. ＊ 배탈. ②적중. 단수. ＊ 바둑.

아타마(아다마)〔頭〕㉮ ⇨ ①머리. ②이마.

아틀란타(Atlanta) ⇨ 애틀랜타. ＊ 땅 이름.

아틀리에(atelier) ＊ ①화실. ＊ 그림 을 그리거나 조각하는 방. ②제작 실. ③촬영실. ④녹음실. ⑤방송 실. ⑥연주실.

아편(阿片) ＊ 양귀비 열매에서 나온 진으로 만드는 약. ＊ 모르핀.
☞ 양귀비.

아편꽃(阿片~) ⇨ 양귀비꽃.

아포크린한선(Apokrin 汗腺)㉮ ⇨ 아 포크린샘.

아프다 ＊ 병이 들거나 다쳐서 몸이 편 찮다. ＊ 마음이나 머리가 아픈 것 도 괴로움이 몸으로 옮겨진 것임. ¶ 배가 아프다. 골치 아프다. 마음 아 프다.
☞ 괴롭다. 앓다.

아프터써비스(after service)㉮ ⇨ 뒷손질. 뒷시중. ＊ 애프터서비스.

아하〔느〕＊ 미처 생각하지 못한 일을 깨달았을 때 내는 소리. ¶ 아하, 그 런 일도 있었구나. 아하, 그 사람이 그래서 화를 냈구나.
☞ 아차. 어허.

아호(雅號)＊ 문인이나 예술가 따위의 호를 높여 이르는 말.
☞ 관명. 별명. 별호. 본명. 아명.

자.² 호.²

아흐래 = ①아흐렛날. ②아홉 날.

아흐렛날 = ①아흐레. ②초아흐렛 날. ③아홉째 날.

아흔〔九十〕＊ {아흔하나. 아흔둘. 아 흔셋. 아흔넷. 아흔다섯. 아흔여 섯. 아흔일곱. 아흔여덟. 아흔아홉.} ¶ 아흔아홉 칸. 아흔 번. 아흔 살.

아흔째 = 제90. ＊ 차례.

악 ＊ 있는 힘을 다하여 모질게 쓰는 기 운. {악쓰다.} ¶ 악에 받치다.
☞ 악지.

악다구니 ＊ 기를 써서 다투며 욕설을 하는 짓. 또는 그런 입. {악다구니질. 악다구니판. 악다구니하다.} ¶ 악 다구니를 놀리다.
☞ 아가리질.

악다귀 ⇨ 악다구니.

악대 ＊ 불간 짐승. {악대말. 악대양.}
☞ 약대.¹

악대소 = 불친소.

악돌이 ＊ 악을 쓰며 모질게 덤비기 잘 하는 사람.
☞ 감돌이. 베돌이. 삼돌이 .

악둑배기 ⇨ 얽둑빼기. ＊ 곰보.

악둑악둑 ⇨ 얽둑얽둑.

악따귀 ⇨ 악다구니.

악머구리 = 참개구리. ¶ 악머구리 끓 듯 하다.

악바라지 ⇨ ①악. ②악지.

악빠리 ⇨ 악바리. ＊ ①모진 사람. ②영악한 사람.

악살 = 박살. ＊ 산산이 부서짐. ¶ 악살 이 나다. 악살을 내다. 악살이 되다.

악세사리(accessory) ⇨ 노리개. 치

렛감. ✽ 액세서리.

악셀레이터(accelerator) ⇨ 액셀러레이터. ✽ 가속 페달.

악수〈 억수. ✽ 물을 퍼붓듯이 세게 내리는 비.

악작배기 ⇨ 앍작빼기. 앍족빼기. ✽ 곰보.

악작악작 ⇨ 앍작앍작.

악재(惡材) 옙 ⇨ 나쁜 조건.
　☞ 호재.

악족배기 ⇨ 앍족빼기. 앍작빼기. ✽ 곰보.

악족악족 ⇨ 앍족앍족.

악지〈 억지. ¶ 악지를 부리다. 악지를 세우다. 악지를 쓰다. 악지를 빼다.
　☞ 떼. 악.

악짓손〈 억짓손. ✽ 무리하게 억지로 해내는 솜씨.

악착같다(齷齪~)〈 억척같다. ✽ 모질고 끈덕지다. {악착꾸러기. 악착빼기.} {악착스럽다. 악착하다.} ¶ 악착 부리다. 악착 떨다.

악하다(惡~) ✽ 성질이 나쁘고 모질다. ¶ 악한 사람. 악한 마음.
　☞ 나쁘다. 착하다.

악하선(顎下腺) 옙 ⇨ 턱밑샘.

악화되다(惡化~) ⇨ 나빠지다. ✽ 악화하다.

안[1] ✽ ①밖과 짝을 이룬 텅 빈 공간. ✽ 안과 밖은 둘이 되어 나뉘어 있음. 넓이나 부피가 있는 물체의 안쪽 부분. {집안. 품안} {안마당. 안마루.} ②경계나 범위. ¶ 가게 안. 골목 안. 굴 안. 극장 안. 기차 안. 담 안. 독 안. 뜰 안. 몸 안. 방 안. 배 안. 버스 안. 선 안. 솥 안. 식당 안. 역 안. 울 안. 입 안. 점포 안. 정자 안. 차 안. 창고 안. ③시간의 범위. ¶ 열흘 안. ④안감. ⑤아내. ⑥조직, 나라의 영역. ¶ 나라 안. 회사 안.
　☞ 속.[1] 가운데.

안[2] ✽ 여자. {안노인. 안늙은이. 안머슴. 안부모. 안사돈. 안사람. 안상제. 안손님. 안식구. 안어른. 안어버이. 안주인.}
　☞ 밖. 바깥.[2]

안[3] 〔어〕 = 아니. ✽ ①의지. ¶ 안 가다. 안 놀다. 안 먹다. 안 쓰다. 안 자다. 안 하다. ②상태. ¶ 안 덥다. 안 밉다. 안 아프다. 안 춥다.
　☞ 못.[4] 않~.

안가슴 ⇨ ①앙가슴. ②마음속.

안가품[1] ⇨ ①안갚음. ②앙갚음.

안가품[2](安價品) 옙 ⇨ ①싼거리. ②싸구려. ✽ 염가품.

안가하다(安價~) 옙 ⇨ 값싸다. 값이 눅다.

안간힘 ✽ ①어떤 일을 이루려고 몹시 애쓰는 힘. ¶ 안간힘을 다하다. ②고통이나 울화를 참으려고 애쓰는 힘. ¶ 안간힘을 쓰다.
　☞ 간힘.

안강망(鮟鱇網) 옙 ⇨ 아귀잡이그물.

안강어(鮟鱇魚) 옙 ⇨ 아귀. ✽ 바닷고기 이름.

안갚음 ✽ ①어버이를 봉양하는 일. {안갚음하다.} ②은혜를 갚음.
　☞ 안받음. 앙갚음.

안개 ✽ 작은 물방울이 공중에 부옇게 떠 있는 모양. {안개비.} {골안개.

들안개. 땅안개(얕은안개). 물안개.
밤안개. 산안개. 새벽안개. 실안
개.} ¶ 얼음 안개. 짙은 안개. ¶ 안
개가 끼다. 안개가 걷히다. 안개가
짙다.
☞ 는개. 이내.¹ 이슬.

안겨지다 ⇨ 안기다. ‡ '안다'의 입음.
¶ 아이가 엄마 품에 안기다.

안경 끼다(眼鏡 ~) ⇨ 안경 쓰다.

안경장이(眼鏡匠~) * 안경을 만드는
기술자.

안경쟁이(眼鏡~) = 안경잡이. ‡ 안
경을 쓴 사람.

안 계시다 * 자리에 계시지 아니하다.
‡ 사람. 신. ¶ 선생님은 안 계십니다.
☞ 없으시다.

안고(眼高) ⇨ 눈높이.

안고나다 * 남이 저지른 일이나 잘못
을 도맡아 짊어지다.
☞ 안고지다. 안다미하다.

안고름 = 안옷고름. ‡ 저고리.

안고지다 * 남을 해치려 하다가 도리
어 제가 해를 입다.
☞ 안고나다.

안 그렇다 = 그렇지 않다.

안까님 ⇨ 안간힘.

안날 * 바로 전날. ¶ 보름 안날 저녁에
지은 오곡밥을 쉬 보내다.
☞ 전날.

안남(安南) ⇨ 베트남. ‡ 나라 이름.

안내(案內) ⇨ ① 인도. {인도받다.
인도하다.} ¶ 인도해 주다. ② 알림.
¶ 알림 글월. 알림 방송. ③ 소개.
¶ 상품 소개. 관광 소개. 명승지 소
개.

안내양(案內孃) ⇨ ① 버스 도우미.
② 길 도우미.

안내자(案內者) ⇨ 길잡이. ‡ 인도자.

안내장(案內狀) ⇨ ① 알리는 글.
‡ 통지서. ② 모시는 글. ‡ 청첩.

안녕하세요 = 안녕하셔요. ‡ 손윗사
람이나 친구에게 씀.
☞ 무고하세요. 별고 없으셔요. 평안
하셔요.

안녕히 가십시오 * 손님을 배웅할 때
하는 인사.
☞ 어서 오십시오.

안노인(~老人) * 집안의 여자 노인.
☞ 바깥노인.

안늙은이 * 여자 늙은이.
☞ 바깥늙은이.

안다 * ① 품안에 들게 하다. {곧추안
다. 그러안다. 껴안다. 끌어안다. 부
둥켜안다. 부여안다. 싸안다. 얼싸안
다.} ¶ 아기를 품에 안다. ② 새가 알
을 품다. ③ 정면으로 받다. ‡ 눈. 바
람. 비. 햇빛. ¶ 바람을 안고 가다.
④ 손해, 빚, 책임을 맡다. ¶ 전세를
안고 가게를 사다. ⑤ 생각이나 감정
을 마음속에 가지다. ¶ 희망을 안다.
꿈을 안다.
☞ 보듬다. 품다.¹

안다미 = 다미. 안담. ‡ 남의 책임을
떠맡아 짐. {안다미하다.} ¶ 일은
저놈들이 저질렀는데 그 안다미를
우리가 뒤집어쓰게 생겼다.
☞ 덤터기. 안고나다. 안아맡다.

안다미로 * 담은 것이 그릇에 넘치도록
많이. ¶ 쌀을 안다미로 담아서 주다.

안다미시키다 ⇨ 안다미씌우다. ‡ 책

임을 남에게 떠넘겨 지우다.

안다미조개 = 꼬막. 살조개. ⁑ 돌조
갯과의 조개 이름.

안달¹ ＊ 바로 전달.

안달² = 안달머리. ⁑ 속을 태우며 조급
하게 구는 짓. {안달증.} {안달복달
하다. 안달스럽다.} ¶ 안달을 내다.
안달을 떨다. 안달을 부리다.

안달이 = 안달뱅이. ⁑ ①걸핏하면 안
달하는 사람. ②소견이 좁은 사람.

안담(按擔) = 안다미. 다미. ⁑ 남의
책임을 떠맡아 짐.

안돌다 ＊ 안고 돌아가다. ¶ 좁은 산길
에서 바위를 안돌아 넘어가다.

안 돌다 ＊ 돌지 아니하다. ¶ 나사가 안
돌다.

안돌이 ＊ 산길에서 바위 같은 것을 안
고 겨우 돌아가게 된 곳. {안돌잇길.}
☞ 지돌이.

안동네 = 안마을. ⁑ 안쪽으로 들어앉
은 마을.

안돼 = 안되어. ⁑ 안되다. ¶ 얼굴이
안돼 보이다. 병이 들었다니 안됐
다.

안 돼 = 아니 되다. ¶ 채비가 안 됐다.
시간이 안 됐다. 그러면 안 돼.

안되고말고 ⇨ 안 되고말고. ⁑ '～고말
고'는 맺음끝.

안되다 ＊ ①마음이 언짢다. 안쓰럽다.
¶ 그것 참 안되었다. ②걱정이나 병
으로 얼굴이 상하다. ¶ 안색이 안되
어 보인다. ③일, 현상, 물건이 좋게
이루어지지 않다. ¶ 장사가 잘 안된
다. 공부가 잘 안된다. ④일정한 수
준이나 정도에 이르지 못하다. ¶ 우

리 중 안되어도 세 명은 합격할 것이
다. ⑤사람이 훌륭하게 되지 못하
다. ¶ 자식이 안되기를 바라는 부모
는 없다.

안 되다 = 아니 되다. ⁑ '안'은 어찌
씨. ¶ 내가 하는 일마다 안 된다. 일
을 그렇게 해서는 안 된다. 길거리
에서도 담배를 피우면 안 된다.
☞ 잘되다.

안될리 없다 ⇨ 안 될 리 없다.

안뒷간(～間) ＊ 안채에 딸린 여자 뒷
간. ＊ 여자 화장실.
☞ 바깥뒷간.

안뜰 ＊ 안채에 있는 뜰. ¶ 안뜰에 있는
석류나무에서 매미가 요란스레 운
다.
☞ 바깥뜰.

안뜸 ＊ 한 마을의 안쪽 구역.
☞ 바깥뜸.

안마당 ＊ 집 안의 안채 앞에 있는 마당.
☞ 바깥마당.

안면(安眠) 옓 ⇨①편한 잠. ②편히 잠.

안면치레(顔面～) ＊ 얼굴만 알고 지내
는 사람에게 차리는 체면.
☞ 인사치레. 체면치레. 면치레.

안밖 ⇨ 안팎. ⁑ 안과 밖.

안반 = 안반짝. 떡판. ⁑ 떡을 치는 데
쓰는 나무판. {안반엉덩이.}

안받다 ＊ 부모가 자식에게서 안갚음을
받다. ⁑ 효도를 받다.

안 받다 ＊ 받지 아니하다. ¶ 뇌물을 안
받다.

안받음 ＊ 자식에게 안갚음을 받는 일.
⁑ 효도를 받음. {안받음하다.}

안 받음 ＊ 받지 않음. ¶ 돈봉투는 안

받음.

☞ 안갚음. 앙갚음.

안방(~房) * ①집 안채의 부엌에 딸린 방. ②안주인이 거처하는 방.

☞ 바깥방. 사랑방.

안방샌님 = 안방지기. ‡ 안방에만 들어박혀 있는 사내.

안방술집 = 안침술집. 내외술집. ‡ 여자가 술청에 나오는 않는 술집.

☞ 방석집.

안 보다 = 보지 아니하다. ¶ 그런 책은 거저 줘도 안 본다.

안부(安否) * 평안한가 아니한가에 대한 소식이나 인사. ¶ 안부 전화. 안부 편지. ¶ 안부를 묻다. 안부를 전하다. 안부가 궁금하다.

☞ 문안.²

안부모(~父母) = 어머니.

☞ 바깥부모.

안사돈 = 사돈댁. 사부인.

☞ 바깥사돈.

안사람 = 아내. ‡ 집사람. 집식구.

☞ 바깥사람.

안살림 = 안살림살이. ‡ 안식구들이 하는 집안의 살림살이.

안서럽다 ⇨ 안쓰럽다.

안성맞춤(安城~) * ①조건이나 상황이 어떤 일에 딱 맞음. ¶ 혼자 살기에 안성맞춤인 단칸방. ②잘 들어맞는 물건. ¶ 이 옷이 안성맞춤이다.

☞ 방짜. 맞춤~.² 장내기.

안소리 * 세 성부 이상의 악곡에서 중간 성부. ‡ 혼성 사부에서 알토와 테너.

☞ 바깥소리.

안속 = 속마음. 속맘. 속판. ¶ 사람의 안속을 알기는 어렵다.

안손님 = 안손. ‡ 여자 손님.

☞ 바깥손님.

안스럽다 ⇨ 안쓰럽다.

안슬프다 ⇨ 안쓰럽다.

안 슬프다 = 슬프지 아니하다.

안식구(~食口) * ①여자 식구. ②자기의 아내를 일컫는 말.

☞ 바깥식구.

안심부름 * ①여자들이 시키는 심부름. ②집안일로 하는 심부름.

☞ 바깥심부름.

안쓰럽다 * ①약한 사람에게 폐를 끼쳐 매우 미안하고 딱하다. ②약한 사람이 힘에 겨운 일을 하는 것이 보기에 가엾다.

☞ 안타깝다.

안아맡다 * 남의 일을 맡아서 책임을 지다.

☞ 덤터기. 안고나다. 안다미하다.

안어른 = 안주인. ‡ 집안의 여자 주인.

☞ 바깥어른. 바깥주인. 밖주인.

안어버이 = 어머니.

☞ 밭어버이.

안올리다 * (그릇의) 안쪽을 칠하다.

안 올리다 * 올리지 아니하다.

안옷¹ = 돛폭. ‡ ①돛의 너비. ②돛을 만든 천.

안옷² * ①여자 식구의 옷. ②속옷.

☞ 바깥옷.

안옷고름 = 안고름. ‡ 한복 저고리의 안깃을 여미어 매는 옷고름.

☞ 겉옷고름.

안울림소리〔無聲音〕 = 맑은소리. ‡ ‘ㄴ,ㄹ,ㅁ,ㅇ’을 뺀 나머지 닿소리.

☞ 울림소리. 흐린소리.

안이하다(安易~) * 너무 쉽게 여기는 태도가 있다. ¶ 안이하게 생각하다.

안일하다(安逸~) * 편안하고 한가롭거나 편안함만 누리려는 태도가 있다.

안잠살다 = 안잠자다. ‡ 여자가 남의 집에서 먹고 자며 일을 하다.

안잠자기 = 안잠. ‡ 안잠사는 일. 또는 그런 여자.
☞ 머슴.

안장(~張) = 속표지. ‡ 책.

안장접(鞍裝楼) = 길마접. ‡ 접붙이기의 한 가지.

안전률(安全率) ⇨ 안전율. ‡ 니은이나 홀소리 뒤에는 '율'임.

안전문화(安全文化) ⇨ 안전 의식.

안전변(安全辨) ⇨ 안전판.

안전사고(安全事故) ⇨ 탈. ‡ 사고. 사단.

안전성(安全性) * 위험이 생기거나 사고가 날 염려가 없는 상태.
☞ 안정성.

안전하다(安全~) * 위험이 생기거나 사고가 날 염려가 없다.
☞ 온전하다.

안절부절하다 ⇨ 안절부절못하다.

안정성(安定性) * 바뀌거나 달라지지 않고 일정한 상태를 이어가는 성질.
☞ 안전성.

안정시키다(安定~) ⇨ 가라앉히다.

안주(按酒) = 술안주. {거섯안주. 꼬치안주. 마른안주. 진안주. 침안주.} ¶ 안주 삼다. 안주를 시키다. 안주가 푸짐하다.

안주머니 = 속주머니.

안주인(~主人) = 주인댁. ‡ 집안의 여자 주인.
☞ 바깥주인. 밖주인.

안주 일절(按酒一切) ⇨ 온갖 안주. 안주 일체.

안주장(~主張) = 내주장. ¶ 내주장이 강한 집안.

안줏감(按酒~) * 안주가 될 만한 음식. ¶ 소주 안줏감으로 두루치기가 좋다.

안줏거리(按酒~) * ①안주. ②어떤 일에 곁다리로 따라붙는 일.

안질깨 ⇨ 앉을깨. ‡ 걸터앉는 물건.

안집 = ①안채. ②주인집.
☞ 안찝.

안짱다리 * 두 발끝이 안쪽으로 휜 다리. 또는 그렇게 걷는 사람.
☞ 밭장다리.

안쫑다리 ⇨ 안짱다리.

안찝 * ①옷의 안에 받치는 천. ②소의 내장. ③송장을 넣는 널.
☞ 안집.

안창 = 위창. 속창. ‡ 신발의 안쪽 바닥에 까는 가죽이나 헝겊.
☞ 밑창. 신창.

안창고기 * 소의 가로막살. ‡ 먹거리로 일컫는 이름.
☞ 갈매기살.

안청(眼睛) ⇨ 안정. ‡ 눈동자.

안채 = 안집. ‡ 안과 밖에 따로 지은 한 집에서 안에 있는 집.

안치다¹ * 밥, 국, 떡, 찌개를 만들려고 재료와 물을 솥에 넣다.

안치다² * ①어려운 일이 앞에 밀리

다. ¶ 눈앞에 안친 일이 많다. ② 앞으로 와 닿다. ¶ 언덕에 오르니 전경이 한눈에 안쳐 왔다.
　☞ 앉히다.

안치시키다(安置~) ⇨ ① 잘 갈무리해 두다. ‡ 귀중품. ② 잘 모셔 두다. ‡ 불상. 위패. 시신.

안침술집 = 안방술집. 내외술집. ‡ 술청에 여자가 나오지 않는 술집.
　☞ 방석집.

안타까히 ⇨ 안타까이. ‡ 안타깝게. ¶ 안타까이 여기다.

안타깝다 * ① 딱한 생각이 들다. ② 마음이 답답하고 죄다.
　☞ 안쓰럽다.

안타깝이 * 안타까운 사람.

안타깨비 = 안타깨비쐐기. ‡ 벌레 이름.

안타다 * 가마, 인력거, 자전거나 말을 탄 사람의 앞에 앉아 함께 타다.

안 타다 * 타지 아니하다. ¶ 가마를 안 타고 걸어가다.

안타수(安打數) ⇨ 안타 수. ‡ 안타를 친 수.

안 털다 * 털지 않다. ¶ 먼지 묻은 옷을 안 털고 옷장에 걸어두다.

안틀다 * 정해 놓은 수효나 테두리 안에 들다. ¶ 안튼 가격. 부르는 값이 내가 바라는 금에 안틀어서 사기로 했다.

안팎 * ① 안과 밖. {안팎곱사(안팎곱사등이). 안팎노자. 안팎발걸이. 안팎벌. 안팎살림. 안팎옷. 안팎장사.} ¶ 집 안팎을 닦달하다. ② 남자와 여자. {안팎식구. 안팎심부름. 안팎일.} ③ 부부. {안팎드난. 안팎

중매.} ¶ 안팎이 모두 부지런하다.

안하다 ⇨ 안 하다.

안 하다 = 아니 하다. 않다. ¶ 공부를 안 하다. 대답을 안 하다. 말을 안 하다. 세수를 안 하다. 숙제를 안 하다.
　☞ 못 하다. 않다.

안해 〔昨年〕 = 지난해. 묵은해.
　☞ 새해. 안날. 안달.[1]

안해본일 없다 ⇨ 안 해 본 일 없다.

앉다 * 엉덩이를 바닥에 닿게 하다. {걸어앉다. 걸터앉다. 곧추앉다. 기대앉다. 꿇어앉다. 나앉다. 내려앉다. 내앉다. 늘어앉다. 다가앉다. 돌아앉다. 둘러앉다. 들어앉다. 물러앉다. 올라앉다. 주저앉다. 차고앉다.} ¶ 끼여 앉다. 마주 앉다. 벌여 앉다. 붙어 앉다. ¶ 앉아 기다리다. 앉아 뭉개다. 앉아 배기다. 앉아 삼천 리, 서서 구만 리. 앉아 주고 서서 받는다.
　☞ 꿇다.

앉아라 * '앉다'의 바로 시킴꼴. ‡ '~아(어)라'.
　☞ 앉으라.

앉았다섰다하다 ⇨ 앉았다 섰다 하다.

앉으나마나하다 ⇨ 앉으나 마나 하다.

앉으라 * '앉다'의 건너 시킴꼴. ‡ '~(으)라'.
　☞ 앉아라.

앉으세요 = 앉으셔요.

앉은뱅이꽃 ⇨ ① 오랑캐꽃. ② 민들레. ③ 채송화.

앉은벼락 = 누운벼락. ‡ 생각지 아니하게 갑자기 당하는 큰 불행.

☞ 날벼락. 생벼락.

앉은소리 * 잡가에서 앉아서 부르는 소리.

☞ 선소리.²

앉은일 * 주로 앉아서 하는 일. * 바느질 따위.

☞ 선일.

앉은자리 * 바로 그 자리. ¶ 앉은자리에서 불고기 세 사람 몫을 먹었다.

앉은 자리 * 앉아 있는 자리. ¶ 앉은자리에 풀도 안 난다.

앉은장사 * 한곳에 가게를 내고 하는 장사.

☞ 선장사. 도붓장사.

앉은장수 * 앉은장사를 하는 사람.

☞ 선장수. 도붓장수.

앉은저울 ⇨ 앉은뱅이저울.

앉은절 * 허리를 굽히고 꿇어앉으면서 하는 절. * 큰절과 평절이 있음.

☞ 반절.¹

앉을자리 * 물건 놓을 자리의 밑바닥. ¶ 책상 앉을자리를 고르다.

앉을 자리 * 사람이 앉을 만한 자리. ¶ 앉을 자리가 없다.

앉음새 = 앉음앉음. * 앉아 있는 모양새. ¶ 앉음새를 고치다.

앉치다 ⇨ ①안치다. ②앉히다.

앉혀 = 앉히어. * 앉히다. ¶ 앉혀 놓다. 앉혀 두다. 앉혀 주다.

앉히다 * ①'앉다'의 하임. ¶ 손자를 무릎에 앉히다. ②버릇을 가르치다. ¶ 일찍 일어나는 버릇을 앉히다. ③문서에 줄거리를 따로 잡아 써 놓다.

☞ 안치다.

앉히우다 ⇨ 앉히다.

않~ * '아니 하~'의 준말. * 않다.

☞ 안.

않고 있다 ⇨ 않는다.

않느냐? 〔움〕 * 움직씨 씨끝 '~지' 뒤에 씀. * 않는. ¶ 왜 가지 않느냐?

않다 = 아니 하다. ¶ 말을 않다. 가지 않다. 묻지 않다. 예쁘지 않다.

않으냐? 〔그〕 * 토씨 '이다'와 그림씨 뒤에 씀. * 않은. ¶ 오늘이 어린이날이지 않으냐? 다른 사람 보기에 부끄럽지 않으냐?

않은 걸 ⇨ 않은걸. * '~은걸'은 맺음끝.

알¹〔卵〕 * 새, 뱀, 물고기, 벌레의 새끼가 깨어나는 둥근 알갱이. ¶ 알 받다. 알 배다. 알 품다. {개구리알. 거북알. 공룡알. 도롱뇽알. 도마뱀알. 뱀알. 악어알.} {거위알. 기러기알. 까치알. 꿩알. 두루미알. 메추리알. 물새알. 백로알. 비둘기알. 산새알. 새알. 오리알. 참새알. 타조알.} {금붕어알. 도루묵알. 물고기알(생선알). 민어알. 새우알. 숭어알. 연어알. 청어알.}

알² * ①작고 둥근 열매나 곡식의 낱개. {감자알. 개암알. 대추알. 머루알. 밤알. 석류알. 포도알. 호두알.} {깨알. 녹두알. 밀알. 보리알. 쌀알. 좁쌀알. 팥알. 콩알.} ②작고 둥근 물건. {눈알. 수판알. 아래알. 윗알.} {모래알. 유리알. 황금알.} {대포알. 총알. 탄알.} ③하나치. ¶ 달걀 한 알. 대추 세 알. 호두 두 알.

알~³ * ①겉을 벗겨낸. {알감. 알곡. 알곡식. 알궁둥이. 알머리. 알몸. 알몸뚱이. 알바늘. 알밤. 알밥. 알살. 알이마. 알종아리. 알토란.} ②작은. {알개미. 알나리. 알뚝배기. 알바가지. 알요강. 알항아리.} ③진짜. 알짜. {알가난. 알건달. 알거지. 알과녁. 알깍쟁이. 알부자.}

알갱이 = 알. ‡ ①열매나 곡식의 낱알. ¶ 쌀 알갱이. 좁쌀 알갱이. 호두 알갱이. ②작고 둥글고 단단한 물질. ‡ 입자. ¶ 모래 알갱이. 흙 알갱이.
　☞ 알맹이.

알겨 = 알기어. ‡ 알기다. {알겨먹다.} ¶ 알겨 내다.

알견하다(謁見 ⇨ 알현~) ⇨ 뵈다. 뵙다.

알고말고 = 알다마다. ‡ '~고말고. ~다마다'는 맺음끝.

알고명 = 알반대기. 지단. ‡ 달걀의 흰자와 노른자를 따로 부쳐 썬 고명.

알괘(~卦) = 알조. ‡ 알 만한 일. ¶ 더 말 안 해도 알괘다.

알금삼삼 * 얽은 자국이 드물게 있는 모양.

알금솜솜 * 얽은 자국이 배게 있는 모양.

알껍질 ⇨ 알껍데기.

알나리깔라리 ⇨ 알나리깔나리. ‡ 남을 놀릴 때 하는 어린이 말.

알 낳다 * 새, 개구리, 뱀, 거북 따위가 알을 몸 밖으로 내놓다.
　☞ 알 슬다.

알눈[胚盤] = 얼씨. ‡ 동물의 알과 식물의 씨앗에 있는 조직.

알눈[2] = 구슬눈. 구슬싹. 살눈. 태눈. ‡ 식물.

알다 * ①정보, 지식, 기능을 갖추다. ②의식이나 감각으로 깨닫다.
　☞ 느끼다.[2] 깨닫다.

알다시피 = 아시다시피. ‡ '~다시피'는 씨끝.

알돌 = 호박돌. ‡ 집터 따위 땅의 바닥을 다질 때 넣는 큰 돌.
　☞ 밤자갈.

알든 말든 = 알든지 말든지.

알듯모를듯 하다 ⇨ 알 듯 모를 듯하다.

알들다 * 채소 잎이 여러 겹으로 겹쳐서 둥글게 속이 들다. ¶ 알든 배추.
　☞ 알배다.

알뚝배기 * 작은 뚝배기. ¶ 알뚝배기에 된장찌개를 끓인다.
　☞ 알둑빼기.

알라신(Allah神) ⇨ 알라. ‡ 이슬람교의 신. 신상을 만들지 않음.

알락 〈 얼럭. ‡ 다른 빛깔의 점이나 줄이 섞인 모양. 또는 그런 자국.
　☞ 알로기.

알락범 ⇨ 표범.

알랑거리다 〈 얼렁거리다. ‡ 남의 비위를 맞추려고 더럽게 아첨을 떨다.
　☞ 알랑거리다.

알랑방구 ⇨ 알랑방귀. ‡ 남의 비위를 맞추는 짓. ¶ 알랑방귀를 뀌다.

알랑뚱땅 〈 얼렁뚱땅. ‡ 엉너리를 부려 얼김에 속여 넘기는 모양.

알랑뱅이 ⇨ 알랑쇠. ‡ 알랑거리는 사람.

알량꼴량하다 * 몰골이 사납고 보잘것없다.

알량하다 * 시시하고 보잘것없다. ¶ 알량한 자긍심. 알량한 재주.

알러지(Allergie) ⇨ 알레르기. ‡ 거

부 반응. 과민 반응.

알려 = 알리어. ‡ 알리다. {알려지다.}
¶ 알려 놓다. 알려 두다. 알려 주다.

알로 ⇨ 아래로.

알로기 = 알롱이. 아롱이. ‡ 알록알록
한 점, 무늬, 짐승, 물건.
☞ 알락. 얼루기.

알록달록 〈 얼룩덜룩. ‡ 빛깔이 다른
점과 줄이 여러 가지 무늬를 이룬
모양.

알륵(軋轢) ⇨ 알력. ‡ 삐걱거림. ¶ 알
력이 심하다. 알력이 끊일 날이 없
다.

알리다 * ‘알다’의 하임. ¶ 소식을 알리
다.
☞ 아뢰다. 사뢰다.

알리바마(Alabama) ⇨ 앨라배마. ‡
땅 이름.

알림장(~狀) * 알리는 글발. ‡ 통지서.
청첩.
☞ 알음장.

알만 하다 * 알 정도의 크기이다. ¶ 크
기가 참새알만 하다.

알 만하다 * 알 것 같다. ¶ 무슨 짓을
했는지 알 만하다.

알맞는 〔그〕 ⇨ 알맞은. ‡ 그림씨에는
씨끝 ‘은’이 붙음.
☞ 맞는.

알맞는다 〔그〕 ⇨ 알맞다.

알맞다 * 기준, 조건, 정도에 들어맞다.
¶ 알맞게 익은 김치. 알맞은 거리.
☞ 걸맞다.

알맹이 * ①껍질이나 껍데기를 벗기고
남은 속 부분. ¶ 호두 알맹이. ②사
물의 핵심이 되는 중요한 부분. ¶ 알

맹이가 없다.
☞ 알갱이. 알속.

알머리 = 맨머리. ‡ 아무것도 쓰지 않
은 머리.
☞ 대머리. 맨머리. 민머리.

알몸 = 알몸뚱이. 맨몸. 맨몸뚱이.
발가숭이. ‡ 옷을 걸치지 않은 몸.

알무 ⇨ 총각무.

알미늄(aluminium) ⇨ 알루미늄.
{알루미늄판.} ¶ 알루미늄 그릇.

알박기 * 큰 집터에서 꼭 없어서는 안
될 자리를 미리 차지하는 일.

알박이 ⇨ 알배기.

알반대기 = 알고명. 지단. ‡ 달걀의 흰
자와 노른자를 따로 붙여 썬 고명.

알밤[1] * ①밤송이에서 빠지거나 떨
어진 밤톨. ¶ 알밤을 줍다. ② 꿀밤.
¶ 알밤을 한 대 먹이다.
☞ 송이밤. 아람.

알밤[2] 〔album〕 ⑨ ⇨ 사진첩. ‡ 앨범.

알밥젓 * 알주머니에서 털어 낸 명태
알로 담근 젓.
☞ 고지젓. 구제비젓. 대창젓. 또라
젓. 명란젓. 새우젓. 속젓. 아감젓.
장재젓. 창난젓. 하란젓.

알배기 * ①알을 밴 물고기. ¶ 알배기
생선. ②속이 알찬 모양.
☞ 이리박이.

알배다 * ①배 속에 알이 들다. ②곡
식의 알이 들다.
☞ 알들다.

알보지 = 밴대. 밴대보지. ‡ 거웃이
없는 보지.

알사탕(~砂糖) * 알처럼 작고 둥글둥
글하게 생긴 사탕.

☞ 눈깔사탕. 새알사탕.

알속 * ①몰래 알린 내용. ②알맹이. ⁑핵심. ③수량, 길이, 무게의 실속.

알 속 * 알의 속. ¶ 알 속에는 흰자와 노른자가 들었다.

알송달송 ⇨ 알쏭달쏭.

알슬기 〔排卵〕 * 알집(卵巢)에서 알세포(卵子)가 나오는 일.

알 슬다 * 벌레나 물고기가 한꺼번에 많은 알을 몸 밖으로 내어 붙이다.
☞ 알 낳다. 쉬슬다.

알심 * ①은근히 동정하는 마음. ¶ 알심을 부리다. 알심 있이 세숫물을 가져오다. ②보기보다 야무진 힘. ¶ 알심 있는 사나이.
☞ 고갱이.

알쏭하다 = 아리송하다. ⁑①분간하기 어렵다. ②생각이 떠오르지 않다.
☞ 얼쑹하다.

알 쓸다 ⇨ 알 슬다.

알아듣다 = 알아먹다. ⁑①남이 하는 말의 뜻을 알다. ¶ 내 말뜻을 알아들었니? ②소리를 분간하여 듣다. ¶ 누구의 목소리인지 알아듣다.

알아맞추다 ⇨ 알아맞히다. ⁑답을 맞게 하다.

알아먹다 = ①알아듣다. ②알아보다.

알아보도록 하다 ⇨ 알아보다.

알아볼쪼다 ⇨ 알아볼 조다.

알아차리다 * 알고 정신을 차려 깨닫다. ¶ 엉큼한 속셈을 알아차리다.

알아채다 * 낌새를 미리 알다. ¶ 내가 왜 왔는지 알아채지 못했다.

알암 ⇨ 아람.

알약(~藥) * ①작고 동글납작하게 만든 약. ⁑정제. ②환약. ⁑한약.

알으켜 주다 ⇨ ①알려 주다. ②가르쳐 주다.

알으키다 ⇨ ①가르치다. ②알리다.

알은척하다 = 알은체하다. ⁑①관심을 나타내다. ¶ 남의 일에 알은척하지 마라. ②인사하거나 아는 듯한 표정을 짓다. ¶ 나를 보고 알은척하다.
☞ 아는 척하다. 아는 체하다.

알음 * ①안면. ⁑사람이 서로 아는 일. ¶ 그와 알음이 있다. ②지식, 지혜. ¶ 알음 있게 일을 잘한다. ③신의 보호. ¶ 신의 알음이 있다. ④내가 한 일을 알아주는 것. ¶ 착한 일을 할 때는 알음을 바라지 않아야 한다.
☞ 아름. 앎.

알음알음 * ①아는 사이. ⁑친분. ②아는 관계. ¶ 알음알음으로 찾아가다.
☞ 아름아름.

알음알이 = 알이알이. ⁑①가까이 아는 사이. ②약삭빠른 수단.

알음장 * 눈치로 남몰래 알려 줌. {알음장하다.}
☞ 알림장.

알음치 ⇨ 아람치. ⁑개인이 사사로이 차지하는 몫.

알이마 * 가린 것 없이 드러난 이마.
☞ 앞이마.

알이알이 * ①알음알이. ②어린아이의 나날이 늘어나는 재주.

알전(~錢) ⇨ 푼돈.

알젓 ⇨ 알젓. {알젓찌개.} ¶ 생선 알젓.

알제기다 = 제기다. ⁑눈동자에 흰 점이 생기다.

알조 = 알괘. ‡ 알 만한 일. ¶ 그만하면 알조다.

알짜 = 알짜배기. ‡ 가장 요긴한 물건.
　☞ 알천. 얼짜.

알짬 ‡ 가장 요긴한 내용. ¶ 집 세간의 알짬을 뽑아내어 짐을 만들다.

알쪼 ⇨ 알조. 알괘. ¶ 그만하면 말하지 않아도 알조다.

알천 ‡ ① 재산 가운데 가장 값나가는 물건. ② 가장 맛있는 음식.
　☞ 알짜.

알청하다 ⇨ 알겯다. ‡ 암탉이 수탉을 부르느라고 골골 소리를 내다.

알치 ‡ 알을 밴 뱅어.
　☞ 슬치.

알카리량(alkali量) ⇨ 알칼리양. ‡ 우리말과 서양말 뒤에는 '양'임.

알콜(alcohol) ⇨ 알코올. {알코올램프. 알코올음료.} ‡ 메탄올. 에탄올.

알콩달콩 ‡ ① 아기자기하고 아주 즐거운 모양. ② 잔재미가 있고 즐겁게.
　☞ 아기자기. 오밀조밀. 오순도순.

암클 ⇨ 암글. ‡ ① 한글. ② 실제로 써먹지 못하는 지식.

알타리무 ⇨ 총각무.

알탕갈탕 ⇨ 애면글면. ‡ 힘에 겨운 일을 이루려고 애를 쓰는 모양.

알토랑 같다 ⇨ 알토란 같다. ¶ 알토란 같은 땅. 알토란처럼 오붓하게 살다.

알파베트(alphabet) ⇨ 알파벳. ‡ 한글, 로마 글자 따위 낱소리글자.

얽둑배기 ‡ 얽은 자국이 성기게 있는 곰보.
　☞ 알뚝배기.

얽작배기 ‡ 얽은 자국이 촘촘하게 있는 곰보.

얽족배기 ‡ 얽은 자국이 많은 곰보.
　☞ 곰보. 얽보.

앎 〔知識〕 ‡ 아는 일. ¶ 앎은 힘이다. 앎이 모자라다.
　☞ 알음. 암.

앓다 ‡ 병에 걸리거나 걱정이 있어 괴로움을 겪다. ‡ 앓으니. 앓느니. 앓는.
　☞ 아프다.

암[1] 〔느〕 = 아무렴. 아무려면. ¶ 암, 네 부탁이라면 들어주고말고.

암~[2] 〔牝〕 ‡ ① 새끼를 배는 동물. {암거미. 암게. 암고양이. 암곰. 암구렁이. 암까마귀. 암꿩. 암나비. 암놈. 암말. 암뱀. 암벌. 암범. 암비둘기. 암사슴. 암새. 암성. 암소. 암양. 암염소. 암쥐. 암제비. 암컷. 암토끼.} {암캉아지. 암캐. 암탉. 암탕나귀. 암퇘지. 암평아리.} ② 열매를 맺는 식물. {암그루. 암꽃. 암꽃술. 암나무. 암삼. 암술. 암이삭. 암은행나무. 암칡. 암포기.} ③ 짝을 이룬 사물의 암짝. {암꿩과리. 암나사. 암단추. 암무지개. 암본. 암쇠. 암줄. 암짝. 암쪽. 암치. 암치질. 암틀.} ④ 여자. {암사내. 암사돈. 암중.}
　☞ 수~.[3] 숫~.[2]

암강아지 ⇨ 암캉아지. ‡ 수캉아지.

암개 ⇨ 암캐. ‡ 수캐.

암구다 = 쌍붙임하다. 접붙이다. 흘레붙이다. ‡ 짐승의 교미.
　☞ 앙구다.

암글 ‡ ① 한글. ② 실제로 활용할 수 없는 지식.

☞ 수글.

암기(~氣) * 남을 미워하고 시샘하는
마음. ¶ 암기가 가득 찬 얼굴.
　☞ 암상.¹

암기와 ⇨ 암키와. ‡ 수키와.

암꿩 = 까투리. ‡ 새의 하나.
　☞ 수꿩. 장끼.

암나귀 = 암탕나귀. ‡ 수탕나귀.

암나사(~螺絲) * 수나사가 끼우게 되
어 있는 나사. ‡ 너트.
　☞ 수나사.

암내¹ * 암컷의 몸에서 나는 냄새. ¶ 암
내를 풍기다. 암내를 피우다.

암내² * 겨드랑이 냄새. ¶ 암내가 나다.

암노루 = 느렁이. ‡ 수노루.

암놈 = 암컷.

암닭 ⇨ 암탉. ‡ 수탉.

암당나귀 ⇨ 암탕나귀. 암나귀. ‡ 수탕
나귀.

암돌쩌귀 ⇨ 암톨쩌귀. ‡ 수톨쩌귀.

암돼지 ⇨ 암퇘지. ‡ 수퇘지.

암되다 * 남자가 성격이 소극적이며
수줍음을 잘 타다.
　☞ 숫기 좋다. 숫되다.

암띠다 * ① 수줍음을 잘 타다. ② 비
밀을 좋아하는 성질이 있다.

암록색(暗綠色) ⇨ 암녹색. ‡ 어두운
풀색.

암룡〔牝龍〕 ⇨ 암용. ‡ 숫용.

암만¹〔이〕 * 밝힐 필요가 없는 값이나
수량. ¶ 값은 암만이라도 좋다.

암만²〔어〕 = 아무리. ¶ 암만 보아도
모르겠다. 암만 기다려도 오지 않는
다.

암말¹ = 아무 말. ¶ 암말 말고 같이 가

자. 암말 없이 앉아 있다.

암말²〔牝〕 * 암컷 말. ‡ 수말.

암매매(暗賣買) ㉝ ⇨ 뒷거래.

암무당 = 무당. ‡ 여자 무당.
　☞ 박수.

암병아리 ⇨ 암평아리. ‡ 수평아리.

암살¹〈 엄살. ‡ 아픔이나 괴로움을 부
풀려 나타내는 태도. ¶ 암살 떨다.
　☞ 앙살.

암살²(暗殺) * 몰래 죽임. ¶ 케네디 대
통령을 암살하다.

암삼(~蔘) * 인삼의 암포기.
　☞ 수삼.¹

암상¹ * 시기하고 샘을 잘 내는 마음.
｛암상궂다. 암상하다.｝
　☞ 게염. 샘.⁴ 암기.

암상²(暗商) ㉝ ⇨ 뒷거래.

암상³(暗箱) ㉝ ⇨ 깜깜상자. 어둠상자.

암상꾸러기 = 암상쟁이. ‡ 남을 시기
하고 샘을 잘 내는 사람.

암상인(暗商人) ㉝ ⇨ 뒷거래꾼.

암석섬유(巖石纖維) ㉝ ⇨ 돌솜.

암소 * 소의 암컷.
　☞ 수소. 황소.

암쇠 = 매암쇠. ‡ 맷돌 위짝의 한가운
데에 박혀 있는 구멍이 뚫린 쇠.
　☞ 수쇠.

암술 = 암술꽃. ｛암술대. 암술머리.｝

암염(巖鹽) ㉝ ⇨ 돌소금.

암유(暗喩) ㉝ ⇨ 은유법.

암장(巖漿) ㉝ ⇨ 마그마.

암중 = 신중. 여승. ‡ 여자 중.

암짝 * 암수 두 짝 가운데 암이 되는
짝. ‡ 수짝.

암쪽 * 어음의 왼편 조각. ‡ 빚을 갚아

야 할 사람이 가짐.
☞ 수쪽. 엄쪽.
암초(暗礁) 엥 ⇨ 여. 속여. 숨은여. 숨은바위.
☞ 노초. 염.¹
암커나 = 아무러하거나. ¶ 암커나 일을 내일까지 마치도록 해라.
암커미 ⇨ 암거미. ✻ 수거미.
암코양이 ⇨ 암고양이. 암꽹이. ✻ 수고양이.
암콤 ⇨ 암곰. ✻ 수곰.
암쿠렁이 ⇨ 암구렁이. ✻ 수구렁이.
암클 〔牝〕 ⇨ 암글. ✻ 한글의 딴 이름.
암키와 = 바닥기와. ✻ 고랑이 되게 젖혀 놓는 기와. {암키왓물. 암키왓장.}
☞ 수키와.
암탕나귀 = 암나귀. ✻ 수탕나귀. 수나귀.
~압~ ✻ 받침 없는 줄기에 붙어 제 말을 겸양하여 나타내는 씨끝. {가시압고. 보시압고. 잡수시압고. 주시압고.}
☞ ~삽~.
암펄 ⇨ 암벌. ✻ 벌의 암컷.
암펌 ⇨ 암범. ✻ 범의 암컷.
압다 ⇨ 아따.
압록강변(鴨綠江邊) = 압록강 가. ✻ ‘변’은 붙여 쓰고 ‘가’는 띄어 씀.
압수하다(押收~) 엥 ⇨ ① 거둬 가다. ② 빼앗아 가다.
압양펌프(押揚pump) 엥 ⇨ 밀펌프.
압인하다(押印~) 엥 ⇨ 도장을 찍다.
압입하다(壓入~) 엥 ⇨ 눌러 넣다.
압정(押釘) 엥 ⇨ 누름못. 누름핀.
압조법(壓條法) ⇨ 휘묻잇법. 휘묻이.

✻ 나무.
압지(押紙) 엥 ⇨ 빨종이.
압축시키다(壓縮~) ⇨ 압축하다.
압축하중(壓縮荷重) 엥 ⇨ 압축 무게.
압핀(押Pin) 엥 ⇨ 누름못. 누름핀.
앗기다 = 빼앗기다. ✻ ‘앗다’의 입음. ¶ 강도에게 가졌던 돈을 모두 앗기다.
☞ 아끼다.
앗다¹ ✻ ① 빼앗거나 가로채다. ✻ 목숨. 재산. 일. ② 껍질을 벗기고 씨를 빼다. ✻ 수수. 팥. ③ 깎아 내다. ¶ 뾰족한 모서리를 앗아 내다.
☞ 빼앗다. 아따.
앗다² = 품 앗다. ✻ 일을 해준 만큼 일로써 갚게 하다. ¶ 품을 앗아 주다.
앗사리(앗싸리) 엥 ⇨ ① 깨끗이. ② 시원하게. ③ 산뜻이. ④ 솔직히. ⑤ 깔끔히. ⑥ 아예. ⑦ 간단하게. ⑧ 차라리.
앗아¹ = 빼앗아. ✻ 앗다. ¶ 돈을 앗아 가다.
앗아² ⇨ 아서. 아서라. ✻ 금지.
앗아주다 ⇨ 건네주다.
앗어라 ⇨ 아서라. ¶ 아서라, 그럼 못 써. ✻ 금지.
앗자방(亞字房) ⇨ 아자방. ✻ 亞자 모양으로 고래를 만들고 구들을 놓은 방.
앗자창(亞字窓) ⇨ 아자창. ✻ 문살을 亞자 모양으로 짠 창.
앗주 ⇨ 아주.
앗줄 = 아딧줄. 아디. ✻ 돛을 매어 바람의 방향을 맞추는 데 쓰는 줄.
앗차 〔느〕 ⇨ 아차.
~았(었)~ ✻ 도움풀이씨에 붙음. ✻ 먹

었지 않느냐⇨ 먹지 않았느냐? 보았지 않느냐? ⇨ 보지 않았느냐? 갔지 않느냐? ⇨ 가지 않았느냐?

앙가조촘하다 〈 엉거주춤하다. ＊ 이러지도 못하고 저러지도 못하는 모양.

앙감질 ＊ 한 발은 들고 한 발로만 뛰는 짓.

☞ 깨금발.

앙갚음 〔報復〕 ＊ 해를 받은 대로 갚음. {앙갚음하다.} ¶ 앙갚음해 주다.

☞ 안갚음. 안받음. 죄다짐.

앙게발이 ⇨ 앙가발이. ＊ ① 다리가 짧고 굽은 사람. ② 잇속을 차리려고 잘 달라붙는 사람. ③ 다리가 짧고 밖으로 굽은 소반.

앙견하다(仰見～) 倒 ⇨ 우러러보다.

앙구다 ＊ ① 곁들이다. ¶ 주스에 콜라를 앙구어 팔다. ② 따뜻한 데에 묻어 두다. ¶ 아랫목에 밥주발을 앙구다. ③ 안동하여 보내다. ¶ 그에게 동생을 앙구어 보내다. ④ 움키다. ¶ 두 손으로 물을 앙구어 세수하다. ⑤ 한 곳에 버무려 쟁이다. ¶ 두엄터에 거름을 앙구다. ⑥ 깁거나 고치다. ¶ 그물을 앙구다. ⑦ 흙을 보드랍게 하여 고르게 깔다. ¶ 못자리를 앙구다.

☞ 암구다.

앙귀하다(昻貴～) 倒 ⇨ (값이) 오르다. ＊ 등귀하다.

앙글다 ⇨ 아물다.

앙금 ＊ ① 잘고 부드러운 가루가 물에 가라앉아 생긴 층. ¶ 앙금이 생기다. ② 마음에 남아 있는 개운치 않은 감정. ¶ 앙금이 남다. 앙금을 남

기다.

☞ 버캐.

앙금이 가라앉다 ⇨ 앙금이 생기다.

앙금암금 〈 엉금엉금. ＊ 느리게 걷거나 기는 모양. ¶ 아기가 앙금앙금 걷다.

앙금질 ⇨ 앙감질.

앙꼬 〔餡子〕 倭 ⇨ ① 소. ② 팥소.

앙꼬모치 〔餡子餠〕 倭 ⇨ 찹쌀떡.

앙꼬빵 〔餡子～〕 倭 ⇨ 팥빵.

앙등하다(昻騰～) 倭 ⇨ (값이) 오르다.

앙마구리 ⇨ 악머구리. 참개구리.

앙물하다 ⇨ 앙갚음하다.

앙살 ＊ 엄살을 부리며 버티고 겨루는 짓. {앙살궂다. 앙살스럽다.}

☞ 엄살.

앙살 부리다 ＝ 앙살 피우다. ¶ 앙살을 피우며 대들다.

☞ 엄살 부리다.

앙징맞다 ⇨ 앙증맞다. ¶ 앙증맞게 빚어낸 개성만두.

앙케이트(enquete) ⇨ 설문. 설문 조사. ＊ 앙케트.

앙콜(encore) ⇨ 재청. ＊ 앙코르.

앙큼앙큼 〈 엉큼엉큼. ＊ 느리게 걷거나 기는 모양.

앙큼하다 〈 엉큼하다. ＊ 엉뚱한 욕심으로 분수에 넘치는 짓을 하려는 태도가 있다. ¶ 앙큼한 속셈. 요, 앙큼한 것!

앙토쟁이(仰土～) ⇨ 앙토장이. ＊ 치받이를 바르는 미장이.

앙팡지다 ⇨ 암팡지다. ＊ 몸은 작아도 힘차고 다부지다.

앞 ＊ ① 보고 있는 쪽이나 곳. {앞개울. 앞길. 앞내. 앞산. 앞칸.} {눈앞. 코

앞.} ¶ 가게 앞. 굴 앞. 대문 앞. 동
네 앞. 마을 앞. 무덤 앞. 문 앞. 시
청 앞. 방 앞. 역 앞. 집 앞. 탑 앞.
②차례나 줄에서 앞서는 곳. ¶ 앞에
선 사람. ③지나간 시간. ¶ 앞 세대.
④앞으로 올 시간. ¶ 앞을 내다보
다.
☞ 전~.⁵

앞가지〔接頭辭〕 = 머리가지.
☞ 끝가지. 뒷가지. 발가지.

앞간(~間) ⇨ 앞 칸.

앞갈망 = 앞갈무리. ＊ 저에게 생기는
일을 감당하여 처리함.

앞갈이 ＊ ①앞 부분이 해졌을 때 그것
을 뜯어내고 새로 가는 일. ¶ 구두
앞갈이. ②그루갈이를 할 때 먼저
짓는 농사.
☞ 앞뒤갈이.

앞거리 ＊ 가운데 큰길을 끼고 있는 한
바닥의 거리.
☞ 뒷거리.

앞 골목 ¶ 집 앞 골목. 마을 앞 골목.
☞ 뒷골목.

앞그루 ＊ 그루갈이를 할 때 먼저 짓는
농작물.
☞ 그루갈이. 뒷그루.

앞길 ＊ ①앞으로 가야 할 길. ¶ 앞길이
멀다. ②앞으로 살아갈 나날. ¶ 앞
길이 환히 열리다. ③집이나 마을
앞에 있는 길. ¶ 마을 앞길.
☞ 뒷길.

앞날 = 뒷날. ＊ ①앞으로 다가올 날이
나 때. ¶ 앞날을 미리 보다. ②정
해진 날이나 죽을 때까지 남은 날.
¶ 앞날이 이제 얼마 남지 않았다.

☞ 간날. 옛날. 전날.

앞놀이 = 길놀이. ＊ 농악, 군악대, 탈
꾼의 거리 행진.

앞니〔門齒〕 ＊ 앞쪽 아래위에 네 개씩
나 있는 이.
☞ 간니. 덧니. 배냇니. 벋니. 사랑
니. 송곳니. 어금니. 엄니. 옥니. 젖
니.

앞다그다 ⇨ 앞당기다.

앞대 = 아랫녘. ＊ ①어떤 곳에서 남
쪽 지방. ②영남과 호남 지방.

앞동산 ＊ 집이나 마을 앞에 있는 동산.
☞ 뒷동산.

앞뒤갈이 = 두벌갈이. ＊ 논밭을 두 번
째로 가는 일.
☞ 앞갈이. 애벌갈이. 애갈이. 초벌갈
이.

앞뜰 ＊ 집채의 앞에 있는 뜰.
☞ 뒤뜰. 앞마당.

앞렬(~列) ⇨ 앞줄.

앞마당 ＊ 집채의 앞에 있는 마당.
☞ 뒤뜰. 뒷마당.

앞말 ＊ ①앞에서 한 말. ¶ 앞말과 뒷말
이 맞지 않다. ②앞으로 할 말.
☞ 뒷말.

앞못보다 ⇨ 앞 못 보다.

앞바다〔近海〕 ⇨ 갓바다. ＊ 육지에서
가까운 바다.

앞 바다 ＊ 앞에 있는 바다. ¶ 연평도
앞 바다.
☞ 난바다. 먼 바다.

앞바람 = ①마파람. ＊ 남풍. ②역풍.
＊ 거슬러 부는 바람.
☞ 뒷바람.

앞받이 ⇨ 턱받이.

앞사람 * ①전다리. ‡ 그 자리에 전에 있
던 사람. ②앞 세대의 사람. ③앞에
있는 사람이나 앞에 가는 사람.
☞ 전다리.²

앞서 〔어〕 * ①남보다 먼저. ¶ 앞서 가
다. 앞서 마치다. 앞서 말하다. ②지
금보다 먼저. ¶ 앞서 말했듯이. ③아
예 미리. ¶ 앞서 생각해 두다.
☞ 이미.

앞서거니 뒷서거니 ⇨ 앞서거니 뒤서
거니.

앞소리 = 메기는소리. 메김소리. 선
소리. ‡ 민요를 부를 때 한 사람이
앞서 부르는 소리.
☞ 뒷소리.¹ 받는소리. 선소리.³

앞소리꾼 = 선소리꾼. 채반. ‡ 앞소리
를 메기는 사람.

앞어금니 〔小臼齒〕 * 송곳니 뒤에 있
는 한 쌍의 어금니. 모두 8개.
☞ 뒤어금니.

앞에총(~銃) * 총을 세워 들고 차렷
자세를 하라는 구령.
☞ 지어총.

앞열(~列) ⇨ 앞줄.

앞이마 * 이마의 앞쪽. ‡ 양쪽 관자놀
이의 비탈지기 전까지.
☞ 알이마.

앞잡이 = ①길잡이. ¶ 앞잡이를 따르
다. ②끄나풀. ¶ 앞잡이 노릇을 하다.

앞재비 ⇨ 앞잡이.

앞정갱이 ⇨ 앞정강이. 정강이.

앞질르다 ⇨ 앞지르다. ¶ 앞질러 가다.

앞짱 ⇨ 앞장. ‡ 무리의 맨 앞자리.
{앞장서다.} ¶ 앞장을 맡다.

앞쪽 ¶ 앞쪽으로 달아나다. 앞쪽에 앉

았다.

앞 쪽 = 앞 페이지. ‡ 책.

앞찬소리 ⇨ 입찬소리.

앞창(~窓) * 앞쪽으로 난 창문. ¶ 앞
창 너머로 푸른 들판이 보인다.
☞ 뒤창.¹

앞치마 = 행주치마. ‡ 부엌일을 할 때
덧입는 작은 치마.

애¹ = 애간장. ‡ ①초조한 마음속. {애
성이.} {애나다. 애달다. 애타다. 애
태우다.} ¶ 애가 마르다. 애를 말리
다. 애가 받치다. 애가 썩다. 애가 졸
다. 애를 졸이다. ②수고로움. {애먹
다. 애먹이다. 애쓰다.}

애² = 아이. {애년. 애놈. 애늙은이.
애새끼. 애아버지. 애아비. 애어른.
애어머니. 애어미. 애자식. 애장.}
{계집애. 사내애. 어린애.}

애~³ * 어린. {애돝. 애둥소. 애머슴.
애벌레. 애삼. 애송아지. 애송이. 애
쑥. 애오이. 애참나무. 애채. 애티.
애호박.}

애간장 = 애. ¶ 애간장이 녹는다. 애
간장을 저미다. 애간장이 타다.

애갈이 = 애벌갈이. 초벌갈이. ‡ 논밭
을 첫 번째 가는 일.

애개 〔느〕 = 애개개. 에계. 에계계.
‡ 뉘우침이나 탄식하는 소리.
☞ 아뿔싸.

애고 〔느〕 = 아이고. ¶ 애고, 이렇게
억울할 수가! 애고, 이제는 늦었어.

애고땜 = 아이고땜. ‡ 몹시 원통하
거나 슬플 때에 넋두리를 하는 일.

애고머니 〔느〕 = 아이고머니.

애고애고 〔느〕 = 아이고아이고. ‡ 부

모상과 종손의 조부모상에 하는 곡.
☞ 어이어이.

애교 떨다(愛嬌～) ㉄ ⇨ 아양 떨다.
아양 부리다.

애구 〔느〕 ⇨ ① 애고. ② 에구.

애급(埃及) ⇨ 이집트. ＊ 나라 이름.

애기 ⇨ 아기.

애기냉이 ＝ 구슬냉이. ＊ 여러해살이
풀의 하나.

애꾸 ＝ ① 애꾸눈. ② 애꾸눈이.

애꾸눈 ＝ 반소경. ＊ 한쪽 눈이 먼 사
람의 눈.

애꾸눈이 ＝ 가락잡이. 외눈박이. 보
름보기. ＊ 한쪽 눈이 먼 사람.
☞ 외대박이.

애꿎다 ＊ ① 애매하다. ＊ 아무 잘못 없
이 억울하다. ¶ 애꿎게 몽둥이찜질
을 당했다. ② 그 일과는 아무 관계
가 없다. ¶ 애꿎은 사람을 잡아 가두
다.

애끊다 ＊ 너무 슬퍼서 창자가 끊어질
듯 마음이 아프다. ¶ 애끊는 울음소
리.

애끓다 ＝ 애타다. ＊ 답답하거나 안타
까워 속이 끓는 듯하다. ¶ 애끓는 이
별.
☞ 애먹다.

애끼다 ⇨ ① 아끼다. ② 에끼다.

애끼손가락 ⇨ 새끼손가락.

애나무 ＝ 애목. ＊ 어린 나무.

애 낳다 ＝ 아이 낳다. ＊ 생산하다. 해
산하다.

애낳이 ＝ 아이낳이. ＊ 생산. 해산.

애달다 ＊ 마음이 쓰여 속이 달아오르
다. ¶ 애달아서 안절부절못하다.

애달프다 ＊ ① 안타깝고 마음이 쓰라
리다. ¶ 애달픈 사연. ② 애처롭고
딱하다. ¶ 구슬프고 애달픈 가락으
로 뱃노래를 부른다.

애닲다 ⇨ ① 애달프다. ② 애달다.

애닲은 ⇨ 애달픈.

애당초(～當初) ＝ 애초. ＊ 맨 처음.
¶ 애당초부터 장사에 뜻이 없었다.

애동지(～冬至) ＝ 아기동지. 오동지.
＊ 음력 11월 10일 안에 드는 동지.
☞ 늦동지.

애띠다 ⇨ 앳되다. ＊ 애티가 있어 보이
다. ¶ 앳된 목소리. 앳되어 보이다.

애란(愛蘭) ⇨ 아일랜드. ＊ 나라 이름.

애매기 ＝ 애벌매기. 초벌매기. ＊ 논밭
을 맨 처음으로 김매는 일.
☞ 두벌매기. 만도리. 만물.[1] 세벌매
기.

애매모호하다(曖昧模糊～) ㉄ ⇨ 아리
송하다. 흐릿하다. ＊ 모호하다.

애매하다[1] ＝ 앰하다. 애꿎다. ＊ 잘못
없이 꾸중이나 벌을 받아 억울하다.
☞ 엉뚱하다. 애먼.

애매하다[2](曖昧～) ㉄ ⇨ 아리송하다.
흐리터분하다. 흐릿하다. ＊ 모호하
다.

애먹다 ＊ 속이 상할 정도로 어려움을
겪다. ¶ 비가 와서 일하는 데 애먹
다.
☞ 애끓다. 애쓰다. 애타다.

애먼 〔매〕 ＊ 일의 결과가 다른 데로 돌
아가 엉뚱하게 느껴지는. ¶ 애먼 사
람. 애먼 소리. 애먼 짓. ¶ 애먼 두
꺼비 돌에 치였다.
☞ 애매하다.[1]

애명(~名) ⇨ 아명. ‡ 아이 때의 이름.

애목(~木) = 애나무. ‡ 어린 나무.

애물(~物) = 애물단지. ‡ 애를 태우거나 성가시게 구는 사람이나 물건.

애 배다 = 아이 배다. 애 서다. ‡ 임신하다.

애벌 = 초벌. ‡ 여러 차례 해야 할 일에서 맨 처음. {애벌구이실. 애벌김. 애벌논. 애벌다듬이. 애벌땜. 애벌목. 애벌방아. 애벌칠.}

애벌갈이 = 애갈이. 초벌갈이. ‡ 논밭을 첫 번째로 가는 일.
　☞ 갈갈이. 두벌갈이. 봄갈이. 삭갈이. 앞뒤갈이. 엇갈이.

애벌구이 = 설구이. 초벌구이. ‡ 질그릇에 잿물을 바르지 않고 낮은 온도로 굽는 일.
　☞ 마침구이. 참구이.

애벌기름 = 애잇기름. ‡ 애벌로 짠 기름.

애벌김 * 논밭을 첫 번째로 매는 김.
　☞ 두벌김.

애벌논 * 첫 번째 매는 논.
　☞ 두벌논.

애벌닦기 = 애잇닦기. ‡ 물건을 애벌로 닦는 일.

애벌레 = 새끼벌레. ‡ 알에서 갓 깨어 나온 벌레.
　☞ 자란벌레.

애벌매기 = 애매기. 초벌매기. ‡ 논밭을 맨 처음으로 김매는 일.
　☞ 김매기. 두벌매기. 이듬매기. 만물매기. 세벌매기.

애벌빨래 = 애빨래. ‡ 우선 대강 빨래를 함. 또는 그렇게 한 빨래.

애비 ⇨ 아비.

애 서다 = 아이 서다. 애 배다. 아이 배다. ‡ 임신.

애성이 * 속이 상하거나 성이 나서 안달하고 애가 탐. 또는 그런 감정. ¶ 싫다는데 못살게 쫓아다니어서 더욱 애성이 받았다.
　☞ 애송이.

애솔 = 애솔나무. 애송. ‡ 어린 소나무.

애송이 * 애티가 나는 사람. ¶ 애송이라고 깔보다.
　☞ 애성이.

애순(~筍) = 어린순. ‡ 풀이나 나무.

애숭이 ⇨ 애송이.

애시당초(~當初) ⇨ 애초. 애당초. ‡ 맨 처음.

애쓰다 * 마음과 힘을 다하여 무엇을 이루려고 힘쓰다. ‡ 애쓰고. 애쓰니. 애쓴. 애씀. 애써. 애썼다. ¶ 맡은 일을 마무리하느라 무척 애쓴다.
　☞ 애먹다. 욕보다.

애오라지 = ① 겨우. ¶ 애오라지 동전 두 닢뿐이다. ② 오로지. ¶ 애오라지 자식을 생각하는 어버이 마음.

애운하다 ⇨ 섭섭하다.

애이다 ⇨ 빼앗기다.

애잇기름 = 애벌기름.

애잇닦기 = 애벌닦기.

애잎 = 어린잎. ‡ 풀과 나무.

애자(碍子)⑳ ⇨ 뚱딴지. ‡ 전봇대에 전깃줄을 묶는 데 쓰는 연모.

애잡숫다 ⇨ ① 애먹다. 애먹으시다. ② 애쓰다. 애쓰시다.

애저(~豬) = 아저. ‡ 고기로 먹을 어린 돼지. {애저구이. 애저찜.}

애저녁 ⇨ ① 애초. ② 초저녁.
애적 ⇨ 애초.
애전 ⇨ 애초.
애조(哀調) [왜] ⇨ 구슬픈 가락.
애처럽다 ⇨ 애처롭다.
애처로히 ⇨ 애처로이. ⁑ 애처롭게.
애초(~初) = 애당초. ⁑ 맨 처음.
☞ 당초. 아예.
애타다 = 애끓다. ¶ 애타는 마음. 애타게 기다리다.
☞ 애먹다.
애탄지탄 ⇨ 애면글면.
애틋히 ⇨ 애틋이. ⁑ 애틋하게.
애티 * 어린 태도나 모양. ¶ 애티가 나다. 애티가 가시다. 애티가 흐르다.
☞ 늙은 티.
액비(液肥) [왜] ⇨ 물거름.
액사(縊死) * 목을 매어 죽음.
☞ 익사. 역사.
액세사리(accessory) ⇨ ① 노리개. ② 치렛감. ⁑ 액세서리.
액센트(accent) ⇨ 악센트. ⁑ 강조하는 일. 또는 부호.
액션(action) ⇨ 동작. ⁑ 배우의 행동.
액아(腋芽) [왜] ⇨ 겨드랑눈. ⁑ 식물.
액젓(液~) ⇨ 젓국.
액제(液劑) [왜] ⇨ 물약.
액즙(液汁) [왜] ⇨ 즙. 물.
액화(腋花) [왜] ⇨ 잎겨드랑꽃. ⁑ 식물.
☞ 정화.
앰플(ampoule) ⇨ 앰풀. ⁑ 주사약을 넣은 유리 대롱.
앳띠다 ⇨ 앳되다. ⁑ 애티가 있어 보이다. ¶ 앳되어 보이다.
앵금 〔奚琴〕 ⇨ 깡깡이. ⁑ 악기 이름.
앵금질 ⇨ 앙감질. ⁑ 한 발로만 뛰는 짓. {앙감질하다.}
앵꼬되다 [왜] ⇨ 동나다. 바닥나다.
앵꼽다 ⇨ ①아니꼽다. ② 구역질나다.
앵도나무(櫻桃~) ⇨ 앵두나무. ⁑ 나무 이름.
앵두장수 * 잘못을 저지르고 자취를 감춘 사람.
앵두 장수 * 앵두를 파는 사람.
앵생이 ⇨ 앤생이. ⁑ ① 잔약한 사람. ② 보잘것없는 물건.
앵콜(encore) ⇨ 재청. ⁑ 앙코르.
야 〔느〕 = 얘. ⁑ ① 놀라거나 반가울 때 내는 소리. ② 부르는 말.
☞ 예.[1]
야광 도료(夜光塗料) [왜] ⇨ 야광 물감.
야국(野菊) [왜] ⇨ 구절초. ⁑ 국화과의 풀 이름.
☞ 들국화.
야기시키다(惹起~) ⇨ 일으키다. ⁑ 야기하다.
야기죽거리다 = 야죽거리다. ⁑ 밉살스럽게 재깔이며 짓궂게 빈정거리다.
야끼 〔燒〕 [왜] ⇨ ① 구이. ② 담금질.
야끼만두(**야키만두**) 〔燒饅頭〕 [왜] ⇨ 군만두.
야끼이모(**야키이모**) [왜] ⇨ 군고구마.
야끼메시(**야키메시**) [왜] ⇨ 볶음밥.
야뇻증(夜尿症) ⇨ 야뇨증. ⁑ 밤에 자다가 저도 모르게 오줌을 싸는 증세.
☞ 오줌싸개.
야단 * ① 떠들썩하게 일을 벌이거나 법석거림. {야단법석. 야단스럽다.} ②꾸짖는 일. {야단받이.} {야단맞다.

야단치다. 야단하다. 야단야단하다.}
③탈이 날 만큼 난처한 일이 생김.
{야단나다.} ¶ 야단을 만나다.
☞ 법석.

야도충(夜盜蟲) ㉏ ⇨ 도둑벌레. ⁂ 벌
레 이름.

야도충나방(夜盜蟲~) ㉏ ⇨ 밤나방.
⁂ 벌레 이름.

야로[1] ⁂ 남몰래 꾸미는 나쁜 속셈이나
수작. ¶ 어떤 야로를 부릴지 모른다.

야로[2](冶爐) ⁂ 풀무.

야로[3](夜路) ⁂ 밤길.

야로[4](夜露) ⁂ 밤이슬.

야로[5](野老) ⁂ 시골 늙은이.

야로[6](野路) ⁂ 들길.

야릇히 ⁂ 야릇이. ⁂ 묘하고 이상하게.

야리쿠리〔遺~繰~〕㉏ ⇨ 둘러대기.
둘러치기. 꾸며대기.

야마〔山〕㉏ ⇨ ①산. ②두둑. ③꼭
대기. ④무더기. ⑤알짬. ⁂ 핵심.

야마리 = 얌통. 얌통머리. 얌치. 얌치
머리. 염치. ⁂ 부끄러움을 아는 태
도.

야마시〔山師〕㉏ ⇨ 속임. 속임수. ⁂
사기.

~야만이 ⇨ ~야. ~야만. ⁂ 이음끝.
¶ 빨리 가야 한다. 강을 건너야 한다.

야맹증(夜盲症) ㉏ ⇨ 밤소경. 밤소경
병.

야멸차다 ⇨ 야멸치다.

야멸치다 ⁂ ①저만 생각하다. ②차갑
고 야무지다. ¶ 야멸치게 거절하다.
☞ 가멸차다. 가열하다.

야무지다〈 여무지다. ⁂ 성질, 행동,
생김새, 솜씨가 옹골차다.

야물다〈 여물다. ⁂ ① 곡식이 잘 익
다. ②언행이 옹골차고 야무지다.

야미〔闇買賣〕㉏ ⇨ 뒷거래.

야바구 ⇨ 야바위. ⁂ ①노름의 하나.
②협잡의 수단으로 그럴듯하게 꾸
미는 일. {야바위꾼. 야바위판. 야
바윗속. 야바위하다.} ¶ 야바위 치
다.

야반(夜半) = 야밤. 야밤중. 오밤중.
한밤중. 밤중. ⁂ 깊은 밤.

야발단지 = 야발쟁이. ⁂ 야살스럽고
되바라진 사람.

야밤도주〔夜半逃走 ⇨ 야반도주〕⇨ 밤
도망. ⁂ 밤을 틈타 남몰래 도망침.

야살궂다 ⇨ 야살스럽다.

야살꾼 ⁂ 야살을 떠는 사람.
☞ 알개.

야살이 = 야살쟁이. ⁂ 알망궂고 되바
라진 사람.

야상곡(夜想曲) ㉏ ⇨ 녹턴. 노투르
노. ⁂ 피아노곡의 하나.

야생(野生) ⁂ ①산이나 들에서 저절
로 자란. {야생마. 야생봉. 야생초.
야생화.} ¶ 야생 동물. 야생 약초.
②길들지 않은. {야생녀. 야생아.
야생인.}
☞ 개량. 사육. 양식.[1]

야생종(野生種) ⁂ 산이나 들에서 자라
는 동식물과 미생물 따위의 종류.
☞ 재배종. 개량종.

야수다 ⁂ 틈이나 기회를 노리다. ¶ 언
제까지 야수고만 있을 텐가?
☞ 엿보다.

야스리〔鑢〕㉏ ⇨ 줄. ⁂ 연장 이름.

야슬야슬 = 야스락야스락. ⁂ 입담 좋

게 말을 늘어놓는 모양.

야시시하다 ⇨ 야하다. ¶ 옷차림이 야하다. 화장이 야하다.

야실야실 ⇨ 야슬야슬.

야업(夜業) 웹 ⇨ 밤일.

야옹 = 아옹. ❉ 고양이가 우는 소리.

야옹이 = 고양이. ❉ 어린이 말.

야위다 ❉ 살이 빠져 몸이 마르다. ¶ 몸이 야위어 가다. 얼굴이 야위다. ☞ 여위다. 여의다.

야유(揶揄) ❉ 헐뜯는 말로 빈정거리며 놀림. 또는 그런 말이나 몸짓. ☞ 조롱.² 희롱.

야젓찮다 ⇨ 야젓잖다. 의젓잖다. ❉ 안 울림소리 뒤에는 '하'가 줆.

야젓하다 〈 의젓하다. ❉ 말과 행동이 점잖고 무게가 있다. ¶ 야젓해 보이다.

야젓히 ⇨ 야젓이. ❉ 야젓하게.

야죽거리다 = 야기죽거리다. ❉ 짓궂게 빈정거리다.

야지〔野次〕 웹 ⇨ 조롱. 놀림. 빈정거림. ❉ 야유.

~야지만 ⇨ ~야만. ❉ 이음끝. ¶ 이제 집에 가야만 한다.

야채(野菜) 웹 ⇨ 남새. 푸성귀. 나물. ❉ 채소.

야코 죽다 = 기죽다. 콧대가 꺾이다. ❉ 속된 말.

야코 죽이다 = 콧대를 꺾다. 기를 꺾다.

야키니쿠〔燒~肉〕 웹 ⇨ 불고기.

야키만두(야끼만두)〔燒~饅頭〕 웹 ⇨ 군만두.

야키이모(야끼이모) 웹 ⇨ 군고구마.

야트막히 ⇨ 야트막이. ❉ 야트막하게.

야틈하다 = 야트막하다. 〈 여틈하다. 여트막하다. ¶ 야틈한 뒷동산.

~야 하겠다 = ~야겠다. ¶ 먹어야 하겠다. 먹어야겠다.

약¹ ❉ ① 담배, 고추 따위가 자라면서 쓰거나 매워지는 성분. ¶ 약 오르다. ② 비위가 상할 때 일어나는 감정. ¶ 약 받치다. 약 오르다. 약 올리다.

약²(藥) ❉ {약값. 약국집. 약기운. 약령시. 약발. 약방. 약방문. 약병. 약병아리. 약사발. 약상자. 약손. 약솜. 약시시. 약시중. 약쑥. 약장. 약장사. 약장수. 약저울. 약종상. 약초. 약칠. 약품. 약효.} {가루약. 감기약. 고약. 눈약. 모기약. 물약. 보약. 알약. 양약. 좀약. 주사약. 쥐약. 코약. 파리약. 한약.} {더운약. 찬약.} ¶ 약 맛. 먹는 약. 넣는 약. 바르는 약. ¶ 약 달이다. 약 먹다. 약 쓰다. 약 지르다. 약 짓다. 약 치다.

약가심(藥~) ❉ 약을 먹은 뒤 입을 가시는 일. 또는 입을 가시는 음식. ☞ 볼가심. 입가심.

약관(弱冠) ❉ ① 스무 살이 된 때. ② 젊은 나이. ❉ 남자. ☞ 방년.

약국(藥局) ❉ 약사가 약을 지어 파는 가게. ☞ 약방. 약포.

약꼬챙이(藥~) ⇨ 약막대기.

약다¹ ❉ 꾀가 많고 눈치가 빠르다. {헛약다. 약아빠지다.}

약다²(藥茶) ⇨ 약차.

약단지(藥~) * 약을 담아 두는 단지.
　☞ 약두구리. 약탕관.

약대[1] = 낙타. ‡ 짐승 이름.
　☞ 악대.

약대[2](藥代) 옛 ⇨ 약값.

약대[3](藥袋) 옛 ⇨ 약주머니. 약봉지.

약동이(~童~) ⇨ 약둥이. ‡ 약고 똑
똑한 아이.

약두구리(藥~) = 두구리. * 탕약을
달이는 자루가 달린 놋그릇.
　☞ 약단지. 약탕관.

약료(藥料) 옛 ⇨ ① 약재. 약재료.
② 약값.

약물터(藥~) = 약수터. ‡ 샘터.

약바르다 ⇨ ①약빠르다. ②약삭빠르다.

약방(藥房) * 약사 없이 제약 회사에
서 만든 약만 팔던 곳.
　☞ 약국. 약포.

약방문(藥方文) = 화제. ‡ 약 처방.

약병아리(藥~) = 영계. ‡ 병아리보다
조금 큰 어린 닭.

약보자기(藥褓~) ⇨ 약수건. ‡ 달인
탕약을 짜는 데 쓰는 베 헝겊.

약비나다 * 정도가 너무 지나쳐서 진
저리날 만큼 싫증이 나다.
　☞ 새나다.

약빠르다 * 약아서 눈치나 행동이 재
빠르다. ¶ 잇속 챙기는 데 약빠른 사
람.
　☞ 약삭빠르다.

약빠리 * 약빠른 사람.

약빨리 * 약빠르게. ¶ 약빨리 눈치를
채다.

약삭빠르다 * 눈치가 빠르고 자기 잇
속을 챙기는 데 재빠르다.

☞ 약빠르다.

약소금(藥~) * ①두더지 소금. ②볶
아서 곱게 빻은 소금. ‡ 양치에 씀.

약속(約束) * 다른 사람과 어떤 일을
미리 정함. 또는 그런 내용.
　☞ 약조. 언약.

약손가락(藥~) = 약손. 무명지. ‡ 넷
째 손가락.

약수터(藥水~) = 약물터. ‡ 샘터.

약숟가락 = 약숟갈. ‡ 약을 짓거나 먹
을 때 쓰는 숟가락.

약싹빠르다 ⇨ 약삭빠르다.

약액(藥液) 옛 ⇨ 약물.

약어(略語) 옛 ⇨ 준말.

약 올리다 * 비위가 상하게 하거나 화
가 나게 하다. ¶ 약 올려 주다.
　☞ 놀리다.

약위(諾威) ⇨ 노르웨이. ‡ 나라 이름.

약은꾀 ⇨ 얕은꾀. ‡ 속이 훤히 들여다
보이는 꾀.

약은수 ⇨ 얕은수. ‡ 속이 훤히 들여다
보이는 수.

약자(略字) = 반자. ‡ 한문글자의 획
수를 간단하게 줄인 속자. 한국, 차
이나, 니혼의 약자는 같은 것도 있
고 다른 것도 있음.
　☞ 간체자. 국자.[2] 국조자. 대용자.
번체자. 속자. 정자.[2]

약재(藥材) = 약재료. ‡ 주로 한약을
짓는 데 쓰는 재료.
　☞ 약제.

약재상(藥材商) = 약종상. ‡ 주로 한
약재를 파는 장사. 또는 그 장수.

약점(弱點) * 어떤 사람의 능력이 모
자라거나 떳떳하지 못한 점.

☞ 결점. 단점.

약제(藥劑) * 약재를 섞어 지은 약.
　☞ 약재.

약조(約條) * ① 조건을 붙여 약속함.
　② 약속하여 정한 조항.
　☞ 약속. 언약.

약종상(藥種商) = 약재상.

약지(藥指) = 약손. 약손가락. 무명지.
　‡ 넷째 손가락.

약탕관(藥湯罐) * 약을 달이는 그릇.
　☞ 약단지. 약두구리.

약탕기(藥湯器) * ① 약탕관. ② 약물
　을 담는 탕기.
　☞ 약단지. 탕기.

약포(藥鋪) * 한의사의 처방이나 약방
　문을 받아 약을 지어 팔던 곳.
　☞ 약국. 약방.

약혼(約婚)㉿ * 혼약. 정혼.

약하다(弱~) * 힘이 세지 못하다. {약
　하디약하다. 약해빠지다. 약해지다.}
　☞ 무르다.³

약행주(藥~) ⇨ 약수건.

약화되다(弱化~) ⇨ 약화하다. ‡ 힘,
　세력이 약해지다.

얀정 = 얀정머리. ‡ 인정의 낮춤말.
　¶ 얀정 없다. ‡ 부정하는 말 앞에 씀.
　☞ 인정.

얄개 * 야살스러운 짓을 잘하는 사람.
　☞ 야살꾼.

얄따랗다 < 열따랗다. ‡ 두껍다랗다.

얄랑거리다 < 일렁거리다. ‡ 긴 물건
　따위가 자꾸 흔들리다.
　☞ 알랑거리다.

얄찍히 ⇨ 얄찍이. ‡ 얄찍하게.

얄팍하다 * ① 두께가 조금 얇다. ② 생

각이 얕고 속이 빤히 들여다보이다.
　☞ 얍삽하다.

얄판하다 ⇨ 얄팍하다.

얇다 * ① 두껍지 않다. ¶ 옷이 얇다.
　② 빛깔이 연하다.
　☞ 얕다. 엷다. 두텁다. 두껍다.

얇다랗다 ⇨ 얄따랗다.

얇삭하다 ⇨ 얍삽하다.

얇어 ⇨ 얇아. ‡ 얇다. ¶ 얇아 보이다.
　얇아져 가다.

얇직하다 ⇨ 얄찍하다.

얇팍하다 ⇨ 얄팍하다.

얌냠거리다 ⇨ 냠냠거리다.

얌냠이 ⇨ 냠냠이.

얌생이 * ① 남의 물건을 슬쩍 훔쳐내
　는 짓. {얌생이꾼.} ¶ 얌생이 몰다.
　② 염소의 잘못.

얌심 * 샘바르고 시기하는 마음. {얌
　심꾸러기. 얌심데기.} {얌심맞다.}
　☞ 샘.⁴ 시샘.

얌전 떨다 = 얌전 부리다. 얌전 빼다.
　얌전 피우다.

얌전이 = 얌전단지. ‡ 얌전한 사람.
　☞ 얌전히.

얌전하다 * ① 성질이 차분하고 단정
　하다. ② 모양이 좋고 쓸모가 있다.
　☞ 엄전하다. 음전하다.

얌전히 * 얌전하게. ‡ 얌전하다.
　☞ 얌전이.

얌체 * 얌치 없는 사람. ¶ 얌체 같다.

얌치 = 얌치머리. 얌통. 얌통머리. 야
　마리. < 염치. 염치머리. ‡ 부끄러움
　을 아는 마음. {얌치없다.} ¶ 얌치가
　빠지다.

얍삭하다 ⇨ ① 얍삽하다. ② 얄팍하다.

압삽하다 * 얕은꾀를 쓰면서 제 이익만을 챙기려는 태도가 있다.
☞ 얄팍하다.

양[1] 〔이〕 * ①어떤 모양, 어떤 행동을 짐짓 취함을 나타내는 말. ¶ 얼이 빠진 양. 좋아하는 양. 일을 처리할 양이면. 전부인 양. ②의도, 의향. ¶ 친구의 잠을 깨우지 않을 양으로 조심조심 발끝으로 걸어나갔다.
☞ 양하다.

양[2](孃) 〔이〕 * 손아랫사람의 성씨나 이름 뒤에 띄어 써서, 아가씨를 조금 높여서 부르는 말. ¶ 이 양. 박양. 김다은 양. 김하니 양.
☞ 군.[4]

양~[3](養~) * 직접 이어진 피붙이가 아닌. {양녀. 양자. 양모. 양부.}
☞ 생~. 의~. 친~.

~양[4](量) * 분량. 수량. ⁑ 겨레말과 서양말 뒤에 씀. {구름양. 기름양. 먹이양. 먼지양. 쓰레기양. 오존양. 이슬양. 잉크양. 허파숨양. 힘양.}
☞ ~량.

양가(良家) = 양갓집. ⁑ ①양민의 집. ②좋은 집안. ¶ 양가 처녀.

양갱(羊羹. 요깡) [왜] ⇨ 단팥묵.

양계치다(養鷄~) ⇨ 닭을 치다. ⁑ 양계하다.

양골뼈(陽骨~) ⇨ 양지머리뼈. ⁑ 양골.

양귀비 * 한해살이풀 이름. {양귀비과. 양귀비꽃.} ⁑ 아편을 만듦.
☞ 아편.

양그루(兩~) 〔二毛作〕 = 양글. ⁑ 같은 땅에 한 해에 두 번 농사를 짓는 일.

양글 * ①소가 논밭을 가는 일과 짐을 싣는 일. ②양그루.

양녀(養女) = 양딸. 수양딸. 수양녀. ¶ 양녀 삼다. 양녀 노릇 하다.
☞ 의붓딸.

양념간장 = 양념장. ⁑ 여러 가지 양념을 넣은 간장.

양념딸 ⇨ 고명딸.

양념채소(~菜蔬) * 양념으로 쓰는 남새. ⁑ 고추. 파. 부추. 마늘. 생강.
☞ 채소.

양달(陽~) = 볕받이. ⁑ 볕이 잘 드는 곳. ¶ 양달에 빨래를 널다.
☞ 그늘받이. 응달.

양도하다(讓渡~) [왜] ⇨ 넘겨주다.

양돈치다(養豚~) ⇨ 돼지를 치다. ⁑ 양돈하다.

양동이(洋~) * 한 손으로 들 수 있도록 손잡이를 단 들통.
☞ 동이.[1] 들통.

양딸(養~) = 수양딸. 양녀. 수양녀. ⁑ 남의 자식을 데려다가 기른 딸.
☞ 움딸. 의붓딸.

양띠 해 ⇨ 양해. 양의 해.

양말(洋襪) * 실로 짜서 발에 신는 물건. ¶ 양말을 벗다. 양말을 신다.
☞ 다로기. 버선.

양망기(揚網機) [왜] ⇨ 그물걷이틀.

양면테잎(兩面tape) ⇨ 양면테이프.

양모(養母) = 수양모. 양어머니. 수양어머니.
☞ 생모. 친어머니.

양반(兩班) * ①옛날 지배층을 이루던 신분. ⁑ 문반과 무반. {양반집.} ¶ 양반 행세. 양반은 얼어 죽어도 겻불은 안 쬔다. ②남편을 이르는 말.
{바깥양반. 사랑양반.}　③남자를
이르는 말. ¶ 기사 양반. 젊은 양반.
☞ 상놈. 상사람.

양발〔洋襪〕⇨ 양말.

양복(洋服) = 양복떼기. {양복감. 양
복점. 양복저고리.} ¶ 양복 차림.

양복장이(洋服~) * 양복 짓는 기술자.

양복쟁이(洋服~) = 양복짜리. * 양
복 차림을 한 사람.

양볼(兩~) ⇨ 양 볼. 두 볼.

양부(養父) = 양아버지. 수양부. 수
양아버지.
☞ 생부. 친부.

양부모(養父母) = 양어버이. 수양부
모. * 양자가 됨으로써 생긴 부모.
☞ 생부모. 친부모.

양산(陽傘) * 여자들이 햇빛을 가리려
고 쓰는 우산 모양의 물건. ¶ 양산을
받다. 양산을 쓰다. 양산을 펼치다.
☞ 우산. 일산.

양상치(洋~) ⇨ 양상추.

양생하다[1](養生~) * ①몸을 잘 돌보
다. ②병의 조리를 잘하다.

양생하다[2](養生~) 옌 ⇨ 굳히다. * 콘
크리트.

양성하다(養成~) * ①(유능한 사람
을) 길러내다. ②(실력을) 발전시
키다.
☞ 육성하다.

양소매책상(~册床) = 양서랍책상.
* 양수책상.
☞ 외소매책상. 쪽소매책상. 편수책상.

양손잡이(兩~) = 양수잡이. * 두 손을
똑같이 잘 써서 일할 수 있는 사람.

☞ 외손잡이.

양수기(揚水機) 옌 ⇨ 무자위.

양식[1](養殖) * 번식하게 하여 기름.
* 물고기. 바닷말. 버섯 따위. ¶ 송
어 양식. 굴 양식. 미역 양식. 버섯
양식. ¶ 양식 진주. 양식 산업.
☞ 사육. 야생. 양성. 육추.

양식[2](樣式) * ①오랫동안 저절로 정
해진 방식. ¶ 행동 양식. ②시대나
부류에 따라 지니는 문학, 예술의
형식. ¶ 여러 가지 양식의 건축물.

양식[3](樣式) 옌 ⇨ 보기. * 서식.

양아들(養~) = 양자. * 아들이 없는
집에서 데려다 기르는 조카뻘 아이.
☞ 수양아들.

양아버지(養~) = 양부. 수양부. * 양
자가 됨으로써 생긴 아버지.
☞ 생부. 의부. 의붓아버지. 친아버
지.

양어머니(養~) = 양모. 수양모. * 양
자가 됨으로써 생긴 어머니.
☞ 의붓어머니. 친어머니.

양아치 = 거지. 비렁뱅이.

양여받다(讓與~) ⇨ 받다. 물려받다.

양여하다(讓與~) ⇨ 주다. 넘겨주다.

양 옆(兩~) * 양쪽의 옆.

양자[1](養子) = 양아들. {방아다리양
자. 양자하다.} ¶ 둘째를 큰집에 양
자로 보내다. 양자로 가다. 양자로
들다. 양자를 들이다. 양자를 세우
다.
☞ 수양아들.

양자[2](陽子) 옌 ⇨ 양성자. * 물리학.

양자강(揚子江) ⇨ 양쯔 강. * 강 이름.

양재물(洋~) ⇨ 양잿물.

양적예금(兩積預金) 웹 ⇨ 양립 예금.

양조망(揚繰網) 웹 ⇨ 두릿그물.

양조장(釀造場) * 술, 간장, 된장, 식초를 만드는 공장.
　☞ 술도가.

양지받이(陽地~) = 해바라기. * 햇볕을 쬐는 일.

양지짝(陽地~) ⇨ 양지쪽.

양짝(兩~) = 두 짝.

양쪽(兩~) = 양편. * 두 쪽.

양쭝(兩~) ⇨ 냥쭝. * 금, 한약의 무게를 다는 하나치.

양처(良妻) 웹 ⇨ 현처. * 어진 아내.
　{현처자모.}

양철(洋鐵) = 생철. {양철가위. 양철공. 양철지붕. 양철집. 양철통.}

양켠(兩~) ⇨ ① 양쪽. ② 양편.

양코쟁이(洋~) ⇨ 양코배기. 양코.
　* 서양 사람.

양태 = 낭태. * 바닷고기.
　☞ 망태.

양태머리(兩~) = 가랑머리. * 두 가랑이로 갈라 땋아 늘인 머리카락.

양편(兩便) = 양쪽.

양편짝(兩便~) = 양편쪽. * 상대하는 두 편짝.

양푼 * 음식을 담거나 데우는 데에 쓰는 놋그릇. ¶ 양푼에 밥을 퍼 놓다.
　☞ 대야.¹

양해 말씀드립니다(諒解~) ⇨ 너그럽게 봐 주십시오. * 양해해 주십시오.

양해 있으시기 바랍니다(諒解~) ⇨ 너그럽게 봐 주십시오.

얕다 * ① 겉과 속, 아래위의 길이가 짧다. * 냇물. 계곡. 구덩이. ② 일

정한 수준에 미치지 못하다. * 꾀. 수작. 지식. 연구. 경험. 학문. ③ 마음이 너그럽지 못하다. ¶ 얕은 마음. 생각이 얕다. 속이 얕다.
　☞ 깊다. 낮다. 얇다. 옅다.

얕보다 = 깔보다. 낮보다. 낮추보다. 넘보다. 말보다. 얕잡다.
　☞ 업신여기다.

얕으막하다 ⇨ 야트막하다.

얕은꾀 * 속이 훤히 들여다보이는 꾀.
　¶ 얕은꾀에 넘어가다.

얕은수 * 속이 훤히 들여다보이는 수.
　¶ 얕은수를 쓰다.
　☞ 잔꾀.

얕은안개 = 땅안개. * 사람의 눈높이보다 낮은 곳에 끼는 안개.

얕음하다 ⇨ 야틈하다. 야트막하다.

얕잡다 = 얕보다. 깔보다. 낮보다. 넘보다. 말보다. * 재주, 능력 따위를 낮추어 보아 하찮게 다루다. ¶ 얕잡아 보다.
　☞ 낮잡다.

애¹ 〔느〕 = 야. * 부르는 말. ¶ 애, 물 좀 떠오너라.

애² 〔느〕 ⇨ 예. * 대답하는 말.

애³ 〔이〕 = 이 아이. ¶ 애가 어디 갔지?

애기 = 이야기. {애기꽃. 애기책. 애기판. 애깃거리. 애깃주머니.}

애기꾼 = 애기쟁이. ¶ 그는 타고난 애기꾼이다.

얜 = 이 아이는. ¶ 얜 내 동무다.

얠 = 이 아이를. ¶ 얠 데리고 가거라.

어(語) * ① 한자말 뒤에 붙여 씀. {한국어. 한자어. 외래어. 고유어. 민

족어. 기계어. 신라어. 백제어. 고구려어. 만주어.} ②다른 나라말 뒤에 띄어 씀. ¶ 그리스 어. 니혼 어. 라틴 어. 몽골 어. 베이징 어. 스페인 어. 에스파냐 어. 차이나 어. 타이 어. 포르투갈 어. 폴란드 어. 프랑스 어.

☞ 말.[1]

어거지 ⇨ 억지.

어교(魚膠) ⇨ 부레풀. 민어풀. ＊ 민어의 부레로 끓여서 만든 풀.

☞ 갖풀. 밀풀. 쌀풀.

어구(語句) ＊ 글귀. ＊ 말의 마디나 구절. ¶ 한문 어구에 음을 달다.

☞ 어귀.[2]

어구머니 〔ㄴ〕 = 어이구머니. 어이구 〉 에구머니.

어귀[1] = 들머리. 들목. 입새. 초입. 초입새. ＊ 드나드는 목의 첫머리. {강어귀.} ¶ 동네 어귀. 마을 어귀.

어귀[2](語句) ⇨ 어구.

어귀차다 ⇨ ①아귀세다. ②아귀차다. ③어기차다.

어근버근하다 ＊ ①가구나 문틀의 짝 맞춘 자리가 약간 벌어져 있다. ②마음이 맞지 아니하여 사이가 벌어져 있다.

어글어글하다 = 서글서글하다. ＊ ① 생김새나 성질이 너그럽고 부드러운 모양. ¶ 어글어글하게 생긴 아이. ②얼굴의 각 구멍새가 널찍널찍하여 시원스러운 모양. ¶ 어글어글한 눈.

☞ 너글너글하다.

어금깔음 = 삿자리깔음. ＊ 삿자리무늬

모양으로 돌, 벽돌, 타일을 까는 일.

어금꺾쇠 = 엇꺾쇠. ＊ 양쪽 끝이 서로 반대 방향으로 구부러진 꺾쇠.

어금니〔牙齒〕 ＊ 송곳니 안쪽에 있는 이. ＊ 앞어금니 8개, 뒤어금니 12개.

☞ 간니. 덧니. 배냇니. 벋니. 사랑니. 송곳니. 앞니. 엄니. 옥니. 젖니.

어금버금하다 = 어금지금하다. ＊ 엇비슷하다.

어긋맞추다 ⇨ 어긋매끼다. 엇매끼다. ＊ 서로 어긋나게 걸치거나 맞추다.

어긋시침 = 엇시침. 어숫시침. ＊ 바느질에서 시침질의 한 가지.

어기(漁期) ㉨ ⇨ 고기잡이철. ＊ 어획기.

어기다 ＊ 규칙, 명령, 약속, 시간을 지키지 않다. ＊ 위반하다. 위약하다.

☞ 거스르다.[1]

어기야 〔ㄴ〕 = 어기야디야. 어야디야. 에야디야. ＊ 노를 저을 때 내는 소리.

어기여차 〔ㄴ〕 = 어여차. 어기영차. ＊ 기운을 돋우는 소리.

어기차다 ＊ 한번 마음먹은 뜻을 굽히지 아니하고 성질이 매우 굳세다.

☞ 아귀차다.

어깨 ＊ ①목 아래 끝에서 팔의 위 끝까지. {어깨동무. 어깨번호. 어깨선. 어깨춤. 어깨치마. 어깨통. 어깻부들기. 어깻자맞춤. 어깻죽지. 어깻집. 어깻짓.} ②힘으로 남을 으르거나 일을 해결하는 사람. ＊ 불량배.

☞ 깡패.

어깨 걸다 ⇨ 어깨를 겯다. ¶ 나가자 동무들아 어깨를 겯고.

어깨너머 * 옆에서 보거나 듣거나 하는 것. ¶ 어깨너머로 배운 글.

어깨 너머 * 어깨 저쪽. ‡ 고개 너머. 산 너머. 재 너머.

어깨너머문장(~文章) * 남이 배우는 옆에서 보거나 듣고 공부한 사람.

어깨너멋글 = 뒷글. ‡ 남이 배우는 옆에서 보거나 듣거나 하여 배운 글.

어깨놀이 = 어깻죽지. ‡ 팔이 어깨에 붙은 부분. ¶ 어깻죽지가 처지다.

어깨더버지 ⇨ 어깻부들기. ‡ 어깨의 언저리.

어깨동갑(~同甲) = 자치동갑. ‡ 한 살 차이가 나는 동갑.

어깨뼈〔肩胛骨〕 = 죽지뼈. 견지뼈.

어깨솔 = 어깨솔기. ‡ 바느질에서 어깨선을 맞붙여 꿰맨 솔기.

어깨차례(~次例) * ① 여러 사람이 늘어섰을 때 중간에 거르지 않고 돌아가는 차례. ② 키순. ‡ 키 큰 차례. ¶ 키순으로 줄을 서라.

어깻바람 * 신이 나서 어깨를 으쓱거리며 움직이는 기운. ¶ 어깻바람이 나다.
　☞ 신바람. 신명.

어깻숨 * 어깨를 들먹거리며 가쁘게 쉬는 숨. ¶ 어깻숨을 몰아쉬다.
　☞ 가슴숨. 뱃숨.

어깻죽지 = 어깨놀이. ‡ 팔이 어깨에 붙은 부분. ¶ 어깻죽지가 처지다.

어끄저께 ⇨ 엊그저께.

어끄제 ⇨ 엊그저께. 엊그제.

어나운서(announcer) ⇨ 아나운서. ‡ 뉴스, 중계방송을 맡아 하는 사람.

어녹다 = 얼녹다. ‡ 얼다가 녹다가 하

다. ¶ 어녹은 길.

어느 〔매〕 * ① 여럿 가운데서 어떤 것이나 막연한 것. {어느덧. 어느새.} ¶ 어느 것. 어느 겨를. 어느 곳. 어느 귀신. 어느 나라. 어느 날. 어느 놈. 어느 누구. 어느 달. 어느 도. 어느 동네. 어느 때. 어느 만큼. 어느 말. 어느 면. 어느 모. 어느 바람. 어느 부모. 어느 분. 어느 사이. 어느 세월. 어느 식. 어느 자리. 어느 작자. 어느 장단. 어느 정도. 어느 집. 어느 쪽. 어느 코. 어느 틈. 어느 편. 어느 학교. 어느 해. ② 수와 양, 차례를 묻는 말. ¶ 어느 학년. 어느 반. 어느 번. 어느 사단. 어느 연대.
　☞ 여느. 어떤. 몇.

어는점(~點) = 얼음점. ‡ 액체가 얼기 시작하는 온도.

어데 = 어디에

어데로 ⇨ 어디로.

어도(魚道) 북 ⇨ 고깃길.

어두움 = 어둠.

어두운홀소리〔陰性母音〕 = 여린홀소리. ‡ 소리의 느낌이 어둡고 큰 홀소리. ‘어, 우, 여, 유, 에, 워, 위, 예, 웨’ 따위.
　☞ 밝은홀소리. 중성 홀소리.

어두워지다 * 밝은 빛이 사라지다. ¶ 겨울은 해가 짧아 일찍 어두워진다.
　☞ 저물다.

어두육미(魚頭肉尾) * 물고기는 머리 쪽, 짐승은 꼬리 쪽 고기가 맛이 좋음.

어두일미(魚頭一味) = 어두진미. ‡ 물고기는 머리 쪽이 맛이 좋음.

어두침침하다 = 어둠침침하다. ＊ 눈이나 날씨가 어둡고 침침하다.

어둑신하다 ⇨ 어둑하다. ＊ ①제법 어둡다. ②사람이 어수룩하다.

어둑침침하다 ⇨ 어두침침하다. 어둠침침하다.

어둔 밤 ⇨ 어두운 밤.

어둠별 = 개밥바라기. ＊ 초저녁에 보이는 금성.

어둠침침하다 = 어두침침하다. ¶ 방 안이 어둠침침하다.

어둡다 ＊ ①빛이 약해서 사물을 잘 보기 어렵다. ¶ 골목길이 어둡다. ②빛깔이 침침하다. ¶ 어두운 남색. ③침울하고 무겁다. ＊ 분위기. 표정. 성격. ¶ 얼굴빛이 어둡다. ④희망이 없다. ¶ 어두웠던 왜놈 종살이 때. ⑤좋지 아니하다. ¶ 어두운 과거. ⑥잘 알지 못하다. ¶ 세상 물정에 어둡다. ⑦욕심을 내다. ¶ 돈에 눈이 어둡다. 욕심에 눈이 어둡다.
☞ 밝다.[1] 캄캄하다.

어둥둥 〔느〕 = 어허둥둥. 어화둥둥. ＊ 아기를 어르는 소리.
☞ 둥개둥개.

어드러하다 ⇨ 어떠하다.

어드메 ⇨ 어디.

어든이 ⇨ 못난이.

어디[1] 〔느〕 ＊ ①벼르거나 다짐할 때. ¶ 어디, 두고 보자. ②되물어 강조할 때. ¶ 어디, 네가 일 등 한 학생이냐? ③딱한 형편. ¶ 어디, 주어야 받지?

어디[2] 〔대〕 ＊ ①어느 곳. ¶ 학교가 어디냐? ②모르는 곳. ¶ 어디로 갔는지 모르다. ③아무 곳. ¶ 어디나 정들면 고향이다. ④밝히지 않는 곳. ¶ 어디 가 볼 데가 있다. ⑤무엇이라 말하기 어려운 점. ¶ 얼굴에 어딘지 모르는 걱정이 서려 있다. ⑥아주 대단함. ¶ 어딜 까부니? 3등이 어디냐?
☞ 아무 데.

어디에 = 어데.

어따[1] = 어디에다. ¶ 책을 어따 두었는지 모르겠네.

어따[2] 〉 아따. ＊ 몹시 심하거나 못마땅할 때. ¶ 어따, 잔소리 좀 그만 해.
☞ 아따.

어때 = 어떠해. ¶ 어때, 괜찮은 생각이지?

어떠튼 ⇨ 어떻든.

어떠하게 하다 = 어떻게 하다. 어떡하다.

어떠하다 〔그〕 = 어떻다. ＊ ① 의견, 성질, 형편, 상태가 어떤 모양이다. ② 꼭 집어내어 말하기 막연하다. ¶ 분위기가 어떠했기에 좋아하느냐?

어떡하다 〔움〕 = 어떠하게 하다. 어떻게 하다. ¶ 그가 어떡했기에 그러느냐?

어떡해 = 어떻게 해. ¶ 네가 가버리면 난 어떡해?
☞ 어떻게.

어떤 ＊ ①무엇인지 묻는 말. ¶ 어떤 물건이냐? ②대상을 밝히지 않고 이르는 말. ¶ 어떤 분이 찾아 오셨습니다. ③대상을 제한하지 않고 이르는 말. ¶ 어떤 것. 어떤 곳. 어떤 녀석. 어떤 년. 어떤 놈. 어떤 때. 어떤 면.

어떤 분. 어떤 수. 어떤 식. 어떤 이.
어떤 일. 어떤 자. 어떤 점.
☞ 어느. 무슨.

어떻다 ✻ 어떻고. 어떻습니다. 어떻소.
어떠네. 어떠니. 어떤. 어때.

어떻게 = 어떠하게. ¶ 일이 어떻게 되
어 가나? ✻ 뒤에 풀이말이 옴.
☞ 어떡해.

어떻게 하다 = 어떠하게 하다. 어떡
하다.

어떻게 해 = 어떡해.

어떻든 = 아무튼. 어쨌든. 여하튼.. 하
여튼.

어떻든지 = 어떠하든지.

어떻하다 ⇨ 어떠하다. 어떡하다.

어떻하면 ⇨ 어떡하면.

어떻해 ⇨ 어떡해. 어떻게 해.

어뜨거라 ⇨ 에뜨거라. ✻ 혼날 뻔하였
다는 뜻으로 내는 소리.

어뜩 ✻ 지나치는 결에. ¶ 그 말을 어뜩
들은 것 같다. 어뜩 본 것 같다.
☞ 언뜻.

어뜩어뜩¹ ✻ 그림자가 어른거리는 모
양. ¶ 검은 것이 어뜩어뜩 비친다.

어뜩어뜩² 〉 아뜩아뜩. ✻ 머리가 어지
러워 까무러칠 듯한 모양.

~어라 ✻ 어두운 홀소리 뒤에 붙는 맺
음끝. ① 움직씨의 바로 시킴꼴. ¶ 빨
리 뛰어라. 어서 먹어라. ② 그림씨의
느낌꼴. {아름다워라. 미워라.}
☞ ~(으)라. ~거라. ~너라. ~아라.

어란(魚卵) ⇨ 물고기알. 생선알. ✻ 생
것, 말린 것, 절인 것 모두.

어름장 ⇨ 으름장.

어럽쇼 〔느〕 = 어어. ¶ 어럽쇼, 이게

웬일이지?

어레빗 ⇨ 얼레빗.

어렴성(~性) = 어림새. ✻ 두려워하
거나 조심스럽게 여기는 기색.

어렵다 ✻ ① 하기가 까다로워 힘에 겹
다. ¶ 시험 문제가 어렵다. ② 윗사람
앞에서 행동을 마음대로 못하다.
¶ 시아버지를 모시기가 어렵다. ③ 곤
란이나 시련이 많다. ¶ 청소년기를
어렵게 보냈다. ④ 가능성이 거의 없
다. ¶ 합격하기가 어렵다. ⑤ 가난하
다. ¶ 생활이 어렵다.
☞ 힘들다.

어렵살이 ⇨ 어렵사리. ✻ 매우 어렵게.
¶ 어렵사리 일자리를 찾았다.

어렵쇼 〔느〕 ⇨ 어럽쇼. 어어. ✻ 뜻밖
의 일을 당하거나 일이 엉뚱하게 될
때.

어령칙히 ⇨ 어령칙이. ✻ 기억이나 모
양이 뚜렷하지 않게.

어루러기 ✻ 피부병의 한 가지.

어루러기지다 = 얼룩지다. ¶ 빗물에
젖어 어루러기진 옷감.

어루레기 ⇨ 어루러기.

어루만지다 ✻ 특별한 느낌으로 몸과
마음을 쓰다듬다. ¶ 마음을 어루만
지다.
☞ 만지다.

어룽 = 어룽이. ✻ 어룽어룽한 점이나
무늬. 그런 것이 있는 물건이나 짐
승.

어룽어룽¹ ✻ 눈물이 그득하여 넘칠 듯
한 모양. ¶ 어룽어룽 눈물이 고인
눈.

어룽어룽² 〉 아룽아룽. ✻ 뚜렷하지 아

니하고 흐리게 어른거리는 모양.

어룽어룽³ 〉아롱아롱. ✽ 빛깔이 서로 다른 점이나 줄이 고르고 촘촘하게 무늬가 진 모양.

☞ 얼룩얼룩.

어르다¹ = 어우르다. ¶ 글을 한꺼번에 열 줄씩 얼러서 죽죽 내리읽다. 쓰던 칫솔과 치약이며 비누까지 얼러서 싸들고 가다.

어르다² ✽ ① 어린애를 달래거나 기쁘게 하다. ¶ 엄마가 아이를 어르다. ② 사람이나 짐승을 놀리며 장난하다. ¶ 고양이가 쥐를 어르고 있다. ③ 어떤 일을 하도록 구슬리다. ¶ 어르고 달래서 같이 여행을 갔다.

☞ 으르다.²

어르신 = 어르신네. ✽ 아버지뻘 나이가 된 사람.

어른값 ✽ 어른으로서 갖추어야 할 체통이나 행동. ¶ 어른값을 못하다.

☞ 나잇값. 낫값.

어른답다 ✽ 어른이 어른으로서 마땅히 갖출 자격, 품위, 특성을 나타내다.

☞ 어른스럽다.

어른벌레 = 어미벌레. 엄지벌레. 자란벌레.

☞ 새끼벌레. 애벌레.

어른스럽다 ✽ 아이가 아이답지 않게 어른처럼 행동하다.

☞ 어른답다.

어른어른하다 ✽ ① 무엇이 보이다 말다 하다. ¶ 초가집이 어른어른하며 지나간다. ② 무늬나 그림자가 자꾸 움직이다. ¶ 아지랑이가 어른어른하게 피어오른다. ③ 물이나 거울에

비친 그림자가 자꾸 흔들리다.

☞ 으리으리하다.

어름 ✽ ① 두 물건의 끝이 한데 닿은 자리. ¶ 바닷물과 갯벌이 맞물려 있는 어름에 그물을 쳤다. ② 구역과 구역이 맞닿은 자리. ¶ 지리산은 경상, 충청, 전라도 어름에 있다. ③ 때와 곳, 사건 따위의 일정한 테두리 안. ¶ 세 시 어름에 도착했다. 수릿재 어름이 안개로 뿌옇게 휩싸이고 있었다.

☞ 얼음. 으름. 살피.

어름어름하다 ✽ ① 우물쭈물하다. ② 일을 엉터리로 하여 눈을 속이다.

☞ 어물어물하다.

어름짱 ⇨ ① 으름장. ② 얼음장.

어리 ✽ ① 병아리를 가두어 기르는 물건. ② 가지고 다니는 닭장. ③ 새장.

☞ 닭의어리. 불어리. 우리.¹

어리광 떨다 = 어리광을 부리다. 어리광을 피우다. ✽ 귀염을 받으려고 어린아이의 말씨나 태도로 버릇없이 굴거나 무엇을 흉내 내다.

☞ 아양 떨다.

어리광부리 = 어리광쟁이. ✽ 어리광을 잘 부리는 사람.

어리굴젓 ⇨ 어리굴젓. ✽ 굴젓의 한 가지.

어리다¹ ✽ ① 눈물이 고이다. ¶ 눈물이 어리다. ② 은근히 드러나다. ✽ 현상. 기운. 추억. ¶ 추억이 어리다. ③ 희미하게 비치다. ✽ 빛. 그림자. 모습. ¶ 물 위에 어린 그림자. ④ 나타나다. ✽ 연기. 안개. 구름. ¶ 안개가 어리다.

어리다² * ① 나이가 적다. ② 생각이 모자라다. ¶ 생각이 어리다.
☞ 젊다.

어리대다 * ① 눈앞에서 귀찮게 왔다 갔다 하다. ¶ 공부하는데 어리대지 말고 나가거라. ② 말이나 행동을 제대로 하지 못하여 서성거리거나 우물거리다.
☞ 얼씬대다. 얼쩡대다.

어리둥절하다 * 무슨 영문인지 잘 몰라서 정신을 가다듬지 못하다.
☞ 얼떨떨하다.

어리마리하다 * 잠이 든 둥 만 둥 하여 정신이 흐릿하다.
☞ 어리바리하다. 어리어리하다.¹

어리무던하다 ⇨ 어련무던하다. ‡ 흠 잡을 데 없이 무던하다.

어리바리하다 * 정신이 또렷하지 못하거나 기운이 없어 몸을 제대로 놀리지 못하다.
☞ 어리마리하다.

어리배기 ⇨ 어리보기. 머저리.

어리보기 = 머저리. ‡ 얼뜬 사람.
☞ 멍청이. 바보. 바사기.

어리석다 * 머리가 좋지 못하거나 상황에 잘 대처하지 못하다.
☞ 미련하다.

어리숙하다 ⇨ ① 어수룩하다. ② 어리 숭하다.

어리숭하다 = 얼쑹하다. ‡ 어리석은 듯 하다.
☞ 아리송하다. 알쏭하다.

어리어리하다¹ * 겉잠이나 얕은 잠이 설핏 들다. ¶ 잠이 어리어리하다.
☞ 어리마리하다.

어리어리하다² * ① 여럿이 뒤섞여 분간하기 어렵다. ¶ 정신이 어리어리하다. ② 말이나 행동이 어리석은 듯하다. ¶ 하는 짓이 어리어리하다.
☞ 으리으리하다. 어른어른하다.

어리장사 * 어리장수가 하는 장사.
☞ 얼렁장사. 동무장사. 어우렁장사.

어리장수 * ① 닭이나 오리를 어리에 넣어서 지고 다니며 파는 사람. ② 어리에 잡화를 담아서 지고 다니면서 파는 사람.
☞ 방물장수. 시겟장수. 황아장수.

어리전(~廛) * 어리에 꿩, 닭, 오리, 토끼 따위를 거두어 놓고 파는 가게.
☞ 소전. 싸전.

어린것 = 어린아이. 어린애. 어린이.

어린 것 ¶ 물고기도 너무 어린 것은 잡지 마라.

어린벌레 ⇨ 애벌레. ‡ 벌레 새끼.

어린순(~筍) = 애순. ‡ 풀이나 나무에서 갓 돋아나는 순.

어린아이 = 어린애. 어린이. 어린것.
¶ 어린아이를 돌본다.

어린 아이 = 어린 애. ¶ 너무 어린 아이는 돌보기가 힘들다.

어린이란(~欄) ⇨ 어린이난. ‡ 겨레 말 뒤에선 '난'.

어린잎 = 애잎. ‡ 새로 나온 풀이나 나무의 연한 잎.

어림 * 겉가량으로 헤아림. {어림생각. 어림셈. 어림수. 어림재기. 어림쟁이. 어림짐작.} {겉어림. 눈어림. 속어림. 손어림.} {어림없다. 어림하다.}
☞ 짐작.

어림값 = 어림치. ‡ ① 짐작한 수치나

정도. ②참값에 가까운 값.

어림새 = 어렴성. ‖ 두려워하거나 조심스럽게 여기는 기색.

어림잡다 = 어림치다. ¶ 값을 어림잡아 보다.

어림쟁이 = 데림추. 코푸렁이. ‖ 주견 없이 남에게 딸려 다니는 사람. ☞ 꼭두각시.

어림치(~値) = 어림값.

어림치다 = 어림잡다.

어릿광대 ‖ 우스운 차림과 몸짓으로 판을 어울리게 하는 광대. {어릿광대짓.} ☞ 아니리 광대. 얼럭광대.

어릿보기 〔亂視〕 = 어릿보기눈.

어릿어릿하다[1] 〉아릿아릿하다. ‖ ①말과 행동이 활발하지 못하고 생기 없이 움직이다. ②눈앞에 어려 오는 것이 어렴풋하다.

어릿어릿하다[2] 〉아릿아릿하다. ‖ 몹시 쓰리고 따갑다.

어마 = 어마나. 〈 어머. 어머나. ‖ 여자가 놀라거나 끔찍한 느낌이 들 때 내는 소리. ¶ 어마, 그 말이 정말이세요? 어마, 약속을 깜박 잊었네.

어마 뜨거라 〔느〕 ⇨ 어마뜨거라. ‖ 무서운 것을 만나 놀라서 내는 소리.

어마하다 = 어마어마하다. ‖ 엄청나고 굉장하다. ¶ 어마하게 큰 집.

어머 = 어머나. 〉 어마. 어마나.

어머니 ‖ 살아 계신 어머니를 부르거나 남에게 일컬을 때. {어머니뻘.} {수양어머니. 시어머니. 양어머니. 작은어머니. 친어머니. 친정어머니. 큰어머니. 홀어머니.} ¶ 어머니

상. 어머니 같다. 어머니 되다. 어머니 삼다. ☞ 어머님. 어미. 어멈.

어머니란(~欄) ⇨ 어머니난. ‖ 겨레말 뒤에선 ‘난’임.

어머님 ‖ ①편지나 글에서 친어머니를 일컬을 때. ②돌아가신 어머니. ③시어머니. ④가시어머니. ‖ 장모. ⑤남의 어머니를 일컬을 때.

어멈 ‖ ①‘어미’를 대접하여 이르는 말. {뺑덕어멈.} ¶ 순이 어멈. 귀덕 어멈. ②남의 집에서 심부름하는 부인. {행랑어멈.} ☞ 어머니. 어미.

어묵(魚~) = 생선묵. ¶ 어묵 꼬치. ☞ 오뎅.

어물어물하다 ‖ 말이나 행동을 시원스럽게 하지 못하고 꾸물거리다. ¶ 지난 일을 캐물으니 어물어물하게 말꼬리를 흐렸다. ☞ 아물아물하다. 어름어름하다.

어물쩍하다 ‖ 꾀를 쓰느라고 말이나 행동을 아리송하게 하며 살짝 넘기다. ¶ 이번 일은 어물쩍하게 넘어갈 수 없다. ☞ 어벌쩡하다.

어물쩡하다 ⇨ ①어물쩍하다. ②어벌쩡하다.

어미 ‖ ① 할아버지, 할머니 앞에서 어머니를 일컫는 말. ②아버지, 어머니 앞에서 아내를 일컫는 말. ③할아버지, 할머니가 손자, 손녀에게 그 어머니를 일컫는 말. ④어머니가 자식에게 스스로 자신을 가리키는 말. ⑤다 자란 동물의 암컷. {어미고

기. 어미벌레.} ⑥새끼가 있는 동물의 암컷. ¶ 어미 개. 어미 꿩. 어미 독수리. 어미 돼지. 어미 말. 어미 사자. 어미 새. 어미 소. 어미 악어. 어미 여우. 어미 염소. 어미 제비. 어미 토끼. 어미 학. 어미 호랑이. 다 자라거나 주가 되는 것. {어미나무. 어미자.} ⑦가리키는 말. ¶ 귀덕 어미. ⑧어떤 일을 하는 여자. {젖어미. 중신어미. 해산어미.} ⑨남편이 있고 없음. {핫어미. 홀어미.}
☞ 어머니.

어미 닭 = 큰 닭. ⁑ 다 자란 닭.

어미벌레 = 어른벌레. 엄지벌레. 자란벌레.
☞ 새끼벌레. 애벌레.

어미자 * 고정되어 있는 자를 아들자에 상대하여 이르는 말.
☞ 아들자.

어버리크다 ⇨ 간 크다. ⁑ 대담하다.

어벌쩡하다 * 제 말이나 행동을 믿게 하려고 엉너리를 부려 남을 속여넘기다. ¶ 어벌쩡하면서 입심으로만 한몫을 보려 든다. 어벌쩡하는 말눈치 같다.
☞ 어물쩍하다.

어법(漁法) [왜] ⇨ 고기잡이.

어부[1](漁夫) * 직업으로 고기잡이를 하는 사람. ⁑ 어부지리.
☞ 어선.[1]

어부[2](漁父) * 재미로 또는 시간을 보내려고 고기를 잡는 사람. ⁑ 어부사시사.

어부르다 ⇨ 어우르다.

어부바 = 부바. ⁑ 어린이 말로 업거나 업히는 일을 이르는 말.

어부인(御夫人) [왜] ⇨ 부인.

어분(魚粉) [왜] ⇨ 생선가루. ⁑ 먹거리, 먹이, 모이나 거름으로 씀.
☞ 육분.

어비[1] 〔이〕 = 에비. ⁑ 어린이 말. ¶ 자꾸 울면 어비가 업어 간다.

어비[2] 〔느〕 = 에비. ⁑ 무서운 것. ¶ 어비! 이건 만지면 안 돼.
☞ 지지.[1]

어비~[3] * 아비. 아버지. {어비딸. 어비아들.} ⁑ 아버지와 딸. 아버지와 아들.
☞ 어이~.[4]

어뿔싸 = 아뿔싸. 하뿔싸. ⁑ 잘못한 일을 깨닫고 뉘우칠 때 내는 소리.
☞ 아차.

어살(魚~) = 살. ⁑ 물고기를 잡는 장치. ¶ 어살을 치다.

어서 * 행동의 시작을 재촉할 때. {어서어서.} ¶ 어서 가자. 어서 자자.
☞ 냉큼. 빨리. 얼른. 얼핏. 퍼뜩.

어서 오십시오 * 손님을 맞이하며 하는 인사말.
☞ 안녕히 가십시오. 잘 오셨습니다.

어석소 = 어석송아지. 어스럭송아지. ⁑ 중간 정도로 자란 송아지.
☞ 목매기송아지. 엇송아지. 중송아지.

어석하다 * ①과일이나 채소를 입으로 물어 벨 때 나는 소리. ②깨지기 쉬운 물건이 부서질 때 나는 소리. ③마른 풀을 가볍게 스칠 때 나는 소리.
☞ 으슥하다.

어선¹(漁船) * 고기잡이배. 고깃배. ‡ 직업.

어선²(魚船) * 낚배. 낚싯배. ‡ 취미. ☞ 어부.²

어성(語聲) 옛 ⇨ 말소리.

어수룩히 ⇨ 어수룩이 ‡ 어수룩하게.

어수룩하다 * ① 말이나 행동이 숫되고 후하다. ¶ 어수룩한 시골 사람. ② 되바라지지 않고 매우 어리석은 데가 있다. ¶ 네게 속아 넘어갈 만큼 어수룩하지 않다. ③ 통제가 매우 느슨하다. ¶ 세상이 그렇게 어수룩하지 않다.
☞ 헙수룩하다.

어스럭송아지 = 어석소. 어석송아지. ‡ 중간 정도로 자란 송아지.
☞ 목매기송아지. 엇송아지. 중송아지.

어스레하다 = 어스름하다. ‡ 날이 조금 어둑하다. ¶ 어스레하게 보이는 길.
☞ 어슴푸레하다. 으스름하다.

어스름 = 거미. ‡ 조금 어둑한 상태나 때. ¶ 새벽 어스름. 저녁 어스름.
☞ 땅거미.

어스름달 ⇨ 으스름달.

어스름달밤 ⇨ 으스름달밤.

어스름밤 * 조금 어둑어둑한 저녁.

어스름하다 = 어스레하다.
☞ 으스름하다.

어스무레하다 ⇨ 어슴푸레하다.

어스스하다 ⇨ 으스스하다. ‡ 차거나 싫은 것이 몸에 닿아 소름이 돋다.

어슥비슥하다 ⇨ 어슷비슷하다. ‡ 서로 비슷비슷하다.

어슥어슥하다 * 여러 개가 모두 한쪽으로 약간 비뚤어져 있다.

어슥하다 ⇨ 으슥하다.

어슬렁어슬렁 = 어슬어슬. ‡ 몸을 조금 흔들며 계속 천천히 걸어다니는 모양. ¶ 호랑이가 어슬렁어슬렁 걸어다니다.
☞ 어정어정. 어치렁어치렁.

어슬어슬 * 날이 어두워지거나 밝아질 무렵에 조금 어두운 모양. ¶ 날이 어슬어슬 저물어 간다.
☞ 아슬아슬. 으슬으슬.

어슴푸레하다 〉아슴푸레하다. ‡ ① 어둑하고 흐릿하다. ¶ 날은 새었지만 밖은 아직 어슴푸레하다. ② 흐릿하게 보이거나 들리다. ¶ 멀리 오륙도가 어슴푸레하게 보인다. 개 짖는 소리가 어슴푸레하게 들린다. ③ 기억이 매우 흐릿하다. ¶ 어슴푸레한 기억이 되살아났다.
☞ 거슴츠레하다. 어스레하다.

어슷눈 ⇨ 어섯눈. ‡ 사물의 대강을 이해하게 된 눈. ¶ 어섯눈을 뜨다.

어슷시침 = 어긋시침. 엇시침. ‡ 바느질에서 시침질의 한 가지.

어시시하다 ⇨ 으스스하다.

어신찌(魚信~) = 낚시찌. 찌. {고추찌. 막대찌. 상투찌.}

어야디야 〔느〕 = 어기야디야. 어기야. 에야디야. ‡ 노를 저으며 내는 소리.

어어 〔느〕 = 어렵쇼. ‡ 뜻밖의 일을 당했을 때나 일이 엉뚱하게 될 때.

어언(於焉) ⇨ 어느덧. 어느새.

어여머리 = 어염. 동의머리. ‡ 부인이

예장할 때 머리에 얹는 큰머리.

어여쁘다 = 예쁘다. ‡ 얼굴. 마음. 몸매. 행동.

어여차 〔느〕 = 어기여차. 어기영차. ‡ 기운을 돋우는 소리. ☞ 영차.

어연간하다 = 엔간하다. ‡ 대중으로 보아 표준에 가깝다. ¶ 그 정도면 어연간하게 되었다. 어연간하면 허락해 주시지요. ☞ 어지간하다.

어연간히 = 엔간히. ‡ 표준에 가까울 정도로. ☞ 어지간히.

어연듯 ⇨ 어느덧.

어염 = 어여머리. 동의머리. ‡ 큰머리. {어염족두리.}

어엿하다 * 뒤지지 않고 떳떳하다. ¶ 어엿한 두 아이의 아버지가 되었다. ☞ 의젓하다.

어영차 〔느〕 ⇨ 어여차. 여차. 영차.

~어요 * 'ㅏ,ㅗ'가 아닌 풀이씨 줄기에 붙어 베풂, 물음, 시킴, 이끎을 나타내는 맺음끝. {먹어요. 아니어요. 입어요. 죽어요.} ☞ ~아요. ~에요. ~여요.² 이어요.

어우렁그네 = 쌍그네. ‡ 두 사람이 마주 올라타고 뛰는 그네.

어우르다 〉아우르다. ¶ 여럿이 힘을 어울러 큰일을 해 내다. ☞ 어르다.¹

어울러지다 ⇨ 어우러지다. 아우러지다.

어울무덤 〔合葬墓〕 * 여러 사람이나 두 사람의 주검을 한데 묻은 무덤. ☞ 구덩무덤. 쌍무덤. 홑무덤.

어유¹ 〔느〕 = ①어이구. 어이. ②에구.

어유²(魚油) 왜 ⇨ ①생선기름. ②애기름. ‡ 간유.

어음중매인(~仲買人) 왜 ⇨ 어음 거간.

어음지불인(~支拂人) 왜 ⇨ 어음 지급인.

어의(語義) 왜 ⇨ ①낱말의 뜻. ②말의 뜻.

어의론(語義論) 왜 ⇨ 의미론.

어이¹ 〔이〕 = 어처구니. {어이없다. 어이없이. 어이없어하다.}

어이² 〔느〕 = 어유. 어이구. 어이구머니. 어이구머니나. 어이쿠. 에구.

어이³ 〔어〕 = 어찌. ¶ 이 일을 어이 하리오?

어이~⁴ * 어미. {어이딸. 어이며느리. 어이새끼. 어이아들. 어이자식.} ☞ 어비~.³

어이구 〔느〕 = ①어유. 어이. ‡ 아프거나 힘들거나 놀라거나 원통하거나 기막힐 때 내는 소리. ¶ 어이구, 다리야. ②어유. 어이. ‡ 몹시 반갑거나 좋을 때 내는 소리. ¶ 어이구, 이렇게 고마울 데가 어디 있나. ③에구. ¶ 아이구, 이제 나는 죽었다. ☞ 아이고.

어이구나 〉아이고나. ‡ 어린애의 행동이 기특할 때 내는 소리.

어이어이 〔느〕 * 부모나 종손의 조부모가 아닌 상중에 곡하는 소리. ☞ 아이고아이고. 애고애고.

어이없다 = 어처구니없다. ‡ 너무 뜻밖이라 기가 막히다.

어저께 = 어제.

어정뱅이 * ①갑자기 잘된 사람. ②일

을 제대로 하지 않고 어정대는 사
람. ③일은 하지만 조금도 실적이
없는 사람.
☞ 어정잡이.

어정버정 〉아장바장. ※ ①하는 일 없
이 이리저리 천천히 걷는 모양.
②어색하고 부자연스럽게 행동하
는 모양. ¶ 헤어지기 싫어서 어정버
정 서로 얼굴만 쳐다보고 있다.

어정어정 〉아장아장. ※ 사람이나 짐승
이 이리저리 천천히 걷는 모양. ¶ 황
새 한 마리가 어정어정 걸으면서 우
렁이를 찾고 있다.
☞ 어슬렁어슬렁.

어정잡이 ※ ①겉모양만 꾸미고 실속이
없는 사람. ②됨됨이가 조금 모자라
맡은 일을 제대로 하지 못하는 사람.
☞ 어정뱅이.

어정칠월(~七月) ※ 농촌에서 별일이
없이 지나가는 음력 칠월을 일컫는
말.
☞ 건들팔월. 깐깐오월. 동동팔월. 미
끈유월.

어제 = 어저께. ¶ 어제는 비가 왔다.
어제 입었던 옷 그대로 왔다.

어제서야 ⇨ 어제야.

어제저녁 = 엊저녁.

어젯밤 = 간밤. 지난밤.

~어 주다 ※ 내가 행동의 주체가 됨.
¶ 내가 아이를 업어 주다.
☞ ~여 주다.

어줍찮다 ⇨ 어쭙잖다.

어중띠다(於中~) ⇨ 어중되다. ※ 어
느 것에도 맞지 아니하다.

어지간하다 ※ 보통에 가깝거나 그보다

약간 더 하다. ¶ 욕심이 어지간하구
나. 성적은 어지간한데 행동이 문제
다. 어지간하면 네가 참아라.
☞ 어연간하다.

어지간히 ※ ①보통에 가깝거나 그보
다 약간 더 하게. ¶ 어지간히 끈질
기다. 고생도 많이 하고 수양도 어
지간히 했다. ②정도나 형편이 기
준에 크게 벗어나지 아니하게. ¶ 어
지간히 해라.
☞ 어연간히.

어지빠르다 = 엊빠르다. 엇되다. ※ 어
중간하여 어느 한쪽에도 맞지 않다.
☞ 엇되다.

어지자지〔睾女〕 ※ 암수한몸인 사람이
나 짐승.
☞ 남녀추니.

어질머리 ⇨ 어질병.

어질어뜨리다 ⇨ 어지르다. 어지러뜨
리다. 어지러트리다.

어질증(~症) = 어지럼증. ※ 현기증.

어집잖다 ⇨ 어쭙잖다.

어째 = 어찌하여. ¶ 어째 거기까지 갔
나? 자네 신수가 어째 그 모양인가?

어째서 = 어찌하여서. ¶ 너희는 어째
서 만나기만 하면 싸우니?

어쨌든 = 아무튼. 어떻든. 여하튼. 하
여튼.

어쨌든지 = ①어찌하였든지. ②아무
튼지. 어떻든지.

어쩌고저쩌고 = 이러쿵저러쿵. ¶ 알
지도 못하면서 어쩌고저쩌고 말이
많다.

어쩌다 ※ ①어찌하다. ②어쩌다가.
③이따금. ④뜻밖에 우연히.

어쩌면 = ① 짐작건대. ② 어쩜. ③ 어찌하면.

어쩐지 * 어떻게 된 까닭인지. ¶ 어쩐지 마음에 걸렸다.
　☞ 왠지.

어쩔려고 ⇨ 어쩌려고.

어쩔수없다 ⇨ 어쩔 수 없다.

어쩔줄 몰라하다 ⇨ 어쩔 줄 몰라 하다.

어쩜¹ 〔느〕 * 뜻밖의 일로 탄복할 때 내는 소리. ¶ 어쩜, 예쁘기도 해라.

어쩜² = 어쩌면. ¶ 어쩜 좋은 일이 생길지 몰라. 어쩜 손이 이렇게 따뜻하지.

어쭙다 ⇨ 어줍다. * ① 서투르고 어설프다. ② 몸이 자연스럽지 않다. ③ 겸연쩍거나 어색하다.

어쭙잖다 * 비웃음을 살만큼 언행이 분수에 넘치는 데가 있다. ¶ 가난뱅이 주제에 어쭙잖게 자가용을 사다니.
　☞ 시원찮다.

어찌 * ① 어떠한 이유로. ¶ 어찌 그런 소문이 났는지 모르겠다. ② 어떠한 방법으로. ¶ 이래서야 나라가 어찌 견디겠소? ③ 어떠한 생각으로. ¶ 어찌 보면 이 섬은 거북같이 생겼다.
　☞ 왜.¹

어찌할고 ⇨ 어찌할꼬.

어처구니없다 = 어이없다.

어처구니없은 ⇨ 어처구니없는. * '있다, 없다, 계시다' 뒤에는 '는'이 붙음.

어청어청 〉 어정어정. * 사람이나 짐승이 자꾸 이리저리 천천히 걷는 모양.
　☞ 어칠어칠.

어체장(魚體長) 如 ⇨ 물고기 길이.

어치¹ * 까마귓과의 새 이름.
　☞ 언치.

~어치² * 그 값에 해당하는 분량. ¶ 한 푼어치. 10엔어치. 백 달러어치.

어칠어칠 = 어치렁어치렁. * 사람이 몸을 흔들며 걷는 모양.
　☞ 어슬렁어슬렁. 어청어청.

어폐(語弊) ⇨ 잘못. * 말의 폐단이나 결점.

어프러지다 ⇨ 엎어지다.

어허 〔느〕 * ① 미처 생각하지 못한 것을 깨달았을 때 내는 소리. ¶ 어허, 시간이 벌써 이렇게 지났나. ② 못마땅하거나 불안할 때 내는 소리. ¶ 어허, 그 일은 하지 말래두. 어허, 이거 왜 이러느냐?
　☞ 아하.

어허둥둥 〔느〕 = 어화둥둥. 어둥둥. ¶ 어허둥둥, 내 사랑아.
　☞ 둥개둥개.

어험 〔느〕 = 으흠. ¶ 어험! 하는 기침 소리.

어험하다 ⇨ 어웅하다. * 굴이나 구멍이 쑥 우므러져 들어가 있다.

어화 〔느〕 = 어우하. * 노랫가락에서 기쁜 마음을 나타내는 소리.

어화둥둥 = 어둥둥. 어허둥둥. * 아기를 어를 때 내는 소리.
　☞ 둥개둥개.

어회(魚膾) = 생선회.

어획고(漁獲高) 如 ⇨ 어획량. * 잡은 고기의 수량.

어휘(語彙) * 낱말의 수효나 낱말 전체.
　☞ 단어.

어흥이 = 범. 호랑이. ‡ 어린이 말.

억둑배기 ⇨ 얽둑빼기.

억둑억둑 ⇨ 얽둑얽둑.

억류시켜 놓다(抑留~) ⇨ 가두다. 잡아 두다. ‡ 억류해 놓다.

억만(億萬) * 많은 수효. {억만금. 억만년. 억만대. 억만장자. 억만창생.}
☞ 엄망.

억매다 ⇨ 얽매다.

억매이다 ⇨ 얽매이다.

억머구리 ⇨ 악머구리. 참개구리.

억무개 = 곤들매기. ‡ 민물고기 이름.

억박고석(~古石) ⇨ 얽박고석. ‡ 몹시 얽은 돌이나 사람의 얼굴.

억배기 ⇨ 얽빼기. ‡ 얼굴이 심하게 얽은 사람.

억병 * 술을 엄청나게 많이 마시는 모양이나 그런 상태. ¶ 억병으로 취하다.
☞ 억수.

억새 = 억새풀. 새. ‡ 풀 이름. {억새반지기. 억새밭.}
☞ 갈대. 새때.

억수 〉 악수. ‡ 세차게 쏟아지는 비. ¶ 억수가 퍼붓다. 억수 같다.
☞ 아주.¹ 억병. 대단히. 매우.

억수장마 * 여러 날 동안 억수로 내리는 장마.
☞ 건들장마. 늦장마. 마른장마.

억제시키다(抑制~) ⇨ 내리누르다. 억누르다. ‡ 억제하다.

억제하다(抑制~) * 감정이나 욕망, 하던 행동을 내리눌러서 그치게 하다.
☞ 억지하다.

억지 〉 악지. ‡ 안될 일을 무리하게 해내려는 고집. {억지공사. 억지꾼. 억지다짐. 억지소리. 억지웃음. 억지투정. 억지힘.} {억지스럽다.}
¶ 억지 춘향. 억지를 부리다. 억지가 세다. 억지를 세우다. 억지를 쓰다.

억지떼 * 윗사람에게 무리하게 부당한 일을 요구하거나 고집하는 짓.
☞ 떼. 떼거리.

억지투정 * 윗사람에게 불만이 있어 떼를 쓰는 짓. ¶ 억지투정을 부리다.

억지하다(抑止~) * 처음부터 억눌러 못하게 막다. ¶ 울분을 억지하다.
☞ 억제하다.

억짓손 〉 악짓손. ‡ 억지로 해내는 솜씨. ¶ 억짓손이 세다.

억척 〉 악착. ‡ 모질고 끈덕짐. 또는 그런 사람. {억척꾸러기. 억척보두. 억척빼기. 억척같다. 억척스럽다.}
¶ 억척 떨다. 억척 부리다.
☞ 억측

억척꾸러기 = 억척이. ‡ 매우 억척스러운 사람.

억척빼기 〉 악착빼기. ‡ 몹시 억척스러운 아이.
☞ 얽죽빼기.

억측(臆測) * 이유나 근거가 없이 짐작함. 또는 그런 짐작. {억측하다.}
☞ 억척.

언간하다 ⇨ 엔간하다. 어연간하다.

언감이(焉敢~) ⇨ 어찌 감히.

언걸 = 얼. ‡ ①다른 사람 때문에 당하는 괴로움이나 해. ②큰 고생.
☞ 피해.

언걸먹다 = 얼먹다. 걸먹다.

언걸입다 = 얼입다. 걸입다.

언니 * 남자나 여자끼리 같은 항렬에서 나이 많은 사람. {언니네. 언니뻘.} {작은언니. 친언니. 큰언니.} ¶ 동네 언니. 언니 노릇 하다. 언니 되다.
☞ 형. 아우.

언덕 * 비탈지고 높은 땅. {언덕길. 언덕땅. 산언덕. 언덕지다.}
☞ 둔덕.

언덕바지 = 언덕배기. ‡ ① 언덕의 꼭대기. ② 언덕의 몹시 비탈진 곳.

언덕받이 ⇨ 언덕바지. 언덕배기.

언덕빼기 ⇨ 언덕배기. 언덕바지.

언도하다(言渡~) 왜 ⇨ 선고하다. ‡ 재판장이 판결을 알리다.

언뜻 = 얼핏. ‡ ① 잠깐 나타나는 모양. ¶ 언뜻 보다. 언뜻 보이다. 언뜻 스치다. ② 생각이 문득 떠오르는 모양. ¶ 언뜻 떠오르다. 언뜻 깨닫다.
☞ 설핏. 어뜩. 얼른. 퍼뜩.

언문(諺文) * 한글의 옛 이름. {언문뒤풀이. 언문책.}
☞ 진서.

언사질(言辭~) ⇨ 말전주.

언약(言約) * 말로 한 약속.
☞ 약속. 약조.

언어(言語) * ① 생각과 뜻과 느낌을 나타내는 입말과 글말, 손짓말, 입술말. ‡ 음성언어. 문자언어. 행동언어. ② 동물이 어떤 뜻을 나타내는 소리.
☞ 말.[1]

언저리 * 사람의 몸이나 물체의 어느 부분과 그 둘레. ‡ 대상과 부근에 아울러 씀. {눈언저리. 산언저리. 입언저리. 코언저리.}
☞ 가.[1] 가장자리. 변두리. 부근.

언제 * 어떤 일과 관련된 잘 모르는 때. ¶ 약속 시간이 언제더라?
☞ 아무 때.

언제나 * ① 늘. 자나깨나. ‡ 항상. ¶ 어머니는 언제나 그립다. ② 번번이. ¶ 언제나 지각한다. ③ 어느 때가 되어야. ¶ 그리운 고향, 언제나 가볼까?

언젠가 = 언제인가. ‡ 지난 적이나 올 적의 어느 때. ¶ 언젠가 만나겠지.

언짢다 * 마음에 달갑지 않거나 마음이 좋지 않다. {언짢아하다.} {언짢이.}
☞ 귀찮다.

언청이 = 째보. ‡ 윗입술이 세로로 째진 사람.
☞ 잔망이.

언치 * 말이나 소의 안장이나 길마 밑에 까는 방석이나 담요.
☞ 겉언치. 덕석.

언치다 ⇨ 얹히다.

언턱 * ① 갑자기 높이 된 언덕의 한 부분. ② 물건 위에 턱처럼 층이 진 곳.

언턱거리 * 남에게 무턱대고 떼를 쓸 만한 근거나 핑계.
☞ 턱거리.

얹다 * ① 다른 물건 위에 놓다. ¶ 이마에 손을 얹다. ② 산 물건에 다른 것을 덧붙여 주다. ¶ 귤을 몇 개 더 얹어 주었다.
☞ 놓다.[2] 이다.[3]

얹혀살다 = 붙어살다. ‡ 남에게 기대어 살다. ¶ 동생 집에 얹혀살다.
☞ 부쳐지내다.

얹히다[1] = 체하다. ¶ 밥을 급히 먹어

서 얹히다.

얹히다² * '얹다'의 입음. ¶ 책상에 얹힌 꽃병.

얻다¹ * ① 거저 받다. ¶ 장난감을 얻다. ② 가지거나 누리다. ¶ 신임을 얻다. ③ 찾아서 가지다. ¶ 일자리를 얻다. ④ 빌리다. ¶ 빚을 얻다. 셋방을 얻다. ⑤ 차지하다. ¶ 승리를 얻다. ⑥ 사람을 구하다. ¶ 일꾼을 얻다. ⑦ 맞다. ¶ 며느리를 얻다. 사위를 얻다. ⑧ 병이 들다. ¶ 병을 얻다.
☞ 거두다. 사다. 구하다.

얻다² = 얻다가. 어디에다가. ¶ 얼굴만은 얻다 내놓아도 빠지지 않는다.

얻어지다 ⇨ 얻다.

얻은잠뱅이 ⇨ 얻은잠방이. * 남에게 얻은, 신통하지 않은 물건.

얼¹ * ① 사람의 뜻과 생각과 느낌의 알맹이. {얼간이. 얼뜨기.} {얼뜨다. 얼없다.} ② 정신의 줏대. ¶ 겨레 얼. 얼이 나가다. 얼을 빼다. 얼이 치다.
☞ 넋. 귀신.

얼² = 흠. ¶ 얼이 가다. 얼이 들다. 얼이 없다.
☞ 티.¹

얼³ = 언걸. 걸. * ① 다른 사람 때문에 당하는 괴로움이나 해. ¶ 얼을 먹다. 얼을 쓰다. 얼을 입다. ② 골탕.
☞ 헛얼.

얼⁴ = 탈. 사고. ¶ 얼 없이 잘 지내다. 얼이 생기다.

얼가리 ⇨ 얼갈이.

얼간 * 약간 절이는 간. {얼간구이. 얼간치.} ¶ 얼간 고등어. 얼간 조기.

☞ 자반.¹

얼간이 = 얼간망둥이. ‡ 얼이 빠져 변변치 못하고 덜된 사람.
☞ 얼뜨기. 얼찬이.

얼갈이¹ * 늦가을에 심은 푸성귀. {얼갈이김치. 얼갈이배추.} {얼갈이하다.}

얼갈이² * 겨울철에 논밭을 대강 갈아 엎는 일. {얼갈이하다.}
☞ 갈갈이. 봄갈이. 삭갈이. 애벌갈이.

얼개 〔構造〕 = 짜임새. ¶ 기계의 얼개. 소설의 얼개. 일의 얼개.

얼거리 * 전체의 윤곽이나 줄거리. ¶ 논문의 얼거리.
☞ 얽이.

얼게미 ⇨ 어레미. ‡ 바닥의 구멍이 큰 체. ¶ 모래를 어레미로 치다.

얼결 = 얼떨결. ‡ 뜻밖의 일을 당하여 정신을 가다듬지 못하는 판.
☞ 엉겁결.

얼굴 = 얼굴짝. 얼굴판. 신관. {얼굴 선. 얼굴장사.} ¶ 얼굴을 깎이다. 얼굴을 내밀다(내놓다. 비치다). 얼굴이 넓다. 얼굴을 더럽히다. 얼굴을 들다. 얼굴이 두껍다. 얼굴이 뜨겁다. 얼굴이 뜨뜻하다. 얼굴이 피다.
☞ 낯. 물얼굴.

얼굴값 = 꼴값. ‡ 생긴 얼굴에 걸맞은 행동. ¶ 얼굴값을 못하다.

얼굴바대기 = 낯바대기. ‡ 낯의 속된 말.

얼굴빛 = 얼굴색. 낯빛. ¶ 얼굴빛이 달라지다.

얼기설기 〈 얼키설키. ‡ 가는 것이 이 리저리 뒤섞이어 얽힌 모양.

얼녹다 = 어녹다. ¶ 얼녹은 생선. 얼녹은 논두렁.

얼다 * ① 물이 얼음이 되다. ② 몸이나 마음이 뻣뻣해지다. ☞ 굳다.¹

얼덜하다 * 별로 탐탁스러운 일이 없이 그럭저럭 시간을 보내다. ¶ 얼덜하게 지내다 보니 한 달이 지나갔다. 얼덜하는 동안에 마감날이 다 되었다. ☞ 얼떨하다.

얼떨김 ⇨ 얼떨결. 얼결.

얼떨하다 * ① 뜻밖의 일을 당하거나 여러 가지 복잡한 일 때문에 정신을 가다듬지 못하다. ② 골이 울리고 어지럽다. ¶ 머리가 얼떨하다. ☞ 얼덜하다.

얼떨떨하다 = 떨떨하다. * 매우 얼떨하다. ☞ 어리둥절하다.

얼또당또않다 ⇨ 얼토당토않다. ① 전혀 알맞지 않다. ② 전혀 관계없다.

얼뚝배기 ⇨ 얼금뱅이. * 얼굴이 얽은 사람.

얼뜨기 * 겁이 많고 어수룩한 사람. ☞ 얼간이. 얼치기.

얼띠다 ⇨ 얼뜨다. * 어수룩하고 얼빠진 데가 있다.

얼락녹으락 ⇨ 얼락녹을락.

얼러기 * 털빛이 얼럭얼럭한 짐승. ☞ 얼루기.

얼러대다 ⇨ 을러대다. 을러메다. * 남을 무섭게 을러서 억누르다.

얼러맞히다 ⇨ 얼러맞추다. * 그럴듯한 말로 비위를 맞추다.

얼러메다 ⇨ 을러메다. 을러대다.

얼러방망이 ⇨ 을러방망이. * 겁을 주려고 때릴 듯이 하며 으르는 짓.

얼럭 〉 알락. * 본바탕에 다른 빛깔의 점이나 줄이 섞인 모양. 또는 그런 자국. ☞ 얼룩.

얼럭광대 = 광대. * 가면극, 인형극, 줄타기, 땅재주, 판소리를 하는 사람. ☞ 어릿광대.

얼럭말 〔花馬〕 = 얼룩말. * 검은 줄무늬가 있는 말의 하나.

얼럭소 = 얼룩소. * 털빛이 얼룩얼룩한 소.

얼럭이 ⇨ 얼러기.

얼렁거리다 〉 알랑거리다. * 남의 비위를 맞추려고 더럽게 자꾸 아첨을 떨다. ☞ 일렁거리다.

얼렁뚱땅 〉 알랑똥땅. * ① 엉너리를 부려 남을 속여 넘기는 모양. ¶ 얼렁뚱땅 넘어가다. ② 대충대충 넘어가는 모양. ¶ 얼렁뚱땅 시간만 보내다.

얼렁방치다 ⇨ 얼러방치다. * 두서너 가지 일을 한꺼번에 하다.

얼렁장사 〔同業〕 = 동무장사. * 여러 사람이 밑천을 어울러서 하는 장사.

얼레¹ * 연줄, 낚싯줄을 감는 연모. {네모얼레. 볼기짝얼레. 팔모얼레.} ☞ 견지.¹

얼레² 〔느〕 ⇨ 어. * ① 놀라거나 당황하거나 초조하거나 급할 때. ② 기쁘거나 슬프거나 뉘우치거나 칭찬할 때. ③ 말을 하려고 주의를 끌려

할 때.

얼레공치기 ＝ 장치기. 공치기. ＊ 막
대로 나무 공을 쳐서 골문에 넣는
놀이.

얼레리꼴레리 ⇨ 알나리깔나리. ＊ 남
을 놀릴 때 쓰는 말.

얼레발 ⇨ 엉너리. ¶ 엉너리 치다.

얼레빗 ＊ 빗살이 굵고 성긴 큰 빗.
　☞ 참빗.

얼루기 ＝ 얼룩빼기.＊ 얼룩얼룩한 점,
무늬, 짐승, 물건.
　☞ 알로기. 얼러기. 얼룽이.

얼룩 ＊ ①빛깔이 다른 점이나 줄이 섞
인 자국. {얼룩무늬. 얼룩송아지. 얼
룩점.} ②물 따위가 묻어 더러워진
자국. {얼룩지다.}
　☞ 무늬.

얼룩덜룩 〉 알록달록. ＊ 점이나 줄 따
위가 고르지 않게 무늬를 이룬 모
양.
　☞ 얼룩얼룩.

얼룩말〔花馬〕＝ 얼럭말.

얼룩소 ＝ 얼럭소.

얼룩얼룩 〉 알록알록. ＊ 점이나 줄 따
위가 고르게 무늬를 이룬 모양.
　☞ 어룽어룽. 얼룩덜룩.

얼룩이 ⇨ ①얼루기. ②얼룩.

얼룽얼룽 〉 알롱알롱. ＊ 점이나 줄이
고르고 촘촘하게 무늬를 이룬 모양.

얼룽이 〉 알롱이. ＊ 얼룽얼룽한 점이나
무늬. 또는 그런 짐승이나 물건.
　☞ 얼루기.

얼르다 ⇨ ①어르다. ②으르다.

얼른 ＊ 시간을 오래 끌지 않고 곧바로.
¶ 얼른 가자. 얼른 생각이 안 난다.

　☞ 설핏. 얼핏. 어서. 냉큼.

얼마 〔이〕 ＊ 잘 모르는 수량이나 정도.
＊ 분량. 잦기. 시간. 세기. 길이. 넓
이. 부피. 무게. {얼마만큼. 얼마어
치. 얼마짜리. 얼마쯤.} ¶ 얼마 만
에. 얼마 전에. 얼마 후에. 얼마 안
되다. 얼마 못 살다.
　☞ 몇.

얼마간(～間) ＊ ①얼마 동안. ②그리
많지 아니한 수량이나 정도.

얼마나 〔어〕 ＝ 오죽. ＊ 동작의 강도나
상태의 정도가 대단함을 나타내는
말. ¶ 얼마나 많은 사람이 여기에 왔
을까? 합격하면 얼마나 좋을까?
　☞ 여북.

얼마만큼 ＝ 얼마큼.

얼마에요? ⇨ 얼마예요?

얼맛동안 ⇨ 얼마 동안.

얼먹다 ＝ ①언걸먹다. 걸먹다. ②골
탕먹다.

얼바람둥이 ＊ 실없이 허황한 짓을 하
는 사람.

얼방둥이 ＊ 빈들거리며 남에게 빌붙어
사는 사람.

얼벙어리 ＝ 반벙어리. ＊ 남이 잘 알아
듣지 못하게 말하는 사람.

얼붙다 ＝ 얼어붙다. ＊ ①찬 기운 때
문에 얼어서 들러붙다. ¶ 얼어붙은
바닥. ②긴장하거나 무서워서 몸이
굳어지다. ¶ 입이 얼어붙다.

얼빠지다 ＊ 맑은 정신이 없어지다.
¶ 남의 나라말을 쓰는 것은 얼빠진
짓이다.
　☞ 얼없다.

얼 빼다 ＝ 얼 뽑다. ＊ 정신을 빼다.

얼쑹하다 = 어리숭하다. ＊①분간하기 어렵다. ②어리석은 듯하다.
　☞ 알쏭하다.

얼씨〔胚盤〕 = 알눈. ＊ 동식물.

얼씬대다 = 얼씬거리다. ＊①눈앞에 자꾸 나타났다가 없어지다. ②교묘한 말과 행동으로 잇따라 남의 비위를 맞추다.
　☞ 어리대다. 얼쩡대다. 얼찐거리다.

얼씬하면 ⇨ 걸핏하면.

얼어붙다 = 얼붙다. ¶ 강물이 얼어붙다.

얼없다 ＊ 조금도 틀림이 없다. ¶ 그 사람에게 맡기면 무슨 일이나 얼없다.

얼 없다 ＊ 탈이 없다. ¶ 그곳에 가면 늘 조심하여 얼 없이 잘 지내야 한다.
　☞ 얼빠지다.

얼우다 ⇨ 얼리다. ＊ '얼다'의 하임.

얼음 ＊ 물이 언 덩어리. {얼음길. 얼음낚시. 얼음덩이. 얼음무늬. 얼음물. 얼음벽. 얼음산. 얼음싸라기. 얼음주머니. 얼음지치기. 얼음집. 얼음찜질(얼음찜). 얼음판.} {매얼음. 살얼음. 첫얼음.} ¶ 얼음 베개. 얼음 조각.
　☞ 어름. 으름.

얼음강판 ⇨ 얼음판.

얼음비 ＊ 빗방울이 얼거나 눈이 거의 녹았다가 얼어서 내리는 비.
　☞ 진눈깨비.

얼음이 얼다 ⇨ 물이 얼다.

얼음장 ＊ ①넓은 얼음 조각. ¶ 얼음장 밑으로 물이 흐른다. ②매우 찬 손발이나 구들. ¶ 얼음장같이 차다. ③쌀쌀하고 인정이 없는 마음.

　☞ 성엣장. 으름장.

얼음점(～點) = 어는점. ＊ 액체가 어는 온도.

얼음집 ＊ ①얼음과 눈덩이로 지은 집. ＊ 이글루. ②얼음을 파는 가게.

얼음찜 = 얼음찜질. ＊ 찬찜질의 하나.

얼음타기 ⇨ 얼음지치기. ＊ 얼음 위를 미끄러져 달림. 또는 그런 운동이나 놀이.

얼음편자 ＊ 얼음 위에서 미끄러지지 않게 말굽에 붙이는 쇳조각.
　☞ 사갈.

얼입다 = 언걸입다. 걸입다. ＊ ①남의 허물로 해를 받다. ②골탕 먹다.

얼죽음 ⇨ 반죽음. 초벌죽음. {반죽음하다.} ¶ 반죽음을 시키다.

얼짜 ＊ 얼치기인 물건. ＊ 이것도 저것도 아닌 중간치.
　☞ 알짜.

얼쩍지근하다 = 얼찌근하다. ＊ ①살이 얼얼하게 아프다. ②술기운이 알맞게 도는 듯하다. ③맛이 달면서 얼얼한 느낌이 있다.

얼쩡대다 = 얼쩡거리다. ＊ ①하는 일도 없이 돌아다니거나 빙빙 돈다. ②아첨하며 능청스럽게 계속 남을 속이다.
　☞ 어리대다. 얼씬대다. 얼찐대다.

얼쭈 ⇨ 얼추. ＊ ①어지간한 정도로 대충. ②기준에 거의 가깝게.

얼쭉얼쭉하다 ⇨ 얽죽얽죽하다. ＊ 얽은 자국이 많다.

얼찌근하다 = 얼쩍지근하다.

얼찐대다 = 얼찐거리다. ＊ 가까이 돌며 아첨하다.

☞ 어리대다. 얼씬대다. 얼쩡대다.
얼찬이 * 정신이 똑바로 박인 사람. ¶ 요즘은 얼찬이를 찾아보기 어렵다.
☞ 얼간이.
얼춤얼춤 ⇨ 어름어름.
얼치기 * ①이것도 저것도 아닌 중간치. ②탐탁하지 않은 사람.
☞ 얼뜨기.
얼키설키 〉 얼기설기. ⁑ 가는 실 따위가 이리저리 뒤섞이어 얽힌 모양.
☞ 얽히고설키다.
얼키다 ⇨ 얽히다.
얼풋 ⇨ ①얼른. ②얼핏. ③퍼뜩.
얼핏 = 언뜻. {얼핏얼핏.} ¶ 얼핏 보이다. 얼핏 생각이 떠오르다.
☞ 설핏. 어서. 얼른. 퍼뜩.
얼핏하면 ⇨ ①걸핏하면. ②언뜻하면.
얽다[1] * 얼굴에 마마 자국이 생기다. ¶ 얼굴이 얽다.
얽다[2] * ①노끈이나 줄로 이리저리 걸다. ⁑ 칡으로 서까래를 얽다. ②이리저리 관련이 되게 하다. ¶ 죄 없는 사람을 얽어 옥에 가두다.
얽둑빼기 * 얼굴에 굵고 깊은 얽은 자국이 성기게 있는 사람.
☞ 얽적빼기. 얽죽빼기.
얽보 = 곰보.
얽빼기 * 얽은 자국이 많은 사람.
☞ 얽둑빼기.
얽어매다 = 얽매다. ¶ 손발을 얽매다. 빚으로 사람을 얽매다.
☞ 매다.[1] 묶다. 옭매다. 동여매다. 잡아매다.
얽음뱅이 ⇨ 얼금뱅이. ⁑ 얽은 사람.
얽이 * ①물건의 겉을 새끼나 노끈으로 얽은 것. ¶ 차에 짐을 실을 때는 얽이를 잘해야 한다. ②일의 차례나 배치를 잡아 보는 일. ¶ 얽이를 잡다.
☞ 얼개. 얼거리.
얽적빼기 = 얽죽빼기. ⁑ 잘고 굵은 자국이 촘촘하게 섞여 있는 곰보.
☞ 얼둑빼기.
얽혀지다 ⇨ 얽히다. ¶ 일이 얽혀 가다. 서로 얽혀 있다.
얽히고설키다 * 일 따위가 이리저리 복잡하게 되다.
☞ 얼키설키하다.
얽히다 * ①실이나 줄이 이리저리 걸리다. ②무엇이 서로 관련되다.
☞ 엉기다. 엉키다.
엄 ⇨ 어음.
엄니 〔大牙〕 * 범, 멧돼지, 코끼리 따위 짐승의 크고 날카로운 이. ⁑ 2개임.
☞ 앞니. 어금니. 어머니. 옥니.
엄두 * 무엇을 하려는 마음. ⁑ 부정적인 말과 함께 씀. ¶ 엄두를 내지 못한다.
☞ 감.[2]
엄마 * ①어머니. ⁑ 어린이 말. ②어린이에게 제 어머니를 가리키는 말. ¶ 엄마 사랑. 엄마 손. 엄마 품. 엄마 되다.
엄마 바꿔라 ⇨ 어머니한테 전화를 받으시라 해라. ⁑ 전화할 때.
☞ 전화 바꾸다.[2]
엄망(掩網) [왜] ⇨ 덮그물.
엄매 = 음매. ⁑ 소나 송아지의 울음소리.
엄발 = 곁뿌리. ⁑ 식물.

ㅇ

☞ 며느리발톱.

엄발나다 * 행동이나 태도를 남들과 다르게 제 마음대로 빗나가게 하다.

엄벙거리다 = 엄벙대다. ‡ ① 말과 행동을 실속 없이 부풀리다. ② 눈을 속이고 일을 건성으로 하다.

엄벙뗑 = 얼렁뚱땅. ¶ 엄벙뗑 보내다가 눈앞에 닥쳐야만 어쿠! 한다.

엄벙뚱땅 ⇨ 얼렁뚱땅.

엄살 * 아프거나 어렵다고 호들갑 떠는 짓. {엄살궂다. 엄살스럽다.}
　☞ 앙살.

엄살꾸러기 = 엄살쟁이.

엄살 부리다 = 엄살 피우다. 엄살떨다.
　☞ 앙살 부리다.

엄전하다 * 몸가짐이 정숙하고 모양이 점잖다. ¶ 말하는 것도 엄전하다.
　☞ 얌전하다. 음전하다.

엄지 = 엄지가락. ‡ 엄지손가락과 엄지발가락.

엄지머리총각 = 엄지머리. ‡ 평생을 총각으로 지내는 사람.
　☞ 떠꺼머리총각.

엄지발 = 엄지발가락. {엄지발톱.}

엄지벌레 = 자란벌레. 어른벌레. 어미벌레.
　☞ 애벌레. 새끼벌레.

엄지손 = 엄지손가락. 엄지. 첫손가락. {엄지손톱.} ¶ 엄지손을 세우다.
　☞ 첫손. 첫손가락.

엄쪽 * 어음의 수쪽과 암쪽.
　☞ 수쪽. 암쪽.

엄파 ⇨ 움파.

업¹ * 집안 살림을 보살펴 준다는 귀신, 물건, 동물, 사람. {업귀신. 업거울. 업두꺼비. 업족제비. 업둥이.} ¶ 우리 집에 업이 들어왔다.
　☞ 집지킴.

업²(業) * 뒷날 어떤 결과를 가져오는 원인이 된다고 생각하는 입과 몸과 마음으로 짓는 일. ‡ 불교에서 하는 말.

업구렁이 = 긴업. ‡ 집안의 재산을 늘려준다는 구렁이.

업누르다 ⇨ 엎누르다. 엎어누르다.

업다 * ① 사람을 등에 올려놓다. ② 남의 힘에 기대다. ③ 무슨 일에 남을 끌고 들어가다. ④ 윷놀이에서 다른 말을 어우르다.
　☞ 지다.

업동이(業童~) ⇨ 업둥이. ‡ 누가 집 앞에 버린 어린아이.

업드리다 ⇨ 엎드리다.

업수이여기다 ⇨ 업신여기다.

업신여김 = 업심. ¶ 업신여김을 당하다. 업심을 당하다.

업신여기다 * 남을 내려다보거나 하찮게 여기다. ¶ 사람을 업신여기지 마라.
　☞ 얕보다.

업지르다 ⇨ 엎지르다.

업친데 덮친다 ⇨ 엎친 데 덮친다.

없냐? ⇨ 없느냐? ‡ 움직씨와 '있다, 없다, 계시다'에는 '느냐?'가 붙음.

없는걸 * '는걸'은 맺음끝. ¶ 쓸데가 없는걸.

없는 걸 = 없는 것을. ‡ '걸'은 매인이름씨 '것'과 토씨 '을'의 준말임.

없슴 ⇨ 없음. ‡ 이름꼴을 만드는 씨끝은 '~음, ~기' 둘뿐임.

없신여기다 ⇨ 업신여기다.

없아오니 ⇨ 없사오니.

없어지다 * 있던 것이 있지 않게 되다.
¶ 없어져 가다. 없어져 버리다.
☞ 사라지다.

없었지 않냐? ⇨ 없지 않았느냐? ‡
'았, 었'은 도움풀이씨에 붙음.

없오 ⇨ 없소. ‡ 없다.

없으시다 * 있거나 가지거나 나타나거
나 하지 않다. ‡ 물건. 시간. 일.
☞ 안 계시다.

없이여기다 ⇨ 업신여기다.

없지 않느냐 ⇨ 없지 않으냐? ‡ 그림
씨에는 '~으냐?'를 붙임.

엇갈리다 * ① 생각이나 주장이 같지
않다. ¶ 주장이 서로 엇갈리다. ② 마
주 오다가 한 곳에서 서로 지나치
다. ¶ 길이 엇갈리다. ③ 모순된 여
러 가지 것이 서로 겹치거나 스치
다. ¶ 기쁜 마음과 슬픈 마음이 마구
엇갈리다.
☞ 엇걸리다. 헛갈리다.

엇갈이 ⇨ ① 엇가리. ② 중갈이.

엇걸리다 * ① 서로 마주 걸리다. ② 팔,
다리가 서로 겹쳐 놓이거나 걸리다.
☞ 엇갈리다.

엇그저께 ⇨ 엊그저께. 엊그제.

엇논 = 엇답. ‡ 물이 어중되게 모자라
는 논.
☞ 고논. 높드리.

엇눈 = 막눈. ‡ 식물의 꼭지눈이나 곁
눈 자리가 아닌 자리에서 나는 눈.
☞ 제눈.

엇답(~畓) = ① 엇논. ② 높드리.
☞ 고논. 천둥지기.

엇되다 = ① 건방지다. ¶ 사람이 엇되
어 보이다. ② 어지빠르다. ¶ 나이
마흔에 접어드니 젊은 축에 끼기도
엇되고 늙은 축에 끼기도 엇되다.
☞ 어지빠르다.

엇매끼다 = 어긋매끼다. ‡ 서로 어긋
나게 걸치거나 맞추다.
☞ 겯다.²

엇물다 = 어긋물다. ‡ 서로 어긋나게
물다.

엇법(漁法) ㉑ ⇨ 고기잡이.

엇보¹(~保) * 두세 사람이 한군데서
빚을 얻을 때 서로 서는 보증.

엇보²(語~) ⇨ 말보. ‡ 울음보. 웃음
보. ¶ 말보가 터지다.

엇부루기 * 아직 큰 소가 되지 못난 수
송아지.
☞ 엇송아지. 중송아지.

엇송아지 * 아직 다 자라지 않은 송아
지.
☞ 목매기송아지. 어석송아지. 어스
럭송아지. 엇부루기. 중송아지.

엇시침 = 어긋시침. 어숫시침. ‡ 바느
질에서 시침하는 법의 하나.

~었드랬어요 ⇨ ~었어요.

엉걸 ⇨ 언걸. ‡ 다른 사람 때문에 입
는 괴로움이나 고생.

엉겁결 * 미처 생각하지 못하거나 뜻
하지 아니한 순간. ¶ 엉겁결에 저지
르다.
☞ 얼떨결.

엉겅퀴풀 ⇨ 엉겅퀴. {엉겅퀴나물.}

엉겹결 ⇨ 엉겁결.

엉구럭부리다 ⇨ 언구럭을 부리다. ‡ 교
묘한 말로 떠벌리며 남을 농락하다.

엉그름 = 엉금. ‡ 진흙 바닥이 말라 터져서 넓게 벌어진 금. {엉그름지다.}
☞ 금.²

엉기다 〈 엉키다. ‡ ①액체나 가루가 한데 뭉쳐 굳어지다. ¶ 두부가 엉기다. ②사람이나 동물이 떼를 지어 달라붙다. ¶ 파리가 엉기다. ③물건이 얽히다. ¶ 덩굴이 엉기다. ④냄새, 연기, 소리 따위가 한데 섞이다. ⑤감정, 기운이 한데 뒤섞여 응어리가 생기다. ¶ 가슴에 엉긴 응어리를 풀었다.
☞ 얽히다. 엉키다.

엉덩방아 * 미끄러지거나 넘어지거나 주저앉아서 엉덩이로 바닥을 찧는 짓.
☞ 고갯방아. 무릎방아. 붓방아. 이마방아. 입방아. 코방아.

엉덩뼈 〔骨盤〕 * 허리등뼈와 다리뼈를 잇는 깔때기 모양을 한 뼈.
☞ 엉덩이뼈.

엉덩이 = 엉덩머리. 엉덩짝. ‡ 궁둥이의 윗부분. {엉덩잇바람. 엉덩잇짓.} {엉덩받이. 엉덩판.} ¶ 엉덩이가 구리다. 엉덩이를 붙이다.
☞ 궁둥이. 볼기. 방둥이.

엉덩이 무겁다 = 엉덩이 질기다. ‡ 한번 자리 잡고 앉으면 일어나지 않는다.

엉덩이뼈 〔薦骨〕 = 엉치등뼈. 광둥뼈. ‡ 등골뼈 아래 끝에 붙은 세모꼴 뼈.

엉덩이춤 * ①엉덩춤. 궁둥춤. ‡ 기쁘거나 신이 나서 엉덩이를 들썩들썩하는 짓. ②엉덩이를 흔들며 추는 춤.

엉덩짝 = 엉덩이. 엉덩머리.
☞ 볼기짝.

엉망 = 엉망진창. ‡ 결딴이 나거나 어수선한 상태. ¶ 엉망이 되다.
☞ 억만.

엉머구리 ⇨ 악머구리. 참개구리.

엉벙뗑 ⇨ 엄벙뗑. 얼렁뚱땅.

엉석부리다 ⇨ 응석부리다.

엉차 ⇨ 어여차.

엉치 ⇨ 엉덩이.

엉치등뼈 〔薦骨〕 = 엉덩이뼈. 광둥뼈.
☞ 엉덩뼈.

엉큼하다 〉 앙큼하다. ‡ 욕심을 품고 분수에 넘치는 생각을 하다.

엉키다 = ①엉클어지다. 헝클어지다. ‡ 일, 물건, 생각, 감정이 얽혀서 풀기 어렵거나 갈피를 잡을 수 없게 되다. ②엉기다.
☞ 얽히다. 엉기다.

엉터리 * ①대강의 윤곽. ¶ 엉터리를 잡다. ②터무니없는 말이나 그런 일을 하는 사람. ¶ 저 사람은 엉터리다. ③실속이 없거나 실제와 어긋나는 것. ¶ 이 물건은 엉터리다. 엉터리 같다.
☞ 터무니.

엉터리없다 = 터무니없다.

엊그제 = 엊그저께. ‡ 바로 며칠 전.

엊빠르다 = 어지빠르다. ‡ 어중간하여 어느 한쪽에도 맞지 않다.

엊저녁 = 어제저녁.

엎누르다 = 엎어누르다.

엎다 * ①밑바닥이 위로 가게 놓다. ¶ 그릇을 엎어 놓다. ②다르게 바꾸거나 못 쓰게 만들다. ③사람이나 조직을 넘어뜨리다.
☞ 업다. 뒤집다.

엎더지다 = 엎드러지다. ⁑ 앞으로 넘어지다.

엎드려 = 엎드리어. ⁑ 엎드리다. {엎드려뻗치다.} ¶ 엎드려 있다.

엎디다 = 엎드리다. ¶ 엎디어 있다. 엎드려 있다.

엎어먹다 * 망하게 하거나 후리어 가지다. ¶ 그놈이 뒷집 재산을 엎어먹었다.
☞ 말아먹다. 불어먹다.

엎어지다 * ①사람이 앞으로 넘어지다. ②뒤집혀서 밑바닥이 위로 오다.
☞ 고꾸라지다. 넘어지다. 쓰러지다. 자빠지다.

엎으러지다 ⇨ ①엎드러지다. ②엎어지다.

엎치락뒤치락 = 뒤치락엎치락.

엎치락젓히락 ⇨ 엎치락잦히락.

에 〔토〕 * ①움직이는 방향, 목적지, 처소 뒤. ¶ 학교에 간다. ②움직이는 사물의 위치, 범위, 도달점, 관계점, 시간, 원인을 그때의 설명에서 그칠 때. ¶ 천 년 전에 있었던 일이다. ⁑ 식물. 무생물. 사물. 단체.
☞ 로.[1] 에게. 에서.

에 갈음하다 ⇨ 을 대신한다. ¶ 인사말에 가름하다 ⇨ 인사말을 대신하다.

에 값하다 [왜] ⇨ ①에 가깝다. ¶ 십만 원 가까운 돈. ②~할 만하다. ¶ 주목할 만하다. ③의 값어치가 있다. ¶ 천금의 값어치가 있다.

에게 〔토〕 = 더러. 보고. 한테. ⁑ 사람. 동물. ①정해진 범위를 나타냄. ¶ 영희에게 돈이 많다. ②행동이 미치는 대상을 나타냄. ¶ 동생에게 과자를 주다. 돼지에게 먹이를 주다. ③행동을 일으키는 대상을 나타냄. ¶ 어머니에게 꾸중을 듣다. 개에게 물리다.
☞ 께. 에. 에게. 과. 와.[1]

에게로의 ⇨ 에게. 한테.

에게서 〔토〕 * 사람이나 짐승을 나타내는 말 뒤에 붙어서 행동의 출발점이나 비롯되는 대상임을 나타냄. ¶ 군대에 간 아들에게서 온 편지다.
☞ 에서. 로부터.

에게의 〔토〕 ⇨ 에게. 한테.

에계 〔느〕 = 에계계. 애걔. 애걔걔. ⁑ 뉘우침이나 탄식할 때 내는 소리.
☞ 아뿔싸.

에구 〔느〕 = 어이구. ¶ 에구, 힘들어라.

에구머니 〔느〕 = 어이구머니. ¶ 에구머니, 깜짝이야.

에꾸 〔느〕 = 에꾸나. 에쿠나. ⁑ 깜짝 놀랐을 때 내는 소리.
☞ 애꾸.

에끼 〔느〕 * ①갑자기 무서운 것을 보거나 놀랐을 때 내는 소리. ②에키.
☞ 에키.

에끼다 * 서로 주고받을 물건이나 일을 비겨 없애다. ⁑ 상계하다. 상쇄하다.
☞ 아끼다.

에끼스(extract) [왜] ⇨ 진국. 진액. ⁑ 엑스트랙트.

에노구 〔繪~具〕 [왜] ⇨ 그림물감.

에누리 * ①값을 높이 부르는 일. ②값

을 깎는 일. ③ 더 보태거나 깎아서 말하는 일. ④ 용서하거나 사정을 보아주는 일. {에누릿속.} {에누리하다.}

에다[1] 〔남〕 * ① 칼로 도려내듯 베다. ② 마음을 몹시 아프게 하다.
☞ 에우다. 에이다.

에다[2] 〔토〕 = 에다가. ⁑ 동작이 더하여짐을 나타냄. ¶ 창고에다 넣어 두다. 물에다가 밥을 말다. 하나에다가 둘을 더하면 셋이다.

에 다름 아니다 [왜] ⇨ ① ~와 같다. ~와 다름없다. ~와 다르지 않다. ~와 마찬가지다. ~이다. ¶ 추악한 이기주의에 다름 아니다 ⇨ 추악한 이기주의와 같다. 추악한 이기주의와 다름없다. 추악한 이기주의와 마찬가지다. 추악한 이기주의다. ② ~에 지나지 않는다. ¶ 틀에서 벗어나려는 몸부림에 다름 아니다 ⇨ 틀에서 벗어나려는 몸부림에 지나지 않는다.
☞ 다름 아니라.

에도 불구하고(~不拘~) [왜] ⇨ ① ~지만. ② 에도. ③ ~는데도.

에두르다 * ① 에워서 둘러막다. ② 에둘러대다.

에둘러대다 = 에둘러치다. ⁑ 바로 말하지 않고 둘러대다.

에 따르다 [왜] ⇨ 을(를) 따르다. ¶ 규칙에 따르다 ⇨ 규칙을 따르다.

에또 〔느〕 [왜] ⇨ 저. 저기. 거시기.

에로[1](erotic) [왜] ⇨ 야한. 살 냄새 풍기는. ⁑ 에로틱.

에로[2] 〔토〕 [왜] ⇨ 으로. ¶ 행복에로 가는 디딤돌 ⇨ 행복으로 가는 디딤돌.

에로티즘(eroticism) ⇨ 에로티시즘.

에리 〔襟〕 [왜] ⇨ 옷깃. 깃.

에면데면하다 ⇨ 데면데면하다.

에미 ⇨ 어미.

에미나이 ⇨ 계집아이.

에밀레종(~鐘) = 성덕 대왕 신종. ⁑ 신라 때 만든 종 이름.

에불나다 ⇨ 성나다.

에비 〔느〕 = 어비. ⁑ 어린이 말로 무서운 것.
☞ 지지.[1]

에비후라이 〔蝦fry〕 [왜] ⇨ 새우튀김.

에서 〔토〕 * 앞말의 행동이 일어나는 처소, 근거, 기준의 뜻을 나타냄. ¶ 잔치가 나라 안 곳곳에서 벌어졌다. ⁑ 식물. 무생물. 사물. 단체.
☞ 에. 에게서. 로부터.

에서 ~까지 * 처소의 시작과 끝. ¶ 서울에서 부산까지.
☞ 부터 ~까지.

에서부터 = 서부터. ⁑ 행동의 출발점이나 비롯되는 대상임을 나타냄. ¶ 한 시에서부터 두 시 사이. 서울에서부터 제주까지.
☞ 으로부터.

에서의 ⇨ ① 에서. ¶ 총선에서의 승리 ⇨ 총선에서 승리. ② 의. ¶ 조기 교육에서의 문제점 ⇨ 조기 교육의 문제점.

에서 처럼 ⇨ 에서 한 것처럼.

에스칼레타(escalator) ⇨ 움직층계. 자동층계. 틀층계. ⁑ 에스컬레이터.

에스파니아(Espana) ⇨ 에스파냐. 스페인. ⁑ 나라 이름.

에야디야 〔느〕 = 어기야디야. 어야디

야. 어기야. ‡ 노를 저으며 내는 소리.

에어 걸(air girl) [왜] ⇨ 스튜어디스. ‡ 여객기의 여자 승무원.

에어콘(air conditioner) [왜] ⇨ 찬바람틀. ‡ 에어컨디셔너.

에에또 〔느〕 [왜] ⇨ 에에. 저. 저어. 거시기.

에여러차 〔느〕 ⇨ 에여라차. ¶ 어여차, 에여라차, 줄을 당겨라.

~**에요** * '이다, 아니다'의 줄기 '이~, 아니~'에 붙여 '이에요, 아니에요'로 씀. ¶ 귀한 물건이에요. 철수이에요. 상수예요. 내 것이 아니에요. ☞ ~어요. ~여요.[2] 예요.

에우다 * ①빙 둘러싸다. {에워싸다. 에워싸이다.} ② 다른 길로 돌리다. {에워가다.} ③다른 것으로 끼니를 때우다. ¶ 떡으로 점심을 에우다. ☞ 에다.[1] 에이다.

에의 〔토〕 ⇨ ①에. ¶ 사건에의 관심 ⇨ 사건에 관심. ②의. ¶ 통일에의 염원 ⇨ 통일의 염원. 학자에의 길 ⇨ 학자의 길.

에 의하여(~依~) ⇨ ① 따르면. ¶ 그의 말에 의하면 ⇨ 그의 말에 따르면. ②로. ¶ 신념과 끈기에 의하여 ⇨ 신념과 끈기로. ③에게. ¶ 깡패들에 의하여 권리가 침해되는 ⇨ 깡패들에게 권리가 침해되는. ④께서. ¶ 이 책은 할아버지의 의하여 지어졌다 ⇨ 이 책은 할아버지께서 지으셨다. ⑤따라. ¶ 이해관계에 의하여 좌우되고 ⇨ 이해관계에 따라 좌우되고. ⑥가. ¶ 전문가의 솜씨에 의해 그려진 ⇨ 전문가가 그린.

에 이기다 [왜] ⇨ ① 을(를) 이기다. ¶ 야구를 이겼다. 축구를 이겼다. ②에게 이기다. ¶ 철수에게 이겼다.

에이다 * '에다'의 입음. ¶ 살이 에이다. 가슴이 에이다. ☞ 에다.[1] 에우다.

에 있어서 [왜] ⇨ ① 의. ¶ 문학에 있어서의 예술성 ⇨ 문학의 예술성. ② 에서. ¶ 시에 있어서의 대중성이란 ⇨ 시에서 대중성이란. ③이. ¶ 백범에 있어서의 민족 ⇨ 백범이 생각한 민족. ④에서도. ¶ 이라크 전에 있어서 ⇨ 이라크 전에서도. ⑤에는. ¶ 과거에 있어서는 군사과학이 ⇨ 과거에는 군사과학이. ⑥에게. ¶ 어린이들에게 있어서 글쓰기는 ⇨ 어린이들에게 글쓰기는. ⑦에서도. ¶ 연구 방법에 있어서도 ⇨ 연구 방법에도.

에지간하다 ⇨ 어지간하다.

에 지나지 않는다 ⇨ ~일 따름이다. ~일 뿐이다.

에치케트(etiguette) ⇨ ① 예절. 예의. ②품위. ③바른 몸가짐. ‡ 에티켓.

에쿠 〔느〕 = 에쿠나. 에꾸나. 에꾸. ‡ 몹시 아프거나 놀랄 때 내는 소리.

에크 〔느〕 = 에크나. ‡ 갑자기 놀랐을 때 내는 소리.

에키 〔느〕 * ①에끼. ②성이 나서 말이나 생각을 끊어버리려 할 때.

에키스(extract) [왜] ⇨ 진국. 진액. ‡ 엑스트랙트.

에 틀림없다 [왜] ⇨ 이 틀림없다. 틀림없는 ~이다. 분명히 ~이다.

에 타다 [왜] ⇨ 을(를) 타다. ¶ 기차를 타다. 말을 타다. 배를 타다.

에프롱 〔apron〕 [왜] ⇨ 앞치마. ⁑ 에이프런.

엑기스(에끼스. 엑키스. extract) [왜] ⇨ 진국. 진액. ⁑ 엑스트랙트.

엔[1] 〔円〕 * 니혼 돈의 하나치.
☞ 달러. 바트. 원.[1] 위안. 유로. 파운드. 프랑.

엔[2] = 에는. ¶ 서울엔 가지 마오, 떠나지 마오.

엔간찮다 ⇨ 엔간찮다. 울림소리 뒤에선 'ㅏ'가 줆.

엔간하다 = 어연간하다. 표준에 꽤 가깝다. ¶ 엔간하면 허락해 주시지요.
☞ 웬만하다.

엔고 〔円高〕 [왜] ⇨ 엔 값 높이. 엔 값 오름.
☞ 엔안.

엔구비치다 ⇨ 엔굽이치다. ⁑ 물이 휘돌아 흐르다.

엔돌핀(endorphine) ⇨ 엔도르핀.

엔안 〔円安〕 [왜] ⇨ 엔 값 내림.
☞ 엔고.

엔코(엥꼬)되다 [왜] ⇨ 바닥나다. 동나다. 다 떨어지다. ¶ 기름이 바닥나다.

엘랑 ⇨ 에는. ¶ 서울엘랑 가지 마오 ⇨ 서울에는 가지 마오.

엘리뜨(elite) ⇨ 뛰어난 사람. 빼어난 사람. ⁑ 엘리트.

엘리베타(elevator) ⇨ 승강기. ⁑ 엘리베이터.

엠블란스(ambulance) ⇨ 병원차. ⁑ 앰뷸런스.

엠티(MT) ⇨ 갈닦기 모꼬지. 갈닦기 모임.

엣세이(essay) ⇨ ① 수필. ② 평론. ⁑ 에세이.

엥꼬(엔코)되다 [왜] ⇨ 동나다. 바닥나다. 다 떨어지다.

엥엥거리다 ⇨ 앵앵거리다. ⁑ 모기나 벌이 내는 소리.

여[1] 〔暗礁〕 = 속여. 숨은여. 숨은바위. ¶ 배가 숨은바위에 부딪치다.
☞ 마당여. 염.[1]

~여[2](餘) * 남짓. ⁑ 어떤 수를 넘지만 수량은 확실하지 않음. ¶ 20여 개. 30여 년. 50여 명. 10여만 개. 100여만 년. 30여만 명. 오십여 년.
☞ ~가량.[2] 정도.

여간 = 여간만. ⁑ 부정하는 말과 함께 씀. ¶ 여간 것이 아니다. 여간 아니다. 여간 어렵지 않다. 여간만 똑똑하지 않다.
☞ 매우.

여간내기(如干~) = 예사내기. 보통내기. ⁑ '아니다'와 함께 씀.

여겨듣다 = 귀여겨듣다. 귀담아듣다. 새겨듣다. ⁑ 귀 기울여 듣다.
☞ 귀넘어듣다. 넘겨듣다. 지내듣다. 흘려듣다.

여겨보다 = 눈여겨보다. ⁑ 자세히 보다.
☞ 흘려보다. 예사로 보다. 지나쳐 보다.

여겨오다 ⇨ 여겨 오다.

여겨지다 ⇨ 여기다.

여기 〔대〕 = 예. ¶ 여기가 바로 내 고향이다.

여기로부터 ⇨ 여기서부터. ¶ 여기서부터 서울이다.

여기서부터 = 여기에서부터. ＊'서, 에서'는 처소를 나타냄.

여기저기 = 예제. ¶ 작은 돌이 여기저기 흩어져 있다.

~여년 간(~餘年間) ⇨ ~여 년간. ¶ 이십여 년간. 삼백여 년간.

여느 〔매〕 ＊ ① 다른 보통의. ② 그 밖의 예사로운. ¶ 여느 것. 여느 곳. 여느 날. 여느 때. 여느 병원. 여느 사람. 여느 집. 여느 해.
☞ 어느.

여늬 ⇨ 여느.

여니레 ⇨ 예니레. ＊ 엿새나 이레.

여닐곱 ⇨ 예닐곱. ＊ 여섯이나 일곱.

여닫이 ＊ 문틀에 박혀 있는 경첩이나 돌쩌귀를 축으로 하여 여닫는 문.
☞ 가로닫이. 내리닫이. 미닫이. 당길문.

여덟달반 ＊ ① 제 달수를 채우지 못하고 나온 아이. ② 반편이.
☞ 바사기. 반편이. 칠삭둥이. 팔삭둥이.

여덟팔자걸음(~八字~) = 팔자걸음. ＊ 발끝을 바깥쪽으로 벌려, 거드름을 피우며 느리게 걷는 걸음. ¶ 짧은 다리로 여덟팔자걸음을 걷는다.
☞ 걸음.

여드레 ＊ ① 여덟 날. ② 초여드렛날. ③ 여드렛날.

여드렛날 ＊ ① 여덟째 날. ② 초여드렛날. ＊ 열여드렛날. 스무여드렛날.

여든 〔八十〕 ＊ {여든하나. 여든둘. 여든셋. 여든넷. 여든다섯. 여든여섯. 여든일곱. 여든여덟. 여든아홉.} ¶ 여든 살이라도 마음은 어린애라.

여듭 ＊ 짐승의 나이 여덟 살.

~여라 ＊ '하다'의 끝바꿈씨끝. ＊ ① 움직씨에서 시킴꼴 맺음끝. {공부하여라. 목욕하여라.} ② 그림씨의 느낌꼴 맺음끝. ¶ 딱하기도 하여라.

여러분 〔대〕 ＊ 여러 듣는 이를 높여 이르는 말. ¶ 여러분, 안녕하십니까?

여러 분 ＊ 여러 사람. ¶ 손님이 여러 분 오셨습니다.

여러분들 ⇨ 여러분.

여러해살이 〔多年生〕 = 오래살이. ＊ 뿌리나 땅속줄기가 남아 있어서 해마다 싹이 돋아나는 일. 또는 그런 풀. {여러해살이뿌리. 　여러해살이식물.}
☞ 하루살이. 한해살이. 두해살이.

여럽다 ⇨ 열없다. ＊ 겸연쩍고 부끄럽다.

여럽장이 ⇨ 열없쟁이. ＊ 열없는 사람.

여름 ＊ {여름날. 여름내. 여름맞이. 여름밤. 여름빛. 여름살이. 여름새(여름 철새). 여름옷. 여름일. 여름작물. 여름잠. 여름철. 여름털. 여름휴가.} {늦여름. 올여름. 지난여름. 초여름(첫여름). 한여름.} ¶ 여름날씨. 여름 내내. 여름 동안. 여름바다. 여름 방학. 여름 산. 늦은 여름. 이른 여름. ¶ 여름 나다. 여름 타다.
☞ 봄. 가을. 겨울.

여름지기 ⇨ 농민. 농부. 농사꾼. 농사아비. 농투성이.

여릅 = 열릅. 담불. ＊ 짐승 나이 열 살.

여리다 ＊ ① 질기지 않고 부드럽다. ¶ 새잎이 여리다. ② 의지나 감정이 모질지 못하다. ¶ 마음이 여리다.
③빛깔이나 소리가 흐리거나 약하
다. ¶ 빛깔이 여리다. 박자가 여리
다. ④조금 모자라다.¶십 리가 여
리다.
☞ 질기다.

여린말 * 여린 느낌을 주는 말. ✽ '감
감, 달각, 졸졸'처럼 여린소리를
씀.
☞ 거센말. 센말.

여린뼈〔軟骨〕= 물렁뼈. ✽ 무른 뼈.
☞ 굳뼈.

여립꾼 ⇨ 여리꾼. ✽ 가게 앞에서 손님
을 끌어들이는 사람.

여마리꾼 ⇨ 염알이꾼. ✽ 간첩. 정탐꾼.

여무지다 〉 야무지다. ✽ 성질, 행동,
생김새가 빈틈이 없고 굳세다.

여물[1] * ①마소의 먹이로, 말려서 썬
짚이나 풀. {여물간. 여물바가지(여
물박). 여물죽. 여물통.} {말여물.
소여물(쇠여물). 짚여물.} ¶ 여물
썰다. 여물 쑤다. 여물 주다. ②벽이
나 방바닥에 바를 흙에 섞는, 잘게
썬 짚.
☞ 먹이. 모이.[2]

여물[2] * 누렁우물에서 나오는 짠맛이
나는 우물물. ✽ 허드렛물로 씀.

여물다[1]〔움〕〉 야물다. ✽ 잘 익다.¶옥
수수가 여물다. 조각달이 여물다.

여물다[2]〔그〕〉 야물다. ✽ 옹골차고 여
무지다. ¶ 손끝이 여물다.

여물죽(~粥) * 여물로 쑨 마소의 먹이.
☞ 풀죽.

여보 * ①아내나 남편을 부르는 말.
②제 나이 또래의 사람을 부르는

말. {여보세요. 여보십시오. 여봅시
오. 여봐요.}
☞ 이보.

여보게 = 여보시게. ✽ 하게할 자리에
쓰는 말.
☞ 저보게.

여보셔요〔느〕⇨ 여보시오.

여봐란듯이 * 우쭐대고 자랑하듯이.
¶ 우리도 나중에 여봐란듯이 살아
보자.
☞ 보란 듯이.

여부(與否) * ①틀리거나 의심할 여지.
{여부없다.} ②그러함과 그러하지 아
니함. ¶ 사실 여부. 지속 여부.
☞ 유무.

여북 = 여북이나. ✽ 언짢은 마음을 나
타내는 묻는 말. ¶ 사내가 여북 못났
으면 제 앞가림도 못할까?
☞ 얼마나. 오죽. 작히.

여비(旅費) 倒 ⇨ 길비용. ✽ 노자.

여사[1](女士) * 학문과 덕망이 높은 여자.

여사[2](女史) * ①시집간 여자를 일컫
는 말. ②여자의 이름 뒤에 붙이는
말.

여석 ⇨ 녀석. ¶ 고얀 녀석. 싱거운 녀
석.

여선생(女先生) = 여자 선생. ✽ 성씨
는 띄어 씀. ¶ 김 선생. 여 선생.

여섯〔六〕* {여섯째.} {열여섯. 스물
여섯. 서른여섯. 마흔여섯. 쉰여섯.
예순여섯. 일흔여섯. 여든여섯. 아
흔여섯.} ¶ 여섯 개. 여섯 살. 여섯
시.

여성 상위(女性上位) 倒 ⇨ 여성 우위.

여수다 ⇨ ①벼르다. ②엿보다.

여염집(閭閻~) = 염집. 살림집. ＊민가.
☞ 가겟집. 영업집.

여왕개미(女王~) ＊ 한 무리에 한 마리 있는, 알을 낳는 개미.
☞ 일개미. 병정개미. 수개미.

여왕벌(女王~) = 장수벌. ＊ 한 무리에 한 마리 있는, 알을 낳는 벌.
☞ 왕벌.

여요[1] = 이어요. ＊ ① 받침 없는 임자씨에 붙는 토씨. ¶ 배여요. 사과여요.

~여요[2] ＊ '하다'의 줄기 '하~' 뒤에 붙는 맺음끝. ¶ 노력하여요. 생각하여요.
☞ 이어요. ~예요.

여우새끼 ＊ 약삭빠른 놈. ＊ 욕설.

여우 새끼 ＊ 여우의 새끼.
☞ 개새끼. 돼지새끼. 소새끼. 쇠새끼. 쥐새끼.

여울 ＊ 강이나 바다의 물살이 빠르고 세찬 곳. {여울꼬리. 여울놀이. 여울머리. 여울목. 여울물. 강여울. 살여울.} {여울지다.}
☞ 너울.[2]

여위다 ＊ ① 야위다. ¶ 얼굴이 여위다. ② 살림이 구차하게 되다.
☞ 여의다. 시집보내다.

여위살이 ⇨ 시집살이.

여윈잠 = 겉잠. 선잠. 수잠. ＊ 깊이 들지 않은 잠.
☞ 개잠.

여의다 ＊ ① 죽어서 이별하다. ¶ 일찍이 부모를 여의다. ② 멀리 떠나 보내다. ¶ 번뇌를 여의다. 병을 여의다. ③ 시집 보내다. ¶ 막내딸을 여

의다.
☞ 여위다.

여의잖다(如意~) ⇨ 여의찮다. ＊ 울림소리 뒤에는 'ㅏ'가 줆.

여의주(如意珠) = 여의마니. 여의보주. ＊ 용의 턱 아래 있는 영묘한 구슬.

여잉(餘剩) ㉵ ⇨ 나머지.

여자다와(女子~) ⇨ 여자다워. ＊ 여자답다.

여자망(綟刺網) ㉵ ⇨ 민걸그물.

여자 아이(女子~) = 여자 애. ＊ 계집애.

~여 주다 ＊ 다른 사람이 주체가 됨. ¶ 엄마가 밥을 먹여 주다.
☞ ~어 주다.

여종(女~) = 계집종.

여줄가리 ＊ ① 몸통이나 원줄기에 딸린 물건. ② 곁달린 대수롭잖은 일.
☞ 곁다리.

여중(女~) ⇨ 신중. 여승. 암중. ＊ 여자 스님.

여직 ⇨ 여태. 입때.

여직까지 ⇨ 여태. 여태까지. 여태껏. 이제껏. 입때껏. 지금껏.

여직껏 ⇨ 여태. 여태까지. 여태껏. 이제껏. 입때껏.

여쭈다 = 여쭙다. ＊ 여쭈게. 여쭈니. 여쭈고. 여쭈어. 여쭤. 여쭈어라.

여쭙다 ⇨ 여쭙다. 여쭈다. ＊ ① 말씀을 올리다. ② 인사를 드리다.

여쭤 = 여쭈어.

여쭙다 = 여쭈다. ＊ 여쭙게. 여쭙고. 여쭙는. 여쭈워. 여쭈워라.

여차 〔느〕 = 영차. ＊ 기운을 돋우는 소리.

여차여차하다(如此如此～) = 이러이러하다.

여차직하다(如此～) ⇨ 여차하다. ¶여차하면 그만둘 각오를 하고 있다.

여축없다(餘蓄～) ⇨ 깔축없다. ✻조금도 축나거나 버릴 것이 없다.

여치 = 씨르래기. ✻여칫과의 벌레 이름.
　☞ 찌르레기.

여태 = 입때. ✻아직까지. 지금까지. ¶여태 자지 않고 뭐 하니?
　☞ 아직. 이태.

여태껏 = 이제껏. 입때껏. 여태까지. 지금껏.

여트막이 〉야트막이.

여틈하다 = 여트막하다. 〉야틈하다. 야트막하다.

여하간(如何間) = 하여간. 하여간에.

여하튼(如何～) = 아무튼. 어떻든. 어쨌든. 하여튼.

여하튼지(如何～) = 아무튼지.

여희다 ⇨ ①여의다. ②여위다.

역[1](驛) ✻{역마(역말). 역마살. 역마을. 역마차. 역참.} ¶역 광장. 역 안. 역 앞. 역 이름. {기차역. 시발역. 종착역. 지하철역.} {부산역. 대전역. 서울역. 수원역.} ¶도쿄 역. 베이징 역. 파리 역. 하얼빈 역.

역[2](役) ✻연극, 영화에서 맡은 구실. {단역.} ¶춘향 역. 피고 역. 1인 2역.
　☞ 역할.

역부러 ⇨ 일부러.

역사(轢死) ✻차에 치여 죽음.
　☞ 액사.

역사극(歷史劇) = 사극. ✻역사적 사실을 바탕으로 만든 연극이나 영화.

역사 시대(歷史時代) ✻글자로 쓰인 기록이 있는 시대.
　☞ 선사 시대.

역사터(役事～) ⇨ 공사장. ✻토목이나 건축.

역성들다 = 역성하다. ✻무조건 한쪽 편만 들다. ¶막내를 역성들다.
　☞ 두둔하다.

역스럽다(逆～) ⇨ 역겹다. ✻속에 거슬리게 싫다.

역암(礫巖) ㉦ ⇨ 자갈돌.

역양토(礫壤土) ㉦ ⇨ 자갈흙.

역어(譯語) ✻어떤 나라 말을 다른 나라 말로 뒤친 말.
　☞ 원어.

역연령(曆年齡) = 생활연령. ✻세는 나이와 옹근나이 두 가지가 있음.
　☞ 골연령. 골화연령. 정신연령.

역원(役員) ㉦ ⇨ 임원. ✻모임에서 중요한 일을 맡아 보는 사람.

역이서(逆裏書) ㉦ ⇨ 환배서. ✻경제에서 쓰는 말.

역임하다(歷任～) ⇨ 거치다. 지내다. ✻직위. 직책.

역적(力積) ㉦ ⇨ 충격량.

역전시키다(逆轉～) ⇨ 뒤집다. ✻역전하다.

역전 앞(驛前～) ⇨ 역 앞. ✻역전.

역지판(逆止瓣) ㉦ ⇨ 거꿀날름쇠.

역할(役割) ㉦ ⇨ ①구실. ②노릇. ③할 일. ✻소임. 임무. 직분. 책임.
　☞ 역.[2]

역활(役割 ⇨ 역할) ㉦ ⇨ ①구실.

②노릇. ③할 일.

엮다 * ①실, 노끈, 새끼를 여러 가닥 얽어 물건을 만들다. ¶오색실을 엮어서 노리개를 만들다. ②물건 여러 개를 끈으로 묶다. ¶굴비를 엮다. 시래기를 엮다. ③이야기를 맞추어 짜다. ④책을 만들다.
　☞짜다.³

엮여지다 ⇨엮이다.

엮은이 〔編者〕 * 책을 엮어 만든 사람.
　☞지은이. 펴낸이.

연¹(連) ㉑ ⇨림. * 종이를 세는 하나치. 1림은 신문 종이 오백 장.
　☞장.¹ 속.³

연²(鳶) * {연날리기. 연싸움. 연줄.} {가오리연. 꼭지연. 동이연. 박이연. 반달연. 발연. 방패연. 보라치마연. 솔개연. 올챙이연. 종이연. 지네발연. 초연. 치마연. 홍치마연.} ¶연 이마. 연 날리다. 연 띄우다. 연 올리다.

연³(年) * 일 년. * 말머리에 올 때. ¶연 1회. 연 2회. 연 60회. 연 수확량.
　☞해.¹ 년.²

연간(年間) * 한 해 동안. ¶연간 수입. 연간 소비량.
　☞년간.²

연거퍼 ⇨연거푸. * 잇따라 여러 번 되풀이하여. ¶술을 연거푸 마시다.

연거품(連~) ⇨연거푸 하는. 잇단. 거듭된.

연결시키다(連結~) ⇨잇다. * 연결하다.

연계(軟鷄) ⇨영계. 약병아리. * 병아

리보다 조금 큰 어린 닭.

연구치(研究~) = 연구하지. * 울림소리 뒤에선 'ㅏ'만 줆.

연구케(研究~) = 연구하게. * 울림소리 뒤에선 'ㅏ'만 줆.

연구토록(研究~) = 연구하도록. * 울림소리 뒤에선 'ㅏ'만 줆.

연귀(聯句) ⇨연구. * 여러 사람이 한 구씩 지어 모아 만든 시.

연내(年內) * 해 안. 올해 안. ¶이 일은 연내에 끝낼 생각이다.
　☞연래.

연달다(連~) = 잇따르다. 잇달다. 뒤달다. * ①뒤를 이어 따라가다. ¶선수들의 길놀이에 사람들이 연달았다. ②사건이나 행동이 뒤이어 생기다. ¶크고 작은 사건이 연달아 터졌다.
　☞연잇다.

연닿다(連~) = 잇닿다. ¶파란 하늘과 푸른 바다가 연닿은 수평선.

연대¹(年代) * 지나간 시간을 일정한 햇수로 나눈 것. ¶생존 연대.

연대²(緣~) ⇨연때. * 인연이 맺어지는 시기나 기회. ¶연때가 맞다.

연대다(連~) ⇨잇대다.

연도(年度) * ①무엇을 한 해. ¶입대 연도. 입학 연도. 제작 연도. 졸업 연도. ②사무나 회계 결산 처리를 위해 구분한 일 년의 기간. ¶회계 연도.
　☞년도.

연돌(煙突) ㉑ ⇨①굴뚝. ②불길.

연두색(軟豆色) = 연둣빛. * 연한 초록 빛깔이나 물감.

연래(年來) ＊ ①지나간 몇 해. ¶ 연래에 드물게 내린 눈. ②여러 해 전부터. ¶ 연래의 소망을 이루다.
☞ 연내.

연령(年齡) ＊ 나이. {골연령(골화연령). 생활연령(역연령). 정신연령. 연령기.} ¶ 만 연령. 연령 제한. 참가 연령. 70세라는 연령. 연령 장애.
☞ 연세.

연륙교(連陸橋) ⇨ 섬다리. ＊ 육지와 섬을 이은 다리.

연마하다(研磨～) ㉕ ⇨ 갈고 닦다. 갈닦다. ＊ ①돌. 쇠붙이. 보석. 유리. ②학문. 기술.

연말(年末) ＊ 세밑. {연말연시.} ¶ 지난 연말. 내년 연말. 연말 정산.
☞ 년 말.

연면적(延面積) ㉕ ⇨ 총넓이. ＊ 전체의 넓이.

연멸하다(煙滅～) ＊ 연기처럼 흔적도 없이 사라지다.
☞ 인멸하다.

연모 ＊ 물건을 만들 때나 일을 할 때 쓰는 물건이나 그릇. {돌연모. 뼈연모.}
☞ 연장.

연못(蓮～) ＊ ①연꽃을 심은 못. ②못. {연못가. 연못물.} ¶ 연못을 파다.
☞ 못.³

연배(年輩) ＊ 비슷한 또래의 나이. 또는 그런 사람. ¶ 같은 연배들이 어울려서 지내다. 중년 연배의 아낙이 방에서 나오다.
☞ 선배. 연장자.

연부(年賦) ㉕ ⇨ 해붓기. ＊ 정해놓은 돈을 해마다 나누어 내는 일.

연부금(年賦金) ㉕ ⇨ 햇돈. ＊ 정해놓고 해마다 나누어 내는 돈.

연부불(年賦拂) ㉕ ⇨ 해붓기.

연불(年拂) ㉕ ⇨ 해붓기.

연산홍(映山紅 ⇨ 영산홍) ⇨ 왜철쭉. ＊ 꽃나무 이름.
☞ 진달래. 철쭉.

연색(連索 ⇨ 연삭) ⇨ 이음줄. ＊ 음악에서 둘 이상의 음을 끊지 말고 연주하라는 기호.

연세(年歲) ＊ 중년이 넘은 어른의 나이. ¶ 연세가 높다. 연세가 들다.
☞ 나이. 연령.

연속적으로(連續的～) ⇨ 연속해서. 잇따라.

연수(軟水) ㉕ ⇨ 단물. 민물.
☞ 경수. 센물.

연수 장치(軟水 裝置) ㉕ ⇨ 단물 만듦 장치.

연수표(延手票) ㉕ ⇨ 앞수표.

연신 ⇨ 연방. ＊ 잇따라 자꾸. ¶ 허리를 연방 굽실거렸다.

연앉다(軟～) ⇨ 연들다. ＊ 감이 익어 말랑말랑하게 되다.

연연생(年年生) ⇨ 연년생. ＊ 한 살 터울로 낳은 아이.

연연세세(年年歲歲) ⇨ 연년세세. 세세연년. ＊ 여러 해를 거듭하여 이어짐.

연연이(年年～) ⇨ 연년이. ＊ 해마다 거르지 않고.

연와(煉瓦) ㉕ ⇨ 벽돌.

연유(煉乳) ㉕ ⇨ 졸인 젖.

연육교(連陸橋 ⇨ 연륙교) ⇨ 섬다리.

연인원(延人員) 왜 ⇨ 총인원.

연일수(延日數) 왜 ⇨ 총일수.

연임(連任) * 임기를 마친 뒤에 다시 그 자리에 머묾. ¶ 대통령 연임.
　☞ 중임.²

연잇다(連~) * 일이나 상태가 끊어지지 않거나 끊어지지 않게 계속하다.
　☞ 연달다. 잇달다.²

연자간(~間) = 연자맷간. 연자방앗간. ✴ 방앗간의 한 가지.

연자매 = 연자방아. 돌방아. ✴ 소나 말로 맷돌을 돌려서 곡식을 찧는 방아.
　☞ 매통. 맷돌. 물연자.

연자방아 = 연자매. 돌방아.
　☞ 구유방아. 디딜방아. 물레방아. 물방아. 통방아.

연장 * 어떤 일을 할 때나 만들 때 쓰는 물건. ✴ 망치, 톱, 대패, 끌, 도끼, 자귀, 호미, 낫, 괭이, 삽, 넉가래 따위. {연장걸이. 연장주머니.}
　☞ 연모.

연장시키다(延長~) ⇨ 늘리다. ✴ 길이. 기한. 횟수.

연장자(年長者) * 저보다 나이가 많은 사람. ¶ 연장자에게 예의를 갖추다.
　☞ 선배. 연배.

연적젖(硯滴~) = 사발젖. ✴ 납작하게 올라붙은 여자의 젖.
　☞ 구유젖. 구융젖. 귀웅젖. 대접젖. 짝젖.

연조(軟調) 왜 ⇨ ①흐린가락. ✴ 사진. ②부드러운 느낌. ③내림세.

연좌구들 * 골을 켜고 놓은 구들.
　☞ 허튼구들. 막구들.

연지(臙脂) * 입술이나 뺨에 찍는 화장품. {연지먹. 연지분. 연지첩.} {볼연지. 입술연지.} ¶ 연지 바르다. 연지 찍다.
　☞ 곤지.

연쭐(緣~) ⇨ 연줄.

연착하다(延着~) 왜 ⇨ 늦게 와 닿다. 늦게 도착하다.

연천조(燕千鳥) 왜 ⇨ 제비물떼새.

연체료(延滯料) 왜 ⇨ 밀린 돈. 밀린 삯. ✴ 연체금.

연초자(鉛硝子) 왜 ⇨ 납유리. ✴ 플린트 유리.

연타(軟打) 왜 ⇨ 살짝대기. ✴ 야구 경기.

연토판(煉土板) 왜 ⇨ 암증널. ✴ 도자기를 만들 때 쓰는 널빤지.

연평수(延坪數) 왜 ⇨ 총평수. 총넓이.

연포탕(軟泡湯) = 연폿국. ✴ 초상집에서 발인하는 날 끓이는 국.

연필깎기(鉛筆~) * 연필을 깎는 일.

연필깎이(鉛筆~) * 연필을 깎는 연모.

연필깍지(鉛筆~) = 연필두겁.

연필방아(鉛筆~) ⇨ 붓방아.

연혁(沿革) ⇨ ①내력. ②발자취.

연호하다(連呼~) ⇨ 연이어 외치다.

연흔(漣痕) 왜 ⇨ 물결꼴 자국.

열아홉 * 여덟이나 아홉.

열¹〔十〕 * {열하나. 열한. 열두. 열둘. 열세. 열셋. 열네. 열넷. 열다섯. 열여섯. 열일곱. 열여덟. 열아홉.}

열² ⇨ 쓸개.

열기¹(熱氣) * 뜨거운 기운. ¶ 몸에 열기가 있다. 열기가 삭다. 열기에 데다.

열기²(熱~) * 눈에 드러나는 담찬 기운. ¶ 열기 있는 눈.

열기³ ⇨ ① 곤들매기. 억무개. * 민물고기. ② 볼락. * 바닷고기.

열네째 * 열네 번째. * 차례.

열넷째 * 열네 개째. * 수량.

열다 * ① 막거나 닫힌 것을 트거나 벗기다. ¶ 문을 열다. ② 모임이나 의논을 시작하다. ¶ 국회를 열다. ③ 일을 시작하다. ¶ 가게를 열다. ④ 새로운 기틀을 마련하다. ¶ 새 시대를 열다. ⑤ 마음을 트다. ¶ 마음을 열다. ⑥ 말을 시작하다. ¶ 입을 열다. ⑦ 관계를 맺다. ¶ 국교를 열다.
☞ 뜨다.⁵ 트다.¹

열도(列島) ㉑ ⇨ 줄섬. * 길게 줄을 지어 늘어서 있는 여러 섬.

열두밭고누 = 곤질고누. * 고누 놀이의 하나.
☞ 네밭고누. 우물고누. 육밭고누. 패랭이고누.

열두째 * 열두 번째. 제12. * 차례.

열둘째 * 열두 개째. 12개째. * 수량.

열따랗다 〉 알따랗다. * 꽤 엷다.

열뜨다 * 마음이 안정되지 못하다. ¶ 시험 준비에 열떠 딴 일은 할 수 없다.

열띠다 * 열기를 품다. ¶ 열띤 논쟁. 열띤 분위기. 열띤 응원.

열려지다 ⇨ 열리다.

열름 = 여름. 담불. * 집짐승 나이 열 살.

열리거라 ⇨ 열려라. ¶ 열려라, 참깨.

열리다¹ = 열다. * 열매가 맺히다. ¶ 감이 열리다.

열리다² * '열다'의 입음. ¶ 마음이 열리다. 문이 열리다. 새 시대가 열리다. ¶ 경기가 열리다. 국회가 열리다. 잔치가 열리다. 모임이 열리다.
☞ 벌어지다.¹

열매 * 식물의 씨방이 자라서 속에 씨가 생겨 들어 있는 것. * 감. 배. 밤.
☞ 이삭.

열매채소(~菜蔬) * 열매를 먹는 채소. * 수박. 호박. 오이. 참외. 토마토.
☞ 뿌리채소. 양념채소. 잎채소. 줄기채소.

열명길 = 저승길.

열바가지 ⇨ 바가지.

열박 ⇨ 바가지.

열받다(熱~) = 화나다. ¶ 무슨 일에 열받았는지 대문을 박차고 나갔다.

열붕이 ⇨ 얼뜨기.

열사(烈士) * 나라와 겨레를 위해 맨몸으로 맞서다가 의롭게 죽은 사람. {열사비.} ¶ 유관순 열사. 이준 열사.
☞ 선열. 의사. 지사.

열사병(熱射病) ㉑ ⇨ 더위. 더위먹음. * 일사병.

열 살 나다 = 열 살 되다.

열새 = 열새베. * 고운 베.

열 서다(列~) = 열 짓다. * 줄 서다.

열세째 * 열세 번째. * 차례.

열셋째 * 열세 개째. * 수량.

열쇠 * 자물쇠를 잠그고 여는 물건. {열쇠고리. 열쇠꾸러미. 열쇠함. 열쇠구멍.} ¶ 가로 열쇠. 세로 열쇠. 대문 열쇠. 방 열쇠. 약장 열쇠. 차 열쇠.
☞ 자물쇠.

열심으로(熱心~) ⇨ 열심히.

열씨 ⇨ 삼씨.

열씨온도(列氏溫度) * 물이 끓는 점을 80도, 얼음이 어는 점을 0도로 한 온도의 하나치. 기호는 'R.'임. ⁂ 프랑스 사람 레오뮈르가 만듦.
　☞ 섭씨온도. 화씨온도.

열어재끼다 ⇨ 열어젖히다. 열어젖뜨리다. 열어젖트리다.

열어제치다 ⇨ 열어젖히다. 열어젖뜨리다. 열어젖트리다.

열없다 * 좀 겸연쩍고 부끄럽다. ¶ 앉아 있기가 열없어서 잡지를 뒤적이다.
　☞ 짓쩍다.

열엿새날 ⇨ 열엿샛날. ⁂ 16일.

열으시다 ⇨ 여시다. ⁂ '열다'의 높임말.

열음지 ⇨ 열매.

열음지기 ⇨ 농민. 농부. 농사꾼. 농사아비. 농투성이.

열이꾼 ⇨ 여리꾼. ⁂ 가게 앞에서 손님을 끌어들이는 사람.

열입켜다 ⇨ 여립켜다. ⁂ 여리꾼이 손님을 끌어들이다.

열적다 ⇨ 열없다.

열째 * ① 제10. ⁂ 차례. ② 열 개째. ⁂ 수량.

열쩍다 ⇨ 열없다.

열쭝이 * ① 겨우 날기 시작한 어린 새. ② 작고 겁이 많은 사람.
　☞ 굴퉁이.

열차(列車) = 기차. {열차편. 밤열차.} ¶ 열차 시간표.

열통쩍다 ⇨ 열통적다. ⁂ 말과 행동이 거칠며 미련스럽다.

열하나째 = 열한 개째. ⁂ 수량.

열한째 = 제11. 제 십일. ⁂ 차례.

열흘 = ① 열흘날. 열 날. ② 초열흘날. ③ 열째 날. {열흘길.} ¶ 열흘안.

열흘 간(~間) = 열흘 동안.

엷다 * ① 액체 속에 녹거나 풀려 있는 물질의 양이 적다. ② 공간 속에 퍼져 있는 물질의 양이 적다. ③ 빛깔 따위가 짙지 아니하다.
　☞ 얇다.

엷다랗다 ⇨ 열따랗다. 얄따랗다. ⁂ 꽤 엷다.

염¹〔露礁〕 * 바다 가운데 있는 작은 바위섬.
　☞ 암초. 여.¹ 숨은바위.

염²(炎) = 염증. {구강염. 간염. 대장염. 요도염.} ¶ 화농성 염.

염³(鹽) * 소금. {무기염. 용해염.} ¶ 이온화 염. 산화 염.

염가품(廉價品) ⇨ 싼거리. ⁂ 값이 싼 물건.

염고등어(鹽~) ⇨ ① 자반고등어. ② 얼간 고등어.
　☞ 얼간. 자반.¹

염돈(鹽豚) ㉄ ⇨ 절인 돼지고기.

염두해 두다(念頭~) ⇨ 마음에 새겨 두다. ⁂ 염두에 두다.

염료(染料) ㉄ ⇨ 물감.

염료식물(染料植物) ㉄ ⇨ 물감 식물.

염문꾼(廉問~) = 염탐꾼. 염알이꾼.

염민어(鹽民魚) * 암치. ⁂ 소금에 간한 민어.

염발 ⇨ 살쩍밀이. 빈잠.

염병(染病) * 장티푸스. {염병하다.}

¶ 염병할 놈. 염병 앓다.
☞ 샘병.

염분(染粉) ㉲ ⇨ 가루물감.

염불외다(念佛~) ⇨ 염불하다.

염알이꾼(廉~) = 염문꾼. 염탐꾼.

염우없다(廉義~) ⇨ 염의없다. ‡ 예의를 잊고 부끄러움이 없다.

염장고등어(鹽藏~) ㉲ ⇨ ① 자반고등어. ② 얼간 고등어.

염장이(殮~) * 직업으로 시체를 염습하는 사람.
☞ 영장이.

염주비둘기(念珠~) = 멧비둘기. 산비둘기.

염주뼈(念珠~) ⇨ 등골뼈.

염증[1](炎症) * 곪기는 증상. ¶ 염증을 일으키다.

염증[2](厭症) * 싫은 생각이나 느낌. ‡ 싫증. ¶ 염증을 내다.
☞ 권태증.

염집〔民家〕 = 여염집. 살림집.

염초산(焰硝酸) ㉲ ⇨ 질산.

염취(鹽吹) ㉲ ⇨ 새조개. ‡ 조개의 한 가지.

염치(廉恥) = 염치머리. 〉얌치. 얌통. 얌통머리. {염치없다.}

염탐(廉探) = 염문. 염알이. {염탐하다. 염탐질하다.}

염탐꾼(廉探~) = 염문꾼. 염알이꾼.

엽고병(葉枯病) ㉲ ⇨ 잎마름병. ‡ 농사.

엽구리 ⇨ 옆구리.

엽권수(葉卷鬚) ㉲ ⇨ 잎덩굴손. ‡ 식물.

엽권아(葉捲蛾) ㉲ ⇨ 잎 말이나방. ‡ 벌레 이름.

엽권련(葉卷煙) ⇨ 엽궐련. 잎궐련.

‡ 담배의 한 가지.

엽권충(葉捲蟲) ㉲ ⇨ 잎말이벌레. ‡ 벌레 이름.

엽궐련 = 잎궐련. ‡ 여송연. 시가.
☞ 지궐련.

엽기적(獵奇的) ㉲ ⇨ 괴기한. 이상한.

엽때껏 ⇨ 입때껏. 이제껏. 여태껏.

엽삽(葉挿) ㉲ ⇨ 잎꽂이. ‡ 꺾꽂이의 한 가지.
☞ 가지꽂이. 꺾꽂이. 휘묻이.

엽색가(獵色家) ㉲ ⇨ 호색꾼. 호색한. 색골.

엽색꾼(獵色~) ㉲ ⇨ 색골. 호색꾼. 호색한.

엽서(葉書) = 우편엽서. ‡ 그림엽서. 봉함엽서. 왕복엽서.

엽연초(葉煙草) ㉲ ⇨ 잎담배.

엿[1]〔六〕〔매〕 * 하나치 ‘근. 냥. 돈. 되. 마지기. 말. 발. 섬. 짐. 푼’ 앞.

엿~[2] * 몰래. {엿듣다. 엿보다. 엿보이다. 엿살피다.}

엿[3] * 곡식을 엿기름으로 삭혀서 고아 만든 단것. {엿가위. 엿강정. 엿단지. 엿도가. 엿목판(엿판). 엿반대기(엿자박). 엿밥. 엿치기.} {가락엿. 가래엿. 갱엿. 검은엿. 물엿. 붉은엿. 얼음엿. 타래엿. 흰엿.} {고구마엿. 수수엿. 쌀엿. 옥수수엿. 좁쌀엿. 찹쌀엿.} {깨엿. 땅콩엿. 밤엿. 새앙엿. 잣엿. 콩엿. 호두엿. 호박엿.} {밤엿타령. 엿타령. 엿장수.} ¶ 엿을 고다. 엿 먹이다. 엿을 켜다. 엿 한 가래. 엿 한 타래.
☞ 조청.

엿가락 = 엿가래. ‡ 가래엿의 낱개.

¶ 엿가락을 늘이다.

엿길금 ⇨ 엿기름. ⁑ 싹틔운 보리를 말린 것.

엿반대기 = 엿자박. ⁑ 반대기처럼 만든 엿.

☞ 가락엿.

엿방망이 = 엿죽방망이. ⁑ 엿물을 젓는 막대기.

엿보다 * ① 남이 모르게 살펴보다. ¶ 방 안을 엿보다. ② 남의 마음이나 생각을 알아내려고 살피다. ¶ 눈치를 엿보다. ③ 무엇을 이루고자 눈여겨보다. ¶ 기회를 엿보다. ④ 어떤 사실을 바탕으로 실상을 알다. ¶ 그림을 통하여 그 시대의 모습을 엿볼 수 있다. ⑤ 노리다. ¶ 왕위를 엿보다.

☞ 야수다.

엿새 = ① 엿샛날. ⁑ 여섯 날. ② 초엿샛날.

엿샤엿샤 [외] ⇨ 영차영차. 영치기 영차.

엿아홉 ⇨ 열아홉. ⁑ 여덟이나 아홉.

엿자박 = 엿반대기. ⁑ 반대기처럼 만든 엿.

☞ 가락엿.

엿줍다 ⇨ 여쭙다. 여쭈다.

엿질금 ⇨ 엿기름.

영[1] = 이엉. 이엉초. ⁑ 짚이나 억새로 엮어서 초가의 지붕을 이는 물건.

영[2] 〔어〕 * ① 전혀. 도무지. ¶ 영 재미가 없다. 기계가 영 신통치 않다. ② 아주. 대단히. ¶ 영 딴판이다. 기분이 영 고약하다.

영[3](零) * 숫자 ‘0’의 이름. {영점.} ¶ 영상 1도. 영하 2도.

☞ 공~.[3]

영감 = 영감쟁이. 영감태기. 영감탱이. {영감탈.} {좁쌀영감.} {영감님. 영감마님.} ¶ 구두쇠 영감. 텁석부리 영감. 혹부리 영감. 군수 영감.

☞ 할멈.

영검(靈~) * 사람이 바라는 대로 되는, 신기한 힘. {영검하다.} ¶ 영검을 내리다. 영검이 대단하다. 영검이 많다. 영검이 있다.

☞ 영금.

영계(~鷄)〔藥鷄〕 = 약병아리. {영계백숙. 영계찜.}

영광되다(榮光~) ⇨ 영광스럽다. ¶ 노벨상을 받는 것은 영광스러운 일이다.

영국(英國) ⇨ 잉글랜드. 유케이. ⁑ 나라 이름.

영글다 = 여물다. ⁑ 열매가 익다. ¶ 벼가 영글다. 과일이 영글다.

영금 * 따끔하게 당하는 곤욕. ¶ 영금을 보다.

☞ 영검.

영길리국(英吉利國) ⇨ 잉글랜드. ⁑ 나라 이름.

영덕 게(盈德~) ⇨ 대게. 영덕 대게.

영등할머니(靈登~) = 영동할머니. 영등신. 이월바람. 이월할머니. 바래.

영란(英蘭) ⇨ 잉글랜드. ⁑ 나라 이름.

영마루(嶺~) * 고개의 맨 꼭대기. ¶ 영마루 너머로 새벽노을이 짙어 오다.

☞ 잿마루.

영문자[1](影文字) [외] ⇨ 빗금글자. 그늘글자.

영문자[2](英文字) ⇨ 로마자. 로마 글자.

라틴 글자.

영민하다(永眠 ⇨ 영면~) ⇨ 죽다. 돌아가시다. 눈을 감으시다.

영본(影本) [왜] ⇨ 탁본. 탑본. ¶ 탁본을 뜨다.

영부인(令夫人) = 부인. ⁑ 남의 아내를 높여 일컫는 말로 대통령 부인만 가리키는 말이 아님. ¶ 대통령 영부인. 선생님 영부인. 자네 영부인.
☞ 귀부인.

영산소머리대기(靈山~) = 나무쇠싸움. 쇠머리대기. ⁑ 민속의 하나.

영산홍(映山紅) = 왜철쭉.
☞ 진달래. 철쭉.

영숫자(英數字) ⇨ 로마 숫자.

영어(英語) ⇨ 잉글랜드 말.

영업집(營業~) = 가겟집. 장삿집.
☞ 살림집. 여염집.

영장[1] 〔屍體〕 ⇨ 송장. 주검.

영장[2](令狀) ⇨ ① 명령서. ② 통지서.

영장이(~匠~) = 이엉장이. 개초장이. ⁑ 이엉을 엮거나 이는 기술자.
☞ 염장이.

영정(影幀) * 얼굴을 그린 족자. ¶ 할아버지 영정.
☞ 진영.

영조본(影照本) [왜] ⇨ 영인본. 영인판. 경인본. ⁑ 사진으로 찍은 것.

영줏권(永住權) ⇨ 영주권.

영지감스럽다 ⇨ 영절스럽다.

영차 〔느〕 = 여차. ⁑ 기운을 돋우는 소리. {영치기영차.} ¶ 영차, 영차.
☞ 어여차. 이영차.

영판(靈~) * 영검하게 길흉을 잘 알아맞힘. 또는 그런 사람.
☞ 아주.[1]

영표(~標) = 동그라미표. 공표.

영험(靈驗) ⇨ 영검. ⁑ 바라는 대로 이루어지는 일. ¶ 영검이 있다.

영화[1](穎花) [왜] ⇨ 이삭꽃. ⁑ 수상화.

영화[2](英貨) ⇨ 파운드. ⁑ 잉글랜드 돈의 하나치.

영화로히(榮華~) ⇨ 영화로이. ⁑ 영화롭다.

옅다 * ① 물, 잠, 지식, 정이 깊지 않다. ② 빛깔, 냄새, 농도가 짙지 않다.
☞ 얕다.

옆 = 옆댕이. ⁑ 왼쪽, 오른쪽 면이나 그 근처. {옆길. 옆넓이. 옆머리. 옆면. 옆모서리. 옆모습. 옆문. 옆바람. 옆얼굴. 옆옆이. 옆줄. 옆집. 옆쪽. 옆채. 옆태. 옆통수. 옆판(옆널). 옆폭.} {옆들다. 옆찌르다.} {길옆. 양옆. 한옆.} ¶ 옆 건물. 옆 교실. 옆 논. 옆 대문. 옆 동네. 옆 마을. 옆 반. 옆 부분. 옆 사람. 옆 자리. 옆 친구. 옆 칸. 옆 학교.
☞ 곁.

옆구리 * 가슴과 등 사이 갈빗대가 있는 부분. ¶ 옆구리가 결리다.
☞ 허구리.

옆눈 * 옆쪽에 있는 눈. ⁑ 벌레의 가운데 눈 옆쪽에 있는 눈.
☞ 겹눈. 곁눈.

옆눈질 ⇨ 곁눈질.

옆방(~房) * 방이 잇대어 있을 때, 이웃에 있는 방.
☞ 곁방.

옆방살이 ⇨ 곁방살이.

옆붙이접(~椄) = 허리접. ⁑ 접붙이

기의 하나.

옆뿌리 = 가지뿌리. 곁뿌리. ‡ 원뿌리
에서 갈라져 나간 작은 뿌리.

옆사리미 ⇨ 비켜덩이.

옆질 * 배나 비행기가 양쪽 옆으로 흔
들리는 일. ‡ 롤링.
　☞ 뒷질.

옆치기 = 새치기. ‡ 차례를 어기고 남
의 자리에 끼어드는 짓.

예[1]〔느〕 = 네. ‡ 대답하는 말.

예[2]〔대〕 = 여기. ¶ 예가 어디냐?

예[3]〔이〕 * 아주 오래전. ¶ 예같이. 예
나. 예대로. 예부터.
　☞ 옛.

예년(例年) * ①별일 없이 지내어 온
보통의 해. ②지난 30년간의 평균
기후 상태. ‡ 일기 예보. ¶ 예년보다
비가 많이 온다.
　☞ 평년.

예다제다 = 여기다가 저기다가. ¶ 예
다제다 소문을 퍼뜨리다.

예따 ⇨ 옜다. ‡ 무엇을 주면서 하는
말. ¶ 옜다, 이 돈 받아라.

예망(曳網) ㉕ ⇨ 끌그물.

예맷권(豫賣券) ⇨ 예매권.

예민하다(銳敏~) * ①느끼는 힘이나
판단하는 힘이 빠르고 뛰어나다.
¶ 감수성이 예민하다. ②일이 중대
하고 어려움이 있다. ¶ 예민한 문제.
　☞ 과민하다.

예반(~盤) * 나무나 쇠붙이로 쟁반 모
양으로 만들어 칠한 그릇. ¶ 예반에
다 받친 떡 접시를 들고 들어오다.
　☞ 쟁반.

예쁘다 = 어여쁘다. ‡ 보기에 좋다.

①생김새. ‡ 어린이. 여자. 꽃. 물
건. ¶ 아기가 예쁘다. ②하는 짓과
몸가짐. ¶ 하는 짓이 예쁘다. 말을
잘 들어서 예쁘다. {예쁘디예쁘다.
예뻐지다. 예뻐하다.}
　☞ 곱다.[1] 귀엽다. 아름답다. 착하다.

예쁘둥이 ⇨ 이쁘둥이. ‡ 예쁜 어린아이.

예사내기(例事~) = 보통내기. 여간
내기. ‡ ‘아니다’와 함께 씀.

예사로 보다(例事~) = 지나쳐 보다.
흘려보다.
　☞ 눈여겨보다. 여겨보다.

예사롭찮다(例事~) ⇨ 예사롭잖다.
‡ ‘~잖다’는 ‘~지 않다’의 준말.

예사말(例事~) * ①높임말, 낮춤말
이 아닌 말. ②보통으로 하는 말.
　☞ 낮춤말. 높임말.

예사소리(例事~)〔平音〕 * 기역, 디귿,
비읍, 시옷, 지읒의 소리.
　☞ 거센소리. 된소리.

예삿날(例事~) = 무싯날. ‡ 장이 서
지 않는 날.
　☞ 장날.

예상되어지다(豫想~) ⇨ 예상되다.
예상하다.

예새 * 도자기를 만들 때, 흙으로 만든
그릇을 다듬는 나무칼.
　☞ 목검.

예서 = 여기에서. ¶ 예서 놀지 말고
저리로 가거라.

예순〔六十〕 * {예순하나. 예순둘. 예
순셋. 예순넷. 예순다섯. 예순여섯.
예순일곱. 예순여덟. 예순아홉.}
¶ 예순 개. 예순 살.

예술제(藝術祭) ㉕ ⇨ 예술 잔치.

예신 = ① 산신령. ② 동네가 태평하며 풍년이 들기를 비는 제사.

예요 〔토〕 = 이에요. ∦ 받침 없는 임자씨 뒤에 붙는 토씨 '이다'의 끝바꿈. {손자예요. 거예요. 저예요.}
☞ 이에요. 이여요.

예우(禮遇) * 예의를 지켜 정중하게 대우함. {예우하다.} ¶ 유공자 예우.

예의(禮儀) * 존경의 뜻을 나타내는 말투와 몸가짐. ¶ 예의가 바르다. 예의에서 어긋나다. 예의를 지키다. 예의를 차리다.

예절(禮節) = 예법. ∦ 예의의 절차나 질서. ¶ 예절을 갖추다.

예정되어지다(豫定~) ⇨ 예정되다.

예제 = 여기저기. ∦ 곳곳. {예제없다.} ¶ 예제서 슬근슬근 죄어들며 묻는다.

예컨데(例~) ⇨ 예컨대. ∦ 보기를 들자면.

예탐굿(豫探~) ⇨ 여탐굿. ∦ 경사가 있을 때 조상에게 아뢰는 굿.

예편네 ⇨ 여편네. ∦ ① 혼인한 여자. ② 아내.

옐로우카아드(Yellow card) ⇨ 노란쪽지. ∦ 옐로카드.

염병 〔染病〕 ⇨ 염병. ∦ 장티푸스.

옛 〔매〕 * ① 옛날의. {옛것. 옛길. 옛사람. 옛사랑. 옛일. 옛적. 옛정. 옛집. 옛터.} ② 지나간 때의. ¶ 옛 건물. 옛 고향. 옛 기록. 옛 기억. 옛 노래. 옛 도읍지. 옛 동료. 옛 동무. 옛 동산. 옛 땅. 옛 마을. 옛 멋. 옛 모습. 옛 무덤. 옛 문헌. 옛 물건. 옛 버릇. 옛 생각. 옛 서울. 옛 성터. 옛

성현. 옛 속담. 옛 시절. 옛 시조. 옛 어른. 옛 자취. 옛 주인. 옛 지명. 옛 책. 옛 추억. 옛 친구. 옛 투. 옛 틀. 옛 풍속. 옛 풍습.
☞ 예.³

옛날 * ① 지난 지 오래된 날. ¶ 먼 옛날 호랑이 담배 피우던 시절. ② 이미 지나간 어떤 날. ¶ 옛날 버릇. 몸이 옛날 같지 않다.
☞ 뒷날. 앞날.

옛말¹ = 옛날이야기. 옛이야기. ∦ 민담. 설화. 신화. 전설.

옛말² * ① 고어 ∦ 옛날 사람이 쓰던 말. ② 옛사람이 남긴 말. ¶ 옛말에 이런 것이 있지. ③ 지나간 일을 가리키는 말. ¶ 언젠가는 옛말하고 살날이 있겠지. ④ 지금은 찾아볼 수 없게 된 일. ¶ 모든 게 옛말이 되고 말았다.
☞ 요샛말. 이젯말.

옛부터 ⇨ 예부터. 예로부터. 옛날부터.

옛스럽다 ⇨ 예스럽다.

옛이야기 = 옛날이야기. 옛말. ∦ 민담. 설화. 신화. 전설.

옛처럼 ⇨ 예처럼.

옜다 〔느〕 = 옜네. 옜소. 옜습니다. ∦ 무엇을 주면서 하는 말.

오¹(墺) ⇨ 오스트리아. ∦ 나라 이름.
☞ 호주.

오~² = 올~. ∦ ① 이른. ② 이르게 자란. {오사리. 오조.}

~오³ * '이다, 아니다', 받침 없는 씨끝 '~으시~' 뒤에 붙어 물음, 시킴, 풀이, 느낌을 나타내는 맺음끝. {이오. 아니오. 빠르오? 가오. 보오. 사

오. 오시오. 웃으시오. 딱하시오.}
‡ '~오'를 줄일 수 없음.
☞ ~소.³ ~요.³ ~으오.

~오~⁴ ‡ 받침 없는 줄기에 붙어 겸양을 나타냄. {가오니. 하오니.}
☞ ~사오~. ~자오~.²

오가닥 ⇨ 오가재비. ‡ 굴비, 자반, 준치를 다섯 마리씩 한 줄에 엮은 것.

오가리¹ = 고자리. ‡ 무, 박, 호박을 길게 오려서 말린 것.
☞ 고지.⁴

오가리² = 오갈. ‡ 나뭇잎이 병들거나 말라서 오글쪼글한 모양. {오갈병.}

오가잡탕(~雜湯) = 오구잡탕. 오사리잡놈. ‡ 온갖 못된 짓을 하는 잡놈.

오가피나무(五加皮~) = 오갈피나무.

오갈 들다 ‡ ① 오가리 들다. 오가리지다. ② 두려워 움츠러지다.

오감하다 = 과감하다. ‡ 매우 고맙다.

오개년(五個年) ⇨ 오 개년. ‡ '개년'은 매인이름씨.

오개월(五個月) ⇨ 오 개월. ‡ '개월'은 매인이름씨.

오거라 ⇨ 오너라. ‡ 너라 벗어난움직씨. '오다'뿐임.

오고 가다 = 오가다.

오곡(五穀) ‡ 다섯 가지 곡식. ‡ 쌀, 보리, 콩, 조, 기장.

오곡밥(五穀~) ‡ 찹쌀, 기장, 차조, 검정콩, 붉은팥으로 지은 밥.

오골거리다 ⇨ 오글거리다.

오골쪼골 ⇨ 오글쪼글. 오그랑쪼그랑.

오곳하다 ⇨ 오긋하다.

오광대(五~) = 오광대놀음. 오광대놀이. ‡ 민속.

오구¹ ‡ 용수 모양으로 만들어 고기를 잡는 그물의 하나.

오구²(烏口) ⑨ ⇨ 먹줄펜. 가막부리. 새부리. ‡ 제도할 때 쓰는 펜.

오구물림 = 바리데기. ‡ 오구굿에서 무당이 부르는 노래 이름.

오귀굿(惡鬼~) ⇨ 오구굿. 오구새남. ‡ 죽은 사람의 넋을 위로하는 굿.

오그라들다 〈 우그러들다.

오그라지다 〈 우그러지다.

오그랑장사 = 옥장사. ‡ 밑지는 장사.

오그랑하다 〈 우그렁하다.

오글거리다¹ 〈 우글거리다. ‡ 한 곳에 많이 모여 자꾸 움직이다.

오글거리다² 〈 우글거리다. ‡ 물이나 찌개 따위가 끓어오르다.

오글보글 〈 우글부글.

오글오글 〈 우글우글.

오글자글 〈 우글지글.

오글쪼글 〈 우글쭈글.

오금 = 오금팽이. 다리오금. 뒷무릎. ‡ 무릎의 안쪽. ¶ 오금을 떼다. 오금을 못 쓰다. 오금을 못 펴다. 오금이 쑤시다. 오금이 저리다.
☞ 팔오금. 한오금.

오금쟁이 ⇨ 오금팽이. 오금.

오금탱이 ⇨ 오금팽이. 오금.

오금하다 ⇨ 오긋하다.

오긋하다 〈 우긋하다. ‡ 안으로 조금 오그라진 듯하다.
☞ 오목하다.

오긋히 ⇨ 오긋이. ‡ 오긋하다.

오꼬시 ⑨ ⇨ 밥풀과자.

오나(owner) ⑨ ⇨ 임자. 주인. ‡ 오너.

오나가나 = 가나오나. ‡ 어디를 가나

늘 다름없이. ¶ 오나가나 말썽이다.

오냐 〔느〕 * ① 아랫사람에게 대답하는 말. ¶ 오냐, 금방 간다. 오냐, 네 말대로 하자. ② 다짐할 때. ¶ 오냐, 두고 보자.

오냐오냐 〔느〕 * 어린아이의 어리광이나 투정을 받아 줄 때 하는 말.

오냐오냐하다 * 어린아이의 어리광이나 투정을 다 받아주다.

오너라 * '오다'의 바로 시킴꼴. ‡ 너라 벗어난움직씨.
　☞ 오라.¹

오너라 가거라 하다 = 오라 가라 하다. ‡ 성가시게 오가게 하다.

오누 = 오누이. 오뉘. ‡ 오빠와 누이.

오늘 = ① 이날. ‡ 금일. ② 오늘날. ‡ 지금의 시대.

오늘내일 * ① 가까운 시일. ¶ 오늘내일 끝날 일이 아니다. ② 오늘과 내일 사이. ¶ 오늘내일 이틀 동안 쉰다.

오늘내일하다 * ① 죽을 때나 해산할 때가 가까이 다가오다. ② 그날이 오기를 기다리다. ¶ 아들이 돌아오기를 오늘내일하고 기다리다.

오니 〔鬼〕 ㉄ ⇨ ① 도깨비. ② 술래.

오다¹ * 사람이나 물건이나 일이 다가오다. ¶ 친구가 오다. 우리 학교에 오다. 비가 오다. 편지가 오다. 따뜻한 느낌이 오다. 전화가 오다.
　☞ 이르다.³

오다²(order) ⇨ ① 맞춤. ‡ 주문. ② 분부. 지시. ‡ 오더.

오다가다 * ① 어쩌다가 가끔. ¶ 오다가다 들르는 사람이다. ② 지나는 길에 우연히. ¶ 오다가다 만난 사람이다.

☞ 오면가면.

오다마 〔大玉〕 ㉄ ⇨ 큰 알. 굵은 알. 큰치.

오달지다¹ = 오지다. ‡ 흡족하게 흐뭇하다. ¶ 어머니를 모시러 가는 것을 생각하면 오달진 마음에 어깨춤이라도 추고 싶었다.

오달지다² = 올지다. ‡ 야무지고 알차다. ¶ 아람 밤톨같이 오달지던 사람.

오대양(五大洋) ‡ 태평양, 대서양, 인도양, 남빙양, 북빙양을 일컬음.
　☞ 육대주.

오뎅 〔御田〕 ㉄ ⇨ 꼬치. 꼬치안주.
　☞ 어묵.

오도가도 ⇨ 오도 가도. 오지도 가지도. ¶ 오도 가도 못 한다.

오도깝스럽다 * 경망하게 덤비는 태도가 있다.
　☞ 호도깝스럽다.

오도리 〔踊~〕 ㉄ ⇨ 산 새우. ‡ 보리 새우. 참새우.

오도마니 ⇨ 오도카니.

오도막(~幕) ⇨ 오두막. 오막.

오도미 = 오돔. 옥돔. ‡ 바닷고기 이름.

오도발광(~發狂) ⇨ 오두발광. ‡ 미친 듯이 날뛰는 짓. ¶ 오두발광을 하다.

오도방정 ⇨ 오두방정. ‡ 매우 방정맞은 짓. ¶ 오두방정을 떨다.

오도카니 〈 우두커니. ‡ 넋이 나간 듯이 한자리에 있는 모양.

오독오독 = 오도독오도독. 〈 우둑우둑. 우두둑우두둑.

오돌뼈 ⇨ 오도독뼈. ‡ 소나 돼지의 물렁뼈.

오돌오돌 〈 우둘우둘. ＊ ① 작고 여린 뼈나 말린 날밤처럼 깨물기에 조금 단단한 모양. ② 잘 삶기지 않아 무르지 아니한 모양. ③ 오동통한 모양.
☞ 오들오들.

오돔 ＝ 오도미. 옥돔. ＊ 바닷고기 이름.

오동지¹(~冬至) ＝ 아기동지. 애동지. ＊ 음력 11월 10일 안에 드는 동지.
☞ 늦동지.

오동지²(五冬至) ＊ 음력 오월과 동짓달.

오되다 ＝ 올되다. ＊ ① 제철보다 일찍 익다. ② 나이보다 일찍 철이 들다.

오두막(~幕) ＝ 오막. ＊ 작고 초라한 막.

오두막집(~幕~) ＝ 오막살이. ＊ 오두막처럼 작고 초라한 집.
☞ 오막살이.

오두커니 ⇨ 오도카니. 우두커니.

오드득오드득 ⇨ 오도독오도독.

오들개 ⇨ 오디. ＊ 뽕나무 열매.

오들도들 〈 우들우들. ＊ 춥거나 무서워서 몸을 자꾸 떠는 꼴.
☞ 오돌오돌. 오삭오삭. 오싹오싹.

오디새 ＝ 후투티. ＊ 새 이름.

오또기 ⇨ ① 오뚝이. ② 우뚝이.

오똑이 ⇨ ① 오뚝이. ② 우뚝이.

오똑하다 ⇨ 오뚝하다.

오뚜기 ⇨ 오뚝이.

오뚝이 ＊ ① 장난감 이름. ② 높이 솟아 있는 모양. ③ 발딱 일어서는 모양.
☞ 우뚝이.

오라¹ ＊ '오다'의 건너 시킴꼴. ¶ 선생님께서 오라고 하셨다.
☞ 오너라.

오라² ＝ 오랏줄. 색등거리. ＊ 옛날에 죄인을 묶던 줄. {오라지다. 오라지우다.} {오라질. 오랏바람.} ¶ 오라질 년. 오라질 놈.
☞ 포승.

오라³ 〔느〕 ⇨ 옳아. ¶ 옳아, 그 말이 맞아.

오라 가라 하다 ＝ 오너라 가거라 하다.

오라기 ＊ ① 실, 새끼, 헝겊, 종이 따위의 가늘고 긴 조각. {실오라기.} ¶ 무명실 오라기. 털실 오라기. ② 하나치. ¶ 실 한 오라기. 새끼 몇 오라기.
☞ 오리.²

오라버니 ＝ 오빠. ＊ 높임말. ¶ 사촌 오라버니. 친정 오라버니.
☞ 동생. 언니.

오라버니댁(~宅) ＝ 오라범댁. 올케. ＊ 오빠의 아내.

오라버니 댁(~宅) ＝ 오빠네 집.

오라버님 ＊ 오라버니의 높임말.

오라범 ＊ 오라버니의 낮춤말.

오라범댁(~宅) ＝ 올케.

오라비 ＝ 오랍. ＊ 오라버니의 낮춤말.

오락지 ⇨ 오라기.

오랏줄 ＝ 오라. 색등거리. ¶ 오랏줄에 묶이다.

오랑캐 ＝ 되놈. ＊ ① 여진족. ② 차이나 사람. ③ 다른 겨레.

오랑캐꽃 ＝ 제비꽃. 반지꽃. 시름꽃. ＊ 바이올렛.

오래가다 ＊ 상태나 현상이 길게 계속되거나 유지되다. ＊ 전쟁. 사업. 사랑.
☞ 오래되다.

오래간만 ＝ 오랜만. ＊ 어떤 일이 있은

때로부터 긴 시간이 지난 뒤.

오래기 ⇨ ① 오라기. ② 실오라기.

오래다 〔그〕 * 때의 지나간 동안이 길다. ¶ 문 닫은 지 오래다.
　☞ 오래되다.

오래동안 ⇨ 오랫동안.

오래되다 〔움〕 * 시간이 지나간 동안이 길다. ¶ 냉장고가 오래되고 낡았다.
　☞ 오래가다. 오래다. 묵다.¹

오래비 ⇨ 오라비.

오래살이 = 여러해살이. * 식물.
　☞ 한해살이. 두해살이.

오래오래 * 아주 오래. ¶ 오래오래 잊지 않다.
　☞ 도래도래.

오래오래 장수(長壽)**하다** ⇨ 오래 살다. * 장수하다.

오래이다 ⇨ ① 오래다. ② 오래되다.

오래인 〔매〕 ⇨ 오랜. ¶ 오랜 가뭄. 오랜 시간. 오랜 장마.

오랜동안 ⇨ 오랫동안.

오랫만에 ⇨ 오랜만에. 오래간만에. * 어떤 때로부터 긴 시간이 지난 뒤.

오려송편 ⇨ 오례송편. * 오례쌀로 빚은 송편.

오련하다 * ① 밝기가 희미하다. ② 빛깔이 엷고 곱다. ③ 기억이 희미하다.
　☞ 아련하다. 우련하다.

오렬(五列) ⇨ 오열. 제오 열.

오례 = 오례쌀. * 올벼의 쌀.

오례논 ⇨ 오려논. * 올벼를 심은 논.

오로지 * 오직 한 곬으로. ¶ 오로지 당신만을 좋아하오.
　☞ 오직.

오롯이¹ * 모자람 없이 온전하게. ¶ 성현들의 가르침이 오롯이 담겨 있다.

오롯이² * 고요하고 쓸쓸하게. ¶ 작은 별 하나가 오롯이 빛나고 있다.

오륙월(五六月) ⇨ 오뉴월. * 오월과 유월.

오륙일(五六日) * 닷새나 엿새.

오륜기(五輪旗) ㉙ ⇨ 올림픽기.

오륜 대회(五輪大會) ㉙ ⇨ 올림픽. 올림픽 경기.

오률(五律) ⇨ 오율. * 니은이나 홀소리 뒤에는 '율'임.

오르내리창(～窓) = 내리닫이. * 위아래로 오르내려서 여닫는 창.
　☞ 가로닫이. 미닫이. 여닫이.

오르다 * ① 위쪽으로 가다. ¶ 산에 오르다. ② 지위나 신분을 얻다. ¶ 왕위에 오르다. ③ 탈것에 타다. ¶ 기차에 오르다. ④ 길을 떠나다. ¶ 여행길에 오르다. ⑤ 살이 찌다. ¶ 살이 오르다. ⑥ 값이 비싸지다. ¶ 차비가 오르다. ⑦ 감정이나 기운이 퍼지다. ¶ 부아가 오르다. ⑧ 병균이 옮다. ¶ 감기가 오르다. ⑨ 때가 묻다. ¶ 때가 오르다.
　☞ 솟다. 높아지다.

오르막길 = 오름길. * ① 올라가는 길. ② 한창 올라가는 시기나 단계.
　☞ 내리막길.

오른꼬임 = 오른비. * 실을 오른쪽 아래에서 왼쪽 위로 돌리어 꼬는 일.
　☞ 왼비.

오른손 = 바른손. * 오른쪽 손. ¶ 오른손 손바닥.

오른손잡이 = 바른손잡이.

☞ 왼손잡이.

오른쪽 = 오른편.

오른팔 = 바른팔. ‡ 오른쪽 팔.

오름길 = 오르막길.

　☞ 내리막길.

오릇하다 ⇨ 오롯하다. ‡ 모자람이 없이 온전하다.

오리[1] * 오릿과의 새. {물오리. 집오리. 청둥오리.} ¶ 오리 새끼.

오리[2] * ①실, 나무, 대, 버들가지, 싸릿개비의 가늘고 긴 조각. {실오리. 대오리.} ②하나치. ¶ 실 한 오리. 댓가지 몇 오리.

　☞ 오라기.

오리나무 * 자작나뭇과의 나무 이름. ‡ 덤불오리나무, 두메오리나무 따위.

　☞ 오리목.

오리너구리 = 오리주둥이. ‡ 물짐승 이름.

오리다 * 칼이나 가위로 베어 내다. ¶ 신문 기사를 오리다. 색종이를 오리다.

　☞ 도리다.

오리목(~木) * 가늘고 길게 켠 나무.

　☞ 오리나무.

오리발[1] * 시치미를 떼고 딴전을 부리는 태도. ¶ 오리발을 내밀다.

오리발[2] * 살가죽이 달라붙은 손가락이나 발가락.

　☞ 물갈퀴.

오리병(~瓶) = 거위병. ‡ 목이 길고 잘록한 병.

오리주둥이 = 오리너구리. ‡ 물짐승 이름.

오리지날(original) ⇨ ① 독창적.

② 본디 문서. 본디 책. ‡ 오리지널.

오림장이 * 오림톱으로 오리목을 켜는 사람.

　☞ 큰톱장이.

오림픽(Olympic) ⇨ 올림픽.

오마니 ⇨ 어머니.

오마와시〔大廻~〕⑲ ⇨ 크게 돌리기. ‡ 당구.

오마조마하다 ⇨ 조마조마하다.

오마지꾼 ⇨ 오맞이꾼. ‡ 나들이에 여념이 없는 여자.

오막(~幕) = 오두막.

　☞ 움막.

오막살이(~幕) * ① 오두막집. ② 허술하고 작은 집에서 사는 일.

　☞ 오두막집.

오막집(~幕~) ⇨ 오두막집.

오만(五萬) * ①만을 다섯 번 합친 수. ¶ 오만 명. 오만 원. ②매우 많은. {오만상. 오만소리.} ¶ 오만 가지. 오만 방정. 오만 사람. 오만 설움. 오만 잡동사니. 오만 정.

오매다(烏梅茶) ⇨ 오매차.

오면가면 〔어〕 * 오면서 가면서. ¶ 오면가면 들르다.

　☞ 오다가다.

오모짜 ⑲ ⇨ 장난감.

오목새김〔凹彫〕 * 글씨나 그림을 안으로 들어가게 새긴 조각.

　☞ 돋을새김. 섭새김. 솟을새김.

오목하다 * 가운데가 동그스름하게 폭 패거나 들어가 있다.

　☞ 오긋하다.

오무라들다 ⇨ 오므라들다. ¶ 밤이면 꽃잎이 오므라든다.

오무라미 ⇨ 오무래미. ＊ 이가 다 빠진 늙은이.

오무라이스(~rice) ⑲ ⇨ 덮밥.

오무리다 ⇨ 오므리다. ¶ 손을 오므리다. 입술을 오므리다.

오미자다(五味子茶) ⇨ 오미자차.

오미잣국(五味子~) = 오미잣물. ＊ 오미자를 우려낸 물.

오밀조밀 ＊ ①솜씨나 재간이 매우 세밀하고 교묘한 모양. ¶ 방 안을 오밀조밀 꾸며 놓다. ② 마음 씀씀이가 매우 꼼꼼하고 자상한 모양. ¶ 구석구석 오밀조밀 살피다.
　☞ 아기자기. 알콩달콩. 오순도순.

오바[1][大羽] ⑲ ⇨ 큰 멸치.

오바[2](overcoat) ⑲ ⇨ 외투. 겉옷. ＊ 오버코트.

오바[3](over) ⑲ ⇨ 끝. ＊ 오버.

오밤중(午~中) = 한밤중. 야밤중. 야밤. 야반. 밤중. ＊ 깊은 밤.

오방떡(大判~) ⑲ ⇨ 풀빵. 왕풀빵.

오방색(五方色) = 오방빛. ＊ 동서남북과 그 가운데, 다섯 방향을 나타내는 빛. ＊ 동쪽 = 청색. 서쪽 = 흰색. 남쪽 = 적색. 북쪽 = 흑색. 가운데 = 황색.

오방지다 ⇨ 옹골지다.

오배자나무(五倍子~) = 붉나무.

오보(五寶) ＊ 다섯 가지 보물. ＊ 금. 은. 수정. 유리. 산호.

오복(五福) ＊ 다섯 가지 복. ＊ 목숨. 돈. 건강과 평안. 인격이나 높은 벼슬. 제 명대로 사는 것이나 자손을 많이 두는 것.

오복소복 〈 우북수북. ＊ 한데 많이 모여 다보록하고 소복한 모양. ¶ 대추가 오복소복 쌓였다. 오복소복한 덤불.

오복전조르듯 〔어〕 ⇨ 오복조르듯. ＊ 심하게 조르는 모양.

오복하다 = 오보록하다. ＊ 자그마한 것들이 한데 많이 모여 다보록하다.

오복이 = 오보록이. ＊ 오보록하게.

오봉〔御盆〕 ⑲ ⇨ 쟁반.

오붓히 ⇨ 오붓이. ＊ ①아늑하고 정답게. ②살림이 옹골지고 포실하게.

오비 ⑲ ⇨ ① 띠. ② 허릿단.

오비칼 ⇨ 호비칼. ＊ 주로 나막신 코의 속을 호벼 파내는 데 쓰는 칼.

오빠 = 오라버니. ＊ 어린이 말. {작은오빠. 큰오빠. 친오빠. 친정오빠.} ¶ 오빠 집. 사촌 오빠. 육촌 오빠. 외사촌 오빠.

오사리[1] ＊ 옥수수 이삭을 싸고 있는 껍질. ¶ 오사리를 벗기지 말고 삶아라.

오사리[2] ＊ ①이른 철의 사리 때 잡은 새우나 해산물. ②이른 철에 농산물을 거두는 일. 또는 그런 농작물.
　☞ 늦사리.

오사리잡것 ＊ 아무 쓸모없는 물건이나 사람.

오사리잡놈(~雜~) = 오사리잡탕놈. 오사리잡탕. 오색잡놈. 오가잡탕.

오사리잡패(~雜牌) = 오사리패. ＊ 오사리잡놈의 패.

오사리젓 = 오젓. ＊ 초여름 사리 때 잡은 새우로 담근 젓.

오사리조기 ＊ 초여름 사리 때 잡은 질이 좋은 조기.
　☞ 곡우사리. 곡우살조기.

오사마리 〔收~〕 ④ ⇨ 끝맺음.

오삭거리다 ⇨ ① 오삭오삭하다. ② 와삭거리다.

오삭오삭 = 오슬오슬. ‡ 소름이 끼치는 모양.
☞ 오들오들.

오색(五色) * 다섯 가지 빛깔. ‡ 파란색. 누런색. 빨간색. 흰색. 검은색. {오색기. 오색단청. 오색등. 오색실.} {오색영롱하다. 오색찬란하다.}

오색잡놈(五色雜~) = 오사리잡놈. 오사리잡탕놈. 오가잡탕. 오구잡탕.

오세미 ⇨ 무당.

오세요 = 오셔요. 오시오. ‡ 오다.

오손도손 ⇨ 오순도순.

오솔길 * 호젓하고 좁은 길. ¶ 오솔길을 거닐다.
☞ 고샅길.

오순도순 * 다툼이 없이 사이좋게. ¶ 동무들과 오순도순 지내다.
☞ 아기자기. 알콩달콩. 오밀조밀.

오슬오슬 = 오삭오삭. 〈 오싹오싹. ‡ 무섭거나 추워서 소름이 끼치는 모양.
☞ 오들오들.

오시 〔押~〕 ④ ⇨ 밀어치기. ‡ 당구.

오시요 ⇨ 오시오. 오셔요. 오세요.

오시이레 ④ ⇨ 반침.

오시핀 〔押pin〕 ④ ⇨ 압정.

오실오실 ⇨ 오슬오슬. 오삭오삭. 오싹오싹.

오십시요 ⇨ 오십시오.

오싹오싹 〉 오삭오삭. ‡ 무섭거나 추워서 소름이 끼치는 모양.
☞ 오들오들.

오야 〔親〕 ④ ⇨ ① 우두머리. 두목.

② 계주.

오야봉 〔親分〕 ④ ⇨ 우두머리. 두목. ‡ 책임자.

오야지 〔親爺〕 ④ ⇨ ① 아버지. ② 우두머리.

오얏 ⇨ 자두. ‡ 과일 이름.

오얏나무 ⇨ 자두나무.

오양간(~間) ⇨ 외양간.

오언률시(五言律詩) ⇨ 오언 율시. ‡ 다섯 자 여덟 줄로 된 한시.

오언절귀(五言絕句) ⇨ 오언 절구. ‡ 다섯 자 넉 줄로 된 한시.

오요요 * 강아지를 부르는 소리.
☞ 구구. 아나. 워리.

오욕(五慾) * 다섯 가지 욕망. ‡ 재욕. 색욕. 식욕. 명예욕. 수면욕.
☞ 칠정.

오월달(五月~) ⇨ 오월.

오육도(五六島) ⇨ 오륙도. ‡ 부산 갓바다에 있는 섬 이름.

오육십(五六十) ⇨ 오륙십.

오육월(五六月) ⇨ 오뉴월.

오이[1] * 열매채소의 한 가지. {오이김치. 오이깍두기. 오이나물. 오이소박이.}
☞ 외.[1] 물외.

오이[2] 〔느〕 ④ ⇨ 야. 여봐라. 여보게.

오이꼬시(오이코시) 〔追~越~〕 ④ ⇨ 앞지르기.

오이냉국(~冷~) = 오이찬국.

오이려 ⇨ 오히려.

오이루(oil) ④ ⇨ 기름. ‡ 오일.

오이소박이 = 오이소박이김치. 소박이.
☞ 외소박이.

오이소배기 ⇨ 오이소박이.

오이지 * 오이에 소금물을 부어 익힌 김치.
☞ 섞박지. 외지. 짠지.

오이코시 〔追~越~〕 [왜] ⇨ 앞지르기.

오일날(五日~) ⇨ 오일. ⁑ 닷샛날.

오일(五日) ¶ 오월 오일은 어린이날이다. ⁑ 날짜.

오 일(五 日) ¶ 오 일 동안 일하다. ⁑ 날 수.

오일육 혁명(516 革命) ⇨ 오일륙 군사 정변.

오입장이(誤入~) ⇨ 오입쟁이. 외입쟁이.

오입질(誤入~) = 외도질. 외입질. 계집질. 군것질. {외입질하다.}
☞ 난질. 서방질. 화냥질.

오자미 [왜] ⇨ 공기. {공기받기.}

오쟁이 지다 * 제 계집이 딴 사내와 어우르다. ⁑ 간통하다.
☞ 보쟁이다.

오적(五賊) = 을사오적. ⁑ 박제순. 이지용. 이근택. 이완용. 권중현.
☞ 경술국적. 정미칠적.

오적어(烏賊魚) ⇨ 오징어.

오전(午前) [왜] ⇨ 낮전. ⁑ 상오.
☞ 아침.[1]

오젓 = 오사리젓. ⁑ 초여름 사리 때 잡은 새우로 담근 젓.

오정(午正) * 낮 열두 시. ⁑ 오시(11시~13시)의 맨 가운데.
☞ 자정. 한낮.

오조 = 올조. ⁑ 제철보다 일찍 여무는 조.

오존량(ozone量) ⇨ 오존양. ⁑ 겨레말과 서양말 뒤에선 '양'임.

오종(~種) ⇨ 이른모.

오죽 = 오죽이. 오죽이나. ⁑ 매우 심하거나 대단하게. ¶ 몰매를 맞았으니 오죽 아플까? 사내가 오죽 못났으면 그 짓을 하고 살까?
☞ 여북. 작히.

오죽찮히 ⇨ 오죽잖이. ⁑ 예사 정도도 못 될 만큼 변변치 않게.

오줌깨 ⇨ 오줌통.

오줌 누다 * 스스로 때와 곳을 가려서 오줌을 몸 밖으로 내보내다.
☞ 오줌 싸다.

오줌싸개 = 싸개. ⁑ ① 오줌을 가리지 못하는 아이. ② 실수로 옷이나 이불에 오줌을 싼 아이.
☞ 야뇨증.

오줌 싸다 * ① 스스로 때와 곳을 가리지 못하고 함부로 아무 데나 오줌을 내보내다. ② 놀랐을 때나 자면서 저도 모르게 오줌이 나오다.
☞ 오줌 누다. 지리다.[2]

오지[1] = ① 오지그릇. ⁑ 도기. {오지단지. 오지독. 오지동이. 오지벽돌. 오지병. 오지부처. 오지장군. 오지종발. 오지항아리.} ② 오짓물.

오지[2](奧地) [왜] ⇨ 두메. 두메산골.

오지그릇 〔陶器〕 = 오지. ⁑ 붉은 진흙으로 만들어 오짓물을 입혀 구운 그릇.
☞ 질그릇.

오지기와 〔陶瓦〕 = 질기와.

오지끈 〈 우지끈. ⁑ 부러지거나 부서지는 소리. 또는 그 모양.

오지다 = 오달지다. ⁑ 흡족하게 흐뭇하다.

☞ 고소하다. 올지다.

오지리(墺地利) ⇨ 오스트리아. ‡ 나라 이름.

오직 ＊ 특별히 어느 것에만 관심을 둠. ¶ 왕자는 오직 공주만을 사랑해.
☞ 다만. 단지. 오로지.

오짓물 ＝ 오지. ‡ 흙으로 만든 그릇에 발라 구우면 윤이 나는 잿물.
☞ 매흙물. 맷물. 사깃물.

오차〔御茶〕㉞ ⇨ ①차. 찻물. ②보리차.

오차률(誤差率) ⇨ 오차율. ‡ 니은이나 홀소리 뒤에는 '율'임.

오첩반상(五~飯床) ＊ ①밥, 국, 김치, 간장, 찌개에 숙채, 생채, 구이나 조림, 전, 마른반찬으로 차린 밥상. ②그런 밥상에 쓰는 그릇 한 벌.
☞ 반상. 삼첩반상. 칠첩반상. 구첩반상.

오청(五淸) ＊ 다섯 가지 그림 소재. ‡ ①솔. 대. 매화. 난초. 돌. ②솔. 대. 파초. 난초. 돌. ③대. 매화. 국화. 파초. 돌.

오축(五畜) ＊ 집에서 기르는 다섯 가지 짐승. ‡ 개. 닭. 돼지. 소. 양.

오취(五臭) ＊ 다섯 가지 냄새. ‡ 노린내. 비린내. 향내. 탄내. 썩는 내.

오코시(오꼬시) ㉞ ⇨ 밥풀과자.

오토(automation) ㉞ ⇨ 자동 조절 장치. 제움직임틀. ‡ 오토메이션.

오토바이 ㉞ ⇨ 모터사이클.

오톨도톨 〈 우툴두툴. ‡ 물건의 거죽이나 바닥이 고르지 못한 모양.
☞ 오돌오돌.

오톨오톨 ⇨ 오톨도톨.

오파(offer) ㉞ ⇨ 판매 신청. ‡ 오퍼.

오퍅하다(傲愎~) ⇨ 오팍하다. ‡ 교만하고 독살스럽다.

오프세트(offset) ⇨ 간접 인쇄. ‡ 오프셋.

오픈께임(open game) ⇨ 먼지떨음. 연습 경기. ‡ 오픈 게임.

오한마(御hamma) ㉞ ⇨ 큰 망치. ‡ 해머.

오합잡놈(烏合雜~) ⇨ 오사리잡놈. 오색잡놈.

오해하다(誤解~) ＊ 그렇지 아니한 것을 그러한 것으로 잘못 생각하다. ¶ 오해를 받다. 오해를 사다. 오해가 생기다. 오해를 풀다.
☞ 착각하다.

오호[1]〔느〕 ＊ 새삼스럽게 깨달았을 때 내는 소리. ¶ 오호, 이제야 알았다.

오호[2](嗚呼)〔느〕 ＊ 슬플 때나 탄식할 때 내는 소리. ¶ 오호라, 원통하다.

오후(午後) ㉞ ⇨ 낮뒤. ‡ 하오.

오히려 ＝ 외려. ‡ 일반적인 기준이나 예상, 짐작, 기대와는 다르게. ¶ 제가 잘못하고서는 오히려 큰소리친다.
☞ 도리어.

옥견(玉繭) ㉞ ⇨ 쌍고치.

옥구구(~九九) ⇨ 옥셈. ‡ 제게 손해되게 잘못한 셈.

옥내(屋內) ㉞ ⇨ 건물 안. 방 안. 집 안. ‡ 실내.

옥니 ＊ 안으로 옥게 난 이. {옥니바늘. 옥니박이.}
☞ 간니. 덧니. 배냇니. 벋니. 사랑니. 송곳니. 앞니. 어금니. 엄니. 젖

니.

옥다리 * 바로 섰을 때 두 다리가 'O' 자처럼 옥은 다리.

☞ 곱장다리. 밭장다리. 벋다리. 번정다리. 안짱다리.

옥대(玉代) 왜 ⇨ 해웃값.

옥도(沃度) 왜 ⇨ 요오드. ‡ 화학 약품.

옥도가리(沃度加里) 왜 ⇨ 요오드칼리.

옥도반응(沃度反應) 왜 ⇨ 요오드녹말반응.

옥도정기(沃度丁幾) 왜 ⇨ 요오드팅크. ‡ 약 이름.

옥돔 = 오돔. 오도미. ‡ 바닷고기 이름.

옥돗가(沃度價) 왜 ⇨ 요오드값.

옥사(玉絲) 왜 ⇨ 쌍고치실.

옥사쟁이(獄~) = 사쟁이. ‡ 옛날에 옥을 지키던 사람.

옥살이(獄~) = 감옥살이. {옥살이하다.}

옥상(屋上) 왜 ⇨ ①지붕. ②지붕 위.

옥상 위(屋上~) 왜 ⇨ 지붕 위.

옥소(沃素) 왜 ⇨ 요오드. ‡ 화학 약품.

옥소화(沃素化) 왜 ⇨ 요오드화.

옥수수 = 강냉이.

옥수수자루 * 옥수수의 낱알이 붙어 있는 대.

옥수수 자루 * 옥수수를 담은 자루.

옥신각신 * 옳으니 그르니 하고 서로 다투는 일이나 모양. ¶ 옥신각신 끝에 회장을 뽑았다. 셈을 할 때 옥신각신이 있었다.

☞ 아웅다웅.

옥신옥신 〈 욱신욱신. ‡ ① 한데 뒤섞여 수선스럽게 들끓는 모양. ②자꾸 쑤시는 듯이 아픈 느낌. ¶ 온몸이 옥신옥신 아프다.

옥실옥실 * ① 여럿이 들끓는 모양. ② 아기자기한 재미가 많은 모양.

옥외(屋外) 왜 ⇨ 바깥. 한데. 집 밖.

옥의 티(玉~) ⇨ 옥에 티 ‡ 훌륭하거나 좋은 것에 있는 작은 흠.

옥자동이(玉子童~) ⇨ 옥자동. 옥자둥이. ‡ 어린아이.

옥작복작 〈 욱적북적. ‡ 여럿이 한데 모여 수선스럽게 자꾸 들끓는 모양.

옥장사 = 오그랑장사. ‡ 밑지는 장사.

옥정(沃丁) 왜 ⇨ 요오드팅크. ‡ 약 이름.

옥조이다 = 옥죄다. ‡ 옥여 바싹 죄다. ¶ 그리움과 회한이 옥죄어 왔다.

옥죄이다 * '옥죄다'의 입음.

옥총(玉蔥) 왜 ⇨ 양파.

옥충(玉蟲) 왜 ⇨ 비단벌레.

옥통소(玉洞簫) ⇨ 옥퉁소. ‡ 옥으로 만든 퉁소. ¶ 옥퉁소를 불다.

옥파(玉~) ⇨ 양파.

옥편(玉篇) = 자전. ‡ 한문글자 사전. ☞ 사전.¹

옥화(沃化) 왜 ⇨ 요오드화.

옥화칼륨(沃化kalium) 왜 ⇨ 요오드화칼륨. ‡ 화학 약품.

온~ * ①쪼개지 않은 통짜. ②완전한. {온마리. 온밤. 온벽. 온살. 온새미. 온쉼표. 온승낙. 온음. 온이. 온점. 온필. 온허락.}

온가지 ⇨ 온갖.

온갖 〔매〕 * 모든 종류의. 여러 가지의. ¶ 온갖 물건이 다 있다.

☞ 모든.

온골 = 온폭. ✽ 종이나 피륙의 전폭.

온냉(溫冷) ⇨ 온랭. ✽ 따뜻함과 차가움.

온 누리 = 온 세계. 온 세상. 전 세계.

온달[1] ✽ 꽉 찬 한 달. ✽ 한 달이 30일이나 31일인 달.

온달[2] = 보름달. ✽ 음력 보름날의 가장 둥근 달.

☞ 그믐달. 반달.[1] 보름달. 초승달.

온당하지(穩當~) = 온당치. ✽ 울림 소리 뒤에선 'ㅏ'만 줆.

온데간데없다 = 간데온데없다. ✽ 감쪽같이 사라지다.

온돌 = ① 방구들. ¶ 온돌 아랫목. ② 온돌방.

☞ 구들.

온돌방 = 온돌. 구들방.

온면(溫麵) = 국수장국. ✽ 더운 장국에 만 국수.

☞ 냉면.

온몸 = 사대삭신. 사대육신. ✽ 두 팔, 두 다리, 머리, 몸뚱이.

온박(鰮粕) ⾣ ⇨ 정어리깻묵.

온 세계(~世界) = 온 세상. 온 누리.

온어(鰮魚) ⾣ ⇨ 정어리. ✽ 바닷고기 이름.

온유(鰮油) ⾣ ⇨ 정어리기름.

온전하다(穩全~) ✽ 본바탕 그대로 고스란히 있거나 잘못된 것이 없다. ¶ 전쟁터에서 온전한 몸으로 살아 돌아왔다. 걸음이 온전하지 못하다.

☞ 안전하다.

온종일(~終日) = 종일. 하루종일. 해종일. ✽ 아침부터 저녁까지의 동안.

온 집안 ¶ 온 집안 식구가 다 즐거워한다.

온 집안 ¶ 온 집 안에 국화 향내가 가득하다.

온채 ✽ 집, 이불, 가마니 따위의 전체. ¶ 집을 온채로 빌렸다. 이웃돕기에 쌀 한 가마니를 온채로 내놓다.

☞ 온통.

온탕(溫湯) ⾣ ⇨ 더운물 칸. ✽ 목욕탕.

☞ 냉탕.

온통[1] 〔어〕 ✽ 전부. 다. ¶ 하늘은 온통 검은 구름에 휩싸였다.

온통[2] 〔이〕 ✽ 쪼개지 아니한 온전한 덩어리. ¶ 수박을 온통으로 가져오다.

☞ 온채.

온폭(~幅) = 온골. ✽ 종이나 피륙의 전폭.

온품 ✽ 온 하루 동안 일하는 품. 또는 그 품삯.

☞ 반품.

온회장(~回裝) ⇨ 삼회장.

올[1] 〔매〕 ✽ 올해의. {올가을. 올겨울. 올봄. 올여름. 올내년. 올해.} ¶ 올 상반기. 올 세밑. 올 시월. 올 정월. 올 하반기.

올~[2] ✽ 빨리 자란. {올감자. 올고구마. 올곡식. 올과일. 올무. 올밤. 올배. 올벼. 올보리. 올복숭아. 올사과. 올씨. 올콩. 올팥. 올품종. 올호박.}

☞ 오~.[2]

올가미 ✽ ① 새끼나 노끈을 옭아서 고를 내어 짐승을 잡는 물건. ② 사람이 걸려들게 하는 수단이나 술책.

☞ 덫. 돼지목매. 올무. 지게코.

올갱이 ⇨ 다슬기. ✽ 민물에 사는 고둥

의 한 가지.

올곧다 * ① 마음이나 정신 상태가 바르고 곧다. ② 줄이 반듯하다.
☞ 올바르다.

올공불공 = 올공올공. ‡ 입 안에서 자꾸 미끄러지며 씹히지 않는 꼴.

올근불근 〈 울근불근.

올긋불긋 〈 울긋불긋. ‡ 여러 가지 빛깔이 한데 뒤섞여 있는 모양.

올깎이 * 어려서 중이 된 사람.
☞ 늦깎이.

올 데 갈 데 없다 ⇨ 올데갈데없다. ‡ 머물러 살 곳이나 기댈 곳이 없다.

올되다¹ * 피륙의 올이 촘촘하게 짜여 바짝 죄어 있다. ¶ 올된 천이 질기다.

올되다² = 오되다. ‡ ① 제철보다 일찍 익다. ② 나이보다 일찍 철이 들다.
☞ 늦되다. 지르되다.

올드 미스(old miss) ㉕ ⇨ 떠꺼머리 처녀. ‡ 노처녀.

올들다 ⇨ 올되다. 오되다.

올 들다 ⇨ 올해 들다. ‡ '올'은 매김씨이므로 '들다' 앞에 올 수 없음.

올라타다 * ① 탈것에 몸을 올려놓다. ¶ 비행기에 올라타다. 배에 올라타다. ② 어떤 것 위에 오르다. ¶ 손자가 할아버지 등에 올라타다.
☞ 걸터타다.

올런지 ⇨ 올는지. ‡ 오다. ¶ 내일쯤 올는지 모르겠다.

올려지다 ⇨ ① 오르다. ② 올려놓다.

올리다¹ * 사람이나 동물이 큰 소리를 내거나 지르다. ¶ 함성을 올리다.
☞ 울리다.

올리다² * ① 무엇을 높은 곳으로 옮기다. ② 온도나 압력이나 값을 높이다. ③ 윗사람에게 무엇을 드리다. ④ 예식을 하거나 공연을 하려고 막을 열다. ⑤ 낱말이나 이름을 사전이나 호적에 넣다.
☞ 내리다.² 높이다. 들다.⁴ 빼다.¹ 싣다. 인상하다.

올리닫다 * 낮은 곳에서 높은 곳으로 달리다.
☞ 치닫다. 내리닫다.

올림머리 = 치킴머리. ‡ 위로 올려붙인 머리 모양.

올망졸망 〈 울멍줄멍. ‡ 아이나 무엇이 고르지 않게 벌여 있는 모양. ¶ 대추가 올망졸망 달렸다. 아이들이 올망졸망 모여 앉아 소꿉놀이를 한다.
☞ 옹기종기.

올목졸목 〈 울묵줄묵. ¶ 시골집들이 올목졸목 모여 있다. 산비탈에 돌덩이들이 올목졸목 널려 있다.

올몽졸몽 〈 울뭉줄뭉. ¶ 올몽졸몽한 아이들이 골목에서 놀고 있다.

올무 * 새나 짐승을 잡는 올가미. ¶ 올무에 걸리다. 올무를 놓다.
☞ 덫. 돼지목매. 지게코.

올바르다 = 똑바르다. ‡ 말이나 생각이나 행동이 바르다.
☞ 올곧다.

~올습니다 ⇨ ① ~올시다. ② 옳습니다.

올실 〔纖維〕 * 생물체를 조직하는, 가는 털 모양의 물질.
☞ 외올실. 외겹실. 홑실.

올씨 〔무生種〕 * 같은 식물 가운데 특

히 올되는 품종.
☞ 늦은씨.

~올씨다 ⇨ ~올시다. {나그네올시다. 아니올시다.} ✽ 이다. 아니다.

올아비 ⇨ 오라비. ✽ 오라버니의 낮춤말.

올올 ✽ 갑자기 추워서 몸을 웅그리고 떠는 모양. ¶ 추워서 올올 떨었다.

올올이 ✽ 올마다. ¶ 수염을 올올이 세운 시아버지가 사자처럼 무서웠다.

올인하다(all in~) ⇨ 몽땅 걸다. 다 걸다. 목을 매다.

올조 = 오조. ✽ 제철보다 일찍 여무는 조.

올지다 = 오달지다. ✽ 야무지고 알차다. ¶ 아람 밤톨같이 올지다.
☞ 오지다.

올치 ⇨ 옳지.

올칵 ✽ ①조금 게울 때 나는 소리. ②입 안에 물을 머금고 내는 소리.
☞ 울컥.

올커니 〔느〕 ⇨ 옳거니.

올케 ✽ 오빠나 남동생의 아내. ✽ 큰올케는 '새언니, 언니'라 부르고 '작은올케'는 그냥 '올케'라 부름.
☞ 동서.

올케언니 ⇨ 큰올케. ✽ 새언니라 부름.

올풀이 ✽ 규모가 작은 장사치가 피륙이나 물건을 낱자나 낱개로 파는 일.
☞ 조아팔기.

올 한해 동안 ⇨ 올 한 해 동안.

올해안 ⇨ 올해 안.

올해 말(~末) = 올 세밑.

옭매다 ✽ ①맨 것이 풀리지 않도록 고를 내지 않고 매다. ②옭아매다.

☞ 매다.¹ 묶다. 얽어매다. 잡아매다. 동여매다.

옭매듭 ✽ 고를 내지 않고 마구 옭아맨 매듭.
☞ 풀매듭.

옮겨 = 옮기어. ✽ 옮기다. ¶ 옮겨 가다. 옮겨 놓다. 옮겨 붓다.

옮기다 ✽ '옮다'의 하임. ①자리를 바꾸다. ¶ 꽃을 옮기다. ②발걸음을 떼어놓다. ③관심이나 시선을 다른 데로 돌리다. ¶ 눈길을 옮기다. ④말이나 글을 다른 나라 말이나 글로 뒤치다. ¶ 한문을 우리말로 옮기다.
☞ 나르다.

옮다 ✽ ①다른 곳으로 움직여 자리를 바꾸다. ②병, 버릇, 생각이 다른 사람에게로 가다. ¶ 병이 옮았다. ③색깔이나 불이 다른 곳으로 번지다.
☞ 전염되다.

옰 ✽ 일을 잘못한 것에 대한 갚음. ¶ 밤잠 못 자고 일하게 된 것은 낮잠 잔 옰이다. 공부를 게을리한 옰으로 시험에 떨어졌다.
☞ 곬.

옳고그름 ⇨ 옳고 그름.

옳곧다 ⇨ 올곧다. ✽ 바르고 곧다.

옳곧이 ⇨ 올곧이. ✽ 남의 말을 그대로 믿고.

옳곧잖다 ⇨ 올곧잖다. ✽ 바르고 곧지 않다.

옳다 ✽ 사리에 맞고 바르다. ¶ 옳은 일. 옳게 살다.
☞ 그르다. 바르다.¹ 맞다.³

옳다구나 〔느〕 = 옳다. ✽ 어떤 생각이 갑자기 떠오를 때, 어떤 일이 제 생각과 꼭 들어맞을 때 하는 말. ¶ 작은딸은 '옳다구나'하고 큰 소리를 질렀다.

옳든그르든 ⇨ 옳든 그르든.

옳바로 ⇨ 올바로.

옳바르다 ⇨ 올바르다.

옳이 = 옳게. 바르게.

옳커니 ⇨ 옳거니.

옴살 * 한 몸같이 가까운 사이. ¶ 두 사람은 너나들이하는 옴살이 되었다.
☞ 옴쌀.

옴실거리다 〈 움실거리다. * 벌레들이 모여 움직이다.

옴싹달싹 ⇨ ① 옴짝달싹. ② 꼼짝달싹.

옴쌀 * 인절미에 남아 있는 찹쌀 알. ¶ 인절미에 옴쌀이 많다.
☞ 옴살.

옴씰 〈 움씰. * 놀라서 몸을 움츠리는 모양.

옴장이 ⇨ 옴쟁이. * 옴이 오른 사람.

옴죽거리다 〈 움죽거리다.

옴짝달싹 = 꼼짝달싹. ¶ 옴짝달싹 마라. 옴짝달싹 못하다. 옴짝달싹 않다.

옴츠러지다 〈 움츠러지다.

옴치다 = 옴츠리다. * ① 몸을 오그리다. ② 겁먹다. 기가 꺾이다. 풀 죽다.
☞ 움키다.

옴치러지다 ⇨ 옴츠러지다.

옴큼 〈 움큼. * 한 손으로 움켜쥘 만한 분량을 세는 하나치. ¶ 쌀 한 옴큼.

옴키다 〈 움키다. * 손가락이나 발가락으로 힘 있게 잡다.
☞ 움치다.

옴팡눈 〈 움펑눈. * 옴폭하게 들어간 눈. {옴팡눈이.}

옴팡집 ⇨ 옴팡. * 초가나 오두막 같은 작은 집.

옴폭 〈 움푹. * 가운데가 오목하게 폭 들어간 모양.

~옵시~ ⇨ ~시옵~. {하시옵고. 가시옵고.}

옷 = 입성. * 의복. {옷시중. 옷자락. 옷차림. 옷차림새. 옷치레. 옷치장.} {가죽옷. 명주옷. 모시옷. 무명옷. 밍크옷. 베옷. 비단옷. 삼베옷. 솜옷. 수달피옷. 종이옷. 털옷.} {고까옷. 꼬까옷. 때때옷.} {겉옷. 겹옷. 나들이옷. 누더기옷. 누비옷. 덧옷. 뜨게옷. 맞춤옷. 무색옷. 바깥옷. 받침옷. 배내옷. 색동옷. 속옷. 숨진옷. 아래옷. 아랫도리옷. 안팎옷. 웃옷. 윗도리옷. 윗옷. 일옷. 자리옷. 잔치옷. 잠옷. 장내기옷(전내기옷). 큰옷. 핫옷. 허드레옷. 허리옷. 홑옷.} {가을옷. 겨울옷. 봄옷. 여름옷.}

옷거리 * 옷을 입은 사람의 생김새나 조건. ¶ 옷거리가 좋다.

옷걸이 * 옷을 걸게 만든 연모. * 횃대. 횃줄. 말코지 따위.
☞ 옷맵시.

옷고름 = 고름. {겉옷고름. 안옷고름. 옷고름고.}

옷기장 = 기장. * 옷의 길이.

옷나무 ⇨ 옻나무. {옻닭. 옻칠.}

옷롱(~籠) ⇨ 옷농.

옷매 * 옷의 모양새. ¶ 옷매가 산뜻하다. 옷매가 수수하다. 옷매가 얌전하다.

옷매무새 = 매무새. * 매무시한 맵시.

¶ 매무새가 곱다. 매무새가 단정하
다.

☞ 맨드리.

옷매무시 = 매무시. ‡ 옷을 입을 때
매만지고 여미고 하는 뒷정리. {매
무시하다.} ¶ 매무시를 가다듬다.
매무시를 다시 하다.

☞ 맵시.

옷맵시 * ① 옷을 입었을 때의 모양새.
¶ 옷맵시가 나다. ② 옷의 모양새.

☞ 옷거리.

옷소매 = 소매. ¶ 옷소매를 붙잡다.

옷엣니 * 사람의 옷에서 사는 이.

☞ 가랑니. 머릿니. 수퉁니.

옷 한벌 ⇨ 옷 한 벌. ‡ '벌'은 하나치.

옹[1](翁)〔이〕 * 제 아버지나 다른 노인
의 성, 이름, 호 뒤에 띄어 씀. ¶ 김
옹. 이 옹. 눈뫼 옹. 허웅 옹. 한갑수
옹.

옹[2](翁)〔대〕 * 남자 노인을 이르는 말.
¶ 옹께서 하신 일을 적어 두다.

~옹[3](~翁) * 노인을 높여 부를 때 붙
이는 말. {백두옹. 주인옹.}

☞ 공.[3]

옹개옹개 ⇨ 옹기옹기. ¶ 동네 아이들
이 옹기옹기 앉아 놀고 있다.

옹개종개 ⇨ 옹기종기.

옹고집(甕固執) = 똥고집. ‡ 제 의견
만 내세워 우기는 성미나 그런 사람.

☞ 땅고집. 쇠고집.

옹골지다 * 실속이 있게 속이 꽉 차 있
다. ¶ 살림이 옹골지다.

☞ 고소하다.

옹골차다 = 골차다. 옹차다. ‡ 매우
옹골지다. ¶ 생각이 옹골차다.

옹구솥 ⇨ 노구솥.

옹근나이 * 태어난 날부터 한해가 지
나야 한 살로 치는 나이. ‡ 만 연령.

☞ 세는나이.

옹기(甕器) = 옹기그릇. ‡ 오지그릇
과 질그릇. {옹기밥. 옹기솥. 옹기
전(옹기점)} ¶ 옹기 가마 두 채에서
옹기를 꺼낸다.

☞ 도기. 목기. 오지그릇. 질그릇. 토
기.

옹기옹기 * 크기가 비슷한 것이 여러
개 귀엽게 모여 있는 모양. ¶ 동네
아이들이 옹기옹기 모여 있다.

☞ 옹기종기.

옹기장수(甕器~) * 옹기를 파는 사람.

옹기장이(甕器~) * 옹기를 만드는 일
을 직업으로 하는 사람.

옹기종기 * 크기가 다른 것이 여러 개
귀엽게 모여 있는 모양. ¶ 다도해엔
크고 작은 섬이 옹기종기 흩어져 있
다.

☞ 옹기옹기. 올망졸망.

옹다리 ⇨ 옹당이. 웅덩이.

옹달샘 * 작고 오목한 샘. ¶ 옹달샘 가.

☞ 도내기샘. 도래샘. 바위샘. 옹달우
물.

옹달솥 = 옹솥. ‡ 작고 오목한 솥.

☞ 가마솥. 곱돌솥. 노구솥. 다갈솥.

옹달시루 = 옹시루. ‡ 작고 오목한 시
루.

옹달우물 * 앉아서 바가지로 물을 풀
수 있는, 작고 오목한 우물.

☞ 굴우물. 두레우물. 박우물. 옹달
샘.

옹당이 〈 웅덩이. ‡ 자그마하게 옴폭

패어 물이 괴어 있는 곳.

옹두라지 * 나무에 난 자그마한 옹두리.

옹두리〔木瘤〕 * 나뭇가지가 부러진 자리에 결이 맺혀 혹처럼 불퉁해진 것. ☞ 옹이.

옹바기 ⇨ 옹배기. 옹자배기.

옹박지 ⇨ 옹배기. 옹자배기.

옹방구리 * 물을 긷는 데 쓰는 동이 모양의 작은 질그릇.

옹배기 = 옹자배기. ‡ 둥글넓적하고 아가리가 벌어진 작은 질그릇.

옹색하다(壅塞~) * ①형편이 넉넉지 못하다. ¶ 벌이가 옹색하다. ②집이나 방이 비좁고 답답하다. ③생각이 막혀서 답답하고 옹졸하다. ☞ 궁색하다. 인색하다.

옹솥 = 옹달솥. ‡ 작고 오목한 솥. ☞ 가마솥. 걸솥. 곱돌솥. 노구솥. 다갈솥.

옹시루 = 옹달시루. ‡ 작고 오목한 시루.

옹시미 ⇨ 새알심.

옹알이 * 아직 말을 못하는 어린애가 혼자 입속말처럼 자꾸 소리를 내는 짓. ☞ 놀소리.

옹이 * 나무의 몸에 박힌 가지의 그루터기. {옹이눈. 옹이박이. 옹잇구멍.} ☞ 옹두리.

옹이지다 ⇨ 옹이가 지다. ‡ ①옹이가 박이다. ②굳은살이 박이다.

옹자배기 = 옹배기. ¶ 된장 옹자배기.

옹졸하다(壅拙~) = 옹하다. ‡ 성품이 너그럽지 못하고 생각이 좁다.

옹종하다 = 옹하다. ‡ 마음이 좁고 얼굴도 작고 변변치 못하다.

옹주(翁主) * ①후궁에게서 난 딸. ②세자빈이 아닌 임금의 며느리. ☞ 공주.

옹차다 = 옹골차다. 골차다. ‡ 매우 옹골지다.

옹쳐매다 ⇨ 옭매다. 옭아매다.

옹총망총하다 ⇨ 옹송망송하다. 옹송옹송하다. ‡ 정신이 흐려 흐리멍덩하다.

옹추리 ⇨ 자배기.

옹큼 ⇨ 옴큼. 움큼. ‡ 한 손으로 움켜쥘 만한 분량을 세는 하나치.

옹태부리 ⇨ 옹망추니. ‡ ①오그라져 볼품이 없는 꼴. ②마음이 좁은 사람.

옹하다 = ①옹졸하다. ②옹종하다.

옻 * 옻나무 진. {옻그릇. 옻나뭇과. 옻닭. 옻독. 옻빛. 옻칠.} {옻오르다. 옻칠하다} ¶ 옻 안 타다. 옻 올리다. 옻 타다.

옻소반(~小盤) = 칠소반. ‡ 옻칠을 한 작은 상.

와[1](과)〔토〕 = ①(이)랑. ②하고. ‡ 누구와 함께. 더불어 하는 대상.

와[2](瓦) ⇨ 그램. ‡ 무게를 나타내는 하나치. 부호는 'g'임.

와꾸(와쿠) 倭 ⇨ ①문틀. ②거푸집.

와니스(varnish) ⇨ 바니시. ‡ 칠감의 이름.

와도(渦度) 倭 ⇨ 소용돌이도.

와동(渦動) 倭 ⇨ 소용돌이.

와동륜(渦動輪) 倭 ⇨ 소용돌이테.

와동환(渦動環) 倭 ⇨ 소용돌이테.

와들와들 = 왈왈. ¶ 추워서 몸이 와들

와들 떨리다.

와를 〔토〕 ⇨ 를. ¶ 개와 늑대와를 비교하면 ⇨ 개와 늑대를 비교하면.

와리 〔割~〕 [왜] ⇨ ① 에누리. ② 나눔. 노늠. 떼기. ③ 몫.

와리깡(와리칸) 〔割~勘〕 [왜] ⇨ ① 추렴. ② 나눠내기.

와리바시 〔割~箸〕 [왜] ⇨ 짜개젓가락. 나무젓가락.

와사(瓦斯) [왜] ⇨ 가스.

와사등(瓦斯燈) [왜] ⇨ 가스등.

와사비 〔山葵〕 [왜] ⇨ 고추냉이. ⁑ 생선회나 초밥에 곁들이는 푸른빛 양념.
☞ 겨자.

와사풍(喎斜風 ⇨ 괘사풍) ⇨ 입비뚤이.

와삿증(喎斜症 ⇨ 괘사증) ⇨ 입비뚤이.

와영(蛙泳) [왜] ⇨ 개구리헤엄. ⁑ 평영.

와의 〔토〕 ⇨ 와. ¶ 총리와의 면담 ⇨ 총리와 면담.

와이로 〔賄賂〕 [왜] ⇨ 뒷돈. 돈 봉투. 검은 돈. ⁑ 뇌물.

와이샤쓰 [왜] ⇨ 드레스 셔츠.

와쿠(와꾸) [왜] ⇨ ① 문틀. ② 거푸집.

왁댓값 = 왁대. ⁑ 오쟁이 진 사람이 아내를 빼앗아간 남자한테서 받는 돈.
☞ 꽃값. 놀음차. 해웃값.

왁살스럽다 = 우악살스럽다. ⁑ 미련하고 험상궂은 데가 있다.

왁새 ⇨ 왜가리. ⁑ 새 이름.

왁시글거리다 = 왁시글대다. 왁실거리다. 왁실대다. ⁑ 복잡하게 들끓다.

왁자지껄 * 여럿이 시끄럽게 떠들고 지껄이는 소리. 또는 그 모양.

왁작박작 * 여럿이 좁은 곳에 모여 어수선하게 떠들거나 웃으며 들끓는 모양.

왁작왁작 * 여럿이 어수선하게 떠들거나 웃는 소리. 또는 그 모양.

완금(腕金) [왜] ⇨ 어깨쇠. ⁑ 전봇대에 가로로 대는 쇠막대기.

완목(腕木) [왜] ⇨ 어깨막대. ⁑ 전봇대에 가로 대는 나무토막.

완성시키다(完成~) ⇨ 완성하다.

완자[1] * 다진 고기에 달걀, 두부를 섞어 둥글게 빚어 지진 음식 이름.

완자[2]〔卍字〕 ⇨ 걸개. 고리. ⁑ 사진틀의 뒤쪽 위에 붙여 벽에 거는 고리.

완전이서(完全裏書) [왜] ⇨ 뒷보증. ⁑ 기명식 배서.

완치시키다(完治~) ⇨ 낫게 하다. ⁑ 완치하다.

완화시키다(緩和~) ⇨ 누그러뜨리다. ⁑ 완화하다.

왈가닥 * 남자처럼 덜렁거리며 수선스러운 여자.
☞ 왈짜.

왈각달각 = 왈가닥달가닥. ⁑ 단단한 물건들이 가볍게 부딪치는 소리.

왈왈[1] = 와들와들. ¶ 추워서 몸이 왈왈 떨리다.

왈왈[2] * ① 시끄럽게 떠드는 소리. ② 멍멍. ⁑ 개가 짖는 소리.

왈왈하다 = 괄괄하다. 팔팔하다. ⁑ 성질.

왈짜 = 왈패. ⁑ 말이나 행동이 수선스러운 사람. {왈짜패.}
☞ 왈가닥.

왈칵달칵 = 왈카닥달카닥. ⁑ 단단한 물건들이 거칠게 부딪치는 소리.

왈칵왈칵 = 왈카닥왈카닥. ‡ ① 게워 내는 모양. ② 힘껏 잡아당기거나 밀치는 모양. ③ 자꾸 쏟아지는 모양. ④ 감정이 치밀어 오르는 모양.

왔다 갔다 하다 = 오락가락하다. ¶ 정신이 왔다 갔다 하다.

왔다리갔다리하다 俗 ⇨ 왔다 갔다 하다.

왕¹(王) * 임금. {광개토왕. 장수왕.} ¶ 세종 대왕. 태종 무열왕. 리어 왕.

왕~²(王~) * ① 매우 큰 벌레. {왕개미. 왕거미. 왕매미. 왕벌. 말잠자리.} ② 매우 큰 것. {왕감. 왕게. 왕겨. 왕덫. 왕모래. 왕못. 왕방울. 왕방울눈. 왕소금.} ③ 매우 심한 것. {왕가뭄(왕가물). 왕고집. 왕바람.} ☞ 말~⁷

왕~³(王~) * 할아버지뻘 되는 친족. {왕고모. 왕고모부. 왕부모.}

~왕⁴(~王) * 으뜸이 되는 사람. {발명왕. 싸움왕. 저축왕. 홈런왕.}

왕겨(王~) = 매조밋겨. ‡ 벼의 겉겨. ☞ 겉겨. 등겨. 속겨. 쌀겨.

왕골기직 = 왕골자리. ‡ 왕골을 엮어 만든 자리.

왕눈이(王~) = 왕눈박이. ‡ 눈이 큰 사람.

왕능(王陵) ⇨ 왕릉. ‡ 임금의 무덤. ¶ 고구려 왕릉. 백제 왕릉. 신라 왕릉.

왕대(王 ~) = 참대. ‡ 대나무.

왕따 ⇨ 따돌림. 조련질.

왕래(往來)**를 가지다** ⇨ 오가다. 사귀다. ‡ 왕래하다.

왕벌(王 ~) = 말벌. 먹뒹벌. 박벌. 호박벌. 어리코벌. ‡ 말벌과의 벌.

☞ 여왕벌.

왕새우(王~)〔大蝦〕 = 큰새우. ‡ 보리새웃과의 하나. ☞ 보리새우.

왕소금(王~)〔胡鹽〕 = 굵은소금. ‡ 거칠고 큰 바닷소금. ☞ 가는소금.

왕솔나무(王~)〔海松〕 = 곰솔. ‡ 소나무의 한 가지.

왕창 * 엄청나게 큰 규모로. ¶ 돈을 왕창 벌었다. 값을 왕창 올렸다. ☞ 진탕.

왕청같다 = 왕청되다. 왕청뜨다. ‡ 차이가 엄청나게 나다.

왕청나다 ⇨ 왕청되다.

왕파리 = 쉬파리.

왜¹ * 무슨 까닭으로. 어째서. ¶ 왜 그래? 왜 안 올까? 왜 죽었을까? ☞ 어찌. 웬.

왜²(倭) = 왜국. 니혼. {왜낫. 왜년. 왜놈. 왜말. 왜못. 왜적.}

왜가리〔白鷺〕 * 왜가릿과의 새를 통틀어 이르는 이름. ☞ 해오라기.

왜곡되어지다(歪曲~) 俗 ⇨ ① 비뚤어지다. ② 그릇되다.

왜굿다 ⇨ 뻣뻣하다.

왜림(矮林) 俗 ⇨ 작은키나무숲.

왜못(倭~) = 서양못. ‡ 나무에 박는 쇠못.

왜송(矮松) ⇨ ① 다복솔. ② 누운잣나무. ③ 몽당솔.

왜수(矮樹) 俗 ⇨ 작은키나무.

왠 ⇨ 웬. ‡ ① 어떻게 된. ② 어떠한.

왠걸 ⇨ 웬걸. 웬 것을.

왠 떡 ⇨ 웬 떡.

왠만큼 ⇨ 웬만큼. 웬만치.

왠만치 ⇨ 웬만치. 웬만큼.

왠만하다 ⇨ 웬만하다.

왠 사람 ⇨ 웬 사람.

왠셈 ⇨ 웬셈. ＊ 어떻게 된 셈.

왠일 ⇨ 웬일. ＊ 어떻게 된 일.

왠지 ＊ 뚜렷한 까닭도 없이. 왜 그런지 모르게. ¶ 왠지 멋있어 보인다.
　☞ 웬. 웬일인지.

왱강댕강 = 왱그랑댕그랑. ＊ 방울이나 놋그릇이 부딪치며 울리는 소리.

외¹ = ① 물외. ＊ 열매채소의 하나. {외김치.} ② 참외.
　☞ 오이. 참외.

외~² ＊ 하나뿐인. {외가닥. 외가락. 외가지. 외갈래. 외겹. 외고집. 외골목. 외기러기. 외나무다리. 외눈. 외다리. 외발. 외손. 외줄.}

외~³(外~) ＊ 어머니 쪽 핏줄. {외삼촌. 외손자. 외할머니. 외할아버지.}

외⁴(外) 〔이〕 ＊ 밖. ＊ 기준을 포함하지 않음. ¶ 그 외에. 이 외에. 예상 외로.
　☞ 이외.

외가닥길 ⇨ 외길.

외겹실 = 외올실. 홑실. ＊ 한 올로 된 실.
　☞ 쌍올실.

외곡(歪曲 ⇨ 왜곡) ⇨ 비뚤어짐. 그릇됨.

외골 ⇨ 외곬.

외골수(~骨髓) ＊ 한 곳으로만 파고드는 사람. ¶ 외골수 학자.

외곬 ＊ ① 외통. ＊ 한 곳으로 트인 길.

② 한가지 방법이나 하나뿐인 방향.
　☞ 외길목.

외국말〔外國語〕 ＊ 다른 나라 말. 딴 나라 말.

외국 말〔外國 馬〕 ＊ 다른 나라 종자인 말. ＊ 짐승.

외길 ＊ ① 외통길. ¶ 외길 통행. ② 한 가지 방법이나 방향에만 전념하는 태도. ¶ 외길 인생. 교육자로 한평생 외길을 걸어왔다.

외길목 = 외목. ＊ 몇 갈래 길이 모여 한 군데로 빠지게 된 어귀.
　☞ 외곬.

외까풀 ＊ 외겹으로 된 눈까풀. ¶ 외까풀이 진 눈.
　☞ 쌍까풀.

외꼬지 ＊ 조의 한 가지. ＊ 곡식 이름.

외꽂이 ＊ 낚싯대 손잡이 하나만을 받치게 된 받침대.

외나무다리〔獨木橋〕 ＊ 통나무 한 개로 놓은 다리.
　☞ 외다리. 쪽다리.

외누리 ⇨ 에누리.

외눈 = 외눈깔. ＊ ① 하나뿐인 눈. {외눈부처.} ¶ 외눈 도깨비. ② 한쪽 눈을 감고 다른 한 눈으로 볼 때, 뜬 눈. ¶ 외눈으로 과녁을 겨누다.
　☞ 애꾸눈.

외눈깔이 ⇨ ① 외눈깔. ② 외눈박이. 애꾸눈이.

외눈박이 = 애꾸눈이. 보름보기. ＊ 한 쪽 눈이 먼 사람.

외눈배기 ⇨ 외눈박이.

외눈퉁이 ⇨ 외눈박이.

외다¹ ＊ ① 같은 말을 되풀이하다. ¶ 그

렇게 외다시피해도 문을 바로 닫는 법이 없다. ②외우다. ¶주문을 외다. 천자문을 외다.

~외다² = ~오이다. ¶감사하외다. 나는 오늘 떠나외다. 그것이 사실이외다.

외다리 * ①하나만 있는 다리. ② 다리가 하나뿐인 사람이나 물건.
☞ 외나무다리. 쪽다리.

외다리방아 * 딛는 다리가 한 갈래로 된 디딜방아.
☞ 두다리방아. 디딜방아.

외대다¹ * 사실과 다르게 일러 주다. ¶외대지 말고 사실대로 말해라.

외대다² * ①소홀히 대접하다. ②싫어하고 꺼리어 멀리하다.

외대머리 * ①혼례를 하지 않고 쪽 찐 머리. 또는 그렇게 한 여자. ②기생이나 갈보.
☞ 외자상투.

외대박이 * ①돛대가 하나뿐인 배. ②한 포기가 한 뭇을 이룬 무나 배추.
☞ 두대박이. 애꾸눈이.

외돌토리 = 외톨. 외톨박이. 외톨이. ‡매인 데도, 의지할 데도 없는 홑몸.

외동 = 외동무니. 단동무니. ‡윷놀이에서 한 동만으로 가는 말.
☞ 단동무니.

외동덤 * 자반고등어의 배 안에 덤으로 끼워 놓은 작은 고등어 한 마리.
☞ 남매덤. 서방덤.

외동딸〔獨女〕 = 외딸. ‡아들이 있건 없건 하나뿐인 딸.
☞ 고명딸. 외동아들.

외동바리 = 외동발. ‡광산의 굿길이 무너지지 않게 하나로 받치는 기둥.

외동사니 ⇨ 외동무니. 외동. ‡윷놀이.

외동아들〔獨男〕 = 외아들. 외둥이. ‡딸이 있건 없건 하나뿐인 아들.
☞ 외동딸.

외동이 ⇨ 외둥이. 외아들. 외동아들.

외동자식(~子息)〔獨子〕 = 외자식.

외따르다 ⇨ 외딸다. ‡홀로 떨어져 있다.

외따른 ⇨ 외딴. {외딴곳. 외딴몸. 외딴방. 외딴섬. 외딴집.} ¶외딴 동네.

외딴치다 * 능히 앞지르다. ¶여자지만 남자 외딴치게 꿋꿋하다.
☞ 뺨치다.

외딸〔獨女〕 = 외동딸. ‡아들이 있건 없건 하나뿐인 딸.
☞ 고명딸. 외아들.

외래문화(外來文化) * 다른 나라에서 들어온 문화.
☞ 고유문화. 전통문화.

외래종(外來種) = 도입종. ‡들온씨.
☞ 개량종. 본토종. 토종. 재래종. 토박이씨.

외려 = 오히려. ‡일반적인 기준이나 예상, 짐작, 기대와는 다르게. ¶잘못한 놈이 외려 큰소리를 치다니.

외로이 * 홀로 되어 쓸쓸히. ¶외로이 버려졌다. 외로이 지내다.
☞ 호젓이.

외롭찮다 ⇨ 외롭잖다. 외롭지 않다. ‡'~잖다'는 '~지 않다'의 준말.

외료(外療) ⇨ 외과 치료.

외마치질굿 = 풍류굿. ‡농악에서 하는 장단의 하나.

외망치 = 외맹이. ⁑ 돌에 구멍을 뚫을 때 망치로 정을 치는 일.

외면수습(外面收拾) = 겉수습. ⁑ 겉 치레로 하는 수습.

외면치레(外面~) = 낯닦음. 면치레. 사당치레. 이면치레. 체면치레.

외목 = ① 외길목. ② 외목장사.

외목장사 ⁑ 저 혼자 독차지하여 팔아 먹는 장사.

외목장수 ⁑ 외목장사하는 사람.

외목장이 ⇨ 외길목.

외몬다위 = 단봉약대. 단봉낙타. ⁑ 등 에 혹이 하나 있는 약대.
　☞ 두몬다위. 쌍봉낙타.

외박장단(~拍~) = 휘모리장단. 단 모리장단. ⁑ 판소리나 산조 장단의 하나.

외발제기 ⁑ 한 발만 가지고 차는 제기.
　☞ 외알제기.

외방(~放) ⇨ 단방. ¶ 단방에 멧돼지 를 쓰러뜨렸다.

외삼촌댁(外三寸宅) = 외숙모. ⁑ 외삼 촌의 아내.

외삼촌 댁(外三寸 宅) = 외삼촌 집. ¶ 외삼촌 댁에서 묵었다.

외상¹ ⁑ 값은 나중에 치르기로 하고 사 거나 파는 일. {외상값. 외상말코지. 외상술. 외상자리. 외상질.} ¶ 외상 술값. 외상 긋다. 외상값 받다.

외상²(~床) ⁑ 한 사람이 먹을 수 있게 차린 음식상. ¶ 외상을 받다.
　☞ 겸상.

외상관례(~冠禮) = 외자관례. ⁑ 외 자상투를 틀어 올리는 일.
　☞ 외자상투.

외상없다 ⁑ 조금도 틀림이 없거나 어 김이 없다.

외상 없다 ⁑ 외상값이 없다.

외상투 ⁑ 꼭지가 하나인 상투.
　☞ 외자상투.

외소매책상(~册床) = 쪽소매책상. ⁑ 편수책상.
　☞ 양소매책상. 양서랍책상. 양수책 상.

외소박이 = 물외소박이. 외소박이김치. 소박이.
　☞ 오이소박이.

외손(外孫) ⁑ 딸이 낳은 자식. ⁑ 외손 녀와 외손자. {외손봉사.}
　☞ 친손.

외손자(外孫子) ⁑ 딸이 낳은 아들.
　☞ 넛손자.

외손잡이 = 한손잡이. ⁑ 왼손잡이. 오 른손잡이.
　☞ 양손잡이.

외손질 ⁑ ① 날치기. ② 한쪽 손만 쓰 는 짓.
　☞ 날치기.

외씨 ⁑ 물외의 씨. {외씨버선.}

외아들 = 외동아들. 외둥이. ⁑ 딸이 있건 없건 하나뿐인 아들.
　☞ 외동딸. 외딸.

외알바기 ⇨ 외알박이. ¶ 외알박이 안 경. 외알박이 콩.

외알제기 ⁑ ① 말이나 소가 굽 하나를 끌면서 걷는 걸음. 그렇게 걷는 말 이나 소. ② 나귀나 말이 못마땅하여 한쪽 발로 걷어차는 짓.
　☞ 외발제기.

외야서다 ⇨ 외어서다. ⁑ ① 길을 비키

어 서다. ②방향을 바꾸어 서다.
외양간(~間) * 마구간과 쇠마구간.
　{외양간두엄.}
　☞ 마구간. 쇠마구간.
외양치레(外樣~) ⇨ 면치레. 외면치레.
외어 = 외워. * 외다. 외우다.
외올베 = 난목. * 가제나 붕대로 쓰
　는, 외올로 성기게 짠 베.
외올실 = 외겹실. 홑실. * 단 한 올로
　된 실.
　☞ 쌍올실.
외욕질 = 욀질. 욕지기질. 구역질.
　토역질.
　☞ 토악질.
외우다 = 외다. * ①어떤 것을 머릿속
　에 담아 두다. * 암기하다. ¶ 구구단
　을 외우다. ②외운 것을 소리 내어
　말하다. * 암송하다. ¶ 시를 외우다.
외입쟁이(外入~) = 오입쟁이. * 오
　입질하는 사람.
외입질(外入~) = 오입질. 계집질.
　군것질. * 남자가 하는 짓.
　☞ 군것질.² 난질. 서방질. 화냥질.
외자¹(~字) * 한 글자. ¶ 외자 이름.
외자² ⇨ 외상. * 값은 나중에 치르기
　로 하고 물건을 팔고 사는 일.
외자상투 * 정혼하지 않고 틀어 올린
　상투.
　☞ 외대머리. 외상투. 외상관례.
외자식(~子息) = 외동자식. * 아들
　이든 딸이든 단 하나뿐인 자식.
외잡이 * 그릇의 한쪽에만 달린 손잡
　이.
　☞ 쌍잡이.
외장치다(~場~) = 독장치다. 독판

치다. 장치다. * ①어떠한 판을 혼
자서 휩쓸다. ②다른 사람은 무시
하고 혼자서 떠들다.
외절(外切) ⑲ ⇨ 외접. * 도형.
외조카(外~) ⇨ 외종질. * 외사촌의
　아들.
외조할머니(外祖~) ⇨ 외할머니.
외조할아버지(外祖~) ⇨ 외할아버지.
외종(外從) * 외삼촌의 아들딸. {외종
　제. 외종형. 외종형제.}
　☞ 고종. 내종. 이종.
외주물구석 * 외주물집만 모여 있는 곳.
외주물집 = 길갓집. * 마당이 없이 길
　가에 바싹 붙여 지은 집.
외줄 = 외줄빼기. * 단 한 가닥의 줄.
　☞ 쌍줄.
외중비(外中比) ⑲ ⇨ 황금비.
외중비 분할(外中比分割) ⑲ ⇨ 황금
　가르기.
외지 * 물외를 항아리에 담고 소금물
　을 부어 익힌 반찬.
　☞ 섞박지. 오이지. 짠지.
외진(外陣) ⑲ ⇨ 밭둘렛간. * 건축.
　☞ 내진.
외진주(外陣柱) ⑲ ⇨ 밭둘렛기둥. 밭
　두리기둥. 변두리기둥. * 건축.
외질멜빵 = 외질빵. * 한쪽 어깨로만
　메는 질빵.
외짝사랑 = 외쪽사랑. 짝사랑.
외쪽어버이 = 홀어버이.
외척(外戚) * ①어머니 쪽의 친척.
　②본이 다른 친척.
　☞ 인척. 친족. 친지. 친척. 혈족.
외쳐 = 외치어. * 외치다. ¶ 외쳐 대
　다. 외쳐 보다.

외출복(外出服) 몡 ⇨ 갈음옷. 나들이 옷. 바깥옷. ✻ 출입복.

외출하다(外出~) 몡 ⇨ 나들이하다. ✻ 출입하다.

외치다 ✻ ① 큰 소리를 지르다. ¶ 도둑 놈을 잡으라고 외치다. ② 무엇을 해 달라고 주장하다. ¶ 품삯을 올려달 라고 외치다.
☞ 부르짖다. 소리치다.

외탁(外~) ✻ 생김새나 체질이나 성질 이 외가 쪽을 닮음. {외탁하다.}
☞ 진탁. 친탁.

외토리 ⇨ 외톨이.

외톨 ✻ ① 외톨박이. ✻ 밤송이나 통마 늘 따위에서 한 개만 여문 알. {외 톨마늘. 외톨밤.} ② 외돌토리. 외 톨이. ✻ 홑몸.

외톨밤 ✻ 한 송이에 한 톨만 든 밤.
☞ 쌍동밤.

외톨배기 ⇨ 외톨박이.

외톨이 = ① 외돌토리. ② 외톨박이.

외통[1] = 외곬. ✻ 오로지 한 곳으로만 트인 길. {외통길.}

외통[2](~通) ✻ 장기놀이에서 장군을 불 렀을 때 궁이 피할 수 없게 된 상태.

외통길 = 외길. ✻ 단 한 군데로만 트인 길.

외통목(~通~) ✻ 외통장군을 부르는 길.
☞ 외길목.

외투지(外套地) 몡 ⇨ 외툿감. 웃옷감.
✻ 옷감.

외풍(外風) ✻ ① 바깥바람. ② 나라 밖 에서 들어온 풍속.
☞ 웃풍. 위풍.

외할머니(外~) = 풀솜할머니. ✻ 어

머니의 친정어머니.
☞ 넛할머니.

외할머리 댁(外~宅) = 외할머니 집.

외할애비(外~) ⇨ 외할아비. 외할아 버지.

외할아버지(外~) ✻ 어머니의 친정아 버지.
☞ 넛할아버지.

왼갖 ⇨ 온갖.

왼고개 젓다 = 왼고개 치다. ✻ 부정 하거나 반대하는 뜻을 나타내다.

왼고개 틀다 ✻ 못마땅하여 바로 보지 않고 다른 쪽으로 보다.

왼달 ⇨ 온달. ✻ ① 꽉 찬 한 달. ② 음 력 보름날의 둥근 달.

왼 동네 ⇨ 온 동네.

왼빔 ✻ 실의 왼쪽 아래에서 오른쪽 위 로 돌리어 꼰 빔.
☞ 오른빔. 오른꼬임.

왼소리 = 궂은소리. ✻ 사람이 죽었다 는 소문이나 소식.

왼손잡이 ✻ 오른손보다 왼손을 더 잘 쓰는 사람.
☞ 오른손잡이. 외손잡이. 한손잡이.

왼종일(~終日) ⇨ 온종일.

왼짝 = 왼편짝.

왼켠 ⇨ 왼쪽.

왼통 ⇨ 온통.

욀총(~聰)〔暗記力〕 = 욀재주. ✻ 잘 외는 재주.
☞ 지닐재주. 지닐총.

욋과(外科) ⇨ 외과. ✻ 병원에서 수술 을 주로 하는 전문 과목. {외과의사.}

요[1] = 요때기. ✻ 잠을 잘 때 바닥에 까 는 물건.

☞ 요 뙈기. 이불. 이부자리.

요² 〔토〕 * ①맺음끝 뒤에서 높임, 다짐의 뜻을 나타냄. ‡ ‘요’는 줄일 수 있음. {모르겠어요. 갑니다요. 먹습니다요. 그런데요. 왜요. 읽어요.} ¶ 돈이 없어요. 비가 와요. 빨리 가요. 어서 가지요. 새싹이 돋는군요. ②이음끝 뒤에 붙음. ¶ 마음은요, 더없이 좋아요. 어서요, 읽어 보세요.

~요³ 〔씨끝〕 * ①‘이다, 아니다’에 붙는 이음끝. ¶ 이것은 말이요(이고), 저것은 소요(며), 그것은 돼지이다. 우리는 친구가 아니요, 형제입니다. ②맺음끝 ‘~이요. ~지요’를 줄여 쓸 때. ¶ 어디 가세요? 백화점요.
☞ ~오.³ ~이요.

요강 * 오줌을 누는 그릇. {길요강. 놋요강. 사기요강.} ¶ 요강 단지.
☞ 매화틀.

요거 = 요것. ‡ 고거. 고것. 이거. 이것. 저거. 저것. 조거. 조것.

요것조것 = 이것저것. ‡ 작고 귀여운 느낌이나 낮잡는 느낌.

요구되어지다(要求~) ⇨ 필요하다. 있어야 한다.

요기¹ 〔대〕 〈 여기. ‡ 고기. 거기. 조기. 저기.

요기²(療飢) * 시장기만 가실 만큼 먹음. {눈요기. 입요기. 초요기. 요깃거리.}
☞ 입매.²

요기조기 〈 여기저기. ‡ 이곳저곳.

요긴목(要緊~) * 중요하고 꼭 필요한 길목이나 대목.
☞ 긴한목.

요긴통(要緊~) = 긴한목. ‡ ①명자리. ②싸움터에서 매우 중요한 곳.

요까짓 = 요깟. ¶ 요까짓 것. 요까짓 놈. 요까짓 일.

요깡 〔羊羹〕 ⑪ ⇨ 단팥묵.

요년 〈 이년. ‡ 낮잡거나 귀엽게 이르는 말.

요놈 〈 이놈. ‡ 낮잡거나 귀엽게 이르는 말.

요꼬도리(요코토리) ⑪ ⇨ 새치기. 옆치기.

요다지 = 요리도. 〈 이다지. 이리도. ‡ 요렇게까지. 요런 정도로.

요다음 〔이〕 = 요담. 〈 이다음. 이담. ¶ 요다음에 만나면 뽀뽀해야지.

요닥지 ⇨ 요다지.

요뒤 = 요의. ‡ 요의 거죽에서 방바닥에 닿는 쪽.
☞ 욧잇.

요따위 〈 이따위. ‡ 낮잡는 말. ¶ 요따위야 문제없다. 요따위 수작을 부려?

요때기 = 요. ‡ 잘 때 바닥에 까는 물건. ¶ 요때기를 깔다.

요 뙈기 * 하찮은 요 쪼가리. ‡ 이불 뙈기. 논 뙈기. 밭 뙈기.

요란 떨다(搖亂~) = 요란 피우다. ¶ 한바탕 요란을 떨다.

요람기(搖籃期) = 요람시대. ‡ ①어린 시절. ②일의 처음 얼마 동안.

요래봬도 = 요러하게 보이어도.

요래서 = ①요리하여서. ②요러하여서.

요랬다조랬다 = 요리하였다가 조리하였다가. 〈 이랬다저랬다.

요러나조러나 = ① 요리하나 조리하나. ② 요러하나 조러하나.

요러니조러니 = 요러하다느니 조러하다느니. 〈 이러하다느니 저러하다느니.

요러다 = ① 요리하다. ② 요렇게 말하다.

요럭조럭 〈 이럭저럭. ＊ 알지 못하는 동안에 어느덧.

요런대로 〈 이런대로.

요렁조렁 〈 이렁저렁. ＊ 일정한 일 없이 요런 모양으로 저런 모양으로.

요렇다 = 요러하다. 〈 이렇다. 이러하다.

요령[1](要領) ＊ ① 으뜸이 되는 골자나 줄거리. ② 일을 하는 데 필요한 이치. {요령꾼. 요령부득. 요령부득하다.} ¶ 요령 없다. 요령 있다.

요령[2](搖鈴) ＊ ① 솔발. ¶ 황소의 요령 소리. ② 종 모양의 법구.

요령잡이(搖鈴~) = 종구잡이. ＊ 상여가 나갈 때 요령을 들고 가는 사람.

요령잡이소리(搖鈴~)〔輓歌〕 = 상엿소리. 상여메김소리. 행상소리.

요로(尿路) ㉮ ⇨ 오줌길.

요로 결석(尿路結石) ㉮ ⇨ 오줌길 돌.

요롱(搖鈴) ⇨ 요령.

요률(料率) ⇨ 요율. ＊ 니은이나 홀소리 뒤에서는 '율'임.

요리(料理) ＊ ① 음식을 만듦. 또는 만든 음식. {요리사. 요리상. 요리점. 요릿집. 양요릿집. 청요릿집.} ¶ 넙치 요리. 도미 요리. 복어 요리. ¶ 요리 솜씨. 더운 요리. 찬 요리. ② 일을 솜씨 있게 잘 처리함. {요리

하다.}
☞ 조리.[2]

요리도 = 요다지. ＊ 요런 정도로. 요렇게까지.

요리(料理)**를 접하다** ⇨ 요리를 맛보다.

요리조리 〈 이리저리. ＊ 일정한 방향 없이 이곳으로 저곳으로.

요릿집(料理~) = 요정. 방석집. ＊ 기생을 두고 술과 요리를 파는 집.
☞ 내외술집. 안방술집. 안침술집.

요만[1] = 요만한. ＊ 상태, 모양, 성질의 정도가 요만한. ¶ 요만 일에 우느냐?

요만[2] ＊ 요 정도로 하고. ¶ 오늘을 요만 끝내고 쉬자.

요만조만 = 요만하고 조만한. 〈 이만저만.

요만치 = 요만큼. 〈 이만치. 이만큼.

요밀조밀하다 ⇨ 오밀조밀하다.

요법(療法) = 치료법. ＊ 병을 고치는 방법. ¶ 음식 요법. 운동 요법. 한방 요법.

요변장이(妖變匠~) ⇨ 요변쟁이. ＊ 변덕스러운 사람.

요비링〔呼~鈴〕㉮ ⇨ 설렁. ＊ 초인종.

요사이 = 요새. ¶ 요사이 어떻게 지내나?

요상스럽다 ⇨ 이상스럽다.

요상하다 ⇨ 이상하다.

요샛말 ＊ 요사이 많이 쓰는 말. ¶ 요샛말로 '뜨려면' 속임수라도 써야 하나?
☞ 시쳇말. 옛말. 유행어. 이젯말.

요세타마〔寄~球〕㉮ ⇨ 모으기. ＊ 당구.

요술(妖術) ¶ 요술 거울. 요술 방망이.

요술 피리. 요술을 부리다. 요술하다.
요술쟁이(妖術~) * 초자연적인 힘으로 이상한 일을 하는 사람.
☞ 마술쟁이.
요 아이 = 요 애. 〈 이 아이. 이 애.
요오지〔楊枝〕[왜] ⇨ 이쑤시개.
요의(~衣) = 요뒤. ⁑ 요 거죽의 방바닥에 닿는 쪽.
☞ 욧잇.
요잇 ⇨ 욧잇.
요잇샤요잇샤 [왜] ⇨ 어기여차. 어여차. 영차. 영치기영차.
요정(料亭) = 요릿집. 방석집.
요즈음 = 요즘. ¶ 철이 바뀌는 요즘은 감기에 조심해야 한다.
요지[1](要旨) * 작품에서 간추린 대의의 골자. ¶ 이 글의 요지를 말하라.
☞ 대의. 줄거리.
요지[2]〔楊枝〕[왜] ⇨ 이쑤시개.
요지간(~間) ⇨ 요사이.
요지막 ⇨ 요즈막. 〈 이즈막.
요지음 ⇨ 요즈음. 〈 이즈음.
요철(凹凸) [왜] ⇨ 울퉁불퉁. 올록볼록.
요청되다(要請~) ⇨ ①필요하다. ②해야 한다. ③있어야겠다.
요칸(요깡)〔羊羹〕[왜] ⇨ 단팥묵.
요컨데 ⇨ 요컨대.
요코(요꼬)〔横〕[왜] ⇨ ①가로. ②옆.
요코도리〔横取~〕[왜] ⇨ ①가로채기. ②새치기. 옆치기.
요 한달 내내 ⇨ 요 한 달 내내.
요해하다(了解~) [왜] ⇨ 이해하다.
욕(辱) = 욕설. 욕지거리. {욕가마리. 욕사발. 욕쟁이. 욕치레.} {욕되다. 욕먹다. 욕보이다. 욕지거리하다. 욕질하다. 욕하다.} ¶ 욕을 듣다.
욕감태기(辱~) = 욕바가지. ⁑ 늘 욕을 먹는 사람. ¶ 욕감태기가 되다.
욕꾸러기(辱~) ⇨ 욕감태기. 욕바가지.
욕보다(辱~) * ①부끄러운 일이나 괴로운 일을 당하다. ②강간을 당하다.
☞ 수고하다. 애쓰다.
욕삼태기(辱~) ⇨ 욕감태기.
욕성(辱聲) ⇨ 욕설.
욕심꾸러기(慾心~) = 욕심쟁이.
욕자배기(辱~) ⇨ 욕감태기.
욕주머니(辱~) ⇨ 욕감태기.
욕지기질 = 구역질. 외욕질. 토역질. ⁑ 메스꺼워 토하는 짓.
☞ 토악질.
욕하다(辱~) * 잘한 일이나 잘못한 일이나 나쁘게 말하다.
☞ 나무라다. 꾸짖다.
욧법(療法) ⇨ 요법. 치료법.
욧속 * 요에 두는 솜.
욧잇 = 욧거죽. ⁑ 요의 거죽에서 사람 몸에 닿는 쪽.
☞ 요뒤. 요의.
욧점(要點) ⇨ 요점. ⁑ 가장 중요하고 중심이 되는 사실이나 관점.
용(龍) * 상상의 동물. {용꿈. 용띠. 용왕.} {뜬용. 바다용.} ¶ 용 되다.
☞ 거북. 기린. 봉황. 이무기.
용감한 신세계(勇敢~新世界) ⇨ 멋진 신세계. ⁑ 헉슬리의 소설 이름.
용개질 ⇨ 용두질.
용골대 ⇨ 용고뚜리. ⁑ 담배를 자주 피우는 사람.
용구새 ⇨ 용마름. ⁑ 지붕 마루를 덮는

이엉.

용굿(龍～) = ① 용신굿. ② 넋건지기 굿. ＊ 민속.

용권(龍卷) ㉖ ⇨ 용오름. ＊ 뭍이나 바다에서 일어나는 소용돌이 바람.

용기(容器) ＊ 액체, 기체, 고체, 가루를 담아 뚜껑을 닫을 수 있는 그릇. ☞ 그릇.

용납치(容納～) ⇨ 용납지. 용납하지. ＊ 안울림소리 뒤에선 '하'가 줆.

용달(用達) ㉖ ⇨ 심부름.

용달차(用達車) ㉖ ⇨ 배달 짐차. 심부름 짐차.

용도(用途) ㉖ ⇨ ① 쓸데. ② 쓰임새.

용두레 ＊ 배 모양으로 판 통나무로 높은 데 있는 논에 물을 퍼 올리는 연모. ☞ 맞두레.

용두쇠(龍頭～) = 갈고리쇠. ＊ 장구의 양쪽에 있는 쇠고리.

용두질〔手淫〕 = 용두. 자위질. ＊ 마스터베이션.

용띠 해(龍～) ⇨ 용해. 용의 해.

용마루(龍～) = 종마루. 지붕마루. ＊ 지붕 가운데 가장 높은 수평 마루.

용마름(龍～) ＊ 초가의 용마루를 덮는 이엉. ☞ 마름.¹

용법(用法) ㉖ ⇨ 쓰는 법. ＊ 사용법.

용빼는 재주 = 뛰어난 재주.

용서되다(容恕～) ⇨ ① 용서받다. ② 용서하다.

용설난(龍舌蘭) ⇨ 용설란. ＊ 여러해 살이풀의 하나.

용솟음치다 = 용솟음하다. 용솟다.

¶ 세찬 기세로 위로 솟다.

용수뒤 ＊ 술독에 용수를 박아 맑은술을 떠낸 뒤에 남은 술. ☞ 맑은술.

용수 박다 = 용수 지르다. ¶ 술독에 용수를 박아 맑은술을 떠내다.

용숫바람〔旋風〕 = 회리바람. 회오리바람.

용심부리다 = 심술부리다.

용알(龍～) ＊ 용이 낳은 알. ＊ 거위알. 산새알. 참새알. 오리알. 타조알.

용 알(龍～) = 용의 알. ＊ 포구락을 출 때 던지는 나무 공.

용오름(龍～) ＊ 육지나 바다에서 일어나는 세찬 바람의 소용돌이. ＊ 토네이도 따위.

용올림(龍～) = 회오리. ＊ 바람이 한 곳에서 뱅뱅 돌아 물이나 검불 따위가 깔때기 모양으로 하늘 높이 오르는 일. ¶ 용올림이 일다.

용적율(容積率) ⇨ 용적률. ＊ 니은을 뺀 받침 뒤에서는 '률'임.

용채(用～) ⇨ 용돈.

용천¹ = 용천지랄. 지랄용천. ＊ 분별 없이 행동하는 것을 욕하는 말.

용천²(涌泉) = 용천혈. ＊ 침놓는 자리의 하나.

용총줄 = 용총. 마룻줄. ＊ 배의 돛대를 오르내리는 줄.

용트림(龍～) = 게트림. ＊ 거드름을 피우며 일부러 크게 하는 트림.

용틀임(龍～) ＊ ① 용 모양으로 새긴 조각이나 그림. ＊ 장식품. ② 이리저리 비틀거나 꼬면서 움직이는 꼴. ＊ 교룡. ③ 남사당놀이에서 하는 땅재주.

용해(溶解) * 녹거나 녹이는 일. ¶ 물에 설탕을 용해하다.
☞ 융해.

용해률(溶解率) ⇨ 용해율. * 니은이나 홀소리 뒤에선 ‘율’임.

우거리 ⇨ 오가리.

우거지 * ①푸성귀의 겉대. ②젓갈이나 김장독 맨 위에 덮는 품질이 낮은 것. {우거지김치. 우거짓국.} {우거지상.}

우거지다 = 거하다. 다옥하다. ¶ 풀과 나무가 우거지다. ✽ 무성하다.
☞ 우그러지다.

우걱뿔 * 안으로 굽은 뿔. {우걱뿔이.}
☞ 송낙뿔. 자빡뿔.

우겨넣다 * 억지로 밀어 넣다. ¶ 종이 뭉치를 쓰레기통에 우겨넣다.
☞ 욱여넣다.

우겨싸다 ⇨ 욱여싸다.

우구리 ⇨ 오가리. ✽ 무, 호박 따위를 가늘게 오려서 말린 것.

우그러지다 * 안쪽으로 우묵하게 휘어지다. ¶ 냄비가 우그러지다.
☞ 우거지다.

우그렁족박 ⇨ 우그렁쪽박. ✽ 쭈그러진 박. 우그러진 쪽박.

우글거리다 〉 오글거리다.

우글이다 ⇨ 우그리다.

우굿히 ⇨ 우굿이. ✽ 우굿하게.

우기다 * 억지를 부려 제 생각을 고집스럽게 내세우다.
☞ 욱이다.

우기철(雨期~) ⇨ 장마철.

우끼(우키) 〔浮子〕 ⑪ ⇨ ①부레 바퀴.

부레 조끼. ②낚시찌.

우끼떡 ⇨ 웃기떡.

우나기 〔鰻〕 ⑪ ⇨ 뱀장어. ✽ 민물 장어.

우네 ⇨ ①안개. ②놀.

우네부네 = 울고불고. ✽ 야단스럽게 부르짖으며 우는 모양.

우는살 〔嚆矢〕 * ①전쟁터에서 신호로 소리를 내는 화살 ②맨 처음.
☞ 긴작. 아기살. 짧은작. 화살.

우는소리 * 엄살을 부리며 늘어놓는 말. ¶ 잘 살면서도 우는소리만 한다.

우는 소리 ¶ 매미 우는 소리가 시원하다.

우는토끼 = 새앙토끼. 생토끼. 쥐토끼. ✽ ‘꺅꺅’하는 소리를 냄.

우니 〔雲丹〕 ⑪ ⇨ 성게알젓. 성게장. 섬게알젓. 섬게장.

우대 * ①위쪽. ②옛날 서울 인왕산 부근의 동네. {우댓사람.}
☞ 아래대. 아랫대. 윗대.

우동 〔饂飩〕 * 니혼 음식의 한 가지.
✽ 가락국수.
☞ 국수.

우동다마 〔饂飩玉〕 ⑪ ⇨ 우동 사리.

우두둥 ⇨ 우두덩. ✽ 단단한 물건이 무너져 떨어지는 소리.

우두머니 ⇨ 우두커니. ✽ 넋이 나간 듯이 가만히 한자리에 있는 모양.

우둑우둑 = 우두둑우두둑. ¶ 날고구마를 우둑우둑 씹어먹다. 솔가지를 우둑우둑 분지르다. 빗방울이 우둑우둑 떨어지다.

우둘우둘 〉 오돌오돌. ¶ 도가니탕에 있는 물렁뼈가 우둘우둘 씹히다. 콩이 덜 삼겨서 우둘우둘하다. 다리통이 우둘우둘 만질 만하다.

우둘우둘 〉 오들오들. ✽ 몸을 떠는 모양.

우등불 ⇨ 화톳불.

우뚝이 = 우뚝. ✽ ① 높이 솟아 있는 모양. {우뚝하다.} ② 남보다 뛰어난 모양. ¶ 우뚝 서다. ③ 갑자기 멈추는 모양. ¶ 우뚝 멎다. 우뚝 세우다.
☞ 오뚝이.

우라 〔裏〕 ㉤ ⇨ 안. 안감. ✽ 옷.

우라가에 〔裏返〕 ㉤ ⇨ 뒤집어 짓기. ✽ 옷.

우라마와시 〔裏廻〕 ㉤ ⇨ 뒤돌리기. ✽ 당구.

우람지다 ✽ 크고 웅장한 맛이 있다. ¶ 목소리가 우람지다.

우람차다 ✽ 매우 우람하다. ¶ 몸집이 우람차다. 개가 우람찬 소리로 짖다.

우랑우탄(orangutan) ⇨ 오랑우탄. ✽ 성성이.

우러나다 ✽ 빛깔, 맛이 물속에 빠져나오다. ¶ 오미자 맛이 우러나다.
☞ 우려내다.

우러나오다 ✽ 생각, 감정, 성질이 마음속에서 저절로 생겨나다.

우러러 ✽ 우러르다. 우러르고. 우러르니. 우러르면. 우러름.
☞ 우르르.

우러르다 = 우러러보다. ✽ ① 위를 쳐다보다. ¶ 태극기를 우러러 경례를 하다. ② 공경하여 떠받들다. ¶ 사람들이 그를 우러러 생불이라 하였다.

우렁쉥이 = 멍게.

우렁이 ✽ 무논에서 사는 고둥. {우렁이각시. 우렁잇과. 우렁잇속.}

☞ 다슬기. 소라.

우레¹〔雷聲〕 = 천둥. ✽ 번개나 벼락이 칠 때 나는 우르릉 소리. ¶ 우레가 울다. 우레가 치다. 우레가 울려오다.
☞ 번개. 벼락.

우레² ✽ 꿩 사냥할 때 소리를 내는 물건. ✽ 살구씨나 복숭아씨로 만듦.

우레 쓰다 = 우레 켜다. ✽ 우레로 소리를 내어 꿩을 꾀어내다.

우렛소리¹ = 천둥소리.

우렛소리² ✽ ① 우레 켜는 소리. ② 수컷이 암컷을 부르는 소리.

우려내다 ✽ ① 맛, 빛깔, 성분이 물속에 우러나게 하다. ② 생각이나 감정을 끄집어내다. ③ 으르거나 꾀어서 돈을 빼내다.
☞ 우러나다.

우려먹다 ✽ ① 여러 번 우려서 먹다. ② 이미 썼던 내용을 다시 써먹다.

우련하다 ✽ ① 빛이 희미하다. ② 빛깔이 엷고 희미하다.
☞ 오련하다.

우렷하다 ⇨ 우련하다.

우뢰(雨雷) ⇨ 우레. 천둥.

우뢰소리(雨雷~) ⇨ 우렛소리. 천둥소리.

우루루 ⇨ 우르르.

우르러다 ⇨ 우러르다.

우르르 ✽ ① 많은 사람이나 짐승이 갑자기 바쁘게 내닫거나 한곳에 몰리는 꼴. ② 물이 갑자기 끓어오르는 소리. ③ 돌무더기가 무너지는 소리.
☞ 우러러.

우르릉 ✽ ① 천둥소리. ② 무너지거나

흔들리면서 나는 소리. ⁑ 자동차.
☞ 으르렁.

우리[1] = 우릿간. ⁑ 짐승을 가두어 기르는 곳. {돼지우리.}
☞ 어리.

우리[2] * ① 말하는 이가 자신과 자신이 든 동아리를 함께 일컫는 말. ¶ 우리 가족. 우리 겨레. 우리 동네. 우리 몸. 우리 반. 우리 선생님. 우리 아기. 우리 어머니. 우리 집. 우리 집안. 우리 편. 우리 학교. 우리 회사. ② 말하는 이가 듣는 이와 함께 일컫는 말. ¶ 우리 함께 일하자. ③ 말하는 이가 듣는 이를 빼고 저와 다른 사람을 일컫는 말. ¶ 우리는 너의 친구다.
☞ 저희.

우리구멍 * 논물이 빠지도록 논두렁에 뚫어 놓은 구멍.
☞ 물꼬.

우리글 * 우리나라 사람이 우리 말을 적는 우리 글자. ⁑ 한글.

우리 글 * ① 우리나라 사람이 쓴 글월. ② 우리가 쓴 글월.

우리다[1] = ① 우려내다. ② 우려먹다.

우리다[2] * ① 더운 볕이 들다. ¶ 마루에 볕이 우리다. ② 달빛이나 햇빛이 희미하게 비치다. ¶ 짙은 구름 속에서 햇빛이 우려 희미하게 비치다.
☞ 울리다.[2]

우리들 ⇨ 우리.

우리말 * 우리 겨레말과 들온말을 함께 일컫는 말. ⁑ 한국말.

우리 말 * 우리가 하는 말. ¶ 우리 말의 뜻을 알겠느냐?

우리부리하다 ⇨ 우락부락하다.

우리 생애 최고의 해(~生涯~) ⇨ 우리 일생에서 가장 값진 시절. ⁑ 영화 이름.

우린감 * 땡감을 소금물에 담가서 떫은맛을 없앤 감.
☞ 땡감.

우멍눈 ⇨ 우물눈. 움펑눈. ⁑ 푹 들어간 눈.

우멍식기(~食器) ⇨ 우묵주발. ⁑ 우묵하게 만든 놋쇠 밥그릇.

우메보시〔梅干~〕[왜] ⇨ 매실장아찌.

우무러들다 ⇨ 우므러들다.

우무러지다 ⇨ 우므러지다.

우무리다 ⇨ 우므리다 〉 오므리다.

우묵눈 ⇨ 움펑눈. 우물눈. ⁑ 우물처럼 푹 들어간 눈.

우묵다리 ⇨ 오목다리. ⁑ 누비어 지은 어린아이의 버선.

우물 * 땅을 파서 샘을 찾아 물을 가두어 놓은 곳. {우물가. 우물결. 우물길. 우물둔덕. 우물물. 우물질. 우물집.} {굴우물. 누렁우물. 독우물. 돌우물. 두레우물. 먼우물. 박우물. 볼우물. 약우물. 어수우물. 옹달우물. 한데우물.} ¶ 우물 바닥. 우물 안. 우물 터. 우물에서 숭늉 찾기. 우물을 파다.
☞ 둠벙. 샘.[1]

우물고사(~告祀) = 우물굿. 샘굿. ⁑ 민속.

우물눈 = 움펑눈. ⁑ 우물처럼 푹 들어간 눈.

우물마루 = 귀틀마루. ⁑ 건축.

우물우물[1] 〉 오물오물. ⁑ 벌레나 물고

기가 많이 모여 굼뜨게 움직이는 모
양.

우물우물² 〉 오물오물. ‡ ① 말을 시원
스럽게 하지 아니하고 입 안에서 중
얼거리는 모양. ② 음식을 입 안에
넣고 시원찮게 씹는 모양.

☞ 우물쭈물. 울근울근.²

우물쩍우물쩍 * 꾀를 부려서 말이나
행동을 일부러 분명하게 하지 않는
모양.

우물쩍주물쩍 * 말이나 행동을 몹시
우물거리며 주저주저하는 모양.

우물쭈물 * 행동을 분명하게 하지 못
하고 망설이며 흐리멍덩하게 하는
모양.

☞ 우물우물.

우뭉하다 ⇨ 의뭉하다. ‡ 어리석은 것
처럼 보이면서 속으로 엉큼하다.

우믈거리다 ⇨ 우물거리다.

우바꾸리 ⇨ 우걱뿔이.

우박(雨雹) = 누리. ‡ 하늘에서 떨어
지는, 작은 얼음덩어리. ¶ 우박이 치
다.

우벼 = 우비어. ‡ 우비다. ¶ 우벼 내
다. 우벼 파다.

우북이 = 우부룩이. ‡ 한데 많이 모여
더부룩하게. ¶ 우북이 쌓인 볏가마.

우비(雨備) = 우구. ‡ 비를 가리는 여
러 가지 물건. 우산, 비옷, 삿갓, 도
롱이, 접사리, 갈모, 갈멍덕, 갈삿
갓, 유삼 따위.

우비다 = 후비다. 호비다. ‡ ① 구멍
속을 긁어내거나 도려내다. ② 남의
것을 호리어 빼앗다. ③ 마음을 괴롭
게 하거나 아프게 하다.

우비칼 ⇨ 호비칼.

우산(雨傘) * 비를 막는 물건의 하나.
{우산꽂이. 우산대. 우산살.} {박쥐
우산. 비닐우산. 종이우산.} ¶ 우산
장수.

☞ 양산. 일산.

우선¹(于先) ⇨ ① 먼저. ② 아쉬운 대로.

우선²(優先) * 딴 것에 앞서 특별하게
함. {우선멈춤. 우선순위.}

우선되다(優先~) ⇨ 앞서다. ‡ 우선하다.

우선시하다(優先視~) ⇨ 먼저 생각
하다. 앞세우다.

우선하다 * ① 병이 조금 나은 듯하다.
¶ 몸이 우선하면 찾아 뵙지요. ② 형
편이 조금 풀린 듯하다. ¶ 가을걷이
가 끝나고 우선해진 마을 사람들은
그동안 미뤄 왔던 길닦기 일을 시작
했다. ③ 언짢던 기분이나 감정이
누그러진 듯하다. ¶ 약주 한 잔에 우
선해진 할아버지는 잘못을 용서하
셨다.

우세 * 비웃음을 받음. {우셋거리. 우
세스럽다. 우세하다.} ¶ 우세를 당
하다. 우세를 받다. 우세를 사다. 우
세를 시켜 보다.

☞ 남우세.

우세하다(優勢~) * 상대보다 힘이 앞
서다.

우수 = ① 우수리. ② 덤. ‡ 정한 수효
밖에 더 받는 물건.

우수꽝스럽다 ⇨ 우스꽝스럽다.

우수리 * ① 물건값을 빼고 거슬러 받
는 잔돈. ¶ 우수리는 받지 않을 테니
좋은 물건을 다오. ② 정한 수량에
차고 남는 수량. ¶ 우수리는 모아 두

자.
☞ 거스름돈.

우수깡스럽다 ⇨ 우스꽝스럽다.

우스갯소리 = 우스갯말. 웃음엣말. 웃음엣소리. ⁑ 웃기느라고 하는 말.

우스갯짓 = 웃음엣짓. ⁑ 웃기느라고 하는 짓.

우습게 보다 ⇨ 우습게보다. ¶ 돈푼이나 있다고 사람을 우습게보지 마라.

우습깡스럽다 ⇨ 우스꽝스럽다. ⁑ 말이나 행동이나 모습이 우습다.

우시개 ⇨ 우스개. ⁑ 웃기느라고 익살을 부리며 하는 말이나 짓.

우아래 ⇨ 위아래.

우애(友愛) * ① 형제 사이의 사랑. ¶ 우애가 두텁다. ② 동무 사이의 사랑. ¶ 우애가 깊다.
☞ 의초. 우의. 우정.[1]

우여 〔느〕 = 후여. 훠이. 쉬. ⁑ 새를 쫓는 소리.

우와기 〔上着.上衣〕 [왜] ⇨ 윗도리. 양복저고리.

우유색(牛乳色) = 우윳빛. 젖빛. ⁑ 우유 빛깔.

우의(友誼) * 동무 사이의 사랑. ¶ 우의가 남다르다. 우의를 다지다.
☞ 우애. 우정.[1]

우자자(~字~) = 티자. ⁑ 'T'자나 'T'자 꼴로 만든 자.

우잣길(~字~) * 'ㅜ' 자 꼴로 생긴 세거리.
☞ 삼거리. 삼사미. 세거리.

우접다 * ① 뛰어나게 되거나 나아지다. ② 선배를 이기거나 앞서다.
☞ 우집다.

우정[1](友情) * 동무 사이의 정. ¶ 우정을 나누다. 우정의 선물.
☞ 의초. 우애. 우의.

우정[2] ⇨ 일부러.

우주(宇宙) * 별이 떠 있는 끝없는 하늘. {우주선. 우주여행.} ⁑ 천문학.
☞ 하늘.

우지 = 울보. ⁑ 걸핏하면 잘 우는 아이.

우지 마라 ⇨ 울지 마라. 울지 마.

우지짖다 ⇨ 우짖다. ¶ 까막까치가 우짖다.

우집다 * 남을 업신여기다. ¶ 남을 우집는 버릇은 고쳐야 한다.
☞ 우접다.

우짖다 * ① 새가 울며 지저귀다. ② 울며 부르짖다. ¶ 짐승들이 우짖다.
☞ 울부짖다.

우짝 ⇨ 위짝.

우째 ⇨ 어째. 어찌하여. ¶ 하는 짓이 어째 그 모양인가?

우찌마끼 〔内巻〕 [왜] ⇨ 안말이. ⁑ 머리 모양.

우천(雨天) ⇨ 비. ⁑ 날씨.

우큼 ⇨ 움큼.

우키(우끼) 〔浮子〕 [왜] ⇨ ① 부레 바퀴. 부레 조끼. ② 낚시찌.

우통 ⇨ ① 위통. ② 웃통.

우편국(郵便局) [왜] ⇨ 우체국.

우편배달부(郵便配達夫) [왜] ⇨ 우편집배원.

우표(郵票) = 우표딱지. {우표값. 우표첩.} ¶ 우표 장수.

우풍 ⇨ ① 웃풍. 윗바람. ② 외풍.

욱동이(~童~) ⇨ 욱둥이. ⁑ 참을성

이 적은 사람.

욱박지르다 ⇨ 윽박지르다.

욱신거리다 * 머리나 상처가 쑤시는 듯 아프다.

욱실거리다 = 욱시글거리다. * 여럿이 한데 뒤섞여 몹시 들끓다.

욱어지다 ⇨ ① 우거지다. ② 우그러지다.

욱여 = 욱이어. * 욱이다. {욱여들다. 욱여싸다.}

욱여넣다 * 주위에서 중심으로 밀어 넣다. ¶ 책을 가방에 욱여넣다. ☞ 우겨넣다.

욱이다 * '욱다'의 하임. * 안쪽으로 우그러지게 하다. ☞ 우기다.

욱조이다 = 욱죄다. * 욱이어 바싹 죄다.

욱죄이다 * '욱죄다'의 입음.

운[1] * 여러 사람이 어떤 일을 한창 하는 바람. {운김. 운꾼. 운달다.} ¶ 운에 들떠 힘든 줄 모르고 일을 하다. 운에 딸려서 함께 노래를 부르다.

운[2] (運) = 운수. ¶ 운이 나쁘다. 운이 없다. 운이 좋다.

운길 (運~) = 나름길. * 운이 트인다는 길.

운동[1] (運動) * 몸을 단련하는 일. {운동량. 운동모. 운동선수. 운동회. 운동하다.} ¶ 목 운동. 다리 운동. 몸통 운동. 발 운동. 옆구리 운동. 온몸 운동. 팔 운동. 허리 운동. ¶ 공 운동. 마루 운동. 줄 운동. 평균대 운동.

운동[2] (運動) * 어떤 목적을 이루려고 힘쓰는 일. * 활동. {운동가. 운동권.} ¶ 새마을 운동. 우리말 바로쓰기 운동. 이웃돕기 운동.

운두 * 그릇이나 신발의 둘레나 둘레의 높이. ¶ 화로 운두가 낮다. ☞ 높이.[1]

운명지어지다 (運命~) ⇨ 운명을 타고나다.

운상꾼 (運喪~) = 상두꾼. 상여꾼. * 상여를 메는 사람.

운수 (運數) = 운. ¶ 운수가 사납다. 운수가 없다. 운수 좋다.

운영 (運營) * 조직이나 기구를 관리하면서 움직여 감. * 정부. 정당. 기업. 회사. 학교. 상점. 학회. 대회. {운영하다.} ¶ 운영 중.

운용 (運用) * 예산, 자본, 법, 사법 제도 따위를 부려 씀. ¶ 자본의 운용.

운임 (運賃) ㉥ ⇨ ① 찻삯. ② 짐삯.

운전수 (運轉手) ㉥ ⇨ 운전기사. 운전사.

운형자 (雲形~) ⇨ 구름자. * 곡선자.

운형정규 (雲形定規) ㉥ ⇨ 구름자. * 곡선자.

운형정목 (雲形定木) ㉥ ⇨ 구름자. * 곡선자.

울 * ① 울타리. {울바자. 울섶. 울숲. 울안. 바자울. 산울. 싸리울. 탱자나무울.} ¶ 울 밑. 울 밖. ② 신울. ③ 힘이 될 일가나 친척. ¶ 울이 세다. ☞ 담.[2] 울짱.

울고불고 = 우네부네. * 야단스럽게 부르짖으며 우는 모양.

울구다 ⇨ 우리다.

울궈내다 ⇨ 우려내다.

울궈먹다 ⇨ 우려먹다.
울근불근[1] * ① 몸이 여위어 뼈가 드러나 보이는 모양. ¶ 손등에 뼈가 울근불근 드러나다. ② 힘살이나 힘줄이 고르지 않게 여기저기 불거져 나온 모양.
울근불근[2] = 울근울근. ❉ 질긴 물건을 입에 넣고 볼을 우물거리며 씹는 모양.
　☞ 우물우물.
울까말까하다 ⇨ 울까 말까 하다.
울동이 ⇨ 울보. 우지. ❉ 걸핏하면 우는 아이.
울둥이 ⇨ 욱기. ❉ ① 참지 못하고 격한 마음이 불끈 일어나는 성질. ¶ 욱기가 나다. ② 한때 와짝 내다가 마는 힘.
울듯말듯하다 ⇨ 울 듯 말 듯하다.
울러메다 ⇨ 둘러메다.
울리다[1] * '울다'의 하임. ¶ 아이를 울리다. 종을 울리다. 심금을 울리다.
울리다[2] * ① 물체가 소리를 내거나 소리가 퍼지다. ¶ 천둥이 울리다. 방울이 울리다. ② 집이나 땅이 떨리다. ¶ 집이 울리다.
　☞ 올리다.[1] 우리다.[2]
울림소리〔有聲音〕 = 흐린소리. ❉❉ 모든 홀소리와 니은, 리을, 미음, 이응.
　☞ 맑은소리. 안울림소리.
울먹울먹 * 울상이 되어 자꾸 울음이 터져 나오려고 하는 모양.
울먹줄먹 〉 올막졸막. ¶ 울먹줄먹 솟아 있는 산봉우리.
울멍줄멍 〉 올망졸망. ¶ 울멍줄멍 박이 열리다. 울멍줄멍 모여든 사람들.

울묵줄묵 〉 올목졸목. ¶ 큰길이 빗물에 씻겨 울묵줄묵 돌덩이들만 남아 있다.
울뭉줄뭉 〉 올몽졸몽. ¶ 크고 작은 집들이 울뭉줄뭉 들어섰다.
울바자 = 바자울. ❉ 바자로 만든 울타리.
　☞ 굽바자. 담.[2] 대울. 바래.[2] 산울.
울보 = 우지. ❉ 걸핏하면 잘 우는 아이.
울부짖다 * ① 감정이 격하여 마구 울면서 큰 소리를 내다. ¶ 울부짖는 아이들. ② 바람이나 파도가 세차게 큰 소리를 내다. ¶ 울부짖는 비바람 소리.
　☞ 우짖다.
울숙불숙 ⇨ 울쑥불쑥 ¶ 높고 낮은 산봉우리들이 울쑥불쑥 솟아 있다.
울쌍(〜相) ⇨ 울상. ❉ 울려고 하는 표정. ¶ 울상을 짓다. 울상이 되다.
울어나다 ⇨ 우러나다.
울어나오다 ⇨ 우러나오다.
울여먹다 ⇨ 우려먹다.
울음 * 우는 일이나 우는 소리. {울음바다. 울음소리. 울음주머니.} ¶ 울음을 깨물다. 울음을 삼키다. 울음이 쇠다. 울음에 젖다. {강울음. 건성울음. 건울음. 귀울음. 떼울음. 첫울음. 황소울음.} ¶ 늑대 울음. 여우 울음.
　☞ 웃음.
울음보 = 울음보따리. ¶ 울음보가 터지다. 울음보를 터뜨리다.
울지 마라 = 울지 마. ❉ 바로 시킴꼴.
울지 말라 * 건너 시킴꼴. ¶ 울지 말라고 달래다.

울짱 * ①울타리. ②말뚝을 죽 박아 만든 울타리.
☞ 울. 담.²

울컥 * ①격한 감정이 갑자기 일어나는 모양. ¶울컥 슬픔이 북받쳐 오르다. ②갑자기 게울 때 나는 소리. ¶시뻘건 피가 울컥 나오다.
☞ 올칵.

울타리 = 울. 울짱. {산울타리(산울).} ¶울타리 밖. 울타리 안. ¶울타리를 치다. 울타리를 두르다. ‡싸리, 나무, 대 따위.
☞ 담.²

울화병(鬱火病) = 울화증. 화병. ¶울화병으로 쓰러지다.
☞ 화증.

울화통(鬱火~) = 화통. ‡마음속에 쌓인 화. ¶울화통이 터지다.

움¹ * ①씨앗과 줄기와 뿌리의 눈에서 처음 터져 나오는, 빛깔이 하얗고 모습도 제대로 갖추지 못한 것으로 차츰 자라서 싹이 됨. {움싹. 움잎.} ¶움이 나다. 움이 돋다. ②자른 나무의 몸통, 땅에서 파낸 그루터기, 베어낸 벼 그루터기에서 돋아나는 것. {움돋이. 움버들. 움뽕. 움파.} ‡완전한 풀이나 나무로 자라지 못함.
☞ 눈.¹ 싹.¹

움² * 땅을 파고 거적을 덮어 겨울에 채소 따위를 넣어 두는 곳. ¶움을 묻다.

움딸 * 죽은 딸의 남편과 혼인한 여자.
☞ 양딸. 의붓딸.

움막(~幕) = 움막집. 움딱지. 토막 집. ‡땅을 파고 지은 작은 집.
☞ 오막. 움집. 움파리. 토담집.

움막살이(~幕~) = 움집살이. 토막살이. ‡움막에서 사는 일.

움벼 = 그루벼. ‡가을에 베어 낸 그루에서 움이 자란 벼.
☞ 그루벼.

움실거리다 〉 옴실거리다.

움적거리다 ⇨ 움죽거리다.

움죽거리다 〉 옴죽거리다. ‡몸을 움츠리거나 펴거나 하며 자꾸 움직이다.

움직거리다 = 움직대다. ‡몸을 자꾸 움직이다.

움직이다 * ①가만히 있지 않다. ②무엇을 하고 싶은 생각이 일어나다. ③어떤 일을 하다. ‡공장. 기계. 모임. 사람. 자동차. 회사. ④헐거워지다. ¶책상다리가 움직이다.
☞ 놀다. 쉬다.² 일하다. 흔들리다.

움질 ⇨ 움찔.

움집 = 토굴집. ‡땅을 파고 지은, 움막보다 큰 집. {움집터.}
☞ 움막.

움집살이 = 움막살이. ‡움막에서 사는 일.

움쩍달싹 〉 옴짝달싹. ‡'못하다, 않다, 말다'와 함께 씀.

움추리다 ⇨ 움츠리다.

움츠러들다 = 움츠러지다. ‡몸이 오그라져 들어가거나 작아지다.

움치다 = 움츠리다. ‡①몸을 오그리다. ②기가 꺾이다. 풀이 죽다.

움켜 = 움키어. ‡움키다. {움켜잡다. 움켜잡히다. 움켜쥐다.} ¶움켜 내다.

움큼 〉 옴큼. ‡하나치. ¶찐쌀 한 움

큼. 호두 두 움큼.

움키다 〉옴키다. ‡ 손가락이나 새, 짐승이 발가락으로 힘껏 잡다.
☞ 옴치다. 움치다.

움트다 * ①푸나무에서 새로 움이 돋다. ②기운이나 생각이 새로 일어나다.
☞ 눈트다.

움파다 * 속을 우묵하게 파다. ¶ 씨를 뿌리려고 땅을 움파다.

움 파다 = 움 묻다. ‡ 움을 만들다.

움파리 * 우묵하게 들어가 물이 괸 곳. ¶ 움파리에 빠지지 않게 조심해라.
☞ 움막. 웅덩이.

움펑눈 〉옴팡눈. ‡ ①움푹 들어간 눈. ②움펑눈이. ‡ 눈이 움푹한 사람.

웁쌀 * 잡곡으로 밥을 지을 때 그 위에 조금 얹어 안치는 쌀.
☞ 심쌀. 밥밑.

웃~ * 아래위가 없는 이름씨 앞에 붙음. {웃거름. 웃고명. 웃국. 웃날. 웃더껑이. 웃돈. 웃소금. 웃아귀. 웃어른. 웃옷. 웃자람. 웃종이. 웃짐.} {웃돌다. 웃보다. 웃자라다. 웃치다.}
☞ 위. 윗~.

웃간(~間) ⇨ ①윗간. ②위 칸.

웃거름 * 씨앗을 뿌린 뒤나 모종을 옮겨 심은 뒤에 주는 거름.
☞ 덧거름. 뒷거름. 밑거름.

웃거리 ⇨ 웃옷.

웃겨지다 ⇨ 웃기다.

웃국 * ①간장이나 술을 맨 처음에 떠낸 진한 국. ②국의 웃물.
☞ 웃물.

웃기 * ①웃기떡. ②떡, 포, 과일 따위를 괸 위에 모양을 내려고 얹는 여러 가지 재료. ‡ 주악, 화전 따위가 있음.

웃기떡 ‡ 접시나 합에 담은 떡 위에 모양을 내려고 얹는 돈전병, 오입쟁이떡, 산병, 색절편, 묵전 따위 물을 들인 떡.

웃길 ⇨ 윗길.

웃날 * 흐렸을 때의 날씨. ¶ 웃날이 들다.
☞ 웃비.

웃니 ⇨ 윗니. ‡ 아랫니.

웃대 ⇨ 윗대.

웃대님 ⇨ 중대님. ‡ 무릎 바로 밑에 매는 대님.

웃덧줄 ⇨ 윗덧줄. ‡ 악보의 오선 위에 덧붙여 짧게 긋는 줄.

웃도리 = 중도리. ‡ 건축.
☞ 윗도리.

웃동아리 ⇨ 윗동아리. 윗동.

웃마을 ⇨ 윗마을. ‡ 아랫마을.

웃머리 * 이를 보아 나이가 많을 것으로 판명한 늙은 소.
☞ 윗머리.

웃물 * ①섞이지 않고 위에 떠서 따로 도는 겉물. ②무엇을 우려 놓은 물의 위에 있는 물. ③죽 따위가 삭아서 위에 생기는 국물.
☞ 웃국. 윗물.

웃바람 = 웃풍. ‡ 겨울철 방안에 천장이나 벽 틈으로 들어오는 바람.
☞ 외풍. 윗바람.

웃비 * 아직 완전히 개지는 않았으나 좍좍 내리다가 그친 비. {웃비걷다.}

☞ 웃날.

웃소리 * 서울 지방의 범패. ‡ 부처님을 찬양하는 노래.

☞ 아랫소리. 윗소리.

웃아귀 = 윗아귀. ‡ 엄지손가락과 집게손가락의 사이.

☞ 범아귀. 손샅. 손아귀.

웃어른 * 윗사람 가운데서 직접, 간접으로 모시는 어른.

☞ 윗사람.

웃어지다 ⇨ ①웃다. ②웃음이 나오다.

웃옷 = 겉옷. 덧옷. ‡ 옷 위에 덧입는 두루마기, 외투, 점퍼 따위.

☞ 윗옷.

웃을래야 ⇨ 웃으려야. ‡ 웃다.

웃음 * ①웃는 일. {웃음극. 웃음기. 웃음꽃. 웃음꾼. 웃음바다. 웃음빛. 웃음살. 웃음소리. 웃음주머니. 웃음판.} {겉웃음. 뭇웃음. 속웃음.} ¶ 웃음을 띠다. 웃음을 사다. 웃음을 짓다. 웃음을 팔다. {깔깔웃음. 껄껄웃음. 너스레웃음. 너털웃음. 눈웃음. 비웃음. 선웃음. 쓴웃음. 억지웃음. 염소웃음. 찬웃음. 코웃음. 함박웃음. 헛웃음. 호걸웃음.} ¶ 웃음속. ②웃는 표정. {상그레. 생그레. 싱그레. 상글상글. 생글생글. 싱글싱글. 상긋상긋. 생긋생긋. 싱긋싱긋. 싱긋상긋. 싱긋생긋. 샐샐. 실실. 쌕. 씩.} {방그레. 빙그레. 방시레. 빙시레. 방글방글. 빙글빙글. 방실방실. 벙실벙실. 방긋. 벙긋. 뱅긋. 방싯방싯. 뱅싯뱅싯. 배시시. 비시시.} {상글방글. 싱글벙글. 상긋방긋. 싱긋뱅긋. 씽긋뺑긋.} {해

죽해죽. 히죽이죽. 쨍긋쨍긋. 찡끗찡끗.} ③웃는 소리나 모양. {하하. 해해. 허허. 헤헤. 호호. 후후. 히히. 핫핫. 헛헛. 홋홋. 힛힛. 아하하. 어허허. 오호호. 우후후. 이히히. 와하하. 에해해. 으하하. 으허허. 으흐흐. 깔깔. 껄껄. 낄낄. 킬킬. 끼드득. 캐득캐득. 키득키득. 킥킥. 깨들깨들. 끼들끼들. 캐들캐들. 키들키들. 캬득캬득.} {피. 피시시. 피식. 피식피식. 픽. 픽픽.} {까르르. 까르르까르르. 까르륵. 까르륵까르륵.} {홍. 힝.}

☞ 울음.

웃음가마리 * 남의 웃음거리가 됨. 그런 사람.

☞ 구경가마리.

웃음감 ⇨ 웃음거리.

웃음보 = 웃음보따리. 웃음집. 웃음통.

웃음엣말 = 웃음엣소리. 우스갯말. 우스갯소리. ‡ 웃기느라고 하는 말.

웃음엣짓 = 우스갯짓. ‡ 웃기느라고 하는 짓.

웃음통 = 웃음집. 웃음보따리. 웃음보.

웃이〔上齒〕⇨ 윗니. ‡ 아랫니.

웃자리 ⇨ 윗자리. ‡ ①윗사람이 앉는 자리. ②높은 지위. 높은 차례. ③높은 곳에 있는 자리. ④덧까는 자리. ⑤십진법에서 어느 자리보다 높은 자리.

웃저고리 ⇨ 겉저고리.

웃적삼 ⇨ 겉적삼.

웃집 * 배 안에 집처럼 지어 놓은 곳.

☞ 윗집.

웃짝 ⇨ 위짝.

웃쪽 ⇨ 위쪽.

웃치마 ⇨ ① 겉치마. ② 위치마.

웃통 = ① 윗몸. 윗도리. ✽ 허리 위.
② 윗옷. ¶ 웃통을 벗다.
　☞ 위통.

웃풍(~風) = 웃바람. ✽ 겨울에 방의
천장이나 벽에서 나오는 찬 기운.
　☞ 외풍.

웅그리다 〈 웅크리다. ✽ 몸을 움츠러
들이다.
　☞ 응그리다.

웅기중기 〉 옹기종기.

웅덩이 ✽ 움푹 꺼진 땅에 물이 고인
곳. ¶ 웅덩이에 빠지다.
　☞ 둠벙. 움파리.

웅변해 주다(雄辯~) ㉮ ⇨ 잘 말해
주다. 잘 나타내다.

웅성깊다 ⇨ 웅숭깊다. ✽ ① 생각이나
뜻이 크고 넓다. ② 깊숙하다.

웅켜쥐다 ⇨ 움켜쥐다.

웅큼 ⇨ 움큼.

웅크리다 〉 웅그리다. ✽ 몸을 움츠러
들이다.
　☞ 응그리다.

웅키다 ⇨ 움키다.

워그적거리다 〉 와그작거리다. ✽ ① 여
럿이 시끄럽게 북적거리다. ② 뻣뻣
한 물건이 스치거나 부서지는 소리
가 자꾸 나다.

워글거리다 〉 와글거리다. ✽ ① 사람
이나 벌레 따위가 너른 곳에 많이
모여 뒤섞여 움직이다. ② 물 따위가
끓어오르다. ③ 쌓인 물건이 무너지
다.

워낙 = 원체. 원판. ✽ 두드러지게 아

주. ¶ 워낙 바쁘다. 워낙 서툴다.

워낭 ✽ 마소의 귀에서 턱밑으로 늘여
단 방울. 또는 쇠고리. ¶ 워낭 소리.
　☞ 소풍경. 쇠풍경.

워라말 ⇨ 얼룩말. 얼럭말.

워리 ✽ 개를 부르는 소리.
　☞ 구구. 아나. 오요요.

워워 〔느〕 = 우어우어. ✽ 소나 말을
멈추게 하는 소리.

워카 〔walker〕 ㉮ ⇨ 군화. ✽ 군인이
신는 구두.

워크샵(workshop) ⇨ 워크숍. ✽ ① 공
동 수련. 공동 연수. ② 연구 협의회.

원[1] ✽ 한국 돈의 하나치. {10원. 2000
원.} ✽ 아라비아 숫자 뒤에는 붙여
씀. ¶ 십 원. 백 원. 천 원. 이만 원.
십만 원. 백만 원. 천만 원.
　☞ 달러. 바트. 엔.[1] 위안. 유로. 파운
드. 프랑.

원[2](園) ✽ 왕세자와 비, 왕세손과 비,
왕의 친아버지와 어머니의 무덤.
　☞ 능. 묘. 분.[3] 총.[2]

원고뭉치(原稿~) ⇨ 원고 뭉치.

원고용지(原稿用紙) = 원고지.

원구(元口) ⇨ 밑동부리. 밑마구리.
✽ 통나무의 굵은 쪽 마구리.
　☞ 말구.[2]

원금(元金) ㉮ ⇨ ① 본전. ② 본밑. 본
밑천.

원달(元~) ✽ 윤달이 든 해의 윤달이
아닌 보통 달.
　☞ 윤달.

원두 놓다(園頭~) = 원두 기르다. ✽
참외, 수박, 호박을 심어 기르다.

원두장이(園頭匠~) ⇨ 원두한이. ✽

원두를 부치거나 놓는 사람.

원둘레률(~率)〔圓周率〕⇨ 원둘레율.
✱ 니은이나 홀소리 뒤에는 '율'임.

원료(原料) ✱ 화학적 변화를 일으켜 어떤 물건으로 만드는 밑감. ¶ 나일론의 원료는 석유다.
☞ 재료.

원리(元利) ㉭ ⇨ 본변. ✱ 본전과 길미.

원말(原~) = 본딧말. ✱ ① 변하지 않은 본디의 말. ✱ 과녁의 원말은 '관혁'임. ② 줄지 않은 본디 소리마디의 말. ✱ 본맘의 본딧말은 '본마음'임.
☞ 원어. 준말.

원망(願望) ㉭ ⇨ 바람. ✱ 소원.

원목(原木) ㉭ ⇨ ① 원나무. ② 통나무. ✱ 베어 낸 그대로의 나무.

원본(原本) ⇨ ① 본디 문서. ② 본디 책.

원사(遠寫) ㉭ ⇨ 멀리찍기. ✱ 사진.

원수지다(怨讐~) = 척지다. ¶ 원수진 사이처럼 만나기만 하면 싸운다.

원숭이띠 해 ⇨ 원숭이해. 원숭이의 해.

원앙(鴛鴦) = 원앙새. ✱ 오릿과의 물새. {원앙금침. 원앙새장. 원앙풀이.}

원앙계(鴛鴦契) ㉭ ⇨ 금실지락. ✱ 금실이 좋은 부부 사이.

원어(原語) ✱ ① 뒤치거나 고친 말의 바탕이 되는 말. ② 본바닥 말.
☞ 역어. 원말.

원어민(原語民) ⇨ 제바닥 말을 쓰는 사람. 제바닥 사람.

원어치 ¶ 한 푼어치. 십 원어치. 백 엔어치. 만 달러어치. 천 위안어치.
☞ ~어치.²

원예 가꾸다(園藝~) ⇨ 꽃을 가꾸다.

원용하다(援用~) ✱ 주장을 내세우려고 문헌이나 관례를 끌어다 쓰다.
☞ 인용하다.

원인(原因) ✱ 과학으로 밝혀야 할, 어떤 결과를 불러온 까닭. ¶ 원인 분석. 사고의 원인. 비가 많이 내리는 원인. 맛이 변한 원인. 일이 벌어진 원인.
☞ 이유.

원장님실(院長~室) ⇨ 원장실.

원조교제(援助交際) ㉭ ⇨ 갈보짓. 살꽃팔기. 아랫녘장사.

원족(遠足) ㉭ ⇨ 소풍.

원주율(圓周率) ㉭ ⇨ 원둘레율.

원줄기(元~) = 본줄기. ✱ 바탕을 이루는 줄기.

원집(原~) ⇨ 본집. ✱ ① 살고 있는 집. ② 세간을 나기 전의 집.

원짜리 ¶ 십 원짜리. ✱ 천 엔짜리. 만 위안짜리. 오 달러짜리.
☞ ~짜리.¹

원체 = 워낙. 원판. ✱ 본디부터 원래. ¶ 원체 말수가 적은 분이셨다.

원촌(原寸) ㉭ ⇨ 실제 치수.

원컨대(願~) = 원하건대. ✱ 바라건대.

원판(元~) = 워낙. 원체.

원활하다(圓滑 ⇨ 원활~) ⇨ 매끄럽다. 순조롭다.

월¹(月) = 월요일.

월²(月) ✱ 한 달 동안. {월말. 월수입. 월숫돈. 월이율. 월평균.} ¶ 월 생산량. 월 생활비. 월 소비량. 월 회비.

~월³(月) ✱ 정해진 달. {정월. 이월. 삼월. 사월. 오월. 유월. 칠월. 팔월. 구월. 시월. 십일월(동짓달). 십

이월(섣달). 5월. 7월. 11월.}

월거덕덜거덕 〉 왈가닥달가닥.

월남(越南) ⇨ 베트남. ＊ 나라 이름.

월남치마(越南~) = 통치마. ＊ 양쪽 선단이 없이 통으로 지은 치마.
　☞ 꼬리치마. 폭치마. 풀치마.

월래소리 = 가래소리. 놋소리. 술비소리. 썰소리. ＊ 거문도의 뱃노래.

월령체(月令體) = 달거리. ＊ 한 해 열두 달의 차례에 따라 노래한 형식.

월말(月末) ＊ 그달의 끝 무렵. ¶ 월말 결산. 월말 시험.

월 말(月 末) ＊ 정해진 달의 끝. ¶ 3월 말. 9월 말.

월맹(越盟) ⇨ 베트민. ＊ 베트남 민주 동맹.

월부(月賦) ⑪ ⇨ 달붓기.

월부금(月賦金) ⑪ ⇨ 달돈.

월부불(月賦拂) ⑪ ⇨ 달붓기.

월세(月貰) ＊ ①사글세. ＊ 빌려 쓰고 다달이 내는 돈. ②사글셋방.
　☞ 전세.

월숫돈(月收~) ＊ 원금과 길미를 다달이 나누어서 갚기로 하고 얻어 쓰는 빚.
　☞ 일숫돈.

월웃병(月曜病) ⇨ 월요병.

월요일날(月曜日~) ⇨ 월요일.

월컥덜컥 = 월커덕덜커덕. ＊ 부딪치는 소리.

웨치다 ⇨ 외치다.

웨하스(wafer) ⑪ ⇨ 웨이퍼. ＊ 과자 이름.

웬 〔매〕 ＊ ①어찌된. ¶ 웬 걱정. 웬 까닭. 웬 날벼락. 웬 눈. 웬 떡. 웬 영문. {웬셈. 웬일.} ②어떠한. ¶ 웬 놈. 웬 사내. 웬 사람. 웬 차.
　☞ 왠지.

웬간하다 ⇨ ①웬만하다. ②엔간하다.

웬거냐 ⇨ 웬 거냐. 웬 것이냐.

웬걸 = 웬 것을. ＊ 의심, 뜻밖, 부정하는 뜻. ¶ 웬걸, 그렇게 했을까?

웬만치 = 웬만큼. ＊ ①테두리를 넘지 아니할 만큼. ②보통은 넘는 정도.

웬만하다 ＊ ①정도나 형편이 표준에 가깝거나 그보다 낫다. ¶ 성적도 웬만하다. ②어떤 범위에서 벗어나지 않다. ¶ 웬만한 사람은 다 아는 일이다.
　☞ 엔간하다.

웬일인지 ＊ 어찌된 일인지. ＊ 뜻밖의 일. ¶ 웬일인지 모를 일이다.
　☞ 왠지.

웬지 ⇨ 왠지. ＊ 어찌된 까닭인지.

웽겅뎅겅 = 웽그렁뎅그렁. ＊ 깨지는 소리.

위 ＊ ①잣대로 그어놓은 금의 위, 하늘 쪽. ②머리에 가까운 쪽. ③다른 것보다 높은 쪽이나 나은 쪽. ＊ 된소리와 거센소리 앞에 붙여 씀. {위씨방. 위짝. 위쪽. 위채. 위청. 위초리. 위층. 위턱. 위틀. 위판. 위팔. 위편. 위편짝.} ¶ 위 구절. 위 그림. 위 끝. 위 문장. 위 테. {물위. 손위. 아래위.} ¶ 길 위. 눈 위. 장독 위. 둑 위. 땅 위. 산 위. 지붕 위. 창 위.
　☞ 웃~. 윗.

위격다짐 ⇨ 우격다짐.

위계문화(位階文化) ⇨ 상하 질서.

위계질서(位階秩序) ⇨ 상하 질서.

위대 ⇨ 우대. ‡ 서울 인왕산 부근의 동네.

위대한 유산(偉大~遺産) ⇨ 많은 유산. ‡ 찰스 디킨스의 소설 이름.

위독하다(危篤~) * 병세가 무거워 목숨이 위태롭다. ¶ 아버지가 위독하다. ☞ 위중하다.

위땀 = 겉땀. ‡ 재봉틀의 윗실이 박는 땀. ☞ 밑땀.

위뜸 * 한 마을에서 위에 있는 각단. ‡ 아래뜸.

위력성당(威力成黨) ⇨ 울력성당. ‡ 떼를 지어서 으르는 일.

위로위로 ⇨ 위로. 위로. 위쪽으로. 위쪽으로.

위선(爲先) ⇨ 먼저.

위성(衛星) * 달별. ‡ ① 행성의 둘레를 도는 작은 별. ② 인공위성. ☞ 유성.² 항성. 행성. 혜성.

위아래 = 아래위. {위아랫집. 위아랫물지다.}

위아랫막이 = 아래윗막이. ‡ 물건의 양쪽 머리를 막는 부분.

위안〔元〕 * 차이나 돈의 하나치. ☞ 달러. 바트. 엔.¹ 원.¹ 유로. 파운드. 프랑.

위알 ⇨ 윗알. ‡ 수판 가름대 윗줄에 있는 알.

위임하다(委任~) * 일을 책임 지워 맡기다. ¶ 권한을 위임하다. ☞ 위탁하다. 일임하다.

위작(僞作) * 남의 작품을 흉내 내어 비슷하게 만드는 일. 또는 그런 작품.

위조(僞造) * 가짜를 만듦. {위조지폐. 위조품.} ¶ 위조 어음. ☞ 변조하다.

위중하다(危重~) * ① 병세가 무겁다. ② 어떤 사태가 위태롭다. ☞ 위독하다.

위짝 * 위아래로 한 벌을 이루는 물건의 위에 있는 짝. ‡ 아래짝.

위쪽 = 윗녘. ‡ 위가 되는 쪽. ¶ 위쪽 단추. 산 위쪽으로 오르다.

위창 = 속창. 안창. ‡ 신발의 안쪽 바닥에 까는 가죽이나 헝겊. ☞ 밑창. 신창.

위층(~層) * 여러 층에서 위쪽에 있는 층. ‡ 아래층.

위체(爲替) 왜 ⇨ 환. {우편환}

위촉하다(委囑~) 왜 ⇨ 맡기다.

위치하다(位置~) 왜 ⇨ 있다. 자리 잡다.

위 칸 * 서랍 따위의 여러 칸에서 위에 있는 칸. ☞ 아래 칸. 윗간.

위탁하다(委託~) * 남에게 사물이나 사람의 책임을 맡기다. ¶ 위탁 교육. ☞ 위임하다. 일임하다.

위태로히(危殆~) ⇨ 위태로이. ‡ 위태롭다.

위통 * 물건의 위가 되는 부분. ☞ 웃통. 아래통.

위팔 = 팔죽지. ‡ 어깻죽지에서 팔꿈치 사이. ☞ 아래팔.

위패(位牌) * 단, 묘, 원, 절 따위에 모시는, 신주의 이름을 적은 나무패. ¶ 할아버님 위패를 모시다. 할머님 위패를 받들다.
☞ 신위. 신주. 지방[3]

위풍 ⇨ 웃바람. 웃풍.
☞ 외풍.

위하다(爲~) * ①이롭게 하거나 돕다. ②어떤 목적을 이루려고 하다. ③사람이나 물건을 소중하게 여기다.
☞ 아끼다.

위험수당(危險手當) 웬 ⇨ 위험 덤삯.

윗~ * 아래위가 따로 있는 이름씨에 붙음. {윗가지. 윗계층. 윗구멍. 윗글. 윗난. 윗넓이. 윗놈. 윗누이. 윗눈시울. 윗눈썹. 윗니. 윗다리. 윗대. 윗덧줄. 윗도리. 윗돌. 윗동강. 윗동네. 윗마구리. 윗마디. 윗마을. 윗머리. 윗면. 윗목. 윗몸. 윗미닫이틀. 윗반. 윗방. 윗방아기. 윗배. 윗배미. 윗벌. 윗변. 윗볼. 윗부리. 윗부분. 윗사람. 윗사랑. 윗삼. 윗세장. 윗수. 윗수염. 윗숨길. 윗실. 윗심. 윗아귀. 윗입술. 윗잇몸. 윗잎. 윗자리. 윗주. 윗줄. 윗중방. 윗집.} ‡ ‘윗~’ 대신 ‘아랫~’으로 바꾸어 말이 될 때만 씀.
☞ 위~. 웃~.

윗간(~間) * 잇닿아 있는 두 간에서 위쪽 간. ‡ 굴뚝에 쪽 부분.
☞ 위 칸. 아랫간.

윗길 * ①표준보다 나은 것. ¶ 기술은 우리가 윗길이다. ②위쪽에 난 길.
☞ 아랫길. 나지라기.

윗나룻 ⇨ 윗수염.

윗녘 = ①위쪽. 우대. ②뒤대. 뒤.
☞ 아랫녘.

윗놀이 = 윗놀음. ‡ 농악에서 꽹과리나 소고재비들이 상모를 돌리는 놀이.
☞ 밑놀이.

윗대(~代) * 조상의 대. ¶ 우리 윗대는 정승 판서를 지낸 양반 집안이다.
☞ 아래대. 아랫대. 우대.

윗도리 * ①윗옷. ②윗몸. ③높은 지위. ④흙일할 때 주장이 되는 사람.
☞ 아래옷. 아랫도리. 저고리.

윗돈 ⇨ 웃돈.

윗동 = 윗동아리. ‡ ①긴 물체의 위쪽 부분. ②둘로 갈라진 위쪽 동아리.
☞ 아랫동. 아랫동아리.

윗마기 * 윗도리에 입는 옷. ‡ 저고리, 적삼 따위
☞ 아랫마기.

윗막이 * 물건의 위쪽 머리를 막은 부분.
☞ 아랫막이.

윗머리 * ①정수리 위쪽 부분의 머리. ②머리 위에 난 머리털.
☞ 웃머리.

윗목 * 온돌방에서 아궁이로부터 먼 곳. ‡ 아랫목보다 차갑다.
☞ 아랫목.

윗몸 〔上體〕 * 배꼽 위의 몸.
☞ 아랫몸.

윗물 * ①상류에서 흐르는 물. ②높은 직위.
☞ 아랫물. 웃물.

윗바람 * ①물의 상류에서 불어오는 바람. ②연을 날릴 때의 서풍.
☞ 아랫바람. 웃바람.

윗배 * 가슴 아래 배꼽 위에 있는 배의

부분. ¶ 윗배가 부르다.

☞ 아랫배.

윗벌 = 윗도리. 윗옷. ✽ 한 벌로 된 옷에서 윗도리에 입는 옷.

☞ 아래옷. 아랫벌. 아랫도리.

윗병(胃病) ⇨ 위병. ✽ 배탈.

윗비걷다 ⇨ 웃비걷다. ✽ 비가 그치며 잠시 날이 들다.

윗사람 = 손윗사람. ✽ 나이, 항렬, 지위나 신분이 높은 사람.

☞ 손아랫사람. 아랫사람. 웃어른.

윗소리 ✽ 높은 소리. ✽ 음악에서 상성.

☞ 웃소리. 아랫소리.

윗아귀[1] = 웃아귀. 범아귀. ✽ 엄지손가락과 집게손가락 사이.

☞ 손아귀.

윗아귀[2] ✽ 활의 줌통 윗부분.

윗알 ✽ 수판 가름대 위에 있는 알.

☞ 아래알.

윗어른 ⇨ 웃어른.

윗옷〔上衣〕 = 윗도리. 윗마기. 웃통. ✽ 윗도리에 입는 옷.

☞ 웃옷. 아래옷.

윗집 ✽ 바로 위쪽으로 이웃하여 있는 집.

☞ 아랫집. 웃집.

윗쪽 ⇨ 위쪽. ✽ 아래쪽.

윗층 ⇨ 위층. ✽ 아래층.

윗칸 ⇨ ① 위 칸. ② 윗간.

윗통 ⇨ ① 위통. ② 윗도리. 웃통.

유감(遺憾) ✽ 섭섭하거나 불만스러운 느낌. ✽ 잘못을 비는 뜻이 아님. {유감천만.} {유감스럽다.} ¶ 유감이 없다. 유감이 있다.

유개차(有蓋車) ⇨지붕차. ✽ 지붕이 있

는 차.

☞ 무개차.

유골(遺骨) ✽ ① 주검을 태우고 남은 뼈. ¶ 유골을 묻다. 유골을 뿌리다. ② 무덤 속에서 나온 뼈. ¶ 유골을 발굴하다. 유골을 수습하다.

☞ 유해.

유곽(遊廓) 웬 ⇨ 갈봇집. 기생집. ✽ 청루.

유구 열도(流球列島) ⇨ 류큐 줄섬. ✽ 섬 이름.

유기[1](柳器) ✽ 고리짝. ✽ 버들가지나 대오리로 만든, 옷을 담는 그릇.

유기[2](鍮器) = 유기그릇. 놋그릇. {유기점.} ¶ 맞춤 유기. 안성 유기.

☞ 목기. 토기.

유기장이(柳器~) = 고리장이. ✽ 직업으로 고리를 만드는 사람.

☞ 주장.

유냉식(油冷式) ⇨ 유랭식.

유년기(幼年期) ✽ 유아기와 소년기의 중간. ✽ 유치원과 초등학교 이 학년쯤.

☞ 유아기. 소년기. 청년기. 장년기. 노년기.

유뇻증(遺尿症 ⇨ 유뇨증) ⇨오줌싸개.

유능(裕陵) ⇨ 유릉. ✽ 경기도 남양주에 있는 조선 순종과 순명 왕후의 능.

유다르다(類~) ✽ 여느 것과 아주 다르다. ¶ 유다른 생각. 유다른 정성.

☞ 남다르다.

유단포(유담뽀)〔湯湯婆〕 웬 ⇨ 자라통.

유대관계(紐帶關係) ⇨ ① 유대. ② 관계.

유도리 ㉗ ⇨ ① 빈틈. ‡ 여유. ② 두름
성. 주변머리. ‡ 융통성. ③ 이해심.

유두(流頭) * 음력 유월 보름. ‡ 우리
나라 명절의 하나. {유두잔치. 유둣
날.} ¶ 유둣물 지다.
  ☞ 단오. 대보름. 추석. 칠석. 한식.

유두손비비다(流頭~) = 용신제 지
내다. ‡ 유두 고사.

유래(由來) * 사물이나 일이 생겨남.
또는 생겨난 바. ¶ 한식의 유래.
  ☞ 내력. 유서.

유랭식(油冷式) * 기름으로 열을 식히
는 방식.
  ☞ 공랭식. 수랭식.

유례(類例) * 같거나 비슷한 보기.
‡ '없다. 적다'와 함께 씀.

유로(Euro) * 유럽 연합 돈의 하나치.
  ☞ 달러. 바트. 엔.¹ 원.¹ 위안. 파운
드. 프랑.

유루 없이(遺漏~) ⇨ 빠짐없이.

유륜(乳輪) ㉗ ⇨ 젖꽃판.

유륜선(乳輪腺) ㉗ ⇨ 젖꽃판샘.

유리(琉璃) = 파리. {유리관. 유리구
슬. 유리그릇. 유리문. 유리벽돌.
유리병. 유리블록. 유리솜. 유리알.
유리잔. 유리창. 유리칼. 유리컵.
유리판. 유릿가루.} {깔유리. 물유
리. 판유리.} ¶ 유리 뚜껑. 유리 막
대. 유리 조각. 덮개 유리. 받침 유
리.

유리상자(琉璃箱子) * 유리로 만든 상자.

유리집(琉璃~) * 유리로 만든 집.

유릿상자(琉璃箱子) * 유리를 담는 상자.

유릿집(琉璃~) * 유리를 파는 가게.

유망(流網) ㉗ ⇨ 떠돌이걸그물.

유명세(有名稅)**를 타다** ⇨ ① 유명세
가 따르다. ② 유명세를 치르다.

유모어(humour) ⇨ 우스개. 익살.
‡ 유머.

유무(有無) * 있음과 없음. ¶ 자격 유
무. 효력 유무.
  ☞ 여부.

유발시키다(誘發~) ⇨ 불러 오다. 불
러 일으키다. ‡ 유발하다.

유방(乳房) * ① 여자의 젖. ② 암컷이
새끼에게 젖을 먹이는 부분. ‡ 짐승
의 수컷이나 남자, 애어머니의 젖은
유방이라 하지 않음.
  ☞ 젖.

유배(流配) = 귀양. {유배하다.} ¶ 유
배 가다. 유배 보내다.

유별나다(有別~) = 특별나다. ‡ 두
드러지게 다르다.

유사하다(類似~) * 비슷하다. ¶ 식성
이 아버지와 유사하다.
  ☞ 흡사하다.

유산¹(硫酸) ㉗ ⇨ 황산. ‡ 화학 약품
이름.

유산²(油酸) ㉗ ⇨ 올레산. ‡ 동식물
기름의 주성분으로 비누를 만드는
데 씀.

유산(遺産)**을 남기다** ⇨ ① 재산을 남
기다. ② 문화를 남기다.

유산홍(油酸汞) ㉗ ⇨ 올레산수은.
‡ 살갗병을 치료하는 약으로 씀.

유서(由緒) * 예부터 내려오는 내력.
¶ 유서 깊은 고장. 유서 깊은 집안.
  ☞ 내력. 유래.

유선(乳腺) ㉗ ⇨ 젖샘. 젖멍울. 젖줄.

유설(遊說) ⇨ 유세. ¶ 선거 유세. 유

세 활동.

유성¹(遊星) ＊ 떠돌이별. ‡ 행성.

유성²(流星) ＊ 별똥별. ‡ 하늘에서 빛을 내며 떨어지는 작은 돌.
☞ 위성. 항성. 행성. 혜성.

유성 도료(油性塗料) ㉿ ⇨ 기름 칠감.

유세하다¹(遊說~) ＊ (제 생각이나 주장을) 돌아다니며 알리다.

유세하다²(有勢~) ＝ 유세 떨다. 유세 부리다. 유세 쓰다. 유세 피우다.

유식자(有識者) ＊ 지식이 있고 학문이 깊은 사람. ‡ 든사람.
☞ 무식꾼.

유실계(遺失届) ㉿ ⇨ 분실 신고.

유아¹(乳兒) ⇨ 젖먹이.

유아²(幼兒) ⇨ 어린아이.

유아기(幼兒期) ＊ 옹근 한 살부터 여섯 살까지의 어린 시절.
☞ 유년기. 소년기. 청년기. 장년기. 노년기.

유야납(維也納) ⇨ 빈. 비엔나. ‡ 땅 이름.

유약(釉藥) ⇨ 잿물. 즙물. 매흙물. ‡ 도자기의 몸에 덧씌우는 잿물.

유우머(humor) ⇨ 우스개. 익살. ‡ 유머.

유월달(六月~) ⇨ 유월.

유월도〔六月桃〕＊ 물복숭아의 한 가지.
☞ 수밀도. 민복숭아. 털복숭아.

유육(紐育) ⇨ 뉴욕. ‡ 땅 이름.

유자망(流刺網) ㉿ ⇨ 흘림걸그물.

유정하다(有情~) ＊ 인정이나 동정심이 있다. ¶ 유정한 사회.
☞ 무정하다.

유조(留鳥) ⇨ 텃새. ‡ 참새, 까마귀, 꿩, 물총새 따위 한 곳에서 사는 새.
☞ 후조. 떠돌이새. 철새.

유지(油脂) ㉿ ⇨ 기름. ‡ 식물성 기름과 동물성 기름을 함께 일컬음.

유지시키다(維持~) ⇨ 유지하다.

유착하다¹ ＊ 몹시 투박하고 크다. ¶ 유착한 놋쇠 화로.

유착하다²(癒着~) ㉿ ⇨ 엉겨붙다.

유창해 지다(流暢~) ⇨ 유창해지다. ‡ '~지다'는 뒷가지.

유출하다(流出~) ＊ ①밖으로 흘려 내보내다. ¶ 기름을 유출하다. ②(귀중한 물품이나 정보가 불법으로) 나라 밖으로 새나가다. ③나라 밖으로 빼돌리다.¶ 문화재를 유출하다. 첨단기술을 유출하다.
☞ 누출하다.

유치찬란하다(幼稚燦爛~) ⇨ 유치하다.

유탄푸(유담뿌) 〔湯湯婆〕㉿ ⇨ 자라통.

유태(猶太) ⇨ 유대 왕국. {유대교.} ¶ 유대 어. 유대 인.

유토리 ㉿ ⇨ ①옴나위. 틈. 짬. ‡ 여유. ②두름성. 주변머리. 주변성.

유해(遺骸) ＝ ①유골. ②주검. 송장.
☞ 유골.

유행어(流行語) ＊ 한때 갑자기 입에 오르내리다가 사라지는 말. ‡ 해학성. 풍자성. 신기함. 경박성. ¶ '잘 돼야 할 텐데.'라는 유행어가 널리 퍼졌다.
☞ 시쳇말. 요샛말.

유혈모기 ＝ 율모기. ‡ 뱀의 한 가지.

유황(硫黃) ㉿ ⇨ 황. ‡ 화학 약품 이름.

유회(油繪) ㉿ ⇨ 유화. ‡ 기름물감으로 그린 그림.

유휴답(遊休畓) 倒 ⇨ 묵정논.

유휴 자본(遊休資本) 倒 ⇨ 놀리는 돈.

유휴지(遊休地) 倒 ⇨ 묵히는 땅. 놀리는 땅.

육감(六感) = 제육감. ✽ 시각, 청각, 후각, 미각, 촉각 밖의 또 다른 느낌. ¶ 육감이 좋지 않다. 육감으로 알다. 육감으로 느끼다. 육감이 맞다.

육갑 떨다(六甲~) = 육갑하다. ✽ 못마땅한 말이나 짓을 하다. ¶ 육갑 떨고 있네.
☞ 주접떨다.

육계장(肉~) ⇨ 육개장. ✽ 쇠고기로 개장처럼 끓인 국.

육고추장(肉~醬) = 볶은고추장. 볶은장. 고추장볶이. ✽ 음식 이름.

육교(陸橋) 倒 ⇨ 구름다리.

육군자(六君子) ✽ 옛날 차이나의 우, 탕, 문, 무, 성왕, 주공을 일컫는 말.
☞ 사군자.

육담(肉談) ✽ 남녀관계에 따른, 야한 말.
☞ 육두문자.

육대주(六大洲) ✽ 지구에 있는 여섯 대륙. ✽ 아시아. 아프리카. 유럽. 오세아니아. 남아메리카, 북아메리카.
☞ 오대양.

육두문자(肉頭文字) ✽ 육담 따위 낮고 속된 말. ¶ 육두문자가 나오다.
☞ 문자. 육담.

육륙삼십륙(6×6=36) ⇨ 육육삼십육.

육모(六母) ✽ 친모(생모)가 아닌 여섯 어머니. ✽ 적모(큰어머니 : 서자가 아버지의 본처를 일컫는 말.), 계모(의붓어머니), 양모(양어머니), 자모(생모를 여읜 뒤, 길러 준 서모), 서모(아버지의 첩), 유모(젖어머니).
☞ 삼부.

육모초(益母草) ⇨ 익모초. ✽ 약풀의 한 가지.

육미붙이(肉味~) = 육붙이. ✽ 여러 가지 짐승의 고기.
☞ 고기붙이.

육발이(六~) ✽ ① 발가락이 여섯인 사람. ② 바퀴가 여섯 달린 자동차.
☞ 육손이.

육밭고누 ✽ 말밭이 여섯으로 된 고누. ✽ 겨레 놀이인 고누의 한 가지.
☞ 네밭고누. 열두밭고누. 우물고누.

육법(六法) ✽ ① 화육법. ✽ 동양화를 그리는 여섯 가지 법. ② 여섯 가지 기본법. ✽ 헌법. 형법. 민법. 상법. 형사 소송법. 민사 소송법. ③ 병을 다스리는 여섯 가지 방법. ✽ 한법. 토법. 하법. 온법. 청법. 보법.

육분(肉粉) 倒 ⇨ 고깃가루. ✽ 먹거리, 먹이, 모이, 거름으로 씀.
☞ 어분.

육서[1](六書) ✽ 한문글자를 만드는 여섯 가지 방법. ✽ 가차. 상형. 전주. 지사. 형성. 회의.

육서[2](六書) ✽ 여섯 가지 한문글자의 글씨체. ✽ ① 대전, 소전, 예서, 팔분, 행서, 초서. ② 고문, 기자, 전서, 예서, 무전, 충서.

육성시키다(育成~) ⇨ 키우다. ✽ 육성하다.

육성하다(育成~) ✽ 키우다. ✽ 지도자. 선수. 기업.
☞ 기르다. 양성하다.

육손이(六~) * 손가락이 여섯 개 달린 사람.
☞ 육발이.

육식 동물(肉食動物) * 고기먹이 동물. ✽ 동물을 먹고사는 동물.
☞ 잡식 동물. 초식 동물.

육신(六臣) = 노량육신. 사육신. ✽ 이개. 하위지. 유성원. 성삼문. 유응부. 박팽년.
☞ 생육신.

육십갑자(六十甲子) * 천간과 지지를 배합하여 차례로 늘어놓은 것. ✽ ① 천간 = 십간.(갑, 을, 병, 정, 무, 기, 경, 신, 임, 계.) ② 지지 = 십이지.(자, 축, 인, 묘, 진, 사, 오, 미, 신, 유, 술, 해.)

육쌈(肉~) ⇨ 고기쌈.

육월(六月) ⇨ 유월.

육율(六律) ⇨ 육률. ✽ 니은을 뺀 받침 뒤에는 '률'임.

육.이오(六.二五) = 유월 이십오 일. ✽ '융 니오'라 읽음.

육이.오(六二.五) = 육십이 점 오. ✽ '유기 오'라 읽음.

육.이오 동란(六.二五 動亂) ⇨ 육이오 전쟁. 한국 전쟁.

육일날(六日~) ⇨ 육일. 엿샛날.

육자배기[1](六字~) * 남도 지방의 잡가 가운데 하나.

육자배기[2](六字~) * 팔다리를 六자 모양으로 뻗고 드러눕거나 엎드려진 모양. ¶ 육자배기로 뻗다.

육장(肉漿) ㉠ ⇨ 고기즙. 고기 국물. ✽ 육즙.

육지니(育~) * 날지 못할 때 잡아서 길들인, 한 살이 안 된 사냥매.
☞ 보라매.

육천륙백륙십륙(六千六百六十六) ⇨ 육천육백육십육.

육추(育雛) ⇨ 새끼 기르기. ✽ 거위. 꿩. 닭. 메추리. 오리. 타조.
☞ 양식.[1]

육추매(育雛~) ⇨ 육지니. ✽ 새끼 때 잡아서 길들인, 한 살이 되지 않은 매.

육축(六畜) * 여섯 가지 집짐승. ✽ 소. 말. 양. 돼지. 개. 닭.

육친[1](六親) * 부모, 형제, 처자를 통틀어 일컫는 말.

육친[2](肉親) * 조부모, 부모, 형제. ✽ 한 핏줄.

육칸대청(六間大廳) ⇨ 육간대청. ✽ 여섯 칸이 되는 넓은 마루.

육하원칙(六何原則) * 신문 기사에 꼭 들어가야 할 여섯 가지 요소. ✽ 누가. 언제. 어디서. 무엇을. 어떻게. 왜.

육회(肉膾) * 소의 살코기나 간, 처녑, 양 따위로 만든 회.
☞ 생선회. 어회.

윤기나다(潤氣~) = 윤나다. 윤기 돌다. 윤기 있다. 윤기 흐르다.

윤달(閏~) * ① 양력에서 4년마다 한 번 2월을 29일로 한 달. ② 음력에서 19년에 일곱 번, 5년에 두 번꼴로 한 달을 더하는데 이때 더한 달.
☞ 원달.

윤독하다(輪讀~) ㉠ ⇨ 돌려보다. 돌려 읽다.

윤돈(倫敦) ⇨ 런던. ✽ 땅 이름.

윤똑똑이 * 저만 혼자 잘나고 영리한 체하는 사람.
☞ 과똑똑이.

윤재(輪栽) 왜 ⇨ 돌려짓기. ⁑ 농사짓는 방법.

윤중(輪中) 왜 ⇨ 방죽골. ⁑ 방죽으로 둘러싸인 마을.

윤중제(輪中提) 왜 ⇨ ① 방죽. ② 섬둑. 섬 둘레 둑.

윤하중(輪荷重) 왜 ⇨ ① 바퀴짐 무게. ② 바퀴눌림 무게.

~율¹(~律) * 법칙. ⁑ 니은이나 홀소리 뒤에는 '율'임. {교환율. 반사율.}

~율²(~率) * 비율. ⁑ 니은이나 홀소리 뒤에는 '율'임. {감소율. 소화율.}
☞ ~률.²

율모기 = 유혈모기. ⁑ 뱀의 한 가지.

율석(栗石) ⇨ 구슬자갈. 밤자갈. ⁑ 건축할 때 쓰는 잔돌.

율시(律詩) * 차이나 한시의 한 가지. ¶ 오언 율시. 칠언 율시. ⁑ 여덟 줄.
☞ 절구.²

윷자관(U字管) ⇨ U자관. ㄷ자관. ㄷ자대롱. 디귿자대롱. ⁑ 유자관.

융통성 없다(融通性~) 왜 ⇨ 주변 없다. 주변머리 없다. 주변성 없다.

융통하다(融通~) 왜 ⇨ 돌려쓰다. 변통하다.

융통해 오다(融通~) 왜 ⇨ 변통해 오다.

융해(融解) * 고체가 열을 받아 녹아 풀어짐. {융해로. 융해열. 융해점.}
☞ 용해.

윷 * ① 윷놀이에 쓰는 나무쪽 네 개. ⁑ 도. 개. 걸. 윷. 모. {윷꾼. 윷노래. 윷놀이. 윷말. 윷밭. 윷자리. 윷점. 윷짝. 윷판.} {보리윷. 장작윷. 콩윷.} {벌윷. 첫윷.} {윷놀다.}
② 윷짝 네 개가 모두 젖혀진 것을 이르는 말.
☞ 모.¹

윷가락 = 윷짝. ⁑ 윷놀이에 쓰는 나무쪽 낱개.

윷가치 ⇨ 윷가락. 윷짝.

으그러지다 〈 으끄러지다. ⁑ 단단한 물건이 눌려서 부스러지다.
☞ 뭉그러지다. 으츠러지다.

으깨어지다 * 단단한 물건이 눌려서 부스러지다.
☞ 으스러지다.

~으나따나 ⇨ ~으나마. ¶ 늦었으나마 인사드립니다.

~으냐? * 그림씨의 물음끝. ¶ 작으냐? 좋으냐? 싫으냐? ⁑ 리을 받침 뒤에는 붙지 못함.
☞ ~냐? ~느냐?

으늑하다 〉 아늑하다. ¶ 으늑한 분위기. 으늑한 산골짜기.

~으니? * 받침 있는 그림씨에 붙는 물음끝. ¶ 싫으니? 좋으니?
☞ ~니?⁴ ~냐? ~느냐? ~으냐?

으뜸가다 = 단벌가다. 첫째가다. 제일가다. 일등가다. ⁑ 첫손 꼽다.
☞ 버금가다.

으뜸 되다 = 첫째 되다.

~(으)라 * 건너 시킴꼴. ⁑ ① 듣는 이가 정해져 있지 않고 여럿일 때. ② 제3의 위치에 놓고 책이나 글을 통해 명령하는 글말체. ¶ 정답을 쓰라. ③ 공식적인 글에 씀. {고르라. 그리라. 답하라. 마시라. 먹으라. 믿

으라. 받으라. 밝히라. 보라. 비우라. 쓰라. 이으라. 잡으라. 키우라.}
☞ ~아(어)라. ~거라. ~너라.

~으라느냐? = ~으라고 하느냐? ¶ 누구보고 참으라느냐?

~으라는 = ~으라고 하는. ¶ 죽으라는 말보다 더 심하다.

~으라니? = ~으라고 하니? ¶ 어떻게 이런 것을 먹으라니?

~으라니 = ~으라고 하다니. ¶ 어른께 밥 먹으라니, 그런 말을 하면 못 써.

~으라니까 = ~으라고 하니까. ¶ 가만히 있으라니까. 똑바로 앉으라니까.

~으라며 = ~으라면서. ¶ 조용히 있으라며 꾸짖다.

~으라면 = ~으라고 하면. ¶ 조용히 있으라면 좀 조용히 있어라.

~으라면서 = 으라고 하면서. ¶ 술을 먹으라면서 권한다.

~으라지 = ~으라고 하지. ¶ 그렇게 바라는데 먹으라지 그랬니?

~으란 = ~으라고 한. ~으라고 하는. ¶ 죽으란 말보다 더 심하다.

~으란다 = ~으라고 한다. ¶ 네가 형이니까 참으란다.

~으랄 = ~으라고 할. ¶ 너보고 억지로 이 일을 맡으랄 사람은 없다.

~으랍니까? = ~으라고 합니까? ¶ 이것을 어디에 묻으랍니까?

~으랍니다 = ~으라고 합니다. ¶ 이번 일은 당신보고 맡으랍니다.

~으랍디까? = ~으라고 합디까? ¶ 누구보다 맡으랍디까?

~으랍디다 = ~으라고 합디다. ¶ 당신보고 맡으랍디다.

~으래 = ~으라고 해. ¶ 너보고 참으래.

~으래서 = ~으라고 해서. ¶ 형이 참으래서 참았지.

~으래서야 = ~으라고 해서야. ¶ 이런 음식을 먹으래서야 되겠나?

~으래야 = ~으라고 해야. ¶ 치마를 입으래야 입지.

~으래요 = ~으라고 해요. ¶ 차려 놓은 음식은 다 먹으래요.

~으랴고 ⇨ ~으려고.

~으러 ＊ 목적. ¶ 새를 잡으러 간다.
☞ ~으려.

으레 ＊ ① 두말할 것 없이 마땅히. ¶ 학생은 으레 공부하려니 했지. ② 틀림없이 언제나. ¶ 일을 마치면 으레 친구들과 어울려 한잔하러 간다.
☞ 의례.

으레껏 ⇨ 으레.

으레히 ⇨ 으레.

~으려 = ~으려고. ＊ 의도. ¶ 책을 읽으려 한다. 차를 타려 한다.
☞ ~으러.

~으려나? = ~으려고 하나? ¶ 어떤 책을 읽으려나?

~으려네 = ~으려고 하네. ¶ 마당에 감나무를 한 그루 심으려네.

~으려느냐? = ~으려고 하느냐? ¶ 무슨 노래를 들으려느냐?

~으려는가? = ~으려고 하는가? ¶ 빌려간 돈은 언제 갚으려는가?

~으려는고? = ~으려고 하는고? ¶ 거기서 무엇을 얻으려는고?

~으려는데 = ~으려고 하는데. ¶ 문

을 달으려는데 누가 나를 불렀다.

~으려는지 = ~으려고 하는지. ¶ 왜 그 사람을 찾으려는지 말해보아라.

~으려다가 = ~으려고 하다가. ¶ 양식거리를 얻으려다가 망신만 당했다.

~으려더니 = ~으려고 하더니. ¶ 옷을 벗으려더니 도로 입었다.

~으려던 = ~으려고 하던. ¶ 내가 읽으려던 책이 없어졌다.

~으려도 = ~으려고 하여도. ¶ 나는 웃으려도 웃을 수 없었다.

~으려면 = ~으려고 하면. ¶ 일을 맡으려면 실력이 있어야 한다.

~으려므나 ⇨ ~으려무나.

~으려서는 = ~으려고 하여서는. ¶ 속병은 참으려서는 안 된다.

~으려서야 = ~으려고 하여서야. ¶ 억지로 참으려서야 될 일이 아니다.

~으려야 = ~으려고 하여야. ¶ 참으려야 참을 수 없다.

~으려오 = ~으려고 하오. ¶ 무얼 먹으려오?

~으련? = ~으려느냐? ¶ 내가 직접 밥을 지으련?

~으련다 = ~으려고 한다. ¶ 나는 술을 먹으련다.

~으련만 = ~으련마는. ¶ 솔직히 말했으면 좋았으련만 거짓말만 했다.

~으렴 = ~으려무나. ¶ 이것 좀 먹으렴.

~으렵니까? = ~으려고 합니까? ¶ 어떤 것을 먹으렵니까?

~으렵니다 = ~으려고 합니다. ¶ 제가 직접 읽으렵니다.

으례 ⇨ 으레.

으례히 ⇨ 으레.

으로 〔토〕 = 로. 으로써. ‡ ① 수단. 방법. ¶ 붓으로 글씨를 쓴다. ② 연모. 재료. ¶ 콩으로 메주를 쑨다. ③ 방향. ¶ 집으로 간다. ④ 자격. ¶ 회원으로 가입하다. ⑤ 때. ¶ 아침저녁으로 문안을 드린다. ⑥ 까닭. ¶ 병으로 죽다. ⑦ 대상. ¶ 동생으로 하여금 집을 보게 하였다.

☞ ~므로.

으로부터 * 어떤 행동의 출발점이나 비롯되는 시간임을 나타냄. ¶ 지금으로부터 오천 년 전 우리 한아비들은 이곳에 자리를 잡고 살기 시작했다.

☞ 에게. 에게서. 에서. 에서부터.

으로부터의 ⇨ ① 으로부터. ② 에서. ③ 의.

으로서 〔토〕 = 로서. ‡ 지위. 신분. 자격. ¶ 교장으로서 해야 할 일. 사람으로서 해야 할 일.

☞ 으로써.

으로서는 ⇨ ① 으로서. ② 는. 은.

으로서의 ⇨ ① 으로서. ② 가 되는. ③ 의.

으로써 〔토〕 = 로써. 으로. ‡ ~을 가지고. ① 수단. 방법. 연모. ¶ 매로써 다스린다. ② 재료. ¶ 콩으로써 메주를 쑨다. ③ 시간. ¶ 시험에 떨어진 것이 이번으로써 세 번째다.

☞ 으로서.

으로써만이 ⇨ ① 으로써. ② ~에야. ~야만. ③ ~고서야.

으로의 ⇨ ① 으로. 로. ② 의.

으로해서 ⇨ ① 으로써. ② ~해서.

으르다[1] * 물에 불린 쌀을 방망이로 으

깨다. ¶ 쌀을 을러 무리를 만든다.

으르다² * 무서운 말이나 행동으로 놀라게 하여 겁을 주다. ‡ 위협하다.
☞ 어르다.²

으르대다 * 놀라게 하여 겁을 먹게 하다. ‡ 위협하다.
☞ 을러대다.

으르렁 * 사람이나 짐승이 세차게 울부짖거나 싸우는 소리. 또는 그런 모양.
☞ 우르릉.

으름〔燕覆子〕* 으름덩굴의 열매.
☞ 어름. 얼음.

으름나무 ⇨ 으름덩굴.

으름장 * 말과 행동으로 위협하는 짓.
¶ 으름장을 놓다.
☞ 얼음장.

으름짱 ⇨ ① 으름장. ② 얼음장.

~으리요 ⇨ ~으리오. ¶ 어찌 막으리오. 어찌 잊으리오?

으리으리하다 * 모양이나 크기가 놀랄 만큼 굉장하다. ¶ 으리으리한 기와집.
☞ 어리어리하다.² 어른어른하다.

으물거리다 ⇨ 우물거리다.

으뭉스럽다 ⇨ 의뭉스럽다. ‡ 어리석어 보이나 속으로 엉큼한 데가 있다.

~으므로 = ~므로. ‡ 리을이 아닌 받침 뒤에 붙어 까닭, 근거를 나타냄.
¶ 강물이 깊으므로. 내가 보았으므로. 네가 도망갔으므로 의심을 받는다.
☞ ~음으로.

으샤으이샤 ㉑ ⇨ 어기여차. 어여차. 영차영차.

~으세요 = ~으셔요. ~으시어요.
¶ 받으세요. 참으셔요. 앉으시어요.

으스대다 * 어울리지 않게 으쓱거리며 뽐내다. ¶ 꼴같잖게 으스대다.
☞ 뻐기다.

으스러뜨리다 〈 으스러트리다. ‡ 덩어리를 부스러지게 하다.

으스러지다 〉 아스라지다. ‡ ① 깨어져 조각조각 부스러지다. ¶ 뼈가 으스러지다. ② 살갗이 몹시 벗겨지다.
¶ 곤장을 맞아 엉덩이가 으스러지다.
☞ 으깨어지다.

으스레하다 ⇨ 어스레하다. ‡ 조금 침침하고 흐릿하다.

으스름달밤 * 달빛이 침침하고 흐릿하게 비치는 밤.

으스름밤 ⇨ 어스름밤. ‡ 조금 어둑어둑한 저녁.

으스름하다 * 빛이 침침하고 흐릿하다. ¶ 으스름한 달밤.
☞ 어스름하다.

으슥하다 * ① 무서움을 느낄 만큼 깊숙하고 후미지다. ¶ 으슥한 골목길. 으슥한 골짜기. ② 매우 고요하다.
¶ 으슥한 밤거리.
☞ 어석하다. 이슥하다.

으슬렁거리다 ⇨ 어슬렁거리다.

으슬으슬 * 소름이 끼칠 정도로 매우 차가운 느낌이 드는 모양.
☞ 어슬어슬. 아슬아슬.

으시대다 ⇨ 으스대다.

~으시~ * '리을' 아닌 받침 뒤에 붙어 높임을 나타내는 씨끝. ¶ 손을 잡으시다. 하늘처럼 높으시다. 형님이 있으시다.

☞ ～시～.⁴

으시시하다 ⇨ 으스스하다. ＊ 무서운 느낌이 들다.

～으시어요 ＝ ～으셔요. ～으세요. ¶ 받으시어요. 잡으셔요. 잡으세요.

으실으실하다 ⇨ 으슬으슬하다. ＊ 소름이 끼칠 정도로 차가운 느낌이 들다.

으악새 ⇨ ① 왜가리. ＊ 새 이름. ② 억새. ＊ 풀 이름.

～으오 ＊ 받침 있는 줄기 뒤에 붙는 씨끝. {깊으오. 날으오. 읽으오.}

☞ ～오.³

～으외다 ＝ ～으오이다. {찾으외다. 맑으오이다.}

～으이 ＊ 그림씨에 붙는 맺음끝. {좁으이. 좋으이. 싫으이. 예쁘이. 기쁘이.}

☞ ～군.⁷ ～네.⁶ ～ㄹ세.

으젓하다 ⇨ 의젓하다.

으징가미 ⇨ 이징가미. ＊ 깨어진 질그릇 조각.

으츠러지다 ＊ 연한 것이 부딪히거나 눌려 부스러지다. ¶ 두부가 으츠러지다.

☞ 으끄러지다. 뭉그러지다.

윽박지르다 ＊ 을러서 기를 꺾다. ¶ 잘못한 아이를 윽박지르다.

☞ 다지르다.

은¹ ＝ 는. ＊ 도움토씨. ① 부림자리. ¶ 개가 제 엄마는 좋아해. ② 매김자리. ¶ 코끼리는 코가 손이래. ③ 다른 자리토씨에 붙어 함께 씀. ¶ 개가 나한테는 그런 말 안 했는데. ④ 시간과 처소를 나타내는 토씨 뒤에 붙

어 함께 씀. ¶ 지난해에는 사정이 그렇지 않았다. ⑤ 임자자리. ¶ 나는 간다.

☞ 가.² 이.⁶ 도.¹ 에는.

～은² ＝ ～ㄴ. ＊ 움직씨 줄기에 붙어 지난 적을 나타내는 이음끝. ¶ 깎은 머리. 먹은 밥. 밟은 잔디. 죽은 사람. 간 사람. 온 사람. 잔 사람.

～은³ ＊ 그림씨 줄기에 붙는 이음끝. {깊은. 높은. 많은. 맑은. 밝은. 않은.}

☞ ～는.²

～은가? ＊ 그림씨에 붙는 물음끝. ¶ 그렇지 않은가?

☞ ～ㄴ가? ～는가?

～은가를 ⇨ ～은지. ¶ 우물이 얼마나 깊은가를 ⇨ 우물이 얼마나 깊은지.

～은과니 ＝ ～은고 하니. ¶ 이 강이 얼마나 깊은과니 세 길이 넘는다.

은금(恩金) ⑩ ⇨ 연금.

은둔하다(隱遁～) ＊ 시끄러운 세상일을 떠나서 깊이 파묻혀 살다.

☞ 은신하다.

은모래빛(銀～) ⇨ 은모래 빛.

～은바 ＊ ① 'ㄹ' 아닌 움직씨의 받침과 '～었' 뒤에 붙는 이음끝. ¶ 진상을 들은바 사실이 아님이 드러나다. ② 'ㄹ' 아닌 그림씨의 받침과 '～으시～' 뒤에 붙는 이음끝. ¶ 어버이의 은혜는 바다와 같은바 갚을 길이 없다.

☞ 바.¹ ～ㄴ바. ～는바. ～던바.

은빛(銀～) ＝ 은색. ＊ 은 빛깔.

은세공(銀細工) ⑩ ⇨ 은공예.

은신하다(隱身～) ＊ 쫓기는 사람이 남

의 눈에 띄지 않게 몸을 숨기다.
☞ 은둔하다.

은어(隱語) ⇨ 변. 변말. 곁말. ✿ 저희 동아리끼리만 쓰는 말.

은익하다(隱匿~) ⇨ 은닉하다. ✿ 물건이나 죄인을 감추어 두다.

은쟁이(銀~) ⇨ 은장이. ✿ 은장색.

은조롱(銀~) ⇨ ① 큰조롱. ✿ 식물. ② 새박뿌리. ✿ 한약.

은조사(銀造紗) ✿ 차이나에서 나는 얇고 가벼운 비단. ✿ 여름 옷감.
☞ 갑사.

~은지 ✿ 그림씨의 줄기에 붙는 씨끝. {좋은지. 않은지. 옳은지.}

~은 지 ✿ '지'는 매인이름씨. ✿ 뒤에 시간이 옴. ¶ 죽은 지 10년이 된다.
☞ ~ㄴ지. ~는지. ~ㄴ가. ~는가. ~은가.

은측(銀側) 웬 ⇨ 은딱지. ✿ 은으로 만든 몸시계의 껍데기.

은 커녕 ⇨ 은커녕. ✿ 받침 있는 임자말이나 어찌말 뒤에 붙는 도움토씨. ¶ 술은커녕 밥도 없다. 만 원은커녕 백 원도 없다.
☞ 는커녕.

은커니와 ⇨ 은커녕.

~을께 ⇨ ~을게. {갈게. 맡을게. 먹을게.}

~을라고 ✿ 그럴 가능성이 별로 없다는 뜻을 나타내는 맺음끝. ¶ 그 사람이 혼자 갔을라고. 설마, 저 밥을 혼자 다 먹을라고.
☞ ~으려고. ~ㄹ려고.²

~을래야 ⇨ ~으려야. {끊으려야. 먹으려야.}

☞ ~ㄹ래야.

을러대다〔威脅〕 = 을러메다. ✿ 을러서 남을 억누르다.
☞ 으르대다.

~을런지 ⇨ 을는지. ¶ 오늘은 일진이 좋을는지 모르겠다.

~을려고 ⇨ ~으려고. {가려고. 웃으려고. 자려고. 하려고.}

~을려야 ⇨ ~으려야. {끊으려야. 먹으려야.}

을르다 ⇨ ① 으르다. ② 어울리다.

을 만족하다(~滿足~) 웬 ⇨ 을 만족시키다.

~을 망정 ⇨ ~을망정. ✿ 이음끝. ¶ 얼어 죽을망정 곁불은 아니 쬐겠다.

~을 밖에 ⇨ ~을밖에. ✿ 맺음끝. ¶ 주인이 내놓으라면 내놓을밖에.

~을 뿐더러 ⇨ ~을뿐더러. ✿ 이음끝. ¶ 재산도 없을뿐더러 재주도 없다.

을사보호조약(乙巳保護條約) 웬 ⇨ 을사조약. 을사오조약. ✿ 역사.

을사오적(乙巳五賊) = 오적. ✿ 왜놈에게 나라를 팔아먹은 다섯 역적. 이완용. 이지용. 박제순. 이근택. 권중현.
☞ 경술국적. 정미칠적.

~을소냐 ⇨ ~을쏘냐. ✿ 강한 부정. ¶ 아무리 좋다 해도 고향만 같을쏘냐.

을시년스럽다 ⇨ 을씨년스럽다.

~을쎄라 ⇨ ~을세라. ✿ 이음끝. ¶ 아이들이 들을세라 목소리를 낮추었다.

~을쑤록 ⇨ ~을수록. ✿ 이음끝. ¶ 몸이 늙을수록 마음은 어려지는 법이다.

~을씨고 ⇨ ~을시고. ✿ 맺음끝. ¶ 우

리 강산 좋을시고.

을씨년하다 ⇨ 을씨년스럽다.

~을 요하다(要~) ⇨ ~해야 한다.

~을이만큼 ⇨ ~으리만큼. ~으리만치.
¶ 밥도 먹지 못하리만큼 힘이 없다.

~을진댄 = ~을진대는. ✲ '~을진대'
를 강조.

~을 테다 = ~을 터이다.

~을 필요(必要)**로 하다** ⇨ ~이 되
다. ~이 필요하다.

읊다 * ① 운에 맞추어 소리를 내어 읽
거나 외다. ② 시를 짓다.

읊조리다 * 시에 가락을 붙여 낮은 소
리로 내리 읊다.

~음 * ① 풀이씨를 이름꼴로 만드는
씨끝. {갔음. 많음. 없음. 있음. 적
음.} ② ㄹ 받침 뒤에서는 '~ㅁ'만
붙임. {거칢. 낮섦. 만듦. 슬픔.}
☞ ~기.

음고(音高) ㉿ ⇨ 음높이.

음달(陰~) ⇨ ① 응달. ② 그늘.

음독(音讀) * ① 소리 내어 읽음. ②
한문글자를 소리대로 읽음.
☞ 난독. 남독. 낭독. 다독. 묵독. 색
독. 속독. 정독. 체독.

음료수(飲料水) * 사이다, 콜라 따위
맛을 즐길 수 있도록 만든 물.
☞ 식수.²

음매 = 엄매. ✲ 소나 송아지가 우는
소리.

음반(音盤) ㉿ ⇨ 소리판. ✲ 레코드.

음식(飲食) * 사람이 바로 먹을 수 있
도록 차려 놓은 먹거리. {음식값. 음
식량. 음식상. 음식점.} {설음식. 숯
음식.} ¶ 음식 맛. 음식 쓰레기. 음식

장만. 음식 장사. 음식 찌꺼기. 음식
타령. 선 음식. 익은 음식. 더운 음
식. 잔치 음식. 제사 음식. 찬 음식.
추석 음식. ✲ 음료수, 과일, 옥수수,
감자, 고구마, 사탕, 과자 따위는 음
식이라 하지 않음.
☞ 음식물. 먹거리. 먹이. 모이.²

음식문화(飲食文化) ⇨ 음식 예절. 음
식 관습. 음식 종류. 요리 방식.

음식물(飲食物) * 음식이나 음식의 재
료, 건강식품, 먹어서 배 속에 든 것,
먹은 뒤에 남아서 버리는 것, 싱싱한
것, 썩은 것을 두루 일컬음.
☞ 음식. 먹이. 모이.²

음악(音樂)**을 접하다** ⇨ 음악을 듣다.
노래를 감상하다.

음악제(音樂祭) ㉿ ⇨ 음악회. 노래잔치.

~음에 ⇨ ~으매. ✲ 원인. 근거. ¶ 물
이 깊으매 큰 고기가 모여든다.

~음에도 불구하고(不拘~) ㉿ ⇨ ~음
에도. ~는대도.

음용수(飲用水) ㉿ ⇨ 먹는 물.

~음으로 = ~음으로써. ✲ ~는 것으
로. ~는 일로. ~을 가지고.
☞ ~으로써. ~으므로.

음장(音長) ⇨ 음길이.

음전하다 * 얌전하고 점잖다. ¶ 음전한
아가씨. 말하는 태도가 음전하다.
☞ 얌전하다. 엄전하다.

음절(音節) ㉿ ⇨ 낱내. 소리마디.

음주문화(飲酒文化) ⇨ 음주 습관. 음
주 형태. 술버릇.

음지짝(陰地~) ⇨ 응달쪽.

~음직 스럽다 ⇨ ~음직스럽다. {먹
음직스럽다. 믿음직스럽다.}

~음직 하다 ⇨ ~음직하다. {먹음직 하다. 믿음직하다.}

음큼하다 ⇨ 엉큼하다.

음향의 분노(音響~憤怒) ⇨ 분노에 찬 헛소리. ✲ 윌리엄 포크너의 소설.

~읍니까? ⇨ ~습니까? ¶ 벌써 오셨습니까?

~읍니다 ⇨ ~습니다. ¶ 약속이 있습니다.

~읍디까? ⇨ ~습디까? ¶ 많이 왔습디까?

~읍디다 ⇨ ~습디다. ¶ 사람이 많습디다.

~읍시다 ¶ 믿읍시다. 앉읍시다. 걸읍시다. ✲ '~습시다'가 아님.

~읍시오 ¶ 믿읍시오. 앉읍시오. ✲ '~습시오'가 아님.

~읍죠 ⇨ ~습죠. {갔습죠. 왔습죠. 있습죠.}

응그리다 * ①얼굴을 험상궂게 찌푸리다. ②손으로 움켜쥐다.
☞ 웅그리다.

응급조치(應急措置) ㉂ ⇨ 응급조처.

응달〔陰地〕* 그늘진 곳. {응달나무. 응달지다. 응달쪽.} ¶ 응달 식물.
☞ 볕받이. 양달.

응둥이 = 응석둥이. 응석받이. ✲ 너무 귀엽게 키워서 버릇없이 자란 아이.
☞ 재롱둥이.

응락(應諾) ⇨ 응낙. ✲ 승낙. {응낙하다.} ¶ 응낙을 받다. 응낙이 있었다.

응받이 = 응석받이. ✲ 응석을 받아 주는 일.
☞ 응석받이.

응석꾸러기 * 어른들이 귀여워해 줄

것을 믿고 버릇없이 구는 아이.

응석둥이 = 엉석받이. 응둥이.

응석받이 = ①응받이. ②응석둥이.

응석 부리다 = 응석 피우다.

응아응아 = 응애응애. ✲ 갓난아기 울음소리.

응알이 ⇨ 옹알이.

응큼하다 ⇨ 엉큼하다.

응헤야 ⇨ 옹헤야. ✲ 일노래의 한 가지.

의〔토〕* 소유, 소속, 행동, 작용, 주체를 나타내는 매김자리토씨. ✲ 임자자리, 부림자리토씨로 쓸 수 없음. ¶ 나의 살던 고향 ⇨ 내가 살던 고향. 국기의 게양 ⇨ 국기를 게양. 부조리의 척결 ⇨ 부조리를 척결. 스스로의 약속 ⇨ 스스로 한 약속. 감상의 즐거움 ⇨ 감상하는 즐거움. 말하기, 듣기, 쓰기의 문제 ⇨ 말하고 듣고 쓰는 문제. 타고난 저마다의 소질을 계발하고 ⇨ 저마다 타고난 소질을 계발하고. 인권의 획기적인 신장은 ⇨ 획기적인 인권 신장은.
☞ 가.² 과. 이. 을. 를.

의견난(意見欄) ⇨ 의견란. ✲ 한자말 뒤에선 '란'임.

의걸이(衣~) = 의걸이장. ✲ 위는 옷을 걸고 아래는 반닫이로 된 옷장.

의곡(歪曲) ⇨ 왜곡.

의논(議論) * 어떤 일을 두고 서로 생각을 주고받는 일. ✲ 상의.
☞ 의론.

의례(依例) = 의전례. ✲ 앞서 있었던 보기에 따름.
☞ 으레.

의례히 ➪ 으레.

의로이(義~) * 의롭게. ‡ 의롭다. ¶ 의로이 살기는 어렵다.

의론(議論) * 서로 제 생각을 주장하거나 검토하는 일. ‡ 논쟁하고 토론함. ☞ 의논.

의롭지 않다(義~) = 의롭잖다.

의뢰받다(依賴~) 倒 ➪ 부탁받다.

의뢰하다(依賴~) 倒 ➪ 부탁하다.

의료기기(醫療機器) ➪ 의료기.

의료은행(醫療銀行) * 혈액은행, 안구은행, 신장은행 따위.

의문시되다(疑問視~) ➪ 의심스럽다.

의미(意味) * ① 말이나 글의 속내. ¶ 낱말의 의미. 문장의 의미. ② 어떤 일이 지닌 뜻이나 값어치. ¶ 의미 깊다. 의미 없다. 의미 있다. ☞ 뜻.

의법하다(依法~) ➪ 법대로 하다. 법에 따르다.

의붓딸 * ① 새로 맞은 아내가 데리고 온 딸. ② 남편의 전처가 낳은 딸. ☞ 수양딸. 양딸. 움딸.

의붓아들 * ① 새 아내가 데리고 온 아들. ② 남편의 전처가 낳은 아들. ☞ 수양아들. 양아들.

의붓아버지 = 의붓아비. ‡ 어머니가 개가하여 얻은 남편. ☞ 수양아버지. 양아버지. 친아버지.

의붓어머니 = 의붓어미. ‡ 아버지가 재혼하여 얻은 아내. ☞ 수양어머니. 양어머니. 친어머니.

의붓자식 = 덤받이. ‡ 새 아내가 데리고 온 자식.

의사(義士) * 나라와 겨레를 위해 무력으로 싸우다가 의롭게 죽은 사람. ¶ 안중근 의사. 윤봉길 의사. 이봉창 의사. ☞ 선열. 열사. 지사.

의삿증(擬似症) ➪ 의사증. ‡ 비슷한 증상.

의심꾸러기(疑心~) = 의심쟁이. ‡ 의심이 많은 사람.

의심되다(疑心~) ➪ 의심스럽다. 의심쩍다.

의심스럽다(疑心~) = 의심쩍다. ‡ 믿지 못할 만한 데가 있다.

의연금(義捐金) * 불쌍한 사람을 돕거나 사회를 위해 내는 돈. ☞ 각출금. 기부금.

의옛과(醫豫科) ➪ 의예과.

의원(醫院) * 병원보다 작은 진료소. {한의원} ¶ 내과 의원. 외과 의원. 안과 의원. 치과 의원. 이비인후과 의원. 피부과 의원. 산부인과 의원. ☞ 병원.

의자(椅子) * 한 사람이 걸터앉는 걸상. {안락의자. 팔걸이의자. 회전의자. 흔들의자.} ¶ 가죽 의자. 나무 의자. 등나무 의자. ☞ 거상.¹ 걸상. 승창. 평상.

의젓찮다 ➪ 의젓잖다. 의젓하지 않다. ‡ 안울림소리 뒤에는 ‘하’가 줆.

의젓하다 * 점잖고 무게가 있다. {의젓이.} ¶ 몸가짐이 의젓하다. ☞ 어엿하다.

의좋다(誼~) = 사이좋다. ¶ 이웃 사람과 의좋게 지낸다.

의지간(倚支間) * 원래 있던 집채에 더 달아서 꾸민 칸.

☞ 달개.

의초(誼~) * ① 동기간의 사랑. ¶ 형제 자매 사이에 의초가 두텁다. ② 부부간의 사랑. ¶ 내외간에 의초가 좋다.

☞ 우애.

의하여(依~) 옙 ⇨ ① 로. 으로. ⁎ 투표에 의하여 ⇨ 투표로. ② 이. ¶ 인민에 의하여 ⇨ 국민이 하는. ③ 의. ¶ 강경파들에 의해 ⇨ 강경파들의. ④ 대로 하는. 에 따라. ¶ 법률에 의한 ⇨ 법률대로 하는. 법에 따라 하는.

의혹을 밝히다(疑惑~) ⇨ 의혹을 풀다. 진실을 밝히다.

잇과대학(醫科大學) ⇨ 의과 대학.

이¹〔齒〕= 이빨. ~니. ⁎ ① 사람이나 짐승. {간니. 덧니. 독니. 뒤어금니. 방석니. 배냇니. 벋니. 뻐드렁니. 사랑니. 삭은니. 생니. 송곳니. 아랫니. 앞니. 앞어금니. 어금니. 엄니. 옥니. 윗니. 젖니. 큰어금니.} {금니. 틀니.} {이똥. 이뿌리(이촉). 이앓이. 이틀(잇집). 잇몸. 잇바디. 잇살. 잇새. 잇속. 잇자국.} ② 연장. {나삿니. 톱니.}

이²〔蝨〕= ~니. ⁎ 해론벌레. {이꾸러기.} {가랑니. 개털니. 닭니. 머릿니. 몸엣니. 솟니. 쇠털니. 수퉁니. 옷엣니. 잔가랑니. 짐승니. 짐승털니.}

이³ 〉 요. ⁎ 대이름씨. {이거. 이것. 이것저것. 이곳. 이곳저곳. 이날. 이날저날. 이네. 이녁. 이년. 이놈. 이다음. 이달. 이따위. 이만큼. 이번.

이분. 이사이. 이손. 이이. 이자. 이즈음. 이쪽. 이쪽저쪽. 이쯤. 이치.}

이⁴ 〉 요. ⁎ 매김씨. ¶ 이 가운데. 이 길. 이 날짜. 이 녀석. 이 당시. 이 대신. 이 댁. 이 덕분. 이 동네. 이 뒤. 이 땅. 이 말. 이 무렵. 이 밑. 이 바람. 이 사람. 이 새끼. 이 속. 이 순간. 이 아이. 이 역시. 이 옆. 이 외. 이 위. 이 이하. 이 자식. 이 주. 이 책. 이 책상. 이 턱.

☞ 그.² 저.¹

이⁵ = 사람 {그이. 글쓴이. 깨달은이. 꼬부랑늙은이. 낡은이. 늙은이. 못난이. 상늙은이. 설늙은이. 애늙은이. 어린이. 옮긴이. 이이. 읽는이. 저이. 젊은이. 젖먹이. 중늙은이. 지은이. 펴낸이.} ¶ 듣는 이. 말하는 이. 모르는 이. 모자를 쓴 이. 받는 이. 보내는 이. 아는 이. 읽는 이.

이⁶ = 가. ⁎ 임자자리토씨. ⁎ 받침 뒤에는 '이', 홀소리 뒤에는 '가'를 씀. ¶ 산이 높다. 물이 깊다. 엉덩이가 무겁다. 이 책이 재미있다.

☞ 는.¹ 은.¹

이⁷ = 가. ⁎ 기움자리토씨. ⁎ 받침 뒤에는 '이', 홀소리 뒤에는 '가'. ¶ 물이 얼면 얼음이 된다. 올챙이가 크면 개구리가 된다. 나는 학생이 아니다.

~이⁸ * 이름씨나 어찌씨로 바꾸는 뒷가지. ① 그림씨를 이름씨로. {길이. 깊이. 넓이. 높이. 많이.} ② 움직씨를 이름씨로. {가슴앓이. 감옥살이. 구두닦이. 돈벌이. 때밀이. 먹이. 목걸이. 옷걸이. 생선구이. 옷걸이.

생선구이. 소금구이. 신문팔이. 재떨이. 젖먹이.} ③어찌씨를 이름씨로. {덜렁이. 딸랑이. 뚱뚱이. 절름발이.} ④겹친 이름씨를 어찌씨로. {겹겹이. 곳곳이. 구구절절이. 나날이. 낱낱이. 다달이. 일일이. 집집이. 틈틈이.} ⑤비읍 벗어난그림씨를 어찌씨로. {가벼이. 날카로이. 너그러이. 새로이. 외로이. 즐거이.} ⑥시옷 뒤에 '하다'가 붙는 말을 어찌씨로. {깨끗이. 갸웃이. 다소곳이. 따뜻이. 뚜렷이. 버젓이. 산뜻이. 지긋이.} ⑦기역 뒤에 '하다'가 붙는 말을 어찌씨로. {그윽이. 깊숙이. 끔찍이. 나직이. 넓죽이. 높직이. 빽빽이. 뾰족이. 소복이. 자욱이. 촉촉이. 큼직이.}
☞ ~히.[2]

이가타〔鑄型〕[왜] ⇨ 거푸집. 골. ⁑ 쇠로 만든 거푸집.

이간시키다(離間~) ⇨ 이간하다. 이간질하다.

이같은 ⇨ 이 같은. ⁑ 이와 같은.

이같이 〔어〕* 이 모양으로. 이렇게. ¶ 이같이 기쁜 일은 일찍이 없었다.

이거 = 이것. ⁑ 입말체. ¶ 이거 너 가져. 바로 이거다.
☞ 이게.

이건 = 이것은. ¶ 이건 내 것이 아니다. 이건 뭐니?

이건하다(移建~) [왜] ⇨ 옮겨 세우다. 옮겨 짓다. ⁑ 이축하다.

이걸 = 이것을.

이걸로 = 이것으로.

이것 저것 ⇨ 이것저것.

이것밖에 ¶ 돈이 이것밖에 없다. ⁑ '밖에'는 토씨.

이것 밖에 ¶ 이것 밖에도 많이 있다. ⁑ '밖'은 매인이름씨.

이것으로 = 이걸로. ¶ 이것으로 인사를 갈음합니다.

이게 = 이것이. ⁑ '이것'에 임자자리토씨 '이'가 붙을 때. ¶ 이게 말이다.
☞ 이거.

이고지고 ⇨ 이고 지고. ¶ 머리에 이고 등에 지고.

이골[1] * 어떤 일을 오랫동안 해서 익숙해짐. ¶ 이골이 나다.
☞ 이력.[1]

이골[2]〔齒髓〕* 이빨 속 빈 곳에 들어 있는 연한 조직.

이골물 저골물 ⇨ 이 골 물, 저 골 물. ⁑ 이 골짜기 물, 저 골짜기 물.

이곳 = 여기. ¶ 이곳은 예부터 곶감으로 이름난 곳이다.

이곳저곳 = 여기저기. ¶ 이곳저곳을 기웃거리며 다녔다.

이구요 ⇨ 이고요. ⁑ 이다. ¶ 이것은 꽃이고요, 저것은 풀이에요. ⁑ 맺음끝.

이 그렇게 ~ㄹ 수 없어요 ⇨ ①이 참 ~어요. ¶ 이것이 그렇게 좋을 수 없어요 ⇨ 이것이 참 좋아요. ②이 매우 ~군요. ¶ 이것이 그렇게 좋을 수 없어요 ⇨ 이것이 매우 좋군요.

이그러지다 ⇨ 일그러지다.

이글거리다 * ①불꽃이 어른어른 피어오르다. ②정열이 힘차게 일어나다.
☞ 니글거리다.

이금(耳金) [왜] ⇨ 귓쇠. ⁑ 쇠로 만든 노리개의 하나.

이기다 * ①내기나 경기, 싸움에서 상대를 꺾다. ¶ 축구에서 이기다. ②감정, 욕망을 억누르다. ¶ 슬픔을 이기다. ③아픔이나 어려움을 참고 견디어 내다. ¶ 병을 이기다. ④몸을 가누다. ¶ 술에 취해 몸을 이기지 못하다.
☞ 승리하다.

이기죽거리다 = 이죽거리다. 익죽거리다. ⁑ 자꾸 밉살스럽게 지껄이며 짓궂게 빈정거리다. ¶ 이기죽거리며 약을 올리다.

이까(이카)〔烏賊〕[왜] ⇨ 물오징어.
☞ 수루메.

이까짓 = 이깟. ¶ 이까짓 것. 이까짓 게. 이까짓 놈. 이까짓 일.

이끌다 * 어떤 곳으로 같이 가면서 따라오게 하다. ⁑ 사람. 모임. 일. 현상.
☞ 끌다.

이끼[1] 〔이〕 * 고목이나 바위, 축축한 땅에 자라는 식물. ¶ 탑에 이끼가 끼다.

이끼[2] 〔느〕 = 이끼나. ⁑ 놀라 급히 뒤로 물러설 때 나오는 소리.

이나따나 ⇨ 이나마.

이나마[1] 〔어〕 * ①이것이나마. ¶ 이나마 잘 돼야 할 텐데. ②이것마저도. ¶ 이나마 저녁 한 끼면 없어지겠다.

이나마[2] 〔토〕 * 아쉬운 대로. ¶ 몸이나마 건강해야지. 잠깐이나마 쉬자.

이나저나 = 이러나저러나. ¶ 이나저나 이사를 가긴 가야겠는데 집이 없으니.

이내[1]〔嵐氣〕 * 해가 질 무렵 멀리 보이는 푸르스름하고 흐릿한 기운. ¶ 산등성이와 못이 있는 들판 어귀에는 보얀 이내가 앉아 있었다.
☞ 안개.

이내[2] 〔매〕 * 나의. ⁑ 강조. ¶ 이내 몸. 이내 신세. 이내 팔자.

이내[3] 〔어〕 * ①그때에 곧. ¶ 이내 잠이 들었다. ②멀지 않고 가까이 곧. ¶ 집 뒤편은 이내 논이었다.

이내[4](以內) * 시간이나 공간의 정해 놓은 테두리 안. ⁑ 기준이 포함됨.
☞ 내.[6]

이내 몸 = 이 몸. ¶ 이내 몸은 국제 시장 장사치다.

이녘 ⇨ 이녁. ⁑ 당신. ¶ 이녁을 볼 낯이 없소.

이니만치 = 이니만큼. ⁑ '~니만치', '~니만큼'은 이음끝.

이니셜(initial) ⇨ 머리글자. ⁑ 로마 글자.

이다[1] 〔토〕 * 닿소리로 끝나는 임자씨 뒤에 씀. {감이다. 꿈이다. 사람이다.}
☞ 다.[3]

이다[2]〔板〕[왜] ⇨ 널빤지.

이다[3] * 물건을 머리 위에 올려놓다. ¶ 물동이를 이다.
☞ 얹다.

~이다 라는 ⇨ ~이라는. ⁑ 닭이다 라는 말을 듣고 ⇨ 닭이라는 말을 듣고

이다바(이타바) [왜] ⇨ 숙수. 요리사.

이다음 〔이〕 = 이담. ⁑ 뒤이어 오는 어느 때나 자리. ¶ 이다음에 만나자.

이 다음 * 바로 뒤. ¶ 이 다음은 내 차

레다.

이다지 = 이리도. ⁑ 이러한 정도로. 이렇게까지. ¶ 왜, 이다지 그리울까?

이닥지 ⇨ 이다지. 이리도.

이대도록 ⇨ 이다지.

이도령(李~) ⇨ 이 도령. ⁑ 성씨나 이름 뒤에는 띄어 씀.

이도선(耳道腺) �@ ⇨ 곁귀샘.

이동시키다(移動~) ⇨ 옮기다. ⁑ 이동하다.

이두〔吏讀. 吏頭〕 ⁑ 옛날, 한문글자의 새김과 소리로 겨레말을 적은 법과 글. ⁑ 白 = 삷. 사룀. 上白是 = 상사리. 大乙 = 하늘.

　☞ 구결. 군두목. 향찰.

이들밖에 ¶ 이들밖에 믿을 사람이 없다. ⁑ '밖에'는 토씨.

이들 밖에 ¶ 나를 따르는 사람은 이들 밖에 많이 있다. ⁑ '밖'은 이름씨.

이듬날 ⇨ 이튿날.

이듬달 ⁑ 바로 그 다음에 오는 달. ⁑ 과거나 미래의 어느 달을 기준으로.

이듬매기 = 이듬 ⁑ 논밭을 두 번째 매는 일.

　☞ 논매기. 애벌매기. 만물. 만도리. 초벌매기.

이듬해 ⁑ 바로 그 다음에 오는 해. ⁑ 과거나 미래의 어느 해를 기준으로.

　☞ 내년. 다음해.

이듬햇봄 ⇨ 이듬해 봄.

이듭 = 두습. ⁑ 짐승 나이 두 살.

이디오피아(Ethiopia) ⇨ 에티오피아. ⁑ 나라 이름.

이따가 = 이따. ⁑ 조금 지난 뒤에. ¶ 이따가 다시 이야기해 보자.

☞ 있다가.

이따금 = 가끔. 때때로. ⁑ 얼마씩 동안을 띄어서. ¶ 이따금 네 생각을 한다.

　☞ 드문드문.

이따만큼 ⇨ 이만큼.

이따위짓 ⇨ 이따위 짓.

이딴 = 이따위. ⁑ 그딴. 저딴. ¶ 이딴 일로 나를 오라 가라 하느냐?

이때 ⁑ ① 바로 지금의 때. ② 바로 앞에서 이야기한 시간의 어떤 점.

　☞ 입때.

이때껏 ⁑ 지금에 이르기까지. ¶ 이때껏 묻어 둔 말을 쏟아 놓았다.

　☞ 여태. 입때껏.

이라¹ 〔느〕 ⇨ 이랴. 이러. ⁑ 소나 말을 몰 때 내는 소리.

이라² = 이라고. ⁑ 바로 따옴 토씨. ¶ 가게에는 "휴가 중"이라 써 붙였다.

이라고 〔토〕 ⁑ ① 탐탁잖는 대상. ¶ 이것도 일이라고 했니? ② 원인. 이유. ¶ 시골이라고 약국도 없는 줄 아니? ③ 강조. ¶ 정이라고는 눈꼽만큼도 없다.

이라구 ⇨ 이라고.

이라야 〔토〕 = 이어야. ¶ 이 일은 그 사람이라야 할 수 있다.

　☞ 이래야.

~이란 = ~이라고 하는. ~이라고 하는 것은.

~이랄 = ~이라고 할.

이랑¹ 〔이〕 ⁑ ① 밭의 고랑과 고랑 사이에 씨를 뿌리거나 모종을 심어 가꾸는 두둑. {물이랑. 밭이랑.} ¶ 보리밭 이랑. ② 하나치. ¶ 밭 두 이랑.

　☞ 고랑.¹ 두둑. 뙈기.

이랑² 〔토〕 = 하고. 와. 과. ¶동무들이랑 놀다. 떡이랑 과일이랑 먹다.

이래도 = ①이러하여도. ②이라 하여도.

이래 봬도 = 이래 뵈어도. 이래 보이어도.

이래서 = ①이러하여서. ②이라 하여서.

이래서야 = 이러하여서야.

이래야 * 이라고 해봤자. ¶집이래야 코딱지만 한 판자집이다. ☞ 이라야.

이랴 〔느〕 = 이러. ‡소나 말을 몰 때 내는 소리.

이러고 = 이리하고. ¶이러고 나서 놀러 갔느냐?

이러고저러고 = 이러하고 저러하고.

이러나저러나 = 이나저나. ‡①이러하나 저러하나. ¶이러나저러나 답답하기는 마찬가지다. ②이것은 이렇다 치고. ‡지금까지 하던 말을 다른 데로 돌릴 때 하는 말. ¶이러나저러나 결과가 좋아야 할 텐데.

이러니까 = 이러하니까.

이러니저러니 = 이러하다느니 저러하다느니.

이러다 * 이렇게 말하다.

이러다가 = 이렇게 하다가. 이러하게 되다가.

이러려니하다 ⇨ 이러려니 하다.

이러면 = ①이러하면. ¶이러면 곤란하다. ②이리하면. ¶계속 이러면 혼난다. ☞ 이르면.

이러므로 = 이러하므로.

이러잖아도 = 이러하지 아니하여도.

이러쿵저러쿵 = 어쩌고저쩌고. ‡이러니저러니 말을 늘어놓는 모양. ☞ 이리쿵저러쿵. 흥이야항이야.

이러하다 = 이렇다.

이럭저럭 * ①알지 못하는 동안에 어느덧. ¶이럭저럭 10년이 흘렀다. ②되어 가는 대로. ¶이럭저럭 살아간다. ☞ 이렁저렁.

이럭하다 = 이렇게 하다. ¶이럭하면 안 되지.

이런¹ 〔느〕 * 놀라운 일이나 딱한 일을 보거나 들었을 때 내는 소리. ¶이런, 코피가 나네. 이런, 큰일이 났어. 이런, 방이 얼음장이구나.

이런² = ①이러한. ‡상태, 모양, 성질. {이런저런.} ¶이런 가운데. 이런 날. 이런 놈. 이런 뜻. 이런 생각. 이런 식. 이런 일. ②이렇게 한. ¶언제 이런 적이 있느냐?

이런저런 = 이러하고 저러한. ¶이런저런 이야기에 밤새는 줄 모르다.

이런즉 = 이러한즉. ¶일이 이런즉 마음을 굳게 해야 한다.

이럼 = 이러면. ¶이럼 안 돼요. 몸이 이럼 쉬어야지. ‡그럼. 저럼. 요럼.

이렁저렁 * 하는 일 없이 이런 모양과 저런 모양으로. ¶이렁저렁 지내다. ☞ 이럭저럭.

이렇게 하다 = 이럭하다.

이렇듯 = 이러하듯. ¶이렇듯 착한 아들이 또 있을까? ‡그렇듯. 저렇듯.

이렇듯이 = 이러하듯이. ¶이렇듯이 험한 산은 처음이다.

이렇쿵저렇쿵 ⇨ 이러쿵저러쿵.

이렇하면 ⇨ 이럭하면. 이렇게 하면.

이력[1] * 여러 가지 일을 많이 해 보아서 얻은 슬기. ¶ 이력이 나다. 이력이 붙다. 이력이 잡히다. 이력이 트다. 이력을 지니다.
☞ 이골.

이력[2](履歷) * 거쳐온 학력과 직업, 경험. ¶ 이력을 들추다. 이력을 쌓다.

이론벌레(利~)〔益蟲〕 * 해론벌레를 잡아먹는 벌레.
☞ 해론벌레.

이료(餌料) [왜] ⇨ 고기밥. 먹이.

이루꾸 [왜] ⇨ 멸치.

이루다 * ①어떤 상태나 결과를 생기게 하다. ¶ 장관을 이루다. 조화를 이루다. ②뜻한 대로 되게 하다. ¶ 꿈을 이루다. 소원을 이루다.
☞ 만들다.[1] 이룩하다. 일구다.

이루어 = 이뤄. ⁑ 이루다. ¶ 이루어 가다. 이루어 놓다. 이루어 주다.

이루어져야 한다 ⇨ 이루어야 한다.

이루워지다 ⇨ 이루어지다.

이룩하다 * ①큰일이나 뜻을 이루다. ¶ 조국의 통일을 이룩하다. ②나라나 집을 새로 세우다. ¶ 낙원을 이룩하다. 석굴암을 이룩하다.
☞ 이루다.

이룩해 = 이룩하여. ⁑ 이룩하다. ¶ 이룩해 내다. 이룩해 놓다.

이뤄 = 이루어. ⁑ 이루다.

이르다[1]〔그〕 * 정해놓은 시간보다 앞서다. ¶ 너무 일러서 한참 기다리다.
☞ 늦다.[2] 빠르다. 일찍.

이르다[2]〔남〕 = ①말하다. ②타이르다. ③미리 알리다. ④고자질하다.
☞ 말하다. 말씀하다.

이르다[3]〔제〕 * ①어떤 곳에 가 닿다. ⁑ 도착. ¶ 금강산에 이르다. ②시간, 온도, 압력, 무게, 부피가 끝점에 닿다. ¶ 오늘에 이르다. 체온이 39도에 이르다. ⁑ 이르고. 이르네. 이르니. 이르러. 이르면. 이른. 이름.
☞ 오다.[1] 다다르다. 닿다.[2]

이르러〔제〕 * 이르다. ⁑ 닿다.
☞ 일러.

이르르다〔제〕 ⇨ 이르다. ⁑ 닿다.

이르른〔그〕 ⇨ 이른. ⁑ 이르다.

이르면 ¶ 너무 이르면 차나 한 잔 마시고 가자.
☞ 이러면.

이르키다 ⇨ 일으키다.

이를테면〔어〕 = 일테면. ⁑ 가령 말하자면. ¶ 이를테면, 그는 산 역사다.

이를 테면 * 고자질할 터이면. ¶ 선생님께 이를 테면 일러라.

이름하다 [왜] ⇨ 말하다. 말할 수 있다. 일컫다.

이리[1] * 갯과의 들짐승. ⁑ 한국에는 살지 않음.
☞ 늑대.

이리[2] * 물고기의 정액 덩어리. {이리저냐. 이리탕.}
☞ 고니.[2]

이리도〔어〕 = 이다지. ⁑ 이렇게까지. ¶ 왜 이리도 나를 괴롭히느냐?

이리로 = 이리. 일로. ⁑ 이리로 오너라.

이리박이 * 이리가 들어 있는 물고기 수컷. ¶ 이리박이 대구.

☞ 알배기.

이리배기 ⇨ 이리박이.

이리 온 = 이리 오너라. ¶ 아가야, 이리 온.

이리이리[1] 〉요리요리. ⁂ 이러하고 이러한 모양. ¶ 이리이리 말하여라.

이리이리[2] 〉요리요리. ⁂ 이쪽으로 이쪽으로. ¶ 이리이리 가거라.

이리저리[1] 〉요리조리. ⁂ 말이나 행동을 되는대로. ¶ 이리저리 핑계를 대다.

이리저리[2] 〉요리조리. ⁂ 이쪽저쪽으로. ¶ 이리저리 돌아다니다.

이리쿵저리쿵 ⁂ 이리 하자는 둥 저리 하자는 둥 말이 많은 모양.

☞ 이러쿵저러쿵.

이마 = 이마빡. 이마빼기. 마빡. 이맛전. ⁂ 눈썹 위에서 머리가 난 곳까지.

☞ 알이마. 앞이마.

이마방아 ⁂ 이마를 땅바닥에 대었다 떼었다 하는 짓. ¶ 이마방아를 찧다.

☞ 고갯방아. 무릎방아. 붓방아. 엉덩방아. 입방아. 코방아.

이만때 ⇨ 이맘때. ⁂ 이만큼 된 때. ¶ 내일 이맘때 만나다.

이만큼[1] = 이만치. ⁂ 이만한 정도로. ¶ 이만큼 들어주신 것만 해도 고맙습니다. 이만큼이라도 한 게 어디냐?

~이만큼[2] ⇨ ~리만큼. ¶ 한 걸음도 더 걷지 못하리만큼 지쳤다.

이말무지로 ⇨ 에멜무지로. ⁂ ① 단단히 묶지 않고. ② 헛일하는 셈 치고.

이맛배기 ⇨ 이마. 이마빼기. 이마빡. 이맛전. 마빡.

이맛살 ⁂ 이마에 잡힌 주름살. ¶ 이맛살을 찌푸리다.

☞ 눈살. 콧살.

이맛전 = 이마. 이마빼기. 이마빡. 마빡.

이매패(二枚貝) 倭 ⇨ 두껍데기조개. ⁂ 조개의 한 가지.

이메일(email) ⇨ 전자 우편.

이면수 ⇨ 임연수어. ⁂ 바닷고기 이름.

이면치레(裏面~) = 낯닦음. 면치레. 사당치레. 외면치레. 체면치레.

이명증(耳鳴症) ⇨ 귀울림. 귀울음. 귀울이. 귀울이증.

이모(姨母) ⁂ 어머니의 여형제. {이모할머니. 이모할아버지. 작은이모. 큰이모. 작은이모부. 큰이모부.} ¶ 이모님 댁. 이모님 집.

☞ 고모.

이 몸 = 이내 몸. ⁂ 나. ¶ 이 몸이 죽어가서 무엇이 될꼬 하니.

이무기 ⁂ 용이 되지 못하고 물속에 사는, 해묵은 큰 구렁이.

☞ 용.

이문(裏門) 倭 ⇨ 뒷문.

이물〔船首〕 ⁂ 배의 앞머리. {이물대. 이물방. 이물재. 이물창.}

☞ 고물.[3] 뱃고물. 꽁지부리.

이물간(~間) ⁂ 배의 이물 쪽에 있는 칸.

☞ 고물간.

이물대 ⁂ 돛을 두 개 이상 다는 배의 이물 쪽에 있는 돛대.

☞ 고물대.

이미 ⁂ 끝나거나 지난 일이라 이제는 어쩔 수 없다는 느낌으로 말할 때. ¶ 이미 지난 일. 이미 때가 늦었다.

가게 덧문은 이미 닫힌 뒤였다.
☞ 벌써. 앞서.

이미 벌써 ⇨ ①이미. ②벌써.

이바지[1] * 힘들여 음식 같은 것을 보내
줌. 또는 그 음식. ¶ 밥과 떡이 담긴
이바지를 동네 어른께 갖다 드렸다.

이바지[2] * ①도움이 되게 함. {이바지
하다.} ¶ 나라에 이바지하다. 경제
발전에 이바지하다. ②물건을 갖추
어 바라지함. ‡ 봉사.
☞ 바라지.[2]

이바지삯〔奉仕料〕 * 이바지해 준 삯.

이바짓값〔奉仕價格〕 * 손님에게 고맙
다는 뜻으로 에누리하여 파는 물건
값.

이밖에 * 이것 말고는. ‡ '밖에'는 부정
하는 말 앞에 쓰는 토씨.

이 밖에 ¶ 이 밖에 두 가지가 더 있다.
‡ '밖'은 이름씨.

이밥 = 쌀밥. 맨쌀밥. 입쌀밥. 흰밥.
‡ 입쌀로 지은 밥.

이번(~番) * 곧 돌아오거나 막 지나
간 차례. ¶ 이번 달. 이번 주.
☞ 이참.

이벤트행사(event行事) ⇨ 사건. 행
사. 잔치.

이별(離別) * 헤어짐. {갑이별. 사별.
생이별.}
☞ 고별. 작별.

이보〔느〕 = 이보게. 이보세요. 이보
시오. 이봐. 이봐요. ‡ 아랫사람.
☞ 여보.

이복(異腹) * 어미가 다름. {이복동생.
이복형. 이복형제. 이복자매.}
☞ 동복.

이부[1](異父) * 아비가 다름. {이부동
생. 이부형. 이부형제. 이부자매.}

이부[2](利附) 한 ⇨ 길미부. ‡ 공채, 주
식 따위에 길미나 배당이 붙어 있는
것.

이부가격(利附價格) 한 ⇨ 이식 가격.
‡ 채권의 가치가 가장 높을 때의 가
격.

이부가리〔二分割〕 한 ⇨ 두푼깎기.
‡ 머리 모양.

이부공채(利附公債) 한 ⇨ 이식 공채.

이부자리 = 자리. ‡ 이불과 요. ¶ 이부
자리를 깔다. 이부자리를 펴다.

이분〔대〕 * 이 사람을 높여 이르는
말. ¶ 이분은 나의 스승이시다.
☞ 이이. 이손. 이자. 이치.

이불 = 이불때기. ‡ 잘 때 덮는 물건.
{이불감. 이불귀. 이불깃. 이불보.
이불솜. 이불자락. 이불장.} {겹이
불. 누비이불. 뚜껑이불. 솜이불. 차
렵이불. 핫이불. 홑이불.} ¶ 비단 이
불. 오리털 이불. 풀솜 이불. 이불을
덮다.
☞ 요.[1] 요때기. 이부자리.

이불 떼기 * 하찮은 이불 쪼가리.

이불속 * 이불에 두는 솜이나 털. ‡ 소
창으로 솜을 싼 것. ¶ 이불속을 두
다.

이불 속 ¶ 이불 속에서 활개를 치다.

이불안 * 이불의 안쪽 천. ¶ 새하얀 이
불안.

이불잇 * 이불에 덧씌우거나 덧싸서
시치는 천.
☞ 욧잇. 베갯잇.

이빠이(입빠이)〔一杯〕 한 ⇨ ①가득.

한껏. 꽉. ②한 잔.

이빨 = 이. ＊ 낮은말. {이빨질.} ¶이
　빨 자국. 날카로운 이빨.

이뿌리〔齒根〕 = 이촉. ＊ 잇몸 속에
　들어 있는 이의 뿌리.

이쁘다 ⇨ 예쁘다.

이쁘둥이 ＊ ①예쁜 어린아이. ②어린
　아이.

이쁘장하다 ⇨ 예쁘장하다.

이사〔토〕 ⇨ 이야. ＊ 이다. ¶남이야
　가든 말든.

이사날(移徙~) ⇨ 이삿날.

이사짐(移徙~) ⇨ 이삿짐.

이사이 = 이새. 〉요사이. 요새. ＊ 이
　제까지의 짧은 동안.

이삭 ＊ ①곡식에서 씨앗이 열리는 끝
　부분. {이삭열매.} ¶밀 이삭. 벼
　이삭. 보리 이삭. 수수 이삭. 조 이
　삭. ¶이삭을 거두다. 이삭이 패다.
　②거둘 때 흘린 낟알, 과일, 나물.
　¶이삭을 줍다.
　☞ 열매.

이상[1](理想) ＊ 가장 완전하다고 생각
　하는 상태. ¶높은 이상. 이상을 이
　루다.
　☞ 꿈.

이상[2](以上) ＊ 정해 놓은 수량, 정도,
　순서, 위치보다 위. ＊ 기준을 포함
　함.
　☞ 이하.

이상야릇히(異常~) ⇨ 이상야릇이.
　＊ 이상야릇하다.

이새 = 이사이. 〉요새. 요사이. ¶이
　새 참으로 여러 가지 일이 일어났
　다.

☞ 잇새.

이서(裏書) ⑪ ⇨ 뒷보증. ＊ 배서.

이서인(裏書人) ⑪ ⇨ 뒷보증한 사람.
　＊ 배서인.

이손〔대〕 ＊ '이이'를 조금 낮추어 이르
　는 말.
　☞ 이분. 이자. 이치.

이송시키다(移送~) ⇨ 옮겨 보내다.
　＊ 이송하다. ¶환자를 이송하다.

이스랏나무 = 산앵두나무. ＊ 나무 이름.

이스매 ⇨ ①있음에. ②이음매.

이슥하다 ＊ ①밤이 꽤 깊다. ¶밤이
　이슥하다. ②지난 시간이 좀 오래
　다. ¶이웃집 닭은 세 회나 운 지 이
　슥하다.
　☞ 어석하다. 으슥하다.

이슬 ＊ 물기가 푸나무 잎에 엉겨서 생
　기는 물방울. {이슬기. 이슬땀. 이
　슬떨이. 이슬받이. 이슬방울. 이슬
　아침. 이슬양. 이슬점.} {밤이슬. 새
　벽이슬. 아침이슬. 저녁이슬.} {이슬
　지다.} ¶이슬로 사라지다. 이슬을
　차다.
　☞ 안개. 서리.[3]

이슬떨이 ＊ ①이슬이 내린 길을 맨 앞
　에서 가는 사람. ②이슬을 떠는 막
　대기.

이슬람교(Islam敎) = 마호메트교. 회
　교. 회회교. ＊ 알라. 코란.

이슬받이 ＊ ①이슬이 내리는 무렵.
　②이슬이 맺힌 풀이 우거진 좁은
　길. ③이슬에 젖지 않도록 허리 밑
　으로 두르는 도롱이. ④이슬이 내린
　길을 맨 앞에서 가는 사람. ⑤차일
　따위를 쳐서 이슬을 막는 일.

이슬비 * 는개보다 굵고 가랑비보다 가는 비.
☞ 비.[2]
이승 * 지금 살고 있는 세상. {이승잠.} ¶ 개똥밭에 굴러도 이승이 좋다.
☞ 저세상. 저승.
이시가리(**이시가레이**) [왜] ⇨ 돌가자미. ⁑ 바닷고기 이름.
이시다이 [왜] ⇨ 돌돔. ⁑ 바닷고기 이름.
이시여 〔토〕 * '이여'의 높임말. ⁑ 받침 있는 임자씨 뒤에 붙임. {님이시여.}
☞ 시여.
이식하다(移植~) ⇨ 옮겨 심다. ⁑ 나무. 모종. 머리카락. 문화. 간장. 신장.
이십사시(二十四時) * 하루를 스물넷으로 나눈 시간. ⁑ 상오 한 시부터 '계(癸). 축(丑). 간(艮). 인(寅). 갑(甲). 묘(卯). 을(乙). 진(辰). 손(巽). 사(巳). 병(丙). 오(午). 정(丁). 미(未). 곤(坤). 신(申). 경(庚). 유(酉). 신(辛). 술(戌). 건(乾). 해(亥). 임(壬). 자(子)'임.
☞ 십이시.
이십사절기(二十四節氣) = 이십사기. 이십사절. 이십사절후 ⁑ 입춘(立春). 우수(雨水). 경칩(驚蟄). 춘분(春分). 청명(청명). 곡우(穀雨). 입하(立夏). 소만(小滿). 망종(芒種). 하지(夏至). 소서(小暑). 대서(大暑). 입추(立秋). 처서(處暑). 백로(白露). 추분(秋分). 한로(寒露). 상강(霜降). 입동(立冬). 소설(小雪). 대설(大雪). 동지(冬至). 소한(小寒). 대한(大寒).
이쌀 ⇨ 입쌀.
이씨 왕조(李氏王朝) [왜] ⇨ 조선. 조선 왕조.
이씨 조선(李氏朝鮮) [왜] ⇨ 조선. 조선 왕조.
~**이 아니겠습니까**? ⇨ ~이 아닙니까?
~**이 아닌가 싶다** ⇨ ① 듯싶다. ② 듯하다.
~**이 아닐 수 없다** ⇨ ~라고 아니 할 수 없다.
이아치다 = 이치다. ⁑ ① 자연재해를 입다. ¶ 찬 바람에 이아친 나무 모양. ② 방해하거나 손해를 입히다. ¶ 남에게 이아치지 말고 바르게 살아라.
이 애 = 얘. 이 아이.
이 애는 = 얘는. 얜. 이 아이는.
이 애를 = 얘를. 얠. 이 아이를.
이야기 = 얘기. ⁑ 줄거리를 갖춘 말이나 글. {이야기꽃. 이야기책. 이야기판.} {뒷이야기. 옛이야기.} ¶ 앞 이야기. 이야기 소리. 이야기 속.
이야기꾼 = 얘기꾼. ⁑ 이야기를 재미있게 잘하는 사람.
☞ 이야기쟁이.
이야기되어지다 ⇨ ① 이야기가 되다. ② 이야깃거리가 되다.
이야기보따리 = 이야깃주머니. ⁑ 얘깃거리를 많이 알고 있는 사람.
이야기쟁이 = 얘기쟁이. ⁑ 늘 이야기를 늘어놓는 사람.
☞ 이야기꾼.
이야기하다 = 얘기하다. ⁑ 어떠한 줄

거리를 이루는 말을 하다.
☞ 말하다.
이야깃거리 = 얘깃거리. 화젯거리.
이야말로[1] 〔어〕 * 바로 앞에서 이야기
　한 사실을 강조. ¶ 이야말로 그들의
　속셈을 똑바로 보여주는 보기라 할
　수 있다.
이야말로[2] 〔토〕 * 강조. 확인. ¶ 통일이
　야말로 우리가 짊어진 큰 과업이다.
이어갈이 〔連作〕= 이어짓기. 거푸짓
　기. * 같은 땅에 같은 작물을 거푸
　가꾸는 일.
☞ 돌려짓기. 그루바꿈. 해걸러짓기.
이어말하기 = 끝말잇기. * 낱말 놀이
　의 하나.
이어요 = 이에요. * ① 받침이 없는
　임자씨 뒤에서는 '여요, 예요.'로 줄
　일 수 있음. {손자이어요. 손자이에
　요. 손자여요. 손자예요.} ② '아니
　다'에는 '어요, 에요'가 붙음. {아니
　어요. 아녀요. 아니에요. 아녜요.}
☞ 이여요. 이예요. ～어요. ～에요.
이어줄 ⇨ 마룻줄. 용총줄. 용총. * 배
　의 돛을 오르내리는 줄.
이어지다 * ① 따로 있던 것이나 끊어
　졌던 것이 서로 잇대어지다. ¶ 이 길
　은 고속국도로 이어진다. ② 끊어지
　지 않고 계속되다. ¶ 대대로 이어진
　핏줄.
☞ 잇따르다.
이어짓기 = 이어갈이. 거푸짓기. * 같
　은 땅에 같은 작물을 거푸 가꾸는
　일.
☞ 돌려짓기. 그루바꿈. 해걸러짓기.
이어차 〔느〕 ⇨ 이여차.

이엉 = 영. 이엉초. * 초가지붕을 이
　는 짚이나 새로 엮은 물건.
☞ 날개.
이엉장이(～匠～) = 개초장이. 영장
　이. * 이엉을 엮거나 이는 기술자.
이에 반해(反～) ⇨ 이와 달리. 이와
　반대로.
이에요 = 이어요. * 받침이 있는 임자
　씨 뒤에는 붙는 토씨 {꽃이에요. 선
　물이어요. 장남이에요. 책이어요.
　책상이에요. 걸상이어요.}
이여 * 정중하게 부르는 뜻을 나타내
　는 토씨. * 받침 있는 임자씨 뒤에
　붙임.
☞ 시여. 이시여.
이여요 = 예요. * 받침 있는 사람 이
　름 뒤에 뒷가지 '이'가 붙고 또 토씨
　'이다'가 붙은 꼴. {어진이여요. 다
　은이여요. 한이이여요.}
☞ 이어요.
이여차 〔느〕 = 이영차. * 배를 저을
　때 내는 소리.
☞ 어여차.
이예요 ⇨ ① 예요. ② 이에요.
이오 * '이다'의 맺음끝. ¶ 이것은 붓이
　오. 그것은 물이오. 저것은 먹이오.
☞ 이요.
이와 같은 ⇨ 이런.
이왕(李王) ㉫ ⇨ 순종 임금. * 조선
　마지막 임금.
이왕가(李王家) ㉫ ⇨ 조선 왕가.
이왕궁(李王宮) ㉫ ⇨ 조선 궁궐.
이외(以外) * 기준을 포함함. ¶ 관계
　자 이외는 들어오지 마시오.
이 외(～外) * 범위나 한도 밖. ¶ 관계

자 이 외는 들어오지 마시오.
☞ 외⁴.

이요 * ‘이다’의 이음끝. ¶이것은 책이요(이며), 저것은 붓이오(이다).
☞ 이오. ~요.³ ~아(어)요.

이용율(利用率) ⇨ 이용률. ‡ 니은을 뺀 받침 뒤에는 ‘률’임.

이용하다(利用~) * ① 무엇을 필요에 따라 쓰다. ¶폐품을 이용하다.
② 이익을 얻는 방편으로 쓰다. ¶학문을 돈벌이로 이용하다.
☞ 사용하다.

이월달(二月~) ⇨ 이월.

이월바람(二月~) = 이월할머니. 영등신. 영등할머니. 영동할머니. 바래.

이유(理由) * 어떤 행동을 하는 계기. ‡ 어느 정도 의식이 작용하는 행위의 동기. ¶반대하는 이유. 반항하는 이유. 이유 없다. 이유 있다.
☞ 원인.

이윤률(利潤率) ⇨ 이윤율. ‡ 니은이나 홀소리 뒤에선 ‘율’임.

이윤할당(利潤割當) ⑩ ⇨ 이익 분배.

이으매 = 이으니까. ‡ 원인이나 근거.
☞ 이음매.

이윽고 * 얼마 있다가. 얼마쯤 시간이 흐른 뒤에. ¶동녘 하늘이 뿌예지더니 이윽고 해가 뜨기 시작했다.
☞ 마침내.

이윽토록 ⇨ 이슥토록.

이윽하다 ⇨ 이슥하다. ‡ ①밤이 꽤 깊다. ②지난 시간이 얼마간 오래다.

이음달다 = 잇따르다. ¶설움이 실꾸리 풀리듯 사설이 이음달아 나왔다.

이음대 = 토막대. 토막낚싯대. ‡ 토막을 이어서 쓰는 낚싯대.

이음매 * 두 물체를 이은 자리. ¶이음매가 벌어졌다.
☞ 이으매.

이음새 * 두 물체를 이은 모양새. ¶이음새가 매끄럽지 못하다.

이음쇠 * 서로 잇는 데 쓰는 쇠. ¶이음쇠가 녹슬었다.

이이 〔대〕 * ①이 사람을 조금 높여 이르는 말. ②남편을 이르는 말.
☞ 이분. 이자.² 이치.

이익(利益) ⑩ ⇨ 이문. ¶이문이 남다. 이문이 크다.

이인분(二人分) ⑩ ⇨ 두 사람 몫. 두 사람 치.

이일날(二日~) ⇨ 이일. 이튿날. ‡ 초이튿날. 열이튿날. 스무이튿날.

이일저일 ⇨ 이 일 저 일.

이자¹(利子) ⑩ ⇨ 길미. 변. 변리.

이자²(~者) * 이 사람을 낮잡아 이르는 말. ¶이자를 꽁꽁 묶어라.
☞ 이분. 이이. 이치.

이자국 ⇨ 잇자국. ‡ 이로 물었던 자국.

이자택일(二者擇一) = 양자택일. ‡ 둘 가운데서 하나를 고름.

이작(裏作) ⑩ ⇨ 뒷갈이. ‡ 벼를 베고 난 논에 보리 따위를 심는 일.

이잣조(利子條) ⇨ 길미조. 변리조. ‡ 길미의 명목.

이적지 ⇨ 이제껏.

이전(以前) = 전날. ‡ 기준을 포함함. ¶이전에는 참 살기 좋은 곳이었다.
☞ 뒷날. 앞날. 이후. 전~.⁵

이전까지(以前~) ⇨ ①이전. ②까지.

이전 지불(移轉支拂) 왜 ⇨ 이전 지
　급. ⁑ 구호품, 연금, 보조금, 보험금.
이제 * 바로 이때. ⁑ 지나간 때와 끊어
　진 느낌. ¶ 이제 집에 가자.
　☞ 이제야. 인제.
이제금 = 이제까지. 지금까지. ¶ 이제
　금 저 달이 아름다운 줄 미처 몰랐
　다.
이제껏 = 여태껏. 입때껏. 지금껏.
　⁑ 아직까지. ¶ 이제껏 뭐하다 왔니?
이제나 저제나 ⇨ 이제나저제나. ⁑ 안
　타깝게 기다릴 때.
이제사 ⇨ 이제야. ¶ 이제야 그것을 깨
　달았느냐?
이제서야 ⇨ 이제야. ¶ 이제야 좀 운이
　트이나 보다.
이제야말로 * 이때에 이르러서야 비로
　소. ¶ 이제야말로 네가 나설 차례다.
　☞ 이제. 인제.
이젯말 〔現代語〕 * 요즘 세상에서 두
　루 쓰는 나라말.
　☞ 시쳇말. 옛말.² 요샛말.
이조(李朝) 왜 ⇨ 조선. 조선 왕조.
이조백자(李朝白磁) 왜 ⇨ 조선 백자.
이조실록(李朝實錄) 왜 ⇨ 조선왕조
　실록. ⁑ 책 이름.
이종(姨從) = 이종사촌. ⁑ 이모의 아
　들딸. {이종매. 이종제. 이종형.}
　☞ 고종. 외종.
이주걱거리다 ⇨ 이기죽거리다.
이주일(二週日) ⇨ 이 주일.
이죽거리다 = 이기죽거리다. 익죽거
　리다.
이죽삐죽 * 이죽거리며 삐죽거리는 모
　양.

이죽이죽 = 이기죽이기죽. ⁑ 밉살스럽
　게 지껄이며 자꾸 빈정거리는 모양.
이중차압(二重差押) 왜 ⇨ 이중 압류.
　중복 압류. ⁑ 거듭 덮잡기.
이즈러지다 ⇨ 이지러지다. ⁑ 한쪽 귀
　퉁이가 떨어지거나 없어지다.
이즈막 〉 요즈막. ⁑ 얼마 전부터 이제
　까지 이르는 가까운 때.
이즈음 = 이즘. 〉 요즈음. 요즘. ⁑ 얼
　마 전부터 이제까지의 동안.
이지간(~間) ⇨ 이사이.
이지막 ⇨ 이즈음.
이지메 왜 ⇨ 조련질. 따돌림.
~이지 않다 ⇨ ~이 아니다. ¶ 만우절
　이지 않느냐? ⇨ 만우절이 아니냐?
이지음 ⇨ 이즈음.
이질화되다(異質化~) ⇨ 성질이 달라
　지다. 바탕이 바뀌다.
이 집안 = 이 가정. 이 가문. ¶ 이 집
　안에서 삼대째 정승이 나왔다.
이 집 안 * 이 집의 대문 안쪽. ¶ 이 집
　안에 큰 연못이 있다.
이징가미 = 까팡이. ⁑ 깨어진 질그릇
　조각.
　☞ 사금파리.
이쪽 〔대〕 = 이편. ⁑ 곳이나 방향.
　¶ 이쪽 길. 이쪽 편.
이 쪽 = 이 페이지. ⁑ 책.
이쪽저쪽 〔명〕 = 이편저편. ¶ 이쪽저
　쪽을 둘러보다.
이찰떡 = 찹쌀떡.
　☞ 수수떡. 조차떡.
이참 * 이번 기회. ¶ 이참에 나들이옷
　도 한 벌 갖추어야겠다.
　☞ 이번.

이찹쌀 ⇨ 찹쌀.

이창(裏窓) 옙 ⇨ 뒤창. ‡ 뒤에 난 창문.

이채로히(異彩~) ⇨ 이채로이. ‡ 색 다르게.

이촉〔齒根〕 = 이뿌리. ‡ 잇몸에 박혀 있는 이의 뿌리.

이충무공(李忠武公) = 충무공 이순신. {이충무공난중일기초. 이충무공전서.} ‡ 성씨와 이름, 성씨와 호, 성씨와 시호는 붙여 씀.

이치〔대〕 * 이 사람을 아주 낮잡아 이르는 말.
　☞ 이분. 이이.

이치다 = 이아치다. ‡ ① 자연재해를 입다. ② 방해하거나 손해를 입히다.

이치부〔一分〕 옙 ⇨ 한 푼. ‡ 길이.

이카(이까)〔烏賊〕 옙 ⇨ 물오징어.
　☞ 수루메.

이크〔느〕⇨아키. 이카나. ‡ 몹시 놀라거나 뜻밖의 일에 맞닥뜨렸을 때.

이타(이다)〔板〕 옙 ⇨ 널빤지. 판. 판자.

이타바(이다바)〔板場〕 옙 ⇨ 숙수. 요리사.

이태 * 두 해. 2년. ¶ 이태 동안. 이태 만에. 이태 전. 이태 뒤.
　☞ 여태.

이태리(伊太利) ⇨ 이탈리아. ‡ 나라 이름.

이태왕(李太王) 옙 ⇨ 고종. 고종 임금. 고종 황제.

이토(吏吐) * 이두.

이튼날 ⇨ 이튿날.

이튿날 * ① 어느 달에서 둘째 날. ‡ 초이튿날. 열이튿날. 스무이튿날.

② 무슨 일이 있은 바로 다음에 오는 날. ¶ 밤새 아프던 아이가 이튿날 나았다.
　☞ 내일. 명일. 다음날.

이틀¹ * ① 초이튿날. ② 두 날. {이틀째.} ¶ 이틀 동안. 이틀 밤. 이틀 사이.

이틀²〔齒槽骨〕 = 잇집. ‡ 이가 박힌 턱뼈.

이틀거리〔老瘧〕 = 당고금. ‡ 말라리아.

이틀날 ⇨ 이튿날.

이틈 * 잇새의 틈. ¶ 이틈에 음식물이 끼다.
　☞ 잇새.

이 틈 * ① 이 틈새. ¶ 이 틈으로 물이 샌다. ② 이때. ¶ 이 틈에 달아나자.

이파리 * ① 살아 있는 풀과 나무의 넓은 낱낱의 잎. ¶ 나무 이파리. 풀 이파리. ② 꽃잎 하나하나. ¶ 꽃 이파리.
　☞ 잎. 잎사귀.

이 판 = 이번 판. ‡ 씨름판. 노름판. ¶ 이 판은 내가 이겨야지.

이판사판 * 막다른 데 이르러 어찌할 수 없게 된 판. ¶ 이판사판으로 대들다.

이판저판 * 이런 일 저런 일.

이팝 ⇨ 이밥. 입쌀밥. 쌀밥. 흰밥.

이편(~便) = 이쪽.

이하(以下) * 기준을 포함하여 그 아래. ‡ 수량. 정도. 순서. 위치.
　☞ 이상. 미만.

이하선(耳下腺) 옙 ⇨ 귀밑샘.

이해 있다(理解~) ⇨ ① 이해하다. 이해해 주다. ② 양해하다.

이해타산을　따지다(利害打算～)　⇨
이해타산하다. 이해를 따지다.

이후(以後) * 일정한 때로부터 그 뒤.
‡ 기준을 포함함.
☞ 이전. 후.

이후부터(以後～) ⇨ 이후.

익년(翌年) ㉑ ⇨ 다음해. 이듬해.

익다[1] 〔제〕 * ①열매나 씨가 여물다.
¶ 씨가 익다. ②열을 받아 날 기운
이 없어지다. ¶ 떡이 익다. ③빚거
나 담근 음식이 맛이 들다. ¶김치가
익다.
☞ 무르다. 설다.[1] 설익다.

익다[2] 〔그〕 * ①자주 하거나 보거나
겪어서 서투르지 않거나 설지 않다.
{낯익다. 눈익다. 손익다.} ②눈이
상황에 적응하다. ¶ 밤길이 눈에 익
다.
☞ 익숙하다. 설다.[2]

익달하다 ⇨ 익숙하다.

익더귀 * 새매의 암컷.
☞ 난추니. 산지니. 삼지니. 수지니.
재지니. 초지니.

익반죽 * 가루에 끓는 물을 쳐 가며 하
는 반죽. ‡ 송편 따위를 빚을 때 함.
☞ 날반죽.

익사(溺死) * 물에 빠져 죽음. {익사
하다.}
☞ 액사. 역사.

익살꾸러기 * 우스운 말이나 행동을
늘 하는 사람.

익살꾼 = 익살쟁이. ‡ 우스운 말이나
행동을 아주 잘하는 사람.

익숙찮다 ⇨ 익숙잖다. 익숙하지 않다.
‡ 안울림소리 뒤에는 '하'가 줆.

익숙치 ⇨ 익숙지. 익숙하지. ‡ 안울림
소리 뒤에는 '하'가 줆.

익숙타 ⇨ 익숙다. 익숙하다. ‡ 안울림
소리 뒤에는 '하'가 줆.

익숙하다 = 익숙다. ‡ 하는 일이 몸에
배다. ¶ 익숙한 솜씨.
☞ 익다.

익월(翌月) ㉑ ⇨ 다음달. 이듬달. 훗달.

익은이 = 수육. ‡ 삶은 쇠고기.

익일(翌日) ㉑ ⇨ 다음날. 담날. 이튿날.
☞ 내일. 명일.

익죽거리다 = 이죽거리다. 이기죽거
리다.

익히 = 익숙히. ¶ 익히 아는 문제다.
익히 알고 지내는 사이다.

익히다[1] * '익다'의 하임. ¶ 날것을 익
히다. ‡ 고기. 감자. 김치. 젓갈.

익히다[2] * '익다'의 하임. ‡ 혼자서 여
러 번 하여 잘할 수 있게 하다.
☞ 공부하다. 배우다.

인(人) * 사람. ① 한자말 뒤에는 붙여
씀. {고구려인. 동시대인. 동양인.
백제인. 신라인. 원시인. 유색인. 인
도인. 자연인. 조선인. 종교인. 한국
인. 현대인.} ②그 밖에는 띄어 씀.
¶ 그리스 인. 니혼 인. 러시아 인.
아라비아 인. 아랍 인. 에스키모 인.
유대 인. 인디아 인. 차이나 인. 프
랑스 인. 필리핀 인. 터키 인. 폴란
드 인. 헝가리 인.
☞ 사람.

인가난(人～) = 인물가난. ‡ 쓸 만한
사람이 없음.

인간(人間) * ①세상. ②덜된 사람.
③사람의 됨됨이. ④사람. {인간관

계. 인간말짜. 인간문화재. 인간미. 인간쓰레기.}
☞ 사람.

인간대사(人間大事) = 인륜대사. ‡ 혼인, 장례 따위 큰일.

인계받다(引繼~) [왜] ⇨ 넘겨받다.

인계인수하다(引繼引受~) [왜] ⇨ 넘겨주고 넘겨받다.

인계하다(引繼~) [왜] ⇨ 넘겨주다.

인공(人工) * 사람의 힘으로 고치거나 바꾸거나 만드는 일. {인공위성. 인공조명. 인공호흡.} ¶ 인공 강설. 인공 강우. 인공 부화. 인공 어초.
☞ 인조. 자연. 천연.

인과률(因果律) ⇨ 인과율. ‡ ㄴ은이나 홀소리 뒤에는 '율'임.

인기망(引寄網) [왜] ⇨ 당김그물.

인기척 소리(人~) ⇨ 인기척. ¶ 인기척이 나다. 인기척에 놀라다.

인내하다(忍耐~) * (밖에서 오는 힘든 일이나 괴로움을) 참고 견디다.
☞ 참다.

인니(印尼) ⇨ 인도네시아. ‡ 나라 이름.

인다리(人~) = 놋다리. ‡ 사람이 몸을 굽혀 만든 다리.

인당(人當) ⇨ 사람마다. ‡ 1인당 천 원 ⇨ 한 사람마다 천 원.

인도[1](人道) * 사람으로서 마땅히 지켜야 할 도리. ¶ 인도를 어기다.

인도[2](人道) = 보도. ‡ 사람이 걸어다니는 길. ¶ 인도로 다니다.
☞ 차도.[2] 차로. 찻길.

인도[3](印度) ⇨ 인디아. ‡ 나라 이름.

인도로 가는 길(印度~) ⇨ 인디아로 가는 뱃길. ‡ 포스터의 소설 이름.

인도 숫자(印度 數字) ⇨ 인디아 숫자. 아라비아 숫자. 산용 숫자.

인도지나(印度支那) ⇨ 인도차이나. ‡ 베트남, 라오스, 캄보디아.

인도하다[1](引導~) * 이끌다. 길잡이하다. ¶ 바른길로 인도하다.

인도하다[2](引渡~) [왜] ⇨ 건네주다. 넘겨주다.

인동(忍冬) = 인동초. 인동덩굴. 겨우살이덩굴. {인동무늬.}

인두껍 ⇨ 인두겁. ‡ 사람 모양의 탈. ¶ 인두겁을 쓰고 그런 짓을 하다니.

인뒤둥이(印~) = 인뚱이. 인궤. ‡ 관아에서 쓰는 도장을 넣어두는 상자.

인들 * 이라고 할지라도. ¶ 그 사람 마음인들 오죽하겠니? ‡ 받침 있는 임자씨나 어찌말에 붙은 토씨.
☞ ~ㄴ들.[2]

인디아 숫자(India 數字) = 아라비아 숫자. 산용 숫자. ‡ 0, 1, 2, 3, 4.
☞ 로마 숫자.

인뚱이(印~) = 인뒤웅이. 인궤.

인륜대사(人倫大事) = 인간대사. ‡ 혼인, 장례 따위 큰일.

인마 = 이놈아. ¶ 인마, 너나 잘해.

인만큼 = 이니까. 이므로. ¶ 엄연한 사실인만큼 부인할 수 없다. ‡ 이음끝.

~인 만큼 * 분량. 정도. ¶ 정성들인 만큼. ‡ '만큼'은 매인이름씨.

인멸미(人~) = 사람멸미.

인멸하다(湮滅~) * ① 자취도 없이 사라지다. ¶ 전쟁으로 유적이 인멸하다. ② 자취를 없애다. ¶ 증거를 인멸하다.
☞ 연멸하다.

인물(人物) * ①생김새나 됨됨이로 본 사람. {인물값. 인물상. 인물화.} ¶인물 묘사. 인물 사진. 인물이 반반하다. 인물이 좋다. ②어떤 구실을 하는 사람. {중심인물. 가공인물. 등장인물.} ¶주요 인물. ③뛰어난 사람. ¶인물이 나다. 인물이 없다. ☞사람.

인물가난(人物~) = 인물난. * 쓸만한 사람이 드문 일.

인발[1](印~) * 도장을 찍은 자국.

인발[2](引拔) ㉅ ⇨뽑늘이. 뽑아 늘이기. * 압출.

인사 * ①만나고 헤어질 때 하는 말과 행동. {인사말. 인사성. 인사조.} {눈인사. 말인사(입인사). 절인사. 첫인사. 풋인사.} {인사하다.} ¶밤 인사. 아침 인사. 술 인사. ¶인사를 받다. 인사를 드리다. 인사를 여쭙다. ②첫만남에서 서로 이름을 대는 일. ¶인사를 나누다. ③은혜를 갚거나 치하하는 말과 행동. {인사차. 인사하다.} ¶인사를 차리다. ☞절.[1]

인사를 시키다 = 인사를 붙이다. * 소개하다.

인사치레 = 인사닦음. * 겉으로만 하는 인사. ☞안면치레. 체면치레. 면치레.

인삼(人蔘) = 삼. {인삼밭. 인삼주. 인삼차. 인삼탕. 인삼편. 인삼포.} * 곡삼. 백삼. 수삼. 암삼. 홍삼. 직삼. 미삼. ☞가삼. 경삼. 산삼. 장뇌. 장로. 포삼.

인삿말 ⇨인사말. ¶첫 인사말. 끝 인사말.

인상[1](人相) * 얼굴 생김새. {인상착의.} ¶인상을 긁다. 인상을 쓰다. 인상을 찌푸리다. 인상을 찡그리다. 인상을 펴다.

인상[2](印象) * 무엇을 보고 마음속에 새겨지는 느낌. {첫인상.} ¶인상이 깊다. 인상이 나쁘다. 인상이 좋다.

인상되다(引上~) ㉅ ⇨값 오르다.

인상만상 ⇨인성만성. ①많은 사람이 모여 혼잡하고 떠들썩한 모양. ¶인성만성 떠들다. ②정신이 어지럽고 흐릿한 모양.

인상시키다(引上~) ㉅ ⇨①값 올리다. ②올리다.

인상하다(引上~) ㉅ ⇨①값 올리다. ②올리다. * 수와 양.

인색하다(吝嗇~) * 쩨쩨하다. * 지나치게 아끼거나 박하다. ☞옹색하다.

인석쟁이(茵席~) ⇨인석장이. * 돗자리에 무늬를 놓아 꾸미는 사람.

인수받다(引受~) ㉅ ⇨넘겨받다. 받다.

인수인계하다(引受引繼~) ㉅ ⇨넘겨받고 넘겨주다. 받고 주다.

인수증(引受證) ㉅ ⇨받음표. * 영수증.

인수하다(引受~) ㉅ ⇨넘겨받다.

인스탄트식품(instant食品) ⇨바로 먹거리. 즉석식품. * 인스턴트식품.

인어공주(人魚公主) ⇨인어 공주.

인연하다(引延~) ㉅ ⇨(당겨서) 늘이다.

인외하다(引外~) ㉅ ⇨①(묶인 것

을) 풀다. ② (밖으로) 끌어내다.

인용귀(引用句) ⇨ 따옴구절. 따온 글
　귀. ＊ 인용구.

인용하다(引用~) ＊ 남의 말이나 글을
　그대로 끌어다 쓰다. ＊ 따오다.
　☞ 원용하다.

인육(印肉) 왜 ⇨ 도장밥. ＊ 인주.

인입선(引入線) 왜 ⇨ 끌어들임줄.

인자롭다(仁慈~) = 인자스럽다. ¶ 인
　자롭고 다정한 눈길.

인장(印章) ⇨ ① 도장. ② 인감.

인절미 ＊ 찹쌀을 쪄서 떡메로 친 다음
　네모나게 썰어 고물을 묻힌 떡.
　☞ 시루떡. 절편.

인정¹(人情) = 인정머리. 얀정. ＊
　① 사람이 본디 지닌 감정이나 심정.
　¶ 돈을 보면 욕심이 나는 것이 인정이
　다. ② 따뜻한 마음. {인정미.} ¶ 인
　정이 많다. 인정이 없다. ③ 세상 사
　람들의 마음. ¶ 인정이 메마르다.

인정²(人情) ＊ 벼슬아치에게 남몰래
　주는 선물.
　☞ 뒷돈.² 손씻이.

인제 ＊ ① 바로 이때. ¶ 인제는 날씨가
　개겠지. ② 바로 이때 이르러. ¶ 인
　제 오니? 인제 깨달았느냐? ＊ 시작
　하는 때.
　☞ 이제.

인조(人造) ＊ ① 사람이 만든 물건. {인
　조고기. 인조털. 인조물감. 인조석.}
　¶ 인조 가죽. 인조 다이아몬드. 인조
　수지. 인조 진주. ② 인조견.
　☞ 인공. 자연. 천연.

인줄(人~) = 금줄. ＊ 부정을 꺼려서
　사람이 못 다니게 맨 줄. ¶ 인줄을

달다. 인줄을 매다. 인줄을 치다. 인
줄에 숯과 고추를 주렁주렁 매달아
놓았다.

인줘 = 이리 주어. ¶ 그것 인줘.

인즉 〔토〕 = 인즉슨. ¶ 사실인즉 말이
　안 된다.

인진쑥(茵蔯~) = 사철쑥. 더위지기.
　＊ 여러해살이풀.

인차 ⇨ 이내.

인찰지(印札紙) = 괘지. 괘선지.

인척(姻戚) ＊ 혼인으로 맺어진 친척.
　¶ 인척 관계. 혼인으로 인척이 되다.
　☞ 외척. 일가. 친지. 친족. 친척. 혈
　족.

인출하다(引出~) 왜 ⇨ ① (돈을) 찾
　다. ② (무엇을) 빼내다.

인치키 왜 ⇨ ① 속임수. ② 야바위.

인터네트(internet) ⇨ 세계 통신망.
　누리그물. ＊ 인터넷.

인터첸지(interchange) ⇨ 나들목.
　입체 교차로. ＊ 인터체인지.

인테리(intelli) ⇨ 든사람. 지식층.
　＊ 인텔리겐치아.

인테리어(interior) ⇨ 실내 장식. 집
　안꾸미기.

인플레(inflation) ⇨ 통화 팽창. ＊
　인플레이션.
　☞ 디플레.

인하여(因~) 왜 ⇨ 으로. 때문에. ＊
　이유. 원인.

인하하다(引下~) 왜 ⇨ (값을) 내리
　다. (무엇을) 낮추다.

인함박 ⇨ 이남박. ＊ 안쪽에 여러 줄로
　고랑이 지게 만든 함지박.

인환(引換) 왜 ⇨ ① 상환. ② 교환.

인환 대금(引換代金) [왜] ⇨ 교환 대금.
인환증(引換證) [왜] ⇨ 바꿈표. ⁑ 상환증.
일¹ * 경험하고 기억하고 놀고 즐기고 만들고 부수는 모든 활동. {일꾼. 일머리. 일벗. 일복. 일속. 일옷. 일자리. 일재간. 일재미. 일터. 일판.} {공일. 삯일. 헛일.} {일내다. 일없다. 일하다.} ¶ 일을 치르다. {가욋일. 가을일. 공일. 구움일(굼일). 군일. 궂일. 궂은일. 날일. 논일. 농사일. 두렛일. 뒷일. 들일. 땜일. 뗏일. 마른일. 막일. 먼일. 목공일. 물일. 미장일. 바깥일. 반일. 밤일. 밭일. 볼일. 봇일. 부엌일. 사삿일. 삯일. 산일. 상일. 새벽일. 석공일. 선일. 세상일. 안일. 안팎일. 앉은일. 앞일. 여름일. 예삿일. 옛일. 웬일. 잔일. 잡일. 진일. 집안일. 집일. 칠일. 큰일. 토목일. 허드렛일. 헛일. 홋일. 흙일.} {가게일. 공장일. 교회일. 국회일. 나랏일. 농장일. 대장일. 마을일. 막장일. 목장일. 바닷일. 부엌일. 은행일. 학교일. 학회일. 회사일.} ¶ 과수원 일. 과장 일. 구두닦이 일. 군수 일. 변호사 일. 약사 일. 의사 일. 접시닦이 일. 조합장 일. 지난 일.
☞ 노동.
일²(日) * ① 한자말 뒤에서 날을 세는 하나치. ¶ 일 일. 십 일. 십삼 일. ⁑ 아라비아 숫자 뒤에는 붙여 쓸 수 있음. {5일. 15일.} ② 정해진 날짜. ¶ 일일. 이일. 삼일. 사일. 오일. 육일. 칠일. 팔일. 구일. 십일. 1월 1일. 5월 8일. 7월 6일. 7월 7일. 8월 15일. 11월 3일. 11월 12일. 11월 13일.
~**일**³(~日) * 어떤 날. {경축일. 공휴일. 국경일. 기념일. 생일. 탄일.}
☞ 날.⁴
일가(一家) * ① 한집안. ② 성과 본이 같은 겨레붙이. {일가권속. 일가문중. 일가붙이. 일가식솔. 일가일신. 일가친지. 일가친척. 일갓집.} {붙이기일가.} ③ 독자적인 경지나 체계. ¶ 한국화 쪽으로 일가를 이루었다.
☞ 인척. 친척.
일감 = 일거리. ¶ 일감이 떨어지다. 일감이 쌓이다.
일개미 = 일꾼개미. ⁑ 집을 짓거나 먹이를 날라 모으는 일을 하는 개미.
☞ 여왕개미. 병정개미. 수개미.
일결 * 크게 손님을 겪는 일.
☞ 손겪이. 손치레.
일고여덟 = 일여덟. ⁑ 일곱이나 여덟.
일곱 번째(~番~) ¶ 일곱 번째 시험쳐서 합격하다. ⁑ 횟수를 나타냄.
☞ 일곱째 번.
일곱여덟 ⇨ 일고여덟. 일여덟. ⁑ 일곱이나 여덟.
일곱째 번(~番) ¶ 나는 면접하러 일곱째 번에 들어갔다. ⁑ 차례.
☞ 일곱 번째.
일공쟁이(日工匠~) ⇨ 날품팔이. 날품팔이꾼.
일과표(日課表) * 나날이 정해 놓고 하는 일의 시간표.
☞ 시간표.
일구다 * ① 논밭을 만들려고 땅을 파서 일으키다. ¶ 밭을 일구다. ② 땅을 쑤시어 흙이 솟게 하다. ¶ 두더지가 땅을 일구다.

☞ 이루다.

일깨다 * 잠을 일찍 깨다. ¶ 아침에 일깨어 시장에 다녀왔다.

일깨우다[1] * '일깨다'의 하임. ¶ 아이들을 일깨워 학교에 보내다.

일깨우다[2] * 가르치거나 일러서 깨닫게 하다. ¶ 나라말의 중요성을 일깨우다.

일꺼리 ⇨ 일거리. 일감.

일껀 ⇨ 일껏.

일껏 * ① 일삼아 이때껏. ¶ 괜한 말을 하여 일껏 잘되어 가는 일을 망쳐 놓았다. ② 모처럼 애써서. ¶ 일껏 마련한 좋은 기회를 놓쳤다.

☞ 내나.

일꾼개미 = 일개미.

☞ 여왕개미. 병정개미. 수개미.

일나가다 ⇨ 일 나가다. ✽ 일하러 가다.

일나다 ⇨ ① 일이 생기다. ② 일어나다.

일내다 * 일을 저지르다. ✽ 말썽을 일으키다. ¶ 일내지 않도록 조심해라.

일년~(一年~) * {일년감. 일년근. 일년생. 일년생근. 인년생초. 일년송.}

일 년(一 年) * 한 해. ¶ 일 년에 한 번씩 꽃이 핀다.

일노래 * 일하면서 부르는 노래. ✽ 힘든 것을 잊고 재미있게 일하게 함.

☞ 들노래.

일다[1] * ① 곡식이나 모래에 물을 붓고 흔들어서 쓸 것을 가려내다. ¶ 조리로 쌀을 일다. ② 채로 치거나 키로 까불러서 쓸 것을 가려내다.

일다[2] * ① 없던 현상이 나타나다. ¶

바람이 일다. 물결이 일다. ② 희미하거나 약하던 것이 힘차게 일어나다. ¶ 불길이 일다. ③ 겉으로 부풀거나 위로 솟아오르다. ¶ 거품이 일다. 보풀이 일다.

☞ 생기다.

일단(一旦) ㉺ ⇨ ① 한번. ② 먼저. ✽ 우선. ③ 잠깐.

일단정지(一旦停止) ㉺ ⇨ 우선 멈춤.

일당(日當) ㉺ ⇨ 날삯. ✽ 하루 품삯.

일대기(一代記) ㉺ ⇨ 행장. 전기문. ✽ 한평생 살아온 이야기.

일더위 * 첫여름부터 일찍 오는 더위. ¶ 일더위에 입술이 타오르는 유월.

☞ 늦더위.

일등가다(一等~) = 단벌가다. 으뜸가다. 제일가다. 첫째가다. ✽ 첫손 꼽다.

일량일(一兩日) ⇨ 일양일. ✽ ① 하루나 이틀. ② 오늘이나 내일.

일량(~量) ⇨ 일한 양. ✽ 겨레말 뒤에는 '양'임.

☞ 일양.

일러 * ① 이르다. ✽ 말하다. ¶ 일러 놓다. ② 이르다. ✽ 일찍.

☞ 이르러.

일러바치다 * 남의 잘못을 다른 사람에게 알리다. ¶ 어머니께 일러바치다.

☞ 까바치다.

일렁거리다 〉 얄랑거리다. ✽ 긴 물건 따위가 이리저리 크게 흔들리다.

☞ 얼렁거리다.

일로 = 이리로. ✽ 이쪽으로. ¶ 일로 오너라. 일로 가면 학교가 있다.

일면(一面) * ① 신문 첫째 쪽. ¶ 일면

기사. ②한쪽 모습. ¶일면만 보다.

일 면(一 面) * ①한 페이지. ②행정 구역인 하나의 면.

일문일답을 받다(一問一쏨〜) ⇨ ①일문일답하다. ②질문을 받다.

일미(一味) * ①첫째가는 좋은 맛. ②한 가지 독특한 맛.

일 미(一 尾) ㉛ ⇨ 한 마리. ＊ 물고기를 세는 하나치.

일반화되다(一般化〜) ⇨ 두루 쓰게 하다. 두루 알게 하다. ＊ 일반화하다.

일변(日邊) ⇨ 날변. 달러변. ＊ 날짜로쳐서 길미(이자)를 무는 빚.

일 보다 = 볼일을 보다.
　☞ 뒤보다.³ 일 치르다.

일보변(日步邊) ㉛ ⇨ 날변. 달러길미. 달러변. ＊ 길미가 매우 높음.

일본(日本) ⇨ 니혼. 왜국. 재팬. ＊ 나라 이름.

일부¹(日賦) ㉛ ⇨ 날붓기. ＊ 치러야 할 돈을 나누어 날마다 내는 일.

일부²(日附) ㉛ ⇨ 날짜. ＊ 서류에 적는 날짜.

일부불(日賦拂) ㉛ ⇨ 날붓기.

일부인(日附印) ㉛ ⇨ 날짜 도장.

일부 판매(日附 販賣) ㉛ ⇨ 날붓기 팔기.

일삯 ⇨ 품삯.

일산(日傘) * 들놀이 따위에서 햇볕을 가리는 큰 양산. ＊ 황제나 벼슬아치.
　☞ 양산. 우산.

일산하다(逸散〜) ㉛ ⇨ 뿔뿔이 흩어지다. 흩어져 달아나다.

일삿병(日射病) ⇨ 일사병. ＊ 더위먹음.

일새 = 일솜씨. ＊ ①일하는 솜씨. ¶ 일새가 빠르다. ②일을 해 놓은 솜씨.

일생(一生) = 일평생. 평생. 한평생. 한뉘. 한살이. ¶ 일생 동안.

일생토록(一生〜) = 평생토록. ¶ 일생토록 학문 연구에만 매달렸다.

일석이조(一石二鳥) ㉛ ⇨ 일거양득.

일석점호(一夕點呼) ⇨ 저녁 점호.

일소 = 부림소. ＊ 짐을 나르거나 밭갈이 따위에 쓰려고 기르는 소.
　☞ 고기소.²

일속 * 일의 속내나 실속. ¶ 일속을 알다. 일속이 훤히 들여다보인다.

일 속 = 일 가운데. ¶ 일 속에서 사는 재미를 찾는다.

일손 * ①일하는 손. ¶ 일손을 놓다. 일손을 돕다. 일손을 떼다. 일손을 멈추다. 일손을 쉬다. ②일하는 솜씨. ¶ 일손이 재빠르다. 일손이 시원스럽다. ③일하는 사람. ¶ 일손이 달리다. 일손이 모자라다. 일손을 줄이다.

일솜씨 = 일새. ¶ 일솜씨가 굼뜨다. 일솜씨가 거칠다. 일솜씨가 좋다.

일수¹(日收) = 일수입. ＊ 하루 벌이.

일수²(日收) * 날마다 나누어 갚는 빚. {일수놀이. 일수쟁이. 일숫돈.}

일수³(一手) ⇨ 독차지. 독점.
　☞ 일쑤.

일수판매(一手販賣) ㉛ ⇨ 외목장사.

일숫돈(日收〜) * 본전과 길미를 며칠에 나누어 날마다 갚아 나가는 빚돈.
　☞ 월숫돈.

일시불(一時拂) 왜 ⇨ 한목 치르기.

일시불 공채(一時拂 公債) 왜 ⇨ 한목 공채.

일시키다 ⇨ 일을 시키다.

일신상(一身上) 왜 ⇨ 개인 형편. 제 형편.

일쑤 * ①으레 그러는 일. ¶ 밥은커녕 굶기가 일쑤다. ②흔히. ¶ 아침을 일쑤 거른다. 일쑤 경을 치다.
　☞ 일수.³

일양(一樣) * ①한결같은 모양. ②같은 모양. ③한결같이 그대로.
　☞ 일량.

일어(日語) ⇨ 니혼 말. 왜말. 재팬 말.

일어나거라 ⇨ 일어나라. ＊ '~거라'는 '가다'에만 씀.

일없다 * ①아무 소용이 없다. ¶ 아무리 그래도 나한테는 일없다. ②걱정하거나 생각할 필요가 없다. ¶ 약한 첩이면 일없을 것이니 걱정하지 마라.

일 없다 * 할 일이 없다.

일여덟 = 일고여덟. ＊ 일곱이나 여덟쯤.

일요일(日曜日) * 한 주일의 마지막 날. ＊ 쉬는 날.
　☞ 공일.²

일요일날(日曜日~) ⇨ 일요일.

일용(日傭) 왜 ⇨ 날품.

일월달(一月~) ⇨ 일월. 정월.

일월 십일일(1月 11日) = 1. 11. ＊ '일리리'로 읽음.
　☞ 십일월 십일일.

일으키다 * ①일을 벌이거나 터뜨리다. ¶ 전쟁을 일으키다. 사고를 일으키다. ②무엇을 시작하거나 흥성하게 하다. ¶ 사업을 일으키다. 집안을 일으키다. ③일어나게 하다. ¶ 몸을 일으키다.
　☞ 세우다.

일을 접하다(~接~) ⇨ ①일을 겪다. ②일을 맡다. ③일을 보다.

일응(一應) 왜 ⇨ 먼저. 한번. ＊ 우선.

일인분(一人分) 왜 ⇨ 한 사람 몫. 한 사람 치.

일일날(一日~) ⇨ 일일. 하룻날. ¶ 사월 일일. 사월 초하룻날.

일일이¹ * 일마다 모두. ¶ 일일이 트집을 잡다.

일일이²(一一~) = 하나하나. ①하나씩 하나씩. ¶ 일일이 무게를 달다. ②한 사람씩 한 사람씩. ¶ 친구들을 일일이 만나보다. ③이것저것 자세히. ¶ 할머니가 일일이 가르쳐 주셨다. ④여러 가지 조건에 그때마다. ¶ 형식에 일일이 구애받지 않는다.

일.일일(1.11) = 일월 십일일. ＊ '일 리릴'로 읽음.

일일.일(11.1) = 십일월 일일. ＊ '이 릴릴'로 읽음.

일일.일일(11.11) = 십일월 십일일. ＊ '이릴리릴'로 읽음.

일자¹(一字) = 일자형. {일자매기. 일자머리. 일자못. 일자바지. 일자진.}

일자²(一字) * ①아주 적은 지식. {일자무식.} ②한 마디의 글. {일자무소식.} ¶ 일자 서신. 일자 소식.

일자³(日子) * ①날짜. ¶ 시험 일자. ②날수. ¶ 실습 일자.

일자집(一字~) * 건물 평면이 '一'자 꼴로 생긴 집.

☞ 일잣집.

일 잘못하다 ＊ 일을 옳게 하지 못하다.

일 잘 못하다 ＊ 일을 솜씨 있게 하지 못하다.

일잣집 ＊ 용마루가 'ㅡ'자 모양으로 생긴 집.
☞ 일자집.

일절(一切) ＊ ①전혀. ¶ 일절 모른다. ②도무지. ¶ 일절 하는 일이 없다. ③아주. 절대로. 통. ¶ 일절 말하지 마라. ＃ '말다, 모르다, 없다' 앞에서 사물을 부인, 부정, 행위를 금지하는 말.
☞ 일체.

일제시대(日帝時代) ⇨ 일제 강점기.
＃ 왜놈 종살이 때.

일제이(一齊~) ⇨ 일제히. ＃ 여럿이 한꺼번에. ¶ 사람들이 일제히 나서다.

일조권(日照權) 옌 ⇨ 볕쬠 권리.

일조량(日照量) 옌 ⇨ 볕쬠 양.

일주기[1](一週忌) = 소상. ＃ 사람이 죽은 지 1년 만에 지내는 제사.
☞ 주기.[1]

일주기[2](一週期) ＊ 한 돌. ＃ 대중말은 '돌'이나 '돐'을 되살려 써야 함.

일주기[3](日週期) ＊ 하루를 주기로 나타나는 생물 활동이나 이동의 변화.

일주년(一週年) ＊ 첫돌. ＃ 시작한 첫해는 뺌. ¶ 창립 1주년 기념식.
☞ 주년.

일찌가니 ⇨ 일찌감치.

일찌감치 = 일찌거니. ＃ ①조금 이르다고 할 정도로 얼른. ¶ 일찌감치 저녁을 먹고 자리에 들었다. ②되도록 일찍. ¶ 안 될 일은 일찌감치 걷어치워라.
☞ 느지감치. 미리감치.

일찌기 ⇨ 일찍이.

일찍 ＊ 이르게. ＃ 시기를 앞당기어. ¶ 한 시간 일찍 나오너라. 일찍 갔다.
☞ 빨리. 일찍이. 진작.

일찍다 ⇨ 이르다.

일찍이 ＊ 그 이전까지. ¶ 일찍이 그런 일은 없었다.
☞ 일찍.

일차 년도(一次年度) ⇨ 일차 연도.
＃ 일을 시작한 첫해.

일착[1](一着) ＊ ①첫 번째로 도착함. ②바둑, 장기에서 돌, 말을 한 번 놓음.

일착[2](一着) 옌 ⇨ 한 벌. ＃ 옷을 세는 하나치.

일체[1](一切) 〔이〕 ＊ ①전체. ¶ 일체가 잘 되다. ②모든 것. ¶ 일체를 털어 놓다. ③전부. ¶ 안주 일체. 반대 의견 일체를 묵살한다.

일체[2](一切) 〔어〕 ＊ ①죄다. ¶ 네 생각을 일체 안다. ②모두. ¶ 살림살이는 일체 있다. ③남김없이. ¶ 잡풀을 일체 뽑아라. ④있는 대로. ¶ 일체 가져가거라. ⑤온통. ¶ 걱정을 일체 털어 버려라.
☞ 일절.

일 치르다 ＊ 해야 할 큰일을 겪어서 해내다. ¶ 일을 치르고 나니 홀가분하다.
☞ 일 보다.

일커르다 ⇨ 일컫다.

일컫다 ＊ ①이름을 지어 말하다. ¶ 우리나라를 금수강산이라 일컫다. ②가리켜 말하다. ¶ 사람을 일컬어 생각하는 갈대라 한다. ③ 우러러 칭찬하다. ¶ 그를 효자라고 일컫다. 그의 재주를 일컫다.
☞ 부르다.²

일테면 = 이를테면. ＊ 가령 말하자면.

일평생(一平生) = 일생. 평생. 한평생. 한뉘. 한살이.

일품¹(一品) ＊ ① 품질이나 상태가 제일감. 또는 그런 물품. ② 솜씨가 제일감. 또는 그런 솜씨. ③ 즐길 수 있는 최고의 것. ¶ 맛이 일품이다.

일품² ⇨ 품삯.

일하다 ＊ 목숨이 살아남으려고 힘들여 움직이다. ¶ 땀 흘려 일하다.
☞ 놀다. 쉬다. 움직이다.

일학년(一學年) ⇨ 일 학년. ＊ 이 학년. 삼 학년. 사 학년. 오 학년.

일할(日割) ㉚ ⇨ 날 벼르기. ＊ 날짜를 여럿으로 갈라서 벼름.

일헤 ⇨ 이레. 이렛날. ＊ 일곱 날. 초이렛날.

일흔 〔七十〕 ＊ {일흔하나. 일흔둘. 일흔셋. 일흔넷. 일흔다섯. 일흔여섯. 일흔일곱. 일흔여덟. 일흔아홉.}

읽는이 〔讀者〕 ¶ 이 책은 읽는이가 매우 많다.

읽는 이 ¶ 책을 읽는 이는 저쪽으로, 신문을 읽는 이는 이쪽으로 오셔요.

읽다 ＊ ① 글을 보고 뜻을 알아내다. ¶ 책을 읽다. ② 글을 보고 말소리로 나타내다. ¶ 시를 소리 내어 읽다. ③ 마음이나 표정 속에 숨은 뜻을 알아내다. ¶ 속마음을 읽다.
☞ 보다.¹

읽어 = 읽어요. ＊ '요'는 도움토씨로 줄일 수 있음.

읽어라 ＊ '읽다'의 바로 시킴꼴.
☞ 읽으라.

읽어보기로 하다 ⇨ 읽어 보다.

읽어보도록 하다 ⇨ 읽어 보다.

읽으라 ＊ '읽다'의 건너 시킴꼴.
☞ 읽어라.

읽을려고 ⇨ 읽으려고.

읽혀지다 ⇨ 읽히다.

잃다 ＊ ① 물건이 없어지다. ¶ 지갑을 잃다. 돈을 잃다. ② 신용이나 점수가 깎이다. ¶ 신용을 잃다. 점수를 잃다. ③ 길이나 방향을 못 찾게 되다. ¶ 길을 잃다. 방향을 잃다. ④ 죽어서 헤어지다. ¶ 어려서 동생을 잃다.
☞ 잊다.

잃어버리다 ＊ 아주 잃다. ＊ 사람. 물건. ¶ 아이를 잃어버리다.
☞ 잊어버리다.

임 ＊ 사랑하는 사람. ¶ 사랑하는 임. 정든 임.
☞ 님.¹

임금(賃金) ㉚ ⇨ 삯. 품삯.

임기웅변(臨機應變) ⇨ 임기응변.

임노동(賃勞動) ㉚ ⇨ 삯일. 품.

임대하다(賃貸~) ㉚ ⇨ 세놓다. 빌려주다.
☞ 임차하다.

임도(賃搗) ㉚ ⇨ 삯방아. ＊ 삯을 받고 찧어 주는 방아.

임료(賃料) ㉚ ⇨ 삯. 품삯.

임마 〔느〕 ⇨ 인마. 이놈아. ＊ 부르는 말.

임명하다(任命~) ＊ 지위나 임무를 맡

기다. ¶ 과장으로 임명하다.
☞ 임용하다.

임부(賃夫) 웹 ⇨ 삯꾼. 삯일꾼.

임분(林分) 웹 ⇨ 숲. 숲몫.

임에 분명하다(～分明～) ⇨ 임이 틀림없다.

임에 틀림없다 ⇨ 임이 틀림없다. ¶ 그의 작품임이 틀림없다.

임용하다(任用～) * 사람을 쓰다. ¶ 임용 시험. 신규 임용. 적격자를 임용.
☞ 임명하다.

임의로히(任意～) ⇨ 임의로이. ‡ ① 제 마음대로. ¶ 시장이라도 임의로이 해서 안 될 일이 있다. ② 서로 거리낌 없이. ¶ 우리는 임의로이 지낸다.

임자 * ① 주인. {논임자. 땅임자. 밭임자. 집임자.} ¶ 배 임자. 차 임자. 책 임자. ¶ 임자가 없다. ② 부부가 서로 짝을 부르는 말. ③ 사람, 동물, 물건을 잘 다룰 수 있는 힘이 있는 사람. ¶ 제대로 임자를 만나다.

임전(賃錢) 웹 ⇨ 삯돈.

임차하다(賃借～) 웹 ⇨ 세내다. 빌리다.
☞ 임대하다.

임통 ⇨ 통발. ‡ 물고기를 잡는 연모.

임파선(淋巴腺) 웹 ⇨ 림프샘.

입 * ① 음식을 먹고 소리를 내는 기관. {입가. 입걱정. 입결. 입김. 입노릇. 입놀림. 입다짐. 입단속. 입담. 입담배. 입마개. 입맞춤. 입방귀. 입방정. 입부리. 입비뚤이. 입소리. 입수염. 입술. 입심. 입아귀. 입요기. 입인사. 입입이. 입장단. 입주름. 입짓. 입치다꺼리. 입치레. 입치리. 입타령.} {군입(군입정). 마른

입. 맨입. 뭇입. 잔입. 첫입.} {입차다.} ¶ 입 모양. 입 안. 대구 입. 메기 입. 아귀 입. ¶ 입을 다물다. 입을 닥치다. 입을 닦다. 입을 떼다. 입이 뜨다. 입을 막다. 입을 벌리다. 입을 열다. 입이 사납다. 입이 짧다. 입이 크다. ② 입술. ¶ 입을 내밀다. 입을 맞추다(입맞춤하다). 입을 오므리다. ③ 음식을 먹는 사람의 수효. ¶ 입이 늘다. 입을 덜다. 입이 줄다. ④ 말. ¶ 입이 걸다. 입이 거칠다. 입을 맞추다. ⑤ 하나치. ¶ 한 입만 먹자.
☞ 아가리. 부리.¹ 주둥이.

입 가볍다 = 입 싸다. ‡ 말이 많거나 아는 일을 함부로 옮기다.
☞ 입 무겁다. 입빠르다.

입가심 * 입 안을 가시어 냄. ¶ 숭늉으로 입가심하다.
☞ 볼가심. 약가심. 입씻이.

입간판(立看板) 웹 ⇨ 선간판. ‡ 세운 간판.

입갑 ⇨ 미끼.

입고도(立高跳) 웹 ⇨ 제자리높이뛰기. ‡ 운동의 한 가지.

입고병(立枯病) 웹 ⇨ 장승병. 마름병. ‡ 농작물에 생기는 병 이름.

입광도(立廣跳) 웹 ⇨ 제자리멀리뛰기. ‡ 운동의 한 가지.

입구(入口) 웹 ⇨ ① 들머리. 들목. ② 어귀. ③ 문. ④ 들어가는 구멍.
☞ 출구.

입구린내〔口臭〕 = 입내. 입 냄새.

입귀 ⇨ 입아귀. ‡ 입의 양쪽 구석.

입금시키다(入金～) ⇨ (금융 기관에) 돈을 넣다. ‡ 입금하다.

입기갱(入氣坑) ⑪ ⇨ 공기구멍. 바람 구멍.

입길[1] * 이러쿵저러쿵 남의 흉을 보는 입놀림. ¶ 남의 입길에 오르내리다. ☞ 입줄.

입길[2] * 말소리를 낼 때 공기가 지나가는 입에서 목구멍까지 길. ☞ 입질.

입나무 ⇨ 잎나무.

입나팔 ⇨ 손나발.

입내[1] = 입구린내. 입 냄새. ¶ 입내가 나다. 입구린내가 나다.

입내[2] * 소리나 말로써 내는 흉내. {입내쟁이.} ¶ 입내를 내다. ☞ 흉내.

입 놀리다 = 주둥이 놀리다. * 말을 함부로 하다.

입다[1] * 옷을 몸에 꿰거나 두르다. {갈아입다. 차려입다.} ¶ 바꿔 입다. 챙겨 입다. 옷을 입다. 속옷을 입다. 양복을 입다. 치마를 입다. 한복을 입다. ☞ 걸치다.

입다[2] * 도움을 받거나 손해를 보다. ¶ 은혜를 입다. 손해를 입다. ☞ 당하다.[1]

입다심 ⇨ 입매. * 음식을 조금만 먹어 시장기를 면하는 일.

입다툼 ⇨ 말다툼.

입 닦다 = 입 씻다. * 이익을 혼자 차지하거나 가로채고 시치미를 떼다.

입땀 ⇨ 입담. * 말솜씨.

입때 = 입때껏. 여태. 여태껏. 이제껏. * 지금까지. 아직까지. ☞ 아직. 이때.

입력시키다(入力~) ⇨ 담다. 넣다. * 입력하다.

입막음 * 비밀이나 불리한 말을 못하도록 하는 일. ¶ 입막음으로 돈을 주다. ☞ 입씻김.

입말 * ①입으로 하는 말에서 쓰는 말. * 구어. ② 소리말. * 음성 언어. ☞ 글말.

입맛 * ①입에서 느끼는 맛. ¶ 입맛 나다. 입맛 당기다. 입맛 돋우다. 입맛 돌다. 입맛 떨어지다. 입맛 맞다. 입맛 붙이다. 입맛 쓰다. 입맛 없다. 입맛 잃다. 입맛 좋다. ②좋지 못한 이에서 겪는 느낌. ¶ 쓴 입맛 다시다. ③흥미를 느끼거나 가지고 싶은 마음. ¶ 입맛에 맞는 일. 입맛 다시다. ☞ 밥맛.

입 맞추다 * 여러 사람이 똑같은 말을 하도록 미리 짜다.

입맞춤하다 * 입과 입을 마주 대다.

입매[1] = 입맵시. 입모습. * 입이 생긴 모양. ¶ 입매가 곱다.

입매[2] * 음식을 간단히 먹어 시장기를 면함. {입맷거리. 입맷상. 입매안주.} {입매하다.} ☞ 요기.[2]

입 무겁다 * 말이 적거나 아는 일을 함부로 옮기지 않는다. ☞ 입 가볍다. 입 싸다.

입묵(入墨) ⑪ ⇨ 먹물뜨기. * 문신.

입바르다 * 바른말을 하는 데 거침이 없다. ¶ 입바른 말. 입바른 소리. ☞ 입빠르다.

입밖에 ¶ 제 입밖에 모른다. ‡ ‘밖에’
　는 토씨.

입 밖에 ¶ 이 말은 입 밖에 내지 마라.
　‡ ‘밖’은 이름씨

입발림 = 사탕발림. ‡ 달콤한 말로 남
　의 비위를 맞추는 일. ¶ 입발림 소
　리.

입방메타(立方米) 웹 ⇨ 세제곱미터.
　‡ 부피.

입방아 ‡ 쓸데없는 말을 방정맞게 자
　꾸 하는 짓. ¶ 입방아를 찧다.
　☞ 고갯방아. 무릎방아. 붓방아. 엉
　덩방아. 이마방아. 코방아.

입버릇 ‡ ①입에 밴 말버릇. ¶ 입버릇
　이 나쁘다. 입버릇이 되다. 입버릇
　처럼 말해 왔다. ②음식 먹는 버릇.
　¶ 입버릇이 잘못 들어 음식을 가려
　먹는다.
　☞ 입정.

입벌이 ⇨ 밥벌이.

입봉 웹 ⇨ 첫 연출.

입빠르다 ‡ 제 생각이나 들은 말을 참
　을성 없이 지껄이는 버릇이 있다.
　☞ 입 가볍다. 입바르다. 입 싸다.

입빠이(잇파이) 〔一杯〕웹 ⇨ ①가득.
　한껏. 꽉. 많이. ②한 잔.

입삐뚤이 ⇨ 입비뚤이. ‡ 괘사증. 괘사
　풍.

입사귀 ⇨ 잎사귀.

입살 ⇨ ①입심. ②잎살.

입새 = 들머리. 어귀. 초입. 초입새.
　‡ ①골목이나 문으로 들어가는 어
　귀. ②일이 시작되는 첫머리.
　☞ 잎사귀.

입성 = 옷. ¶ 입성이 초라하다.

입속 〔口腔〕‡ 입에서 목구멍에 이르
　는 입 안의 빈 곳.
　☞ 입 안.

입속말 = 입안말. ‡ 입속에서 중얼거
　리는 말. {입속말하다.}
　☞ 귓속말.

입수되다(入手~) ⇨ 손에 넣다. 손에
　들어오다. ‡ 입수하다.

입시 ‡ 옛날, 하인이나 종이 먹는 밥.
　☞ 메. 밥. 수라. 진지.

입 싸다 = 입 가볍다. ‡ 말이 많거나
　아는 일을 함부로 옮기다.
　☞ 입 무겁다. 입빠르다.

입싸움 ⇨ 입씨름. 말다툼. 말싸움. 말
　씨름.

입쌀 = 멥쌀. 쌀.
　☞ 잎살. 찹쌀.

입쌀밥 = 쌀밥. 이밥. 맨쌀밥. 흰밥.

입씨름 = 말다툼. 말싸움. 말씨름.

입씻김 ‡ 비밀이나 불리한 말을 못하
　도록 돈이나 물건을 주는 일.
　☞ 입막음.

입 씻기다 ‡ 돈이나 물건을 주어 불리
　한 말을 못하도록 하다.

입 씻다 = 입 닦다. ‡ 혼자 차지하고
　는 시치미를 떼다.

입씻이 ‡ 입씻김으로 주는 돈이나 물
　건.
　☞ 입가심. 입씻김.

입 안 ‡ 입술에서 목구멍까지. ¶ 입 안
　을 잘 살펴보다.
　☞ 입속.

입안말 = 입속말.
　☞ 귓속말.

입영(立泳) 웹 ⇨ 선헤엄.

입의망(~網) ⇨ 부리망.

입이(粒餌) ㉫ ⇨ 모이. 낟알 먹이.

입인사(~人事) = 말인사. ‡ 말로 하는 인사. {입인사하다.}
☞ 절인사.

입장(立場. 다치바) ㉫ ⇨ 견해. 결심. 경우. 관점. 동향. 뜻. 방침. 상황. 생각. 소견. 심정. 시각. 요구. 얼굴. 원칙. 위치. 의견. 의사. 의중. 의지. 인식. 자리. 자세. 정의. 조건. 주장. 지위. 직책. 쪽. 처지. 체면. 태도. 판단. 편. 해명. 형편. 희망. ‡ 뜻에 알맞게 가려 써야 함.

입장 시키다(入場) ⇨ 들여보내다. 들여보내 주다.

입장하고 있다(入場~) ⇨ 들어오다. 들어가다.

입정 * ① 음식을 먹거나 말하는 입. ¶ 입정을 놀리다. 입정에 오르내리다. ② 입버릇. ¶ 입정이 고약하다. 입정이 사납다.
☞ 입버릇.

입젯날(入祭~) * 제삿날 하루 앞날. ‡ 입젯날에 집안 사람들이 모두 모인다.
☞ 파젯날.

입줄 * 이러쿵저러쿵 남의 말을 하는 입. ¶ 사람의 입줄은 무서운 것이다.
☞ 입길.¹

입증(立證) * 직접적 증거를 내세워서 증명함. ¶ 입증을 못 하여 벌을 받다.
☞ 반증. 방증.

입증시켜 주다(立證~) ⇨ 입증하다. 입증해 주다.

입질 * 낚시질할 때 물고기가 낚싯밥을 건드리는 일. ¶ 입질이 좋다.
☞ 입길.²

입찬말 = 입찬소리. ‡ 지나치게 장담하는 말.

입천정(~天井) ⇨ 입천장.

입체하다(立替~) ㉫ ⇨ ① 꾸어 주다. ② 꾸다.

입초수 ⇨ 입길. ‡ 남을 흉보는 입놀림.

입촌되다(入村~) ⇨ (마을에) ① 들어가다. ② 들어오다.

입춤¹(立~) = ① 거드름춤. ② 도굿대춤. 막대기춤. 몽둥이춤. 배김새춤. 번개춤. 일자활개펴기춤. 절굿대춤.

입춤²(立~) * 기생 둘이 마주서서 추는 춤.

입치(入齒) ㉫ ⇨ ① 금니를 해 넣음. ② 틀니를 함.

입치닥꺼리 ⇨ 입치다꺼리. ‡ 먹는 일을 뒷바라지하는 것.

입치레 * ① 끼니를 때우는 일. ¶ 입치레하기도 어렵다. ② 군것질.
☞ 말치레.

입하하다(入荷~) ㉫ ⇨ (물건이) ① 들어오다. ② 들여오다.

입학식(入學式)**을 갖다** ⇨ 입학식을 하다.

입회시키다(立會~) ㉫ ⇨ 참관하게 하다.

입회증인(立會證人) ㉫ ⇨ 참여증인.

입회하다¹(立會~) ㉫ ⇨ 참여하다. 참관하다.

입회하다²(入會~) * 모임에 들어가다. ¶ 새로 입회한 사람이 인사하다.

입힘 ⇨ 입심. ⁑ 거침없이 기운차게 말하는 힘. ¶ 입심이 세다. 입심이 좋다.

잇~[1]〔齒〕＊ 이. 이빨. {잇몸. 잇바디. 잇살. 잇새. 잇속. 잇자국. 잇집.}
☞ ~니.[3] 이.[1]

~잇[2] ＊ 이부자리나 베개의 거죽을 싸는 천. {베갯잇. 욧잇. 이불잇.}

잇과[1](~科) ＊ 곤충강 이목의 한 과. ⁑ 머릿니, 몸엣니, 수퉁니 따위.

잇과[2](理科) ⇨ 이과.

잇기다 ⇨ 이어지다.

잇다 ＊ ①긴 물건의 끝과 끝을 서로 붙이다. ②어떤 일을 계속하게 하다.
☞ 매다.[1] 잇대다.

잇닫다 ＊ 뒤를 이어 달리다. ⁑ 잇닫고. 잇닫는. 잇달아. 잇달으니. 잇단.

잇달다[1]〔남〕＊ 어떤 것을 다른 것 뒤에 달다. ¶ 화물칸을 객차 뒤에 잇달다.

잇달다[2]〔제〕= 잇따르다. 연달다. ⁑ ①다른 물체 뒤를 이어 따르다. ¶ 자동차가 꼬리를 물고 잇달다. ②어떤 일이나 행동이 이어서 생기다. ¶ 행운이 잇달다. 사건이 잇달다. ⁑ 잇다니. 잇다오.

잇달아 = 연달아. 잇따라.

잇달은 ⇨ 잇따른. ⁑ 잇따르다. ¶ 잇따른 사고.

잇닿다 = 연닿다. ⁑ 서로 이어져 맞닿다. ¶ 하늘과 물이 잇닿는 곳.

잇대다 ＊ 서로 이어져 맞닿게 하다. ¶ 광을 부엌과 잇대어 짓다.

잇따르다〔제〕= ①이음달다. ②잇달다. 연달다. 뒤닫다. ¶ 금메달을 딴 선수의 길놀이에 방송사 차가 잇따랐다.
☞ 이어지다.

잇딴 ⇨ ①잇단. ⁑ 잇달다. ②잇따른. ⁑ 잇따르다.

잇몸〔齒齦〕＊ 이뿌리를 둘러싸고 있는 살. {아랫잇몸. 윗잇몸.}
☞ 이 몸. 잇살.

잇빠이(잇파이)〔一杯〕[왜] ⇨ ①가득. 한껏. 꽉. ②한 잔.

잇살 ＊ 잇몸의 틈.
☞ 잇몸.

잇샅 ⇨ 잇새.

잇새 ＊ 이와 이의 사이. ¶ 잇새가 벌어지다. 잇새에 음식이 끼다.
☞ 이새. 이틈.

잇속[1] ＊ ①이의 생김새. ¶ 잇속이 고르다. ②이의 가운데 연한 부분.

잇속[2](利~) ＊ 이익이 되는 실속. ¶ 잇속이 밝다. 잇속을 차리다.

잇솔 ⇨ 칫솔.

잇점(利點) ⇨ 이점. ⁑ 이로운 점.

있게 되다 ⇨ ①있다. ②하다. ③되다. ④이다.

있냐? ⇨ 있느냐? ⁑ 움직씨와 '있다, 없다, 계시다'에는 '느냐?'가 붙음.

있는데 ¶ 뿔 달린 귀신이 있는데 말이야. ⁑ '는데'는 이음끝.

있는 데 ¶ 네가 가 있는 데가 어디냐? ⁑ '데'는 매인이름씨.

있는만큼 ＊ 있으므로. 이니까. ¶ 위험이 있는만큼 조심해야 한다.

있는 만큼 ＊ 분량. 정도. ¶ 가지고 있는 만큼 내놓아라. ⁑ 매인이름씨.

있다[1]〔움〕＊ ①머물다. ¶ 그냥 있어라. ②계속하다. ¶ 얌전히 있어라.

③시간이 지나다. ¶ 사흘 있으면 설이다.

있다[2] 〔그〕* ①존재. 상태. ¶ 신이 있다. 사람이 있다. 책이 있다. 기회가 있다. 이유가 있다. ②재산이 많다. ¶ 있는 집 자식이다. ③가지다. ¶ 내게 만 원이 있다. ④무슨 일이 생기다. ¶ 태기가 있다. 무슨 일이 있다.
☞ 계시다. 있으시다.

있다[3] 〔도〕¶ 가고 있다. 앉아 있다. 먹고 있다. 쥐고 있다. 기다리고 있다.

있다가 * ①머물다가. ¶ 여기 있다가 갔다. ②그 상태를 유지하다가. ¶ 한눈을 팔고 있다가 놓쳤다. ③존재하다가. ¶ 아까까지 있다가 사라졌다.
☞ 이따가.

있다금 ⇨ 이따금.

있슴 ⇨ 있음. ⁑ 이름꼴 씨끝은 '~음, ~기' 둘뿐임.

있아오니 ⇨ 있사오니.

있오 ⇨ 있소. ⁑ 있다. ¶ 고라니는 산에 있소. 책은 집에 있소.

있으나마나하다 ⇨ 있으나 마나 하다.

있으매 = 있으므로. ⁑ 있기 때문에.

있으시기 바랍니다 [왜] ⇨ ~해 주기 바랍니다. ~하시기 바랍니다. ¶ 이해 있으시기 바랍니다. ⇨ 이해하시기 바랍니다. 많은 참석 있으시기 바랍니다. ⇨ 많이 참석하시기 바랍니다.

있으시다 * '있다'의 높임말. ⁑ 꿈, 말, 물건, 시간, 일, 정신, 희망 따위. ¶ 좋은 일이 있으시다. 사정이 있으시다.
☞ 계시다.

있을까말까하다 ⇨ 있을까 말까 하다.

있읍니다 ⇨ 있습니다.

있이 = 넉넉하게. ⁑ 경제적. ¶ 있이 산다고 너무 뽐내지 마라.

있지 않느냐 ⇨ 있지 않으냐? ⁑ '않으냐'는 도움그림씨.

잉걸 = 불잉걸. ⁑ 이글이글 타는 숯불.

잉걸불 * ①불잉걸. ②다 타지 아니한 장작불.

잉그럭 ⇨ 잉걸.

잉꼬부부 〔鸚哥夫婦〕 ⇨ 원앙부부. 찰떡부부.

잉어 〔鯉魚〕* 잉엇과의 민물고기 이름.

잉여(剩餘) [왜] ⇨ 나머지. ⁑ 쓰고 난 뒤 남은 것.

잉여금(剩餘金) [왜] ⇨ 남은 돈.

잊고싶다 ⇨ 잊고 싶다.

잊다 = 잊어버리다. 까먹다. ⁑ ①알던 것을 생각해 내지 못하다. ¶ 전화번호를 잊다. ②생각이 미치지 못하다. ¶ 물 가져오는 것을 잊다. ③생각을 끊다. ¶ 지난 일을 잊고 살자. ④어떤 일을 마음에 두지 않다.
☞ 잃다. 잃어버리다. 까먹다.

잊혀지다 ⇨ 잊히다.

잎[1] * 잎살, 잎자루, 턱잎으로 이루어진 풀과 나무의 기관. {가랑잎(갈. 갈잎). 겉잎. 겹잎. 나뭇잎. 풀잎. 떡잎. 뜬잎. 바늘잎. 새잎. 속잎. 어린잎. 잔잎(꼬마잎. 쪽잎). 진잎. 햇잎. 홑잎.} {갈댓잎. 고춧잎. 깻잎. 꽃잎. 단풍잎. 담쟁이잎. 댓잎. 들깻잎. 떡갈잎. 박하잎. 배춧잎. 버들잎. 뽕잎. 솔잎. 연잎. 오동잎. 은행잎. 찻잎. 콩잎. 클로버잎. 파초잎. 해바라기잎. 호박잎.} ¶ 가로수 잎. 감나무 잎. 구기자나무 잎. 단풍나무 잎. 담쟁이덩굴 잎. 대나무 잎. 떡갈나무 잎. 버드나무 잎. 뽕나무 잎. 상수리나무 잎. 아카시 잎. 오동나무 잎. 은행나무 잎. 진달래 잎. 참나무 잎. 플라타너스 잎. {잎가. 잎가지. 잎갈이. 잎꼴. 잎나무. 잎나물. 잎노랑이. 잎눈. 잎다발. 잎덩굴손. 잎망울. 잎몸. 잎바늘. 잎보기식물. 잎뿌림. 잎양. 잎자리. 잎줄기. 잎집. 잎차례. 잎터. 잎파랑이. 잎파랑치. 잎혀.}

☞ 잎사귀. 이파리.

잎² * 하나치. ① 미역, 다시마, 나무나 풀 이파리 따위. ¶ 미역 한 잎. 나뭇잎 두 잎. ② 명주실의 한 바람. ¶ 명주실 한 잎.

☞ 닢.

잎겨드랑이 = 잎아귀. ✻ 나뭇가지나 풀줄기에 잎이 붙은 부분의 위쪽.

잎궐련 * 담뱃잎을 썰지 않고 통째로 말아서 만든 담배. ✻ 여송연. 시가.

☞ 궐련. 지궐련.

잎깍지 = 잎집. ✻ 잎자루가 칼집 모양으로 되어 줄기를 싸고 있는 것.

잎꼭지 = 잎대. 잎자루. ✻ 잎몸을 줄기나 가지에 붙게 하는 꼭지.

잎꽂이 * 나무나 풀의 잎을 흙에 꽂아 뿌리를 내리게 하는 꺾꽂이의 하나.

☞ 꺾꽂이.

잎담배 * 썰지 아니하고 잎사귀 그대로 말린 담배.

☞ 살담배. 쇠털담배.

잎맞이 * ① 음력 정초에 부녀자들이 놀이를 겸하여 하는 굿. ② 봄맞이.

☞ 봄맞이.

잎사귀 * 넓적한 푸나무의 잎. ✻ 살아 있는 것과 마른 것을 두루 일컬음.

☞ 잎. 이파리.

잎살 * 잎의 겉가죽 안쪽에 있는 두꺼운 부분.

☞ 입살.

잎새 ⇨ ① 잎. ② 잎사귀. ③ 이파리.

잎샘 * 봄철 잎이 나올 무렵에 갑자기 찾아온 추위. ¶ 잎샘 추위.

☞ 꽃샘.

잎숟가락 * 얇고 거칠게 만든 숟가락.

☞ 간자숟가락.

잎아귀 = 잎겨드랑이.

잎자루 = 잎대. 잎꼭지.

잎전(~錢) ⇨ ① 엽전. ② 푼돈.

잎채소(~菜蔬) * 잎을 먹는 채소. ✻ 배추, 상추, 미나리 따위.

☞ 채소.

잎초(~草) ⇨ 잎담배.

잎파리 ⇨ 이파리.

자[律尺] * ①길이를 재는 연모. {대자. 쇠자. 플라스틱자.} {구름자. 바느질자. 아들자(노리가늠자). 어미자. 줄인자. 줄자. 흘럭자.} ② 하나치. ‡ 한 자는 열 치. 30.3cm 임. ¶ 삼베 한 자 두 치. ☞ 되. 저울. 마. 치.² 푼.²

자²(子) * 장가든 뒤에 본이름 대신으로 부르는 이름. ☞ 본명. 본이름. 별명. 시호. 아명. 호.²

자³(者) * 사람. {그자. 이자. 저자. 배신자. 위선자.} ¶ 어떤 자. ☞ 놈.²

자⁴(字) * 글자. {기역자. 디귿자. 리을자. 시옷자. 이응자.} {갖은자. 숫자. 수자.} {가로왈자. 여덟팔자. 하늘천자. 한일자.} {간체자. 당용한자. 대용자. 번체자. 상용한자. 약자. 정자.} {그리스자. 로마자. 이집트자. 페니키아자.} ¶ 그리스 글자. 로마 글자. 이집트 글자. ☞ ~짜.

자갈 = ①잔작돌. ‡ 내, 강, 바닷가에 있는 잔돌. ②자갈돌. ‡ 자질구레한 돌멩이. {자갈길. 자갈땅. 자갈밭. 자갈사막. 자갈수멍.} {강자갈. 냇자갈. 바닷자갈. 산자갈.} {모래자갈. 밤자갈(구슬자갈). 잔자갈.} ☞ 재갈.

자갈돌 * ①자갈, 진흙, 모래로 이루어진 바윗돌. ②자질구레한 돌멩이.

자개[螺鈿] * 금조개 껍데기를 썰어 낸 조각. {자개그릇. 자개단추. 자개함.} ¶ 자개 공예. 자개 일꾼.

자개구름[眞珠雲] = 진주구름. ‡ 진주색 구름.

자개바람¹ * 쥐가 나서 힘살이 굳어지는 일. ¶ 자개바람이 나다.

자개바람² * 요란한 소리를 내며 빠르게 일어나는 바람. ¶ 자개바람이 일다.

자개농(~籠) = 자개장롱.

자갱이 ⇨ 재강. ‡ 술찌끼.

자고로(自古~) = 자고이래로. ‡ 예로부터 내려오면서.

~자고 한다 = ~잔다. ‡ 가자고 한다. 가잔다.

~자구나 ⇨ ~자꾸나. {가자꾸나. 놀자꾸나. 먹자꾸나.}

자구나무 ⇨ 자귀나무.

자구넘이 = 대우. ＊밀밭, 보리밭 이랑 사이에 콩이나 팥을 심는 일.
　☞ 사이짓기.

자국[1] ＊ ①어떤 물건을 생산하거나 물건이 모여드는 고장. ¶안성은 유기가 나는 자국으로 이름이 났다. ②일이 일어난 곳. ③붙박이로 박혀 있어야 할 자리. ④본디의 상태나 수준. ¶일이 모두 제 자국에 들어섰다.

자국[2] ＊ ①발자국. {발샅자국. 자국걸음. 자국물.} ②닿거나 지나가거나 묻어서 생긴 자리. {대팻자국. 도끼자국. 땀자국. 바큇자국. 손자국. 손톱자국. 잇자국. 칼자국. 톱자국.} ¶글씨 자국. 눈물 자국. 붓자국. 자국이 나다. 자국을 내다. ③상처가 생겼다가 아문 자리. {마맛자국.} ¶뜸 자국. 수술 자국. 여드름 자국. ④어떤 일이 남긴 결과. ¶전쟁의 자국.
　☞ 자귀.[1] 자위.[2] 자취.

자국눈 ＊ 겨우 발자국이 날만큼 적게 내린 눈.
　☞ 길눈.[2] 자옹눈. 잣눈.[2]

자국 밟다 ＊ 사람의 발자국을 따라 뒤쫓다.
　☞ 자귀 짚다.

자국포수(~砲手) ⇨ 자욱포수. ＊사냥할 때 자귀를 잘 찾는 포수.

자귀[1] = 발자귀. ＊짐승의 발자국. ¶자귀가 나다. 자귀를 짚다.
　☞ 자국.[2]

자귀[2] ＊ 나무를 깎아 다듬는 연장. {자귓밥. 큰자귀. 홈자귀.}
　☞ 까뀌.

자귀[3](字句) ⇨ 자구. ＊글자와 글귀.

자귀벌 = 도끼벌. ＊자귀나 도끼로 대충 다듬은 원나무.

자귀 짚다 ＊ 짐승을 잡으려고 발자귀를 따라 뒤쫓다.
　☞ 자국 밟다.

자그만치 ⇨ 자그마치.

자그만하다 ⇨ 자그마하다.

자그만한 ⇨ 자그마한.

자그맣다 = 자그마하다.

자극시키다(刺戟~) ⇨ 자극하다. ¶호기심을 자극하다.

자금(資金) ＊ 사업을 하는 데 쓰이는 돈. ＊현금. 외상값. 상품. 건물.
　☞ 자본. 자산.

자긋이 ⇨ 자그시. ＊살며시 힘을 주거나 조용히 참고 견디는 모양.

자긋자긋 ＊ 자꾸 힘을 주거나 계속해서 참고 견디는 모양.

자긋자긋이 ＊ ①싫고 괴로운 모양. ② 소름이 끼치도록 잔인한 모양.

자기[1](自己) ＊ ①어떤 사람을 말할 때 그를 도로 가리키는 말. ¶자기는 몰랐는가? ②그 사람 자신. ¶자기 나름. 자기 딴. 자기 몫. 자기 일. 자기 자신. 자기 집. 자기 쪽. 자기 파. 자기 편.
　☞ 저.[1] 당신. 자신.

자기[2](瓷器) = 사기. 사기그릇. {고려자기. 고려청자.}
　☞ 도기. 도자기. 오지.[1] 질.[1]

자깝스럽다 ＊ ①젊은이가 늙은 체하여 끔찍하다. ②어린것이 깜찍스럽다.

☞ 잡상스럽다.

자껴지다 ⇨ 잦혀지다. ¶고개가 잦혀지다. 화투짝이 잦혀지다.

자꾸[1] = 자꾸만. ＊강조. ¶아이가 자꾸 칭얼거린다.

자꾸[2] (작꾸. zipper. chuck) ⑨ ⇨ 줄물리개. ＊지퍼.

자끈동 〈지끈둥. ＊부러지는 모양.

자끈자끈 〈지끈지끈. ＊깨지거나 부러지는 소리나 모양.

자끼다 ⇨ 잦히다.

자나깨나 = 늘. 언제나. ＊항상. ¶자나깨나 우리말을 걱정한다.

자네 ＊저와 비슷하거나 저보다 손아랫사람들을 가리켜 부르는 말. ☞ 너희. 당신.

자눈 ⇨ 잣눈. ＊① 한 자쯤 쌓인 눈. ② 자에 새긴 눈금.

자는둥 마는둥 ⇨ 자는 둥 마는 둥.

자다[1] = 주무시다. ¶잠을 자다. 할아버지께서 주무시다.

자다[2] ＊어떤 일이 안에 있는 원인 때문에 움직임이 그치다. ＊바람. 물결. ☞ 멎다.

자당(慈堂) ⑨ ⇨ 어머님. 대부인. 북당. 훤당. ＊남의 어머니를 일컬음. ☞ 자친.

자도(紫桃) ⇨ 자두. ＊과일 이름.

자도나무(紫桃~) ⇨ 자두나무.

자동율(自動律) ⇨ 자동률. ＊니은을 뺀 받침 뒤에는 '률'임.

자동차 문화(自動車文化) ⇨ 자동차 운행 질서. 자동차 보유 현황.

자동화기기(自動化機器) ⇨ 자동화 기기.

자드락 ＊나지막한 산기슭의 비탈진 땅. {자드락길. 자드락밭.}

자드락거리다 = 자드락대다. ＊자꾸 성가시게 굴다. ¶아이는 차 안이 갑갑했던지 자꾸만 엄마에게 자드락거렸다.

자드락나다 〈짜드락나다. ＊감추던 일이 터져 버리다. ☞ 피새나다.

자따랗다 ⇨ 잔다랗다. 잔닿다.

자딸다 ⇨ 잔달다.

자라 〔鼈〕 ＊자랏과의 물뭍동물. {자라목. 자라병. 자라자지. 자라탕.} ☞ 거북. 남생이.

자라다[1] ＊① 몸이 커지다. ¶나무가 자라다. 손톱이 자라다. ②성장하거나 성숙해지다. ¶나는 시골에서 자랐다. 고생을 모르고 자랐다. ③수준이나 능력이 더 커지다. ¶훌륭한 인물로 자랐다. ☞ 커지다.

자라다[2] ＊어떤 기준에 미치거나 닿거나 이르다. ¶약병은 어린이 손이 자라지 못하는 곳에 두어라. 내 힘이 자라는 데까지 돕겠다. ☞ 모자라다.

자라쌈 = 가마싸움. ＊한가위에 하는 민속의 하나.

자락[1] ＊①논밭이나 산 따위의 넓은 부분. {산자락. 호미자락.} ¶밭 자락. 지리산 자락. ②옷이나 이불의 넓은 조각. {겉자락. 겹자락. 뒷자락. 밑자락. 소맷자락. 속자락. 앞자락. 옷자락. 이불자락. 치맛자락. 홑자락.} ¶ 도포 자락. 두루마기 자락. 망토 자락. 스커트 자락. 코트 자락. ③넓게 퍼진 안개나 구름, 어둠. ¶ 구름 자락. 안개 자락.

자락² * ①한 차례 부는 바람이나 빗줄기. ¶ 바람 한 자락. 소낙비 한 자락. ②스치는 생각. 말마디. ¶ 말 속에는 짐작을 한 자락 깔고 있는 듯하다.

자락자락¹ * 손뼉을 가볍게 여러 번 칠 때 잇따라 나는 소리. 또는 그 모양. ¶ 손뼉을 자락자락 치다.

자락자락² * 갈수록 더욱 거리낌 없이 구는 모양.

자란고기〔成魚〕* 다 자란 물고기. ☞ 새끼고기.

자란벌레〔成蟲〕= 어른벌레. 어미벌레. 엄지벌레. ‡ 다 자란 벌레. ☞ 새끼벌레. 애벌레.

자랍들다 ⇨ 조잡들다.

자료(資料) * ①연구하거나 조사하는 바탕이 되는 재료. ②만들거나 이루는 데 바탕이 되는 물자나 재료. ¶ 자료 다루다. 자료 모으다. 자료 찾다. ☞ 재료.

자루¹ * 하나치. ‡ 괭이, 낫, 노, 도끼, 붓, 비, 삽, 연필, 총, 칼, 호미 따위. ¶ 칼 한 자루. 총 두 자루. 호미 세 자루. 낫 한 자루. ☞ 기.³ 문.²

자루² * ①큰 주머니. {동냥자루. 보릿자루. 쌀자루. 오망자루.} ¶ 베 자루. 비닐 자루. ②하나치. ¶ 쌀 한 자루. 감자 두 자루.

☞ 자리.²

자루³ * ①연장의 길쭉한 손잡이. {자루바가지. 자루솔. 자루솥.} {가랫자루(가랫대). 곡괭이자루. 괭이자루. 까뀌자루. 낫자루. 다리밋자루. 도낏자루. 망칫자루. 빗자루. 삽자루. 쇠자루. 총자루(총대). 칼자루. 톱자루. 호밋자루.} ②길쭉하게 생긴 것. {꽃자루. 똥자루. 옥수수자루.}

자루걸레 = 대걸레. 밀걸레. ‡ 사람이 서서 닦는, 자루가 긴 걸레.

자률(自律) ⇨ 자율. ‡ 니은이나 홀소리 뒤에는 '율'임.

자르다 * ①동강을 내거나 끊다. ②사람을 어떤 자리에서 쫓아내다. ☞ 가르다. 꺾다. 끊다. 켜다.¹

자리¹ * 사람이나 물체가 차지하는 곳이나 높이. {자리바꿈. 자릿세. 자릿수. 자릿점.} {자리하다.} ¶ 자리가 나다. 자리를 뜨다. 자리를 바꾸다. 자리를 잡다. 자리가 잡히다. 자리를 지키다. 자리를 찾다. {꿈자리. 마음자리. 설자리. 앉은자리. 앉을자리.} {벼슬자리. 일자리. 취직자리. 한자리.} {뒷자리. 명당자리. 묏자리. 밑자리. 배꼽자리. 수염자리(수염터). 아랫자리. 앞자리. 옆자리. 윗자리. 제자리. 터줏자리.} ¶ 과장 자리. 구석 자리. 대통령 자리. 사장 자리. 임금 자리. 장관 자리. 첫 자리. 총리 자리. ☞ 곳. 터. 별자리.

자리² * ①바닥에 까는 물건. {자리뜨기. 자리틀. 자릿상. 자릿장.} {거적자리. 늘자리(부들자리). 대자리. 돗

자리. 멍석자리. 밑자리. 삿자리. 왕
골자리(왕골기직). 이부자리. 짚자리.}
② 잠자리. {자리끼. 자리보기. 자리
보전. 자리옷. 자릿저고리. 자릿적
삼. 자릿조반.} {마른자리. 진자리.}
☞ 자루.²

자리갈이 = 똥갈이. ‡ 누에치기.

자리값 * 자리를 사고 파는 값.
☞ 자릿삯. 자릿세.

자리개질 = 잘개질. ‡ 짚으로 만든 굵
은 줄로 볏단을 묶어서 타작하는
일.

자리다툼 = 자리싸움. ‡ 좋은 자리나
높은 자리를 차지하려고 다투는 일.

자리를 보다 = 잠자리를 보다. ‡ 이
부자리를 깔다.

자리삯 = 자릿세. ‡ 자리를 빌릴 때
내는 돈.

자리 수(~數) * 자리의 숫자. ¶ 한 자
리 수. 두 자리 수. 세 자리 수.
☞ 자릿수.

자리옷 = 잠옷. ‡ 잠을 잘 때 입는 옷.

자리표(~標) = ① 좌표. ② 좌석표.

자리하다 ⇨ ① 자리를 잡다. ② 앉다.
자리에 앉다. ③ 와 계시다.

자리해 주십시오 ⇨ 자리에 앉아 주십
시오. 자리를 잡아 주십시오.

자릿세(~貰) = 자리삯.

자릿수(~數) * 수의 자리. ‡ 일, 십,
백, 천, 만, 억 자리 따위.
☞ 자리 수.

자막대기 = 자막대. 잣대. ‡ 자로 쓰
는 막대기.

~자말자 ⇨ ~자마자. {가자마자. 보
자마자. 닿자마자. 먹자마자.}

자마침 ⇨ 자맞춤.

자맞춤(字~) * 책장에서 나란히 있는
같은 글자 둘을 찾는 놀이.
☞ 자모듬.

자매결연(姉妹結緣)**을 맺다** ⇨ 자매
결연하다. 자매로 인연을 맺다.

자맥질〔涵泳〕 = 무자맥질. ‡ 물속에
떴다 잠겼다 하는 놀이.

~자며 = ~자면서. ‡ 이음끝. {가자며.
먹자며. 보자며. 사자며. 자자며.}

자몍질 ⇨ 자맥질.

자명종시계(自鳴鐘時計) ⇨ 자명종.

자모듬(字~) * 한문글자를 되는대로
모아서 한자말을 만드는 일.
☞ 자맞춤.

자못〔어〕 * 생각보다 매우. ¶ 여러분
에 대한 기대가 자못 큽니다.
☞ 사뭇.

자몽(zamboa) 왜 ⇨ 그레이프프루트.
‡ 과일 이름.

자문을 구하다(諮問~) ⇨ 의견을 묻
다. ‡ 자문하다.

자문을 받다(諮問~) ⇨ 의견을 듣다.
‡ 자문하다.

자문을 얻다(諮問~) ⇨ 의견을 듣다.
‡ 자문하다.

자물쇠 = 자물통. ¶ 대문 자물쇠. 함
자물쇠.
☞ 쇠통. 열쇠.

자물쓰다 ⇨ 까무러치다.

자미승(粢米僧) * ① 아이들의 복을
빌어 준다면서 쌀을 얻으러 다니는
중. ‡ 음력 섣달 대목과 정월 보름.
② 동냥중.

자미중(粢米~) = 재미중. 동냥중.

자바라[1] * 놋쇠로 둥글넓적하게 한 쌍으로 만든 타악기. ⁑ 악기.

자바라[2] 〔蛇腹〕 [왜] ⇨ ① 돌림띠. ② 쇠시리. ③ 주름상자. ④ 주름문.

자반[1] * 소금에 절인 생선. {자반갈치. 자반고등어. 자반민어. 자반방어. 자반밴댕이. 자반비웃. 자반삼치. 자반연어. 자반전어. 자반조기. 자반준치.} {갈치자반. 고등어자반. 뱃자반.}
☞ 얼간.

자반[2] * ① 나물이나 해산물에 찹쌀 풀을 발라 말려서 굽거나 튀긴 반찬. {가죽자반. 김자반. 더덕자반. 도랒자반.} ② 좀 짭짤하게 졸이거나 무치거나 기름에 지진 반찬. {가루자반. 똑도기자반. 매듭자반. 미역자반. 옥수수자반. 참죽자반. 콩자반.}
☞ 미역.[1]

자반국 = 미역국.

자발머리없다 = 자발없다. ⁑ 행동이 가볍고 참을성이 없다.

자배기 * 둥글넓적하고 아가리가 넓은 질그릇.
☞ 함지박.

자백(自白) * 곧은불림. ⁑ 닦달을 받거나 스스로 제 죄를 밝힘.
☞ 고백.

자별나다(自別~) = 자별하다. ⁑ 남다르다. ¶ 자별나게 굴다. 자별한 친구.

자본(資本) * 장사나 사업하는 데 바탕이 되는 돈.
☞ 자금. 자산. 밑천.

자봉틀(自縫~) ⇨ 재봉틀.

자부동〔座布團〕 [왜] ⇨ 방석. 깔개.

자빠뜨리다 〈 자빠트리다.

자빠지다 * ① 뒤로 넘어지다. ② 같이 하던 일에서 따로 물러나다.
☞ 고꾸라지다. 넘어지다. 쓰러지다. 엎어지다.

자빡[1] = 거절. ¶ 자빡 치다(자빡 대다). 자빡 맞다.

자빡[2] * 가마니 속에 담은 알곡을 검사한 뒤 등급을 찍는 연모.

자빡뿔 * 뒤로 기울어지고 끝이 뒤틀린 쇠뿔.
☞ 송낙뿔. 우걱뿔.

자산(資産) * 가지고 있는 유형, 무형의 재산. ¶ 경험도 큰 자산이다.
☞ 자금. 자본.

자살하다[1](自殺~) * 스스로 제 목숨을 끊다.

자살하다[2](刺殺~) ⇨ 찔러 죽이다. ⁑ 척살하다.

자석(磁石) = 지남철. {막대자석. 말굽자석. 바늘자석. 전자석(전기 자석).} ¶ 영구 자석. 일시 자석. 초전도 자석.

자손만대(子孫萬代) = 대대손손.

자수놓다(刺繡~) ⇨ 자수하다. 수놓다. {자수바늘.} ¶ 전통 자수.

자스민(jasmine) ⇨ 재스민. ⁑ 나무 이름.

자시다 * 친구나 아랫사람을 대접하여 '먹다'를 점잖게 이르는 말.
☞ 들다.[3] 잡수시다. 주무시다.

자식(子息) * ① 아들과 딸. {자식바라지. 자식욕.} ¶ 자식 걱정. 자식

노릇. 자식 농사. 자식 복. 자식 덕. 자식을 두다. {계집자식. 두벌자식. 딸자식. 막냇자식. 병신자식. 사내자식. 아들자식. 외동자식. 외톨자식. 조카자식. 친자식. 후레자식.} ¶산 자식. 죽은 자식. ②놈. ※욕할 때.

☞새끼.¹

자식새끼(子息~) = 자식놈. ※제 자식을 낮추어 부르는 말.

자신(自身) * ①자기. 제 몸. ②앞에서 말한 바로 그 사람.

☞자기.

자아내다 * ①물레로 실을 뽑아내다. ②감정, 생각, 웃음, 눈물이 저절로 나오게 하다. ¶웃음을 자아내다. 의혹을 자아내다. 흥미를 자아내다.

☞켜내다.

자아올리다 * 무자위로 물을 빨아올리다.

자애 ⇨ 자새. ※새끼나 바를 꼬거나 실을 감았다 풀었다 하는 얼레.

자양율(滋養率) ⇨ 자양률. ※니은을 뺀 받침 뒤에는 '률'임.

자연(自然) = 천연. ※사람이 힘을 더하지 않은 본디 그대로의 것. {자연가스. 자연감정. 자연개조. 자연경관. 자연공원. 자연기념물. 자연도태. 자연미용. 자연민족. 자연법칙. 자연보호. 자연생활. 자연식품. 자연재해. 자연정화. 자연조건. 자연조명. 자연치료. 자연피해. 자연해동. 자연현상. 자연환경.} ¶자연 과학. 자연 녹지. 자연 모방. 자연 묘사. 자연 숭배.

☞인공. 인조.

자연히(自然~) = 자연. ※자연스럽게.

~자오¹ = ~자고 하오. {가자오.} ¶당신도 함께 가자고 하오.

~자오~² * ㄷ, ㅊ 받침 뒤에 붙어 겸양을 나타냄. {듣자오니. 좇자오니.}

☞~오~.⁴ ~사오~.

자옥하다 〈 자욱하다. ※연기나 안개가 잔뜩 끼어 흐릿하다. {자옥이.}

자욱 ⇨ 자국.

자욱눈 ⇨ 자국눈. ※겨우 발자국이 날 정도로 적게 내린 눈.

자욱포수(~砲手) * 짐승의 자귀를 잘 찾는 포수.

자웅눈(雌雄~) = 짝눈. ※두 눈의 크기나 모양이 다른 눈.

☞자국눈.

자웅눈이(雌雄~) = 짝눈이. ※짝눈인 사람.

자유케 하다(自由~) ⇨자유롭게 하다.

자위¹ * ①새알에서 빛깔에 따라 구분된 부분. {흰자위. 노른자위.} ②눈알에서 빛깔에 따라 구분된 부분. {검은자위. 흰자위.}

자위² * ①물건이 놓여 있던 자리. ¶자위를 뜨다. ②배 속의 아이가 차지하고 있던 자리. ¶애가 자위를 뜨다. ③밤톨이 밤송이에 붙어 있던 자리. ¶밤이 익어 자위가 뜨다. ④운동 경기에서 굳게 지켜야 할 자리. ¶선수가 자위를 뜨다.

☞자국.² 자귀.¹ 자취.

자위질(自慰~) = 용두질.

자유로히(自由~) ⇨ 자유로이. ※자유롭다. ¶자유로이 드나들다.

자유(自由)**를 갖다** ⇨ ①자유가 있다. ②자유를 누리다. ③자유롭다.

자유케하다(自由~) ⇨ 자유롭게 하다.

자유하다(自由~) ⇨ ①자유롭다. ② 자유스럽다.

자의적(恣意的)**으로** ⇨ 제 마음대로. 제 생각으로. ＊ 자의로.

자자이(字字~) ＊ 글자 하나하나마다. ¶ 자자이 정성이 배었다.

자자히(藉藉~) ＊ 입에 오르내려 떠들썩하게. ¶ 칭송이 자자히 퍼지다.

자잘구레하다 ⇨ 자질구레하다.

자잘모름하다 ⇨ 자잘하다.

자잘못 ⇨ 잘잘못. ¶ 마땅히 잘잘못을 따져야 한다.

자잘하다 ＊ 모두 다 잘다. ¶ 복숭아가 자잘하다.

☞ 잘잘하다.

자장(磁場) ㉦ ⇨ 자기장. 자기 마당.

자장가(~歌) ＝ 자장노래. {자장자장. 자장타령.} ¶ 자장가를 불러주다.

자전(字典) ＝ 옥편. ＊ 한문글자의 소리와 뜻을 풀이한 사전.

☞ 사전.[1]

자전차(自轉車) ⇨ 자전거. {두발자전거. 세발자전거. 외발자전거. 자전거값.} ¶ 자전거 길. 자전거 바퀴. 자전거 타령.

자정(子正) ＊ 밤 12시. 0시. 새날 첫시. ＊ 하루가 시작되는 때.

☞ 오정.

자주(紫朱) ＝ 자주색. 자줏빛. {자줏물.} ¶ 자주 고름. 자주 빛깔.

자죽 ⇨ ①자국. ②자귀.

자지 ＊ 남자의 거시기.

☞ 좆. 잠지. 고추.

자지러지다 〈 잔지러지다. ＊ ①놀라 몸이 움츠러들다. ¶ 자지러지게 놀라다. ②병이 나서 제대로 자라지 못하고 오그라지다. ③장단, 웃음소리, 울음소리가 빠르고 잦게 들리다. ¶ 자지러지는 비명. ④ 정도가 아주 심하다. ¶ 자지러지게 예쁘다. ⑤온몸에 짜릿한 느낌이 있다. ¶ 자지러지는 기쁨.

☞ 지지러지다. 진지러지다.

자지레하다 ＝ 자질구레하다. ＊ 잘고 시시하여 대수롭지 않다.

자지리 〈 지지리. ＊ ①아주 몹시. ¶ 자지리 못난 사람. 자지리 복도 없다. ②지긋지긋하게. ¶ 자지리 고생만 하다가 죽었다.

☞ 잔생이.

자질[1] ＊ 자로 길이를 재는 일. {자질하다.}

자질[2](資質) ＊ 특정한 분야에 남달리 뛰어난 성품, 소질, 능력, 실력의 정도. ¶ 축구에 자질이 뛰어나다. 문학에 자질이 있다.

☞ 소질. 재질.

자질어지다 ⇨ 자지러지다.

자짜리 ¶ 두 자짜리 잉어. 한 자짜리 감성돔. ＊ '~짜리'는 뒷가지.

자채(紫彩) ＝ 자채벼. ＊ 올벼의 하나. {자채논. 자채볏논. 자채쌀.}

자체(字體) ＊ 한문글자의 모양을 이루고 있는 얼개. ＊ 정자. 속자. 약자.

☞ 서체.

자체적(自體的)**으로** ⇨ ① 제 힘으로. ②스스로.

자쳐지다 ⇨ 잦혀지다.

자추다 ⇨ ① 잦추다. ② 잦히다. ③ 재우치다.

자춤바리 ⇨ 자춤발이. ⁑ 다리를 가볍게 저는 사람.

자취 * 어떤 것이 남긴 표시나 자리. ⁑ 눈에 보이는 것, 냄새, 소리 따위. {발자취.} ¶ 자취를 남기다. 자취도 없이 사라지다.
☞ 자국.² 자귀.¹ 자위.²

자치동갑(~同甲) = 어깨동갑. ⁑ 한 살 차이가 나는 동갑.

자친(慈親) = 어머니. ⁑ 남에게 제 어머니를 이르는 말.
☞ 자당.

자켓(jacket) ⇨ 웃옷. ⁑ 재킷.

자키나 ⇨ 작히나.

자키다 ⇨ 젖히다.

자투리 * ① 자로 재어 팔거나 마름질하고 남은 천 조각. ¶ 무명 자투리. ② 기준에 미치지 못하는 작은 조각. {자투리땅.} ¶ 자투리 필름.
☞ 끄트러기.

자풀이 * 천을 필로 팔지 아니하고 몇 자씩 끊어서 파는 일.
☞ 재풀이.

자하문(紫霞門) = 북소문. 창의문. ⁑ 사소문의 하나.

자형(姉兄) = 매형. ⁑ 누나의 남편.
☞ 매부. 매제.

작(勺) * 씨앗이나 액체의 부피를 되는 하나치. ⁑ 10작은 1홉.
☞ 섬.¹ 말.⁴ 되. 홉.

작난 ⇨ 장난.

작다 * ① 길이, 넓이, 부피, 키, 소리의 크기가 보통보다 덜하거나 정해진 크기에 모자라다. ② 일의 규모, 범위, 정도, 중요성이 보통에 못 미치다. ③ 사람 됨됨이나 생각이 보잘것 없다. ¶ 그는 통이 작다. 그릇이 작다.
☞ 적다. 잘다. 조그마하다. 크다.¹

작다랗다 * 꽤 작다. ⁑ 길이. 넓이. 부피.
☞ 커다랗다.

작달비 = 작살비. ⁑ 매우 굵고 거세게 좍좍 내리는 비.

작대기 = 작대. ⁑ 긴 막대기. {작대기찜질. 대작대기. 지겟작대기.}
☞ 간대.¹ 간짓대. 걸대. 막대기. 바리장대. 바지랑대. 장대. 전짓대.

작도(斫刀) ⇨ 작두. ⁑ 여물이나 약을 쓰는 연모. {작두날. 작두바탕. 작두질. 작두춤. 작두칼. 작두판. 작둣간.} {약작두.}

작동시키다(作動~) ⇨ ① 움직이게 하다. ② 움직이다. ⁑ 작동하다.

작든크든 ⇨ 작든 크든.

작디작다 * 매우 작다.
☞ 크디크다.

작란(作亂) * 난리를 일으킴.
☞ 장난.

작렬하다(炸裂~) * ① 포탄이 터져서 좍 퍼지다. ② 박수가 터져 나오다.
☞ 작열하다.

작별(作別) * ① 인사를 나누고 헤어짐. ② 이별하는 인사를 함. {작별하다.} ¶ 작별 인사.
☞ 고별. 이별.

작별스럽다 ⇨ 이상스럽다.

작사리 * 한끝을 엇걸어서 동여맨 작대기. ‡ 무엇을 걸거나 받치는 데 씀.

작살 * 물고기를 찔러 잡는 연모. ¶ 작살을 맞다. 작살을 쏘다.

작살나다 * 깨어지거나 부서지다. ¶ 항아리가 작살나다. 집안이 작살나다.
☞ 결딴나다.

작살비 = 작달비. ‡ 매우 굵고 줄기차게 쏟아지는 비.
☞ 장대비.

작연도(昨年度) ⇨ 작년도. ‡ 작년 한 해.

작열하다(灼熱~) * ①뜨겁게 달아오르다. ¶ 작열하는 불길. ②몹시 흥분하여 들끓다. ¶ 작열하는 군중.
☞ 작렬하다.

작으마치 ⇨ 자그마치.

작은계집 = 첩. 작은마누라.
☞ 큰계집. 본마누라.

작은놈 * ①작은아이. 작은애. ‡ 작은아들. ②키나 덩치가 작은 아이.
☞ 큰놈.

작은달 * ①양력으로 한 달이 31일이 못 되는 달. ‡ 2, 4, 6, 9, 11월. ②음력으로 한 달이 28일이나 29일이 되는 달.
☞ 큰달.

작은댁(~宅) * ①작은집. ②종가가 아닌 집. ③첩. 첩의 집.
☞ 큰댁.

작은동서(~同壻) * 여러 동서 가운데 맏동서가 아닌 동서.
☞ 큰동서. 맏동서.

작은떨기나무〔小灌木〕= 난쟁이나무.

작은마누라 = 작은계집. 첩.

☞ 큰계집. 큰마누라.

작은마마〔水痘〕* 살갗에 물집이 생기는 돌림병의 하나.
☞ 마마.²

작은머슴 ⇨ 곁머슴. ‡ 상머슴의 일을 거들어주는 머슴.
☞ 상머슴.

작은말 * 소리시늉말이나 짓시늉말에서 느낌이 작고 가볍고 밝고 강하게 들리는 말. ‡ 밝은홀소리를 씀. '말랑말랑, 살랑살랑, 솔솔.' 따위.
☞ 큰말.

작은바늘 = 짧은바늘. ‡ 시계에서 시간을 가리키는 바늘.
☞ 긴바늘. 큰바늘.

작은사랑(~舍廊) = 아랫사랑. ‡ 아들이나 손자가 거처하는 사랑.
☞ 큰사랑.

작은사리 = 조금. 한조금. ‡ 썰물이 가장 낮은 때.
☞ 한사리.

작은설 = 까치설. 까치설날. ‡ 섣달 그믐날.
☞ 설.¹

작은아가씨 * ①맏이가 아닌 시누이. ②작은아씨.
☞ 큰아가씨.

작은아기 = ①막내딸. ②막내며느리.
☞ 큰아기.

작은아들 * 맏아들이 아닌 아들.
☞ 맏아들. 큰아들.

작은아버지 * 장가간 아버지의 아우. ¶ 첫째 작은아버지. 둘째 작은아버지.
☞ 삼촌.² 아저씨. 큰아버지.

작은아씨 * 시집가지 않은 처녀를 높

여 이르던 말.

☞ 큰아씨.

작은아이 = 작은애. ‡ 작은아들과 작은딸. ¶ 작은아이와 같이 산다.

작은 아이 = 작은 애. ‡ 키나 덩치가 작은 아이.

작은어머니〔叔母〕 * ①아버지 동생의 아내. ②아버지의 첩. ‡ 서모.

☞ 큰어머니.

작은이 * ①남의 형제 가운데서 맞이가 아닌 사람. ②첩.

☞ 큰이.

작은 이 * 키나 덩치가 작은 사람. ¶ 키가 작은 이가 형이다.

☞ 큰 이.

작은 일 * ①보잘것없는 일. ②중요하지 않은 일. ¶ 작은 일을 덮어두자.

☞ 큰일.¹

작은집 * ①아들, 아우, 작은아버지의 집. ②첩. 첩의 집. ③뒷간.

☞ 큰집.

작은 집 ¶ 크기가 작은 집. 지금보다 작은 집으로 이사하다.

☞ 큰 집.

작은형 * 큰형 다음 형.

작은 형 ¶ 키가 작은 형이 찾아왔다.

☞ 맏형. 큰형.

작지 않는 ⇨ 작지 않은. ‡ 그림씨에는 씨끝 ‘은’을 붙임.

작히 * 얼마나. 어찌 조금만큼만. ‡ 물음월에 쓰여 희망이나 추측을 나타냄. ¶ 그렇게만 되면 작히 좋으랴? 작히나 놀랐겠습니까?

☞ 여북. 오죽. 적이.

작히나 = 작히. ‡ 강조.

잔¹(盞) * ①물, 술, 차를 따라 마시는 작은 그릇. {잔술. 잔술집. 잔질. 잔풀이.} {대폿잔. 막걸릿잔. 맥주잔. 머그잔. 물잔. 소주잔. 술잔. 쓴잔. 양주잔. 찻잔. 커피잔. 포도주잔.} {뿔잔. 조롱박잔.} {사기잔. 유리잔.} ¶ 큰 잔. 작은 잔. 잔 받침. 잔을 기울이다. 잔을 드리다. 잔을 비우다. 잔을 올리다. ②하나치. ¶ 술 한 잔. 주스 두 잔.

잔~² * 가늘고 작은. 자질구레한. {잔꾀. 잔소리. 잔병. 잔심부름. 잔털.}

~잔³ * ①~자는. ¶ 놀잔 소리는 못하겠다. ②~자고 한. ¶ 놀잔 사람도 없고 만나잔 사람도 없다.

잔고(殘高) 卿 ⇨ 나머지. 남은 돈. ‡ 잔액.

잔교(棧橋) 卿 ⇨ ①구름다리. ‡ 절벽과 절벽 사이를 잇는 다리. ②선창다리. 선창. ‡ 나루와 배 사이를 잇는 다리.

☞ 조교.²

잔꾀 = 잔머리. ‡ 좀스러운 꾀. ¶ 잔꾀에 넘어가다. 잔꾀를 쓰다.

☞ 얕은꾀.

잔꾀 부리다 = 잔꾀 피우다.

잔나비 ⇨ 원숭이.

잔돈¹ * ①잔돈푼. ‡ 얼마 안 되는 돈. ②하나치가 작은 돈. ‡ 일 원짜리.

☞ 큰돈. 푼돈.

잔돈²(殘~) ⇨ 거스름돈.

잔득히 ⇨ 잔득이. ‡ ①끈기가 있게. ②녹진하고 차지게.

잔등 ⇨ 잔등이. 등. 등때기. 등짝. 등통. 잔등머리.

잔등패기 ⇨ 등. 등때기. 등짝. 등통. 잔등이. 잔등머리.

잔듸 ⇨ 잔디. ‡ 풀 이름. {갯잔디. 물잔디. 금잔디.} ¶ 잔디를 깎다.

잔말꾸러기 ⇨ 잔말쟁이. 잔소리꾼.

잔망궂다(孱妄~) ⇨ 잔망스럽다. ①약하고 가냘픈 데가 있다. ②태도나 행동이 자질구레하고 가벼운 데가 있다. ③얄밉도록 맹랑한 데가 있다.

잔망이(孱~) = 째보. ‡ 맹랑한 사람.
　☞ 언청이.

잔머리 = 잔꾀. ¶ 잔머리를 굴리다.

잔모래〔細查〕 = 모새. 시새. ‡ 아주 가는 모래.

잔무(殘務) 왜 ⇨ 남은 일. 못다 한 일.

잔반(殘飯) 왜 ⇨ 밥찌꺼기. 밥찌끼.

잔방구 ⇨ 잔방귀.

잔불[1] ＊ 새나 작은 짐승을 잡는 데 쓰는 총알. {잔불놓이. 잔불질.}
　☞ 선불.[1] 큰불.[1]

잔불[2](殘~) ⇨ ①남은 불. ②꺼져 가는 불.
　☞ 큰불.[2]

잔사단(~事端) = 잔사다리. 잔사설. ‡ 쓸데없이 늘어놓은 자질구레한 말.

잔살 = 잔주름살. ¶ 잔살이 잡히다. 잔살을 잡다.

잔생이 ＊ ①지긋지긋하게 말을 듣지 않는 꼴. ¶ 말을 잔생이 안 듣는다. ②애걸복걸하는 꼴. ¶ 살려 달라고 잔생이 빌었다.
　☞ 자지리. 지지리.

잔소리 ＊ 듣기 싫게 늘어놓는 잔말. {잔소리꾼. 잔소리하다.} ¶ 잔소리 듣다. 잔소리 마라. 잔소리하지 마라. 잔소리해 오다.
　☞ 군말. 군사설.

잔속 ＊ ①자질구레한 속 내용. ¶ 잔속을 모르다. ②자질구레한 일로 걱정하는 마음. ¶ 잔속을 썩이다.

잔 속(盞~) ¶ 술잔 속에 파리가 빠졌다.

잔손 ＊ 자질구레하게 드는 손의 품. ¶ 잔손이 가다. 잔손을 보다.
　☞ 잡손.

잔업(殘業) 왜 ⇨ ①남은 일. ②덤 일. ‡ 정한 시간 밖에 하는 일.

잔입 ＊ 자고 일어나서 아무것도 먹지 않은 입. ¶ 잔입으로 병원에 갔다.
　☞ 마른입.

잔잎 = 꼬마잎. 쪽잎. ‡ 작은 나뭇잎.

잔작돌 = 자갈. ‡ 내, 강, 바다에서 반질반질하게 된 잔돌.

잔전(~錢) ⇨ 잔돈.

잔주름 ＊ 얼굴이나 옷에 잘게 잡힌 주름. ¶ 잔주름이 잡히다.
　☞ 잗주름.

잔주름살 = 잔살. ¶ 잔주름살이 온 얼굴에 덮이다.

잔주접[1] ＊ 경박하고 되지 아니한 말이나 행동. ¶ 잔주접 부리다. 잔주접 떨다.

잔주접[2] ＊ ①어릴 때 잔병치레가 많아 잘 자라지 못하는 탈. ¶ 잔주접이 들다. ②헌데나 옴 따위를 통틀어 이르는 말.
　☞ 젖주접. 흙주접.

잔지러지다 〉 자지러지다. ¶ 잔지러지게 놀라다. 잔지러지게 웃다.
　☞ 지지러지다. 진지러지다.

잔치 * ① 기쁜 일이 있을 때 여러 사람이 모여 즐기는 일. {잔치잡이. 잔치판. 잔칫날. 잔칫상. 잔칫집.} ¶ 잔치 마당. 잔치 음식. {경로잔치. 노래잔치. 노인잔치. 도문잔치. 동네잔치. 민요잔치. 밤잔치. 밥잔치. 술잔치. 여혼잔치. 영화잔치. 음악잔치. 저녁잔치.} ¶ 꽃 잔치. 예술 잔치. 옷 잔치. 축하 잔치. 춤 잔치. 큰 잔치. ‡ 백일잔치(100일). 생일잔치. 돌잔치(1년). 육순잔치(60년). 환갑잔치(60년). 회갑잔치(60년). 진갑잔치(61년). 칠순잔치(70년). 고희잔치(70년). 회수잔치(70년). 팔순잔치(80년). 산수잔치(80년). 미수잔치(88년) 구순잔치(90년). 백수잔치(100년). ② 혼인 예식. ¶ 혼인 잔치. ③ 그 밖. {고별잔치. 말잔치. 빗잔치.}
☞ 굿.²

잔털머리 ⇨ 잔판머리. ‡ 일의 끝판 무렵.

잔풀나기 = 봄철. ‡ 잔풀이 싹트는 때.

잔풀내기 * 하찮은 공로나 출세로 거들먹거리는 사람.

잔허리 = 가는허리. ‡ 잘록하게 들어간 허리의 뒷부분.
☞ 진허리. 허구리.

~잖다 * ~하지 않다. ‡ '~하지' 앞에 안울림소리가 올 때.
☞ ~찮다.

잘달다 * 하는 짓이 잘고 인색하다. ¶ 잗달게 굴다.

잗닫다 = 잔다랗다. ‡ ① 꽤 잘다. ② 자질구레하다. ③ 하찮다.

잗주름 * 옷 따위에 잡은 잔주름. ¶ 치마에 잗주름을 잡다.
☞ 잔주름.

잘가닥거리다 = 잘각거리다 〈 잘까닥거리다. 잘깍거리다.

잘가당거리다 = 잘강거리다 〈 잘까당거리다. 잘깡거리다.

잘강 〈 잘깡 〈 잘캉 〈 찰깡 〈 찰캉. ‡ 쇠붙이가 부딪쳐 울리는 소리나 모양.

잘개질 = 자리개질. ‡ 자리개로 곡식단을 묶어서 타작하는 일.

잘긋하다 ⇨ 잘깃하다. ‡ ① 조금 질기다. ② 성질이 검질기다.

잘나가다 * 계속 성공하다. ¶ 한창 잘나갈 때 이런 일이 생기다니.

잘 나가다 * ① 차가 잘 달리다. ② 물건이 잘 팔리다.

잘나다 * ① 잘생기다. ¶ 얼굴이 잘나다. ② 뛰어나다. ¶ 잘난 사람.
☞ 못나다.

잘 나다 * 자주 생기다. ¶ 병이 잘 나다. 탈이 잘 나다.

잘난 이 * ① 잘난 사람. ‡ 예쁜 사람. ② 난사람. 난놈. ‡ 뛰어난 사람.
☞ 난사람. 못난이.

잘난 척하다 = 잘난 체하다.

잘다 * ① 크기, 길이, 굵기가 보통에 이르지 못하다. ② 성질이 좀스럽다.
☞ 작다.

잘다랗다 ⇨ 잔다랗다.

잘돼 = 잘되어. ‡ 잘되다.

잘되다 * ① 사람, 일, 현상, 물건이 썩 좋게 이루어지다. ¶ 농사가 잘되다. 밥이 잘되었다. 자식이 잘되다. ② 일정한 수준이나 정도에 이르다. ③결과가 좋지 않게 될 때. ¶너무 까불더니 잘됐다. ‡반어적.
　☞안되다. 잘하다.

잘디잘다 ⇨ 자디잘다. ‡①아주 잘다. ②성질이 아주 좀스럽다.

잘따랗다 ⇨ 짤따랗다.

잘라매다 * 잘록할 정도로 단단히 동여매다. ¶허리를 잘라매다.
　☞졸라매다.

잘라먹다 * ①떼어먹다. ¶외상값을 잘라먹다. 공금을 잘라먹다. ②써서 없애다. ¶밑천을 잘라먹다. ③말을 중간에서 끊다. ¶이야기를 잘라먹다.

잘라 먹다 * 크거나 긴 것을 잘라서 먹다. ¶수박을 잘라 먹다.

잘려고 ⇨ 자려고. ‡자다.

잘록이[1] = 잘록. ‡기다란 물건의 한 군데가 패어 들어가 오목한 모양.

잘록이[2] * ①물건의 잘록한 부분. ②산줄기의 잘록한 곳. ¶잘록이를 넘다.

잘록거리다 ⇨ 잘록거리다. 〈 절룩거리다. ‡다리를 절다.

잘록하다 ⇨ 잘록하다.

잘록히 ⇨ 잘록이.

잘르다 ⇨ 자르다.

잘름발이 〈 절름발이. ‡다리를 저는 사람.

잘름뱅이 ⇨ 잘름발이.

잘만살다 ⇨ 잘만 살다. ¶어떤 놈은 나쁜 짓을 하고도 잘만 살다.

잘못 가다 * 엉뚱한 곳으로 가다. ¶시청으로 가지 않고 구청으로 잘못 갔다.

잘 못 가다 ¶다리가 아파서 비탈길은 잘 못 간다.

잘못되다 * ①결과가 좋지 않다. ¶일이 잘못되어 망했다. ②나쁜 길로 빠지다. ¶아이가 잘못되어 걱정이다. ③죽다. ¶아무개가 잘못되었더라.
　☞그르다. 그릇되다.

잘못 듣다 * 말을 다른 뜻으로 알아듣다.

잘 못 듣다 * 귀가 어두워서 말소리를 알아듣지 못한다.

잘못 먹다 ¶음식을 잘못 먹어서 배탈이 났다.

잘 못 먹다 * 잘 먹지 못하다. ¶술을 잘 못 먹는다.

잘못 보다 ¶너를 나쁜 사람으로 잘못 보았다.

잘 못 보다 ¶눈이 나빠서 신문도 잘 못 본다.

잘못 살다 ¶지금 와서 인생을 잘못 살았다고 후회해도 소용없다.

잘 못 살다 ‡가난하게 살다. ¶잘 못 사는 친구를 보면 마음이 아프다.

잘못 쓰다 * 틀리게 쓰다. ¶이름을 잘못 쓰다.

잘 못 쓰다 * 잘 쓰지 못한다. ¶붓글씨는 잘 못 쓴다.

잘못 알아듣다 * 말을 다른 뜻으로 알아듣다.

잘 못 알아듣다 * 귀가 어두워서 말소리를 잘 알아듣지 못한다.

잘못 알아보다 ¶그 사람을 어릴 적 동무로 잘못 알아보았다.

잘 못 알아보다 ¶눈이 어두워서 글자를 잘 못 알아본다.

잘못 읽다 * 틀리게 읽다. ¶ 이 낱말을 잘못 읽었다.

잘 못 읽다 * 시원시원하게 읽지 못하다. ¶ 한문은 잘 못 읽는다.

잘못 잡다 * 엉뚱한 것을 잡다. ¶ 죄없는 사람을 잘못 잡아왔다.

잘 못 잡다 * 잡기가 어렵다. ¶ 미꾸라지는 맨손으로 잘 못 잡겠다.

잘못 집다 * 물건을 잘못 집어서 들다. ¶ 물건을 잘못 집었다.

잘 못 집다 * 집기가 어렵다. ¶ 손이 굳어서 작은 물건을 잘 못 집는다.

잘못 키우다 * 바르게 못 키우다. ¶ 자식을 잘못 키워서 망나니가 되었다.

잘 못 키우다 * 키우기가 어렵다. ¶ 난초를 잘 못 키워서 죽였다.

잘못 타다 ¶ 버스를 잘못 타서 엉뚱한 데로 갔다.

잘 못 타다 ¶ 다리가 불편해서 버스를 잘 못 탄다.

잘못하다 * ① 틀리거나 그릇되게 하다. ¶ 계산을 잘못하다. ② 적당하지 아니하게 하다. ¶ 말을 잘못하다.

잘 못하다 * 능숙하지 못하다. ¶ 노래를 잘 못한다. 수영을 잘 못한다.

잘 부탁합니다(∼付託∼) 慣 ⇨ 잘 돌봐 주십시오. 많이 도와 주십시오.

잘빠지다 * 미끈하게 잘생기어 빼어나다. ¶ 몸매가 잘빠지다.

잘 빠지다 ¶ 고리가 느슨해서 단추가 잘 빠진다.

잘살다 * 부유하게 살다.

잘 살다 ¶ 가난해도 아무 탈 없이 잘 산다.

잘생기다 * ① 얼굴이나 몸매가 훌륭하다. ② 물건의 모양이 훌륭하다.

잘 생기다 * 어떤 일이 걸핏하면 자주 일어나다. ¶ 탈이 잘 생기다.

잘싹거리다 = 잘싸닥거리다. ¶ 파도가 바위에 부딪혀 잘싹거린다.

잘쏙히 ⇨ 잘쏙이. ¶ 병목이 잘쏙이 들어갔다.

잘쑥하다 ⇨ 잘쏙하다. ‡ 긴 물건의 한 부분이 오목하게 쏙 들어가 있다.

잘 오셨습니다 ¶ 마침 밥을 먹으려던 참인데 잘 오셨습니다.
　☞ 어서 오십시오.

잘잘[1] = 잘래잘래. ¶ 고개를 잘잘 흔든다. 장난감을 잘잘 흔든다.

잘잘[2] 〈 절절. ¶ 물이 잘잘 끓는다. 구들목이 잘잘 끓는다.

잘잘[3] 〈 짤짤. ¶ 온 동네를 잘잘 싸다니며 소문을 퍼뜨린다.

잘잘[4] 〈 질질. ¶ 신을 잘잘 끌며 문밖까지 쫓아왔다.

잘잘[5] * ① 물이 계속 흐르는 모양. ② 오줌을 조금씩 갈기는 모양.
　☞ 졸졸.

잘잘거리다 = 잘잘대다. ‡ 주책없이 이리저리 싸다니다.

잘잘매다 〈 절절매다. ‡ 어려운 자리에 놓여 어찌할 바를 모르고 헤매다.

잘잘하다 = 잘래잘래하다. ‡ ① 고개를 흔들다. ② 장난감을 흔들다.
　☞ 자잘하다.

잘타다 ⇨ 잘 타다. ¶ ① 말을 잘 탄다. ② 불이 잘 탄다.

잘하다 * ① 버릇으로 자주 하다. ¶ 울기를 잘한다. ② 즐겨 먹다. ¶ 술을 잘한다. ③ 옳고 바르고 훌륭하게 하다. ¶ 처신을 잘하다. 공부를 잘한다. 아내에게 잘한다. ④하는 짓이 못마땅하다. ‡ 반어적. ¶ 잘하는 짓이다.

☞ 잘못하다. 잘되다.

잠¹〔睡眠〕 * {잠결. 잠귀. 잠기운. 잠꼬대. 잠꾸러기. 잠나라. 잠동무. 잠버릇. 잠투정. 잠허리.} {갈치잠. 개잠. 겉잠(여원잠). 고주박잠. 꽹이잠. 그루잠. 꾀잠. 꿀잠. 나비잠. 노루잠. 늦잠. 다방골잠. 단잠. 도둑잠. 돌꼇잠. 두벌잠. 등걸잠. 말뚝잠. 발칫잠. 발편잠. 벼룩잠. 사로잠. 새우잠. 선잠. 시위잠. 앉은잠. 이승잠. 일잠. 쪽잠. 첫잠. 칼잠. 토끼잠. 통잠. 풋잠. 한뎃잠. 한잠. 헛잠.} {겨울잠. 낮잠. 밤잠. 새벽잠. 식전잠. 아침잠. 여름잠. 저녁잠. 초저녁잠.} {잠들다. 잠자다. 잠재우다.} ¶ 잠 속. 깊은 잠. 잠이 깨다. 잠을 깨우다. 잠 못 들다. 잠에 떨어지다. 잠이 모자라다. 잠을 못 자다. 잠을 설치다. 잠이 오다. 잠을 청하다.

☞ 졸음.

잠² * 누에가 허물을 벗기 전에 자는 횟수를 나타내는 하나치. {첫잠.} ¶ 한 잠. 두 잠. 석 잠. ¶ 누에는 넉 잠을 자고 나서 섶에 올라 고치를 짓는다.

잠간(暫間) ⇨ 잠깐.

잠겨 = 잠기어. ‡ 잠기다. ¶ 잠겨 버리다. 잠겨 있다.

잠구다 ⇨ 잠그다.

잠궈 ⇨ 잠가. ‡ 잠그다. ¶ 창문을 잘

잠가 두어라.

잠궜다 ⇨ 잠갔다. ‡ 잠그다.

잠그다¹ * ①자물쇠를 채우다. {잠금장치.} ¶ 대문을 잠그다. ②가스나 수도꼭지를 돌리다. ¶ 물을 잠그다. ③단추를 끼우다. ¶ 단추를 잠그다. ‡ 잠그고. 잠그니. 잠그면. 잠급니다. 잠금. 잠가. 잠가라.

☞ 채우다.¹

잠그다² * ①물속에 완전히 들어가 있게 하다. ¶ 개울에 발을 잠그다. ②돈 같은 것을 그대로 묻어두고 쓸 수 없게 하다. ¶ 땅에 큰돈을 잠가 두다.

☞ 담그다.

잠기다¹ * ①'잠그다'의 입음. ¶ 문이 잠기다. 가스가 잠기다. 단추가 잠기다. ②목이 쉬거나 막히다. ¶ 잠긴 목소리. 목이 꽉 잠겼다.

잠기다² * ①'잠그다'의 입음. ¶ 물속에 잠겨 보이지 않다. ②돈이 부동산에 잠기다. ③깊숙이 박히거나 묻히다. ¶ 마을이 눈 속에 잠기다. ④일이나 생각에 열중하다. ¶ 생각에 잠기다. 시름에 잠기다.

☞ 가라앉다.

잠깐 = 잠시 ‡ ① 매우 짧은 동안. ¶ 잠깐만 같이 가자. ②매우 짧은 동안에. {잠깐잠깐.} ¶ 잠깐 기다려라. 잠깐 집에 다녀오마.

☞ 조금.²

잠깐 동안 ⇨ 잠깐.

잠깐만 ¶ 잠깐만 기다려라. ‡ '만'은 토씨.

잠깐 만 ¶ 잠깐 만에 해 치웠다. ‡ '만'

은 매인이름씨.

잠깐 사이 = 잠깐 새.

잠꾸러기 = 잠보. ✱ 잠이 아주 많은 사람.

잠바(jumper) ㉎ ⇨ 점퍼. ✱ 웃옷의 한 가지.

잠방이 ✱ 가랑이가 무릎까지 내려오는 홑바지. {베잠방이. 모시잠방이.} ☞ 무릎치기. 반바지. 사발고의.

잠뱅이 ⇨ 잠방이.

잠시(暫時) = 잠깐.

잠옷 = 자리옷. ¶ 잠옷 바람으로 돌아다니다니.

잠자다 ✱ ①잠을 이루다. ②활동을 멈추다. ③숨겨지거나 감추어지다. ④솜 따위가 눌려 가라앉거나 자리가 잡히다. ☞ 자다.¹

잠자리¹ ✱ 날아다니는 벌레 이름. {잠자리매듭. 잠자리비행기. 잠자리채. 잠자릿과.} {고추잠자리. 말잠자리. 물잠자리. 부채장수잠자리. 실잠자리. 왕잠자리. 작산잠자리.} ¶ 잠자리 날개. ☞ 짱아.

잠자리² = 자리. ✱ ①잠을 자는 곳. ¶ 잠자리가 바뀌다. ②이부자리. ¶ 잠자리를 개다. 잠자리를 보다. ③어우름. ✱ 동침. {잠자리하다.}

잠자리옷 ⇨ 잠옷. 자리옷.

잠주정(~酒酊) ⇨ 잠투정.

잠지 ✱ 어린아이의 자지. ☞ 자지. 고추. 좆.

잠충이 ⇨ 잠꾸러기.

잠투세 ⇨ 잠투정.

잠포록히 ⇨ 잠포록이. ✱ 날씨가 흐리고 바람기가 없이.

잠풀 = 미모사. ✱ 풀 이름.

잡곡(雜穀) ✱ 쌀을 뺀 모든 곡식. ✱ 보리, 밀, 콩, 팥, 옥수수, 기장, 조. ☞ 볍쌀.

잡다¹ ✱ 먹으려고 짐승을 죽이다. ¶ 닭을 잡다. 돼지를 잡다. 소를 잡다.

잡다² ✱ 짐승이나 물고기를 붙들어 손에 넣다. ¶ 고기를 잡다. 곰을 잡다. ☞ 낚다.

잡다³ ✱ ①손으로 움키고 놓지 않다. ¶ 손을 잡다. ②권한을 차지하다. ¶ 정권을 잡다. ③재물을 얻다. ¶ 한 밑천 잡다. ④일이나 기회를 얻다. ¶ 직장을 잡다. ⑤기세를 누그러뜨리다. ¶ 불을 잡다. ⑥자리, 방향, 날짜를 정하다. ⑦주름을 만들다. ¶ 바지에 주름을 잡다. ☞ 쥐다. 집다.

잡도리하다 ✱ ①채비하다. ¶ 일을 하기 전에 미리 잡도리하다. ②닦달하거나 족치다. ¶ 경찰에서 범인을 잡도리하다. ③단속하다. ¶ 자식은 엄하게 잡도리해야 한다. ☞ 다조지다. 닦달하다. 당조짐하다.

잡동사니 ✱ ①온갖 것이 뒤섞인 물건. ¶ 헌 옷, 헌 가구 따위 너절한 잡동사니를 늘어놓았다. ②자잘한 일. 또는 그런 사람. ☞ 잡살뱅이.

잡동산이(雜同散異) ✱ 조선 때 안정복이 엮은 책 이름.

잡두리 ⇨ 잡도리.

~잡디까? = ~자고 합디까? ¶ 백두

산에 가잡디까?

잡매다 = 잡아매다. ⁑ ① 한데 매다. ② 달아나지 못하도록 묶다.

잡살뱅이 * 중요한 것을 가려내고 남은 여러 가지 물건. ¶ 잡살뱅이 고기.

☞ 잡동사니.

잡상스럽다(雜常~) * 잡되고 상스러운 데가 있다.

☞ 자깝스럽다.

잡손(雜~) = 잡손질. ⁑ ① 본디 해야 할 일에 딸린 자질구레한 손질. ¶ 그 일은 끝난 뒤에 잡손질이 더 많다. ② 쓸데없는 손질이나 손장난.

☞ 잔손.

잡수다 * ① 잡수시다. ② 제사, 장례, 염 따위를 모시어 행하다.

잡수시다 = 잡수다. 잡숫다. 드시다. ⁑ '먹다'의 높임말.

☞ 자시다.

잡식구(雜食口) = 군식구. 군입.

잡식 동물(雜食動物) * 동식물을 두루 먹는 동물. ⁑ 두루먹이 동물.

☞ 육식 동물. 초식 동물.

잡아라 * '잡다'의 바로 시킴꼴.

☞ 잡으라.

잡아매다 = 잡매다. ① 흩어지지 않게 한데 매다. ② 달아나지 못하게 묶다.

☞ 매다.[1] 묶다. 옭매다. 얽어매다.

잡아먹다 * ① 짐승을 죽여 그 고기를 먹다. ¶ 돼지를 잡아먹다. ② 남을 괴롭히거나 죽게 하다. ¶ 서방 잡아 먹은 년. ③ 경비, 시간, 자재, 노력을 낭비하다. ¶ 가게 자리를 찾는다고 돌아다니며 돈만 잡아먹었다.

④ 자리를 차지하다. ¶ 이 책상은 자리만 잡아먹고 아무 쓸모가 없다.

잡아 먹다 ¶ 산짐승이나 물고기를 잡아 먹으며 산다.

잡암잡암 ⇨ 자밤자밤. ⁑ 나물이나 양념을 손가락 끝으로 잇따라 집는 모양.

잡으라 * '잡다'의 건너 시킴꼴.

☞ 잡아라.

잡을갑쇼? ⇨ 잡을깝쇼?

잡을려고 ⇨ 잡으려고. ⁑ 잡다. ¶ 손 한번 잡으려고 안달이 났다.

잡이[1] * ① 글의 어떤 부분에 덧붙이는 풀이말. ② 손잡이. ③ 경마잡이.

~잡이[2] * ① 잡는 일. {갈치잡이. 고기잡이. 고래잡이. 다랑어잡이. 멸치잡이. 명태잡이. 물개잡이. 새잡이. 새우잡이. 오징어잡이. 정어리잡이.} ② 무엇을 하거나 다루는 사람. {길라잡이. 길잡이. 앞잡이. 줄잡이. 창잡이. 총잡이. 칼잡이. 활잡이.} ③ 어떤 손을 쓰는 사람. {양손잡이. 오른손잡이. 외손잡이(한손잡이). 왼손잡이.}

잡차래 = 잡찰. ⁑ 삶아 낸 잡살뱅이 쇠고기.

잡초(雜草) = 잡풀. ⁑ 논밭, 마당, 집터, 산, 들에 저절로 자라는 풀.

☞ 김.[2]

잡혀 = 잡히어. ⁑ 잡히다. {잡혀가다.} ¶ 잡혀 나오다. 잡혀 오다.

잡혀먹히다 ⇨ 잡아먹히다.

잡히다[1] * ① 얼음이 얼기 시작하다. ¶ 얼음이 잡히다. ② 고름 따위가 괴이다. ¶ 물집이 잡히다. ③ 꽃망울이

생기다. ¶ 벚나무에 꽃망울이 잡히
다.
잡히다² * '잡다'의 입음. ¶ 멱살이 잡
히다. 발목이 잡히다. 자리가 잡히
다. 주름이 잡히다. 주름살이 잡히
다. 잡힐 듯 말 듯하다.
잣눈¹ * 자막대기에 새긴 눈금. ‡ 푼,
치, cm 따위 치수를 새기거나 박은
금. 겉눈(바깥눈)과 속눈이 있음.
잣눈² * 한 자쯤 쌓인 눈.
　☞ 길눈.² 자국눈.
잣다듬다 ⇨ 잗다듬다.
잣대 = ① 자막대기. 자막대. {잣대질
하다.} ② 기준.
잣수(字數) ⇨ 자수. ‡ 글자의 수효.
잣집개 ⇨ 잣집게. ‡ 잣을 까는 집게.
잣쿠(자꾸. zipper. chuck) 열 ⇨ 줄
물리개. ‡ 지퍼.
장¹ * 빈대떡, 전, 김, 종이, 먹 따위를
세는 하나치. ¶ 김 한 장.
　☞ 톳. 권.² 축.² 동.⁴ 속.² 연.¹
장² * 갖가지 물건을 팔고 사는 곳. {장
마당. 장바구니. 장바닥. 장보기. 장
주릅. 장터. 장판. 장흥정.} ¶ 장을
보다. 장이 서다. 장에 가다. {강릉
장. 구포장. 안성장.} ‡ 닷새에 한 번
씩 한 달에 여섯 번 장이 섬.
　☞ 시장. 저자.¹
장³(醬) * 간장, 된장, 고추장을 두루
일컬음.
장⁴(臟) = 내장. {간장. 대장. 비장.
소장. 신장. 심장. 위장. 폐장.}
~장⁵(~欌) * 키우는 짐승의 집. {닭
장. 새장. 토끼장.}
장가 * 아내를 맞는 일. {장가들다. 장

가들이다. 장가보내다. 장가오다.}
{도둑장가. 새장가. 색시장가. 처녀
장가. 첩장가.}
　☞ 시집.
장가가다 = 장가들다.
장가락(長~) ⇨ 가운뎃손가락.
장가처〔本妻〕 = 본계집. 본마누라.
　☞ 첩.²
장갱이 ⇨ 정강이.
장거리¹(場~) * 장에 가서 팔아 돈을 마
련할 물건. ¶ 장거리를 이고 가다.
장거리²(場~) = 장터거리. ‡ 장이 서
는 거리.
　☞ 저잣거리.
장거리³(長距離) * 먼 거리. ¶ 장거리
선수. 장거리 전화.
　☞ 단거리.³
장건건이(醬~) * ① 간장, 고추장, 된
장 따위. ② 장으로 만든 반찬.
　☞ 건건이.¹
장고(杖鼓. 長鼓) ⇨ 장구. 새장구. ‡
국악 악기 이름.
장구 = 새장구. {장구놀이. 장구재비.
장구채. 장구춤. 장구통.} ¶ 장구 소
리. 장구를 치다.
장구머리 * 보, 도리, 평방 따위에 그
리는 단청. ‡ 건축.
　☞ 짱구.
장구빼미 ⇨ 장구배미. ‡ 가운데가 잘
록하게 생긴 논배미.
장구타구(~唾口) = 장구통타구. ‡ 가
래나 침을 뱉는 그릇.
장국(醬~) = ① 맑은장국. ② 간장
국. 장탕국. ‡ 된장국이 아닌 모든
국. {장국밥. 장국밥집. 장국죽.}

{개장국. 국수장국. 어복장국. 파장국.}

장군¹ * ①물, 술, 간장 따위를 담아 옮기는 통. ②오줌장군.

장군²(將軍) * ①군대의 우두머리. ¶김유신 장군. 이순신 장군. 지하 여장군. 천하 대장군. 홍의 장군. ②군의 계급. * 준장. 소장. 중장. 대장.
  ☞ 장꾼.

장근 ⇨ 늘.

장금(場~) = 장시세. * 장에서 물건을 팔고 사는 시세.

장기¹(長崎) ⑳ ⇨나가사키. * 땅 이름.

장기²(長技) * ①가장 잘하는 재주. ②단골 솜씨. ¶장기 자랑.
  ☞ 장끼.

장기³(將棋) * 장기판 위에서 장기짝으로 겨루는 놀이. ¶장기를 두다.
  ☞ 고누. 바둑.

장기쪽(將棋~) ⇨ 장기짝. * 장기를 두는 데 말로 쓰는 32짝의 나뭇조각.

장깃 ⇨ 칼깃. * 새 죽지의 한 부분.

장깍두기(醬~) * 간장으로 간을 맞추어 담근 깍두기.
  ☞ 소금깍두기.

장꾼 * 장에서 물건을 사고 파는 사람들. ¶장꾼은 하난데 풍각쟁이는 열 둘.
  ☞ 장군.

장끼 = 수꿩. {장끼전.} ¶장끼 타령.
  ☞ 까투리. 암꿩. 장기.²

장끼 자랑(長技~) ⇨ 장기 자랑.

장난 * ①심심풀이로 재미 삼아 하는 짓. {장난감. 장난꾸러기. 장난꾼. 장난말. 장난조. 장난질.} {장난삼다. 장난스럽다. 장난하다.} {말장난. 모래장난. 물장난. 발장난. 불장난. 붓장난. 손장난. 쥐장난. 흙장난.} ②짓궂게 하는 못된 짓. {장난치다.} ¶장난 전화. 장난 편지.
  ☞ 작난.

장난끼(~氣) ⇨ 장난기. ¶장난기가 배어 있다. 장난기가 섞이다.

장날(場~) * 장이 서는 날. * 닷새마다 한 달에 여섯 번 섬.
  ☞ 무싯날. 예삿날.

장내기(場~)〔既成品〕 = 가게내기. 전내기. * ①시장이나 가게에 내다 팔려고 만든 물건. {장내기옷.} ②날림으로 만든 물건.
  ☞ 맞춤~.²

장년기(壯年期) * 서른 살에서 마흔 살 안팎으로 한창 기운이 왕성한 때.
  ☞ 유아기. 유년기. 소년기. 청년기. 노년기.

장농(欌籠) ⇨ 장롱. * 옷을 넣는 장과 농. {자개장롱.}

장뇌(長腦) = 장뇌삼. 장로. * 산삼 씨앗을 산에 뿌려 10년 넘게 가꾼 삼.
  ☞ 가삼. 경삼. 인삼. 산삼. 포삼.

장님 = 소경. 봉사. {장님술래. 장님총.} ¶족집게 장님.
  ☞ 뜬소경. 눈뜬장님. 당달봉사.

장다리 * 무, 배추의 꽃줄기. {장다리꽃.}
  ☞ 공다리. 댕가리.

장다리무우 ⇨ 장다리무. * 씨를 받으

려고 장다리꽃이 피게 가꾼 무.

장단¹(長短) * ①길고 짧음. ②장단점.

장단² * ①춤, 노래 따위의 빠르기나 가락을 이끄는 박자. {고갯장단. 말장단. 무릎장단. 발장단. 북장단. 손장단. 시러베장단. 입장단. 칼장단. 콧장단. 장단꾼.} ¶ 장단이 맞다. 장단을 치다. ②남의 행동을 뒤에서 꼬드기는 짓. ¶ 장단을 맞추다. 남의 장단에 놀아나다.
　☞ 박자.

장 단지(醬~) * 장을 담는 단지. ¶ 간장 단지. 고추장 단지. 된장 단지.
　☞ 장독. 장딴지.

장닭 = 수탉. * ‘장닭’은 속담이나 익은말에서 씀.

장대 = ①장대기. * 긴 막대기. ②바지랑대. * 빨랫줄을 받치는 장대.
　☞ 간대.¹ 간짓대. 걸대. 막대. 바리장대. 작대. 전짓대.

장대비 ⇨ 작달비. 작살비. * 장대 같은 비.

장도리 = 노루발. 노루발장도리. * 못을 박고 빼도록 만든 연장.
　☞ 마치.² 망치.

장독(醬~) * 장을 담그거나 담아두는 독. {장독받침. 장독풀이.}
　☞ 장 단지.

장독간(醬~間) = 장간. * 장독을 놓아두는 곳.

장독대(醬~臺) * 뜰 안에 좀 높직하게 만들어 놓은 장독간.

장독소래(醬~) = 장독소래기. * 장독을 덮는 오지나 질그릇 뚜껑.

장돌뱅이(場~) = 장돌림. * 여러 장으로 다니며 장사하는 사람.

장되(場~) * 장에서 곡식을 되는 데 쓰는 되. * 관아에서 낙인을 찍음.
　☞ 되. 장말.

장딴지 * 종아리에서 살이 불룩한 부분. ¶ 장딴지가 땅긴다.
　☞ 장 단지. 종아리.

장딴지뼈 〔腓骨〕 ⇨ 종아리뼈.

장례(葬禮) * 장사를 지내는 일. 또는 그런 예식. {장례비.}
　☞ 장사.³

장로(長蘆) = 장뇌. 장뇌삼. * 산삼 씨앗을 심어서 10년 넘게 기른 삼.
　☞ 가삼. 경삼. 무삼. 백삼. 산삼. 인삼. 포삼. 홍삼.

장리변(長利~) = 장리빚. * 장리로 빌려 주고 길미를 받는 돈놀이.
　☞ 된변.

장마 * 여름철 계속해서 비가 내리는 날씨. {가을장마. 건들장마. 늦장마. 억수장마. 장맛날. 장맛비.} ¶ 장마가 들다. 장마가 지다.
　☞ 가물. 가뭄.

장마기(~期) ⇨ 장마철.

장말(場~) * 장에서 곡식을 되는 데 쓰는 말. * 관아에서 낙인을 찍음.
　☞ 말.⁴ 장되.

장망태(場網~) = 장망태기. 장바구니. 시장바구니.

장명등(長明燈) * ①대문 밖이나 처마 끝에 달아 두는 등. ②무덤 앞이나 절 안에 세우는 돌로 만들어 세우는 등.
　☞ 석등.

장모(丈母) = 빙모. * 가시어머니. 가

시어미.
☞ 장인.

장미의 이름(薔薇~) ⇨ 장미라는 이름. ＊ 움베르토 에코의 소설 이름.

장밋 = 설밑. 장빗. ＊ 배의 방향을 조절하는 노.

장바구니(場~) = 장망태. 장망태기. 시장바구니.

장백산(長白山) ⇨ 창바이 산. ＊ 백두산을 차이나에서 부르는 이름.

장본인(張本人) ＊ 나쁜 일을 꾀하여 일으킨 바로 그 사람.
☞ 주인공. 당사자.

장부꾼 = 장부잡이. 장부. ＊ 가래질할 때 가랫장부를 잡는 사람.

장뼘 ＊ 엄지손가락과 가운뎃손가락을 힘껏 벌린 길이.
☞ 쥐뼘. 집게뼘. 집뼘.

장사[1] ＊ 물건을 사서 파는 일. {장사눈. 장사치. 장사판. 장삿길. 장삿목. 장삿속.} {개장사. 곱장사. 광주리장사. 도붓장사(선장사). 동무장사. 되넘기장사. 듣보기장사. 들병장사. 등짐장사. 뜨내기장사. 먹는장사. 물장사. 밥장사. 방물장사. 뱃장사. 봇짐장사. 술장사. 쌀장사. 안팎장사. 앉은장사. 약장사. 어리장사. 얼렁장사. 오그랑장사(옥장사). 외목장사. 헛장사.} ¶ 고기 장사. 고추 장사. 과일 장사. 군밤 장사. 꽃 장사. 나무 장사. 땅 장사. 떡 장사. 배 장사. 빵 장사. 사과 장사. 생선 장사. 엿 장사. 옷 장사. 우산 장사. 음식 장사. 집 장사. 채소 장사. 책 장사. 체 장사. 호떡 장사.

☞ 장수.[1]

장사[2](壯士) ＊ 몸이 우람하고 힘이 아주 센 사람. ¶ 장사급 씨름 선수.
☞ 장수.[2]

장사[3](葬事) ＊ 죽은 사람을 땅에 묻거나 화장하는 일. {장삿날. 헛장사.} {장사하다.} ¶ 장사를 모시다. 장사를 지내다. 장사를 치러 주다.
☞ 장례.

장사꾼 = 장사치. 장수. 홍정바치. ＊ 장사하는 사람.

장사배(~輩) = 장사꾼 ＊ 장사에 수단이 있는 사람.
☞ 장삿배.

장사아치 ⇨ 장사치. 장사꾼. 장수. 홍정바치.

장산곶(長山~) ⇨ 장산곶. ＊ 땅 이름.

장삿배 ＊ ① 장사할 물건을 싣고 다니는 배. ② 장사하는 배.
☞ 장사배.

장삿일 하다 ⇨ 장사하다.

장선(腸腺) ㉤ ⇨ 창자샘.

장성세다 ⇨ 장력세다. ＊ 씩씩하고 굳세다.

장소(場所) ㉤ ⇨ 곳. 자리. ＊ 처소.

장송곡(葬送曲) ＊ 장례 때 연주하는 노래. ＊ 서양식 노래.
☞ 조가. 만가.[1]

장수[1] = 장사꾼. 장사치. 홍정바치. ＊ 장사하는 사람. {개장수. 고물장수. 광주리장수. 굽갈리장수. 꾸미장수. 나무장수. 넝마장수. 놋갓장수. 도붓장수. 독장수. 동무장수. 둥우리장수. 들병장수. 등짐장수. 뜨내기장수. 마병장수. 마장수. 물장수. 밥장수. 방물장수. 뱃장수. 보따리장수. 봇짐장수. 술장수. 숯장수. 시겟장수. 신기료장수. 쌀장수. 아랫녘장수. 앉은장수. 약장수. 어리장수. 연탄장수. 엿장수. 옹기장수. 외목장수. 쥐포육장수. 참빗장수. 통장수. 황아장수.} ¶ 과일 장수. 군고구마 장수. 그릇 장수. 기름 장수. 꽃 장수. 두부 장수. 떡 장수. 사과 장수. 생선 장수. 소금 장수. 옷 장수. 우산 장수. 채소 장수. 책 장수. 체 장수. 호떡 장수.

☞ 장사.¹

장수²(將帥) * 군사를 이끄는 우두머리. ¶ 용맹한 장수.

☞ 장사.²

장수말(將帥~) = 사기말. ‡ 가마터, 산신당, 절터에 묻는 사기로 만든 말.

장수벌(將帥~) = 여왕벌.

장승 * 돌, 나무에 사람의 얼굴을 새겨서 마을이나 절 어귀, 길가에 세운 푯말. ‡ 이정표나 마을 수호신. 지하여장군. 천하대장군 따위. {장승도깨비. 장승박이. 장승제.} {목장승. 석장승.} {장승같다.}

장승병(~病) = 마름병. ‡ 농작물의 줄기나 잎이 말라 죽는 병.

장시세(場時勢) = 장금. ‡ 장에서 팔고 사는 시세.

장식(裝飾) * ① 옷이나 노리개 따위로 치장함. 또는 그 꾸밈새. ② 그릇, 가구, 옷 따위에 쇠붙이, 헝겊, 뿔, 돌 따위로 여러 모양을 만들어 다는 데 쓰는 물건.

☞ 치레. 치장.

장식깃(裝飾~) = 치렛깃. ‡ 날짐승에 몸치장으로 붙어 있는 아름다운 깃.

장식 우물(裝飾~) = 치레 우물. ‡ 뜰에 치레로 만든 우물.

장식일꾼(裝飾~) * 그릇이나 가구의 장식을 만드는 사람.

☞ 꾸밈장이.

장어(長魚) = 뱀장어. {장어구이. 장어통발. 장어포.} ‡ 민물고기의 하나.

☞ 먹장어. 바닷장어. 붕장어.

~장이 * 직업적인 제조 기술자. {가구장이. 각수장이. 간판장이. 갈이장이. 고리장이(유기장이). 관곽장이. 금장이. 기와장이. 놋갓장이. 담장이(토담장이). 대장장이. 도림장이. 도배장이. 도채장이. 돌도끼장이. 돌장이. 땜장이. 또드락장이. 마전장이. 마조장이. 망건장이. 모의장이. 무두장이. 미장이. 박배장이. 소목장이. 솔장이. 양복장이. 오림장이. 옥장이. 옹기장이. 은장이. 인석장이. 조각장이. 칠장이. 토기장이. 톱장이. 통메장이.}

☞ ~쟁이.

장이다 ⇨ 쟁이다. 재다. ‡ 물건을 차곡차곡 포개어 쌓아 두다.

장익하다(藏匿~) ⇨ 장닉하다. ‡ 감추어 숨기다.

장인(丈人) = 장인어른. 빙부. 빙장. ‡ 가시아버지. 가시아비.

☞ 장모.

장작가리 = 장작더미. ‡ 장작을 쌓아 올린 무더기.

장작개피 ⇨ 장작개비.

장장이[1](欌~) * 직업으로 장롱 따위를 만드는 기술자.

장장이[2](張張~) * 낱장 하나하나마다. ¶ 서류를 장장이 훑어보았다.

장재젓 * 대구 아가미로 담근 젓. ☞ 고지젓. 구제비젓. 대창젓. 또라젓. 속젓. 아감젓. 알밥젓. 창난젓.

장전시키다(裝塡~) ⇨ (탄알을) 재어 넣다. 재다. * 장전하다. ☞ 충전하다.

장족박(醬~) ⇨ 장쪽박. 간장쪽박.

장졸임(醬~) ⇨ 장조림. * 간장에다 쇠고기를 넣고 조린 반찬.

장종구라기(醬~) ⇨ 장쪽박. 간장쪽박.

장죽(長竹) = 긴대. * 긴 담뱃대. ☞ 곰방대. 담뱃대. 조대.

장지(長指) = 장짓가락. 가운뎃손가락. * 셋째 손가락.

장진하다(裝塡 ⇨ 장전~) ⇨ (총알을) 재다. 재어 넣다. 재우다.

장질부사(腸窒扶斯) 歐 ⇨ 장티푸스.

장쪽박(醬~) = 간장쪽박. * 장독에 늘 띄워놓고 간장을 떠내는 쪽박.

장착시키다(裝着~) ⇨ (의복, 기구, 장비를) 달다. 붙이다. * 장착하다.

장천 ⇨ 늘.

장치기 = 얼레공치기. * 겨울철에 어린이들이 하던 공치기 놀이의 하나.

장치꾼 ⇨ 장부꾼. 장부잡이. 장부. * 가래질할 때 가랫장부를 잡는 사람.

장치다[1] * 말이 누워서 등을 땅에 대고 비비다.

장치다[2](場~) = 독장치다. 독판치다. 외장치다. * 어떤 판을 혼자서 휩쓸다.

장침(長針) 歐 ⇨ ① 긴바늘. 긴침. ② 분침. * 시계. ☞ 단침.

장타령(場~) = 각설이 타령. * 동냥하는 사람들이 구걸할 때 부르는 노래. {장타령꾼.} ¶ '얼씨구 절씨구' 하고 외치는 각설이의 장타령 소리.

장터거리(場~) = 장거리. 장터걸. * 장날에 장이 서는 거리. ☞ 저잣거리.

장톱 = 내릴톱. 세로톱. 켤톱. * 켜는 톱. ☞ 가로톱. 동가리톱. 동톱.

장판[1](場~) = 시장판. * 장이 선 곳.

장판[2](壯版) * ① 장판지. ② 장판지를 바른 방바닥. {장판하다.}

장포(菖蒲) = ① 창포. ② 석창포. * 풀 이름. {장포물. 장포비녀.}

장합(場合) 歐 ⇨ ① 경우. ② 처지. ③ 형편. ④ 사정.

잦다[1] * 액체가 졸아들어 밑바닥에 깔리다. {잦아들다. 잦아지다.}

잦다[2][頻繁] * 일이 일어나는 횟수가 보통보다 많다. ¶ 교통사고 잦은 곳. ☞ 재다.[3]

잦은걸음 * ① 만지걸음. ② 자주 들름. ¶ 읍내에 잦은걸음을 한다는 소문.

잦처울다 ⇨ 자처울다. ¶ 닭이 새벽을 자처울다.

잦추다 * 동작을 재게 하여 재촉하다. ¶ 날이 어두워 걸음을 잦추었다.

잦추르다 * 잇따라 재촉하여 바싹 몰아치다. ¶ 밀린 집세를 내라고 잦추르다.

잦혀울다 ⇨ 자쳐울다. ‡ 재촉하여 울다.

잦혀지다 * ① 뒤로 기울어지다. ¶ 고개가 잦혀지다. ② 물건의 안쪽이나 아래쪽이 겉으로 드러나게 되다. ¶ 화투짝이 잦혀지다.
☞ 뒤처지다.

잦히다[1] * '잦다'의 하임. ‡ 물을 졸아들게 하다. ¶ 잦힌 밥. 밥물을 잦히다.

잦히다[2] 〈 젖히다. ‡ 잦다의 하임. ¶ 고개를 뒤로 잦히다. 화투짝을 잦히다.

재[1]〔灰〕 * 불탄 뒤에 남는 가루. {나뭇재. 담뱃재. 석탄재. 연탄재. 짚재. 화산재.} {재색(잿빛). 잿간. 잿골(잿독). 잿더미. 잿물. 잿물시루. 잿박. 잿불.} ¶ 잿불 화로. 잿빛 무늬. 잿더미가 되다. 잿물을 내리다.

재[2] * 장기판의 맨 앞줄.

재[3] * 산 고개. ‡ 길이 나 있어서 넘어 다닐 수 있음. {잿길.}

~재[4] = ~자고 해. ¶ 같이 놀러 가재.

재[5](齋) * ① 명복을 비는 불공. {백일재. 영산재. 천도재. 사십구재.} ② 부처님께 드리는 공양. {잿밥.} ¶ 재를 올리다.
☞ 제.[6]

재간(才幹) * 재주와 솜씨. {글재간. 다리재간. 말재간. 발재간. 손재간.}
☞ 재주. 재치.[1]

재간꾼(才幹~) = 재간둥이. ¶ 타고난 재간꾼.

재간보따리(才幹~) ⇨ 재간꾼. 재간둥이.

재갈 * ① 말의 부리에 물리는 쇠막대. ② 소리를 내거나 먹지 못하게 입에 가로 물리는 막대.
☞ 부리망. 자갈.

재갈 물리다 = 재갈 먹이다. 재갈 채우다.

재강 = 술비지. 술찌끼. ‡ 막걸리를 거르고 남은 찌끼.
☞ 술지게미. 지게미.

재개고마리 = 노랑때까치. ‡ 새 이름.

재까리다 ⇨ 재깔이다.

재깍 = 재 까닥. 〈 제꺽. 제꺼덕. ‡ ① 시원스럽게 하는 모양. ② 맞부딪치는 소리.

재깔이다 〈 지껄이다. ‡ ① 떠들썩하게 이야기하다. ② 말하다.

재끼다 〈 제끼다. * ① 일을 척척 처리하여 넘기다. ¶ 하루 만에 해 재끼다. ② 해 대다. ¶ 노래를 불러 재끼다. 바람이 불어 재끼다. 상대를 씹어 재끼다.
☞ 젖히다. 제기다.[3] 제치다.

재 너머 * 산 고개 저쪽. ¶ 재 너머에 작은 마을이 있다.

재 넘어 ¶ 할머니가 재를 넘어간다.

재넘이 = 산바람. ¶ 재넘이가 산들산들 불어 온다.

재넘이하다 * 산을 넘어 달아나는 꿩을 매가 날쌔게 뒤쫓아가다.

재녕강(載寧) ⇨ 재령. ‡ 땅 이름.

재다[1] * ① 길이, 넓이, 무게, 부피, 분량, 속도, 온도, 압력 따위를 알아보다. ② 여러모로 따져 보고 헤아리다. ¶ 사람 됨됨이를 재어 보다.
☞ 달다.[1]

재다² = 쟁이다. ‡ 포개어 쌓아 두다. ¶ 책을 재다. 볏단을 쟁여 두다.
☞ 재우다.¹

재다³ * ① 손이나 발걸음이 재빠르다. ¶ 손놀림이 재다. ② 입놀림이 가볍다. ¶ 입이 재다. ③ 솥이나 냄비 따위가 빨리 뜨거워지다.
☞ 잦다. 빠르다.

재다⁴ * 잘난 척하며 으스대거나 뽐내다. ¶ 너무 재고 다니니 눈총을 맞는다.

재다⁵ = ① 재우다. ‡ 총에 탄알을 넣다. ¶ 총알을 재다. ② 담뱃대에 담배를 넣다. ③ 쟁이다. ‡ 고기를 양념하여 차곡차곡 담아 두다. ¶ 불고기를 재우다.
☞ 재우다.²

재단(齋壇) * 천신, 지신, 신불께 제사를 지내는 곳.
☞ 제단.

재담가(才談家) = 재담꾼. ‡ ① 재치와 익살을 부리며 재미있게 이야기하는 사람. ② 재담을 직업으로 하는 사람.
☞ 만담가.

재떨이 = 담뱃재떨이.

재래종(在來種) * 토박이. 토박이씨. 본토종. 토종.
☞ 개량종. 도입종. 외래종.

재렴(再鹽) ⇨ 재염. ‡ 다시 곤 소금.

재롱둥이(才弄~) * 재롱을 잘 부리는 어린아이나 동물.
☞ 응석둥이.

재롱쟁이(才弄~) * 재롱을 잘 부리는 어린아이.

재롱떨다(才弄~) = 재롱부리다. ‡ 재롱을 피우다.

재료(材料) * ① 어떤 물건을 만드는 감. ¶ 건축 재료. 음식 재료. ② 일할 거리. ¶ 강의 재료. ③ 예술품의 제재. ¶ 수필의 재료.
☞ 원료. 자료.

재릅 ⇨ 겨릅. 겨릅대. ‡ 껍질을 벗긴 삼대. {겨릅발. 겨릅문.}

재마루 ⇨ 잿마루. 재빼기. 산마루.

재목(材木) * 집을 짓거나 가구를 만드는 재료로 쓰이는 나무. {마름재목.}
☞ 목재.

재미 * ① 즐거운 기분이나 느낌. {재밌거리. 잔재미.} {재미롭다. 재미삼다. 재미스럽다. 재미없다.} ¶ 재미 붙이다. ② 보람이나 성과. {재미적다.} ¶ 재미를 보다. 재미가 쏠쏠하다. 재미가 좋다.

재미 교포(在美僑胞) ⇨ 재미 동포.

재미나다 = 재미있다. ¶ 소설이 재미나다. 영화가 재미나다.

재미중(齋米~) = 자미승. 자미중. 동냥중.

재바르다 < 재빠르다. ‡ 손, 발, 몸놀림, 생각이 재고 빠르다.

재밥(齋~) ⇨ 잿밥.

재배종(栽培種) * 사람이 섞붙이기하여 기르는 동식물의 종류.
☞ 야생종.

재벌(再~) ⇨ 두벌.

재벌깎음질(再~) ⇨ 재벌질. ‡ 한 번 깎아 낸 나무를 다시 곱게 깎는 일.

재봉(裁縫) ㉾ ⇨ 바느질. ‡ 침선.

재봉침(裁縫針) ⇨ 재봉틀. 바느질틀.

틀. {발재봉틀. 손재봉틀.}

재빛 ⇨ 재색. 잿빛.

재빠르다 〉 재바르다. ‡ 손, 발, 몸놀림, 생각이 재고 빠르다.

재빨르다 ⇨ 재빠르다.

재빼기 = 갓머리. 산등성마루. 산마루. 잿마루. ¶ 재빼기에 올라서다.

재사리 ⇨ 손잡손.

재살 ⇨ 손잡손.

~재서 = ~자고 해서. ¶ 가재서. 먹재서. 자재서.

~재서야 = ~자고 해서야. ¶ 가재서야. 먹재서야. 자재서야.

재양치다 = 쟁치다. ‡ 명주나 모시를 재양틀에 붙여서 다리다.

재연하다¹(再燃~) * ①일이 다시 시끄러워지다. ②꺼졌던 불이 다시 일어나다.

재연하다²(再演~) * ①연극이나 영화를 다시 상연하다. ②한 번 했던 일을 다시 되풀이하다. ¶ 현장 재연. 삼일 만세 운동 재연. ☞ 재현하다.

재우다¹ * '자다'의 하임. ¶ 아이를 재우다. 잠을 재우다.

재우다² = 재다. ‡ ①더부룩한 것을 가다듬어 자리가 잡히게 하다. ¶ 이불솜을 재우다. ②쟁이다. ¶ 쇠고기를 양념에 재우다. 인삼을 꿀에 재우다. 담배나 총알을 재우다.

재우다³ * 두엄이나 거름을 잘 썩도록 손질하다. ¶ 두엄을 재우다. ☞ 재다.²

재원(才媛) * 재주 있는 젊은 여자. ☞ 재자.

재인단골(才人~) = 화랑이무당. 공인단골. 광대계집. ‡ 재인, 공인, 광대, 창부, 화랑 따위와 혼인한 무당.

재일 교포(在日僑胞) ⇨ 재일 동포.

재자(才子) * 재주 있는 젊은 남자. ☞ 재원.

재잘거리다 〈 지절거리다. ‡ ①자꾸 재깔이다. ②자꾸 지저귀다.

재적하다(在籍~) * 이름이 올라 있다. ¶ 재적 수. 대학에 재적하다. ☞ 제적하다.

재조(才操) ⇨ 재주.

재주 * ①능력과 슬기. ②솜씨나 기술. ③방도나 꾀. ④재간. {재주껏. 재주놀이. 재줏소리.} {글재주. 땅재주. 말재주. 손재주. 월재주(월총). 지닐재주(지닐총). 잔재주. 천생재주.} ¶ 용빼는 재주. ☞ 재간. 재치.

재주꾼 = 재주아치. ‡ 재주가 많거나 뛰어난 사람.

재주넘다 * 몸을 공중에 날려 위아래로 휘돌리다. {재주넘기.}

재주 부리다 = 재주 피우다. ‡ 방도나 꾀를 부리다.

재지니(再~) = 삼지니. ‡ 세 살 먹은 매나 새매. ☞ 산지니. 새매. 수지니. 초지니.

재지다 ⇨ 잦히다. ¶ 밥을 잦히다.

재질¹(材質) * ①재료의 성질. ¶ 재질이 좋은 천으로 만들었다. ②나무의 성질. ¶ 오동나무는 재질이 부드럽고 질겨 가구나 악기를 만드는 데 쓴다.

재질²(才質) * 재주와 기질. ¶ 재질이

있다.

☞ 자질.²

재짜(再~) * 첫째로 손꼽히지 못하는 것. ¶ 알아주지 않는 재짜 무당이다.

재차(再次) * ① 두 번째. ¶ 재차 달려들다. ② 또다시. ¶ 재차 이야기하다.

재창하다(再唱~) * 다시 노래를 부르다.

☞ 제창하다.

재첩 = 가무락조개. 가막조개. 가무라기. 모시조개. ‡ 조개의 한 가지.

재청하다(再請~) * 다시 한 번 나와 달라고 부탁하다. ‡ 앙코르.

☞ 재창하다.

재쳐 = 재우쳐. ‡ 빨리 몰아치거나 재촉하여. ¶ 일을 재쳐 빨리 끝내다.

재치¹(才致) * ① 눈치 빠른 재주. ② 능란한 솜씨나 말씨. ¶ 재치 있다.

☞ 재간. 재주.

재치² ⇨ 째마리.

재치국 ⇨ 재첩국.

재치다 ⇨ ① 젖히다. ② 제치다.

재칸(~間) ⇨ 잿간. ‡ 거름으로 쓸 재를 모아 두는 헛간.

재켓(jacket) ⇨ 재킷. ‡ 웃옷, 저고리의 한 가지.

재테크(財technology) ㉫ ⇨ 돈 굴리기. 돈 불리기. ‡ 돈 버는 재주.

재털이 ⇨ 재떨이.

재팬(JAPAN) = 니혼. ‡ 나라 이름.

재풀이(材~) * 목재의 부피를 셈하는 일.

☞ 자풀이.

재현하다(再現~) * 다시 나타나거나 나타내다. ¶ 고려청자를 재현하다.

☞ 재연하다.²

잼잼 ⇨ 죔죔. 죄암죄암. ‡ 젖먹이에게 죄암질을 하라는 뜻으로 하는 소리.

잽사다 ⇨ 잽싸다.

잿골 = 잿독. ‡ 재를 모아두는 독. ¶ 잿골에 말뚝 박기.

잿마루 = 갓머리. 재빼기. 산마루. 산등성마루. ‡ 재의 맨 꼭대기.

☞ 영마루.

잿물¹ * ① 재를 우려낸 물. {잿물시루.} ¶ 잿물을 내리다. ② 양잿물.

잿물² * 도자기의 겉에 바르는 매흙물. ‡ 맷물. 사깃물. 오짓물. 즙물.

☞ 제물.¹

잿밥(齊~) * ① 불공할 때 부처 앞에 올리는 밥. ② 이끗. ¶ 불공보다 잿밥.

☞ 불공밥. 젯밥.

잿배기 ⇨ 재빼기. 잿마루. 산마루. 갓머리. 산등성마루. ‡ 재의 맨 꼭대기.

쟁개비 = 냄비. ‡ 무쇠나 양은으로 만든 작은 냄비.

쟁기고기 * 각을 뜨고 뼈는 바르지 않은 고깃덩이.

☞ 방자고기. 불고기.

쟁반(錚盤) * 음식 그릇을 받쳐드는 데 쓰는, 넓고 큰 그릇. {쟁반국수.} {금쟁반. 나무쟁반. 은쟁반. 옥쟁반.} ¶ 쟁반같이 둥근 달.

☞ 예반.

~쟁이 * ① 사람의 성격, 버릇, 행동, 모양을 나타냄. {가살쟁이. 간살쟁이. 감투쟁이. 개구쟁이. 개으름쟁이. 거짓말쟁이. 걸신쟁이. 겁쟁이. 게걸쟁이. 게으름쟁이. 고자쟁이.

고집쟁이. 꼼꼼쟁이. 꼽꼽쟁이. 난쟁이. 도섭쟁이. 돌림쟁이. 돌쟁이. 땜쟁이. 떼쟁이. 마술쟁이. 말쟁이. 매련쟁이. 멋쟁이. 몽니쟁이. 무식쟁이. 미련쟁이. 발김쟁이. 배꼽쟁이. 변덕쟁이. 빚쟁이. 상투쟁이. 수선쟁이. 심술쟁이. 아편쟁이. 안경쟁이. 야발쟁이. 야살쟁이. 양복쟁이. 요변쟁이. 욕심쟁이. 욕쟁이. 용심쟁이. 이야기쟁이. 익살쟁이. 잔말쟁이. 지랄쟁이. 첩쟁이. 콜록쟁이. 콧벽쟁이. 하리쟁이. 할미쟁이. 허풍쟁이. 흉내쟁이.} ② 제조 기술자가 아닌 전문 직업인. {관상쟁이. 노구쟁이. 노래쟁이. 뚜쟁이. 말쟁이. 사주쟁이. 소리쟁이. 손금쟁이. 숫대쟁이. 싸개쟁이. 요술쟁이. 월급쟁이. 점쟁이. 주막쟁이. 중매쟁이. 체쟁이. 침쟁이. 파자쟁이(해자쟁이). 풍각쟁이. 화초쟁이. 환쟁이.} ☞ ~장이.

쟁이다 = 재다. ＊ ① 포개어 쌓아 두다. ¶ 볏가마를 쟁여 두다. 장작을 쟁이다. ② 양념하여 묵히다. ¶ 쇠고기를 양념장에 버무려 쟁여 두다.

쟁쟁 〈 징징. ＊ 보채거나 짜증을 내는 모양. {쟁쟁거리다. 쟁쟁대다.}

쟁쟁하다¹(琤琤~) ＊ ① 옥이 부딪쳐 울리는 소리가 맑다. ② 전에 들었던 말이나 소리가 귀에 울리는 듯하다. ③ 목소리가 매우 맑고 똑똑하다.

쟁쟁하다²(錚錚~) ＊ ① 쇠붙이가 맞부딪쳐 울리는 소리가 맑다. ② 여러 사람 가운데서 매우 뛰어나다. ¶ 쟁쟁한 인물. 쟁쟁한 선수.

쟈켓(jacket) ⇨ 재킷. ＊ 웃옷의 하나.

~**챦다** ⇨ ~잖다. ~지 않다. ¶ 되잖다. 못잖다.

쟝르(genre) ⇨ 분야. 갈래. ＊ 장르.

쟤 = 저 아이.

쟨 = 쟤는. 저 아이는.

쟬 = 쟤를. 저 아이를.

저¹〔매〕 〉 조. ¶ 저 곁. 저 길. 저 책. 저 사람. 저 하늘.

저²〔대〕＊ ‘나’의 낮춤말. ＊ 토씨 ’가, 의’와 함께 줄여 ‘제’로 씀. ☞ 나.³ 자기. 당신.

저³〔느〕 = 저기. 거시기. ＊ ① 생각이나 말이 떠오르지 않을 때 내는 소리. ② 말을 꺼내기 어려울 때 내는 소리.

저⁴〔笛〕＊ 가로로 불도록 되어 있는 관악기를 통틀어 이르는 말. ☞ 피리.

저⁵(箸) = 젓가락. {젓가락질.} ☞ 숟가락.

저⁶ ⇨ 쉬. ＊ 닭이나 참새를 쫓는 소리.

저가품(低價品) ⇨ 싼거리.

저감하다(低減~) ⇨ 낮추다. 줄이다. ＊ 예산 따위.

저같은 ⇨ 저런.

저 같은 ＊ 저와 같은. ¶ 저 같은 사람도 할 일이 있을까?

저같이〔어〕＊ 저렇게. 저 모양으로. ¶ 저같이 예쁜 아이는 처음 본다.

저거 = 저것.

저거시키〔느〕⇨ 저거시기.

저건 = 저것은.

저걸 = 저것을.

저걸로 = 저것으로.

저것말고 이것 ⇨ 저것 말고 이것.

저것밖에 ¶ 저것밖에 없다. ＊'밖에'는 토씨.

저것 밖에 ¶ 저것 밖에 또 많이 있다. ＊'밖'은 이름씨.

저것으로 ＝ 저걸로.

저게 ＝ 저것이.

저고리 ＊ 윗몸의 제일 바깥에 입는 옷. {저고릿감. 저고릿바람.} {갗저고리. 겉저고리. 겹저고리. 고두저고리. 깃저고리(배냇저고리). 까치저고리. 깨끼겹저고리(깨끼저고리). 누비저고리. 덧저고리. 동구래저고리. 동저고리. 민저고리. 반회장저고리. 삼회장저고리. 색동저고리. 속저고리. 자릿저고리. 차렵저고리. 핫저고리. 홑저고리. 회장저고리.} {바지저고리. 치마저고리.} {양복저고리.} ¶ 한복 저고리. 흰 저고리. 검정 저고리. 노랑 저고리.

　☞ 바지. 윗도리.

저골물 ⇨ 저 골 물. ＊ 저 골자기 물. ¶ 이 골 물, 저 골 물.

저기¹ 〔느〕 ＝ 저. 거시기. ＊ 군소리.

저기² 〉 조기. ＊ 멀리 있는 곳을 가리키는 말. ¶ 저기가 내 자리다.

저기나하면 ⇨ 적이나하면.

저기다 ＝ 저쪽이다. 저곳이다. ¶ 금강산이 저기다.

　☞ 제기다.

저기예요 ＝ 저기이에요.

저기 저기 저달 ⇨ 저기, 저기 저 달.

저까락 ⇨ 젓가락.

저까지로 ＊ 겨우 저만한 정도로. ¶ 저까지로밖에 못 만드니?

저까짓 ＝ 저깟. 제까짓. 제깟. ＊ 겨우 저만한 정도의. ¶ 저까짓 놈.

저냐 ＊ 얇게 저민 고기, 생선에 밀가루를 묻히고 달걀을 입혀 지진 음식. 　☞ 부꾸미. 빈대떡. 전.³ 지짐이.

저녁놀 ＝ 저녁노을.

저녁뜸 ＊ 바닷가에서 저녁때 바닷바람과 뭍바람이 바뀔 때 바람이 자는 일. 　☞ 아침뜸.

저녁매미 ＝ 쓰르라미. ＊ 벌레 이름.

저녁잠 ＝ 초저녁잠. ＊ 초저녁에 일찍이 드는 잠. ¶ 저녁잠이 없다.

저닥지 ⇨ 저다지. 저리도. ＊ 이다지. 그다지.

저대도록 ⇨ 저다지.

저딴 ＝ 저따위. ¶ 저딴 짓. 저따위 짓.

저때 ＊ 저러한 때. ¶ 저때는 두말없이 잘못했다고 빌어야지. 　☞ 접때.

저래 ＝ ①저러하여. ②저리 하여.

저래도 ＝ ①저렇게 하여도. ②저리 하여도.

저래 봬도 ＝ 저러하게 보이어도.

저래서 ＝ ①저러하여서. ②저리 하여서.

저러다 ＝ ①저리 하다. ②저렇게 말하다.

저러다가 ＝ 저렇게 하다가.

저러면 ＝ ①저러하면. ②저리 하면.

저러므로 ＝ 저러하므로.

저러하다 ＝ 저렇다.

저럭하다 ＝ 저렇게 하다.

저런¹ 〔느〕 ＊ 놀라운 일이나 딱한 일을 보았을 때 내는 소리.

저런² 〔매〕 = 저러한. ＊ 상태, 모양, 성질. ¶ 저런 사람이 좋아.

저런대로 〔어〕 ＊ 만족스럽지는 않지만 저러한 정도로. ¶ 저런대로 살 만하다.
　☞ 그런대로. 이런대로.

저런때에 ⇨ 저런 때에.

저럴거야 ⇨ 저럴 거야. 저럴 것이야.

저럼 = 저러면. ¶ 자꾸 저럼 어떻게 하지?

저렇다 = 저러하다. ＊ 성질, 모양, 상태가 저와 같다. ¶ 하는 짓이 저렇다.

저렇듯 = 저러하듯.

저렇듯이 = 저러하듯이.

저렇하면 ⇨ 저럭하면.

저렴하다(低廉～) ⇨ (값이) 싸다.

저릅대 ⇨ 겨릅대. 겨릅. ＊ 껍질을 벗긴 삼대.

저리¹ 〔어〕 ＊ ①저곳으로. 저쪽으로. ②저러한 모양으로.

저리²(低利) ㉑ ⇨ 싼 변. 싼 길미.

저리다 〔그〕 ＊ ①뼈마디나 힘살이 아리다. ¶ 발이 저리다. 손이 저리다. ②가슴이나 마음이 아프다. ¶ 그리움으로 가슴이 저리다.
　☞ 저미다. 절이다.

저리도 = 저다지. ¶ 무슨 공부를 저리도 열심히 할까?

저리로 = 저리. 절로. ＊ 저쪽으로. ¶ 저리로 가 있어.

저만때 ⇨ 저맘때. ＊ 저만큼 된 때. ¶ 저맘때가 제일 좋습니다.

저만치 ＊ 저만한 거리를 두고 떨어져서. ¶ 저만치 혼자서 피어 있네.

저만큼 ＊ 저만한 정도로. ¶ 영어를 저만큼 잘하기도 쉽지 않다.

저며 = 저미어. ＊ 저미다. ¶ 저며 놓다. 저며 쓸다.

저명하다(著名～) ＊ 이름이 세상에 드러나다. {저명인사.} ¶ 저명 작가.
　☞ 착명하다.

저모레 ⇨ 글피.

저물녘 = 해거름. ＊ 날이 저물 무렵.
　☞ 밝을녘. 샐녘.

저물다 ＊ ①해가 지다. ¶ 날이 저물다. ②철이나 한 해가 거의 지나가다.
　☞ 어두워지다.

저물어 가고 있다 ⇨ 저물어 가다.

저미다 〔남〕 ＊ ①얇게 베어 작은 조각을 내다. ②마음을 아프게 하다.
　☞ 저리다.

저버리다 ＊ 남이 바라는 바를 어기다. ¶ 기대를 저버리다. 약속을 저버리다.
　☞ 져 버리다.

저보게 〔느〕 = 저보세요. 저보시오. 저보십시오. ＊ 사람을 부르는 말.
　☞ 여보게.

저분 〔대〕 ＊ 저 사람을 높여 이르는 말. ¶ 저분이 내가 말한 사람이다.
　☞ 저이. 저자.² 저치.

저 산 너머 ¶ 저 산 너머에 우리 고향이 있다.

저 산 넘어 ¶ 저 산 넘어 고향으로 달리는 꿈을 꾸었다.

저생(～生) ⇨ 저세상. 저승.

저손 ＊ '저이'를 조금 낮추어 이르는 말. ¶ 저손은 내 조카다.
　☞ 저분. 저자.² 저치.

저승 = 저세상. ＊ 죽은 뒤에 가는 세

상. {저승말. 저승사자. 저승혼사굿.}
☞ 이승.

저승 가다 = 황천 가다. ‡ 사람이 죽다.

저승길 = 황천길. ‡ 죽어서 저승으로 가는 길. ¶ 저승길을 떠나다.

저승꽃 ⇨ 검버섯.

저승돈 ⇨ 저승빚. ‡ 저승에서 이승으로 올 때 지고 온다는 빚.

저 애 = 쟤. 저 아이.

저 애는 = 쟤는. 쟨. 저 아이는.

저 애를 = 쟤를. 쟬. 저 아이를.

저예망(底曳網) 왜 ⇨ 쓰레그물.

저울 * 무게를 다는 연모. {저울눈. 저울질. 저울추.} {대저울. 받침저울. 손저울. 앉은뱅이저울. 약저울. 용수철저울. 은저울. 자동저울. 전자저울. 접시저울. 지레저울.}
☞ 자.¹ 되.

저육(豬肉) ⇨ 제육. ‡ 돼지고기.

저으기 ⇨ 적이.

저으기나하면 ⇨ 적이나하면.

저윽이 ⇨ 적이. ‡ 꽤 어지간한 정도로.

저의 조국(~祖國) ⇨ 우리 조국.

저이 〔대〕 * ①저 사람을 조금 높여 이르는 말. ②남편을 가리키는 말.
☞ 저분. 저자.² 저치.

저인기망(底引寄網) 왜 ⇨ 밑당김그물.

저인망(底引網) 왜 ⇨ 쓰레그물.

저자¹ * ①시장. ②시장에 있는 가게. ③거리에서 날마다 아침저녁으로 반찬거리를 파는 작은 장. ¶ 저자를 보다. 저자가 서다.
☞ 시장. 장.

저자²(~者) * 저 사람을 조금 낮잡아

이르는 말. ¶ 저자가 나를 욕한 놈이다.
☞ 저분. 저이. 저치.

저자망(底刺網) 왜 ⇨ 밑걸그물.

저자바구니 ⇨ 장바구니.

저잣거리 * 가게가 죽 늘어서 있는 거리.
☞ 장거리.² 장터거리.

저장하다(貯藏~) * 물건을 모아서 갈무리하다. ¶ 광에 양식을 저장하다.
☞ 저축하다.

저장시키다(貯藏~) ⇨ 저장하다.

저절로 = 절로. ¶ 저절로 굴러든 복. 저절로 웃음이 나오다.

저즘 ⇨ 접때.

저지난달 * 두세 달 전의 달. ¶ 저지난달에 이사했다.
☞ 지지난달.

저지난밤 * ①엊그제의 밤. ②이삼일 전의 밤.
☞ 지지난밤.

저지난번(~番) * 지난번의 전번.
☞ 지지난번.

저지난해 * 이삼 년 전의 해.
☞ 지지난해.

저지하다(沮止~) * (처음부터) 막아서 못하게 하다.
☞ 제지하다.

저질르다 ⇨ 저지르다. ‡ 죄를 짓거나 못된 짓을 하다. ¶ 큰일을 저지르다.

저쪽 = 저편. ¶ 저쪽 길. 저쪽 끝. 저쪽 땅. 저쪽 산. 저쪽 언덕.

저 쪽 = 저 페이지. ‡ 책.

저축하다(貯蓄~) * 돈을 아껴서 모아 두다.

☞ 저장하다.

저치 * 저 사람을 낮잡아 이르는 말. ¶ 저치가 사람 속을 긁는다.
☞ 저분. 저이. 저자.[2]

저편(~便) = 저쪽. ¶ 그는 저편 사람이다. 저편으로 갔다.

저희 = ① '저'의 겹셈. ② '우리'의 낮춤말.

저희 겨레 ⇨ 우리 겨레.

저희 국민(~國民) ⇨ 우리 국민.

저희나라 ⇨ 우리나라.

저희들 ⇨ 저희.

저희 집 = 우리 집. ‡ 겸손하게 하는 말.

적[1] * 굴 껍데기를 깔 때, 굴에 붙어 있는 껍데기 조각. ¶ 적이 씹히다.

적[2] * 어떻게 되었을 때나, 지나간 어떤 때. {소싯적. 옛적. 태곳적.} ¶ 갈 적. 본 적. 아이 적. 어릴 적. 올챙이 적. 젊었을 적. 처녀 적.
☞ 때.[1]

~**적**[3](的) * 그 성격을 띠는. 그에 관계된. 그 상태로 된. {가급적. 문학적. 경제적. 세계적.} ‡ 겨레말 뒤에는 붙일 수 없음.

적격(適格) * 규정이나 조건에 알맞은 자격. ¶ 이 자리는 그가 적격이다.
☞ 제격.

적꽂(炙~) = 적꼬치. ‡ 적을 꿰는 대꼬챙이.

적나라하다(赤裸裸~) [왜] ⇨ 숨김없다. 발가벗다. 속살을 드러내다.

적다[1] * 수량, 분량, 정도가 대중에 미치지 못하다.
☞ 많다. 부족하다. 작다.

적다[2] * ① 말이나 이야기를 글자로 옮기다. ② 장부에 글자를 올리다.
☞ 쓰다.[1]

적란운(積亂雲) [왜] ⇨ 소나기구름. 소낙비구름. 쌘비구름.

적리(赤痢) [왜] ⇨ 이질. ‡ 병 이름.

적립하다(積立~) [왜] ⇨ 모아 쌓다. 모으다.

적바림 * 잊지 않으려고 적어 두는 일. {적바림하다.} ‡ 메모하다.

적발 * 적바림하여 놓은 글발. ‡ 메모.

적삼 * 윗도리에 입는 홑옷. {모시적삼. 무명적삼. 베적삼. 속적삼. 자릿적삼. 조끼적삼.} ¶ 적삼 벗고 은가락지 낀다.
☞ 고의.

적셔 = 적시어. ‡ 적시다. ¶ 적셔 가다. 적셔 놓다. 적셔 보다. 적셔 주다.

적쇠(炙~) ⇨ 석쇠. ‡ 고기를 구울 때 쓰는 연모.

적시다 * ① 물이나 기름을 스며들게 하거나 묻히다. ② 몸을 더럽히다.
☞ 축이다.

적연와(赤煉瓦) [왜] ⇨ 붉은 벽돌.

적요란(摘要欄) [왜] ⇨ 참고란. ‡ 도움말을 적는 칸.

적용시키다(適用~) ⇨ 끌어다 쓰다. 맞추어 쓰다. ‡ 적용하다.

적용예(適用例) ⇨ 적용례.

적운(積雲) [왜] ⇨ 뭉게구름. 산봉우리구름. 쌘구름.

적으나하면 ⇨ 적이나하면.

적은집 ⇨ 작은집. ‡ ① 첩이나 첩의 집. ② 아우나 작은아버지의 집.

적이 * 꽤 어지간한 정도로. ¶ 막상 일이 터지자 적이 당황했다.
☞ 얼마간. 작히.

적이나 * 얼마간이라도. ¶ 그만하기에 적이나 안심이 된다.

적이나하면 * 형편이 다소나마 된다면. ¶ 적이나하면 전화라도 해 주지. 적이나하면 쌀가마라도 보태 주었으면 좋으련만 나도 어려우니 어쩔 수 없다.

적자(赤字) [왜] ⇨ ① 밑짐. ⁑ 결손. 손해. ② 축남. ③ 붉은 글씨.

적자 나다(赤字～) [왜] ⇨ 밑지다. ⁑ 결손이 나다. 손해를 보다.
☞ 흑자 나다.

적절하지(適切～) = 적절치. ⁑ 울림소리 뒤에선 'ㅏ'만 줆.

적조(赤潮) [왜] ⇨ 붉은물. 붉은 조류.

적종〔弔鐘〕 ⇨ 조종.

적중율(的中率) ⇨ 적중률. ⁑ 니은을 뺀 받침 뒤에는 '률'임.

적체 현상(積滯 現狀) [왜] ⇨ 밀림 현상. ⁑ 밀리는 일.

적출하다(摘出～) * ① 도려내다. 잘라내다. ¶ 배 속에 생긴 혹을 적출하다. ② 들추어내다. ¶ 공금 횡령을 적출하지 못했다.
☞ 척출하다.

적하하다(積荷～) [왜] ⇨ 짐을 싣다. 짐을 쌓다.

적합치(適合～) ⇨ 적합지. 적합하지. ⁑ 안울림소리 뒤에선 '하'가 줆.

적확하다(的確～) * 틀림없이 들어맞다. ¶ 적확한 표현.
☞ 정확하다.

적히 ⇨ 적이.

전[1] = 저는.

전[2] * 물건의 위쪽 가장자리가 조금 넓적하게 된 부분. {솥전. 화롯전.}

전[3](煎) * 생선, 고기, 채소를 얇게 썰어 밀가루를 묻혀 기름에 지진 음식. {감잎전. 고기전. 꽃전. 깻잎전. 생선전.} ¶ 전을 부치다.
☞ 부꾸미. 부침개. 빈대떡. 저냐. 지짐이.

전[4](前)〔매〕 * ① 지난 경력. ¶ 전 대통령. ② 앞의. ¶ 전 시간. 전 주일.
☞ 신.[4]

전～[5](前～) * ① 지난～. {전날. 전주. 전달. 전년. 전세월. 전번.} ② 먼젓번의. {전남편. 전부인. 전사내. 전서방. 전아내. 전처.}
☞ 앞. 이전.

전[6](全)〔매〕 * 모든. 전체. {전교. 전교생. 전국. 전군. 전속력. 전신. 전인격.} ¶ 전 가족. 전 공무원. 전 과정. 전 교사. 전 국민. 전 국토. 전 기동력. 전 기업체. 전 매스컴. 전 미국. 전 민족. 전 사원. 전 세계. 전 시민. 전 아시아. 전 역량. 전 유권자. 전 유럽. 전 재산. 전 직원. 전 인류. 전 장병. 전 재산. 전 주민. 전 지역. 전 직원. 전 학년. 전 학생. 전 회원.

전[7](廛) = ① 가게. {싸전.} ② 장. {소전. 옹기전.} ¶ 전을 벌이다.

～전[8](～傳) * {심청전. 춘향전. 유관순전. 을지문덕전. 흥부전.}

전가시키다(轉嫁～) ⇨ 떠넘기다. ⁑ 전가하다.

전간(癲癇. 덴캉. 뗑깡) 倭 ⇨ 지랄병. 지랄.

전개시키다(展開~) ⇨ 펼치다. ‡ 전개하다.

전골 * 고기, 채소, 버섯, 해물에 양념을 하고 전골틀에 넣어 익히지 않은 채로 내놓는 음식. ‡ 그 자리에서 바로 익혀 먹음.
☞ 찌개.

전골냄비 = 전골틀. ‡ 전골을 끓이는 그릇.

전광어 ⇨ 전갱이. ‡ 바닷고기 이름.

전국(全~) * 국, 간장, 술 따위에 군물을 타지 아니한, 진한 국물.
☞ 전내기.¹ 진국.¹

전국술(全~) = 진국술.

전금(前金) 倭 ⇨ 민값. ‡ 사거나 세낼 때 미리 치르는 돈.

전기(轉機) * 전환점이 되는 기회나 시기. ¶ 그 일이 인생의 전기가 되었다.
☞ 계기.

전기고테(電氣~) 倭 ⇨ 전기인두.

전기다리미(電氣~) * 전기로 데워서 다림질하는 다리미.
☞ 손다리미. 숯다리미.

전기다마〔電氣玉〕 倭 ⇨ 전등알. 전등.

전기세(電氣稅) ⇨ 전기료.

전깃불(電氣~) = 전등불. ‡ 전깃불을 밝히다.
☞ 전깃불.

전날(前~) * ①옛날. ②이전. ‡ 지난날. ③어떤 날의 바로 앞날.
☞ 뒷날. 안날. 앞날.

전남편(前~) = 전사내. 전서방. ‡ 헤어지기 전의 남편.

전내기¹(全~) = 전술. ‡ 물을 타지 아니한 술.
☞ 전국.

전내기²(廛~) = 장내기. 가게내기. ‡ 장에서 팔려고 날림으로 만든 물건.
☞ 전맞춤.

전다리¹ * 절름절름 저는 다리. ¶ 전다리를 끌고 온양까지 왔다.

전다리²(前~) * 바로 전에 있던 사람이나 물건. ¶ 전다리보다 못하다.
☞ 앞사람.

전단(傳單) 倭 ⇨ 광고 쪽지. 알림 쪽지. ‡ 삐라.

전달(前~) * ①지난달. ②지나간 달.

전달받다(傳達~) ⇨ 받다.

전도금(前渡金) 倭 ⇨선지급금. 선급금.

전도자금(前渡資金) 倭 ⇨ 선지급금. 선급금.

전동차소리(電動車~) ⇨ 전동차 소리.

전등불(電燈~) = 전깃불. ¶ 전등불이 환하다.
☞ 전깃불.

전락망(纏絡網) 倭 ⇨ 얽매그물.

전락하다(轉落~) * 나쁜 상태에 빠지다. ¶ 천덕꾸러기로 전락하다.
☞ 추락하다.

전람회(展覽會)를 가지다 ⇨ 전람회를 열다. ‡ 보이는 자리를 펴다.

전래(傳來) * ①예로부터 전하여 내려오는 일. ¶ 전래의 동요. 전래의 풍습. ②다른 나라에서 들어오는 일. ¶ 인디아에서 불교가 전래하였다.
☞ 전례.

전략(戰略) * 전쟁을 이끌어 가는 방법.

☞ 정략.

전량(錢糧) * 돈과 곡식.

☞ 천량.

전력하다(專力~) * 한 가지 일에 온 힘을 다하다. ¶ 기술 개발에 전력하다.

☞ 진력하다.

전렬(前列⇨전열) ⇨ 앞줄. * 앞에 있는 줄이나 대열.

전례(前例) * ① 전에 있었던 보기. ② 옛날부터 해 오던 관습.

☞ 전래.

전률하다(戰慄~) ⇨ 전율하다. * ① 벌벌 떨다. ② 벌벌 떨리다.

전립선(前立腺) ㉬ ⇨ 전립샘.

전마선(傳馬船) ㉬ ⇨ 거룻배.

전망(展望) * ① 먼 곳을 바라보다. ¶ 전망이 좋다. ② 앞날을 헤아려 내다보다. ¶ 전망이 밝다. 전망이 어둡다.

☞ 조망. 조명.

전맞춤(廛~) * 가게에서 팔려고 전내기보다 좋게 맞춘 물건.

☞ 전내기.²

전면(全面) * ① 모든 면. 모든 부문. ② 하나의 면 전체. ¶ 전면 광고.

☞ 정면.

전멸하다(全滅~) * 모조리 죽거나 망하거나 없어지다.

☞ 절멸하다.

전모¹(氈帽) = 지삿갓. * 여자 모자의 하나.

전모²(全貌) ⇨ ① 전체 내용. ② 전체 모습.

전무님실(專務~室) ⇨ 전무실.

전물(澱物) ㉬ ⇨ 앙금.

전반신(前半身) ㉬ ⇨ 앞몸. * 몸의 앞부분.

☞ 후반신.

전방직이(廛房~) ⇨ 전방지기. * 가게를 맡아 지키는 사람.

전봇대(電報~) = 전신주. 전주. ¶ 전봇대를 세우다. 전봇대처럼 키가 크다.

전복갑(全鰒甲) = 금조개. * 전복의 껍데기.

전불(前拂) ㉬ ⇨ 선급금.

전불비용(前拂費用) ㉬ ⇨ 선급 비용.

전사내(前~) = 전남편. 전서방. * 헤어지기 전의 남편.

전 생애(全 生涯) ㉬ ⇨ 일생. 평생. 한평생. 한뉘. 한살이.

전선대(電線~) ⇨ 전봇대. 전신주.

전선줄(電線~) ⇨ 전깃줄. 전선.

전설(傳說) * 옛날부터 입으로 전해 내려오는 이야기. * 증거가 되는 바위, 나무, 산, 강, 내 따위가 남아 있음. ① 어떤 사람에 대한 이야기. ② 마을의 내력이나 바위, 나무, 산, 내, 강의 유래. ③ 이상한 경험.

☞ 민담. 설화. 전설.

전설의 고향(傳說~故鄕) ⇨ 고향의 전설. 우리 고향에 서린 전설. * 고향의 마을이나 옛날 사람, 나무, 바위, 산, 강, 내에는 내려오는 전설이 있겠지만 전설에는 고향이 없음.

전세(傳貰) * 돈을 주거나 맡기고 빌림. {전세기. 전세버스. 전세차(세차). 전세배.} {전세방. 전셋집. 전세살이. 전셋돈.} ¶ 전세 내다. 전세 얻다.

☞ 사글세. 월세.

전 세계(全世界) = 온 세계. 온 세상. 온 누리.

전세금(傳貰~) = 전셋돈. * 빌릴 때 맡겼다가 나중에 돌려받는 돈.

전세료(傳貰料) * 버스 따위를 빌린 삯으로 주는 돈. ** 돌려받을 수 없음.

전세방(傳貰房) * 전세로 빌리거나 빌려주는 방.
　☞ 사글셋방.

전셋값(傳貰~) ⇨ ① 전세금. 전셋돈. ② 전세료.

전소되다(全燒~) ⇨ 몽땅 타버리다. ** 전소하다.

전송(電送) * 전파로 보냄. ** 말, 글, 그림, 사진 따위.
　☞ 송전.

전수받다(傳受~) ⇨ (기술이나 지식을) 이어받다. * 전수하다.

전수시키다(傳授~) ⇨ (기술이나 지식을) 이어주다. ** 전수하다.

전술(全~) = 전내기. ** 물을 타지 아니한 술.

전승시키다(傳承~) ⇨ (문화, 풍속, 제도를) 이어주다. ** 전승하다.

전시회(展示會)를 갖다 ⇨ 전시회를 열다.

전신상(全身像) * 사람의 온몸을 나타낸 조각이나 그림.
　☞ 반신상. 흉상.

전신주(電信柱) = 전봇대. 전주. ** 전선이나 통신선을 늘여 매는 기둥.

전어사리(錢魚~) * 전어 새끼. ** 바닷고기 이름.
　☞ 새끼 이름.

전역년도(轉役年度) ⇨ 전역 연도.

전연(全然) = 전혀. ¶ 나는 그 일을 전연 몰랐다. 전연 연락이 안 된다.

잔연도(前年度) ⇨ 전년도.

전염되다(傳染~) * (병, 생각, 버릇, 태도, 풍속이) 옮아서 물이 들다.
　☞ 옮다.

전예(前例) ⇨ 전례. ** 이전부터 있었던 본보기. ¶ 전례를 남기다.

전왕(前王) * 새로 자리에 오른 왕 바로 앞의 왕.

전 왕(前 王) * 옛날에 있던 왕.

전작(前作) ⑳ ⇨ 앞그루. ** 그루갈이를 할 때 먼저 짓는 농작물.
　☞ 후작.

전장(戰場) = 전쟁터. 싸움터.

전쟁(戰爭) * 다른 나라끼리 무력으로 싸우는 일. {전쟁고아. 전쟁상인. 전쟁터.} ¶ 전쟁이 나다. 전쟁을 일으키다. 전쟁을 치르다.
　☞ 난리. 동란.¹ 사변. 전장. 전투.

전쟁문화(戰爭文化) ⇨ 전쟁 방식. 전쟁 모양. 전쟁 형태.

전전년(前前年) = 재작년. 그러께.

전전달(前前~) = 지지난달.

전전번(前前番) = 지지난번.

전정(剪定) ⑳ ⇨ 가지다듬기. 가지치기. ** 나무 모양.

전정가위(剪定~) ⑳ ⇨ 가지가위. 다듬가위. 나무가위.

전제국(專制國) * 주권을 왕이나 한 사람이 가지고 있는 나라.
　☞ 공화국.

전주¹(電柱) = 전신주. 전봇대.

전주²(轉注) * 한 글자를 여러 가지 소리와 여러 가지 뜻으로 쓰는 일. *

樂 = 즐거울락. 노래악. 좋아할요.
北 = 북녘북. 달아날배.
☞ 육서. 문자.[1]

전지 * 약을 먹일 때 입을 벌리는 데 쓰는 두 갈래로 갈라진 막대기.
☞ 전짓대.

전지가위(剪枝~) ⇨ 다듬가위. 나무가위. 가지가위. ‡ 나무를 다듬는 가위.

전짓다리 * 삼이나 모시를 삼을 때에 쓰는 연모.

전짓대 * 감을 따는 데 쓰는 장대. ‡ 끝이 두 갈래로 갈라진 막대.
☞ 간짓대. 바지랑대. 전지.

전짓불(電池~) * 손전등에서 비치는 불빛. ¶ 전짓불을 비추다.
☞ 전깃불. 전등불.

전차비(電車費) = 전찻삯.

전차선(電車線) * 전차에 전기를 보내는 전깃줄.

전찻길(電車~) * 전차가 다니는 철길.

전채(全~) ⇨ 온채. ¶ 집을 온채로 빌리다.

전통(傳統) * 옛날부터 전해 내려오는 사상, 관습, 행동의 방식. {전통극. 전통주의. 전통춤.} ¶ 전통이 없다. 전통이 있다. 전통을 이어받다.
☞ 정통.

전통문화(傳統文化) * 어떤 겨레나 어떤 나라에서 예부터 이어져 오는 문화.
☞ 외래문화.

전투(戰鬪) * 군대가 무장하여 싸움. {전투태세. 전투하다.} ¶ 전투 장면.
☞ 전쟁.

전평상(箭平床) = 살평상. ‡ 좁은 나

무오리나 대오리를 박아 만든 평상.
☞ 널평상.

전하(殿下) * 왕, 왕비, 왕족을 가리키는 부름말.
☞ 폐하.

전하다(傳~) * (맡은 물건이나 들은 말을) 다른 사람에게 옮기다.
☞ 돌리다.[2] 주다.

전해(前~) * ①이해의 바로 앞의 해. ‡ 작년. ②어떤 해의 바로 앞의 해.
☞ 지난해.

전향적(前向的) ⑪ ⇨ 긍정적. 발전적. 적극적. 진보적. 진취적.

전혀[1](全~) = 전연. 아주. 온전히. 도무지. ‡ 부정적인 말과 함께 씀. ¶ 전혀 다른 사람. 전혀 쓸모없는 물건. 전혀 관계가 없다. 전혀 모르는 일.

전혀[2](專~) ⇨ 오로지. ¶ 오로지 내 잘못이다. 오로지 그분 덕택이다.

전형(典型) * 같은 부류의 특징을 가장 잘 나타내고 있는 본보기. ¶ 하회는 안동 문화의 한 전형을 보여 준다.
☞ 정형.

전화다이〔電話台〕⑪ ⇨ 전화기 받침대. 전화 받침.

전화드리다(電話~) ⇨ 전화 걸다. 전화하다.

전화 바꾸다[1](電話~) * 헌 전화기를 버리고 새 전화기를 사거나 달다.

전화 바꾸다[2](電話~) ⇨제가 아무개입니다. ‡ 전화받을 때 처음 하는 말.
☞ 엄마 바꿔라.

전화받다(電話~) ¶ 온다는 전화받고 바로 마중을 나가다.

전화 주다(電話~) ⇨ 전화 걸다. 전화하다.

전화줄(電話~) ⇨ 전화선.

전화통(電話筒) = 전화기.

전환시키다(轉換~) ⇨ ① 바꾸다. ② 바꾸다. ‡ 전환하다.

전흉선(前胸腺) 動 ⇨ 앞가슴샘.

젇갈 ⇨ ① 젓가락. ② 젓갈.

절[1] * 만나거나 헤어질 때, 몸을 굽혀 예를 나타내는 일. {절값. 절인사.} {앉은절. 큰절. 평절.} {절하다.} ¶ 절 받다. 절 시키다. 절 올리다. ☞ 경례. 인사.

절[2] = 절간. 가람. 도량. {절터.} ¶ 절문. ‡ 스님이 불상을 모신 집.

~절[3](~節) * ① 명절. {광복절. 삼일절.} ② 절기. {입춘절. 단오절.}

절걱거리다 = 절거덕거리다.

절겅 = 절거덩.

절구[1] * 사람이 절굿공이로 곡식을 찧거나 빻는 연모. {절구질. 절구통. 절굿공이.} {나무절구. 놋쇠절구. 돌절구. 쇠절구. 약절구.} ☞ 방아. 확.[2]

절구[2](絕句) * 넉 줄로 이루어진 한시. ¶ 오언 절구. 칠언 절구. ☞ 율시.

절구다 ⇨ 절이다.

절굿공이 * 절구질할 때 손에 잡고 내리치는 공이. ‡ 나무공이. 돌공이. 쇠공이. ☞ 방앗공이.

절굿대 * 국화과의 풀 이름.

절귀(絕句) ⇨ 절구. ‡ 다섯 자 넉 줄이나 일곱 자 넉 줄로 이루어진 한 시.

절꺽 = 절거덕.

절다[1] * ① 푸성귀나 생선 따위에 소금기, 식초, 설탕이 배어들다. ¶ 배추가 소금에 절다. ② 땀, 기름기 따위 더러운 것이 묻거나 끼어 찌들다. ¶ 옷이 기름때에 절다. ③ 술이나 독한 기운에 영향을 받다. ¶ 술에 절어 살다. ☞ 겯다.[1]

절다[2] * 사람이나 동물이 다리를 절뚝거리다. ¶ 말이 한쪽 다리를 절다. ☞ 뒤뚱거리다.

절대치(絕對値) = 절댓값.

절더러 ⇨ 저더러. ‡ 저에게.

절둑절둑 ⇨ 절뚝절뚝.

절따 = 절따말. ‡ 털빛이 붉은 말.

절딴나다 ⇨ 결딴나다.

절뚝발이 = 절뚝이. 뚝발이. 절름발이. ‡ 절뚝절뚝 걷는 사람. ☞ 절름발이.

절뚝뱅이 ⇨ 절뚝발이.

절렁절렁 〈 쩔렁쩔렁 〈 철렁철렁. ‡ 방울이나 쇠붙이가 울리는 소리.

절레절레 〈 쩔레쩔레. ¶ 고개를 절레절레 젓다.

절로[1] = 저리로. ¶ 절로 가면 경상도.

절로[2] = 저절로. ¶ 어깨춤이 절로 난다.

절름발이 * ① 절뚝발이. ② 한쪽 발이 온전하지 못한 물건. ¶ 절름발이 책상. ③ 조화가 되지 않은 상태. ¶ 절름발이 교육.

절름뱅이 ⇨ 절름발이.

절리다 ⇨ 결리다. ¶ 옆구리가 결리다.

절멸하다(絕滅~) * ① 씨가 마르다.

②씨를 말리다.

☞ 전멸하다.

절반(折半) * ①하나를 반으로 가름. ②반으로 가른 하나.

☞ 반.

절 받으세요 ⇨ 인사드리겠습니다. 절 올리겠습니다.

절사(節祀) * 설, 대보름, 한가위 따위 절기나 명절에 지내는 제사. ‡ 오른손을 왼손 위에 놓고 절을 함.

☞ 기제사. 제사.

절상하다(切上~) ㉫ ⇨ (값을) 올리다.

절수(切手) ㉫ ⇨ 우표.

절수하다(節水~) ㉫ ⇨ 물을 아끼다.

절썩거리다 = 절써덕거리다. ¶ 바위 아래서 거칠게 절썩거리던 파도.

절여 = 절이어. ‡ 절이다. ¶ 절여 놓다. 절여 두다. 절여 주다.

절이김치 ⇨ 겉절이.

절이다 * '절다'의 하임. ¶ 배추를 소금에 절이다.

☞ 저리다.

절인사(~人事) * 절을 하여 드리는 인사.

☞ 말인사. 입인사.

절절매다 〈 쩔쩔매다. ‡ ①어쩔 줄 몰라 정신을 못 차리다. ¶ 문제를 못 풀어서 절절매다. ②기를 펴지 못하다. ¶ 아내에게 절절매다.

절체절명(絕體絕命) ㉫ ⇨ 막다른 골목.

절충(折衷)**을 가지다** ⇨ 절충하다.

절취선(切取線) ㉫ ⇨ 자르는 금.

절취하다(切取~) ㉫ ⇨ 자르다. 잘라내다.

절편 * 떡살로 눌러 모나거나 둥글게

만든 흰떡.

☞ 시루떡. 인절미. 흰떡.

절하하다(切下~) ㉫ ⇨ 깎아내리다. (값어치를) 낮추다. (값을) 내리다.

절호의 좋은 기회(絕好~機會) ⇨ 좋은 기회. 좋은 때.

젊다 * ①나이가 한창때에 있다. ¶ 젊은 사람. 젊어서 남편을 잃었다. ②혈기가 왕성하다. ¶ 젊은 기운. 젊은 혈기. ③제 나이보다 어려보이다.

☞ 어리다.²

젊은것 * 주로 젊은 여자를 낮추어 하는 말. ¶ 젊은것이 버릇이 없다.

☞ 젊은이.

젊은것들 * 남자나 여자를 아울러 낮추어 일컫는 말. ¶ 요즘 젊은것들이라니.

젊은 나이 = 한창나이.

젊은애 ⇨ 젊은이.

젊은이 * 주로 젊은 남자를 일컫는 말. {젊은이답다.} ¶ 젊은이의 힘.

☞ 늙은이. 젊은것. 청년.

젊잖다 ⇨ 점잖다.

점(點) * ①작고 둥글게 찍은 표나 자리. ¶ 두 점을 잇다. ②성적을 나타내는 끝수. ¶ 백 점. 구십 점. ③적은 양. ¶ 쇠고기 한 점. 돼지고기 두어 점. 바람 한 점 없다. ④하나치. ¶ 그림 두 점. 옷 한 점.

☞ 선.²

점글다 ⇨ 저물다.

점두거래(店頭去來) ㉫ ⇨ 장외거래. ‡ 경제.

점둥이(點~) = 점박이. ‡ 몸에 점이

있는 사람이나 짐승.

점바치(占〜) ⇨ 점쟁이.

점방(店房) * 가게로 쓰는 방. ¶ 점방을 얻다.
　☞ 가게. 점포.

점배기(點〜) ⇨ 점박이. ① 점둥이. * 몸에 점이 있는 사람이나 짐승. ② 남에게 손가락질을 받아 어떤 점이 박히다시피 된 사람.

점 보다(占〜) = 점치다. 점하다. * 점괘를 내어 보다.

점선현비(黏蟬縣碑) ⇨ 점제현비. 점제현 신사비. * 강원도 용강군에 있음.

점심시간(點心時間) * 점심을 먹기로 정하여 둔 시간.

점심참(點心〜) * 점심을 먹을 시간.

점액선(黏液腺) 생 ⇨ 끈끈샘.

점잔 부리다 = 점잔 빼다. 점잔 피우다. * 점잖은 태도를 나타내다.

점잔이 * 점잖은 사람.
　☞ 점잖이.

점잔찮다 ⇨ 점잖잖다.

점잔하다 ⇨ 점잖다. * 점잖게. 점잖니. 점잖으면. 점잖은. 점잖아. 점잖지.

점잖이 * 점잖게. ¶ 점잖이 앉아서 사람 사는 길을 이야기한다.
　☞ 점잔이.

점잖치 ⇨ 점잖지. * 점잖다.

점장이(占匠〜) ⇨ 점쟁이. * 제조 기술자가 아닌 전문 직업인은 ‘〜쟁이’임.

점지하다 * 신불이 사람에게 자식을 갖게 하여 주다. ¶ 점지해 달라고 빌다.

점직하다 = 점하다. * 부끄럽고 미안하다.

점찍다(點〜) * 마음속으로 정하다. ¶ 내가 점찍어 놓았다. 점찍어 두다.

점 찍다(點 〜) ¶ 종이 위에 점을 찍다.

점차적(漸次的) ⇨ 점점. 차츰. * 점차.

점치다(占〜) * ① 점을 보다. ¶ 점쟁이에게 올해 운수를 점쳐 보다. ② 점하다. * 앞일을 미리 판단하다. ¶ 올해는 살림이 좋아지리라 점치고 있다.

점포(店鋪) * 가게를 벌인 집이나 방. * 전문적인 성격을 띰. ¶ 점포를 내다.
　☞ 가게. 점방.

점하다[1] = 점직하다. ¶ 놀고먹기가 자식에게 점해서 일자리를 찾기로 했다.

점하다[2](占〜) = 점치다. * 점을 보다. ¶ 내 앞날을 점해 보다.

점하다[3](占〜) ⇨ 차지하다. ¶ 모래밭은 거의 다 파라솔이 차지하고 있다.

접[1] * 하나치. ① 채소나 잎담배 묶음을 세는 하나치. ② 감, 곶감, 배, 사과, 마늘, 물외, 수박, 오이, 참외, 통배추, 통무 따위를 세는 하나치. * 한 접은 백 개.
　☞ 개. 꼬치. 동.[4] 묶음. 밑동. 통.[6] 포기.

접[2](椄) * 한 나무에 다른 나무의 가지나 눈을 따다 붙이는 방법. {접가지. 접눈. 접목.} {가지접. 눈접(싹접). 맞접. 뿌리접. 쐐기접(쪼개접). 옆붙이접(허리접). 제자리접.} {접붙이다. 접붙이기하다.}

접다 * 넓적한 물건을 한 번이나 여러

번 겹쳐지게 하다. ¶ 종이를 접다.
☞ 개다.² 겹치다. 구기다.¹

접동새 ⇨ 두견새. 두견이. ‡ 새 이름.

접때 * 오래지 아니한, 지난 어느 때.
¶ 접때보다 더 좋아졌다. 접때 만난
사람. 접때 말씀드린 일을 생각해
보셨어요?
☞ 저때.

접목시키다(椄木~) ⇨ 접목하다. 접
붙이다.

접부채 = 쥘부채. ‡ 부채의 한 가지.

접붙이다¹(椄~) * ① 접목하다. ‡ 나
무. ② 어우러지게 하다. ‡ 조화.

접붙이다²(椄~) = 쌍붙임하다. 암구
다. 흘레붙이다. ‡ 교미.

접선하다(接線~) * 남몰래 만나다.
¶ 간첩이 접선하다.

접속하다(接續~) * 서로 마주 잇다.
¶ 전깃줄을 접속하다.
☞ 접촉하다.

접수시키다(接受~) ⇨ 내다. 넣다.
‡ 제출하다. ¶ 원서를 제출하다.

접수하다(接受~) * (원서, 신청, 신
고, 돈, 물건 따위를) 받다.
☞ 제출하다.

접시 * ① 반찬, 떡, 과일을 담는 납작
한 그릇. {접시돌리기. 접시받침.
접시춤.} {비행접시.} ¶ 접시 물. 접
시 밥. 접시 안테나. 굽달이 접시.
뚜껑 접시. 증발 접시. ② 하나치.
¶ 묵 두 접시. 나물 세 접시. 떡 한
접시.
☞ 대접.¹

접싯불 * 기름을 접시에 붓고 심지에
켜는 불. ¶ 접싯불을 밝히다.

☞ 남폿불. 등잔불. 종짓불. 호롱불.

접어놓다 * 젖혀놓고 관심을 두지 않
다. ¶ 그 생각은 접어놓아라.

접어 놓다 ¶ 종이를 잘 접어서 놓아라.

접어두다 * 관심을 두지 않다. ¶ 그런
걱정은 접어두어라.

접어 두다 ¶ 책을 읽다가 책장을 접어
서 두다.

접어들다 * 어떤 때나 곳에 이르다. ¶ 장
마철에 접어들다. 집을 떠난 지 삼
년째 접어들다. 나이가 마흔에 접어
들다. 샛길에 접어들다.

접어 들다 ¶ 넓은 종이는 접어서 들어
라.

접어주다 * ① 얼마쯤 너그럽게 대하다.
② 좋은 조건을 붙여 주다. ‡ 바둑.

접어 주다 ¶ 우산을 접어 주다.

접영(蝶泳) ㉿ ⇨ 나비헤엄.

접종시키다(接種~) ⇨ 접종하다. ‡ 맞
히다. ¶ 예방주사를 접종하다.

접지르다 ⇨ 접질리다.

접질리다 * ① 뼈마디가 삐다. ¶ 발목
을 접질리다. ② 기가 꺾이다.
☞ 겹질리다. 견질리다. 막걸리다.

접촉(接觸)**을 가지다** ⇨ 접촉하다.

접촉하다(接觸~) * ① 닿다. 맞닿다.
만지다. ② 가까이 사귀다. 만나다.
☞ 접선하다. 접속하다.

접치다¹ = 접치이다. ‡ ‘접치다’의 입
음. ¶ 색종이가 잘 접친다.
☞ 접히다.

접치다² * ‘접다’의 강조. ¶ 종이를 접
치다.

접칼¹ * 칼날 부분을 접어서 칼자루에
넣을 수 있게 만든 칼.

접칼²(椄~) * 나무를 접붙일 때 쓰는 칼.
☞ 주머니칼.

접하다¹(椄~) ⇨ 접붙이다. ‡ 나무.

접하다²(椄~) ⇨ 암구다. 흘레붙이다. ‡ 짐승.

접하다³(接~) * ① 닿다. 붙다. 잇닿다. 이웃하다. ② 맞닥뜨리다.

접하다⁴(接~) ⑩ ⇨ 보다. 듣다. 받다. 만나다. 배우다. 부닥치다. 알게 되다. 읽다. 사귀다. 냄새 맡다. 마주하다. 만지다. 맛보다. 겪다. 지피다. ‡ 글의 내용에 맞게 고쳐 써야 함. ¶ 금강산의 경치를 접하다 ⇨ 금강산의 경치를 보다. 책을 접하다 ⇨ 책을 보다. 음악을 접하다 ⇨ 음악을 듣다.

접해 오다(接~) ⇨ ① 가까이 지내다. ② 자주 만나다. ③ 자주 만나 보다.

접혀지다 ⇨ 접히다.

접히다 * '접다'의 입음. ¶ 옷이 접히다. 종이가 접히다.
☞ 구기다.¹

젓 * 고기, 새우, 조개 따위를 간하여 삭힌 반찬. {젓갈. 젓갈붙이. 젓국.} {갈치젓. 게젓. 고지젓. 구제비젓. 굴젓. 꼴뚜기젓. 대창젓. 또라젓. 뛰엄젓. 멸치젓. 명란젓. 밴댕이젓. 볼락젓. 새우젓. 생이젓(토하젓). 성게젓. 소라젓. 속젓. 아감젓. 알밥젓. 어리굴젓. 어리뱅어젓. 어리젓. 연어알젓. 오징어젓. 장재젓. 조개젓. 조기젓. 창난젓(태장젓). 하란젓.}
☞ 젖.

젓가락 = 젓갈. 저. {젓가락질.} {나무젓가락. 놋젓가락. 대나무젓가락(대젓가락). 상아젓가락. 쇠젓가락. 은젓가락.}
☞ 숟가락. 숟갈.

젓가락돈 * 기생에게 주는 꽃값.
☞ 손씻이.

젓갈¹ * 젓으로 담근 먹거리. ¶ 젓갈 가게에 중.

젓갈² = 젓가락. 저.

젓개 = 휘젓개. ‡ 가루나 죽 따위를 뒤섞는 연모. {젓개질하다.}

젓국 * 젓갈이 삭아서 우러나온 국물.
☞ 젖국.

젓국지 * 조기 젓국을 탄 국물을 부어 담근 김치.
☞ 소김치.

젓니 〔乳齒〕 ⇨ 젖니. ‡ 배냇니.

젓다 * 손, 머리, 노, 막대, 젓개 따위를 흔들거나 움직이다. ¶ 고개를 젓다. 손을 젓다. 배를 젓다. 죽을 젓다. 죽젓개로 젓다.
☞ 휘두르다. 휘젓다.

정¹ * 돌에 구멍을 뚫거나 돌을 쪼아 다듬는 쇠 연장. {정머리.}
☞ 끌. 송곳.

정² 〔어〕 * 굳이 그러고자 하는 마음이면. ¶ 정 싫다면 어쩔 수 없지.

정³(情) * ① 사랑이나 가까움을 느끼는 마음. {잔정. 첫정. 풋정.} {정겹다. 정답다. 정들다. 정떨어지다. 정차다.} ¶ 정 붙이다. ② 느끼는 마음. ¶ 신뢰의 정을 쌓다.
☞ 정나미.

정가¹(正價) * 정당한 값. ¶ 정가를 매

기다. 정가를 받다.

정가²(定價) * 매겨 놓은 값. ¶ 정가보다 싸게 팔 수 없습니다.
☞ 정찰.

정강뼈 = 정강이뼈. ‡ 종아리뼈와 종지뼈.

정강이 = 앞정강이. ‡ 무릎과 발목 사이에서 앞쪽의 뼈가 있는 부분.
☞ 종아리.

정갱이 ⇨ ① 정강이. ② 전갱이.

정거장(停車場) = 기차역. ¶ 정거장 맞이방. 정거장까지 배웅하다.
☞ 정류소.

정결치(淨潔~) = 정결하지. ‡ 울림소리 뒤에는 'ㅏ'만 줆.

정결케(淨潔~) = 정결하게. ‡ 울림소리 뒤에는 'ㅏ'만 줆.

정결타(淨潔~) = 정결하다. ‡ 울림소리 뒤에는 'ㅏ'만 줆.

정교로히(精巧~) ⇨ 정교로이. ‡ 정교롭다.

정교이(精巧~) ⇨ 정교히. ‡ 정교하다.

정구지 ⇨ 부추. ‡ 양념채소의 하나.

정구치다(庭球~) ⇨ 정구하다.

정기승찻권(定期乘車券) ㉿ ⇨ 정기 차표.

정깃권(定期券) ㉿ ⇨ 정기 차표.

정나미 * '정'을 부정적으로 나타내는 말. ¶ 정나미가 떨어지다.
☞ 정.³

정낭 ⇨ 뒷간. 변소. ‡ 화장실.

정낭선(精囊腺) ㉿ ⇨ 정주머니.

정내미(情~) ⇨ 정나미.

정년퇴직자(停年退職者) ㉿ ⇨ 지친것.

정녕(丁寧) = 정녕코. ‡ 틀림없이 꼭. 정말로. ¶ 정녕 꿈은 아니겠지요.

정능(貞陵) ⇨ 정릉. ‡ 신덕왕후의 능.

정다웁다(情~) ⇨ 정답다.

정당화시키다(正當化~) ⇨ 정당한 것처럼 만들다. ‡ 정당화하다.

정도(程度) * ① 분량이나 수준이 그만큼일 때. ‡ 확실한 것은 아님. ¶ 나이가 마흔 살 정도 된다. ② 수준. ¶ 정도의 차이. 정도에 맞는 생활.
☞ ~가량.² 남짓. ~여.²

정독(精讀) * 글의 속내를 깊이 살펴보며 읽음.
☞ 난독. 남독. 낭독. 다독. 묵독. 색독. 속독. 음독. 체독.

정란시(正亂視) ⇨ 정난시. ‡ 난시의 한 가지.

정략(政略) * 정치의 책략. {정략가. 정략혼인.} ¶ 정략에 말려들다.
☞ 전략.

정량¹(正量) * 말랐을 때 무게에 물기를 더한 무게. ‡ 면사. 견사. 마포.

정량²(定量) * 정하여진 분량. ¶ 정량에 모자라다. 정량을 채우다.

정류소(停留所) = 정류장. ‡ 전차. 버스. 택시.
☞ 정거장.

정말¹(丁抹) ⇨ 덴마크. ‡ 나라 이름.

정말²(正~) 〔느〕 * ① 무엇을 심각하게 여길 때. ¶ 큰일 났네, 정말. 정말! 어쩌면 그런 일이 있을까. ② 놀랄 때. ¶ 정말! 비가 오네. ③ 다짐할 때. ¶ 약속을 지켜야 해. 정말! 앞으로는 싸우지 말자. 정말!

정말³(正~) 〔이〕 = 참말. ‡ 거짓이 없는 말. ¶ 이건 정말이다.
☞ 진짜. 참.³

정말로(正~)〔어〕= 정말. 참말로. ‡ 거짓이 없는 말 그대로. ¶ 너를 정말로 좋아한다. 날씨가 정말로 좋다. 경치가 정말로 아름답다.

정말인즉선(正~) ⇨ 정말인즉.

정맥(精麥) ⇨ 보리쌀.

정면(正面) * ① 직접 마주 대하는 일. ② 앞쪽으로 향한 면.
☞ 전면.

정문(正門) * 집의 앞에 있는 주가 되는 나들문. ¶ 회사 정문. 은행 정문.
☞ 큰문.

정미(正味) ⓟ ⇨ 알속. ‡ 껍질, 껍데기, 싸개, 그릇 무게를 뺀 알맹이 무게.

정미칠적(丁未七賊) = 칠적. ‡ 나라를 팔아먹은 일곱 역적. 고영희. 송병준. 이병무. 이완용. 이재곤. 임선준. 조중응.
☞ 경술국적. 을사오적.

정받이(精~)〔受精〕* 수컷의 정자와 암컷의 난자가 합치는 일. ‡ 동물.
☞ 꽃가루받이.

정배기(頂~) ⇨ ① 정수리. ② 꼭대기.

정백당(精白糖) ⇨ 흰설탕.

정보소식(情報消息) ⇨ ① 정보. ② 소식.

정복판(正~) ⇨ 한복판.

정부(正否) ⓟ ⇨ 바른 것과 그른 것.

정비례률(正比例率) ⇨ 정비례율. ‡ 니은이나 홀소리 뒤에는 '율'임.

정상임료(正常賃料) ⓟ ⇨ 정상삯.

정상화시키다(正常化~) ⇨ 정상화하다.

정수리 * ① 머리 위의 숫구멍이 있는 자리. ② 제일 꼭대기. ¶ 산의 정수리.

☞ 머리꼭지.

정신(精神) = 정신머리. ‡ ① 영혼. ② 느끼고 생각하며 판단하는 힘. ③ 의의, 목적, 이념, 사상. {제정신. 쥐정신.} {정신없다.} ¶ 정신이 나가다. 정신이 나다. 정신이 들다. 정신이 빠지다. 정신을 빼다. 정신을 잃다. 정신이 있다. 정신이 좋다. 정신을 차리다. 정신을 팔다. 정신이 팔리다.
☞ 마음.

정신연령(精神年齡) = 지능연령. ‡ 지능의 발달 정도로 나타낸 나이.
☞ 골연령. 골화연령. 역연령. 생활연령.

정실(正室) = 본처. 장가처. 정처. 아내. 본마누라.
☞ 작은마누라. 첩.²

정안수(井華水) ⇨ 정화수.

정오(正午) ⓟ ⇨ 오정. ‡ 낮 열두 시.

정월달(正月~) ⇨ 정월. 1월.

정율법(定率法) ⇨ 정률법.

정율세(定率稅) ⇨ 정률세.

정자¹(正字) * 반듯한 글자 모양. ‡ 한글, 한문글자. ¶ 이력서는 정자로 써라.

정자²(正字) = 번체자. ‡ 본디 획수를 갖추어 쓴 한문글자.
☞ 간체자. 국자.² 국조자. 대용자. 반자. 속자. 약자.

정작 * ① 요긴한 것. ¶ 정작 할 말은 못했다. ② 진짜인 것. ¶ 정작 재미있는 일은 그 뒤에 일어났다. 그 말이 정작이냐? 정작으로 내 앞에 나타났다.

☞ 가짜. 정짜.² 정말.³ 조짜. 진짜.

정종(正宗) ⑲ ⇨ 세이시유. 마사무네. ✻ 니혼 세이슈의 상표 이름.
　☞ 청주. 맑은술.

정지 ⇨ 부엌.

정지작업(整地作業) ⇨ 터 고르기. 터 닦기.

정짜¹ ✻ 물건을 꼭 사 가는 단골손님.

정짜²(正~) ✻ 진짜 물건. ¶ 도떼기시장에서 정짜를 사기란 쉽지 않다.
　☞ 가짜. 정작. 조짜. 진짜.

정차장(停車場) ⇨ 정거장.

정찰(正札) ⑲ ⇨ 값표. 제값표.
　☞ 정가.²

정찰제(正札制) ⑲ ⇨ 제값 팔기. 제값받기.

정치망(定置網) ⑲ ⇨ 자리그물.

정치문화(政治文化) ⇨ 정치 형태. 정치 관행. 정치 도의.

정통(正統) ✻ ① 바른 계통. ② 맏아들의 혈통. ③ 사물의 중심이 되는 부분.
　☞ 전통.

정품(正品) ⇨ 정짜. ✻ 진짜 물건.

정한수(井華水) ⇨ 정화수.

정해(定~) = 정하여. ✻ 정하다. {정해지다.} ¶ 정해 놓다. 정해 주다.

정형(定型) ✻ 정해 놓은 꼴이나 틀. {정형시.} ¶ 정형을 벗어나다.
　☞ 전형.

정형 수술(整形手術) ✻ 운동 기관을 고치는 수술. ✻ 팔다리, 허리뼈 따위.
　☞ 성형 수술.

정화(頂花) ⑲ ⇨ 꼭지꽃. ✻ 식물.
　☞ 액화.

정화수(井華水) ✻ 새벽닭이 울기 전에 다른 사람보다 먼저 길어온 우물물이나 샘물. ✻ 치성을 드릴 때나 약을 달일 때 씀.
　☞ 지장. 황토물.

정화시키다(淨化~) ⇨ 깨끗이 하다. ✻ 정화하다.

정확찮다(正確~) ⇨ 정확잖다. ✻ 안 울림소리 뒤에선 '하'가 줆.

정확하다(正確~) ✻ 바르고 틀림없다. ¶ 정확한 표현. 정확한 판단.
　☞ 적확하다.

정히(正~) ⑲ ⇨ 바로. 틀림없이.

젖 ✻ ① 젖꼭지가 있는 부분. {젖가슴. 젖꽃판. 젖몸살. 젖부들기.} {구유젖(구융젖. 귀웅젖). 대접젖. 사발젖. 연적젖. 짝젖.} ② 젖꼭지에서 나오는 하얀 물. {젖동냥. 젖동생. 젖떼기. 젖배. 젖벨. 젖병. 젖살. 젖소. 젖양. 젖형제.} {동냥젖. 물젖. 어미젖. 찰젖. 참젖.} {말젖. 소젖. 양젖. 염소젖.} {젖빌다.} ¶ 젖내가 나다. 젖이 떨어지다. 젖을 떼다.
　☞ 유방. 젓.

젖가락 ⇨ 젓가락.

젖갈 ⇨ 젓갈.

젖국 〔乳淸〕 ✻ 젖을 오래 담아두면 위에 고이는 노르스름한 물.
　☞ 젓국.

젖내 = 젖비린내. 젖 냄새. ¶ 젖내가 나다.

젖내기 〔乳兒. 嬰兒〕 = 젖먹이. ✻ 젖을 먹는 어린아이.

젖니 〔乳齒〕 = 배냇니. ✻ 세 살 안에 남. 아래위 모두 20개.

☞ 간니. 덧니. 벋니. 사랑니. 송곳
니. 앞니. 어금니. 엄니. 옥니.

젖다¹ 〉잦다. ✸ 뒤로 기울다. ¶ 목이
뒤로 젖다.

젖다² ✻ ① 축축하게 되다. ¶ 옷이 땀
에 젖다. ② 정서나 버릇이 물들다.
¶ 낡은 관습에 젖은 사람. ③ 심정에
잠기다. ¶ 슬픔에 젖다. ④ 감각에
익다. ¶ 귀에 젖은 노랫가락.
☞ 배다.¹ 추지다.

젖뜨리다 〈 젖트리다. ✸ 뒤로 기울이
게 하다.

젖먹이〔乳兒. 嬰兒〕 = 젖내기. ✸ 젖
을 먹는 어린아이.

젖멍울 = ① 젖샘. 젖줄. ② 젖병. 젖
앓이. 젖탈. ✸ 유종. ¶ 젖멍울이 서
다.

젖무덤 = 젖퉁. 젖퉁이. ✸ 젖꼭지 가
장자리에 불룩하게 두드러진 살.

젖병¹(~瓶) ✻ 우유를 먹이도록 만든
병. ✸ 젖꼭지가 달렸음.

젖병²(~病) = 젖멍울. 젖앓이. 젖탈.

젖비린내 = 젖내. 젖 냄새.

젖빛 = 우윳빛. 우유색. {젖빛약.}
¶ 젖빛 하늘.

젖빛 유리(~琉璃) = 서리유리. ✸ 밖
이 들여다보이지 않게 만든 유리.

젖샘 = 젖줄. 젖멍울. ✸ 젖이 나오는
샘.

젖송이 ✻ 젖 속에 멍울멍울하게 엉긴
부분.
☞ 젖멍울.

젖앓이〔乳腫〕 = 젖멍울. 젖병. 젖탈.
{젖앓이하다.}

젖어머니〔乳母〕 = 젖어멈. 젖어미.

✸ 남의 아이에게 젖을 먹여 주는 여
자.

젖은 걸레 ✻ 빨아서 물기가 있는 걸레.
¶ 젖은 걸레는 널어 두어라.
☞ 마른걸레. 물걸레. 진걸레.

젖은 행주 ✻ 빨아서 물기가 있는 행주.
☞ 마른행주. 물행주. 진행주.

젖이〔乳齒〕 ⇨ 젖니.

젖주접 ✻ 젖이 모자라 아이가 잘 자라
지 못하는 상태. ¶ 젖주접이 들다.
☞ 잔주접. 흙주접.

젖줄 ✻ ① 젖샘. ② 필요한 것을 가져다
주는 수단. ¶ 낙동강은 생명의 젖줄.

젖치다 ⇨ 젖히다. ✸ '젖다'의 하임.
¶ 목을 뒤로 젖히다.

젖탈〔乳腫〕 = 젖멍울. 젖병. 젖앓이.

젖퉁〔乳房〕 = 젖퉁이. 젖무덤.

젖혀 = 젖히어. ✸ 젖히다. ¶ 젖혀 놓
다. 젖혀 두다.

젖히다 〉 잦히다. ✸ ① 뒤로 기울게 하
다. ¶ 몸을 젖힌다. ② 잦게 하여 뒤
집다. ③ 안쪽이 겉으로 나오게 하
다. ④ 문 따위를 열다. ¶ 대문을 젖
히다.
☞ 재끼다. 제치다.

제¹ = 저기에. ¶ 예서 제서 꽃이 많이
피었다.

제² = 적에. ¶ 해 뜰 제 떠나다. 어릴
제 함께 놀던 동무.

제³ = 저 아이. ¶ 제가 모범생이다.

제⁴ ✻ ① 자기. {제고장. 제멋. 제명.
제바람. 제자리. 제정신. 제집. 제
짝. 제힘.} ② 저의. ¶ 제 것. 제 기
능. 제 길. 제 돈. 제 땅. 제 뜻. 제
마음. 제 맛. 제 모습. 제 목소리. 제

몫. 제 몸. 제 발등. 제 버릇. 제 살.
제 새끼. 제 생각. 제 세상. 제 속.
제 손. 제 식구. 제 앞가림. 제 자식.
제 잘못. 제 주견. 제 코. 제 탓. 제
핏줄. 제 한몸. 제 무덤을 파다.

제⁵(劑) * 하나치. ‡ 한 제는 한약 스무
첩.
☞ 첩.¹

제⁶(祭) = 제사. ‡ 신령이나 죽은 이
에게 올리는 의식. {거리제. 견전제
(노제). 고제. 기설제. 기우제. 기제
(기제사). 기청제. 당산제(동신제.
동제). 묘제. 봉분제. 산신제(산제).
삼우제. 석전대제(석전제). 시산제.
시제. 위령제(진혼제). 초혼제. 추
모제. 평토제.} ¶ 제를 지내다.
☞ 재.⁵

~제⁷(~祭. 마쯔리) 웹 ⇨ ①잔치.
②굿. ③모임. ④한마당. ⑤겨루기.
☞ 축제.

제~⁸(第~) * 그 숫자에 해당하는 차
례. {제일. 제이. 제삼.} {제1차. 제
2차.} ‡ 아라비아 숫자는 붙여 씀.
¶ 제일 차. 제이 차 세계 대전.

제가끔 = 제각기. ‡ 사람마다 따로따
로. ¶ 제가끔 다른 주장을 펴고 있
다.

제각각(~各各) * 사람이나 물건이 모
두 각각. ¶ 성질이 제각각인 사람들
이 모였다. 집집마다 김치 맛이 제
각각이다.

제각기(~各其) = ①제가끔. ②제각각.

제갈길을 가다 ⇨ 제 갈 길을 가다.

제거시키다(除去~) ⇨ 없애 버리다.
떼어 버리다. ‡ 제거하다.

☞ 없애다.

제것 ⇨ 제 것. 제 거.

제격(~格) * 지닌 정도나 신분에 알
맞은 격식. ¶ 제격에 어울리다.
☞ 적격.

제고장 = 제곳. 본고장. 본곳. ‡ ①태
어나서 자라난 고장. ¶ 제고장 사람.
②활동이나 생산의 중심지. ¶ 인삼
의 본고장. 축구의 본고장.
☞ 고장.

제고하다(提高~) ⇨ 높이다.

제공받다(提供~) ⇨ 받다. 얻다.

제곳 = 제고장. 본고장. 본곳.

제구실〔天然痘〕 * ①제가 맡아서 해
야 할 일이나 책임. ¶ 제구실을 못
하다. ②마마. ‡ 어린애들이 으레
치르는 돌림병.

제금나다 ⇨ 따로나다. 살림나다. 딴
살림 나다. 딴살림 차리다.

제기¹〔느〕 = 제기랄. 제길. ‡ 못마땅
할 때 내는 소리.

제기² * 놀이하는 장난감의 하나. {두
발제기. 셈제기. 외발제기. 사방제
기. 종로제기.} {제기차기하다. 제
기하다.} ¶ 제기를 차다.

제기³(祭器) * 제사에 쓰는 그릇. ‡ 놋
그릇, 사기그릇, 나무그릇 따위가
있음.
☞ 편과기. 편기. 편틀.

제기다¹ = 알제기다. ‡ 눈동자에 흰
점이 생기다.

제기다² * ①발끝으로 다니다. ②있
던 자리에서 빠져 달아나다.

제기다³ * ①팔꿈치나 발꿈치로 내리
지르다. ¶ 옆구리를 무릎으로 힘껏

제기다. ②자귀로 나무를 깎다. ③물
이나 국물 따위를 조금씩 붓다.
☞ 재끼다. 제치다.

제길 〔느〕 = 제기. 제기랄.

제 길 * ①제가 갈 길. ¶제 길을 가다.
②제가 가야 할 길. ¶제 길 찾다.

제까짓 〔매〕 = 제깟. 저까짓. 저깟.
‡ 겨우 저따위 정도의. ¶제까짓 것.

제 꺼 ⇨ 제 거. 제 것.

제꺽 = 제꺼덕. 〉 재깍. 재까닥.
‡ ① 일을 시원스럽게 해치우는 모
양. ②물건이 맞부딪치거나 부러지
는 소리. 또는 그 모양.

제꺽하면 〔어〕 = 걸핏하면. 툭하면.

제끼다 〉 재끼다. ‡ 일을 착착 처리하
여 넘기다.
☞ 젖히다. 제치다.

제 나라 = 저네 나라. ‡ 상대방 사람
의 나라.

제나라(齊〜) * 옛 차이나에 있던 나
라 이름.

제날 = 제날짜. ‡ ①정한 날짜. ¶제
날을 넘기다. ②기한이 찬 날짜.
¶제날을 어기지 마라.
☞ 제달. 제때. 젯날.

제눈 * 식물의 줄기 끝, 잎겨드랑이 같
은 제자리에 생기는 꼭지눈과 곁눈.
☞ 막눈. 엇눈.

제 눈 * 자기의 눈. ¶제 눈을 믿을 수
없었다.

제단(祭壇) * ①제사를 지내거나 미사
를 드리는 단. ②제물을 바치는 단.
☞ 재단.

제달 * 미리 정하여 놓은 그달. ¶꽃이
제달보다 일찍 피었다.

☞ 제날. 제때.

제대로 못하다 ⇨ 제대로 못 하다. ‡
일을 제대로 하지 못하다.

제도(諸島) ⇨ ①뭇섬. ②여러 섬.
③ 모든 섬.

제도화시키다(制度化〜) ⇨ 제도로 만
들다. ‡ 제도화하다.

제돗(祭〜) ⇨ 제석. ‡ 제사를 지낼 때
까는 돗자리. ¶ 제석을 깔다.

제때 * ①일이 있는 그때. ¶제때에 바
로 해야 했다. ②정해 놓은 그 시각.
☞ 제날. 제달.

제렴(製鹽) ⇨ 제염. ‡ 소금을 만듦.

제륙(第六) ⇨ 제육.

제릅 ⇨ 겨릅. 겨릅대. ‡ 껍질을 벗긴
삼대.

제메(祭〜) ⇨ 젯메.

제물[1] * ①음식을 익힐 때 처음부터
부어 둔 물. {제물국수.} ②그 자체
에서 우러난 물. ¶제물 김칫국. 제
물 젓국. ③다른 것이 섞이지 않은
물건.
☞ 잿물.[2]

제물[2](祭物) = ①제수. ‡ 제사에 쓰
는 음식물. ②희생양.

제물상(祭物床) = 제사상. 제상. ‡ 제
사를 지낼 때 제물을 벌여 놓는 상.

제물옷 ⇨ 진솔옷. ‡ ①한 번도 빨지
않은 옷. ②봄가을에 지은 모시옷.

제물장(〜欌) = 붙박이장. ‡ 방, 마루,
부엌 따위에 붙박이로 짜 놓은 장.

제미 〔느〕 = 제미붙을. ‡ 못마땅할 때
욕으로 하는 말. ¶ 이런 제미!

제바닥 * ①물건 자체의 본바닥. ②
태어나면서부터 살고 있는 고장.

☞ 본바닥.

제발 덕분(~德分) = 제발 덕분에. *
간절히 바라건대.

제밥 ⇨ ①젯밥. ②지에밥.

제본하다(製本~) ㉣ ⇨ 책을 매다.

제붙이 = 제살붙이. 친살붙이. * 혈통
이 같은 가까운 겨레붙이.

제비[1] * 여럿 가운데서 하나를 골라잡
아 결정하는 방법. {제비뽑기.}

제비[2] * 여름새 이름. {제비집.} ¶ 새끼
제비. 어미 제비. 숫제비. 암제비.

제비꽃 = 반지꽃. 시름꽃. 오랑캐꽃.
* 바이올렛.

제비나비 = 검은호랑나비. * 나비의
하나.

제비초리 * 뒤통수의 한가운데나 그 양
쪽 아래로 뾰족하게 내민 머리카락.

제비추리 * 소의 안심에 붙은 고기.

제빛 = 제 빛깔. * 본디의 빛깔. ¶ 빨개
졌던 얼굴이 제빛으로 돌아왔다.

제사(祭祀) * 신령이나 죽은 사람의
넋에게 음식을 바치어 정성을 나타
내는 의식. {제사장. 제삿감. 제삿
집.} {큰제사.}

☞ 고사. 기제사. 절사. 차례.[1]

제사 드리다(祭祀~) = 제사 모시다.
제사 지내다. 제지내다.

제사상(祭祀床) = 제상. 제물상. * 제
사를 지낼 때 제물을 벌여놓는 상.

☞ 멧상.

제4위(第四胃) = 주름위. 넷째밥통.
* 되새김 동물의 네 번째 밥통.

제살붙이 = 제붙이. 친살붙이. * 혈통
이 가까운 겨레붙이.

☞ 살붙이. 푸네기.

제3위(第三胃) = 겹주름위. 셋째밥통.
* 되새김 동물의 세 번째 밥통.

제삼의 물결(第三~) ⇨ 세 번째 너울.
* 토플러가 말한 과학 기술 혁명.

제삿고기(祭祀~) * ①제사에 쓸 고기.
② 희생양.

제삿날(祭祀~) = 젯날. * 제사를 지
내는 날.

제삿밥(祭祀~) = 젯밥. * 제사에 쓰
고 물린 밥.

☞ 젯메.

제삿술(祭祀~) = 젯술. 제주. * 제사
에 쓰는 술.

☞ 대렛술. 조라술.

제상(祭床) = 제물상. 제사상. ¶ 제상
을 차리다. 제상 다리를 친다.

☞ 멧상. 소제상.

제서 = 저기에서. * 예서. 게서. ¶ 나
중에 제서 만나자.

제시되다(提示~) ⇨ 나타내 보이다.
* 제시하다.

제 아무리 ⇨ 제아무리. ¶ 제아무리
재주가 좋다 해도 실수가 없겠느냐?

제앞가림 하다 ⇨ 제 앞가림하다.

제여금 ⇨ 제가끔.

제오렬(第五列) ⇨ 제오 열. 오열. *
적국 안에 숨어서 도와주는 군대.

제왕굿(帝王~) = 삼신굿. * 삼신에
게 아기를 점지해 달라고 비는 굿.

제외시키다(除外~) ⇨ 떼어 내다. 빼
다. 빼어 버리다. * 제외하다.

제용 ⇨ 제웅.

제우스신(Zeus神) ⇨ 제우스. * 신의
이름.

제위(諸位) ⇨ 여러분.

제웅 * 짚으로 사람 모양으로 만든 물건. ‡ 민속에서 액막이로 씀.

☞ 진용. 토용.

제육〔猪肉〕 * 돼지고기.

☞ 수육. 편육.

제육감(第六感) = 육감. ‡ 시각, 청각, 후각, 미각, 촉각 밖의 다른 느낌.

제2위(第二胃) = 벌집위. 둘째밥통. ‡ 되새김동물의 두 번째 밥통.

제이의 물결(第二~) ⇨ 두 번째 너울. ‡ 앨빈 토플러가 말한 산업 혁명.

제이씨(JC) ⇨ 갈림목. ‡ 고속국도와 고속국도가 이어지는 곳.

제일(第一) * 첫째가는 것. {제일인자. 제일주의.} ¶ 제일 차.

☞ 가장.¹ 첫째.

제일가다(第一~) = 단벌가다. 으뜸가다. 일등가다. 첫째가다. ‡ 첫손 꼽다.

☞ 버금가다.

제1위(第一胃) = 혹위. 첫째밥통. ‡ 되새김동물의 첫 번째 밥통.

제일의 물결 ⇨ 첫 번째 너울. ‡ 앨빈 토플러가 말한 농업 혁명.

제작하다¹(制作~) * 규정이나 법식을 생각하여 정하다.

제작하다²(製作~) * 어떤 재료로 새롭게 물건이나 예술 작품을 만들다. ¶ 소리판을 제작하다. 영화를 제작하다.

☞ 제조하다. 조제하다.

제잘난줄 ⇨ 제 잘난 줄. ¶ 제 잘난 줄 알고 날뛰다.

제적하다(除籍~) * (호적, 학적, 당적에서) 이름을 지우다.

☞ 재적하다.

제전¹(祭典) * 제사를 지내는 의식.

제전²(祭典) ⑭ ⇨ ① 굿. ② 잔치. ③ 축전. ‡ 축하 의식.

제제금 ⇨ 제가끔.

제조원(製造元) ⑭ ⇨ 만든 회사. ‡ 제조 회사.

제조품(製造品) * 만들어 낸 물품. ‡ 간장 제조. 자동차 제조.

☞ 제품.

제조하다(製造~) * ① 공장에서 큰 물건을 만들다. ¶ 자동차를 제조하다. ② 어떤 원료로 성질이 다른 물건을 만들다.

☞ 제작하다.² 조제하다.

제주(祭酒) = 제삿술. 젯술. {제주잔.} ¶ 맑은술을 떠서 제주로 쓴다.

제주말¹(濟州~)〔濟州語〕 * 제주도 사투리.

제주말²(濟州~)〔濟州馬〕 * 제주 토종 조랑말.

제지내다(祭~) = 제사 드리다. 제사 모시다. 제사 지내다.

제지레 = 지레. 지렛대.

제지하다(制止~) * (이미 시작한 일을 말려서) 못하게 하다.

☞ 저지하다.

제집 드나들듯하다 ⇨ 제 집 드나들듯하다. ‡ '듯'은 이음끝.

제 집안 * ① 제 문중. ② 제 가까운 일가붙이.

제 집 안 * 제 집 대문 안쪽. ¶ 제 집 안에 연못을 파고 정자를 지었다.

제창(齊唱) * ① 여러 사람이 다 같이 외침. ¶ 구호를 제창하다. ② 같은

가락을 함께 노래함. ¶ 애국가를 제
창하다.
☞ 봉창. 재창하다.
제창하다(齊唱~) * ①여러 사람이 다
같이 외치다. ¶ 구호를 제창하다.
②같은 가락을 함께 노래하다. ¶ 애
국가를 제창하다.
☞ 봉창.¹ 재창하다.
제철 = 철. * 알맞은 시절. ¶ 제철을
만나다. 제철이 지나다.
제쳐 = 제치어. * 제치다. ¶ 제쳐 놓
다. 제쳐 두다.
제쳐지다 ⇨ 젖혀지다.
제출물로 * ①제힘으로. ②남의 명령
은 받지 않고 제 생각대로.
제출물에 * 저 혼자서 절로. ¶ 제출물
에 떨어져 나갔다.
제출받다(提出~) ⇨ 받다. * 접수하다.
제출하다(提出~) * 내다. * 원서, 청
원, 의견, 법안 따위.
☞ 접수하다.
제치다 * ① 거치적거리지 않게 치우
다. ¶ 문지기를 제치고 골을 넣다.
②하던 일을 미루다. ¶ 집안일을
제쳐 두고 놀러다닌다. ③겨루는
상대편을 이겨내다. ¶ 청군을 제치
고 우승하다. ④어떤 대상이나 범
위에서 빠지다. ¶ 수업을 제치고 놀
러 가다. 나만 제쳐 두고 저희끼리
구경하러 가다니.
☞ 따돌리다. 젖히다.
제트기(jet機) = 쌕쌕이. * 제트 여객
기. 제트 전투기.
제품(製品) * 어떤 재료로 만든 물건.
{금제품. 목제품. 석제품. 은제품.

죽제품. 철제품.} {수제품. 기계제
품.} * 재료의 본디 성질이 그대로
있음.
☞ 제조품.
제피(除~) ⇨ 피사리. * 볏논에서 피
를 뽑는 일. {피사리하다.}
제핏가루 = 산초가루. * 제피나무 열
매의 껍질을 빻아 만든 양념. * 추어
탕.
☞ 조핏가루.
제 할일 ⇨ 제 할 일. ¶ 제 할 일을 남
에게 미루지 마라.
제휴(提携)**를 맺다** ⇨ 손잡다. 함께
하다. * 제휴하다.
젠장할 〔느〕 ⇨ 젠장맞을. 젠장칠. 젠
장. * 욕으로 하는 말.
젯날(祭~) = 제삿날.
젯돗(祭~) ⇨ 제석. * 제사를 지낼 때
까는 돗자리.
젯메(祭~) = 메. * 제사를 지낼 때
신위 앞에 올리는 밥. {젯메쌀.}
☞ 잿밥. 마짓밥.
젯밥(祭~) = 제삿밥. * 제사에 쓰고
물린 밥.
☞ 산젯밥. 젯메. 잿밥.
젯술(祭~) = 제삿술. 제주. * 제사에
쓰는 술.
☞ 조라술.
져널(journal) ⇨ 언론. * 저널.
져 버리다 ¶ 야구 경기에서 그만 져 버
리다. * 지다.
☞ 저버리다.
조¹ 〈 저. {조것. 조놈. 저것. 저놈.}
조²(組) ㉘ ⇨ 동아리. 반. ¶ 첫째 동
아리. 둘째 동아리.

조가(弔歌) ⇨ 상엿소리.
　☞ 만가.¹ 장송곡.
조가비 = 조개껍데기.
조각 * ①넓적하거나 얇은 물건의 낱
　개. ②갈라져서 따로 떨어진 작은
　부분. {조각구름. 조각달. 조각돌.
　조각배. 조각보. 조각조각. 조각하
　늘.} {널조각(널쪽). 댓조각(대쪽).
　뼛조각. 쇳조각. 종잇조각(종이쪽).
　통조각.} ¶ 유리 조각. 천 조각. 헝
　겊 조각. 휴지 조각. {조각나다. 조
　각내다.} ③하나치. ¶ 과일 한 조
　각. 빈대떡 두 조각. 얼음 몇 조각.
　☞ 쪼가리. 쪽.⁴
조각쟁이(彫刻~) ⇨ 조각장이. 조각가.
조갑지 ⇨ 조가비. 조개껍데기.
조개껍질 ⇨ 조가비. 조개껍데기.
조개무지〔貝塚〕 = 조개더미. * 원시
　인들이 먹고 버린 조개껍데기의 무
　더기.
조개볼 * 조개처럼 가운데가 도도록하
　게 생긴 두 볼.
　☞ 볼우물. 보조개.
조갯속 ⇨ 조갯살. * 조개의 살.
조거 = 조것. 〈 저거. 저것.
조걸로 = 조것으로. 〈 저걸로. 저것
　으로.
조게 = 조것이. 〈 저게. 저것이.
조견표(早見表) ㉥ ⇨보기표. * 일람표.
조고마치 ⇨ 조그만큼.
조고만치 ⇨ 조그만큼.
조곡(組曲) ㉥ ⇨ 모음곡. * 음악. ¶
　바흐의 무반주 첼로 모음곡.
조곤조곤 = 조곤조곤히. * 성질이나
　태도가 은근하고 끈덕진 모양. ¶ 조

곤조곤 따져보다. 조곤조곤 설명하
다. 조곤조곤 타이르다.
조곰 ⇨ 조금.
조교¹(弔橋) * 옛날, 성의 도랑못에 걸
　쳐 놓았다가 적군이 쳐들어오면 한
　쪽 끝을 들어올려서 문처럼 닫을 수
　있게 만든 다리.
조교²(弔橋) ㉥ ⇨ 줄다리. 출렁다리.
　* 현수교.
　☞ 잔교.
조국(祖國) * ①겨레가 대대로 살아
　온 나라. * 나라 안팎에서 사는 겨레
　가 일컫는 말. ②다른 나라에 합쳐
　졌을 때 그 본디의 나라. ¶ 조국 땅.
　☞ 고국. 모국.
조궁쟁이(造弓~) ⇨ 조궁장이. 궁장
　이. * 활을 만드는 기술자.
조그만 = 조그마한. ¶ 조그만 선물을
　받았다.
조그만치 ⇨ 조그만큼. * 매우 적은.
　¶ 조그만큼 떨어진 곳에 집이 있다.
조그만하다 ⇨ 조그마하다. 조그맣다.
조그마하다 = 조그맣다. * ①조금 작
　거나 적다. ②대단하지 않다.
　☞ 작다.
조근조근 ⇨ 조곤조곤. 조곤조곤히.
조금¹ = 작은사리. 한조금. * 썰물이
　가장 낮은 때. 음력 8일과 23일임.
　☞ 사리.¹ 한사리.
조금² = 좀. * ①적은 정도나 분량.
　{조금씩.} ¶ 조금밖에 없다. 조금만
　먹어도 배가 부르다. ②짧은 동안.
　¶ 조금도 머무르지 않고 가다. ③적
　게. ¶ 소금을 조금 넣어라. 조금 있
　다가 오너라.

조급하다(躁急〜) * 매우 급하다. {조급성. 조급증. 조급히.} ¶ 성질이 조급하다. 갈 길이 조급하다. 마음이 조급하다.
☞ 다급하다.

조기청소(早起淸掃) 왜 ⇨ 새벽 청소. 새벽 쓰레질.

조기체조(早起體操) 왜 ⇨ 새벽 운동. 새벽 체조.

조까짓 = 조깟. 〈 저까짓. 저깟.

조끄마하다 = 조끄맣다. 〉 조그마하다. 조그맣다. ¶ 조끄마한 아이.

조끔 〉 조금.

조끼[1] * 한복에는 저고리나 적삼 위에, 양복에는 셔츠 위에 덧입는 민소매 옷.

조끼[2]〔jug〕 왜 ⇨ 잔. 큰 잔. * 저그.

조난당하다(遭難當〜) ⇨ 조난하다. * 항해. 등산.

조놈 〈 저놈. * 고놈. 요놈. ¶ 조놈이 제 아들 녀석입니다.

조다 * ① 매통이나 맷돌을 정으로 쪼다. ② 새기다. * 조각하다.
☞ 쪼다.

조다지 = 조리도. 〈 저다지. 저리도. * 조렇게까지.

조달하다(調達〜) 왜 ⇨ ① 대어 주다. ② 마련하다. * 자금. 물자.

조당죽(〜粥) ⇨ 조당수. * 좁쌀을 갈아 끓인 죽.

조대 * 대나무나 질흙 따위로 담배통을 만든 담뱃대.
☞ 곰방대. 긴대. 장죽. 짜른대.

조동이 = 조동아리. 〈 주둥이. 주둥아리. * 입. 부리. ¶ 조동이가 싸다.

조둥아리 ⇨ 조동아리.

조라 = 조라술. 조라주. * 산신제나 용왕제에 쓰는 술.
☞ 대롓술. 제삿술. 젯술.

조랑조랑[1] * 어린 아이가 똑똑하게 글을 외거나 말을 하는 소리.
☞ 도랑도랑하다.

조랑조랑[2] = 조롱조롱. * 꽃, 열매, 아이가 많이 딸려 있는 모양.

조래도 = ① 조리하여도. ② 조러하여도.

조러다 = ① 조리하다. ② 조렇게 말하다.

조러찮다 = 조러하지 않다. * 울림소리 뒤에는 'ㅏ'만 줆.

조럭하다 = 조렇게 하다.

조런 = ① 조리한. ¶ 조런 적이 있느냐? ② 조러한. ¶ 조런 말을 하다니.

조렇다 = 조러하다.

조렇듯 = 조러하듯.

조로〔如雨露〕 ⇨ 물뿌리개.

조로록조로록 ⇨ 조르륵조르륵.

조롱[1] * 남자 어린애들이 액막이로 주머니 끈이나 옷끈에 차는 물건. 나무로 호리병 모양으로 만듦.
☞ 서캐조롱.

조롱[2](嘲弄) * 비웃거나 깔보면서 놀림. {조롱거리. 조롱기. 조롱하다.} ¶ 조롱을 당하다. 조롱을 받다.
☞ 야유. 희롱.

조롱박 = ① 종굴박. * 호리병박으로 만든 바가지. ② 호리병박.
☞ 쪽박. 표주박.

조롱이 * 수릿과에 딸린 새 이름. * 암컷은 사냥매로 기름.

조롱조롱 〈 주렁주렁. ‡ 꽃, 열매, 아이가 많이 달린 모양.

조률이시(棗栗梨柿) ⇨ 조율이시. ‡ 제사에 쓰는 과일. 대추, 밤, 배, 감.

조르개 * 물건을 졸라매는 데 쓰는, 가는 줄.
　☞ 조리개.

조르다[1] * ① 단단히 죄다. ¶ 목을 조르다. ② 조르개 구멍을 좁히다.

조르다[2] * 끈덕지게 자꾸 요구하다. ¶ 장난감을 사 달라고 조르다.
　☞ 보채다.

조르르 〈 주르르. ‡ ① 물이나 물건이 흘러내리는 소리나 꼴. ② 날쌘 걸음으로 걷거나 따라다니는 꼴.

조르륵 〈 주르륵. ‡ 물이나 물건이 흘러내리다가 멎는 소리나 꼴.

조름 * 물고기 아가미 안에 빗살 모양으로 생긴, 숨을 쉬는 틀.
　☞ 졸음.

조리[1] 〈 저리. ‡ ① 조쪽. ¶ 조리 가면 집이 있다. ② 조런 모양. ¶ 조리하다.

조리[2] * 밥할 때 쌀을 이는 연모. {복조리. 조릿대.} {조리질하다.}

조리[3](條理) * 말, 글, 일, 행동에서 앞뒤가 들어맞고 체계가 서는 갈피. ¶ 조리에 닿다. 조리가 없다. 조리가 있다.

조리[4](調理) = ① 조섭. ‡ 몸을 보살피고 병을 다스림. ¶ 몸조리를 하다. ② 먹거리를 만듦. ¶ 시장에 가서 조리할 찬거리를 사다.

조리개 * 사진기에 있는 장치.
　☞ 조르개.

조리다 * 고기나 나물을 양념하여 간이 깊이 스며들게 바특하게 끓이다.
　☞ 조림. 졸이다.

조리대(調理臺) * 음식을 만들 때 쓰는 대.
　☞ 조릿대.

조리도 = 조다지. 〈 저리도. 저다지.

조리로 = 조리. 졸로. 〈 저리로. 저리. 절로. ‡ 조쪽으로.

조리치기 * 살코기를 가늘게 썰어서 볶은 반찬.
　☞ 두루치기.

조림 * 조려서 만든 음식. {갈비조림. 갈치조림. 감자조림. 고등어조림. 고추조림. 닭조림. 두부조림. 멸치조림. 무조림. 붕어조림. 생선조림. 연근조림. 장조림. 조기조림. 표고조림. 풋고추조림.} {병조림. 통조림.}
　☞ 졸임.

조립식 장난감(組立式~) ㉑ ⇨ 짜맞추기 장난감.

조립하다(組立~) ㉑ ⇨ 짜 맞추다.

조릿대 = 산대. ‡ 볏과의 식물로 조리를 만드는 데 씀.
　☞ 조리대.

조릿조릿하다 * 조바심이 나서 마음을 놓을 수 없다.

조마조마하다 * 닥쳐올 일이 걱정되어 초조하고 불안하다.
　☞ 바잡다.

조마증(~症) * 어떤 일이 염려되어 조마조마한 증세.
　☞ 헛헛증.

조막 * 주먹보다 작은 물건의 덩이.

¶ 크기가 조막만 하다.

조막손 * 손가락이 없거나 오그라져서 펴지 못하는 손.
☞ 주먹손.

조막손이 * 조막손인 사람.

조만 = 조만한. 〈 저만. 저만한. ¶ 조만 놈이야 한주먹에 때려누이겠다.

조만때 ⇨ 조맘때. ⁑ 조만큼 된 때. ¶ 조맘때가 좋을 때지.

조만치 = 조만큼. 〈 저만치. 저만큼.

조망(眺望) * 먼 곳을 바라봄. 또는 그런 경치. ¶ 조망이 탁 트이다.
☞ 전망.

조명(照明) * ① 어떠한 생각을 바탕으로 바라봄. ② 빛을 밝게 비춤.
☞ 전망.

조무라기 ⇨ 조무래기.

조문하다(弔問~) = 조문 가다. 조상 가다. 문상 가다.

조미장이(造米匠~) ⇨ 용정쟁이. ⁑ 곡식을 찧는 일을 직업으로 하는 사람.

조바 〔帳場〕 [왜] ⇨ ① 계산대. ② 경리. ③ 심부름꾼. ④ 중노미.

조바심[1] * 마음을 졸이는 마음. {조바심치다. 조바심하다.} ¶ 조바심이 나다.

조바심[2] * 조의 이삭을 떨어서 좁쌀을 만듦. {조바심하다.}

조바위 * 여자가 쓰는, 추위를 막는 모자의 하나.
☞ 남바위. 아얌. 풍뎅이.[2] 휘양.

조붓히 ⇨ 조붓이. ⁑ 조금 좁은 듯하게.

조빼다(操~) = 조짜빼다. ⁑ 짐짓 조촐한 태도를 나타내다.

조뼛 = 조뼛이. 〈 주뼛. 주뼛이. ⁑ ① 끝이 뾰족한 모양. ② 머리카락이 일어서는 느낌. ③ 머뭇거리거나 주저하는 모양.

조사하다(調査~) * 모르거나 분명하지 않은 일을 알아보려고 살피거나 찾아보다.
☞ 검사하다.

조사되다(調査~) ⇨ ① 조사하다. ② 조사를 받다.

조상 가다(弔喪~) = 조문 가다. 문상 가다. 문상하다.

조상꾼(弔喪~) = 문상꾼.

조상단지(祖上~) * 집 안에서 조상의 신령을 모시는 단지. ⁑ 단지 안에 곡식을 넣어 안방의 시렁에 올려놓음.
☞ 성주독. 신줏단지.

조상들(祖上~) ⇨ 조상. ⁑ 한아비.

조색쪽두리(早色~) ⇨ 조색족두리. ⁑ 상복을 입은 사람이 쓰는 족두리.

조생종(早生種) ⇨ 올씨. ⁑ 올되는 종자.
☞ 늦은씨. 만생종.

조석거리(朝夕~) = 끼닛거리. 땟거리. ¶ 조석거리가 떨어지다.

조석수(朝汐水) = ① 미세기. ② 조수.

조선(朝鮮) * 우리나라 옛 이름. {조선간장. 조선낫. 조선놈. 조선말. 조선무. 조선소. 조선옷. 조선조. 조선종이. 조선집. 조선호박.} ¶ 조선 기와. 조선 물건. 조선 백자. 조선 시대. 조선 왕조.

조선반도(朝鮮半島) [왜] ⇨ ① 조선. ② 대한제국. ③ 대한민국.

조선족(朝鮮族) ⇨ 재차이나 동포. ⁑ 차이나에 사는 우리 겨레.

ㅈ

☞ 고려인.

조섭(調攝) = 조리. ⁑ 몸을 보살피고 병을 다스림. ¶ 산후 조섭.

조수하다 ⇨ 조쌀하다. ⁑ 늙었어도 얼굴이 깨끗하고 맵시 있다.

조시〔調子〕[왜] ⇨ ①노랫가락. 장단. ②상태. 성능. ③형편. ④기세.

조식(朝食) [왜] ⇨ 아침밥. 아침.

조심 * 잘못이 없도록 마음을 씀. {조심성. 조심조심.} {조심되다. 조심스럽다. 조심스러워하다. 조심하다.} {말조심. 몸조심. 불조심.} ¶ 불 조심. 입 조심. 차 조심. ¶ 조심성이 많다. 조심성이 없다. 조심성이 있다.

조심하거라 ⇨ 조심하여라. ⁑ '거라'는 '가다'에만 씀.

조쌀 ⇨ 좁쌀.

조아팔기〔散賣〕* 크거나 많은 물건을 헐어서 조금씩 파는 일.
☞ 올풀이.

조약돌 * 작고 동글동글한 돌.
☞ 모오리돌. 몽돌. 몽우리돌. 호박돌.

조언(助言) * 앞으로 할 행동에 뭔가 도움이 되도록 일러 주는 말.
☞ 충고.

조여들다 = 죄어들다.

조여 오다 = 죄어 오다.

조오시〔調子〕[왜] ⇨ ①노랫가락. 장단. ②상태. 성능. ③형편. ④기세.

조왕(竈王) = 조왕님. 조왕신. 조왕대감. 조왕대신. 조왕할머니. 부뚜막신. ⁑ 부엌을 맡은 신. {조왕굿. 조왕단. 조왕상. 조왕풀이.} ¶ 조왕탱화.

조용조용 = 조용조용히.

조용하다 * ①시끄러운 소리가 없다. ②말이나 행동이 얌전하다. ③말썽이 없다. ④바쁜 일이 없다. ⑤은밀하다. ⑥마음이 평온하다. ⁑ 사람.
☞ 고요하다.

조위금(弔慰金) * 간이의 죽음을 슬퍼하고 상주를 위로하는 뜻으로 내는 돈.
☞ 부의금. 부좃돈. 축의금.

조이다 = 죄다. ⁑ ①느슨하거나 헐거운 것을 단단하거나 팽팽하게 하다. ¶ 나사를 조이다. ②차지하고 있는 자리를 좁히다. ¶ 자리가 너무 조여 움직일 수 없다. ③목이나 손목을 힘차게 누르거나 잡다. ¶ 목이 조여 숨을 쉴 수 없다. ④마음이 긴장되다. ¶ 결과가 발표될 때는 마음이 조였다.
☞ 졸리다. 졸이다. 죄이다.

조이어 = 죄어. 좨. ⁑ 조이다.

조자(調子) [왜] ⇨ ①노랫가락. 장단. ②상태. 성능. ③형편. ④기세.

조작조작 〈 주적주적. ⁑ ①주책없이 잘난 체하며 자꾸 떠드는 모양. ②처음 걸음을 시작하는 어린아이가 자꾸 비틀거리며 귀엽게 걷는 모양.
☞ 아장아장.

조잔부리 〈 주전부리. ⁑ 때를 가리지 않고 군음식을 먹음. 또는 그런 입버릇.
☞ 군것질.[1]

조잔조잔 〈 주전주전. ⁑ 때를 가리지 않고 군음식을 자꾸 먹는 모양.

조잘거리다 〈 주절거리다. ⁑ 빠르게 말을 계속 하다.
☞ 종알거리다. 종잘거리다.

조잡들다 * ①잔병이 많아서 자라지 못하거나 생기가 없어지다. ②생활이 어려워지다. ③몸치레나 옷이 추접해지다. ④기를 펴지 못하고 시들다.
☞ 주접 들다.

조제하다(調劑~) * 여러 가지 약을 섞어서 약을 짓다. ¶ 감기약을 조제하다.
☞ 제작하다.² 제조하다.

조져 = 조지어. ⁑ 조지다. ¶ 조져 놓다. 조져 버리다.

조조할인(早朝割引) ㉫ ⇨아침 에누리.

조종(弔鐘) * ①죽은 사람을 슬퍼하는 뜻으로 치는 종. ②일의 마지막.
☞ 만종.

조중(弔中) ⇨ 상중. ⁑ 상을 입는 동안.

조짜(造~)〔模造品〕* 본뜨거나 거짓으로 진짜처럼 만든 가짜 물건.
☞ 가짜. 정작. 정짜.² 진짜.

조짜빼다(操~) = 조빼다. ⁑ 짐짓 조촐한 태도를 나타내다.

조차〔토〕* 예상한 범위를 넘어 앞에 오는 대상에 미침. ¶ 태도도 나쁜데 말조차 불손하다. 우리는 끼니조차 걸렀다. ⁑ 첨가.
☞ 까지.¹ 도.¹ 마저.²

조차떡 * 차조로 만든 떡.
☞ 수수떡. 이찰떡.

조찰밥 ⇨ 차조밥.

조청(造淸) * 엿물을 묽게 고아서 아직 굳지 않은 엿. ¶ 조청에 찍어 먹다.

☞ 엿.³

조촘조촘 〈 주춤주춤. ⁑ 행동이나 걸음을 머뭇거리는 모양.

조출하다 ⇨ 조촐하다.

조치¹ * ①바특하게 만든 찌개나 찜. ②조칫보. ③조칫보에 담긴 반찬.

조치²(措置) ㉫ ⇨ 조처.

조치개 * 무엇에 마땅히 딸려 있어야 할 물건. 또는 사람. ⁑ 밥에 딸린 반찬 따위.
☞ 곁다리.

조퇴하다(早退~) ㉫ ⇨ 일찍 나가다.

조팝 ⇨ 조밥. ⁑ 좁쌀로 지은 밥.

조폭문화(組暴 文化) ⇨ 폭력 조직. 조직 폭력 형태.

조핏가루〔川椒末〕* 천초의 씨를 빻아 만든 양념.
☞ 산초가루. 제핏가루.

조화로히(調和~) ⇨ 조화로이. ⁑ 조화롭다.

조화시키다(調和~) ⇨ 어울리게 하다.

~족¹(~族) * ①겨레. ⁑ 한자말 뒤. {여진족. 만주족. 조선족. 한족.} ⁑ 서양말 뒤. ¶ 그리스 족. 셈 족. 에스키모 족. 아리안 족. 인디언 족. 함 족. ②그런 성질을 가진 무리. {얌체족. 장발족.}

족²(足) ㉫ ⇨ 켤레. ⁑ 방망이, 버선, 신, 양말, 장갑 따위를 세는 하나치.

족기(jug) ㉫ ⇨ 술잔. 큰 술잔. ⁑ 저그.

족발(足~) * 각을 뜬 돼지의 발. 또는 그것을 조린 음식.
☞ 돼지발. 돼지다리.

족보¹ * 백정의 칼.

족보²(族譜) * 한 가문의 계통과 혈통 관계를 적은 책.

족쇄(足鎖) * 죄인의 발목에 채우는 쇠 사슬. ¶ 족쇄를 차다. 족쇄를 채우다. ☞ 고랑쇠. 고랑틀. 차꼬. 항쇄.

족장(足場) ㉠ ⇨ ①비계. 발판. ‡ 건 축. ②낚시자리. 자리.

족통(足~) * ①장이나 농 받침다리 의 네 귀. ②발. ☞ 굽통.

존경스럽다(尊敬~) ⇨ ①존경을 받을 만하다. ②존경하는 마음이 생기다.

존재하고 있다(存在~) ⇨ 있다. ‡ 존 재하다.

존중되어지다(尊重~) ⇨ ①존중을 받 다. ②존중하다.

존중스럽다(尊重~) ⇨ ①존중할 만 하다. ②존중하는 마음이 생기다.

졸가리 〈 줄거리. ①잎이 다 떨어진 나 뭇가지. ②군더더기를 다 떼어 버린 골자. ③말이나 글의 뼈대. ‡ 작품이 나 이야기를 간단히 줄인 것.

졸개(卒~) * 남의 부하 노릇을 하면 서 잔심부름을 하는 사람. ☞ 졸때기.

졸경을 치다(卒更~) = 졸경을 치르 다. ‡ 모진 괴로움을 당하다.

졸년(卒年) * 어떤 사람이 죽은 해. ‡ 생년. ☞ 향년.

졸다¹ * ①열을 받아 물기가 줄어들 다. ¶ 찌개가 졸다. ②겁을 먹어 움 츠러들다. ¶ 으름장을 놓으니 모두 졸아서 꼼짝도 못했다. ☞ 줄다.

졸다² * ①잠이 와서 눈을 감고 고개를 끄덕끄덕하다. ②잠이 가볍게 들다. ☞ 졸리다.¹

졸되기〔退化〕 * 발전, 발달, 진보 이 전의 상태로 돌아감. ☞ 돋되기.

졸따구 ⇨ 졸때기.

졸때기 * ①보잘것없을 정도로 분량 이 적거나 규모가 작은 일. ②지위 가 변변하지 못하거나 자질구레한 사람. ¶ 우리 같은 졸때기는 말할 것 도 없다. ☞ 졸개.

졸라 대다 * 자꾸 조르다. ¶ 장난감을 사 달라고 자꾸 졸라 대다.

졸라매다 * 느슨하지 않도록 단단히 동여매다. ¶ 허리띠를 졸라매다. ☞ 잘라매다.

졸랑졸랑 〈 쫄랑쫄랑 〈 출랑출랑.

졸래졸래 〈 줄레줄레. ¶ 졸래졸래 따 라간다.

졸로 = 조리로. 〈 저리로. 절로. ‡ 저 쪽으로.

졸르다 ⇨ 조르다.

졸리다¹ * 잠을 자고 싶은 느낌이 있 다. ¶ 졸려서 눈이 자꾸 감긴다. ☞ 졸다.²

졸리다² * '조르다'의 입음. ¶ 목이 졸 리다.

졸리다³ * '조르다'의 입음. ¶ 빚쟁이에 게 졸리다. 외상값에 졸리다.

졸립다 ⇨ 졸리다. ‡ 잠을 자고 싶은 느낌이 있다.

졸막졸막 〈 줄먹줄먹. ‡ 물건 여러 개 가 고르지 않게 뒤섞여 있는 모양.

졸밥 * 꿩을 잡게 하려고 매한테 주는, 꿩고기로 만든 미끼.
☞ 줄밥.² 날밥. 낱밥.

졸뱅이 ⇨ ① 졸보. ② 좀팽이.

졸보(拙甫) * 재주도 없고 졸망하게 생긴 사람.
☞ 좀팽이.

졸보기〔近視〕 = 바투보기. {졸보기안경.}
☞ 돋보기. 맞보기.

졸보기눈〔近視眼〕 = 바투보기눈.
☞ 돋보기눈. 멀리보기눈.

졸속스럽다(拙速〜) ⇨ 빠르지만 어설프다. ‡ 졸속하다.

졸업 마치다(卒業〜) ⇨ 졸업하다.

졸업식(卒業式)**을 갖다** ⇨ 졸업식을 하다.

졸연월일(卒年月日) ⇨ 졸년월일. ‡ 돌아가신 해와 달과 날.

졸열하다(拙劣〜) ⇨ 졸렬하다. ‡ 옹졸하고 서투르다. ¶ 수단이 졸렬하다.

졸음 * 잠이 오는 느낌. 자고 싶은 기분. {졸음운전.} ¶ 졸음이 오다.
☞ 잠.¹ 조름.

졸이다 * '졸다'의 하임. ‡ ① 국물이 줄어들게 끓이다. ¶ 찌개를 졸이다. ② 애를 태우다. ¶ 가슴을 졸이다. 마음을 졸이다.
☞ 조리다. 조이다.

졸임 * '졸이다'의 이름꼴.
☞ 조림.

졸잡다 〈 줄잡다. ‡ 기준이나 표준보다 낮추어 헤아려 보다.

졸졸 〈 줄줄. ‡ ① 물줄기가 흐르는 소리. 또는 그 모양. ¶ 시냇물이 졸졸 흐른다. ② 자꾸 뒤를 따라다니는 모양. ¶ 강아지가 졸졸 따라다닌다. ③ 막힘 없이 읽거나 말하는 모양. ¶ 구구단을 졸졸 왼다.
☞ 잘잘.⁵

좀¹ * 벌레 이름. ‡ 빈대좀, 나무좀, 돌벼룩좀 따위. {좀약. 좀먹다.} ¶ 좀이 쑤시다.

좀² 〔어〕 * ① 조금. ¶ 좀 늦었다. ② 어지간히. 얼마나. ¶ 좀 좋으냐?

좀〜³ * 잘거나 작은. {좀것. 좀꽃. 좀꾀. 좀노릇. 좀놈. 좀도둑. 좀말. 좀사내. 좀생원. 좀생이. 좀짓. 좀팽이.} {좀되다. 좀스럽다.}

좀나무〔灌木〕 ⇨ 떨기나무.

좀더 ⇨ 좀 더. 조금 더. ¶ 좀 더 하고 쉬자.

좀만에 ⇨ 좀 만에. 조금 만에.

좀살궂다 * 보기에 매우 좀스럽다.

좀상스럽다 ⇨ 좀스럽다.

좀스럽다 * ① 보잘것없이 작다. ¶ 좀스럽게 생기다. 됨됨이가 좀스럽다. ② 옹졸하다. ¶ 좀스러운 짓. 좀스러운 걱정.

좀집다 ⇨ 좀먹다. 좀이 들다. 좀이 쑬다. ¶ 좀먹은 책.

좀처럼 = 좀체. ‡ 부정하는 말과 함께 씀. ¶ 그는 좀처럼 화를 내지 않는다.

좀처럼해서 ⇨ 좀처럼.

좀체로 ⇨ 좀처럼. 좀체. ¶ 시장 가신 어머니는 좀체 돌아오지 않는다.

좀팽이 * ① 몸피가 작고 좀스러운 사람. ② 자질구레하여 보잘것없는 물건.
☞ 졸보.

좀해선 ⇨ 좀처럼. 좀체.

좀해 ⇨ 좀처럼. 좀체. ¶ 싸움은 좀처럼 가라앉을 것 같지 않았다.

좁다 * ① 너비나 공간이 작다. ¶ 좁은 오솔길. ② 내용이나 범위가 작다. ¶ 좁은 의미. ③ 마음이 너그럽지 못하다. ¶ 속이 좁다.
　☞ 가늘다. 솔다.[1]

좁쌀 * ① 조. {좁쌀떡. 좁쌀미음. 좁쌀엿. 좁쌀죽.} ② 작고 좀스러운 사람이나 물건. {좁쌀과녁. 좁쌀눈. 좁쌀뱅이. 좁쌀여우. 좁쌀영감. 좁쌀친구.}

좁혀 = 좁히어. ✻ 좁히다. ¶ 좁혀 지내다.

좃자(造~) ⇨ 조짜.

좃자복(照字鰒) ⇨ 조자복. ✻ 품질이 아주 좋은, 마른 전복.

종[1] * 노비. {종년. 종놈. 종살이. 종아이. 종질. 종첩.} {종노릇하다.}

종[2](鐘) * 시각이나 신호를 알리려고 소리를 내는 연모. {보신각종. 에밀레종(성덕 대왕 신종). 새벽종. 시작종.} {종소리.} ¶ 상원사 종. 봉덕사 범종.
　☞ 방울.[2] 범종. 탁.

종결짓다(終結~) = 종결하다. ✻ 끝내다.

종구잡이 = 요령잡이. ✻ 상여가 나갈 때 요령을 들고 가는 사람.

종국(終局) ⇨ 끝판.

종굴박 = 조롱박. ✻ 호리병박으로 만든 바가지. {조롱박잔.}
　☞ 표주박. 호리병박.

종나기(種~) ⇨ 종내기. ✻ 종류, 품종, 종자가 같고 다름을 일컫는 말.

종나다(鍾~) ⇨ 종소리가 나다. 종이 울리다.

종내(終乃) * ① 끝내. ¶ 아무리 기다려도 종내 나타나지 않았다. ② 끝에 가서 드디어. ¶ 종내 목적을 이루었다. 종내 나섰다.
　☞ 종래.

종다리 = 종달새. ✻ 새 이름. {종다릿과.} ¶ 종다리 소리. 종달새 노래.

종다래끼 * 조그만 대바구니.

종도리(宗~) = 종심도리. 마룻대. 마룻도리. ✻ 건축.

종란(種卵) * 씨알. ✻ 새끼를 까는 데 쓰는 알.
　☞ 무정란. 민눈알. 홑알.

종래(從來) * ① 이전부터 지금까지 이르는 동안. ¶ 종래의 관습을 따르다. ② 이전부터 지금까지. ¶ 종래 잘하다가 그런 실수를 하다니.
　☞ 종내.

종료(終了) ⇨ 끝남. 마침.

종류(種類) * ① 일정한 기준에 따라 나눈 갈래. ¶ 종류가 같다. 종류가 많다. 같은 종류끼리 모아라. ② 하나치. ¶ 서너 종류. 두 종류.
　☞ 가지.[3]

종마루(宗~) = 용마루. 지붕마루. ✻ 지붕 가운데 부분의 가장 높은 마루.

종물(種物) ㉮ ⇨ 씨. 씨앗.

종발(鐘鉢) * ① 중발보다 작고 종지보다 넓고 평평한 그릇. ② 하나치. ¶ 간장 한 종발. 술 한 종발. 약 두 종발.
　☞ 종지. 중발. 보시기.

종벽돌(宗甓~) = 마루벽돌. ‡ 홍예의 가운데에 끼우는 쐐기 모양의 벽돌.

종보(宗~) ⇨ 마룻보. ‡ 건축.

종부돋움 * ① 발돋움. 돋움. ‡ 발밑을 고이고 서거나 발끝만 디디고 섬. ② 물건을 높이 차곡차곡 쌓아 올리는 일. {종부돋움하다.}

☞ 발돋움.

종속인구(從屬人口) * 남의 돌봄을 받는 사람. ‡ 15세 미만, 65세 이상.

종식되다(終熄~) ⇨ 끝나다.

종식시키다(終熄~) ⇨ 끝내다.

종심도리(宗心~) = 종도리. 마룻대. 마룻도리. ‡ 건축.

종아리 * 무릎과 발목 사이의 뒤쪽 근육 부분. {종아리채.} ¶ 종아리가 굵다.

☞ 장딴지.

종아리를 때리다 = 종아리를 치다. ‡ 종아리 맞다.

종알거리다 = 종알대다. ‡ 여자나 아이들이 작은 소리로 혼잣말을 하다.

☞ 조잘거리다. 종잘거리다. 중얼거리다.

종없다 = 종작없다. ‡ 종잡을 수 없다. ¶ 종없는 말. 종없이 굴다.

종유굴(鐘乳窟) = 석회굴. 석회동. 석회 동굴.

종유석(鐘乳石) = 돌고드름. ‡ 석회굴 천장에 고드름처럼 달린 돌.

☞ 석순.

종이돈 〔紙幣〕 * 종이로 만든 돈.

☞ 깔쭉이. 쇠돈. 지전.

종이상자(~箱子) * 종이로 만든 상자. ¶ 종이상자에 서류를 넣어두다.

☞ 종잇상자.

종이쪽 = 종잇조각. ‡ 종이의 작은 조각. ¶ 종이쪽이 흩어져 있다.

종이쪽지 * 몇 글자 써넣은 종이쪽. ¶ 종이쪽지를 매단 화살이 날아왔다.

종일(終日) = 하루종일. 해종일. 온종일. ¶ 종일 비가 내렸다.

종잇상자(~箱子) * 종이를 넣는 상자. ¶ 종잇상자를 따로 마련하다.

☞ 종이상자.

종자닭(種子~) ⇨ 씨닭.

종자돼지(種子~) ⇨ 씨돼지.

종자소(種子~) ⇨ 씨소.

종작 = 종. ‡ 대중으로 헤아려 잡은 짐작. ¶ 종작을 할 수 없다.

종작없다 = 종없다. ‡ 종잡을 수 없다.

☞ 대중없다. 종잡다.

종잘거리다 〈 중절거리다. ‡ 수다스럽게 종알거리다.

☞ 조잘거리다. 종알거리다.

종잡다 * 대중으로 헤아려 잡다. ‡ ‘없다. 어렵다.’와 함께 씀.

☞ 종없다.

종잣돈(種子~) ⇨ 종자돈.

종종걸음 = 동동걸음. ‡ 발을 자주 떼며 급히 걷는 걸음.

☞ 까치걸음. 배틀걸음. 봉충걸음. 오리걸음.

종주먹을 대다 = 종주먹을 들이대다. ‡ 주먹질을 하며 위협하다.

종중(宗中) * 성이 같고 본이 같은 한 겨레붙이의 문중. {종중논. 종중산.}

☞ 문중.

종지 * ① 종발보다 작은 그릇. ② 하나치. ¶ 간장 한 종지. 고추장 두 종지.

☞ 깍정이. 종발. 중발. 보시기.

종지부(終止符) ⑩ ⇨ 마침표.

종지부를 찍다(終止符~) ⑩ ⇨ 마치다. 끝내다. 매듭짓다. 마침표를 찍다.

종지뼈〔膝蓋骨〕= 무릎뼈. ✲ 무릎 앞 한가운데 있는 종지 모양의 뼈.

종짓불 ✲ 기름을 종지에 붓고 심지를 박아 붙인 불.

☞ 남폿불. 등잔불. 접싯불. 호롱불.

종짱(終~) ⇨ 끝장.

종치다(鍾~) ⇨ ① 종을 치다. ② 마치다. ③ 끝나다.

종판(終~) ⇨ 끝판.

좆 ✲ 어른의 자지.

☞ 자지. 잠지. 고추.

좆같다 = 개좆같다. 개코같다. ✲ 마음에 안 들거나 보기에 싫다.

☞ 쥐좆같다.

좆다 ✲ 상투나 낭자를 틀어서 죄어 매다. ¶ 낭자를 좆다. 상투를 좆다.

☞ 좇다. 쫓다.

좇다 ✲ ① 목표, 이상, 행복을 이루려고 가까이 가다. ¶ 꿈을 좇다. ② 남의 말이나 뜻에 따르다. ¶ 선생님의 말씀을 좇다. ③ 큰 흐름이나 규칙이나 관습을 지켜서 그대로 하다. ¶ 유행을 좇다. ④ 눈길을 보내다. ¶ 눈길은 비행기를 좇고 있다. ⑤ 생각을 더듬어 가다. ¶ 상상력을 좇다. ⑥ 남의 이론을 따르다. ¶ 스승의 학설을 좇다. ✲ 추상적인 행동에 씀.

☞ 따르다.¹ 쫓다. 좆다.

좇아가다 ✲ ① 남의 말이나 뜻을 따르다. ② 무엇을 눈길로 따라가다.

☞ 쫓아가다.

좋고 있다 ⇨ 좋아지고 있다.

좋는데 〔그〕 ⇨ 좋은데. ✲ '~는데'는 움직씨의 이음끝임.

좋아하다 ✲ ① 좋은 느낌을 지니다. ¶ 꽃을 좋아한다. ② 즐기다. ¶ 술을 좋아한다. 축구를 좋아한다. ③ 마음에 들다. ¶ 서로 좋아하다. ④ 즐거운 감정을 나타내다. ¶ 아들이 의사가 되었다고 어머니가 무척 좋아하셨다.

☞ 사랑하다.

좋은데 ¶ 물건은 좋은데 값이 비싸다. ✲ '은데'는 그림씨의 이음끝.

좋은 데 ¶ 이곳보다 좋은 데가 없다. ✲ '데'는 매인이름씨.

좋은 시간 되다 ⇨ ① 즐겁게 보내다. ② 보람 있는 시간이 되다.

좋은 시간을 갖다 ⇨ ① 즐겁게 보내다. ② 보람되게 지내다.

좋은 식사 되세요 ⇨ 맛있게 드세요. 맛있게 잡수셔요.

좋은 아침¹ ¶ 날씨가 좋은 아침에는 기분도 좋다.

좋은 아침² ⇨ ① 안녕. ② 반갑습니다.

좋은 여행 되세요 ⇨ 여행 잘 다녀오세요. 즐겁게 다녀오세요.

좋은 하루 되세요 ⇨ 오늘도 즐겁게 지내십시오. 보람되게 지내셔요.

좋은 호조(~好調)**를 보이다** ⑩ ⇨ 순조롭다.

좋지 않느냐 ⇨ 좋지 않으냐. ✲ 그림씨에는 맺음끝 '~으냐'를 붙임.

좋지가 않다 ⇨ 좋지 않다.

좋타 ⇨ 좋다.

좌고(坐高) ⑩ ⇨ 앉은키.

좌대패 ⇨ 곧날대패. ‡ 대패의 한 가지.

좌시하다(坐視~) ⇨ 그냥 보고만 있다. 보고만 있다.

좌측통행(左側通行)을 **생활화하자**(生活化~) ⇨ 왼쪽으로 다니자.

좨기 * 데친 나물이나 반죽한 가루를 둥글넓적하고 조그마하게 만든 덩이.

　☞ 반대기.

좨들다 = 죄어들다. 조여들다. ¶ 버선 목이 좨들다. 마음이 좨들다.

좨치다 = 죄어치다. ¶ 행전을 좨치다. 말을 빨리 좨치다.

쟁이 = 쟁이그물. ‡ 물고기를 잡는 그물의 하나. {쟁이질하다.}

　☞ 산대.¹

죄 = 죄다. ‡ 모조리. ¶ 단추가 죄 떨어지다. 지난 일을 죄 이야기하다.

죄그맣다 ⇨ 조그맣다.

죄다¹ 〔어〕 = 죄. 도파니. 통틀어. ‡ 모조리 다. 하나하나 모두.

죄다² 〔움〕 = 조이다. ‡ ① (고삐나 나사를) 단단하거나 켕기게 하다. ¶ 고삐를 죄다. ② 차지한 자리를 좁히다. ¶ 죄어 앉다. ③ 마음을 졸이며 기다리다. ¶ 마음을 죄다. ④ 쪼아서 깎아 내다. ¶ 맷돌을 죄다.

　☞ 졸이다. 죄이다.

죄다짐(罪~) * 지은 죄에 대한 갚음. ¶ 이게 무슨 죄다짐이람?

　☞ 앙갚음.

죄받다(罪~) = 죄입다. 벌을 받다. ¶ 죄받을 짓 하지 마소.

죄송하다(罪悚~) * 죄스럽게 생각하다. ‡ 웃어른에게 직접, 적극적 표현.

　☞ 미안하다.

죄암죄암 = 죔죔. ‡ 젖먹이에게 죄암질을 하라는 뜻으로 내는 소리.

　☞ 곤두곤두.

죄어들다 = 조여들다. ‡ ① 오그라들다. ② 긴장되다. ③ 범위를 좁혀 가다.

죄이다 * '죄다'의 입음. ¶ 나사가 너무 세게 죄였다.

죄입다(罪~) = 죄받다. 벌 받다.

죔죔 = 죄암죄암.

　☞ 곤두곤두.

죠오시 〔調子〕 ⑪ ⇨ ① 가락. 장단. ② 상태. 성능. ③ 형편. ④ 기세.

주¹(主) 〔매〕 * 주요한. 일차적인. ¶ 주 고객. 주 무기. 주 임무.

주~²(主~) * 으뜸. {주개념. 주경기장. 주계약자. 주목적. 주성분.}

~주³(~主) * 주인. {경영주. 고용주. 소유주. 건물주. 공장주.}

~주⁴(~酒) * 술. {맥주. 소주. 약주. 탁주.} {국화주. 매실주. 오가피주.} {백일주. 천일주. 양조주. 코카주. 합성주. 혼합주. 화학주.}

주거라 ⇨ 주어라. ‡ 시킴꼴 씨끝은 '~어라, ~아라'임.

주거 문화(住居文化) ⇨ 주거 양식. 주거 생활. 주거 소유 형태.

주검 = 송장. ‡ 죽은 사람의 몸. 짐승은 아님. {거적주검. 초주검.}

　☞ 죽음.

주고도(走高跳) ⑪ ⇨ 높이뛰기.

주관(主管) * 주최가 마련한 계획대로 실무 작업을 집행하는 단체나 부서.

　☞ 주최. 협찬. 후원.

주광도(走廣跳) ⑨ ⇨ 달려멀리뛰기.

주기[1](周忌) * 해마다 돌아오는 제삿날. * 횟수. ¶ 아버지의 십 주기를 맞다.
　☞ 주년.

주기[2](週期) * 일정한 간격을 두고 되풀이하여 나타나는 기간. * '돐'을 되살려야 함. ¶ 주기가 느리다. 주기가 줄어들다. 이틀을 주기로 열이 난다.
　☞ 주년.

주낙 * 긴 낚싯줄에 낚싯바늘을 여러 개 달아 고기를 낚는 낚시. * '줄낚시'의 준말이므로 '주낚'으로 고치는 것이 옳음. {주낙배. 주낙줄. 주낙질. 주낙하다.} {땅주낙. 뜬주낙. 선주낙. 앉은주낙.}
　☞ 대낚. 뜰낚. 맥낚. 찌낚.

주년(週年) * 돌아온 해를 세는 하나치. * 시작한 첫 해는 뺌. ¶ 십 주년.
　☞ 돌.[2] 돐. 주기.[1] 회.

주는데 ¶ 돈은 많이 주는데 일이 힘들다. * '~데'는 이음끝.

주는 데 ¶ 돈을 많이 주는 데로 가겠다. * '데'는 매인이름씨.

주다 * 물건이나 사랑, 정을 다른 사람에게 보내다. ¶ 감을 주다. 정을 주다.
　☞ 대다.[2] 베풀다. 전하다.

주동자(主動者) * 어떤 일에 주장이 되어 행동하는 사람.
　☞ 주모자. 주인공.

주두라지 = 말씨. * 속된 말. ¶ 주두라지가 험하다.

주둥아리 = 주둥이. * 사람, 짐승, 물고기, 병, 그릇의 입. ¶ 주둥아리를 놀리다. 주둥아리만 까다. 술병 주둥아리가 좁다.
　☞ 아가리.

주라 * '주다'의 건너 시킴꼴.
　☞ 주어라.

주라기(Jura紀) ⇨ 쥐라기. * 중생대의 가운데 지질 시대.

주럽 * 피로하여 고단한 증세.
　☞ 주릅. 주접.

주럽떨다 * 고단한 기운이 없어지다.
　☞ 주릅들다. 주접 들다.

주렁주렁 〉 조랑조랑. * 열매나 아이들이 많이 딸려 있는 모양.
　☞ 주저리주저리.

주뢰(周牢) ⇨ 주리. * 형벌의 한 가지.

주루룩 ⇨ 주르륵.

주룩주룩 〈 쭈룩쭈룩. * ① 비가 내리는 소리나 모양. ② 주름이 잡힌 모양.

주르르 〉 조르르. * ① 날쌘 걸음으로 나가거나 따라다니는 꼴. ② 물줄기가 흐르는 소리나 꼴. ③ 비탈진 곳에서 물건이 흘러내리는 소리나 꼴.

주르륵 〉 조르륵. * 물건이나 물줄기가 흘러내리다가 그치는 소리나 꼴.

주름 = 주름살. * ① 잔줄. ② 구김살. {주름못. 주름빨대. 주름산달. 주름상자. 주름줄기. 주름치마. 주름투성이.} {먼산주름. 잔주름. 치맛주름.} {주름지다.} ¶ 주름이 가다. 주름을 세우다. 주름이 잡히다.

주름위(~胃) = 넷째밥통. 제4위. * 되새김동물의 네 번째 밥통.
　☞ 겹주름위. 벌집위. 혹위.

주름잎 = 주름잎풀. 고추풀. * 풀 이름.

주름잡다 * 모든 일을 제가 하고 싶은 대로 처리하다. ¶ 천하를 주름잡다.

주름 잡다 ¶ 바지에 칼날같이 주름을 잡다.

주릅 = 거간꾼. ‡ 흥정을 붙여 주고 삯을 받는 일을 직업으로 하는 사람. {약주릅. 집주릅. 주릅들다.} ☞ 주릅. 주접. 중도위.

주릅들다 * 구문을 받고 흥정을 붙여 주다. ‡ 직업. ☞ 주릅떨다. 주접 들다.

주리[1] * 형벌의 하나. {주리질(주릿대질). 주릿대(주릿방망이).} ¶ 주리 참듯. 주리를 틀다. ☞ 단근질.

주리[2] ㉞ ⇨ 거스름. 거스름돈. 잔돈. 우수리.

주리경(~黥) = 주릿대경. ‡ 주리를 트는 형벌. ¶ 주리경을 치다.

주리다 * ①배를 곯다. ②욕망을 못 채워 아쉬워하다. ‡ 인정에 주리다. ☞ 굶다. 줄이다.

주리질 = 주릿대질. ‡ 주리를 트는 일. ☞ 단근질.

주릿대 = 주릿방망이. ¶ 주릿대를 안기다. 주릿대를 안다. 주릿대를 틀다.

주막(酒幕) = 주막집. ‡ 밥, 술을 팔고 잠도 재움. {주막거리. 주막쟁이.} ☞ 객줏집. 목롯집. 술집.

주막방(酒幕房) = 봉놋방. 봉노. ‡ 나그네가 함께 자는, 주막집 큰 방.

주머니 * ①자질구레한 물건을 넣어 허리에 차거나 들고 다니는 물건. {주머니밑천. 주머니칼. 주머닛돈.} {겉주머니. 괴불주머니. 귀주머니.

도장주머니. 돈주머니. 동전주머니. 두루주머니. 뒷주머니. 모래주머니. 베주머니. 복주머니. 속주머니. 신주머니(신발주머니). 안주머니. 앞주머니. 얼음주머니. 연장주머니. 오방주머니. 위문주머니. 향주머니. 흙주머니.} ¶ 목욕 주머니. 바지 주머니. 양복 주머니. 조끼 주머니. 주머니 속. 주머니가 가볍다. ②사람. {가린주머니. 고생주머니. 꾀주머니. 똥주머니. 밥주머니. 병주머니. 슬기주머니. 애깃주머니(이야깃주머니). 음흉주머니. 허영주머니.} ☞ 호주머니.

주머니지킴 ⇨ 주머니밑천.

주머니칼 * 주머니에 넣고 다니며 쓰는 작은 칼. ‡ 나이프. ☞ 접칼.[2]

주먹[1] * ①손가락을 모두 오므려 쥔 손. {주먹곤죽. 주먹맛. 주먹비. 주먹뺨. 주먹세례. 주먹손. 주먹총. 주먹치기. 주먹코. 주먹흥정.} ¶ 주먹을 쥐다. 주먹을 휘두르다. ②폭력. ¶ 주먹 세계.

주먹[2] = 줌. 움큼. ‡ 하나치. ¶ 땅콩 한 주먹. 찐쌀 세 주먹.

주먹구구(~九九) * ①손가락으로 꼽아서 하는 셈. ②어림으로 하는 셈. ☞ 손구구.

주먹방매 ⇨ 중목방매. ‡ 물건을 훔쳐다 팖.

주먹셈〔暗算〕 = 속셈. ‡ 머릿속으로 하는 셈. ☞ 손가락셈.

주먹손 * 주먹을 쥔 손.

☞ 조막손.

주먹싸움 ⇨ 주먹다짐.

주먹쥐기 ⇨ 먹국. ＊ 아이들 장난의 하나.

주먹질 ＊ 주먹으로 때리는 일. ¶ 아무리 화가 나도 주먹질을 해서 써나?

☞ 손질.

주먹파 ⇨ 양파.

주먹힘 ⇨ 주먹심. ＊ ① 주먹으로 때리거나 쥐는 힘. ② 남을 억누르는 힘.

주모[1](酒母) ＊ 술밑. 술덧. ＊ 누룩을 섞어 버무린 지에밥.

주모[2](酒母) ＊ 술어미. ＊ 술청에서 술을 파는 여자. ¶ 주모, 술 한 잔 주오.

주모자(主謀者) ＊ 우두머리가 되어 어떤 일을 꾸미는 사람.

☞ 주동자.

주목에 값하다(注目～) ㉾ ⇨ 주목할 만하다.

주무럭거리다 ⇨ 주물럭거리다.

주무르다 ＊ ① 손으로 쥐었다 놓았다 하면서 자꾸 만지다. ② 빨래를 손으로 비비다. ③ 다른 사람이나 일을 제 마음대로 다루거나 놀리다.

☞ 만지다.

주무시다 ＊ '자다'의 높임말. ¶ 할아버지가 낮잠을 주무시다.

주문 받다(注文～) ㉾ ⇨ (일을) 맡다.

주문하다(注文～) ㉾ ⇨ (물건을) 맞추다. (음식을) 시키다.

주물다 ⇨ 주무르다.

주물 유기(鑄物鍮器) ＊ 녹인 놋쇠를 거푸집에 부어 만든 놋그릇.

☞ 방짜 유기.

주발(周鉢) ＝ 밥주발. ＊ ① 놋쇠로 만든 밥그릇. {놋주발. 오목주발. 우묵주발.} ② 하나치. ¶ 밥 두 주발. 죽 반 주발.

☞ 대접.[1] 바리.[1] 밥그릇. 사발. 중발.

주변[1] ＝ 주변머리. 두름손. ＊ 주선하거나 변통하는 재간. ¶ 주변이 좋은 사람. 주변이 없는 사람. 주변이 좋다. 주변머리가 없다.

☞ 변통.

주변[2](周邊) ＝ ① 둘레. 가. 가장자리. ¶ 주변 환경. ② 전두리.

주부(쥬부. tube) ㉦ ⇨ 튜브. ¶ 해수욕장에서 튜브를 빌려서 타고 놀다. ＊ 부레 바퀴.

주뼛 〈 쭈뼛.

주사니(紬～) ⇨ 명주붙이.

주사니것(紬～) ＊ 명주로 만든 옷.

주사바늘(注射～) ⇨ 주삿바늘. 주사침.

주산(珠算) ⇨ 수판셈.

☞ 수판.

주살나다 ＝ 뻔질나다. ＊ 드나드는 것이 매우 잦다.

주선(周旋) ＊ 일이 잘되도록 여러 가지 방법으로 힘씀. {주선하다.}

☞ 변통.

주시해보다(注視～) ⇨ 눈여겨보다. 여겨보다. ＊ 주시하다.

주식(晝食) ⇨ 점심밥.

주십시요 ⇨ 주십시오. ＊ 맺음끝은 '오'이고 줄일 수 없음.

주싯점(注視點) ⇨ 주시점.

주어 ＝ 줘. ＊ 주다.

☞ 주워.

주어대다 ⇨ 주워대다.

주어라 ＝ 줘라. ＊ '주다'의 바로 시킴

꼴.
☞ 주라. 주워라.

주어지다 ⇨ ①주다. ②받다. 얻다.
③정해지다. ④오다. ⑤있다.

주어진 여건(與件) ⇨①여건. ②상황.

주엄주엄 ⇨ 주섬주섬.

주요하다(主要~) * 중요하면서 주된 위
치에 있다. ¶ 주요 사건. 주요 원인.
☞ 중요하다.

주워 * 줍다. {주워듣다.} ¶ 주워 걸치
다. 주워 먹다. ‡ 줍고. 줍니. 줍습
니다. 주우니. 주우러. 주우면. 주
운. 주움. 주워라. 주워야.
☞ 주어.

주워대다 * 생각이나 논리가 없이 제
멋대로 이 말 저 말을 하다.

주워섬기다 * 본 대로 들은 대로 이러
저러한 말을 아무렇게나 늘어놓다.
☞ 셍기다.

주육(朱肉) ⇨ 도장밥.

주은 돈 ⇨ 주운 돈. ¶ 주운 돈을 경찰
서에 맡기다.

주의하다(注意~) ㉫ ⇨ 조심하다.

주인(主人) = 쥔. 임자. {바깥주인.
안주인. 집주인.} ¶ 주인 노릇. 개
주인. 땅 주인. 말 주인. 밭 주인.
아파트 주인. 차 주인.
☞ 손님.[2]

주인공(主人公) * ①착한 일을 한 바
로 그 사람. ②노래극, 동화, 소설,
연극, 영화, 이야기에서 중심인물.
☞ 장본인. 당사자. 주동자.

주인댁(主人宅) = ①주인. ②주인집.
쥔집. 안집.

주인 백(主人 白) ⇨ 주인이 사룁니다.

＊ ‘白’은 이두. ‘사뢰다’라 읽음.

주인장(主人丈) * ‘주인’을 높여 부르
는 말. ¶ 여보, 주인장.

주인집(主人~) = 주인댁. 쥔집. 안
집. ‡ 주인이 살고 있는 집.

주입시키다(注入~) ⇨ 넣다. 부어 넣
다. ‡ 주입하다.

주장(鑄匠) * ①놋갓장이. ‡ 직업으로
놋그릇을 만드는 사람. ②활자를
만드는 사람.
☞ 유기장이.

주장하다(主張~) * 제 생각을 굳게
내세우다. ¶ 권리를 주장하다.
☞ 주창하다.

주저대다(躊躇~) = 주저거리다. ‡
머뭇거리며 망설이다.

주저되다(躊躇~) * 망설여지다. ¶ 충
고하기가 주저되다.

주저롭다 * 넉넉지 못하여 매우 아쉽
거나 곤란하다.
☞ 주저하다.

주저리주저리 * ①너저분한 물건이
어지럽게 매달려 있는 모양. ¶ 높은
나뭇가지에 찢어진 연이 주저리주저
리 달리다. ②너저분하게 이것저것
끊임없이 이야기하는 모양. ¶ 신이
나서 주저리주저리 떠들어댔다.
☞ 주렁주렁.

주저앉다 * ①서 있던 자리에서 힘없
이 앉다. ¶ 방바닥에 주저앉다. ②자
리 잡고 살다. ¶ 오래 떠돌다가 이 마
을에 와서 주저앉다. ③무너져 내려
앉다. ¶ 집이 주저앉다. ④중도에서
그만두다. ¶ 우승 문턱에서 주저앉았
다.

☞ 물러앉다.

주저하다(躊躇~) * 머뭇거리며 망설이다. ¶ 주저 말다. 주저 없다.
☞ 주저롭다.

주적거리다 〉 조작거리다. ‡ ①잘난 체하며 자꾸 떠들다. ②처음 걸음을 걷기 시작한 어린아이가 비틀거리며 귀엽게 걷다. ③느리게 어정어정 걷다.

주전부리 〉 조잔부리. ‡ 때없이 군음식을 자꾸 먹는 일. {주전부리하다.}
☞ 군것질.¹ 군입정.

주절거리다 〉 조잘거리다. ‡ 낮은 목소리로 말을 계속하다.
☞ 중절거리다. 중얼거리다.

주접 * ①제대로 자라지 못하고 몸이 약해지는 일이나 모양. {잔주접. 젖주접. 흙주접.} ¶ 주접 한 번 끼는 법 없이 잘 자라다. ②옷차림이나 몸치레가 초라하고 너절한 것. ¶ 주접이 낀 바지저고리.
☞ 주럽. 주릅.

주접대다 * 음식에 지나치게 욕심을 부리는 짓을 자꾸 하다.

주접 들다 * ①탈이 많아서 제대로 자라지 못 하다. ②행색이 초라하다.
☞ 조잡들다. 주럽 떨다. 주릅들다.

주접떨다 = 주접부리다. ‡ 염치없이 욕심을 부리다. ¶ 주접떨며 마구 먹다.
☞ 육갑 떨다. 주럽떨다.

주정(酒酊) = 술주정. ‡ 술에 취하여 정신없이 하는 말이나 행동. {주정꾼.}

주정받이(酒酊~) * 주정을 받아 주는 일. 또는 그런 사람.

주정배기(酒酊~) = 주정뱅이. 주정쟁이. 술주정뱅이.

주제¹ = 주제꼴. ‡ ①변변치 못한 몰골이나 몸치장. {옷주제.} ¶ 주제꼴이 사납다. ②변변하지 못한 처지. ¶ 제 주제에 승용차를 산다고?

주제²(主題) * ①중심 되는 생각. ‡ 대화. 논문. 소설. 시. ②주장되는 제목.
☞ 대의.

주줄이 * 줄지어 죽 늘어선 모양. ¶ 깎은 감을 꼬치에 꿰어 주줄이 널다.
☞ 줄줄이.

주차시켜 놓다(駐車~) ⇨ 차를 세워 놓다. ‡ 주차해 놓다.

주차시키다(駐車~) ⇨ 차를 세우다. ‡ 주차하다.

주차 시키다(駐車~) * 주차원에게 차를 세워 두라고 하다.

주차장화되다(駐車場化~) ⇨ 주차장이 되다. 주차장처럼 되다.

주착(主着) ⇨ 주책.

주창하다(主唱~) * 주의나 사상을 앞장서서 주장하다.
☞ 주장하다.

주책 = 주책머리. ‡ ①자리 잡힌 주장이나 판단력. {주책없다.} ②줏대가 없이 되는대로 하는 짓. ¶ 주책 떨다. 주책 부리다.

주책망나니 * 주책없는 사람을 욕하는 말.

주책바가지 * 주책없는 사람.
☞ 주쳇덩어리.

주책이다 ⇨ 주책없다.

주체 * 짐스럽거나 귀찮은 것을 능히 처리함. {주체궂다. 주체스럽다. 주체하다.} ¶ 주체를 못 하다. 주체할 수 없다. 주체가 어지럽다.
☞ 몸주체.

주쳇덩어리 * 주체하기가 어려운 일이나 물건이나 사람.
☞ 주책바가지.

주쳇바가지 ⇨ ① 주책바가지. ② 주쳇덩어리.

주초(柱礎) ⇨ 주추. 주춧돌. ‡ ① 기둥 밑에 받치는 돌. ② 일의 바탕.

주최(主催) * 일을 계획하고 결정하며 책임을 지는 단체나 부서.
☞ 주관. 협찬. 후원.

주춤해지다 〔제〕 ⇨ 주춤하다. 주춤거리다. 주춤대다. ‡ 움직씨 뒤에는 '~해지다'를 붙일 수 없음.

주춧돌 〔礎石〕 = 귓돌. 머릿돌. 모퉁잇돌. 주추. ¶ 호박 주춧돌.
☞ 댓돌. 툇돌. 디딤돌.

주태배기(酒太白~) ⇨ 술고래.

주판(珠板) ⇨ 수판. {수판셈. 수판알. 수판질.} {수판셈하다.} ¶ 수판 놓다.

주폭도(走幅跳) ㉺ ⇨ 멀리뛰기.

주화(鑄貨) * 쇠돈. ‡ 금화. 은화. 동전. 엽전. 깔쭉이. ¶ 백 원짜리 주화.
☞ 종이돈. 지전. 지폐.

죽[1](粥) * 곡식을 오래 끓여 알갱이가 흠씬 무르게 만든 음식. {죽물. 죽사발. 죽술.} ¶ 죽 가마. 죽 그릇. {개암죽. 굴죽. 김치죽. 깨죽(참깨죽). 녹두죽. 단팥죽. 닭죽. 들깨죽. 떡암죽. 멀태죽. 무죽. 묵물죽. 박죽. 밤암죽. 보리죽. 붕어죽. 비지죽. 시래기죽. 쌀죽(흰죽). 암죽. 우유죽. 율무죽. 잣죽. 재강죽. 전복죽. 진잎죽. 차조기죽. 콩나물죽. 콩죽. 타락죽. 팥죽. 피죽. 호박죽.} {여물죽. 소죽(쇠죽).} ¶ 죽 떠먹은 자리. 죽을 쑤다.
☞ 미음.

죽[2] * 버선, 방망이, 사발, 대접을 세는 하나치. ‡ 한 죽은 열 켤레. 열 벌.
☞ 벌.[3] 켤레.

죽거나 말거나 = 죽거나 살거나. 죽건 말건.

죽다 * ① 숨탄것(생명체)이 목숨을 다하다. ¶ 사람이 죽다. 강아지가 죽다. 난초가 죽다. ② 움직이는 것이 멈추다. ¶ 시계가 죽다.
☞ 돌아가다.[1] 사망하다.

죽담 = 축담. ‡ 막돌과 흙으로 쌓은 돌담.

죽데기 * 통나무 겉쪽에서 잘라 낸 널 조각. ‡ 주로 땔감으로 씀.
☞ 나무거죽. 피죽.[2]

죽든 살든 = 죽든지 살든지.

죽사리 〔生死〕 ⇨ 죽살이. ‡ ① 삶과 죽음. ② 모진 고생. {죽살이치다.}

죽상(~相) = 죽을상. ‡ 죽을 것처럼 괴로워하는 표정. ¶ 죽상을 짓다.

죽세공(竹細工) ㉺ ⇨ ① 죽공예. ‡ 대로 만드는 일. ② 죽공예가.

죽어지다 ⇨ 죽다.

죽엄 ⇨ ① 죽음. ② 주검.

죽여 = 죽이어. ‡ 죽이다. ¶ 죽여 놓다. 죽여 버리다. 죽여 없애다.

죽여주다 * ① 괴로워서 못 견디게 하

다. ¶ 이가 죽여주게 아프다. ②만
족스럽거나 흡족하다. ¶ 영화가 죽
여준다. 찌개 맛이 죽여준다.

죽으시다 ⇨ 돌아가시다.

죽은깨 ⇨ 주근깨.

죽은물때 * 사리를 지나 조금으로 가
는 물때.
　☞ 물때.² 산물때.

죽은 시인의 사회(~詩人~社會) ⇨
죽은 시인의 모임. ✻ 영화 이름.

죽을고 = 죽을 고비. ✻ 막다른 고비나
어려운 처지. ¶ 죽을고로 몰아넣다.

죽을동살동 ⇨ 죽을 둥 살 둥.

죽을맛 * 모진 괴로움이나 벅찬 어려
움. ¶ 죽을맛을 보다.
　☞ 살맛.

죽을뻔살뻔 ⇨ 죽을 뻔 살 뻔.

죽을상(~相) = 죽상. ¶ 왜 그리 죽을
상을 하고 있나?

죽음 * 죽는 일. {개죽음. 떼죽음. 반죽
음. 생죽음. 파죽음.} ¶ 삶과 죽음.
　☞ 주검.

죽임을 당하다 ⇨ 죽음을 당하다.

죽자구나 하고 ⇨ 죽자꾸나 하고.

죽자사자 하는 사이 ⇨ 죽자 살자 하
는 사이.

죽젓개(粥~) = 죽젓광이. ✻ 죽을 쑬
때 젓는 방망이.

죽젱이 ⇨ 쭉정이. ✻ 껍질만 있고 알맹
이가 없는 곡식이나 과일의 열매.

죽지뼈〔肩胛骨〕 = 견지뼈. 어깨뼈.

죽청(竹~) ⇨ 대청. ✻ 대나무 안벽에
붙은 흰 꺼풀.

준렬하다(峻烈~) ⇨ 준열하다. ✻ 엄
하고 매섭다.

준말〔略語〕 * 소리마디를 줄인 말.
✻ 사이 = 새. 잘가닥 = 잘각.
　☞ 본딧말.

준보다(準~) = 교정보다. ✻ (글을)
바로잡다.

준비 중(準備中) ㉿ ⇨ 채비 중.

준첩하다(浚渫 ⇨ 준설~) ⇨ (못, 강,
바다 밑바닥의) 흙을 파내다.

줄¹ * ① 공중에 치는 물건. {그넷줄.
빨랫줄. 전깃줄.} ¶ 줄을 치다.
② 바닥에 길이로 죽 벌이거나 잇
따라 있는 것. {줄기둥. 줄나무. 줄
도망. 줄뒤짐. 줄모. 줄바둑. 줄반
장. 줄밤. 줄방귀. 줄방울. 줄방죽.
줄번개. 줄봉사. 줄섬. 줄뿌림. 줄심
기. 줄엮음. 줄초상. 줄초풍. 줄폭
탄. 줄행낭.} {뒷줄. 앞줄.} {줄달
다. 줄띄우다. 줄맺히다. 줄짓다.}
¶ 줄 번호. 줄 맞추다. 줄 서다. 줄
세우다. ③ 가늘고 긴 끈, 띠, 바 따
위. {줄감개. 줄끌개. 줄낚시. 줄넘
기. 줄느림. 줄다리. 줄다리기. 줄달
이등. 줄등. 줄사다리. 줄악기. 줄
자. 줄타기. 줄팔매. 줄팽이. 줄풍
류. 줄향.} {줄드리다. 줄띄우다.}
¶ 줄 감다. 줄 건다. 줄 놀리다. 줄
타다. {거미줄. 고무줄. 고팻줄. 구
리줄. 금줄. 낚싯줄. 늑줄. 다림줄.
닻줄(몰잇줄). 동아줄. 동줄. 두레박
줄. 둥근줄. 드림줄. 떡줄. 뜸줄. 모
릿줄. 목돗줄. 못줄. 물렛줄. 민줄.
발줄. 밧줄. 배잡잇줄. 베리줄. 벼릿
줄. 봇줄. 삼밧줄. 새끼줄. 설렁줄.
쇠줄. 숙마줄. 시곗줄. 아딧줄(앗
줄). 양냥이줄. 연줄. 오랏줄. 용총

줄. 은줄. 전봇줄. 타락줄. 탕갯줄. 통줄. 피댓줄. 활벌이줄. 활줄. 후릿줄.} ④하나치. ¶ 두 줄. 석 줄. 넉 줄. ⑤관계나 인연. ¶ 줄을 놓다. 줄을 대다. 줄을 타다. ⑥광맥. {줄버력.} ¶ 줄이 풀리다.

☞ 금.[2] 끈. 띠.[2] 바.[2]

줄[2] = 줄칼. ✻쇠를 쓸어서 깎는 연장. ¶ 줄로 송곳 끝을 쓸다.

☞ 환.[2]

줄[3] ✻ 푸성귀나 잎담배를 모숨모숨 엮어 묶은 두름을 세는 하나치.

줄[4] 〔이〕 ✻ ①비슷한 수준, 정도나 나이. ¶ 사십 줄에 들다. 장관 줄에 섰다. ②방법. 셈속. ¶ 밥 지을 줄 모르다. 갈 줄 모르다. 속일 줄 모르다.

줄가리 ✻ 벼를 묶어서 줄을 지어 세우는 가리. ✻벼를 말릴 때 쓰는 방법.

줄갈이 ✻ 밭에 씨앗을 줄지어 심는 방법.

☞ 노가리.[1] 줄뿌림.

줄거리 〉졸가리. ✻①잎이 다 떨어진 나뭇가지. ② 군더더기를 떼어버린 골자. ③말이나 글의 뼈대. ✻작품이나 이야기를 간단히 줄인 것.

☞ 줄기.[2]

줄걸 ¶ 그 사람에게는 아마 안 줄걸. ✻'ㄹ걸'은 맺음끝.

줄 걸 ¶ 틀림없이 줄 걸 알고 있다. ✻ 걸 = 것(매인이름씨) + 을(토씨).

줄곧 ✻ 끊임없이 내쳐. 잇달아. ¶ 아침부터 줄곧 너를 기다리고 있었다.

☞ 곧장.

줄글 〔長文〕 ✻ 한문에서 구나 글자 수를 맞추지 않고 죽 잇따라 지은 글.

☞ 귀글.

줄기[1] ✻ 나무나 풀의 뿌리에서 가지나 잎으로 뻗는 부분. {감는줄기. 곁줄기. 곧은줄기. 기는줄기(땅덩굴줄기. 뛰엄줄기). 꽃줄기. 나무줄기. 덩굴줄기. 덩이줄기. 땅속줄기(땅밑줄기. 땅줄기). 땅위줄기. 물속줄기. 비늘줄기(비늘꼴줄기). 뿌리줄기(뿌리꼴줄기). 씨눈줄기. 알줄기. 잎줄기. 풀줄기.} {어린줄기. 원줄기.} ¶ 고구마 줄기. 토란 줄기.

☞ 가지.[2]

줄기[2] ✻ ①이어져 뻗어나가는 갈래. {줄기지다. 줄기차다.} {강줄기. 등줄기. 물줄기. 불줄기. 산줄기. 원줄기. 핏줄기.} ②일이나 이야기의 흐름. {본줄기(원줄기)}. ¶ 이야기 줄기.

☞ 줄거리.

줄기채소(~茱蔬) ✻ 줄기를 먹는 남새. ✻ 양배추. 죽순. 아스파라거스.

☞ 뿌리채소. 양념채소. 열매채소. 잎채소.

줄께 ⇨ 줄게. ✻ 물음, 맺음끝에만 쌍기역을 씀.

줄꾼[1] ✻ 줄타기를 하는 사람. ✻ 민속.

줄꾼[2] = 줄잡이. ✻ 가래질할 때나 줄모를 심을 때 줄을 잡는 사람.

줄나다 ✻ 표준량보다 적게 나다. ¶ 올해는 가물어 곡식이 줄났다.

☞ 솟나다. 줄지다.

줄낚시 = 주낙. ✻ 낚싯대 없이 낚싯줄에 낚싯바늘을 매어 고기를 낚는 방법.

☞ 대낚시.

줄눈 * 돌이나 벽돌을 쌓을 때 모르타르를 채워 넣는 틈.

☞ 사춤.

줄다 * ① 길이, 넓이, 부피, 무게, 수효, 분량이 작거나 적어지다. ② 힘, 재능이 줄어들다. ¶ 나이가 드니 힘이 줄다. ③ 시간, 기간이 짧아지다.

☞ 졸다.[1]

줄다리 〔懸垂橋〕 = 출렁다리.

줄달음하다 = 줄달음질하다. 줄달음치다. * 단숨에 내처 달리다.

줄담배를 피다 ⇨ 줄담배를 피우다.

줄당기기 ⇨ 줄다리기. * 민속. ¶ 영산 줄다리기.

줄 듯 줄 듯하다 ⇨ 줄 듯 줄 듯 하다.

줄딸기 = 덩굴딸기. * 딸기의 한 가지.

줄뛰기 ⇨ 줄넘기. * 운동의 한 가지.

줄띄기 = 줄치기. * 집터에 줄을 띄워서 건물의 배치를 나타내는 일.

줄띠 = 목줄띠. 목줄. * 목에 있는 힘줄. ¶ 목줄띠가 퍼렇게 솟다.

줄맥(~脈) ⇨ 맥락. * 사물 따위가 서로 이어져 있는 관계나 연관.

줄모 * 못줄을 대어 가로와 세로로 줄이 반듯하게 심는 모. * 벼농사.

☞ 막심기. 벌모. 허튼모.

줄무더기형제(~兄弟) = 배다른형제. 이복형제. * 어미가 다른 형제.

줄밥[1] * 줄로 쇠를 쓸 때 나오는 쇳가루. * 톱밥. 대팻밥. 자귓밥.

줄밥[2] * 매를 길들일 때 줄에 매어서 주는 밥.

☞ 날밥. 낱밥. 졸밥.

줄뿌림 = 골뿌림. * 밭에 고랑을 내어 줄이 지게 씨를 뿌리는 일.

☞ 노가리. 줄갈이. 흩어뿌리기.

줄사다리 = 줄사닥다리. * 두 가닥의 밧줄에 세장을 질러 만든 사다리.

줄상어 = 철판상어. 톱상어. * 바닷고기의 한 가지.

줄여 = 줄이어. * 줄이다. ¶ 줄여 가다. 줄여 놓다. 줄여 입다.

줄이다 * ‘줄다’의 하임. ¶ 집을 줄이다. 옷을 줄이다. 허리를 줄이다. 근무 시간을 줄이다. 살림을 줄이다. 오늘은 이만 줄인다.

☞ 주리다.

줄잇다 ⇨ 줄을 잇다.

줄자 = 띠자. * 헝겊이나 강철로 띠처럼 만든 자. ¶ 줄자로 허리를 재다.

줄잡다 〉 졸잡다. * 줄여 잡다. ¶ 이 일은 줄잡아 한 달이 걸리겠다.

줄 잡다 * 줄을 잡다.

줄잡이 = 줄꾼. * 가래질할 때나 줄모를 심을 때 줄을 잡는 사람.

줄줄 〉 졸졸.

줄줄이 * ① 줄마다 모두. ② 여러 줄로. ③ 줄지어 잇따라.

☞ 주줄이.

줄지다 * 물건 위에 줄이 생기다. ¶ 줄진 바지를 다리다.

☞ 금가다. 줄나다.

줄짓다 * ① 줄을 이루다. ¶ 줄지어 달리는 자동차. ② 어떤 일이 끊이지 않고 잇따르다. ¶ 눈물이 줄지어 흘러내리다.

줄창 ⇨ 줄곧.

줄치기 = 줄띄기. * 집터에 줄을 띄워서 건물의 배치를 나타내는 일.

줄 치다 * ① 두 곳이나 여러 곳에 말뚝이나 못을 박고 줄을 잇다. ¶ 빨랫줄을 치다. ② 줄로 막아서 사람이 들어가지 못하게 하다.
☞ 금 긋다.

줄칼 = 줄. ✻ 쇠붙이를 쓸거나 깎는 데 쓰는 연장. {줄질하다.}

줄톱 ⇨ 실톱.

줄팔매 * 노끈을 접어서 쥐고 돌멩이를 끼워 휘두르다가 던지는 팔매.
☞ 팔매.

줄행랑치다(~行廊~) = 줄행랑 놓다. 줄행랑 부르다. ✻ 피하여 달아나다.

줌[1] * 하나치. ① 한 손으로 움켜쥘 만한 분량. ✻ 산나물, 푸성귀, 실파 너덧 뿌리. ¶ 산나물 한 줌. ② 주먹. ✻ 땅콩. 앵두. 잣. 찐쌀. ¶ 잣 두 줌.
☞ 뿌리. 손.[1] 움큼.

줌[2] = 줌통. 줌허리통. 활줌통. ✻ 활의 한가운데 손으로 쥐는 부분.

줍다 * 떨어진 것을 손으로 집다. ✻ 줍고. 줍지. 주우니. 주우면. 주워.
☞ 집다.

줏가(株價) ⇨ 주가.

줏가지(籌~) ⇨ 산가지. 셈대. ✻ 수효를 셈하는 데에 쓰는 막대기.

줏개비(籌~) ⇨ 산가지. 셈대.

줏다 ⇨ 줍다. ¶ 길에서 동전을 줍다. 밤밭에서 알밤을 줍다.

줏대[1] * 수레바퀴의 휘갑쇠.

줏대[2](主~) * ① 가장 중요한 부분. ② 자기의 생각을 꿋꿋이 지키고 내세우는 기질. {줏대잡이.} ¶ 줏대가 서다. 줏대가 세다. 줏대 없다. 줏대 있다.

줏대[3](籌~) ⇨ 산가지. 셈대. ✻ 수효를 셈하는 막대기.

줏어 ⇨ 주워. ✻ 줍다. 줍고. 줍지. 주우니. 주우러. 주워서.

줏어대다 ⇨ 주워대다.

주어듣다 ⇨ 주워듣다.

줏어라 ⇨ 주워라.

중[1](中) * ① 여럿 가운데. ¶ 나라 중. 너희 중. 선수 중. ② 무엇을 하는 동안. ¶ 회의 중. 그러던 중. ③ 어떤 상태에 있는 동안. ¶ 임신 중. 재학 중. ④ 안. 속. {산중. 수중.} ¶ 공기 중. 오늘 중. 오전 중.

~중[2](~中) * 그러한 상태나 마음으로. {무심중. 무의식중. 밤중. 병중. 부지불식중. 부지중. 안중. 은연중.}

중간치기(中間~) ⇨ ① 중간치. 중치. ② 새치기.

중개인(仲介人) * 두 쪽 사이에서 어떤 일을 주선하는 사람.

중개하다(仲介~) * 새들다. ✻ 두 쪽 사이에서 어떤 일을 주선하다.

중계자(中繼者) * 중간에서 이어주는 사람. ✻ 방송. 통신.

중계하다(中繼~) * 중간에서 이어주다. ✻ 방송. 통신. {중계방송.}

중고제(中高制) = 중고조. ✻ 경기도와 충청도의 판소리
☞ 동편제. 서편제. 판소리.

중국(中國) ⇨ 차이나. ✻ 나라 이름.

중국글(中國~) ⇨ ① 차이나 글. ② 차이나 글자. ③ 한문글자.

중국땅(中國~) ⇨ 차이나 땅.

중국어(中國語) ⇨ 차이나 말.

중노릇 = 중질. ✳ 중의 행세. {중노릇 하다.}

중노인(中老人) = 중늙은이. 반늙은 이. ✳ 조금 늙은 사람.

중놈이 ⇨ 중노미. ✳ 음식점이나 여관 에서 허드렛일을 하는 사내.

중단되어지다(中斷~) ⇨ 끊어지다. ✳ 중단되다.

중대가리 = 까까머리. 까까중머리. 빡빡머리. ✳ 빡빡 깎은 머리. ☞ 몽구리.

중더버기 ⇨ 중다버지. ✳ 아이의 더펄 더펄한 머리. 또는 그런 아이.

중도(中島)㉿ ⇨ 샛섬.

중도위 ✳ 장마다 돌아다니며 과일이나 나무 따위의 흥정을 붙여 주는 사 람. ☞ 거간꾼. 주릅. 흥정꾼.

중동치장(中~治粧) ⇨ 중동치레. 중 동풀이. ✳ 쌈지, 주머니, 허리띠 따 위로 허리 부분을 치장하는 일.

중두리 ✳ 독보다 작고 배가 부른 오지 그릇. ☞ 독. 바탱이. 항아리.

중둥밥(重~) ✳ ① 팥 삶은 물로 지은 쌀밥. ② 찬밥에 물을 치고 데운 밥. ☞ 밥.[1]

중로보기(中路~) = 반보기. ✳ 두 집 중간쯤 되는 곳에서 만나는 일.

중령산(中靈山) ⇨ 중영산. ✳ 산 이름.

중립자(重粒子) ⇨ 중입자.

중매(仲媒) = 중신. {중매결혼. 중매 구전.} {중매하다.}

중매 서다(仲媒 ~) = 중매 들다. 중 매하다. 중신 서다. 새들다.

중매인[1](仲媒人) = 중매쟁이. 중매꾼. ✳ 중신아비. 중신어미. 중신할미.

중매인[2](仲買人)㉿ ⇨ 거간. 거간꾼. 주릅.

중몰이 ⇨ 중모리. ✳ 판소리와 산조 장 단의 하나.

중바랑 ⇨ 바랑. 걸낭.

중반(中盤) ✳ ① 초반이 지나고 본격적 인 대전으로 들어가는 국면. ✳ 바둑. 장기. 운동 경기. 선거전. ② 일정한 기간 가운데 중간쯤 되는 단계. ☞ 중순.

중발(中鉢) ✳ 조그마한 주발. ☞ 종발. 종지. 주발. 보시기.

중복(中伏) ✳ 삼복의 하나. {중복허 리.} ✳ 하지 뒤 네 번째 경일. ☞ 초복. 말복. 삼복.

중복사 ⇨ 민복숭아. 승도복숭아. 천 도복숭아. ✳ 복숭아나무의 한 가지.

중상자(重傷者)㉿ ⇨ 크게 다친 사람. ☞ 경상자.

중성 홀소리(中性~)〔中性母音〕✳ 밝 은홀소리와 어두운홀소리 어느 쪽 이나 잘 어울리는 홀소리. ✳ '이'가 있음. ☞ 밝은홀소리. 어두운홀소리.

중속환이(~俗還~) = 속환이. ✳ 중 이 되었다가 다시 속인으로 돌아온 사람. ☞ 되깎이

중송아지(中~) ✳ 거의 다 큰 송아지. ☞ 목매기송아지. 어석송아지. 어스 럭송아지. 엇부루기. 엇송아지.

중쇠[1](中~) ✳ ① 맷돌중쇠. 맷중쇠. ② 바퀴의 가운데 구멍에 박힌 긴 쇠.

중쇠²(中~) = 목쇠. 부쇠. ✽ 농악에
서 상쇠 다음 자리에 있는 사람.

중수도(中水道) ✽ 빗물이나 한 번 쓴
물을 다시 쓰도록 하는 수도.
　☞ 상수도. 하수도.

중순(中旬) ✽ 그달의 11일에서 20일
까지 10일 동안.
　☞ 중반.

중숨기 ⇨ 중모. ✽ 이르지도 늦지도 않
은 시기에 낸 모.

중시조(中始祖) ✽ 어느 성씨 중에 다
른 곳으로 옮겨 살게 된 사람이나
이름을 떨친 사람을 중심으로 생긴
새로운 파의 처음 사람.
　☞ 시조.¹

중식(中食) ㈜ ⇨ 점심. 점심밥.

중신(中~) = 중매. {중신아비. 중신
어미. 중신할미.} {중신하다.}

중신 서다(中~) = 중매 서다. 중매
들다. 중신하다. 중매하다. 새들다.

중심인물(中心人物) = 줏대잡이. 중
추인물.

중양(中洋) ✽ 서아시아와 북아프리카
를 아울러 일컫는 이름.
　☞ 동양. 서양.

중얼거리다 = 중얼대다. ✽ 작고 낮은
목소리로 혼잣말을 자꾸 하다.
　☞ 종알거리다. 주절거리다. 중절거
리다.

중요시여기다(重要視~) ⇨ 중요하게
보다. 중요하게 여기다. ✽ 중요시하
다.

중요하다(重要~) ✽ 없어서 안 될 정
도로 귀중하다. ¶ 중요한 일.
　☞ 주요하다.

중의(中衣) = 고의. ✽ 사내의 여름 홑
바지.

중임¹(重任) = 대임. ✽ 중대한 임무.
　¶ 중임을 맡다.

중임²(重任) ✽ 임기 중에 개편할 때나
임기가 끝난 뒤 거듭 그 자리에 임
용함.
　☞ 연임.

중재하다(仲裁~) ㈜ ⇨ 조정하다. ✽ 싸
움에 끼어들어 서로 화해하게 하다.

중절거리다 ✽ 수다스럽게 중얼거리다.
　☞ 주절거리다. 중얼거리다.

중절모(中折帽) ㈜ ⇨ 우묵모자.

중지도(中之島) ㈜ ⇨ 샛섬.

중질 = 중노릇. ✽ 중의 행세. ¶ 중질
하기도 힘들다.

중차대하다(重且大~) ㈜ ⇨ ①중요
하다. ②중대하다. ③심각하다.

중참(中~) = 곁두리. 새참. 샛요기.
　☞ 낮참. 밤참. 참밥.

중추가절(仲秋佳節) = 중추절. 추석.
가위. 한가위.

중추막 ⇨ 중치막. ✽ 소창옷 위에 덧입
는 웃옷.

중추인물(中樞人物) = 중심인물. 줏
대잡이.

중치(中~) = 중간치. ✽ 크기나 품질
이 중간이 되는 물건.
　☞ 상치.¹ 하치.

중톱(中~) ✽ 크지도 작지도 아니한
중간 톱.
　☞ 대톱. 세톱. 소톱. 실톱. 큰톱.

중풍 걸리다(中風~) = 중풍 들다.
중풍 맞다. 바람맞다.

중허리(中~) = 중턱. ✽ 산, 고개, 바

위의 허리쯤 되는 곳.

중화시키다(中和~) ⇨ 중화하다.

줘라 = 주어라. ＊ 직접명령. ¶ 주운 물건은 "주인을 찾아 줘라"고 했다.
☞ 다오.¹ 주라.

줴¹ = 쥐어. ＊ 쥐다. {줴뜯다. 줴박다. 줴짜다. 줴흔들다.}

줴² = 쥐여. ＊ 쥐이다. {줴살다. 줴지내다.}

쥐고기 ⇨ ① 쥐치. ② 쥐포.

쥐가 나다 = 쥐가 오르다. ＊ 몸의 한 부분에 경련이 일어나다.

쥐다 ＊ ① 다섯 손가락을 오므려 겹쳐지게 하다. ¶ 주먹을 쥐다. 말고삐를 쥐다. ② 힘, 권리를 가져서 마음대로 쓸 수 있다. ¶ 권력을 쥐다. ③ 증거를 가지다. ¶ 단서를 쥐다. ④ 재물을 벌다. ¶ 한밑천 쥐다.
☞ 잡다.

쥐대기¹ ＊ 여기저기서 마구 모으는 일. ¶ 초막을 쥐대기로 짓다.

쥐대기² ＊ 솜씨가 서툰 기술자.
☞ 손방.

쥐대기극(~劇) = 풋내기극. ＊ 아마추어 극.

쥐덫 = 쥐틀. ＊ 쥐를 잡는 연모. ¶ 쥐덫을 놓다.

쥐띠 해 ⇨ 쥐해. 쥐의 해.

쥐불놀이 ＊ 음력 정월 대보름날에 하는 놀이. ＊ 깡통 돌리기. 달집태우기.

쥐불놓이 ＊ 음력 정월 첫 쥐날에 논밭이나 두렁에 놓는 불. ¶ 쥐불을 놓다.

쥐불알같다 ⇨ 쥐뿔같다. 쥐좆같다. ＊ 아주 보잘것없다.

쥐뼘 ＊ 짧은 뼘. ＊ 엄지와 새끼손가락을 한껏 펴서 벌렸을 때의 길이.
☞ 장뼘. 집게뼘. 집뼘.

쥐뿔같다 = 쥐좆같다. ＊ 아주 보잘것없다.

쥐새끼 ＊ ① 잔일에 약삭빠른 사람. ② 약삭빠른 놈. ¶ 쥐새끼 같은 놈.

쥐 새끼 ＊ 쥐의 새끼. 새끼 쥐.
☞ 개새끼. 돼지새끼. 소새끼. 쇠새끼. 여우새끼.

쥐악상치 ⇨ 쥐악상추. ＊ 잎이 덜 자란 상추.

쥐어 ＊ 쥐다. {쥐어뜯다. 쥐어박다. 쥐어지르다. 쥐어짜다.}

쥐여 = 쥐이어. ＊ '쥐다'의 입음. {쥐여살다. 쥐여지내다.}

쥐 오르다 = 쥐가 나다. ＊ 경련이 일어나다.

쥐이송곳 ⇨ 중심송곳. ＊ 끝이 세 날로 된 송곳.

쥐좆같다 = 쥐뿔같다. ＊ 아주 보잘것없다.
☞ 개좆같다. 좆같다.

쥐치 ＊ 쥐칫과의 바닷고기.
☞ 쥐포.

쥐콩 ⇨ ① 돌콩. ② 여우콩.

쥐토끼 = 우는토끼. 새앙토끼. 생토끼. ＊ 토끼의 한 가지.

쥐통 = 콜레라. ＊ 돌림병의 한 가지.
☞ 쥣병.

쥐틀 = 쥐덫. ＊ 쥐를 잡는 연모.

쥐포(~脯) ＊ 말린 쥐치를 납작하게 눌러 만든 어포.
☞ 쥐치.

쥔 = 주인. {쥔님. 쥔댁. 쥔마누라. 쥔

마님. 쥔아씨. 쥔아저씨. 쥔아주머
니. 쥔아줌마. 쥔어른. 쥔장. 쥔집.}

쥘부채 = 접부채.

쥘선(~扇) ⇨ 쥘부채.

쥣병(~病) = 페스트. ‖ 돌림병의 한
가지.

☞ 쥐통.

쥣불놀이 ⇨ ①쥐불놀이. ②쥐불놓이.

쥬니어(junior) ⇨ 젊은이. ‖ 주니어.

쥬라기(Jurar紀) ⓐ ⇨ 쥐라기.

쥬스(juice) ⇨ 주스. ‖ 서양말을 적을
때 '자, 차' 뒤에 'ㅑ, ㅕ, ㅛ, ㅠ, ㅒ,
ㅖ'가 올 수 없음.

즈봉(jupon) ⇨ 양복바지.

즈음 = 즘. ‖ 일이 어떻게 될 무렵.
{요즈음. 이즈음.} {즈음하다.}

☞ 무렵.

즉각(卽刻) * 당장에 곧. ¶ 내 말대로
즉각 시행하라.

☞ 즉시.

즉사(卽死) * 그 자리에서 바로 죽음.
{즉사하다.}

즉사하게(卽死~) ⇨ 직사하게. ‖ ①매
우. ¶ 놀기는커녕 직사하게 고생만
하였다. ②실컷. ¶ 직사하게 떠들
다. 직사하게 매질하다.

즉시(卽時) * 무엇을 하자마자 곧바로.
¶ 약을 먹자 즉시 효과가 나타났다.

☞ 즉각.

즐거운 시간이 되어라 ⇨ 즐겁게 놀아
라. 즐겁게 지내라.

즐겁다 * 좋다는 느낌이 입, 눈, 귀와
같은 몸에서 마음으로 번져 들어올
때의 느낌. ‖ 운동회, 소풍, 여행,
만남 따위에서 느낌이 바깥으로 드

러남.

☞ 기쁘다. 즐기다.

즐겨 = 즐기어. ‖ 즐기다. ¶ 즐겨 듣
다. 즐겨 마시다. 즐겨 부르다.

즐기다 * 즐거움을 누리거나 맛보다.
¶ 바둑을 즐기다. 인생을 즐기다.

☞ 누리다.² 즐겁다.

즐비하다(櫛比~) * 빽빽하게 늘어서
있다. ¶ 아파트가 즐비하게 들어섰
다.

☞ 늘비하다.

즙(汁) = 즙액. ‖ 잎, 줄기, 뿌리, 과
일에서 짜낸 물. {과일즙. 무강즙
(무즙). 배즙. 사과즙. 생강즙. 솔잎
즙. 양배추즙. 칡즙. 포도즙.} {생
즙.}

☞ 진.

즙 나다(汁~) * 매우 익숙해지다.

즙 내다(汁~) = 즙 짜다.

즙내기하다(汁~) * 즙을 내다. 즙을 짜다.

증기다리미(蒸氣~) * 김으로 옷을 다
리는 다리미.

☞ 손다리미. 숯다리미. 전기다리미.

증서(證書) ⇨ 증거 문서. ‖ 권리, 의
무, 사실 따위를 증명하는 문서.

증악하다(憎惡~) ⇨ 미워하다. ‖ 증
오하다.

증원시키다(增員~) ⇨ (사람을) 늘
리다. ‖ 증원하다.

증진시키다(增進~) ⇨ 증진하다. ¶ 건
강 증진. 복리 증진. 우호 증진.

증폭시키다(增幅~) ⇨ 증폭하다. ¶ 갈
등 증폭. 의혹 증폭.

증후(證候) * 증거가 될 만한 기미.
¶ 증후가 나타나다. 증후가 보이다.

☞ 징후.

지[1] 〔대〕 ⇨ 저. 제.

지[2] 〔이〕 * 일이 있었던 때로부터 지금까지 동안의 시간. ¶ 집을 떠난 지 십 년. 일을 시작한 지 오래 지나다. 약 먹은 지 얼마 지나지 않다. ⁑ 매인이름씨 '지' 뒤에는 반드시 시간을 나타내는 말이 와야 함.

~**지**[3] * ①'~ㄴ지. ~ㄹ지. ~은지. ~는지' 꼴로 쓰는 이음끝, 맺음끝. ¶ 누가 먹었는지. 언제 갈지. 집이 큰지 모른다. 산이 어떻게나 높은지 놀랐다. ②'않다. 못하다. 모르다. 말다' 앞에 씀. ¶ 제때에 도착할지 모르겠다. ③서술, 의문, 명령, 제안을 나타냄. {가지. 어쩌지? 자지. 하지.}

~**지**[4](~址) * 터. {감은사지. 미륵사지. 원각사지. 정림사지.}

☞ 터.

ㅈ

지가끔 ⇨ 저마다. 제가끔.

지각[1](枳殼) ⇨ 기각. ⁑ 약으로 쓰는, 말린 탱자.

지각[2](知覺) = 지각머리. ⁑ ①알아서 깨달음. {지각하다.} ②사물의 이치나 도리를 분별하는 능력. ¶ 지각을 차리다. 지각 나자 망녕 든다.

☞ 철.[2]

지각 나다(知覺~) = 철나다.

지각 들다(知覺~) = 철들다.

지각없다(知覺~) = 철없다.

지갑(紙匣) = 돈지갑. {가죽지갑. 손지갑.} ¶ 동전 지갑.

☞ 쌈지.

지걸입다 ⇨ 지벌을 입다. ⁑ 신이나 부처에게 벌을 받다.

지게다리 * 한문글자 '弋'에서 '一'과 '丶'을 뺀 나머지 획.

☞ 지겟다리. 목발.

지게막대기 = 지게막대. 지겟작대기. ⁑ 지게를 세우는 막대기.

지게미 = 술지게미. ⁑ 재강에서 모주를 짜내고 남은 찌꺼기.

☞ 술찌끼. 재강.

지게코 * 짐승을 잡는 올가미의 한 가지. ⁑ 두 나무 사이에 걸쳐 놓음.

☞ 올가미. 올무. 찰코.

지겟가지 * 지게 몸에서 뒤쪽으로 뻗어나간, 짐을 얹는 가지.

☞ 버들가지.

지겟다리 = 동발. ⁑ 지게 몸의 아래에 있는 두 다리.

☞ 지게다리.

지겟등태 = 지게등받이. 지게판. ⁑ 지게에 붙인 등태.

지겟작대기 = 지게막대기. 지게막대.

지경다지다 ⇨ 지정다지다. 터다지다.

지골 ⇨ 지벌. ⁑ 신이나 부처님이 내리는 벌.

지구의(地球儀) = 지구본. ⁑ 지구를 본떠 만든 물건.

지굿대(地球~)〔地軸〕 ⇨ 땅꽂이.

지권련(紙卷煙) ⇨ 지궐련.

지궐련 * 살담배를 얇은 종이로 말아서 만든 담배.

☞ 엽궐련.

지그시 * ① 눈을 슬며시 감는 모양. ¶ 지그시 눈을 감고 생각하다. ② 힘을 은근히 들이는 꼴. ¶ 지그시 입술을 깨물다. 지그시 눌러주다. ③아

품, 어려움을 조용히 참고 견디는
　꼴. ¶ 화를 지그시 참다.
　☞ 지긋이.²
지금 * ①이제. ②바로 이때.
　☞ 금방. 방금. 시방. 아직. 여태. 입
　때.
지금껏 = 이제껏. 여태껏. 입때껏.
지금부터 ‡ 시작을 나타냄. ¶ 지금부
　터 기념식을 시작합니다.
지금으로부터 ‡ 시간을 거슬러 올라
　감. ¶ 지금으로부터 오천 년 전.
지급받다(支給~) ⇨ 받다.
지급율(支給率) ⇨ 지급률. ‡ 니은을
　뺀 받침 뒤에는 '률'임.
지긋이¹ * 나이가 많아 듬직하게. ¶ 나
　이가 지긋이 든 아주머니.
지긋이² * 참을성 있게 끈질기게. ¶ 한
　곳에 지긋이 있지 못하느냐?
　☞ 지그시.
지긋지긋이 * 넌더리가 나게. ‡ 지긋지
　긋하다. ¶ 이 일이 지긋지긋이 싫다.
~지기¹ * ①농사짓는 논. {천둥지기.}
　②논밭의 넓이. ¶ 닷 말지기. 두어
　섬지기.
~지기² * 지키는 사람. {고지기. 등대
　지기. 묘지기. 문지기. 방지기. 별장
　지기. 사당지기. 산장지기. 산지기.
　청지기.}
지껄이다 〉 재깔이다. ‡ ①떠들썩하
　게 이야기하다. ②말하다.
　☞ 떠들다.¹
지꾸땡 ⇨ 짓고땡. ‡ 화투 노름의 하나.
지꽂다 ⇨ 짓꽂다.
지끈지끈¹ 〉 자끈자끈. ‡ 갑자기 부러
　지거나 깨지는 소리나 모양. ¶ 나뭇

가지를 지끈지끈 분질러 아궁이에
　밀어 넣는다.
지끈지끈² * 머리가 자꾸 쑤시듯 아픈
　느낌. ¶ 머리가 지끈지끈 쑤신다.
　☞ 질끈질끈.
지나(支那. 至那. 脂那) ⇨ 차이나. ‡ 나
　라 이름.
지나간 일들에 대한 기억(~記憶) ⇨ 잃
　어버린 시간을 찾아서. ‡ 소설 이름.
지나다 * ①한창때를 넘어 힘이 기울
　어지다. ¶ 겨울이 지나다. ②시간이
　흐르다. ¶ 십 분이 지나다. ③어떤
　일을 그냥 넘겨 버리다. ¶ 시험 날짜
　가 지나다. ④한도나 정도를 벗어
　나다. ¶ 상식에 지나는 얘기를 하다.
　☞ 넘다. 지내다.²
지나쳐 보다 = 흘려보다. 예사로 보다.
　☞ 눈여겨보다. 여겨보다.
지난밤 = 간밤. 어젯밤.
지난번(~番) = 먼젓번. 전번.
지난적〔過去〕* 이미 지나간 때를 나
　타내는 때매김. {지난적끝남.}
지난해〔昨年〕= 묵은해. 안해.
　☞ 새해. 전해.
지난해 말〔昨年 末〕⇨ 지난해 그믐.
지난해 한 해 ⇨ 지난 한 해.
지내다¹ * 의식을 치르다. ¶ 제사를 지
　내다. 차례를 지내다. 환갑을 지내
　다.
지내다² * ①시간을 보내다. ¶ 섬에서
　한 달을 지내다. ②사귀어 오다.
　¶ 오래 알고 지내다. ③지난날에 어
　떤 직책을 맡아 일하다. ¶ 교장을 지
　내다.
　☞ 거치다.¹ 나다.² 지나다.

지내듣다 = 귀넘어듣다. 넘겨듣다. 흘려듣다. ✽ 귀기울여 듣지 않다. ☞ 귀담아듣다. 귀여겨듣다. 새겨듣다. 여겨듣다.

지냉하다(至冷 ⇨ 지랭~) ⇨ 몹시 차다. 몹시 춥다.

지녀 = 지니어. ✽ 지니다. ¶ 지녀 가다. 지녀 보다. 지녀 오다.

지노귀(~鬼) = 지노귀새남. ✽ 굿의 한 가지.

지놈(Genom) ⇨ 게놈. ✽ 낱낱의 생명체가 가진 한 쌍의 염색체.

지니다 ✽ ①물건을 품속에 간직하다. ¶ 큰돈을 몸에 지니다. ②성품, 버릇, 기억, 책임, 명예를 간직하다. ¶ 임무를 지니다. 책임을 지니다. ☞ 가지다.¹

지닐재주〔記憶力〕 = 지닐총. ✽ 보거나 들은 것을 오래 지니는 재주. ☞ 욀총. 욀재주.

지다¹ ✽ 물건을 등에 올려놓거나 멜빵을 어깨에 걸다. ¶ 짐을 지다. ☞ 메다.⁴ 업다.

지다² ✽ ①꽃잎, 나뭇잎이 떨어지다. ②해나 달이 서쪽으로 넘어가다. ③배 속 아기가 자라지 못하고 나오다. ④묻은 것이 닦여 없어지다. ☞ 떨어지다.

~지다³ ✽ ①남움직씨와 그림씨의 줄기 '~아~, ~어~, ~워~'에 붙어 입음씨로 만듦. ✽ 입음움직씨에는 붙일 수 없음. {고와지다. 나아지다. 달라지다. 더워지다. 믿어지다. 아름다워지다. 어려지다. 없어지다. 오므라지다. 이루어지다. 젊어지다. 점잖아지다. 좋아지다. 지워지다. 추워지다. 흥겨워지다.} ②이름씨에 붙어 풀이씨로 만듦. ✽ 그런 성질이 있거나 그런 모양임. {값지다. 그늘지다. 기름지다. 등지다. 멋지다. 숨지다.}

지단 = 알고명. 알반대기. ✽ 달걀의 흰자와 노른자를 따로 부쳐 썬 고명.

지대(紙袋) ㉑ ⇨ 종이봉지.

지대미(紙袋米) ㉑ ⇨ 봉지쌀.

지돌이 ✽ 산길에서 바위에 등을 대고 겨우 돌아가게 된 곳. {지돌잇길.} ☞ 안돌이.

지동(地動) ✽ 지구의 자전과 공전.

지둥〔地動〕 = 지진. {지둥이 일다. 지둥이 치다.}

지드레기 ⇨ 찜부럭.

지딱총(紙~銃) ⇨ 딱총.

지라시(찌라시)〔散~〕㉑ ⇨ 낱장 광고. 알림 쪽지. 쪽지 광고.

지랄 ✽ ①법석을 떨며 분별없이 하는 행동. {지랄버릇. 지랄증.} {개지랄. 돈지랄.} {지랄하다.} ¶ 지랄 같다. ②지랄병. {지랄쟁이.}

지랄용천 = 용천지랄. 용천. ✽ 분별없이 행동하는 짓을 욕하는 말.

지랑물 = 지지랑물. ✽ 초가지붕에서 떨어지는 검붉은 낙숫물. ☞ 구지렁물.

지렁장 ⇨ 간장.

지레¹ ✽ 미리. {지레김치. 지레뜸. 지레짐작. 지레혼인.} ¶ 지레 꿰지다. 지레 채다. 지레 겁을 먹다. 지레 포기하다. 개살구 지레 터진다.

지레² = 지렛대. 제지레. {지레질. 쇠

지레.} ¶ 지레 받침.
☞ 지릿대.
지레목 * 산줄기가 끊어진 곳.
지렛목 = 받침점. ‡ 지렛대를 괴는 점.
지르되다 * 더디게 자라거나 익다.
☞ 올되다.² 늦되다.
지르디디다 ⇨ 제겨디디다. ‡ 발끝이
나 발꿈치만으로 땅을 디디다.
지름길 * ①질러가는 길. ②쉽고 빠른
방법. ¶ 공부에는 지름길이 없다.
☞ 샛길.
지리 〔汁〕 외 ⇨ ①백숙. ②맑은장국.
싱건탕. ③ 즙.
지리다¹ * 오줌 냄새와 같거나 그런 맛
이 있다. ¶ 지린 냄새가 코를 찌르다.
지리다² * 똥이나 오줌을 참지 못하고
옷에 조금 싸다.
☞ 누다. 싸다.⁴
지리하다(支離~) ⇨ 지루하다.
지릿대 * 고싸움놀이에서 고의 심으로
쓰는 나무.
☞ 지렛대.
~지마는 = ~지만. ¶ 잘한 일이지마
는. 내가 늙었지마는.
☞ 마는.
~지 마라 * 바로 시킴꼴. ¶ 가지 마
라. 먹지 마라. 하지 마라.
☞ ~지 말라.
~지만서도 ⇨ ~지마는. ~지만. ¶ 잘
한 일이지마는. 늙었지마는.
☞ 마는.
~지 말라 * 건너 시킴꼴. ¶ 가지 말라
고 하셨다.
~지 말아라 ⇨ ~지 마라. ‡ 바로 시킴꼴.
지밀내인(至密內人) ⇨ 지밀나인. ‡

임금과 왕비를 모시는 궁녀.
지방¹(脂肪) * 굳기름. ‡ 동물의 기름.
☞ 물기름. 기름.
지방²(地方) * ①어느 방면의 땅. ¶ 열
대 지방. 영남 지방. 호남 지방. ②서
울 밖의 땅. ¶ 지방 도시. 지방 문화.
☞ 지역.
지방³(紙榜) * 위패 대신 종이에 쓴
신위. ‡ 제사가 끝나면 태워 없앰.
☞ 신위. 신주. 위패.
지방선(脂肪腺) 외 ⇨ 굳기름샘.
지부지기 = 바위솔. ‡ 여러해살이풀
의 한 가지.
지분(持分) 외 ⇨ 몫.
지불금(支拂金) 외 ⇨ ①낸 돈. 치른
돈. ②낼 돈. 치를 돈. ‡ 지급금.
지불받다(支拂~) 외 ⇨ 받다. 받아내
다.
지불액(支拂額) 외 ⇨ ①낸 돈. 치른
돈. ②낼 돈. 치를 돈. ‡ 지급액.
지불 인도(支拂引渡) 외 ⇨ 지급 인도.
지불 자산(支拂資産) 외 ⇨ 당좌 자산.
지불 장소(支拂場所) 외 ⇨ 지급 장소.
지불 전표(支拂傳票) 외 ⇨ 지급 전표.
출금 전표.
지불 정시(支拂呈示) 외 ⇨ 지급 제시.
지불 정지(支拂停止) 외 ⇨ 지급 정지.
지불지(支拂地) 외 ⇨ 지급지.
지불하다(支拂~) 외 ⇨ 내다. 주다.
치르다. ‡ 지급하다.
지붕 * 집의 덮개. {지붕돌. 지붕집차.
지붕차.} {꺾은지붕. 꺾인지붕. 눈
썹지붕. 맞배지붕. 모임지붕. 박공
지붕. 뱃지붕. 뱃집지붕. 부섭지붕.
삿갓지붕. 솟을지붕. 외쪽지붕. 우

진각지붕. 욱은지붕. 톱날지붕. 팔각지붕. 팔모지붕. 팔작지붕. 합각지붕.} {기와지붕. 너와지붕(너새지붕). 돌기와지붕. 슬레이트지붕. 초가지붕. 함석지붕.} ¶ 지붕 삼다. 지붕을 이다.

지붕기슭 ⇨ 처맛기슭.

지붕마루 = 용마루. 종마루. ⁑ 건축.

지붕지기 ⇨ 지부지기. 바위솔. ⁑ 여러해살이풀의 한 가지.

지붕창(~窓) = 천장창. ⁑ 지붕에 낸 창.

지빠귀 = 개똥지빠귀. 개똥티티. 티티새. ⁑ 새 이름.

지사(志士) * 나라와 겨레를 위해 몸을 바쳐 일하려는 뜻을 품은 사람.
☞ 선열. 열사. 의사.

지사 문자(指事文字) * 한문글자에서 숫자나 기호로 나타낸 글자. ⁑ 一, 二, 三, 上, 下 따위.
☞ 육서.[1] 문자.[1]

지삿갓(紙~) = 전모. ⁑ 여자 모자의 하나.

지새는달 * ①먼동이 튼 뒤 서쪽에 보이는 달. ②음력 보름 무렵의 달.
☞ 떠오르는 달.

지새다 〔제〕 * 밤이 새어 날이 밝아 오다. ¶ 밤이 지새도록 술잔을 기울이다.
☞ 드새다. 새다.[1]

지새우다 〔남〕 * 뜬눈으로 밤을 고스란히 새우다. ¶ 긴 밤을 지새우다.
☞ 새우다. 드새다.

지새이다 ⇨ ①지새다. ②지새우다.

지선(脂腺) [왜] ⇨ 굳기름샘.

지수굿하다 ⇨ 직수굿하다. ⁑ 복종하는 태도를 보이다.

지스레기 ⇨ 지스러기. ⁑ 골라 내거나 잘라 내고 남은 나머지.

지스토마(distoma) ⇨ 디스토마. {간디스토마. 폐디스토마.}

지시락 ⇨ 기스락. ⁑ 기슭의 가장자리.

지시랑물 ⇨ 낙숫물.

지신굿(地神~) = 텃굿. ⁑ 땅을 다스리는 신령을 위하는 굿.

지신밟기(地神~) = 뜰밟기. 뜰밟이. 마당밟이. ⁑ 음력 정월 대보름의 민속.

지아깨비 ⇨ 와륵. ⁑ 깨진 기와 조각.

지아비 * 웃어른 앞에서 남편을 일컫는 말.
☞ 사내. 지어미.

~지 않는다 ⁑ 움직씨 뒤에 씀. ¶ 가지 않는다. 먹지 않는다.

~지 않다 = ~잖다. ⁑ 그림씨 뒤에 씀. ¶ 아프지 않다. 밉지 않다.

~지 않으면 안 된다 [왜] ⇨ ~아(어)야 한다. ¶ 가야 한다. 먹어야 한다.

지양하다(止揚~) [왜] ⇨ ①하지 않다. 하지 말다. ②피하다. ③바꾸다. ④고치다. ⑤바로잡다. ⑥그만두다. ⑦없애다. ⑧삼가다. ⑨벗어나다. ⁑ 더 높은 단계로 오르기 위해 어떤 것을 하지 않거나 피하다.
☞ 지향하다.

지어내다 * ①없는 일은 꾸며서 만들다. ②거짓으로 감정을 꾸며서 내다.

지어 내다 ¶ 밤을 새워서 옷 한 벌을 지어 내다.

지어땡 ⇨ 짓고땡. ⁑ 화투 노름의 하나.

지어라 * '짓다'의 바로 시킴꼴.
☞ 지으라.
지어먹다 * 마음을 다잡아 가지다. ⁑ 작심하다. ¶ 지어먹은 마음이 사흘을 못 간다. 나는 마음을 지어먹고 순이와 혼인하겠다고 말했다.
지어 먹다 ¶ 농사를 지어 먹다. 밥을 지어 먹다.
지어미 * 웃어른 앞에서 아내를 일컫는 말.
☞ 지아비.
지어총(~銃) * 총을 등에 지라는 구령. ⁑ 군대.
☞ 앞에총.
지에밥 * 인절미를 만들거나 술을 담그려고 시루에 찐 밥.
☞ 강정밥. 고두밥. 술밥.
지역(地域) * ①구획된 어느 범위의 땅. ¶ 경기 지역. 영남 지역. 호남 지역. ②특징으로 나눈 사회의 영역. ¶ 도시 지역. 개발 지역. 낙후 지역.
☞ 지방.[2]
지연시키다(遲延~) ⇨ 늦추다.
지열구배(地熱勾配) [왜] ⇨ 땅열기울기.
지예망(地曳網) [왜] ⇨ 후릿그물.
~**지오** ⇨ ~지요. ⁑ 줄기와 '~시, ~으시, 었, 겠'에 붙는 맺음끝. ¶ 같이 가지요. 그만 떠나시지요. 더 드시지요. 모두 건강하겠지요?
지옥(地獄) * ①죄를 지은 사람이 죽은 뒤 벌을 받는 곳. {지옥문. 아비지옥.} ②아주 괴롭거나 참담한 광경. {생지옥. 교통지옥.} ¶ 입시 지옥.
☞ 극락.
지용(地龍) ⇨ 지룡. ⁑ 지렁이.
지우산(紙雨傘) = 종이우산.
지위(地位) * 개인의 사회적 신분에 따르는 위치나 자리. ¶ 지위가 높다.
☞ 지체.[1] 직급. 직위. 직책.
지위고하(地位高下)**를 막론**(莫論)**하고** [왜] ⇨ 누구든지. 어떤 사람이든지.
지으라 * '짓다'의 건너 시킴꼴.
☞ 지어라.
지은이 〔著者〕 * 책을 지은 사람.
☞ 엮은이. 펴낸이.
지음 * '짓다'의 이름꼴. ¶ 소설을 지음. 시를 지음. 책을 지음. 집을 지음.
☞ 즈음.
지읒 * 한글 닿소리 'ㅈ'의 이름. ⁑ '지읒이'는 '지으시'로 읽음.
지이산(智異山) ⇨ 지리산. ⁑ 산 이름. ¶ 지리산 자락. 지리산 포수.
지인망(地引網) [왜] ⇨ 후릿그물.
지입하다(持入~) [왜] ⇨ 가지고 들다. 갖고 들다.
지장(地漿) = 황토물. ⁑ 황토 땅속에 고이는 맑은 물로 한약에 씀.
☞ 정화수. 황톳물.
지저귀 * ①남의 일을 방해하는 행동. {지저귀하다.} ②짓거리.
☞ 지저깨비.
지저귀다 * ①새가 계속하여 우짖다. ②조리 없는 말을 지껄이다.
☞ 지절거리다.
지저깨비 * 나무를 깎을 때 생기는 잔 조각.
☞ 지저귀.
지저분하다 * ①어수선하고 더럽다.

ㅈ

②말이나 몸가짐이 점잖지 못하다.
☞ 게저분하다. 구저분하다. 더럽다.
더리다.

지적가비 ⇨ 지저깨비.

지전(紙錢) * ①돈 모양으로 오린 종
이. ‖ 저승 노자로 쓰라고 관에 넣거
나 태움. ②지폐.
☞ 쇠돈. 주화. 지폐.

지절거리다 〉 재잘거리다. ‖ ①자꾸
지껄이다. ②새가 자꾸 지저귀다.
☞ 지저귀다. 지지거리다.

지정거리다 = 지정대다. ‖ 곧장 내달
아 가지 않고 조금 머뭇거리다.
☞ 서성거리다.

지정다지다(地釘~) = 지정닦다. 터
다지다. ‖ 땅에 지정을 박아 다지다.

지지¹〔느〕 * 어린이 말로 더러운 것.
¶ 그건 지지니까 만지지 마.
☞ 어비.² 에비. 찌찌.²

지지²(地支) = 십이지. ‖ 자(子). 축
(丑). 인(寅). 묘(卯). 진(辰). 사
(巳). 오(午). 미(未). 신(申). 유
(酉). 술(戌). 해(亥).
☞ 천간. 십간.

지지거리다 = 지지대다. ‖ 수다스럽
게 자꾸 지껄이다.
☞ 지절거리다.

지지깨비 ⇨ 지저깨비.

지지난날 ⇨ 그저께.

지지난달〔前前月〕 * 지난달의 바로
전달.
☞ 저지난달.

지지난밤 = 그저께 밤.

지지난번(~番)〔前前番〕 * 지난번의
바로 전번.

지지난해〔再昨年〕 = 그러께.

지지다 * ①고기나 생선에 물을 적게
넣고 익히다. ¶ 돼지고기를 지지
다. ②전 따위를 굽다. ¶ 지진 두
부. ③불에 달군 연모로 뜨겁게 하
다. ¶ 담뱃불로 지지다. ④뜨거운
것에 대고 찜질하다. ¶ 구들바닥에
허리를 지지다.
☞ 덖다.² 볶다. 부치다.⁶

지지랑물 = 지랑물. ‖ 초가지붕에서
떨어지는 검붉은 낙숫물.
☞ 구지렁물.

지지러지다 〉 자지러지다. ‖ 놀라서
몸이 움츠러들다.
☞ 잔지러지다. 진지러지다.

지지리 〉 자지리. * ①아주 몹시. ¶ 지
지리 못나다. ②지긋지긋하게. ¶ 지
지리 못살다.
☞ 잔생이.

지지미¹〔縮~〕 ② ⇨ 쫄쫄이. ‖ 옷감의
한 가지.

지지미² ⇨ ①지짐이. ②제가끔.
③ 스스로.

지진이 나다(地震~) = 지진이 일어
나다. 지둥이 일다.

지질맞다 * 언행이 변변하지 못하다.
¶ 지질맞은 사람. 지질맞게 굴다.
☞ 칙살맞다.

지짐 ⇨ ①전. ②지짐이. ③저냐.
④빈대떡. ‖ 음식 이름.

지짐개 ⇨ 부침개.

지짐개질 ⇨ 지짐질.

지짐이 * 기름에 지진 음식을 통틀어
이르는 말. ¶ 두부 지짐이.
☞ 전.³ 저냐. 부꾸미. 부침개. 빈대떡.

지짐질 = 부침개질. 부침질.
지쩍다 ⇨ 짓쩍다. ‡ 부끄러워 볼 낯이 없다.
지찌〔乳〕[왜] ⇨ 젖.
지찧다 ⇨ 짓찧다. ‡ 마구 찧다.
지참하다[1](持參~) [왜] ⇨ ① 지니다. ② 가지고 오다.
지참하다[2](遲參~) ⇨ 늦게 가다. 늦게 오다. ‡ 지각하다.
지척거리다 = 지척대다. ‡ 힘없이 다리를 끌면서 억지로 걷다.
☞ 질척거리다.
지천하다[1] ⇨ 지청구하다. ‡ ① 꾸지람하다. ② 남을 탓하고 원망하다.
지천하다[2](至賤~) * ① 매우 천하다. ② 매우 흔하다.
☞ 귀하다.
지체[1] * 사회적인 신분. ¶ 지체가 높다. 지체가 낮다. 지체가 다르다.
☞ 지위.
지체[2](遲滯) * 때를 늦추거나 질질 끎. {지체되다. 지체하다.}
지쳐 = 지치어. ‡ 지치다. ¶ 지쳐 버리다. 지쳐 보이다. 지쳐 있다.
지축거리다 ⇨ 지척거리다.
지출하다[1](支出~) * ① 치르다. ② 주다. ‡ 돈.
지출하다[2](持出~) [왜] ⇨ (물건을) 실어 내다. 가지고 나가다. ‡ 반출하다.
지치레기 ⇨ 지스러기. ‡ 골라 내거나 잘라 내고 남은 나머지.
지친것 = 정년 퇴직자. ¶ 기생 지친것. 선생 지친것.
지칫거리다 = 지칫대다. ‡ 떠나야 할 자리를 떠나지 못하고 머뭇거리다.
지켜 = 지키어. ‡ 지키다. {지켜보다.} ¶ 지켜 내다. 지켜 드리다.
지키다 * ① 들어오지 못하게 막다. ¶ 문을 지키다. ② 남이 빼앗지 못하게 하다. ¶ 나라를 지키다. ③ 생각이나 몸가짐이 한결같다. ¶ 절개를 지키다. ④ 살피다. ¶ 국경을 지키다. ⑤ 규정을 따르다. ¶ 약속을 지키다.
☞ 보다.[3]
지킴 * 업구렁이 따위 집을 지키는 신령한 동물이나 물건.
☞ 집지킴.
지킴이 * ① 집 지킴이. ‡ 터주신. 조왕신. ② 마을 지킴이. ‡ 장승. 짐대. ③ 관리자. ‡ 환경 지킴이.
지탱시키다(支撐~) ⇨ 버티다. 배겨내다. ‡ 지탱하다.
지팡막대 * 지팡이 삼아 짚는 막대기.
지팡이 * 길을 걸을 때 짚는 막대. {대지팡이. 등산지팡이.}
☞ 짝지.
지평(地平) ⇨ ① 지평선. ② 편평한 땅. ③ 앞날. 앞길. ④ 새날. 새길.
지폐(紙幣) * 종이돈. ¶ 천 원짜리 지폐. 오천 원짜리 지폐.
☞ 깔쭉이. 쇠돈. 주화. 지전.
지푸래기 ⇨ 지푸라기. ‡ ① 낱낱의 짚. ② 짚의 부스러기.
지푸리다 ⇨ 찌푸리다.
지프 차(jeep 車) ⇨ 지프. ‡ 차의 한 가지. ¶ 군용 지프.
지피다[1] * 사람에게 신이 내려 신통한 힘이 생기다. ‡ 신이 지피다.
☞ 신 내리다.

지피다² * 아궁이나 화덕에 땔감을 넣어 불을 붙이다. ¶ 군불을 지피다. ☞ 사르다.¹ 집히다. 짚이다.

지향하다(指向~) * ①좋은 쪽을 가리키다. ②바람직한 쪽으로 나아가다. ☞ 지양하다.

직각(卽刻) ⇨ 즉각. ✻ 당장에 곧.

직급(職級) * 맡은 일의 등급. ☞ 지위. 직위. 직책.

직무(職務) ⇨ 맡은 일.

직방(直放) * 결과나 효과가 곧바로 나타나는 일. ¶ 이 약만 먹으면 무슨 병이든 직방으로 낫는다. 내가 한마디만 하면 직방이다. ☞ 직통.

직수굿히 ⇨ 직수굿이. ✻ 시키는 대로. ¶ 직수굿이 기다리다.

직성대감 * 집에 모시는 여자 귀신. ✻ 민속. ☞ 몽주대감.

직열(直列) ⇨ 직렬. {직렬연결. 직렬접속.} ¶ 직렬 회로.

직위(職位) * 맡은 일에 따라 정해지는 자리. ☞ 지위. 직급. 직책.

직장문화(職場文化) ⇨ 직장 분위기. 직장 생활. 직장 예절. 직장 윤리.

직접거리다 ⇨ 집적거리다.

직접염료(直接染料) ㉿ ⇨ 직접 물감.

직책(職責) * 맡은 일의 책임. ☞ 지위. 직위. 직급.

직통(直通) * ①전화가 바로 통함. ¶ 직통 전화. ②기차나 버스가 목적지까지 곧장 감. ¶ 부산에서 서울까지 직통으로 간다. ③곧바로 직접. ¶ 날아오는 돌멩이에 직통으로 맞았다. ④직방. ¶ 모든 병에 직통으로 듣는다. ☞ 직방.

직활시(直轄市) ⇨ 직할시.

직효(卽效) ⇨ 즉효. ✻ 곧바로 나타나는 효험.

진(津) * ①풀이나 나무의 상처에서 나오는 끈끈한 물. {나뭇진. 송진.} ②연기 또는 눅눅한 기운이 서려서 생기는 끈끈한 물. {담뱃진. 댓진.} ③진액. {쓸개진.} ④힘. 의욕. ¶ 진을 빼다. 진이 빠지다. ☞ 즙.

진갈이 = 논삶이. ✻ 물이 괴어 있는 논밭을 가는 일. ☞ 마른갈이. 물갈이.²

진갑(進甲) * 환갑의 이듬해. 또는 그 해의 생일. ✻ 예순한 돌. ☞ 환갑잔치.

진검승부(眞劍勝負) ㉰ ⇨ 생사 겨루기. 죽살이 싸움.

진공청소기(眞空淸帚機) = 전기청소기.

진과(眞果) ㉰ ⇨ 참열매. ✻ 복숭아, 매실, 야자 따위. ☞ 가과.

진과자(~菓子) * 무르게 만든 과자. ☞ 마른과자.

진구렁 * ①진흙 구렁. ②빠져나오기 어려운 험한 환경. ☞ 구렁텅.

진구렁창 ⇨ 진구렁.

진구렁텅이 ⇨ 진구렁.

진구리 * 허리 양쪽으로 잘록하게 들어간 부분.

☞ 옆구리. 진허리. 허구리.

진국¹(津~) * 오랫동안 고아서 걸쭉하게 된 국물.
　☞ 전국. 홋국.

진국²(眞~) * 참되고 고지식함. 또는 그런 사람.

진국³ * ①진국술. ‡ 술독에서 처음 떠낸 술. ②간장독에서 처음 떠낸 간장.
　☞ 후줏국.

진국술 = 전국술.

진군나발(進軍喇叭) ⇨ 진군나팔. ‡ 신호.

진기스 칸(Chingiz Khan) ⇨ 칭기즈 칸. 테무친. ‡ 왕 이름.

진날 * 비나 눈이 내리는 날.
　☞ 마른날.

진논 = 무논. ‡ ①물이 늘 괴어 있는 논. ②물을 쉽게 댈 수 있는 논.

진눈 * 눈병으로 가장자리가 짓무른 눈.

진눈깨비 * 비가 섞여 내리는 눈.
　☞ 마른눈. 싸락눈. 얼음비. 함박눈.

진달래〔杜鵑花〕 = ①진달래꽃. 참꽃. {진달래술.} ②진달래나무.
　☞ 영산홍. 철쭉.

진대¹ * 남에게 달라붙어 떼를 쓰며 괴롭히는 짓. ¶ 진대 붙다. 진대 붙이다.

진대²〔神木〕 * 은산 별신굿을 할 때 베어다 쓰는 서낭대.

진덕거리다 ⇨ 진득거리다.

진돗개(珍島~) * 우리나라 토종개의 하나. 천연기념물 제53호.
　☞ 삽살개. 풍산개.

진동걸음 ⇨ 진둥걸음. ‡ 몹시 서두르며 걷는 걸음.

진동하다(振動~) * ①일정한 주기로 왔다갔다하다. ②냄새가 심하게 나다.
　☞ 떨다.²

진두리 ⇨ 징두리. ‡ 비바람을 막으려고 집 안팎 벽의 둘레에 벽을 덧쌓는 부분. {징두리널. 징두리돌. 징두리판벽.}

진드기 = 벽니. ‡ 사람이나 짐승의 몸에 붙어사는 해론벌레.
　☞ 진딧물.

진득이 * 몸가짐이 무겁고 참을성이 있게. ¶ 싸다니지 말고 진득이 있어라.
　☞ 찐득이.

진딧물 = 진디. ‡ 푸나무에서 진을 빨아먹고 사는 벌레. {진딧물내리다.}
　☞ 뜨물. 진드기.

진땀 * 몹시 애쓰거나 힘들 때 흐르는 땀. ¶ 진땀이 나다. 진땀을 빼다.
　☞ 마른땀. 식은땀.

진땅 * 물기가 많아 질퍽한 땅.
　☞ 마른땅.

진똥 * 묽은 똥.
　☞ 된똥. 마른똥. 물똥. 물찌똥.

진력나다(盡力~) * 오랫동안 또는 여러 번 하여 힘이 빠지고 싫증이 나다.

진력하다(盡力~) * 있는 힘을 다하다. ¶ 진리 탐구에 진력하다.
　☞ 전력하다.

진렬하다(陳列~) ⇨ 벌여 놓다. ‡ 진열하다.

진무르다 ⇨ 짓무르다.

진바지(jean~) ⇨ 진 바지. ‡ 진으로 만든 바지. 청바지.

진반찬(~飯饌) ＊ 마르지도 않고 국물도 없는 반찬. ‡ 저냐, 지짐이 따위. ☞ 마른반찬.

진발 ＊ 진창을 밟아서 젖고 더러워진 발. ☞ 진신발.

진밥 ＊ 질게 지어진 밥. ¶ 밥물이 너무 많아서 진밥이 되었다. ☞ 강밥. 된밥. 마른밥.

진벌 ⇨ 진펄. ‡ 땅이 질어 질퍽한 벌.

진빠〔跛〕㉖ ⇨ ①절름발이. ②짝짝이.

진상치(進上~) ＊ 허름하고 나쁜 물건.

진상품(進上品) ＝ 진상물. ＊ 임금에게 바치는 좋은 물건.

진생〔人蔘〕㉖ ⇨ 인삼. ☞ 닌징.

진서(眞書) ＝ 한문. ¶ 아직도 한문을 진서라고 믿고 우러르는 분이 있다. ☞ 언문.

진솔 ＝ ①진솔옷. ②첫물. ‡ 새 옷을 입고 처음으로 빨 때까지의 동안.

진솔옷 ＊ ①한 번도 빨지 아니한 새 옷. ②봄가을에 지어 입는 모시옷. ☞ 깃옷.² 짓옷. 첫물.

진수렁 ⇨ 진창.

진신 ＊ 진땅에 싣는 가죽신. ‡ 들기름에 결은 가죽으로 만듦. ☞ 마른신. 발막신.

진신발 ＊ 진창에 젖어 더러워진 신발. ☞ 진발.

진신 사리(眞身舍利) ＊ 부처님의 몸에서 나온 사리. ☞ 사리.⁴

진실되다(眞實~) ⇨ 진실하다.

진심어리다(眞心~) ⇨ 진심이 어리다.

진안주(~按酒) ＊ 물기가 있거나 물을 넣어 만든 안주. ‡ 찌개, 두부 따위. ☞ 마른안주.

진영(眞影) ＊ 얼굴 그림이나 얼굴 사진. ☞ 영정.

진용(眞俑) ＊ 무덤에 순장한 사람. ☞ 토용. 토우.

진위여부(眞僞與否) ⇨ ①진위. ②진실 여부. ③진짜인지 가짜인지.

진유(眞鍮. 신추) ㉖ ⇨ 놋쇠.

진일 ＊ ①밥 짓고 빨래하는 일. ②궂은일. ‡ 초상집 일. ☞ 마른일.

진잎 ＊ 날것이나 절인 푸성귀의 겉에 붙은 잎. {진잎밥. 진잎죽.} ☞ 속잎.

진자리 ＊ ①아이를 갓 낳은 그 자리. ②오줌, 땀으로 축축하게 젖은 자리. ☞ 마른자리.

진작 ＊ ①좀 더 일찍이. ‡ 뉘우침이나 원망할 때. ¶ 진작 왔으면 좋았을걸. ②미리 그때에. ¶ 진작 그렇게 하지, 이젠 너무 늦었어. ☞ 미리.² 일찍.

진작시키다(振作~) ⇨ 떨쳐 일으키다. ‡ 진작하다.

진작에 ⇨ 진작.

진저리 ＝ 진절머리. ‡ 으스스 떠는 몸짓. ¶ 진저리가 나다. 진저리를 내다.. 진저리를 치다. 진절머리가 나다. 진절머리를 앓다. 진절머리를 치다.

진전하다(進展~) ㉖ ⇨ 나아가다. 나아지다.

진정코(眞正~) ⇨ 진정. ＊ 참으로.
¶ 진정 기쁩니다. 진정 고맙습니다.

진종일(盡終日) ＝ 온종일. ¶ 어제는
진종일 비가 내렸다.

진주구름(珍珠~)〔眞珠雲〕＝ 자개구
름. ＊ 구름의 한 가지.

진주병(~病) ＝ 소결핵. ＊ 소에 걸리
는 결핵.

진지 ＊ 웃어른이 먹는 밥. {아침진지.
저녁진지. 진짓상.} ¶ 진지를 드시
다.
☞ 메.² 밥.¹ 수라. 입시.

진지러지다 〉 잔지러지다. ＊ 매우 놀
라서 몸이 움츠러들다.
☞ 지지러지다.

진짜(眞~)〔이〕＝ 진짜배기. ＊ 가짜
가 아닌 참된 것. ¶ 진짜 고려자기.
☞ 가짜. 정작. 정짜.² 정말.² 조짜. 참.³

진짜로(眞~)〔어〕＝ 진짜. 참으로.
¶ 진짜로 따분하다.

진찬합(~饌盒) ＊ 볶음, 장아찌 따위
물기가 있는 반찬을 담는 찬합.
☞ 마른찬합.

진찬히 ⇨ 괜히.

진창 ＊ 질퍽질퍽한 땅. {진창길. 진창
말이. 진창물.} ¶ 진창에 빠지다.
☞ 진구렁. 진탕.

진창만창 ⇨ ①엉망진창. ②진탕만탕.

진척되어지다(進陟~) ⇨ 진척되다.

진체(振替) ㉟ ⇨ 대체. ＊ 은행.

진치다(陣~) ⇨ 진을 치다.

진타작 ＝ 물타작. ＊ 베어 말릴 사이
없이 하는 타작.
☞ 마른타작.

진탁(眞~) ＝ 친탁. ＊ 아버지 쪽을 닮

음. {진탁하다.}
☞ 외탁.

진탕(~宕) ＊ 싫증이 나도록 아주 많이.
¶ 술을 진탕 마셨다. 진탕 놀았다.
☞ 왕창. 진창.

진파(찐빠)〔跛〕㉟ ⇨ ① 절름발이.
② 짝짝이. ＊ 짝이 맞지 않음.

진퍼리 ⇨ 진펄. ＊ 땅이 질어 질퍽한 벌.

진하다(津~) ＊ ①농도, 빛깔, 맛, 냄
새가 짙다. ② 빽빽하다.
☞ 짙다. 찐하다.

진학율(進學率) ⇨ 진학률. ＊ 니은이
아닌 받침 뒤에선 '률'임.

진행되어지다(進行~) ⇨ 진행되다.

진행문화(進行文化) ⇨ 진행 솜씨. 진
행 방법. 진행 형식.

진행시키다(進行~) ⇨ 진행하다.

진행(進行)**이 되다** ⇨ 진행되다.

진행주 ＝ 물행주. ＊ 물을 적시어 쓰는
행주. {진행주질하다.}
☞ 마른행주.

진허리 ＊ 허구리의 우묵하게 들어간
부분.
☞ 잔허리. 진구리. 허구리.

진홍두깨 ＊ 축축한 다듬잇감을 홍두깨
에 올리는 일.
☞ 마른홍두깨.

진홍색(眞紅色) ＝ 진홍. 진홍빛. 다홍.
다홍빛. 다홍색.

진화되다(進化~) ⇨ 진화하다.

진흙 ＊ ①빛깔이 붉고 차진 흙. {진흙
길. 진흙땅. 진흙물. 진흙층. 진흙
탕.} ¶ 진흙 팩. ②질척질척하게 짓
이긴 흙. ¶ 진흙을 바르다.
☞ 개흙. 질흙. 찰흙.

질¹ * ①질흙. ②질그릇의 밑바탕. {질가마. 질기와. 질냄비. 질대접. 질도장. 질동이. 질방구리. 질병. 질솥. 질자배기. 질장구. 질탕관. 질풍류. 질항아리. 질화로.}

~질² * ①연장을 가지고 하는 일. {가위질. 낚시질. 낫질. 도끼질. 바느질. 부채질. 양치질.} ②그런 일이나 짓. {강도질. 곁눈질. 계집질. 난질. 담금질. 도둑질. 딸꾹질. 서방질. 손가락질. 서방질. 오입질. 화냥질.}

☞ 짓.¹

질³(帙) = 길. * 여러 권으로 된 책의 한 벌을 세는 하나치. ¶ 책 한 질.

☞ 권.¹ 부.³

질갱이 ⇨ 질경이. * 풀 이름.

질겁하다 * 매우 싫어하거나 무서워하다. ¶ 풀숲에서 뱀을 보자 질겁했다.

☞ 놀라다.

질것¹ * 질흙을 구워 만든 모든 물건. * 질그릇, 질기와, 질풍류 따위.

질것² * 짐을 지는 데 쓰는 지게 따위 연모. * '질껏'으로 읽음.

질그릇 * 질흙으로 만들어 잿물을 바르지 않고 구운 그릇. ¶ 질그릇 조각.

☞ 사기그릇. 오지그릇. 옹기.

질금 ⇨ 엿기름.

질금거리다 〈 찔끔거리다. * ①액체가 조금씩 자꾸 새어 흐르다 그치다 하다. ②비가 내리다 그치다 하다. ③물건을 조금씩 자꾸 흘리다.

☞ 질름거리다.

질기다 * 오래 견디는 성질이 있다. * 물건. 목숨. 행동. 일. {질기둥이.}

☞ 여리다.

질기와〔陶瓦〕 = 오지기와. * 질흙으로 만들어 잿물을 덮어서 구운 기와.

질끈질끈 * ①단단히 졸라매거나 동이는 모양. ②힘을 주어 자꾸 사이를 눌러 붙이는 모양.

☞ 지끈지끈.

질다 * 밥이나 반죽, 땅에 물기가 많아서 질퍽하다. ¶ 반죽이 너무 질다.

☞ 되다.¹ 묽다.

질름거리다 〈 찔름거리다. * 여러 번에 걸쳐 조금씩 주다.

☞ 질금거리다.

질리다¹ * ①놀라거나 두려워서 기가 막히거나 풀이 꺾이다. ¶ 기가 질렸다. ②일이나 음식 따위에 싫증이 나다. ¶ 밀가루 음식에 질렸다.

질리다² * '지르다'의 입음. ¶ 머리에는 비녀가 질려 있었다.

질머지다 ⇨ 짊어지다.

질문되다(質問~) ⇨ 묻다. * 질문하다.

질빵 * 짐을 걸어서 메는 데 쓰는 줄. ¶ 소금 자루에 질빵을 만들다.

☞ 멜빵.

질쌈〔紡績〕 ⇨ 길쌈.

질오가리 ⇨ 질솥.

질의응답을 받다(質疑應答~) ⇨ 질의응답을 하다. 물음을 받고 대답하다.

질입 배서(質入 背書) ⑲ ⇨ 전집 배서.

질입 증권(質入 證券) ⑲ ⇨ 전집 증권.

질척거리다 * 진흙이나 반죽이 물기가 많아 차지고 진 느낌이 들다.

☞ 지척거리다.

질탕(跌宕~) * 신이 나서 정도가 지나치도록 흥겨운 상태나 그렇게 노

는 짓. ¶질탕을 치다. 질탕하게 술
을 마시다.
☞ 진탕.

질퍽하다 = 질퍼덕하다. ＊부드럽게
질다. ¶눈이 녹아 길이 질퍽하다.

질펀하다 ＊①땅이 넓고 평평하게 퍼
져 있다. ¶질펀한 벌판. ②주저앉
아 게으름을 부리다. ¶종일 질펀하
게 놀다. ③물건이 즐비하게 널려
있다. ¶빈터에는 깨어진 기왓장이
질펀하게 널려 있다.

질흙 ＊도자기를 만드는 재료로 쓰는
흙. ¶질흙으로 도자기를 빚다.
☞ 진흙.

짊어지다 ＊①짐을 뭉뚱그려서 지다.
②빚을 지다. ③책임을 지다.
☞ 걸머지다.

짐[1](朕) ＊황제가 스스로 자기를 가리
키는 말. ¶짐의 나라. 짐의 백성.
☞ 과인.

짐[2] ＊①옮기려고 묶거나 싼 물건의
뭉텅이. {짐꾼. 짐마차. 짐무게. 짐
바. 짐바리. 짐받이. 짐배. 짐삯. 짐
자동차. 짐장사. 짐장수. 짐질. 짐질
꾼. 짐짝. 짐차(짐자동차). 짐칸. 짐
표. 짐품.} {몽근짐. 부픈짐. 잔짐.}
{나뭇짐. 봇짐. 이삿짐.} ¶짐을 꾸
리다. 짐을 나르다. 짐을 부리다. 짐
을 싣다. 짐을 싸다. 짐을 풀다.
②임무. 책임. 괴로움. 슬픔. 걱정.
¶짐을 벗다. ③하나치. ＊한 사람
이 한 번에 져 나를 만한 분량. ¶나
무 한 짐.
☞ 뭇.[2] 더미.

짐방 = 짐방꾼. ＊큰 싸전 따위에서

곡식 짐을 맡아 나르는 사람.

짐수레 ＊짐을 싣거나 나르는 수레.
¶짐수레 바퀴. 짐수레를 끌다.
☞ 달구지.

짐승 = 네발짐승. {들짐승(들개 따
위). 물짐승(물소, 하마 따위). 바다
짐승(고래, 물개, 바다표범 따위).
집짐승(개, 닭, 돼지, 말, 소 따위).
산짐승(멧돼지, 산양 따위). 잔짐승
(산토끼 따위). 큰짐승(호랑이).}
{돌짐승. 뭇짐승.} ¶산 짐승. ＊흔
히 일컫는 길짐승(개구리, 거북, 뱀
따위), 날짐승(기러기, 독수리, 참새
따위)이나 벌레, 물고기는 짐승이
아님.
☞ 동물.

짐승의 나이 ＊한 살(한습). 두 살(이
듭. 두릅. 두습). 세 살(사릅. 세습).
네 살(나릅). 다섯 살(다습). 여섯
살(여습). 일곱 살(이릅). 여덟 살
(여듭). 아홉 살(구릅. 아습). 열 살
(여릅. 열릅. 담불).

짐작 ＊어림잡아 헤아림. {걸음짐작.
겉짐작. 귀짐작. 눈짐작. 발짐작.
속짐작. 손짐작. 어림짐작. 지레짐
작.} ¶짐작이 가다. 짐작이 들다.
☞ 어림.

짐작컨대 ⇨ 짐작건대. 짐작하건대.
＊안울림소리 뒤에선 ‘하’가 줆.

짐작케 하다 ⇨ 짐작게 하다. 짐작하
게 하다.

짐장〔沈藏〕 ⇨ 김장.

짐칸 = 화물칸. ＊기차나 화물차에서
짐을 싣는 칸.
☞ 기차간. 찻간.

집¹ ＊ (1) 사람이 사는 곳. {집가축. 집단속. 집뒤짐. 집문서. 집세. 집수리. 집주릅. 집채. 집칸. 집터.} ＊ ① 만듦새. {갖은폿집. 고미집. 구름집. 귀삼폿집. 귀틀집. 날개집. 다각집. 다락집. 다폿집. 달개집. 도끼집. 맞배집. 박공집. 별챗집. 뺑댓집. 뾰족집. 삼량집. 삼층집. 얼럭집. 엇치량집. 엎집. 오량집. 오폿집. 우진각집. 이층집. 익공집. 처녑집. 층집. 치량집. 칠량집. 팔작집. 평집. 폿집. 합각집. 호두각집. 홑집.} {담집. 반토굴집. 오두막집. 오막살이집. 움막집. 움집. 토굴집. 토막집.} ② 모양새. {기역자집. 도망망자집. 디귿자집. 말집. 망자집. 모말집. 미음자집. 사못집. 사방집. 우자집. 을자집. 일자집. 일갓집. 정자집.} ③ 재료. {기와집. 나무집. 너새집(너와집). 돌기와집. 돌집. 뜸집. 떳집. 벽돌집. 초가집. 토담집. 통나무집. 판잣집. 함석집. 황토집. 흙담집. 흙벽돌집. 흙집.} ④ 주인. {가시집(처갓집). 둘쨋집. 본집. 사돈집. 시집. 외갓집. 일갓집. 작은집. 주인집. 친정집. 친척집. 큰집.} ¶ 아들 집. 아우 집. 아주머니 집. 우리 집. 자기 집. 저희 집. 제 집. 친구 집. 할머니 집. 형 집. ⑤ 자리. {가운뎃집. 거릿집. 건넛집. 거릿집. 곁집. 골목집. 과녁빼기집. 길갓집. 독챗집. 동넷집. 뒷집. 상두받잇집. 시골집. 아랫집. 앞뒷집. 앞집. 옆집. 외딴집. 외주물집. 외챗집. 윗집. 이웃집. 천변집. 촌집.} {남향집. 동향집. 북향집. 서향집.} ⑥ 쓰임새. {가정집. 농삿집. 사랑집. 사삿집. 살림집. 여염집.} {거름집. 곳집. 당집. 벗집. 상엿집. 염마집. 우물집. 전냇집.} ⑦ 장삿집. {가겟집. 객줏집. 고깃집. 국숫집. 기름집. 김밥집. 꽃집. 도갓집. 도장집. 마방집. 무당집. 물집. 밥집. 방앗간집. 복집. 빵집. 삿갓집. 상밥집. 선짓국집. 솜틀집. 순댓국집. 약국집. 양식집. 양요릿집. 여관집. 옷셋집. 왜식집. 요릿집. 일식집. 죽집. 중국집. 찻집. 청요릿집. 춤집. 통닭집. 풀집. 피자집. 하숙집. 한식집. 호떡집. 화초집. 횟집.} ⑧ 셋집. {사글셋집. 전셋집.} ⑨ 술집. {기생집. 날밤집. 내외술집. 니나놋집. 대폿집. 맥줏집. 모줏집. 목로술집(목롯집). 바침술집. 방석집. 병술집. 색싯집. 생맥줏집. 선술집. 소줏집. 안침술집. 잔술집. 주막집.} ⑩ 신분. {대갓집. 반갓집. 부잣집. 세돗집. 양갓집. 양반집. 토반집.} ¶ 고관 집. 귀족 집. 사대부 집. 상놈 집. 서민 집. 토반 집. 평민 집. ⑪ 큰일 치는 집. {상갓집. 초상집. 잔칫집. 혼인집.} ⑫ 그 밖. {빈집.} ¶ 고향 집. 새 집. 서울 집. 어느 집. 옛 집. 큰 집. 헌 집. (2) 동물이 사는 집. {개미집. 개집. 거미집. 까치집. 벌레집. 벌집. 새집. 제비집.} (3) 하나치. ¶ 몇 집. 여러 집. 열 집. ☞ 댁.¹

집² ＊ 연모를 담거나 넣어두는 물건. {갓집. 거울집. 대팻집. 망건집. 바

늘집. 벼룻집. 송곳집. 수젓집. 숟가락집. 안경집. 찬합집. 칼집. 탕건집. 활집.}

집³〔汁〕⇨ 즙.

집가심 * 초상집에서 상여가 나간 뒤에 무당을 불러 집 안의 궂은 기운을 깨끗이 가시도록 물리치는 일.

집가축 * 집을 매만져서 잘 정리하고 돌보는 일. {집가축하다.}
☞ 집안닦달.

집값 * ①집을 팔고 사는 값. ¶ 집값이 오르다. ②집을 짓는 데 들어간 돈.
☞ 집세.

집개 * 집에서 기르는 개.
☞ 들개.

집게¹ * 물건을 집는 연장. {방울집게. 빨래집게.} ¶ 나무 집게. 도가니 집게. 서류 집게. 시험관 집게.

집게² = 소라게. * 바다에 사는 동물.

집게덫 = 집게틀. 찰코. * 짐승을 잡는 덫의 한 가지.

집게뼘 = 집뼘. * 엄지와 집게손가락을 힘껏 벌린 길이.
☞ 장뼘. 쥐뼘.

집게손가락〔食指〕 = 검지. * 둘째 손가락.

집광목(~廣木) ⇨ 깃광목.

집구석 * '집안'의 낮춤말.

집기(什器) = 집물. * 집이나 사무실에서 쓰는 온갖 물건. ¶ 사무실 집기.

집난이 * 시집간 딸.
☞ 집들이. 집알이.

집누에 * 집에서 기르는 누에. {누에고치.}
☞ 산누에. 섶누에.

집다 * ①손가락이나 연모로 물건을 잡다. ¶ 돌잡이가 붓을 집다. 젓가락으로 회를 한 점 집다. ②무엇을 가리키다. ¶ 누구를 범인으로 집다.
☞ 잡다.³ 줍다. 짚다.

집더미 ⇨ 집채. ¶ 집채만 한 파도. 집채같이 큰 바위.

집들이 = 들턱. * 새로 집을 지었거나 이사한 뒤 인사로 대접하는 일.
☞ 집난이. 집알이.

집북더기 ⇨ 짚북데기. * 짚이 아무렇게나 엉킨 북데기.

집비둘기 * 집에서 기르는 비둘기.
☞ 멧비둘기. 산비둘기. 염주비둘기.

집뼘 = 집게뼘. * 엄지와 집게손가락을 힘껏 벌린 길이. ¶ 집뼘으로 두 뼘.
☞ 장뼘. 쥐뼘.

집사람 = 집식구. 안사람. * 남에게 제 아내를 이르는 말.

집살이 = 시집살이. ¶ 집살이에 생병이 나겠다.

집세(~貰) * 집을 빌려 쓸 때 내는 돈. ¶ 집세 내다. 집세 치르다.
☞ 집값.

집시랑물 ⇨ 낙숫물.

집안 = 집구석. * ①가정. ②가문. ③지체. ④일가.

집 안 * 집의 테두리 안. 대문 안. ¶ 집 안에 연못을 파고 정자를 지었다.

집안닦달 * 집 안을 깨끗이 치우는 일. ¶ 혼인날을 앞두고 집안닦달을 하다.
☞ 집가축.

집안사람 * ①한 가족. ②가까운 일

가. ③안사람. ‡ 아내.

집 안 사람 * 집 안에 있는 사람.

집알이 * 이사한 집을 인사로 찾아보는 일.

☞ 집들이.

집어내다 * ①집어서 밖으로 내놓다. ¶ 화로 속에서 집게로 알밤을 집어내다. ②가리켜서 밝히다. ¶ 잘못을 집어내다. 문제점을 집어내다.

☞ 짚어 내다.

집어넣다 * 공간이나 단체, 범위에 들어가게 하다. ¶ 감방에 집어넣다. 우리 속에 집어넣다. 배역에 집어넣다. 육군 사관학교에 집어넣다.

☞ 넣다.

집어던지다 * 일이나 행동을 그만두다. ¶ 직장을 집어던지다.

집어 던지다 ¶ 돌멩이를 집어서 던지다.

집어뜯다 ⇨ 꼬집다.

집어먹다 * ①가로채어 제 것으로 만들다. ②겁이나 두려움을 느끼다.

집어 먹다 ¶ 음식을 손가락으로 집어서 먹지 마라.

집어세우다 ⇨ 집어세다. ‡ ①체면 없이 마구 먹다. ②마구 닦달하다. ③남의 것을 마음대로 가지다.

집어쓰다 * 돈을 닥치는 대로 마구 쓰다. ¶ 남의 돈을 집어쓰고 안 갚다.

집어 쓰다 ¶ 손으로 모자를 집어서 쓰다.

집어치우다 * 하던 일이나 하고자 하는 일을 그만두다. ¶ 학업을 집어치우다.

집어 치우다 ¶ 쓰레기를 손으로 집어서 치우다.

집어타다 = 잡아타다. ‡ 비행기. 택시.

집임자 = 집주인. ‡ 집의 임자.

☞ 가구주.

집자리 ⇨ 집터.

집적거리다 〈 찝쩍거리다. ¶ 남의 일에 집적거리다. 여자를 집적거리다.

집주릅 * 직업으로 집을 팔고 살 때 흥정을 붙이는 사람.

☞ 중매인.[2]

집주인(~主人) * ①집임자. ②집안의 으뜸이 되는 사람.

☞ 가구주.

집중(集中)**을 하다** ⇨ 집중하다.

집중 호우(集中豪雨) ㉔ ⇨ 모다기비. 작달비.

집쥐 = 시궁쥐. ‡ 집에 사는 쥐.

집지킴 * ①집을 지키는 개나 거위. ②집터나 지붕에 사는 구렁이.

☞ 업구렁이. 지킴. 지킴이.

집짐승 * 집에서 기르는 짐승. ‡ 돼지, 말, 소, 염소, 닭 따위.

☞ 들짐승. 물짐승. 뭍짐승. 바다짐승. 산짐승.

집채 만하다 ⇨ 집채만 하다.

집치레 = 집치장. ‡ 집을 보기에 좋게 잘 꾸미는 일. {집치레하다.}

집히다 * ‘집다’의 입음. ¶ 손에 집히는 대로 가져가다.

☞ 지피다.[2] 짚이다.

집회(集會)**를 갖다** ⇨ 모임을 열다. ‡ 집회하다.

짓[1] * ①움직임. {고갯짓. 곤댓짓. 군짓. 궁둥잇짓. 날갯짓. 눈짓. 다릿짓. 머릿짓. 몸짓. 발짓. 배냇짓. 손사랫짓. 손짓. 어깻짓. 엉덩잇짓. 우스갯짓. 웃음엣짓. 입짓. 턱짓. 팔짓. 활갯짓.} ②일. ¶ 할 짓. ③좋지 않은 짓거리. {고린짓. 등신짓. 망나니짓. 바보짓. 반편짓. 헛짓.} ¶ 나쁜 짓. 못난 짓. 못할 짓. 미친 짓. 상스러운 짓. 어리석은 짓. 짐승만도 못한 짓.

☞ ~질.²

짓~² * 마구. 함부로. 몹시. {짓구기다. 짓누르다. 짓눌리다. 짓떠들다. 짓뚜드리다. 짓무찌르다. 짓문지르다. 짓뭉개다. 짓뭉기다. 짓바수다. 짓밟다. 짓밟히다. 짓볶이다. 짓부수다. 짓빠대다. 짓싸대다. 짓쑤시다. 짓이기다. 짓지르다. 짓찌르다. 짓찔리다. 짓찢다. 짓치다. 짓패다.}

짓고땡이 ⇨ 짓고땡. * 화투 노름의 한 가지.

짓궂다 ⇨ 짓궂다. * 장난스럽게 남을 괴롭고 귀찮게 하다.

짓다 ¶ 고치를 짓다. 글을 짓다. 농사를 짓다. 마무리 짓다. 무리를 짓다. 밥을 짓다. 소설을 짓다. 시를 짓다. 약을 짓다. 옷을 짓다. 웃음을 짓다. 이름을 짓다. 줄을 짓다. 집을 짓다. 한숨을 짓다.

☞ 만들다.¹

짓물다 ⇨ 짓무르다. ¶ 살갗이 짓무르다. 눈이 짓무르다.

짓시늉말 〔擬態語〕 = 꼴시늉말. * 깡충깡충. 아장아장. 팔딱팔딱.

☞ 소리시늉말.

짓옷 = ①진솔옷. * 지어서 한 번도 빨지 않은 옷. ②깃옷. * 선녀나 신선이 입는다는 새의 깃으로 만든 옷.

짓적(知的) ⇨ 지적. * 지식. 지성.

짓쩍다 * 부끄러워서 낯이 없다. ¶ 일을 빼먹고 놀러간 것이 짓쩍어서 얼굴을 들지 못했다.

☞ 열없다.

짓쿠 ⑩ ⇨ 머리 크림. * 머릿기름의 하나.

짓푸르다 ⇨ 짙푸르다. * 짙게 푸르다. ¶ 짙푸른 바다.

징 = 큰쇠. * 민속 음악에 쓰는 악기 이름.

징검다리 * 개울이나 물이 괸 곳에 돌을 드문드문 놓아 만든 다리.

☞ 돌다리.

징검돌 * ①징검다리를 만든 돌. ②질척질척할 때 딛게 띄엄띄엄 놓은 돌.

☞ 다릿돌. 디딤돌.

징경이 = 물수리. * 수릿과의 새 이름.

☞ 무수리.²

징글받다 ⇨ 징글맞다. * 하는 짓이 흉하고 역겹다. ¶ 징글맞게 웃는다.

징기스칸 〔成吉思汗〕 ⇨ 칭기즈 칸. * 몽골의 왕 이름.

징조(徵兆) * 어떤 일이 생길 낌새. ¶ 좋은 징조. 망할 징조.

☞ 징후.

징주(澄酒) * 맑은술. * 술독에 용수를 박아 떠낸 술.

☞ 청주.

징후(徵候) * 겉으로 나타나는 낌새. ¶ 태풍이 닥칠 징후. 병의 징후.

☞ 징조.

짖궂다 ⇨ 짓궂다. ¶ 짓궂은 웃음. 짓궂은 장난. 짓궂게 놀리다.

짙다 * ① 진하거나 정도가 심하다. ¶ 짙은 빨강. 짙은 색. 짙은 향기. ② 자욱하거나 빽빽하거나 넉넉하다. ¶ 짙은 안개. 짙은 눈썹. ☞ 진하다.

짙은세간 ⇨ 짙은천량. ‡ 대대로 전해 내려오는 많은 재물.

짚 * ① 볏짚. {밭볏짚.} ② 보리, 밀 따위의 이삭을 떨어낸 줄기와 잎. {갈짚. 귀릿짚. 밀짚. 보릿짚. 잇짚. 조짚. 콩짚. 호밀짚.} {밑깔이짚. 신짚.} {짚공예. 짚나라미. 짚대. 짚동. 짚무지. 짚방석. 짚북데기. 짚불. 짚솔. 짚수세미. 짚신. 짚여물. 짚일. 짚자리. 짚재. 짚주저리. 짚털.}

짚다 * ① 손을 바닥, 벽, 지팡이에 대거나 잡다. ¶ 벽을 짚다. 지팡이를 짚다. ② 손을 대어 건강 상태를 알아보다. ¶ 맥을 짚다. 머리를 짚다. ③ 여럿 가운데서 어느 것을 가리키다. ¶ 손가락으로 글자를 짚다. ④ 상황을 헤아려 어떠할 것으로 짐작하다. ¶ 남의 마음을 짚다. ☞ 더듬다. 디디다. 밟다. 집다.

짚단 = 짚뭇. ‡ 볏짚을 묶은 단.

짚둥지 ⇨ 짚둥우리. ‡ 볏짚으로 만든 둥우리.

짚북더기 ⇨ 짚북데기. ‡ 짚이 아무렇게나 엉킨 북데기.

짚북세기 ⇨ 짚북데기.

짚세기 ⇨ 짚신.

짚소쿠리 ⇨ 삼태기. ‡ 흙, 쓰레기, 거름 따위를 담아 나르는 연모.

짚신 * 볏짚으로 삼은 신. {사잣짚신. 세코짚신. 엄짚신.} ¶ 헌 짚신. ☞ 갖신. 멱신. 미투리. 세코신. 털메기.

짚신할아범 * 짚신을 삼는 노인.

짚신할아비 * 견우성. ‡ 별 이름. ☞ 개밥바라기.

짚어 내다 * 일을 헤아려 어떠할 것으로 짐작하다. ¶ 남의 마음을 짚어 내다. ☞ 집어내다.

짚이다 * 헤아려 보아 어떠할 것으로 짐작이 가다. ¶ 짚이는 데가 있다. ☞ 지피다.² 집히다.

짚차(jeep車) ⇨ 지프.

짚토막 ⇨ ① 짚 토막. ② 짚단.

짚푸라기 ⇨ 지푸라기.

짚히다 ⇨ ① 지피다. ② 짚이다. ③ 집히다.

~짜 * {가짜. 군짜. 날짜. 진짜. 행짜.} ☞ ~자.

짜개김치 * 소를 넣지 않고 담근 오이 김치. ☞ 오이소박이. 외소박이.

짜개다 * 단단한 물건을 베거나 찍어서 갈라지게 하다. ¶ 나무를 짜개다. ☞ 쪼개다.

짜개발 = 쪽발이. ‡ 왜놈. ☞ 쪽발이.

짜개칼 ⇨ 접칼.

짜구 ⇨ 자귀. ‡ 나무를 다듬는 연장의 하나.

짜그라뜨리다 〈 찌그러뜨리다. ‡ ① 짓눌러서 오그라지게 하다. ② 얼굴에 주름이 심하게 잡히게 하다.

짜긋이 = 짜긋 〈 찌긋이. 찌긋. ＊ 눈을 살짝 짜그리는 모양.

짜다¹ = 짜내다. ＊ ①누르거나 비틀어서 기름이나 물을 나오게 하다. ②눈물이나 생각이 나오게 하다. ③돈을 억지로 받아 내다.

☞ 빼다.¹

짜다² ＊ ①소금과 같은 맛이 있다. ②인색하다. ＊ 쩨쩨하다.

☞ 싱겁다.

짜다³ ＊ ①사개를 맞추어 그릇을 만들다. ②머리를 틀어 상투를 만들다. ③실, 대오리, 짚, 새끼를 결어 천, 바구니, 가마니를 만들다. ④사람들을 모아서 모임을 만들다. ⑤일정한 내용이나 틀을 갖추어 계획을 만들다.

☞ 얽다.² 엮다.

짜득짜득 〈 찌득찌득. ＊ 물건이 잘 끊어지지 아니할 정도로 검질긴 모양.

☞ 찐득찐득.

짜뜰름거리다 ＊ 돈이나 물건을 조금씩 자주 쓰거나 여러 번 나누어 주다.

☞ 짤끔거리다.

짜르다 ⇨ ①자르다. ②짧다.

짜른대 = 곰방대. 곰방담뱃대. ＊ 짧은 담뱃대.

☞ 장죽. 조대.

짜른작 ⇨ 짧은작. ＊ 짧은 화살.

~짜리¹ ＊ 그만한 수나 양, 가치를 지닌 것. {얼마짜리. 이하짜리.} ¶ 두 개짜리. 석 냥짜리. 한 뼘짜리. 열 살짜리. 두 자짜리. 백 원짜리. 스무 평짜리. {10센트짜리. 5달러짜리. 10엔짜리.} ＊ 아라비아 숫자 뒤에는 붙여 씀.

~짜리² ＊ 그런 차림을 한 사람. {남색짜리. 도포짜리. 양복짜리. 장옷짜리. 중치막짜리. 창의짜리. 홍색짜리.}

짜맞추다 ⇨ 짜 맞추다.

짜매다 ⇨ 잡아매다.

짜여지다 ⇨ 짜이다. ＊ '짜다'의 입음.

짜울다 ⇨ 기울다.

짜이다 = 째다. ＊ '짜다'의 입음.

짜임새 〔構造〕 = 얼개. ＊ 기계, 글, 조직, 집 따위의 짜인 모양새.

짜장 = 정말로. ¶ 짜장 댕기를 사 오지 않으면 사생결단으로 싸우리라.

짜장면 〔炸醬麵〕 ⇨ 자장면.

짜집기 ⇨ 짜깁기. ¶ 찢어진 옷을 짜깁기하다.

짜투리 ⇨ 자투리. {자투리땅.} ＊ 남은 조각. ¶ 비단 자투리. 헝겊 자투리. 자투리 시간.

짝¹ ＊ ①한 쌍을 이루는 것이나 그 가운데 하나. ¶ 내 짝. 숟가락 한 짝. ②배필. {짝하다.} ¶ 짝을 잃다. 짝을 찾다.

짝² ＊ 하나치. ＊ 소나 말에 실은 한 바리 짐의 한편 쪽. ¶ 소금 두 짝.

짝³ ＊ 하나치. ①쇠갈비. 짐. 고리. ②북어. 동태. ＊ 한 짝은 육백 마리.

짝꿍 ＊ 짝을 이루는 사람. ¶ 초등학교 때 짝꿍을 만났다.

☞ 짝지.

짝눈 = ①짝눈이. ＊ 두 눈의 크기나 모양이 다른 눈. 또는 그런 사람. ②자웅눈. ＊ 두 눈의 보는 힘이 다

른 눈. {자웅눈이.}

짝때기 ⇨ 작대기.

짝불알 ⇨ 토산불알. ✻ 병으로 한쪽이 커진 불알.

짝사랑 = 외짝사랑. 외쪽사랑. {짝사랑하다.}

짝수(~數) ✻ 2로 나누어서 나머지가 0이 되는 수. {짝숫날.} ¶ 짝수 줄. ☞ 홀수.

짝자꿍이 ⇨ 짝짜꿍이.

짝지 ✻ 뜻이 맞거나 매우 친한 사람. ¶ 내 짝지하고 놀러 간다. ☞ 지팡이. 짝꿍.

짝짓기하다 ✻ ①짝짓기 놀이를 하다. ②벌레나 새, 짐승이 흘레하다. ☞ 흘레붙다.

짝짜기 ✻ ①마주쳐서 소리를 내는 물건. ②캐스터네츠. ✻ 악기. ☞ 딱따기.¹ 짝짝이.

짝짜꿍 ✻ ①젖먹이가 손뼉을 치는 재롱. ¶ 엄마 앞에서 짝짜꿍. ②말이나 행동에서 서로 짝이 잘 맞는 일. ¶ 두 사람이 짝짜꿍이 잘 맞는다. ☞ 곤지곤지.

짝짜꿍이 ✻ 끼리끼리 짜고 어울려서 손발을 맞추는 일. {짝짜꿍이하다.} ☞ 짬짜미.

짝짝이 ✻ 제 짝이 아닌 한 벌. ¶ 짝짝이 눈. 짝짝이 신발. 짝짝이 양말. ☞ 짝짜기.

짝춤 = 맞춤. ✻ 두 사람이 마주보며 추는 춤.

짝퉁 ⇨ 조짜. ✻ 진짜처럼 만든 가짜 물건.

짠물 ✻ ①짠맛이 나는 물. ②바닷가

에 사는 사람. ☞ 바닷물.

짠물고기 = 바닷물고기. 바닷고기. ☞ 단물고기. 민물고기.

짠바람 ✻ 바다에서 불어오는 소금기를 품은 바람. ☞ 바닷바람.

짠지 = 무짠지. ✻ 통무를 소금에 절여서 묵혀 먹는 김치. ☞ 무절이. 섞박지. 오이지.

짠하다 〈 찐하다. ✻ 마음이 언짢고 아프다.

짤기다 ⇨ 지리다. ¶ 오줌을 지리다.

짤깍 = 짤까닥. 〈 쩔꺽. 쩔꺼덕.

짤끔거리다 = 짤끔대다. ✻ ①물이나 가루, 작은 물건이 조금씩 흘렀다 그쳤다 하다. ②비가 내렸다 그쳤다 하다. ☞ 짜뜰름거리다.

짤다 ⇨ 찌들다.

짤래짤래 = 짤짤. ✻ 머리나 물건을 흔드는 모양.

짤록 = 짤록이. 〉 잘록. 잘록이.

짤름발이 〉 잘름발이.

짤름뱅이 ⇨ 잘름발이. 절름발이.

짤리다 ⇨ 잘리다.

짤짜리 ⇨ 짤짤이.

짤짤이 ✻ ①집 안에서 발끝만 꿰어 신는 신. ✻ 끌신, 노파리 따위. ②주책없이 자꾸 이리저리 싸다니는 사람. ☞ 딸딸이.

짧다 ✻ ①두 끝 사이의 동안이나 길이가 가깝다. ¶ 끈이 짧다. ②정도가 조금 모자라다. ¶ 생각이 짧다. ③학문, 능력, 자본이 넉넉하지 못하다.

☞ 가깝다.

짧다랗다 ⇨ 짤따랗다. ‡ 생각보다 지나치게 짧다.

짧막하다 ⇨ 짤막하다.

짧은바늘 = 작은바늘. ‡ 시계의 시침.
☞ 긴바늘. 큰바늘.

짧은바지 ⇨ 반바지.

짧은 바지 ¶ 무릎이 드러날 만큼 짧은 바지를 입고 다닌다.

짧은소리 〔短音〕 * 짧게 내는 소리.
☞ 긴소리.

짧은작 * 짧은 화살.
☞ 긴작.

짬 * ① 겨를. ¶ 짬이 나다. 짬 내다.
② 맞붙여 놓거나 갈라진 틈. {돌짬.}
☞ 사이.¹

짬뽕 * 초마면의 니혼 이름.

짬뽕하다 ㉮ ⇨ 뒤섞다.

짬짜미 〔이〕 * 몇 사람이 남몰래 짜고 하는 약속이나 수작. {짬짜미하다.}
☞ 짝짜꿍이.

짬짬이 〔어〕 * 짬이 나는 대로 그때그때. 틈틈이. ¶ 짬짬이 글을 썼다.

짭잘하다 ⇨ 짭짤하다. ‡ 조금 짜다.

짭짤잖다 ⇨ 짭짤찮다. ‡ 울림소리 뒤에는 ‘ㅏ’만 줌.

짭찔하다 ⇨ 짭짤하다.

짱구 * 이마나 뒤통수가 크게 튀어나온 머리통. 또는 그런 사람. {뒤짱구. 앞뒤짱구. 앞짱구.}
☞ 장구머리.

짱아 = 잠자리. ‡ 어린이 말.

짱아찌 ⇨ 장아찌. {마늘장아찌. 무장아찌. 오이장아찌. 파장아찌.}

짱알거리다 = 짱알대다. ‡ 몸이 불편하거나 마음에 못마땅하여 짜증을 내며 자꾸 쫑알거리거나 보채다.
☞ 쫑알거리다.

~째¹ * ① 차례. {첫째. 둘째. 셋째. 셋째아들. 열두째. 열세째. 열네째.}
② 수량. {열둘째. 열셋째. 열넷째.}
¶ 세 개째. 두 잔째. 다섯 바퀴째.
☞ 번째.

~째² * ① 그대로. {그릇째. 껍질째. 송두리째.} ② 전부. {통째.} ③ 계속하는 동안. ¶ 사흘째 비가 온다.
☞ 채.⁵

째긋이 = 째긋. 〈 찌긋. 찌긋이. ‡ 눈을 째그리는 모양.

째깍째깍¹ = 째까닥째까닥. ‡ 일을 시원스럽게 해치우는 모양.

째깍째깍² = 째까닥째까닥. ‡ 단단한 물건이 맞부딪치거나 부러지는 소리. 그 모양. ¶ 시계 초침이 째깍째깍 움직이다.

째다¹ 〔남〕 * 물체의 거죽을 칼로 갈라지게 하다. ¶ 종기를 째고 고름을 짜다.
☞ 찢다.

째다² * 〔제〕 * 옷이나 신이 조금 작은 듯하다. ¶ 옷이 몸에 째다.

째려보다 * 못마땅하여 매서운 눈초리로 흘겨보다.
☞ 노려보다.

째못 = 벌림쐐기. ‡ 박힌 나무못의 촉 끝을 째고 박는 쐐기.

~째 번 = ~째. ‡ 차례. ¶ 첫째 번. 둘째 번.
☞ 번째.

째보 = ① 언청이. ② 잔망이.

째어지다 = 째지다. ‡ ‘째다’의 입음.

째여 ⇨ 째어. 째. ‡ 째다.

재즈(Jazz) ⇨ 재즈. ‡ 서양 음악의 한 가지.

째째하다 ⇨ 쩨쩨하다. ‡ ①시시하고 신통치 않다. ②인색하다.

짹소리 〈 찍소리. ‡ 부정하는 말과 함께 씀. ¶ 짹소리 못 한다.

짬새〔構造〕= 짜임새. 얼개.

쨍가당 ⇨ 쨍강. ‡ 얇은 쇠붙이나 유리가 가볍게 떨어지거나 부딪치는 소리.

쨍알거리다 ⇨ 짱알거리다.

쨍알쨍알 ⇨ 짱알짱알.

쨍하고 해뜰날 ⇨ 쨍하고 해 뜰 날.

쩌들다 ⇨ 찌들다.

쩍하면 〔어〕= 뻔쩍하면. ¶쩍하면 않아눕기 일쑤다.

쩔다 ⇨ ①절다. ②겯다.

쩔뚝발이 = 쩔뚝이. 〉 절뚝발이. 절뚝이. ‡ 다리를 저는 사람.

쩔뚝뱅이 ⇨ 쩔뚝발이. 절뚝발이.

쩔레쩔레 〉 절레절레. ‡ 고개나 손을 흔드는 모양.

쩔름뱅이 ⇨ 절름발이.

쩔쩔[1] 〉 절절. ‡ ①물이 끓는 모양. ②몹시 더운 모양. ¶쩔쩔 끓는 아랫목.

쩔쩔[2] 〉 절절. ‡ 주책없이 자꾸 쏘다니는 모양. {쩔쩔거리다. 쩔쩔대다.}

쩔컥 = 쩔커덕.

쩟쩟히 ⇨ 쩟쩟이. ‡ 성미, 나뭇결, 피륙의 바탕이 깔깔한 모양.

쩨꺼덕쩨꺼덕[1] = 쩨걱쩨걱. ‡ 일을 시원스럽게 해치우는 모양.

쩨꺼덕쩨꺼덕[2] = 쩨걱쩨걱. ‡ 단단한 물건이 맞부딪치거나 부러지는 소리.

쪄내다 ‡ 촘촘하게 자란 나뭇가지나 풀숲을 베어 내다. ¶ 나뭇가지를 쪄내다.

☞ 솎다.

쪄먹다 ⇨ 쪄 먹다. ¶ 감자를 쪄 먹다.

쪼가리 ‡ ①작은 조각. ¶종이 쪼가리. ②깨어진 조각. ¶ 기와 쪼가리.

☞ 조각.

쪼각 ⇨ 조각.

쪼개다 ‡ ①여러 조각이 나게 하다. ¶ 사과를 쪼개다. ②시간이나 돈을 아끼다. ¶ 잠자는 시간을 쪼개서 공부를 했다. 용돈을 쪼개서 쓴다.

☞ 가르다. 나누다. 빠개다. 짜개다. 패다.[2]

쪼구미 = 동바리. 동자기둥. ‡ 기둥의 한 가지.

쪼그랑이 〈 쭈그렁이. ‡ 쪼그라져 볼품없이 작아진 물건.

쪼그만하다 ⇨ 쪼그마하다. 쪼그맣다.

쪼끔 〉 쪼금 〉 조금.

쪼끼[1](jug) ⇨ 잔. 큰 잔. ‡ 저그. ¶맥주 한 잔.

쪼끼[2] ⇨ 조끼. ‡ 저고리 위에 걸치는 옷의 한 가지.

쪼다 ‡ 뾰족한 끝으로 이어서 찍다. ¶ 닭이 모이를 쪼다. 징으로 돌을 쪼다.

☞ 조다.

쪼달리다 ⇨ 쪼들리다.

쪼무래기 ⇨ 조무래기.

쪼뺏이 〈 쭈뼛이. ‡ ①물건 끝이 뾰족한 모양. ②머리카락이 일어서는 느낌. ③어줍거나 부끄러워 머뭇거리거나 주저주저하는 모양.

쪼이다[1] 〉 조이다. ‡ 느슨한 것이 단단하게, 헐거운 것이 팽팽하게 되다.

쪼이다[2] * '쪼다'의 입음. ¶ 머리를 쪼였다.

쪼이다[3] = 쬐다. ‡ 불에 가까이 가거나 뜨거운 빛을 받다. ¶ 햇볕을 쬐다.

☞ 비치다.[2]

쪼작거리다 * ①느리게 아장아장 걷다. ②부리로 쪼듯이 자꾸 헤치다.

쪼잘거리다 * ①작은 목소리로 빠르게 말을 하다. ②새가 지저귀다.

☞ 쫑잘거리다.

쪽[1] = 낭자. ‡ 뒤통수에 틀어 올려 비녀를 꽂은 여자의 머리털. ¶ 쪽을 찌다.

☞ 낭자. 다리.[3] 딴머리.

쪽[2] = 녘. ‡ 방향. {그쪽. 남쪽. 동쪽. 뒤쪽. 맞은쪽. 바깥쪽. 바른쪽. 반대쪽. 북쪽. 서쪽. 아래쪽. 안쪽. 앞쪽. 양달쪽. 양쪽. 옆쪽. 오른쪽. 왼쪽. 위쪽. 응달쪽. 이쪽. 저쪽. 한쪽.} ¶ 강가 쪽. 같은 쪽. 개울 쪽. 낮은 쪽. 내 쪽. 네 쪽. 다른 쪽. 다리 쪽. 등 쪽. 머리 쪽. 바다 쪽. 배쪽. 아무 쪽. 어느 쪽. 어떤 쪽. 언덕 쪽. 우리 쪽. 원두막 쪽. 정거장 쪽. 차창 쪽. 창 쪽. 큰 쪽. 작은 쪽. 가까운 쪽. ‡ 뱃사람이 쓰는 말. {동쪽(새짝). 서쪽(갈짝). 남쪽(맞짝). 북쪽(된짝). 남동쪽(샛마). 북동쪽(높새). 남서쪽(늦하늬). 북서쪽(된갈).}

쪽[3] = 편. ‡ ①서로 맞서는 편. ¶ 이

긴 쪽. 찬성 쪽. ② {오른쪽. 왼쪽.}

쪽[4] * ① 조각. {걸레쪽. 나무쪽. 대쪽. 무쪽. 반쪽. 종이쪽.} ¶ 대나무 쪽. 소나무 쪽. ② 하나치. ¶ 마늘 한 쪽. 생강 두 쪽.

☞ 통.[5]

쪽[5] = 면. ‡ 페이지. {쪽수.} ¶ 몇 쪽. 열째 쪽. 이백 쪽.

쪽~[6] * 작은. {쪽거울. 쪽걸상. 쪽담. 쪽마루. 쪽배. 쪽잠. 쪽지게. 쪽창.}

쪽다리 * 긴 널조각 하나로 놓은 다리.

☞ 외나무다리.

쪽달 ⇨ 조각달.

쪽대문(~大門) * 바깥채나 사랑채에서 안채로 가는, 문짝 하나로 된 대문.

☞ 솟을대문. 쪽문. 평대문.

쪽두리 ⇨ 족두리.

쪽못쓰다 ⇨ 쪽을 못 쓰다. ‡ 꼼짝하지 못 하다.

쪽문 * 대문짝의 가운데나 한편에 사람이 드나들도록 만든 작은 문.

☞ 쪽대문.

쪽박 * 작은 바가지. {쪽박귀. 쪽박세간. 쪽박신세.} {오그랑쪽박. 우그렁쪽박. 장쪽박. 간장쪽박.} ¶ 쪽박을 차다.

☞ 조롱박.

쪽발이 * ①짜개발. ‡ 왜놈. ②한 발만 달린 물건. ③둘로 갈라진 발굽.

☞ 딸각발이.

쪽밤 ⇨ 쌍동밤.

쪽빛 = 남빛.

쪽소매 = 쪽소매책상. 외소매책상. ‡ 편수책상.

☞ 양소매책상.

쪽잎 = 꼬마잎. 잔잎. ＊ 작은 나뭇잎.

쪽자(~字) ＊ 몇 활자에서 획을 따 한 글자로 만든 활자. ＊＊ 한문글자.
　☞ 통자.

쪽잘거리다 ＊ 음식을 께지럭대며 다랍게 조금씩 먹다.
　☞ 쪽쪽거리다.

쪽진머리 ⇨ 쪽 찐 머리.

쪽집게 ⇨ 족집게.

쪽쪽거리다 ＊ ①입으로 힘차게 자꾸 빨다. ②입맞춤을 자꾸 하다.
　☞ 쪽잘거리다.

쪽찌다 ⇨ 쪽을 찌다.

쫀쫀 ㉺ ⇨ 점점.

쫀쫀하다 ＊ ①피륙의 발이 잘고 곱다. ②소갈머리가 좁고 치사하다.

쫄따구 ⇨ ①졸개. ②졸때기.

쫄때기 ⇨ 졸때기.

쫄래동이 ⇨ 쫄래둥이. ＊ 경망스러운 아이.

쫄리다 ⇨ ①졸리다. ②쪼들리다.

쫄병(卒兵) ⇨ 졸병.

쫄쫄이 ＊ ①소견이 좁은 사람. ②몸에 꼭 끼는 속옷.
　☞ 살살이.

쫑긋이 〈 쭝긋이. ¶ 귀를 쫑긋 세우다. 입을 쫑긋 내밀다.

쫑끗하다 ⇨ 쫑긋하다.

쫑다리 ⇨ 공다리.

쫑알거리다 = 쫑알대다. ＊ 여자나 아이들이 작은 소리로 혼잣말을 하다.
　☞ 짱알거리다.

쫑잘거리다 〉 종잘거리다. ＊ 수다스럽게 종알거리다.

☞ 쪼잘거리다.

쫑코 ㉺ ⇨ 퉁. 퉁바리. 핀잔.

쫒다 ＊ 상투나 낭자 따위를 틀어 죄어 매다. ¶ 낭자를 쫒다. 상투를 쫒다.
　☞ 좇다. 쫓다.

쫓겨나다 = 내쫓기다. ¶ 집에서 쫓겨 나다.

쫓기우다 ⇨ 쫓기다.

쫓다 ＊ ①억지로 내몰거나 물리치다. ¶ 파리를 쫓다. 졸음을 쫓다. ②잡으려고 빠른 걸음으로 뒤따라가다. ¶ 도둑을 쫓다. ＊＊ 구체적인 행동.
　☞ 내쫓다. 좇다. 쫒다.

쫓아가다 ＊ ①만나거나 잡으려고 따라가다. ②사람, 물건 뒤를 따라가다.
　☞ 좇아가다.

쫙 〉 좍. ＊＊ ①널리 흩어져 퍼지는 꼴. ②비가 갑자기 쏟아지는 소리나 꼴. ③거침없이 읽거나 말하는 모양. ④활짝 퍼지거나 찢어지는 꼴.

쫴 = 쬐어. 쪼이어. ＊＊ 쬐다. 쪼이다.

쬐그만하다 ⇨ 쪼그마하다.

쬐끔 ⇨ 쪼금.

쬐다 = 쪼이다. ¶ 볕이 쬐다. 화톳불을 쪼이다.
　☞ 쐬다.²

쬐이다 ⇨ 쬐다. 쪼이다.

쭈구러들다 ⇨ 쭈그러들다.

쭈굴쭈굴 ⇨ 쭈글쭈글.

쭈그러뜨리다 〈 쭈그러트리다.

쭈그럭살 ⇨ 주름살.

쭈그렁 = 쭈그렁이. 쭈그렁바가지. {쭈그렁박. 쭈그렁밤송이.}

쭈그렁밤 ＊ 알이 제대로 들지 아니하여 껍질이 쭈글쭈글한 밤.

☞ 쭉정밤.

쭈그렝이 ⇨ 쭈그렁이. ‡ ①쭈그러진 물건. ②쭈글쭈글한 늙은이.

쭈꾸미 ⇨ 주꾸미. ‡ 문어과의 한 가지.

쭈루루 ⇨ 쭈르르. ‡ 비탈진 곳에서 흘러내리는 소리나 모양.

쭈루룩 ⇨ 쭈르륵. ‡ 비탈진 곳에서 잠깐 흐르다가 그치는 소리나 모양.

쭈물거리다 = 쭈물대다. ‡ 머무적거리다.

☞ 꾸물거리다.

쭈뼛이 〉 쪼뼛이.

쭈절거리다 = 쭈절대다. ‡ 낮은 목소리로 말을 계속 하다.

☞ 쭝얼거리다. 쭝절거리다.

쭈크리다 〉 쭈그리다 〉 쪼그리다.

쭉정밤 * 속에 알이 들어 있지 아니한, 껍질뿐인 밤.

☞ 쭈그렁밤.

쭉정이 * ①알이 들지 않은 껍질. ②사람 구실을 못하는 사람.

☞ 삭정이.

쭉지 ⇨ ①죽지. ②쭉정이.

쭐레쭐레 〉 줄레줄레. ‡ ①꺼불거리는 모양. ②여럿이 뒤따르는 모양.

쭝긋거리다 〉 쫑긋거리다.

쭝긋이 〉 쫑긋이. ¶ 귀를 쭝긋이 세우다. 입을 쭝긋이 내밀다.

쭝덜거리다 〉 중덜거리다. ‡ 불만스러운 태도로 자꾸 중얼거리다.

쭝얼거리다 〉 중얼거리다. ‡ 작은 소리로 혼잣말을 자꾸 하다.

쭝절거리다 〉 중절거리다. ‡ 수다스럽게 중얼거리다.

☞ 쭈절거리다.

~쯤 * 정도. {내일쯤. 이쯤. 어디쯤. 어제쯤. 언제쯤. 얼마쯤. 오늘쯤. 중간쯤. 지금쯤. 20일쯤.} ¶ 열두 시쯤. 이십 일쯤.

☞ 가량.²

찌¹ * 기억할 것을 써서 붙이는 좁은 종이쪽. ¶ 찌에다 적어 두다.

☞ 찌지.

찌² = 낚시찌. 어신찌. ‡ 낚시에 쓰는 연모. {찌고무. 찌꼬리. 찌날라리. 찌맞춤. 찌머리. 찌목. 찌몸통. 찌톱. 찌통.} {고추찌. 막대찌. 상투찌.}

찌개 * 뚝배기나 냄비에 고기, 두부, 채소 따위를 넣고 양념하여 바특하게 끓인 반찬. {찌개백반. 찌개주걱. 찌갯거리.} {김치찌개. 꽁치찌개. 대구찌개. 동태찌개. 된장찌개. 두부찌개. 순두부찌개.} ¶ 찌개 국물. 찌개를 끓이다. 찌개를 데우다.

☞ 전골. 찜.

찌그러뜨리다 〈 찌그러트리다. ‡ ①우그리다. ②주름살이 지게 하다.

찌그렁이¹ * 제대로 여물지 못하여 찌그러진 열매.

찌그렁이² * 무턱대고 억지로 때를 쓰는 짓. ¶ 찌그렁이를 붙다.

☞ 찍자.

찌금 = 찌눈금. ‡ 낚시찌에서 빛깔로 구분한 찌톱의 눈금.

찌긋 〉 짜긋. ‡ 눈치를 채게 하려고 눈을 찌그리거나 옷자락을 잡아당기는 모양. ¶ 눈을 찌긋 감았다 떴다. 옷을 찌긋 잡아당겼다.

찌꺼기 = 찌끼. {밥찌꺼기. 턱찌꺼

기.} ¶ 기름 찌꺼기. 음식 찌꺼기.

찌꺽지 ⇨ 찌꺼기. 찌끼.

찌께다시 [왜] ⇨ 덤안주. 밑안주. 입맷거리. 입매안주. 곁들이 안주.

찌끄레기 ⇨ 찌꺼기.

찌끼 = 찌꺼기.

찌낚 = 찌낚시. ⁑ 찌를 써서 고기를 낚는 방법.

☞ 뜰낚. 맥낚. 주낙.

찌날라리 = 날라리. ⁑ 낚시찌의 찌꼬리에 달린 찌고무 꽂이.

찌다[1] * ①촘촘히 난 푸나무를 성기게 베다. ②모판에서 모를 뽑아내다.

☞ 솎다. 쪄내다.

찌다[2] * ①뜨거운 김으로 익히거나 데우다. ⁑ 감자. 고구마. 떡. 고두밥. ②뜨거운 김을 쐬는 것 같이 덥다. ¶ 날씨가 찌다.

☞ 끓이다. 쑤다. 짓다.

찌들은 ⇨ 찌든. ⁑ 찌들다. ¶ 찌들어 가다. 찌들지 않다.

찌라시(지라시) 〔散~〕 [왜] ⇨ 광고 쪽지. 알림 쪽지. 쪽지.

찌러기 * 성질이 사나운 황소. ¶ 고삐 풀린 찌러기 소 같다.

☞ 찌르개.

찌렁찌렁하다 ⇨ 쩌렁쩌렁하다. ⁑ 주위를 울릴 정도로 목소리가 크고 높다.

찌르개 * 끝을 뾰족하게 만든 돌연모. ⁑ 창과 화살촉 따위

☞ 찌러기.

찌르다[1] * ①가늘고 뾰족한 것을 다른 물체 속에 들어가게 하다. ¶ 바늘로 찌르다. ②코나 마음을 강하게 자극하다. ¶ 냄새가 코를 찌르다.

☞ 찍다.[2]

찌르다[2] * 알려서 안 될 일을 몰래 일러바치다. ¶ 독립군을 찌른 놈도 있다.

☞ 고자질하다.

찌르러기 ⇨ ①찌르레기. ②씨르래기. ③베짱이.

찌르레기 * 찌르레깃과의 새 이름.

☞ 씨르래기.

찌무룩히 ⇨ 찌무룩이. ⁑ 마음이 시무룩하여 유쾌하지 않은 모양.

찌뿌둥하다 ⇨ ①기우뚱하다. ②찌뿌듯하다.

찌뿌드드하다 = 찌뿌듯하다. ⁑ 몸. 표정. 기분. 날씨.

찌뿌듯히 ⇨ 찌뿌듯이.

찌뿌리다 ⇨ 찌푸리다.

찌증(~症) 〉 짜증. ¶ 찌증이 나다. 찌증을 내다.

찌지(~紙) 〔附表〕 * 표하거나 적어서 붙이는 종이쪽지.

☞ 찌.[1]

찌찌(쭈쭈) 〔乳〕 [왜] ⇨ 젖.

☞ 지지.[1]

찍다[1] * ①눌러서 자국을 내다. ¶ 도장을 찍다. ②끝에 무엇을 묻히다. ¶ 펜에 잉크를 찍다. ③얼굴에 바르다. ¶ 연지를 찍다. ④점이나 표를 써넣다. ¶ 마침표를 찍다. ⑤틀로 물건을 만들다. ¶ 벽돌을 찍다. ⑥글을 박다. ¶ 책을 찍다. ⑦사진이나 영화를 만들다. ¶ 영화를 찍다.

찍다[2] * ①날이 있는 연장으로 내리치다. ¶ 도끼로 나무를 찍다. 곡괭이

로 바위를 찍다. ②표나 구멍이 나
게 하다. ¶기차표를 찍다.
☞ 찌르다.¹

찍소리 〉쩩소리. ‡ 반항하는 태도나
떠드는 소리. ¶찍소리 못 한다.

찍자 * 트집을 잡으며 덤비는 짓. ¶찍자
놓다. 찍자 부리다. 찍자 붙다.
☞ 찌그렁이.²

찐~ * 찌다. {찐만두. 찐빵. 찐쌀. 찐
조.} ¶찐 고구마. 찐 옥수수.

찐덕거리다 ⇨ 찐득거리다.

찐드기 ⇨ ①진드기. ②진득이.

찐득이 * ①성질이나 행동이 검질기
게. ②눅진하고 차지게.
☞ 진득이.

찐득찐득 * ①눅진하고 차져서 자꾸
달라붙는 모양. ②검질겨서 잘 끊어
지지 않는 모양. ③성질이나 행동이
매우 끈기가 있는 모양.
☞ 짜득짜득.

찐빠 〔跛〕㉣ ⇨ ①절름발이. ②짝짝이.

찐하다 〉짠하다. ‡ 안타깝게 뉘우쳐져
마음이 언짢다. ¶마음이 찐하다.
☞ 진하다. 찡하다.

찔러보다 * 어떤 자극을 주어서 속마음
을 알아보다. ¶속마음을 찔러보다.

찔러 보다 ¶군고구마가 잘 익었는지
젓가락으로 찔러 보다.

찔레 = ①찔레나무. 들장미. ②찔레
순.

찔리우다 ⇨ 찔리다.

찔벅거리다 ⇨ ①질벅거리다. ②집적
거리다.

찜 * 고기나 채소에 여러 가지 양념을
하여 찌거나 바특하게 끓인 음식.

{가지찜. 갈비찜. 도미찜. 미더덕
찜. 복찜. 북어찜. 사태찜. 아귀찜.
호박찜.}
☞ 찌개.

찜질 = 찜. ‡ ①약물, 더운물, 찬물,
얼음, 온천, 모래밭, 흙, 구운 돌을
아픈 곳에 대는 일. {찜질방.} {겨자
찜질. 냉찜질(찬찜질). 더운찜질(온
찜질). 돌찜질. 마른찜질. 모래찜
질. 물찜질. 솔찜질(솔찜). 쇠똥찜
질(소똥찜. 쇠똥찜). 얼음찜질(얼음
찜).} ② 맞거나 때리는 짓. {매찜
질. 목침찜. 몽둥이찜질(몽둥이찜).
방망이찜질. 작대기찜질.}
☞ 뜸질.

찜찜하다 * 꺼림칙한 느낌이 있다. ¶일
을 하다 말았더니 기분이 찜찜하다.
☞ 찝찝하다.

찝게 ⇨ 집게.

찝쩍거리다 〉집적거리다. ‡ ①아무 일
에나 함부로 손을 대다. ¶이일 저일
찝쩍거리다. ②자꾸 건드려 성가시
게 하다. ¶찝쩍거리지 말고 나가라.

찝찌레하다 = 찝찌름하다. ‡ 감칠맛
이 없고 조금 짜다.

찝찔하다 * ①일이 되어 가는 꼴이 마
음에 들지 않다. ②맛이 조금 짜다.

찝찝하다 * 마음에 걸리는 데가 있다.
¶그 일에 손을 대기가 찝찝하다.

찡구다 ⇨ 끼우다.

찡긋 〈찡끗. ‡ 눈이나 코를 약간 찡그
리는 모양.

찡기다 * 팽팽하게 켕기지 못하고 구
겨서 쭈글쭈글하게 되다. ¶줄이 찡
기지 않도록 양쪽에서 꽉 잡아라.

☞ 끼이다.

찡얼찡얼 〉 징얼징얼. ¶ 아이가 밥도 안 먹고 종일 찡얼찡얼 보채기만 한다.

찡찡이 = 코찡찡이. ‡ ① 코가 막힌 사람. ② 코가 찌그러진 사람.

찡하다 ¶ 유리가 찡하고 금이 갔다. 찡한 감동을 받다. 코끝이 찡해지다. ☞ 찐하다.

찢겨지다 ⇨ 찢어지다. 찢기다.

찢기우다 ⇨ 찢어지다. 찢기다.

찢기워지다 ⇨ 찢어지다. 찢기다.

찢기움을 당하다 ⇨ 찢어지다. 찢기다.

찢다 * 넓적한 물체를 손으로 잡아당 기어 몇 조각으로 떨어지게 하다. ☞ 째다.[1]

찢뜨리다 〈 찢트리다. ‡ 종이, 헝겊 따 위를 찢어지게 하다.

찧다 * ① 곡식을 절구에 넣고 공이 로 내려쳐서 쓿거나 가루로 만들다. ¶ 벼를 찧다. 마늘을 찧다. 풋고추를 찧다. ② 무거운 물체가 내리치다. ¶ 떨어지는 돌에 발등을 찧다. ③ 마 주 부딪다. ¶ 기둥에 이마를 찧다. ☞ 빻다. 능그다. 다지다.[1] 대끼다.[1]

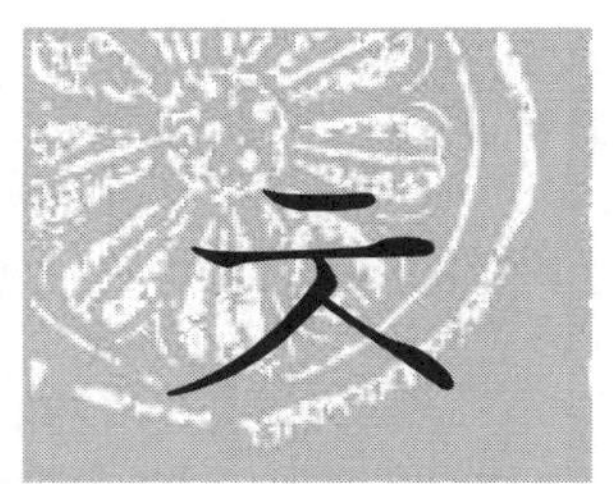

차¹(差) * ① 두 가지를 견주었을 때, 다르게 나타나는 수준이나 정도. {견해차.} ¶ 빈부의 차. 성격 차. ② 뺀 나머지. ¶ 10과 6의 차는 4다.
☞ 차이.

차²(茶) * ① 차나무. ② 우려서 마시는 물. {차보시기. 찻감. 찻값. 찻물. 찻숟가락(찻숟갈). 찻잎. 찻잔. 찻장. 찻종(찻종지). 찻주전자.} {가루차. 결명자차. 계피차. 녹차. 보리차. 생강차(새앙차). 설록차. 얼음차. 엽차. 오미자차. 율무차. 인삼차. 작설차. 칡차. 홍차.} ¶ 차를 대접하다.

차³(車) * 자동차, 기차 따위 탈것. {차멀미. 차바퀴. 차창. 차치기. 차편. 차표. 찻길. 찻삯.} {곳간차. 기차. 눈차(제설차). 덤프차. 똥차. 물자동차(급수차). 물뿌리개차(살수차). 민지붕차(무개차). 불자동차(소방차). 사다리차. 설상차. 소독차. 쓰레기차(수거차). 자동차. 지게차. 지붕차(유개차). 청소차. 침대차.} {가솔린차. 가스차. 디젤차. 목탄차. 전기차.} {낮차. 밤차. 새벽차. 아침차. 저녁차. 뺑소니차. 뒤차. 앞차.} ¶ 차 문. 차 사고. 차 소리. 차 시간. 차 안. 차 열쇠. 차 주인. 영업용 차. 장난감 차.
☞ 거.² 수레.

차⁴(次) * ① 번. 차례. ✢ 아라비아숫자 뒤에는 붙여 쓸 수 있음. ¶ 제1차 시험. 제2차 세계 대전. ✢ 한자말 뒤에는 띄어 씀. ¶ 제일 차. 제삼 차. 수십 차. ② 기회. 순간. ¶ 나가려던 차에. 떠나려던 차에.

차가다 * 날쌔게 움켜서 가져가다. ¶ 독수리가 닭을 차가다.
☞ 차다.² 채다.¹

차(車)**가 막히다** ⇨ ① 길이 막히다. ② 차가 밀리다.

차가와 ⇨ 차가워. ✢ 차갑다. 차갑고. 차갑지. 차가우니. 차가워서.

차가웁다 ⇨ 차갑다.

차가워지다 * ① 얼음 같은 느낌이 나게 되다. ② 몸온도가 차게 되다.
☞ 식다.

차간(車間) ⇨ 찻간. ✢ 기차나 버스에서 사람이 타는 칸.
☞ 사이시옷.

차고 앉다 ⇨ 차고앉다. ✢ 일을 맡아 자

리를 잡다. ¶시장 자리를 차고앉다.

차관선(借款先) ㉑ ⇨ ①빌린 곳. ②빌린 나라.

차금(差金) ㉑ ⇨ 차잇돈. ⁑차액.

차금 거래(差金去來) ㉑ ⇨ 빈거래. ⁑공거래.

차금 매매(差金賣買) ㉑ ⇨ 빈거래. ⁑공거래.

차깔하다 = 처깔하다. ⁑문을 아주 굳게 닫아 잠가두다.

차꼬 = 고랑틀. ⁑죄인의 발목을 끼우게 된, 나무로 만든 형틀.
　☞쇠고랑. 족쇄. 칼.²

차나락 ⇨ 찰벼.

차내(車內) = 차중. ⁑차 안.

차다¹ ⁑①온도가 낮다. {찬물.} ¶찬 공기. 찬 바람. 찬 음식. 찬 이슬. ②인정이 없고 쌀쌀하다. {찬바람. 찬웃음.} ¶성격이 차고 매섭다.
　☞시리다. 차갑다. 춥다.

차다² ⁑①발로 내어 지르다. ¶공을 차다. ②가까이하던 사람을 버리다. ¶애인을 차다. ③주는 것을 받지 않다. ¶복을 차다. ④혀끝으로 소리를 내다. ¶혀를 차다. ⑤날쌔게 빼앗거나 움켜 가지다. ¶매가 꿩을 차다.
　☞채다.¹ 치다.²

차다³ ⁑사람이 몸이나 옷에 물건을 매거나 달거나 꿰어 떨어지지 않게 하다. ¶기저귀를 차다. 수갑을 차다. 시계를 차다. 완장을 차다. 칼을 차다.
　☞달다.²

차다⁴ ⁑가득하게 들다. ¶가득 차다.

기한이 차다. 나이가 차다. 때가 차다. 마음에 차다. 목구멍까지 차다. 물이 허리까지 차다.

차단스 〔茶簞笥〕 ㉑ ⇨ ①찻장. ②그릇장.

차단시키다(遮斷~) ⇨ ①끊다. ②막다. ⁑차단하다.

차도¹(茶道) ⇨ 차예절.

차도²(車道) ⁑찻길. ⁑차만 다니도록 만든 길.
　☞인도.² 차로.

차돌 = ①석영. {차돌멩이. 차돌모래.} ②모도리. ⁑야무진 사람.
　☞서벽돌. 푸석돌.

차돌배기 ⇨ 차돌박이. ⁑쇠고기의 한 부분 이름.

차떼기(車~) ⁑①화물차 한 대 몫의 물건을 한꺼번에 사들이는 일. ¶차떼기로 사다. ②그렇게 하려는 흥정.
　☞~떼기. 밭떼기. 상자떼기.

차락차락 ⁑빗방울이 가볍게 자꾸 부딪치는 소리. {차락차락하다.}

차란차란 ⁑①물이 그릇에 가득 차 넘칠 듯 말 듯 한 모양. ②물건의 한쪽 끝이 스칠 듯 말 듯한 모양. ¶치맛자락이 차란차란 방바닥을 스치다.

차랑차랑¹ ⁑쇠붙이가 부딪혀서 나는 소리. ¶방울이 차랑차랑 울린다.

차랑차랑² 〈 치렁치렁. ⁑길게 드리운 물건이 이리저리 부드럽게 자꾸 흔들리는 모양. ¶긴 머리가 차랑차랑 흔들린다. 차랑차랑한 긴 치마를 입었다.

차련 ⇨ 채련. ⁑부드럽게 다루어 만든

당나귀 가죽.

차렵 * 옷이나 이불에 솜을 얇게 두는 방식. {차렵것. 차렵두루마기. 차렵바지. 차렵이불. 차렵저고리.}

☞ 핫것.

차렷 ＝ 차려. ⁑ 구령의 한 가지.

차례¹(茶禮) * 음력 초하루와 보름, 명질, 조상의 생일을 맞아 낮에 지내는 제사. {차례탑. 떡국차례. 생신차례.} ¶ 단오 차례. 동지 차례. 추석 차례.

☞ 다례. 제사.

차례²(次例) * ① 시간의 흐름에 따라 먼저와 나중을 가리는 잣대. ⁑ 전체적으로 늘어 놓인 것, 전체 속에서 차지하는 위치, 그러한 관계가 이루는 횟수. {차례셈씨. 차례차례. 차례표.} ¶ 차례가 오다. 차례를 지키다. {어깨차례. 옷깃차례.} ② 하나를 여럿으로 나눈 몫이 돌아오는 것. {차례지다.} ③ 하나치. ⁑ 횟수. ¶ 소나기가 한 차례 쏟아지다.

☞ 순서.

차로(車路) * 찻길을 차선으로 나눈 길. {버스전용차로. 1차로. 2차로.}

☞ 차도.² 차선.

차리다 * ① 음식을 장만하여 갖추다. ¶ 저녁상을 차리다. 잔칫상을 차리다. ② 몸, 옷, 행동, 말에 일정한 모습이나 절차를 갖추다. ¶ 예의를 차리다. 격식을 차리다. ③ 살림, 가게를 벌이다. ¶ 가게를 차리다.

☞ 갖추다.

차림 * ① 옷을 꾸려서 갖춘 것. {차림새. 차림차림.} {몸차림. 옷차림.} ¶ 교복 차림(학생복 차림). 군복 차림. 등산복 차림. 사복 차림. 신사복 차림. 양복 차림. 운동복 차림. 작업복 차림. 점퍼 차림. 치마저고리 차림. 평복 차림. 한복 차림. ② 음식을 꾸려서 갖춘 것. {상차림. 차림표.} ¶ 돌상 차림. 생일상 차림. 설상 차림. 큰상 차림. 환갑상 차림.

차마 〔어〕 * 감히 어찌. ⁑ 부정, 의문문에 씀. ¶ 차마 못 하다.

☞ 참아.

차막이(車～) * 철도 철길 끝에 설치하여 철길의 끝임을 나타내는 설비.

☞ 길막이.

차반¹ * ① 맛있게 잘 차린 음식. ② 예물로 가져가는 음식.

차반²(茶盤) ¶ 찻잔을 차반에 받치다.

☞ 채반.

차방(茶房) ⇨ ① 찻방. ② 찻집. ③ 다방.

차별성(差別性) ⇨ 구별. 특성. 장점.

차별적(差別的) ⇨ 차별.

차별화되다(差別化～) ⇨ 아주 다르다. 아주 달라지다.

차별화하다(差別化～) ⇨ 다르게 하다. ⁑ 구별하다.

차비¹(車費) ＝ 차삯. ⁑ 차를 타고 내는 삯.

차비²(差備) ⇨ 채비. ⁑ 일을 하는 데 필요한 물건, 마음가짐을 미리 차림.

차(車) **빼다** * 차를 있던 자리에서 끌어내어 다른 쪽으로 옮기다.

차(車) **뽑다** ⇨ 차를 사다. ⁑ 제비뽑기에서는 차를 뽑을 수 있음.

차생(此生) ⇨ 이승.

차선(車線) * ① 찻길에 가는 방향에 따라 몇 개로 그어 놓은 금. ¶ 일 차선. 이 차선. 삼 차선. 사 차선. ☞ 차로. 차도.²

차선(車線)**을 그리다** ⇨ 차선을 긋다.

차수수 ⇨ 찰수수. {찰수수밥. 찰수수쌀.}

차숟가락(茶～) ⇨ 찻숟가락. 찻숟갈.

차시(此時) ⇨ 이때.

차압(差押) ㉫ ⇨ 덮잡기. 잡아두기. ＊ 압류.

차양(遮陽) ① 챙. ＊ 모자 끝에 대어 햇빛을 가리는 부분. ② 볕가리개. ＊ 처마 끝에 덧붙여서 햇빛이나 비가 들이치는 것을 막는 부분. ☞ 차일.

차오르다 〔제〕 * 어떤 한도나 높이에 다다라 오르다. ¶ 목까지 차오르다.

차올리다 〔남〕 * 발로 차서 위로 올리다. ¶ 공을 높이 차올리다.

차원¹(次元) * 처지. 정도. 사고방식. 행위의 수준. ¶ 차원이 높다.

차원²(次元) ⇨ ① 의. ② 생각에서. ③ 목적으로. ④ 원칙으로. ＊ 글의 내용과 쓰임새에 따라 바르게 써야 함.

차이(差異) * 서로 다른 상태. ¶ 차이가 나다. 차이가 없다. 차이가 있다. ¶ 견해 차이. 능력 차이. 문화적 차이. 빈부 차이. 성격 차이. 세대 차이. ☞ 차.¹

차이다 = 채다. ＊ 차다의 입음. ¶ 돌이 발부리에 차이다. 애인에게 차이다.

차인¹(差人) = 차인꾼. ＊ 장사하는 데

서 시중드는 사람. 임시 심부름꾼.

차인²(差引) ㉫ ⇨ 에낌. ＊ 상계. 차감.

차인잔액(差引殘額) ㉫ ⇨ 에끼고 남은 돈. ＊ 상계 잔금.

차일(遮日) * 볕을 가리려고 치는 포장. ¶ 차일을 치다. ☞ 차양. 천막.

차임벨(chime bell) ⇨ 때알이 종.

차입구(差入口) ㉫ ⇨ 넣는 곳.

차입금(借入金) ㉫ ⇨ 꾼 돈. 빌린 돈.

차입하다¹(差入～) ㉫ ⇨ ① (돈, 음식, 의복을) 넣어 주다. ② 옥바라지하다.

차입하다²(借入～) ㉫ ⇨ 꾸다.

차장(車掌) ㉫ ⇨ 승무원.

차전놀이(車戰～) = 동채싸움. 수레싸움. ＊ 정월 대보름날에 하는 민속놀이.

차조 = 차좁쌀. {차조미음. 차조밥.}

차주(借主) ㉫ ⇨ 꾼 사람. 빌린 사람.

차지다 * ① 끈기가 많다. ＊ 반죽. 밥. 떡. ② 성질이 야무지고 깐깐하다. ☞ 메지다.

차질다 * 끈기가 많으며 질다. ¶ 햅쌀밥이 차질다. 떡이 차질다.

차차(次次) = 차차로. 차츰. ¶ 날씨가 차차 흐려지다.

차출하다(差出～) ⇨ (사람을) 뽑다. 뽑아내다.

차치기(車～) * 차를 타고 가면서 남의 물건을 채 가는 일. 또는 그런 사람. ☞ 날치기. 들치기. 소매치기.

차치해(且置～) **두다** ⇨ 그만두다. 내버려두다. 제쳐 두다. ＊ 차치하다.

차칸〔車間〕 ⇨ 찻간.

차탈레이 부인의 사랑 ⇨ 채털리 부인의 애인. ＊ 소설 이름.

차트(chart) ⇨ 그림표. 걸그림. ＊ 도표. 순위 도표.

차 한잔(茶~盞) ⇨ 차 한 잔.

차회(此回) 翻 ⇨ 이번.

착(着) 翻 ⇨ 벌. ＊ 하나치. ¶ 옷 한 벌. 한복 한 벌. 양복 두 벌.

착각하다(錯覺~) ＊ 어떤 사실을 실제와 다르게 생각하다. ¶ 착각에 빠지다. 착각이 들다. 착각을 일으키다. ¶ 꿈에 본 일을 정말 있은 일로 착각하다.
☞ 오해하다.

착갈하다 ⇨ 차깔하다.

착고(着錮) ⇨ 차꼬.

착공기(鑿孔機) ⇨ 구멍뚫개.

착명하다(着名~) ＊ 문서나 문안에 이름을 적어 넣다.
☞ 저명하다.

착살맞다 〈 칙살맞다. ＊ 하는 말이나 하는 짓이 얄밉게 잘고 더럽다.

착안하다(着眼~) ⇨ ① 눈여겨보다. 눈뜨다. ② 실마리를 얻다.

착암기(鑿巖機) ⇨ 틀송곳. 바위뚫개.

착용하다(着用~) ＊ ①입다. ②신다. ③달다. ④차다 ⑤끼다. ⑥쓰다. ⑦매다. ＊ 옷, 모자, 신발, 장갑, 귀고리. 귀마개. 반지. 시계. 마스크.
☞ 사용하다.

착잡하다(錯雜~) ＊ 갈피를 잡지 못하고 마음이 어수선하다.
☞ 참참하다.

착정기(鑿井機) ⇨ 우물뚫개.

착찹하다(錯雜~) ⇨ 착잡하다.

착하하다(着荷~) 翻 ⇨ (물건이) 오다. 들어오다. ＊ 착화하다.

착하다 ＊ 마음씨가 곱고 바르며 어질다. ＊ 어른을 맞대서는 쓰지 않음.
☞ 악하다. 예쁘다.

착히 ＊ 착하게. ＊ 착하다.

찬[1] ＊ 차다. {찬기. 찬김. 찬바람머리. 찬비. 찬색. 찬술. 찬약. 찬웃음. 찬피.} ¶ 찬 곳. 찬 공기. 찬 바닷물. 찬 서리. 찬 음식. 찬 이슬.
☞ 더운.

찬[2](饌) = 반찬. {찬가위. 찬값. 찬그릇.}

찬 가게(饌~) = 반찬 가게.

찬간(饌間) = 찬방. ＊ 반찬을 만드는 방.

찬거리(饌~) = 반찬거리. 반찬감.

찬결 = 찬기. ＊ 찬 기운. 차가운 기운.

찬국 = 냉국. {김찬국. 물외찬국. 미역찬국. 오이찬국. 파찬국.}

찬땀 ⇨ 식은땀.

찬무대〔寒流〕 = 찬흐름. ＊ 바닷물.
☞ 더운무대. 더운흐름.

찬물〔冷水〕＊ 차가운 물. ¶ 찬물도 위아래가 있다. 찬물을 끼얹다.
☞ 더운물.

찬물때〔滿潮〕＊ 밀물이 들어와 바닷물이 가장 높아질 때.
☞ 간물때.

찬물받이 = 찬물배미. ＊ 늘 찬물이 괴어 있는 논배미.

찬바람 ＊ 싸늘한 기운이나 차가운 느낌. ¶ 찬바람이 나다. 찬바람이 돌다.

찬 바람 ＊ 차가운 바람. ¶ 찬 바람을

쐬고 감기에 걸렸다.

찬밥 * ① 식은 밥. ¶ 찬밥을 데우다. ② 먹고 남은 밥. ¶ 찬밥을 먹다. ③ 하찮은 사람이나 물건. ¶ 찬밥 신세.

찬방¹(~房) = 냉골. 냉돌. 냉돌방. * 불을 넣지 않아 차가운 방. ☞ 냉방.

찬방²(饌房) = 찬간. * 반찬을 만드는 방.

찬요리(~料理) * 차게 만들어 먹는 음식. * 냉국. 냉채. 생선회. ☞ 더운요리.

찬즙(纂輯) ⇨ 찬집. * 자료를 모아 분류하고 차례를 세워 책을 엮음.

찬찜질 = 냉찜질. * 찬물, 얼음으로 차갑게 하는 찜질. ☞ 더운찜질.

찬칼(饌~) = 부엌칼. 식칼. ☞ 창칼.¹

~찮다 = ~하지 않다. * '~하지' 앞에 울림소리가 올 때. ☞ ~잖다.

찰곡식(~穀食) = 찰곡. * 차조, 찰기장, 찰벼, 찰수수, 찰옥수수 따위.

찰나(刹那) * 어떤 일이 일어나는 바로 그때. ¶ 물에 뛰어들려던 찰나에 선생님이 달려와 간곡하게 말렸다. ☞ 순간.

찰떡궁합(~宮合) * ① 아주 잘 맞는 궁합. ② 아주 친하게 지내는 관계. ☞ 속궁합.

찰바닥 = 찰박. * 얕은 물이나 진창을 거칠게 밟을 때 나는 소리.

찰바당 = 찰방. * 물건이 물에 떨어지거나 부딪치는 소리.

찰밥 * 찹쌀과 팥, 밤, 대추, 검은콩 따위를 섞어서 지은 밥. ☞ 찹쌀밥.

찰싹 = 찰싸닥. ¶ 바닷물이 찰싹 바위를 때리다. 뺨을 찰싹 갈기다.

찰쌓기 = 사춤쌓기. * 돌을 쌓을 때 시멘트를 채워 다지며 쌓는 일. ☞ 건성쌓기. 메쌓기.

찰전병(~煎餠) ⇨ 차전병. ① 찹쌀가루로 만든 전병. ② 찰부꾸미.

찰젖 * 진하고 영양분이 많은 젖. ☞ 물젖. 참젖.

찰조 ⇨ 차조. 차좁쌀.

찰조팝 ⇨ 차조밥.

찰지다 ⇨ 차지다. ¶ 차진 흙. 차진 반죽.

찰칵 = 찰카닥. * 단단한 물체가 맞부딪치는 소리. 또는 그런 모양.

찰캉 = 찰카당. * 단단한 쇠붙이가 맞부딪치는 소리. 또는 그런 모양.

찰코 = 집게덫. 집게틀. * 짐승을 잡는 덫의 한 가지. ☞ 지게코.

찰흙〔粘土〕 * 차진 흙. {찰흙놀이. 찰흙빚기. 찰흙판.} ¶ 찰흙 반대기. 찰흙 주걱. 고무 찰흙. 종이 찰흙. ☞ 진흙. 질흙.

참¹〔느〕¶ 참, 오늘 만나기로 했지? 이것 참! 야단났군. 참, 그 비 한번 시원하게 내리네. 에이 참, 놀러 갈 데도 없고 이게 무슨 꼴이람.

참²〔이〕 * ① 사실이나 이치에 어긋남이 없는 것. * 진실. {참답다. 참되다.} ② 올바른. 진짜. {참눈. 참뜻. 참마음(참맘). 참말. 참모습. 참사

람. 참사랑. 참삶. 참속.} ③ 품질이 좋은. {참먹. 참살. 참젖.}

참[3] 〔어〕 = ① 참으로. ② 정말. ③ 진짜로. ④ 아주. ¶ 참 좋은 사람이다.

참[4] 〔매〕 * 참다운. ¶ 그는 나의 참 친구다.

참[5] * ① 일을 하다가 정해 놓고 쉬는 동안. {아침참. 점심참. 저녁참.} ② 일을 시작하여 정해 놓고 쉬는 때까지 사이. ¶ 두어 참.

☞ 겨를. 틈.

참[6] * 일을 하다가 먹는 음식. {아침참. 점심참. 저녁참. 밤참.} ¶ 참을 먹다.

참[7] * 길을 가다가 잠깐 쉬어 묵거나 밥을 먹는 곳. ¶ 주막에 숙소 참을 댔다.

참[8] * ① 경우나 때. ¶ 집에 가려던 참이다. 막 돌아온 참이다. ② 무엇을 할 생각. ¶ 나도 따를 참이다. 막 떠나려는 참이다.

참가하다(參加~) * 모임이나 일하는 자리에 관계하여 들어가다.

☞ 참례하다. 참석하다. 참여하다. 참예하다.

참가 지불(參加支拂) [왜] ⇨ 참가 지급.

참개구리 = 악머구리. ⁑ 개구리의 하나.

참구이 = 마침구이. ⁑ 애벌구이한 도자기에 잿물을 발라서 다시 굽는 일.

☞ 애벌구이.

참꽃 = 진달래. ⁑ 두견화. ¶ 참꽃을 따 먹었다.

☞ 개꽃. 영산홍. 철쭉.

참꿀 = 토종꿀. ⁑ 토종벌이 친 꿀.

☞ 참벌.

참나리 = 나리. ⁑ 백합과의 여러해살이풀. {나리꽃.}

☞ 개나리. 백합.

참나무 = 상수리나무. {참나무통.} ¶ 참나무 숲. 참나무 잎.

참다 * ① 웃음, 울음, 아픔을 억누르고 나타내지 않는다. ② 충동이나 감정을 억누르고 다스리다. ③ 어떤 기회나 때를 기다리다. ⁑ 어려운 상황이나 압력에 굽히지 않는 경우에는 쓰지 않음.

☞ 견디다. 버티다.

참다랗다 ⇨ 참따랗다. 참땋다. ⁑ 참되고 올바르다.

참담치 = 담치. 섭조개. ⁑ 홍합.

참대 = 참대나무. 왕대. ⁑ 대나무의 한 가지. {참대못. 참댓개비.}

참되거라 ⇨ 참된 사람이 되어라. ⁑ 그림씨에는 시킴꼴(명령형)이 없음.

참되자 ⇨ 참된 사람이 되자. ⁑ 그림씨에는 이끎꼴(청유형)이 없음.

참되히 ⇨ 참되이. ⁑ 참되다.

참따랗다 = 참땋다. ⁑ 참되고 올바르다. ¶ 눈을 떠 참따랗게 쳐다보다.

참례하다(參禮~) * 예식에 참여하다. ¶ 제사 참례. 혼인식에 참례하다.

☞ 참가하다. 참석하다. 참여하다. 참예하다.

참마음 = 참맘. ⁑ ① 진실한 마음. ② 진짜 마음.

참말 〔이〕 = 정말. ⁑ 거짓이나 틀림이 없는 말. ¶ 참말 같은 거짓말.

참말로 〔어〕 = 참말. 정말로. 정말. ¶ 네가 참말로 거기 갔었니?

참맛 ⇨ 가리맛. 가리맛조개. ‡ 조개의
한 가지.

참먹 * 품질이 아주 좋은 먹.
　☞ 개먹. 솔먹. 숯먹.

참물〔滿潮〕 = 참. ‡ 밀물이 들어와
바닷물이 가장 높은 때.
　☞ 감물.[2] 물번. 물참. 찬물때.

참밀 = 밀. ‡ 곡식의 한 가지. {밀가루.
밀개떡. 밀젓. 밀국수. 밀기울.}

참바 = 바. 밧줄. ‡ 삼이나 칡넝쿨로
세 가닥을 지어 굵다랗게 드린 줄.

참바다장어(~長魚) = 붕장어. ‡ 바
닷고기 이름.
　☞ 바닷장어. 뱀장어.

참밥 * 일을 하다가 잠깐 쉬는 동안에
먹는 밥.
　☞ 곁두리. 새참. 샛요기. 중참. 낮
참. 밤참.

참벌 = 꿀벌. ‡ 꿀을 따려고 키우는 벌.
인도종, 서양종, 동양종이 있음.
　☞ 참꿀. 토종벌.

참빗 * 빗살이 아주 가늘고 촘촘한 대
빗. ¶ 참빗으로 머리를 빗다.
　☞ 얼레빗.

참빗장수 * ①성격이 꼼꼼하고 좀스
러운 사람. ②참빗을 파는 사람.

참살 * 군살 없이 야무지게 찐 살.
　☞ 군덕살. 군살. 굳은살. 궂은살. 대
살. 푸석살.

참새구이 = 군참새.

참새우 = 보리새우. ‡ 새우의 한 가지.

참새창애 * 참새를 잡는 데 쓰는 틀.
　☞ 덫. 올무.

참석하다(參席~) * 작고 친밀한 모임
자리에 나가다. ¶ 참석해 오다. 참

석해 주다. 회의에 참석하다. 혼례
에 참석하다.
　☞ 참가하다. 참례하다. 참여하다. 참
예하다.

참숯 * 참나무를 구워서 만든 숯.
　☞ 뜬숯.

참아 * 참다. ¶ 참아 내다. 참아 보다.
참아 오다. 참아 주다.
　☞ 차마.

참여하다(參與~) * 어떤 일에 끼어들
어 일을 맡아 하다. ‡ 적극적. 광범
위. 추상적. ¶ 회사 운영에 참여하
다.
　☞ 참가하다. 참례하다. 참석하다. 참
여하다. 참예하다.

참열매 * 씨방 부분이 커진 과일. ‡ 복
숭아, 매실, 살구 따위.
　☞ 헛열매. 혹살과일.

참예하다(參詣~) * 신이나 부처 앞에
나아가 뵈다.
　☞ 참가하다. 참례하다. 참석하다. 참
여하다.

참오징어 = 뼈오징어. ‡ 오징엇과의
한 가지.

참외 * 열매채소의 한 가지. ¶ 참외를
따다. 참외 서리 가자.
　☞ 물외. 오이.

참우렁이 = 논우렁. ‡ 고둥의 한 가지.

참으리요 ⇨ 참으리오. ‡ ‘~으리오’는
맺음끝.

참을성있다(~性~) ⇨ 참을성이 있다.

참작하다(參酌~) ⇨ 헤아리다.

참장어(~長魚) ⇨ 갯장어.

참젖[1] * ①엄마의 젖. ②사람의 젖.
③좋은 젖.

☞ 물젖. 소젖. 찰젖.

참젖²(站~) * ①시간을 정해 놓고 먹이는 젖. ②참참이 얻어 먹이는 젖.
☞ 돌림젖. 동냥젖.

참조개 = 바지락. 바지락조개. 바지라기. 바지랑이. ‡ 조개의 한 가지.

참참 〔이〕 * 일을 하다가 이따금 쉬는 시간. ¶ 참참에 만들고 있다.

참참으로 ⇨ 참참이.

참참이 〔어〕 * 일정한 동안을 두고 이따금. ¶ 참참이 술집에 들어간다.

참치 ⇨ ①다랑어. ②쥐노래미. ③부시리. ④참치방어.

참치 캔(~can) ⇨ 다랑어 통조림.

참치 통조림(~桶~) ⇨ 다랑어 통조림.

참피온(champion) ⇨ 선수권자. 우승자. ‡ 챔피언.

찹다 ⇨ 차다.

찹쌀 * 찰벼를 찧은 쌀. {찹쌀가루. 찹쌀고추장. 찹쌀떡. 찹쌀막걸리. 찹쌀술. 찹쌀엿. 찹쌀지에바지. 찹쌀지에밥.}
☞ 멥쌀.

찹쌀개 ⇨ 삽살개. 삽사리.

찹쌀밥 * 찹쌀로 지은 밥.
☞ 찰밥.

찹찹하다 * ①포개어 쌓은 물건이 가지런하게 가라앉아 있다. ¶ 김을 찹찹하게 재어 놓았다. ②마음이 차분하다. ¶ 찹찹하던 기분.
☞ 착잡하다.

찻간(車間) * 기차나 버스 따위에 사람이 타는 칸.
☞ 짐칸. 화물칸.

찻값¹(車~) * 차를 팔고 사는 값. ¶

찻값이 내리다.
☞ 찻삯.

찻값²(茶~) * 차를 마시고 내는 돈. ¶ 찻값을 내다. 찻값을 치르다.

찻바퀴(車~) ⇨ ①차바퀴. ②수레바퀴.

찻반(茶盤) ⇨ 차반. ¶ 커피 잔을 차반에 받치다.

찻방(茶房) * 식료품을 두는 방.
☞ 다방. 찻집.

찻삯(車~) = 차비. ‡ 차를 타고 삯으로 내는 돈.
☞ 찻값.¹

찻집(茶~) * 차를 파는 집. ¶ 전통 찻집.
☞ 다방. 찻방.

창¹ = 신발창. 신창. {창갈이.} ‡ 신의 밑바닥에 붙이거나 안쪽에 까는 것.

창² * 천이나 가죽 같은 얇은 물건이 해져서 뚫어진 구멍. ¶ 창이 나다.
☞ 챙.

창³(窓) = 창문. {창구멍. 창밖. 창불. 창살. 창유리. 창턱. 창틀. 창틈.} {미닫이창. 바라지창. 벼락닫이. 새김창. 여닫이창. 영창. 유리창. 차창.}

창⁴(唱) * 판소리나 잡가를 가락에 맞추어 부르는 노랫소리.
☞ 타령.

창경원(昌慶園) ㉿ ⇨ 창경궁. ‡ 궁궐 이름. 정문은 홍화문임.

창구¹(創口) ㉿ ⇨ 벤 상처.

창구²(瘡口) ㉿ ⇨ 부스럼.

창구멍¹ * 이불, 솜옷, 버선을 지을 때 안팎을 뒤집어 빼내는 구멍.

창구멍²(窓~) * ① 창문을 내려고 벽에 뚫은 구멍. ② 창문에 바른 종이를 뚫거나 뚫린 구멍. ¶ 창구멍으로 밖의 동정을 살폈다.
　☞ 문구멍.

창 구멍(槍~) * 창으로 찔러서 난 구멍.

창극조(唱劇調) = 광대소리. 판소리. ‡ 겨레 노래의 한 가지.

창난젓 = 태장젓. ‡ 명태 창자로 담근 젓.
　☞ 고지젓. 구제비젓. 대창젓. 또라젓. 명란젓. 새우젓. 속젓. 아감젓. 알밥젓. 장재젓. 하란젓.

창 너머(窓~) * 창문 저쪽. ¶ 창문 너머로 멀리 수평선이 보인다.

창 넘어(窓~) ¶ 새가 창문을 넘어 날아갔다.

창대비(槍~) ⇨ ① 창대 같은 비. ② 작달비.

창덕궁(昌德宮) = 동구안 대궐. 동관 대궐. 동궐.

창도하다(唱導~) ⇨ 앞장서 부르다. 앞장서 외치다.

창란젓 ⇨ 창난젓. 태장젓.

창문(窓門) = 창. {창문짝. 창문턱. 창문틀.} ¶ 창문 밑.

창문가(窓門~) = 창가. ¶ 시커먼 그림자가 창문가에 어른거렸다.

창밖(窓~) = 창 바깥. 창문 밖. ¶ 창밖을 내다보다.

창살뜨기(窓~) = 모눈뜨기. 칸살뜨기. ‡ 손뜨개질 방법의 하나.

창씨개명(創氏改名) ㉩ ⇨ 왜식 이름으로 바꾸기.

창알 = 창알이. 창자. 배창자. ‡ 사람이나 짐승의 창자.

창알창알 ‹ 칭얼칭얼. ‡ 짜증을 내며 종알거리거나 보채는 소리나 모양.

창옷(氅~) = 소창옷. ‡ 중치막 밑에 입는, 두루마기 같은 웃옷.

창의문(彰義門) = 자하문. 북소문. ‡ 사소문의 하나.

창자 = 배창자. 창알. 창알이. ‡ {작은창자. 큰창자.}

창제하다(創製~) * 창안하여 제작하다. ¶ 훈민정음을 창제하다.

창조하다(創造~) * 창안하여 제조하다. ¶ 하느님이 우주 만물을 창조하다.

창출하다(創出~) ⇨ 새로 만들다.

창칼¹ * 여러 가지 작은 칼.
　☞ 찬칼.

창칼²(槍~) * 창과 칼.

창포(菖蒲) = ① 장포. {창포물. 창포비녀.} ¶ 창포 뿌리. ② 석창포.

창하증권(倉荷證券) ⇨ 창고 증권.

창호지(窓戶紙) = 문창호지. 문종이. ¶ 창호지 가게.

찾아뵈다 = 찾아뵙다. ‡ 웃어른을 만나러 가서 보다.

찾아지다 ⇨ ① 찾다. ② 찾기다.

채¹ 〔어〕 * 아직. ¶ 채 안 끝나다. 채 못 읽다. 날이 채 밝지 않았다.

채² 〔이〕 * 길게 늘어진 머리카락이나 수염. {머리채. 채수염.} ¶ 채가 길다.

채³ 〔이〕 * 채소나 과일을 가늘고 길쭉하게 쓴 것. {무채.} ¶ 채를 치다.

채⁴ 〔이〕 * ① 팽이, 공 따위를 치는 데 쓰는 연모. {탁구채. 팽이채.} ② 북, 장구, 꽹과리를 치는 연모. {북채. 장구채.} ③회초리. ④채찍.

☞ 채찍.

채[5] 〔이〕 * 이미 있는 그대로. ¶벗은 채. 산 채. 옷 입은 채. 엎드린 채.

☞ 째.[2]

채[6] * 하나치. ＊집, 이불, 수레, 가마 따위. ¶오막살이 한 채. 이불 한 채. 장롱 한 채. 손수레 두 채. 가마 한 채. 상여 한 채.

☞ 집.[1] 척.[2] 량.[1] 대.[7]

채[7] * 하나치. ＊인삼 백 근. ¶수삼 두 채. 인삼 한 채. 홍삼 한 채.

☞ 편.[3]

~채[8] * 집의 덩이. {가게채. 문간채. 바깥채. 사랑채. 아래채. 안채. 위채. 집채. 행랑채. 헛간채.}

채곡채곡 ⇨ 차곡차곡.

채꾼[1] = 소몰이꾼. ＊소를 모는 아이.

채꾼[2] * 물고기를 잡아 판 돈을 배 임자와 똑같이 나누기로 하고 고기를 잡는 사람.

채다[1] * ①갑자기 세게 잡아당기다. ¶팔을 채는 바람에 책을 떨어뜨리다. ②재빠르게 빼앗거나 훔치다. ¶소매치기가 가방을 채어 가다.

☞ 차가다. 차다.[2]

채다[2] = 차이다. ＊'차다'의 입음. {걷어채다.}

채뜨리다 〈 채트리다. ＊①와락 잡아당기다. ②재빠르게 채어 빼앗다.

☞ 치뜨리다.

채롱 * 싸리나 버들가지를 걸어서 함 비슷하게 만들어 종이를 바른 그릇.

☞ 광주리. 바구니. 소쿠리.

채리다 ⇨ 차리다. ¶잔칫상을 차리다.

기운을 차리다. 낌새를 차리다.

채림새 ⇨ 차림새. ＊차린 모양.

채마밭(菜麻~) * 먹거리나 입을 거리로 쓸 것을 심어서 가꾸는 밭.

☞ 남새밭. 채소밭.

채반(~盤) * ①새색시가 시집에 가지고 가는 음식. ②채그릇. ＊바구니나 광주리 따위. ③하나치. ¶부꾸미 한 채반. 전병 두 채반.

☞ 차반.[2]

채발 * 볼이 좁고 갸름하여 맵시 있게 생긴 사람의 발. ＊발의 생김새.

☞ 마당발. 평발.

채밥 = 선소리꾼. 앞소리꾼. ＊선소리를 메기는 사람.

채변[1] * 주는 것을 사양하는 일. ¶너무 채변 말고 받아 두오.

채변[2](採便) * 기생충 검사에 쓰려고 똥을 받음. 또는 그 똥.

채비〔準備〕 * 무슨 일을 하려고 미리 물건이나 몸가짐을 갖추어 차림. ¶겨우살이 채비. 겨울 채비. 출근 채비. ¶채비를 차리다.

☞ 차비.[2]

채소(菜蔬) = 남새. {꽃채소. 뿌리채소. 양념채소. 열매채소. 잎채소. 줄기채소.} ¶채소 가게. 채소 장사. 채소 장수. 가을 채소. 겨울 채소. 봄 채소. 여름 채소. 고랭지 채소. ¶채소를 가꾸다.

☞ 나물. 푸성귀.

채소밭(菜蔬~)〔菜田〕 = 남새밭. ¶채소밭을 가꾸다. 채소밭을 일구다.

☞ 채마밭.

채송화(菜松花) = 하루살이꽃.

채수염(~鬚髯) * 숱은 그리 많지 않으나 퍽 길게 드리운 수염.
☞ 콧수염. 턱수염.

채숭아 ⇨ 채송화.

채신〔處身〕= 채신머리. 치신. ‡ 살아가는 데 갖춰야 할 바람직한 몸가짐.
☞ 체신.

채신머리사납다 = 채신사납다. ‡ 몸가짐을 잘못하여 꼴이 몹시 언짢다.

채신머리없다 = 채신없다. 치신없다. ‡ 몸가짐이 경솔하다.

채알〔遮日〕⇨ 차일.

채양〔遮陽〕⇨ 차양.

채였다 ⇨ 차였다. 채었다. ‡ 차다.

채우다[1] * 단추, 자물쇠를 잠그다. ¶ 단추를 채우다. 자물쇠를 채우다.
☞ 잠그다.

채우다[2] * 쇠고랑, 차꼬, 칼을 손이나 발에 끼우다.

채우다[3] * 음식이나 과일을 얼음이나 찬물 속에 담가서 차게 하다.
☞ 거냉하다. 식히다.

채우다[4] * '차다'의 하임. ‡ 몸이나 옷에 노리개를 달다.

채우다[5] * '차다'의 하임. ① 빈자리에 가득 넣다. ② 모자라는 것을 보태다.
☞ 메우다.

채워지다 ⇨ 차다. ¶ 가득 차다.

채이다 ⇨ 차이다. 채다. ‡ '차다'의 입음.

채점(採點)**을 내다** ⇨ 점수를 매기다. ‡ 채점하다.

채질하다 * ① 채찍질하다. ¶ 말 궁둥이에 채질하여 들판을 달린다. ② 회초리로 때리다. ¶ 아이를 채질로 다스리면 안 된다. ③ 골프, 정구, 탁구, 팽이를 치다. ④ 북, 장구, 징, 꽹과리를 치거나 깽깽이를 켜다.
☞ 체질하다.

채찍 = 채. ‡ 짐승을 모는 데 쓰는 연모. {채찍낚시. 채찍바람. 채찍질. 말채찍.} {채찍질하다.} ¶ 채찍 소리. 채찍질해 주다.
☞ 채.[4] 회초리.

채취하다(採取~) ⇨ ① 캐내다. ‡ 풀. 나무. 광석. ② 찾다. 얻다. 뽑다. ‡ 지문. 화석. 민요. 혈액.

채치다[1] * '채다'의 강조. ‡ 물건값이 오르다. ¶ 물가가 채치니 걱정이다.

채치다[2] * '채다'의 강조. ¶ 낚싯대를 채치다. 매가 병아리를 채치다. 몸을 힘껏 채쳐서 재주를 넘는다. 젖먹은 힘까지 다해 채치다.

채치다[3] * ① 채찍질하다. ② 재촉하여 다그치다.

책(冊) = 도서. 서적. {책가방. 책갈피. 책값. 책꽂이. 책날개. 책등. 책머리. 책받침. 책방. 책벌레. 책상. 책술. 책싸개. 책치레.} ¶ 책 가게. 책 구경. 책 목록. 책 보퉁이. 책 속. 책 이름. 책 장사. 책 장수. ¶ 책 내다. 책 매다. 책 쓰다. 책 읽다. {그림책. 동화책. 만화책. 소설책. 이야기책.} ¶ 새 책. 옛 책. 헌 책.

책가위(冊~) * 책뚜껑에 종이, 비닐, 헝겊을 덧씌우는 일. 또는 그런 물건.
☞ 책뚜껑.

책갈피표(~標) = 갈피표. ‡ 책장과

책장 사이에 끼우는 물건.
☞ 갈피끈. 보람줄.

책거리¹(冊~) * 책, 벼루, 먹, 붓, 붓꽂이, 두루마리꽂이 따위를 그린 그림.

책거리²(冊~) = 책씻이. ＊ 글방에서 책 한 권을 뗀 뒤에 한턱내는 일.

책껍데기(冊~) ⇨ ① 책가위. ② 책뚜껑.

책덮개(冊~) ⇨ ① 책가위. ② 책뚜껑.

책뚜껑〔表紙〕 * 책 맨 앞뒤의 겉장.
☞ 책가위.

책력(冊曆) * 월일, 해와 달의 운행, 월식과 일식, 절기 따위를 적은 책.
☞ 달력.

책보(冊褓) = 책보자기. ＊ 책을 싸거나 싼 보자기.

책상다리(冊床~) * 앉음새의 한 가지.

책상 다리(冊床 ~) * 책상의 다리.

책상물림(冊床~) = 글뒤주. 글방도련님. 글방물림. 글방퇴물. ＊ 세상 일을 잘 모르는 사람. ¶ 책상물림의 뒷방 서방님으로 살기는 싫었다.

책씻이(冊~) = 책거리.
☞ 호미씻이.

책잡히다(責~) = 수빠지다. ＊ 발목을 잡히다.

챈스(chance) ⇨ 때. 기회. ＊ 찬스.

챌목매 = 하늘코. ＊ 건드리면 목이나 다리를 옭아 달아 올리는 올무.

챗날 = 기름챗날. 기름채. ＊ 기름을 짜는 데 쓰는 널판.

챙 = 차양. ＊ 햇볕이나 비바람을 막는 물건. ¶ 모자 챙. 함석 챙.

챙피하다 ⇨ 창피하다.

챠트(chart) ⇨ ① 도면. ② 도표. ＊ 차트.

챤스(chance) ⇨ 때. 기회. ＊ 찬스.

처~ * 마구. 많이. 매우. 함부로. {처넣다. 처닫다. 처담다. 처대다. 처들이다. 처때다. 처마시다. 처맡기다. 처먹다. 처먹이다. 처박다(처박지르다). 처박히다. 처신다. 처쟁이다. 처지르다.}
☞ 쳐~.²

처 가다 ⇨ 쳐 가다. ¶ 쓰레기를 쳐 가다. ＊ 치다.

처깔하다 = 차깔하다. ＊ 문을 아주 굳게 닫아 잠가두다.

처남(妻男) = ① 안오라비. ＊ 손위 처남. {큰처남.} ② 안동생. ＊ 손아래 처남. {작은처남.}
☞ 처제. 처형.

처내다 * 불길이나 연기가 마구 쏟아져 나오다. ¶ 연기가 처내다.
☞ 쳐내다.

처네¹ = 머리처네. ＊ 여자가 나들이할 때 머리에 쓰는 쓰개.

처네² * ① 덧덮는 작은 이불. ② 어린 애를 업는 작은 포대기.

처녀(處女) = 처자. 홍상. ＊ ① 시집가지 않은 젊은 여자. {처녀꼴. 처녀성. 처녀장가. 처녀티. 떠꺼머리 처녀. 숫처녀.} ¶ 처녀 때. 처녀 적. ② 처음 이루어지는 일. {처녀물. 처녀비행. 처녀작. 처녀항해.} ¶ 처녀 출전. 처녀 출판. ③ 사람의 손이 미치지 않은 곳. {처녀봉. 처녀지.}
☞ 아가씨. 총각.

처녀림(處女林) ⇨ 원시림.

처녀 아이(處女~) = 처녀 애.

처 놓다 ⇨ 쳐 놓다. ¶ 그물을 쳐 놓다. 모기장을 쳐 놓다. ⁑ 치다.

처다보다 ⇨ 쳐다보다. ⁑ 위쪽으로 올려다보다.

처대다¹ = 처지르다. ⁑ 함부로 불살라 버리다.

처대다² * ①함부로 자꾸 대 주다. ⁑ 돈. 시간. 물자. ②못을 마구 박다. ☞ 처들이다.

처들다 ⇨ 쳐들다. ⁑ 위로 들어올리다.

처들어가다 ⇨ 쳐들어가다.

처들어오다 ⇨ 쳐들어오다.

처들이다 * 마구 쓰다. ⁑ 돈. 시간. 물자.
☞ 처대다.²

처뜨리다 〈 처트리다. ⁑ 맥없이 늘어뜨리다.

처란 * ①엽총에 쓰는 잔 총알. {처란알.} ②쇠로 잔 탄알같이 만든 물건.
☞ 총알. 탄알. 탄환.

처럼 〔토〕 * 모양이 서로 비슷하거나 같음을 나타냄. ⁑ 뒤에 오는 움직씨를 강조. ¶ 소처럼 미련하다. 말처럼 달린다. 화살처럼 빠르다.
☞ 보다.⁶ 같이.² 마냥.¹

처렁처렁 * 얇은 쇠붙이 따위가 자꾸 서로 부딪쳐 짧게 울리는 소리.
☞ 치렁치렁.

처맛물 ⇨ 낙숫물.

처방 내다(處方~) 砲 ⇨ 약방문을 내다. 화제를 내다.

처방전(處方箋) 砲 ⇨ 약방문. 화제.

처벌하다(處罰~) * 벌을 주다. ¶ 죄지은 놈을 처벌하다.
☞ 처형하다.

처보다 ⇨ 쳐 보다. ⁑ 헤아리다.

처부수다 ⇨ 쳐부수다.

처부시다 ⇨ 쳐부수다.

처신(處身) = 채신. 치신. ⁑ 바람직한 몸가짐. ¶ 처신을 잘해야 한다.

처음 = 첨. ⁑ ①시간이나 차례로 보아 맨 앞. ②겪어 보지 못한 일이나 행동. ¶ 처음 가다. 처음 같다. 처음 겪다. 처음 듣다. 처음 있다.
☞ 시작. 첫.²

처자(處子) = 처녀. 홍상.

처장이다 ⇨ 처쟁이다. ⁑ 잔뜩 눌러서 많이 쌓다. ¶ 광에 볏섬을 처쟁이다.

처제(妻弟) * 아내의 여동생. {큰처제. 작은처제. 막내처제.}
☞ 처남. 처형.

처주다 ⇨ 쳐주다. ⁑ 셈을 맞추어 주다. ¶ 집터 한 평에 백만 원 쳐주다.

처죽이다 ⇨ 쳐 죽이다.

처지다 * ①아래로 늘어지다. ¶ 왼쪽 어깨가 처지다. ②감정, 기분이 가라앉다. ¶ 기분이 처지다. ③뒤에 남거나 뒤떨어지다. ¶ 실력이 처지다.
☞ 쳐지다.

처형(妻兄) * 아내의 언니. {큰처형. 작은처형.}
☞ 처남. 처제.

처형하다(處刑~) * 사형을 집행하다.
☞ 처벌하다.

척¹ 〔이〕 = 체. ⁑ 그럴듯하게 꾸미는 거짓 모양. ¶ 아는 척. 잘난 척.
☞ 척하다. 체하다.

척²(隻) * 하나치. ‡ 나룻배. 여객선. 수송선. 군함. 요트. 경비정. 쾌속정. ☞ 채. 대.⁷ 량.¹

척갈하다 ⇨ 처깔하다.

척살하다(刺殺~) * (칼로) 찔러 죽이다.
☞ 교살하다.

척수(脊髓) * 등골. ‡ 등심대 안에 있는 물질. 여기에 중추 신경이 있음.
☞ 척추.

척지다(隻~) = 원수지다. ‡ 서로 원한을 품어 미워하게 되다.

척짓다(隻~) * 서로 원한을 품고 미워할 일을 만들다.

척척하다 * 젖은 것이 살갗에 닿아 차가운 느낌이 있다. ¶ 옷이 척척하다.
☞ 축축하다.

척추(脊椎) * ① 등심대. ② 등골뼈. 등뼈.
☞ 척수.

척출하다(剔出~) * ① 발라내다. ② 도려내다. ¶ 병소를 척출하다.
☞ 적출하다.

척하다 = 체하다. ‡ 행동이나 상태를 거짓으로 그럴 듯하게 꾸미다. ¶ 모르는 것도 아는 척하다. 없는 것도 있는 척하다.

척하면 〔어〕 * 한마디만 하면. 귀띔만 하면. ¶ 척하면 삼천리.

천 * 실로 짠 옷감이나 이불감. ¶ 천 두 필을 끊다.
☞ 베. 피륙.

천간(天干) = 십간. ‡ 갑(甲). 을(乙). 병(丙). 정(丁). 무(戊). 기(己). 경(更). 신(辛). 임(壬). 계(癸).

☞ 지지.² 십이지.

천골(薦骨) * 광등뼈. 엉치등뼈. 엉덩이뼈.

천골(賤骨) * 천하게 생긴 사람.

천기¹(天氣) * 하늘에 나타나는 조짐. ¶ 천기를 살피다.

천기²(天氣) ㉾ ⇨ 날씨.

천길(千~) ⇨ 천 길. ‡ ‘길’은 하나치.

천길만길(千~萬~) * 매우 깊거나 높음. ¶ 천길만길 낭떠러지.

천낳이 ⇨ 길쌈.

천년(千年) ¶ 어느 천년에. ‡ 어느 세월에.

천 년(千 年) ¶ 천 년간. 천 년 동안. 천 년 전. 천 년 후.

천년만년(千年萬年) = 천만년. ‡ 아주 오랜 세월.

천녑 ⇨ 처녑. ‡ 소의 제3위를 먹거리로·일컬음. {처녑볶음. 처녑회.}

천당가다(天堂~) ⇨ 천당에 가다. ‡ 죽다.

천대(賤待) * ① 업신여기어 푸대접함. ② 함부로 다루거나 마구 굴림.
☞ 학대. 홀대.

천더기(賤~) = 천덕구니. 천덕꾸러기. ‡ 천대를 받는 사람이나 물건.
☞ 천뜨기.

천덕스럽다(賤~) * 품격이 낮고 야비한 느낌이 있다. ¶ 천덕스러운 말.
☞ 천연덕스럽다.

천도교(天道敎) = 성도교. ‡ 최제우가 창건한 우리나라 종교.
☞ 대종교.

천도복숭아(天桃~) = 승도복숭아. 민복숭아. ‡ 복숭아의 한 가지.

☞ 물복숭아. 털복숭아.

천도 열도(千島 列島) ⇨ 쿠릴 줄섬.
＊ 섬 이름.

천동(天動) ＊ 공전과 자전. {천동설.}

천둥〔天鼓〕 = 우레. ＊ 벼락과 번개가
칠 때 나는 소리. ¶ 천둥이 울리다.
☞ 번개. 벼락.

천둥바라기〔天水畓〕 ⇨ 천둥지기. 하
늘바라기.

천둥소리(天～) = 우렛소리. ¶ 천둥
소리가 우르릉 울리다.

천둥지기〔天水畓〕 = 하늘바라기. 천
수답. ＊ 비가 와야만 농사를 짓는 논.
☞ 고논. 고래실. 고래실논. 구레논.
샘논. 생수받이.

천뜨기(賤～) ＊ 천한 사람.
☞ 천더기.

천량 ＊ 개인 살림살이의 재산. ¶ 아비
가 모아놓은 천량을 노름으로 날렸
다.
☞ 전량.

천록색(淺綠色) ⇨ 천록. 천녹색. ＊ 옅
은 녹색.

천리(千里) ＊ 대단히 먼 거리. {천리
마. 천리만리. 천리수해. 천리안. 천
릿길.} ¶ 천리 강산. 천리 밖. 천리
타향.

천 리(千 里) ＊ 백 리의 열 곱. ＊ ‘리’는
하나치.

천막(天幕) ＊ 볕과 비를 가리는 포장.
{천막감. 천막생활. 천막집. 천막
촌.} ¶ 천막을 치다. 천막을 걷다.
＊ 텐트.
☞ 차일.

천만[1](千萬)〔셈. 매〕＊ 만의 천 곱절

이 되는 수. ¶ 천만 시민.

천만[2](千萬)〔이〕＊ ①아주 많은 수.
{천만군. 천만금. 천만장자. 천만세.}
②이를 데 없음. 짝이 없음. {천만
다행이다. 천만뜻밖이다.}

천만[3](千萬)〔어〕＊ 아주. 전혀. ¶ 그
런 일이 천만 없도록 조심하게.

천만년(千萬年) = 천년만년. ¶ 천만
년 길이 빛날 위대한 업적.

천만리(千萬里) ＊ 대단히 먼 거리. ¶
천만리 머나먼 길.

천만번(千萬番) ＊ 거듭거듭. ¶ 천만번
후회해도 소용없다.

천만부당(千萬不當) = 천부당만부당.
＊ 사리에 전혀 맞지 아니함.

천만에(千萬～)〔느〕＊ 전혀 그렇지 않
다, 절대 그럴 수 없다는 뜻으로 상
대편의 말을 부정하거나 남이 한 말
에 대하여 겸양의 뜻을 나타내는
말.

천만에 말씀(千萬～) ⇨ 천만의 말씀.
①칭찬이나 사례에 당치 않다는 뜻
으로 하는 말. ¶ 천만의 말씀입니다.
②남의 주장에 부정하는 말.

천변지이설(天變地異說) ⇨ 격변설.
＊ 카타스트로피슴.

천분률(千分率) ⇨ 천분율. ＊ 니은이
나 홀소리 뒤에는 ‘율’임.

천상바라기(天上～) ＊ 늘 얼굴을 쳐들
고 있는 사람.
☞ 먼산바라기. 하늘바라기.

천석군(千石～) ⇨ 천석꾼.

천수답(天水畓) = 봉천답. 천둥지기.
하늘바라기.
☞ 고논. 고답. 고래실. 고래실논. 구

레논. 샘받이.

천시(賤視) * 업신여겨 천하게 봄.
{천시하다.}
☞ 괄시. 멸시.

천안문(天安門) ⇨ 톈안먼. ＊ 차이나
베이징 쯔진청에 있는 황성의 문 이
름.

천안삼거리(天安～) ⇨ 천안 삼거리.
＊ 충청도 민요의 하나.

천연고무(天然～) = 생고무.

천연덕스럽다(天然～) = 천연스럽다.
＊ ① 거짓이나 꾸밈이 없고 자연스
러운 느낌이 있다. ② 시치미를 떼어
겉으로 아무렇지도 않은 체하다.
☞ 천덕스럽다.

천연덕스레(天然～) = 천연스레.

천연두(天然痘) 웹 ⇨ 마마. 손님마
마. 별성마마. 역신마마.

천장 * ① 보꾹. ② 방안에서 쳐다본 반
자의 겉면. {우물천장.} ¶ 천장 높이.
☞ 반자.¹ 더그매.

천정(天井) 웹 ⇨ 천장.

천정부지(天井不知) ⇨ 하늘 높은 줄
모름.

천주교(天主教) = 가톨릭교. ＊ 종교
이름.

천중절(天中節) = 천중가절. 단오절.
단오 명절. ＊ 수리. 수릿날.

천체의 혁명에 관하여(天體～) ⇨ 천체
의 회전에 관하여. ＊ 코페르니쿠스.

천치(天癡) = 백치. ＊ 정신박약자.
☞ 바보.

천평(天秤) ⇨ 약저울. ＊ 천칭. {약천
칭.}

천하없어도(天下～) 〔어〕 = 세상없어도.

철¹ * ① 계절. {철바람. 철벌레. 철
새.} {가물철(가뭄철). 가을철. 겨울
철. 봄철. 여름철. 장마철.} ② 어떤
일과 관련된 때. {농사철. 추수철.
휴가철.} ¶ 멸치 철. 모내기 철. 복
숭아 철. 수박 철. 조기 철. 참외 철.
포도 철. ③ 제철. {철다툼.} {철겹
다. 철찾다.} ¶ 철이 늦다. 철을 만
나다. 철이 이르다. 철이 지나다.

철² = 철따구니. 철딱서니. 철딱지.
＊ ① 세상이 어떤지 알게 되는 생각.
{철없다.} ② 말이나 행동을 가려 할
줄 아는 힘. {철나다.}
☞ 지각.²

철³(鐵) * 쇠. {철광석. 철길. 철망. 철
문. 철벽. 철봉. 철창. 철통. 철판.}
¶ 철 대문. 철 막대. 철 제품. 철 조
각.

철걱철걱 〉 찰각찰각.

철근(鐵筋) 웹 ⇨ 싸리쇠.

철나다 = 철들다. 셈나다. ＊ 말이나 행
동을 가려 할 줄 아는 힘이 생기다.

철대 = 갓철대. ＊ 갓양태의 테두리에
둘러댄 테.

철도(鐵道) = 철길. ＊ 기찻길.

철둑(鐵～) = 철롯둑. ＊ 철길이 놓여
있는 둑.

철들다 = 철나다. 셈들다. ＊ 지각이
들다. ¶ 철들 나이가 되었다.

철때기 ⇨ 철. 철따구니. 철딱서니. 철
딱지.

철롯둑(鐵路～) = 철둑.

철매〔煤煙〕* ① 그을음이 섞인 연기.
② 구들장 밑이나 굴뚝에 엉키어 붙
은 그을음. ③ 석탄의 그을음.

☞ 그을음. 글음.

철모르쟁이 = 철부지. ‡ 철없어 보이는 어리석은 사람.

철버덕 * 옅은 물이나 진창을 거칠게 밟거나 치는 소리나 모양.

철버덩 * 묵직한 물체가 물에 거칠게 떨어지는 소리나 모양.

철부지(~不知) * ①철모르쟁이. ② 철없는 어린아이.

철사줄(鐵絲~) ⇨ 철사. {가시철사.} ¶ 철사 그물.

철삭(鐵索) ⇨ 쇠밧줄.

철새〔候鳥〕* 철 따라 옮겨다니는 새. ‡ 겨울새. 여름새.

☞ 나그네새. 떠돌이새. 텃새.

철색(鐵索 ⇨ 철삭) ⇨ 쇠밧줄.

철석(鐵石) * ①쇠와 돌. ②굳고 단단함. {철석같다.}

☞ 철썩.

철수하다(撤收~) ⇨ ①거두어들이다. 걷어치우다. ②물러나다.

철썩 〉 찰싹. ‡ 물이 물체에 부딪는 소리나 모양. {철썩거리다.}

☞ 철석.

철썩철썩 〉 찰싹찰싹. ¶ 성난 물결이 바윗돌에 철썩철썩 부딪친다.

철없다 = 지각없다.

철쭉 = 개꽃. ‡ 진달래가 진 뒤 5월에 산과 들에 연분홍색 꽃이 피는 나무.

☞ 영산홍. 진달래.

철컥철컥 = 철커덕철커덕. ‡ 단단한 물체가 맞부딪치는 소리나 모양.

철컹철컹 = 철커덩철커덩. ‡ 큰 쇠붙이가 맞부딪치는 소리나 모양.

철판상어(鐵板~) = 톱상어. 줄상어.

‡ 바닷고기의 이름.

철퍽철퍽 = 철퍼덕철퍼덕. ‡ 옅은 물이나 진창을 밟거나 치는 소리. 모양.

철회하다(撤回~) ⇨ 거두어들이다.

첨가시키다(添加~) ⇨ ①덧붙이다. ②더 보태다. ③치다. ‡ 첨가하다.

첨부하다(添附~) ⇨ 덧붙이다.

☞ 첨부하다.

첨예화되다(尖銳化~) ⇨ 날카로워지다. ‡ 첨예화하다.

첩[1](貼) * 하나치. ‡ 한약. ¶ 보약 한 첩. 감기약 두 첩.

☞ 제.[5]

첩[2](妾) = 첩실. 첩쟁이. 작은계집. 작은마누라. 작은집. {첩살림. 첩살이. 첩장가. 첩치가.} ¶ 첩을 두다. 첩을 들이다. 첩을 얻다.

☞ 큰마누라.

첩데기(妾~) ⇨ 첩.

첩부하다(貼付~) * 발라서 붙이다.

☞ 첨부하다.

첩아비(妾~) = 첩장인. ‡ 첩의 친정 아버지.

첩어미(妾~) = 첩장모. ‡ 첩의 친정 어머니.

☞ 서모.

첫[1]〔매〕* 맨 처음의. ¶ 첫 거래. 첫 경험. 첫 과제. 첫 구절. 첫 근무지. 첫 글자. 첫 단계. 첫 단락. 첫 단추. 첫 달. 첫 대면. 첫 도읍지. 첫 만남. 첫 모임. 첫 문장. 첫 번째. 첫 부분. 첫 부인. 첫 사업. 첫 삽. 첫 순서. 첫 시간. 첫 시험. 첫 연. 첫 월급. 첫 일요일. 첫 임금. 첫 장. 첫 접촉. 첫

주(첫 주일). 첫 줄. 첫 칸. 첫 휴일.

첫~² * 맨 처음의. {첫가물. 첫가지. 첫걸음. 첫걸음마. 첫고동. 첫국. 첫국밥. 첫기제(첫제사). 첫길. 첫나들이. 첫날. 첫낯. 첫닭. 첫대목. 첫대박이. 첫더위. 첫딱지. 첫딸. 첫마디. 첫말. 첫맛. 첫머리. 첫밭. 첫밥. 첫사랑. 첫새벽. 첫서리. 첫솜씨. 첫수. 첫술. 첫아기. 첫아이(첫애). 첫얼음. 첫울음. 첫인사. 첫인사말. 첫인상. 첫입. 첫잠. 첫정. 첫젖. 첫조금. 첫차. 첫추위. 첫출발. 첫코. 첫판. 첫풀이. 첫해. 첫행보. 첫혼인.}

☞ 처음.

첫가을 = 초가을. ‡ 가을이 시작하는 음력 칠월 무렵.

☞ 늦가을. 한가을.

첫겨울 = 초겨울. ‡ 겨울이 시작하는 음력 시월 무렵.

☞ 늦겨울. 한겨울.

첫고등 * 맨 처음의 기회.

☞ 초꼬슴.

첫끝 ⇨ 첫머리.

첫날밤〔初夜〕* 혼인한 그날 밤. ¶ 첫날밤을 치르다.

첫날 밤 ¶ 이사 온 첫날 밤에는 잠을 이루지 못했다.

첫눈 * 그해 겨울에 처음으로 내리는 눈. ¶ 첫눈이 내리는 날.

첫눈에 * 처음 보아서 눈에 뜨이는 느낌이나 인상. ¶ 첫눈에 반하다.

첫돐 ⇨ 첫돌. ‡ 일 년이 되는 날. ¶ 첫돌 잔치. 개업 첫돌.

첫머리 * 어떤 일이나 사물이 시작하는 부분. ¶ 글의 첫머리.

☞ 들머리.¹ 입새. 어귀.¹ 초입. 초입새.

첫물 * 새 옷을 입고 빨 때까지 동안.

☞ 만물. 진솔옷.

첫물가다 = 첫물지다. ‡ 그해 들어 첫 홍수가 나다.

첫물지다 * 과일 따위가 첫 번째 많이 열리다.

첫발 = 첫발자국. ‡ ① 처음 내딛는 발. ② 어떤 일을 시작하는 맨 처음.

첫발을 내디디다 * ① 새로이 무엇을 시작하다. ¶ 문단에 첫발을 내디디다. ② 처음으로 어떤 범위 안으로 들어서다. ¶ 정계에 첫발을 내디디다.

첫발을 떼다 * 일이나 사업의 시작에 들어서다.

첫배¹ * ① 맏배. ② 짐승이 그해에 처음으로 새끼를 치는 일.

첫배² * ① 그날 처음 떠나는 배. ② 어디로 처음 떠나는 배.

첫 번째 = 첫 번. 제1회. ‡ 횟수. ¶ 첫 번째로 합격하기는 쉽지 않다.

☞ 첫째 번.

첫봄〔獻春〕= 초봄. ‡ 봄이 시작하는 음력 정월.

☞ 늦봄. 한봄.

첫사리 = 초사리. ‡ 그해 처음으로 시장에 들어오는 조기. ¶ 첫사리 조기.

첫선 * 처음 세상에 내놓음. ¶ 그것은 첫선을 보이자마자 불티나게 팔렸다.

☞ 선보다.

첫손가락 = ① 첫손. ‡ 가장 뛰어난 대상. ② 엄지손가락. ‡ 첫째 손가락.

첫손 꼽다 = 첫째가다. 으뜸가다. 일

등가다. 제일가다. 단벌가다.

첫술 * 음식을 먹을 때 처음으로 드는 숟갈. ¶ 첫술에 배부를 수는 없다. ☞ 막술.

첫아들 = 맏아들.

첫여름 = 초여름. ‡ 여름이 시작하는 음력 사월. ☞ 늦여름. 한여름.

첫 여름 * 어느 곳에서 처음 맞이하는 여름. ¶ 이사 가서 맞는 첫 여름.

첫이레〔初七日〕 = 한이레. ‡ 아이가 태어난 지 이레가 되는 날.

첫자리 * 첫째가는 자리. 첫째가는 등급. ¶ 첫 자리에 앉았다.

첫 자리 * ① 맨 앞에 있는 자리. ② 맨 처음에 나는 자리.

첫째 * 일, 물건의 맨 먼저 오는 차례. ¶ 첫째 날. 첫째 단. 첫째 번. 첫째 별. 첫째 항. 첫째 되다. ‡ 둘째. 셋째. 넷째. 다섯째. 여섯째. ☞ 제일.

첫째가다 = 단벌가다. 으뜸가다. 일 등가다. 제일가다. ‡ 첫손 꼽다. ☞ 버금가다.

첫째밥통 = 혹위. 제1위. ‡ 되새김동물의 첫 번째 밥통.

첫째 번 * 맨 첫 차례를 나타냄. ☞ 첫 번째.

청국장(淸麴醬) = 담북장.

청낭자(靑娘子) * 잠자리. ‡ 날벌레의 하나. ☞ 홍낭자.

청년기(靑年期) * 20대 앞뒤의 기간. ‡ 정신과 육체가 가장 왕성하게 활동함.

☞ 유아기. 유년기. 소년기. 장년기. 노년기.

청녹색(靑綠色) ⇨ 청록색.

청대콩(靑~) = 푸르대콩. ‡ 콩의 한 가지.

청동호박 ⇨ 청둥호박. ‡ 늙어서 겉이 굳고 씨가 잘 여문 호박.

청둥오리 = 물오리. ‡ 겨울 철새의 하나.

청등롱(靑燈籠) = 청사등롱. 청사롱. 청사초롱.

청랑자(靑娘子 ⇨ 청낭자) * 잠자리. ‡ 날벌레의 하나.

청량미(靑粱米) = 청정미. 생동쌀. ‡ 차좁쌀의 한 가지.

청룡굿 = 뒤안굿. ‡ 장독에 축원을 드리는 굿.

청맹과니(靑盲~) = 당달봉사. 눈뜬 장님. 뜬소경. ‡ ① 겉으로 보기에는 멀쩡하나 앞을 보지 못하는 눈. 또는 그런 사람. ② 사리에 밝지 못한 사람. ③ 글을 읽을 줄 모르는 사람. ☞ 봉사.[1] 소경. 까막눈이.

청머리둥이(靑~) ⇨ 청머리동이. ‡ 연의 한 가지.

청부계약(請負契約) 翻 ⇨ 도급 계약.

청부금(請負金) 翻 ⇨ 도급금.

청부살인업자(請負殺人業者) ⇨ 자객.

청부업(請負業) 翻 ⇨ 도급업.

청부인(請負人) 翻 ⇨ 도급인.

청사등롱(靑紗燈籠) = 청등롱. 청사롱. 청사초롱. ‡ 궁중이나 정이품, 종이품, 정삼품 벼슬아치가 쓰는 등롱. ☞ 홍사등롱.

청상(靑裳) * ① 기생. ② 푸른 치마.

☞ 홍상.

청상과부(靑孀寡婦) = 청상. 청춘과부. ＊ 젊어서 홀로된 여자.

☞ 까막과부. 마당과부. 망문과부. 생과부.

청서(靑鼠) ＊ ① 다람쥣과의 하나. ② 날다람쥐.

☞ 청설모.

청석집(靑石～) = 돌기와집.

청설모〔靑鼠毛〕 = 청모. ＊ 날다람쥐나 참다람쥐의 털.

☞ 청서.

청소년문화(靑少年文化) ⇨ ①청소년 생활. ②청소년 정서. ③청소년 특성. ④청소년 의식. ⑤청소년 행동.

청승궂다 = 청승맞다. ＊ 궁상스럽고 처량하여 보기에 언짢다.

청어구(靑魚灸) = 비웃구이. ＊ 바닷고기인 청어를 구운 것.

청요리(淸料理) = 중화요리. {청요리집.} ¶ 청요리를 시키다.

청용(靑龍) ⇨ 청룡. ＊ 백호, 주작, 현무와 함께 사신이라 함.

청용도(靑龍刀) ⇨ 청룡도. 청룡 언월도. 언월도. ＊ 칼의 한 가지.

청잣빛(靑瓷～) = 청자색. 청자기빛.

청정미(靑精米) = 청량미. 생동쌀. ＊ 차조의 하나.

청주(淸酒) ㉿ ⇨ 세이슈. ＊ 니혼의 토박이 술 이름.

☞ 맑은술. 정종. 징주.

청차좁쌀(淸～) ⇨ 생동쌀. 청량미. 청정미. ＊ 차조의 하나.

청처짐하다 ＊ ①동작이나 상태가 느슨하다. ②아래쪽으로 좀 처진 듯

하다.

☞ 펑퍼짐하다.

청첩장(請牒狀) ⇨ 모시는 글. ＊ 청첩. 초대장.

청초(靑草) ⇨ ① 생풀. ② 풋담배.

청총이(靑驄～) ⇨ 총이말. 청총마. ＊ 갈기와 꼬리가 파르스름한 흰말.

청춘과부(靑春寡婦) = 청상과부. 청상. ＊ 젊어서 홀로 된 여자.

☞ 까막과부. 마당과부. 망문과부.

청컨데(請～) ⇨ 청컨대. 청하건대. 바라건대.

청포(淸泡) = 청포묵. ＊ ①녹두묵. 제물묵. ②녹말묵.

☞ 묵.

체[1] ＊ 가루를 치거나 액체를 받거나 거르는 연모. {쳇눈. 쳇다리. 쳇바퀴. 쳇불.} {가는체(고운체). 굵은체.} ¶ 체를 메다. 체로 치다. 체로 받다.

☞ 채.

체[2] = 척. ＊ 그럴 듯하게 꾸미는 태도. ¶ 아는 체. 잘난 체. 못 본 체.

☞ 체하다.[1] 척하다.

체격(體格) ＊ ① 몸의 뼈대. ② 덩치 ＊ 몸 전체의 겉으로 본 모습. ¶ 우람한 체격.

☞ 체수.

체결하다(締結～) ＊ (계약이나 조약을 공식적으로) 맺다.

☞ 계약하다.

체경(體鏡) ＊ 몸거울. ＊ 몸을 비추어 보는 큰 거울.

☞ 동경. 면경. 석경.

체계(體系) ＊ 짜임새 있게 조직하여 통일된 전체. {체계화하다.} ¶ 체계

가 없다. 체계가 있다. 체계가 잡히
다. 체계가 잡혀 있다.
☞ 체제.

체념¹(諦念) * 살펴 생각하여 도리를
깨닫는 마음.

체념²(諦念) 옙 ⇨ ① 단념. ② 포기.

체독(體讀) * 글월에 담긴 것 밖의 숨
은 참뜻을 깨달아 읽음.
☞ 난독. 남독. 낭독. 다독. 묵독. 색
독. 속독. 음독. 정독.

체력장(體力章) = 체력 검사 결과표.

체력장검사(體力章檢査) ⇨ 체력 검사.

체메꾼(體~) = 체메. * 체면을 모르
는 사람.

체면(體面) = 체모. * 남을 보기에 떳
떳한 얼굴이나 도리. ¶ 체면이 서다.

체면치레(體面~) = 낯닦음. 면치레.
사당치레. 외면치레. 이면치레. * 체
면이 서도록 일부러 어떤 행동을
함. 또는 그 행동.
☞ 인사닦음. 인사치레. 안면치레.

체모(體貌) = ① 체면. ¶ 체모가 서
다. 체모를 잃다. ② 몸차림. 몸가짐.
¶ 체모가 단정하다. ③ 모양. 갖춤새.
¶ 체모를 갖추다.
☞ 체면.

체병(滯病) = 체증. * 얹혀서 배가 아
픈 증상.
☞ 쳇병.

체불(滯拂) 옙 ⇨ ① 체납. ¶ 세금 체
납. ② 체급. {체급하다.}

체불금(滯拂金) 옙 ⇨ 체납금.

체수(體~) * 몸집 * 몸의 크기. ¶ 체수
가 크다. 체수가 작다. 체수가 두둑
하다.

☞ 체격.

체신(體身) * 사람의 몸뚱이. ¶ 체신
이 작다.
☞ 처신. 채신. 치신.

체신머리사납다 ⇨ 채신머리사납다.

체신머리없다 ⇨ 채신머리없다.

체장이(~匠~) * 체를 만드는 사람.

체쟁이(滯~) * 체증을 내리는 사람.

체적(體積) 옙 ⇨ 부피.

체제(體制) * 사회의 짜임새나 국가 질
서의 전체적인 경향. ¶ 체제 개편.
☞ 체계.

체중을 빼다(體重~) ⇨ 몸무게를 줄
이다. 살을 빼다. * 체중을 줄이다.

체증(滯症) * ① 체병. * 얹힌 증상.
② 길이 막힘. ¶ 교통 체증.

체질하다 * ① 체로 가루를 치다. ② 체
로 액체를 거르거나 받다.
☞ 채질하다.

체질화되다(體質化~) ⇨ 몸에 배다.
* 체질화하다. 체질이 되다.

체포하다(逮捕~) * (체포 영장을 받
아서 죄인을) 잡아 가두다.
☞ 검거하다.

체하다¹ = 척하다. * 그럴 듯하게 거
짓 태도를 보이다. ¶ 아는 체하다.
☞ 척.¹ 체.²

체하다²(滯~) = 얹히다. ¶ 밥을 급히
먹으면 체하기 쉽다.

체험(體驗) 옙 ⇨ 경험. * 지성, 언어,
습관이 섞이지 않은 것.

첵크하다(check~) ⇨ ① 대조하다.
② 점검하다. * 체크하다.

쳇병(~病) * 거짓으로 꾸며서 그럴듯
하게 보이려는 병집.

☞ 체병.

쳐~¹ = 치어~. ✻ 위쪽으로 올려. {쳐다보다. 쳐들다. 쳐올리다.}

쳐~² = 치어~. ✻ 공격하여. {쳐들어가 다. 쳐들어오다. 쳐부수다.} ¶ 쳐 죽 이다. 쳐 물리치다. 쳐 없애다.

☞ 처~

쳐내다 ✻ ① 깨끗하지 못한 것을 모아 가져가다. ¶ 쓰레기를 쳐내다. ② 체 를 흔들어 고운 가루를 뽑아내다. ¶ 쌀가루를 쳐내다.

☞ 처내다.

쳐다보다 = 치어다 보다. ✻ 눈보다 높 은 곳에 있는 사물을 올려다보다.

☞ 굽어보다. 내려다보다. 바라보다.

쳐마시다 ⇨ 처마시다. ¶ 술을 처마시 다. ✻ 마구 마시다.

쳐 먹다 ✻ 무엇을 더해서 먹다. ¶ 식초 를 쳐서 먹다. 후추를 쳐서 먹다.

☞ 처먹다.

쳐박히다 ⇨ 처박히다. ✻ '처박다'의 입 음.

쳐부시다 ⇨ 쳐부수다. ¶ 적군을 쳐부 수다. 도끼로 문을 쳐부수다.

쳐주다 ✻ ① 셈을 맞추어 주다. ¶ 한 평 에 100만 원으로 쳐주다. ② 인정해 주다. ¶ 그 바닥에선 으뜸으로 쳐주 다.

쳐 주다 ✻ 글자를 찍거나 신호를 보내 다. ¶ 타자를 쳐 주다. 전보를 쳐 주 다.

쳐지다 ✻ '치다'의 입음. ① 발이나 커 튼이 걸리다. ② 그물 따위가 펴서 벌려져 있다. ③ 잘 치게 되다. ¶ 피 아노가 잘 쳐지다. 공이 잘 쳐지다.

☞ 처지다.

초¹ ✻ 밀초, 양초 따위 불을 밝히는 물 건. {초꽂이. 촛농. 촛대. 촛불.}

초² = 식초. ✻ 양념. {과일초. 양조초. 합성초.} {초고추장. 초김치. 초나 물. 초무침. 초밥. 초젓국. 촛국. 촛 밑.} {초병.} ¶ 초를 치다.

초³(秒) ✻ 시간을 재는 하나치. {20초. 60초.} ✻ 아라비아 숫자 뒤에는 붙 여 쓸 수 있음.

초⁴(初) ✻ 처음. ¶ 조선 초. 내년 초. 학기 초. 학년 초.

초~⁵(初~) ✻ {초어스름.} {초일일. 초 하루. 초하룻날. 초이일. 초이튿날. 초이틀. 초삼일. 초사흗날. 초사흘. 초사일. 초나흗날. 초나흘. 초오일. 초닷새. 초닷샛날. 초육일. 초엿새. 초엿샛날. 초칠일. 초이레. 초이렛 날. 초팔일. 초여드레. 초여드렛날. 초구일. 초아흐레. 초아흐렛날. 초 십일. 초열흘. 초열흘날.}

초~⁷(超~) ✻ 어떤 범위를 넘어선. {초음속. 초만원. 초고온. 초고속.}

초가삼칸(草家三間) ⇨ 초가삼간. 삼 간초가. 삼간초옥. ✻ 아주 작은 집.

초가을(初~) = 첫가을. ✻ 음력 칠월.

☞ 늦가을. 한가을.

초갓집(草家~) ⇨ 초가. 초가집.

초갓지붕(草家~) ⇨ 초가지붕. ✻ 짚 이나 새로 엮은 이엉을 인 지붕.

초겨울(初~) = 첫겨울. ✻ 음력 시월.

☞ 늦겨울. 한겨울.

초과(超過) ✻ 정한 수효를 넘음. ✻ 기 준을 포함하지 않음.

☞ 미만.

초과시(超過時) ⇨ 초과 시. ⁑ ‘시’는 매인이름씨.

초과 인구(超過人口) * 알맞은 인구를 넘어선 사람 수.
☞ 과소 인구. 적정 인구.

초꼬슴(初~) = 꽂등. ⁑ 맨 처음. ¶ 우리가 동네에서 초꼬슴으로 씨를 뿌렸다.
☞ 첫고등.

초꼬지 * 말린 떡조개. ⁑ 어린 전복.

초꽂이 * 촛대에서 초를 꽂게 된 곳. ⁑ 뾰족하거나 두겁처럼 만듦.
☞ 촉꽂이.

초나흘날 ⇨ 초나흘날.

초내다(草~) ⇨ 초하다. 초를 잡다. ⁑ 글의 얼개를 짜다.

초다듬 = 초다듬이. 초다듬이질. ⁑ ① 초벌로 하는 다듬이질. ② 초벌로 사람을 몹시 때리는 짓. {초다듬이질하다.}

초대[1](初~) * 어떤 일에 경험이 없이 처음으로 하는 사람.
☞ 초짜.

초대[2](初代) * 어떤 자리의 첫 번째 차례. ¶ 초대 대통령. 초대 원장.

초댓장(招待狀) ⇨ 모시는 글. ⁑ 초대장. 청첩.

초들다 = 쳐들다. ⁑ 입에 올려서 말하다. ¶ 지난 일을 다시 초들지 마라.

초들물(初~) = 들머리. ⁑ 밀물이 들기 시작할 때.

초똥 ⇨ 촛농.

초라하다 * 겉모양이나 옷차림이 보잘 것없고 변변하지 못하다. ¶ 초라한 몰골. 행색이 초라하다. 스스로 초라하고 비참하게 느껴졌다.
☞ 추레하다.

초록하다(抄錄~) = 초하다. ⁑ 긴 글에서 쓸모가 있는 것만 뽑아 적다.

초롱[1] * ① 양철통. ¶ 물 초롱. 석유 초롱. ② 하나치. ¶ 석유 두 초롱.

초롱[2] = 등롱. ⁑ 촛불을 넣은 등. ¶ 초롱을 달다. 초롱을 들다.

초롱불 * 초롱에 켠 불. ¶ 초롱불을 켜다. 초롱불을 밝히다.
☞ 호롱불.

초롱초롱하다 * 눈, 별빛, 불빛, 정신, 목소리가 맑고 밝고 또렷하다.
☞ 거슴츠레하다.

초륙일(初六日) ⇨ 초육일. 초엿샛날.

초립동(草笠童) = 초립둥이. ⁑ 초립을 쓴 사내아이.

초물 ⇨ 맏물. ⁑ 그해 제일 먼저 거두어들인 푸성귀, 과일, 곡식, 해산물.

초바늘(秒~) = 초침. ⁑ 시계.

초벌(初~) = 애벌. {초벌공론.} ¶ 초벌 굽다. 초벌 바르다.

초벌갈이(初~) = 애벌갈이. 애갈이. ⁑ 논밭을 첫 번째로 가는 일.
☞ 두벌갈이. 앞뒤갈이.

초벌구이(初~) = 설구이. 애벌구이. ⁑ 도자기를 첫 번째로 굽는 일.
☞ 마침구이. 참구이.

초벌매기(初~) = 애벌매기. 애매기. ⁑ 논밭을 처음으로 매는 일.
☞ 만도리. 만물.[1] 이듬매기.

초병(醋瓶) = 식초병. ⁑ 식초를 담는 병.

초병마개(醋瓶~) * ① 초병의 마개. ② 몹시 시큰둥한 체하는 사람.

초복(初伏) * 삼복에서 첫 번째 복.
‡ 하지가 지난 셋째 경일.
☞ 말복. 중복.

초봄(初~) = 첫봄. ‡ 음력 정월.
☞ 늦봄. 한봄.

초사리(初~) = 첫사리. ‡ 그해, 처음
으로 시장에 들어오는 조기.

초사흘날(初~) ⇨ 초사흗날. 초사일.

초산(硝酸) ㉮ ⇨ 질산.

초상집(初喪~) * 초상난 집. ¶ 초상집
에서 밤을 새다. 초상집 개 같다.
☞ 상갓집.

초상계(初喪契) * 초상을 당한 사람에
게 돈을 태워 주는 계.
☞ 낙찰계. 산통계. 상포계. 친목계.

초색(草索 ⇨ 초삭) ⇨ 새끼. ‡ 짚으로
꼰 줄.

초생달(初生~) ⇨ 초승달. ¶ 초승달
같은 눈썹. 초승달이 뜨다.

초서(草書) * ①급할 때 쓰는 글씨.
②특별한 아름다움을 나타내는 글
씨체.
☞ 서체. 해서. 행서.

초석[1](礎石) * ①귓돌. 머릿돌. 모퉁
잇돌. 주춧돌. ②사물의 바탕.
☞ 반석.

초석[2](硝石) ㉮ ⇨ 질산칼륨.

초승달 * 초승에 뜨는 달. ‡ 'ㄱ'처럼 생
겼음. ¶ 산 머리에 초승달이 걸렸다.
☞ 그믐달. 반달.[1] 보름달. 온달.[2]

초식 동물(草食動物) * 풀을 먹고사는
동물. ‡ 풀먹이 동물. ¶ 초식 공룡.
☞ 육식 동물. 잡식 동물.

초아흐렌날(初~) ⇨ 초아흐렛날

초여드렌날(初~) ⇨ 초여드렛날.

초여름(初~) = 첫여름. ‡ 음력 사월.
☞ 늦여름. 한여름.

초엿샌날(初~) ⇨ 초엿샛날.

초이튿날(初~) ⇨ 초이튿날. 초이틀.

초입(初入) = 초입새. 들머리. 어귀.
입새. ¶ 골목 초입. 장마 초입.
☞ 첫머리.

초자[1](初~) ⇨ 초짜.

초자[2](硝子) ㉮ ⇨ 유리.

초자관(硝子菅) ㉮ ⇨ 유리관.

초자구(硝子球) ㉮ ⇨ 유리구슬.

초자기(硝子器) ㉮ ⇨ 유리그릇.

초자막(硝子膜) ㉮ ⇨ 유리막.

초자세공(硝子細工) ㉮ ⇨ 유리 공예.

초자체(硝子體) ㉮ ⇨ 유리체.

초저녁잠(初~) = 저녁잠. ¶ 초저녁
잠이 없다.

초주검(初~) * 두들겨 맞거나 피곤해
서 거의 다 죽게 된 모양.
☞ 반죽음.

초지니(初~) * 두 살 먹은 매나 새매.
☞ 산지니. 산진매. 삼지니. 새매. 수
지니. 재지니.

초짜(初~) * 어떤 분야에서 처음으로
일을 하여 능숙하지 못한 사람.
☞ 초대.[1]

초찝개(草~) ⇨ 초집게. ‡ 풋나무나
짚의 부피를 재는 연모.

초칠일(初七日) = ①첫이레. 한이레.
②초이렛날.

초침(秒針) = 초바늘 ‡ 시계의 초를
가리키는 바늘.
☞ 분침. 시침.[1]

초콜레트(chocolate) ⇨ 초콜릿. {초
콜릿색.} ‡ 과자 이름.

초토화시키다(焦土化~) ⇨ 잿더미로 만들다. ⁑ 초토화하다.
초파일〔初八日〕 = 파일. 사월 초파일. ⁑ 부처님 오신 날.
초팔일(初八日) = 초여드렛날.
초팔일날(初八日~) ⇨①초팔일. ②초파일.
초하다[1](抄~) = 초록하다. (글 가운데서 필요한 것을) 뽑아서 적다.
초하다[2](草~) * 첫 안을 잡다. 글의 얼개를 잡다.
초하루(初~) = 초하룻날. 초일일.
초혼하다(招魂~) = 복부르다. ⁑ 사람이 죽었을 때, 그 혼을 부르는 일.
촉기[1] * 생기와 재치가 있는 얼굴빛.
촉기[2](觸氣) * 만져서 느껴지는 기운.
촉꽂이 * 구멍에 꽂게 된 뾰족한 장부. ⁑ 건축.
☞ 초꽂이.
촉잡다 ⇨ 책잡다. ⁑ 남의 잘못을 들어 나무라다.
촉진시키다(促進~) ⇨ (빨리 나아가게) 다그치다. ⁑ 촉진하다.
촉촉하다 〈 축축하다. ⁑ 조금 젖은 듯하다. ¶ 땀으로 옷이 촉촉하다.
촉촉히 ⇨ 촉촉이. ⁑ 물기가 있어 젖은 듯하게.
촌(村) * ①도시가 아닌 마을. ⁑ 농업, 어업, 임업, 광업 따위로 살아가는 곳. {농촌. 산촌. 어촌.} {촌것. 촌길. 촌년. 촌놈. 촌닭. 촌마을. 촌맛. 촌무지렁이. 촌백성. 촌보리동지. 촌부자. 촌살림. 촌색시. 촌샌님. 촌생원. 촌스럽다. 촌아이. 촌집. 촌티.} {촌스럽다.} ②전문적인 일을 하는 사람들이 모여 사는 작은 마을. {광산촌. 대학촌. 문화촌. 선수촌.} ③어떤 지역. {빈민촌. 아파트촌. 천막촌. 탄광촌. 판자촌. 한옥촌.}
☞ 도시. 서울. 시골.
촌구석(村~) * ①촌. ②촌의 구석진 곳. ¶ 촌구석에 숨어 살다.
☞ 시골구석.
촌극(寸劇) ㊎ ⇨ 토막극.
촌떼기(村~) ⇨ 촌뜨기.
촌뜨기(村~) = 바지저고리. 시골뜨기. 시골사람. 촌사람.
☞ 서울뜨기. 산골뜨기.
촌지(寸志) ㊎ ⇨ ①인정. 떡값. ②돈봉투. 뒷돈. ⁑ 뇌물.
촌지 문화(寸志文化) ㊎ ⇨ 뒷돈 버릇. 뒷돈 주는 분위기.
촌티(村~) = 시골티. ⁑ 촌사람의 어수룩한 모양이나 태도. ¶ 촌티가 나다.
촐랑개 * 남을 붙따르며 잔심부름하는 사람.
촐랑이 * 방정맞게 까부는 사람.
☞ 껄렁이. 말괄량이. 뻴때추니.
촘촘하다 * 틈이나 간격이 매우 좁거나 작다. ¶ 말뚝이 촘촘하게 박혀 있다.
☞ 총총하다.[1]
촛병마개(~瓶~) ⇨ 초병마개.
촛점(焦點) ⇨ 초점. ¶ 초점 거리. 관심의 초점. 초점을 모으다.
총[1] = 말총. ⁑ 말갈기와 꼬리털. {총감투. 총담요. 총대우. 총모자. 총채.}
☞ 갈기. 곱소리.
총[2](塚) * 누구 것인지 모르지만 벽화

나 유물 같은 것이 있는 무덤. {천마
총.}
☞ 능. 묘. 분.³ 원.²
총³(銃) * 권총, 소총, 기관총, 엽총
따위. {총사냥. 총소리. 총싸움. 총
알. 총잡이. 총질. 총집. 총칼.} {가
스총. 고무총. 공기총. 딱총. 물딱
총(물총). 바람총. 불딱총. 사냥총
(엽총). 새총. 신호총.} {장님총.
주먹총. 헛총.} ¶ 장난감 총. 총 맞
다. 총 쏘다. ‡ 구령. {걸어총. 검사
총. 받들어총. 세워총. 앞에총. 어
깨총. 우로어깨총. 좌로어깨총. 지
어총.}
총⁴(總) 〔매〕 * 모두. ¶ 총 50개. 총
200명. 총 경지 면적. 총 글자 수.
총 무게. 총 수확량. 총 이용량. 총
인원. 총 작업 시간. 총 학생 수.
총~⁵(總~) * 모두 아우르는. {총감
독. 총검거. 총결산. 총공격. 총공
세. 총궐기. 총기초. 총넓이(총면
적). 총대리점. 총대장. 총돌격. 총
동원. 총득점. 총득표. 총망라. 총
반격. 총발휘. 총본부. 총본산. 총
본영. 총비용. 총사령관. 총사령부.
총사직. 총사퇴. 총생산물. 총선거.
총소득. 총수량. 총악보. 총역량.
총연습. 총연장. 총연합. 총열량.
총예산. 총원가. 총유권자. 총이익
률. 총인구. 총재산. 총적량. 총정
보량. 총지출. 총지휘. 총진격. 총
진군. 총집결. 총집중. 총집합. 총
집회. 총책임. 총천연색. 총청산.
총체적. 총출동. 총출연. 총톤수.
총통화. 총퇴각. 총퇴장. 총파업.

총파탄. 총판매. 총판장. 총평균법.
총평수. 총합계. 총회의. 총휴업.}
총각(總角) * 장가가지 않은 젊은 남
자. {총각타령. 총각티.} {더꺼머리
총각. 엄지머리총각. 숫총각.} ¶ 총
각 딱지.
☞ 처녀.
총각무우(總角~) ⇨ 총각무. ‡ 무청
째로 김치를 담그는, 뿌리가 잔 어
린 무.
총각미역(總角~) ⇨ 꼭지미역. ‡ 한
줌 안에 들어올 만큼 묶은 미역.
총걸이(銃~) = 총받침. ‡ 총을 걸어
두는 곳.
총견다(銃~) ⇨ 총걸다. ‡ 총 세 자루
를 삼발이 꼴로 걸어 세우다.
총구멍(銃~) * ① 총알이 나가는 구멍.
② 총을 쏘려고 뚫어 놓은 구멍.
☞ 총알구멍.
총대(銃~) = 총자루. ‡ 총열을 붙여
놓은 나무. ¶ 총대를 메다.
총받이(銃~) = 총알받이. ‡ 전쟁할
때 군대의 맨 앞줄. ¶ 총받이로 세우
다.
총받침(銃~) = 총걸이.
총뿌리(銃~) ⇨ 총부리. ‡ 총구멍이
있는 부분.
총사냥(銃~) * 사냥총으로 짐승을 잡
는 일.
☞ 사냥.
총신(銃身) = 총열. ‡ 총알이 앞으로
나가도록 한 쇠 대롱.
총알(銃~) * 총에 재어 쏘아 보내는
물건. ¶ 총알을 재다.
☞ 처란. 탄알. 탄환.

총알구멍(銃~) * 총알에 맞아 생긴 구멍.
☞ 총구멍.

총알받이 = 총받이. ‡ 날아오는 총알을 막으려고 앞에 세우는 사람.
☞ 불받이.

총자루(銃~) = 총대.

총잽이(銃~) ⇨ 총잡이. ‡ 총을 쏘는 일을 직업으로 하는 사람.

총채 = 먼지떨이. ‡ 말총이나 헝겊 따위로 만듦. {총채질하다.}

총총[1] = 총총히. ‡ 촘촘하고 많은 별빛이 또렷한 모양. ¶ 별이 총총 떠 있다.

총총[2](悤悤) = 총총히. ‡ 몹시 바쁜 모양. ¶ 쫓기듯이 총총히 사라지다.

총총걸음 〉종종걸음. ‡ 발을 자주 떼며 급히 걷는 걸음. ¶ 총총걸음을 치다.
☞ 걸음.

총총하다[1] * 별이 촘촘하고 별빛이 또렷하다.
☞ 촘촘하다.

총총하다[2](蔥蔥~) * 나무 따위가 배게 들어서서 무성하다.

총합(總合) 國 ⇨ 총계. 총합계. 모두.

총화(總和) 國 ⇨ ① 화합. 단결. ② 총계. 총합계.

총괄하다(總括~) ⇨ 한데 모아서 묶다. ‡ 총괄하다. ¶ 총괄 평가.

최가(崔哥) = 최씨. ‡ 사람의 성씨. {최가놈.}

최고장(催告狀) ⇨ 독촉장.

최다(最多) * 가장 많은. ‡ 양. 횟수. ¶ 최다 득점. 최다 우승. 최다 품목.

최대(最大) * 가장 큰. ‡ 수. 양. 정도. ¶ 최대 속도. 최대 용량. 최대 위기. ‡ '최고, 최다, 최대, 최소, 최저'는 오직 하나뿐이므로 '최고 기록 중의 하나. 최다 수확 품종 중의 하나' 따위 말은 쓸 수 없음.

최소[1](最小) * 가장 작은 것. ‡ 크기. ¶ 최소 범위.

최소[2](最少) * ① 가장 적은 것. ‡ 분량. ② 가장 젊은 것. ‡ 나이.

최소화시키다[1](最小化~) ⇨ 가장 작게 만들다. ‡ 최소화하다.

최소화시키다[2](最少化~) ⇨ 가장 적게 하다. ‡ 최소화하다.

최인(崔麟) ⇨ 최린. ‡ 사람의 외자 이름은 본디 소리대로 읽음.

추가시키다(追加~) ⇨ 더 보태다. ‡ 추가하다.

추가적(追加的) ⇨ 더 보태는. 덧붙이는. ‡ 추가로. 추가하는.

추갱예산(追更豫算) ⇨ 추경 예산. 추가 경정 예산.

추격하다(追擊~) * 뒤쫓아 가며 공격하다.
☞ 추적하다.

추고(推考) ⇨ 퇴고. ‡ 글다듬기.

추근거리다 ⇨ 치근거리다. 치근대다. ‡ 귀찮게 굴다.

추근추근하다 * 성질이나 태도가 끈덕지다. ¶ 추근추근하게 따라다니다.
☞ 치근치근하다.

추기다 * ① 바람을 넣다. ‡ 선동하다. ② 꼬드기다. ‡ 충동하다.
☞ 축이다. 추키다. 치키다.

추깃물 = 추기. ‡ 썩은 송장에서 흐르

는 물.

추녀 = 귀서까래. ¶ 추녀 끝. 추녀 높이. 추녀 물. 추녀 밑.

추념하다 〔出斂~〕 ⇨ 추렴하다.

추다[1] * ①추어주다. ¶ 예쁘다고 추어주다. ②추어올리다. ¶ 바지춤을 추다. ③쇠약한 몸을 똑바로 하다. ¶ 맥을 못 추다. ④무엇을 찾으려고 뒤지다. ¶ 온 방을 다 추어도 책을 찾을 수가 없었다. 몸을 추다.
☞ 추기다. 추키다.

추다[2] * 춤사위를 보이다. ¶ 춤을 추다.

추도하다(追悼~) * 죽은 사람을 생각하여 슬퍼하다. ¶ 간이를 추도하다.
☞ 추모하다.

추돌하다(追突~) * 뒤에서 쫓아와 들이받다. ⁑ 자동차. 기차.
☞ 충돌하다.

추락하다(墜落~) * ①높은 곳에서 떨어지다. ¶ 추락 사고. 비행기가 추락하다. ②위신이나 가치가 떨어지다. ¶ 명예가 추락하다.
☞ 전락하다.

추레하다 * ①겉모양이 깨끗하지 못하고 생기가 없다. ②태도가 너절하다.
☞ 초라하다.

추리닝(training) [왜] ⇨ ①연습. 훈련. 몸닦달. ⁑ 트레이닝. ②운동복. 연습복. 훈련복.

추리다 * 여럿 가운데서 뽑아내거나 골라내다. ¶ 쓸 만한 것을 추려내다. 지원자 중에서 열두 명을 추리다. 쓸데없는 것을 추려내다.
☞ 솎다.

추리 소설(推理 小說) [왜] ⇨ 탐정 소설.

추모하다(追慕~) * 죽은 사람을 그리워하며 생각하다. ¶ 간이를 추모하다.
☞ 추도하다.

추문(醜聞) * 지저분하고 더러운 소문. ¶ 추문이 떠돌다. ⁑ 스캔들.
☞ 미담.

추분(秋分) * 이십사절기의 하나. ⁑ 양력 9월 23일쯤. 밤낮의 길이가 같음.
☞ 동지. 춘분. 하지.

추서다 * 허약하던 건강이나 떨어졌던 원기, 기세를 되찾다. ¶ 몸이 추서다.
☞ 추세우다. 추스르다.

추석(秋夕) = 가위. 가윗날. 한가위. 한가윗날. ⁑ 음력 팔월 보름. {추석날. 추석맞이. 추석비. 추석빔. 추석상.} ¶ 추석 대목.
☞ 단오. 대보름. 유두. 칠석. 한식.

추세우다 * '추서다'의 하임. ⁑ 건강, 원기, 기세를 되찾게 하다.
☞ 추서다. 추켜세우다. 치켜세우다.

추스르다 * ①추어올리다. ②몸을 가누어 움직이다. ③일을 수습하다. ⁑ 추스르고. 추스르니. 추슬러. 추슬러서. 추슬러도. 추슬러야. 추슬러라.
☞ 추서다.

추스리다 ⇨ 추스르다.

추시계(錘時計) = 불알시계. ⁑ 시계추가 달린 시계.

추어내다 = 들추어내다. ⁑ 들추어 나오게 하다.

추어세우다 ⇨ 추세우다. ⁑ '추서다'의

하임.

추어올리다 * ① 위로 끌어올리다. ¶ 바지를 추어올리다. ② 추어주다.
☞ 추켜올리다.

추어주다 = 추다. ＊ 실제보다 높이 칭찬하다. ¶ 잘한다고 자꾸 추어주다.

추월하다(追越～) ⑳ ⇨ 앞서다. 앞지르다.

추위 * 추운 정도. {강추위. 꽃샘추위. 늦추위. 봄추위. 손돌이추위. 잎샘추위. 첫추위. 한추위.} ¶ 추위를 막다. 추위를 타다.
☞ 더위.

추임새 = 보비유. ＊ 판소리에서 고수가 내는 '좋지, 얼씨구, 흥' 따위 소리.
☞ 춤사위.

추잡하다(醜雜～) * 말이나 행동이 지저분하다. ¶ 추잡한 짓을 하지 마라.
☞ 추접하다.

추적하다(追跡～) * ① 도망하는 사람의 뒤를 밟아서 쫓다. ¶ 도둑을 추적하여 잡다. ② 사물의 자취를 더듬어 가다. ¶ 수표를 추적하여 증거를 잡다.
☞ 추격하다.

추접하다(醜～) = 추저분하다. ＊ 차림새나 모양이 지저분하다.
☞ 추잡하다.

추접스럽다(醜～) * 더럽고 지저분한 데가 있다. ¶ 하는 짓이 추접스럽다.
☞ 푸접스럽다.

추정하다(推定～) * 추측하여 판정하다. ¶ 이익이 천만 원으로 추정한다.
☞ 간주하다. 추측하다.

추지다 * 물기가 배어 눅눅하다. ¶ 옷이 덜 말라 아직 추지다.
☞ 젖다.²

추진케(推進～) = 추진하게. ＊ 울림소리 뒤에선 'ㅏ'만 줆.

추진토록(推進～) = 추진하도록. ＊ 울림소리 뒤에선 'ㅏ'만 줆.

추출해 내다(抽出～) ⇨ (물건, 생각, 요소 따위를) 뽑아내다. ＊ 추출하다.

추측컨대(推測～) ⇨ 추측건대. 추측하건대. ＊ 안울림소리 뒤에선 '하'가 줆.

추측하다(推測～) * 미루어 생각하여 헤아리다. ¶ 둘이 부부라고 추측했다.
☞ 추정하다.

추켜들다 * 치올리어 들다. ¶ 횃불을 추켜들다. 주먹을 추켜들다.
☞ 치켜들다.

추켜세우다 * 위로 치올리어 세우다. ¶ 눈썹을 추켜세우다.
☞ 추세우다. 치켜세우다.

추켜올리다 * 위로 솟구어 올리다. ¶ 손을 추켜올리다. 치마를 추켜올리다.
☞ 추키다. 추어올리다. 치켜세우다.

추켜 주다 * 위로 올려 들다.
☞ 추어주다.

추키다 * ① 위로 가뜬하게 치올리다. ¶ 등에 업은 아이를 추키다. ② 힘있게 위로 끌어올리거나 채어 올리다. ¶ 멱살을 추켜 쥐었다. ③ 값을 올려 매기다. ④ 부추기다.
☞ 추기다. 부추기다. 치키다.

축¹〔部類〕 * 특성에 따라 나누는 또래. ¶ 젊은 축. 잘하는 축.

☞ 측.

축[2] * 하나치 ⁑ ① 조선종이 열 권. ② 책력 스무 권. ③ 오징어 스무 마리.
☞ 권.[2] 동.[4] 마리.[1]

축가다(縮～) = 축나다. ⁑ 수나 양이 본디보다 모자라거나 줄어들다.
☞ 축지다.

축구차다(蹴球～) ⇨ 축구를 하다. 축구 경기를 하다.

축담(築～) = 죽담. ⁑ 막돌과 흙으로 쌓은 돌담.

축댓돌(築臺～) * 축대를 쌓은 돌.
☞ 송곳닛돌. 퇴짓돌.

축사에 가름하다(祝辭～) ⇨ 축사를 갈음하다.

축소시키다(縮小～) ⇨ 줄이다. ⁑ 축소하다.

축의금(祝儀金) * 축하하는 뜻으로 내는 돈.
☞ 부의금. 부조금. 조위금.

축이다 * ① 물을 조금 뿌려서 축축하게 하다. ② 마른 목을 적시다.
☞ 추기다. 적시다.

축제(祝祭. 마쓰리) [왜] ⇨ ① 축전. ⁑ 축하 행사. ② 잔치. 놀이. 모꼬지. ③ 굿. 굿판. ④ 겨루기 한마당. ⁑ 경연. ⑤ 자랑 한마당.
☞ 제.[7]

축지다 * ① 사람의 값어치가 떨어지다. ② 축나다. ⁑ 몸이 야위다.
☞ 축가다. 축나다.

축축이 〉 촉촉이. ¶ 온몸에 식은땀이 축축이 배었다.

축축하다 〉 촉촉하다. ¶ 봄비를 맞은 땅이 축축하다.
☞ 척척하다.

축하하다(祝賀～) * 남의 좋은 일을 기뻐하고 즐거워한다는 뜻으로 하는 인사말. ⁑ 아래윗사람에게 두루 씀. ¶ 축하 잔치. 축하 공연. 축하 전보.
☞ 치하하다.

춘부장(椿府丈) [왜] ⇨ 아버님. 어르신. 어르신네. ⁑ 남의 아버지.

춘분(春分) * 이십사절기의 하나. ⁑ 양력 3월 21일쯤. 밤낮의 길이가 같음.
☞ 동지. 추분. 하지.

춘사(椿事) [왜] ⇨ 탈. 큰 탈. ⁑ 참사.

춘희(椿姬) [왜] ⇨ 갈보. 동백 아가씨. ⁑ 오페라 이름.

출가하다[1](出嫁～) * 시집가다.

출가하다[2](出家～) * (종교나 자연에 몸을 맡기려는 목적으로) 집을 아주 떠나다.
☞ 가출하다.

출구(出口) [왜] ⇨ ① 날문. 나들문. 문. ② 나가는 구멍.
☞ 입구.

출납부(出納簿) [왜] ⇨ 치부책. ⁑ 돈, 물건이 들오고 나가는 것을 적는 책.

출두하다(出頭～) [왜] ⇨ ① 나가다. ② 나오다. ⁑ 출석하다.

출렁거리다 = 출렁대다.

출렁다리〔懸垂橋〕 = 줄다리. ⁑ 양쪽에 쇠사슬을 건너질러 매단 다리.

출렴하다(出斂～) ⇨ 추렴하다.

출물꾼(出物～) * 회비나 비용 따위를 혼자서 모두 내는 사람.
☞ 봉.[3]

출사선(出絲腺) [왜] ⇨ 실샘.

출사표(出師表)**를 던지다** ⇨ ①출전하다. ②출마하다. ③도전하다.

출산율(出産率) ⑪ ⇨ 출생률.

출산하다(出産~) ⑪ ⇨ 애를 낳다. 몸을 풀다. ≇ 생산하다. 해산하다.

출산 휴가(出産 休暇) ⑪ ⇨ 해산 말미.

출생(出生) * (보통 사람이) 태어남. ¶ 38년 만주에서 출생하다. ☞ 탄생.

출생계(出産届) ⑪ ⇨ 출생 신고.

출석율(出席率) ⇨ 출석률. ≇ 니은을 뺀 받침 뒤에선 '률'임.

출세길(出世~) ⇨ 출셋길. ¶ 출셋길이 열리다. 출셋길을 닦다.

출수(出穗) ⑪ ⇨ 밭수. ≇ 씨앗을 받으려고 잘된 이삭을 골라 뽑는 일.

출영하다(出迎~) ⑪ ⇨ 마중하다. 마중 나가다.

출원하다(出願~) ⑪ ⇨ ①청원하다. ②청약하다. ③원서를 내다.

출입구(出入口) ⑪ ⇨ 나들문. 문.

출입문(出入門) ⑪ ⇨ 나들문. 문.

출입벌(出入~) = 나들잇벌. 난벌. ≇ 나들이할 때 입는 옷과 신는 신 따위.

출입옷(出入~) = 나들이옷. 갈음옷. 바깥옷. ≇ 외출복. 출입복.

출입인(出入人) = 출입자. ≇ 드나드는 사람.

출찰구(出札口) ⑪ ⇨ 표 파는 곳. ☞ 개찰구.

출출하다 = 허출하다. 후출하다. ≇ 배가 고픈 느낌이 있다.

출판문화(出版文化) ⇨ ①출판 경향. ②출판 기술. ③출판 현실.

출하기(出荷期) ⑪ ⇨ 제철. 나오는 철.

출하하다(出荷~) ⑪ ⇨ (물건을) 내어 보내다. 실어 내다.

출항계(出港届) ⑪ ⇨ 출항 신고.

출현하다(出現~) * (흔히 볼 수 없는 것이) 나타나거나 드러내다. ☞ 나타나다.

춤[1] * 흥에 겨워 몸과 팔다리를 움직이는 짓. {춤가락. 춤곡. 춤극. 춤꾼. 춤바람. 춤솜씨. 춤음악. 춤칼. 춤풍류.} {춤추다.} ¶ 춤 모음곡. {거드름춤. 곱사등이춤. 곱사춤. 깃대춤. 깨끼리춤. 깨끼춤. 나비춤. 넉두리춤. 다리춤. 덧보기춤. 도굿대춤. 도리깨춤. 도살풀이춤. 돈돌라리춤. 돌단춤. 돌춤. 두어춤. 뚝배기춤. 막대기춤. 매듭춤. 멍석말이춤. 몽둥이춤. 무당춤. 뭇동춤. 미얄춤. 바라춤. 반춤. 방패춤. 배김새춤. 배꼽춤. 버꾸춤. 번개춤. 병신춤. 보릿대춤. 부채춤. 북춤. 불춤. 사교춤. 살풀이춤. 상좌춤. 손짓춤. 손춤. 양반춤. 어깨춤. 엉덩춤. 이춤. 일자활개펴기춤. 입춤. 자라춤. 장구춤. 절굿대춤. 접시춤. 지전춤. 칼춤. 큰춤. 탈춤. 학춤. 허벅춤. 허튼춤. 홍두깨춤. 활개춤.} ¶ 봉산 탈춤. 은율 탈춤. 하회 탈춤.

춤[2] * 그릇, 신, 모자의 운두나 높이. ¶ 망건 춤. 뚝배기 춤. 항아리 춤.

춤[3] * 삼대나 왕골 따위의 길고 곧게 생긴 물건의 길이. ¶ 춤이 길다.

춤[4] * ①여러 오리로 길게 생긴 물건을 한 손으로 쥘 만한 분량. ¶ 춤이 크다. ②하나치. ¶ 모 한 춤. 미역 두 춤. 짚 한 춤.

춤마당 = 춤판. ❋ 춤이 벌어진 자리. ¶ 춤마당을 벌이다.

춤문구(〜文句) = 불림. ❋ 춤의 장단을 악사에게 청하는 노래나 춤사위.

춤사위 = 사위. ❋ 민속춤에서 바탕이 되는 춤 동작. ¶ 춤사위가 좋다. ☞ 추임새.

춤판 = 춤마당. ¶ 춤판에 끼다. 춤판을 벌이다.

춥다 * 기온이 낮아서 몸에 찬 기운을 느끼다. ¶ 날씨가 춥다. ☞ 차다.[1]

충격 하중(衝激荷重) ⓥ ⇨ 충격 무게.

충고(忠告) * 남의 결점이나 잘못을 진심으로 타이르는 말. ☞ 조언.

충돌하다(衝突〜) * ① 서로 맞부딪치다. ¶ 승용차가 마주 오던 트럭과 충돌하다. ② 서로 맞서다. ¶ 동서양의 문화가 충돌하다. ☞ 추돌하다.

충만하다(充滿〜) ⇨ 가득 차다.

충심으로(衷心〜) ⇨ 마음속 깊이.

충원시키다(充員〜) ⇨ (사람 수를) 채우다. ❋ 충원하다.

충전시키다(充電〜) ⇨ 충전하다. ¶ 배터리를 충전하다.

충전하다(充塡〜) * (구덩이나 파낸 자리를) 매우다. 채우다. ☞ 장전하다.

충족율(充足律) ⇨ 충족률. ❋ 니은을 뺀 받침 뒤에선 '률'임.

충진하다(充塡〜) ⇨ 충전하다.

충효렬(忠孝烈) ⇨ 충효열. ❋ 충신과 효자와 열녀.

췌관(膵管) ⓥ ⇨ 이자관.

췌액(膵液) ⓥ ⇨ 이자물. 이자액.

췌장(膵臟) ⓥ ⇨ 이자. ❋ 사람과 짐승의 몸속에 있는 기관의 하나.

취각(嗅覺 ⇨ 후각) ⇨ 냄새 감각.

취급받다(取扱〜) ⓥ ⇨ 대접받다.

취급하다(取扱〜) ⓥ ⇨ ① 대접하다. 다루다. ❋ 사람. 사건. ¶ 바보로 대접하다. ② 다루다. 맡아 하다. ❋ 물건. ¶ 위험물을 다루다.

취득하다(取得〜) * ① 따다. ¶ 면허를 취득하다. 자격증을 취득하다. 학위를 취득하다. 학점을 취득하다. ② 사다. ¶ 부동산을 취득하다. ☞ 습득하다.[2] 획득하다.

취락(聚落) ⓥ ⇨ 마을. 삶터.

취련소(吹鍊所) ⓥ ⇨ 제련소. ❋ 광석을 녹여서 쇠를 뽑아내는 곳.

취련하다(吹鍊〜) ⓥ ⇨ 제련하다. ❋ 광석에서 쇠를 뽑아내다.

취목(取木) ⇨ 휘묻이. ❋ 나뭇가지를 휘어 땅속에 묻어서 뿌리를 내는 방법. ☞ 삽목.

취미(趣味) * ① 즐기려고 하는 일. ¶ 취미 생활. ② 아름다운 것을 보고 이해하는 힘. ¶ 취미를 기르다. ③ 마음이 당기는 멋. ¶ 취미가 없다. ☞ 흥미.

취선(臭腺) ⓥ ⇨ 냄새샘.

취소되다(取消〜) ⓥ ⇨ ① 철회되다. ② 말소되다.

취소하다(取消〜) ⓥ ⇨ ① 무르다. ② 지우다. ③ 푸지위하다. ④ 거두어들이다. ❋ 철회하다. 말소하다.

취액〔膵腋 ⇨ 췌액〕왜 ⇨ 이자물. 이
　자액.

취액선(臭液腺) 왜 ⇨ 냄새샘.

취업율(就業率) ⇨ 취업률. ＊ 니은을
　뺀 받침 뒤에는 '률'임.

취인선(取引先) 왜 ⇨ 거래처. 거래소.

취입하다(吹込~) 왜 ⇨ ① 녹음하다.
　② (바람을) 불어넣다.

취장〔膵臟 ⇨ 췌장〕 ⇨ 이자.

취조하다(取調~) 왜 ⇨ 캐묻다. ＊ 문
　초하다.

취체하다(取締~) 왜 ⇨ 잡도리하다.
　＊ 단속하다.

취토장(取土場) 왜 ⇨ 흙밭.

취하하다(取下~) 왜 ⇨ ① 무르다.
　② 지우다. ③ 푸지위하다. ④ 거두
　어들이다. ＊ 철회하다. 말소하다.

츄브(주브. tube) 왜 ⇨ 튜브. ＊ ① 치
　약 따위를 담은 대롱. ② 바퀴에 바
　람을 넣는 물건.

츠렁츠렁 ⇨ 치렁치렁. ＊ 길게 드리워
　자꾸 흔들리는 꼴.

측(側) ＊ 무리의 어느 한쪽. ¶ 상대 측.
　상인 측. 손님 측. 아군 측. 어느 측.
　야당 측. 여당 측. 적군 측. 정부 측.
　학교 측. 학부모 측.
　☞ 쪽.¹ 층.²

측창(側窓) 왜 ⇨ 곁창.

츰입하다〔闖入~〕 ⇨ 함부로 들어가
　다. ＊ 틈입하다.

층¹(層) ＊ 포개진 켜. {위층. 아래층.
　1층. 33층.} {층나다. 층지다.}
　☞ 켜.

~층²(~層) ＊ ① 비슷한 무리. {노년
　층. 노동자층. 식자층.} ② 지층.

{석탄층. 화강암층.} ③ 켜켜이 쌓
　인. {구름층. 대기층. 이온층. 오존
　층.}
　☞ 측.

층다리 ⇨ 층층다리. 층층대. 층대. 층
　층계. ¶ 층층다리를 배에 걸쳐 놓다.

층돌(層~)〔試金石〕 = 층샛돌. ＊ 금
　의 순도를 판정하는 데 쓰는 돌.

층층다리(層層~) = 층층대. 층대.¶ 나
　무 층층다리. 쇠 층층다리.

치¹(齒) ＊ 이. 이빨. {치근(이촉). 치
　수(이골). 치실. 치열(잇바디). 치은
　(잇몸). 치조골(이틀). 칫솔.} ¶ 치
　가 떨리다. 치를 떨다.

치²〔寸〕 ＊ 하나치. ＊ 한 치는 3.03cm,
　한자의 1/10. ¶ 한 자 두 치 서 푼.
　☞ 자.¹ 푼.²

치³〔이〕 ＊ ① 사람. ＊ 낮춤. ¶ 젊은 치.
　건강한 치들. ② 물건이나 대상.
　＊ 것. {날림치. 당년치. 막치. 버림
　치. 중간치.} ¶ 이 생선은 어제 치보
　다 못하다. 지난달 치 잡지. 오늘 치
　신문. ③ 양이나 몫. ¶ 한 달 치 용
　돈. 세 사람 치 삯. 한 사람 치 음식.

치~⁴ ＊ 위쪽으로 올려. {치긋다. 치닫
　다. 치달리다. 치더듬다. 치뚫다. 치
　뛰다. 치뜨다. 치먹다. 치몰다. 치밀
　다. 치받다. 치받들다. 치보다. 치솟
　다.}

치고¹〔움〕 ＊ 치다. ¶ 그 돈은 기부한
　셈 치고 잊어버려라.

치고²〔토〕 ¶ 학생치고 모르는 사람은
　없다. 아이치고 키가 크다.

치고박다 ⇨ 치고받다. ¶ 치고받고 싸
　우다.

치근거리다 = 치근대다. ‡ 은근히 자꾸 귀찮게 굴다.

치근덕거리다 = 치근덕대다. ‡ 끈덕지게 자꾸 귀찮게 굴다.

치근치근하다 * 성가시고 귀찮게 굴다. ¶ 놀러가자고 치근치근하게 조르다. ☞ 추근추근하다.

치다¹ * ①막이나 그물, 발, 줄 따위를 펴거나 벌이거나 매거나 늘어 뜨리다. ¶ 빨랫줄을 치다. 금줄을 치다. 그물을 치다. 모기장을 치다. 발을 치다. 천막을 치다. ②벽 따위를 둘러서 세우거나 쌓다. ¶ 담을 치다. 칸막이를 치다. ☞ 긋다.

치다² * ①쓸데없는 것을 파거나 옮기어 깨끗이 없애다. ¶ 하수구를 치다. ②논에 물길을 만들려고 땅을 파내거나 고르다. ¶ 물도랑을 치다. ☞ 치우다.

치다³ * 순간적으로 힘을 주어 부딪치게 하다. {내리치다. 치고받다.} ¶ 공을 치다. 뺨을 치다. 볼기를 치다. 딱지를 치다. 못을 치다. 손뼉을 치다. ☞ 치이다.² 차다.² 때리다.

치다⁴ * 악기를 손가락이나 연모로 두드려서 소리가 나게 하다. ¶ 꽹과리를 치다. 북을 치다. 종을 치다. 징을 치다. 풍금을 치다. 피아노를 치다. ☞ 뜯다.² 켜다.⁴ 타다.⁴

치다⁵ * ①집짐승이나 누에, 벌 따위를 보살펴 자라게 하다. ¶ 벌을 치다. 소를 치다. ②짐승이 새끼를 낳다.

¶ 새끼를 치다. ③나무가 가지를 벋다. ¶ 가지를 치다. ④집에 나그네를 두다. ¶ 손님을 치다. 하숙을 치다. ☞ 가꾸다. 먹이다. 키우다. 기르다.

치다⁶ * 액체나 물체에 다른 액체나 가루를 조금씩 더하다. ¶ 간장을 치다. 식초를 치다. 양념을 치다. 제피를 치다. 후추를 치다. ☞ 타다.²

치다꺼리 * ①일을 치러 내는 일. ¶ 송장 치다꺼리. 잔치 치다꺼리. 제사 치다꺼리. ②일을 거드는 일. {뒤치다꺼리. 입치다꺼리. 치다꺼리하다.} ☞ 뒷바라지.

치닫다 * ①위쪽으로 달리다. ②힘차게 나아가다. ③감정이 치밀다. ☞ 내리닫다. 올리닫다.

치대다 * 반죽이나 빨래를 무엇에 대고 자꾸 문지르다. ☞ 문대다. 문지르다.

치떠보다 ⇨ 칩떠보다. ‡ 눈을 치뜨고 노려보다.

치뜨다 * 눈을 위쪽으로 뜨다. ¶ 눈을 치뜬 채 최후를 맞았다. ☞ 깔뜨다. 내리뜨다. 칩뜨다.

치뜨리다 = 치치다. ‡ 위쪽으로 던져 올리다. ¶ 짚단을 화물칸에 치뜨리다. ☞ 채뜨리다. 치키다.

치런치런 * ①넘칠락말락 하는 모양. ¶ 항아리에 물이 치런치런 차 있다. ②스칠락말락 하는 모양. ¶ 머리를 치런치런 흔들며 집으로 들어가다.

치렁치렁 * 길게 드리워진 것이 움직이

는 모양. ¶ 치렁치렁 늘어진 치마폭.
☞ 처렁처렁.

치레¹ * ① 손질하여 모양을 냄. {치렛
감. 치렛장.} {글치레. 문방치레. 사
당치레. 속치레. 신주치레. 앞치레.
옷치레. 중동치레. 집치레(집치장).
책치레.} ¶ 옷치레를 하느라 정신이
없다.
☞ 장식. 치장.

~치레² * ① 치르는 일. {매치레. 병치
레. 입치레. 잔병치레. 혼인치레.}
② 겉으로만 꾸미는 일. {치렛거리.
치렛말.} {겉치레. 눈치레. 말치레
(말치장). 면치레(사당치레. 외면치
레. 이면치레. 체면치레). 안면치레.
인사치레. 헛치레.}

치레 우물 = 장식 우물. ＊ 뜰에 치레
로 꾸며 놓은 우물.

치렛깃 = 장식깃. ＊ 새의 몸을 치레하
는 아름다운 깃.

치료법(治療法) = 요법. ＊ 병이나 상
처를 잘 다스려 낫게 하는 방법.

치루다 ☞ 치르다.

치루었다 ☞ 치렀다. ＊ 치르다.

치뤄야 ☞ 치러야. ＊ 치르다.

치뤄지다 ☞ 치르다.

치르다 * ① 일을 처리하거나 겪어 내
다. ¶ 잔치를 치르다. 장례를 치르
다. 시험을 치르다. ② 주어야 할 돈
을 주다. ¶ 음식값을 치르다.
☞ 갚다. 겪다.

치마 * 여자의 아랫도리 겉옷. {치마꼬
리. 치마끈. 치마바지. 치마양반. 치
마통. 치마폭. 치맛귀. 치맛단. 치맛
바람. 치맛자락. 치맛주름.} {겉치마.

겹치마. 긴치마. 깡동치마. 대란치
마. 도랑치마. 동강치마. 몽당치마.
베치마. 사동치마. 삼동치마. 속치
마. 스란치마. 쓰개치마. 앞치마. 어
깨치마. 오른치마. 왼치마. 월남치마
(통치마). 이동치마. 조끼치마. 주름
치마. 집시치마. 큰치마. 풀치마. 행
주치마. 홑단치마. 홑치마.} {남스
란치마. 남치마. 다홍치마(홍치마).
홍스란치마.} ¶ 검정 치마. 분홍 치
마. 빨강 치마. 옥색 치마. 흰 치마.
모시 치마. 무명 치마. 비단 치마.
삼베 치마.

치마저고리 * ① 한복 차림. ② 치마와
저고리.

치마차(~次) = 치맛감. ＊ 치마를 만
드는 데 쓰는 옷감.

치마허리 = 치맛말. 치맛말기. ＊ 치마
의 맨 위 허리에 둘러서 댄 부분.

치맛고름 ⇨ 치마끈.

치매(癡呆) * ① 망녕. ② 바보.
☞ 노망.

치몰다 * 아래쪽에서 위쪽으로 몰다.
¶ 산꼭대기로 염소를 치몰다.
☞ 내리몰다.

치받이 * 비탈진 곳에서 위쪽으로 향
한 방향. ¶ 치받이 길에도 숨찬 줄
모르다.
☞ 내리받이.

치받치다¹ * ① 연기나 불길이 세차게
위로 솟아오르다. ¶ 불길이 하늘로
치받치다. ② 감정이 세차게 복받쳐
오르다. ¶ 치받치는 화를 참을 수 없
었다.

치받치다² * 밑을 버티어 위로 올려 치

밀다. ¶ 턱을 치받치며 물끄러미 보다.

치받히다 * '치받다'의 입음. ‡ ① 아래에서 위쪽으로 받히다. ② 세차게 들이받히다. ③ 아랫사람이 맞서 대드는 일을 겪다. ¶ 부하에게 치받혔다.

치사랑 * ① 어버이에 대한 사랑. ② 손윗사람에 대한 사랑. ¶ 내리사랑은 있어도 치사랑은 없다고 한다.
☞ 내리사랑.

치신 = 치신머리. 채신. 채신머리. ‡ 바람직한 몸가짐.

치신머리사납다 = 치신사납다. 채신머리사납다. 채신사납다.

치신머리없다 = 치신없다. 채신머리없다. 채신없다.

치어다보다 = 쳐다보다. ‡ 올려다보다. ¶ 얼굴을 빤히 치어다보다.
☞ 내려다보다.

치여 = 치이어. ‡ 치이다. ¶ 차에 치여 죽다.

치여지다 ⇨ 치이다.

치우다 * ① 물건을 다른 데로 옮기다. ¶ 위험한 물건은 손이 닿지 않는 곳으로 치우다. ② 청소하거나 정리하다. ¶ 방을 치우다. ③ 하던 일을 그치다.
☞ 쓸다. 치다.¹

치읓 * 한글 닿소리 'ㅊ'의 이름. ‡ '치읓이'는 '치으시'로 읽음.

치이다¹ * 피륙의 올이나 이불의 솜이 한쪽으로 쏠리거나 뭉치다. ¶ 이 옷은 올이 한쪽으로 치였다. 이 이불은 솜이 한쪽으로 치였다.

치이다² * ① 부딪히거나 깔리다. ¶ 돌에 치이다. ② 덫에 걸리다. ¶ 토끼가 덫에 치이다. ③ 구속이나 방해를 받다. ¶ 일에 치이다. 아이에게 치이다.

치이다³ * '치다'의 입음. ¶ 차에 치이다.

치이다⁴ * '치다'의 입음. ‡ 값이 얼마씩 먹히다. ¶ 한 개에 천 원씩 치이다.
☞ 치다.²

치장(治粧) * 잘 꾸며서 곱게 모양을 냄. {치장거리.} {머리치장(머리단장). 몸치장(몸단장). 집치장.(집치레).} {겉치장. 속치장.} ¶ 치장하다.
☞ 단장. 장식. 치레. 화장.

치적치적하다 ⇨ 추적추적하다. ‡ 비나 진눈깨비가 축축하게 자꾸 내리다.

치치다 * ① 치뜨리다. ② 한문글자를 쓸 때 획을 위로 올려 긋다.
☞ 치키다.

치켜들다 * 고개, 깃발, 생각, 손, 팔을 위로 올려 들다. ¶ 깃발을 치켜들다.
☞ 추켜들다.

치켜세우다 * ① 정도 이상으로 크게 칭찬하다. ‡ 기분. 체면. ¶ 영웅으로 치켜세웠다. ② 옷깃, 눈썹을 위로 올리다. ¶ 옷깃을 치켜세우다.
☞ 추세우다. 추켜세우다.

치켜올리다 ⇨ ① 치켜세우다. ② 추켜올리다. ③ 추어올리다.

치키다 * 위로 올리다. ¶ 눈꼬리를 치키다. 총부리를 하늘로 치키다.
☞ 추기다. 추키다. 치뜨리다. 치치다.

치킴머리 = 올림머리. ‡ 머리 모양새의 한 가지.

치하하다(致賀~) * 윗사람이 아랫사

람에게 칭찬하는 말.
☞ 축하하다.

치환하다(置換~) [왜] ⇨ 바꾸어 놓다.

칙간(厠間) ⇨ 뒷간. 변소. 화장실. ⁑ 측간.

칙범 ⇨ 칡범. ⁑ 어룽어룽한 줄무늬가 있는 범.

칙살맞다 = 칙살하다. ⁑ 하는 짓이나 말이 잘고 더럽다.
☞ 지질맞다.

친~(親~) * ①핏줄로 이어진. {친남매. 친누이. 친동기간. 친동생. 친딸. 친사촌. 친손녀. 친손자. 친아들. 친아버지. 친아우. 친어머니. 친어버이. 친언니. 친자식. 친조모. 친조부. 친조카. 친탁. 친할머니. 친할아버지. 친형. 친형제.} ② 좋아하는. {친러. 친아메리카. 친북. 친니혼. 친차이나.}
☞ 양~.[3]

친구(親舊) * 오랫동안 어울려 가깝게 사귄, 제 또래의 사람. {친구네. 친구놈.} {불알친구(불알동무). 소꿉친구(소꿉동무). 술친구(술벗). 좁쌀친구.} {친구하다.} ¶ 친구네 집. 친구 중. ¶ 친구 되다. 친구 삼다.
☞ 동무. 벗.[1]

친모(親母) = 생모. 친어머니. ⁑ 자기를 낳아 준 어머니.
☞ 양모. 의모.

친목계(親睦契) * 서로 친하게 지내려고 모은 계.
☞ 낙찰계. 산통계. 상포계. 초상계.

친부(親父) = 생부. 친아버지. ⁑ 자기를 낳아 준 아버지.
☞ 양부. 의부.

친살붙이(親~) = 제살붙이. 제붙이. ⁑ 혈통이 같은 가까운 겨레붙이.

친상(親喪) = 부모상. ¶ 친상을 당하다. 친상을 입다.

친손(親孫) * 아들의 자식. ⁑ 친손자와 친손녀.
☞ 외손.

친아버지(親~) = 친부. 생부. ⁑ 자기를 낳아 준 아버지.
☞ 수양아버지. 양아버지. 의붓아버지.

친어머니(親~) = 친모. 생모. ⁑ 자기를 낳아 준 어머니.
☞ 수양어머니. 양어머니. 의붓어머니.

친정(親庭) = 친정집. 친정댁. ⁑ 시집간 여자의 본집. {친정붙이. 친정아버지. 친정어머니. 친정어버이. 친정동생. 친정오빠.} ¶ 친정 나들이.
☞ 시집.

친정살이(親庭~) * 시집간 여자가 친정에서 살림살이를 하는 일.
☞ 시집살이.

친족(親族) * ① 촌수가 가까운 일가. ② 배우자, 혈족, 인척.

친지(親知) * 서로 잘 알고 가깝게 지내는 사람.

친척(親戚) * ①친족과 외척. ②성 다른 일가. ⁑ 고종. 이종. 내종. 외종.
☞ 외척. 인척. 일가. 친지. 혈족.

친친 감다 = 칭칭 감다. ⁑ 자꾸 감거나 동여매다.

친친 동여매다 = 칭칭 동여매다.

친탁(親~) = 진탁. ⁑ 생김새, 체질, 성질이 아버지 쪽을 닮음.
☞ 외탁.

칠¹ * ①썩는 것을 막거나 빛이나 색깔을 내려고 겉에 바르는 칠감. {콜타르칠. 페인트칠.} ②바르는 일. {똥칠. 먹칠. 옻칠. 회칠. 흙칠.} {칠하다.} ¶ 칠이 벗겨지다.

칠²(漆) = 옻칠. {칠기. 칠목기.} ¶ 나전 칠기.

칠기¹(漆器) = 옻그릇.

칠기² ⇨ ①칡. ②칡뿌리.

칠뜨기(七~) = 칠삭둥이. 칠푼이. * 조금 모자라는 사람.

칠보(七寶) = 칠진. * ①일곱 가지 보배. 금, 은, 유리, 파리(또는 매괴), 마노, 거거, 산호(또는 진주) ②불교에서 말하는 일곱 가지 보배. 윤보, 상보, 마보, 여의주보, 여보, 장보, 주장신보. ③칠보 공예. * 금, 은, 구리 바탕에 갖가지 유리질을 녹여 붙여서 꽃, 새, 사람 따위의 무늬를 나타낸 공예품. {칠보관. 칠보금덩. 칠보단장. 칠보뒤꽂이. 칠보반지. 칠보잠. 칠보정토. 칠보족두리. 칠보홍안. 칠보화관.}

칠부바지〔七分~〕㉕ ⇨ 칠 푼 바지.

칠분도미(七分搗米) ⇨ 칠푼쓿은쌀. * 매갈이쌀을 찧어서 본디 무게의 7푼쯤 깎여 나가게 대충 쓿은 쌀.

칠삭둥이(七朔~) * ①일곱 달 만에 낳은 아이. ②칠뜨기. 칠푼이.
　☞ 팔삭둥이. 팔푼이.

칠석(七夕) * 음력 칠월 초이렛날의 밤. * 명절의 하나. ¶ 칠석물 지다.
　☞ 단오. 대보름. 추석. 한식.

칠성판(七星板) * ①관 속 바닥에 까는 얇은 널조각. ②얼굴. * 변말.

☞ 칠판.²

칠소반(漆小盤) = 옻소반. * 옻칠을 한 작은 상.

칠싸리(七~) = 홍싸리. * 붉은 빛깔의 싸리를 그린 화투짝.

칠언 율시(七言律詩) * 일곱 자 여덟 줄로 된 한시. * 오언 율시.

칠언 절구(七言絕句) * 일곱 자 넉 줄로 된 한시. * 오언 절구.

칠월달(七月~) ⇨ 칠월.

칠일날(七日~) ⇨ 칠 일. 이레. 이렛날.

칠장이¹ * 칠하는 일을 직업으로 하는 사람.

칠장이²(漆~) * 옻칠하는 일을 직업으로 하는 사람.

칠쟁이 ⇨ 칠장이.

칠적(七賊) = 정미칠적. * 나라를 팔아먹은 일곱 역적.
　☞ 경술역적. 을사오적. 오적.

칠정(七情) * 사람이 느끼는 일곱 가지 감정. * ①기쁨. 노여움. 슬픔. 즐거움. 사랑. 미움. 욕심. ②기쁨. 노여움. 근심. 생각. 슬픔. 놀람. 두려움. ③기쁨. 성냄. 근심. 두려움. 사랑. 미움. 욕심.
　☞ 오욕.

칠진(七珍) = 칠보.

칠첩반상(七~飯床) * ①일곱 가지 반찬을 차린 밥상. ②그런 밥상에 쓰는 그릇 한 벌. * 밥, 국, 김치, 장류, 조치, 숙채, 생채, 구이, 조림, 저냐, 마른반찬, 회.
　☞ 반상. 삼첩반상. 오첩반상. 구첩반상.

칠칠잖다 ⇨ 칠칠찮다. * 칠칠맞지 않

다.

칠칠하다 = 칠칠맞다. ‡ ① 일 처리가 반듯하고 야무지다. ② 주접이 들지 않고 깨끗하다. ③ 막힐 모가 없이 재빠르다. ‡ ‘않다, 못하다’와 함께 씀. ¶ 칠칠치 못하다.

칠판¹(~板) * 검정, 초록 칠을 하여 분필로 글을 쓰는 널빤지. ‡ 학교.

칠판²(漆板) * 옷칠을 한 널. ‡ 주검을 넣는 관.
　☞ 칠성판.

칠판닦개(~板~) ⇨ 칠판지우개.

칠푼이(七~) = 칠삭둥이. 칠뜨기. ‡ 조금 모자라는 사람.
　☞ 팔푼이.

칠흙(漆黑) ⇨ 칠흑. ‡ 옷칠처럼 검은 빛깔. ¶ 칠흑같이 어두운 밤.

칡 * 덩굴 식물의 한 가지. {칡가루. 칡꽃. 칡넝쿨(칡덩굴). 칡덤불. 칡밭. 칡베. 칡뿌리. 칡즙. 칡차.} {칡범. 칡소.} ‡ 칡의 열매는 ‘갈구슬’이라 함.
　☞ 등칡.

침¹ * 침샘에서 나오는 물. {침방울. 침버캐. 침칠. 침흘리개. 침흘림증.} {군침(단침). 마른침.} ¶ 침이 마르다. 침을 바르다. 침을 뱉다. 침을 삼키다. 침을 튀기다. 침을 흘리다.

침²(鍼) * 침자리에 찔러서 병을 다스리는 연모. {침쟁이. 침집.}
　☞ 칼침. 코침.

침³(針) = ① 바늘. ② 시계 바늘. ③ 가시.

침놓다(鍼~) = 침주다. ‡ 침자리에 침을 찔러 병을 다스리다.

침대간(寢臺間) ⇨ 침대칸.

침목(枕木) ㉾ ⇨ 굄목. ‡ 철길의 레일 아래에 까는 나무나 콘크리트 토막.

침입해 들어오다(侵入~) ⇨ 쳐들어오다. ‡ 침입하다.

침장(沈藏) ⇨ 김장.

침장이(針~) * 침을 만드는 기술자.

침쟁이(鍼~) * 옛날에 전문적으로 침을 놓던 사람.

침전이 가라앉다(沈澱~) ⇨ 앙금이 가라앉다. ‡ 침전하다.

침주다(鍼~) = 침놓다. ‡ 침을 찔러 병을 다스리다.

침채(沈菜) ⇨ 김치.

침팬치(chimpanzee) ⇨ 침팬지. ‡ 흑성성.

칩떠보다 * 눈을 치뜨고 노려보다.
　☞ 내립떠보다.

칩뜨다 * 몸을 힘차게 솟구쳐 높이 떠오르다. {칩떠오르다.}
　☞ 치뜨다.

칩칩하다 ⇨ 츱츱하다. ‡ 너절하고 염치가 없다. ¶ 하는 짓이 츱츱하다.

칫과(齒科) ⇨ 치과. {치과의.} ¶ 치과 기공사. 치과 위생사.

칭칭다리 ⇨ ① 층계. ② 층층다리.

칭칭 감다 = 친친 감다.

칭칭 동여매다 = 친친 동여매다.

칭칭이 = 쾌지나 칭칭 나네. ‡ 경상도 민요의 하나.

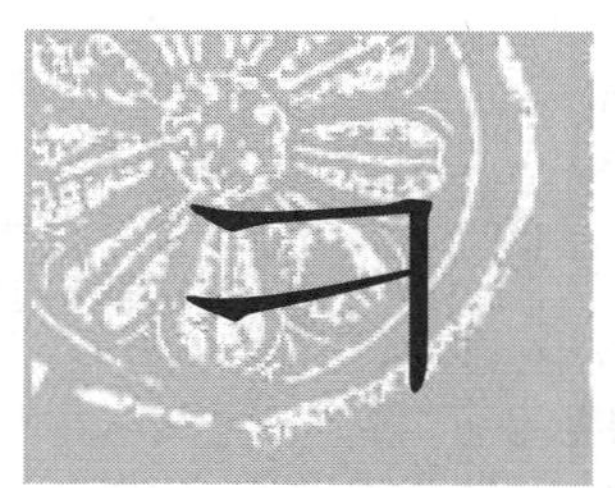

카나다(Canada) ⇨ 캐나다. ＊ 나라 이름.

카네이숀(carnation) ⇨ 카네이션. ＊ 꽃 이름.

카다로그(catalogur) ⇨ ① 목록. 보기표. 일람표. ② 설명서. ＊ 카탈로그.

카도집(가토집)〔角～〕㉤ ⇨ 모퉁잇집.

카라(collar) ㉤ ⇨ 옷깃. 깃. ＊ 칼라.

카라멜(caramel) ⇨ 캐러멜. ＊ 과자 이름.

카레라이스(curried rice) ㉤ ⇨ 카레밥. ＊ 카리드 라이스.

카렌다(calendar) ⇨ ① 달력. ② 일력. ＊ 캘린더.

카무플라주(camouflage) ⇨ ① 속임수. ② 거짓 꾸밈.

카바(cover) ⇨ ① 가리개. 덮개. 씌우개. ② 뒷받침. ＊ 커버.

카바이트등(carbide燈) ⇨ 카바이드등. ＊ 카바이드램프.

카부(curve) ㉤ ⇨ ① 굽이. ② 굽잇길. 굽은 길. ＊ 커브.

카부라 ㉤ ⇨ 단접기. 끝접기. ＊ 양복 바지.

카센터(car center) ⇨ 자동차 정비소.

카스테라(castella) ⇨ 카스텔라. ＊ 진과자의 한 가지.

카아드(card) ⇨ ① 딱지. ② 표. ③ 방안. ＊ 카드.

카우스(cuffs) ⇨ 소맷부리단추. 커프스단추.

카텐(curtain) ⇨ 창너울. 창문보. ＊ 커튼.

카톨릭교(Catholic敎) ⇨ 가톨릭교. ＊ 천주교.

카트(cut) ⇨ ① 커트. ② 컷.

카트라인(cutline) ㉤ ⇨ ① 한계선. ② 합격선. ＊ 커트라인.

카페트(carpet) ⇨ 양탄자. ＊ 카펫.

칸 ＊ ① 건물, 기차 안, 책장 따위에서 둘러막아 생긴 공간. {칸막이. 칸살. 칸수.} {짐칸(화물칸). 침대칸. 뒤칸. 빈칸. 앞칸. 옆칸.} ¶ 다음 칸. 마지막 칸. 아래 칸. 1등 칸. 3등 칸. ② 둘러막은 금의 안쪽. ¶ 시험지 답 칸. 원고지 칸. ③ 하나치. ¶ 방 한 칸. 몇 칸. 첫째 칸. ☞ 간.⁶ 량.

칸살뜨기 = 모눈뜨기. 창살뜨기. ＊ 손

뜨개질 방법의 한 가지.

칸칸이 * 칸마다. ¶ 큰 창고를 칸칸이 막았다.

☞ 간간이.

칼¹ * ① 베거나 썰거나 깎는 데 쓰는 연모. ‡ 무기. 연장. 생활 용품. {칼갈이. 칼금. 칼끝. 칼날. 칼눈. 칼등. 칼부림. 칼싸움(칼쌈). 칼자국. 칼자루. 칼질. 칼춤. 칼침.} {갈이칼. 구름칼. 굽이칼. 그림칼. 담배칼. 도련칼. 도장칼. 면도칼. 몸칼. 배코칼. 부엌칼(식칼). 새김칼. 송곳칼. 쌍날칼. 유리칼. 장도칼. 전기칼. 접칼. 종이칼. 주머니칼. 찬칼. 창칼. 채칼. 풀칼. 품칼. 해부칼. 호비칼. 회칼.} {나무칼. 대칼. 쇠자루칼. 쇠칼. 제자루칼.} ¶ 칼을 갈다. 칼을 벼리다. 칼을 맞다. 칼을 품다. 칼로 물 베기. 칼 물고 뜀뛰기. ② 칼처럼 생긴 것. {칼감. 칼귀. 칼깃. 칼바위. 칼산.}

☞ 검. 도.²

칼²〔項鎖〕* 죄인의 목을 끼우는 형틀. {작은칼. 큰칼. 칼머리.} ¶ 칼 쓰다.

☞ 족쇄. 차꼬.

칼국수 * 밀가루 반죽을 얇게 밀어서 칼로 가늘게 썰어 만든 국수.

☞ 칼싹두기. 칼제비. 틀국수.

칼등 * 칼날 반대쪽의 두꺼운 부분.

☞ 칼코등이.

칼라(color) ㉬ ⇨ ① 빛깔. 색깔. ② 개성. 특성. ‡ 컬러.

칼럼리스트(columnist) ⇨ ① 시사 평론가. ② 특별 기고가. ‡ 칼럼니스트.

칼리포니아(California) ⇨ 캘리포니아. ‡ 땅 이름.

칼마구리 ⇨ 칼코등이. 코등이. ‡ 슴베 박은 칼자루의 목 쪽에 감은 쇠테.

칼바람 * ① 고추바람. 매운바람. 찬바람. ② 무섭게 몰아치는 서슬.

칼싹두기 * 밀가루 반죽을 칼로 굵직굵직하고 네모지게 썰어서 만든 음식.

☞ 칼국수. 칼제비.

칼자이 = 칼자. ‡ 옛날에 음식을 만들던 하인.

칼잠 * 좁은 곳에서 여럿이 몸을 옆으로 하여 자는 잠.

☞ 잠.¹

칼잡이 * ① 칼싸움을 잘하는 사람. ② 백장.

칼재비 * 태권도에서 쓰는 손 기술의 하나.

칼제비 * 칼싹두기와 칼국수.

☞ 수제비.

칼집¹ * 칼의 몸을 넣는 집. ¶ 칼을 칼집에 넣어 두어라.

칼집² * 칼로 에어서 낸 진집. ¶ 큰 생선은 칼집을 내야 속속들이 익는다.

칼치 ⇨ 갈치. ‡ 바닷고기 이름.

칼침(~鍼) * 칼로 찌르거나 찔리는 것. ¶ 칼침 놓다. 칼침 맞다. 칼침 주다.

☞ 코침.

캄캄하다 〉깜깜하다 〉감감하다. ‡ 아주 빛이 없다.

☞ 어둡다.

칼코등이 = 코등이. ‡ 슴베 박은 칼자루의 목 쪽에 감은 쇠테.

☞ 칼등.

캄푸라지(comouflage) ⇨ ① 속임수.

②거짓 꾸밈. ⁑ 카무플라주.
캇와리〔cut割〕[왜] ⇨ 커트 나누기.
캉가루(kangaroo) ⇨ 캥거루. ⁑ 짐승 이름.
캐내다 * ①파내다. ¶ 금을 캐내다. ②속내를 알아내다. ¶ 뒤를 캐내다.
캐다 * ①파내다. ¶ 감자를 캐다. ②비밀을 알아내다. ¶ 뒤를 캐다. ③나물을 뜯다. ¶ 산나물을 캐다. ④조개를 잡다. ¶ 개펄에서 조개를 캐다.
☞ 파다.
캐롤송(carol song) ⇨ 성탄 축하 노래. ⁑ 캐럴.
캐묻다 = 캐어묻다. ⁑ 자세히 파고들어 묻다. ¶ 속내를 캐묻다.
캐비넷(cabinet) ⇨ 캐비닛. ⁑ 사무실에 서류를 넣어두는 장.
캐쥬얼(casual) ⇨ ①막옷. ⁑ 가벼운 옷차림. ②격식 없는. ⁑ 캐주얼.
캐캐묵다 ⇨ 케케묵다. ⁑ ①낡다. ②시대에 뒤떨어지다.
캔(can) ⇨ ①깡통. 통조림. ¶ 꽁치 통조림. 다랑어 통조림. 음료수 깡통. 알루미늄 깡통. ¶ 깡통 맥주. 깡통 커피. ②하나치. ¶ 맥주 한 깡통.
캠핑가다(camping~) ⇨ 들살이하러 가다. ⁑ 캠핑하러 가다. 캠핑하다.
캥기다 ⇨ 켕기다. ⁑ ①팽팽해지다. ②탈이 날까 봐 불안하다.
캥캥 〉 깽깽. ⁑ 여우나 강아지가 우는 소리.
캬베츠(cabbage) ⇨ 양배추. ⁑ 캐비지.
캬브레타(carburetor) ⇨ 기화기. ⁑ 카뷰레터.
커녕 〔토〕 = 는커녕. 은커녕. ¶ 밥은 커녕 죽도 못 먹는다.
~**커니와** = ~하거니와. ⁑ '~면' 뒤에서 '모르거니와'의 뜻으로 씀. ¶ 항복을 하면 커니와 그렇지 않으면 용서치 않겠다.
커닝 페이퍼(cunning paper) ⇨ 방망이. ⁑ 시험칠 때 몰래 보려고 만든 쪽지.
커다랗다 = 커닿다. ⁑ ①매우 크다. ②아주 큼직하다.
☞ 크다.[1] 작다랗다.
커다마하다 ⇨ 커다랗다.
커버(cover) ⇨ ①가리개. 덮개. 씌우개. ②뒷받침. ③막기. ⁑ 권투.
커브(curve) ⇨ ①굽이. 굽이돌이. ②굽잇길.
커서(cursor) ⇨ 깜박이. ⁑ 컴퓨터.
커져만가다 ⇨ 커져만 가다.
커지다 * 물체의 길이, 넓이, 부피, 무게, 힘이 더 크게 되다.
☞ 자라다.[1] 높아지다. 많아지다.
커텐(curtain) ⇨ 창너울. 창문보. ⁑ 커튼.
커터(cutter) * 자르개.
커트(cut) * ①자름. 잘라냄. ⁑ 머리. 물건. 일. ②깎아치기. ⁑ 탁구. 정구. 골프. ③빗나간 공으로 처리. ⁑ 야구. ④공을 가로챔. ⁑ 농구.
☞ 컷.
커플(couple) * ①부부. ②쌍. ③짝.
커피샾(coffee shop) ⇨ 커피숍. ⁑ 서양말을 한글로 쓸 때에는 '기역, 니은, 리을, 미음, 비읍, 시옷, 이응' 일곱 자만 받침으로 씀.

ㅋ

컨닝구(cunning) ㉾ ⇨ 훔쳐보기. 몰래보기. ＊ 커닝.

컨닝 페이퍼(cunning paper) ⇨ 방망이. ＊ 시험칠 때 몰래 보려고 만든 쪽지.

컬럼(column) ⇨ 시평. 시사평론. ＊ 칼럼.

컬레 ⇨ 켤레.

컴바인(combine) ⇨ 타작차. 바심차. ＊ 콤바인.

컴팩트디스크(compact disk) ⇨ 콤팩트디스크.

컴퓨터 문화(computer文化) ⇨ 컴퓨터 활용 실태. 컴퓨터 사용 예절.

컴플렉스(complex) ⇨ 열등감. 억눌림증. 욕구 불만. ＊ 콤플렉스.

컷(cut) ＊ ①장면. ②촬영기를 멈추게 하는 신호. ③끼움그림. ＊ 삽화. ④영화 필름의 한 부분을 잘라 내는 일.
☞ 커트.

컷라인(cut line) ⇨ 끊음금. 마감금. 한계선. 합격선. ＊ 커트라인.
☞ 데드라인.

케묻다 ⇨ 캐묻다. 캐어묻다.

케블(cable) ⇨ ①바. 밧줄. ②쇠밧줄. ③닻줄. ④전신줄. ＊ 케이블.

케이블카(cable car) ⇨ 솔개차. 소리개차.

케잌(cake) ⇨ 케이크. ＊ 진과자의 한 가지. ¶ 생일 축하 케이크.

케찹(katchup) ⇨ 케첩. ＊ 과일, 채소 따위를 끓여서 만든 음식.

케케이 ⇨ 켜켜이.

켄또(겐토) ㉾ ⇨ ①어림. ②짐작.

켜 ＊ ①포개어진 물건의 층. {켜떡. 켜켜로. 켜켜이. 켯속.} ¶ 켜를 쌓다. 켜를 짓다. ②하나치. ¶ 시루떡 한 켜. 바둑 한 켜. 화투 두 켜.
☞ 층.¹

켜내다 ＊ 고치에서 실을 뽑아내다. ¶ 누에고치에서 실을 켜내다.
☞ 자아내다.

켜다¹ ＊ 나무를 세로로 톱질하여 길게 쪼개다. ¶ 통나무를 켜다.
☞ 썰다. 자르다.

켜다² ＊ 라디오, 텔레비전, 컴퓨터 따위에 전기를 넣어 움직이게 하다.
☞ 걸다.¹ 틀다.²

켜다³ ＊ 촛불이나 전등을 밝히거나 성냥으로 불을 일으키다. ¶ 촛불을 켜다.
☞ 키다.

켜다⁴ ＊ ① 가야금 따위의 줄을 문질러 소리를 내다. ②우레를 불다.
☞ 뜯다.² 치다.³ 타다.⁴

켜다⁵ = 들이켜다. ＊ 술이나 물을 들이마시다. ¶ 술 한 잔을 단숨에 켰다.
☞ 마시다. 써다.

켜다⁶ ＊ 골이 지게 하다. ¶ 골을 켜서 씨앗을 뿌린다.
☞ 타다.³

켜레 ⇨ 켤레. ＊ 하나치. ¶ 버선 한 켤레. 신 두 켤레.

켜어 = 켜. ＊ 켜다.

켜이다 = 키다. ＊ '켜다'의 입음. ¶ 물이 자꾸 켜인다. 물이 킨다.

켜켜로 ＊ 여러 켜를 이루어. ¶ 찹쌀풀을 쑤어 켜켜로 발라 말린 김자반.

켜켜이 * 여러 커마다. ¶ 켜켜이 팥고 물을 넣다. 먼지가 켜켜이 쌓이다.

켠 ⇨ ①편. ②쪽.

켤레 * 하나치. ‡ 두 짝을 한 벌로 하는 신, 양말, 버선, 방망이, 장갑.
　☞ 벌.³ 죽.²

켤톱 = 내릴톱. 세로톱. 장톱. ‡ 나무를 세로로 켜는 톱.
　☞ 가로톱. 동가리톱. 동톱.

켕기다 ⇨ 켕기다. ‡ ① 팽팽해지다. ② 불안하다.

케케묵다 ⇨ 케케묵다. ‡ ① 낡다. ② 뒤떨어지다.

코¹ = 코빼기. 코쭝배기. 콧사배기. ‡ ① {코걸이. 코끝. 코나팔. 코납작이. 코담배. 코대답. 코딱지. 코뚜레 (쇠코뚜레). 코마개. 코머거리. 코멘소리. 코밑. 코방아. 코뼈. 코약. 코언저리. 코웃음. 코주부. 코지. 코찡찡이(찡찡이). 코청(콧벽). 코침. 코타령. 코털. 코투레. 코푸렁이. 코피. 코홀쩍이. 코흘리개. 콧구멍. 콧구멍홈. 콧기름. 콧김. 콧날. 콧노래. 콧대. 콧마루. 콧물. 콧바람. 콧방. 콧방귀. 콧방울. 콧벽쟁이. 콧병. 콧부리. 콧살. 콧소리. 콧속. 콧수염. 콧숨. 콧장단. 콧좃.} {개발코. 납작코. 넓적코. 들창코. 딸기코. 말코. 매부리코. 물코. 뭉툭코. 벽장코. 뾰족코. 사자코. 삭은코. 소코(쇠코). 안장코. 양코. 전병코. 주독코. 주먹코. 주부코. 함실코. 활등코.} {헛코골다.} ¶ 코가 꿰이다. 코가 높다. 코 떼다. 코 먹다. 코 묻다. 코 박다. 코방아 찧다. 코 베다. 코

불다. 코 빠지다. 코 세다. 코 세우다. 코 솟다. 코 싸쥐다. 코 쳐들다. 코침 주다. 코 크다. 콧값을 하다. 콧방귀 뀌다. ② 콧물. ¶ 코를 풀다. 코를 흘리다.

코² * ① 그물이나 뜨개질한 물건의 눈의 매듭. {첫코.} ¶ 코를 내다. 코를 줍다. ② 하나치. ¶ 목 둘레는 몇 코로 해야 할까?

코³ * 하나치. ‡ 동태나 낙지 스무 마리. ¶ 동태 한 코. 낙지 두 코.
　☞ 마리.¹ 짝.³

코감기 = 콧물감기. ‡ 고뿔의 한 가지.

코고무신 = 코신. ‡ 앞쪽이 코처럼 뾰족하게 나온 여자 고무신.

코너(corner) ⇨ ① 구석. 모퉁이. 쪽. ② 가게. ‡ ～방. ～전. ～점. ～집. ③ 고비. ¶ 어려운 고비에 몰리다.

코다리 * 구덕구덕하게 말린 명태.
　☞ 노가리.² 명태.

코다리안경(～眼鏡) ⇨ 코안경.

코등이 = 칼코등이. ‡ 슴베 박은 칼자루의 목 쪽에 감은 쇠테.

코똥 ⇨ 콧방귀.

코뚜레 = 소코뚜레. 쇠코뚜레. ‡ 소의 코청을 꿰뚫어 끼는 나무 고리.
　☞ 살코. 코투레.

코르덴(corded velveteen) 왜 ⇨ 골베.

코르크(cork) * 보굿. {코르크마개. 코르크질. 코르크층. 코르크판.}

코리다 〉 고리다. ‡ 썩은 달걀 냄새가 나다.
　☞ 구리다. 쿠리다.

코린내 〉 고린내. ‡ 썩은 달걀 냄새.
　☞ 구린내. 쿠린내.

코맹녕이 ⇨ 코맹맹이. ＊ 코가 막혀서 소리를 제대로 내지 못하는 사람.

코메디(comedy) ⇨ 우스개. 익살. 희극. ＊ 코미디.

코밑수염(~鬚髥) = 콧수염. ☞ 채수염. 턱수염.

코바늘 = 귀바늘. ＊ 끝이 갈고리처럼 되어 있는 뜨개바늘의 하나. ☞ 뜨개바늘. 뜨개질바늘.

코방아 ＊ 엎어져서 코를 바닥에 부딪는 일. ¶ 코방아를 찧다. ☞ 고갯방아. 무릎방아. 붓방아. 엉덩방아. 이마방아. 입방아.

코배기 = 코쟁이. ＊ ① 서양 사람. ② 코가 큰 사람. ☞ 코빼기.

코보 ⇨ 코주부. ＊ 코가 큰 사람. ¶ 코주부 영감.

코빼기 = 코쭝배기. 콧사배기. ＊ 코의 낮은말. ☞ 코배기.

코신 = 코고무신.

코싸등이 = 콧등. ＊ 속된 말.

코싸배기 ⇨ 콧사배기. 코쭝배기. 코빼기. 코.

코쟁이 = 코배기. ＊ ①서양 사람. ② 코가 큰 사람.

~코저 ⇨ ~코자. ＊'하고자'가 울림소리 뒤에서는 '하'의 'ㅏ'만 줆.

코쭝빼기 ⇨ 코쭝배기. 코빼기. 콧사배기. ＊ 코의 낮은말.

코찡찡이 = 찡찡이. ＊ ①코가 막힌 사람. ②코가 찌그러진 사람.

코취(coach) ⇨ 코치. ＊ ①가르침. ②가르치는 사람.

코침 ＊ 콧구멍에 심지를 넣어 간지럽게 하는 짓. ¶ 코침 주다. ☞ 칼침.

코털 ＊ 콧구멍 안에 난 털. ☞ 콧수염.

코투레 ＊ 마소가 코를 떨며 자꾸 투투 소리를 내는 짓. {코투레하다.} ☞ 코뚜레.

코푸렁이 ＊ ①데림추. 어림쟁이. ②흐물흐물한 물건. ☞ 꼭두각시. 물렁이.

코허리 = 콧잔등. 콧잔등이. ＊ 콧방울 위 잘록하게 들어간 곳.

콘세트(quonset) 옌 ⇨ 반달꼴 양철집. ＊ 퀀셋.

콘센트(concentic plug) 옌 ⇨ 전기 꽂이개. ＊ 플러그 소켓.

콘트롤(control) ⇨ ①통제. ②조절. ＊ 컨트롤.

콘티(continuity) ⇨ 촬영 대본. ＊ 콘티뉴이티.

콜락새 ⇨ 골락새. 크낙새. ＊ 새의 한 가지.

콜레라(cholera) = 쥐통. ＊ 돌림병 이름.

콜록장이 ⇨ 콜록쟁이. ＊ 기침병을 앓아 콜록콜록하는 사람.

콜록콜록 〈 쿨룩쿨룩. ＊ 기침 소리.

콜콜히 ＊ 매우 슬퍼하는 꼴. ¶ 왜 그리 콜콜히 앉아 있나? 그만 잊어야지. ☞ 샅샅이. 시시콜콜히.

콜크(cork) ⇨ 보굿. ＊ 코르크. {코르크나무. 코르크판.} ¶ 코르크마개뽑개.

콤비(combination) ⇨ ①짝. 단짝.

② 짝짝이 양복. 짝짝이 윗도리. ‡ 콤비네이션.

콧날개 ⇨ 콧방울.

콧노리 = 콧등노리. ‡ 갈퀴의 가운데 치마를 맨 자리.

콧등 = 콧사등이. ‡ 코의 등성이. ¶ 콧등에 땀이 맺히다.

콧망울 ⇨ 콧방울. ‡ 코끝 양쪽으로 둥글게 방울처럼 내민 부분.

콧물감기 = 코감기. ‡ 감기의 한 가지.

콧밑 ⇨ 코밑.

콧방아 ⇨ 코방아. ¶ 코방아를 찧다.

콧배기 ⇨ ① 코배기. ② 코빼기.

콧사등이 = 콧등. ‡ 코의 등성이.

콧사배기 = 코빼기. 코쭝배기. ‡ 코의 낮은말.

콧살 ‡ 코를 찡그릴 때 생기는 주름. ¶ 콧살을 찡그리다.

☞ 눈살. 이맛살.

콧수염(~鬚髥) = 코밑수염. ‡ 콧수염을 기르다.

☞ 채수염. 코털. 턱수염.

콧잔등 = 콧잔등이. 코허리.

콧줄기 ⇨ 콧대. ‡ ① 콧등의 줄기. ¶ 콧대가 우뚝하다. ② 거만한 태도.

콧중배기 ⇨ 코쭝배기.

콩 ‡ 한해살이풀 이름. 또는 그 열매. {콩가루. 콩강정. 콩고물. 콩국. 콩국수. 콩깻묵. 콩나물. 콩다식. 콩대. 콩떡. 콩마당질. 콩멍석. 콩몽둥이. 콩밥. 콩밭. 콩볶기. 콩볶은이. 콩비지. 콩설기. 콩소. 콩알. 콩엿. 콩윷. 콩잎. 콩젓. 콩죽. 콩짚. 콩탕.} {강낭콩. 검은콩(검정콩). 누런콩(흰콩). 땅콩(호콩). 밤콩. 여우콩(쥐눈이콩). 완두콩. 청대콩(푸르대콩). 파랑콩.} {기름콩. 논두렁콩. 메주콩. 풋콩.} ¶ 콩노굿이 일다. 콩대우를 파다.

콩기름 ‡ 콩에서 짜낸 기름. ¶ 콩기름을 짜다. 번철에 콩기름을 두르다.

☞ 콩나물.

콩깍지 ‡ 콩알을 털어 낸 껍질.

☞ 콩대. 콩짚.

콩꼬투리 ‡ 콩알이 들어 있는 콩의 꼬투리.

☞ 콩부대기.

콩나물콩 ⇨ 기름콩. ‡ 콩나물을 기르는 잘고 흰 콩.

콩노굿 ‡ 콩의 꽃. ¶ 콩노굿이 일다.

☞ 노굿. 팥노굿.

콩닥콩닥 〈 쿵덕쿵덕. ‡ 절구나 방아를 찧을 때 나는 소리. 또는 그 모양.

콩닥콩콩닥콩 ⇨ 콩다콩콩다콩. ‡ 방아 찧는 소리. 또는 그 모양.

콩당콩당 ⇨ 콩닥콩닥.

콩대 ‡ 콩알을 떨어내고 남은 부분. ‡ 콩깍지와 줄기를 함께 이르는 말.

☞ 콩깍지.

콩댐 ‡ 불린 콩을 갈아서 들기름에 섞어 장판에 바르는 일. {콩댐하다.}

☞ 콩풀.²

콩땜 ⇨ 콩댐.

콩무리 = 콩버무리. ‡ 멥쌀가루에 콩을 섞어 켜를 짓지 않고 찐 떡.

콩부대기 ‡ 여물지 않은 콩꼬투리째 쪄서 입매안주로 내놓는 것.

☞ 콩깍지. 콩꼬투리.

콩비지 ‡ 콩을 갈아서 두부를 빼지 않고 만든 비지.

☞ 비지. 되비지.

콩자반 = 콩장. ✽ 콩을 볶거나 삶아서 양념과 간장을 넣고 조린 반찬.

콩지름 ⇨ ①콩나물. ②콩기름.

콩짚 ✽ 깍지가 달린 콩대.

☞ 콩깍지. 콩꼬투리.

콩케팥케 ⇨ 콩켸팥켸. ✽ 뒤죽박죽. ¶ 일이 콩켸팥켸 되다.

콩쿨(concours) ⇨ (미술. 음악. 영화) 겨루기. 겨루기 모임. ✽ 콩쿠르.

☞ 공쿠르상.

콩 튀듯 = 콩 튀듯 팥 튀듯. ✽ 화나서 펄펄 뛰는 모양. ¶ 콩 튀듯 야단이다.

콩풀¹ ✽ 종이나 헝겊을 붙일 때 공기가 들어가서 콩알처럼 들뜬 자리.

콩풀² ✽ 콩을 갈아서 쑨 풀.

☞ 콩댐.

콸콸 〈 퀄퀄. ¶ 물이 콸콸 쏟아지다.

쾌 ✽ 하나치. ✽ 북어 스무 마리. ¶ 북어 한 쾌.

☞ 마리.¹ 짝.³

쾌지나 칭칭 ⇨ 쾌지나 칭칭 나네. 칭칭이. ✽ 경상도 민요의 하나.

쾨쾨하다 〈 퀴퀴하다. ✽ 상하고 찌들어 냄새가 고약하다. ¶ 쾨쾨한 곰팡내.

쿠랏치(clutch) ⇨ 클러치. ✽ 배. 자동차.

쿠레파스(crayon pastel) ⇨ 크레파스. ✽ 그림물감의 한 가지.

쿠리다 〉 구리다. ✽ 쿠린내가 나다.

☞ 코리다. 고리다.

쿠린내 〉 구린내. ✽ 방귀나 똥 냄새.

쿠릿푸(clip) ⇨ 종이끼우개. 틀집게. ✽ 클립.

쿠사리(구사리)〔腐~〕㉂ ⇨ 면박. 야

단. 핀잔. 꾸중. 꾸지람.

쿠세〔癖〕㉂ ⇨ ①버릇. ②병통. ③행티. 행짜.

쿠숀(cushion) ⇨ ①완충 작용. ②허리받이. ✽ 쿠션.

쿠테타 ⇨ 쿠데타. ¶ 군사 쿠데타.

쿨룩쿨룩 〉 콜록콜록. ✽ 기침 소리.

쿵더쿵쿵더쿵 〉 콩다콩콩다콩. ✽ 절구나 방아를 찧을 때 나는 소리. 또는 그 모양.

쿵덕덕 〉 콩닥닥. ✽ 북이나 장구 따위로 장단을 맞추어 치는 소리.

쿵덕쿵덕 〉 콩닥콩닥. ✽ 절구나 방아를 찧을 때 나는 소리나 모양.

쿵덕쿵쿵덕쿵 ⇨ 쿵더쿵쿵더쿵.

쿵작쿵작 ✽ 흥겨운 곡을 합주하는 소리. {쿵작쿵작하다.}

쿵적쿵적 〉 콩작콩작. ✽ 북을 막대기로 가볍게 잇따라 두드리는 소리.

쿵쾅쿵쾅 ✽ ①폭발 소리. ②부딪는 소리. ③발로 굴러 나는 소리.

쿵탕쿵탕 ⇨ 쿵쾅쿵쾅.

쿵후〔功夫〕⇨ 쿵푸. ✽ 차이나 무술의 한 가지.

퀄퀄 〉 콸콸. ¶ 수도꼭지에서 물이 퀄퀄 쏟아져 나온다.

퀴퀴하다 〉 쾨쾨하다. ✽ 상하고 찌들어 냄새가 고약하다. ¶ 퀴퀴한 곰팡내.

크낙새 = 골락새. ✽ 새 이름.

크낙하다 ⇨ 크나크다. 크디크다. ✽ 매우 크다. ¶ 크나큰 감동. 크나큰 은혜.

크다¹〔그〕✽ 길이, 넓이, 높이, 들이, 무게, 범위, 부피, 힘, 중요성, 심리적인 현상이 보통을 넘다. ¶ 키가 크다. 신발이 크다. 책임이 크다. 큰 인물이 났다. 소리가 크다. 액수가 크다. 실망이 크다. 통이 크다. 담이 크다. 가능성이 크다. 큰 결심을 하다. 큰 업적을 남기다.
☞ 작다. 커다랗다.

크다² 〔움〕* ①몸이 자라다. ¶나무가 크지 못한다. ②어른이 되다. ¶커서 무엇이 되고 싶니? ③수준, 지위가 높아지다. ¶한창 크는 회사라 모두 부러워한다. 벌써 과장이라고? 너 참 많이 컸구나.

크다랗다 ⇨ 커다랗다.

크다래지다 ⇨ 커다래지다.

크닿다 ⇨ 커닿다. 커다랗다.

크디크다 = 크나크다. * 매우 크다.
☞ 작디작다.

크락숀(Klaxon) ⇨ 경적. * 클랙슨.

크래식(classic) ⇨ 고전. * 클래식.

크럽(club) ⇨ 동아리. 모임. * 클럽.

크리스마스날(Curistmas~) ⇨ 예수님 오신 날. * 크리스마스.

크리스마스 선물(Curistmas 膳物) ⇨ 착한 부부의 선물. * 소설 이름.

크리스챤(Chirstian) ⇨ 기독교인. 예수교인. * 크리스천.

크리스탈(crystal) ⇨ 수정. 수정 유리. * 크리스털.

큰개 = 큰개자리. * 별자리 이름.

큰 개 * 덩치가 큰 개.

큰계집〔本妻〕= 큰마누라. 본마누라.
☞ 작은계집. 첩.²

큰곰 * ①큰곰자리. * 별자리 이름. ②갈색 곰. 불곰. * 짐승.

큰놈 = 큰아들. 큰자식. 맏아들.

큰누나 = 큰뉘. 큰누님. 맏누이.

큰달 * 한 달이, 양력은 31일까지, 음력은 30일까지 있는 달.
☞ 작은달.

큰댁(~宅) = ①큰집. 맏집. ②본마누라. * 남의 본처를 일컬음.
☞ 작은댁.

큰대 자(~大字) ⇨ 큰대자. * 한문글자 '大'의 이름.

큰돈 * ①액수가 많은 돈. ¶장사해서 큰돈을 모았다. ②하나치가 큰 돈. ¶만 원짜리는 큰돈이다.
☞ 모갯돈. 목돈. 뭉칫돈. 잔돈.

큰동서 = 맏동서. * ①큰아주버니의 아내. ②큰처형의 남편.
☞ 작은동서.

큰되 * 열 홉들이 되. ¶쌀을 큰되로 한 되만 주세요.
☞ 작은되.

큰딸 = 맏딸. * 여러 딸 가운데 맨 위.

큰 딸 * 나이가 든 딸. ¶그 집에 아마 다 큰 딸이 있지?
☞ 작은딸.

큰마누라〔本妻〕= 큰계집. 본마누라.
☞ 작은마누라. 첩.²

큰마음 = 큰맘. * 크고 넓게 생각하는 마음씨. ¶큰마음을 먹다.

큰말 * 소리시늉말과 짓시늉말에서 느낌이 크고 어둡고 무겁고 약한 말. * 어두운홀소리를 씀. '설렁설렁, 술술, 싱글싱글, 철철.' 따위.
☞ 작은말.

큰매부(~妹夫) = 맏매부.

큰머리 = 떠구지머리. * 예식 때, 여자의 어여머리 위에 얹는 딴머리.

큰머슴 ⇨ 상머슴.
　☞ 곁머슴.
큰메 = 물몽둥이. 쇠메. 큰 망치. ‡ 해머. ¶ 큰메로 바위를 깨뜨리다.
　☞ 마치.² 망치.
큰며느리 = 맏며느리.
큰못 = 대못. {나무못. 대못. 쇠못.} ¶ 여기는 큰못을 박아라.
큰 못 ¶ 마을 어귀에 있는 큰 못에서 멱감고 놀았다.
큰문(~門) * (옛날에) 삼문 중에서 으뜸가는 문.
　☞ 정문.
큰 문(~ 門) * 크게 만든 문. ¶ 어리어리하게 큰 문을 세웠다.
큰물¹ * 넓은 활동 무대. ¶ 사람은 모름지기 큰물에서 놀아야 한다.
큰물²〔洪水〕 = 거침. 한물. ‡ 강이나 내에 갑자기 크게 불어난 물.
　☞ 물마. 바다넘이. 시위.²
큰바늘 = 긴바늘. ‡ 시계의 분침.
　☞ 작은바늘. 짧은바늘.
큰북소리 ⇨ 큰북 소리. ‡ 베이스 드럼을 칠 때 나는 소리.
큰불¹ * 큰 짐승을 잡는 데 쓰는 총알. ¶ 큰불을 놓다.
　☞ 된불. 잔불.¹
큰불² * 크게 일어난 불. ¶ 큰불이 나서 집이 여러 채 탔다.
　☞ 잔불.²
큰사람 * 됨됨이가 뛰어나고 훌륭한 사람. ¶ 난사람은 많아도 큰사람은 적다.
　☞ 난사람. 된사람. 든사람. 홀사람.
큰 사람 * 키나 덩치가 큰 사람. ¶ 저

큰 사람이 씨름 선수다.
큰사랑(~舍廊) = 밖사랑. ‡ 집안의 웃어른이 거처하는 사랑.
　☞ 작은사랑.
큰사리 = 대사리. 한사리. ‡ 음력 보름과 그믐께 밀물이 가장 높은 때.
　☞ 작은사리. 조금.¹
큰사위¹ = 맏사위. ‡ 큰딸의 남편.
큰사위² * 놀이나 노름에서 단번에 얻을 수 있는, 많은 끗수. ‡ 모, 윷 따위.
큰상(~床) * 잔치 때 주인공을 대접하는 상. ¶ 큰상 받다. 큰상 차리다. ‡ 돌상. 생일상. 혼인 잔칫상. 환갑상 따위.
큰 상(~床) * 매우 큰 상. ¶ 이것보다 더 큰 상을 가져오느라.
큰상물림(~床~) = 상물림. 퇴물림. ‡ 혼인 잔치 때 받은 큰상을 물린 뒤에 상을 받은 사람의 집으로 음식을 싸 보내는 일.
큰소리 * ① 목청을 돋워 야단치는 소리. ¶ 큰소리로 나무라다. ② 잘난 체하며 장담하는 소리. ¶ 큰소리만 친다. ③ 당당히 하는 말. {큰소리치다.}
　☞ 흰소리.
큰 소리 * 크게 지르는 소리. ¶ 큰 소리로 말한다. 큰 소리로 부른다.
큰손 = ① 큰손님. ‡ 귀한 손님. ② 큰손줄. ¶ 증권가에서 큰손줄로 통한다.
큰 손 * 커다란 손. ¶ 큰 손으로 한 움큼 집다.
큰손녀(~孫女) = 맏손녀.

큰손자(~孫子) = 맏손자.

큰손줄 = 큰손. ✽ 부동산이나 증권 시장에서 크게 거래하는 사람이나 기관.

큰솥 ✽ 안방 부엌에 거는 솥 가운데 가장 큰 솥. ¶ 큰솥에 저녁밥을 안치다.

큰 솥 ¶ 이것이 우리 집에서 가장 큰 솥이다.

큰쇠 = 징. ✽ 민속 음악에 쓰는 악기 이름. ¶ 큰쇠를 울리다. 큰쇠를 치다.

큰스님 ✽ 덕이 썩 높은 스님. ☞ 탁발승.

큰시누 = 맏시누. ✽ 여러 시누 가운데 맏이가 되는 시누.

큰아가씨 = 큰아씨. ✽ 주인집의 혼인한 맏딸이나 맏며느리를 부르던 말. ☞ 작은아가씨. 작은아씨.

큰아기 ✽ ① 맏딸. ② 맏며느리. ③ 다 자란 계집아이. ☞ 작은아기.

큰아들 = 맏아들. 큰자식.

큰아버지 ✽ 아버지의 형. ¶ 첫째 큰아버지. 둘째 큰아버지. ☞ 작은아버지.

큰아이 = 큰애. ✽ 큰아들이나 큰딸.

큰 아이 ✽ 키나 덩치가 큰 아이. ¶ 키가 큰 아이가 더 예쁘다.

큰아저씨 = 큰삼촌.

큰아주머니 = 맏형수.

큰애기 ⇨ 큰아기.

큰어금니 〔大臼齒〕 = 뒤어금니. ✽ 제1, 제2, 제3 뒤어금니. 모두 12개. ☞ 앞니. 앞어금니. 엄니. 사랑니. 송곳니.

큰어머니 〔伯母〕 ✽ 아버지 형의 아내. ¶ 첫째 큰어머니. 둘째 큰어머니. ☞ 작은어머니.

큰어미 ✽ 아랫사람의 큰어머니. ☞ 작은어미. 큰계집.

큰언니 = 맏언니.

큰오빠 = 맏오빠.

큰올케 = 맏올케.

큰이 ✽ ① 남의 형제 가운데서 맏이. ② 남의 본부인. ☞ 작은이.

큰 이 ✽ 키나 덩치가 큰 사람. ¶ 키가 큰 이가 이 집의 임자다. ☞ 작은 이.

큰일¹ ✽ 중대한 일. ¶ 큰일이 나다. 큰일 내다. 큰일을 저지르다. 큰일 치다. ☞ 작은 일.

큰일² 〔大事〕 ✽ 혼인, 회갑, 초상 따위 큰 잔치나 예식. ¶ 큰일을 치르다.

큰자식(~子息) = 맏아들. 큰아들.

큰절¹ ✽ 앉은절의 한 가지. ✽ 앉으면서 허리를 굽혀 머리를 조아리는 절. ☞ 반절.¹ 평절.¹

큰절² 〔大寺〕 ✽ 불교에서 말사에 대하여 본산을 이르는 말.

큰 절 〔大刹〕 ✽ 크게 지은 절. ¶ 황룡사는 매우 큰 절이었다.

큰조카 = 맏조카.

큰집 = 큰댁. ✽ ① 맏집. ② 종가. ③ 본부인의 집. ☞ 작은집.

큰 집 ✽ 크게 지은 집. ¶ 큰 집을 혼자 지키고 있다. ☞ 작은 집.

큰코 다치다 ⇨ 큰코다치다. ✽ 크게

봉변을 당하거나 무안을 당하다.

큰키나무 〔喬木〕 * 줄기가 곧고 굵으며 키가 큰 나무. * 소나무. 감나무.
　☞ 떨기나무.

큰탈없이 ⇨ 큰 탈 없이.

큰톱 = 대톱. * 두 사람이 마주 잡고 켜는 큰 내릴톱.
　☞ 대톱. 세톱. 소톱. 실톱. 중톱.

큰톱장이 * 큰톱으로 나무를 켜는 일을 직업으로 하는 사람.
　☞ 오림장이.

큰통(~桶) ⇨ 큰 통.

큰형(~兄) = 맏형.

큰형수(~兄嫂) = 맏형수.

큰힘 입다 ⇨ 큰 힘을 입다.

클라식(classic) ⇨ ①고전. ②고전 작품. ③고전 음악. * 클래식.

클라이막스(climax) ⇨ 한고비. 맨 꼭대기. * 클라이맥스.

클래식음악(classic音樂) ⇨ 고전 음악. * 서양의 명곡.

클로버(clover) = 토끼풀. {클로버꽃. 클로버잎.} ¶ 네 잎 클로버.

큼지막히 ⇨ 큼지막이. * 큼지막하다.

큼직히 ⇨ 큼직이 * 큼직하다.

키¹ * ①몸높이. * 사람. 동물. {키꼴. 키대. 킷값.} {선키. 앉은키. 앉은키자.} ②땅에서 꼭대기에 이르는 높이. * 나무. 물체. ¶ 키가 큰 나무.
　☞ 높이.¹ 몸길이.

키² * 곡식을 까불러 쭉정이나 티끌을 골라내는 연모. {키내림. 키질하다.}

키³ 〔舵〕 * 배의 방향을 조정하는 장치. {키잡이. 키잡이칸.} ¶ 키를 잡다.

키다 = 켜이다. ¶ 물이 자꾸 킨다.
　☞ 켜다.³

키다리 = 꺽다리. 키꺽다리. * 키가 큰 사람.

키득 = 키드득. * 참다 못하여 입속에서 새어 나오는 웃음소리나 모양.

키로그람(Kilogram) ⇨ 킬로그램. * 무게의 하나치. 기호는 'kg'임.

키로미터(Kilometer) ⇨ 킬로미터. * 길이의 하나치. 기호는 'km'임.

키마에 〔氣前〕 倭 ⇨ ①한턱. 선심. ②호기.

키보 ⇨ 키다리.

키봉돌 = 닻봉. * 키가 달린 봉돌.

키순(~順) = 어깨차례. * 키 큰 차례. ¶ 키순으로 서다.

키우다 * '크다'의 하임. ¶ 아이를 키우다. 나무를 키우다. * 부피. 양.
　☞ 가꾸다. 기르다. 불리다.³ 치다.⁴

키읔 * 한글 닿소리 'ㅋ'의 이름. * '키읔이'는 '키으기'로 읽음.

키이다 ⇨ 켜이다. 키다.

키장다리 ⇨ 키다리. 키꺽다리. 꺽다리. * 키가 큰 사람.

키타(guitar) ⇨ 기타. * 서양 현악기 이름.

킥킥 * 웃음을 참을 수 없어 잇따라 터뜨리는 웃음소리.

킬킬 * 웃음을 억지로 참으면서 입속으로 웃는 소리나 모양.

킹킹 * ①아프거나 괴로워서 내는 소리. ②어리광을 부리며 보채는 소리.

킹킹거리다 〉 낑낑거리다.

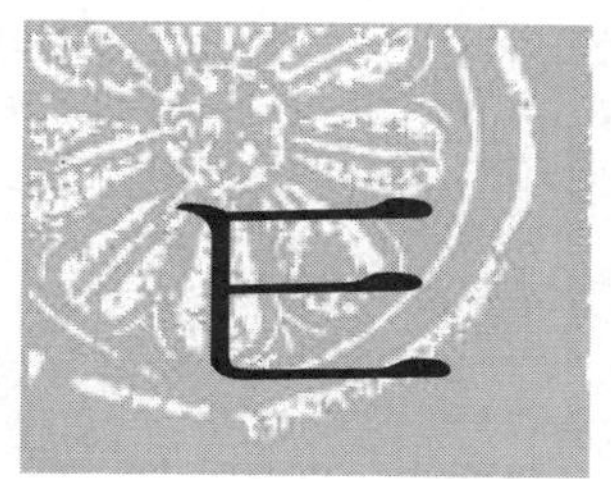

타(打) ⇨ 더즌. ＊ 12개 묶음을 나타내는 하나치. ¶ 연필 한 더즌.

타개지다 ⇨ 터지다. ＊꿰맨 옷의 솔기나 꿰맨 자리가 뜯어져 갈라지다.

타겟(target) ⇨ ① 과녁. 표적. ② 목표. ③ 중심. ＊ 타깃.

타고나다 ＊ 태어나면서 몸에 지니고 있다. ¶ 타고난 운명. 타고난 재주. 복을 타고나다.

타고 나다 ¶ 차를 타고 나서 차비가 없다고 배짱을 내밀다.

타관(他關) ＝ 타향. {타관바치.} ¶ 타관 땅. 타관을 타다.

타관살이(他關~) ＝ 타향살이. ＊ 제 고향이 아닌 곳에서 사는 일.
　☞ 객지살이.

타기다 ⇨ 닳다.

타내다 ＊ ①남의 잘못을 드러내어 탓하다. ¶ 잘못한 줄 알면서도 타내는 사람이 없다. ②아니꼬운 일을 당할 때 언짢고 창피하여 마음을 쓰다. ¶ 그는 누가 귀찮게 굴거나 아무리 놀려도 타내는 일이 없다.

타 내다 ＊ 돈이나 물건을 받아 내다. ¶ 거짓말을 하고 돈을 타 내다.

타다[1] ＊ ①불이 붙어 불꽃이 일어나다. ¶ 낙산사가 타다. ②불기운이나 햇볕을 받아 검게 되거나 몹시 마르다. ¶ 살갗이 타다. 가뭄에 벼가 타다.
　☞ 그을다. 타들다.

타다[2] ＊ 액체 속에 성질이 다른 액체나 가루를 더 넣다. ¶ 찬물에 꿀을 타다.
　☞ 섞다. 치다.[5]

타다[3] ＊ ①톱 같은 연모로 썰어 둘로 갈라지게 하다. ¶ 흥부가 박을 타다. ②단단한 알맹이를 깨거나 단단하게 뭉친 것을 펴다. ¶ 팥을 타다. ③골을 내어 두 쪽으로 나누다. ¶ 골을 타서 씨를 뿌린다.
　☞ 가르다. 켜다.[6]

타다[4] ＊ ①뜯다. ＊ 악기의 줄을 퉁겨서 소리를 내다. ¶ 가야금을 타다. ②눌러서 소리를 내다. ¶ 풍금을 타다.
　☞ 치다.[4] 켜다.[4]

타다[5] ＊ ①주도록 마련되어 있는 돈, 물건, 상을 받다. ¶ 상을 타다. 월급을 타다. ②하늘이 내린 운명, 재능, 성질을 받다. ¶ 복을 타다.
　☞ 받다.[4]

타다[6] ＊ 사람이 탈것에 오르다. {갈아

타다. 올라타다. 잡아타다(집어타
다).} ¶ 타고 가다. 타고 다니다. 타
고 싶다. 타고 오다. ¶ 기차를 타다.
말을 타다. 배를 타다. 비행기를 타
다. 자동차를 타다. 자전거를 타다.
☞ 싣다.

타다⁷ * 영향을 쉽게 받거나 느끼다.
¶ 가물을 타다. 간지럼을 타다. 노염
을 타다. 더위를 타다. 봄을 타다.
부끄럼을 타다. 아우를 타다. 여름
을 타다. 추위를 타다.

타들다 * ① 속으로 들어가며 타다.
¶ 불이 숲 전체로 타들어가다. ② 넓
게, 깊이 번져 가며 타다. ¶ 가뭄으
로 벼가 타들어 가다. ③ 입술이 마
르다.

타락되다(墮落~) ⇨ 타락하다.

타래 * ① 사리어 놓은 실이나 노끈의
뭉치. {타래쇠. 타래실. 타래엿. 실
타래.} ¶ 무명실 타래. 새끼 타래.
② 하나치. ¶ 무명실 열 타래.
☞ 사리.²

타래박 * 긴 자루에 바가지를 달아 물을
푸는 연모. ¶ 타래박으로 물을 긷다.
☞ 두레박.

타래엿 * 가락엿 두세 가닥을 서로 꼬
아 만든 엿.
☞ 가락엿. 가래엿. 갱엿. 검은엿. 흰
엿.

타령¹ * 판소리나 잡가, 민요를 두루
일컫는 이름. {가루지기타령(변강쇠
가. 변강쇠타령). 개타령(자진개타
령. 사설난봉가). 길타령. 넋타령
(넋두리). 대꼬타령. 둥당기타령.
둥덩애타령. 박타령(흥부가). 산타

령(앞산타령. 뒷산타령). 새타령. 입
타령. 장타령(각설이타령. 품바타령).
허튼타령. 흥타령. 코타령.} {타령꾼.
타령조.} ¶ 가세 타령(선유가). 개구
리 타령. 곰보 타령. 군밤 타령. 긴
아리 타령. 까투리 타령. 꼬뚝이 타
령. 놀부 타령. 늴리리 타령(늴리리
야). 담바귀 타령. 도라지 타령. 등
타령. 만경산 타령. 매화 타령(매화
가). 맹꽁이 타령. 몽금포 타령. 무
숙이 타령. 밤엿 타령. 방아 타령.
범벅 타령. 비단 타령. 신고산 타령.
아리랑 타령. 오봉산 타령. 옹고집
타령. 왈짜 타령. 자진방아 타령. 장
기 타령. 장끼 타령. 토끼 타령(수궁
가). 호미 타령. 흥부 타령(흥부가).
우조 타령.
☞ 창.⁴

타령² * ① 어떤 짓이나 넋두리를 되풀
이하는 일. {건드렁타령. 근드렁타
령. 돈타령. 만경타령. 벌타령. 술타
령. 신세타령. 팔자타령.} ¶ 가난 타
령. 계집 타령. 먹는 타령. 반찬 타
령. 밥 타령. 붓 타령. 예산 타령. 옷
타령. 음식 타령. 자식 타령. 자전거
타령. 집 타령. 책 타령. {타령하
다.} ② 똑같은 상태에 있음을 나타
내는 말. ¶ 언제나 그 타령이다.

타률(他律) ⇨ 타율. ✽ 니은이나 홀소
리 뒤에는 '율'임.

타마네기(다마네기) 일 ⇨ 양파.

타박타박하다¹ 〈 터벅터벅하다. ✽ 가루
음식 따위가 물기가 없어 팍팍하다.

타박타박하다² 〈 터벅터벅하다. ✽ 힘없
는 걸음으로 조금 느릿느릿 걸어가다.

타박하다[1] * 속이 바슬바슬하고 부드럽다. ¶ 갖 구운 과자라서 타박하다.

타박하다[2] * 허물이나 결함을 나무라거나 핀잔하다. {말타박하다.} ¶ 타박을 놓다. 타박을 맞다. 타박을 받다. 타박을 주다.

타부(taboo) ⇨ 사위. ‡ 터부.

타분하다 * ① 입맛이 개운하지 않다. ② 고리타분하다. 고타분하다.

타산지석(他山之石) = 반면교사. ‡ 남의 잘못을 거울로 삼음.
　☞ 귀감.

타선(唾腺) 倭 ⇨ 침샘.

타성바지(他姓~) * 자기와 성씨가 다른 사람.
　☞ 성바지. 각성바지.

타스(dozen) 倭 ⇨ 더즌. ‡ 12개 묶음을 나타내는 하나치. ¶ 연필 한 더즌.

타액선(唾液腺) 倭 ⇨ 침샘.

타올(towel) 倭 ⇨ 털수건. ‡ 타월.

타원률(楕圓率) ⇨ 타원율. ‡ 니은이나 홀소리 뒤에는 '율'임.

타이루(tile) 倭 ⇨ 타일. ‡ 도자기판.

타이르다 = 이르다. ‡ 아랫사람이 잘못하는 일을 말로써 일깨우다.
　☞ 달래다. 구슬리다.

타이야(tire) 倭 ⇨ 바퀴. ‡ 타이어.

타이프[1](type) ⇨ 타자기. 글틀. ‡ 타이프라이터.

타이프[2](type) ⇨ ① 모양. 생김새. ② 갈래. 유형. ‡ 타입.

타작 = 바심. 마당질. {타작꾼. 타작마당.} {보리타작.} {들타작. 마른타작. 물타작. 진타작. 매타작} {타작하다.}

　☞ 개상질. 반타작. 배메기.

타작통 ⇨ 마당통. ‡ 마름이 소작료를 받을 때 수북하게 되어 받는 섬.

타지다 * 꿰맨 데가 터지다. ¶ 바지가 타지다. 솔기가 타지다.
　☞ 터지다.[1]

타짜 = 타짜꾼. ‡ ① 훼방꾼. 갈개꾼. ② 놀음판에서 속임수를 쓰는 사람.

타치(touch) ⇨ 손닿기. 자국. ‡ 터치.

타케트(target) ⇨ ① 과녁. ② 목표. ‡ 타깃.

타합(打合) 倭 ⇨ ① 타협. ② 협의. ③ 상의. 의논.

타합점(打合點) 倭 ⇨ 타협점.

타향(他鄕) * 제 고향이 아닌 고장. {만리타향. 천리타향.}
　☞ 고향.

타향살이(他鄕~) = 타관살이. ¶ 타향살이에 지치다.
　☞ 객지살이.

탁(鐸) * 안에 매달린 추로 종의 벽을 때려 소리를 내는 종.
　☞ 종.[2] 범종.

탁구 치다(卓球~) ⇨ 탁구를 하다. {탁구공. 탁구대. 탁구채.} ‡ 핑퐁.

탁발승(托鉢僧) * 경문을 외면서 집집마다 돌아다니며 동냥하는 중.
　☞ 큰스님.

탁배기〔濁酒〕 ⇨ 막걸리. ‡ 우리나라의 술. {보리막걸리. 찹쌀막걸리.}

탁탁방아 = 탁탁이. ‡ 발동기를 돌려서 찧는 방아.
　☞ 통통배.

탁하다(濁~) * ① 액체나 기체에 다른 물질이 섞여 있다. ¶ 강물이 탁하다.

공기가 탁하다. ②소리가 굵고 거칠
다. ¶ 음빛깔이 탁하다.
　☞ 흐리다.²
탄(炭) = 석탄. {탄값. 탄내. 번개탄.
연탄. 왕겨탄.} ¶ 탄내가 나다.
탄내¹ * ① 무엇이 타서 나는 냄새.
②화독내. ¶ 밥에서 탄내가 난다.
탄내²(炭~) * 연탄이나 숯을 피울 때
나는 냄새.
탄도리(단도리)〔段取〕㉤ ⇨ ① 잡도
리. ② 채비. 마련. ③ 마무리.
탄생(誕生) * ①성인이나 임금이 태
어남. {탄생하다.} ¶ 세종 대왕 탄
생. ②조직, 제도가 새로 생김. ¶ 문
명의 탄생. 국가의 탄생.
　☞ 출생. 생산. 탄신.
탄생석(誕生石) * 태어난 달을 나타내
는 보석. * 1월 = 가넷(우애. 정조.
충실). 2월 = 자수정(성실. 평화. 진
실). 3월 = 아쿠아마린(침착. 용감. 총
명). 4월 = 다이아몬드(고귀. 순수).
5월 = 에메랄드(행운. 생명. 친절).
6월 = 진주(건강. 장수. 부귀). 7월
= 루비(정열. 활력. 순정). 8월 = 페
리도트(이지. 논리. 정결). 9월 = 사
파이어(청순. 덕망. 지혜). 10월 = 오
팔(온화. 희망. 인내). 11월 = 토파즈
(우정. 우애). 12월 = 터키석(승리. 성
공). * 서양 풍속임.
탄생일(誕生日) = 탄신. 탄일. * 성인
이나 임금이 태어나신 날.
　☞ 생일. 생신.
탄신 600돌(誕辰~) ⇨ 탄생 600돌.
탄신일(誕辰日) ⇨ 탄생일. 탄신. 탄
일. * 태어나신 날.

탄알(彈~) = 탄환. * 총이나 대포에
재어서 쏘아 보내는 쇠붙이.
　☞ 처란. 총알.
탄약상(彈藥箱) = 탄약 상자. * 탄약
을 넣는 상자.
탄약통(彈藥筒) * 대포에 쓰는 탄환,
장약, 약협, 점화제를 갖춘 통.
탄탄하다¹ * 아주 야무지고 굳세다. ¶ 탄
탄한 실력. 탄탄한 돌다리.
　☞ 튼튼하다.
탄탄하다²(坦坦~) * 길이 평평하고 넓
다. {탄탄대로.}
탄하다 * ①남의 일을 아랑곳하여 시
비하다. ②남의 말을 탓하여 나무
라다.
　☞ 탓하다.
탄환(彈丸) = ①탄알. ②실탄. ¶ 총
에 탄환을 재다.
　☞ 처란. 총알.
탈¹〔假面〕 * {탈광대. 탈굿. 탈꾼. 탈놀
음(탈놀이). 탈춤. 탈판.} {먹중탈.
미얄탈. 사자탈. 산대탈(산디탈).
양반탈. 영감탈. 주지탈. 초라니탈.
하회탈.} {바가지탈.} ¶ 탈을 벗다.
탈을 쓰다.
탈² * ①걱정거리. * 사고. ¶ 큰 탈. 탈
나다. 탈 내다. ②병통. 덧. {귀탈.
배탈.} ③트집. 핑계. ¶ 탈을 잡다.
④허물. ¶ 너무 잘해도 탈이다.
탈거리 = 탈집. * 좋지 않은 일이 예상
되는 일. ¶ 탈거리를 만들지 마라.
　☞ 병통.
탈 것 * 수레, 가마, 자전거, 자동차,
배, 비행기 따위 사람이 타는 연모.
탈 것 * 타시오. 타라. ¶ 10시 안으로

버스에 탈 것.

탈구(脫臼) 〈한〉 ⇨ 뼘. ＊ 뼈마디. ¶ 발목이 삐다.

탈노름 〔假面劇〕 ⇨ 탈놀음. 탈놀이.

탈렌트(talent) ⇨ 탤런트. ＊ 텔레비전 극에 나오는 연예인.

탈바가지 = ① 탈. ② 탈박.

탈박 = 탈바가지. ＊ 바가지로 만든 탈.

탈색시키다(脫色~) ⇨ ① 빛깔을 빼다. ② 빛깔을 바래다. ＊ 탈색하다.

탈싹 〈 털썩. ＊ 맥없이 주저앉거나 떨어지는 소리나 모양.

탈없이 ⇨ 탈 없이. ¶ 요즘은 아무 탈 없이 잘 지내고 있느냐?

탈집 = 탈거리. ¶ 탈집이 생기다.

탈칵 = 탈카닥. 〉 딸깍. 딸까닥. 〉 달각. 달가닥.

탈캉 = 탈카당. 〉 딸깡. 딸카당. 〉 달강. 달가당.

탈타리 = 빈탈타리. 〈 털터리. 빈털터리. ＊ 가난뱅이가 된 사람.

탈탈이 〈 털털이. ＊ 낡고 헐어서 털털거리는 수레나 자동차.
　☞ 털털이.

탈홍증(脫肛症) ⇨ 탈항증.

탐익하다(眈溺~) ⇨ 푹 빠지다. ＊ 탐닉하다.

탐탁치 않다 ⇨ 탐탁지 않다. 탐탁잖다. ＊ 안울림소리 뒤에는 '하'가 줆.

탑(塔) ＊ ① 소도바. 스투파. 탑파. {탑기단. 탑머리. 탑신.} {탑꼴. 탑돌이. 탑명.} {다보탑. 석가탑.} {돌탑(석탑). 목조탑(목탑). 삼중탑(삼층탑). 십이층탑.} ¶ 삼층 석탑. 오층 석탑. {고구려탑. 백제탑. 신라탑.} ¶ 탑을

쌓다. ＊ 불교에서는 석가모니의 사리나 유골을 모시거나 영지를 나타내거나 덕을 기리는 건축물로 삼 층 이상 홀수로 층을 지어 쌓음. ② 높고 뾰족하게 세운 건축물. {바벨탑. 에펠탑. 광고탑. 기념탑. 배수탑. 분수탑. 선전탑. 조명탑. 취수탑.} ¶ 탑을 세우다.

탑골치(塔~) ＊ 튼튼하게 잘 삼은 미투리. ☞ 멱신. 미투리. 짚신.

탑소록이 ＊ 수염이나 머리털이 배게 난 모양. ¶ 머리털이 탑소록이 자랐다. ☞ 다보록이.

탑삭나룻 〈 텁석나룻. ＊ 짧고 많이 난 수염.

탑재시키다(搭載~) ⇨ (배, 비행기, 차에 물건을) 싣다. ＊ 탑재하다.

탓 ＊ ① 일이 잘못된 까닭. ¶ 내 탓이다. 네 탓이다. ② 구실이나 핑계로 삼아 원망하거나 나무라는 일. ¶ 날씨 탓. 조상 탓만 한다.
　☞ 까닭. 덕.³ 덕분. 때문.

탓하다 ＊ 무엇을 핑계나 구실로 삼아 나무라거나 원망하다. ¶ 남을 탓하다. ☞ 탄하다.

탕¹ 〉 땅. ＊ ① 작은 쇠붙이가 세게 부딪쳐 울리는 소리. ② 총을 쏘는 소리.

탕² ＊ 하나치 ＊ ① 무엇을 실어 나르거나 일정한 곳까지 다녀오는 횟수. ¶ 버스 운행을 세 탕 뛰다. ② 어떤 일을 하는 횟수. ¶ 한 탕 하고 손을 떼다.

탕건 ＊ 옛날에 벼슬아치가 갓 아래에 받쳐 쓰던 관. {탕건바람. 탕건집.} ☞ 갓.² 망건.

탕기(湯器) ＊ ① 국이나 찌개를 떠 담

는 자그마한 그릇. ②하나치. ¶된
장찌개 한 탕기. 국 한 탕기. 죽 한
탕기.
　☞ 약탕기.
태¹ * ①논밭에서 새를 쫓는 데 쓰는
연모. ¶태를 치다. ②개상질.
　☞ 뙈기.
태² * 질그릇이나 놋그릇의 깨진 금.
{태가다.} ¶태를 먹다.
　☞ 금.² 테.²
태³(態) = 탯거리. * ①맵시. ¶고운
태. 기생 태. 태가 나다. 태가 안 나
다. ②모양새. ¶귀부인 태. 늙은
태. 촌사람 태. 나이 태. ③일부러
꾸며 드러내려는 태도. ¶멋 부린 태
가 없다. 태를 부리다.
　☞ 태깔. 티.²
태 가르다(胎~) ⇨ 삼을 가르다. * 탯
줄을 끊다.
태가리 ⇨ ①턱. 터거리. ②턱주가리.
　* 아래턱.
태고적(太古~) ⇨ 태곳적. * 아득한
옛적.
태국(泰國) ⇨ 타이. * 나라 이름.
태극무늬(太極~) * 무당춤에서 태극
모양을 짓는 춤사위.
태극문(太極紋) * 태극 모양의 무늬.
태깔(態~) * ①맵시와 빛깔. ¶마룻
장 태깔. 태깔이 곱다. 태깔이 나
다. 태깔을 보다. ②교만한 태도.
{태깔스럽다.} ¶태깔을 부리다.
　☞ 때깔. 태.³
태나다 = 태어나다. ¶장남으로 태나
다. 서울에서 태나다.
태 나다(態~) * 맵시나 모양새가 나

다. ¶부인 태가 나다. 노인 태가 나다.
태눈(胎~) = 구슬눈. 구슬싹. 살눈.
알눈. ‡ 식물.
태능(泰陵) ⇨ 태릉. ‡ 문정 왕후의 능
이름.
태안젓(太眼~) * 명태의 눈알로 담근 것.
　☞ 태장젓. 명란젓.
태양빛(太陽~) ⇨ 햇빛. ‡ 태양광.
태없다(態~) * ①잘난 체하며 뽐내
는 빛이 없다. ¶겸손하고 태없다.
②맵시가 없다. ¶태없는 옷차림.
옷을 태없게 입다.
태 없다(態~) ¶멋 부린 태가 없는
차림새.
태우다¹ = 불태우다. ‡ 크거나 많은
것. ¶쓰레기를 태우다.
　☞ 사르다.¹ 불사르다.
태우다² * 탈것에 사람이나 짐승을 타
게 하다. ¶아기를 태웠어요.
　☞ 싣다.
태자(太子) = 황태자. ‡ 황제의 자리
를 이을 황제의 아들.
　☞ 세자.
태자귀(太子鬼) = ①태주. ‡ 마마를 앓
다가 죽은 계집애의 귀신. ②명도.
태장젓(太腸) = 창난젓. ‡ 명태의 창
자로 담근 것.
　☞ 태안젓. 명란젓.
태주 = 태자귀. ‡ ①마마를 앓다가
죽은 계집아이의 귀신. ②명도.
　☞ 동자보살. 명도. 터주.
태질 = 태. 때기. 개상질. ‡ 벼나 보
리 이삭을 태질하여 떠는 일.
태질치다 = 태치다. 태질하다. ‡ 세게
메어치거나 내던지다.

태평소(太平簫) = 새납. ＊ 나발 모양으로 생긴 우리 전통 악기의 하나. ☞ 날라리.²

태풍 ＊ 7월에서 9월에 걸쳐 북태평양 남서쪽에서 생겨 아시아 동쪽으로 불어오는 세찬 바람과 비. ＊ 태풍의 이름은 아시아 열네 나라의 겨레말 열 가지씩 모두 140가지며 이 가운데 우리말 이름은 (남한) 개미, 나리, 장미, 수달, 노루, 제비, 너구리, 고니, 메기, 나비. (북한) 기러기, 도라지, 갈매기, 매미, 메아리, 소나무, 버들, 봉선화, 민들레, 날개 따위 20가지임.

택 ⇨ ① 터거리. 턱. ② 멱. ③ 템.

택갈 ⇨ 태깔.

택견 ⇨ 태껸. ＊ 우리 전통 무술의 하나.

택도 없다 ⇨ ① 턱도 없다. ② 턱없다.

택배회사(宅配會社) ㉙ ⇨ 배달 회사.

탯가(駄價) ⇨ 태가. ＊ 짐삯.

탯갈(態~) ⇨ 태깔. ＊ ① 맵시와 빛깔. ② 교만한 태도.

탯거리(態~) = 태. ＊ 맵시. ¶ 젊은 여자들의 아름다운 탯거리. ☞ 태깔.

탯돌 ＊ 타작할 때 개상질하는 데 쓰는 돌. ☞ 댓돌. 툇돌.

탱커(tanker) ＊ 기름배. ＊ 유조선.

탱크(tank) ＊ ① 큰 통. {가스탱크. 기름탱크. 물탱크.} ② 전차.

터¹ ＊ ① 집 따위가 서 있거나 세웠거나 세울 땅. {터주. 텃굿. 텃논. 텃도지. 텃물. 텃밭. 텃세.} {가마터. 성터. 옛터. 움집터. 절터. 집터.} ¶ 공장 터. 궁궐 터. 반월성 터. 봉수대 터. 우물 터. 청해진 터. 황룡사 터. ¶ 터를 다지다. 터를 닦다. 터가 세다. 터를 잡다. ② 자리. 처소. {나루터. 낚시터. 놀이터. 두엄터. 마전터. 배움터. 빨래터. 사냥터. 샘물터(샘터). 소산터(화장터). 쉼터. 싸움터. 쓰레기터. 약물터(약수터). 일터. 장터. 전쟁터. 제터. 죽음터. 진터. 치성터. 활터. 흉터.} ③ 일의 밑바탕. {터전.} ☞ 자리.¹ 터전. 대지.²

터² = ① 터수. ＊ 처지. 형편. ¶ 그런 터에. 친한 터에. ② 예정. ¶ 내일 갈 터이니. ③ 추측. ¶ 시장할 터인데. ④ 의지. ¶ 막 떠나려던 터이다.

터거리 = 턱. ＊ 입 아래 뾰족하게 나온 부분.

터놓다 ＊ ① 막힌 것을 터서 열다. ¶ 물꼬를 터놓다. ② 금하던 것을 풀어 주다. ¶ 외국 여행을 터놓다. ③ 열어놓다. ¶ 마음을 터놓고 지내다. ☞ 털어놓다.

터다지다 = 지정다지다. ＊ 터를 단단히 하려고 지정을 박아 땅을 다지다.

터덕터덕 〉 타닥타닥. ① 지치거나 느른하여 힘없이 느리게 걷는 모양. ② 가난하여 어렵게 살아가는 모양. ¶ 품팔이로 터덕터덕 살아간다. ③ 일이 벅차 겨우겨우 몸을 움직이는 모양. ④ 나뭇가지 따위가 타면서 가볍게 튀는 소리나 모양. ⑤ 먼지만 날 정도로 두드리는 소리나 모양. ¶ 담요를 터덕터덕 털다.

터덜터덜 〉 타달타달. ＊ ① 지친 걸음

으로 늘쩡거리며 걷는 꼴. 또는 그 소리. ②빈 수레 따위가 험한 길 위를 요란하게 지나가는 소리. ③깨어진 질그릇 따위가 잇따라 부딪치는 소리.

터뜨리다 〈 터트리다. ＊ 터지게 하다. ¶ 폭탄을 터뜨리다. 울음을 터뜨리다.

터러기 ⇨ 터럭.

터럭 ＊ ①사람이나 짐승의 몸에 난 털. ¶ 터럭이 희어지다. ②작거나 사소한 것. ¶ 터럭만 한 사랑도 느낄 수 없다. 자존심이 터럭만큼도 없다. ☞ 털.

터럭줄 ⇨ 타락줄. ＊ 머리털을 꼬아 만든 줄.

터렁 ＝ 터드렁. 〉 타랑. 타드랑. ＊ 쇳조각이 부딪거나 떨어질 때 나는 소리.

터리개 ⇨ 먼지떨이. 총채.

터무니 ＊ ①터를 잡은 자취. ¶ 터무니도 없어지다. ②정당한 근거나 이유. ¶ 터무니를 갖추다. 말을 지어내도 터무니가 있어야지. ☞ 엉터리.

터무니없다 ＝ 엉터리없다. ＊ 근거가 없다. ¶ 터무니없는 거짓말. 터무니없는 병. 터무니없는 생각. 터무니없는 욕심. 터무니없는 억지.

터미널(terminal) ⇨ 종점. ¶ 시외버스 종점. ＊ 터미널.

터벅머리 〉 더벅머리. ＊ 더부룩하게 난 머리털. 또는 그런 사람. ☞ 다박머리.

터벅터벅 〉 타박타박. ＊ 힘없이 느릿느릿 걸어가는 모양.

터벅터벅하다 〉 타박타박하다. ＊ 음식이 물기나 진기가 없어 퍽퍽하다.

터부룩이 〉 더부룩이. ＊ ①푸나무가 무성히. ②수염, 머리털이 어지러이.

터수 ＊ ①살림 형편. ¶ 터수가 나아지다. ②서로 사귀는 사이. ¶ 술잔을 나눌 만한 터수이다. ③처지. ¶ 지금 웃을 터수가 아니다. ☞ 터.²

터알 ＊ 집 울안에 있는 작은 밭. ¶ 터알에서 남새를 가꾼다. ☞ 텃밭.

터우리 ⇨ 터울.

터울 ＊ 형제자매 사이의 나이 차이. ¶ 터울이 뜨다. 두 살 터울이다.

터전 ＊ ①자리를 잡은 곳. ¶ 경주는 신라의 옛 터전이다. ②집터가 되는 땅. ③일의 토대. ¶ 나라의 터전을 닦다. ④근거지. ¶ 터전을 마련하다. ☞ 터.¹

터주(~主) ＊ ①집터를 지키는 지신. ②지신을 모신 자리. {터주항아리. 터줏가리. 터줏대감. 터줏상. 터줏자리.} ¶ 터주 노릇. 터주를 모시다. ☞ 태주.

터줏고기 ＊ 멀리 떠돌아다니지 않고 제바닥에 머물러 사는 물고기. ☞ 텃새.

터지다¹ ＊ ①참거나 쌓인 것이 한꺼번에 밖으로 나오거나 드러나다. ＊ 봇물. 코피. 분통. 박수. 웃음. 울음. 가슴. 운수. 일복. ②갈라지거나 뚫어지거나 찢어지다. ＊ 꿰맨 자리. 둑. 풍선. 타이어. 그물. 꽃. 난리. 논바닥. 수도관. ③세차게 뛰다.

‡ 포탄. 폭죽. ④탁 트이다. ¶ 서쪽 하늘이 툭 터지다. ⑤꽃망울이 벌어지다. ⑥감정이 북받쳐 나오다. ‡ 분노. 불만. 불평. ⑦사건이 벌어지다. ‡ 난리. 싸움. 사고. ⑧공이 들어가다. ⑨마음이 괴롭다. ‡ 근심. 걱정. ⑩얻어맞다. ¶ 한 대 터지다.

☞ 타지다.

터지다² 〔도〕 * 성질, 상태가 참을 수 없을 만큼 심하다. ¶ 느려 터지다. 물러 터지다. 불어 터지다.

☞ 빠지다.³

터키탕(Turkey湯) ⑭ ⇨ 증기탕.

터트리다 〉 터뜨리다. ‡ '터지다'의 하임.

턱¹ * 좋은 일이 있을 때 베푸는 음식 대접. {들턱. 턱하다.} ¶ 승진 턱. 합격 턱. ¶ 턱을 내다. 턱을 쓰다. 합격 턱으로 술을 사다.

☞ 생남례. 팬잔례.

턱² * ① 마땅히 그리하여야 할 까닭이나 이치. ¶ 알 턱이 없다. 속일 턱이 없다. ②그만한 정도나 처지. ¶ 늘 그 턱이다. 반 시간 턱이나 헤매다.

☞ 까닭. 때문. 템.

턱³ = 터거리. ‡ 입 아래에 뾰족하게 나온 부분. {턱밑. 턱받이. 턱받침. 턱살. 턱수염. 턱자가미. 턱주머니. 턱짓. 턱찌끼.} {제비턱. 주걱턱.} ¶ 턱을 까불다. 턱을 대다. 턱이 떨어지는 줄 모른다. 턱 떨어진 광대.

턱⁴ * 어느 한 부분이 갑자기 조금 높이 된 자리. {고개턱. 마루턱. 문턱. 앞턱. 위턱. 중턱. 창턱.} {턱지다.} ¶ 턱에 걸리다.

턱⁵ 〔어〕 ¶ 마음을 턱 놓다. 의자에 턱 앉다. 손목을 턱 잡다. 숨이 턱 막히다. 혈압으로 턱 쓰러지다. 어깨가 턱 벌어지다. 차가 턱 멎었다.

턱거리 * 턱 아래에 난 부스럼.

☞ 목거리. 터거리.

턱걸이 * ①매달리기. ‡ 철봉. {턱걸이하다.} ②어떤 기준에 겨우 미침.

턱밀이 = 턱밀치기. ‡ 씨름 기술의 하나.

턱밑 = 턱살밑. ‡ ①아주 가까운 곳. ②턱 아래.

턱받기 ⇨ 턱받이.

턱받이¹ * 아기의 턱 아래에 대어 주는 헝겊.

턱받이² * 턱이 진 곳.

턱받치개 * 바이올린을 연주할 때 턱에 받치는 물건.

☞ 먹부리.

턱살밑 = 턱밑. ‡ ①아주 가까운 곳. ②턱 아래.

턱수염(~鬚髥) * 아래턱에 난 수염.

☞ 채수염. 콧수염.

턱없다 * ①이치에 닿지 않거나 근거가 없다. ¶ 턱없는 소리. 턱없는 욕심. ②수준이나 분수에 맞지 않다. ¶ 턱없는 실력. 턱없는 짓.

턱 없다¹ ¶ 알 턱이 없다. 속일 턱이 없다.

턱 없다² ¶ 턱이 없는 문지방을 만들어야 로봇 청소기를 쓸 수 있다.

턱주가리 = 아래턱. ‡ 아래 터거리.

☞ 위턱.

턱찌꺼기 = 턱찌끼. ‡ 먹고 남은 음식. ¶ 턱찌꺼기를 얻어먹고 산다.

턱하니 ⇨ 턱 하니. ¶ 의자에 턱 하니

앉았다.

털 * ① 동물의 몸이나 풀에 난 가늘고 짧은 올 같은 것. {털갈이. 털구멍. 털끝. 털내복. 털두루마기. 털모자. 털목도리. 털반대기. 털방석. 털배자. 털벙거지. 털볏. 털보. 털붓. 털붙이. 털빛(털색). 털뿌리. 털상모. 털수건. 털수세. 털신. 털실. 털양말. 털여물. 털오리. 털올실. 털옷. 털외투. 털요. 털자리. 털장갑. 털저고리. 털토시.} {개털. 거위털. 닭털. 돼지털. 밍크털. 사슴털. 새털. 소털(쇠털). 양털. 여우털. 염소털. 오리털. 족제비털. 토끼털.} {갈기털. 겨울털. 꼬리털. 머리털. 몸털. 여름털. 잔털. 코털.} ② 담요나 옷감이 부풀어서 가늘게 일어난 것. ¶ 털이 일다.

☞ 깃.³ 깃털. 머리카락. 터럭.

털가죽 * 털이 있는 채로 벗긴 짐승의 가죽. ¶ 털가죽으로 만든 옷.

☞ 가죽. 살가죽.

털걱 = 털거덕. ‡ 크고 단단한 물건이 맞부딪치는 소리.

털겅 = 털거덩. ‡ 크고 단단한 물건이 부딪쳐 울리는 소리.

털고막 ⇨ 새고막. ‡ 조개의 한 가지.

털너널 = 털버선. ‡ 털가죽으로 만들어 덧신는 버선.

☞ 다로기.

털누에 = 개미누에. ‡ 알에서 갓 깐 누에.

털다 * ① 무엇을 흔들거나 쳐서 붙어 있는 것이 떨어지게 하다. ¶ 옷을 털다. 이불을 털다. ② 있는 재물을 죄다 내다. ¶ 주머니를 털어 불쌍한 사람을 돕다. ③ 남의 물건을 빼앗거나 훔치다. ¶ 은행을 털다. ④ 일을 정리하거나 감정이나 병을 이기다. ¶ 과거를 털다. 자리를 털고 일어나다.

☞ 떨다.¹

털두루마기 = 갖두루마기. ‡ 짐승의 털가죽으로 안을 댄 두루마기.

털등거리 ⇨ 털배자. ‡ 안에 털을 대고 만든 배자.

털메기 * 굵고 거칠게 삼은 짚신.

☞ 짚신.

털버덕 = 털벅. ‡ ① 손이나 넓적한 물건으로 물을 치는 소리. ② 아무렇게나 주저앉는 소리나 모양.

털버덩 = 털벙. ‡ 넓적한 물건이 물 위에 떨어질 때 나는 소리.

☞ 텀버덩.

털버선 = 털너널. ‡ 털가죽으로 만들어 덧신는 버선.

☞ 다로기.

털복숭아 = 털복사. ‡ ① 복숭아의 한 가지. ② 어린 아이.

☞ 민복숭아. 승도복숭아. 천도복숭아.

털북숭이 = 북숭이. ‡ 털이 많이 난 것. ¶ 털북숭이 강아지. 털북숭이 팔.

털붙이 * ① 털가죽. ‡ 모피. ② 털로 짠 물건.

털샤쓰 ㉫ ⇨ 털셔츠.

털써덕 ⇨ 털썩.

털어놓다 * ① 속에 든 물건을 모두 내놓다. ¶ 지갑에 든 동전을 털어놓다. ② 마음속에 품고 있던 생각을 숨김없이 말하다. ¶ 걱정거리를 털어놓다.

☞ 터놓다.

털어먹다 * 재산이나 돈을 함부로 써서 몽땅 없애다.

털어 먹다 ¶ 봉지에 남은 과자 부스러기를 털어서 먹다.

☞ 떨어 먹다.

털이개 ⇨ 먼지떨이. 총채.

털커덕 = 털컥. ＊ 크고 단단한 물건이 맞부딪치는 소리.

털커덩 = 털컹. ＊ 크고 단단한 물건이 부딪쳐 울리는 소리.

털컥 * ① 놀라거나 겁에 질려 가슴이 내려앉는 모양. ¶ 가슴이 털컥 내려앉다. ② 어떤 일이 매우 갑작스럽게 진행되는 모양. ¶ 털컥 자리에 눕다.

털터리 = 빈털터리. ¶ 몇 년 동안 놀기만 하더니 털터리가 되었다.

털털이 * ① 탈탈이. ② 차림새나 성질, 하는 짓이 까다롭지 않은 사람.

☞ 텁텁이.

털털히 * 성격이나 하는 짓이 까다롭지 않은 모양. ＊ 털털하다.

텀버덩 = 텀벙. ＊ 크고 무거운 물건이 물에 떨어져 잠기는 소리.

텀불 ⇨ 덤불.

텁석나룻 〉 탑삭나룻. ＊ 짧고 더부룩하게 많이 난 수염.

☞ 가잠나룻. 구레나룻. 다박나룻.

텁석부리 * 텁석나룻이 난 사람.

☞ 귀얄잡이.

텁수룩하다 〉 덥수룩하다. ＊ 수염이나 머리털이 더부룩하다.

텁지근하다 = 텁터름하다. ＊ 입맛이

나 음식 맛이 텁텁하고 개운하지 못하다.

텁텁이 * 성질이 까다롭지 않은 사람.

☞ 털털이.

텃구렁이 ⇨ 업구렁이. 긴업. ＊ 집안의 재산을 늘려 준다는 구렁이.

텃구실 * 집터를 쓰는 사람이 내는 온갖 세금.

☞ 텃세.¹

텃굿 = 지신굿. ＊ 땅을 다스리는 신령을 위하는 굿.

텃밭 * 집터에 딸리거나 집 가까이 있는 밭. {텃밭머리.} ¶ 텃밭을 가꾸다.

☞ 터앝.

텃새 * 한 곳에서 붙박여 사는 새. ＊ 참새, 까마귀, 까치, 꿩, 물총새 따위.

☞ 나그네새. 떠돌이새. 철새. 터줏고기.

텃세¹(~貰) * 터를 빌려 쓰고 내는 세.

☞ 텃구실.

텃세²(~勢) * 먼저 자리를 잡은 사람이 뒷사람을 업신여기는 행동. {텃세하다.} ¶ 텃세가 세다. 텃세가 심하다. 텃세를 부리다.

텅¹ * 속이 비어 아무것도 없는 모양. ¶ 텅 빈 집. 가슴속이 텅 비다.

텅² 〉 탕. ＊ ① 큰 쇠붙이가 부딪쳐 울리는 소리. ② 대포를 쏘는 소리.

테¹ * 하나치. ＊ 서려 놓은 실의 묶음. ¶ 실 두 테.

테² * ① 어그러지거나 깨지지 않도록 그릇 따위의 몸을 둘러맨 줄. {테메우다.} {금테. 쇠테. 은테.} ¶ 테가 굵다. 테를 두르다. ② 둘레를 두른 물건. ¶ 금테 안경. ③ 테두리. ¶ 중요한 부분에 테를 쳐 두었다.
☞ 태.²

테두리 * ①죽 둘러서 친 줄. 또는 그 꾸밈새. {금테두리. 은테두리.} ¶ 테두리 안. 테두리 치다. 테두리를 두르다. ②둘레의 가장자리. ¶ 그림틀 테두리. 잔디밭 테두리. ③범위나 한계. ¶ 법의 테두리. 상식의 테두리. ④상복을 입을 때 머리에 두르는 둥근 테. ⑤테. ☞ 둘레.

테레비(television) ⇨ 텔레비전. 티브이.

테마 송(Thema song) 왜 ⇨ 주제곡. 주제가. 주제 음악.

테 먹다 ⇨ 태 먹다. ‡ 질그릇이나 놋그릇이 깨져서 금이 가다.

테메다 ⇨ 테메우다. ‡ 틈이 벌어진 그릇의 둘레를 철사 따위를 둘러서 감다.

테설맞다 ⇨ 테설궂다. 데설궂다. ‡ 성질이 덜렁하다.

테예요 ⇨ 터예요. 터이어요. ¶ 놀려갈 터예요.

테임즈 강(Thames江) ⇨ 템스 강. ‡ 딴 나라 말 뒤에는 띄어 씀.

테잎(tape) ⇨ ①띠. 띠줄. ②띠자. ‡ 테이프.

테크놀러지(technology) ⇨ 과학 기술. 공업 기술. ‡ 테크놀로지.

텍끼리(덱키리) 왜 ⇨ 안성맞춤.

텔레비젼(television) ⇨ 텔레비전. 티브이.

템 * 생각보다 많은 정도. ¶ 서 말 템이나 먹다. 석 달 템이나 걸리다.

☞ 턱.²

토¹ * ①간장을 졸일 때 떠오르는 찌꺼기. ②간장 담은 그릇에 가라앉은 찌꺼기.

토² = 토씨. 걸림씨. ‡ 조사. {자리토씨. 도움토씨. 이음토씨.}

토³ * 한문의 구절 끝에 붙여 읽는 우리말 부분. ¶ 토를 달다. 토를 붙이다.

토관(土管) 왜 ⇨ 질대롱. 흙대롱.

토굴(土窟) = 땅굴. ‡ 땅에 뚫은 굴.

토굴집(土窟~) = 움집. ‡ 움막보다 조금 크게 땅을 파고 지은 집. ☞ 토담집.

토기(土器) * ①흙으로 만든 그릇. ‡ 원시 시대. ②질그릇. ☞ 목기. 사기.¹ 옹기. 자기.²

토기장이(土器~) = 토기장. ‡ 토기를 만드는 기술자.

토기쟁이(土器~) ⇨ 토기장이. 토기장.

토끝 * ①피륙의 끄트머리. ②피륙의 끝에 글씨나 그림이 박힌 부분. ☞ 화도끝.

토끼띠의 해 ⇨ 토끼해. ☞ 십이지.

토끼잠 * 깊이 들지 못하고 자주 깨는 잠. ¶ 토끼잠을 자다. ☞ 잠.¹

토 달다 * ①어떤 말끝에 그 말에 덧붙여 말하다. ¶ 말끝마다 토를 달다. ②토 붙이다. ☞ 토 붙이다.

토담집(土~) = 흙담집. ‡ 흙으로 담만 쌓아 지붕을 덮은 집. ☞ 움막집. 움집. 토굴집. 토막집.

토담틀(土~) = 흙담틀. ‡ 토담을 쌓

을 때 쓰는 널빤지로 만든 틀.

토대하다(土臺~) ⇨ 토대로 하다. 토
대로 삼다. 바탕으로 하다.

토라지다 * 제 생각과 달라서 싹 돌아
서다. ¶ 내 말을 듣고 토라져 버렸다.
☞ 틀어지다.

토란대(土卵~) ⇨ 고운대. ‡ 토란 줄
기. {고운댓국.}

토란탕(土卵湯) ⇨ 토란국.

토리 * ① 둥글게 감은 실 뭉치. ② 하
나치. ¶ 명주실 한 토리.
☞ 톨.

토막[1](土幕) = 토막살이. 토막집. 움
막. 움막집. 움딱지. ‡ 땅을 파고 지
은 작은 집.
☞ 오막. 오두막. 움집. 움파리. 토담
집.

토막[2] 〉 도막. ‡ ① 짤막한 내용이나
물건. {토막고기. 토막극. 토막글.
토막길. 토막나무. 토막말. 토막반
찬. 토막생각. 토막실. 토막토막.
나무토막. 쇠토막.} ¶ 토막 광고.
토막 뉴스. 토막 소식. 토막 시간.
토막 연필. 대 토막. 연필 토막. 생
선 토막. 초 토막. ¶ 토막이 나다.
토막을 내다. 토막을 치다. ② 하나
치. ¶ 생선 한 토막. 몇 토막.
☞ 동강.

토막낚싯대 = 토막대. 이음대. ‡ 낚
싯대의 하나.

토막돌림 = 목침돌림. ‡ 목침을 돌려
서 차례가 된 사람이 옛이야기나 노
래를 하는 놀이.

토막살이(土幕~) = 토막. 토막집.
움막살이. 움막. 움막집. 움딱지.

☞ 토굴집. 토담집.

토매(土~) * 벼를 찧어 매갈이쌀을 만
드는, 나무나 흙을 구워 만든 맷돌.
☞ 돌매. 매.[2] 맷돌.

토박이(土~) = 본토박이. ¶ 서울 토
박이. 경상도 토박이.

토박이씨(土~)〔在來種〕 = 본토종.
토종.
☞ 개량종. 도입종. 들온씨. 외래종.

토박이말(土~)〔固有語〕 = 겨레말.
‡ 엄마말.
☞ 대중말. 들온말. 사투리. 시골말.
표준말.

토방(土房) = 흙마루. ‡ 방문 앞에 편
평하게 다진 흙바닥.
☞ 흙방.

토배기(土~) ⇨ 토박이. 본토박이.
¶ 서울 토박이. 전라도 토박이.

토 붙이다 = 토 달다. 한문을 읽을 때,
구절 뒤에 우리말 토씨를 붙이다.
☞ 토 달다.

토사선(吐絲腺) 왜 ⇨ 실샘.

토세공(土細工) 왜 ⇨ 흙공예.

토악질(吐~) * ① 빼앗은 재물을 도로
내어 놓는 일. ② 먹은 것을 게워 냄.
☞ 구역질. 외욕질. 욕지기질. 토역
질. 토욕질.

토양(土壤) 왜 ⇨ 흙.

토양수(土壤水) 왜 ⇨ 흙속물.

토역꾼(土役~) = 흙일꾼. ‡ 흙일을
하는 사람.

토역질(吐逆~) = 외욕질. 욕지기질.
구역질. ‡ 메스꺼워 토하는 짓.
☞ 토악질. 토욕질.

토오쿄오〔東京〕 ⇨ 도쿄. ‡ 땅 이름.

토요일날(土曜日~) ⇨ 토요일. ¶ 토
　요일 밤.
토욕질(土浴~) * 흙으로 목욕하는 짓.
　＊ 새. 닭. 소. 말. {토욕질하다.}
　☞ 토악질. 토역질.
토용(土俑) * 순장할 사람 대신 묻는,
　흙으로 빚은 허수아비.
　☞ 제웅. 진용.
토우(土偶) * 흙으로 빚은 사람이나
　짐승. ＊ 토용이나 장난감으로 씀.
토이기(土耳其) ⇨ 터키. ＊ 나라 이름.
토장(土醬) = 된장. {토장국. 토장물.
　토장찌개.}
토장돌 ⇨ 댓돌.
토장묘(土葬墓) = 구덩무덤. ＊ 널에 넣
　지 않고 바로 구덩이에 묻은 무덤.
토종(土種)〔在來種〕 = ① 본토종. {토
　종개. 토종개구리. 토종닭. 토종말.
　토종소.} ② 본토박이.
　☞ 개량종. 외래종.
토종꿀(土種~) = 참꿀. ¶ 토종꿀 맛.
토종벌(土種~) * 우리나라에서 예부
　터 꿀을 따려고 기른 벌.
　☞ 꿀벌. 참벌.
토질(土疾) ⇨ 디스토마. {간디스토
　마. 폐디스토마.}
토취장(土取場) ㉣ ⇨ 흙밭. 채토장.
　＊ 흙을 파내는 곳.
토탈(total) ⇨ 모두. 합계. ＊ 토털.
토파(topper) ⇨ 토퍼. ＊ 웃옷의 한
　가지.
토하다(吐~) * ① 게우다. ¶ 젖을 토
　하다. ② 밖으로 내뿜다. ¶ 연기를
　토하다. ③ 생각이나 감정을 담은
　말을 하다. ¶ 열변을 토하다.

☞ 뱉다.
토하젓(土蝦~) = 생이젓. ＊ 민물 새
　우로 담근 젓.
토화젓(土花~) = 미네굴젓. ＊ 미네
　굴로 담근 젓.
톡탁톡탁 〉 똑딱똑딱. ＊ 단단한 물건
　을 가볍게 두드리는 소리나 모양.
톨 * 하나치 ＊ 곡식이나 밤의 낱알.
　¶ 밤 한 톨. 밥알 한 톨. 깨 한 톨.
　☞ 토리.
톨게이트(tollgate) ⇨ 나들문.
톨아지다 ⇨ 토라지다.
톱 * 나무나 쇠를 자르는 연장. {톱날.
　톱니. 톱몸. 톱밥. 톱손. 톱양. 톱자
　국. 톱자루. 톱질. 톱칼.} ＊ ① 크기.
　{세톱. 소톱. 중톱. 대톱. 큰톱.}
　② 쓰임새. {가로톱(대톱. 동가리톱.
　동톱). 가지톱. 세로톱(내릴톱. 장
　톱. 켤톱). 두덩톱. 등대기톱. 오림
　톱. 쇠톱.} ③ 생김새. {띠톱. 둥근
　톱. 실톱. 양날톱. 톱칼(거도). 틀
　톱.}
톱상어 = 철판상어. 줄상어. ＊ 바닷고
　기 이름.
톱장이 * 직업으로 톱질하는 사람.
　☞ 오림장이. 큰톱장이.
톳 * 하나치. ＊ 한 톳은 마흔 장. ¶ 김
　세 톳.
　☞ 닢.
통¹ * ① 어떤 일에 뜻이 맞아 하나로
　묶인 무리. {통짜다.} ② 한 구역을
　이루는 범위. ¶ 이 통 안에는 모두
　모둠집을 지을 것이다.
통² * ① 도무지. 전혀. ¶ 통 말이 없
　다. 통 모르겠다. 통 보이지 않는다.

통 알지 못한다. ②온통. ¶산이란 산을 통 뒤져보았다.

통³ * ①바짓가랑이, 소매의 속 넓이. {바지통. 소매통.} ②허리나 다리의 굵기. {다리통. 머리통. 허리통.} ③도량이나 씀씀이. ¶통이 크다.

통⁴ * 일이 벌어진 환경이나 판국. ¶난리 통에. 장마 통에. 떠드는 통에.
☞ 바람.³

통⁵ * ①속이 차게 자란 배추나 박의 몸피. ②하나치. ✽수박 두 통.

통⁶(桶) * ①담는 그릇. {통따개. 통메장이.} {가스통. 개수통(설거지통). 거름통. 기름통. 똥통. 물통(질통). 밥통. 분유통. 산소통. 석유통. 술통. 쌀통. 쓰레기통. 오줌통. 찜통. 통조림통. 휴지통.} {나무통. 생철통(양철통). 참나무통. 플라스틱통.} {통메우다.} ②하나치. ¶막걸리 한 통.
☞ 갑. 상자. 함.

통⁷(通) * 하나치 ¶편지 한 통. 주민등록등본 두 통. 토지 대장 한 통.

통~⁸ * ①통째. {통가죽. 통감자. 통것. 통고추. 통구이. 통기둥. 통김치. 통깨. 통나무. 통닭. 통대구. 통돼지. 통마늘. 통무. 통배추. 통보리. 통북어. 통뽕. 통수수. 통옷. 통잣. 통장작. 통조각. 통팥. 통후추.} ②온통. {통구덩이.} {통거리. 통틀다.}

~통⁹(~通) * ①전문가. {미국통. 북한통. 소식통.} ②거리. {광화문통.}

통거리 * 어떤 물건이나 일을 가리지 않고 모두. ¶통거리로 사다.

☞ 도거리.

통겨주다 * 몰래 일러주다. ¶비밀을 통겨주다.
☞ 똥기다. 통기다.

통겨지다 * ①버티어 놓은 물건이 빠져나오다. ②숨겨졌던 일이나 물건이 뜻하지 않게 나타나다. ③노리던 기회가 어그러지다. ④뼈마디가 어긋나다.

통과률(通過率) ⇨ 통과율. ✽ㄴ은이나 홀소리 뒤에선 '율'임.

통괄하다(統括~) * 낱낱의 일을 한데 묶어서 잡다. ¶법사위원회에서 법안을 통괄하다. 일하는 사람을 통괄할 능력이 모자라다.
☞ 통할하다.

통기다 * ①버티어 놓은 물건을 빠져나오게 건드리다. ②뼈마디를 어긋나게 하다. ③일의 기회를 어긋나게 하다.
☞ 퉁기다.

통꼭지 = 통젖. ✽통에 달린 손잡이.

통나무 = 통목. ✽켜거나 짜개지 아니한 나무. ¶통나무로 다리를 만들다.
☞ 둥글이.

통나무배 = 마상이. 구유배. ✽통나무 가운데를 파서 만든, 작은 배.
☞ 낚거루. 거룻배.

통달하다¹(通達~) * 막힘없이 환히 알다. ¶사서삼경에 통달하다.

통달하다²(通達~) ㉑ ⇨ 알리다. ✽통첩하다.

통대 * 속이 비어 있는 길쭉한 대. ¶통대로 만든 물 대롱.
☞ 설대.

통말 * 둥근 통처럼 만든 말. ‡ 곡식이나 술을 되는 연모. {소두. 대두.} ☞ 모말.

통매장수(桶~匠~) ⇨ 통메장이.

통메다(桶~) ⇨ 통메우다. ‡ 나무쪽을 맞추어 테를 끼우다.

통메장이(~匠~) = 통장이. ‡ 직업으로 통을 메우거나 고치는 사람.

통명태(~明太) ⇨ ① 동명태. 동태. ② 통북어.

통발(筒~) * 가는 대오리나 싸리를 엮어서 통같이 만든 고기잡이 연모. ‡ 고기가 들어가면 나올 수 없음. ¶ 통발을 치다. 통발을 놓다. ☞ 보쌈.¹ 문어 단지. 설통발.

통방 = 통방이. ‡ 통 안에 먹이를 넣고 꾀어 잡는 쥐덫의 하나.

통방구리 ⇨ 동방구리. ‡ 동이보다 작고 배가 부른 질그릇.

통방아 = 구유방아. ‡ 물방아의 한 가지. {통방앗간.} ☞ 디딜방아. 물레방아. 물방아. 물연자. 연자방아.

통새미로 ⇨ 온새미로. ‡ 가르거나 쪼개지 아니한, 생긴 그대로.

통소(洞簫) ⇨ 퉁소. ‡ 관악기의 하나.

통송곳 * 날이 반달 모양으로 생긴 송곳. ☞ 도래송곳.

통속 * ① 몰래 서로 통하는 뜻. ¶ 무슨 통속인지 모르겠다. ② 몰래 서로 통하는 사람들의 무리. ¶ 그놈도 같은 통속이다.

통 속(桶~) = 통 안. ¶ 통 속에 돈을 숨겨 두었다.

통싯간(~間) ⇨ 뒷간.

통썰기 = 통째썰기. ‡ 당근, 오이, 호박, 무를 세로로 놓고 내리 써는 법.

통씨름 = 띠씨름. ‡ 샅바 대신 허리띠를 잡고 하는 씨름. ☞ 샅바씨름.

통용어(通用語) * 널리 두루 쓰는 말. ¶ 잉글리시는 국제 통용어다. ☞ 공용어.

통으로 = ① 통째로. ¶ 닭을 통으로 튀기다. ② 전부. 다. ¶ 한 칸을 통으로 차지하다.

통이 ⇨ ① 도무지. ② 전부.

통자(~字) * 한문글자 한 글자가 한 덩이에 다 새겨진 활자. ☞ 쪽자. 통짜.

통장수(桶~) * 통을 파는 사람.

통장이(桶~) = 통메장이. ‡ 직업으로 통을 메우거나 고치는 사람.

통쟁이(桶~) ⇨ 통장이.

통젖(桶~) = 통꼭지. ‡ 통에 달린 손잡이.

통제문화(統制文化) ⇨ 통제 수단. 통제 방법. 통제 사회. 통제 체제.

통졸임(桶~) ⇨ 통조림. {통조림통.} ¶ 과일 통조림. 꽁치 통조림.

통짜 * 온통의 덩어리. ¶ 옛 수레바퀴는 살 없이 통짜로 만들었다. ☞ 통자.

통째¹ = 통째로. 통으로. ‡ ① 나누지 아니한 덩어리 그대로. ¶ 돼지를 통째 구웠다. ② 전부. 다. ¶ 통째로 사 가다.

통째²(桶~) * 통에 들어 있는 그대로.

통째썰기 = 통썰기. ‡ 세로로 놓고 칼

로 내리 쓰는 법.

통차지 * 통째로 다 차지함. {통차지
하다.}
　☞ 도차지. 독차지.

통채로 ⇨ 통제. 통째로. 통으로.

통치다 ⇨ 한통치다. * 나누지 않고 한
곳에 합치다.

통치마 = 월남치마. * 양쪽에 선단이
없이 통으로 지은 치마.
　☞ 꼬리치마. 풀치마. 폭치마.

통치하다(統治~) * 국가가 백성을 관
리하고 질서를 유지하다.
　☞ 다스리다.

통털다 ⇨ 통틀다. * 있는 대로 모두
한데 묶다.

통털어 ⇨ 통틀어. * 모두. 온통.

통통걸음 * 발로 탄탄한 곳을 자꾸 구
르며 빨리 걷는 걸음.
　☞ 걸음.

통통배 = 똑딱선. * 발동기를 달아서
통통 소리가 나는 작은 배.
　☞ 탁탁방아.

통틀어 * 있는 대로 모두 한데 묶어서.
온통. ¶ 통틀어 오백 원뿐이다.
　☞ 도틀어. 도파니.

통한(痛恨) * 몹시 원통함. ¶ 친구의
죽음에 통한의 눈물을 흘렸다.
　☞ 회한.

통할하다(統轄~) * 모두 거느려 다스리
다. ¶ 총리는 행정 각 부를 통할한다.
　☞ 통괄하다.

통화(通話)**를 나누다** ⇨ (전화로) 이
야기를 하다. * 통화하다.

통활하다(統轄~) ⇨ 통할하다.

통히 ⇨ 통. ① 도무지. 전혀. ②온통.

톺다[1] = 톺질하다. * 삼을 삼을 때, 쨀
삼의 끝을 톱으로 눌러 훑다.

톺다[2] * ①틈이 있는 곳마다 구석구석
뒤지면서 찾다. ②가파른 곳을 오르
려고 매우 힘들여 더듬다. ¶ 태산준
령을 톺아 넘어가다.

톺아보다 * 샅샅이 살펴보다. ¶ 사람
을 아래위로 톺아보다.

퇴(退) = ①툇마루. ②툇간. ③물림
간.

퇴간(退間) ⇨ 툇간. * 원칸살 밖에다
딴 기둥을 세워 만든 칸살.

퇴거하다(退去~) ⇨ ①물러가다. ②
옮기다.

퇴기다 〈 튀기다. * ①튀게 하다. ②튀
어 달아나게 하다. ③수판을 놓다.
　☞ 튀기다.[2]

퇴마냥 * 아주 늦게 심은 모.
　☞ 마냥모. 늦모.

퇴맞다(退~) ⇨ 퇴박맞다.

퇴물(退物) = ①퇴물림. * 윗사람이
쓰다가 물려준 물건. 퇴짜 맞은 물
건. ②지친것 * 어떤 직업에서 물러
난 사람. ¶ 기생 퇴물. 관리 퇴물.

퇴물림(退~) = ①퇴물. ②큰상물
림. 상물림. * 혼인 잔치.

퇴박 놓다(退 ~) = 퇴박하다. 거절하
다. * 사람. ¶ 혼처마다 퇴박 놓다.

퇴박맞다(退~) = 거절당하다. * 사
람. ¶ 못났다고 퇴박맞다.
　☞ 퇴짜 맞다.

퇴색되다(褪色~) ⇨ 빛이 바래다. *
퇴색하다.

퇴식밥(退食~) = 불공밥. * 부처 앞
에 올렸다가 물린 밥.

퇴염(退染) ⇨ 토렴. ⁑ 밥, 국수에 더운 국물을 여러 번 부어 데우는 일.

퇴주그릇(退酒~) ⇨ 퇴줏그릇. ⁑ 제사 지낼 때 올렸다 물린 술을 담는 그릇.

퇴줏잔(退酒盞) ⇨ 퇴주잔. ⁑ ①퇴주한 술잔. ②퇴짜 맞은 술잔.

퇴짓돌 * 처마 밑에 둘러놓은 장댓돌. ☞ 섬돌. 축댓돌. 툇돌.

퇴짜 놓다(退~) = 거절하다. ⁑ 물건. 서류. 의견.

퇴짜 맞다(退~) = 거절당하다. ¶ 선물을 퇴짜 맞다. 서류를 퇴짜 맞다. ☞ 퇴박맞다.

퇴치다(退~) ⇨ 퇴하다. ⁑ 거절하여 물리치다.

퇴침(退枕) * 서랍이 있는 목침. ⁑ 서랍에는 빗, 거울 따위를 넣어 둠. ☞ 베개. 목침.

퇴칸(退間) ⇨ 툇간. ⁑ 원칸살 밖에다 딴 기둥을 세워 만든 칸살.

퇴폐문화(頹廢文化) ⇨ 퇴폐 풍조. 퇴폐 양상. 퇴폐 생활.

퇴화되다(退化~) ⇨ 졸되다. 뒷걸음질하다. ⁑ 퇴화하다.

툇돌 = 댓돌. ⁑ 문 밑이나 마루 아래서 발을 딛고 올라서는 돌. ☞ 노둣돌. 섬돌. 주춧돌. 탯돌. 퇴짓돌.

툇마루(退~) = 퇴. ⁑ 원칸살 밖에 달아낸 마루. ☞ 툇간. 물림간.

툇자(退字) ⇨ 퇴짜.

투기(投機) * 기회를 틈타 큰 이익을 보려고 하는 일. ¶ 부동산 투기. ☞ 투자.

투기장화되다(投機場化~) ⇨ 투기장이 되다. ⁑ 투기장화하다.

투고난(投稿欄) ⇨ 투고란. ⁑ 한자말 뒤에선 '란'임.

투덕거리다 * 잘 울리지 않은 물건을 좀 세게 두드려서 소리를 내다.

투덜거리다 = 투덜대다. ⁑ 혼자 불평하는 말을 중얼거리다.

투레 = 투레질. ⁑ 젖먹이, 말, 당나귀가 투루루 소리를 내는 짓.

투르르 ⇨ 투루루. ⁑ 투레질하는 소리.

투망(投網) [왜] ⇨ 쟁이. 쟁이그물. ⁑ 그물의 한 가지.

투망질(投網~) [왜] ⇨ 쟁이질.

투매(投賣) [왜] ⇨ 막팔기. ⁑ 손해를 무릅쓰고 싼값에 팔아버림.

투명무늬(透明~) = 비침무늬. ⁑ 뜨개 바탕에 구멍이 나도록 떠서 낸 무늬.

투박지다 ⇨ 투박스럽다. ¶ 투박스러운 군화. 투박스러운 말씨.

투상스럽다 = 툽상스럽다. ⁑ 투박하고 상스럽다. ¶ 투상스러운 얼굴.

~**투성이** * 그것이 너무 많은 모양. {결점투성이. 기름투성이. 낙서투성이. 먹투성이. 먼지투성이. 모래투성이. 모순투성이. 문제투성이. 물투성이. 빚투성이. 상처투성이. 생채기투성이. 실수투성이. 오자투성이. 잉크투성이. 주근깨투성이. 주름살투성이. 주름투성이. 진흙투성이. 탈자투성이. 피투성이. 허점투성이. 흙투성이. 흠집투성이.}

투수(套袖) ⇨ 토시. ⁑ 팔뚝이나 소매

위에 끼는 물건.

투옥시키다(投獄~) ⇨ (옥에) 잡아넣다. 가두다. ‡ 투옥하다.

투입구(投入口) 왜 ⇨ 넣는 구멍.

투입하다(投入~) 왜 ⇨ ① 넣다. 던져 넣다. ② (돈, 사람, 물자를) 들이다.

투자(投資) * 이익을 얻으려고 일, 사업에 돈, 시간, 정성을 쏟는 일. ☞ 투기.

투자선(投資先) 왜 ⇨ 투자처. ‡ 투자할 곳. 투자한 곳.

투정 * 떼를 쓰며 조르는 일. {밥투정. 억지투정. 잠투정.} ¶ 노래 투정. 반찬 투정. 술 투정. 안주 투정. 옷 투정. ¶ 투정을 부리다. 투정이 심하다. ☞ 떼.

투정꾼 = 투정쟁이. ‡ 투정을 잘 부리는 사람.

툭바리 ⇨ ① 뚝배기. ② 보시기.

툭배기 ⇨ 뚝배기. ¶ 뚝배기보다 장맛.

툭하면 〔어〕 = 걸핏하면. 제꺽하면. ‡ 일이 있기만 하면 버릇처럼 곧.

툴툴거리다 = 툴툴대다. ‡ 잇따라 몹시 투덜거리다.

툽상스럽다 = 투상스럽다. ‡ 하는 말이나 짓이 투박하고 상스럽다.

퉁¹ = 퉁바리. ‡ 퉁명스러운 핀잔. ¶ 퉁을 놓다. 퉁을 맞다.

퉁² * ① 퉁쇠. ‡ 품질이 낮은 놋쇠. {퉁노구. 퉁방울. 퉁부처. 퉁비. 퉁주발.} ② 퉁쇠로 만든 엽전. ‡ 돈. {퉁때.} ☞ 놋쇠.

퉁겨지다 * ① ‘퉁기다’의 입음. ② 숨겼

던 일이나 물건이 갑자기 드러나다.

퉁기다 * ① 버티어 놓거나 짜인 물건을 어긋나게 하거나 빠지게 하다. ② 뼈마디를 어긋나게 하다. ③ 악기의 줄을 소리 나게 하다. ④ 거절하다. ☞ 튀기다.² 튕기다.

퉁맞다 = 퉁바리맞다. ¶ 열심히 일하고 퉁맞을 줄은 생각지 못했다.

퉁바리 = 퉁. ‡ 퉁명스러운 핀잔. {퉁바리맞다.} ¶ 퉁바리만 맞다.

퉁소 * 향악에 쓰는, 가는 대나무로 만든 악기. {옥퉁소.} ¶ 퉁소 소리. ☞ 피리.

퉁어리쩍다 ⇨ 퉁어리적다. ‡ 하는 짓이 옳고 그름을 가리지 못하면서 당치 않게 퉁명스럽다.

~퉁이 * ① 낮춤. {눈퉁이. 배퉁이. 젖퉁이.} ② 그런 태도나 성질이 있는 사람. {꾀퉁이. 미련퉁이. 심술퉁이.}

퉤하다 * 침이나 입 안에 든 것을 뱉다. ¶ 길에 가래침을 퉤하니 뱉다. ☞ 튀하다.

튀각 * 기름에 튀긴 음식. {눌은밥튀각. 다시마튀각. 죽순튀각. 파래튀각.} ☞ 부각. 튀김. 튀밥.

튀기 = ① 혼혈아. ‡ 사람. ② 잡종. ‡ 짐승.

튀기다¹ * ① 끓는 기름에 넣어 익히다. ¶ 닭을 튀기다. ② 마른 낱알을 뜨겁게 하여 부풀게 하다. ¶ 옥수수를 튀기다. 콩을 튀기다. ☞ 튀하다.

튀기다² 〉퇴기다. ‡ ① 힘을 모았다가 갑자기 탁 놓아 튀게 하다. ② 도둑

ㅌ

이나 짐승을 건드려서 튀어 달아나 게 하다. ③수판알을 움직이다.
☞ 퉁기다. 튕기다.

튀김 * 생선, 고기, 채소를 밀가루에 묻혀서 기름에 튀긴 음식. {튀김옷. 튀김찜. 튀김틀.} ¶ 튀김 기름. {감 자튀김. 고구마튀김. 닭튀김. 돼지 고기튀김. 새우튀김. 생선튀김. 연 뿌리튀김. 오징어튀김.}
☞ 튀각. 튀밥.

튀다 * ①옆이나 위쪽으로 세게 솟거 나 흩어지다. ¶ 공이 튀다. ②달아 나다. ③행동이나 말이 사람들의 눈 길을 끌다. ¶ 너무 튀는 행동을 하 다.
☞ 뛰다.[2]

튀미하다 ⇨ 투미하다. ‡ 어리석고 둔 하다. ¶ 사람이 투미해서 답답하다.

튀밥 * ①찰벼, 쌀 따위를 뜨거운 모 래에 넣어 튀긴 것. ‡ 강정을 만듦. ②뻥튀기. ‡ 누룽지, 쌀, 옥수수 따 위를 뻥튀기틀에서 튀긴 것.
☞ 박산. 뻥튀기. 튀각. 튀김.

튀어나오다 * ①겉으로 툭 비어져 나 오다. ¶ 눈망울이 튀어나오다. ②말 이 불쑥 나오다. ¶ 욕이 튀어나오 다. ③갑자기 불쑥 나타나다. ¶ 개 가 골목에서 튀어나오다.
☞ 불거지다.

튀하다 * 닭이나 짐승을 뜨거운 물에 잠깐 넣었다가 꺼내어 털을 뽑다.
☞ 퉤하다.

튕겨보다 ⇨ 튕겨 보다. ¶ 기타 줄을 튕겨 보다.

튕기다 * ①수판알을 움직이다. ②단

단한 것에 부딪혀서 튀어나오다. ③손가락을 구부렸다가 힘있게 펴 서 앞으로 나가게 하다. ④물방울 이 튀게 하다. ⑤거절하다. ⑥악기 의 줄을 손가락으로 건드려 소리 나 게 하다.
☞ 퉁기다. 튀기다.[2]

트기 ⇨ 튀기.

트다[1] * ①막힌 것을 뚫다. ¶ 길을 트 다. ②모르던 사람과 사귀다. ¶ 서 로 트고 지내다. ③반말하는 사이 가 되다. ¶ 말을 트고 지내다. ④관 계를 맺다. ¶ 은행과 거래를 트다. 단골을 트다.
☞ 열다. 뜯다.[1]

트다[2] * ①나무에 움, 순, 싹이 나오 다. ¶ 싹이 트다. ②새벽녘에 동쪽 이 환해지다. ¶ 동이 트다. ③싹수 가 없다. ¶ 잘되기는 텄다. ④거죽 에 작은 틈이 생기다. ¶ 논바닥이 트 다. 손이 트다. 입술이 트다.
☞ 갈라지다. 나다.[1] 돋다.

트더지다 ⇨ 터지다.

트레머리 * 가르마를 타지 않고 뒤통 수의 한복판에 틀어 붙인 여자의 머 리.

트레바리 * 이유 없이 남의 말에 반대 하기를 좋아하는 성격. 또는 그런 사람.

트레싱페이퍼(tracing paper) ⇨ 베 낌 종이. ‡ 트레이싱 페이퍼.

트롤링낚시(trolling~) * 끌낚시.

트름 〔噯氣〕 ⇨ 트림. {트림하다. 게트 림하다. 무트림하다. 용트림하다.} ¶ 트림이 나다. 트림을 올리다.

트이다 = 틔다. ✼ ‘트다’의 입음. ① 막힌 것이 없어지다. ¶ 길이 트이다. 운이 트이다. ② 생각이나 마음이 환히 열리다. ¶ 속이 탁 트이다. ③ 환하게 비치다. ¶ 눈앞이 트이다.
　☞ 뜨이다.

트이어 = 틔어. 트여. ✼ 트이다.

트집 ✼ ① 공연히 조그만 흠을 들추어 내어 말썽을 부림. {트집거리. 트집바탈. 트집쟁이. 트집조.} {생트집. 트집하다.} ¶ 트집을 걸다. 트집을 부리다. 트집을 쓰다. 트집을 잡다. ② 한데 뭉쳐야 할 일이 벌어진 틈. ¶ 트집이 나다. ③ 아이들이 조르고 떼를 쓰는 짓. ¶ 어린애 트집.
　☞ 쌩이질.

특단(特段) ㉄ ⇨ ① 별반. ② 특별.

특별(特別) ✼ 보통과 구별되게 다름. ¶ 특별 기획. 특별 대우. 특별 조치.
　☞ 별반.

특별히(特別~) ✼ 보통과 구별되게 달리. ¶ 특별히 눈길을 끄는 옷차림.
　☞ 특히.

특색(特色) ✼ 보통 것과 다른 점. ¶ 특색을 갖추다. 특색이 없다. 특색 있다.

특성(特性) ✼ 보통 것과 다른 성질. ¶ 특성을 살리다. 특성 없다. 특성 있다.

특질(特質) ✼ ① 보통 것과 다른 성질. ¶ 한국말의 특질. ② 특별한 품질.

특징(特徵) ✼ 특별히 눈에 띄는 점. {특징짓다.} ¶ 특징이 없다. 특징이 있다.

특징지어지다(特徵~) ⇨ 특징짓다.

특히(特~) ✼ 보통과 다르게. ¶ 특히 저녁 시간에 차가 많이 밀린다.

　☞ 특별히.

튼튼하다 ✼ ① 짜임새가 단단하다. ¶ 튼튼한 밧줄. ② 몸이 건강하다. ¶ 몸이 튼튼하다. ③ 정신이 바르고 굳다. ¶ 튼튼한 정신.
　☞ 든든하다. 탄탄하다.

튼다 ⇨ 텄다. ✼ 트다. ¶ 싹이 텄다. 눈이 텄다.

틀어지다 ⇨ 뜯어지다.

틀 ✼ ① 물건을 만드는 데 본이 되는 연모. ✼ 거푸집. ¶ 틀로 찍다. 틀에 넣다. ② 물건의 테두리나 얼개가 되는 물건. ¶ 틀을 잡다. 틀을 짜다. ③ 격식이나 형식. ¶ 틀에 맞추다. 틀에 박히다. ④ 사람 몸의 생김새나 짜임새. ¶ 틀이 좋다. 틀이 잡히다. ⑤ 무엇을 끼워 걸어두는 것. {그림틀. 사진틀.} ⑥ 팽팽하게 하는 테두리만으로 된 물건. {수틀. 재양틀.} ⑦ 무엇을 만들거나 움직이는 연모. {가마니틀. 국수틀. 베틀. 새끼틀. 솜틀. 재봉틀.} {틀송곳. 틀톱.} ⑧ 숨탄것에서 살아가는 일을 하는 부분. {불이틀. 숨틀. 이틀.} ⑨ 하나치. ¶ 가마 한 틀. 상여 두 틀.
　☞ 거푸집. 골.⁷ 판.³

틀국수 ✼ 국수틀로 눌러 뺀 국수.
　☞ 손국수. 칼국수.

틀다¹ ✼ ① 두 끝을 서로 반대쪽으로 돌리다. ② 솜틀로 솜을 피우다. ③ 다른 쪽으로 돌리다. ¶ 일이 되는 쪽으로 틀다. 차를 왼쪽으로 틀다.
　☞ 털다. 비틀다. 꼬다. 돌리다.

틀다² ✼ 전축, 노래방 기기 따위 기계

를 움직이게 하다. ¶ 전축을 틀다.
☞ 걸다.¹ 켜다.²

틀려먹다 * ① 틀리다. ② 마음이나 행동이 비뚤어지다.

틀려지다 ⇨ 틀리다. ＊ '틀다'의 입음.

틀리다¹ * (1) '맞다, 올바르다'의 반대말. ① 규범이나 기준에 맞지 않다. ② 무엇을 잘못 알거나 무엇이 잘못되다. ③ 기대나 예상이 어그러지다. ④ 셈이나 사실이 그르게 되거나 어긋나다. ¶ 답이 틀렸다. 네 생각이 틀렸다. (2) '순조롭다'의 반대말. ¶ 성공하기는 다 틀렸다. 시집가기는 틀렸다. 오늘, 이 일을 마치기는 다 틀렸다. 잠을 자기는 틀렸다.
☞ 다르다. 맞다.³ 옳다.

틀리다² * ① '틀다'의 입음. ② 사이가 나빠지다.

틀린 말 * ① 맞춤법, 표준말에서 벗어난 말. ② 이치에 맞지 않은 말.
☞ 바른말.

틀바느질 * 재봉틀로 하는 바느질.
☞ 손바느질.

틀빨래 * 빨랫감을 빨래틀에 넣고 때를 빼는 빨래.
☞ 손빨래.

틀사냥 = 덫사냥. ＊ 덫, 올무, 허방다리 따위를 놓아 짐승을 잡는 일.
☞ 사냥.

틀세탁(~洗濯) ㉞ ⇨ 틀빨래.

틀스럽다 = 틀지다. ＊ 겉모양이 듬직하고 위엄이 있다. ¶ 틀스럽게 생기다.

틀어먹다 ⇨ 털어먹다.

틀어박다 * ① 비좁은 자리에 억지로 쑤시고 들이밀다. ¶ 머리를 틀어박다. ② 아무렇게나 오래 넣어 두다. ¶ 빨랫감을 구석에 틀어박다.

틀어 박다 * 무엇을 돌려서 박다. ¶ 나사못을 틀어 박다.

틀어쥐다 * ① 단단히 꼭 쥐다. ¶ 멱살을 틀어쥐다. ② 무엇을 제 마음대로 하다. ¶ 회사를 틀어쥐고 마음대로 한다.

틀어 쥐다 * 돌려서 쥐다. ¶ 팔을 뒤로 틀어 쥐었다.

틀어지다 * ① 사귀는 사이가 벌어지다. ¶ 작은 일로 틀어지다. ② 감정이나 심리가 나빠지다. ¶ 심사가 틀어지다. ③ 모양새가 굽거나 꼬이다. ¶ 문짝이 틀어지다. ④ 꾀하는 일이 어그러지다.
☞ 토라지다.

틀이 〔義齒〕 ⇨ 틀니.

틀지다 = 틀스럽다. ＊ 겉모습이 듬직하고 위엄이 있다.

틀톱 * 톱에 틀이 붙어 두 사람이 밀고 당기면서 켜는 톱.
☞ 가로톱. 세로톱.

틈¹ = 틈바귀. 틈바구니. ＊ ① 벌어져 사이가 난 자리. {문틈. 바위틈. 빈틈. 이틈. 창틈. 틈새기. 틈샘. 틈서리.} ¶ 대문 틈. 돌 틈. 창문 틈. ② 사람 사이에 생기는 거리. ¶ 두 사람 사이에 틈이 생기다. 틈이 벌어지다.

틈² = 겨를. ＊ 일과 일 사이에 있는 짧은 동안. {틈타다.} ¶ 쉴 틈. 어느 틈. 틈을 내다. 틈을 얻다. 틈이 없다. 틈이 있다.

☞ 겨를. 사이.¹

틈나다 * 겨를이 생기다. ¶ 틈나면 한 번 놀러 오너라.

틈 나다 * 틈이 생기다. ¶ 물통에 틈이 나서 물이 샌다.

틈내다 * 겨를을 만들다. ¶ 언제 한번 틈내서 가겠다.

틈 내다 * 틈이 나게 하다. ¶ 틈을 내서 김이 빠지게 하였다.

틈막이 자갈 = 땜자갈. * 석축 따위에서 쌓은 돌 사이의 틈을 막는 자갈.

틈바귀 = 틈바구니. 틈.

틉틉하다 ⇨ 텁텁하다.

틔기 ⇨ 튀기. * ① 혼혈. * 사람. ② 잡종. * 짐승.

틔다 = 트이다. ¶ 앞이 틔다. 거래가 틔다. 재수가 틔다. 목이 틔다.

틔어 = 트여. 트이어. * 트이다.

티¹ * ① 작은 부스러기. ¶ 눈에 티가 들어가다. 하늘에 티 한 점 없다. 티를 손톱으로 뜯어내다. ② 조그마한 흠. ¶ 티를 뜯다. 티가 없다.

☞ 티끌. 얼.²

티² * 어떤 태도나 기색이나 분위기. {귀티. 나이티. 소녀티. 소년티. 시골티. 애티. 처녀티. 천티. 촌티. 총각티.} ¶ 군인 티. 궁한 티. 노인 티. 노처녀 티. 노총각 티. 선생 티. 앳된 티. 어린 티. ¶ 티가 나다. 티를 내다.

☞ 태.³

티각태각 ⇨ 티격태격. * 뜻이 맞지 않아서 이러니저러니 따지는 모양.

티격거리다 ⇨ 티격태격하다. ¶ 형제끼리 티격태격하는 소리가 들리다.

티격나다 * 뜻이 맞지 아니하여 사이가 벌어지다.

티기 ⇨ 튀기. * 혼혈. 잡종.

티끌 * ① 티와 먼지. * 본디 성질을 찾아보기 어려울 정도로 부스러진 작은 조각. ② 작거나 적거나 값어치 없는 것. * '만큼, 만 하다'와 함께 씀.

☞ 먼지. 티.¹

티미하다 ⇨ 투미하다. * 어리석고 둔하다.

티밥 ⇨ ① 튀밥. ② 뻥튀기. * 튀긴 쌀, 튀긴 옥수수 따위.

티샤쓰(T-shists) ⇨ 티셔츠.

티어 ⇨ 틔어. 트이어. * 트이다.

티읕 * 한글 닿소리 'ㅌ'의 이름. * '티읕이'는 '티으시'로 읽음.

티케트(ticket) ⇨ ① 표. ② 입장권. ③ 승차권. ④ 자격증. ⑤ 참가 자격. ⑥ 출전 자격. * 티켓.

티티새 = 개똥티티. 지빠귀. 개똥지빠귀. * 새 이름.

팀(team) * ① 한동아리. {농구팀. 레슬링팀. 배구팀. 씨름팀. 양궁팀. 축구팀. 탁구팀. 하키팀.} {대표팀. 우승팀.} ② 편. {백팀. 청팀.}

팀웍(teamwork) ⇨ 협동. * 팀워크.

팁(tip) ⇨ ① 손씻이. ② 입물림돈. ③ 젓가락돈. * 행하. 봉사료.

팁 문화(tip 文化) ⇨ 손씻이 관행.

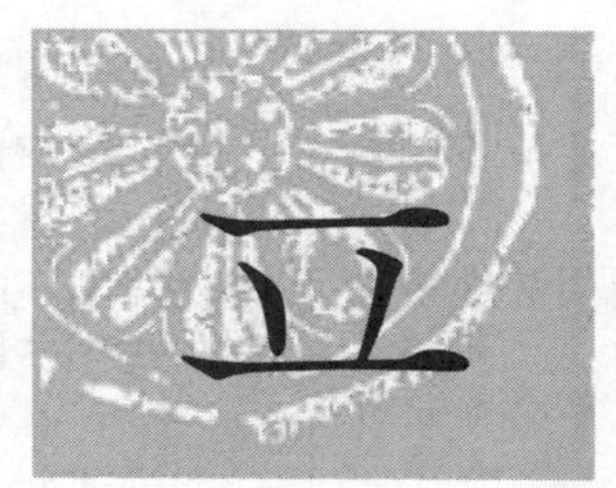

파괴시키다(破壞~) ⇨ 깨뜨리다. 부수다. ‡ 파괴하다.

파기하다(破棄~) * ① 없애다. ‡ 문서. 자료. ② 깨뜨리다. ‡ 계약. 약속. ☞ 폐기하다.

파다 * ① 구멍이나 구덩이를 만들다. ¶ 우물을 파다. ② 그림이나 글씨를 새기다. ¶ 도장을 파다. ③ 온 힘을 기울이다. ¶ 공부만 열심히 파다. ④ 알아내려고 애쓰다. ¶ 사건의 진상을 파다. ⑤ 지워 없애다. ¶ 호적을 파다. ☞ 캐다. 새기다.[1]

파다닥 ⇨ 파드닥.

파닥 〈 파딱. 〈 퍼덕. 〈 퍼떡.

파닥거리다 * ① 새나 물고기가 날개나 꼬리를 치다. ② 깃발이나 빨래 따위가 바람에 거칠게 날리다. ☞ 팔딱거리다.

파닥파닥 〈 퍼덕퍼덕. ‡ ① 새나 물고기가 날개나 꼬리를 치는 소리나 모양. ② 깃발이나 빨래가 바람에 날리는 소리나 모양. ☞ 팔딱.

파드닥 〈 퍼드덕 ‡ 새나 물고기가 날개나 꼬리를 치는 소리나 모양.

파들파들 〉 바들바들. ‡ 몸을 떠는 모양. ¶ 입술을 파들파들 떨다.

파딱 〈 퍼떡.

파라디파랗다 ⇨ 파랗디파랗다.

파라지다 ⇨ 파래지다. ‡ 파랗게 되다. ¶ 얼굴이 파라지다.

파라치온(Parathion) ⇨ 파라티온. ‡ 약 이름.

파란(波蘭) ⇨ 폴란드. ‡ 나라 이름.

파랑 = 파란빛. 파란색. {파랑이. 파랑새.} ¶ 파란 하늘빛. ☞ 푸렁.

파랑빛 ⇨ 파란빛. 파랑. ‡ 하늘빛.

파랑색(~色) ⇨ 파란색. 파란빛. 파랑.

파랗다 * 맑은 하늘과 같은 빛깔을 띠다. ‡ 파랗게. 파랗고. 파랗소. 파라네. 파라니. 파라면. 파라오. 파란. 파랄. 파람. 파래. 파래서. 파래지다. ☞ 푸르다.

파래국 ⇨ 파랫국. ‡ 파래로 끓인 국.

파래지다 〈 퍼레지다. ‡ 파랗게 되다. ¶ 겁을 먹고 얼굴이 파래지다.

파레트(palette) ⇨ 갤판. 물감판.

⁑ 팔레트.

파렬음(破裂音) ⇨ 파열음. ⁑ 닫음소리. 터짐소리.

파르티잔(partisan) * 빨치산. ⁑ 공산당 유격대.

파릇히 ⇨ 파릇이. ⁑ 파릇하게. ¶ 봄이 되니 온갖 풀이 파릇이 돋았다.

파묻다[1] * 무엇을 알려고 따지면서 묻다. ¶ 일의 속내를 파묻고 다니다.

파묻다[2] * ① 파서 그 속에 묻다. ¶ 김장독을 파묻다. ② 숨기어 감추다. ¶ 비밀을 가슴속에 파묻다. ③ 깊숙이 기대다. ¶ 가슴에 얼굴을 파묻다.
☞ 묻다.[2]

파묻히다 * '파묻다'의 입음. ① 어떤 곳에 들어 있다. ¶ 방구석에 파묻혀 지내다. 눈 속에 파묻히다. ② 많은 일에 얽매이거나 정성을 쏟다. ¶ 일에 파묻혀 살다.
☞ 숨다.

파사(波斯) ⇨ 페르시아. ⁑ 나라 이름.

파사리(罷~) = 늦사리.
☞ 오사리.[2]

파사삭 = 파삭. ⁑ ① 가랑잎을 밟는 소리. 또는 그 모양. ② 바스러지는 소리. 또는 그 모양.

파삭파삭 * ① 가랑잎이나 마른 검불을 밟는 소리. 또는 그 모양. ② 부스러지기 쉬운 물건을 깨무는 소리. 또는 그 모양.
☞ 팍삭팍삭.

파산수속(破産手續) [왜] ⇨ 파산 절차.

파생율(派生律) ⇨ 파생률. ⁑ 니은을 뺀 다른 받침 뒤에선 '률'임.

파쇠(破~) = 헌쇠. ⁑ 녹이 슬거나 못 쓰게 된 쇠붙이.

파스(pass) ⇨ ① 합격. ② 통행권. ③ 여권. ⁑ 패스.

파아랗다 ⇨ 파랗다.

파염치(破廉恥) ⇨ 파렴치. ¶ 파렴치 범죄. 파렴치 행위.

파운드(pound) * 잉글랜드 돈의 하나치.
☞ 달러. 바트. 엔.[1] 원.[1] 위안. 유로. 프랑.

파워게임(power game) [왜] ⇨ 힘겨루기.

파이간(巴爾幹) ⇨ 발칸. ⁑ 땅 이름.

파이다 = 패다. ⁑ '파다'의 입음. ¶ 마당에 웅덩이가 파였다. 돌에 글자가 파였다. 이 옷은 목선이 너무 파여 입을 수 없다.

파이로트(pilot) ⇨ ① (비행기) 조종사. ② (배) 도선사. ⁑ 파일럿.

파이팅(fighting) ⇨ 아자. 얼씨구. 힘내라. 힘내자.

파인 = 팬. ⁑ 파이다. 패다.

파자쟁이(破字~) = 해자쟁이. ⁑ 한문글자로 점을 치는 사람.

파젯날(罷祭~) = 파제삿날. ⁑ 제사를 마치는 날.
☞ 입젯날.

파지(破紙) [왜] ⇨ 못 쓰는 종이. 버린 종이.

파치(破~) = 버림치. ⁑ 깨어지거나 흠이 나서 못 쓰게 된 물건.

파킹(parking) ⇨ ① 둠. ⁑ 주차장. ② 세움. ⁑ 주차.

파토(破土) * 무덤을 만들려고 풀을 베고 땅을 파는 일. {파토하다.}

파투(破鬪) * ① 화투 놀이에서 잘못되어 판이 깨지거나 깨는 일. ② 일이 잘못되어 흐지부지되는 일. ¶ 파투가 나다. 파투를 놓다.

파티(party) ⇨ ① 모꼬지. ② 모임. ③ 연회. ④ 잔치. ⑤ 먹거지.

파푸아뉴기니아(Papua New Guinea) ⇨ 파푸아뉴기니. ‡ 나라 이름.

팍삭팍삭 * ① 힘없이 주저앉는 소리나 모양. ¶ 팍삭팍삭 주저앉다. ② 메마른 물건이 바스러지는 소리나 모양. ¶ 과자가 팍삭팍삭 바스러지다.
　☞ 파삭파삭.

팍성(愎性) ⇨ 팩성. ‡ 걸핏하면 화를 내는 성질.

판[이] * ① 일이 벌어진 자리. 또는 그런 장면. {판국. 판돈. 판몰이. 판밖. 판상. 판세. 판시세. 판싸움(판쌈). 판쓸이. 판씨름. 판중. 판판이.} {노름판. 씨름판. 울음판. 웃음판. 잔치판. 첫판.} {판막다. 판주다. 판치다.} ¶ 이번 판. 다음 판. 판을 깨다. 판이 벌어지다. 판에 끼이다. ② 처지. 판국. 형편. ¶ 시장한 판에. 기다리던 판에. 죽고 사는 판에. ③ 하나치. ¶ 씨름 한 판. 바둑 두 판. 첫째 판. 둘째 판.

판[2] * 하나치. ‡ 한 판은 서른 개. ¶ 달걀 두 판.

판[3](版) * ① 그림이나 글씨를 새기어 인쇄에 쓰는 나무나 쇳조각. {판박이. 판짜기.} ② 활판. ③ 인쇄한 면의 크기. ④ 인쇄하여 책을 만드는 일. {수정판.} ⑤ 하나치. ‡ 책을 찍은 횟수. {1판. 2판. 초판. 재판.}

　☞ 골.[7] 본. 틀.

판[4](板) * ① 널빤지. {고무판. 금속판. 동판. 유리판. 점토판.} ② 연모. {고누판. 과녁판. 광고판. 바둑판. 장기판.}

판가름하다 = 판때리다. ‡ 판단하다. ¶ 판가름 내다. 판가름 짓다.
　☞ 가름하다.

판가리 ⇨ 판가름. ‡ 옳고 그름, 낫고 못함을 판단하여 가름.

판값[1][賣價] * 물건을 팔고 받은 값.
　☞ 산값. 판돈.

판값[2](板~) * 널빤지를 팔고 사는 값.

판결(判決) * 옳고 그름을 판단하여 결정하는 일. ¶ 유죄 판결. 판결이 나다.
　☞ 결정. 심판. 판단. 판별. 판정.

판꽂이 * 나뭇가지를 모종밭에 꽂아 모를 길렀다가 옮겨 심는 법.
　☞ 꺾꽂이. 휘묻이.

판나다 = ① 거덜나다. ¶ 노름하다가 재산이 판나고 말았다. ② 끝장나다. ¶ 이제 밑천이 없으니 판난 것이나 다름없다. 오래전에 판났다.

판넬(panel) ⇨ ① 널빤지. ② 초대 손님. ‡ 패널.

판단(判斷) * 일을 논리나 기준에 따라 판가름하는 일. ¶ 상황 판단.
　☞ 결정. 심판. 판결. 판별. 판정.

판단되어지다(判斷~) ⇨ ① 판단되다. ② 판단하다.

판돈 * 노름판에서 그 판에 태운 돈. ¶ 판돈을 걸다. 판돈이 크다.
　☞ 판값.[1]

판돌(板~) = 널돌. ‡ 널빤지같이 넓

적하게 뜬 돌.

판따지다 ⇨ 판가름하다. 판때리다.
✲ 판단하다.

판때기(板~) = 판자. 판자때기. 널
빤지. ✲ 판판한 나뭇조각.

판마감 ⇨ 판막음. 판막이.

판막다 ✲ 마지막 승리를 하여서 그 판
을 끝내다.

판막이 = 판막음. ✲ ① 마지막 승리.
¶ 씨름판에서 판막음한 사람에게는
흔히 황소 한 마리를 상으로 주었
다. ② 마지막 겨룸. ¶ 판막이 싸움.
☞ 판몰이.

판매고(販賣高) ㉵ ⇨ 판매액. ✲ 판 돈
머리.

판매선(販賣先) ㉵ ⇨ 판매처. ✲ 팔 곳.
판 곳.

판몰이 ✲ 노름판에서 한 사람이 판돈
을 모두 따 몰아서 가지는 일.
☞ 판막이. 판쓸이.

판박이상놈(版~) ⇨ 판상놈. ✲ 아주
못된 상놈.

판별(判別) ✲ 옳고 그름, 좋고 나쁨을
판단하여 구별하는 일. {판별하다.}
☞ 결정. 심판. 판결. 판단. 판정.

판상(辨償) ✲ ① 빚을 갚음. ② 손해를
물어 줌. ③ 지은 죄를 돈으로 갚음.
☞ 배상. 변상. 보상.

판설다 ✲ 사정에 아주 서투르다. ¶ 일
하는 품이 아주 판설다.
☞ 판수익다.

판셈 ✲ 빚쟁이들에게 자기 모든 재산
을 나누어 가지도록 하는 일.
☞ 빚잔치.

판소리 = 광대소리. 창극조. ✲ 우리

민속 음악.
☞ 동편제. 서편제. 중고제.

판소리 다섯 마당 ✲ 춘향가, 심청가,
흥부가, 적벽가, 수궁가.

판소리 여섯 마당 ✲ 판소리 다섯 마당
에 변강쇠 타령을 더한 것.

판소리 열두 마당 ✲ 판소리 여섯 마당
에 배비장 타령, 강릉 매화 타령, 옹
고집 타령, 장끼 타령, 무숙이 타령,
숙영낭자 타령을 더한 것.

판수 = ① 소경. ② 몽수 ✲ 점치는 소
경. ③ 박수. ✲ 사내 무당.

판수익다 ✲ 일의 사정에 아주 익숙하
다. ¶ 판수익은 일 처리가 믿음직하
다.
☞ 판설다.

판싸움 = 판쌈. ✲ 시간과 처소를 정하
고 판을 벌여 하는 싸움.
☞ 패싸움.² 편싸움.

판쓸이 ✲ ① 고스톱에서 한 사람이 바
닥에 깔려 있는 패를 다 가져오는
일. ② 화투판에서 한 사람이 판돈을
모두 차지하는 일.
☞ 판몰이.

판이하게 다르다(判異~) ⇨ 아주 다르
다. ✲ 판이하다.

판자(板子) = 판자때기. 판때기. 널
빤지. {판자벽. 판자촌.}
☞ 판지.

판자문(板子門) = 널문. 널쪽문. ✲ 널
빤지로 만든 문.

판자벽(板子壁) = 널벽. 판장벽. ✲ 널
빤지로 만든 벽.

판자집(板子~) ✲ 판자로 지은 집.

판잣대기(板子~) ⇨ 판자때기.

판잣집(板子～) * 판자를 파는 가게.
판정(判定) * 판별하여 결정하는 일. ¶ 판정을 내리다. 판정에 따르다.
☞ 결정. 심판. 판결. 판단. 판별.
판지(板紙) * 널빤지 모양으로 단단하고 두껍게 만든 종이. ¶ 판지 상자.
☞ 골판지. 널빤지. 판자.
판초자(板硝子) [왜] ⇨ 판유리.
판토마임(pantomime) ⇨ 몸짓극. 벙어리극. ⁑ 팬터마임.
판판 = ①전혀. ¶ 옛날과 판판 다르다. ②완전히. ¶ 판판 실망하다.
판판결 ⇨ 팔팔결. 팔결.
판판이 * ①판마다 ¶ 판판이 이기다. ②언제나 늘. ¶ 판판이 놀고먹는다.
판판히 * 판판하게. ⁑ 평평하고 너르게. ¶ 구겨진 돈을 판판히 펴다.
팔 = 팔때기. ⁑ 어깨에서 손목까지 부분. {팔걸음. 팔걸이. 팔놀림. 팔다리. 팔띠. 팔마디. 팔베개. 팔소매. 팔심. 팔씨름. 팔오금. 팔재간. 팔죽지. 팔짱. 팔춤.} {아래팔. 오른팔. 왼팔. 위팔.} ¶ 팔 둘레. 팔 운동. 팔을 걷고 나서다. 팔을 걷어붙이다. 팔이 들이굽지 내굽나?
☞ 팔뚝.
팔가락지 = 팔쇠. 팔찌. ¶ 팔찌를 끼다. 팔찌를 차다.
팔결 = 팔팔결. ⁑ 다른 정도가 엄청남. ¶ 아비와 아들이 그처럼 팔결이라니.
팔꾸머리 ⇨ 팔꿈치. ⁑ 팔의 위아래 마디가 붙은 뼈마디의 바깥쪽.
팔꿉 ⇨ 팔꿈치. ¶ 팔꿈치를 괴다. 팔꿈치로 옆 사람의 옆구리를 꾹 찔렀다.
팔뒤꿈치 ⇨ 팔꿈치. ¶ 팔꿈치가 시큰거린다.
☞ 팔오금.
팔딱 〈 펄떡. ① 탄력 있게 뛰는 모양. ② 심장이나 맥박이 뛰는 모양.
팔딱거리다 * ① 자꾸 뛰다. ② 성이 나서 팔팔 뛰다. ③ 심장이 뛰다.
☞ 파닥거리다.
팔뚝 = 아래팔. ⁑ 팔꿈치에서 손목까지. ¶ 팔뚝이 굵다. 팔뚝만 한 고기.
☞ 팔목. 팔죽지.
팔뚝시계(～時計) ⇨ 손목시계.
팔뚝질 = 팔짓. ⁑ 팔을 놀리는 짓. {팔뚝질하다.}
팔랑개비 * ① 바람개비. ⁑ 장난감. ② 풍차. ③ 바람을 일으키는 연모.
팔렛트(palette) ⇨ 갤판. 물감판. ⁑ 팔레트.
팔륙사십팔(8×6=48) ⇨ 팔육사십팔.
팔매 * 돌 따위를 손에 쥐고 팔을 흔들어 멀리 내던짐. 또는 그런 물건. {팔매선. 팔매치기.} {팔매하다. 팔매치기하다.} ¶ 팔매를 치다.
☞ 겉팔매. 돌팔매. 물팔매. 줄팔매. 무릿매. 물풀매. 팡개. 풀매.
팔매질 * 돌 따위를 손에 쥐고 멀리 내던지는 짓. {팔매질하다.}
☞ 팡개질. 풀매질.
팔맷돌 * ① 팔매질할 때 쓰는 돌. ② 사냥돌. ¶ 팔맷돌로 토끼를 잡다.
☞ 사냥돌.
팔목 = 팔모가지. ⁑ ①팔 쪽에서 본 팔과 손이 이어진 부분. ②손목의 뼈마디 부분. {오른팔목. 왼팔목.}

ㅍ

¶ 팔목이 부러지다. 팔목을 잡다.
☞ 손목. 손회목. 팔뚝. 팔회목.

팔목시계(~時計) ⇨ 손목시계.

팔목쟁이 ⇨ 팔모가지. 팔목.

팔방(八方) * ①여덟 방위. ⁑ 사방과 동북, 동남, 서북, 서남. ②여러 곳.
☞ 사방.

팔방미인[1](八方美人) * ①아름다운 여자. ②모든 일에 능통한 사람. ③온갖 일에 손을 대는 사람. ⁑ 놀리는 말. ④줏대없이 누구에게나 잘 보이려는 사람.

팔방미인[2](八方美人) ⇨ 줏대 있는 사나이. ⁑ 로버트 볼트의 희곡 이름.

팔부바지〔八分~〕⑩ ⇨ 팔 푼 바지.

팔사파 문자(八思巴 文字) ⇨ 파스파 글자. ⁑ 몽골 글자.

팔삭둥이(八朔~) * ①여덟 달 만에 낳은 아이. ②팔푼이.
☞ 반편이. 여덟달반. 칠삭둥이. 칠푼이. 팔푼이.

팔쇠 = 팔가락지. 팔찌.

팔심 * 팔뚝의 힘. ¶ 팔심이 세다. 팔심이 약하다.
☞ 다릿심.

팔오금 * 팔꿈치의 안쪽. ⁑ 팔의 위아래 뼈마디의 안쪽. ¶ 팔오금이 저리다.
☞ 오금. 다리오금. 한오금. 팔꿈치.

팔월달(八月~) ⇨ 팔월.

팔일오 해방(八一五 解放) ⇨ 팔일오 광복. ⁑ '팔리로 광복'이라 읽음.

팔자(八字) = ①사주팔자. ⁑ 생년월일시를 육십갑자로 나타낸 것. ②운명. {팔자소관. 팔자타령.} ¶ 팔자를 고치다. 팔자가 늘어지다. 팔자가 사납다. 팔자가 세다. 팔자가 좋다. ③한문글자 '八(팔)'의 모양. {팔자수염.}
☞ 사주.

팔자걸음(八字~) = 여덟팔자걸음. ⁑ 발끝은 벌려 거드름스레 걷는 걸음.

팔자땜(八字~) = 사주땜. ⁑ 팔자 때문에 겪게 될 일을 다른 일로 대신함.

팔죽지 = 위팔. ⁑ 어깻죽지에서 팔꿈치 사이.
☞ 팔뚝.

팔진미(八珍味) * 아주 맛있는 음식. ⁑ 바다제비 집, 낙타 혹, 곰 발바닥, 원숭이 골, 오랑우탄 입술, 표범의 태반, 코뿔소 꼬리, 호랑이 불알 요리.

팔짓 = 팔뚝질. ⁑ 팔을 놀리는 짓. {팔짓하다.}

팔짝팔짝 〈 펄쩍펄쩍. ¶ 팔짝팔짝 재주를 넘다.

팔쭉지 ⇨ 팔죽지.

팔찌 = 팔가락지. 팔쇠. {금팔찌. 옥팔찌. 은팔찌.} ¶ 팔찌를 끼다.

팔체(八體) = 팔체서. 팔서. ⁑ 한문글자의 여덟 가지 글씨체. (대전, 소전, 각부, 충서, 모인, 서서, 수서, 예서.)
☞ 글씨체. 십체.

팔팔결 = 팔결. ⁑ 판판 다름. ¶ 형제이면서 왜 그렇게 팔팔결인지 모르겠다.

팔팔하다 〈 펄펄하다. ⁑ ①성질이 거세고 급하다. ②활발하고 생기 있다.

팔푼이(八~) * 생각이 어리석고 하는 짓이 야무지지 못한 사람.

☞ 반편이. 칠삭둥이. 팔삭둥이.

팔회목 = 손회목. ‡ 팔목의 잘록한 부분을 팔 쪽에서 볼 때.

☞ 발회목.

팔힘 ⇨ 팔심.

팜플렛(pamphlet) ⇨ ①작은 책. 작은 책자. ②짧은 논문. ‡ 팸플릿.

팟다리 = 뜸부기. ‡ 새 이름.

팡개 * 논밭에서 새를 쫓는 데 쓰는 대나무 토막.

☞ 팔매. 물풀매.

팡개질 * 팡개로 흙이나 돌멩이를 찍어 던지는 일. {팡개질하다.}

☞ 팔매질. 팽개질.

팡개치다 ⇨ ①팡개질하다. ②팽개치다. 팽개치다.

팡파레(fanfare) ⇨ 축하 음악. 환영 음악. ‡ 팡파르.

팡파짐하다 〈 펑퍼짐하다. ‡ 평평하고 널찍하게 퍼져 있다. ¶ 엉덩이가 팡파짐하다. 그릇이 팡파짐하다.

팥꽃 = 팥노굿. ¶ 팥노굿이 일다.

☞ 노굿. 콩노굿.

팥노굿이 일다 = 팥꽃이 피다.

패¹(牌) = 패거리. ‡ ①같이 어울려 다니는 사람의 무리. ¶ 젊은 패. 늙은 패. 패를 갈라놓다. 패를 짓다. ②하나치. ¶ 두 패로 나누다.

☞ 편.¹

패²(牌) * ①알리는 글을 쓰거나 그림을 그린 종이, 나무, 쇠붙이 조각. ¶ 패를 달다. 패를 붙이다. 패를 차다. 패를 채우다. ②화투의 각 장.

또는 그것이 나타내는 끗수. ¶ 패를 돌리다. 패를 떼다. 패가 좋다.

☞ 팻말.

패각(貝殼) 왜 ⇨ 조가비. 조개껍데기.

패각분(貝殼粉) 왜 ⇨ 조갑가루.

패각상(貝殼狀) 왜 ⇨ 조가비꼴.

패각선(貝殼腺) 왜 ⇨ 조가비샘.

패각암(貝殼岩) 왜 ⇨ 조갯돌. ‡ 코키나.

패각충(貝殼蟲) 왜 ⇨ 깍지벌레.

패갑(貝甲) 왜 ⇨ 조가비. 조개껍데기.

패거리(牌~) = 패. ‡ 같이 어울려 다니는 사람의 무리.

☞ 떼거리.²

패다¹ * ①곡식의 이삭이 나오다. ¶ 보리가 패다. 패는 곡식 이삭 뽑기. ②사내애의 목소리가 깊고 굵게 되다. ¶ 목소리가 패어 합창단에서 나왔다.

☞ 피다.¹

패다² * ① 도끼로 장작을 쪼개다. ② 마구 때리다. ¶ 패 죽이다.

☞ 쪼개다.

패다³ = 파이다. ‡ ‘파다’의 입음. ①구멍이나 구덩이가 생기다. ②그림이나 글씨가 새겨지다. ③종이나 천의 한 부분이 도려지다. ¶ 목선이 패다. ‡ 패고. 패네. 패니. 패면. 팹니다. 패어(패). 팬. 팸. 팹니다.

패랭이¹ = 평량갓. 평량자. ‡ 댓개비로 만든 역졸, 보부상, 상제가 쓰는 갓.

☞ 삿갓.

패랭이²〔石竹花〕 = 패랭이꽃. {각시패랭이꽃. 구름패랭이꽃. 술패랭이꽃.}

패말(牌~) ⇨ 팻말. 패목.

패목(牌木) = 팻말. ‡ 패로 쓰는 말뚝. ¶ 정류장 팻말. 금지 팻말.

패북하다(敗北~) ⇨ 패배하다. ‡ 겨룸이나 싸움에서 지다.

패싸움[1](霸~) * 바둑에서 서로 한 수씩 걸러 가면서 잡으려는 한 집 싸움.

패싸움[2](牌~) = 패쌈. ‡ 패거리들이 무리를 지어 하는 싸움. {패싸움하다.} ☞ 편싸움.

패여지다 ⇨ 패다. 파이다.

패이다 ⇨ 파이다. 패다. ‡ ‘파다’의 입음.

패인 ⇨ 파인. 팬. ‡ 파이다.

패자[1](敗者) * 싸움에 진 사람.

패자[2](覇者) * ①으뜸이 되는 사람. ②힘으로 천하를 다스리는 사람.

패키지여행(package旅行) ⇨ 묶음 여행.

팩성(愎性) ⇨ 퍅성. ‡ 걸핏하면 화를 잘 내는 성질.

팩키지(package) ⇨ ①짐. ②묶음. ③포장. ‡ 패키지.

팬더곰(Panda~) ⇨ 판다. 자이언트 판다. ‡ 아메리카너구릿과의 짐승 이름.

팬둥팬둥 〈 핀둥핀둥. ‡ 게으름을 피우며 놀기만 하는 모양.

팬들팬들 〈 핀들핀들. ‡ 부끄러운 줄 모르고 게으름을 피우며 노는 모양.

팬시점(fancy店) ⇨ 선물 가게.

팬잔례(~禮) * 첫딸을 낳은 턱. {팬잔례하다.} ☞ 생남례. 턱.[1]

팬츠(pants) * ①운동선수가 입는 짧은 바지. ②짧은 속바지.

팬티(panties) * 아래 속옷.

팻말(牌~) = 패목. ‡ 무엇을 표시하거나 알리는 말뚝. ¶ 정류장 팻말. ☞ 푯말.

팻목(牌木) ⇨ 패목.

팽개질 * 짜증이 나거나 못마땅하여 일이나 물건을 내던지거나 내버리는 일. {팽개질하다.} ☞ 팡개질.

팽개치다 = 팽개질하다. ¶ 모자를 팽개치다. 처자를 팽개치다.

팽배해지다(澎湃~) ⇨ 팽배하다. ‡ ①솟구치다. ②거세게 일어나다.

팽창율(膨脹率) ⇨ 팽창률. ‡ 니은을 뺀 받침 뒤에는 ‘률’임.

팽팽이 * 열모기의 새끼. ‡ 열모기는 물고기의 한 가지.

팽팽히 * 팽팽하게. ¶ 기타 줄을 팽팽히 죄다. 팽팽히 맞서다.

퍼그나 〔어〕 ⇨ 퍽.

퍼다 ⇨ 푸다. ‡ 푸고. 푸니. 푼. 풉니다. 퍼. 퍼내다. ¶ 물을 푸다.

퍼더버리다 = 퍼지르다. ‡ 팔다리를 아무렇게나 편하게 뻗다. ☞ 퍼드러지다.

퍼더앉다 = 퍼더버리고 앉다. ¶ 방바닥에 퍼더앉다. 운동장에 퍼더앉다.

퍼덕 〉 파닥. ‡ ①새가 날개를 치는 소리나 모양. ②물고기가 꼬리를 치는 소리나 모양. ③깃발이나 빨래가 바람에 날리는 소리나 모양. ☞ 펄떡.

퍼드덕 〉 파드닥. ‡ 새나 물고기가 날개나 꼬리를 치는 소리나 모양.

퍼드러지다 * 아무렇게나 쭉 뻗고 앉거나 눕다. ¶ 퍼드러져 움직이지 않는다.

☞ 퍼더버리다.

퍼떡 〉 퍼덕. 〉 파딱. 〉 파닥.

퍼뜩 * ① 모습이나 생각이 갑자기 떠오르는 모양. ¶ 이름이 퍼뜩 떠오르지 않았다. ② 물체나 빛이 갑자기 나타나는 모양. ¶ 담을 넘어가는 고양이가 퍼뜩 눈에 띄었다. ③ 갑자기 정신이 드는 모양. ¶ 정신이 퍼뜩 들다.

☞ 언뜻. 냉큼. 퍼떡. 피뜩.

퍼렇다 ‡ 퍼렇고. 퍼렇소. 퍼레. 퍼러니. 퍼럴. 퍼러면. 퍼럽니다.

퍼릇퍼릇 ⇨ 푸릇푸릇.

퍼마시다 * 욕심 사납게 마구 마시다. ¶ 술을 진탕 퍼마시다.

퍼 마시다 * 퍼서 마시다. ¶ 우물에서 물을 퍼 마시다.

퍼먹다 * 마구 먹다. ¶ 배가 고파서 정신없이 밥을 퍼먹다.

퍼 먹다 * 퍼서 먹다. ¶ 밥은 네가 퍼서 먹어라.

퍼센트(percent) = 백분율. ‡ 부호는 ‘%’임.

☞ 프로.

퍼스컴(personal computer) 웨 ⇨ 개인용 컴퓨터.

퍼주다 * 마구 주다. ¶ 그렇게 퍼주다가는 거덜이 나겠다.

퍼 주다 * 퍼서 주다. ¶ 뒤주에서 쌀을 퍼 주다. 밥을 퍼 주다.

퍼지다 * ① 끝쪽으로 가면서 점점 넓어지다. ② 영향이 미치는 범위나 물건의 개수가 늘어나다. ③ 푹 삶아서 물러지다. ④ 지쳐서 힘이 빠지다.

☞ 번지다. 흩어지다.

퍼지르다¹ = 퍼더버리다. ¶ 길바닥에 퍼질러 앉다. 길가에 퍼질러 눕다.

퍼지르다² * ① 말이나 욕설을 마구 하다. ¶ 한바탕 욕이라도 퍼지르고 싶었다. ② 아이를 마구 낳거나 똥을 싸다. ¶ 퍼질러 낳다. 퍼질러 싸다.

퍼트리다 〉 퍼뜨리다. ¶ 널리 퍼지게 하다. ¶ 소문을 퍼트리다.

퍼치다 ⇨ ① 퍼뜨리다. ② 펼치다.

퍽¹ * ① 갑자기 내지르는 소리나 모양. ¶ 옆구리를 퍽 내지르다. ② 갑자기 거꾸러지는 소리나 모양. ¶ 퍽 주저앉았다.

퍽² * 보통 정도를 훨씬 넘게. ¶ 퍽 가깝다. 퍽 다행이다. 퍽 어렵다.

☞ 썩.

퍽으나 〔어〕 ⇨ 퍽.

펀더기 * 넓은 들. ¶ 넓은 펀더기에 온통 꽃씨를 뿌렸다.

☞ 들.¹ 벌.¹

펀뜩 ⇨ ① 퍼뜩. ② 언뜻.

펀펀 = 펀펀히. ‡ 빈둥거리며 노는 모양. ¶ 집에서 펀펀 먹고 논다.

펀펀히 * ① 평평하고 너르게. ② 몸이 부하게. ¶ 펀펀히 살이 쪘다.

펀히 * 끝이 아득할 정도로 넓게. ‡ 펀하다. ¶ 펀히 펼쳐진 들판.

펄 = ① 개펄. ② 벌.

펄떡 〉 팔딱. ‡ ① 가볍게 뛰는 모양. ② 맥이나 심장이 크게 뛰는 모양.

펄럭 〉 팔락. ‡ 바람에 나부끼거나 불

이 가볍게 옮겨 붙는 소리나 모양.

펄렁 〉 팔랑. ＊ 바람에 힘차게 나부끼는 모양.

펄썩 〉 팔싹. ＊ ① 연기나 먼지가 일어나는 모양. ② 맥없이 주저앉는 모양.

펄쩍 〉 팔짝. ＊ ① 힘있게 한 번 뛰는 모양. ¶ 펄쩍 뛰다. ② 닫힌 문을 별안간 여는 모양. ¶ 펄쩍 열다.

펑덩 〉 팡당. ＊ 물건이 깊은 물에 떨어질 때 나는 소리.

펌프(pump) ＊ 무자위. {공기펌프. 기름펌프. 손펌프. 밀펌프. 빨펌프.}

펑퍼짐하다 ＊ 편편하게 가로 퍼져 있다. ¶ 펑퍼짐한 얼굴. 펑퍼짐한 엉덩짝.
　☞ 청처짐하다.

페스트(pest) ＝ 쥣병. ＊ 돌림병 이름.

페스티발(festival) ⇨ 잔치. 큰 잔치. 축전. ＊ 페스티벌.

펫트병(PET瓶) ⇨ 페트병. ¶ 콜라 페트병.

펴낸이 〔發行人〕 ＊ 책을 펴낸 사람.
　☞ 엮은이. 지은이.

펴놓다 ＝ 터놓다. ＊ 속마음을 드러내다. ¶ 마음속을 숨김없이 펴놓다.

펴 놓다 ¶ 책을 펴 놓다. 보자기를 펴 놓다.

펴다 ＊ ① 접거나 개킨 것, 주름 따위를 벌리거나 반반하게 하다. ¶ 날개를 펴다. 우산을 펴다. 주름살을 펴다. ② 굽은 것을 곧게 하다. ¶ 허리를 펴다.

펴락쥐락 ⇨ 쥐락펴락.

펴이다 ＝ 폐다. ＊ '펴다'의 입음. ① 얽

힌 일이 제대로 잘 되어 가다. ② 어려움이 없어지다. ③ 접히거나 개킨 것이나 주름살이 펴지다.
　☞ 피다.¹

펴치다 ⇨ 펼치다.

편¹(便) ＝ ① 쪽. {동편. 서편. 남편. 북편.} ¶ 바람이 부는 편. 이기는 편. ② 편짝. {건너편. 뒤편. 맞은편. 바른편. 반대편. 상대편. 양편. 오른편. 왼편. 이편. 저편. 한편.} {아래편짝. 앞편짝. 위편짝.} ③ 패로 나눈 무리. {편싸움. 편씨름. 편윷. 편짜다.} ④ 어느 부류. ¶ 뜸한 편이다. 돈이 좀 있는 편이다. 잘하는 편이다.
　☞ 파. 패.¹

편²(便) ＊ 오고 가거나 보내는 데 이용하는 기회나 수단. {교통편. 기차편. 배편. 버스편. 비행기편. 선편. 인편. 자동차편. 차편. 철도편. 트럭편. 항공편.} ¶ 가는 편에. 오는 편에.

편³(片) ＝ 뿌리. ＊ 하나치. ¶ 스무 편짜리. 인삼 두 편. 산삼 한 편.
　☞ 채.⁷

편기 ＝ 편과기. 편틀. ＊ 떡을 괴어 올릴 때 쓰는 굽이 높은 나무 그릇.
　☞ 제기.³

편도(片道) ㉈ ⇨ 외곬. 외통.

편도선(扁桃腺) ㉈ ⇨ 구개 편도.

편도선염(扁桃腺炎) ㉈ ⇨ 편도염.

편들다(便~) ＊ 어느 편을 도와주거나 두둔하다. ＊ 옳고 그름을 가리지 않음.
　☞ 감싸다. 두둔하다.

편란운(片亂雲 ⇨ 편난운) ⇨ 토막구름.
편람(便覽) ⇨ 편히 보기. 쉽게 찾기.
편리(便利) * 일하기 편하고 이로우며
　이용하기 쉬움. {편리하다.}
　☞ 편의. 편이. 편익.
편물(編物) ㉿ ⇨ ①뜨개질. ②뜨개것.
편발¹(扁~) = 평발. ✻ 발바닥에 오목
　들어간 데가 없는 발.
　☞ 마당발. 채발.
편발²(編髮) * 머리를 길게 땋아 늘이는
　일. 또는 그런 머리. ¶ 편발 처녀.
편수 = 변씨만두. ✻ 만두의 한 가지.
　☞ 편쑤기.
편수책상(片手冊床) = 외소매책상.
　쪽소매책상.
　☞ 양수책상. 양소매책상.
편싸움(便~) = 편쌈. ✻ 편을 갈라서
　하는 싸움. {편싸움꾼. 편싸움질.}
　☞ 판싸움. 패싸움.
편쑤기 * 정월 초하룻날에 차례를 지
　내는 데 쓰는 떡국.
　☞ 떡국.
편안하다(便安~) * 몸과 마음이 편하
　고 걱정 없이 좋다. ¶ 편안한 자세.
　☞ 평안하다.
편역들다(便~) ⇨ 역성들다. 역성하
　다. 편들다.
편육(片肉) * 무거운 것으로 눌러서
　기름기를 빼고 얇게 저민 쇠고기나
　돼지고기. ¶ 돼지머리 편육. 사태 편
　육. 양지머리 편육.
　☞ 수육. 제육.
편자 * ① 말굽에 대어 붙이는 U 자
　모양의 쇳조각. ② 망건편자.
　☞ 말굽.

편지(便紙) = 글월. {편지꽂이. 편지
　지. 편지질. 편지투. 편지틀. 편지
　함. 돌림편지. 연애편지. 위문편
　지.} ¶ 격려 편지. 문안 편지. 안부
　편지.
　☞ 글월.
편짝(便~) = 편. ✻ 상대하는 두 편
　가운데 어느 한 편. ¶ 이 편짝.
편쪽 ⇨ ①편. ②쪽.
편찮다(便~) = 아프다. ¶ 할아버지
　께서 편찮으시다.
편틀 = 편과기. 편기. ✻ 떡을 괴어 올
　릴 때 쓰는 나무 그릇.
　☞ 제기.³
펼치다 * ①펴서 드러내다. ¶ 책을 펼
　치다. ②접히거나 개킨 것을 펴다.
　¶ 부채를 펼치다. ③생각, 꿈, 계획
　을 이루다. ¶ 제 이론을 펼치다.
　☞ 펴다.
펼친그림〔展開圖〕* 입체의 표면을 펴
　놓은 그림.
　☞ 간잡이그림. 겨냥그림. 마련그림.
펼침막(~幕) * 글씨를 써서 가로로
　걸어놓은 막. ✻ 플래카드.
　☞ 드림막.
평가(平家) ㉿ ⇨ 평집.
평가회(評價會)를 갖다 ⇨ 평가 모임을
　열다.
평가옥(平家屋) ㉿ ⇨ 단층집.
평가조(平家造) ㉿ ⇨ 단층 구조.
평년(平年) * ①농사가 보통으로 된
　해. ②윤년이 아닌 해.
　☞ 예년. 윤년.
평다리치다 = 평자리하다. ✻ 편하게
　앉아서 다리를 쭉 펴다.

평대문(平大門) * ① 행랑채의 높이와 같게 만든 대문. ② 정문과 협문의 높이를 같게 만든 대문.
☞ 솟을대문. 쪽대문.

평두병(平頭鋲) [왜] ⇨ 민머리못. 평머리못. ⁑ 쇠못의 한 가지.

평량갓(平凉~) = 평량자. 패랭이. ⁑ 댓개비를 엮어 만든 갓.
☞ 말총갓. 삿갓.

평미레(平~) * 되질, 말질할 때, 위를 고르게 하는 나무 막대. {평미레질.}
☞ 밀개. 밀방망이.

평미레치다(平~) ⇨ 평미레질하다.

평미리치다(平~) * ① 고르게 하다. ② 평등하게 하다.

평밀이하다(平~) * 평밀이로 나무를 평면이 되도록 대패질하다.

평발(平~) = 편발. ⁑ 발바닥에 오목 들어간 데가 없는 발.
☞ 마당발. 채발.

평발치다 ⇨ 도사리다.

평방근(平方根) [왜] ⇨ 제곱근.

평방미터(平方meter) [왜] ⇨ 제곱미터.

평범잖다(平凡~) ⇨ 평범찮다. ⁑ 울림소리 뒤에는 'ㅏ'만 줆.

평상(平床) * 밖에 내어 놓고 앉거나 눕거나 쉴 수 있게 만든 침상.
☞ 거상.[1] 걸상. 널평상. 살평상. 전평상.

평생(平生) = 한평생. 일생. 일평생. 한뉘. 한살이. {평생소원. 평생지기. 평생직장. 평생토록. 평생회원. 반평생.} ¶ 평생 동안. 평생을 같이 하다.

평소 때(平素 ~) ⇨ 평소. 평상시. 평시. ⁑ 특별한 일이 없는 보통 때.

평안하다(平安~) * 걱정이나 탈이 없다. ¶ 집안이 평안하다.
☞ 편안하다.

평안하셔요(平安~) ⁑ 친구에게 쓰는 인사말.
☞ 안녕하셔요. 무고하셔요. 별고없으셔요.

평양 감사(平壤監司) ⇨ ① 평양 부사. ② 평안 감사.

평영(平泳) [왜] ⇨ 개구리헤엄.

평자리하다 = 평다리치다. ⁑ 편하게 앉아서 다리를 쭉 펴다.

평절(平~) * 앉은절의 한 가지.
☞ 반절.[1] 큰절.[1]

평편하다(平便~) * 바닥이 고르고 판판하다. ¶ 땅바닥이 평편하다.

평평하다(平平~) * ① 평편하다. ② 예사롭고 평범하다. ¶ 얼굴이 평평하다.

평형추(平衡錘) = 가늠추. ⁑ 기관차의 바퀴가 평형을 이루게 하는 추.
☞ 다림추. 드림추.

평화스럽다(平和~) = 평화롭다.

폐(弊) * ① 남에게 끼치는 신세나 괴로움. {폐객(폐꾼).} ¶ 폐를 끼치다. 폐가 많다. 폐가 되다. ② 폐단. ¶ 폐단이 생기다. 폐단을 없애다.
☞ 폐해. 피해.

폐기하다(廢棄~) * ① 못 쓰게 된 것을 버리다. ¶ 폐기 처분. ② 조약, 법령, 약속을 없었던 것으로 하다. ¶ 계약을 폐기하다. 조약을 폐기하다.
☞ 파기하다. 폐쇄하다. 폐지하다.

폐다 = 펴이다. ¶ 일이 폐다. 사업이

폐다. 살림이 폐다. 형편이 폐다.

폐단(弊端) * 일이나 행동에서 나타나는 옳지 못한 경향이나 해로운 현상.
☞ 폐해. 피해.

폐병(肺病) = 폐결핵. {폐병쟁이.}
¶ 폐병에 걸리다. 폐병을 앓다.

폐사(弊社) ⇨ 우리 회사.

폐쇄하다(閉鎖~) ⇨ ① 닫아걸다. 막아 버리다. ‡ 문. ② 없애다. ‡ 기관이나 시설. ③ 끊다. 끊어 버리다. ‡ 문화 교류. 정신 교류.
☞ 개방하다. 폐지하다.

폐염(肺炎) ⇨ 폐렴. ‡ 병 이름.

폐지하다(廢止~) * 제도나 일을 그만두거나 없애다. ¶ 한문글자 섞어 쓰기를 폐지하다.
☞ 폐기하다. 폐쇄하다.

폐하(陛下) * 황제나 황후를 가리키는 높임말. ¶ 폐하께서 부르신다.
☞ 전하.

폐해(弊害) * ① 폐단으로 생기는 손해. ¶ 반상 제도의 폐해. ② 폐가 되는 나쁜 일. ¶ 수백 연래의 폐해이던 파당과 서원을 없애다.
☞ 폐. 피해.

폐허화되다(廢虛化~) ⇨ 쑥대밭이 되다. ‡ 폐허가 되다.

펫병(肺病) ⇨ 폐병. 폐결핵.

포개다 * ① 놓인 것 위에 또 놓다. ¶ 손을 포개다. 옷을 포개 입다. ② 여러 겹으로 접다. ¶ 담요를 포개다. 이불을 포개다.
☞ 쌓다.[1]

포격하다(砲擊~) * 대포를 쏘다. ¶ 마을을 포격하다.

☞ 폭격하다.

포곤하다 ⇨ 포근하다. ‡ 보드랍고 따뜻하다.

포괄하다(包括~) * 대상이나 현상을 어떤 범위나 한계 안에 모두 끌어넣다. ¶ 한국말은 우리 겨레말과 들온말을 포괄하는 말이다.
☞ 포함하다.

포구(浦口) * 배가 드나드는 개어귀. ‡ 강이나 내가 바다와 이어지는 곳.
☞ 항구.

포기 * ① 뿌리를 하나치로 하는 초목의 낱개. {포기김치.} ¶ 벼 포기. 풀 포기. 장미 포기. 포기 수. ② 하나치. ¶ 배추 한 포기. 고추 모 몇 포기.
☞ 그루.[1] 떨기.

포기가름〔分株〕 = 포기나누기. 그루가르기. ‡ 순이 난 뿌리를 나누는 방법.

포대(包袋) = ① 부대. 자루. 포. ② 하나치. ¶ 밀가루 열 포대.

포도아(葡萄牙) ⇨ 포르투갈. ‡ 나라 이름.

포동포동 〈 푸둥푸둥. ‡ 살이 찐 모양. ¶ 얼굴이 포동포동 보얗게 피다.
☞ 피둥피둥.

포드닥 〈 푸드덕. ‡ 새나 물고기가 날개나 꼬리를 치는 소리나 모양.

포드득 〉 보드득. ‡ ① 물건을 비빌 때 나는 소리. ② 무른 똥을 누는 소리.

포르르 * ① 가볍게 떠는 모양. ② 가볍게 불타는 모양. ③ 가볍게 끓는 소리. ④ 가볍게 성을 내는 모양. ⑤ 새가 가볍게 나는 소리나 모양.

포르릉 ＊ 작은 새가 가볍게 나는 소리나 모양.

포룻포룻 ⇨ 파룻파룻.

포백장이(曝白～) ⇨ 마전장이.

포삼(圃蔘) ＊ 삼밭에 심어 가꾼 인삼. ☞ 가삼. 경삼. 산삼. 인삼. 장뇌. 장로.

포스터칼라(poster color) ⇨ 포스터 물감. ＊ 포스터컬러.

포승(捕繩) ＝ 포승줄. ＊ 죄인을 잡아 묶는 노끈. ☞ 오라.²

포시(布施) ⇨ 보시. ＊ 자비심으로 남에게 재물이나 불법을 베푸는 일.

포와(布蛙) ⇨ 하와이. ＊ 땅 이름.

포용성(包容性) ＊ 남을 너그럽게 감싸 주거나 받아들이는 성질. ☞ 부접. 붙임성. 붙접. 푸접.

포용하다(包容～) ⇨ 감싸주다. 덮어주다. 받아들이다.

포촉하다(捕捉 ⇨ 포착～) ＊ ①붙잡다. ¶ 적군을 포착하다. ②(요점, 요령을) 얻다. ¶ 요점을 포착하다. ③알아차리다. ¶ 적기를 포착하다.

포케트(pocket) ⇨ 주머니. 호주머니. ＊ 포켓.

포클레인(Poclain) ＊ 삽차. ＊ 흙을 파 헤치는 일을 하는 차. ☞ 굴착기. 불도저.

포푸라(뽀뿌라. poplar) ⇨ 미루나무. ＊ 포플러.

포함시키다(包含～) ⇨ 포함하다.

포함하다(包含～) ＊ ①함께 들어 있다. ②함께 넣다. ☞ 포괄하다.

폭격하다(爆擊～) ＊ 비행기에서 폭탄을 떨어뜨리다. ¶ 적국을 폭격하다. ☞ 포격하다.

폭넓다(幅～) ＊ ①범위나 영역이 넓다. ②아량이 크다. ③생각이 넓다. ¶ 폭넓은 생각.

폭 넓다(幅～) ＊ 너비가 넓다.

폭도(幅跳) ㉞ ⇨ ①멀리뛰기. ②제자리멀리뛰기.

폭락되어 버리다(暴落～) ⇨ 폭락해 버리다.

폭력 문화(暴力 文化) ⇨ 폭력. 폭력 조직. 폭력주의. 폭력 행위.

폭삭하다¹〔움〕＊ 보드랍게 가라앉거나 쉽게 부서져 내리다.

폭삭하다²〔그〕＊ 가볍고 폭신하다. ¶ 방석이 폭삭하다.

폭음 소리(爆音～) ⇨ 폭음. 폭발 소리.

폭치마(幅～) ＊ 여러 장의 폭을 잇대어 만든 치마. ☞ 꼬리치마. 월남치마. 통치마. 풀치마.

폭팔물(爆發物) ⇨ 폭발물.

폭팔하다(爆發～) ⇨ 폭발하다.

폭학하다(暴虐 ⇨ 포학～) ＊ 몹시 잔인하고 난폭하다. ¶ 포학한 정치.

폴딱〈 풀떡. ＊ 힘을 모아 가볍게 뛰는 모양.

폴락〈 풀럭. ＊ 바람에 날려 아주 빠르게 나부끼는 꼴이나 소리.

폴리에칠랜(polyethylene) ⇨ 폴리에틸렌. ＊ 인조 나뭇진의 한 가지.

폼(form) ⇨ ①자세. ¶ 공을 던지는 자세가 안정되다. ②모양. 자태. ¶ 모양이 나게 옷을 차려입다. 자태가 뛰어나다. ③서식. 형식.
☞ 품.[1]

퐁당 〈 퐁덩. ‡ 물에 떨어질 때 나는
소리.

표구(表具) ㉘ ⇨ 배첩. ‡ 글씨나 그림
에 종이나 천을 발라서 꾸미는 일.

표범(豹~) = 돈점박이. ‡ 짐승 이름.

표시[1](表示) * 마음을 겉으로 나타냄.
¶ 관심을 표시하다. 성의를 표시하
다. 애정을 표시하다. 친근감을 표
시하다. 표시가 나다. 표시를 내다.

표시[2](標示) * 눈에 보이게 표를 하여
보임. ¶ 가격을 표시하다. 경계를 표
시하다. 실적을 표시하다. 원산지를
표시하다. 지도에 표시하다.
☞ 표식. 표지.[2]

표시난(表示欄) ⇨ 표시란. ‡ 한자말
뒤에는 '란'임.

표식(表式) * 무엇을 나타내 보이는
정해진 방식.
☞ 표지.[2]

표주박(瓢~) * 호리병박이나 박을 반
으로 쪼개어 만든, 작은 바가지.
☞ 조롱박.

표준(標準) = 대중. ‡ ①정도나 성격
을 나타내는 근거나 기준. ¶ 표준 시
간. 표준으로 삼다. ② 일반적이거나
평균적인 것. {표준량. 표준액.}
☞ 기준.

표준말(標準~) = 표준어. 대중말.
‡ 대중으로 삼아 써야 하는 말.
☞ 고장말. 방언. 사투리. 서울말. 시
골말.

표지[1](表紙) * 책뚜껑. ‡ 책 맨 앞뒤의
겉장. {겉표지. 뒤표지. 속표지. 앞

표지.} ¶ 표지가 바래다. 표지 안쪽
에 이름을 쓰다.

표지[2](標識) * 다른 사물과 구별하게
하는 표시나 특징. {표지등. 표지색.
표지판.} ¶ 통행금지 표지. 공중전
화 표지. 화장실 표지.
☞ 표시.[2] 표식. 푯말.

표창식(表彰式)**을 갖다** ⇨ 표창식을 하
다. 표창식을 열다.

푯대[1] * 무당이 굿할 때 쓰는 댓가지.

푯대[2](標~) * 목표로 삼아 세우는 대.
¶ 저 푯대를 돌아서 와야 한다.

푯돌(標~) = 표석. ‡ 표지로 세운 돌.
¶ 주시경 선생 집터에 세운 푯돌.

푯말(標~) = 표목. ‡ 표지로 세운 말
뚝. ¶ 흡연 금지 구역 푯말.
☞ 팻말. 표지.[1]

푸나무 * 풀과 나무. ¶ 푸나무가 우거
지다.
☞ 풋나무.

푸네기 * 가까운 제살붙이. ¶ 일가 푸
네기가 네댓씩이나 된다.
☞ 풋내기.

푸다 * 물, 쌀, 가루를 무엇으로 담아
올리다. ‡ 푸고. 푸니. 퍼. 퍼서.
☞ 긷다. 뜨다.[6]

푸다꺼리 ⇨ 푸닥거리. ‡ 무당이 하는
부정풀이, 살풀이 굿. {푸닥거리하
다.}

푸대 ⇨ 부대. ‡ 자루. {쌀부대.} ¶ 밀
가루 두 부대.

푸대접(~待接) * 아무렇게나 하는 대
접. {푸대접하다.} ¶ 푸대접을 받다.
☞ 받대접.

푸덕 〈 푸떡. ‡ 큰 새나 물고기가 세차

게 날개나 꼬리를 치는 소리나 모양.
푸두둑 〉 부두둑. ⁑ 무른 똥을 힘들여 누는 소리.
푸두둥 * 꿩 따위가 갑자기 날 때 나는 소리나 모양.
푸둥푸둥 〉 포동포동. ⁑ 살이 통통하게 찐 모양. ¶ 푸둥푸둥 살이 올랐다.
☞ 피둥피둥.
푸드덕 〉 포드닥. ⁑ 새나 물고기가 날개나 꼬리를 치는 소리.
푸드득 = 푸득. ⁑ ① 단단하고 질긴 물건을 비빌 때 나는 소리. ② 푸두둑.
푸라스틱(plastic) ⇨ 플라스틱. ⁑ 인공 나뭇진의 한 가지.
푸랑카드(placard) ⇨ 펼침막. ⁑ 플래카드.
푸래트홈(platform) ⇨ 플랫폼. 폼. ⁑ 정거장에서 기차를 타고 내리는 곳.
푸렁 * ① 푸른빛. ② 푸른 물감. ⁑ 풀의 빛깔. 바닷물의 빛깔.
☞ 파랑.
푸렁이 * ① 푸른 빛깔을 띤 물건. ② 무등산 수박.
푸렇다 ⇨ 퍼렇다.
푸로[1](percent) [왜] ⇨ 푼수. ⁑ 퍼센트.
푸로[2](program) [왜] ⇨ ① 차림표. ② 제목. ⁑ 프로그램.
푸로[3](professional) [왜] ⇨ ① 전문가. ② 직업. ⁑ 프로페셔널.
푸르다 * ① 풀이나 바다의 빛깔을 띠다. ② 곡식이 덜 익다. ③ 세력이 당당하다. ④ 젊음과 생기가 왕성하다. ⑤ 희망이나 포부가 크고 아름답다. ⑥ 공기가 맑고 신선하다. ⑦ 서늘한 느낌이 있다. {푸르디푸르다.} ⁑ 푸르고. 푸르네. 푸르니. 푸르러. 푸르면. 푸름. 푸른. 푸를. 푸릅니다.
☞ 파랗다.
푸르대콩 = 청대콩. ⁑ 콩의 한 가지.
푸르락붉으락 ⇨ 붉으락푸르락.
푸르르[1] 〉 부르르. ⁑ ① 몸이 떠는 모양. ② 종이나 털이 타는 모양. ③ 물이 끓는 소리나 모양. ④ 성을 내는 모양. ⑤ 새가 나는 모양이나 소리.
푸르르[2] ⇨ 푸르러. ⁑ 푸르다.
푸르르다 ⇨ 푸르다.
푸르른 ⇨ 푸른. ⁑ 푸르다.
푸르를 ⇨ 푸를. ⁑ 푸르다.
푸르름 ⇨ 푸름. ⁑ 푸르다.
푸르릉 〉 포르롱. ⁑ 새가 갑자기 날아가는 소리나 모양.
푸른색(~色) = 푸른빛. ⁑ 풀빛. {푸른나물. 푸른똥.} ¶ 푸른 소나무.
푸른 신호등(~信號燈) ⇨ 파란 신호등.
푸른콩 ⇨ 청대콩. ⁑ 콩의 한 가지.
푸른 창공(~蒼空) ⇨ 파란 하늘.
푸른 하늘 ⇨ 파란 하늘.
푸릇푸릇 = 푸릇푸릇이. ¶ 새싹이 푸릇푸릇 돋다. 푸릇푸릇 멍이 들다.
푸마시 ⇨ 품앗이.
푸새[1] * 옷에 풀을 먹이는 일. ¶ 푸새한 뒤에 생긴 주름살을 다리미로 펴다.
푸새[2] * 산과 들에 저절로 자라는 풀. ¶ 서리 맞은 푸새 같다.
☞ 푸나무. 푸서리.
푸서기 ⇨ 푸석이. ⁑ ① 부스러지기 쉬운 물건. ② 무르게 생긴 사람.
푸서리 * 푸새가 우거지고 거친 땅.

☞ 무서리.

푸석돌 = 석돌. ✳ 푸석푸석한 돌. ¶ 푸석돌에 불 난다.

☞ 차돌. 서벅돌.

푸석살 ✳ ①무른 살. ②조금만 앓아도 금방 빠지는 살.

☞ 군살. 대살. 두부살. 참살.

푸성귀 ✳ 먹을 수 있는 온갖 나물. ✳ 가꾼 것과 저절로 난 것 모두.

☞ 나물. 남새. 채소.

푸섶길 ✳ 풀과 섶이 우거진 길. ¶ 푸섶길을 헤치고 앞으로 나가다.

☞ 길섶길.

푸솜 ✳ 타지 아니한 날솜. ¶ 푸솜을 넣은 이불.

☞ 풀솜.

푸수수 ✳ 어수선하고 엉성한 모양. ¶ 머리칼이 푸수수 일어서다. 푸수수 몸을 털고 일어나다.

푸시시¹ ✳ 불기가 있는 재에 물을 부을 때 나는 소리.

푸시시² ✳ 잠이나 공상에 슬그머니 빠지는 모양. ¶ 푸시시 잠이 들다.

푸시시³ 〉부스스. ¶ 머리털이 푸시시 일어나다. 푸시시 일어나 밖으로 나간다. 흙더미가 푸시시 무너지다.

푸접 ✳ 남에게 인정이나 붙임성, 포용성을 가지고 대하는 성질. ¶ 푸접이 없다. 푸접이 좋다.

☞ 부접. 부쩝. 붙접.

푸접스럽다 ✳ 보기에 붙임성이 없이 쌀쌀한 데가 있다.

☞ 추접스럽다.

푸줏간(~間) = 푸주. 고깃간. ✳ 쇠고기, 돼지고기를 파는 가게.

푼¹ ✳ 하나치. ✳ 퍼센트. ¶ 이 할 서 푼 육 리.

☞ 분.⁷

푼² ✳ 길이의 하나치. ✳ 한 치의 십분의 일. ¶ 두 자 한 치 서 푼.

☞ 자.¹ 치.²

푼³ = 푼쭝. ✳ 무게의 하나치. 한 돈의 십분의 일. ¶ 석 냥 한 돈 오 푼.

☞ 근.³ 냥. 돈.²

푼⁴ = 닢. ✳ 돈의 하나치. ¶ 엽전 한 푼. 돈 한 닢.

☞ 냥.

푼거리질 = 대푼거리질. ✳ 땔나무나 물건을 몇 푼어치씩 사서 쓰는 일.

푼나무 = 푼거리나무. ✳ 몇 푼어치씩 팔고 사는 땔나무.

☞ 풋나무.

푼내기 ✳ ①푼거리. ✳ 몇 푼어치씩 팔고 사는 일. ②푼돈으로 하는 노름.

☞ 풋내기.

푼돈 ✳ ①몇 푼의 적은 돈. ②적은 액수로 나뉜 돈.

☞ 목돈. 잔돈.¹

푼수¹ = 푼수데기. ✳ 어리석은 사람. ¶ 푼수데기 여편네.

푼수² ✳ ①얼마에 맞먹는 정도. ¶ 두어 마지기 푼수가 되다. ②상태나 형편. {살림푼수.} ¶ 늙은 푼수. 세간 푼수.

푼전(~分錢) ⇨ 푼돈.

푼쭝 = 푼. ✳ 금이나 한약의 무게를 달 때 쓰는 하나치. ¶ 녹용 한 푼쭝.

푼칭〔分秤〕 ⇨ 약저울. ✳ 분칭. 금이나 약을 달 때 씀.

푼푼이 ✳ 한 푼씩 한 푼씩. ¶ 푼푼이

모은 돈이 백만 원이 넘는다.

푼푼히 * ① 모자람 없이 넉넉히. ¶ 용돈을 푼푼히 주다. ② 시원스럽고 너그럽게. ¶ 돈이 없어 막걸리도 푼푼히 마시지 못했다.

풀[1] * 무엇을 붙이거나 옷감을 빳빳하게 하는 물질. {갖풀. 고무풀. 녹말풀. 민어풀. 밀풀. 밥풀. 부레풀. 쌀풀. 찹쌀풀.} {풀기. 풀비.} {풀하다.} ¶ 풀 방구리. 풀을 먹이다. 풀이 서다. 풀 쑤다. 풀이 죽다.
　☞ 풀기.[1]

풀[2] * 세찬 기세나 활발한 기운. ¶ 풀이 꺾이다. 풀이 죽다.
　☞ 풀기.[2]

풀[3] * ① 줄기와 잎을 구별하기 어려운 식물. {풀길이. 풀꽃. 풀꾼. 풀단. 풀대. 풀덤불. 풀독. 풀둔덕. 풀등. 풀떨기. 풀띠. 풀막. 풀매기. 풀물. 풀방석. 풀밭. 풀밭띠. 풀벌. 풀베기. 풀빛(풀색). 풀뿌리. 풀숲. 풀싹. 풀씨. 풀잎. 풀줄기. 풀포기. 풀피리(풀잎피리).} {마른풀. 생풀.} {한해살이풀. 여러해살이풀.} ¶ 풀향기. 풀이 나다. 풀을 뜯다. 풀을 베다. 풀을 뽑다. ② 갈풀. {풀꺾다.}
　☞ 푸성귀.

풀가시 = 풀가사리. 가사리. * 바닷말의 한 가지.

풀각시 * 막대기나 수수깡에 풀로 머리를 곱게 땋아서 만든 인형.

풀갓 * 풀이나 갈풀 따위를 함부로 베지 못하게 하여 가꾸는 땅이나 산.
　☞ 나뭇갓. 말림갓.

풀거름 ⇨ 풋거름.

풀기[1](~氣) * ① 옷 따위에 밴 풀의 빳빳한 기운. ¶ 풀기가 깔깔한 홑이불. ② 끈끈한 성질이나 차진 기운. ¶ 풀기가 없는 식은 밥.
　☞ 풀.[1]

풀기[2](~氣) * 활발한 기운. ¶ 풀기가 죽다. 풀기가 없다. 풀기를 잃다.
　☞ 풀.[2]

풀꺾이 = 갈꺾이. * 모낼 논에 거름으로 쓰려고 갈풀을 베는 일.

풀내[1] * 옷에 먹인 풀에서 나는 냄새.

풀내[2] ⇨ 풋내. 풀 냄새.

풀다 * ① 감고 묶고 싸고 매고 꼬고 얽고 조인 것을 그렇지 않게 하다. ¶ 보따리를 풀다. ② 마음에 맺히거나 마음이 조인 것을 없애다. ¶ 분을 풀다.
　☞ 끄르다.

풀떡[1] = 풀떼기. * 잡곡 가루로 범벅보다 묽고 죽보다 되게 쑨 음식.

풀떡[2] 〉 폴딱 * 힘을 모아 한 번 뛰는 모양. ¶ 사슴이 풀떡 뛰어오르다.

풀떼죽(~粥) ⇨ 풀떡. 풀떼기.

풀랑카드(placard) ⇨ 펼침막. * 플래카드.
　☞ 현수막. 드림막.

풀럭 〉 폴락 * 바람에 날리어 가볍고 빠르게 나부끼는 모양.

풀렁 〉 폴랑 * 바람에 날리어 둔하고 세차게 나부끼는 모양.

풀려나오다 = 풀려나다. * 잡히거나 갇혔다가 자유롭게 되다.

풀려 나오다 ¶ 뜨갯것에서 실이 풀려서 나오다.

풀려지다 ⇨ 풀리다.

풀리다 * ‘풀다’의 입음. ＊ ①엉기고 매이고 감기고 막혔던 것이 저절로 그렇지 않게 되다. ＊ 매듭. 분. 오해. 소원. 문제. 규제. 피로. 점괘. 표정. 날씨. ②덩어리나 가루가 액체 속에서 녹아 퍼지다. ＊ 가루. 물감.
☞ 녹다.¹

풀매 * 풀쌀을 가는 작은 맷돌. ¶ 불린 쌀을 풀매에 갈아서 풀을 쑤다.
☞ 맷돌. 물풀매. 팔매. 풀맷돌.

풀매기 * 잡초를 뽑아 없애는 일. {풀매기하다.}
☞ 김매기.

풀매듭 * 고를 내어 풀기 쉽게 맨 매듭.
☞ 옭매듭.

풀맷돌 * 고운 돌로 조그맣게 만든 맷돌.
☞ 맷돌. 풀매.

풀무〔冶爐〕* 바람을 일으키는 연모. {골풀무(발풀무). 손풀무.} {풀무질.}
☞ 부채.¹

풀무간(~間) ⇨ 대장간.

풀반지 = 뿔빤지. ＊ 멸칫과의 바닷고기 이름.
☞ 꽃반지.

풀붓 ⇨ ①귀얄. ②풀비.

풀비 * 짚 이삭으로 만든 작은 비. ＊ 귀얄 대신으로 씀.
☞ 귀얄.

풀섶 ⇨ 풀숲. ＊ 풀이 우거진 수풀.

풀소 ⇨ 푿소. ＊ 여름에 생풀만 먹고 자란 소. {푿소가죽. 푿소고기.}

풀솔 ⇨ ①귀얄. ②풀비.

풀솜 = 명주솜. ＊ 허드레 누에고치로 만든 솜. ¶ 구름 같은 풀솜.
☞ 푸솜.

풀솜할머니 = 외할머니.

풀쌈 = 풀싸움. ＊ ①아이들 놀이의 하나. ②풀을 베어서 일어나는 싸움.

풀쌔기 ⇨ 풀쐐기. 쐐기. ＊ 풀나방의 애벌레.

풀썩 〉 폴싹. ＊ ①연기나 먼지가 일어나는 모양. ②맥없이 주저앉는 모양.

풀쑥 〉 불쑥. ＊ 갑자기 나오거나 내밀거나 나타나거나 생기는 모양.

풀씬 ⇨ 풀썩.

풀어놓다 ¶ 도둑을 잡으려고 사람을 풀어놓았다.

풀어 놓다 * 매었던 것을 헤치다. ¶ 짐을 풀어 놓다. 소를 풀어 놓다.

풀어먹다 = 써먹다. ＊ 이용하다. ¶ 되로 배워서 말로 풀어먹다.

풀어먹이다 = 풀어내다. ＊ 귀신에게 죽을 먹이거나 푸닥거리를 하다.

풀어쓰다 * ‘강산’을 ‘ㄱ, ㅏ, ㅇ, ㅅ, ㅏ, ㄴ’처럼 첫소리, 가운뎃소리, 받침을 차례대로 늘어서 쓰다.
☞ 모아쓰다.

풀어지다 ⇨ 풀리다.

풀이¹ * 모르거나 어려운 일을 알기 쉽게 밝힘. {그림풀이. 뜻풀이. 십자말풀이.} {풀이꼴. 풀이말. 풀이씨. 풀잇법.} ¶ 낱말 풀이. 문제 풀이.

풀이² * ①엉기거나 맺힌 것을 풂. {골풀이. 댕기풀이. 독살풀이(독풀이). 망발풀이. 부정풀이. 분풀이. 성풀이. 심심풀이. 한풀이. 화풀이.} ②굿. {살풀이. 삼신풀이. 성주풀

이. 제석풀이.}

풀잎피리 = 풀피리. ＊ 입술 사이에 풀잎을 대고 부는 것. ¶ 풀피리 소리. ☞ 버들피리. 호드기.

풀죽(～粥) ＊ ① 나물죽. ② 풀을 썰어서 끓인 마소의 먹이. ☞ 여물죽.

풀치마 = 꼬리치마. ＊ 양쪽으로 선단이 있어 둘러 입도록 만든 치마. ☞ 월남치마. 통치마. 폭치마.

품[1] = 품새. ＊ 행동이나 말씨에서 드러나는 태도나 됨됨이. ¶ 날뛰는 품. 말하는 품. 서두르는 품. 옷 입은 품. 동생을 돌보는 품이 제법이다. ☞ 폼.

품[2] ＊ ① 윗옷을 입었을 때 가슴과 등이 들어가는 부분의 넓이. {뒤품. 앞품.} ② 가슴과 옷 사이의 틈. ¶ 품에 칼을 품다. ③ 두 팔을 벌려서 안을 때의 가슴. {품방아. 품속.} ¶ 품에 들다. 품에 안다. ④ 그 안에 무엇을 간직할 수 있는 따뜻한 가슴. ¶ 넓은 품. 엄마의 품. 조국의 품. ☞ 가슴.

품[3] ＊ 일을 하는 데 드는 힘이나 수고. {품갈이. 품값음. 품돈. 품밥. 품셈. 품팔이.} {품버리다.} {날품. 다리품. 말품. 매품. 바느질품. 발품. 방아품. 빨래품. 헛다리품.} ¶ 품을 갚다. 품이 들다. 품을 앗다. 품을 팔다.

품값 = 품삯. ＊ 품을 팔고 받는 돈. ¶ 품값을 받다. 품값을 주다.

품귀하다(品貴～) 웹 ⇨ (물건이) 달리다.

품꾼 = 품팔이꾼. ＊ 품팔이하는 사람. ☞ 놉. 삯팔이꾼. 삯벌이꾼. 삯꾼.

품다[1] ＊ ① 품속에 넣다. ¶ 암탉이 알을 품다. 아기를 가슴에 품다. 은장도를 가슴에 품다. ② 생각이나 느낌을 마음속에 지니다. ¶ 앙심을 품다. 연정을 품다. 의문을 품다. 불만을 품다. ③ 기운을 지니다. ¶ 냉기를 품다. ☞ 안다.

품다[2] ＊ ① 괴어 있는 물을 계속해서 푸다. ¶ 무자위로 저수지 물을 품다. ② 입이나 통 안에 든 액체를 내뿜리다. ¶ 입으로 물을 품다. ☞ 뿜다.

품새 = 품. ＊ 행동이나 말씨에서 드러나는 태도와 됨됨이. ¶ 말하는 품새가 제 아비를 닮았다. 옷을 차려 입은 품새를 보니 또 나들이를 할 모양이다.

품세 ＊ 태권도에서 기본 기술을 연결한 연속 동작.

품속 = 품안. ¶ 품속에 안기다. 품속을 파고들다. 품안의 자식.

품신하다(稟申～) 웹 ⇨ 사뢰다. (말씀) 올리다. ＊ 상신하다. 건의하다.

품앗이 ＊ 서로 품을 지고 갚는 일. ¶ 품앗이로 일을 하다. ☞ 두레.[3]

품어 내다 ＊ 품어서 바깥으로 나오게 하다. ¶ 무자위가 물을 품어 내다. ☞ 뿜어내다.

품의하다(稟議～) 웹 ⇨ 여쭤보다. ＊ 문의하다.

품절되다(品切～) 웹 ⇨ (물건이) 동나다. 떨어지다. 바닥나다. ＊ 절품되다.

품팔이 = 삯품팔이. ＊ 품삯을 받고 남의 일을 해 주는 일. 또는 그런 사람. ☞ 날품팔이. 매품팔이.

품팔이꾼 = 품꾼. ＊ 품팔이하는 사람. ☞ 놉. 삯팔이꾼. 삯벌이꾼. 삯꾼.

품평회(品評會)**를 갖다** ⇨ 품평회를 열다.

풋~ ＊ ①채 덜 익은. {풋감. 풋것. 풋고추. 풋김치. 풋나물. 풋대추. 풋마늘. 풋콩.} ②깊지 않은. {풋바둑. 풋사랑. 풋잠. 풋정.}

풋곡(~穀) = 풋곡식. ＊ 덜 익은 곡식.

풋과일 ＊ 아직 무르녹게 다 익지 않은 과일. ☞ 도사리.² 똘기.

풋나기 ⇨ 풋내기.

풋나무 ＊ 새나무, 갈잎나무, 풋장을 통틀어 일컫는 말. ☞ 푸나무. 푼나무.

풋내 ＊ ①풀 냄새. ②어린 티. ③경험이 적은 티. ☞ 날내. 비린내.

풋내기 = 신출내기. 생무지. 애송이. ＊ ①경험이 없어서 일에 서투른 사람. ②차분하지 못하여 객기를 잘 부리는 사람. ☞ 푼내기. 푸네기.

풋내기극(~劇) = 쥐대기극. ＊ 아마추어 극.

풋머슴 ⇨ 선머슴. ＊ 덜렁거리는 사내아이.

풋바심 ＊ 채 익지 않은 벼나 보리를 베어 떨거나 훑는 일. {풋바심하다.} ☞ 바심.¹ 마당질. 타작.

풋소 ⇨ 푿소. ＊ 여름에 생풀만 먹고 자란 소.

풋솜 ⇨ 풀솜. 명주솜.

풋술 = 생술. ＊ 맛도 모르면서 마시는 술.

풋실과(~實果) ⇨ 풋과일.

풋심 ＊ 어설프게 내는 힘. ¶ 풋심 좀 쓴다고 까불다가 큰코다치다. ☞ 하루걸이.

풋잠 ＊ 잠든 지 얼마 안 되어 깊이 들지 않은 잠. ¶ 풋잠이 들다. ☞ 잠.¹

풋초(~草) ⇨ 풋담배.

풋호박 ⇨ 애호박.

풍계묻이 ＊ 어떤 물건을 감추고 서로 찾아내는 아이들의 놀이. ☞ 보물찾기.

풍금땡금놀이 ＊ 계집애들 놀이의 하나. ☞ 보물찾기.

풍덩 〉 퐁당. ＊ 물건이 물에 떨어질 때 나는 소리.

풍뎅이¹ ＊ 풍뎅잇과의 벌레 이름. {구리풍뎅이. 오리나무풍뎅이.}

풍뎅이² ＊ 추위를 막는 모자의 하나. ＊ 남바위와 비슷하나 가를 모피로 꾸밈. ☞ 남바위. 아얌. 조바위. 휘양.

풍로(風爐) ＊ 화로의 하나. {풍롯불.} {가스풍로. 전기풍로. 흙풍로.} ☞ 화덕.

풍물¹(風物) = ①경치. ¶ 산천 풍물. ②구경거리. ¶ 풍물 기행.

풍물²(風物) ＊ 남사당놀이의 첫째 놀이. ＊ 윗다리 가락을 바탕으로 한 농악.

풍물³(風物) ＊ 농악에 쓰는 모든 악기.

⁂ 꽹과리. 나발. 소고. 북. 장구. 징. 태평소. ¶ 풍물 소리. 풍물을 울리다. 풍물을 치다.

풍물놀이(風物~) ＝ 농악.

풍물장이(風物~) ⁂ 농악에 쓰는 악기를 만드는 기술자.

풍물재비(風物~) ＝ 풍물꾼. ⁂ 풍물을 치거나 부는 사람.

풍산개(風山~) ⁂ 우리나라 토종개의 하나.
　☞ 삽살개. 진돗개.

풍석질(風蓆~) ＝ 부뚜질. ⁂ 타작마당에서 부뚜로 바람을 일으키는 일.

풍속(風俗) ⁂ ① 예부터 그 사회에 전해 내려오는 습관. ¶ 지방마다 풍속이 다르다. ② 그 시대의 유행과 습관. ¶ 풍속이 문란하다.
　☞ 관습.

풍수장이(風水~) ⇨ 풍수쟁이. 풍수. 지관. ⁂ 집터나 묏자리를 보는 사람.

풍신수길(豊臣秀吉) ⇨ 도요토미 히데요시. ⁂ 사람 이름.

풍악산(楓嶽山) ⁂ 가을철의 금강산을 일컫는 이름.
　☞ 개골산. 금강산. 봉래산.

풍장이(風~) ⇨ 허풍선. 허풍선이. 허풍쟁이.

풍지박산〔風飛雹散〕 ⇨ 풍비박산. ⁂ 사방으로 날아 흩어짐.

프랑(Franc) ⁂ 프랑스, 스위스, 벨기에 돈의 하나치.
　☞ 달러. 바트. 엔.¹ 원.¹ 위안. 유로. 파운드.

프랑카드(placard) ⇨ 펼침막. ⁂ 플래카드.

　☞ 현수막. 드림막.

프러덕션(production) ⇨ (영화) 제작소. ⁂ 프로덕션.

프로(pro) ⇨ ① 퍼센트. ② 프로그램. ③ 프로페셔널.

프로포즈(propose) ⇨ ① 제안. ② 청혼. ⁂ 프러포즈.

플라시보(placebo) ⇨ 속임약. ⁂ 플라세보.

플래쉬(flash) ⇨ 손전등. ⁂ 플래시.

플랭카드(placard) ⇨ 펼침막. ⁂ 플래카드.
　☞ 현수막. 드림막.

플룻(flute) ⇨ 플루트. ⁂ 악기 이름.

피¹ ⁂ ① 혈액 ⁂ 사람이나 짐승의 몸속을 돌고 있는 붉은 핏물. {피거품. 피검사. 피눈물. 피땀. 피똥. 피무늬. 피바다. 피바람. 피비린내. 피오줌. 피투성이. 핏값. 핏기. 핏대. 핏덩어리(핏덩이). 핏발. 핏방울. 핏빛. 핏자국. 핏줄.} {피비리다. 피어리다} {먹피. 선지피. 죽은피. 코피.} ¶ 피를 나누다. 피가 마르다. 피를 말리다. 피를 묻히다. 피를 보다. 피를 토하다. 피를 흘리다. ② 혈기. ¶ 피가 끓다. 피가 뜨겁다. ③ 희생. ¶ 피를 뿌리다.

피² ⁂ 볏과의 한해살이 풀. {피고개. 피사리. 피죽바람. 핏겨.}
　☞ 개피.

피고개 ⁂ 피도 패지 아니할 무렵에 양식 사정이 어려운 고비.
　☞ 감잣고개. 보릿고개.

피고지다 ⇨ 피고 지다. ¶ 꽃이 피고 지다.

피나다 * 몹시 고생을 하거나 힘들여서 하다. ¶ 피나는 노력 끝에 성공하다.

피 나다 = 피가 나오다. ¶ 상처에서 피가 나다.

피난하다(避難~) * 재난을 피하여 옮겨가다. ‡ 불행하고 어려운 지경.
☞ 피란하다.

피납되다(被拉 ⇨ 피랍~) ⇨ 붙들려 가다. 잡혀가다. ‡ 납치되다.

피다¹ * ①꽃봉오리나 잎이 벌어지다. ¶ 꽃이 피다. ②살이 오르고 얼굴빛이 좋아지다. ¶ 얼굴이 피다. ③불이 일어나다. ¶ 숯불이 피다. ④연기나 구름이 커지다. ¶ 연기가 피어오르다. ⑤집안 형편이 좋아지다. ¶ 살림이 피다. ⑥천에 보풀이 일어나다. ¶ 보풀이 피다. ⑦웃음이 겉으로 나타나다. ¶ 웃음꽃이 피다. ⑧곰팡이, 버짐, 검버섯이 생기다. ¶ 버짐이 피다.
☞ 패다.¹ 펴이다. 피우다.

피다² * 액체가 종이나 천에 묻어 퍼지다. ¶ 한지에 먹이 피다. 잉크가 피다.
☞ 번지다.

피둥피둥 * ①볼썽사납게 살이 찐 모양. ②살이 찌고 탄력이 있는 모양. ③말을 잘 듣지 않고 엇나가는 모양. ¶ 피둥피둥 놀기만 한다.
☞ 포동포동.

피뜩 * ①어떤 모습이나 생각이 갑자기 나타났다가 사라지는 모양. ¶ 어떤 생각이 피뜩 떠올랐다 사라졌다. ②갑자기 눈길을 돌려 잠깐 바라보는 모양. ¶ 피뜩 아래로 내려다보니 담 위에 철조망이 눈에 띄었다.
☞ 퍼뜩.

피라미 * ①민물고기 이름. ②하찮은 것. ¶ 피라미 같은 놈들.
☞ 피리.

피라밋(pyramid) ⇨ 피라미드. {피라미드형.} ¶ 먹이 피라미드.

피란하다(避亂~) * 전쟁을 피하여 옮겨가다. ‡ 질서가 없고 어지러운 상태.
☞ 피난하다.

피랍되다(被拉~) ⇨ 잡혀가다. 붙들리어 가다. ‡ 납치되다.

피래미 ⇨ 피라미.

피로연(披露宴) ㉮ ⇨ 잔치. ‡ 돌. 출판 기념회. 혼인. 환갑.

피로회복(疲勞回復) ㉮ ⇨ 피로 해소. 건강 회복. 원기 회복.

피륙 * 짠 그대로 아직 끊지 아니한 베, 무명, 비단 따위의 천.
☞ 천.

피리 * 악기 이름. {가로피리. 버들피리. 보리피리. 뿔피리. 세로피리. 옥피리. 파피리. 풀피리(풀잎피리)}. {당피리. 세피리. 향피리.} ¶ 피리 소리.
☞ 저.⁵ 퉁소. 피라미.

피리새 = 멋쟁이. ‡ 되샛과의 새 이름.

피리서 = 피리청. 서. ‡ 목관 악기의 부리에 끼워 소리를 내는 얇은 조각.

피마자 = ①아주까리씨. ②아주까리. ‡ 한해살이풀의 하나. {피마자 기름.}

피말 ⇨ 피마. ‡ 다 큰 암말.

피맺히다 * 가슴에 한이 사무치다. ¶ 피맺힌 설움. 피맺힌 원한.

피 맺히다 ¶ 매 맞은 자리에 퍼렇게 피가 맺히다.

피멍 = 멍. * ① 살가죽 아래 퍼렇게 맺힌 피. ¶ 피멍이 들다. ② 억울하거나 원통한 일.

피멍울 * 피가 둥글게 엉기어 덩어리진 것.
　☞ 핏방울.

피발(~拔) ⇨ 피사리. * 논에서 피를 뽑는 일.

피밤(皮~) ⇨ 겉밤. * 껍질을 벗기지 않은 밤.

피범벅 * 여러 군데에 피가 묻어 뒤범벅이 됨. ¶ 얻어맞아서 피범벅이 되다.
　☞ 살범벅.

피봉(皮封) = 겉봉. * 편지를 넣는 봉투. ¶ 피봉에 받는 사람 이름을 쓴다.
　☞ 봉투.

피부선(皮膚腺) ㉾ ⇨ 살갗샘.

피붙이 = 살붙이. * ① 부모와 자식 사이. ② 형제자매.
　☞ 살붙이. 푸네기.

피살이 ⇨ 피사리. * 논에서 피를 뽑는 일.

피살당하다(被殺當~) ⇨ 죽임을 당하다. * 살해되다.

피살되다(被殺~) ⇨ 죽임을 당하다. * 살해되다.

피새¹ * 걸핏하면 화를 잘 내는 성질. {피새내다} ¶ 피새를 부리다. 피새가 여물다.

피새² * 알랑거리며 늘어놓는 말. ¶ 피새를 떨다. 피새를 올리다.

피새나다 * 남모르던 일이 뜻밖에 드러나다.
　☞ 들통나다. 자드락나다.

피새놓다 = 방해하다. 훼방을 놓다.

피습당하다(被襲當~) ⇨ 습격을 받다.

피습받다(被襲~) ⇨ 습격을 받다.

피안다미조개 = 피조개. 새고막. * 조개의 한 가지.

피여 ⇨ 피어. * 피다. ¶ 꽃이 피었다.

피우다 * ① ‘피다’의 하임. * 냄새. 담배. 먼지. 불. 연기. 웃음꽃. ② 어떤 짓을 하다. {꾀피우다. 바람피우다.} * 가살. 거드름. 게으름. 고집. 넉살. 독살. 딴전. 딴청. 소란. 어리광. 재롱.
　☞ 떨다.³ 부리다.² 피다.¹

피울려거든 ⇨ 피우려거든. 피우려고 하거든. ¶ 담배를 피우려거든.

피읖 * 한글 닿소리 ‘ㅍ’의 이름. * ‘피읖이’는 ‘피으비’로 읽음.

피이다 ⇨ ① 펴이다. ② 피우다.

피잣(皮~) ⇨ 겉잣. * 껍데기를 벗기지 않은 잣.

피잣집(pizza~) ⇨ 피자집. * 피자를 만들어 파는 가게.

피접하다(避接~) ⇨ 비접하다. * 앓는 사람이 다른 곳으로 자리를 옮겨서 병을 다스리다. 전지 요양하다. ¶ 비접을 나가다.

피젯수(被除數) ⇨ 나눔수. 나뉘는수. * 피제수.

피조개 = 새고막. 피안다미조개. * 조개의 한 가지.

피죽¹(~粥) * 피로 끓인 죽. * 피는 논

에 나는 한해살이풀. 또는 그 열매
임.

피죽²(皮竹) * 대나무의 겉껍질.
☞ 죽데기.

피지선(皮脂腺) 왜 ⇨ 굳기름샘.

피천 = 노린동전. 노린전. ＊ 매우 적
은 액수의 돈. ¶ 피천 한 닢 없다.

피케트(picket) ⇨ 팻말. ＊ 피켓.

피해(被害) * 생명, 신체, 재산, 명예
에 손해를 입는 일.
☞ 언걸. 폐. 폐해.

피해당하다(被害當~) ⇨ 해를 입다.

피해입다(被害~) ⇨ 해를 입다.

픽사리〔下~〕왜 ⇨ 헛치기. ＊ 당구.

핀둥이 ⇨ ①핀잔. ②핑구. ＊ 위에 꼭
지가 달린 팽이.

핀둥이 쏘이다 ⇨ 핀잔먹다.

핀둥이 주다 ⇨ 핀잔주다.

핀둥핀둥 〉팬둥팬둥. ＊ 하는 일 없이
게으름만 피우는 모양.

핀들핀들 〉팬들팬들. ＊ 얄밉도록 뻔
뻔하게 게으름만 피우는 모양.

핀세트(pincette) ⇨ 집게. ＊ 핀셋.

핀잔맞다 = 핀잔먹다. ＊ 핀잔을 듣다.

핀잔주다 = 핀잔하다. ＊ 핀잔을 놓다.

필(疋) * 피륙을 세는 하나치. ＊ 40마.
50마. ¶ 비단 한 필. 삼베 두 필.
☞ 자.¹ 마. 동.⁴

필기도구(筆記道具) 왜 ⇨ 글 쓰는 연
모. ＊ 만년필. 볼펜. 붓. 연필.

필림(film) ⇨ 필름. ＊ ①셀로판과 같
은 엷은 막. ②사진을 찍는 물건.

필생(畢生) ⇨ 평생. 한평생. 한뉘.
일생.

필요(必要)**로 하다** ⇨ 필요하다.

필지(筆地) = 필. ＊ 논, 밭, 산, 대지
를 세는 하나치. ¶ 밭 두 필지.

필하다(畢~) ⇨ 마치다.

필히(必~) 왜 ⇨ 반드시. 꼭.

핏골집 * 돼지 창자에 피를 섞어서 삶
아 만든 음식.
☞ 순대.

핏기(~氣) * 얼굴에 드러난 빛깔. ¶ 핏
기가 가시다. 핏기를 잃다.
☞ 핏발.

핏대 * ①큰 핏줄. ¶ 핏대가 서다.
②성. ¶ 핏대를 세우다.

핏대줄 = 핏줄. ＊ 혈관.

핏덩이 = ①핏덩어리. ②갓난아기.

핏발 * 한 부분에 피가 몰려 붉게 된
결. ¶ 핏발이 삭다. 눈에 핏발이 서다.
☞ 핏기.

핏방울 * 방울져 나온 피. ¶ 핏방울이
떨어지다. 핏방울이 튀다.
☞ 피멍울.

핑계 * ①책임을 피하거나 사실을 감
추려고 방패막이로 내세우는 일.
②잘못한 일에 대하여 이리저리 돌
려 말하는 구차한 변명.
☞ 이유. 빌미.

핑고 ⇨ 핑구. ＊ 꼭지가 달린 팽이.
¶ 얼음판에서 핑구를 돌리며 놀다.

핑크 무드(pink mood) 왜 ⇨ 달콤한
분위기.

핑크빛(pink) ⇨ 분홍빛. ＊ 핑크.

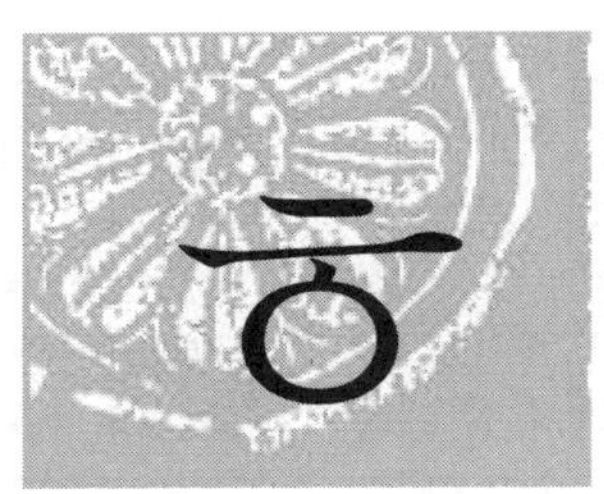

하강(下降)**이 있다** ⇨ 내리다. ✳ 하강하다. ¶ 국기를 내리다.

하거나 말거나 = 하건 말건.

하거라 ⇨ 하여라. ✳ '거라'는 '가거라'에만 씀.

하게시리 ⇨ 하게끔. 하도록.

하게하다 * '하게체'로 말하다.

하게 하다 * 하도록 시키다. ¶ 공부를 하게 하다. 청소를 하게 하다.

하겠다는 걸 = 하겠다는 것을. ✳ '것'은 매인이름씨.

하겠던걸 ¶ 그 사람은 그렇게 하겠던걸. ✳ 'ㄴ걸'은 맺음끝.

하겠아오니 ⇨ 하겠사오니.

하고[1] 〔토〕 = 와. 과. 이랑. ¶ 연필하고 책을 가져 오너라. 너하고 나하고는 친구다. 누구하고 놀까. 애인하고 헤어지다. 너하고 다르다.

하고[2] 〔토〕 ¶ "얼마나 좋을까?"하고 생각했다. ✳ 바로 따옴 토씨.

　☞ 라고.

하고저 ⇨ 하고자.

하고하다 = 하고많다 ✳ 많고 많다. ¶ 하고한 것 중에 하필 이것이냐?

　☞ 허구하다.

하관이 빠르다(下觀~) ⇨ 하관이 빨다. ¶ 하관이 빤 족제비상.

하교길(下校~) ⇨ 하굣길.

하구료 ⇨ 하구려.

하구언(河口堰) ㉄ ⇨ 하굿둑. ✳ 강어귀 둑.

하기 마련이다 ⇨ 하게 마련이다.

하기 전까지(~ 前~) ⇨ ① 하기 전에. ② 하기까지.

　☞ 이후부터.

하기 위해(爲~) ⇨ 하고자. 하려고.

하긴 〔어〕 = 하기는. ✳ 실상 말하자면. ¶ 하긴 그래.

하꼬 ㉄ ⇨ ① 상자. ② 궤짝. ③ 갑.

하꼬방(~房) ㉄ ⇨ 판자집.

하나[1] 〔셈〕 * 수효를 세는 맨 처음 수. ¶ 하나와 둘. 하나만 가져라.

　☞ 한.[1]

하나[2] 〔이〕 * 뜻, 마음, 생각이 한결같거나 똑같은 상태. ¶ 우리 모두 하나가 되다. 뜻을 하나로 모으다.

하나[3] 〔이〕 = 전혀. 조금도. ¶ 하나도 없다. 하나도 무섭지 않다.

하나님 * 하느님을 예수교에서 일컫는 이름.

☞ 하느님. 한얼님. 한울님.

하나마나하다 ⇨ 하나 마나 하다.

하나씩하나씩 ⇨ 하나하나. 일일이.
¶ 문제를 하나하나 따져보다.

하나치〔單位〕* 길이, 무게, 넓이, 부피, 수효, 시간 따위의 수량을 수치로 나타낼 때 바탕이 되는 잣대. ‡ 자, 치, 미터, 푼, 근, 관, 평, 마지기. 제곱미터, 홉, 되, 말, 세제곱미터와 개, 마리, 송이, 연, 월, 일, 시, 분, 초 따위. 그밖에 특별히 ①둘을 한 묶음으로 세는 것 : 매(젓가락). 켤레(신. 버선. 방망이). 손(통배추. 고등어. 암치). ②열을 한 묶음으로 세는 것. : 꾸러미(달걀). 죽(옷. 그릇). 동(먹. 붓. 생강). 두릅(산나물). 뭇(생선. 미역). 축(오징어). ③열둘을 한 묶음으로 세는 것. : 다즌(연필. 양말). ④스물을 한 묶음으로 세는 것. : 권(한지). 두름(비웃. 조기). 코(낙지. 동태). 쾌(북어). ⑤스물넷을 한 묶음으로 세는 것. : 쌈(바늘). ⑥쉰을 한 묶음으로 세는 것. : 리(오이. 가지). 동(무명. 삼베). ⑦백을 한 묶음으로 세는 것. : 동(백지 백 권. 곶감 백 접.). 접(채소. 과일). 채(수삼 백 근). ⑧육백을 한 묶음으로 세는 것. : 짝(동태. 북어). ⑨이천을 한 묶음으로 세는 것. : 동(비웃. 조기) 따위.

하노니 ⇨ 하나니. 하니. ‡ 하다.

하노라고 * 제 나름으로는 한다고. ¶ 하노라고 한 것이 이 모양이다.
☞ 하느라고.

하눌수박 ⇨ 하눌타리. 쥐참외. ‡ 박과

의 여러해살이풀과 그 열매.

하느니마느니하다 ⇨ 하느니 마느니 하다.

하느니 만큼 = 하는 만큼. ‡ ‘만큼’은 매인이름씨.

하느님 = ①우주를 창조하고 주재하는 초자연적인 절대자. ② 종교에서 믿고 섬기는 절대자. ‡ 하나님(예수교). 한얼님(대종교). 한울님(천도교). 천주(가톨릭교). 상제(도교). 하나님(예수교).

하느님전에(~前~) ⇨ 하느님 전에. 하느님께.

하느라고 * 하는 일로 말미암아. ¶ 얘기를 하느라고 잠자지 못했다.
☞ 하노라고.

하는가보다 ⇨ 하는가 보다.

하는데 ¶ 공부를 하는데 친구가 찾아왔다. ‡ ‘~는데’는 이음끝.

하는 데 ¶ 공부하는 데 힘을 쏟아라. ‡ ‘데’는 매인이름씨.

하는둥마는둥하다 ⇨ 하는 둥 마는 둥 하다.

하는 지 ⇨ 하는지. ‡ ‘ㄴ지, 는지’는 씨끝.
☞ 한 지.

하늘 * 머리 위에 끝없이 펼쳐진 공간. {하늘가. 하늘나라. 하늘눈. 하늘땅. 하늘마음. 하늘빛. 하늘색.} ¶ 하늘 끝. 하늘 밑. 하늘 아래. 하늘 위. {마른하늘. 조각하늘. 밤하늘. 새벽하늘.} ¶ 가을 하늘. 겨울 하늘. 봄 하늘. 여름 하늘. 저녁 하늘. 파란 하늘.
☞ 우주.

하늘님 ⇨ 하느님.

하늘다람쥐 * 다람쥣과의 하나. ＊ 천연기념물 제328호.

☞ 날다람쥐.

하늘바라기〔天水畓. 奉天畓〕＝ 천둥지기. ＊ 비가 와야 벼를 심는 논.

☞ 고논. 고래실. 구레논. 샘논. 샘물받이. 생수받이. 녹두밭 윗머리.

하늘밥도둑 ⇨ 땅강아지. ＊ 벌레 이름.

하늘코 ＝ 챌목매. ＊ 짐승을 잡는 올무의 한 가지.

하늬 ＝ 하늬바람. ＊ 서풍을 농촌이나 어촌에서 이르는 말.

하늬쪽 ＝ 서쪽. ＊ 뱃사람 말.

하다[1] 〔남〕 * 매김말 뒤에 오는 이름씨와 띄어 씀. ＊ ① 어떤 목적을 이루려고 움직일 때. ¶ 힘든 일을 하다. 수학 공부를 하다. ② 다른 움직씨 대신으로 쓰일 때. ¶ 늦은 점심을 하다. 양장을 하다.

하다[2] 〔도〕 * 띄어 씀. ①‘~기도’ 아래서 ‘몹시 잦게, 매우 많이’의 뜻이나 ‘더러, 이따금’ 있는 동작을 힘주어 나타낼 때. ¶ 그 아이는 울기도 한다. ②‘~려, ~으려, ~고자’ 아래서 위의 동작을 하려는 뜻을 나타낼 때. ¶ 그는 공부를 하려 한다. ③‘~게’ 아래서 ‘시킴’을 나타낼 때. ¶ 그리로 가게 한다. 집을 짓게 한다.

~하다[3] * 붙여 씀. ① 이름씨를 움직씨로 만들 때. ＊ ‘하다’의 부림말이 되는 이름씨에. {공부하다. 말하다. 사랑하다. 연구하다. 출발하다.} ② 이름씨를 그림씨로 만들 때. {건강하다. 정직하다. 행복하다.} ③ 어찌씨를 움직씨로 만들 때. {가까이하다. 달리하다. 덜컹덜컹하다. 반짝반짝하다. 빨리하다. 오로지하다. 잘하다. 출렁출렁하다.}

하다마다 ＝ 하고말고. ＊ 하겠다는 뜻을 강조.

하다 말다 ＝ 하다가 말다가.

하다못해〔어〕* 제일 나쁜 경우라고 하더라도. ¶ 하다못해 막일이라도 해야지. 올 수 없으면 하다못해 전화라도 해야지.

하다 못 해 ¶ 일을 하다가 못 해내면 어쩌나?

하담인(荷擔人) ㉄ ⇨ ① 짐꾼. ② 도우미.

하던가 말던가 ⇨ 하든가 말든가. ＊ ‘~든~’은 선택, ‘~던~’은 과거.

하도(河道) ㉄ ⇨ ① 물길. ＊ 수로. ② 내. ＊ 하천.

하동거리다 〈 허둥거리다. ＊ 어떻게 할 줄 몰라 갈팡질팡하며 서두르다.

☞ 하롱거리다.

하동지동 〈 허둥지둥. ＊ 갈팡질팡하며 서두르는 모양.

하든말든간에(~間~) ⇨ 하든지 말든지.

하라 * ‘하다’의 건너 시킴꼴.

☞ 하여라. 해라.

하라마키〔腹卷〕㉄ ⇨ 배두렁이. 배두르개. ＊ 배를 덮는 물건.

하라범 ⇨ 할아범.

하락세(下落勢) ㉄ ⇨ 내림세.

하락시키다(下落~) ⇨ 떨어뜨리다. ＊ 물가. 등급.

하란젓(蝦卵~) * 새우알로 담근 젓.

☞ 고지젓. 구제비젓. 대창젓. 또라젓. 명란젓. 새우젓. 속젓. 아감젓.

알밥젓. 장재젓. 창난젓.

~하러 ¶ 학교에 공부하러 간다. ✼ 목적.

~하려 ¶ 학교에 입학하려 한다. ✼ 의도.

하롱거리다 ✼ 말과 몸가짐을 매우 가볍게 하다. ¶ 하롱거리는 꼴이라니. ☞ 하동거리다.

하루 ✼ ①하룻날. {초하룻날. 열하룻날.} ②하루 낮과 하룻밤이 지나는 동안. {하루돌이. 하루살이. 하루장. 하루치. 하루치기. 하룻강아지. 하룻길. 하룻망아지. 하룻비둘기.} ¶ 하루 동안. 하루가 새롭다. ③아침부터 저녁까지. {하루해. 하룻볕.} ¶ 하루 낮. 하루 내내. 하루 중. ④어느 날. 어떤 날. ¶ 하루는 이렇게 말했다.

하루갈이 = 날갈이. ✼ 소로 하루 낮 동안에 갈 수 있는 밭의 넓이.

하루강아지 ⇨ 하룻강아지.

하루거리 = 학질. 초학. ✼ 말라리아. ☞ 하룻거리.

하루건너 = 하루걸러. ✼ 하루씩 걸러서. ¶ 하루건너 한 번씩 간다.

하루나김치 ㉅ ⇨ 왜갓김치. 왜갓겉절이. ✼ 김치나 겉절이의 하나.

하루만 ¶ 오늘 하루만 쉬어라. ✼ '만'은 토씨.

하루 만 ¶ 하루 만에 돌아왔다. ✼ '만'은 매인이름씨.

하루바삐 ✼ 하루라도 일찍 서둘러서. ¶ 하루바삐 병을 고쳐야 한다.

하루빨리 ✼ 하루라도 빠르게. ¶ 하루빨리 만나고 싶다.

하루 사이 = 하루 새. ✼ 하루 사이에 병이 씻은 듯이 나았다.

하루살이 ✼ ①벌레의 하나. ②하루하루 겨우 살아가는 사람이나 생활. ☞ 한해살이. 두해살이. 여러해살이.

하루살이꽃 = 채송화. ✼ 꽃 이름.

하루아침 ✼ 갑작스러울 정도로 짧은 시간. ¶ 하루아침에 망했다. ☞ 하룻밤.

하루종일(~終日) = 해종일. 온종일. 종일. ✼ 아침부터 저녁까지.

하룻거리 ✼ 아주 쉬운 일. ¶ 이것쯤이야 하룻거리도 안 된다. ☞ 하루거리.

하룻나절 ⇨ 한나절.

하룻날 = 초하룻날. ✼ 그달의 첫째 날. {열하룻날. 스무하룻날.}

하룻만에 ⇨ 하루 만에. ✼ '만'은 매인이름씨.

하룻밤 ✼ ①저녁부터 다음날 아침까지의 동안. ②어느 날 밤. ☞ 하루아침.

하릅 ✼ 나이가 한 살 된 짐승. {하릅망아지. 하릅송아지.} ☞ 한습.

하리핀 〔~pin〕 ㉅ ⇨ 바늘못.

하릴없이 ✼ ①어떻게 할 도리 없이. ¶ 하릴없이 쪽박을 차게 되었다. ②조금도 틀림이 없이. ¶ 머리는 하릴없이 까치집 꼴이다. ☞ 할 일 없이.

하마나 ⇨ 이제나저제나. ¶ 이제나저제나 좋은 소식만 기다린다.

하마석(下馬石) ✼ 노둣돌. 승맛돌. ✼ 말을 타고 내릴 때 딛는 큰 돌.

☞ 툇돌.

하마터면 ＊ 조금만 잘못하였더라면.
¶ 하마터면 차에 치일 뻔했다.
☞ 하마하마.

하마평(下馬評) ⇨①물망. ②쑥덕공론.

하마하마 ＊ ①기회가 자꾸 닥쳐오는
모양. ②기회를 기다리는 모양.
☞ 하마터면.

하매 ＊ 하니까. 하므로. 하는 까닭에.
＊ 원인. 이유. 근거.
☞ 함에.

하며¹〔움〕＊ 하다. ¶ 노래를 하며 걸어
가다.

하며²〔토〕＝ 하고. 와. ¶ 연필하며 책
하며 모두 이리 가져오너라.

하명하다(下命～) ㉨ ⇨ 분부하다. ＊
명령하다. 지시하다.

하물(荷物) ㉨ ⇨ 짐 ＊ 화물.

하물며 ＝ 더군다나. ¶ 짐승도 은혜를
아는데 하물며 사람이야.

하물송장(荷物送狀) ㉨ ⇨ 짐표. ＊ 화
물표.

하므로 ＊ 하기 때문에. 하니까. 하매.
＊ 원인. 이유. 근거.
☞ 함으로. 함에.

하므로써 ⇨ 하므로. ＊ ‘～므로～’에
는 ‘～써’를 붙일 수 없음.

하밀감(夏蜜柑) ㉨ ⇨ 여름귤.

하바〔幅〕㉨ ⇨ ①나비. ②너비.

하박하박 〈 허벅허벅. ＊ 과일 따위가
물기가 없어 파삭파삭한 모양.

하복지(夏服地) ㉨ ⇨ 여름 옷감.

하부차〔波布茶〕㉨ ⇨ 결명자. 결명차.

하뿔싸〔느〕＝ 아뿔싸. 어뿔싸. ＊ 잘
못을 깨닫고 뉘우칠 때.

하상 구배(河床勾配) ㉨ ⇨ 강바닥 기
울기.

하세요 ＝ 하셔요. 하시어요. ＊ ‘하오’
의 높임말.

하소¹ ＝ 하오. ＊ 하다.

하소² ＝ 하소연. {하소하다.} ¶ 하소
를 늘어놓다. 하소를 듣다.

하소하다(煆燒～) ㉨ ⇨ 구워 말리다.

하송인(荷送人) ㉨ ⇨ 짐 보낸 이. 보
낸 사람.

하수도(下水道) ＊ 쓰고 버리는 더러운
물이 흘러가도록 만든 설비.
☞ 상수도. 중수도.

하시라〔柱〕㉨ ⇨ 기둥.

하시앞 ⇨ 하시압.

하시요 ⇨ 하시오. ＊ 맺음끝은 ‘～오’임.

하실려면 ⇨ 하시려면.

하십시요 ⇨ 하십시오. 합쇼. ＊ 맺음끝
은 ‘～오’임.

하악 탈구(下顎脫臼) ㉨ ⇨ 아래턱 뼘.

하야디하얗다 ⇨ 하얗디하얗다. ＊ 매
우 하얗다.

하얀색(～色) ＝ 하얀빛. 하양. ¶ 하얀
구름. 하얀 꽃. 하얀 눈.

하양 ＝ 하얀빛. 하얀색. 하얀 빛깔.
하얀 색깔.

하얗다 ＊ ①깨끗한 눈빛이다. ¶ 눈이
하얗게 쌓였다. ②얼굴에 핏기가 없
다. ¶ 얼굴이 하얗게 질리다. ③매
우 많다. ¶ 광장에 사람들이 하얗게
모였다. ④뜬눈으로 지내다. ¶ 이야
기를 하느라고 하룻밤을 하얗게 밝
혔다. ＊ 하얗고. 하얗습니다. 하얗
소. 하야네. 하야니. 하야면. 하야
오. 하얘. 하얀. 하얄. 하얌. 하얍니

다.

☞ 희다.

하얬다 * '하얗다'의 과거형.

하여 = 해. ∗ 하다.

하여간(何如間) = 하여간에. 여하간.
∗ 어찌하든지 간에.

하여라 * '하다'의 바로 시킴꼴.
☞ 하라.

하여야 하겠다 = 하여야겠다.

하여지다 ⇨ 되다.

하여튼(何如~) = 아무튼. 어떻든.
어쨌든. 여하튼. ¶ 성질은 어떤지 몰
라도 하여튼 인물 하나는 좋다.

하여튼지(何如~) = 아무튼지. 어쨌
든지. ¶ 하여튼지 보기는 좋다.

하염없이 * 시름에 싸여 아무 생각 없
이. ∗ 움직임이 없음. ¶ 하염없이 먼
산만 바라본다. 하염없이 흐르는 눈
물.
☞ 시름없이.

하였다 = 했다.

하였아오니 ⇨ 하였사오니.

하옃든 ⇨ 하여튼.

하예지다 ⇨ 하얘지다. ∗ 허예지다.

하옜어 ⇨ 하얬어. ∗ 허옜어.

하오(下午) = 낮뒤. ∗ ① 오정부터 자
정까지. ② 오정부터 저녁까지.
☞ 상오.

하이바(fiber) ⇨ ① 탈막이 모자. ② 가
림 모자. ∗ 파이버.

하이팅(fighting) ⇨ 힘내자. ∗ 파이팅.

하일라이트(highlight) ⇨ ① 알짬.
② 멋진 대목. ∗ 하이라이트.

하자(瑕疵) * ① 빈틈. ② 잘못. ③ 탈.
④ 티. 흠. 흠집.

하자말자 ⇨ 하자마자. ∗ '~자마자'는
이음끝.

하자 없다(瑕疵~) ⇨ 흠이 없다.

하자 있다(瑕疵~) ⇨ 흠이 있다.

하자투성이(瑕疵~)’ ⇨ 흠집투성이.

하잘것없다 * ① 대수롭지 않다. ② 시
시하다. ¶ 하잘것없어 보이다. 하잘
것없이 생각하다. 하잘것없는 일로
형제간에 싸우다니.
☞ 보잘것없다.

하전하다 〈 허전하다. ∗ ① 마음이 텅
빈 느낌이 들다. ② 잃거나 의지할
곳이 없어져 서운한 느낌이 들다.
③ 느즈러져 안정감이 없다.

하종가(下終價) ㉙ ⇨ 하한가. ∗ 증권
시장.

하주(荷主) ㉙ ⇨ 임자. 짐 임자. ∗ 화
주.

하중(荷重) ㉙ ⇨ 짐 무게.

하중 시험(荷重試驗) ㉙ ⇨ 짐 무게
시험.

하지(夏至) * 이십사절기의 하나. 양
력 6월 21일쯤. 낮이 가장 김.
☞ 동지. 추분. 춘분.

하지 마 ∗ 바로 시킴꼴. ¶ 나쁜 짓은
하지 마.

하지 말라 ∗ 건너 시킴꼴. ¶ 나쁜 짓은
하지 말라고 하셨다.

하지 말아라 ⇨ 하지 마. 하지 마라.

하차하다(下車~)㉙ ⇨ (차에서) 내리다.
☞ 승차하다.

하찰(荷札) ㉙ ⇨ 꼬리표. 짐표.

하챦다 ⇨ 하찮다.

하처방(下處房) ⇨ 사첫방. ∗ 손님이
묵는 방.

하청부(下請負) 왜 ⇨ 밑 도급. 아래 도급. ＊ 하도급.

하청받다(下請〜) 왜 ⇨ 밑 도급을 받다.

하청주다(下請〜) 왜 ⇨ 밑 도급을 주다.

하치(下〜) = 핫길. 하질. 하품. 나지라기. 아랫길. ＊ 가장 낮은 품질. ☞ 상치.¹ 중치.

하치부(하찌부) 〔八分〕 왜 ⇨ 팔 푼. 여덟 푼. ＊ 길이.

하치장(荷置場) 왜 ⇨ 짐 부리는 곳. 짐 두는 곳. 짐 쌓는 곳.

하코(하꼬) 〔箱〕 왜 ⇨ 상자. 갑. 곽. 궤짝.

하코가타 〔箱型〕 왜 ⇨ 상자 꼴. 상자 모양.

하코마와시 〔箱廻〕 왜 ⇨ 귀돌리기. ＊ 당구.

하코방(하꼬방) 〔箱房〕 왜 ⇨ 판자집.

하코비 〔運〜〕 왜 ⇨ 나름이.

학(鶴) = 두루미. 단정학. ＊ 겨울새의 하나. {종이학.} ¶ 학 다리. 학도 아니고 봉도 아니고 강산 두루미다. ☞ 황새.

학꽁치(鶴〜) = 공미리. ＊ 바닷고기의 하나.

학대(虐待) ＊ 몹시 괴롭히거나 가혹하게 대우함. ¶ 학대를 받다. ☞ 박대. 천대. 홀대.

학빼기 ⇨ 학배기. ＊ 잠자리의 애벌레.

학습무(學習巫) ＊ 경문, 점서 따위를 공부하여 된 무당. ☞ 강신무. 세습무. 무당.

학습토록(學習〜) ⇨ 학습도록. ＊ 안 울림소리 뒤에는 ‘하’가 줆.

학예난(學藝欄) ⇨ 학예란. ＊ 한자말

뒤에는 ‘란’임.

학을 떼다 ⇨ 진땀을 빼다.

한¹ 〔매〕 ＊ 하나. ＊ 하나치 앞에 띄어 씀. ‘가닥. 가정. 가족. 개. 건. 겨레. 고개. 고을. 곡. 곳. 구석. 구절. 국가. 국민. 군데. 권. 귀. 그루. 그릇. 끼. 날. 냥. 놈. 닢. 다리. 다발. 달. 덩어리. 덩이. 돌. 동네. 땀. 떨기. 뜻. 마을. 말. 말씀. 맘. 명당. 모금. 모퉁이. 목소리. 목숨. 몸. 바퀴. 박자. 반. 발. 발짝. 방울. 보따리. 부분. 분. 뺨. 뿌리. 살. 상. 세대. 손. 수. 시. 시간. 식경. 식구. 쌍. 아름. 알. 어미. 옆. 오리. 울타리. 움큼. 음절. 입. 잎. 자. 자루. 자리. 점. 접시. 조각. 주. 주일. 줄. 줄기. 줌. 지붕. 지역. 짝. 쪽. 차원. 첩. 치. 칸. 팔. 포기. 폭. 푼. 필. 핏줄. 학교. 형제.’ {한구석. 한그루. 한길. 한꽃. 한나절. 한눈. 한뉘(한살이). 한달음. 한돌림. 한때. 한마음. 한목. 한목소리. 한목숨. 한몫. 한무릎. 한바탕. 한발. 한소끔. 한술. 한입. 한주먹. 한쪽. 한차례(한축). 한칼. 한탕. 한턱. 한판. 한평생.} ☞ 하나.¹

한² 〔매〕 ＊ 어떤. ¶ 한 동네에서 생긴 일이다. 한 마을에서 며칠 묵은 적이 있다. 한 사람이 찾아왔다. 한 총각을 만났다. 한 처녀가 있었다.

한³ 〔매〕 ＊ 대략. ¶ 한 20분. 한 30명. 한 500만 원.

한⁴(恨) ＊ 엉어리진 마음. {한풀이하다.} ¶ 한을 달래다. 한이 많다. 한이 맺히다. 한이 서리다. 한이 없다.

한을 풀다.

한가닥하다 ⇨ 한가락 하다.

한가득 = 한가득히. ‡ 꽉 차도록 가득.

한가락 * ① 노래나 소리의 한 곡조. ② 썩 훌륭한 재주나 솜씨.

한가락 뽑다 * 노래나 소리 또는 춤, 재주, 솜씨를 한바탕 해 보이다.

한가락 하다 * ① 어떤 방면에서 썩 훌륭한 재주나 솜씨가 있다. ② 어떤 방면에 뛰어난 활동을 하거나 이름을 날리다. ¶ 한가락 하는 사람.

한가을 * ① 한창 무르익은 가을철. ② 농사일이 한창 벌어지는 때.
　☞ 늦가을. 첫가을. 초가을.

한가지 = 마찬가지. 매한가지. ‡ 형태, 성질, 동작이 같음. ¶ 품질이 다 한가지다. 내외가 한가지로 마음씨가 곱다.

한 가지 * ① 같은 가지. ② 가지 하나. ¶ 한 가지에 꽃이 두 송이 피었다. ③ 갈래 하나. ¶ 한 가지만 알고 두 가지는 모른다.

한가하다(閑暇~) * 겨를이 생겨 여유가 있다. ¶ 한가하게 지내다.
　☞ 한산하다.

한간(間) ⇨ 한 칸.

한갑〔還甲〕 ⇨ 환갑. 회갑.

한 갑(~匣) ¶ 담배 한 갑. 성냥 한 갑. ‡ '갑'은 하나치.

한갓〔어〕 * 다른 것 없이 겨우. ¶ 한갓 공상에 지나지 않는다.
　☞ 고작. 기껏. 한낱.

한갓되다 * ① 겨우 하찮은 것밖에 안 되다. ¶ 사람은 신도 아니려니와 한갓된 동물도 아니다. ② 헛되다.

¶ 한갓된 욕심에 눈이 멀다.

한갓지다 * ① 아무 일없이 조용하다. ¶ 한갓진 시골 마을에서 살다. ② 한쪽으로 정돈되어 있다. ¶ 이 물건을 한갓지게 치워 놓아라.

한개〔어〕 = 한낱. ‡ 기껏해야 대단한 것 없이 다만.

한 개 * 물건 하나. ‡ '개'는 하나치. ¶ 구슬 한 개.

한걸음(에) * 쉬지 아니하고 내처. ¶ 한걸음에 달려오다.

한 걸음 ¶ 한 걸음 나가다. 한 걸음 내디디다. ‡ '걸음'은 하나치.
　☞ 한발.

한검교(~敎) = 대종교. ‡ 한얼님을 섬기는 우리나라 종교.
　☞ 천도교.

한겨레 = 배달겨레. ‡ 우리 겨레. 한국 겨레.

한 겨레 * ① 어떤 겨레. ② 겨레 하나.

한겨울 * ① 한창 추운 겨울. ¶ 한겨울에도 냉방에서 지낸다. ② 겨우내. ¶ 한겨울을 나다. 한겨울을 어떻게 살아남았을까?
　☞ 늦겨울. 첫겨울. 초겨울.

한결 * 전보다 한층 더. ¶ 몸이 한결 가뿐해졌다.

한결같다 * ① 처음부터 끝까지 변함없이 똑같다. ¶ 한결같은 마음. ② 여럿이 똑같이. ¶ 한결같은 모습. 한결같은 생각.
　☞ 꾸준하다.

한겻 = 반나절. ‡ 반날의 절반. 하루 낮을 넷으로 나눈 하나.
　☞ 한나절.

한겻지다 ⇨ 한갓지다.

한계(限界) * 사물이나 능력, 책임이 실제 작용할 수 있는 범위나 끝. ¶ 한계에 다다랐다. 한계에 부닥쳤다. 한계를 느꼈다.
　☞ 한도.

한고비 * 가장 중요하거나 어려울 때. ¶ 한고비 넘기다. 한고비 지나다.

한 고비 ¶ 어려운 일이 한 고비 더 남았다. ＊ '고비'는 하나치.

한곳 * 같은 곳. ¶ 한곳에 오래 머무르다. 한곳에서 일한 적이 있다.

한 곳 * 어떤 곳. ¶ 한 곳에는 신라 유물을 진열해 두었다.

한국인상(韓國人像) * 조각이나 그림으로 나타낸 한국 사람의 모습.

한국인 상(韓國人 像) * 한국 사람의 본보기.

한국적(韓國的) ⇨ 한국의. 한국다운.

한군데 * 어떤 일정한 곳. ¶ 눈길이 한군데로 쏠리다.

한 군데 ¶ 가야 할 곳이 한 군데 더 있다. ＊ '군데'는 하나치.

한귀퉁이 ⇨ 한 귀퉁이.

한그루 = 홑그루. 홑짓기. ＊ 같은 땅에서 한 가지 농작물만 가꾸는 일.

한 그루 * 살아 있는 나무 하나. ＊ '그루'는 하나치. ¶ 소나무 한 그루.

한그루짓기〔一毛作〕 * 한 해에 그 땅에서 한 번만 농사짓는 일.
　☞ 그루갈이. 두그루짓기. 세그루짓기.

한길[1] = 큰길. {한길가.} ¶ 한길에선 차를 조심해야 한다.

한길[2] * 하나의 길. 같은 길. ¶ 한길로 파고들다. 40년 한길로 우리말 바로쓰기에 매달렸다.

한꺼번에 = 한껍에. ¶ 무거운 물건을 한꺼번에 들다가 허리를 삐었다.

한껏(限~) * 할 수 있는 데까지. ¶ 한껏 먹다. 한껏 멋을 부리다.
　☞ 실컷.

한끝 * 한쪽의 맨 끝. ¶ 침대 한끝에 앉다. 멍석 한끝으로 덮어 두다.

한 끝 = 한 필. ＊ '끝'은 하나치. ¶ 명주 한 끝. 무명 한 끝. 베 한 끝.

한나라[1]〔韓國〕 * 우리나라 이름. ＊ 코리아.

한나라[2](漢~) * 옛날 차이나에 있던 나라 이름. ＊ 전한. 후한. 촉한. 성한. 북한. 남한.

한 나라 * ① 나라 하나. ② 같은 나라. ③ 어떤 나라.

한나절 = 반날. ＊ 하루 낮의 반. ¶ 이 일이 한나절 거리는 된다.
　☞ 반나절. 한겻.

한난계(寒暖計) ⇨ 한란계. ＊ 온도계.

한날한시(~時) * 같은 날 같은 시각. ¶ 한날한시에 태어났다.

한낮 * 낮의 한가운데. ＊ 낮 열두 시 앞뒤. ¶ 햇볕이 내리쬐는 한낮.
　☞ 낮. 대낮. 오정.

한낱 = 한개. ＊ 기껏해야 다만. ¶ 한낱 휴지조각에 지나지 않는다.
　☞ 한갓.

한 낱 * 낱알 한 개. ＊ '낱'은 하나치. ¶ 티끌 한 낱.

한냉대(寒冷帶) ⇨ 한랭대. ＊ 추운 지대.

한냉지(寒冷地) ⇨ 한랭지. 고랭지. ＊ 높은 산에 있는 추운 땅.

한냥 ⇨ 한 냥. ＊ '냥'은 옛날 우리나라 돈의 하나치. ¶ 두 냥.

한눈¹ * ① 한 번 봄. 잠깐 봄. ¶ 한눈에 반하다. 한눈에 알아보다. ② 한꺼번에 보는 눈. ¶ 한눈에 들어오다. 한눈에 볼 수 있다.

한눈² * 잠을 자려고 잠깐 붙일 때의 눈. ¶ 한눈 붙이다.

한눈³ * 마땅히 볼 데를 보지 아니하고 딴 데를 보는 눈. {한눈팔다.}
☞ 곁눈.²

한 눈 * 한쪽 눈. ¶ 한 눈으로만 본다. 한 눈을 감다.

한 눈먼 사람 = 어떤 눈먼 사람. * 눈이 먼, 어떤 사람.

한 눈 먼 사람 * 한쪽 눈이 먼 사람.

한눈 붙이다 * 잠깐 잠을 자다.

한눈팔다 * 보아야 할 곳을 보지 않고 딴 데를 보다. ¶ 한눈팔지 마라.
☞ 곁눈 팔다. 먼눈팔다.

한뉘 = 한평생. 일평생. 평생. 일생. 한 살이. * 살아있는 동안.

한다는 〔매〕 = 한다하는. * 지체나 범절이 높은. ¶ 한다는 집안.

한달간(~間) ⇨ 한 달 동안.

한데¹ * 한 곳. 한 군데. ¶ 한데 모으다. 한데 모이다. 한데 묶다.

한데²〔露天. 露地〕 * 집채의 바깥. * 덮거나 가리지 아니한 곳. {한데가 꿈. 한데아궁이. 한데우물. 한뎃가마. 한뎃금점. 한뎃뒤주. 한뎃뒷간. 한뎃부뚜막. 한뎃부엌. 한뎃솥. 한뎃장사.}

한데³ = 그러한데. 그런데. ¶ 한데, 무슨 일로 오셨습니까?

한 데 * 무엇을 한 곳. ¶ 일을 한 데서 돈을 받아라.

한뎃잠 = 한둔. * 집 바깥 한데에서 자는 잠.

한도(限度) * 정해 놓은 정도. ¶ 한도에 차다. 한도를 넘다.
☞ 한계.

한도막 ¶ 한도막 형식. 두도막 형식. * 음악.

한 도막 * '도막'은 하나치. ¶ 갈치 한 도막. 고등어 두 도막.

한 돌 〔一週年〕 * '돌'은 한 해에 한 번 돌아오는 날을 나타내는 하나치.

한 돎 〔一週期〕 * '돎'은 어떤 일이 한 번 일어난 뒤 다음번에 다시 일어나는 동안을 나타내는 하나치. * 한 시간, 하루, 한 주일, 한 달, 두 달이 될 수 있음. '돎'은 대중말로 되살려 써야 함.

한동기(~同氣) = 한동생. * 부모가 같은 형제자매.

한동아리 = 떼관음보살. * 떼를 지어 행동하는 무리.
☞ 동아리.

한동안 * 시간이나 날짜가 꽤 오랫동안. ¶ 소식이 한동안 뜸하다.
☞ 한참.

한동자 * 끼니를 마친 뒤에 새로 밥을 짓는 일.
☞ 한밥.¹ 한저녁. 한점심.

한됫병(~瓶) = 됫병. * 한 되들이 병.

한두 〔매〕 * 하나나 둘쯤. ¶ 한두 가지. 한두 개. 한두 달. 한두 명. 한두 번. 한두 잔. 한두 차례. 한두 해.

한둔 = 한뎃잠. * 한데에서 자는 잠.

한들한들 〈 흔들흔들. * 가볍게 이리

저리 자꾸 흔들리는 모양.
☞ 산들산들.
한때 비 * 한 차례만 내리는 비. ⁑ 날씨.
☞ 가끔 비. 때때로 비.
한때심기 = 한때심깃법. ⁑ 나무나 모종 따위를 임시로 심는 일.
한 떨기 장미꽃 ⇨ 여름철의 마지막 장미. ⁑ 악곡의 이름.
한량없다(限量~) ⇨ 그지없다.
한마디 * 짧은 말. 간단한 말. ¶ 한마디 말도 없이 떠났다.
한 마디 * ① 마디 하나. ② 말마디 하나. ⁑ '마디'는 하나치.
한마을 * 같은 마을. ¶ 한마을에서 함께 자란 동무들이 모였다.
한 마을 * 어느 마을. ¶ 한 마을에 얌전한 처녀가 살았단다.
한마음 = 한맘. ⁑ ① 하나로 합친 마음. ② 변함없는 마음.
한말 = 한국말. ⁑ 우리나라 말의 이름.
한 말 ¶ 쌀 한 말 두 되 서 홉. ⁑ '말'은 하나치.
한맘 한뜻 = 한마음 한뜻.
한목 * 한꺼번에 몰아서 함. ¶ 한목에 갚다. 한목에 너무 많이 하다.
☞ 한몫.
한목 주다 * 한꺼번에 몰아서 주다. ¶ 돈이 생기면 한목에 줄게.
☞ 흘려주다.
한몫 * ① 한 사람 앞에 돌아가는 몫. ¶ 한몫씩 챙기다. 한몫씩 주다. ② 한 사람이 맡은 구실. ¶ 한몫 톡톡히 하다. 한몫 거들다.
☞ 한목.
한몫 끼다 = 한몫 들다. 한몫 맡다. ⁑ 어떠한 일에 참가하다.
한몫 보다 = 한몫 잡다. ⁑ 큰 이득을 얻다.
한몫하다 * 한 사람으로서 맡은 구실을 충분히 하다.
한무릎 * 무릎걸음을 한 차례 하는 것. ¶ 한무릎 물러앉다.
한 무릎 * 한쪽 무릎. ¶ 한 무릎을 쓰지 못한다.
한무릎공부(~工夫) * 한동안 착실히 하는 공부.
한물[1]〔洪水〕 = 큰물. 거침. ¶ 한물이 나다. 한물이 지다.
☞ 물마. 바다넘이. 시위.[2]
한물[2] * 채소, 과일, 어물 따위가 한창 수확되거나 쏟아져 나올 때. ¶ 요즘 참외가 한물이다. 딸기는 한물 지났다.
한물가다 * ① 한물넘다. ② 어물 따위가 싱싱한 정도가 떨어지다. ¶ 한물간 생선. ③ 한창때가 지나 기세가 꺾이다. ¶ 한물간 선수.
한물넘다 = 한물가다. ⁑ 채소, 어물의 한창 나오는 때가 지나다.
한물지다 * 한창 나오는 때가 되다. ⁑ 푸성귀, 과일, 물고기.
한물 지다 * 비가 많이 와서 갑자기 강이나 개울에 물이 많이 붇다.
한민족(韓民族) = 배달겨레. 한국 민족. ⁑ 우리 겨레.
한 민족(~民族) = 같은 민족. 같은 겨레.
한바(함바)〔飯場〕 [왜] ⇨ 일터 밥집. ⁑ 공사장 식당.
한바탕 * ① 크게 벌어진 한판. ¶ 한바

ㅎ

탕의 곡성. ②크게 한판. ¶법석을 한바탕 떨다. 한바탕 웃다.

한 바탕 ¶활 한 바탕 거리. 씨름을 한 바탕 하다. ＊'바탕'은 하나치.

한박꽃 ⇨ 함박꽃.

한반도(韓半島. 朝鮮半島) ㉕ ⇨ 대한 민국. 한국.

한발 〔어〕 ＊어떤 움직임이 다른 움직 임보다 시간이나 위치로 보아 약간 의 간격을 두고 일어남을 나타냄. ¶한발 다가서다. 한발 뒤지다. 한발 비켜서다. 한발 앞서다. 한발 처지다.

한 발 ＝ ①한쪽 발. ＊왼발이나 오른 발 하나. ②한 발짝. ＊'발짝'은 하나 치.

　☞ 한걸음.

한밤 ＝ 한밤중. 야반. 야밤중. 오밤중. 밤중. ＊①깊은 밤. ②어떤 일의 속 내를 전혀 모르고 있는 상태. ¶아직 한밤중이구나.

한 밤 ＊하룻밤. ¶한 밤 자고 나면 한 가윗날이다.

한밥[1] ＊끼니때가 지난 뒤에 차린 밥.
　☞ 한음식. 한저녁. 한점심.

한밥[2] ＊①누에의 마지막 잡힌 밥. ¶한밥에 들다. ②마음껏 배부르게 먹는 밥. ¶일꾼들에게 한밥을 먹이 다.

한배[1] ＝ 한배검. ＊대종교에서 단군을 높여 부르는 말.

한배[2]〔同腹〕 ＊①같은 어미. ¶모두 한배에서 태어난 형제들이다. ②같 은 태. ¶돼지가 한 배에 새끼 아홉 마리를 낳았다.
　☞ 각배.

한번[1](～番) 〔이〕 ＊①먼저 시험 삼아. ¶한번 해 보다. 한번 먹어 보다. ②기회가 있는 어떤 때. ¶한번 놀 러 오너라. ③지난 어떤 때. ¶한번 은 이런 일도 있었다.

한번[2](～番) 〔어〕 아주 썩. 참 잘. ＊강 조. ¶공 한번 잘 찬다. 말 한번 잘했 다. 소리 한번 크구나. 인심 한번 고 약하다.

한 번(～番)〔一回〕 ＊①첫째 번. ②딱 한 번. ¶한 번뿐이다. ③한 차례. ＊일의 차례나 횟수. ¶턱걸이를 한 번밖에 못 한다.

한보름 ＝ 대보름날. ＊음력 정월 대보 름날.

한복판 ＝ 복판. ＊한가운데. ¶길 한 복판. 마을 한복판.

한봄 ＊봄이 한창인 때.
　☞ 늦봄. 첫봄. 초봄.

한사람 ＊같은 사람. ¶그는 어젯밤에 만났던 사람과 한사람인 것 같다.

한 사람 ＊사람 하나. ¶한 사람만 오 너라.

한사리 ＝ 큰사리. ＊음력 보름과 그믐 무렵, 밀물이 가장 높은 때.
　☞ 한살이. 작은사리. 조금.[1]

한산하다(閑散～) ＊①일이 없어 조 용하다. ②한적하고 쓸쓸하다.
　☞ 한가하다.

한살되다 ＊①부부가 되다. ②두 물 건이 하나가 되다.

한 살 되다 ¶나이가 한 살이 되다.

한살배기 ⇨ 한 살배기. ＊'살'은 하나 치. '배기'는 뒷가지.

한살이 ＝ 일생. 평생. 한뉘. 한평생.

‡ 태어나서 죽을 때까지의 과정.
☞ 한사리.

한선(汗腺) 웹 ⇨ 땀샘.

한성(漢城) * 서울의 조선 시대 이름.
‡ 차이나에선 한청이라 읽음.
☞ 서울. 경성. 한양.

한 세대(~世代) * 같은 시대에 사는
나이가 비슷한 사람 전체. ‡ 30년을
한 세대라 함. ¶ 젊은 세대. 늙은 세
대. 지난 세대.

한세상(~世上) * ① 한평생 사는 동
안. ¶ 그럭저럭 한세상이 끝나다.
② 한창 잘 사는 한때. ¶ 못된 짓을
해도 한세상을 누리더라.

한소데〔半袖〕 웹 ⇨ 반소매.

한손잡이 = 외손잡이. ‡ 어느 한쪽 손
만 잘 쓰는 사람. {왼손잡이.}
☞ 양손잡이.

한솥엣밥 = 한솥밥. ¶ 한솥밥을 먹고
사는 식구.

한술 * 적은 음식. ¶ 나는 한술 뜨고
왔다.

한 술 * 숟가락으로 한 번. ¶ 밥 한 술.
간장 한 술. ‡ '술'은 하나치.

한숨¹ * 근심, 설움이 있을 때 내쉬는
숨. {한숨짓다.} ¶ 한숨을 쉬다.

한숨² * ① 짧은 동안. ¶ 한숨 못 자다.
② 마음 놓음. ¶ 한숨 돌리다.

한숨에 = 단숨에. 단걸음에. ‡ 짧은
시간에. ¶ 한숨에 달려가다.
☞ 단결에. 단박에.

한습 * 집짐승의 나이 한 살. ‡ 말, 소
따위.
☞ 하릅.

한시(~時) * 짧은 시간. ¶ 한시도 가만

있지 못 한다. 한시도 못 잊는다.

한 시(~時) * 시각. ¶ 밤 한 시에 일
어났다.

한식(寒食) * 우리 겨레 명절의 하나.
‡ 동지에서 105일째 되는 날로 4월
5일이나 6일쯤임. ¶ 한식 성묘. 한
식에 죽으나 청명에 죽으나.
☞ 단오. 대보름. 유두. 추석. 칠석.

한쓰봉〔半~〕 웹 ⇨ 반바지.

한양(漢陽) * 고려 때 쓰던, 지금 서울
의 이름.
☞ 서울. 경성. 한성.

한얼님 = 한임. ‡ 대종교에서 믿고 받
드는 하느님.
☞ 하나님. 하느님. 한얼님.

한없다(限~) * 끝이 없다. ¶ 어버이
의 한없는 사랑.

한 없다(恨~) * 원한이 없다. ¶ 이제
남은 한은 없다.

한여름 * ① 더위가 한창인 여름. ¶ 이
제 한여름으로 들어서다. ② 여름 내
내. ¶ 한여름을 지내기는 쉽지 않았
다.
☞ 늦여름. 첫여름. 초여름.

한오금 = 오금. ‡ 활의 받은오금과 먼
오금 사이.
☞ 오금. 팔오금.

한음식(~飮食) * 끼니때가 아닌 때에
차린 음식.
☞ 한동자. 한밥.¹ 한저녁. 한점심.

한이레 = 첫이레. 초칠일. ‡ 아이가
태어난 지 이레가 되는 날.

한일병합(韓日倂合) 웹 ⇨ 경술국치.
‡ 나라를 왜놈에게 빼앗긴 날.

한일합방(韓日合邦) ⇨ 경술국치. 니

혼 강점.

한입 * ①입에 음식물이 가득 찬 상태.¶쌈을 한입 가득 넣다. ②한 번 입을 벌린 상태.¶범이 토끼를 한입에 삼켜 버렸다.

한 입[1] ¶사과를 한 입 베어먹다. ＊'한'은 매김씨.

한 입[2] = 한 사람. ＊한 사람의 입. ¶한 입 건너면 말이 달라진다.

한자(漢字) * 한문글자. 차이나 글자. ＊대충 5만 자를 씀.
　☞간체자. 국자.[2] 국조자. 당용한자. 대용자. 반자. 번체자. 상용한자. 속자. 약자. 정자.[2]

한자리 * ①중요한 직위. 어느 한 직위. ¶한자리하다. ②같은 자리. ¶친구들이 오랜만에 한자리에 모였다.

한 자리 * 자리 하나. ¶한 자리가 남았다.

한잔(~盞) * 한 차례 마시는 술.¶한잔 내다. 한잔 먹다.

한 잔(盞) * 잔으로 한 번. ＊'잔'은 하나치. ¶술을 한 잔만 마시다.

한잔하다(~盞~) = 한잔 걸치다. 한잔 먹다. ＊술을 한 차례 마시다.

한잠 * ①깊이 든 잠. ¶한잠이 들면 업어 가도 모른다. 한잠을 자다. ②잠시 자는 잠. ¶밤새 한잠도 못 자다.

한 잠 ¶누에가 한 잠 자고 나다. ＊두 잠. 석 잠.

한저녁 * 끼니때가 지난 뒤에 간단하게 차리는 저녁.
　☞한동자. 한밥.[1] 한음식.

한점심(~點心) * 끼니때가 지난 뒤에 간단하게 차린 점심.
　☞한동자. 한밥.[1] 한음식. 한저녁.

한주먹 * 한 번 때리는 주먹. ¶한주먹에 때려뉘다.

한 주먹 = 한 움큼. 한 줌. ＊'주먹, 줌'은 하나치.

한줄기 * ①한 번 세차게 쏟아지는 빗줄기. ¶소나기가 한줄기 쏟아지다. ②같은 계통. ¶퉁구스, 몽골, 터키 말은 본디 한줄기이다.

한 줄기 * 줄기 하나. ＊'한'은 매김씨.

한 줌 = 한 주먹. 한 움큼. ¶한 줌 흙. 한 줌도 못 된다.

한즈봉(한쓰봉) 〔牛jupon〕왜 ⇨반바지.

한 지 * 시간을 나타내는 말 앞에 오는 '지'는 매인이름씨. ¶이곳을 떠난 지 한 시간 지났다. 나라를 떠난 지 두 해 만에 돌아왔다.
　☞하는지.

한집 = ①한집안. ¶한집 식구. ②같은 집. ¶한집에서 산다.

한 집 = ①집 하나. ＊한 가호. ②어느 집. ¶한 집에 들어갔다.

한집안 = 한집. ＊①일가붙이. ②같은 문중.

한 집 안 = ①한 집 안쪽. ②어느 집 안쪽.

한쪽 = 한편. ＊어느 하나의 편이나 방향. ¶한쪽 구석. 한쪽 끝. 한쪽 눈. 한쪽 다리. 한쪽 발. 한쪽 손.

한 쪽 ¶사과 한 쪽. 배 두 쪽. ＊'쪽'은 하나치.

한차례(~次例) = 한축. ＊어떤 일이 한바탕 일어남. ¶폭소가 한차례 터

지다. 비가 한차례 쏟아지다. 손님
이 한차례 들어오다.

한 차례 (~次例) ¶ 아침에 한 차례,
저녁에 한 차례 예불하다.

한참 * 시간이 어지간히 지나는 동안.
¶ 한참 동안. 한참 뒤. 한참 있다가.
한참 쉬다. 한참 되다.
☞ 한동안. 한창.

한참에 ⇨ 한꺼번에. 한겁에.

한창 * 가장 힘차고 무르익을 때. * 상
황. 상태. {한창나이. 한창때.} ¶ 한
창 추울 때. 한창 더위. 진달래가 한
창이다.
☞ 한참. 한철.

한천(寒天) 한 ⇨ ① 우무. ② 우뭇가
사리.

한천식물(寒天 植物) 한 ⇨ 우무 식물.

한천지(寒天紙) 한 ⇨ 우무종이.

한천판(寒天版) 한 ⇨ ① 우무판. ② 곤
약판.

한철 * 한창 성한 때. 한창때. ¶ 젊은
한철. 수박이 한철이다.

한 철 * 한 계절. ¶ 여름 한 철 벌어 일
년을 먹고산다.
☞ 한창.

한축 = 한차례. ¶ 손님들이 한축 들어
오다. 술을 한축 먹다.

한층(~層) * 한 단계 더. ¶ 살림살이
가 한층 좋아졌다.

한 층(~層) * 어느 층 하나. ¶ 몇 층.
삼 층. 이 층. 여러 층.

한카치 〔handkerchief〕 한 ⇨ 손수건.

한켠 ⇨ 한쪽.

한탕 = 한바탕. ¶ 한탕 벌이다. 한탕
치다. 한탕 하다.

한 탕 ¶ 오늘은 겨우 한 탕밖에 못 뛰
었다. * '탕'은 실어 나르거나 어떤
곳까지 다녀오는 횟수를 나타내는
하나치.

한턱내다 = 한턱쓰다. 한턱하다. * 한
바탕 음식을 대접하다.

한턱먹다 * 한바탕 음식을 대접받다.

한테 〔토〕 = 더러. 보고. 에게. ¶ 나
한테 묻다. 너한테 이르다.

한통 = 한통속. * 마음이 통하여 같
이 모인 동아리. ¶ 다 한통이다.

한 통(~通. 桶) ¶ 편지 한 통. 물 한
통. * '통'은 하나치.

한통치다 * 한곳에 합치다. ¶ 굵고 잔
감자를 한통쳐서 셈하다.

한파 〔半端〕 한 ⇨ 자투리.

한판 * 한 번 벌이는 판. ¶ 노름을 한
판 벌이다. 씨름을 한판 붙다.

한 판 ¶ 바둑을 한 판 더 두다. * '판'은
하나치.

한판씨름 ⇨ 단판씨름. * 단 한 번에
판가름하는 씨름.

한판접이 ⇨ 한팔접이. * 힘, 기술이
모자라는 사람.

한패(~牌) * 같은 동아리. 같은 패.
¶ 모두 다 한패이다.

한 패(~牌) ¶ 한 패는 바다로 또, 한
패는 산으로 갔다.

한편¹(~便) * ① 한쪽. ¶ 한편에 앉다.
② 같은 편. ¶ 우리는 한편이다.

한편² * ① 일의 한 측면. ¶ 소식을 들
으니 한편 기쁘기도 하고 한편 걱정
스럽기도 하다. ② 한 상황을 말한
다음에 다른 상황을 말할 때 쓰는
말. ¶ 공부하는 한편 운동도 한다.

농사짓는 한편, 소도 키운다.
☞ 반면.

한 편(~便) * 한쪽 편. ¶ 한 편은 여자들이고 다른 편을 남자들이다.

한평생(~平生) = 일생. 일평생. 평생. 한뉘. 한 살이. ⁑ 살아 있는 동안.

한푸리(恨~) ⇨ 한풀이. ⁑ 원한을 푸는 일. {한풀이하다.}

한하다(限~) [왜] ⇨ ① 제한하다. ② 국한하다.

한해살이 〔一年生〕 * 봄에 싹이 터서 그해 가을에 열매를 맺고 죽는 풀. ⁑ 나팔꽃, 담배, 벼, 옥수수, 참외, 콩, 토마토 따위.
☞ 하루살이. 두해살이. 여러해살이.

한 해 * 일 년. ¶ 한 해 동안. 한 해 살림. 한 해 한 해.

한햇동안 ⇨ 한 해 동안.

할가? ⇨ 할까? ⁑ 물음꼴 맺음끝은 '~ㄹ까? ~를까? ~을까?'임.

할 거야 = 할 것이야.

할것없이 ⇨ 할 것 없이.

할 게 = 할 것이. ¶ 너에게 말할 게 있다. ⁑ '것'은 매인이름씨.

할금 〈 흘금. ⁑ 곁눈으로 살그머니 한 번 흘겨 보는 모양.

할긋 〈 흘긋. ⁑ 곁눈으로 살짝 한 번 흘겨 보는 모양.

할깃 〈 흘깃. ⁑ 가볍게 한 번 흘겨 보는 모양.

할까? * 주로 남에게 묻는 말. ¶ 오늘을 무슨 놀이를 할까?

할꼬? * 혼잣말로 저에게 묻는 말. ¶ 이 일을 어이 할꼬?

할당량(割當量) [왜] ⇨ 벼름몫. ⁑ 배정량.

할당액(割當額) [왜] ⇨ 벼름몫. ⁑ 배정액.

할당하다(割當~) [왜] ⇨ 노느다. 노느매기하다. 벼르다. ⁑ 배정하다.

할둥말둥하다 ⇨ 할 둥 말 둥 하다.

할듯말듯하다 ⇨ 할 듯 말 듯하다.

할딱할딱 〈 헐떡헐떡. ⁑ ① 숨을 자꾸 가쁘고 급하게 쉬는 소리나 모양. ② 신이 할가워서 자꾸 벗겨지는 모양. {할딱할딱하다.}
☞ 헐근헐근.

할랑할랑 〈 헐렁헐렁. ⁑ ① 신이나 옷이 헐거워서 자꾸 움직이는 모양. ② 너무 가볍게 행동하는 모양. {할랑할랑하다.}

할래발딱 〈 헐레벌떡. ⁑ 숨을 가쁘고 거칠게 몰아쉬는 모양.

할라고 ⇨ 하려고. ⁑ '~려고'는 의도나 욕망을 나타내는 이음끝.

할려거든 ⇨ 하려거든. 하려고 하거든.

할려고 ⇨ 하려고.

할른지 ⇨ 할는지. ¶ 언제쯤 할는지 알 수 없다.

할말 ⇨ 할 말. ⁑ 하고 싶은 말. ¶ 할 말 다 했다. 할 말이 없다.

할머니 * ① 아버지의 어머니. ② 할머니뻘 되는 사람. {고조할머니. 종조할머니. 증조할머니. 넛할머니. 외할머니. 작은할머니. 친할머니. 큰할머니.} ¶ 10대조 할머니. 시골 할머니.

할머님 * ① 돌아가신 우리 할머니. ② 편지 글에서 할머니를 이르는 말. ¶ 할머님께 올립니다. ③ 다른 사람의 할머니를 일컫는 말. ¶ 자네 할머님은 건강하신가?

할미 * ① 할머니가 스스로 저를 일컫는 말. ② 할멈의 낮춤말.

할보무당 = 박수무당. 박수. ⁑ 남자 무당.
☞ 무당. 암무당.

할부(割賦) [왜] ⇨ 드림셈. ⁑ 돈을 여러 번에 나누어 냄.

할 사(~事) ⇨ 할 것.

할소냐? ⇨ 할쏘냐? ⁑ 물음 맺음끝에만 된소리를 씀.

할아버님 * ① 돌아가신 우리 할아버지. ② 편지 글에서 할아버지를 이르는 말. ③ 다른 사람의 할아버지. ¶ 할아버님께선 안녕하세요?

할아버지 * ① 아버지의 아버지. ② 할아버지뻘 되는 사람. {고조할아버지. 종조할아버지. 증조할아버지.} ¶ 26대조 할아버지. 시골 할아버지. {넛할아버지. 작은할아버지. 외할아버지. 친할아버지. 큰할아버지.} ¶ 할아버지 댁. 할아버지 방. 할아버지 집.

할인(割印) [왜] ⇨ 거멀도장.

할인율(割引率) [왜] ⇨ 에누리 푼수. 깎은 푼수.

할인료(割引料) [왜] ⇨ 에누리 값. 깎은 값.

할인하다(割引~) [왜] ⇨ 에누리하다. 값을 깎다. 값을 깎아주다.

할일 ⇨ 할 일.

할 일 없이 * 하는 일 없이. ¶ 할 일 없이 지낸다.
☞ 하릴없이.

할저(割著. 와리바시) [왜] ⇨ 나무젓가락.

할증금(割增金) [왜] ⇨ 웃돈.

할증료(割增料) [왜] ⇨ 웃돈.

할증요금(割增料金) [왜] ⇨ 웃돈.

할증임금(割增 賃金) [왜] ⇨ 덤삯.

할짓 못할짓 다하다 ⇨ 할 짓 못 할 짓 다 하다.

할쭉거리다 = 할쭉대다. ⁑ 혀끝으로 잇따라 조금씩 가볍게 핥다.

할쭉하다 〈 헐쭉하다. ⁑ 살이 빠져서 썩 야위다. ¶ 볼이 할쭉하다.
☞ 합죽하다. 홀쭉하다.

할찌라도 ⇨ 할지라도.

할퀴다 * 손톱이나 발톱으로 생채기를 내다. ¶ 얼굴을 할퀴다.
☞ 긁다.

할텐데 ⇨ 할 텐데. 할 터인데.

핥아먹다 = 핥아세다. ⁑ 옳지 못한 수단으로 남의 재물을 빼앗다.

핥아 먹다 ¶ 꿀을 혀로 핥아서 먹다.

핥아세다 = 핥아먹다.

함(函) * ① 옷이나 물건을 넣는 네모진 통. {패물함.} ② 혼인 때 채단과 혼서지를 넣어서 보내는 궤짝. ¶ 함을 받다. 함을 지다.
☞ 궤. 상자. 합.

함께 * 서로 더불어. ⁑ 공동. 동시. ¶ 함께 가다. 함께 있다.
☞ 같이.[1]

함께 공존(共存)하다 ⇨ 더불어 살다. 함께 지내다. ⁑ 공존하다.

함께 더불어 ⇨ ① 함께. ② 더불어.

함께하다 = 같이하다. ¶ 운명을 함께하다. 어려움을 같이하다.

함락시키다(陷落~) ⇨ 무너뜨리다. ⁑ 함락하다.

함마(hammer) ⇨ 쇠메. 물몽둥이.

큰 망치. ‡ 해머.

함바(한바)〔飯場〕㉦ ⇨ 일터 밥집.
‡ 공사장 식당.

함박[1] = 함지박. ‡ 통나무로 바가지처럼 만든 큰 나무그릇.

함박[2] = 함박꽃. {함박꽃나무. 함박송이. 함박웃음.}

함박눈 * 굵고 탐스럽게 내리는 눈.
¶ 함박눈이 펑펑 내린다.
☞ 마른눈. 싸락눈. 진눈깨비. 얼음비.

함박스텍(hamhurg steak) ㉦ ⇨ 햄버거스테이크.

함빡 〈 흠뻑. ‡ ① 분량이 차고도 남도록. ¶ 함빡 정이 들다. ② 물이 쭉 내배도록 젖은 모양. ¶ 비를 함빡 맞다. 눈물로 함빡 젖다.
☞ 함씬.

함성 소리(喊聲~) ⇨ 함성. ‡ 부르짖는 소리.

함실아궁이 * 부넘기가 없이 불길이 바로 고래로 들어가게 된 아궁이.
☞ 군불아궁이.

함씬 * 한도에 차고도 남도록 넉넉히.
¶ 그 허물을 내가 함씬 뒤집어썼다. 오랜만에 함씬 먹었다. 모두 다 함께 함씬 웃었다.
☞ 함빡. 흠씬.

함에 * 하는 것이 수단, 방법이 되어. 하는 일에. 하는 것에.
☞ 됨에. 하매.

함유률(含有率) ⇨ 함유율. ‡ 니은과 홀소리 뒤에선 '율'임.

함유양(含有量) ⇨ 함유량. ‡ 한자말 뒤에선 '량'임.

함으로 = 함으로써. 하는 것으로써.

하는 일로써. ‡ 수단. 방법. ¶ 낚시질을 함으로써 낙을 삼는다.
☞ 하므로.

함지 * 나무로 네모지게 짜서 만든 그릇. {떡함지.}
☞ 함지박.

함지땅 * 아주 높은 땅으로 둘러싸인 평평한 땅. ‡ 분지.
☞ 더기. 덕땅.

함지박 = 함박. ‡ 통나무의 속을 파서 바가지처럼 만든 큰 그릇.
☞ 자배기. 함박.[1]

함진애비(函~) ⇨ 함진아비. 혼수아비. ‡ 혼인 때, 신랑 집에서 신부 집으로 보내는 함을 지고 가는 사람.

합(盒) * 음식을 담는 놋그릇. ‡ 뚜껑이 있음.
☞ 함. 상자. 궤.

합격율(合格率) ⇨ 합격률. ‡ 니은을 뺀 받침 뒤에는 '률'임.

합목적적(合目的的) ⇨ 목적에 맞는.

합바지 ⇨ 핫바지. ‡ ① 솜을 두어 지은 바지. ② 시골 사람.

합방하다(合邦~) * (두 나라를 하나로) 합치다.

합병하다(合倂~) * (둘 이상의 기구나 단체를) 합치다.

합성염료(合成染料) ㉦ ⇨ 합성물감.

합성진자(合成振子) ㉦ ⇨ 겹흔들이.

합승하다(合乘~) ㉦ ⇨ (같은 쪽으로 가는 여러 사람이) 함께 타다.

합이빈(哈爾賓) ⇨ 하얼빈. ‡ 땅 이름.

합죽거리다 = 합죽대다. ‡ 이가 빠져 우므러진 입을 자꾸 움직이다.
☞ 넓죽거리다.

합죽하다 * 이가 빠져 입과 볼이 우므러져 있다. {합죽이. 합죽할미.}
☞ 할쭉하다. 홀쭉하다.

합하다(合~) * ①여럿을 한데 모으다. ②여럿이 한데 모이다. ③보태다. * 사람. 물질. 물체. 마음. 힘. ¶ 합해 보다. 합해 주다.
☞ 더하다.

핫~ * 솜을 둔. {핫두루마기. 핫바지. 핫반. 핫저고리. 핫퉁이.}

핫것 * 솜을 두어서 만든 옷이나 이불 따위.
☞ 차렵.

핫길(下~) = 하질. 하치. 하품. 아랫길. * 품질이 낮은 것.
☞ 상길. 중길.

핫아비〔有婦男〕* 아내가 있는 남자.
☞ 홀아비.

핫어미〔有夫女〕* 남편이 있는 여자.
☞ 홀어미.

핫옷 = 솜옷. * 솜을 두껍게 두어 지은 옷.

핫이불 = 솜이불. * 솜을 두껍게 둔 이불.

핫이슈(hot issue) ⇨ 주관심사. 주논점.

핫저고리 = 솜저고리. * 솜을 두껍게 두어 지은 저고리.

핫질(下秩) ⇨ 하질. 핫길.

항구(港口) * 배가 드나들도록 바닷가에 부두 따위를 만든 곳. {항구세.} ¶ 항구 도시. * ①기능. {상항. 군항. 어항. 공업항.} ②위치. {연안항. 해항. 호항.} ③법제. {개항. 자유항. 중계항.}

☞ 포구.

항길 ⇨ 한길.

항도(抗道 ⇨ 갱도) ⇨ 굴길. 굿길. * 광산의 땅속에 뚫어 놓은 길.

항렬(行列) = 돌림. * 겨레붙이의 대수 관계를 나타내는 말. ¶ 형제는 같은 항렬이다. 항렬이 낮다. 항렬이 높다. 항렬을 따지다.
☞ 행렬.

항렬자〔行列字〕= 돌림자. * 이름에서 항렬을 나타내는 글자.

항목(抗木 ⇨ 갱목) ⇨ ①동바리. * 굿길 버팀목. ②굄목. * 철로.

항부(抗夫 ⇨ 갱부) ⇨ 굿일꾼.

항성(恒星) * 붙박이별. * 자리를 바꾸지 않고 별자리를 이루는 별. 태양, 북극성, 북두칠성, 삼태성, 견우성, 직녀성 따위.
☞ 행성. 위성. 유성. 혜성.

항쇄(項鎖) * 칼. * 죄인의 목에 채우는, 나무로 만든 형틀. {큰칼. 작은칼.} ¶ 칼을 쓰다. 칼을 씌우다.
☞ 족쇄. 차꼬.

항아리(缸~) * 아래위가 좁고 배가 부른 질그릇. {항아리매듭. 항아리무늬. 항아리치마.} {오지항아리. 장항아리. 터주항아리.} ¶ 고추장 항아리. 꿀항아리. 물 항아리. 술 항아리.
☞ 단지.¹ 독. 바탱이. 중두리.

항아리손님(缸~) = 볼거리. * 유행성 귀밑샘염.

항아장사 ⇨ 황아장사.

항우장사 = 항장사 * 힘이 아주 센 사람.

항차 ⇨ ①하물며. ②더군다나.

해¹ * ① 태양. {해넘이. 해님. 해맞이. 해시계. 햇덧. 햇덩이. 햇무리. 햇볕. 햇빛. 햇살.} {해나다.} ¶ 아침 해. 저녁 해. 해가 뜨다. 해가 솟다. 해가 지다. ② 해가 떠 있는 시간. {하루해. 해껏. 해동갑. 해소일. 해안. 해전. 해종일.} ③ 1년. {해묵다. 해묵히다.} {그해. 묵은해. 새해. 안해(지난해. 전해). 올해. 이듬해. 이해. 저지난해. 지지난해. 첫해.} {해붙기. 해소수. 해운. 해지킴. 해포. 햇돈. 햇수. 햇일.} ¶ 어느 해. 여느 해. 한 해.
　☞ 연.³ 년.²

해² * 띠로 본 해 이름. {쥐해. 소해. 호랑이해. 토끼해. 용해. 뱀해. 말해. 양해. 원숭이해. 닭해. 개해. 돼지해.}
　☞ 십이지.

해³〔所有物〕 = 것. ¶ 내 해. 네 해. 뉘 해. 우리 해.

해~⁴ * 그해에 난. * 된소리, 거센소리 앞에 씀. {해쑥. 해콩. 해팥.}
　☞ 햇~.

해⁵(海) * 바다. * ① 한자말 이름 뒤에는 붙여 씀. {동해. 서해. 남해. 다도해. 사해. 홍해.} ② 다른 나라 말 이름 뒤에는 띄어 씀. ¶ 발트 해. 아라비아 해. 에게 해. 카리브 해. 카스피 해.
　☞ 바다.

해거름〔日暮〕 = 해름. 저물녘. * 해가 넘어가려는 무렵.
　☞ 밝을녘. 샐녘.

해걸러짓기〔輪作〕 = 돌려짓기. 그루바꿈. * 같은 땅에 해마다 농작물을 바꾸어 심는 일.
　☞ 이어짓기.

해걸이〔隔年〕 ⇨ 해거리. * ① 한 해를 거름. ¶ 운동회를 해거리로 연다. ② 한 해를 걸러서 열매가 많이 열림. {해거리하다.}

해결되어지다(解決~) ⇨ 해결되다.

해골(骸骨) * ① 해골바가지. ② 죽어 오래된 사람의 뼈. ③ 머리.

해골지킴(骸骨~) = 뫼지기. 묘지기. * 남의 뫼를 지키는 사람.

해금(奚琴) = 깡깡이. * 향악기의 하나.

해꼬지하다 ⇨ 해코지하다.

해나다 * 날씨가 개거나 볕이 나다. ¶ 해난 날.
　☞ 헤나다.

해낙락하다 ⇨ 해낙낙하다. * 흐뭇한 느낌이 있다.

해남도(海南島) ⇨ 하이난 섬. * 땅 이름.

해내다 * ① 상대편을 이겨 내다. ¶ 큰 소리치던 놈을 해낸 것이 제일 시원하다. ② 일을 능히 처리하다. ¶ 맡은 일을 해내다.

~해 내다 ¶ 생각해 내다.

해넘이〔日沒〕 * 해가 막 넘어가는 때. ¶ 해넘이를 구경함.

해돋이〔日出〕 = 해뜨기. ¶ 해돋이를 기다리다.

해동머리(解凍~) = 해토머리. * 얼었던 땅이 녹아서 풀릴 무렵.
　☞ 따지기.

해 뜨다 = 해 돋다. * 해가 동쪽 하늘

에서 떠오르다.

☞ 해 지다.

해뜨리다 = 해어뜨리다. ＊ 닳아서 떨어지게 하다.

해라 = 하여라. ＊ 바로 시킴꼴.

☞ 하라.

해론벌레 〔害蟲〕 ＊ 이, 벼룩, 모기, 바퀴, 파리, 멸구, 진드기, 진딧물 따위 사람이나 짐승이나 농작물에 해를 끼치는 벌레.

☞ 이론벌레.

해롱거리다 〈 희롱거리다. ＊ 버릇없이 경솔하게 자꾸 까불다.

해름 = 해거름. 저물녘. ＊ 해가 넘어갈 무렵.

☞ 밝을녘. 샐녘.

해말끔하다 〈 희멀끔하다. ＊ 살빛이 희고 말끔하다.

해말쑥하다 〈 희멀쑥하다. ＊ 살빛이 희고 말쑥하다.

해말쑥히 ⇨ 해말쑥이. ＊ 살빛이 희고 말쑥하게.

해망적다 ⇨ 해망쩍다. ＊ 아둔하다. ¶ 해망쩍게 또 어디로 놀러갔나.

해묵다 ＊ 해를 넘기어 오래되다. ¶ 해묵은 물건. 해묵은 감정.

해 묵다 ¶ 여러 해를 묵은 구렁이.

해바라기[1] = 양지받이. ＊ 햇볕을 쬐는 일. {해바라기하다.}

해바라기[2] ＊ 한해살이풀 이름. {해바라기꽃. 해바라기성. 해바라기씨.}

해바르다 ⇨ 양지바르다.

해반드르르하다 = 해반들하다. ＊ ① 해말쑥하고 반드르르하다. ② 이치에 맞게 꾸며대어 그럴싸하다.

해반지르르하다 ＊ 겉모양이 해말쑥하고 반지르르하다.

해발쪽 〈 헤벌쭉. ＊ 입이나 구멍이 바라진 모양. ¶ 해발쪽이 웃다.

해방동이(解放童～) ⇨ 해방둥이. ＊ 해방된 해에 태어난 사람.

해방시키다(解放～) ⇨ 해방하다.

해변가(海邊～) ⇨ 바닷가. ＊ 해변.

해보다 ＊ ① 맞겨루다. ¶ 죽든 살든 되는 데까지 해보자. ② 대들어 싸우다. ¶ 어디 한번 해보자.

해 보다 ＊ ① 시험 삼아 하다. ¶ 해 보아야 어떻게 될지 알겠다. ② 지난날에 겪어본 적이 있다. ¶ 해 보지 않은 사람은 모른다.

해사하다 ＊ ① 얼굴이 희고 곱다랗다. ¶ 해사한 얼굴. ② 표정, 웃음소리가 맑고 깨끗하다. ③ 옷차림, 자태가 말끔하고 깨끗하다.

☞ 해쓱하다. 핼쑥하다. 상냥하다.

해산(解産) = 생산. 아이낳이. 애낳이. ＊ 아이를 낳음. {해산때. 해산미역. 해산방. 해산수발. 해산쌀. 해산할미.} {첫해산.}

해산달(解産～) = 산달. 막달. ＊ 아기를 낳을 달.

해산바라지(解産～) = 해산구완. 산바라지. ＊ 해산을 돕는 일.

☞ 산후바라지.

해산시키다(解散～) ⇨ 흩어지게 하다. ＊ 해산하다.

해산어미(解産～)〔産母〕 = 해산어머니. ＊ 막 애를 낳은 어미.

해산할미(解産～) ＊ ① 나이 많은 해산어미. ② 몸이 부석부석한 사람.

해삼위(海蔘威) ⇨ 블라디보스토크.
‡ 땅 이름.

해삼전(海蔘煎) = 뮈쌈. ‡ 마른 해삼
을 불려 배 속에 쇠고기와 두부를
넣고 달걀을 씌워 지진 음식.

해서(楷書) * 또박또박 바르게 쓰는
한문글자의 글씨체.
　☞ 서체. 초서. 행서.

해석(解釋)**을 하도록 하다** ⇨ 해석하다.

해석(解釋)**해 보기로 하다** ⇨ 해석해
보다.

해설랑은 ⇨ 해서. ‡ 하다.

해소(咳嗽) ⇨ 해수. ‡ 기침. {해수병.}

해소시키다(解消~) ⇨ 없애다. 씻다.
풀다. ‡ 해소하다.

해수(~數) ⇨ 햇수. ¶ 햇수가 차다.
햇수로 3년이 되었다.

해시계(~時計) * 햇빛이 비추는 그림
자로 시각을 나타내는 시계.
　☞ 모래시계. 물시계. 불시계.

해쌀 ⇨ ①햅쌀. ②햇살.

해쓱하다 = 헬쑥하다. ‡ 얼굴에 핏기
가 없어 파리하다.
　☞ 해사하다.

해아(海牙) ⇨ 헤이그. ‡ 땅 이름.

해안가(海岸~) ⇨ 바닷가. ‡ 해안.

해야겠다 = 해야 하겠다.

~해야만이 ⇨ ~해야.

해어지다 = 해지다. ‡ 닳아서 찢어지
거나 구멍이 나다. ¶ 해진 옷.
　☞ 헤어지다. 떨어지다.

해여지다 ⇨ ①해어지다. ②헤어지다.

~해 오고 있다 ⇨ ~해 오다.

해오라기〔碧鷺〕 = 해오리. ‡ 왜가릿
과의 여름새.

　☞ 왜가리.

해외(海外) ⇨ 나라 밖. ‡ 국외.

해외 순방(海外巡訪) ⇨ 나라 밖 나들
이. ‡ 국외 순방.

해우차 ⇨ 해웃값. 해웃돈. 꽃값. ‡ 여
자와 관계하고 주는 돈.
　☞ 놀음차. 왁댓값.

해읍스름하다 = 해읍스레하다. ‡ 산
뜻하지 못하게 조금 하얗다.

해익(海溢) ⇨ 해일.

해일(海溢) * 바다넘이. 바다넘침.
‡ 바닷물이 크게 일어서 육지로 넘
쳐 들어오는 일.
　☞ 물마. 시위.² 큰물.²

해임시키다(解任~) ⇨ 물러나게 하다.
자르다. ‡ 해임하다.

해자쟁이(解字~) = 파자쟁이. ‡ 한
문글자로 점치는 사람.

해작거리다¹ 〈 헤적거리다. ‡ 활개를
벌려 가볍게 저으며 걷다.

해작거리다² 〈 헤적거리다. ‡ ①무엇
을 찾으려고 자꾸 들추거나 파서 헤
치다. ¶ 화로에 묻어 둔 밤을 찾는
다고 해작거린다. ②탐탁하지 아니
한 태도로 조금씩 자꾸 깨작거리며
헤치다. ¶ 밥그릇을 해작거리다.

해작질 〈 헤적질. ‡ 무엇을 자꾸 들추
거나 파서 헤치는 짓.
　☞ 손장난.

해정국(解酲~) ⇨ 해장국. {해장거리.
해장술.} ‡ 전주의 콩나물국, 부산
의 재첩국, 복국, 서울의 사골국, 선
짓국, 충청도의 다슬깃국 따위가 유
명함.

해제끼다 ⇨ ①해 제끼다. ②해치우다.

해젯권(解除權) ⇨ 해제권.

해종일(~終日) = 하루종일. 온종일. 종일. ＊ 아침부터 저녁까지.

해죽해죽[1] 〈 히죽히죽. ＊ 만족스러운 듯이 귀엽게 자꾸 웃는 모양.

해죽해죽[2] 〈 헤죽헤죽. ＊ 가볍게 활갯 짓을 하며 걷는 모양.

해지다 = 해어지다. ＊ 닳아 떨어지다. ¶ 운동화가 해지다.
　☞ 헤지다.

해 지다 = 해가 넘어가다. ¶ 해가 지 는 뒷동산에 오르다.
　☞ 해 뜨다.

해질머리 ⇨ 저물녘. 해거름. 해질녘. ＊ 해가 질 무렵.

해질임시(~臨時) ⇨ 저물녘. 해거름. 해질녘.

해쭉 = 해쭉이. ＊ 만족스러운 듯이 귀 엽게 웃는 모양. ¶ 해쭉 웃다.

해체시키다(解體~) ⇨ 뜯어 흩뜨리다. 뜯어 헤치다. ＊ 해체하다.

해치다(害~) = ①해코지하다. ②죽 이다.
　☞ 헤치다.

해코지하다(害~) ＊ 해롭게 하거나 다 치게 하다.

해태[1](獬~) ＊ 옳고 그름을 판단하여 안다고 하는 상상의 동물.

해태[2](海苔) ⑭ ⇨ 김.

해토머리(解土~) = 해동머리. ＊ 얼 었던 땅이 풀리기 시작할 때.
　☞ 따지기.

해피 앤드(happy end) ⑭ ⇨ 행복하 게 끝맺음. ＊ 소설. 연극. 영화.

핵가족(核家族) ⑭ ⇨ 소가족.

핸드폰(hand phone) ⇨ 손전화. ＊ 셀룰러폰. 모바일폰.

핸들(handle) ⑭ ⇨ ①죔쇠. ②키. 키손. ③손잡이.

핼메트(helmet) ⇨ 탈막이 모자. ＊ 헬멧.

핼쑥하다 = 해쓱하다. ＊ 얼굴에 핏기 나 생기가 없다.
　☞ 해사하다.

햅곡식(~穀食) ⇨ 햇곡식.

햇~ ＊ 그해에 난. ＊ 예사소리 앞에 씀. {햇감자. 햇고구마. 햇곡식. 햇 과일. 햇김. 햇김치. 햇나물. 햇누 룩. 햇닭. 햇박. 햇밤. 햇밥. 햇벼. 햇병아리. 햇보리. 햇비둘기. 햇사 과. 햇솜. 햇순. 햇잎.}
　☞ 해~.

햇곡(~穀) = 햇곡식.

햇귀 ＊ ①햇발. ②처음 솟는 해의 빛.

햇님 ⇨ 해님. ＊ '님'은 뒷가지.

햇무리〔日暈〕＊ 해의 둘레에 생기는 허옇고 둥그런 테두리.
　☞ 달무리. 밤무리.

햇물 ＊ 장마 뒤에 잠깐 솟아나다가 없 어지는 샘물.

햇발 = 햇귀. ＊ 팔방으로 뻗친 햇살. ¶ 아침 햇발. 햇발이 퍼지다.

햇볕 = 볕. ＊ 해가 내리쬐는 따뜻한 기운. ¶ 햇볕을 쬐다.

햇빛 ＊ ①해의 밝은 기운. ¶ 햇빛을 쐬 다. ②칭송받는 일.

햇살 ＊ 해가 내쏘는 빛살. ¶ 얼굴에 와 닿는 아침 햇살.

햇쌀 ⇨ 햅쌀. ＊ 그해에 새로 난 쌀. {햅쌀밥.}

햇쑥 ⇨ 해쑥. ‡ 그해에 새로 자란 여린 쑥. ¶ 해쑥으로 쑥떡을 만들다.

햇쓱하다 ⇨ 해쓱하다.

햇콩 ⇨ 해콩. ‡ 된소리, 거센소리 앞에는 사이시옷을 쓰지 않음.

햇팥 ⇨ 해팥. ‡ 그해에 새로 난 팥.

햇포도(~葡萄) ⇨ 해포도. {해포도주}

했길래 ⇨ 했기에.

했다 = 하였다. ‡ 하다.

했다고 해요 = 했대요.

~행(~行) * 어디로 가는. {경주행. 부산행. 서울행. 뉴욕행. 아프리카행. 유럽행.} ¶ 부산행 열차. 서울행 비행기. 제주행 여객선.
☞ ~발.[6]

행가래 ⇨ 헹가래. ‡ 축하하거나 벌줄 때 하는 일의 하나. {헹가래질.} ¶ 헹가래를 올리다. 헹가래를 치다.

행결 ⇨ 한결. ‡ 한층 더. ¶ 산에 오르니 몸이 한결 가뿐해진다.

행길 ⇨ 한길. ‡ ①큰길. ②하나의 길. ③같은 길.

행낭(行囊) * 무엇을 넣어 보내는 주머니. ¶ 외교 행낭. 우편 행낭.
☞ 행랑.

행내기 ⇨ 보통내기. 여간내기. 예사내기.

행랑(行廊) * ①대문간에 붙어 있는 방. ②대문 안에 죽 벌여 지어서 하인이 거처하던 방. {행랑것. 행랑방. 행랑살이. 행랑아범. 행랑어멈. 행랑집. 행랑채.} {행랑살이하다.}
☞ 사랑.[2] 행낭.

행렬(行列) * 여럿이 줄지어 감. 또는 그렇게 가는 줄. ¶ 행렬을 짓다. 행렬이 이어지다. 군인들의 행렬이 지나가다.
☞ 항렬.

행렬자(行列字) ⇨ 돌림자. ‡ 항렬자.

행망적다 ⇨ 행망쩍다. ‡ 주의력이 없고 아둔하다.

행복하세요?[1](幸福~) = 행복하십니까?

행복하세요[2](幸福~) ⇨ 행복하시기 바랍니다. 행복하시기 빕니다.

행복하자(幸福~) ⇨ 행복하게 살자. ‡ 그림씨에는 시킴꼴, 이끎꼴이 없음. 다만, 느낌꼴로 쓸 때는 있음. ¶ 사랑은 아름다워라. 참 고와라.

행사(行事)**를 가지다** ⇨ ① 행사를 치르다. ② 행사를 열다.

행상(行商) = ① 도붓장사. ② 도붓장수. ‡ 선장사.

행상소리(行喪~)〔輓歌〕 = 상엿소리. 상여메김소리. 요령잡이소리.

행색(行色) * ① 겉으로 드러나는 차림새나 태도. ¶ 행색이 초라하다. ② 길을 떠나려고 차리고 나선 모양. ¶ 여행객의 행색을 훑어보다.
☞ 형색.

행서(行書) * 십체의 하나. ‡ 해서와 초서의 중간 글씨체.
☞ 초서. 해서.

행선지(行先地) ㉿ ⇨ 가는 곳. 가는 데. ‡ 목적지.

행성(行星) * 떠돌이별. ‡ 태양계의 수성, 금성, 지구, 화성, 목성, 토성, 천왕성, 해왕성 따위.
☞ 유성.[2] 위성. 항성. 혜성.

행실(行實) = 행실머리. ‡ 하는 짓. ¶ 고약한 행실. 행실이 나쁘다.

행여(幸~) = 행여나. ＊ 어쩌다가. ¶ 행여 좋은 소식이 올지 모르겠다. 행여 도움이 될까 하여 말한다. 행여 감기가 들까 걱정이다.
　☞ 혹시.

행오(行伍) ⇨ 항오. ＊ ① 군대를 편성한 대오. ② 군사.

행주질하다 = 행주질을 치다. ＊ 행주로 그릇이나 밥상을 닦다.

행주치마 = 앞치마. ＊ 부엌일을 할 때 덧입는 작은 치마.

행짜 ＊ 심술을 부려 남을 괴롭히는 짓. ¶ 행짜 부리다. 행짜 심하다.

행투 ⇨ 행티.

행티 ＊ 행짜를 부리는 버릇. ¶ 행티를 내다. 행티가 사납다.

행패(行悖) ＊ 난폭한 말이나 짓. ¶ 행패를 당하다. 행패를 부리다.

행혀(幸~) ⇨ 행여. 행여나. ＊ 어쩌다가 혹시.

향(香) ＊ ① 태워서 냄새를 내는 물건. {향로. 향로상. 향로석. 향불.} ¶ 향을 사르다. 향을 피우다. ② 향기. {딸기향. 레몬향. 바나나향. 바닐라향. 유자향. 장미향. 커피향. 박하향.} {향주머니.}
　☞ 향기. 향내. 향료.

향긋하다(香~) ＊ 은근히 향기로운 느낌이 있다.
　☞ 상긋하다.

향긋히(香~) ⇨ 향긋이. ＊ 향긋하게.

향기(香氣) ＊ 좋은 냄새. {향기롭다. 향기로이.} {꽃향기.} ¶ 술 향기. 커피 향기. 풀 향기. ¶ 향기 나다. 향기 맡다. 향기 좋다.

향내(香~) = ① 향기. {꽃향내.} ② 향 냄새. ¶ 향내가 나다.

향년(享年) ＊ 한평생 살아 누린 나이. 죽을 때의 나이. ＊ 돌아가신 분에게만 씀. ¶ 향년 80세를 일기로 별세하다.
　☞ 졸년.

향도꾼(香徒~) ⇨ 상두꾼. 상여꾼.

향로(香爐) ＊ 향을 피우는 화로. ＊ 규방에 쓰는 것과 제사에 쓰는 것이 있음. ¶ 놋쇠 향로. 향로에 향을 피워서 꽂다.

향료(香料) ＊ ① 향기를 내는 데 쓰는 물질. ＊ 먹거리나 화장품에 씀. ② 죽은 사람의 영전에 향을 바치는 대신 놓는 돈.
　☞ 향신료.

향불내(香~) = 향불 냄새. ＊ 향을 태우는 냄새.

향락문화(享樂文化) ⇨ 향락 풍조. 향락 형태.

향상시키다(向上~) ⇨ (기술, 수준, 실력을) 높이다. ＊ 향상하다.

향신료(香辛料) ⇨ ① 양념. ② 양념감.
　☞ 향료.

향찰(鄕札) ＊ 신라 때 향가에서 쓴, 한문글자의 소리와 새김으로 우리말 소리를 적은 법. ＊ 간 봄 = 去隱春. 밤 = 夜音.
　☞ 구결. 군두목. 이두.

향피리(鄕~) ＊ 예부터 내려오는 우리나라 피리 이름.
　☞ 당피리.

향항(香港) ⇨ 홍콩. ＊ 땅 이름.

허겁지겁 ＊ 마음이 급해서 어쩔 줄 모

르는 꼴. ¶ 허겁지겁 달아나다.
☞ 헝겁지겁.

허구리 * ① 양쪽 갈비 아래쪽 잘쏙한 부분. ② 물건의 가운데 부분.
☞ 옆구리. 잔허리. 진구리.

허구많다 ⇨ 하고많다. 하고하다. ✱ 많고 많다. ¶ 하고많은 날.

허구장천 ⇨ 영구장천. ✱ 언제까지나 늘.

허구하다(許久~) * 날이나 세월이 오래다. ¶ 허구한 날 술만 퍼마신다.
☞ 하고하다.

허구헌 날 ⇨ 허구한 날. ¶ 허구한 날 팔자타령만 하다.

허깨비 = 헛것. ✱ ① 없는 것이 있는 것처럼 보이거나 다른 것처럼 보이는 물체. ② 생각보다 무게가 아주 없는 물건. ③ 허약한 사람.
☞ 곡두. 도깨비. 허수아비.

허덕이다 * ① 힘에 부치거나 힘에 겨워 괴로워하다. ¶ 가난에 허덕이다. 숨이 차서 허덕이다. ② 어린애가 손발을 마구 놀리다.
☞ 헐떡이다.

허들 부리다 ⇨ 엄살 부리다.

허들지다 ⇨ 탐스럽다.

허듭쓰레기 ⇨ 허섭스레기. ✱ 좋은 것이 빠지고 난 뒤에 남은 물건.

허뜨러지다 ⇨ 헤뜨러지다. ✱ 쌓이거나 모인 물건이 흩어지다.

허뜨리다 ⇨ 헤뜨리다. 헤트리다. ✱ 흩어지게 하다.

허락치(許諾~) ⇨ 허락지. ✱ 안울림 소리 뒤에는 '하'가 줆.

허럽숭이 ⇨ 허릅숭이. ✱ 일을 실답게 하지 못하는 사람.

허룩하다 * 줄거나 없어져 적다. ¶ 쌀자루가 허룩하다.
☞ 허출하다.

허름하다 * ① 값이 좀 싼 듯하다. ¶ 허름한 술집. ② 좀 헌 듯하다. ¶ 허름한 양복. ③ 사람이나 물건이 보통 정도에 미치지 못하다.
☞ 헙수룩하다.

허리 * ① 갈빗대 아래에서 엉덩이까지 잘록한 부분. {허리길이. 허리둘레. 허리띠쇠. 허리샅바. 허리앓이. 허리옷. 허리질러. 허리짬. 허리춤. 허리통. 허릿매. 허릿물. 허릿심.} {가는허리(잔허리). 개미허리. 등허리. 어깨허리. 진허리.} {끈허리(띠허리). 조끼허리. 치마허리.} ¶ 허리가 꼿꼿하다. ② 가운데. {길허리. 말허리. 바늘허리. 발허리. 산허리. 중허리. 코허리. 한허리.}
☞ 허구리.

허리가 끊어지다 = ① 허리를 잡다. ✱ 마구 웃다. ② 허리가 아프다.

허리끈 * 허리띠로 쓰는 끈. ¶ 허리끈을 동이다. 허리끈을 졸라매다.
☞ 허리띠.

허리돛대 = 고물대. ✱ 돛대가 세 개인 배에서 고물 쪽의 돛대.

허리둘레선(~線) = 허리선. ✱ 웨이스트.

허리띠 * ① 바지 허리에 매는 띠. ② 젖가슴을 가리는 띠가 달린 옷.
☞ 허리끈.

허리샅바 * 씨름에서 허리를 동여맨 샅바.
☞ 다리샅바.

허리선(~線) = 허리둘레선. ¶ 허리선을 잘록하게 만든 옷.

허리접(~椄) = 옆붙이접. ✽ 식물의 접붙이기 방법의 하나.

허리춤 ✽ ① 바지나 고의 허리와 몸통 사이. ¶ 허리춤에 손을 찔러 넣다. 담뱃대를 허리춤에 꽂다. ② 치마허리와 속옷 사이.
☞ 고의춤. 바지춤.

허릿간(~間) = 고물간. ✽ 배의 고물 쪽 칸.

허무러지다 ⇨ 허물어지다.

허물[1] ✽ ① 실수. {허물하다.} ¶ 허물을 들추어내다. 허물을 덮어주다. ② 흉. ¶ 허물이 되지 않는다. ③ 누명. ¶ 허물을 벗다.

허물[2] ✽ ① 살가죽의 꺼풀. ¶ 허물이 벗겨지다. ② 뱀, 벌레 따위가 벗은 껍질. ¶ 뱀 허물. 매미 허물. 허물을 벗다.
☞ 허울.

허물은 ⇨ 허문. ✽ 허물다.

허물없다 ✽ 매우 친하다. ¶ 허물없는 사이. 허물없는 이야기.
☞ 스스럼없다.

허물 없다 ✽ 흠이 없다. ¶ 허물이 없는 사람은 없다.

허발들리다 ⇨ 걸신들리다. ¶ 밥을 걸신들린 것처럼 먹어 치웠다.

허발쟁이 ⇨ 걸신쟁이. ✽ 음식을 지나치게 밝히는 사람.

허방 ✽ 땅바닥이 움푹 패어서 빠지기 쉬운 구덩이. ¶ 허방을 디디다. 허방에 빠지다. 허방에 빠뜨리다. 허방을 짚다. 허방을 치다.

☞ 헛방.[2]

허방다리〔陷穽〕 ✽ 허방 위에 너스레를 쳐서 눈속임을 한 곳.

허방 치다 ✽ 바라던 일이 실패로 돌아가다.
☞ 허탕 치다.

허발장이 ⇨ 걸신쟁이. ✽ 음식을 지나치게 밝히는 사람.

허벅다리 ✽ 넓적다리 위쪽 부분.
☞ 넓적다리. 허벅지.

허벅지 ✽ 허벅다리 안쪽의 사타구니에서 아랫부분. ¶ 허벅지 둘레.

허벅허벅〉하박하박. ✽ 과일 따위가 물기가 적고 파삭파삭한 모양.

허부렁하다 ⇨ 서부렁하다. ✽ 묶거나 쌓은 물건이 느슨하다.

허부수수하다 ⇨ 에부수수하다. 에푸수수하다. ✽ ① 어수선하고 엉성하다. ② 속이 차지 않다.

허부적거리다 ⇨ 허우적거리다.

허비적거리다〉하비작거리다. ✽ 손톱 따위로 자꾸 긁어 헤치다.
☞ 허우적거리다. 후비적거리다.

허뿔싸〔느〕 = 어뿔싸. ✽ 잘못을 뒤늦게 깨닫고 뉘우칠 때 내는 소리.

허사비 ⇨ 허수아비.

허섭쓰레기 ⇨ 허섭스레기. ✽ 좋은 것이 빠지고 뒤에 남은 허름한 물건.

허송치(虛送~) = 허송하지. ✽ 울림소리 뒤에는 'ㅏ'가 줆.

허수룩하다 ⇨ ① 어수룩하다. ② 허술하다. ③ 헙수룩하다.

허수아비 ✽ ① 논밭에 세우는 사람 모양의 물건. ② 맡은 일을 하지 못하면서 자리만 차지한 사람. ③ 남이

시키는 대로 하는 사람.

☞ 허깨비.

허수하다 * ① 마음이 허전하고 서운
하다. ② 짜임새가 느슨하다.

☞ 허술하다. 헙수룩하다.

허순하다 ⇨ 느슨하다.

허술하다 * ① 낡아서 보잘것없다. ¶ 허
술한 술집. ② 짜임새가 엉성하다.
¶ 경비가 허술하다. ③ 소홀하다.
¶ 대접이 허술하다.

☞ 허수하다. 헙수룩하다.

허연빛 = 허연색.

허엽스레하다 * 산뜻하지 못하고 약간
허옇다.

☞ 헙수룩하다.

허예지다 〉 하얘지다.

허우적거리다 * ① 손발을 마구 내두르
다. ¶ 물에 빠져 허우적거리다. ② 어
려운 지경에서 벗어나려고 애쓰다.

☞ 허비적거리다. 호비작거리다.

허울 * 실속이 없는 겉모양. ¶ 허울뿐
인 약속. 허울이 좋다.

☞ 허물.

허울 좋은 과부 = 허울 좋은 하눌타
리. ‡ 실속이 없는 사람이나 물건.

허위대 ⇨ 허우대. ‡ 겉으로 드러난 덩
치. ¶ 허우대가 멀쩡하다.

허위적거리다 ⇨ 허우적거리다. ¶ 물
에 빠져 허우적거리다.

허적거리다 = 허적대다. ‡ 쌓인 물건
을 함부로 들추어 헤치다.

☞ 헤적거리다.[2]

허전거리다 = 허전대다. ‡ 다리에 힘
이 없어 쓰러질 듯이 걷다.

허전하다 * 텅 빈 느낌이 있다. ¶ 딸을

시집보내니 마음이 허전하다.

허접쓰레기 ⇨ 허섭스레기. ‡ 좋은 것
이 다 빠지고 남은 찌꺼기.

허정거리다 〈 허청거리다. ‡ 다리에
힘이 없어 비틀거리다.

허정하다 * 겉보기와 달리 실속이 없
다. ‡ 유명무실하다.

허줄하다[1] * 차림새가 초라하다. ¶ 남
의집살이하는 허줄한 여인네.

허줄하다[2] 〈 허출하다. ‡ 허기가 지고
출출하다.

허참 〔느〕 ⇨ 허 참.

허청거리다 〉 허정거리다. ‡ 다리에
힘이 없어 비틀거리다.

☞ 휘청대다.

허청대고 * 확실한 계획 없이 마구. ¶ 허
청대고 장사를 시작했다.

☞ 공중대고. 무턱대고.

허출하다 〈 후출하다. ‡ 허기가 지고
출출하다.

☞ 허룩하다. 허줄하다.[2]

허탕 짚다 * 잘못 판단하여 아무 소득
이 없는 일을 하게 되다.

허탕 치다 = 허탕하다. 공치다. ‡ 일
을 하고도 소득을 얻지 못하다.

☞ 허방 치다.

허투로 ⇨ 허투루. ‡ 아무렇게나 되는
대로. ¶ 허투루 대접하다.

허트러지다 ⇨ 흐트러지다.

허튼구들 = 막구들. ‡ 골을 켜지 아니
하고 놓은 구들.

☞ 연좌구들.

허튼모 = 막심기. 벌모. ‡ 못줄을 쓰
지 않고 이리저리 심는 모.

☞ 줄모.

허튼층쌓기(~層~) = 막쌓기. ✽ 돌을 줄눈을 맞추지 않고 쌓는 일.
☞ 다듬돌쌓기.

허푸수수하다 ⇨ 에푸수수하다. ✽ 어수선하고 엉성하다.

허풍선(虛風扇) ✽ ① 손풀무의 하나. ② 허풍선이. 허풍쟁이.

허풍선이 = 허풍쟁이. ✽ 허풍을 잘 떠는 사람.
☞ 건공잡이.

허풍 치다(虛風~) = 광 치다. ✽ 너무 부풀려 말하다.

허황되다(虛荒~) ⇨ 허황하다.

헌 ✽ 오래되어 성하지 아니하거나 낡은. {헌것. 헌계집. 헌솜. 헌쇠.} ¶ 헌 가방. 헌 구두. 헌 돈. 헌 옷가지.
☞ 새.

헌것 = 헌털뱅이. ✽ 낡은 물건. ¶ 헌것을 새것처럼 고치다.
☞ 새것.

헌다하는 ⇨ 한다하는. 한다는.

헌쇠 = 파쇠. ✽ 녹이 슬거나 깨어져 못 쓰게 된 쇠붙이.

헌식돌(獻食~) = 시식돌. ✽ 불교.

헌출하다 ⇨ ① 헌칠하다. ② 훤칠하다.

헌칠하다 ✽ 키나 몸집이 잘 어울리도록 크다. ¶ 허우대가 헌칠하다.
☞ 훤칠하다.

헌털뱅이 = 헌것. ¶ 헌털뱅이 옷은 벗어 버리고 새 옷으로 갈아입어라.

헐개 ⇨ 흘게. ✽ 매듭, 사개, 고동, 사북을 단단하게 조인 정도. ¶ 흘게가 풀리다. 흘게가 늦다. 흘게가 빠지다.

헐근할근 〈 헐근헐근. ✽ 숨이 가빠 자꾸 헐떡이며 가르랑거리는 모양.

헐금씨금 ✽ 숨이 차서 숨소리가 자꾸 매우 가쁘고 거칠게 나는 모양.
☞ 할딱할딱.

헐다[1] ✽ ① 집 따위를 뜯어내거나 부수거나 허물다. ¶ 담을 헐다. ② 갈무리한 물건을 꺼내거나 쓰기 시작하다. ¶ 돈궤를 헐다.
☞ 무너뜨리다.

헐다[2] ✽ ① 해지거나 무너져서 못 쓰게 되다. ¶ 옷이 너무 헐어서 입을 수가 없다. ② 부스럼이나 상처가 나서 짓무르다. ¶ 입 안이 헐다.
☞ 낡다. 곪다.

헐다[3] ✽ 남을 나쁘게 말하다. ¶ 남을 헐어 말하는 것은 좋지 않다.

헐뜯다 ✽ 남을 해치려고 헐어서 말하다. ¶ 뒤에서 남을 헐뜯다.

헐떡이다 ✽ ① 숨을 가쁘게 몰아쉬다. ② 신이 헐거워서 벗겨지다.
☞ 허덕이다.

헐리우드(Hollywood) ⇨ 할리우드. ✽ 땅 이름.

헐 수 할 수 없다 ⇨ 헐수할수없다. ✽ 어떻게 해 볼 도리가 없다.

헐은 ⇨ 헌. ✽ 헐다. ¶ 헌 옷. 헌 집. 헌 책.

헐하다(歇~) ✽ ① 값이 싸다. ¶ 헐한 품삯. ② 일이 수월하다.
☞ 싸다.[2]

험집 ⇨ 흠집.

험하다(險~) ✽ ① 땅의 형세가 사납고 가파르다. ¶ 험한 골짜기. ② 모습이 무섭거나 보기에 흉하다. ③ 말이나 행동이 막되다.

☞ 거칠다.

헙수룩하다 * ① 옷차림이 허름하다. ② 머리털이 덥수룩하다.
☞ 어수룩하다. 허술하다. 허엽스레하다.

헛~ * ① 이유 없는. 보람 없는. {헛걸음. 헛고생. 헛소문. 헛수고.} ② 보람 없이. 잘못. {헛돌다. 헛디디다. 헛먹다. 헛보다. 헛살다.}

헛간(~間) * 막 쓰는 물건을 쌓아 두는 광. ‡ 문짝이 없이 터져 있음.
☞ 헛방.[1]

헛갈리다 = 헷갈리다. ‡ 뒤섞여 갈피를 잡지 못하다.
☞ 섞갈리다. 엇갈리다.

헛개비 ⇨ 허깨비.

헛것 = ① 헛일. ② 허깨비.

헛기침 = 군기침. ‡ 인기척을 내거나 목청을 가다듬으려고 일부러 하는 기침. ¶ 헛기침 소리를 내다. 헛기침을 하다.

헛말 ⇨ 빈말. 헛소리.

헛물키다 ⇨ 헛물켜다. ‡ 헛일이 되다.

헛방[1](~房) * 허드레 세간을 넣어 두는 방.
☞ 헛간.

헛방[2] * ① 쏘아서 맞히지 못한 총질. ② 소리만 나는 총알. ‡ 공포탄. ③ 쏘았지만 터지지 않은 총알. ‡ 불발탄. ④ 미덥지 않거나 보람이 없는 말과 행동. ¶ 헛방을 쳐서 마음만 들뜨게 했다.
☞ 허방.

헛방놓다 = 헛불놓다. ‡ ① 총을 쏘아 못 맞히다. ② 허풍을 치다.

☞ 헛총 놓다.

헛불 맞다 * 총에 빗맞다. ¶ 헛불 맞은 산짐승.
☞ 헛총 놓다.

헛불질 ⇨ 헛총질.

헛소리 * ① 실속 없고 미덥지 않은 말. ② 정신을 잃고 중얼거리는 말.
☞ 군말. 군소리.

헛소문 = 뜬소문. ¶ 헛소문이 나다. 헛소문을 듣다. 헛소문이 돌다.
☞ 바깥소문.

헛솥자리 ⇨ 한뎃부엌.

헛열매 = 혹살과실. ‡ 배, 사과, 양딸기 따위.
☞ 참열매.

헛얼 * 남의 일이나 근거 없는 일 때문에 입는 손해. ¶ 헛얼을 입다.
☞ 얼.[3]

헛일 = 헛것. ‡ 쓸데없이 한 노력. ¶ 모든 노력이 헛일로 돌아갔다.
☞ 헛것.

헛잠 * ① 꾀잠. ‡ 자는 체하는 잠. ② 자는 둥 마는 둥 자는 잠.
☞ 잠.[1]

헛총 놓다(~銃~) * ① 총알을 넣지 않고 쏘다. ② 헛수고하다.
☞ 헛방놓다. 헛불 맞다.

헛탕치다 ⇨ 허탕을 치다.

헛헛증(~症) * ① 시장기. ‡ 배 속이 빈 듯한 느낌. ② 허전한 마음.

헛힘 ⇨ 헛심. ‡ 보람 없이 쓰는 힘.

헝겁지겁 * 너무 좋아서 정신을 차리지 못하고 덤비는 꼴.
☞ 허겁지겁.

헝겊떼기 ⇨ 헝겊. ‡ 피륙의 조각.

헝크러지다 ⇨ 헝클어지다.
헤나다 = 헤어나다. ⁑ 힘든 상태에서 벗어나다. ¶ 고난에서 헤나다.
☞ 해나다.
헤다[1] * ① 헤엄치다. ② 어려운 상태에서 벗어나려고 애쓰다.
☞ 세다.[3] 헤아리다. 헤치다.
헤다[2] = 헹구다. ¶ 개울물에 빨래를 헤다.
헤뜨리다 〈 헤트리다. ⁑ 마구 흩어지게 하다.
헤라 [왜] ⇨ ① 주걱. ② 구둣주걱.
헤롱거리다 ⇨ 해롱거리다. 희롱거리다.
헤말끔하다 ⇨ 해말끔하다. ⁑ 살빛이 희고 말끔하다.
헤말쑥하다 ⇨ 해말쑥하다. ⁑ 살빛이 희고 말쑥하다.
헤매다 * 길이나 방법을 몰라서 이곳 저곳 찾아다니다. ¶ 길을 헤매다.
☞ 방황하다.
헤매이다 ⇨ 헤매다.
헤멀쑥하다 ⇨ 해말쑥하다. 희멀쑥하다.
헤방(毁謗) ⇨ 훼방. ⁑ 헤살. 갈개질.
헤번덕거리다 ⇨ 희번덕거리다.
헤벌쭉 = 헤벌쭉이. ⁑ 넓게 벌어진 모양.
헤베〔平方米〕[왜] ⇨ 제곱미터. ⁑ 넓이의 하나치.
헤살 = 방해. 훼방. ¶ 헤살 놓다. 헤살 부리다. 헤살 치다.
헤살꾼 = 갈개꾼. 방망이꾼. 방해꾼. 불땔꾼. 훼방꾼. 흑싸리.
헤살질 = 갈개질. {헤살질하다.}
헤아리다 * ① 수량을 세다. ¶ 동전을 헤아리다. ② 어떤 수를 이루다. ¶ 십만을 헤아리는 군중이 모였다. ③ 짐작하여 가늠하거나 사정을 미루어 짐작하다. ¶ 한 치 앞도 헤아릴 수 없다.
☞ 세다.[3] 헤다.[1]
헤어나다 = 벗어나다. ¶ 어려운 고비에서 헤어나다.
헤어다니다 ⇨ 헤엄쳐다니다.
헤어지다 = 헤지다. ⁑ ① 따로따로 떨어져 흩어지다. ② 사귀던 사람이 갈라서거나 모인 사람이 떠나다. ③ 살갗이 터져 갈라지다.
☞ 해어지다. 흩어지다.
헤엄〔水泳〕 * 물속에서 팔다리를 움직여 나가는 일. {개구리헤엄. 개헤엄. 등헤엄. 모잽이헤엄. 발헤엄. 선헤엄. 송장헤엄. 앉은헤엄.} {헤엄치다. 헤엄하다.} ¶ 헤엄 솜씨.
헤엄다리 = 헤엄발. ⁑ 고래, 물개 따위의 지느러미 모양의 앞다리.
헤여나다 ⇨ 헤어나다. ⁑ 벗어나다.
헤우다 ⇨ 헹구다.
헤적거리다[1] 〉 해작거리다. ⁑ 활개를 벌려 가볍게 저으면 걷다.
헤적거리다[2] 〉 해작거리다. ⁑ ① 무엇을 찾으려고 자꾸 들추거나 파서 헤치다. ② 탐탁하지 아니한 태도로 자꾸 깨적거리며 헤치다.
☞ 허적거리다.
헤적질 〉 해작질. ⁑ 무엇을 자꾸 들추거나 파서 헤치는 짓.
헤적헤적 〉 해작해작. ⁑ ① 활개를 벌려 가볍게 저으며 걷는 모양. ② 자꾸 들추거나 파서 헤치는 모양.
헤죽헤죽 〉 해죽해죽. ⁑ 가볍게 활갯

짓을 하며 걸은 모양.

헤지다 = 헤어지다. ¶ ① 부부가 헤지다. ② 입안이 헤지다.
  ☞ 해지다.

헤치다 * ① 앞에 걸리는 것을 두 쪽으로 밀어내다. ¶ 배가 물살을 헤치고 나가다. ② 모인 것을 흩어져 가게 하다. ¶ 모인 사람들을 헤치어 여러 마을로 보내다. ③ 덮인 것을 파거나 깨뜨리거나 젖히다. ¶ 보따리를 풀어 헤치다. ④ 방해되는 것을 이겨 나가다. ¶ 난국을 헤치고 나가다. 세파를 헤치고 나가다.
  ☞ 해치다. 들추다.

헬메트(helmet) ⇨ 탈막이 모자. * 헬멧.

헷갈리다 = 헛갈리다. * 기억. 정신. 차례. 판단력.
  ☞ 섞갈리다.

헹가래 치다 = 헹가래 올리다.

헹가래시키다 ⇨ 헹가래질하다.

헹구다 = 헤다. * 빨거나 씻은 것을 다시 맑은 물에 넣어 씻다.
  ☞ 가시다.[1]

헹궈 = 헹구어. * 헹구다. ¶ 그릇을 헹궈 내다. 빨래를 헹궈 놓다.

혀짜래기 = 혀짤배기. * 리을 받침의 소리를 잘 내지 못하는 사람.

혀짜래기소리 = 혀짤배기소리. * 혀짜래기가 내는 소리.

혁띠(革~) ⇨ 가죽띠. 허리띠. * 혁대.

혁세공(革細工) ㉞ ⇨ 가죽 공예.

현관(玄關) ㉞ ⇨ 나들간. 문간.

현관문(玄關門) ㉞ ⇨ 나들문. 나들 간 문.

현금인출기(現金引出機) ㉞ ⇨ 현금 자동 지급기.

현깃증(眩氣症) ⇨ 어지럼증. 어질증. * 현기증.

현대시조(現代時調) * 갑오개혁 뒤에 지은 시조.
  ☞ 고시조.

현수막(懸垂幕) * 드림막. * 글씨를 써서 위에서 아래로 드리운 막.
  ☞ 펼침막. 플래카드.

현안 문제(懸案問題) ⇨ 걸린 문제. * 현안.

현주소(現住所) = ① 주소. ② 수준. ③ 상황. ④ 진상. ⑤ 처지. ⑥ 형편. ⑦ 현황. ⑧ 실태. * 쓰임새에 맞게 가려 써야 할 말.

현토(懸吐) * ① 구결. ② 한문에 우리 말로 토를 다는 일.
  ☞ 군두목. 이두. 향찰.

현판식(懸板式)**을 갖다** ⇨ 현판식을 하다.

현해탄(玄海灘) ㉞ ⇨ 겐카이나다. * 대한 해협 남쪽에 있는 바다.

현혹시키다(眩惑~) ⇨ 얼을 빼다. 혼을 빼다. * 현혹하다.

혈과 사(血~砂) ㉞ ⇨ 피와 모래. * 영화 이름.

혈관선(血管腺) ㉞ ⇨ 핏줄샘.

혈선(血腺) ㉞ ⇨ 피샘.

혈족(血族) * 같은 조상으로부터 갈려 나온 친족.
  ☞ 인척. 외척. 친족. 친지. 친척.

혐의스럽다(嫌疑~) ⇨ 혐의쩍다. * 의심할 만한 데가 있다.

협박하다(脅迫~) * 무섭게 을러서 어

떤 일을 하도록 다잡다. ¶ 돈을 가져 오라고 협박하다. 집을 비우라고 협박하다.
☞ 공갈치다.

협조 있다(協調~) ⇨ 협조하다. ¶ 협조 있기 바람 ⇨ 협조하기 바람.

협찬(協贊) * 어떤 일에 돈을 주어 도움.
☞ 주관. 주최. 후원.

협천(陜川) ⇨ 합천. * 땅 이름.

혓밑 ⇨ ① 혀 밑. ‡ 혀 아래. ② 섯밑. ‡ 소의 혀 밑에 붙은 고기.

혓줄기 = 혓줄때기. * 혀의 밑동.

형[1](兄) * ① 같은 항렬의 남자 중에서 손윗사람. {맏형. 작은형. 친형. 큰형.} {고종형. 외종형. 이종형.} ¶ 사촌 형. 육촌 형. 팔촌 형. 형 노릇. 형 집. ¶ 형 되다. 형뻘 되다. ② 부름말. ¶ 김 형. 박 형. 이 형. 조 형. 김 아무개 형.
☞ 동생. 아우. 언니. 형님.

형[2](兄) 倭 ⇨ 오빠.

형님(兄~) * ① 형의 높임말. ② 손위 처남. ③ 손위 시누이. ④ 손위 동서. {형님뻘. 작은형님. 큰형님.} ¶ 사촌 형님. 호랑이 형님. 형님 같다. 형님 되다. 형님 삼다.
☞ 형.[1] 형씨.

형님 댁(兄~宅) = 형님 집.

형상화시키다(形象化~) ⇨ 형상화하다.

형색(形色) * 사람이 옷을 입은 겉모양. 옷차림. ¶ 형색이 초라하다.
☞ 행색.

형성 문자(形聲文字) = 형성자. ‡ 한 문글자 두 자를 모아 한쪽은 뜻을, 다른 한쪽은 소리를 나타낸 글자. 氵(뜻) + 工(소리) = 江.
☞ 육서. 문자.

형씨〔兄氏〕 * 잘 알지 못하는 사이에서 상대편을 조금 높여 이르는 말.
☞ 형님.

형자(荊棘 ⇨ 형극) ⇨ 가시. {가시밭. 가시밭길.}

혜다 ⇨ ① 세다. ② 헤아리다.

혜성(彗星) * 길쓸별. 꼬리별. 꽁지별. 살별. ‡ 별의 한 가지.
☞ 위성. 유성.[2] 항성. 행성.

혜존(惠存) 倭 ⇨ ① 한번 보아주십시오. ② 삼가 드립니다.

혜화문(惠化門) = 동소문. ‡ 사소문의 하나.

호[1](戶) * 집의 수를 세는 하나치. ¶ 기와집 이십 호.

호[2](號) * ① 본이름이나 자 밖에 따로 지은 이름. ‡ 성과 호는 붙여 씀. {서화담. 신사임당.} ② 세상에 널리 드러난 이름. ¶ 호가 나다.
☞ 본명. 시호. 자.[2]

호[3](號) * 신문, 잡지를 펴낸 차례나 그 성격. ¶ 제1호. 특집 호.

호각(號角) * 불어서 소리를 내는, 신호하는 데 쓰는 연모.
☞ 호루라기. 호드기.

호구 ⇨ 괴통. ‡ 연장에서 자루를 박는 구멍.

호꾸(haak) 倭 ⇨ 갈고리단추. 걸단추. 고리단추. ‡ 호크.

호다 * 헝겊을 겹쳐 바늘땀을 성기게 꿰매다. ‡ 바느질 방법의 하나.

☞ 감치다.[2] 깁다. 꿰매다. 누비다. 박다.[3] 시치다.

호도(胡桃) ⇨ 호두. ⁑ 굳은열매. {호두과자. 호두까개. 호두나무.}

호도깝스럽다 * 말이나 행동이 조급하고 경망스러운 데가 있다.
☞ 오도깝스럽다. 호들갑스럽다.

호도독 ⇨ 호드득.

호두기 ⇨ 호드기.

호두까개 * 호두를 까는 연모. ¶ 호두까개 인형.

호두 까기 * 호두를 까는 일. ¶ 호두까기는 쉽지 않다.

호두까기인형(~人形) ⇨ 호두까개인형. ⁑ 차이코프스키의 발레 곡.

호드기 * ① 버들피리. ② 밀짚 토막으로 만든 피리.
☞ 풀잎피리. 호루라기.

호드득 = 호득. ⁑ ① 콩을 볶을 때 나는 소리. ② 나뭇가지나 검불이 기세 좋게 타들어 가는 소리. ③ 멀리서 총포가 터지는 소리.
☞ 후드득.

호들갑스럽다 〈 흐들갑스럽다. ⁑ 하는 말, 짓이 야단스럽고 방정맞다.
☞ 오도깝스럽다. 호도깝스럽다.

호들기 ⇨ 호드기.

호라비 ⇨ 홀아비.

호랑감투(虎狼~) ⇨ 호령관. ⁑ 아이들 장난의 하나.

호랑요(虎狼~) ⇨ 호탄자. ⁑ 호피 무늬로 짠 담요.

호랑나비 = 범나비. ⁑ 나비의 한 가지.
☞ 노랑나비. 흰나비.

호랑이 = 범. {호랑이가죽. 호랑이굴. 호랑이띠. 호랑이상. 호랑이탈. 종이호랑이.} ¶ 호랑이 새끼. 호랑이 수염.

호랑티티 = 호랑지빠귀. ⁑ 새의 한 가지.

호래비 ⇨ 홀아비.

호래아들 = 호래자식. 후레아들. 후레자식. ⁑ 막된 놈.

호럼씨 ⇨ 홀어미.

호로 [왜] ⇨ 덮개. ⁑ 포장.

호로로 * 호루라기를 부는 소리.

호로록 = 호록. ⁑ 작은 새가 갑자기 나는 소리.
☞ 호르르.

호로병(胡虜甁) ⇨ 호리병. ⁑ 호리병박 모양으로 생긴 병.

호로병박(胡虜甁~) = 호리병박. ⁑ 목이 길고 허리가 잘록한 박.
☞ 뒤웅박. 조롱박. 표주박.

호로새끼 ⇨ 호래아들. 호래자식. 후레아들. 후레자식. ⁑ 막된 놈.

호롱 * 석유등에서 석유를 담는 그릇. ⁑ 사기, 유리, 양철로 만듦.

호롱불 * 호롱에 켠 불. ¶ 희미한 호롱불.
☞ 남폿불. 등잔불. 접싯불. 종짓불.

호루라기 * 호각이나 우레 따위를 통틀어 일컫는 말.
☞ 호드기.

호르르 * ① 날짐승이 나는 소리. ② 얇은 종이가 타는 모양.
☞ 호로로. 호로록.

호르몬선(Hormom腺) [왜] ⇨ 호르몬샘.

호리가타 〔堀型〕 [왜] ⇨ 골파기. 터파기.

호리꾼 〔堀~〕 [왜] ⇨ 도굴꾼.

호리다 * ① 남을 꾀어 정신을 못 차리게 하다. ② 속여 넘기다.
☞ 녹이다. 홀리다. 후리다. 훌치다.[1]

호리병(~瓶) * 호리병박 모양으로 생긴 병. ‡ 술이나 약을 담는 병.

호리병박(~瓶~) = 호로병박. ‡ 목이 길고 허리가 잘록한 박.
☞ 조롱박. 종굴박. 표주박.

호마이카(Formica) 왜 ⇨ 포마이카. ‡ 칠감의 하나.

호미거리 ⇨ 호미씻이.

호미걸이 * 씨름 기술의 하나.

호미모 * 강모의 하나. ‡ 논에 물이 적을 때 호미로 파서 심는 모.
☞ 강모. 꼬창모.

호미씻이 = 호미씻기. 머슴장원놀이. ‡ 농가에서 논매기의 만물을 끝낸 음력 7월쯤에 하루를 즐기며 노는 일.
☞ 책씻이.

호박광대 = 문둥광대. ‡ 오광대놀이에 문둥탈을 쓰고 나오는 사람.

호박돌 = 알돌. ‡ 집터 바닥을 단단히 하는 데 쓰는 둥글고 큰 돌.
☞ 몽돌. 몽우리돌. 밤자갈. 조약돌.

호박벌 = 말벌. 먹뒝벌. 박벌. 왕벌. ‡ 벌의 한 가지.

호박주초(~柱礎) ⇨ 호박 주추. 호박 주춧돌. ‡ 둥근 주춧돌.

호부장(糊附裝) 왜 ⇨ 풀칠매기. ‡ 책을 매는 방식의 하나.

호비다 〈 후비다. ‡ ① 갉거나 파내다. ② 속내를 캐내다.
☞ 우비다.

호비작거리다 〈 후비적거리다. ‡ ① 틈이나 구멍 속을 갉거나 돌려 파내다. ② 내막이나 비밀을 자꾸 캐내다.
☞ 허비적거리다.

호사유피(虎死留皮) 왜 ⇨ 표사유피. ‡ 옛 차이나의 송나라 사람인 구양수가 지은 ‘신오대사’의 ‘사절전’에 나오는 글귀.

호색꾼(好色~) = 색골. ‡ 여자를 밝히는 사람.

호송하다(護送~) * ① 따라가며 지키다. ¶ 경찰관이 시험지를 호송하다. ② 감시하며 데려가다. ¶ 교도관이 죄수를 호송하다.
☞ 후송하다.

호수가(湖水~) ⇨ 호숫가. ‡ 호반.

호시탐탐 노리다(虎視眈眈~) ⇨ 호시탐탐하다. ‡ 기회를 노리다.

호야 왜 ⇨ ① 등피. ② 꺼펑이.

호열자(虎列刺 ⇨ 호열랄) ⇨ 쥐통. ‡ 콜레라.

호염(胡鹽) ⇨ 호렴. ‡ ① 청염. ② 굵은 소금.

호올로 〔어〕 ⇨ 홀로. 홀로이. ‡ 혼자서만.

호우(豪雨) 왜 ⇨ 큰비.

호일(foil) ⇨ 알루미늄종이. ‡ 포일.

호작질 ⇨ 손장난.

호장저고리 〔回裝~〕 ⇨ 회장저고리.

호재(好材) 왜 ⇨ 좋은 조건.
☞ 악재.

호적(胡笛) ⇨ 태평소. ‡ 악기 이름.

호전되다(好轉~) ⇨ ① (형세가) 좋아지다. ② (병이) 나아지다.

호젓이 * 후미지고 고요하게. ¶ 호젓

이 있다. 호젓이 지내다.
☞ 외로이.

호조(好調) ㉲ ⇨ 순조.

호졸근하다 〈 후줄근하다. ¶ 옷이 비
에 젖어 호졸근하다.

호주(濠洲) ⇨ 오스트레일리아. ＊ 나
라 이름.
☞ 오.¹

호주머니 ＊ 조끼, 저고리, 적삼에 헝
겊 조각을 꿰매어 만든 주머니.
☞ 주머니.

호청 ⇨ 홑청. ＊ 요, 이불의 겉에 씌우
는 홑겹으로 된 껍질.

호초(胡椒) ⇨ 후추. ＊ 후추나무 열매
의 껍질. ＊ 누른빛 양념 이름.

호출료(呼出料) ㉲ ⇨ 부름삯.

호출장(呼出狀) ㉲ ⇨ 소환장.

호출하다(呼出~) ㉲ ⇨ 불러내다. 불
러들이다. 부르다.

호치키스(Hotchkiss) ⇨ 박음쇠. 종
이찍개. ＊ 스테이플러.

호치키스약(Hotchkiss藥) ⇨ 박음쇠
못. 종이찍개알.

호콩(胡~) = 땅콩. {호콩엿.}

호태리아(濠太利亞) ⇨ 오스트레일리
아. ＊ 나라 이름.

호태왕(好太王) = 광개토 대왕. ＊ 고
구려의 왕 이름.

호태왕릉비(好太王陵碑) = 광개토 대
왕릉비.

혹¹ ＊ 불거져 나온 살덩이. {혹부리.}
¶ 혹부리 영감. 혹을 떼다.

혹²(或) = ① 혹시. 혹시나. ② 간혹.

혹대패 = 뒤대패. 뒤접대패. 뒤집대
패. ＊ 굽은 안쪽을 깎는 대패.

혹등고래 = 혹고래. 혹고래. ＊ 바다짐
승인 고래의 한 가지

혹살과일 = 헛열매. ＊ 무화과, 사과,
배, 양딸기 따위.
☞ 참열매.

혹성(惑星) ㉲ ⇨ 떠돌이별. ＊ 행성.
☞ 위성. 유성.² 항성. 혜성.

혹시(或是) = 혹. 혹시나. 혹여. 혹여
나. ＊ ① (걱정스러운 일.) 만일에.
¶ 혹시 못 갈지 모른다. ② 어쩌다
가. ¶ 혹시 오는 길이 있으면 알려
라. ③ 어쩌면. ¶ 혹시 편찮은 것은
아닐까? ④ 미심쩍은 데가 있어 주
저할 때. ¶ 혹시 전에 만난 적이 있
나요?
☞ 만일. 행여.

혹위(~胃) = 첫째밥통. 제1위. ＊ 되
새김동물의 첫 번째 밥통.
☞ 겹주름위. 벌집위. 주름위.

혼꾸멍나다(魂~) = 혼나다. 혼바람
나다. 혼쭐나다. ＊ ① 놀라거나 어
려움을 당하다. ¶ 무서워서 혼나다.
② 호되게 벌을 받다. ¶ 장난치다가
할아버지께 혼나다.
☞ 데다.

혼꾸멍내다(魂~) = 혼내다. ＊ 호되
게 꾸짖거나 벌을 주다.

혼나다(魂~) ＊ ① 놀라거나 힘들어서
정신이 빠질 지경에 이르다. ¶ 무서
워서 혼나다. ② 호되게 꾸지람을 듣
다. ¶ 어머니께 혼나다.
☞ 덴겁하다.

혼다테 〔本立~〕 ㉲ ⇨ 책꽂이.

혼돈하다(混沌~) 〔그〕 ＊ 뒤섞여 갈피
를 잡을 수 없는 상태에 있다.

☞ 혼동하다.

혼돌림하다(魂~) = 혼띔하다. 혼내다. ‡ 혼띔 내다. 혼띔 주다.

혼동하다(混同~) 〔움〕 * 구별하지 못하고 뒤섞어 생각하다. ☞ 혼돈하다.

혼뜨검하다(魂~) * 혼뜨검이 나다. 혼뜨검을 당하다. ‡ 혼나다.

혼띔하다(魂~) = 혼돌림하다. 혼내다. ‡ 혼띔 내다. 혼띔 주다.

혼례(婚禮) * ①혼인식. ②혼인 예절. ☞ 혼인.

혼모노〔本物〕 ㉮ ⇨ 진짜 물건. 실물.

혼바람나다 = 혼꾸멍나다. 혼나다. 혼쭐나다. ¶ 아버지께 혼바람나다.

혼삿길(婚事~) = 혼인길. ¶ 혼삿길이 막히다.

혼수아비(婚需~) = 함진아비. ‡ 혼인 때 함을 지고 가는 사람.

혼신을 쏟다(渾身~) ⇨ 힘을 다하다.

혼용하다(混用~) ⇨ 뒤섞어 쓰다. ¶ 한글과 한문글자를 뒤섞어 쓰다.

혼인(婚姻) * 남자와 여자가 부부가 되는 일. {혼인날. 혼인색. 혼인집. 혼인치례.} {겹혼인. 누비혼인. 덤불혼인. 첫혼인.} {혼인하다.} ☞ 혼례.

혼인 기념(婚姻 記念) ‡ 서양에서 하는 일임. ‡ 1주년 = 지혼식(紙婚式). 5주년 = 목혼식(木婚式). 10주년 = 주석혼식(朱錫婚式). 15주년 = 동혼식(銅婚式). 20주년 = 도기혼식(陶器婚式). 25주년 = 은혼식(銀婚式). 30주년 = 상아혼식(象牙婚式), 진주혼식(珍珠婚式). 35주년 = 산호혼식(珊瑚婚式), 비취혼식(翡翠婚式). 40주년 = 녹옥혼식(綠玉婚式). 45주년 = 홍옥혼식(紅玉婚式). 50주년 = 금혼식(金婚式). 60주년 = 다이아몬드혼식(~婚式).

혼인계(婚姻届) ㉮ ⇨ 혼인 신고.

혼인길(婚姻~) = 혼삿길. ‡ 혼인할 기회나 자리. ¶ 혼인길이 막히다.

혼인식(婚姻式) = 혼례. ¶ 혼례를 올리다. 혼례를 치르다.

혼자 * ①저 한 몸. ②다만, 저 하나만. ¶ 혼자 살다. ☞ 홀로.

혼자되다 = 홀로되다. ‡ 남편이나 아내가 죽어 혼자 남다.

혼잣말〔獨白〕 = 혼잣소리. ‡ 제 혼자서 하는 말.

혼잣몸〔獨身〕 ⇨ 홀몸. ☞ 홑몸.

혼잣손 = 단손. ‡ 혼자서 일을 하거나 살림을 꾸려나가는 처지. ☞ 홀앗이.

혼쭐(魂~) = 혼. 혼꾸멍. 혼바람. 혼찌검. {혼쭐나다. 혼쭐내다.} ¶ 혼쭐내 주다. 혼쭐 빠지다. 혼찌검 나다. 혼찌검 당하다.

혼차 ⇨ 혼자.

혼탁하다(混濁~) ⇨ ①어지럽다. ②흐리다.

혼합시키다(混合~) ⇨ 뒤섞다. ‡ 혼합하다.

홀~ * 짝이 없는. {홀몸. 홀수. 홀시아버지. 홀시아비. 홀시어머니. 홀시어미. 홀아버지. 홀아비. 홀어머

니. 홀어미.}

☞ 짝. 홀~.

홀과수(~寡守) ⇨ 홀어미.

홀깍 = 홀까닥.〈 홀걱. 홀꺼덕. ＊ 가
볍게 삼키는 소리나 모양.

홀깨 ⇨ 벼훑이.

홀대(忽待) ⇨ 푸대접.

☞ 박대. 천대. 학대.

홀딱〈 홀떡. ＊① 남김없이 벗거나 벗
겨진 모양. ¶ 옷을 홀딱 벗다. ② 빠
르게 뒤집거나 뒤집힌 모양. ¶ 종이
가 홀딱 뒤집히다. ③ 힘차게 뛰거나
뛰어넘는 모양. ¶ 울타리를 홀딱 뛰
어넘다. ④ 몹시 반하거나 속아 넘어
가는 모양. ¶ 홀딱 반하다. 홀딱 넘
어가다. ⑤ 가진 것이 모두 없어지는
모양. ¶ 노름으로 재산을 홀딱 날렸
다. ⑥ 남김없이 모두 젖는 모양.
¶ 비를 맞아 홀딱 젖었다. ⑦ 남김
없이 모두 먹어 치우는 모양. ¶ 강아
지가 고깃덩이를 홀딱 삼켜 버렸다.

홀랑 = 홀라당.〈 홀렁. 홀러덩.
＊ ① 속의 것이 한꺼번에 드러나도
록 벗겨지거나 뒤집히는 모양. ② 돈
이나 재산이 완전히 다 없어지는 모
양. ③ 구멍이 넓어서 헐겁게 빠지거
나 들어가는 모양.

홀로 = 홀로이. ＊ ① 오로지 혼자서.
¶ 홀로 깨어 있다. 홀로 서다. ② 짝
이 없이 외롭게. ¶ 홀로 살다. 홀로
지내다.

☞ 혼자.

홀로되다 = 혼자되다. ＊ 홀아비나 홀
어미가 되다.

홀리다 ＊ 꾐에 빠져 정신을 차리지 못

하다. ¶ 야바위꾼에게 홀리다.

☞ 호리다.

홀몸〔獨身〕＊ 짝이 없이 지내는 총각,
처녀, 홀아비, 홀어미. ＊ 부모, 형
제, 친척은 있음.

☞ 홑몸.

홀소리〔母音〕＊ 혼자서 소리를 낼 수
있는 낱소리. ＊ 홑홀소리 9자와 겹
홀소리 12자, 모두 21자임.

홀수(~數) ＊ 2로 나누어서 1이 남는
수. {홀숫날.}

☞ 짝수.

홀아버지 ＊ 혼자된 아버지. ¶ 홀아버
지 손에서 자랐다.

☞ 홀어머니.

홀아비 = 홀아버니. ＊ 아내를 잃고 혼
자 사는 사내. ¶ 홀아비 냄새.

☞ 핫아비. 홀어미.

홀알〔無精卵〕= 민눈알. ＊ 수컷 없이
암컷 혼자서 낳은 알.

☞ 돌알. 씨알. 종란.

홀앗이 ＊ 살림을 혼자서 꾸려나가는
처지나 사람. {홀앗이살림.}

☞ 혼잣손. 단손.

홀어머니 ＊ 혼자된 어머니. ¶ 홀어머
니 밑에서 어렵게 자랐다.

☞ 홀아버지.

홀어미 ＊ 서방을 잃고 혼자 지내는 여
자. ＊ 과부.

☞ 핫어미. 홀아비.

홀엄씨 ⇨ 홀어미.

홀짝거리다〈 홀쩍거리다. ＊ ① 물 따
위를 자꾸 들이마시다. ② 콧물을
자꾸 들이마시다. ③ 콧물을 들이마
시며 자꾸 흐느껴 울다.

홀쭉하다 ⇨ 홀쭉하다.

홀쭉이 * 여위거나 볼에 살이 없는 사람.
　☞ 뚱뚱이. 홀쭉히.

홀쭉하다 〈 홀쭉하다. * ① 몸통이 가늘고 길다. ② 속이 비어 오므라져 있다. ③ 몸이 야위다. ④ 끝이 뾰족하고 길다.
　☞ 할쭉하다.

홀쭉히 * 홀쭉하게.
　☞ 홀쭉이.²

홀치기 * ① 자루 아가리를 홀쳐매게 된 물건. ② 물고기 떼를 몽땅 싸서 홀쳐 잡는 그물의 하나. ③ 홀치기염색.
　☞ 홀치기.

홀치다 * 풀리지 않게 단단히 동여매다. ¶ 고삐를 나무에 홀치다.
　☞ 훑이다. 홀치다.

홀태 * ① 알이나 이리가 들지 아니한 물고기. ② 좁은 물건. {홀태바지. 홀태버선. 홀태부리. 홀태소매.} ¶ 홀태 양복.
　☞ 그네. 벼훑이.

홀홀단신(子子單身) ⇨ 혈혈단신. * 기댈 곳 없이 외로운 몸.

훑개 ⇨ 벼훑이.

훑이다 * ① 졸아들다. ¶ 물이 훑여서 얼마 남지 않았다. ② '훑다'의 입음. ¶ 냄비 속에 있던 찌꺼기를 모조리 훑이다.
　☞ 홀치다.

홈(platform) ⑫ ⇨ 폼. 플랫폼. * 기차 타는 곳. ¶ 1번 폼에서 탄다.

홈빡 ⇨ 함빡. 흠뻑.

홈송곳 ⇨ 통송곳. * 반달처럼 생긴 날에 긴 자루가 달린 송곳.

홈스판(homespun) ⑫ ⇨ 홈스펀. * 굵은 양털실로 짠 옷감 이름.

홈타구니 ⇨ 홈타기. * 옴폭하게 패거나 갈라진 곳.

홉 〔合〕 * 가루, 곡식, 대추, 밤 따위와 술, 기름 따위를 되는 하나치. * 1홉은 10작. 10홉은 1되. 10되는 1말. 10말은 1섬.
　☞ 작. 되. 말.⁴ 섬.¹

홋구(hock) ⑫ ⇨ 갈고리단추. 걸단추. 고리단추. * 호크.

홋수(戶數) ⇨ 호수. 가호 수. * 집의 수효.

홋이불 ⇨ 홑이불. * 홑겹으로 된 여름 이불.

홋홋히 ⇨ 홋홋이. * 딸린 사람 없이 홀가분하게.

홍과장(洪課長) ⇨ 홍 과장. * 성과 직책 이름은 띄어 씀. ¶ 김 장관.

홍 길동씨 ⇨ 홍길동 씨. * 성과 이름은 붙이고 '씨'는 띄어 씀.

홍낭자(紅娘子) * ① 베짱이. * 벌레 이름. ② 꽈리. * 풀 이름.

홍능(洪陵) ⇨ 홍릉. * 명성 황후의 능 이름.

홍다(紅茶) ⇨ 홍차. * 차의 한 가지.

홍당무(紅唐~) * ① 껍질이 붉은 무. * 무 속은 흰색임. ② 수줍거나 무안하여 붉어진 얼굴. ¶ 홍당무가 되다. 홍당무 같다.
　☞ 당근.

홍동지놀음 * ① 꼭두각시놀음. ② 홍동지가 나오는 꼭두각시놀음.

홍두깨다듬이 * 홍두깨에 감아서 하는 다듬이질.
☞ 넓다듬이. 설다듬이.

홍두깨생갈이 = 생갈이. ‡ 밭을 서투르게 억지로 가는 일.
☞ 애벌갈이.

홍랑자(紅娘子) ⇨ 홍낭자.

홍문(肛門 ⇨ 항문) ⇨ 밑구멍. 똥구멍.

홍사등롱(紅紗燈籠) = 홍등롱. 홍사롱. ‡ ① 궁중에서 쓰는 등롱. ② 일품 벼슬아치가 쓰는 품등.
☞ 청사등롱.

홍살문(紅~門) = 홍문. * 능, 원, 묘, 대궐, 관아 정면에 세우는 문.

홍색짜리(紅色~) = 홍색. * 큰 낭자에 족두리를 갖추고 다홍치마를 입은, 갓 시집간 새색시.
☞ 남색짜리.

홍수(洪水) * 거침. 큰물. 한물. ‡ 비가 와서 갑자기 불어난 강물.
☞ 물마. 시위.²

홍숫물(洪水~) ⇨ 큰물.

홍싸리(紅~) = 칠싸리. ‡ 화투에서 붉은 빛깔의 싸리를 그린 화투짝.

홍아리(洪牙利) ⇨ 헝가리. ‡ 나라 이름.

홍어(洪魚) * 가오릿과의 바닷고기. {홍어어채. 홍어회. 홍엇국.}
☞ 가오리.

홍역(紅疫) = 제구실. ‡ 돌림병의 하나. ¶ 홍역을 치르다.

홍전문(紅箭門) = 홍살문. 홍문.

홍치마(紅~) = 다홍치마. ‡ 처녀는 노랑 저고리에 다홍치마를 입고 시집간 젊은 여자는 연두색 회장저고리에 다홍치마를 입음.

홍타령 ⇨ 천안 삼거리. ‡ 민요의 한 가지.

홍합(紅蛤) * 담치. 참담치. 섭조개. ‡ 바닷조개의 한 가지.

홍화문(弘化門) * 창경궁의 정문 이름.
☞ 대안문.

홑~ * ① 한 겹으로 된. {홑바지. 홑옷. 홑이불.} ② 하나인. 혼자인. {홑낚시. 홑몸. 홑무덤. 홑숲.}
☞ 홀~.

홑것 ⇨ 홑옷.

홑겹실 ⇨ 외올실. 홑실.

홑그루 〔單一耕作〕 = 홑짓기. 한그루. ‡ 한 땅에 한 가지 농작물만 심어 가꾸는 일.
☞ 한그루짓기.

홑꽃 = 홑잎꽃. ‡ 하나의 꽃잎으로 이루어진 꽃.

홑날대패 = 홑대패. ‡ 덧날이 없는 보통 대패.
☞ 겹대패. 덧날대패.

홑떡잎식물(~植物) = 외떡잎식물.

홑몸 * ① 아이를 배지 아니한 몸. ② 딸린 사람이 없는 몸. ‡ 단신.
☞ 홀몸.

홑무덤 〔單葬〕 * 주검을 하나만 묻은 무덤.
☞ 어울무덤.

홑바지 = 홑중의. ‡ 홑겹으로 지은 바지.
☞ 겹바지.

홑벌 * 홑겹으로만 된 물건.
☞ 단벌.

홑벌로 보다 = 홑으로 보다. ‡ 대수

롭지 않게 보다.

홑사람 = 홑벌사람. ＊ 소견이 얕은 사람.

☞ 난사람. 된사람. 든사람. 큰사람.

홑실 = 외올실. 외겹실.

☞ 겹실.

홑옷 ＊ 한 겹으로 지은 옷. ¶ 홑옷으로 겨울을 나는 어려움.

☞ 겹옷. 겹것.

화[1] = 성. 골. 화딱지. {홧김. 홧담배. 홧담배질. 홧술.}

화[2](火) = ① 불. 불기. ② 남쪽. ③ 여름. ④ 빨강. ⑤ 화요일.

~화[3](~靴) ＊ 구두. {골프화. 등산화. 신사화. 운동화. 축구화.}

~화[4](~畵) ＊ 그림. {구상화. 동양화. 사생화. 서양화. 수채화. 연필화. 유화. 정물화. 추상화. 크레용화. 크레파스화. 파스텔화. 풍경화.}

~화[5](~貨) ＊ 돈. ＊ 달러화(아메리카합중국. 캐나다. 홍콩. 오스트레일리아). 루피아화(인도네시아). 마르크화(도이칠란트). 바트화(타일랜드). 엔화(니혼). 원화(한국). 위안화(차이나). 유로화(유럽 연합). 프랑화(프랑스. 스위스).

화근내(火~) ⇨ 탄내. 화독내. ＊ 음식이 탈 때 나는 냄새.

화깃내(火氣~) ⇨ 화독내.

화나다 = 성나다. 골나다. 화딱지가 나다. ¶ 화나 보이다.

화내다 = 성내다. 골내다. 화딱지를 내다.

화냥 = 화냥년. ＊ 서방질을 하는 여자.

화냥끼(~氣) ⇨ 화냥기. ＊ 여자의 바람기.

화냥질 = 서방질. {화냥질하다. 서방질하다.}

☞ 계집질. 난질.

화년(華年) ＊ ① 나이 예순한 살. ＊ 환갑. ② 소년의 꽃다운 나이.

☞ 방년. 약관.

화다닥 ⇨ 화닥닥. ¶ 화닥닥 뛰다. 화닥닥 일어나다. 화닥닥 문을 열다.

화대(花代) ⇨ ① 놀음차. ② 해웃값. 꽃값.

화덕(火~) ＊ ① 큰 화로. {쇠화덕. 흙화덕.} ② 솥을 걸게 만든 것.

☞ 풍로.

화도끝(華~) ＊ 피륙 양쪽 끝에 상표를 넣어서 짠 부분.

☞ 토끝.

화딱지 나다 = 화나다. 성나다.

화딱지 내다 = 화내다. 성내다.

화라지 ＊ 옆으로 뻗은 나뭇가지. ＊ 땔나무로 이르는 말.

☞ 물거리.[2] 활대.[2]

화란(和蘭) ⇨ 네덜란드. 홀란드. ＊ 나라 이름.

화랑이무당 = 재인단골. 공인단골. 광대계집. ＊ 재인, 공인, 광대, 창부, 화랑과 혼인한 암무당.

☞ 박수.

화랑정신(花郞情神) ＊ 화랑의 이념인 세속 오계. ＊ 사군이충, 사친이효, 교우이신, 임전무퇴, 살생유택.

화랭이춤 = 무동춤. ＊ 농악에서 어린 애들이 놀이꾼 어깨 위에 올라서서 추는 춤.

화로(火爐) ＊ 불씨를 간수하고 인두를

꽂아두는 그릇. {화로구이. 화로방
석. 화로살판. 화로자리. 화롯가. 화
롯전. 전화로.} {놋화로. 질화로. 곱
돌화로. 무쇠화로. 백동화로. 청동
화로.}
☞ 풍로. 화덕.

화롯불(火爐~) * 화로에 담아 놓은
불. ¶ 화롯불에 밤을 구워 먹다.
☞ 화톳불.

화류병(花柳病) = 성병. 사교병. * 매
독, 임질, 에이즈 따위.

화목(火木) ⇨ 땔나무.

화물칸(貨物~) = 짐칸. * 화물차나
기차에서 짐을 싣는 칸.
☞ 기차간. 찻간.

화병(火病) = 울화병. ¶ 사기꾼에게
된통 당하고 화병이 났다.
☞ 화증.

화보[1] * 얼굴이 둥글고 살이 두툼하게
찐 계집.

화보[2](畫報) * 여러 가지 일을 그리거
나 사진을 찍어 만든 책.

화살 = 살. {화살집. 화살표.} ¶ 화살
에 맞다. 화살로 쏘다. 화살을 돌리
다. 화살을 메우다. * 가는대(아기
살). 고두리살. 긴작. 다라진살. 도
둑살. 동개살. 맞은살. 몸빠진살. 부
푼살. 불화살(불살. 화전). 우는살
(효시). 짧은작.
☞ 활.

화살길 = 살길. ¶ 포물선을 그리는 화
살길.

화살대 = 살대. * 화살의 몸을 이루는
대.

화살촉 = 살밑. 살촉. 활촉. * 화살

끝에 박은 뾰족한 쇠.

화상 당하다(火傷當~) = 화상 입다.
데다.

화성돈(華盛頓) ⇨ 워싱턴. * 땅 이름.

화수분단지 ⇨ 화수분. * 재물이 계속
나오는 보물단지.

화숙(火~)〔火田〕 ⇨ 부대밭. * 산속
에서 나무를 불살라 일군 밭.

~화시키다(~化~) ⇨ ~화하다. ~
해지다. ~하게 하다.

화씨온도(華氏溫度) * 얼음이 녹는 점
을 32度, 물이 끓는 점을 212도로
한 온도. 기호는 ‘F’. * 도이칠란트
의 파렌하이트가 만듦.
☞ 섭씨온도. 열씨온도.

화안히 ⇨ 환히. * 환하게. ¶ 횃불을
환히 비추다.

화약심지(火藥~) = 화승. * 도화선.
☞ 불심지.

화염(火焰) ⇨ 불꽃.

화요일날(火曜日~) ⇨ 화요일.

화운데이션(foundation) ⇨ 파운데
이션. ① 딱분. 물분. * 화장품의 하
나. ② 브래지어, 거들, 코르셋 따위
여자의 속옷.

화육법(畫六法) = 육법. * 동양화를
그리는 여섯 가지 방법.

화이바(fiber) ⇨ 안전모. 탈막이 모
자. * 파이버.

화이팅(fighting) ⇨ 싸우자. 이기자.
힘내자. * 파이팅.

화일(file) ⇨ 서류철. 기록철. * 파일.

화장(化粧) * 얼굴을 곱게 꾸밈. {화
장기. 화장대. 화장법. 화장품.}
☞ 단장.

화장걸음 * 팔을 벌리고 뚜벅뚜벅 걷는 걸음.

☞ 걸음.

화장비누(化粧~) = 세숫비누.

화장실(化粧室) * ①화장하는 방. ②뒷간. ‡ 변소.

화장지(化粧紙) * ①화장할 때 쓰는 종이. ②휴지. ③뒤지.

화장터(火葬~) = 화장장. 소산터. ‡ 주검을 화장하는 곳.

☞ 다비소.

화젓가락(火箸~) ⇨ 부젓가락.

화제(和劑) = 약방문. ‡ 한약 처방.

화젯거리(話題~) = 이야깃거리.

화증(火症) = 화증머리. ‡ 걸핏하면 화를 왈칵 내는 증세.

☞ 화병.

화태(樺太) ⇨ 사할린. ‡ 땅 이름.

화톳불 * 한데에서 잠잘 때 장작을 모아 밤새 피워 놓은 불.

☞ 모닥불. 화롯불.

화통[1](火~) = 울화통. ‡ 마음속에 쌓인 화.

화통[2](火筒) * 기차, 기선, 공장 따위의 굴뚝.

☞ 굴뚝.

화폐(貨幣) * 지폐와 주화를 함께 가리키는 이름.

☞ 금전. 돈.[1]

화포(畵布) * 그림을 그리는 천. ‡ 캔버스.

화폭(畵幅) * 그림을 그려 놓은 천이나 종이.

화풀이(火~) * ①화를 풀려고 하는 일. ¶ 화풀이로 술을 마시다. ②화를 풀려고 다른 사람에게 화를 내는 일. {화풀이하다.}

☞ 분풀이.

확[1] 〔어〕 * ①바람, 냄새, 어떤 기운이 갑자기 끼치는 모양. ②불길이 갑자기 일어나는 모양. ③갑자기 달아오르는 모양.

확[2] 〔이〕 * ①방아확. ②절구의 아가리부터 밑바닥까지의 부분.

☞ 방아. 절구.[1]

확대률(擴大率) ⇨ 확대율. ‡ 니은이나 홀소리 뒤에는 '율'임.

확대시키다(擴大~) ⇨ 늘리다. 바르집다. ‡ 확대하다.

확실시되다(確實視~) ⇨ 확실해 보이다.

확정하다(確定~) * 일 따위를 확실하고 완전하게 정하다.

☞ 획정하다.

환[1] * 아무렇게나 마구 그리는 그림. {환쟁이. 환치다.}

☞ 그림.

환[2] * 나무 따위를 쓸어서 깎는 연장. ¶ 환으로 책상 모서리를 쓸다.

☞ 줄.

환갑잔치(還甲~) = 회갑연. ‡ 예순 돌(육십일 회)이 되는 해의 생일에 벌이는 잔치. {환갑노인.} ¶ 환갑 진갑 다 지내다.

☞ 진갑.

환기시키다[1](換氣~) ⇨ (새 공기로) 바꾸다. ‡ 환기하다.

환기시키다[2](喚起~) ⇨ (주의, 여론, 생각) 불러일으키다. ‡ 환기하다.

환도뼈(環刀~) = 넓적다리뼈. ‡ 대퇴골.

환률(換率) ⇨ 환율. ＊ 니은이나 홀소리 뒤에는 '율'임.

환부(患部) ⇨ ①아픈 자리. 병난 자리. ②다친 자리. ＊ 상처.

환승하다(換乘~) ⑩ ⇨ 갈아타다.

환쟁이 ＊ 환을 치는 사람.
　☞ 그림쟁이.

환치법(換置法) ⑩ ⇨ 말바꿈법.

환치하다(換置~) ⑩ ⇨ ①바꾸어 놓다. ②옮겨 놓다.

환타지(fantasy) ⇨ 판타지. 판타지아. ＊ 환상곡.

환하다 ＊ ①빛이 비쳐 밝다. ¶ 방안이 환하다. ②넓고 탁 트이다. ¶ 환하게 트인 벌판. ③일을 잘 알다. ¶ 컴퓨터를 환하게 알다. ④맛이 시원하다. ¶ 박하사탕을 입에 넣자 입속이 환해졌다.
　☞ 밝다.¹ 휑하다.

활〔弓〕 ＊ ①화살을 쏘는 연모. {활꼴. 활등. 활무늬. 활사냥. 활심. 활쏘기. 활집. 활짱. 활터.} {붉은활. 큰활.} {활걷다.} ¶ 활 모양. 활 솜씨. 활을 메우다. 활을 부리다. 활을 쏘다. ②목화를 타서 솜을 만드는 연모. {무명활. 솜활. 활꼭지.} ③현악기를 켜는 데 쓰는 연모. {내림활. 올림활.}
　☞ 살.⁴ 화살.

활개 ＊ ①사람의 어깨에서 팔까지, 궁둥이에서 다리까지의 양쪽 부분. {활개춤. 활갯짓.} ②새의 활짝 편 두 날개. {활갯짓.} ¶ 활개를 젓다. 활개를 치다. 활개를 펴다.
　☞ 날개.

활게(活~) ⇨ 산 게. ＊ 살아 있는 게.

활계(滑稽) ⇨ 골계. ＊ 익살을 부리는 가운데 어떤 교훈을 주는 일.

활꼬장이 ⇨ 활고자. ＊ 활의 양쪽 끝머리.

활꽂이 ⇨ 활고자.

활당하다(割當 ⇨ 할당~) ⑩ ⇨ 노느다. 벼르다. ＊ 배정하다.

활대¹ ＊ 활등을 이루는 대. ＊ 활의 몸체.

활대² ＊ 돛 위에 가로 댄 나무. ¶ 돛의 활대에 묶여 있는 용총줄.

활돔(活~) ⇨ 산 도미. 산 돔. ＊ 살아 있는 도미. 바닷고기.

활딱〈 훨떡. ＊ ①남김없이 벗거나 벗어진 모양. ②시원스럽게 뒤집거나 뒤집히는 모양. ③물이 갑자기 한꺼번에 끓어 넘치는 모양.

활련(旱蓮) ⇨ 한련. ＊ 꽃 이름.

활목하다(刮目 ⇨ 괄목~) ⇨ 놀랄 만하다. ＊ 눈이 번쩍 뜨이다.

활부(割賦 ⇨ 할부) ⑩ ⇨ 드림셈. 나눠내기.

활붕어(活~) ⇨ 산 붕어. ＊ 살아 있는 붕어.

활사냥 ＊ 활을 쏘아 짐승을 잡는 일. {활사냥하다.}
　☞ 사냥.

활선어(活鮮魚) ⑩ ⇨ 산 바닷고기. 산 물고기.

활성화되다(活性化~) ⇨ 활성화하다.

활시위 ＝ 활줄. ＊ 활대에 걸어서 화살을 메우는 줄.

활씬〈 훨씬. ＊ ①많거나 적게. ②넓게 벌어지거나 열린 모양.

☞ 활짝. 활찐.

활애하다(割愛 ⇨ 할애~) ⇨ 내주다. 떼어 주다. ⁑ 시간. 돈. 공간.

활어(活魚) [왜] ⇨ 산 고기. 산 물고기. ⁑ 살아 있는 물고기.

활오늬 ⇨ 오늬. ⁑ 화살의 머리를 활시위에 끼도록 에어 낸 부분.

활오징어(活~) ⇨ 산 오징어. ⁑ 살아 있는 오징어.

활인(割引 ⇨ 할인) ⇨ 에누리.

활자이 * 활을 잘 쏘는 사람.

활잡이 * ①활자이. ②활 쏘는 일을 주로 하는 사람.

활줄 = 활시위. ⁑ 활대에 걸어서 화살을 메우는 줄.

활줌통 = 줌. 줌통. 줌허리통. ⁑ 활의 한가운데 손으로 쥐는 부분.

활짝 〈 훨쩍. ⁑ ①시원스럽게 열린 꼴. ¶ 문을 활짝 열다. ②넓게 펼치는 꼴. ¶ 날개를 활짝 펴다. ③훤히 트인 꼴. ④날씨가 갠 꼴. ⑤환히 밝은 꼴. ⑥꽃잎이 핀 모양. ⑦웃음을 띤 모양.

☞ 활씬. 활찐.

활찌똥 ⇨ 활개똥. ⁑ 힘차게 내깔기는 물똥.

활찐 * 시원스럽게 트인 꼴. ¶ 문이 활찐 열리다. 활찐 트인 평야.

☞ 활씬. 활짝.

활촉 = 화살촉. 살밑. 살촉. ⁑ 화살 끝에 박은 뾰족한 쇠.

홧병(火病) ⇨ 화병. 울화병.

홧증(火症) ⇨ 화증.

황경피나무(黃~皮~) ⇨ 황경나무. 황벽나무.

황고라말 = 황고랑. 노랑말. 구렁말. 황마. ⁑ 털빛이 밤색인 말.

황고집(黃固執) = 황소고집. 소고집. 쇠고집. ⁑ 센 고집이나 사람.

☞ 땅고집. 옹고집.

황금벌(黃金~) = 황금벌판. ⁑ 누렇게 익은 벼로 가득 찬 벌판.

황금빛(黃金~) = 황금색. ⁑ 황금 빛깔.

황납초(黃蠟~) ⇨ 황랍초. 밀초. ⁑ 꿀밀로 만들어 불을 켜는 초.

황노학(黃老學) ⇨ 황로학. 도교. ⁑ 종교.

황녹색(黃錄色) ⇨ 황록색.

황당하다(荒唐~) * 말이나 행동이 터무니없다. ¶ 황당한 말을 듣다.

☞ 당황하다.

황마(黃馬) * 노랑말. 구렁말. 황고라말. 황고랑. ⁑ 털이 밤색인 말.

황사등롱(黃絲籠) = 황사롱. 황등롱. ⁑ ①임금이 나들이할 때 쓰던 등롱. ②조선 시대에 당하관이 쓰던 등.

☞ 청사등롱.

황새 * 황샛과의 새 이름. {황새걸음. 황새목. 황새병.}

☞ 두루미.[2] 학.

황새기젓 ⇨ 황석어젓. ⁑ 작은 참조기로 담근 젓갈.

황세자(皇世子) ⇨ ①황태자. 태자. ②왕세자. 세자.

황소 * ①큰 수소. {황소걸음. 황소바람. 황소숨. 황소울음. 황소자리.} ②힘이 세거나 미련한 사람.

☞ 수소. 암소.

황소고집 = 소고집. 쇠고집. 황고집.

¶ 황소고집을 부리다.
☞ 땅고집. 옹고집.

황아 * 끈목, 대님, 허리띠, 실, 바늘, 쌈지 따위 자질구레한 물건.
☞ 방물.

황아장수 * 집집으로 돌아다니며 황아를 파는 사람.
☞ 방물장수. 시곗장수. 어리장수.

황양목(黃楊木) * 회양목. 고향나무.
‡ 나무 이름.

황천 가다(黃泉~) = 저승가다. ‡죽다.

황천길(黃泉~) = 저승길. ¶ 황천길을 떠나다. 황천길에 오르다.

황촉(黃燭) = 황초. 밀초. ‡ 꿀밀로 만든, 불을 켜는 초.

황칠 ⇨ 환칠. ‡ 되는대로 칠함. ¶ 얼굴에 환칠을 하다.

황토(黃土) = 황토배기. ‡ 흙의 한 가지.

황토길(黃土~) ⇨ 황톳길. ‡ 황토로 이루어진 길.

황토물(黃土~) = 지장. ‡ 약으로 쓰는, 황토 땅속에 괸 맑은 물.
☞ 정화수.

황톳물(黃土~) = 황토색. ¶ 옷감에 황톳물을 들이다.
☞ 붉덩물. 흙탕물.

황퉁이 ⇨ 말벌. 먹뒝벌. 박벌. 왕벌. 호박벌. ‡ 벌의 한 가지.

황파 ⇨ 움파. ‡ 겨울에 움 속에서 자라서 빛이 누런 파.

황폐화되다(荒廢化~) ⇨ 황폐해지다.
‡ 거칠고 못 쓰게 되다.

황폐화하다(荒廢化~) ⇨ 황폐해지다.
‡‡ 집. 논밭. 삼림. 정신. 생활.

황혼(黃昏) * 해가 진 뒤, 땅거미 질 무렵. 또는 그때의 어스름한 빛.
☞ 석양. 해거름.

황혼기(黃昏期) = 노년기. 늘그막. 저물녘. ‡ 한창인 고비를 지난 때.

황화장수 ⇨ 황아장수.

화[1] * 횃불을 밝히거나 제사지낼 때 한데에 불을 놓는 나무 묶음. ‡ 싸리, 갈대, 노간주나무 따위. {홰꾼. 홰잡이.}

화[2] * 새나 닭이 올라앉게 가로질러 놓은 막대기. ¶ 홰에 올라앉다.

화[3] * 닭이 우는 횟수를 세는 하나치. ¶ 닭이 세 홰 울다.

홰뿔 = 홰대뿔. ‡ 한일자로 뻗은 짐승의 뿔.
☞ 횃불.

홰싸움 = 횃불싸움. ‡ 음력 정월 대보름날에 하는 민속놀이.

홰대 = 홰. ‡ 옷을 걸도록 끈을 매어 벽에 달아맨 막대.
☞ 홰대줄. 홰줄.

홰댓보(~褓) = 홰보. ‡ 홰대에 걸어 놓은 옷을 덮는 보자기.

홰댓줄 = 홰줄. ‡ 옷을 걸도록 건너질러 맨 줄. ¶ 홰댓줄에 옷을 걸다.
☞ 홰대.

횃불 * 홰에 붙인 불. {횃불싸움. 횃불잡이.} ¶ 횃불을 밝히다.
☞ 홰뿔.

횟적(~炙) ⇨ 화양누르미. 횃누르미. 누르미. 화양적. ‡ 음식 이름.

횃하다 * ① 잘 알다. ¶ 농사일을 횃하게 알다. ② 시원스럽게 뚫리다. ¶ 길이 횃하게 뚫리다. ③ 횃댕그렁하다. ¶ 집 안이 횅하다.

☞ 환하다.

회¹(回) * 차례나 횟수. ‡ 맨 처음이 제 1회임. {제10회. 마지막회.}

☞ 돌.² 주년.

회²(灰) = 석회. {회다짐. 회삼물. 횟가루. 횟돌. 횟물. 횟방아.}

회³(膾) * ① 고기나 생선을 날로 잘게 썰어서 먹는 음식. {회깟. 회덮밥. 횟감. 횟거리. 횟집.} {물회. 생선회 (어회). 육회.} {가자미회. 넙치회. 도미회. 참복회. 잉어회.} {회하다.} ¶ 회를 뜨다. 회를 치다. ② 데친 미나리나 파를 돌돌 감아서 초고추장에 찍어 먹는 음식. {강회. 미나리강회. 파강회.}

회⁴(蛔) = 거위. ‡ 회충. {횟배. 횟배 앓이.} ¶ 횟배 앓다.

회갑(回甲) = 환갑. ‡ 육십 주년. 예순한 살이 되는 해. {회갑잔치.}

회교(回敎) = 회회교. 이슬람교. 마호메트교. ‡ 알라. 코란.

회견(會見)**을 가지다** ⇨ (만나서 생각을) 밝히다. 알리다. ‡ 회견하다.

회계년도(會計年度) ⇨ 회계 연도.

회구(繪具) ㉘ ⇨ 그림물감.

회구녁 ⇨ 괴통.

회녕(會寧) ⇨ 회령. ‡ 땅 이름.

회다지소리(灰~) = 회방아소리. 달구소리. 달구질소리. ‡ 경기 민요.

회담(會談)**을 가지다** ⇨ 회담하다.

회도리 ⇨ ① 회두리. ② 회돌이.

회돌이 * ① 강물이나 냇물이 굽이 도는 곳. ② 바둑 기술의 하나.

☞ 회두리.

회동그라지다 〈 휘둥그러지다. ‡ 갑자기 휘둘리어 넘어져 구르다.

회동그래지다 〈 휘둥그레지다. ‡ 놀라서 눈이 동그랗게 커지다.

회두리 * ① 맨 나중에 돌아오는 차례. ② 여럿 중에서 맨 끝.

☞ 회돌이.

회두리판 = 회판. ‡ 맨 나중의 판이나 장면.

☞ 끝판.

회똑회똑 * ① 넘어질 듯이 한쪽으로 쏠리거나 흔들리는 모양. ② 일이 위태위태하여 잠시도 마음을 놓을 수 없게 된 모양.

회똘회똘 = 꼬불꼬불. ‡ 길 따위가 이리저리 고부라져 있는 모양.

회람(回覽) ㉘ ⇨ 돌려보기.

회람판(回覽板) ㉘ ⇨ 돌림판. 돌려보기판.

회록색(灰綠色) ⇨ 회녹색. ‡ 잿빛을 띤 녹색.

회리바람〔旋風〕 = 회오리바람. 용숫바람.

☞ 돌개바람.

회리밤 = 회오리밤. ‡ ① 밤송이 속에 외톨로 들어 있는 동그란 밤. ② 회리밤의 속을 파내어 소리를 내도록 만든 장난감.

회리봉(~峯) = 회오리봉. ‡ 작고 뾰족하며 둥근 산봉우리.

회목 * ① 손목이나 발목의 잘록한 부분. {손회목. 발회목. 팔회목.} ¶ 회목을 잡다. ② 강이나 길에서 꺾이어 방향이 바뀌는 곳.

회목걸이 = 발등걸이. ‡ 씨름 기술의

하나.

회방아(灰～) = 회방아질. ‡ 석회, 황토, 모래를 섞어 찧는 방아질.

회방아소리(灰～) = 달구소리. 달구질소리. 회다지소리. ‡ 주검을 땅에 묻고 흙과 회를 다지며 부르는 경기 민요.

회번덕거리다 ⇨ 희번덕거리다.

회복통(蛔腹痛) = 횟배. 횟배앓이. 거위배.

회복시키다(回復～) ⇨ 되돌리다. 되찾다. ‡ 회복하다.

회사무리(灰～) ⇨ 회삼물. 삼물. ‡ 석회, 황토, 모래를 반죽한 것.

회삼물(灰三物) ‡ 집을 짓거나 관의 언저리를 메우는 데 쓰는 반죽.

회상치(回想～) = 회상하지. ‡ 울림소리 뒤에선 ‘ㅏ’만 줌.

회상컨대(回想～) = 회상하건대. ‡ 울림소리 뒤에선 ‘ㅏ’만 줌.

회상케(回想～) = 회상하게. ‡ 울림소리 뒤에선 ‘ㅏ’만 줌.

회색(灰色) = 재색. 잿빛. {회색분자.} ¶ 회색 구름.

회수[1](回收) * 도로 거두어들임. ¶ 빌려준 돈을 회수하다.

회수[2](回數) ⇨ 횟수. ¶ 횟수가 늘다. 횟수가 많다. 횟수가 잦다.

회숫권(回數券) ⇨ 회수권. ‡ 여러 장을 묶음으로 파는 표.

회양목(～楊木) = 황양목. 고향나무. ‡ 나무 이름.

회오리 = 용올림. ‡ 바람이 한곳에서 뱅뱅 돌며 물이나 먼지 따위를 깔때기 모양으로 하늘 높이 올리는 일.

{회오리치다.}

☞ 용오름.

회오리바람〔旋風〕 = 회리바람. 용숫바람.

☞ 돌개바람.

회오리밤 = 회리밤. ‡ 밤송이 안에 한 개만 들어 있는 둥근 밤.

회오리봉(～峰) = 회리봉. ‡ 작고 뾰족하며 둥글게 생긴 산봉우리.

회의를 갖다(會議～) ⇨ 모임을 열다. ‡ 회의하다. 회의를 열다.

회의를 품다(懷疑～) ⇨ 의심을 품다.

회의 문자(會意文字) = 회의자. ‡ 한 문글자 몇 개를 모아 그 뜻으로 새로 만든 글자. ‡ 日 + 月 = 明. 木 + 木 = 林.

☞ 육서.[1] 문자.[1]

회장저고리(回裝～) * 깃, 끝동, 고름, 겨드랑이에 빛깔이 다른 헝겊으로 대어 꾸민 저고리. ‡ 반회장저고리와 삼회장저고리가 있음.

☞ 민저고리.

회죽회죽 ⇨ ① 해죽해죽. ② 헤죽헤죽. ③ 히죽히죽.

회차 ⇨ 모꼬지.

회초리 * 아이를 때리거나 짐승을 부릴 때 쓰는 나뭇가지.

☞ 채찍. 휘추리.

회판 = 회두리판. ‡ 맨 나중의 판이나 장면.

☞ 끝판.

회피하다(回避～) * ① 몸을 숨기고 만나지 아니하다. ② 꾀를 부려서 책임을 지지 아니하다. ③ 일하기를 꺼려서 나서지 않다.

☞ 기피하다.

회한(悔恨) * 뉘우치고 한탄함. ¶ 회한의 눈물. 회한이 서린 목소리.
　☞ 통한.

회회교(回回敎) = 회교. 이슬람교. 마호메트교. * 알라. 코란.

획득하다(獲得~) * 얻어내다. 얻어가지다. * 권한. 메달. 신뢰.
　☞ 습득하다. 취득하다.

획정하다(劃定~) * (지역 경계를) 명확히 구별하여 정하다.
　☞ 확정하다.

횟갓(膾~) ⇨ 회깟. * 쇠간, 처녑, 양, 콩팥으로 만든 회.

횟배(蛔~) = 거위배. 횟배앓이. ¶ 횟배를 앓다.

횟수(回數) * 돌아오는 차례의 수효. ¶ 횟수를 거듭하다.
　☞ 회수.²

횟수권(回數券) ⇨ 회수권.

횡격막(橫膈膜) ⇨ 가로막. * 횡경막.

횡나가다(橫~) ⇨ 빗나가다.

횡으로(橫~) ⇨ 가로로.

횡하다 ⇨ 휑하다.

효력(效力)**을 갖다** ⇨ 효력이 있다.

효도보다(孝道~) * 안받음하다. * 자식한테 섬김을 받다.

효도하다(孝道~) * 안갚음하다. * 어버이를 섬기다.

효증(哮症) * 백일기침.

후(後) * 뒤. * 기준을 포함하지 않음. ¶ 10일 후. 저녁 후. 졸업 후.
　☞ 이후.

후까시(후카스) ㉫ ⇨ ① 부풀머리. ② 뜸들이기.

후다 ㉫ ⇨ 덮개.

후대(厚待) * 아주 잘 대접함.
　☞ 박대. 천대. 학대. 홀대.

후더침(後~) * ① 산후더침. * 산후병. ② 낫다가 다시 더친 병.

후덥다 * 열기가 차서 답답할 정도로 덥다. ¶ 바람 한 점 없는 후더운 날씨. 아스팔트 길에서 후더운 열기가 덮쳐 숨이 막히다.
　☞ 무덥다.

후덥지근하다 〈 후텁지근하다. * 무더운 느낌이 있다.

후두두 * 빗방울이나 자잘한 돌이 갑자기 떨어지는 소리.
　☞ 후드득.

후두둑 ⇨ ① 후두두. ② 후드득.

후둥이(後~) * 쌍둥이 가운데 뒤에 태어난 아이.
　☞ 선둥이.

후드득 * ① 깨나 콩을 볶을 때 튀는 소리. ② 멀리서 총포나 딱총이 부산하게 터지는 소리. ③ 나뭇가지나 검불이 타들어가는 소리. ④ 굵은 빗방울이 성기게 떨어지는 소리.
　☞ 호드득. 후두두.

후라시(flash) ㉫ ⇨ 손전등. * 플래시.

후라이(fry) ㉫ ⇨ ① 튀김. 부침. ② 거짓말. * 프라이.

후라이팬(frying pan) ㉫ ⇨ ① 튀김 냄비. ② 번철. * 프라이팬.

후레새끼 ⇨ 후레아들. 후레자식. 호래아들. 호래자식. * 막된 놈.

후려내다 = 꾀어내다. * 매력이나 꾀를 써서 남의 정신을 흐리게 하여 있던 곳에서 나오게 하다. ¶ 핫어미를 후려내다.

후렬(後列) ⇨ 뒷줄. ＊ 후열.

후루루 ＊ 호루라기나 호각을 부는 소리.

후루룩 ＊ ① 새가 갑자기 날아가는 소리나 모양. ② 물이나 국을 빨리 들이마시는 소리나 모양. ¶ 시원한 콩국을 후루룩 들이마셨다.

후르르 ＊ ① 새가 가볍게 날아가는 소리나 모양. ¶ 참새가 후르르 날아가다. ② 종이나 검불이 타오르는 소리나 모양.

후리 = ① 후릿그물. ＊ 지예망. ② 후리질.

후리다 ＊ ① 휘몰아 채거나 쫓다. ② 휘둘러서 깎거나 베다. ③ 휘둘러서 때리거나 치다. ④ 갑자기 채서 빼앗다. ⑤ 속여 넘기다.
☞ 호리다. 훌치다.[1]

후리질 ＊ ① 후릿그물로 고기를 잡는 일. ② 남을 꾀어 후려내는 일.
☞ 훌치기.

후림불 ＊ ① 정신 차릴 새도 없이 급작스레 휩쓸리는 서슬. ② 남의 옆에 있다가 아무 까닭 없이 걸려드는 일.

후림질 ⇨ 후리질.

후릿그물 ＊ 넓게 둘러치고 두 끝을 끌어당겨 물고기를 잡는 큰 그물.
☞ 들망.

후무리다 ＊ 슬그머니 훔쳐 가지다. ¶ 노름빚을 갚으려고 아내가 잠든 사이 집에 있는 돈과 패물을 모조리 후무려 나왔다.

후물거리다 〉 호물거리다. ＊ ① 이가 빠진 입으로 음식을 우물거리며 씹다. ② 음식을 대강 씹다. ¶ 과자를 삼키지 않고 계속 후물거린다.

후미키리 〔踏切〕 ㉱ ⇨ 건널목.

후반신(後半身) ㉱ ⇨ 뒷몸. ＊ 몸의 뒷부분.
☞ 전반신.

후불[1](喉佛) ㉱ ⇨ 울대뼈. ＊ 후골.

후불[2](後拂) ㉱ ⇨ 후지급.

후비다 〉 호비다. ＊ ① 갉거니 파내다. ② 속내를 캐내다.
☞ 긁다. 쑤시다.[1] 우비다.

후비칼 ⇨ 호비칼. ＊ 속을 후비어 파내는 데 쓰는 칼.

후송시키다(後送~) ⇨ 후송하다. ＊ 부상자, 전리품, 포로 따위.

후송하다(後送~) ＊ ① 후방으로 보내다. ② 뒤에 보내다.
☞ 호송하다.

후앙(fan) ㉱ ⇨ ① 바람개비. 팔랑개비. ② 환풍기. 송풍기. ＊ 팬.

후여 〔느〕 = 훠이. 우여. 쉬. ＊ 새를 쫓는 소리.
☞ 후유.

후원(後援) ＊ 어떤 일을 뒤에서 도와줌. ＊ 돈이 아닌 도움.
☞ 주관. 주최. 협찬.

후유 〔느〕 = 후. 휴. ＊ ① 힘에 부칠 때 내는 소리. ② 시름이 있을 때 내는 소리. ③ 어려운 고비를 넘겼을 때 내는 소리.
☞ 후여.

후일[1](後~) ⇨ 훗일. 뒷일.

후일[2](後日) = 훗날. 뒷날.

후작(後作) ㉱ ⇨ 뒷그루. ＊ 그루갈이

를 할 때 뒤에 심는 농작물.
☞ 전작.
후작물(後作物) ㉕ ⇨ 뒷그루 농작물.
후제(後~) * 뒷날의 어느 때. ¶ 후제
옛말하고 살 날이 있겠지.
후조(候鳥) ⇨ 철새.
☞ 유조. 떠돌이새. 텃새. 철새.
후줄근하다 〉 호졸근하다. ¶ 옷이 비
에 젖어 후줄근하다. 얼굴이 후줄근
해 보인다. 몸과 마음이 후줄근하니
처지다.
☞ 휘주근하다.
후줏국(後酒~) * 진국을 떠낸 뒤 물
을 붓고 떠낸 술이나 간장.
☞ 진국.³
후진국(後進國) ⇨ 개발도상국. 발전
도상국.
후출하다 〉 허출하다. * 배 속이 비어
서 매우 출출하다.
☞ 출출하다.
후카시(후까시) 〔吹~〕 ㉕ ⇨ 부풀머리.
후크(hook) ⇨ 훅. 휘어치기. * 골프.
권투. 당구.
후키 〔吹~〕 ㉕ ⇨ ①뿜기. 뿜질. ②뿜
칠. ③뿜개.
후터분하다 = 후텁지근하다. * 불쾌
할 정도로 무더운 기운이 있다.
후투새 ⇨ 굴뚝새. * 새 이름.
후투티 = 오디새. * 새 이름.
후향적(後向的) ⇨ ①소극적. ②퇴보
하는. 퇴행적.
훈련(訓練)**을 가지다** ⇨ 훈련하다.
훈방시키다(訓放~) ⇨ 타일러 내보
내다. * 훈방하다.
훌꺼덕 〉 홀까닥. * 가볍게 삼키는 소

리나 모양.
훌닦다 = 닦다. * ①대강 훔치다. ②휘
몰아서 나무라다.
훌떡 〉 홀딱. * ①남김없이 벗거나 벗
어진 모양. ②빠르게 뒤집거나 뒤
집히는 꼴. ③뛰거나 뛰어넘는 꼴.
④날쌔게 먹어 치우는 모양.
훌쩍거리다 〉 홀짝거리다. * ①물을
자꾸 들이마시다. ②콧물을 자꾸 들
이마시다. ③자꾸 흐느껴 울다.
☞ 홀쩍거리다.
훌쭉하다 〉 홀쭉하다. * ①몸통이 가
늘고 길다. ②안으로 우므러져 있
다. ③여위다. ¶ 볼이 홀쭉하다.
훌쳉이 ⇨ ①극젱이. ②쟁기. ③보
습. * 농사짓는 연모.
훌치 ⇨ ①훌이. ②극젱이. ③쟁기.
* 농사짓는 연모.
훌치기 = 뒷무릎치기. * 씨름 기술의
하나.
☞ 홀치기. 훌이기.
훌치다¹ * 세게 후리다. ¶ 도둑놈을 몽
둥이로 훌치다.
☞ 후리다.
훌치다² * 바람을 받아서 쏠리다. * 촛
불. 등잔불. 물체.
☞ 홀치다.
훑개 ⇨ 훌이. 벼훌이.
훑다 * ①좁은 틈을 지나게 하여 붙어
있거나 속에 들어 있는 것이 떨어져
나오게 하다. ¶ 벼를 훑다. 돼지 내
장을 훑다. ②한쪽에서 시작하여
죽 더듬거나 눈여겨 살피다. ¶ 골목
을 샅샅이 훑고 있다.
☞ 뒤지다.¹

훑어보다 * 위아래로, 처음부터 끝까지 눈여겨보다. ¶ 편지를 훑어보다.

훑어 보다 ¶ 훑이로 벼를 훑어 보다.

훑이 = 벼훑이. ✽ 나뭇가지 두 개를 집게처럼 만들어 벼를 훑는 연모.
☞ 그네. 도리깨.

훑이기 = 훑이기대패. 낫대패. ✽ 원통 모양의 나무를 미는 대패.
☞ 훌치기.

훔쳐보다 * 남모르게 가만히 보다. ¶ 남의 편지를 훔쳐보지 마라.

훔쳐 보다 ¶ 남의 돈을 훔쳐 본 적이 있다.

훔치다[1] * 수건, 행주, 걸레로 눈물이나 얼굴, 몸, 그릇, 상, 마루, 방바닥에 있는 물기를 없애다. ¶ 눈물을 훔치다. 마루를 훔치다.
☞ 닦다.[2] 씻다.

훔치다[2] * 남의 돈이나 물건을 몰래 가져가다. ¶ 과자를 훔치다.
☞ 도둑질하다.

훗국(後~) * 진국을 우려낸 건더기로 다시 끓인 국.
☞ 진국.[1]

훗길(後~) ⇨ 뒷길.

훗날(後~) = 뒷날. ¶ 먼 훗날에 다시 만날 것을 약속하다.

훗더침(後~) ⇨ 후더침. 산후더침.

훗일(後~) = 뒷일. ¶ 훗일을 걱정하다.

훗쿠⑩ ⇨ 고리단추. 갈고리단추. 걸단추. ✽ 호크.

훠이〔느〕 = 후여. 우여. 쉬. ✽ 새를 쫓는 소리.

훤출하다 ⇨ ①헌칠하다. ②훤칠하다.

훤칠하다 * ①길고 미끈하다. ¶ 훤칠한 키. 키가 훤칠하다. ②막힘없이 깨끗하고 시원스럽다. ¶ 훤칠한 이마.
☞ 헌칠하다.

훨떡〉활딱. ✽ ①남김없이 벗거나 벗겨진 모양. ②물이 갑자기 끓어 넘치는 모양. ③시원스럽게 뒤집거나 뒤집히는 모양.

훨썩 * 몹시 넓게 벌어지거나 열린 모양. ¶ 이마가 훨썩 넓다.

훨씬 * 정도 이상으로 많거나 적게. ¶ 훨씬 많다. 훨씬 적다.

훨쩍〉활짝. ✽ ①시원하게 열린 모양. ¶ 훨쩍 창문을 열다. ②넓고 멀리 트인 모양. ¶ 앞으로는 너른 벌판이 훨쩍 열려 있다.

휑하다 ⇨ 휑하다.

훼리(ferry) ⇨ 카페리. 페리. ✽ 사람과 차 따위를 싣고 다니는 배.

훼밀리(family) ⇨ ①가족. ②집안. ✽ 패밀리.

훼방꾼(毁謗~) = 갈개꾼. 방망이꾼. 방해꾼. 불땔꾼. 헤살꾼.

훼방 놀다(毁謗~) = 훼방 놓다. 훼방 부리다. 훼방 치다.

훼방하다(毁謗~) = 헤살하다. 방해하다.

훼손시키다(毁損~) ⇨ ①깨뜨리다. 못 쓰게 만들다. ②(명예나 체면을) 먹칠하다. 떨어뜨리다. ✽ 훼손하다.

훼스(fence) ⇨ 울타리. ✽ 펜스.

휑하니 ⇨ 휑허케. ✽ 중도에서 지체하지 아니하고 곧장.

휑하다 * ①막힘이 없이 잘 알다. ¶ 컴퓨터에 대하여 휑하다. ②시원스럽게 뚫려 있다. ¶ 길이 휑하게 뚫렸

다. ③ 휑뎅그렁하다. ¶ 남편의 빈자
리가 휑하게 드러나다. ④ 눈이 쑥
들어가 보이다.
　☞ 휑하다.
휘갑치다 = 휘갑하다. ＊ ① 마름질한
옷감의 가장자리를 꿰매다. ② 일을
잘 마무리하여 끝을 맺다. ③ 말막음
하다. {말휘갑.}
휘다 ＊ 길고 단단한 물체가 구부러지
다. ¶ 등이 휘다. 상다리가 휘다.
　☞ 굽다.³
휘두르다 ＊ ① 무엇을 휘휘 돌리다.
② 권력을 마음대로 부리다. ③ 얼
을 빼놓다. ④ 남의 생각은 돌보지
않고 제 마음대로 일을 하다.
　☞ 젓다. 내두르다. 휘젓다.
휘둘러보다 ＊ 휘휘 둘러보다. ¶ 방안
을 휘둘러보았다.
휘둘러 보다 ¶ 권력을 휘둘러 보니 어
깨가 저절로 으쓱해졌다.
휘둥그러지다 〉회동그라지다. ＊ 휘둘
리어 넘어져 구르다.
휘둥그레지다 〉회동그래지다. ＊ 눈이
크고 둥그렇게 되다.
휘뚝휘뚝 ＊ 넘어질 듯이 자꾸 한쪽으
로 쏠리거나 흔들리는 모양.
휘뚤휘뚤 ＊ 길 따위가 이리저리 구부
러져 있는 모양.
휘묻이 ＊ 나뭇가지를 땅속에 묻어서
뿌리를 내리게 하는 법.
　☞ 꺾꽂이. 판꽂이.
휘뿌리다 ⇨ 홀뿌리다. ＊ ① 눈이나 비
가 마구 날리면서 내리다. ② 함부로
마구 뿌리다. ③ 냉정하게 뿌리치다.
휘양 ＊ 추위를 막으려고 쓰는 옛날 모

자의 하나.
　☞ 남바위. 아얌. 조바위. 풍뎅이.²
휘어심기 = 반달꽂이. ＊ 고구마 따위
의 줄기를 꽂아 심는 방법.
　☞ 꺾꽂이. 휘묻이.
휘여잡다 ⇨ 휘어잡다. ＊ ① 거머잡다.
② 손아귀에 넣고 부리다.
휘젓개 = 젓개. ＊ (죽 따위를) 휘젓는
연모.
휘젓다 ＊ ① 마구 뒤흔들어 어지럽게
만들다. ¶ 천방지축 휘젓고 다닌다.
② 이리저리 심하게 젓다. ③ 골고루
섞이도록 잘 젓다.
　☞ 내젓다. 휘두르다.
휘주근하다 ＊ ① 옷 따위가 풀기가 빠
져서 축 늘어져 있다. ¶ 땀에 젖어서
옷이 휘주근하다. ② 몹시 지쳐서 기
운이 없다.
　☞ 후줄근하다.
휘청대다 = 휘청거리다. ＊ 몸을 가누
지 못하고 이리저리 흔들다.
　☞ 허청거리다.
휘추리 ＊ 죽죽 뻗은 가늘고 긴 나뭇가
지. ¶ 휘추리에 꽃이 피었다.
　☞ 회초리.
휘투로 ⇨ 휘뚜루. ＊ 닥치는 대로 쓰일
만하게. ¶ ‘돌부처’는 휘뚜루 부르는
그 사람의 별명이다.
휘하(麾下) ⇨ 지휘 아래. 아래.
휘휘¹ ＊ ① 휘감거나 휘감기는 모양.
② 휘두르거나 휘젓는 모양.
휘휘² ＊ ① 바람이 거칠게 스치는 소
리. ② 휘파람을 부는 소리. ③ 살피
거나 둘러보는 모양.
휘휘칭칭 ⇨ 휘휘친친. ＊ 둘러 감거나

감기는 모양.
휠손 ⇨ 휫손. ‡ 지도력. 통솔력.
휠터(filter) ⇨ 거르게. ‡ 필터.
휫바람 ⇨ 휘파람. ¶ 휘파람 소리. 휘
　파람을 불다.
휫자(諱字) ⇨ 휘자. ‡ 돌아가신 어른
　의 이름자.
휭하니 ⇨ 횡허케. ‡ 지체하지 않고 곧
　장. ¶ 횡허케 다녀오너라.
휭하다 ⇨ 횡하다. ‡ 머리가 띵하다.
휴가계(休暇届) ㉑ ⇨ 휴가 신고서.
　‡ 말미 사룀.
휴게소(休憩所) ㉑ ⇨ 쉼터. 쉬는 집.
　‡ 휴식처.
휴게실(休憩室 ⇨ 휴게실) ㉑ ⇨ 참간.
　쉼터. 쉬는 방. ‡ 휴식실.
휴서(休書) ⇨ 수세. ‡ 이혼 증서.
휴즈(fuse) ㉑ ⇨ 녹는쇠. ‡ 퓨즈.
휴지(休紙) ‡ ① 쓸모없는 종이. ¶ 휴
　지 조각. ② 허드렛종이. ③ 뒤지.
　☞ 뒤지.²
휴직계(休職届) ㉑ ⇨ 휴직 신고서.
흉 = ① 흉터. ¶ 이마에 흉이 있다. 손
　등에 흉이 지다. ② 허물. ‡ 비웃음
　거리. ¶ 흉이 되다. 흉이 아니다. 흉
　이 없다.
흉내 ‡ 말이나 행동을 그대로 옮기는
　일. {흉내쟁이.} ¶ 흉내 내다. 목소
　리 흉내. 원숭이 흉내.
　☞ 시늉. 입내.²
흉내다 ⇨ 흉내 내다.
흉내말〔象徵語〕 = 시늉말. ‡ 소리나
　짓을 흉내 낸 말.
　☞ 소리시늉말. 짓시늉말
흉내장이(~匠~) ⇨ 흉내쟁이.

흉보다 = 흉질하다. ‡ 남의 허물을 들
　어 말하다.
흉 보다 ¶ 남의 흉 보지 말고 제 흉부
　터 고쳐라.
흉상(胸像) = 반신상. ‡ 사람의 윗몸
　만 나타낸 조각이나 그림.
　☞ 전신상.
흉선(胸腺) ㉑ ⇨ 가슴샘.
흉선세포(胸腺細胞) ㉑ ⇨ 가슴샘세포.
흉선종(胸腺腫) ㉑ ⇨ 가슴샘혹.
흉아리(匈牙利) ⇨ 헝가리. ‡ 나라 이름.
흉업다(凶~) = 흉하다. ‡ 말이나 행
　동이 징그럽다.
흉 없다(凶~) * 결함이 없다. ¶ 흉 없
　는 사람 없다.
흉자국 ⇨ 흉터.
흉잡다 * 남의 잘못을 꼬집어서 들추
　어내다.
　☞ 흠잡다.
흉질하다 = 흉보다. ‡ 남의 흉을 꼬집
　어 말하다.
흉칙스럽다(凶測~) ⇨ 흉측스럽다.
흉칙하다(凶測~) ⇨ 흉측하다.
흉헙다(凶~) ⇨ 흉업다. 흉하다.
흐너지다 * 포개진 작은 물건들이 낱
　낱이 허물어지다.
　☞ 무너지다.
흐느끼다 * 몹시 서럽거나 감격에 겨
　워 흑흑 소리를 내며 울다.
　☞ 느끼다.¹
흐늑거리다 = 흐느적거리다. ‡ ① 나
　뭇가지나 천 따위 가늘고 긴 것이
　느리게 흔들리다. ② 팔다리가 힘없
　이 느리게 자꾸 움직이다.
흐늘거리다 * ① 힘없이 늘어져 흔들리

다. ②뭉크러지다. ③매인 데 없이 멋대로 놀고 지내다. ④느리게 움직이다.

흐늘쩍거리다 * 둔하고 느리게 흔들리다.

흐드러지다 * ①탐스럽거나 한창 성하다. ¶ 철쭉꽃이 흐드러지게 피었다. ②흐무러지다. ‡ 흐뭇하거나 푸지다. ¶ 흐드러진 웃음소리.
☞ 흐무러지다.

흐들갑스럽다 〉 호들갑스럽다. ‡ 경망스럽게 떠벌리는 데가 있다.

흐뜨러뜨리다 ⇨ 흐트러뜨리다.

흐뜨리다 ⇨ 흩뜨리다. 흩트리다.

흐룽거리다 ⇨ ①허룽거리다. ②희룽거리다.

흐르다 * ①기체, 액체, 가루, 가스, 전기가 움직이다. ¶ 피가 흐르다. ②시간이나 세월이 지나가다. ¶ 세월이 흐르다. ③치우쳐 쏠리다. ¶ 이야기가 엉뚱한 방향으로 흐르다. ‡ 흐르고. 흐르니. 흘러.
☞ 흘러내리다.

흐리고 있다 ⇨ ①흐려지다. ②흐리다.

흐리다[1] 〔움〕 * ①맑지 않게 하다. ¶ 물을 흐리다. 분위기를 흐리다. ②어렴풋하게 하다. ¶ 말끝을 흐리다. 초점을 흐리다. ③얼굴에 어두운 빛이 나타나다. ¶ 낯빛을 흐리다.

흐리다[2] 〔그〕 * ①기억이나 판단력이 희미하다. ¶ 기억이 흐리다. ②깨끗하지 못하다. ¶ 물이 흐리다. ③어렴풋하다. ¶ 글씨가 흐리다. ④셈을 확실하게 하지 못하다. ¶ 셈이 흐리

다. ⑤구름이나 안개가 끼다. ¶ 날이 흐리다. ⑥얼굴에 걱정스러운 빛이 있다. ¶ 얼굴빛이 흐리다. ⑦불빛이 밝지 못하다. ¶ 등불이 흐리다.
☞ 탁하다.

흐리마리하다 * 생각이나 기억, 일 따위가 분명하지 아니하다.

흐리멍덩하다 * ①정신이나 기억이 흐리다. ②판단력이 흐릿하다.

흐리멍텅하다 ⇨ 흐리멍덩하다.

흐리터분하다 * 사물, 현상, 생각이 똑똑하지 못하고 흐리다.
☞ 고리타분하다.

흐린소리 = 울림소리. ‡ 홀소리와 니은, 미음, 리을, 이응.
☞ 맑은소리. 안울림소리.

흐무러지다 * ①잘 익어서 무르녹다. ¶ 자두가 너무 익어서 흐무러질 지경이다. ②물에 불어서 매우 무르다. ③뭉그러지다.
☞ 흐드러지다.

흐무뭇하다 = 흐무지다. ‡ 매우 흐뭇하다. {흐무뭇이.}

흐무지다 = ①흐무러지다. ②흐무뭇하다.

흐물흐물하다 * ①익어서 매우 무르다. ②힘이 없어 뭉그러지다.

흐뭇하다 * 매우 만족스럽다. ¶ 흐뭇한 얼굴빛. {흐뭇이.}

흐지부지하다 * 확실하게 끝맺지 못하고 흐리멍덩하게 넘기다.
☞ 흑죽학죽하다.

흐트러놓다 ⇨ 흐트러뜨리다. 흐트러트리다.

흐트러지다 * ①뒤죽박죽으로 얽히다.

¶ 흐트러진 머리칼. ②정신이 산만하다. ¶ 정신이 흐트러지다. ③옷차림이 단정하지 못하다.
　☞ 흩어지다.
흐트리다 ⇨ 흩트리다. 흩뜨리다.
흑고래(黑~) = 흑등고래. ＊ 고래의 한 가지.
흑과 백(黑~白) ㉑ ⇨ 검은 옷과 붉은 옷. ＊ 소설 이름.
흑돔(黑~) ㉑ ⇨ 벵에돔. ＊ 바닷고기 이름.
흑백조(黑白鳥) ㉑ ⇨ 검은고니: 흑고니. ＊ 새 이름.
흑보기 ＊ 눈동자가 한쪽으로 쏠려 언제나 흘겨보는 듯한 사람.
　☞ 사팔뜨기.
흑손 ⇨ 흙손. ＊ 흙일을 할 때 쓰는 연장의 하나.
흑싸리(黑~) = ①사흑싸리. ＊ 검은 싸리를 그린 화투짝. ②훼방꾼.
　☞ 싸리.
흑임자(黑荏子) ⇨ 검은깨.
흑자 나다(黑字~) ㉑ ⇨ 남다. ＊ 이익이 나다.
　☞ 적자 나다.
흑작질 ⇨ 흑책질. ＊ 못된 꾀로 방해하는 짓.
흑죽학죽하다 ＊ 일을 정성껏 하지 않고 되는대로 어름어름 넘기다.
　☞ 흐지부지하다.
흑지(黑~) = 흑. ＊ 바둑돌의 검은 알.
　☞ 백지.
흑태(黑太) ⇨ 검은콩.
흑판(黑板) ㉑ ⇨ 칠판.
흔덕거리다 ＊ 큰 물체가 둔하게 흔들리거나 흔들리게 하다.
흔뎅거리다 ＊ 큰 물체가 위태롭게 매달려 흔들리거나 흔들리게 하다.
흔드렁거리다 ＊ 매달려 있는 큰 물체가 좁은 폭으로 흔들리다.
흔드적거리다 ＊ 매달려 있는 큰 물체가 천천히 흔들리다.
흔들거리다 = 흔들대다. ＊ 이리저리 자꾸 흔들리다.
흔들다 ＊ 왔다갔다하게 하다. ＊ 몸. 목. 팔. 다리. 꼬리. 깃발. 물건.
　☞ 떨다.²
흔들리다 ＊ '흔들다'의 입음. ①앞뒤나 옆으로 자꾸 왔다갔다하다. ②짜임새나 바탕이나 결심이 단단하지 못하다.
　☞ 움직이다.
흔들흔들 〉 한들한들. ＊ 자꾸 흔들리는 모양. ＊ 마음. 물건.
　☞ 선들선들.
흔전만전 ＊ ①아주 넉넉한 모양. ②아끼지 않고 함부로 쓰는 모양.
흔전흔전 ＊ 아쉬움이 없이 돈을 잘 쓰며 지내는 모양.
　☞ 흥청망청.
흔치 = 흔하지. ＊ 울림소리 뒤에선 'ㅏ'만 줆.
흔케 = 흔하게. ＊ 울림소리 뒤에선 'ㅏ'만 줆.
흔하다 = 흔타. ＊ 보통보다 자주 있거나 자주 일어나다.
　☞ 귀하다. 많다.
흘근번쩍 ＊ 눈을 흘기며 번쩍이는 모양. {흘근번쩍거리다.}
흘근흘근 ＊ 굼뜨게 느릿느릿 걷거나

움직이는 모양. {흘근흘근하다.}

흘금흘금 〈 흘끔흘끔. ＊ 곁눈으로 슬그머니 자꾸 보는 모양.

흘긋흘긋 〈 흘끗흘끗. ＊ ①얼씬거리는 모양. ②곁눈질하는 모양.

흘깃흘깃 〈 흘낏흘낏. ＊ 가볍게 자꾸 흘겨보는 모양.

흘러내리다 ＊ ①흐르다. ②된비알을 흘러 아래쪽으로 가다.
☞ 흐르다.

흘러보다 ＊ 남의 속을 슬그머니 떠보다.
☞ 흘려보다.

흘렁하다 ⇨ 헐렁하다. ＊ 헐거운 듯하다. ¶ 옷이 헐렁하다.

흘레붙다 ＝ 흘레하다. ＊ 짐승이나 벌레가 교미하다.
☞ 짝짓기하다.

흘레붙이다 ＝ 쌍붙임하다. 암구다. 접붙이다. ＊ 교미를 시키다.

흘려듣다 ＊ ①넘겨듣다. 지내듣다. ②남이 하는 말을 우연히 듣다.
☞ 귀여겨듣다. 새겨듣다. 여겨듣다.

흘려버리다 ＊ 흘려듣고 넘겨 버리다. ¶ 웬만한 이야기는 흘려버려라.

흘려 버리다 ¶ 재를 강물에 흘려 버리다.

흘려보다 ＊ 예사로 보다. 지나쳐 보다. ＊ 주의하지 않고 보다.
☞ 눈여겨보다. 여겨보다. 흘러보다.

흘려주다 ＊ 여러 번에 조금씩 나누어 주다.
☞ 한목 주다.

흘리다 ＊ ①잘못하여 액체나 가루, 알갱이를 흐르게 하다. ¶ 밥알을 흘리다. ②잘못하여 물건을 엉뚱한 곳에 떨어뜨리다. ¶ 지갑을 흘리다. ③땀, 눈물, 콧물, 피, 침을 밖으로 내다. ¶ 침을 흘리다.
☞ 쏟다.

흘미주근 ⇨ 흘미죽죽. ＊ 일을 야무지게 끝맺지 못하고 질질 끄는 모양.

흘쩍거리다 ＝ 흘쭉거리다. ＊ ①일을 일부러 질질 끌다. ②일부러 걸음을 느릿느릿 걷다.
☞ 훌쩍거리다.

흙 ＊ 땅을 이루는 물질. {흙가래. 흙가루. 흙감태기. 흙강아지. 흙고물. 흙공예. 흙구덩이. 흙넣기. 흙다짐. 흙둑. 흙먼지. 흙모래. 흙무더기. 흙무지. 흙물. 흙바닥. 흙바람. 흙바탕. 흙발. 흙배. 흙벽. 흙벽돌. 흙부처. 흙북. 흙비. 흙비료. 흙빨래. 흙살. 흙섬돌. 흙성. 흙속물. 흙손끝. 흙손질. 흙얼개. 흙일. 흙일꾼. 흙장난. 흙주접. 흙질. 흙집. 흙차. 흙투성이. 흙풍로. 흙화덕.} {거름흙. 겉흙. 논흙. 놀란흙. 속흙. 진흙. 질찰흙. 질참흙. 질흙. 찰흙. 참흙. 풀흙. 화산흙.} {흙들이다. 흙칠하다. 흙탕치다.} ¶ 흙 속. 흙 알갱이. 흙 천장.
☞ 땅.

흙구들 ⇨ 흙방.

흙구이 ＝ 흙태우기. 구운흙. ＊ 흙을 태워 소독하는 법. {흙구이하다.}

흙그릇 ⇨ 질그릇.

흙깔기 ＝ 흙펴기. ＊ 흙이나 모래를 펴서 까는 일.
☞ 흙넣기. 흙덮기.

흙내음 ⇨ 흙 냄새. 흙내. ¶ 흙내를 맡다. 흙 냄새가 나다.

흙넣기 * 보리 따위의 포기 사이에 흙을 뿌려 넣는 일.
☞ 흙갈기. 흙덮기.

흙담집 = 토담집. * 흙담만 쌓아 그 위에 지붕을 덮어 지은 집.

흙담틀 = 토담틀. * 담틀 안에 흙을 넣고 다져서 흙담을 만듦.

흙더미 * 흙이 한데 모이거나 흙을 한데 모아 쌓은 더미.

흙더버기 * 진흙이 튀어 올라와 붙은 여러 개의 작은 진흙 방울.
☞ 흙밥.

흙덩어리 * 흙이 엉기어 이루어진 큰 덩어리.

흙덩이 * 흙이 엉기어 이루어진 작은 덩어리.

흙덮기 * 씨를 뿌린 다음 흙을 덮음. 또는 그 흙.
☞ 흙갈기. 흙넣기.

흙마루〔土房〕 * 방문 앞에 좀 높이 편평하게 다진 흙바닥.
☞ 흙방.

흙뭉치 * 흙이 뭉쳐 굳은 덩이.

흙뭉텅이 * 흙이 크게 뭉쳐진 덩이.

흙받기 * ① 흙손질할 때 흙이나 시멘트를 받쳐드는 연모. ② 자전거나 자동차의 바퀴 뒤에 덧대어 튀어 오르는 흙을 막는 물건.
☞ 흙손.

흙밥 * 떠낸 흙덩이. ✽ 가랫밥, 먼가랫밥, 볏밥, 쟁깃밥, 호밋밥 따위.
☞ 흙더버기.

흙방(~房) * 방바닥에 장판을 바르지 않고 벽에 도배하지 않은 방.
☞ 흙마루.

흙손 * ① 이긴 흙을 바르는 연모. {나무흙손. 쇠흙손.} ② 흙투성이가 된 손. ¶ 흙손으로 만졌더니 흙투성이가 되었다.
☞ 흙받기.

흙신 = 흙신발. ✽ 흙투성이가 된 신발. ¶ 흙신으로 방에 들어오다.

흙일꾼 = 토역꾼. 토역장이. ✽ 흙일을 하는 일꾼.

흙주접 * 한 가지 농작물만 연이어 지어서 땅이 메마른 현상.
☞ 잔주접.² 젖주접.

흙칼 ⇨ 흙손.

흙탕물 = 흙탕. ✽ 흙이 풀려 몹시 흐린 물. {흙탕길. 흙탕치다.}
☞ 붉덩이. 황토물. 황톳물.

흙태우기〔燒土〕 = 구운흙. 흙구이. ✽ 흙을 소독하는 법.

흙펴기 = 흙갈기. ✽ 흙이나 모래를 펴서 까는 일.

흠 * ① 모자라거나 잘못된 점. ¶ 비싼 게 흠이다. ② 물건에서 이지러지거나 깨어진 자국. {흠내다. 흠되다. 흠하다.} ③ 사람의 성격이나 언행에서 부족한 점. ¶ 흠이 없다. 흠이 있다.
☞ 흠집.

흠가다 = 흠나다. 흠지다. ✽ 흠이 생기다.

흠구덕 = 흠담. ✽ 남을 헐뜯어 하는 말. {흠구덕하다.}

흠뻑 〉함빡. ✽ 분량이 차고 넘도록 넉넉하게. ¶ 정이 흠뻑 들다.

흠씬 * ① 넉넉한 상태. ¶ 갯내가 흠씬 풍기다. ② 물에 푹 젖은 모양. ¶ 옷이 흠씬 젖다. ③ 매를 심하게 맞은 모양. ¶ 흠씬 맞다. ④ 흐무러질 만큼 아주 푹 익거나 삶긴 꼴. ¶ 감이 흠씬 익었다. 고구마를 흠씬 무르게 삶았다.

흠잡다 = 흠뜯다. 흠하다. * 흠을 들추어 말하다.
☞ 흉잡다.

흠집 * 흠이 생긴 자리. {흠집투성이.} ¶ 흠집이 나다. 흠집을 내다.
☞ 흠.

흠칠 ⇨ 흠칫. * 갑자기 놀라는 모양. ¶ 흠칫 놀라다.

흡뜨다 ⇨ 홉뜨다. * 눈을 위로 치뜨다. ¶ 눈을 홉뜨고 다니다.

흡반(吸盤) ㊈ ⇨ 빨판.

흡반어(吸盤魚) ㊈ ⇨ 빨판상어.

흡비력(吸肥力) ㊈ ⇨ 거름빨심.

흡사하다(恰似~) * (처럼. 듯이. 같이.) 모양이 비슷하다.
☞ 유사하다.

흡상하다(吸上~) ㊈ ⇨ 빨아올리다.

흡수지(吸收紙) ㊈ ⇨ 빨종이.

흡연률(吸煙率) ⇨ 흡연율. * 니은이나 홀소리 뒤에는 '율'임.

흡엽(吸葉) ㊈ ⇨ 빨판. * 조충의 창자에 달라붙는 기관.

흡입하다(吸込~) ㊈ ⇨ (기체. 액체) 빨아들이다.

흡출하다(吸出~) ㊈ ⇨ 빨아내다.

흥감[1] * 넌덕스러운 말로 실지보다 지나치게 떠벌리는 짓. {흥감스럽다.} ¶ 흥감을 부리다. 흥감을 피우다.

흥감[2](興感) * ① 마음이 움직여 느낌. ② 흥겹게 느낌. {흥감하다.}

흥겨웁다(興~) ⇨ 흥겹다. {흥겨이.} {흥겨워하다.} ¶ 흥겨워 보이다.

흥글흥글 ⇨ 흥뚱항뚱. * 꾀를 부리거나 마음이 들뜬 모양.

흥뎅이치다 ⇨ 흥글방망이놀다. * 방해하다.

흥미(興味) * ① 흥을 느끼는 재미. ② 마음이 끌리는 감정. {흥밋거리. 흥미진진하다. 흥미진진해하다.} ¶ 흥미 없다. 흥미 있다.
☞ 취미.

흥바람에(興~) ⇨ 흥김에. * 흥에 겨운 바람에.

흥보가(興甫歌) ⇨ 흥부가. 박타령.

흥보전(興甫傳) ⇨ 흥부전. * 옛이야기 책.

흥숭생숭 ⇨ 흥뚱항뚱. * 꾀를 부리거나 마음이 들뜬 모양.

흥야부야 ⇨ 흥이야항이야. 흥야항야.

흥이야항이야 = 흥야항야. * 쓸데없이 이래라저래라 하는 모양.
☞ 이러쿵저러쿵.

흥인지문(興仁之門) = 흥인문. 동대문. * 서울 도성 동쪽 정문.

흥정 * 물건값을 의논하는 일. {흥정거리. 흥정판.} {가오리흥정. 낱흥정. 도거리흥정. 도흥정. 드림흥정. 맞흥정. 모개흥정. 비싼흥정. 싼흥정. 억매흥정. 장흥정. 절박흥정. 푼내기흥정. 흥정하다.}

흥정꾼 * 물건을 사고파는 사람 사이에 끼어들어 주선하는 사람.
☞ 거간꾼. 주릅. 중도위.

흥정바치 = 장사치. 장사꾼. 장수.
흥정 붙이다 = 새들다.
흥청망청 * ① 마음껏 즐기는 모양.
　② 마구 쓰는 모양.
　☞ 흔전만전. 흔전흔전.
흩뜨리다 〈 흩트리다. ‡ (책. 머리카락.
　옷차림) 흩어지게 하다.
　☞ 뿌리다.
흩어뿌리기〔散播〕 = 노가리. ‡ 밭에
　씨를 흩어지게 뿌리는 일.
　☞ 줄뿌림. 골뿌림.
흩어지다 * ① 따로따로 떨어지다. ②
　여러 곳에 드문드문 있다. ③ 물방
　울이 부서지다. ④ 정신을 한 곳에
　모으지 못하다.
　☞ 헤어지다. 흐트러지다. 퍼지다.
흩트러지다 ⇨ 흐트러지다.
희극(喜劇) * ① 주인공이 성공하여
　행복으로 끝나는 극. ② 웃음거리.
　☞ 비극.
희끄스름하다 ⇨ 희읍스름하다. ‡ 산
　뜻하지 못하게 조금 희다.
희끈희끈하다 * 현기증이 나서 자꾸
　어지럽고 까무러칠 듯하다.
희끗희끗하다 * ① 군데군데 흰 빛깔
　이 나타나다. ¶ 머리가 희끗희끗하
　다. ② 어떤 것이 빠르게 잠깐잠깐
　자꾸 보이다.
희나리 * 채 마르지 않은 장작.
　☞ 희아리.
희나리쌀 * 덜 익은 채로 마른 벼에서
　나온 쌀.
희넙적하다 ⇨ 희넓적하다. ‡ 얼굴이
　희고 넓적하다.
희노애락(喜怒哀樂) ⇨ 희로애락. ‡

기쁨과 노여움과 슬픔과 즐거움.
희다 * 눈과 같은 색깔을 띠고 있다.
　¶ 흰 구름. 흰 봉투.
　☞ 하얗다.
희뜩머룩이 * 희떠운 짓을 하여 돈을
　주책없이 써 버리는 사람.
희뜩번뜩 * 빛이 이리저리 반사되어
　화려하게 빛나는 모양.
희뜩희뜩 * ① 갑자기 뒤로 자꾸 자빠
　지는 모양. ② 슬쩍슬쩍 자꾸 돌아보
　는 모양. ③ 현기증이 나서 심하게
　어지러워지는 모양.
희뜩희뜩이 〉 해뜩해뜩이. ‡ 흰 빛깔
　이 군데군데 뒤섞여 있는 모양.
희랍(希臘) ⇨ 그리스. ‡ 나라 이름.
희롱(戲弄) * ① 실없이 놀림. ② 손아
　귀에 넣고 제멋대로 가지고 놂. ③ 서
　로 즐기며 놀리거나 놂. {희롱하다.}
　☞ 야유. 조롱.²
희롱수(戲弄~) = 희영수. ‡ 실없는
　말이나 행동을 함.
희롱조(戲弄調) = 놀림조. ‡ 놀리는
　것과 같은 말이나 태도.
희롱지거리(戲弄~) = 희롱질. ‡ 서
　로 즐기며 놀리거나 노는 짓.
희룽거리다 〉 해룽거리다. ‡ 버릇없이
　자꾸 까불다.
희린산(稀燐酸) ⇨ 희인산. ‡ 묽은 인산.
희망차다(希望~) * 앞일에 대한 기대
　가 가득하다. ¶ 희망찬 삶.
희망하다(希望~) * 앞일에 대한 기대
　를 가지다.
희멀끔하다 〉 해말끔하다.
희멀쑥하다 〉 해말쑥하다.
희물그레하다 ⇨ 희묽다.

희묽다 * ① 허여멀겋다. ¶ 희묽은 죽. ② 얼굴이 희고 여무지지 못하다. ¶ 희묽은 얼굴.

희번덕거리다 * 눈을 크게 뜨고 흰자위를 번득이며 움직이다.

희번들하다 = 희번드르르하다. ‡ 겉모양이 희멀쑥하고 번드르르하다.

희부연하다 ⇨ 희부옇다.

희색만연하다(喜色滿面~) ⇨ 희색만면하다. ‡ 기쁜 빛이 얼굴에 가득하다.

희아리 * 희끗희끗하게 얼룩진, 마른 고추. ¶ 희아리 끝물 고추.
  ☞ 희나리.

희안하다(稀罕~) ⇨ 희한하다. ‡ 매우 드물거나 신기하다. ‡ 좋은 일이나 물건. ¶ 희한한 일. 희한한 물건. 희한하게 생기다.

희영수(戲~) = 희롱수. ‡ 다른 사람과 실없는 말이나 행동을 함.

희우스름하다 ⇨ 희읍스름하다. ‡ 산뜻하지 못하게 조금 희다.

희죽희죽 ⇨ ① 헤죽헤죽. ② 히죽히죽.

희칠희칠 ⇨ 희치희치. ‡ ① 피륙이나 종이가 군데군데 치이거나 미어진 모양. ¶ 희치희치 낡은 문서. ② 물건 거죽이 무엇에 스쳐서 드문드문 벗어진 모양. ¶ 마루의 칠이 희치희치 벗겨지다.

희희낙낙(喜喜樂樂) ⇨ 희희낙락. ‡ 매우 기뻐하고 즐거워함.

흰개〔白狗〕⇨ 센개. ‡ 털빛이 흰 개.

흰건(~鍵) = 흰건반. ‡ 피아노. 풍금. 손풍금.
  ☞ 검은건. 검은건반.

흰골무 = 흰골무떡. ‡ 고물을 묻히거나 물들이지 아니한 골무떡.

흰곰〔白熊〕= 백곰. 북극곰.
  ☞ 갈색곰. 불곰. 큰곰.

흰그루 * 지난겨울에 곡식을 심었던 땅.
  ☞ 검은그루.

흰나리〔百合〕* 참나리를 개량한, 흰 꽃이 피는 나리꽃.
  ☞ 참나리.

흰나비 = 배추흰나비. ‡ 나비의 한 가지.
  ☞ 노랑나비. 범나비. 호랑나비.

흰 돛 단 배 * 흰 돛을 단 배. ¶ 흰 돛 단 배가 한 척 떠 있다.

흰 돛단배 * 배의 빛깔이 흰 돛단배.

흰둥이 = 센둥이. ‡ ① 흰 강아지. ② 살갗이 흰 사람. ③ 백인종.

흰떡 * 멥쌀가루를 시루에 쪄서 안반에 놓고 떡메로 친 떡. ‡ 가래떡, 개피떡, 경편, 산병, 절편 따위를 만드는 데 씀. ¶ 흰떡을 치다.
  ☞ 시루떡. 인절미. 절편.

흰말〔白馬〕* 털빛이 흰 말.
  ☞ 검정말.¹

흰머리 * ① 음표의 흰머리. ‡ 악보. ② 센머리. ‡ 흰 머리카락.
  ☞ 검은머리.

흰밥 = 쌀밥. 맨쌀밥. 이밥. 입쌀밥. ‡ 멥쌀로만 지은 밥.

흰빛 = 흰색. ‡ 흰 빛깔.

흰색떡(~色~) * ① 흰절편을 담은 위에 흰떡으로 만든 꽃가지를 꽂은 떡. ② 민색떡.
  ☞ 갖은색떡. 민색떡.

흰서리 = 흰머리. 센머리. ‡ 하얗게 센 머리카락.

흰 서리 * 하얀 서리. ¶ 흰 서리가 낙엽을 덮고 있다.

흰소리 * 터무니없이 자랑으로 떠벌리거나 허풍을 떠는 말.
☞ 신소리.[2] 큰소리.

흰수작(~酬酌) * 되지 못한 희떠운 짓이나 말. ¶ 흰수작을 부리다.

흰엿 * 검은엿을 켜서 희게 만든 엿.
☞ 가락엿. 가래엿. 갱엿. 검은엿. 타래엿.

흰왁새 ⇨ 해오라기.

흰자 = 흰자위. ¶ 달걀 흰자위. 눈 흰자위.
☞ 검은자. 검은자위. 노른자. 노른자위.

흰점복 = 복쟁이. ⁑ 참복과의 바닷고기 이름.

흰조개 = 떡조개. ⁑ 조개의 한 가지.

흰조기 ⇨ 보구치. ⁑ 바닷고기 이름.

흰창 ⇨ 흰자위. ⁑ 눈.

힁하게 ⇨ 휑허케. ⁑ 지체하지 않고 곧장 빠르게.

힁허니 ⇨ 휑허케. ¶ 한눈팔지 말고 휑허케 다녀오너라.

힁하다 * 놀라거나 피곤하거나 어지러워 정신을 못 차릴 정도로 머리가 띵하다. ¶ 종일 수학 공식을 외우다 보니 머리가 힁하다.
☞ 띵하다. 휑하다.

~히~[1] * ①그림씨를 입음움직씨로 만듦. {괴롭히다. 붉히다. 넓히다.} ②하임움직씨로 만듦. {굳히다. 굽히다. 묵히다. 젖히다.} ③남움직씨를 입음움직씨로 만듦. {닫히다. 막히다. 맺히다. 뽑히다.}

~히[2] * 그림씨를 어찌씨로 만듦. {가만히. 나란히. 무사히. 솔직히. 영원히. 정확히. 조용히. 족히. 천천히.}

히가키 [왜] ⇨ 걸어치기. ⁑ 당구.

히까에(**히카에**)〔控~〕[왜] ⇨ 덧본. 덧벌. 여벌. ⁑ 부본.

히끗히끗 ⇨ 희끗희끗.

히끼(**비끼**)〔引〕[왜] ⇨ ①여리꾼. ②끌기. ③끌어치기. ⁑ 당구.

히네리〔捻~〕[왜] ⇨ 틀어치기. ⁑ 당구.

히니쿠하다(**히니꾸**~)〔皮肉〕[왜] ⇨ 빈정거리다. 비아냥거리다.

히라스 [왜] ⇨ 방어. ⁑ 바닷고기 이름.

히로뽕(philophon) [왜] ⇨ 필로폰. ⁑ 마약의 한 가지.

히로인(heroin) ⇨ 헤로인. ⁑ 마약의 한 가지.

히마리(**시마리**)〔締~〕[왜] ⇨ ①기운. 맥. 힘. ②야무짐. ③죄임.

히야시(**시야시**)**하다**〔冷~〕[왜] ⇨ 채우다. 식히다. 차게 하다.

히야카시(**히야까시**)〔冷~〕[왜] ⇨ ①놀림. 조롱. ②희롱.

히읗 * 한글 닿소리 'ㅎ'의 이름. ⁑ '히읗이'는 '히으시'로 읽음.

히죽히죽 〉 해죽해죽 ⁑ 흐뭇한 듯이 슬쩍슬쩍 자꾸 웃는 모양.

히짜뽑다 ⇨ 희짜뽑다. ⁑ 가진 것도 없으면서 분수에 넘치게 굴다.

히쭉벌쭉 * 몹시 기뻐서 입을 벌리고 소리 없이 슬쩍슬쩍 웃는 모양.

히쭉해쭉 〈 히쭉히쭉. ⁑ 만족스러운 듯이 슬쩍슬쩍 웃는 모양.

히카에〔控~〕[왜] ⇨ 덧본. 덧벌. 여벌. ⁑ 부본.

히키(삐끼) 〔引~〕 ᄋ᷂ ⇨ ① 여리꾼. ② 끌어치기. ‡ 당구.

히트 상품(hit 商品) ⇨ 바람몰이 상품. ‡ 인기 상품.

히프(hip) ⇨ 엉덩이. ‡ 힙.

히히 * 마음에 흐뭇하여 싱겁게 웃거나 장난스럽게 웃는 소리나 모양. ☞ 히힝.

히히덕거리다 ⇨ 시시덕거리다.

히힝 * 말이 내는 소리. ☞ 히히.

힌디 어(Hindi語) * 인디아의 공용어 열다섯 가운데 하나.

흰창 ⇨ 흰자위. ¶ 눈 흰자위.

힐금힐금 〈 힐끔힐끔. ‡ 곁눈질로 슬쩍슬쩍 쳐다보는 모양.

힐긋힐긋 〈 힐끗힐끗. ‡ ① 힐금힐금. ② 언뜻언뜻 눈에 띄는 모양. ☞ 흘끗흘끗.

힘 = 힘꼴. 기운꼴. ‡ ① 일할 때 나타내는 세기의 정도. ② 육체적, 정신적인 능력과 다른 사물에 미치는 영향. {힘겨루기. 힘겨룸. 힘껏. 힘내기. 힘받이. 힘양. 힘자랑. 힘쟁이. 힘점. 힘줄. 힘줄기. 힘줌말.} {견딜힘. 손힘. 쌍힘. 아귀힘. 억지힘. 제힘. 죽을힘. 짝힘. 팔심.} {힘겹다. 힘내다. 힘닿다. 힘들이다. 힘빼물다. 힘세다. 힘쓰다. 힘없다. 힘입다. 힘자라다. 힘주다. 힘지다(힘 있다).} ¶ 힘을 겨루다. 힘을 기르다. 힘이 나다. 힘이 달리다. 힘을 모으다. 힘이 부치다. 힘이 빠지다. 힘을 빼다. 힘이 솟다. 힘을 올리다. 힘이 좋다.
☞ 기운.¹ 심.³

힘겨웁다 ⇨ 힘겹다.

힘들다 * ① 육체나 정신적인 힘이 많이 들다. ¶ 달리기가 힘들다. 참기가 힘들다. 인간관계가 힘들다. ② 어렵다. ¶ 제시간에 끝내기가 힘들다. 기차 시간에 맞추기가 힘들다. ☞ 어렵다.

힘줄 * 목에 위아래로 드러나는 힘살과 핏줄. ¶ 목에 힘줄을 세우다. ☞ 심줄.

힘줄기 * ① 힘이 뻗친 줄기. ② 힘줄.

힘차다 * 힘이 있고 씩씩하다. ¶ 힘찬 발걸음. ☞ 기운차다.